AF570590

Werner Helwig · Die Blaue Blume des Wandervogels

WERNER HELWIG

DIE BLAUE BLUME DES WANDERVOGELS

Vom Aufstieg, Glanz und Sinn einer Jugendbewegung

Überarbeitete Neuausgabe
mit einem Bildanhang
herausgegeben von Walter Sauer

Die Deutsche Bibliothek - CIP-Einheitsaufnahme

Werner Helwig:
Die Blaue Blume des Wandevogels. Vom Aufstieg, Glanz und Sinn einer Jugenbewegung /Werner Helwig. - Überarbeitete Neuausgabe mit einem Bildanhang - Baunach :
Spurbuchverlag, 1998
ISBN 978-3-88778-208-5
NE: Sauer, Walter

Die Herausgabe dieses Buches wurde unterstützt durch die Prof. Dr. Alfred Schmid-Stiftung und die Max Himmelheber-Stiftung.

Ungekürzte Ausgabe
2. Auflage, März 2020

Am Eichenhügel 4, 96148 Baunach
ISBN 978-3-88778-208-5

Schutzumschlag: Nik Rothfuchs, Hünstetten, unter Verwendung eines Bildes von Borris Goetz („Quadrat im Quadrat", Ausschnitt)

INHALTSVERZEICHNIS

Vorspann 7

ERSTER TEIL

Anlaß zur Entstehung dieses Buches 9
Aus der Urzeit des Wandervogels / Erste Nachtfahrt 13
Entwicklungen / Vielfalt der Bünde 20
Umstrittene Fragen der Gründung / Die Dynastie der Fischer 24
Die großen Zeiten des Zupfgeigenhansl 39
Ausbreitung des Wandervogels / Selbstzeugnisse 47
Wandervogelschriften / Die ersten Wandervogelverleger 60
Der Hohe Meißner, Vor- und Nachspiele 64
Preisgesang auf Walter Hammer 82
Außenseiter / Waldverwandtschaften 86
Germantik und Lichtmenschentum 92
Frühe Großfahrten 97
Großer Bundestag vor dem ersten Weltkrieg 106
Die ersten Jugendherbergen 112
Der erste Weltkrieg / Die Früchte des Zorns / Deutung des Dichters Walter Flex 119
Nachkriegswehen 125

ZWEITER TEIL

Kronacher Heimkehr und Wiederfinden / Muck Lamberty und seine Neue Schar / Intoleranz gegenüber Käuzen 133
Das »Bündische« kündigt sich an 141
Bünde und Burgen 148
Musikanten / Spielmänner / Fahrende Sänger 154
Die Zwanziger Jahre / Gärungen 159
Auf der Suche nach Leitbildern 165
Bünde aus dem Bereich der »Konservativen Revolution« 168
Der Nerother Wandervogel / Voraussetzungen / Archetypische Bedeutung 176
Nordlandfahrt 187
Daseinstechnik einer Gruppe 193
Aus Gruppenchroniken und Fahrtenheften 198
Vorläuferschaften / Kunst und Künstler 207

Über das Wesen der Pfadfinder 212
Die Wartburgtagung 227
Kleine Anthologie bündischer Dichtung 233
Das Wesen der Freischar und ihre Führer 243

DRITTER TEIL

Tusk, sein Leben, Wirken und Sterben 255
Die ersten Kapitel einer jungen Bewegung 261
Teut, Tusk und die Jungentrucht 272
Das Graue Corps und sein Herr 287
Auflösung und Ausmerzung der Bünde 296
Der Weg woher und der Weg wohin 300
Finale 304

Abgesang 307

ANHANG

Nachbemerkungen des Herausgebers zur Neuausgabe 1980 309
Ergänzende Anmerkungen zur überarbeiteten Neuausgabe 1998 312
60 Jahre *Blaue Blume des Wandervogels* – Zur Neuauflage 2020 316
Register 317

BILDANHANG

Die Blaue Blume des Wandervogels in Bildern und Dokumenten 325

Vorspann

Es war im Sommer des Jahres 1896. Irgend etwas Zwingendes lag in der Luft. Den Gründerjahren, die den mächtigen Aufschwung des Industrialismus und der verwirklichten technischen Erfindungen gebracht hatten, ging ein merkwürdiges Absterben der Lebenswerte parallel. Die Jugend fühlte sich aus ihrem Reich verdrängt. Die Grünflächen verschwanden, natürliche Spielplätze, Forste, Gehölze um die wachsenden Städte herum verringerten sich sprunghaft. In den Schulen waltete ein Geist der Erstickung alles jugendhaften Wesens. Das nackte Dasein als solches war langweilig, steril geworden. Die Freude an den allenthalben aufsprießenden Fabrikmauern und Schloten war nicht jedermanns Sache. Die Einübung auf ein bürgerliches Unternehmertum, auf fieberhaften Gelderwerb, verbunden mit Großmannssucht und Börsenspielerdünkel, wurde von vielen - teils bewußt, teils unbewußt - als fauler Zauber empfunden.

Der Gegenzug kam in Steglitz - nahe der eigentlichen Keimzelle dieser modernen Entwicklung: Berlin - zustande. Hermann Hoffmann, ein junger Student, sammelte in diesem Sommer, der später Geschichte werden sollte, einige Schüler des Steglitzer Gymnasiums um sich und wanderte mit ihnen in die unberührten Naturgebiete der Mark Brandenburg - ein erstaunliches Unternehmen zu einer Zeit, da das »Dampfroß« den Menschen das Reisen so bequem gemacht hatte. Als Hoffmann Berlin verlassen mußte, übertrug er die Weiterführung seiner Wanderfahrten Karl Fischer, und dieser schuf im Jahre 1901 aus dem wandernden Stenographenverein den *Wandervogel.*

Diese Fußwanderungen, ohne jeden weltanschaulichen Aufwand in Bewegung gebracht, hatten einen überraschenden Erfolg. Der Zulauf begann. Aus wenigen wurden mehrere. Bald zog man auf Handwerksburschenart ins Riesengebirge, in den Böhmerwald. Man setzte sich dabei von den Erwachsenen ab, mied den Oberlehrer, suchte die Natur an ihren unzugänglichsten Orten. Zunächst noch ganz ohne jedes streithafte Philosophieren, Begründen, Verkündigen und Missionieren. Das kam später. Und reichlich. Vorerst handelte es sich noch um die Aufregungen der Zubereitung wunderlicher Haferflockengerichte auf Spirituskochern, um Quartiersuche, Nächtigen in Ruinen, Heuschobern, in Höhlen oder im Kornfeld. Schon wenige Jahre später war aus dem Verein der zu Fuß marschierenden Stenographen ein Unternehmen geworden, das, da es ausgefallen verrückt war, sein Verhältnis zu den Mächten Schule und Elternhaus zu regeln hatte. Und das geschah nicht ohne Geschick. Die Verrücktheit wurde säkularisiert. Ein Eltern- und Freundes-Rat wurde gegründet. Man fand Verständnis, sogar Protektion. Förderer traten auf und erkämpften der wanderwilligen Jugend ihr Recht. Heimat- und Volkstumsvereine versuchten, sie in ihren Geisteswagen einzuspannen, und rechtfertigten nachträglich ihre Impulse mit dem Hinweis auf das, was man schon immer gewollt und gewünscht habe.

Karl Fischer, lange Zeit Alleinherrscher seiner Gründung, war der Ausdehnung und ideologischen Einfassung seines Vereins nicht gewachsen. Er war der Erwecker, er hatte den Keimling zum Sprießen gebracht. Ein Organisator großen Stils war er nicht. Leute, die über solche Fähigkeiten verfügten, übernahmen das Erbe und erweiterten die Möglichkeiten, diejenigen des Ausbruchs in die Natur und diejenigen der ideologischen Unterlegung, nach allen Seiten und Zeiten hin. - Von Fischer ausgehend, trat die Jugendbewegung ihren Siegeszug an.

Die Unzahl der Bünde, der Gruppen, der Kreise bezeichnet ihren inneren Reichtum, die intellektuelle Vielschichtigkeit. Dreißig deutsche Jahre gehörten ihr.

ERSTER TEIL

Anlaß zur Entstehung dieses Buches

Neulich war ein alter Wandervogelführer bei mir zu Besuch. Seine Züge waren von Schwermut überschattet.

- Lieber Himmel, sagte er, das, was man als das Jahrhundert des Kindes feierte, ist schiefgegangen. Wir haben das Jahrhundert des Kindes verloren wie ein Spiel, bei dem die Trümpfe anders fielen, als vorausgewünscht war.
- Wie meinst du das? fragte ich.
- Die Demontage aller Hemmungen, erwiderte er, hat das Gegenteil vom Beabsichtigten bewirkt. Indem wir dem Kind, dem Jugendlichen alle Schwierigkeiten, alle Zwänge aus dem Weg geräumt haben, ist eine innere Leere entstanden. Das heißt, wir haben eigentlich dem jungen Menschen die Möglichkeit genommen, an den Widerständen zur Person zu reifen.
- Welche Widerstände? fragte ich.
- Die wichtigsten, sagte er.
- Zum Beispiel? fragte ich.
- Indem wir den Eros freisetzten, haben wir seine Wirksamkeit vermindert. Indem wir die Schulen in Weltanschauungsinstitute verwandelten, haben wir jede eigenwüchsige Meinungsbildung hintertrieben. Der »verstehende« Lehrer, der Lehrer als Freund, das war ein Irrtum. Irrtum war's, daß wir den jungen Menschen die Entwicklung anschmeichelten, anstatt seine beste Eigenschaft, den Trotz, herauszufordern. Und am schlimmsten war, daß wir dem jungen Menschen dauernd sagten, was für ein interessantes Phänomen er sei. Daß wir ihn gewissermaßen anbeteten, daß wir die Grenze zwischen jung und alt niederlegten, daß wir ihm alle Privilegien des reifen Menschen als Geschenk auftischten, zu dem er nicht mal Danke zu sagen brauchte. Wir betrachteten es als Zeitverlust, daß er Jahre dafür hätte aufwenden müssen, um sich auf eigene Faust an die Dinge heranzuarbeiten. - Und so kam es, wie es gekommen ist: Der junge Mensch, von seinen Erziehern vorzeitig zur Persönlichkeit ernannt, stand dann, wenn er aus diesen gut geheizten Erziehungstreibhäusern entlassen war, altklug und gelangweilt dem Leben gegenüber. - Er wußte nicht, womit er den Tag, die Stunde möblieren sollte. Die Bilder, die man ihm mitgegeben hatte, deckten sich nicht mit den Pflichten, denen er sich jetzt hätte stellen sollen. Und die Folgen ...
- Ja, und die Folgen? fragte ich.
- Sieh hier, sagte er und öffnete eine dicke Mappe. Erschreckende Berichte hatte er da gesammelt. Das waren also die Folgen, so wie er es sich auslegte. Jugendkriminalität in bedrohlichstem Ausmaße. Und in den Gerichtsverhandlungen tauchte immer dasselbe beschönigende Wort auf: Aus innerer Leere war dies und das verübt worden.

- Und woher diese Leere? fragte er und sah mich, Zustimmung heischend, an.

- Weiß Gott, warum, sagte ich. Er fühlte sich ermuntert, fortzufahren und trug im Ton eines Predigers in der Wüste seine Klagen vor:

- Der heutige Mensch kultiviert Stars, gruppiert sich hingebungsvoll um Gähnschleichen und Heulbojen. Die Hochzivilisation mit ihrem perfiden Dokumentationsdrang hat das Abenteuer aus dem Leben herausgewaschen. Auf der Landkarte des Schöpfungsgeländes sind die weißen Flecken verschwunden. Als Ersatz für die untergegangenen oder untergehenden Kontinente des Religiösen wird Politik geboten. Sie kommt auf der Basis des durchperfektionierten Industrialismus zustande und ist das Hoffnungsbrot von Millionen und aber Millionen toter Seelen. Der heutige junge Mensch ist nicht unterwegs nach neuen Ufern. Er vergeudet das schöne Feuer seiner Lebenserwartung in Schüttelhysterien und beugt sich der Diktatur einer unharmonischen Häckselrhythmik, die die Beziehungselemente der Physis lockert, auflöst und verkehrtherum zusammenwirbelt. Tiere sterben daran oder werden, wie Versuche bewiesen haben, wahnsinnig. Menschen verlieren ihre kosmogonische Ausgewogenheit und sind dann zu allem bereit, was aus dem Weltgefüge fällt.

Das beginnt in den Kellerbars, bringt sich in Rage, strömt zu Prügelaktionen auf die Straße und zelebriert aus purer Langeweile einen kleinen Mord, um als Gruselkost für Inferioristen in die Zeitungen und Illustrierten zu kommen.

Die uralte Blutschrift des Magischen wurde mit dem Löschblatt der Intellektualität aufgetrocknet. Die Welt ist in die ordinäre Sachlichkeit des Sports eingegangen. Musik, Mord, Kunst, Politik, alles ist Sport. Und die Liebe ist Sexualsport. Der ins Abstrakte hinübergedachten Moral folgt die konkrete Amoral, prachtvoll gescheit begründet. Aber die Herkunftsebene ist die philosophisch gewordene Halbwelt, sind die Milieus, die Geisteskaschemmen, Rotwelsch-Karawansereien.

- Und nun willst du die Schuld daran den fünfzig Jahren aufbürden, die vorangingen? fragte ich den alten Wandervogelkameraden.

- Irgendwann und irgendwo in der Zeit hinter uns muß ja wohl die Weiche falsch gestellt worden sein, meinte er achselzuckend.

- Muß es wirklich in der absehbar hinter uns liegenden Zeit geschehen sein? forschte ich. Und als er schwieg, fuhr ich fort:

- Ich meine, müssen wir uns, deiner Meinung nach, als Mitschuldige betrachten, wir alle, die wir seit 1910 oder 1920 diese und jene Ideale verfochten, dafür lebten, dafür warben, in diesen Hoffnungen alt wurden und uns heute diesem Fazit gegenübersehen, wie du es soeben gezogen hast?

- Verhält es sich denn nicht so? fragte er gepreßt.

- Mit einem Wort: Du willst sagen, daß alle versagt haben, die Reformbewegungen, die Aufbauschulen, die Landschulheime, alle diese Bestrebungen, die das Wort »Zukunft« so furchtbar groß und leuchtend auf ihren Schild geschrieben hatten ...

- Eigentlich ja.

- Auch der Wandervogel?

- Sofern er sich als Urheber all dieser Bewegungen und Bestrebungen betrachten läßt ...

- Du sagst so vieldeutig »Bewegungen«. Ist für dich jene eine, ganz und gar fatale etwa mitinbegriffen?

- Doktoren sind damit beschäftigt, es zu beweisen, und fast könnte es so erscheinen, als sei die Jugendbewegung wirklich der »Vortrupp« jener einen, ganz und gar fatalen gewesen. Ein vielleicht nicht absichtlich daraufhin bewegter Vortrupp, aber ...

- Nein, protestierte ich, guter Freund, da sind wir am Ende unserer Verständigung angelangt. Da mache ich nicht mit. Der Wandervogel war ein Ereignis außerhalb dieser Entwicklung. Immer noch wird der Zugang zu dem Mysterium, das er fand und begründete, von einigen Unentwegten offengehalten. Ob es noch anbietbar ist oder eines Tages wieder sein wird, weiß ich nicht. Aber es war stark, es war verbindlich zu seiner Zeit. Es schuf Märtyrer, von denen nicht geredet wird. Dem Grabmal des Unbekannten Soldaten wäre ein anderes beizugesellen: das des Unbekannten Wandervogeljungen, der sich zu Tode foltern läßt, um die Mitglieder seiner Gruppe nicht zu verraten. Sein Fall war häufig in den Anfangszeiten des Dritten Reiches. Er fängt heute wieder an, häufig zu werden. Nur die Vorzeichen sind andere.

- Ich kenne dich als einen der Gesinnungsstärksten unter uns. Die Verzweiflung darüber, daß unser »Traum« nicht angekommen ist, gibt dir falsche Töne ein. Du übst dich in der hohen Kunst der Selbstbezichtigung!

Mein Freund starrte hoffnungslos vor sich hin. Das Gespräch schloß, wie das heute so zu gehen pflegt, ohne Ergebnis. Mich aber hatte es dahin gebracht, eine Verteidigung des Wandervogels zu wagen. Ich plädiere auf Freispruch, ohne damit der Untersuchung vorzugreifen. Schuld und Unschuld sollen im gleichen Licht erscheinen. Sie sollen im Licht der Ereignisse aufscheinen, die den Wandervogel bedingten. Und mit einem Kreis von Freunden zusammen will ich ergründen, was der Wandervogel in seiner frühesten, was er in seiner späteren und spätesten Phase war, wollte, anstrebte, ausließ, erreichte, eroberte und dem Leben unabdingbar hinzugewann. Dem Leben in Deutschland.

Dies sind die eingeladenen Freunde des ersten Teils der imaginären Tafelrunde

Hans Helmut:	(H.E., will nicht genannt sein) Dionysier und Urwandervogel
Ernesto:	Ernst Berghäuser, Urwandervogel und Polytropos
Friedrich:	(L.W., will nicht genannt sein) Lästrygone und Wandervogel
Hans Lißner:	Als Romantiker Realist - als Realist Romantiker
Kurt Heinrich:	(I.G., will nicht genannt sein) Urwandervogel und Dionysier
Gustav Wyneken:	Dionysischer Schulmann mit apollinischem Programm
Ernst Sander:	Kompilator von Sein und Schreiben
Walter Hammer:	Redakteur, Schriftsteller und Lebensreformer (Lotophage)
Karolus:	(W.E., will nicht genannt sein) Wandervogel, Mischung von Dionysier, Lästrygone und Omphalide
Kulaika:	(Bündischer Übername für R.N.) Dionysier und Omphalide
Herbert:	(E.R., will nicht genannt sein) Freideutscher und Saturnier

Erklärung der Charakterbestimmungen:

Dionysier	Lebensverliebter
Omphalide	Nabelbeschauer, Grübeltechniker
Lotophage	Abstinenzler
Lästrygone	Mensch mit Witz
Polytropos	Vielgewandelter
Saturnier	Moderner Mensch

Aus der Urzeit des Wandervogels / Erste Nachtfahrt

Runde: Autor, Hans Helmut

Und um in diese Dinge möglichst tief hinabzutauchen, rufe ich dich, Hans Helmut, in den Kreis meines kleinen Gastmahls. Du reichst mit deinen Jahren weit genug in die Zeit zurück - du hast die Jugendbewegung in ihrer ersten, sichtbaren Phase am eigenen Leibe erlebt. Erzähle nun, wie du dazu kamst und wie die Dinge sich begaben.

- Du hast mich da in den Kreis eines imaginären Gastmahls geladen, dessen Sinn, wenn ich dich richtig verstehe, sein soll, die letzten der ersten redend zu machen, bevor das endgültige Verstummen über sie hereinbricht. Die letzten der ersten Wandervögel sind gemeint. Nun, dazu gehöre ich nicht unbedingt. Ich kam erst dazu, als die Steglitzer Sache schon bestand und ihre ersten Stürme hinter sich hatte und vor sich die in keiner Weise erahnte, ebensowenig angestrebte riesenhafte Zukunft. Mein Anteil am Entstehen und Befestigen, an der Ausbreitung und am Erfolg der Sache war gering. Es stimmt, daß ich dabei war und bis zum Ausbruch des ersten Weltkrieges dabei geblieben bin. Mehr freilich als »Genießer«, um nicht zu sagen Nutznießer des erstaunlichen Ereignisses. Und da ich dem Weltanschaulichen immer abhold war, blieben mir die Konflikte erspart. Somit kann ich eigentlich nur auf der Privatlinie Bericht erstatten. Aber wie ich dich kenne, wird das nicht unerwünscht sein.

Es war im Jahre 1907. Ich war Quartaner im Reform-Realgymnasium in Berlin-Friedenau. Ich saß bereits das zweite Jahr in der gleichen Klasse. Da kam ein Neuer zu uns. Seine Eltern waren von Steglitz nach Friedenau umgezogen in einen neuen Häuserblock, der in der Bachestraße entstanden war. Ein hochmodernes Bauwerk, schon nicht mehr Jugendstil, wenn ich mich recht erinnere, aber mit hochherrschaftlichem Eingang, Portiersloge mit Spähfensterchen in Fußhöhe der Eintretenden, durch welches die Portiersfrau die Kommenden kontrollierte und die Ausläufer nach dem Lieferantenaufgang verwies, so strenge wie möglich, denn sie wußte, was sie ihrer Funktion schuldig war. Sie war eine waschechte, handfeste Berlinerin, über höhnische Sprüche, nicht ohne Weisheit, verfügend. Kurz: ein von uns Kindern gefürchtetes Wesen, dessen ständige Bewaffnung: Schrubber, Besen, Eimer.

Auch wir wohnten in der Bachestraße, doch etwas weniger nobel. Und ich wurde mit den Gefahren des Aufgangs, der nicht für Lieferanten war, durch den Umgang mit dem Neuen bekannt. Denn Gerhard Prescher - so hieß er - und ich waren bald ein allenthalben respektiertes, anerkanntes Freundespaar. Aus seinem Munde hörte ich zum ersten Male das Wort »Wandervogel«. Er sprach es mit jenem inneren, werbenden Grauen aus, wie man heute sagen würde »Kellerklub«, Jazzgangster oder Falschmünzer. Was mit Wandervogel zusammenhing, wurde, dank der Aufklärung durch meinen neuen Freund, bald eine vertraute Gegebenheit für mich. Er war in Steglitz durch seine älteren Brüder dazugekommen. Sie hatten dort, so berichtete er, ganz merkwürdige und der Gesundheit unzuträgliche Scherze getrieben, jedenfalls solche, die unsere Eltern entsetzt hätten. Der Häuptling, bereits ein erwachsener junger Mann, hatte das Rauchen aus langen Pfeifen für die Knaben angeordnet. Man würde da in einem alten Geräteschuppen beisammensitzen und sich Abenteuer ausdenken. Alles hätte seine bestimmte Ordnung. Der Führer nannte sich »Oberpachant« - so hätten zu spätlateinischen Zeiten die Vaganten geheißen. Die ihm Untergebenen nannten sich Scholaren. Man unternahm an Sonn- und Feiertagen lange Wanderungen, wobei man die öffentlichen Wege mied und die Wälder an ihren wildesten Stellen aufsuchte. Solche Unternehmungen kämen auch nachts zustande. Man würde dann, in abenteuerlicher Kleidung und mit sonderbaren Kopfbedeckungen, die ganze Nacht hindurch von irgendwelchen Vorortbahnhöfen aus in Gebiete vordringen, von deren Beschaffenheit man keine Ahnung habe. Man würde Feuer im Wald anzünden, sich darum herum lagern, Lieder singen, wie man sie aus alten Kommersbüchern ermittelt, Gruselgeschichten erzählen und auf Äckern geraubte Kartoffeln in der Glut schmoren. Eine Ziehharmonika sei mitgenommen worden. Auch ein Saiteninstrument italienischer Herkunft. Sogar während des Marsches hätte man Musik gemacht. Im ganzen aber sei das ein wilder, von Geschrei und unerlaubten Flüchen überflatterter Haufen gewesen, der am nächsten Tag gegen Abend wieder am Ausgangsort zusammengetroffen, sich notdürftig gesäubert habe und dann in die elterlichen Wohnungen zurückgekehrt sei, überall das Erstaunen von sonntäglichen Spaziergängern herausfordernd. Einmal sogar einen Gendarm bemühend, der die einzelnen Namen auf seinem Meldeblock verzeichnet habe. Jeder aber hätte ihm den Namen dessen gesagt, mit dem er sich als verfeindet betrachtete. Nie sei es herausgekommen, weshalb dann die Eltern der tugendhaftesten Klassengenossen Polizeibesuch erhielten.

So die dunklen Andeutungen Gerhard Preschers. Mir gefielen seine Erzählungen. Ich fragte ihn, ob er als einziger Wandervogel unserer Klasse nicht einen ähnlichen Geheimverein gründen wolle. Mein Vertrauen schmeichelte ihm. Auf lange Zeit aber blieben wir die einzigen Mitglieder. In der Klasse begeisterte sich niemand für unsere Idee, und so wurden wir es müde, herumzuhorchen und dafür zu werben. Wir genügten uns selbst und beschlossen zu handeln. Unser Ordinarius, Herr Probst, hatte die Gewohnheit, mit der Klasse ab und zu in den Waldungen von Finkenkrug Pilze zu suchen. Als Pilzfachmann lehrte er uns die Unterscheidung von genießbaren und giftigen Pilzen. Diese Schulausflüge, an sonnigen Tagen vom Zaun gebrochen, führten uns ins Gebiet unserer künftigen Abenteuer. Folgte als Nächstwichtiges nach Preschers Meinung: die Ausrüstung.

Zur eleganten, raumreichen Wohnung seiner Eltern - Preschers Vater trieb als Afrikakaufmann Handel mit deutschen Kolonien - gehörte ein Bodenverschlag, eine Estrichkammer. Ohne Wissen des Dienstmädchens verschaffte sich Prescher Nachschlüssel und baute uns dort oben unser geheimes, hochgelegenes »Nest«. Es bestand aus zwei Umzugskisten im Hintergrund des mit Haushaltsdingen überfüllten Raumes. Der Zugang wurde mit mottenzerfressenen Löwenfellen getarnt. Unser Höhlenunterschlupf nahm uns auf, während die Eltern uns beim Murmelspiel auf der Straße wähnten. Hier rauchten wir bis zum Erbrechen die abgelegte Studentenpfeife des Vaters, schwebten auch beim unerwarteten Auftauchen der wachsamen

Portiersfrau in tausend Ängsten, weil sie - hörbar schnobernd - Brandgeruch wahrnahm ... Hier nun stellten wir aus einer alten Balkonmarkise ein Zelt her. Hier fanden wir auch einen alten Kochtopf, Seile zu einem Lasso, Alpenstöcke und bayrische Jacken. Unsere Ausrüstung stand. Maßstab für alles war immer das, was Prescher von den Steglitzer Unternehmungen wußte. Es fehlte nur die Möglichkeit zum Start. Der nächste Schulausflug gab sie uns. Wir ließen uns beurlauben, schlichen in unseren Unterschlupf, legten unsere »Rüstungen« an und zogen auf eigene Faust los nach Finkenkrug, in die Jagdgründe der Steglitzer Wandervögel. Angetan wie Kolonialsoldaten, das provisorische Zelt in langer Rolle umgehängt, aus zerschnittenen Wolldecken verfertigte Wickelgamaschen um die Beine gewunden, kühn nach Art des Afrikakorps aufgekrempte Tirolerhüte auf den Köpfen, Bergstöcke mit Eisenspitzen in den Händen, das Seil als Lasso am Ledergürtel hängend, wagten wir uns auf die Straße.

Unsere finanziellen Notwendigkeiten bestritten wir aus dem für den Schulausflug bestimmten Fahr- und Taschengeld. Obschon bestaunt, gelangten wir dennoch unangefochten bis zur Station Finkenkrug in Gesellschaft anderer Sonnabendausflügler. Prescher spähte nach anderen Wandervogelgruppen aus und war sichtlich erleichtert, daß keine da waren. In mir keimte der erste Verdacht, daß seine »Vereinsauffassung« vielleicht nicht die richtige sei. Daß in seinem Tun sich manche Gepflogenheit der echten Steglitzer Gruppe abzeichnete, ermaß ich später, als ich »eingetragener« Wandervogel geworden war. Beim ersten Konflikt zwischen uns - ich strebte in Richtung des mir bei Ausflügen mit meinen Eltern bekannt gewordenen Forsthauses, bestrebt, in Menschennähe zu bleiben - belehrte mich Prescher mit strenger Miene, daß er von jetzt an in unserer »Gruppe« Oberpachant sei, während ich als Scholar bedingungslos zu gehorchen hätte. Sonst stimmte das ganze Spiel eben nicht, und wir könnten umkehren. Meine Frage, wie wir das nächtliche Wegbleiben zu Hause erklären sollten, beschäftigte ihn stark, denn hieran hatten wir vordem gar nicht gedacht. Den Bahnhof noch in Sicht, dem Wald schon nahe, setzten wir uns auf eine Bank. Dann entschied mein Oberpachant, daß man nach Hause telefonieren müsse. Wir wanderten zum Bahnhof zurück: Er verständigte seine Eltern so geschickt und phantasiereich, daß unser vorgeblicher Schulausflug mit Forsthaus-Übernachtung bei reizenden Förstersleuten durchaus geglaubt wurde, Preschers Afrikapapa die Botschaft auch meinen Eltern übermitteln wollte und wir so unsere nächsten vierundzwanzig Stunden in Freiheit gesichert wußten. Ich empfand ein kleines, hohles, schnelles Pochen in der Brust, das auf dieser Unternehmung nicht das letzte bleiben sollte. Mit gemischten Gefühlen, einerseits in der Sicherheit der erlisteten Erlaubnis gewiegt, andererseits in der Unsicherheit des herausgeforderten Fatums schwankend, tippelten wir auf die grüne Wand zu, die weiten Waldungen Finkenkrugs.

Mein Oberpachant bewies angesichts des Geländes seine Fähigkeiten. Er schien es wirklich von Unternehmungen des echten Wandervogels her zu kennen. Daß er ein echter Wandervogel war und blieb, hat er sein junges Leben lang bis zu seinem Soldatentod im ersten Weltkrieg in den Ardennen bewiesen. Er war ein wenig pathetisch, aber das stand ihm gut. Als wir wirklich später mit seinem Bruder und den echten Steglitzern zusammen auf Fahrt gingen, zeigte es sich denn auch, daß die Gepflogenheiten denjenigen unserer kleinen Musterfahrt glichen. Prescher hatte nicht aufgeschnitten. Aber durch ihn gesehen, wurden die Dinge betonter, fesselnder, aufregender, als sie wirklich waren.

Der Wald nahm uns wie ein alter Bekannter auf, obschon wir Großstadtjungen waren, wie man sie sich reinrassiger gar nicht vorstellen kann. Die Waldverwandtschaft, die wie ein unabgelebter Rest von Steinzeitlichkeit in jedem Buben fortwest, nahm uns ausfüllend in Empfang. Bald hatten wir so sehr vergessen, daß wir einer merkwürdigen, noch nie erkundeten Einsamkeitsnacht entgegengingen, daß wir ganz erstaunt waren, als eine zunehmende Kühle von den Wipfeln auf uns sank, zugleich mit spürbarer Lichtverminderung und einem ungeheuer anregenden, fast nahrhaft zu nennenden Herbstgeruch. Nebel kamen auf. Nachdem wir mittags ungescheut die elterlichen Stullenpakete verzehrt hatten, empfanden wir uns selbst erst wieder, als uns der Hunger unmißverständlich durchröhrte. Und was für ein Hunger war das. Ein Hunger gleich jenem, den die ersten Menschen nach der Vertreibung aus dem Paradies empfunden haben mochten. Ein Extrahunger, dem eigentlich nur mit einem wohlbeschickten Abendbrottisch gedient gewesen wäre. Und gerade der stand uns nicht bevor. Uns stand eine schwarze Nacht bevor, die als ihre Vorläufer und Kundschafter nasse, immer dichter werdende Nebelwellen nach uns ausschickte.

Prescher, den ich mit unmerkbarer Absichtlichkeit, mir selbst kaum bewußt, in die tatsächlichen Gefilde jenes Forsthauses gelockt hatte, das wir so kühn als den Ort unserer Bleibe vorgeschützt hatten, begann sich suchend und witternd in der Gegend umzusehen. Pilze hatten wir diesmal nicht gesammelt. Aber mit Hirschkäfern, die es damals noch in Finkenkrug gab, hatten wir Turniere veranstaltet. Segelfalter, mit fast schulheftseitengroßen Flügeln, hatten wir gejagt, ohne je ihrer über Herbstblüten bebenden Körper habhaft zu werden; raschelnden Wesen in hohen, feucht um unsere Knie peitschenden Gräsern waren wir nachgegangen. Prescher hatte - große Überraschung - einen kleinen, von den Afrikafahrten seines Vaters stammenden Trommelrevolver vergeblich auf Krähen abgeschossen, um uns einen Abendbraten zu verschaffen. Und mein größter Kummer war gewesen, daß er mich nicht einen einzigen Schuß tun ließ, denn der Rest der Munition sollte für die Nachtwache aufgespart werden. Nachtwache, Abkochen - das waren auch solche Begriffe, die er vom Wandervogel mitgebracht hatte und die für mich in dieser Nacht, wie in späteren anderen Nächten, da ich wirklich Wandervogel geworden war, zu abenteuerlicher Bedeutung anschwellen sollten.

Kurzum, die Sache entwickelte sich aus ihrem eigensten Zwang dahin, daß wir das Forsthaus suchend umkreisten, uns aber nicht hineintrauten. Inzwischen war es Abend geworden. Letzte Ausflügler verließen den Wirtsgarten. Das große Anwesen, mit Hirschgeweihen über den Pforten, versank in Schweigen; nur im Hauptbau gab es noch menschliche Geräusche. Und als sich Türen und Fenster schlossen, nur noch zwei, drei Fenster hell waren, lebte bloß noch der Kettenhund draußen, den wir sich kratzen hörten, weil dann seine Kette rasselte. Ab und zu, wenn von unserem Herumschleichen ein Zweig knackte, gab er Laut, wurde aber wütend vom Haus her beschwichtigt. Nun sahen wir, daß wir die Hoffnung, hier irgendwo Anschluß zu finden, aufgeben mußten. Das Anwesen schien sich in Abwehr zu verschließen. Die Dunkelheit kam herbstträchtig und unaufhaltsam schnell. Schon war es eigentlich nicht mehr schicklich, Lärm zu schlagen und sich zu melden. Alle zugehörigen Schuppen waren gut verrammelt, die Riegel mit Schlössern gesichert. Das einzige, was uns zu untersuchen übrigblieb, war eine große Schiffchenschaukel, die zum Gebrauch durch die Sommergäste bereitstand, jetzt aber mit Segeltuchplanen überschnürt war. Wir umkreisten das verheißungsvolle Gerät, das im Finstern etwas von einem Massengalgen hatte, und wir dachten, daß es sich in einem solchen Schiffchen vielleicht müßte schlafen lassen. Prescher versuchte die Schnürung zu lockern. Er arbeitete sich dabei die Fingerspitzen wund. Als er mit seinem Afrikamesser daran herumzusägen anfing, gab es Lärm. Der Hund kläffte wütend los, mit allen Kettengliedern rasselnd. Stimmen aus dem Hause, die uns in die Flucht jagten.

»So geht es also nicht«, meinte Prescher. Nein, so ging es in der Tat nicht. Der Wandervogelzauber hatte versagt. Wir mußten uns in den dunkelsten Wald zurückziehen. Unterwegs aber waren wir im Hintergärtchen des Forsthauses über große, leiberhafte Früchte gestolpert. Kürbisse, die da an dorrenden Ranken fast unablösbar verankert lagen und mit trübem Gelb auf der Flut des Dunkels trieben. Prescher säbelte ihrer einen ab, und wir führten ihn mit als unser Nachtmahl.

Der »Oberpachant«, seine Gestalt nahm immer mehr eine indianerhafte Linie an, schlich vor mir her, als gäbe es für ihn kein Nachtproblem. Ich folgte ihm, als sei mir nur durch ihn, in seiner Gestalt, Rettung und Schlaf garantiert. Alles, was es in mir an Glauben an das Leben gab, hatte ich ihm überantwortet. Und alles, was Beängstigung in mir war, verwandelte sich zu Lauern, Kraft und Wille. Ich darf eigentlich sagen, daß ich kraft meiner Angst bestand.

Prescher hielt am Rande eines kleinen Abhanges und sagte: hier. Wir halfterten unsere beschwerlichen Bergsäcke ab, steckten die Wanderstäbe besitzergreifend in den Moosboden, entrollten die provisorische Zeltbahn und stellten eine dreieckige Bleibe her, die mit ihrem obersten Zipfel an einen Baum gebunden war. Es erwies sich, daß wir den Lappen viel zu klein geschneidert hatten. Das war ein Spielzelt nach den Maßen des Bodenraumes, aber nicht für zwei nebeneinandergestreckte Bubenleiber, die ehrlich Schlaf suchten. Es ging, wenn man die Beine draußen ließ und in die Rucksäcke versenkte.

Nun kam der feierliche Akt des Feueranzündens. Prescher befahl mir, Zweige zusammenzulegen. Als es mit Streichhölzern allein nicht flammen wollte, nahmen wir ein paar Blätter des Kommersbuches zu Hilfe, das Prescher, da es sich so gehörte, mitgeschleppt hatte. Ich sollte noch öfter über das staunen, was er seinem Rucksack wie einer unerschöpflichen Zisterne entwand. Hier nun wurde ich wieder mit einer jener rituellen Gesten vertraut gemacht, die, Prescher zufolge, im Wandervogel geübt wurden. Er nahm mir den Kürbis mit sanfter Gewalt ab, den ich mit wildem Hunger zerstückeln wollte, sagte, der erste Anschnitt gehöre dem

Oberpachanten, zog sein Afrikamesser und teilte den saftig gelben Lampion wie eine Torte auf. Mir wurde mein Teil mit ernster Miene zugewiesen. Dann schüttete Prescher den Inhalt unserer Milchkakao-Wanderflasche, von unseren Müttern liebevoll bereitet, in den Kochkessel, hängte ihn über gekreuzten Ästen in die Glut, spießte seinen Kürbisanteil auf angespitzte Zweige, röstete sie, bis sie unerkennbar schwarz geworden waren, und befahl mir, ein Gleiches zu tun. Meine Kürbisschnitte fiel in die Asche, und wir entdeckten, daß sie damit zugleich gesalzen sei. Dieses frugale Essen gab uns die Geborgenheit zurück, da es dampfendheiß war. Im Lagerfeuer bereitete Dinge können noch so gräßlich schmecken, sie strömen Beruhigung aus, beschäftigen den Esser und stellen eine behelfsmäßige Heimat her. Wir verbrannten uns am angebrannten Kakao, verschwärzten uns die Gesichter mit verkohltem Kürbis. Und dann nahm Prescher die Reste des Kommersbuches vor und las mit guter Betonung Lieder vor, die im Wandervogel gesungen wurden. Ich hätte es nie für möglich gehalten, daß in diesem öde aussehenden Notenbuch so kühne, unsere Situation beschreibende und sie heroisierende Dinge stünden. Krachte es im Walde, knisterte es von Maulwürfen oder Ratten am Boden unter den Büschen, hob Prescher den Trommelrevolver mit feierlicher, drohender Langsamkeit in die Gegend, woher das Geräusch kam. Der Waldnebel verdichtete sich um das Feuer herum zu imaginären Wänden. Prescher prahlte, wie viele und was für merkwürdige Fahrten er schon mit dem Wandervogel gemacht habe und daß wir beide jetzt eine Ortsgruppe Friedenau bildeten, da wir die Feuerprobe bestanden hätten. Wir müßten jetzt nur noch zehn oder zwölf andere Jungen dazu werben, dann würden wir von dem Oberpachanten Karl Fischer in die Innung aufgenommen und könnten fürderhin an deren Geheimnissen teilhaben. Wir hätten lediglich Gehorsam zu schwören. Dann wären wir im Besitz einer besonderen Freiheit, die uns die tollsten Streiche ermöglichen würde, da als Deckung eine große, fest zusammenhaltende Gemeinschaft dahinterstünde.

Mir kam die Wirklichkeit nach all diesen Eröffnungen erst wieder unangenehm nahe, als Prescher beschloß, daß jetzt geschlafen werden solle. Er suchte sich - das sei das Recht des Oberpachanten, betonte er auch hier - den besten Platz in unserem dreieckigen Zeltwinkel, befahl mir, dem Feuer auf eine gewisse unbeschreibliche Art ein schnödes Ende zu bereiten - »du wirst dazu doch nicht unseren schönen Kakaorest benutzen wollen«, höhnte er - und tat so, als schliefe er, während ich noch mit der Regelung meines ungewohnten Bettes beschäftigt war. Ich tat dann auch so, als schliefe ich, und merkte infolgedessen, wie er bei jedem stärkeren Waldgeräusch aufschreckte, den Revolver hob und sich immer erst nach langem Zögern wieder zurücksinken ließ. Von unten durchdrang uns, trotz des untergelegten Löwenfells, unwiderstehliche Kälte. Der Nebel schlug sich als Nässe auf unseren Gesichtern, unsern Anzügen nieder. Im Magen gärte das komische Abendbrot. Der Wind geigte über unsere Haare hin. Ein stoßendes Raunen umschlich uns und war nach Preschers Auskunft eine Wildsau. Es muß nach Mitternacht gewesen sein oder später, als ein unendlich trauriges Grauen langsam, aber zunehmend in den Wald rann und zugleich eine furchtbar drückende Kälte entbreitete. Es war, als ob schwere, vereiste Wolldecken über uns sänken, und wir lagen darunter, wie Falter in ihrer Puppenhülle eingesperrt. Erst das zunehmende Licht schien

Erleichterung zu bringen. Wenigstens kam es uns so vor. Und als ich nach einem kurzen Nickerchen, das mich wirklich bis an das häusliche Bett entführte, plötzlich, irr erschrocken, aufschnellte, war Prescher schon wieder mit dem Anfachen des Feuers beschäftigt. Der Rest des Kommersbuches ging dabei drauf. Und der Rest des angebrannten Kakaos, in dem nun ein paar Waldmücken und Kiefernnadeln herumschwammen, war nicht richtig heiß geworden. Das Kürbisfrühstück löste Rebellion in unseren Mägen aus, und auch die letzten Schüsse aus dem Afrikarevolver vermochten uns keine Sonntagsbratenkrähe aus den Wipfeln herunterzuholen. Außerdem brachte die Knallerei einen interessierten Förster auf unsere Fährte, der zu unserm Glück keinen Hund bei sich hatte. Wir ließen ihn, in einer Hecke wilder Brombeeren versteckt, an uns vorüber, er wandte horchend den Kopf nach allen Seiten. Dornenzerschunden machten wir uns auf den Weg nach dem Bahnhof. Prescher stellte die Richtung nach der Verwitterungsseite der Baumstämme fest. Die merkwürdigsten Dinge hatte er beim Wandervogel gelernt. Und er sparte nicht mit Belehrung.

In mir aber siegte die Vorstellung des sonntäglichen Mittagessens zu Hause über alle Waldverwandtschaft. Wir erreichten die Bahn, wir erreichten die Bachestraße. Wir überwanden das befremdete Erstaunen unserer Eltern, die uns erst gegen Abend zurückerwarteten, gemäß unserer Telefonauskunft.

Meine erste Bekanntschaft mit dem, was Wandervogel sei, hatte sich hergestellt.

Entwicklungen / Vielfalt der Bünde

Runde: Autor, Hans Helmut, Ernesto

- Das klingt ja beschämend schlicht. Kaum zu glauben, daß so die Auftakte einer Bewegung beschaffen waren, die wenig später zu einem komplizierten und leidenschaftlichen Gebilde anschwellen sollte. Überfrachtet mit Weltanschauung, Verheißung, esoterischer Hoffnung, Lebensreform, völkischen Idealen, Kunst, Dichtung, Staatsphilosophie und Sendungsstolz. Wie kam euch selbst denn damals dieser Anfang vor? Ahntet ihr, daß ihr euch da einer Sache ausgeliefert hattet, die mehr und mehr Besitz von euch ergreifen, ja euer ganzes späteres Leben entscheidend bestimmen würde?

- Natürlich hatte damals keiner von uns ein Vorgefühl, daß er mit dieser ersten »Nachtfahrt« Schicksalsgelände betreten hätte.

- Eigentlich war es so etwas wie eine Juxpartie. Wenn ich nur daran denke, welche Bedeutung später, und bis heute hin, der »Kluft« beigemessen wurde - sogar Aufbau, Einrichtung, Art und Weise des Gepäcks unterliegen da einem bestimmten Komment -, dann interessiert mich wirklich, ob bei euch Anfänge dazu festzustellen waren.

- Unsere Aufmachung erinnerte vielleicht ein wenig an die Wanderburschen und Tippelbrüder, wie sie in Eichendorffs Zeiten über die Landstraßen zogen.

- Also Pilgerhut, Försterjacke, Kniehose von der Art, die man in der späteren, eitleren Periode der Jugendbewegung herablassend als »Halbmast« bezeichnete; teils Rucksack, teils Ranzen, Schnürstiefel statt der späteren koketten Haferlhalbschuhe mit der gefransten Lasche. Vielleicht auch schon Halstücher?

- Selten. Es hatte wenig Phantasie, was da in uns und mit uns geschah, so wenig, daß die Erinnerung diese frühen Bilder nur ungenau beleuchtet. Und auch das Wohlgefühl, das uns beschlich, hatte etwas Unbeholfenes, etwas Unartikuliertes, wenn ich so sagen darf.

- Ergänzen wir also deinen frühen und meinen späteren Eindruck, indem wir die Wandervogelschriften zu Rate ziehen, in denen eine Selbsthistorisierung zustande kommt. Eine Selbsthistorisierung freilich, über deren einzelne Fakten von Anfang an Uneinigkeit bestand. Deswegen erscheint mir unerläßlich, daß ich an dieser Stelle unserer gemeinsamen Erkundung einen anderen Freund ins Gespräch ziehe. Du, Ernesto, gehörst mit deinen sechsundsechzig Jahren ebenfalls zu den ältesten Kumpanen. Bitte, hilf mir, den Dingen ein ungefähr genaues Gesicht zu geben. Denn daß das Zeugnis des Menschen ungewiß sei, haben wir im Laufe unseres Lebens mehr als oft erfahren müssen. Dieselbe Sache hat einen Schatten geworfen, der von jedem anders gedeutet wird. Wir tragen dieser Tatsache Rechnung, indem wir sie voraussetzen. Meine Absicht gebe ich mit dem Folgenden zu erkennen. Ich will im Sinne dessen, was wir hier vorhaben, eine Aufteilung der Entwicklung des Wandervogels wagen. Die erste Phase seines Wirkens scheint mir richtig bezeichnet, wenn ich sie die ***archaische*** nenne. Ich denke, daß ihre Grenze und Umwandlung mit dem Ende des ersten Weltkrieges gegeben war, obschon die zweite Phase, die ich die ***klassische*** nennen möchte, mitten in der ersten ihren Anfang nahm. Die dritte Phase beginnt somit in der Mitte der zweiten, d.h. sie gewann ihre

Impulse durch die neuen Einsichten der Frontheimkehrer von 1918. Ich betrachte als ihre Initiatoren Robert Oelbermann, Begründer und Führer des Nerother Wandervogels, Ernst Buske, später Führer der Freischar, ferner den Führer des Jung-Wandervogels und die einflußreichen Außenseiter, wie den Führer des Nibelungenbundes, oder die dann noch später in Erscheinung tretenden drei Bünde mit ihren herausragenden Führern Fred, Tusk und Teut. Die von ihnen bestimmte und geformte letzte Phase, deren Wirkungen bis zum heutigen Tage vorhalten, nenne ich die *hellenistische*. Nach dieser Einteilung wollen wir verfahren. Die archaische Phase, wie begab sie sich?

- Zunächst eine Berichtigung aus meiner Sicht, wenn du sie gelten lassen willst: Robert Oelbermann in allen Ehren, aber ich glaube, daß du seinen damaligen Einfluß etwas überschätzt. Heute hat der Nerother WV eine ganz andere kulturgeschichtliche Bedeutung als um 1920, da er heute wirklich der einzige Bund ist, der noch den alten Stil pflegt und trotzdem nicht lächerlich wirkt. Das ist wenigstens *mein* Eindruck. Da die Gelbe Zeitung zur Zeit meiner Schriftleitung (1920/21) überbündisch (und ich immerhin schon siebenundzwanzig, achtundzwanzig Jahre alt war), schwebte ich zwangsläufig über den Einzelbünden, die ich nach bester Möglichkeit alle zu Worte kommen ließ. Die Nerother waren damals ein ganz kleiner Kreis. Oelbermann hat ja selbst geschwankt, er ging vom E.V. (dem großen Einheits-Bund, der ihm zu bürgerlich war) zunächst zum Alt-Wandervogel (AWV), der damals den überragenden Führer Ernst Buske hatte, verließ dann auch diesen. Nach Buskes Darstellung sieht es sogar fast nach Hinauswurf aus: »... daß die Bundesleitung (des AWV) den seinerzeit zum größten Teil aus dem EV übergetretenen Gau Rheinland (Oelbermann) zum Ausscheiden aus dem AWV veranlaßt hat, da der Gau eine besondere örtliche Vereinigung überbündischen Charakters, die sogenannte Rote Ritterschaft, über den Bund stellte und das dem Bundesgedanken nicht entsprach.« So Ernst Buske über die Bundeswoche August 1920 auf der Burg Altena, berichtet in Heft 2/3 (Februar/März 1921) der Gelben Zeitung.

- Eine jener Spaltungen also, die den WV zeit seines Bestehens wie eine Naturkatastrophe heimsuchten.

Was wir jetzt und hier aber haben sollten, ist eine Erläuterung der Namen und Zeichen, mit denen wir künftig umgehen werden. Damit wir auch denen verständlich bleiben, die nicht mit dabei waren.

∂

Es gibt einen altertümlichen Holzschnitt, betitelt »Die Wurzel Jesse«. Da wächst aus dem liegenden Adam hervor das ganze Riesenwesen der biblischen Geschlechter wie ein vielfältig verästelter Baum, als dessen Krönung dann zuoberst der Heiland da ist. Einen solchen Wesens-Stammbaum der Jugendbewegung zu zeichnen, wäre eine undankbare Aufgabe, denn man käme mit der Verästelung kaum zurecht, müßte einen gewaltigen Papierbogen nehmen, und nach allen Seiten hin dauernd erweitern und anflicken. Und was dem Baum, was dieser »Wurzel der Bewegtheit« zur Krönung wurde oder zur Mitte seines Bestehens, das ist noch nicht einmal faßbar. Stellen wir uns dieses Wuchergestrüpp einmal bildlich vor. Da läge zuunterst als menschlicher Nährleib zunächst der brave Steglitzer Student Hermann Hoffmann-Fölkersamb (1875-1955), der mit seinem Stenographenverein von Schülern des Steglitzer Gymnasiums den entscheidenden Anstoß zu Karl Fischers Gründung gab. Die Jahreszahl 1896 wäre als ursächliche Zeitbestimmung daneben einzutragen. Über ihm also wäre Karl Fischer einzuordnen unter dem Datum »4. November 1901«. Da wurde nämlich der Wandervogel regulär zur Gestalt erhoben. Als Vater dieses ungeheuer wirksamen Namens wäre das Porträt des Steglitzers Wolf Meyen einzubringen. Der Mythos will, daß dieses hochtönende Wort von einem Grabstein abgelesen wurde. Es stammt aus dem Gedächtnisspruch für eine jungverstorbene Dame namens Käthe Branco. Die also wäre mit in den breit aufstrebenden Stamm zu verflechten, so sonderbar uns auch dieser Beziehungszwang berühren will. Als nächstes aufschlußreiches Datum käme dann der »29. Juni 1904« in Frage. Da wurde die geheime Dämonie der Jugendbewegung zu einer offenbaren: die Spaltungs- und Verästelungssucht.

Eine erste Trennung leitete die unzähligen folgenden ein. Es entstand der »Wandervogel, eingetragener Verein zu Steglitz bei Berlin«, der Wert darauf legte, ins offizielle Vereinsregister aufgenommen zu sein. Abkürzung unter Kennern: »Steglitzer E.V.«. Als führender Kopf müßte Siegfried Copalle (1882-1957) in den Stammbaum verwoben werden. Die Frühgründung darf dann nicht verwechselt werden mit dem 1912/13 zustande gekommenen Wandervogel E.V.

In Gegenbewegung zu dem »Steglitzer E.V.« nannte Karl Fischer die Seinen »Alt-Wandervogel«. Als nächstes, bereits in den Wipfel hinaufleitendes Datum hätte der 20. Januar 1907 zu gelten. Da entstand, gegründet von Dr. Ferdinand Vetter-Jena (1877-1915), der »Wandervogel, Deutscher Bund für Jugendwanderungen«, unter Kennern mit der Abkürzung DB bekannt. Dem Umriß von Dr. Vetter gebührt ein sichtbarer Platz im Stammbaum, denn er brachte mit seinem Bund zum ersten Male die Alkoholabstinenz in Sicht und ließ an dem bisher nur auf Jungens beschränkten Wanderspaß auch die Mädchen teilhaben. Aus dem Umriß Vetters müßte man dann als die wichtigsten Führer der Jugendbewegung nach Karl Fischer die Köpfe von Hans Breuer (1883-1918), Vater des »Zupfgeigenhansl«, und Hans Lißner, Freund Breuers und von überragender geistiger Bedeutung für die Wanderwelt, hervorwachsen lassen. Dieser so gut mit Köpfen beschickte Bund überrundete bald Karl Fischers Alt-Wandervogel und setzte sich an die Spitze des Auseinandergedeihens der Jugendbewegung.

Mit dem Datum »November 1910« befinden wir uns dann schon mitten im Laubgeraschel der breithinwogenden Baumkrone. Da wurde der mythosfrohe Jung-Wandervogel in Hamburg gegründet. Er stellte eine Abspaltung vom Altwandervogel dar. Sein erster Bundesleiter war der Redakteur Friedrich Schütt, Hamburg. Der Jung-Wandervogel verfocht das Prinzip der Auslese, hielt an der Urform des WV fest, darin die Mädchen nicht vorkamen, blieb zahlenmäßig klein, aber erwarb sich durch seine vorbildliche Haltung guten, ja dauerhaften Ruhm in der Jugendbewegung.

Dann wäre das Datum des 5. Januar 1913 mit schönen Farben auszuführen. Die Jugendbewegung, nunmehr nach Tausenden von Mitgliedern zählend, fing an, um ihre Einigung zu ringen. Hans Lißner wäre hier wieder mit eindringlich und nachdrücklich werbenden Gebärden darzustellen. Seinen Mahnungen folgend, schlossen sich der Steglitzer EV, der »Deutsche Bund« und der größere Teil des Alt-Wandervogels (3500 von 5000) zum Einigungsbund zusammen. Man nannte sich jetzt in Anlehnung an vorgeformte Begriffe: »Wandervogel, Bund für deutsches Jugendwandern, e.V.«, oder für Kenner abgekürzt: WV e.V. Der Abkürzungsname E.V. galt von jetzt an nur noch für diesen starken Bund, da der ursprüngliche Steglitzer E.V. ja mit in ihm eingegangen war.

Hier nun wäre in den Wipfel noch der Rest-Alt-Wandervogel einzuzeichnen, der sich selbständig hielt und nach dem ersten Weltkrieg - vor allem unter seinem Führer Ernst Buske - zu neuer Bedeutung gelangte. Seine Fruchtbarkeit erwies sich auch darin, daß der spätere Nerother Wandervogel durch Spaltung aus ihm hervorging. Aber das war 1920, und da beginnt die eigentliche tropische Umfänglichkeit der bündischen Jugendbewegung. Sie mit allen ihren Namen und Führerpersönlichkeiten im Stammbaum einzuordnen bedeutet, ihn ins Grenzenlose erweitern.

Da kamen später noch der »Kronacher Bund«, die »Großdeutsche Jugend«, die »Entschiedene Jugend«, der »Jungnationale Bund«, der »Jungdeutsche Orden«, die »Freie sozialistische Jugend«, der »Köngener Bund«, die »Adler und Falken«, die »Falken«, »Quickborn«, »Wiking«, der »Nibelungen Bund«, die »Fahrenden Gesellen«, Pfadfinder, Reichspfadfinder, Ringpfadfinder, Neupfadfinder, »Vaganten«, »Geusen«, »Wanderscharen«, »Landstörzer«, »Sturmscharen« und »Landfahrer« dazu, ganz zu schweigen vom Germanenwandervogel, den Sonnen- und Lichtmenschen, den Eigenbrötlern mit den schwelgerischen Namen, Artamanen, Wehrwölfen, Edelweißlingen, Gralsbündlern usw.

Zu guter Letzt wäre dieser Stammbaum zum Festbaum zu erheben. Unzählige symbolische Vögel wären in seiner raschelnden Laubwelt unterzubringen. Silberreiher, Greife, kämpfende Wildschwäne, Möwen, Adler und Falken, alle, auf das schönste stilisiert, hätten da nebeneinander, übereinander, untereinander zu horsten, umgeben von mystischen Rosen, Sonnenrädern irischer, germanischer oder indischer Abkunft, umblüht von üppigen oder ausgedünnten Burgundischen Lilien. Und in seinem runenbildenden Astwerk, von welchem mehrfarbige geflochtene Kordeln, bunt bestickte Gitarrenbänder zu flattern hätten, müßten als heraldischer Schmuck Hellebarden, Kronen, Enterhaken, Kreuzritterembleme und Totemschnitzhölzer bündelweise im Sturmwind der hoffnungsvollen Aufbrüche pendeln. Nicht zu vergessen das mythische Raubzeug der edleren Klasse, wie Wölfe, Füchse, Bären, Drachen, Schlangen, Lindwürmer, die im Wurzelwerk hausen sollten, einträchtig nur hier und jetzt beieinander.

Umstrittene Fragen der Gründung / Die Dynastie der Fischer

Runde: Autor, Ernesto

- Der Reisebericht über Ostasien, den Marco Polo zu Anfang des 13. Jahrhunderts seinem Mitgefangenen diktierte, wurde von seinen Zeitgenossen als Lügenmärchen verspottet. Erst später erkannte man die erstaunlich realistische Wahrheitlichkeit, die ihm zum größeren Teile eignet. Marco Polo war sehr dicht an die Dinge herangegangen. Er war sogar eine Zeitlang Regierungsbeamter in China gewesen, da man dort für seine Art von genauer Vernunft Verständnis hatte, sogar Bewunderung hegte. Wahrscheinlich waren es die ersten Formen abendländischer Ratio, die man an ihm schätzte. Dennoch war China damals bereits eine stehengebliebene Uhr - es hatte die entscheidenden Leistungen seiner Kultur hinter sich. Und das war etwas, das Marco Polo bei aller Gescheitheit nicht zu übersehen vermochte. Er hielt den Stillstand dieser eigentlichen Kulturuhr einschließlich ihrer Durchwobenheit mit Staub, Spinngeweben und neueren, kleineren Uhrwerken, die teilweise die alten, kostbar ziselierten Maschinenteile wieder mit in Gang setzten, für die Realität des Ganzen, des jahrhundertealten, unendlich fein und weithin verflochtenen und veräderten Gewebes. Dieser Irrtum gibt seinen Schilderungen eine unfreiwillige Komik. Die Einsichten, die er den Gegebenheiten abgewann, sind an sich richtig, aber erst wir, die wir Geschichte, Kunst und Philosophie Chinas einläßlich ergründen konnten, sind in der Lage, die gehörigen Ergänzungen hinzuzufügen. In ähnlicher Situation befinden wir uns auch hinsichtlich des inzwischen riesenhaft und undurchdringlich gewordenen Gebietes der Jugendbewegung. Vielleicht ist sie tot, wie von vielen behauptet wird. In uns und mit uns aber lebt sie noch. Bereisen wir ihr umfangreiches Gebiet wie Marco Polo, aber nehmen wir zugleich den Vorteil wahr, zeitlich jenseits von ihr zu stehen. Und du, Ernesto, wirst uns den Weg zeigen. Oder die Wege ...

- Die erste Geschichte des Wandervogels schrieb Hans Blüher (1888-1955). Der erste Band erschien im Jahre 1912, weitere folgten. Die Wirkung war allgemein, aber sehr verschieden. Man freute sich, Dinge aus der Zeit des Urwandervogels zu erfahren, zumal der Verfasser ein gewandter Stilist war. Dann aber mehrten sich die ablehnenden Stimmen, als immer klarer wurde, daß Blüher mit seiner Darstellung kein echtes Geschichtswerk geben wollte, sondern eine ganz bestimmte Tendenz verfolgte.

Er selbst schreibt darüber in seiner Selbstbiographie: »Es kam darauf an, die öffentliche Meinung plötzlich zu überfallen, auf einmal völlig unvorhergesehen dazusein, und *so* dazusein, daß man aus dieser Position nicht vertrieben werden konnte ... Als der Druck der Aushängebogen sich nun seinem Ende näherte, tat ich folgendes: Ich schnitt mit der Schere die harmlosesten Stellen heraus, Landschaftsschilderungen, Fahrtenereignisse, Zeichnungen von Charakteren, was alles in geschicktem fontaneschem Stil verfaßt war, und versandte sie an einige Wandervogel-Zeitschriften mit dem Begleitschreiben, daß demnächst meine Geschichte des Wandervogel bei Bernhard Weise erschiene und ich sie bäte, den beiliegenden Auszug abzudrucken ...« Blüher wollte, wie er selbst bekennt, das »Plattfußvolk« (so nannte er den Wandervogel von 1912) »überlisten«: »Ich hatte mit all den kleinen Zeitschriften und Gaublättern Verträge abgeschlossen, die mir die Annahme von festen Anzeigen für den ein halbes Jahr später erscheinenden zweiten Teil sicherten. Das waren meine Vorbereitungen für den großen Schlag. Und nun stelle man sich das Entsetzen jener Wandervogel-Bürgergenerale vor, als die schwere Bücherkiste ankam, die das spannend erwartete Ereignis barg, und als sie den Geist des Buches zu spüren bekamen. Der Wandervogel - eine Jugendrevolution ...! Der Wandervogel - da stand es schon für feinere Ohren unmerklich zwischen den Zeilen - der Wandervogel wohl gar eine erotische Entladung heidnischer Art ...!«

Im ersten - nach des Verfassers Angabe also unverfänglichen - Bande las man dann: »Am Steglitzer Gymnasium gab, als Fischer noch nicht Student war, ein Hermann Hoffmann, späterer Kanzlerdragoman in Beirut, den Schülern der oberen und mittleren Klassen Unterricht im System der Stolze-Schreyischen Stenographie. Nun war Hoffmann ein Mensch, der den Zug ins Weite hatte, und da lag es denn nahe, daß der Stenographenverein auch einmal einen Ausflug machte, besonders da auch Karl Fischer, der als Ältester mit dazugehörte, sich gern im Freien tummelte und als Junge einer der Helden vom rauhen Berge gewesen war. Das Wandern schlug ins Blut, und da man nun immer weiter wollte, mußte man auf Mittel und Wege sinnen, die teuren Reisekosten möglichst herabzusetzen, denn sonst war an weite Sprünge nicht zu denken. Man entschloß sich also, das Essen immer selber zu kochen auf kleinen Spiritusapparaten oder auf dem Holzfeuer und des Nachts auf dem Heuboden zu kampieren, wie's die Handwerksburschen tun; wenn's nicht anders ging, konnte man ja auch im Freien schlafen ...«

Etwas später folgt eine Schilderung der später als klassisch bezeichneten Fahrt in den Böhmerwald, an der Blüher selbst nicht teilnahm. Darüber berichtete ein stenographisches Schülerblatt: »In das Gasthaussuchen kommt sehr oft ganz amüsante Abwechslung. Böhmen zum Beispiel ist gewiß ein schönes Land; dumm ist es aber, daß es da so viele Tschechen gibt. Wir hatten uns zwar schon einen ganzen Tag durch die ›stock‹ -tschechische Gegend mit Hilfe von fünf Vokabeln durchgeschlagen, hatten in der Kneipe in ungeniertester Weise nach ›böwa‹ geschrien und unterwegs tschechischen Bewohnern der durchwanderten Dörfer manch kühlen Wassertrunk abgelockt mit ein bißchen ›woda‹ kriegen - das ›woda‹ als den springenden Punkt im Chorus gesprochen. Am Abend aber ward die Sache kitzliger. Da standen wir in einem ›hostinew‹ des stocktschechischen Nestes und sagten mit herzbewegender Dringlichkeit eine der beiden für Gasthofzwecke auswendig gelernten Fragen nach Betten: ›rostanemedaribostél?‹ und ›muschemedarispéda?‹ her. Unglücklicherweise aber befand sich keines der aus dem Munde der Wirtin sprudelnden Worte unter unsern fünf Vokabeln. Erst unter Zuhilfenahme eines Strohhalms zusammen mit einer vollendet wiedergegebenen mimischen Darstellung des Schlafzustandes brachten wir aus der Herrin des ›hostinew‹ heraus, daß wir ein Lager aus Stroh haben könnten. Wir haben übrigens an jenem Abend unseren tschechischen Sprachschatz auf zehn Vokabeln vermehrt. Ja, wir haben am andern Morgen auch noch gelernt, wie man sich aus einem Kruge wäscht, ohne Waschschüssel und ähnliche Apparate. Kannst du das, werter Leser? Nicht? Na, dann höre zu deinem Nutz und Frommen: Wir machten zu dem Kruge Wasser und dem Eimer, den man uns hinstellte, natürlich dasselbe Gesicht wie der Hund in der Fabel, als er von seinem Gastgeber, dem Storch, Speise in Flaschen vorgesetzt bekam. Aber das Beispiel unserer eingeborenen Wirte zeigte uns, wie das Kunststück zu machen ist, nämlich so: Man nimmt einen kräftigen Schluck Wasser aus dem Kruge, befördert dieses nunmehr auch gleichzeitig ganz hübsch angewärmte Wasser in die hohlen Hände und ... na, und wäscht sich eben über dem Eimer. Wiederholung der Prozedur nach Bedarf.«

In seiner späteren Selbstbiographie, die an vielen Stellen vom Wandervogel handelt, erwähnt Blüher Hoffmann nicht mehr. Er spricht nur von Karl Fischer, von dem es im ersten Bande seiner Geschichte heißt:

»Des Sonntagmorgens um sieben Uhr sah man in Steglitz gewöhnlich nur ein paar Gendarmen auf und ab gehen oder Milchjungen und Semmelfrauen frostig von Tür zu Türe laufen; dann kamen wohl auch in warme Decken tief verhüllte Mädchen müdegetanzt vom Ball, und bleiche Kavaliere begleiteten sie. Alles andere schlief bis in die Kirchenglocken hinein.

Aber noch etwas: Am Bahnhof versammelte sich eine bunte und merkwürdige Schar. Man hörte einen einzelnen von weit her durch die totenstillen Straßen stampfen, dann ein Pfiff, der sich öfters wiederholte. Ein paar Schülermützen in verschiedenen Farben, dann ein grauer, breitgekrempter Schlapphut, und einer kam mit einem roten Tuch um den Hals ... Schließlich hörte man einen nahen, der kam immer zuletzt, weil er meinte, auf ihn könne man warten, und er war sehr böse, wenn man es nicht tat; er sagte dann, das wäre respektlos und gehöre sich nicht; auf den Oberpachanten habe man sich länger zu gedulden als auf einen beliebigen krummen Fuchs ...

Der da zuletzt kam, war der Älteste. Er trug einen braunen Spitzbart und hatte ein scharfgeschnittenes energisches Profil. Auch er trug kurze Hosen. Sein Gesicht war gebietend, und sie gehorchten ihm alle. Er war schon lange Student, aber man sah ihm nicht an, daß er was damit hermachte ...« Abends kamen sie dann müde von der Fahrt zurück, und die braven Steglitzer Sonntagsspaziergänger amüsierten sich über die merkwürdigen Gestalten:

»Man sah sich um und lachte, und wenn man nicht lachte, so sollte das eben nur heißen, daß man nicht albern genug sei, um über so etwas zu lachen. - ›Der verrückte Fischer!‹ sagte man nur und ging weiter. Der ›verrückte Fischer‹ hieß mit richtigem Namen Karl Fischer und ist der Begründer der Wandervogelbewegung.«

Soweit Hans Blüher. Bis heute noch ist der Streit nicht verstummt, ob man Karl Fischer oder Hermann Hoffmann als den wahren Gründer des Wandervogels anzusehen hat. Wir wollen kein Urteil abgeben, sondern uns auf die Tatsachen beschränken, soweit sie neuerdings bekanntgeworden sind.

Der 1955 gestorbene Hermann Hoffmann-Fölkersamb hat im Jahre 1952 dem Archiv der deutschen Jugendbewegung Burg Ludwigstein ein Manuskript zur Verfügung gestellt: Aus der Frühzeit des Wandervogels. Darin erwähnt er ein Erlebnis aus dem Jahre 1890. Der Fünfzehnjährige war Untersekundaner in Magdeburg. Man las in der Deutschstunde ein Lesestück »Hoch das Wandern!« Es war schön warm, und die meisten Schüler »schliefen« - nach dem alten Erfahrungssatz: Wenn alles schläft und einer spricht, so heißt das Ganze Unterricht.

»Plötzlich ein Faustschlag unseres Prof. Sträter auf das Pult: ›Jungens, was seid ihr für Schlafmützen! Was ihr da hört, ist euch wohl ganz egal? Als wir Jungens waren, da sparten wir unsere Groschen zusammen, und zu Pfingsten oder in den großen Ferien, da ging das Wandern los ...‹ Das packte! Wenigstens einige von uns. In den nächsten Sommerferien wanderte ich mit meinem jüngeren Bruder und einem Klassenkameraden zum Magdeburger Tor hinaus, den Tornister auf dem Rücken - die Zeit der Rucksäcke war für Norddeutschland noch nicht gekommen -, wanderte in Tagemärschen von vierzig Kilometern zum Harz, im Zickzack durch diesen und nach achtzehn Tagen heimwärts durch das gleiche Tor.«

War diese Deutschstunde des Jahres 1890 die Geburtsstunde des Wandervogels, und war die »Hebamme des Gedankens« (so nannte sich ja Sokrates) jener Professor Edmund Sträter? Hoffmann bestand im Herbst 1894 die Reifeprüfung und ließ sich kurz darauf in Berlin als Student der Philologie immatrikulieren, holte das Graecum nach und studierte Jura. Wie es schon Blüher erwähnt, erteilte er Schülern der Mittel- und Oberstufe des Steglitzer Gymnasiums Kurzschriftunterricht, und zwar kostenlos. Mit seinen Stenographieschülern unternahm er dann kleinere und größere Wanderungen.

Er selbst berichtet darüber: »Gelegentlich suchten mich Teilnehmer (des Stenographie-Lehrgangs) - darunter der Sekundaner Karl Fischer - in meiner Bude auf. Wir stöberten in meiner kleinen Bücherei herum. Dabei fanden sie ein kleines handgeschriebenes Buch, in dem ich die erwähnte Harzwanderung mit ein wenig Scherz und allerlei Skizzen geschildert hatte. Aufregung: Das müssen Sie auch mit uns machen!«

Seit dem Sommer 1896 wurden zunächst halb- bis eintägige Wanderungen in den Grunewald unternommen. 1897 folgte eine zweiwöchige Fahrt in den Harz, 1898 eine vierwöchige durch den Harz, durch Thüringen, Rhön und Spessart bis nach Köln. Dann kam 1899 jene klassische vierwöchige Fahrt ins Böhmerland mit über zwanzig Teilnehmern. Dazu gehörten solche, die in der Jugendbewegung noch eine Rolle spielen sollten: der Unterprimaner Karl Fischer, der Untersekundaner Hans Breuer, der Oberprimaner Bruno Thiede und der Obersekundaner Richard Weber. Hans Breuer wurde später die bedeutendste Persönlichkeit des gesamten Vorkriegswandervogels, Thiede und Weber gehörten zu dem 1904 abgesplitterten Steglitzer Sonderbund, dem sogenannten Steglitzer E.V.

Auf der Böhmerwaldfahrt war Hoffmann der »Oberhäuptling«, Arthur Dellemann und Karl Fischer waren »Häuptlinge«. Im Herbst 1899 wurde Hoffmann nach Ablegung der ersten Staatsprüfung vorübergehend nach Magdeburg berufen. Im Januar 1900 kehrte er noch einmal nach Berlin zurück, um seine Ausreise nach Konstantinopel vorzubereiten.

Mit Karl Fischer hatte er damals eine wichtige Unterredung, über die er in seinem Brief vom 9. Dezember 1952 berichtet: »Ich traf mich mit Karl Fischer vor meiner Abreise nach Konstantinopel Ende Januar oder Anfang Februar 1900 auf dem Steglitzer Fichtenberg bei der Bank auf dem Aussichtsplatz, da, wo heute das Paulsen-Denkmal steht. Wir sprachen zunächst rückblickend über die gemeinsam verlebten Wanderungen. Ich suchte Fischer für den Plan zu begeistern, diese Art des Jugendwanderns über Steglitz hinaus unter der deutschen Jugend zu verbreiten. Als verheißungsvollen Anfang wies ich auf das Beispiel der Gebrüder Hellmuth hin, die im vergangenen Jahr aus Steglitz nach Hameln übergesiedelt waren und dort alsbald in ihrem Kreise Wanderungen nach Steglitzer Art begonnen hatten. Ich fand bei Karl Fischer volles Verständnis für meinen Plan. Daß ich selbst solcher Ausbreitung unseres Wanderideals mich nicht mehr würde widmen können, da mich mein Beruf wohl dauernd ins Ausland bannen würde, war mir schmerzlich. Doch glaube ich Karl Fischer so erwärmt oder gar begeistert dafür gefunden zu haben, daß ich beruhigt und mit einem Glückwunsch für solche Aufgabe von ihm scheiden konnte.

Ich habe es im Sinne unserer Fichtenberg-Abrede aufgefaßt, als Karl Fischer nach bestandenem Abitur (Herbst 1901) sich dieser Aufgabe besonders zu widmen begann. Es war für mich auf meinem Auslandsposten eine Beruhigung und herzliche Freude, gelegentlich die Erfolge der Tätigkeit Karl Fischers zu erfahren und auf einem Heimaturlaub - den gab es damals noch nicht jedes Jahr - mit eigenen Augen auf Wanderungen zu sehen. Karl Fischer selbst hüllte sich allerdings mir gegenüber in Schweigen. Briefeschreiben lag ihm wohl nicht. Ob bei unserem Planen auf dem Fichtenberg schon an einen »Bund« für Schülerwandern gedacht worden ist, weiß ich nicht mehr, glaube es aber nicht: Solche konkrete Form für das zu Erstrebende lag damals wohl noch zu fern.«

Im Februar 1900 ging Hoffmann im diplomatischen Dienst des Deutschen Reiches an die Botschaft in Konstantinopel. Er wurde später Konsul und Generalkonsul. Außer in der Türkei war er auch in der Tschechoslowakei und in Polen. Überall hat er den VDA (Verein für das Deutschtum im Ausland) tatkräftig unterstützt. Immer hat er, wo er konnte, bedrängten Menschen geholfen. Freiheit und Recht gingen ihm über alles, und da er mit seiner Meinung nicht zurückhielt, fiel er während der Nazizeit in Ungnade. Aus Trapezunt wurde er abberufen, weil er sich der Ausführung eines Befehls widersetzt hatte. Vorübergehend wurde er sogar in Haft genommen. Seit 1950 wohnte er in Kiel. Alle Kinder, die ihn kannten, liebten ihn, da er sie trotz seines hohen Alters noch mit der Vorführung eines Kasperltheaters ergötzte, für das er selbst kleine Stücke verfaßt hatte. »Kinderlachen steht bei mir hoch in der Schätzung«, schrieb er noch im Jahre 1954. Am 20. September 1955 starb er als Achtzigjähriger.

- Du nimmst es genau, Ernesto. Dir eignet ein cartesianisches Kalkül, das unter Freunden selten, unter Brüdern nie anzutreffen ist. Daß wir hier einfach nur WV-Geschichte treiben, ist nicht geplant. Es soll die *Romanze* einer solchen entstehen. Erlaube daher, daß ich, meiner Unart gemäß, immer wieder Betrachtungen einflechte, die störend wirken. Sie sollen aber dessen tatsächliche Kleinheit oder gar Großheit hervortreten lassen. Du sagst Karl Fischer, und ich denke Odysseus. Der Vergleich bekommt dadurch Sinn, daß anscheinend beide erst von der Nachwelt als Persönlichkeiten zubereitet worden sind. Den Anreiz steigernd, fügt sich hinzu, daß es kaum ein Epos der Weltliteratur gibt, welches den Mann und alle seine Lebens- und Daseinsabenteuer in derart »ähnlicher« Weise weiterspiegelt. Odysseus, so gutmütig wie boshaft, so stark wie schwach, so heimtückisch wie edelmütig, so naiv wie unerfahren, so Held wie Pirat, so verführbar wie treu, versammelt eigentlich jede Sorte Mannheit in seiner breiten Brust und wirkt sich in ihr aus. - »O Muse, gib Kunde von dem mehrfach gewandten Mann, der allzusehr umgetrieben wurde, nachdem er die heilige Stadt Troja zerstört hatte, und der vieler Menschen Behausungen kennenlernte und ihr Sinnen und Trachten erfuhr - er, dessen Herz auf dem Meer manches zu erdulden gehabt hatte, da er für sein Leben besorgt war und sich aber auch um die Heimkehr seiner Schiffsgenossen bemühte. Aber wie stark er es auch wünschte, es gelang ihm nicht ...« Und damit, Ernesto, gehört das Wort wieder dir.

- Karl Fischer (1881-1941) ist im Drama der Jugendbewegung die tragische Gestalt. Die Schicksalsfrage »Sein oder Nichtsein?« hing zeit seines Lebens drohend über seinem Haupte, und für seine letzten Jahre passen Hamlets Worte: Der Rest ist Schweigen. Und doch kann ein zusammenfassendes Urteil über ihn nur das gleiche sein wie das, womit Hamlet seinen ermordeten Vater rühmt: Er war ein Mann, nehmt alles nur in allem ...

Seine besten Jugendjahre hat er, statt sich wie andere junge Leute auf einen Lebensberuf vorzubereiten, dem Wandervogel geopfert, für vierzehn lange Jahre verschwand er nach Ostasien und wurde fast zu einem Mythos. Als er endlich in die Heimat zurückkehrte, war er enttäuscht, verbittert, mutlos geworden, er, auf den so viele als den Wiedererwecker der alten Herrlichkeit gehofft hatten.

Robert Oelbermann schrieb im Jahre 1920: »Karl Fischer, der Du unser Sehnen, unser Träumen und unsere himmelstürmende Begeisterung verstandest, der Du uns die Gestaltung unseres brausenden, jugendlichen Lebens zeigtest, der Du uns Führer wurdest, wir lieben Dich und stehen zu Dir mit ganzem Herzen. Wir grüßen Dich! Sei uns willkommen in unserm gemeinsamen deutschen Vaterland!«

Welchen Eindruck er als junger Student auf junge Menschen machte, hat Hans Blüher beschrieben: »Ich fand mich pünktlich sieben Uhr abends in Steglitz, Sedanstraße 43, drei Treppen links, ein. Schon auf der Treppe hörte ich dumpfen Gesang, dazu den Klang eines Instrumentes, das ich noch nie gehört hatte: einer Gitarre. Ich blieb einen Augenblick stehen und hörte Eichendorffs Lied:

Ade in die Läng' und Breite,
O Prag, wir ziehn in die Weite,
Et habeat bonam pacem,
Qui sedet post fornacem.
Nun weht schon durch die Wälder
Der kalte Boreas ...

Ich klingelte schüchtern, und ein Schulkamerad öffnete mir. In der qualmigen Studentenbude saßen und hockten durcheinander, die alten Burschen und Bachanten, Hans Breuer, der spätere Verfasser des »Zupfgeigenhansl«, Wolf Meyen, Mäcke Preuß, Dora Krüger (kein Mädchen natürlich), Hermann Bauer, der sich später um eines Mädchens willen erschoß, Bruno Thiede, Richard Weber, Siegfried Copalle, die drei späteren Abtrünnigen, und andere mehr.

Im Hintergrund saß ein Mann mit einem Spitzbart und mit der Gitarre auf den Knien: Karl Fischer. Ich sage ›Mann‹, denn so wirkte er auf uns; in Wirklichkeit war er ein älterer Jüngling; er hieß mit seinem Titel: der Oberbachant. Ich wurde vorgestellt und mit ›Heil!‹ begrüßt. ›Willst du‹, sprach Karl Fischer mit kultischem Ernst, ›nachdem du erfahren hast, wer wir sind und was wir wollen, angehören als Fuchs zunächst dem löblichen Stande der Fahrenden Scholaren?‹ - ›Ja, das will ich!‹ - ›Willst du Treue geloben diesem Stande, der den Namen Wandervogel trägt, und Gehorsam leisten dem Oberbachanten, den Bachanten und Burschen, die über dich gesetzt sind, soweit dein Gewissen es zuläßt, so sage laut und vernehmlich: ›Ja, das will ich!‹ - ›Ja, das will ich!‹ - ›Habt ihr das alle gehört?‹ fragte er die Anwesenden. ›Ja!‹ erklang es deutlich. Darauf folgte der Handschlag des Oberbachanten, der mich mit den Worten entließ: ›Damit bist du aufgenommen in den löblichen Stand der Fahrenden Schüler!‹- Mit diesem Tage begann das Glück meiner Jugend.«

(Die Bezeichnung »Bachanten« hatte Fischer eingeführt, der die Neulinge immer wieder darauf hinweis, daß das nichts mit »Bacchus« zu tun habe, sondern vom lateinischen »vagantes« stamme, wie sich die Fahrenden Schüler des Mittelalters genannt hatten. In Süddeutschland sagte man zumeist »Pachanten«.)

Anfang 1900 hatte jene wichtige Unterredung zwischen Hoffmann und Fischer stattgefunden. Karl Fischer bestand im Herbst 1901 das Abitur und ging sofort daran, Hoffmanns Anregungen zu verwirklichen. Nun waren aber Schülervereine jeder Art damals verboten, und so kam Karl Fischer auf den Gedanken, einige angesehene ältere Männer zu gewinnen, die bereit waren, mit ihrem Namen für die Sache der Jugend einzustehen. Für den Abend des 4. November 1901 wurde eine Zusammenkunft im Ratskeller von Berlin-Steglitz (damals hieß es nur »Steglitz«, die Eingemeindung erfolgte erst später) verabredet. Von den zwölf Leuten, die an dieser Sitzung teilnahmen, sind zehn namentlich bekannt:

Ältere: die Schriftsteller Wolfgang Kirchbach, Heinrich Sohnrey, Hermann Müller-Bohn und August Hagedorn, der Arzt Dr. Hentzelt. Junge: Karl Fischer, Bruno Thiede, Ernst Kirchbach (Sohn des Wolfgang K.), Siegfried Copalle und der Mechanikerlehrling Wolfgang Meyen. Dieser war der jüngste von allen, hatte aber den besten Gedanken, als er vorschlug, den neuen Bund »Wandervogel« zu nennen. Hans Breuer, damals noch Unterprimaner, konnte an der Sitzung nicht teilnehmen.

Das Wort »Wandervogel« - in der Umgangssprache weniger gebräuchlich als »Zugvogel«, aber von Joseph von Eichendorff und Otto Roquette schon vor Jahrzehnten in Gedichten angewandt - hatte man bereits vorher auf einem Grabstein des Dahlemer Friedhofes entdeckt. Aber erst am 4. November 1901 beschloß man auf Meyens Vorschlag, den neuen Bund so zu benennen, und dieser Name sollte für Tausende von jungen Menschen ein Zauberwort, ein »Sesam, öffne dich!« werden, das sie aus dem Zwang des Alltagslebens erlöste. Der Grabstein, »Brancostein« genannt, ist noch jetzt auf dem Dahlemer Friedhof zu sehen. Die Inschrift lautet:

Wer hat euch Wandervögeln
Die Wissenschaft geschenkt,
Daß ihr auf Land und Meeren
Nie falsch die Flügel lenkt?
Daß ihr die alte Palme
Im Süden wieder wählt,
Daß ihr die alten Linden
Im Norden nicht verfehlt?

Nach außen war die Neugründung kein Bund der jungen Wanderer - so umging Fischer das Verbot der Schule -, sondern ein Verein der älteren Herren, der den schönen Namen »Ausschuß für Schülerfahrten« bekam. Später trat dem eigentlichen Jugendbund als Helfer der sogenannte »Eltern- und Freundesrat« zur Seite, dessen abgekürzte Bezeichnung »Eufrat« häufig zu ergötzlichen Verwechslungen mit dem gleichnamigen Fluß führte.

Es war ein glücklicher Zufall, daß der damalige Leiter des Steglitzer Gymnasiums, Robert Lück, der auch schon Hoffmann die Wanderungen mit den Schülern erlaubt hatte, für den neuen Gedanken aufgeschlossener war als die meisten Schulleiter, so daß in Steglitz dem langsam wachsenden »Wandervogel« nicht die Hemmnisse in den Weg gelegt wurden, die an vielen anderen Schulen zu überwinden waren. Lück erlaubte sogar seinem eigenen Sohn den Beitritt.

Es ist nicht ganz leicht, sich von der Persönlichkeit Karl Fischers ein klares Bild zu machen. Außer der Beurteilung Hans Blühers, der in Fischer einen Helden sieht, liegen noch mehrere andere vor. Sie stimmen darin überein, daß Fischer ein sehr selbstbewußter Mensch war, er sah in sich gewissermaßen die Inkarnation der Idee »Wandervogel«. Da es auch unter seinen Gefolgsleuten selbständig denkende Köpfe gab, konnte es nicht ausbleiben, daß sein »Cäsarismus« - so nannte es Hans Breuer später einmal - auf Widerspruch stieß. Bis zum ersten Weltkrieg hat der Wandervogel sich noch öfter gespalten. Alle nach und nach entstehenden Einzelbünde aufzuzählen, würde den Unkundigen, der diese Entwicklung nicht selbst miterlebt hat, nur verwirren. Deshalb seien nur die beiden wichtigsten erwähnt. 1904 sonderte sich der Steglitzer eingetragene Verein (kurz Steglitzer E.V.) ab, begründet von den »Abtrünnigen« (Blüher): Thiede, Copalle und Weber, und im Januar 1907 bildete sich der »Wandervogel, Deutscher Bund für Jugendwanderungen« (kurz: DB), der dann unter Führung Hans Breuers bald die anderen Bünde zahlenmäßig weit hinter sich ließ. Fischers ursprüngliche Gründung bestand unter dem Namen »Alt-Wandervogel« weiter. (Von ihm splitterte 1910 der zahlenmäßig immer klein gebliebene »Jung-Wandervogel« ab.) Nie aufhörende Einigungsversuche führten im Jahre 1911 zunächst zu einer Art Interessengemeinschaft, dem »Verband deutscher Wandervögel«, 1912/1913 dann zum Zusammenschluß im »Wandervogel eingetr. Verein« (kurz WV e.V. oder E.V.), dem sich die größte Zahl der Bünde anschloß, aber durchaus nicht alle!

Kehren wir zu Karl Fischer zurück. Er hat das unbestreitbare Verdienst, den Wandervogelgedanken in ganz Deutschland lebendig gemacht zu haben. Eine Zweig-Ortsgruppe entstand in Lichterfelde; Lüneburg folgte als erste Gründung außerhalb Berlins, und so entstanden allmählich Ortsgruppen in ganz Deutschland, später sogar in Österreich und der Schweiz. Ein Plan, während des ersten Weltkrieges im nördlichen Teil des besetzten Belgiens einen »flämischen Wandervogel« zu gründen, ließ sich natürlich nicht durchführen; er sei hier nur als Kuriosität erwähnt.

Die Abspaltung des Steglitzer E.V. im Jahre 1904 versetzte Karl Fischer einen schweren Schlag. Als der DB im Jahre 1907 begründet wurde, war er schon nicht mehr in Deutschland. Sein Studium (in Berlin, zeitweilig in Halle) vernachlässigte er. 1906 meldete er sich als Einjährig-Freiwilliger zum Seebataillon nach Tsingtau, jener winzigen deutschen »Pachtkolonie« in China. 1914 geriet er dort in japanische Gefangenschaft und kehrte erst 1920 nach Deutschland zurück.

Über sein Leben in China vor dem Kriege ist erst kürzlich einiges bekanntgeworden. 1907 war sein Dienstjahr beendet. Er blieb aber im Fernen Osten und wurde Schriftleiter bei einer kleinen Zeitung, dem »Ostasiatischen Lloyd«. Daneben gab er ein Blättchen in chinesischer Sprache heraus, in dem er versuchte, die chinesische Jugend für die Wandervogel-Idee zu gewinnen, was natürlich völlig aussichtslos war. Im Januar 1913 traf ihn ein Hamburger Wandervogel, Richard Cordes, der als Lehrer an eine Medizin- und Ingenieurschule in Shanghai kam. Die beiden haben sogar versucht, in China nach deutschem Muster Fahrten zu machen, wie Cordes 1956 berichtete. Für eine dreiwöchige Fahrt mußten sie die gesamte Verpflegung mitschleppen, aber dafür hatten sie einen chinesischen Diener mit. Den ersten Teil der Reise legten sie mit der Bahn und auf Kähnen zurück, und dann begann die eigentliche Fußwanderung ins Gebirge hinein. Dabei folgten ihnen außer dem Diener acht Kulis als Gepäckträger. Da die »Teehäuser« in den Dörfern selbst für anspruchslose Wandervögel zu schmutzig waren, übernachtete man gewöhnlich in buddhistischen Klöstern. Zur Aufbesserung der Verpflegung wurden unterwegs Fasanen und Wildtauben geschossen.

Dann kam der Krieg 1914. Fischer trat als Unteroffizier, Cordes als Leutnant in Tsingtau ein. Nach dem Fall der Festung kamen beide in japanische Gefangenschaft, die bis 1920 dauerte.

Hans Blüher behauptete, niemand habe sich nach Fischers Heimkehr um ihn gekümmert, mußte sich aber von Werner Kindt, Hamburg, eines Besseren belehren lassen und hat dessen Richtigstellung sogar angenommen. Man hatte sich sehr wohl um Fischer gekümmert, aber er war nicht mehr fähig, sich in dem seit 1906 so veränderten Vaterland zurechtzufinden, viel weniger, im Wandervogel eine führende Rolle zu spielen. Er wohnte in Steglitz bei seiner Mutter und starb kurz nach ihr am 13. Juni 1941.

Im Jahre 1937, vier Jahre vor seinem Tode, habe ich Karl Fischer in Steglitz besucht. Es dauerte eine Weile, bis wir ins Gespräch kamen. Dann meinte er, das meiste, was von ihm erzählt würde, stimme nicht, aber er habe noch alte »Akten«. Ich bat ihn, mir diese zur Einsicht zu überlassen. Er versprach es, aber ich habe sie nie bekommen. Ein Berliner Freund, der Fischer gut kannte, erklärte mir: »Das hätte ich dir vorher sagen können, Fischer ist total ›verchinesiert‹«.

- Da verstehe ich Karl Fischer gut. Wenn man ein solches Werk hinter sich gebracht hat wie er und erst nachträglich entdeckt, was für ein Werk es war und wie es einer eigenen Lebendigkeit folgt, über die man keine Macht mehr hat, ja, die man kaum mehr versteht, da wird man vorsichtig mit den Worten und zieht sich auf sonderbare, undurchsichtige Spitzfindigkeiten zurück. In diesen Zusammenhängen wird vieles offenbar.

Knud Ahlborn, auch einer der Urväter des Wandervogel, berichtet in seiner »Kurzen Chronik der Freideutschen Jugendbewegung 1913-1953« über die Umstände der ideellen Urzeugung. Wenn wir ihm Glauben schenken wollen, hat sich die Jugendbewegung überhaupt als ein Gleichzeitigkeitsphänomen begeben:

Als erste Keimzelle der werdenden Jugend-Gemeinschaftsbewegung entstand im Jahre 1901 nahe der Reichshauptstadt in Steglitz der »Wandervogel« (WV), gegründet von dem jungen Studenten Karl Fischer, und als zweite Keimzelle 1905, im Mittelpunkt des niederdeutschen Kulturraumes der Hansestadt Hamburg, der »Hamburger Wanderverein« (HWV), gegründet durch den damaligen Oberprimaner Knud Ahlborn. Der erstere sammelte dabei die jüngere Schuljugend, die »Scholaren«, um sich und schenkte ihnen vor allem auf Wanderungen und Fahrten ein erlebnisreiches und frisches Jungenleben. Karl Fischer gab als autoritärer »Führer« seiner »Gefolgchaft« viele gute Impulse. Knud Ahlborn gewann als »primus inter pares« die Mitarbeit eines größeren Kreises älterer Schüler der Oberklassen aller höheren Hamburger Schulen und setzte sich und ihnen zur bewußten und klarformulierten Aufgabe: »Eine neue Jugendkultur zu schaffen, der großstädtischen Jugend einen wertvollen Lebensinhalt und erstrebenswerte Aufgaben und Ziele zu zeigen und so die besten Bedingungen zur Entwicklung der Gaben und Kräfte der heranwachsenden Generation zu geben«.

Beide Bewegungen blieben nur kurze Zeit auf ihre Ursprungsstätten beschränkt. Bald entstanden um die Zentren in Berlin und Hamburg herum Zweiggruppen, wobei sich der Wandervogel zunächst mehr in Ost- und Mitteldeutschland, der aus dem HWV hervorgegangene »Bund Deutscher Wanderer« (BDW) überwiegend in Westdeutschland ausbreitete. Während die Wandervogel-Neugründungen an vielen Orten spontan erfolgten, breitete sich der Bund Deutscher Wanderer unter der zielbewußten Führung von Ferdinand Goebel planvoll aus und verfolgte seine kulturellen Aufgaben mit großem Nachdruck auf einer Reihe wohlgelungener Bundestage und in der von ihm schon 1907 herausgegebenen, gleich im Buchhandel erschienenen wertvollen Zeitschrift »Der Wanderer«.

Der WV und der BDW, die erst mehrere Jahre später voneinander erfuhren, führten als Wander-Bewegung die Jugend hinaus in die Natur und in das freie Land. Sie führten sie aus der engen Hürde der Schule und des Elternhauses in die reine und erhabene Schöpfung der Natur. Es ist durchaus bezeichnend, daß es Urlandschaften waren, zu denen sich die neue deutsche Jugend mit magischer Kraft hingezogen fühlte: Urwälder und urwüchsige Heiden, Ustromgebiete und weltentlegene Moore, einsame Gebirge und Meeresküsten. Diese wurden also Ziele der Fahrten und Stätten des neuen Gemeinschaftslebens der Jugend.

Gehört Knud Ahlborn zweifellos zur archaischen Phase, so ist unser weiterer Gewährsmann, Fred Schmid, ein ausgesprochener Repräsentant der letzten, also der hellenistischen Phase der Jugendbewegung. 1932 veröffentlichte er unter dem Titel »Aufstand der Jugend« eine Schrift, der wir die folgenden Sätze als mindestens anregenden Beitrag zu einer Klärung der Dinge entnehmen; er kennzeichnet die Jugendbewegung als »eine von innen kommende Bewegtheit und Erregtheit des jugendlichen Menschen, der ohne Ziel, ohne Programm, ohne Ideal zunächst weiter nichts war als die Sprengung eines Bewußtseinszustandes der bürgerlichen Jugendhaftigkeit durch ein neues Knabentum, eine neue Farbe und eine geheime seelische Triebkraft. - Diese neuerwachte Kraft ist durch niemand veranlaßt worden, sondern sie ist an vielen Stellen gleichzeitig durchgebrochen. Wie die Blutbuche nicht gezüchtet und gepflanzt wurde, sondern im gleichen Jahr an verschiedenen Stellen Deutschlands entstand, so ist die seelische Beunruhigung der besten deutschen Knaben gleichzeitig aus dem Ungewollten her erfolgt«.

Ernesto berichtet weiter: Es gilt aber noch eine ganze Dynastie von Fischern zu erwähnen. Fast könnte es einem scheinen, als ob der Name sich mit der Anziehungskraft des Bezüglichen zur Jugendbewegung hingefunden hätte. Denn familienmäßig hängen die verschiedenen Fischer - es sind deren drei, die für sie wichtig wurden - keineswegs zusammen. Unter den Lebenden weilt ihrer keiner mehr. Walter Fischer (1887-1924) und Frank Fischer (1884-1914) haben mit Karl Fischer zusammen Wichtiges zu der Traditionsbildung innerhalb des WV beigetragen. Von Walter Fischer erschien nach 1918 ein Büchlein »Die große Fahrt«. Es wurde von der »neuen Generation« mit Spott aufgenommen: »Wir brauchen keine Gebrauchsanweisung.« - Die Spötter wußten nicht, daß die meisten Aufsätze schon vor dem Kriege in der Bundeszeitung gestanden hatten und von der »alten Generation« praktiziert worden waren. Denn man konnte von Walter Fischer wirklich manches lernen, und der Nachruf, den ihm Georg Schmidt nach seinem Tode widmete, bestand zu Recht:

»Schwarmgeistern und Literaten war er zu bürgerlich und nüchtern. Die ihn ganz nahe sahen, sie wissen, daß hier ein Seltenes Ereignis wurde. Hier war ein unbestechlich kritischer Verstand, eine unerschöpfliche Arbeitskraft, verbunden mit einem stillen, nie ermüdenden Opfermut und Idealismus. Hier konnte alle Kritik den Tatsinn nicht lähmen. So war er für lange in vielen Entscheidungsstunden das Schicksal des Wandervogels.

Nur wenige Wandervogelführer haben so viele große Fahrten gemacht wie die ›Minna‹ (unter diesem Spitznamen war er allgemein bekannt). Er war vor allen andern der Praktiker des Fahrtenlebens. Unendlich vieles, was der heutigen Jugendbewegung zur Selbstverständlichkeit geworden ist in der Ausgestaltung der Fahrt, hat er geschaffen ... Er war ein Mensch mit warmem, gütigem Herzen.«

Ich werde nie vergessen, wie ich Walter Fischer zum ersten Mal kennenlernte - ich habe ihn später noch öfter getroffen. Es war um die Weihnachtszeit 1913 in Leipzig, und er beschrieb mir, wie er selbst sich Kerzenhalter für den Weihnachtsbaum gebastelt hatte - er konnte eben einfach alles! »Und dann nehme ich einen katholischen Zentrumsbohrer ...« Das war Fischer, praktisch und witzig zugleich.

Wenn man aufzählen wollte, was alles er für den Wandervogel entdeckt, erfunden, verbessert, eingerichtet und gelehrt (propagiert) hat - man fände kein Ende. Doktor der Chemie und Physiker von Natur, wies er auf die Bekömmlichkeit bestimmter Speisen für Wanderer hin, er empfahl den Hordentopf auf Holzfeuer statt des Spirituskochers, nicht nur das, er gab auch die besten Formen für solche Töpfe an und entwarf einfache Kochgestelle, die von der Industrie hergestellt wurden und sich als brauchbar erwiesen. Ohne seinen - viel belächelten - Ausbau der Statistik gäbe es keine Zahlen aus der Frühzeit der Bewegung, er zeigte (im Verein mit Hans Lißner), wie man ein Zelt aufbaut und daß eine Zeltbahn die Mitnahme eines Mantels erspart, er wußte die beste Art, einen Rucksack so zu packen, daß er nicht drückte, er machte das Schneeschuhlaufen als Fortsetzung des Wanderns im Winter bekannt - immer mit genauen Anweisungen. Als um 1910 herum finanziell begünstigte Ortsgruppen sich Landheime pachteten oder bauen ließen, andere aber sich solche mit unzulänglichen Mitteln selbst bauten, da veröffentlichte er einen genauen Mindestkostenanschlag. Als er aber dann an einem Ort erleben mußte, wie wild drauflosgebaut wurde - mit entsprechendem Endergebnis, da schrieb er - in fingierten Briefen - die überwältigend komische und doch ernsthafte und warnende Geschichte vom »Hüttenbau«. Als Probe seines Stils sollen einige Sätze dienen, die er in dem oben erwähnten Büchlein zum Thema »Führer« zu sagen hatte: »... Wandervogelführer ist einer, der einige Wandervögel auf der Fahrt so führen kann, daß die Fahrt ›gut‹ verläuft. Wieso und warum er aber die Fähigkeit zum Führen besitzt oder wie man solche Kunst erwerben kann, das soll im Wandervogel nicht vorgeschrieben, sondern vorgemacht werden. Das eine ist klar: Nicht jeder Wandervogel eignet sich zum Führer, denn es werden Eigenschaften vorausgesetzt, die man entweder hat oder nicht hat. Ein Führer muß ein ganzer Kerl, ein feiner Kerl sein, zu dem die andern mit Achtung aufblicken, dem sie sich gern und freudig unterordnen. Er soll nicht einseitig sein, sondern darf einer gewissen Vielseitigkeit nicht entbehren. Damit soll nun keineswegs gefordert werden, daß der Führer fertig Klampfe spielen, mehrstimmig singen, am weitesten springen, am lautesten pfeifen und am meisten essen muß. Man kann auch nicht verlangen, daß er jeden Stein, jede Pflanze, die Geschichte jeder Burg und Stadt kennt, aber je mehr er davon weiß, desto besser. Einige Lücken werden hingenommen, aber je größer sie sind, desto unsicherer ist das Ansehen. Ein Führer, der sich erst einmal lächerlich gemacht hat, hat ausgespielt ...«

Wenn man das liest, scheint es merkwürdig simpel zu sein, aber für die Jugendbewegung der ersten Zeit war es wegbestimmend. Sein größtes Werk, sein Meisterstück gewissermaßen, hat er im Kriege vollbracht: die Soldaten- und Gefangenen-Vermittlung. Er selbst zog sofort 1914 als Leutnant ins Feld (und veröffentlichte bald mit genauer Zeichnung die Beschreibung eines Erdbunkers, den er sich in Rußland selbst entworfen hatte), wurde aber verwundet und war seitdem nur noch garnisondienstfähig. In kürzester Frist hatte er - das Schwierigste war natürlich, Mitarbeiter(-innen) zu finden, aber auch das schaffte der Unermüdliche - eine umfassende Kartei aller Wandervogelsoldaten mit Angabe der Truppenteile oder, falls schon in Kriegsgefangenschaft, der Lager zusammengestellt. Nach diesen Listen konnten Kameraden im Felde sich finden, konnten aber auch die Daheimgebliebenen den Frontsoldaten und Gefangenen nützliche Dinge senden. Wie mir einer der Fischerschen Mitarbeiter später erzählte, waren diese Listen so exakt, daß die Wehrmacht aus Spionageangst ihre Vervielfältigung verbot - aber da hatten sie bereits ihre Schuldigkeit getan. Es sei nur am Rande vermerkt, daß aus dieser »Betreuung«, soweit sie aus der Heimat von weiblicher Hand geschah, ein paar Ehen entstanden sind, die durchaus nicht alle (nach Blühers Theorie) unglücklich ausliefen.

Der Tod holte Walter Fischer mitten aus dem Leben heraus: Am 7. Februar 1924 wurde er beim Schneeschuhlauf von einer Lawine verschüttet.

Frank Fischer hingegen war ein ganz anderer Mensch. Er war eine Gelehrtennatur, promovierte mit dem nicht gerade naheliegenden Thema »Die Lehnwörter des Altwestnordischen« und wurde Mitarbeiter am Grimmschen Wörterbuch. Er gehörte zum Steglitzer E.V., der ja im Gegensatz zum Altwandervogel das geistige Element der Bewegung sein wollte. Alles Kulturelle war ihm Lebensbedürfnis, sei es nun Sprachgeschichte, Musik oder Kunst im weitesten Sinne. Schon vor dem »Zupfgeigenhansl« gab er 1905 ein »Wandervogelliederbuch« heraus, dessen dritte Fassung, geschmückt mit Zeichnungen seines Bruders Otto, 1912 erschien. Man könnte fragen, ob es neben dem Hansl überhaupt noch nötig war. Fischer hat immer im besten Einvernehmen mit Hans Breuer gearbeitet. Während der Zupfgeigenhansl hauptsächlich für Einzelgesang gedacht war, wollte Frank Fischer Marsch- und Chorlieder bringen. Wenn Überschneidungen vorkamen, war das weiter nicht schlimm.

Seine Hauptaufgabe sah er darin, den Wandervögeln, die in der ersten Zeit gern »klotzten«, das heißt: in möglichst kurzer Zeit möglichst viele Kilometer zurücklegen wollten - zu Fuß natürlich, denn »Anhalter« gab es noch nicht -, die Augen zu öffnen für alles, was am Wege zu sehen war. Die Aufsätze, die er zu diesem Zweck veröffentlichte, wurden nach seinem Tode von Freunden in einem Sammelbändchen »Wandern und Schauen« herausgegeben. Einige Titel deuten an, was er wollte: Unser Wandern - Deutsche Vergangenheit - Ziele - Der Leib der Stadt - Romanische Kirchen in Südhannover - Sehenlernen - Haus- und Grabsprüche.

Körperlich war Frank Fischer zart, bei der militärischen Musterung hielt man ihn nur für fähig zum Sanitätsdienst. Als aber der Krieg 1914 kam, meldete er sich sofort freiwillig für die Front und fiel schon am 10. November 1914 in Flandern, zusammen mit vielen anderen feldgrauen Jugendbewegten.

Eine Freundin widmete ihm in der Wandervogelzeitung einen Nachruf, in dem es heißt: »... Das Jahr 1914 kam heran, und er muß wohl geahnt haben, was es bringen würde. Mehr und mehr zeigte sich bei ihm eine Rastlosigkeit im Handeln, eine Ruhelosigkeit, der wir verständnislos gegenüberstanden. Und er konnte sie nicht erklären. Alles mußte schnell geschehen, er hatte ja keine Zeit. Anfang Juli saßen wir mit Freunden zusammen, waren fröhlich miteinander wie oft früher schon, plauderten über unwichtige Dinge. Er wurde immer stiller und schrieb am nächsten Tage, er könne nicht fassen, wie wir in dieser ernsten Zeit auch nur eine Stunde mit Unwesentlichem hinbringen könnten. Und dann kam der 1. August. Er stürmte zu uns herein, nicht wie ein Mann von dreißig, eher wie ein Knabe von siebzehn, und brachte uns die Kunde, daß der Krieg erklärt sei ... Am nächsten Morgen trat er schon als Freiwilliger beim ersten besten Infanterieregiment ein. Die Dienstzeit war hart für ihn, sein Körper war durch das stille Gelehrtenleben der letzten Jahre den Anstrengungen entwöhnt, dazu zehrte an ihm der Gedanke, was seine Eltern, die der Krieg auf einer Reise in Kurland überrascht hatte, in russischer Gefangenschaft wohl leiden mochten ... Am Jahrestage des Meißnerfestes rückte das Regiment aus nach Flandern. Er schrieb nicht häufig, und seine Briefe wurden je länger, je mehr herzerschütternd. ›Der Krieg hier draußen ist wüst und leer, aber der einzelne kann in ihm Halt und Tiefe gewinnen ... Grüße mir alles, wo Frauenhände je hinkommen.‹ Sein letzter Brief vom 9. November war herzzerreißend müde ...«

In einem 1909 unter dem Titel »Unser Wandern« veröffentlichten Aufsatz hatte er geschrieben: »... Wir sehen im Wandern eine freie und geistige Lebensbetätigung, ebenso reich wie schlicht. Das sagen wir gegenüber aller sportmäßig organisierten Touristik und allem turnerischen Schuldrill - das sagen wir ebenso gegenüber der vielgepflegten Naturburschenromantik, die dem angeblichen Scholarentum nachläuft, im Kundentum und in dem ganzen Hausrat und Wortschatze des ›Zünftigen‹ schwelgt. Wir verzichten also auf den Baumbach im Goldschnitt, auf das herkömmlicherweise von Zeit zu Zeit zitierte Rollwagenbüchlein Jörg Wickrams und den regelmäßig aufgeführten ›Farendt Schuler im Paradeiß‹. Der Hang zum Altdeutschen, den der Kundige leicht bis auf Karl Fischer zurückverfolgen kann, wirkt also ungewollt humoristisch. Unter dem Zauber dieses Vagantenideals pflegte ein zünftiger Wandervogelkunde, der wegen seines unförmigen Rucksacks bekannt war, ehemals Grimmelshausens Simplizissimus auf allen Ausflügen bei sich zu führen. Er trug das schwere Palladium mit großer Geduld, nur gelesen hat er nie darin ...

Wir sträuben uns auch ein wenig gegen fanatische Reformer, als da sind Kurzhösler, Rohköstler und Limonadler, denen Nützlich und Gesund ein Netz von geregelten Pflichten spannen: das Leben ist eben nicht bloß ein hygienischer Sport. In der Alkoholfrage scheint uns für unsern Kreis unbefangener Blick und guter Wille zu genügen ... Wer früh aufsteht, sparsam und natürlich lebt, viel sehen und wenig vorstellen will, wird den Alkohol ohne viel Vorsätze meiden. Wer will oder dessen bedarf, mag ihn auch unangefochten und in Ehren grundsätzlich meiden - nur lasse er uns hin und wieder zu guter Stunde einmal in einem Kelche Meersburger Blutes den Auszug feinster Erdenkräfte genießen und den Feuergeist darinnen grüßen!... Verachtung der sogenannten Bier- und Weinseligkeit verstehen wir, aber wir sehen nicht in jedem Weinberg eine Art Likörfabrik ... Unsere ruhigere (norddeutsche im Gegensatz zur süddeutschen) Art sei ungescholten. Der Wandervogel ist ja ein märkisches Kind, unser Land aber läßt sich eifrig suchen, ehe es spricht. Darum sind unser Bestes und Eigenstes unsere stillen, klaren, Körper und Geist erziehenden Dreitagewanderungen in den kleinen Ferien. Da lernen wir wandern. Wie das wechselnde Inkarnat des Apfels dem Malerauge schöner erscheint als das Glührot der Apfelsine und die silbergrünen Schuppen des Herings reicher als die leuchtenden des Goldfischs, so lernen wir an den gedämpften, kühlen Farben des Flachlands sehen und den Zauber der farbigen Welt empfinden ...«

Der hübsche Vergleich des letzten Satzes stammt aus Langbehns »Rembrandt als Erzieher«.

Die großen Zeiten des Zupfgeigenhansl

Runde: Ernesto, Hans Lißner, Friedrich, Autor

Ernesto berichtet: Neben Karl Fischer war Hans Lißner (geb. 1886) eine der formwilligsten und formfähigsten Gestalten des Urwandervogels. Sein Büchlein »Der Fahrtenspiegel« war die erste Schrift - 1910 -, die einer größeren Öffentlichkeit etwas vom Wesen der Jugendbewegung sagte.

Lißner war in den WV-Einigungsjahren 1911/1912 Schriftleiter der Gelben Zeitung. Ihm ist vor allen Dingen das Zustandekommen des E.V. zu danken. Im ersten Kriege erhielt er als Offizier den Orden pour le mérite. Wie Lißner die Dinge sah und was er ihnen beigebracht wissen wollte, erfahren wir am besten durch das Bild, das er von seinem Freund Hans Breuer, dem Stifter und Meister des »Zupfgeigenhansl«, zeichnet. Uns fällt an diesem Bilde die gerührte und rührende Hingeneigtheit vom Volkstümlich-Völkischen auf. Etwas, das bei der späteren Jugendbewegung zurücktritt. Sie zeichnet sich durch Gegenwartsbejahung aus, und aus den Klotzmärschen der Urwandervögel wurde bei ihr das Autotrampen. Allerdings mit der Absicht, schneller in die ersehnten Landschaften zu gelangen, liegen diese nun innerhalb oder außerhalb Deutschlands, wobei eine ganz neue Leidenschaft entsteht, nämlich diejenige der Völkererkundung. Man sammelt, singt und spielt mit den dazugehörigen Instrumenten ausländisches Liedgut. Man macht sich die Existenzform, die Daseinsbändigung der Araber, der Lappen, der Schotten oder Spanier zu eigen, um vom Selbstverständnis zum Weltverständnis zu gelangen. Bei ihnen wird an abenteuerlichen Wanderungen mindestens ebensoviel, wenn nicht Intensiveres geleistet als bei den Alten. Das Volkstümeln war allerdings noch bis in die zwanziger Jahre in vielen Jugendbewegungskreisen vorwaltend. Somit wird der Tonfall Lißners jene noch ganz vertraut berühren, die in der Zeit nach dem ersten Weltkrieg zur Bündischen Jugend stießen. Lißner schreibt:

»Es war zu Heidelberg, vielleicht ging hier nach hundert Jahren der Geist Arnims und Brentanos wieder um, vielleicht war es die günstige Lage in der Mitte zwischen Alemannien, Schwaben, Pfalz, Hessen und Franken, vielleicht hat auch das Wesen der Menschen, welche damals zufällig zusammentrafen, den Ausschlag gegeben - kurz, hier geschah's. Studenten kamen zu den Toren herein, jeder aus einer anderen Heimat, fast jeder strebte nach einem anderen Berufsziel, aber allen gemeinsam war ein besonderes Empfinden für Deutschheit und Volkstum. Sie brachten es jeder von anderswoher: Einer war ein Westfale, ein anderer war ein Hanseat, einer ein Schwarzwälder, die übrigen Mitteldeutsche vom Hessen bis zum Schlesier. Dabei hatten mehrere schon manches Paar Wanderschuhe auf deutschen Wegen zerrissen. Einige, voran Hans Breuer, hatten im Wandern so ihr eigenes Wesen entwickelt, daß es ihnen nicht genügte, für sich Kräfte und Freuden daraus zu gewinnen, sondern sie warben mit fortreißendem Beispiel Jünger als Gefährten dafür und verklärten so jahrelang jeden Ferientag als Wandervögel und Führer auf wahrhaft jugendlich angelegten Fußreisen in deutschen Landen.

Ihre Gespräche drehten sich um Heimat und Volkswesen, und wenn sie von den Schätzen ihrer Erinnerung etwas ausgruben, klangen Lieder mit herauf, deren Weisen an allerhand Erlebtem hafteten. Da sie auf ihren Kreuzfahrten die Hauptstraßen geflissentlich gemieden, so hatte sie ihr Weg zu Bauern, Förstern, Fischern und Handwerksleuten geführt, und von solchen Menschen waren alle Lebensalter in den verschiedensten Gauen Deutschlands ihnen nahegetreten. Jedes Lied, das sie sangen, mußte an bestimmte, wirklich erlebte Menschen und Landschaften anklingen. Mit den Liedern zogen die Gestalten neu vorüber. Da bemerkten die Freunde - sie waren es bald geworden - an sich selbst den gleichgestimmten Klang, den Worte und Weisen der im Volke gesungenen Lieder in den Seelen der verschiedensten Landsleute wachriefen. Freilich war das nur deshalb möglich, weil sie alle aus demselben Quickborn getrunken, der nur dem Wandersmann quillt: Verstehen und Mitfühlen der Welt jener bodenständigen, eigenen Menschen in Wäldern, Gebirgen und Heiden, vom Greise bis zum Kind herab. Unsere Studenten sangen und lockten die Lieder anderer hervor. Holte nicht die wackere Studentenwirtin oben im Waldhaus alle Lieder wieder aus ihrem alten Schwabenkopf und begannen nicht unten am Neckarstaden die Flößer wieder ihre Stimmen zu versuchen? So ward der Schatz erlebter Lieder immer reicher. Sommertage im Odenwald, Mondnächte am Neckar, Ofenwärme im schwäbischen und fränkischen Winkelstädtchen vermehrten ihn noch.

So widmete Hans Breuer seine Arbeit dem Wandervogel: Die Lieder der Freunde sollten gedruckt werden. Zunächst aber wollte ja niemand sie haben, lesen, singen, geschweige denn drucken. Doch der Glaube an die Macht und Aufgabe dieser Lieder ließ die Studenten in ihre schlaffen Beutel langen, und der Wandervogel sammelte Vorausbestellungen - mit knapper Not gelang es, die Drucklegung zu sichern. Von nah und fern kam noch mancher Mitarbeiter aus den Reihen der Wandervögel. Besonders glücklich traf es sich, daß der Maler Hermann Pfeiffer in seinen künstlerischen Absichten sich ganz dem Werke verwandt fühlte und deshalb die schön dazu gestimmten Schattenrisse zeichnen konnte. Daß als Begleitung für die Lieder nur die Gitarre denkbar war, verstand sich schon damals seit Scherrers Lautenbuch von selbst. Lieder - Bilder - Weisen ... wie sollte man das Ganze nennen? Volksliederbücher gab es so viele, Wanderliederbücher noch mehr, ob es ein Wandervogel-Liederbuch werden würde, mußte erst die Zeit lehren. Da packte Breuer aus seiner Bildermappe einen schwarzen Kerl aus; ein Münchner Wandervogel hatte ihn hingemalt. Wir steckten ihn in Stiefel und hängten ihm die Klampfe um, und der - Zupfgeigenhansl, wie er jetzt auf dem Titel prangt, war fertig. Und auch der Name des Liederbuches stand damit fest.

Unsere Hoffnungen erfüllten sich: Der Zupfgeigenhansl wurde nicht nur verkauft, sondern sogar so stürmisch verlangt, daß Neuauflagen nun vom Drucker gern ohne Sicherheiten gesetzt wurden. Aber der schönste Erfolg war, daß Wandern und Volkslied hinfort im Wandervogel so eng verschwistert blieben, daß aus seinen Reihen immer neue gesammelte Lieder den Heidelbergern zuströmten. Die Gefahr, alles, was Volkslied schien, unbesehen sich anzueignen, tauchte auf. Hans Breuer war ein unbestechlicher Wächter: Was schlecht, was auch nur geringwertig war, fand keine Aufnahme bei ihm; was nur einem einzelnen Gau wertvoll, dem Volksganzen nicht allenthalben zu Herz und Sinnen gehend war, verwies er in die Liederblätter, welche an vielen Orten nach und nach von Wandervögeln herausgegeben wurden. Nicht nach dem, was drin stand, wollte Breuer den Zupfgeigenhansl beurteilt wissen, sondern nach dem, was *nicht* drin stand - denn das war die auffälligste Wirkung des Zupfgeigenhansl unter den Wandervögeln: Kneipenpoesie, Leierkastenrührseligkeit und Butzenscheibenlyrik verschwanden. Der Zupfgeigenhansl enthielt zwar immer nur einen Teil dessen, was von Wandervögeln gesungen wurde, aber er war eine Perlenschnur des Köstlichen und dabei trotz vieler mundartlicher Lieder ein ›all‹ -deutsches Liederbuch für Nord, Süd, Ost und West.«

- Also sprach Hans Lißner. Der Zupfgeigenhansl erschien im Januar 1909 im Verlag Friedrich Hofmeister in Leipzig. Du, Freund Friedrich, der du dafür bekannt bist, die Demarkationslinie herkömmlicher Pietät gern zu durchbrechen, hast - ich sehe es deinem Gesicht an - eine Glosse zu dem Fall Zupfgeigenhansl und Hans Breuer bereit. Sie wird - gemäß deinem Wahrspruch: »Jeder muß wissen, wie er sich am besten verbraucht« - nicht ohne Schärfe sein. Ich gebe somit deinen Worten mildernd die Tatsache mit bei, daß für uns andere Hans Breuer einer der Großen des Wandervogels ist und bleibt.

- Blättert man in der Zeit wie im Buch zurück, tut sich mit den verschiedenen Vorworten zu den Auflagen des Zupfgeigenhansl innerhalb der Wandervogelgeschichte ein maßgeblicher Abschnitt Zeitgeschichte kund. In einer der Auflagen lesen wir: »Hast du, geneigter Leser, das Büchlein mit Lust und Liebe dir zu eigen gemacht und gehst wieder auf deine Sommerreise, so suche einmal nach jenen sangesfrohen Bubenscharen, die alljährlich ihre heimatlichen Wälder und Berge durchstreifen. Das sind die Wandervögel. Setze dich zu ihnen ans Lagerfeuer und nimm vorlieb mit ihrem Feldkessel. Laß dir ihre Lieder singen, du wirst vieles, was hier steht, da wiederfinden.«

Mit ähnlicher Nettigkeit, Heiterkeit und innerer Wohlgestimmtheit beginnt auch das Vorwort zur ersten Auflage: »Die Zupfgeige sei dein Genoß, und wenn ihr gute Freunde seid, wird eure Reise fein lustig werden. - Wenn du die Seiten blätterst, wirst manches missen, was andern ein Pläsir. Moritat und Schauerg'schichten, den Ruf wie Donnerhall, das Lied vom braunen Cerevis. Sei friedlich und laß dir erzählen, wie es auf Wanderfahrten mit solchen Liedern zu gehen pflegt. Die ersten Tage sind erfüllt von Singsang und Musikspiel - der bringt den neuesten Schlager mit, der gibt ein neues ›Larida‹ zum besten. Bald aber sind die flachen Weisen abgesungen, endlich versagt auch der ›Stumpfsinn‹, den Kopf in den Staub gehängt, trottelt man durch das Land: 40 km sei's Panier!‹«

Das war 1908. Also damals schon lebte das alte Lied (gedichtet 1840 von Max Schneckenberger, vertont 1854 von Karl Wilhelm) wieder auf: »Es braust ein Ruf wie Donnerhall, wie Schwertgeklirr und Wogenprall. Zum Rhein, zum Rhein, zum deutschen Rhein, wer will des Stromes Hüter sein?« Und »lieb Vaterland« wurde aufgefordert, schön ruhig zu sein. Und wie das Vorwort spüren läßt, wurde es zu den »Schlagern« gerechnet. Dennoch bleibt es verwunderlich, daß die Wandervögel solcherlei Patriotika sangen. In Hinsicht des zu fördernden »Deutschtumes« muß da eine Vermischung von Realität und Idealität stattgehabt haben. Auf der Suche nach einem Leitbild (wie man heute modischerweise sagen würde) genügte dem Wandervogel nicht das »Vaterland«, auf das sich ja jeder auf dieser Welt mit Recht berufen kann, sondern etwas Übervaterländisches, die Deutschheit, wurde zum Daseinssymbol erhoben. »Was der Zeit getrotzt, das muß einfach gut sein«, heißt es weiter im Text. Und »wir müssen alle, alle mithelfen, aus dem Niedergang der schaffenden Volkspoesie zu halten, was noch zu halten ist«. Denn »was unsere Väter geliebt, geträumt, gelitten ... Noch heute raunt die totgesprochene Freya aus dem Blättergewande der Haselin, und Tannhusers Klagelied tönt wie vor tausend Jahren aus Vrenelis Berg«. Aber auch das Massenproblem beginnt seine Schatten vorauszuwerfen: »Eine gehaltvolle Melodie im Chorus gesungen ist und bleibt: Bastardisierung der Gefühle.« - Um der Deutschheit Gestalt zu geben, wird also nicht nur das unstillbare Ressentiment aller Deutschen bemüht: die Klage um die zertrümmerte Geschichte, sondern es wird auch der Renaissance der heidnischen Geisterwelt vorgearbeitet. Von Vorwort zu Vorwort nimmt diese erst nur andeutungsweise durchscheinende Tendenz an Gewißheit zu. In der vierten Auflage ist dann die Sache schon beim Namen genannt: »Was uns draußen beim freien, frohen Wandern erfreut, was unser Suchen und Streben ist, es ist - kurz gesagt - eine fest in heimatlicher Erde wurzelnde treue deutsche Art.«

In aller Unschuld und dank der verhängnisvollen Verwechslung von Realität und Idealität mündete hie und da das Wandervogelwesen mit zunehmender Fahrtgeschwindigkeit in das Strombett der Alldeutschen, also jener Patrioten, die das damalige »Wirtschaftswunder«, nämlich die Gründerjahre, mit einem von Gott geforderten und geförderten besonderen Auftrag des »Deutschen Menschen« erklärten und alle Bäche braver Heimatliebe auf ihre Mühlen leiteten. Unmerklich kam die Infiltration zustande. Im Vorwort zur siebten Auflage heißt es schon: »Das junge Volk ist weitergeschritten ...« Und die ersten Gegner der Wiedererweckung deutsch-heidnischen Wesens werden zurechtgewiesen: »Das mag auch jene kühlen Gönner trösten, die da meinten, das Volkslied des Zupfgeigenhansl tauge nicht für junge Wandervögel - als wenn ein Volk an seinem Liede, an seinem ureigensten Wesen verderben könnte.« Wir schreiben hiermit bereits 1911. Im Jahre 1912 ist aber selbst Hans Breuer einiges unlieb aufgefallen. »Warnen möchten wir noch einmal«, so schreibt er im Vorwort zur neunten Auflage, »auch an dieser Stelle vor einem falschen Sängertume, das sich in der Rolle des fahrenden Barden und irrenden Ritters gefällt. Man sieht in Deutschland jetzt ab und zu dergleichen komische Figuren.« Zu Ende scheint es jetzt bereits mit der Stimmung fröhlichen, unschuldsvollen Aufbruches, denn: »In diesen ernsten Zeitläuften hat das Volkslied für uns einen viel tieferen Sinn, möge es uns stärken und heben im bewußten Empfinden dessen, was deutsch ist, möge es in seinem kleinen Teil mitwirken an dem inneren Streben der Nation, an der Vollendung des Deutschtums.«

Das gemüthaft Deutsche nahm also erkennbar den Weg in die härteren Begriffe. Zum ersten Male erscheint das Wort »Nation« im Zusammenhang mit dem Zupfgeigenhansl. Ein Beispiel, wie uns alle Dinge schließlich zum Panzer werden wollen, selbst so liebenswert romantische, aus dem Bachantenhaufen Karl Fischers erstehende und auf Waldspaziergängen tiefsinnig gewordene Bestrebungen, die ihren Namen noch dazu einem offenbaren Jux verdanken. Der alles begründende Grabstein von Fräulein Branco möchte - besinnt man sich auf ihn und den ganzen Anfang zurück - doch eigentlich gar nicht dazu stimmen. Indessen, die Verhängnisse schritten schnell. Vorher aber erstanden der Deutschaltertümelei mit nationalen Zukunftsaspekten noch aus den eigenen Reihen beachtliche Gegner. Friedrich Wilhelm Rittinghaus, einer der gescheitesten unter den frühen Wandervogel-Ideologen, hatte einen kritisierenden Angriff in der »Gelben Zeitung« (»Volkslied und Neutöner«, Jahrgang 1912) veröffentlicht. Und Breuer antwortete ihm im Vorwort zur zehnten Auflage verteidigend: »Unlängst hat Rittinghaus den Neutönern das Wort geredet: - der neuzeitliche Mensch - auch der Wandervogel - bedürfe neuer Weisen, neuer Ausdrucksformen, das alte, klassische Volkslied ist nun einmal da, daran können wir nicht vorbei - es ergreift uns tief und stark, und die Antwort auf das Warum bleiben wir schuldig.« Das war im Februar 1913. Der Zupfgeigenhansl hatte also - von Breuer selbst gerügt - eine Woge von Ritter- und Bauern-, von Volkstanz- und Spielmanns-Romantik ins Land getragen. Diese Woge hatte sich mit der nationalen durchdrungen und fing nun an, sich ahnungsvoll ernst zu nehmen.

»... denn der einzelne geht den Werdegang des Ganzen«, verkündet Breuer im gleichen Vorwort. »Jugend ist Frühling«, sagt er, »und wir Wandervögel sind Jugend. Das ist im Gleichnis die knospende Erde, wenn der Lenzwind weht.« Daß im gleichen Atemzug der Weltindustrialismus allenthalben Kanonen gießt und die Staatsmänner - je nach geistiger Beschaffenheit - sorgenvoll oder hoffnungsvoll die Hand über die Augen heben, kann auch ihm nicht entgangen sein. Und die Verheißung der 1. Auflage, daß »eure Reise fein lustig sein werde«, ist ihm in der Frage vergangen: »Sollen wir darum trauern?« Womit dann der Übergang zur Kriegsauflage des Zupfgeigenhansl gegeben ist. Da schreibt Breuer unter dem Datum: »Stellung vor Badonviller, Mai 1915. Der Krieg hat dem Wandervogel recht gegeben, hat seine tiefe nationale Grundidee, los von allem Beiwerk, stark und licht in unsere Mitte gestellt. - Wir müssen immer deutscher werden. Wandern ist der deutscheste aller eingeborenen Triebe, ist unser Grundwesen, ist der Spiegel unseres Nationalcharakters überhaupt. Werdet Männer, festzustehen und euren Platz auf der Erde zu behaupten. Das ist heilige Pflicht vor euren Brüdern, die gefallen sind. Ihr Leben floß dahin, damit ihr weiterbautet. Und eure Arbeit sei ihr Denkmal. Draußen aber, an der Brustwehr, lehnen schweigend die Feldgrauen, spähen hinüber, wo Tod und Wunde aus den Stahlschilden bricht. Bald wird Mittag sein, Wandervögel, an die Arbeit!«

Bis zuletzt blieb er im Bann seines Traumes - eines allmählich sich ergebenden und befestigenden Traumes, der nicht mit der ersten Lebensstunde seines Zupfgeigenhansl zugleich da war, sondern sich mit der Entwicklung der Dinge und seines Charakters herstellte und artikulierte. Hans Breuer wurde ein Opfer dieses Traumes, und mit ihm siebentausend von dreizehntausend diensttuenden Wandervogelsoldaten. Ein Verlust, der sich nie mehr in der kommenden Abschlußgeschichte des Wandervogels sollte ausheilen lassen. Am 9. Oktober

1918, kurz vor dem Zusammenbruch Deutschlands also, und kurz vor der deutschen Revolution am 9. November 1918, leitet der alte Wandervogelverleger Erich Matthes das 603. Tausend des Büchleins mit den Worten ein:

»Hans Breuer ist gefallen. Nach vier Kriegsjahren mußte auch er sein Leben lassen. Zehn Jahre sind es nun her, daß der Zupfgeigenhansl seinen Weg in deutsche Lande antrat. Als der Krieg kam, wanderte er mit hinaus ins Feld. Das kleine graue Büchel wurde ein Maßstab für alles Echte. So ist es auch mehr als eine bloße Liedersammlung, es ist eine nationale Tat. Über seine Arbeit im Wandervogel schrieb Breuer noch kurz vor seinem Tode an seinen Vater: ›Ich habe bewußt das Deutsche, das Nationale in dieser Sache gepflegt und gefördert, lange schon, bevor der Krieg ausbrach, und der Krieg hat gezeigt, daß dieser Weg der richtige war.‹«

Ich möchte diesen Exkurs mit einer Frage schließen: Warum? - Warum war es der richtige Weg? Wo fängt man an, sich etwas zurechtzumachen, zurechtzudenken, und von wo an ist es echtes, zugeteiltes Schicksal? Ein altes Wort - es ist aus einem jüdischen Gesang - fragt: »Warum, oh, warum sehnt sich die Seele in die Verhängnisse?«

- Falsch gesehen, Friedrich. Sehr raffiniert, sehr überzeugend falsch gesehen!

- Ich widerspreche. Im Zupfgeigenhansl haben wir das begründende »Gesetzbuch« der Jugendbewegung zu vermuten. Dieser trefflichen nach Lebensgebieten geordneten Sammlung altdeutscher oder auch bis in unsere Zeit hinein gebräuchlich gebliebener Volksweisen kommt für die Selbstentdeckung des Wandervogels die gleiche Bedeutung zu, wie der Gedicht- und Liedersammlung »Des Knaben Wunderhorn« für die Verdeutlichung des Strebens der Romantiker. Beabsichtigt ist in und mit beiden Werken das Zurücktasten zum wahren Nährgrund des Seins, dem volkhaften Muttergrund, der irgendwann im Mittelalter (so will es der Glaube, der sich in diesem Mythos verkleidet) preisgegeben und nicht wiedergefunden wurde. Mit der melancholischen Hypothek dieses Vermutens, Suchens und Schürfens ist das Gebäude der Jugendbewegung sozusagen ursächlich belastet. Viel ist darüber gesagt und geschrieben worden. Viel wurde davon abgeleitet, dafür und dagegen eingewendet. Sogar die Psychoanalyse bemächtigte sich des Umstandes als eines Schlüssels zur Erklärung des Phänomens »Wandervogel«. Die praktische Bedeutung der Musikgebundenheit der Jugendbewegung will ich aufzuzeigen versuchen.

Die Einigung verschiedenartigster Menschen im Bann einer harmonikalen Anstrengung, auch die dadurch hergestellte Selbstharmonisierung oder die klanggeförderte Selbstüberwältigung zugunsten eines Über-Ich, als welches die gesteigerte Persönlichkeit der Gruppe empfunden wird, das ist mit dem »Zupf« zum ersten Male in die Jungwelt des Wandervogels eingetreten und hat ein Gehabe erschaffen helfen, das sich innerhalb des rein Musischen zum schönsten Ereignis im Erleben der Gemeinschaft ausformte. Den »Zupf« als »nationales Ereignis« zu feiern war vielleicht abwegig. Dazu wurde er im Zwang der politischen Lage, in die sich sein Autor und seine Protagonisten plötzlich versetzt sahen. Die Gemeinschaftsauffassung des Sich-Zur-Wehr-Setzens war ja im ersten Weltkrieg wirklich noch ein verbindliches Geschehen. Ein altes Wort der Mystiker sagt: »Bestehen durch Chorgesang«. Von da her möchte mir Breuers Glaube an die nationale Bedeutsamkeit seines »Zupf« besser einleuchten. Denn die Stimmung des »Durchhaltens« war damals nicht nur eine propagierte, sondern eine vielfach ehrlich empfundene. Für das Fortbestehen der Jugendbewegung hingegen war das gemeinsame Lied die rettende Sphäre gegenüber der mehr und mehr zunehmenden, auf Weltsinnergründung erpichten Debattierfreudigkeit, die das bündische Wesen mit und nach dem ersten Weltkrieg wie ein Krebsschaden heimsuchte und damit zum Zerfall »reifte«. »Kameraden singt« ist der parolenhafte Titel eines neueren Liederbuches. In dieser Forderung drückt sich Einsicht in die Gefährdung aus, die jede noch so gut angelegte Gruppe, jeden noch so fest zusammenhaltenden Bund bedroht, wenn er die Rede zum Gerede entarten läßt und das Reden der gemeinschaftlichen harmonikalen Leistung überordnet.

Der »Zupf« bewies in diesem Betracht fortzeugende Kraft. Man fing an, sich die Lieder selbst zu schaffen, die das Gruppen- und Bundesklima ausdrückten und in der klanglichen Einigung erlebbar machten.

Diese schöne Fähigkeit der Jugendbewegung feierte bis heute hin in unzähligen musisch-musikalischen Publikationen eigen-schöpferische Triumphe. Neben dem bündischen »Schlager« - auch das gab es selbstverständlich im Zuge der vielfältigen Hervorbringungen - kamen Liedkompositionen zustande, die zusammenzufassen eine der ergiebigsten Aufgaben wäre, welche sich ein Kenner auf diesem Gebiet stellen könnte.

Ein solches Werk wäre dem »Zupf« als gleichgewichtig nachzuordnen. Das ist verschiedentlich auf glückliche Art versucht worden, doch immer ohne Endgültigkeit. Dafür wäre ein heutiger Hans Breuer vonnöten. Auch gälte es, eine vorsichtige Hand in der Auswahl zu bewahren. Denn in jedes Lied hat sich Bündisch-Autobiographisches mit eingemengt, und die Würdigkeit kann nicht immer von der geglückten Wort-, Ton- oder Satzwahl abhängig gemacht werden. Oft war ja gerade im holprigen oder unbeholfenen Eigenlied das große, nie gänzlich eingeholte Erlebnis am spürbarsten anwesend. Und Bezeichnungen wie Kitsch, Schmalz, »musikalisch unmöglich« treffen bei Beteiligten sofort, wie Versuch bewies, auf erbitterten Protest.

Da sind viele Beispiele möglich: »Und ob auch der Himmel im Weltall vergeht, es bleiben des Heeres Spuren« ist ein Vers, gewaltig wie aus einem Rolandsgesang. Und er stammt aus einem an sich belanglosen Lied, das einige ganz unliterarische junge Wandervögel dichteten und vertonten, während sie über Petsamo zum Nördlichen Eismeer vorstießen. Das Erlebnis des Hohen Nordens wurde übermächtig in ihnen und das Ergebnis war ein Gesang, schlagerhaft in seiner Art, aber bis heute unvergessen geblieben und als anonyme Schöpfung der Jugendbewegung weiter und weiter gesungen. So kann ja auch der Nichtbündische ein

Treueverhältnis zu einem belanglosen Schlager haben, nur weil sich ein paar Takte darin mit einer nie wieder erlebten Stimmung und Gestimmtheit des inneren Menschen wunderlich verquickt haben.

Und was Hans Breuers Hingezogensein zum Begriff »Nation« angeht, so gilt es, einen Entlastungszeugen besonderer Art anzuhören. Novalis befand sich im besten Wandervogelalter, als er sagte: »Das Leben eines wahrhaft kanonischen Menschen muß durchgehend symbolisch sein. Wäre unter dieser Voraussetzung nicht jeder Tod ein Versöhnungstod? - Mehr oder weniger, versteht sich, und ließen sich nicht höchst merkwürdige Forderungen daraus ziehen?« Als er diese kühne Einsicht formulierte, bekannte er in einem Brief an Caroline: »Ich bin dem Mittag so nahe, daß die Schatten die Größe der Gegenstände haben und also die Bildungen meiner Phantasie so ziemlich der wirklichen Welt entsprechen.« - Er fährt dann fort, nachdem er den Abschluß seines weltbildbegründenden Romans »Heinrich von Ofterdingen« angekündigt hat: »Indes, wenn ich sage, fertig - so heißt dies der erste Band. Denn ich habe Lust, mein ganzes Leben an *einen* Roman zu wenden, der allein eine ganze Bibliothek ausmachen, vielleicht die Lehrjahre einer *Nation* enthalten soll. Das Wort Lehrjahre ist allerdings falsch - es drückt ein bestimmtes Wohin aus. Bei mir soll es aber nichts als Übergangsjahre vom Unendlichen zum Endlichen bedeuten.« Und mit dem »Heinrich von Ofterdingen« wären wir bei der Blauen Blume, die zum erklärten Symbol der Jugendbewegung werden sollte. Sie stand auch am Weg des Zupfgeigenhansl: »Ach, Blümlein blau, verdorre nicht« und »Verstohlen geht der Mond auf - blau, blau Blümelein - durch Silberwölkchen geht sein Lauf« oder »Weiß mir ein Blümelein blaue, von himmelblauem Schein ...« Sie hat Breuer auf Novalis hingelenkt, so daß er noch einmal die Schicksalsfigur dieses größten deutschen Denkers der Romantik mit sich hat erfüllen müssen.

Soll ihnen beiden diese Ehre zugestanden sein. Dem Zupfgeigenhansl, wie er im Hans Breuer drinsteckte und sich allmählich, aber unaufhaltsam aus ihm hervorgrub als eine kleine Schöpfung, als ein Stück nachgeborene deutsche Romantik mit dem Selbständigkeitsausweis eines eigenen und am Ende bitteren Schicksals. Denn wie schwierig und voll Verhängnis es ist, die Blaue Blume zu finden, das hat Novalis mit seinem sternschnuppenschnellen Leben - voll allerdings von tausend Jahren innerer Zeit - dargelegt. In seinem unendlichen Roman geht dieses Finden freilich in einem großen, tief in sich hinein verlockenden Gemälde vor sich: »Er fand sich auf einem weichen Rasen am Rande einer Quelle, die in die Luft hinausquoll und sich darin zu verzehren schien. Dunkelblaue Felsen mit bunten Adern erhoben sich in einiger Entfernung. Das Tageslicht, das ihn umgab, war heller und milder als das gewöhnliche, der Himmel war schwarzblau und völlig rein. Was ihn aber mit voller Macht anzog, war eine hohe, lichtblaue Blume, die zunächst an der Quelle stand und ihn mit ihren breiten glänzenden Blättern berührte. Rund um sie herum standen unzählige Blumen von allen Farben, und der köstlichste Geruch erfüllte die Luft. Er sah nichts als die Blaue Blume und betrachtete sie lange mit unnennbarer Zärtlichkeit.«

Ausbreitung des Wandervogels / Selbstzeugnisse

Runde: Autor, Ernesto

Damit haben wir eine sachliche und kritische Darstellung der sehr umstrittenen Ereignisse der Frühzeit versucht.

Und wie verteilt sich - ich setze immer deine Sicht voraus, lieber Ernesto - das »Erwachen« der Jugendbewegung über die deutschen Länder und Landschaften? Ich meine: Wo war am meisten los, der »zünftigste« Betrieb, von wo kamen die besten Gruppen? War das Rheinland, war Süddeutschland, war Norddeutschland der Nährboden für die originellsten Köpfe?

- Am urwüchsigsten gaben sich die Bayern, aber originelle Köpfe gab es überall - war auch kein Wunder, denn im WV fanden sich ja solche Leute zusammen, die nicht in das Horn der allgemeinen öffentlichen Meinung stießen. Einzelne wurden im ganzen Lande bekannt, so Walter Fischer, »Minna«, im besten Sinne, andere wie Muck, mit wechselnder Betonung erwähnt, wieder andere nur als »tolle Kruken«, aber jeder wußte, wer sie waren. Sie waren wohl auf alle Landschaften gleichmäßig verteilt. Gegensätze schliffen sich beim Kennenlernen der verschiedenen Stämme ab, aber immerhin glaubten einige, die anderen seien besonders belehrungsbedürftig. Dafür ein Beispiel aus dem Jahre 1911. Es stand in der »Gelben Zeitung«:

Die Münchener an die Norddeutschen

Wohledle Volksgenossen! In den vergangenen Ferien sind etliche norddeutsche WV durch München gezogen. Das waren ganz handsame Kunden, und es kann nicht das geringste gegen sie gesagt werden. Bloß ihr Äußeres! Zum Beispiel etliche Kölner seien da gewesen. Ja, wenn die nicht schon am zweiten Tag »Alpenstangen« gehabt hätten, so groß wie die Wiesbäum, ich glaub', die wären gemütskrank geworden. Nun kann ja jeder tun, was er mag, und er kann sich auch so saudumm anstellen, wie er mag. Aber die Leut' denken sich dann halt auch, was sie mögen. Wenn wir also den Mund auftun zu dieser Sache, so ist es, weil wir euch wohlwollen und »enk so vüll guat leidn kinna«.

Also erstens die Alpenstangen. Einesteils sind sie so unhandlich, daß sie niemand gebraucht, wenn er was vom Bergsteigen versteht. Andrerseits aber zeigt der, der Alpenstangen herumschleift, daß er nichts versteht. Er entlockt unsern berggewohnten Einheimischen nur ein mildes, verzeihendes Lächeln und die Worte »'s is halt a Preiß«. Man weiß, daß in solchem Fall das Wort »Preiß« nicht gerade der Ausdruck von Hochachtung ist. Da man aber überall auf die Sachverständigen zu hören pflegt, sollte man es unterlassen, durch Tragen einer Alpenstange Lächeln zu erregen, denn Lächerlichkeit tötet.

Zweitens: Das übrige Äußere. Breuer schrieb irgendwann und irgendwo einmal über das Kundenmäßige, Zünftige. Es sei darauf hingewiesen, daß wir Münchner gewiß gute Kerle sind, jedem sein' Freiheit lassen und niemand dreinreden, wenn's irgend geht. Aber wenn die Leut' in der Großstadt herumlaufen mit der Laute am Buckel, dem Eispickel im Arm, daran womöglich ein grün-rot-golden Fahndl, mit nigelnagelneuen Aluminiumpfandln und -haferln, mit Trinkbechern vorn am Gürtel wie die heiligen Pilgrime, dann hört auch bei uns die Gemütlichkeit auf. Sagt, wie käm's euch vor, wenn wir in der Absicht, an der See zu segeln, schon in Berlin mit Wasserstiefeln, Ölzeug, Südwester und faustgroßem Priem im Goscherl herumliefen? Geschmacklos, nicht wahr? Ihr könnt euch gar nicht vorstellen, wie protzig, saudumm und lächerlich solch Aufzug in einer Großstadt wirkt. Auf die arbeitende Bevölkerung wirkt er zudem wie ein Schlag ins Gesicht. Ihr befleißigt euch doch sonst eines guten Geschmacks, denken wir nur an eure Lieder. Ihr braucht euch doch nicht herzurichten, als ob ihr jedem zeigen wolltet, was für Kerle ihr seid, daß ihr vierzig Kilometer Tag für Tag marschiert, selbst kocht und, wenn's sein muß, im Straßengraben schlafen könnt. Daß ihr nur echte alte Volkslieder singt, weiß man auch so.

Drittens: Die Norddeutschen, besonders die noch nicht Reichstagwahlfähigen, scheinen sich München als Bierdorf vorzustellen mit Gemütlichkeit ohne Grenzen. Sie qualifizieren den Münchener als gutes Schaf, was berechtige, alle Formen anständigen Benehmens zu ignorieren, so peinlich genau man sie zu Hause auch achtet. Weil wir so gute Schaf' sind, regen wir uns über diese Geringschätzung nicht auf ... Aber wir regen uns niemals nicht auf. Mir san ja die guata Schaf! Heil euch, wohledle Volksgenossen!

Ortsgruppe München
I.A. Robert Nickel-Sohn

Dieser Kapuzinerpredigt fügte der damalige Schriftleiter Lißner noch ein paar mahnende Worte bei: »... Da die Norddeutschen die verrufene Zünftigkeit gern als allein im Süden zu Hause betrachtet wissen wollen und als Beispiel für solche Fälle immer jene »süddeutsche Horde« zur Hand haben, darf es nicht schaden, hierdurch einmal in aller Anschaulichkeit auf süddeutsche Anschauungen aufmerksam gemacht zu werden. Mögen aber auch die aus dem Süden danach verfahren!«

- Gab es nun ein erkennbar eigenwilliges Schrifttum, das - sagen wir mal den WV-Schriftsteller von anderen zeitgenössischen Schriftstellern abhob? Gab es Selbstbeschreibung, die von der Umwelt bemerkt, gewertet, anerkannt wurde?

- Befragen wir die alten Nachrichtenblätter.

Zweiundneunzig Kilometer

Da war Bruno Thiede, des Wandervogels Edelster, der zuerst den kühnen Flug tat. Als der längste Tag des Jahres 1904 gekommen war, stand er früh mit der Sonne auf und zog sich frische Strümpfe an. Dann schmierte er sich zwölf Butterbrote, zu deren Würzung er einen Kräuterkäs in die Tasche steckte, ergriff einen größeren Stock als gewöhnlich und trat auf die Straße hinaus, woselbst er ohne umsehen gewaltig zu schreiten begann.

Welcher Bürger von Steglitz, der den Davoneilenden staunend sah, ahnte die Größe der Tat, die genannter Bruno - denn er war klein von Gestalt - noch denselbigen Tag mit seinen Füßen zu verüben gedachte?

Und er regte die Schenkel mächtig, und an ihm vorüber wandelten die Städte der Menschen: Philippstal und Saarmund, Beelitz und Treuenbrietzen; aber emsiger mußte er ein Bein vor das andere setzen, bis er auch die Höhen des Flämings hinter sich hatte. Marzahna und Trajuhne, Zahna und Jahna.

Doch er rastete nicht, und siehe, noch standen die Türme von Wittenberg in goldenem Lichte, da stieß er seinen Stab ein auf die Mitte des Marktes und sah sich schnaufend nach dem Ratskeller um.

(Nachrichtenblatt Juni 1905, mitgeteilt von Franz Müller, Berlin-Steglitz)

Bruno Thiede war einer der drei von Blüher als »Abtrünnige« Bezeichneten, die sich 1904 von Karl Fischer trennten und den Steglitzer E.V. gründeten. Der von ihm vollbrachte »Klotzmarsch« - Steglitz-Wittenberg - zweiundneunzig Kilometer an einem Tage - war Geschichte geworden. Zehn Jahre später beschlossen zehn Steglitzer, es Bruno Thiede nachzutun. In der Nacht vom 28. Februar auf den 1. März 1914 machten sie sich auf den Weg. Drei kamen nach einem Marsch von vierzehneinhalb Stunden in Wittenberg an, fünf weitere etwas später, nur zwei hatten es nicht geschafft.

Von diesem bis zum andern Stein
Grub man den langen Christel ein.
Dieses war sein letzter Gang.
Ob seine Seele auch so lang?

Hier bei diesen Haselnüssen
Hat's den Scheller umgeschmissen.
Nach Wittenberg noch wollt' er,
Doch in den Himmel sollt' er.

Das sind zwei von sechs »Spottmarterln«, die später zu Ehren der Heldentat gedichtet wurden.

Wie es Jägerlatein und Seemannsgarn gibt, so gab es auch Wandervogelhistörchen, die zu schön waren, um wahr zu sein. Man glaubte sie nicht ganz, aber dennoch lauschten die jungen Füchse gespannt, wenn ein alter Pachant erzählte:

Gewitter am Comer See

»Es war in der ersten Nacht in Italien auf einer Insel im Comer See, und ich hatte gerade Nachtwache. Da hat's auf einmal getan: Rrrrrrrum ... rum rum und so siebenmal. Da hab' ich hinausgeschaut aus dem Zelt, und da sind aus allen Ecken des Comer Sees sieben Gewitter hervorgekrochen, und die Luft hat gezittert, und das Hackl, das wo ich in der Hand gehabt hab', hat nur so geschwappt vor lauter Elektrizität.

Also da hab' ich den Roderich geweckt, und der Roderich hat auch 'nausg'schaut. Da ist auf einmal ein Blitz 'runtergefahren, und der Roderich ist ganz schneeweiß ins Zelt zurückgefallen. Hierauf wurden dann die Elemente losgelassen, drüben am Ufer hat der Blitz eine Pinie zerschmedert, und auf der Insel, wo wir geschlafen ham, hat's so g'schütt, daß das Wasser fußhoch im Zelt gestanden ist.

Alle sind's gleich auf, nur der Wurschtl hat noch g'schlafen, bis ihm's Wasser in den Mund g'loffen ist, weil der Roderich g'sagt hat, wann einer so gut schlaft, darf man ihn nicht wecken. Dann hama alls zusammenpackt, und unter fürchterlichen Mühen und Strapazen hama uns, durch den empörten See watend, in drei- bis vierstündiger (oder war's dreiviertelstündiger?) Anstrengung ans Land g' arbeitet.«

(Hannes Grillenberger, Regensburg, gefallen 1914 in Frankreich)

Die Wandervogel-Bundeszeitung (Gelbe Zeitung), die im Jahre 1911 zum ersten Male gemeinsam für die beiden Bünde AWV und DB unter der Schriftleitung von Hans Lißner erschien, brachte in der Juni-Nummer 1911 folgenden Bericht des Kreises VIII des AWV Rheinland (Kreisleiter H. Kremers, Bonn):

Wandervogelkreistag auf Burg Waldeck Ostern 1911

Auf Schloß Waldeck im Baybachtal hat am 17. und 18. April unser Kreistag stattgefunden. Wohl die meisten der Teilnehmer waren noch nicht in diesen Teil des Hunsrücks gedrungen, der eigentlich nur von den nächsten Anwohnern gekannt ist. Um so freudiger und lebensvoller gestaltete sich das Treiben auf diesem schönen, weltentlegenen Platze. Gegen ein Uhr rückten die ersten Horden der Neuwieder und Bonner an, lagerten sich im Tale, kochten und badeten in Wasser und Luft. Bis vier Uhr trafen immer neue Ortsgruppen ein, zuletzt erschienen auch die Saarbrücker auf dem Plan. Lebhaftes Heil, Begrüßung und Händeschütteln. Wir waren jetzt zweiundfünfzig Mann, und es sollten leider auch nicht mehr werden. Das war auch gar nicht anders zu erwarten in unserm Kreise, dessen Ortsgruppen, außer Bonn, fast alle erst ein Jahr und noch weniger lang bestehen.

Jetzt gegen fünf Uhr erreichte auch das Lagerleben sein Ende, wir zogen nun hinauf auf das Schloß. Auf dem grünbewachsenen Schloßhof, von dem man eine wundervolle Aussicht in das sonnenbestrahlte Land hinein hatte, ließen wir uns im Kreise nieder, um mit Singsang und Klingklang den schönen Abend auszufüllen. Zwei bis drei Stunden mögen wir so musiziert haben, bis die ernste Pflicht und Sorge für den kommenden Tag die Führer zur Beratung rief, die hauptsächlich der Besprechung des Kriegsspiels für den nächsten Morgen diente.

Was am Abend im Quartier noch geschah, will ich übergehen, und nur noch eine kurze Schilderung unseres Kriegsspiels geben.

Was an wehrhaften Männern vorhanden war, wurde in zwei ungleiche Teile (zwei zu drei) geteilt. Die größere Abteilung der Kaufleute schied sich wieder in Bedeckungsmannschaften und Lastträger (vulgo Packesel) und hatte die Aufgabe, ihren Warenzug ungefährdet an Schloß Waldeck vorbeizuführen. Die Raubritter von Waldeck sollten das verhindern.

Die Lage der Kaufleute war ziemlich peinlich, da das Baybachtal, in dem sie aufwärts zogen, stellenweise kaum dreißig Meter breit und von einem sehr breiten, tiefen Bach durchflossen war. Aber sie wußten sich zu helfen. Die Lastträger mußten auf der Talsohle bleiben, die Bedeckungsmannschaft durfte bis zur halben Höhe den Berg hinauf, also schickten sie ihre Mannschaft auf halber Höhe vor und kamen selbst dreihundert bis vierhundert Meter hinter ihnen angerückt. So kam es, daß die Ritter mehrere Stellungen fast ohne Kampf aufgeben mußten, um nicht abgeschnitten zu werden.

Aber nun nahte das Verhängnis, die stärkste Stellung der Ritter. Der Bach war an dieser Stelle sehr breit und der übrige Teil des Tales durch dichte Dornenhecken undurchdringlich. Der Weg ging durch den tiefen Bach! Hier tobte nun die Entscheidungsschlacht viertelstundenlang. Als endlich die Stellung genommen war und die Ritter sich zurückzogen, da war tiefe Trauer im Lager der Kaufleute. Die ältesten und stärksten waren tot, der Binde beraubt, auch der Führer war auf der Walstatt geblieben! Da verzweifelten die Jüngeren am Siege und bekannten ihre Niederlage. Am späten Nachmittag erst trennten wir uns allmählich, die Horden traten ihre Osterfahrten an.

Im Juni 1914 brachte der »Kunstwart«, eine damals vielgelesene Zeitschrift für künstlerische und kulturelle Fragen, einen Beitrag von Friedrich Jaskowski »Wandervogelschriftstellerei«. Der Verfasser stellte fest, daß die Jugendbewegung sich für die Darstellung ihrer Erlebnisse einen eigenen Stil geschaffen hatte, der wohltuend von dem in Schulaufsätzen üblichen abwich und sich auch deutlich vom »Zeitungsdeutsch« unterschied.

Daran war wirklich etwas Wahres. Las man einige solche Sätze, auch außerhalb der eigenen Wandervogelzeitungen, so fühlte man bald heraus: Das kann nur ein Wandervogel geschrieben haben. Das neuartige Erleben bewirkte eben auch eine neue Art der Darstellung. Hier einige Proben aus der Zeit vor und nach dem ersten Weltkrieg:

Quartiersuche in der Lüneburger Heide

Die Tür am Fleet öffnete sich, und die Öffnung füllte sich mit der hohen, breiten Gestalt des Heidjers, der lustig blinzelnd den sonderbaren Gästen zusah, die das Wasser in sich gossen, als wären sie Löcher. Als diese einigermaßen genug hatten, rückten sie in geschlossenem Halbkreis vor, um die Festung regelrecht zu belagern. Der Pudel flüchtete vor ihnen zurück zwischen die Beine seines Herrn, der, wie es schien, leicht lächelnd kapitulieren würde. Zunächst führten sie ganz leichtes Geschütz auf: wie gut das Wasser schmeckte, wie tief der Soot wäre. Aber einer der Allzueifrigen fuhr gleich mit der schwersten Kanone vor und verdarb den ganzen Feldzugsplan des »Öhmen« (das war der Führer), indem er herausplatzte: »Kunt wie hie schlopen?« Aber der Bauer verlor weder seine Ruhe noch seine Freundlichkeit. Aus seinem roten, glattrasierten Gesicht blinkten die Äuglein in unverminderter Güte, als er bedächtig nach längerer gespannter Pause zurückgab: »Nääi!«

Jetzt war der Plan des Öhmen ja doch verpfuscht, also man to! Alles druff! Und nun stürmten sie mit Fragen los: »Worüm nit? Ji hebt jo Platz genaug! Do, in de nigge Schüer!« Aber es war, wie wenn man Wasser über einen Ölanzug gießt, so fettfreundlich blieb sein Gesicht. »Nä«, sagte er bloß, »do kamt to vel van de Sorte!« - »Von wat för en Sorte?« - »Van de Handwerksburßen!«

Der Öhme, der Student war, fühlte sich aufs tiefste beleidigt, wollte ihn schon zu einem Duell fordern, besann sich aber endlich und erklärte in dem Stil einer Kaisergeburtstagsrede: Dieses wäre wohl ein Irrtum. Sie wären Schüler, die wanderten, und er wäre der Herr vons Janze. Sie wären gesittete junge Leute, die immer bei den Herren Landwirten aufgenommen worden wären, noch am Abend vorher wären sie da und da gewesen. Und sie könnten doch nicht ins Gasthaus gehen, denn ... usw. Das machte sichtlich Eindruck ...

(Friedrich Wilhelm Rittinghaus, 1911)

Die Erzählung geht natürlich noch weiter. Nach längeren Verhandlungen, in die auch die

Frau des Bauern verwickelt wird, bekommen die jungen Leute schließlich ihr Quartier. Weniger Glück haben sie in der nächsten Geschichte, die von dem gleichen Verfasser stammt. Er, gebürtiger Westfale und Student in Leipzig, macht mit sächsischen Wandervögeln eine Wanderfahrt nach Böhmen:

Vergebliche Quartiersuche

... Wir sagen »Die Binschgauer wollten wallfahrten gehn«, und wir gingen wirklich wallfahrten zu den Patres in Osseg. Baul (sächsisch für Paul) hatte als wackerer Führer natürlich einen »Führer« mit, und darin stand, in Osseg läge ein sehr nahrhaftes Kloster mit einer Bierbrauerei dabei. Das war ja ein gefundenes Fressen. Ihr meint vielleicht: wegen der Bierbrauerei? O nein! O ja, denn: wo eine Bierbrauerei ist, da sind Pferde zum Wegfahren des Gerstensaftes, und wo Pferde sind, da ist Heu und Stroh zum Schlafen.

Also zogen wir mutigen Herzens los, und bald »erglänzte des Domes Spitze im Abendsonnenschein«. Ein prächtiges Ding, dieses Kloster: ein Riesenhof, eine Kirche in dem bekannten, wuchtigen Jesuiten-Barockstil, furchtbar überladen, und ein lauschiger Garten dahinter.

Eine riesige Gesellschaft von Straßenjungen und Sonntagnachmittags-Spaziergängern beobachtete neugierig unsern Einzug. Der war anfangs sehr erhebend; aber als wir dann der Heiligkeit des Ortes geziemende Achtung erwiesen hatten durch Bestaunen der Kirche, kam der schwierige Punkt: Einer mußte anfragen wegen der Bleibe, denn alle elf Mann konnten doch nicht einrücken; wie hätte das an dieser stillen Stelle werden sollen, wo wir in der Stadt schon über Gebühr Aufregung hervorgerufen hatten? Aber wer nun? Da war einer ganz helle, der sagte: »Wer am besten Ladein gann, denn mit den Badres missen mer ladeinisch reden.« Ach so! Ja, wer ist das? Wie freute ich mich jetzt, daß ich einer von den »antiken Analphabeten« war! Also Baul oder Herr Leutinant? (hieß so, weil er schon gedient hatte). Aber Herr Leutinant wehrte mit Hand und Fuß: Er wäre schon zwei Jahre, vier Monate, fünf Tage von der Schule, da könnte man das nicht verlangen. Außerdem hätte der Führer Quartier zu machen.

Nun war Baul natürlich auf die Hühneraugen getreten. »Nu, dann mach ich's äbn!« Schrupp, war er zur Tür hinein! Aber schon stürmte ich ihm nach, um ihm zu sagen, daß gute Nacht »bonam noctem« heißt. Da seh' ich ihn noch vor mir stehen, im Flur unten an der Treppe, auf deren höchster Stufe ein, na, sagen wir mal: wohlbeleibter Pater den Raum zwischen Geländer und Wand füllte. Aber was war das? Nicht mal »Pax vobiscum!« sagte dieser Führer vom Gymnasium, sondern in unverfälschtem Sächsisch: »Guden Abend! Un ob mer nicht hierbleiben gennten.«

Ach, das Gesicht des würdigen Herrn dort oben! An sich lieblich wie der aufgehende Voll-mond, bekam es jetzt eine seltsame Verlängerung nach unten, schwoll dann an den Seiten an, so daß es wieder ganz rund war, wurde hochrot, als ob ein Kloß in dem darunter verborgenen Halse feststäke. Und dieser Wortkloß, der sich da herauswürgte, muß fürchterlich gewesen sein. Aber ich hörte ihn nicht mehr! Mich packte der Graus, und ich fegte zur Tür hinaus. Was er gesagt hat, Baul hat's nie verraten. Doch als Baulchen nicht nachließ und ihm mit »christlicher Gastfreundschaft« unter die Nase kam, soll er was von »Wegscheren« gesagt haben. Das kann aber nicht sein, denn »wegscheren« ist preußisch, nicht österreichisch.

Jeglichenfalls: »Das war ein Schlag auf einen Jummiball«, sagte Herr Leutinant ...

(Friedrich Wilhelm Rittinghaus, 1912)

Nach dem Kriege wurde die Tonart etwas anders, vier Jahre Front hatten auf den »Stil« abgefärbt. Da berichtet einer von einer Fahrt durch die nunmehr nicht mehr österreichische Slowakei:

Durch die Masocha

Drückende Schwüle. Flimmernde Glut über den Feldern. Auf der staubigen, baumlosen Landstraße wanken zwei kriegsentlassene Kunden. Nicht etwa einträchtig nebeneinander - bald bummelt der eine hintennach, bald der andere. Ab und zu schimpfen sie: mal auf die Sonne, mal auf die Gegend, mal auf den Staub; zwischendurch knurren sie sich gegenseitig an. Schließlich sagen sie überhaupt nichts mehr.

Da unterbricht Herbert das Schweigen: »Sag mal, warum tippeln wir eigentlich durch diese jämmerliche Gegend?«

Argwöhnisch schielt er seinen Kameraden an. Nach einigem Zögern antwortet dieser: »Na - die Höhlen ...«

Empört bleibt Herbert stehen. »Du bist wohl verrückt geworden! Dieser blödsinnigen Drecklöcher wegen rennen wir hier durch? Nee, da mache ich nicht weiter mit ...«

»Erlauben Sie mal, Herr Kollege, erstens sind die berühmten Masochahöhlen, die Sie übrigens kennen sollten, keine Drecklöcher, sondern Kalksteinhöhlen; zweitens ›rennen‹ wir durchaus nicht, sondern bewegen uns in mäßigem Tempo vorwärts, drittens kommen wir so schnell nicht wieder in diese Gegend, viertens müssen wir hin, und fünftens ...«

»Ich fahre nach Hause«, unterbricht ihn Herbert.

Grausames Hohngelächter: »Menschenskind, fahre doch!«

Da geht's dem armen Kerl auf, mit welcher heimtückischen Bosheit jener ihn in dieses Land gelockt hat. Zwei Tage ist's mindestens noch zu wandern bis zur nächsten Eisenbahn. Und dann hat der andere sicherheitshalber die Karte eingesteckt.

»Na, beruhige dich man, bei Preußens war's doch schlimmer, Läuse und dicke Luft - und

Weihnachten biste wieder bei Muttern!«

Dann wir gespeist: rohe Haferflocken mit Zucker. Das gibt ganz weiße Mäuler ...

(»Tetje«, richtiger Name des Verfassers unbekannt, 1921)

Unnötig zu sagen, daß die beiden im Grunde die besten Freunde sind, daß sie in diesem fremden Lande noch mancherlei Merkwürdiges erleben und daß sie die Höhlen nicht finden.

Durch das immer stärkere Auftauchen der Mädchen im Wandervogel, durch den nach dem Kriege wachsenden Gegensatz zwischen »Pachanten« und »Ästheten« bekam die Schreibweise immer neue Lichter aufgesetzt, die man vorher nicht gekannt hatte. Da taucht ein wandernder Philosoph auf:

Edi Sütterkrug

... Gerade als wir dabei waren, in unserm Stadtnest einen pfundigen Schokoladenpudding zu verteilen und zu verspeisen, flog die Tür auf, und in die Stube trat ein hagerer, langbehaarter Kerl mit einer riesigen Hornbrille: der Wandervogel-Amateurphilosoph Edi Sütterkrug. Und hinter ihm, anzusehen wie ein Fäßlein, sein Jünger und Gefolgsmann Willibald Schnürle.

Ich will mich nicht lang bei den Begrüßungsfeierlichkeiten aufhalten, sondern nur berichten, daß die Futterei ein rasches Ende fand, indem die philosophische Hopfenstange und das Fäßlein gut sechsmal schneller schaufelten denn die andern. Nach dieser Leistung erzählte der Lange, daß sie beide auf großer Fahrt seien, um die Psyche der schwäbischen Bauern zu ergründen. Der Schrättle, der aufmerksam zuhörte, sagte ihm, daß beinahe alle Bauern in Degenfeld sie hätten. Er meinte die Maul- und Klauenseuche, und ich weiß nicht, wie er die mit der Psyche in Zusammenhang brachte.

Der Philosoph war entsetzt ob dieser Ungeistigkeit und trat an das Bücherbrett, dessen Inhalt er vernichtend kritisierte: »Was? Das soll eine Nestbücherei sein?! Wo habt ihr denn die grundlegenden Werke aus der Bewegung? Wo ist ›Der Wandervogel im Spektrum der Relativitätstheorie‹? Oder die ›Analysis der WV-Neurose?‹« - Wir hatten sie nicht. Und da der Peperl das letzte Buch für eine Sammlung neudeutscher Mädchennamen hielt, schnappte der Philosoph nach Luft, murmelte was von unglaublicher Rückständigkeit und vom »Kaff ansehen«, zog den Willibald mit sich - »Servus!« Draußen waren sie.

Rückständigkeit? Kaff? Unsere liebe alte Reichsstadt ein Kaff? Servus? Rache, Rache an den Brüdern!

(Helmut Schittenhelm, 1920)

Dem Philosophen wurde seine Unverschämtheit so gründlich heimgezahlt, daß er das Wiederkommen vergaß. Der gleiche Wandervogel äußert sich in einer anderen Geschichte zu dem seit Hans Blüher hier und da modern gewordenen »Antifeminismus«.

Der Schock

... Seinen Namen hatte er daher, weil er mit Vorliebe Ortsgruppenwimpel als Badehose - benützte und ein Führer aus Frankfurt bei solcher Entweihung einmal vergaß, Luft zu schnappen, und deshalb mit kaltem H_2O abgerieben werden mußte. Seitdem hat man den langen Ulmer den Nervenschock geheißen.

Über diesen Schock kamen die Ismen. Ich kann sie nicht alle aufzählen. Mit einem hat er besonderes Pech gehabt, mit dem Vegetarismus. Der besaß ihn leidenschaftlich. Weil er am liebsten allen Metzgern das Geschäft verdorben hätte, hat er mit Händ' und Füß' auf jeden hineingeredet wegen seiner sündhaften Fleischfresserei. Wenn er dann gerührt von den Folgen der Tierausrottung sprach und sein Nastuch aus der Tasche an die Augen führte, sind ihm immer ein paar große Wursthäute auf den Boden gefallen. Das kam, weil sein Brüderlein, das Schöckle, ein unheimlicher Wurstvertilger vor dem Herrn war und seines Bruders Achillestasche kannte. Dann fluchte der Schock und rannte heim, um das Schöckle mit Gewalt zu bekehren.

Sein größter Ismus aber war der Antifemin-Ismus. Er selbst sagte, dazu sei er nach reiflicher mikrotechnisch genauer Durch- und Erleuchtung seines geistigen und seelischen Selbstichs gekommen.

Wie er bei einem Treffen diese seine Erkenntnis von sich gab, sprach die energische Margret: »Schock, du schwätzscht Mischt. Dann send mir Mädle Antimaschkulinischte und ganget.« Sie taten's, und der Schock sah ihnen nach.

Seit dieser Zeit ist er allem, was weiblich war, aus dem Weg gegangen. Keine Gelegenheit hat er vorbeigelassen, wenn er allen Mischlingen und Halb-Muh-halb-Mäh-Leuten eins auswischen konnte. Einmal war ein Deutschostafrikanervortrag. Mit Lichtbildern. Die gesamte WV-Welt saß drin. Auf der Leinwand erschien ein Hottentottennegersiegestanz. Da brüllte des Schocks Bärenstimme durch den Saal: »Paßt auf! Da könnt ihr neue Reigen lernen!« Es war ein Skandal, er ist hinausgeschmissen worden ...

(Helmut Schittenhelm, 1921)

Auch dieser Schock entgeht seinem Schicksal nicht, er heiratet eine - rhythmische Tänzerin.

Eine ganz besondere Note hatten schon immer die Hannoveraner, die noch heute als alte

Leute in dem einzigartigen Verein »Männertreu« (weibliche Unterabteilung: »Liebfrauenbund«) wie Pech und Schwefel zusammenhalten, sich gegenseitig begraben, bis der letzte dem vorletzten diesen Liebesdienst erweist, und solange sie noch leben, herrliche Feste feiern. Hören wir also einmal einen Wandervogel aus der Welfenstadt:

Einzug in Görlitz

Nach dem Kriegsspiel rückten wir in Görlitz ein.

Tatsächlich, am Schützenhof standen die Maidlins brav aufgebaut mit Kränzen und Blumen; im Hintergrunde schlingerten verlegen lächelnd Drückeberger (auch Pazifisten genannt) und Etappenschweine umher.

»Also, Leute, jetzt kommen wir wieder in gesittete Gegenden, mäßigt euren rauhen Kriegerton!« - »Mann, was fehlt dir? Du kriegst wohl plötzlich senile Anwandlungen?«

»Minsch, holl mi fast, wat sall düt? Nee, nu lott mi ober an Land, ik goh leber to Foot!«

Auch zu uns kamen sie mit Kränzen. »Macht euch bloß nicht lächerlich bei uns! Unsere Kaninchenzucht haben wir nicht mit, Ziegen besitzen wir nicht, Ochsen sind wir nicht, was sollen wir also mit dem Heu?« Mehr Worte waren nicht nötig, wir blieben verschont. Ein lächerliches Beginnen nach solch einem Kriegsspiel!

Gott sei Dank, unsere drei Mädchen hatten diesen Sport nicht mitgemacht. »Wir dachten, ihr tränkt lieber einen anständigen Kaukau.« - Aber die Klampfen hatten sie mit.

Der Zug setzte sich in Bewegung, vorne die beiden Heerfahnen, jeder Armee waren Ehrenjungfrauen zugeteilt.

Unser Fahnenschwenker aber wußte Abstand zu wahren, so daß es aussah, als gehörten wir nicht dazu, und die beiden Flöten, Geige und Laute spielten so eckig, daß alles Volk aufmerkte. Und immer noch eine Straße, immer noch eine ...

Am Nachmittag war das Bild verändert: Laß dir Polkalocken wachsen, zieh dir einen Kittel an, möglichst gelb mit schwarzseidenem Kragen, Rot sieht auch ganz auffällig aus, laufe kniefrei bis an den Hals, ausgeschnitten bis auf die Knie, trage Sandalen, dann bist du zünftig, urzünftig!

Aber immerhin, der Kittel ist die Hauptsache, ob er dir - zu deiner Sklavenglatze - steht, ist völlig Nebensache. Fast hätte ich's vergessen, ein Kabarett (gemeint ist Barett) oder einen Frikadellenbeutel mußt du haben, aus rotem oder schwarzem Samt.

Und die Mädchen sollten doch alle zu der entzückenden Einfachheit der Volkstrachten zurückkehren; Dirndlkleider mit roten oder grünen Schürzen sehen doch zu fein aus. Schnittmusterbogen-Beilagen jugendbewegter Zeitungen geben geistig Minderbemittelten glänzend Anhalt ...

(Hans Jaeckel, 1921)

Gastfreundschaft im weitesten Sinne war vor dem ersten Weltkrieg, als man noch keine Lebensmittelkarten und keine Wohnungsnot kannte, für jeden Wandervogel Ehrensache.

Aber es gab auch schon damals besonders Schlaue, die es verstanden, auf fremder Leute Kosten zu leben - ohne die sonst übliche Gegenseitigkeit. Von zwei solchen Kunden berichtet ein Ulmer Wandervogel, der sich Z. nennt:

Rezept für billige Fahrten

Jetzt kenn ich zwei Wandervögel, die reisen billig in teuren Zeiten.

Nachts um halb zehn Uhr, ja, nicht früher, schellt's in der Wohnung eines Wandervogels: In die tiefe Nacht hinein gelaufen - die Füße wund - Nest unauffindbar - fürchterlich Hunger - wo kann man noch was kaufen?

Die mitleidige Wandervogelmutter trägt auf, was sie hat. Die armen Burschen liegen auf den Tisch hinein, und kauend streiten sie sich um den besten Bissen.

Auch das nimmt ein Ende; dann trollen sie sich ins Nest, der Hausfrau versichernd, sie könnten beim besten Willen nichts mehr essen.

Es ist Nestabend. Dahinein platzen sie mit den Worten: »Habt ihr nichts mehr zu essen für unsern Riesenhunger?« - Neue Fütterung.

Dann ziehen sie singend durch die Gassen bis zwölf Uhr - die Füße sind wieder heil.

Freundlich schauen sie am andern Morgen zu, wie eine Mädelhorde, die auch zu Gaste ist, Kaffee kocht; freundlich trinken sie mit. An die Nestkasse denken sie billigerweise nicht und verschwinden - wahrscheinlich in ländliche Bezirke.

Zum Dank überlassen sie uns ihr Rezept für billige Fahrten auf dem Lande. Tags zuvor sind sie bei einer Bäuerin gewesen: »Wir bitten um ein paar Pfund Kartoffeln.« Die wackere Frau bringt geröstete.

»Könntet Ihr nicht noch ein Ei darüberschlagen, liebe Frau?«

Es geschieht.

»Jetzt fehlen nur noch die Spätzle, liebe Frau, nach denen es im Hause so gut riecht.« Die Bäuerin bringt auch diese.

»Wie schön, wenn wir noch ein Fleisch und Gesälz dazu hätten!«

Auch das gelingt.

Man verabschiedet sich herzlich, läßt sich den Namen der lieben Wirtin fein säuberlich aufschreiben und verspricht, bald zu schreiben - worüber man vergißt, nach den Kosten des Essens zu fragen.

Hinter dem Dorfe wirft man den Zettel mit dem Namen weg, und der Fall ist erledigt.

So, schließen die beiden ihre Belehrung, reist sich's billig. Mit sechs Mark im ganzen, wovon drei Mark zwanzig für Fahrgeld abgehen, sind wir nun dreizehn Tage »auf Fahrt« und hoffen, auch noch länger durchzukommen.

In diesen Berichten deutet sich an, daß der WV bekannt - und berüchtigt wurde. Hinzu kam die Ausdehnung, der Massenerfolg. Im Jahre 1914 gab es in Deutschland - es sind runde Zahlen, aber die Größenordnung stimmt - etwa dreißigtausend Wandervögel. Zählt man alle verwandten Bünde dazu: Pfadfinder, Bund der Wanderer, Akademische Freischaren, Freideutsche, Bibelkränzchen usw., ergibt sich eine Gesamtzahl von rund sechzigtausend Jugendbewegten. Verglichen mit der deutschen Gesamtbevölkerung von damals, sechzig Millionen, ist die Verhältniszahl also verschwindend klein: Auf zweitausend Deutsche kam ein Wandervogel, auf tausend Deutsche ein Jugendbewegter. Dabei muß berücksichtigt werden, daß es in der Jugendbewegung eine Menge von Leuten gab, die man später »Mitläufer« nannte. Sie machten zwar mit, waren aber nicht mit dem Herzen dabei und schieden zumeist nach kurzer Zeit wieder aus - wenn sie »vernünftig« wurden.

Betrachtet man die Zahl derer, die wirklich richtunggebend und zukunftweisend in der Bewegung standen, so ist sie so gering, daß man nicht einmal von dem sprichwörtlichen Tropfen auf dem heißen Stein reden kann. Um so erstaunlicher ist es, wie allgemein bekannt die Jugendbewegung, vor allem der Name »Wandervogel« schon damals war. Nach seiner Art zu wandern, wurde modern. Schon vor dem Kriege gab es die sogenannten »Wilden«, die mit Rucksack, Mandoline und weiblicher Begleitung auf Fahrt gingen und sich nicht immer besonders gut benahmen.

Stand in irgendeiner Zeitung ein Polizeibericht, Wandervögel hätten einen Waldbrand verursacht oder sonst eine Übeltat begangen, pflegte die Bundesführung der Sache nachzugehen. Fast immer konnten sie feststellen, daß es sich nicht um »richtige« Wandervögel, also um Mitglieder ihrer Bünde, gehandelt haben konnte.

Sandten sie der Zeitung oder der Dienststelle eine Berichtigung, so bekamen sie, wenn überhaupt, gewöhnlich die Antwort, solche feinen Unterschiede könne man nicht machen, alles, was mit Rucksack und Mandoline einherlaufe, heiße eben Wandervogel.

Von dem bekannten Berliner Zeichner Heinrich Zille erschien damals ein Blatt »Wandervögel«. Da sah man genau die gleichen Typen männlicher und weiblicher Jugend, wie Zille sie immer zeichnete, nur trugen sie »Kluft«, Rucksack und Mandoline. Während des Krieges und nach ihm wurde die Zahl der Wilden immer größer. Vielfach haben Wandervogelführer versucht, mit ihnen Fühlung zu bekommen und sie zum rechten Wandern zu erziehen.

Wandervogelschriften / Die ersten Wandervogelverleger

Runde: Autor, Ernesto

- Du hast als erster das Wandervogelerlebnis in einer geschlossenen Erzählung beschrieben, in deinen »Pachantenmären«, die im Juli 1914 erschienen und manchen Kameraden ins Feld begleitet haben. Soviel ich weiß, warst du auch eine Zeitlang Schriftleiter der nachmals berühmt gewordenen »Gelben Zeitung«, des eigentlichen Traditionsorgans des Wandervogels. Bitte, wie kam das zustande? Was gab es sonst noch für Blätter? Was trat in ihnen hervor? Befehdeten sie sich auch schon mit solcher Lust, wie wir das für die Zeit von 1920 bis heute feststellen können? Denn der Blätterwald, der nach dem Weltkrieg I aufrauschte und immer mehr bedrucktes Papier entbreitete, kam bald einem Urwald gleich. Man könnte ein großes Bibliotheksgebäude damit anfüllen, man brauchte deren zwei, wenn mal all die Privatmanifeste, Gruppenzeitschriften, Einzelgängerorgane hinzunähme. All jene hektographierten, von rührend ungekonnten Zeichnungen und Linolschnitten durchsetzten, das Fahrtenerlebnis in einer Inflation von Beschreibungen zum Ausdruck bringenden, das Liedgut mit einer ebensolchen Inflation von selbstgefertigten Kompositionen vermehrenden Publikationen, die, rasch aufflackernd, rasch vergehend, den Führungsanspruch ihrer Hersteller für die nächsten Jahrhunderte anmeldeten und mit einem inzwischen zum bündischen Jargon entarteten Pathos zum Ausdruck brachten. Wir leben zweifellos im literarischsten aller Jahrhunderte, und da auch wir selbst uns seiner Möglichkeiten ungescheut bedienen, tun wir gut daran, den Tatbestand gelten zu lassen. Wie also sahen die Anfänge dieses Tuns zu deiner Zeit sich an?

- Im März 1904 erschien zum ersten Male eine Wandervogelzeitung: »Wandervogel, Illustrierte Monatsschrift«, herausgegeben von Fritz A. Meyen, Wolfgangs älterem Bruder, von Heft 6 (August) ab zusammen mit Karl Fischer. Davon berichtet Hans Blüher in »Wandervogel«, Band I:

»So wurde am Beginn des dritten Jahres ein kleines Organ gegründet, als dessen Herausgeber Fritz A. Meyen und Karl Fischer zeichneten. Aber es war ganz und gar das Geisteskind von Fritz Meyen. Die Arbeit lastete wesentlich auf ihm, und ihm gebührt der Ruhm für das wirklich Wertvolle, was sie (die Zeitung) später bei einer verhängnisvollen Wendung in der Geschichte der Bewegung leisten sollte. Ehe sie herauskam, setzte er (Meyen) sich wochenlang hin und schrieb an Hühneraugenoperateure, Lanolinfabrikanten, an Pelzwarenhändler und Uhrmacher, daß er eine neue große Schülerzeitung zu gründen beabsichtige, die durch den bekannten Jugendbund »Wandervogel« einen weiten Absatz zu finden verspräche; es läge daher in ihrem entschiedensten Interesse, eine Annonce für ihren geschätzten Artikel aufzugeben. Dann kam ein spärliches Heftlein von wenigen Seiten heraus.

Mit dem Erscheinen dieser Zeitschrift beginnt fast augenblicklich die Periode der Geschmacklosigkeit und der Reklamesucht, die der Wandervogel, wenigstens in Berlin, nie ganz losgeworden ist ... Hätte man mit den vielen schlechten Gedichten, die man damals veröffentlichte, noch ein paar Jahre gewartet, es hätte vielleicht eine Wandervogellyrik gegeben in großem Stil, aber so fiel alles in die Hände der Vereinsmache. Plump, gemütlos, eitel, streberisch, gedruckt (so steht es im Text, ist das ein Druckfehler für ›geduckt‹?). Das war die literarische Physiognomie der ersten Wandervogelzeitschrift.«

Diese hier nicht gerade günstig beurteilte Zeitung sollte später von Fischer und Meyen mit allen Aktiven und Passiven an den Alt-Wandervogel abgetreten werden, das scheiterte aber an unerfreulichen Auseinandersetzungen, im Verlaufe derer man Meyen und Fischer sogar die Gründerschaft an der Zeitung abzusprechen versuchte.

Die Zeitung selbst ist als erste Erscheinung im Blätterwald der Jugendbewegung ein historisches Phänomen. Die Geschichte ihrer Gründung und der späteren Schwierigkeiten kann als prototypisch für das Schicksal ähnlicher Organe gelten. Die Tatsache, daß man ihm sein Recht an der Zeitung streitig machte, und die übrigen Widerstände trieben Karl Fischer fast zur Verzweiflung. Das meint Hans Blüher, wenn er in seiner Selbstbiographie mit dem Satz »Der Tag war gekommen, an dem ich Rache für Karl Fischer nehmen konnte!« einen der Anlässe zum Verfassen seiner Wandervogel-Geschichte nennt.

Der im Jahre 1904 gegründete Steglitzer E.V. gab unter dem Titel »Nachrichtenblatt des Wandervogels e.V. zu Steglitz bei Berlin« seit September eine eigene Zeitung heraus, die alle zwei Monate ohne Reklameteil herauskam und der ersten Zeitschrift geistig weit überlegen war. Sie erschien bis Dezember 1912, zuerst von Prof. Albrecht, ab 1908 von Frank Fischer herausgegeben. Einer der wichtigsten Mitarbeiter war der künstlerisch begabte Siegfried Copalle.

Der Anfang 1907 entstandene »Wandervogel, Deutscher Bund« gab seit April desselben Jahres die eigene Monatsschrift »Wandervogel« heraus, die ab Februar 1911 auch für den »Verband deutscher Wandervögel« erschien und im Februar 1913 als »Gelbe Zeitung« Monatsschrift des Einigungsbundes (E.V.) wurde. Unter der Leitung Hans Breuers und Hans Lißners, zweier wahrhafter Dioskuren, wurde diese Zeitung tonangebend und zum bekanntesten Organ der Jugendbewegung bis in die zwanziger Jahre. Hans Lißner war Schriftleiter bis September 1912, das Oktoberheft gab Friedrich Wilhelm Rittinghaus heraus, dann folgte bis 1914 der Maler Rudolf Sievers. Weitere Nachfolger waren, soweit mir die Namen bekannt sind, Walter Fischer und seine Ehefrau, der Maler Georg Kötschau, bis Mitte 1920 der Maler Wilhelm Geißler, 1920/21 Ernst Berghäuser, dann der Musiker Georg Götsch, Otto Schönfelder (Cölner) und Werner Kindt. Davon leben 1961 noch: Hans Lißner, Georg Kötschau, Wilhelm Geißler, Ernst Berghäuser, Werner Kindt. Hans Breuer, Friedrich Wilhelm Rittinghaus und Rudolf Sievers kamen im ersten Weltkrieg ums Leben, Otto Schönfelder im zweiten, auch Walter Fischer und Georg Götsch sind tot.

Eigene Zeitungen besaßen auch der »Jung-Wandervogel« (ab November 1910) und seit

1913 der dem E.V. nicht angeschlossene Teil des »Alt-Wandervogel«. Eine spätere Älterenzeitschrift des Jung-Wandervogel trug den Titel »Der Führer«.

Die Fuldasche »Wandervogel-Führerzeitung« war kein »amtliches« Organ der Wandervogelbünde, sondern zunächst ein Privatunternehmen. Im Spätsommer 1912 berichtete Friedrich Wilhelm Fulda seinem Freund Erich Matthes, daß er weder beim WV Deutscher Bund noch beim Schatzmeister des neuen überbündischen Verbandes Interesse für seinen Plan einer Führerzeitung gefunden habe. Da beschlossen die beiden, diesen Plan auf eigene Rechnung und Gefahr zu verwirklichen. Matthes, der damals noch nicht seinen Verlag gegründet hatte, kannte einen Drucker in Groitzsch bei Leipzig, der dem Wandervogel wohlgesonnen war und die Zeiung vorläufig auf Pump drucken würde, wenn Matthes für den Fall, daß die Sache schief ging, eine Ausfallbürgschaft übernahm. Aber die Führerzeitung fand Anklang - natürlich auch Widerspruch -, und so konnte Matthes sie später in seinen eigenen Verlag übernehmen. Nach dem Kriege erschien in seinem Verlag die Zeitschrift »Der junge Deutsche«, die aber keine Fortsetzung der Führerzeitung sein sollte, sondern allgemein zu kulturellen Zeitfragen Stellung nahm.

Als gelegentliches Mitteilungsblatt der im Felde stehenden Jugendbewegten war im ersten Weltkrieg der »Zwiespruch« gedacht, der nach Kriegsende vom Greifenverlag als Älterenzeitschrift fortgeführt wurde.

Es ist hier nicht Raum, auch noch all die landschaftlich gebundenen »Gaublätter« des Wandervogels aufzuzählen. Einige von ihnen, so das »westfälische« unter Franz Willeke in Münster und »Hessen und am Rhein«, konnten sich gut mit den Bundeszeitungen messen.

Als erster Wandervogel-Verleger könnte Bernhard Weise, Berlin-Tempelhof, gelten. Wenigstens stand sein Name im Titel der ersten Auflagen von Blühers WV-Geschichte. Aber er gab eben nur seinen Namen her, nachdem es Blüher nicht gelungen war, sein Buch anderswo unterzubringen. In Wirklichkeit trug Blüher selbst alle Herstellungskosten. Er berichtet, daß Weise später trotzdem zu ihm sagte: »Sie wären niemals ein berühmter Mann geworden, wenn meine zugkräftige Firma nicht für Sie eingetreten wäre.« Diese »Firma« war ein ganz winziger Buchladen.

Der erste wirkliche WV-Verlag war Erich Matthes. Im Februar 1913 erschien in der »Führerzeitung« folgende Ankündigung: »Im Sommer des Jahres habe ich die Absicht, in Leipzig einen Verlag zu gründen, der sich hauptsächlich mit solchen Erscheinungen befassen will, die in den Rahmen des Wandervogels passen. Die Mitarbeit berufener Wandervögel ist mir deshalb nicht nur erwünscht, sondern notwendig; deshalb bitte ich um Verlagsangebote. Auch für jede Anregung bin ich dankbar. Honorar nach Übereinkunft. Leipzig, Kronprinzenstr. 5a. Erich Matthes«.

Auf der Bugra, Leipzig 1914 (Ausstellung für Buchgewerbe und Graphik), war Matthes' im Stile eines WV-Landheims erbautes hölzernes Ausstellungshaus, das nicht nur seine eigenen Verlagswerke, sondern auch die anderer geistesverwandter Verleger zeigte, der Treffpunkt für alle Jugendbewegten, welche die Ausstellung besuchten.

Der Verlag des Zupfgeigenhansl, Friedrich Hofmeister in Leipzig, hat sich außerdem um Volkstanz und Lautenmusik verdient gemacht. Nach der Gründung der Freideutschen Jugend (1913) entstand in Hamburg der Verlag Adolf Saal, heute im wesentlichen nur noch Buchhandlung. Der Greifenverlag unter Karl (Michel) Dietz, seit 1921 und heute noch in Rudolstadt, entstand 1919 in Hartenstein.

Eugen Diederichs kann man nicht als WV-Verlag bezeichnen, er war vor dem Weltkrieg der führende deutsche Verlag überhaupt. Auf der Bugra 1914 hatten die besten deutschen Verleger einen halbkreisförmig angelegten gemeinsamen, aber in Kabinen unterteilten Ausstellungsraum. Diederichs hatte den Ehrenplatz. Ich selbst habe ihn dort zum ersten Male gesehen. Eugen Diederichs interessierte sich zwar für jede Art Jugendbewegung, aber sie war nur ein winziges Teilgebiet in seinem ungeheuren Verlagsprogramm. Er selbst, obwohl nicht mehr jung, hatte in Jena einen merkwürdigen Bund aufgezogen, den »Serakreis«. Ich zitiere Blüher, »Werke und Tage« - wie alles, was er schrieb, stark subjektiv gesehen:

»... Diederichs war zunächst einmal wirklich entflammt von den aufkommenden Mächten der Jugendbewegung, und er half und stützte, wo er konnte. Freilich wirkte es manchmal etwas komisch, wenn der alternde Herr in einem Aufzuge, den man etwa als balkanische Bauerntracht bezeichnen konnte, mit dem Thyrsosstab in der Hand und Epheu im Haar auf einem klappernden Leiterwagen, umgeben von Jugend bevorzugt weiblichen Geschlechts, durch Jenas Straßen in die Berge fuhr, um dort kultische Begehungen dionysischer Art zu betreiben, aber man tut ihm Unrecht, wenn man das Motiv dazu in einer Berechnung sucht. Das schlagende Herz der Jugendbewegung klang eben so, und Diederichs war so ein wenig ein Schwerenöter. Das Entscheidende aber an dem trefflichen Manne war sein Kulturgewissen, das alles andere überragte, und das ihn etwa antrieb, die damals aufkommende weibliche Gymnastik zu unterstützen ...«

Der Hohe Meißner, Vor- und Nachspiele

Runde: Karolus, Gustav Wyneken, Ernst Sander, Otto Steckhan, Walter Hammer, Friedrich, Autor

- Hiermit lade ich nun dich, immer heiterer und unverwüstlicher Karolus, in den Kreis meiner Erörterung. Auch du hast sechs Dezennien hinter dich gebracht und mit deinem Wesen angefüllt, daß es eigentlich so scheint, als gehörten sie dir allein und sonst niemand in der Welt. Von dir hätte ich - es geht bei uns wie im Schwarzen-Peter-Spiel zu, wo man einander die Karten abluchst - gern etwas erfahren über die fesselnd-wunderliche Zeit, da die Jugendbewegung anfing, sich unterm Bild einer gewissen Ordnung, oder besser Geordnetheit zu verstehen. Ich nehme mir die Kühnheit heraus, das mit einem Wort von David Herbert Lawrence als die »Zivilisation der berührenden Gefühle« zu bezeichnen. Lawrence hat übrigens, da er durch seine deutsche Frau mit der Jugendbewegung bekannt gemacht wurde, einige nicht unzutreffende Worte über sie geäußert. Doch bleiben wir bei unserem Vorhaben.

Wie Wald und Welt aussahen, das weiß man heute, nach einem Menschenalter voll von Fahrten und Fahrtenberichten, zur Genüge. Was aber keiner, außer dir, noch wissen kann, ist, wie fühlte sich damals eurer Fahrtenerlebnis von innen an? Wie entstand dabei so langsam der »Stil«, die »Machart«, das »Gewebe«? Wie geschah die Ablösung von der Geborgenheit des Zuhause, jene erste, unwiederholbare Ablösung? Wie entstand, und aus welchen Anstößen, die Kluft des WV? Wie wurde das Geheimnis des Lagerfeuers offenbar, und wie verlor es allmählich die rein praktische Bedeutung, nur für das Kochen von Haferflocken geeignet zu sein? Wie wurde aus dem Kochfeuer das Bundestagsfeuer mit dem George-Spruch »Wer je die Flamme umschritt«?

Namen, Daten, Jahrgangswandlungen, wie gingen sie ineinander auf? Abzeichen, wie kamen sie auf, weshalb, woher? Die Wandlungen des Greifensymbols zum Beispiel. Man könnte ja einen ganzen Zoo mit diesem heraldischen Geflügel füllen. All diese Reiher, Schwäne, Adler, Falken und Sperber ... Und die überbündische Zusammenkunft auf dem Hohen Meißner? Die Geburtsstunde des Bekenntnisses der Freideutschen, dem dann später Hans Blüher mit seinen bei Eugen Diederichs erschienenen »Merkworten für den Freideutschen Stand« sein persönliches Siegel anzuheften suchte.

- In der gleichen Zeit, als der Wandervogel anfing, sich zu sammeln, einzufassen und seine Gestalt herauszustellen, äußerte der damals berühmte Chemie-Professor Ostwald die sonderbare Meinung, daß es in Kürze möglich sein werde, das Schicksal, als den bisher unbeherrscht gebliebenen Anteil der Geschehnisse, durch Technik und wissenschaftliche Weltgestaltung endgültig zu beseitigen. War der Wandervogel in unbewußter Reaktion ausgezogen, um das Schicksal, das heißt die unerwartete Prüfung des Menschlichen im Menschen, zu retten? - Die Anmaßung, die aus den Worten des Professors sprach, rächte sich bitter. Wissenschaft und

Technik zogen mehr Schicksalsgewitter über dem Haupt des Menschen zusammen, als er vertragen, als er für seine Selbstfestigung brauchen konnte. Es war der Krieg, der in der Hauptsache von Wissenschaft und Technik profitierte und zugleich die Möglichkeiten der irre gewordenen Zauberlehrlinge bis zur Selbstzerstörung weiterentwickelte. Dies alles lag schon drohend gegenwärtig über dem Jahr 1913, als das kaiserliche Deutschland zur Feier der hundertjährigen Wiederkehr der Völkerschlacht bei Leipzig aufrief. Als Protest gegen das damit reichlich mobilisierte patriotische Gepränge entschlossen sich verschiedene Bünde zu einem eigenen »Fest der Jugend« auf dem Hohen Meißner bei Kassel. Diese Feier sollte der Höhepunkt aller bisherigen jugendhaften Bestrebungen werden. In einem programmatischen Weistum - der Meißner-Formel - wurde das Wunschbild aller Beteiligten in Worten festgelegt. »Die freideutsche Jugend« - so fixiert es der Text - »will aus eigener Bestimmung, vor eigener Verantwortung, mit innerer Wahrhaftigkeit ihr Leben gestalten. Für diese innere Freiheit tritt sie unter allen Umständen geschlossen ein.«

Berühmtheiten der damaligen Geisteskultur waren zugegen, einflußreiche Gestalter des bündischen Lebens, Pädagogen, Schriftsteller. Es war der erste Versuch der Jugendbewegung, auf den Staat Einfluß zu nehmen, ihn zu ihrem Staat im Sinne beträchtlicher Gesellschaftsreformen umzuprägen. Aber wie in negativem Gegenspiel dazu brach der erste Weltkrieg aus, der sie vernichtend traf. Über siebentausend Wandervögel fielen. Der Zusammenbruch von 1918 lehrte die Zurückgekehrten, daß die Phase des Urwandervogels abgeschlossen war. Neue Gruppen und Bünde entstanden. Andere Ziele wurden angestrebt. Doch die alten Grundformen blieben. Fahrt, Lager, Chorgesang, Laienspiel, Volkslied und Tanz. Wichtiger als je zuvor wurde der Begriff »Bund«. Im gleichen Maße, in dem man vom alten Namen Wandervogel abrückte, verfiel der Typ des »ewigen Wandervogels« spöttischer Ablehnung. Doch der auf dem Hohen Meißner zuerst spürbar gewordene Wille zur formenden Teilhabe am Staat trat mit neuen energischen Strebungen wieder sehr stark hervor und weckte Hoffnungen.

- Gut und tief. Aber mehr Bericht statt Gericht wäre nützlicher. Was bisher zu dem Thema literarisch beigetragen wurde, kommt der Sache weder in der Wahrheit noch in der Dichtung nahe. Von einigen Geschichtsschreibern wird es mit allzu sachlichen Akzenten versehen und mit allzu nüchternen Schlüssen zu den abgelebten Akten der Zeit gelegt. Von andern hingegen als mit zur politischen »Kollektivschuld« unseres Volkes gehörig interpretiert. Ich selber bin und bleibe da unverbesserlich im Bann der Ereignisse, und die armseligen Fakten sind mir kostbar und beleben sich mit Klängen und Farben, wenn ich mich über sie beuge. Laß mich also noch wissen, ob die Hohe-Meißner-Feier mehrheitlich eine Leistung des WV war?

- Der Wandervogel beteiligte sich nicht »offiziell«, weil zu den einladenden Organisationen auch solche gehörten, die wenig oder nichts mit der Jugendbewegung zu tun hatten. So die Abstinenz-Bünde oder der Kreis um die damalige Zeitschrift »Vortrupp«. Aber als einzelne waren viele WV, E.V. und AWV dort. Die ganze Feier wäre ohne das Vorwirken der Jugendbewegung nicht möglich gewesen.

Am besten verlese ich den Einladungstext, wie er damals - man schrieb August 1913 - gedruckt an alle namhaften Jugendbewegten, Gruppenführer, Bünde und Jugendorganisationen, auch studentische Kreise, Schulmänner und Jugendpfleger verschickt wurde. Er stammt von Gustav Wyneken:

Die deutsche Jugend steht an einem geschichtlichen Wendepunkt. Die Jugend, bisher aus dem öffentlichen Leben der Nation ausgeschaltet und angewiesen auf eine passive Rolle des Lernens, auf eine spielerisch-nichtige Geselligkeit und nur ein Anhängsel der älteren Generation, beginnt sich auf sich selbst zu besinnen. Sie versucht, unabhängig von den trägen Gewohnheiten der Alten und von den Geboten einer häßlichen Konvention sich selbst ihr Leben zu gestalten. Sie strebt nach einer Lebensführung, die jugendlichem Wesen entspricht, die es ihr aber zugleich auch ermöglicht, sich selbst und ihr Tun ernst zu nehmen und sich als einen besonderen Faktor in die allgemeine Kulturarbeit einzugliedern. Sie möchte das, was in ihr an reiner Begeisterung für höchste Menschheitsaufgaben, an ungebrochenem Glauben und Mut zu einem adligen Dasein lebt, als einen erfrischenden, verjüngenden Strom dem Geistesleben des Volkes zuführen, und sie glaubt, daß nichts heute unserm Volke nötiger ist als solche Geistesverjüngung. Sie, die im Notfall jederzeit bereit ist, für die Rechte ihres Volkes mit dem Leben einzutreten, möchte auch in Kampf und Frieden des Werktags ihr frisches reines Blut dem Vaterlande weihen.

Sie wendet sich aber von jenem billigen Patriotismus ab, der sich die Heldentaten der Väter in großen Worten aneignet, ohne sich zu eigenen Taten verpflichtet zu fühlen, dem vaterländische Gesinnung sich erschöpft in der Zustimmung zu bestimmten politischen Formeln, in der Bekundung des Willens zu äußerer Machterweiterung und in der Zerreißung der Nation durch die politische Verhetzung.

Die unterzeichneten Verbände haben, jeder von seiner Seite her, den Versuch gemacht, den neuen Ernst der Jugend in Arbeit und Tat umzusetzen; sei es, daß sie den Befreiungskampf gegen den Alkohol aufnahmen, sei es, daß sie eine Veredlung der Geselligkeit oder eine Neugestaltung der akademischen Lebensformen versuchten, sei es, daß sie der städtischen Jugend das freie Wandern und damit ein inniges Verhältnis zu Natur und Volkstum wiedergaben und ihr einen eigenen Lebensstil schufen, sei es, daß sie den Typus einer neuen Schule als des Heims und Ursprungs einer neugearteten Jugend ausgestalteten. Aber sie alle empfinden ihre Einzelarbeit als den besonderen Ausdruck eines ihnen allen gemeinsamen Gefühls vom Wesen, Wert und Willen der Jugend, das sich wohl leichter in Taten umsetzen als auf Formeln bringen läßt. Diesen neuen, hier und da aufflammenden Jugendgeist haben sie als den ihnen allen gemeinsamen erkannt und den Beschluß gefaßt, aus Gesinnungsgenossen nunmehr auch Bundesgenossen zu werden.

Uns allen schwebt als gemeinsames Ziel die Erarbeitung einer neuen, edlen deutschen Jugendkultur vor. Hieran wollen wir alle, jeder in seiner Eigenart, mitwirken. Wir wollen auch weiter getrennt marschieren, aber in dem Bewußtsein, daß uns ein Grundgefühl zusammenschließt, so daß wir Schulter an Schulter gegen die gemeinsamen Feinde kämpfen. Wir sprechen die Hoffnung und den Glauben aus, daß sich zu uns mehr und mehr die gesamte gleichgesinnte Jugend sammeln möge.

Im gegenwärtigen Augenblick erleben wir das hohe Glück, uns im gemeinsamen Willen gefunden zu haben. Diesen Zusammenschluß, diese brüderliche Erkennung und Anerkennung wollen wir durch ein großes Fest der Jugend feiern. Und fürwahr, kein Zeitpunkt kann dazu geeigneter sein als das Jahr und der Monat, in dem Deutschland die vor hundert Jahren errungene Freiheit feiert. Noch fehlt das Fest der Jugend in der Reihe dieser Feiern. Und wir wollen es begehen, in deutlichem Gegensatz zu jenem von uns verworfenen Patriotismus als eine Gedenk- und Auferstehungsfeier jenes Geistes der Freiheitskämpfe, zu dem wir uns bekennen.

So laden wir denn die Jugend ein, mit uns am 11. und 12. Oktober auf dem Hohen Meißner bei Cassel den

Ersten Freideutschen Jugendtag

zu feiern. Möge von ihm eine neue Zeit deutschen Jugendlebens anheben, mit neuem Glauben an die eigene Kraft, mit neuem Willen zur eigenen Tat.

Deutsche Akademische Freischar
Deutscher Bund abstinenter Studenten
Deutscher Vortruppbund
Bund deutscher Wanderer
Wandervogel e.V. / Jungwandervogel
Österreichischer Wandervogel
Germania, Bund abstinenter Schüler
Freie Schulgemeinde Wickersdorf
Bund für freie Schulgemeinden
Landschulheim am Solling
Akademische Vereinigungen Marburg und Jena
Serakreis Jena / Burschenschaft Vandalia Jena

- Ich bin mit diesen Belegen und Auskünften immer noch nicht zufrieden. Der Hohe Meißner wird heute als eines der wirklich geschichtlich gewordenen Ereignisse der Jugendbewegung bezeichnet. Ich habe das reichliche Schrifttum, das diese Veranstaltung umlagert, zu Rate gezogen, um Genaueres über den Hergang zu erfahren. Mit einem Wort: Ich suchte den Augenzeugenbericht. Es ist mir nicht gelungen, ihn ausfindig zu machen. Alle Nachrichten mündeten in jenen Weltanschauungsrausch, der das Vorzugsklima des deutschen Menschen ist. Was ich wissen möchte, ist: Wie fühlte sich die berühmte Tagung an der Haut an? Lagerte man um Lagerfeuer, kochte man ab, fand man sich zwanglos in Gruppen zusammen, oder hielt sich jede Gemeinschaft strenge für sich? Wie stand es um Hörbarkeit und Überzeugungskraft der Reden, die geschwungen wurden? Was trug man? Welche Figuren waren hervorstechend? Gab es eine Komik des Feierlichen, wie sie ja bei solchen Anlässen gelegentlich spürbar wird? Gab es eine Ergriffenheit aller mit allen? Entstanden Cliquen, Feindseligkeiten, Überschneidungen, gab es »Tangenten«? Wurde getanzt? War Heiterkeit erlaubt? Gab es Spötterbänke, Lagerzirkus, Ausbrüche oder Einbrüche? Denn sachlich betrachtet, Wirkungen zeitigte das Ereignis eigentlich keine. Weder Weltkrieg I noch Weltkrieg II konnten verhindert oder in ihrem Verlauf verändert werden. Die Verhängnisse zogen ihre Spur, als ob es diese Tagung nie gegeben hätte. Oder etwa doch? Kann jemand unter euch nachweisen, daß der Hohe Meißner ein notwendiges Glied in der Entwicklung des abendländischen Schicksals bis heute hin gewesen ist?

In den zahlreichen Broschüren, die sich mit der Tagung befassen, wird mit derlei Behauptungen nicht gespart. Drückt sich darin das Erbübel menschlicher Berichterstattung aus, nämlich, daß die Ereignisse meist erst nachträglich in jene Sphäre emporgelobt werden, darin sie eine gewisse Unsterblichkeit erlangen und gezwungenermaßen zu geschichtlichen avancieren?

Lieber Gustav Wyneken, der Sie inzwischen Ihren 87. Geburtstag in Göttingen mit Gelassenheit und gutem Humor feierten, respektive sich feiern ließen von der großen Anzahl alter und junger Freunde, Sie muß ich an dieser Stelle bitten, helfend in mein Symposion einzugreifen. Ihnen sagt man nach, Sie seien selber einer der entscheidenden Anreger des Meißners gewesen. Von Ihnen darf ich also einen wirklich genauen Bericht erwarten. Greifen Sie also in Ihre übervolle Vergangenheit hinein, um uns mit den Vorgängen bekannt zu machen.

- Gut! Ich beschränke mich auf die Partien, die ich selbst als Miterlebender und Mitgestaltender kenne und sicher beurteilen kann. Ob im übrigen eine Geschichte dieses so ausgesprochen geschichtslosen Wandervogels, etwa bei den Überlebenden seiner Anfänge, ein starkes Bedürfnis ist, kann ich nicht beurteilen. Blühers Erzählung wird, trotz einzelner Einwendungen, immer das klassische Werk des Wandervogels bleiben und kann noch gelesen werden wie eine Dichtung, wenn die dort mitgeteilten persönlichen und sachlichen Kontroversen usw. so gleichgültig geworden sind, wie es eine diesbezügliche Doktorarbeit wäre.

Ich nannte den Wandervogel »geschichtslos«. Ich meine damit nicht, daß er nicht Geschichte gemacht hätte - schon seine Gründung war vielleicht ein geistesgeschichtliches Ereignis -, sondern ich will sagen, daß er selbst keine Geschichte in sich trug. Seine explosive Gründung erschöpfte leider bereits die Spannung, die ihn schuf, die Spannung zwischen bürgerlicher Lebensform in Familie, Schule und Staat und jugendlichem Lebens-, Taten- und

Wahrheitshunger. Der Wandervogel war, sehr ähnlich wie eine Religion, ein großes Spiel, *das* Spiel der Jugend, aber er war nicht, wie Religionen, aggressiv, sondern eher Flucht. Aber wenn das Spiel aus ist, ist es eben aus. Die Jugend wuchs immer wieder mit zunehmendem Alter aus ihm heraus - und was dann? Was nahm man aus ihm anderes mit als vielleicht ein gewisses Heimweh? Der Wandervogel war ein statisches Gebilde, kein dynamisches, und die überalterten Wandervögel bildeten sein erstes großes Problem: Wandervogel - eine Sackgasse. Die große Tat des Wandervogels aber war die Selbstfindung und Selbstkonstituierung der *Jugend,* was er aber selbst nicht wußte und womit er auch nichts anfangen konnte.

Gleichzeitig mit dem Wandervogel entstand das sogenannte Landerziehungsheim (Hermann Lietz 1897). Es war eine Schöpfung *für* die Jugend, für eine vernünftige, natur- und jugendgemäße Lebensform der Jugend in Verbindung mit ihrer Arbeitsstätte, der Schule. Auch dies eine Flucht, an der aber die Jugend nur passiv beteiligt war: eine Form der Jugendpflege, nicht Jugendbewegung, und beschränkt auf einen kleinen Kreis wohlhabender Leute, der ein Anspruch auf Vorbildlichkeit für die öffentliche Schule erst nachträglich - und zwar von mir - suggeriert wurde. Wandervogel und Landerziehungsheim wußten übrigens nichts voneinander. Aber im Landerziehungsheim entwickelte sich in mir (1900-1906) eine neue Idee der Schule als geistigen Heimes der Jugend und der sich selbst erziehenden Lebens- und Arbeitsgemeinschaft von Lehrern und Schülern (1906 Gründung der Freien Schulgemeinde Wickersdorf). Ich möchte ins Gedächtnis zurückrufen, daß sie, einmal vom Wandervogel entdeckt, bald das anerkannte Schulideal weiter Wandervogelkreise wurde. Wandervögel, die zu ihr hinaufgepilgert sind und von ihr einen Eindruck bekommen haben, zählen wohl nach Tausenden, wie ja auch meine Schriften gerade im Wandervogel gelesen wurden und Eindruck machten. Ich schuf mir und meinem Werk und Kreis ein Organ in der Vierteljahresschrift »Die Freie Schulgemeinde« (1910-1920 bei Eugen Diederichs, Jena), die vom Januar 1913 an die deutsche Jugendbewegung auf Schritt und Tritt begleitet hat und ohne deren Kenntnis eine Geschichte der Jugendbewegung (einschließlich des Wandervogels) einfach nicht geschrieben werden kann. Im Frühling 1913 erschien in demselben Verlag mein Buch »Schule und Jugendkultur«, das schnell mehrere Auflagen erlebte und Aufsehen erregte. Dem verdanke ich es wohl, daß die vereint zum Treffen auf dem Meißner einladenden Bünde (einschließlich Wandervogel) mir die Abfassung ihres endgültigen Aufrufs übertrugen, den Karolus im Wortlaut wiedergegeben hat. Er wurde von den freideutschen Bünden mit Begeisterung aufgenommen. Warum wohl? Vielleicht, weil man fühlte, daß er aussprach, wofür man bisher noch keine Worte gefunden hatte, und daß er *weiter führte.* Von diesem Aufruf datiert die deutsche Jugendbewegung, deren stärkster und vielleicht wichtigster Partner zuerst der Wandervogel war - und hätte bleiben sollen.

Ludwig Gurlitt nannte meinen Aufruf damals einen »Aufruf voll Kraft und Schönheit«, der in die Annalen der deutschen Geschichte gehöre. Für einen Historiker der Jugendbewegung wäre wichtig, festzustellen, daß hier etwas ganz Neues aufsprang und ein ganz neuer Ton angeschlagen wurde: »Die deutsche Jugend steht an einem geschichtlichen Wendepunkt« ...

»Jugendkultur«! Es war ein Sprung auf eine höhere Ebene, auf die Ebene der Geschichte, und ich habe es mir lange überlegt, ob ich es schon wagen, es schon der Jugend zumuten dürfe, ihr etwas wie eine geschichtliche Sendung, ich möchte fast sagen: aufzuerlegen. Doch offenbar kam dem kühnen Appell ein halbbewußtes Bedürfnis, vielleicht sogar eine Sehnsucht entgegen, nämlich nach Erlösung vom bloßen Selbstgenuß und nach einem Durchbrechen seines ewigen Zirkeltanzes.

Mit diesem Aufruf wurde dem Treffen auf dem Meißner sein Thema, seine Aufgabe gestellt. Um dies zu klären und für die einladenden Bünde den Ausdruck ihrer gemeinsamen Gesinnung zu finden, kamen ihre Führer und Repräsentanten am Tag vor dem Fest auf dem Hanstein zusammen. Die bei aller leidenschaftlichen Beteiligung bemerkenswert würdig und fair verlaufende Auseinandersetzung konzentrierte sich auf die Frage, ob der Zusammenschluß der zum Meißnertreffen aufrufenden, das Meißnerfest konstituierenden Bünde zu verstehen sei als Gründung einer Interessengemeinschaft und als sein Ergebnis die Summierung der verschiedenen von diesen Bünden vertretenen Lebensreformen (Bodenreform, Geldreform, Kleidungsreform, Abstinenz, Jugendwandern usw. - was aber nicht vorkam, war Schulreform) oder - und das vertrat ich - als Auftakt einer deutschen *Jugend*bewegung. Und dieser Auffassung fiel dann, mit besonderer Hilfe seitens der Wandelvogelführer, schließlich unzweideutig der Sieg zu, wie das in ihrem gemeinsamen Aufruf ja schon vorweggenommen war.

Um einen »Augenzeugenbericht« über das Treffen selbst zu erlangen, wäre es das Nächstliegende gewesen, den offiziellen Bericht der »Veranstalter« zu Rate zu ziehen, der aus unmittelbarer Anschauung und noch frischer Erinnerung geschrieben wurde (»Freideutscher Jugendtag 1913«, herausgegeben von Gustav Mittelstraß, erschienen bei Adolf Saal) und auch die Reden von Lemke, Traub, Ahlborn, Wyneken und Avenarius im Wortlaut bringt. Von den fünf ihm beigegebenen Fotos zeigen drei Tänze, eines das Abkochen und eines meine Festrede. Ein anderer Augenzeuge, nämlich ich, schreibt darüber: »Am Freitag tanzte auf dem Hanstein das junge Volk, das im Versammlungssaal keinen Platz gefunden hatte, den ganzen Nachmittag. Am Samstag wurde den ganzen Tag auf der Festwiese des Meißners weitergetanzt. Am Sonntag desgleichen. Sogar während der von mir gehaltenen Festrede tönten die läppischen Worte eines solchen Reigens (»Großmutter will tanzen ...«) zu uns herüber. Am Montag war eine Tagung der Freischar auf dem Hanstein: es wurde weitergetanzt.«

Sie sagen - anscheinend um Ihre Geringschätzung dieses einmaligen Jugendtreffens zu rechtfertigen -, die Verhängnisse hätten ihren Lauf genommen, als ob es diese Tagung nie gegeben hätte. Den von Ihnen geforderten Nachweis kann freilich niemand erbringen, weder für den Hohen Meißner noch für irgendein anderes geschichtliches Ereignis. Bei jedem spielt der Zufall mit, und Geschichte als das Kräftespiel menschlicher Willen ist etwas anderes als Physik (trotz Marx) und nicht berechenbar. Der Zufall! Das Meißner-Treffen war der erste selbständige Vorstoß der Jugend in die Politik (im weitesten Sinne), der - wer weiß? - wenn gläubig und mutig durchgeführt und um sich greifend, uns vielleicht wirklich 1914 und

1933 ff. erspart hätte, eben durch eine allgemein große, freiheitliche Jugendbewegung, wie ich sie haben wollte. Die Jugend versagte, sie entzog sich nicht der bürgerlichen Bevormundung und Eindummung, wie sie im (von mir bekämpften) Jungdeutschlandbund mit seinen Hunderttausenden von Jugendlichen ihre Triumphe feierte und sehr wesentlich zu unserem Schicksal beitrug. Und es kam kaum zum wirklichen Ringen in der Jugend selbst: die Jugendbewegung versagte unter der Führung ihrer Führer, an die sie sich selbst verraten hatte. Der Untertan saß ihr zu tief im Blut. Dennoch soll unvergessen bleiben, daß es einmal diesen Aufstand und Willen zur Tat, den wir Jugendbewegung nennen, gegeben hat. Ansonsten ist die Geschichte der Jugendbewegung leider die Geschichte ihres Versagens und Versäumens, und ich weiß nicht einmal, ob man sie tragisch nennen kann.

Auf dem Meißner ging es darum, über das Wandervogel-Idyll hinauszukommen und die Jugend dem Ernst der Zeit näherzubringen, mit dem sie dann nur allzubald konfrontiert wurde. Ich widmete zum Meißner-Fest dem Wandervogel meine kleine Schrift »Der Gedankenkreis der Freien Schulgemeinde« und forderte ihn auf, im Sinn der Schulgemeinde »sich der Schule zu bemächtigen«. Hier wurde der Jugend eine wirkliche, konkrete Aufgabe und Möglichkeit gezeigt, und durchaus nicht ganz ohne Erfolg; aber der Krieg brach diese Entwicklung ab und appellierte an andere Gefühle.

Ich spreche hier, wo es sich um die Jugendbewegung handelt, von mir selbst, und ich hoffe, Sie werden mir das verzeihen, da es sich ja um ein *Mißlingen* meiner Tätigkeit, ja vielleicht einer Lebensarbeit handelt. Es sieht so aus, als wenn ich mich mit der deutschen Jugendbewegung identifizierte; ich habe Ihnen nur erzählt, daß ich in jenem Aufruf zum Meißner die überwiegend jugendlichen Bünde unter dem Losungswort »Jugendkultur« zusammenzufassen suchte, dessen Sinn und Gehalt ich in »Schule und Jugendkultur« konkret erläutert hatte. Damit war die deutsche Jugendbewegung - auch dieser Name stammt von mir - sich ihrer selbst bewußt geworden und, mit Bismarck zu reden, in den Sattel gehoben. Das geschah auf dem Hanstein. Die Annahme und Proklamierung der in bündischem Kreis unmittelbar nach der Aussprache auf dem Hanstein gefundenen Formulierung ihrer gemeinsamen, jugendlichen Grundgesinnung wurde von meiner Zustimmung abhängig gemacht. Als ich dann meine Festrede hielt, war man in weiten Kreisen darüber beglückt, eine solche Urkunde ihres neuen Willens zu besitzen. Unzähligemale ist mir der törichte Vorwurf gemacht worden, ich hielte nur meine eigene Meinung für richtig. Ich hoffe, daß nicht nur ich das tue, sondern jeder anständige Mensch - bis sie ihm widerlegt, korrigiert oder durch eine bessere ersetzt wird. Ich habe mich nie als einen unfehlbaren Lehrmeister und Führer der Jugend geriert - ich habe mich bis auf den heutigen Tag viel mehr (und vielleicht mehr, als dem Berufenen erlaubt) gefühlt als der Apfelbaum oder der Quell am Wege. Und die Psychologie derer, die unter meiner Wirksamkeit und Wirkung litten, ist ja wohl leicht durchschaubar. Ich selbst habe nie den ciceronischen Eid geschworen: »Mea unius opera« - und, um es ein wenig überspitzt auszudrücken: ich bin viel zu hochmütig, um eitel und ehrgeizig zu sein. Und wer Gedanken hat, denkt an sich selbst zuletzt.

Der schnelle Verfall der auf dem Meißner proklamierten großen deutschen Jugendgemeinschaft und Jugendbewegung hatte verschiedene zusammentreffende Ursachen. Die wichtigsten waren:

1. Politische Angstmeierei. Zunächst in Bayern brach in Schule, Presse, Parlament eine wüste und blamable Hetze gegen die Jugendzeitschrift »Der Anfang« aus. (Ebenfalls Bayern blieb es vorbehalten, im Januar 1914 den »Zupfgeigenhansl« zu verbieten.) Also galt es, sich eiligst von dieser zu distanzieren - statt für die Kameraden einzutreten. (Dieser »Anfang«, dessen verantwortliche Redaktion auf Bitten seiner jugendlichen Begründer ich übernommen hatte, der aber - mit ganz seltenen Ausnahmen - nur Beiträge jugendlicher Mitarbeiter und Einsender brachte, war durchaus kritisch und kämpferisch eingestellt; er war revolutionär, nicht im politischen Sinn, sondern eine Auflehnung der Jugend gegen die ihr in der bürgerlichen Gesellschaft, also namentlich in Familie und Schule, auferlegte Lebensform und Denkungsart (Mai 1913 - Juni 1914), und fiel dem Krieg zum Opfer. Sein Erfolg war beispiellos: in Parlamenten, Ministerien, Schulbehörden, Schulen, von der Presse ganz zu schweigen. Er vereinigte einen allgemeinen Angriff aller staatserhaltenden Mächte und des gesamten Philistertums auf sich. Die um den »Anfang« gescharte Gruppe der Jugend bekannte sich zur Jugendbewegung, sozusagen als deren linker Flügel, fand dort aber wenig Gegenliebe. Nicht nur, daß ihr kritischer Intellekt, ihr kämpferisches Temperament dem Wandervogel fremd war, ihr starker jüdischer Einschlag war ihm verdächtig - es kam den Unterzeichnern des tapferen und kampfbereiten Gelübdes vom Hohen Meißner plötzlich zum Bewußtsein, wohin ihr Gelübde eines geschlossenen Eintretens sie führen konnte, nämlich zu einer Art Jugendrevolution. Das war nun freilich das Letzte, was diese tapfere deutsche Jugend sich wünschte.)

2. Die Lehrerschaft der höheren Schulen (und die Kirche) sah die Jugend ihrer Vormundschaft entgleiten. Es kam hie und da zu Verboten, und die verlogene Hetze konstruierte eine geheime Jugendverschwörung, was großen Schrecken auslöste. Es galt also für die Führung der so bedrohten Jugend - nicht etwa gemäß dem Meißner-Gelübde zu kämpfen, sondern die eigene Harmlosigkeit zu beteuern und zu beweisen.

3. Dazu kam das Gefühl für die bisher in den Bünden Maßgebenden, daß ihnen auf dem Meißner die Führung der Jugend entglitten sei, und das Ressentiment gegen - nun, eben gegen mich, der ihre bisherige Autorität samt ihrer Gemütlichkeit und Geborgenheit zerstört hatte. »Großmutter will tanzen« und nicht an einem geschichtlichen Wendepunkt stehen.

Also, wie es in dem Studentenlied heißt: sie kehrten mit gesenktem Blick in der Philister Land zurück. Zurück, hinter den Hohen Meißner zurück. Das Meißner-Gelübde wurde in aller Form fallen gelassen und durch ein spießiges Flickwerk ersetzt. Und vor allem: »Freideutsche Jugend« sollte nicht mehr der Name einer Bewegung sein, sondern einer Firma - ein Vereinssammelname. Aber dieser Schritt, zu dem man gar nicht legitimiert war, wurde weder von mir noch von der durch ihn vergewaltigten Jugend ruhig hingenommen. Besonders mit Knud Ahlborn kam es zu heftiger Auseinandersetzung in den Zeitschriften »Freideutsche Jugend« und »Freie Schulgemeinde«. Die Entscheidung brachte der Westdeutsche Jugendtag auf der Loreley am 4. 8. 1917, auf dem ich die Rückkehr zum alten und echten Verständnis der Freideutschen Jugend vom Hohen Meißner als einer freien Jugendbewegung vertrat und einmütige Zustimmung fand. Auf dem Führertreffen im Landschulheim am Solling (4. 10. 1917) wurde dann nach heftigem Kampf mit allen gegen zwei Stimmen meine These angenommen.

Dies alles ist hier zu sagen gewesen. Sie wenden ein, Sie hätten nicht die Geschichte der Jugendbewegung in diesem Kreis Ihrer Freunde rekonstruieren, sondern lediglich eine Romanze dieser Geschichte zusammentragen wollen. Ich antworte: Dieser Wandervogel war nicht nur ein Quell (vielleicht *der* Quell) der deutschen Jugendbewegung, sondern diese auch sein größtes Erlebnis, um das er dann von seinen - Vormündern betrogen worden ist. So blieb die »blaue Blume« eine taube Blüte:

»Doch alle Jugend sollt ihr Sklaven nennen,
Die heut' mit weichen Klängen sich betäubt,
Mit Rosenketten überm Abgrund tändelt.«

- Damit ist manches klargestellt, vor allem der bedeutsame Anteil unseres remarkablen Schulreformers Gustav Wyneken am Zustandekommen und an der Ausgestaltung des Meißner-Ereignisses.

Inzwischen hat sich ein anderer Teilnehmer zu einem Zwischenwort angesagt und er verspricht, es an Realistik nicht fehlen zu lassen. Ernst Sander, bekannter Buchautor, nicht minder bekannt als Übersetzer und mit seinen nahezu sieben Dezennien menschlichen Daseins ein Überbeschäftigter im Dienst der anspruchsvollsten Gegenwarts-Verlage - du kommst uns gerade recht, denn von dir ist gewiß nicht zu befürchten, daß du die Wirklichkeit zugunsten von Mythos oder Mission vergewaltigst.

- Danke für diese mich ehrende Einführung. Es sind aber Kleinigkeiten, die ich den Kaskaden unseres Freundes Wyneken anzufügen habe:

Wichtig war, daß die Sache völlig verregnete, so daß die Festaufführung von Goethes »Iphigenie« im triefenden Zelt stattfand (und überdies gähnend langweilte). Ich weiß noch, daß die Darstellerin der Iphigenie sich verzweifelt bemühte, mit Streichhölzern das Opferfeuer anzustecken, bis, nach ihrem Flehblick hinter die Szene, der Darsteller des Arkas mit einer trockenen Schachtel kam und die Spiritusflamme ansteckte. Stimme aus dem Hintergrund: »Das war der Götterbote!«

Poperts Rede war eine grausige Wascherei schmutziger Wäsche; Avenarius sprach schön und frei und schloß, ein paar Monate also vor dem August 1914, mit einer noblen pazifistischen Bekundung. - Ich war mit meiner Horde anläßlich der Sommerfahrt 1915 nochmals auf dem Meißner, in memoriam.

Übrigens erwähnst du nicht für den WV e.V. die »Verjüngungsbewegung«, die 1915 von Magdeburg ihren Ausgang nahm und zum Ziel hatte, die älteren Leute mehr und mehr auszuschalten. Der Hauptanreger und Vorkämpfer hieß, wenn ich mich recht erinnere, Gerhard Weiser. Er hat in den Gelben Heften geschrieben, und die Sache hat damals, bis 1916 hinein, die Gemüter heftig erhitzt. Ich war damals »Kreisleiter« des Kreises Ostfalen im Gau Niedersachsen und habe mit den Wyneken-Mädchen, Gustavs Schwestern, angeregt darüber diskutiert.

- Dies war nun, lieber Ernst Sander, ein ganz spezieller Beitrag im Sinne deiner auf das Genaue und Unbeschönigte erpichten Lebenshaltung. Für die entscheidende Zusammenfassung haben wir uns Otto Steckhan aufgespart. Du, herzlich verehrter Kamerad Otto, gehörst zum Jahrgang 1898, stammst aus Schöningen in Braunschweig, gehörtest 1912-1914 zum WV e.V. in Göttingen, während des Krieges zum Feld-WV, dientest in beiden Kriegen als Landser und Offizier, gingst zunächst zum Verlagsbuchhandel über und fungiertest nach einigen Semestern an der Universität Göttingen als Verwaltungsbeamter und Zollamtmann in Hannoversch Münden, leitest heute als der Getreuesten einer die Gustav Wyneken-Gesellschaft und verwaltest die Gustav Wyneken Archiv-Stiftung. Dein rechtschaffener, immer im Sinne des dir zugeborenen Idealismus bewältigter Lebensgang berechtigt uns, genaue Auskünfte von dir über die Hohe Meißner-Tagung zu erwarten.

- Der Freideutsche Jugendtag auf dem Hohen Meißner war mein größtes Jugenderlebnis. Durch Jahre hindurch bin ich im Oktober zu diesem Berge gepilgert, um mich des unvergeßlichen Festes zu erinnern. Ich gehörte bis zum ersten Weltkrieg zum Wandervogel. Die drei Wandervogelbünde, die zusammen kaum mehr als 30.000 Jungen im ganzen Reich umfaßten, führten, von der großen Öffentlichkeit kaum bemerkt, ihr eigenes Leben, an dem auch der damals schon bestehende Mädchenwandervogel keinen Anteil hatte.

Als aus den Kreisen der Reformerbünde (Bund deutscher Wanderer, Bünde der Abstinenten usw.) zum erstenmal der Wunsch geäußert wurde, der Wandervogel möge an einer besonderen Jahrhundertfeier der Jugend teilnehmen, drang dieser Wunsch nicht durch, obgleich der Wandervogel für Abstinenz und andere Reformen neben seinem inneren Leben sehr aufgeschlossen war und die Antipathie gegen jeden Hurrapatriotismus groß war. Übrigens hatten diese Reformerbünde ja kaum eine Ahnung von dem heimlichen Reich des Wandervogel.

Ende August oder Anfang September 1913 waren wir auf Fahrt im Eichsfeld. Dort stießen zu uns Willie Jansen, dem Hans Blüher in seinen Büchern über den Wandervogel und in »Werke und Tage« ein so schönes großartiges Denkmal gesetzt hat, Willie Jahn, der Sänger und

Olympiakämpfer von Stockholm (1912) und Kurt von Burkersroda, der Sänger des Liedes »Wir wollen zu Land ausfahren«. Sie brachten uns einen neuen Aufruf zu einem Jahrhundertfest der Jugend auf dem Hohen Meißner, den der Jung-Wandervogel bereits mitunterzeichnet hatte. Wir waren begeistert und sagten, wir müssen dabei sein. So mag es auch anderwärts gezündet haben. Also auf Wiedersehen auf dem Hohen Meißner.

Der Wandervogel nahm dann auch in großen Scharen an dem Fest teil, obgleich sich die Bundesleitungen der beiden größten Bünde an der Einberufung nicht beteiligt hatten. Die Wandervögel bestimmten überwiegend das äußere Bild des Festes.

Am 10. Oktober 1913, als eine Auswahl der Führerschaft der einladenden Bünde und des Wandervogel auf der Burg Hanstein über der Werra das Fest vorbereitete, hatten wir uns auf unserer Fahrt zum Meißner in Hilgershausen eine Bleibe gesucht. Nachdem wir in der nahen Kammerbacher Höhle ein Feuer entfacht hatten, gingen wir ins Heu. Gegen Morgen fiel ein zu uns gestoßener älterer Student namens Baade durch eine Luke zwischen die darunter stehenden Pflüge und Eggen. Nichts weiter passierte ihm. Sogar der schwarzumrandete Klemmer fand sich unter den Eggen wieder. Wir brachen zum Meißner auf, der von Wolken bedeckt war.

Nach Stunden begann der letzte Anstieg durch den Bergwald in den Nebel hinein. Wir hatten unterwegs kaum einen Landmann, geschweige denn andere Menschen getroffen. Eine heute nicht mehr vorstellbare Stille herrschte überall. Aufeinmal wurde es vor uns lebendig. Es raschelte und klapperte zwischen den schemenhaften Bäumen. Eine sehr große Gruppe von Jungen des Bremer Wandervogel erhob sich von der Erde, wo sie gerastet hatten. Frohes Kennenlernen und gemeinsamer Aufstieg. Alles war erwartungsvoll hochgestimmt, eine Stimmung, wie ich sie später im ersten Kapitel des »Olympischen Frühling« von Carl Spitteler wieder gefunden habe. Weitere kleine Jungengruppen kreuzten unseren Weg, erfragten die Richtung, und gemeinsam zogen wir weiter.

Nach einer Stunde erreichten wir die weit gestreckte Höhe des Berges und trafen auf immer neue Gruppen, die dem Ziel, den Wiesen am Viehhaus, zustrebten. Ab und zu teilten sich die Nebelschwaden und ließen die Sonne durchblicken. An einer Wasserrinne stießen wir auf weit auseinandergezogene rastende und abkochende Gruppen der Wandervogelbünde, der Landschulheime, auf den Serakreis Eugen Diederichs. Auch Mädchengruppen waren darunter. Auf diesem Berge kam es erstmals zu einer allgemeinen und näheren Begegnung zwischen den beiden Geschlechtern im Wandervogel, die später das äußere Bild der Bündischen Jugend - völlig im Gegensatz zum alten Jungenreich - so entscheidend geformt hat.

Wir trafen auf den heimlichen König des »Jung-Wandervogels«, Willie Jansen, der für den Wandervogel, sein Wesen und seinen Inhalt viel mehr getan haben muß als Karl Fischer, den ich Jahre später in Kronach als zwar sehr stattlichen aber anscheinend schwunglosen Mann kennengelernt habe. Wir hörten Hans Paasche feurig glühend über die Idee des Vortruppbundes sprechen. Er hatte einen größeren Kreis um sich versammelt, eine Erscheinung, die auch in der Umgebung anderer Führer zu beobachten war. Mit besonderer Lebhaftigkeit und Entschiedenheit warb der abgedankte k.u.k.-Offizier Gusto Gräser für eine neue Lebenshaltung. Man sah gläubige und kritische Gesichter, aber auch schmunzelnde Mienen.

In einer kleinen Hütte war der Organisator des Festes, der sehr sympathische Christian Schneehagen dabei, eine Anzahl Förster, die dort oben eine Art Polizei bildeten und die Anstoß an dem der Festschrift vorgehefteten Bild von Fidus genommen hatten, von der Sauberkeit des Denkens dieser Jugend zu überzeugen. Es ist ihm großartig gelungen. Und dann stürmte er wieder los, einem Fragenden im Vorübergehen antwortend: »Wenn ick nich dorbi bin, dann ward nix dorut.«

Es war eine große Bewegung unter den Gruppen, ein Hin und Her, ein Kennenlernen wohl über 2000 Meter hinweg. Fahnen gab es damals noch nicht. Die kamen erst ein Jahr später, auf dem Wandervogelbundestag in Frankfurt an der Oder auf. Aber eine große Fahne wehte hoch über den Wiesen, wo jetzt ein Gedenkstein steht, die schwarz-rot-goldene Bundesfahne des »Jung-Wandervogels«. Das Wetter war inzwischen zusehends freundlicher geworden, so daß es ein Vergnügen war, sich überall umzusehen. Aber dem in der Nacht zwischen Hanstein und Meißner von einigen Hansteinfahrern, darunter Alfred Kurella, geformten Meißnerbekenntnis konnten wir nicht mehr zustimmen. Dies war schon vor unserem Eintreffen mit allgemeiner Freude und Zustimmung angenommen worden. Wir lebten aber sofort darin, waren wir doch schon in diesem Geiste zum heiligen Berg aufgestiegen.

Am Nachmittag sammelte sich alles an dem Wege, der die Viehhauswiesen nach Osten überquert. Der Platz war vor einigen Jahren noch genau wie damals und vielleicht auch heute noch. Dort sprach zunächst ein Österreicher über das Vordringen des Slaventums in der Donaumonarchie. Seine nationalistischen Töne befremdeten. Und doch erhielt er geteilten Beifall. Dann sprach Gottfried Traub, der liberale, in der Öffentlichkeit angefeindete Pfarrer aus Jena, der den liberalen Gedanken der Jugend über Religion entgegen kam. An Volkstanz an diesem Tage kann ich mich nicht mehr erinnern. Nach meiner Erinnerung wurde erst am folgenden Tage, als es sehr viel kühler geworden war, ausgiebig getanzt, da die leichte Kleidung der Festteilnehmer Bewegung notwendig machte. Es ist in Wandervogelzeitungen damals sehr darüber gespottet worden, z.B. durch Siegfried Jabusch im »Niedersachsenspiegel«.

Gegen Abend wurden Fackeln ausgegeben. Und dann zogen alle mit Gesang in den Abend hinein zum Feuerstoß, der etwa zwei Kilometer entfernt errichtet war. Auch am Feuer wurden Töne wach, die in der Gedankenwelt des Wandervogel fremd waren, z.B. das Absingen des Deutschlandliedes. Aber schließlich sang man es in seiner Weise, nämlich im Geiste Hoffmanns von Fallersleben mit. An den Inhalt der Feuerrede des Führers des Bundes deutscher Wanderer,

Knud Ahlborn, kann ich mich nicht mehr erinnern, wohl aber an seine feuerbeschienene Siegfriedgestalt. Nach dem Abzug der meisten Teilnehmer brach die Wandervogelromantik am zusammengesunkenen Feuer durch und beherrschte die Stunden bis Mitternacht. Spät kamen wir in unser Quartier in Hausen.

Wieder war es bewölkt und kalt, als wir am anderen Morgen zum Berge aufbrachen. Nur manchmal gaben die auseinanderreißenden Wolken einen Blick ins Tal frei. Der Volkstanz war bereits im Gange, als wir oben ankamen. Die im Wandervogel solange abgelehnte Gemeinsamkeit wurde an diesem Tage entscheidend für die Zukunft geformt. Die Mädchen hatten die Mitbestimmung im Wandervogel erkämpft.

Auch während der dann folgenden Reden von Gustav Wyneken und Ferdinand Avenarius gab es Unentwegte beim Volkstanz. Aber das Gros der Festteilnehmer saß zu den Füßen der beiden Redner an derselben Waldecke, an der auch die Reden am Vortage gehalten wurden. Die Rede Wynekens hat mich ergriffen. Und in allen folgenden Jahren, als der Krieg, vor dem er gewarnt hatte, schon längst über uns hereingebrochen war, hat mich bei meinen Wanderungen zum Meißner die Erinnerung daran schmerzlich bewegt. Ergriffenheit und Ernst sah ich auch bei vielen anderen. Aber was dachten sich die Wandervögel, die nach der Rede Wynekens das Lied anstimmten »Ich habe Lust, im weiten Feld zu streiten mit dem Feind«? War es Opposition oder war es inbrünstige Zustimmung? Was Avenarius in väterlicher Weise gesagt hat, weiß ich nicht mehr. Wohl aber erinnere ich mich daran, daß man ihm mit Humor das Weiterrauchen seiner Zigarre erlaubte. Er war der einzige Raucher dort oben.

Am Abend des letzten Festtages wurden den Bauern die Quartiere nach der Kopfzahl der beherbergten Gäste bezahlt. 3000 Teilnehmer waren durch das Quartiersamt erfaßt (Durchschnittsalter 20-22 Jahre). Weitere 1000 Teilnehmer waren an dem ersten Tage aus den nahe gelegenen Städten und Dörfern dazugekommen. Am nächsten Morgen, nach einem großen Zwetschenkuchenessen bei unserem Bauern, stiegen wir noch einmal auf den nunmehr verlassenen Berg, überquerten ihn bis »Schwalbental« und wanderten dann bis zum Abend zur Werra hinunter.

- Und nun du, Walter Hammer, Freund, Streit- und Zeitgenosse, mir vertraut und wohlbekannt seit 1920, munterster aller Parteigänger der Jugendbewegung in jungen und besten Jahren deines Lebens, heute geschwächt und zerlitten und zu halber Untätigkeit verdammt durch die Nachwirkungen der Leiden, die du dir als Nazihäftling zugezogen hast, gib uns ein paar Daten zum Thema.

- Das hört sich sehr leicht an, fällt mir aber doch sehr schwer, denn es setzt einen Konzentrationsakt voraus, dessen ich mich nicht so ohne weiteres fähig weiß. Überdies wuchs ich nicht wie du in Berlin heran. Mein Vater stammt aus dem Westfälischen, meine Mutter vom Niederrhein. Um das Jahr 1905 (als du zur Welt kamst) machte mich mein Klassenkamerad auf den Wandervogel aufmerksam. Ich gehörte dem Altwandervogel, später dem Wandervogel e.V., ganz zuletzt dem Jung-Wandervogel an. In meiner engeren Heimat hatte der »Vortrupp« Wuppertal unter meiner Führung starken Zulauf. Bei uns - etwa zwischen Hamburg und Basel - gab es eine Menge Rebellen. Ich denke an Alfred Kurella, den Herausgeber des vorzüglichen »Bonner Liederblattes« und später des »Lautenbuches«, dann des Heftes »Körperseele«, in welchem er für die freie Liebe eintrat. Schon seit den zwanziger Jahren überzeugter Kommunist, ist er heute Literaturprofessor in Leipzig und richtet dort begabte Werktätige zu Schriftstellern aus, während sein jüngerer Bruder Heinrich, ebenfalls im Bonner Wandervogel großgeworden, 1937 als Emigrant in Moskau von den Schergen Stalins erschossen wurde. Ich denke an den Arzt, Dichter und Dramatiker Friedrich Wolf, einen Idealisten reinsten Wassers. Ich denke an die Brüder Ludwig und Arnold Bergsträßer, an Karl Bittel, die Gebrüder Meng, an den in Darmstadt lebenden »Moler« Hermann Pfeiffer, unsterblichen Illustrator des »Zupf«.

Damals lernte ich auch die Brüder Oelbermann kennen. Im Sommer 1917 - sie waren Kriegsleutnants - trafen wir uns zum Westdeutschen Wandervogeltag auf der Loreley. Wyneken war auch mit dabei. In Krefeld hatte der philosophierende und dichtende Baumeister Karl Buschhüter Zulauf. Von Lüdenscheid aus machte Muck Lamberty Reklame für »Bundesbruder« Heinrich Eklöh, der Kochpötte und dergleichen Fahrtenzubehör lieferte. Muck machte gleich nach dem ersten Weltkrieg viel von sich reden. Wir lehnten ihn ab, weil es damals als verächtlich galt, Berufswandervogel zu sein. Übrigens nahmen er und seine Schar es sehr ernst mit der Lebensreform. Man gab mit spartanisch harter Lebensführung ein Beispiel, war Vegetarier, Alkohol- und Tabaksgegner. Muck war schon auf dem Hohen Meißner Vegetarier, gehörte 1914 auch zu den Kriegsfreiwilligen, die auf Helgoland unter Korvettenkapitän Hinkeldeyn rein vegetarisch verpflegt wurden. Eine ganze Kompanie, lauter Vortruppleute und Wandervögel, die schon bald bei der Matrosenartillerie Offiziere wurden.

Doch um nun auf den Hohen Meißner zu kommen. Es war wirklich ein großes Erlebnis für alle Beteiligten: wie da aus allen Tälern, aus allen Dörfern kleinere und größere Gruppen der Kasseler Kuppe zustrebten. Die Zubenennung »Hoher« Meißner ist übrigens kartographisch nirgends verzeichnet, ist also ein Ehrentitel, der sich aus dem Geist der Sache heraus dem Berge antrug und seither Geschichte machte. Wir kamen aus dem ganzen deutschen Sprachgebiet. Es waren Schweizer unter uns, Österreicher, Freunde aus Böhmen und Mähren. Hochgemut strömten wir bergauf: der Schulreformer Gustav Wyneken und sein Adlatus Martin Luserke mit den Jungens der Freien Schulgemeinde Wickersdorf, alle in weißen oder blauen Baretts. Dann Eugen Diederichs mit seinem Jenaer Serakreis (die Studenten malerisch gruppiert um den junggebliebenen Vater Diederichs), die verschiedenen akademischen Gruppen, Reformburschenschafter, der Vortruppbund mit dem Schriftsteller Hermann Popert, der mit seinem Erziehungsroman »Helmut Harringa« der Lebensreform mächtig Aufwind gegeben hatte. Dann Hans Paasche, der später mit seinen in meinem Verlag erschienenen fiktiven Negerbriefen »Lukanga Mukara« der Zivilisation den satirischen

Spiegel vorhielt. Ohne die 320.000 Exemplare »Harringa« und die 60.000 Exemplare »Lukanga Mukara« wäre die deutsche Jugendbewegung nach Weltkrieg I kaum wieder so munter auf die Beine gekommen.

Neben Paasche ging der damals hochberühmte naturheilkundige Dr. Buchinger, Freund und Biograph des später unter sonderbaren Umständen Ermordeten. Überhaupt: akademische Ränge fehlten so wenig wie musische Berühmtheiten. Da waren Prof. Dr. Adolf Grimme, später Kultusminister der Weimarischen Republik, dann der heute vergessene Normann Körber, Prof. Dr. Hermann L. Brill, Angehöriger des JWV in dessen bester Zeit, und der biedere Wilhelm Schwaner, Bundesleiter des »Volkserzieher-Bundes« und Herausgeber der hakenkreuzgeschmückten »Germanenbibel«, der aber mit Walther Rathenau befreundet und alles andere war als ein Antisemit. Die meisten der heute zu Rang und Bedeutung gekommenen waren irgendwie mit dieser Tagung verflochten. Wie oft erreichen mich Grüße, die daran erinnern. Hunderte könnte ich nennen, wenn ich mich auf das bunte Bild besinne, darin es von Jugend und Jugendbewegten aller Arten und Schattierungen wimmelte.

Zum ersten Male wurde uns bewußt, wie zahlreich wir inzwischen geworden waren. Zugleich stellte sich ein starkes Gefühl der Zusammengehörigkeit her. Da gab es Verständigungen zwischen Menschen, die sich bis dahin noch nie gesehen hatten. Es wurde ein Fest der Zuversicht daraus, erinnernd an die großen Tage der Burschenschaften von 1817. Es ereignete sich etwas, das stürmisch an die Pforten der Zukunft pochte. Die Wünsche vieler vereinigten sich zu der großen Gestalt der Hoffnung. Wandervogeltum und Lebensreform schienen tragfähige Fundamente bilden zu wollen. Auf ihnen kam die neue Pädagogik des guten Beispiels mit Männern wie Wyneken, Tepp und Wilker zum Zuge. Der Welttag von morgen würde anders aussehen als der bisherige. Uns war er anvertraut.

Unvergessen geblieben sind mir noch manche Episoden. Etwa die Vorbesprechung der Meißnertagung auf Burg Hanstein. Dort geschah es, daß Hans Paasche uns hinriß mit dem Aufruf: »Es brennt im Deutschen Haus - wir sind die Feuerwehr.«

Und wenn dir die Ablehnung von Rauschmitteln, als einer Fälschung der physiologischen Gegebenheiten, wenn dir der Verzicht auf die Tötung der Tiere, als strafwürdiger Eingriff in den Bestand der Schöpfung, heute nicht mehr so wichtig scheinen wie uns, so vergiß trotzdem nicht, daß die urtextliche Meißnerformel in dem eindeutigen Bekenntnis gipfelte: »Alle Veranstaltungen der Freideutschen Jugend sind alkohol- und nikotinfrei.« Jugend aber, die dieses Gelöbnis auf sich nahm, sich in ihm gleichsam konstituierte, wurde später so etwas wie die tragende Gesellschaftsschicht der Jugendbewegung. Die Mittel, die sie dazu werden ließ, waren die Bücher und Schriften, zu denen sie sich bekannte. Sie können als die eigentlichen Zeugen der Bewegung gelten, indem sie als solche zugleich ihre Ziele motivieren. Allen voran der »Helmut Harringa«.

- Friedrich, du ringst mit dir. Du hast eine Entgegnung bereit, möchtest aber unsern siebzigjährigen, schwergeprüften Freund Walter Hammer nicht betrüben. Wenn es dir möglich wäre, sachlich zu bleiben ...

- Mein Wort richtet sich nicht gegen die Aussage von Walter Hammer im ganzen. Es ist etwas anderes, das ich geklärt wissen will. Immer wieder höre ich euch Ältere den Namen Hermann Popert mit heiliger Überzeugung nennen. Für alles, was einmal »Wandervogel« war oder Bewegung um jeden Preis, ist und bleibt der Roman dieses Autors ein Hort der Zukunftsverkündigung. Die Auflagenziffer dreihunderttausend spielt keine geringe, sie spielt sogar eine beweisende Rolle dabei. Jedenfalls nennt sie jeder. Popert war ein Erfolg. Er ist der Einbuchautor par excellence, der sich in seinem Credo so erschöpfte, daß ihm nie wieder etwas gelang. Sein »Helmut Harringa«, mit den abgehärteten Augen von heute gelesen, offenbart allerdings die sonderbarsten Perspektiven. Da ist z.B. der französische Mensch mit naivster Psychologie und unter dem Aspekt der bevorstehenden Weltheilsverwirklichung ganz auf Niederrassigkeit und Erbfeindlinie gebracht, weil er Weine schätzt. In der Schlußvision des Helden vereinigen sich die germanischen Völker unter der Flagge Schwarz-Weiß-Rot zum Sturm auf den Schädelwall des »Giftgewerbes«. Die Völker, die nicht genannt sind, gehören, wie jeder mühelos zu Ende denken kann, natürlich zur Gegenseite. Das Buch ist durchtränkt mit der Überzeugung, daß der germanische Mensch die führende Edelrasse der Welt sei, prädestiniert zum Nichtrauchen, zum Wassertrinken, zum Gemüsebau, Tierschutz, kurzum zur esoterischen Abstinenz. Das Werk schließt mit der Behauptung: »Die Welt dankt die Idee der Freiheit den Nordvölkern - den Germanen« (Seite 286 der 1913 erschienenen 21. Auflage).

Es ist insofern eine Nährfibel des frühen Antisemitismus in Deutschland, als aus den Charakterabfällen, die der Autor erübrigt, nachdem er den Edelgermanen hergestellt hat, ganz von selbst das Bildnis des Ahasvers entsteht. All die harmlosen Vereine der Lebensreformer, die damit mächtig Schwung bekamen, sich als »Vortrupp« und unter der literarischen Ägide des Dürerbundherrschers Ferdinand Avenarius zusammenschlossen, konnten sich später aufatmend und zukunftsgewiß jener Gestalt zuwenden, die da gleich ihnen nur Wasser schlürfte, Tabak mied, Hund und Kinder vor der Kamera hätschelte, Wagner von der Weltanschauung her kultivierte, Rune und Hakenkreuz zum Staatssymbol erhob und durch seinen Krieg die kaum mehr heilbare Spaltung Deutschlands heraufbeschwor. Die Edelrasse, der wir die Idee der Freiheit zugute halten sollen, hat zudem das deutsche Volk mit unaustilgbarer Schuld beladen. Die Diktatur der Abstinenz hat also die schönsten Früchte gezeitigt. Die Unfähigkeit, zu leben und leben zu lassen, ist ethische Forderung geworden. Sie wird, im Zwange ihrer Missionsverwirklichung, am Ende blutig und zum wahren Feind des Daseins auf der Erde. Poperts schwarzweißrote Fahne weht und ruft: »Komm her zu dem Banner, das ein Recht auf dich hat. Komm und hilf es zum Siege tragen für die große Freiheitssache, die da gemeinsam ist allen Germanenvölkern vom Nordkap bis zum Gotthard und jenseits des Weltmeeres«.

»Ein Rassen- und ein Heimatbuch zugleich - ein merkwürdiges Buch ist es, das uns der Hamburger Landrichter Hermann Popert da gegeben hat ... durchweht vom freien Hauch der See und durchduftet vom Erdgeruch der Moore und Heiden unserer Nordmark«, schrieb das freisinnige Berliner Tageblatt. »So ist Helmut Harringa ein Erziehungsbuch«, meinte das sozialdemokratische »Hamburger Echo«. Und das »Alldeutsche Tageblatt« stellte fest: »Helmut Harringa bedeutet eine entscheidende Schlacht in dieser Kulturentwicklung ... Beginn einer neuen Zeit, einer neuen Kulturepoche«, während die Westdeutsche Lehrerzeitung behauptet, es sei »ein erhebendes Andachtsbuch«. Ergänzend meinte die Politisch-Anthropologische Revue, das Buch sei »für die Regeneration unseres Volkes ein ganzes Armeekorps wcrt«.

Ich sehe, daß man mir zuwinkt, mich in meinen Zitaten unterbrechen will. Alle möchten mir klarmachen, daß Popert das natürlich ganz anders gemeint habe. Ich denke, für uns Heutige gilt, was gedruckt dasteht. Haben wir uns nicht schon einmal fürchterlich betrogen mit dem begütigenden und bequemen Spruch: »Der Führer weiß es nicht!«? Mir scheint, daß Popert jener entsetzlichen Vereinfachung vorgearbeitet habe, die das Böse der Welt einfach dorthin abschiebt und sichtbar werden läßt, wo man nicht in seinem Sinne »anti« ist. Die Fleischesser, die Weintrinker, die Raucher, die Nichtreformer, die Nichtsektierer, die Zufriedenen und die Nutznießer, sie sind der Krebsschaden der Welt. Sie werden angeprangert. Und das, was nicht gesagt ist, entsteht von selbst als Konsequenz dieses Denkens: Sie müssen ausgerottet werden. Danach setzt dann endlich das Paradies ein. Wir haben es heute.

Preisgesang auf Walter Hammer

Alleingang des Autors

O Friedrich, du bist nicht nur ein Lästrygone, du bist ein (erlaube diese Abwandlung, mit der ich auf jene Vogelungeheuer anspiele, die, laut Herakles, ihren Stuhlgang über der Suppenschüssel eines gepeinigten Königs regelten) Stymphalide. Indem du dein Herz entlastest, hast du meines beschwert. Hast du schon mit dem Zupfgeigenhansl Schindluder getrieben (jede Sache in dieser Welt wandelt sich nach Maßgabe des Möglichen und strebt danach, den Raum auszuwuchern, der sich ihr plötzlich öffnet), so ist das, was du hier jetzt dem braven Helmut Harringa angetan hast, über jedes Begreifen hinaus schmachvoll. Beachte doch bitte den in jedem Falle immer zeitverpflichteten Blickwinkel. Den Damaligen war die Germanen-Schwärmerei ein genauso verlockendes Vergnügen wie den heutigen Jungen die Negerschwärmerei oder der Wunsch, mittels Gurgeln von Koksstaub eine ebenso schöne heisere Brüllstimme zu bekommen wie Mister Armstrong. Mach dir doch diese moralisierende Rückwärtsverdächtigung nicht zu eigen, die den Inferioristen dazu dient, das uralte Wandervogel-Weltanschauungsnest zu beschmutzen. Wenn heute Schnüffler in jugendbewegten Schriften oder Büchern nach nazibedingenden Indizien stöbern und dabei auf gewisse Kennworte stoßen, die später das Dritte Reich mit soviel glücklicher Verzweiflung aufgriff, aufmöbelte und in den Propagandaverkehr brachte, dann darf das für uns kein Anlaß sein, beklommen zu kapitulieren, uns mit pater peccavi an die Hühnerbrust zu schlagen und uns schuldbewußt der sündigen Lektüre von Langbehns »Rembrandt als Erzieher«, Poperts »Harringa«, Burtes »Wiltfeber« zu erinnern. Diese Braven hätten für sich selber Scheiterhaufen beantragt, wenn sie vorausgesehen hätten, zu welchen Mißverständnissen sie Anlaß gaben. Welch reinigendes Licht wirft etwa die Tatsache auf deine bösartige Anhäufung, daß die Söhne Poperts wegen halbjüdischer Abstammung von den Universitäten des Dritten Reiches ausgeschlossen waren. Denk dir die psychologische Ergänzung dazu, daß gerade in solchen Kreisen die rührendste Germanenschwärmerei aufflammen kann. Erlaube daher, daß ich mich hier nun nicht nur schützend, sondern preisend und lobsingend vor den Veteranen Walter Hammer stelle und ihm in einer Ansprache jenes Zeugnis zubillige und beglaubige, das ihm zukommt.

Ich sehe dich noch vor mir, Walter Hammer, wie du mich damals - ich glaube, es war 1922 - rettend auf das Floß der »Jungen Menschen« zogst. Ich hatte mich durch jugendlichen Idealismus dazu hinreißen lassen, an einer verbotenen Friedensdemonstration teilzunehmen, zu der die Hamburger Linksparteien aufgerufen hatten. Dank meinem allzu auffälligen blonden Haarschopf fand man mich verhaftungswürdig. Ich mußte einige üble Tage im Polizeigefängnis verbringen. Das Vorkommnis beraubte mich des Vertrauens meiner Angehörigen - ich genoß die Gastfreundschaft meiner Großeltern in Hamburg - und stellte mich plötzlich auf die eigenen Beine.

Du warst es, ein großgewachsener, schlanker, dunkelhaariger Mensch, den ich im Freideutschen Haus in der Johnsallee aufsuchte, um, gestützt auf den guten Eindruck, den mir deine Zeitschrift gemacht hatte, deinen Rat zu erbitten.

Und dieser Rat kam ohne Zögern, er war mehr als Rat, er war Hilfe. Du nahmst mich mit nach Werther, brachtest mich im Verlag der »Jungen Menschen« unter, wo ich nun, unter deiner Anleitung, die ersten Schritte aus dem Nurpoetischen, das mir bis dahin eigen war, in das praktische Handwerk des Schreibens tat. Und so gelangte ich Schritt für Schritt in deine Welt hinein, übte mich an deiner Einsicht, lernte den Sinn deines großen Unterfangens an der Wurzel verstehen und kann darum heute ein Bild von dir zeichnen, das deinen Weg durch die Zeit, durch die Verhängnisse und in das noch nicht erreichte Neuland hinein klarstellt.

Da saß ich plötzlich am Frühstückstisch deines Redaktionsstabes und kam mir sonderbar geborgen vor. Du ließest mir die Freiheit, mich in deinen Betrieb einzuarbeiten, und ich mißbrauchte sie kräftig und ungebührlich, indem ich in die herrlichen westfälischen Wälder einbrach, die dieses rührende Nest (Werther bei Bielefeld, hieß doch die Anschrift, nicht wahr?) schützend umzingelten. Ich erinnere mich noch, daß »man« deswegen murrte. Die andern saßen ab morgens vor ihren Tippmaschinen (fossil wirkende Konstruktionen; ich sehe dich noch vor mir, wie du mit unvorstellbarer Geschwindigkeit einen Buchstabenzeiger mißbrauchtest, durch dessen Zaubermechanik ein babylonischer Siegelzylinder unablässig über das eingespannte Papier bewegt wurde, wobei ein ganz normaler Schreibmaschinentext entstand) und rasselten so von acht Uhr mit schöner Beständigkeit bis mittags, während ich ein Kurgastleben führte, deine Doktorarbeit über Nietzsche las oder meine mangelhaften Pilzkenntnisse unter laubfrischen Buchen und Eichen ergänzte.

Deine Taktik bewährte sich. Eine Woche später saß ich selber vor so einer Zeigerschreibmaschine und brachte meine ersten Aufsätze zustande, die du, schonungsvoll redigiert, in den Spalten des Nebenblattes der »Jungen Menschen«, der »Jungen Gemeinde«, unterbrachtest. Und bald war ich auch einer der freiwillig Eifrigen. Die Riten, die Gepflogenheiten eines mit einer Zeitschriften-Redaktion gekoppelten Verlagswesens wurden mir vertraut. Aber nebenbei, welche Aufwertungen meiner Begriffsstutzigkeit. Welche Erweiterungen meiner Schmalspurgeistigkeit. Ein junger Mann, Student seines Zeichens, freiwilliger Helfer in deinem Betrieb, brachte mich auf Alfred Mombert, da ich schüchtern (oder auch nicht) meine ersten poetischen Gehversuche vorgezeigt hatte, traum- und rauschgetränkte Infantilismen über Wald und Heide, Mond und Sterne, Nebelteiche und Herbstblattreigen, wie man glauben darf - und weckte (so sicher war der Mann in seinem Gespür) damit eine lebenslängliche, götterverehrungshafte Neigung zu dem großen »Himmlischen Zecher« in mir. Wie sehe ich das abgegriffene Inselbändchen, das er mir lieh, innerlich noch vor Augen: Musik der Welt von Alfred Mombert, ohne Komma dazwischen. Und es war wirklich Weltmusik für mich. Aus den Wegen, die mir möglich gewesen wären, wurde der eine, der mein Leben bestimmte. Und dann wurde ich so nach und nach mit deinen Verlagswerken bekannt, die alle jenseits jeder geschäftsfähigen Kalkulation, nur als Gesinnungsmanifeste deines großartigen Willens, der Welt, dem Leben die besseren Richtungen zu zeigen, zustande kamen. Was für mutige, was für tapfere, was für scheuklappenfreie Bücher waren das.

Deine beste Lanze: das Lachen. Dein schmeichelndster Beweggrund: die Liebe zum Leben. Dein überzeugendstes Geschenk: die Mobilisation des Humanitären.

Ja, ich sehe noch dieses umgebaute Bauernhaus vor mir, darin dein Verlag untergebracht war. Du hattest diese »rousseausche« Situation gewählt, um deinen Verlag über den fürchterlichen Geld- und Werteschwund der Inflationszeit hinwegzuretten. Und es gelang dir. Deine Unternehmung gedieh. Ich rieche noch den untilgbaren schwachen Milchdunst, der von seiner früheren Bestimmung zeugte und sich nun mit dem sauren Geruch der Farbbänder, der Kohlenpapiere und der Leimpötte mischte. Rauchen verboten, gemäß deiner hochgescheiten Devise, daß das in die Luft gepaffte Geld besseren Zwecken dienen müsse. Alkohol verboten, mit derselben Begründung. Das Erbe Poperts andeutend, das hier treulich bewahrt wurde. Heiterkeit erlaubt, Witz erlaubt, Bizarrerien erlaubt. War das nicht eine liebenswerte Entschädigung für die Verzichtleistungen?

Ich sehe noch das mit Holzstellagen verstellte Zimmer vor mir, wo das Licht ungeputzter Fensterscheiben auf die Produktion des Verlages fiel: Alles schmalrückige, kleine Bücher. Alle mit Vorschlägen für eine bessere Welt angefüllt. Da gab es Namen, die mir zu Begriffen wurden, sich in den Mythos der Stunde kleideten und überzeugend zukunftsträchtig auftraten. Wilker, Zirker, Otto Lamszus mit seinem ersten Antikriegsbuch der Weltliteratur: »Das Menschenschlachthaus«. War auch schon Lampel mit dabei? Mir scheint's. Aber vor allem Paasche. Der hatte sich einen charmanten Negerhäuptling ausgedacht, der in der Welt der Weißen herumreist und ätzende Bemerkungen über deren Verrücktheiten riskiert. Wundervoll wirksames Buch. Dein Bestseller. Buddenbrook-Auflagen. Heute, vom Standpunkt des »Völkerkundigen« aus, muß ich allerdings dazu sagen (ohne den Spaß damit etwa maßregeln zu wollen), daß es nichts Künstlicheres, nichts Naturferneres geben kann als einen sogenannten Wilden, sofern man ihn als einen »Natürlichen« mißverstehen möchte. Die Tabuwähne, die Totemverschrobenheiten, die magischen, kultischen oder pseudomagischen Atavismen (reizvoll und aufschlußreich für den Forscher) und vor allem die abgrundtiefe und böswillige Kennerschaft in Sachen Gift und Rauschgift. Bei südamerikanischen Indianervölkern war die pfundschwere, grün gerauchte Zigarre schon vor mehr als zweitausend Jahren gang und gäbe, ganz zu schweigen von fürchterlichen Rauschgetränken (Pulque), Drogen (Mescalin) und andere psyche- und physisverändernden Dingen. Sie lassen den Zivilisationsmenschen, den Paasche so witzig geißelte, als einen Ausbund von vernünftiger Natürlichkeit (plus Naturfreudigkeit) erscheinen.

Doch dies tut der Tatsache keinen Abbruch, daß Paasche uns den Spiegel hinhielt und daß dieser Spiegel in vielen Dingen recht hatte, obschon Lukanga Mukara eben niemand anderes war als Paasche selbst. Wenn ich nicht irre, ist er auf wahrhaft scheußliche Art umgekommen. Armselige Reaktionäre verwechselten seinen Bekennermut zur Humanitas mit Vaterlandsverrat und brachten ihn um. Darin allerdings tabuhörig in einem steinzeitlichen Sinne.

Was war es noch, Walter, das dir am Herzen lag? Das Allgemein-Humanitäre auch auf die Tiere zu erstrecken und dem Tiermord mittels der auf den Vegetarismus eingeschränkten Küche die Stirne zu bieten. Du hofftest damit den uns innewohnenden Mordinstinkten entgegenzuwirken, ohne deswegen an schäfchenhafter Bravheit zu ersticken. Denn immer war es das Leben, das Fest unserer Existenz, das du als Wunder empfandest und dem du den Rang eines Wunders erstreiten wolltest. Später verwandelte sich der Verlag der Jungen Menschen in deinen Fackelreiter-Verlag. Er setzte die Linie deiner früheren Leistungen fort, vermehrt um einen ganz außerordentlich zügig geführten geistigen Feldzug, um das Bestehen der Weimarer Republik zu sichern. Du sahest voraus, was passieren würde, falls dieses wohlwollende, übertolerante, für Kunst besorgte und um eine menschliche Gesetzgebung bemühte Staatswesen von radikalen Kräften überwältigt und entmachtet werden sollte.

Es ist passiert. Und es hat alle Voraussicht in den Schatten gestellt, *was* da passierte. Praktiker des Lebens, der du bist, versuchtest du, den Selbstschutz, den sich die Republik mit schwachen und zögernden Händen bastelte, durch deine Stellungnahme, deine Werbung für das »Reichsbanner Schwarz-Rot-Gold«, in eine zündende, mitreißende Form zu bringen. Friedrich Franz v. Unruh, und besonders dein Freund Fritz v. Unruh standen dir mit Tat und Buch bei. Deine Blätter, deine Bücher fanden Weltverbreitung, ebenso wie sie in Deutschland die Begeisterung und Zustimmung der Maßgeblichen weckten. Die Jahrgänge der »Junge Menschen« haben heute vom ersten bis zum letzten Heft (es erschien 1928) den Seltenheitswert von Inkunabeln. Sie sind gar nicht mehr aufzutreiben. Wer von uns heute über Fünfzig ist und sein Leben nach rückwärts durchzublättern wünscht, findet in ihnen die ragenden Monumente der eigenen früheren Lebensbegeisterung.

Du wünschtest den Körper und das Körperliche neu erkannt, neu entdeckt und in seinen herrlichen Versprechungen neu bestätigt und legtest in Büchern und Aufsätzen über Kunsttanz und Lebensreform Zeugnis davon ab.

In deiner kleinen Streit-Schrift »Das Pflaumenschiff« hast du Auswüchse der Jugendbewegung und -beweglichkeit treffend gezüchtigt und die Peitsche der Bosheit geschwungen. Alles, was du anrührtest, diente aber dem Ziel: eine Welt vorzubereiten, in der der Mensch sich wohl fühlt und anstrengungslos Mensch sein darf. Eben wirklich Mensch. Und damit bist und bleibst du eine der bejahungswürdigsten Gestalten unter den großen Idealisten unseres Jahrhunderts. Keiner, der dich kannte, hat nicht irgend etwas von dir mit in sein Leben hinübergenommen. Deine Saat ging auf. Und wenn du auch durch die grauenhafteste der KZ-Höllen geschleift wurdest: es sind derer nicht weniger geworden, die deinen Namen bekennen. Es sind mehr geworden, und es werden noch mehr werden.

Außenseiter / Waldverwandtschaften

Runde: Autor, Kurt Heinrich

- Um noch einmal ins Einzelne und Einzelhaftige zu gehen, wünsche ich mir jetzt von dir, Kurt Heinrich, eine Darstellung, wie der Zufall, der ja manchmal das einem Zufallende sein soll, junge deutsche Menschen verschiedenster Gesellschaftsschichten zusammenwürfelte und im gemeinsamen »Erlebnis« verband (oder trennte). Vielleicht kannst du das Bildnis eines Jungen mit in die Ereignisse verweben, das Bildnis eines jungen Menschen, der kraft waldverwandtschaftlicher Charakteranlage einfach zu euch stoßen mußte, wie wenn ihr sein Schicksal wäret.

- Nante hatte große, wattige Hände, obwohl er Steinmetzlehrling war. Die Haut an ihnen war so, wie man sich die Haut von Bärentatzen vorstellt. Ich selber war Gärtnerlehrling bei der Gärtnerei Carl Fritz in der Milower Straße. Die Stadt, die uns vereinigte, hieß Rathenow. Beide waren wir also zwischen fünfzehn und sechzehn Jahren. Unsere Bekanntschaft kam im Christlichen Verein junger Männer zustande. Und das Klima milder, frommer Freundlichkeit, das dem Verein und seinen Veranstaltungen dort in guter Weise anhaftete, umgab unsere ersten Gespräche, in denen unbewußte Sympathie waltete. Ich erzähle von Nante, weil er, nein, weil wir beide die Meinung widerlegen, daß das Reservoir des Wandervogels sich mehr aus bürgerlichen Kreisen nährte. Gerade in Rathenow war das am wenigsten der Fall. Aber bleiben wir beim ordnenden Nacheinander der Dinge. Trotz so freundlicher Umgebenheit und Betreuung unserer Seelen befestigte sich unsere Freundschaft über einem etwas zweifelhaften Ereignis. Das Gelände, wo Nante lernte, wurde von einem langgestreckten, niedrigen Bau zu ebener Erde begrenzt. Es war die städtische Wannenbadeanstalt. Nach der Straße hin öffnete sich das Haus mit richtigen Fenstern und einer Pforte mit Überschrift. Zum Grundstück der Steinmetzerei hin wies es nur eine Reihe von hochgelegenen, gefängniszellenhaften vergitterten Fensterluken auf. Hier nun hatten die Gesellen des krafterfordernden Berufes Granitbarren aus den Vorräten des Lagers wie zufällig an die Wand der Badeanstalt gelehnt. Verschiedene solcher angelehnten Steinbarren kamen dabei genau unter die Fensterluken zu stehen. Und Nante war es, der mich in den versteckten Sinn dieser Maßnahme einweihte. Mit komischen Andeutungen brachte er es nach einem Abend im CVJM dahin, daß ich ihm auf das Grundstück folgte. Man konnte bequem auf die Steine steigen und hatte damit freien Überblick über das Badegelaß. Und wenn man Glück hatte, konnte man eine Susanne darin bei ihrer Reinigungsbemühung überraschen. Der Spaß barg für uns mehr den Reiz des Verbotenen und Unschicklichen. Aber die Gemeinsamkeit des Heimlichtuns schloß uns beide stärker aneinander, als es zuvor der Fall gewesen. Nante entdeckte mir seine wahre Leidenschaft.

Er war »Waldgänger«. Und er verfügte über eine Waldbeziehung, die man nur als angeboren bezeichnen konnte. Von jetzt an nahm er mich jeden Sonnabend, vorausgesetzt, daß ich nicht Kesseldienst in den Gewächshäusern meiner Gärtnerei hatte, mit auf die Tour. Wir drangen da in die weit und prächtig um Rathenow herum lagernden Waldungen ein. Und was das Wundervollste war, in das er mich einführte: er hatte seine freien Tage dazu benutzt, im Wald ein unterirdisches Versteck herzurichten. Die Grube dazu hatte er selbst ausgehoben. Sie war mit geklauten Klafterholzbengeln überdeckt und dann mit Waldboden von oben unkenntlich gemacht. Der Eingang war mit einer Welle von altem Gestrüpp getarnt. Hier nun machte mich Nante mit einem ganzen Satz von ihm selbst hergestellter Geräte bekannt. Erst von heute aus sehe ich, daß hier so etwas wie eine Renaissance der Bronzezeit stattgehabt hatte. In die lehmige Wand des Gelasses war ein Ofen eingehöhlt, der mit einem aufgelesenen alten Ofenrohr nach draußen mündete. Es war der Typ des sogenannten offenen Kamins, was er da von Hand hergerichtet hatte, und es zog und wärmte vortrefflich. Nicht nur das, ein ganzer, mit Ehrgeiz aus eigener Kraft hergestellter Haushalt überraschte mich in jener kleinen Höhle. Nante hatte aus geeignet gewachsenen Zweigen Gabeln geschnitzt. Er hatte Messer angefertigt, die ihm heute jeder Antiquar hoch bezahlen würde, in der Meinung, neuseeländische Geräte vor sich zu haben. Aus Faßreifen hatte er Klingen hergestellt mit raffiniert eingegrabenen Ziermarken. Der Griff war dicht an dicht mit nacktem Kupferdraht umwickelt, und in den Verlauf der Wicklung waren in zierhaften Abständen kleine bunte Glasscherben gebettet. Funkelnde, bestechend schöne Waffen waren so entstanden, von gleichsam handfluidaler Magie. Nante bereitete mit all diesen Dingen ein nicht mal unoriginelles Nachtmahl, goß einen Kräutertee auf, der das ganze Gelaß mit Waldgeruch durchtränkte, und wir speisten in ruhiger Zufriedenheit, er, weil ich seine Schätze bewundert hatte, die er noch niemand gezeigt hatte, ich, weil ich Schätze gesehen hatte, die noch niemand bekannt waren.

Unser Einvernehmen war vollständig. Mit zu den schönsten Erlebnissen, die Nante zu spendieren hatte, zähle ich den Waldgang mit ihm. Er konnte brunftende Hirsche in einer Art nachahmen, daß einem das Herz erzitterte. Wundervoll gelang ihm der Eulenruf. Und alles brachte er mit seinen großen Händen hervor. Er legte sie auf verschiedene Art ineinander. Und jedesmal kam ein hohler Pfiff, ein dumpfes Röcheln oder die menschenhafte Klage der Käuzchen verwechselbar echt zustande. Neben ihm durch die pfadlosen Wälder zu streifen und von ihm mit unüberbietbarer Kennerschaft auf die Ereignisse des Nachtlebens der Tiere hingewiesen zu werden, hatte für mich umwandelnde Bedeutung. Aus einem Gärtnerlehrling, der im Fahrwasser der Gehilfen zu einem möglicherweise brauchbaren Fachmann geworden wäre, wurde ich zu einem Menschen, der vor lauter Lebensneugier gar nicht mehr wußte, wohin sich wenden. Ich trat, um des Zustandes Herr zu werden, in das ungeheuer weite Reich des Lesens ein und fing an, mich für Buchläden zu interessieren. Merkwürdig, daß Nante, der den Anlaß hierzu gegeben, nicht so recht mitmachen wollte. Er verbot, Bücher mit in die Höhle zu nehmen. Für ihn bedeuteten sie die Befleckung der Reinheit seines Traumes. Und mit dieser sonderbaren, fast höhnischen Abwehr trat er auch dem Wandervogel entgegen, für den er prädestiniert war, ohne es gewahr zu werden.

Die Sache kam so. In der Hauptgeschäftsstraße von Rathenow gab es, unweit des späteren

Apollokinos, eine Buchhandlung für höhere Ansprüche. Ihr Schaufenster zog uns dadurch an, daß immer irgendein großes Grunewaldbild des Maler Walter Leistikow in ihm ausgestellt war. Wunderbare tannendunkle Gemälde, um den Schlachtensee gruppierte Bäume mit schwarzgrünen Waldmauern hinter sich. Die Machart dieser Malerei zog uns besonders an. Die Farben hatten etwas Geschichtetes, zugleich ungeheuer Dichtes. Die Stimmung war schwermutsvoll, mit den Akzenten der Kühle. Sie stimmte uns waldsüchtiger, als wir vorher je waren. Und auf unserm gemeinsamen Feierabendbummel war dieser Laden unser unerklärtes Ziel. Hier nun hatten, in einem Seitenfenster neben dem Eingang, die Wandervögel von Rathenow ihren Anschlag. Da das Schriftwerk im Sinne Nantes reizvoll ausgeführt war - mit einer Kunstschriftfeder hatte man gotische Buchstaben imitiert und farbig ummalt -, lasen wir regelmäßig diesen Aushang, der wöchentlich wechselte. Was aber im Text sich immer wiederholte, war dies:

»Du, Jugend, sei gegrüßt, die du ausfährst beim ersten blitzenden Sonnenstrahl über die Berge und durch der Heimat Wälder. Die du wanderst an den rauschenden Strömen und am murmelnden Bach, die du andächtig stehst vor den strebenden Säulen der alten Dome und streifest im toten Gemäuer der Burgen, die du des Abends sitzest in den traulichen Stuben der Bauern oder träumest am Feuer auf dem Berge bei Nacht, wenn tausend Sterne funkeln. Jugend, die du heimkehrest reich an Schätzen des Erlebens und des Schauens, die du getrunken am Born der Sage und Erinnerung. Die du geschaut die Wunderdinge und die Märchen draußen in Wald und Heide.

Wo sind sie, die andern? Wenn der Himmel auftürmt, schwarze drohende Wolken ballt, wenn seine Wetter leuchten, die Stürme rasen, die Blitze zucken und der Donner kracht und Wetter und Unglück im Anzuge, Gefahr drohen? Dann stehen wir auf festem Turm, stolz und einsam, stehen im Brausen des Sturmes, der unsere Fahnen wild fliegen läßt, stehen und jubeln hinaus mit leuchtenden Augen.

Wenn irgend etwas in dir für unsere Art spricht, melde dich beim Obmann unserer Gruppe und laß dir hier im Buchladen die Schriften unseres Bundes geben. Es kostet dich nur den Entschluß. Vielleicht können wir dir helfen, den Sinn deines Lebens zu finden. Wage den Versuch. Du bist herzlich eingeladen, auf unserem Nestabend zu erscheinen. Heil.«

Wir beide gaben mit gemischten Gefühlen der sonderbaren Versuchung nach, die von dieser Einladung kraft ihrer sorgfältig hergestellten Verschnörkelungen ausging. Es lag etwas wie ein Duft von Schwermut darüber, ähnlich wie über dem Heilversprechen, das die Christlichen Jungen Männer wohl verband. Ähnlich und doch anders. Hier war an Stelle von Gott immer von Volk die Rede. Volk im Sinne einer mystischen Gemeinschaft, die endgültige Geborgenheit erwarten ließ. Etwas, das wir als Kinder in den Märchen empfunden hatten, wurde mächtig in uns angesprochen. In mir weitaus mächtiger als in Nante, der keine eigentliche Kindermärchenzeit in seinem Leben gekannt hatte, weil er aus ganz bescheidenen Verhältnissen stammte. So war es auch ich zuerst, der, ohne Nante, zum Nestabend der Rathenower Wandervögel strebte. Nante verhielt sich vorläufig spöttisch gegenüber der Einrichtung und meiner Bereitschaft, sie kennenzulernen. Er ließ mich als Späher hingehen, und ich war ihm jeweils den genauen Bericht schuldig. So trat ich denn eines Abends in einen schulzimmerartigen Raum ein, der neben einem öffentlichen Gebäude in Rathenow den Wandervögeln von der Stadt zur Verfügung gestellt worden war. Ich hatte meinen blauen Sonntagsanzug an und mich in der Weise gestriegelt, wie sich das für die CVJM-Abende schickte. Ich sah mich einer Versammlung gegenüber, in der mein Aufzug als komischer Fremdkörper erscheinen mußte. Junge Leute, mit nach hinten gekämmten langen Haaren, bekleidet mit farbigen Kitteln, die statt der Knöpfe mit Schnürsenkeln am Hals zusammengezogen waren. Gegürtet waren sie mit Lederriemen, die mit einer großmächtigen Bronzeschließe versehen waren. Erwachsene Mädchen mit langen Zöpfen oder Schneckenfrisuren waren in hemdartige hellblaue Stoffe gehüllt. Auf der Brust trugen sie Bronzeschilder, auf denen ein Vogel Greif in getriebener Arbeit hervorglänzte. An der Wand hingen Wimpel, bestickt mit schön stilisierten Reihern. Unter der Decke baumelte ein großer, teilweise abgenadelter Kranz aus Tannengrün. Auf dem langen Tisch, um den sie alle vereinigt waren, standen Kerzenleuchter.

Die Stimmung, die mich empfing, hatte zunächst etwas Drückendes. Sie schien mir frömmer als bei den feierlichen Veranstaltungen des CVJM. Nur eben, daß das Wort Gott nicht fiel. Es war ein Glaube ohne Gott, und was an Stelle Gottes getreten war, kann ich - von heute aus gesehen - nur als ein Heimweh nach dem Heimweh bezeichnen.

Ein junger Mensch in Samtjacke und mit besonders geschnittenen Kniehosen erhob sich, nannte der Gemeinschaft meinen Namen und forderte mich auf, so zu tun, als ob ich schon seit immer mit ihnen bekannt gewesen sei. Und ob es sich in Wirklichkeit so verhielte, das würde sich zeigen, wenn ich erst ein paar Fahrten mitgemacht hätte. - Was gesprochen wurde auf jenem ersten meiner Nestabende, ist mir nicht mehr erinnerlich. Aber genauestens entsinne ich mich der musikalischen Versuche, die unternommen wurden. Zwei Gitarren, eine Klarinette und eine Geige wurden in den Händen ihrer Besitzer zu einer Welt angenehmer Töne. Man übte, zwanglos versteht sich, das schwermutvolle Lied »Es fiel ein Reif in der Frühlingsnacht«. Es ist mir seither unvergeßlich geblieben, denn es weckte jenes Heimweh nach dem Heimweh mit unausweichlicher Gewalt in meinem Herzen. Ich habe mich bis heute nicht davon losmachen können, und jene ersten Momente, da ich es - vertieft durch die hörende Teilnahme an der Einübung - vernahm, erscheinen mir wie Augenblicke einer sagenhaften Selbstbegründung. Die Person, die bis dahin in mir verborgen war, trat hervor und ergriff Besitz von mir.

Anders verhielt sich vorerst Nante zu den Wandervögeln. Er beobachtete sie von fern, fühlte sich durch ihre Riten amüsiert und nahm mich in dem Sinne gegen sie ein, daß wir einen bösen Streich miteinander verabredeten. Nante wünschte - aus einem Ressentiment heraus wahrscheinlich, daß dort teilweise Dinge einer Welt praktiziert wurden, die er für seine, wie soll ich sagen: Privatwelt gehalten hatte -, die Wandervögel zu narren, zu erschrecken oder sonst irgendwie lächerlich zu machen. Vielleicht auch aus Eifersucht, weil meine Freundschaft, in deren Alleinbesitz er sich bisher befand, sich nun auf die neuen Leute mitzuerstrecken begann. Da ich jünger war als er, sein Einfluß dank der Höhle und ihrer mit mir geteilten Geheimnisse stärker, ließ ich mich in seine dunklen Pläne einspinnen und fand am Ende Spaß daran.

Der Führer jener Wandervögel hatte eine Vorliebe für verregnete Nachtmärsche. Da wurden dann - Autos schränkten die Freiheit der Straße damals noch nicht ein wie heute - mit Sack und Pack und allen Instrumenten Wälder und Seen der Mark Brandenburg in nachtlangen Fußmärschen aufgesucht. Meist ohne die Mädchen, die ihren eigenen Betrieb hatten und nur zu den Nestabenden und den Bundestagen kamen. Auf einem dieser Nachtmärsche nun sollte Nante, so hatte er es sich ausgedacht, dem Zug der Wandervögel unerkannt von fern folgen, nur mit mir in Kontakt. Er hatte vor, ihre Waldverwandtschaft auf die Probe zu stellen. Womöglich, um mir ihre Unfähigkeit zu beweisen und mich wieder ganz auf seine Seite zu bringen. Das abgesprochene Unternehmen ließ sich sehr abenteuerlich an. Ich tippelte als letzter der langen Reihe, vernahm das Rucksackknirschen vor mir, die gedämpfte Unterhaltung der Befreundeten und verspürte hinter mir den einmal auftauchenden, dann wieder verborgenen Schatten Nantes. Als wir in den Wald kamen, schwärmte Nante in weitem Bogen voraus und ließ ein ganzes Waldorchester mit der Kunst seiner Lippen und Hände erschallen. Da jammerte plötzlich rechts von uns eine Eule mit fürchterlicher Realistik. Dann röhrte links in der Tiefe des Forstes ein Hirsch - und keiner von den Wandervögeln zweifelte an der Echtheit, obschon die Zeit der Hirschbrunft fern war. Man horchte, lauschte, fühlte sich im magischen Naturbann, und der Gruppenführer machte mich eigens auf diese Sensation aufmerksam, um mir werbend einzureden, wie wenig der Großstädter doch gemeinhin von diesen großartigen Regungen der Natur ahne.

Mir war trotzdem nicht nach Lachen zumute, denn ich ahnte dunkel, daß Nante noch andere Streiche im Sinn habe. Und ich fühlte mich in meinen Sympathien unglücklich zerrissen. Kämpfte gar mit dem Entschluß, dem mir vertrautesten der Wandervögel ein Geständnis zu machen, was es mit dieser so reichlich sich manifestierenden Urgewalt der Natur auf sich habe. Doch da war auch schon der Lagerplatz bestimmt. Ein Feuer kam zustande. Der Regen ließ nach. Man roch die klammen Lodenmäntel, die gegen die Flamme gekehrt getrocknet wurden. Tee wurde gekocht. Brot und Früchte wurden verteilt. Und schließlich wollte man geruhsam musizieren, um das domhafte Echo des Waldes zu genießen. Jetzt stellte sich heraus, daß eine der Gitarren, die man in ihren Hüllen, weitab vom Feuerkreis, an Baumstämme gelehnt hatte, damit niemand darauf trete, fehlte. Zuerst schien mir der Gedanke noch unmöglich, dann schnürte es mir die Brust in quälende Fesseln, und schließlich war die Gewißheit unabweisbar, daß Nante die Gitarre entführt habe. Die Nachtmusik litt beträchtlich darunter. Die gute Stimmung war gebrochen. Auf mich fiel zwar kein Schatten von Verdacht, aber doch war ich plötzlich wie ausgeschieden. Möglich, daß ich selber durch meine Betretenheit den Anlaß dazu gab. Kurzum, es kam zu einer trübsinnigen Heimkehr. Die Stunden bis zur Morgendämmerung vergingen lustlos als ein ungeduldiges Warten auf das Licht, denn man war immer noch sicher, daß das Instrument zum Vorschein kommen müsse. Dann aber begab man sich, wortkarg geworden, ohne den beabsichtigten schönen Umweg, wieder nach Rathenow. Bei Gelegenheit einer Frühstücksrast sah ich weit hinter uns in den Büschen des Straßenknicks die Gestalt Nantes. Er schien mir zu winken, und zwar mit eben jener Gitarre. Er verschwand sofort wieder, als ich mich suchenden Auges erhob und ohne Vorsicht zu ihm hinspähte. Da legte sich mir die Gewißheit mit eisiger Last aufs Gemüt. Sein Streich hatte die Fahrt verdorben, und das Gefühl eines unerklärlichen, womöglich wenig noblen Verlustes erbracht. Und nun geschah es, daß ich, von Schuldgefühlen verwirrt und vernichtet, meinen großen Freund Nante preisgab. Ich anvertraute mich und meine Gewissensnot jenem jungen Menschen, der mir die meiste Aufmerksamkeit unter den Wandervögeln erwies. Mit jedem Wort setzte ich, Schmerz und Lust zugleich empfindend, den Schmerz der Preisgabe, ja der Aufgabe Nantes und die Lust des Verpetzens, die jedem Schulknaben bekannt ist, mich stärker von Nante ab. Als ich meine Beichte beendet hatte, war Nante mir ein Fremder - und ich war den Wandervögeln ein Fremder geworden. Was ich gesagt hatte, wurde dem Gruppenführer mitgeteilt. Daß man das Instrument wiederbekommen würde, stand nun außer Frage. Was jetzt aber in Frage stand, war meine Aufnahme in den mir inzwischen teuer gewordenen Bund. Das hatte ich nicht vorausgesehen. Und mit einer sehr unbehaglichen Verängstigung nahm ich, auf dem Marktplatz von Rathenow allein gelassen, den Weg in meine Lehrlingskemenate.

Die Sache ging allerdings besser aus, als es den Anschein haben konnte. Die Wandervögel fanden zu einem kühnen Entschluß hin. Nachdem die Gitarre von Nante heimlich und auf mein Betreiben vor der Tür des Nestes abgestellt worden war, luden sie uns beide zu einer »Aussprache«. Zuerst ging es dabei freilich zu wie bei einer Gerichtsverhandlung. Dann aber, als Nante Proben seiner Waldkunst abgelegt hatte und das Nest von seinen Eulen-, Wildsau- und anderen Lauten echoweit gedröhnt hatte, änderte sich die Atmosphäre. Und als Nante sich erbot, seine Jägerhöhle vorzuführen, sie sogar der Gruppe als Waldnest zur Verfügung zu stellen, ging der schlechte Spaß in einen guten über. Die Zukunft sollte den weisen Wandervögeln recht geben. Nante wurde einer jener Menschen, die in der Gruppe ihr Leben haben und die ohne Gruppe nicht mehr wüßten, wohin mit sich selbst. Er wurde nach dem Weltkrieg I dann einer der Führer des Bundes der »Fahrenden Gesellen« und brachte Rathenow im Kreis der Wandervögel zu besonderem Ansehen.

Germantik und Lichtmenschentum

Runde: Alleingang des Autors

»So gingen sie in den Herbst hinein mit großen und heftigen Schritten, unter Gesang und frischem Atemholen im Winde. Sie begegneten anderen Wanderleuten, die ihr Gerät auf dem Rücken und den Stock in der Hand trugen und gleicherweise sangen. Sie fanden viele, die am Mittag saßen an einem Wasser um ein Feuer, bei einem Kessel, die Speise zu bereiten. Es waren helle, gute Burschen, es waren Traumgesichter und kühne Blicke, es waren Weichheit und Tatkraft in den Mienen, es war Versunkenheit im Leben der Bäume, Wälder, Wiesen und Hügel im Winde, es war ebenso scharfe Ausschau und Tudichum in den Orten und Gehöften, zu empfinden, zu freuen, zu lernen, ein wahres Wesen deutsch. Es waren Mädchen, jene blonden, weichen, warmherzigen guten Kinder, jene feinen, schmalen, strengen, kühlen Wesen, jene kühnen mit dem stolzen Leib und den großen Gedanken. Und alle trugen sie ihre Bürden mit Freude, alle schritten sie daher mit geweiteter Brust und leuchtendem Gesicht, durchgingen das Leben mit aller Heiterkeit der Gesundheit und Stärke an Leibe wie an ihren rechten Seelen, die wahren Wesen deutsch. Sie verachteten zusamt die Tracht der Mode, es gab solche, die trotz des Windes nackt gingen bis an die Knie, in Sandalen, mit freiem Halse und offener Brust, und das Haar nachwehen ließen ohne Bedeckung, und das war lauter Freude, der Anblick ihres Ganges und ihrer Art. Sie begleiteten den Schritt mit Getön der Instrumente, sie schliefen nachts auf hartem Lager von Stroh oder im Walde, sie waren Herr und Ausdruck ihrer selbst.

Sooft die beiden einer solchen Schar begegneten, erklang ihr Heil. Sie gingen eine Weile in ihren Pfaden. Wer seid ihr? fragten sie. Wir sind die Wandervögel. Es war kein unrechtes Wort und kein tadelnswertes Tun, es war da Offenheit, Herzlichkeit, Wahrheit. Nicht gab es Verstecken, Heucheln oder Täuschen. Immer mußten Stein und Thomas sagen: Was ihr tut, ist deutsch. Das ist das Volk, das kommt, das ist das Wesen wahr deutsch, das aufwärts steigt.«

(Almanach des Wandervogel-Verlages Erich Matthes, 1914)

Ferdinand Avenarius, der liebenswerte Kulturverwalter jener Dezennien, Initiator des Dürerbundes und der Dürerheimbewegung (Brutstätten einer braven Deutschtümelei), ließ über dergleichen jugendbewegende Manifestationen in seinem »Kunstwart« schreiben, das sei ursprüngliche Sprache, anders als Zeitungsdeutsch. Nein, Zeitungsdeutsch war das allerdings nicht, denn in den Blättern schrieben damals ganz beachtliche Köpfe, so z.B. Paul Ernst, Hofmannsthal unter dem Pseudonym »Lorys«, Hermann Bahr und Karl Wolfskehl.

Bei den Wandervögeln aber, die sich solcher »Germantik« (das war eine privatetymologische Gegenformel zu »Romantik«) ergaben, vermischten sich Deutschheit, Heimatsentimentalität und nacktbeinige, windhaarige Mädchen zu einem »kosmogonischen Eros«, den sie mit weher Lust empfanden. Und auch das war ein Leben, da es mit Sein und Wesen und der unaufhaltsam verrinnenden kostbaren Lebenszeit beglichen wurde. Es gab zweifelsohne noch dümmere Arten, sie loszuwerden. Und um das Problem der Zeitlichkeit, um Jahrgangsfragen zu klären, sollte nun einmal erörtert werden, wie es sich damit im Wandervogel verhielt.

Meines Wissens (man verbessere mich womöglich) bestand der Urwandervogel zunächst aus Gymnasiasten der höheren Klassen und Studenten. Von gleichlaufenden Mädchengruppen war nicht die Rede. Die Anregung zur Bildung von solchen wäre wild verhöhnt worden. Es gehörte mit zum revolutionären Schwung, daß Minnedienst verpönt war. Ich müßte hier eigentlich das häufigste, jugendbewegte Gebrauchswort setzen und sagen, die Mädchen wurden »abgelehnt«. Ich lehne dich ab, er lehnt mich ab, wir, ihr, sie lehnen dich, ihn, euch ab. Ich habe, und bis heute hin, keinen Wandervogel in meiner Bekanntschaft, der ohne »ablehnen« auskäme.

Meines Wissens geschah es um oder nach 1905, daß das weibliche Element Ansprüche geltend machte und zuerst mit separierten Einzelgruppen, später mit eigenen Bünden, dazwischen gruppenweise in den maskulinen Aufstand eindrang, ihn durchsetzte, und, wie einige behaupten, zersetzte. Und es waren zunächst Mädchen zwischen sechzehn und dreißig, die den Wandervogelaufzügen das Bild eines in Bewegung geratenen Volkes von jungen Leuten aufprägten.

Im zeitgenössischen Schrifttum, in der Karikatur der Witzblätter ist denn auch die neue Wendung genügend ausgeschlachtet worden. Von Erich Weinert, ehemaligem WV, nachmaligem Barden des Bolschewismus, existiert ein Gedicht, darin der Zustand archetypisch eingefangen zu sein scheint:

Die Mähne entfesselt, die Gurgel so nackt,
So schnob er einst über die Heide,
Sein Schicksalsweib um die Hüften gepackt;
Sie schwangen die Laute im tänzelnden Takt
Und sangen von Liebe und Leide,
Sie beide.

Wie mundeten ihnen die Früchte des Felds,
Wie dampfte das dörre Gemüse!
Und mangelten sie des Guts und des Gelds,
Sie saßen am Rande des plätschernden Quells.
Kein Seliger umhüpfte die Wiese
Wie diese.

Und wenn man eng beieinander saß
Im sonnigen Seelenbeschaue,
Und er im dämmernden Heidegras
Ein Lied von Matthias Claudius las,
Dann glommen die Augen der Fraue
Ins Blaue.

Heut tändelt er nicht mehr sein Tandaradei;
Er front in einem Kontore,
In einer Heimstundenbücherei.
Doch ist die Werkeltagsarbeit vorbei,
Dann harret seiner die Lore
Am Tore.

Dann steht sie am Herd im gebatikten Kleid
Mit schlichten Jungmädchenlocken,
Und er singt wieder aus alter Zeit
Aus dem Zupfgeigenhansl von Liebe und Leid
Und fischt aus den Haferflocken
Die Brocken.

Und montags werkelt er wieder froh,
Der seelisch Verhimmelblaute.
Die Seele geht nicht mit ins Büro;
Die Seele schlägt draußen irgendwo
Im dämmernden Heidekraute
Die Laute.

Um bei der Sache zu bleiben: Nach 1910 muß sich die Altersgrenze nach oben und unten zugleich verschoben haben. Zweifellos war es der JWV, der den neuen Zustand sichtbar machte, indem er den fünfzehn- bis elfjährigen Buben die Möglichkeiten des Wandervogels erschloß. Die eigentliche Jungengruppe, so wie sie uns später und bis heute hin selbstverständlich werden sollte, war damit aus der Taufe gehoben. Nach oben aber verrückte sich nun die Altersgrenze besonders bei den gemischten Gruppen bis in die Dreißig-, in die Vierzig-Jährigkeit. Es wurde damit offenbar, daß Jugendbewegung gleich Jugendstil zu einer Gesinnungsangelegenheit geworden war; zu einem Welt- und Lebensbekenntnis, das unter der Devise: »Man ist so alt, wie man sich fühlt« zu einer Verwischung aller schicksalsbedingten Profiliertheit führte.

Ihrer keiner aber mochte damals vorausgesehen haben, daß es in der hellenistischen Periode der Jugendbewegung ehelose Bundesgreise geben würde, die unentwegt zum jugendbewegten Augenblick sagen: »Verweile doch, du bist so schön«, und dies mit dem »pädagogischen Auftrag« motivieren würden, den sie am jungen Menschen laufend zu erfüllen hätten. In der archaischen Periode der Jugendbewegung wäre das (aus biologischen Gründen) nicht möglich gewesen. In der klassischen hätte man sie verspottet. Da würde ihnen auch nicht die Berufung auf Baden-Powell geholfen haben, der bis ins höchste Alter Herr, Held und Heiliger seiner militanten, weltumspannenden Boy Scouts blieb.

So konnte der jugendbewegte Mensch zu einem eigentlichen Volke innerhalb des Volkes werden, zu einer unterscheidbaren Gesellschaftsschicht innerhalb der gegebenen, mit eigentümlichen Sprach-, Kleidungs-, Küchen- und Liebesgepflogenheiten. Als ein zugehöriger Ableger entwickelte sich - unter Zurückgreifen auf älteste Errungenschaften des Wandervogels - die Freikörperkultur, in der sich die letzten mit den ersten begegnen. Hier setzen sich dem Alter sozusagen taktische Grenzen. Da diese Bewegung ausgesprochen augenfreudig gestimmt ist - ihre Aktfotopublikationen zeugen dafür -, kommt die Zwangslimitierung schon unter dem Aspekt der menschlichen Würde zustande. Kinder kann man nackt fotografieren. Ein Sonderheft Aktfotos »Greise und Greisinnen der Bewegung« ist noch nicht bekanntgeworden.

Und wenn wirklich mal fünfzigjährige Männer (Damen dieses Alters haben wir noch nicht entdeckt) mit ins Bild rutschen, dann haftet ihnen das Angezogensein nicht nur mit der Brille, sondern habituell in solchem Maße an, daß die Komik das Demonstrative überwiegt. Denn es ist zweierlei, sich nur der Sonne, oder zugleich auch der Kamera zu stellen. Das erste vermehrt in schätzungswerter Art die Körperbewußtheit, das zweite läßt bedauern, daß wir nicht wie die Naturvölker heißer Landstriche unser Körpergesicht bewahren durften. Aber hätten wir es bewahren können und wäre uns das Gesicht nicht zum Antlitz geworden, dann gäbe es weder die Kunst Rembrandts noch die der Linse. Und was wäre die Freikörperkultur ohne die charmante Selbstrühmung mittels des Lichtbildes?

Hier offenbart das Unternehmen auch die ihm innewohnende Schwäche. Mit der Entdeckung des Leibes ist es ja nicht getan, und die Regelung von Alter und Tod als den schwierigsten und schwersten, den endgültigsten und unausweichlichsten der menschlichen Dinge hat bisher nur das Christentum in gültiger Weise versucht. Christus aber als Reformer zu deuten, der um der Liebe willen den Leib billige, ist nicht einmal Hans Blüher mit seinem merkwürdigsten Buche, der »Aristie des Jesus von Nazareth«, geglückt. Dazu ist das Wort vom »Himmelreich, das inwendig in euch ist« zu schwer, ja, zu unmißverständlich. Und es ist vor allem ein Wort, das heute erst in seiner ganzen Tiefe zur Wirkung kommen kann, heute, da das Gotteserlebnis überhaupt nicht mehr von außen her erwartet werden darf. Trotzdem ist besonders den jungen Menschen der freien Körperkultur nachzurühmen, daß sie mit reinen und genauen Impulsen einer Zeitlage entgegenzuwirken trachten, darin mit dem Leib auch das Seelische unterzugehen droht. Es ist, als ob der zunehmend überwuchernden Blech-, Benzin-, Atomkraft- und Plastikwelt nur mit einem Äußersten von Rückbesinnung zu antworten wäre. Und den leichtsinnigen Nacktkulturschwärmern stehen jene gegenüber, die ein sehr ernstes Nachdenken über die reiche (und absolut gefährdete) Beziehungswelt des Leibes üben. Sie kommen da auf die Selbsterfahrung zurück, die gewiß nur in einer bekennerhaften Nacktheit zu leisten ist, vor allem in einer Nacktheit vieler mit vielen gleichstrebend Bemühten.

Es ist überdies in den Kreisen solcher ein geistiges, höchst anspruchsvolles Aufstreben zu bemerken, das wenig oder nichts mit den auslösenden Sturmläufern dieser Bewegung, Werner Zimmermann und Adolf Koch, zu tun hat. Ich nenne die Schrift von Sebastian Frank, 1960 ediert, die mit dem Titel »Das Leibgefühl als pädagogische Möglichkeit« und mit dem Hegel-Vorspruch »Der Mensch muß seinen Körper gleichsam erst in Besitz nehmen, damit er das Instrument der Seele sei« zu Schlüssen gelangt, die den schwierigsten Stoff in eine Mitte rücken, wo er unter allen Umständen anfängt, diskutabel zu werden. An die Stirn solchen Wollens wäre erläuternd der Vierzeiler zu schreiben:

Gestalt des Gottes, je gesuchte
in Menschen, die von ihm durchbildet,
noch seiner Hände formendes Bereiten
als Glanz auf schlichten Leibern tragen.

Frühe Großfahrten

Alleingang des Autors

Zurückfallend in unsere Ausgangslage: Wie sich eine Großfahrt abspielte - Großfahrt steht in der Dreigliederung des »bündischen« Organismus nach dem Nestabend und vor dem Bundestag in der Rangliste der großen Begehungen -, das soll uns jetzt mit einigen Seiten aus der Fahrtenchronik damaliger Jugendgruppen belegt werden.

Mit sechsstündigem Marsch Nürburg erreicht. Die Flüsse Ahr und Eifel wechselnd berührt. Eine Gegend, wie es sie einsamer nicht mal im Atlasgebirge geben könnte. Sven zeigte sich müde, meinte aber, das käme der Landschaft zugute. Er würde, heimgekehrt, sicher endlos von ihr träumen. Ein Urgroßvater hielt uns zehn jungen Hamburgern eine gewappnete Predigt wider die Großstädte. Hatte dann aber doch nichts dagegen, daß ich das Gerstenkorn seines Enkelkindes mit unserer Universalsalbe behandelte. Der größte Teil davon war bisher an wundgescheuerten Füßen draufgegangen. Knut behauptete allerdings, er hätte die gestrigen Marmeladenbrote damit geschmiert, weil die Butter in der Dose ausgeschmolzen war. Wie mögen sich die Waldräuber früher ernährt haben? Das mit dem Kartoffelrösten in der Asche eines Lagerfeuers klappt jedenfalls nicht. Die letzten eigneten sich besser zum Werfen als zum Essen.

Versuchten zwischen zwei Lagerfeuern zu schlafen, um nicht immer nur von einer Seite her gewärmt zu werden. Der Qualm vertrieb uns von beiden. Erfolg: Ernst ist heute so verschnupft, daß er in Französisch, mündlich, eine Eins machen würde. Nasaler kann man schon nicht mehr. Erreichten die Hohe Eifel. Bäuerinnen, alt wie die Erde, saßen pfeiferauchend vor niedrigen Hütten. Wir sangen ihnen zur Zupfgeige ihre eigenen alten Lieder. Sie meinten, ob das die neuesten Großstadtschlager wären. Sie blickten in uns hinein wie in eine Schaubude auf dem Hamburger Dom.

Da Hans sich weigerte, in dem Holzschuppen zu schlafen, den sie uns anboten, zogen wir weiter. Er gestand, eine Ratte gesehen zu haben. Sven meinte, man hätte den Küchenzettel mit ihr bereichern können. Karl entdeckte eine Kapelle am Wege, die offenstand. Auf dem Altar ein von Schwertern zerrissenes goldenes Marienherz. Der einsame Christus hing, wunderbar kindlich von bäurischen Händen in Sandstein gebildet, an vielen Wegkreuzen und Wegkreuzungen. Wenn wir Kerzenstummel vor ihnen fanden, zündeten wir sie an. Da leuchteten sie uns dann nach in den Abend. Unser Ziel war das Totenmaar.

Herbert und Kurt wollten nach Hause zurück. Sie verlangten ihren Fahrtenbeitrag aus der gemeinsamen Kasse. Grund: Niels hatte einen Grießbrei mit Kakao zusammengekocht, der so angebrannt war, daß ich Sven in die Dorfschmiede nach einem Meißel schicken mußte. Als sich herausstellte, daß die Gruppenkasse zwar noch für alle zusammen vorhalten würde, aber nicht, wenn wir uns zersplitterten, blieben sie. Karl hatte eine Schnur durch einen Laib Bauernbrot gezogen und trug es quer umgehängt. Er zitierte aus den »Räubern« dabei. Die Verwendbarkeit des Schulstoffes im Gegensinn seiner selbst sollte uns noch häufig aufgehen. Karl, der eine Fünf in Latein hatte, memorierte mit besonderem Genuß den Ovid beim Kochen: Aurea prima sata est quae vindice nullo ...

Haben eine Methode entdeckt, wie man Grießbrei am Klumpenbilden verhindert. Es hängt mit dem Rest unserer Universalsalbe zusammen. Mehr darf darüber nicht mitgeteilt werden. Der Erfolg war Bauchweh. Und der Erfolg vom Bauchweh war, daß wir, das heißt Sven und Knut, die Speisekarte plastisch am Straßenrand zurückließen. Heute mittag im Dorf eine Speckseite gekauft, die mit Waldbeeren zusammen verzehrt wurde.

Man merkt, daß die Eifel vulkanisch ist. Nicht nur an unseren Reaktionen. Auch an der Gliederung der Felsen, den Erdbrüchen, den wogenden Linien der immer wolkenüberjagten Landschaft. In erloschenen Kratern hat sich das Regenwasser von Jahrhunderten gesammelt. Als einmal der Wasserspiegel so tief lag, daß man ihn nicht erreichen konnte, schöpfte Herbert mit der Zupfgeige. Sie, die vorher nie bundrein war, zeigte sich hernach in edelster Harmonie mit sich selbst. Solche Erfolge erzielt auch das Schicksal bisweilen mit uns Menschen.

Totenmaar nachts erreicht. Am Rande seiner Verschwiegenheit, vor der Einsamkeit ungeheuerlich entbreiteter Landschaft, ragt, romanisch, rund, schwer, dem Boden mühsam enthoben, eine Kapelle. Wieder zündeten wir Kerzen drinnen an. Auf einem Lavafelsen flammte unser Lagerfeuer auf. Als ich ein wenig abseits ging, sah ich es wie einen roten Dorn im schwarzen Quecksilberspiegel des Wassers. Begriff plötzlich das merkwürdige Wort des Novalis von dem »Heimweh nach der offenen Flamme«.

Die wiesengrüne Mosel mit einer Fähre überquert, die an einem Seil entlang zum andern Ufer hinüberglitt. Wir sangen »Hab' mein' Wagen vollgeladen, voll mit alten Weibsen«, denn das stimmte wirklich, nur daß es eine Fähre war. Die Kleinstädter sahen uns an, als ob wir dem nächsten Polizeiposten übergeben werden müßten. »Empörend«, sagte eine Dame mit Schleierhut (sie hatte wegen des Winds den Hut mit dem Schleier um ihr Gesicht gebunden) zu ihrem Begleiter, der seinen Hartmann vornehm mit der silbernen Spazierstockkrücke festhielt. Wir erfuhren erst später, daß Sonntag gewesen war, und konnten in Vergleichung unserer gepflegten Aufmachung mit der Feierlichkeit der Stunde - am anderen Ufer läuteten die Kirchenglocken, und was uns umgab, waren Kirchengänger, der Herr war der Pastor - ermessen, warum wir diesen Braven Gelegenheit gaben, sich über uns erhaben zu fühlen. Die Wasserknappheit in der Eifel war schuld daran.

Im Hunsrück empfingen uns Dialekte, die wir noch weniger als jene in der Eifel verstehen konnten. Doch waren die Bauern aufgeschlossener. Wir wurden sogar - ich glaube, das Dorf hieß Dorweiler - als willkommene Musikanten zu einer Hochzeit geladen, und Sven konnte nun auf der bundreinen Zupfgeige sein ganzes Repertoire zum besten geben. Was wir auch und wie wir auch sangen: sie lachten immer und sie klatschten immer in die Hände. Selbst als Sven im Sologesang behauptete, daß »der Tod auf einem eisgrauen Rappen« reite und mit der »Eisenfaust am Lanzenschaft« den »roten Hahn« auf das Klosterdach setzen würde. Aber auch für uns entstand einmal eine ganz große Gelegenheit zum Lachen. Nämlich da, als die Hausfrau, mit schnüffelnd bewegter Nase über alle Gäste witternd, ihre Tochter fragte: »Ziska, häs dau jefuuurz?« Inwieweit die arme, rotanlaufende Franziska schuldlos war, möchte ich lieber unterlassen, festzustellen. Leider war damit die Großfahrt zu Ende. Bei Bacharach kamen wir wieder an den Rhein und stiegen in den Zug, Richtung Heimat. Der Rhein rollte in weiten und tief gewundenen Schleifen neben uns einher, trieb seine schieferfarbenen Wasser mit Schiff und Fisch, Musik und verhaltenem Ufergeplätscher dem Meere zu.

Auf die Art geschah die Großfahrt von neun Hamburger Wanderern, Gymnasiasten, unter der Führung von Walter und Hans B., Studenten der klassischen Altertumswissenschaft.

Es waren gut durchsonnte Wochen. Unser Ziel war Salerno. Nachdem wir viele Heidefahrten und eine Dänemarkfahrt gemacht hatten, war dies unsere erste große Reise gen Süden. Drei Tage und zwei Nächte lagen wir in allen möglichen Eisenbahnen. In Salerno machten wir Quartier im Hotel Cavour. Und nachdem wir uns an die Spaghetti gewöhnt hatten, die man dortzulande in meterlangen Fäden herunterschlingt, machten wir uns auf die Füße, um das Land, um den Strand zu erkunden. Ein langer Weg lag vor uns. Wir wollten nach der antiken Stadt Paestum, auch Poseidonia genannt. Ein Ort des Unheils, denn nicht nur, daß kriegerische Horden den einstmals blühenden Bezirk angefallen hatten, auch die Pest hatte Macht über ihn bekommen, auch die Malaria hatte bewirkt, daß die Menschen von Paestum, Griechen teils, teils kolonisierte Ureinwohner, abwanderten und die schönsten dorischen Tempel Italiens sich selbst und ihrem Zerfall überließen. Unsere Ausrüstung war dementsprechend nicht ohne Abenteuerlichkeit. Jeder führte in einem Bergsack seine Reisehabe auf dem Rücken mit sich. Das war eine zum Sack zusammengenähte Schlafdecke, Eßgeschirr und etwas Wäsche zum Wechseln, Schwimmhose und Südwester nicht zu vergessen. Und als Beweisstücke unserer Unabhängigkeit: ein Kochtopf und ein Teekessel. Eine der erheblichen Anstrengungen dieser Fahrt war es, das Erstaunen der Italiener über unsern Ausflug auszuhalten und den Carabinieri, die uns allenthalben belästigten, in einer aus Latein und Französisch gemischten Taubstummensprache Rede und Antwort zu stehen. Wie gesagt, das gute Wetter war unser bester Bundesgenosse. Und die allgemeine und erprobte Vergnügtheit unserer Gruppe das Vehikel unserer Unternehmung.

Hinter Salerno vertrauen wir uns den weglosen Dünen an. Zu was brauchen wir Wege. Das Meer begleitet uns, formt den Strand, und der Strand gibt ihm Profil. Steine von zartesten Farben knirschen unter unseren Sandalen. Die weißen, muschelförmigen Schuppen des Tintenfisches glitzern ornamental. Wir heben sie immer wieder auf und werden nicht müde, das feine Gespinst kalkartiger Substanz zu betrachten. Der Geruch der gläsern flutenden Tiefen haftet ihm an.

Vorübergehend war uns der Hintergrund des Landes durch schweren dunklen Regen verhängt. Wir sahen ihn in gestrichelten Flächen unter fetzigen Wolken herabstürzen, und wir konnten im verworrenen Dunste die Gebirgszeilen nur ahnen, während neben uns die Wasserpfützen, jede für sich, einen strahlenden Himmel spiegelten.

Aber jetzt, gegen Abend, haben sich die Wolken gesammelt. Schwarzgrüne Berghäupter treten mit unheimlicher Deutlichkeit zwischen ihnen hervor. Nebelflocken wehen schräge von ihren steinernen Lenden ins flache Land hinab. Die Ebene hat sich ein wenig gehoben, und da wir jetzt auf dem Damm der Dünen wandern, erkennen wir im Wetterschutz der Bergwände Gruppen von Pinien und Johannisbrotbäumen in ihrer unaufdringlichen Erhabenheit. Auf einem Felde, ganz in der Nähe, geädert von kleinen Rinnsalen, tönt Flötenspiel. Da steht ein Knabe bei seiner Schafherde, steht da mit der Selbstverständlichkeit von Attributen, die ihr Jahrtausendalter in sich haben.

Unsere durch leichten Dauerhunger überschärften Organe lassen uns den Untergang der Sonne körperlich mitempfinden. Flachrund taucht das Gestirn hinter der Tischkante des Horizontes unter. Der Himmel erschrickt weithin in einem ekstatischen Grün.

Aus den Rinnsalen sammelte sich ein kleiner Fluß, der hier schmal und himmelblau ins Meer mündet. Wir schöpfen Wasser aus ihm für unseren Kessel. Mit salzweißem Treibholz entfachen wir das erste Lagerfeuer unseres Unternehmens. Wie Feuerwerk knistert es in den Flammen. Bald säuselt der Tee durch die Tülle. Wir verzehren ein Hirtenmahl. Stellen dabei mit uns selber eine Mitte dar, eine kleine Mitte aus Einsamkeit, auf die sich ein so großes und gründliches Geschehen wie dasjenige der Berge, des Meeres und des Himmels bezieht.

Die zarte Wärme des Feuers in so drohender Umzingelung ist uns Hütte und Heimat geworden. Hütte und Heimat, wir haben sie nahezu vergessen. Allmählich haben wir es so hingezögert, daß wir sie verloren. Und nun: aufgestanden aus den Polstern einer fast unendlichen Bequemlichkeit, haben wir die schwierigsten Umwege bewältigt, bis wir das wieder hatten: den Blick auf den Glutkern eines Lagerfeuers im kühlen Sand, auf einer Grenzlinie, einer Landzunge zwischen den Elementen. Und sonst nichts. - Wirklich, sonst nichts? - Soll dieses Urzeitbehagen unerwähnt bleiben, wie wir daliegen, eingeschmiegt in unseren Schlafsack und voll eines ganz unpassenden Vertrauens zu den Umständen? Und wie wir uns da in einen Schlaf hinablassen, der vermengt zu sein scheint mit funkelnden und rieselnden Lichtern? - Das Feuerchen äugt im Sand, äugt, blinzelt, äugt - verlischt. Beim ersten, muschelbleichen Dämmern der Frühe schon lange wieder unterwegs, stießen wir auf eine Bucht, ein flaches, weites, vom Meer getrenntes Becken, darin das Wasser stinkend, blasig und von braunem, schwachbewegtem Seegras durchsetzt war.

Einöden namenlosen, vormenschlichen Schweigens umfingen uns. In der Runde kein Gehöft, kein Mauernrest, keine Entwürfe einer irgendwie gearteten Ordnung. Wir aber haben gebadet und uns eingeredet, Delphin zu sein. Noch taub vom ewigen Toben der Brandung, lehnten wir an einem altertümlichen Bootswrack, dessen Steven in einer phantastischen Aufschweifung verlief. Mit sandspröden Fingerspitzen tasteten wir seine Borde ab, ergänzten mit den Blicken den zerbrochenen Deckaufschnitt und rochen über die schwache Duftschicht hin jene würzige Witterung, die jedes seegenährte Holz ausströmt. Welke Kränze von Tang, unabsichtlich von der Dünung angeheftet, hingen über die Dollborde. Und weil uns eine Müdigkeit anfiel, angesichts von so viel süßer Unwirklichkeit, hockten wir ab im Windschatten des Hecks. Schwärzlich verhärtetes Fichtenharz bröckelte neben uns allenthalben aus den Planken. Das Ohr dicht an den Schiffsrumpf gepreßt, streckten wir den Hals und lauschten.

Da vernahmen wir wohl das gluckernde Fluten der Wasser, wie es bei guter Segelfahrt unter dem Schiffsboden sich hinzieht. Wir vernahmen es, als sei es in der Maser des Holzes bewahrt. So geschah es: in der falschen Stille der Dünen abermals die See - die innere See. Bezirk des inneren Poseidon. Ein wohliges Brausen hüllte uns ein.

Unfähig, unsere Lage zu begreifen, unser Gestern, unser Heute und das Morgen, schritten wir umher, stießen mit den Füßen gelangweilt in den Muschelgrus. Oder bückten uns auch wohl, um einen besonders merkwürdig verwaschenen Delphinschädel aufzulesen. Der Morgen verfloß uns so in verdrossener Muße. Erst das Denken an unser nächstes Ziel ließ uns wieder tätig werden. - Da aber, als habe sich das Schweigen aufgefaltet und aus seinem Untergrund die schon lange fertige Gestalt hervortreten lassen, erschauerte das ruhige Meer. Wir blickten hinaus, in Erwartung eines Windstoßes: Die Wasser teilten sich. Ein goldgemähntes Roß kam stampfend den Strand herauf, schaumumflitzte Knie, blitzäugig. Sobald es festen Boden unter sich fühlte, trabte es auf donnernden Hufen landwärts. Wir wandten uns betroffen und folgten seinen Fußstapfen, die sich bald, wie in fernen Sagenaltern, mit bläulichen Schatten füllten.

So haben wir es rund zwei Tage lang getrieben. Der Sturm vom Meer her ist wärmer und voller geworden. In der Frühe war es bleich und kühl. Unterm Präsidium der Sonne wandelten die Wolken über die Bergtriften und verwandelten von Stunde zu Stunde die Schau. Hier ließen sie eisweiße Gipfel aufstrahlen, während sie dort einen Wald von Finsternis entbreiteten. Ihre Schatten glitten wie das Schicksal selbst, ob auch Helios sich wild verschwendete. Unsere Datteln haben wir verzehrt und die Kerne in die Brandung gespuckt mit dem schlechten Gewissen jemandes, der tut, was sich nicht schickt. Das Gerstenbrot ist alle. Unser letztes Mahl bestand in einem gesüßten Becher grünen Pfefferminztees. Doch getrost: Wir nähern uns dem Ziel. Die Gebirge von Carpaccio treten bereits sichtbar hervor. Unterhalb ihrer liegt Paestum.

Je wärmer es wurde, desto quälender sind wir heimgesucht worden. Heerscharen von Sandflöhen brachten uns um Schlaf, Ruhe und Blut. Schimpfen nützte nichts. Kampf gegen die Übermacht haben wir aufgeben müssen. - Es wird Zeit, warnen unsere Gedanken, daß wir wieder in normale Verhältnisse kommen. - Obschon wir es uns nicht gerne eingestehen möchten: die Zivilisation hat ihre Vorteile. - Wir baden verzweifelt und schleifen mehrmals des Tags unsere Kleider durchs Salzwasser. Aber schon während sie in der Sonne trocknen, beginnt ein neuer Heereszug der Unermüdlichen. Um es zu gestehen: Wir haben diese Nacht überhaupt kein Auge zugetan. Jedoch, wir zogen Vorteil daraus. Der Morgen sah uns am Ziel.

Im flachen Lande, aber schleppenhaft umkräuselt von Gebirgen, sehen wir die drei Tempel, denen unsere Pilgerfahrt galt. Sie stehen hintereinander aufgereiht, in lockerer Front, die Giebel gegen das Meer gerichtet in einem Ausdruck von geometrischer Gelassenheit.

Wovon wird uns taumelig? - Von dem warmen duftigen Sturm, der uns rücklings anbläst, oder von dieser Woge eines verschollenen Lebensgefühles, die uns entgegenschlägt auf schwankenden Ebenen? Eines Lebensgefühles, das *solche* Bauten an den Strand des Meeres warf. Ein weitgespanntes, unregelmäßig abgewittertes Rechteck von Mauern umhegt die Heiligtümer. Kalkweiße, zinnenkranke Türme unterbrechen ihren Zug. Noch jetzt, so scheint uns, starren ihre Fensterschlitze mit dräuender Feindseligkeit in die Gegend. Unsicheren Schrittes betreten wir, vom Strand aus einmündend, eine Straße, die in die Mitte des kultischen Bezirkes führt. Straße wie Mauern sind aus großen Travertinblöcken gefügt, stellenweise eingestürzt oder ausgeschliffen. Wir stolpern jetzt über einen Acker von rötlicher Erde, der sich gegen die Tempel zieht. Links pflügt jemand mit schweren Ochsen. Das weitausladende Gehörn nickt bei jedem Schritt. Unmassen von Marmortrümmern und bemalten Amphorascherben übersäen das Feld.

Rechts lassen sich die Ruinen der ehemaligen griechischen Siedlung erkennen. Noch sind wir nicht wirklich eingedrungen in den Bestand dieses Anwesens. Werden die Tempel uns annehmen? Wird es möglich sein, daß wir uns ein wenig in sie hineinhören?

Winzig haben wir uns zwischen den riesigen Säulentrommeln durchgewunden, ein kleines Unbehagen im Nacken, das wir uns nicht deuten konnten. Wir unterstellen einstweilen, daß das mit unserer geschwächten körperlichen Verfassung etwas zu tun habe. Gehen durch die Tempel durch, bis wir an die Landstraße gelangen. Jenseits winkt ein Gasthof mit bunten Buchstaben über seinen rundbogigen Fenstern. Hier ist eine Ortschaft von, in jeder Weise, völlig unglaubwürdiger Beschaffenheit. Ställe sind aus antiken Mauerbrocken gebaut. Dort dient eine ausgehöhlte römische Säulenbasis als Viehtränke. Braune zerlumpte Kinder mit schönen Gesichtern schöpfen mit der Amphora an der Quelle. Nach so viel Untergängen, so viel langsam bewältigten Wiederaufgängen werden also die Wasserkrüge immer noch in den überkommenen antiken Formen hergestellt. Wir haben gespeist und sind nun, scheint uns, besser befähigt, die Tempel anzugehen. Der trockene, rote Wein, der etwas Ledernes in sich hatte und uns die Spaghetti hinunterspülen half, wird uns die Hilfen nicht versagen, die er versprach, als wir übers Glas hin rochen. Schreiten wir also frisch dem Abend entgegen, der Müdigkeit zum Trotz. Helios versinkt gerade in einem goldenen Qualm, der den grauen Rand des Meeres säumt. Aschefarbene Wolken sind quer herübergezogen vom Mondaufgang zum Sonnenuntergang; schwer hängende, rauchige Girlanden zwischen Tag und Nacht. Tasten wir uns durch die Tempel, die schwarzrissig vor den orangenen Bränden des Westens stehen. - Wer eine Seele hat, zu hören, der wird es hören. Der vernimmt den Ton dieses lastend Aufgetürmten in seinem raumfüllenden Schweigen. Wie ein feuchtes Sausen ist dieser Gesang des Steins. - Gesang seit Urbeginn. Urgesang, bewältigt vom Menschen mittels des Maßes.

Doch uns überwältigte nun die Erschöpfung als die stärkere Macht. Mitten zwischen den Säulen haben wir uns schlafen gelegt, in ein Bett von kräftig duftenden Kamillenbüschen. Den Schlafsack bis über die Stirn gezogen. In der eigenen Wärme gehegt, haben wir einige Meilen innerer Zeit zurückgelegt. Dann war Schluß. Kurz nach Mitternacht. Und auf gräßlich verstimmende Art. Die Flöhe hatten uns eingeholt, ermittelt, und beehrten uns mit ihrem bösen Durst. Wütend sind wir aufgesprungen, haben das Geziefer mit dem Schlafgefieder zugleich von uns abgeschüttelt, die Stiche mit Spucke gelindert und mit Kamillenblättern, die wir auf der Haut zerrieben. Und jetzt kam das andere bei uns an. Die Flöhe lohnten sich.

Scharfes bläuliches Licht blendet uns fast. Ein Mond von Quellwasserklarheit steht hoch über uns. Die Häuser des Dorfes sind unter seinem steilen Licht versunken, ähneln bereiften Felsbrocken. Die Tempel aber sind gewachsen, recken ihre strengen, silberschwarzen Stirnen. Und wir beginnen die Nachtwanderung. Auf Zehenspitzen klettern wir zwischen dem Schutt der griechischen Siedlung umher. Schneeweiße Marmortrümmer lagen halb im Lehm, kühl wie die Leiber von Göttern. Nun Vorbeimarsch an den Säulenfronten. Vor uns der mittlere und größte: der Poseidontempel. Wir überwinden den Unterbau von zwei riesigen Stufen, hören unsern vorsichtigen Schritt befremdlich im Gewirke widerhallen und durchwandeln, lauschend vorgeneigt, diesen strenggereimten Peripteros. Im Rechteck entlang an den sechsunddreißig äußeren Säulen, deren kannelierte Stämmigkeit die Reste des zerfallenden Dachgebälkes trägt.

Jammernde Käuzchen streifen durchs grün flimmernde Licht. Der Schatten ihrer lautlosen Schwingen huscht durch die Cella. Zwei Säulenreihen teilen den Raum in drei Schiffe. Wir schleichen durch dieses erstarrte Labyrinth von steinkühler Finsternis und blendender Helle. Wir fühlen bei geschlossenen Augen die Gegenwart der Blöcke. Ihre Wucht, die das Ertragen preist, das große, unwandelbare Ertragen. Hinter uns, durch die Säulen der Front, schimmern die Schaumkämme des Meeres. Die drohenden Rufe der Brandung kommen auf sachten Winden näher. Vor uns liegt wie patinierte Bronze das Gebirge, ein weiter Kranz, der sich selbst in Schichten übersteigt.

Übermannt uns das Schweigen - verjagt uns das Göttliche, das hier gegenwärtig blieb? Fluchtartig verlassen wir den steinernen Wald aus Zahl und Masse. Finden uns wieder auf einer Straße von bleichen, verwaschenen Fliesen, die geradewegs ins Meer mündet. Da zogen sich also die Prozessionen entlang, die dem Poseidon huldigten, da wurden die Weihanker dargebracht mit den in Spiegelschrift eingeritzten Worten »Rettende Gottheit«. Immer wieder diese Versuche und Versuchungen, das Drohende, die raunende Gewalt, in Gnade umzumünzen. Und darüber sind die Jahrhunderte verrauscht, die Geschlechter vergangen. Ach, setzen wir uns einen Augenblick auf einen dieser Wälle und legen den Kopf in die Hände angesichts so bedenklicher Monumentatlität.

Nach Süden hin die Straßenzeile querend, finden wir uns vor dem ältesten und undeutbarsten Bau Poseidonias, einem enneastylen Peripteros. Seine fünfzig Säulen weisen die Herbheit des archaischen Formwirkens: starke Verjüngung nach oben bei üppiger Bauchung des Schafts und einem breiten wulstigen Echinus des Kapitells. Dieser Tempel hat einen unterscheidbar anderen, viel ferneren Klang. Er liegt breit und niedrig da. Aus seinen Proportionen entsteht uns die Vision eines mehr tierhaften, tief in seiner Leiblichkeit verhafteten Menschen. Das Mondlicht tröpfelt gleichsam, sickert, sintert sich in das offene, giebellose Geviert seiner Ruine. Die Schatten lagern unter den Säulen wie blauer Schnee. Wir ertasten langsam, wie unter großer Anspannung, die Melodie seiner Vergangenheit, die aus dem sechsten vorchristlichen Jahrhundert zu uns herüberdringt. Vernehmen wir sie noch? - Dürfen wir uns glauben, wenn wir behaupten, einen irrenden Klang davon erhascht zu haben?

Der kleinste der drei Tempel ist jener der linken Flanke. Der Demeter geweiht, verkündet er heiteren Geist, den Geist von Brot und Wein, von Frucht und Honig. Umschreiten wir seine vierunddreißig Säulen. Die Cella ist schlicht. Die prostyle Vorhalle ist tief und geräumig. Gut, daß wir an ihn zuletzt gerieten. Er strengt uns nicht an. Er läßt uns zu. Vielleicht, weil er schon sehr viel näher zu uns herein reicht, in das seltsame Gelände jenseits der Zeitwende. Und hier wird es uns klar: Indem wir zwischen zerbrochenen Kapitellen hinschritten, die weiß in den Mondschein gebettet lagen, hat uns ein inneres Frösteln befallen. Indem wir durch zerstörte Portale gingen, hat uns eine Verlassenheit durchwuchert, die vor Alter ganz grau war. Das schwarze Laub der Pinien ist so von tausendstimmiger Schwermut durchweht, wie jetzt unser Herz. Oleander flüstern neben uns. Tau durchtränkt die Schuhe mit öder Kälte. An den Händen spüren wir hin und wieder die stachlichte Gespreiztheit hoher Disteln.

Es ist wahr, daß einer von uns geweint hat, als wir uns wieder zur Heimreise anschickten. Aber es soll nie verraten werden, wer es war. Nur, daß es nicht den Jüngsten, sondern den Ältesten von uns mit so sonderbarer Erschütterung betraf. Angesichts dieses wild von Rosen überwucherten Geländes hatte er plötzlich - ein nüchterner Hamburger, der nie sonst um einen salzigen Witz verlegen war, wenn es galt, trübe Stimmungen zu verscheuchen oder die gelegentlichen Heimwehanfälle der Jüngeren zu bändigen - sich auf die nackte Erde fallen lassen, als wenn die Knie unter ihm weich geworden wären, und seine Hände über seinen Augen verschränkt. Wir alle umstanden ihn betreten. Wir wußten nicht, was zu tun, was zu sagen wäre. Daß es dergleichen Überwältigungen gäbe, war uns neu. Und da wir sie vor uns sich abspielen sahen, empfanden wir plötzlich ähnliches. Wir blickten mit gleichsam irrenden Augen noch einmal auf die Tempel, wie sie da standen, bis an die Säulenbasis unausgegraben im lehmigen Grunde steckend, von hartem dornigem Gesträuch umwedelt, Erstarrte mitten im Auftauchen, oder Untertauchen. Diese Frage blieb uns im Sinn. Werden kommende Zeiten sie beantworten?

Die mühseligen Eisenbahnzüge, die uns wieder heimwärts führten, sahen die Not von zwei Kameraden, die, von Fiebern geschüttelt, gelb im Gesicht und mit heißen Handflächen, die Mitreisenden beängstigten und beschäftigten, bis sie, von einem neapolitanischen Arzt mit Chinin gefüttert, wieder zu sich kamen. Aber keiner war unter uns, der nicht schwor, es sei das letzte Mal nicht gewesen, daß er Paestum gesehen, und gleich um welchen Preis.

Und keiner sah es wieder, trotz so anspruchsvoller Gelöbnisse.

Großer Bundestag vor dem ersten Weltkrieg

Runde: Autor, Karolus

Wir haben bisher den Wandervogel als ein Ereignis verstehen gelernt, das sich aus sehr kleinen, sehr bescheidenen Anfängen, die auch wieder in sich selbst hätten zurücksinken können, mit sozusagen langsamer Vehemenz erhob und plötzlich Anspruch auf zeitgeschichtliche Bedeutung anmeldete. »Waldgänger« hat es auch ohne ihn immer schon gegeben. Die ergangenen Berichte haben es bewiesen. Daß der Waldgang, gepaart mit der angeborenen oder erstrebten Waldverwandtschaftlichkeit, schließlich zu einem sich selbst als »völkisch« empfindenden Gebilde erblühte, möchten wir nun mit einer Darlegung des bedeutsamsten Festes der Wandervögel belegt wissen. Soll uns, wer immer von euch Eingeladenen dazu Lust verspürt, davon erzählen und berichten. Und wenn ich es mir wünschen darf, sollten wir von Karolus ein Wort dazu hören.

- Haben wir das Phänomen wirklich so einfach und zutreffend »verstehen gelernt«, wie hier angedeutet wird? Zu meiner Zeit hatte die deutsche Jugendbewegung ihr inneres Gesicht noch nicht enthüllt. Und ich würde nicht zu behaupten wagen, daß sie das bis heute - obschon ihre äußere Geschichte abgeschlossen scheint - je getan hätte. Ihr Sinn war nie deutlich. Zeit ihres Bestehens hat sie darum gerungen, sich einen Sinn zu geben. Der Drang nach »Verwirklichung«, die Sehnsucht, von vorne anzufangen, die Ablehnung dessen, was als künstlich, als unwahr oder vom Wesen ablenkend empfunden wurde, die Wiederherstellung des Verhältnisses von Mensch zu Mensch, Mensch zu Natur, Selbstbewahrung und Hingabe an die Gesamtheit, vor allem die Überfülle der Probleme, der selbsthergestellten Aufgaben: alles das trieb, wogte, sproßte neben- und miteinander, auch wohl gegeneinander, und es wird immer gleich schwierig bleiben, zu sagen, an welcher Stelle in der allgemeinen psychischen Umlagerung dies erwachende Selbstbewußtsein der Jugend, dies Ringen um das Eigenrecht der Jugend sich befand, ob es ein wirklicher Stoß aus der Tiefe war oder ob der Wirbel der Zeit hier erschütterte Oberflächen ins Wanken gebracht hatte. Denn man darf nicht vergessen, daß es eine Bewegung war, die zunächst die jungen Menschen der städtischen Mittelschicht ergriffen hatte. Breite Schichten des Volkes blieben unberührt oder wurden nur von außen gestreift. Trotz dieser Ungewißheit war immer zu spüren, daß hinter dem Zufälligen und Abgeleiteten, dem allzu Schnellfertigen und allzu Theoretischen, dem allzu Selbstgenügsamen und allzu Eifernden eine wahrhaftige seelische Absicht stehe und daß die Frage: Wie kommen wir zu uns? nicht wieder verstummen wollte. Die Antworten behielten etwas Tastendes, Vorläuferhaftes. Vielleicht war die Wirklichkeit schon vorhanden, die in jedem Falle einzig mögliche Richtweisung bereits ergangen; gehört wurde sie nicht, erfaßt nicht. Denn in der ganzen Bewegung war von Anfang an viel Ende, viel Abklingen, viel Entsagung, sogar Müdigkeit. Es war ein Gemisch von Gestern und Morgen: Ums Heutige ging es. Aber die Absicht ist Traum geblieben.

Die Bundestage des Wandervogels fielen meistens auf Ostern oder auf Pfingsten. Es kam darauf an, wie sich die Schulferien mit dem Wetter und der Zeit vertrugen, über die jene verfügten, die nicht mehr in der Schule und somit beruflich gebunden waren. Der schönste Bundestag, den ich erlebte, fiel mit der Sommersonnenwende und mit dem Anfang der großen Ferien zusammen. Er fand in einer der schönsten Landschaften Thüringens statt und sah als Ehrengast den Verleger Eugen Diederichs an unserem Feuer.

Zahlreiche Dörfer umrahmten ein milde gelegenes Bachtal, das von weiten Wiesen grünte und schwoll. Die Luft war voll von dem sauren frischen Geruch frischgeschnittenen Grases. An den Landstraßen entlang duftete es nach Äpfeln. Der Himmel hatte sich in seine tiefste Bläue versenkt. Die Sonne reiste als goldene Kugel über die Landschaft. Unerschöpflich vergeudete sie sich, und die Hitze, die sie schenkte, zitterte bis in die Nächte hinein über den Hängen. Sogar der Frühtau war warm.

Auf den Landstraßen rückten sie von allen Seiten her an. In Gruppen, zwanglos vereint oder um Musikanten geschart, strebten sie dem Festplatz zu. Die Gegend war ringsum erfüllt von den Volksliedern des Zupfgeigenhansl. Es war, als ob Klanginseln treibend zusammenfänden und sich zu Klangkontinenten vereinigten. »Es blies ein Jäger wohl in sein Horn, und alles, was er blies, das war verlorn« - wie oft und gern es auch gesungen wurde, hier schien die schwermütige Behauptung unzutreffend. Denn was hier geblasen und gesungen wurde, sammelte sich zu einer weithin hörbaren, froh und festlich stimmenden Manifestation.

Ich hatte Mühe, mich in dem Gedränge zu behaupten. Immer wieder wurde man von Freunden in eine andere Richtung entführt, von andern Gruppen aufgesogen, in anderen Verhältnissen festgehalten. So fühlte ich mich wie von Hand zu Hand gegeben und mit immer mehr geschwisterlicher Herzlichkeit angefüllt. Fast hätte ich mich selbst beneiden müssen; so viel menschliche Verbundenheit war schon nicht mehr zuträglich. Und die allgemeine Freudigkeit schien dadurch wuchtig zu sein, daß Schwermut sie gestiftet hatte. Ja, so verhielt es sich: der Goldgrund unserer Freude war Schwermut. Und in allen Liedern, die gesungen wurden, gab sie sich aufs lieblichste zu erkennen: »Wir zogen in das Feld, / da hätten wir weder Säckl noch Geld / Strampedemi ...« Das vernahm man am häufigsten bei den Eintreffenden. Oder: »Ich bin ein jung Soldat von einundzwanzig Jahren ...« Und auch die Frage »Wo soll ich mich hinkehren, ich tumbes Brüderlein?« hinterließ einen Nachgeschmack von dunkler Süßigkeit.

Bei den Mädchengruppen war die Heiterkeit eher zu Gast als bei den Jungens oder den gemischt Singenden. Silberhell kam ein ganzes Rudel hellgekleideter Jungfrauen, umweht von Gitarrenbändern, bunte Mieder zu weißen Röcken, die nackten Füße in Riemensandalen, herbeigesungen und behauptete mit Vehemenz: »Da droben auf jenem Berge, da steht ein goldenes Haus, da schauen wohl alle Morgen drei schöne Jungfrauen heraus.« Und wirklich, es schien sich so zu verhalten. Denn in den Dorfhäusern hatten vor allem die

Mädchen Quartier bezogen. Und bei vier Dörfern, wenn sie auch winzig waren, war das eine schöne Zahl.

So war der Bundestag ein Mittelpunktereignis, darin alle Strömungen des über ganz Deutschland verteilten Bundes zusammenliefen. Es war der Mittelpunkt für alle Bundesgläubigen. Sie hatten auf ihn hin gelebt, geschafft, gehofft. Die große imaginäre Ernte des Wandervogels wurde eingebracht, und die neu bestätigte, neu besiegelte Gemeinsamkeit der Ziele gab dem einzelnen die Kraft, von hier aus wieder ins Leben zurückzukehren. Ins Leben der Städte, in die leise Feindseligkeit der tragenden Gesellschaftsschicht des Vaterlandes, die man schließlich für sich zu gewinnen, wenn nicht zu erobern hoffte, um den Wandervogelgedanken durchzusetzen, jene rührende Hoffnung, daß Volksgemeinschaft möglich sei, wenn man nur genügend stark an sie glaube. Die Wiederverknüpfung von Land und Stadt, die Auferweckung untergegangener Formen altdeutschen Daseins, ein Dürer-Dasein, eine Butzenfenstersicht, eine gotisch-barocke Brüderlichkeit aller mit allen, eine Reduktion der über ihre Ufer tretenden Zivilisation auf ihre Ausgangslage: Die Schäden der Industrialisierung sollten eingeschränkt, die gefälschten Lustbarkeiten der Großstädte sollten durch echte, harmlos-liebenswerte ersetzt, das Leben selbst sollte geheiligt und in einem sinngemäß erneuerten Gottesdienst zum obersten der Güter erklärt werden. Auch ich sah es so und wünschte es so. Jeder von uns sah und wünschte es so. Mit den kleinen Nuancierungen natürlich, die das Charakterschicksal jedem einzelnen vorbehält. Keine Nuancierungen, aus denen große »Weltanschauungskonflikte« werden konnten, die wiederum zu tragischen Fehden führten und zu neuen Aufrufen, zu neuen Volksrettungen und neuen Ansprüchen auf die eigene Unfehlbarkeit.

All dies war als Möglichkeit, ja als zu befürchtendes Ereignis mit hineingemischt ins Klima eines Bundestages. All dies war auch bei jenem Bundestag mit anwesend, von dem ich berichte. Aber es trat diesmal nicht in Erscheinung. Es profilierte nur die Schwermut, die die himmelblaue Heiterkeit zusammenhielt. Sie war wie das nachgedunkelte Gold auf alten Altarbildern. Sie durchzitterte uns mit der Ahnung der Vergeblichkeit alles dessen, was sich hier den Anschein unumstößlicher Gewißheit gab. Und nur dank dieser Ahnung senkte es sich tief, »tiefer als der Tag gedacht«, in das Gedächtnis ein.

Für mich hatte der Bundestag - wie für viele andere auch - noch einen privaten Sinn der Bündigung. Ich erwartete Lotte, Charlotte aus Coburg, ein dunkelhaariges Mädchen bürgerlicher Herkunft mit dem selbstverständlichen Charme, der aus alter und bewußter Familienkultur entspringt. Mit ihr zusammen den Bundestag zu verbringen, war für mich das eigentlich Bestätigende des ganzen Unternehmens. Ohne sie hätte ich dort nicht wartend auf der Zufahrtsstraße gestanden und den fernsten Wimpeln, die da anmarschiert kamen, entgegengeharrt. Ohne sie hätte sich mir dieses Erinnerungsbild nicht eingegraben, darin Landschaft, Gesang, romantische Buntheit des jungen Menschen, heiterer Lärm und Duft und Dunst des hitzeträgen Nachmittags zu Unverlierbarkeit zusammenrückten.

Lotte kam. Sie sah mich gleich, lief ihrer Schar voraus und kam mir entgegen wie eine Märchenbuchillustration. Im Haar einen Reif, dessen zart gehämmertes Silber in der Sonne funkelte. Heute würde ich lächeln über solche Aufmachung. Damals lächelte ich auch. Aber anders. Verehrend. Überwältigt. Und mit dem Stolz dessen, der vor andern seines Besitzes sicher ist.

Abends holte ich Lotte von ihrem Quartier ab, und Hand in Hand gingen wir, umgeben von gelächter- und rededurchschallten Gruppen, ins Tal hinab. Die Stunde war bestimmt worden. Der Bund schickte sich zur kultischen Begehung seines größten Festes an. Von allen umliegenden Hängen strebten gleich uns die Freiwilligen auf Wegen und Pfaden zur Festwiese. Der lehmige Boden klang korktrocken unter unsern Schuhen. Er war von Tageshitze geröstet und hauchte uns Wärme in die Glieder, während in der Luft Schichten von duftiger Kühle spürbar wurden. Der Himmel bekam im Osten einen Anhauch von moosiger Finsternis, während er sich im Westen grün verbrämt zeigte. Glasig schwoll die Höhe über uns an und ließ - je tiefer wir auf unserm Weg kamen - erste stäubchenhaft glitzernde Sterne ahnen.

Unten wurden die mitgeführten Fahnen und Wimpel zu einem großen bunten Farbenbeet zusammengesteckt. Auf vergißmeinnichtblauem Grund triumphierte der Silbergreif, entworfen von Hermann Pfeiffer, edel stilisiert, den langen, fast lockigen Schweif im Fluge nachziehend: das liebenswerte Arbeitsergebnis ungezählter Heimabende der Mädchen, deren jede ein paar Stiche mit dem Silberfaden hatte tun dürfen. In manchem Betracht wirkten die hier Versammelten wie ein mittelalterlicher Trachtenaufzug, der allerdings ohne Kostümkenntnisse zustande gekommen war. Jeder hatte eben seine Vorstellung von einer gewissen altertümlichen Daseinsregie durchgesetzt. Und während die jungen Männer in Samt, Rupfen oder ungebleichtem Leinen prunkten und mit Kniehosen, wunderlichen Gürteln und bronzegetriebenen Knöpfen oder Runenbroschen das Stilgesicht ihres neuen Glaubens zu erkennen gaben, hatten die Schüler den Ehrgeiz, sich als »Scholaren« zu verkleiden. Vielen glückte und stand die liebenswerte Maskerade. Was in den Städten zur Gestalt gereift war, schien sich im Wandervogel verbündet zu haben. Die Gesichter hatten Ausdruck, die Gebärden waren natürlich, das Selbstbewußtsein fühlte sich bestätigt.

Als die Nacht sich über dem Tal vollendet hatte, als gewaltige, fahlviolett angestrahlte Wolkenbarrieren querseits fahrend, dem ganzen weiten, wannenhaften Tal eine ziehende sehnsuchtsvolle Bewegtheit mitzuteilen schienen, wurde ein großer Stoß von abgedorrten Obstbaumästen in Brand gesetzt. Feuerkundige Knaben schichteten Strauchbündel in die emporleckende Flamme. Der mittlere, alles entzündende Strohwisch fraß sich Bahn durch diese Verflechtungen brennbaren Materials, und die Flamme, ein von Gold erfülltes, mit Purpur umrandetes, von Funkenschweif und Rauchschleppe begleitetes Wesen, leckte wild nach oben. Mit einmal wurde die Finsternis dicht. Die große, lodernde Erhellung schuf ein Traumzelt, das die Anwesenden umschloß. In tausend Menschenaugen spiegelte sich der Brand. Die Köpfe aller waren wie zum Mittelpunkt einer geheimnisvollen, wortlos sich vollziehenden Heiligung hingezwungen. Jetzt trat die Führerin der Mädchen aus dem Kreis hervor auf den Feuerstoß zu. Ihr folgte der Bundesführer, und zu ihm gesellten sich die Spitzen des Bundes. Der Schriftleiter der Wandervogel-Zeitschrift, der Kassenwart, der Bundesobmann, die Leiter des Fahrtenamtes, kurzum die Ansätze einer neuen Gesellschaftsschicht gaben sich mit ihren Trägern ein sichtbares Stelldichein. Auch hier wieder Gesichter, die man in jeder anderen menschlichen Gesellschaft sofort schätzenswert und vertrauenswürdig gefunden hätte. Es waren blonde, es waren brünette, meist zwischen dem fünfundzwanzigsten bis fünfunddreißigsten Lebensjahr stehende Persönlichkeiten. Man darf sie so nennen. Aus ihnen gingen Namen der Kunst, der Wirtschaft, der Politik hervor, die heute noch guten Klang im Bewußtsein der Nation haben. Und während ich mit den Augen nach Lotte suchte, die in ihrer Schar untergetaucht war, vernahm ich bewegten Sinnes die Feuerrede des Bundessprechers.

»Wandervögel«, so begann er, »die ihr aus allen deutschen Gauen hierher kamt, seid bedankt für euer Erscheinen. Der Bund erkennt sich durch euch und dank euch in seiner Macht. Wir bitten euch, eurer Vertrauen zu prüfen. Die Bundesleitung will erfahren, ob sie in ihrer Arbeit fortfahren soll, ob ihr diese Arbeit als richtig, als zukunftssicher empfindet.« An dieser Stelle seiner Rede wurde er von zustimmenden Zurufen und einem vielfältigen »Heil« unterbrochen. Und dann traten alle, die Instrumente besaßen, vor den Kreis und intonierten »Kein schöner Land in dieser Zeit als wie das unsere weit und breit ...«

Im ruhigen dichten Dahinströmen der Töne glitten wir alle ineinander über. Der Bund wurde wie ein Körper. Und meine Liebe zum Bunde verschmolz untrennbar mit meiner Liebe zu Lotte. Liebe und Leben wurden zu Organen der Gemeinschaft, und ich vermochte mir einen ausführlichen Augenblick lang nicht vorzustellen, daß ich je würde außerhalb seiner verbindlichen Wärme und Gehaltenheit existieren können. Ich hatte nicht gemerkt, daß Lottes und meine Augen sich nun gefunden und über alle hinweg ineinander verfangen hatten. Liebend sah ich in die Augen des Bundes, welche mir durch Lotte personifiziert erschienen. Und ganz klein und fern in meiner merkwürdig entrückenden Ekstase vernahm ich die Rede des Bundesführer, die nun wieder anhob:

»Seht die Flamme. Begreift sie sinnend in eurer Seele. Versteht. Sie lodert empor, steil, unaufhaltsam, zum Höchsten, zu Gott. Freunde, schwört, werden zu wollen wie diese Flamme: so stark, schön, rein, hell, zum Ewigen strebend. Oh, daß wir würden wie die goldhelle Flamme, voll verzehrender Liebe, daß wir ein junges Reich bauen, wir jungen Kämpfer gegen das Alte, Tote, Ungläubige, Brüder und Schwestern, schwört es bei dieser Flamme in dieser heiligen Stunde!«

Er trat in den Schatten zurück, fast gebeugt von seinen Forderungen, seinen Verheißungen. Ich hatte sein Gesicht gesehen, da er an mir vorbeiging. Es war von edler Anstrengung gestrafft. Er sah aus, als hätte er wirklich mit seinen Worten in uns oder oben im Kosmos etwas bewirkt und befestigt, für alle Zeiten untergebracht. In die Welt versenkt, unwiderrufbar. Der große

Kreis aber fand sich in dem Gesang »Flamme empor« zu letzter, gesteigerter Gemeinschaft zusammen. Dann, wie entlastet nach strengem, aber geliebtem Dienst, fiel die Masse in Gruppen, Grüppchen und einzelne auseinander, die herumgingen, sich zu anderen, kleineren Kreisen versammelten. Und zuletzt waren es mehrere Tanzringe, die sich über die Wiese ausbreiteten. Als erste löste sich die suggestive Melodie von »Tanzt das Volk im Kreise« aus den vielen Ansätzen und beherrschte bald die ganze Wiese. Jetzt sah man auch, daß die Hänge von Zuschauem aus den Dörfern besetzt waren. Sie hockten da in einer besonderen Stille, einer Stille, durch die sich wortlose Kritik oder mindestens haltloses Erstaunen ausdrückte. Es waren arbeitsmüde Menschen.

Bei den Burschen klang hin und wieder ein Spottwort auf, aber bös gemeint war das nicht. Mehr Interesse zeigten sie dann für die kunstreicheren Volkstänze, die sich später, von einzelnen Gruppen gefördert, entwickelten, begleitet und angespornt von regelrechten Spielmanns-Orchestern, die sich, mit der Geige unterm Kinn, den bestickten Kitteln und bundschuhbewehrten Füßen, mittelalterlicher denn je vorkommen mochten. Doch daß jemand von ihnen mitgemacht hätte, dazu fanden sie voreinander nicht den Mut. Die erste Bundestagsnacht endete, als im Dorf schon die Hähne krähten und ihren wundervoll erfrischenden, ernüchternden Schrei in das flaue, brodelnde Dunkel stießen. Diese Stunde sah mich Hand in Hand mit Lotte zu den Quartieren streben, wo wir uns verabschiedeten.

Der nächste Tag brachte dann die Belustigungen zweiten Grades, den Bundeszirkus, die Hans-Sachs-Aufführungen, kleine, fast sporthafte Wettkämpfe dieser oder jener Art. Abends, wieder um ein Feuer versammelt, schien es allen, als ob sie seit jeher, als ob sie auf ewig hin nie anders würden atmen können als in solchem Zusammenhalt. Und die Gewißheit, daß man hier beispielgebend ein Leben der Zukunft vorführte, verlieh allen eine besondere Würde. In frei hingelagerten Gemeinschaften wurden ernste Fragen erörtert. Hochfliegende Philosopheme, eindeutig idealistische Konzepte wurden riskiert und mit dem Gefühl, künftiger Gesetzgebung vorgearbeitet zu haben, den Zuhörern anheimgegeben. Das Herz der Welt schlug hörbar im Bundestag. In seinen Rhythmen erfüllten sich die Stunden. Das Unaussprechbare wurde zu Gesang und in ihm mobil. Die Augen guter Geister ruhten wohlwollend und fördernd auf den Scharen. Und als am fünften Tag das Lied »Jetzt wird Schluß gemacht« das Ende unwiderruflich ankündigte, schied man voneinander in der Gewißheit: »Mit uns zieht die neue Zeit«.

Die ersten Jugendherbergen

Runde: Autor, Kulaika

- Dir, lieber Freund, gab man den Übernamen Kulaika. Und damit hat es seine Bewandtnis, von der hier gesprochen werden soll, bevor du das berichtest, was ich, was wir alle von dir erfahren möchten. Du hattest dich als eine jener Spielmannsgestalten durch die Anfänge der Jugendbewegung bewegt, wie sie von allen angeschwärmt, imitiert, aber selten erreicht wurden. Du zogst mit deiner Zupfgeige und einer Okarina, die du ganz für dich allein im Wald an deinem Privatlagerfeuer zu spielen pflegtest, landauf, landab. Uns schienst du eine Wiedergeburt jenes mittelalterlichen »Wilden Alexander«. Und dessen schönstes Lied, das mit dem Vers beginnt: »Hiebevor, als wir Kinder waren« und darin das Wort »Da sieht man nun so hinein, tief wie durch Bäume« uns immer besonders erregte, hattest du mit einer eigenen Melodie in dein reiches, dein überreiches Repertoire aufgenommen. Aber dein Lieblingslied war jene Tanzweise, deren Refrain »Mit der kleinen Kullekaia, mit dem großen Schrummschrumm« lautete. Es war ein Lied, das (möglicherweise böhmische) Dorfmusikanten beschrieb. Und was die Kullekaia und das Schrummschrumm für Instrumente waren, kann man nur ahnen. Ein Schüler Freuds würde den Bezeichnungen vielleicht eine spezielle Auslegung anhängen. Uns damals lag das fern. Wir hätten sogar protestiert. Für uns war verbindlich, daß wir dieses Lied am häufigsten von dir hörten. Und so hängte sich dir, in Zusammenziehung der Silben, der Name Kulaika an.

Was ich nun in Ergänzung des bisher Ermittelten genauer wissen möchte, ist - wie regelte sich bei euch vor dem ersten Weltkrieg die Quartiersfrage? War besondere Kunst und Kundigkeit dazu erforderlich, des Nachts in der »Fremde« unterzukommen, eine billige Herberge aufzutun oder bei schlechtem Wetter in irgendeinem verwunschenen Ort (das gab's ja damals noch) Station zu machen? Für uns Nachkriegs-Wandervögel entstand da nämlich, dank unermüdlichen Kampfes der Wohlwollenden aller Kreise, ein solches Überangebot von Jugendherbergen in den herrlichsten Ausgestaltungen, daß es schon wieder Mode, ja Forderung wurde, bewußt darauf zu verzichten und die Waldverwandtschaft auf rauhere Art zu bekräftigen, nämlich durch Nächtigen bei jeder Witterung, am Lagerfeuer, oder im Militärzelt (letzteres besonders durch die Kriegsheimkehrer in Gebrauch gebracht), dem dann später, in der hellenistischen Phase der Jugendbewegung, die lappländische Kohte, die Mongolenjurte und das Indianertipi folgten. Doch ich greife wieder vor, wo ich doch eigentlich zurückgreifen sollte.

Und wir wollten uns an dieser Stelle auch daran erinnern, daß es Richard Schirrmann war, der einst die Jugendherbergen in Deutschland und damit in der ganzen Welt ins Leben rief. Es war 1909, im Jahre des Zupfgeigenhansl. Der Genius des Gedankens offenbarte sich auf einer Sommerwanderung von Altena nach Aachen. Gewandert hatte der Ostpreuße Schirrmann schon als Fünfzehnjähriger. Denkwürdigstes und wohl für die Zukunft entscheidendes

Erlebnis in der Zeit seiner Ausbildung zum Lehrer war die Fahrt einiger Seminaristen Pfingsten 1892 ins Riesengebirge - der leitende Lehrer hieß übrigens Fischer. 1909 unterrichtete Schirrmann an der Netteschule in Altena; 1907 hatte er in den großen Ferien zum ersten Male sein Klassenzimmer ausräumen und mit Strohsäcken auslegen lassen, um dort Wandernde aufzunehmen. Auf der Wanderung nach Aachen kommt Richard Schirrmann mit seinen Schülern auch nach Waldbröl und ins Bröltal. Dort treffen sie auf große Herbergsnot. Schirrmann schreibt:

»Das Unwetter tobte damals in Bröl während der ganzen Nacht mit Blitz und Donnerschlag, mit Sturm und Wolkenbruch und Hagelprasseln, als wenn die Welt untergehen sollte. Während die wandermüden Jungen fest schliefen, lag ich hellwach. Bei der Sorge um meine Wanderschar überfiel mich plötzlich der Gedanke: Jedem wanderwichtigen Ort in Tagesmarsch-Abständen gleich Schule und Turnhalle auch eine gastliche Jugendherberge zur Einkehr für die wanderfrohe Jugend Deutschlands ohne Unterschied! An jenem 26. August 1909 also, in der Schulstube von Bröl im Bröltal, kam ich auf die Idee, die Einrichtung von Jugendherbergen netzartig über das gesamte Vaterland auszubreiten und für ihre Gestaltung die ganze Lehrerschaft und die Stadtverwaltungen aufzurufen. Der zweite Tag unserer großen Fahrt nach Aachen mit der Herbergsnot in Bröl war der eigentliche Geburtstag des Deutschen Jugendherbergswerks.«

Die Netteschule wurde zur ersten Ferien-Jugendherberge, die förmliche Gründung des Jugendherbergswerks erfolgte allerdings erst am 2. 11. 1919. Zum Frommen der Gerechtigkeit darf nicht verschwiegen werden, daß noch 1914 der vorhin von Gustav Wyneken als so unjugendbewegt verdammte Jungdeutschlandbund unter Generalfeldmarschall von der Goltz die Schirrmannschen Planungen durch die jährliche Zuwendung von 30.000.- RM ganz wesentlich zu fördern begonnen hatte.

Aber zu dir zurück, Kulaika. Also in deinen Darlegungen bitte keinen Jugendpflegestandpunkt einnehmen. Das ist's gerade, daran sie ersticken. Wo sie gehn und stehn, schiebt man ihnen Polster unter. Der Bequemlichkeitsomnibus des modernen Jugendpflegebetriebs wird nur noch - das versicherte mir neulich jemand, der es wissen muß - von geistig Behinderten benützt.

- Eine der ersten offiziellen Jugendherbergen, die ich im Alleingang erreichte, war ein ehemaliges Wandervogelheim in der Lüneburger Heide. Die Gruppe, die es erworben hatte (ein mitten im Heidegelände einsam gelegenes altes Bauernhaus mit Strohdach), war zerfallen, und es gab danach niemand, der Besitzrechte geltend machte. Also nahm das nächstgelegene Dorf das Haus wieder unter seine Obhut und schickte Jugendwanderer hin, die nach Obdach fragten. Auf diese Art gelangte ich, auch ein Jüngling, der die Heide anschwärmte, dorthin und machte Bekanntschaft mit seiner romantischen Unordnung. Es war abends, als ich anlangte. Das Haus erhob sich auf einer geringen Bodenwelle. Es sah aus, als stünde es an den Sonnenuntergang gelehnt in einer Welt, die sich der absoluten Einsamkeit ergeben hatte. Das flüsternde Heidekraut war von einem schwachen Lilarot überflossen, das im Westen aus einer Himmelswunde quoll, die von einem Gedränge grauwollener Wolken langsam geschlossen wurde. Im Haus war Licht. Ein anderer Einzelwanderer meiner Art war dorthin gewiesen worden. Am Fußboden lag Stroh hingeschüttelt, das so dünn gewalzt war von Schlafenden, daß eine Herbariumpflanze nicht mehr dünner sein konnte. Der andere - ich war mit ihm allein - versuchte in der Küche Feuer anzumachen. Doch durch den offenen Kamin hatte es hereingeregnet, so daß die Herdstelle und die Kaminwände klamm von Nässe geblieben waren. Der Qualm fühlte sich davon abgestoßen und wandte sich bodenwärts. Der Tee, den wir in solcher Lage bereiteten, schmeckte dann auch entsprechend rauchgebeizt.

Mein Genosse - ein wortkarger Bremer - zog, nachdem er Pumpernickel mit Käse verzehrt hatte, ein Buch aus seinem Rucksack und machte sich an die Lektüre, wobei er sich auf das platte Strohlager streckte und die einzige Petroleumlampe ohne jede Rücksicht auf mich und meine Lichtbedürfnisse für sich in Anspruch nahm. Meine verschiedenen Versuche, ihn mit Humor oder im Ernst in eine Unterhaltung zu ziehen, waren gescheitert. Seine Sprache kam nur im Selbstgespräch zur Geltung. Für mich genügten brummige, fast erwürgte Laute. Er war der totale Außenseiter. Zweifellos entstammte er dem Wandervogel. Sein Anzug verriet es. Aber seine Enttäuschungen müssen erheblich gewesen sein. Man sah es: In seinem Blick spielten menschliche Gestalten keine Rolle mehr. Er ging einmal für längere Zeit hinaus. Die Heide lag da wie unter dunklem Purpur. Der Westen schien seinen brennenden Lichtstreifen nicht aufgeben zu wollen. Im Hause erwachten schon die Wesen der Mitternacht. Fledermäuse strichen durch die offenen kleinen Fenster hinaus und wieder herein. Ratten lärmten im Stall. Heimchen zirpten. Und im Dachboden regte sich ein Käuzchen. Untermieter dieser Art waren zahlreich. Ich spähte aus dem Fenster und sah den Außenseiter mit hinter dem Kopf verschränkten Armen gen Westen starren. Er schien ihn tief einzuatmen. Man hätte meinen können, er söge das letzte Leuchten dort tatsächlich auf. Denn indem er es anatmete - vielleicht folgte er indischen Weisungen dabei -, verlosch es. Zuletzt war es eine braune Flechte, schwach von unten her vergoldet. Bis auch das verblich. Meine Neugier auf den rätselhaften jungen Mann ließ mich nicht ruhen. Bevor er wieder hereinkam, sah ich mir sein Buch an. Es war eine völlig zerlesene Reclam-Ausgabe des Philosophen Max Stirner und hieß: »Der Einzige und sein Eigentum«.

Damit erklärte sich mir freilich einiges. Dieser merkwürdige Denker, der in der Nachfolge Hegels und Feuerbachs zu dem Ergebnis gekommen war, daß Gerechtigkeit, Freundschaft, Staat, Religion nur Selbsttäuschungen seien, die den einzelnen daran hinderten, sich der Möglichkeiten seines Lebens zu bemächtigen, konnte nur in Typen, wie sie mein Nachtgenosse darstellte, wirksam werden. Das System des absoluten Egoismus kam ihm auch insofern zugute, als er das in einer Kanne für den Gebrauch der Gäste bereitgestellte Trinkwasser rücksichtslos für seine rituellen Waschungen veraaste. Doch danke ich ihm den Einblick in ein Menschenherz, wie es auch sein könnte.

In einem anderen Jahr und in anderer Lage war ich in der schönen, backsteingotischen Stadt Lüneburg darauf angewiesen, das für Jugendwanderer bereitgehaltene Quartier aufzusuchen. Es gab dort zwei Möglichkeiten. Aber die zweite wurde mir erst später bekannt. Sie bestand in einem von den örtlichen Wandervogelgruppen eingerichteten alten Stadtturm. Wo aber ich in jener Nacht landete, das war der schuppenartig weite Dachstock eines alten Hauses in der Innenstadt. Anscheinend in privater Regie befindlich. Denn hier geschah mir die Sonderbarkeit, daß ich - es schlug mit all den alten schönen Glocken der Lüneburger Kirchen zehn - in dieses riesige, langgestreckte Gelaß eingeschlossen wurde. Hier wurde also in besonderer Art auf Ordnung gehalten. Der Herbergsvater entfernte sich humpelnd treppabwärts. Mit mir war noch eine Gruppe Bayern da, deren genagelte Riesenschuhe zu Füßen des Strohlagers dunsteten und die mir nicht anders denn als dunkle schnarchende Bündel bekannt geworden sind. Nie wieder im Leben habe ich einen so tief und lärmreich erarbeiteten Schlaf beobachten können. Ich glaube nicht, daß sie bis sechs Uhr morgens, da die Herberge von außen wieder aufgeschlossen wurde, ohne daß der Herbergsvater auch nur einen Blick zu uns hereingeworfen hätte, irgendein Glied ihrer Leiber bewegt hatten. Sie lagen da wie die Puppenhülsen einer riesigen, plumpen Falterart, wie sie auf anderen Gestirnen möglich sein könnten, und sie gaben ihr Vorhandensein durch nichts anderes zu erkennen als durch Gerassel und Geruch.

Mir war es anders beschieden. Ich hatte unter den Folgen der damals im Wandervogel ausbrechenden Reformernährung zu leiden. Ich mußte das Lehrgeld der ersten Versuche bezahlen, sich mittels rohem Sauerkraut, Marmeladenbroten, Rollmöpsen und Kirschen kraftspendend und natürlich zu ernähren. Es war nach Mitternacht, als ich verzweifelt durch die verschlossene Herberge irrte, an der Tür rüttelte, mit einer Kerze nach gewissen sanitären Einrichtungen suchend. Es gab nicht mal Eimer oder Waschschüsseln. Den Wanderern war mittels handschriftlichem Anschlag der Brunnen im Hof für die Morgenwäsche empfohlen. Schließlich blieb mir nichts anderes übrig, als das Fenster zum Ziel meiner Schwierigkeiten zu machen. Morgens aber hatte ich mit sonderbarer, fast verdächtiger Eile meinen Aufbruch und meinen Abmarsch aus Lüneburg betrieben. Denn ein Blick aus dem fraglichen Fenster belehrte mich, daß gerade darunter ein Balkon frei in die Gegend ragte. Er war bestückt mit Gartenmöbeln, die sich um einen Rohrtisch sammelten, der mit einer geblümten Wachstuchdecke bedeckt war.

Anders begab es sich, als ich einmal zu Ostern in der Nähe eines schwäbischen Dorfes im Wald hockte, mir meinen Haferbrei am Feuer kochte und nach vollzogener Mahlzeit Okarina spielte. Ich hockte mit gekreuzten Beinen vor dem kleinen Glutrest, den der Waldhauch ab und zu belebte und zu Helligkeit weckte. Ich lehnte an meinem Rucksack, war meiner Einsamkeit gewiß und feierte die erste Osternacht, indem ich der Okarina alle Weisen entlockte, die auf ihr schön zustande kommen. Das sind natürlich mehr die getragenen, langsamen, zarten, in einem verhallenden Echo sich erschöpfenden Melodien. »Es fiel ein Reif in der Frühlingsnacht« ist ganz besonders geeignet für dieses wunderliche Instrument, das ja im Klang stark an die indianische Quenjaflöte erinnert. Dann ließ ich »Es dämmert wohl in der Heide« folgen. Und natürlich »Ich hört' ein Sichelein rauschen, wohl rauschen durch das Korn«. Zuletzt die schöne Klage: »Auf dieser Welt hab' ich kein Freud'«.

Und gerade das sollte im nächsten Augenblick widerlegt werden. Ich hörte es schon seit einer Weile verdächtig im Unterholz knistern. Und glaubte ich erst, das sei wieder mal ein neugieriger Igel, den der Feuerschein beschäftigte, so wurde ich bald eines Besseren belehrt. Man kreiste mich ein. Menschliche Schritte kamen von verschiedenen Seiten schleichend auf mich zu. Ich erhob mich, nahm einen glühenden Ast in die Hand und fühlte mich von ungewissen Erwartungen durchkühlt. Da trat man von verschiedenen Seiten zugleich auf mich zu. Es war Dorfjugend. Sie hatten am Brunnen gesessen, geplaudert, wie das so in der Osternacht zu gehen pflegt, und dann meine weittragende Okarina aus dem Wald vernommen. Der sanfte Nachtwind half die Töne leiten.

Man beschloß, sich den Spaß zu leisten, dieser noch nie im Dorf erlebten Erscheinung nachzugehen. Ich wurde im Triumphzug ins Dorf begleitet. Mußte bis in den Morgen hinein - nun wirklich mal ganz echter Spielmann - auf meiner Zupfgeige zum Tanz aufspielen und bekam dann ein sehr prunkvolles Quartier angewiesen. Nämlich im Paradebett des Dorfwirtshauses, das mir kostenlos angeboten wurde. Von anderen, sehr reichlichen Verwöhnungen zu schweigen, die mich während der ganzen Osterfeiertage dort festhielten. Da war es mir wahrlich zum ersten Male geschehen, daß ich das vom Wandervogel so sehnsüchtig angestrebte Glück der Volksverbundenheit erfuhr.

Ganz im Gegensatz dazu stand ein anderes Herbergserlebnis im Rheinland. Ich glaube, es war in Bacharach. Die Herberge befand sich damals noch nicht in der Burg oberhalb der geschäftigen kleinen Weinstadt, sondern wiederum in einem ihrer alten Türme. Diese aufgelassenen Festungstürme hatten es dem frühen WV angetan. Es gehörte schon zum guten Ton in den Gruppen, einen solchen ausfindig zu machen und auszubauen. Was oft genug mit guter Kunstfertigkeit geschah. Ich habe »Nester« kennengelernt auf meinen jahrelangen Tippeleien durch das kaiserliche Deutschland, in denen sich dem Besucher oder Gast eine köstliche Gemütlichkeit mitteilte. Worauf ich aber hinauswill in diesem angedeuteten Falle, ist etwas anderes. Ich machte mir also meinen Schlafplatz im Bacharacher Turm zurecht, wusch mich, soweit das anging, und setzte mich zu den andern an den langen Gemeinschaftstisch. Da waren nun Gruppen der bereits ins Zahlreiche gehenden Bünde versammelt. Sie hielten sich lärmend und gewissermaßen anspruchsvoll beieinander. Sie kamen, wie man an den gesprochenen Dialekten erkennen konnte, aus Sachsen, Berlin, Bremen, einige auch vom Niederrhein. Das Thema war überall ungefähr dasselbe. Auch die Instrumente, die man mit sich führte, waren ungefähr die gleichen. Mandolinen, Zupfgeigen, Flöten, Geigen, eine Gruppe begnügte sich mit einem Schifferklavier. Das waren die Bremer.

Aber was hier hemmend in Erscheinung trat, war ein »bündischer« Dünkel, da sich jeder über den anderen erhaben fühlte. Ansprechbar war keiner. Ich blieb mit mir selbst allein.

Auch zu gemeinsamer Musik ließen sie sich nicht bewegen. Mein Vorschlag fiel flach, ja, ließ fast eine Art Makel an mir. Als wenn ich mir Übergriffe erlaubt hätte. Und nachdem die meisten ihre Mahlzeit erledigt hatten, kam es gruppen- und grüppchenweise zum Gesang. Und hierin schlossen sie sich gegenseitig noch stärker aus als zuvor. Sie rückten mit ihren Stühlen zu Kreisen zusammen, in die sich niemand mehr einzufügen vermochte. Sie bildeten sozusagen »Wagenburgen« mit ihren Instrumenten, dem Gepäck, den abgelegten Sachen. Eigentlich kam hier genau das wieder zum Vorschein, was man den Großstädtern vorwarf: die Indifferenz, das Unpersönliche bis zur Gemütskälte. Die Gesellschaft, die man um ihrer verderblichen Schichtungen, Verhärtungen, Ungerechtigkeiten willen verlassen hatte, war also, nur mit anderen Vorzeichen versehen, in der gleichen »Uniform« wieder erstanden.

Eins der fröhlichsten Lieder, die wir im Wandervogel sangen, begann mit den auffordernden Worten: »Pfarrherr, du kühler, öffne das Tor, fahrende Schüler stehen davor.« Ich habe dieser Möglichkeit oft nachgelebt und auch dabei meine Erfahrungen gemacht. Sie kamen in jener Gegend des Rheinlandes zustande, wo sich mal auf dem rechten, mal auf dem linken Ufer katholische und protestantische Gemeinden gegenüberliegen. Auch an der Mosel ist das Phänomen von Dorf zu Dorf feststellbar und kommt mit auffälligen Unterschieden hervor.

Hier nun habe ich festzustellen, daß es meist die katholischen Pfarrer waren, die mich, obschon ich mich sogleich als Protestant bekannte, mit der liebenswürdigsten Bereitwilligkeit ins Haus baten, während die Protestanten fast ausnahmslos die eisige Schulter zeigten.

Wie oft wurde ich - nicht zufällig hatte ich zwar den Zeitpunkt gewählt - an den katholischen Abendbrottisch geladen und nachher zum Musizieren aufgefordert, wobei das ganze Haus, die Wirtschafterin, der Vikar und was sonst noch an Personal da war, hinzugebeten wurde. Morgens nahm ich dann auch dankbar und demonstrativ an der Frühmesse teil, und das nachfolgende reichliche Frühstück vereinigte uns häufig im angeregtesten Gespräch. Der katholische Pfarrer mußte mir meist weltoffener, ja weltfähiger vorkommen als der protestantische, dem ich zwar ungern, aber doch mit dem Recht dessen, der die Erfahrung machen mußte, eine gewisse Muffigkeit vorzuwerfen habe. Immer den damaligen Menschen betreffend, natürlich. Wie sich die Dinge heute verhalten, weiß ich nicht.

Was ich im Rückblick auf den Wandervogel und die durch ihn zustande gekommene Schöpfung des Jugendherbergswerkes zu sagen habe, mag unfreundlich klingen, obschon es nicht so gemeint ist. Der Wandervogel ist durch seine ewige ethische Selbstbegründung langweilig geworden. Erst war er ein isländischer Geysir, dann Leitungswasser. Und als er Leitungswasser geworden war, mußte alles, was er unternahm, zu irgend etwas dienen, sonst schien es ihm nicht gerechtfertigt. Das Wandern war gut für die Volksgesundheit. Die Volksgesundheit war gut für die nationale Erneuerung. Die nationale Erneuerung war dafür da, den deutschen Menschen herauszustellen. Der deutsche Mensch war dazu da, die Welt zu erlösen. In dieser Wunschtraumkette bildet das Herbergswerk eines der Glieder. Es ist zwar aus einem deutschen zu einem europäischen, aus einem europäischen zu einem weltweiten Unternehmen geworden, ohne das die Gegenwart nicht mehr auskommen kann, aber der schöne Glanz, den ich einmal, unvergeßlich, in einer Jugendherberge ältesten Stils im alten Berlin erleben durfte, tritt wohl in die heutigen Großraumherbergen kaum mehr ein.

Da waren in einem graugekalkten Schulraum in der Friedrichstadt Feldbetten neben- und übereinander aufgestellt. Der Zufall hatte die merkwürdigste Mischung von Gästen bewerkstelligt. Schlesische Mädchen von prachtvoller Aufgeschlossenheit waren dabei. Und hier nun fügte es sich, daß jeder aus seinem Merkbüchlein Sentenzen vorlas, oder was sonst immer ihm einfiel, während in den Pausen ein Zufallsgeiger einen Zufallslautenspieler begleitete, die ein zufällig beiden geläufiges Stück von Bach spielten, als hätten sie wochenlang gemeinsam geprobt.

Der überaus ergreifenden, die Zuhörer mit einem Schnee der Andacht durchkühlenden Darbietung folgte später noch Mozarts Kleine Nachtmusik, für die ein ganz unauffälliger junger Mensch in ebenso unauffälliger Weise eine Flöte aus seinem Gepäck entnahm, die er mit bester Meisterschaft zu spielen verstand.

Hier hatte sich, mit insgesamt vierundzwanzig Menschen, Deutschland selbst zu einer absichtslosen Demonstration seiner schönsten Möglichkeiten zusammengefunden. Die Zeiten, die Ereignisse, die Aufgänge, die Untergänge wirbelten sie auseinander. Wer von ihnen lebt noch, wer von ihnen denkt noch mit jenem Beben, über das man nicht gerne spricht, an diese rauschhaften Augenblicke zurück, die sich zwischen grauen, abblätternden Mauern, in einem nach Schulverödung und verschütteter Tinte riechenden Klassenzimmer ereigneten?

Der erste Weltkrieg / Die Früchte des Zorns / Deutung des Dichters Walter Flex

Runde: Autor, Ernesto

- Berichte du, Ernesto, ob für dich oder für euch alle damals mit dem Ausbruch von Weltkrieg I ein Schlußpunkt gesetzt wurde. Gab es Hoffnung auf eine Fortsetzung des Wandervogelgedankens während oder nach dem Krieg? War im Felde WV-Geist zu beobachten? Von dreizehntausend feldgrauen Wandervögeln, darunter viele knapp sechzehnjährig und die meisten freiwillig, sind siebentausend gefallen, unter ihnen - wie immer in der negativen Auslese des Schicksals - die begabtesten, teilweise schon zu Anerkennung gelangten Künstler und Dichter. Hans Breuer, dem wir den »Zufpgeigenhansl« verdanken, blieb als 34jähriger Regimentsarzt vor Verdun (20.4.1918) und liegt in Frankreich begraben, in Billy-sous-Mangiennes. Dann Karl Thylmann, der, knapp neunundzwanzigjährig, im Lazarett zu Großauheim starb, am 29. August 1916. Er war für mein Gefühl der größte, auch im Rahmen nationalen Schrifttums bedeutende Dichter aus dem Geiste des WV. Sein graphisches Werk ist nicht geringer. Seine letzten Verse erschienen 1916 in der Kunstzeitschrift »Das Reich«, die der dem Wandervogel nahestehende Alexander v. Bernus herausgab. Sie schildern die Verwundung, die ihm später im Lazarett den Tod bringen sollte. Das erste dieser Todesgedichte wird dem nicht aus dem Gedächtnis weichen, der es damals, in der zugehörigen Stimmung, las:

Die Granate

Weiter im strengen Gestapf.
Da birst die Luft -

Nachen wiegt mich auf warmem Teich.
Gütiger Schoß hält mein Haupt gebahrt.
Fünkchen spielen durch die wallende Schattung.

Hörst du, horch, Geliebte.
Es singt.
Ein Kind bin ich in Kinderchören ...

- Deine Ehrentafel kann ich fortsetzen. Unter den Gefallenen der jungen Künstler des WV sind vor allem noch zu nennen: Rudolf Sievers, ein Maler und Graphiker, Schriftleiter der »Gelben Zeitung«, dessen Zeichnungen in vielen bündischen Schriften zu finden waren. Er starb am 13. Oktober 1918 bei Laon. Dann Otger Gräff - und auch Christian Schneehagen, einer der Initiatoren, Organisator und Festleiter des Freideutschen Jugendtages, am 25. April 1918 vor Armentières. Ferner Gregor Großkopf und der Maler und Architekt Karl Friebus. Und der einflußreichste Dichter auch des Nachkriegswandervogels, Walter Flex. Er fiel als

Leutnant am 15. Oktober 1917 auf der Insel Ösel auf eine Weise, die man mythisch nennen möchte, wenn das Wort nicht so abgenutzt wäre. Dann Karl Brügmann, Dortmund, einer der Mitarbeiter Rittinghaus' an den »Westfälischen Liederblättern«. Er gab überdies - als eine seiner wichtigsten Publikationen - im Insel-Verlag eine Übersetzung von Notkers »Karl der Große« heraus.

Von anderen namhaften Wandervogelführern fielen: Im November 1914 Franz Willeke, Münster, der tüchtigste westfälische Wandervogel (Nachlaßbuch: »Heimat und Fahrten«), der Prager Turnlehrer Hans Moutschka (15.9.1914 in Serbien), - Hans Heinrich Wix, zentrale Persönlichkeit der »Akademischen Vereinigung Marburg« (2.11.1914 bei Reims) - Frank Fischer am 10. November 1914 unweit Langemarck - der wichtigste Führer des Österreichischen WV, Fritz Kutschera (18.11.1914 in Galizien) - sie alle Opfer schon der ersten drei Kriegsmonate. Dann, Himmelfahrt 1915 in Frankreich, der Begründer des Wandervogel DB, Ferdinand Vetter aus Jena. Und der Schöpfer der »Sächsischen Landsgemeinde«, der Lehrer Walter Illgen, am 9.8.1915 in den Karpaten. Ich rechne dazu auch Rittinghaus, der sich 1915 in Texas erschoß, aus Kummer, daß er nicht mitkämpfen konnte. Im zweiten Weltkrieg fielen Otto Schönfelder, genannt »Cölner«, verdient um den Soldaten-WV im Krieg I und um den »Kronacher Bund der alten Wandervögel« (10.5.1944), und noch am 7. April 1945 als Führer eines Volkssturmbataillons der »Wandervogelpapst« Friedrich Wilhelm Fulda, alter Fahrtenbegleiter Karl Fischers, später Gründer und Schriftleiter der WV-Führerzeitung im Verlag Erich Matthes. Er schickte die ihm zubefohlenen Leute nach Hause und blieb selbst auf aussichtslosem Posten.

Das sind die, von denen ich weiß. Andere werden andere zu nennen haben. Diesen toten Führern sind die Zimmer der Hans-Breuer-Altwanderer-Herberge zubenannt, die, von Alfred Toepfer, Hamburg, gestiftet, am Gründonnerstag 1960 in Inzmühlen (Lüneburger Heide) eingeweiht wurde.

- Das Buch von Walter Flex »Der Wanderer zwischen beiden Welten« war das Tagebuch einer Kriegsfreundschaft mit dem später gefallenen Wandervogel Ernst Wurche. Es erlebte hohe Auflagen, galt als das Kompendium des Wandervogelgeistes. Zweifellos ist es ein Denkmal einer heute untergegangenen Art Mensch. Neben Schilderungen, die ob ihrer Bildhaftigkeit entzücken: »Mit müden und doch seltsam wachen Sinnen sahen wir im Abstieg noch einmal die schwermütige Schönheit der kahlen grauen Hänge und Mulden, deren Kalk im Mondlicht tot, fremd und schwer wird ...«, finden sich die bekanntesten Gedichte von Flex, wie etwa das jedem Mitlebenden vertraute:

Wildgänse rauschen durch die Nacht
Mit schrillem Schrei nach Norden -
Unstete Fahrt! Habt acht, habt acht!
Die Welt ist voller Morden ...,

dessen Sangbarkeit sich so selbstverständlich mit den Versen verbunden hat, daß man es innerlich nur mehr tönend vernimmt. Das schmale blaue Buch mit dem zartgoldenen Titelaufdruck hat zweifellos während Weltkrieg I und noch lange danach Geschichte, innere Geschichte des Krieges stiften helfen. Unvergessen sollte uns allen das stärkste seiner Gedichte bleiben; da es eine gleichsam formgewordene Tagebuchnotiz des Leutnants Flex darstellt, geschwellt von der Ahnung des nahe bevorstehenden Todes:

... Und wieder vor der Kompanie
Tappt meines Fuchsen müder Schritt.
Durch Wald und Nachtwind führ' ich sie,
Und hundert Füße rauschen mit.

Der Wald ist wie ein Sterbedom,
Der von verwelkten Kränzen träuft,
Die Kompanie ein grauer Strom,
Der müde Wellen rauschend häuft.

Es schwillt der Strom und ebbt und schwillt ...
Mein Herz ist müd', mein Herz ist krank
Nach manchem hellen Menschenbild,
Das in dem grauen Strom versank.

Was »feldgrauer« Wandervogel war, das läßt sich durch Flex erfahren. Die verhüllte Glut seiner Reinheit, in vielen seiner Worte schimmerte sie durch: »Ach, wie der Mensch aus Erde gemacht ist und wieder zu Erde wird, so ist alle Schönheit aus Sehnsucht gemacht und wird zu Sehnsucht. Wir jagen ihr nach, bis sie zur Sehnsucht wird.« - Das war - wie schlicht sie sich auch gibt - jene Stimmung und Gestimmtheit, die Hans Breuer heraufbeschworen hatte. Das war ihre Fortsetzung, ihre leidwillige Erfüllung. »Wir können vom Leben nicht mehr fordern, als daß es sich uns entschleiert - darüber hinaus ist keine menschliche Forderung. Uns hat das Leben mehr als vielen gegeben, warten wir ruhig ab, ob es auch mehr von uns zu fordern hat.« Natürlich hat es mehr zu fordern, als solcher Weichheit und schwärmerischer Weisheit zukommen konnte: Es bestand ja für Männer wie Walter Flex und Ernst Wurche ein geradezu schicksalhafter Zwang, zu fallen, um in ihrer Form der Wahrheit zu verbleiben. Es war ein Heroismus der Gefühligkeit. Die Schau, die über den Krieg und seine Motive erkennend hinausreichte, war ihnen nicht möglich. Die Anordnung ihres Charakters mußte es verhindern.

Wie erging es dir in diesem Betracht, Ernesto? Erschien dir das Kriegserlebnis, wie es Flex faßte, als ein allgemeinverbindliches? Gehst du nach wie vor einig mit der edlen Ekstase, wie sie aus seinem tiefsinnig-nationalen Schauspiel »Klaus von Bismarck« spricht:

»Kennst du die Lust, in eig' ner Glut zu glühen?
Das ist die Stunde höchsten Menschenglücks,
Wenn unser ganzes Ich zur Fackel wird,
Vor der die graue Alltags-Umwelt jäh
In dunklem Feuer aufglüht und uns flutend
Ihr tiefstes Leben zeigt, das tiefverborgne,
So wie die kühle, weiße Menschenhand,
Zur Sonne aufgehoben, in der Glut
Des roten Lebens aufstrahlt - wer sich selbst
Je so als Fackel in allmächtger Hand,
In unsichtbarer Götterfaust gefühlt,
Durchscheinend, brennend, aus sich selber lodernd,
Der kennt das tiefe Glück der reichen Welt!«

- 1914 war die Stimmung anders als 1918. Im Anfang war das Gefühl bestimmend, daß wir Geschichte zu erfüllen, Geschichte zu stiften hätten. Aber nach dem Blutopfer bei Langemarck verdünnte sich die innere Zuversicht. Es war, als ob sie sich über allzuviel Zeit und allzuviel Ereignisse verteilen müsse. Die Handhabung des Dienstes vernichtete viele ehrliche Bereitwilligkeit. Wir jungen »Kriegsmutwilligen« wurden von abgebrühten alten Unteroffizieren in sechs bis acht Wochen frontreif gemacht. Und dann ging's hinaus.

Als der Krieg kein Ende nehmen wollte, verlor er für den einzelnen das Überzeugende. Überhaupt wurde die innere und äußere Verlorenheit zum Kennzeichen seiner letzten Jahre. Immer mehr gute Kameraden fielen neben einem. Immer einsamer kam sich der Wandervogelsoldat vor. Sehnsüchtig sah man sich nach Freunden von der alten Zunft um. Und der Wandervogel Walter Fischer, noch zur »Dynastie der Fischer« gehörig, verstand einzig und allein das Zeichen des Moments und schuf mit einigen Helfern und Helferinnen ein WV-Vermittlungsamt. Dank seiner Tüchtigkeit fanden sich nun in allen Truppeneinheiten die alten Kumpane zusammen.

Es wurden regelrechte Soldatenortsgruppen gebildet. Hinter der Front entstanden sogar Soldatenwandervogel-Nester. Da konnte man sich, wenn einige Stunden oder Tage zu erübrigen waren, endlich einmal unter seinesgleichen bewegen und aussprechen. Die hier geäußerten Hoffnungen galten natürlich dem künftigen Wandervogel, der nach Kriegsende mit einer endgültigen Einigung hervortreten sollte.

- Und wie war es nach dem Kriege?

- Die Besten aus der ersten Zeit des Wandervogels kamen nicht zurück, sie lagen in Frankreich oder Rußland begraben. Und die anderen fanden ein anderes Deutschland vor, als sie 1914 verlassen hatten. Selten wurden die Feldgrauen mit Freude empfangen. Nur von den näheren und nächsten Angehörigen. Denn das Vaterland kannte sich selbst nicht mehr, es zerfiel im Aufruhr der Parteien und Parteiungen. Hatten die einen bisher jede Politik gemieden, so erschien den andern, die sich um ihren Glauben, ihre Hoffnungen betrogen sahen, die Entscheidung für den politischen Kampf als das Nächstliegende. Man wollte helfen, die Dinge wieder in ihre Form zu bringen. Man wollte, wenn es sein mußte, mit Gewalt helfen. Und so kam ein Bruderkampf zustande, der zwischen Rechts und Links noch einmal wieder Todesopfer bei den Wandervögeln forderte.

- »Sterben heißt, dies alles ungelöst verlassen«, sagt der bedeutendste luziferische Geist unserer Epoche, Gottfried Benn. Und Gottfried Hasenkamp, der reinste Dichter dieser Epoche, hervorgegangen aus der katholischen Jugendbewegung, antwortctc wie in unbewußtem Dialog:

Wenn alles einstürzt, was den Bau getragen,
In dessen klarer Helle wir gewohnt,
Wenn unter dieser Sturmflut kaltem Mond
Die Wogen über uns zusammenschlagen,
So wollen, wie Dein Sohn, auch wir nicht fragen,
Warum, o Herr, Du unser nicht geschont.

Und nun, was blieb von dem, was ihr erstrebtet? Hat die Zeit euch wirkungsvoll beerbt? Habt ihr alten Wandervögel das Gefühl, angekommen zu sein? Sind die Impulse tönend geworden, oder war Schweigen euer Teil? Denn inzwischen ist ja der weltgeschichtlichen und weltbewegenden Springfluten kein Ende gewesen.

- Vieles von dem, das um 1900 herum unmöglich schien, ist heute selbstverständlich geworden. Eine ganz und gar greifbare Errungenschaft, die wir der Jugendbewegung danken, ist das weltumspannende Jugendherbergswerk. Sein Schöpfer, Richard Schirrmann, trat 1909 dem Wandervogel bei, weil er sicher war, unter dessen Führern Mitarbeiter zu finden. Und er fand sie.

Was sich damit durchsetzte und einspielte, hat neue Daseinsmöglichkeiten geschaffen. Die Welt konnte sich selber näherkommen. Junge Menschen aller Völker entdeckten sich gegenseitig. Der Geist, in welchem dieses geschah, stammt vom Geiste der deutschen Jugendbewegung.

Nicht nur das, auch der Lebensstil war vorgeprägt. Ich denke da an die Klassenausflüge von 1900 und an jene, wie sie heute von den Schulen unternommen werden. Ich denke an den Jugendaustausch, an den Studentenaustausch, an all diese belebenden Unternehmungen, die die Schule, die Universität von heute kennzeichnen. Und nicht zuletzt denke ich daran, daß heute auf den meisten Schulen ein anderer Ton herrscht. Ist nicht die ganze Erziehungsreform auf jene Bündischen zurückzuführen, die den Lehrerberuf wählten?

Der Boden, den der Wandervogel bereitete, ist auch im modernen Strafvollzug, ist in den Erziehungshäusern und nicht zuletzt in der gesamten Jugendpflege spürbar geworden. Will es heute zur letzten aller »Moden« werden, diese Dinge anzuzweifeln, dann versuche man doch, sich vorzustellen, wie es ohne sie wäre.

- So beantwortet sich für dich die Frage nach dem Sinn der Jugendbewegung?
- Muß ich mir noch mehr darunter vorstellen?
- Vielleicht gilt da das Wort von Georg Christoph Lichtenberg, der meinte, gerade die Professionisten wüßten oft das Beste von ihrer Sache nicht.

- Alles, was du angeführt hast - Respekt, Respekt. Doch etwas fehlt. Siebentausend Gefallene, sagtest du, habe der erste Weltkrieg dem Wandervogel zugemutet. Ein fürchterlicher Aderlaß. Siebentausend für immer in ihrer Jugendgestalt festgehaltene Kämpfer für einen Glauben, der der eure war. Zeugen dieses Glaubens. Endgültige Zeugen. Erzwingen sie nicht eine andere, eine zusätzliche Sinndeutung?

Betrachte die zeitgeschichtliche Lage des Wandervogels. Mit euch zugleich kam in der deutschen Dichtung die neue Klassik zum Durchbruch. Ich nenne die Namen, die jeder kennt: George, Schröder, Borchardt, Rilke, Däubler, Hofmannsthal! Euer Aufbruch fiel mit dem Wirksamwerden ihrer ersten Werke zusammen. Und als Mitgeborene zogen neben und mit euch all jene Großen des deutschen Expressionismus der Stunde ihres Ruhms entgegen. Franz Marc, Ernst Barlach, Morgner, Trakl, Macke, Kirchner, Johannes Sorge, Jünger, Otto Braun, Georg Heym. Vollzog sich das alles nicht in der gleichen Woge?

Und kam in der deutschen Jugendbewegung nicht die letzte und höchste Strebung der deutschen Romantik zum Zuge? Die schöne Forderung des Novalis nach einem »magischen Idealismus«, fand sie nicht im Wandervogel Verwirklichung? Dies wäre - meiner Einsicht nach - das Wort, dem jedes Opfer zugeordnet ist, das von der Jugendbewegung gefordert wurde, sei es in den Weltkriegen, sei es in den Revolutionen oder in den Ausrottungslagern der Diktaturen bis heute hin. »Magischer Idealismus«, das gibt ihrem Sterben Würde. Und für uns Nachlebende ist es der alles einschließende Begriff, der uns das Weitermachen des Vollendeten ermöglicht. Der Wandervogel, das war »magischer Idealismus«. Und was es Gutes geben kann in dem, das da kommt, es kann nur heißen: Magischer Idealismus.

Nachkriegswehen

Runde: Autor, Herbert

- Dazu willst du, Herbert, als einer der Jüngeren unter uns Älteren und Alten, etwas sagen. Mit dir tritt jene Generation in unsern Kreis, die bei Ende von Weltkrieg I vierzehn- und fünfzehnjährig war. Ich vermute, daß es dir nicht ganz gefiel, wie ich da die archaische Phase des Wandervogels abschloß.

- Diese Einordnung, die du da wagst, steht sie nicht unter den Aspekten des Wortes von der »Geschichte als Sinngebung des Sinnlosen«? Und auch, daß deine Einordnung schön ist oder schön sein könnte, nimmt ihr nicht den Beigeschmack des poetischen Behelfs. Ich will ein Bild zu geben versuchen von der Lage eines Jungen, dem du, deiner Terminologie entsprechend, gewiß auch die Prädestination zur Waldverwandtschaft zubilligen würdest und der auch tatsächlich wenig später in der - wie sagtest du - klassischen Periode der Jugendbewegung ans rettende bündische Ufer gezogen wurde. Aber erst, nachdem die Früchte des Zorns aus der archaischen Periode gepflückt worden waren. Die Früchte des Zorns oder, sollten wir nicht ehrlicher sagen, des Unvermögens?

Und die Blaue Blume, das weiche, ungreifbare Wesen der Romantik, wurde dann so mit den Jahren bis 1933 hin ja langsam immer strammer und strammer. Und wieder wurden die Früchte des Zorns fällig. Doch ich will dort verweilen, wo wir den Faden der Erörterung verließen. Jener Junge also, ich bin es selbst gewesen, und was ich mitteile, hat somit Belegcharakter.

Mein Vater war als verbitterter Kriegsgegner von der Front zurückgekommen und schob alle Schuld dem Kaiser zu. Für meine Mutter war der Gedanke des Kaisertums der ruhende Pol in der Erscheinungen Flucht. Die Auseinandersetzungen der Eltern füllten die Abende und die Nächte, wurden schärfer und böser von Mal zu Mal, bis sie sich auf Scheidung einigten. Sie waren auseinandergekommen. Die lange Trennung hatte Einsichten gezeitigt, die in ihrer ehelichen Gemeinsamkeit nicht mehr unterzubringen waren. Die letzte Einigkeit, die noch zustande kam, war die über den Scheidungsgrund. Meine Mutter nahm die Schuld - eine fiktive Schuld, um dem Scheidungsrecht zu entsprechen - auf sich. Ich wurde meinem Vater zugesprochen. Für mich war das keine Lösung. Ich geriet vielmehr zwischen alle Stühle. Verlotterte unter dem Regime einer seelisch dürren Hausdame, wurde wegen Versagens auf der Schule in eine landwirtschaftliche Lehre in Mecklenburg gesteckt, kam dort zu nichts, brannte durch und landete, knapp siebzehnjährig, in Hamburg im Wartesaal des Dammtorbahnhofs. Das war damals nach Weltkrieg I der Treffpunkt der Gescheiterten und Arbeitslosen. Hier übernachtete man auf Holzbänken und wies der Kontrolle eine aufgelesene Fahrkarte vor. Hier war morgens Stullenbörse, das heißt, die beruflichen Klinkenputzer kamen von ihrer Klingelfahrt zurück und schütteten die Dividende ihres Tuns aus. Mehr oder weniger appetitliche Brote konnte man für Tabak, Socken u.a. eintauschen. Es war eine fürchterliche Gesellschaft von grau und gelb vergilbten Existenzen. Alle Jahrgänge. Hier kamen die bedenklichsten Verabredungen zustande: Wie man »ein Ding drehen könne«, wurde hier ergründet. Wie man diese oder jene Villa in Blankenese »auslöffeln« könne, wurde durchberaten. Der Sexualmarkt blühte. Auf den düsteren, stinkigen Aborten des damaligen Dammtorbahnhofs fand man die sonderbarsten Angebote notiert, mit Adresse und zweckdienlich illustriert: die merkwürdigsten Verabredungen ins Blinde hinein, wobei der erhoffte Partner mit Kennworten verlockt wurde. Die ganze Welt, von hier aus erlebt, war grau, muffig, stinkig, öde und von der Suche nach Fraß, von der Sorge um eine Schlafstelle erfüllt. Schlafstelle, sagte ich. Ja, da war besonders eine, die ich nicht vergessen kann, die aber meinen Weg in bessere Gefilde bestimmte. Es entstanden dort im Wartesaal 3. Klasse bald Vertrauenscliquen. Man lernte sich so auf die Wochen hin allmählich kennen. Kameraderien bildeten sich, wenn auch nicht Freundschaften.

Durch solche Beziehungen kam ich zu meinem ersten brauchbaren Schlafquartier. Es befand sich in der Hamburger Altstadt, im sogenannten »Gängeviertel«. Eine Privatwohnung von außen, war es von innen ein Nachtasyl ohne behördliche Genehmigung. Um den Kontrollen der Polizei keinen Anhaltspunkt zu bieten, mußte man am Tisch sitzend, Kopf auf den Armen, schlafen. Wir waren durchweg acht bis zwölf Personen, gelegentlich tauchten neue Gesichter an Stelle von anderen auf, die »verschütt gegangen«, das heißt bei irgendeinem Delikt erwischt und eingesteckt worden waren. Man war gehalten, sich als Freund der Wohnungsinhaber auszugeben. Man konnte einen Schlummerpunsch bestellen, mit irgendeinem tauschwertigen Gegenstand bezahlen, und dann durfte man bis gegen Morgen einen Schlaf genießen, der dauernd von neu Ankommenden unterbrochen wurde. Noch habe ich das endlose Redegemurmel zugegen, das am müdigkeitsverhüllten Ohr vorbeiströmte. Als wunderliches Spiel, oder als eine Art Gepflogenheit, hatte es sich durchgesetzt, daß man aus dem Silberpapier von Zigarettenpackungen (unendlich wurde dort gequalmt) kleine Kelche formte, indem man sie über dem Finger zurechtdrückte. Diese Kelche wurden dann mit ihrem Fuß an die niedrige Stubendecke geklebt. Und die einigen Hundert Kelche, die dort als silbrige Stalaktiten hafteten, zeugten von der unbeschreiblichen Lebensverödung, vom sinnlosen Verschleiß unendlich vieler Nachtstunden. Und jede Nacht kamen mehrere dazu. Immerhin, man gewöhnte sich, man schlief sogar, man kam morgens zwar mit gänzlich ertaubten Gliedern auf die Straße, aber die eisige Hafenbrise wischte einem das Welke vom Gesicht. Wie gewohnt, ging ich zum Frühstück in den Dammtorbahnhof. Und danach setzte sich mein Streben nach dem »Höheren« durch. Ich ging zu der Straßenbahnhaltestelle vor dem Bahnhof, hüpfte im letzten Moment vor der Abfahrt auf den hinteren Kuppelungspuffer und segelte luftig die Rothenbaumchaussee hinauf.

Die nächste Station, wo ich verschwinden mußte, um nicht den Schaffner zu reizen, war das Völkerkundemuseum. Ich ging hinein, um die Zeit bis zum Mittag totzuschlagen, und kam mir selbst dabei auf die Spur. Die Vorgeschichtsabteilung dieses Museums, reich beschickt und unter der Wartung von Prof. Schwantes stehend, zog mich von Besuch zu Besuch stärker an. Mit Bleistift und aus Kübeln aufgelesenen alten Schulheften fand ich mich schließlich vor den Glasschränken als einen jungen Menschen wieder, der leidenschaftlich gern zeichnete. Es waren die Urnenfunde aus der Umgebung von Hamburg, die mich - warum, ist ja in solchen Fällen nicht auszumachen - wunderbar reizten. Ich zeichnete ihre Formen, die Ziernarben, die Bandmuster. Ich fing an, mich in dem Gegenstand meines Interesses auszukennen. Ich fiel den Aufsichtsbeamten auf, schließlich den wissenschaftlichen Mitarbeitern des Museums. Meine Blätterernte, bedeckt mit exakten Urnenporträts, wurde herumgereicht. Man half mit Belehrung nach, weckte mit meiner Verständigkeit den Verstand und den Durst nach Wissen. Aber die äußeren Bedingungen meiner Existenz blieben, wie sie waren. Und so kam ich, gefördert durch die bedenklichen Gespräche der Wartesaalganoven, für eigene moralische Unkosten auf sonderbare Ideen.

Inzwischen hatte sich bei mir ein Gespür für Vorgeschichte und ihre Hinterlassenschaften entwickelt. Ich fuhr, vom Gelernten geleitet, in die Heide. Grub mit einem alten Pionierspaten Quergräben durch die Hügel, die ich als Hünengräber identifizierte. Fand hin und wieder Urnenscherben. Setzte sie mit der Kunst, die ich in den Arbeitsräumen des Museums gelernt hatte, zusammen. Verkaufte das Ergebnis an Liebhaber. Geriet in den Antiquitätenhandel. Bekam Geld in die Hände. Und baute meine Passion nach der negativen Seite hin aus. Mit Sonntagskarten, die ich jeweils über ganze Monate zu erstrecken wußte, fuhr ich in Gegenden, die schwanger waren von Vorgeschichte. Ich ermittelte in der Heide einen Tongraben, fing an, prachtvoll echte Urnen selbständig herzustellen, rieb sie mit dem Dung von Kühen ein, wusch sie, brannte sie im Lagerfeuer, zerbrach sie auf echt hin, klebte sie zusammen und erzielte schöne Summen beim Verkauf. Musterung und Form, die Buckelhenkel, die handfluidale Machart, Verwitterung, alles war höchst gekonnt hergestellt. Womit ich hereinfiel, war einzig die Sonntagskarte, die dem Zugkontrolleur nicht mehr von glaubwürdiger Frische zu sein schien. Er entdeckte, daß die alte Lochung, das eingepreßte Datum mit gefärbtem Brotteig eingeebnet waren. Um die Sperre zu passieren, hatte ich nämlich immer eine alte Bahnsteigkarte vorgewiesen. So konnte ich die Sonntagskarte zurückbehalten. Eine Verwarnung ohne schlimme Folgen im Büro der Bahnhofspolizei heilte mich von dieser Abirrung. Auch von der anderen zugleich.

Urnen herzustellen, war mir jetzt vergällt. Mein nächster Schritt zur Selbstentdeckung war das Schwarzhören an der Hamburger Universität. Ich hörte, in Kleidern, deren Anschaffung mir der beibehaltende Handel mit Antiquitäten ermöglichte und die mich als jungen Studenten, mindestens als Werkstudenten glaubhaft erscheinen ließen, bei Panofsky Kunstgeschichte und bei einem wunderlichen Mann, namens Wolff, Shakespeare-Kollegs, die mit zum Fesselndsten gehörten, was ich je seither über den englischen Dichter erfahren konnte. Das ging so lange gut, bis ich bei einer Ausweiskontrolle vor der Tür des Hörsaales hereinfiel. Zurückgewiesen und verwarnt, gab ich das Schwarzhörertum auf und landete wieder im Dammtorwartesaal, schlief wieder mit dem Kopf auf dem Tisch, aß wieder zweifelhafte Brote und studierte gedankenlos Adressen im Abort. Aber mein Schicksal war unterwegs, um mich endlich zu finden. Es hatte Witterung genommen und saß mir an der Fährte.

Ein junger Mann, ähnlich schuldlosen Gesichts wie ich, tauchte in der Dammtorrunde auf. Ich führte ihn in die Schlafmöglichkeit im Gängeviertel ein. Er verfügte über eine bessere, war arbeitsloser junger Schauspieler und hatte in seinen Kreisen die Anschrift eines Philanthropen erfahren, der in Flottbek wohnte und begabten jungen Leuten half. Wir riskierten unsere letzten Inflationstausender und fuhren hin. Ein älterer Herr empfing uns, lud uns zum Frühstück in den Garten seiner Villa, stellte uns seiner Stütze vor, einer sehr besorgt aussehenden Dame. Sie schien die dauernden Enttäuschungen, die dem Hausherrn mit seinem ehrlich hilfreichen Wesen widerfuhren, stärker zu verspüren als er selbst. Er nun war der Verleger einer Zeitschrift »Der Wanderer«; gehörte, was uns beiden in der Folge alles zum vertrauten Begriff werden sollte, dem Kronacher Bund an, unterhielt ein überaus gastfreies Haus, fast schon so etwas wie eine private Jugendherberge, in dem die Kellerräume und die Dachkämmerchen durchweg für Besuche von Wanderern eingerichtet waren und offenstanden. Mitarbeiter seiner Zeitschrift trugen Namen, dessen Bedeutung mir erst nach und nach aufgehen sollte: Hesse, Busse, Otto Ernst, Friedrich Huch, Ludwig Bäte usw.

Der Verleger des »Wanderers« (Walter Serno war sein Name) nahm mich übrigens mit zu jenem Bundestag der Kronacher, bei welchem Muck Lamberty zum Zuge kam und seine »Neue Schar« formierte. Daß ich nicht wagte, mich anzuschließen, gehört zu meinen versäumten Taten, die zu betrauern ich nie aufgehört habe. Das Leben und Weben der Kronacher, die den Silberreiher in einem kreisförmigen, statt wie der WV in einem rechteckigen Abzeichen trugen, war eine Art von bürgerlich gewordener Jugendbewegung. Als ihr bedeutsamster Mann ist mir »Cölner«, Otto Schönfelder, in Erinnerung geblieben. Er führte einen ausgetretenen Soldatenschuh als Symbol im Wimpel. Er brachte Sachlichkeit und männliche Schlichtheit zu Ehren. Walter Serno versuchte dann, meinen Freund, den Schauspieler, an Erich Ziegels Hamburger Kammerspielen unterzubringen. Ohne Erfolg allerdings. Er machte mich mit dem Leiter des Freideutschen Hauses in der Johns-Allee bekannt. Und er konnte mich in der dazugehörigen Buchhandlung als Helfer unterbringen.

Das Schicksal hatte mich eingeholt. Es war ein günstiges. Ich fraß mich durch Berge von Literatur hindurch und gelangte in wenigen Monaten bis zu Stefan George. Ich las Spengler, Ernst Droem, vor allem Fuhrmann, etwas später Däubler. Die geräumige Buchhandlung war meine Bibliothek geworden. Der Geschäftsleiter - Addis Kröppelin hieß er - ließ mich gewähren. Die schönsten Stunden verlebte ich, wenn er nicht da war, mir dieses ganze etwas staubrüchige Reich allein zugehörte und ich als Chef die zahlreichen Wandervögel empfangen konnte, die dort ein- und ausgingen, Kunstgewerbe betrachteten oder Fahrtenkittel bestellten (das war alles mit einbezogen). Es waren in der Hauptsache Freideutsche, die dort verkehrten, also Menschen, die nach wie vor an der Formel vom Hohen Meißner hingen und nach ihr zu leben trachteten. Liebenswürdige, lebendige, äußerst interessierte Menschen. Ich fand den Spruch

Blühers nicht bestätigt, der über die Freideutschen urteilte: Es gäbe Männer und es gäbe Freideutsche, aber den freideutschen Mann gäbe es nicht.

Die Blaue Blume gedieh nicht reichlich am Weg dieser Menschen. Sie übten Berufe aus, hatten ihr Heim, Frau und Kinder, liebten Geselligkeit, pflegten Hausmusik, liebten Theater und Bücher, unterhielten Kreuz- und Querverbindungen zur Jugendbewegung aller weltanschaulichen Schattierungen von links bis rechts. In ihre Kreise hineingeraten zu sein, bedeutete für mich Selbstfestigung, Lebensgewißheit, Vergnügen am freien Schaffen. Einer von ihnen hieß Hermann Pörzgen, dazumal Student, mit der Absicht, Publizist zu werden. Ihm danke ich das Zustandekommen einer für meinen weiteren Weg entscheidenden Einsicht. Der Umgang mit Büchern hatte mir eingegeben, selber Schriftsteller werden zu wollen. Pörzgen sah sich meine Zeichnungen, er sah sich meine ersten Gedichte an. Er sagte: Die Feder bietet unter allen Kunsttätigkeiten den geringsten Widerstand. Das Handwerk des Malers fordert Anstrengung und fördert damit die Kraft. Das kluge Wort ließ mich erkennen, was mir frommte. Freunde brachten mich an die Kunstgewerbeschule am Lerchenfeld. Sie sorgten dafür, daß ich ein Stipendium erhielt. Mein Ziel war Werbegraphik. Ich erreichte es. So wurde mir die handwerkliche Kunst zur Wesensheimat, das Bündische zum bestimmenden und formenden Ereignis meines Lebens. Die Existenz, das Dasein in der Pflicht, der Aufbau einer kleinen Familie glückten mir, weil ich - ohne je »eingetragenes« Mitglied zu sein - immer im Bündischen verblieb, sei es in welcher Lage auch immer. Nie sah ich um mich herum, bei Berufsgenossen, in anderen gesellschaftlichen Rängen, Freundschaften so unverbrüchlich sich erhalten, wie bei den alten Wandervögeln. Diese nun immer mehr zur Insel sich verringernde Schicht wird mich als einen ihrer Letzten von hinnen gehen sehen.

ZWEITER TEIL

Und es tänzeln Mädchen durch das hohe Gras,
sammeln Zweige, Kleidersaum wird naß.
Weht der Wind mild und ...

Qualmt das kleine Ofenrohr am Wagendach,
Pferdchen schütteln Silberschellen sacht.
Weht der Wind mild und ...

Hebt ein Singen vor des Wagens Fenster an,
schallt so heiter durch den düstern Tann.
Weht der Wind mild und ...

Worte und Weise: Werner Helwig

Die neu hinzu geladenen Freunde des zweiten und dritten Teils der imaginären Tafelrunde

Hussa:	Fata morgana des Autors
Hans Wolf:	Gewährsmann für Berliner WV-Zustände in den zwanziger Jahren
Enno Narten:	Sozial-Idealist, Tatmensch, Ludwigsteinbegründer
Robert Götz und Walter Gättke:	Meister der Lieder und der instrumentalen Ordnungen, auch Poeten
Robert und Karl Oelbermann:	Bundesführer des Nerother Wandervogels
Franziskus:	Jüngster der Tafelrunde
Wilhelm Geißler:	Expressionist, Grafiker, Kunstpädagoge
Georg Stephan:	Wortführer des Pfadfindertums
H.W. Fichter:	Urpfadfinder
Walther Jansen:	Michael - Führer des deutschen Pfadfinderbundes
Karl Seidelmann:	Musikpädagoge, Gewährsmann für die Entwicklung der Freischar
Tusk:	Schöpfer der dj.1.11
Teut:	Pädagoge, Begründer der Jungentrucht
Fred:	Begründer des Grauen Corps

Kronacher Heimkehr und Wiederfinden / Muck Lamberty und seine Neue Schar Intoleranz gegenüber Käuzen

Runde: Autor, Ernesto

- Und nun erzähle du, Ernesto, wie es weiterging.
- Die Überlebenden versuchten sich in eigenen Verbänden zusammenzuschließen. Es bildeten sich »Landsgemeinden«, die meistens aber nur eine kurze Lebensdauer hatten. Im Jahre 1920 zu Pfingsten fand dann das große Treffen der Heimgekehrten in Kronach statt, und der Kronacher Bund wurde begründet.

Ich selbst konnte an der Tagung nicht teilnehmen, aber ein Freund gab mir auf meine Bitte einen genauen Bericht. »Wir hatten - das sind seine Worte - bei der Einfahrt des Zuges in Kronach alle singen und jubeln wollen, aber als wir nun da waren, da blieben wir still und sahen nur mit großen Augen die Hunderte und aber Hunderte, die auf dem Bahnsteig standen, und die frohen Gesichter all derer, die vor dem Bahnhof uns erwarteten. Das war ein Gerufe und ein Jubeln! Da begrüßten sich zwei, die lange Jahre im Felde zusammen Leid und Freud durchkostet hatten, da einige, die zusammen in der Gefangenschaft vom deutschen Wandervogel gesprochen und sich nach ihm gesehnt hatten, dort drüben grüßte einer den andern: ›Mensch, dich kenn' ich doch vom Hohen Meißner!‹- und wieder ein anderer hatte mit einem Freunde, den er hier wiedersah, in den belgischen Ardennen eine Nacht Angst vor Wölfen gehabt. Sie alle trafen sich hier in Kronach, alle waren noch und wollten bleiben, was sie gewesen waren: Wandervögel!

... Am Pfingstsonntag Beratungen. Dankwart Gerlach legte kurz und klar die bisherigen Arbeitsergebnisse dar. Seine und der Ältesten Vorschläge gipfelten in den fünf Kronacher Leitsätzen der alten Wandervögel:

1. Wir wissen, daß wir aus den gleichen ewigen Quellkräften leben.
2. Damit ist, seitdem der Wandervogel lebt, der Bund der Älteren gegeben.
3. Eine Formel, die diese Tatsachen begrifflich festlegt, brauchen und wollen wir nicht.
4. Unsere innere Verbundenheit soll sich nunmehr bewußt ausleben.
5. Als besonders dringende Aufgaben nehmen wir zunächst in Angriff: Anlage einer umfassenden Kartei. - Bleibenvermittlung. - Berufliche Beratung und Unterstützung. - Wirtschaftliche Zusammenschlüsse.

Abends auf dem Marktplatz. Die brennenden Fackeln fallen auf dem Feuerhaufen zusammen. Heiliges Feuer! Karl Fischer spricht. Ernst und still ist er geworden in den langen Jahren harter Kriegsgefangenschaft. Wir versprechen ihm innerlich, treu zu ihm und seinem, unserm Wandervogel zu halten.

Den Abschied brachte der Dienstag. Keiner wollte fahren. Aus den abgehenden Zügen wehen Fähnlein in allen Farben. Sie flattern davon in die Heimat, winken Kronach und den Bundesbrüdern die letzten Grüße. - Die Sonne, die uns in Kronach so helles Licht auf den Weg warf, sie soll uns ein ganzes Jahr Freude geben und Kraft in Beruf und Alltag.«

Zum Sprecher des Kronacher Bundes der alten Wandervögel war Otto Schönfelder, genannt »Cölner« (1893-1944), gewählt worden. Die Kronacher Tagung hatte noch ein Nachspiel: Ein Drechsler, im ganzen Wandervogel unter dem Namen »Muck« bekannt, zog mit fünfundzwanzig jungen Männern und Mädchen von Kronach aus durch Thüringen. Der Weg führte über Coburg-Sonneberg-Rudolstadt-Jena-Weimar-Erfurt-Gotha-Eisenach. Überall hielt Muck Ansprachen an alle, die es hören wollten, teilweise sogar in Kirchen. Die » Neue Schar« verteilte Zettel, auf denen zu lesen stand:

Bursche, laßt was flattern, wehen,
Tut mir doch nit so gesetzt!
Bissel stürmisch muß es gehen,
Soll was Freudiges geschehen,
Tut was, was die Leut entsetzt!
Tut mir nit so vereist!
Glut ist Geist!

Weiter hieß es: »Acht Tage lang habt ihr euch auf dem Vogelschießen Bauchtänze und andere seichte Sachen alter ›Kultur‹ zeigen lassen, habt Dreck geschluckt und eure Ohren und Sinne durch Drehorgeln, allerlei Blödsinn, seelenlosen Kram betäuben lassen. Alles andere - nur kein Sichfreuen, Sichkennenlernen, kein gesundes, herzhaftes Fröhlichsein, kein Volksleben! - Wir wollen in den Tagen, da wir bei euch sind, mit euch leben und kämpfen gegen Vergnügungen aller Art, die die Jugend ausbeuten an Leib und Seele aus Geldinteressen, und rufen euch auf, die Tage mit uns zu verbringen in rechter Fröhlichkeit. Das soll aber nur der Anfang sein, wir wollen mehr als spielen! Wie wir mit euch leben wollen, seht ihr auf der Umseite.«

Auf dieser »Umseite« las man: »Wir wollen von ... bis ... bei euch bleiben. Wir zeigen euch Tanz und Volksspiele auf dem ...-Platz, und zwar spielen wir:

Morgens, 9 Uhr: mit den Kindern gutgeleiteter Schulen.
Nachmittags, 3 Uhr: mit den Großen.
Am Sonntag, 10 Uhr, 2 ½ Uhr und 7 Uhr: allgemeines Treffen mit groß und klein zum Spiel und zur Aussprache.

Zum letzten Tag wird die Feier in der Kirche oder gegebenenfalls die Rede in einem Saal angegeben mit dem schon genannten Thema: Revolution der Seele. Alle jungen und jung gebliebenen Menschen rufen wir! ... Zur Deckung der Unkosten gebe jeder ein Scherflein!«

Denselben Stil hatte auch Mucks Ansprache, die er - angeblich überall die gleiche - in jeder Stadt hielt. Leute, die ihn selbst gehört haben, versicherten mir, er habe auf seine Zuhörer eine faszinierende Wirkung ausgeübt.

Zu den angekündigten Tänzen kamen Neugierige, Kritische, zumeist aber jugendliche Begeisterte. Das sichere Auftreten der Schar zog immer mehr Menschen in den Kreis. Jeder wurde mit »Du« angeredet. Diese Tänze hatten eine unglaubliche Wirkung. Auch die zunächst Widerstrebenden wurden mit in den Strudel gerissen, es war, als sei die Zeit der Flagellanten und der kultischen Tänze wiedergekehrt. Alles, ob katholische Waisenkinder, ob evangelische Jungfrauenvereine, ob Erwachsene, ob Halbstarke, ob Proletarier oder Adlige - alles wurde von der Tanzwut ergriffen, sogar leibhaftige Prinzessinnen sollen mitgemacht haben. Und zog die Schar weiter, wurde sie von vielen Begeisterten noch kilometerweit begleitet. Was an Arbeiten zum Lebensunterhalt anfiel, leisteten die Burschen und Mädchen der Schar selbst.

- Und wie ging die Geschichte aus?

- Traurig! 1920 war eine politisch hoch gespannte Zeit, und so konnte es nicht ausbleiben, daß Muck und seine Leute bald beschuldigt wurden, im Auftrage irgendeiner Partei Propaganda zu treiben - für die Linken waren sie geheime Kapp-Putschisten, für die Rechten aber von Juden und Russen bestochene Kommunisten. Das alles wäre nicht so schlimm gewesen, aber Muck, die Seele des Ganzen, zeigte, daß er im Grunde kein Führer war, sondern ein Verführer. Die jungen Mädchen seiner Schar wurden seine Opfer.

Schließlich landeten alle auf der Leuchtenburg und nannten sich nun die »Handwerkerschar«. Unter Mucks Leitung wurde eine Drechslerei eingerichtet, die Leuchter und anderes Kunstgewerbliches herstellte. Die Gemeinschaft wollte sich auf diese Weise ein wirtschaftlich selbständiges Dasein schaffen. Eines Tages kam es zu einem ziemlich peinlichen »Verhör« auf der Leuchtenburg, und die Schar, die bereits zusammengeschrumpft war, mußte die Burg verlassen.

- Ich stelle bei dir eine von damals her bis heute unverändert frisch gehaltene Voreingenommenheit gegen Typen und Erscheinungen der Jugendbewegung fest, ohne die es viel weniger Merkwürdiges zu berichten gäbe. Du gibst damit selbst ein Beispiel für all jene der Jugendbewegung von Anfang an kostbaren Zerwürfnisse, Konflikte und Fehden.

Mir begegnete Muck Lamberty mit seiner Schar in Thüringen. Es war in den zwanziger Jahren. Mir schien es wie ein Kreuzzug der Fröhlichkeit. Jünglinge und Mädchen machten aus trägen Kleinstädtern im Handumdrehen lebendige, heitere Menschengemeinden. Muck predigte Fröhlichkeit und »innere« Wahrhaftigkeit (ein ausgesprochen jugendbewegter Begriff, der 1913 auf dem Hohen Meißner formuliert wurde) von den Kanzeln der Kirchen. Und heute noch ist diese einmalige Begegnung zwischen Kleinstädtern und Wandervögeln von solchem Glanz umgeben, daß sich alte Leute ihrer wie einer kostbaren Legende erinnern. Man konnte in den Wirtsstuben von Coburg, Gotha, Jena, Möbisburg noch lange davon erzählen hören. Und was ist denn wichtiger, als daß in der öden Geschichte der Gegenwart heitere Dinge geschehen, die man sich erzählen kann? Erlauben wir uns also die Abschweifung, hier den zeitgenössischen Bericht anzufügen, den der brave Erfurter Pfarrer Adam Ritzhaupt 1921 im Verlag Eugen Diederichs über den umstrittenen Muck veröffentlichte:

Er sagt das Allereinfachste der Welt: Gut sein, einander helfen, nicht hassen und zerstören, so ähnlich wie es auf dem Zettel steht. Er ist echtester Volksredner, höchst anschaulich, mit den Wendungen »da war einmal ...«, »das habe ich einmal ...«, derb, witzig, redet den einzelnen an: »Wieviel gibst du aus für Zigaretten, für Bier?« Man lacht, man gibt ihm recht. Aber er redet auch leidenschaftlich in Anklagen, redet gedankenreich, wenn er gegen Materialismus spricht, von religiöser Erneuerung, von der Pflege des Edelmenschlichen. Da und dort tritt einer mit spitzer Rede gegen ihn auf; er schüttelt ihn rasch ab, und begossen geht einer davon, manchmal verhöhnt oder sogar bedroht von den Umstehenden. Besonders wenn einer die Lauterkeit der Sache zu verdächtigen wagt. Unterdessen weiten sich die Kreise. Zehn, fünfzehn breiten sich über den Platz aus. Was singen sie? Durchweg Lieder von Minne und Liebe. Die Glieder der Schar selbst schreiten manche Tänze mit Andacht; denn Andacht soll bei den Tänzen sein. Mit reinen Händen sollen sich die Tanzenden anfassen.

Die Dunkelheit kommt. Plötzlich brechen die Kreise ab. Die Scharen wälzen sich den hohen Domstufen zu und die Stufen hinauf. Der Dom hat verwundert dem Spiel zugeschaut. Er hat schon viel gesehen, zuletzt den Aufmarsch der Revolution; aber so etwas Verwunderliches, Unkriegerisches hat er auf dem weiten Platz zu seinen Füßen noch nie gesehen. Es sind keine zwei-, dreitausend mehr wie am Nachmittag, es sind fünf-, sechstausend geworden am Abend. Auf den Altan des Domes kommen die Massen nicht. Gewuchtig trennt das eiserne Tor die Welt ab von dem Heiligtum der katholischen Kirche. Die Kirche hat ihre eigene Majestät und braucht nicht die Hilfe der unberufenen Menschenkinder. Ich habe noch nie einen so starken Eindruck von einer in die Höhe wachsenden Menschenmenge gehabt, so packend theaterhaft wie hier die Massen, die sich in den dämmernden Abendstunden die Treppen hinauf zwischen die mächtigen Monumentalbauten des Mittelalters hinaufgelagert hatten. Und über uns ein wolkenloser, noch lichter Himmel.

Auf den obersten Stufen lagert die Schar um ihr blaues Fähnlein. Die Menschen, groß und klein, hocken auf den Treppen. Auf dem Platz breitet sich die Menge aus, an den Rändern sich lockernd, verzackend und hineinverlierend in die stilleren Straßen. Lieder heben an. Zuerst das Lieblingslied der Schar »Die Gedanken sind frei«. Ich kann es nicht mitsingen, ich höre es zum erstenmal. Was ist das für eine kühne Weise! Aber dann kommt eines, das kann ich: »Am Brunnen vor dem Tore«. Das singen alle mit, auch der Arbeiter neben mir, sicher ein ganz Roter. Ach, wie schön ist dies Lied, wie schön, wenn es so recht von allem Volk, von vielen

Tausenden gesungen wird. Dann kommen wieder Lieder, die ich nicht kenne. Unterdessen sieht man immer wieder hinauf nach der sogenannten Tetzelkanzel, die am Altan hängt wie ein Schwalbennest. Dort sind doch auf irgendeine Weise Leute hingekommen, von dort aus wird Muck Lamberty sprechen. Man wartet, wenn auch die Zeit nicht lang wird; denn man hat so viel zu sehen und so viel zu sinnen, was das alles bedeuten soll. Mit einemmal wird es stille. Muck redet. Die Akustik ist glänzend, die Worte klingen weit hinein bis in den Domplatz.

Er spricht zuerst persönlich: Daß man nicht hetzen möge gegen ihn, daß man nicht an äußeren Dingen herumkritisieren soll, man solle lieber mithelfen, das Volk frei machen von allem Bösen und Häßlichen. Es gäbe zweierlei Menschen, die einen wären die Geistigen, die anderen die Proleten, die einen die Lebendigen, die anderen die Toten. Er spricht von den kalt Geistigen, von den Absteigenden, den Kasten und Parteimenschen. Aus den kranken Tagen der Zivilisation ruft er das Volk heraus zur Genesung in der Natur. Zurück zu Gott. Die Jungen sollen die neuen Wege weisen durch ein Leben nach den Gesetzen Gottes, durch harte Zucht, Arbeit und Not, damit die Heimat genese und nicht noch größere Not komme. Er spricht auch von Jesus, der die Wucherer und Schieber aus dem Tempel getrieben habe, und droht, wenn man ihnen zu frech komme, dann wüßten sie auch, ihre Fäuste zu gebrauchen. Haben so nicht auch einmal die Mönche gepredigt, die Buß- und Volksredner aus dem Mittelalter? Hat so nicht Abraham a Santa Clara geredet, so derb spielend mit den Wörtern, so grob, so bilderreich? Muck schließt ohne besonderen Effekt: Jetzt geht heim, morgen abend kommt in die Barfüßerkirche.

Erfurt wird die Blumenstadt genannt, was man nicht merkt, wenn man durch Erfurt geht. Aber an jenem Augusttag merkte man es, daß es in Erfurt viele Blumen gibt. Bekannte Gärtnereien hatten sie in Überfülle geschickt. Es war schon ein Fest, zu sehen, wie am Morgen die Burschen und Mädchen der Schar der Kirche ihren eigen erdachten Schmuck gaben. Warum haben wir so etwas noch nicht gemacht? Es war die Zeit der Astern. Die Astern wurden in kürzester Zeit zu Kränzen gewunden. Mit staunenswertem Form- und Farbensinn wurden die Blumen angebracht, über die Kanzel, die Orgelempore, um die mächtigen Säulen gewunden. Lauter dicke, schwere Girlanden von roten, weißen, violetten Astern. Aus dem Wald hatte die Schar am frühesten Morgen Eichenlaub geholt. Das wurde zu einem Riesenkranz gebunden und unter der Orgelempore aufgehängt. Eine Stunde vor Beginn der Abendfeier standen Hunderte vor den noch geschlossenen Kirchentoren.

Als die Kirche eine halbe Stunde später geöffnet wurde, war sie im Nu gefüllt. Weit über zweitausend Menschen waren dicht zusammengepreßt auf den Gängen, um den Hochaltar, um die Orgel. Mit Mühe konnte man im Andrang der Menschen die Türen schließen, viele Hunderte kamen nicht mehr herein. Die Feier begann. Die hohen Gewölbe hinauf brauste der gemeinsame Gesang: »Ein feste Burg ist unser Gott«. Ein Bursche aus der »Neuen Schar«, genannt Utz, begrüßte: »Wir möchten euch in die Arme nehmen und mit euch schwingen«, »wir lassen uns tragen von den Schwingungen der Ewigkeit«, »wir haben den Glauben an den jungen

Menschen, der Gottes Schöpferkraft in sich trägt«, »wenn wir nicht aus überdinglichen Quellen schöpfen, dann bleibt unsere Arbeit leer und Geschwätz. Wir glauben an das Gute. Wir verschwenden unsere Kräfte nicht. Dieser Glaube gibt uns neue Kraft zur Arbeit.« Nach ihm singt die neugeworbene »Neue Schar« aus Weimar von der Empore her das Lied: »All mein Gedanken ...«Violine begleitet eine Oktave höher das einstimmige Lied. Überraschend wirkt der Chorgesang der Schar, die um das Lesepult herumsitzt. Klangschön, innig empfunden singen sie das Marienlied: »Meerstern, ich dich grüße«. Ein Marienlied in unserer evangelischen Kirche! Werden nicht die Geister der vorreformatorischen Zeit erwachen? Wie werden die Katholiken lächeln über diese Protestanten, die mit ästhetischem Wohlgefallen mittelalterliche Marienlieder singen. Und eine stille Genugtuung der Katholiken: »Wartet nur die Zeit ab, die Verirrten kommen wieder zurück.« Mit Gefühl werden die Marienlieder gesungen. Wir leben einmal in einer Zeit der Gefühle. Es war eine ganz andere Kirche, in der ich saß. Sie kam mir viel gotischer vor, als ich sie sonst empfand. Die Gotik wird bei unseren Abenden ausgelöscht durch die Gaslampen. Die Schar hatte die Laternen ausgelöscht und hatte Kerzen angezündet durch die ganze Kirche hin bis hinten hinaus an den Hochaltar.

Muck bekennt, was ihn treibt: »Wir sind Vorläufer. Sollen wir sagen, in wessen Auftrag wir kommen, so können wir nicht anders sagen als: in Gottes Auftrag. Wir fühlen uns berufen von Gottes Gnade.«

Er erzählt von seinem jüngsten Werden, wie er von den alten Wandervögeln herkommt, wie er unbefriedigt blieb, solange er von einer Idee in die andere gejagt wurde, wie er überall die Not der Menschen fühlt und dann sich entschließt, mit ein paar Freunden durch dick und dünn zu gehen und einfach der Welt zu sagen, was sie bewegt. Nicht um die wirtschaftlichen Dinge zu ändern, sondern einfach, um den Menschen spüren zu lassen, daß er Mensch ist. In Kronach, bei der Tagung der alten Wandervögel, sammelte er einige junge Menschen zum Aufbruch. Kein Verein sollte es sein; denn wir haben Vereine genug. Er brauchte ein paar Menschen, die den Mut haben, an Wunder zu glauben in dieser Zeit. Er erzählt, wie er im Erzgebirge auch mit dem Kommunisten Max Hölz zusammenkam, sich dann aber von ihm zurückzog, weil ihm die Gewalttätigkeit zuwider war.

Zusammen verdienten die jungen Leute ihr Brot durch Arbeit bei den Bauern. Schustern und Nähen können sie selbst. Die erste Gegnerschaft fand die Schar von seiten der Parteien und der katholischen Kirche. Sie wollten aber weder links noch rechts sein, sie suchten nichts als den Menschen. Von dem Zug durch Thüringen wird erzählt, wie man in Sonneberg auf Heimarbeit traf, die Schund herstellte, »den Dreck, den man Kindern schenkt«. In Rudolstadt haben sie die Kirmes gestört, denn die Menschen liefen zu ihnen. In Jena stießen sie mit den Studenten zusammen, in Jena, wo jeder sechste ein Haeckelianer ist, wo er ohnmächtig ist gegen die viele Intelligenz, die da sagt: »Ich verstehe dich nicht, ich bin nicht auf dich eingestellt«, oder die fragt: »Wieviel Intellekt hast du und wieviel Gefühl?« Die Studenten nennt er Saufbrüder, die Literaten »Gesindel«. In Weimar aber fand er viele »lebendige Menschen«. In

Erfurt hat er schwer zu kämpfen gegen den Unverstand des Klassengeistes. »Wir Proletarier spielen nicht mit Seminaristen«, sagt ein Arbeiter.

Einen breiten Raum nehmen die burlesken, an Abraham a Santa Clara erinnernden Kapuzinaden ein gegen die Wissenschaften, gegen das Literatentum, gegen die Scheinwissenschaften, die nur an totem Kram hafteten, die Käuflichkeit in allen wissenschaftlichen Berufen, das heißt gegen Wissenschaft und Beruf um des Geldes willen, gegen das Spezialistentum der Ärzte und Naturwissenschaftler. Hier gibt sich Muck seine ärgsten Blößen. Auch in späteren Reden machte er unbelehrt weiter dieselben Schlager und Späße und machte doch bald die Ernsthafteren bedenklich. Er redete über Dinge, von denen er nichts verstand. Aber er schien auf die Schlager, die ihm den Beifall der Unverständigen bringen, nicht verzichten zu wollen. Gut hingegen und beredt spricht er vom Meistertum, von der Wertarbeit an Stelle der Schund- und Massenarbeit. Wertarbeit ist geistige Arbeit.

Die Worte, die er über Liebe und Ehe sprach, waren es, die ihm das hohe Vertrauen in seine Ehrlichkeit und Herzensreinheit einbrachten. Der Wille zum Kind darf nur aus heiligem Wollen kommen. Das Kinderelend kommt von der Sünde der Eltern, die Kinder erzeugt haben ohne Liebe. Die Familie ist des Volkes innerster Kern. Aber das Familienleben muß die Eheleute hinaufführen zur edlen Menschwerdung, nicht herabziehen in die Gemeinheit.

Soweit Adam Ritzhaupt.

- Nach dem von dir, Ernesto, berichteten Krach auf der Leuchtenburg hatte sich Muck (der übrigens im Profil an einen George-Jünger erinnerte) in Naumburg niedergelassen. Er leitete dort eine große kunstgewerbliche Werkstatt, in der aus edlen Holzarten schöne Dinge geschnitzt und gedrechselt wurden. Ich war dort - selbst nach Handwerksburschenart reisend - mehrere Wochen sein Gast und verstand mich ganz gut mit ihm. Seit damals sah ich ihn nicht mehr. Er soll, dem Vernehmen nach, die Tausend Jahre ohne Schwierigkeiten überstanden haben. Heute ist er - im Kreise seiner Angehörigen und mit ihnen zusammen - wieder in großem Stil mit der Herstellung und dem Vertrieb kunsthafter Dinge aus Holz beschäftigt. Mit sieben Kindern wurde er gesegnet. An seine Vergangenheit erinnert er sich nur noch, sofern sie sich mit der Würde eines pater familias verträgt. Jedoch hat er (wie hieß die berühmte Formel im »Querschnitt« für dergleichen Anlässe?) »seine Jugend mit soviel Grazie und Esprit verlebt, daß wir uns auf die Arabesken seiner vieillesse verte freuen«...

Aber nicht nur Käuze gab es, auch schöpferische Einzelgänger, Pioniere, Erwecker. Hans Blüher ist, auf einer ganz anderen Ebene, einer von ihnen, und Silvio Gesell, der Geldapostel. Auch Eberhard Arnold fällt mir ein, der »radikale Christ«, der auf dem Refugium Sannerz in der Hohen Rhön mit seinen »Sonnenkindern« ein Leben der Brüderlichkeit lebte. Mit Günther Schulz zusammen, damaligem Fritz-Klatt-Adepten, späterem Nerother und heutigem Direktor der Volkshochschule Bremen, suchte ich ihn dort auf, gelegentlich einer Tippelei, die uns bis an die Grenze Italiens führte. Mehrere Tage waren wir Gäste Eberhard Arnolds, diskutierten (von unserer Seite her sehr durch Fuhrmann bestimmt) seine Siedlungserweiterungspläne. Er schenkte uns zum Abschied seine Bücher über die Urchristen mit handschriftlichen Widmungen. Ich aber entführte ihm - mit seiner Billigung -, was mir damals wichtiger war: die schweinslederne Erstausgabe der Dichtungen Michelangelos aus dem Diederichs-Verlag; ein Buch, das, dort offensichtlich mißachtet - mit Kinderbüchern zusammen in einem Haufen auf dem Boden herumlag.

Und dann der Kammerhof, der sich, für viele unbekannt, mit dem Namen des Malers Hermann Pfeiffer verbindet, und Loheland, und auch die Eden-Obstbausiedlung bei Oranienburg oder das Sylter Klappholttal mit seinen Uthlandkindern, 1919 von Ferdinand Goebel und Knud Ahlborn ins Leben gerufen und heute noch von diesen verwaltet. Es wären Bände zu füllen, um auch nur die Spuren aller bodenreformerischen, reformpädagogischen und sonstigen Eigenschöpfungen aus jugendbewegter Wurzel aufzuzeigen.

Das »Bündische« kündigt sich an

Runde: Autor, Kurt Heinrich, Hans Wolf

So begab sich also die letzte Phase der archaischen Periode des Wandervogels, oder, um es ohne Anspruch auf historische Richtigkeit auszudrücken, so wurde sie von einigen von euch empfunden. Den Übergang in die neuen bündischen Möglichkeiten, eben in das, was ich die klassische Periode genannt wissen möchte, scheint ihr Älteren nicht stark verspürt zu haben. Für euch war der Urwandervogel das erste bestimmende und formende Ereignis. Und das zweite war der Weltkrieg I. Mir kommt es vor, wie wenn das WV-Erlebnis sich für euch im Fronterlebnis »erledigt«, will sagen, wie wenn das eine sich im anderen erschöpft hätte. Jedenfalls kommt mir aus euren Schilderungen das, was wir später *das Bündische* nannten, nur sehr verhüllt entgegen. Dieses Wort, das für mich von 1920 an - das ist der Zeitpunkt, da ich als Jüngling dem Wandervogel beitrat - eine verpflichtende, tiefempfundene Bedeutung hat, war nicht nur mir ein Leitbegriff, sondern Tausenden. Und das blieb es mit den unterschiedlichsten Auslegungen eigentlich bis 1933, und bei den Nachzüglern der Jugendbewegung blieb es das bis heute.

»Bündisch« galt als das eigentlich Welthafte, das alles Einbeziehende. In ihm und mit ihm traten Dinge hervor, die ich bei euch kaum erwähnt finde, obschon sie angedeutet sind. Ich nehme da Bezug auf den Fall Muck Lamberty. Ihr nanntet euch in den ersten Zeiten der Jugendbewegung herausfordernd »Bachanten« (von Vaganten = vagantes). Wenn das Wort auch nicht im Sinne der antiken Bacchanalien verstanden werden sollte, so klingt die Bedeutung doch mit durch. Und mit gewissem symbolischem Recht, wie mir scheint, denn schließlich, was war eure Rückeroberung der Wälder und Felder, das Heimholen der offenen Flamme ins Bewußtsein denn anderes? Aber den echten, geglückten, wirklich aus sich selbst, aus einer Eingebung des Moments hervorgegangenen Bacchantenzug dieses Außenseiters werdet ihr nicht müde zu kritisieren.

Und dabei scheint mir, daß ihm doch einiges auch zu danken sei. Wurde nicht mit seiner Drechslerei ein neuer Stil bestätigt? Kam nicht durch ihn das Holz als Material zu neuen Ehren? Kein Nestabend, keine WV-Wohnung ohne Holzleuchter, geschwungene Hängeampeln, Kandelaber, Holzschalen und hübsche Holzgeräte.

Überhaupt hatte, von heute aus gesehen, der damals sich herausbildende WV-Wohnstil durchaus Vorläufercharakter. Man konnte sich wohl fühlen in diesen hellen, spärlich möblierten Zimmern. Handgewebte Stoffe allenthalben. Man schätzte Keramik, Zinn, buntes Geschirr, und auch die Reformküche hatte ihre Vorteile. Die moderne Küche hat viel von ihr übernommen. Ich sehe so ein damaliges WV-Wohnzimmer innerlich noch vor Augen. Inzwischen wurde es unter Bomben begraben. Da standen auf dem Bücherbord: Burtes »Wiltfeber«, der Roman des ewigen Deutschen, de Costers »Ulenspiegel«, Poperts »Helmut Harringa«, die ersten

Bücher von Hermann Hesse und Friedrich Huch, Langbehns »Rembrandt als Erzieher«, die Jahrgänge der »Gelben Zeitung«. An der Wand hing das »Lichtgebet« von Fidus. Aber das paßte gut zu der Kluft aus Rippelsamt, zu dem Kleid aus Beiderwand.

Aber schon kamen Gegenströmungen auf, darin diese Errungenschaften mit ironischem Erstaunen kommentiert wurden. In wahrhaft demiurgischen Hervorbringungen erschöpften sich ja die zwanziger Jahre. Da gab es vorübergehend eine Symbiose von Tippelkunde, Wandervogel und Bohemien. Jugendbewegung, Literatur und Malerei gingen ineinander über. An Beispielen mangelt es nicht.

Jakob Haringer, unvergeßlichen Angedenkens, sang die Sage des neuen Villon aus deutschem Geblüt. Der Expressionismus ergriff als ein neues Lebensgefühl die Menschen, er war nicht nur als Gedicht, nicht nur als Malerei, nicht nur als Manifest wirksam, er prägte auch die Daseinspraxis derer, die sich ihm verschrieben, die von ihm ergriffen waren. Das unstete Reiseleben Theodor Däublers, wie er mit dem Knüpfbündel eines Clochards, daraus die Manuskripte seiner Dichtungen quollen, auf Parkbänken hauste oder ganze Nächte durch Paris irrte, Freunde im Gefolge, denen er seine Nordlichtvision, seine Kunstdeutung, seine Hellassicht darbot, barock gestikulierend, lauthals für die ganze Straße redend, Rhetor einer poetischen Welt: wer dürfte erwarten, dergleichen, wo auch immer in unserer heutigen, durchpolitisierten, aseptischen Welt, anzutreffen? Ob diesseits oder jenseits des Weltanschauungs-Vorhangs: das Lebendige erstickt in einem Zustand, über den Liä Dsi mit Recht sagen könnte: das Zuendegeordnete ist auch das Tote.

Dafür haben wir Reflexionen, aufs feinste zugeschliffene Selbstdeutungen, Diagnosen, Prognosen und sauber durchgeturnte Abstraktionen. Die zwanziger Jahre verzichteten darauf, sich selbst zu bespiegeln. Dazu hatten sie keine »Zeit«. Man stellte Werke hin. Werke von ebenso unausweichlicher wie unnachahmlicher Prägnanz. Sie erweisen sich heute als Vorrat von erstaunlicher Unerschöpflichkeit. Ist beispielsweise das Wortwerk Barlachs in der Bewußtseinszone der Nation real geworden? Von Däubler ganz zu schweigen. Warum mußte Haringer vergessen werden, da doch in jedem seiner Gedichte eine einzelne, wirklich unsterbliche Zeile oder Wortverbindung aufglimmt. Wo bleibt die Integration des gigantischen malerischen Werkes von Ludwig Meidner? Seine biblische Prosa? Was haben wir mit der Hinterlassenschaft eines Mombert »groß wie eine Tempelstadt« getan? Wo blieb die Biosophie Ernst Fuhrmanns, des ahnungsvollsten der Präzeptoren eines neuen Weltbildes?

Verschiedentlich habe ich von alten Wandervögeln - Heimkehrern aus Weltkrieg I - beklagen hören, daß die junge Generation, die sie zu Hause antraf, nichts mehr von ihnen habe wissen wollen. Meine Erfahrung lautet anders: Gerade die aus dem Felde Heimkehrenden waren es, die der neuen Jugendbewegung ihren Atem einbliesen und die klassische Periode begründeten. Sie brachten uns George, Rilke, sie vereinigten die Kunsterhebung des Expressionismus mit dem WV-Gedanken. Und in den Zeitschriften und Gruppenblättern wurden die Schattenrisse à la »Zupfgeigenhansl« von kühnen Linolschnitten in der Art der frühen Expressionisten abgelöst.

Auch auf dem Gebiet der Gruppenmusik gingen Wandlungen vor sich. War in der archaischen Periode eigentlich mehr das Schrumm-Schrumm der Gitarren »tonangebend«, so kamen in meinen »bündischen Jahren« ganz neue Möglichkeiten der Musik zustande. Unser war die Entdeckung der Gitarre als Soloinstrument. Wurde früher der Gitarre die Geige beigeordnet, so kam jetzt die Blockflöte auf. Dann die doppelchörige Laute, später das Banjo und zuletzt die Balalaika. Zusammen mit dieser Musikintensivierung setzte sich auch eine neu entdeckte Trommelmagie durch, die mit buntbemalten Landsknechtstrommeln den Bundestagen ein besonderes Gepräge gab.

Ich glaube, daß die nach den zwanziger Jahren einsetzende Volksmusik- und Jugendmusikbewegung durch den bündischen Anstoß zustande kam. Das bündische Geschehen vollzog sich ziemlich gleichlaufend zu den Zeitereignissen. Wir waren die ersten, die in Hamburg zugunsten von Hindemiths Oper »Sancta Susanna« demonstrierten, da sie von Verbot und Ächtung bedroht war. Wir entdeckten die Lautenkompositionen von Bach und musizierten auf unseren Heimabenden mit Inbrunst, nicht nur das, sogar mit erfreulichen Ergebnissen. Wir intensivierten die Volkstanzbestrebungen des Vorkriegs-Wandervogels, und wir wandten uns in dem Augenblick grollend davon ab, als sie zum Tanzkränzchen entarteten. Statt dessen versuchten wir uns in Kosakentänzen oder im griechischen Reigentanz, sofern er ohne Mädchen zu leisten ist. Auch in unseren Gruppenbüchereien sah es inzwischen anders aus. Rudolf Pannwitz und Ernst Fuhrmann gelangten hier und da zu Einfluß. Flex und Löns verschwanden zugunsten von Spengler und Leopold Ziegler. Der Einfluß Georges hatte seinen Höhepunkt überschritten, als wir den Brecht der Hauspostille entdeckten und mit hinreißender Begeisterung die Ballade von den Seeräubern zum erstenmal seit ihrer Veröffentlichung sangen. Aber ich greife wieder allzu weit vor.

Was ich von dir, Kurt Heinrich, wissen möchte, betrifft die Neuordnungen, die sich damals im bündischen Bereich mit der Trennung von den Mädchen andeuteten. Es kamen da - gerade von den Heimkehrern gefördert - Separationen zustande. Man statuierte den »reinen Jungenbund«, dem der »reine Mädchenbund« gegenüberstand.

Um klarzumachen, was damals für eine sonderbare Stimmung war, möchte ich das Zeugnis eines anderen Wandervogels bemühen. Er heißt Hans Wolf, und was er zu erzählen hat, führt direkt in die Mitte des Hauptproblems des Wandervogels unmittelbar nach dem Weltkrieg I hinein, nämlich die beginnende Mädchenfeindschaft, durch welche der von dir gepriesene Begriff des Bündischen ja erst wichtig und bedeutsam wurde. Wahrscheinlich von Blühers Schriften beeinflußt, setzte sich da eine »männerbündische« Stimmung in und mit den Heimkehrern durch. Sie wollten durch die Bünde Einfluß nehmen auf die Gestaltung des neuen deutschen Staates. Und das schien ihnen nur ohne die Mädchen möglich. Man warf dem Alt-Wandervogel vor, er sei zum Poussierverein herabgesunken. Spaltungen, Trennungen, Zerwürfnisse ohne Zahl setzten ein. Du nennst ja diesen bedauerlichen Zustand schöpferisch. Wer aber in die Polemiken der damals führenden bündischen Blätter Einblick nimmt, wird nicht immer bereit sein, dieser Auffassung zuzustimmen. Die Separation von den Mädchen führte meines Erachtens zu einer Überschätzung und Mystifikation des Staates. Man wollte die Idee des ritterlichen Ordens neu beleben. Vom Ordensgefüge aus sollte das Staatsgefüge »erfaßt« werden. Es kam ja damit auch die Jugendburgidee auf, zugleich die Schulreform im Sinne des Landschulheims, in welchem das neue Streben praktisch bewährt werden sollte. Doch das sind wiederum spätere Dinge. Lassen wir nun das Bild eines solchen konflikthaften Zusammentreffens folgen, wie es Hans Wolf in Worte faßte:

- Es war in den schlimmen Jahren nach 1918. Die Bande der Ordnung hatten sich gelöst. Der stolze große Wandervogelbund war zerbrochen. Zwar bestand der älteste der Wandervogelbünde - der Alt-Wandervogel - noch, doch auch in seinen Reihen traten Neuerer auf. Die Mädchen sollten einen Bund für sich bilden. Berlin mit allen seinen Gruppen hatte sich noch nicht entschieden.

Die Berliner Alt-Wandervögel haben zum Maien-Gautag an der Nuthe aufgerufen. Am Vorabend sammelt sich das Volk auf der Höhe des Saarmunder Berges. Hier hatten schon die Feuer Karl Fischers und seiner Getreuen gebrannt.

Saarmund in der Nutheniederung. Eine märkische Landschaft voller Ursprünglichkeit, die noch ursprünglicher erscheint, wenn mit der Schneeschmelze das Nutheflüßchen sich zu weiten Seenflächen ausbreitet. Zwischen den Kiefernwaldgruppen über den Wiesen braust der Nebel. Droben auf dem Berge lodert das Feuer. Der Zwiespalt in den eigenen Reihen lastet auf vielen. Man ist stiller als sonst. »Als wir im Kriege waren, haben die Mädel die Sache des Bundes bei uns hochgehalten und den Wandervogel nicht untergehen lassen«, sagt Walter, der alte Kreisleiter. »Ist es nun der rechte Dank, wenn wir unseren Bund uns allein zimmern und die Mädel sich selbst überlassen?«, fragt statt der Antwort sein Begleiter.

Das Lied am Feuer ist verklungen. In das Prasseln der Flammen ertönt den Berg hinauf das Singen einer Kolonne. Es naht ein seltsamer Zug. Halbnackte Burschen. Fackelträger an der Spitze. Es folgen andere, die einen Baldachin tragen, unter dem einige Gestalten erkennbar sind. Fackelträger beschließen den Zug.

Alles ist aufgesprungen, als dieser Zug an den Kreis heranrückt. »Was führen die im Schilde?« „Das sind ja die Steglitzer, die Männerbündler!“ Der Gesang der Kolonne verstummt, die Schar der Männerbündler verhält etwas unterhalb des Feuers. In die freie Öffnung tritt ihr Führer. Er entrollt ein langes, großes Dokument. Mit lauter Stimme beginnt er also:

»An das Volk der Pfeffersäcke und Koofmichs von Berlin! Ihr Berliner Bürgervolk seid heute in unser Land eingebrochen. Ihr habt euer Feuer auf dem heiligen Berg der Mark entzündet. Wir haben euch nicht gerufen. Ihr seid ohne jegliches Recht in unser Nuthereich eingefallen - ihr habt euch mit Kind und Kegel in Gefahr begeben. Wir lassen keinen Rechtsbruch mehr zu. Wir kennen keine Schonung! Gleich, ob Mann oder Weib! Wir drohen nicht, wir handeln!

Ab heute nacht 12 Uhr erklären wir euch Berliner Pfeffersäcken mit all eurem Weibervolk Fehde und abermals Fehde. Verlaßt auf schnellstem Wege das heilige Nuthereich. Flüchtet hinter eure Mauern und bergt euch in euren Häusern und Stuben. Die Nacht und das freie Land sind unser! Sie gehören uns, den Freien, den Unabhängigen, und nicht denen, die noch an Weiberröcken hängen. Das sei euch gesagt! Und nun fliehet von dannen! Fort mit euch!«

Die Begleitschar brüllt im Chorus. Der weite Kreis der Berliner steht schweigend. Das war doch kein Spaß. Hier wird aus Spiel Ernst. Hier soll mehr erreicht werden als das tolle Spiel einer Nacht. Was soll die Drohung an die Mädel? Aus der Mitte der Berliner tritt der Begleiter des alten Kreisleiters, eine große, schlanke Gestalt mit hellen Haaren. Die knappe Litewka zeigt den alten Soldaten.

»Was stört ihr unsere Kreise? Wir haben euch nicht gerufen. Was droht ihr uns? Wir wissen uns selbst zu bestimmen. Unser ist die Mark! Sie gehört nicht irgendwelchen wendischen Dörfern in irgendwelchen Winkeln. Wir haben hier kaiserliches Recht. Wir wandern und fahren, wohin es uns beliebt. Wir schützen die Schwachen und die Frauen. Doch was versteht ihr davon!«

Nach einem Augenblick Pause ruft nun hart und bestimmt der Sprecher der Berliner zu der Fackelkolonne der Männerbündler hinüber: »Wir warnen euch nur ein einziges Mal! Wer das Recht des Landfriedens bricht, ist dem Straßenräuber gleich und verfällt der Acht. Und so sage und gelobe ich hier feierlich: Jeder, der den Frieden der Nacht und unseres heiligen Landes stört, soll in die Nuthe geworfen werden, da, wo sie am tiefsten ist! Das ist die Antwort von Berlin!«

Die wilde Schar stimmt einen Kriegskantus an, doch klingt er nicht so schaurig, wie er soll. Hohngelächter bei den Berlinern will aufklingen, doch läßt ein Ruf es verstummen. Die Steglitzer Schar zieht ins Dunkle. »Hört alle her«, beginnt der Sprecher der Berliner, »heute nacht geschieht etwas. Sichert eure Quartiere, stellt Wachen, haltet Verbindung. Ich glaube, ihr Mädchen könnt unbesorgt sein, euch wird nichts geschehen. Gute Nacht, und auf Wiedersehen morgen früh am Birkenwäldchen hinter der zweiten Nuthebrücke.«

Die Bleiben befinden sich in drei Dörfern. In Saarmund liegen die starke Berliner Gruppe der OV und einige kleinere Gruppen. Alle Rucksäcke und Wimpel werden ganz ins Innere der Scheunen gebracht. Wachen werden bestimmt, die hinter den Scheunentüren zu liegen haben. Mitternacht! Im Dorf ist alles ruhig. Eine Streife meldet: »Vom Feind keine Spur«. - Die Hundswache ist vorüber. »Jetzt schläft alles in den Bleiben«, sagt der dicke Wernecke zu Hans Lange, dem Sänger. »Wenn sie kommen, werden sie jetzt kurz vor dem Frühlicht da sein.«

Hundegebell. Ein Geräusch. Die beiden stoßen sich an. Es ist soweit. Ganz vorsichtig wird das Scheunentor aufgeschoben. Schatten schleichen sich herein. Einer stolpert dem Langen Hans über die Beine. Einen anderen hat Wernecke, der Koloß, ergriffen und wie ein Paket in das Innere der Scheune befördert. Dort greifen viele Hände nach ihm. Die beiden Eindringlinge werden nach kurzer Behandlung freigegeben. Wie arme Sünder schleichen sie davon. Aus dem Dorf erschallt Lärm. Was mag da vorgehen?

Am Morgen an der Nuthe. »Bei uns sind die Wimpel entführt worden.« »Bei uns sind alle Rucksäcke auf dem Misthaufen ausgeschüttet worden.« »Wir haben die Oelbermänner erkannt, Nauke und Ottokar sind auch dabei«, so ruft es durcheinander.

Aus dem Mädchenquartier kommt die Kunde, daß die beiden Mädelführerinnen mit Gewalt aus der Scheune entführt wurden und noch immer nicht zurück sind. - Abkochen, Singen, Spiele. Hilde Eichner ist immer noch nicht da. Gegen Mittag trifft sie ein und berichtet. Man hat sie etwa zwölf Kilometer weit bis in die Gegend von Fräsdorf verschleppt. Dort an einen Baum gebunden und allein gelassen. Zuerst mußte sie sich von den Fesseln lösen, dann noch bei Nacht aus dem Walde herausfinden und schließlich aus der Wildenbrucher Gegend herwandern. Der andern Führerin war es ähnlich ergangen! Alles ist in voller Wut. Das war eine böse Tat. Niemand glaubt, daß man die Ruhestörer zu fassen bekommt.

Horch! Singen. Den Birkenweg heraufzieht ein starker, geschlossener Trupp mit einem zackigen Lied. »Die Steglitzer kommen!« Die Gruppen sammeln sich zum Kampf. »Befehl an OV und Pachantay: Ergreift Ottokar und Oelbermann! Beide in die Nuthe!« Es gibt ein wüstes Handgemenge. Ottokar und Oelbermann werden aus dem Knäuel herausgeholt, hochgestemmt und in Marsch-Marsch geht es mit ihnen zum Wasser. Ottokar trägt Rucksack und Klampfe. »Was wollt ihr denn mit mir machen?« schreit Ottokar. Keine Antwort. Ein Ausschwingen, und hoch von oben mit Rucksack und Klampfe klatscht er auf das Nuthewasser.

Oelbermann ist auch herangeschleppt worden. Er sieht, was ihm droht. Schon will man ausschwingen. »Laßt ihn los und laufen«, befiehlt der Sprecher vom Abend, »er hat ein zerschossenes Bein.« So ist er vor dem kalten Frühlingsbade gerettet. Ottokar krabbelt bibbernd am Ufer hoch. »Weißt du, Wolf, wer mit uns ist?« fragt Oelbermann den Berliner Sprecher. »Mit uns ist Karl Fischer aus China. Er ist nun wieder in Deutschland und war gestern abend bei uns.«

Thing. Alles steht feierlich im Kreis. Die Fahnen und Wimpel hinter dem Berliner Sprecher.

Wir singen: »Heraus, heraus die Klingen!« Der Berliner Sprecher tritt Karl Fischer, der in der Mitte des Kreises steht, gegenüber.

»Karl Fischer, du bist zurückgekommen. Viele schwere Jahre liegen hinter dir. Auch wir hatten eine schlimme, schwere Zeit. Viele deiner alten Pachanten und deiner Scholaren deckt der kühle Rasen im Feindesland. Der große, stolze Wandervogel ist zerschlagen, ja, er hat sich selbst in Uneinigkeit aufgelöst. Karl Fischer, wir begrüßen dich und sagen dir Heil. Du sollst wissen, daß dein alter Alt-Wandervogel noch lebt. Wohl ein wenig zerzaust, hat er alle Wetter und Stürme überstanden. Wir waren dir treu. Tritt du in unsere Mitte. Heil dir, Karl Fischer!«

Karl Fischer dankt mit leiser Bewegung der Hand. Fast alle sehen ihn zum erstenmal. Was wird Karl Fischer in unserem Wandervogel tun? Gut, daß er endlich zurück ist.

Die Horden rüsten zum Heimmarsch. Ein langer Zug marschiert auf der Nuthechaussee nach Drewitz. Am Schlusse die Berliner Führer. Man spricht über den Tag und das Geschehen in der Nacht. »Was denkt Karl Fischer über uns?« »Warum sprach er nicht im Thing?« »Immer frage ich mich«, äußert der Berliner Sprecher zu einer Mädelführerin an seiner Seite, »war das, was die Steglitzer taten, ritterlich und wandervogelwürdig?«

Das Mädchen neben ihm, Dore Trautvetter, antwortet ihm: »Ich bin so froh, daß ich mitkonnte. Es war doch ein guter Tag. Ihr habt eine nicht leichte Situation gemeistert. Es war eine bestandene Probe, und darüber bin ich für euch froh.«

Bünde und Burgen

Runde: Autor, Ernesto, Enno Narten, Hjalmar Kutzleb

Das waren freilich Sturmzeichen, die uns da mit der zeitgenössischen Schilderung Hans Wolfs angekündigt wurden. Das rauhe Tönchen seines Berichts werden wir wohl einer gewissen humorigen Gewolltheit gutschreiben müssen. Für mich ist hier aber nun Gelegenheit geboten, mit eigener Kenntnis oder, besser - Erfahrung in den Ring der Erörterungen zu treten. Denn mit der Erwähnung des Namens Robert Oelbermann ist mit vollem Akkord der Ton jener Welt angeschlagen, der ich mich selbst verdanke und die für mich bis heute verbindlich blieb, wenn ich auch - ich bin pater familias, habe Söhne, einen Beruf, recht anspruchsvolle Pflichten also - seit meinem dreißigsten Jahr in diesen Formen nicht mehr gelebt habe. Was verbindlich blieb, ist die Atmosphäre, das Klima, kurzum die ganze innere Richtung.

Die Dinge hatten damals Ordenscharakter, und sie haben ihn behalten. Da geschehen dann Bindungen und Bündigungen, die, wie beim kaiserlichen Heer, ein Leben lang vorhalten. Doch vorher will ich noch - von einigen Abirrungen durchflochten - klarzumachen versuchen, aus welchem verführerischen Chaos sich die Bünde freizuringen hatten, die hinfort - damals wußte man das noch nicht - zu den wichtigsten eines neuen Jugendreiches, nämlich des gemeinhin »bündisch« genannten, gehören sollten.

Daß dabei das Bohèmehafte des Urwandervogels aufgegeben werden mußte, ist verständlich. Mehr und mehr verstärkte sich damit auch in jener Jugendbewegung, die überdauern sollte, ein Zug zum Disziplinierten, zum Ausleseprinzip. Das Wort vom Mönchsorden, als welchen man sich empfand, war gelegentlich zu hören. Indem man sich eigene Landheime, Wohnstätten und - bei den Romantikern der neuen Lage - Ritterburgen für die Bundesleitung oder auch für die kollektive Meditation einrichtete, entsprach man dieser Stimmung. Ein überbündisches Ereignis aus ähnlichem Geiste war in diesem Sinne die Jugendburg Ludwigstein.

Vielleicht lebte in den Bündischen mit ihren Ordensgliederungen, ihren Kreuzritter- und Burgenträumen etwas wieder auf vom Geiste des 12. Jahrhunderts, nämlich, ins Romantische transportiert, das Bestreben, Vorposten zu bilden im gesellschaftlichen Ödland der Gegenwart, um es im Sinne ihrer Weltsicht schließlich zu erobern und zu durchsetzen, nicht anders, als dies etwa der kreuzritterliche König Tankred in Antiochia versuchte.

Für den Nerother Wandervogel wurde Burg Waldeck maßgebend. Und darüber wollen wir uns im geeigneten Augenblick ganz genau unterrichten. In vielen Fällen, und in Nachahmung dieser archetypischen Vorgänge, fielen dann die Jugendherbergsbestrebungen mit der neuen Suche nach herrenlosen Burgen zusammen. Man könnte hier eine stattliche Reihe von hochtönenden Burgnamen aufzählen, die durch das Jugendherbergswerk dem Schlummer der Vergessenheit entrissen wurden. Für uns soll vorerst wichtig bleiben, den Weg der maßgeblichsten - oder, wollen wir einschränkend sagen: der interessantesten Bünde von 1920-1933 aufzuzeigen.

Und damit, lieber Enno Narten, lade ich dich in meine Gastmahlsrunde und bitte dich, uns allen die Sage vom Ludwigstein zu berichten. Wir beide kennen uns zwar nicht persönlich, also von Auge zu Auge, von Hand zu Hand, sondern nur auf Umwegen. Auf diesen aber sind wir uns, meine ich, sehr vertraut geworden. So vertraut, als ob wir seit langem Freunde wären und als ob das Nachholen der Begegnung nur noch von geringer Wichtigkeit wäre. Wie oft las ich deinen Namen in Walter Hammers »Jungen Menschen«. Wie genau studierte ich deine Mitteilungen vom Ludwigstein. Wie bewundernswert fand ich deinen ununterbrochenen Einsatz für das Zustandekommen dieser großen Jugendherbergsburg. Du begabst dich auf Vortragsreisen, du strittest dich mit Ämtern, du holtest bei spendefähigen Korporationen den fälligen Beitrag ein. Du hast ein ganzes Heer von Mäzenen organisiert, denen du in regelmäßigen Abständen ein Scherflein abnahmst. Und du hast den Vater Staat, den schwierigsten der Spendenpartner, zu großzügigen Sanierungen bewegt. Dein Name hatte weithin Klang und Bedeutung in der Jugendbewegung. Keine Tagung, auf der er nicht fiel, kein Ort bündischer Begegnungen, wo er nicht als eine Art von Garantie, als ein Begriff der Gläubigkeit an uns, an unsere Sache verstanden wurde. Und was hinter diesen ungezählten Mühen langsam, aber sicher erstand, das war der Ludwigstein. War er nicht ein wenig auch deine Lebensburg, dein Lebenswerk?

Ich habe dich immer als den »Komponisten« des Ludwigsteins begriffen, und was mir mein Freund Joub Rohé, der dir lange Zeit bauen und planen, planen und bauen half, was er mir erzählte, während er der gleichen Tätigkeit auf der anderen Jugendburg, nämlich derjenigen der Nerother, nachging, das ist mir sonderbar unvergeßlich geblieben. Durch Joub Rohé hindurch habe ich dich wohl am besten kennengelernt, so gut, so überzeugend, daß ich dich hier einfach so anreden kann, dich einladen kann und nun von dir, als wär's die größte Selbstverständlichkeit der Welt, erwarte, was ich mir wünsche: eine Darlegung der Ludwigstein-Saga, wie sie durch dich entstand, sich durch dich erfüllte, dir auch wohl Bitternisse und Enttäuschungen einbrockte, aber unverkennbar eben doch dein Werk blieb. Denn Enno Narten und Ludwigstein, Ludwigstein und Enno Narten, wer vermöchte das zu trennen? Und die Burgen haben das an sich: Sie behalten immer den Namen dessen, der ihr letzter Ritter war. So ergeht es ja auch den Brüdern Oelbermann mit der Burg Waldeck im Hunsrück.

Enno Narten verharrt schweigend; statt seiner springt Ernesto ein:

- Nicht weit von Witzenhausen erhebt sich auf einem Berggipfel des westlichen Werra-Ufers die Burg Ludwigstein. Sie wurde im Jahre 1415 von dem hessischen Landgrafen Ludwig als Trutzburg gegen den am anderen Flußufer gelegenen Hanstein erbaut, wie eine alte Chronik behauptet, »mit Hilfe des Teufels«.

Schon während des ersten Weltkrieges faßten alte Wandervögel den Plan, den verfallenen Ludwigstein zu einer Gedächtnisstätte für die Gefallenen der Jugendbewegung auszubauen. Gleich nach dem Kriege wurde mit der Arbeit begonnen. Viele Schwierigkeiten waren zu überwinden, vor allem mußte ein Kreis von Freunden gebildet werden, der die nötigen Geldmittel beschaffte. So entstand im Jahre 1920 die »Vereinigung zur Erhaltung der Jugendburg Ludwigstein e.V.«. In verhältnismäßig kurzer Zeit war das Nötigste geschafft, eine neue Jugendherberge war entstanden, Tagungsräume wurden eingerichtet und ein würdiger Gedächtnisraum für die Gefallenen, den ein farbiges Glasfenster in feierliches Licht taucht.

Wie alles, was die deutsche Jugendbewegung geschaffen hatte, wurde auch der Ludwigstein im Jahre 1933 von der Hitler-Jugend beschlagnahmt.

Im zweiten Kriege hat die Burg schwer gelitten, vor allem, als sie nach dem Zusammenbruch des Tausendjährigen Reiches zu einem Ausländerlager wurde. Alles, was nicht niet- und nagelfest war, wurde gestohlen oder vernichtet. Sobald die damalige Militärregierung die Burg den noch lebenden rechtmäßigen Besitzern zurückgegeben hatte, wurde der Ludwigstein-Verein neu begründet. Trotz aller wirtschaftlichen Schwierigkeiten wurde die Burg wiederhergerichtet, und heute ist sie besser ausgestaltet als je zuvor. Nun ist sie nicht nur ein Mahnmal, das an die Toten des ersten Weltkrieges erinnert, sie hält auch das Gedenken an die Opfer des zweiten Krieges und alle die wach, die unter der Hitlerdiktatur ihr Leben lassen mußten.

Das Archiv der Jugendbewegung, dessen Bestände im Jahr 1945 restlos verschwunden waren, ist in jahrelanger Arbeit wiederaufgebaut worden und besitzt jetzt schon fast wieder das gesamte Schrifttum der deutschen Jugendbewegung seit dem Beginn des Jahrhunderts. Ein besonderes Mitteilungsblatt unterrichtet von Zeit zu Zeit die Freunde der Burg über alle dort stattfindenden Feste und Tagungen.

(Enno Narten zeigt sich beunruhigt durch diese etwas reiseführerhaften Auslassungen über seine ehemalige Herzensangelegenheit und meldet sich, bezwungen durch die lautlose, ihm zugewandte Erwartung der Gastmahlsrunde, mit einigen zweckdienlichen Ergänzungen:)

- Es war Pfingsten 1908. Eine geologische Exkursion der Technischen Hochschule Hannover hatte uns zum Hanstein geführt. Professor Dr. Hans Stille wies zum Ludwigstein hinüber und meinte dann, zu mir gewandt: »Narten, das wäre doch etwas für Sie und Ihren Wandervogel, so eine verlassene Burg!«

Diese Worte gingen mir unentwegt im Kopf herum. Als die Exkursion in Hannoversch-Münden beendet war, machte ich mich allein auf den Weg zum Ludwigstein. Mit List und Tücke und mit einigen Klimmzügen gelang es mir, durch das Fenster der sogenannten Steinkammer in den Hof zu kommen. Aber welch trauriges Bild bot sich mir da! Kein Fenster, keine Tür war vorhanden. In manchen Räumen gab es nur noch Spuren des ehemaligen

Gipsestrichs, in anderen sah man durch die verfaulten Balken der Decke und durch das löcherige Dach bis in den blauen Himmel. Ratten huschten lautlos über den Hof und durch die Keller. Im Hof und sogar in einigen Räumen des Erdgeschosses wucherte Gestrüpp.

Aber ich sagte mir, das alles würde man im Lauf der Zeit wieder in Ordnung bekommen können, wenn - ja, wenn *alle* zupacken und mithelfen wollten. Alle? Ich dachte damals an die rund fünftausend Wandervögel, die es in Deutschland gab. Die Bundesleitung des Alt-Wandervogel, deren Sitz damals im benachbarten Göttingen war, lehnte meinen Vorschlag, die Burg von der Kasseler Regierung zu erwerben, rundweg ab. Gründe: Mangel an Vermögen und ungeheure Baukosten. Eigentlich war diese Ablehnung ein Glück. Denn als wir bald darauf alle als Kriegsfreiwillige zu den Fahnen eilten, da hatten wir andere und wichtigere Sorgen, als eine verfallene Burg zu erwerben und auszubauen. Leider erreichten uns schon bald in der Heimat, wo wir ausgebildet wurden, die Nachrichten, daß dieser und jener, mit dem wir noch vor wenigen Wochen durch die Lande gefahrtet waren, gesungen und getanzt hatten, für immer von uns gegangen war. Wie dann alles kam, weiß ich heute nicht mehr genau. Aber auf einmal - ich war inzwischen schon in Nordfrankreich im Einsatz -, da wußte ich: Der Ludwigstein muß das Erinnerungsmal für unsere gefallenen Freunde werden, koste es, was es wolle! Der Gedanke verfolgte mich - im Unterstand in der Champagne, auf einsamen Ritten durch das Aisne-Tal, auf Märschen durch Flandern, bei Angriffen und in Ruhestellung.

Der Zufall wollte es, daß wir Weihnacht 1914 in St. Quentin lagen und daß ich dort etliche Wandervogelfreunde traf: Hans Rotermund aus Hannover, Willi Menz aus Norden in Ostfriesland, Otto Küddelsmann aus Celle, als Krankenschwester Clara Selle aus Hannover, alles alte Altwandervögel. Dazu gesellten sich noch zwei Kameraden: Bubenow aus Berlin und Meier aus Bremerhaven. Als wir sieben uns am Heiligabend 1914 in der Wohnung des Curés der Kathedrale von St. Quentin, bei dem zwei von uns im Quartier lagen, trafen, da erzählte ich den Freunden vom Ludwigstein und von meinem Plan. Begeisterte Zustimmung! Als wir uns spätabends trennten und zum Abschied die Hand reichten, war es wie ein heiliger Schwur: Der Gedanke sollte unaufhörlich weitergetragen werden in Ost und West, auf dem Lande und bei der Marine. - Die sechs Getreuen haben Wort gehalten.

Aber es dauerte noch vier lange, schwere Jahre, bis wir heimkamen. Alle sieben jener Christnacht in St. Quentin lebten noch. In diesen vier Jahren war die Zahl der Gefallenen, der im Lazarett Gestorbenen, der Vermißten aus allen Jugendbünden auf mehr als siebentausend gestiegen. Damit war uns allen unser Plan zu einer heiligen Verpflichtung geworden. Doch vorerst mußten einige Schwierigkeiten aus dem Wege geräumt werden. Da war die Kolonialschule Witzenhausen, die den Ludwigstein für die »Alten Herren« ihrer Schülerverbindungen erwerben wollte. Dann hatte der bekannte Burgenarchitekt Bodo Ebhardt den Plan, auf dem Ludwigstein ein Burgenmuseum einzurichten. Und schließlich forderte die Kasseler Regierung von mir den Nachweis genügender Geldmittel für den Erwerb und die Instandsetzung der Burg.

Mir wurde schwarz vor Augen - Geldmittel? Ich war Stipendien empfangender Student, verlobt mit einer Lehramtskandidatin mit neunzig Mark Monatsgehalt. Aber mir kam eine Erleuchtung: Ich verfaßte einen »Aufruf zum Erwerb des Ludwigstein«, richtete mit Hilfe des »Vermögens« meiner Braut ein Postscheckkonto ein, ließ den Aufruf drucken, und wir beide schrieben tage- und nächtelang Briefumschläge zum Verschicken des Aufrufs. Noch fünf weitere Freunde wurden zusammengetrommelt: das junge Ehepaar Marie und Ferdinand von der Lippe, das angehende Brautpaar Anni Kreisel und Hermann Klingenberg, dazu noch Albert Luthin.

Sieben Personen genügten zur Eintragung eines Vereins ins Register. Nun waren wir also eine juristische Person. Das Schönste aber war, daß mein Aufruf in wenigen Wochen über dreißigtausend Mark einbrachte. Das war für uns vor der Inflation ein fast unvorstellbarer Batzen Geld!

Mit diesem Postscheckauszug bewaffnet, fuhr ich also zum Kasseler Regierungspräsidenten Springorum. Nun klappte alles Schlag auf Schlag. Wir bekamen die Erlaubnis, einen Burgwart auf dem Ludwigstein unterzubringen und mit der Instandsetzung zu beginnen, obschon wir erst zwei Jahre später gerichtlich eingetragene Eigentümer der Burg wurden - der Amtsschimmel lahmte damals genauso wie heute.

Das Wagnis gelang. Die von mir gegründete Vereinigung wuchs von Tag zu Tag und zählte bald tausend und mehr Mitglieder. Unaufhörlich flossen die Spenden an Geld und Sachwerten. Der erste »Burgwart«, Hans Schneidewind aus Hannoversch-Münden, lebte dort oben wie ein Eremit von milden Gaben. Als erstes wurde der Burgturm ausgebaut. Man konnte vorher in ihm hochschauen wie durch einen offenen Schornstein. Aber schon im ersten Winter bot er dem zweiten Burgwart, Emil Meyer aus Kassel, ein einigermaßen leidliches Quartier.

Im Jahre 1921 erfand ich den »freiwilligen Arbeitsdienst«. Jeder, der die Burg besuchte, mußte zwei Stunden Aufbaudienst leisten. Manche Freunde halfen selbstlos tage- und wochenlang. So begann unsere Arbeit auf dem Ludwigstein. Fertig ist der Ausbau der Burg bis heute noch nicht, und hoffentlich wird er das nie, damit die Verpflichtung derer, die nach uns kommen werden, niemals aufhört oder nachläßt.

- Zum Abschluß dieser gelungenen Runde soll dir hier ein Gruß nachgesendet werden, Hjalmar Kutzleb, der du uns am 19.4.1959, vierundsiebzigjährig, verließest, gerade, als ich dich einlud, an meiner Tafelrunde teilzunehmen. Du, ein Urwandervogel von hohen Graden, Mitbegründer des Jung-Wandervogel, später Professor an der Pädagogischen Hochschule in Weilburg, warst der Dichter eines unserer schönsten und selbständigsten Lieder. Durch dich bekam unser Sein in der Zeit zum ersten Male Klang und Wort im Gedicht. Und solange es einer von uns erinnernd singt, solange wirst du mit uns lebend sein:

Wandervogel - Ausfahrt

Wir wolln zu Land ausfahren
Über die Fluren breit,
Aufwärts zu den klaren
Gipfeln der Einsamkeit,
Lauschen, woher der Bergwind braust,
Schauen, was hinter den Bergen haust,
Und wie die Welt so weit.

Fremde Wasser dort springen,
Die solln uns Weiser sein,
So wir wandern und singen
Nieder ins Land hinein.
Glüht unser Feuer an gastlicher Statt,
So sind wir zu Haus und schmausen uns satt,
Und die Flammen leuchten darein.

Und wandelt aus tiefem Tale
Heimlich schön die Nacht,
Und sind vom Mondenstrahle
Gnomen und Elfen erwacht,
Dämpft die Stimmen, die Schritte im Wald,
So hören, so schaun wir manch Zaubergestalt,
Die wallt mit uns durch die Nacht.

Es blüht im Walde tief innen
Die blaue Blume fein;
Die Blume zu gewinnen
Wir ziehn in die Welt hinein.
Es rauschen die Bäume, es murmelt der Fluß:
Wer die blaue Blume will finden, der muß
Ein Wandervogel sein.

(Urfassung des Liedes von 1911 in der Zeitschrift »Jung-Wandervogel«)

Musikanten / Spielmänner / Fahrende Sänger

Runde: Autor, Robert Götz, Walter Gättke

Auf was unsere Erörterung schon lange zueilt, sich dabei mehr und mehr befrachtend, das ist der Dank an unsere wirklichen »Fahrenden Sänger und Musikanten«.

Robert Götz, du gehörst ehrwürdigerweise zum Jahrgang 1892. Du übst heute noch deinen Beruf als Musikdozent aus. Du warst mit unter den ersten, die mit den vagierenden Pachanten zogen. Zeitgenossen deiner frühen Jahre berichten von dir: »Er war ein Mensch ohne Aufdringlichkeit. Und er war immer Mensch. Er hat uns mit der Gewalt seiner Bescheidenheit bestimmt und bezwungen.« Diesen schönen Worten füge ich hinzu: Dein musischer Stil hat bis heute hin den Gruppengesang geprägt. Deine Unterweisung, persönlich als Lehrer dargeboten, oder im Buch unterbreitet und vorgeschlagen, hat das Hantieren mit unseren Instrumenten in beste, ja in solide Form gebracht. Deine Hervorbringungen erschienen zumeist in dem bündischen Verlag von Günther Wolff, Plauen, und im Verlag der Pfadfinder und Wandervögel, Ludwig Voggenreiter. In all dem zeigt sich die Qualität deiner Treue: von den unsrigen bist du gekommen, zu den unsrigen hast du gehalten. Du wirst nie vergessen sein, solange deine Lieder leben.

- Schau ich über Jahre und Wege hin in das Land meiner Kinderzeit, da fegt der Wind durch die Birken und weiße Wolken ziehen am Himmel. Fröhlich singend zog ich mit den Gefährten durch die Lande, hin über die Höhen der Beskiden, des Erzgebirges und des Riesengebirges. Als unvermeidlichen Begleiter die Klampfe. Ohne dieses Instrument konnte ich mir keine Fahrt, keinen Nestabend und kein Lagerfeuer am stillen Waldesrand vorstellen. Die Schönheit des wiedererwachten Volksliedes hatte auch mich ergriffen. Aber bald empfand ich wie andere auch, daß wir ein Lied brauchten, das unserem eigensten Wesen entsprach. So begann ich denn, meine ersten Lieder zu schreiben. Was konnte es anderes sein als das Erleben draußen. Hermann Löns hatte es ins Gedicht gebannt, er fand die meisten Vertoner: Hans Heeren, Ernst Licht, Ludwig Rahlf, Hannes Ruch und Fritz Jöde, dessen »Kleiner Rosengarten« die weiteste Verbreitung erfuhr. Hinzu kamen Sänger zur Laute wie Robert Kothe, Heinrich Scherrer, Ernst Duis und Christel Lahusen. Zugleich entstand das »Fahrtenlied«, voran das Lied der Blauen Blume von Hjalmar Kutzleb.

Diese Art Lied paßte in keinen Konzertsaal, es war für den singenden jungen Wandervogel. Begeistert wurde es weitergetragen, von Gruppe zu Gruppe, von Gau zu Gau. Selbst im Kriege versiegte der musische Quell des Wandervogels nicht. Hatten wir bis dahin unsere Lieder aus der Natur geschöpft, so kam jetzt ein neues Erleben zum Ausdruck. Endlose Weite im russischen Land. Grenzenloser Himmel - Schreie dahinziehender Wildgänse lassen mich aufhorchen - das Gedicht von Walter Flex »Wildgänse rauschen durch die Nacht« fällt mir ein, verläßt mich nicht eher, bis es Klang und Ton geworden ist. Und wie ist uns mittlerweile

Kamerad Tod vertraut geworden. Auch er wird mir zum Lied: »Stelzt vor dem Zuge ein langer Mann, hei, wie der trommeln und pfeifen kann, und wenn der pfeift, so singt wer dazu, und wenn er trommelt, so springt wer dazu. Aufs Wohl, Kamerad!«

Hannes Ruch schreibt nach Worten von Hugo Zuckermann das Lied »Drüben am Wiesenrand hocken zwei Dohlen«, Willie Jahn, Mentor des Jung-Wandervogels, die Weisen »Wir traben in die Weite« und »Kamerad, nun laß dir sagen«. Gustav Schulten gibt uns »Weit laßt die Fahnen wehen«, und die Worte Werner von Babskis »Der Wind weht über Felder ins regennasse Zelt« setzt Wilhelm Kieling in Töne. Ein Lied folgt dem andern.

Der Kriegslärm ist verstummt. Das Jahr 1919 bringt die Wende, die bündische Jugend tritt das Erbe des Wandervogels an. Wer von den Musikanten und Fahrenden Sängern des alten Wandervogels heimgekehrt ist, nähert sich den Bündischen und stimmt zu neuem Sange an. Junge Liedschöpfer treten hinzu, und die unabdingbar zugehörige Sing- und Musizierfreudigkeit bringt die Jugendbewegung weiter in Schwung. Auch mich zieht es wieder zur wandernden Jugend. Gemeinsames Erleben läßt immer neue Lieder in mir erstehen, begeistert werden sie aufgenommen und hinausgetragen von Jugendburg zu Jugendburg, von Lagerfeuer zu Lagerfeuer: Jenseits des Tales standen ihre Zelte - Aus grauer Städte Mauern - Es klappert der Huf am Stege - Wie oft sind wir geschritten - Einst im verblichnen Kleide - Wir ziehen über die Straße - Die Eisenfaust am Lanzenschaft ... Aber manch anderer fahrender Sänger findet die gleiche freudige Aufnahmebereitschaft beim jungen Volk. Da ist Walter Gättke mit seinem Lied »Und wenn wir marschieren«, Michael Englert mit »Wann wir schreiten Seit an Seit«, Lothar von Knorr mit »Unser die Sonne«, Alf Zschiesche mit »Wenn die bunten Fahnen wehen«, Werner Helwig mit »Trampen wir durchs Land«, Ernst Licht mit »Alle Birken grünen in Moor und Heid«.

Über diese Liederfreudigkeit hinaus finden sich kleine Kreise zur praktischen Musikpflege zusammen. Es sind dies die Musikantengilden, deren Hauptinitiator Fritz Jöde ist, der auch die offenen Singstunden ins Leben ruft - offen für alle Singfreudigen - und so weiten Kreisen Wertvolles und Geeignetes erschließt. Zu ihm gehören bald Namhafte wie Martin Schlensog, Georg Götsch, Walter Rein, Karl Gofferje, August Halm und Hermann Reichenbach. Und es sind die »Finkensteiner Singwochen«, die der aus der deutsch-böhmischen Jugendbewegung kommende Walter Hensel (Dr. Julius Janiczek) ins Leben ruft. Zu seinem Kreis gehören unter anderen Konrad Ameln und Adolf Seifert. Beide, Jöde wie Hensel, sahen es als Aufgabe an, Jugend durch ernsthaftes Musizieren zur Vertiefung zu führen. Ihr Liedgut verlangte schon mehr geschulte Sing- und Musikkreise.

Immer noch ist das Lied das Wichtigste für den Zusammenhalt einer Jugendgruppe, da es eine Mitte schafft, um die herum sich das Leben ordnet. Hierin ist die heutige Jugend dem Wandervogel treu geblieben. Und immer neue Lieder entstehen, nicht alle setzen sich durch - und zuletzt bleibt, was wirklich gut ist.

- Ich wende mich auch an dich, Walter Gättke, alter Fahrtengenosse, beinahe mir auch Bundesgenosse, da du den Nerothern ihre zügigsten Lieder schenktest: »Blonde und braune Buben« und das kecke »Wenns die Landsknecht trinken« (wer sang da trinken - alle sangen »saufen«, denn das wollte ja dein Reimversteckspiel bezwecken: »... sitzen sie zu Haufen«, fährt deine Ballade fort). Es ist wahr, was du mir einmal sagtest: Vieles von dem, was wir sangen und sagten, gehörte nur dem Moment an. Ernst Wilhelm Eschmann hat es in einem Gedicht angedeutet: »Das kaum Eröffnete verbirgt sich wieder, das ungehörte Lied verhallt«. Denn, dies war deine Meinung, unsere Liedschöpfungen waren anfänglich doch wohl nur für einen Kreis von Eingeweihten gedacht, die - wie Kandinsky es ausdrückte - »um die Kunst des Geheimen durch Geheimes wußten«.

Auch dein Schaffen blieb, wie dasjenige von Robert Götz, von früher Jugend an den musischen Mächten verpflichtet. Du erhobst die freie Passion zum Beruf, und du hast auch nach dem 2. Weltkrieg neue Weisen erfunden, die über den Moment hinaus wichtig bleiben werden. Was du für die Hansische Jungenschaft an Liedern schufest, lebt in der heutigen bündischen Jugend. Man berichtet von dir, wie du dich selbstlos zur Verfügung hältst. Du bist der Formgeber der Nestabende, der Runden, dir gelingen schöne Funde auf Nachtfahrten. Und was da entstanden ist, reichte sich weiter von Gemeinschaft zu Gemeinschaft durch das heutige Deutschland hin, bevor es gedruckt im Buch erschien. Gibt es eine schönere Voreiligkeit des Erfolges? Erzähle nun, wie du dir, und damit uns, die Welt deiner Lieder fügtest.

- Erinnerungen setzen sich zusammen wie Steinchen aus einem Mosaikspiel. Was den Liederborn angeht, so zeigte er sich zum ersten Male im Jahre 1917. Ich lag in Gent in einem Feldlazarett. Der Kriegsfreiwillige von 1914 war durch eine schwere Gasvergiftung dem Wüten der Flandernschlacht entronnen. Damals - zwischen hohem Fieber und dem Gefühl elenden, inneren Verlassenseins - stand das Singbare in mir auf. Bei einer Kerze - Licht gab es nicht - schrieb ich den Text von »Noch vor Sonnenerwachen« und hatte die Weise dazu im Kopf, ohne sie je wieder zu vergessen. Noten sollte ich erst viel später kennenlernen.

Drei Jahre darauf folgte der Zyklus »Zehn Landsknechtsweisen«. Das eigene Kriegserlebnis kehrte wieder in der Verwandlung des noch romantisch empfindenden Wandervogels. Nicht mehr der Kriegsfreiwillige sang, sondern der Verneiner des Soldatentums, der das Zerstörende auf Tod und Leben erfuhr. Das Vorwort der ersten und jeder folgenden Auflage übernahm die Anprangerung des Vernichtungswillens und der Schändung des Menschentums. »Jungvolk, gib acht! Daß man dich nicht zu Landsknechten macht!« So lautet der Kehrreim in dem düsteren Söldnerlied. Seltsames Weiterwirken von nur zwei knappen Zeilen eines Kehrreims! Sie wurden gesungen, wie ich es aus den Berichten heimkehrender Landser las, ebenso vor der El Alamein-Front wie in den trostlosen Trümmern von Stalingrad. Aber das »Zu spät!« stand über der Warnung, die von einem Liede ausging, das von der Geschichte der Jugendbewegung seinen Ausgang nahm. Was will es da besagen, wenn der hämmernde Rhythmus von »Kaiser Ferdinands Wohl« oder gar dem frechen »Werbelied«

zuweilen von anderen Gruppen in einem gegenteiligen Sinn verkehrt wurde? Ein Lied kann sich nicht wehren. - Es gibt auch heitere Erinnerungen. In einer schlesischen Wandervogelzeitschrift entdeckte ich durch Zufall mein »Trum Trum«. Ich bat die Schriftleitung um Auskunft, wie sie zu dem Liede gekommen sei. Antwort: »Es handelt sich um eine der wenigen echten Weisen, die noch aus der Zeit des Dreißigjährigen Krieges überliefert wurden.« - Nun rechnete ich nach, wie alt ich mittlerweile sein mußte.

Eine Gruppe Boy Scouts war auf der Suche nach dem gleichen Lied. Aber sie hatte inzwischen nur meinen Namen als Urheber in Erfahrung gebracht. Weiter nichts. So schrieb sie aus Oxford einen Brief an Mr. Walter Gättke, in Germany. Der Brief kam an! - Den rauhen, vielgesichtigen Kriegsliedern folgten »Rokoko-, Schäfer- und Spielmannsweisen«. Ein Extrem löst wohl häufig das andere ab. Nach den höfisch-versponnenen Liedern kam die Balladenreihe »An der großen Straße«. Das wurden endlose Nestabende, wenn man mir die Klampfe in die Hand drückte. Im Chorus und einzeln wurde gesungen. »Simon von Utrecht« schmetterte durch das Kellergewölbe und später das alte, längst zerstörte Hamburger Nest am Steckelhörn. Der Utrechter mußte auch den Namen hergeben, mit dem wir Jungenschaftler die Elbe unsicher machten. »Vineta« war so recht ein Lied für die Pimpfe, wenn sie gebannt auf den rohen Bänken hockten und lauschten. Weiter ging es zum »Till Eulenspiegel«, um beim makabren »Totentanz« noch längst kein Ende zu finden.

Aber vielfältigsten Anklang innerhalb der Jugendbewegung fanden nach den Landsknechtsweisen doch wohl die Lieder »Von fröhlichen Fahrten«. Sie sind nur zu denken aus dem Dasein des Pachanten und dem Einssein mit dem Jungenbundleben. »Die Fiedel an die Seit' getan ...«, »Blonde und braune Buben ...«, die »Handwerksburschenlieder«, »Musikanten aus Böhmen«, der »Wedeler Schiffertanz«, aber vor allem »Und wenn wir marschieren ...« gingen durch alle Landschaften, wo man jugendbewegt und Lied und Laute ergeben war. Dies letztgenannte Lied wurde nach 1945 in einen Wirbel von Bejahung und Verdammung hineingezogen. Ich könnte ein Werk über die Geschichte schreiben, die hiermit Zusammenhang hat. Aber gerade die Worte zu dieser Weise wurden auch in die meisten fremden Sprachen übersetzt, Esperanto nicht ausgenommen.

»Du Volk aus der Tiefe, du Volk in der Nacht,
vergiß nicht das Feuer, bleib' auf der Wacht!«

Ist das nicht der Anruf des unverlierbaren Glaubens an *jede* Generation, die im Kommen ist, auf daß sie sich ihrer leuchtenden Hehrbilder bewußt bleibe? Ich möchte wieder Eschmann zitieren, der anderes und doch ähnlich Gerichtetes ausspricht, wenn er deutet:

»So stieg aus tiefem Harm, einsamen Nächten
der Stern des Bundes leuchtend mir empor.«

Walter Hammer veröffentlichte in seinem Sonderheft »Junge Menschen« vom März 1926 neue Lieder aus ähnlichem Geiste. Der Sonnwendgesang »Fackeln, hoch in die Hand« wurde seitdem an unzähligen Lagerfeuern gesungen. Das Lied der Vitalier »Der Störtebeker ist unser Herr« galt weiten Kreisen der Jungen als altes Volkslied. Aus allen Liedern stellte der Voggenreiter-Verlag - wie es ja auch dir, Robert Götz, mit der Auswahl »Wir fahren in die Welt« geschah - eine neue Sichtung unter dem Titel »Weite Fahrt« zusammen. Ich glaube, daß diese beiden Wörter ein Jungen- und Jugendleben umschließen.

Etwas über die Zahl meiner Lieder soll ich noch sagen? Nein, ich verschweige sie. Zahl ist nicht gleich Güte. Aber die Zahl war groß, groß wie die Fülle der Fahrten und Abende, die sich in Inhalt verwandelten. Und dann nur noch eines: *Ohne* dieses Hineinverwobenwerden in das Geheime, das durch Geheimes spricht und singt, wären die schönsten Jahre jugendlichen Schaffens in wesentlichen Teilen leer geblieben.

Die Zwanziger Jahre / Gärungen

Runde: Alleingang des Autors

Bevor wir nun die Bündische Jugendbewegung an ihren Leistungen messen, wollen wir das Zeitklima untersuchen, aus dem sie sich erhob. Dafür ist uns gedrucktes Wort das verläßlichste. - Du, lieber Walter Hammer, heute über Siebzig, damals ein junger unternehmender Verleger und Redakteur, begründetest 1920 mit Knud Ahlborn zusammen die unvergeßliche Zeitschrift der damaligen Jugendbewegung, die »Jungen Menschen«, und gabst damit den lebensreformerischen Tendenzen im Wandervogel mächtig Auftrieb, gabst ihnen Stimme durch dich selbst, deine heilige Überzeugung, deinen Friedenswillen und deinen Idealismus. In deiner Zeitschrift geschah es zum erstenmal, daß die Extreme sich trafen und sich gegenseitig mäßigten. Du schufst für alle, standen sie nun links oder rechts oder in der Mitte oder völlig abseits (und auch das gab es), ein gemeinsames Forum. Und wer heute Studien zur Geschichte der Jugendbewegung betreiben will, muß mehr auf deine Veröffentlichungen zurückgreifen als auf irgendwelche anderen, gleichzeitigen.

Wie setztest du dem »Rauchstinker« und dem »König Alkohol« zu. Eine dir köstliche, uns nicht mehr nachvollziehbare Erregung bezogst du aus dem Kampf gegen die Narkotika. Wir verstanden das ganz richtig. Du meintest einen bestimmten Typus damit, den psychosklerotischen Müffel. Aber ausgerechnet jener eine, durch dessen Heraufkunft du ins KZ mußtest, war Nichtraucher und mied Alkohol.

Wir haben inzwischen entdeckt (und andere vor uns waren auch schon der Meinung), daß dergleichen für die mystische Qualität des menschlichen Herzens belanglos ist. Heute liegt die damalige Zukunft hinter uns. Und was vor uns liegt, ist voll Schwierigkeit. Aber auch das sahest du voraus und gingst ihm unerschrocken entgegen, bis das Altern deine prachtvolle Aktivität in eine innere verwandelte. Ich schlage einige der ersten Hefte deiner Zeitschrift auf, »Junge Menschen«, Mai 1920, und finde da die verblüffendsten Parolen:

»Keine Unterstützung den von Rüstungs- und ähnlichem Großkapital gekauften Zeitungen und Zeitschriften! Schundware zurückweisen! Keine Schiebergeschäfte fördern! Keinen Pfennig dem Kino-, Alkohol- und Tabakkapital! Mit der eigenen Kaufkraft haushalten!« In der gleichen Nummer finde ich einen »flammenden Protest«, der sich gegen die »Schließung von hundert Schulklassen und die Entlassung von hundertneunundfünfzig Lehrkräften« in Düsseldorf richtet und behauptet: »Wir Jungen werden nicht dulden, daß das heute so oft gebrauchte Wort von der geistigen und sittlichen Wiedergeburt des Volkes als leeres Schlagwort verhallt.« Unterzeichnet ist der Protest von der »Kämpfenden Jugend Düsseldorfs«: »Entschiedene Jugend«, »Freie sozialistische Jugend«, »Freie proletarische Jugend«, »Freideutsche Jugend« und »Tatbund«. Der reichliche Gebrauch des Wortes »frei«, dem wir andere Worte wie etwa »wesentlich«, »innerlich«, »jugendhaft«, »jugendverbunden«, »gestalterisch«, »kosmisch«

hinzufügen können, hat also nicht hindern können, was inzwischen geschah. Doch bei allem Hinübersympathisieren nach Links, wie es damals Mode war, griffen die Jungen Menschen auch die so hoffnungsvolle Sowjetunion an, wenn sie es für nötig hielten. Unter dem Titel »Rußlands Wiederherstellung« lesen wir: »Geistige Getränke, die weniger als vierzehn Prozent Alkohol enthalten, sind wieder zugelassen. Ganz wie bei uns. Mit Schnaps versucht man über die Tatsache hinwegzutäuschen, daß die wenigen wirklichen Errungenschaften der Revolution preisgegeben worden sind.« - Von den Errungenschaften, die damals nicht preisgegeben wurden, können wir uns heute freilich ein besseres Bild machen.

Überaus informierend ist das Studium des Anzeigenteils der »Jungen Menschen«. Der Neuwerk-Verlag bietet das Drama eines jungen Dichters mit einer Textprobe an: »Der Gott, der hier regiert, ist tot! Ich muß einen neuen suchen! Ich ahne ihn nur! Er baut keine Kirchen, er richtet keine Steinmäler auf, er tönt nicht in Wortgebeten! Er braust uns im Sturm da drin und schweigt aus dem Schoß der Stille, in der Stille am meisten, in der Stille, die ich wohl nicht besitze, die ich aber suche.«

Im gleichen Heft beschwert sich jemand unter dem Titel »Expressionitis« über die Unverständlichkeit der neuen Dichter. Er zitiert einige Sätze: »Das Werden ist! Das Sein zergeht! Und durch das Ende mahnt das Ahnen!« und bemerkt dazu: »Ich habe lange vor diesem Gedicht gesessen. Ich bin aus heißer Seele Sozialist, Expressionist, Revolutionär! Aber, bei Gott, ich kann in keine Beziehung dazu gelangen.« Er merkt dabei gar nicht, daß sein Stoßseufzer, in welchem die entgegengesetztesten Begriffe Hochzeit feiern, genau den Stil jenes »Gedichts« fortsetzt. - Unter »Kulturfragen« finden wir angeboten: Heinrich Vogeler, Worpswede, »Kosmisches Werden und menschliche Erfüllung« für drei Mark fünfundsiebzig. Und »Die Freiheit der Liebe in der kommunist. Gesellschaft« für drei Mark fünfzehn mit zwanzig Prozent »Teuerungszuschlag«. Daß der hohe Geist von Worpswede, der Freund Rilkes und der Paula Becker-Modersohn »getreu seinem inneren Auftrag« als Idealist in Sowjetrußland lebte und unter entwürdigenden Umständen starb, gehört zu den wunderlichen Vorkommnissen unseres schwierigen Jahrhunderts. Dieselbe Seite kündigt das »Monumentalwerk« des am 29. November 1959 verstorbenen Kleistpreisträgers Hans Henny Jahnn an: »Die Krönung Richards III.«.

Aber im Textteil ruft Erich Lüth, heute Senatsdirektor der Freien und Hansestadt Hamburg, den bürgerlichen Menschen zu: »Ihr Priester und Kommerzienräte, ihr Professoren und Reichstagsabgeordnete, ihr Lehrer, Väter und Richter, ihr seid Pharisäer und Lügner, solange ihr euch besser glaubt als der Bettler im Straßenschmutz«. Ihnen allen müssen wir zugestehen, daß sie ihr sozialidealistisches Pathos nicht aufgegeben haben. Lüth ist der Kämpfer geblieben, als der er damals seinen Weg antrat. Neben seinem Manifest finden wir unter »Gedenktafel« vermerkt: »Karl Liebknecht - ermordet! Kurt Eisner - ermordet! Gustav Landauer - ermordet! Erzberger - ermordet! Wyneken - umschnüffelt und ›entlarvt‹! Ernst Toller - eingekerkert (Schreibverbot)! Muck Lamberty - ›Held und Heiland‹! Walter Rathenau - ›Judensau‹! Heinrich Vogeler - keine Lehrberechtigung! Deutschland - Republik! (Wird ergänzt).«

Unter »Zeitschriftenschau« findet sich ein Aufsatz von dem nachmals recht berühmt gewordenen, heute wieder in Vergessenheit geratenen Fritz Klatt »Jugendheime als Schicksalsstätten«. Er stand in der von Hermann Hesse herausgegebenen Monatsschrift »Vivos Voco«. Dann wird unter »Pro domo« die Kritik der Wilhelmshavener Zeitung über die Jungen Menschen abgedruckt: »Die Hauptsache: hier glutet echtes Ehtos«. Und Wilhelm Stapels Deutsches Volkstum meinte: »Die greulichste Kompottschüssel der Jugendbewegung« sei hier angerichtet. »Die Stimme des neuen Jugendwillens« (so nannte sich das Blatt im Untertitel) warnte im Briefkasten angelegentlichst vor schwindelhaften Siedlungsunternehmen: »Dein Brief zeugt von einer Naivität, die dir gefährlich werden kann, wenn du einem Falschen in die Finger gerätst.« Denn »siedeln«, das war das frommumwitterte große Daseinsereignis jener Jahre. Hunderte von ganz merkwürdigen Siedlungen völkischer, idealkommunistischer, menschheitserlöserischer oder erotischer Tendenz entstanden überall in Deutschland, um nach kurzer Blütezeit an den eigenen Konflikten zu zerbrechen. In Hamburg rief der Dichter und Orgelbauer Hans Henny Jahnn die »Glaubensgemeinde Ugrino« aus, deren geheimnisvoller, aus Urlauten komponierter Name heute nur noch den musikalischen Selbstverlag seines Erfinders bezeichnet. Die oft mit ungeheuren Opfern erworbenen Grundstücke fielen an die Bauern oder an die Grundstücksmakler zurück. Meist mit Hypotheken belastet, an welchen manche brave »Siedlerseele« sich ein halbes Menschenleben lang müd schleppte.

Siedlung, Jugendherberge und Landschulheim miteinander zu verknüpfen, versuchte der Nerother Wandervogel. Über seine Bestrebungen lesen wir in den Jungen Menschen: »Da ist vorgesehen ein von gemauerten hohen Türmen flankierter großartiger Hallenbau für zwölfhundert Menschen nebst langen Lauben für weitere Menschen, in drei Dachgeschossen achtundvierzig Kammern. Unter der großen Halle ein Empfangsraum. Diele, eine Säulenhalle mit Gewölbe, Flur und vier Beratungssälen. Daran schließen sich stattliche ›Diensthäuser‹, Jugendbleiben, Mädchennester und das für später vorgesehene Landerziehungsheim. Alles in allem handelt es sich um vierundzwanzigtausend Kubikmeter Rauminhalt, der zur Herstellung etwa zehn Millionen Mark erfordern wird. Wie hoch sich die Baukosten allerdings in dem schwer zugänglichen Waldgebirge des Hunsrücks stellen würden, entzieht sich jeder Schätzung. Kaum ist es zu glauben, daß ein im Fach und im Handwerk erfahrener Architekt derartig jeder Beziehung zur Wirklichkeit entbehrende Jugendträume und Schwärmereien in einer Zeit unterstützt, da Hunderttausende in schwerstem Kampf um die notwendigste Lebensunterkunft und Lebensmöglichkeit stehen.«

Soweit der Sachberater des Bundes »Rheinischer Denkmalspflege«. Konnte er wissen, daß Walter Hammer, der seine Bedenken druckte, und Robert Oelbermann, der der Initiator jener niegebauten traum- und rauschhaften »Jugendburg« war, einander im Konzentrationslager begegnen würden und daß Robert Oelbermann, Führer des Nerother Wandervogels, diesen Aufenthalt mit dem Tode bezahlen würde? So begannen die Dinge, und so hörten sie auf. So viel ehrlicher, flammend zur Kenntnis gebrachter Wille, so viel dunkle »Untergänge ohne Würde«. Ist der Mensch das Material von Vorgängen, die sich über ihn erheben und die er nicht, vielleicht nie zu übersehen vermag? Was für erstaunliche Geister waren damals auf der Seite der Jugend, Menschen mit großen Wirkbereichen, großen Ausstrahlungsmöglichkeiten. Eugen Diederichs zum Beispiel, der Verleger der Wandervögel und der Freideutschen. Karl Ernst Osthaus, der das Folkwang-Museum in Hagen begründete und mit Rat und Tat und Zeitschriften für die Träume der Jugendbewegung eintrat und ihnen Profil zu geben suchte. Sein wichtigster Helfer, Ernst Fuhrmann, starb völlig vergessen in einem winzigen Wolkenkratzer-Appartement in New York. Aber auch der damalige Landtagsabgeordnete Ernst Niekisch ist in den »Jungen Menschen« zu finden und Ernst Friedrich, der Passionist der organisierten Kriegsgegnerschaft, dann Hans Blüher, der Ideal-Nationalist, und Gustav Wyneken, der für seine Überzeugung einstehen mußte. Und doch findet man auch - dank deiner überparteilichen Gesinnung - die erste Anzeige des später so einflußreich gewordenen »Werwolf« (Einzelheft zwei Mark fünfzig) und Heft 2/3 der Schriftenreihe des Deutsch-Ordens mit der Versicherung: »Unsere Schriften legen Zeugnis ab vom Suchen und Finden einer Gemeinschaft junger Menschen, die in zwei Jahren langer, stiller Arbeit aus sich heraus eine Gemeinschaftsreform schufen, durch die sie befähigt sind, in dem Chaos der Jugendbewegung einen festen Kurs zu bilden, der bewußt und unentwegt nach den Zielen strebt: Gestaltung der Ideen der Jugend, Erziehung kraftvoller Menschen, fähig zum Aufbau des neuen Reiches.«

Wohin all dieses suchwütige Hadern führte, es war zuletzt der *Befehl,* dem gegenüber gar nichts anderes mehr übrigblieb, als blindlings zu gehorchen. Heute stehen andere da und halten andere Parolen bereit.

Es scheint mir unabweisbar, die Jugendbewegung in ihren drei Phasen mit dem jeweils vorherrschenden Ausdruck des Zeitklimas gleichzusetzen. Ausdruck wäre in diesem Falle das, was wir später als Stil einer Zeit erkennen. In seiner archaischen Periode war der Wandervogel eindeutig ein Bestandteil des Jugendstils. Und den Jugendstil als solchen anzuerkennen, ist uns heute möglich geworden. Daß er ein großer Schritt aus der Kulturverkrustung der Gründerjahre heraus bedeutete, wird jedem klar, der in den zeitgenössischen Organen nach den Zeugnissen seines Auftauchens, nach den wütenden Kämpfen, die er auslöste, fahndet. Auch das Politische, kritisiert von den Protagonisten des Jugendstils, entwickelte neue Formen. Man sehe sich die damaligen Publikationen an oder doch solche, die erst in der Jugendstil-Ära zur Wirkung gelangten. Nietzsches »Also sprach Zarathustra«, Langbehns »Rembrandt als Erzieher«, Poperts »Helmut Harringa« (wir enthalten uns für diese Untersuchung der kunstkritischen Bewertungen), Frank Wedekinds »Frühlings Erwachen«, Ibsens »Peer Gynt«, der Maler Fidus, der Bildhauer Rodin: das alles waren Einflüsse, das weckte Regungen, massierte Wünsche, in die sich das Phänomen der plötzlich selbständig hervortretenden Jugend als ein am Rande Mitbewegtes durchaus erklärlich und verständlich einfügte.

Und wie der Jugendstil vom Expressionismus abgelöst, wenn nicht überrannt wurde, wobei noch viele seiner Elemente unerkannt in das neue Stilereignis übergingen, so wurde die Daseinspraxis der Jugendbewegung jetzt spürbar zu einer expressionistischen. Die rankenden Jugendstilformen wurden entflochten, zerrissen, zerhackt. Im Leben und seinen künstlerischen Zeugen spiegelte sich der Vorgang mit überraschender Nachdrücklichkeit.

Auch das politische Geschehen unterlag der gewaltsamen expressionistischen Auflockerung. Die zeitgenössischen Organe, die uns für diesen Fall ja noch reichlich zur Verfügung stehen, belegen die Woge des Expressionismus als eine alle Lebensäußerungen ergreifende, die mit ihren neuen Möglichkeiten stärkstens auch den politischen Kampf, und zwar von rechts bis links, durchsctztc. Ich halte es für möglich, daß man sogar die Kampf- und Werbetechnik der extremen Parteien eines Tages als dem Daseinsklima des Expressionismus zugehörig erkennen wird. Daß der Abbau aller Hemmungen und Grenzen, wie er in allen Bezirken der Existenz vor sich ging, zugleich Lücken schuf, durch die das Dämonische einströmen konnte, ist verständlich.

Im bündischen Bereich erfolgte auf den Rechts- und Links-»Expressionismus« hin eine Rückbesinnung auf die ordnenden Mächte, von mir als »klassische Periode« bezeichnet. Sie geschah gleichzeitig, oder in gegenseitiger Durchdringung und Anregung, im Sektor Kunst. George wurde sichtbar. Pannwitz erließ seine Aufrufe an die Deutsche Jugend, Fuhrmann versuchte eine imposante Rekonstruktion aller Überlieferung der Menschheit. Das Christentum wurde von klugen Interpreten neu entdeckt. Der Katholizismus zeigte sich in überzeugender künstlerischer Selbsterneuerung und zog hochintellektuelle Menschen in seinen Bann. Der ewig schöpferischen Zerrissenheit des Expressionismus antwortete ein Bestreben nach Sorgfalt, Genauigkeit, Ordnung, Selbstopfer, Harmonie und Verantwortung. Daß neben und unter diesem Aufbau die Massenströmung des Nationalismus immer reißender wurde, mit im Grunde ähnlicher Strebung, aber ins Negative abgewandeltem Ergebnis, ist eine Tragödie, die kaum den Rückschluß zuläßt, daß hier verschiedene Linien sich zum gemeinsamen Ornament vereinigten.

Soviel zu dem Streitfall Jugendbewegung und Nationalismus. Mir will scheinen, als ob unser Volk mit seiner damaligen Entscheidung für den extremen Nationalismus den Mißstand seiner seit den Hohenstaufen unerfüllt gebliebenen Geschichte durch eine plötzliche Gewaltmaßnahme zu bereinigen hoffte. Das Tausendjährige Reich hat in den zwölf Jahren seines Bestehens das Feuer für tausend Jahre deutscher Zukunft mitverbraucht. Diese bittere Tatsache mindern wir nicht dadurch, daß wir die deutsche Jugendbewegung mit in die Schlangengrube der Schuldigen werfen. Ohnehin sind wir viel zu sehr geneigt, uns entweder als die Garanten des Weltuntergangs oder als jene der Welterlösung zu sehen. In solcher Flackerbeleuchtung wird jedes Ereignis verdächtig.

Jene aufregende, mitfühlende und protestfreudige Zeit um 1920 herum muß ich um erläuternder Aufschlüsse willen noch im Auge behalten. Und wieder erweisen die »Jungen Menschen« ihre Unerschöpflichkeit. Konnte ich meine Erinnerungsadresse an den Herausgeber Walter Hammer mit dem Namen meines nachmaligen Bundesführers Robert Oelbermann beschließen, so möchten mir die gleichen Nummern (1920-1922) jener Zeitschrift jetzt dazu dienen, die großen Rührungsmomente oder die - wenn ich so sagen darf - Rührungshelden jener Zeitläufte zu ermitteln. Von ihnen strahlten ungeheure, weitreichende, oft ein ganzes Leben vorausbestimmende Einflüsse aus. Ich meine Ernst Toller und Gustav Wyneken.

In derselben Nummer, in der ich ein Protestinserat gegen Bleisoldaten finde (»Weihnachtsglocken läuten Friede, Friede, Friede, *Menschheitsfriede.* Das Soldatenspielzeug ist der Judas, den du am Heiligen Abend zu Tisch ladest und der fortan der ständige Begleiter deiner Kinder bleibt«), wird auf der Umseite eine »Schwarze Samtjacke, mit Tressen eingefaßt, sog. Künstlerjacke, neu, zu kaufen gesucht«, werden »vorwärtsschauende junge Menschen« eingeladen, einem Vortrag über »Naumanns Erbe« beizuwohnen, wird ein Gedenkkalender »Deutsches Land in Feindeshand« gegeißelt, darin Vizeadmiral Reuter fordert: »Haß versetzt Berge« und ein kgl. preußischer Generalleutnant feststellt: »Es gibt nur eine Todstünde - seinen Feind lieben, denn das ist Selbstmord«.

In dieser Nummer also finde ich eine aufschlußreiche Notiz über Ernst Toller. Die »Deutsche Wandervogelgemeinschaft e.V.« fordert Schloßherren, Gutsbesitzer, Burgbesitzer auf, deutschen Dichtern Gastfreundschaft zu bieten. »Er braucht nicht zu fürchten«, heißt es im Text, »daß ihm Leute vom Schlage der Meyrink, Toller oder Courths-Mahler über die Schwelle treten. Der Geist von Bartels' Literaturgeschichte soll maßgeblich sein.« Die Ankündigung rangiert, wie nicht anders zu erwarten, unter »Schandpfahl«. Sie ist wichtig, da hier zum ersten Male das Geschwür des Antisemitismus in der Jugendbewegung sich zu erkennen gibt. Sie ist interessant durch die Nennung von Ernst Toller. Wir erfahren auf derselben Seite, oben, daß Landtagsabgeordneter Ernst Niekisch über Toller in der »Weltbühne« geschrieben habe, ein Organ, dessen Redaktion später von Carl v. Ossietzky übernommen werden sollte. Drittens erfahren wir unter »Rundschau«, daß sich in der ganzen nationalsozialistischen Presse, »an ihrer Spitze natürlich der Berliner Lokalanzeiger«, eine Notiz »herumflegele«, der zufolge die Niederschönhauser Festungsgefangenen, unter ihnen Ernst Toller, seit Weihnachten »prassen« sollten. Die »Jungen Menschen« erklären dieses Phänomen damit, daß, ihrem Aufruf Folge gebend, Tausende von Jugendbewegten Weihnachtspakete an Toller geschickt hätten, der nun reichlich von diesem Segen abgeben könne.

Auf der Suche nach Leitbildern

Runde: Alleingang des Autors

Ernst Toller, ein heute fast vergessener Schriftsteller, hatte das Glück, durch seine Beteiligung an der Münchner Räterepublik zu einem Leitbild aller jungen politischen Romantiker zu avancieren. Sein Mythos war größer als seine Kunst. Zudem hatte er, gemäß einem damals publizierten Foto, alle Eigenschaften, die geeignet erschienen, ihn als Leitbild zu verherrlichen. Er sah in Wirklichkeit nicht ganz so interessant aus. Aber seine Stücke, vor allem die »Wandlung«, oft gespielt und in Höchstauflagen verbreitet, boten die glückliche Ergänzung dazu. Aus dem Festungsaufenthalt entstand »Das Schwalbenbuch«, eine Sammlung reizender Gedichte, von schwermutsvollem Pathos getragen, darin er die Schwalben verherrlichte, die ihn in seiner Zelle besuchten, sogar in ihr nisteten.

Damit gewann er sich die Herzen auch der verstocktesten »Völkischen«, und in der Folge davon wurde der Linksdrall in der Jugenbewegung zur unwiderstehlichen Mode. Daß man rechts stand und links empfand, daß man links stand und »völkische« Ideale haben konnte, trug viel zur Vermischung aller Tendenzen bei. Aus ihr zogen die Kommunisten ebenso wie die ersten Nationalbolschewisten und Nazis erheblichen Gewinn. Brachte die Gestalt und das stellvertretende beispielhafte »Leiden« Tollers die Gefühle zuungusten der Klarheit in Wallung, so war es einer anderen Gestalt gegeben, durch ähnlich beispielhaftes, »werbendes« Leiden in Stellvertreterrolle für Tausende von Sympathisanten den Erosgedanken in Verbindung mit der Landschulheimidee zum mitreißenden Modebegriff zu erheben.

Daß mit Toller zugleich auch eine neue echte Sozialverantwortung um sich griff, deren Früchte wir heute als selbstverständliche Gegebenheiten ernten, ist ebenso unbestrittene Tatsache wie jene, daß der Gedanke der Schulreform, als deren Ergebnis wir heute schöne Schulen und aufgeschlossene Lehrkräfte haben, von der großen Gefühlswallung ausging, die der Prozeß Wyneken nicht nur in Jugendbewegungskreisen, auch in Kreisen allgemein Interessierter auslöste. Wie nun Wyneken, der wegen Schwierigkeiten, die für ihn aus der Erfüllung seiner Idee resultierten, ins Gefängnis sollte (Schwierigkeiten, die sich weniger aus der Sache, die er verfocht, ergaben, als aus seiner Natur), wie dieser Schulmann und, für damalige Begriffe, »Schulheld«, auf den Wandervogel, mehr zwar auf die neue, männerbündische Form des WV, wirkte, wollen wir mit einer Verlautbarung Robert Oelbermanns zur Kenntnis nehmen. Auch sie befindet sich nämlich in jenem schicksals- und zukunftsträchtigen Heft der »Jungen Menschen«, und sie macht offenbar, wie hier WV-Idee, Landschulheimidee und Märtyrerbereitschaft unter der Ägide Stefan Georges ein erstes Bündnis eingehen. Ein Bündnis, das dem Gesetzgeber aus dem »Stern des Bundes« eine nicht mehr wegzudenkende Rolle für die nächsten zehn Jahre der »Bündischen« zuweisen sollte.

Hören wir uns den Bericht von Robert Oelbermann an, bevor wir auf die Geschichte des

Nerother Wandervogels kommen, in der sich, da sie ein wenig wild romantisch, ein wenig extremistisch, ein wenig d'annunzianisch in ihrem Pathos ist, vieles gleichlaufend Wandervogelhafte archetypisch mit ausspricht. Sie erspart uns somit das gesonderte Eingehen auf die vielen, allzuvielen Bünde und Bündchen, in welche sich die Jugendbewegung in der Folge aufsplittern sollte.

»Da standen sie zusammen um einen mächtigen Holzstoß, an die dreihundert Bruschen und Mädchen, um ihr stilles Bekenntnis der Treue zu Gustav Wyneken abzulegen. Hellauf sprühte der Flammenstoß als Sinnbild der leuchtenden, heiligen Kraft ihres Führers, den eine verständnislose Zeit verurteilen will. Ringsum brannten Fackeln, von kernigen Buben in festen Händen gehalten. Schon werden sie in das mächtige Feuer geschleudert als Zeichen, daß die kleinen Flammen der Wandervögel mitleuchten wollen in der heiligen Glut ihres Führers. Dann atemlose Stille, mächtig lodert die Flamme gen Himmel, und eine Geige spielt leise.

Jetzt die Worte Gustav Wynekens: »Liebe Kameraden! Ich kann nicht zu euch kommen, um zu euch zu sprechen, wie ich es so gerne täte, und euch zu danken. Laßt mich aus der Ferne ein paar Worte senden.

Euer Eintreten für mich macht mich stolz und glücklich. Wichtiger, als daß mir geholfen werde, ist, daß Jugend Treue hält. Ihr könnt nicht wissen, ob ich im Sinne des Gesetzes schuldig oder unschuldig bin. Euer Entschluß, mir Treue zu halten und diese Treue öffentlich zu bekennen, muß von allen juristischen Tatbeständen« und Urteilen unabhängig sein. Ja, vielleicht muß er sogar von den Satzungen und Wertungen des geltenden Sittengesetzes unabhängig sein. Ob das, weswegen man mich verfolgt, im Sinne dieses Gesetzes erlaubt oder unerlaubt war - auch das werdet ihr kaum entscheiden können. Wir müssen uns auf einer Ebene begegnen, die höher liegt als Strafrecht und bürgerliche Moral.

Daß in entscheidenden Stunden Männer, die die allmächtige Zeit und das ewige Schicksal dazu beruft, taub sein müssen für die Drohung des Strafgesetzes und sogar für die anerkannten Forderungen des Sittengesetzes, daß sie von ganz woanders her den Maßstab ihres Handelns nehmen, aus tieferem Quell schöpfen müssen als aus dem Tagesbewußtsein der Menge - daß nur so die Taten geschehen können, die immer wieder geschehen müssen, wenn die Welt nicht ersticken soll - das ist eine Wahrheit, die wir in der Dichtung bejubeln und im Leben unterdrücken.

Der mann! die tat! so lechzen volk und hoher rat.
Hoff nicht auf einen, der an euren tischen aß!
Vielleicht wer jahrelang unter euren mördern saß,
In euren Zellen schlief: steht auf und tut die tat.

Stefan George

Unangefochten von allem Wenn und Aber, von Klugheiten und Vorsichten, Treue halten zu können dem Menschen, dem Führer, dem Liebenden - das ist das schöne Vorrecht der Jugend. Daß sie aber mit dieser Treue zugleich Pforten der Zukunft aufreißt, neuem Leben Bahn bricht, Freiheit, Schönheit und Liebe in die Welt zurückgeleitet - das sei der schöne Lohn, mit dem das Schicksal ihre Tapferkeit krönen möge. Heil euch Treuen!«

Carl Spittelers Worte aus dem Olympischen Frühling beschließen den ersten Abend. Möge es weiter durch die Lande klingen: »Es gibt eine Jugend, die bereit ist!«

Soweit der Aufruf Robert Oelbermanns.

Bünde aus dem Bereich der »Konservativen Revolution«

Alleingang des Autors

Bevor ich nun endgültig in die Erörterung des Bundes der Nerother einbiege, will ich aus der Fülle der damals blühenden Bünde zwei gesondert erwähnen, da ich ihnen zu Dank verpflichtet bin. In den schweren deutschen Jahren nach der Revolution von 1918 war ich Mitglied des einen und später Gast des andern. Mit ihren Führern und Menschen verband mich Freundschaft. Was Wandervogel sein sollte und sein könnte, erfuhr ich zuerst bei ihnen. Ich meine den von dem Dichter Wilhelm Kotzde gegründeten Bund der Adler und Falken, eine Vereinigung, welcher Mädchen und Jungen gleichermaßen angehörten und in deren harmonischer Gemeinschaft ich meine ersten entscheidenden Fahrten in die Mark Brandenburg unternahm, meine ersten musischen und musikalischen Eindrücke bündischer Prägung erhielt (die Nibelungendichtung von Wilhelm Jansen wurde bei den Nestabenden vorgelesen, und das zustimmende Bild, das dieser Schriftsteller von der Gestalt Hagens entwirft, blieb mir lange im Sinn) und meine innere unabdingbare Zugehörigkeit zu dieser Art der Lebensgestaltung entdecken durfte.

Die Form meines damaligen Stammbundes, der Adler und Falken, fügte sich aus Elementen, die dem bündischen zustrebten, ohne es je zu erreichen. Das lag ein wenig wohl auch an den Auftaktmomenten, die Wilhelm Kotzde seiner Gründung mit auf den Weg gegeben hatte. In einem seiner frühen Werbeblätter lese ich die Zeilen: »Ich war aus dem Bauerndorf gekommen und hatte mich mit der ganzen Glut meiner jungen Seele in das künstlerische Leben Berlins gestürzt, es gab ja eine unerhörte Fülle von Anregungen. Aber ich empfand doch, daß eine stickige Luft über Berlin lag, in der Sumpfpflanzen geil und giftig emporschossen, die tiefe, andächtige, von Wunden erfüllte deutsche Seele aber verkümmerte.« Für uns ist mit den von Kotzde angezweifelten Jahren der kulturelle Höhepunkt unserer alten Reichshauptstadt bezeichnet. Aber wir glauben - wenn wir das Werk des schlichten Mannes betrachten - verstehen zu können, warum ihn die Stimme von Dichtern, die wir heute der Klassik des deutschen Expressionismus zuzählen, nicht zu erreichen vermochte. Die unausschöpfbare Größe Däublers, der gerade in seiner Deutschheit so bedeutende Barlach, die sprachgestaltende Strenge des hochkonservativen Rudolf Borchardt, das alles entging ihm. Er fühlte sich zu einer Rettungsaktion berufen. Zusammen mit Dichtern, die sich heute etwas unter dem Gebirge der Bücher verloren haben, das sich mit den Jahren über ihnen aufgetürmt hat, nämlich Heinrich Gutberlet und Wilhelm Lobsien (auch der inzwischen aus dem Gedächtnis der Kunstgeschichte entschwundene Maler Emil Heinsdorff war dabei) rief Wilhelm Kotzde zur Gründung des Bundes der Adler und Falken auf. Das geschah am 29.2.1920, einem Schalttag, auf einer Schwarzwaldhöhe bei Kirchzarten. Dreizehn Jungen und Mädchen - außer badischen Alemannen auch Märker, Elsässer und Balten - weihten sich der Aufgabe, die Bundesidee Wilhelm Kotzdes ins Leben zu stellen. Ihn selbst kürten sie dabei zum »Bundesvater«.

Der Sommer sah bereits eine schnelle Ausbreitung des Bundes nach Ostpreußen, Schlesien, Franken, Bayern, Schwaben, Mitteldeutschland und Österreich - bald sollte er darüber hinaus im ganzen deutschen Sprachgebiet Wurzeln fassen.

»Wer in unseren Bund tritt, verpflichtet sich zu unbedingter Wahrhaftigkeit, zur Kameradschaft in Gesinnung und Tat und zu tätiger Liebe zu allem, was deutsch ist. Es hülfe uns nichts, Deutschland wieder groß zu machen, wenn nicht die Deutschen groß in allem Guten wären. Gott hat unser Volk mit so reichen Gütern des Geistes und der Seele, mit so vielen schöpferischen, wahrhaft großen Männern und Frauen gesegnet, daß wir uns darum zu allem Hohen und Edlen verpflichtet fühlen. Wir wollen mit jugendhellen Augen in die Zukunft schauen und sehen, wie wir Neues schaffen, unserm Volk zum Heil; toten Ballast in Überlieferung und Sitte wollen wir von uns werfen - Jugend heißt frisches Knospen; solches aber wäre Schein und Trug, wenn nicht die Wurzeln tief in unsern Volksboden gingen, der stark und tragbar durch die Großen der Vergangenheit und die von ihnen geschaffenen unvergänglichen Güter wurde « - so hieß es in der »Wander- und Lebensordnung« des jungen Bundes. Es entsprach der Konzeption Kotzdes, daß hier Jungen und Mädchen zusammengeführt und einer idealen Zukunft vorbestimmt werden sollten. Eine schriftliche Bekundung sagt darüber aus:

»Mit dem frohen und ernsten Zusammenarbeiten der Geschlechter war für uns der Sinn dieser Zweiheit im Bunde nicht erschöpft. Wir wollten unser Leben folgerichtig aus der Jugend heraufführen - die Gründung gesunder und starker Familien war die Tat, die am Ende des Weges zu stehen hatte, in der Erkenntnis, daß nur in solchen Zellen des Volkes Erneuerung beschlossen liegt. (Lebensbund!)

Richtung auf unserem Wege kam uns aus der Verbundenheit mit Heimat und Natur, aus der Erkenntnis, ein Glied in der Kette der Geschlechter zu sein. Hier lagen die Wurzeln unserer Weltanschauung: Familie, Volk, Boden, Heimat, Reich. Von hier kamen uns die besten Widerstandskräfte gegen Entwurzelung und Großstädterei.«

Indessen, auch dieses Rettungswerk - aus der romantisch-völkischen Lauterkeit Kotzdes erwachsen - blieb nicht vom mitgeborenen Leiden der Jugendbewegung verschont. 1928 kam es zur Spaltung. Dem parzivalhaften Kotzde folgte der forschere Alfred Pudelko. Das ging nicht ohne die zugehörigen Auseinandersetzungen ab. Ein kleinerer Teil der Bundesangehörigen (vorwiegend der Gau Thüringen und der Horst Nürnberg) stand weiterhin zu dem Dichter und gründete mit ihm 1929 die »Deutsche Falkenschaft«. Die »Adler und Falken« aber erlebten unter Pudelko noch einmal einen Höhepunkt ihres Zusammenhaltens, nicht zuletzt wegen der strafferen Form, die der neue Bundesführer durchzusetzen wußte. Und im Urteil lebender Bundesmitglieder wird seiner Fassung der Bundesidee oft der Vorzug gegeben. Zweifellos gehören die Adler und Falken zu der heute erkennbar werdenden Grundwelle »Konservative Revolution«. Sie behaupten unter Gleichstrebenden den Rang einer auf Auslese und persönliche Reinheit bedachten Gemeinschaft. Sie wurden wie alle ihresgleichen mißverstanden, verdächtigt und der nationalen Hybris für schuldig befunden. Die Anmerkung eines der ihren stellt diese Vermutung richtig, indem sie zugleich freimütig bekennt:

»Der Gedanke des Bundes - durch unsere Weltanschauung in die Tiefe geführt - war nichts anderes als die Zurückstellung des ›Ich‹ und die freie Anerkennung des Gebundenseins an ein größeres, damit auch die Absage an Strömungen wie Individualismus und Materialismus. Mit dieser Haltung war oft eine Überheblichkeit über die Umwelt verbunden, vielleicht hier und da in unberechtigtem Maße, zumeist aber von der Umwelt vergröbert gesehen, weil sie eben jener Verbundenheit ohne Begreifen gegenüberstand. Wir stellten hier die Forderung, in aller Bescheidenheit an uns selbst zu arbeiten, durch beste Leistung in Beruf und Umwelt Achtung zu erwerben und durch unbedingtes Einstehen die erarbeitete Haltung des Bundes zur Geltung zu bringen.

Niemals wollte sich der Bund in prahlerischer Weise zu den Ausgewählten und Auserlesenen zählen und behaupten, dereinst *die* ›Führer‹ zu stellen. In seinen Reihen wollten wir wachsen und immer wieder neues, junges Blut nach uns ziehen - erziehen, damit die Kernpunkte, die von unten her die Erneuerung des Volkes beginnen können, immer zahlreicher werden.

Die Verbundenheit der Glieder des Bundes und die Gerichtetheit unserer Weltanschauung bedingte unsere Stellung zu Fest und Feier, zu Spiel und Tanz, zu Musik und Kunst. Die tragenden Kräfte dieser Äußerungen sollten aus der Gemeinschaft und dem Mitwirken kommen.

Nach 1933 löste sich der Bund selbst auf. Im zweiten Weltkriege gaben über 400 frühere Angehörige der Adler und Falken ihr Leben, darunter zwei ehemalige Bundesführer: Otto Schmidt und Fritz Tutt.«

Daß gerade jene, die dem Volke am tiefsten dienen wollen, den anderen als hochfahrend erscheinen, ist auch in anderen Rängen der »konservativen Revolution« offenbar geworden. Ich wende diese schöne, von Armin Mohler zum erstenmal in Sicht gebrachte Bezeichnung nur bedingtermaßen auf die Vorreiter und Außenseiter des bündischen Prinzipiums an. War es bei den Adlern und Falken die hochgespannte Zucht, die im Sinne einer Volkstumserneuerung von den Mitgliedern verlangt wurde (Mitgliedern: Mädchen wie Jungen), so geriet ein ähnliches, nur viel geistiger gefaßtes Bestreben bei dem Bund der Nibelungen ganz in die Zone des Feudalen. Hier war es vorzugsweise deutscher Adel, der sich ein bündisches Stelldichein gab. Nach 1921 trat er als eine Absplitterung des ohnehin anspruchsvoll exklusiven Jung-Wandervogel zum erstenmale als eine Gründung des Dr. Freiherrn von Biedermann in Erscheinung. »Unser Symbol: Schwarz, Blau und Gold - die Farben der Trauer, der Treue und des Stolzes, die silberne Rose auf schwarzem Felde, das ritterliche Zeichen der Liebe, der Verschwiegenheit und des Todes.« Im Gegensatz zu den Adlern und Falken war hier ein in jeder Beziehung männerbündisches Klima vorherrschend.

Die silberne Rose (in der Form der rosa mystika entsprechend) wurde als Kokarde an einer schwarzen Mütze getragen, die - ein Zwischending zwischen Studentenkappe und Offiziersmütze - den Zusammenkünften ein militantes Gepränge verlieh. Unter den Namen, die den Leitenden zugehörten, findet man besten deutschen Adel sozusagen dichtgedrängt: Vorsitzender des Eufrats (Eltern- und Freundesrates) war Frhr. v. Fürstenberg. Die Sportabteilung unterstand Fritz Prinz v. Zglinicki. Der Kreisleiter von Ostfalen hieß M. v. Tschirnhaus. Der von »Askanien« (Mark Brandenburg) Burkhardt Frhr. v. Lepel, der von »Oranien« (Bezirk Kassel usw.) Gunther Frhr. v. Lepel (ein imponierender Führer, den kennenzulernen ich auf dem Verbrüderungstreffen der Nibelungen und des Nerother-Ordens der Freibeuter die Ehre hatte).

Nicht minder bedeutungsvoll war der Protektorenkreis des Bundes beschickt. Man findet dort neben den persönlichen Unterschriften von Carl Graf zu Stolberg, Joachim von Winterfeldt-Menkin, K.W. von Jordans, erstaunlicherweise auch Thomas Mann, Hans Pfitzner und den großen Indienforscher Hans Hasso von Veltheim-Ostrau. Thomas Mann hier anzutreffen, wird *den* wenig erstaunen, der die »Betrachtungen eines Unpolitischen« und die hochkonservative Schrift »Friedrich und die große Koalition« kennt.

Trotzdem berührt es verwunderlich, daß Thomas Mann einem Bund seine Stimme gab, der den Mut hatte, sein erstes Bundesfahrtenblatt »Hagen« zu taufen. Nun hatte damals freilich eine Art Umschichtung in der Deutung des Nibelungenliedes sich durchgesetzt, so wie wir heute die Ehrenrettung des Kaisers Tiberius auf sozusagen geschichtsressentimenteller Basis erleben. Man könnte es so auffassen: Richard Wagners Siegfriedanbetung folgte (im Zusammenklang mit den Nöten des verlorenen erstes Weltkrieges) eine Hagen-Renaissance. Die Bedeutungsakzente verschoben sich von dem romantisch-labilen Siegfried zu der kernigen Reichstreue Hagens. In Heft 1 des »Hagen« findet sich denn auch eine Definition, die jene des Hagenbuches von Jansen an gefährlicher Gescheitheit übertrifft: »Zum Tod geht es, wenn sie erkennen, daß Hagen unter ihnen ist. Hagen von Tronje, der unhold allen Fremden erscheint, aber den Nibelungen Teil ihrer Art ist und edler Gefährte in Kampf und Fest. Alles Dunkle an ihm war abgefallen für Volker, den Spielmann. Ein Dämon war Hagen vielleicht, den ein Gott den Nibelungen als Schicksal gab, aber ihrer Art war er nicht minder als ihre blonden Könige mit ihrem hohen Sinn. Daß sie treu waren in ihrer ganzen Art, auch dem Dämon in ihnen, daß in ihm sie starben, machte die Nibelungen unsterblich.«

Wird hier nicht der deutsche Treue-Dämon, wie er einige Zeit später jene »Tausend Jahre« fürchterlich aufzehren sollte, bewußt-unbewußt angeredet und heraufbeschworen? Nun, der Bund der Nibelungen selbst sollte ihm zum Opfer fallen, so wie einige seiner letzten Überlebenden im Krieg Hitlers schauerlich untergehen mußten. Man nennt sich anscheinend nicht ungestraft »Nibelungen«. Dieses Wort, das vielen Deutschen in dunkler Lust über den Rücken friert, verbleibt auf immer in der schwierigen Magie, die sich in ihm und mit ihm ausdrückt.

Schon fünf Jahre nach dem feierlichen Gründungsakt, geschehen unter dem Vorspanne ebenso großer wie wohlmeinender Männer, mußte in Heft 17 des Fahrtenblattes das traurige Geständnis unmittelbar unter dem George-Gedicht »Wer je die Flamme umschritt« abgedruckt werden: »Wir haben im Neuen Jahr unsern Bund aufgelöst. Unser Name ist aus der Reihe der deutschen Jugendbünde gestrichen. Der Sinn und die Bedeutung einer jeden Gemeinschaft liegen nicht im Blühen, sondern im Entstehen und Keimen. Nur in seinem Anfang lagen Gehalt und die Kraft des Christentums, das die Liebe auf seine Fahnen schrieb, des Preußentums, das die Selbstaufgabe in sich trug, der Ritterorden und aller lebendigen Bünde. Der König ist tot. Aber darüber klingt hell wie ein Fanfarenklang: Es lebe der König! - Gunther.«

Nicht im Blühen liegt also der Sinn, sondern im Entstehen. So sehen sich die Nibelungen selbst. Die tiefe Jugendbezogenheit des Bundes tritt in diesem bitteren Geständnis hervor, das Erbe aus dem Jung-Wandervogel, das Reich der blonden Knaben in den dunklen Wäldern, die Märchenprinzlichkeit, die allzuhoch gezüchteten Anforderungen, denen dann das jähe Ende gesetzt ist. Wieviele Bünde, prächtige Gruppen, anspruchsvolle Zusammenballungen sah ich scheitern nach dem ersten, wagemutigen Anlauf. Das Prinzip der Auslese, der Selbstzüchtung, wenn es das dem Menschen gesetzte Maß durchbricht, unter- oder überschreitet, führt zu hagestolzer Vereinzelung - und Vereinsamung.

Die Nibelungen hatten große Jahre, oder waren es nur große Monate, Wochen oder gar Stunden? Erlebte Stunde kann Jahre aufwiegen. Und solche Stunden gab es bei ihnen, wie beim Jung-Wandervogel auch. Für die Beteiligten gehören sie zu den unvergeßlichsten. Ich weiß, daß man auf Frankreichfahrt ging, aber auch nach Ungarn, Serbien, Holland, England, Skandinavien und, wie dürfte das fehlen, Island. Ich weiß, welche Literatur in den Blättern empfohlen und in den Gruppen gelesen wurde: George, Jünger, Fuhrmann, Bertram.

Die Affinität Ernst Bertram - Thomas Mann ist bekannt. Eines der schönsten, säglichsten der Gedichte Bertrams aus dem »Nornenbuch« (Insel-Verlag 1924) finde ich dem 5. Heft der Nibelungen (1925) vorangestellt. »Schon schnarrt der Ruf« - darin ist Preußisch-Soldatisches mitversprochen. Kein Gedicht gibt besser das geistige Klima des Bundes:

Jünglinge, tretet her. Zu hören ziemt.
Dies ist der letzte Ring, der uns umschließt.
Mit allen Schwingen saust ihr bald hinaus,
Dies ist die letzte Feier, die euch eint.

Jünglinge, horcht. Dies ist das letzte Land,
Des Scholle noch die mächtigen Horte hehlt,
Dies sind die letzten Wälder, drinnen ihr
Dem Wunderwilde noch begegnen könnt.

Schon scharrt der Huf. Ihr, wahrt im Aug den Traum.
Schon schnarrt der Ruf. Ihr, wahrt im Ohr das Lied,
Drin noch die Norne warnt: Jünglinge, wahrt
Das Feuer, das ihr seid. Rings ahn ich Asche.

Einer meiner wichtigsten Freunde und Förderer hat von den Nibelungen her seinen Weg genommen. Und deswegen möchte ich ihn hier ansprechen und ehren: Rudolf Maack, 1902 in Hamburg geboren, warst du als Zwölfjähriger schon »Pimpf« im WV e.V. Ab 1915, also mitten im Krieg, »Zugvogel«, und von 1921 an im Jung-Wandervogel. Du warst einer der bestimmenden jungen Männer aus bürgerlichem Lager (bürgerlich im Sinne Thomas Manns), die den Übertritt zu den Nibelungen vollzogen und damit den Jung-Wandervogel auf der aristokratischen Linie fortsetzten. Von 1922 bis 1926 dientest du mit allen deinen Gaben und Begabungen dem neuen Bund. Du warst zugleich Kritiker für Musik und Tanz an den »Hamburger Nachrichten«, Mitarbeiter an der bedeutenden hamburgischen Zeitschrift »Der Kreis«. Eines deiner schönsten Bücher erschien 1935 in einem akademischen Verlag: »Laurence Sterne im Lichte seiner Zeit«. Seit 1945 bist du Oberstudiendirektor eines Koedukationsgymnasiums zu Hamburg. Auf musikalischem Gebiet warst du des öfteren Mitarbeiter Hans Henny Jahnns. Ich kann mir kaum den Entwicklungsgang eines Bündischen (und eines so ausgesprochenen Bündischen, wie du einer bist) vorstellen, der weiter ab läge von all jenen öden Verdächtigungen auf Menschenfeindlichkeit, Unvermögen, psychotischen Anarchismus und was sonst immer von den Begeiferern der Jugendbewegung vorgeworfen wird. Du hattest damals den großangelegten Versuch gemacht, die Trümmer des Nibelungenbundes neu zu erfassen und tätig einzugrenzen im »Hildfelder Bund«. Hildfeld war der Auflösungsort des alten und sollte der Begründungsort des neuen Zusammenhalts werden. Leider war es dir zweimal beschieden, dem Verbrennen hochverpflichtender Symbole beizuwohnen. Das erstemal schriebst du im letzten Fahrtenblatt der Nibelungen (Heft 17, Jan. 1927) den schwermutsvollen Abgesang:

Das Lied ist aus. Was die Flammen gebaren, haben sie zu sich zurückgenommen. Der Bund der Nibelungen ist nicht mehr. Dahin die Schwüre, die unsere hohen Feuer in die Nacht gerufen, dahin unser Hoffen und unsere Not. Die alten Worte sind in der Tiefe unserer Herzen begraben, die stolzen Zeichen sind von eigener Hand vernichtet.

Da standen wir in dem rauchigen Saal zu Hildfeld beisammen, zum letzten Male als Nibelungen. Draußen lag die Nacht über den Bergen, und der schmelzende Schnee troff vom Dache. Wir wissen nicht mehr, was gesprochen wurde; wir wissen kaum noch, was wir sangen. Und dann geschah es, was selbst die Jüngsten erstarren ließ. Das alte Banner trat in unsere Mitte; noch einmal stand auf schwarzem Grunde die weiße Rose uns zu Häupten. Dann sank sie in die Glut. Vor unseren Augen brannte sie nieder, nicht mit offenen Flammen, sondern wie Lebendiges brennt: innerlich. Und es bedrängte, der Abwehr zum Trotz, ein leuchtendes Bild unsere Seele; wir sahen den Ort und die hohe Stunde, die dieses Banner uns schenkten und weihten, wahrlich das ritterliche Zeichen der Liebe, der Treue und des Todes. Da wand sich die weiße Rose glühend am Boden, und der beizende Qualm schlug gegen das lastende Gebälk empor. Mit starren Augen sahen die Jungen einen Körper sterben, dessen höchste Schönheit und dessen größte Kraft sie nicht mehr gekannt.

Denn das war der Sinn dieser Vernichtung: Was wir vor Jahren verhießen, haben wir nicht gehalten; was stolze und tapfere Führer von uns forderten, haben wir nicht erfüllt. Die große Zeit fand schwache Herzen und schwache Hände. Die Ahnungen, die uns aus dunklen Wäldern winkten, die an den Feuern sternenheller Nächte mit dem verwehten Klang der Stimmen zu unser herüber schlugen, fanden nicht zu unserem Sinn und unserem Blut. Und was die besten Häupter unter uns bedeuteten, da sie zusammen standen, verkannten wir, da sie sich trennten. Ehe aber unser Name seinen Wert und unsere Zeichen ihren Sinn verlören, wollten wir sie selbst auslöschen. Ehe die weiße Rose welkte, gaben wir sie den Flammen zurück.

An uns liegt es, ob dies ein Ende sein soll oder nicht. Wir wissen gut, was war, und wissen, wem wir danken müssen. Der Sturm, der uns vor Jahren trug, ließ eine Spur in uns zurück. Nichts ist verloren, wenn wir treu bleiben. Die Aufgabe ist die alte, unsere Pflichten nur sind andere geworden. Mögen wir der Vergangenheit eingedenk das Kommende angreifen, ein jeder an seinem Platz! Dies war unser Wunsch und Versprechen, als wir schieden; es lief als stummer Ruf von Mann zu Mann: Wir waren Nibelungen!

Das Band ist zerschnitten, war schwarz, blau und gold,
und Gott hat es gelitten, wer weiß, was er gewollt!
Das Haus mag zerfallen - was hat's denn für Not -
der Geist lebt in uns allen, und unsere Burg ist Gott!

Und schon in Heft 8 der Zeitschrift deines neuen Bundes, auf deren Seiten ich die schönsten Essays über Barockmusik, über Spiel und Tanz bewundere, wiederholt sich das traurige Eingeständnis. Unmittelbar nach deiner dort abgedruckten, prachtvollen Bundestagsrede, die in den stolzen Sätzen gipfelt: »Denn vor dem Antlitz der Ewigkeit wissen wir nicht, ob dieses unser Leben so recht ist oder nicht. Wir wissen es nicht, und wir erwarten keinen Lohn. Sondern wir wagen, es so zu führen, wie wir es müssen, und werden danach unsern Spruch tapfer erwarten -«, steht auf dem gleichen Blatte: »Der Hildfelder Bund ist von der Bundesleitung am 1. 1. 1928 aufgelöst. Die auf dem Bundestag verliehenen Zeichen verlieren damit ihre Gültigkeit.«

Und am Schlusse des Heftes finde ich, von dir signiert, die zugehörige Erläuterung: »Hier endet eine lange Geschichte. Unser Bund war über den Jung-Wandervogel in unmittelbarer Ahnenreihe mit den Anfängen des Wandervogels überhaupt verbunden. Zwar kennen unsere Gruppen diese Geschichte kaum noch aus eigenem Leben. Nur die Hamburger Gruppe war schon in ihrer heutigen Gestalt - vom Nachwuchs abgesehen - im Jung-Wandervogel. In ihrem jetzt zehnjährigen Gang ist sie unverändert durch manchen Bund geschritten, und sie verläßt auch diesen wie sie war. Es ist kein Zufall, daß gerade sie dem Hildfelder Bunde seine eigene Farbe geben wollte, ähnlich wie das Leben des Nibelungenbundes zu Beginn aus Askanien und am Ende aus Oranien gespeist wurde. Und wie Askanien unter dem Zusammenbruch der politischen Verfassung des Bundes und Oranien unter dem rätselhaften Entschwinden seines phantastischen Zauberreiches am schwersten gelitten haben, so ist nun Hamburg am härtesten betroffen: die Freunde im Reiche sehen, daß unser Bund nicht erfüllt ward; die Hamburger Gruppe ahnt, daß solche Form überhaupt nicht erfüllbar ist; denn nie standen die Sterne günstiger als sie es hier getan. Die Hamburger Gruppe gedenkt ihrer Freunde in Herzlichkeit und grüßt sie zum letzten Male ...« (Rudolf Maack).

Der Nerother Wandervogel / Voraussetzungen / Archetypische Bedeutung

Runde: Autor, Robert und Karl Oelbermann, Hussa

Baybachtal, das ist der Name, der, seit Jahrhunderten überliefert, von Menschen deutschen Blutes jener Örtlichkeit verliehen wurde, an welcher irdische und himmlische Kräfte seit Jahrtausenden zehrten, schliffen und bastelten, um ihr zu der Gestalt zu verhelfen, als welche sie uns entzückt.

Wenn wir das Baybachtal von der hübschen, für den Hunsrück so typischen Stadt Kastellaun her anpeilen, fällt es uns schwer zu glauben, daß die sanft gewellte, teils sauber bebaute, teils mit Wald bestandene Ebene jemals empfindlich oder gar raumgreifend unterbrochen werden könnte. Jedoch plötzlich, vor unsern Füßen geradezu, sinkt sie breithin ein und geht über in zerrissen-aufgespaltenes, üppig verwildertes Gelände, dessen Gefälle moselwärts verläuft. Auf der Sohle dieses Tales nimmt ein zügig dahineilendes Gewässer zahllose Rinnsale von allen Seiten her auf. Man könnte denken, daß in vormenschlicher Zeit Riesen in wildem Spiel eine der dicken langen Wanderwurzeln der Weltesche aus dem lehmig lockeren, steindurchsetzten Erdreich gerissen hätten und daß in der Spur dieser Wurzel Wasser zusammengeronnen wäre, eine so krause Linie zieht der Baybach.

Er ist es, von dem wir sprechen, und wir sind versucht, ihm als Attribut die Gutmütigkeit beizulegen, denn er geht mit wirklich rührender Beflissenheit allen Hindernissen aus dem Weg. So ist denn seine Linie oft von einer geigenschlüsselhaften Verschlungenheit. Aber nirgends ist diese Verschlungenheit so augenfällig wie da, wo er einer quer in seine Bahn gelagerten Burg ausweicht. Hier gibt es Stellen, wo man das Echo seines klangreichen Gemurmels in sozusagen fünf verschiedenen Fassungen zu hören bekommt. Es sieht so aus, als ob er hier zu einem ungeheuer komplizierten Schriftzug aushole. Vielleicht ist es für den, der solche Schrift zu lesen vermöchte, der Name der Burg: Waldeck.

Wenn man sie unvorbereitet und ohne Kenntnis von ihrem Vorhandensein zu Gesicht bekommt, etwa von der Schmauser Mühle her dem Bache folgend, ist man zunächst ratlos, was ihre architektonische Gestalt betrifft. Man glaubt, eine mexikanische Stufenpyramide vor Augen zu haben, denn man erkennt außer einem silbergrauen Turmstummel nur die gewaltigen Terrassen einer sich quer ins Tal erstreckenden Bastion. Näher schreitend, entwirrt sich dann der erste Eindruck, indem ganz zuäußerst dieses Riesensarkophags die Ruine des ehemaligen Schlosses erscheint. Man ist versucht, dieses Bauwerk, zu dessen Erstellung unerfindliche Massen von Stein und Erde bewegt worden sein müssen, das Kolosseum des Hunsrücks zu nennen. Denn ganz ähnlich wie das Kolosseum, das fast sämtliche Steine für die Kirchen und Kapellen Roms lieferte, ohne deswegen seine Grundfigur einzubüßen, hat Schloß Waldeck jahrzehntelang dafür herhalten müssen, den näheren und auch ferneren Dörfern der Umgebung Baumaterial für Ställe und Häuser zu liefern. Da gibt es heute noch kaum ein Bauernhaus, in dem nicht irgendein Balken, irgendein Türsturz, irgendeine Viehtränke von diesem, gelinde ausgedrückt, freimütig gehandhabten Abbruch zeugte. Noch Anfang des 19. Jahrhunderts war das Schloß nahezu unzerstört. Aber es war dank seiner ausgeklügelt versteckten Lage buchstäblich in Vergessenheit geraten. Und als sich Behörden und Burgenforscher darauf besannen, war es zu spät. Von einem prachtvollen, teils der Renaissance, teils dem Barock verpflichteten Bau waren nur noch gähnende Fensterlöcher übriggeblieben. Aber ein Turm, ein schönes, gotisch gewölbtes Tor und vor allem der eigentliche Leib des Anwesens, die Bastion, hatten alles überstanden.

Der Nerother Wandervogel ist als der eigentliche Entdecker des Baybachtales und seiner verborgenen Reize anzusprechen. Er war wie keine andere Körperschaft geeignet, dem verwunschenen Platz seine hohe Weihe zu geben und - sie von ihm zu empfangen. Wenn hier die Knabengruppen mit ihren bunten Wimpeln und Fahnen Zeltlager halten, ist es, als ob der so rauh und schonungslos verwundete Bau sich auf seine besten Zeiten besänne und allen, die sich ihm anvertrauen, eine Ahnung von festlichen Turnieren, Kampfspielen, Gastmählern und musikerfüllten Feiern mitteilte.

Einen so ausgedehnten Auftakt brauchten wir, um auf das kleine, aber sehr wirksame Geheimnis dieses Bundes zu sprechen zu kommen. Durch dieses Geheimnis - nämlich eine ganze Burg unter seiner Obhut zu haben, die dazu noch schützend von eigenen Liegenschaften umzingelt ist, also praktisch aus der Bundesumklammerung gar nicht gelöst werden kann -, durch dieses Geheimnis unterschieden sich die Nerother (so nennt man sie gemeinhin) von anderen Formationen der Jugendbewegung.

Daß dieser Burgbesitz, dank einer gar nicht zu tilgenden Schuldenlast, sämtliche Auf- und Untergänge der letzten dreißig Jahre erfolgreich zu überstehen vermochte, gehört mit zum kleinen Geheimnis des Bundes. Dieses Geheimnis besteht nämlich unter anderem auch darin, daß die Zwillingsbrüder Oelbermann, denen der Bund sich selbst verdankt, die somit seine Herren und Führer von Anbeginn gewesen sind, die sogenannte »glückliche Hand« besitzen. Menschen, von deren Seite das Glück nicht weicht, haben eine besondere Qualität innerhalb einer Gemeinschaft, die sich ihnen anvertraut, auf sie schwört.

So ist auch hier als Glücksfall zu betrachten, daß es nicht nur einen Oelb gibt, sondern daß es deren zweie sind. Deswegen konnte das Schicksal, zumal das politische, dem die meisten anderen Bünde nach 1933 verfielen, nicht ganz so vernichtend durchgreifen. Robert Oelbermann, das geistige Haupt des Bundes, starb zwar 1941 im KZ, aber sein Zwillingsbruder Karl überlebte und konnte das Bundesbanner mit dem weißen kämpfenden Schwan auf blauem Grunde wieder über den verwitterten Mauern von Waldeck aufrichten. Trüben (oder beleben) zwar auch hier, wie immer in der Jugenbewegung, gewisse Unstimmigkeiten innerhalb der Nerother Korporationen das Bild, so erweisen sie doch nur (und das ist ja wieder etwas Rühmliches) die tragische Unersetzbarkeit Robert Oelbermanns, respektive die notwendige

Doppelheit der Zwillingsbrüder, wo der eine den andern im besten Sinne milderte oder steigerte.

Das Wort Nerother, oft in mißverständlicher Weise auf den Kaiser Nero bezogen, hat eine ganz einfache Entstehungsgeschichte. Die Brüder Oelbermann, Urwandervögel, die aus Weltkrieg I, der eine verwundet, beide mit dem EK I dekoriert, heimkehrten, rebellierten innerhalb des neugebildeten Altwandervogelbundes, traten aus oder wurden ausgetreten, wie der bündische Jargon behauptet, und zogen mit ihren Getreuen, die sich »Rote Ritter« nannten, nach dem Eifeldörfchen Neroth, um in der berühmten dortigen Basalthöhle ihren eigenen Bund zu gründen.

Gleich die erste Handlung sollte sich als eine Tat der »glücklichen Hand« der Oelbs erweisen. Die Ortswahl war sinnvoll und der Idee förderlich. Denn der Bund, dem Mysterium einer Höhle verpflichtet, wobei er sich auf eine hochromantische Ahnenschaft berufen kann, etwa auf Momberts Höhlengedichte:

»Bevor ich diesen Inselstrand verließ,
entdeckt ich letztmals streifend eine Höhle,
da drinnen ward mir eine neue Seele,
die mir ein höchstes Glück verhieß.«

oder auf die Grotte, in der Heinrich von Ofterdingen den Traum von der Blauen Blume hatte, entwickelte sich mit unwiderstehlicher Urgewalt aus bescheidenen Anfängen zu einer weithin bemerkbaren Gestalt. Und der Name »Nerother« sollte später, während und nach Weltkrieg II, bis zu Ernst Jünger hin bekannt werden, der ihn in seinen »Jahren der Okkupation« in gutem und rühmenswertem Zusammenhang erwähnt.

Was Robert Oelbermann zur Frage des NWV geäußert haben würde, muß ich rekonstruieren, indem ich mich auf die Gespräche besinne, die wir miteinander hatten. Ich bin sicher, daß er den Worten, die ich ihm hier - nachträglich - in den Mund lege, die Zustimmung und Signierung nicht versagt hätte.

Ich übergehe die Spaltung, die, wie so oft in der Jugendbewegung, ein neues Blatt oder gar einen ganzen Zweig hervorbrachte. Es ist davon hier auch schon die Rede gewesen. Silvester 1919/20 fand sich in der Höhle von Neroth in der Eifel der tragende Freundeskreis zusammen, der das Wesen unseres Bundes bestimmte. Von den acht Menschen, die sich damals zu den neuen Zielen bekannten (diese acht wurden später als Erznerommen bezeichnet), ist Karl Oelbermann der einzige Überlebende. Obernerommе war Robert Oelbermann. Die Zusammensetzung entsprach seiner persönlichen Wahl. Es war eine Genossenschaft des offenen Gesichts. Das Wesen des Bundes, wie es uns vorschwebte, sollte durch Ritterlichkeit, Auslese und Freundestreue bestimmt werden. Wir empfanden konservativ, ohne jemals parteipolitische oder parteiideologische Bindungen einzugehen. Wir wollten für uns persönlich eine kleine Monarchie bilden, ohne damit einer staatlichen Monarchie in die Hände zu arbeiten. Uns galt die Schrift Dantes über das Wesen der Monarchie als Vorbild. Wir waren jung, und es paßte uns so. Daß wir damit dem Geiste Karl Fischers gerecht wurden, den wir verehrten und heute noch verehrungswürdig finden, war von zusätzlicher Verbindlichkeit. Auf der Grundlage dieser wegbestimmenden Anfangsereignisse hat sich der Bund dann so mit den Jahren konstituiert und etabliert und sich im Dasein Europas, im Vorhandensein der Erde, im Leben des Vaterlandes innerhalb dieses großen Daseins und Vorhandenseins eingerichtet.

Jedes Jahr seither, mit Ausklammerung der Hitlerzeit, findet das Neujahrsgedächtnistreffen zur Gründung des Bundes in der Nerother Höhle statt. Ostern oder Pfingsten ist Bundestag. Zur Zeit der Mittsommerwende ist Eltern- und Freundetreffen (des Eufrats) auf dem Burggelände (mit Würstchen und Kartoffelsalat). Dazwischen vollziehen sich die Heimat- oder Auslandsfahrten der Fähnlein und Orden (die kleinen Gliederungen der Bundesgesellschaft, die im Durchschnitt immer so um die tausend bis fünfzehnhundert Mitglieder zählen, wozu ich die gleichwertigen Nebenorganisationen des Jugendburgbundes und der »Alten Söldner« - eine Zusammenfassung der im Bundes- und Lebensdienst Gereiften - nicht rechne) - oder auch die Großfahrten der Bundesgesamtheit. Zu bestimmten Zeiten, meist im Vollzug des Bundestages, begibt sich das Rittergastmahl des Bundes, zu dem die Ordensführer zusammenkommen, um mit dem Bundesführer die materiellen und geistigen Vorhaben durchzuberaten und die Jahresplanung aufzustellen.

Die Aufteilung der Bundesmasse in einzelne Orden hat uns die unschätzbare Möglichkeit gegeben (darin einzig in der Jugendbewegung), die verschiedensten geistigen Richtungen auszuhalten, zusammenzuhalten und zu verdauen. Der Bund darf also als eine »Complexio oppositorum«, eine Einheit von Gegensätzen, betrachtet werden.

Diese fruchtbare Verschiedenheit wird durch die Ordenssymbole ausgedrückt. Wer Abenteuerlichkeit schätzt, sich an Karl May, Hemingway oder Joseph Conrad begeistert, wird mit Erfolg den Piraten-Orden aufsuchen und dort Gesinnungsfreunde finden, die dem gelesenen oder erlesenen Eindruck den realen folgen zu lassen willens sind. Symbol: der Enterhaken über der Krone. Wer das Erlebnis der Landschaft, ihre geheime Metaphysik schätzt, wird zum Orden der Landstreicher streben. Symbol: Die Schlange, die sich in den Schwanz beißt, um eine Krone gewunden. Wer dem Geistigen in diesem Leben den höchsten Rang zugestehen möchte, wird nicht in den Orden der Rabenklaue eintreten wollen, sondern wird sich mit den Schwanenrittern anfreunden. Denn die Rabenklaue ist realistisch handfest und fußgewiß, wie ihr Name sagt.

Unsere Jugendburg, seit 1920 in zeitlupenlangsamer Verwirklichung begriffen (wobei man die schicksalhafte Unterbrechung durch die Jahre 1934-1945 einschätzen muß), ist und bleibt Mittelpunkt des Bundesgeschehens, denn sie ist nicht enteignungsfähig und hat dank dieser Beschaffenheit bisher sogar den ärgsten politischen Wirbelstürmen zu trotzen vermocht.

Auf diese Art hat sich das Nerother Leben eingespielt. Seine Wahrzeichen sind frisch wie am ersten Tag. Der junge Mensch von heute, der erfahren will, was Wandervogel war, ist und bleiben wird, kann das bei uns am besten. Als eine Keimzelle ständig wirksamer bündischer Selbsterneuerung erwies sich die Einrichtung der Bauhütte, die von Anfang seines Bestehens dem Bunde zugehörte, seinen Gezeiten-Rhythmus bestimmte und sichern half, aus seinen Menschen sich zusammensetzte und überaus anregend, gleichsam fermentierend auf ihn zurückwirkte. Sie hat nebenbei nennenswerte Bauten erstellt, und was im Burggelände heute als solche zu bezeichnen wäre, ist ihr zu danken. Sie besteht auch heute wieder und hat gute, sogar beste Leistungen zu verzeichnen. Doch der Geheimwert ihres Vorhandenseins drückt sich auch in anderen Gegebenheiten und Gelegenheiten aus.

Hierüber hättest du, Hussa, Burgpoet, Alter Trapper oder und wie immer sie dich nannten, der du während der schönen, schöpferischen Jahre vor 1933 der Bauhüttenmannschaft als geschätztes und befehdetes Glied zugehörtest, das Wichtigste und Richtigste zu sagen.

- Hussa hebt den Kopf, ziert sich ein wenig, gestikuliert versuchend ins Leere. Doch er hat, was er sagen will, durchaus parat. Er entwindet es dem unerschöpflichen Brunnen seiner nie alternden Erinnerung:

Ja, das waren gründliche Dinge, die Burg und das Baybachtal. Schön, daß sie uns Leichtfüße gelten ließen, uns ertrugen, uns nicht allzuviel Widerstand entgegensetzten. Wir machten sie uns zu eigen in den Jahren unsres Dortseins, so stark, daß wohl jeder von uns, wenn er Heimat denkt, Waldeck meint. Burg Waldeck im Hunsrück, wo der Bund der Nerother (eine zähe Mistel an der bemoosten Eiche der deutschen Jugendbewegung) sich seinen Stammsitz schuf. Wir waren die Belegschaft, das Stammpersonal, das sich allmählich ausgesiebt hatte aus Versuchen und Versuchungen mit aller Art Mensch. Wir erbauten und pflegten die Häuser und Hütten im Auftrag des Souveräns. Der Souverän, das war der Bund. Der Bund, das waren die vielen Jungengruppen in den Städten. Übers Wochenende und in den Ferien kamen sie auf die Burg gepilgert, um dort zu tagen und zu nachten, um sich zu Großfahrten zu vereinigen, oder um Musik zu treiben, Theater zu spielen. Mit blauen und roten Baretts und mit bunten Wimpeln, mit Gitarren und Flöten, Fanfaren und Trommeln zog sich das Leben hin und her, kreuz und quer zwischen Gästehaus und Säulenbau, Herberge im Tal oder gar in die Wohinträumst-du-Klause am Steinbruch oder auch in die Weidscheid hinauf, nächst dem Dorfe Dorweiler.

Das spülte so als farbenfrohe Flut über das Waldecker Gelände hin. Aber die Ebbe machte uns wieder sichtbar, die Belegschaft, die Eingewurzelten. Wir vermehrten die Liegenschaft. Wir bestellten die Äcker, machten Heu für die Kühe, sorgten für Hund und Pferd. Im Herbst brachten wir die Kartoffeln ein. Kohl und Rüben, na ja, was man so braucht. Wir waren nicht tüchtiger als unbedingt nötig. Und wenn es uns gerade paßte, zogen wir auch wohl in die weite Welt und luden den ganzen Bund ein, mit uns zu kommen. Da gab es Island- und Afrika-,

Griechenland- und Spanienfahrten. Die Burg wurde während solcher Unternehmungen von einigen wenigen eingehütet bis zu unsrer Rückkehr. Und seltsamerweise übte dieses Einhüten eine ebenso starke Anziehungskraft aus wie die Großfahrt selbst. Es gab immer Kameraden, die sich dazu drängten, denn mit der Burg allein zu sein, war verlockend, wie wenn man sich als ein ausnahmsweise Bevorzugter dauernd in Gegenwart eines geheimnisvoll schönen Mädchens befände.

Doch das nebenbei. Zu berichten ist, daß wir Burgsassen auch unabhängig von den Gezeiten der Ferien, sozusagen als Fährtensucher des Bundes, Großfahrten machten. Da Singen eine unserer stehenden Eigenschaften war, und nicht einmal unsere schlechteste, machten wir die Tugend zur Not, das heißt, wir verdienten uns Geld mit dem, was uns am Herzen lag. In den Radiostudios vieler Städte und Länder bewegten wir uns bald als gewohnte Gäste, und die Konzertsäle widerhallten vom Applaus, wenn wir die Schlußkurve von »Berge, Ströme, Wälder« mit bewußter Akribie zum Stoppen gebracht hatten. So kamen wir nach Indien, so kamen wir nach Amerika. Wir verachteten den Fußmarsch nicht und die menschenlose Landschaft, aber wir verachteten auch die Autostraße nicht und die modernen Verkehrsmittel. In der Wüste oder zur See, trampend oder mit bezahltem Fahrschein: uns blieb nichts fremd.

Wir kennen die Kontinente, wir kennen die Inseln, wir kennen die Himmel über allen Gebieten. Unvergeßlich blieb uns nur eines: Norwegen. Keiner von uns könnte sagen, weshalb. Im Gegenteil - es war die prunkloseste unsrer Fahrten. Aber sie ließ Zeugnisse zurück wie keine andere: Gedichte, Gesänge, Geschichten. Horcht mal hinein. Vielleicht, daß sich euch etwas von jener nüchternen Berauschtheit mitteilt, die uns damals so tief durchtränkte. Wißt ihr: Sehnsucht, das ist ein Segel in der Brust.

Und jetzt sollst du, Karl Oelbermann, uns einige Daten aus der Entwicklungsgeschichte des Bundes durch deine persönlichen Erinnerungen illustrieren. Du bist, was die Bundeshistorie anbetrifft, wirklich der letzte der Ersten. Was du zu sagen hast, hat somit urtextliche Bedeutung. Und wie wunderlich uns auch manches Damalige in der gegenwärtigen Weltlage erscheinen mag, es wird uns ins Verständnis des Ganzen hineinhelfen.

- Man zählt den 31. Dezember 1919. Ein trüber Regentag geht zur Neige. Auf der Straße zwischen Gerolstein und Neroth sieht man sechs Gesellen frohgemut dahinziehen. Was kümmert sie der Regen! Man ist in ein Gespräch vertieft: Ob die beiden Kameraden schon in der Höhle sind? Sie hatten es fest versprochen. Dann wären wir also acht Kerls, und wenn die zusammenhalten, dann können wir es schaffen. Es kommt darauf an, einmal den Anfang zu machen. Alles lange Reden darüber ist zwecklos, wir müssen handeln. Wir wollen einen Geheimbund gründen! Heute in der Nacht soll eine Wende herbeigeführt werden. Ziel ist die Erneuerung des Wandervogelgedankens aus dem Geiste Karl Fischers.

Nun stehen sie auf einem Berge, und unter ihnen liegt im letzten Abendschein das Dörfchen

Neroth. Graue Nebel ziehen durch das Tal, der Regen hat ein wenig aufgehört. Man schüttelt die regendurchtränkten Zeltbahnen aus, und weiter geht es den steilen Berg hinunter ins Dorf. Mit Gesang ziehen sie durch. Da - hallo! - ein frohes Wiedersehen; aus einem Haus stürzen die beiden erwarteten Kameraden. Sie hatten also Wort gehalten!

Wie weit ist es noch zur Höhle? Eine halbe Stunde, immer bergauf! Man rüstet sich also gleich zum Weitermarsch, denn bald wird es finster, und es muß noch tüchtig Holz zusammengeschleift werden. Es geht durch einen dunklen Wald. Nun sind wir auf dem »Nerother Kopf«. Hier steht die alte Ruine, und irgendwo in der Nähe muß auch die Höhle sein. Wir suchen. Plötzlich tut sich vor uns ein gähnender Felsspalt auf. Die Höhle! - Feierlich singend treten wir ein. Die Affen fliegen von den Rücken. Nun noch schnell ein Feuer bereitet, damit die nassen Kleider wieder trocken werden und die durchfrorenen Glieder sich erwärmen können. Ein emsiges Treiben beginnt. Holz gibt es genug im Walde. Alle packen an. Die schweren Äste prasseln die Felswand hinunter. Vorsehen, Kopf weg! Krach! - Da liegt wieder ein mächtiger Ast im Höhleneingang. Das Feuer wird entzündet. Unmengen von Holz türmen sich vor dem Höhleneingang. Ein Ast nach dem andern verschwindet in den Flammen, die immer mächtiger werden. Hell ist die Höhle erleuchtet, und wohltuend empfängt uns die Wärme. Zwei große Eulen fliegen erschrocken auf. Sie wissen sich das geheimnisvolle Treiben nicht zu deuten.

Es ist Mitternacht. Ein neues Jahr beginnt seinen Lauf. Das Feuer sprüht hoch auf. Ernst und schwer verhallt eine Landsknechtsweise. Acht Gestalten stehen, in ihre Decken gehüllt, um das gewaltige Feuer. Einige mahnende Worte erklingen durch die Höhle. Ein Treuegelöbnis besiegelt den Nerommenbund. Die Weistümer werden dann beraten und jedem Schweigepflicht auferlegt. Da braucht nicht viel geredet zu werden, alle wissen, um was es sich handelt und welcher harte Kampf ihnen bevorsteht. Das Vertrauen wächst, und treue Freundschaft heiligt den Bund. - Später stehen wir in der alten Burgruine, und die ersten Pläne zu unserer Jugendburg entstehen. Dann werden wir müde und versinken für einige Stunden in einen erquickenden Schlaf. Nur die Feuerwache schreitet langsam um die Schläfer, um von Zeit zu Zeit neues Holz in die Flammen zu werfen. Ihr ist so seltsam zumute. Draußen heult der Wintersturm, und dunkle Wolken jagen am nächtlichen Himmel dahin. Aber hell glüht das Feuer. Heute ist ein Neues entstanden. Junge Menschen haben sich verpflichtet, einer Idee treu zu dienen. Der Morgen graut.

Die Nerommen springen aus ihren Schlafdecken, ein Händedruck zum Abschied, und es geht in den Tag hinein, Kampf und Arbeit entgegen.

Ja, Kampf und Arbeit entgegen! Der Anfang ist gemacht, aber ein weiter Weg zum fernen Ziel liegt noch vor dieser kleinen gewappneten Schar. In den kommenden Monaten erwächst aus dem Kreis der acht Erznerommen: Robert und Karl Oelbermann aus Bonn, Lo Keller und Le Baerens aus Aachen, Theo Kohl und Heini Speicher aus Mönchengladbach und Herbert Frank und Artur Samnée aus Krefeld, eine Nerommenschar von 50 Getreuen. Alle verpflichten sich in Höhlen oder einsamen Burgruinen am nächtlichen Feuer dem Oberneroмmen und der neuen Idee.

Tomburg (1920)

In der fruchtbaren Ebene des Rheingaues erhebt sich ein einsamer, felsenreicher Berg. Auf seiner Höhe steht eine verfallene Ruine. Die Tomburg! Von ihren Zinnen schaut man weit in das Land hinaus. Heute umbraust der erste Frühlingssturm den Turm. Zu später Stunde sieht man eine Schar Jungen mühsam den Berg erklettern. Jetzt sind sie oben. Es sind Nerommen. Fackeln lohen. In einer einsamen Höhle weiht sich ein neuer Ritter dem geheimen Freundesbunde.

Die Entdeckung der Ruine Waldeck im Hunsrück (März 1920)

Auf Fahrt. Wir haben uns für mehrere Tage frei gemacht und wollen eine Burg suchen, die sich zum Ausbau einer Jugendburg eignet. Wir wandern durch den Hunsrück. Nach langem Marsch erreichen wir die Rauschenburg, eine einsame Ruine mitten im Wald. Wir klettern auf ihre Mauern. Bald geht es weiter. Wir finden ein herrliches Tal, das Baybachtal! Wie wir um eine Felsenecke biegen, liegt vor uns, ganz unerwartet, eine gewaltige Burg. Die Ruine Waldeck. Schnell sind wir oben. Hei, sind das Mauern! Jetzt stehen wir auf einem weiten Burgplatz und schauen in das verschlungene Tal, das im herrlichen Frühlingssonnenschein vor uns liegt. Weit und breit gibt es keine menschliche Ansiedlung. Wir sind allein mit der gewaltigen Natur. Die Felsen fallen steil in das Tal hinab. Wir durchstreifen die von Bäumen überwachsene Ruine und entdecken immer neue Schönheiten. Nun stehen wir auf der höchsten Zinne der Trutzburg. Ein trutziges Landsknechtslied erschallt, wir reichen uns die Hände, und es wird uns zum festen Bewußtsein, daß dieses unsere Stätte werden soll. Die verborgene, einsame und unbekannte Burg Waldeck soll unser Hort werden. Hier kann unsere Schar reifen. Aus diesen Trümmern soll ein Neues werden. Eine Burg der Jugend! Eine junge Rittergemeinde wird diesen heiligen Gral beschützen und aus ihm die Kraft schöpfen für Arbeit und Kampf. Die letzten Sonnenstrahlen des Tages vergolden noch einmal die gewaltigen Mauerreste. Der Frühling naht. Das Neue keimt. Die Knospen springen auf. Und auch in unseren Herzen ist etwas aufgesprungen, das sich für immer mit diesem Ort verbunden hat und das ihn uns zur Heimat werden läßt. Der Schwur ist getan. Nun der harten Wirklichkeit fest ins Auge geschaut. Was nützen alle schönen Pläne, wenn die Energie und die Tat fehlen würden, sie durchzuführen!

Eine harte, unermüdliche Arbeit beginnt, und erst nach Jahresfrist ist diese Stätte unser Eigentum. Wahrlich, Enttäuschungen, Entbehrungen und harte Kämpfe sind uns nicht erspart geblieben! Aber was schert uns das! Wir haben den Augenblick erleben dürfen, wo unser Schwanenbanner hoch über unserer eigenen Burg flatterte. Wir haben das Leuchten von vielen hundert jungen Augenpaaren gesehen, als es mächtig durch das weite Tal schallte: »Daß wir gesieget haben, weiß ich, Viktoria!«

Was war es nun, was dieses Fähnlein der fünfzig Aufrechten so tief bewegte? Hier eine Antwort auf diese Frage: Die Nerommen fühlten sich als ein gestaltungskräftiger Teil innerhalb der deutschen Jugendbewegung. Das Feuer, welches Karl Fischer, der Begründer des Wandervogels, entfacht hatte, drohte zu erlöschen. Plötzlich war nach dem ersten Weltkrieg der schöne Wandervogelgedanke unter das Fußvolk geraten. In der Neujahrsnacht 1919/20 wurde in der Nerother Höhle durch ein Ordensbündnis eine Keimzelle geschaffen, die dem Wandervogel einen neuen Schwung bringen sollte und gebracht hat. In den Weistümern der Nerommen kam zum Ausdruck, daß eine Wende herbeigeführt werden sollte. Es ging darum, den Wandervogelgedanken vor dem Untergang zu bewahren und ihm eine neue lebendige Form zu geben.

Bei einem geschichtlichen Rückblick kann man heute feststellen, daß dieses Vorhaben geglückt ist. Innerhalb eines Jahres entwickelte sich der Nerommen-Freundeskreis zum eigenen Bund. Das romantische Treiben der Nerommen, ihr mehr gefühlsmäßiges als bewußtes Zusammenleben konnte aber nicht die Zukunft ausfüllen. Es mußte etwas Neues, Größeres geboren werden. Es folgte eine Sturm- und Drang-Zeit, die sicherlich als Entwicklungsstufe in geistiger Beziehung notwendig und unentbehrlich gewesen ist. Dem Obernerommen blieben in schweren und kritischen Tagen Enttäuschungen nicht erspart. Langsam, aber schöpferisch entwickelte sich in der kleinen Gemeinschaft die Bundesidee, die von dem Freundeskreis der Nerommen den Entschluß forderte, sich zugunsten des kommenden Bundes aufzulösen.

In der Osterzeit, am 28. März 1921, wurde auf der Drachenburg in der Pfalz der »Nerother Wandervogel, deutscher Ritterbund« gegründet. Ungeahnte Kräfte wuchsen. Ein neues Leben entstand und befruchtete die gesamte deutsche Jugendbewegung. Weit über die Nerother Bundesgrenzen hinaus drang unser Ordensgedanke in die anderen Bünde. Durch unser Beispiel angespornt, regten sich allerorts ähnliche Kräfte.

So gestaltete sich der NWV nach seinen Weistümern mit seinen Fähnlein- und Ordensgemeinschaften, seinen Kreuzzügen und großen Auslandsfahrten, seinen Bannern, Wappen und Wimpeln, und vor allen Dingen mit seiner Burg, als Hochstätte und Heimat des Bundes.

Am Märchensee (1920)

In der Nähe von Bonn, nicht weit vom Rhein, erheben sich an einer Stelle steile Felsen. Hier wurden vorzeiten die Steine zum Bau des Kölner Domes gebrochen. Heute liegt der gewaltige Steinbruch still. In der Tiefe hat sich ein prächtiger blauer See gebildet. Nur durch eine Höhle kann man ihn erreichen. Wir haben ihm den Namen Märchensee gegeben. Auf der anderen Seite sieht man einen unterirdischen Felsdurchbruch. Nach gefährlicher Kletterei gelangt man durch den Tunnel auf eine Felsplatte. Dieser Ort ist gänzlich unbekannt. Er liegt so versteckt, daß kaum ein menschlicher Fuß ihn betritt. Aber die Nerommen kennen solche verborgenen Winkel gut. Sie eignen sich prächtig für ihr geheimes Treffen. Heute soll hier eine Nerommen-Aufnahme stattfinden.

Bald liegt ein großer Holzstoß, durch fleißige Jungenhände mühsam an diese schwierige Stelle geschafft, auf der Felsplatte. Von Köln sind auch mehrere Nerommen herbeigeeilt, um an der Weihe teilzunehmen. Sie müssen am nächsten Morgen wieder in die Schule. Was macht das; eine Nacht kann man schon einmal ohne Schlaf auskommen. Es wird dunkel. Man schreitet zur Aufnahme. Das Feuer flackert hoch. Aus der Höhle tritt ein feierlicher Zug. Es sind wilde, in Decken vermummte Gestalten. Jede trägt eine Fackel in der Hand. Voran in einer purpurroten Decke schreitet der Obernerommе. Man hört ein unheimliches Gemurmel: »Schauerlich, feierlich, kommen die Nerommen.« Dazu erklingen Klampfentöne. Nun stehen sie am Feuer. Der Obernеromme spricht einige Worte über die Ziele und Wege der Schar. Dann reicht er dem neuen Ordensbruder seine Hand. Zwei Fackelträger knien. Ernst und feierlich klingt das Gelöbnis:

»Ich gelobe in dieser Stunde
bei der Fackel flammendem Schein,
treu dem Nerommenbunde,
treu dem Obernerommen zu sein.«

Dann wird ihm die Schweigepflicht auferlegt. Alle Nerommen drücken dem neuen Freund fest die Hand, und nun schallt es im mächtigen Chor in die dunkle Nacht hinaus und hallt kräftig von den steilen Felsen wider:

»Treu, furchtlos, feurig, edel, wahr
bleibt ewig die Nerommenschar.«

Das Lied ist verklungen. Man sitzt noch lange um die sprühenden Flammen.

Einige wichtige Daten innerhalb der Bundesentwicklung: Nach dem ereignisreichen Jahr 1920, dem Jahr der Nerommen, erfolgte also am 28. März 1921 die Nerother Bundesgründung mit den drei ersten Ordensgemeinschaften: Die Rabenklaue, Die Wehrwölfe, Die Bockreiter. Am 2. und 3. Juli 1921 wird durch eine Jugendburgtagung in Bonn eine große öffentliche Werbung für den Jugendburggedanken durchgeführt. Im Frühjahr 1922 tätigt der Bundesführer den ersten Landkauf in Dorweiler und erwirbt den Drachenkopf und Thurmfeldstücke in der Größe von 18 1/2 Morgen Land. Am 10. Mai 1922 gründet Karl Oelb die erste Bauhütte auf der Burgruine Waldeck - am 5. August findet die Grundsteinlegung der von Karl Buschhüter entworfenen Jugendburg auf dem Drachenkopf statt.

In den nächsten Jahren unternehmen die Nerother Auslandsfahrten, die sie nach Italien, Skandinavien, Finnland, Island, Griechenland, Ägypten, Spanien und den Kanarischen Inseln bringen. Im Herbst 1924 bezieht die Bauhütte auf dem Thurmfeld eine neu aufgeschlagene Wohnbaracke, die im März 1926 ein Raub der Flammen wird und kurz darauf durch ein Fachwerkhaus ersetzt wird. Das Jahr 1926 bringt den Erwerb der Burg Grenzau, Gründung der ersten Spielschar und eine Wilhelm-Tell-Spielfahrt mit einem rollenden Landsknechtsfuhrwerk nach Österreich. Im Baujahr 1927 wird die Wasserleitung fertiggestellt und das Säulenhaus im Rohbau unter Dach gebracht. Robert geht mit der Totentanz-Spielschar auf Indienfahrt, wobei der erste Nerother Großfahrtenfilm gedreht wird. Im Jahre 1928 wird die kühne Rußlandfahrt durchgeführt. Das Jahr 1930 bringt dem Bunde die ersten Ufa-Tonfilme über Griechenland und den Berg Athos. Der »Jubiläumsherold« zum zehnjährigen Bestehen des Bundes erscheint. Er zeichnet die Bundeschronik auf und bringt die Ordensgeschichten der vielen Ordensgemeinschaften:

Rabenklaue, Bockreiter, Landsknechte, Piraten, Landstreicher, Schwarze Schar, Norddeutscher Orden, Liedberger, Schnapphähne, Löwenritter, Schwertritter, Likedeeler, Freibeuter, Donnerkeile, Hanseaten, Seeräuber, Artusritter, Wulfen, Korsaren. Zu ihnen gehören dann auch die Wehrwölfe, Sauzähne, Schwanenritter und Pachanten.

In zehn Jahren pulsierte ein reges Bundesleben und schenkte Tausenden von Jungen prüfende Erlebnisse und formende Eindrücke auf den vielen Großfahrten des Bundes. Als letzte Krönung kam eine zweieinhalbjährige Nerother Weltfahrt (1931-1933) rund um den Erdball zustande.

Nordlandfahrt

Runde: Alleingang des Autors

Dieses habt ihr beiden - du, Karl Oelbermann, heutiger Bundesführer der Nerother, und du, Hussa, Burgpoet a.D. - nun ganz im Sinne der alten und bewährten Nerother Auffassung, daß die Dinge erlebt werden müssen, um verstanden zu werden, dargelegt. Ihr gabt einen Eindruck davon, wie die klassische Periode des Wandervogels sich erfüllte. Wir haben begriffen, daß der echte »bündische« Mensch bei den Nerothern zwar noch nicht da, aber in Sicht war. Das Wandervogeltum war gleichsam durch euch hindurch auf dem Wege zum Bündischen, wie es sich später mit der Freischar besonders rein herausbilden sollte. Bevor wir uns so weit nach vorn begeben, wollen wir den neuen Fahrtenstil in Sicht bringen, der sich nach den Zwanzigerjahren immer stärker durchsetzen sollte.

- Der Bergführer hatte ein Gesicht wie eine ausradierte Charakterstudie. Lohmann hatte mit ihm ein offenes Wort gesprochen betreffs unserer Lage, unserer Absichten und Möglichkeiten, und der Mann hatte sich einverstanden erklärt, daß wir uns unentgeltlich an seine sonst immerhin ziemlich kostspielige Fährte hefteten. Bis zur Touristenhütte, die auf halber Höhe des Galdhöpigen gelegen ist, marschierten wir somit in guter Hut. Für das Weitere, so hatte der Mann sich geäußert, eifervoll warnend, übernähme er keine Garantie.

So folgten wir denn seinem schwankenden Rücken gewundene Bergpfade hinan. Er stützte sich im Gehen auf den grauen Rücken eines rührenden Esels. Und schon mit dem Esel hatte die Einschränkung begonnen: Es war uns untersagt geblieben, ihm, der leer hinauftrabte und mit Hüttengepäck beladen herunter und zurück sollte, unser Gepäck aufzuhalsen. Da fingen wir an zu ahnen, daß der Mann in genau abgegrenzten Spekulationen dachte. Und bald sollten wir unsere Rucksäcke und Tornister verspüren. Bisher freilich hatte Hacke noch seine Witze über die anstrengungslose Annehmlichkeit der Wege machen können.

»Bis jetzt«, sagte er nach einer Stunde Marsch, »hätte man die Strecke bequemstens auch mit einem Bibelforschertraktor befahren können.«
»Bibelforschertraktor?« fragte der Baum unsicher zurück.
»Er meint ein Fahrrad mit Hilfsmotor«, erklärte Lohmann, der sich in Hackes Vokabular auskannte. »Weißt du, wo der Benzintank wie ein dickes Buch hinten auf dem Gepäckträger montiert ist.«

Der Bergsteiger sah sich mit hochgehißten Augenbrauen nach uns um. Er bezog unser Gelächter auf sich, denn er war gerade empfindlich gestolpert. Der Baum machte »scht«, was aber den Mann in seinem falschen Verdacht eher bestärkte. Man sah, er war leicht gekränkt. Indessen, es war schön. Hinter uns lagen die Landschaften der Täler, die weiter und heller und morgendlicher wurden mit jedem Wenden des Serpentinenpfades. Oft ging es schräg hinan über moorige Felder. Wand um Wand türmte sich himmelwärts. Jeder erreichte Kamm war nur eine Stufe zum nächst höher gelegenen. Mittags ging uns das Blut hohl unterm Herzen. In den Kniekehlen tickten die Sehnen. Das Gepäck, das wir als leicht taxiert hatten, schien sich mit Blei aufzufüllen. Von den acht Stunden, die der Führer angegeben hatte, waren erst drei bewältigt. Im Schweißdunst des Esels schritten wir. Sahen sehnsüchtig auf seinen gepäckfreien Rücken. Die Kleider gefroren uns zu knisternden Rüstungen am Leibe. Wir zogen die Flanken und den Magen ein, um uns nicht brandig zu reiben am klebenden Hemd.

Ringsum aber wuchs die Welt. Nachmittags entwich der Himmel ins Grenzenlose und ließ eine blaßgrüne, zitternde Leere hinter sich zurück. Wie aufgetischt lagen einsame violette Wolkenstreifen über den Bergen. Und die Gipfel standen graniten vor der hauchdünnen Ahnung der Nacht. Der Anblick des jetzt hellblau schimmernden Schnees kühlte uns die Augen. Die Dämmerung, in den Tiefen mehr und mehr zunehmend, trieb runde weiße Nebel vor sich her. Schritt setzten wir vor Schritt, hoben den Leib von Mühe zu Mühe, und diese Mühen wurden schwerer mit der Zeit. Der Kopf war in ein weiches Sausen gehüllt. Aber selbst Hackes unermüdliche Bosheit verblich nach innen, als jetzt ein weltgroßer Mond erschien und allenthalben einen rosigen Schimmer über die Triften warf: Erstaunlich langgezogen verloren sich unsere Schatten in den Abgründen. Niedrig dem Bergmassiv des Galdhöpigen angeschmiegt, der sich als der unbestreitbar höchste aus der Masse der anderen Gipfel hob, lag endlich das Unterkunftshaus vor uns. Vor der Türschwelle mußte Eis weggekratzt werden. Dann wies uns der Bergführer mit freundlichen Verbeugungen, denen wir, ich weiß nicht warum, gleich mißtrauten, ins Innere des Baues, der uns mit Verlassenheit anwehte. Weiß und einladend schimmerte Geschirr in der dämmerigen Küche. Wir streiften aufatmend das Gepäck ab und machten es uns bequem. Der Mann schloß überall Türen auf und zündete in allen Räumen das Licht an. Lohmann witterte versteckte Absichten in diesem Tun, packte den Mann beim Ärmel, sah ihm ernst ins Auge und wiederholte eindringlichst, was er schon unten in Lom vorgebracht hatte: »Wir wünschen hier bei Ihnen nicht etwa regulär zu übernachten. Nur einen Aufenthaltsraum für alle und ohne Betten, verstehen Sie, wir haben Schlafsäcke bei uns.«

»Jaso, jawellja«, bestätigte jener beflissen und klammerte seinen Mund in ein dünnes Lächeln ein. Dennoch fuhr er fort, wie in Mißachtung jener Verabredung, trampelnd im Hause herumzurasen und Einzelzimmer gebrauchsfertig zu machen. Er zog Laken aus einem Schubfach und schüttelte Betten auf. Wir sahen: genau sechs Karaffen ließ er voll Wasser laufen und trug sie mit zugehörigem Glas zu fernen Nachttischen. Er hatte also genau gezählt, aber er mußte Lohmann schlecht verstanden haben. Oder er hatte vor, es zu seinem Trick zu machen, daß er Lohmann nicht verstanden hätte. Mißbehagen machte uns entschlußunfähig.

Der Baum stellte flüsternd Lohmann zur Rede. Bereits war er erkennbar weiß um den Mund herum, und sein Kinn fing an zu beben: Sturmzeichen, die für unsern Dolmetsch Beweiskraft hatten. Nochmals packte er den Bergführer, hielt ihn, damit er nicht entwische, an einem Knopf seiner Joppe fest und hauchte ihm seine Beschwörungen ins Gesicht. Eindringlich erinnerte er ihn an die im Dorf unten getätigte Absprache. Aber der Mann sah starr an ihm vorbei ins Lampenlicht, nickte wortlos bejahend mit dem Kopf, kämpfte sich frei und fuhr fort in seinen Vorbereitungen. Lohmann zog die paar Kronenscheine hervor, die wir noch besaßen, und winkte ihm damit wie mit SOS-Flaggen.

Doch da wurde der Mann erst richtig munter. Das schien ihn anzuspornen, zu beleben. Er zog sechs taubenblaue Nachttöpfe aus einem Fach des Küchenschrankes und begann, sie auf die verschiedenen Kammern zu verteilen. Bevor er damit fertig war, wurde Lohmann radikal. Er legte dreißig Kronen auf den Tisch und sagte, wir wollten und könnten nicht mehr bezahlen, als wir unten in Vorschlag gebracht hätten. Der Mann lächelte zart und fuhr fort, seine Nachttöpfe umherzubalancieren. Da packten wir, um Lohmanns Worte anschaulich zu illustrieren, unsere Schlafsäcke aus und entrollten sie auf dem weißgescheuerten Fußboden. Zugleich versah uns Mori, der den Proviant verwaltete, mit Broten, denn wir hatten Hunger.

Uns in unsere Schlafsäcke verkriechend und gemächlich kauend, boten wir ein Bild ungeschwächten Trotzes. Endlich begriff der Mann, daß nichts zu machen war. Und als der Baum dann auch noch seine Socken auszog und gewohntermaßen an die Wand lehnte, was von uns mit den üblichen Protesten begleitet wurde, da war ihm klar, daß hier Zahn auf Zahn biß, einer so hart wie der andere.

Endlich stotterte er hervor (weiß Gott, es waren die ersten Worte, die ich von ihm vernahm), pro Nase hätten wir zehn Kronen an ihn zu entrichten, und er sei eigens wegen uns zur Hütte emporgestiegen. Sechzig Kronen seien wir ihm schuldig, zuzüglich dreißig für die Führung. Im ganzen neunzig. Wenn wir die nicht sofort erlegten, würde er sich umgehend auf den Weg machen und Gendarmerie herbeitelefonieren.

»Der hat nicht nur«, sagte Hacke feierlich, »Staub auf der Mayonnaise, der hat Kaffeesatz im Kühler«, drehte sich auf die Seite und schnarchte beispielhaft. Wir taten es ihm gleich. Es war die beste Form des Widerstandes. Der Mann, ohne die auf dem Tisch liegenden dreißig Kronen zu berühren, fuhrwerkte daraufhin im ganzen Haus herum, schloß alle Türen von außen ab, einschließlich Haustür, und bestieg draußen dann hörbar fluchend seinen Esel. Wir sahen es durch die herzförmigen Ausschnitte der Läden, an die wir Hocker herangezogen hatten. Wir staunten hinter dem Mann her. Wir staunten aber auch in die Landschaft hinein. Der Mond vergiftete tödlich die Gipfel und Wände. Bläuliche Leichenfarben waren vorherrschend. In den Schattenhalden sammelte sich ein Lila der Verzweiflung. Bald war von Mann und Esel nichts mehr zu sehen. Das Schweigen hatte sie verzehrt.

»Gendarmerie« und »telefonieren« waren die Stiche, die unser Gewissen wach hielten und unsere Befürchtungen bestätigten. Jedoch, nachdem wir uns überzeugt hatten, daß wir durch das Dachfenster unschwer unserem Gefängnis entrinnen konnten, hatte die Erschöpfung über die Erregung den Sieg davongetragen, und wir schliefen den Schlaf der Gerechten.

Früh kamen wir auf die Beine, kochten Tee und überwanden mit viel Gelächter die verrückte Kälte. Die Zukunft schmeckte unbehaglich, aber angenehm scharf. Wir mußten ja über den Galdhöpigen ins Ungewisse hinein. Denn nach Lom konnten wir unter den Umständen nicht zurück. Die Karte, die Wenzel ausbreitete, ließ verworrene Gegenden ahnen. Drei Tage hatten wir, wenn wir uns hinter dem Berge westlich hielten, zu rechnen bis zur nächsten menschlichen Siedlung. Und das war auch nur eine Hütte, von der nicht gewiß war, ob wir jemand in ihr trafen. Sie hieß Spiterstulen. Von dort aus sollte es dann über den Styggebraen, was soviel heißt wie »gefährlicher Gletscher«, und über den Memurubraen zum Gjendesee und zu der Ortschaft Gjendeboden gehen. Ein Ziel, das so ungeheuer weit vorne lag, daß man es auch im Geiste nicht mehr sah.

Ein Wecker entließ um vier Uhr morgens in schrillen Spiralen die gesammelte Kraft, die von der abendlichen Hand Moris hineingeschroben worden war. Wir machten uns schnellstens abmarschbereit, und es entwickelte sich eine Charakter-Olympiade, ob wir die dreißig Kronen auf dem Tisch liegenlassen sollten. »Leben heißt Leiden«, meinte Hacke mit altgewohntem Spott und sammelte die Scheine ein. Der Baum befahl, sie liegenzulassen. Auch Lohmann stimmte ihm zu und sagte, das sei so ein Fall, der einen an den Rand des Zuchthauses bringen könnte. »Wenn die Seele ausrutscht, fallen Leiden nach«, warnte auch Wenzel. Das letzte Wort sprach Mori, der nachdenklich fragte: »Wer weiß, wie weit hierzulande Telefone reichen?« Hacke, der sich mit dem Verlust nicht abfinden konnte, heftete die Scheine einzeln mit Reißzwecken ans Küchenbord und schrieb mit dem Finger in den Staub: »Krokofant«, das vernichtendste Schimpfwort, über das er verfügte. Kenner wußten, daß es sich aus Krokodil und Elefant zusammensetzte. Damit kamen wir klar und riefen uns die Warnungen ins Gedächtnis, die uns der Wirt von der Kaffeestova mit auf den Weg gegeben hatte. Nämlich, daß es unzählige überfrorene Gletscherspalten um den Galdhöpigen herum gäbe, verschollene Tote in ihren funkelnden Höhlen. Deshalb seilten wir uns an. Lohmann machte die Vorhut, der Baum die Nachhut. Dazwischen waren wir vier übrigen aufgereiht. Schon nach zwei Stunden Anstieg wurde es steiler und steiler. Bald klebten wir, weidlich verklettert, an nahezu senkrechten Wänden und sahen immer dem Tod rechts neben uns ins flimmernde grüne Auge. Jeder Atemzug war wie eine eisige Säule in die Brust hinein. Die Sonne warf weißblaue Glut in unsere Gesichter. Der Wind, je höher, je wilder, klemmte uns die Hände ab wie mit Beißzangen.

Die Ferne aber entbreitete sich um uns wie die Falten eines riesigen Gewandes. In erhabener Prozession, ineinander gemischt und hintereinander aufziehend, trugen Berge, Wolken und Gletscher schäumendes Licht einher. Nachdem wir eine überhängende Wand umgangen hatten, war tatsächlich die Gipfelhöhe erreicht. Auf dem Nacken des Galdhöpigen, der seinen Kopf in den verschränkten Armen barg - den Geröllhalden, die in weiten Kurven an ihm entlang verliefen -, stemmten wir uns gegen einen strahlend siegesgewissen Sturm, der nichts von Nachgeben wußte. Da war es uns, als stünden wir auf dem Leib der Erde selbst, und ließen uns in rasender Fahrt lustvoll im Kreise herumwirbeln.

Etwas unterhalb der Gipfelhöhe entdeckten wir eine kleine Blockhütte. Wir schnitten den Schnee mit Messern von der Tür weg und öffneten sie, die nur mit Riegeln verwahrt war. Drinnen fanden sich Seile, ein Blechöfchen und auf dem winzigen Tisch ein Brief in englischer Sprache, gerichtet an die nachfolgenden Bezwinger des Giganten. Unterschrift und Adresse waren amerikanisch. - »Wo man auch hintritt auf dieser Welt«, sagte Mori mit gekrauster Stirn, »sind Häufchen.« Er fand sich versöhnt durch den Hinweis des Briefes, wer ihn zu lesen verstünde, dürfte sich als Besitzer jener Flasche Whisky betrachten, die hinter der dritten Planke rechts vom Eingang versteckt sei. Das entsprach der Wahrheit. Wir machten eilends Feuer mit den freien Seiten unserer Pässe, schmolzen Schnee in den Händen und gossen in unseren Aluminiumbechern einen Grog auf. Der Baum, wie immer vorsichtig gestimmt gegen Alkohol, der nicht süß schmeckte, nippte mit mädchenhaft vorgestreckter Oberlippe und warnte uns vor den mit Gewißheit zu erwartenden schädlichen Nachwirkungen. »Jeder kratze sich vor seiner eigenen Tür«, antwortete Hacke und jagte sich den ganzen Inhalt seines Bechers mit einem Guß durch die ausgedörrte Kehle. Wahrlich, wir waren durstig ohne Maßen. Kälte und Sturm hatten uns wie mit Salz geätzt. Der kleine Blechofen roch vor Hitze. Der ungewohnte Trunk stieg uns mit goldenen Schwaden zu Kopfe.

Um Mittag herum klopfte der Baum, der als einziger nicht auf seinen untergeschlagenen Armen bei Tisch eingeschlafen war, unweigerlich auf seiner Gitarre das Signal zum Aufbruch. Wir stöhnten, gähnten und zeigten uns willig. Mori, wie immer nicht nur praktisch, sondern auch zuverlässig, löschte das Feuer mit Schnee, verriegelte die Tür und schloß sich der Reihe zögernder Gestalten als letzter an. Diesmal drang der Baum mit seinem Vorschlag zum Anseilen nicht durch. Jeder hatte sich etwas anderes ausgedacht betreffs des Abstiegs. Die beste Idee hatte Hacke, der sich einfach auf seinen Tornister setzte und eine fast drei Kilometer lange Schneehalde sozusagen im Flug nahm. Wir taten es ihm gleich, und auch der Baum, der lange nachdenklich den Zeigefinger an die Nase gelegt hatte, bequemte sich zu dieser Schnellpartie. In langer, lachender, rufender, hin und her kurvender Schwarmlinie sausten wir der unübersichtlichen Tiefe zu. Mori benutzte das Banjo als Steuerruder. Hussa rutschte in voller Fahrt von seinem Rucksack herunter und machte den Rest der Fahrt auf seinem Hosenboden, der nicht wenig dabei litt.

Schneller und schneller glitten wir, zuletzt auf nacktem Eis, auf welchem es sich selbst mit Nagelschuhen kaum mehr bremsen und lenken ließ. Hinter uns waren überfahrene Schneestrecken zu tödlichen Abgründen eingestürzt. Unser Wagnis endete damit, daß wir uns an einer Eisbarriere überschlugen und richtungslos in einen Felsenbalkon voller Staubschnee abtrudelten. Hier fanden wir, nur mit den Füßen über das sprühende Federbett ragend, unsere Besinnung wieder und eine erstaunlich bösartige Schlucht gleich daneben. Wir erhoben uns mühsam, alle sechs wohlbehalten, schüttelten den Schnee aus Ärmeln, Hosenbeinen und Ohren. Baums Gitarre wog in ihrer Hülle gut zehn Kilogramm. Sie war in Eisstückchen verpackt wie ein Osterei in Holzwolle.

Dann stapften wir durch Schnee, der uns bis unter die Hosentaschen reichte, links entlang, bis uns eine eisdurchflochtene Geröllhalde wieder talwärts leitete. Laubengroße Felsbrocken lagen auf unserer Strecke und zeigten an, daß wir uns auf der Fahrbahn des gefährlichsten Steinschlags befanden. Schmelzbäche brodelten schäumend neben uns. Wir jedoch wurden trotz zunehmender Müdigkeit und Fallsucht durch die ununterbrochene Abwärtsneigung des Geländes in Gang gehalten. Wir sprangen, hüpften, fielen, stolperten, bis wir mit beginnender Dämmerung und total betäubten Gliedern endlich in Pflanzen- und Gebüschregionen gerieten. Noch weiter unten fanden wir schwärzliche Haufen Knüppelholz in der beruhigten Kurve eines Baches gestaut, so daß wir zwischen wassertrunkenem Moos und zugigen Trümmerwänden ein kleines Erholungs- und Atempause-Lagerfeuer entfachen konnten. Der besorgliche Baum hatte alle Mühe, zu verhindern, daß wir das letzte Brot und den letzten Ziegenkäse verzehrten. Wir rückten dem Feuer so nahe auf den Leib, daß unsere Kleider ansengten. Über uns bewölkte sich der Himmel mit grauen Kontinenten. Dämmerung fiel mit hohlem Sausen ins Tal ein, während oben alles glomm wie im Widerschein einer gewaltigen Feuersbrunst. Neben uns fing ein sonderbares Rieseln und Raunen in der Geröllhalde an. Und als wir staunten, was das sei, kamen mit gemächlichem Poltern einige hausgroße Brocken auf der Bahn unseres Abwärtsweges angerodelt. Unweit von unserem Rastplatz blieben sie liegen, während ihr Gefolge von Rollsteinen sich wie eine steinerne Schleppe nach unten hin verbreiterte.

»Da haben wir ebensoviel Mut wie Glück gehabt«, meinte der Baum und nickte besinnlich dazu.

»Der Dummheit kommt der Mut billig zu stehen«, gab Hussa zu bedenken. Diesmal war es der sonst immer gern zum Lästern bereite Hacke, der die Einschränkung vorbrachte: »In unserem Falle scheint mir, hat der Whisky den Mut bewirkt.«

»Weiß der Himmel, wo wir jetzt wären«, brummte Mori, »wenn wir die Flasche nicht gefunden hätten.«

»Das walte der Dollar«, sagte Lohmann und kratzte sich behaglich das Schienbein unter den Strümpfen.

Wenzel rückte mit Kopf und Karte neben das Feuer und stellte fest, wo wir uns befinden könnten. »Wenn mich nicht alles täuscht«, sagte er, »können wir nicht weit von Spiterstulen entfernt sein.«

Der Baum, der schon seit Minuten unruhig umherrückte, klopfte das Signal zum Aufbruch.

»Auf die Idee, nach Spiterstulen zu telefonieren, wird der Bergführer nicht kommen?« fragte Lohmann.

»Sag ehrlich«, drang Hacke in ihn, »meinst du wirklich, du hättest Norwegisch mit ihm gesprochen?«

»Schweig, du elende Charakterkrücke«, brummte Lohmann.

Damit marschierten wir ab. Die Wolken über uns brannten jetzt mit solchem Leuchten, daß ihr Widerschein das Tal erhellte. Nach einer Stunde sahen wir Licht und den Schatten eines Anwesens. Das war Spiterstulen.

Daseinstechnik einer Gruppe

Runde: Autor, Franziskus

- Franziskus, du als einer der Jüngsten in unserer Gastmahlsrunde, erzähle, wie es innerhalb so einer bündischen Gruppe zuging und aussah ... Du gehörst seit 1930 zum Wandervogel und hast - ich erinnere mich dessen mit Vergnügen - schon früher einmal dein erstes Abenteuer mit einer Gruppe beschrieben. Und genau das wollen wir von dir hören.

- Es muß 1927 oder 1928 gewesen sein. Das weiß ich nicht mehr so genau. Aber es war in Hamburg, im Sommer, kurz vor den großen Ferien. Ich kam ganz allein und spät aus der Schule gerannt, weil mir der Deutschlehrer Nachsitzen aufgebrummt hatte. Plötzlich hielt ein Fahrrad neben mir. Ein Typ in Marinelitewka und kurzer Hose rief mich an: »Hallo, sah ich dich nicht gestern auf dem Tennisplatz an der Rothenbaumchaussee?« Ich antwortete ärgerlich: »Unmöglich.« Denn ich haßte die Tennisklubsnobs in meiner Klasse. Er sagte: »Wollen wir wetten?« - Ich hatte gerade wegrennen wollen, aber ich dachte, der Typ ist verrückt, und antwortete: »Da können Sie nur verlieren.« Er grinste und fragte: »Was riskierst du?« Ich zuckte die Achseln und sagte: »Zehn Tafeln Schokolade, wenn Sie wollen.« - »Ich halte das Doppelte«, sagte er und hielt mir die Hand hin. Ich schlug ein. So kam ich in Hussas Gruppe.

Er begleitete mich dann bis nach Hause. Drei Tage später war ich schon auf dem Gruppenabend in Hussas Bude. Selbstverständlich gewann ich die Wette. Aber Hussa fand, Schokolade sei etwas Dummes, ob ich mir nicht lieber ein Buch für das Geld kaufen wollte, möglichst eines, das in der Gruppenbibliothek fehle. Ich war einverstanden und mußte die »Osterinsel« kaufen. Und damit bekam ich dann gleich den richtigen Vorgeschmack für das, was mich im Bereich von Hussa erwartete.

Ich trat in mein vierzehntes Jahr damals. Heute möchte ich keine Minute, keine Sekunde von dem missen, was damals in der Folge mit mir und um mich herum geschah.

Zu jenem ersten Gruppenabend kamen elf Jungens, teils jünger, teils älter als ich. Darunter auch ein Negerknabe, der menschlich angenehmste von uns allen. Er war ein Fürstensohn, ich glaube aus Kamerun. Seit einigen Jahren ist er tot. Sein Vater, eine schwarze Majestät, die bedenkenlos über Leben und Tod ihrer Angehörigen verfügt, hat ihn erschossen. Man munkelt etwas von Erbfolgeschwierigkeiten. Ich bewahre Manga Manga Bell, so hieß der Negerknabe, als meinen besten Freund in meinem Gedächtnis. Viele aus unserer Gruppe sind im Zweiten Weltkrieg gefallen. Sie alle waren lebenslustige und hochbegabte Jungen, aus denen kluge und lebensfähige Männer geworden wären. Ich denke an Sven W. Krebs, ein Bild der Treue und Zuverlässigkeit. Ohne ihn hätte die Gruppe nicht so gut geklappt. Ich denke an Henning Gravenhorst, der unser bester Gitarrespieler war. Er wurde in Rußland von Partisanen ermordet. Ich denke an Heinz Mollwo. Er maß zwei Meter, schon als Pennäler. Er war so gutmütig wie groß. Auch er blieb im Osten. Außer Saky bin eigentlich ich allein von der ganzen Gruppe übriggeblieben. Und manchmal schäme ich mich dessen. Aber ich denke, ich lebe euer Leben mit, ihr gefallenen Freunde. Indem ihr alle so stark in mir seid, lebt ihr doch noch ein Stück weiter. Bardalom, bardalom, rufe ich euch nach. Das war unser Gruppenschrei: Bardalom!

Jener erste Gruppenabend in Hussas Bude ist natürlich unauslöschlich in mich eingeprägt. Hussa hatte mir bei meinen Eltern Erlaubnis erwirkt für alles, was die Gruppe unternahm. Meine Eltern mochten Hussa nicht. Sie sagten, er habe so was schrecklich Selbstverständliches an sich. So was, als ob er über die ganze Welt verfügte. Aber ihm zu widersprechen, wagten sie nicht. So wurde ich Mitglied der Bakschaft Störtebecker, die ihrerseits dem Orden der Freibeuter zugehörte, der seinerseits eine der vielen Ordenskörperschaften des Bundes der Nerother war. »Nerother«, in dem Wort schwelt heute noch für mich Lagerfeuerglut und Fahrtenlust. Der Klang dieses Wortes scheint etwas Wildes, ja etwas Mysteriöses auszudrücken. Und so verhält es sich auch.

In Hussa nun hatte sich das Nerothertum zu einem besonderen Stoff eingedickt. Ich habe mir immer vorgestellt, daß Met so eine Art Wirkung haben müsse. Auch ich mochte Hussa eigentlich nicht, wer von uns mochte ihn eigentlich wirklich? Ich glaube, nur Sven. Wir andern verspotteten ihn gern, hinter seinem Rücken und auch mitten ins Gesicht hinein. Er lachte uns aus und beugte uns mit unwiderstehlichen Fäusten in den Ring der Gruppe. Er machte etwas aus uns. Und der Ring faßte das, bewahrte das, was er aus uns machte. In dem Ring war all das, was innerhalb der Gruppe zur Tradition geworden war. Wunderliche Bräuche beim Essen, Trinken und Musizieren. Ja, sogar wunderliche Bräuche beim Ausfindigmachen des Lagerplatzes, beim Aufrichten und Einrichten des Nomadenzeltes, beim Anzünden des Feuers, beim Reden und beim Schweigen, das er uns manchmal mit einer Strenge auferlegte, als ob wir Trappistenmönche wären. Die Bräuche, vor allem das Nomadenzelt, kamen aus Lappland, wo Hussa 1927 zum erstenmal mit der Gruppe gewesen war. Das Lapplanderlebnis war es, das Hussa 1930 mit Tusk, dem Gründer der dj.1.11, zusammenbrachte. Ihrer beider Freundschaft bestand lange. Nur politisch kamen sie auseinander. Hussa hielt nichts von Politik. Er hielt etwas davon, daß man lebe, so weit hin und so weit her wie möglich, so tief hinab und so hoch hinauf wie möglich. Er blieb dieser Devise treu. Aber das alles gehört eigentlich an einer späteren Stelle erzählt. Bleiben wir bei jenem ersten Gruppenabend.

»Ich klopfte an, mir ward aufgetan«, so könnte man sagen. Ja, und dann stand ich in einem Gemach etwa von der Form eines Güterwagens mit einem einzigen, aber großen Fenster an der Stirnseite. Die eine Wand bestand aus Büchern, so hoch hinauf, daß man die obersten Reihen nur vom Stuhl aus erreichen konnte. Die andere Wand zeigte Bilder, so ähnlich gemalt wie russische Ikonen. Später erfuhr ich, daß das alles Hussas Machwerke waren. Zwischen ihnen ein riesiges Rentiergeweih, über und über wie ein Christbaum behängt mit Rosenkränzen türkischer, tibetanischer oder auch spanischer Herkunft. Durch das Fenster wiederum konnte man nicht hinausschauen. Beileibe nicht. Es war von oben bis unten mit mönchisch bemalten

Meßbuchseiten verkleidet. Vom Sonnenuntergang her kam ein mildes Orangelicht durch diese Pergamente. Davor stand Hussas Arbeitstisch. Papiere lagen darauf, Manuskripte, Zeitschriften. Und zugleich versammelte sich ein kleiner Olymp von Bronzegöttern, holzgeschnitzten Fetischen, griechischen Terrakotten auf seinem hinteren, etwas erhöhten Rand. Am Boden daneben stand ein Kirchenleuchter mit einer armdicken gelben Wachskerze. Sie war angezündet. Die knisternde Flamme zwang mir ein betretenes Schweigen auf. Am liebsten wäre ich wieder weggegangen. Ich dachte: Das ist ein Typ, der macht hier in Sekte. Die Stimmung wurde besser, als Henning fluchte. Er fluchte, weil er die Noten eines neuen Liedes vergessen hatte. Hussa saß die ganze Zeit auf einem Sofa unter den Bildern und las im Hordenbuch. Saky hatte es ihm abgegeben. Saky war unser bester Zeichner. Er hatte die Gruppenchronik laufend zu illustrieren.

Später erklärte sich mir übrigens vieles an dem Museums- oder Kapellenstil, den Hussa als äußeren Rahmen seines Lebens bevorzugte: Er studierte Völkerkunde, Vorgeschichte und Sprachen. Wann und wo er das tat, ist mir freilich immer schleierhaft geblieben. Einer der Namen, der in seinem Kreis immer umging und nur mit ehrfurchtsvollem Augenaufschlag geäußert wurde, war Ernst Fuhrmann. Das war so ein Völkerkunde- und Biologie-zusammen-Dichter, der die ganze Welt, die vergangene und die gegenwärtige, in seinen Großen Wagen, sprich Auriga-Verlag, packte und von dem Hussa wohl irgendwie geistig abstammt. Andere solche feierlich verwendeten Namen waren Theodor Däubler, Alfred Mombert, Martin Luserke, Kurt Gauger, Hanns Meinke. Alles Dichter, die so schrieben, wie man sich vorstellte, daß keltische, germanische, pelasgische Priester geschrieben haben würden, wenn sie soviel Papier wie wir zur Verfügung gehabt hätten. Sie bildeten den geistigen Horizont Hussas und, nolens volens, bald auch den unseren. Doch wer von uns hätte das zu bereuen gehabt. Die Gefallenen waren glücklich damit bis zu ihrem Tode, was ihre Briefe bis zuletzt bezeugten. Und wir Überlebenden hatten den tiefen Weltgeschmack von solcher Kost. Ich glaube, daß ich mich viel weniger genau in meiner Gestalt drin fühlen und wissen würde, hätte ich das alles nicht gehabt.

Nachdem Hussa nun, immer noch auf dem Sofa sitzend, die Zeichnungen von Saky stumm, ohne uns zu beachten oder mit mir, dem Neuling, zu reden, angesehen hatte (die andern schnüffelten unterdessen in dickleibigen Kunstbüchern herum), erhob er sich, griff nach der Klampfe, die an der Seite des Bücherbordes hing, und fing an, sie zu stimmen. Sven beschäftigte sich unterdessen ruhig weiter mit seiner Bildermappe, in der Reproduktionen nach Picasso lagen, was mich mit heiligem Entsetzen erfüllte. Ich saß nämlich neben ihm und sah ihm über die Schulter zu. Hussas Gitarre hatte einen Glassteg, auch das war verrückt, hatte ich noch nie an Gitarren gesehen. Nachdem er sie gestimmt hatte (ihr Klang war überaus zart, fast silbern, bin ich versucht zu sagen), fing er an, Akkorde zu greifen und dazu zu pfeifen. Es war ganz reizvoll, was er da zuwege brachte, und ich hörte gern zu, aber ungewohnt war auch das. Er griff nämlich Quinten und pfiff »pentatonische« Melodien dazu. »Pentatonisch«, das war auch so ein geweihtes Wort, und keinerlei Musik schien hier geschätzt zu sein, die nicht pentatonisch war. Jedoch das änderte sich mit dem Singen, das nun allmählich in Gang kam. Henning schälte das Futteral von seinem Banjo ab, das er mitgebracht hatte, und fiel rauschend mit einem Plektron in die Saiten. Die anderen brachten Liederbücher zum Vorschein. Alles selbstgeschriebene, mit Fotomontagen und Zeichnungen durchsetzte Postillen, die mit ihrer Buntheit und Zauberbuchrüchigkeit eine mächtige Anziehungskraft auf mich ausübten. Es entsprach einer Forderung Hussas, daß jeder sein Liederbuch nach eigenem Vermögen durchforme und ausschmücke. Manche waren in Schweinshaut gebunden, und bunte geflochtene Troddeln hingen wie bei einem Meßbuch als Lesezeichen dekorativ heraus. Hussa hatte auch den Hieroglyphen- und Geheimschriftfimmel. Er hatte ein ganzes Alphabet bedeutungsschwerer Schriftzeichen erfunden, und die Weistümer der Gruppe wurden nur in dieser Schrift bewahrt. Auf dunkelgebeizten Brettchen mit Ölfarbe gemalt (jeder Buchstabe hatte seine zugehörige Farbe), sahen sie wie Funde von der Osterinsel oder wie die Brettchenseiten des tibetanischen Totenbuches aus.

Wie alles Verrückte hatten diese Dinge etwas Fortzeugendes an sich, und sowohl den Budenzauber als auch das Nomadenzelt, die skurrilen Liederbücher oder diese Schrifttafeln sah ich in Kürze überall dort auftauchen und sich als Gruppengebrauch einbürgern, wo Hussa seinen Fuß hinsetzte. Sein Nomadenzelt hatte zwar nicht das Sauber-Genaue der wohlberechneten Kohte, die Tusk mit seiner dj.1.11 in die deutsche Jugendbewegung einführte, aber es war im Prinzip der Vorspuk davon. Kohtenblätter kannten wir noch nicht. Militärzeltbahnen wurden einfach um einen Käfig von Stangen herumgerollt. Oben blieb das offen. In der Mitte das Feuer. Drüber schwankte der unvermeidliche lappländische Kupferkessel. Und »Tschaj« wurde darin gebraut. Tee, was heißt Tee? Hussa strafte jeden mit Verachtung, der sein schrecklich interessantes Gebräu so nannte. Da kam in das kochende Wasser erst eine Faust voll »Souchong«, dann zwei, drei Säcke Zucker, dann Zitronen, die erst hineingepreßt, dann zum Überfluß noch hineingeschnippelt wurden. Dann Ingwer oder Schnaps. Dann Rosinen oder Apfelschalen. Der »Tschaj« galt nicht als richtig, wenn der Kessel nicht halb voll Bodensatz war. Ach, und ich selber lernte bald, gleich den andern, diesen unerhörten Bodensatz mit wilder Gier durch die Zähne zu sieben. Auch der »Tschaj« trat, soviel ich weiß, seinen Siegeszug durch die Zelte der Bündischen von unserer Hamburger Gruppe aus an.

Jener erste Gruppenabend nahm seinen Fortgang. Hussa rückte seine Klampfe auf seinem Knie zurecht, sagte mit verschleierter Stimme irgend etwas, und schon setzten sie alle an, als hätte ein Taktstock Ordnung in ihren Wirrwarr gebracht. Zugleich saß man wie auf Zauberschlag im Kreis. Hussa winkte bloß mit den Augen bei den Einsätzen. Und es klappte großartig. Manga sang mit afrikanischer Begeisterung. Sven murmelte bescheiden, weil er unmusikalisch war, gleichwohl aber die Musik heiß liebte. Die andern machten die Münder richtig auf und zu, und es kam auch etwas dabei heraus. Der Text war natürlich etwas Superexotisches, aber er war mit der Melodie zusammen so schön, daß ich ihn heute noch weiß: Sotto le stelle ... Ausgerechnet Manga, der Schwarze, liebte es, den Text zu verwandeln in »Sott auf der Stelle«. »Sottje« heißt bekanntlich auf hamburgisch »Schwarzer«. Überhaupt merkte ich je länger, um so deutlicher, daß Ironie hier sehr geschätzt war. Nun, ich lernte »Sott auf der Stelle«. Als ich nach diesem Abend zu Hause war, schwor ich mir, nie wieder hinzugehen. Jedoch, ich war pünktlich zur Sonnabend-Sonntag-Fahrt am Treffpunkt Hauptbahnhof, und zwar ohne daß Hussa noch mal mit der Wimper zu winken brauchte. Die Gruppe hatte sich in mir durchgesetzt, ohne daß ich etwas dazu tat. Sie wurde das fröhliche Gewässer, in welchem ich bis 1934 schwamm. Dann kam der Gleichschaltungszwang mit der Hitlerjugend, und Hussa ging ins Ausland, weil nichts mehr zu retten war. Unser ganzes Gruppeneigentum, und das waren schöne Dinge, ging an die Hitlerjugend über. Wir trafen zwar manchmal noch mit Hussa auf der Stammburg der Nerother im Hunsrück zusammen, aber die Zeiten wurden trauriger, und wenn wir dort noch so trotzig und wildverwegen die begeisternden Lieder aus der großen Zeit der Gruppe sangen, der Krieg rückte unausweichlich näher und besiegelte das Schicksal der Bakschaft Störtebecker, so wie er das Schicksal Deutschlands besiegelte.

Aus Gruppenchroniken und Fahrtenheften

Besuch bei Carl Spitteler

Man trifft sich zur Paroleausgabe in der Luzerner Turnhalle. Heute abend soll unser sehnlichster Wunsch in Erfüllung gehen. Carl Spitteler, dem die neue Jugend sehr viel zu verdanken hat, wollen wir kennenlernen und ihm eine Ehrung bringen. Wir hören, daß er daheim ist, so daß unser längst gefaßter Plan eines abendlichen Überfalles ausgeführt werden kann.

Tagsüber wird Luzern besichtigt. Überall eilen Gruppen von Wandervögeln durch die Straßen, um sich die Schönheiten der Stadt zu beschauen. Von den Einwohnern werden wir überall freundlich begrüßt. Kaum fühlen wir, daß wir in der Fremde weilen, und das schöne Schweizer Städtchen wird uns lieb und wert.

Der Abend naht. In der Turnhalle, dem Sammelort unserer Schar, beginnt ein emsiges Treiben. Die Fähnlein scharen sich zusammen, Fackeln werden verteilt. Dann ziehen wir los. Laut schallen unsere kräftigen, frischen Lieder durch die Straßen Luzerns.

Wir erreichen das Hotel du Lac. Es ist uns Kunde geworden, daß der Präsident des deutschen Hilfsvereins, der uns bei der Regelung der schwierigen Quartierfrage in liebenswürdiger Weise geholfen hat, im Freundeskreise das Jubiläum seiner Präsidentschaft feiert. Wir bringen ihm ein Dankesständchen. Dann ziehen wir an der Wohnung des Stadtkommandanten vorbei. Aus Dankbarkeit über die gastfreie Aufnahme, die uns die Schweizer Bürger zuteil werden ließen, singen wir ihm den Berner Marsch: »Tremm, tremm, tremm, diridi ...«

Nun nahen wir uns dem Häuschen Carl Spittelers. Ein mächtiger Wind hat sich erhoben, so daß unsere Wimpel und Banner wild aufflattern. Hell leuchten die Fackeln. Wir sind am Ziel. Ein altes, rauhes Landsknechtslied erklingt vor den Fenstern des Dichters. Die Tür öffnet sich. Carl Spitteler kommt zu uns heraus. Da steht er vor uns, ein Greis mit jungen, leuchtenden Augen. Seine wohlklingende Stimme und seine freundlichen Worte werden wir nie vergessen, und als wir uns verabschieden, da fühlen wir erst recht, wie wert uns diese seltene Stunde geworden ist.

Es ist der letzte Abend, an dem wir noch alle beisammen sind. Am nächsten Tage wollen wir uns trennen nach verschiedenen Richtungen. Das letzte gemeinsame Erlebnis hat uns tief bewegt. Nun stehen wir auf einem kleinen Platz vor unserer Turnhalle. Die Fackeln werden in der Mitte zu einem Feuer zusammengeworfen. Ernst klingen noch einige Lieder in den späten Abend hinaus.

Es ist uns so eigen ums Herz geworden. Nun, wo es zum Abschied drängt, fühlen wir erst das feste Freundschaftsband, das uns umschlungen hat. Was wir in den letzten Tagen erlebt haben, läßt uns tief nachdenken, und ganz dunkel spüren wir irgendwo, daß große Aufgaben unserer harren. Wir sind die Jugend einer Zeit, die an der Grenze zweier Welten steht. Es gilt, eine neue Kultur, die von jugendlichem Gestaltungswillen getragen sein wird, zu schaffen. Es war uns heute abend vergönnt, einen Führer, der uns den Weg in dieses neue Land weist, kennenzulernen. Carl Spittelers Geist hat sich tief unseren Sinnen eingeprägt. Wir Nerother wollen uns fest und treu zu ihm bekennen, ihn verehren und lieben:

»Denn Besseres weiß ich nicht im weiten Weltengrund,
Als einen offenen Spruch aus einem wahren Mund
Und eines Freundes Blick aus lauterem Herzensgrund.«

Das Feuer verglimmt. Wir begeben uns still zur Ruhe. Die Gedanken manchen Wandervogels fliegen noch weit in eine unbekannte, zeitlos ewige Welt, bis der helle Morgen uns zu neuen Taten ruft.

(Aus: »Der Schokoladenfeldzug gegen die Schweiz«, Nerother Wandervogel 1921)

Erstes Trampen in Kärnten

Auf einer großen Fahrt war das. Der Nachsommer glühte im Lande. Getürmt lag es in Scheuer und Scheune, und draußen, wo sie den Wein bauten, winkte und warnte der »Hüaterbam« unliebsame Gäste, daß es zur Reife dränge. Damals zogen wir über den Katschberg. Freilich - es muß einer dort gewesen sein, um die Lust solcher Fahrt ermessen zu können. Was schadet's, daß es endlos steil in endlosen Schleifen aufsteigt, der Schweiß rinnt und der Atem fliegt - wie wir oben waren, haben wir doch gejuchzt und unsre Augen leuchten lassen. Die Hohen Tauern gleißten in starrendem Schnee, Berg um Berg rückte heran bis zu uns, hinten lag Dunst und Sonnenglast, um uns zitterte die Luft, Eriken röteten, und in den Legföhren knirschte der Wind.

»Tritulja he« hat mein Gefährte gesungen. Schön ist's im Kärtnerland. Drunten lagen die Dörfer und Flecken verstreut, und wenn wir stille hielten, den Atem dämmten, und der rechte Wind flog, konnten wir's hören: Glockenklang schwang sich in weiten Wellen heran. Mittag lag sengend über uns.

Beim Quell an der Straße haben wir Kopf und Brust untergehalten, daß das blitzende Wasser nur so über uns schoß. Weiter getrabt sind wir dann und sind schließlich wieder ins Tal 'runter'kommen. Just als es um die Jausenzeit war, hat uns ein Kirchturm gewunken. Nun, was meinst du?, hat er mich gefragt, und ich hab mit den Augen gezwinkert. Mein Gefährte klagte plötzlich über Fuß und Strumpf und Schuh, wir müßten rasten, er hätte es schon längst tun wollen, so gehe es nicht weiter, und weiß nicht wie und was. Wir sitzen jetzt im Pfarrhofstübel, der Pfarrer lacht launig, wir sind beredt, und draußen strahlt unser

Berghimmel. Was der Pfarrherr uns erzählte, ich hab's mir wohl gemerkt: was weiß der Bauer im flachen Land von der Müh und Plag des Berglers. Ungebändigt klüftet die Natur, und wir sind ohne große Kraft. Und in den verlassenen Berghöfen stehen sie mit ihrem Schicksal ganz auf sich allein.

Ob du's glaubst oder nicht, im Kraftwagen sind wir das Tal hinabgefahren. Rumpumperumpumpum hüpfte und polterte es über die schmale Straße. Der Bach rauschte nebenher, eilig wie wir, die Baumstämme, die der Wagen geladen hatte, rumpelten auf und ab und schleuderten unsere Ranzen, die wir daraufgebunden hatten, hin und her. Wie wir vom Pfarrhof geschieden sind, ist der Wagen g'rad geladen worden. Nun haben wir drei klotzige Tage hinter uns gebracht, spät war es auch, und die dreißig Kilometer zu fahren war nicht absonderlich schlimm. Und was hätt' uns gehindert zu bitten, daß sie uns mitnähmen? Fragen kostet nichts.

Immer, wenn die Bäume, die die Straße säumten, zu niedrige Kronen bildeten, mußten wir uns ducken, weil sie uns das Gesicht zerkratzt hätten. Es flitzte über uns hinweg, und der Motor surrte, ratterte und explodierte, hinter uns ballte dicker Staub. Dann öffnete sich rechts ein Seitental, bäumend, gischtelnd, ungestüm wälzte sich grünes Wasser mit weißen Stämmen ins Haupttal. Die Malta! Ganz hinten, wo die Bergketten dieses Tales sich wieder schlossen, lag ein weißer Glanz, rötlicher Fels umrandete das Geflimmer. Wiederum die Hohen Tauern. In des Abends scharfem Licht hoben sich Grate und Schroffen, und weiße Kare und Muren sanken ins Tal. Hochauf spritzte die Malta, in ungebändigter Lust vergeudend ihre ursprüngliche Kraft, und ihr gewaltiges Tönen beherrschte alles.

Wie wir dann am Millstätter See gestanden sind, und die leichten, klargrünen Wellen an den Strand liefen und mit dem Kies kosten, erfüllte blaues Licht den scheidenden Tag. Die runden Bogen der Klosterkirche friedeten, und die roten, blauen und gelben Astern sprühten. Fülle war um uns, Fülle war in uns. Der Berge mächtige Kuppen neigten sich zu uns herab, der See glomm schwarz und tief, Nachtwind frischte auf, die eisige Luft sank vom Gebirge hernieder. Nacht zog übers Kärtnerland.

Falke Hans Keller, Horst Florisdorf-Wien
(Aus dem Bundesorgan der »Adler und Falken«, Heft 10/1925)

Die wahre Geschichte von der wunderbaren Errettung der verirrten Höhlenforscher

Es war einmal ein Männlein, ein richtiges echtes Wandervogelmännlein mit Ästhetik, Musik, Waldemar Bonsels und Unterhosen im Rucksack. Dieses Männlein hörte einmal etwas von den Nerothern, dunkle Gerüchte waren's. Gerüchte, besonders dunkele, sind immer eine Verlockung. Und so kam er eines Tages angereist.

Dieses Männlein hatte einige ausgezeichnete Eigenschaften. Es war aufdringlich bis zur Vollkommenheit, es war in einem unerhörten Maße neugierig, kurz alles in allem war das Männlein wie geschaffen, um das Opfer einer großen Veräppelungsaktion zu werden.

Drei Tage beriet die Bauhütte. Unheimlich schwoll in dieser Zeit das Sündenregister des Männleins an. Morias schimpfte: »Er verdirbt mir jeden Abend durch seine wässerige Gegenwart, durch sein kunsthistorisches Geschwätz. Selbst wenn man ihm mit sanftem Zwang gute Nacht wünscht, verbleibt er in edler Unbeirrbarkeit, bis man im Bett liegt.« Hussa aber grinste häßlich, er hatte nämlich das Männlein, das in seinem Hühnerstall Dauergast zu werden drohte, durch geschickte Politik abreagiert. Er hatte so nebenbei fallen lassen, daß Morias geäußert habe, es würde ihm zu hoher Ehre gereichen, einen so hoch-musikalischen Gast in seinen Mauern zu bergen. Seitdem saß Männlein, August Gummi war übrigens sein Name, tapfer bei Morias und brachte seine Musiktheorien unter.

Morias' Gesicht wurde von Tag zu Tag violetter, und an jenem Abend, wo über Männlein das Urteil gesprochen wurde, hatte es schwärzlichen Glanz. Am nächsten Tage war alles von ausgesuchter Höflichkeit gegen August. Gegen Nachmittag lud man ihn sogar, man denke, zur Besichtigung eines Schieferbergwerkes ein. August schwoll an. Wie wohl tat eine so allseitige Beachtung. Es war sicher, seine Persönlichkeitswerte waren allmählich durchgetropft und hatten diese stählernen Jungens überwältigt. Jetzt wogte ihm das ganze ungeteilte Wohlwollen der Bauhütte entgegen, stolz schüttelte er seinen gepflegten Bubikopf, harkte den Spielwiesenansatz mit den Fingernägeln, gab seiner Hüfte eine elegante Schwingung nach rechts beim Gang und sprach über Musik. Fast ehrfürchtig lauschte ihm die Bauhütte, denn - man befand sich auf dem Wege zur Schiefergrube. Eben noch beteuerte Gummi seine persönliche Bekanntschaft mit John Hargrave, da standen sie schon vor der Höhlenpforte. Eine kalte Hand griff ihm von hinten unter die Seele. In der Ferne seines Bewußtseins dämmerten infantile Rudimente von Angst auf, aber alles verging in wohliger Sicherheit, die ihm aus den treuergebenen Landsknechtvisagen der Bauhütte entgegenströmte.

Man frug ihn, ob er Streichhölzer habe, und atmete erleichtert auf, als er seine Schachtel, strahlend über solchen Besitz als Nichtraucher, preisgab - denn, wie man vorgab, hätte man sonst erst jemand das Vergessene holen lassen müssen. Dann ging es munter in die feuchte Finsternis hinein. Vorneweg die Kerze, Hand an Hand in langer Schlange die Jungens. August, durch bewußtes oder unbewußtes Manöver, war der letzte, und er stolperte merkwürdigerweise immer über die Schatten seiner Vordermänner. Auch ging das alles so verdächtig schnell. Plötzlich tat es einen Krach, das Licht war aus. Wilde Panik ergriff alle. August verlor die rettende Hand und stand dann alleine in einer großen, mit schaurigem Schweigen über ihn hereinbrechenden Finsternis. Ab und zu kamen kleine Echos von ganz ferne. Ab und zu traf ein kalter Tropfen seinen gelichteten Scheitel. Ab und zu rief er mit ersterbender Stimme, dann beugte er sich den dunklen Gewalten, setzte sich auf einen Stein (natürlich breitete er sein Taschentuch darüber aus) und memorierte Schicksalspsalmen.

Vor der Höhle aber geschah etwas außergewöhnlich Merkwürdiges. Dort brach ein unheimliches Gelächter aus zuckenden, verkrümmten und hüpfenden Leibern - es waren die Leiber der Bauhütte, die den armen Gummi allein in der finsteren Höhle gelassen hatten. Um die Sache vollkommen zu machen, lief Morias noch einmal in die Höhle, pirschte an August heran. Rief. August rief wieder. Morias jammerte, er sei zwei Stock tief in einen Schacht gestürzt, wo denn die anderen seien. August versuchte, Morias zu trösten. Morias ließ seine Stimme in einem ersterbenden Wimmern vergehen. Schlich sich wieder hinaus. Alsdann tat Thomas an anderer Stelle ähnliches. Darauf zog die ganze Bauhütte stolz zum Kaffeetrinken. Es gab bis heute noch keinen Kaffee wieder, der ihr so gut schmeckte.

Als man nach zwei Stunden humane Anwandlungen zu bekämpfen hatte, brach man in drei Stunden auf. Mit Schminke malte Hussa sehr echte Wunden, Blutrinnsale und gasgrüne Gesichter. Verbände wurden beschafft, und also rüstete man sich, Gummi einzuholen. Vorsichtig schlichen alle in die Höhle, an verschiedensten Stellen legte man sich nieder, stöhnte, beschmierte sich mit Dreck und rief. Dann, auf Signal, rauschte aufgeregt Jackel mit Fackel in die Höhle, strömte erregt auf Gummi zu, schrie nervös: »Wo seid ihr denn, wo sind die anderen?« Gummi, strahlend über seine Rettung, zog alle Register seiner Menschenliebe und wetzte mit Jackel hin und her durch alle Gänge. Hier wurde ein halb Toter geschleppt, dort humpelte ein Verwundeter, Morias lag mit vollständig zerschmettertem Schädel in einem Loch. Hussa wurde von Gummi selbst ohnmächtig herausgeschleppt und brach unter der Wucht frischer Luft zusammen. Gummi machte Atemübungen mit Hussa, der sich in inneren Lachkrämpfen wand und ein pietàhaftes Gesicht dazu zeigen mußte. Alle Bauhüttenleute wandten sich ergriffen ab, als Gummi mit feuchtem Tuch Hussas enorme Schminkwunde kühlte (verdächtig jedoch hüpften die Schultern). Aber Gummi verband sachgemäß die Wunde, stolz, Erlerntes wiederum nutzbringend anwenden zu können.

Morias mit Turbanverband, Thomas, Lachkrampf hinter vorgeschütztem Erbrechen verbergend, Wutzke auf allen Beinen humpelnd, Hussa in bleicher Ohnmacht, so strebte die Bauhütte, von Gummi mütterlich umwedelt, der Heimat zu. Morias brach noch einmal prachtvoll zusammen, dann war man im Hause. Gummi mußte mal. Das war Rettung, fieberhaft wusch sich die Bauhütte, fieberhaft wurden die Schminkwunden verbunden. Hinken und Elendaussehen wurden exerziert, und als Oelb gegen Abend heimkehrte, gab August selbst einen gut gebauten Bericht über das Unglück preis. Er strahlte! Er hatte ja die ganze Bauhütte (im Grunde) gerettet, und er als einziger, dank tantenhafter Vorsicht, hatte es fertiggebracht, sauber, unverletzt und nur mit einer kleinen Schwermut (Schicksalspsalm) diesen schweren Schlag der Nemesis zu überstehen. »Nehme Sie's wie's kommt« war seine Kampfdevise. Er verabschiedete sich unter Segensbeschwörungen für alle Verwundeten und weiß bis zu dem Moment, wo er dieses Heft lesen wird, nicht, wie nerothan er angeäppelt worden ist.

(Aus »Der Herold«, Heft 11/12, 1929)

Der heilige Berg

Es lohten rötliche Garben in die östliche Nacht, und sie malten ruhelose Lichter auf die vier Gestalten am Feuer, die umhüllt waren vom Mantel der schwarzen Schlucht. Der Himmel um Mitternacht war schwach getönt.

Tristan und Sef schliefen schon. Hin und wieder scharrte Ossip die Glut zusammen, daß sie nicht die nackten Waden der Schlafenden senge. »Jacques, die Kürbisbuddel!«, sagte er dann und ließ sich die Rakiflasche reichen. Die Rakis tanzten wie Flämmchen in ihren Händen. »Auf die Heimat, Jacques, auf deine und meine!« - »... und auf den heiligen Berg, Ossip, morgen steht eine Flamme auf ihm: unser Feuer.« Oben, weit in der Nacht, orgelte der Wind in den Klüften des heiligen Berges - verheißungsvoll - warnend? Das Dunkel deckte sie zu, sie, die die Unrast in ihren Herzen trugen. Glosend knackte die Glut und schaute zum Mond über dem Schweigen der Berge, die wie Urtiere schliefen. - - -

In Ossips Tagebuch stand:
Der Berg Ljubotin ragt immer noch wirr und nackt. Heute wollen wir ihn bezwingen (wir sind Gäste in der Lehmhütte eines Bergbewohners). Was sagte doch die Tochter des Gastgebers vom Ljubotin? Kopf der Berge? Irrgarten der Weisheit? Wer den Hekrit, den Wunderstein, vom Gipfel bricht, hat für ewig Glück! Noch niemand sah ihn je! - Ist es der Reiz der geheimnisvollen Mythe, der uns die Sinne benimmt und uns den Berg ersehnen läßt?

Tristan schrieb:
Warum warnte man uns vor dem Berg? Sein Rücken liegt breit und grau vor uns unter der blauen Glocke des Taghimmels. Sef trägt das Seil, Jacques und Ossip Decken und Proviant, Maisfladen, Raki, Zigaretten. Die Wälder versanken schon, das Tal verschwand. Wachsend tritt auf uns zu der Berg. Stunden hängen wir in der Wand, Ossip führt zäh, verbissen. Keiner spricht, die Macht des Berges macht uns besessen. Klamm werden die Finger am Grat - als der Abendwind wie Grasrascheln flüstert. Ureinsamkeit atmet der Berg - und die Berge der Runde, die jetzt wie Tiere auf dem Sprung hocken. - - -

Das schrieb er in 2000 Meter Höhe in der Hälfte der Nordwand. Sef verteilte Zigaretten, deren Rauch sie mit Wollust aus- und einatmeten. Als die orientalische Nacht wie Schleier auf sie sank, arbeiteten sie sich durch klaffende Spalten. Der Helm des Berges lag greifbar nahe über ihnen. Auf einer Insel inmitten des Alls standen sie - umringt von Blöcken, kantigen Kegeln und Dornen. Die Nacht gebot halt. Sie sangen, denn sie fühlten die Lust des Singens in sich. In der Sekunde, wo der Kienspan aufglühte, kippte irgendwo ein Brocken und brach zu Tal. Bleich schienen die Gesichter; das Gefühl des Bergbezwingens wich dem Gefühl, Eindringlinge zu sein in die Urruhe des unberührten Berges. Der Schlaf schloß ihnen die Augen. In ihren Traum prasselten Steine, und Felswände platzten wie reife Frucht.

Sef schrieb am nächsten Tag:

Fürchterliches brachte uns der Morgen. Die schaurige Gewißheit völligen Abgeschlossenseins. Um uns ein Leichentuch - wir sind eingeschneit, Gefangene des Berges, denn ein Abstieg in die schneeverhüllte Tiefe ist unmöglich. Ossip rennt wie ein Irrer umher, schlägt gegen die Blöcke und brüllt mit der ganzen Kraft seiner Lungen, was aber hier in der glasigen Luft nur als winziger Ton in die lähmende Ruhe eingeht. Mein Atem erstarrt zu Eis, meine Finger sind so kraftlos ... Jacques, der quecksilbrige, hockt stumpfsinnig zusammengerollt wie ein Igel in einer Felsnische, Tristan hustet und klappert Trommelwirbel mit den Zähnen. - - -

Über ihnen der Gipfel, der Mythe nach der Träger des Wundersteins, unter ihnen und um sie der Totentanz des heiligen Berges.

Der Tag war ihnen ein Jahr, sie horchten auf das Singen ihres Blutes. Grausam rot war der Abend, der Schnee war flüssiges Feuer.

Tristan schrieb:

Kienspäne, die wir in den Schnee gesteckt haben, flackern lebhaft und erinnern uns an das Leben - sind wir nicht schon im Sterben? Sef und Jacques haben Fieber, mit Schnee kühle ich ihre heißen Köpfe. Über den Fels hinaus läuft eine Spur - Ossip, wohin gingst du, suchtest du den Stein ewigen Glücks? - - -

Ihre erstarrenden Hände und Füße rieben sie mit Branntwein. Die Nacht war düster wie eine Gruft. Kaum mehr merkten sie die Kälte, die über ihre Körper kroch.

Im Kienspanlicht sah Tristan das gelbe, blutleere Gesicht Jacques' neben sich. Dessen Augen glommen matt. »Wie warm mir wird, Tristan, wie süß ist doch das Leben ...« - aus seinen eisverklebten Haaren quollen, getrieben von der kleinen Flamme, dicke Tropfen.

Noch einmal, es waren zwei Tage her, daß Ossip nicht mehr da war, raffte Tristan sich auf, rieb mit letzter Kraft die erfrierenden Glieder der Kameraden und schrieb:

Immer noch Schnee. Die Sonne erlosch ganz. Die Ruhe erdrückt mich. Ein oder zwei Tage halten wir es noch aus. Sef und Jacques schlafen. Ich kann nicht glauben, daß alles aus sein soll ...

Das Tagebuch endete hier. - - - In den Höhlen polterte es, der Berg räkelte sich und empfing das in anschwellenden Akkorden summende Lied aus dem Süden. - - - Die Fasterfrorenen des heiligen Berges hüllte man in Reisiggeflechte, Decken und Stricke, und trug sie zu Tal.

Ossip hatte damals voll Verzweiflung den Sprung in die Tiefe gewagt. Mehr tot als lebendig, mit zerschmettertem Arm, erreichte er das Haus des Gastgebers. Er tat das Unmögliche, er führte die Rettungskolonne, die aus einigen jungen Burschen bestand, zur Raststatt am Gipfel. Und doch konnte man sie erst erreichen, als der Berg sie freigab. - - - Die drei erwachten auf einer Binsenmatte am belebenden Herdfeuer der Hütte. Vor ihnen standen Ossip und das Mädchen.

»Habt ihr ihn gefunden, den Stein?«, fragte das Mädchen.
»Nein«, antworteten sie, »aber uns träumte, dieser Stein blende die Augen und das Herz, und der Dämon des Berges habe ihn ins Meer gespien, dahin, wo es am tiefsten ist.« Das sagten sie, Verfolger des Glücks, und ihnen winkte die Heimat.

Klaus Huisgen, Nerother Wandervogel

Die jeheimnisvolle Insel

Hübscher Wellenjang war et! Ick stand janz mutterseelenallein vorn uffn Seesteg; aber da mußte ick mir woll zu weit übert Jeländer gelegt haben, denn uff einmal saß ick in's Wasser. Ick hielt mir aber noch man schnell an ne Planke - und trieb in de offne See! Nach wer weß wie langer Zeit erblickte ick 'n Eiland und landete och mitten uffn Strand.

Hier wird woll Robinson mit seine Lamas wohnen, dacht ick, und jing druff los. Ick wanderte immer feste weg. Da kam ick aber an enen jroßen Appelboom, na, un weil ick Hunger hatte, langte ick mir enen runter. Doch, haste nicht jesehn, hopste plötzlich en Mann aus' n Jebüsch - wat er da jemacht hatte, will ick nich verraten. Aha, dacht ick, det wird woll Robinson sind! Der schrie mir aber an: »Hab ick dir endlich, du verfluchter Lümmel, der mich immer die Eppel klaut?«

Ick aber hatte jenuch und rannte weg. Außer Puste hielt ick endlich an; doch de Haare sträubten sich mir, denn ick hörte 'n schauderhaftet Jrunzen. Na, det wird woll' n Lama sind, dacht ick mir. Et war aber man nur son klenet Dreckschwein, wie man se öfters findt. Alte Bekanntschaften wollte ick wieder uffrischen; doch dafür war det unschuldje Jeschöpf nicht zu haben. Et türmte! Na, denn eben nich!

So hatte ick noch ville ehnliche Abenteuer zu bestehn, eh ick an de Küste widder kam, 'n Boot fand und heim zu Muttern fuhr. - - - Wo ick nun ejentlich war, det weeß ick heut noch nich. Villeicht hatte ick det och nur jeträumt. Et kann ja meglich sind.

Wölfi, Berlin, 1929

Der Küken-Brief

Liebe Mutti, in diesem Jahr brauchst du gar kein Futterpaket zu schicken. Wir kochen nämlich in einer Gulaschkanone. Und diesmal ist auch kein Koch da, der wegläuft, wenn er Prügel für das angebrannte Essen beziehen soll. Die Mädchen kochen doch besser als wir. Das Zeltlager ist nicht so groß wie in Koblenz. Dafür ist der Lagerfeldwebel um so größer und nicht so dick. Er wird Ede genannt. Ganz früh morgens, wenn zum Wecken geblasen ist, müssen wir alle in Turnhose vor den Zelten auf und ab hüpfen. Er steht dann in der Mitte und kommandiert immer: »Und eins - hüpp! und zwei - hüpp!« Am liebsten läßt er uns immer bergauf laufen. Abends, wenn wir gerade einschlafen wollen, fängt der Trompeter an zu blasen. Er nennt das »Ständchen«. Der Lagerhauptmann findet das schön. Mein Horstführer aber schimpft fürchterlich.

Unser Lagerkommandant ist lang und dünn. Seine Hosen reichen bis zur Brust hinauf. Darauf ist er stolz. Er hat gar keinen Nachnamen, nur zwei Vornamen: Erwin und Fritz. Er trägt eine dicke Brille mit einem großen Riß quer über die Gläser. Ich glaube kaum, daß er dadurch richtig sehen kann. Er tut aber so.

Das Kriegsspiel war fein. Es hat auch geklappt. Das lag sicher daran, weil die großen Feldherren Weißkäse und Tutti-Frutti nicht da waren. Nach dem Kriegsspiel hatten die Jungen keine zerrissenen Hemden. Mein Horstführer sagte: »Der Pazifismus macht Fortschritte.« Ein langer Kerl aus Berlin meinte, das läge an dem guten Hemdenstoff unserer Werkgemeinschaft »Eigene Hand«. Da mußte ich lachen. Nach dem Kriegsspiel sind wir zur polnischen Grenze gegangen. Da drüben sieht es ja ganz genau so aus wie bei uns. Darüber habe ich mich sehr gewundert.

Beim Singen dirigiert ein finsterer Mann mit einer schrecklich lauten Stimme. Er hat einen ganz russischen Namen. Ich weiß nicht mehr richtig, entweder Lenin oder Trotzki. Wenn man nicht aufpaßt beim Singen, wirft er mit kleinen Steinchen. Das Schönste aber war der Zirkus. Ich habe auch mitgespielt. Leider ist meine Nummer nachher ausgefallen. Unsern Zirkusdirektor haben wir mit einem alten Kinderwagen durch die ganze Stadt gefahren. Die Leute haben mächtig gelacht. So, liebe Mutti, jetzt muß ich Schluß machen, wir müssen zum Mittagessen. Viele Grüße! Dein Bubi

(Aus dem Bundesorgan der »Adler und Falken«, Heft 8/9, 1931)

Vorläuferschaften / Kunst und Künstler

Runde: Autor, Wilhelm Geißler

- Es hat sich die Frage erhoben, ob nicht Vorläuferschaften zu ermitteln wären, die etwa als Entwurf des bündischen Menschen in längst vergangener Zeit zu gelten hätten. Da ist nicht nur die Freundergriffenheit im Hyperion des Hölderlin zugehörig, sondern auch Vergils

»Schon sinkt
feucht vom Himmel die Nacht, und es raten
die fallenden Sterne zum Schlaf.«

Ganz abgesehen vom Aufbruch des Impressionismus, wie er in Frankreich begann, als die Maler, deren Namen heute Sternbildgültigkeit besitzen, die Ateliers flohen und mit ihren Staffeleien in die Natur hinauszogen, oder von der »Spaziergangbewegung« der englischen Dichter seit Borrow, der amerikanischen seit Thoreau, von dem »irrenden« Fußmarsch Hölderlins durch Südfrankreich, dem Spaziergang Heinrich Seumes nach Syrakus, der gemeinsam streithaften Landstörtzerei Rimbauds und Verlaines am Neckar entlang.

Diese Beispiele interessieren hier nicht als Kunst- oder Literaturgeschichte, sondern als vorprobender Ausdruck einer Manier, die Weltwirklichkeit zu erleben, der sich der Bürger um 1900 entfremdet hatte, die der Wandervogel wiederfand. - Und so gehört Petrarca, der erste Bergbesteiger aus Naturleidenschaft, zu den Vorläufern des Wandervogels; so der Herder des »Journal einer Seereise«, diesen tollen Aufzeichnungen eines kanzelflüchtigen jungen Pfarrers, dem zwischen Riga und Rouen, unter Seeleuten, Wolken und Meereswinden der ozeanische Charakter des Menschenlebens aufgeht; so Novalis mit seinem »Heimweh nach der offenen Flamme«.

Jugendbewegung brachte nicht abwegig Neues, sie fand ewig Gültiges wieder, sie war eine Renaissance. Sie fand von den »Elementen« des periodischen Systems zu den Elementen Heraklits zurück. Und so bekommt der gute, ganz unphilosophische »Jarl« Fischer aus Steglitz einen höchst erlauchten Stammbaum; eine Ahnenreihe, die ihm zusteht, auch wenn er sie nicht kannte und sich nicht auf sie berief.

In diesem Zusammenhang, lieber Wilhelm Geißler, bist du an der Reihe, und wir sollten von dir etwas erfahren über das noch nie bis zu letzten Tropfen ausgewrungene Thema: Jugendbewegung und Kunst. Du bist, für meine Erinnerung, immer der Bändiger des Greifen gewesen. Der Greif, im Wandervogelzoo ein oft besuchtes, besichtigtes und plakatiertes Phantasiewesen, war in abgelebten Zeiten Mittelpunkt eines seltsamen Sagenkreises. Man findet ihn schon bei Hesiod und bei Herodot erwähnt, nämlich als Wächter des Goldes im tiefen Norden Europas, wobei ihm, obwohl in Mehrzahl zugegen, der anvertraute Schatz dank der Listigkeit der Arimaspen entführt wurde. Der Gram darüber ließ ihn in die Anonymität aller möglichen Fabelwesen des Ostens und Westens ausweichen. Du aber hast ihn für uns wiederentdeckt. Du gabst ihm neue Kraft ein. Du erhobst ihn zum Wappentier des von dir im Greifenverlag zu Rudolstadt edierten Greifenkalenders, der für die Zeit nach dem 1. und vor dem 2. Weltkrieg eine wahrnehmbare Kunsterziehung in der Jugendbewegung zuwege brachte. Dir war es zu danken, daß der deutsche Expressionismus in »unseren Kreisen« hoffähig wurde. Und wenn du die Ehrenliste, ohne zu erröten, ertragen kannst, die ich deinem Wort voranschicke, um auch die Uneingeweihten mit deiner »Gestalt« vertraut zu machen, dann tritt hervor und zeige dich. Denn dein Wirken ist heute so wacker wie damals und die unter deiner Ägide entstandenen Kunstbücher und Kunstmanifeste fesseln den heutigen Zeitgenossen nicht minder als den damaligen. 1895 kamst du in Hamm zur Welt, studiertest in Düsseldorf, Leipzig und München die Dinge, die mit Kunst zu tun haben, warst Kriegsteilnehmer im ersten Krieg, Schriftleiter des »Wandervogel« von 1919-1920, künstlerischer Beirat des obengenannten Verlages und bist seit 1943 als Lehrer an der Werk-Kunstschule in Wuppertal, zugleich Initiator der rührigen und schätzenswerten »Woensampresse«, die gerade eben wieder die Rezensenten unserer Tagesblätter mit einer herrlichen Schöpfung »Bekenntnis zur Graphik« beschäftigt, darin wir Nolde, Kirchner, Masereel und - last not least - auch dich mit guten Holzschnitten antreffen. Bitte, sage uns etwas Endgültiges, meinetwegen schonungslos Endgültiges über Kunst und Wandervogel.

- Wohl hat der Wandervogel - wie späterhin die Jugendbewegung allgemein - immer und überall ein besonders lebendiges, inneres Verhältnis zur Kunst gehabt; wohl war sie in hohem Maße aufgeschlossen und begeistert für alle Arten der Kunstausübung und für die musische Seite unseres Lebens überhaupt; wohl hat sie einen eigenen Stil in Lebenshaltung, Wohnkunst, Sang, Spiel und Gemeinschaftstanz und nicht zuletzt auch in der freien Kunstbetätigung angestrebt und weitgehend erreicht, aber die restlose, schlackenfreie Umsetzung des großen, einmaligen Wandervogel-Erlebnisses, seinen Aufschwung, seine Blüte, also das, was wir mit der »Revolution der Jugend« um die Jahrhundertwende zu bezeichnen pflegten, in einem Kunstwerk überragenden Charakters darzustellen, ist ihr - scheint mir - bisher versagt geblieben. Gewiß eine Tragik, aber sollen wir deshalb resignieren? - Nein! Was dennoch geschehen ist, was dennoch erreicht wurde, darf mit Achtung genannt und für immer festgehalten werden. Es sei auch nicht vergessen, daß die geistige und künstlerische Auslese der Jugendbewegung durch die beiden Weltkriege zweimal fast restlos ausgelöscht worden ist. Wenn auf der Ehrentafel des Ludwigsteins zu lesen ist, daß von zwölftausend Wandervögeln des ersten Krieges siebentausend ihr Leben ließen, so bedeutet das einen Substanzverlust, der sich notwendigerweise auch auf dem Gebiet der freien künstlerischen Betätigung und des Kunsthandwerks auswirken mußte.

Die sichtbarsten Erfolge wurden zweifellos auf musikalischem Gebiete errungen. Der »Zupfgeigenhansl« war die erste kulturelle Tat von Bedeutung, die verschiedenen Liederblätter der Landschaften schlossen sich an, späterhin folgten: eine fruchtbare Singbewegung,

Volkstanz, chorische Gestaltung, schließlich auch das Laienspiel. Angeregt und befruchtet von begabten, zielstrebigen Persönlichkeiten, wirkten alle diese musischen Bestrebungen bis in die feinste Verästelung des jugendlichen Gemeinschaftslebens hinein.

Zwar von nicht geringerer Bedeutung, aber weniger in die Breite als in die Tiefe gehend, waren die Erfolge und Bemühungen auf dem Gebiete der bildenden Künste, also der Malerei, der Graphik und der Plastik. Auch die Ausstrahlungen dieser mehr in der Stille wirkenden Kräfte und Bestrebungen haben Wirkungen von Dauer gehabt und sind bis auf den heutigen Tag spürbar geblieben. Es darf in diesem Zusammenhang außer auf die schlichten Schwarzweißbilder zum »Zupfgeigenhansl« auf die »Neudeutsche Künstlergilde« hingewiesen werden, auf den »Greifenkalender«, dessen damalige Mitarbeiter heute vielfach bekannte und geschätzte Künstler geworden sind, ferner auf die Ausstellungen anläßlich der Bundestage, auf die Ergebnisse der Zeichenfahrten, auf den Austausch von Gelegenheits- und Familiengraphik und manches andere.

Als einer der wenigen Übriggebliebenen der frühen Wandervogel-Generation vermag ich heute rückschauend zu ermessen, wie groß doch der Einfluß unserer Arbeit und unserer Bemühungen von einst auf das gesamte deutsche Kulturleben gewesen ist. Es sei mir erspart, alles Erreichte im einzelnen aufzuzählen; Theo Herrle spricht in seiner Geschichte der Jugendbewegung geradezu von einem »Einbruch der Jugend in die Kultur«! Als etwa um 1911 meine erste Berührung mit dem »klassischen« Wandervogel erfolgte, war von einer ernsthaften Kunstausübung oder von einer bewußten und wirksamen Gestaltung im Sinne einer künstlerischen Kultur noch wenig zu spüren. Die Gaublätter und Bundeszeitschriften brachten z.B. als Bildschmuck fast ausschließlich Scherenschnitte oder anspruchslose Schattenrisse. Auch das, was die Bachanten sonntags oder von den Ferienfahrten mit nach Hause brachten, Skizzen von Oberlichtfenstern, Wegkreuzen, Architekturstudien usw., konnte und wollte nicht den Anspruch auf Beachtung oder gar Wertschätzung erheben. Ja, man war damals mit Scheu darauf bedacht, das große romantische Erleben in der Natur, das Herumstreunen in Wald und Gebirge, das Lagern an Fluß und Meer, das neue Erlebnis der Sonnwendfeuer für sich zu behalten. Man hütete das alles wie etwas Kostbar-Errungenes, wie ein Geheimnis. Dieses Erlebte, dieses Geheimnis irgendwie in künstlerische Formen zu gießen, es der Öffentlichkeit oder auch nur den Gefährten in gültiger Darstellung mitzuteilen, kam den wilden Gesellen überhaupt nicht in den Sinn. So kommt es, daß die Bundes- und Gaublätter weitgehend der literarischen und künstlerischen Qualität ermangelten, daß sie in keiner Weise dem kulturellen Stand der Bewegung von damals entsprachen. Man zog eben das *Urerlebnis* der *Reflexion* vor! Ich entsinne mich noch genau, wie die Schriftleiter mancher Blätter ihre liebe Not hatten, die Schöpferisch-Begabten überhaupt zur Mitarbeit heranzuholen. Dabei war gerade auch die frühe Wandervogel-Generation ein Sammelbecken von schöpferischen Menschen, von ausgesprochenen Künstlernaturen.

Auf dem Gebiete des Kunsthandwerks löste sich die hemmende Scheu am ersten: Man begann, sich eine eigene Tracht zu entwerfen, man schuf sich nach und nach einen eigenen Stil bei Tanz und Spiel, man versuchte, unterstützt durch die damals in der Blüte stehenden Bestrebungen des »Werkbundes« und des »Dürerbundes« um Avenarius, sein Leben, Gestalten und Wohnen zu einer Einheit zu formen, man verfolgte als der schöpferische Teil der Jugend ein leuchtendes großes Ziel - aber man scheute sich noch immer, sich mit Glut und Seele schriftstellerisch und zeichnerisch zu betätigen, indem man die Fahrtenerlebnisse darstellte und zu neuen Bildern formte. Als eine Ausnahme können wir die schon genannten Schwarzweißbilder von Hermann Pfeiffer zum »Zupfgeigenhansl« ansehen; aber Pfeifffer war altersmäßig den meisten anderen voraus und bereits »ausgereift«. Bezeichnend ist, daß sehr lange diesen Bildern, sozusagen stellvertretend, die Zuneigung und das Schwärmen der schöpferischen Jungen und Mädchen galten, ehe sie sich zu eigenem Schaffen aufrafften.

Es hat noch Jahre gedauert, bis sich der notwendige Ausgleich zwischen unbewußtem Erleben und bewußtem Gestalten, zwischen Inhalt und Form, anbahnen und vollziehen sollte. In diese Lücke fügten sich etliche Außenseiter ein wie Diefenbach, Fidus und Ubbelohde. In den Landheimen und Stadtnestern, später auch in den ersten Jugendherbergen, hingen dann die strengen, stark germanisch-betonten Idealfiguren von Fidus. Diese Bilder verstanden es, gewisse Saiten in der licht- und schönheitshungrigen Großstadtjugend anzuschlagen, ihre edle Körperlichkeit lag im Zuge der damals aufstrebenen Körperkultur. Es bildete sich sogar eine Art Fidusgemeinde, die nicht nur in und um Berlin beheimatet war. Späterhin begannen dann Rudolf Sievers, als Schriftleiter der nunmehr zu achtungsgebietender Qualität aufgestiegenen »Gelben Zeitung« wirkend, Günter Clausen, Georg Kötschau und andere das Feld nach der inhaltlichen wie nach der stilistischen Seite hin zu erweitern. Sie wandelten, jeder auf seine Art, die angeschlagenen Töne und Akkorde von Ubbelohde und Fidus ab.

Zu jener Zeit etwa geschah in Deutschland auch der Aufbruch des Expressionismus, jener der deutschen Jugendbewegung artverwandten Kunstrichtung, die ebenfalls Revolutionäres erstrebte und das damalige satte Bürgertum aufscheuchte und erschreckte. Die expressionistische Strömung durchzog, wie konnte es auch anders sein, auch das Lager der Jugendbewegung: Es kam zu geistigen Auseinandersetzungen, zu Spaltungen der künstlerischen Kräfte. Die Entwicklung gerade dieses Ringens zwischen den verschiedenen Kunstrichtungen und ihren Vertretern ist - außer im »Frührot«, dem Jahrbuch der »Neudeutschen Künstlergilde« - in den ersten zehn Jahrgängen des »Greifenkalenders« deutlich abzulesen. Waren in den ersten Jahrgängen noch die »harmlosen« Naturalisten und Romantiker in der Überzahl, so stellten die weiteren, beispielsweise der 6. Jahrgang 1925, so starkprofilierte und wegweisende Kräfte des Expressionismus wie Josef Achmann, Max Beckmann, Karl Schmidt-Rottluff, Josef Eberz, Alfred Hanf, Heinrich Hoerle, Frans Masereel, Richard Seewald, Anton Wendling und Eberhard Viegener in den Vordergrund. Dazu zeitgenössische Dichter und Schriftsteller von Rang und Namen, so Paul Zech, Alfred Mombert, Karl Bröger, Ernst Toller, Heinrich Lersch, Jacob Kneip, Erwin Guido Kolbenheyer, Kasimir Edschmid, Kurt Heynicke und Josef Winckler.

Die Neudeutschen Künstlergilden - aufgegliedert in die vier Fachgilden: Malergilde (Obmann Willi Geißler), Musikergilde (Fritz Jöde), Schriftstellergilde (Max Otto Sidow) und die Architektengilde (Dankwart Gerlach) - bildeten in jedem Betracht das organisatorische Rückgrat für alles künstlerische und allgemein-kulturelle Wollen und Wirken. Die Ausstellungen, unter primitiven Voraussetzungen, meist stark zeit- und raumbeschränkt, auf den großen Tagungen und Treffen zustandegebracht (Schloß Elgersburg, Stolberg, Kronach und Coburg), hatten aber doch stark befruchtende Wirkung und Strahlkraft für Monate und Jahre.

Neue Formen des Wanderns, der Geselligkeit, des Zeltens, die Körperkultur, die Auslandsfahrten mit ihrem erweiternden Horizont, alles dies erzeugte nach und nach ein neues Lebens- und Schaffensgefühl. Man entdeckte zudem das Fotografieren als neue Kunst; der Fotoapparat, die »Strahlenfalle«, wurde mehr und mehr der ständige Begleiter auf Fahrt, Fest und Feier. Die Fotolinse verwandelte in grundsätzlicher Weise die Einstellung zur Natur und zum Menschen; das »Große Wandervogelbuch« (1923) zeugt davon. Bei aller künstlerischer Betätigung blieb aber dennoch ein Rest; mit der zunehmenden Ausbreitung der Bewegung war auch eine Verflachung eingetreten, die sich nicht zuletzt auch auf dem künstlerischen Gebiete auszuwirken begann. Jedenfalls, und aufs Ganze gesehen, ist die einmalige, zwingende und überzeugende Gestaltung des neuen eigenen Erlebens, der starke symbolhafte Ausdruck jener Zeit mit ihrer doch immerhin revolutionären Auffassung von Dasein, Tat und Lebensform ausgeblieben.

Es war nicht gelungen, das große Ereignis »Jugendbewegung« in einem überragenden, ergreifenden, zeitlosen Kunstwerk - sei es nun ein Gemälde, eine Plastik, eine Dichtung oder ein Musikwerk - festzuhalten. Schon des öferten konnte ich auf das Tragische dieser Tatsache hinweisen. Häufig waren es mehr oder weniger außenstehende Vertreter der Literatur, der Kunst oder des Laienspiels, die in geschickter Weise das Anliegen der Jugend in künstlerische Formen zu gießen verstanden. So gelang es auf dem Gebiete der Dichtkunst Walter Flex, unser Jugenderlebnis gültig zu gestalten, eben im »Wanderer zwischen beiden Welten«. Der Zerfall der Bünde, die Aufsplitterung in hundert Gruppen und Grüppchen und die spätere Auflösung - alles dies ist natürlich dem Bemühen auf musischem Gebiete, dem Willen zur künstlerischen Aussage, nicht eben förderlich gewesen. Schließlich gab es auch kritische Köpfe, die der Jugendbewegung rangmäßig den ihr entsprechenden, von keiner Schwärmerei beeinflußten Platz zuweisen wollten, so Geo Götsch: »Jugendbewegung ist kein letzter Wert, sondern etwas, was überwunden werden muß, damit das Größere, die gewachsene Kultureinheit entstehe!« Das heißt, daß es Sinn und Aufgabe des Wandervogels sei und sein müsse, sich selbst überflüssig zu machen. Friedrich Gundolf sagte es mit den Worten:

»Die Stunde kommt, da man dich braucht,
dann sei du ganz bereit -
und in das Feuer, das verraucht,
wirf dich als letztes Scheit!«

Über das Wesen der Pfadfinder

Runde: Autor, Georg Stephan, Hans Wilhelm Fichter, Michael

- An dieser Stelle fehlt im Aufbau unseres imaginären Gastmahls die Nachricht über das Wesen des Pfadfindertums in Deutschland. Ich wende mich daher an dich, Georg Stephan, mit der Bitte, helfend einzuspringen. Der Unterschied zwischen dem bündischen Wandervogelwesen und jener Art militanter Jugendformung, wie sie zuerst in England mit dem Begriff der »Boy Scouts« aufkam, offenbart sich rein äußerlich schon in der Tatsache, daß ich allein dir in meiner Runde mit einem gewissen Zögern entgegentrete. Mir scheint, daß darin zugleich auch klar wird, inwiefern die Pfadfinderei in Deutschland eine von dem Phänomen der »Bewegten Jugend« unabhängige »Gesellschaft« ist. Auch ohne den großen und vielschichtigen Aufbruch, dessen Signale zweifellos Karl Fischer als erster in Sicht brachte, hätte es bei uns den Pfadfinder gegeben. Eben den Boy Scout - abgewandelt freilich auf die nationalen Erfordernisse unseres Vaterlandes. Freunde von mir, Jugendmitglieder der Pfadfinder, die später zu den »Bündischen« überliefen, erzählten mir oft von der stramm militärischen, auf jeden Weltanschauungsklüngel verzichtenden Frühgestalt des deutschen Pfadfindertums. Zweifellos versteht sich heute etwas anderes darunter.

Willst du mir die Freude machen, in einigen Andeutungen über die reiche und vielfältige Entwicklung in den Reihen der Pfadfinder seit den Anfängen bis etwa 1933 zu berichten. Meine Freude wird um so größer sein, wenn du mir bestätigen könntest, was viele von uns alten und jüngeren Bündischen für wahrscheinlich halten, nämlich, daß die Pfadfinderei im allgemeinen (Neupfadfinder, DPBer, Reichspfadfinder und Ringpfadfinder insbesondere, die CPer sicherlich, DPSler, Westmärker, St. Georgspfadfinder und Kolopfads weniger oder kaum) tatsächlich sehr viel von dem Vorhandensein des Wandervogels profitiert habe. Sei es in Sachen Lagergestaltung, des Liedgutes, der musischen Bestrebungen überhaupt, oder sei es in Sachen »Kluft«, Auftreten, Bündigung innerhalb der Einzelgruppen, Führerverantwortlichkeit, die sich bis auf Elternhaus und Schule der aufgenommenen Jugendlichen erstreckt.

Als Besucher verschiedener internationaler Pfadfinder-Jamborees, wie sie der englische Scoutismus veranstaltet, hatte ich das Vergnügen, festzustellen, daß beispielsweise meine eigenen, während meiner Wandervogeljahre komponierten und gedichteten Lieder anonymes Allgemeingut bis nach Amerika, Kanada und Skandinavien hin geworden waren. Und diese Lieder konnte ich gar nicht anders als von der Wandervogelposition aus schaffen. Hierin, und in anderen Dingen zugleich, sah ich die Ausstrahlung des bündischen Wesens nicht nur auf die deutsche, sondern auf die Weltpfadfinderei auf das liebenswerteste unter Beweis gestellt. Bitte, laß uns wissen, wie das von den Pfadfindern aus empfunden wird, und ob noch mehr Querverbindungen aufzuzeigen wären, etwa solche von den Pfadfindern zu den Bündischen hin. Denn auch auf unserer Seite, scheint mir, sind Impulse aufgenommen worden, die in der von dir vertretenen Jugendgesellschaft zuerst aufkamen. Um der Sache den Dreh ins Heitere zu geben (der ihr ja vorzugsweise ansteht), zitiere ich hier eine bezaubernde »Veräppelung« der »Skauts« und bitte dich, daran anknüpfend, Auskunft zu geben.

Es ist Jaroslav Hasek, von dem wir Meldung darüber besitzen. In seinen »Abenteuern des braven Soldaten Schwejk«, die in humorvoller Weise von den Kriegsschwierigkeiten der verflossenen k.u.k. Monarchie berichten, befindet sich ein Passus, der sich mit den ehemaligen »Skauts« (es ist in der Zeit vor dem ersten Weltkrieg) beschäftigt. Schwejk erzählt da:

»Von den Skauts hör' ich gern. Einmal in Mydlowar bei Zliw, Bezirk Hluboka, Bezirkshauptmannschaft Budweis, grad wie wir Einundneunziger dort eine Übung gemacht ham, ham die Bauern aus der Umgebung im Gemeindewald eine Treibjagd auf Skauts gemacht, die sich ihnen dort eingenistet hatten. Drei ham sie gefangen. Der kleinste von ihnen hat gekreischt, geheult, gejammert, wie sie ihn gebunden ham, daß wir abgehärteten Soldaten es nicht mit anschaun konnten und lieber zur Seite gegangen sind. Und wie sie sie so gebunden ham, ham diese drei Skauts acht Bauern gebissen. Beim Foltern vorm Bürgermeister ham sie dann unterm Staberl gestanden, daß es keine einzige Wiese in der Umgebung gegeben hat, die sie nicht zerwälzt ham, wie sie in der Sonne gelegen sind. Dann ham sie gestanden, daß der Strich Korn bei Razitz, grad vor der Ernte, durch einen bloßen Zufall abgebrannt ist, wie sie sich im Korn auf dem Rost ein Reh gebraten ham, was sie im Gemeindewald erschlagen hatten. In ihrem Versteck, im Wald, hat man über einen Meterzentner abgenagte Knochen von Geflügel und Wild gefunden, eine ungeheure Menge Kirschkerne, eine Masse Gribsche von unreifen Äpfeln und andere gute Dinge.«

- Ich muß mich nicht lange aufhalten mit der Korrektur dieser allzu witzigen Anspielungen auf den Scoutismus damals in Böhmen und Mähren. Wenn auch damit belegt werden will, daß das deutsche Pfadfindertum aus der gleichen Wurzel stammt, nämlich der von Sir Robert Baden-Powell (1857-1941) im Jahre 1907 auf Brownsea Island anläßlich eines kleinen Lagers zum erstenmal in Sicht gebrachten Boy Scout Movement, später genau genannt »The Boy Scouts Association«.

Zwar gibt es auch hier, genau wie bei uns, einen Streit um den Lorbeer der Urgründung, und gerade dieser Streit scheint beweisen zu wollen, daß der blinde Impuls zu einer Jugendbewegung in England wie in Deutschland gleicherweise gegeben war. Dieser Impuls wartete lockend und lauernd gleichsam auf jene Gestalten, die geeignet wären, ihm Architektur, ihm greifbares Wesen zu verleihen. Im Jahre 1902 schon (ein Datum, das zur Annahme einer bewußt waltenden Gleichzeitigkeit geradezu herausfordert) gründete der amerikanische Dichter Ernest Thompson Seton seine »woodcraft boys«, eine Richtung, die später kurzfristig zu neuen Ehren kam, als die Scout-Bewegung Baden-Powells in ihrem schablonenmäßigen System zu erstarren drohte.

Wer der englischen Sprache mächtig ist, kann dazu einige Stellen aus E.E. Reynolds' Buch

»Boy scout Jubilee« (Oxford University Press, London 1957), Seite 6, nachlesen: »The idea of using the ›sport of scouting‹, as he termed it, in boy training carried Baden-Powell a long way towards the Boy Scouts. He studied other methods, such as Thompson Seton's Woodcraft Indians in States, but these existing schemes did not in fact add anything substantial to his own plans.« Auf Seite 33: »When the Boy Scouts of America was incorporated on 8 February 1910, Ernest Thompson Seton became Chief Scout.« Und etwas weiter auf Seite 54: »There was, however, another source of criticism. Gilwell's beginning coincided with a Red Indian Woodcraft cult sponsored by John Hargrave (›White Fox‹). He had taken his ideas from Thompson Seton's *Book of Woodcraft.* For a time Red Indianism became a craze, but the fact that woodcraft (in its proper meaning) was emphasized at Gilwell connected the training in the eyes of some with John Hargrave's ideas; actually there was no close connection though the Red Indian ideas were examined along with lots of other notions.«

Übrig blieben letztlich, wie in Deutschland, die besten Bewältigungsformen und Fassungen. Doch regenerierten sie sich klüglich durch Rückgriff auf ihre Vorreiter und die außenseiterischen Führerpersönlichkeiten. Zu ihnen gehörte - in England - auch Sir William Smith, Begründer der »Boys' Brigade«. Über diese finden wir in Reynolds' Buch auf den Seiten 5 und 6: »The final impetus came on his return to England in 1903 when he reviewed a rally of Sir William Smith's Boys' Brigade in Glasgow. Baden-Powell was greatly impressed by the smart and alert appearance of the boys. It was typical that he at once asked himself how more boys could be drawn into such an excellent organization. He put the point to Sir William Smith, and suggested that greater variety in the activities would prove attractive. Sir William invited Baden-Powell to work out his ideas, and, going further, suggested that Aids to Scouting might perhaps be re-written for boys. Baden-Powell promised to keep the matter in mind, but his army duties (he was now Inspector-General of Cavalry) prevented him from doing anything at the time. - It was not until June 1906 that his suggestions were published in ›The Boys' Brigade Gazette‹. The first scheme now reads like a sketch of the practical part of Boy Scout training, and it is clear that the author must have thought out his suggestions in great detail. The Boys' Brigade did not however adopt the scheme in its entirety; they already had a full programme and scouting could only be an extra. By now, however, Baden-Powell's enthusiasm had been fired; he felt sure that the ideas he had put forward would capture the boys who were not attracted by more normal kinds of training. - His next step was to revise his Boys' Brigade scheme so that it could be used by any existing boys' organization, or could be used as a method of training by itself.«

Die Bewegung wuchs sprunghaft auf 60 000 Jungen an, und die endgültige Führung fiel wie von selbst Baden-Powell zu. In der Person dieses tatkräftigen Mannes sahen die Boy Scouts ihr erklärtes Ideal.

1908 legte Baden-Powell dann den geistigen Grundstein seiner Bewegung in seinem Buch »Scouting for Boys«. Hier waren Sinn, Wesen und System des Scoutismus in einer Sammlung von Lagerfeuergesprächen Form geworden und erwiesen sich als anwendbar. Wir dürfen in manchem Betracht von einer Parallelaktion zu Karl Fischers »größerer« Gründung sprechen (nicht die Zahl ist gemeint). Wir dürfen es um so mehr, als dem Scoutismus Baden-Powells Rivalen und Reformer aus den eigenen Reihen erwuchsen. Diese wünschten der Pfadsuche in die Natur hinein nachdrücklichere Wirkungen als den militärpolitischen Erziehungstendenzen. Da war vor allem der als Sekte verschriene Bund »The Kibbo Kift Kindred« des von Reynolds genannten John Hargrave, Kommissär für Woodcraft und Lagerleben bei den Boy Scouts Headquarters. (Einige seiner Bücher erschienen 1922/23, von Franz Ludwig Habbel übersetzt, im Verlag »Der Weiße Ritter«.) Kibbo Kift setzte die Seton-Linie fort und gelangte als eine Art von ritterlichen Waldläufern im Indianergewande zu einigem Einfluß.

Dank Hargrave kommt auch eine gesinnungsmäßige Vergleichbarkeit mit der deutschen Wandervogelbewegung zustande. Die Entdeckung des großen Themas der »Waldverwandtschaft« und die dieser Richtung Ausdruck gebenden Bücher Hargraves, in Deutschland von den Neupfadfindern zur Geltung gebracht, führen die englischen Bestrebungen mindestens sehr nahe an die deutschen heran. Dennoch kam es nicht zu gemeinsamen Aktionen. Der Besuch einer Wandervogelgruppe bei den Boy Scouts im Jahre 1909, anläßlich der ersten Englandfahrt des AWV, war eben nur ein »Besuch«. Baden-Powells Scoutismus wurde rasch, dank den damals noch zahlreichen englischen Kolonien, ein internationales Unternehmen, dem, unter dem idealisierten Vorwand der »weltweiten Bruderschaft«, doch ein spürbarer Zug zur Beeinflussung der Jugend aller Völker im Sinne der englischen Daseinsauffassung und sogar auch im Sinne einer Ausrichtung auf England innewohnte. Ausdruck dieser praktischen Auswertung ist das später gegründete Internationale Büro (I.B.), zu dem die deutsche Pfadfinderschaft jener Zeit eine unglückliche, nie befriedigte Liebe hegte, die zwischen Distanzierung und Annäherung (auf beiden Seiten) schwankte. Die deutsche Jugendbewegung aber war nie ein exportfähiger Artikel. Sie entspricht allzusehr dem deutschen Wesen und war zweifellos einer der großartigsten Versuche des deutschen Volkes, sich selbst zu ergründen und den Sinn seines Vorhandenseins in dieser Welt zu ermitteln. Die deutschen Pfadfinder, obschon sie die englische Ahnenschaft in Aufbau und Ordnung nicht leugnen, haben sich rasch ihren Anteil am Phänomen des »Bündischen« gesichert. Dieser tritt denn auch heute stärker hervor, respektive hat sich stärker durchgesetzt als der englische Begriff von der »weltweiten Bruderschaft«, oder aber, es verhält sich so, daß dieser Begriff zu einem deutschen Axiom geworden ist.

Was die deutschen Pfadfinder trotzdem entscheidend von den Wandervögeln trennt, ist der rituelle Apparat, der das System der pfadfinderischen Ausdrucksmöglichkeiten regelt. Was bei den Engländern Wolf Cub, Boy Scout oder Rover Scout und schließlich Scout Master oder Rover Crew Leader ist, wurde bei uns »umgelegt« auf Wölfling, Jungwolf, Späher, Knappe, Ritter, Feldmeister usw. - es gibt in den deutschen wie in den scoutistischen Bünden eine Unzahl von Ausdrücken für die Stufen, Stände und Führerämter -, denen wiederum beim Wandervogel in ähnlicher Reihenfolge der »Pimpf« (das Zäpfchen, mit dem die Saite auf dem Schallkörper der Gitarre festgehalten wird), der Gruppen- oder Fähnleinführer

(Fähnlein: Meute, Rotte, Rudel, Sippe), der Gauführer oder Gaugraf, der Ordensritter und der Bundesführer entsprechen, während die gleichen Titel sich bei den Bündischen im reizvollen Spiel des Umtaufens neu formten als: Pimpf oder Knilch (in den Zeiten der bündischen Dekadenz auch »boy«), Fähnlein- oder Hortenführer, auch Horstführer (Horte von »Hort« oder Horde, Horst gleich Sammelort der Adlerküken), Landesmarkführer, Jarl (bedeutet im Altnordischen ein zum König eingesetzter Statthalter) oder auch Ordensführer, Stammesführer und Bundesvogt. Dies alles ist nur andeutungsweise zu verstehen. Das weitschichtige Reglement der Sitten und Bräuche ist überdies eine Gegebenheit, welche die pfadfinderischen Korporationen stärker den ordensritterlichen oder mönchischen Organisationen zuordnet als die wandervogelhaften Gesellschaften. Grußform, Aufnahmezeremoniell, Ehrenzwang, die Trinität gewisser Versprechen waren ja denn auch während der Zeiten des Dritten Reiches oft genug Gegenstand der Verdächtigung in Richtung der Freimaurerei. Etwas, das allerdings auch den Nerother Wandervogel mit seinen seltsamen Ordenssymbolen betraf.

Kurzum, was ich sagen will, ist dies: Der Pfadfinder, der sich schon als Junge verpflichtet, täglich ein gutes Werk zu tun, wie das fast ohne Ausnahme von allen Pfadfinderbünden gefordert wird, muß ein anderer Mensch und Mann werden als der etwas flatterhafte Wandervogel, der dauernd damit beschäftigt zu sein scheint, die Tiefe der Welt auszuloten. Ich darf hier etwas polemisch werden, da ich mit einer gewissen scherzhaften Herablassung in diesen Plauderkreis gebeten wurde. Ich glaube auch, daß unser Pfadfinderversprechen, das in allen Ländern in ähnlicher Art formuliert ist - seine Anerkennung und Verwendung ist ebenso wie das Leben nach den Pfadfindergesetzen Voraussetzung, Bedingung für die Zugehörigkeit zum I.B. -, eine andere Bedeutsamkeit für Völkerkontakte und Versöhnung hat als die Gelöbnisse der Wandervögel. Ich erlaube mir bei dieser Gelegenheit die Frage: Habt ihr überhaupt welche, die von echter, von hoher Weltverbindlichkeit zeugen? Unser Abzeichen, die heraldische Lilie, hat übernationalen Rang. In ihrer Dreigliederung ist für den Christen die Dreieinigkeit mit angedeutet, für den Pfadfinder das dreifache Versprechen seines Eintritts in unsere Reihen zusammengefaßt: Treue, Selbstzucht, Hilfsbereitschaft. - Dieses Gelöbnis, von jedem Bund anders, seiner Art entsprechend gesetzt und formuliert, wird erläutert durch die Pfadfindergesetze:

1. Auf die Ehre eines Pfadfinders kann man unerschütterlich bauen.
2. Der Pfadfinder ist treu und zuverlässig.
3. Der Pfadfinder ist hilfsbereit.
4. Der Pfadfinder ist Bruder aller Pfadfinder und Freund aller Menschen.
5. Der Pfadfinder ist duldsam und ritterlich.
6. Der Pfadfinder schützt Pflanzen und Tiere.
7. Der Pfadfinder weiß sich einzuordnen.
8. Der Pfadfinder ist immer frohen Mutes.
9. Der Pfadfinder ist einfach und sparsam.
10. Der Pfadfinder ist rein in Gedanken, Worten und Taten.

Jeder Bund, der etwas auf sich gehalten hat, verpflichtete seine Mitglieder zusätzlich auf eine besondere »Sendung«. Hierfür ein Beleg: »Der Bund der Reichspfadfinder kämpft für die auf sozialer Gerechtigkeit gegründete, vom Geist der Jugend beseelte, alle deutschen Stämme umfassende Volksgemeinschaft und für ihren Staat, das in Frieden sich entfaltende, freie Reich. Die vorwärtsschauende Jugend aller Stände in freiwilliger Zucht und ritterlicher Kameradschaft vereinend, jedes Glied ihrer Gemeinschaft im Geist des weltumfassenden Pfadfindertums formend, schafft er aus seinen Reihen einen neuen Adel der Reife an Leib, Geist und Seele: den Stand der Diener am Reich.«

Im Sinne der Erfüllung dieses Versprechens und ihres Bekenntnisses haben die drei großen überkonfessionellen Pfadfinderverbände, der Deutsche Pfadfinderbund. die Deutsche Freischar und die Reichsschaft Deutscher Pfadfinder, bewundernswerte Standhaftigkeit bewiesen, als sie 1933 und 1934 zwangsweise aufgelöst wurden. Führende Köpfe dieser drei Bünde wurden in Gefängnisse und KZ gebracht. Einige von ihnen mußten wegen ihrer »Unbelehrbarkeit« ihr Leben lassen. Die Fahnen dieser Bünde wurden damals an geheimer Stelle vergraben. Man hat sie wiedergefunden nach dem Zusammenbruch des Dritten Reiches. Sie tragen das Symbol der Lilie, um die sich heute erneut ein großer Teil der westdeutschen Jugend schart. Ich sehe, daß man mir mit einer Art von reserviertem Interesse zuhört. Darum will ich ein Bild zu geben versuchen, wie uns der Wandervogel damals, es war in der Zeit um 1930, und das war doch wohl die Hoch-Zeit der bündischen Welle, manchmal vorkommen konnte. Nämlich als ein von Weltanschauung durchtränktes Wesen, mit ganz besonders magischer Naturverbundenheit.

Ich war bei den Reichspfadfindern. Eines Tages hieß es, daß ein junger Mensch sich um die Mitgliedschaft bei uns bewürbe. Er sei ein Überläufer aus dem Lager des Jungwandervogels. Nun erlebten wir solches Überläufertum öfter in umgekehrter Richtung. Daß ein Wandervogel (JWV) plötzlich Geschmack an unserer sachlichen Strenge, an unserer debattenfreien Gesellschaft, an unserer Schlichtheit, Geradlinigkeit und Unaffektiertheit sollte bekommen haben, wunderte uns sehr.

Aber der JWV war auch bei uns ein mythosumwobener Begriff. Der intensivste und exklusivste, zugleich kleinste, also auslesebeflissenste der Bünde war mit den drei abgekürzten Buchstaben seines Namens das Sehnsuchtsziel vieler Jungen. Wenn der JWV Elternabende gab, waren wir alle, die wir uns zur bündischen Prominenz rechneten, zugegen. Denn hier war das Musische zum Selbstzweck geworden, zeigte sich in Typus und Haltung, in Tracht und Darbietung seines Ruhmes würdig. Ein bißchen bündischer Snobismus, ein bißchen »Neuer Adel, den ihr suchet«, ein bißchen übertriebene Reserve uns anderen gegenüber hatten diesen Ruhm eher verstärken als abbauen helfen.

Von diesem Ufer also strebte der schöne Fremdling zu uns herüber. Es tut nichts zur Sache, daß wir später erfuhren, man habe ihm »drüben« den Abschied leicht gemacht. Er wurde uns durch sein Benehmen zum Gleichnis für das, was wir Pfadfinder nicht wollten und wünschten. Das fing an mit dem an Verwöhnung gemahnenden Gepäck unseres Gastes. Er legte im Zelt einen Schlafanzug in hübschen Farben an. Er benutzte für seine Waschung und körperliche Pflege ein übertrieben elegantes Besteck. Der Zuschnitt seiner Kluft war ausgesprochen »modisch«, - sofern sich dieser Begriff auf Bündisches anwenden läßt. Er löffelte unseren braven Schokoladengrießbrei mit einem zierlichen Silberlöffel, zeigte sich schneller gesättigt, als seinen Jahren zustand. Sprach ein wohldurchdachtes Hochdeutsch und kannte sich überraschend gut im Adelskalender aus, indem er unsere bürgerlichen Namen analysierte und die von uns noch gar nicht wahrgenommene Möglichkeit hochwohlgeborener Abkunft erwog. Dann kritisierte er unsere gruppenverbindlichen Übernamen, fand sie nicht klangvoll genug, schlug griechische Abwandlungen vor und drängte uns so allmählich in den Hintergrund erstaunter Ablehnung ihm gegenüber.

Sein Überläufertum motivierte er nicht ohne Charme. Er wollte bei uns das Thema der Selbstzucht, der absichtlich reduzierten Romantik und der Sozialverbindlichkeit »studieren«. Bei uns war damals der Begriff der »Grenzlandarbeit« hoch im Schwange. Man unternahm Grenzlandfahrten, um den vom Volksganzen abgeschnürten Volksteilen die Verbindung mit dem Vaterland zu ermöglichen, sie sozusagen wieder einzuweben in die Gemeinschaft aller Deutschen. Ein rein idealistisches Unterfangen, dessen positive Primate uns später die Nazis entwanden, um sie negativ, nämlich im Sinne der Stärkung des deutschen Dünkels, auszuwerten. Diese Dinge bewegten die Neugier unseres Gastes ganz besonders stark, eher aber auf kritische als auf zustimmende Art. Bei ihm transformierten sich die Probleme kosmopolitisch, und das war etwas, das wir als wirklichkeitsfremd empfanden.

Am nächtlichen Lagerfeuer bestand er allerdings gut, unterrichtete uns in der Technik der sibirischen Naiga, ich glaube, das hatte er aus Ossendowskis »Tiere, Menschen und Götter« gelernt, aber es funktionierte. Das heißt, zwischen zwei harzigen, mit der Axt angerauhten und übereinandergelegten Blöcken entfachte er ein Dauerfeuer, das sich immer tiefer in den (durch einen dazwischengeschobenen Stein) offengehaltenen Spalt hineinfraß und mühelos bis zum Morgen brannte. Er verweilte dozierend auf der Windschattenseite dieses Kunstfeuers und verstand unsere Jungen damit zu fesseln. Es war so übel nicht, was er sagte, aber es machte uns den Abstand offenbar, der unsere Art von seiner Art trennte. Dieser Ästhet einer gleichsam vergoldeten Bundesaskese blieb denn auch nicht in unserem Kreis. Schon am Nachmittag des nächsten Tages packte er, lächelte uns offenherzig zu, während er sich verabschiedete, und machte sich zum Erstaunen unserer Jungen auf den sozusagen privaten Heimweg. Soviel über die Unterschiede zwischen den Richtungen. Wie wir es sehen, hat im übrigen einer der unsrigen in so konzentrierter, genauer und guter Form dargelegt, daß ich meine Ausführungen mit seinen Worten beschließen möchte. Michael war 1933/34, bis zu ihrer Auflösung durch die Gestapo, Reichsvogt der Reichsschaft Deutscher Pfadfinder. Er verließ, für uns alle schmerzlich unerwartet, dieses Leben am 5.11.1959. So soll posthum ihm nun das Wort gehören:

- Vorbereitet durch die Berührung zwischen Soldaten des Feldwandervogels und der Pfadfinder im Kriege, erfolgte der eigentliche Einbruch der Jugendbewegung in den Pfadfinderbund 1919 auf Schloß Prunn. Erst mit diesem Einbruch und seiner tiefen Wirkung auf das Jungenleben überhaupt begann man, sich mit dem Phänomen der Jugendbewegung näher zu befassen.

Man versuchte rückschauend zu ergründen, was eigentlich die Ursache dieser Bewegung wäre, deren Ablauf man gesehen und deren Wirkung man gespürt hatte. Man fand folgendes: Um die Jahrhundertwende hatte sich der deutschen Jugend eine tiefe Unruhe bemächtigt. Sie fühlte, daß das deutsche Volk in seiner volklichen Substanz von innen her gestört war. Sie forschte nach Ursachen, ohne sie indessen finden zu können, und sie übernahm aus der Gläubigkeit ihres Jungseins heraus eine Verantwortung, die das Bürgertum offenbar nicht mehr tragen konnte oder wollte. Die erste Deutung des Zusammenschlusses junger Menschen »aus der gleichen Bewegtheit der Herzen« trägt daher die Züge des Kampfes gegen eine gleichgültig gewordene und erstarrte Bürgerlichkeit. Bald schien dieser Kampf allein in der Gegensätzlichkeit der Generationen begründet, bald schien er ein Ringen um neue Formen zu sein, die selbstgewachsen, betont unbürgerlich, womöglich sogar antibürgerlich sein sollten.

Das seltsame war, daß nirgends und an keiner Stelle etwas Neues gefunden wurde. Man ging auf der Suche danach ein oder ein paar Jahrhunderte zurück in dem instinktiven Gefühl, daß man, je weiter man in der Geschichte seines Volkes zurückgehe und je tiefer man in seine Kultur eindringe, um so näher dem Geheimnis der Volkwerdung sein müsse. Dort, so fühlte man, müsse man endlich die Ursache der Unruhe finden. Man fand - uraltes Brauchtum. Man entdeckte Volkslieder, Kanon und polyphones Singen. Man erweckte längst vergessene Volkstänze zu neuem Leben. Man schaffte eine ganze jugendbewegte Industrie oder vielmehr jugendbewegtes Handwerk. Leuchter und Ampel, Schale und Krug, Handgearbeitetes und Handgewebtes entstanden. Schön, reich und bunt, sauber und ehrlich, so begann es, und so war es viele Jahre hindurch.

Aber - es war kein neues, es war eher ein altes Leben. Eines hörte nicht auf: das Ringen um die Erkenntnis der eigenen Bestimmung, die Unruhe zu Gott. Erst im Jahre 1919 wußte man, ohne es erklären zu müssen, daß man nicht ausgezogen war, die bürgerliche Welt zu bekämpfen, daß man nicht aus Gründen körperlicher und sittlicher Ertüchtigung auf Fahrt ging, wie Reichsverbände glauben mochten, daß es nicht um neue Formen, sondern um *die* Form ging. Man entdeckte ihr Geheimnis. Man wußte wieder, daß Zucht und Haltung ein Gebot aus Innen war und nicht Einschränkung der Freiheit, sondern Würde und Wesen des Menschen bedeuteten. Nun wurde es klar, es ging um ein Lebendiges, um das Volk; und es war die Wiedergeburt des Bundes - noch eines Jungenbundes -, durch dessen Strahlungskraft in unserer Heimat wieder aus der Vielheit der Familien das gegliederte Volk wurde. Die Jugendbewegung hatte ihre Deutung und ihre Erfüllung im Bündischen Menschen, in der Bündischen Jugend gefunden.

Der Auszug der Neupfadfinder unter Martin Voelkel aus dem DPB (1920), der Auszug der Ringpfadfinder aus dem gleichen Bunde (1922), die Ausrufung des Bundes der Wandervögel und Pfadfinder, der späteren Deutschen Freischar (1926), und die Umwandlung des DPB aus einer Organisation der Jugendpflege zur bündischen Gemeinschaft waren die äußeren Zeichen. Von nun an waren alle wesentlichen Jungenschaften Teile der Bündischen Jugend. Man kann sagen: Der »Bund«, dessen Namen man bisher gedankenlos auf jeden Zusammenschluß und jede Organisation angewandt hatte, entdeckte sich selbst, fand sich in sich selbst wieder.

Über ein Jahrzehnt lang waren die deutschen Pfadfinder seine Träger. Aus dem Wesen des Wandervogels, aus dem Geiste der Freideutschen Jugend stammend, durch die Berührung mit der straffen From der Pfadfinderei plötzlich zur reinen Flamme entbrannt, waren sie eine Neuschöpfung aus eignem Geist.

Die Vielgestaltigkeit der deutschen Pfadfinderbewegung wird uns heute häufig zum Vorwurf gemacht. Sie wäre in der Tat nicht eingetreten, wenn es keine deutsche Jugendbewegung, keinen Wandervogel und keine Bündische Jugend gegeben hätte. So aber hingen das Gesicht und die Größe eines Bundes nicht mehr nur von einer Willensentscheidung seiner Mitglieder, sondern von der Strahlungskraft der ihm innewohnenden bündischen Substanz ab. Von dem, was ihn - von einem Mittelpunkt aus - bewegte.

- Schön und bildhaft hast du, Georg Stephan, die Dinge zusammengefaßt und aneinandergereiht, die uns für das Verständnis des deutschen Pfadfindertums wichtig sein müssen. Für einen historisch-sachlichen Bericht hat sich indessen einer der Senioren der deutschen Pfadfinderei gemeldet. Hans Wilhelm Fichter, von seinen Freunden und Kameraden Hawi genannt. Er besuchte (1897 ist er geboren) in Hamburg das Realgymnasium des Johanneum bis zum Kriegsabitur 1914, war Mitbegründer der Schülerselbstverwaltung an seiner Schule, Kriegsfreiwilliger von 1914 an, aktiver Offizier im Infanterie-Regiment »Bremen« bis 1919 und seit diesem Jahr Führer im Deutschen Pfadfinderbund. Hawi, Kamerad und Mitgenosse schwerer Jahre, das Wort gehört dir. Gib uns abschließend zur Geschichte der Pfadfinderei einen Abriß der Ereignisse bis zum Jahr der schicksalhaften Auflösung.

- Am 18. Januar 1911, einem Tag, an dem sich schicksalsträchtige Tage preußisch-deutscher Geschichte jähren, wurden die allüberall entstandenen Pfadfindergruppen im Deutschen Pfadfinderbund (DPB) zusammengefaßt mit Major Maximilian Bayer als erstem »Reichsfeldmeister«. Unter der Führung dieses in Deutsch-Südwestafrika bewährten Offiziers gewann der Bund bald an Zahl, Ansehen und Bedeutung. Bayers Buch »Die Helden der Naukluft« fand weite Verbreitung. Der DPB zählte Anfang 1914 zweitausend Feldmeister und sechzigtausend Pfadfinder; bei Kriegsausbruch, also ein halbes Jahr später, fünftausend Feldmeister und neunzigtausend Pfadfinder.

Der Krieg wurde dem Bunde zum Verhängnis. Er entzog ihm viereinhalb Jahre lang die Führer und älteren Jungen. Deutsche Pfadfinder - und deutsche Späher, deren Bund ebenfalls schon vor 1914 bestanden hat - fielen zahlreich im Felde, genau so wie ihre Brüder aus dem Wandervogel. Maximilian Bayer hatte in den Jahren 1915-1917 die zuerst als Pfadfinder getarnten Finnen im Kgl.Preuß. Jägerbataillon 27 ausgebildet und geführt und somit den Grundstock der finnischen Armee geschaffen - eine Leistung, öffentlich gerühmt durch den von finnischen Jägern auf sein Grab in Mannheim gesetzten Granitblock. Er fiel am 25. 10. 1917 als Regimentskommandeur bei Nomény vor Verdun.

Das Schicksal, das dem deutschen Volke nach diesem Krieg widerfuhr, sollte das deutsche Pfadfindertum völlig umwandeln. Das Amt des Reichsfeldmeisters blieb bis 1919 verwaist. Die in der Heimat verbliebenen Führer waren überaltert. Viele waren hinzugekommen, die zwar guten Willens, aber in den ihnen von Natur gesetzten Grenzen zu wenig beweglich waren, als daß sie tief genug in den Sinn des Bundes hätten eindringen oder überhaupt sich hätten einleben können. Solche Menschen neigen dann zu Äußerlichkeiten und übertreiben Form und Maß zum Drill. So erstarrte die Bewegung und verflachte zum Massenbetrieb bei äußerlicher Straffheit.

Mit diesem nun schon alten Zopf und der Philisterei, die den Bund ergriffen hatte, räumten wir zurückgekehrten Frontsoldaten 1919 auf. Es kostete vier Jahre harter Kämpfe, ehe wir Erneuerer durchdrangen. Leider sprang ein Teil von ihnen unter Martin Voelkel ab und bildete einen neuen Bund, den Bund deutscher Neupfadfinder (1920). Die Gegensätze erschienen ihnen wohl zu groß. Völlig überflüssig aber war der Austritt einer weiteren Gruppe von Erneuerern unter Hans Fritzsche, die seit 1921 im Bunde als Ringgemeinschaft anerkannt war. Auf dem ersten Bundestreffen nach dem Kriege, Ostern 1922 in Bad Sachsa, gelang den Erneuerern die Umgestaltung des Bundes in der gleichen Stunde, da Fritzsche und seine Anhänger, reichlich theaterhaft, austraten. Die nun verkündeten »Hochziele« des Bundes stellten wieder den Jungen und die Gruppe als Lebensgrundlage und die Pflichten und Verantwortung des Führers als Vorbild in den Mittelpunkt des Bundeslebens. Der Bund war damit zur eigenen bündischen Haltung vorgestoßen: Alles Können dient dem Bunde ohne Sonderinteressen und Nebenzwecke; der Bund lebt aus eigenem Gesetz und wird erlebt in den Gruppen, die durch die Idee des Pfadfindertums verbunden sind. Äußerlich sichtbar wurde der Wandel in dem bereits längst durchgeführten Wechsel von der alten schutztruppenuniformähnlichen Tracht zum grünen Hemd mit dem farbigen Halstuch, das wir zum Unterschied zu den Scouts *unter* dem Kragen trugen.

Dem seit 1919 wirkenden Reichsfeldmeister, Freiherrn von Seckendorff, wurde als Bundeskanzler zur Wahrung des Erreichten Hanns Ries an die Seite gestellt. Bald darauf trat Seckendorff zurück, und Hanns Ries wurde zum Bundesführer, nunmehr Reichsvogt, gekürt. Auch die beharrenden Teile der alten Richtung schieden endgültig aus.

Die Neupfadfinder schlossen sich 1925 mit den Ringpfadfindern zum Großdeutschen Pfadfinderbund zusammen und bildeten 1926 mit dem AWV und Teilen des WV e.V. den Bund der Wandervögel und Pfadfinder, die spätere Deutsche Freischar. Mir will scheinen, als ob damit doch ein beträchtlicher Teil Pfadfinderwesen in das Wandervogeltum gekommen ist. Im DPB ging die Entwicklung auf dem bündischen Wege weiter. Er blieb an führender Stelle in der deutschen Pfadfinderbewegung. Auf dem Bundestreffen 1924, auf dem Knüll, stand der Bund in sich gefestigt und geschlossen da. Hanns Ries trat aus Berufsgründen zurück, und Wilhelm Fabricius (Hartmut) wurde zum Reichsvogt gewählt. Dieser hochgebildete, ritterliche Forstmann und Reiter sollte den Bund acht Jahre führen. Er war als begnadeter Menschenführer gleich geeignet, Jungen wie Erwachsene für innerliche Werte zu gewinnen.

Es kam dahin, daß wir das Pfadfindergesetz und die Erfüllung der Pfadfindergebote nicht mehr als ein Ziel, sondern als selbstverständliche Grundforderung anzusehen lernten. Nie ging es um Programme, sondern um den Menschen, ebenso wenig wie es eine Zugehörigkeit zum Bunde nur aus Herkommen oder aus Berechnung gab. Oberstes Gesetz war uns die Arbeit in der Gruppe und die unbedingte Achtung vor dem anderen. Neben dem DPB hatten sich weitere Pfadfinderbünde gebildet, von denen die beiden konfessionellen eine Sonderstellung einnehmen: die evangelischen Christlichen Pfadfinder (CP) und die katholischen St.-Georgs-Pfadfinder (DPSG). Die übrigen griffen mehr oder minder auf Sonderinteressen (Kolonial-, Seepfadfinder) oder auf den Scoutismus (Späherbund, Scoutverband) oder die überholte Vorkriegs-Pfadfinderei (Westmark, Pfadfinderschaft) zurück und hatten oft nur örtliche oder landstrichweise Bedeutung. Die Mädchen besaßen seit 1913 schon einen eigenen Pfadfinderinnenbund. Zwei Bünde, der Neudeutsche Pfadfinderbund und die Reichspfadfinder, gingen von eigenen Grundgedanken aus. Der erstere, 1922 in Schlesien als Neudeutscher Bund - Wandervogel entstanden (Rudolf Jürgens, Walther Jansen), suchte die Lösung der Jungmannschaftsfrage in einer ordengleichen Bindung der Führer und Älteren. Der Bund der Reichspfadfinder (1925; Heinrich Banniza von Bazan, Karl Wappen) »wollte denen das Vaterland erobern helfen, die ihm noch fernstehen«. Beide Bünde schlossen sich 1932 mit Spähern und Ringgemeinschaft zur Reichsschaft zusammen.

Unsere Stellung zu den Scouts, Eclaireurs, Esploratori und Speider der anderen Völker, die sich 1920 im Weltpfadfinderbund mit seinem Internationalen Büro (I.B.) - einer Art Jugend-UNO - zusammengefunden hatten, war durch den Naumburger Beschluß des Bundes 1920 festgelegt. Danach wurde eine Zusammenarbeit im I.B. so lange abgelehnt, als feindliche Besatzung auf deutschem Boden stand. Hieran hielt der Bund bis zur Rheinlandräumung fest. Das schloß nie aus, daß er enge kameradschaftliche Bindung mit den Pfadfinderbünden befreundeter oder neutraler Völker hielt. Die Neupfadfinder wie auch die Ringpfadfinder fühlten sich an den Beschluß des DPB nicht gebunden; sie nahmen, wenn auch nur als Gäste, auf dänische Einladung hin an dem Jamboree 1924 in Kopenhagen teil.

Durch Gründung des Deutschen Pfadfinderverbandes 1929 (DPB, Freischar, Reichsschaft,

CP und Kolonialpfadfinder) wurden alle Einzelaktionen gesperrt und der Dachverband für die Aufnahme und Erhaltung freund-nachbarlicher Beziehungen zum I.B. gebildet. Sein Leiter war der geschickte Auslandsvertreter des DPB, Ebbo Plewe. Die auch heute wieder verbreitete Version, ein Pfadfinderbund brauche die »Anerkennung durch das I.B.«, ist eine reine und recht durchsichtige Erfindung. Wahr ist allein, daß das I.B. ganz allgemein und für alle ihm zugehörenden Bünde die gleichen Bedingungen stellt: pfadfinderische Grundhaltung (gemäß Versprechen und Gesetz), Gruppenarbeit und einen Dachverband bei mehreren Einzelbünden desselben Volkes, wie etwa in Schweden und anderen Ländern.

Um 1930 machte sich in der Bündischen Jugend eine Bewegung bemerkbar, die von der dj.1.11 (Deutschen Jungenschaft) ausging. Zunächst schien es, als sollte eine merkliche Belebung durch sie eintreten. Ihr Urheber, Tusk, versuchte auch in den DPB einzudringen. Hartmut lud ihn und seinen Bund zum Bundestreffen 1931 auf der Erpeler Ley am Rhein ein. Mit flammenden Reden versuchte Tusk, die Jungen zu sich zu ziehen. Er erlitt eine vollständige Niederlage. Nur einer der vielen tausend Jungen schloß sich ihm an. Der Aufmarsch zum Bundesthing, voran die über hundert Bundesbanner, von den Einheiten des Bundes geführt, die weiße Speerspitze auf schwarzem, weißumrandetem Feld, zeigte ihm die Geschlossenheit des Bundes.

Im Herbst 1931 trat Hartmut vor Herbert Hirschberger zurück, der dann einen Vergleich mit der Hitler-Jugend anstrebte. Als seine Versuche durchschaut wurden, stürzte ihn Neujahr 1933 der innere Kreis des Bundes und wählte Otto Kamecke, Berlin, zum Reichsvogt.

Er sollte der letzte dieses Dezenniums sein. Die deutsche Jugendbewegung ging ungeeinigt ihrer schwersten Prüfung entgegen. Zwar hatte es an Versuchen nicht gefehlt, einander näherzukommen. Ich erinnere an das gemeinsame Grenzlandfeuer der Bünde im Fichtelgebirge (1923), an die Gefallenengedenkfeier und Weihe des Langemarck-Ehrenmals auf dem Heidelstein in der Rhön (1924), an die gemeinsam unternommenen Grenzlandfahrten des Jahres 1930 und an die Sternfahrt der Bünde ins Burgenland zur Feier am Grabe Haydns in Eisenstadt, wohin von den fahrtenden Gruppen Erde aus allen Teilen Deutschlands gebracht wurde. Auch örtliche und praktische Zusammenarbeit wurde gepflegt, wie in Bremen in dem von mir geleiteten Ring Bündischer Jugend. Aber ein alles umgreifender Hochbund kam trotz aller Bemühungen nicht zustande. So geschah denn, was geschehen sollte. Die politischen Ereignisse des Jahres 1933 überrollten uns. In letzter Minute noch versuchten die Bünde, nun etwas überstürzt, das Verhängnis aufzuhalten. Kurzfristig, weil an anderen Orten schon verboten, wurde Pfingsten 1933 ein Treffen der großen bündischen Vereinigungen verabredet. Die Deutsche Freischar, der DPB, der Großdeutsche Jugendbund, die Reichsschaft, die Freischar junger Nation, der Jungsturm trafen sich in Munsterlager, in der Lüneburger Heide.

Tausende von Jungen kamen. Polizeimannschaften, die dort das Verbot des Treffens durchführen sollten, wichen vor ihnen zurück. Otto Kamecke hielt dem DPB - wie es bei den anderen anwesenden Bünden auch geschah - die Abschiedsrede. Von 50 Landsknechtstrommeln dumpf-klirrend begleitet, erklang der Kanon auf das stolze Friesenwort »Lever dot as Sklaw« - es war das letzte Lied unserer Gemeinschaft. Dann traten die Verantwortlichen zusammen. Admiral Adolf von Trotha wurde zum Führer der nunmehr im Großdeutschen Bund zusammengeschlossenen Einzelbünde bestimmt. Deren gesamte Jungenschaft wurde unserem Hartmut (Wilhelm Fabricius) unterstellt, während Heinz Dähnhardt die Jungmannschaft übernahm. Er sprach zu uns allen. Mit dem Trutzlied »Ein feste Burg ist unser Gott« schloß dieses einzige und letzte Thing des ersten und letzten, unter dem Druck der Not zustande gekommenen Hochbundes. Dann zogen die Landesmarken, voran die Banner und Wimpel aller Bünde, die Jungen der verschiedenen Gruppen oft Hand in Hand, an ihren alten Führern vorbei. Am Pfingstmontag wurde mit einem Massenaufgebot von Polizei, SA und HJ, aus einem Flugzeug geleitet, die Auflösung des Treffens erzwungen.

Was kam, war Unterdrückung, Verfolgung, Freiheitsberaubung und Raub. Schweigen wir über die nun einsetzende Gleichschaltung. Da gab es leidenschaftliches Aufbegehren. Trotz und Widerstand, aber auch Versuche, Jungvolk und HJ zu durchdringen. Unter der Jungvolkuniform trugen unsere Jungen ihr altes grünes Hemd mit Siegrune und Speerspitze. Auch während des Krieges, als Im-Felde-Stehende, hielten sie noch Verbindung miteinander, bis auch das von der Gestapo zerschlagen wurde. Nur wenige wissen, daß noch in der Agonie des Dritten Reiches die Hitlerjugend-Führung es für opportun erachtete, sich wieder auf die Weltgeltung des Pfadfindertums zu besinnen: 1944 /45 waren in der Berliner Reichsjugendführung alle Pläne ausgearbeitet, um nach dem »Endsieg« die Hitler-Jugend und die gleichgeschalteten Jugendorganisationen der verbündeten und besetzten Länder als »Pfadfinderbewegung« zu proklamieren. Dazu gehörte, fertig ausgearbeitet, die neue Form der Lilie, die dann die Braunhemden zieren sollte.

- Da bist du nun, Hans Wilhelm Fichter, dem Gang unserer Erörterungen soweit vorangeeilt, daß wir Mühe haben, das Thema wieder zurückzuholen und dort weiterzuentwickeln, wo wir zuletzt standen. Was du zu sagen hattest, war uns wichtig, denn du bist in Sachen Pfadfindertum tatsächlich einer der Letzten von jenen Ersten. Ein Wort noch zu dem von Georg Stephan zitierten Walther Jansen: Michael war groß. Und sein Werk wird nicht vergessen sein, solange es deutsche Pfadfinder gibt. Wir wollen das Nächste im versöhnlichen Geist des Abschieds von diesem Führer, diesem wahrhaften »Meister« im Zeichen der mystischen Lilie, zu regeln trachten.

Nicht ohne Stolz, so scheint mir, wurde von Georg Stephan der Unterschied zwischen Pfadfindertum und Wandervogeltum betont. Der geschickt geführte kleine Seitenhieb auf den JWV kommt mir - so unberechtigt er war - ganz gelegen, um meiner Entgegnung Festigkeit zu verleihen. So war es nicht. Das weiß auch Georg Stephan. Und wenn es den bündischen Snob überhaupt gab, dann kam er überall vor. Auch in euren Reihen. Woran ich anknüpfen will, ist folgendes: Es fiel mit einer gewissen Mißbilligung der Name Martin Voelkels. Er wurde als Freund und Förderer von Spaltungen, als eigenbrötlerischer Außenseiter genannt, der mit seinen Neupfadfindern Wege suchte, die der Einigungsbestrebung entgegen waren. Mich dünkt, daß hier eine erstaunliche Wertverkennung vorliegt. Ich halte mich für berechtigt, Voelkel für eine der bedeutenden Gestalten der Jugendbewegung zu erklären. Gerade er war es, der ahnte, um was es ging. Bereits 1922 versuchte er, Pfadfinder und Wandervögel zusammenzubringen. Und wenn du, Hawi, mit bitteren Worten beklagst, daß das Einigungsbestreben erst greifbar wurde, nachdem es zu spät war, so will ich jetzt von der Gemeinschaft des Weißen Ritters berichten, unter dessen Ägide der Entwurf einer solchen Einigung früh genug zustande kam und einer Reihe von Führern aller Kreise der Jugendbewegung vorgelegt wurde. Daß sich nichts daraus entwickeln wollte, hat in der mitgeborenen Dämonie des Wandervogels seine Ursache: nämlich der Spaltungs- und Verästelungsfreudigkeit, ohne die es das Phänomen als solches wohl gar nicht gegeben hätte. Darüber haben wir uns in unserer Tafelrunde schon des öfteren klarwerden müssen. Indessen, ich will meine Vermutungen, die Tendenzen der zwanziger Jahre betreffend, noch einmal kurz zusammenfassen und mit Zitaten würzen.

Trotz der hier mit guten Gründen eifrig herausgestellten Verschiedenheit der Pfadfinder gegenüber den Wandervögeln bestand bei führenden Geistern der Verdacht gemeinsamer Abkunft aus der gleichen Wurzel, die vielleicht sogar die Wurzel der Blauen Blume sein könnte. In Deutschland war es besonders die rührige Verbindung der Neupfadfinder, die unter dem Signum des Weißen Ritters in Tat und Schrift auf Entdeckung solcher Gemeinsamkeit auszog und die Wandervögel in den Bann St. Georgs zu ziehen trachtete. Wie in England John Hargrave, so hatte in Deutschland der junge Pfarrer Martin Voelkel neben dem Massenbund der Pfadfinder eine »Sekte« großgezogen, eben die Neupfadfinder, von der die erstaunlichsten Anregungen ausgingen.

Der Weiße Ritter - ohne Zweifel und mit Recht sah sich Voelkel als dessen irdischen Statthalter - versammelte bedeutende Männer unter seinem weißen Wimpel mit Lilie und Kreuz. Werner Heisenberg war einer seiner ersten Mitstreiter. Karl Rauch nahm von hier aus seinen Weg in das Schrifttum und Verlagswesen der Gegenwart. Ernst Wilhelm Eschmann gab sich mit schönen Manifesten und ersten Gedichten in der Zeitschrift des Bundes zu erkennen. Hanns Meinke, für sich selbst bestehender Abkömmling des George-Kreises, wirkte mit Gedicht und Rezension auf den Blättern des Weißen Ritters und versuchte, Rudolf Pannwitz mit mächtig werbenden Worten in den Kreis der Erörterung und Wegbestimmung zu ziehen. Der Dichtervagabund Jakob Haringer kam hier erstmals in jugendbewegter Atmosphäre zu Worte. Eckart Peterich, wie alle Genannten heute eine Zelebrität gegenwärtigen Schrifttumes, legte mit der Novelle »Manfred«, im Insel-Verlag, den Grund für die edle Deutung von Jünglingsfreundschaft und lieh dem Weißen Ritter seine von Theodor Däubler her bestimmte Aktivität.

Im Jahrgang 1922 dieser erstaunlich weitsichtigen Führerzeitschrift findet man einen ausgezeichneten Abriß über modernes und der Bewegung einzufügendes Werkschaffen deutscher Künstler, der eigentlich heute erst, nach fast einem halben Jahrhundert elender Verirrungen, den Scharfblick seiner Sicht zu erkennen gibt. Da wird nämlich Ernst Barlach gepriesen, Emil Nolde, Karl Albiker, Marées, Hermann Haller, Paula Modersohn-Becker, und von den Dichtern Wilhelm Lehmann, dem nachgerühmt wird, »die leibhafte Substanz des Organischen« zu besitzen, während Döblin nicht minder treffend charakterisiert erscheint, ganz zu schweigen von Däubler, George, Pannwitz, Borchardt, Schaeffer, Paul Ernst, Otto zur Linde, Mombert und Fuhrmann. Theodor Haecker fehlt sowenig wie Willy Schlüter, der Holzschnittmeister und Dichter Karl Thylmann sowenig wie der Arbeiterdichter Gerrit Engelke. Umstände, die die Frankfurter Zeitung bewogen (am 7. 1. 1926), über das Ergebnis dieser superbündischen Zeitschrift anerkennend zu schreiben, daß hier »nicht Eitelkeit maßgeblich sei, sondern ein vielleicht zu frühes, vielleicht tragisches Vorgetriebensein durch den Geist, der die glänzende Form aus seiner Fülle zeugte«. - »Die schöne Naivität des Vormarsches« - so fährt das Blatt fort -, »der die Jugend erneut mitreißen wollte, zerbrach 1924 im kühnsten Wagnis: an der mißglückten Bündigung der Jugend.«

Die Wartburgtagung

Über diesen Versuch einer Bündigung der deutschen Jugendbewegung, wie er vom Kreise des Weißen Ritters ausgging, und woran er zerbrach, sind wir uns die historischen Fakten schuldig. Auf einer als »Wartburgtagung« bekanntgewordenen Veranstaltung wurde im April 1922 ein erster Versuch in dieser Richtung gewagt. Da der Tagungsbericht, erschienen im Weißen Ritter, Jahrgang 1923, archetypischen Charakter hat und uns gesamthaft Einblick gibt in damalige Mentalität, wollen wir ihn in Auszügen zur Kenntnis nehmen, denn das große Vergessen, das diesen Dingen beschieden ist, dürfte im nothaften Zwangsgeschehen kommender Jahre eher zu- als abnehmen. Die Wartburg wurde als Tagungsort gewählt, weil sie mit der Gründung der deutschen Burschenschaften im Jahre 1817 ursächlich zusammenhängt. Das war jene glückhaft zukunftsfreudige Zeit, da der Student Rüdiger in die emphatischen Worte ausbrach: »Heil uns, daß wir dieser Zeit geboren sind.« - Schon die Jugend des Hohen Meißner war ja bereit, sich auf die alte Burschenschaft als ihren eigentlichen Ahnen zu berufen. Dort waren Ideale verkündet worden, die der national gesicherten Freiheit galten und dem ungeistigen Komment-Wesen der traditionellen Studentenverbindungen zum ersten Male Humanitas und Naturliebe entgegensetzten.

Doch zu den Dokumenten über die Wartburgtagung:

Eisenach, April 1922. Die Verwirrung und Erschütterung des gesamten Volkslebens durch den Krieg und den darauf folgenden Zusammenbruch war nur eine Offenbarung der organischen Erkrankung des Volkskörpers, die bis in die letzten und tiefsten Bindungen hineinreichte. Auch die Jugendbewegung als lebendiger und organischer Ausdruck unseres Volkes wurde aufs schwerste davon betroffen. So bietet sie in der Zeit gegen und nach Kriegsende ein Bild zunehmender Verwirrung und Zersplitterung. Zerfall und Zerspaltung einzelner Bünde, Auftauchen neuer Versuche, einen gangbaren Weg für die Jugend durch die Wirren der Zeit zu finden, das Bemühen außenstehender Kreise, in zunehmendem Maße Einfluß auf die Jugend zu gewinnen; die gescheiterten Versuche der Jugend, durch neue Organisationen zu politischer Betätigung zu kommen, ja die politische Macht zu erlangen; das resignierte Versinken vieler, oft wertvoller Kräfte in Mystizismus, Katholizismus und Anthroposophie ist für diesen Fieberzustand kennzeichnend.

Der in der Jugend nicht immer anhaltende körperliche und geistige Erschöpfungszustand, dazu der auf dem Jugendlichen ganz besonders lastende wirtschaftliche Druck darf bei einer solchen Betrachtung der allgemeinen Lage keinesfalls außer acht gelassen werden.

Das Eintreten der Ernüchterung und tiefe Selbstbesinnung führten ebenso, wie die gesteigerte Aufmerksamkeit, die Außenstehende mehr und mehr auf die Jugend richteten, zu mannigfaltigen Versuchen, Einigungsaktionen unter den Jugendorganisationen zu unternehmen. Dies geschah, indem entweder ein für alle Jugendorganisationen annehmbares und verpflichtendes

Arbeitsprogramm nach außen gesucht und aufgestellt wurde (Jugendringe); oder indem unter Verkennung der deutschen Mentalität eine Einigung nach ausländischen Methoden und nach ausländischem Muster versucht wurde (Roselius); oder indem einzelne Menschen oder Bünde wenigstens einen Teil verwandter Jugendkreise für ihr Programm zu gewinnen suchten (Muck, Freideutsche durch Goebel, Christlich-Revolutionäre); oder indem Verbindungen für bestimmte Zwecke abgeschlossen wurden (Walter Hammer und die Siedlungsgemeinschaften, Wyneken-Kampfausschüsse).

Als Ergebnis dieser Stimmungen und Strömungen fand nach manchem Vorfühlen und Tasten in Einzelbesprechungen am 19.2.1922 eine Zusammenkunft von Führern folgender Bünde in Karlshorst statt:

Altwandervogel
Wandervogel E.V.
Wandervogel Jungenbund
Deutschorden
Ringgemeinschaft im DPB
Jungnationaler Bund
Bund deutscher Neupfadfinder
und ein inoffizieller Vertreter des Köngener Bundes.

Die erste Frucht dieser Besprechung war das Führertreffen auf der Wartburg, das vom 10. bis 11. April stattfand und der nächstfolgenden Schicht in den Bünden das gleiche Gefühl der Zusammengehörigkeit vermitteln sollte, wie es die Bundesleiter in Karlshorst durchdrungen hatte. Die Zahl der offiziellen Teilnehmer betrug etwa 45, dazu kamen etwa 40 jüngere, die ordnend, helfend, dienend den Teilnehmern alle äußeren Sorgen abnahmen und den festlichen Stunden einen stilvollen Rahmen und die nötige Füllung verliehen. Vertreten waren außer dem Köngener Bund die oben angeführten Bünde, dazu der Deutschwandervogel.

Am Montag, dem 10., traf man sich um 9 Uhr auf dem Marktplatz von Eisenach am St.-Georgs-Brunnen und zog unter Gesang mit wehenden Wimpeln im stattlichen Zuge zur Wartburg hinauf. War es auch nicht gelungen, gegen Geld und gute Worte den großen Saal auf der Burg zur Beratung und Feier zu erlangen, so wollte man doch wenigstens an dieser geweihten Stätte die Tagung beginnen. Während der Führung durch den erklärenden Burgbeamten raubte man sich denn auch Gelegenheit zu feierlichem Auftakt in der Burg, trotz der bestehenden Verbote. Im Sängersaale schlossen sich plötzlich wie auf Zauberwort die Gestalten zum Kreis. Trotzig fordernd und gelobend zugleich schallte das »Burschen heraus«! Dann sprach Martin Voelkel (B.d.N.) und wieder klang es, während die Hände sich zur Kette fügten: »Kein schöner Land ...« Nach kurzem Aufenthalt im Burghof und einem Blick vom Turm ging es dann im langen Zuge über die nächsten Höhen zum Annatal und durch die mit strömendem Eiswasser gefüllte Drachenschlucht mit ihren vergletscherten Felswänden zur »Hohen

Sonne« empor. Hier kurze Beratung der Bundesleiter, um den Gang der Besprechungen am Nachmittage vorzubereiten. Dann folgte im warmen Frühlingssonnenschein ein gemeinsames Essen im Freien an langer Tafel, die von Brüdern des Deutschen Ordens zugerüstet war und an der Herbert Weitemeyer die Erschienenen willkommen hieß.

Martin Voelkel betonte nachdrücklich, daß diese Tagung nicht zur technischen Vorbereitung einer Sommerfahrt dienen sollte, sondern daß sich hier zum ersten Mal die Führer geschlossener deutscher Jugendbünde ihrer Verantwortlichkeit zur Gesamtgestaltung des deutschen Jugendlebens bewußt werden sollten, gegenüber den vielfachen Versuchen Unberufener, aus der zusammenhanglosen Masse Jugendlicher lebendiges Material für ihre Zwecke herauszufinden. Demgegenüber wies Heinz Dähnhardt (Jungnationaler Bund) auf die besonderen Aufgaben und den eigenen Weg der einzelnen Bünde hin, die nicht ohne inneren Schaden zugunsten solcher umfassenden Pläne verlassen werden dürften. Da die Tagung hiermit an ihrem entscheidenden Punkte angekommen war und ihre Fortsetzung in diesem größeren Kreise unfruchtbar erschien, wurde für den Abend eine neue Besprechung der Bundesleiter und ihrer nächsten Zugehörigen anberaumt. - Über die herrliche Weinstraße zog man nach Eisenach zurück.

Um 8 Uhr abends traf sich wieder alles auf dem Marktplatz und zog in die auf einem alten, vom Vollmondschein übergossenen Friedhof liegende Kreuzkirche zum Kirchen-Konzert. In einem rasch besorgten Saal trafen sich dann die Bundesleiter zur Fortsetzung des Gesprächs am Nachmittage. Hier entrollte Martin Voelkel den Plan zur umfassenden Gesamtgestaltung des deutschen Jugendlebens. Die autonomen Jugendbünde sollten vorangehen und sich zur deutschen Jungmannschaft zusammenschließen, zu diesem Zweck gemeinsame Verpflichtungen auf sich nehmen und ein gemeinsames Bekenntnis ablegen.

Diesen Gedanken, wenn sie auch während der Tagung bereits verschiedentlich durchgeschimmert waren, stand die Mehrzahl doch fremd gegenüber. Insbesondere wandten sich die Vertreter des Jungnationalen Bundes, zum Teil mit auffallender Schärfe, dagegen und wollten erst aus der Beteiligung an ernster Arbeit, besonders an der Vorbereitung der Sommerfahrten, den ethischen Wert der anderen näher zu erfahren suchen, während Herbert Weitemeyer es schmerzlich bedauerte, daß man, anstatt bei einem festlichen Beisammensein sich menschlich näherzukommen, nun zu solchen Beratungen und wohl gar Beschlüssen vorzustoßen suchte. Nach längerem Hin und Her, bei dem namentlich Ludwig Habbel und Ludwig Voggenreiter (beide B.d.N.) diese Pläne tiefer in die Herzen hineinzuhämmern versuchten, während Helmuth Kittel (B.d.N.) ihre Größe wuchtig unterstrich und Ehrfurcht für sie forderte, ergab es sich, daß eine Einigung hierüber jetzt nicht möglich sei. Da sprach Walter Matthey in die aufkommende mutlose Stimmung hinein helle, zukunftweisende Worte. Man brach die Besprechung ab, indem man sich einigte, am nächsten Tage in Einzelbesprechungen den Fahrtenplan näher festzulegen und Größeres dem Werden und Wachsen anzuvertrauen.

Am folgenden Morgen, am Dienstag, dem 11., fanden des kühlen Wetters wegen in demselben

Saale Aussprachen in kleineren Kreisen statt, bei denen das Nähere über die Sommerfahrten verabredet wurde und auch noch mancherlei von den am Vortage aufgerührten Fragen in Einzelbesprechungen geklärt wurde. Gegen Mittag erhob sich Walter Matthey und berichtete kurz über Verlauf und Ergebnis der Aussprache am Abend zuvor. Als darauf Martin Voelkel bat, als Zeichen des gemeinsamen Willens doch den gleichen Fahrtenwimpel anzunehmen, einen weißen Wimpel mit schwarzem Balkenkreuz, erscholl von einem Tisch nach dem andern der zustimmende Ruf. Als gemeinsame Tage für das Treffen und das Feuer wurden der 4. und 5. August festgelegt. So war das Werk geschehen und man stand am Schluß der Beratung.

Um 6 Uhr fand in dem festlich geschmückten Saale eine Rittertafel statt. Kerzen auf einem hohen, mit Tannenreis umwundenen Kandelaber sowie rings auf dem Wandbord gossen hellen Schimmer auf die weißgedeckte Tafel. Hinter den Plätzen der Bundesführer ragten die Wimpel- und Speerträger unbeweglich. Blumen prangten an der Brust der Gäste. Nach einem gemeinsamen Lied »Ich hab' mich ergeben« setzte man sich zu Tisch, Knappen reichten die Speise und den frischen Trank. Dann sprach Martin Voelkel vom Sinne des Festes. Ludwig Habbel sprach ihm in bewegten Worten den Dank für diese Tagung aus. Dann trat der Sänger in sein Recht. Zum Schluß bat Walter Matthey, über diese Tagung als über ein köstliches Erlebnis Stillschweigen zu bewahren. Mit dem Verse »Laß Kraft mich erwerben« wurde die Tafel aufgehoben. Draußen bildete sich der Zug und stieg zum Burschenschaftsdenkmal empor. Durch das Dunkel der Nacht kamen uns von oben aus dem Turme Fackelträger entgegen, Brüder vom Deutschorden, und entzündeten den Holzstoß, daß die Flammen himmelan schlugen. Mächtig klang es im Kreise »Flamme empor«; dann las Georg Bliersbach (AWV) Stellen aus der Feuerrede des Studenten Rüdiger vom Wartburgfest 1817, die, uns seltsam verwandt, Ohr und Herz trafen. Als Antwort schallte es hell: »Burschen heraus«. Martin Voelkel schloß die Tagung mit herzlichem Dank an die Erschienenen für ihr Kommen und einem festen Gruß »Auf Wiedersehen!«

Das Zerbrechen der noblen Intentionen des Weißen-Ritter-Kreises, von der Frankfurter Zeitung auf 1924 beschränkt, sollte sich zwar noch mehrfach, bis zur endgültigen katastrophenhaften Auslöschung, wiederholen. 1926 trat Martin Voelkel, der inzwischen die Neupfadfinder in den Großdeutschen Pfadfinderbund eingeschleust hatte, mit einem neuen Bündigungsversuch hervor. »Überzeugt von der Notwendigkeit eines umfassenden Bundes deutscher Jugend haben sich Altwandervogel, Großdeutscher Pfadfinderbund und Wandervogel e.V. zur *Deutschen Jungenschaft, Bund der Wandervögel und Pfadfinder*, zusammengeschlossen«, dekredierte er unter dem Datum »Karlshorst, zur Frühlings-Tagundnachtgleiche 1926« in der wiedererstandenen Führerzeitschrift »Der Weiße Ritter«. Sie wurde jetzt von Erich Maschke vollverantwortlich geleitet und erschien, beziehungsreich, in Potsdam. Damit war der große, spätbündische Begriff *Deutsche Freischar* aus der Taufe gehoben. In ihr kamen Führergestalten, wie Helmuth Kittel, Gerhard Drabsch, Joachim Boeckh, und Dichter, wie Hanns Meinke, Karl Rothe, Kurt Gauger und Eschmann, formend und heischend zur Wirkung. Neue Bünde, wie die Schlesische Jungenschaft, traten (mit prachtvoll neuartigem Liedgut) in Erscheinung, wünschten »geschichtsfähig« zu sein und wurden zu bleibenden Kennzeichen der Jugendbewegung dieser Phase.

Kam jauchzend nicht die Sonne ihren Kindern,
Die mütterliche Sonne dieses Landes,
Als sie vom Felsgrat niederstiegen,
Mit hellen Flammenarmen kühn entgegen?

fragt das anonyme Gedicht eines Wandervogels in den Blättern der gemeinsamen Zeitschrift, die sich mehr und mehr zu einem Hort neubündischer Dichtung entwickeln sollte.

Im gleichen Jahrgang berichtet Ernst Wilhelm Eschmann vom »Studententreffen des Bundes der Wandervögel und Pfadfinder« auf Hohenstein. Vom Freischarführer Hans Dehmel und vom Pfadfinderführer Wilhelm Fabricius erzählt er. Von studentischen Zusammenschlüssen im Zeichen der Freischar zur »Deutschen Akademischen Gildenschaft« geht die Rede. Vom Unterschied, der sich durch das »Intellektgefälle« zwischen studentischen und nichtstudentischen Menschen herstelle und der ohne Vermischung der Ebenen aufzuheben sei. Von Sozialverantwortung und Zugehörigem wird gehandelt. Der Name des großen Musikpädagogen Geo Götsch scheint auf. Fred Schmid, Gründer des »Basler Ring« und später des Grauen Corps, meldet sich mit dem ihm eigenen, echten Pathos (»Leonardo«). Franz Ludwig Habbel, frühester Verleger aus neupfadfinderischem Geiste, steht neben Ludwig Voggenreiter, dem späteren Betreuer des Weißen Ritters. Wilhelm Kotzde von den »Adlern und Falken« mit seinem Privat-Bund (der eine Zeitlang kräftig Zulauf hatte) stellt fest, daß er sich mit dem »Großdeutschen Jugendbund« des Herrn Admiral von Trotha zum Schutz- und Trutzbündnis vereinigt habe.

Jugendsiedlungen, Schulgemeinden nach dem Muster von Wynekens Wickersdorfer Versuch, »Rosenhag« und »Königsbühl«, Hölderlin-Nachfolge und schöngeistig aufgeschirrte Ritterethik, das vereinigt sich auf diesen Blättern zu einem bezaubernd ernst genommenen Blütenwald. »Die große Spur ins Freie, die wir gefunden und freudig betreten hatten ...« - »Der pädagogische Ruck nach oben ...« - »Es ist jene Ruhe, die einen überkommt, wenn man einen Fußbreit Landes gefunden hat ...« bei der »Durchgestaltung unserer Lebensgemeinschaft«. »Und wunderbar ... fliegt der kühne Geist, wie Adler, den kommenden Göttern voraus ...« Das vielversprechende Wort Hölderlins wurde später zum Titel einer neubündischen Zeitschrift »Die Kommenden«. Während Alfred Ehrentreich, gelegentlich einer gescheiten Betrachtung über Englands Jugendbewegung, meinte: daß in ihr »die Ideen Carlyles, Ruskins, William Morris' und der Präraphaeliten, aber auch die Mystik William Blakes« beschlossen liege, meint Boeckh, daß unser Teil die »lebendige Hoffnung auf die Zukunft Gottes« sei. Und immer noch »strahlte unerfüllt von ferne der gemeinsamen Verheißung Stern«, trotzdem »der Wandervogel die älteste naturverschlungene Gemeinschaft der neuen Jugend war« - »stolz auf die Summe seiner erfahrenen Leiden und Freuden ...« und willens, »gemäß seiner geglaubten

Berufung von oben her, der Welt seinen Stempel aufzudrücken.« - Gerhard Drabsch aber verkündet: »Das dritte Zeitalter der Jugendbewegung kann seinen Lauf nehmen.« Und er beklagt in Anerkennung der Schwierigkeiten, die sich der Einigung verschiedenstrebiger Jugendbünde entgegenstellen: »Ein ganzer Berg von Schmerzen, wilder und hoffnungsloser Gedanken, ein Trümmerfeld vergeblicher Unternehmungen und Gestaltungsversuche wären bei ein wenig mehr Lebensklugheit vermieden worden.« Seinem ahnungsvollen Fazit lassen wir das anonyme Gedicht eines Pfadfinders (alles dem gleichen Jahrgang 1926 des »Weißen Ritters« entstammend) folgen:

Nur wer im Kreis lebt, hört die Kunde
Und sieht den Himmel offenstehn.
Wir, aufgeharkt im tiefsten Grunde,
Sind nun im Lichte stark und schön.
Wir, schwerer noch mit Schuld beladen
Als jeder, der uns stumpf gezeugt,
Sind nun in Gottes Wurf geraten
Und gehn in Gottes Huld gebeugt.

Kleine Anthologie bündischer Dichtung

Zu guter Mischung also begegneten sich in der Deutschen Freischar das englische Pfadfindertum und der deutsche Wandervogelgeist. Aber in der Randzone dieses Geschehens fanden noch andere Erfüllungen statt.

Da wurden die Dichtungen von Hanns Meinke in merkwürdig schönen, wie Handdrucke anmutenden Büchern und Broschüren an den Tag gebracht:

Der Sinn ist immer nur der eine,
Doch läßt er sich in Vielfalt zahllos brechen,
So wie das Licht, das eine, farblos reine,
Durch Trübung siebenfach zum Aug' kann sprechen.

Und in dieser Umgebung gewahrte ich - ein junger Mann von neunzehn Jahren - eine Veröffentlichung, die sich »Gotische Gedichte« nannte. Als Autor zeichnete Kurt Gauger. Dem Buch war das Foto einer Maske beigefügt, mit welcher sich der Dichter den Lesern vorstellte. Damals wähnte ich, es sei seine Totenmaske. Erst dreißig Jahre später erfuhr ich, daß er lebe, daß er Arzt sei. Er ist der Verfasser des bekannten Buches über die Dystrophie der Kriegsgefangenen. Ich schrieb ihm, um ihm späten Dank abzustatten, denn in seinen Gotischen Gedichten war für mich das Erlebnis des Bündischen zu absoluter Musik geworden. Und seine heute völlig vergessenen Verse mit gleicher Überzeugheit für das erheblichste Ereignis des bündischen Schrifttums zu halten, nehme ich mir die Freiheit. Gauger starb 1957.

Brief

Tage und nächte
sind mir so vergangen
wie der ackermann
ruhigen schwunges
in seiner schürze
den samen greift
breit hinsät / über duftende scholle
gesättigt / gesammelt geht /
um seine stirne kreisen
schwergeflügelt
gedankenvögel
frucht um frucht
hebt sich ruhiger zuversicht
seiner segnenden hand
entgegen / und

offenbart sich
ihm
sich
der welt
der geliebten
der dunkelnden
lichten
der welt
– – –
trunken bin ich von deiner nähe
umdämmert von deiner gegenwart.

»Gotische Gedichte«

Die Nördlichen

Viele sind in den Gärten geboren
Unter den Kränzen von Furcht und Getier,
Festlich am Ufer, wie nahe den Toren
Zu dir, zu dir!

Unter dem blauen Gewölbe die Kinder,
Beschenkt mit Verheißung und gläubiger Sicht,
Suchende nie, gelassene Finder -
Wir nicht, wir nicht.

Trüge wohl einer auch glattere Stirne,
Ach! Wie bedrängt ihn Gewölke und Wald,
Einsam umfriert ihn der Himmel mit Firne
Wie bald, wie bald.

Keiner wandelt, ihn jagten nicht Stimmen,
Keiner am Flusse, es lockte nicht wer,
Rufe, wie Wolken die Berge umschwimmen
So schwer, so schwer.

Mancher brach auf in der Frühe, zu suchen,
Gegen den Mittag mit dürstendem Blick,
Immer doch kehrte, den Füße noch trugen,
Zurück, zurück.

Denn wir bedürfen der schweren Bedrängnis,
Die wir verderben im süßeren Wind,
Hießest du Erde auch: Nacht und Verhängnis,
Sind wir doch Kind, dein Kind.

Und zuweilen auch, doppelt Entzücken,
Gott in der Stille, wohnst du auch hier,
Und das Fest der schauend Beglückten
Halten auch wir, auch wir.

Paul Alverdes (»Weißer Ritter«, 1922)

Tragische Vereinigung

Ich liebe nicht
Die sonne
Und den mond
Die wahre lust
In büchern wohnt

Die menschen
Lieb ich
Die sind
Mein trost und auch
Mein leiden

Kurt Gauger (»Gotische Gedichte«)

Ich habe meine lippen aufgetan
so wie die drachen sind
an den domen /
die dome sind nur für die drachen da
würdig zu thronen
der regen gottes
rauscht für sie
für die drachen
an den domen
die dächer sammeln
die schätze für sie
die drachen
an domen - sie sind verzerrt
in saugender qual
dem mund entspringt
vollendeter strahl

Kurt Gauger (»Gotische Gedichte«)

Alle die um einen altar schreiten
Die im gleichen schwung die arme schwingen
Die zugleich das große opfer bringen
Und in einen gott hinübergleiten:
Alle sind einer.

Wenn die steilen opferflammen steigen
Aller blut in stärkren strömen flutet
Aller geist in tiefrem glühen glutet
Und wir schlingen freudetrunkne reigen
- Alle sind einer -

Hier meine rechte hand - dir meine linke hand
Rechte hand linke hand
Alle sind einer - ahoi
Und nun im tänzerschritt
Sonne und mond tanzen mit
Alle sind einer - ehoi

Zum himmel strecken wir
Ins weite recken wir
Nun unsre arme
Wir sind ein becher nun
Der himmlische zecher nun
Aus uns wird trinken
- Amen -

Kurt Gauger (»Weißer Ritter«, 1926)

Orion über dem Lager

Des Dichters Wort versetzt den Ungewohnten
In süße Glut, in stets erneuten Taumel
Der unerhörten, unerhofften Einung.
Ärmstes der Dinge, stündlich wiederholtes
Erscheint dem Gläubigen neu und verwandelt
Und »Bruder!« grüßt ihn jedes matte Wort ...
Der Tage Gleichmaß läßt das Bild erblinden,
Ihm, der des Wesens Äußeres nur sah;
Das kaum Eröffnete verbirgt sich wieder,

Das ungehörte, neue Lied verhallt ...
Er irrt in Fernen, beugt sich den Geboten
Der Alten, lauscht ungläubig ihren Sprüchen,
Und zweifelnd sucht er den verlorenen Weg.
Nicht wagt er, sich zu lösen; Hoffnung,
Die kaum mehr lebt, hält ihn in losen Fesseln
Und treibt den Zögernden, wenn zu den Festen
Die alte Stimme ruft. Doch hier geschah's,
Daß aus Gewöhnlichem und Unverklärtem,
Dem Dienst, des Mahls, des Feuers, Dienst des Leibes,
Aus hartem Greifen der notwend'gen Dinge,
Aus kargem Wort, das selten nur und jäh
Den köstlichen, geheimen Sinn verriet,
Nicht mehr die festlich flüchtige Beglückung,
Was mehr denn sie: der lichte Alltag strahlte:
Als ich nach tätigen, gelebten Stunden
Am Ufer lag und lauschte, wie das Meer
Hart an die Dünen schlug, der alte Wald
Bewegt vom Atem junger Leiber rauschte,
Enthubst du dich, Gestirn, der dunklen Flut,
Das manche Fahrt und Wanderung mich führte.
So stieg aus tiefem Harm, einsamen Nächten
Der Stern des Bundes leuchtend mir empor.

Ernst Wilhelm Eschmann (»Weißer Ritter«, 1926)

Nach wilden Spielen liegen wir im Zelt
Und schlafen fest und traumlos in die Nacht.
Der Glanz des Tages, der uns froh gemacht,
Fliegt still und leuchtend um die Welt.
Ein leiser Wind ist heimlich aufgewacht,
Der wispernd in die Kiefernkronen fällt.
Das Licht des Lagerfeuers glüht erhellt,
Die Fahne singt die ganze Nacht.

(»Deutsche Freischar«, 1932)

Lager in der Bucht

rauschte das meer und peitschte donnernd die brandung
weit an die küste kamen wir früh aus dem zelt
warfen die leiber dem winde entgegen ins wasser
umzischt und umtost von dem salzigen sprühn.

brannten am abend die feuer vor zelten in dünen
scholl leis von fernher die brandung zum ohr
geschah es daß einer wohl aufstand im kreise
bilder uns brachte vom südlichen strand.

standen am himmel die augen der götter
sahen auf brandung und zelte hinab
hörten die sänge der jungen aus tagen
da selbst sie lebten als menschen im land.

stiegen als träume die stätten der götter
leuchtender marmor durchdrang jeden leib
spannte der himmel die bläue darüber
singen scholl damals wie heute durchs land.

loschen die feuer und standen im dunkel die zelte
rauschte die brandung und jagte der wind
träume von heldischen leben und taten
zogen im schlafe den jungen vorüber.

(»Danksteine am Morgenmeer«, Günther Wolff Verlag, 1934)

Wo greif ich dich, Welt - Dinge,
Da ihr im ewigen Dämmer steht
Und ich euch fassen möchte - muß -
Mit aller Inbrunst einer verlangenden Hand.

Wo greif ich dich, Welt - Menschheit,
Da ihr als steinerne Häuser steht
Im ewigen Schleier von Licht, Nebel, Dämmerung
Und ich doch leben möchte mit euch,
Verlangend nach Wirkung?

Wo greif ich dich, Welt - mich selbst,
Da du, ihr, meiner Hand stets entschlüpftet,
Nichts als Wille, Gedanke, als Ding nicht,
Als Ich nicht zu fassen,
Und, da ich's selbst bin, mein eigenes Haus,
Nicht zu fliehen, nicht zu lassen?

(»Weißer Ritter«, 1921)

Tanzender Derwisch

Ich wirble mich um die achse der welt -
Ich bin es der sie noch aufrecht hält,
Sänk ich ertränk ich im tanztrichter taumelnd
Blind in die leere wär sie zerschellt.
Trunkener schenke eigenes weines
Schütt ich ihn rings ohne entgelt -
Keltre die moste geernteter sonnen:
Honig der himmeln gleich sternen entfällt.
Trunken so lenk ich verflogenen fleisches
Wolken am bogen wie wellen im belt -
Wirbelnd so schwenk ich und schlendre die glieder
Wie beim entkleiden die kleider im zelt
Bis der gelenke letztes gelöst ist -
Fleisches letztes fäserchen fällt ...
Dann nur das denkende lenkende reine
Rund in die rasenden ringe verschwellt -
Sinkend ertrinkend noch siegend zu hauchen:
Ewig wir ringe wir wirbel wir welt!

(Werner Helwig als Gruß von Hanns Meinke)

ritt in die einsamkeit

einmal kommt die große stunde -
nächtens wiehern leis die pferde,
von den hufen wirbelt erde,
und wir reiten endlos weit.

reiten, reiten durch die nacht.
und wir träumen unter sternen
von den feuern in den fernen
von den waffen und der schlacht.

- - steht dann unser weißes zelt
an den ufern fremder meere,
da vergessen wir die schwere
dieser müden grauen welt.

dann bleibt nur die einsamkeit,
nur der brandung wildes schäumen.
und wir träumen, träumen, träumen -
- einmal kommt die große zeit.

Stephan Gräffshagen

Antwort an W. B.

niemals hab ich so gedacht:
du die frucht und ich der baum
ich das licht und du die nacht
du die zeit und ich der raum.

beide tragen wir die früchte
eines großen starken baumes
beide schaffen wir im hellen
wie im dunkeln eines raumes -
für die uns erfüllte welt.

(»Danksteine am Morgenmeer«, Günther Wolff Verlag, 1934)

Wittenborn 1931

Seite an Seite mit dir. Und die Flamme singt,
die unser träumendes Blut aneinanderzwingt.
Nacht schlug die Erde ins hüllende dunkle Tuch,
stille wurden die Menschen, stille Unrast und Fluch.
Du bliebst zurück. - Wir halten zusammen die Wacht,

horchen ins Dunkel, feiern die heimliche Nacht.
Ströme fluten vorüber, wir lauschen dem Fluß,
binden die Herzen und tauschen geheimen Gruß.
Süß und stark ist die Weise, die uns im Blute schwingt,
Seite an Seite mit dir. Und die Flamme singt.

Hans Noack (Bundeszeitschrift der »Adler und Falken«, 1932)

Ballade von den unterzeitlichen Taten

Es war eine Nacht mit dem alten Geiste des Mondes, der weiß,
und es brannte ein uralter Forst, so heiß,
daß die Menschen darin aufgingen.
Und da saßen zuletzt mit glühendem, eisenhartem Gesicht
Priester der Hopi, Maori und Lappen,
Priester, tollkühnste Wissende, Fahrer aus allen Zonen,
blind von der Glut war ihr Gesicht,
aber sie begannen zu singen
und sagten einfach langsam das Gedicht,
wie sie selbst die Geschichte der Menschen,
das Leben der Erde gebaut,
und es war keine Lüge darin, des Menschen Wege
waren wunderbar klar und stimmten
wie eines Kindes Spiel zusammen,
und dann nahm der Gott, den sie alle kannten,
aus den dorrenden Leibern, die verbrannten
die Seele hinauf zu einem wandernden Stern,
und der beginnt, sich zu mehren und webt
in unendlicher Zeit in der größeren Welt die Wege
und webt die Geschichte neuer Wesen;
und wenn einst die ganze Welt
ihre Forsten brennen läßt,
wird man wieder den Namen Gottes,
den alle meinen,
in den Flammen lesen.

Werner Helwig

Die besten der mitgeteilten Gedichte (sie sind nicht unterm Aspekt der Qualität, sondern des Bündisch-Typischen zusammengestellt) verraten unverhüllt den Einfluß des Dichters

Stefan George. Dieser, ein ausgesprochen rheinischer Mensch, erlebte den Höhepunkt seiner Wirkungen auf die Jugendbewegung in den Jahren zwischen den beiden Weltkriegen. Man kann seine Gestalt nicht aus dem geistigen Raum des bündischen Geschehens dieser Jahre herauslösen, ohne sofort eine leere Unbegreiflichkeit an dessen Stelle zu verspüren. So müssen wir uns hier auch seine Aussage nahebringen, um das Heutige aus dem Damaligen, das Damalige aus dem Heutigen besser verstehen zu lernen:

M

Jetzt naht nach tausenden von jahren
Ein einziger freier augenblick:
Da brechen endlich alle ketten
Und aus der weitgeborstnen erde
Steigt jung und schön ein neuer halbgott auf.

Einer kam vom feld her nach dem tor.
Purpurn blau entflammte das gebirg
Fahler himmel · tote luft bewarf
Die gemäuer wie vorm erdgetös ..
Drinnen lagen all im tiefsten schlaf.
Er erschrak und bebt am ganzen leib:
Herr! erkenn ich deine zeichen recht?
Stimme scholl herab: Es ist so weit.

Dreie standen in dem raum voll angst
Hielten sich im kreis geeint die hand
Tauschten glühend der verzückten blick:
Deine stunde · Herr · traf uns hier an ..
Wählst du uns für deine botschaft aus:
Dann mach tragbar uns die überwucht
Unsres glücks da wir aus weltennacht
Leibhaft schreiten sahn das ewige kind.

Sieben spähten von dem berg ins land ..
Trümmer rauchten meltau schlug die flur:
Deinen odem sandten wir durchs reich
Deine saaten steckten wir im grund
Herr! du schüttelst nochmals unser los.
So du lange brache noch verhängst
Harren wir als wächter deiner höh
Sterben gern seit wir dein licht gesehn.

(»Das Neue Reich« - Die Winke, Georg Bondi, Berlin, 1928)

Das Wesen der Freischar und ihre Führer

Runde: Autor, Karl Seidelmann

- Karl Seidelmann, in dir spreche ich einen Menschen an, der mir namentlich als alter Freischärler bekannt ist. Du gehörst zum Jahrgang 1899, rühmst dich fränkisch-schwäbischer Abstammung, warst von früher Jugend an leidenschaftlich »bündisch« und ziehst heute das Fazit eines durchgestalteten Daseins, das mit Musik, Dichtung, Laienspiel und Landschulheimpädagogik im bündischen Sinne beschäftigt war. Du bist heute am Studienseminar Marburg mit der Lehrerausbildung betraut und lehrst zugleich dort an der Universität. Du hast Bücher veröffentlicht, die als Zeugnisse deines durch und durch bündisch vollbrachten Lebens anzusprechen sind, und du sitzt heute mit Frau und Kindern in einem aus eigener Kraft und Fähigkeit erarbeiteten kleinen Haus. Ich rechne dich zu den aus ihrer Natur her mit Glück begabten Menschen. Deine Anschauung ist frei von Ressentiments. Ich bitte dich also mit guten Gründen in unseren Kreis. In und mit jedem von uns Älteren geht ja eine Welt von Kenntnis, Wissen, Hoffnung und Erlebnis dahin. Einen Abglanz davon will ich aufzufangen versuchen. Auch dir wird die merkwürdige Erfahrung des Alterns bekannt geworden sein, daß man immer das eine Erworbene für das andere, nächste, preisgibt und zuletzt mit weniger als nichts in den Händen dasteht. Man wird gleichsam wider Willen entlastet für das Letzte. Und das Letzte - wie sagt doch Luserke - leistet jeder allein.

Dem möchte ich vorgreifen, indem ich zurückgreife. Wir verstehen doch beide - ich darf mich darin mit dir einig fühlen - die Jugendbewegung als ein Ereignis, darin die Jugend beweglich wurde. Wohin und wofür, das ist eine andere Frage, die sich inzwischen durch fruchtbare Begleichungen geregelt hat. Wir wurden das Material von Vorgängen, die sich über uns erhoben und die wir nicht mehr zu übersehen vermochten. Was wir aber einsehen gelernt haben, ist, daß das Ereignis der bewegten Jugend zuerst im Wandervogel erkennbar wurde. Der Wandervogel gipfelte - vielleicht stimmt es so - im Hohen Meißner. Danach kamen die Freischaren, in denen sich Wandervogel und Pfadfindertum einander annäherten, um sich im Gesellschaftlichen zu erfüllen. Die Jugendbewegung fing also mit euch Freischärlern an, den soziologischen Gegebenheiten ihr Gesicht aufzuprägen.

Sie wollte die neu erkundeten Verantwortungen dem Staate selbst eingeben und damit ihre Errungenschaften weltgültig machen. Die Antwort auf so große, schöne Bestrebungen und Anfänge gab das Schicksal. Weltkrieg I hielt furchtbare Todesernte unter den Wandervögeln. Wir verloren die fähigsten Köpfe, die ernsthaftesten Idealisten, die hoffnungsvollsten Künstler aus dem Geist Karl Fischers, aus dem Geiste der Vortruppmänner. Das alte Erbe konnte nach Weltkrieg I nicht mehr angetreten werden. Es war ausverkauft, in alle Winkel des Vergessens verschleppt. Man mußte neu, man mußte anders anfangen. Wie fing man an, was lebte fort, was kam hinzu, wie führte es in den nächsten Untergang hinein, in denjenigen von 1933, der seine fürchterliche endgültige Besiegelung 1945 erfuhr? Kannst du, willst du mir etwas dazu antworten, dann nimm hier das Wort auf, wie ich es dir gebe. Ich habe dir die Seilenden zugeworfen. Du brauchst sie nur weiterzuflechten.

- Zwei Namen seien beschworen, stellvertretend und bildzeugend. Beide müssen aus dem Land der Toten gerufen werden. Vor den Lebenden versagt die Stimme, wie es uns immer unschicklich galt, Lebende aus unseren Reihen ungebührlich zu rühmen. Aber über den Geisterstirnen der Toten liegen die Kränze unserer Liebe, schimmern die Diademe unserer Ehrfurcht, leuchten die Reifen unserer Treue.

So rufen wir Martin Voelkel, den Pfarrer von Karlshorst, den seine Gemeinde wenige Jahre nach Kriegsende zu Grabe trug, und Ernst Buske, den niederdeutschen Bauernanwalt, der schon zwei Jahrzehnte vor ihm aus dem Leben schied. Geheimnis der Wiederkunft, das größer ist als alle Vernunft dankbaren Gedenkens, mag uns bewahren vor Unziemlichkeit, vor falschem Blick und leerem Wort!

Martin Voelkel war aus den Reihen der alten deutschen Pfadfinderei hervorgegangen, Ernst Buske aus denjenigen des Wandervogels. Jener ist als Knabe in der Zucht eines Berliner Pfadfinderhorstes, später in der durchgeformten Ordnung eines studentischen Verbandes aufgewachsen, dieser in der Jugendfreiheit einer pommerschen Wandervogelhorde, dann in der lebensreformerischen Studentengemeinschaft der Berliner »Skuld«. Beide haben sowohl die jungenschaftliche wie auch die jungmannschaftliche Stufe des Gruppenlebens durchlaufen und ihre prägenden Kräfte an sich erfahren, beide aber auf ganz verschiedene Weise, obwohl sie beide Söhne Altpreußens gewesen sind. Sie entstammten auch beide mittelständischen, protestantischen Bürgerfamilien, in denen ausgangs des neunzehnten Jahrhunderts vaterländisches Bewußtsein, konservative Staatsgesinnung und schlichte Frömmigkeit als selbstverständliche Attribute galten. Daß Martin Voelkel fast zehn Jahre älter war als Ernst Buske, mag die andersläufige Spur seines Knaben- und Jünglingslebens, aber auch manche tieferen Wesensunterschiede der beiden Männer erklären helfen. Das Schicksal hat später ihre Fährten eigenartig zusammengeführt, aber ursprünglich gehörten sie weder ein und der gleichen Generation an noch gehorchten sie lange Zeit ein und den gleichen Appellen ihres geschichtlichen oder humanitären Verständnisses. Das mag ferner belegt werden durch den Hinweis auf die ganz unterschiedlichen Studien- und Berufswege der beiden: Martin Voelkel wurde Theologe und wirkte während der ganzen Zeit seiner bündischen Führungstätigkeit, also vom Kriegsende 1918 an und danach bis an sein Lebensende, als Gemeindepfarrer in Berlin-Karlshorst. Ernst Buske war Jurist und Volkswirt und hatte während der zwanziger Jahre, ebenfalls bis zu seinem frühen Tod im Jahre 1930, das Amt eines Rechtsberaters des Deutschen Landbundes inne. Pastor und Weltstädter also der eine - »Bauernadvokat« (wie er sich selbst scherzhaft bezeichnete) und Mittelstädter der andere.

Beiden Männern eignete in hohem Maße soldatische Haltung, wenn man hierunter ein gesundes Gleichmaß kräftiger Mannestugenden versteht. Im Wandervogel, in der Jugendbewegung überhaupt, gab es häufig den Typ des rauhbauzigen Landsknechts, wenn auch nicht gerade den des gewissenlosen Kraftmeiers; immerhin klang in den vielen Landsknechtsliedern, die damals gesungen wurden, ein Lebensgefühl an, das jener Typ etwas gedankenarm und tolpatschig zu kultivieren versuchte. Aber »Landsknechte« waren Voelkel und Buske gewiß ebensowenig wie Ankläger eines zeitgenössischen »Militarismus«, sofern dieser überhaupt ihre Bahnen kreuzte.

Ernst Buske hatte in frühester Jugend den rechten Arm verloren und war deshalb nie eingezogen worden. Aber daß ihn seine Fahrtgenossen, solange sie ihn nicht einfach »Ernst« riefen, »General Buske« hießen, das deutet wie alle derartigen Spitz- und Necknamen und gruppeninterne Titulationen auf bestimmte innere Gehalte des Angerufenen hin: auf die Beispielhaftigkeit seiner alltäglichen Lebensführung, die natürliche Kameradschaftlichkeit und Opferbereitschaft, die unermüdliche Verantwortungswilligkeit seiner Person. Martin Voelkel hingegen hatte als Freiwilliger bei Langemarck mitgekämpft, war - hierin märkischer Preuße durch und durch - mit Lust Soldat gewesen und hatte als Feldgeistlicher gedient. Trotz aller unverhohlenen Freude an Freiheit, Trotz und kritischem Mannesmut beherbergte sein Charakter unverkennbar die soldatischen Grundtugenden und war von ihnen mitgeformt.

Beider Naturen verkörperten mithin eine ungebrochene, unmittelbar überzeugende Männlichkeit, und darin mag wohl in erster Linie das Geheimnis ihres Führertums begründet gewesen sein. Denn fast alle Angehörigen jener Führerelite, die den Bünden als eine eigentümlich epochale Mitgift geschenkt worden war, waren in den Aufbruchjahren noch blutjunge Leute, Jünglinge im ersten Flaum, meistens Studenten oder gar noch Gymnasiasten, kaum daß einer schon einmal einen Beruf ausübte. Die frühe Führerschicht des Wandervogels war ja durch den Krieg zersprengt worden. Natürlich hatten sich einige über den Krieg hinweg gerettet und Lebensfreude und die ideale Gesinnung der Frühzeit bewahrt. Manche von ihnen tauchten in den neu sich bildenden Gauen und Gruppen auf, doch blieb ihre Wirkung gering. Man kann nicht sagen, daß die bündische Phase der Nachkriegsbewegung durch die Überlebenden des Feld-Wandervogels ins Leben gerufen worden sei, in einer Art ununterbrochenen Wirk-Strömens der gleichen Menschen und der gleichen Gehalte. Vielmehr setzt ein neuer Ring an, indem die nächste junge Generation in ihren Besten dem Geist und der Gesinnung des Wandervogels auf eigenen Wegen begegnete und sich ihm verschwisterte. Auch Martin Voelkel und Ernst Buske sind nicht aus dem Feld-Wandervogel hervorgewachsen. Aber sie ragten als Männer empor aus der Schar der zur Führung berufenen Jünglinge. Jungmännlichkeit, jünglinghafte Erfüllung irdischen Seins und knabenhafte Lebenslust - das wußten die Bündischen ohnehin beispielhaft darzuleben -, das verwirklichten sie in einzigartiger Fülle und Seelenkraft und setzten es den ihnen folgenden Knaben als leuchtende Spur voran. Aber ihr geheimes Vorbild war der Mann: ritterliche, geistgebundene und tatenreiche Männlichkeit. In Martin Voelkel und Ernst Buske fanden die lose aufbrechenden »verlorenen Haufen« die männliche Führung, die sie ersehnten und die ihnen angemessen war, weil sie selbst noch das Stigma unverwelkter Jugendlichkeit trugen.

Für die Person Voelkels mag das vielleicht nicht wundernehmen, da er ja das dreißigste Lebensjahr bereits überschritten hatte, als er in den Bannkreis der eigentlichen Jugendbewegung geriet und »seinen« Bund zu führen begann. Es gilt indes auch für Ernst Buske, obwohl er so viel jünger war: sein Wesen war in höherem Maße als das seiner Altersgenossen gezeichnet von männlicher Ruhe und Reife. Beide zogen mit ihren jüngeren Gefährten auf Fahrt - wieviel hundert Mal mögen sie durch deutsches oder durch fremdes Land gewandert sein: Martin durch die Urstromtäler seiner Heimat, durch die Wälder Thüringens und der böhmischen Grenzreviere, Ernst durchs Weserbergland (das ihm die liebste Wanderlandschaft war), durch England, durch die niederdeutsche Heide. Sie zelteten mit den Jungen, sie lagerten mit ihnen auf Waldboden und sangen mit ihnen am Feuer. Sie rauften und balgten sich wie die Knaben beim Geländespiel, sie warfen den Speer, liefen um die Wette und trieben jeden Scherz und Übermut der tolldreisten Jahre. Aber selbst im vertrautesten brüderlichen Miteinandersein war ein Hauch des Andersseins um sie, des im Innersten schon Darüberhinaus-gewachsen-Seins, eine Art Abständigkeit, die weniger auf der Distanz der Lebensjahre ruhte als auf einer unaufdringlichen männlichen Würde. Man spürte die Reife und kostete sie, begierig nach allem, was den Schein der Vollendung trug.

Martin Voelkel (1884-1950) hatte als Berliner Pfadfinderführer zu den Stoßtrupps einer Erneuerungsbewegung hingefunden, die den Geist des Wandervogels mit dem Formensinn des Pfadfindertums zu vermählen trachteten. Sie hatten sich erstmals im August 1919 gesammelt, als bayrische Führer, wie Franz Ludwig Habbel, Ludwig Voggenreiter und Karl Sonntag, den Aufruhr gegen die erstarrten Traditionen des Deutschen Pfadfinderbundes entfachten ... In Sachsen hatte sich ein ähnlicher Kreis gebildet, in Potsdam ein gleichgesinnter unter Helmuth Kittel, einem jungen Theologiestudenten. Auf der Pfingsttagung 1920 schlossen sich die Rebellen zusammen und sonderten sich endgültig von dem alten Verband ab, der freilich nicht mehr lange dem Sog der bündischen Bewegung widerstehen konnte. Daß aus der Sezession mehr wurde als eine ungestillte und beunruhigende Splittergruppe bewegter junger Menschen unter dem Zeichen der weißen Lilie, das ist in erster Linie das Werk Martin Voelkels.

Denn auf dem Saalehügel über der Stadt, im Angesicht ihrer Domtürme und der sanften Linien »waldgrünen Thüringer Lands«, entstand der erste wahrhafte »Bund« der deutschen Nachkriegsgeschichte. Die Geistesmächtigkeit und Wortgewalt Martin Voelkels, der Adel seiner hohen Erscheinung und die Empfänglichkeit der dort lagernden Jünglinge für das Charisma der Stunde haben ihn heraufbeschworen. In die Bruderschaft dieses ordensähnlichen Bundes hat Martin Voelkel einen Sinn für Staatlichkeit, Gegenwärtigkeit und Geschichtlichkeit eingesenkt, der der Jugendbewegung bisher noch nicht geschenkt worden war. Wohl war sie seit eh und je gebunden in einer wahrhaftigen Liebe zu Volk und Vaterland, in einem ebenso kritischen wie hingabebereiten Verständnis der Deutschheit als eines geistigen Schicksals, in einer Art »Wohlgefühl des Baumes an seinen Wurzeln«, um mit Nietzsche, einem ihrer Propheten, zu sprechen. Sie hatte sich auch mancher Herausforderung des Tages in wacher Gegenwärtigkeit gestellt, vor allem dem Kriegsgeschick selbst, sie hatte stets aus den Wurzeln der Geschichte sättigende Nahrung gesogen. Aber im wesentlichen war ihr Leben doch im Protest und in der Distanz verstrichen. Die unmittelbaren Prozesse der gesellschaftlichen Entwicklung hatten es nur am Rande berührt, und als deren aufgestaute Problematik nach Kriegsende mit um so elementarer Wucht die Dämme einriß, da vermochten sie die damaligen Freideutschen nicht zu bewältigen. Sie verloren sich im Hader.

Nun war es natürlich niemals die Absicht Martin Voelkels, den Bund deutscher Neupfadfinder in die unmittelbaren Regionen der Gesellschaftspolitik hineinzuführen: Er wollte ihn weder zum »Hort der Reaktion« noch zur »Garde der Republik«, noch zum Sturmtrupp irgendwelcher revolutionärer Gruppierungen werden lassen. Derartige Tendenzen wurden zwar mitunter in den Kreis um die Zeitschrift »Der Weiße Ritter« hineingedeutet, lagen aber von Anfang an völlig außerhalb seiner eigentlichen Lebenswirklichkeit und ihrer Wunschbilder. Im Gegensatz zum Vorkriegswandervogel war indessen der Führer der Neupfadfinder tief angerührt und angetrieben von einfachen Urbildern eines brüderlichen Lebens unter dem Gesetz geisterfüllter Liebe und Treue. Mit einer fast archaisch anmutenden seelischen Energie versuchte er, die ihm anvertraute Wirklichkeit nach solchen Schaubildern zu ordnen und zu richten, er entwarf sie vor seinem »Volke« mit königlicher Intuitionskraft. Unter der Gewalt seines visionären Pathos fügten sie sich ohne Widerspruch in die meist so gegenfügigen Umstände der zivilisatorischen Gegenwart ein und gewannen im Bewußtsein der Gehorchenden mythische Glaubwürdigkeit.

Wenn er beispielsweise im Feuerschein des Burggemäuers auf der Ruine Hals - sie liegt im Tal der Ilz bei Passau - den süddeutschen Gruppen vom »Neuen Reich« sprach, so nahm das keiner der jungen Menschen für ein realpolitisches Programm, aber jeder fühlte sich in den Dienst dieses Reiches der Brüderlichkeit gestellt, um eine ferne bessere Wirklichkeit heraufführen zu helfen. Wenn er vor einem alten St.-Georgs-Brunnen, umstanden von Renaissancefassaden und reichsstädtischer Bürgerherrlichkeit, in einer hellen Abendstunde und ohne Rücksicht auf die neugierigen Gaffer ringsum von den Burgen im Lande erzählte, die der Bund errichten wollte, wenn er die ihm lauschende Jugend selbst zur »Burg« erklärte, so dachte keiner an ragendes Mauerwerk, sondern jeder verstand den Anruf an das Innerste der eigenen Herzenskraft. Wenn er unter dem Rauschen der Waldbäume, umglüht von den Strahlen des sinkenden Sonnenballs, die Gestalt des Weißen Ritters in die jungen Menschen hineinsenkte, so vernahmen sie aus geschichtlicher Beschwörung den Urklang männlicher Ordnung, eines »ordo cordis et fidei«, einer gottgewollten Mannessatzung, der nicht die Spur eines romantischen Anachronismus anhaftete. Geschichte und Gegenwart, Urbild und Abbild, Schau und Sein verschmolzen kraft eines rational nicht ausdeutbaren Vorganges in einer wirklich-überwirklichen Einheit, die das Gesetz der Zukunft in sich zu bergen schien.

Was Martin Voelkel in knapp sechs Jahren Bundeswirklichkeit der Neupfadfinder über die Jugend vermochte, hat nichts mit Zauber, mit unlauterer Führungsmagie oder mit Mißbrauch jugendlicher Phantasie oder jugendlichen Vertrauens zu tun. Die Jugend liebte ihn, aber sie war nicht besessen von ihm. Sie hing treu an ihm, aber sie bereitete ihm wiederholt bitterste Stunden des Zweifels nahe am Abgrund der Abtrünnigkeit. Sie widersetzte sich ihm kaum minder häufig, als sie ihm folgte. Er gehörte ihr, sie ihm in einem freien Bund der Seelen, in dem es die Segnungen des Himmels und die Schrecken der Hölle gab. Was er bewirkte, das konnte er nur in der Mächtigkeit seines Mannestumes bewirken, als Inbild der Männlichkeit. Was in der Jugend geschah, das konnte nur geschehen, weil sie glühend jung war, Inbild der Jugendlichkeit.

Dem Heutigen mag ein solches Erinnern als Täuschung erscheinen, als Selbsttäuschung des zurückblickenden alternden Gemüts, als Täuschung über ein damals sich selbst täuschendes Leben, als doppelte Illusion. Aber man darf nicht vergessen, welche Fülle von konkreter Wirklichkeit jenen Jahren innewohnte, zu schweigen von dem psychischen Potential, mit dem sie die bündischen Menschen ausstatteten. Der Gedanke eines eigenständigen Reichs der Jugend, dessen innere Grenzen sich ständig weiter vorschoben in die Welt der Erwachsenen hinein, diese Grundlehre des Kreises um den »Weißen Ritter« verbreitete sich wie ein Lauffeuer innerhalb der jungen Generation und hat noch sehr lange nachgewirkt. Im Gerüst der freiwilligen Erziehungsgemeinschaften, die sich die deutsche Jugend in ihren Bünden und Gruppen schuf, gab es nach dem Beispiel der Neupfadfinder bald überall Stämme und Gaue als vertikal, Jungen-, Jungmann- und Mannschaften als horizontal gliedernde Schichtungen. Zu dem blühenden Melos der Wandervogelzeit trat die sinnreich ordnende Rhythmik der Bündischen, und doch verhielt alles in der geheimnisvollen Harmonie einer sich voll ausschöpfenden Jugendlichkeit.

Martin Voelkels konkrete Zielvorstellung hingegen, nämlich die Gründung eines Hochbundes der deutschen Jugend, ist nie Wirklichkeit geworden. Vor dem nüchterneren Sinn der meisten anderen Bünde scheiterte der Aufruf. Manche mißtrauten wohl auch seiner hochgesteigerten Sprache und seiner allzu hochfahrenden Zuversicht in die Gewogenheit der Sterne. Es war mittlerweile Mitte der zwanziger Jahre geworden, die Zeichen der Zeit fingen an sich zu wandeln, die glückhaften Gestirne begannen sich zu verhüllen.

Unter den veränderten Schicksalsströmungen vollbrachte Ernst Buske (1894-1930) sein bündisches Werk. Der Hochbundgedanke Martin Voelkels hatte immerhin so viel realpolitische Dynamik gezeigt, daß sich im Jahre 1926 einige der bedeutenden Bünde, z.B. der Altwandervogel, dem Buske selbst entstammte, mit den Neupfadfindern zusammenschlossen. Die erst etwas ungestalte Vereinigung führte eine Zeitlang der Schlesier Hans Dehmel, dann gab ihr Martin Voelkel den Namen »Deutsche Freischar« und das Zeichen der Lilie, ihr erster eigentlicher Bundesführer wurde Ernst Buske. Er blieb es, bis er durch eine plötzliche Infektion einen rätselhaft frühen Tod starb.

Vermutlich hätte kein anderer die großen Schwierigkeiten der neuen Aufgaben mit gleichem

Erfolg und Geschick gemeistert. Voelkels historische Sendung war erfüllt, soweit sie sich erfüllen konnte: Sein prophetisches Pathos, der phantastische Reichtum seiner schöpferischen Initiative, das Sinnbild des Weißen Ritters fügte sich nicht mehr in den kargeren Stil der Folgezeit. Ohne Bitterkeit gab er die Fackel weiter. Unter den anderen maßgeblichen Führern war Buske die stärkste männliche Potenz, vielleicht auch der klarste politische Kopf. Er führte die Freischar in einer Ordnungsweise, die sich merkwürdig mischte aus den Ansprüchen gesunden Menschenverstandes, praktischer politischer Überlegung und der Mitgift eines verhaltenden jugendbewegten Idealismus, aus »Bauernadvokaten«-Schläue und Wandervogel-Lauterkeit, aus Tatsachensinn und Phantasie.

Er war wortkarger als Voelkel, abhold jeder Schwärmerei und Überzogenheit, auch kein Freund feierlichen und überformten Gehabes. Die Neupfadfinder mußten unter seiner Nüchternheit hinzulernen, doch brauchten sie sich nicht genötigt oder unverstanden zu fühlen. Wenn er sprach, so ging es weniger um fundamentale Deutungen als um praktische Forderungen des Tages. Sein »bezaubernd häßliches Gesicht, das Gesicht eines liebevollen und doch strengen, eines männlichen und doch zarten Menschen« (mit diesen Worten beschreibt ihn der Engländer Rolf Gardiner, mit dem er befreundet war, in einem seiner »Wessex Letters from Springhead«, 1946. Alfred Ehrentreich hat die treffliche Würdigung übersetzt und in der Zeitschrift »Die Sammlung« - Novemberheft 1956 - zugänglich gemacht), drückte dann ebenso wie seine breite, aber bewegliche und gut gebaute Gestalt ein überzeugendes Maß von Verläßlichkeit und von unaufdringlicher Selbstsicherheit aus. Neben Voelkels federnder und stolzer Hochgemutheit nahm er sich ungleich bescheidener und schlichter aus, ohne den geringsten Anflug von Extravaganz oder Selbstgefälligkeit, von Ehrgeiz oder Beflissenheit. Er wußte »gerade das normal Gesunde zu einer ungewöhnlichen Kraft zu steigern«, sagt Ehrentreich von ihm, der ihn früher als Studenten in der Berliner »Skuld« erlebt hatte. Aber er ging nicht unter in der Biederkeit jenes »normal Gesunden«. Seine innere Verhaltenheit, die sich kaum einen Ausdruck des Gefühls gestattete, beruhte auf Zucht und Takt, nicht auf Furcht vor tiefen Gemütsregungen oder gar auf dem Mangel an solchen.

Beide, Martin und Ernst, liebten die Musik und sangen die Volks- und Wanderlieder der Jugendbewegung aus Herzenslust, wie es damals die Art war. Beide aber waren sie nicht in einem höheren Sinne musikalisch begabt, wie etwa Ernst Buskes Freund Geo Götsch, der Leiter des Musikheims in Frankfurt an der Oder, wo Buske sich oft aufhielt und von wo aus er zusammen mit Götsch und dem Märkischen Singkreis einige Male nach England zog, eben zu Rolf Gardiner und seinem Kreis. So entgingen Martin und Ernst den Verführungen und Gefährdungen, die der Seele des Musikers drohen. Beide besaßen indessen ein inniges und selbständiges Verhältnis zur Dichtung und einen unverdorbenen literarischen Geschmack. Jeder von ihnen hat auch dichterische Versuche hinterlassen, wie es kaum wundernehmen wird. Wissenschaftlichen Neigungen wichen sie aus, Männer des Tages und der Taten, die sie im Grunde waren und blieben, trotz Fernweh und Schöpferdrang, trotz religiöser Hingabe und idealistischer Gläubigkeit.

Im unmittelbaren Umgang mit den Jüngeren war Martin sozusagen weitsichtig, Ernst kurzsichtig, d.h. jener pflegte durch die Menschen hindurchzublicken auf weite Ziele und Möglichkeiten hin, die sie in sich bargen oder denen er sie erschließen wollte - dieser faßte sie ins Auge, wie sie sich eben zur Stunde darboten, verstand und ermutigte sie durch gütigen Zuspruch in ihrer Eigenwesigkeit. Ernst war also gewiß der bessere Pädagoge, zumal er immer zu Scherzen aufgelegt und seine Natur voller Humor war. Meist trug »sein Mund, unbewegt von starkem Empfinden, ein überaus gewinnendes Lächeln« (Gardiner). Auch wußte man überall von seiner unermüdlichen und stets beispielhaften Haltung selbst strengsten Anforderungen gegenüber zu rühmen. Fahrt- und Lagergefährten erzählten, wie er jeden Morgen eine Stunde vor den anderen aufstand, um sich fertigzumachen. Ungeachtet seiner körperlichen Behinderung durfte ihm niemals jemand helfen. In den jungmannschaftlichen Arbeitslagern, die er organisierte und leitete, ackerte er auf dem Feld wie alle anderen; im Winterlager in den Allgäuer Bergen staunten die bayrischen Wölflinge, wie gewandt er sich auf Skiern zu bewegen verstand.

Sucht man nach einem Urteil über die Ergebnisse seiner dreijährigen Freischarführung, so muß man vor allem anerkennen, daß er der Kernmannschaft der bündischen Jugend den Blick für eine großfügige, geistig fundierte und doch realistische Sicht der politischen Verhältnisse ihres Landes geöffnet und ihr den Weg in eine sinnvolle Bereitstellung der eigenen Kräfte inmitten überhitzter sozialer Entwicklungen gewiesen hat. Das Jugendreich, das die Neupfadfinder durchgeformt hatten, hat er in zeitgemäßen Formen gesichert und ausgebaut. In den Jungmannschafts- und Mannschaftskreisen ist jedoch erst eigentlich unter ihm jene soziale und politische Standortbestimmung geweckt worden, die sie dringend brauchten und die bislang nur vereinzelt - z.B. in der Schlesischen Jungmannschaft und ihrem Boberhauskreis - wach geworden war. Als er starb, war die Freischar im Begriff, ein Kader für politische Kräfte des jungen Deutschland zu werden, die immun waren gegen ideologische oder massengesellschaftliche Infiltration und die außerdem binnen kurzem einen nennenswerten Bestand hochqualifizierter Einzeltalente für sozial- und kulturpolitische Aufgaben verschiedener Art hätten stellen können.

Wenn diese Entwicklung über hoffnungsvolle Ansätze kaum hinausgeraten ist, so ist das gewiß nicht allein Ernst Buskes frühem Tod zuzuschreiben. Auch er hätte die Wende von 1933 nicht aufhalten, das Erliegen der bündischen Jugend unter dem Ansturm dämonischer Gewalten nicht hindern können. Gleichwohl muß das Hinscheiden des Mannes in einer schicksalsschwangeren Stunde der deutschen Geschichte als ein tragisches Unglück für die damalige junge Generation betrachtet werden. Ihm selbst haben die Götter freilich viel erspart, indem sie ihn im Abendrot des kurzen deutschen Freiheitstages ins Grab sinken ließen.

Niemand wird so töricht sein, das Leben Martin Voelkels und Ernst Buskes lediglich nach dem messen zu wollen, was man in der Welt der Stoffe greifbare Resultate nennt. Bewegten sie sich doch im Feld einer geistigen Dynamik, waren sie doch wie wenige andere zentrale

Energiepunkte eines jungmenschlichen Kosmos, dessen System nicht errechenbar ist. Die Ausstrahlungen dieses Kosmos wirken fort, solange noch Menschen atmen, die einst in ihm leben durften, vielleicht auch noch über unsere Tage hinaus. Löst man einmal das Phänomen des Staatlichen oder des Staatsbildenden in der männlichen Natur ab von den gewohnten historischen Erscheinungsweisen und verlegt man es als eine besondere Potenz ins Innere des Menschen, so darf man füglich Voelkel und Buske als die in diesem Sinne wirksam gewordenen Führergestalten der deutschen Jugendbewegung betrachten.

Es ist sicher kein Zufall, daß beide aus preußischer Erde stammten. Der Dichter, der ihnen zugehört, heißt Heinrich von Kleist. Seinem »Robert Guiskard« lauschten sie, als sie zusammen mit den Bünden 1924 in der Hohen Rhön das Gedächtnis der Kriegsfreiwilligen feierten. Auch sie haben sich die Fäuste wund gerissen an den Pforten von Himmel und Hölle, wie es Martin Voelkel einmal von sich gesagt hat. Sie habe die Tiefen des Menschlichen auf deutscher Erde ausgelotet und die Schönheit unseres Lebens geschaut. Sie hatten einen Ring von Brüdern und Freunden um sich, der sie trug und den sie trugen.

Trampen wir durchs Land und rasen durch die Wälder hin.
Wer fragt dann noch, wer fragt dann noch, nach des Lebens Sinn.

Lust und Traurigkeit verweben wir ins Kleid der Zeit,
dunkle Stunden, Becherrunden, wir sind stets bereit.

Alles was uns bannt, verweht im Sand, verweht im Staub,
alle Schätze dieser Erde werden uns zum Raub.

Im Norden und im Süd, in Ost und West das gleiche Lied.
In die Fernen zu den Sternen uns es ewig zieht!

Trampen wir zur letzten Fahrt, goddam, das Scheiden das ist hart.
Sind wir Kunden überwunden, die Sonn' hat uns gelacht!

Worte und Weise: Werner Helwig aus »Heijo, der Fahrtwind weht«.
Herausgegeben von Karl Oelbermann und Walter Tetzlaff 1933,
Verlag Günther Wolff, Plauen i. V.

»1930«
Todeslied des Viermasters »Schwarze Möwe«

Im dumpfen Schnee des Jahres Last
hinter mir nachziehend, wie ein Hund, den Schlitten,
gedenke ich, dem kaltes Wehn
durch alle Sinne geht, gedenke
ich dein, und letztes Glühn
wie Abendtod am Berge
erfüllt mein Herz mit Farben
und zehrt es klingend auf.

Bei toter Luft, im Eise,
unter der Nacht und ohne Strahl,
verkettet meinem Leib, der wrack,
mastlos und schwarz vergeht,
ist es, wie wenn im Holze
noch einmal sich der Ton
der Sonne dehnt und süß
durch alle Planken zieht. Da splittert
ein Traum vom Stern, der plötzlich
ungeheuer einsam
ob mir steht.

Vom Blöcken eng und ohne Atem,
in Wassernacht und Grauen
seh ich den silberdunklen Eisberg kommen,
sanft und mit Richtung unbeirrt
zu mir, dem solches Ende
nie sich verhieß.

Jan Elge Wyg, Pseudonym für Werner Helwig
(Abgeänderte Fassung, zuerst erschienen 1932 im Dezemberheft
der von Tusk herausgegebenen Monatsschrift »Der Eisbrecher«)

Tusk, sein Leben, Wirken und Sterben (Eberhard Köbel, 1907-1955)

Runde: Alleingang des Autors

Eine spanische Wortverbindung, die sich schwer in einer anderen Sprache ausdrücken, höchstens in sie »hinübertragen« läßt, heißt: desvivirse. Das will besagen, daß sich das Leben selber verzehre, in Sehnsucht verbrauche und dabei unweigerlich abgebaut werde. Es will ferner besagen, daß es dem Menschen, als dem bewußten Träger des Lebens, zwar nicht an Ausdrucksverlangen und -kraft fehle, daß es ihm jedoch auf die Dauer nicht gelinge (womöglich nicht gelingen dürfe), sich in einer bestimmten Daseinsform zu erkennen und mit ihr eins zu werden.

Dieser Wortbegriff »desvivirse« fällt mir ein, wenn ich an dich denke, Tusk, mein Freund, mein Gefährte, mein Streitpartner. Der Platz, den ich für dich in meinem Gastmahl vorgesehen habe, bleibt leer. Denn du hast, noch nicht fünfzig, am 31. August 1955 die Welt verlassen. Du starbst an einer berühmten Krankheit. Symbolisch wie diejenige, welche Hölderlin traf. Ihr seid beide Schwaben gewesen. Aus Schwaben gingen immer Menschen hervor, die nach dem Höchsten griffen und dabei im Tiefsten wundervolle Dinge vollbrachten. Der späte Hölderlin (ich denke an seine Anmerkungen zu Pindar) befliß sich einer Metaphysik, die heute noch gar nicht zu Ende ergründet werden konnte. Auf dem Felde der Gegenwart bestellt auf andere Weise der Schwabe Hermann Hesse seinen westöstlichen Acker.

Nichts will, soll und darf hier miteinander verglichen werden - gewiß nicht. Weder Tusk mit Hölderlin noch Hesse mit Tusk. Wir hätten ja auch sonst noch Schwaben zu nennen, die für unsere Gegenwartsgeschichte bedeutsam geworden sind. Hier will damit lediglich belegt werden, daß Schwaben ein Schicksalsgelände ist, gesegnet mit Engeln und Dämonen. Und daß du, Tusk, ein typischer Schwabe warst, darauf will ich letztlich hinaus.

Als wir uns kennenlernten, vor mehr als dreißig Jahren, glühten wir beide in der Überzeugung unseres bündischen Auftrages. Ich wäre fast zu dir gestoßen. Dir hatte meine Hamburger Gruppe gefallen. Aber ein abschätziges Wort von dir über meinen Bund, den der Nerother, den ich vertrat, brachte uns wieder auf Distanz auseinander, ohne daß die freundschaftliche Neigung auf beiden Seiten je nachgelassen hätte. Ein letzter, langer Brief von dir, aus der Ostzone, kurz vor deinem Tode an mich gerichtet, zeugte davon. Und deine Entscheidung für den marxistischen Osten legte ja, im Sinne unserer Treueauffassung, ein Äußerstes an Trennung zwischen uns. Auch muß ich in »Rechnung« setzen, daß ich es »an sich« für unverzeihlich halte, wenn ein Mensch deiner, ein Mensch unserer Art sich so weit einer Ideologie beugt, daß er ihre Ursprünge, ihre Tendenzen nicht mehr zu erkennen vermag, sondern, um die Selbstlast loszuwerden, zu ihrem Funktionär verkümmert und nun als solcher »symbiotisch« handelt, urteilt, verwirft, abschätzt und - was das Schlimmste ist - weitere

Proselyten zu machen versucht. Denn was du, in der letzten Phase deines untergrabenen Selbst, drüben in dürftigen Funktionärszeitschriften an dürftigen Dingen bekundetest, war greulich und eines freien, stolzen Menschen unwürdig. Doch auf das hin will ich dich hier nicht anreden, obschon ich es in die Deutung deiner Persönlichkeit mitverweben muß. Du sahst die Dinge mit deinen eng beieinander liegenden Fanatikeraugen an, und die Dinge wurden dein. Immer schien es mir, als ob die von dir erfundene blautuchene Jungenschaftsbluse etwas Mönchisches habe. Diese Bluse bleibt einer deiner unbestrittenen Siege. Heute noch wird sie von deinen Gegnern wie von deinen Freunden getragen. Sie ist nicht mehr wegzudenken aus der modernen Jugendbewegung. Und nicht nur Sympathisierende sind dir bis übers Grab hinaus verblieben, auch Getreue. Auch solche, die deinen letzten Schritt zu dem ihren machten. Dein letzter Schritt, ich verstehe ihn kaum. Er hing mit deiner Sicht zusammen. Und du sahest nur, was du glaubtest. Und was du glaubtest, war groß, war meinetwegen gefährlich groß. Doch es war, wie in jenem treffenden Gedicht von Brecht:

Herrlich ist das einfache Leben
und ohnegleichen die Größe der Natur,
aber etwas fehlt.

Auch bei dir fehlte etwas, und es war das, was dich befähigte, nicht nur Kommunist (das ginge an) oder Marxist (darüber ließe sich in Ehren streiten), sondern Parteikommunist zu sein. Du mit den Asketenaugen, mit der Mönchs-Sicht, mit den übermenschlichen Forderungen, du mit der Ordenskutte, mit den gesparten Farben (und wie gut war dieses Grau und Rot deiner Banner, wie schön und schnittig standen deine Zeichen drauf: Falke und Windwoge), du gingest vor lauter Selbstübertriebenheit zuletzt einem Götzen ins Netz, der aus deinen großen Eigenschaften Kleinholz machte, mit denen er seine Kellertreppen ausbesserte. Was hätte aus der Jugend der Zone werden können, wenn man dir wirklich, wie du es ersehntest, erhofftest, die Führung anvertraut hätte. Aber wollte man dort diese Jungenschaft deines Stils?

Sie wollten dort Stachanow-Fanatiker, junge Leute, die zugunsten der Sowjetwirtschaft mehr Handgriffe in der Stunde leisteten, als menschenmöglich ist. Du wolltest ein Stachanow der seelischen Kräfte sein. Sie lachten dich drüben aus. Ich vernahm von den Demütigungen, die dir zuteil wurden. Und die du trugst, weil du nicht mehr zurück konntest, zurück wolltest. Du dachtest, daß du dein Gesicht zu retten hättest. Die Haut hast du oft genug und unbedenklich gewechselt. Das Gesicht, deine Sicht, wolltest du dir bewahren. Bis zuletzt sahst du die Wirklichkeit des Systems nicht. Du sahest, was du glaubtest. Und was du glaubtest, war groß. »Aber etwas fehlt«, auch Bert Brecht fehlte es. Wie hätte er, der Dichter der Hauspostille, der Dichter jenes prophetischen Gesanges der Soldaten der Roten Armee, der in den ersten Auflagen der Hauspostille stand und von dem alt gewordenen, in seinem Parteigesicht erstarrten Brecht gestrichen wurde, wie hätte er sonst Zonenpoet sein können?

In diesen Jahren fiel das Wort Freiheit
aus Mündern, drinnen Eis zerbrach,
und viele sah man mit Tigergebissen
ziehend der roten unmenschlichen Fahne nach.

Was wäre - darf ich dich das heute fragen - aus dir geworden, wenn die Hitlerjugend deine radikale Schwenkung, die du in den Heften deiner Zeitschrift »Eisbrecher« 1933 sichtbar vollzogst, ernst genommen hätte? Wenn sie dich, wie du es erwartetest, in die Reichsjugendführung geholt hätten? Kurz davor hattest du in einem geheimen Rundschreiben an deine Jungenschaftsführer (ich bewahre es noch) erklärt, daß du mit dem 20. April (Hitlers Geburtstag) 1932 der Kommunistischen Partei Deutschlands beitreten würdest. So rissest du das Pferd deines Bundes hierhin, dorthin, brachtest es zum Stehen, stiegst ab, mußtest unter denkwürdigen Umständen aus den Fängen der Gestapo gerettet und von Freunden, die sich selbst damit in Lebensgefahr brachten, ins Ausland geschleust werden. Deine ersten Briefe nach deiner Emigration erhielt ich aus London. Noch bewahre ich sie. Nie ist es mir gelungen, dem Charme deiner Handschrift, deines Stilisierens zu entrinnen. Eine Handschrift, von so schwäbisch-gotischer Verwicklung, daß es keinen gibt, der auch nur annähernd ähnlich schriebe, keinen, der deinen Schriftzug nachahmen könnte.

Ähnlich unnachahmlich waren all deine Prägungen, deine Wortschöpfungen. Hat jemals jemand einen besseren Namen für sich selbst ermitteln können, als »Tusk«, einen Namen, der rein im Wortklang werbende Magie ausstrahlt? Du sagtest, die Lappen nannten dich so, den »Deutschen«. Aber du akzeptiertest den Namen, fülltest ihn mit dir aus, machtest ihn bis heute zum zündenden Begriff. Was früher bei uns ganz brav Gruppe hieß, änderte bei dir Sinn und Rang. Du erfandest einen neuen Namen dafür. Aus dem etwas ordinären Wort Horde machtest du, im Banne des schwäbischen Dialekts womöglich, Horte. Und für den jungen Menschen klangen hier der Hort, der Horst und noch etwas Undefinierbares zusammen, wobei das Zugeschärft-Spitzgezipfelte, das du mit deiner Vorliebe für das »t« in den Bundesjargon brachtest, sich im Physiognomischen und im Habituellen zugleich als Adrettheit durchsetzen konnte. Der Typus des von dir dank solchen Mitteln erfaßten jungen Menschen war eindeutig sauber, scharfäugig, zuverlässig und - fast - unsentimental.

»Tyrker« hieß dein Nachrichtenblatt. Das von dir redigierte »Lagerfeuer« war die originellste Zeitschrift, die je in der Jugendbewegung zustande kam. »Rakete« nanntest du jene gedruckte Nachrichtenpostkarte, mit der du deine Bundesmitglieder nach Bedarf und Erfordernis informiertest: ein ausgezeichneter Einfall. Das Wort Jungenschaft, im Kreis des Weißen Ritters anfangs der zwanziger Jahre entstanden, erfülltest du mit einem neuen Sinn. Wieder war die Abkürzung, auf die du das Wort einschränktest, der wahre Fund: Aus dem Gründungsdatum deines Bundes und seinem neuen Titel machtest du »dj.1.11«. Weit davon entfernt, durch doktrinäre Forderungen zu langweilen, wandtest du Kleinschrift nur dort an, wo sie sofort einen steigernden, hervorhebenden Wert bekam. So auch bei den zu kultischen Formeln verdichteten Übernamen. Denn der Übername, das war ja die eigentliche Umtaufe. Der junge Mensch, der plötzlich nicht mehr Hans oder Fritz hieß, sondern kai oder tjolf, war wie ausgewechselt in seiner Haut und kam sich wie neu geboren vor. Ein Gefühl, das jenem gleichkommen mag, mit dem sich der Novize eines religiösen Ordens in das Gehäuse des ihm zugewiesenen Namens begibt und darin sich selbst stärker zu empfinden wähnt als in dem angestammten.

Du warst nicht nur ein ausgezeichneter Ornithologe, Tusk, und hättest in dieser Wissenschaft etwas leisten können, du warst auch einer jener seltenen Kenner der lappischen Sprachen und Dialekte. Jenes in unserer völkerkundlichen Literatur fehlende Buch über die Lappen, über ihre Geschichte, ihre Mentalität, bist du uns schuldig geblieben. Denn der »Fahrtbericht 29«, ein 1930 bei Voggenreiter erschienener Bericht über deine Lapplandfahrt mit deiner Stuttgarter »Horde« (damals war es noch nicht zu jener trefflichen Umprägung, ja Veredlung des Wortes in »Horte« gekommen) weist dich als einen Lappenwissenschaftler mit fundierten Kenntnissen aus. Er ist - diese Behauptung darf vertreten werden - einer der bestgeschriebenen Fahrtenberichte, die mir je unter die Augen kamen. Was für bestechend freche Formulierungen finde ich darin. In Lappland über deine Heimfahrt meditierend, schreibst du: »Ich war in die Festtracht der Jokkmokks-Lappen gekleidet auf jener Fahrt. Ich hatte die Farben der Tordas getragen. Und wußte, daß schon in zehn Tagen mitteleuropäische Albernheit mich, ihren Sohn, wieder aufnehmen wird.« Und auf der gleichen Seite: »Ach, wir sind ja in Lappland. Da läßt sich durchaus nicht alles mit unserer Asphaltvernunft erklären. Da ist oft Schluß mit dem kühlen Verstand, man geht zur Lappengreisin und bittet um Wegweisung und Wolfbeschwörung. Da heißt es oft: Mein Freund, Weg ist keiner da. Du weißt nicht weiter. Nun, glaube weiter. Und siehe da, man glaubt sich durch, man lernt den rechten Weg wollen. Doch das sind müßige Gespräche. Der Maschinenbauer belacht und der Wissende beschweigt sie.«

Ahnend warst du damals, Tusk. Noch warst du ahnungsvoll. Und vorsichtig in der Gläubigkeit. Ein schwedischer Offizier, der deine Horde singen hörte, sagte: »Ein Volk, das solche Lieder singt, kann nicht untergehen«. Du schriebst das auf und setztest hinzu: »Ich bin da Skeptiker.« Und auf die Frage, ob deine Horde nach Satzung und Gesetz lebe als Voraussetzung einer so augenfälligen Diszipliniertheit, antwortetest du: »Nein, nur Führer, kein geschriebenes Wort.«

Auch finde ich im Fahrtbericht eine Stelle, die für dich, den damaligen Tusk, unvergleichlich typisch ist. Sie ließ mich noch einmal den Zauber deiner Person verspüren. Verirrt mit deinen 13 Jungen im Gebirgsmassiv des Sulitelma, besinnst du dich auf das magische Erbe, das uns allen in Stunden der Not zur Verfügung ist, wenn wir frei genug sind, es zu mobilisieren: »Ich stierte auf die Karte, die andern waren still. Ich ließ das Vertrauen der Horde nicht auf mir ruhen, sondern leitete es weiter, ins Gestein, in den Nebel, ins All. Dann führte ich sehr vorsichtig ins Tal hinauf. Wir stiegen lange. Wir hatten keinen Entschluß gefaßt, ich dachte überhaupt nichts mehr. Ich beobachtete die Lage der Berge, den Fluß des Wassers. Ich rang jedes Wissen, jede Selbstberuhigung, jede fixe Idee in mir nieder ...« Der Erfolg gab dir recht. Die höchst gefahrvolle Überquerung des Sulitelma gelang.

Das Schönste, was du der Jugendbewegung schenktest, war die neuartige Unabhängigkeit von Haus und Bleibe. Du hattest in Lappland das Prinzip des heizbaren Zeltes kennengelernt und übertrugst es nun mit deutscher Gründlichkeit auf den Zuschnitt der Zeltbahnen. Mit dem von dir erfundenen Gehäuse, auf lappisch Kohte genannt, ist jede noch so menschenverlassene Landschaft erschließbar, jede Hochgebirgseinsamkeit erlebbar. Schneegrenze gilt nicht mehr. Man kann sogar auf Eis übernachten, wenn nur genügend Holz aufzutreiben ist, um das Lagerfeuer im Zentrum der Kohte nicht ausgehen zu lassen.

Das Merkwürdigste, was deiner vorausahnenden Witterung gelang, war die Propagierung des Zenbuddhismus, die du in deiner Führerzeitschrift »Die Kiefer« in den ersten Monaten des siegreichen Nazismus versuchtest. Ein kühner Wurf, auf dem Umweg über ein dem Durchschnittsmenschen gar nicht dechiffrierbares philosophisches System die eigene Vision in die erstickende Strömung des nationalen Aufbruches einzuschleusen und zum Geheimferment werden zu lassen. Doch das Mißtrauen gegen dich war bei den neuen Herren Deutschlands derart wach, daß es dir nicht gelang, diesen geschickt getarnten »Blinden Passagier« durchzubringen. »Die Kiefer« aber bleibt eines der denkwürdigsten Dokumente des bündischen Widerstands auf höchster Ebene.

Erschütternd das Bild, das mir ein Stuttgarter Jungenschaftler (sie leben dort sehr stark noch aus deinem Erbe) von dir entwarf. Wir befanden uns zusammen auf dem Bahnsteig des Stuttgarter Hauptbahnhofs. Wir saßen auf einer dieser Steinbänke. Er, ein junger Mensch von sechzehn Jahren, erzählte. Und ich versäumte den Zug, mit dem ich nach Heidelberg hätte weiterfahren sollen. Es war der einzige Morgenzug, und ich mußte dann bis mittags warten. Wir hatten auf dem falschen Bahnsteig gewartet. Zwar wunderte ich mich, daß der Zug nicht einlief, aber was mir erzählt wurde, war stärker, bannender als meine Reisepflicht. Und wieder einmal warst du es, Tusk, der mich aus dem Konzept brachte. Zwar mittelbar. Aber doch spürbar einschneidend. Denn mittags in Heidelberg zu sein, hätte seine besondere unwiederholbare Bedeutung für mich gehabt. So war ich erst abends dort. Und die Sache, um derentwillen ich hätte dort sein, pünktlich dort sein müssen, war mit entglitten. Aber das, was jener Junge von dir berichtete, war stärker.

Du hättest einen farblosen Mantel angehabt, erzählte er, in dem du viel zu klein drin stecktest. Überhaupt alles an dir hätte ein wenig geschlottert, der Kragen, der Hut sogar. Und dein Gesicht sei grau, eng zusammengenommen, sonderbar ausdruckslos gewesen. Kaum hätte er glauben können, daß es Tusk war, der mit ihm sprach. Und weil das von dir Gesprochene so auffallend farblos gewesen sei, hätte er es behalten. Du hättest dich nur in parteipolitischen Wendungen bewegt, sagte er. Du hättest dort auf demselben Bahnsteig, wo er und ich (verkehrt, wie sich ja später herausstellte) saßen, für den Kommunismus geworben, hättest das Loblied der Zonenjugend, der organisierten allerdings nur, gesungen. Hättest der Westjugend in Aussicht gestellt, daß ihr eines Tages gar nichts anderes übrigbleiben würde, als zum Weltkommunismus zu stoßen. Und daß es darum besser sei, schon jetzt ... und so weiter. Und vor meinen inneren

Augen entstand das Bild deines grauen, freudelosen Alterns. Und ich sagte es dem Jungenschaftler. Und er wußte gar nicht, wer das war, Karl Fischer. Er wußte nur von Tusk. Und was er von ihm wußte, machte ihn nicht froh. Als ein Verbrannter, als ein Verrannter erschienst du mir da, Tusk, mein Freund, Tusk, mein Streitpartner, Tusk, mein Vorbild vor dreißig und mehr Jahren.

Und darum will ich dich hier von dir und deinen erstaunlichen Anfängen selbst erzählen lassen. »Die ersten Kapitel einer jungen Bewegung« nanntest du das Manuskript, das du mir damals schicktest. Sie erschienen dann in deiner Zeitschrift »Der Eisbrecher«, die du dem »Lagerfeuer« folgen ließest und die das Eis nicht mehr zu brechen vermochte. Auch jenes nicht, auf das Brecht in seinem Gesang der Soldaten der Roten Armee anspielte. Gut sind diese Kapitel geschrieben, Tusk. Du warst einer der besten Schriftsteller der hellenistischen Phase der Jugendbewegung. Ich denke oft, daß vielleicht ein großer Schriftsteller oder Forscher aus dir hätte werden können, wenn du deine Kraft nicht den Jungenschaften geschenkt hättest.

Später schriebst du »Die Heldenfibel«. Ein Buch der Schwäche, gerade, weil es so schrecklich stark sein - und machen wollte. Weder der Titel noch die wunderliche Lehre seines Inhalts, die aus einer westöstlichen Eklektik resultiert, waren Funde des Glücks. Hatte es dich da schon verlassen? Fingst du schon an, ein anderer zu werden? Gehörtest du zu jenen tief Geschlagenen, die schon zu Lebzeiten sterben, ohne es zu wissen? Und die dann alle Kraft damit vergeuden, sich und den anderen einzureden, wie ungeheuer lebendig sie seien? Es gibt und gab sie allenthalben, nicht nur bei den Bündischen. Jeder von uns kennt irgendwo in der Kunst, in der Dichtung, im Berufsleben ein ähnliches. Ich gebe dir das Wort, Tusk, das Wort deines echten Jungseins.

Die ersten Kapitel einer jungen Bewegung

Alleingang von Tusk

Mir war wie einem Springbrunnen, den Kinder zugehalten haben und der nachher besonders hoch steigt. Ich stürzte mich durstig in die alten Zusammenhänge und machte da weiter, wo ich aufgehört hatte, bevor ich nach Lappland gefahren bin. Verändert hatte sich nicht viel.

Steckte Ziele. Zuerst wollten wir die Stuttgarter Gruppen der Freischar zu einem Kreis zusammenfügen. Dazu mußte ich Kreisführer werden. Nach einer Führersitzung gab sich das von selbst. Die Sonne schien, die Stadt lag im Vorfrühlingslicht.

Das ist kein Grund auszuruhen. Sofort bildete sich eine Opposition der Besserwisser, der selber Großen. Sie wollten sich nicht fügen, kritisierten und leisteten den Widerstand der Gleichgültigkeit. Nichts steht der Jugend schlechter als das. Ein junger Mensch soll mitmachen, ja sagen, mit eigenem Eifer andere überflügeln, aber nicht abseits das Seine denken und murren.

Meine Mutter schenkte mir ein BMW-Motorrad. Weil ich seit meinen frühen Jahren mit allen Sinnen an der Natur hing, war in mir der Antitechniker gewachsen. In unserer Zeit ähnelt der Antitechniker dem Mann, der Fleisch verzehrt, obwohl er gegen das Schlachten von Tieren eintritt. Mein Motorrad erschloß die Welt der Maschine. Die Motorradstürze auf eisigen und schlüpfrigen Straßen, die Zusammenstöße, bei denen die Funken stoben, sind Sensationsperlen an der Erinnerungskette. Ich möchte sie nicht verschenken. Summend jagte ich über die staubweißen Straßen, über die schwäbischen Hügel und durch Täler. Ich besuchte Gruppen im Land und hielt ihnen die große Zukunft vor Augen. Unsere Bewegung muß eine Hochflut werden und über ganz Deutschland hinrauschen! Alle Möglichkeiten stehen offen! Heraus, Kameraden, wartet nicht mehr. Wir stehen erst am Anfang! Werbt neue Soldaten, verbessert euch! Am Osterfeuer saß ich und erzählte von Lappland. Tags darauf spielten die Kleinen Rentier und warfen Lasso. Immer neue Freundschaften entstanden. Die fünf Stuttgarter Gruppen wuchsen zusammen. Wir wollen die tüchtigsten sein im Gau. Vorwärts! Vorwärts!

Unsere strahlenden Reihen! Die farbigen Fähnchen davor! Zelte, Lieder, Geigen, Klampfen. Nach dem Osterlager bauten wir eine Kohte aus farbigem Segeltuch und Bambusstäben. Zwar reichte sie an eine echte Lappenkohte nicht heran. Aber als wir sie rot, weiß, blauschwarz in der Sonne stehen sahen oder abends um ihr Feuer hockten, waren wir stolz. Die einzelnen Teile benannten wir lappisch: puaschu, schalju, otnoris. Auch setzten wir uns auf die Beine, wie es die Lappen tun, und nicht auf den Hintern, wie die Ungewohnten. Tage werden kommen, an denen Kohtendörfer rauchen.

Streng erzogen wir die Jungen in meinen Gruppen. Sie durften keine ordinären Worte sagen, durften nicht sehr schwäbisch sprechen, mußten sich vorher entschuldigen, wenn sie verhindert waren, auf Fahrt zu kommen. Wir kamen den Unordentlichen und Schlappen nicht entgegen.

Pfingsten kam. Zwischen dünnen Kiefern lagen die Zelte der Gruppe meines Freundes Zäpfel. Die Nacht sank herab. Wir schlichen über die Felder, Mann hinter Mann. Zwei Lagerfeuer mit Wächtern flackerten zwischen den Stämmen. Wir krochen am Boden.

Überfall! Sie schlafen schon! Haltet die Zelte zu! Wir legten furchtbare Bomben. Sie explodierten mit Getöse. Wir raubten Mützen und Proviant. Der erwachende Gegner machte ein paar Gefangene.

Auf diesem Lager fiel uns ein schwarzer Bursch auf. Er führte die Kasse. Seine Augen wachten, suchten, strahlten, jedes Lied riß ihn mit. Wir sahen ihn ins Klampfenspiel vertieft. Er brannte wie das Feuer eines fremden Holzes zwischen all dem germanischen Schwerblut: Romin.

Einmal, die Sonne brannte, und der weiße Staub blendete, fuhr ich mit Zäpfel auf dem Motorrad ins Maintal, um einen Sommerlagerplatz zu suchen. Wir fanden eine alte Burg hoch über dem Main, grasbewachsen, mit Kellern, Türmen, Brücken. Kein besserer Platz für ein Jungenlager ist denkbar! Wir beschrieben ihn in den »Briefen an die schwäbische Jungenschaft«! Wochen später rückten die Kolonnen durchs Burgtor, in einheitlicher Tracht, kraftgeladen, diszipliniert! Das waren gesegnete Tage! Abends saßen wir in unserer Kohte. Sie leuchtete wie ein Lampion. Auf dem Turm stand regungslos die Wache: ein Bub mit Speer und Messer. Drunten auf dem Main zogen Schleppzüge mit kleinen Lichtern.

Langsam entstand in unserer Gruppe die Überzeugung, daß wir unbesiegbar sind. »Vorwärts! Vorwärts!« blitzte es aus aller Augen. Der Verhandlungsweg ging zu langsam. Immer hemmungsloser wurden unsere Methoden.

Ich forderte die Schriftleitung der Bundeszeitschrift. Da könne jeder kommen, war die Antwort. So? Also Kampf! Wir erklärten der Bundeszeitschrift den Krieg.

Eine neue Wegmarke tauchte auf. Zäpfel mußte die Jungenschaftsführung abgeben, weil er studienhalber nach Berlin zog. Wer wird sein Nachfolger? Ich! Keine falsche Bescheidenheit! Nur eine kleine Opposition stand gegen mich.

Der Tag der Entscheidung kam. In einem großen Saal saß der ganze Gau im weißen Festhemd. Hundert Kerzen flackerten fiebernd. Ich stellte mich auf einen Tisch und schrie: »Ab heute bin ich Gauführer. Wer nicht einverstanden ist, kann gehen!« Das ist die neue Methode. Meine Leute erhoben die Arme und brüllten vor Aufregung. Farbige Wimpel mit Tieren und Wappen stellten sich hinter mich. Es lebe die große, stolze schwäbische Jungenschaft, es lebe der Bund!

Viele gingen. Auch Zäpfel mit seinen feinen Jungen, auch Romin. Macht nichts! Neue werden kommen. Dann bezogen wir die raschelnden Heuquartiere und schliefen dumpf.

Am nächsten Morgen kam Romin in unsere Scheune und knüpfte mit schwerer Zunge ein Gespräch an. Auch Zäpfel kam wieder. Unser Gau marschierte durch den Regen, neuen Aktionen entgegen. Werden wir je enden? Wo werden wir enden?

Gegen Jahresschluß 1928 verkündeten unsere Rundbriefe wieder einen ganz großen Sieg: die »Briefe« werden Bundeszeitschrift. Ein Kollegium bildet die Schriftleitung. Hurra! Die Augen des Bundes richten sich auf uns. Es ist nicht umsonst, wenn wir leuchten. Wir steckten weitere Ziele. Warum bescheiden sein? Warum nicht sagen, was man für gut hält? Warten? Wollen wir die kurze Jugend mit Warten vergeuden? Auf was sollen wir denn warten? Der Bund ist sturmreif. Die Alten müssen weichen. Wir sind bereit! Wir haben keine Geduld. Wir gehen unserer Erfüllung entgegen. Alle, die sich gegen uns stemmen, geben uns später recht. Wir sind ein ändernder Faktor. Ich bin kein Phantast. Ich habe schon schwere Wirklichkeit erlebt. Ich habe mich gegen Schnee, Rentiere und anderes durchgesetzt. Vorwärts mit unerbittlichen Forderungen!

Der Bundestag kam. Pfingsten 1929. Die Stimme, mit der die schwäbische Jungenschaft ihre anfeuernden Lieder sang, war eine helle Bubenstimme. *Unsere* Kolonne begleitete kein Jugendbewegungsveteran, wie sie so zahlreich herumstanden.

Solche Tage hatten die Elbwälder noch nie erlebt! Über dreitausend Jungen aus dem ganzen Reich und Österreich kochten, turnten, spielten, sangen. Und immer neue kamen. Ernst Buske aber versagte. Er hätte Kosakenoberst sein sollen, und er war Bundesvater. Er hätte mit erhobener Hand messerscharfe Reden über seine Regimenter hinschmettern sollen. Aber er murmelte wehmütige Erinnerungen ins Feuer. Der Gau Schwaben hätte sich zu jeder Tat freiwillig gemeldet. Aber er wurde nicht gebraucht und nicht gewollt. Damals schrien Aufgaben nach ihrem Meister. Tausende der aktivsten deutschen Jungen aus allen Reichsteilen warteten auf einer Wiese. Buske besaß vollkommene Autorität. Er hätte diesen Bund zur Aktion führen sollen. In der flimmernden Pfingstluft lagen die Möglichkeiten: Aber niemand bemühte sich, die Löwenkräfte zu wecken. die in jedem jungen Menschen schlummern. Es zitterte in uns eine unbegreifliche Erregung. Ich hatte Angst, als sähe ich ein Unglück voraus. Stunde um Stunde verrann mit albernem Zirkus und Sport. Soll diese einmalige Gelegenheit verpaßt werden? Dieser Sechzehnjährige aus Elberfeld, dieser Hellblonde aus Rastenburg, soll er genauso von hier gehen, wie er kam? Nein! Der Bund muß aus dem braven Jungen den Soldaten einer großen Sache formen, eine Fackel, die Neue begeistert!

Immer unruhiger wurden wir. Sollten wir die Initiative ergreifen? Würde Buske bei einem Aufstand gegen uns vorgehen? Wir fragten herum, wie der übrige Bund über uns spreche. Gut, nur gut! Abends berieten wir in der Kohte.

Sollten wir Trupps mit Trommeln herumschicken und alle auf die Festwiese laden, um dort Forderungen und Ziele laut auszusprechen? Oder sollten wir als revolutionäre Demonstration von Gau zu Gau marschieren und alle auffordern, sich anzuschließen?

Wir taten nichts. Wir wollten nichts gegen den Bundesführer tun. Sicher wartete er nur noch einen günstigeren Augenblick ab, um dann selbst das Angriffssignal zu geben. Wir wollen seine Arbeit nicht stören. Er verbirgt sicher ähnliche Pläne hinter seiner einsamen Stirn.

Mit einer kleinen Enttäuschung im Herzen fuhren wir heim. Erst heute sieht man deutlich. Wäre 1929 der unabhängige Bund im Maßstab der Zehntausende geschaffen worden, so wäre er heute eine Macht, die im Gespräch um die deutsche Zukunft ein gutes Wort mitsprechen könnte. So macht diese Jugendwelle heute ihren Amoklauf hinter der politischen Entwicklung her.

Das Schiff, an dem das Vormarschsignal zuerst gehißt wird, hätte nur die Deutsche Freischar sein können, auf die viele erwartungsvoll sahen. Und der Mann, der als einziger hätte Flottenchef werden können, war Ernst Buske.

Was jetzt geschah, ist die Tragödie einer verpaßten Möglichkeit, von der die meisten nur einzelne Szenen kennen.

Wir polterten sorglos weiter: Alleinschriftleitung der »Briefe«. Sehr gut! Wir haben die Presse des größten Bundes in der Hand! Unsere Stimme dringt zu allen Ohren. Unsere Stimme ist die Stimme des Bundes. Sieg, Sieg! Hoch lebe das Schwabenbanner!

Die Entscheidung wegen der Führung der süddeutschen Gaue wurde auf den Herbst verschoben.

Bei den klebrigen Bundesvätern galt unser Name nicht viel. Sie lächelten sauer über uns Tunichtgute. Wir forderten rücksichtslose Säuberung der Jugendbewegung. Zur Abwehr des Schwabengaus schuf man die schimpflichsten Ideologien, mit denen je Wünsche verbrämt wurden: Man müsse wachsen lassen. Wir seien zersetzende Unruhestifter. Wir gingen an der eigenen Nervosität zugrunde. Unsere Begeisterung gleiche einem Strohfeuer. Unsere Aktion trage die Merkmale eines Putsches. Kein Geist stecke dahinter, nur Geltungsfieber und Größenwahn. Bald breche alles von selbst in sich zusammen.

Aber jetzt mit aller Macht Gruppenfahrt nach Lappland!

Dreizehn Schwabenbuben ziehen über die karge Erde.

Sie lernen das Gleiche lieben, das ich liebe.

Sie werden immer empfindlicher. Immer weniger Worte brauche ich, um ihnen vieles zu sagen.

Die höchsten Stunden einer Gruppe kommen. Sie wurden den kommenden Taten gewidmet. Alles für die große deutsche Jungenschaft! Nichts zum eigenen Genuß.

Der Herbst muß ungeheure Siege bringen.

Dieser Ruhe in den nördlichen Bergen müssen Stürme folgen.

Romin kam zu uns nach Stuttgart. Mit seiner flammenden Leidenschaft reizte und lockte er alle, die in seiner Nähe standen und marschierten, zur höchsten Tätigkeit. Ich begann ein Buch über die Lapplandfahrt. Es sollte den Feinden die Waffen aus der Hand schlagen.

Die »Briefe« wurden beliebt und viel gelobt.

Wieder berief Ernst Buske mit seinen knappen und nüchternen Worten die Führer auf den Ludwigstein zum Thing. Ich fuhr mit der Maschine. Schweiß und Staub brannten meine Haut, als die Tagung begann. Der Chef gedachte zuerst feierlich eines Toten, den ich nicht kannte. Wir Schwaben saßen in unserer neuen dunkelblauen Tracht da. Ungeduldig erwartete ich den Punkt »Reichskreisführer«. Endlich, am zweiten Abend, begann Ernst Buske davon. Mir schoß das Blut in den Kopf. Warum sprach er nur so langsam! Das Herz blieb mir stehen: »Osten: Paetow, Westen: Heinz Weitzel ... Süden ...«

Mir war, als richte sich eine Pistole auf mich, als ziele ein Auge, als drücke ein Finger.

»Im Süden ... Georg Wolfbauer!«

Es flimmerte mir vor den Augen, ich mußte einen blutroten Kopf haben.

Georg Wolfbauer? Der brave Grazer Gruppenführer, hinter dem nicht einmal der Österreichische Gau steht?

Ich wollte aufstehen...

In Stuttgart schrieb ich in stürmischen Stunden am »Fahrtbericht 29«. Was fertig war, las ich gleich Romin vor. Er sagte: »In zwei Jahren müssen wir wieder nach Lappland, und da gehe ich mit. Das Buch wird uns riesig weiterbringen. Paß auf! Damit verdienst du viel Geld. Dann mußt du mir das Motorrad schenken!«

Im Oktober wurde ich vom Bundesführer zur ersten Reichskreisführersitzung nach Berlin berufen. In einem Zimmer tagte das Kollegium. Weitzel fehlte, weil er beim Konkurs einer Versicherungsgesellschaft beruflich beschäftigt war.

Ich sprach, aber kein Ohr wollte micht verstehen.

Am 1. November 1929 gründeten Romin und ich eine Verschwörung mit dem Ziel: »Erhöhung der Disziplin, Erhöhung der Anforderungen, Säuberung des Bundes, Besserung des Bundes auf der ganzen Linie. Dann Vereinigung aller ähnlichen Bünde zur Deutschen Jungenschaft.« Wir vermuteten Buske auf unserer Seite. Er hatte oft versichert, daß er dasselbe wolle. Wir hielten es für möglich, daß er uns nur unter fremdem Zwang eine Zeitlang hinhielt.

Wir nannten die Verschwörung »dj.1.11« und wollten sie mindestens bis zum Erscheinen meines Lapplandbuches geheimhalten. Ihr Kern war natürlich der Schwabengau. Mit heimlichen Sendschreiben hämmerten wir unseren Geist in die Häupter aller Kampfgenossen: vorwärts! Keine Kompromisse! Kämpft rücksichtslos! Spart euch nie! Wir werden siegen!

So oft wie möglich saß ich bei Romin. Er war achtzehn Jahre. Wir diskutierten abendelang über Politik, Gott, Charakter und Jungenschaft. Wir fraßen uns tief in die Nacht hinein. Das Mondlicht schien ins Zimmer. Mit leisen Klampfenakkorden begleitete Romin, was er sagte.

Seine Augen funkelten. Romin ist Mitbegründer der dj.1.11, der alles mitplante und mitüberlegte. Meist im kleinen Café Wirth bei Fräulein Anni. Dort saßen wir, aßen Zuckerbrezeln, lasen miteinander die neuesten Berichte aus dem Reich, aus unserm Reich, und Romins Geist wühlte in einer siegreichen Zukunft wie in Geld, das man noch nicht hat.

War es eigentlich die erste verlorene Schlacht, daß mir Ernst Buske den südlichen Reichskreis verweigert hatte? Nein! Auf keinen Fall.

Gegen Jahresschluß besuchte uns Ernst Buske in Stuttgart. Er führte den großen Bund ganz allein. Er versprach Besuche hier und dort, und er hielt die Versprechen. Er hatte für jede Sache ein Ohr. Wir gingen mit ihm hinaus in den Wald. Seine herbe Männerstimme, seine dialektfreie Sprache, seine spärlichen Worte faszinierten uns. Er war fünfunddreißig Jahre alt und gerade wie ein Soldat.

Als er über die Wiese schritt im Dunkeln, unserem Feuer zu, sangen wir: »General Buske, Buske rückt an. Mit hunderttausend Mann rückt General Buske an. General Buske rückt an.« Da stand er dann lächelnd, als wollte er sagen: »So, da habt ihr mich! Stellt Fragen an mich. Macht von mir Gebrauch!«, und setzte sich. Verlassen und ruhig war er und blieb es. »Was ist das für eine Fahne?« fragte er und zeigte zum grauen Tuch mit Wellen und Falken, »die Gaufahne von Schwaben I oder Schwaben II«? Ich erwiderte: »Es ist die Fahne beider Gaue.«

Was soll man mit so einem seltenen Gast anfangen? Ich sah die Augen der Buben auf ihm ruhen. Das also ist der Ernst Buske, von dem wir immer wieder erzählt bekommen. Es war kalt. Das Feuer wärmte nur die Vorderseite. Der Bundesführer war müde. Lieder verflogen. Die Buben hatten kratzige Stimmen. Ach, und Lieder hatte er ja schon so viele gehört, preußische, sächsische, rheinische Lieder. Armer, geplagter Mann! Ich glaube, du bist menschensatt. Rede, Bundesführer, urteile, befehle!

Der nächste Tag war regnerisch und nüchtern. Ernst besichtigte uns, diskutierte mit uns. Für uns war's Festtag, für ihn Arbeit.

An dj.1.11 schrieb ich einen geheimen Rundbrief, in dem es hieß: »Unter der grauen Fahne am Feuer sprach Ernst über die Einigkeit und unsere Arbeit. Wir brauchten uns da und am folgenden Tag nie in acht zu nehmen, denn der Kampf für die deutsche Jungenschaft war auch ihm so offenbar das Wichtigste, daß wir nur über das ›Wie‹ verhandelten. Für die anwesenden dj.1.11-Leute war es eine große Beruhigung, daß er nichts sagte, was uns irgendwie bremsen könnte, während er oft genug andeutete, daß die Initiative auf uns liege. Er weiß, daß wir ihm nicht alles unter die Nase binden. Er mißbilligte dies nicht, obwohl ich ihm die beste Gelegenheit dazu gab. Die eingeschlafenen Reichskreisführer wird er wahrscheinlich nicht mehr wecken.«

Romin stellte sein Reißbrett hinters Bett, und ich legte den Pinsel weg. Wir holten unsere Skier vor, verbreiteten um uns brausende Aufbruchstimmung und fuhren ins Winterlager. Wir machten eine große Inspektionsreise.

Zu mehreren Lagern bog ich ein auf meiner Inspektionsreise mit Romin. Große Augen sahen uns überall an. Ein Spalier von jungen Gesichtern. Du mußt verstehen, Leser, damals lag die Richtung »Aufwärts!« in der Luft. Auf stieg der »Graf Zeppelin«, die ersten Stuttgarter Wolkenkratzer bewegten sich in die Höhe, die Freischar wurde größer. Wir stiegen die Treppe hinauf zum Haus der Heidelberger. Auch hier die blaue Bluse. Auch hier große Erwartung. Es reift, es wächst dj.1.11. Es nähert sich der Tag der Machtübernahme und der ungehinderten Gestaltung der Freischarjungenschaft. Große Augen überall. In uns schlug das Herz der Bergsteiger am Morgen. Es schlug in allen Winterlagerhäusern, auf denen die rotgraue Fahne weht. Vor uns lag der Weg deutlich und breit. Wir sehen den Gipfel, hellgrau vor dunkelblauem Himmel. Wir schätzten die Entfernung. Wir sahen hinter uns das Tal, von Dunst bedeckt. Nie wieder zurück in die Passivität, in die dumme Duldung! Die weiße Sonne steigt. Die Lerche, das Jahr, unsere Erfahrung, wir selbst klettern. Unser Blickfeld wird größer, der Horizont steigt.

Romin begleitete mich auf einer geruhsamen Bahnreise nach Bayern, wo Kuli und die Stuttgarter bei den Bayern zu Gast saßen. Auch dort wehte die dj.1.11-Flagge.

Tiefatmend, gefüllt mit Plänen, kehrten wir zurück. Das Herz des Sportsmanns schlug in uns, unsere Köpfe waren in braune Haut gepackt, das Haar zu Gestrüpp verwahrlost, die blaue Bluse ausgeschnitten bis auf die begeisterte Brust. Wir singen und trommeln. Der Stationsbeamte zuckte mit den Schnurrbartspitzen, als er uns hörte. Dröhnender Rhythmus!

Ich verpflanzte mich nach Berlin. »Romin! Du mußt die Horte übernehmen!« Meine Horte, 1909 gegründet, den Weltkrieg überstanden habend, schon 1922 vollkommen straffe Jungengruppe, heute, 1932, die Rominshorte. Die »Briefe an die deutsche Jungenschaft«, unsere Bubenzeitschrift, genügte uns nicht.

Nun wälzte die Deutsche Freischar aber schon lange den Plan einer Jungenführerzeitschrift. Wälzte hin, wälzte her, wälzte hoch und wälzte nieder. - Oh, es bleibt beim Plan, wenn wir nicht eingreifen: Heute kennen wir uns von damals selbst nicht mehr. Mit rücksichtsloser Gewaltsamkeit gingen wir vor. Wir forderten einfach: Schriftleitung der Führerzeitschrift. Buske versagte sie. Ein junger Mann namens Molly Böhmer sei für sie ausersehen. Ich sagte: Dann geben wir eine eigene Führerzeitschrift heraus. Buske antwortete: »Dann verlierst du die Schriftleitung der ›Briefe an die deutsche Jungenschaft‹«. Ich sagte: »Du wirst sie mir nicht nehmen können! Als Privatmann gebe ich die zweite Zeitschrift heraus!« Keiner wollte weichen. Es ging hart auf hart. Buske stand gegen mich. Wir einigten uns notdürftig: Ich gebe die Führerzeitschrift als Privatmann heraus. Die heftige Unterredung begrub unser bisheriges Vertrauensverhältnis. Darüber gibt es keinen Zweifel. Sein Wille war eine unglaubliche Macht. Gegen ihn zu kämpfen, forderte die letzten Kräfte.

Unsere Politik wurde Provokation, weil mir die Geduld riß. Wir verloren alle Grenzen. Wir entwickelten uns ins Leere. Begannen nach Rache, Demütigung und Genugtuung zu lechzen, statt nur nach Erfolg für die Sache. Vielleicht wäre der Fehler wiedergutzumachen gewesen!

Vielleicht hätte uns eine glückliche Stunde zur Vernunft gebracht! Aber was daraufhin geschah, war wie ein eisernes Siegel unter unsere flache Eitelkeit. Ich fuhr nach Stuttgart. Romin hatte ein großes Fest vorbereitet, zu dem Führer aus allen Reichsteilen angemeldet waren. Kurz vorher erschien die erste Nummer des »Tyrker«, gefüllt mit aufpeitschenden Forderungen.

Ein Jungenführer sagte sich vom harten, glutheißen und grabeskalten Fahrtenleben los, er habe jetzt »genug Staub gefressen«. Aus Trotz und Treue zur endlosen Landstraße nannten wir unser Fest »Staubfresserfest«. Unsere Nagelschuhe werden weiterhin auf den Felsen knirschen, unsere Schläfen werden sich noch oft an die kahle Erde schmiegen, wenn wir schlafen. Die höchste Ausbildung und Kultur, die feinste Empfindung, die weiteste weltpolitische Wirkung wird dj.1.11 nicht von der Liebe zu Sturm und Wasser abbringen. Lachend nannten wir uns »Staubfresser«.

Das Fest verlief in Kerzenlicht und Jubel, mit aufrührenden Chören, glücklichen Tischreden, ein »Hoch auf dj.1.11«! In weißer Festtracht mit pflichtbewußtem Ernst standen sie Wache, den Morgenkakao tranken sie zu heiß, um rascher das nächste erleben zu können. Sie waren erfaßt, ergriffen, erbeutet von Siegessicherheit, vom Wissen, daß ein besseres, größeres Morgen winkt, wie wahre Jugend immer. Zweihundertfünfzig Jungen und Burschen dachten dieselben Gedanken und fühlten dieselben Gefühle. Auf dem Fest übernahm ich die südliche Reichsführung. Bayern wollte abwarten. Es stand uns aber durchaus nicht feindlich gegenüber. Als die Gäste erregt und müde nach Hause fuhren, setzte ich mich nieder und schrieb Ernst einen Bericht, in dem ich ihn vor die fertige Tatsache stellte. Kein Mensch wußte, wie er sie aufnehmen werde. Wir machten uns auf alles gefaßt. Er hatte sich nie einschüchtern lassen. Mit höchster Spannung wartete ich auf seine Antwort.

Sie blieb aus. Statt ihrer traf die Nachricht ein: Ernst Buske ist plötzlich gestorben.

Kaum je traf der Tod unerwarteter, als er am 27. Februar 1930 einen kerngesunden, fünfunddreißigjährigen Mann traf: den Bundesführer der Deutschen Freischar. Das war für viele Tausende junger Deutscher ein Schlag aus heiterstem Himmel. Und gerade die jüngere Generation hatte Buske immer zugerufen: »Dulde keinen zweiten neben dir am Steuer! Sei unser Führer!« Ihm gaben wir unseren Personalkredit, in ihm sahen wir den Führer, ihm konnten wir vertrauen! Eine anonyme Bundesleitung, deren Mitglieder immer abtreten und die Verantwortung abwälzen konnten, widersprach den damaligen jungen Wünschen.

Buske hatte ja die Signale verstanden und befolgt. Die zwei Bundesführerjahre hatte er verwendet, um seine Führerstellung auszubauen und seine lautere, wahrhaftige Autorität zu festigen. Ernst Buskes Entscheidung war geachtet und gefürchtet. Er versprach nichts, verordnete wenig, aber er führte *alles* durch. Er hatte die Entscheidungsart und Haltung eines erprobten Soldaten. Wenn so ein Führer stirbt, ohne selbst vorher an diese Möglichkeit gedacht zu haben, hinterläßt er ein steuerloses Schiff. Große seelische Erlebnisse durchströmten in den Tagen nach Ernsts Tod unsere kleine Berliner dj.1.11-Gruppe.

Das eine war der sonderbare Schmerz, der uns traf. Wir hatten mit Ernst Buske gekämpft. Ein kraftgeladener, mächtiger Mann hatte uns mit klugem, prüfendem Blick das letzte Mal betrachtet. Wir hatten eben einen guten Zug getan, hatten leise gesagt: »Schach!«, und gespannt die nächsten Bewegungen des großen Gegners erwartet. Da reißt ihn eine fremde Hand vom Spieltisch. Das Turnier wird sinnlos abgebrochen. Ich erinnere mich einer Geschichte: Zwei bitter kämpfende Heere stehen einander gegenüber. Da erfährt der eine Feldherr, sein Gegner leide an vollkommenem Salzmangel für seine Truppen. Da sandte er Parlamentäre und ließ dem gegnerischen Heer Salz bringen. Er wolle ihn *besiegen,* ließ er sagen.

Ein anderes Erlebnis war die Trauer. Ein englischer Schriftsteller nennt jede Trauer Eitelkeit. Für viele ist es Ziel, die Wunden zu verbergen. Für viele ist es eine Ehre, die Wunde zu zeigen. Wir ahnten ja nicht, daß unsere Fähigkeit, Trauer zu verbergen, ein halbes Jahr später auf die Feuerprobe gestellt würde. Wir haben sie nicht bestanden. Das sei zugegeben. Aber die künftigen Toten - das versprechen wir -, die künftigen Toten werden wir aufrecht und würdig begraben. Ihren Geist werden wir weitertragen. Nun begann der Kampf um das Erbe Ernst Buskes. Die Deutsche Freischar ist keine Monarchie wie die Freischar junger Nation, die, um alle Diskussionen auszuschließen, Admiral Trotha auf Lebzeiten wählte. Die Deutsche Freischar ist aber auch kein Orden, dem der abtretende Hochmeister den Nachfolger erwählt. Die Deutsche Freischar ist schließlich auch keine Demokratie wie der Deutsche Pfadfinderbund. Das vielleicht mag es sein, was sie langsam aus der Reihe der handelnden Personen zurückzieht und in das unübersehbare Heer derjenigen einreiht, die handeln *müssen* oder überhaupt »behandelt werden«.

Auf der schweren Maschine fuhr ich nach Löwenberg, um mit dem neuen Chef zu sprechen. Ein hageres Gesicht, das an Friedrich den Großen erinnerte. Die Märzsonne erhellte den Tisch, um den wir saßen. Drunten sang die schlesische Jungmannschaft einen Kanon. Eine nicht abreißende Folge von Volkshochschulkursen, Kinderlagern und Tagungen wandern durchs Boberhaus. Es ist eins jener Unternehmen, die in unermüdlicher Energie und Berge versetzendem Glauben geschaffen worden sind. Und dann kam das Jahrein-Jahraus in verständnisloser Umwelt, mit ermüdenden Mitarbeitern, Geldschwierigkeiten, neuen Anstürmen und neuen Lähmungen. Diese Arbeit zerstreut sich auch, weniger Wirkungen sind fühlbar als bei herausgegebenem Schrifttum. Der Chef darf nicht ermüden, wenn er sich beugt, stirbt sein Werk.

Vor lauter Bundespolitik kam die Vorbereitung des Osterlagers zu kurz. Und zu allem hin kam ich zu spät, weil das Motorrad, das zwölf Stunden lang Berge hinaufstürmte und summend in Täler hinunterrollte, plötzlich nicht mehr wollte. Heinz kletterte aus dem Beiwagen heraus.

Eben noch war der Bauernhof links ein Hof, wie wir Hunderte passiert haben. Jetzt, wo wir fluchend mit bitzelnden Gliedern auf der Straße stehen und nach der Panne sehen, jetzt wird uns gewahr, daß wir im hintersten Franken gelandet sind bei schwerfälligen Bauern, weit weg von Motorkundigen und von einer Eisenbahn.

Die Osterkälte hatte die Jungen in Scheunen, Schulklassen, Tanzsäle getrieben. Das Lager war durchaus kein Kunstwerk, wie jedes Lager sein soll. Vier Tage zu erfüllen, daß eine einzige Bewegung durch alle geht, ist eine gute Kunst. Die Lagerideen müssen stark genug sein, *alle* Werktagsideen auszurotten, Kälte, schlechtes Essen, harte Nächte müssen sie übertrumpfen. Die Lagerideen müssen ihren flüsternden Anfang haben, müssen zur rechten Zeit zur brausenden Hymne werden und müssen aufhören mit einem Fingerzeig in die Zukunft, damit sie in den kommenden Monaten weiterwirken. Ein dj.1.11-Lager ist eine Schule. Zelt, Kochtopf, Schlafsack und Feuer sind der selbstverständliche Rahmen.

Das kleine Dorf hatte nie so etwas erlebt. Marschierende Kolonnen in blauen Blusen, Hornsignale, hunderte schmutziger Stiefel. Abends stiegen aus den offenen Fenstern Lieder zur Klampfe. Im Tanzsaal der Wirtschaft wurde gesungen, daß die Fenster zitterten.

Wir machten wieder Bundespolitik. Da war z.B. der Gau Mitteldeutschland. Seine Jungenschaft stand zu dj.1.11. Der Gauführer war Dr. Mattusch. Er wollte zurücktreten. Wir suchten ihn auf und überredeten ihn, er solle mich zum Nachfolger bestimmen. Er stimmte zu, zögerte wieder, sagte abermals zu. Unsere Angreifergesinnung imponierte ihm mächtig. Er sei auch so gewesen früher. Wir hätten ganz recht. Aber dann sah er sinnend zum Fenster hinaus und hatte das Gefühl, eine Missetat zu begehen. Ich fürchtete, es folge ein nüchterner Morgen, denn abends gefaßte Entschlüsse werden oft vom nächsten Morgen ausgelöscht. Deshalb machten wir die Sache gleich perfekt und verschickten die Rundbriefe.

Am nächsten Sonntag fuhr ich nach Hannover, um die erste Führersitzung meines neuen Gaues abzuhalten. Es gibt dort nur eine gerade Straße, auf der man eine Viertelstunde hundertzehn Kilometer Stundengeschwindigkeit halten kann. Aber meine plötzliche Ernennung zum Mitteldeutschlandführer war eine zu große Vergewaltigung der Natur. Als ich am nächsten Tag abfuhr, war alles zerronnen.

Eines Montagsmorgens lag ein Telegramm vor mir. Ich sei aus der Freischar ausgeschlossen. Ich solle mich sofort an Geo Götsch wenden. »Abschiedsgruß Dehmel.«

Mit zwei Freunden schlief ich die Nacht in einem kleinen Dreierzelt abseits im Wald. Wir spitzten die Ohren, wenn aus dem Freischarlager Worte und Lieder klangen. Morgen gibt es einen großen Tag. Eben war in tadelloser Ordnung der dj.1.11-Gau Schwaben einmarschiert. Morgen wird man im Lager wissen, daß irgendwo im Wald sein Führer sich versteckt hält, denn der Zutritt war mir untersagt. Und man wird beraten, zögern, handeln wollen und doch nichts tun. Man wird den blitzenden Augen der Schwabenjungen begegnen, und man wird die andern wieder und wieder aus dem Schwabenlager rufen müssen, weil sie dort zusehen und zuhören wollen, neue Lieder lernen, mitspielen, die jungen Kommandeure bewundern und die Wachtposten, die vor allen Führern salutieren müssen, zehnmal strammer als die Reichswehr.

Die Freischarleitung ließ es zur Aussprache kommen. Bill redete. Der Rest des Bundes mußte vor seinen Argumenten fliehen. Eine Stunde später erhielt der Schwabengau den Befehl, bis drei Uhr den Lagerplatz zu verlassen. Österreich protestierte. Sein Sprecher wurde mit Gewalt gehindert. Darauf trat der Österreichgau aus dem Bund aus. Ich saß im Mittagssonnenschein allein am Wegrain. Das Schwabenlager wurde zur Verteidigung gegen fünffache Übermacht gerüstet. Schwaben ließ sich nicht vom Platz verweisen. Die Freischarleitung drohte mit Gendarmerie. Fünf Minuten vor drei. Die Schwabenburschen standen auf den Wällen und erwarteten den feindlichen Ansturm. Drei Uhr. Jetzt ging ich ins Lager, denn jetzt war es ja kein Freischarlager mehr, sondern ein dj.1.11-Lager auf ertrotztem Platz. Die Freischar schritt nicht zur Gewalt. Wir hatten kampflos gesiegt. Staunend wurden wir betrachtet.

Das war Ludwigswinkel. Zur gleichen Zeit fuhr Romin mit den Stuttgartern nach Italien. Auf dem Rückweg stürzte er tödlich ab und wurde später in Mannheim beerdigt. Sein Grab wurde von uns nicht mit einem Denkmal verziert. Dafür wurde Stuttgart I »Rominshorte« genannt. Wir kannten keinen Menschen, der von seiner Gesinnung so durchdrungen war wie Romin. Sein Geist wird weiterleben in der Rominshorte.

Teut, Tusk und die Jungentrucht

Runde: Autor, Karl Christian Müller, genannt Teut

Wir hörten manches bisher von den gleichsam untergetauchten Kulturen Tiahuanacos und Pachacamacs. Es gab Berichte und Darstellungen vom Königreich Kuskos und vom Geheimnis Athahualpas, des letzten Inka. All das war etwas, das sich unserer Phantasie entgegenwölbte und sich in ihr als eine glanzreiche übermenschliche Pyramide spiegelte, die sich aus einem fremdartig glitzernden Meer erhob und mit Zwischenstufen von undurchdringlichem Urwald bis ins eisige Schneereich von Ruti-Suyu reichte. In dieser vertikalen Richtung sahen wir den steinernen Blütenkelch der Inka-Mysterien sich entwickeln. Und wir sahen ihn mitten in seiner reichsten Entfaltung erstarren dank dem barbarischen Eingriff weißer Eroberer. Dank ihm besteht unsere Kenntnis. Denn ohne ihn wäre alles - wie andere Urkulturen Südamerikas - in Selbstzerstörung zerfallen.

Wären die großen starken Bünde der späten Jugendbewegung auch ohne den würgenden Zugriff des Nationalsozialismus in Selbstzerstörung zerfallen? Manches spricht dafür. Die Hitler-Jugend, die mit denkwürdiger, vor Morden an jungen Führern nicht zurückschreckender Brutalität die Einverleibung der autonomen Jugend betrieb, stieß auf eine Situation, derjenigen nicht unähnlich, die den Raubzug Hernan Cortes' ins Land der Azteken begünstigte. Fehden nicht nur zwischen den Bünden, sondern auch Spaltungen innerhalb ihrer Korporationen, ihrer Gruppen, ihrer Einzelgänger suchten (wie ein den Untergang und die auslöschende Eroberung vorwegnehmendes Erdbeben) das weite Gelände bündischer Lebensbewältigung und Daseinsgestaltung heim. Das Selbsterlebnis, teilweise bis zum Selbstprunk gesteigert, ließ die jungen Menschen das Gefühl für die Gefahr verlieren, die ihnen drohte. Sie zeigten mit koketter Absichtlichkeit die Achillesferse. Der Gegner wußte sie zu treffen. Die Folge war Unsicherheit in den innersten Zellen und Befehlsständen. Das heimliche oder demonstrative Überlaufen zu den siegreichen Extremisten, die besonders den Edelschwächlingen unter den Bündischen imponierten, wurde Mode. Man erlag (manchmal mit einer gewissen Schmerzlüsternheit) dem Raubfeind, weil er den Barbaren spielte. Man ließ sich auf seine Werbung, seine Zersetzungspropaganda ein. Die Haltlosigkeit, gefördert von üblen Existenzen, die mit guter Witterung ihre Chance spürten, steigerte sich zur Haltungslosigkeit. Sie bewies eine fortzeugende Virulenz und reichte schließlich von den Verantwortlichen bis zu den untersten Rängen.

Wir erfuhren von Hans Wilhelm Fichter, daß es zu einer bündischen Sammlung unter der Ägide des Admirals v. Trotha kam. Vorher, oder auch zu gleicher Zeit, hatten aber jene extravaganten Führer auf ihre Weise versucht, die große Strömung umzuleiten, bevor sie sich in den alles vermischenden Abgrund ergoß.

Du, Karl Christian Müller, einer der Notablen der spätbündischen Phase, Sohn der Jahrhundertwende, Denker und Dichter, hervorgetreten mit einem Versuch über Gestaltphilosophie »Die rhythmischen Maße« (1931), Herausgeber der anspruchsvollen bündischen Zeitschrift »Der große Wagen« (1932 und wieder 1957), begabter Übersetzer englischer Gedichte der Präraffaelitischen Ära, heute Schulmann in deiner saarländischen Heimat, du warst damals maßgeblich in die Dinge verstrickt. Du versuchtest, sie auf deine Weise zu entheddern. Du hattest einen eigenen Bund durch die Fährnisse zu bugsieren. Berichte, erzähle. Und wenn es dir hilft, der Klarheit näherzukommen, sprich von dir selbst in dritter Person.

- Du willst von mir erfahren, wie die Dinge sich damals zutrugen und wie es kam, daß die Außenseiter in der Bündischen Jugend überraschend zum Zuge kamen und dem Gruppenleben ein von Grund aus neues Gesicht gaben. Dazu muß ich allerdings weit ausholen, um ein ungefähr genaues Bild der inneren Lage der Jugendbewegung vor und während ihrer gefahrvollsten Periode - du nennst sie die hellenistische - zu geben. Und je nachdem, wie es sich schickt, will ich in der ersten oder dritten Person erzählen. Hellenistisch darf man diese Periode vielleicht nennen, weil das Gedankengut, das der Wandervogel gebracht hatte, jetzt bewußt in die ganze Jugend getragen werden sollte, und zwar deswegen, weil die Jugend ihre naive Impulsivität verloren hatte. Es war beabsichtigt, einen festen Jugendstand und -staat im Volke zu errichten, denn die Zeitströmungen, die zur radikalen Politisierung des Volkes trieben, zwangen auch die Jugendbewegung, Stellung zu nehmen, obwohl dadurch Ideen in sie eindrangen, die ihren natürlichen Rahmen sprengten.

Das Pfadfindertum, soweit es eine Gründung Sir Baden-Powells ist, entstand nicht als Aufstand der Jugend gegen Gesellschaft und Staat, sondern setzte deren feste Gestalt voraus und fügte die Jugend erzieherisch in diese Ordnung ein.

Der Wandervogel, erst ein formloser Aufstand gegen die erstarrte Gesellschaft, war zuletzt doch gezwungen, in Worten festzulegen, was er nicht nur für die Jugend wollte, sondern allgemein von der Gesellschaft erwartete. Das führte zu der Bewegung der Freideutschen und zur Meißner-Formel. Seit aber das Deutsche Reich durch den ersten Weltkrieg seine Form verloren hatte und das deutsche Volk versuchte, sich eine neue staatliche Ordnung zu geben, stand die Jugendbewegung vor einer neuen Situation. Die Antwort darauf hieß »Bund«. Nicht mehr Wandervogel nannte sich die bewegte Jugend, sondern Bündische. Und dieses Bündische stand gegen den bürokratischen Staat. Im Bund wurde für die Jugend feste Gemeinschaft auf dem Boden der Freundschaft und der personellen inneren Verbundenheit gesucht. Das führte zur Verbundenheit von Wandervogeltum mit Pfadfindertum in der Freischar, zum »Ritterbund« des Nerother Wandervogels, zu kultischen Formen, zur Eliteausbildung usw. Das war die Zeit, die du, Werner, die klassische nennst. Man darf sie trotz ihrer Tendenz zu einer neuen Staatlichkeit nicht als politisiert bezeichnen. Jetzt aber begannen die Kampfbünde der Nationalsozialisten, der Kommunisten, der Sozialdemokraten so mächtig zu agitieren, daß die Jugendbünde aus ihren stillen Bezirken furchtbar aufgescheucht wurden.

Während im allgemeinen die Bünde sich treiben ließen oder dem romantischen Selbstgenuß lebten, traten nun drei Bünde hervor, und mit ihnen drei Jungenführer, die mit aller Bewußtheit der Situation gerecht zu werden versuchten. Es sind die hier schon erwähnten drei Außenseiter Fred, Tusk und Teut. Jeder von ihnen versuchte auf seine Weise das Schiff der deutschen Jugendbewegung wieder in Fahrt zu bringen. Jeder von ihnen hatte dabei einen anderen Ausgangspunkt, der sich aus ihrer menschlichen und geistigen Situation ergab.

Zunächst standen alle drei miteinander in enger Verbindung, solange es galt, noch einmal das Jungenreich zu aktivieren und zu autonomisieren, d.h. von der Welt der Kämpfe im politischen Reich der Erwachsenen zu lösen. Dann aber riß auch sie der Strudel der politischen Ereignisse auseinander und in unterschiedliche Entscheidungen.

In der Rheinpfalz liegen im Haardtgebirge und Wasgenwald die beiden Lagerplätze, die für diese Phase der bündischen Jugendbewegung von 1929 bis 1934 von Bedeutung sind. Zwischen diesen beiden Lagern, dem von Ludwigswinkel, 1930, und dem beim Eiswoogsee, 1932, liegt ein fieberhaftes Geschehen, durch einige Vorspiele vorbereitet, in einigen Nachspielen ausgleitend, darin die Entwicklung dieses Abschnittes der Jugendbewegung ihre letzte Konsequenz und Aufgipfelung erfuhr. Das geschah unmittelbar bevor die nationalsozialistische Revolution alles begrub. Ludwigswinkel, ein Truppenlager sehr nahe der Grenze zum Elsässischen hin, liegt in einem gerodeten Seitentälchen eines Waldtales mit breiter Wiesenau. Bewaldete Bergflanken rahmen den Platz des Truppenlagers ein, auf dem die Zeltgruppen, nach Gauen geordnet, aufgebaut sind. Hohes Lagertor aus Fichtenbalken, von der Jungenwache im graublauen Hemd der Freischar bewacht, das Empfangszelt, wo die ankommenden Jungenscharen sich anmelden, Lagergassen und ein weiter Thingplatz mit dem hohen Mast, an dem die Fahne mit der Freischarlilie sich von einem leichten Wind bewegen läßt. Das übliche Bild solcher Bundeslager, die, seitdem sich in der Freischar Wandervogel- und Pfadfinderbünde zusammengeschlossen haben, immer mehr einem Heerlager gleichen. Das lockere Bild, das die Treffen der Wandervogelbünde kennzeichnete, ist gewichen. Tracht, Auftreten, Ordnung sind soldatischer geworden. In einiger Entfernung vor dem Lager hat sich ein kleineres aufgebaut, das Graues Corps, dj.1.11, Österreichisches Jungenkorps und Jungentrucht umfaßt. Hier hausen die Jungen der drei Führer, die der kommenden Zeit ihr Gesicht geben werden. Jetzt geht es darum, ob sich diese drei Rebellen innerhalb der Freischar auswirken dürfen oder ob sie sich endgültig auf eigene Beine stellen müssen. Tusk, der Führer der dj.1.11, und Teut, der Führer der Jungentrucht, wollen alles andere als eine Sektierergruppe bilden. Im Gegenteil, es geht ihnen darum, eine große deutsche Jungenschaft zu gründen, die in alle Bünde einmünden soll. Es ist der Gedanke Tusks, ein Gedanke, der immer wieder aufgetaucht war, jetzt aber in ihm einen Verfechter gefunden hat, der sich ihm mit aller Kraft der Seele hingibt. Er ist es, der ganz in der Situation des Moments steht. Er hat sein Ziel ganz unmittelbar vor Augen. Darum ist er der Mittelpunkt, der Kraftpunkt in diesem Augenblick.

Er ist körperlich klein. Der Körper sagt nicht viel aus, um so mehr der eckige, zurückliegende Kopf, in dem das Kennzeichnende die tiefliegenden, fanatischen Augen sind. Man hat nicht das Gefühl, daß sie auf einem ruhen. Es ist in ihm das Entweder-Oder, der Aktivismus, der Aufruf, der Befehl, das unruhig immer wieder Fordernde, das *nie* Sich-Genügen, das zu keiner Erfüllung Fähige, das Bannende des Brandes und des Sich-Verbrennens.

Die Jugendbewegung hat sich in Bravheit, in Romantik, ins Bürgerliche verloren. Sie soll wieder Bewegung sein, jetzt aber nicht als Aufstand gegen die Konvention, sondern als zu leistende Tat, nicht naives Leben aus innerem Überfluß, sondern organisierte zielbewußte Aktion. Der Junge ist der »schöpferische Mensch« - ganz im Gegensatz zu Nietzsche, der ihn den unschöpferischen nennt. Vitalität wird als Wirkstoff ausgelegt. Es ist die Argumentation des Führers, der weiß, wie leicht man Jugend hinreißen kann, um sie in Gedanken einzufangen, die sie schnell als eigene ansieht, als selbstgefundene. Es ist ein zur Selbstüberschätzung Reizen. Der ältere Mensch wird der Verachtung preisgegeben. Er wird als der unfruchtbare bezeichnet, als einer, der an den Rücksichten erstickt. Die Älteren sind schuld, daß die Einheit der Jugend nicht zustande kommt. Und nun nietzschehaft: Nur wer sich wandelt, ist mit mir verwandt. Morgen verbrennen können, was man heute anbetet. Die Wahrheit von morgen. Man darf an keiner hängenbleiben. Man muß ständig zum Scheiterhaufen bereit sein. Die Aktivität selber ist das Beständige, die Rotation der Revolution in Permanenz. Im Hintergrund steht die rationale Dialektik, die Generallinie der fortschrittlichen Veränderungen, wartet die folgsame Masse, die auf keiner Wahrheit mehr beharrt, sondern auf der fortgeschrittensten Daseinsverschiebung. Noch ist es nicht soweit in Tusks Entwicklung. Noch geht es um die Einheit der Bünde im Massenbund, noch geht es um die bloße Aktivierung gegen die lahme Bravheit.

Er bricht auf ins Lager der Freischar zur Auseinandersetzung mit dem neuen Bundesführer nach dem Tod Buskes. Nicht Tusk hatte man zum Nachfolger bestimmt, sondern zuerst Admiral von Trotha, dann den braven Helmuth Kittel. Aber Tusk will diesen zwingen, ihn in der Freischar zu dulden, und das heißt, ihm den Griff des Zepters in die Hand zu geben. Ob Tusk wirklich glaubte, daß man ihn duldete, vor ihm kapitulierte? Mußte nicht gerade der Umstand, daß man ihm nichts Entscheidendes entgegensetzen konnte, die andern zwingen, sich seiner zu erwehren? Wollte er sich durch die Ablehnung der anderen nur das Recht geben lassen, einen eigenen Bund zu gründen, den er ja doch selber nicht wollen durfte, weil er die Einheit der Bünde forderte und weil er durch die Strenge seiner Forderung schon den Bund sprengen mußte, dem er angehörte? Pardoxie seines Wollens! Es war nicht die einzige Paradoxie in ihm.

Währenddessen sammelten sich alle im dj.1.11-Lager unter einer Baumgruppe auf einer abschüssigen Lichtung bei Fred. Der stand auf einem ganz anderen Grund, auf dem der Naturphilosophie. Für ihn lag die eigentliche Wesenheit des Menschen von Geburt an fest, sie bedeutete für ihn zugleich sein Schicksal. Nichts konnte diese Grundlage entscheidend ändern, keine Erziehung, keine agitatorische Beeinflussung. Bewegte Jugend konnte nur dort entstehen, wo sie Auslese erfaßte, ein Führer sie aus der großen Masse entdeckte, sammelte und zu ihrem eigentlichen Wesen hinführte. Das waren die Gleichgeborenen, geheimen Adels, jenseits von Gut und Böse, eigenen Rechts.

Ein solcher Bund konnte nur klein sein, reichte nur so weit wie die Strahlungskraft des Führenden. Bund war Jüngerkreis, persönliche Gefolgschaft. Der Uomo virtuoso der Renaissance, musisch, wissenschaftlich, geistig zugleich, der Ausnahmemensch, fand in ihm einen späten Nachfahren. Die Wahrheit, die er verkündete, war bei allem Bekenntnis zu heidnischen Kräften dennoch christlicher Natur: sie stammte nicht aus ihm, er ward von ihr erfaßt und durchdrungen. Der Eros zum Führermenschen verband die Gemeinschaft.

Von Fred stammen aus jener Zeit zwei Schriften, die er unter dem Pseudonym Georg Sebastian Faber veröffentlichte: »Leonardo - Brief und Siegel« (1926) und »Zarathustras Nachfolge« (1930); eine weitere, unter Fred Schmid, folgte 1932: »Aufstand der Jugend«. Um die gleiche Zeit, jedoch wieder unter obigem Pseudonym, erschien sein Buch »Der Erzkönig«, eine Deutung Friedrich des Großen. 1957 folgte, nunmehr unter Alfred Schmid, eine naturphilosophische Arbeit »Traktat über das Licht« (Athenäum-Verlag, Bonn), mit dem Versuch, das Wesen des Lichts physikalisch und gleichnishaft neu zu sehen.

Fred war ein schlanker, groß gewachsener Mann, war Universitätsprofessor, Physikochemiker, durch Erfindungen wohlhabend geworden. Er war im Auto zum Lager gekommen. Auch besaß er ein eigenes Flugzeug. Im Benehmen souverän, war er persönlich äußerst entgegenkommend, von vollkommenen Manieren, seine gewinnende Strahlung wie ein Virtuose handhabend. Aktivität bewegte ihn bei allem; sie war gleichsam der gemeinsame Magnet, an dem er den einen und Tusk den anderen Pol darstellte.

Teut dagegen war schweigsam, beobachtend. All dies war ihm neu. Aus einem evangelischen Jungenbund war er hervorgegangen und hatte sich durch den Krieg, durch sein theologisches, philosophisches, germanistisches Studium in ganz anderen Sphären bewegt. Seine Rückkehr zum Jungenbund beruhte auf einem bewußten Entschluß. Er hatte ein lyrisches und ein philosophisches Buch geschrieben und hatte entdeckt, daß die Ideen, um die Gedicht wie Gedanke kreisten, mit einer Verpflichtung verbunden waren - in Nähe zu George und Hölderlin, die nur von einer strengen Gemeinschaft geleistet werden konnte, die in der Gesellschaft dieser Zeit unmöglich war. Ihm ging es darum, einen menschlichen Raum zu finden oder zu schaffen, worin Neubegründung ursprünglichen Lebens möglich wurde. Wo gab es Offenheit, Aufgeschlossenheit? Wo war nicht schon alles durch den Strom der Zeit verschlammt? Er erhoffte es in einem Bund mit Jüngeren. Er hatte ohne jede Berührung mit einem anderen Bund einige Gruppen gegründet. Es ging ihm nicht um den Aktivismus, nicht um das Sichausleben, sondern um das Ergriffensein durch das Transzendente, das Sichaufschließen für die Ursprünglichkeit aus dem Göttlichen, um das Sichpreisgeben an neue Stimmen, das nur möglich war, indem man sich an andere hielt, da das Göttliche sich immer nur in einer Gemeinschaft zeigt. Ihm ging es nicht um das Augenblickliche und nicht um die Macht im

Gegenwärtigen, sondern nur darum, daß einmal das Wahre sich neu lebendig zeige. Das Gegenwärtige, Vorherrschende waren ihm der reine Gegensatz, und er sah, daß die beiden, Tusk wie Fred, zwar aus dem romantischen Niemandsland herausstrebten, aber keinen anderen Weg fanden als den in diese Herrschaft des Gegenwärtigen. Die beiden strebten ins Aktuelle. Damit waren sie bewegt. Aber ob sie es im Sinne der ursprünglichen Jugendbewegung waren? In dieser Richtung etwa bewegten sich meine Gedanken, während das Lager sich begab und die Differenzen zwischen Tusk und der Freischar ihrem Höhepunkt zustrebten.

Plötzlich war Tusk wieder zu den am Hügelhang Wartenden zurückgekehrt. Er war endgültig aus der Freischar ausgewiesen worden.

Der Weg ohne Rücksichtnahmen war freigegeben. Der Zugang zu den Jungen mußte auf andere Weise gefunden werden. Die Jungenschaft begann. Fred trat ihr nicht mit seinem Grauen Corps bei, doch wollte er ihr mit Gunst und Hilfe beistehen.

Teut aber versprach, Tusk beizustehen. Dennoch blieb eine unausgesprochene Fremdheit zwischen beiden. Teut überließ in der Folge Tusk alle Initiative.

Tusk warb in der Freischar, und einige Gaue und Kreise traten zu ihm über. Tusk nannte den Bund zunächst Fuldabund. Später Deutsche Autonome Jungenschaft. Es wurden die Gaue Schwaben, Berlin, Norddeutschland und Trucht Rheinland gebildet. Karl Daniel (Norddeutschland) und Teut wurden Jarle im Bund und, als bald das Österreichische Jungenkorps beitrat, auch Hans Graul. Tusk wohnte nicht mehr in Stuttgart, sondern war nach Berlin übergesiedelt und in Hürlimanns Atlantis-Verlag eingetreten. Es wurde eine Etage gemietet, in der die »Garnison« Berlin und die Bundesführung ihren Sitz hatten. Dort wurde später auch der bundeseigene Lasso-Verlag eingerichtet.

Die Bezeichnung »dj.1.11« - Deutsche Jungenschaft vom 1.11.1929, dem Tage der »Verschwörung« - ist in Bild und Klang typisch für den neuen Aufbruch. Das Lager Ludwigswinkel hatte sein Vorspiel im »Staubfresserfest« März 1930. Hierzu hatte Tusk alle geladen, die seinen Ideen zustimmten, die er in den »Briefen an die Jungenschaft« vorgetragen hatte. Zum erstenmal zeigte man sich in der Jungenschaftsjacke und mit der farbigen Schulterkordel als Zeichen der Zugehörigkeit zu dj.1.11.

Ähnlich wie das »Staubfresserfest« eine grundlegende Bedeutung für die dj.1.11 besaß, so das Winterlager 1929 auf dem Schauinsland bei Freiburg i. Br. für das Graue Corps. Es steht mir deutlich wie kaum ein anderes vor Augen, weil es das erste Lager war, das ich in den neuen Bünden mitmachte. Ich folgte der Einladung Freds und sah mich auf der geräumigen Hütte nicht nur den Leuten vom Grauen Corps gegenüber, sondern auch Gruppen aus anderen Bünden, z.B. einem Ordensführer der Nerother mit seinen Jungen. Es verstand sich, daß am ersten Tag, an dem draußen der Schnee unversehrt lag, die Älteren vom Grauen Corps sich als ausgezeichnete Skiläufer zeigten und damit auf alle Jungen Eindruck machten. Abends sammelte sich alles im großen Tagesraum. Max Himmelheber, einer der einflußreichsten Führer im Grauen Corps, hatte das Wort. Und hier hörte ich zu meinem nicht geringen Staunen, daß die Jugendbewegung den Charakter der Bewegung verloren habe, daß sie brav geworden und verspießert sei und daß ein neuer Anfang gemacht werden müsse. Mehr noch als die erste These erstaunte mich die zweite. Mußte man bewegt sein? Bewegt war man von etwas, das einen bewegte. Daß aber nun die Bewegung Selbstzweck sein sollte, Bewegung um der Bewegung willen, das schien mir fragwürdig.

Wir wissen heute mehr um den Horror vacui der Seele, um die zerstörende Langeweile. Das Kind, dem echte bewegende Ziele noch nicht gegeben sind, bringt spontan den Drang zur Bewegung aus sich hervor, springt ins Spiel, das in der bloßen Bewegtheit seinen Sinn findet. Der Junge verlangt nach Taten. Der Jüngling nach solchen, deren Tendenz schon nach dem Eigentlichen und Wahren zielt. Wer den Jungen und Jünglingen Führer sein wollte, der mußte dieser Spontaneität Gegenständlichkeit geben. Aber was Max aussagte, ließ erkennen, daß die Jugend kein eigenes spontan bewegendes Ziel mehr hatte, sondern auf Anrufe wartete.

Als nun Max auf einige Jungen hinwies, die in Kosakenmützen und Russenkitteln dasaßen und ihre Russenlieder sangen, als er sagte, das sei nun etwas, was die Phantasie beflügele, das sei etwas anderes als der biedere Spießerkram, da sträubte sich in mir alles. Ich sprang auf und behauptete, ich sähe darin nur eine Maskerade, aber weder Idee noch Ernst.

Ich hatte ihm damit das Konzept verdorben. Zornig wurde mir erwidert, wer ich denn nun sei und was ich zu bieten habe. Mir blieb nichts anderes übrig, als zu prophezeien, daß in drei Jahren ein Bund um mich stehen würde, der das dann zeige. Das war ein Wort, um das sich keiner kümmerte, das aber doch als Frost über die Versammelten gefallen war, und Max hatte Not, die Gemüter wieder aufzuwärmen. Und er hatte recht. Die Fellmütze hatte mehr Bedeutung als das bloße Ablehnen dieses Spiels. Und später erkannte ich auch, daß die Kraft, die etwa von Tusk ausging, eine solche war, die die Phantasie der Jungen füllte.

Am nächsten Tag kam Tusk zu Besuch, kam von seinem Winterlager her mit einer Horte Jungen. Alle in blauer Jungenschaftskluft, festen, entschlossenen Gesichts. Man steuerte sie zunächst in einen Nebenraum, wo man verhandelte.

Später sah ich Fred und Max, als der Saal sich fast geleert hatte. Fred hielt ein brennendes Streichholz unter einen Taler, den ein Junge in der Hand hielt, eine Probe auf das Ertragenkönnen eines Schmerzes. Gewiß, ich empfand und begriff, daß darin auch nicht das geringste an Sadismus lag - Jungen wollen gefordert sein -, aber irgendwie schien mir damit die einst naive Unschuld der Jugendbewegung zu Ende gegangen. Alles war um einen eisigen Hauch bewußter geworden.

Am Abend teilte mir Fred mit, daß ich seinen Freunden nicht erwünscht sei, auch andere erhielten die Aufforderung, das Lager zu verlassen. Man hatte unterdessen seine Wahl getroffen. Man wollte unter sich sein. Das war die Klimaveränderung im bündischen Getriebe. Hier ging es jetzt ernster zu, bewußter, aktiver, vielleicht auch gefährlicher. Es kam jetzt auf Führer an, die die Jugend wirklich bewegen konnten.

Garnison nannte Tusk die Zusammenfassung seiner Gruppen in einer Stadt. Auch er huldigte dem Jungsoldatentum. Sein Mitarbeiter Kuli wurde Jungengeneral. Auch in seinen gedruckt erscheinenden Briefen an die Horten klang immer deutlicher der selbstbewußte Befehlston auf. Die Werbetrommel wurde gerührt. Ein Wallensteinheer der Jungen sammelte sich um ihn. Mit militanter Geste begann man den Feldzug gegen die »Spießerbünde«. Selbst das Musische erhielt einen militanten Beiklang. Was jetzt die Jungen bewegte und erregte, war das Sich-in-Dienst-Stellen für eine Idee oder einen charismatischen Führer. Es war ja die Zeit, in der auch im Politischen das Militante zunahm. Die neuartigen Bünde bekamen Freikorpscharakter. Der Befehl, das Kommando, zog in die Bünde ein. In den bewußt rechts stehenden Bünden hatte der Befehl bereits Kommißton. Hier aber klang er verhalten, war wie eine selbstgewollte Verabredung, fast geflüstert. Die blaue Jungenschaftskluft, die Tusk entworfen hatte, wurde korrekt, sauber getragen, sie war ebensosehr Uniform wie Tracht. Schulterriemen, Schiffchen als Kopfbedeckung kamen hinzu.

Von hier aus wurde die Spießerlangeweile vertrieben, gewann man Selbstbewußtsein, fühlte man sich im Dienst eines ernstgemeinten Spiels. Die Fellmütze bildete zuweilen einen effektvollen Akzent, mehr nicht. Einige der Älteren des Grauen Corps trugen lange Militärmäntel. Rucksäcke wurden nicht mehr geduldet, nur noch Tornister.

Die Garnison in Berlin entwarf nach Tusks Angaben und nach dem Vorbild des Lappenzeltes die schwarze Kohte mit Rauchloch, mit Ornamentstreifen als Schmuck. Darin ließ sich eine ganze Horte unterbringen, ließ sich ein Feuer anmachen. Das Singen ums Kohtenfeuer bis tief in die Nacht stiftete der Fahrt und dem Lager neue Werte.

Im »Lagerfeuer«, der Zeitschrift, die Tusk im Atlantis-Verlag herausbrachte, gab sich der Bund einen überzeugenden Ausdruck. Der Falke über den Wellen war Bundeszeichen. Dann wurde zu einem Lager aufgerufen, das völlig dem neuen Stil entsprach. Es erhielt den Namen »Sühnelager«. Dieser Name hatte seinen Ursprung darin, daß eine frühere Einladung des Österreichischen Jungenkorps nicht eingehalten worden war. Zur Sühne sollten jetzt alle Horten der Deutschen Autonomen Jungenschaft nach Österreich kommen. Es war Ostern am Traunsee, den der Traunstein mit senkrechter Gebärde überragt. Unter ihm erstreckt sich in den See hinein eine Geröllhalde, nur auf schmalem Pfad erreichbar. Auf den schmalen Uferbänken breiteten sich die Zelte aus, darunter die erste Kohte, von den Berlinern mitgebracht. Auf dem einzigen größeren Fleck wurde ein flaches, weites Gemeinschaftszelt aus Militärzeltbahnen errichtet, dessen Mitte offenblieb, um das Feuer auflodern zu lassen. Die

Nächte am See waren zu kalt zum Schlafen, das Gelände war beengt. So wurde tagsüber geschlafen, die Nacht am Feuer verbracht. Nur wo ein Mann wie Tusk stand, ohne laute Gebärde, mit der Gabe einer reichen, nie versiegenden Phantasie, nur wo Jungen, die in Spannung und Begeisterung nichts gescheut hatten, um den neuen Bund zu formen, die von Berlin, der Saar, von Hannover, von Schwaben, von Wien und Graz herbeigeeilt waren, nur wo der Bund so viel zu verheißen schien, konnten diese Nächte um das gemeinsame Feuer mit Singen, Jungentanz und Rede so gefüllt werden, daß die Begeisterung nie absank. In der zweiten Nacht stürmte alles schweigend einen steilen Waldhang hinauf, für einige Stunden. Am Morgen sprangen die Abgehärteten zum Bad in den See. Andere fochten auf kiellosen Booten Steinwurfschlachten aus.

Der Traum vom blauen deutschen Jungenheer wurde maßlos ausgesponnen. Alle Bünde sollten in ihm aufgehen. Neben der Schule sollte der Bund jeden bereiten Jungen in seine Zucht nehmen. Regelrechte Jungenfeste sollte der Bund veranstalten. Vom Jungenbund her sollten Staat und Volk erneuert werden. Neue Lieder und Reigen, nicht mehr romantisch-bukolisch, sondern vom eigenen Erleben getragen, sollten sich ausbreiten. Ein neuer missionarischer Eifer sollte die Jugend erfassen. Neben der Bundesfahne wehte die schwarzweißrote. Wieder eine deutsche Jugendbewegung, aber eine von soldatischer Zucht! Tusk ist nicht Meister unter seinen Jüngern wie Fred, sondern ein erregender Anführer zum Aufbruch, Erreger zum Traum einer großen deutschen Jungenschaft. Die »Heldenfibel« (Verlag Günther Wolff, Plauen 1933) wird das Buch, darin jeder Junge sich erweckt sehen soll. »Verlaßt die Tempel fremder Götter, glaubt nicht, was ihr nicht selbst erkannt!« Verwandelndes Erkennen ist die Forderung! Man ergründet die Philosophie Heraklits mit ihrem Stolz gegenüber dem tumben Sinn der Masse, man greift nach den geistigen Errungenschaften des Zen-Buddhismus. Auch sie sind nur Wegmarken. Zur eigenen Welt will man vordringen. Neue Wahrheiten, die eigenen Wahrheiten!

Man will modern sein. Forscher, Wissenschaftler, Techniker, Filmregisseur, Hörspieldichter, das sollen die Berufe sein, denen man sich zu widmen hat, um die neue Welt zu gestalten, meint Tusk. Hier liegen für ihn die Möglichkeiten zu gesteigerter Aktivität. Aktivität im Erkennen, im Planen, Handeln, im Weltergreifen ist ihm Lebenssinn. Auch Ruhe, Besinnung sind ihm nur Rückgriffe auf Ursprünge. Bund ist ihm Gemeinschaft zur gegenseitigen Lebenssteigerung. So umfassend wie möglich soll die Mobilisierung des Lebens vor sich gehen. Die Horten sollen jetzt nur noch die schöpferisch Aktiven sammeln. Die Masse soll in Jungenabteilungen konzentriert werden, die die Impulse aufnehmen, die von den Aktivisten ausgehen.

Um die Massen der Jungen so schnell wie möglich zu gewinnen, tritt Tusk Pfingsten 1931 auf der Erpeler Ley am Rhein als »Landesmark dj.1.11« in den Deutschen Pfadfinderbund ein. Sein Bund soll der mobilisierende Sauerteig sein. Auch hier tritt Tusk gleich als der gewaltsam Fordernde auf. In Erfurt auf der Feste, September 1931, in Anwesenheit von fast 400 Führern des DPB, treffen Pfadfinder und Jungenschaftler wieder aufeinander. Fabricius, der alte, und

Hirschberger, der neue Bundesführer des DPB, sind kaum mächtig, den Anspruch Tusks zu zügeln. Auch hier ergeht es Tusk ähnlich wie auf dem Lager zu Ludwigswinkel. Man weicht vor dem Ansturm seiner Forderungen zurück. Tusk muß das Ringen nach einigen Monaten wieder aufgeben. Aber viele Gruppen des DPB sind schon »angesteckt«, sind in das revolutionäre Fieber hineingerissen und schließen sich der Deutschen Autonomen Jungenschaft an. Während Tusk mit den Führern verhandelt, tragen Teut und Karl Daniel die neuen Parolen in die Mengen der Pfadfinder.

Der Aktivismus Tusks gewinnt seinen stärksten Ausdruck in der sogenannten Rotgrauen Aktion. In einer gewaltsamen Anstrengung sollen neue Horten gegründet werden, sollen die aktivsten Gruppen aller zu einer Aktionsgemeinschaft gesammelt werden. Diese Mobilisation, obwohl eifrig von den Jungen aufgenommen, mißlingt. Die anderen Bünde werden mißtrauisch.

Aber von anderer Seite her wird die Gefahr für Tusk noch größer. Die beiden extremistischen Parteien, die NSDAP und die KPD, verstehen diese Mobilisierung der Massen im größeren Rahmen mindestens ebensogut. Sie drängen immer entschiedener zur Macht in Staat und Volk. Was bedeuten demgegenüber die Jungenheere, die ja trotz allem winzig klein sind und die keine resolute Ideologie so konkreten Inhalts besitzen wie die beiden Molochparteien. Zwar hatte Tusk immer versucht, sich von den politischen Parteien fernzuhalten. Jetzt, in Berlin, dem Fieber der parteipolitischen Auseinandersetzungen besonders preisgegeben, kapituliert er. Es ist vor allem Heinz Krohn, kommunistischer Agitator, der (später von der NSDAP »auf der Flucht erschossen«) seine Entscheidung für die KPD förderte.

Die Weimarer Republik mit ihrer unvorsichtigen Duldsamkeit hatte der Jugendbewegung eine herrliche Zeit gewährt, eine Zeit, in der sie völlig frei - wie es die Meißner Tagung forderte - ihren Ideen und Strebungen folgen konnte. Auch Fred, Tusk und Teut waren eigentlich nur in diesem politischen Freiraum denkbar. Sie erkannten dessen Schwäche und versuchten, sich gegen den Sog der Zeit zu stemmen, ihr einen neuen Sinn zu geben. Doch wie der erste Weltkrieg den Wandervogel überrollte, so die nationalsozialistische Revolution die Bündischen.

Tusk sammelte zunächst die Älteren in Berlin um sich und formierte sie zu Kultur-Klubs, wie er diese Gruppen von Burschen nannte, denen er seine Ideen als geistige Entscheidungen aufnötigen konnte. Sie zogen schwarze Russenkittel an und trugen Stiefel. Sie übten die kommunistischen Propagandalieder ein und trugen die rote Fahne vor sich her. Es ging durch den Bund ein Geraune, nur wenige wußten etwas Genaues. Mündlich wurde es weitergetragen, auch durch Briefe, daß Tusk sich zur KPD bekenne. Und nun verständigten sich die Jarle und Gauführer. Von den Jarlen war es nur Bill, einer der Vertrautesten Tusks, der diesen Weg mitging. Die anderen sahen darin einen Treubruch.

Wer aber sollte den Widerstand sammeln? Der Distanzierteste und Eigenwilligste war Teut.

Tusk hatte ihn eigentlich nie ins nähere Vertrauen gezogen, hatte ihn sich selber überlassen und war nicht schlecht dabei gefahren. Er hatte seine Treue ernst genommen, obwohl die Idee der Trucht sich immer weniger mit der absoluten Mobilisierung der dj.1.11 vertrug. Aber es war ja Spielraum zum Eigenen geblieben, und die Idee von der großen deutschen Jungenschaft stand der eigenen nicht entgegen, solange der Charakter der Trucht dabei nicht angetastet wurde, und das tat Tusk nie.

Ähnlich duldsam war Teut. Was war die Idee Teuts? Er ging von der Tatsache aus, daß die europäische Kultur mit immer größerer Geschwindigkeit sich zu einer Weltzivilisation ausweitete, sich vom ursprünglich Schöpferischen entfernte, sich immer stärker technisierte und verbalisierte. Die echte Gemeinschaft der Menschen wich immer mehr der bloßen Massengesellschaft, in der nur noch Geld, Verbrauch und Nutzbarkeit bestimmend wurden. Die ursprünglichen Bindungen, die religiösen und volklichen, schwanden, und an ihre Stelle traten Solidaritäten der Klassen, Interessengruppen, Ideologien. Er sah darin weniger eine Mutation der Menschenwelt als das dem Ende Zugehen der abendländischen Kultur. Aufgang und Untergang von Kultur schienen ihm aber nicht wie bei Spengler biologisch gegeben, sondern in einem ontologisch begründeten Gestaltwandel. In einem Buch »Die rhythmischen Maße« hatte er versucht, mittels der Wesensverschiedenheiten der Sprachen darzulegen, welche ontologischen Differenzierungen und Wandlungsgesetze verbindlich seien. Auf Grund solcher Erkenntnisse glaubte er, daß gerade mitten in der Entwicklung zur Weltzivilisation neue Anknüpfung an das Ursprüngliche möglich sei. Zeugen dafür waren ihm Hölderlin, Nietzsche, Stefan George und die Jugendbewegung. Schon vorher hatte sich gezeigt, daß die Jugendbewegung sich diesen Gründergestalten in dem Maße zuneigte, als sie ihren eigenen Strebungen entgegenkamen. So folgte der Bund Teuts, »die Trucht«, auch einem Bemühen des Urwandervogels. Es ging nicht darum, bestehende Institutionen in Frage zu stellen, Kirche oder Staat, sondern den Glauben zu stärken, daß das Leben im Geist vor der Politisierung, Technisierung und Verflachung nicht zu erschrecken brauche.

Nur in einem solchen Bund war es möglich, sich der Welt des technischen Fortschritts zu erwehren und im Beieinanderhalten der Gleichgesinnten sittliche Kraft zu finden. Nicht die technische Entwicklung zu stören war die Absicht, sondern das Herz zu wahren und für das Empfinden der ewigen Wahrheit frei zu halten. Staat war diesem Bund somit etwas anderes als das, was in dieser Gegenwart als Staat gesehen wurde. Politisch hatte er keine Heimat, sondern lebte auf eine Zukunft hin. Darin unterschied sich die Trucht vom Grauen Corps, das in der Vergangenheit Vorbilder suchte, aber auch von der dj.1.11, die sich völlig der Gegenwart hingab.

Tusk aber rang um andere Entscheidungen. Er suchte den unpolitischen Jugendbund zu wahren und zugleich die Jungmänner politisch zu engagieren. Ein hektographierter Brief traf ein, der alles klärte:

Eberhard Köbel

An die dj.1.11! Umgehend durchgeben!
Sofort allen Jungen vorlesen, dann vernichten!

Liebe Kameraden!

Am Mittwoch, dem 20. April 1932, trete ich der Kommunistischen Partei Deutschlands bei. Den Grund könnt Ihr in meiner Erklärung lesen. Die Not und die Schwierigkeit der Heimat ist so groß, daß ich nicht verantworten kann, aus Bequemlichkeit dem politischen Kampf fernzubleiben. Das können viele nicht verstehen. Sie sagen: »Der tusk hat sich verändert.« Natürlich habe ich mich verändert: ich bin gewachsen.

d.j.1.11 ist für mich *die* Jugendbewegung. Rechts und links: Feigheit, Gemeinheit, sture Dummheit. dj.1.11 ist herrlich mit seinem Charakter. Baut weiter auf dem alten Untergrund! Setzt Eure alte Linie zäh und fleißig fort. Ihr nützt so dem kommenden Vaterland mehr als durch politischen Hokuspokus. Ich hätte nicht gedacht, daß dj.1.11 so stark ist, daß es das alles aushält.

Ich übergebe Bill die Bundesführung aus folgenden Gründen:

1. ich zerre sonst durch politische Tätigkeit (der Beitritt zur KPD ist natürlich erst der Anfang) dj.1.11 in große Gefahr.
2. ich bin durch dj.1.11 gehemmt.
3. unter bill hat dj.1.11 Aussicht, in die Freischar zu kommen, in der bündischen Jugend auf jeden Fall mehr zu erreichen als unter mir. Denn der Haß der Umwelt trifft *mich* und nicht etwa dj.1.11.

Typisch z.B. ist die Meinung, dj.1.11 sei nur mein Fundament, *das,* was mich zum Führer mache. Dabei bin ich der Meinung, daß Führertum nicht organisiert sein darf. Ich glaube, ich werde keinen Funken an Bedeutung verlieren, wenn ich nicht mehr dj.1.11-Führer bin.

Ich helfe Euch natürlich weiter, wo ich kann, und werde oft bei Euch sein. Ich gehe nicht einen anderen Weg, sondern ich gehe ein Stück weiter. bill werde ich oft beraten, aber die Verantwortung hat *er.*

Ich danke Euch für Eure Freundschaft und Disziplin. Oft war sehr großes Vertrauen notwendig. Ich weiß. Die Früchte sind: Unangefochten steht dj.1.11 als einziger geschlossener, streng geführter Bund zu seiner Fahne.

Als politischen Kreis gründe ich den Kultur-Klub (KK). Alle politisch Erwachenden können in ihm mit mir kämpfen. Sie können gleichzeitig in dj.1.11 sein. Seine Stimme sind die »Pläne«. Künftig heißt die Formel: »Politisch Organisierte in dj.1.11 müssen im KK sein.«

Unsere Organisationen sind ja nicht gar so wichtig, das ist mehr eine Sache nach außen. Es kommt darauf an, wie wir zueinander stehen. Ob bill oder Karl oder tusk

Bundesführer ist, das ist mehr für die, die nicht wissen, was ein Führer ist, und uns mit den Augen ansehen, mit denen man Kittel, Trotha und Hirsch ansieht. Uns aber durchströmt ein Geist. Wenn ich irgendwo in einer Höhle sitze, werden Eure Boten zu mir finden. Meine Worte sind die gleichen, ob ich von Moskau oder Stuttgart zu Euch oder zu andern Menschen spreche.

Ich werde Kommunist, weil man nicht die Worte Worte sein lassen darf, sondern Taten folgen lassen muß. Lebt stets nach Eurer Überzeugung! Wir gehen alle die gleiche Straße. Diese eitle, schwätzende, überkluge bürgerliche Jugendbewegung ist greulich! Seid tüchtig, behaltet kühlen Kopf! Schaut vorwärts! Haltet zu bill! Er verdient unser Vertrauen. Steigert ihn durch Eure innige Freundschaft! Vergeßt mich nicht! Werdet zuverlässig, beständig. Keine Flackeraugen! Nicht heute so und morgen anders! Kein Zurückfallen in die Harmlosigkeit! Mit zehn Jahren dürft Ihr singen: »... rennen wir und kennen kein Bewahren.« Aber es ist eine Verpflichtung. Mit zwanzig müßt Ihr sie einlösen. Dann möchte ich keinen von Euch als Student x oder Lehrling y sehen, sondern als fanatische Soldaten einer gerechten Zukunft.

Für Euch bereit!
tusk

N.S. Wie ich alles noch mal überlese, fällt mir noch etwas ein: Ihr müßt Männer haben, zu denen Ihr hinaufsehen könnt: Seht, *Männer* sind in der Politik in solcher Zeit. Haben wir denn einen Ekel gegen die Männlichkeit? Nein! Niemals gehabt. Sondern gegen diese besserwissende Generation mit ihren steifen schwarzen Hüten. Ist es nicht traurig, daß Ihr nicht zu Eurer Vätergeneration so steht wie Klein-Büffelkind Langspeer zu seiner? Ich glaube, der Faden zwischen uns kann nicht abreißen.

Daraufhin ging plötzlich alles sonderbar schnell. Die Jungenschaft, durch Spaltung entstanden, spaltete sich im Pfalzlager am Eiswoogsee im Wasgenwald, Pfingsten 1932 selbst noch einmal wieder, und als Ergebnis stand eine neue, selbständige Korporation da: die Jungentrucht. Das Wort sollte zum Ausdruck bringen, daß hier nach einem verpflichtenden Bündigungsverhältnis überpersönlicher Art gesucht würde. Also nicht die Kameradschaft als solche, nicht die Freundschaft zwischen dem Führenden und dem Folger, sondern die gemeinsame Treue zur Idee. Doch war zur Konstituierung einer solchen Gesinnung nun keine Zeit mehr. Die Sintflut brach herein und verschwemmte alle Anläufe zur Selbstbehauptung.

Den Vorgang des Widerstandes der freien Bünde im einzelnen zu schildern, kann nur jemanden gelingen, der aufs genaueste den Spuren nachgeht, die noch nicht verwischt sind. Ein organisierter einheitlicher Widerstand war von vornherein unmöglich, weil erstens das Bündische ja nicht ideologisch, sondern in Gestalt und Haltung sich kundtut, zweitens, weil die Bünde schon vorher in die Krise geraten waren, drittens, weil die Führer der Bünde so strenge überwacht wurden, daß sie sich nicht regen konnte. Verhaftungen, Haussuchungen,

Beschlagnahmungen der Briefwechsel und Zeitschriften erlaubten nur noch mündliche Kontakte. Ein Briefwechsel führte, wie man oft zu spät erfuhr, nur dazu, daß die Briefpartner unter Aufsicht gerieten. Am ehesten gelang es Einzelgruppen, auf eigene Faust und geheim, ihr bündisches Leben weiterzuführen. Vor allem solche, deren Mitglieder schon älter waren und selbständig handeln konnten. Bei den jungen spielte verständlicherweise die Entscheidung der Eltern eine Rolle. Selbst für die älteren waren die politischen Vorgänge, erstmalig und verwirrend über sie hereinbrechend, kaum durchschaubar.

Man kann sich heute kaum noch eine Vorstellung davon machen, in welchen seelischen Zwiespalt unsere Menschen gerieten, denen praktische Politik bis dahin ferngelegen hatte. Einzelne Ideen des Nationalsozialismus kamen ihnen scheinbar entgegen, während ihnen andere zuwiderliefen.

Die Machtlosigkeit der Bünde gegenüber einer diktatorischen Regierung zeigte sich ganz offen. Einige hofften, daß Adolf Hitler ihnen die Reichsjugendführung überließe. Admiral von Trotha wurde die Führung eines großdeutschen Jugendbundes anvertraut. Man wähnte, daß ein Mann dieses Ansehens respektiert würde. Die Trucht schloß sich nicht an. Sie fürchtete, daß dieses ansehnliche und anspruchsvolle Gebilde, das ja nicht unter der Hakenkreuzfahne entstanden war, erst recht die Ungnade der allmächtigen Partei herausfordern würde und daß der brave konservative Admiral dort äußerste Mißbilligung fände. Alle Hoffnungen wurden zunichte, als Hitler Baldur von Schirach zum Reichsjugendführer ernannte. Damit war den freien Bünden das Rückgrat gebrochen. Die Jugendbewegung wurde als individualistisch und gegen die Volksgemeinschaft gerichtet hingestellt. Wahre Jugendbewegung sei die Hitler-Jugend. Die Trucht hatte sich durch das Fernbleiben vom Großdeutschen Bund zwar retten können. War aber damit etwas gewonnen? Würde die HJ die »unbedeutenden« Bünde neben sich dulden? Vergeblich versuchte die Trucht, mit den Reichspfadfindern zusammenzukommen, um über die Lage zu beraten. Während ringsum die Bünde einer mehr oder weniger gewaltsamen Auflösung anheimfielen, blieb die Trucht noch eine Weile verschont. Vielleicht weil die Trucht ihren Hauptsitz im Völkerbund-Saarland hatte und die Volksabstimmung vor der Tür stand. Ein Teil der Quickbornjungenschaft trat in nahe Beziehung zur Trucht, ebenso die von Josef Rick geleitete Zeitung der katholischen Jugend, die in Düsseldorf erschien. Als dann doch das endgültige Verbot aller freien Bünde 1935 nach der Saarabstimmung eintrat, konnten die älteren der Trucht, die ein verhältnismäßig kleiner und geschlossener Bund war, sich geloben, weiterhin treu zueinander zu stehen, und taten es auch.

Die Jungengruppen traten im allgemeinen dem Jungvolk bei. Es hatte sich herumgesprochen, daß dort die Bündischen eine gute Zuflucht fänden. Bündische Lieder, Spiele, Kohten, bündische Freundschaft und Freiheit hielten sich dort zäh. Als der zweite Reichsjugendführer, Axmann, ein Lager des Jungvolks bei Saarbrücken inspizieren wollte und seinem Wagen entstieg, war er schon beim Anblick des rein bündisch aufgezogenen Lagers so wütend geworden, daß er eilends wieder davonfuhr.

Nach und nach wurde das ganze Kulturgut der bündischen Jugend ausgerottet, das sich noch gehalten hatte. Der Versuch, die nationalsozialistische Revolte zu unterwandern, war gescheitert.

Heimlich gingen zwar noch viele auf bündische Fahrt. Illegale Gruppen und neue kleine Widerstandsbünde entstanden. So führte Siegfried Schmidt einige frühere Truchtgruppen unter dem Namen »Verlorene Rotte«, so nannte sich eine illegitime Pfadfinderschaft »Die schwarze Schar«.

Der ideologische Kampf gegen die Bündischen wurde vor allem in der Zeitschrift der HJ »Wille und Macht« geführt. Noch 1942, mitten im Krieg, erschien ein Buch von Max Nitzsche: »Bund und Staat, Wesen und Formen der bündischen Ideologie«, in dem man gegen Stefan George, Moeller van den Bruck, Ernst Jünger, Oswald Spengler, ebenso gegen Tusk, Fred und Teut, gegen dj.1.11, Graues Corps und Trucht polemisierte. Diese Schrift ist meines Wissens die zusammenfassendste Abrechnung des Nationalsozialismus mit den Bündischen. Vieles in dem Buch ist absichtlich mißverstanden. Aber es ist doch kennzeichnend, daß der Nationalsozialismus es für nötig hielt, sich so erbittert mit den Bündischen auseinanderzusetzen und sie lahmzulegen.

Es soll in den letzten Kriegsjahren denn auch ein Führererlaß ergangen sein, der verbot, daß bekannte Bündische Offiziere wurden.

Das Graue Corps und sein Herr

Runde: Autor, Fred Schmid, Dietmar Lauermann

- Dieses Gastmahl wird unvollständig sein, wenn ich nicht den großherzigen Anreger dazulade, der uns Bündischen in der gefährdeten Spätphase unseres suchenden Umherirrens zuteil wurde: Fred. Sein Name fiel hier mehrmals. Teils zögernd, teils zustimmend brachten ihn die Freunde ins Gefecht. Es gibt Menschen, die ihn mit Tusk, Teut und Ölb zusammen zu den Nutznießern des letzten großen Aufflammens vor dem Ende zählen, und es gibt andere, die in diesem Vierblatt rettende Genien sehen, die aus dem Strömenden das Beständige herauskristallisieren wollten, um es einer ferneren, götterhaften Zukunft darzubieten.

Fred, ich sehe dich in meinem großen Kreis. Ich erkenne einen unvermißbaren Abschnitt meines Schicksals in dir. Höre ich deine Stimme, fallen Jahre, schwere Jahre, Schicksalsjahre mir von der Schulter und ich bin wieder der damalige. Und du bist wieder der Herr über tausend Schlüssel.

Keine Begegnung mit dir, da du mir nicht Kammern in mir selbst erschlossest, von deren Vorhandensein ich keine Ahnung hatte. Der Beweis deines Vertrauens - du beauftragtest mich, dir das Brevier des Grauen Corps zu schreiben - war mir eine der schönsten Bestätigungen meines dem Wort verpflichteten Auftrags in dieser Welt. Ich glaube, daß nicht übel war, was ich dir ablieferte, aber zum Druck kam es nicht mehr. Wir waren plötzlich Verschwemmte von einem Seegang, der den einen hier auf die Klippe, den andern dort auf den Sand setzte. Nicht einmal mehr durch Rufe konnten wir uns verständingen, soviel Entfernung war plötzlich zwischen uns, selbst wenn es nur Ellenlängen waren.

Nachdem die Wasser sich verlaufen hatten, sind wir uns wieder sichtbar geworden. Du mit Büchern aus der naturphilosophischen Sphäre - also eigentlich »gnostischen« Büchern, ich mit solchen aus der poetisch-bündischen Sphäre, denn alles, was ich schreibe, nährt sich doch mit feinsten Faserwurzeln aus dem geheimnisvollen Erlebnis dessen, was sich inzwischen nie wieder begeben hat.

Fred, nimm die Begrüßung an, mit der ich dich hier vorstelle und erzähle uns von dir, deiner Sicht, Entstehung und Werden deines Bundes, von Nachwirkung und - wenn sich dir ein so kühnes Erwarten eingibt, von der Hoffnung, die du in diesem Moment einer gnadenlosesten aller Zeiten hegst.

- Deine Begrüßung erwidere ich von Herzen und folge gerne deinem Ruf. Doch allein schon bei dem Versuch, mit meiner Antwort zu beginnen, stehe ich vor einem Problem: Wenn die »Blaue Blume des Wandervogels« das bleiben soll, was sie in der ersten Fassung war, nämlich wie alle Geschichte »Dichtung und Wahrheit«, dann muß auch dem Autor des

Ganzen das Recht zustehen, die Aussagen seiner Gesprächspartner in Sprache und Rhythmus zu modifizieren; anderenfalls entsteht statt Geschichte ein Interview oder ein Tatsachenbericht, die beide im Grunde etwa soviel bedeuten wie eine »Vorspiegelung wahrer Tatsachen«. So fasse ich deine Aufforderung nur in dem Sinne auf, daß ich dir Material liefere und dir gewissermaßen Modell stehe und dich zu Transponierungen oder Kürzungen autorisiere, denn ein Malen nach der Natur gibt kein Werk, am wenigsten in der Porträtkunst!

Du stellst mir also die Aufgabe, über Entstehen und Werden des »Grauen Corps« zu berichten. Das Äußere dieses Geschehens scheint mir hier indes nicht von besonderer Wichtigkeit, verlief es doch mehr oder weniger ähnlich dem anderer Bünde jener Zeit: Fahrt und Lager - wilde Kampfspiele und sportlicher Wettstreit - Regen an Zeltwänden und eisige Winde über verlorenen Straßen - Hunger, Durst und Hitze - Geruch der Fremde - Baden in kristallklaren Wassern - Tage voll Süße des Nichtstuns - leises Lied an nächtlichem Feuer - Zucht und Freiheit - lange Gespräche und Ringen um die Erkenntnis unseres Seins - Einsamkeit und Stille - Freundschaft und Gemeinschaft - Mut und Opfer - alles das und noch viel mehr tönt wohl bei jedem von uns an, wenn er an jene erfüllten Zeiten zurückdenkt. Du verzeihst mir darum, wenn ich es an dieser Stelle für wesentlicher halte, auf das Stichwort einzugehen, welches du mir außerdem zuwarfst, indem du nach meiner »Sicht« des damaligen Geschehens fragtest.

Ich glaube nähmlich, daß alles Geschehen von Rang den weißen Wolkenburgen gleicht, die scheinbar aus dem Nichts entstehen, in dem sie aber doch schon in Latenz unsichtbar vorhanden sind, ehe sie sich zu gegebener Stunde in ihre sichtbare Existenz verdichten. Ähnlich entsteht aus dem Mythos die Gestalt oder einfacher gesagt, aus der inneren Sicht das sichtbare Bild, und nicht anders entstand auch das Geschehen in unseren Bünden: immer war es das Werk geborener Jungenführer, die das Bild ihres Bundes latent in sich trugen. Deshalb ist es mir wichtig, hier von meiner inneren Sicht zu sprechen und Zeugnis davon abzulegen.

Im Grauen Corps galt das Lager als notwendige Ergänzung der Fahrt. Ging diese hinaus in Land und Ferne und glich dabei einer Eroberung des Fremden in Bestätigung eigener Kraft, so war das Lager mehr ein Sich-Zuwenden zu dem Geschehen in uns, in dessen Mittelpunkt das zündende und aufrüttelnde Wort stand. Aus diesem Grunde wählten wir auch nur selten die Form reiner Zeltlager, meist gruppierten sie sich vielmehr um Gebäude, wie es das Castello Grigio am Gardasee, die Villa Falconieri am Rande der Albaner Berge, der Hof in der Heide oder das Graue Haus waren, die alle uns durch freundliche Zufälle für kürzer oder länger überlassen wurden. Ich möchte diese Notwendigkeit mit der Kunst vergleichen, die, um voll zu wirken, ebenfalls des Raumes bedarf, sei es Haus, Theater, Schloß, Kapelle, Tempel oder Kathedrale. Das Wort als eine nach innen wirkende Kraft benötigt die Geborgenheit des Raumes, damit sein Fluidum nicht verströmt.

Mehr als die meisten anderen Bünde legten wir außerdem Wert auf Form, Haltung und

Gewand. Nach außen verband uns die graue Tracht, in der auch die Fahnenwache gehalten wurde, aber daneben hatte jede Gruppe ihre eigene Note, selbst erfundene Fechtgewänder und vieles andere mehr. Wir verstanden und achteten daher auch den Lebensstil anderer Bünde, wie er besonders etwa den Nerothern oder Tusk eigen und notwendig war. Dennoch gab es auch tiefergreifende Unterschiede. Tusk beispielsweise wollte die Vielen, ich die Wenigen, er die deutschen Jungenschaft, ich die Auslese aus der deutschen Jugend.

Gewiß ist jedoch, um wieder auf deine einführenden Worte zurückzukommen, daß wir alle - dich eingeschlossen - keine Nutznießer, sondern eher Spender und Stifter brüderlicher Gemeinschaft waren. Mit meiner Liebeskraft vermochte ich auch den Unbeachtetsten anzusprechen, obwohl ich aus dieser Fähigkeit wenig Verdienst in Anspruch nehmen möchte. Die Verzauberung hatte anderen Ursprung: Wo ein Bund edler Knaben zusammenfindet, steigen die Götter vom Olymp herab und halten bei ihnen Einkehr. Sie bewohnen dann ihre Seelen so wirklich wie Dämonen die Besessenen, und ihr Nahesein wird bis zur Greifbarkeit spürbar: Apollo - Spender der Schönheit, Pan - Mittler von Bezogensein und Verbundenheit, Dionysos - der Berauschende. Und immer war irgendwo auch ein kleiner bocksbeiniger Satyr dabei, der uns mit seinem Flötenspiel davor bewahrte, ins Lehrhafte oder Moralisierende zu geraten, Gefahren, die nahe liegen, wenn eben wie bei uns das Wort im Appell oder im Gespräch eine so entscheidende Rolle spielte. Damals erkannten wir auch, daß Logos und Eros verschwistert sind. So bin ich heute gewiß, daß uns die Götter beschenkten, aber auch von uns forderten! Forderten, indem es unserer Gesinnung entsprach, selbstgewollten Prüfungen standzuhalten. Aus dieser Gesinnung habe ich auch das Stockfechten eingeführt, das den Kampf mit dem Gegner - und mit sich selbst - hinter scheinbarer Leichtigkeit und Eleganz der Bewegungen verbarg.

Nur die Edelrose spendet Duft, weil sich ihre Staubgefäße in Blütenblätter verwandelt haben; sie ist in meiner Schau zugleich ein Symbol dessen, was ich als Auslese unter Knaben erkenne. In das Wesen dieser Auslese müssen wir noch tiefer eindringen, wenn wir behaupten, daß sie die Lieblingsschaft der Götter beschwöre. Es geht nämlich nicht um Auswahl im Sinne eines Aussiebens nach äußeren Merkmalen von Gesundheit, Wuchs, Auge und Haar, auch nicht nach vordergründiger Schönheit oder nach Tüchtigkeit und Können. Auslese ist etwas völlig anderes. Hier spricht im Gemüt des Auslesenden etwas an, wie der Radarschirm auf einen bestimmten Gegenstand. Auslese ist das Aufspüren der begnadeten Substanz des Edlen. Jenes »sah ihn an und liebte ihn«, das für die Begegnung mit dem jungen Johannes, mit Nathanael und dem reichen Jüngling berichtet wird, und immer die werbende Ausstrahlung einschließt, sagt es uns vielleicht am besten. In Hellas entsprach dem der sokrateische Eros.

Dabei ist das Abelszeichen an Stirn, in Sprache und Gang nicht definierbar; es liegt als Inbild hinter der Erscheinung, wie das Goethische Urbild der Pflanzen nur in der Transparenz des Gewachsenen »geschaut« werden kann. Für Auslese gibt es keine Anleitung und kein Rezept - wie alles, was ich hier vertrete, keine Nachahmung will und kaum Nachfolger zu erwarten wagt - denn, wer das Auge nicht hat, der wird es nicht erlernen, und wer den Blick zur Jüngerwahl in sich trägt, der bedarf keiner Unterweisung.

Der Wählende und der Erwählte entsprechen sich - beinahe hätte ich gesagt schon präexistent - und diese Wahlverwandtschaft meldet sich bei ihrer ersten Begegnung jenseits von Wunsch, Besitztrieb oder gar Begierde als ein sich Verstehen-Wollen. Die Hellenen sprachen in diesem Zusammenhang von dem Einhaucher und der Spendung des Odems der Wiedergeburt. Diese Begegnung erweckt nun etwas Sonderbares: den Willen zur Reinheit als einem hochgemuten Selbstgefühl, auf das das erwachende Knabentum gestimmt ist, wie es niemals aus dem Kreuzeswurm von Ermahnung und Moral zu entstehen vermag. Reinheit ist mehr als etwas nicht zu tun; sie ist ein Zustand des Leibes und der Seele und die unabdingbare Voraussetzung zum großen Erleben dieser Jahre: der Freundschaft.

In den geglücktesten Stunden erfüllten Bund und Führer Härte und Süße alles Knabentums: die Verwandlung in den Mysten, nicht im Halbdunkel des Mysteriösen, sondern im Morgenglanz des Mysteriums, in dem allein die Liebe spricht, fordert und schenkt. Eros ist nicht Verführer, sondern Führer zwischen Apollo und Dionysos.

Bund und Führer bedürfen keiner Rechtfertigung oder Erklärung; sie bestehen katexochen als ein Bestandteil des Heilsplanes der Welt, was in der Einsetzung des Symposions unwiderruflich bezeugt wurde. - Mit diesem Bekenntnis möchte ich eigentlich schließen. Aber deine Frage nach dem Ende unserer bündischen Vergangenheit und ihrer Nachwirkung heischt weitere Antwort.

Mit der Machtergreifung von 1933 zerriß auch der Schleier der Morgenröte wie der Vorhang im Tempel und alles Innere kehrte sich nach Außen. Nachwirkung war nur im Verborgenen, später in der soldatischen Tapferkeit eines Opfers ohne Glaube und im Erringen eines Lebenserfolges. Seit der großen Liquidation leben wir in einem anderen Medium, in einer anderen kosmischen Dielektrizitätskonstante der Seele. In ihr kann das Bündische nicht mehr schwingen, weil es ein Knabentum als empfangende Blüte kaum noch gibt; aus dem Kindlichen schlüpft über Nacht das Halbstarke aus. Heute existiert nur noch ein Mittelding zwischen Wandergruppe und Camping, und selbst die Flucht nach Griechenland läßt das olympische Feuer nicht mehr auflodern. Du sprichst es ja klar aus: »Nährt sich doch unser ganzes Leben mit feinsten Wurzeln aus dem geheimnisvollen Erlebnis dessen, was sich inzwischen nie mehr begeben hat«.

Auch deine letzte Frage birgt schon deine und meine Antwort in sich: Aus der Gnadenlosigkeit unserer Tage kann wenig Hoffnung erblühen, weil der Seelenstoff bis zur Unendlichkeit verdünnt und die Bruderschaft erloschen ist: beide stammten eben nicht aus dem Bios, sondern waren Geschenk der Götter. Deshalb bleibt alles Bemühen ohne bewegende Kraft und jedes Comeback ohne das Salz der Erde.

Uns bleibt nur die Legende leuchtender Vergangenheit als allgegenwärtiger Besitz unseres Herzens. Auch deine Gegenwart ist lebendige Vergangenheit. Du bist immer noch der Raubfischer in allen Metamorphosen bis zu Saïd, der mich als Spiegelung zugleich erschütterte und besorgte. Alles Hoffenwollen und Erwarten ist in Wahrheit Gift. Eben jenes Gift, das wie ein betäubender Geruch durch deine marokkanische Erzählung weht und verborgenes Heimweh nach dem Untergang ahnen läßt: der letzten Wandlung als der großen Transsubstantiation.

»Das Einzige, was wir erreichen können, ist nichts zu wollen - auch in der Liebe nicht!« Was wir tun können, ist eine der gnadenvollsten aller Zeiten, die einer Jugend geschenkt war, als unvergänglichen Besitz in uns zu bewegen wie ein tägliches Gebet - im Glauben an eine Insel der Verheißung, die unseren Enkeln beschieden sein möge. - So sei es!

- Du hast da, lieber Fred, weniger eine Sicht als ein großes Anschauungsbild vor uns hingezaubert. Jedem Wort sei zugestimmt. Es ist wie ein Porträt Leonardo da Vincis. In der unausschöpfbar wundervollen Landschaft dahinter sind die Deutungsschlüssel verborgen. Wer sie zu ergreifen und zu gebrauchen versteht ist »im Bilde«. Viele von den hier Versammelten - ich weiß es - sind »im Bilde«. Andere aber - auch das spüre ich ganz deutlich - wünschen auch etwas Reales, den Alltag, das Ringen um die kleinen Dinge, das - sagen wir es ruhig offen - »Klägliche« kennen zu lernen, wie es in der Porträtgestalt deines Bundes implicite mit enthalten sein muß. Nie war ja einer der gelungenen Bünde der Jugendbewegung einfach plötzlich da und glänzte gönnerhaft in einer je nachdem kurzfristigen oder langfristigen Vollendung. Immer doch kamen Dinge hinzu, die an der Urkonzeption rüttelten und ihr neue, nicht vorgesehene Züge aufnötigten. Kurzum, über die Organisation, über der Praktische, über den Aufbau und die positive Verarbeitung der inneren und äußeren Schwierigkeiten würden wir gerne noch etwas vernehmen. Wie - will sagen, in welcher realen Verfassung deiner selbst, kam dir die Idee des Grauen Corps? Wer waren die ersten Zustimmenden? Wer die zuverlässigsten Führer? Wie fanden sie zu dir hin? Welcher »ökonomische« Untergrund bot sich als tragendes Element?

Wie regelte sich das »Existenzielle«, worunter ich hier etwas durchaus Wirtschaftliches verstanden wissen will? Die Nerother z.B. danken sich in ihrer unerschütterbaren Gestalt dem Vorhandensein ihrer Burg. Sie regelten von Anfang an ihr Ökonomisches durch Spielfahrten, Filmvorträge und eine selbstbetriebene Landwirtschaft mit gar nicht unüblen Ergebnissen. Ich meine, man stellt sich nicht hin, verkündet eine Idee, stampft mit dem Fuß auf, und dann ist der erträumte Bund da. Gewiß besteht ein Gegenseitigkeitsverhältnis zwischen »Angebot und Nachfrage« auch in diesen, fast der Metaphysik zugeordneten Bezirken. Aber ich könnte mir vorstellen, daß es hier Zuhörer unter uns gibt, junge Zuhörer, die darauf brennen, zu erfahren, wie man sowas macht, einen Bund »herstellen«. Ich benutze absichtlich triviale Begriffe, um dich ans Irdische, ja ans ganz und gar Irdische heranzubringen.

Tu uns den Gefallen, und biete uns zusätzlich etwas Historie, rein äußerliche Fakten.

Sozusagen nachvollziehbare Aktionen, wie sie zum Gelingen des von dir ersonnenen Kunstwerkes »Graues Corps« führten.

- Ich verstehe, lieber Werner, was du mit deinen Einwänden bezweckst, aber ich für meinen Teil muß im Bann der Idee verbleiben, die ich vertrete und lebe. Über die praktische Geschichte des Grauen Corps aber soll dir Dietmar Lauermann Auskunft geben. Ich stelle ihn der Runde hiermit als jemand vor, der als Junge Fähnrich des Grauen Corps war und in späteren Jahren alle Wege mit mir zusammen ging.

- Dietmar, darf ich erwarten, daß du dich zu Werners Fragen unumwunden äußerst?

- Mit eurem Wunsch, liebe Freunde, bringt ihr mich ein wenig in Verlegenheit. Gewiß, die Überlegungen von Werner mögen für einen Teil der Leser überzeugend klingen, besonders für die jüngeren, da doch jetzt nach Tatsachen gefragt wird, die heute den meisten leichter begreifbar erscheinen, denn manchem war vielleicht euer Zwiegespräch allzu philosophisch, romantisch oder gar nebelhaft, besonders dann, wenn er selbst den Fragen einer Jugendführung gegenübersteht. Und dennoch kann es nicht deutlich und hart genug gesagt werden: Es gibt keine praktikable Rezeptur für Jugendbewegung nach dem heute so verbreiteten Brauch des »do it yourself«!

Wenn wir Jugendbewegung nicht als Organisationsform eines bestimmten Lebensabschnittes ansehen, sondern als lebendiges Ereignis - und das war Jugendbewegung jener Zeit mit ihren besten Gruppen -, dann müssen wir zuallererst begreifen, daß Ereignisse dieser Art Vorgänge sind, die sich *in* uns vollziehen. Wohl ist das äußere Geschehen dabei nicht gleichgültig, aber es erhält seine Bedeutung erst durch die Wechselwirkung mit dem Innen. »Dreißig Speichen treffen die Nabe«, sagt Laotse, »aber das Leere zwischen ihnen erwirkt das Wesen des Rades«. Daß sich aber in einer Gemeinschaft junger Menschen Wesentliches ereignet, kann nicht gewollt werden. Darum waren die Ereignisse, von denen hier die Rede ist, Geschenk und hatten transzendenten Charakter.

Und darum auch, liebe Freunde, meine gewisse Verlegenheit, von äußerem Geschehen und Tatsachen berichten zu müssen. Wenn mir dies nicht ganz nach eurer Erwartung gelingen sollte, wollt bitte Verständnis haben.

Das Graue Corps wurde nicht gegründet, wie man einen Verein gründet. Es entstand auch nicht aus einer Bündigung Gleichgesinnter. Seine Existenz beruhte vielmehr in einem durchaus extremen Sinne auf einem einzigen Menschen, nämlich Fred Schmid.

Er kam aus der schweizerischen evangelischen Jugendbewegung, von der er sich gegen Mitte der zwanziger Jahre löste, ohne je diese Beziehung zu verleugnen. Damals entstand um ihn der »Ring«, in gewisser Weise ein Vorläufer des Grauen Corps und ihm verwandt wie ein älterer Bruder. Eine ganze Reihe Angehöriger des Ring waren später Mitglieder des Grauen Corps. Zunächst jedoch blieb sein Wirken auf die Schweiz beschränkt.

Der erste Kontakt zwischen dem Ring und der damaligen süddeutschen Jugendbewegung erfolgte am 8. August 1926 in Wollmatingen bei Konstanz am Bodensee, wohin die Schweizer von ihrem Lager in Ermatingen aus zu Besuch kamen. Die gegenseitige Anziehung muß erheblich gewesen sein, denn in der Folge rissen die Fäden nicht mehr ab. Das Für und Wider im Bezug auf Fred Schmid spaltete Gruppen und Bünde. Daraus erwuchsen in zunächst loser Art neue Verbindungen, wie im »Stamm Oberrhein«. Später traten weitere Gruppen hinzu, aus Frankfurt, vom Niederrhein, von Franken und aus Hamburg.

Aus ihnen entstand das Graue Corps gleichsam mit einem Paukenschlag. Anfangs 1930 teilte Fred Schmid den ihm befreundeten Gruppen mit, daß er nach einer bestimmten Bewährungszeit diejenigen auswählen werde, die mit ihm das Graue Corps bilden sollten. Und so geschah es.

Gab sich nun dieses Graue Corps, das an Pfingsten 1930 zu seinem ersten Lager in der Lüneburger Heide versammelt war, irgendein Programm, hatte es Ziele, wie sie in Manifesten oder ähnlichen Bekenntnissen niedergelegt werden? Die Antwort lautet: eigentlich nein! Man befand sich im Aufbruch, ohne zu fragen, wohin die Reise ging, und niemand der Beteiligten nahm daran Anstoß. Dennoch stand das Zusammenleben von Anfang an unter Forderungen, die tief in das Leben jedes einzelnen eingriffen. Sie verlangten von ihm Gesinnung, aber auch Leistung. Ich zitiere als Beispiel aus einem Rundschreiben: »Führer, die ihre Examen nicht bestehen, oder mehr als drei Monate arbeitslos sind, und Schüler, die ihr Klassenziel nicht erreichen, haben Grau abzulegen.« Das Zitat erfolgt so wörtlich, weil auch heute noch, nach Jahrzehnten, daraus ein Ernstmachen spricht, das die Konsequenz nicht scheute. Hier lag eine der Wurzeln des Grauen Corps: Der Mut, der bis zur Absurdität zu gehen bereit war, wenn es um die Wahrung der Gesinnung ging. Hier war Jungsein plötzlich nicht mehr ein Übergangsstadium, eine Vorbereitung auf den »Ernst des Lebens«, hier wurde es für jeden zum Leben selbst, zum Eigentlichen und Gegenwärtigen. Dabei wurde der Gesinnungsinhalt nicht dekretiert, ebensowenig irgendein Glaubensbekenntnis. In seiner Entscheidung war jeder frei. Niemals gab es einen Gewissenszwang von außen. Die Forderung galt nur einer eigenen Gesinnung und zur Konsequenz daraus. So entstand Freiheit aus Bindung und Bindung aus Freiheit. Die Ordnung, die uns dabei leitete, war weder demokratisch noch diktatorisch, am ehesten ließe sie sich mit hieratisch bezeichnen: die Quelle liegt immer am höchsten.

Quelle ist zugleich Überfluß. Der Härte, Strenge und Konsequenz stand ein Gelöstsein gegenüber, das zu seiner Stunde alles freisetzte, was an Phantasie und Rauschhaftem in jungen Menschen sein kann, eingeschlossen das Erlebnis der Freundschaft.

Im übrigen unterschied sich der äußere Ablauf von Fahrt und Lager kaum von jenem der anderen Bünde. Was vielleicht anders war, lag in einer gewissen Übersteigerung, in einem beinahe bewußten an Grenzzustände Heranführen. Oftmals glaubte man sich überfordert, aber diese Überforderung entsprach innerem Zwang und Glauben und nie entstand daraus auch nur der geringste körperliche oder seelische Schaden. Im Gegenteil: Körper und Seele formten sich und erstarkten in besonderer Weise.

Das Bild wäre indessen nicht abgerundet, erwähnte ich nicht, daß neben der Spontaneität vielen Geschehens, neben unserem Willen zu Haltung und Leistung ein Element trat, das alles durchdrang und in allem weste: das zeugende Wort. Auf jedem Lager, in den Heimabenden, ja selbst auf Fahrten begleiteten uns Bücher, aus denen vorgelesen wurde, oder sprachen die Älteren zu Themen, die uns wichtig waren. Nicht, um zu bilden oder zu belehren, geschah dies, auch glichen diese Stunden nicht jenen schönen Gesprächen, die an nächtlichen Lagerfeuern geführt werden, sondern es ging darum, Einfluß zu nehmen, zu konfrontieren, zu fordern, zu wecken und innere Bereitschaft zu zeugen, immer auf der Suche nach der Wahrheit, der Wahrheit unseres damaligen Lebens. Hier, da wir erstmals der Kraft des Geistes existentiell ausgesetzt wurden, vollzog sich in uns fast unsichtbar eine Wandlung und Freisetzung von Kräften, die das übrige Geschehen überhaupt erst ermöglichten und ihm Sinn und Inhalt gaben. Nur über diese Brücke des einflußnehmenden Wortes ist das Graue Corps möglich gewesen.

Ja, und nun lieber Werner, zu noch konkreterer Frage, wie jener nach unserem finanziellen Budget. Die Antwort darauf ergibt sich eigentlich schon aus dem Gesagten. Kein Plan, der uns wichtig war, scheiterte an fehlendem Geld. Jede Gruppe hatte bei dessen Beschaffung eigene Methoden, die sich durch nichts von jenen anderer Bünde unterschieden. Da gab es Lieder- und Theaterabende, Filmvorführungen, Kollekten bei Eltern, Verwandten und Gönnern, Tombola, Opferung von Erspartem und des Taschengelds. Alles das war also keineswegs etwas Außergewöhnliches, nur eben mit der uns eigenen Besessenheit betrieben, die den Erfolg fast zwangsläufig nach sich zog.

Dann stelltest du die Frage nach unserem Alltag, nach jenen Stunden fern von Bund und Gruppe, die uns an Elternhaus, Schule, Beruf oder Studium banden. Das Wichtigste voraus: Für Angehörige des Grauen Corps gab es keinen Alltag, wenigstens nicht in dem Sinne, daß sich dort ihr inneres Leben von jenem unterschied, das sie in ihren Gruppen führten. Jeder hatte ihn auf seine Weise und so gut wie möglich zu bestehen. Das gehörte zur grauen Gesinnung. Negatives war zu überwinden, eingeschlossen Faulheit und Trägheit. Unbequemlichkeit war keine Entschuldigung. Schule und Elternhaus galt es Gehorsam zu zollen, wenn hier auch nicht immer Konflikte vermieden werden konnten. Zwei Leitworte sind mir besonders im Gedächtnis geblieben, die mich damals durch den Alltag begleiteten. Das eine lautete: »Von zwei Wegen wähle den schwereren« und das andere sprach von der »Tapferkeit von zwei Uhr nachts«, eine Eigenschaft, die man vor allem Napoleon nachrühmte. Natürlich waren wir deswegen keine Engel und nur in seltenen Fällen Vorzugsschüler, aber unser tägliches Tun war aus seiner Zufälligkeit gelöst und erhielt einen Sinn. Mit anderen Worten - man verzeihe mir den Zitaten-Mißbrauch -: Unser Alltag war die Fortsetzung des Gruppenlebens mit anderen Mitteln.

Gab es Krisen, wolltest du wissen? Gewiß, doch berührten sie nie Entscheidendes. Sie ergaben sich aus der Entwicklung einzelner, weil sie sich den Anforderungen nicht gewachsen fühlten oder weil sich der Schwerpunkt ihres Wesens aus der Gemeinschaft hinausverlagerte. Das war für die unmittelbar Beteiligten oftmals schmerzhaft, doch niemand entzog sich der Notwendigkeit solchen Geschehens, das jeder lebendigen Gemeinschaft immanent zugeordnet ist.

Und das Ende des Grauen Corps? Offiziell wurde es durch den bekannten Erlaß von 1934 zusammen mit vielen anderen Bünden der ehemaligen Jugendbewegung von Staats wegen aufgelöst und verboten. Es war ein Verbot, das uns traf und doch nicht mehr berührte. Das Graue Corps war kein Bund auf Dauer. Es war ein Organismus und keine Organisation. Was sich in ihm ereignete, war nicht beliebig reproduzierbar oder ließ sich auf andere übertragen. Zu jenem Zeitpunkt, als das Verbot wirksam wurde, war das innere Ereignis Graues Corps im wesentlichen vollzogen. Der uns zugedachte Schlag ging ins Leere. Betroffen war - und dies in einigen Fällen mit aller Grausamkeit jener Zeit - der freundschaftliche Zusammenhalt, der sich aus dem Erlebnis einer gemeinsamen und erfüllten Jugend von selbst ergibt.

Wenn ich heute in die Tage meiner Knabenzeit zurückblicke, dann geht ein Leuchten von ihnen aus und Erinnerungen an Ereignisse ziehen vorbei, die auf geheimnisvolle Weise immer mehr waren als das äußere Geschehen und doch mit diesem verbunden wie die Seele mit dem Körper:

Osterfahrt durch die rauhe Landschaft der Eifel. Schnee, Kälte, Armut und Einsamkeit. Vierzig Kilometer täglicher Marsch. Zur Nacht in einfachstem Quartier. Das Essen ist auf ein Weniges beschränkt. Freiwillig. Selbst den Gedanken, die flüchten wollen, wird Zwang angetan. Selten ein Lied. Nur das Schweigen verbindet die Gruppe und ihr Wille. Dreimal am Tag ist Halt; jemand liest den Siddhartha von Hesse. Ein Band, geschaffen nur für diese Tage, verflicht Wort und Geschehen. Wieder zu Hause, gibt es einen stillen Abschied. Später nannten wir diese Tage Spartanerfahrt.

Oder: Festliche Tafel im großen Saal des Castello Grigio am Gardasee. Gedämpftes Lachen und Gespräche voll Heiterkeit. Kerzen über verzauberten Gesichtern. Glanz in den Bewegungen eines jeden, selbst des Geringsten. Ein Fest nach harter Prüfung. Etwas Unnennbares verbindet alle wie durch Zauberhand und hebt sie über sich selbst hinaus. Für Augenblicke steht die Zeit still und man ist eins mit sich und der Wirklichkeit. Später begreife ich: das war Gegenwart.

Doch blieb aus jenen Tagen noch mehr als nur die Erinnerung an eine erfüllte Jugend. Es blieb ein aus der Erfahrung stammendes Wissen, das den Wahrheitsgrad jedes Geschehens und Wortes zu bestimmen vermag, ein unbeirrbarer Kompaß für eine Welt, deren Werte in zunehmender Auflösung begriffen sind, und in der es für einen jeden immer schwerer wird, die Richtung seiner Fahrt zu erkennen.

Auflösung und Ausmerzung der Bünde

Runde: Autor, Teut, Hussa

Mir kommt es vor, lieber Karl Christian Müller, daß ihr charmanten Außenseiter mit all eurem solaren Herrenmenschentum (Baron Evola) oder eurem nietzschehaft kolorierten Rechts-plus-Links-Bolschewismus (Ernst Niekisch) vor lauter Mythossucht am wirklichen Zeitmoment vorbeigelebt hättet. Das ist wie in einem Shakespeareschen Drama, wo die Könige nervös auf das Stichwort zu ihrem Auf- oder Abtritt lauern und das letzte oder erste Wort ihrer Rolle auf der Zunge verproben. Verhielt es sich nicht so? Du hast da einige strenge richterliche Feststellungen riskiert. Du hast in ihnen, nachträglich, die ganze Fülle dessen bewußt gemacht, was inzwischen in endgültigen Verlust geriet. Und es ist durch deine Darlegungen deutlich geworden, wieviel davon inzwischen »verschütt« gegangen ist.

Was mir nötig scheint, ist, daß man den von dir, und später auch von anderen, Angegriffenen Gerechtigkeit widerfahren lasse. Wird bei dir auf der Suche nach der besseren Wahrheit zwar nicht unbedingt darauf verzichtet, so sind doch von anderer Seite her schlimmere Vorwürfe gegen sie erhoben worden. Sie legen es mir nahe, etwas zu ihrer Verteidigung zu unternehmen. Und auch ich will mich dabei teilweise auf die dritte Person zurückziehen, weil das die Objektivierung erleichtern hilft. Zweifellos war damals die Sachlage von fürchterlich irritierender Vieldeutigkeit. Doch sieht sich das von heute aus anders an. Wer die Fünfzig überschritten hat, entdeckt, sofern er der Ehrlichkeit fähig ist und den Gefahren der Selbstmythisierung entrinnen konnte, daß er die Summe seiner Fehler ist.

Fehler weben sich aus Umwelt zusammen und aus unseren Entscheidungen, die aus den Gegebenheiten der Umwelt resultieren. Es gibt Fehler, denen die Umwelt applaudiert, während man sie begeht. Derselben Fehler halber kann uns eine spätere Umwelt zur Rechenschaft nötigen. Eine noch spätere wiederum verhält sich zustimmend. Im Bereich der Schriftsteller bieten Benn und Brecht Beispiele dafür. Es gibt Fehler, an deren Wiedergutmachung wir ein ganzes Leben lang arbeiten. Es gibt andere, denen wir unsere besten Leistungen verdanken. Wir begehen neue Fehler, um alte auszubügeln. Wir entdecken am Ende, daß das Leben nicht ausreicht, um mit den Fehlern fertig zu werden. Sie überdauern uns. Das Beste, was wir aus dieser Lage machen können, ist, sie anzuerkennen. Der Roman, das Schauspiel leben davon. Franz Kafka widmete der Erkundung dieser Dinge ein Lebenswerk - ohne zu einer Antwort hinzufinden. Schopenhauer kam zu dem Schluß: Am Anfang war der Fehler.

Daß dabei den Toten, die sich nicht wehren können, besonders böse mitgespielt wird, erscheint dadurch nicht erträglicher, daß man einigen Überlebenden das Primat der Schuldlosigkeit erstreiten möchte. Zwar hat man im bündischen Raum zu allen Zeiten den Elan dadurch gesteigert, daß man polemisierte, die andern zerzauste und sich selbst eine Messiasrolle zusprach. Auch Tusk neigte dazu. Die Nerotherei war nie frei davon. Wollte man eine Geschichte der bündischen Intoleranz schreiben, käme ein dickleibiges Lehrbuch der Verleumdungen zustande. Daß ihm heute noch durch bewußte Falschmeldungen neue Seiten hinzugefügt werden, ist traurig. Und schlimm ist, daß jene letzten, in denen sich noch der ganze Umkreis des Bündischen darstellt, sich gegenseitig zu diskriminieren suchen, anstatt zusammenzuhalten, um dem Restlich-Bündischen im Zustand seiner äußersten Daseinsbeschränkung zu nachträglichen Wirkungen zu verhelfen. Mir selbst ist jede Gruppe, in der heute noch der frühe Tusk des »Gespannten Bogens« gelesen, meinetwegen auch mit Kosakenmütze und Balalaika zelebriert wird, viel wichtiger als jene Renegaten, die den Rock and Roll-Kellern zustreben und sich dabei besonders zeitecht vorkommen.

Hussa also, seines Zeichens Nerother, reiste im Januar 1933 nach Berlin, um mit Tusk über die politische Lage zu sprechen. Hussa und Tusk standen einander nahe, ohne ausdrücklich befreundet zu sein. Tusks hartes Urteil über die Romantik der Nerother hatte sich als Hinderung eingeschoben, ohne die persönliche Achtung voreinander zu mindern. Zudem hatte Tusk sich zu jenem Zeitpunkt bedenklich dem Parteikommunismus angenähert, wie er von Moskau aus dirigiert wird. Das war für Hussa nicht nachvoll ziehbar.

Das damals von Tusk Geäußerte läßt sich kurz so umschreiben: Der Nazismus ist unaufhaltsam. Er wird zur Macht kommen, aber in Kürze an seinen Fehlern scheitern. Dann schlägt die Stunde eines deutschen Kommunismus. Es handelt sich nur darum, die Gefahren gut getarnt zu überstehen, um dann, im entscheidendsten Moment, zur Stelle zu sein und die politische Form zu bestimmen, in welcher deutsche Jugend innerhalb Sowjet-Deutschlands zu erziehen wäre. Weltkommunismus wird die Lebensform von morgen und übermorgen sein. Das Eigengesicht der Völker wird in ihm zur schönsten Blüte kommen. Deutschland wird die geistige, Rußland die machtpolitische Führung zufallen.

Wer jene Zeiten als Dreißigjähriger mitgemacht hat, weiß sich zu erinnern an das eigene Ringen um Verantwortungen. Die einen warfen sich nach Extrem-Rechts, die andern nach Extrem-Links, weil - das war damals der gängige Spruch - »man sich entscheiden müsse«. Und die Zeit verfügte, daß wir uns daraufhin sozusagen dauernd umentscheiden mußten, um am Leben zu bleiben. Und wir redeten uns ein, daß wir am Leben bleiben müßten, um dann, wenn etwas »schicksalhaft Endgültiges« aus den Gärungen hervorgegangen sei, zur Stelle zu sein. So verhielt sich damals der jüngste Georgekreis »Die Runde«, so verhielt sich dj.1.11, so verhielten sich die Nerother.

Der Zufall wollte es, daß Hussa in Berlin auch noch bei Gottfried Benn vorsprach. Hier nun war die ganz entgegengesetzte Überzeugtheit wie diejenige Tusks anzutreffen. Und wer damals als junger Mann glaubte, sich dem Wort und den Wertbestimmungen eines großen Dichters anvertrauen zu dürfen, der konnte sozusagen in seinen besten Zweifeln wankend gemacht werden.

Als durch gigantische Fackelzüge und brausenden, übermenschlich brausenden Jubel der Sieg des »Führers« in Berlin gefeiert wurde, saß Hussa in der Bahn. Schweizer Grenze, Italien, Sizilien, Tripolis waren die ersten Stadien seiner Emigration. Dort wurde er nach einigen Wochen von faschistischer Kolonial-Miliz verhaftet und wegen Mittellosigkeit eingesperrt. Eine Auslieferung nach Deutschland mußte er zu verhindern versuchen, da politische Vorstrafen (maßgebliche Beteiligung an einer behördlicherseits verbotenen Friedensdemonstration in Hamburg) dergleichen nicht als ratsam erscheinen ließen. So griff er zur List. Ein Ausweg, der zwischen 1933 und 1945 von Deutschen jeder Art, jeder Gemütslage, jeder Parteifärbung so ausführlich benutzt wurde, daß die meisten zuletzt wohl kaum mehr wußten, handelten sie aus List oder aus Überzeugung, oder war ihnen die List zur Überzeugung, die Überzeugung zur List geworden. Das kann nur ermessen, wer selbst in den Stromschnellen der versuchten, der versucherischen Selbstbehauptung und Selbstrettung stand.

Hussa schrieb also einen fingierten Brief an seinen lieben »Onkel Hermann Göring«, in sicherer Voraussicht, daß die italienische Gefängniszensur das Schreiben nie befördern würde. Onkel Hermann wurde also mit empörten Worten über die Verhaftung eines unschuldigen braven Deutschen ins Bild gesetzt. Der Erfolg kam sofort zustande. Hussa wurde per Schub nach Siracusa befördert mit der Weisung, italienischen Boden schnellstens zu verlassen. Sonst aber ohne Vermerk im Paß. Also eigentlich auf freien Fuß gesetzt.

Hussa hielt sich noch bis August in Italien, nahm mit Bündischen und seinen eigenen Gruppen Briefwechsel auf. Von allen Seiten her wurde er beschworen, heimzukehren, da man gerade Leute wie ihn brauche, um aus der nationalen Revolution etwas Positives zu machen. Ein dringender Notschrei kam von Hussas Wiesbadener Gruppe. Die Bündischen sollten aufgelöst und in die Hitlerjugend übernommen werden. Es gab nur eine Möglichkeit, den altgewohnten Zusammenhalt zu sichern: sich geschlossen als Jungvolk-Spielschar zur Verfügung zu stellen. In dieser Form hoffte man zu überdauern. Bis die Zeit reif sei, um von führender Position aus entscheidenden Einfluß auf die Entwicklungen zu nehmen. Tusk ließ sich so vernehmen, steckte aber so rapide um auf Nazismus, daß man nicht mehr genau wußte, war es jetzt List oder echte Überzeugtheit. Ähnlich verhielt es sich mit dem Kreis der »Runde«, der vom Frankfurter Radio aus die berühmt gewordenen »Mitternachtssendungen des deutschen Geistes« startete und dies unter der Schutzherrschaft des Neffen von Hjalmar Schacht tat.

Hussa ging also nach Wiesbaden, kam unangefochten hin, fand sich von Hitlerjugendkreisen erwartet, sofort zum Kultursachberater des Banns Frankfurt ernannt und konnte nun tatsächlich die Wiesbadener Gruppe als Spielschar »retten«. Diese Rettung war um so wichtiger, als der Gruppe ein österreichischer Jude angehörte. Hussa konnte später erwirken, daß dieser - heute neben Hussa der einzige Überlebende jener Gruppe - nach Stockholm emigrierte. In seiner neuen Funktion nun veranstaltete Hussa HJ-Kulturabende, wie sich das gehörte. Er schrieb Sprechchorspiele. Er fuhr mit einem Amtswagen im »Gebiet« herum und übte Lieder ein. Auch in Koblenz konnte eine Nerothergruppe auf diese Art getarnt als

Ganzes bestehenbleiben. Heimlich trafen sich diese Gruppen auf Burg Liebenstein, denn auf der Waldeck, der Stammburg der Nerother, war das bereits ein Unterfangen mit tödlichen Gefahren, das auch bereits seine Opfer gekostet hatte, da sie von Nazispitzeln überwacht wurden. Bei diesen Zusammenkünften entlastete man sich von dem ungeheuren politischen Druck (der einem heutigen Menschen gar nicht mehr spürbar gemacht werden kann) durch wüstes Singen von Brechtliedern. Durch Persiflagen nazistischer Gepflogenheiten. Durch wilde, in die Mitternachtsstille hinausgebrüllte Herausforderungen. Denn in den Kreisen der Kameraden, die nicht in die Tarnung schlüpfen konnten, folgte eine Verhaftungswelle der andern. Meist auf Nimmerwiedersehen. Hier nun wurde mit besonderem Genuß gesungen: »Wir sind die Rheinischen Vandalen ...«. Noch heute koloriert dieses Lied wilde Stunden bündischer Gruppen. Damals kam die List zustande, diese Lieder ebenfalls zu tarnen. Wer obengenanntes Lied kennt - und wer im bündischen Bereich kennt es nicht? -, kann es sofort umkrempeln: »Wir sind die braunen Bataillone ...«.

Bei den Kulturveranstaltungen waren uns diese Dinge Signale. Die andern getarnten Bündischen im Saal merkten, worum es ging, und man kam anschließend zusammen, um die Lage und die Möglichkeiten zu besprechen. In unendlich vielen Fällen wurde es flüsternd oder in einer »gezinkten« Sprache getan. Wer solche Gruppen belauschte, konnte meinen, dort werde fanatischer Nazismus betrieben. Dabei sangen sie: »Wir rufen Deutschland, wir rufen Deutschland, wir rufen die verlorene Nation ...«.

Für Gestapospitzel hieß es »erwachende Nation«. Ähnlich wurde ja auch ein Lied von Walter Gättke auf den Zeitmonent »umgelegt«: »Jungvolk gib acht, daß man dich nicht zu Landsknechten macht!« tönte nun: » ... daß man dich nicht zur Staatsjugend macht«. Blutige Albernheiten, von heute aus gesehen. Aber was hätte uns, von der Republik verwöhnten, jungen Leuten in unserer abenteuerlichen Verängstigung (denn selbst diesen jetzt endgültig tödlichen Ernst nahmen wir immer noch im Sinne unserer bündischen Vorstellungen als abenteuerlich), was also hätte uns besseres einfallen können? Besonderer Treffpunkt der Bündischen wurden damals die Chordarbietungen der Don-Kosaken unter Serge Jaroff - bis die Gestapo auch das herausbekam. Serge Jaroffs Verbundenheit aus jenen Tagen zu den bündischen Gruppen ist heute noch ungetrübt.

Daß Hussas Kulturtätigkeit nicht der Parteilinie entsprach, wurde bald durch die »alten Kämpfer« der HJ offenbar. Es kam zu offiziellen Angriffen in der Parteipresse. Man sprach von »Kulturbolschewismus«, und darunter verstand sich damals alles, was den Nazis nicht geheuer war. Indessen: Der Versuch, die HJ bündisch zu durchsetzen und von »innen zu erobern« (das war damals auch so ein hoffnungsloses Wort), scheiterte im Gebiet Frankfurt. Er scheiterte überall. Auch Tusk konnte sich - sei es mit List, sei es durch Umschaltung - nicht halten. Die Bündischen verloren viele tapfere, schätzenswerte Menschen. - Hussa emigrierte, nachdem er sich verfolgt wußte und von Freunden beizeiten gewarnt worden war, zum zweiten Male, und endgültig, nach Süden.

Der Weg woher und der Weg wohin

Runde: Autor, Friedrich, Autor

Weltkrieg II liegt hinter uns. Die Jugendbewegung ist ein Meditationsvehikel für uns alt gewordene Bewegte geworden. Von einem witzigen Kopf wurde angedeutet, daß die Blaue Blume heute ein Treibhausgewächs sei. Wer kann, wer darf das abstreiten und mit welchen Begründungen? Mir gefällt das Wort nicht. Trotzdem, wenn ich mir klarmache, wo wir stehen ...

Wenn ich die Schrift des Neupfadfinders Werner Heisenberg »Die Einheit des naturwissenschaftlichen Weltbildes« befrage, erhalte ich eine sehr vorsichtig formulierte Antwort: »Wir sind uns mehr als die frühere Naturwissenschaft dessen bewußt, daß es keinen sicheren Ausgangspunkt gibt, von dem aus Wege in alle Gebiete des Erkennbaren führen, sondern daß alle Erkenntnis gewissermaßen über einer grundlosen Tiefe schweben muß; daß wir stets irgendwo in der Mitte anfangen müssen, über die Wirklichkeit zu sprechen mit Begriffen, die erst durch ihre Anwendung allmählich einen schärferen Sinn erhalten, und daß selbst die schärfsten, allen Anforderungen an logischer und mathematischer Präzision genügenden Begriffssysteme nur tastende Versuche sind, uns in begrenzten Bereichen der Wirklichkeit zurechtzufinden.«

Verhält es sich so? Wer könnte, wer dürfte es wagen, das zu bezweifeln? Wir wissen heute, daß ein bunter, vielfältig sich durchkreuzender Regen von geheimnisvollen Funkstrahlen das Weltall durchflitzt. Und seit wir das Radioteleskop haben, besteht die Möglichkeit der genauen Herkunfts- und Entstehungsermittlung für solcherlei Phänomene. Zustände und Vorgänge auf sehr fernen Weltinseln können nunmehr auf ihren physikalischen Nenner gebracht werden. Der Mond selbst ist zu einem Abstellgelände sehr irdischer Gegenstände geworden. Wir haben sogar seine Rückseite kennengelernt. Das gebietende Gestirn der Romantik hat somit den begrifflichen Raum gewechselt. Ebenfalls eröffneten sich neue Perspektiven in der Erforschung jener kosmischen Gewölke aus Gas oder Staub, die das Licht gewisser Sterngruppen hinter ihnen verdunkeln, aber deren »Ultrakurzwellen«-Strahlung trotzdem passieren lassen, daß unsere Instrumente sie registrieren können. Die Befunde sind bisher nur teilweise ausgewertet. Doch das wenige dürfte bereits genügen, um »Peterchens Mondfahrt« - das Märchenbuch, das uns einst als Kinder fesselte - demnächst Wirklichkeit werden zu lassen.

Was auch immer die Forscher wagen werden - sicher ist, daß für die Menschheit von morgen kollektive Planungen nötig sind, und zwar nicht nur in Sachen Strahlenauswertung, sondern auch in Sachen Strahlenschutz. Wir waren nämlich so vermessen, den Baum der Erkenntnis im Garten Eden zum zweitenmal zu schütteln. Und diesmal fiel nicht Obst, sondern die Atombombe herunter. Somit stehen uns erzwungenermaßen außerordentliche welt- und erdräumliche Umorientierungen bevor.

Es erscheint daher wünschenswert, in diesem uns zwangsweise zum Schicksal gewordenen Wissensbereich gut oder vielleicht sogar genau Bescheid zu wissen. Wir haben die absolute Energie in die Hand bekommen, das heißt, ein Stück Sonne auf die Erde herabgezwungen. Cocteau gab dem neuen Tatbestand eine poetische Umschreibung. Er sagte: »Wir haben die Faust eines Erzengels aufgebrochen.« Das Wort der Bibel »Und es ward Licht« hat sich auf einer neuen Ebene realisiert.

Mit den Höhlen von Altamira und Lascaux fing es an. Die Bilderkapellen der Steinzeitjäger, unterirdisch eingetieft, sahen Feuerkulte und Initiationstänze. Im Höhlespielen der Kinder wiederholen sich solche Phasen. Grottengeheimnisse, Mithrasdienste. Die Dichter der Romantik, Hölderlin, Novalis ... Die Bünde und ihre unbewußte Suche nach Rückverbindung. Irgendwo, wie klein, wie verloren auch immer, steht für mich in der Reihe der Imagokomplexe auch die Basalthöhle von Neroth. Es steht auch wohl in dieser Reihe das Nomadenzelt als eine transportabel gewordene Höhle. Mit dem Feuer in der Mitte, um das herum sich junges Leben sammelte, halb im Scherz, halb in Ahnungen verbunden, daß hier Begehungen stattfänden, Aufarbeitungen verschüttgegangener Urwelt.

Und immer der Raum als unbewältigte Drohung hinter, über, unter uns, Raum, der an Raum grenzt, der wieder an Raum grenzt. Die Erde als Gefangene des Himmels. Stern unter Sternen, vielleicht ... Aber erst mit Kopernikus begannen Gründlichkeit und Umsicht zu walten. Kepler, Galilei, sie machten die Sterne zu Gefangenen der Menschen. Herschel: Vorstoß in den Weltraum, Entdeckungsreisen im Sonnensystem. »Gibt es Leben auf dem Mars?« Mit der Instrumentenvervollkommnung, mit Berechnungsgerissenheiten, mit der zunehmend genaueren Kenntnis von den Spektrallinien und Wellenlängen ist uns die Gegenwart auferlegt. Unser Lebenstag. Aus Astronomie wird Astrophysik. Weltbildstürzende Theorien treten mit menschlichen Namen an der Stirne hervor. Foucault, Mach, der Amerikaner Michelson und die Deutschen Einstein und Heisenberg.

Sind das nicht Dinge, die unsere Sorgen relativieren, sie zumindest umordnen, sie auf andere Schienen stellen sollten? Die Vereinsamung ist absolut geworden. Die Entfernungen, mit denen die Astrophysik rechnet, sind zu Entfernungen zwischen uns und Gott geworden. Unseren Sinnen sind die schlichtesten Daseinswerte entfremdet. Unserer Meditation am Lagerfeuer antworten vollkommen neue Begriffe. Und die Aufgabe, innerhalb der stürmisch andringenden Findungen und Erfindungen Mensch zu bleiben, nein, das Menschliche wiederzuentdecken, hat sich in Bezirke verlagert, denen wir noch gar keine Namen geben konnten, da sie nicht mehr wie bisher aus den Jahrtausenden resultierten, die hinter uns liegen, sondern sich aus denen, die vor uns liegen, werden ergeben müssen. Wird es das Kollektiv sein, aus dem sich das regelt? Werden wiederum Einzelne aufstehen und uns in der Welt, der Welt in uns, den neuen Rang ergründen?

Es ist möglich - dies haben unsere gemeinsamen Untersuchungen vielleicht erhellen helfen -, daß der Streitfall bündische freie oder staatliche gebundene Jugend heute gegenstandslos geworden ist, weil Aufgaben da sind, die der gesamten Jugend gleichermaßen zufallen. Und es wird das Bemühen derer, die mit diesen Dingen beschäftigt sind, sein müssen, die Lage bewußt zu machen, in die wir, verstrickt in die Konsequenzen unseres eigenen Weges, hineingeraten sind. Denn das Leben, das morgen geleistet werden will, gehört denen, die heute jung sind. Was wir ihnen zumuten, ist also nichts anderes, als sich ihrer selbst anzunehmen. Die Stunden eilen. Und jede bringt Verwandlungen mit unabsehbaren Folgen mit sich.

- Friedrich fragt: Praktisch genommen und ganz auf das bezogen, was der Moment noch erlaubt, was sollen, was können wir eigentlich noch tun oder empfehlen? Himmel und Hölle auf der Landstraße gehören allein noch dem Auto an. Wege und Pfade, die in die Einsamkeit führen, dem Moped. In fast jeder europäischen und nun allmählich auch schon außereuropäischen »Natur« besteht Campingzwang. Zeltleben in den Wäldern verboten. Lagerfeuer in den Sümpfen: verboten. Burgen: siehe Restaurants. Höhlen und Grotten dienen dem Sonntagsverkehr von Motorradpärchen. Ufer und Strände: schwer ölverschmutzt. Bäche: begradigt. Flüsse: reguliert. Meer: Friedhof für die Betonsärge mit den Kernspaltungsabfällen. Seen: vom Aussterben der Fische gekennzeichnet. Sonne: hinter Smog verborgen. Luft: radioaktiv verseucht. Wo soll also heute die mit soviel aufregender Zukunft belastete Jugend ihre Selbstgestaltung ungestört und unverstört regeln?

Und da die Massen sich heute - dank der unbeabsichtigten Vorwerbung der Jugendbewegung - unaufhaltsam über die letzten Reste grüner Freiheit ergießen, bleibt dem Staat nichts anderes übrig, als die Ordnungen der Großstädte über sie zu erstrecken. »Trampen wir durchs Land« hat somit abegedankt. Jugendgruppen, ob frei, ob organisiert, werden sich künftig ganz wie Büroreisegesellschaften auf Achse dorthin begeben, wo sie ihre Ferien verbringen wollen.

- Chorus: Die Zeiten, da man von einem Heidebahnhof aus stundenlang durch Einsamkeit tippeln konnte, kommen nicht wieder. Alles ist allen gemeinsam. Wer mehr will, muß sich, wie die Körperkultur-Bünde, hinter Palisaden zurückziehen. Dort wären dann die Blauen Blumen und Blümchen tatsächlich im Treibhaus.

Nehmen wir aber an, daß die Blaue Blume vielleicht auch Selbstbegegnung bedeuten will, dann ist sie im dichtesten Gewimmel der Großstadt ebenso sicher auffindbar wie in den Korkeichenwäldern von Korsika. Die Blaue Blume wäre damit der Frage »frei« oder »organisiert« entzogen. Somit wäre sie keine Treibhausangelegenheit, sondern Privatsache. Als Forderung bliebe also übrig: Den letzten frei lebenden Bündischen Naturschutzparks zu stiften, denn natürlich sind sie kostbar wie die letzten zerzausten Silberreiher.

Den Organisierten sei Toleranz gegenüber ausgefallenen Erscheinungen in ihren Reihen empfohlen. Wer mit Gewalt einebnet, gerät zuletzt selbst unter die Harke. Den Außenseitern aus Leidenschaft die Mahnung: es gibt keine Käseglocken-Existenz mehr. Mit ausgewählten, gut gebauten Knaben Waldgang spielen, fördert eine Arroganz, die die Weltlage leugnet, ohne sie zu meistern.

Allen zusammen die Empfehlung: Fühlungnahme mit der Jugend der ganzen Welt. Einformung in das reale Abenteuer der Gegenwart. Aufzeigen der entscheidenden Aufgaben. Profilierung des Verantwortungsgefühls durch Förderung der Klarsicht.

- Alles richtig, alles gerecht, alles berechtigt. Findet abstrichlos meine Billigung. Doch ich bin willens, noch einen kleinen Satz zu deponieren, bevor ich die Gastmahlsrunde auflöse: Jeder Moment, den das Leben mittels der Zeit gebildet hat, ist ewig und kann wieder aufgesucht werden.

Finale

Warum sich der Wandervogel als ein Phönix aus der Hochofenasche der Gründerjahre erhob, wissen wir nicht. Jeder schwört auf andere Voraussetzungen. Tatsache ist, daß er da war, wirkte, einen völlig eigenen Lebensstil schuf, eine eigene Sprache hervorbrachte und somit eine Gesellschaftsform prägte, die heute noch überall beobachtet werden kann, wo Deutsche, alte oder junge, zusammentreffen und sich als »Bündische« bekannt werden. Der Phönix der bündischen Jugendbewegung ist unsichtbar geworden. Aber er ist nicht wieder zu Asche verbrannt. Das moderne Leben hat viel von ihm übernommen, ohne es zu wissen. Wenn man die Wohnung älterer, auch jüngerer Bündischer betritt, wird das rein durch das Atmosphärische offenbar. Die Bücherborde verraten es. Die Küche verrät es. Die Konversation vollzieht sich in andern Rängen. Im Wortschatz tauchen Begriffe auf, die wie die Kennzeichen einer innigeren Lebensgemeinschaft anmuten.

Alles hat seine Zeit auf Erden. Der Wandervogel hat seine Zeit gehabt. Seine Impulse sind heute genormte Begriffe der modernen Jugendpflege. Er ist gleichsam amtlich geworden. Er fand, wie alle Regungen, die das Naturwesen Mensch ergreifen, vom Mythos zur Kultur, vom Kultus zur Zivilisation. Die Behauptung, daß er dem Nazismus Vorreiterdienste geleistet habe, muß jedem Eingeweihten als töricht erscheinen. Das einzig Bestimmte an der politischen Generallinie der Jugendbewegung war immer die Unbestimmtheit. Weder war der Urwandervogel jemals kaisertreu (der Patriotismus der kriegsfreiwilligen Wandervögel des ersten Weltkrieges entsprang, wie unzählige Feldpostbriefe erweisen, dem Glauben, daß man sich mit einer solchen opferwilligen Beteiligung das Recht der Einwirkung auf die Nachkriegsgestaltung Deutschlands erkaufe), noch standen die späteren Bünde mit besonderem Eifer zu jenem Staatswesen, das sich auf die Verfassung von Weimar berief, sehr zum eigenen Schaden allerdings, denn gerade dank der besonderen Toleranz, der Pflegewilligkeit und des großzügigen Verzichts auf Gegenleistung, wie sie von der Weimarer Republik geübt wurden, konnte die Jugendbewegung in uneingeschränkter Selbstherrlichkeit gedeihen.

Abirrungen nach Extrem-Rechts kamen nicht häufiger vor als nach Extrem-Links. In jedem Falle aber schwebte den Renegaten ein »Volksreich« vor, das wenig oder nichts mit den Zielen der Partei zu tun hatte, der sie sich verschrieben. Und da sie aktiv auf die Parteien einzuwirken wünschten, stifteten sie hier nur Spaltungen und wurden meistens schleunigst kaltgestellt mit ihrem schönen Eifer. Anders verhielt es sich mit dem Nationalsozialismus, der mit instinktiver Kalkulation alles in seine Springflut zog, was irgend den Charakter von Bewegung hatte, gleich welcher Art, welcher Tendenz, welcher Herkunft.

Die Übernahme erfolgte immer auf dem »blutigem« Wege. Das heißt: Die Träger der adoptierten Bewegung wurden ausgerottet, bevor sie sich als Fermente auswirken konnten. Die Formen, die sie mitgebracht hatten, blieben gleichsam sinnentleert übrig und ließen - etwa bei der Hitlerjugend - das Gefühl einer endlich erfüllten, an ihr eigentliches Ziel gelangten und auf dem Boden des Volksstaates vereinigten Jugendbewegung entstehen. Geschickte Propaganda sorgte für Beglaubigung.

Verkehrt ist es auch, die Jugendbewegung als eine mit den Tendenzen des fehlgeschlagenen »Jahrhunderts des Kindes« übereinstimmende soziale Regung zu deuten. Das »Jahrhundert des Kindes« zielte auf Enthemmung, Verweichlichung durch Verständnis und Verständigung auf künstlich durcheinandergebrachten und vermischten Lebensebenen. Im Gegenteil: Die Jugendbewegung förderte Askese, liebte schlichte Lebensformen, pflegte den Geist der Selbstverantwortung, half die Welt erschließen mit den einfachsten Mitteln. Mied die Hotels, verachtete in einer guten Periode ihrer späten Phase sogar die selbstgeschaffenen Jugendherbergen, schätzte Abhärtungen, schwierige Dichter, Denker, Weltbildrevolutionäre und - auf dem Umweg über das wiederentdeckte Volkslied - strenge musikalische Formen.

Ihr bißchen Deutschtümelei, ihr rein idealischer, von Wagner und der Germanenschwärmerei her gespeister und auch nur ganz gelegentlich auftretender Antisemitismus war eine Reaktion gegen den Weltkommerzialismus, der sich lediglich eines mißverständlichen Begriffes bediente und Menschen jüdischen Blutes nicht an der Bundesteilhabe hinderte. Es gab deren in den meisten Bünden. Und dann die Opfer. Da gab es solche, die, wie Robert Oelbermann, wegen ihrer Standhaftigkeit im Bekennen untergehen mußten. Dann jene, die aus politischem Irregang in Selbstverlust gerieten. Ich gedenke in diesem Zusammenhang Eberhard Köbels, jenes faszinierenden Mannes, der sich Tusk nannte und darin seine Gebundenheit an ein »nordisches« Ethos zu erkennen gab und der, wie von der eigenen Woge unentrinnbar auf unbekanntes Gebiet abgesetzt, später zu einem Funktionär des Marxismus wurde und es geduldig auf sich nahm, das Entsetzen seiner früheren Freunde und Gefährten zu erregen. Neben Ernst Buske, Robert Oelbermann, Martin Voelkel ist er eine der nachwirksamsten Führergestalten der Bündischen jener letzten Phasen geblieben. Immer wieder flackert das seltsame Feuer auf, dessen erste Scheite er gezündet. Immer wieder finden sich seine alten und neuen Getreuen zusammen, um mit neugeworbener Mannschaft das Erbe zu retten, das er hinterließ. Doch dieses Erbe ist so vieldeutig, daß die angestrebte Einigung auf breiter Basis meist in den ersten Anläufen zerbricht. Der Auslegung sind zu viele Möglichkeiten geboten.

Ich gedenke der Brüder Scholl, sie waren Mitglieder der illegalen Jungenschaft und wagten es, ihre Schwester an ihrer Seite, als Studenten der Münchner Universität, fast alleinstehend, das Gewissen der Jugend mit Flugblättern zu alarmieren. Sie wurden mit unvorstellbaren Martern aus dem Leben verabschiedet. Ich gedenke Harro Schulze-Boysens, des Führers der »Roten Kapelle«. Er kam aus der nationalrevolutionären Jugendbewegung und mußte für seine Gesinnung sterben. Ich gedenke Theo Hespers und Hans Fritzsches, die im KZ umkamen. Ich gedenke des »Unbekannten Bündischen«, dessen Grabmal noch zu errichten ist und das die Namen von Wandervögeln und konfessionellen oder politischen Bündischen zu bewahren hätte.

Ich gedenke der jungen Menschen, Mitglieder von Gruppen, deren jüngste dreizehnjährig waren, die dem Usurpator trotzten, treu zu ihrem verbotenen Bund hielten und dafür vielleicht den Tod erlitten. Ich gedenke der hundert jungen Menschen, die aus dem Geiste der Jugendbewegung stammten, sich wider die Nationalsozialisten erhoben und dafür auf oft grauenvolle Art umgebracht wurden. Ihr Leben, Wirken und Sterben hat Walter Hammer in sachlichen Dokumenten belegt und dargestellt. Ich gedenke des in diesem Zusammenhang besonders namhaften Professors Adolf Reichwein. Er war eine große, wenn nicht die größte Gestalt des jugendbewegten »Kreisauer Kreises«, und er war einer der unerbittlichsten Kämpfer des »20. Juli«, jener großen und eigentlich allein gebliebenen Erhebung einsichtiger Menschen wider den Wahnsinn. Adolf Reichwein wurde in Plötzensee gehängt.

Ich gedenke der gefallenen Bündischen des zweiten Weltkrieges. Was für lebendige, im Geiste der Dichtung und der Musik verbundene Gemeinschaften formten sie aus ihrer Gruppe, wenn es die Umstände ihnen erlaubten, zu Einfluß zu kommen. Ich habe in diesem Zusammenhang das Andenken meiner Freunde Herbert Nieder, Wiesbaden-Biebrich, Gerhard Wüstenfeld, Wiesbaden, Hein Mollwo, Walter Krebs und Henning Gravenhorst, Hamburg, zu feiern, Gefallene des zweiten Weltkrieges, und in den letzten Monaten ihres Daseins ein Born des Frohsinns und der Zuversicht unter ihren Kameraden. Ihr Einfluß war so gravierend, ihr Versuch, einem anderen Deutschland vorzuarbeiten, so nachhaltig, daß sich die davon Ergriffenen heute noch dankbar ihrer erinnern.

Das sind Wenige von Vielen. Zeugenschaft für sie ist überall aufzugreifen, wo das Gespräch diese Dinge durch Zufall berührt.

Im Gegenwartsantlitz unseres Volkes fehlen ihre Züge. Die Lücken, die sie hinterließen, haben sich nicht geschlossen. Der phantasiebegabte Menschenschlag, dem sie zugehörten, ist verringert. So können wir nach prüfender Überschau über die Wirkbereiche und Gestaltungen der Jugendbewegung abschließend sagen: Ihre Befreiungen waren ein Freiwerden für gesteigertes Dasein. Ihr Gehaltensein in der Selbstzucht war der Versuch, das Leben aus der technischen Stagnation zu lösen, ohne die traditionellen Ordnungen zu gefährden.

Wenn man den Menschen der Jugendbewegung heute vorwirft, daß sie versagt hätten, dann muß man das - mit Bezug auf die ewige Spannung zwischen Wille und Gegebenheit, die das Menschsein kennzeichnet - auch der klassischen Romantik vorwerfen. Denn als deren Ergebnis ist unsere Lebensstunde da. Und die Romantik war als Ergebnis des ihr Vorangegangenen da. Und so usque ad finem.

Freuen wir uns der Tatsache, daß es den Wandervogel gab. Denn wer - wann immer er von dessen musischem Bann ergriffen war - wer von uns möchte ihn missen?

Abgesang

Ich mach das alte Zelt bereit,
Such süßes Moos der Üppigkeit.
Es ist schon zehn.

Die Sterne stehn im alten Stand.
Der Tod hält uns in kalter Hand.
Die Freunde gehn.

Die Schnitter mähen nah zu mir,
Ich aber singe für und für
Und will's nicht sehn.

Das Feuer macht die Augen zu.
Und blinzelt mir zur guten Ruh.
Die Träume wehn.

Worte und Weise von Werner Helwig

Weisende Zeichen

Tausende standen in urweltlichem Behagen
Ums Feuer, das mit Funkenschweif zum Himmel stob.
Tausende stampften los im Takte der Sterne.

Das Feuer fuhr mit heulender Faust in die Nacht.
Da warfen sie tausendfältigen Schrei zum Gewölbe auf.
Der kam krachend, mit Sternen vermischt, wieder nieder.

Nun umfaßten sie sich, Arme im Nacken verflochten,
Und sangen ein Lied, das breitströmend hinquoll.
Auf hoher Klippe über solchem Fest aber standen drei,

Die waren so ergriffen, daß einer sich hinabwarf
Und zerscholl, welttief, auf hartem Gestein.

Der zweite erfaßte den Schweif eines Kometen
Und fuhr voll wilder Jauchzefreude raumhinaus.

Der dritte aber ward, wo er stand, zum Stein,
Denen, die nach uns kommen, ein weisendes Zeichen.

Werner Helwig

(Dieses Gedicht entstand 1934 nach der Auflösung der Bünde zur Erinnerung an den letzten großen Bundestag. Es erschien im Aprilheft 1935 der inoffiziellen Zeitschrift »Der Kajak«, die von der Jungenschaft Ortnit, Köln, herausgegeben wurde. Ihr wagemutiger Herausgeber, Ernst Reden, Köln, ist gefallen.)

ANHANG

Nachbemerkungen des Herausgebers zur Neuausgabe 1980

Aufgabe einiger Anmerkungen zur Neuausgabe eines bereits klassischen Werkes kann nicht sein, es noch einmal rezensierend zu beurteilen, seine Stärken hervorzuheben oder Vorbehalte anzubringen. Dies geschah bereits ausführlich beim Erscheinen des Buches. Die Resonanz war außergewöhnlich breit, sowohl in der literarischen Öffentlichkeit wie in Kreisen der Jugendbewegung. In allen Gruppen und Gruppierungen, die aus der Tradition der Jugendbewegung kommen, wurde die Blaue Blume diskutiert und in den bundesinternen Blättern besprochen. Bei aller Zustimmung fand jedoch meist jeder Bund in der Darstellung seines Umfeldes irgendetwas auszusetzen, wollte es ergänzt oder berichtigt wissen. Damit ist schon die Wirkungsgeschichte des Buches angesprochen, die im folgenden kurz skizziert werden soll. In diesem Zusammenhang erfolgen auch einige editorische Notizen zur Begründung der vorliegenden Neufassung. Ebenso wichtig ist jedoch, auf Sinn und Zweck einer geschichtlichen Darstellung der Jugendbewegung einzugehen und die Frage zu stellen, ob und wie Jugendbewegung heute noch existent und sinnvoll sein kann.

Das Buch erschien Anfang 1960 im Sigbert Mohn Verlag Gütersloh in einer ersten Auflage von viertausend Exemplaren (irrtümlich ist im Impressum 1.-10. Tausend angegeben). Bereits ein halbes Jahr später wurde eine zweite Auflage (5.-7. Tausend) erforderlich, von einigen Korrekturen abgesehen, ein unveränderter Nachdruck der Erstausgabe. Daß Werner Helwigs Blaue Blume so erfolgreich wurde, ist verständlich. Zum Zeitpunkt ihres Erscheinens war kein annähernd so vollständiges, die Gesamtheit der Jugendbewegung umfassendes Buch vorhanden. Obwohl es eine Vielzahl von Daten und Namen aus der Geschichte der Jugendbewegung enthält, die zudem von zahlreichen Gewährsleuten vorgetragen werden, ist das Buch in sich geschlossen und weit mehr als eine Geschichte der Jugendbewegung, zugleich eine dichterische Essenz des Wesens der Jugendbewegung, geschaffen von einem Autor, der selbst tief im Bündischen wurzelt und der in der literarischen Szene dieser Jahre etwas galt. Auf der anderen Seite waren die Bünde der Nachkriegsjugendbewegung - nach einigen Hochs und Tiefs - zu diesem Zeitpunkt in fruchtbarer Aufwärtsentwicklung begriffen, die bis zum Meißner-Jubiläum 1963 anhielt. Sie waren natürlicherweise interessiert, ihre Herkunft in Erfahrung zu bringen, ihre Tradition zu reflektieren, ihren bündischen Standort zu bestimmen. Dies alles bot die Blaue Blume, und so waren Buch und Leserschaft wie füreinander geschaffen. Kritisches kam vornehmlich aus Älterenkreisen, von denen, die die Bewegung aus eigenem Erleben kannten, zumindest im Umkreis ihres Bundes, und die teilweise eine andere Sichtweise des Erlebten hatten.

Werner Helwig hat die vielfältigen Anregungen aufgegriffen und um 1962 an einer Neufassung der Blauen Blume gearbeitet (Arbeitstitel »Geheime Ergänzungen der Blauen Blume« oder

»Blaue Blume II«). Das nahezu abgeschlossene Manuskript kam jedoch aus verschiedenen Gründen nicht zur Veröffentlichung. Veränderungen in der verlegerischen Betreuung und mehr noch der Wandel in der bündischen Szene ließen an eine Neuauflage nicht denken. Ziemlich rasch nach 1963 gerieten die »Jungen Bünde« in einen Abwärtstrend, dessen Ursachen und Verlauf hier nicht beschrieben werden können. Jedenfalls war Anfang der siebziger Jahre von der nach 1945 noch einmal in Blüte stehenden Bündischen Jugend nur noch ein kläglicher Rest übrig. Und auch die Bünde, die überlebten, hatten Substanz und Selbstverständnis eingebüßt. Erst Mitte der siebziger Jahre zeichnete sich wieder ein allmählicher Aufschwung in den Bünden ab, der sich unübersehbar auf dem »6. Überbündischen Treffen« Pfingsten 1977 auf dem Allenspacher Hof (Schwäbische Alb) manifestierte. Dieses Treffen markierte so etwas wie eine Tendenzwende im Bündischen. In diesen Jahren der »bündischen Renaissance« setzte auch wieder das Interesse an Werner Helwigs Blauer Blume ein. Inzwischen war das Buch längst vergriffen und wurde von Antiquariaten zu Liebhaberpreisen gehandelt.

Eine Neuausgabe ist heute bereits überfällig. Es boten sich zwei Möglichkeiten, entweder die Erstfassung noch einmal unverändert aufzulegen oder das Manuskript der »Blauen Blume II« zu drucken. Bei der ersten Möglichkeit, der verlegerisch zweifellos einfacheren und preisgünstigeren, wären die vielen vorliegenden Berichtigungen und Ergänzungen verlustig gegangen. Bei der zweiten hätte das Buch den eineinhalbfachen Umfang angenommen, wäre unhandlich und teuer geworden; zudem ist das Manuskript nicht bis ins Detail druckfertig. So wurde eine Art Mittelweg gewählt, der hier kurz angedeutet werden soll.

Die »Geheimen Ergänzungen« enthalten zwölf neu hinzugekommene, in sich abgeschlossene Kapitel, sowie zahllose Erweiterungen und Korrekturen gegenüber dem Text der Erstausgabe. Zumeist handelt es sich dabei um die Berichtigung von Namen und Jahreszahlen und um die Vervollständigung von Daten und Berichten. Gelegentlich sind Gedicht-, Lied- und Fahrtenbeispiele durch andere ersetzt, Kapitel in der Reihenfolge ausgetauscht oder umfangreiche in kleinere Einheiten aufgeteilt und umgekehrt. Im Rahmen einer Ausgabe, die keine philologischen oder historisch-kritischen Absichten verfolgt, brauchen nicht alle Einzelheiten und Entscheidungskriterien der Veränderungen und Ergänzungen zur vorliegenden Textfassung genannt oder begründet zu werden. Selbstverständlich ist die Art des Vorgehens subjektiv und setzt ein bestimmtes Verständnis von Jugendbewegung voraus. Nur soviel:

Von den neu erstellten größeren Kapiteln sind vier vollständig aufgenommen, und zwar - im Rahmen des Kapitels »Der Hohe Meißner, Vor- und Nachspiele« - Ausführungen von Gustav Wyneken (- sie sind grundsätzlich und gültig), »Musikanten / Spielmänner/Fahrende Sänger« (- Lied und Spiel gehören zum Fundamentum der Jugendbewegung), »Bünde aus dem Bereich der »Konservativen Revolution« (- ihre Bedeutung ist zentraler als üblicherweise dargestellt), »Das Graue Corps und sein Herr« (- das Geschehen um Alfred Schmid (Fred) und seine Sichtweise nähern sich einem bündischen Idealbild wie sonst nirgendwo). Kleinere ergänzende

Stücke gingen meist in bestehende Kapitel ein. Außerdem wurden sämtliche Berichtigungen der historischen Fakten übernommen.

Aber was bedeuten schon »historische Fakten«? Wenn es beispielsweise in der Erstausgabe von den frühen Wanderungen Hermann Hoffmanns heißt »Es war im Sommer des Jahres 1897«, oder wenn das Datum der Gründung des »Bundes der Wandervögel und Pfadfinder« mit 1925 angegeben ist, oder das »Staubfresserfest« der dj.1.11 1929 stattgefunden haben soll, so ist dies jedesmal falsch. Die richtigen Zahlen lauten 1896, 1926, 1930. Aber diese Daten für sich sind so oder so belanglos. Das, was hinter ihnen steht, und zwar nicht einmal nur die äußeren Ereignisse, sondern die inneren Geschehnisse, die Ideen, die Kräfte, die am Werk sind und sich das Werk schaffen, sind wichtig, werden Geschichte. Eine Geschichte, sofern sie sich als Ideen-, Geistes- und Kulturgeschichte begreift, muß neben und hinter den »Tatsachen« die innere Wahrheit der Zeit und Menschen sichtbar machen können.

Ist nun die Blaue Blume eine Geschichte der Jugendbewegung? Werner Helwig nennt sie eine *»Romanze«* der Wandervogelgeschichte (vgl. Seite 29), also eine episch-poetische *Dichtung*, und nur in dieser dichterischen Gestalt können »Glanz und Sinn einer Jugendbewegung« - so der Untertitel des Buches - erscheinen. Auch die großen geschichtlichen Dichtungen sind um vieles erkenntnisreicher, wahrer, weniger überholbar, spannender als das von professionellen Historikern zusammengetragene blutarme Faktenmaterial.

Die Jugendbewegung ist tot. Sie ist spätestens 1933 zuende gegangen. Das liegt im Wesen von Bewegungen, daß sie aufbrechen, blühen und vergehen. Nur Programme, Verbände und Institutionen können überdauern. Bünde sind flüchtige Gebilde. Wozu dann für das Heute eine Blaue Blume? Wem und was nützt sie? Mit Schiller gefragt, zu welchem Ende studiert man sie? Als Bewegung ist sie Geschichte geworden und als solche unwiederholbar. Als eine Weise des In-der-Welt-Seins, als Daseinsmodus aber lebt die Jugendbewegung, lebt Blaue Blume weiter, nicht in einer stetigen Tradition, sondern in immer erneutem Aufbrechen. Die gegenwärtige »bündische Renaissance« - ein bescheideneres Wort wäre angemessener - läßt wieder einen neuen Aufbruch sichtbar werden. Diesen heutigen Bündischen mag Werner Helwigs Blaue Blume Anreiz und Hilfe bieten, den tieferen Sinn ihres Tuns zu verstehen, ihren geistigen Standort zu finden, ihre bündische Ab- und Zukunft zu bestimmen. Zu diesem Ende studiert man die Blaue Blume des Wandervogels 1980.

Danken möchte ich Werner Helwig, dem bündischen Poeten, für die Selbstverständlichkeit, mit der er mir die Neuausgabe seiner Blauen Blume anvertraut hat. Horst Fritsch, dem Verleger der heutigen Bündischen, für das Engagement, mit dem er die Herausgabe der Neufassung begleitete. Stefan und Thomas, den Jungenschaftlern aus Sundheim, für ihre Mithilfe bei den Korrektur- und Registerarbeiten.

Reutlingen, im April 1980 *Walter Sauer*

Ergänzende Anmerkungen zur überarbeiteten Neuausgabe 1998

Die Blaue Blume des Wandervogels von Werner Helwig erschien erstmals im Jahre 1960, eine weitere, wesentlich veränderte Fassung 1980. Dem Nachwort dieser zweiten Ausgabe ist nur wenig hinzuzufügen, enthält es doch die nötigen Auskünfte über das Zustandekommen der umfangreichen Erweiterung und Neugestaltung des Buches, gibt Hinweise auf die Resonanz der Erstausgabe und begründet die Aktualität der erneuten Auflage. Insbesondere ist auf die Situation der Bünde in jugendbewegter Tradition abgehoben, die zu jenem Zeitpunkt - nach krisenhaften Jahren - sich in einer Phase des Aufschwungs befanden. Diese Einschätzung hat sich als zutreffend erwiesen: Die im Südmarkverlag Fritsch, Heidenheim, erschienene Ausgabe wurde in zweitausend Exemplaren aufgelegt und war bereits sechs Jahre später ausverkauft - für Bücher aus dem Umfeld der Jugendbewegung zu dieser Zeit ein außergewöhnlicher Erfolg.

Nachdem das Buch nun bereits über ein Jahrzehnt vergriffen ist und nachdem es immer noch einzigartig unter den einschlägigen Veröffentlichungen herausragt durch die Kunst, »Aufstieg, Glanz und Sinn einer Jugendbewegung« lebendig werden zu lassen, soll es noch einmal den Weg in die Bünde nehmen und soll all denen zur Verfügung stehen, die nicht nur eine Geschichte der Jugendbewegung, vielmehr nach einem tieferen Verstehen des Wesens der Blauen Blume suchen.

Eine grundlegende, erneute Überarbeitung schien nicht angezeigt, zumal vom Autor keine weiteren Materialien hinzugekommen sind und ihm die vorliegende Fassung als abgeschlossen galt. Dennoch wurde der Text einer gründlichen Durchsicht unterzogen und dabei eine Vielzahl von kleineren Ungenauigkeiten und Fehlern behoben sowie einige wenige Passagen, die allzusehr der Entstehungszeit verhaftet waren, behutsam abgeändert. Selbstverständlich sollte nicht versucht werden, das Werk insgesamt zu aktualisieren oder gar bis in die Gegenwart weiterzuführen. Es bleibt auf den Zeitraum des ersten Jahrhundertdrittels beschränkt - eben die Aufbruchs- und Blütezeit der Jugendbewegung - und auf die Rückschau aus den Jahren kurz vor dem Erscheinen 1960.

Gelegentlich mag es heute irritieren, wenn die zu der imaginären Tafelrunde Geladenen so angesprochen werden und in Erscheinung treten, als stünden sie mitten im Leben, wo dies doch inzwischen längst zu Ende gegangen. Gewiß hätte man die Todesdaten so vieler, bei der Erst- und Zweitauflage noch Lebenden nachtragen können. Indessen, der von der Realität in Raum und Zeit abgehobene Charakter des Buches tritt damit um so deutlicher hervor, möchte es doch gerade auch die unsichtbare Wirklichkeit, die zeitlose Wahrheit der Jugendbewegung sichtbar machen.

Zu den äußerlichen Veränderungen der vorliegenden Ausgabe soll noch angemerkt werden, daß auf Quellen- und Literaturhinweise, die den vorausgegangenen Auflagen angefügt waren, gänzlich verzichtet wurde. Eine wie auch immer getroffene Auswahlbibliographie zur Jugendbewegung würde zweifelhaft bleiben angesichts der unübersehbaren und ständig wachsenden Fülle von Veröffentlichungen. Anderseits ist aber gerade ein Mangel an einführender und leicht zugänglicher Literatur zu verzeichnen. In diesem Zusammenhang sei auf das Archiv der deutschen Jugendbewegung, Burg Ludwigstein, hingewiesen, das den liebhabermäßig wie wissenschaftlich Interessierten offensteht mit seinen reichhaltigen Beständen an Schrifttum und anderem Quellenmaterial.

Viel augenfälliger bei der Neugestaltung ist jedoch das großzügige Buchformat und die übersichtlich gegliederte Text- und Kapitelanordnung. Dank dieser großformatigen Aufmachung konnte nun auch ein Bildanhang verwirklicht werden, ein Wunsch, den der Autor schon immer hegte, dem aber von Seiten der Verleger nicht entsprochen werden konnte. So liegt bereits seit der ersten Manuskriptfassung eine Sammlung von Bildmaterial vor, wurde später sporadisch ergänzt, blieb jedoch unsystematisch und zufällig. Auch passen Personen und Ereignisse nicht immer zum Text oder eignen sich nicht zur Reproduktion. Nur etwa ein Viertel der endgültigen Bildauswahl entstammt dem Fundus Werner Helwig. An dieser Stelle hat das Archiv der deutschen Jugendbewegung unkompliziert und großzügig weitergeholfen und über die Hälfte der Bildvorlagen zur Verfügung gestellt; der Rest ist privater Herkunft. Natürlich sollen und können die etwas mehr als siebzig Abbildungen nicht konkurrieren mit den großen Bildbänden, die zur Geschichte der Jugendbewegung vorliegen. Sie haben auch nicht das Ziel, bislang unveröffentlichte Bilddokumente zu zeigen. Im Gegenteil, es sollen durchaus vertraute Bildbeispiele sein, die exemplarisch das Werden der Jugendbewegung begleiten, die atmosphärisch das Wesen der Blauen Blume spiegeln. Daß neben wohlbekannten, gelegentlich sonst nirgendwo gezeigte Bilder mit aufgenommen werden konnten, verleiht der Neuausgabe einen zusätzlichen Reiz.

Ob jedoch Werner Helwigs Blaue Blume des Wandervogels auch in ihrer neuen Gestalt noch einmal die Resonanz erfahren wird, die ihr 1960 und 1980 zuteil wurde, ist schwer vorherzusehen. Die im Nachwort zur Neufassung erwähnte »bündische Renaissance« Ende der siebziger Jahre hat gewiß noch weitergewirkt. Auf das »Überbündische Treffen« 1977 auf dem Allenspacher Hof folgten die Lager »Achterndiek« in Marschacht 1979 und »Bünde in Gemeinschaft« im Hahnenbachtal 1981, beides gelungene überbündische Zusammenkünfte. Desweiteren verwirklichten in den Folgejahren die namhaften Pfadfinderbünde und -verbände anspruchsvolle Bundeslager voll Lebendigkeit und Kreativität. Und schließlich galt der 75. Wiederkehr des Ersten Freideutschen Jugendtages auf dem Hohen Meißner 1988 ein großes überbündisches Lager, getragen von fast allen jungen Bünden. Ohne diese herausragenden Aktionen im einzelnen bewerten zu wollen, darf doch nachgefragt werden, ob die jugendbewegt-bündische Tradition, ob die Blaue Blume noch in Blüte stehen, ob sie noch weiterhin gedeihen kann in den Zeitläufen der Gegenwart.

Ein Blick auf die Jugendgenerationen der jüngeren Vergangenheit aus der Sicht soziologischer Jugendforschung läßt Skepsis aufkommen. Da finden sich als Etikettierungen in zeitlicher Abfolge eine »skeptische«, eine »kritische«, eine »alternative«, eine »narzißtische«, eine »Null-Bock-Generation«, eine »Generation zwischen Moderne und Postmoderne«. Und das Bild, das die Pädagogik von einer veränderten Kindheit und Jugend zeichnet, stimmt nicht optimistischer: Verlust an Unmittelbarkeit und Primärerfahrungen in einer weitgehend mediatisierten Welt; wachsende Beziehungslosigkeit in einer anonymen Gesellschaft; Vereinzelung und Verinselung in sozialen Bezügen; einseitige Konsumorientierung; Entfremdung von der Natur; Bewußtsein von einer bedrohten Zukunft - wie soll da Kindern und Jugendlichen ein stimmiger, sinnstiftender Lebensentwurf gelingen? Antworten oder Lösungen sind kaum zu sehen.

»Der pädagogische Weg aus der Misere, wenn es denn einen gibt« - so die herausfordernde These eines Außenseiters in der gegenwärtigen Erziehungswissenschaft -, »würde darin bestehen, Räume zu schaffen, wo sich das Leben in allen seinen Facetten ereignen kann - absichtslos, unprogrammatisch, naturwüchsig sozusagen, offen für das Alltägliche, das Individuelle, das Überraschende, offen für alles, was sich ereignen will.« Auch wenn der Autor dieses Zitats nicht weiter mit der Jugendbewegung vertraut sein dürfte, so treffen seine Vorstellungen ziemlich genau das, was ein Bund in jugendbewegter Tradition auch heute noch bedeuten könnte: Leben, Leben in allen seinen Facetten, unprogrammatisch, naturwüchsig, offen für alles, was sich ereignen will, eingebunden in das Erleben bündischer Gemeinschaft.

So gesehen ist die Welt der Blauen Blume aktueller denn je. Bisweilen allerdings mutet es grotesk an, wenn in der sogenannten »Erlebnispädagogik«, wie seit einigen Jahren in Mode gekommen, einzelne Elemente bündischer Praxis herausgelöst und professionell oder gar kommerziell genutzt werden. Daß sich dabei zumeist ein Zerrbild des Jugendbewegten ergibt, liegt am Fehlen der geistigen Hintergrundskräfte, liegt in der Loslösung von den Dimensionen der Transzendenz, ohne die die Blaue Blume verkümmern muß. Denn wer sich auf die Suche nach der Blauen Blume begeben will, muß sich zugleich auf die Suche nach dem eigenen Selbst, nach Ichverwirklichung, Selbstbegegnung und Selbstfindung begeben.

Es bleibt die paradoxe Situation: So not-wendig der Zeit diese Selbstfindung wäre, so sehr steht die Zeit dieser Selbstfindung im Wege durch die Wirklichkeit, in die junge Menschen gestellt sind. Eine widersprüchliche Situation zeigt auch ein Blick auf die heutigen Bünde. Da sind wohl von außen vielfältige Aktivitäten zu erkennen; ob aber dahinter ein tieferes bündisches Welterleben steht oder eher eine unverbindliche Freizeit- und Erlebnispädagogik stattfindet, bleiben offene Fragen, lassen Zweifel aufkommen.

Wer Werner Helwigs Blaue Blume aufmerksam liest, kann, vor allem in den letzten Kapiteln, eine tiefe Skepsis gegenüber der Zeit, gegenüber dem Weiterbestehen der Welt des Wandervogels nicht übersehen. Die Blaue Blume des Wandervogels bleibt denn auch für lange Zeit seine letzte Buchveröffentlichung. Danach beginnt er sich schriftstellerisch zurückzuziehen. Aus jugendbewegten Kreisen darauf angesprochen, antwortet er in einem Brief (1969): »Ich schweige mit Vorsatz, weil ich zur Lage, wie sie sich inzwischen entwickelt hat, nichts mehr zu sagen weiß.« Spät noch einmal, 1984, gelingt ihm eine große Dichtung, »Totenklage«, die das Jahre zurückliegende Sterben seiner ersten Frau, den Abschied, die Trauer in Sprache kleidet. Hier findet sich seine alte Wortmächtigkeit wieder, wie sie allen seinen Werken eigen, auch der Blauen Blume des Wandervogels. Diese Sprachmagie ermöglicht es denn auch, in und hinter den Erscheinungen die mytischen, metaphysischen Untergründe des Lebens zu zeigen. So werden seine Dichtungen, vornean die Bände der»Hellas -Trilogie«, noch Bestand haben in ferneren Zeiten.

Am 4. Februar 1985, kurz nach seinem 80. Geburtstag, stirbt Werner Helwig in Genf. Er beendet sein Leben, bei aller Skepsis gegenüber der Gegenwart, nicht in Pessimismus und Resignation. In einer seiner letzten Buchbesprechungen wendet er sich vor allem an jugendliche Menschen mit der Aufforderung: »Greift in die Speichen! Bremst den Wahnsinn, der allenthalben tätig ist!«

Elf Jahre später, zur Sommersonnwende 1996, wird im Ehrenhain der deutschen Jugendbewegung auf Burg Waldeck ein Gedenkstein für Werner Helwig gesetzt, gleichsam als Dankstein für sein Wirken in der Jugendbewegung. Aus der imaginären Tafelrunde der Blauen Blume des Wandervogels tritt er nun in die steinerne Runde der auf Burg Waldeck Vereinten. Die Steine dort tragen Namen wie diese: Karl Fischer, Hans Breuer, Walter Flex, Hans Blüher, Gustav Wyneken, Maximilian Bayer, Alexander Lion, Willie Jansen, Ernst Buske, Geo Götsch, Robert Oelbermann, Karl Oelbermann, Tusk, Teut, Fred Schmid. - Von Burg Waldeck ist Werner Helwig in jungen Jahren in die Welt des Wandervogels aufgebrochen, auf Burg Waldeck ist er zurückgekehrt. Die Steine mögen zugleich als Zeichen des Glaubens an die Welt der Blauen Blume stehen, als Vermächtnis für die Künftigen.

Es bleibt noch, denen Dank auszusprechen, die bei der Arbeit an der unerwartet aufwendigen Revision mitgewirkt haben. Zuerst Paul-Thomas Hinkel, der mit seinem Deutschen Spurbuchverlag der Blauen Blume noch einmal den Zugang zu den heutigen Bünden ermöglicht, für alle engagiert-freundschaftliche Zusammenarbeit. Sodann, postum, Gerda Helwig. Sie ist 56jährig am 14. März 1998 überraschend verstorben, mitten im hilfreichen, originellen Gedankenaustausch zur Neuausgabe. Sie hat als zweite Frau Werner Helwigs sich in selbstloser Weise für sein Werk eingesetzt, zuletzt für die Blaue Blume. Möge ihr Einsatz nicht vergeblich gewesen sein.

Reutlingen, im April 1998 *Walter Sauer*

60 Jahre *Blaue Blume des Wandervogels* – Zur Neuauflage 2020

Als Werner Helwig 1960 *Die Blaue Blume des Wandervogels* veröffentlichte, ahnte niemand, dass im Gefolge der Nach-68er-Jahre die Bünde in der Tradition der Jugendbewegung in eine tiefe Rezession geraten sollten, aus der sie sich erst nach einem guten Jahrzehnt wieder erholten. So kam es, dass das viel beachtete und bald vergriffene Buch erst 1980 eine Neuauflage erfahren konnte, nunmehr um einige Kapitel erweitert und ergänzt. Und wiederum rund 20 Jahre später bedurfte es erneut einer weiteren Auflage, diesmal mit einem umfangreichen Bildanhang versehen. Das Interesse an Helwigs Darstellung *Vom Aufstieg, Glanz und Sinn einer Jugendbewegung* – so der Untertitel des Buches – scheint bis heute ungebrochen, sodass nun 60 Jahre nach dem ersten Erscheinen noch einmal eine Neuauflage ansteht, die praktisch unverändert der vorangegangenen folgt.

Ob die anhaltende Nachfrage am Buch auf die Situation der heutigen Bünde schließen lässt, ob sich dort beständiges Gedeihen zeigt, eine Frage, nur schwerlich zu beantworten, weder mit Mitgliederzahlen noch mit Hinweisen auf herausragende Ereignisse. Und doch sollen exemplarisch zwei markante Daten angeführt werden, die auf lebendiges bündisches Leben und Treiben des vergangenen Jahrzehnts verweisen. Da ist einmal der Enno-Narten-Bau auf dem Ludwigstein zu nennen, ein eindrucksvolles Gemeinschaftswerk, errichtet von Bauwilligen aus den unterschiedlichsten Bünden, eine Jugendbildungsstätte, geschaffen von Bündischen für Bündische.

Um dieselbe Zeit steht die Hundert-Jahr-Feier des Meißner-Tages 1913 an. Ein Großlager am Rande des Hohen Meißner führt im Oktober 2013 nahezu alle Bünde zusammen zu Aktivitäten mannigfacher Art. So gelungen dieses Jubiläum verlaufen sein mag, so blieben, anders als hundert Jahre zuvor, Zeichen eines Aufbruchs, einer bewegten Jugend, einer Jugend*bewegung* nur wenig sichtbar. Dennoch, es geriet zum großen überbündischen Treffen einer bündischen Gemeinschaft in Vielfalt.

Inzwischen sind in der jüngeren Vergangenheit auch dunkle Seiten der Jugendbewegung zur Sprache gekommen im Anschluss an Missbrauchsskandale in kirchlichen und schulischen Institutionen. Dass sich Missbrauchsfälle auch in jugendbewegten Kreisen ereignet haben, ist nicht neu, auch wenn dies bei Werner Helwig keine Erwähnung findet, wollte er doch vornehmlich *Glanz und Sinn* der Bewegung aufzeigen. Bei allem Bemühen um Aufklärung und Prävention wurde dabei, zum Teil auf denunziatorische Weise, Jugendbewegung insgesamt diskreditiert.

Es bleibt zu wünschen, dass die Bünde unbeschadet die dahinter stehenden Probleme zu lösen vermögen, auf dass bewegte Jugend sich wie eh und je auf Fahrt und Lager in Natur und Gemeinschaft auf der Suche der *Blauen Blume des Wandervogels* finden mag.

Reutlingen, im Februar 2020 *Walter Sauer*

REGISTER

Durchgängig wiederkehrende Begriffe wie Blaue Blume, Wandervogel, Jugendbewegung, Bund, Bünde sowie Namen von marginalen Gruppen und Zeitschriften, Personennamen in Fahrtenberichten und Erzählungen, Stichworte und Daten aus dem Anhang sind nicht oder unvollständig aufgeführt. Die *kursiven Ziffern* verweisen auf den Abbildungsteil.

Abraham a Santa Clara 137, 139
Achmann, Josef 210
Adler und Falken 23, 168ff., 200, 206, 231, 241, *338f.*
Ahlborn, Knud 33f., 70, 73, 77, 140, 159
Albiker, Karl 226
Albrecht, Heinrich 61
Alverdes, Paul 235
Altwandervogel (AWV) 21f., 32, 37, 50, 62, 78, 144, 147, 151, 178, 228, 248, *326f.*
Arnim, Achim v. 39
Arnold, Eberhard 139
Artamanen 23
Avenarius, Ferdinand 70, 74, 77, 80, 92
AWV s. Altwandervogel
Axmann, Arthur 285

Babski, Werner v. 155
Bach, Johann Sebastian 118, 143
Baden-Powell, Sir Robert 95, 213f., 273, *335*
Baerens, Le 182
Baete, Ludwig 128
Bahr, Hermann 92
Barlach, Ernst 124, 142, 168, 226
Bauer, Hermann 30
Bayer, Maximilian 220, 315, *335*
Bazan, Heinrich Banniza v. 222
Bell, Manga Manga 193
Beckmann, Max 210
Benn, Gottfried 123, 296f.
Berghäuser, Ernst (Ernesto) 12, 20ff., 24ff., 39ff., 47ff., 60ff. 119ff., 148ff.
Bergsträßer, Arnold und Ludwig 78
Bernus, Alexander v. 119
Bertram, Ernst 172
Biedermann, Freiherr v. 170
Bittel, Karl 78
Blake, William 231
Bliersbach, Georg 230
Blüher, Hans 24f., 29, 31, 36, 49, 56, 60ff., 68, 74, 95, 129, 139, 143, 162, 315, *326*
Boberhaus 250, 269
Boeckh, Joachim 230f.
Böhmer, Molly 267
Böhmerwaldfahrt 27f.
Bondi, Georg 242
Bonsels, Waldemar 200
Borchardt, Rudolf 124, 168, 226
Borrow, George 207
Boy-Scouts 95, 157, 212ff.
Brancostein 22, 31, 43, *328*
Braun, Otto 124
Brecht, Bert 143, 256, 260, 296, 299
Brentano, Clemens 39
Breuer, Hans 22, 27, 30ff., 37, 39ff., 46, 48, 61, 119ff., 315, *331*
Brill, Hermann L. 79
Bröger, Karl 210
Brügmann, Karl 120
Buchinger 79
Bund der Nibelungen s. Nibelungenbund
Bund der Wandervögel und Pfadfinder 220, 222, 230f.
Bund deutscher Neupfadfinder s. Neupfadfinder
Bund Deutscher Wanderer 34, 67, 76
Bund für freie Schulgemeinden 67
Burkersroda, Kurt v. 75
Burte, Hermann 82, 141

Buschhüter, Karl 78, 184, *342*
Buske, Ernst 21, 23, 244ff., 248, 263ff., 305, 315, *344*
Busse, Hermann 128

Carlyle, Thomas 231
Christliche Pfadfinder (CP) 212, 222f.
Christlicher Verein Junger Männer (CVJM) 86, 88f.
Claudius, Matthias 92
Clausen, Günter 210, *332*
Cocteau, Jean 301
Cölner s. Schönfelder, Otto
Conrad, Joseph 179
Copalle, Siegfried 22, 30ff., 61
Cordes, Richard 32f.
Cortes, Hernan 272
Coster, Charles de 141
Courths-Mahler, Hedwig 164

Dähnhardt, Heinz 224, 229
Däubler, Theodor 124, 128, 142, 168, 195, 225f.
Daniel, Karl 277, 281
Dehmel, Hans 231, 248, 270
Dellemann, Arthur 28
Deutsche Akademische Freischar 67
Deutsche Autonome Jungenschaft 277, 279, 281
Deutsche Falkenschaft 169
Deutsche Freischar 21, 217, 220, 222, 230, 233, 237, 248ff., 264, 267, 269, 273ff., *344*
Deutsche Jungenschaft vom 1. Nov. 1929 s. dj.1.11
Deutscher Pfadfinderbund (DPB) 212, 217, 220, 222f., 269, 280
Deutscher Vortruppbund 67
Diederichs, Eugen 63f., 69, 75, 78, 107, 136, 140, 162
Diefenbach, Karl Wilhelm 210
Dietz, Karl 63
dj.1.11 194, 196, 223, 257, 265ff., 270ff., 274ff., 280, 282ff., 297, *345ff.*
Döblin, Alfred 226
DPSG s. St. Georgs-Pfadfinder
Drabsch, Gerhardt 230, 232
Droem, Ernst 128
Dürerbund 80, 210
Duis, Ernst 154

Ebhardt, Bodo 151
Eberz, Josef 210
Edschmid, Kasimir 210
Ehrentreich, Alfred 231, 249
Eichendorff, Joseph v. 20, 29f.
Eichner, Hilde 146
Eisner, Kurt 160
Eiswoogseelager 274, 284
Eklöh, Heinrich 78
Engelke, Gerrit 226
Englert, Michael 155
Ernesto s. Berghäuser, Ernst
Ernst, Otto 128
Ernst, Paul 92, 226
Erzberger, Matthias 160
Eschmann, Ernst Wilhelm 156f., 162, 225, 230f., 237
Eufrat 31, 179

Faber, Georg Sebastian s. Schmid, Alfred
Fabricius, Wilhelm (Hartmut) 222f., 231, 280
Fahrende Gesellen 23, 91
Falken 23
Feuerbach, Ludwig 114
Fichtenberg-Abrede 28
Fichter, Hans Wilhelm 132, 212, 220, 224, 272
Fidus 76, 142, 162, 210, *332*
Finkensteiner 155
Fischer, Frank 35ff., 61, 120
Fischer, Karl 7f., 18, 22, 25ff., 32ff., 38f., 43, 49, 60f., 75, 120, 133, 146f., 179, 181, 184, 207, 212, 243, 260, 315, *326, 342*
Fischer, Otto 37
Fischer, Walter 35ff., 47, 61, 122
Flex, Walter 119ff., 143, 154, 211, 315, *327*

Frank, Herbert 182
Frank, Sebastian 96
Fred s. Schmid, Alfred
Freideutsche Jugend 63ff., 119, 128f., 159, 273, *332*
Freie Schulgemeinde Wickersdorf 67, 69, 78, *334*
Freie sozialistische Jugend 23
Freikörperkultur 95
Freischar s. Deutsche Freischar
Friebus, Karl 119
Friedrich, Ernst 162
Fritzsche, Hans 221, 305
Fuhrmann, Ernst 128, 140, 142f., 162f., 172, 195, 226
Fulda, Friedrich Wilhelm 62, 120
Fuldabund 277

Gättke, Walter 132, 154ff., 299
Gardiner, Rolf 249f.
Gauger, Kurt 195, 230, 233, 235f.
Geißler, Wilhelm 61, 132, 207, 211
Gelbe Zeitung 21, 39, 43, 50, 60f., 119, 142, 210
George, Stefan 64, 124, 128, 139, 142f., 163, 165, 172, 225f., 242, 275, 282, 286, 297
Gerlach, Dankwart 133, 211
Gesell, Silvio 139
Geusen 23
Goebel, Ferdinand 34, 140, 228
Götsch, Georg 61, 155, 211, 231, 249, 270, 315, *344*
Götz, Robert 132, 154, 156, 158
Gofferje, Karl 155
Gräff, Otger 119
Gräffshagen, Stephan 240
Gräser, Gusto 76, *333*
Graues Corps 231, 277, 282, 286ff., 291ff., *349f.*
Graul, Hans 277
Grimme, Adolf 79
Grimmelshausen, Hans Jakob Christoffel v. 38
Großdeutscher Bund 223f., 231, 285, *351*
Großdeutscher Pfadfinderbund 230
Großkopf, Gregor 119
Gundolf, Friedrich 211
Gurlitt, Ludwig 69
Gutberlet, Heinrich 168
Habbel, Franz Ludwig 215, 229ff., 246
Haecker, Theodor 226
Hagedorn, August 31
Haller, Hermann 226
Halm, August 155
Hammer, Walter 12, 64, 77, 80, 82, 149, 158f., 161, 163, 228, 306, *339*
Hanf, Alfred 210
Hargrave, John 201, 214f., 225
Haringer, Jakob 142, 225
Hartmut s. Fabricius, Wilhelm
Hasek, Jaroslav 213
Hasenkamp, Gottfried 123
Heeren, Hans 154
Hegel, Friedrich 96, 114
Heisenberg, Werner 225, 300f.
Heinsdorff, Emil 168
Heinrich, Kurt 12, 86, 141, 143
Hellmuth, Gebrüder 28
Helmut, Hans 12f., 20ff.
Hemingway, Ernest 179
Hensel, Walter 155
Hentzelt 31
Heraklit 207, 280
Herder, Johann Gottfried 207
Herodot 207
Herrle, Theo 209
Hesiod 207
Hespers, Theo 305
Hesse, Hermann 128, 142, 255, 295
Heym, Georg 124
Heynicke, Kurt 210
Hildfelder Bund 173ff., *339*
Himmelheber, Max 278
Hindemith, Paul 143
Hinkeldeyn, Kapitän 78
Hirschberger, Herbert 223, 281

Hitler, Adolf 285
Hitlerjugend (HJ) 150, 197, 223f., 272, 285, 298f., 304
Hölderlin, Friedrich 207, 231, 255, 275, 282, 301
Hölz, Max 138
Hoerle, Heinrich 210
Hoffmann von Fallersleben 76
Hoffmann-Fölkersamb, Hermann 7, 22, 25ff., 30f., *326*
Hofmannsthal, Hugo von 92, 124
Hofmeister, Friedrich 41, 63
Hoher Meißner 38, 64ff., 128, 133, 135, 227, 243, 313, *332ff.*
Huch, Friedrich 128, 142
Huisgen, Klaus 205

Ibsen, Henrik 162
Illgen, Walter 120

Jabusch, Siegfried 76
Jaeckel, Hans 57
Jahn, Willie 74, 155, *339*
Jahnn, Hans Henny 160f., 173
Jansen, Walther (Michael) 132, 212, 218, 222, 224
Jansen, Willie 74f., 315, *339*
Jaroff, Serge 299
Jaskowski, Friedrich 52
Jöde, Fritz 154f., 211
Jordans, K. W. v. 171
Jünger, Ernst 124, 172, 178, 286
Jürgens, Rudolf 222
Jungdeutscher Orden 23
Jugendherbergen 112ff.
Jugendstil 94
Junge Menschen 83, 85, 149, 158ff., *339*
Jungentrucht 272ff., 282, 284ff.
Jungnationaler Bund 23, 228
Jung-Wandervogel (JWV) 21f., 32, 61f., 67, 75f., 78f., 94, 152f., 155, 170, 172ff., 217, *339*
JWV s. Jung-Wandervogel

Kafka, Franz 296
Kamecke, Otto 223
Kandinsky, Wassily 156
Keller, Hans 200
Keller, Lo 182
Kibbo Kift 215
Kieling, Wilhelm 155
Kindt, Werner 33, 61
Kirchbach, Ernst und Wolfgang 31
Kirchner, Ernst Ludwig 124, 208
Kittel, Helmuth 229f., 246, 275, 284
Klatt, Fritz 139, 161
Kleist, Heinrich v. 251
Kneip, Jacob 210
Knorr, Lothar v. 155
Koch, Adolf 96
Köbel, Eberhard (Tusk) 21, 132, 194, 196, 223, 255ff., 261ff., 272ff., 287, 296ff., 305, 315, *345ff.*
Köngener Bund 23, 228
Körber, Normann 79
Kötschau, Georg 61, 210
Kohl, Theo 182
Kolbenheyer, Erwin Guido 210
Kothe, Robert 154
Kotzde, Wilhelm 168ff., 231, *338*
Kronacher Bund 23, 120, 128, 133ff.
Krohn, Heinz 281
Krüger, Dora 30
Küddelsmann, Otto 151
Kultur-Klub 281, 283
Kurella, Alfred 76
Kurella, Heinrich 78
Kutschera, Fritz 120
Kutzleb, Hjalmar 148, 152, 154, *327*

Lahusen, Christel 154
Lamberty, Friedrich (Muck) 47, 78, 128, 133ff., 141, 160, 228, *338*
Lampel, Peter Martin 84
Lamszus, Otto 84
Landauer, Gustav 160

Landfahrer 23
Landschulheim am Solling 67, 73
Landstörzer 23
Langbehn, Julius 38, 82, 142, 162
Laotse 292
Lauermann, Dietmar 287, 292
Lawrence, David Herbert 64
Lehmann, Wilhelm 226
Leistikow, Walter 88
Lemke, Bruno 70
Lersch, Heinrich 210
Licht, Ernst 154f.
Lichtenberg, Georg Christoph 129
Liebknecht, Karl 160
Lietz, Hermann 69
Linde, Otto zur 226
Lißner, Hans 12, 22f., 35, 39, 41, 48, 50, 61
Lobsien, Wilhelm 168
Löns, Hermann 143, 154
Ludwigstein 27, 148ff., 208, 265, 313, *340*
Ludwigswinkel-Lager 271, 274, 277, 281, *349f.*
Lück, Robert 31
Lüth, Erich 160
Luserke, Martin 78, 195, 243

Maack, Rudolf 173ff., *339*
Macke, August 124
Mann, Thomas 171ff.
Marc, Franz 124
Marées, Hans v. 226
Marx, Karl 70
Maschke, Erich 230
Masereel, Frans 208, 210
Matthes, Erich 44, 62f., 92, 120
Matthey, Walter 229f.
Mattusch, Kurt 270
May, Karl 179
Meidner, Ludwig 142
Meinke, Hanns 195, 225, 230, 233, 239
Meißner s. Hoher Meißner
Meißner-Formel 65, 72, 128, 273, 281
Menz, Willi 151
Meyen, Fritz A. 60
Meyen, Wolfgang 22, 30f., 60f.
Meyer, Emil 152
Meyrink, Gustav 164
Michael s. Jansen, Walther
Mittelstraß, Gustav 70
Modersohn-Becker, Paula 160, 226
Moeller van den Bruck, Arthur 286
Mohler, Armin 170
Mombert, Alfred 83, 178, 195, 210, 226
Morgner, Wilhelm 124
Morris, William 231
Moutschka, Hans 120
Mozart, Amadeus 118
Muck s. Lamberty-Muck, Friedrich
Müller, Karl Christian (Teut) 21, 132, 272ff., 287, 296. 315, *349*
Müller-Bohn, Hermann 31

Narten, Enno 132, 148ff.
Nerother Wandervogel 21, 23, 156, 161, 165, 176ff., 199, 216, 273, 277, 291, 296ff.
Neudeutscher Pfadfinderbund 222
Neue Schar 128, 133ff., *338*
Neupfadfinder 23, 212, 215, 220ff., 225, 228, 230, 247ff. , *337*
Nibelungenbund 21, 23, 170ff.
Niekisch, Ernst 162, 164, 296
Nietzsche, Friedrich 83, 162, 246, 275, 282
Nitzsche, Max 286
Noack, Hans 241
Nolde, Emil 208, 226
Novalis 46, 98, 124, 207, 301

Oelbermann, Karl 78, 132, 146, 148, 176ff., 185, 187, 315, *341f.*
Oelbermann, Robert 21, 29, 78, 132, 146, 148, 161, 163, 165, 167, 176ff., 287, 305, 315, *341f.*
Österreichischer Wandervogel 67, 120
Österreichisches Jungenkorps 277, 279

Osthaus, Karl Ernst 162
Ostwald, Wilhelm 64
Ossendowski, Ferdynand-Antoni 218
Ossietzky, Carl v. 164

Paasche, Hans 76, 78, 84f., *339*
Pannwitz, Rudolf 143, 163, 225f.
Panofsky, Erwin 127
Peterich, Eckart 225
Petrarca, Francesco 207
Pfadfinder 212ff.
Pfeiffer, Hermann 40, 78, 109, 140, 210, *325*, *330*
Pfitzner, Hans 171
Picasso, Pablo 195
Plewe, Ebbo 223
Pörzgen, Hermann 129
Popert, Hermann 74, 78, 80ff., 84, 141, 162
Polo, Marco 24
Prescher, Gerhard 13ff.
Preuß, Mäcke 30
Pudelko, Alfred 169

Quickborn 23, 285

Rahlf, Ludwig 154
Rathenau, Walter 79, 160
Rauch, Karl 225
Reden, Ernst 308
Reichenbach, Hermann 155
Reichspfadfinder 23, 212, 217, 222, 285
Reichwein, Adolf 306
Rein, Walter 155
Rembrandt 95
Reynolds, E.E. 213, 215
Rick, Josef 285
Ries, Hanns 221f.
Rilke, Rainer Maria 124, 142, 160
Rimbaud, Arthur 207
Ringpfadfinder 23, 212, 220, 222, 228
Rittinghaus, Friedrich Wilhelm 43, 52, 54, 61, 120
Ritzhaupt, Adam 136, 139
Rodin, Auguste 162
Rohé, Joub 149
Romin s. Stock, Romin
Roquette, Otto 31
Rotgraue Aktion 281
Rothe, Karl 230
Rothermund, Hans 151
Ruch, Hannes 154f.
Ruskin, John 231

Saal, Adolf 63, 70
Samnée, Artur 182
Sander, Ernst 12, 64, 73f.
Schacht, Hjalmar 298
Schaeffer, Albrecht 226
Scherrer, Heinrich 40, 154
Schirach, Baldur v. 285
Schirrmann, Richard 112f., 123
Schittenhelm, Helmut 55f.
Schlensog, Martin 155
Schlesische Jungmannschaft 230, 250, 269
Schlüter, Willy 226
Schmid, Alfred (Fred) 21, 34, 132, 231, 274ff., 287ff., 315, *349*
Schmid, Fred s. Schmid, Alfred
Schmidt, Georg 35
Schmidt, Heinz 206
Schmidt, Otto 170
Schmidt, Siegfried 286
Schmidt-Rottluff, Karl 210
Schmitz, Hermann Harry 207
Schneckenberger, Max 41
Schneehagen, Christian 76, 119
Schneidewind, Hans 152
Schönfelder, Otto (Cölner) 61, 120, 128, 134
Scholl, Geschwister 305
Schopenhauer, Arthur 396
Schröder, Rudolf Alexander 124
Schütt, Friedrich 22
Schulz, Günther 139
Schulze-Boysen, Harro 305

Schwaner, Wilhelm 79
Seckendorff, Frhr. v. 221
Seewald, Richard 210
Seidelmann, Karl 132, 243ff.
Seifert, Adolf 155
Selle, Clara 151
Serakreis 63, 67, 75, 78
Serno, Walter 128
Seton, Ernest Thompson 213f.
Seume, Heinrich 207
Sidow, Max Otto 211
Sievers, Rudolf 61, 119, 210
Skuld 244, 249
Smith, William 214
Sohnrey, Heinrich 31
Sokrates 27
Sonntag, Karl 246
Sorge, Johannes 124
Speicher, Heini 182
Spengler, Oswald 128, 143, 282, 286
Spitteler, Carl 75, 167, 198f.
St. Georgs-Pfadfinder (DPSG) 212, 222
Stapel, Wilhelm 161
Staubfresserfest 268, 277
Steckhan, Otto 64, 74
Steglitzer Wandervogel 15, 22f., 27, 32, 37, 49, 61
Stephan, Georg 132, 212, 224
Stille, Hans 150
Stirner, Max 114
Stock, Romin 262f., 265ff., 271
Stolberg, Carl Graf zu 171
Sträter, Edmund 27
Sturmscharen 23
Sühnelager 279, *347f.*

Tepp, Max 79
Tetzlaff, Walter 253
Teut s. Müller, Karl Christian
Thiede, Bruno 27, 30ff., 49
Thoreau, Henry 207
Thylmann, Karl 119, 226
Toepfer, Alfred 120
Toller, Ernst 160, 164ff., 210
Trakl, Georg 124
Traub, Gottfried 70, 76
Trauvetter, Dore 147
Trotha, Admiral v. 224, 231, 269, 272, 275, 284f., *351*
Trucht s. Jungentrucht
Tusk s. Köbel, Eberhard
Tutt, Fritz 170
Tyrker 257, 268

Ubbelohde, Otto 210
Unruh, Fritz v. 85

Vaganten 23
Veltheim-Ostrau, Hans Hasso v. 171
Verlaine, Paul 207
Vetter, Ferdinand 22, 120
Viegener, Eberhard 210
Villon, François 142
Voelkel, Martin 220f., 224f., 228ff., 244ff., 250f., 305, *337*
Vogeler, Heinrich 160
Voggenreiter, Ludwig 154, 229, 246, 258
Vortrupp 67, 76, 78, 80

Wagner, Richard 171, 305
Waldeck, Burg 50ff., 149, 176ff., 299, 315, *340, 342f.*
Wandervogel Deutscher Bund 22, 32, 50, 61, *329*
Wandervogel E. V. 22, 32, 67, 228
Wappen, Karl 222
Wartburgtagung 227ff.
Weber, Richard 27, 30, 32
Wedekind, Frank 162
Weinert, Erich 93
Weise, Bernhard 24, 62
Weiser, Gerhard 74
Weißer Ritter 215, 225, 227, 230f., 239, 247ff., 257, *337*

Weitemeyer, Herbert 229
Weitzel, Heinz 265
Wendling, Anton 210
Wickram, Jörg 38
Wilhelm, Karl 41
Wilker, Karl 79, 84
Willeke, Franz 62, 120
Winckler, Josef 210
Winterfeldt-Menkin, Joachim v. 171
Wix, Hans Heinrich 120
Wolf, Friederich 78
Wolf, Hans 132, 141, 143f.
Wolfbauer, Georg 265
Wolff, Günther 154, 238, 240, 253, 280
Wolfskehl, Karl 92
Wurche, Ernst 120f.
Wyneken, Gustav 12, 64, 66, 68, 70, 73f., 77ff., 113, 160, 162, 164ff., 231f., 315, *334, 342*

Zech, Paul 210
Ziegel, Erich 128
Ziegler, Leopold 143
Ziesche, Alf 155
Zille, Heinrich 59
Zimmermann, Werner 96
Zirker, Otto 84
Zuckermann, Hugo 155
Zupfgeigenhansl 22, 30, 37, 39ff., 46, 63, 72, 78, 82, 92, 107, 112, 119, 143, 208ff., *330*
Zwiespruch 62

BILDANHANG

Die Blaue Blume des Wandervogels in Bildern und Dokumenten

Symbol des Wandervogels: „Der Greif", Zeichnung von Hermann Pfeiffer, um 1907

Ur-Wandervogel („Schülerstenographenverein" des Steglitzer Gymnasiums), Grunewaldwanderung Winter 1896/97, links Karl Fischer, Mitte Hermann Hoffmann

Altwandervogelgruppe mit Hans Blüher auf Fahrt, 1905

Hans Blüher als Abiturient, 1907

Hjalmar Kutzleb, 1909, Schöpfer des Liedes „Wir wolln zu Land ausfahren"

„Wanderer zwischen zwei Welten"- der Dichter Walter Flex

Altwandervogel auf Fahrt, 1910

Heidelberger Pachanten im Hegau, 1908

Der Branco-Stein auf dem Friedhof in Berlin-Dahlem

Wandervögel während einer Rast, um 1914

Im Quartier. Wandervogel Deutscher Bund, Heidelberg

Wandervogel Deutscher Bund, 1907/1908, Gründungsfahrt der Ortsgruppe Höchst/Main

Zeitschriften und Liederbücher des Wandervogels

Innentitel des „Zupfgeigenhansl" ab der 2. Auflage; Schattenriß von Hermann Pfeiffer

Titelblatt des „Zupfgeigenhansl", 1908

„Der Feldarzt Dr. Hans Breuer",
Fresko von Andreas Paul Weber, entstanden 1932

Hans Breuer, 1911

Hans Breuer in Heidelberg, 1908

Festpostkarte zum Hohen Meißner 1913 - „Lichtgebet" von Fidus

Graphik: Günther Claussen

Hoher Meißner: Bremer Studentengruppe

Hoher Meißner: In der Mitte, mit Bart, Gusto Gräser

Hoher Meißner: Tanz der Deutschen Akademischen Freischar München

Hoher Meißner: Gustav Wyneken, links, während seiner Rede

Gustav Wyneken mit Schülern der Freien Schulgemeinde Wickersdorf, zwanziger Jahre

Gedenkstein für Gustav Wyneken im Ehrenhain der deutschen Jugendbewegung , Burg Waldeck, eingeweiht 7.6.1965

Sir Robert Baden-Powell, Gründer der weltweiten Pfadfinderbewegung

Sir Robert Stephenson Smith Baden-Powell, Chief Scout of the World, Jamboree 1925, Arrowe Park

Major Bayer

Major Maximilian Bayer, 1. Reichsfeldmeister, (oben) und Dr. Alexander Lion gründeten das deutsche Pfadfindertum

Stabsarzt Dr. Alexander Lion, besuchte 1908 Sir Baden-Powell in London

Das erste Weltpfadfindertreffen (World Jamboree), 1920, Olympia, London

Der Pfadfinder

Jugendzeitung des Deutschen Pfadfinderbundes

Alle die Redaktion betreffenden Zuschriften sind zu richten an die Schriftleitung des „Pfadfinder", Charlottenburg 2, Joachimstaler Straße Nr. 5, II. Etage

Schriftleitung: Hauptmann M. Bayer, Oberleutnant d. L. Hornung
Druck und Verlag: Otto Spamer, Leipzig

1. Vorsitzender des Bundes: Konsul Gelchwitz

Monatlich eine Nummer. Preis des Jahrg. für den „Pfadfinder" 1.20 M., mit Beilage „Der Feldmeister" 2.10 M., Einzelpreis 15 Pf., m. „Feldm." 20 Pf.

Ehrenvorsitzender des Pfadfinderbundes: Herr Generalfeldmarschall Dr. Freiherr v. d. Goltz

1. Jahrgang | Januar 1912 | Nummer 1

Inhalt: Aufruf. — Beim Feldmarschall Grafen Haeseler (Hauptmann M. Bayer). — Ein Lebensretter. — Wie ich meine erste Nacht im Freien zubrachte (Kornett Karl Fiderl). — Pfadfindermarsch (Hedwig Unruh). — Panik. — Gebote des Pfadfinderkorps „Jung-Heidelberg". — Otwai — ein Hererospion? (Toni Steffen). — Chinesische Pfadfinder (Generalmajor v. Müllmann). — Pfadfinder als Samariter. — Wie steckt man einen rechten Winkel ab? (Kornett Kurt Kelser). — Wie man den Pfadfinderstab tragen soll. — Briefkasten.

Ein großer Tag.

Generalfeldmarschall Dr. Freiherr v. d. Goltz bei den Berliner Pfadfindern.

Es wurde ein Waldspiel vorgeführt. Dann folgten Stafettenlauf, Tauziehen, Biwak, Abkochen. Der Feldmarschall sprach seine große Befriedigung über das Gesehene aus.

Probenummern

unberechnet und postfrei vom Verlag
Otto Spamer, Leipzig-R.

*Zeitschrift des Deutschen Pfadfinderbundes,
1. Jahrgang 1912*

A King's Scout

„Der Weiße Ritter“,
Verlag und Zeitschrift der Neupfadfinder

Martin Voelkel, 1922,
Bund deutscher Neupfadfinder

Deutscher Pfadfindertag auf Schloß Prunn, Altmühltal, 1919

Die Neue Schar in Eisenach, Friedrich Lamberty, genannt Muck, 1920

Wilhelm Kotzde, Bund der Adler und Falken, nach einem Gemälde von Hans Schroedter

„Lichtmenschentum", um 1925

„Natur-Apostel", Karikatur von Friedrich Wobst, 1927

Willie Jahn umd Willie Jamsen, Jung-Wandervogel

Rudolf Maack, um 1925, Bund der Adler und Falken, Hildfelder Bund

1. JAHRGANG ENDE JULI 1920 HEFT 13/14

JUNGE MENSCHEN

BLATT DER DEUTSCHEN JUGEND

STIMME DES NEUEN JUGENDWILLENS

HERAUSGEBER: DR. MED. KNUD AHLBORN / WALTER HAMMER

Kapitänleutnant a. D. Hans Paasche †

Das Bild stammt aus dem Jahre 1907. Das Eiserne Kreuz wurde Hans Paasche nach seiner Heimkehr von der Rufidji-Expedition verliehen, deren Leiter er beim ostafrikanischen Aufstand 1905 war.

Aus dem Inhalt dieses Heftes: Paasche-Worte (Von Glauben und Kampf; zur Jugendbewegung; zur Lebensreform; vom Krieg) – Hans Paasches Golgatha (Walter Hammer) – Hans Paasche (Dr. phil. et med. Karl Wilker) – Der Mord an Hans Paasche (Max Kirsch) -- Die Frage der Toten – Hans Paasche und die Jugendbewegung (Walter Hammer) – Gelöbnis (Rudolf Biederstedt) — Fremdenlegionär Kirsch (Walter Hammer) – Aufrüttelung (Ernst Toller) – Meine Maschine (Kurt Kläber) -- Fabriken (Erich Lüth) — Die Briefe Karl Liebknechts – Von Menschen, von Büchern und von einer Geige VI (Walter Schatzki) — Wir Jungen (Hellmut Fürst) – Die Lokomotive (Fritz Müller) – Denkmäler? Heldengedächtnishallen? -- Erbauliches aus dem Berliner Schulleben (Carl Werckshagen) – Wir fordern vierwöchentliche Ferien für jugendliche Arbeiter! – An die Vorurteilsfreien in der proletarischen Jugend (Rudolf Meyer) – Wie kommen wir zu eigenen Jugendheimen? (Ferdinand Goebel) — Schwarz-rot-gold und das Hakenkreuz (Dr. Alfred Ehrentreich) Schwarz-weiß-rot oder schwarz-rot-gold? (Prof. Dr. August Messer)

VERLAG „JUNGE MENSCHEN" G. M. B. H., HAMBURG 36, Johnsallee 54.

VIERTELJÄHRLICH (SECHS NUMMERN) DREI MARK (JÄHRLICH 10 FRS., 3 DOLLAR) — PREIS DIESES DOPPELHEFTES EINE MARK 50 PFENNIG

„Junge Menschen", Heft 13/14, 1920, zum Gedenken an Hans Paasche

Walter Hammer, Herausgeber der Zeitschrift „Junge Menschen", 1923 auf Burg Ludwigstein

Burg Ludwigstein, Witzenhausen, vor 1920

Burg Waldeck, Hunsrück. Erwerb durch den Nerother Wandervogel ab 1922 (Foto: fünfziger Jahre)

Robert und Karl Oelbermann, die Gründer und Bundesführer des Nerother Wandervogels, 1926

„Die Rheinische Jugendburg" auf Burg Waldeck. Entwurf des Architekten, Dichters und Lebensreformers Karl Buschhüter, 1921

Burg Waldeck. Einweihung des Säulenhauses, 1930. Von links: Karl Oelbermann, Karl Fischer, Gustav Wyneken, Robert Oelbermann, Karl Buschhüter

Werner Helwig als Nerother Wandervogel auf Burg Waldeck, 1929

Die Orden im Nerother Wandervogel

Nerother Wandervögel auf Weltfahrt an den Iguassú-Fällen, Brasilien 1931

Ernst Buske, Deutsche Freischar

Georg Götsch, Ernst Buske, Walter Gehl im Bundesarbeitslager der Deutschen Freischar, 1927

Deutsche Freischar, Aufmarsch zum Bundestag Crossen, 1931

Eberhard Köbel (Tusk), Gründer und Führer von dj.1.11, 1931

Osterlager der dj.1.11, Dessau, 1932, Tusk (mit Gitarre)

„Der Fahnenträger von dj. 1.11", Gemälde von Oskar Just, 1931. Das Bild zeigt Mario aus Tusks Stuttgarter dj.1.11 - Gruppe

Sühnelager am Traunsee, Ostern 1931. Tusk spricht im großen Feuerzelt. Links (stehend) Mario, der „Fahnenträger"

Sühnelager, Ostern 1931

Sühnelager, Ostern 1931

dj.1.11

Sühnelager, Ostern 1931. Tusk dirigiert den Chor

Karl Christian Müller (Teut), Jungentrucht, 1930

Fähnerich der Trucht, 1933

Lager Ludwigswinkel, Sommer 1930.
Fahnenwache des Grauen Corps

Alfred Schmid (Fred), Graues Corps, um 1930

Stockfechten im Grauen Corps, Lager am Reihersee, Pfingsten 1930

Lager Ludwigswinkel, Sommer 1930, Graues Corps

Großdeutscher Bund, Berlin, April 1933. Der Bundesführer Admiral v. Trotha spricht, daneben die Führer der bisherigen Bünde

Großdeutscher Bund, Munsterlager (Lüneburger Heide), Pfingsten 1933. Letztes Lager der Bünde, Auflösung und Verbot

Werner Helwig in jungen Jahren

Werner Helwig um 1935

Werner Helwig in den letzten Lebensjahren

Gedenkstein für Werner Helwig im Ehrenhain der deutschen Jugendbewegung, Burg Waldeck, eingeweiht am 22.6.1996

Propagated Fish in Resource Management

Propagated Fish in Resource Management

Edited by

Mary J. Nickum

970 North Paiute Drive, Ivins, Utah 84738, USA

Patricia M. Mazik

U.S. Geological Survey
West Virginia Cooperative Fish and Wildlife Research Unit
322 Percival Hall, Morgantown, West Virginia 26506, USA

John G. Nickum

970 North Paiute Drive, Ivins, Utah 84738, USA

Don D. MacKinlay

Fisheries & Oceans Canada
Habitat and Enhancement Branch, 401 Burrard Street, Suite 200
Vancouver, British Columbia, V6C 3S4 Canada

American Fisheries Society Symposium 44

Proceedings of the Symposium
Propagated Fish in Resource Management
Held in Boise, Idaho, USA
16–18 June 2003

American Fisheries Society
Bethesda, Maryland
2004

The American Fisheries Society Symposium series is a registered serial. Suggested citation formats follow.

Entire book

Nickum, M. J., P. M. Mazik, J. G. Nickum, and D. D. MacKinlay, editors. 2004. Propagated fish in resource management. American Fisheries Society, Symposium 44, American Fisheries Society, Bethesda, Maryland.

Chapter within the book

Kampa, J. M., M. J. Jennings, and G. R. Hatzenbeler. 2004. Short-term survival of small walleye fingerlings stocked into Wisconsin Lakes. Pages 99–103 *in* M. J. Nickum, P. M. Mazik, J. G. Nickum, and D. D. MacKinlay, editors. Propagated fish in resource management. American Fisheries Society, Symposium 44, American Fisheries Society, Bethesda, Maryland.

Printed in the United States of America on acid-free paper.

Library of Congress Control Number 2004114122
ISBN 1-888569-69-7
ISSN 0892-2284

American Fisheries Society Web site address: www.fisheries.org

American Fisheries Society
5410 Grosvenor Lane, Suite 110
Bethesda, Maryland 20814-2199
USA

Contents

Preface ix
Acknowledgments xi
Symbols and Abbreviations xv

Propagated Fish and Resource Management

Successes and Failures of Large-Scale Ecosystem Manipulation Using Hatchery Production: The Upper Great Lakes Experience 3
Gary E. Whelan and James E. Johnson

Overview of Lake Stocking for Recreational Fisheries in Interior Alaska 33
James T. Fish

Stocking Red Drum: Lessons Learned 45
Wallace E. Jenkins, Theodore I. J. Smith, and Michael R. Denson

Pacific Salmon Hatcheries in British Columbia 57
Don D. MacKinlay, Susan Lehmann, Joan Bateman, and Roberta Cook

Increasing Red Drum Abundance in South Carolina: Monitor, Regulate, and Stock Hatchery Fish 77
Theodore I. J. Smith, Wallace E. Jenkins, Michael R. Denson, and Mark R. Collins

An Evaluation of Fresh Water Recoveries of Fish Released from National Fish Hatcheries in the Columbia River Basin, and Observations of Straying 87
Stephen M. Pastor

Short-Term Survival of Small Walleye Fingerlings Stocked into Wisconsin Lakes 99
Jeffrey M. Kampa, Martin J. Jennings, and Gene R. Hatzenbeler

Increasing Predation through Walleye Fingerling Stocking: A Recovery Tool for Saginaw Bay, Lake Huron 105
David G. Fielder

Using a Fish-Stocking Database to Demonstrate Temporal Changes in Stocking Patterns 113
George W. LaBar and Tom Frew

Fishery Management Perspectives

Trends in Agency Use of Propagated Fishes as a Management Tool in Inland Fisheries 121
James R. Jackson, Jeff C. Boxrucker, and David W. Willis

Fundamentals of Fisheries Management, 2003: Developments in Wyoming since 1994 139
Robert W. Wiley

Perceptions about Science and Scientism in Fisheries Management: An Angler's View 145
Michael L. Smith

The Promise of Hatchery-Reared Fish and Hatchery Methodologies as Tools for Rebuilding Columbia Basin Salmon Runs: Yakima Basin Overview 151
William J. Bosch

Lessons in Rehabilitation Stocking and Management of Lake Trout in Lake Huron 161
James E. Johnson, Ji X. He, Aaron P. Woldt, Mark P. Ebener, Lloyd C. Mohr

Use of Propagated Fishes in Altered Environments in Texas 177
William C. Provine, Richard W. Luebke, Roger L. McCabe, David R. Terre, Robert K. Betsill, Bobby Farquhar, and Todd Engeling

Recreational and Economic Benefits of Tennessee's Reservoir and Tailwater Stocking Programs 189
Francis C. Fiss, Timothy N. Churchill, and William C. Reeves

Management of Tropical Freshwater Fisheries with Stocking: The Past, Present, and Future of Propagated Fishes in Puerto Rico 197
J. Wesley Neal, Richard L. Noble, Maria de Lourdes Olmeda, and Craig G. Lilyestrom

Managing Hybrid Bluegill Fisheries: Estimating and Predicting the Effects of Young Anglers 207
Dana L. Winkelman and Clifton Sager

Risk Evaluation and Decision Making

Salmon Supplementation: Demography, Evolution, and Risk Assessment 217
Daniel Goodman

Release of Captively Reared Adult Anadromous Salmonids for Population Maintenance and Recovery: Biological Trade-Offs and Management Considerations 233
Barry Berejikian, Thomas Flagg, and Paul Kline

Managing the Intersection of Aquaculture Development and Invasive Species 247
Gary C. Matlock

Critical Need for Rigorous Evaluation of Salmonid Propagation Programs Using Local Wild Broodstock 253
Patrick L. Hulett, Cameron S. Sharpe, and Chris W. Wagemann

Uncertainty and Research Needs for Supplementing Wild Populations of Anadromous Pacific Salmon 263
Reginald R. Reisenbichler

Practical Approaches for Assessing Risks of Hatchery Programs 277
Kenneth P. Currens and Craig A. Busack

A Modified Suitability Index to Guide Selection of Stocking Waters for Juvenile Tiger Muskies 291
Keith Koupal

A Historical Perspective on the Philosophy behind the Use of Propagated Fish in Fisheries Management: Michigan's 130-Year Experience 307
Gary E. Whelan

Salmon Hatcheries in Alaska—Plans, Permits, and Policies Designed to Provide Protection for Wild Stocks 317
Steven G. McGee

Guidelines for Use of Captive Broodstocks in Recovery Efforts for Pacific Salmon 333
Herbert A. Pollard, II and Thomas A. Flagg

Managing Imperiled Fish

Comparison of the Distribution and Recapture Rates of Acclimated and Nonacclimated Razorback Sucker Stocked into the Green River 349
Timothy Modde, Garn J. Birchell, and Kevin D. Christopherson

Growth and Survival of Larval Razorback Sucker in Natural Floodplain Depressions Inhabited by Nonnative Fish in the Green River, Utah 357
Garn J. Birchell and Kevin D. Christopherson

Use of Propagated Shortnose Sturgeon as Surrogates for Wild Fish 371
Mark R. Collins, Theodore I. J. Smith, Vincent A. Mudrak, Robert Bakal, and Kent Ware

Dilemma on the Kootenai River—The Risk of Extinction or When Does the Hatchery Become the Best Option 377
Vaughn L. Paragamian and Raymond C. P. Beamesderfer

Application of Captive Broodstocks to Preservation of ESA-Listed Stocks of Pacific Salmon: Redfish Lake Sockeye Salmon Case Example 387
Thomas A. Flagg, W. Carlin McAuley, Paul A. Kline, Madison S. Powell, Doug Taki, and Jeffrey C. Gislason

Evaluating Reintroduction Strategies for Redfish Lake Sockeye Salmon Captive Broodstock Progeny 401
J. Lance Hebdon, Paul Kline, Doug Taki, and Thomas A. Flagg

Managing Introduced Fish

Fish Assemblage Structure in an Oklahoma Ozark Stream before and after Rainbow Trout Introduction 417
Maureen G. Walsh and Dana L. Winkelman

Unauthorized Fish Introductions: Fisheries Management of the People, for the People, or by the People? 431
Frank J. Rahel

Managing Southwestern Native and Nonnative Fishes: Can We Mix Oil and Water and Expect a Favorable Solution? 445
John N. Rinne, Larry Riley, Rob Bettaso, Roger Sorenson, and Kirk Young

A Tale of Two Parks: Management of Nonnative Lake Trout in Yellowstone and Grand Teton National Parks, Wyoming, USA 467
Scott Bosse

Diet Overlap of Introduced Rainbow Trout and Three Native Fishes in an Ozark Stream 475
Daniel B. Fenner, Maureen G. Walsh, and Dana L. Winkelman

Genetics Considerations

Effects of 70 Years of Freshwater Residency on Survival, Growth, Early Maturation, and Smolting in a Stock of Anadromous Rainbow Trout from Southeast Alaska 485
Frank P. Thrower and John E. Joyce

Improving Vulnerability to Angling of Rainbow Trout: A Selective Breeding Experiment 497
Joseph R. Kozfkay, Daniel J. Schill, and David M. Teuscher

Introgressive Hybridization between Westslope Cutthroat Trout and Native Rainbow Trout in Big Creek, Idaho 505
Michael P. Peterson, Matthew R. Campbell, Christine C. Cegelski, and Madison S. Powell

Stable Isotopic Composition of Otoliths from Hatchery and Wild Chinook Salmon in Makah Bay, Washington 515
Yongwen Gao, Russell Svec, Steve Joner, Joe Hinton, and Dave Zajac

Fish Health Considerations

Evaluating and Understanding Fish Health Risks and Their Consequences in Propagated and Free-Ranging Fish Populations 529
Christine M. Moffitt, Alf H. Haukenes, and Christopher J. Williams

Infectious Hematopoietic Necrosis Virus Traffic in the Columbia River Basin 539
Gael Kurath, Kyle A. Garver, and Ryan M. Troyer

Susceptibility of Rainbow Trout Resisstant to *Myxobolus cerebralis* to Selected Salmonid Pathogens 549
Jerri L. Bartholomew, M. Mattes, Mansour El-Matbouli, Terry S. McDowell, and Ronald P. Hedrick

Hatchery Reform

A Scientific and Systematic Redesign of Washington State Salmonid Hatcheries 561
H. Lee Blankenship and Elizabeth Daniels

A Review of Recent Studies Investigating Seminatural Rearing Strategies as a Tool for Increasing Pacific Salmon Postrelease Survival 573
Desmond J. Maynard, Thomas A. Flagg, Robert N. Iwamoto, and Conrad V. W. Mahnken

Salmon Hatcheries for the 21st Century: A Model at Warm Springs National Hatchery 585
Douglas E. Olson, Bob Spateholts, Mike Paiya, and Donald E. Campton

Conservation Hatchery Protocols for Pacific Salmon 603
Thomas A. Flagg, Conrad V. W. Mahnken, and Robert N. Iwamoto

Genetic Diversity, Kinship Analysis, and Broodstock Management of Captive Atlantic Sturgeon for Population Restoration 621
Anne P. Henderson, Adrian P. Spidle, and Tim L. King

Fish Culture System Design for the Future 635
Brian Brazil, Brian Vinci, and Steve Summerfelt

Preface

The use of propagated fishes has been a fisheries management tool for North American resource managers for more than a hundred years. During that time, the roles of propagated fish have been deemed to be important for addressing and enhancing opportunities to improve recreational fishing and restore depressed fish populations. However, over the last 30 years, some of these roles have been challenged as being risky and have thus been under careful scrutiny. The American Fisheries Society (AFS) proceeded to examine emerging issues dealing with the risks and benefits of fish stocking practices. And the Fish Culture and Fisheries Management Sections responded by conducting a symposium to answer the question "Fish Culture—Fish Management's Ally?" Accordingly, the first of three major symposia directed at this issue took place in 1985, at Lake of the Ozarks, Missouri. It was titled "The Role of Fish Culture in Fisheries Management."

Ten years later, the American Fisheries Society decided to formally revisit the same issues. The rationale for conducting a second symposium resulted from advances in scientific capabilities and information and declines in fisheries resources. Increased political pressure from the scientific community demanded that resource management should be based on science. Moreover, resource management was being looked at comprehensively from an ecosystem approach. This new approach included the evaluation of complex relationships between fishes and their aquatic habitat and interactions of target species with the full assemblage of life forms within the biological community. Accordingly, AFS again stepped forward to address the risks and benefits associated with fish stocking practices. This time, AFS decided to address the fisheries issues using a two-step approach. To accomplish the first step, a symposium "Uses and Effects of Cultured Fishes in Aquatic Ecosystems" was conducted, March 1994, in Albuquerque, New Mexico. The second step was accomplished by inviting all North American fisheries resource management agencies to participate at a facilitated workshop, July 1994, in Denver, Colorado. The final product of the steps would be a comprehensive set of considerations, endorsed by AFS, for the use of cultured fishes.

At the turn of the century, the American Fisheries Society asked the question "Was it time to revisit the issues again?" The answer from the 2001 AFS Governing Board was an affirmative, largely due to advances in knowledge and new scientific capabilities to analytically study fishes and their population dynamics. It was also due to the subsequent changes in resource management philosophy that more strongly embraced conservation genetics and other conservation values associated with an ecosystem management approach. The American Fisheries Society decided to repeat the 1990's two-step process. But this time AFS also made the determination to ensure that all symposium and workshop information would be backed by scientific data. The American Fisheries Society appointed a steering committee to guide the process. Ten AFS Sections focused on the theme of science-based fisheries management and ensured that science-based decision making would be emphatically reverberated as the primary goal for quality assurance in fisheries management. The Sections included Fish Culture, Fisheries Management, Genetics, Fisheries Administrators, Introduced Fishes, Marine Fisheries, Estuaries, Physiology, Water Quality, and Fish Health. The symposium Steering Committee generously provided their time, energy, and abilities to accomplish the successful symposium and follow-up workshop.

The proceedings from "Propagated Fish In Resource Management" contain technical papers from presentations at the symposium conducted by AFS, June 2003, in Boise, Idaho. These papers have all been peer reviewed and were found to be acceptable for publication. They represent state-of-the-art knowledge in the roles for the effective use of fish culture as a tool for fisheries resource management. These science-based papers not only define some appropriate roles, they also delineate some biological constraints. Accordingly, the question posed 30 years ago, "Fish Culture—Fish Management Ally?", can be answered in the affirmative. But the proceedings also demonstrate that the affirmative may involve a caveat. The proceedings caution that stocking practices should be aligned with science-based fisheries management plans that encompass a comprehensive resource management approach.

The second step of the AFS process will result in a companion 2005 publication to this symposium proceedings. It will be the findings from the AFS workshop "Propagated Fishes In Resource Management" conducted June 2004, in San Antonio, Texas. These workshop findings will identify AFS guidelines: "Considerations for the Use of Propagated Fishes in Resource Management."

Vincent A. Mudrak

Vincent A. Mudrak was Co-Chair of the AFS Steering Committee for Propagated Fish In Resource Management (Co-chaired with Gary Carmichael). He is the Director of the Warm Springs Regional Fisheries Center, U.S. Fish and Wildlife Service, Warm Springs, Georgia. He has been actively involved in the effective use of fish propagation in resource management, especially as it relates to species recovery, rehabilitation of depleted native populations, and enhancement of fishery restoration programs.

Acknowledgments

Concerted and dedicated efforts of many folks are needed to plan, prepare, and stage a major symposium and to prepare a compilation of articles of this magnitude. The special symposium "Propagated Fish in Resource Management" was a success due to diligent hard work and commitment of the steering committee and many individual volunteers. Symposium sponsors were the American Fisheries Society (AFS), U.S. Fish and Wildlife Service, and Canada Department of Fisheries and Oceans.

I had the pleasure of working with Vincent A. Mudrak as co-chair of this volunteer duty. His selfless self-motivation, positive outlook, and professional work ethic practically guaranteed success of the project. He went the extra mile—from Apache Tears, Arizona to White Sturgeon, Idaho and beyond. His energy electrified me and the steering committee and his knowledge of the AFS governing board and the fisheries professional community led to symposium successes. His consensus building nature allowed for very disparate viewpoints to be in the same venue and he allowed various engines to be muffled with civility while advocating science-based resource management. His attention to detail insured the devil out.

Thanks go to AFS section representatives who served as steering committee members: Estuaries, Dorothy Leonard; Fish Culture, Pat Mazik; Fish Health, John Grizzle; Fisheries Administrators, Virgil Moore; Fisheries Management, Dirk Miller and Ronald Remmick; Genetics, John Epifanio and Dave Philipp; Introduced Fishes, Cynthia Kolar; Marine Fishes, Ian Fleming; Physiology, Don MacKinlay; Water Quality, Bob Hughes; and the AFS at-large representative was J. Holt Williamson. Ex Officio members of the steering committee were AFS Executive Director Gus Rassam, AFS President Fred Harris, AFS President Elect Ira R. Adelman, and Past Presidents Ken Beal and Carl Burger.

Program committee members John Nickum, John Epifanio, Don MacKinlay, and J. Holt Williamson compiled an excellent program that spanned three days. They amassed 48 podium papers and 34 poster presentations. Six technical sessions were moderated by steering committee members: John M. Epifanio, Dirk D. Miller, Cynthia S. Kolar, J. Holt Williamson, Pat Mazik, Dave P. Philipp, and Don D. MacKinlay. Authors of posters were invited as equals to podium presenters—for manuscript publication, by the program committee.

J. Holt Williamson and Pat Mazik moderated two open forum sessions that followed daily technical sessions. Authors of "alternate podium papers" were allowed to present their works and all authors from session presentations and posters were urged to attend. Open discussion and debate helped clarify, enlighten, and unearth several issues. Virgil Moore, Vince Mudrak, and I moderated a third open forum session intended to look "forward" to putting science into practice and present a survey of current agency policies. Session moderators also presented highlights of their technical sessions, and open discussion followed.

The Idaho Department of Fish and Game served as symposium host. As Director Steven M. Huffaker's representative, Virgil Moore did an outstanding job of coordinating the local arrangements for the symposium. Registration committee members Margaret Whipple, John Cummings Elaine Cavenaugh, Joe Chapman, Tammy Froscher, Walter Boore, and Lynette Moran handled conference registration with great skill. Poster and open forum activities were superbly coordinated by Fred Partridge and Tom Frew. Program booklet preparation was accomplished by Virgil Moore and Margaret Whipple. Audio visual assistances were coordinated by Liz Manner, Jim Davis, Joel Patterson, Bob Turik, and Rick Alsager. Thanks go to off-site coordinators Tom Rogers, Steve Elle, Mick Hoover, Will Reid, Kenny Jones, Jerry McGehee, Brent Snider, Bill Horton, and Don Wright. Bill Hutchinson served as liaison.

The editorial committee deserves special thanks for all the often thankless tasks of editing and coordinating peer review. Mary Nickum, Pat Mazik, John Nickum, and Don D. MacKinlay contributed enormous amounts of time, editorial skill, and technical expertise to evaluating and editing poster and podium manuscripts. AFS representatives Aaron Lerner and Debby Lehman need thanks also. Many folks provided important peer reviews that strengthened the quality of this compilation of scientific articles. Those that gave peer reviews follow below, and they deserve special note.

Symposium and publication finances were coordinated by AFS Executive Director Gus Rassam, Betsy Fritz, and steering committee co-chair Vince Mudrak. Contributors include the Canada Department of Fisheries and Oceans, the U.S. Fish and Wildlife Service, the International Association of Fish and Wildlife Agencies (Multi-State Conservation Grant), and the AFS governing board. Also, several AFS Sections contributed to steering committee member travel.

The best oral paper award for the presentation "Successes and Failures of Large-Scale Ecosystem Manipulation Using Hatchery Production: The Upper Great Lakes Experience" went to Gary E. Whelan and James E. Johnson. The poster and presentation "Managing Hybrid Bluegill Fisheries: Estimating and Predicting the Effects of Young Anglers" by Dana Winkleman (presenter) and Clifton Sager was selected as best poster and as "best of show" by the AFS session moderators and the program committee. In addition to scoring highest on the ranking criteria, they felt it most clearly identified an appropriate use of propagated fishes in resource management—education of the next generation in the value of our fisheries resources through the experience and pleasure of angling. "The poster of Winkleman and Sager best exemplified the theme of the symposium and the philosophy of our profession." Thanks most and always to the resource managers and fisheries scientists who offered their science at this symposium.

Gary Carmichael, co-chair steering committee

Gary Carmichael was co-chair of the AFS steering committee for "Propagated Fish In Resource Management." He was the director of the Mora National Fish Hatchery and Technology Center, U.S. Fish and Wildlife Service, Mora, New Mexico prior to his retirement in December 2002. He also, like Vince Mudrak, has been actively involved in the effective use of fish propagation in resource management, especially as it relates to species recovery, rehabilitation of depleted native populations, and enhancement of fishery restoration programs. He now serves society as a farmer at Doe Run Farms and Conservation, Doe Run, Missouri.

Reviewers

Amos, Kevin
Armantrout, Neil
Atchison, Gary
Barnetson, Stuart
Barton, Bruce
Berejikian, Barry
Blankenship, Lee
Boreman, John
Bosch, Bill
Boxrucker, Jeff
Boyd, Claude
Brannon, Ernie
Brazil, Brian
Brothers, Ed
Brouwer, Rob
Brown, Tommy
Busiahn, Tom
Carline, Robert
Carmichael, Gary
Carty, Dan
Chizinski, Christopher
Clarkson, Robert
Currens, Ken
Davis, Ken
Duff, Don
Eiser, R.
Epifanio, John
Epp, Michelle
Fast, David
Fetterolf, Carlos
Flagg, Tom
Foott, Scott

Foster, Neil
Fredenberg, Wade
Freund, Jason
Fuss, Howard
Galvez, John
Goff, Trevor
Goodwin, Andy
Hanson, Larry
Harris, Fred
Haynes, Jim
Hayward, Rob
Hebdon, Lance
Hedricks, L.
Heidinger, Roy
Hershberger, Bill
Hicks, Brad
Howard, Karin
Hubert, Wayne
Hulett, Pat
Jackson, R.
Jahncke, Michael
Jennings, Cecil
Kaeding, Lynn
Ladouceur, Grant
Lannan, Jim
Lofthouse, Doug
Loudenslager, Eric
MacKinlay, Don
MacMillan, Randy
Mahnken, Conrad
Mather, Martha
Matlock, Gary
Maynard, Des
McGee, Steve
McIntosh, Dennis
Mestl, Gerald
Metcalf, Karen
Meyer, Fred
Mills, Ed
Neves, Dick
Nickum, John
Noble, Rich
Orr, Wes
Panek, Frank
Pearce, Brian
Perschbacher, Peter
Petty, T.
Pister, Phil
Polioudakis, Emanuel
Pollard, Herb
Pollard, Sue
Pope, Kevin
Reisenbichler, Reginald
Riddell, Brian
Rubin, Steve
Sandheinrich, Mark
Satterfield, Jim
Schultz, Randy
Seeb, Jim
Shupp, Bruce
Silverstein, Jeffrey
Smith, Charlie
Smith, Ted
Stang, Doug
Stefferud, Sally
Stickney, Robert
Stobbart, Al
Stone, Mike
Summerfelt, S.
Sweka, John
Talbot, Andre
Thrower, Frank
Tidwell, Jim
Tipton, C.
Torrans, Les
Unkenholz, Dennis
Vinci, B.
Wagner, Curt
Wahl, David
Wedemeyer, Gary
Westers, Harry
White, Bob
Whiteacre, John
Wilde, Gene
Wiley, Bob
Wilson, Ken
Winkelman, Dana
Winton, James
Wood, Al
Wood, Chris
Wurts, Bill
Wynne, Forrest
Yeo, Steve
Zale, Al

Symbols and Abbreviations

The following symbols and abbreviations may be found in this book without definition. Also undefined are standard mathematical and statistical symbols given in most dictionaries.

A	ampere
AC	alternating current
Bq	becquerel
C	coulomb
°C	degrees Celsius
cal	calorie
cd	candela
cm	centimeter
Co.	Company
Corp.	Corporation
cov	covariance
DC	direct current; District of Columbia
D	dextro (as a prefix)
d	day
d	dextrorotatory
df	degrees of freedom
dL	deciliter
E	east
E	expected value
e	base of natural logarithm (2.71828...)
e.g.	(exempli gratia) for example
eq	equivalent
et al.	(et alii) and others
etc.	et cetera
eV	electron volt
F	filial generation; Farad
°F	degrees Fahrenheit
fc	footcandle (0.0929 lx)
ft	foot (30.5 cm)
ft^3/s	cubic feet per second (0.0283 m^3/s)
g	gram
G	giga (10^9, as a prefix)
gal	gallon (3.79 L)
Gy	gray
h	hour
ha	hectare (2.47 acres)
hp	horsepower (746 W)
Hz	hertz
in	inch (2.54 cm)
Inc.	Incorporated
i.e.	(id est) that is
IU	international unit
J	joule
K	Kelvin (degrees above absolute zero)
k	kilo (10^3, as a prefix)
kg	kilogram
km	kilometer
l	levorotatory
L	levo (as a prefix)
L	liter (0.264 gal, 1.06 qt)
lb	pound (0.454 kg, 454g)
lm	lumen
log	logarithm
Ltd.	Limited
M	mega (10^6, as a prefix); molar (as a suffix or by itself)
m	meter (as a suffix or by itself); milli (10^{23}, as a prefix)
mi	mile (1.61 km)
min	minute
mol	mole
N	normal (for chemistry); north (for geography); newton
N	sample size
NS	not significant
n	ploidy; nanno (10^{29}, as a prefix)
o	ortho (as a chemical prefix)
oz	ounce (28.4 g)
P	probability
p	para (as a chemical prefix)
p	pico (10^{212}, as a prefix)
Pa	pascal
pH	negative log of hydrogen ion activity
ppm	parts per million
qt	quart (0.946 L)
R	multiple correlation or regression coefficient
r	simple correlation or regression coefficient
rad	radian
S	siemens (for electrical conductance); south (for geography)
SD	standard deviation
SE	standard error

s	second
T	tesla
tris	tris(hydroxymethyl)-aminomethane (a buffer)
UK	United Kingdom
U.S.	United States (adjective)
USA	United States of America (noun)
V	volt
V, Var	variance (population)
var	variance (sample)
W	watt (for power); west (for geography)
Wb	weber
yd	yard (0.914 m, 91.4 cm)
α	probability of type I error (false rejection of null hypothesis)
β	probability of type II error (false acceptance of null hypothesis)
Ω	ohm
μ	micro (10^{26}, as a prefix)
′	minute (angular)
″	second (angular)
°	degree (temperature as a prefix, angular as a suffix)
%	per cent (per hundred)
‰	per mille (per thousand)

Propagated Fish and Resource Management

American Fisheries Society Symposium 44:3–32, 2004

Successes and Failures of Large-Scale Ecosystem Manipulation Using Hatchery Production: The Upper Great Lakes Experience

Gary E. Whelan[1]
Michigan Department of Natural Resources, Fisheries Division
Post Office Box 30446, Lansing, Michigan 48909, USA

James E. Johnson[2]
Michigan Department of Natural Resources, Fisheries Division
Alpena Fisheries Research Station
160 East Fletcher, Alpena, Michigan 49707, USA

Abstract.—The upper Great Lakes are the largest water bodies in the world whose ecological balance was and is owed to hatchery recruitment. This situation was caused by the loss of native predator stocks, the overpopulation of invasive alewives, other invasive species introductions, overharvest, physical habitat loss, and water quality degradation. In the 1960s, fish biomass in the Great Lakes was dominated by alewives that truncated the energy flow in the system. Episodic alewife die-offs littered beaches, destroying the shoreline tourist economies. The 1960s and 1970s saw the beginning of rehabilitation programs that included water quality initiatives, commercial fishing restrictions, intensive sea lamprey control, fishway construction, and the extensive stocking of the system with coho salmon *Oncorhynchus kisutch*, Chinook salmon *O. tshawytscha*, rainbow trout *O. mykiss*, lake trout *Salvelinus namaycush*, and brown trout *Salmo trutta*. These changes led to ecologically balanced fish communities and recreational and commercial fisheries with an annual value in excess of $2 billion, along with self sustaining lake trout populations in Lake Superior. This fisheries management effort used 895,865,567 trout and salmon weighing 22,938,911 kg that cost, at minimum, $328,255,820 in 2002 U.S. dollars. In spite of these remarkable successes, critical problems remain, including the lack of lake trout rehabilitation and insufficient overall recruitment of predators in Lake Huron and Lake Michigan. Thus, Lake Huron and Lake Michigan, which are a continuous body of water, constitute the single largest body of freshwater in the world that is dependant upon stocking for ecosystem balance. Without stocking, they would revert to conditions experienced in the 1960s. The reason for reproductive failure of predator species in these lakes appears to be a combination of invasive species, overharvest, and habitat loss. These factors, along with the continued influx of new invasive species have slowed rehabilitation efforts in Lake Huron and Lake Michigan and cast uncertainty over the sustainability of the rehabilitation of Lake Superior. Without massive ecosystem level intervention, large portions of the Great Lakes will likely have to be maintained for the foreseeable future using hatchery recruitment.

Introduction

Self-sustaining fish populations, composed chiefly of native species that can provide fisheries, is the goal of Great Lakes fisheries managers (Great Lakes Fishery Commission 1980). This goal remains elusive in the upper Great Lakes, defined here as Lake Michigan, Lake Huron, and Lake Superior, even though these are some of the most intensively managed fisheries in North America. Lakes Michigan and Huron are the the largest water bodies in the world whose ecological balances are controlled by the use of propagated fish. This system and level of control has been in place for the last 40 years. Lake Superior owns much of its cur-

[1] E-mail: whelang@michigan.gov
[2] E-mail: johnsoje@michigan.gov

rent ecological balance to the past use of propagated fish. Millions of piscivorous fish, mainly trout and salmon, are stocked annually by state, tribal, provincial, and federal resource agencies that manage the upper Great Lakes. The key reasons for these stockings are to use and control the prey base in Lakes Michigan and Huron, which is a combination of alewives *Alosa psuedoharengus*, rainbow smelt *Osmerus mordax*, and bloater *Coregonus hoyi*, and to rehabilitate piscivore populations in all of the upper Great Lakes. This unprecedented biomanipulation effort has cost these jurisdictions an enormous amount of money and resources. After more than 50 years of this grand experiment, it is time to assess the benefits and costs of such large-scale use of propagated fish and to predict the likely future for the use of propagated salmonids in the upper Great Lakes.

The objectives of this paper are to analyze and discuss (1) the history of the predator–prey dynamics in the upper Great Lakes, (2) the causative agents of the predator–prey imbalance, (3) the past and present use of propagated fish in this system, (4) the successes and failures of the use of propagated fish in this system, and (5) the likely future of the upper Great Lakes with respect to the use of propagated fish. This paper will address only the trout and salmon portion of the predator base, because other papers in this symposium have addressed other Great Lakes predators such as the walleye *Sander vitreus* (Fielder 2004, this volume).

Data Sources and Analysis Methods

Propagated fish stocking data were obtained from the Great Lakes Fishery Commission, Great Lakes Fish Stocking Database (Great Lakes Fishery Commission 2003). Data were available for the period 1950 through 2000; data after 2000 were not complete. The number stocked for each stocking event was always recorded in the database, but stocking biomass data were incomplete.

Where the stocking biomass data were unavailable for an individual stocking event, estimated weights by species and life stage were developed for each lake. Because different sets of hatcheries are used for stocking in each lake and each set of hatcheries likely had different weights for each species and life stage when stocked, data for all lakes could not be pooled to estimate the missing stocking weights. For each Great Lake, missing weights for each stocking event were estimated by multiplying the number stocked by the mean weight at stocking for each species, or hybrid, and life stage where mean weights were available. Where information on mean weight at a given life stage was unavailable for a species, or hybrid, mean weight at stocking was estimated using similar species, life stages, and body shapes (Table 1). When data were unavailable, fry weights were estimated using 1.5 g per individual for all species.

Stocking costs were developed using 2002 average hatchery operating, maintenance, and fish transportation costs ($14.31/kg) for Michigan Department of Natural Resources facilities. Thus, stocking cost data are shown in 2002 U.S. dollars. It is important to note that these estimates do not include capitol construction costs of these hatcheries.

The Physical Setting

Beeton et al. (1999) provided a detailed description of the upper Great Lakes (Figure 1), which is summarized here. In surface area, these three lakes rank second (Lake Superior), fourth (Lake Huron), and fifth (Lake Michigan) among lakes of the world. The upper Great Lakes have a total watershed area of 376,300 km^2, a surface area of 199,500 km^2, a shoreline length of 13,585 km, and a total volume of 20,662 km^3 (Table 2). Mean depths range from 59 m in Lake Huron to 149 m in Lake Superior, with maximum depths ranging from 229 m in Lake Huron to 405 m in Lake Superior. All of these lakes are known to have multiple circulation cells, and all stratify thermally.

Beeton et al. (1999) classified the trophic status of the upper Great Lakes using criteria developed by McIntosh (1977). Lake Superior is classified as oligotrophic throughout. Lake Michigan is classified as generally oligotrophic with a trend toward meso-trophy, with some areas, such as Green Bay, classified as locally eutrophic. Lake Huron is classified as oligotrophic, except for inner Saginaw Bay, which is eutrophic.

Historic Trout Community

Until approximately 1950, the lake trout *Salvelinus namaycush* was the primary predator in large coldwater lakes in the upper Great Lakes region and was a dominant force in shaping Great Lakes aquatic ecosystems. As the chief deepwater predator at the apex of the food web, they influenced the abundance and composition of lower trophic levels. By virtue of their longevity and abundance, lake trout exerted a stabilizing influence on fish communities and dampened the effects of invading species (Christie et al. 1987; Evans et al. 1987; Eshenroder

Table 1. List of species and life stages substituted to estimate mean weight at stocking where mean weight at stocking was unavailable for a given species and life stage.

Species or hybrid without stocking weights		Substituted species and life stage	
Species or hybrid	Life stage	Species	Life stage
	Lake Superior		
Brown trout *Salmo trutta*	Adult	Rainbow trout *Oncorhynchus mykiss*	Adult
Chinook salmon *O. tshawytscha*	Fall fingerling	Chinook salmon	Spring fingerling
Chinook salmon	Yearling	Coho salmon *O. kisutch*	Yearling
Lake trout *Salvelinus namaycush*	None recorded	Lake trout	Fall fingerling
Rainbow trout	Spring fingerling	Rainbow trout	Fall fingerling
Rainbow trout	Yearling	Brown trout	Yearling
Splake (brook trout *S. fontinalis* × lake trout)	Fingerling	Splake	Fall fingerling
	Lake Huron		
Brown trout	Adult	Atlantic salmon *Salmo salar*	Adult
Chinook salmon	Yearling	Coho salmon	Yearling
Lake trout	None recorded	Lake trout	Yearling
Lake trout	Spring fingerling	Brook trout	Spring fingerling
Rainbow trout	Spring fingerling	Brown trout	Fry
Splake	Adult	Rainbow trout	Adult
	Lake Michigan		
Atlantic salmon	Adult	Brown trout	Adult
Atlantic salmon	Yearling	Brown trout	Yearling
Brook trout	Adult	Lake trout	Adult
Coho salmon	Spring fingerling	Chinook salmon	Spring fingerling
Coho salmon	Summer fingerling	Chinook salmon	Spring fingerling
Rainbow trout	Summer fingerling	Rainbow trout	Spring fingerling
Rainbow trout	None recorded	Rainbow trout	Yearling
Splake	None recorded	Splake	Yearling
Tiger trout (brook × brown trout)	Yearling	Brown trout	Yearling

et al. 1995). Following European settlement and until the 1940s, lake trout were the most important commercial species in terms of value and pounds of harvest in the upper Great Lakes, followed closely by lake whitefish *Coregonus clupeaformis* (Baldwin et al. 1979). Prior to European settlement, some unknown proportion of lake trout reproduction probably occurred in tributaries. These adfluvial stocks were especially vulnerable to early fisheries and to habitat alteration in the tributaries.

Adfluvial brook trout, know as coaster brook trout, occupied the near shore areas (including Isle Royale) of Lake Superior and in some areas of northern lakes Michigan and Huron. Brook trout were distributed widely in interior streams in Ontario, and from Minnesota to Michigan's Upper Peninsula streams in all three of the Upper Great Lakes watersheds. There are only a few anecdotal reports of brook trout south of Michigan's Upper Peninsula. These reports were from a few isolated drainages in Michigan's Lower Peninsula (Hubbs and Lagler 1958; Westerman 1974; Rozich 1998). Most Lake Superior tributaries probably supported spawning populations of coaster brook trout prior to 1900. It is also likely that there were coaster brook trout in Lake Huron's Georgian Bay tributaries, waters of Michigan's Upper Peninsula, and perhaps in the northern Lower Peninsula, although much of this information is anecdotal. Coaster and/or inland brook trout populations were documented to inhabit the Boardman River and perhaps Grand Traverse Bay (Rozich 1998), and were likely in Upper Peninsula tributaries to Lake Michigan. By the 1880s, the range of brook trout had expanded to include the northern part of Michigan's Lower Peninsula. Most likely, expansion of the brook trout range was from a combination of native populations filling the niche left by the decline of Michigan grayling, migration across from the Upper Peninsula, and from undocumented stockings (Westerman 1974; Rozich 1998). The first documented stockings of brook trout in the Lower Peninsula were in the 1870s, and stocking increased steadily into the early 1900s (Cooper 1974; Westerman 1974). Similar range

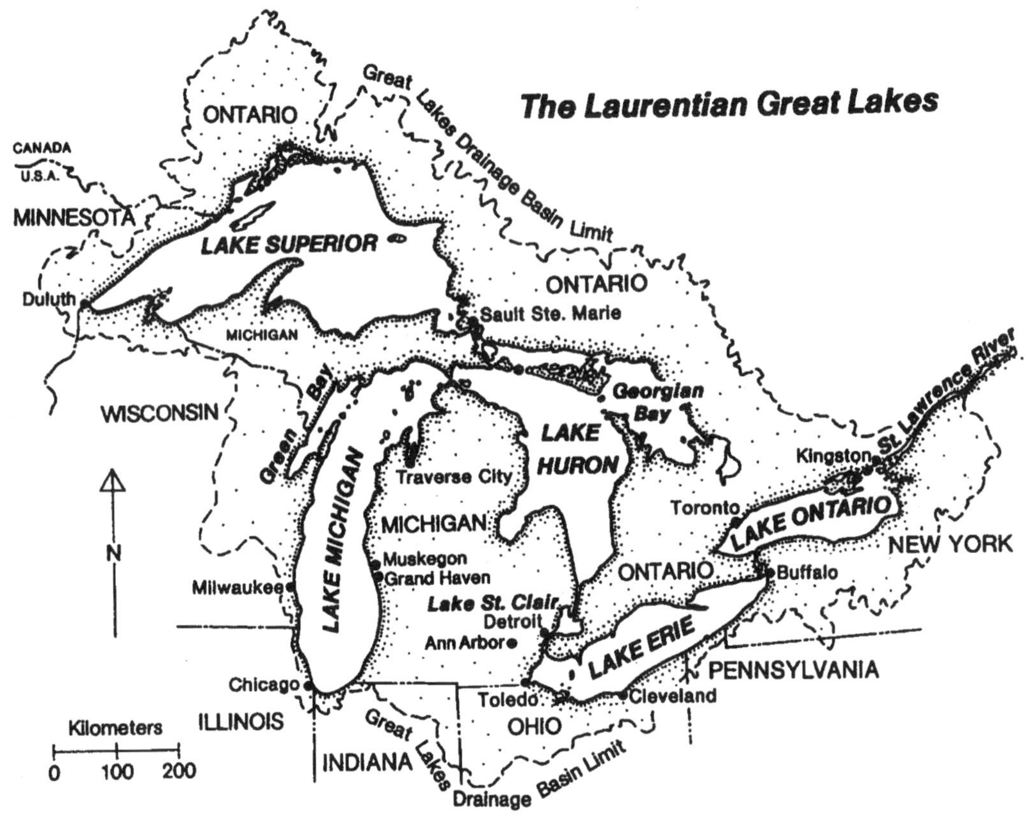

Figure 1. Map of the North American Great Lakes from Beeton et al. (1999).

extensions were also seen at this time in the Wisconsin watersheds of Lake Michigan.

The other native trout in the upper Great Lakes was the now extinct, Michigan grayling *Thymallus arcticus*. This species was the dominant stream-resident salmonid in many Michigan streams of the Upper and Lower Peninsulas, with anecdotal information indicating that the Lower Peninsula had larger populations. The last recorded observation of this species in the Lower Peninsula was 1905 and in the Upper Peninsula was 1935 (Westerman 1974).

There were no other trout or salmon native to the upper Great Lakes. Brown trout, rainbow trout and steelhead (anadromous rainbow trout), coho salmon, Chinook salmon, and Atlantic salmon are all found currently in the upper Great Lakes basin; however, none are native to the upper Great Lakes region. Atlantic salmon were native only to Lake Ontario, not the upper Great Lakes or Lake Erie.

The Decline

The European settlement of the upper Great Lakes caused profound ecosystem changes including the

Table 2. Physical characteristics of the upper Great Lakes from Beeton et al. (1999).

	Watershed area (km^2)	Surface area (km^2)	Mean depth (m)	Maximum depth (m)	Volume (km^3)	Length (km)	Width (km)	Shoreline (km)
Lake Superior	127,000	82,100	149	405	12,233	563	257	4,795
Lake Michigan	118,000	57,800	85	281	4,913	494	190	2,633
Lake Huron	131,300	59,600	59	229	3,516	332	295	6,157
Totals	376,300	199,500			20,662			13,585

nearly complete loss of the native fish community in Lakes Michigan and Huron and great reductions in parts of the native fish community in Lake Superior as documented by Smith (1968), Wells and McLain (1972), and Keller et al. (1990). The root causes of the loss of the native fish community included interactions with invading sea lamprey *Petromyzon marinus*, alewives, rainbow smelt, and other nuisance nonindigenous species; habitat losses including the construction of dams and other barriers to migration; water pollution;, and inadequately regulated commercial fishing (Berst and Spangler 1972; Lawrie and Rahrer 1972; Wells and McLain 1972; Eshenroder et al. 1992; Brown et al. 1999; Dempsey 2001).

The demise of native upper Great Lakes fish communities started as early as 1830, after commercial fishing began in earnest on nearshore fish populations. By 1870, most of the easily exploited commercially stocks (lake whitefish, cisco *Coregonus artedi*, and lake trout) were reduced to commercially nonviable sizes in many areas of the upper Great Lakes, particularly in the easily accessible inshore fishing grounds. Concern over the declines of commercial stocks led to the establishment of fisheries agencies, including the Michigan Fish Commission in 1873, to rebuild these fisheries. Initially, these agencies focused on fish culture. They were successful in rearing large numbers of lake whitefish fry and other "desirable" food species. The decision of the early fish commissions to focus on fish culture instead of habitat protection, resource damage mitigation, or harvest regulation was forced on them because of the complete lack of political will to deal with the root causes for the collapse of the fisheries (Bogue 2000; Dempsey 2001).

Upper Great Lakes fish populations continued to decline as fishing effort and habitat degradation increased. An indicator of the very large fishing effort during the early 20th century in the upper Great Lakes is the annual large-mesh gill-net fishery for Michigan and Wisconsin. This effort targeted lake whitefish, lake trout, lake herring, and bloater chubs in Lake Michigan and averaged 83,210.4 km of net per year during the period 1936–1946 (Coble et al. 1990).

By the 1920s, rapid declines were noted in many of the commercially harvested native fish in the upper Great Lakes. By this time, lake sturgeon *Acipenser fulvescens* was reduced to remnant populations. Both lake whitefish and lake herring populations started to crash in the 1920s over much of the upper Great Lakes, leaving these fisheries dependent on bloater chubs, lake trout, yellow perch *Perca flavescens*, and walleyes by the 1950s (Hansen 1999). Lake trout populations sustained high harvest levels until sharp declines were seen in Lake Huron in 1935, Lake Michigan in 1943, and Lake Superior in 1950 (Hansen 1999). Lake trout became virtually extinct in Lake Huron (Berst and Spangler 1972) and Lake Michigan (Eschmeyer 1957), and commercial lake trout harvest from Lake Superior declined from 2.61 million kg in 1900 to 226 kg by 1960 (Baldwin et al. 1979). Overall, total commercial harvests from 1930 to 1960 from Lake Michigan and Lake Huron declined continuously from 27 million kg to 15.3 million kg (Baldwin et al. 1979).

During the period of 1850–1910, while fish populations were heavily exploited by increasing efficient commercial fishing, upper Great Lakes fish habitat was degraded by landscape-scale logging operations (Dempsey 2001). Logging operations at that time used rivers and streams as log conveyance systems because road and rail systems were not available in most of the region until the early 1900s. These logging activities caused massive stream bank damage and required massive de-snagging operations in rivers. Subsequent wildfires from leftover timber slash, as well as attempts at farming in the cutover areas, denuded large amounts of topsoil and even subsoil from the formerly timbered lands. Sawmill operations were concentrated at river mouths and fouled nearshore Great Lakes waters with sawdust and other organic material resulting in zones of deoxygenated waters that acted as chemical barriers to fish passage up tributaries (Gates et al. 1983). The effects were still evident nearly 100 years later in many areas of the upper Great Lakes (Hansen 1971; United States Forest Service 1986).

Other industrial activities such as fish processing, petroleum production, mining, and auto industries, as well as municipal sewer systems that dumped wastes directly into water bodies, made these waters uninhabitable and impassible to fish. Entire watersheds were unavailable to adfluvial fish populations until water quality improvements were made in the 1960s and 1970s (Dempsey 2001).

Large-scale mechanical energy and hydroelectric dam construction started in the late 1880s and degraded nearly every large watershed in the upper Great Lakes. The construction of these hydroelectric dams eliminated access to most of upriver spawning and nursery habitat and impounded important mainstem spawning habitats, including nearly every major rapids. These high gradient habitats are important spawning areas for many Great Lakes fishes, but are relatively rare in much of the upper Great Lakes landscape within the United States where topography with low relief is dominant. Construction of the majority of Michigan's hydroelectric dams occurred between 1900 and 1935, with the average date being 1914. The last hydroelectric dam was constructed in the Lower Peninsula in 1948. Dam construction continued in the Upper Peninsula until 1953. By 1935, nearly all of Michigan's rivers, including headwater, small, medium, and large streams and rivers, were affected by dam construction. This time frame is similar to that seen in other jurisdictions in the upper Great Lakes. These dams either lacked fish passageways or had poorly designed fishways, thereby preventing the movement of adfluvial fish into the tributary streams. Road construction that used extensive numbers of improperly placed culverts fragmented the remaining smaller tributary networks.

Most hydroelectric dams in the region were designed as peaking facilities, which release high flows in the daytime during peak power demand and low flows at night. Studies by Bain and Finn (1988), Cushman (1985), Nelson (1986), Gislason (1985), and Auer (1996) all documented substantial negative effects from this operating mode, including reductions in river productivity and recruitment failure by stream fishes and adfluvial fishes. Until recently, the operating mode of these dams affected more than 500 km of upper Great Lakes tributary habitat in Michigan alone (Michigan Department of Natural Resources, unpublished data) and caused similar effects throughout the upper Great Lakes region.

Finally, the arrival of exotic species, particularly planktivores such as alewives completed the collapse of the native piscivore community in the Lake Michigan and Lake Huron and, to a lesser extent, in Lake Superior. A total of 161 nonnative aquatic species have been recorded in the Great Lakes (Ricciardi 2001). These include stocked species such as rainbow smelt, introduced in 1912 in Crystal Lake, Michigan (Van Oosten 1937) and invasive species such as alewives and sea lampreys that colonized the upper Great Lakes through the reconstructed Welland Canal at Niagara in Ontario (Eschenroder and Burnham-Curtis 1992). Sea lampreys were first recorded in the Lake Huron in 1937, Lake Michigan in 1936, and Lake Superior in 1938 (Hubbs and Pope 1937; Smith and Tibbles 1980). By 1955, sea lamprey predation on the larger piscivores had caused rapid increases in natural mortality rates. In combination with high fishing rates and habitat losses, predation by lampreys extirpated, or reduced to remnants, populations of lake trout, burbot *Lota lota*, and lake whitefish in Lakes Huron and Michigan. The pattern in Lake Superior was similar, but not as severe.

The lack of piscivores, along with increased primary and secondary productivity, caused by large nutrient inputs from rapidly industrializing communities, allowed alewives and smelt populations to expand until they comprised more than of 80% of fish biomass in Lakes Michigan and Huron (Smith 1968). In Lake Superior, smelt populations became dominant in shallow water areas. Both alewives and smelt have been implicated in the reduction of many species with pelagic larvae (Smith 1968, 1970), in particular, native pelagic coregonids such as lake herring and the deepwater cisco complex (O'Gorman and Stewart 1999). In addition to direct predation on pelagic larvae, high densities of alewives have been linked directly to zooplankton community changes, with shifts from larger-sized species to smaller-sized species. The zooplankton community shift likely was manifested in food web energy pathway changes in Lakes Michigan and Huron (Smith 1970; O'Gorman and Stewart 1999). With few predators to control their numbers, alewives died of other causes, and their remains fouled beaches along with municipal and industrial water intakes (Greenwood 1970; Keller et al. 1990).

Another possible effect from the change in composition of prey species is a dietary feedback loop from alewives to trout and salmon. Recently, recruitment failures of Great Lakes trout and salmon due to early mortality syndrome (EMS) have been linked to thiamine deficient diets that are dominated by alewives (Fitzsimons 1995; Honeyfield et al. 1998). The role of EMS in historical piscivore population declines is not known.

Setting the Stage for the Return of the Salmonid Piscivores

In the mid-1950s, extensive ecosystem level rehabilitation efforts were initiated and facilitated by the establishment of the Great Lakes Fishery Commission (GLFC) in 1954. One of the purposes of the GLFC was to develop and implement methods to control sea lampreys in the Great Lakes. In 1958, chemical control was initiated in Lake Superior tributaries using a larval lampricide, 3-triflouromethyl-4-nitrophenol (TFM) (Applegate et al. 1961). TFM treatments commenced in Lakes Michigan and Huron in the early 1960s. These treatments reduced spawning sea lamprey populations by 92% in sampled streams (Smith and Tibbles 1980). By the late 1960s, the effectiveness of sea lamprey controls was evident, leading agencies to consider the option of stocking propagated piscivores as a means of restoring predator–prey balance in the ecosystem.

Water quality conditions in the upper Great Lakes also reached their nadir in the early 1960s. Large areas of the connecting waters, tributary streams, and river mouth lakes were not capable of supporting fish at that time. A variety of persistent toxins were accumulating in the upper Great Lakes. Widespread pollution control measures were funded and implemented following the passage of the amended Federal Water Pollution Control Act in 1966. These measures became widespread with the passage of the Clean Water Act in 1972 (Dempsey 2001). These two pieces of legislation provided the funds and legal structure to reverse habitat losses due to water pollution and ushered in an era of fisheries restoration.

A complete change in fisheries policy occurred during the period from 1964 to 1966. This shift was led by the Michigan Department of Natural Resources, which made recreational fishery management its primary goal in the Great Lakes and moved commercial fishing to a secondary role (Tody and Tanner 1966; Keller et al. 1990). The new philosophy provided the foundation for management strategies that utilized the abundant low value prey fish community as forage to produce high value sportfish, instead of developing an industrial fishery for the overabundant alewives. The new policy shifted the goal of Great Lakes fishery management to one of maximum public good and also required intensive regulation of the commercial fishery. New commercial fishing regulations included: prohibition of harvest on major sport species; designation of commercial fishing areas; restriction of gear to entrapment nets so as to reduce bycatch mortality; reduction in the total amount of gear allowed; and creation of a limited entry commercial fishery (Rybicki and Schneeberger 1990).

Another part of the rehabilitation puzzle was the development and improvement of fishway designs to allow fish passage around barriers in tributary streams. The development of effective vertical slot, Denil, poolweir, and Alaskan steeppass fishways opened up additional fish habitat and management options. For example, the installation of effective fishways on the St. Joseph and Grand River systems in southern Michigan greatly increased fishing opportunities and opened up new spawning habitat for adfluvial trout and salmon. While upstream passage has become possible in most cases, safe downstream passage through hydropower powerhouses and dams remains unproven at this time and is a continued source of mortality for downstream migrants.

The final piece of the rehabilitation puzzle was the recognition and mitigation of the effects of peaking hydropower facilities on upper Great Lake tributary streams. Many of these tributary streams, particularly in Michigan, are among the most stable streams in world with very large amounts of groundwater inputs (Poff and Ward 1989; Richards 1990; Michigan Department of Natural Resources Fisheries Division, unpublished data), a key need for trout and salmon reproduction. During the 1990s, relicensing of hydropower facilities on many river systems in the U.S. waters of the upper Great Lakes led to a change from peaking to "run-of-the-river" operations. Discharges below many of these hydropower dams are now required to mimic the river's natural daily hydrograph. Although this change improved flow conditions, temperature regimes have not necessarily improved for adfluvial fish recruitment in currently accessible river reaches (Woldt and Rutherford 2002).

Propagated Fish as a Keystone of Upper Great Lakes Management

Progress with habitat restoration, fisheries policy changes, and the sea lamprey control paved the way for recovery efforts for the rehabilitation of fish communities in the upper Great Lakes. These changes also allowed the biomanipulation of alewives and rainbow smelt using propagated predator fishes.

Reintroduction of Propagated Pacific Salmon

Several species of Pacific salmon have been stocked into the upper Great Lakes since the late 1800s. This includes nearly annual stockings of Chinook salmon during the period from 1873 to 1890. Nearly all of these attempts failed to establish naturalized population, except for small localized rainbow trout populations.

Both coho salmon and Chinook salmon were reconsidered as ecosystem balance tools in the mid-1960s. Tody and Tanner (1966) concluded that there was a high probability that Pacific salmon could be introduced successfully in the Great Lakes after reviewing the biology and management of North Pacific salmon. They argued that salmon were less expensive to culture than lake trout and steelhead, and would complement existing stocking programs and contribute to control of the overabundant alewives and smelt, while producing an economically important recreational fishery. They further reasoned that adfluvial species, whose young are sheltered in tributary streams, would reproduce more successfully than lake-spawning species such as lake trout, which are exposed as eggs and fry to predation and competition from overabundant alewives.

The Basinwide Manipulation of the Upper Great Lakes

The large-scale stocking of trout and salmon was initiated in 1950 in Lake Superior, 1964 in Lake Huron, and 1960 in Lake Michigan, and increased rapidly in the late 1960s in all of these lakes (Figures 2–6). From 1950 to 2000, a total of 895,865,567 trout and salmon weighing 22,938,911 kg were stocked in the upper Great Lakes (Tables 3 and 4). Mean annual trout and salmon stockings from 1950 to 2000 in the upper lakes ranged from 3,889,420 in Lake Superior to 11,131,336 in Lake Michigan (Table 3). Mean biomass planted during 1950–2000, ranged from 88,873 kg in Lake Superior to 338,528 kg in Lake Michigan (Table 4). These estimates are conservative as the database likely does not include every stocking conducted during the period.

Total stocking cost from 1950 to 2000 for the upper Great Lakes is estimated to be $328,255,820 in 2002 U.S. dollars (Table 5). Total investment ranged from $62,317,059 for Lake Superior to $198,617,835 for Lake Michigan (Table 5). These are conservative estimates that do not include capital costs for hatcheries, some egg collection costs, and cost of purchasing fish transportation vehicles. The estimated capital cost for the Michigan Department of Natural Resources' six hatcheries and four egg take stations is $70 million (2002 U.S. dollars). The capital costs of the federal hatchery system engaged in culture of lake trout for the U.S. waters of the upper Great Lakes, as well as hatcheries in Ontario and the U.S. states adjoining the upper Great Lakes, are not known.

Lake Superior Stockings

During the period from 1950 to 2000, mean annual stocking densities in Lake Superior have been 47.4 fish/km^2 (Table 3). Approximately 90% of the stockings by number were composed of lake trout (62%), rainbow trout (14%), and Chinook salmon (14%) (Figure 2).

Mean annual biomass stocked into Lake Superior was estimated at 1.1 kg/km^2 (Table 4). Most of the stocked biomass and rearing cost has been for lake trout (59%) and rainbow trout (21%), with the majority of these fish stocked as yearlings (Figure 3).

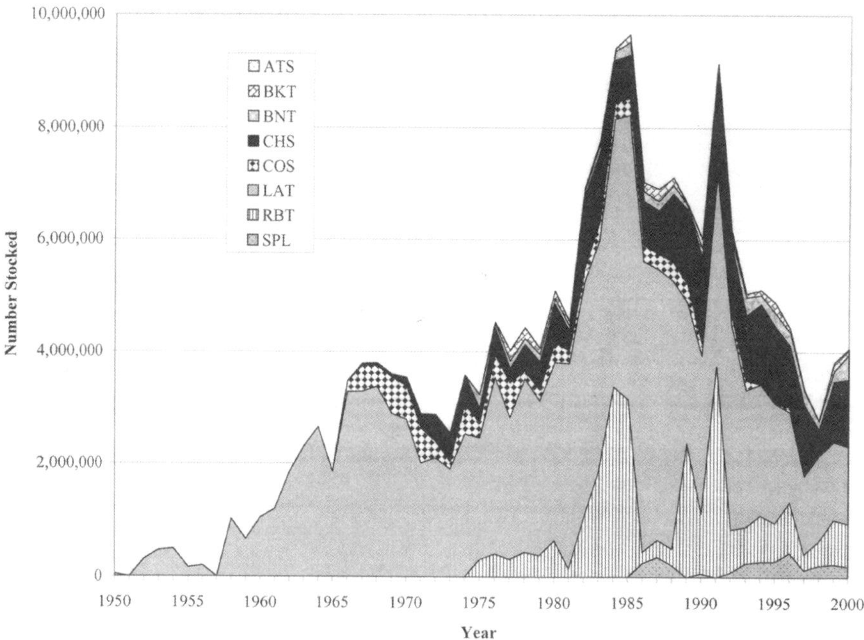

Figure 2. Trout and salmon stocking by number in Lake Superior from 1950 to 2000. Data from Great Lakes Fishery Commission – Great Lakes Fish Stocking Database (2003). Legend abbreviations are as follows: ATS – Atlantic salmon, BKT – brook trout, BNT – brown trout, CHS – Chinook salmon, COS – coho salmon, LAT – lake trout, RBT – rainbow trout, and SPL – splake.

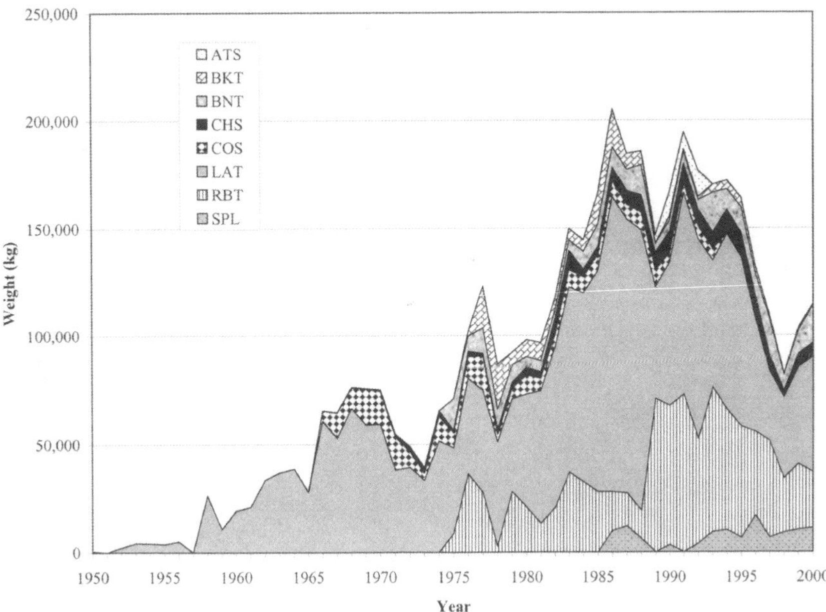

Figure 3. Trout and salmon stocking by weight in Lake Superior from 1950 to 2000. Data from Great Lakes Fishery Commission – Great Lakes Fish Stocking Database (2003). Legend abbreviations are as follows: ATS – Atlantic salmon, BKT – brook trout, BNT – brown trout, CHS – Chinook salmon, COS – coho salmon, LAT – lake trout, RBT – rainbow trout, and SPL – splake.

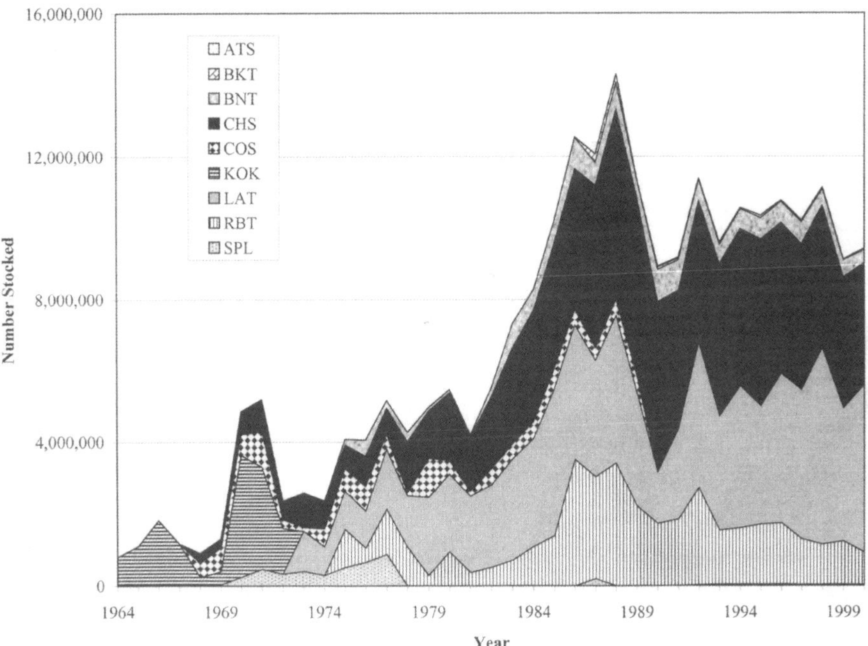

Figure 4. Trout and salmon stocking by number in Lake Huron from 1964 to 2000. Data from Great Lakes Fishery Commission – Great Lakes Fish Stocking Database (2003). Legend abbreviations are as follows: ATS – Atlantic salmon, BKT – brook trout, BNT – brown trout, CHS – Chinook salmon, COS – coho salmon, KOK – Kokanee salmon, LAT – lake trout, RBT – rainbow trout, and SPL – splake.

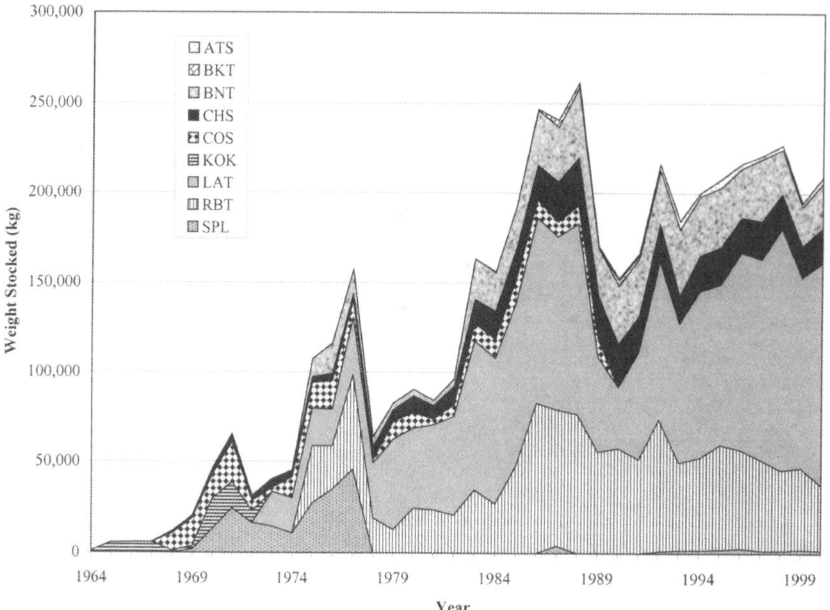

Figure 5. Trout and salmon stocking by weight in Lake Huron from 1964 to 2000. Data from Great Lakes Fishery Commission – Great Lakes Fish Stocking Database (2003). Legend abbreviations are as follows: ATS – Atlantic salmon, BKT – brook trout, BNT – brown trout, CHS – chinook salmon, COS – coho salmon, KOK – Kokanee salmon, LAT – lake trout, RBT – rainbow trout, and SPL – splake.

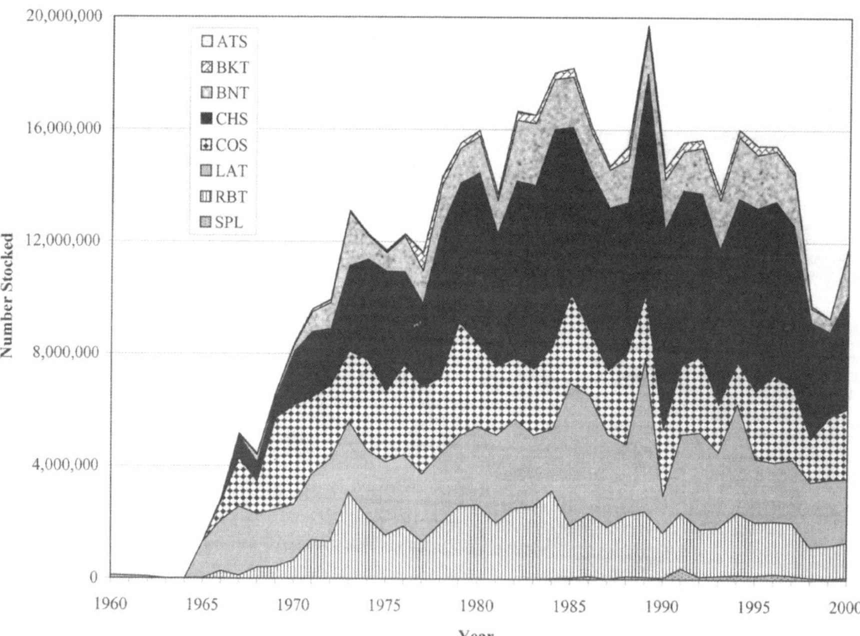

Figure 6. Trout and salmon stocking by number in Lake Michigan from 1960 to 2000. Data from Great Lakes Fishery Commission – Great Lakes Fish Stocking Database (2003). Legend abbreviations are as follows: ATS – Atlantic salmon, BKT – brook trout, BNT – brown trout, CHS – Chinook salmon, COS – coho salmon, LAT – lake trout, RBT – rainbow trout, and SPL – splake. Tiger trout values were excluded from the figure because of the small number stocked.

Table 3. Salmonid stocking rates by number for the upper Great Lakes from Great Lakes Fishery Commission – Great Lakes Fish Stocking Database. Data is for the period from 1950 to 2000 for Lake Superior, 1964–2000 for Lake Huron, and 1960–2000 for Lake Michigan.

Lake	Total stocked	Mean annual	Annual density (#/km^2)	Minimum annual	Maximum annual
Lake Superior	190,581,591	3,889,420	47.4	49,888	9,661,486
Lake Michigan	456,384,787	11,131,336	194.9	9,200	19,716,748
Lake Huron	248,899,189	6,727,005	112.9	805,000	14,315,948
Total	895,865,567				

Table 4. Estimated salmonid stocking rates by weight for the upper Great Lakes from Great Lakes Fishery Commission – Great Lakes Fish Stocking Database. Data is for the period from 1950 to 2000 for Lake Superior, 1964–2000 for Lake Huron, and 1960–2000 for Lake Michigan.

Lake	Total estimated biomass (kg)	Mean annual biomass (kg)	Density (kg/km^2)	Minimum annual (kg)	Maximum annual (kg)
Lake Superior	4,354,791.0	88,873.3	1.1	573.7	205,103.3
Lake Michigan	13,879,653.1	338,528.1	5.9	478.4	537,013.7
Lake Huron	4,704,467.1	127,147.8	2.1	1,094.8	261,406.6
Total	22,938,911.2				

Table 5. Estimated salmonid stocking cost for the upper Great Lakes from Great Lakes Fishery Commission – Great Lakes Fish Stocking Database. Data is for the period from 1950 to 2000 for Lake Superior, 1964–2000 for Lake Huron, and 1960–2000 for Lake Michigan. All costs are in 2002 U.S. dollars.

Lake	Total cost	Mean annual cost	Minimum annual cost	Maximum annual cost
Lake Superior	$62,317,059.65	$1,271,776.73	$8,209.82	$2,935,028.41
Lake Michigan	$198,617,835.41	$4,844,337.45	$6,845.90	$7,684,666.34
Lake Huron	$67,320,924.59	$1,819,484.45	$15,666.59	$3,740,727.85

Overall, stockings have declined from the peak stocking rates of nearly 10,000,000 fish weighing more than 300,000 kg annually in the mid-1980s to approximately 4,000,000 fish weighing approximately 100,000 kg in 2000 (Figures 2 and 3). This change is the result of large reductions in the number of lake trout stocked as self-sustaining inshore lean strains of lake trout have been established, reductions in rainbow trout plants following poor returns of stocked fish (<5%), and the elimination of coho salmon stockings in 1996 after self-sustaining populations were established (Peck 1992).

Lake Superior was the lake least effected by the invasions of exotic species and industrialization of the upper Great Lakes. Some of the native predators in offshore waters survived, mainly siscowet and humper strains of lake trout, along with some of the native coregonid community. The stocking focus was on rehabilitating inshore populations of lean lake trout, thus the predominance of lake trout stockings and a management strategy requiring lower stocking densities in this lake. Another difference between Lake Superior and the other lakes is the focus on rehabilitating coaster brook trout populations. When appropriate donor stocks are found, coaster brook trout stockings will increase.

Lake Michigan Stockings

During the period from 1960 to 2000, mean annual stocking densities in Lake Michigan have been 194.9 fish/km^2 (Table 3). Approximately 97% of the stockings by number were salmonids, specifically Chinook salmon (35%), lake trout (21%), coho salmon (19%), rainbow trout (13%), and brown trout (10%), as shown in Figure 6.

Mean annual biomass stocked into Lake Michigan was estimated at 5.9 kg/km^2 (Table 4). Most of the stocked biomass and rearing costs have been for coho salmon (39%), rainbow trout (18%), brown trout (17%), and lake trout (15%), with most of these fish stocked as yearlings (Figure 7).

Overall, stockings have declined from the peak stocking rates of nearly 20,000,000 fish weighing more than 350,000 kg annually in the mid to late 1980s, to approximately 12,000,000 fish weighing approximately 260,000 kg in 2000 (Figures 6 and 7). This change can be attributed to concerns about the effects of large predator standing stocks on available prey populations. In the mid to late 1980s, Chinook and coho salmon fisheries collapsed. This was attributed to overstocking of predators, coupled with poor recruitment of prey species, which led to poor body conditions in coho salmon and Chinook salmon. Poor condition, in turn, likely contributed to an epizootic event of bacterial kidney disease (Keller et al. 1990). The lakewide collapse of these important fisheries stimulated the development forage base and predator bioenergetics modeling that were designed to ensure that predator stocking rates were in balance with available prey numbers. Numbers of most trout and salmon species planted were reduced in the late 1980s in response to concerns about forage fish availability. In the late 1990s, fisheries management agencies reduced Chinook salmon plantings greatly in Lake Michigan to prevent forage fish population collapse after signs similar to those seen in the mid-1980s became evident in the forage fish population size and predator condition.

Another key difference between Lake Michigan and the other upper Great Lakes is the larger number of high quality potential spawning streams for adfluvial fish. Conservative estimates for natural reproduction of Chinook salmon and rainbow trout (steelhead) indicate that approximately 30% of the populations of these two species are produced naturally (Michigan Department of Natural Resources, unpublished data). As improved estimates of natural recruitment for adfluvial trout and salmon become available, stocking rates for some species may be reduced further.

Lake Michigan was the upper Great Lake most affected by industrialization and exotic species invasions. Few native predators remained in the lake, so large-scale and high density stockings of salmon and trout were required to balance the very large alewife

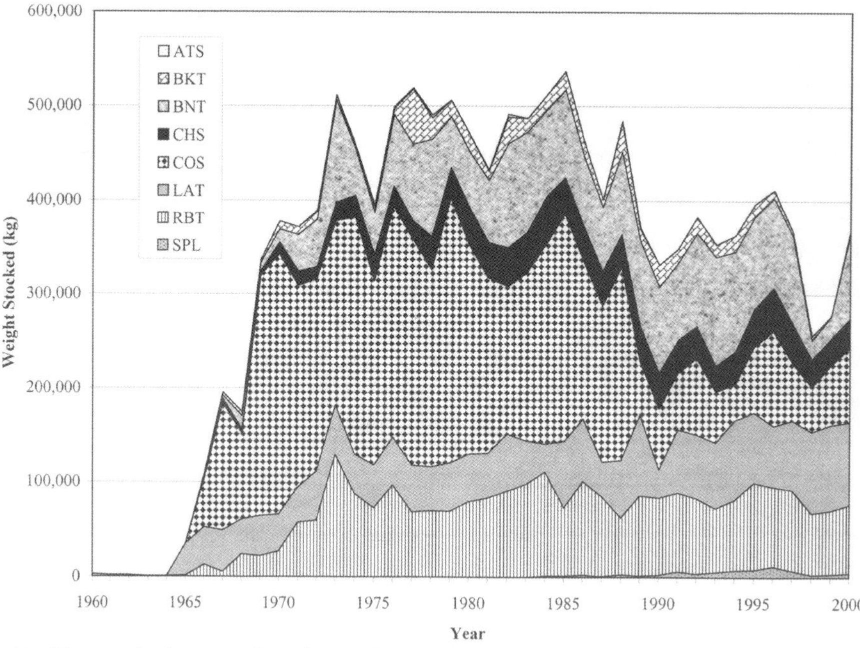

Figure 7. Trout and salmon stocking by weight in Lake Michigan from 1960 to 2000. Data from Great Lakes Fishery Commission – Great Lakes Fish Stocking Database (2003). Legend abbreviations are as follows: ATS – Atlantic salmon, BKT – brook trout, BNT – brown trout, CHS – Chinook salmon, COS – coho salmon, LAT – lake trout, RBT – rainbow trout, and SPL – splake. Tiger trout values were excluded from the figure because of the small amount of weight stocked.

populations. Stocking efforts focused on Chinook salmon and coho salmon. Unlike Lake Superior, lake trout rehabilitation efforts in Lake Michigan have not been successful in developing self-sustaining populations and stockings have been targeted at in-lake refuge areas and historic spawning reefs in offshore waters.

Lake Huron Stockings

During the period from 1960 to 2000, mean annual stocking densities in Lake Huron have been 112.9 fish/km^2 (Table 3). Approximately 82% of the stockings, by number, were salmonids, specifically Chinook salmon (35%), lake trout (32%), and rainbow trout (15%), as shown in Figure 4.

Mean annual biomass stocked into Lake Huron was estimated at 2.1 kg/km^2 (Table 4). Most of the stocked biomass and rearing cost has been for lake trout (42%), rainbow trout (25%), and brown trout (12%), with most of these fish stocked as yearlings (Figure 5).

Overall, stockings have declined from the peak stocking rates of nearly 14,000,000 fish weighing more than 225,000 kg annually in the mid to late 1980s to approximately 9,000,000 fish weighing approximately 110,000 kg in 2000 (Figures 4 and 5). This change can also be attributed to concerns over the effects of large predator stocks on available prey populations, as discussed for Lake Michigan. The response of the fisheries management agencies was similar to that for Lake Michigan except for lake trout, whose stockings have increased in the 1990s.

Lake Huron was intermediate between Lake Superior and Lake Michigan with respect to its response to industrialization and exotic species invasions. Only a few localized native predator populations remained in the lake, so large-scale and high-density stockings of salmon and trout were required to balance the very large alewife populations. Initial stocking efforts focused on kokanee *O. nerka*, Chinook salmon, and coho salmon. Unlike the other lakes, coho salmon stockings were terminated in 1989 because of poor return rates (<1%). Similarly, kokanee stockings were discontinued in 1972 after returns indicated that only 1,100–9,000 adults were produced annually from stockings of this species (Collins 1971; Kocik and Jones 1999). Greater numbers of lake trout have been stocked in Lake Huron in the 1990s because lake trout rehabilitation efforts have shown some success in developing self-sustaining populations. Lake trout stockings have been targeted at in-lake refuge areas and historic spawning reefs in offshore waters.

Systemwide Results of the Return of Piscivores to the Upper Great Lakes

Ecological Results—*Predator–Prey Balance*

The first goal of Great Lakes fisheries managers was to re-establish a balance between predator and prey populations in the upper Great Lakes, with a long term goal of controlling exotic alewives and rainbow smelt and re-establishing the native coregonid community. This section reports on evaluations of the large-scale use of propagated fish in the upper Great Lakes and whether or not this management practice was successful in changing the energy flow in these lakes. The response of native coregonids to the change in alewife and rainbow smelt populations also will be described.

Predation by the introduced Pacific salmonids, other nonnative salmonids, and reintroduced lake trout and brook trout have reduced prey fish abundance to the extent that nuisance alewife mortalities have become relatively rare and a semblance of ecosystem balance has been restored in Lakes Michigan and Huron (Eck and Wells 1987; Kocik and Jones 1999). Standing stocks of alewives in Lake Michigan have declined from approximately 125,000 metric tons (mt) in 1973 to 35,000 mt in 1994, while standing stocks of native bloater chubs have increased from approximately 20,000 mt to 200,000 mt (RVCAT database, U.S. Geological Survey – Biological Resources Division in Brown et al. 1999). The prey base biomass of Lake Michigan has been reset from being greater than 90% alewives to a forage base of 81% native bloater chubs, 13.6% smelt, and 5.2% alewives (Hydroacoustic database, U.S. Geological Survey – Biological Resources Division in Brown et al. 1999). Similar trends have been noted for Lake Huron (Brown et al. 1999). Predation rates on alewives, principally from stocked salmon and trout, now approach upper sustainable limits, as estimated from predator–prey models (Koonce and Jones 1994). There is evidence that sustainable levels have been exceeded at times in Lake Michigan (Stewart and Ibarra 1991; Kocik and Jones 1999) and Lake Huron (Dobiez and Bence, in press). In fact, stocking rates of Chinook salmon were reduced in Lake Huron and Lake Michigan in 1999, due in part to increased natural reproduction of the salmon. It is clear that the massive biomanipulation of Lake Michigan and Lake Huron using propagated fish has successfully changed the energy flow of these lakes, and stockpiles of previously unused prey are now channeled into trout and salmon piscivores.

The reductions in alewives and smelt numbers, along with more effective control of sea lamprey predation and fishing-induced mortality, have allowed some of the native coregonids to recover. Bloater chubs, round whitefish *Prosopium cylindraceum*, and lake whitefish have all increased significantly in the upper Great Lakes (Brown et al. 1999). These are all highly valued commercial species. Lake herring have started to recover in Lake Superior and are becoming a major prey item for lake trout in the lake. As a result of the coregonid population recovery, dockside values of the entire Great Lakes commercial catch increased from $5 million dollars in 1970 to approximately $55 million in 1990 (Brown et al. 1999).

Reproductive Results for Great Lakes Trout and Salmon

The second key goal of Great Lakes fish managers was to develop self-sustaining populations of trout and salmon in the upper Great Lakes, with a long-term goal to re-establish native brook trout and lake trout populations. The relative success of large scale use of propagated fish for developing self-sustaining populations will be examined in this section.

Tody and Tanner (1966) hypothesized that there would be more reproduction from Pacific salmon than lake trout in Lakes Huron and Michigan because early life stages of adfluvial species would take place in tributaries distant from depredations of the alewife. Indeed, documentation of successful spawning followed closely after introductions of coho salmon, Chinook salmon, and pink salmon *Oncorhynchus gorbuscha*. Steelhead trout continued to reproduce at low levels during the mid-20th century, while lake trout and other lake-spawning native species declined or disappeared. Steelhead trout were used as an example by Tody and Tanner (1966) to predict how adfluvial fish reproduction could survive in the face of high alewife mortality. Estimates of localized reproduction have been made for several species (Stauffer 1977; Carl 1982; Seelbach and Whelan 1988; Peck 1992, 1994; Hesse 1994). However, the magnitude of reproduction and the relative contributions of wild and propagated trout and salmon on a lakewide or basinwide scale are still not known completely (Kocik and Jones 1999).

Measurable reproduction of coho salmon was documented in the first 10 years after their introduction (Peck 1970; Patriarche 1980; Carl 1982). These observations validated the hypothesis of Tody and Tanner (1966) for Lakes Huron and Michigan, where alewives were abundant historically. At this time, natural reproduction accounts for an estimated 94% of the coho salmon sport catch in the Marquette Harbor area of Lake Superior (Peck 1992). In 1996, natural reproduction in Lake Superior allowed the termination of coho salmon stocking. Estimates of smolt production in suitable habitats vary from 253/ha in one Lake Michigan tributary (Seelbach 1986) to 572/ha in a Lake Superior tributary (Seelbach and Miller 1993). Wild juvenile coho salmon were found in numerous Lake Michigan coldwater tributaries sampled by Carl (1982) from 1976 to 1979. Coho salmon are no longer stocked in Lake Huron because of low survival of the stocked fish. Self-sustaining populations remain in the Black River, Alcona County, Michigan (Michigan Department of Natural Resources, unpublished data) and Bluejay Creek on Manitoulin Island, Ontario (Ontario Ministry of Natural Resources, unpublished data); it is likely that others occur in Michigan and Ontario. However, it is important to note that insufficient numbers of wild coho salmon are currently produced in Lake Michigan to maintain a fishery at the current levels and that fishable stocks have not established themselves in Lake Huron.

The life histories of Chinook salmon and pink salmon lend themselves to success in establishing self-sustaining populations in the upper Great Lakes. Pink salmon were released accidentally into Lake Superior in 1956 when 22,000 fry were disposed down a sewer into the Current River by Ontario Ministry of Natural Resources (Schumacher and Eddy 1960; Nunan 1967). Both of Chinook salmon and pink salmon complete their outmigrations by June of their first year. Coho salmon, brown trout, brook trout, and steelhead trout require from 1 to 3 years of tributary residence before they migrate to the lakes. Chinook salmon and pink salmon leave nursery streams before the heat of summer, so some streams that might be thermally marginal for longer-term resident trout and salmon can serve as suitable reproduction habitat for these species. Short stream residence time also means that carrying capacity for pink salmon and Chinook salmon smolts is limited more by the amount and quality of spawning substrate than by rearing space, summer temperature, or productivity. Pink salmon, in particular, feed only briefly while in nursery streams and exit shortly after exogenous feeding begins, quickly dispersing from stream mouths (Kocik 1988). All Great Lakes pink salmon stocks are entirely self-sustaining with spawning populations throughout Lake Superior and in northern areas of Lakes Huron and Michigan.

Substantial natural reproduction has been documented for Chinook salmon in the upper Great Lakes.

Between 50% and 90% of the Chinook salmon smolts in Lake Superior smolts were found to be produced naturally in sampled tributaries (Peck et al. 1994). Chinook salmon reproduction increased in Lake Michigan during the 1990s, contributing 27% to 66% of total recruitment in the lake, depending on the location in the basin (Carl 1982; Elliott 1994; Hesse 1994; Kocik and Jones 1999). By 2002, natural reproduction was believed to account for 40% of the Chinook salmon in Lake Michigan (T. Rozich, unpublished data). In 1995, most (85%) of Chinook salmon in the main basin of Lake Huron were thought to be of hatchery origin (Michigan Department of Natural Resources, Alpena Fisheries Research Station, unpublished data). By 2002, the percentage of age-1 and age-2 Chinook salmon of hatchery origin had declined to less than 15%, indicating a rapid rise in reproduction in Lake Huron during the last decade (Michigan Department of Natural Resources, Alpena Fisheries Research Station, unpublished data). Most Chinook salmon in Ontario waters of Lake Huron are thought to be of wild origin. In addition to tributary spawning, in-lake reproduction on reef areas by Chinook salmon was documented in Ontario's North Channel/Georgian Bay area by Powell and Miller (1990). In-lake reproduction has not been documented elsewhere. At this time, natural recruitment will not sustain Chinook salmon populations in any of the upper Great Lakes, given current sportfishing demand and the available spawning habitat in tributary streams.

Self-sustaining populations of rainbow trout, probably steelhead, were observed in the early 1900s in a number of upper Great Lakes tributary streams (Westerman 1974; Kocik and Jones 1999), and the numbers of wild-produced steelhead have increased in all lakes since that time. Steelhead spawning runs into Great Lakes tributaries increased following control of sea lampreys (Dahl and McDonald 1980). Rand et al. (1993) estimated wild recruitment to be between 6% and 44% for Lake Michigan. Similar estimates were made by Seelbach and Whelan (1988) and Woldt and Rutherford (2002), who determined that more than 30% of the steelhead in Lake Michigan were wild, with a number of tributary stream runs documented to be 90% to 100% wild in origin. Nearly all of the natural recruitment for Lake Michigan comes from streams in Michigan's northern Lower Peninsula, where they drain deep glacial outwash deposits and are supplied primarily by groundwater. However, many of these streams currently are blocked by dams, so a large amount of the potential spawning habitat is unavailable in these high quality streams. A substantial, but unknown percentage of Lake Superior rainbow trout are wild (Peck 1994), and most streams have established runs of wild fish at some level. The majority of steelhead in Lake Huron's main basin are of hatchery origin, while more than half of those in Ontario's Georgian Bay and North Channel are thought to be produced naturally (Michigan Department of Natural Resources, unpublished data). Although substantial natural reproduction occurs in the upper Great Lakes, it is insufficient at this time to maintain rainbow trout populations under the current sportfishing pressure and the habitat available for spawning and rearing in tributary streams.

Despite introductions of Atlantic salmon to tributaries of lake Superior, Huron, and Michigan, no self-sustaining populations have been documented in the Great Lakes. In part, this can be attributed to the low numbers of Atlantic salmon stocked (Table 6) and the limited amount of spawning habitat available in tributary streams. The St. Mary's River has been stocked with marked Atlantic salmon since 1987, and only a few unmarked fish have captured, except for 2001. This suggests that some reproduction is possible in certain Lake Huron tributaries, possibly the St. Mary's River rapids or Ontario tributaries to the St. Mary's River (Alpena Great Lakes Fisheries Research Station, unpublished data). Atlantic salmon stockings will have to continue to maintain this species because of the lack of natural reproduction.

In spite of widespread planting of brown trout in all of the upper Great Lakes, self-sustaining adfluvial brown trout populations have not been documented in any of the lakes. It is unclear why brown trout have not developed self-sustaining populations, but it is likely attributable to the use of genetic stocks that are not well adapted and to the limited amount of suitable spawning habitat currently available. Brown trout stockings will have to continue to maintain this species because of the lack of natural reproduction.

Coaster brook trout rehabilitation is just beginning and problems identifying appropriate source populations for broodstock have slowed development of viable population, so few results can be reported for this species. A few remnant coaster brook trout populations persist on Isle Royale in Michigan waters of Lake Superior, notably in Washington Harbor, Tobins Harbor, and Big Siskiwit Bay. Washington and Grace creeks on Isle Royale are reported to have spawning runs (The Brook Trout Subcommittee 1996). A number of small coaster brook trout populations persist along the north shore of Lake Superior in Ontario. Only one self-sustaining coaster brook trout popula-

Table 6. Summary of stockings by species for lakes Superior, Michigan, and Huron for the period from 1950 to 2000. Data is from the Great Lakes Fishery Commission – Great Lakes Fish Stocking Database (2003).

	Number stocked							Biomass stocked					
Species	First year	Last year	Total number stocked	Mean annual number	Mean density (no./km²)	Minimum annual stocking	Maximum annual stocking	Total biomass stocked	Mean annual biomass	Mean biomass (kg/km²)	Minimum annual biomass	Maximum annual biomass	Production cost (2002 U.S. dollars)
Lake Superior													
Atlantic salmon	1989	1992	391,777	97,944	1.19	31,251	173,702	35,641.0	8,910.3	0.11	3,885.00	12,212.00	$510,022.71
Brook trout	1976	2000	2,477,171	103,215	1.26	10,000	226,394	150,658.8	6,277.4	0.08	283.40	20,616.75	$2,155,927.16
Brown trout	1975	2000	4,281,904	164,689	2.01	60,450	445,032	242,585.6	9,330.2	0.11	3,754.24	18,316.54	$3,471,400.65
Chinook salmon	1967	2000	26,608,830	782,613	9.53	33,460	1,504,472	168,425.2	4,953.7	0.06	167.30	11,241.37	$2,410,164.57
Coho salmon	1966	1996	9,337,417	321,980	3.92	87,700	656,000	231,941.2	7,998.0	0.10	2,323.00	16,400.00	$3,319,078.16
Lake trout	1950	2000	118,347,689	2,415,259	29.42	49,888	5,170,717	2,513,628.2	51,298.5	0.62	573.71	136,514.36	$35,970,020.07
Rainbow trout	1975	2000	26,158,281	1,006,088	12.25	150,000	3,743,834	896,695.2	34,488.3	0.42	2,754.15	72,811.49	$12,831,708.46
Splake	1986	2000	2,978,522	212,752	2.59	495	434,478	115,215.8	8,229.7	0.10	21.70	16,836.87	$1,648,737.87
Total			190,581,591					4,354,791.0					$62,317,059.65
Lake Michigan													
Atlantic salmon	1972	1989	296,454	26,950	0.47	10,000	60,100	18,840.7	1,712.8	0.03	700.00	3,234.84	$269,609.96
Brook trout	1966	2000	6,520,684	191,785	3.32	33,518	643,352	452,505.0	13,309.0	0.23	2,667.60	7,901.68	$6,475,346.90
Brown trout	1966	2000	43,876,719	1,253,621	21.69	38,000	2,179,749	2,405,060.6	68,716.0	1.19	2,334.00	115,455.24	$34,416,417.78
Chinook salmon	1967	2000	158,347,393	4,657,276	80.58	687,000	7,859,479	1,024,247.0	30,124.9	0.52	4,534.20	50,884.34	$14,656,974.00
Coho salmon	1966	2000	88,472,165	2,527,776	43.73	659,400	4,043,843	5,366,738.4	153,335.4	2.65	37,976.77	281,882.88	$76,798,026.75
Lake trout	1960	2000	96,326,035	2,469,898	42.73	72,936	5,377,244	2,028,635.6	52,016.3	0.90	1,706.81	91,580.00	$29,029,775.01
Rainbow trout	1963	2000	60,564,371	1,593,799	27.57	9,200	3,111,383	2,511,284.9	66,086.4	1.14	478.40	129,448.14	$35,936,486.81
Splake	1984	2000	1,978,086	116,358	2.01	17,747	396,200	72,210.0	4,247.6	0.07	940.59	11,539.84	$1,033,325.31
Tiger trout	1978	1980	2,880	960	0.02	580	1,300	130.9	43.6	0.00	20.28	70.00	$1,872.89
Total			456,384,787					13,879,653.1					$198,617,835.41
Lake Huron													
Atlantic salmon	1989	2000	510,233	42,519	0.71	18,596	70,164	29,216.8	2,434.7	0.0	721.03	4,722.90	$418,092.98
Brook trout	1984	1997	635,711	90,816	1.52	1,500	252,900	12,438.4	1,776.9	0.03	20.70	3,927.65	$177,993.67
Brown trout	1975	2000	12,646,819	486,416	8.16	45,000	899,101	584,569.6	22,483.4	0.38	2,880.00	38,833.17	$8,365,190.29
Chinook salmon	1968	2000	88,343,659	2,677,081	44.92	250,000	5,338,225	430,427.1	13,043.2	0.22	1,250.00	26,691.13	$6,159,411.58
Coho salmon	1968	1989	10,505,188	477,509	8.01	84,176	1,082,216	222,959.8	10,134.5	0.17	1,936.05	22,425.00	$3,190,555.41
Kokanee *O. nerka*	1964	1972	13,020,400	1,446,711	24.27	244,000	3,387,000	58,520.2	6502.2	0.11	1,094.80	16,643.80	$837,423.38
Lake trout	1972	2000	80,448,837	2,774,098	46.55	5,000	5,459,767	1,978,639.5	68,228.9	1.14	120.00	134,320.60	$8,314,331.10
Rainbow trout	1975	2000	38,413,273	1,477,434	24.79	293,400	3,516,344	1,179,028.6	45,347.3	0.76	12,884.20	82,838.27	$16,871,899.64
Splake	1969	2000	4,375,069	230,267	3.86	24,790	879,004	208,667.1	10,982.5	0.18	1,155.00	45,708.21	$2,986,026.54
Total			248,899,189					4,704,467.1					$67,320,924.59

tion is known from mainland United States waters, namely the Salmon-Trout River in northern Marquette County, Michigan (The Brook Trout Subcommittee 1996). This population is composed of less than 200 spawning adults (Ed Baker, Michigan Department Natural Resources, personal communication). Five Lake Superior tributaries currently are being stocked with coaster-strain brook trout: Mosquito River, Hurricane River, and Seven Mile Creek in the Pictured Rocks National Shoreline, and the Gratiot River and Little Carp River on the west shore of the Keweenaw Peninsula. Currently, there are no self-sustaining coaster brook trout populations in Michigan waters of Lakes Huron or Michigan (Ed Baker, Michigan Department of Natural Resources, personal communication).

One key result of large scale salmonid stocking since 1950 has been the rehabilitation of inshore lean lake trout in most waters of Lake Superior (Hansen 1999). Self-sustaining populations of inshore lean lake trout are now found throughout Lake Superior. Currently, inshore lean lake trout are stocked only in a few locations in Michigan, Minnesota, and Ontario waters of Lake Superior.

Lake trout rehabilitation in Lakes Michigan and Huron has not occurred. Only minimal wild recruitment has been documented. The status of lake trout rehabilitation and management has been described elsewhere for these lakes and will be summarized here (Eshenroder et al. 1995; Hansen et al. 1995; Holey et al. 1995; Johnson et al. 2004, this volume). Lake trout reproduction has been documented at 6-Fathom Bank and Thunder Bay, Lake Huron, but reproduction has not made a measurable contribution to recruitment rates (Johnson and VanAmberg 1995; Johnson et al. 2004). Lake trout have been rehabilitated in Parry Sound, located in Ontario's Georgian Bay, eastern Lake Huron. Unmarked, wild lake trout dominated the spawning runs during the 1990s, and by 1998, stocking was discontinued. (Reid et al. 2001). Sporadic reproduction occurred in Lake Michigan in the 1970s and 1980s, but disappeared by 1990, possibly as a result of overfishing (Hansen 1999).

Excessive harvest mortality and sea lamprey predation are the leading impediments to lake trout rehabilitation in Lakes Michigan and Huron. These remain a threat to reproducing stocks in Lake Superior (Hansen 1999; Johnson et al. 2004). The other impediments to lake trout rehabilitation in Lakes Michigan and Huron that have been suggested include (1) predation by alewives (Krueger et al. 1995), and other species (Jones et al. 1995), on juvenile lake trout; (2) thiamine deficiency caused by consumption of thiaminase-rich alewives and rainbow smelt (Fitzsimons 1995); (3) low reproductive efficiency of hatchery-reared lake trout (Krueger and Ihssen 1995); and (4) loss of historic genetic diversity (Burnham-Curtis et al. 1995).

The importance of the loss of historic genetic diversity for lake trout rehabilitation should not be understated and is highlighted by monotypic spawning behavior seen in current populations. Historically, lake trout populations, which were thought to be different genetic stocks, used a range of spawning habitats, including tributary streams, inshore gravel bars, and offshore reefs. Most of the populations of lake trout associated with adfluvial runs, inshore gravel bar spawning areas, and many of the offshore reefs have been extirpated from Lakes Michigan and Huron. This was also true for inshore lean lake trout stocks in Lake Superior. Today, only few adfluvial lake trout stocks remain in the upper Great Lakes, primarily in the Ontario waters of Lake Superior (Marsden et al. 1995). In-lake reef spawning sites, on the other hand, were probably the leading source of recruitment historically and, for the most part, remain physically unaltered in Lake Superior. This habitat is used extensively by both siscowet and lean lake trout stocks. This is the predominant spawning habitat used by lean lake trout stocks at this time. Stocks that spawned on reefs and inshore gravel bar have been eliminated completely in Lakes Michigan and Huron. This is a major impediment to lake trout rehabilitation efforts, inasmuch as no suitable broodstock sources have been found to date. Additionally, existing reef and inshore gravel bar habitat has been colonized by a variety of nonnative fauna, particularly in Lakes Michigan and Huron. This colonization may have altered their suitability for reproduction (Marsden et al. 1995).

The use of propagated fish to establish self-sustaining trout and salmon populations in the upper Great Lakes has only been marginally successful. Inshore lean lake trout populations in Lake Superior are the only known situations where propagated fish have been successful in developing self-sustaining populations. While individual self-sustaining populations of Chinook salmon, coho salmon, and rainbow trout have been developed and expanded using propagated fish, continued stockings will be needed to maintain these species at levels that can support current fishing pressure in most of the upper Great Lakes. Propagated fish have been unsuccessful in developing any self-sustaining brown trout and Atlantic salmon populations. It is not possible at this time to determine the success of propagated fish in developing coaster brook trout populations because rehabilitation efforts have begun only recently.

Basin Level Constraints to Developing Self-Sustaining Upper Great Lakes Trout and Salmon Populations

Smith (1995) noted that during the transition period, 1850–1965, of the Great Lakes these ecosystems were altered permanently by exploitation, watershed modification, pollution, and invasions of marine species. These factors are still constraints to the establishment of self-sustaining trout and salmon stocks in the Great Lakes. Specific factors include dams and other barriers to tributary spawning sites; overharvest, particularly of lake trout; overabundance of nuisance exotic species, especially alewives and sea lampreys; and the effects of new nuisance exotic species and pathogens, plus new biotoxins.

Adfluvial salmonids are still do not have access to large numbers of upper Great Lakes tributaries with moderate to high gradient because of dams that lack adequate fish passage. In most of the medium and larger upper Great Lakes tributary streams, dams were constructed at the lowermost location where riverbed slopes were above 0.06%. These barrier dams usually are located at distances ranging from 1 to 40 km from the lake (Michigan Department of Natural Resources, unpublished data). The remaining accessible waters usually are low in gradient (<0.06% slope) and have little or no habitat for adfluvial salmonid spawning (Michigan Department of Natural Resources, unpublished data). This problem is most acute in the Michigan waters of Lake Huron. Historically, 2,955 km of coldwater habitat was accessible to most adfluvial fish, but only 85 km remain. Only 14 km of the highest quality high to medium gradient coldwater streams, out of the original 894 km, are available currently to adfluvial fish (Gebhardt et al., in press). This is a major constraint on the establishment of fully self-sustaining populations of trout and salmon.

High fishing mortality rates and sea lamprey-induced mortality remain key factors preventing the recovery of lake trout. Total annual mortality should be below 45% (Healey 1978; Johnson et al. 2004) if self-sustaining lake trout populations are to be established. Until 2000, overfishing threatened the recovery of Lake Superior's lake trout and stymied recovery efforts for Lakes Michigan and Huron (Eshen-roder et al. 1995; Johnson and VanAmberg 1995; Hansen 1999). A consent decree between Native American tribes with fishing rights and fishery management agencies that was signed in 2000 will address the overharvest issue in a large area of the upper Great Lakes by requiring more restrictive sport and commercial regulations in the primary recovery zones. Sea lamprey depredation is a leading cause of natural mortality among Lake Huron's lake trout (Eshenroder et al. 1995; Johnson and VanAmberg 1995; Johnson et al. 2004) and continues to take a significant toll in Lakes Superior and Michigan (Hansen 1999). During the period of 1968–1978, annual sea lamprey mortality rates ranged from 16% to 66% in inshore Michigan waters of Lake Superior, while annual fishing mortality ranged from 13% to 16% (Pycha 1980). Integrated sea lamprey control efforts using chemical treatments, barriers, and sterile male releases continue throughout the upper Great Lakes. The overall goal is to reduce sea lampreys by 90% from 1990 levels by the year 2010 (Busiahn 1990; Hansen 1999).

In addition to direct mortality effects, the presence of populations of sea lamprey that spawn in tributary streams is a serious impediment to removing or mitigating barriers to fish movement. Any dam removal, or installation of fish passages at dams in tributaries with spawning sea lampreys, must consider the potential effects of increasing sea lamprey spawning habitat, as well as any additional costs for sea lamprey control. All fish passage devices must exclude the passage of sea lampreys. At this time, this is possible only with a sorting facility at the lowermost dam. The sorting facility must be staffed, which increases costs. An additional factor supporting the need for the sorting device is the effect of the barriers on the migrations of other native fishes. These problems and considerations have slowed the removal of barriers in many upper Great Lakes tributary streams.

Overabundance of alewives has long been recognized as a leading cause for reproductive failures of lake-spawning native species, such as lake trout and lake herring (Smith 1968, 1972; Wells and McLain 1972) in Lakes Michigan and Huron. Although alewife numbers have been suppressed successfully by piscivores, mostly stocked trout and salmon, it appears that consumption of alewives contributes to reproductive failures of Great Lake salmonids by causing thiamine deficiencies and high mortalities in early life stages (Fitzsimons 1995; MacDonald et al. 1998). Alewives and smelt dominate the diets of trout and salmon in Lakes Huron and Michigan. This is not the case in Lake Superior, where lake herring are the key dietary item and alewives are scarce. Thiamine concentrations in eggs from Lake Superior lake trout were several times higher than those of fish from the lower Great Lakes (Fitzsimons and Brown 1998; Fitzsimons et al. 1998), apparently because the Lake Superior fish consumed lake herring and other species, rather than alewives. Current studies suggest that early mortality syndrome (EMS) caused by thiamine deficiency may be a important impediment to lake trout reproduction in Lake Michigan and Lake Huron (Fitzsimons et al. 1998; Jory Jonas, Michigan Department of Natural Resources, Charlevoix, and David Reid, Ontario Ministry of Natural Resources, Owen Sound, personal communications). Atlantic salmon may be particularly sensitive to EMS, as demonstrated by a nearly 100% loss to EMS in the fall 2001 for Atlantic salmon eggs taken from fish captured in the St. Mary's River (Roger Griel, Lake Superior State University, personal communication). The spawning adults likely did most of their feeding in northern Lake Huron. Although thiamine treatment is a satisfactory remedy in hatchery settings, the prognosis for wild salmon and lake trout reproduction is more guarded. As long as alewives and smelt dominate diets, reproduction of trout and salmon may continue to be impaired. The result is the creation of a key bottleneck to developing self-sustaining salmonid populations. The degree to which thiamine deficiency inhibits production of wild steelhead trout, Atlantic salmon, Chinook salmon, and coho salmon has not yet been determined. The possible contributions of undetected or misidentified EMS to historical collapses of lake trout populations are unknown.

Another impediment that is reemerging in Lakes Huron and Michigan is the increasing infusion of new exotic aquatic nuisance species. The same problem exists in Lake Superior, but to a lesser extent. The rate of introduction of new aquatic nuisance species has increased greatly following water quality improvements in overseas ports and the large amount of new global trade since 1980. Since the mid-1980s, such exotics as dreissenid mussels, the cladoceran *Bythotrephes cederstromi*, ruffe *Gymnocepthalus cernuus*, round goby *Neogobius malenostomus*, and tubenose goby *Proterohinus marmoratus* have become established in the upper Great Lakes. Asiatic carp species, such as silver carp *Hypophthalmichtys molitrix*, bighead carp *H. nobilis*, and black carp *Mylopharyngodon piceus*, are established in the Midwest and may invade the upper Great Lakes. The ceaseless addition of nonnative species has prevented ecosystems of the upper Great Lakes from approaching dynamic equilibrium and appears to be a major constraint on the development of self-sustaining salmonid stocks. The continuing disruption of equilibrium caused by additional exotic species creates a need for sustained biomanipulation based on the use of propagated fish to maintain fisheries and a semblance of ecosystem balance in these large systems.

A less obvious, but insidious threat is the invasion of exotic pathogens and parasites whose presence may not be detected until an epizootic event occurs. Epizootic events have been documented in the past in the upper Great Lakes, such as the outbreak of bacterial kidney disease that caused catastrophic Chinook salmon mortalities in Lake Michigan beginning about 1985. Since 1999, a number of "new" disease agents have appeared in the upper Great Lakes, including *Hetersporis* sp., *Piscirickettsia* sp., and largemouth bass virus. The effects of exotic pathogens to the development of self-sustaining salmonid populations in the upper Great Lakes are not known, but are likely to emerge as a basin level constraint.

Current Fishery Created by Ecosystem Manipulation

This paper has provided case history evidence of how the large-scale use of propagated fish has been used to completely alter the dynamics of entire Great Lakes' basins to meet the public trust responsibilities of the fisheries agencies. It is difficult to measure the total economic value of these changes to society, but it is possible to measure the value of these "new" sportfisheries. This section will examine the current status and economic value of the upper Great Lakes sportfishery.

Economic Value of Upper Great Lakes Fisheries

The manipulation of the upper Great Lakes through salmonid stocking has developed one of the world's most valued and diverse recreational trout and salmon fisheries. Between 1950 and 1990, the human population of Michigan increased 48.2%, from 6.3 million to 9.2 million. Concurrent with population growth was growth in per capita income and improved transportation capabilities (Groop 1999). Demographic studies provide data that show that residents have more leisure time and money available for recreation. This, in turn, has resulted in the widespread ownership of recreational vessels large enough to fish safely in offshore areas of the Great Lakes. The demand for safe harbors and launching areas for Great Lakes sportfishing craft has resulted in extensive development programs in almost all areas of the upper Great

Lakes. Consequently, in 1990, residents of Canada and the United States spent an estimated 35 million angler-days and $1.5 billion on Great Lakes recreational fishing (Bence and Smith 1999). In 2001, the annual economic activity from upper Great Lakes sportfishing for the states of Wisconsin, Michigan, and Indiana was estimated at $1.7 billion U.S. dollars (American Sportfishing Association 2002). This activity was accomplished through an investment in propagated fish documented to cost $328,255,820 in 2002 U.S. dollars over the last 53 years, plus additional undocumented costs for hatchery capital construction, commercial fishing license buyouts, and fisheries monitoring and analysis.

The economic value of recreational fishing now exceeds that of upper Great Lakes commercial fisheries by a vast margin. The current upper Great Lakes commercial fishery is valued annually at approximately $30 million U.S. dollars (Talhelm 1988; United States Fish and Wildlife Service and Bureau of Census 1993; DFO 1994; Bence and Smith 1999). Lake trout and lake whitefish are the targeted commercial fishing species. Much of the economic activity of commercial fishery is attributed directly to the stocking of propagated fish and the related changes in the upper Great Lakes that were caused by this action.

Upper Great Lakes Sportfishery

An excellent analysis of the current upper Great Lakes sportfishery is documented in Bence and Smith (1999). The Lake Superior sportfishery in U.S. waters provided approximately 675,000 angler-hours in 1994. The harvest was dominated by lake trout. The estimated lakewide yield in 1991 was 108,000 lake trout, with a biomass of 152,000 kg dressed weight (Swanson et al. 1992). The estimated U.S. lake trout sportfish catch in 1999 was 209,878 fish (Michigan Department of Natural Resources, unpublished data). The yield for other species in 1993 was approximately 16,000 coho salmon, 9,000 Chinook salmon, 4,000 brown trout, and 500 rainbow trout.

The Lake Michigan sportfishery is the largest of the five Great Lakes and their connecting waters. In excess of 8 million angler-hours fishing for trout and salmon have been recorded annually, using contact creel surveys (Bence and Smith 1999). The total trout and salmon yield in 2001 was estimated to be 4.5 million kg (Breidert 2002). The composition of the harvest was estimated to be approximately 13% lake trout, 57% Chinook salmon, 15% coho salmon, 10% rainbow trout, and 5% brown trout.

The Lake Huron trout and salmon effort was at least 1.2 million angler-hours, based on creel census data from nine Michigan ports in 1994 (Bence and Smith 1999). Total angler use for all species was estimated at 1.9 million angler-hours in 2000, using contact creel census. The estimated number of trout and salmon caught in Michigan waters of Lake Huron by anglers in 2000 was approximately 2,700 pink salmon, 3,700 coho salmon, 3,049 brown trout, 10,949 rainbow trout, 32,149 lake trout, and 76,822 Chinook salmon (Michigan Department of Natural Resources, unpublished data).

The Role of Propagated Trout and Salmon in Current and Future Management of the Upper Great Lakes

The role of propagated trout and salmon in the current and future management of the upper Great Lakes is a subject of constant debate within and among the fisheries agencies that manage and constituent groups that utilize this resource. The following is a summary of the current management philosophy and likely future use of each propagated species and hybrid in the upper Great Lakes.

Lake Trout

Management of lake trout in Lakes Huron, Michigan, and Superior is directed at restoration and protection of naturally reproducing stocks. In Lake Superior, where lake trout are self-sustaining, management emphasizes protection of spawning stocks from overexploitation and sea lamprey predation. The emphasis in Lakes Michigan and Huron is on establishing self-sustaining populations by stocking appropriate genetic stocks, controlling fishing mortality to prevent overharvest, and protecting them from excessive sea lamprey predation.

Lake trout rehabilitation received special emphasis in the Michigan portions of the 1836 Native American Treaty waters of Lake Michigan and Lake Huron because of the abundance of historically important spawning sites in these waters. The 2000 Consent Decree between the Native American governments, the United States government, and the state of Michigan placed primary emphasis on stocking the northernmost zone of Lake Huron and also imposed lake trout mortality limits, under which quota management would be enforced. Since 1995, advances in sea lamprey control, especially in the St. Mary's River, may have greatly reduced sea lamprey mortality in Lake Huron (Adams et al., in press; Schleen et al., in press).

Hansen (1999) stated that lake trout rehabilitation was achievable in each of the Great Lakes. It was his view that in Lake Superior, rehabilitation was mostly complete, although more stringent regulation of large-mesh gill-net fisheries and control of sea lampreys were recommended. Given the current population status in Lake Superior, it is likely that propagated lake trout will be used only on a very limited and site-specific basis and may be completely discontinued in the near future.

Hansen (1999) stated that in Lake Michigan and Lake Huron, the key to rehabilitation would be building sufficiently high spawner densities in good quality spawning habitat to achieve self-sustaining populations. This, in turn, requires better control of fishing mortality and lamprey-induced mortality. Unless spawner densities are increased greatly and recruitment impediments are resolved, lake trout populations will remain dependent upon propagated lake trout for the foreseeable future in Lakes Michigan and Huron, at a stocking rate of between 2,000,000 and 4,000,000 yearling fish annually. The impediments to successful rehabilitation include, but are not limited to, (1) reducing overall mortality rates that are driven in large part by sea lamprey and fishing mortality, (2) determining and mitigating the problems caused by invasive species that colonize spawning reef and nursery habitats, (3) determining and mitigating the effects of current and future epizootic diseases, including bacterial kidney disease (BKD) and EMS, and (4) determining and mitigating the effects of current and future exotic species.

Coaster Brook Trout

Coaster brook trout management efforts are focused currently on Lake Superior. These efforts are directed at the restoration and protection of naturally reproducing stocks. Coaster brook trout rehabilitation stocking began recently on selected Lake Superior tributaries with the objective of expanding the range of self-sustaining populations. Except for coaster brook trout rehabilitation stockings in Lake Superior tributaries, no other brook trout strains are likely to be stocked in Lake Superior in the near term.

The key impediments to developing self-sustaining coaster brook trout populations include (1) the lack of good donor stocks for reintroduction efforts; (2) physical barriers to spawning grounds, in particular dams that lack fishways and poorly designed culverts; (3) effects of current and future exotic species; (4) potential interspecific competition for spawning and rearing habitat with other adfluvial species; and (5) current and future epizootic disease issues, such as bacterial kidney disease and EMS.

Propagated coaster brook trout will be needed to re-establish populations in Lake Superior for the foreseeable future and will be needed for northern Lake Michigan when re-establishment efforts begin there in the future. Coaster brook trout planting in Lake Superior and potentially in the other lakes will likely increase from the current numbers of approximately 150,000, when appropriate donor stocks are identified and developed.

The only other upper Great Lakes waters stocked with brook trout are Wisconsin waters of Lake Michigan. Because tributary streams will not support brook reproduction in these waters, Wisconsin uses propagated brook trout in the Green Bay to Milwaukee area of Lake Michigan to maintain this fishery. It is likely that the current stocking rates of approximately 100,000 brook trout for a recreational fishery in Lake Michigan will continue. When coaster brook trout rehabilitation efforts begin in Lake Michigan, all stockings will need to use coaster brook trout strains to prevent problems with genetic integrity.

Chinook Salmon

The current goals for Chinook salmon management are to provide ecosystem balance in Lakes Michigan and Huron, to ensure sufficient adult escapement for egg take purposes in Lakes Michigan and Huron, and to provide recreational fisheries in all three upper Great Lakes. These goals are likely to remain for the foreseeable future because lake trout rehabilitation is still well in the future for Lakes Michigan and Huron, along with a high angler demand for Chinook salmon.

Although natural reproduction is substantial in the upper Great Lakes, abundance is and will continue to be driven by stocking, unless the impediments to additional natural recruitment are reduced. There are a number of obstacles to achieving self-sustaining Chinook salmon populations in all of the upper Great Lakes. If these impediments are removed there is a high probably of substantially increased natural reproduction in these lakes and a corresponding reduction in stocking rates. The key impediments include (1) physical barriers, such as dams lacking fishways, and social barriers, such as angler opposition, particularly in Lakes Michigan and Huron, to the expansion of Chinook salmon into additional inland spawning grounds; (2) lack of effective downstream protection for Chinook salmon smolts passing through hydropower powerhouses and spillways; (3) temperature problems in impoundments that limit or prevent recruitment from existing and potential spawning habitat; (4) effects of current and future exotic species; and (5) current and future epizootic disease issues, such as bacterial kidney disease and EMS. Additionally, the high standing stocks of lake trout in Lake Superior and increasing walleye and lake trout populations in Lake Huron could suppress Chinook salmon recruitment directly by predation on smolts and indirectly by competition for the same forage fish.

Most fisheries managers are reluctant to allow Chinook salmon abundance to reach the levels that caused growth rates to decline in the mid to late 1980s (Keller et al. 1990). Prey consumption models are now used to assist managers in setting appropriate stocking rates for Lakes Huron and Michigan that should ensure that this does not occur. There is evidence that, at least in Lake Michigan, high Chinook salmon densities produced conditions favorable for epizootic bacterial kidney disease. Early mortality syndrome, on the other hand, appears to result from diets dominated by alewives. Abundant alewives also have been implicated as a causative factor in the decline or extinction of a variety of native species, particularly lake trout, certain coregonids, and yellow perch. Chinook salmon are the leading consumer of alewives in Lakes Huron and Michigan (Brown et al. 1999). Thus, fisheries managers are presented with a conundrum: either stock more Chinook salmon, with the objective of reducing alewife numbers and stimulating reproduction of native and other species, or cap stocking at such levels that alewife abundance remains high, which should minimize the risk of epizootic bacterial kidney BKD events.

The current and likely future approach is that in both Lakes Michigan and Huron, Chinook salmon stockings will be capped, or reduced, if natural reproduction increases. The Lake Michigan Committee capped Chinook stocking at approximately 4 million spring fingerlings lakewide in the late 1990s to reduce predation rates on the forage base and to prevent the recurrence of a BKD epizootics. The Lake Huron committee capped stocking at 4 million lakewide in 1999 after in growth and condition that were thought to be density-induced. The actual results of these decisions to cap stocking numbers was a decline of 32% in Lake Michigan's Chinook stocking from an average of 3,369,000 in the 1992–1998 period to 2,290,700 in the period of 1999–2001; the reduction in Chinook fingerling stocking for Lake Huron was 12%, from 3,401,000 to 2,983,000. The relatively large reduction in Michigan's share of stocking in Lake Michigan was due largely to reapportionment of the proportion of Chinook salmon stocked by Michigan in comparison to stocking from the hatcheries of other jurisdictions. Unless Chinook salmon become self-sustaining, prey consumption models will continue to be used to assist managers in setting appropriate stocking rates that will keep Chinook salmon prey consumption in line with prey production.

Most Chinook salmon in Lake Superior are wild, supplemented only by stocking of tributaries in the few urban areas. Chinook salmon stockings in Lake Superior are likely to remain at or near the current 1,000,000 fish stocked at selected locations to maintain current sport fisheries. It is also possible that Chinook salmon stockings will decrease if increased predation by the expanding lake trout populations cause poor return rates.

Coho Salmon

Current coho salmon management is focused on Lake Michigan and will likely continue so in the future because of poor survival of stocked fish in Lake Huron (<2%) and the development of self-sustaining populations in Lake Superior. The management goals for this species include providing ecosystem balance, ensuring sufficient escapement for egg take purposes, and providing a sports fishery.

Although some reproduction occurs, abundance of coho salmon in Lake Michigan is, and will likely remain, largely a function of stocking. Coho and Chinook salmon share similar obstacles to achieving self-sustaining populations in Lake Michigan. An additionall factor is temperature problems below impounded waters that limit the recruitment from available spawning habitat, and this is a more critical factor for coho salmon than Chinook salmon because of their extended stream life history.

Stocking in Lake Michigan averaged 1.45 million yearling coho salmon from 1992 to 2001 and will likely remain at this level until lake trout rehabilitation efforts produce adequate populations or the demand for coho salmon is reduced. Prey consumption models are used, and will continue to be used, to assist managers in setting appropriate stocking rates to keep coho salmon prey consumption in line with prey production.

Virtually all coho salmon in Lake Superior are wild; none have been stocked in Lake Superior since 1996. However, because catch rates for coho salmon have declined since 1998 in some Lake Superior locations, localized stocking is being reconsidered. Annual stocking for this purpose will likely number less than 100,000 yearlings lakewide.

Because of poor return rates (<2%), stocking of coho was abandoned in Lake Huron in 1990 and is not likely to be conducted in the future. Between one thousand and ten thousand coho are caught annually in Lake Huron. The origin of these fish is likely a combination of immigration from other lakes and natural reproduction.

Steelhead/Rainbow Trout

Steelhead and rainbow trout management goals include providing ecosystem balance in Lakes Michigan and Huron, maintaining wild and stocked steelhead broodstocks in Lake Michigan and Lake Superior, and providing recreational fisheries in all three lakes. These goals are likely to continue as long as there is insufficient natural recruitment to meet all needs for steelhead and rainbow trout, the demand for this species continues at current levels, and lake trout rehabilitation remains incomplete in Lakes Michigan and Huron,.

The total number and proportion of steelhead produced by natural reproduction is unknown. It is thought to be relatively low on the Michigan side of Lake Huron, intermediate in Ontario tributaries of Lake Huron, high in Lake Superior (Peck 1992), high in northern Michigan tributaries of Lake Michigan (Seelbach and Whelan 1988) and low in southern and western shore tributaries of Lake Michigan. The obstacles to achieving self-sustaining steelhead populations in Lakes Michigan and Huron are similar to the issues discussed above for coho salmon and Chinook salmon, except that inland anglers have a higher acceptance of steelhead than for the other Pacific salmon species. This may provide for additional passage opportunities in the future. To maintain this species at its current levels, supplemental stocking is required now and for the future because the number of wild fish is insufficient to maintain populations in many areas of the upper Great Lakes.

Currently, Lake Superior rainbow trout stocking levels are approximately 750,000 annually. Stocking is used to supplement stream fisheries in high angler use areas where spawning habitat is marginal (Peck 1992) and to maintain broodstock populations for egg-take purposes. This level of stocking will likely continue into the future. The use of wild steelhead broodstock from Lake Superior could improve returns and thus reduce the number of fish needed for stocking.

Stocking in Lake Michigan tributaries is used to supplement natural reproduction in areas where angler use is high and to provide fisheries in large rivers where dams or marginal habitat conditions prevent reproduction. Stocking is not done currently and is unlikely to be conducted in the future in any of Michigan's tributaries where spawning runs are comprised of more than 70% wild fish. Current annual stocking levels of approximately 1.2 million fish will likely continue, unless natural recruitment increases or prey consumption models indicate that these levels are not compatible with prey populations.

Few Lake Huron tributaries in Michigan are capable of supporting steelhead/rainbow trout reproduction and most of the angler-hours are expended in these waters. The major coldwater tributaries currently are blocked by multiple dam complexes. Substantial reproduction is thought to occur in Georgian Bay tributaries to Lake Huron in Ontario. Therefore, stocking in Lake Huron is, and will be, needed to maintain the populations found in large rivers in Michigan where multiple dams block migration to prime spawning grounds. Stocking will also supplement reproduction in waters with marginal habitat quality in both Michigan and Ontario. The current stocking level of approximately 650,000 yearling and 350,000 fry and fall fingerling fish is likely to continue, although the long term use of fry and fall fingerling plants will decline because of the lack of returns with stocking of these life stages.

Pink Salmon

Pink salmon are not actively managed at present in the upper Great Lakes. Pink salmon populations in the upper Great Lakes are completely self-sustaining, although numbers are low. It is unlikely that propagated pink salmon will be used to supplement or increase current population levels, given low angler interest and their comparatively low value to alewife and smelt control.

Brown Trout

Brown trout management is focused on ecosystem balance in Lake Michigan and Lake Huron and also on providing nearshore salmonid fishing opportunities in all or the upper Great Lakes. These objectives are likely to continue into the future as long as the demand for this species continues at current levels and lake trout rehabilitation remains incomplete in Lake Michigan and Lake Huron.

Great Lakes brown trout fisheries are almost entirely products of stocking spring yearlings because substantial natural reproduction has not been documented in the upper Great Lakes. Reproducing populations of migratory brown trout exist in a few tributaries to the upper Great Lakes, but the magnitude of these runs is low. For example, the best documented Great Lakes brown trout spawning run is in the Little Manistee River, where numbers passing the weir in the fall averaged 90 fish per year from 1968 to 1986 (Hay 1988). Some brown trout migrate upstream during summer prior to installation of the weir at the egg-take station; thus, this number underrep-resents the total population, but it indicates that the spawning population is low even though this is a high quality salmonid stream.

The likely impediments to self-sustaining adfluvial brown trout populations are similar to those stated for steelhead and rainbow trout. An additional impediment is the failure of the strains of brown trout currently used to establish self-sustaining adfluvial populations. The underlying cause, or causes, that prevents the establishment of self-sustaining adfluvial brown trout populations is not well understood at this time.

Currently, approximately 400,000 brown trout are stocked annually in Lake Huron and 1.5 million fish are stocked in Lake Michigan. Lake Superior stocking levels are approximately 250,000 fish annually. To maintain the upper Great Lakes brown trout fishery at its current level, propagated fish will continue to be required at current stocking rates, or another strain that will successfully spawn in upper Great Lakes tributary streams must be found.

Atlantic Salmon

Atlantic salmon management goals in the upper Great Lakes are to increase the diversity of the fish community and to add quality recreational fishing opportunities. The focus of the management efforts for this species is in the St. Mary's River and is unlikely to expand unless the demand for this species increases greatly.

The current Atlantic salmon fishery in the St. Mary's River is entirely a product of stocking spring yearlings. Minimal natural reproduction has been found to date from any plantings in the upper Great Lakes since 1970. The impediments to developing self-sustaining populations for Atlantic salmon are similar to those discussed for brown trout and the Pacific salmon. In addition, Atlantic salmon must be reared at lower densities than the other salmonids and, therefore, take up large amounts of hatchery rearing space. Hatchery capacity is yet another constraint to enhancing the Atlantic salmon fishery.

Approximately 40,000 yearlings are stocked annually in the St. Mary's River and this is not likely to change in the near future. To maintain the current Atlantic salmon fishery, propagated fish will be required at current stocking rates, or another strain that spawns successfully in upper Great Lakes tributary streams must be found.

Splake

Splake management is focused on providing nearshore angling opportunities, particularly for ice fisheries in a few localized areas. These fisheries are maintained wholly with stocking. This practice will continue as long as this hybrid is used in the upper Great Lakes. At one time, Ontario used splake and splake × lake trout backcrosses to fill the niche left by extirpation of lake trout, but this practice has been abandoned.

There are concerns that stocking splake could cause genetic problems if they were to cross successfully with lake trout or coaster brook trout in upper Great Lakes (Kim Scribner, Michigan State University, unpublished file report). The use of sterile fish could minimize the genetic risks related to the use of this hybrid. Given restoration goals, this hybrid should not be stocked where it can mix with spawning coaster brook or lake trout populations.

Splake will continue to be stocked where ice fishing effort is high and where lake trout are either scarce or lake trout seasons are open in winter. Splake stockings in proximity to primary lake trout and coaster brook trout rehabilitation zones will be reviewed in the near future. It is likely that coaster brook trout strains will be stocked instead of splake in the coaster brook and lake trout rehabilitation areas, provided that suitable, sufficient coaster brook trout broodstocks become available. To maintain the current splake fisheries, stocking rates of approximately 200,000 fish in Lake Superior, 40,000 fish in Lake Huron, and 100,000 fish in Lake Michigan will be needed.

Conclusion

From 1950 to 2000, a total of 895,865,567 salmonids (22,938,911 kg) have been stocked into the upper Great Lakes, at an estimated cost of at least $328,255,820. A number of ecosystem-level successes can be attributed to this large-scale use of propagated fish, including (1) rehabilitation of inshore lean lake trout in Lake Superior, (2) re-establishment of ecologically balanced fish communities with appropriate numbers of prey and predators, (3) development of a recreational fishery with an estimated annual value of approximately $2.0 billion in 1990 U.S. dollars, (4) re-establishment of a viable commercial fishery valued at $30 million in 2000 U.S. dollars, and (5) development of a number of self-sustaining adfluvial Chinook salmon, coho salmon, and steelhead trout populations.

In spite of these remarkable successes, critical problems remain, including insufficient overall recruitment of salmonids and a failure to rehabilitate lake trout and other predators in Lakes Huron and Michigan. This lack of recruitment will require state, provincial, and federal management agencies to rely on propagated fish until the key impediments and constraints to the establishment of self-sustaining populations are reduced or eliminated.

Trout and salmon management in Lakes Michigan and Huron is at a crossroad. The strategy for a hatchery-based fishery of mixed native and nonnative trout and salmon has prevailed with much success since the 1960s. Agencies could continue the status quo; however, long-term reliance on propagation would require hatchery operations that control potential genetic problems with broodstocks, as well as possible effects of pathogens and parasites on the viability of the hatchery products. Hatchery-based programs are also vulnerable to the vagaries of social attitudes and the willingness of governments to fund costly programs in perpetuity. Reliance on stocking could be reduced by the removal or mitigation of the impediments to establishing self-sustaining stocks, as discussed in this paper. A status quo approach must also provide for close monitoring and maintenance of the forage base, including exotic alewife and smelt populations.

Alternatively, it should be possible to reestablish portions of the native fish community in Lakes Huron and Michigan by using nonnative salmonids to suppress exotic pelagic prey species. Experience over the last 30 years has shown that stocking large numbers of propagated salmonids can reset the prey fish community to favor native coregonids by heavily exploiting alewife and smelt populations. Hansen (1999) stated that re-establishment of self-sustaining lake trout in the upper Great Lakes is feasible, provided that spawning stocks are nurtured with adequate protections from fishing and sea lampreys. An approach designed to feature lake trout and coaster brook trout populations would likely come at a substantial economic and social cost to coho and Chinook salmon fisheries and perhaps other species. The Lake Superior example suggests that complete rehabilitation of lake trout in Lake Huron and Lake Michigan would result in lake trout as the dominant recreational fishery, with Pacific salmon and other trout providing locally important fisheries, as limited by available prey.

Combinations of these two general strategies are also possible within management directions that vary from lake to lake and among geographic areas of each lake. This is the current trend in selected areas of Michigan waters in the upper Great Lakes, such as those established by the 2000 Consent Decree on 1836 Native American Treaty Waters. In Lake Superior, waters of the Consent Decree are managed as self-sustaining, predominantly native, trout-based systems, with minimal inputs of propagated fish. This strategy likely will continue for the foreseeable future. Consent Decree waters of Lakes Huron and Michigan are now managed to promote self-sustaining native trout communities in the northern, treaty areas, but with more emphasis on nonnative trout and salmon in southern areas of treaty waters and outside of treaty waters. This strategy requires continued massive inputs of propagated fish.

Regardless of the option selected by natural resource agencies in the upper Great Lakes, the use of stock assessment and prey consumption models will need to continue, along with intensive sampling and monitoring of the fish community (Johnson et al. 2004). Hatchery rearing space has a finite capacity, and its use will need to be planned carefully. If the numbers of one species are increased, another species may have to be reduced, which could have significant social, economic, and political implications, depending on the species.

Without stocking, Lakes Huron and Michigan likely will revert to the conditions experienced in the 1960s because natural recruitment of trout and salmon will be insufficient to keep alewife and smelt populations in balance. The impediments to self-sustaining populations, coupled with the continued influx of new invasive species, have slowed progress toward self-sustainable populations in Lakes Huron and Michigan. These adverse factors cast uncertainty over the sustainability of the rehabilitation of native fish communities in Lake Superior. Given the impediments to the development of completely self-sustaining salmonid populations, it is likely that Lakes Huron and Michigan will continue to constitute the planet's single largest body of freshwater that is dependant upon stocking for ecosystem balance.

Acknowledgments

This publication was supported by the Fisheries Division, Michigan Department of Natural Resources. The authors would like to thank the three anonymous reviewers for their review, comments, and recommendations on the manuscript.

References

Adams, J. V., R. A. Bergstedt, G. C. Christie, D. W. Cuddy, M. F. Fodale, J. W. Heinrich, M. L. Jones, R. B. McDonald, K. M. Mullett, and R. J. Young. In press. Assessing assessment: can we detect the expected effects of the St. Mary's River sea lamprey control strategy? Journal of Great Lakes Research 29(Supplement 1).

American Sportfishing Association. 2002. Sportsfishing in America: values of our traditional pastime. American Sportsfishing Association, Alexandria, Virginia.

Applegate, V. C., J. H. Howell, J. W. Moffett, B. G. H. Johnson, and M. A. Smith. 1961. Use of 3-triflourmethyl-4-nitrophenol as a selective sea lamprey larvicide. Great Lakes Fishery Commission Technical Report 1, Ann Arbor, Michigan.

Auer, N. A. 1996. Response of spawning lake sturgeon to change in hydroelectric facility operation. Transactions of the American Fisheries Society 125(1):66–77.

Bain, M. B., and J. T. Finn. 1988. Streamflow regulation and fish community structure. Ecology 69(2):382–392.

Baldwin, N. S., R. W. Saalfeld, M. A. Ross, and H. J. Buettner. 1979. Commercial fish production in the Great Lakes, 1867–1977. Great Lakes Fishery Commission Technical Report No. 3, Ann Arbor, Michigan.

Beeton, A. M., C. E. Sellinger, and D. F. Reid. 1999. An introduction to the Laurentian Great Lakes Ecosystem. Pages 3–54 *in* W. Taylor and C. P. Ferreri, editors. Great Lakes fisheries policy and management, a binational perspective. Michigan State University Press, East Lansing.

Bence, J. R., and K. D. Smith. 1999. An overview of recreational fisheries of the Great Lakes. Pages 259–306 *in* W. Taylor and C. P. Ferreri, editors. Great Lakes fisheries policy and management, a binational perspective. Michigan State University Press, East Lansing.

Berst, A. H., and G. R. Spangler. 1972. Lake Huron: effects of exploitation, introductions, and eutrophication on the salmonid community. Journal of the Fisheries Research Board of Canada 29:877–887.

Bogue, M. B. 2000. Fishing the Great Lakes: an environmental history, 1783–1933. University of Wisconsin Press, Madison.

Breidert, B. 2002. Harvest of fishes from Lake Michigan during 2001. Great Lakes Fishery Commission, Lake Michigan Committee 2002 Annual Meeting Report, Ann Arbor, Michigan.

Brown, E. H., Jr., M. Ebener, and T. Gorenflo. 1999. Great Lakes Commercial Fisheries: historical overview and prognosis for the future. Pages 307–354 *in* W. Taylor and C. P. Ferreri, editors. Great Lakes fisheries policy and management, a binational perspective. Michigan State University Press, East Lansing.

Burnham-Curtis, M. K., C. C. Krueger, D. R. Schreiner, J. E. Johnson, T. J. Stewart, R. M. Horrall, W. R. MacCallum, R. Kenyon, and R. E. Lange. 1995. Genetic strategies for lake trout rehabilitation: a synthesis. Journal of Great Lakes Research 21(Supplement 1):477–486.

Busiahn, T. R. 1990. Fish community objectives for Lake Superior. Great Lakes Fishery Commission Special Publication 90–1, Ann Arbor, Michigan.

Carl, L. M. 1982. Natural reproduction of coho salmon and chinook salmon in some Michigan streams. North American Journal of Fisheries Management 2:375–380.

Christie, W. J., G. R. Spangler,. K. H. Loftus, W. L. Hartman, P. J. Colby, M. A. Ross, and D. R. Talhelm. 1987. A perspective on Great Lakes fish community rehabilitation. Canadian Journal of Fisheries and Aquatic Sciences 44(Supplement 2):446–499.

Coble, D. W., R. E. Bruesewitz, T. W. Fratt, and J. W. Scheirer. 1990. Lake trout, sea lampreys, and overfishing in the upper Great Lakes: a review and reanalysis. Transactions of the American Fisheries Society 119:985–995.

Collins, J. J. 1971. Introduction of kokanee salmon (*Oncorhynchus nerka*) into Lake Huron. Journal of the Fisheries Research Board of Canada 28:1857–1871.

Cooper, G. P. 1974. Comments on fish management. In Michigan Fisheries Centennial Report 1873–1973. Michigan Department of Natural Resources, Fisheries Division, Fisheries Management Report 6, Lansing.

Cushman, R. M. 1985. Review of ecological effects of rapidly varying flows downstream from hydroelectric facilities. North American Journal of Fisheries Management 5:330–339.

Dahl, F. H., and R. B. McDonald. 1980. Effects of control of the sea lamprey (*Petromyzon marinus*) on migratory and resident fish populations. Canadian Journal of Fisheries and Aquatic Sciences 37:1886–1894.

Dempsey, D. 2001. Ruin and recovery, Michigan's rise as a conservation leader. University of Michigan Press, Ann Arbor.

DFO (Department of Fisheries and Oceans). 1994. 1990 survey of recreational fishing in Canada: selected results for the Great Lakes fishery. Department of Fisheries and Oceans, Economic and Commercial Analysis Report No. 142, Ottawa.

Dobiez, N., and J. R. Bence. In press. Predator-prey interactions. Pages 86–91 *in* M. P. Ebener, editor. The state of Lake Huron in 1999. Great Lakes Fishery Commission, Special Publication 03-XX, Ann Arbor, Michigan.

Eck, G. H., and L. Wells. 1987. Recent changes in Lake Michigan's fish community and their probable causes, with emphasis on the role of alewife (*Alosa pseudoharengus*). Canadian Journal of Fisheries and Aquatic Sciences 44(Supplement 2):53–60.

Elliott, R. F. 1994. Early life history of chinook salmon in Lake Michigan. Michigan Department of Natural Resources, Fisheries Division, Michigan Federal Aid Report F-53-R-472, Ann Arbor.

Eschenroder, R. L., and M. K. Burnham-Curtis. 1992. Species succession and sustainability of the Great Lakes fish community. Pages 145–184 *in* W. Taylor and C. P. Ferreri, editors. Great Lakes fisheries policy and management, a binational perspective. Michigan State University Press, East Lansing.

Eshenroder, R. L., D. W. Coble, R. E. Bruesewitz, T. W. Fratt, and J. W. Scheirer. 1992. Decline of lake trout in Lake Huron. Transactions of the American Fisheries Society 121:548–554.

Eshenroder, R. L., E. J. Crossman, G. K. Meffe, C. H. Olver, and E. P. Pister. 1995. Lake trout rehabilitation in the Great Lakes: an evolutionary, ecological, and ethical perspective. Journal of Great Lakes Research 21(Supplement 1):518–529.

Eschmeyer, P. H. 1957. The near extinction of lake trout in Lake Michigan. Transactions of the American Fisheries Society 85:102–119.

Evans, D. O., B. A. Henderson, N. J. Bax, T. R. Marshall, R. T. Oglesby, and W. J. Christie. 1987. Concepts and methods of community ecology applied to freshwater fisheries management. Canadian Journal of Fisheries and Aquatic Sciences 44(Supplement 2):448–470.

Fielder, D. G. 2004. Increasing predation through walleye fingerling stocking: a recovery tool for Saginaw Bay, Lake Huron. Pages 105–112 *in* M. J. Nickum, P. M. Mazik, J. G. Nickum, and D. D. MacKinlay, editors. Propagated fish in resource management. American Fisheries Society, Symposium 44, Bethesda, Maryland.

Fitzsimons, J. D. 1995. The effect of B-vitamins on a swim-up syndrome in Lake Ontario lake trout. Journal of Great Lakes Research 21(Supplement 1):286–289.

Fitzsimons, J. D., and S. B. Brown 1998. Reduced egg thiamine levels in inland and Great Lakes lake trout and their relationship with diet. Pages 160–171 *in* G. MacDonald, J. D. Fitzsimons, and D. C. Honeyfield, editors. Early life stage mortality syndrome in fishes of the Great Lakes and Baltic Sea. American Fisheries Society, Symposium 21, Bethesda, Maryland.

Fitzsimons, J. D., S. B. Brown, and L. Vandenbyllaardt. 1998. Thiamine levels in food chains of the Great Lakes. Pages 90–98 *in* G. MacDonald, J. D. Fitzsimons, and D. C. Honeyfield, editors. Early life stage mortality syndrome in fishes of the Great Lakes and Baltic Sea. American Fisheries Society, Symposium 21, Bethesda, Maryland.

Gates, D. M., C. H. D. Clarke, and J. T. Harris. 1983. Wildlife in a changing environment. Pages 52–80 *in* S. L. Flader, editor. The Great Lakes forest: an environmental and social history, University of Minnesota Press, Minneapolis.

Gebhardt, K., J. Bredin, R. Day, T. G. Zorn, A. Cottrill, D. Macleish, and M. A. MacKay. In press. Habitat. Pages 29–37 *in* M. P. Ebener, editor. The state of Lake Huron in 1999. Great Lakes Fishery Commission, Special Publication 03-XX, Ann Arbor, Michigan.

Gislason, J. C. 1985. Aquatic insect abundance in a regulated stream under fluctuating and stable diel flow patterns. North American Journal of Fisheries Management 5(1):39–46.

Great Lakes Fishery Commission. 1980. A joint strategic plan for management of the Great Lakes Fisheries. Great Lakes Fishery Commission, Ann Arbor, Michigan.

Great Lakes Fishery Commission. 2003. Great Lakes Fish Stocking Database. Great Lakes Fishery Commission, Ann Arbor, Michigan.

Greenwood, M. R. 1970. 1968 state-federal Lake Michigan alewife die-off control investigation. Fish and Wildlife Service, Bureau of Commercial Fisheries, Ann Arbor, Michigan.

Groop, R. 1999. Demographic and economic patterns in the Great Lakes Region. Pages 73–92 *in* W. Taylor and C. P. Ferreri, editors. Great Lakes fisheries policy and management, a binational perspective. Michigan State University Press, East Lansing.

Hansen, E. A. 1971. Sediment in a Michigan trout stream, its source movement, and some effects on fish habitat. U.S. Forest Service, North Central Experiment Station, Research Paper NC-59, St. Paul, Minnesota.

Hansen, M. J. 1999. Lake trout in the Great Lakes: basinwide stock collapse and binational restoration. Pages 417–454 *in* W. Taylor and C. P. Ferreri, editors. Great Lakes fisheries policy and management, a binational perspective. Michigan State University Press, East Lansing.

Hansen, M. J., J. W. Peck, R. G. Schorfhaar, J. H. Selgeby, D. R. Schreiner, S. T. Schram, B. L. Swanson, W. R. MacCallum, M. K. Burnham-Curtis, J. W. Heinrich, and R. J. Young. 1995. Lake trout (*Salvelinus namaycush*) populations in Lake Superior and their restoration in 1959–1993. Journal of Great Lakes Research 21(Supplement 1):253–259.

Hay, R. L. 1988. Little Manistee River harvest weir and chinook salmon egg take report, 1986. Michigan Department of Natural Resources, Fisheries Technical Report 88–3, Lansing.

Healey, M. C. 1978. Dynamics of exploited lake trout populations and implications for management. Journal of Wildlife Management 42:307–328.

Hesse, J. A. 1994. Contributions of hatchery and natural chinook salmon to the eastern Lake Michigan fishery, 1992–93. Michigan Department of Natural Resources, Fishery Research Report 2013, Ann Arbor.

Holey, M. E., R. W. Rybicki, G. W. Eck, E. H. Brown, Jr., J. E. Marsden, D. S. Lavis, M. L. Toneys, T. N. Trudeau, and R. M. Horrall. 1995. Progress toward lake trout restoration in Lake Michigan. Journal of Great Lakes Research 21(Supplement 1):384–399.

Honeyfield, D. C., J. D. Fitzsimons, S. B. Brown, S. Marcquenski, and D. G. McDonald. 1998. Introduction and overview of early life stage mortality. Pages 1–7 *in* G. MacDonald, J. D. Fitzsimons, and D. C. Honeyfield, editors. 1998. Early life stage mortality syndrome in fishes of the Great Lakes and Baltic Sea. American Fisheries Society, Symposium 21, Bethesda, Maryland.

Hubbs, C. L., and K. F. Lagler. 1958. Fishes of the Great Lake Region. Cranbrook Institute of Science, Bloomfield Hills, Michigan.

Hubbs, C. L., and T. E. B. Pope. 1937. The spread of the sea lamprey through the Great Lakes. Transactions of the American Fisheries Society 66:172–176.

Johnson, J. E., J. X. He, A. P. Woldt, M. P. Ebener, and L. C. Mohr. 2004. Lessons in rehabilitation stocking and management of lake trout in Lake Huron. Pages 161–175 *in* M. J. Nickum, P. M. Mazik, J. G. Nickum, and D. D. MacKinlay, editors. Propagated fish in resource management. American Fisheries Society, Symposium 44, Bethesda, Maryland.

Johnson, J. E., and J. P. VanAmberg. 1995. Evidence of natural reproduction of lake trout in western Lake Huron. Journal of Great Lakes Research 21(Supplement 1):253–259.

Jones, M. L., G. W. Eck, D. O. Evans, M. C. Fabrizio, M. H. Hoff, P. L. Hudson, J. Janssen, D. Jude, R. O'Gorman, and J. F. Savino. 1995. Limitations to lake trout (*Salvalinus namaycush*) rehabilitation in the Great Lakes imposed by biotic interactions occurring at early life stages. Journal of Great Lakes Research. 21(Supplement 1):505–517.

Keller, M., K. D. Smith, and R. W. Rybicki, editors. 1990. Summary of salmon and trout management in Lake Michigan. Michigan Department of Natural Resources, Fisheries Special Report 14, Charlevoix.

Kocik, J. F. 1988. Population parameters and abundance of pink salmon in the upper Great Lakes. Master's thesis. Michigan State University, East Lansing.

Kocik, J. F., and M. L. Jones. 1999. Pacific salmonines in the Great Lakes basin. Pages 455–488 *in* W. Taylor and C. P. Ferreri, editors. Great Lakes fisheries policy and management, a binational perspective. Michigan State University Press, East Lansing.

Koonce, J. F., and M. L. Jones. 1994. Sustainability of intensively managed fisheries of Lake Michigan and Lake Ontario. Final report of the SIMPLE Task Group. Great Lakes Fishery Commission, Ann Arbor, Michigan.

Krueger, C. C., and P. E. Ihssen. 1995. Review of genetics of lake trout in the Great Lakes: history, molecular genetics, physiology, strain comparisons, and restoration management. Journal of Great Lakes Research 21(Supplement 1):348–363.

Krueger, C. C., M. L. Jones, and W. W. Taylor. 1995. Restoration of lake trout in the Great Lakes: challenges and strategies for future management. Journal of Great Lakes Research 21(Supplement 1):547–558.

Lawrie, A. H., and J. F. Rahrer. 1972. Lake Superior: effects of exploitation, introductions and eutrophication on the salmonid community. Journal of the Fisheries Research Board of Canada 29:765–776.

Marsden, J. E., J. M. Casselman, T. A. Edsall, R. F. Elliott, J. D. Fitzsimons, W. H. Horns, B. A. Manny, S. C. McAughey, P. G. Sly, and B. L. Swanson. 1995. Lake trout spawning habitat in the Great Lakes – a review of current knowledge. Journal of Great Lakes Research 21(Supplement 1):487–497.

McIntosh, R. 1977. Report of the Classification Task Group, Experimental Ecological Reserves, TIE-NSF Project, Kellogg Biological Station, Michigan State University, East Lansing.

Nelson, F. A. 1986. Effect of flow fluctuations on brown trout in the Beaverhead River, Montana. North American Journal of Fisheries Management 6:551–559.

Nunan, P. J. 1967. Pink salmon in Lake Superior. Ontario Fish and Wildlife Review 6:8–13.

O'Gorman, R., and T. J. Stewart. 1999. Ascent, dominance, and decline of alewife in the Great Lakes: food web interactions and management strategies. Pages 489–514 *in* W. Taylor and C. P. Ferreri, editors. Great Lakes fisheries policy and management, a binational perspective. Michigan State University Press, East Lansing.

Patriarche, M. H. 1980. Movement and harvest of coho salmon in Lake Michigan, 1978–1979. Michigan Department of Natural Resources, Fisheries Research Report 1889, Ann Arbor.

Peck, J. W. 1970. Straying and reproduction of coho salmon, *Oncorhynchyus kisuch*, planted in a Lake Superior tributary Transactions of the American Fisheries Society 99:591–595.

Peck, J. W. 1992. The sport fishery and contribution of hatchery trout and salmon in Lake Superior and its tributaries at Marquette, Michigan, 1984–87. Michigan Department of Natural Resources Fisheries Research Report 1975, Ann Arbor.

Peck, J. W. 1994. Rehabilitation of a Lake Superior steelhead population by stocking yearling smolts. Michigan Department of Natural Resources, Fisheries Research Report 2012, Ann Arbor.

Peck, J. W., W. R. MacCallum, S. T. Schram, D. R. Schreiner, and J. D. Shively. 1994. Other salmonines. Pages 35–52 *in* M. J. Hansen, editor. The state of Lake Superior in 1992. Great Lakes Fishery Commission, Special Publication 94–1, Ann Arbor, Michigan.

Poff, N. L., and J. V. Ward. 1989. Implications of streamflow variability and predictability for lotic community structure: a regional analysis of streamflow patterns. Canadian Journal of Fisheries and Aquatic Sciences 46:1805–1818.

Powell, M. J., and M. Miller. 1990. Shoal spawning by chinook salmon in Lake Huron. North American Journal of Fisheries Management 10:242–244.

Pycha, R. L. 1980. Changes in mortality of lake trout (*Salvelinus namaycush*) in Michigan waters of Lake Superior in relation to sea lamprey (*Petromyzon marinus*) predation, 1968–78. Canadian Journal of Fisheries and Aquatic Sciences 37:2063–2073.

Rand, P. S., D. J. Stewart, P. W. Seelbach, M. L. Jones, and L. R. Wedge. 1993. Modeling steelhead population energetics in Lakes Michigan and Ontario. Transactions of the American Fisheries Society 122:977–1001.

Reid, D. M., D. M. Anderson, and B. A. Henderson. 2001. Restoration of lake trout in Parry Sound, Lake Huron. North American Journal of Fisheries Management 21:156–169.

Ricciardi, A. 2001. Facilitative interactions among aquatic invaders: is an "invasional meltdown" occurring in the Great Lakes? Canadian Journal of Fisheries and Aquatic. Sciences 58:2513–2525.

Richards, R. P. 1990. Measures of flow variability and a new flow-based classification of Great Lakes tributaries. Journal of Great Lakes Research 16(1):53–70.

Rozich, T. J. 1998. Manistee River assessment. Michigan Department of Natural Resources, Fisheries Special Report 20, Lansing.

Rybicki, R. W., and P. J. Schneeberger. 1990. Recent history and management of the state-licensed commercial fishery for lake whitefish in the Michigan waters of Lake Michigan. Michigan Department of Natural Resources, Research Report 1960, Lansing.

Schleen, L. P., G. C. Christie, J. W. Heinrich, R. A. Bergstedt, R. J. Young, T. J. Morse, D. S. Lavis, T. D. Bills, J. E. Johnson, and M. P. Ebener. In press. Development and implementation of an integrated program for control of sea lampreys in the St. Mary's River. Journal of Great Lakes Research 29(Supplement 1).

Schumacher, R. E., and S. Eddy. 1960. The appearance of pink salmon, Oncorhynchus gorbuscha (Walbaum), in Lake Superior Transactions of the American Fisheries Society 89:371–373.

Seelbach, P. W. 1986. Population biology of steelhead in the Little Manistee River, Michigan. Doctoral dissertation. University of Michigan, Ann Arbor.

Seelbach, P. W., and B. R. Miller. 1993. Dynamics in Lake Superior of hatchery and wild steelhead emigrating from the Huron River, Michigan. Michigan Department of Natural Resources, Fisheries Research Report 1993, Ann Arbor.

Seelbach, P. W., and G. E. Whelan. 1988. Identification and contribution of wild and hatchery steelhead stocks in Lake Michigan tributaries. Transactions of the American Fisheries Society 177(5):444–451.

Smith, B. R., and J. J. Tibbles. 1980. Sea lamprey (*Petromyzon marinus*) in Lakes Huron, Michigan and Superior: history of invasion and control, 1936–78. Canadian Journal of Fisheries and Aquatic Sciences 37:1780–1801.

Smith, S. H. 1968. Species succession and fishery exploitation in the Great Lakes. Journal Fisheries Research Board of Canada 25:667–693.

Smith, S. H. 1970. Species interactions of the alewife in the Great Lakes. Transactions of the American Fisheries Society 99:754–765.

Smith, S. H. 1972. Factors of ecologic succession in oligotrophic fish communities of the Laurentian Great Lakes. Canadian Journal of Fisheries and Aquatic Sciences 29:717–730.

Smith, S. H. 1995. Early ecologic changes in the fish community of Lake Ontario. Great Lakes Fishery Commission Technical Report 60, Ann Arbor, Michigan.

Stauffer, T. M. 1977. Numbers of juvenile salmonids

produced in five Lake Superior tributaries and the effect of juvenile coho salmon on their numbers and growth, 1967–1974. Michigan Department of Natural Resources, Fisheries Division, Research Report 1846, Ann Arbor.

Stewart, D. J., and M. Ibarra. 1991. Predation and production by salmonine fishes in Lake Michigan, 1978–1988. Canadian Journal of Fisheries and Aquatic Sciences 48:909–922.

Swanson, B. L., J. D. Shively, and J. W. Heinrich. 1992. 1991 Lake Superior lake trout extraction. Pages 125–136 *in* W. MacCallum and L. Bird, editors. Great Lakes Fishery Commission, Lake Superior Committee 1992 Annual Meeting Minutes, Ann Arbor, Michigan.

Talhelm, D. R. 1988. Economics of Great Lakes fisheries: a 1985 assessment. Great Lakes Fishery Commission, Technical Report No. 54, Ann Arbor, Michigan.

The Brook Trout Subcommittee. 1996. Status of brook trout in Lake Superior. L. E. Newman and R. B. Dubois, editors. Great Lakes Fishery Commission, Lake Superior Technical Committee unpublished report, Ann Arbor, Michigan.

Tody, W. H., and H. A. Tanner. 1966. Coho salmon for the Great Lakes. Michigan Department of Natural Resources, Fisheries Division, Fish Management Report 1, Lansing.

United States Fish and Wildlife Service and Bureau of Census. 1993. 1991 National survey of fishing, hunting, and wildlife-associated recreation. U.S. Department of the Interior, Fish and Wildlife Service and U.S. Department of Commerce, Bureau of the Census. U.S. Government Printing Office, Washington, D.C.

United States Forest Service. 1986. Rivers of sand: a perspective of river restoration for improved fish habitat on major rivers of the Hiawatha National Forest. United States Forest Service, Hiawatha National Forest, Escanaba, Michigan.

Van Oosten, J. 1937. The dispersal of smelt, Osmerus mordax, in the Great Lakes region Transactions of the American Fisheries Society 66:160–171.

Wells, L., and A. L. McLain. 1972. Lake Michigan: effects of exploitation, introductions, and eutrophication on the salmonid community. Journal Fisheries Research Board of Canada 29:889–898.

Westerman, F. A. 1974. On the history of trout planting and fish management in Michigan. Pages 15–38 *in* Michigan Fisheries Centennial Report 1873–1973. Michigan Department of Natural Resources, Fisheries Division, Fisheries Management Report No. 6, Lansing.

Woldt, P. A., and E. S. Rutherford. 2002. Production of juvenile steelhead in two central Lake Michigan tributaries. Michigan Department of Natural Resources, Fisheries Division, Research Report 2060. Michigan Department of Natural Resources, Lansing.

American Fisheries Society Symposium 44:33–43, 2004

Overview of Lake Stocking for Recreational Fisheries in Interior Alaska

JAMES T. FISH
Alaska Department of Fish and Game, Sport Fish Division, Stocked Waters Program
1300 College Road, Fairbanks, Alaska 99701-1599, USA

Abstract.—The Alaska Department of Fish and Game's Division of Sport Fish operates a Stocked Waters Program within Alaska to provide increased recreational angling opportunities and to function as a conservation mechanism where angling is diverted from wild stocks to propagated fish released into lakes and select streams. Within interior Alaska, the Stocked Waters Program is particularly important to anglers since opportunities to participate in sport fisheries with anadromous fish are limited when compared to opportunities in coastal regions of Alaska. More than 100 lakes and ponds are stocked annually within Alaska's interior, providing year-round recreational angling opportunities, much of which would otherwise not exist. Lake stocking is guided and controlled by the state's Lake Stocking Policy, a fish pathology policy, a fish genetics policy, a publicly reviewed Statewide Stocking Plan for Recreational Fisheries, and a fish transport permitting system. Two fish hatcheries located in south-central Alaska currently propagate five species of fish for lake stocking, but an interior-based fish hatchery may soon be constructed in Fairbanks for the Stocked Waters Program. Evaluations of stocked fish populations and the fisheries they provide enable biologist to determine the best fish species, life stage, and time of release for each introduction, as well as sensible fishery management practices for stocked lakes. The Stocked Waters Program is considered a vital component of the division's overall mission and goals.

Introduction

Fish stocking in lakes of interior Alaska originally began as a method to increase the availability of game fish to anglers because of increased population growth in the Fairbanks area during the late 1940s and early 1950s. Later, when harvest restrictions progressively increased on wild fish stocks during the late 1980s, stocking fish became recognized as a conservation tool, where it served to divert harvest from wild populations that could not sustain high levels of angler harvest. Today, the Stocked Water Program supports consumptive fisheries along the road system where fishing effort and harvests are greatest, as well as in rural and remote locations where smaller consumptive fisheries also occur. As the mission of the Sport Fish Division is to protect and improve the state's recreational fishery resources, the current stocking program is still an effective conservation measure for wild fish stocks protection. However, it also provides increased and diversified angling opportunities that normally would not be present. Most of the winter ice fishing opportunities currently available to anglers in interior Alaska would be nonexistent if fish stocking did not occur. Anglers and businesses in Fairbanks and the surrounding communities value the Alaska Department of Fish and Game's (ADF&G) Stocked Waters Program because it provides opportunities to catch fish species, such as rainbow trout *Oncorhynchus mykiss* and Arctic char *Salvelinus alpinus* that are nonindigenous to Tanana drainage in interior Alaska.

The first documented fish introductions in interior Alaska occurred prior to World War II, when 12 adult lake trout *S. namaycush* and numerous rainbow trout eggs were stocked into Harding Lake during 1939 (Anonymous 1941). There were no other recorded enhancement activities in interior Alaska until 1952. The Fairbanks Hatchery (also called the Birch Lake Hatchery) operated from 1952 until 1964 and initiated rainbow trout culture in Alaska. The primary purpose was to produce rainbow trout for stocking into roadside lakes in the Fairbanks and Anchorage communities. Lake stocking formally began in 1952 when Lost Lake, as well as eight roadside gravel pits, near Fairbanks was stocked with rainbow trout fry from the Fairbanks Hatchery

(Alaska Fisheries Board and Alaska Department of Fisheries 1952).

The state of Alaska is divided into three administrative areas by ADF&G. Region III includes interior Alaska and encompasses approximately 1,357,080 km^2, the majority of the landmass of the state. Recreational fishery resources in Alaska's interior are mainly managed out of the Fairbanks regional office. The division's Stocked Waters Program in the interior also operates in the Fairbanks office. Fairbanks is the largest community of interior Alaska, located in the Tanana Valley with a population of more than 30,000 people within the Fairbanks North Star Borough. However, nearly 80,000 people live within Fairbanks and its outlying communities. Other major population centers include North Pole and Nenana and two large military installations, Eielson Air Force Base and Fort Wainwright. Also included in Region III are the communities of Delta Junction and Glennallen, both located south of Fairbanks along the Richardson Highway. Stocked lakes in the interior range in size from more than 1 to 1,012 ha and are accessible by roads, trails, or use of aircraft. Four major roadside lakes are located within 138 km from Fairbanks: Chena Lake, Harding Lake, Birch Lake, and Quartz Lake, with surface areas of 105, 1012, 325, and 609 ha, respectively. Larger stocked lakes with surface areas of 200 ha are also located near Glennallen. In addition, there are more than 100 smaller lakes and ponds, and one stream, located from Fairbanks south to Glennallen, that are annually stocked by the Stocked Waters Program to support recreational fisheries. Most stocked fisheries support year-round participation, although half of the angling effort on some lakes occurs during winter. Interior Alaska is not only geographically, climatically, and demographically unique from southcentral or southeast Alaska, but its fishery resources are also different. Sport fisheries for anadromous fish are relatively limited within the interior, when compared to coastal Alaska. A greater proportion of anglers that fish in the interior depend upon stocked lakes for recreational angling than anglers in other regions of the state (Walker et al. 2003). Fishery resources are also managed on a regional basis (i.e., regulations governing sport fisheries in the Fairbanks area can be different than those for fisheries near Anchorage or Juneau). As a result, the stocked lake fisheries in interior Alaska are relatively unique from the rest of the state.

Fort Richardson and Elmendorf fish hatcheries (collectively termed the Ship Creek Fish Hatchery Facility) are currently the only state-operated hatcheries that produce fish for lake stocking to support recreational angling. Both facilities are located near Anchorage, nearly 563 km from stocked lakes in Alaska's interior. Both divisional fish hatcheries are flow-through facilities with up to 75% water reuse systems in operation. In addition, Arctic char at Fort Richardson Hatchery have been successfully propagated in a fully recirculating aquaculture grow-out system, using biofiltration to remove nitrogenous wastes. Evaluations of propagation techniques are on-going to increase fish production, given current constraints to the availability of water and rearing space at both hatcheries. For nearly 6 years, these two particular fish hatcheries have functioned to supply all fish for lake stocking in interior Alaska (during the past 30 years, ADF&G has operated as many as 20 fish hatcheries across the state, while up to 36 hatcheries have been operated by private nonprofit organizations funded by commercial fishermen). Currently, fish culture is being evaluated at a proposed hatchery site in Fairbanks, in order to meet anticipated demand for hatchery propagated fish in recreational fisheries.

Rainbow trout, Arctic char, Arctic grayling *Thymallus arcticus*, Chinook salmon *O. tshawytscha*, and coho salmon *O. kisutch* are currently the only fish propagated at either divisional hatchery. Hatchery propagation of inconnu (also known as sheefish) *Stenodus leucichthys* was discontinued in 1989, and hatchery production of lake trout was discontinued in 2000. Rainbow trout (Swanson River strain) and Arctic char (Lake Aleknagik strain) are currently maintained as broodstock at Fort Richardson Fish Hatchery. Salmon broodstock are adult returns from hatchery smolt releases. Arctic grayling and occasionally Arctic char are propagated from annual eggtakes on wild fish populations.

The goal of this publication is to describe the components of the Stocked Waters Program in interior Alaska and address what fish are stocked and how lakes are stocked and managed. This publication expands on the summary of fish stocking evaluations by Bentz et al. (1991), and specifically focuses on current use of propagated fish in Alaska's interior.

Lake Stocking Policy

The Division of Sport Fish adopted a statewide Lake Stocking Policy in 1998, although many of its guidelines were followed for many years prior to its adoption (Alaska Department of Fish and Game 1998). It outlines the planning and permitting process required for fish introductions, as well as genetic, pathological, and fishery management concerns to be considered.

The policy also guides stocking activities via a precautionary approach by identifying proper species for a given lake, based on the lake's outlet characteristics. Lakes without outlets (classified as hard-landlocked) do not have stocking restrictions, since there is no risk of fish escape, excluding human transport (Table 1). However, lakes with intermittent outlets are restricted to sterile (triploid) stocking products or species with life history characteristics, making it unlikely that fish will escape. A greater likelihood of fish escape, based on lake outlet type, necessitates more restrictive guidelines for fish introductions. The goal of this policy was to stop unwarranted fish introductions, particularly in cases where hatchery-produced fish could escape lakes, disperse further into watersheds, and interact with or impact wild stocks of fish. There are, however, cases where fish introductions occur in lakes that have indigenous wild fish populations. For example, Harding Lake near Fairbanks contains wild populations of burbot *Lota lota* and northern pike *Esox lucius*. Lake trout and Arctic char are stocked into this lake and have established reproducing populations. They are pelagic fish and can coexist with apparently little impact on the wild burbot and pike. Likewise, pike and burbot in Harding Lake do not appear to prey extensively on char or lake trout, likely because of differences in habitat used by each species. In other lakes, northern pike can decimate stocked fish populations. Sockeye salmon *O. nerka*, coho salmon, Artic grayling, and rainbow trout stocked into Harding Lake failed to establish populations of fish likely because of northern pike predation (Doxey 1991a).

Adherence to the Lake Stocking Policy is assured through a permitting process (described below), as defined by Alaska law (Title 16 of *Alaska Statutes* and Title 5 of the *Alaska Administrative Code*). Lake categories defined in the policy are identified on each fish transport permit. Reviewers of each permit can disagree with proposed fish introductions into a particular lake, if the outlet status is questionable or potential for fish escape poses substantial risk to wild stocks of fish. The Lake Stocking Policy is consistent with the state's Genetic and Pathology Policies. The Genetic Policy (Genetic Policy, Alaska Department of Fish and Game 1985) ensures the protection of genetic integrity of both wild and hatchery-produced fish by limiting the transportation and release of fish stocks across geographic regions of the state to eliminate genetic interaction between hatchery-produced stocks with local and wild stocks of fish. Protection of wild fish stocks is given priority over introduced stocks of fish, and maintenance of genetic variance in fish culture practices, is favored. Stocking genetically nonnative fish into a particular geographic location may be limited to sterile fish, if escape from a lake is possible. If fish escape is unlikely, genetic concerns are lessened.

The Pathology Policy (Regulation, Changes, Policies and Guidelines for Alaskan Fish and Shellfish Health and Disease Control, Alaska Department of Fish and Game 2003) concerns the protection of wild and propagated fish from the spread of fish diseases. Fish must be certified disease-free for specific pathogens before release into lakes, particularly into lakes

Table 1. Classification of lakes and recommended stocking products for Sport Fish Division lake stocking projects.[a]

	Rainbow trout				
Lake type	Mixed-sex	All-female triploid	Arctic grayling	Landlocked salmon	Arctic char
Landlocked	Yes	Yes	Yes	Yes	Yes
Connected lakes	Yes	Yes	Yes	Yes	Yes
Intermittent outlet	No	Yes	Maybe[b]	Maybe[b]	No
Weired	No	Yes	Maybe[b]	Maybe[b]	Maybe[c]
Barriered outlet	No	Yes	Maybe[b]	Maybe[b]	Maybe[c]
Flood prone	No	Yes	Maybe[b]	No	No
Open outlet	No	No	No	No	No

[a] Adapted from Lake Stocking Policy for Sport Fish Division, Statewide Stocking Plan for Recreational Fisheries, 1998. Alaska Department of Fish and Game.

[b] If a wild population of a species is present in the drainage, only strains of fish indigenous to the drainage may be stocked. If there are no wild populations of this species, it may be stocked if there is no possibility of the stocked fish creating a naturally reproducing population.

[c] The life history of this fish makes it highly unlikely that fish will escape the lake, establish a naturally reproducing population, and compete with native fishes.

within open systems or lakes that are not landlocked to prevent the spread of water borne pathogens.

To address management concerns, all lakes are surveyed prior to fish stocking, to ascertain outlet type or status, land ownership, angler access, presence or absence of potential predators, and lake limnological characteristics. Each lake must have guaranteed public access in order to be stocked with fish. Biologists consider lake characteristics, location, and desired fishery to recommend the most appropriate fish species to stock, during the planning processes described below.

Statewide Stocking Plan for Recreational Fisheries

The Division of Sport Fish annually releases a Statewide Stocking Plan (SWSP) that lists each fish species produced by Sport Fish Division hatcheries and the particular lakes to be stocked with them. This is the primary planning document of all fish releases conducted by the Sport Fish Division. Divided into regional sections, the plan is also a publicly reviewed document that indicates when, and how often, particular waters are to be stocked with fish. The document is also used as a fish production plan for hatchery personnel. The plan is released during winter of each year and has a public comment period of 30 d. During the comment period, the public can nominate lakes for stocking and inclusion into the SWSP. Similarly, lakes can be removed from planned stocking, or changes to species, life stages, time of release, and numbers of fish stocked can be made. All lakes to be stocked must be included in the SWSP. Any additional waters to be stocked for recreational fisheries not included in the SWSP are advertised in the media (newspaper, radio, or television) for a 10-d public comment prior to stocking. Formal departmental review of such proposed stocking is also required.

Fish Transport Permits

Title 16 of *Alaska Statutes* and Title 5 of the *Alaska Administrative Code* require any individual to possess a fish transport permit (FTP) prior to containment or transport of live fish within the state. The importation of any live fish into the state for stocking or rearing in natural waters is also prohibited. These regulations were enacted after statehood and continue to govern fish transport and releases today. Fishery biologists in the Stocked Waters Program draft FTPs to provide details of proposed stocking, including fish species, life stage, and ploidy to be stocked; hatchery rearing facility and release location; the purpose of stocking; and any planned evaluations. The state fish pathologist, state fish geneticist, regional fishery biologists, and regional supervisors from the Commercial Fisheries Division and Sport Fish Division review each FTP and make recommendations to agree or disagree with fish introductions. The commissioner of the department ultimately approves or disapproves each proposed stocking, based on recommendations made by each reviewer. Without an approved FTP, fish stocking cannot legally occur.

Lake Stocking Activities

Lake stocking in interior Alaska usually begins each year when lakes become ice free, generally by mid-May. Catchable-sized rainbow trout (age 1 and approximately 100 g) are mainly stocked during late May to mid-June, followed by catchable Arctic grayling (also age 1 and approximately 100 g) and Arctic char (age 1.5 and approximately 100 g). Catchables will have been raised in the hatchery for a year. Stocking catchable-sized fish creates "instant fisheries" in lakes managed for put-and-take fisheries. Fingerling-sized fish are generally stocked during mid-July to mid-August. These include rainbow trout, Arctic grayling, coho salmon, and occasionally Arctic char. Fingerling rainbow trout and Arctic grayling (1–4 g) are available from hatcheries during July and August after hatching and accelerated rearing for 3–4 months with heated water (6–12°C). Fingerling coho salmon (also 1–4 g) are typically reared for 5 months or more at 12°C or less, since propagated coho salmon originate from fall spawning fish. Subcatchables (typically ≥ 20 g) are stocked in May (for rainbow trout) or late August to early September (for Arctic char). Catchable Chinook salmon and Arctic char are typically stocked in early September.

Depending on the fish size and lake location, fish are released directly from a transport truck into a lake or further transported via all-terrain vehicles (ATV) or aircraft to lakes in off-road locations. Only fingerling-sized fish are stocked from aircraft, since it is cost-prohibitive to stock larger fish (i.e., each aerial transport is limited by weight). Stocking large fish from aircraft would severely limit the number of large fish per transport and would require multiple transport trips to reach stocking density goals.

Although "soft release" stocking practices, such as providing prerelease acclimation at the site of stocking, as described by Brown and Day (2002), are typically not followed. However, stocking practices to minimize mortality during transport and release (reviewed by Hartman and Preston 2001) are utilized. Biologists try to ensure fish survival by timing the stocking of a lake with both the characteristics of the lake and the fishery it supports. Lake stocking activities are often reduced during midsummer (July) because lake surface water temperatures often exceed 20°C. Occasionally it is necessary to disperse fish over a large area of a lake while stocking, to avoid or reduce predation from larger stocked fish or avian predators, or to allow fish to the opportunity to find cooler water.

The practice of stocking eggs and larval fish was replaced with fed fry during early hatchery operations in the 1950s. Fry stocking was generally phased out during the mid-1990s; although because of extended transport and remoteness of location, it continues in one location in the southeast Alaska. Most current lake stocking activities involve fingerling (2–4 g), subcatchable (20–60 g), and catchable-sized (≥100 g) fish. Many stocked fisheries have also changed from being "put-and-grow" to being "put-and-take" fisheries, particularly in urban locations. Put-and-take fisheries in urban locations are very popular among anglers in Alaska, particularly with lakes that have undeveloped shoreline but well-defined angler access and day-use or camping facilities. Stocking fish for put-and-take summer fisheries into lakes that usually experience depleted dissolved oxygen—or winterkill—conditions when ice-covered has dramatically increased angling opportunities in urban locations in interior Alaska. These lakes must be stocked with only catchable-sized fish during the summer to provide immediate angling opportunity.

Stocking Evaluations

Fish introductions are often evaluated from a "performance" perspective in the fisheries they support. This involves understanding the biology of fish stocked into locations they normally would not inhabit, as well as the use of stocked fish resources by anglers. Some of the biology of stocked fish is unknown (e.g., specific foraging habits, reproductive potential in specific lakes, etc.). Abundance, survival, and growth of fish following stocking, and their return-to-the-creel have been the most meaningful dynamics to estimate. What follows is a brief description of stocked species and notable evaluation studies.

Havens and Sonnichsen (1992) reported survival rates were highest (30% to 37%) for age-1 rainbow trout when stocked in south-central Alaskan lakes as age-0 fingerlings (approximately 4 months old) at densities of 50, 100, and 200 fish per lake surface acre (0.4 ha). The cost of producing rainbow trout in the hatcheries was lowest for stocking densities of 100 and 200 fish per lake surface acre (0.4 ha). Thus, 200 fish per lake surface acre are became the general "rule-of-thumb" for stocking lakes with fingerling-sized fish. In remote lakes of interior Alaska, fingerlings are still stocked at densities of 200 fish per surface acre (0.4 ha). Modifications to this density rule are made when stocking larger fish or multispecies lakes. Fish stocked at larger sizes typically have a greater survival to catchable size (≥180 mm fork length; the size at which fish recruit to a fishery). Consequently, a large component of hatchery operations now produces larger, catchable-sized fish. However, it is also more expensive to produce larger fish because they require more food and longer culture to maintain a longer grow-out period. Fingerlings, stocked into lakes as age-0 fish, are cheaper to produce than larger fish, but return to the creel demonstrates that stocking the most cost-effective hatchery product may not create an acceptable fishery. For example, in Quartz Lake (138 km from Fairbanks) cost-to-catchable-size is lowest for fingerling rainbow trout. However, in Birch Lake cost-to-catchable-size is greater for fingerling rainbow trout than for subcatchable rainbow trout (Doxey 1991b; Skaugstad and Doxey 1996).

Biologist stock subcatchables and catchables at densities to match anticipated angler use, lake location, and lake characteristics. In popular urban lakes, catchable rainbow trout may be stocked at densities of 500 fish per 0.4 ha and up to three times during the summer. Biologists try to anticipate effort and harvest and stock enough fish to satisfy angler demand, but not excessive numbers of fish that will go unharvested. Lakes in more rural locations may be stocked with lower densities of subcatchables and catchables depending on whether the lakes winterkill or support winter fisheries, and anticipated angling effort to be expended at each lake. Angler reports, test netting activities, population abundance estimates, and hatchery production considerations are used to adjust stocking densities. Determining ideal stocking densities of fish, based on survival to age 1, does not consider prey resource availability for adult fish, angler exploitation, or differences in recruitment to a fishery by different species. Management plans are currently being developed based on public demand for desired fisheries and the productive capacities of lakes. Northcote and Larkin (1956) found total dissolved solids to be a general predictive indicator of lake productivity in British Columbia, Canada. In Alaska, Skaugstad

(1989) and (Simpson 1998) used alkalinity and conductivity, respectively, with the Morphoedaphic index of Ryder (1965) as productivity indicators for various Alaskan lakes. Biologists with the ADF&G Stocked Waters Program are currently evaluating limnological predictors of lake productivity for application in determining optimal species and stocking densities for lakes in interior Alaska.

Skaugstad and Clark (1991) reported that stocking combinations of two game fish species provided more successful fisheries (>two game fish per lake surface ha) than stocking three or four species together in small lakes (≤56 surface ha). In larger stocked lakes (≥100 surface ha), up to four stocked species have provided successful fisheries. Examples include rainbow trout, Chinook salmon, Arctic char, and Arctic grayling stocked into Birch Lake and rainbow trout, coho and Chinook salmon, and Arctic char stocked into Quartz Lake. Although angling opportunity for each species often overlaps, rainbow trout are caught mainly during open-water seasons, while landlocked salmon provide the bulk of winter ice fishing catch and harvest. Arctic char provide deep water trolling opportunity, but are typically not caught from shore during summer. During winter, they provide ice fishing opportunity throughout the lake, often in shallow water. Arctic grayling are caught most often during summer, but are also caught during winter fisheries.

Rainbow Trout

Rainbow trout are stocked in the greatest quantities of all fish introduced into lakes in interior Alaska. They are perceived to be the most sought after fish by anglers who fish stocked lakes. No native stocks of rainbow trout occur in the Yukon River drainages or north of the Gulkana and Susitna River drainages in interior Alaska. As mentioned above, rainbow trout culture within Alaska first began in Fairbanks in 1952. Since then, many strains of rainbow trout have been produced in Alaskan hatcheries and released into lakes. Havens et al. (1995) summarized results of extensive rainbow trout strain evaluations, where Swanson River rainbow trout typically had greater survival compared to nonAlaskan rainbow trout strains, as well as to other strains from elsewhere in Alaska. As a result, Swanson River rainbow trout were selected as the primary brood source and have been utilized for lake stocking since 1980. They are currently maintained as broodstock at Fort Richardson Fish Hatchery. Currently, 102 lakes are stocked with rainbow trout in interior Alaska.

All-female triploid (sterile) rainbow trout are also currently produced and are typically stocked into lakes where fish escape is possible, or where fish are stocked into open systems. Sex reversal methods are used to maintain all-female broodstock, and heat shock methods are used to induce triploidy in fertilized rainbow trout eggs, as described by Brock et al. (1994). In Fort Richardson and Elmendorf fish hatcheries, triploid rainbow trout grow slower than diploid rainbow trout and typically take longer to reach desired sizes at release than their diploid counterparts (D. Keifer, ADF&G Elmendorf Fish Hatchery, unpublished data). Mixed sex triploids are no longer produced at the hatcheries because many triploid male fish would still sexually mature and attempt to spawn, often at age 1. Results reported by Havens and Sonnichsen (1993), and by Brock et al. (1994), suggest that growth and survival of stocked all-female triploid was consistently less than that of mixed sex diploid rainbow trout when stocked into six different south-central Alaskan lakes. However these results were limited to age-1 and age-2 fish.

All female triploid rainbow trout are sterile and do not appear to exhibit the spawning behavioral characteristics of diploid trout. This behavior is exploited as a potential fishery management tool. For example, stocked diploid rainbow trout congregate near shore or at lake outlets in early spring, apparently attracted by inlet spring upwelling or lake water outflow, and attempt to spawn. In Quartz Lake, fish congregate in open water leads as the ice recedes from shore during early spring. Anglers target large rainbow trout and harvest enough fish to apparently reduce the availability of large rainbow trout during the remainder of the year. From two cohorts of marked diploid and triploid fish, Skaugstad and Fish (2000) found that triploid rainbow trout were less likely to be harvested during the nearshore fishery in spring of 1999 in Quartz Lake. Analysis of creel information suggested that triploid rainbow trout contribute to the Quartz Lake fishery as the lake becomes ice-free and angling effort was dispersed across its surface during seasons of open water. However, it remains unclear if diploid fish were simply less abundant during periods of open water (summer) after the spring fishery or if triploids truly avoided the spring fishery.

The longevity and growth potential of all-female triploid Swanson River strain rainbow trout remains unknown. Diploid Swanson River rainbow trout stocked into lakes apparently live to reach ages 4 or 5. All-female triploid rainbow trout from the same brood source are suspected to live as long and may potentially live longer because they apparently lack the burden of spawning physiology each year and do not produce eggs. All-female triploid rainbow trout have been observed to grow to 58 cm (approximately 23 in) in length in Quartz Lake (J. Fish, ADF&G, Fairbanks, unpublished data). Angler captures of all-female triploid rainbow trout (identified by fin clips) in Quartz Lake have also indicated excellent condition factor of individual fish (Ken Alt, ADF&G, retired, personal communication). It is possible that because all-female triploids do not expend energy into sexual maturation, they may eventually grow larger and have a higher quality body condition, greater survival, and similar return-to-the-creel as their diploid counterparts, given sufficient time within a lake.

Arctic Char

Arctic char are also nonnative to the Tanana Valley of interior Alaska, although stocks of Dolly Varden *Salvelinus malma* do exist in river drainages in the Alaska Range Mountains in the interior. Biennial eggtakes are conducted to collect gametes from Lake Aleknagik Arctic char (located in southwest Alaska) for hatchery fish production. An experimental broodstock of Lake Aleknagik Arctic char are maintained at Fort Richardson Fish Hatchery, although many fish die at age 3 or 4. Currently, 35 lakes in interior Alaska are stocked with Arctic char. Arctic char are currently stocked as subcatchable (8–20 g) and catchable-sized fish (100 g or more) into both urban and rural lakes. They are stocked into put-and-take fisheries only if a particular lake supports a winter fishery. Arctic char have recently increased in popularity among anglers in the interior, and although they provide increased angling diversity in stocked lakes, they do not replace rainbow trout as stocking products for put-and-grow or put-and-take fisheries. Catch rates of Arctic char, and their return-to-the-creel, is much lower than for rainbow trout, apparently because they are often unavailable to shore-based anglers and are typically more difficult to catch than rainbow trout (M. Doxey, ADF&G, Fairbanks, unpublished data). Unless lakes are deep (≥9 m) and well oxygenated, most low elevation lakes in interior Alaska cannot support Arctic char fisheries because of a lack of thermal refugia at 12°C or cooler (Skaugstad and Doxey 1997). However, higher elevation lakes, even though they may be relatively shallow, can often support Arctic char fisheries because lake temperature regimes are suitable. Adult Arctic char in Harding Lake reach sizes of 7 kg and 76 cm in length (~15 lb and 30 in), and apparently feed heavily on least cisco *Coregonus sardinella* Valenciennes (J. Fish and C. Skaugstad, ADF&G, Fairbanks, personal observation).

Coho and Chinook Salmon

Landlocked salmon have been stocked into interior lakes since 1968. They are often stocked in combination with rainbow trout. When one species is not readily caught by anglers, the other species typically is. Landlocked salmon are voracious feeders and exhibit rapid growth after stocking. Stocked landlocked salmon are considered the "backbone" of roadside winter fisheries in interior Alaska. For example, in Quartz Lake during 2000, coho salmon composed an estimated 44% of the total catch and estimated 39% of the total harvest (Walker et al. 2003). In interior Alaska, Chinook salmon are stocked as catchables into lakes. Chinook salmon stocked as fingerlings had poor survival past age 1 and were eventually only stocked as catchables. Stocked fingerling coho salmon, however, typically displayed survival of 50% or greater past age 1 (Skaugstad 2001). Today, Chinook salmon are stocked solely as catchables to provide winter put-and-take fishing opportunity in high-use roadside lakes near urban locations. Coho salmon are currently stocked as fingerlings in put-and-grow lakes, particularly in rural and remote locations. Most unharvested landlocked salmon become sexually mature and die at age 3 (Doxey 1991b). Currently, nine lakes in interior Alaska are stocked with Chinook salmon, and 11 lakes are stocked with coho salmon.

Arctic Grayling

Stocked Arctic grayling provide both increased angling opportunities and consumptive fisheries in interior Alaska. This is particularly important in the Fairbanks area since the Chena River, which supports the largest Arctic grayling fishery in North America (Ridder 1999), is managed as catch-and-release only fishery for Arctic grayling. Forty-six lakes and ponds are currently stocked with Arctic grayling in Alaska's interior. Anglers catch arctic grayling during summer more than during winter fisheries. Each year biologist from the Stocked Waters Program perform "eggtakes" on wild stocks of Tanana River and Copper River drainage Arctic grayling, to supply the hatcheries with gametes for fish production. No broodstock are maintained at hatcheries. Arctic grayling have reproduced successfully in only a few stocked lakes and ponds (e.g., Meiers and Junction Lakes and various gravel pits). Arctic grayling are often introduced into flood-prone lakes or those with intermittent outlets. If Arctic grayling escape from such lakes and interact with wild fish, the genetic consequences are considered minimal because Arctic grayling are indigenous to interior Alaska and originate from wild parent fish in the same river drainage they are stocked.

Lake Trout

Until 2000, 14 lakes were stocked with lake trout in interior Alaska. Since 1991, 26 trophy-sized fish have been harvested from Harding Lake (trophy lake trout is defined as having a minimum weight of 9.1 kg or 20 lb). These fish have weighed from 9 to 15 kg and measured 79–100 cm in length. However, hatchery production of lake trout was discontinued in 2000 because of the increased demand for catchable rainbow trout, anadromous salmon for south-central Alaska, and limited rearing space availability in the hatcheries.

Surveys

The Division of Sport Fish undertakes an annual Statewide Harvest Survey (SWHS), which is a recreational fishing questionnaire mailed to both residents and nonresidents who purchased a sport fishing license. From voluntary survey returns, angler effort, catch, and harvest are estimated for game fish in locations across the state. Large stocked lakes in interior Alaska are individually identified in the survey results, but most small lakes are reported as a group of lakes. The number of survey respondents is sufficient to generate meaningful estimates of harvest, catch, and effort for most major stocked fisheries. Doxey (1991b) noted that periodic on-site creel surveys from 1979 to 1990 at Birch, Chena, and Quartz lakes tended to confirm estimates of harvests reported for these three lakes in the SWHS. However, for lakes that receive less angling effort, harvest and catch estimates can be underestimated, have large standard errors, and be misleading. Angling effort (or angler-days) is defined as the estimated number of days fished by all anglers for a particular location, and any part of a day fished by an angler is considered one angler-day. Angling "pressure," or angler-days per lake surface acre, is sometime informally used to adjust stocking levels to meet angling demands. Small lakes tend to receive much more angling pressure than larger ones because angler effort is confined to a smaller surface area on such lakes (Skaugstad 2001).

Since 1990, stocked fish have represented 51% to 75% of the total estimated harvest of all game fish in the Tanana Valley (Fairbanks and Delta Junction) and about 33% to 44% of the total estimated fishing effort (Skaugstad 2001). In 1999, approximately 68% of the total harvest of wild and stocked fish in the Tanana Valley was attributed to just two stocked species: rainbow trout and landlocked coho salmon (Howe et al. 2001). Major stocked fisheries in the Tanana Valley included Quartz Lake, Birch Lake, Chena Lake, and one stocked stream, Piledriver Slough. Quartz Lake is the second most popular fishery in Region III as measured by angler effort (17,812 angler-days). In 1999, it provided the highest catch (76,000 fish) and harvest (26,000 fish) of any fishery in interior Alaska, where 31% of all fish harvested (both stocked and wild) in the Tanana Valley were caught in Quartz Lake (Howe et al. 2001).

An Alaska angler survey was conducted by Duffield et al. (2001) in 1995 to estimate to value of various fisheries, based on anglers' net willingness to pay. The four major stocked fisheries in the Tanana Valley near Fairbanks, which account for most of the angler effort and harvest (Birch Lake, Harding Lake, Chena Lake, and Piledriver Slough) had an estimated total annual net economic value of approximately $2,036,198 during 1995 (Duffield et al. 2001). Estimated cost of stocking and evaluation of these waters in 1995 (including all hatchery and Stocked Waters Program costs apportioned by hatchery production biomass to fish stocked into these particular lakes) was $390,998 (Skaugstad 2001). When Quartz Lake from the Upper Tanana Valley Management Area was included as a fifth major stocked water, the estimated total net economic value of all major stocked fisheries in the Tanana Valley increased to $3,998,458 (SE = $0.27 million). Estimated cost to stock and evaluate all five of these fisheries in 1995 was $505,058 (Skaugstad 2001).

Alaska Department of Fish and Game has conducted periodic on-site creel surveys and angler surveys focusing on specific species. An angler preference survey for stocked waters has never been conducted, although preferences for stocked waters have been voiced by anglers through various public meetings and comment to the SWSP. Angler preference information may be helpful in evaluating the cost-benefit relationships for stocked fisheries, as anglers may be willing to incur high-cost stocked fisheries for the opportunity to catch or harvest large and nonindigenous fish. New management plans for stocked waters in interior Alaska also allow for angler preferences to be known and for the development of angler-driven stewardship of stocked fisheries.

Stocked Waters Management Plans

Regulation of stocked lakes (governing means and methods of fishing, as well as bag limits and seasons) is determined by the Alaska Board of Fisheries. The board meets every 3 years for a particular area (interior Alaska is made up of three regulatory areas—upper Copper/ upper Susitna, lower Copper River, and Arcitc-Yukon-Kuskokwim area). The Division of Sport Fish makes recommendations to the board on best management practices to assure for continued use of recreational fisheries. However, the board also accepts public testimony and considers public demand when modifying angling regulations. In 1991, new fishery management plans were drafted for the large stocked lakes near Fairbanks, Piledriver Slough, and an aggregation of more than 80 smaller lakes. Based on an assemblage of fishery research, angler surveys, and creel surveys since the 1970s, these management plans were drafted to provide for specific levels of angler effort and catch rates as management objectives for each lake or group of lakes.

Biologists are currently updating and formulating new management plans for lakes in interior Alaska, based on desired fishery opportunity and lake productivity potential. Management plans from 1991 have become outdated in that they do not reflect the dynamic nature of stocking activities and hatchery production, nor the current trends and patterns of resource use and angling opportunities desired by the public. The current daily bag and possession limit for stocked fish in most lakes was changed in April 2004 to 10 fish per day of any species combination, only one of which can be longer than 45.7 cm. In the recent past, in lakes with three species of stocked fish, an angler could have potentially harvested 30 fish/d. New management plans recently adopted include background regulations to lower the combined daily bag and possession limit for all species combined. In addition, a background length limit was imposed to preserve the availability of large fish to anglers. A background length limit recognizes the value and opportunity to catch large fish and attempts to spread this opportunity to the maximum number of anglers and water bodies. Also included is a framework that designates stocked waters into High Yield Lakes, Conservative Yield Lakes, or Special Management Lakes, based on biological productivity, angler and stocking access, and publicly desired fishing opportunity. High Yield Lakes have been identified as lakes where anglers generally harvest a large portion of their catch. The fishery management objective for high yield lakes is to create and maintain fisheries that provide for a reasonable expectation of catching the daily bag limit within 1 d of angling. There are currently 123 lakes (97% of all stocked waters) within the interior Alaska that are categorized within this grouping, as there is high angler demand for lakes that provide a wide breadth of year-round fishing experiences and liberal bag limits with minimal restrictions. These lakes are often stocked with multiple species. Conservative Yield Lakes are lake systems that, because of unique location, productivity or angler preference, will be managed for a high catch rate and low harvest-to-catch ratio. The fishery management objective is to create and maintain the opportunity to catch and harvest the daily bag limit while providing the opportunity to catch one large fish (e.g., ≥45.7 cm or 18 in) within 1 d of angling. Conservative Yield Lakes may potentially be seasonally restricted or have moderate gear restrictions and have a smaller bag limit than High Yield Lakes. Special Management Lakes are those that, because of access, productivity or unique fishery characteristics, are deemed by the public as deserving unique management. The fishery management objective is to maintain a high probability of catching several large fish within 1 d of angling for an experienced angler, but restrict their harvest. Presently there are three lakes (2% of all stocked waters) within this category in interior Alaska, and there is public demand for to include more. Special Management Lakes may have a background length limit to limit the harvest of large fish or potentially be catch-and-release only. Seasonal angling restrictions, or gear restrictions (such as no bait; single-hook artificial lure or artificial fly only), will be determined by the public, in concert with the Department and Board of Fisheries.

The goal of this new management plan is to allow the public the opportunity to designate how particular lakes are managed within the Board of Fisheries review process and the suggested lake category framework outlined by the division's Stocked Waters Program biologists. This management plan will enable the division the meet its goal, as well as demands of the public, in providing dependable and diverse recreational angling opportunities.

Future of Stocked Waters Program

The overall mission of the Sport Fish Division is to protect and improve the state's recreational fishery resources. Along with its mission, three goals have historically been sought by the division: (1) Conserve naturally reproducing populations of sport fish species, (2) provide a diverse mix of sport fishing opportunities, and (3) optimize the social and economic benefits of Alaska's recreational fisheries. The Division of Sport Fish completed a strategic plan in 2002 where the mission, goals, and desired outcomes of the division were better defined. Considerable employee and public involvement was included in its formation, as it lays the direction for the division's outlook and endeavors for next five or more years. Alaska provides some of best and most diverse recreational fisheries in the world, and recreational fishing is recognized and supported as being an important element of Alaska's economy. Consistent with the Stocked Waters Program and its proposed lake management plans in providing for conservation of wild fish stocks, yet offering diverse recreational angling opportunities, is the division's goal to provide dependable and diverse recreational fishing opportunities consistent with public demand. Another divisional goal is to sustain recreational fishing opportunities while optimizing social and economic benefits from these opportunities. The division is to achieve these goals by developing a wide range of fishing opportunities, while recognizing the wide variation among anglers relative to income, age, experience, ability, and the kinds of opportunities they seek (Alaska Department of Fish and Game 2002). The Stocked Waters Program is one of the most valuable tools and means by which the division can live up to its mission, accomplish its goals, and realized the outcomes the public desires.

Acknowledgments

Special thanks are extended to Cal Skaugstad and Mike Doxey for their guidance, insight, and editorial suggestions, and who collectively have nearly 40 years of stocked lakes evaluation experience in interior Alaska. Thanks to April Behr and Holy Carroll for assistance during manuscript preparation and to two anonymous reviewers for editorial suggestions. This work was partially funded by the Federal Aid in Sport Fish Restoration Act (16 U.S.C. 777–777K).

References

Alaska Department of Fish and Game. 1985. Genetic policy. Alaska Department of Fish and Game, Fisheries Rehabilitation Enhancement and Development Division, Juneau.

Alaska Department of Fish and Game. 1998. Statewide stocking plan for recreational fisheries. Alaska Department of Fish and Game, Sport Fish Division, 333 Raspberry Road, Anchorage.

Alaska Department of Fish and Game. 2002. Division of Sport Fish strategic plan. Alaska Department of Fish and Game, Sport Fish Division, Juneau.

Alaska Department of Fish and Game. 2003. Regulation changes, policies and guidelines for Alaska fish and shellfish and disease control. Alaska Department of Fish and Game, Commercial Fisheries Division, Juneau.

Alaska Fisheries Board and Alaska Department of Fisheries. 1952. Annual report for 1952. Alaska Fisheries Board and Alaska Department of Fisheries, Report No. 4, Juneau

Anonymous. 1941. Game fish management in Harding Lake, Fairbanks, Alaska. (Outline of fisheries observations and stocking history at Harding Lake during summer, 1941, with fisheries management recommendations and an agreement between the USFWS and the Tanana Valley Sportsman's Association to cooperate in a lake trout stocking program). Unpublished, U.S. Fish and Wildlife Service, 1941. Archived at Alaska Department of Fish and Game, 1300 College Road, Fairbanks, Alaska, USA.

Bentz Jr., R. W., A. C. Havens, G. H. Sanders, and C. L. Skaugstad. 1991. A summary of sport fish stocking evaluations in Alaska, 1985–1989. Alaska Department of Fish and Game, Fishery Manuscript No. 91–7, Anchorage.

Brock, I. R., P. Hansen, D. McBride, and A. C. Havens. 1994. Culture and performance of triploid rainbow trout in Alaska. Pages 263–273 *in* R. E. McCabe and K. G. Wadsworth, editors. Transactions of the Fifty-Ninth North American Wildlife and Natural Resources Conference. Wildlife Management Institute, Washington, D. C.

Brown, C., and R. L. Day. 2002. The future of stock enhancements: lesions for hatchery practice from conservation biology. Fish and Fisheries 3:79–94.

Doxey, M. 1991a. A history of fisheries assessments and stocking programs in Harding Lake, Alaska, 1939–1989. Alaska Department of Fish and Game, Fishery Data Series No. 91–2, Anchorage.

Doxey, M. 1991b. Evaluation of rainbow trout and coho salmon stocking programs in Birch, Chena, and Quartz lakes, Alaska. Alaska Department of Fish and Game, Fishery Data Series No. 91–66, Anchorage.

Duffield, J. W., and C. J. Neher, and M. F. Merritt. 2001. Alaska Angler Survey: use and valuation for 1995, with focus on Tanana Valley major stocked waters. Alaska Department of Fish and Game, Special Publication No. 01–4, Anchorage.

Hartman, K. J., and B. Preston. 2001. Stocking. Pages 661–686 *in* G. A. Wedemeyer, editor. Fish hatchery management, 2nd edition. American Fisheries Society, Bethesda, Maryland.

Havens, A., and S. Sonnichsen. 1992. Evaluation of enhancement efforts for rainbow trout in southcentral

Alaska, 1991. Alaska Department of Fish and Game, Fishery Data Series No. 92–37, Anchorage

Havens, A., and S. Sonnichsen. 1993. Comparative performance of stocked diploid and triploid all female rainbow trout in landlocked lakes, southcentral Alaska, 1992. Alaska Department of Fish and Game, Fishery Data Series No. 93–34, Anchorage.

Havens, A., T. Bradley, and C. Baer. 1995. Lake stocking manual for nonanadromous fisheries in southcentral Alaska. Alaska Department of Fish and Game, Special Publication No. 95–2, Anchorage.

Howe, A. L., G. Fidler, C. Olnes, A. E. Bingham, and M. J. Mills. 2001. Participation, catch, and harvest in Alaska sport fisheries during 1999. Alaska Department of Fish and Game, Fishery Data Series 01–8, Anchorage.

Northcote, T. G., and P. A. Larkin. 1956. Indices of productivity in British Columbia lakes. Journal of the Fisheries Research Board of Canada 13(4):515–540.

Ridder, W. P., 1999. Stock status of Chena River Arctic grayling in 1998. Alaska Department of Fish and Game, Fishery Data Series 99–35, Anchorage.

Ryder, R. A. 1965. A method of estimating the potential fish production of north-temperate lakes. Transactions of the American Fisheries Society 94(3):214–218.

Simpson, T. D. 1998. Lake productivity indices as estimators of carrying capacity for burbot and northern pike in interior Alaska. Thesis for Master of Science. University of Alaska, Fairbanks.

Skaugstad, C. 1989. Evaluation of Arctic grayling enhancement: a cost per survivor estimate. Alaska Department of Fish and Game, Fishery Data Series No. 89–96, Anchorage.

Skaugstad, C. 2001. Management report for the Stocked Waters Program, Region III, 1999–2000. Alaska Department of Fish and Game, Fishery Management Report No. 01–12, Anchorage.

Skaugstad, C., and M. Doxey. 1996. Evaluation of stocked game fish in the Tanana Valley, 1995. Alaska Department of Fish and Game, Fishery Data Series No. 96–44, Anchorage.

Skaugstad, C., and M. Doxey. 1997. Evaluation of stocked game fish in the Tanana Valley, 1996. Alaska Department of Fish and Game, Fishery Data Series No. 97–35, Anchorage.

Skaugstad, C., and J. H. Clark. 1991. Evaluation of the stocking of mixed species of game fish in small lakes. Alaska Department of Fish and Game, Fishery Data Series No. 91–60, Anchorage.

Skaugstad, C., and J. T. Fish. 2000. Evaluation of stocked game fish in the Tanana Valley, 1999. Alaska Department of Fish and Game, Fishery Data Series No. 00–13, Anchorage.

Walker, R. J., C. Olnes, K. Sundet, A. L. Howe, and A. E. Bingham. 2003. Participation, catch, and harvest in Alaska sport fisheries during 2000. Alaska Department of Fish and Game, Fishery Data Series No. 03–05, Anchorage.

American Fisheries Society Symposium 44:45–56, 2004

Stocking Red Drum: Lessons Learned

WALLACE E. JENKINS, THEODORE I. J. SMITH, AND MICHAEL R. DENSON

Marine Resources Research Institute, South Carolina Department of Natural Resources Post Office Box 12559, Charleston, South Carolina 29422-2559, USA

Abstract.—Some fisheries managers have reservations concerning marine stock enhancement programs as they believe that stock supplementation is not a proven management strategy. Further, they consider the perceived risks of disease introductions, genetic degradation, and other possible negative impacts unacceptable for an unproven technology. The red drum *Sciaenops ocellatus* is a highly popular sport fish throughout southern U.S. waters, but population abundance has been drastically reduced due to overharvesting. For more than a decade, South Carolina has been evaluating the impact of stocked red drum in the overall management plan to restore abundance of this species. Findings to date conclude that stocked fish behave similarly to wild fish, sex ratio and survival of stocked fish is similar to wild fish, stocking effects are additive and increase local population size, growth of wild cohorts is not impacted by presence of stocked fish, stocked fish enter into the adult population, and negative genetic impacts are not likely in a properly managed program. Over this same time period, experiments conducted in Texas and Florida have also addressed many of the critical uncertainties associated with red drum stocking. Data from these three states have demonstrated that responsibly managed stocking programs can increase local abundance while not displacing wild red drum or causing loss of genetic diversity.

In spite of these encouraging findings, stocking should not be considered as a panacea or total solution to population restoration. Nursery and spawning habitats must be vigorously protected and regulations must be maintained to prevent overfishing if long-term sustainability is to be achieved. Similarly, based on data collected to date, stocking may not be the pariah that some managers perceive. Indeed, it will only be through additional controlled studies that the role of stocked red drum can be quantitatively assessed as a management tool.

Introduction

Stocking of hatchery-produced marine fish as a method to increase species abundance has a long and controversial history in the United States. This is due in part to the lack of evidence of an observed effect of the massive federally sponsored marine stocking programs of the early 20th century (Richards and Edwards 1986). In addition, problems associated with salmonid stocking programs in the Pacific Northwest have been citied as reasons to avoid use of stocking to assist with the management of any marine species (MacCall 1989; Meffe 1992; White et al. 1995). As a result, fishery managers are typically divided into two groups with "one adamantly favoring increased fishing regulations, habitat protection and restoration in preference to hatchery releases and the other supporting propagation and release as an additional tool to manage fisheries and restore declining stocks" (Blankenship and Leber 1995). Those opposed to stocking consider it to be an unproven "techno arrogant" approach (Meffe 1992), and a suite of concerns associated with stocking are cited. Proponents of this school of thought often ignore the fact that the traditional single species approach to fisheries management brings with it many of the same concerns. In reality, both traditional fishery managers and stocking proponents have the same objective of increasing or maintaining abundance of the target species and, thus, may have more in common than they realize.

A third group that plays a significant and pivotal role in the development of fishery management plans and policy is the public and their elected representatives. This group funds all aspects of fisheries management and research in the United States, either directly thorough license purchases or indirectly through state and federal taxes. As a group, these individuals typically view stocking as a panacea believing that the more fish that are stocked the better. For example, when South Carolina (SC) anglers were asked to prioritize expenditure of revenues derived from sale of saltwater fishing licenses, stocking of red drum *Sciaenops ocellatus* ranked first among 12 potential activities (Waltz 1996). Members of the public may also attempt to pressure their representatives to ensure that fish are stocked in their area. This is usually not in the best interests of resource protection and often counterproductive to the implementation of a responsible program.

Along the south Atlantic Coast, the red drum is a highly prize recreational species (Hussey et al. 2000). Unfortunately, population abundance is depressed (ASMFC 1991), and progressively restrictive regulations have been enacted. Red drum abundance has declined primarily due to long-term overharvest of all age-classes (ASMFC 1991). The species life history and ecological characteristics make them vulnerable to capture. Juveniles are easily accessible to anglers as fish age 0–5 years reside primarily in the estuary, while adults are found in the near shore area out to a depth of approximately 30 m (Wenner 1992). Individuals have been documented to live more than 50 years and are believed to spawn annually after maturing at about age 5 years (Ross et al. 1995). Red drum exhibit high fecundity and spawn multiple batches of eggs during each late summer/early fall (August–October) spawning season (Overstreet 1983). In SC, fish spawn near shore and larvae are recruited to the *Spartina alterniflora* marsh nursery habitat. Small juveniles overwinter in this habitat and feed primarily on benthic organisms. They emerge the following spring at a total length (TL) of approximately 100 mm (Wenner 1992). Based on recaptures of marked wild fish, subadults exhibit high site fidelity with tagged fish being captured multiple times near the same location (Wenner 1992).

In 1989, SC began to experimentally explore the potential of using stocked fish to affect more rapid recovery than would be possible by using traditional fishery management techniques alone (Smith et al. 2003). Controlled studies were conducted in a stepwise approach to address many of the general issues associated with stocking red drum. During each study, stocked fish were marked prior to release with external tags, coded wire tags, or chemical (oxytetracycline HCl [OTC]) marks so that impacts could be evaluated. This "responsible approach," later characterized by Blankenship and Leber (1995) and AFS (1995), has formed the basis of an expanded statewide demonstration program begun in 2002.

Recently, Leber (2002) identified a list of "critical uncertainties" associated with stock enhancement. In this paper, we provide information germane to each of these "uncertainties" using data collected in SC and elsewhere (Table 1). Unfortunately, there are many possible variables in stocking protocols, data collection techniques, and definitions of stocking success. Further, the conduct of large-scale field trials is very labor intensive and time consuming and limits the number of variables that can be concurrently addressed. Thus, not all issues and permutations could be fully examined. Stock enhancement research, like fisheries research, is far from an exacting science and results can be influenced by human factors (e.g., improper handling, stocking protocols, and angler or sampling biases) as well as by natural environmental perturbations (e.g., wet or dry year, predator/prey interactions). Sometimes such influences may not be known until long after a study is concluded or may never be known.

The purpose of this paper is to report information on the current state of knowledge regarding stocking of red drum as a potential management tool. References are cited as possible so that the reader can delve into more detail on a particular subject than can be reported in this overview paper. The sections of this manuscript are organized to follow the "critical uncertainties" as identified by Leber (2002).

Effects of Release Strategies

Fish Size at Release

There are substantial economic and logistical issues associated with size of fish at release. Besides the obvious cost issues, management concerns, including avian predators (increase with size of fish produced) (Baird et al. 1995); transport and stocking equipment requirements also need to be considered as size of fish for stocking is increased. In SC, there is one controlled study examining the effect of size at release and two peripheral single size-at-release studies that begin to address this stocking parameter. During 1989–1993, approximately 10,000 (mean = 10,350), externally tagged red drum were released annually in three size-classes ranging from 100 mm to about 250 mm TL. After stocking, returns versus season of release (a concurrent study) allowed data to be partitioned for only fish stocked during seasons that yielded the highest returns (spring and fall). Results were compared for 29,831 fish tagged with a long-lasting tag. Mean fishery dependant recapture level (survival to capture), adjusted for nonreporting by anglers (Denson et al. 2002), range from 14% for the small size (100–149

Table 1. Critical uncertainties related to stocking red drum (after Leber 2002). Does stocking work?

Uncertainty	References
Effects of release strategy	
Fish size at release	Willis et al. 1995; Smith et al. 1997, 2003; McEachron et al. 1998
Release habitat	Rooker et al. 1998; Smith et al. 2003; Jenkins et al. 2004
Release timing	Willis et al. 1995; Smith et al. 1997; Jenkins et al. 2004
Release magnitude	McEachron et al. 1998; Jenkins et al. 2004
Actual impact	
Extra capacity	This article; McEachron et al. 1998
Increase in abundance	Smith et al. 2003
Long term survival	Smith et al. 1997
Minimum distribution	Willis et al. 1995; McEachron et al. 1998; Jenkins et al. 2004
Sex ratio	Jenkins et al. 2004
Conservation issues	
Displacement	Smith et al. 2001
Fitness of hatchery fish	Jenkins et al. 2004
Cannibalism	No published data
Genetic diversity and fitness	Gold et al. 1991; Seyoum et al. 2000; Chapman et al. 2002
Health effects	Willis et al. 1995; Kennedy et al. 1998
Community dynamics	Ringwood et al. 2003
Predator prey interactions	Rooker et al. 1998
Accounting issues	
Yield/stocked recruit	Smith et al. 1997; Denson et al. 2002
Optimal size at release	Smith et al. 1997; McEachron et al. 1998; Jenkins et al. 2004
Cost-benefit ratio	Pace 1995
Sustainability	
Regulations only	ASFMC 2002
Habitat protection	ASMFC 2002

mm TL) group to 31% for fish stocked at a size of approximately 200–250 mm TL (Smith et al. 1997). Overall the larger fish provided a higher return level. Fishery independent sampling (trammel netting) in the stocked area during and after the stocking period (1989–1994) indicated that tagged hatchery fish provided from 0.8% to 4.1%/year of all red drum collected in the sample area (Smith et al. 1997). These data were not adjusted to account for tag loss or season of release and should be considered as minima. Other studies using even larger stocked fish provide additional information on the return levels for this size-group. During 1996 and 1997, a study was conducted concurrently in SC and Georgia (GA) evaluating tag reporting level of red drum captured by anglers (Denson et al. 2002). A total of 1,776 externally tagged legal size fish (≥356 mm TL) were stocked into natural habitats. The actual capture level for stocked fish was estimated at 37% of all fish stocked using a back-calculated angler reporting level of 56.7% (Denson et al. 2002).

Size at stocking has also been examined in Florida (FL). Here, the first study focused on fish in three size-groups between 60 and 120 mm TL (Willis et al. 1995), while a second study examined recapture rate of fish that were larger and smaller than 175 mm TL at release. In both studies fish released at the larger sizes were significantly more likely to be recaptured (Willis et al. 1995).

Since 1995, SC has been examining stocking small juveniles (~20–50 mm TL). These studies focus on stocking OTC-marked juveniles at densities ranging from 123 to 2,299/ha in small areas (500–1,000 ha) of available habitat and then monitoring the population's hatchery component and movement of stocked fish into adjacent habitat. Results of fishery independent sampling beginning at age 11 months poststocking indicated that the stocked fish component of a year-class increased the nearer to the stocking site sampled. The maximum stocked fish component at a stocking site was 78% (Smith et al. 2003; Jenkins et al. 2004) and averaged 19% within a 20-km radius over a 3-year period after stocking. These results suggest that it may be more cost-effective and biologically desirable (minimal genetic selection or adaptation to captivity) to stock larger numbers of small juveniles (practiced in Texas [TX]) than much smaller numbers of larger juveniles.

Release Habitat

Release protocols should include identification of the specific habitat for release of fish as well as the extent of distribution during stocking. For example, releases of large fish in SC (1989–1993) were made primarily using the traditional approach of batch releases made directly from a hauling tank at one location (often public boat landings). This strategy led to a large percentage of tag returns coming from the release site (Smith et al. 1997). In FL, high incidence of predation was observed in Biscayne Bay when releases were made in this manner (Serafy et al. 1996). Finally, studies in North Carolina (NC) with black bass (Noble et al. 1994) and in TX with red drum (Rooker et al. 1998) both indicated that higher survival occurred when fish were stocked directly into areas of complex habitat. Based on these results, stocking protocols for small juvenile red drum in SC were modified so that fish were released from boats directly into *Spartina alterniflora* nursery habitats. Stocked component of local populations 1 year after such releases has been high (40–78%) (Smith et al. 2003; Jenkins et al. 2004). Unfortunately, strictly controlled comparisons of the two release strategies (access points with little adjacent nursery habitat versus directly into nursery habitat) have not been made for red drum.

Release Timing

The Texas Parks and Wildlife Department (TPWD) stocks red drum during spring, summer, and fall in an effort to maximize facility production efficiency (McEachron et al. 1998). However, there is little comparative information available from these releases that can be used to evaluate the relative performance. In SC, fish were separated into three size-classes 100–149, 150–199 and >200 TL and stocked during all seasons. Recaptures were greatest for fish stocked in the fall and spring seasons. In fact, fish in the smallest size-class (100–149 mm TL) released in spring were returned more often than those in the large size-class released in summer or winter (Smith et al. 1997). Work in FL, with slightly smaller fish (60–120 mm TL) released in the spring and fall resulted in almost no fish being returned from spring releases (Willis et al. 1995). Similarly, studies in SC with small (20–50 mm TL) fish stocked in the fall and spring indicated that stocking fish during the natural fall spawning season provided the highest proportional returns (Jenkins et al. 2004).

Release Magnitude

In SC, stocking approximately 350,000 fish into a 535-ha area (density = 654 fish/ha) of the 24,646-ha *Spartina* marsh nursery habitat in the Port Royal Sound Estuary resulted in a 19.0% mean hatchery component of the year-class for samples collected throughout the estuary. This was similar to the 19.3% component observed when 1,230,000 million fish (2,299 fish/ha) were stocked in the same location the following year (Jenkins et al. 2004). Based on these data, there may have been carrying capacity limitations at the higher density. The habitat of TX bays is quite different than that found in SC, but maximum stocking densities used in TX are approximately 250 fish/ha and depend on the population status in a particular area (McEachron et al. 1998). The lower density tested in SC (654 fish/ha) and that used in TX (250/ha) appear to provide a hatchery component of up to 20% in the target estuaries (McEachron et al. 1998; Smith et al. 2003; Jenkins et al. 2004).

Actual Impact

Extra Carrying Capacity and Increased Abundance

It has been theorized that extra carrying capacity exists in estuarine nursery habitats (Grimes 1998). Proponents of this theory often cite the variability in year-class recruitment as justification. Based on studies conducted to date with red drum, there does appear to be extra capacity to accommodate fish stocked at 20–50 mm TL. Small fish were stocked into the Ashley River for which 8 years of randomly collected catch per unit effort (CPUE) abundance data were available. During the 8-year period, this estuary (Ashley River) always had the lowest mean juvenile (age 11–16 months) abundance (mean = 0.81 ± 0.36 fish/net set) among six estuaries that were regularly sampled. The CPUE for the Ashley River was less than half the long-term mean for the other five estuaries (2.56 ± 1.58 fish/net set) (Smith et al. 2003). After stocking approximately 600,000 small juveniles at a density of 613 fish/ha in the Ashley River in fall 1999, the juvenile (age 11–16 months) CPUE in the stocked area during fall 2000 increased substantially to 1.73 fish/net set. This level of abundance was 50% greater than had been observed in this river in any of the previous 8 years (Smith et al. 2003). That year, the juvenile CPUE for the Ashley River was also greater than that observed in any other estuary in the state (range =

0.63–1.34) (Smith et al. 2003). Finally, during 2000, the Ashley River was the only estuary sampled in SC for which the trend in juvenile CPUE was increasing (Smith et al. 2003). Based on analysis of otoliths from fish collected by anglers and random fishery independent samples collected in January 2001 at age 17 months, 78% of the red drum collected from the 1999 year-class in the Ashley River were marked fish of hatchery origin (Smith et al. 2003). Thus, the stocked fish improved the CPUE and indicated that additional carrying capacity had been available. Results suggest that unknown anthropogenic (pollution) or biological/hydrological factors present in the Ashley River adversely impact larval recruitment, early settlement, and/or survival of fish less than 20 mm TL.

Long-Term Survival

Hatchery fish are often described as less fit and not providing a long-term contribution to the population. In SC, a small percentage (<0.01%) of externally marked red drum that had been stocked at a size of 100–250 mm TL were recaptured up to 6.5 years after release in spawning aggregations at the mouth of the stocked estuary (Smith et al. 1997). Further, in SC, stocked small fish have been documented to make up a similar component of the population at age 0 and 1 year, indicating similar survival as the wild population during this period (Jenkins et al. 2004). At age 2, fish began to emigrate from the release site and were captured at more distant locations (Jenkins et al. 2004). In TX and SC, marked fish stocked as 20–50-mm-TL juveniles have been captured in the wild population up to 30 months after release (McEachron et al. 1998; Jenkins et al. 2004).

Unfortunately, very little is known about the size or age structure of wild broodstock populations along the Atlantic Coast (ASMFC 2002). No information is available at present on whether stocked fish contribute to the spawning stock biomass. The small scale experimental nature of hatchery releases in SC, and the fact that the vast majority of fish stocked in TX are not marked have made defining the hatchery component of the spawning stock elusive. However, work currently underway in SC (Renshaw 2003; Smith et al. 2003) and FL (Bert et al. 2003) on development of genetic tags should facilitate quantification of long-term survival and the hatchery component of broodstock population in the near future.

Minimum Dispersal

Documentation of the dispersal pattern of stocked fish is important in determining the impact of a stocking program. Marked red drum stocked in FL (Willis et al. 1995), TX (McEachron et al. 1998), and SC (Jenkins et al. 2004) have been recaptured 25–35 km from the release site. In SC, stocked small juveniles (20–50 mm TL) were recaptured at age 28 and 30 months in relatively high proportions (8.3–38.5%) greater than 30 km from the release site. However, due to a study design that limited scope of sampling efforts, 35 km was the maximum extent of dispersal that could be documented in the SC study (Jenkins et al. 2004). Future efforts should seek to further define the scope of stocking impacts.

Sex Ratio

There have been concerns about stocking fish that provide an imbalanced sex ratio as compared to the natural target population (Conover 1998; Heppell and Crowder 1998). This was not found to be the case in SC for stocked red drum. Fish stocked as small juveniles (20–50 mm TL) were recaptured after sexual differentiation and found to exhibit a similar sex ratio (~1:1) as observed for the wild population in the stocked estuary (Jenkins et al. 2004). This ratio was also similar to that observed among wild red drum in NC (Ross et al. 1995). Based on these limited results, normal hatchery procedures and release at an early stage appear to produce fish with a sex distribution similar to the wild population.

Conservation Issues

Displacement

Displacement of wild fish by stocked fish is a major concern and one that is difficult to address without historical abundance data. Fortunately, in SC, a long-term stratified random sampling program of red drum abundance was developed in the early 1990s and provides regular estimates of red drum abundance in six of the state's estuaries (Wenner 2000). This historical database allowed development and testing of a regression model that uses a combination of catch rates of wild juveniles (age 11–16 months) from two adjacent estuaries and rainfall from the previous September (spawning and recruitment season) to back-calculate expected wild juvenile CPUE (abundance) in the Ashley River. The formula that provided the best fit (r^2 = 0.83) to the historic data was as follows:

Wild juvenile CPUE, Ashley River = −1.014 + (0.295 × juvenile CPUE, Charleston Harbor) + (0.0516 × juvenile CPUE, Wando River) + (0.141 × total rainfall, September)

Based on catches of wild juveniles (age 11–16 months) during 2000 in the Charleston Harbor and the Wando River, the model predicted that CPUE of juvenile red drum in the stocked estuary (Ashley River) would be 0.39 fish/net set, if no fish had been stocked. The actual CPUE of wild juveniles, based on the percentage of the population that was not marked when collected, was 0.38 fish/net set. Mean total catch of red drum in this estuary was 1.73 fish/net set, and hatchery fish comprised 78% of the catch. These data indicate that wild fish were present in the expected numbers, not displaced, and that the hatchery contribution was additive (Smith et al. 2001). Because of the high variability associated with CPUE data, further testing of this model is required.

At the stocking densities that have been tested in SC, there does not appear to be a measurable impact on growth (competition) of wild cohorts. Size at age 18 months as estimated by otolith characteristics for year-classes of wild fish captured near the stocking site before and during stocking were not significantly different, even at the highest (2,299 fish/ha) stocking density (Jenkins et al. 2004). These data suggest that growth of wild fish was not affected by presence of stocked fish.

Cannibalism

No data are available, at present, to determine whether cannibalism of wild fish by hatchery fish is an issue or vice versa. At a small size, red drum feed primarily on crustaceans (Wenner 1992). If stocking programs focus on in-season releases of small fish, cannibalism is unlikely to be a problem. Data from experimental releases in SC seem to support this hypothesis, as wild fish were present in expected numbers even though stocked juveniles outnumbered wild juveniles by three to one (Smith et al. 2001). If managers choose to release fish out of phase, potential for negative interactions should be closely examined.

Genetic Diversity and Fitness

Issues related to genetic diversity and fitness of stocked fish tends to generate strong responses that are often based on general concepts rather than species-specific data. In SC, stocked fish have been shown to comprise a large component of the population in stocked estuaries (Smith et al. 2003). Further, stocked fish exhibited similar survival to wild fish through age 1 (≤23 months) and have been recaptured in small numbers up to 6.5 years at large (Smith et al. 1997; Jenkins et al. 2004). Small fish (20–50 mm TL) released in the fall also grew at the same rate as their wild counterparts (Jenkins et al. 2004). These successes mean that, although undocumented at present, there is likely to be future breeding between fish of hatchery origin and wild fish.

It is essential that the genetic structure of the wild population be characterized prior to undertaking a large-scale release program. Tissue samples (fin clips) were collected statewide in SC between 1990 and 1996 from the wild red drum population during random juvenile sampling (Chapman et al. 2002). Analysis of the data confirmed earlier work in FL and TX that found that red drum are genetically very similar throughout their range, indicating a high degree of mixing (Gold and Richardson 1991; Seyoum et al. 2000; Chapman et al. 2002). This may be due to their life history, which includes spawning multiple batches of eggs over many years. The data also indicated that in SC, fish from as few as 100 breeders may be effective contributors to an individual year-class (Chapman et al. 2002). This recruitment pattern, referred to as the "Sweepstakes Effect," was first described among shellfish populations on the West Coast of the United States (Hedgecock et al. 1992). The hypothesis is based on data that indicate a limited number of families produce eggs and larvae that, by chance, encounter optimum conditions for survival. As a result, their offspring make a large contribution to a year-class. This phenomenon is repeated annually, but different families are "lucky" each year. Based on these data and red drum population characteristics, geneticists propose that a properly conducted hatchery program could actually increase the effective population size (Chapman et al. 2002). Hatchery production techniques used in SC include (1) frequent broodstock rotation, (2) production in seminatural extensive nursery ponds, and (3) minimal time in captivity (<30 d) before release. These techniques should help reduce the potential for domestication and declines in genetic fitness due to inbreeding depression.

Health

Determination of the health status of wild fish is essential to document prestocking condition and later define hatchery effects. In SC, the Department of

Health and Environmental Control (SCDHEC) regularly collects tissue samples of red drum to determine body burdens of various pesticides and heavy metals (SCDHEC 2003). Some background data are also available on incidence of various parasite and bacterial infections in the wild for SC red drum (Burnett et al. 1994; Evans et al. 1997). The occurrence of parasites and bacterial infections in wild red drum is not uncommon; however, at present, there is little documentation to suggest that these diseases cause significant mortality in the wild population in SC (A. Segars DVM, SCDNR, personal communication).

In FL, hatchery and wild populations of red drum are regularly examined for incidence of various diseases and parasites. In addition, a formal health certification process has been implemented to prevent release of sick fish (Landsberg et al. 1991; Willis et al. 1995; Kennedy et al. 1998). In the hatchery environment in FL, fish have been found to carry a suite of organisms that are characteristic of those found in the wild population; however, the diversity is usually lower. Once hatchery fish are released into the wild, they quickly become infested with the same suite of organisms found among their wild conspecifics (G. Vermeer, FL Fish and Wildlife Conservation Commission, personal communication). Florida hatchery workers have also observed that the likelihood of symptomatic outbreaks within the hatchery population appears to be related to time in captivity prior to release (G. Vermeer, FL Fish and Wildlife Conservation Commission, personal communication). These data suggest that releasing small young juveniles may be preferable from a health management perspective.

Community Dynamics

Delineation of ecosystem dynamics is a time consuming and tedious process. Unfortunately, detailed community interactions are not well defined for wild red drum populations, although the species life history and ecological characteristics are generally known. During their early life history, red drum juveniles feed primarily on benthic organisms (Wenner 1992). The Baruch Institute (SC) has a long-term sampling program of a juvenile nursery habitat in North Inlet, SC. Results indicate that wild red drum juveniles (20–50 mm TL) are seldom collected at densities greater than 50 fish/ha, even during "strong" year-classes (D. Allen, Baruch Institute, personal communication). In SC, there is little information on the community effects of stocking juveniles at higher densities than that recorded in nature. The only available information came from a study that was focused primarily on examining the effects of various pollutants in estuarine sediments on the benthic community. The study encompassed an estuary that had been stocked with small red drum at a density of 613 fish/ha in fall 1999 as well as adjacent nonstocked estuaries. Samples were collected and compared during summer and winter. Although stocking affects were not the focus of this study, no significant differences were detected in the Benthic Index of Biotic Integrity between stocked and other sites with similar environmental characteristics (Ringwood et al. 2003).

Studies that focus on the effects of stocking red drum at every trophic level are needed, but the high variability associated with these types of studies will make partitioning out the role of stocked fish in changes in community structure difficult.

Predator–Prey Interactions

Short-term post release predator–prey interactions have been observed both in FL and SC. Significant prey activity has been documented in the relatively clear waters of Biscayne Bay, FL (Serafy et al. 1996). In SC, a high level of predation was observed when small fish were released at a boat landing rather than into nursery habitat. Predation interactions have been examined empirically in 1-m-diameter mesocosms in TX. Wild and hatchery red drum were released in vegetated and unvegetated mesocosms (Rooker et al. 1998). Predation was highest in unvegetated replicates and mortality decreased with increasing fish size. However, there were no significant differences in mortality between wild and hatchery fish (Rooker et al. 1998). These data suggest that stocking fish directly into nursery habitat may minimize initial predation.

There is also evidence that the bottlenose dolphin *Tursiops truncatus* can be a major source of mortality of juvenile red drum, particularly during the winter months (Young and Phillips 2002). However, it is not known whether stocking will increase predation of wild fish by attracting more predators or serve as surrogates to reduce predation on wild fish.

It is logical to assume that increased abundance of red drum, whether achieved by traditional management approaches or stocking, will have some measurable impact on prey communities. However, due to the complexity of these relationships, documenting these impacts will be difficult and will require a multidisciplinary approach.

Accounting Issues

Yield/Stocked Recruit

The yield to the fishery per stocked recruit is dependant on the size of fish at release. Recapture rates as high as 14% were recorded for fish 100 mm TL, while legal-size fish yielded a recapture rate of 37% (Smith et al. 1997; Denson et al. 2002). These values should be considered conservative, as it is unlikely that all fish that survived were recaptured. For small fish, the hatchery component of the population can be measured. However, to determine yield, an estimate of the entire population must be made. Unfortunately, because of the patchy distribution of red drum juveniles, population assessment biologists have been unable to accurately estimate the size of the wild population either on a local or regional scale. As a result, there are no data available that can be used to estimate survival to the creel for fish stocked at a size of 20–50 mm TL.

Optimal Size at Release

On a cost per unit basis, small fish are considerably less expensive to produce and stock. Between 1995 and 2001, seven experimental releases of small fish (20–50 mm TL) at densities ranging from 123 to 2,299 fish/ha were made. Results indicate that at age 1, hatchery component in the stocked areas range from 9.2% to 78.0% (median = 50.6%) (Smith et al. 2003; Jenkins et al. 2004). In comparison, releasing fewer large fish in experiments conducted in the early 1990s resulted in a much lower hatchery component of the population (Smith et al. 1997). Based on these data, it appears that releases of small fish have the potential to make a larger impact.

Cost-Benefit Ratio

The concept of using a cost-benefit ratio to define "success" is easy to grasp. However, there are a variety of approaches that can be used to estimate socioeconomic benefits of stocking programs. Further, cost–benefit interpretations become more complicated as one moves from a strictly "put and take" fishery to restoring and maintaining populations that offer recreational and perhaps commercial fishing opportunities. A simplistic approach has been to calculate the average expenditures on pursuing and capturing fish and comparing it to the cost of producing fish. This approach was used in TX where direct expenditures for each red drum caught by anglers were estimated to be $199/fish (R. Vega, TPWD, personal communication). Expanding this estimate indicated that only 0.02% (6,658 fish) of the nearly 30 million released annually needed to be recaptured to cover the hatchery program's expenses. In contrast, Southwick and Associates (2001) estimated that total expenditures per trip for red drum in the south Atlantic ranged from a low of $22 for resident shore-based anglers in GA to a high of $1,105 for residents fishing on charter boats in NC.

Other approaches have used contingency analyses and varying combinations of willingness to pay, net present value, and/or existence value. Haab et al. (2000) estimated that anglers in SC were willing to pay only $5.13 for one additional fish/trip. Using data for stocking 100–250-mm-TL red drum in SC, Pace (1995) estimated actual production cost and then used a public questionnaire to determine value. The survey results revealed that the nonuse value of the red drum fishery was $1.73/household (Pace 1995). This value indicated that a stocking program based on releasing large (100–250 mm TL) red drum could achieve a small positive benefit (Pace 1995). No direct cost comparisons have been made between stocking small (25 mm) versus large juveniles, but it appears that at comparable facilities, similar labor and time are involved to produce and mark 1–2 million (25 mm TL) fish as is required to produce and mark ~10–20,000 larger (100–250 mm TL) fish.

The economic importance of the red drum fishery in the south Atlantic region in 1997 was estimated to be $2.46 billion (ASMFC 2002). Considering the high component of the population in stocked areas that was made up of hatchery fish (Smith et al. 2003; Jenkins et al. 2004) and documented increases in abundance as a result of stocking, it is likely that a more robust analysis of releasing small fish could yield a positive benefit.

Sustainability

Regulation

As of 2000, nearly 20 years of progressively stricter regulations had not resulted in an increase in abundance of juvenile red drum in SC. Randomly collected data have shown that in spite of the occurrence of two "good" year-classes during the 1990s, juvenile abundance declined at a rate of nearly 12% annually (Wenner 2000). The current regulations adopted in 2001 were designed to meet the goal of sustainability. However, even under the best-case scenario, the population will not be fully recovered for 20 years (Vaughan and Carmichael 2000). The creel limits in two states (FL and NC) on the Atlantic Coast are already at 1 fish/d. Thus, there is not much more room for management discretion other than establishing ever-narrower slot limits or initiating season closures. Whether yields can be expanded on a large scale through the use of stocking remains to be determined. However, it appears that by using a multifaceted approach (public education, regulation, and stocking), as has been done in TX, recovery may be accelerated.

Habitat Protection

Fortunately, during the last 30 years, many federal habitat protection initiatives have been enacted (e.g., Clean Water Act, Coastal Zone Management Act, etc.). These regulations have resulted in a substantial decrease in the rate of wetland loss during the 1990s (Dahl 2000). However, incremental environmental impacts of continued coastal development persist (Lerberg et al. 2000) and must be dealt with to prevent further degradation of essential fish habitats, whether stocking programs for red drum are undertaken or not. The problem for fisheries agencies is the complexity of addressing loss of habitat due to urbanization and or commercial development. As with most public policy decisions, coastal development usually comes down to a question of economics, jobs, tax revenues, and so forth, with fisheries impacts rarely discussed. Meffe (1992) was correct when he stated that fisheries biologist use halfway technologies, treating the symptoms rather than the cause of a problem. Unfortunately, because public policy decisions often do not allow the opportunity to eliminate the cause, treating the symptoms through additional regulations and/or stocking may be the only option available.

Discussion

Historically, stocking has not been part of the regional fishery management plans for red drum along the Atlantic (ASMFC 1991) or Gulf of Mexico coasts (GMFMC 1988). This is in spite of the fact that a large stocking program has been underway in TX since the early 1980s (McEachron and Daniels 1995). During this same period, the TPWD has implemented stricter harvest regulations, conducted a program to educate the public about the status of the red drum population, and outlined what could be done to facilitate recovery. This approach was successful as fishery data have shown that the red drum population in Texas bays has improved significantly (McEachron et al. 1995). In addition, hatchery fish comprise up to 20% of the population in some stocked bays (McEachron et al. 1995). Unfortunately, it is impossible to determine absolutely what, if any, part stocking has played in the recovery (Scharf 2000). In SC, the approach has been to experimentally address specific questions during a period of relatively stable size and creel limits (Smith et al. 2004, this volume). As a result, many of the critical uncertainties associated with red drum stocking have been at least partially addressed (Table 1). Questions remain, but based in part on SC's results, the ASMFC, for the first time, included the concept of stocking in its management plan (ASMFC 2002).

So is red drum stocking a panacea or a management pariah? Even when presented with all the data collected from the experimental releases in SC, some members of the red drum stock assessment panel maintained their belief that stocking does not work and stated, "So what! Stocking had an effect in a small estuary which already had low recruitment." In contrast, saltwater anglers, when informed of the potential expansion of the stocking program in SC, began calling for fish to be stocked in their fishing areas regardless of the local population status. Neither group took the right approach.

The job of the fishery manager is to protect the population and suggest the proper approach to maintaining long-term sustainability. This can be a difficult process when faced with public and political pressures and a paucity of, or conflicting, data. Current fishery regulations are expected to achieve red drum population sustainability with or without stocking (ASMFC 2002). However, recovery time may be protracted.

The data collected demonstrate that responsible stocking can be beneficial. Stocked fish can accelerate both the understanding of red drum recruitment dynamics and population recovery without apparent concomitant negative effects. At present, recaptured fish are sacrificed to obtain information on origin. This requirement effectively reduces the potential to examine large samples of the broodstock population. However, genetic tagging techniques currently being developed should greatly facilitate documentation of the hatchery component and contribution (Bert et al. 2003; Renshaw 2003).

In summary, stocking red drum will not result in the decimation of the target population as some managers suggest, nor will it be the panacea that anglers visualize. Based on data summarized in this manuscript, stocking certainly appears to have a role in red drum fishery management. By adopting a precautionary, multidisciplinary, scientifically based, responsible approach, stocking's role can be properly elucidated.

Acknowledgments

This work was funded in part (75%) by the Federal Aid in Sport Fish Restoration Act (16 U.S.C. 777–777k, Projects F-53, 65, 71 – SC), and by the state of South Carolina. We thank the many staff members who assisted, especially Charlie Bridgham, Louis Heyward, Al Stokes, Jacob Richardson, Ray Rhodes, and Mark Collins. This is contribution 543 from the South Carolina Marine Resources Division.

References

AFS (American Fisheries Society). 1995. Considerations for the use of cultured fishes in fisheries resource management. Pages 601–606 *in* H. L. Schramm, Jr. and R. G. Piper, editors. Uses and effects of cultured fishes in aquatic ecosystems. American Fisheries Society, Symposium 15, Bethesda, Maryland.

ASMFC (Atlantic States Marine Fisheries Commission). 1991. Fishery management plan for red drum, Amendment 1. Atlantic States Marine Fisheries Commission, Fishery Management Report Number 19, Washington, D.C.

ASMFC (Atlantic States Marine Fisheries Commission). 2002. Interstate fishery management plan for red drum, Amendment 2. Atlantic States Marine Fisheries Commission, Fishery Management Report Number 38, Washington, D.C.

Baird, M. L., T. I. J. Smith, and W. E. Jenkins. 1995. Evaluation of control techniques for avian predators of pond reared fishes. Proceedings Southeastern Association of Fish and Wildlife Agencies 47:580–587.

Blankenship, H. L., and K. M. Leber. 1995. A responsible approach to marine stock enhancement. Pages 167–175 *in* H. L. Schramm, Jr. and R. G. Piper, editors. Uses and effects of cultured fishes in aquatic ecosystems. American Fisheries Society, Symposium 15, Bethesda, Maryland.

Bert, T. M., R. H. McMichael, R. P. Cody, A. B. Forstchen, W. G. Halstead, K. M. Leber, C. L. Nedig, J. O'Hop, J. M. Ransier, M. D. Tringali, B. L. Winner, and F. S. Kennedy. 2003. Evaluating stock enhancement strategies: a multidisciplinary approach. Pages 105–126 *in* Y. Nakamura, J. P. McVey, K. Leber, C. Neidig, S. Fox, and K. Chun, editors. Ecology of aquaculture and enhancement of stocks. Thirtieth U.S. Japan Joint Meeting on Aquaculture. Mote Marine Laboratory, Sarasota, Florida.

Burnett, K. G., L. K. Schwarz, and S. J. Carlson. 1994. The red drum, *Sciaenops ocellatus,* as an environmental sentinel for warm water estuaries. Pages 187–196 *in* J. S. Stolen, editor. Modulators of fish immune responses. SOS Publications, Fair Haven, New Jersey.

Chapman, R. W., A. O. Ball, and L. R. Mash. 2002. Spatial homogeneity and temporal heterogeneity of red drum, *Sciaenops ocellatus*, microsatellites: effective population sizes and management implications Marine Biotechnology 4:589–603.

Conover, D. O. 1998. Local adaptation in marine fishes: evidence and implications for stock enhancement. Bulletin of Marine Science 62:477–493.

Dahl, T. E. 2000. Status and trends of wetlands in the conterminous United States 1986–1997. U.S. Department of Interior, U.S. Fish and Wildlife Service, Washington, D.C.

Denson, M. R., W. E. Jenkins, A. G. Woodward, and T. I. J. Smith. 2002. Tag-reporting levels for red drum (*Sciaenops ocellatus*) caught by anglers in South Carolina and Georgia estuaries. Fishery Bulletin 100:35–41.

Evans, M. R., S. J. Larsen, G. H. M. Reikerk, and K. G. Burnett. 1997. Patterns of immune response to environmental bacteria in natural populations of the red drum *Sciaenops ocellatus* (Linnaeus). Journal of Experimental Marine Biology and Ecology 208:87–105.

GMFMC (Gulf of Mexico Fishery Management Council). 1988. The fishery management plan for the red drum fishery of the Gulf of Mexico, Amendment 2. Gulf of Mexico Fishery Management Council, Tampa, Florida.

Gold, J. R., and L. R. Richardson. 1991. Genetic studies in marine fishes IV. An analysis of population structure in the red drum (*Sciaenops ocellatus*), using mitochondrial DNA. Fisheries Research 12:213–241.

Grimes, C. B. 1998. Marine stock enhancement: sound management or techno-arrogance. Fisheries 23(9):18–23.

Haab, T. C., J. C. Whitehead, and T. McConnell. 2000. The economic value of marine recreational fishing in the southeast United States: 1997 southeast economic data analysis. NMFS, Southeast Regional Office, St. Petersburg, Florida. Available at: www.st.nmfs.gov/st1/econ/SE_vol2.pdf (December 2003).

Hedgecock, D., V. Chow, and R. S. Waples. 1992. Effective population numbers of shellfish broodstocks estimated from temporal variances in allelic frequencies. Aquaculture 108:215–232.

Heppell, S. S., and L. B. Crowder. 1998. Prognostic evaluation of enhancement programs using population models and life history analysis. Bulletin of Marine Science 62:495–507.

Hussey, S., R. Southwick, J. Bergstrom, and J. Teasley. 2000. A study of the economic dependence of fishing tackle retailers in the southeast on marine recreational fisheries. American Sportfishing Association, Alexandria, Virginia.

Jenkins, W. E., M. R. Denson, C. B. Bridgham, M. R. Collins, and T. I. J. Smith. 2004. Year class component, growth, and movement of juvenile red drum stocked seasonally in a South Carolina estuary. North American Journal of Fisheries Management 24:636–647.

Kennedy, S. B., J. W. Tucker, C. L. Neidig, G. K. Vermeer, V. R. Cooper, J. L. Jarrell, and D. Sennett. 1998. Bacterial management strategies for stock enhancement of warm water marine fish: a case study with common snook (*Centropomus undecimalis*). Bulletin of Marine Science 62(2):573–588.

Landsberg, J. H., G. K. Vermeeer, S. A. Richards, and N. Perry. 1991. Control of the parasitic copepod, *Caligus elongatus*, on pond-reared red drum. Journal of Aquatic Animal Health 3:206–209.

Leber, K. M. 2002. Advances in marine stock enhancement: shifting emphasis to theory and accountability. Pages 79–90 *in* R. R. Stickney, and J. P. McVey, editors. Responsible marine aquaculture. CABI International, New York.

Lerberg, S. B., A. F. Holland, and D. M. Sanger. 2000. Responses of tidal creek macrobenthic communities to the effects of watershed development. Estuaries 23:838–853.

MacCall, A. D. 1989. Against marine fish hatcheries: ironies of fishery politics in the technological era. CalCOFI Reports 30:46–48.

McEachron, L. W., and K. Daniels. 1995. Red drum in Texas: a success story in partnership and commitment. Fisheries 20(3):6–8.

McEachron, L. W., C. E. McCarty, and R. R. Vega. 1995. Beneficial uses of marine fish hatcheries: enhancement of red drum in Texas coastal waters. Pages 161–166 *in* H. L. Schramm, Jr. and R. G. Piper, editors. Uses and effects of cultured fishes in aquatic ecosystems. American Fisheries Society, Symposium 15, Bethesda, Maryland.

McEachron, L. W., R. L. Colura, B. W. Bumguardner, and R. Ward. 1998. Survival of stocked red drum in Texas. Bulletin of Marine Science 62(2):359–368.

Meffe, G. K. 1992. Techno-arrogance and halfway technologies: salmon hatcheries on the Pacific Coast of North America. Conservation Biology 6:350–354.

Noble, R. L., J. R. Jackson, E. R. Irwin, J. M. Phillips, and T. N. Churchill. 1994. Reservoirs as landscapes: implications for fish stocking programs. Transactions of the North American Wildlife and Natural Resources Conference 59:281–288.

Overstreet, R. M. 1983. Aspects of the biology of the red drum, *Sciaenops ocellatus*, in Mississippi Gulf Research Reports Supplement 1:45–68.

Pace, C. C. 1995. A benefit-cost analysis of the red drum stock enhancement program in the coastal waters of South Carolina. Master's thesis. University of South Carolina, Columbia.

Renshaw, M. 2003. Use of microsatellites for genetic marking of hatchery-stock individuals in the wild as part of red drum (*Sciaenops ocellatus*) stock enhancement research in South Carolina. Master's thesis. University of Charleston, Charleston.

Richards, W. J., and R. E. Edwards. 1986. Stocking to restore or enhance marine fisheries. Pages 75–80 *in* R. H. Stroud, editor. Fish culture in fisheries management. American Fisheries Society, Bethesda, Maryland.

Ringwood, A. H., C. J. Keppler, R. Van Dolah, L. Zimmerman, and P. C. Jutte. 2003. Validation of sediment quality criteria in southeastern estuaries. Final report. U.S. Environmental Protection Agency. South Carolina Department of Natural Resources, Charleston.

Rooker, J. R., G. J. Holt, and S. A. Holt. 1998. Vulnerability of newly settled red drum (*Sciaenops ocellatus*) to predatory fish: is early-life survival enhanced by seagrass meadows? Marine Biology 131:145–151.

Ross, J. L., T. M. Stevens, and D. S. Vaughan. 1995. Age, growth, and reproductive biology of red drums in North Carolina waters. Transactions of the American Fisheries Society 124:37–54.

SCDHEC (South Carolina Department of Health and Environmental Control). 2003. 2003 South Carolina Fish Consumption Advisories. SCDHEC. Available at: www.scdhec.com/eqc/admin/html/fishadv.html (December 2003).

Scharf, F. S. 2000. Patterns in abundance, growth, and mortality of juvenile red drum across estuaries on the Texas coast with implications for recruitment and stock enhancement. Transactions of the American Fisheries Society 129:1207–1222.

Serafy, J. E., J. S. Ault, and M. E. Clarke. 1996. Red drum stock enhancement program, Biscayne Bay fishery-independent assessment. Florida Department of Environmental Protection, Final report, Contract MR108, St. Petersburg, Florida.

Seyoum, S., M. D. Tringali, T. M. Bert, D. McElroy, and R. Stokes. 2000. An analysis of genetic population structure in red drum, *Sciaenops ocellatus*, based on mtDNA control region sequences. Fishery Bulletin 98:127–138.

Smith, T. I. J., W. E. Jenkins, and M. R. Denson. 1997. Overview of an experimental stock enhancement program for red drum in South Carolina. Bulletin of the National Research Institute of Aquaculture (Japan) Supplement 3:109–115.

Smith, T. I. J., W. E. Jenkins, M. R. Denson, C. B. Bridgham, and R. W. Chapman. 2001. Effects of stocking red drum in areas of low and high CPUE. USFWS, Annual Report Project F-71, Atlanta.

Smith, T. I. J., W. E. Jenkins, M. R. Denson, and M. R. Collins. 2003. Stock enhancement research with anadromous and marine fish in South Carolina. Pages 175–189 *in* Y. Nakamura, J. P. McVey, K. Leber, C. Neidig, S. Fox, and K. Chun, editors. Ecology of aquaculture and enhancement of stocks. Thirtieth U.S. Japan Joint Meeting on Aquaculture. Mote Marine Laboratory, Sarasota, Florida.

Smith, T. I. J., W. E. Jenkins, M. R. Denson, and M. R. Collins. 2004. Increasing red drum abundance in South Carolina: monitor, regulate, and stock hatchery fish. Pages 77–86 *in* M. Nickum, P. Mazik, J. Nickum and D. MacKinlay, editors. Propagated fish in resource management. American Fisheries Society, Symposium 44, Bethesda, Maryland.

Southwick and Associates. 2001. Economic impacts of red drum angling, Florida to Virginia. Atlantic States Marine Fisheries Commission, Washington, D.C.

Vaughan, D. S., and J. T. Carmichael. 2000. Assessment of Atlantic red drum for 1999: northern and southern regions. NOAA Technical Memorandum, NMFS-SEFSC-447, Center for Coastal Fisheries and Habitat Research, Beaufort, North Carolina.

Waltz, C. W. 1996. South Carolina saltwater stamp survey, 1994. South Carolina Department of Natural Resources, Charleston.

Wenner, C. A. 1992. Red drum natural history and fishing techniques in South Carolina. 1992. South Carolina Wildlife and Marine Resources Department, Educational Report 17, Charleston.

Wenner, C. A. 2000. Contributions to the biology of red drum, *Sciaenops ocellatus*, in South Carolina. NOAA, NMFS, Final report, St. Petersburg, Florida.

White, R. J., J. R. Karr, and W. Hehlsen. 1995. Better roles for fish stocking in aquatic resource management. Pages 527–547 *in* H. L. Schramm, Jr. and R. G. Piper, editors. Uses and effects of cultured fishes in aquatic ecosystems. American Fisheries Society, Symposium 15, Bethesda, Maryland.

Willis, S. A., W. W. Falls, C. W. Dennis, D. E. Roberts, and P. G. Whitchurch. 1995. Assessment of season of release and size at release on recapture rates of hatchery reared red drum. Pages 354–365 *in* H. L. Schramm, Jr. and R. G. Piper, editors. Uses and effects of cultured fishes in aquatic ecosystems. American Fisheries Society, Symposium 15, Bethesda, Maryland.

Young, R. F., and H. D. Phillips. 2002. Primary production required to support bottlenose dolphins in a salt marsh estuarine creek system. Marine Mammal Science 18:358–373.

American Fisheries Society Symposium 44:57–75, 2004

Pacific Salmon Hatcheries in British Columbia

DON D. MACKINLAY[1], SUSAN LEHMANN, JOAN BATEMAN, AND ROBERTA COOK

Fisheries and Oceans Canada
401 Burrard Street, Vancouver, British Columbia V6C 3S4, Canada

Abstract.—Of the many technologies used by the Canadian Salmonid Enhancement Program (SEP, established in 1979), hatcheries have been a major tool used to increase the freshwater survival of selected wild, native stocks of coho salmon *Oncorhynchus kisutch*, Chinook salmon *O. tshawytscha*, and chum salmon *O. keta*, both to address conservation concerns and to provide fishing opportunities. Salmonid Enhancement Program hatcheries have contributed substantially to the fisheries for coho and chum salmon, and less so to the fisheries for Chinook salmon. Although hatcheries have successfully provided high survival environments in freshwater, once released, artificially propagated fish are subject to the same environmental constraints and high mortality rates as are naturally propagated fish. Wild fish from both these components of coho and Chinook salmon stocks encountered substantially lower marine survival in the 1990s compared to the 1980s. Salmonid Enhancement Program tag studies show that marine survivals of hatchery salmon stocks have also been extremely variable, in spite of fairly consistent smolt release strategies. The approach taken by SEP to fully integrate hatchery and naturally produced components of endemic wild stocks of Pacific salmon, in conjunction with improvements in habitat and harvest management, should maximize long-term stock viability in Canada.

Background

British Columbia has a large landmass (950,000 km^2) with a small human population (~4 million) that is concentrated in a few urban centers (85% urban), partly because the province is extremely mountainous (75% is more than 1,000 m in elevation; Cannings and Cannings 1996). The tiny amount of flat, arable land (98.5% of the land area has moderate or severe restrictions for agriculture; McGillivray 2000) makes renewable natural resource extraction, including fisheries, especially important for economic activity in the province. There are almost 10,000 spawning populations that have been identified as stocks of Pacific salmon in British Columbia, with stock sizes ranging from a few fish to several million (Slaney et al. 1996). Because the province's topography is dominated by a mountainous landscape with narrow valleys, almost all human activities have major effects on salmon freshwater habitat. These impacts can only increase as the population of the region increases in the future (Lackey 2003).

Fish culture has a long history in the management of Pacific salmon stocks in Canada. Early hatchery programs (1894–1938) concentrated on sockeye salmon *Oncorhynchus nerka* and involved collecting and hatching hundreds of millions of eggs to make up for the combination of destruction of freshwater spawning habitat brought on by gold mining and logging, and high exploitation rates in the commercial fishery. The large hatchery programs of the early 1900s involved planting eyed sockeye eggs or sac-fry into lakes and resulted in only minor demonstrable improvements to natural production (Foerster 1968). This fairly ineffective technique could not make up for the resource extraction of the industrial fishery, and under funding pressure during the Great Depression of the 1930s, all Canadian Pacific salmon hatcheries were shut down by 1938 (Roos 1991).

In 1974, Peter Larkin, one of the deans of Canadian fisheries science, wrote an essay that reaffirmed the biological, economic and social justification of improving the freshwater survival of salmon through a variety of "enhancement" measures and recommended the formation of an agency with "the single responsibility of salmon enhancement" (Larkin 1974). Larkin assumed that the high historical abundance of salmon

[1] E-mail: mackinlayd@pac.dfo-mpo.gc.ca

indicated that there was sufficient ocean carrying capacity for higher production and that the main productivity bottleneck occurred during freshwater in "natural" conditions. At that time, the federal government (now Fisheries and Oceans Canada) operated one spawning channel each for pink salmon *O. gorbuscha* (at Jones Creek since 1953), chum salmon *O. keta* (at Big Qualicum River since 1959) and sockeye salmon (at Fulton River since 1965), as well as four combination Chinook salmon *O. tshawytscha*/coho salmon *O. kisutch* hatcheries (at Big Qualicum River since 1967, Capilano River since 1971, Robertson Creek since 1972, and Quinsam River since 1974). After a few years of planning, the Salmonid Enhancement Program (SEP) was initiated in 1977–1979 with the long-term goal of doubling salmon catches in British Columbia. The SEP consisted of an ambitious program of hatcheries, spawning channels, obstruction removal, lake enrichment, and other enhancement techniques in a process that included oversight and involvement by a wide range of interested parties, particularly local community and resource user groups.

Unlike other salmon hatchery programs in the Pacific Northwest, which had transplanted fish from one watershed to another without concern for local adaptation (Taylor 1999), the SEP was specifically designed to enhance the freshwater productivity of wild, native salmon stocks. The best genetic and fish-culture information was gathered from the successes and failures of previous programs in the United States and Japan to ensure that the fish temporarily raised in hatcheries and other enhancement projects maintained their genetic adaptation to the natural environment. Salmonid Enhancement Program facilities only enhance wild salmon—no domesticated stocks have ever been introduced and no evidence of any in-hatchery selection (domestication) that is outside the normal range of naturally produced salmon populations has ever been detected. While fish reared in a hatchery may appear slightly different (e.g., in body size, shape, or color, or in some behaviors) because of artificial rearing conditions, they are genetically the same as their naturally produced cousins, and these superficial differences fade away as the fish adapt to oceanic conditions (MacKinlay and Howard 2002).

In Canada, the federal government has jurisdiction over all fish and fisheries through the Fisheries Act of 1867 (with several revisions: http://laws.justice.gc.ca/en/F-14), but has delegated to the provincial government the authority over freshwater fishes in British Columbia, including rainbow trout *O. mykiss* and cutthroat trout *O. clarkii* (which also have anadromous stocks—steelhead and sea-run cutthroat). SEP carries out some steelhead and sea-run cutthroat propagation in cooperation with the B.C. government, which also has its own independent management and propagation programs.

Outline of the Salmonid Enhancement Program

The main goals of the SEP have changed somewhat since its inception, with less emphasis on fish production for harvest and more emphasis on conservation and the integration of enhancement, habitat, and harvest activities (Perry 1995). The current goals can be summarized as follows:

- Restore depleted stocks to higher levels of abundance (by increasing freshwater survival directly using hatcheries and spawning channels or indirectly through habitat improvement);
- Mitigate for major habitat losses (including from dams and urbanization impacts);
- Provide for harvest opportunities (especially for terminal or selective fisheries);
- Re-establish extirpated stocks (by introduction of fish from similar stocks into abandoned, and presumably underutilized, habitat).

The SEP has taken a multipronged approach to enhancing wild salmon stocks that includes

- Hatcheries: provision of controlled spawning, protected incubation, and, usually, rearing to fry or smolt size,
- Spawning channels: groundwater or river-fed, manned and unmanned structures to increase the available area and improve conditions for spawning and in-gravel incubation,
- Seminatural fish culture structures: incubation boxes, side-channel spawning/rearing, and so forth, to increase freshwater survival with low tech/low-cost intervention,
- Fishways: placement of structures or removal of obstructions to improve fish passage past barriers,
- Habitat improvements: placement or removal of structures to increase spawning and rearing productivity,
- Lake and stream enrichment: addition of nutrients/carcasses to lakes and streams to increase primary productivity, leading to greater food avail ability for juvenile salmon,
- Public education: classroom and educational ac-

tivities, outdoor-club, aboriginal, and other community-based activities to increase awareness and stewardship of fish stocks and habitat and to provide economic opportunities in remote communi ties.

The approach taken in the SEP meets or exceeds the recommended guidelines for the use of cultured fish in resource management, as outlined by the American Fisheries Society (Anonymous 1995). In short, those guidelines recommend that the following categories be considered before implementing a stocking program:

- Biological feasibility: assessment of the carrying capacity of the target ecosystem was covered by the extensive bioreconnaissance and feasibility studies done by SEP prior to implementation of all major facilities.
- Effects analysis: the main problem of genetic effects from introduced fish on local populations is not a concern when the cultured fish are from the local, wild population.
- Economic evaluation: SEP carried out thorough benefit:cost analyses on all major projects, including nonmonetary criteria (see Box 1).
- Public involvement: encouragement of public participation has been a mainstay of the SEP.
- Interagency cooperation: another major part of the SEP original structure.
- Administrative considerations: clear management objectives, operational guidelines for each facility and strategic plans both for biological and agency processes have been part of SEP's continual re definition of itself since its inception.

Box 1. Enhancement facilities – Performance measures

The current criteria for performance indicators include

- Rebuilding/conservation benefits - measured in terms of the conservation goals of the project and the probability of the project successfully meeting the goals.
- Fishery benefits - previously measured as the benefit/cost ratio. Fishery benefit is now a subjective measure of the importance of the enhanced production to commercial and recreational fisheries.
- Rebuilding potential - measured in terms of the value of the facility to respond to local conservation programs given its existing superstructure.
- First Nation benefits - measured in terms of the cultural, economic and relationship importance of the facility to aboriginal communities
- Assessment benefits - measured in terms of the project's importance for salmon stock assessment.
- Regional integration and fish habitat stewardship benefits - measured in terms of the project's integration with other enhancement, research, restoration, and stewardship initiatives.
- Joint ventures/partnerships - measured as significant partnerships that contribute to delivering all aspects of the program.

The objectives of enhancement facilities and the indicators that measure them are

Enhancement objectives	Indicators
1. Production objectives (conservation, rebuilding, sustaining a fishery, etc.).	1. Rebuilding benefits 2. Fishery benefits 3. Rebuilding potential
2. Maximize social benefits.	4. First Nation benefits
3. Collect and provide data for assessment and performance evaluation.	5. Assessment benefits
4. Support stewardship, education, and community involvement.	6. Regional integration and fish habitat stewardship
5. Promote joint venturing/partnerships.	7. Joint ventures/partnerships

Operating guidelines are used to ensure that enhancement activities

- Minimize impact on other fish stocks
- Optimize survival and minimize disease
- Maintain genetic diversity
- Minimize negative environmental and ecological impacts

Salmonid Enhancement Program hatcheries fall into three main categories (Tables 1–3, Figure 1):

- Major facilities: Currently, 18 facilities are operated by professional fish culturists who are government employees (two projects are contracted out) and who follow relatively consistent procedures with technical oversight from regional specialists (biologists, data managers, engineers, administrators, etc.).
- Community development projects (CDP): Currently 21 facilities are operated by employees of local community groups under contract to the government with technical oversight from local community advisors.
- Public involvement projects (PIP): These projects are operated mostly by volunteer and part-time staff, with some technical assistance from community advisors. There are currently 178 PIPs, incorporating a wide range of sizes, from classroom incubators to quite substantial hatcheries. The active volunteer workforce in all SEP hatcheries amounts to about 10,000 people, with about double that number being involved in additional projects in public education and habitat improvement.

The SEP was incorporated into a new Habitat and Enhancement Branch (HEB) in 1996, with no substantive changes in the role or operation of hatcheries, save ongoing budgetary shortfalls.

This paper concentrates on coho, Chinook, and chum salmon that are raised in major facility hatcheries. It does not discuss SEP spawning channels, incubation boxes, engineered side-channels, fish passage projects, lake enrichment, classroom incubators, or the myriad habitat restoration, conservation, or creation projects that have been carried out to improve the freshwater survival of salmon beyond the "natural" conditions.

Fish Culture Strategies and Guidelines in SEP

The strategy for enhancing populations of local, wild salmon in SEP hatcheries has been to mimic the optimal natural conditions and life history characteristics of each species as much as possible in a program that integrates (HSRG 2003) the naturally produced and hatchery-produced portions of the target wild stocks. This is compatible with current scientific thought on minimizing negative effects from fish culture operations on the "wildness" of salmon stocks (Miller and Kapuscinski 2003). The SEP strategy includes

- Using local broodstock wherever possible (more than 95% of cases);
- Using mating procedures that provide adequate

Table 1. Summary of fish released from major hatcheries of the Salmonid Enhancement Program in 2002 (does not include releases from spawning channels or other low-tech projects).

	Species						
Project	Chinook	Chum	Coho	Pink	Sockeye	Steelhead	Cutthroat
Big Qualicum River Hatchery	4,681,331		1,219,928				
Capilano River Hatchery	612,809	8,441	885,474	3,867		18,384	
Chehalis River Hatchery	2,737,186	5,885,195	1,164,298			88,179	20,695
Chilliwack River Hatchery	1,590,378	1,612,557	2,108,776		3,715	131,879	
Conuma River Hatchery	2,283,828	4,152,899	167,714			10,157	
Inch Creek Hatchery	307,169	1,174,630	670,914			19,934	
Kitimat River Hatchery	1,752,095	4,921,186	498,328			46,566	1,288
L Qualicum River Hatchery	3,115,729						
Nitinat River Hatchery	3,730,065	30,256,682	350,270			9,823	
Pallant Creek Hatchery		410,365	305,455				
Pitt River Hatchery					11,142,175		
Puntledge River Hatchery	5,004,563	3,505,768	1,447,375	2,360,276		76,497	
Quinsam River Hatchery	4,025,938		1,454,810	6,279,294		14,557	6,433
Robertson Creek Hatchery	6,419,764		921,913			71,244	
Shuswap River Hatchery	908,200		92,800		757,650		
Snootli Creek Hatchery	2,310,779	6,860,828	192,000		833,817		
Spius Creek Hatchery	371,775		187,673				
Tenderfoot Creek Hatchery	1,358,856		459,602	791,516			
Major facilities total	41,210,465	58,788,551	12,127,330	9,434,953	12,737,357	487,220	28,416

Table 2. Summary of fish released from Community Development Program (CDP) hatcheries of the Salmonid Enhancement Program in 2002.

	Species						
Project	Chinook	Chum	Coho	Pink	Sockeye	Steelhead	Cutthroat
Clayoquot Hatchery	564,000						
Cowichan River Hatchery	3,228,287						
Deadman River Hatchery			34,248				
Fort Babine Hatchery	104,678		155,998				
Gwa'ni Hatchery	138,888	5,526,105	139,213		100,752		
Hartley Bay Creek Hatchery			62,000				
Heiltsuk Hatchery		1,079,608	187,383		25,954		
Kincolith River Hatchery	75,100						
Klemtu Creek Hatchery		768,521	68,654		22,000		
Masset Hatchery	135,901		50,000				
Nanaimo River Hatchery	545,352	498,706	160,032				
P Hardy/Quatse	44,389	75,767	231,534	1,184,315		45,969	
Penny Hatchery	165,701						
Powell River Hatchery	668,480	696,553	305,104				
San Juan River Hatchery	785,000	3,000	375,000				
Sechelt Hatchery	144,194	331,250	167,317	241,001			
Seymour River Hatchery	7,992	52,366	118,161	432,072		38,963	1,068
Sliammon River Hatchery	161,077	1,141,716	27,000				
Thompson River Hatchery			87,954				
Thornton Creek Hatchery	602,210	607,678	234,329				
Toboggan Creek Hatchery	57,874		112,091				
CDP total	7,429,123	10,781,270	2,516,018	1,857,388	148,706	84,932	1,068

Table 3. Summary of fish released from Public Involvement Project (PIP) hatcheries of the Salmonid Enhancement Program in 2002 (by geographic region).

	Species						
Project	Chinook	Chum	Coho	Pink	Sockeye	Steelhead	Cutthroat
Nass River			80				
Central Coast			8,881				
Georgia Strait N	222,070	667,676	256,324	234,186	32,709		
Georgia Strait S	190,000	97,000	102,587			7,017	3,983
East Vancouver Is	475,500	1,321,815	718,193	3,549,000			
Johnstone Strait	170,225	15,000	813,085	56,160		22,000	
Lower Fraser River	296,553	676,545	714,881	1,509,542		25,310	15,021
North Coast			1,275				
NW Vancouver Island	1,601,571	28,853	572,302			6,435	
Queen Charlotte Islands		70,900	264,414				
Rivers/Smith Inlets	221,585						
Skeena River	233,254		52,502				
SW Vancouver Island	414,236		357,940				
Thompson River	192,911		1,700				
Yukon/Transboundary	33,034	624			250		
Upper Fraser River	3,600						
PIP total	4,054,539	2,878,413	3,864,164	5,348,888	32,959	60,762	19,004

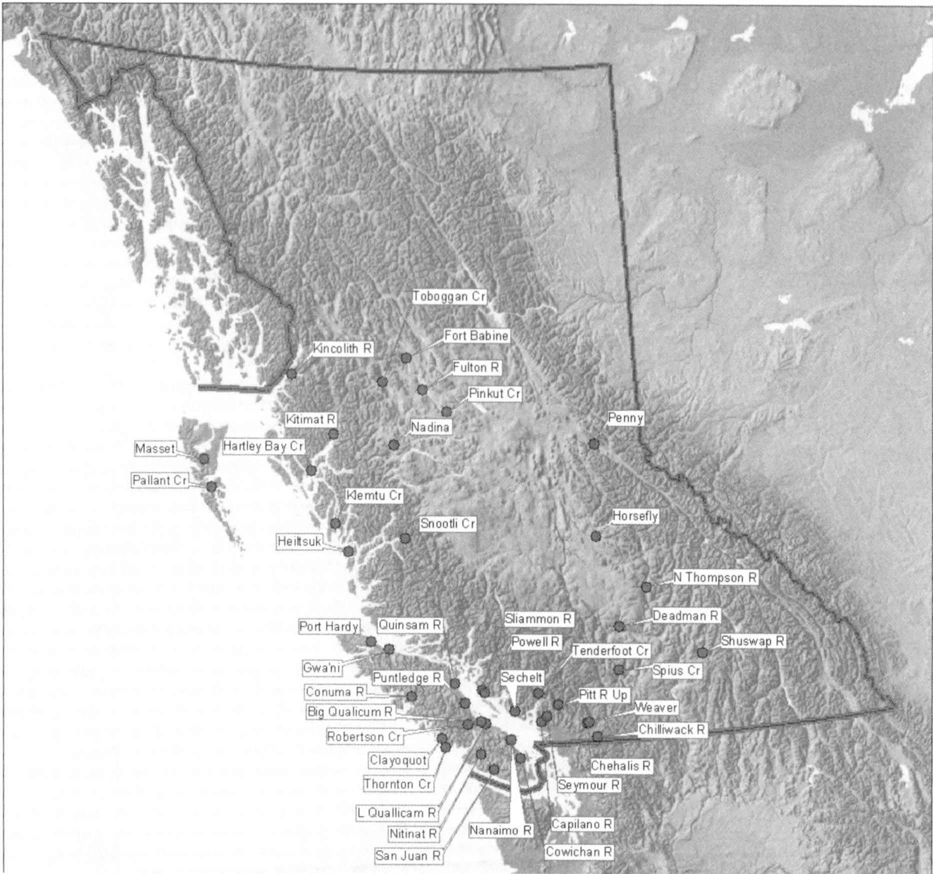

Figure 1. Location of the Community Develpment Program and major Salmonid Enhancement Program hatcheries in British Columbia. (the major spawning channels at Fulton, Pinkut, Nadina, Horsefly, and Weaver are also shown).

genetic diversity (no bulk spawning, use of matrix spawning for small groups);

- Taking eggs from broodstock throughout the extent of the natural spawning timing;
- Releasing smolts at a similar weight to the best surviving naturally produced migrants, so that they migrate quickly and avoid freshwater interactions;
- Timing releases to coincide with natural migrations, usually with volitional release.

Different stocks of the same species exhibit different life history strategies (i.e., length of time spent in freshwater or the ocean) due to natural variability within acceptable limits or in response to different environmental conditions (Groot and Margolis 1991). However, the "natural" conditions that are observed are often not "optimal" for that stock because of varying constraints to its productivity (low nutrients, coldwater incubation, or limited rearing area). In general, SEP has employed very similar strategies (the ones with the best proven survival record) for each species regardless of which stock was being reared. For the common species, these strategies are as follows:

- Coho—Hatchery production of coho usually involves incubation in stacked trays and rearing in concrete or earthen channels to the smolt stage of 15–25 g for release in the spring. This requires incubation and rearing for 1.5 years in freshwater, as is the normal condition for most naturally produced coho (Sandercock 1991).
- Chinook—Chinook culture uses the same basic techniques as coho production, but because some Chinook projects handle very large numbers of fish, there is more use of bigger containers (bulk incubators, large raceways). Smolt size is much smaller for Chinook (3–8 g) than coho, so incu-

bation and rearing can be completed for spring release the year following spawning, as is common for coastal and southern Chinook stocks. Most noncoastal stocks are reared for a year (to 15–20 g) in freshwater, as is the condition for naturally produced inland Chinook (Healey 1991).

- Chum—The Japanese hatchery technique for enhancing chum salmon was adopted with little modification by SEP (McNeil and Bailey 1975). This involves bulk incubation to the eyed stage, placement in gravel-lined channels until swim-up, then rearing in concrete raceways to the 1–3 g size for release in the spring. Naturally spawned chum salmon normally migrate to estuarine areas immediately upon emergence from the gravel, but a short-term of feeding in freshwater has been shown to give a substantial increase in marine survival (Salo 1991).
- Pink—Because pink salmon migrate to the ocean immediately upon emergence from the gravel (Heard 1991), SEP enhancement of pinks has usually involved only provision of incubation assistance, either in a spawning channel or in bulk incubation boxes in hatcheries, with no feeding prior to release. Some short-term sea-pen rearing has improved survival of some stocks.
- Sockeye—Most SEP sockeye come from spawning channels, where only the physical conditions for natural spawning and incubation are controlled to increase spawning and incubation success. Sockeye hatchery projects have used bulk and tray incubators, rearing raceways and (freshwater) net-pens, usually releasing at 1–2 g size. Currently a sockeye captive brood program is being carried out on two sockeye stocks (Cultus and Sakinaw) that have been officially listed as threatened with extinction (http:/www.cosewic.gc.ca).

Despite their initial time in the hatchery, SEP fish spend by far the bulk of their lives (and gain more than 99% of their body mass) in the natural environment (Table 4). There, they are subject to the same selective pressures as naturally produced fish, so we expect very little selective pressure to cause deviation from the wild genetic composition and adaptability to the natural environment (Amend et al. 2002). The hatchery environment is not as rigorous (deadly) as nature, so we also expect that hatchery fish require some initial acclimation period after release (with attendant increased mortality) to prepare them physiologically and behaviorally for the rest of their lives.

Table 4. Average size at release and maturity, and duration of hatchery phase, for Salmonid Enhancement Program salmon.

Species	Juvenile size at release	Adult size at maturity	Release as % of adult size
Coho	20 (15–25) g	5 kg	0.4
Chinook	5 (3–8) g	15 kg	0.03
Chum	2 (1–3) g	10 kg	0.02
Sockeye	0.15 g	7 kg	0.002
Pink	0.1 g	2 kg	0.005
Steelhead	80 (60–100) g	5 kg	1.6

Species	Total time in hatchery	Total length of life (age)	Hatchery time as % of total
Coho	10 months	36 months	27.8
Chinook	3 months	48 months	6.3
Chum	2 months	48 months	4.2
Sockeye	N/A	48 months	0
Pink	N/A	24 months	0
Steelhead	10 months	36 months	27.7

Salmonid Enhancement Program hatcheries follow a wide range of operational guidelines that are in a constant state of re-evaluation and renewal (see the SEP Web site for the latest versions: www-heb.pac.dfo-mpo.gc.ca, then go to "publications," then "Guidelines"). These are generally meant to minimize the potential negative effects and maximize the potential positive effects of the hatchery on adjacent nonenhanced stocks. They include

- Genetic guidelines for broodstock collection and spawning (including stock recovery guidelines)
- Genetic guidelines for incubation, rearing, and release
- Guidelines for small-scale enhancement for educational purposes
- Captive broodstock program guidelines
- Introductions and transfer guidelines
- Carcass placement guidelines
- Coho fry planting guidelines
- Sockeye culture guidelines
- Fish health management plans

Program Evaluation

The SEP incorporated an intensive assessment component from the program outset and is arguably one of the most frequently evaluated programs in the Canadian government, with major evaluations being conducted almost every year from the mid-1980s to the mid-1990s (1985, 1988, 1989, 1992, 1993, 1994) by the Department of Fisheries and Oceans Internal Audit and Evaluation Branch or by economic or management consultants. The SEP assessment methodology for component projects was developed to support these evaluations. Regardless of project size, all SEP production has been assessed, with the assessment method dependent on the species and enhancement technology employed. Assessment includes estimates of total production and contribution of enhanced fish to the fisheries and escapement for each project and for the program as a whole. The specific data used in this report were compiled using the methods outlined below.

Methods

Release Numbers

Releases from hatcheries were enumerated from hatchery records by subtracting egg and fry mortalities from the number of eggs taken or by subtracting fry mortalities from fry counted during marking. All release data originating from projects funded by or receiving technical support from the DFO's Habitat and Enhancement Branch (HEB, which includes SEP) are reported and stored in a centralized database maintained by HEB. Copies of these data are also provided to the Regional Mark Recovery Program database (Kuhn et al. 1988) and to the coastwide database maintained by the Pacific States Marine Fisheries Commission. Data for this report were extracted from the HEB database and included information only for projects using hatchery technology. Migration data from spawning channels were not included. Also, release data for provincial trout facilities and some aboriginal community projects funded outside of HEB were not included. A map with the locations of Major Facility and Community Economic Program hatcheries is shown in Figure 1. Release information is presented in Tables 1–3 and Figure 2.

Contribution to Catch

The hatchery contributions to harvests for Chinook, chum, and coho were calculated for commercial fisheries and southern B.C. marine recreational catches (West Coast Vancouver Island and Strait of Georgia recreational fisheries were monitored by creel surveys). Aboriginal fisheries (for food, social, and ceremonial purposes) and northern British Columbia, central British Columbia, and in-river recreational catches were

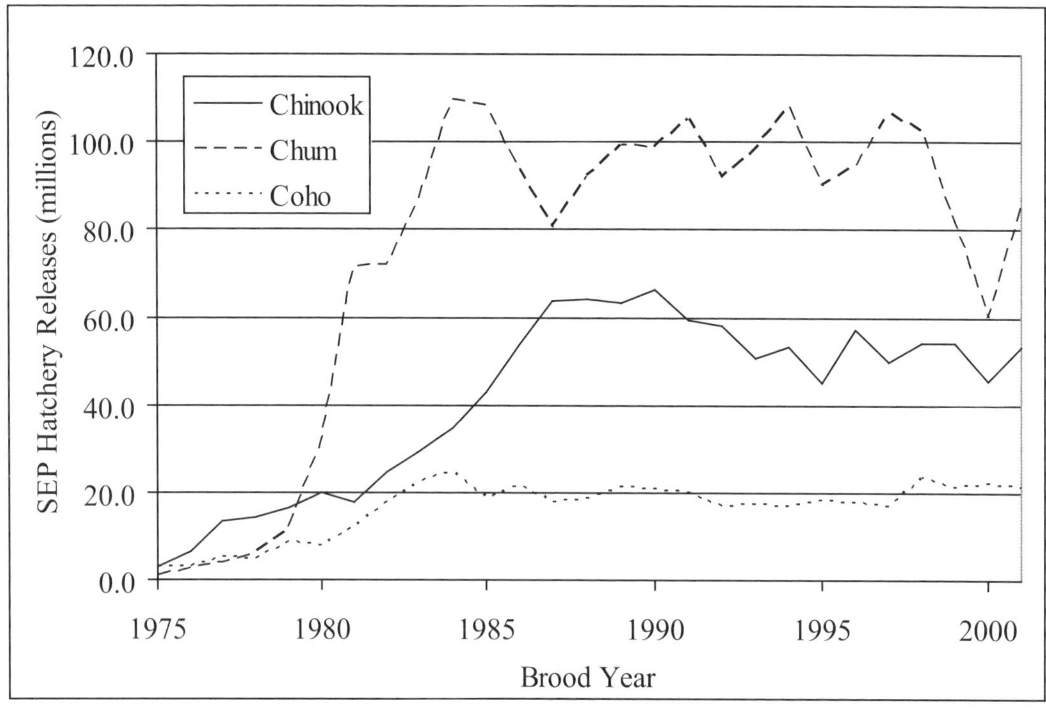

Figure 2. Releases of Salmon juveniles from Salmonid Enhancement Program (SEP) hatcheries.

not included because total catch for these fisheries was either not available or was estimated inconsistently. Total catch for commercial catch came from sales slip records. Total recreational catch was estimated by multiplying the total number of boats fishing in an area and time period (from overflights) by the average catch per boat (from creel surveys). Hatchery contribution and total harvest are shown in Figures 3–6.

Estimates of enhanced contribution to marine fisheries of Chinook, coho, and chum salmon enhancement projects were based on marking a portion of the juveniles released and recovering these marks in the fisheries and escapement. Marking was conducted at the project sites prior to release, while recovery was made through (1) coastwide sampling programs in the sport and commercial fisheries (Kuhn et al. 1988),

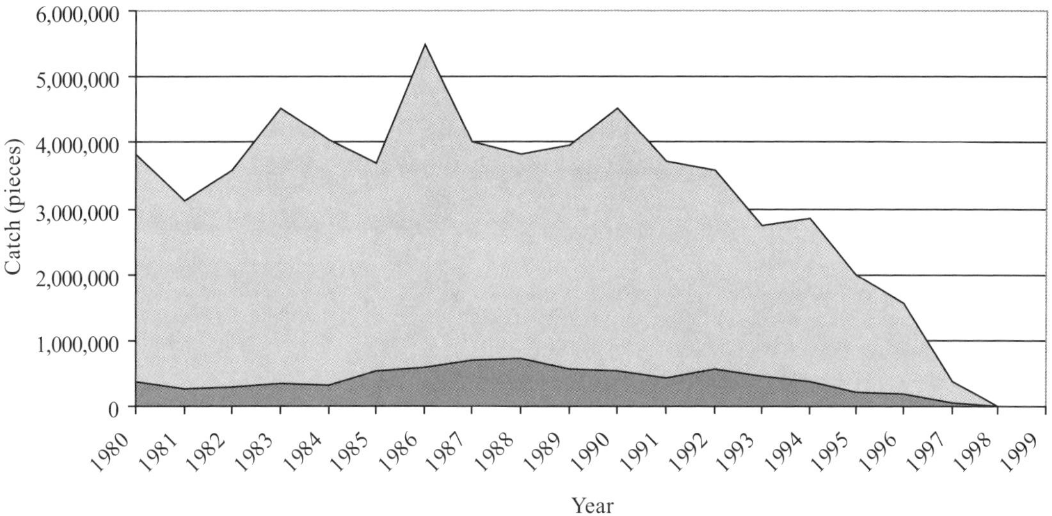

Figure 3. Total catch of coho salmon in Canada. Salmonid Enhancement Program hatchery contribution is shown in darker shading.

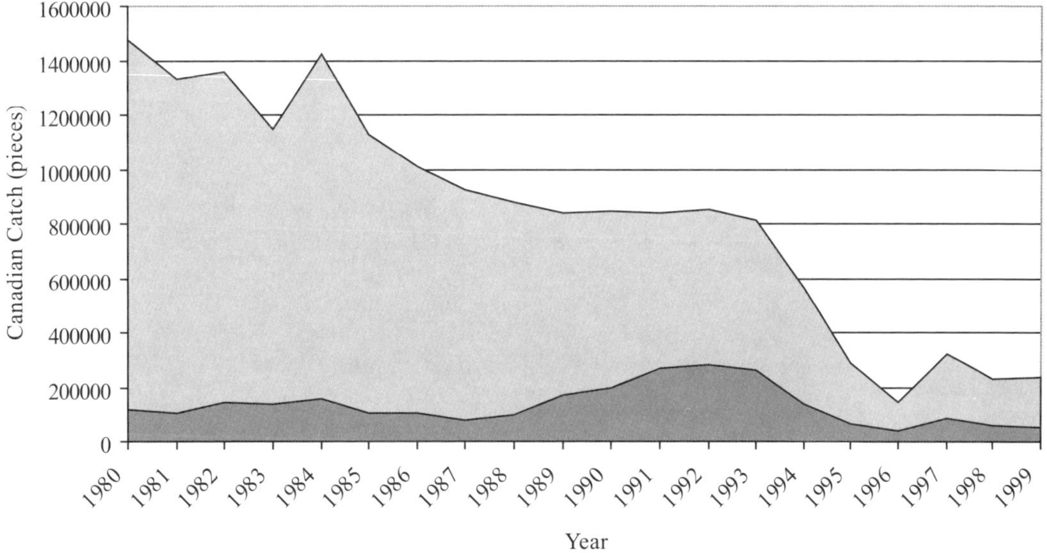

Figure 4. Total catch of Chinook salmon in Canada. Salmonid Enhancement Program hatchery contribution is shown with darker shading.

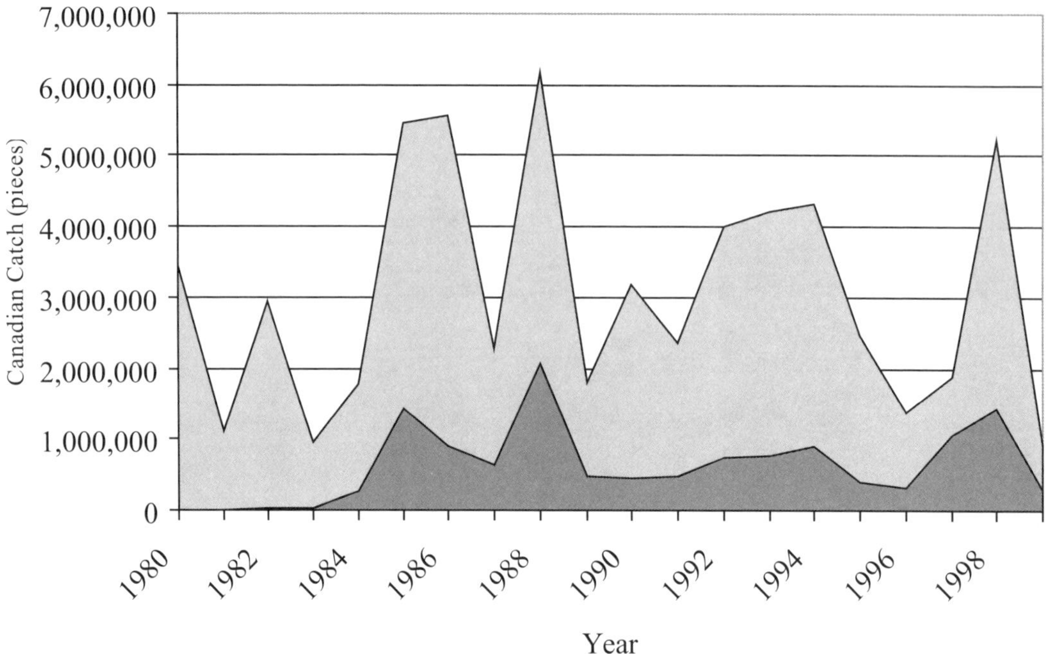

Figure 5. Total catch of chum salmon in Canada. Salmonid Enhancement Program hatchery contribution is shown in darker shading.

(2) counting adult returns to the project site (rack), and (3) carcass recovery programs on the spawning grounds. Mark type was dependent on the species, with coded wire tags (CWTs) used for Chinook, coho, and some chum stocks, and fin clips for other chum stocks. A portion of the release group is marked and assumed to represent the unmarked fish. Tags and fin clips observed in the fisheries are expanded for sample rate and the proportion of the release that was marked, to estimate total enhanced catch. These release groups are known as "associated" releases.

It was not possible, either logistically or financially, to undertake a direct assessment of Chinook, coho, and chum for each enhancement project and release strategy. Release groups which are not represented by a mark are known as "unassociated" releases.

The enhanced contributions of coho and Chinook for unassociated releases were estimated by expanding the catch of associated releases by the proportion of unassociated releases for each area and year. This was done by area and year, to account for annual and regional differences in survival and exploitation rates. Catch was assumed to occur 4 and 3 years after the brood year, for Chinook and coho respectively. To account for survival rate differences between smolt and fry releases, releases of fry were assumed to result in half the calculated catch, consistent with the relationship between smolt and fry survival rates from marked releases.

Beginning in 1996, all coho from southern B.C. production facilities were marked with an adipose fin clip to allow for selective hatchery mark-only fisheries (MSF) in southern B.C. waters. For areas and years with MSFs, the contribution of unassociated coho releases was made using the proportion of adipose marked releases, rather than the total number of fish released, because unmarked fish could not be retained in fisheries.

Estimates for sockeye and pink salmon were not calculated because the majority of enhanced sockeye production originates from spawning channels and few projects produce pinks. There is no marking of sockeye or pink salmon. For these species, adult production is usually estimated using run reconstruction to get average survival rates.

Unlike Chinook and coho, most chum salmon catches are terminal net fisheries. The geographic catch areas sampled are smaller than the catch regions used for Chinook and coho and usually include only a single statistical fishing area. Experiments have shown that there is a 30% higher apparent mortality of marked versus unmarked fish associated with fin clipping. This

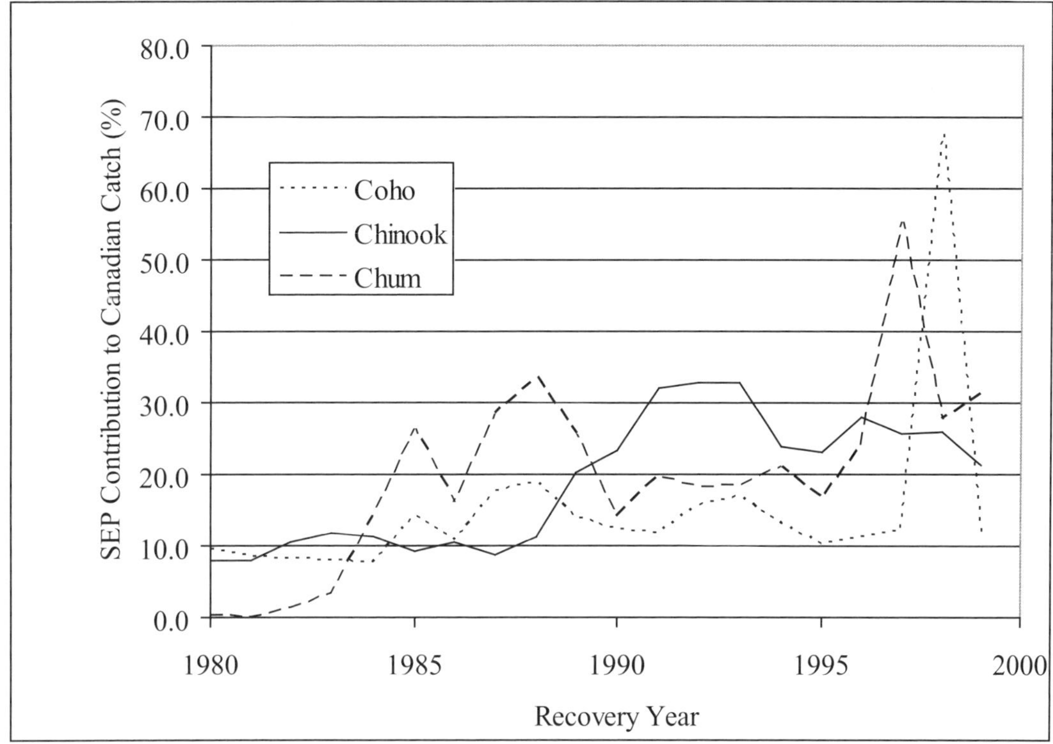

Figure 6. Salmonid Enhancement Program (SEP) hatchery contributions to Canadian salmon fisheries.

is a combination of actual fry mortality and some regeneration of fins so that the fish are no longer identified as having been clipped. Expanded contributions are adjusted to account for this differential mortality. Enhanced contribution of releases that are not associated with marks were estimated by multiplying releases by biostandard survival and exploitation rates. Biostandards are average rates applied to a geographic area obtained from multiple-year marking programs conducted at selected sites with extensive marking and sampling programs. Survival rate biostandards for unfed release stages with no associated marking information were assumed to be half those for fed fry releases.

Marine Survival

Marine survival for each tag code or fin clip was calculated by dividing the total recovery of marked fish in the catch and escapement for all age-classes by the total number of marked fish released. Only those tag codes and fin clips where both the catch and escapement were sampled for marks were included in the analysis. Survival was calculated for each individual tag code representing releases of

- 15–25-g yearling coho smolts from coastal hatcheries
- 3–8-g subyearling Chinook smolts from coastal hatcheries
- 1–3-g spring releases of chum fed fry

Data to calculate survivals of two naturally produced coastal coho stocks (Black Creek on the east coast of Vancouver Island and Salmon River in the Lower Fraser) were also taken from the mark recovery database.

Data were plotted on a logarithmic scale for a large number of tag codes for each species (Figures 7–9). Release groups often had more than one tag code representing their production. This was a function of the lot sizes of tag codes available, and since these lots were not applied randomly, they cannot generally be considered to be true replicates.

Fish Culture Evaluation

There is also an extensive system of record keeping for fish culture data (disease history, feed rates, growth and survival rates, etc.). The performance of SEP hatch-

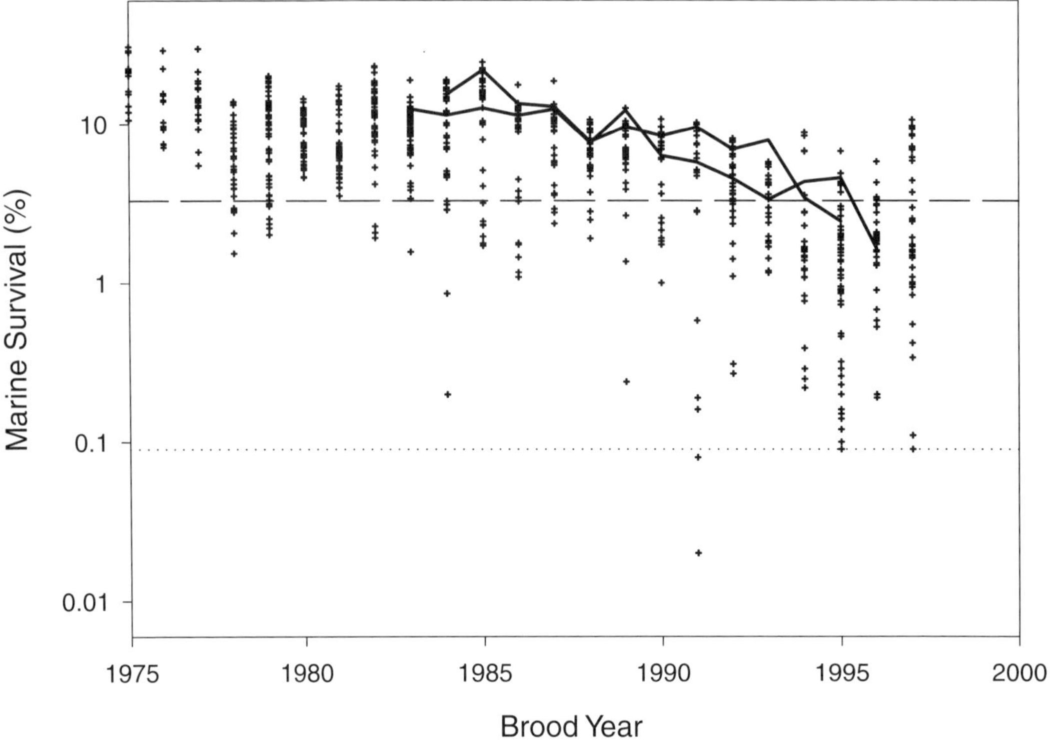

Figure 7. Survival of coho salmon releases from Salmonid Enhancement Program hatcheries. Only yearling smolt releases of 15–25 g size from coastal hatcheries are included. Note that survival scale is logarithmic. The solid lines show the survival of two coastal un-enhanced stocks (Black Cr. and Salmon R.). The horizontal lines represent the replacement survival required for naturally produced fish (upper) and hatchery-produced fish (lower).

eries is monitored following rigorous in-hatchery data collection procedures. Information is stored in on-site databases and summarized in the regional headquarters. The tables and figures presented in this report were prepared using data submitted by the hatcheries in their brood reports. Figure 10 was constructed from a database, including 30 hatchery projects over a period of 30 years, plotting the egg to smolt survivals (the product of the egg-to-fry and the ponding-to-release survivals) for each species.

Results and Discussion

The relative number of juveniles released from the different programs within the SEP is illustrated in Tables 1–3, showing the scale of hatchery production in 2002 for all SEP hatchery programs. More than 80% of Chinook and chum salmon production and 65% of coho production came from major facilities, with 10–15% of the production of Chinook, chum, and coho coming from the CDPs. The PIPs produced about 20% of coho and a small percentage of the other species.

Hatchery releases of coho, Chinook, and chum salmon increased dramatically in the 1980s as new facilities came on line, and broodstock numbers increased with increasing returns of enhanced fish (Figure 2). Full production for Chinook and coho smolt releases was reached in the early to mid-1980s. Variable production in the late 1980s was mostly related to broodstock availability. Decline in Chinook releases in the 1990s was related to the closure of a number of hatcheries that were not meeting adult return objectives due to poor marine survival conditions. In recent years, increased effort has been made to rebuild severely depressed stocks, including upper Skeena and Thompson coho. Since 1995, poor marine survival for some southern B.C. chum stocks led to decreased escapement, resulting in lower production releases. Lower harvest rates and successful rebuilding of Fraser River chum led to reductions in egg targets after 1999.

Chum releases declined precipitously in the late 1990s as hatcheries refocused their efforts under limited-funding constraints to work on stocks and species in greater need of conservation assistance. Both the

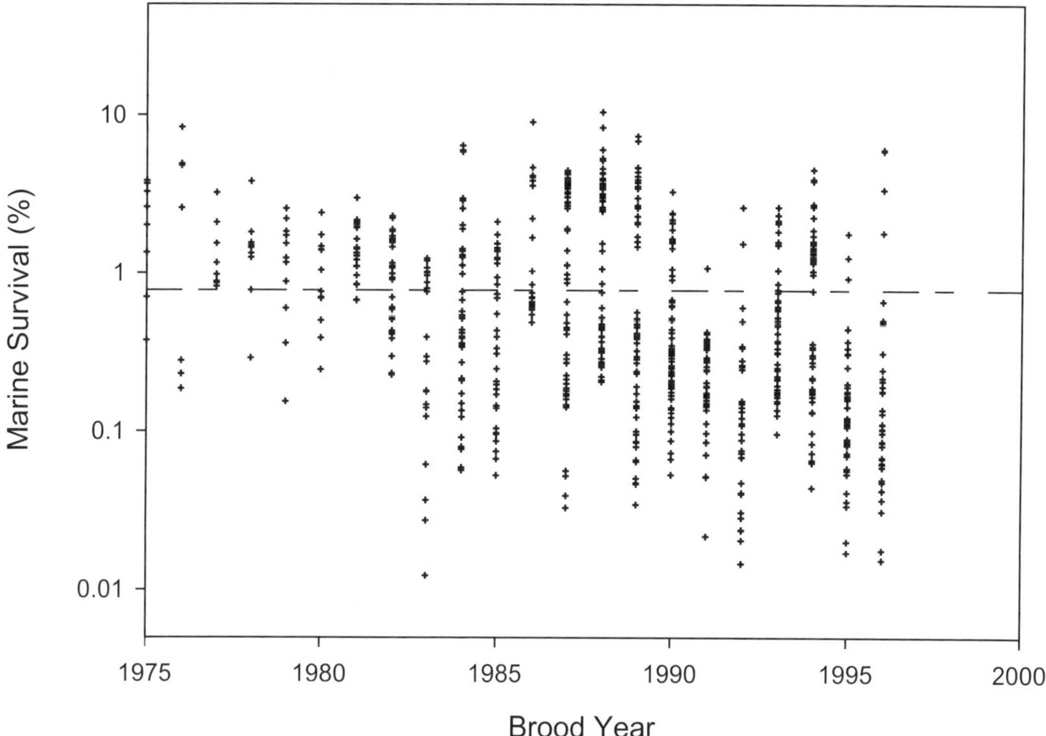

Figure 8. Survival of Chinook salmon smolt releases from Salmonid Enhancement Program hatcheries. Only spring subyearling smolt releases of 3–8 g size are included. Note that the survival scale is logarithmic. The horizontal lines represent the replacement survival required for naturally produced fish (upper) and hatchery-produced fish (lower).

relative abundance of chum salmon, some of it caused by successful rebuilding efforts (Bailey 2002) and some by low fish-market value, led to the reduction or termination of many chum enhancement components in SEP hatcheries.

Since 1998, concern for the depressed upper Skeena and Thompson coho stocks has constrained the harvest of all species, such that the entire coast was managed on the basis of these stocks. No fishing was permitted in areas and times where these stocks were prevalent, and selective fishing gear was required in all fisheries. Fishing for other species was permitted in areas and times where these stocks were not prevalent, with retention of coho permitted only in extreme terminal areas on hatchery stocks. Many of the fisheries which did take place were focused on hatchery-enhanced stocks.

The total catch of coho salmon remained quite high throughout the 1980s, but has declined precipitously since that time (Figure 3). The proportion of the catch that can be attributed to SEP hatchery production increased so markedly since 1996 (Figure 6) because fisheries have been mainly terminal and/or mark-selective for hatchery-produced fish. Total Chinook salmon catches have declined throughout the period except for a short burst in the mid-1980s (Figure 4), even though hatchery production continued to increase (Figure 2).

Severe restrictions have been placed on both coho and Chinook fisheries because of conservation concerns. Part of this strategy is to direct coho fisheries more towards targeting on hatchery-enhanced stocks and less on targeting naturally produced stocks. Chum salmon catch has been extremely variable during the SEP period (Figure 5), due to a combination of market forces and fishing opportunities (that have been constrained by restrictions on the other species).

The decline in stock abundance, as indicated by catch decreases (although recent catch decreases reflect closure of fisheries due to conservation concerns), is also evident in the postrelease survival of coho from SEP hatcheries during the 1990s (Figure 7). This graph summarizes the results of coded-wire tag stud-

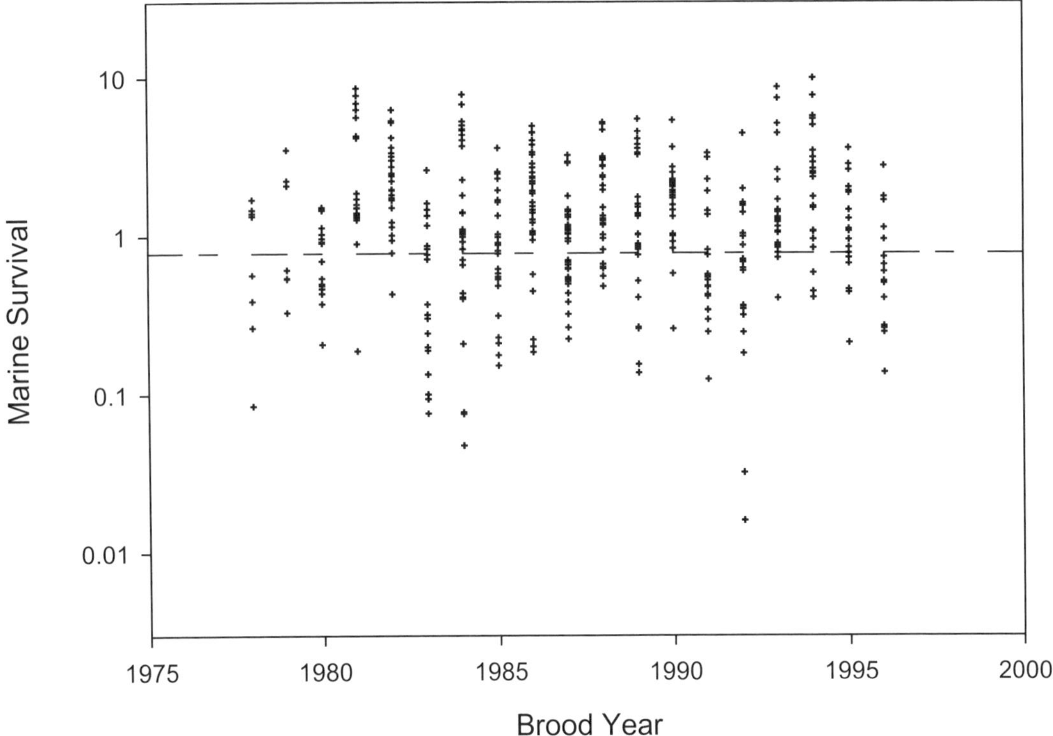

Figure 9. Survival estimates for chum salmon fed fry releases from Salmonid Enhancement Program hatcheries. Only spring fed-fry releases of 1–3 g size are included. Note that the survival scale is logarithmic. The horizontal lines represent the replacement survival required for naturally produced fish (upper) and hatchery-produced fish (lower).

ies of more than 750 groups of coho smolts weighing 15–25 g released from coastal hatcheries (major facilities) during the period of record. Each individually identifiable release group was made up of 10,000–50,000 tagged fish. Survivals were calculated from tag recoveries in fisheries and escapements, expanded to consider factors such as capture and sampling rates (Kuhn et al. 1988).

The striking feature of this graph is the wide intra-annual variation in survival, even on a logarithmic scale. As the survival rate declined, the variation in survival rates increased, partly because the precision of the estimate is degraded by a reduced tag recovery rate caused by fewer returning fish (Kuhn et al. 1988). The same decreasing survival trend is seen from tags placed on naturally produced fish (dark lines from Black Creek and Salmon River in Figure 8). This decrease in marine survivals upholds the evidence from a variety of sources that the North Pacific was in a state of low productivity in the 1990s (Beamish and Noakes 2002) and shows a marked decline compared to a previous update of coho survivals (Cross et al. 1991).

Tagged groups of Chinook salmon show a similar extremely wide intra-annual variation in survival rates, with a noticeable declining trend throughout the 1990s (Figure 8). As with coho, some of this variation may be due to differences in the rearing conditions in the hatchery (feed types, feeding rates, rearing conditions, disease history or treatments, release size, and timing) but the group-to-group, hatchery-to-hatchery, and year-to-year variation indicates that such fish culture differences have minor effects on overall survival.

Chum salmon marine survivals have similar degrees of intra-annual variation as coho and Chinook, but do not show a clear declining trend during the 1990s (Figure 9). This may indicate that they feed in a distinctly different niche in the ocean than do the other two species (Williams 1992; Bakun 1996).

In contrast to the decreased survivals observed after release, survival during incubation and rearing in the hatcheries have generally increased during SEP's history (Figure 10), probably due to refinement of fish culture techniques. This trend does not appear to be caused by any kind of domestication effect because both high and low survivals have been as likely to

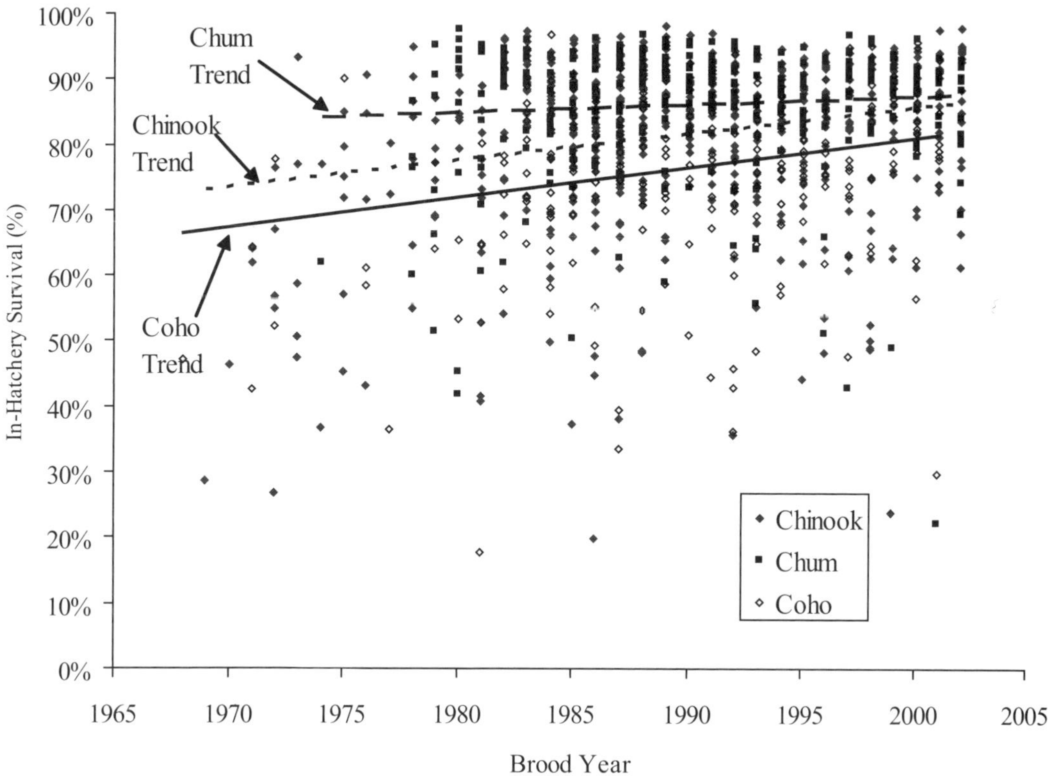

Figure 10. Trends in egg-to-release survival in Salmonid Enhancement Program hatcheries. Data include coho, Chinook, and chum smolts from 30 hatcheries.

occur in stocks that have never been cultured before, as they have in stocks that have gone through several generations of hatchery incubation and rearing. Incubation (spawning to swim-up) survivals are routinely greater than 90% and rearing survivals (ponding to release) are usually greater than 85%. Some stocks can exhibit periodic lower incubation survivals, but rearing survivals have become predictably high because health management practices now limit impacts of diseases, and other fish culture improvements ensure a clean and safe rearing environment. Naturally produced fish encounter much higher mortalities during the freshwater phase than hatchery-produced fish (Bradford 1995).

Overall survival, from egg to spawner, is the product of freshwater and marine survivals. For enough fish to survive to replace the two parents of each mating, naturally produced fish would need to have a substantially higher marine survival than hatchery fish to compensate for their lower survival in freshwater (Table 5). The calculation in Table 5 shows the survival from egg to spawning adult, assuming no harvest. In this case, fish groups that survive at less than the break-even or replacement rate would decline in abundance even without any fishing pressure. The replacement marine survival required for naturally and hatchery-produced fish are shown as horizontal lines on Figures 7–9 for coho, Chinook, and chum, respectively. These graphs illustrate that during the low productivity period of the 1990s, many stocks of unenhanced fish would not have been able to replace themselves, even with zero exploitation from legal or illegal commercial, sport, or aboriginal fisheries.

Hatchery Reform

A healthy scepticism towards the ability of hatcheries to solve all the problems concerning declines of Pacific salmon stocks has led many Pacific Northwest programs to conduct a reassessment of the role that hatcheries can play (IMST 2001; HSRG 2003; ISAB 2003). However, most of the studies cited in the reports that claim poor performance of "hatchery fish" actually refer to "introduced fish," or fish that have been stocked into watersheds from nonindigenous broodstock

Table 5. Marine survival required to sustain populations at break-even levels. This assumes that all returning adults spawn, and therefore precludes any harvest or migration mortality. Typical fecundities and survivals in fresh water for wild fish are taken from Bradford (1995), and for hatchery fish from a conservative approximation of expectations from hatchery records (see Figure 10).

		Wild conditions			Hatchery conditions		
Species	Fecundity	Egg-smolt survival	Smolt output	Marine breakeven	Egg-smolt survival	Smolt output	Marine breakeven
Coho	3000	2.0%	60	3.3%	75%	2250	0.09%
Chinook	4300	6.0%	258	0.78%	75%	3225	0.06%
Chum	3200	6.5%	208	0.96%	75%	2400	0.08%

sources. We believe that it is more probable that these fish are not adapted to the local conditions and that is what makes them less fit (at survival or lifetime reproductive success) than the local naturally produced stock, and not the fact that they spent part of their lives in a hatchery. This subject is thoroughly reviewed in Brannon et al. (2004). As discussed earlier in this report, the SEP has conducted a thorough evaluation of its projects as an on-going part of its regular business and has made continual changes to many aspects of its hatchery program. While some hatchery-enhanced stocks have declined during the SEP, the neighboring naturally produced stocks have also declined; this suggests that it is the natural conditions that have become less productive, and not the fish that have lost fitness characteristics.

However, if SEP were to reform its hatchery program, what aspects should it change: "the objectives, the technology or the fish" (Fuss 2002)? The objectives of SEP have already changed towards a focus on conservation as compared to production for harvest. The protection of wild stocks of salmon is a high priority for Canadians. Hatchery programs can have both positive and negative effects on the naturally produced fish within the same stock, and within neighboring, unenhanced stocks (Table 6). The smolt release strategies of the SEP discussed above are meant to minimize negative effects and maximize positive ones.

Changing the technology might mean putting greater emphasis on habitat protection and restoration initiatives, rather than on hatcheries. However, the general trend for availability of quality freshwater habitat is decidedly in the downward direction due to inexorable pressure from human population growth (Lackey 2003). As shown by several SEP projects (Capilano, Quinsam, Puntledge, Seymour), the near-complete loss of freshwater habitat from dam construction can be successfully replaced by hatchery production of the native wild stock. It is expected that there will be many more situations where the option of habitat restoration will no longer be sufficient to provide freshwater production in the future.

Changing the fish has been taken to mean trying to make the fish released from hatcheries to be more like naturally produced fish in their appearance, behavior, and physiological characteristics (IMST 2000). Manipulation of the fish-culture environment (cover, benthic substrate, complex habitat, crowding, feed delivery, diet formulation, etc.) may lead to hatchery-reared fish acquiring similar characteristics to naturally reared fish and thereby improve their postrelease survival. In principle, it may be possible to produce hatchery fish that are better adapted to marine survival than are naturally produced fish because natural rearing conditions are seldom optimal (proven by high mortality rates). However, as can be seen from Figure 7, hatchery-reared coho do not appear to perform substantially worse after leaving freshwater than naturally reared fish. Because they have such an advantage in freshwater survival, hatchery fish might have an increased impact on adjacent nonenhanced stocks, if they were even more fit for survival in the ocean. The potential for domestication selection in integrated hatchery programs is probably insignificant, especially considering the magnitude of other effects on survival (MacKinlay 2002). In addition, once hatchery fish have lived for a while in the same environment as naturally produced fish, they are indistinguishable from them (MacKinlay and Howard 2002). Therefore, while it is an ongoing goal at SEP facilities to produce high quality smolts for release, it is unlikely that major changes in fish-culture techniques are required or that they could be shown to be demonstrably superior in inducing high marine survivals, especially considering the wide, random variation in marine survivals. However, SEP staff take concerns about the "wildness" of our fish very seriously and consult regularly with the latest scientific literature and an array of experts to constantly evaluate where processes or outputs can be modified to improve wild fish stock enhancement.

Table 6. Potential impacts of hatchery fish on adjacent naturally produced stocks.

Impact type	Possible positive impacts	Possible negative impacts
Demographic – change in fishing pressure on and public concerns about wild salmon	• Provision of supplemental hatchery fish can be used to decrease the exploitation rate on adjacent stocks while maintaining catch levels.* Selective, mark-only fisheries can reduce exploitation rates even further. • Hatcheries and other enhancement projects and activities are at the forefront in promoting the conservation ethic to the public through participation and education programs. • Greater numbers and visibility of fish in streams may lead to greater conservation efforts to protect the habitat.	• If the exploitation rate is increased to harvest high returns of hatchery fish, attendent nonenhanced stocks could suffer. • People might think that hatcheries will solve all the problems of declining stocks and be less vigilant about the other salmon conservation initiatives: reformed harvest management and habitat protection and restoration.
Ecological – change in natural productivity in streams	• Enhanced production can provide more spawners into streams, seeding underutilized habitat with both adults and juveniles • Habitat productivity can be improved through nutrient addition from spawner carcasses. • Large numbers of hatchery fish can reduce the effective predation rate on adjacent stocks.*	• If hatchery-produced fish are added to already saturated ecosystems, competition may decrease the survival of naturally produced stock components • Releases of diseased fish or pathogen-rich effluent from hatcheries could increase disease incidence in the area.
Genetic – change in diversity and fitness of salmon stocks	• Higher survival of wild salmon in the hatchery better maintains the genetic diversity of a stock than allowing it to drop to very low numbers under natural conditions. • Enhancement reduces the selection pressure on fish that are trying to survive in an unnatural, damaged ecosystem. • Small transplants into large wild stocks (hatchery- or naturally produced) can increase their genetic diversity and long-term fitness.	• Some selection for domestic traits may occur in hatchery stocks if they are isolated from their parent stock over many generations (genetic drift). • Transplants of distant stocks into a stream can decrease the short term fitness of a stock that is already there (outbreeding debression). • A small founding broodstock may not be very adaptively robust (inbreeding depression).

* For example, if a stock of 100 naturally produced fish are being caught (or preyed upon) at a 60% exploitation rate (giving 60 caught and 40 escapees) is supplemented by 500 hatchery fish, the exploitation rate (or predation rate) can be decreased to 10% and still maintain a steady catch of 60 fish, while increasing the naturally-produced escapees to 90.

Conclusions

Pacific salmon hatcheries in British Columbia have been very successful in mitigating for low freshwater productivity (survival), whether caused by human activities or natural cycles. Hatcheries essentially act as superproductive freshwater ecosystems for one life history segment of a portion of a wild salmon stock, avoiding the three main sources of mortality: starvation, predation, and disease. Considering that the assaults on freshwater salmon habitat can only increase with the continuing pressures of expanding human population along the coast and rivers of British Columbia, salmon hatcheries can play a pivotal role in maintaining substantial wild salmon populations in the future.

Acknowledgments

Sincerest thanks to the staff at all of SEP hatcheries over the years for their dedication in collecting and providing quality data. Thanks to many headquarters employees for working on the a myriad of compilations and assessments over the years. Thanks to Doug

Hrynyk for producing the map. Thanks to Carol Cross and Alice Federenko for particularly helpful suggestions to improve the manuscript. Thanks to Alan Wood, Gary Wedemeyer and two anonymous reviews for useful comments

References

Amend, D., J. E. Lannan, W. J. McNeil, C. Smith, G. A. Wedemeyer. 2002. Another perspective on the role of hatcheries in Pacific salmon management. Salmon-Trout-Steelheader:4–6.

Anonymous. 1995. Consideration for the use of cultured fishes in fisheries resource management. Pages 603–606 *in* H. L. Schramm, Jr. and R. G. Piper, editors. Uses and effects of cultured fishes in aquatic ecosystems. American Fisheries Society, Symposium 15, Bethesda, Maryland.

Bailey, D. D. 2002. Rebuilding the Stave River chum - a success story. Pages 43–51 *in* E. Brannon and D. MacKinley, editors. Hatchery reform: the science and the practice. American Fisheries Society, AFS Physiology Section, Vancouver. Available at: www.fishbiologycongress.org/.

Bakun, A. 1996. Patterns in the ocean: ocean processes and marine population dynamics. University of California Sea Grant, San Diego, California, USA, in cooperation with Centro de Investigaciones Biológicas de Noroeste, La Paz, Baja California Sur, Mexico.

Beamish, R. J., and D. J. Noakes. 2002. The role of climate in the past, present and future of Pacific salmon fisheries off the west coast of Canada. Pages 231–244 *in* N. A. McGinn, editor. American Fisheries Society, Symposium 32, Bethesda, Maryland.

Bradford, M. J. 1995. Comparative review of Pacific salmon survival rates. Canadian Journal of Fisheries and Aquatic Sciences 52:1327–1338.

Brannon, E. L., D. F. Amend, M. A. Cronin, J. E. Lannan, S. LaPatra, W. J. McNeil, R. E. Noble, C. E. Smith, A. J. Talbot, G. A. Wedemeyer, and H. Westers. 2004 The controversy about salmon hatcheries. Fisheries 29(9):12–31.

Cannings, R., and S. Cannings. 1996. British Columbia: a natural history. Greystone Books, Vancouver.

Cross, C. L., L. Lapi, and E. A. Perry. 1991. Production of chinook and coho salmon from British Columbia hatcheries, 1971 through 1989. Canadian Technical Report of Fisheries and Aquatic Sciences 1816.

Foerster, R. E. 1968. The sockeye salmon. Fisheries Research Board of Canada, Ottawa.

Fuss, H. 2002. Hatchery reform: what needs to be reformed, the objectives, the technology or the fish? Pages 1–16 *in* E. Brannon and D. MacKinlay, editors. Hatchery reform: the science and the practice. American Fisheries Society, AFS Physiology Section, Vancouver. Available at: www.fishbiologycongress.org/.

Groot, C., and L. Margolis. 1991. Pacific salmon life histories. UBC Press, Vancouver.

Healey, M. C. 1991. Life history of chinook salmon. Pages 311–393 *in* C. Groot and L. Margolis, editors. Pacific salmon life histories. UBC Press, Vancouver.

Heard, W. R. 1991. Life history of pink salmon. Pages 119–230 *in* C. Groot and L. Margolis, editors. Pacific salmon life histories. UBC Press, Vancouver.

HSRG (Hatchery Scientific Review Group). 2003. Hatchery reform recommendations. Long Live the Kings, Seattle. Available at: www.lltk.org/hatcheryreform.html.

IMST (Independent Multidisciplinary Science Team). 2000. Conservation hatcheries and supplementation strategies for recovery of wild stocks of salmonids: report of a workshop. Oregon Plan for Salmon and Watersheds, Portland.

IMST (Independent Multidisciplinary Science Team). 2001. The scientific basis for artificial propagation in the recovery of wild anadromous salmonids in Oregon. Oregon Watershed Enhancement Board Office, Salem.

ISAB (Independent Scientific Advisory Board). 2003. Review of salmon and steelhead supplementation. Independent Scientific Advisory Board, Portland, Oregon. Available at: http://www.nwcouncil.org/library/isab/isab2003–3.htm.

Kuhn, B. R., L. Lapi, and J. M. Hamer. 1988. An introduction to the Canadian database on marked Pacific salmonids. Canadian Technical Report of Fisheries and Aquatic Sciences 1649.

Lackey, R. T. 2003. Pacific Northwest salmon: forecasting their status in 2100. Reviews in Fisheries Science 11(1):35–88.

Larkin, P. A. 1974. Play it again Sam – an essay on salmon enhancement. Journal of the Fisheries Research Board of Canada 31(8):1433–1459.

MacKinlay, D. D. 2002. Are there inherent behavioural differences between wild and cultured juvenile salmon? Pages 19–28 *in* R. S. McKinley, W. Driedzic, and D. D. MacKinlay, editors. Behavioral and physiological comparisons of cultured and wild fish. American Fisheries Society, Physiology Section, Vancouver. Available at: www.fishbiologycongress.org/.

MacKinlay, D. D., and K. Howard. 2002. Comparative condition of hatchery and wild coho salmon in freshwater and in the ocean. Pages 55–62 *in* R. S.

McKinley, W. Driedzic, and D. D. MacKinlay, editors. Behavioral and physiological comparisons of cultured and wild fish. American Fisheries Society, Physiology Section, Vancouver. Available at: www.fishbiologycongress.org/.

McGillivray, B. 2000. Geography of British Columbia: people and landscapes in transition. UBC Press, Vancouver.

McNeil, W. J., and J. E. Bailey. 1975. Salmon rancher's manual. Northwest Fisheries Center, Auke Bay, Alaska.

Miller, L. M., and A. R. Kapuscinski. 2003. Genetic guidelines for hatchery supplementation programs. Pages 329–355 *in* E. M. Hallerman, editor. Population genetics: principles and applications for fisheries scientists. American Fisheries Society, Bethesda, Maryland.

Perry, E. A. 1995. Salmon stock restoration and enhancement: strategies and experiences in British Columbia. Uses and effects of cultured fishes in aquatic ecosystems. Pages 152–160 *in* H. L. Schramm, Jr. and R. G. Piper. American Fisheries Society, Symposium 15, Bethesda, Maryland.

Roos, J. F. 1991. Restoring Fraser River salmon. Pacific Salmon Commission, Vancouver.

Salo, E. O. 1991. Life history of chum salmon. Pages 231–309 *in* C. Groot and L. Margolis, editors. Pacific salmon life histories. UBC Press, Vancouver.

Sandercock, F. K. 1991. Life history of coho salmon. Pages 395–445 *in* C. Groot and L. Margolis, editors. Pacific salmon life histories. UBC Press, Vancouver.

Slaney, T. L., K. D. Hyatt, T. G. Northcote, and R. J. Fielden. 1996. Status of anadromous salmon and trout in British Columbia and Yukon. Fisheries 21(10):20–35.

Taylor, J. C. 1999. Making salmon: a history of the Pacific northwest salmon crisis. University of Washington, Seattle.

Williams, P. G. 1992. Ocean ecology of north Pacific salmonids. University of Washington Press, Seattle.

American Fisheries Society Symposium 44:77–86, 2004

Increasing Red Drum Abundance in South Carolina: Monitor, Regulate, and Stock Hatchery Fish

THEODORE I. J. SMITH[1], WALLACE E. JENKINS, MICHAEL R. DENSON, AND MARK R. COLLINS

South Carolina Department of Natural Resources, Marine Resources Research Institute Post Office Box 12559, Charleston, South Carolina 29422, USA

Abstract.—The red drum *Sciaenops ocellatus* is a popular sport fish from the mid-Atlantic through the Gulf of Mexico. Historical data show that this species supported substantial commercial as well as recreational fisheries. On the Atlantic Coast, the Atlantic States Marine Fisheries Commission (ASMFC) has designated this fish as "over-harvested" requiring all coastal states to implement fishery restrictions. Regulations from North Carolina to Florida range from one fish to five fish per day within a narrow slot length limit. Unlike many states, South Carolina (SC) has implemented a multifaceted management approach involving regular monitoring of subadults and adults, strict regulations, and evaluation of stocking red drum. To provide a fishery independent assessment of the population, an inshore monitoring program for subadults was begun in 1991, and in 1994, an offshore monitoring component focused on the adult segment of the population was added. This latter population segment is the focus of the ASMFC's Fishery Management Plan. The first regulations in SC were established in 1986, and in 2001, regulations were amended for the seventh time to make them the strictest ever. In an effort to explore all management options, a research effort was initiated in 1988 to examine the potential for increasing abundance using stocked fish. Based on encouraging research findings, this program was expanded in 2002 to a statewide demonstration scale effort involving three estuarine systems. These systems were stocked with a total of 1.8 million marked fish in fall, 2002. Stocking project components integrate fishery dependent and independent sampling to assess biological implications and social and economic aspects are being added to provide a broad overview of impacts. Through this integrated approach of fishery and population monitoring, landings restrictions, and stocking of fish, it is hoped that red drum abundance can be increased more rapidly than by using traditional management techniques alone.

Introduction

The red drum *Sciaenops ocellatus* is a long-lived marine finfish species (>50 years) that has an estuarine dependent early life history (ages 0–4) (Wenner 2000). Throughout the southeastern United States, this species is one of the three most popular fishes among saltwater anglers (Hussey et al. 2000). Historically, red drum has supported important commercial and recreational fisheries from New Jersey to Texas (TX). However, in the early 1980s, it became apparent that the population was declining, due primarily to unregulated fishing that targeted both subadult and adult size-classes.

Fishery managers understood that without implementation of harvest regulations, stocks of red drum would continue to decline (Mercer 1984; Goodyear 1991). As a result, a regional Fishery Management Plan (FMP) was implemented in 1984 that mandated a complete closure of both the recreational and commercial fisheries in federal waters. This closure remains in effect today. In addition, most south Atlantic and Gulf coast states closed their commercial fishery in state waters and imposed size and creel limits on the recreational harvest. During a succession of additional management actions over the last 10 years, size and creel limits have become progressively more restrictive in an effort to increase escapement of red drum and rebuild the spawning stock biomass. During this time, the juvenile (age 0–4) population segment, which remains inshore, has been closely monitored in an attempt to document the effectiveness of these manage-

[1] E-mail: smitht@mrd.dnr.state.sc.us

ment actions. In the northern region, North Carolina (NC) and north, estimated static spawning potential ratio (SPR—a measure of escapement to broodstock) increased from 1.3% for the period 1987–1991 to 18% for the period 1992–1998. In the southern region, South Carolina (SC) to the east coast of Florida (FL), SPR increased from 0.5% to 15% (Vaughan and Carmichael 2000). Based on these data, there appears to be improvement in the percentage of each year-class that escapes to the broodstock population. However, the fishery recruitment model indicates that a target of 40% SPR is needed, at a minimum, for a healthy sustainable population (Vaughan and Carmichael 2000). Further, data randomly collected on actual juvenile abundance in SC indicates that while the portion of a year-class that survives to broodstock size may be increasing, the actual number of fish that comprise each year-class appears to be declining at the alarming rate of 12%/year (Wenner 2000).

The fact that the population has been documented as overfished for a minimum of 20 years may partly explain the observed decline in recruitment. For example, during this period, broodstock that previously sustained the population have been dying of old age without being replaced by younger age-classes. In addition, during this same period, angler behavior has changed as anglers began using shallow draft boats to target subadults feeding in the *Spartina* marsh. This innovation has allowed anglers to become more efficient at targeting the estuarine-dependent year-classes.

Traditional management actions are still the primary tools used by fishery managers to increase abundance. For example, FL has a one fish daily limit (46–69 cm total length [TL]; 18–27 in TL), and NC recently enacted a similar creel restriction (but, interestingly, still has a commercial fishery). Such restrictions are projected to increase SPR to 40%. However, even with such fishing restrictions in place, there is no guarantee that the population can recover, and it will be a minimum of 5 years before the impact of any regulatory change will be evaluated. In addition, fishery managers estimate that even if the new regulations are effective, recovery using this approach will require a minimum of 15–20 years.

Given the current status of red drum stocks and apparent failure of conventional fishery management techniques to affect a timely increase in abundance, SC felt it prudent to examine the use of stock enhancement as a possible fishery management tool. This approach has been publicly accepted in TX where a stocking program routinely produces and stocks as many as 40 million red drum juveniles each year (Matlock 1990; McEachron and Daniels 1995; McEachron et al. 1995, 1998). Georgia and NC also have interest in this approach (Copeland et al. 1998; Woodward 2000) and are evaluating the progress made in SC to determine when and if a program should be initiated. It should be noted, however, that red drum stocking has not been a widely accepted solution, in part due to the lack of definitive scientific evidence documenting its effectiveness. This is reflected by the fact that, at present, the Gulf States Marine Fish Commission's FMP for red drum does not consider any impact from the TX stocking program. However, the Atlantic States Marine Fish Commission (ASMFC) FMP for Atlantic Coast stocks recently acknowledged that stock enhancement may play a role in recovery and suggested that properly controlled studies be conducted to evaluate its potential as a management tool (ASMFC 2002).

This paper describes SC's approach to restoring red drum populations and involves fishery dependent and independent monitoring, strict fishery regulations, and use of stocked fish as a potential new management tool. Information provided pertains to the red drum off the Atlantic Coast unless specified otherwise.

Methods

Red Drum Monitoring

In SC, red drum is monitored by a combination of fishery dependent and fishery independent sampling programs. The fishery dependent sampling is accomplished primarily through one program with nonspecific species and effort data collected by a second program. The SC Marine Recreational State Finfish Survey (SFS), which is cost-shared with federal funds (Dingel/Johnson Program – U.S. Fish and Wildlife Service), intercepts inshore private boat anglers who are targeting species of interest to SC, such as red drum, spotted seatrout *Cynoscion nebulosus*, sheepshead *Archosargus probatocephalus*, southern flounder *Paralichthys lethostigma*, and summer flounder *P. dentatus*). The sampling design specifies proportional county sampling to obtain equal numbers of interviews and length data by species from the northern, central, and southern regions of the coast. The South Carolina Department of Natural Resources (SCDNR) manages this survey. The Marine Recreational Fisheries Statistical Survey (MRFSS) is funded by the National Marine Fisheries Service (NMFS) and is conducted by private contractors. The survey's base level of data collection is designed to estimate total catch, total participation, and total effort of all recreational saltwater anglers on a regional basis (i.e., North Atlantic, Middle Atlantic, South Atlantic, etc.). The survey targets all anglers fishing from shore, in private/rental, and charter boats. Unlike the SFS, the MRFSS does not focus on anglers targeting specific species.

The fishery independent data are also collected by SCDNR, with support from NMFS. Since 1991, a stratified random trammel net survey in coastal waters has been conducted with the objective of developing long-term estimates of the seasonal abundance and distribution of red drum in various estuarine systems, including the low-salinity reaches (begun in 2000). The sampling program utilizes a monthly stratified random sampling design in the Cape Romain system (two strata, Romain Harbor and northern Bulls Bay), the Charleston Harbor system (four strata, the Wando, Cooper and Ashley rivers, and Charleston Harbor), and the Ashepoo-Combahee-Edisto (ACE) basin system (one stratum, south Edisto River) (Figure 1). Due to heightened security issues in 2002, the Cooper River sampling area (contains a major military installation) was discontinued and the lower portion of the Winyah Bay System (one stratum) was added.

The number of sampling sites within each stratum ranges from 23 to 30 and a subset of 12–14 sites is randomly selected for sampling each month. Sampling is conducted only during the daytime ebbing tide (0700–1800 hours), primarily over mud and oyster shell substrates adjacent to the *Spartina alterniflora* marsh. For sampling, a trammel net (182.8 m long × 2.4 m deep, mesh size - outer wall 17.8 cm square, inner wall 3.2 cm square) is deployed from a rapidly moving shallow water boat in an arc against the shoreline in depths ranging from 0.5 to 2.0 m. After the net is set, the water within the site is disturbed (water beaten with paddles) in an effort to frighten fishes into the entrapment gear. In addition to trammel net sampling, the lower salinity transitional

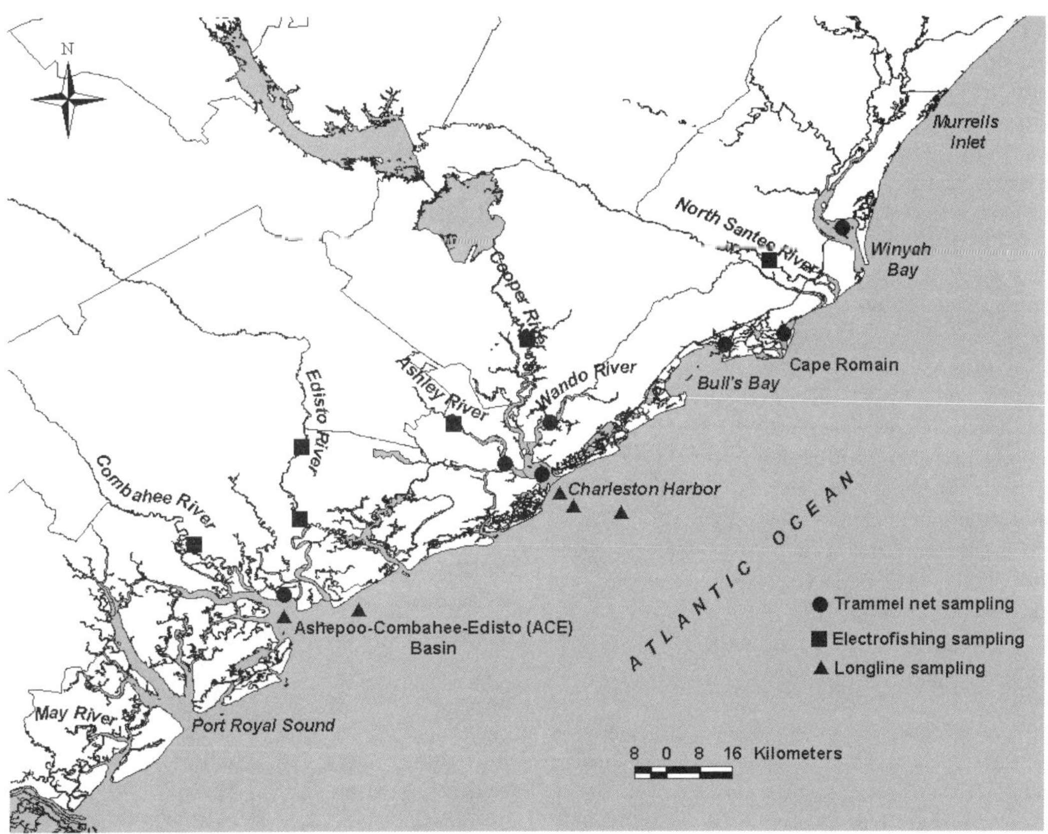

Figure 1. Map of coastal South Carolina showing areas sampled for red drum using trammel nets, electrofishing techniques, and longline fishing gear.

areas of selected estuaries are also sampled monthly using electrofishing techniques. This technique allows sampling in areas that often have steep banks, strong tidal currents, or numerous hangs, which prohibit the use of trammel nets. Sampling occurs in Combahee River, upper and lower Edisto River, North Santee River, and the upper Ashley River, using a stratified random sampling design without replacement. Red drum captured during the monitoring efforts are kept alive in an oxygenated holding tank and measured for TL and standard length. Before release, each fish is externally tagged. Steel-tipped dart tags are used on fish greater than 550 mm TL and inserted in the musculature below the first dorsal fin; internal anchor tags are used on fish less than 550 mm and inserted in the abdominal cavity.

In addition to the trammel net survey of subadults, the adult population segment off SC has been sampled since the mid-1990s in an attempt to generate an index of abundance of the spawning stock and the rate of recruitment of 3–5-year-old fish into the adult population. Initial survey efforts in 1994 and 1995 were state-supported, while more recent efforts have been jointly funded through the Inter-Jurisdictional Fisheries Program (NMFS). Sampling is accomplished through use of bottom longline gear set in near shore and coastal waters (Figure 1). The "live-bottom" areas are selected with fishing focused during the fall postspawning offshore migration time (Ulrich et al. 2001). The catches are expressed as the catch per set or catch per hour soak-time of the gear. Subsamples within a certain size range (<95 cm TL, ≤10 years of age) are sacrificed for aging purposes to determine if adequate escapement is occurring from estuarine-based fisheries and whether these fish are participating in spawning activities. The remainder of specimens are enumerated, measured, and tagged before they are released. Tagging of red drum in the ocean provides information on migratory behavior and stock identification and complements data on fishing mortality and emigration rates developed from estuarine tagging programs (Ulrich et al. 2001).

Fishery Regulations

Red drum is managed under a FMP administered by the ASMFC. The FMP was originally developed in 1984 (Mercer 1984) under the auspices of the South Atlantic Fishery Management Council (SAFMC). The FMP was developed based on data provided by the coastal states and analyzed by NMFS population modelers. At approximately 5-year intervals, a new virtual population assessment (VPA) is performed to provide a current status of the stocks. Depending on findings, a management matrix of fish sizes and slot sizes is developed and provided to the states for enactment of regulations that will meet population rebuilding needs.

As a reflection of the continuing population decline, management regulations implemented in SC have grown increasingly restrictive over the years (Table 1). Prior to 1986, there were no regulations affecting the take of red drum. However, over 16 years, there were seven legislative changes regulating red drum. In 1988, the red drum was classified as a "game" species and commercial fishing was abolished. Current regulations, enacted in 2001, allow two fish/d to be taken within the slot range of 38–61 cm TL (15–24 in). This regulation meets the ASMFC's creel restriction necessary to attain a minimum SPR of 40%. Since SC is a legislative state, all changes in regulations must be approved by the state's General Assembly.

Stocking Efforts

In 1989, SC began to explore the potential of stocking hatchery fish to increased abundance of red drum. From the beginning, the basic tenets of what were later described as a "responsible approach" were followed (Blankenship and Leber 1995). At initiation, there were no approved techniques to mark small fish, so the program focused on stocking larger fish that could be externally tagged and thus identified if recaptured (Table 2). Over the years, the program has methodically addressed a number of issues, including size and season of release, marking method, mark retention, angler reporting of tagged fish, release methods, release habitats, stocking densities, genetic characteristics of hatchery and wild population, genetic marking, and economic aspects (Smith et al.

Table 1. Management actions taken in South Carolina to protect the red drum population.

Year	Regulation
1986	No creel limit, 1 fish > 81 cm TL
1987	20 fish/d, 1 fish > 81 cm TL
1988	Game fish status, no commercial harvesting
1990	20 fish/d, only in 36 to 81 cm TL slot range, 1 fish > 81 cm TL
1991	5 fish/d, only in 36 to 81 cm TL slot range, 1 fish > 81 cm TL
1993	5 fish/d, only in 36 to 69 cm TL slot range
2001	2 fish/d, only in 38 to 61 cm TL slot range

Table 2. Red drum released in South Carolina to evaluate the potential of stocking as a fishery management tool. Larger red drum (~150–230 mm TL) with external reward tags were stocked during 1989–1993, while smaller (~25–50 mm TL) OTC* marked red drum were released from 1995 to 2002.

Year	Site					Total
	Wando River	Callawassie Creek	Ashley River	Murrells Inlet	May River	
1989	4,145					4,145
1990	5,961					5,961
1991	11,279					11,279
1992	15,409					15,409
1993	14,957					14,957
1994						
1995		216,679				216,679
1996		791,855				791,855
1997		704,991				704,991
1998						
1999			617,190			617,190
2000	513,920		604,884			1,118,804
2001	344,949		722,417			1,067,366
2002	646,959			553,088	679,405	1,879,452
Total						6,448,088

*Chemical method of immersion in oxytetracycline HCL.

1992; Pace 1995; Smith et al. 1997; Jenkins et al. 2000; Chapman et al. 2002; Denson et al. 2002).

During 1995, permission was obtained from the U.S. Food and Drug Administration to utilize a chemical method of immersion in oxytetracycline HCL (called "OTC") to mark the otoliths of large numbers of small red drum. This mark has been shown to be highly detectable and persistent for at least 5 years after marking (Thomas et al. 1995; Jenkins et al. 2002). As a result, the program was able to focus on "responsibly" testing the Texas model of stocking small juveniles, 25–50 mm TL (McEachron et al. 1998). Initial studies were conducted within the Port Royal Sound Estuary (Figure 1) in Beaufort County. The objectives of the study were to determine movement of hatchery fish from the release site, determine relative return of fish stocked in the fall and spring, test three release densities to determine which provided the highest contribution, determine effect of presence of stocked fish on growth of wild conspecifics, determine sex ratio of hatchery produced fish, document survival of hatchery fish to maturity; and, test the potential of using genetic techniques to identify hatchery fish (Smith et al. 1999). From 1995 to 1997, ~1.7 million small red drum were stocked in Callawassie Creek (Table 2), a small tributary of the Colleton River and monitored for 3 years after release.

Information obtained during the Port Royal Sound project was then utilized to design a study to examine whether stocked red drum actually increase abundance or displace wild fish (additive effect versus displacement effect). In 1999, the stocking effort was moved to the Charleston Harbor Estuary, an area where a long-term database was available on red drum abundance. Analyses of a stratified random trammel net sampling data set for a number of rivers (Wenner 2000) were used to characterize and identify the stocking areas. In the Charleston Harbor Estuary, between 1992 and 1999, the Ashley River always produced the lowest abundance of age-0 and age-1 red drum collected in late summer through fall as compared to the harbor or the Wando River (always higher CPUE). Thus, an area with historically low CPUE (Ashley River) and an area with high CPUE (Wando River) were selected for stocking. From 1999 to 2002, ~3.4 million small red drum (25–50 mm TL) were stocked in the Ashley and Wando rivers (Table 2). Stocking occurred during the natural spawning season (late summer/early fall) and at densities shown to have a measurable contribution. Abundance of age-0 and age-1 red drum was then monitored from December to February, the following year.

Since inception of the experimental stocking program, efforts have been undertaken to minimize any potential genetic impacts. Genetic monitoring has been regularly conducted on both the wild and hatchery populations by Dr. Robert Chapman and his staff, through the Cooperative Institute of Fisheries Molecular Biology (FISHTEC Program), Charleston, South Carolina. In addition, tissue samples are obtained from each stocking group and the hatchery broodstock, as well as from all field-captured red drum. These biological tissues are being used to characterize the natural population (Chapman et al. 2002) and to develop genetic tags for identifying the stocked fish. Once genetic tags are shown to be reliable, the need to sacrifice fish for otolith identification purposes will be eliminated.

Based on the data collected to date, SC has decided to expand stocking efforts using fishing license revenues as well as other funding sources. During 2002, stocking efforts were expanded to include not only the Charleston Harbor area, but also the May River in the southern portion of the state and Murrells Inlet in the northern part of the state (Figure 1). These two latter areas received a total of ~1.2 million red drum juveniles (25–50 mm TL) in 2002 (Table 2).

Results and Discussion

South Carolina is pursuing a multifaceted approach to the management and conservation of red drum stocks. Over the years, anglers have become more knowledgeable about red drum habitats and are now more efficient at exploiting most year-classes of red drum (Wenner 1992). Not only do anglers fish the subadults in inshore nursery and coastal areas, but they have recently established catch and release fisheries for the offshore adult population. This fishing trend coupled with more anglers and expanding residential and commercial growth in coastal areas has made fishery restoration increasingly complex. In SC, marine fishing license sales (fishing stamps) increased from 80,956 in 1992 (requirement initiated) to 113,344 in 2001. Similarly, charter boat licenses more than doubled (122 in 1992; 263 in 2001) during this period. To further complicate matters, there is evidence that at depressed population levels, the bottlenose dolphin *Tursiops truncatus* can be a major source of mortality during the winter months when the fish are congregated (Young and Phillips 2002).

Monitoring surveys are critical to the successful management of red drum. The data obtained are directly used by SC managers and are incorporated in the VPA's used to manage the south Atlantic stock. A recent analysis of the SC trammel net survey data indicated a declining trend in the abundance of subadult (age 1–4) red drum over the past decade. However, in the period from July 2001 through June 2002, catches rose very slightly. This slight increase, however, did not indicate that the long-term trend was changing. The 2000 year-class (fish spawned during August–September 2000) was stronger than any recorded since the 1994 year-class and was leading anglers to believe that the fishery was "recovered." Fortunately, the long-term data set was highly effective in encouraging legislators not to loosen current regulations in response to pressure from anglers. With the current regulations in place, estimations indicate that the 2000 year-class will be within the legal slot from 13 months of age to 35 months of age.

The Red Drum Plan Development Team has expressed concern that although stock recovery is based on biomass of the adult population segment, there is no method available to directly estimate biomass (or abundance) of the adults. The SC adult red drum survey using longline gear is a first attempt to identify and characterize the adult population segment along the Atlantic Coast. Although this survey has limitations, new information on the adult population is being obtained. During 1994–2000 a total of 1,576 adults were captured in longline sets. Twenty-seven percent of the fish were less than 95 cm TL (Table 3). According to NMFS stock assessment estimates, fish of this length are estimated to be age 3–10 years. Otolith analysis of this size-group confirmed this age-group, and gonadal analysis verified recent spawning activity (Ulrich et al. 2001). The number of small adults captured was a maximum of 36.9% in 1998 and suggests that recruitment from the estuarine areas is occurring and that the spawning stock is not composed solely of older fish that entered the population prior to the heavy exploitation of juveniles in the estuarine systems (Ulrich et al. 2001).

There was a total of 1,462 adult red drum tagged and released during 1994–2000 (Table 3). Of these captured fish, 26 fish (1.8%) had been previously tagged as adults by this program. All recaptured fish were captured near the original tagging site (near shore coastal waters in the Charleston Harbor vicinity) and suggests some site fidelity. Additionally, 20 of the captured fish had been tagged as subadults in inshore estuarine areas by the inshore monitoring program or by recreational anglers. These fish provide direct documentation that recruitment to the adult population is occurring. Thus, this program is providing new information on the adult segment of the population, but additional data will be needed to fully characterize its composition and the movement and abundance of these adult fish.

Because SC is a legislative state, implementation of fishery regulations affecting red drum is more prob-

Table 3. Data on captured, tagged, released, and recaptured adult red drum from sampling program using longline gear fished in near shore and offshore areas.

Year	Adults captured (#)	<95 cm TL (%)	Tagged/released (#)	Program[a] recaptures (#)	Estuarine origin[b] recaptures (#)
1994	183	23.5	183	0	1
1995	292	22.9	292	2	1
1996	299	25.4	266	13	1
1997	128	17.0	111	1	0
1998	214	36.9	193	4	7
1999	274	32.2	244	2	5
2000	186	27.4	173	4	5
Total	1,576		1,462	26	20

[a]These fish were originally caught and tagged as adults by the adult monitoring program.
[b] These fish were originally captured and tagged in estuarine waters as subadults.

lematic than if a single agency had jurisdiction. However, due to the strong database and active education program of SCDNR, legislators have the opportunity to make decisions based on scientific evidence rather than on anecdotal information. The current regulations are stricter than some occasional inland anglers would like and more liberal than some fly fishing clubs have suggested (all catch and release). On balance, they appear to be acceptable to most anglers and also meet the ASMFC's management requirements. Strict regulations must be maintained, especially when there appear to be the first signs of improvement in population structure (e.g., more and larger fish being captured).

South Carolina is considered a leader in its efforts to evaluate the potential of using hatchery releases to help restore red drum stocks. Due in large part to the responsible approach followed, the program received national recognition in 1997 when the American Fisheries Society identified it as the "Outstanding Sport Fish Restoration Project" for the nation. In general, marine stocking programs usually elicit broad public support; however, they should be initiated with caution. There were a number of large-scale programs conducted during the late 18th and early 19th centuries, and most were considered failures. However, participants in the early stocking efforts did not have the knowledge base or tools currently available to successfully effect a detectable change. Stock enhancement of marine species is a subject of considerable discussion with most scientists agreeing that insufficient documentation exists to validate this approach to restoring overfished populations. Today's challenge is to demonstrate the benefits as well as the limitations of stocking efforts.

In SC, it is envisioned that hatchery releases of red drum could be used on a limited time basis, perhaps a 5–10 year period, to help stocks recover more quickly by reducing fishing pressure on the remaining wild fish and allowing increased escapement of hatchery and wild fish to the spawning stock. The SC research and demonstration project utilizes a multidisciplinary team approach (culturist, fishery scientist, geneticist, extension specialist, and economist) in collaboration with the public sector (especially anglers). The project is multidimensional with funding provided by a number of sources (e.g., fishing license revenue, NMFS, USFWS, SC Sea Grant Consortium).

The program was initiated in 1989 with the objective of evaluating the potential of hatchery releases as an additional management tool. Initially, the program focused on larger fish that could be externally tagged, as chemical marks were not approved and genetic tags not yet developed. Results indicated that larger fish (>200 mm) are more likely to be recaptured than smaller (~100 mm) fish released in the same season (Smith et al. 1997). However, small fish released in the spring or fall were returned more frequently than larger fish released in summer or winter. Controlled studies were also able to document that anglers routinely report only ~50% of externally tagged fish (Jenkins et al. 2000). Due to the long-term tag retention, some stocked fish were later identified in the offshore adult population segment. However, due to production difficulties and risks associated with producing larger fish, efforts became focused on use of smaller fish beginning in 1995, as OTC marking of otoliths was now possible.

From release of ~1.7 million small juveniles during 1997–1999 in the Colleton River area, substantial new information was gathered on the impacts of stocked red drum. Results indicated that fish released during the natural spawning season (fall) were twice as likely to survive to be recaptured than fish stocked out of season (spring). Hatchery fish were captured at age 3 up to 30 km from the release site, and the sex distribution of captured hatchery fish was not significantly different than that observed among wild fish (~1:1). Hatchery fish made up to 70% of the population near the release site at the highest stocking density (~2,300/ha^2), and no measurable change in growth of wild fish was detected. Overall, the intermediate density tested (600/ha^2) provided a contribution similar to that of the highest release density. Hatchery fish were also identified in the recreational creel. However, due to the absence of historic abundance data for red drum in the stocked estuary, the project was not able to conclusively prove that stocking actually increased the population. Nevertheless, it was clear that stocked fish provided a sizable component of the fishery.

The next phase of the program focused on addressing the critical question of whether stocked fish displaced or supplemented wild fish (Leber 2002). In 2000, random sampling approximately 1 year poststocking indicated that stocking resulted in a fourfold increase in red drum abundance in the Ashley River (Smith et al. 2001). In addition, for the first time on record, the CPUE of young-of-the year (YOY) red drum in the Ashley River was higher than that for any other estuary sampled in the state (range—urbanized Charleston Harbor to the relatively undisturbed estuaries in the Cape Romaine National Wildlife Refuge and the ACE basin). Red drum abundance in these other systems was uniformly trending downward during the previous 2 years, while the trend in the Ashley River for the same period was up. In addition, hatchery fish made up 78% of trammel net samples obtained from the Ashley River in January 2001. Similarly, 70% of the fish provided by anglers in the Ashley River were of hatchery origin. These data indicate that the presence of hatchery fish increased the abundance in the Ashley River without displacing wild fish at the density tested. Stocked fish were also found to comprise 15% of the net-captured fish in Charleston Harbor (comprised 52% of fish from samples provided by anglers) and 12% of those net-captured in the nearby Wando River (Figure 1) (Smith et al. 2001). Possible ecosystem impacts were examined. Samples collected from an ongoing ecological program in the Charleston Harbor Estuary did not detect any significant difference in abundance or diversity of benthic organisms in the stocked area as compared with other adjacent areas of similar habitat quality (Ringwood et al. 2003).

Although 3 years of data on the impacts of stocking will be collected from both the Ashley and Wando rivers, the dramatic results from the first year of stocking the Ashley River and the preliminary data from stockings in the Ashley and Wando rivers in 2000 has encouraged anglers and fishery managers to request an expansion in the program. Consequently, a plan was developed, which identified current progress and needs as well as stocking site criteria. The Marine Recreational Fisheries Advisory Committee approved this plan in 2002 that identified specific stocking sites through 2005. The objectives of the stocking program is twofold: increase abundance, especially in areas that receive high fishing pressure, so that the number of fish that escape to the spawning stock from each year-class increases; and conduct the needed scientific research to allow evaluation of stocking as an additional management tool. Besides the biological impacts, social and economic impacts will also be addressed. Depending on funding availability, the plan identifies three sites per year for stocking. The sites selected each year are located in the lower, middle, and upper portions of the state. Each site will be stocked for two consecutive years with the impacts of stocking on the inshore population expected to occur over a 5-year period. The plan also identifies the need to maintain nonstocked reference areas and reserves so that the status of red drum in the nonimpacted natural populations can be monitored.

In 2002, SC stocked 1.9 million OTC-marked juveniles into the three selected sites: the May River in the southern portion of the state, the Wando River in the mid-region, and Murrells Inlet in the northern area (Figure 1). Depending on specific site, data on impacts of the stocked fish will be collected by fishery dependant means (otolith analysis of wracks provided by anglers) and/or fishery independent means (otolith analysis of trammel net caught fish; catch rates relative to historical and adjusted CPUE index data). During 2003, the program will begin to genetically examine the adult population segment for the presence of stocked fish. Over the next several years, it is expected that substantial information will be acquired on the feasibility and impacts of using stocked fish as an additional management tool.

In summary, SC is pursuing a multifaceted approach to manage its red drum stocks. The regular monitoring of both the subadult and adult segments of the population will allow timely decisions concerning the status of the population and the impacts of regulations. Such information is not only of critical need to SC managers, but is also used to fine tune the FMP assessment model. Additionally, the regular monitoring program is useful in providing fishery independent data on the effects of stocking fish. Such information, combined with fishery dependant data, is being used to evaluate the potential of using hatchery fish to help restore overfished populations. This approach, adopted by our team as well as by researchers throughout the world, is producing a better understanding of the role of stock enhancement in the management of marine fisheries (Blaxter 2000). It is hoped that by using this diversified approach, red drum stocks in SC will be restored to sustainable levels in a timely fashion.

Acknowledgments

We thank staff of various SCDNR programs who provided data and information, especially Myra Brouwer, Charlie Wenner, Glenn Ulrich, Charlie Bridgham, Wayne Waltz, and Bryan Stone. Support for the stock enhancement research activities has been provided by the Sport Fish Restoration Program, USFWS; SC Sea Grant Consortium, National Oceanic and Atmospheric Administration; and Saltwater Recreational Fishing Advisory Committee, SC Marine Fishing License Program. This is contribution number 528 from the SC Marine Resources Division.

References

ASMFC (Atlantic States Marine Fisheries Commission). 2002. Interstate fishery management plan for red drum, Amendment 2. Fishery Management Report Number 38, Washington, D.C.

Blankenship, H. L., and K. M. Leber. 1995. A responsible approach to marine stock enhancement. Pages 167–175 *in* H. L. Schramm and R. G. Piper, editors. Uses and effects of cultured fishes in aquatic ecosystems. American Fisheries Society, Symposium 15, Bethesda, Maryland.

Blaxter, J. H. S. 2000. The enhancement of marine fish stocks. Pages 2–47 *in* A. J. Southward, P. A. Tyler, C. M. Young and L. A. Fuiman, editors. Advances in marine biology. Academic Press, New York.

Chapman, R. W., A. O. Ball, and L. R. Mash. 2002. Spatial homogeneity and temporal heterogeneity of red drum, *Sciaenops ocellatus*, microsatellites: effective population sizes and management implications. Marine Biotechnology 4:589–603.

Copeland, B. J., J. Miller, and E. B. Waters. 1998. Potential for flounder and red drum stock enhancement in North Carolina. North Carolina Sea Grant Program, Raleigh.

Denson, M. R., W. E. Jenkins, A. G. Woodward, and T. I. J. Smith. 2002. Tag-reporting levels for red drum (*Sciaenops ocellatus*) caught by anglers in South Carolina and Georgia estuaries. Fishery Bulletin 100:35–41.

Goodyear, C. P. 1991. Status of the red drum stocks in the Gulf of Mexico. NMFS Southeast Fisheries Center Costal Resource Division Contribution MIA-90/91–87, Miami.

Hussey, S., R. Southwick, J. Bergstrom, and J. Teasley. 2000. A study of the economic dependence of fishing tackle retailers in the southeast on marine recreational fisheries. American Sportfishing Association, Alexandria, Virginia.

Jenkins, W. E., M. R. Denson, and T. I. J. Smith. 2000. Determination of angler reporting level for red drum (*Sciaenops ocellatus*) in a South Carolina estuary. Fisheries Research 44:273–277.

Jenkins, W. E., M. R. Denson, C. B. Bridgham, M. R. Collins, and T. I. J. Smith. 2002. Retention of oxytetracycline induced marks on sagittae of red drum. North American Journal of Fisheries Management 22:590–594.

Leber, K. M. 2002. Advances in marine stock enhancement: Shifting emphasis to theory and accountability. Pages 79–90 *in* R.R. Stickney and J.P. McVey, editors. Responsible marine aquaculture. CAB International, New York.

Matlock, G. C. 1990. Preliminary results of red drum stocking in Texas. Pages 11–15 *in* A. K. Sparks, editor. Marine farming and enhancement: Proceedings of the 15th U.S. Japan Meeting on Aquaculture. U.S. Department of Commerce, National Oceanic and Atmospheric Administration, National Marine Fisheries Service, NOAA Technical Report NMFS 85, Washington, D.C.

McEachron, L. W., and K. Daniels. 1995. Red drum in Texas: a success story in partnership and commitment. Fisheries 20(3):6–8.

McEachron, L. W., C. E. McCarty, and R. R. Vega. 1995. Beneficial uses of marine fish hatcheries: enhancement of red drum in Texas coastal waters. Pages 161–166 *in* H. L. Schramm and R. G. Piper, editors. Uses and effects of cultured fishes in aquatic ecosystems. American Fisheries Society, Symposium 15, Bethesda, Maryland.

McEachron, L. W., R. L. Colura, B. W. Bumguardner, and R. Ward. 1998. Survival of stocked red drum in Texas. Bulletin of Marine Science 62:359–368.

Mercer, L. P. 1984. Fishery management plan for the red drum (*Sciaenops ocellatus*) fishery. North Carolina Department of Natural Resources and Community Development, Morehead City.

Pace, C. C. 1995. A benefit-cost analysis of the red drum stock enhancement program in the coastal waters of South Carolina. Master's thesis. University of South Carolina, Columbia.

Ringwood, A. H., C. J. Keppler, R. Van Dolah, L. Zimmerman, and P. C. Jutte. 2003. Validation of sediment quality criteria in southeastern estuaries. Final report to U.S. Environmental Protection Agency. South Carolina Department of Natural Resources, Charleston.

Smith, T. I. J., W. E. Jenkins, and M. R. Denson. 1997. Overview of an experimental stock enhancement program for red drum in South Carolina. Bulletin National Research Institute of Aquaculture (Japan) Supplement 3:109–115.

Smith, T. I. J., W. E. Jenkins, M. H. Glenn, and D. B. White. 1992. Evaluation of a preliminary red drum stock enhancement program in South Carolina. USFWS, Final Report Project F-34, Atlanta.

Smith, T. I. J., W. E. Jenkins, M.R. Denson, C. B. Bridgham, and R. W. Chapman. 2001. Effects of stocking red drum in areas of low and high CPUE. USFWS, Annual Report Project F-71, Atlanta.

Smith, T. I. J., W. E. Jenkins, M. R. Denson, C. B. Bridgham, and R. W. Chapman. 1999. Use of tidal creeks by biologically marked and wild juvenile red drum. USFWS, Final Report, Project F-65, Atlanta.

Thomas, L. M., S. A. Holt, and C. R. Arnold. 1995. Chemical marking techniques for larval and juvenile red drum (*Sciaenops ocellatus*) otoliths using different fluorescent markers. Pages 703–718 *in* D. H. Secor, J. M. Dean and S. E. Campana, editors. Recent developments in fish otolith research. University of South Carolina Press, Columbia.

Ulrich, G. F., C. P. Riley, and D. A. Oakley. 2001. Assessment of ocean populations of red drum in South Carolina, 1997–2000. Completion Report Inter-Jurisdictional Fisheries Grant No. NA76FI0297, St. Petersburg, Florida.

Vaughan, D. S., and J. T. Carmichael. 2000. Assessment of Atlantic red drum for 1999: northern and southern regions. NOAA Technical Memorandum NMFS-SEFSC-447.

Wenner, C. A. 1992. Red drum natural history and fishing techniques in South Carolina. South Carolina Wildlife and Marine Resources Department, Educational Report 17, Charleston.

Wenner, C. A. 2000. Contributions to the biology of red drum, *Sciaenops ocellatus*, in South Carolina. NOAA, NMFS, Final Report, St. Petersburg, Florida.

Woodward, A. G. 2000. Red drum stock enhancement in Georgia: a responsible approach. Georgia Department of Natural Resources, Coastal Resources Division, Brunswick.

Young, R. F., and H. D. Phillips. 2002. Primary production required to support bottlenose dolphins in a salt marsh estuarine creel system. Marine Mammal Science 18(2):358–373.

American Fisheries Society Symposium 44:87–98, 2004

An Evaluation of Fresh Water Recoveries of Fish Released from National Fish Hatcheries in the Columbia River Basin, and Observations of Straying

STEPHEN M. PASTOR

U.S. Fish and Wildlife Service, Columbia River Fisheries Program Office
1211 SE Cardinal Court, Suite 100, Vancouver, Washington 98683

Abstract.—Approximately 80 million anadromous salmonids with coded-wire tags have been released from national fish hatcheries in the Columbia River basin. The U.S. Fish and Wildlife Service operates fish hatcheries throughout the basin, many of which are located hundreds of miles from the ocean. Spring Chinook salmon *Oncorhynchus tshawytscha* is the most widely raised species. Coho salmon *O. kisutch*, steelhead *O. mykiss*, and both tule and upriver bright fall Chinook are raised at fewer locations, with fall Chinook being raised only in the lower basin. Releases have produced over one hundred thousand observed recoveries, seventy-five thousand of which were in the Columbia River basin. Although tagging was initially inconsistent, practically all groups of fish released since brood year 1989 have been coded-wire tagged. In spite of uncertainties in the coding of recovery locations, and inconsistencies in the sampling and reporting of returning coded-wire tagged fish, recovery patterns can be distinguished.

Fish released from national fish hatcheries in the Columbia River basin generally have a high fidelity when returning to spawn, although there are notable exceptions. Recoveries in freshwater outside of the Columbia River basin are extremely rare. The location of a hatchery relative to the main stem of the Columbia River is an important determinant of the recovery pattern, both for fish from that hatchery and for fish migrating by or near that hatchery. Spring Chinook from hatcheries in the Snake River basin are recovered in smaller basins located further up the Columbia River than the Snake River, while spring Chinook from those same basins are not recovered in the Snake River basin. Natural and artificial barriers, and other features, are also important in determining recovery patterns.

More than 43 million coded-wire tagged fish have been released during the brood years considered in this paper, resulting in less than one thousand recoveries in dead fish and spawning ground surveys.

Introduction

The U.S. Fish and Wildlife Service raises anadromous salmonids at national fish hatcheries (NFH) located in three states (Washington, Oregon, and Idaho) throughout the Columbia River basin (Figure 1). Most of these hatcheries are located hundreds of miles from the ocean, requiring fish to migrate hundreds of miles and pass many tributaries to return to the releasing hatchery. Spring Chinook salmon *Oncorhynchus tshawytscha* is the most widely raised species. Coho salmon *O. kisutch*, steelhead *O. mykiss*, and both tule and upriver bright fall Chinook are raised at fewer locations, with fall Chinook being raised only in the lower basin. Most of these hatchery production programs have been ongoing for decades and were initiated in response to the damming of the Columbia River and its tributaries. Quinn (1991) wrote of the Columbia River basin that "the natural production of the entire basin is also sampled for coded wire tags," and "The extensive tagging and sampling make this system well suited for studies of homing patterns."

None of the coded-wire tagged fish discussed in this paper were raised at one hatchery and released at another location. Although the routine coded-wire tagging of fish to assess the total contribution of all production fish did not begin until the late 1980s, earlier coded-wire tagging for specific studies should represent the migratory behavior of all returning fish.

Although a "stock assessment" is prepared annually for all coded-wire tagged fish released from national fish hatcheries in the Columbia River basin, that assess-

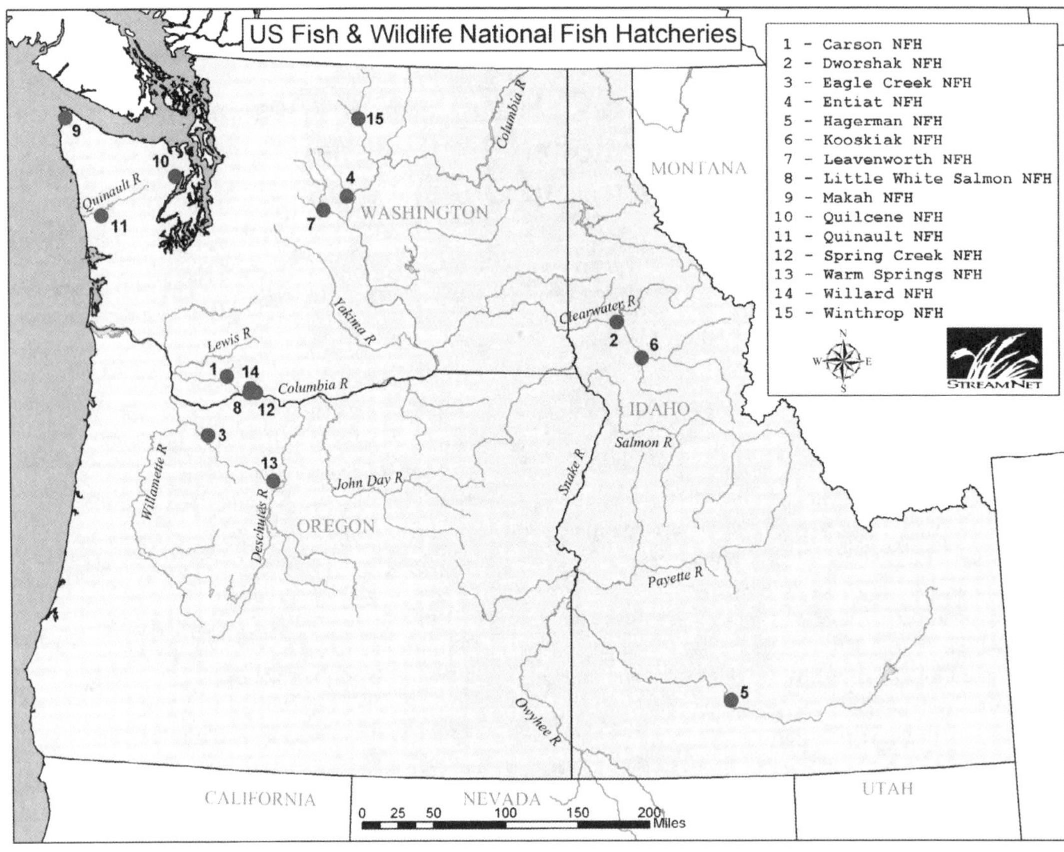

Figure 1. U.S. Fish and Wildlife Service national fish hatcheries in the Pacific Northwest

ment presents a summarized version of recovery information, rather than considering specific recovery locations. This is the first comprehensive accounting of recoveries with an emphasis on recovery locations.

Methods

Lists of coded-wire tags released from national fish hatcheries were created from database files in the Columbia River information System (CRiS), a U.S. Fish and Wildlife Service database, which contains information from, and related to, national fish hatcheries in the Columbia River basin. Coded-wire tag recovery information was obtained March through August of 2002 from the Regional Mark Information System (RMIS) coded-wire tag database administered by the Pacific States Marine Fisheries Commission. There are 82 state, federal, Indian, and private entities in the United States and Canada presently participating in the coastwide coded-wire tagging effort to provide this essential data for the conservation and management of Pacific salmonid stocks.

The following fields of information were downloaded from the RMIS coded-wire tag database: tag code, run_year, recovery_site_code, and est_num. Each downloaded record represents an actual, or observed, recovery. Values in the est_num field are currently defined as the "estimated number of fish in the catch represented by this tag recovery." These estimated numbers of fish are also referred to as expanded recoveries.

Additional queries for dead fish and spawning ground survey recoveries (fishery codes 65 and 54) were performed in April of 2003. Marine recoveries are outside the purview of this paper. Detail oriented readers may note inconsistencies between the data sets, since new recoveries are added to the database at any time.

Spring Chinook and coho salmon discussed in this paper were released as yearlings at the hatchery where they were raised. The sole exception to this is at Warm Springs NFH, which allows a volitional release in the fall. Tule and upriver bright fall Chinook were released in the spring of their first year.

I have chosen to use the term "on route" rather

than "en route" since "en route" may be defined as "on the way." "On route" is a shortening of "on the route" and is a more precise term than "en route," given the lack of precision regarding the future behavior of intercepted fish. We can easily identify the rivers and streams from the ocean to the hatchery. This is the route to the hatchery for migrating salmon. We know from recovery codes where fish were recovered and whether or not the recovery was on the route. We cannot know, however, where a fish intended to go. Recoveries made somewhere other than "on route" were "off route."

The term "interception" is used to describe the recovery of a fish, which makes further migration impossible. Examples of interceptions are fish that are killed in hatchery spawning operations or taken in a sport or other fishery. The author is under no illusion that all returning fish with coded-wire tags have been observed and entered in the RMIS coded-wire tag database and wishes to emphasize that this database is the sole source of recovery information on which this paper is based.

Results

Carson NFH Spring Chinook

Carson NFH (Figure 1) is located 13 mi northwest of Carson, Washington, at the confluence of the Wind River and Tyee Springs at 1,180 ft above sea level. Fish returning to Carson NFH must swim through 154.5 mi of the Columbia River and 18 mi of the Wind River. Bonneville Dam on the Columbia River and the Wind River Fish Passage structure at Shipperd Falls (river mile 2.1) are on the route to the hatchery. Returning fish cannot pass further up Tyee Springs, but can continue up the Wind River.

From 1955 through 1964, approximately 500 spring Chinook salmon were trapped annually at Bonneville Dam, transported to Carson, and spawned there. The progeny of those adults continue to be raised and released at Carson NFH and are referred to as the "Carson stock." Recently collected genetic data indicate that these fish are a mixture of upper Columbia and Snake River populations (Don Campton, U.S. Fish and Wildlife Service, unpublished data).

Except for brood years 1986 and 1987, coded-wire tagged fish have been released from Carson since brood year 1982. Through brood year 1998, a total of 5,147,896 tagged fish have been released along with of a total number of 33,119,553.

A total of 92.5% of all recoveries were on the route to, or at, Carson NFH. Fifty-two percent of all recoveries were at Carson NFH. The greatest number of off route recoveries were at Drano Lake, in the Little White Salmon River, and at the Little White Salmon NFH. The Little White Salmon River is 7.5 mi upstream from the Wind River, and Little White Salmon NFH is 0.9 mi from the Columbia River. These recoveries represent 7.2% of the recoveries for fish from Carson NFH. The Big White Salmon River, which enters the Columbia about 14 mi above the Wind River, attracted 0.15% of all recoveries. Recoveries also occurred in the Kalama River (0.07%), in the Deschutes River (0.03%), and in the John Day Pool (0.07%). Carson NFH releases resulted in a total of 30 observed recoveries in dead fish and/or spawning ground surveys, all of which were in the Wind River. Expanding these observed recoveries for fish not sampled yields a total of 136 fish. Although these fish did not return to the hatchery, they did return to the Wind River, where they were (had been) released.

Little White Salmon NFH Spring Chinook

Little White Salmon NFH is located on the Little White Salmon River, 12 mi east of Stevenson, Washington, at an elevation of 90 ft. Fish returning to Little White traverse 162 mi of the Columbia River, Drano Lake and a short, free flowing stretch of the Little White Salmon River. The hatchery is only 0.9 mi from the Columbia River. Bonneville Dam is about 16 mi below the mouth of Little White Salmon River and is the only dam between the ocean and Little White Salmon NFH. Upstream migration above the hatchery is blocked by a waterfall.

Spring Chinook at Little White Salmon NFH are derived from a handful of different sources brought to the hatchery from the mid-1960s through the mid-1970s. For example, the majority of brood year 1971 fish released were from Eagle Creek NFH. The present stock is, nevertheless, considered a derivative of the Carson stock. Part of the 1995 brood included adult fish trapped on the Big White Salmon River. These fish were most likely progeny of Carson stock reared and released at Big White Salmon ponds.

Except for brood years 1985 through 1987, and 1990, coded-wire tagged fish were released with each brood year since 1982. Through brood year 1997, there were 1,007,738 tagged fish among the 9,157,902 yearling fish released at the hatchery.

A total of 98.9% of the estimated recoveries of Little White Salmon NFH spring Chinook released at the hatchery as yearlings were recovered either at the hatchery or on the route to it. A total of 0.62% of recoveries were in the Wind River, 7.5 mi down the Columbia River from the mouth of the Little White Salmon River, and 0.35% of the recoveries were in the Big White Salmon River 6.3 mi above the Little White Salmon River. There were two recoveries of Little White Salmon NFH-tagged spring Chinook at other national fish hatcheries: one each at Leavenworth NFH, 354 mi upstream in the Columbia River basin, and at Warm Springs NFH in the Deschutes River basin. There were eight (observed) recoveries of Little White Salmon NFH spring Chinook in dead fish and spawning ground surveys. Seven of those recoveries were in Drano Lake, created by Bonneville Dam where the Little White Salmon River flows into the Columbia. The estimated number for these recoveries in Drano Lake is 30 fish. One recovery was reported from the Big White Salmon River, 6.3 mi upstream of the Little White Salmon River, with an estimated recovery of 10 fish.

Warm Springs NFH Spring Chinook

Warm Springs NFH is located on the Warm Springs River, approximately 14 mi north of Warm Springs, Oregon at 1,525 ft above sea level. A fish returning to the hatchery must swim 204.1 mi up the Columbia River, 84 mi up the Deschutes River, and 10 mi up the Warm Springs River. Bonneville Dam and The Dalles Dam in the Columbia River must be negotiated. All fish migrating up the Warm Springs River must pass through Warm Springs NFH.

The Warm Springs spring Chinook run is unique among National Fish Hatchery spring Chinook brood stocks in the Columbia River basin. This is the only stock derived from, and continually interbred with, the stock of fish endemic to the river on which the hatchery is located. The Warm Springs program is also unique in that, except for brood years 1980 through 1986, all released fish were coded-wire tagged. In all, 7,102,600 tagged fish released have been released through and including brood year 1997. Another distinguishing feature of the program is the release of fish in the fall of the year. These fall-released fish cannot be distinguished from yearling fish released the following spring, since they have the same tag codes.

Two-hundred twelve fish (1.72% of total recoveries) swam by the Warm Springs River and were intercepted 16 and 19 mi further up the Deschutes River at Pelton Dam and the Round Butte Trap. Seventeen recoveries were reported in the Wind River (0.15% of total recoveries). Two fish were recovered at the Klickitat Hatchery 44 mi off the Columbia River and three recoveries were reported in the lower Willamette River Boat fishery. Ninety-eight percent of recoveries were on the route to, or at Warm Springs NFH.

There has only been one recovery in a dead fish or spawning ground survey. This fish was in the Deschutes River, down stream from the hatchery.

Leavenworth NFH Spring Chinook

Leavenworth NFH is located about four miles south of Leavenworth, Washington, along Icicle Creek, a tributary to the Wenatchee River. Elevation is 1,155 ft. Fish returning to Leavenworth NFH must swim through 468 mi of the Columbia River, 30 mi of the Wenatchee River, and 3 mi of Icicle Creek, a total of 501 mi. Fish must also pass over seven dams on the Columbia River, and one dam on the Wenatchee River. Spring Chinook raised and released at Leavenworth are derived from Carson stock. Over 23 million eggs were transferred to Leavenworth from the Carson and Little White Salmon hatcheries from 1970 through 1986.

There were a total of 22,222,896 yearling fish released from brood year 85 through brood year 1996, along with 3,165,846 tagged fish. A total of 3,172 fish with coded-wire tags were recovered at Leavenworth NFH. An expanded number of 522 fish were intercepted in Icicle Creek, and 260 in the Wenatchee River. Another 578 expanded recoveries occurred in various fisheries in the main stem of the Columbia River for a total of 4,532.

Within the Wenatchee River basin a total of 12 expanded recoveries were made further up the Wenatchee River than Icicle Creek. Other fish that were recovered off route include one each at Entiat NFH and Winthrop NFH. Two other fish were recovered at the Pelton Dam at river mile 102.8 on the Deschutes River. Eight expanded recoveries occurred at Wells Dam, located 46.7 mi further up the Columbia River than the Wenatchee River. Little White Salmon NFH recorded two recoveries, and an expanded four recoveries were reported in the Wind River fishery. There were also five expanded recoveries in the lower Willamette River boat fishery.

Ninety-nine percent of recoveries were on route. Off-route recoveries within the Wenatchee River basin account for 0.23% of all recoveries. Interceptions at Wells Dam are 0.175% of all recoveries.

All spawning ground and dead fish survey recoveries were within the Wenatchee River basin. The following estimated recoveries have been reported: 61 in

Icicle Creek, 12 in Nason Creek, 2 in Peshastin Creek, 2 observations with an expansion of 0 in the White River, 2 in the Little Wenatchee, and 1 in the Chiwawa River.

Entiat NFH Spring Chinook

Entiat NFH is located on the Entiat River, west of Entiat, Washington. Elevation is 980 ft above sea level. Fish returning to the hatchery swim through 483.7 mi of the Columbia River and 7.1 mi of the Entiat River. Fish must pass over eight dams. Entiat spring Chinook are derived from shipments of eggs and fish transferred from Carson NFH, Leavenworth NFH, and Little White Salmon NFH in the late1970s, and from Winthrop NFH and Leavenworth NFH in brood years 1988, 1989, and 1994. The spring Chinook raised at all of these hatcheries is commonly referred to as Carson stock, as are the fish raised and released at Entiat.

Routine coded-wire tagging of spring Chinook at Entiat NFH did not begin until brood year 1988. A total of 3,780,922 fish with 1,054,165 tagged fish were released from brood year 1988 through brood year 1997.

There were 1,543 recoveries at the hatchery and 43 expanded recoveries in the Columbia River down stream from the Entiat River. Wells Dam, 31.4 mi up the Columbia River from the Entiat River, collected an expanded 82 coded-wire tags from Entiat NFH. There were five recoveries at Winthrop NFH and four expanded recoveries in the Chewack River, which is also referred to as the Chewuck River. These sites are in the Methow River basin further up the Columbia basin than the Entiat River.

Eight expanded recoveries were reported from the Wenatchee River basin: three at Leavenworth NFH and four at Tumwater Dam and Nason Creek. One fish was recovered at the Warm Springs NFH and two at the Cowlitz Hatchery. Although both of these hatcheries are hundreds of miles downstream from Entiat NFH, the Cowlitz hatchery is 52 mi from the Columbia River, and Warm Springs NFH is 94 mi off the route to Entiat NFH. Recoveries at Entiat NFH were 91.5% of total expanded recoveries. On route recoveries total 94%. A total of 5.4% of recoveries are further up the Columbia River basin than the Entiat River, and another 0.41% are in the Wenatchee River basin, 15 mi and one dam below the Entiat River.

Two observed recoveries, one in Nason Creek and one in the Chewuck River, a total of seven estimated recoveries, were reported in dead fish or spawning ground surveys. Nason Creek is in the Wenatchee River basin, and the Chewuck River is a tributary of the Methow River.

Winthrop NFH Spring Chinook

Winthrop NFH is situated along the Methow River, near the town of Winthrop, Washington. Elevation is 1,760 ft above sea level. Returning fish pass through 524 mi of the Columbia River with nine dams and 52.2 mi of the Methow River. The spring Chinook recoveries from the brood years discussed here are fish derived from eggs and fry received from Little White Salmon NFH, Carson NFH, and Leavenworth NFH. These fish are considered to be Carson stock. Coded-wire tagging of Winthrop spring Chinook began with brood year 1989. A total of 2,018,960 tagged fish were released along with 5,332,135 yearlings from brood year 1989 through brood year 1996.

Expanded recoveries totaled 1,270, 726 of which were at Winthrop. There were another 403 recoveries in the Columbia River and 122 in the Methow River. Thus, 98.5% of total expanded recoveries were on the route to the hatchery. In 1996 and 1998, all returning spring Chinook were collected at Wells Dam because of low abundance.

Within the Methow River basin there were five expanded recoveries in the Twisp River, downstream from Winthrop, and four in the Chewack River. The Chewack River is surveyed from Falls Creek Camp Ground to Camp 4, approximately 6 mi. The Twisp River is surveyed from Mystery Br. (20.4 river miles) to Buttermilk Br. (12.7 river miles). There were also four recoveries at the Methow Fish Hatchery, approximately 1.5 mi up river from Winthrop NFH. These within basin recoveries represent 1.02% of the total expanded recoveries. There are no reported recoveries of Winthrop coded-wire tags in dead fish or spawning ground surveys.

Eagle Creek NFH Coho

Eagle Creek NFH is located about 7 mi from Estacada, Oregon, at an elevation of 950 ft. Fish returning to Eagle Creek NFH must navigate 101.5 mi of the Columbia River, 20 mi of the Clackamas River, and 12.4 mi of Eagle Creek. Fish must ascend two ladders in Eagle Creek. Returning fish cannot pass above a waterfall in Eagle Creek, immediately above the hatchery.

Coho released at Eagle Creek have a mixed ancestry. This run began with the importation of large numbers of eggs from other basins. Both Sandy and Toutle River stocks have made major contributions to the gene pool within the past 15 years. Coded-wire tagged fish were released in brood years 1979 through 1981 and brood year 1988 through 1997. A total of 11,754,899 yearling fish have been released for these brood years, 1,108,083 of which had coded-wire tags.

Notwithstanding the stock history, 99.9% of coded-wire tagged Eagle Creek coho were recovered either at the hatchery or on the route to it. There were two recoveries at Willamette Falls, 6.6 mi upstream of the mouth of the Clackamas River, and one reported recovery at each of the following sites: Bonneville Hatchery, Cowlitz Salmon Hatchery, Little White Salmon NFH, and lower Kalama Hatchery. There were no reported recoveries in dead fish or spawning ground surveys.

Willard NFH Coho

Willard NFH is situated 4 mi upstream of Little White Salmon NFH on the Little White Salmon River at an altitude of 900 ft and is part of the Little White Salmon NFH complex. Coho returning to the complex traverse 162 mi of the Columbia River, Drano Lake, and a short, free-flowing stretch of Little White Salmon River and are trapped and spawned at Little White Salmon NFH. The list of eggs brought into, and released from, the Little White Salmon/Willard complex is too lengthy to recount here, but managers considered it to be dominated by Toutle River stock.

Brood years 1981 and 1982 were coded-wire tagged, and tagged fish have been released routinely beginning with brood year 1988. Total release of yearling coho for brood years 1981 and 1982 and brood years 1988 through 1998 is 28,090,117, including 1,625,259 coded-wire tagged fish.

A total of 95.2% of all estimated recoveries were on a direct route to the hatchery, and 84.4% of recoveries were at Little White Salmon NFH. Bonneville and Cascade hatcheries, both of which are on the Columbia River below the Little White Salmon River, accounted for 0.9% of recoveries. The Young's Bay Net fishery, 12 mi from the mouth of the Columbia River, accounted for an additional 34 recoveries or 0.65% of total estimated recoveries.

A query for dead fish and spawning ground survey recoveries shows two recoveries in the Wind River, one each in the Little White Salmon and Big White Salmon River, one in the Duncan-Ives Island area in the Columbia River below Bonneville Dam, and one in Dog Creek just below the Little White Salmon River. Although this totals six recoveries, none has an estimated number or expanded recovery.

Spring Creek NFH Tule Fall Chinook

Spring Creek NFH is located on the Columbia River at Underwood, Washington, 167 mi from the mouth of the Columbia River and 20 mi upstream of Bonneville Dam. The hatchery is mere yards away from the Columbia River at an elevation of 93 ft. Returning fish cannot pass above the hatchery. They can, however, continue up the Columbia River. The Spring Creek tule fall Chinook broodstock is derived from tule fall Chinook from the nearby White Salmon River, which is also referred to as the "Big White Salmon River" to distinguish it more clearly from the nearby Little White Salmon River. Although the use of tule fall Chinook from other locations has been extremely rare, Toutle River stock fish were used in brood year 1972. In the mid-1980s, adults and eggs were collected at Bonneville Dam, Bonneville Hatchery, Big White Salmon River, and Abernathy Salmon Culture Technology Center and used to supplement low returns of adults.

A total of 11,203,095 tagged fingerling fish were released from brood years 1979 through 1998 along with 285,627,379 total fingerlings. A total of 225 different tag codes have been released during that time.

A total of 92.7% of estimated recoveries were on the route to the hatchery with 1.2% recovered higher in the basin than the hatchery. Total number of estimated recoveries was 17,345. Recoveries in the Dalles Pool (153) made up the greatest number of these recoveries further up the Columbia River. There were 48 recoveries in the Big White Salmon River and 54 in the John Day Pool. A sole recovery of a Spring Creek tule has been reported from the Priest Rapids spawning channel, 240 mi above Spring Creek NFH. There was also one recovery in the Umatilla River, 122 mi above the hatchery. Bonneville Hatchery, at the base of Bonneville Dam and 21 mi below Spring Creek NFH, attracted 5.29% of all recoveries. The Little White Salmon River and NFH had 22 recoveries or 0.127% of all recoveries.

Off route recoveries included 35 in the Young's Bay net fishery for 0.20% of all recoveries. There were 61 other off-route recoveries below the hatchery that account for 0.31% of total recoveries. The Cascade Hatchery and the Wind River were responsible for fewer than 20 recoveries each. Spring Creek tule fall Chinook recoveries were also reported from estuaries and fresh waters outside of the Columbia River basin. The Umpqua River Estuary had the most recoveries, with 15 in the estuary and 2 in the Umpqua River. Yaquina Estuary and Coos Bay each reported four recoveries. Two recoveries were reported from the Quinault River and one from Quinault Lake.

There have been 26 observed recoveries of Spring Creek NFH fish in the Big White Salmon River during dead fish and spawning ground surveys. Estimated recoveries total 202 fish. Observed recoveries in the Wind River correspond to and estimated number of 25 fish. A single Washougal River recovery is expanded to 15 fish, and 1 in Drano Lake is expanded to 6. There were also single observed recoveries in Plympton Creek, in the Columbia River below Bonneville Dam, and in the Kalama River, an estimated number of three fish.

Little White Salmon NFH Upriver Bright Fall Chinook

The location of, and route to Little White Salmon NFH has been described previously. The upriver bright stock was developed in 1977 when migrating fall Chinook were trapped in the Bonneville Dam fish ladder, spawned, reared, released, and returned to Bonneville Hatchery. Little White Salmon NFH received eggs, fry, and fingerlings from Bonneville Hatchery from brood years 1982 through 1990. Three quarters of the fish which made up the 1997 brood year release were stocks from other hatcheries. Only one coded-wire tag was released for this brood year, consisting of fish from Little White Salmon, Bonneville, Klickitat, Priest Rapids, and Umatilla hatcheries.

Consistent coded-wire tagging of Little White upriver bright fish began with brood year 1989. Prior to that, brood years 1983 through 1985 were tagged. The total number of fish released in brood years with coded-wire tags, and through brood year 1998, is 25,782,432. Within that total, there were 1,861,885 fish with coded-wire tags.

A total of 88.2% of estimated recoveries were on the route to or at the hatchery. The Youngs Bay fishery and Bonneville Hatchery accounted for 0.19%, and 0.23% of recoveries, respectively. The Cascade Hatchery and Wind River had a total of 1% of the recoveries, with the great majority of those (42 of 43) in the Wind River. Recoveries further up the Columbia River basin than the hatchery account for 10.47% of total recoveries. The Big White Salmon River, 6.3 mi upstream of the Little White Salmon River, attracted 331 of these recoveries. Two percent of total recoveries were in the two pools created by dams (Dalles Dam and John Day Dam) above the Bonneville Pool where the Little White Salmon River enters the Columbia. Recoveries more than 100 mi up the Columbia basin account for 0.394% of the recoveries. There were 13 estimated recoveries in the Hanford Reach of the Columbia and 4 in the Snake River.

Dead fish and spawning ground surveys yielded a total of 751 estimated recoveries. Five-hundred ninety-one are reported for the Big White Salmon River, 158 in the Little White Salmon River, and 42 in the Wind River.

Dworshak NFH Spring Chinook

Dworshak NFH is located at the confluence of the North Fork Clearwater River and the main-stem Clearwater River about 3 mi west of Orofino, Idaho, at 1,000 ft above sea level. Returning fish pass over four Columbia River dams in the 342 mi to the Snake River, then another four dams and 224 km on the Snake River before reaching the Clearwater River. The hatchery is 65 km up the Clearwater River at the Clearwater River North Fork.

The spring Chinook stock consists of fish from a variety of hatcheries: Little White Salmon NFH, Leavenworth NFH, Carson NFH, and Rapid River. The Rapid River stock, from within the Snake River basin, became the predominate stock at Dworshak NFH in the late 1980s. The 1987 and 1988 release years were 100% Rapid River stock. Information for brood years 1986 through 1993 was downloaded from RMIS. A total of 10,565,695 yearling fish were released, including 3,834,522 fish with coded-wire tags.

A total of 71% of recoveries were on route, much lower than for the three upper Columbia River basin spring Chinook-producing hatcheries in Washington. Fish released at Dworshak NFH are recovered in that part of the Columbia River basin, however, often enough to be 7.3% of total recoveries. This is in marked contrast to the fact that there have been no recoveries of spring Chinook released at the three national fish hatcheries in the upper Columbia River basin: Leavenworth, Entiat, and Winthrop, in the Snake River basin. A total of 21% of recoveries were off route below the mouth of the Snake River, although 3.8% had barely left their route and were intercepted at locations such as Little White Salmon NFH, only 0.9 mi from the Columbia River. The Deschutes River seems especially attractive to Dworshak spring Chinook. Recoveries in this basin account for 15.2% of all recoveries. There are an estimated 11 recoveries of Dworshak NFH spring Chinook in dead fish and spawning ground surveys in the upper Columbia River basin. Nine observed recoveries in the Snake River basin lack estimated numbers and are expanded to one estimated.

Kooskia NFH Spring Chinook

Kooskia NFH is situated along Clear Creek, just upstream of the confluence with the Middle Fork Clearwater River, approximately 75 mi southeast of Lewiston, Idaho, at an altitude of 1,295 ft. The route to Kooskia NFH is the same as to Dworshak NFH, but fish must continue past Dworshak NFH in the Middle Fork of the Clearwater River and swim an additional 55 km to Clear Creek and 0.64 km to the hatchery. Kooskia NFH has released spring Chinook from a variety of sources: Carson NFH, Little White Salmon NFH, Leavenworth NFH, Rapid River, and the Santiam River South Fork. Coded-wire tagged fish released in brood years 1988 and 1990 through 1993 totaled 1,239,495 among 2,834,962 fish.

On route and at the hatchery, recoveries equaled 88.6% of total recoveries. Recoveries in the Deschutes River basin account for 5.3% of the total, and 4.3% of all recoveries were in the Columbia River (specifically Wells Dam) and tributaries above the confluence with the Snake River. Only 0.4% of the total recoveries were from locations that were a significant distance from the Columbia River: one each from Washougal and Lewis River hatcheries. A query for recoveries in dead fish and spawning ground surveys found one observed recovery with an estimated number of three in Nason Creek outside the Snake River basin.

Eagle Creek NFH Spring Chinook

The location and route for these fish was described in the Eagle Creek NFH Coho section. The production and release of spring Chinook at Eagle Creek NFH ended with brood year 1990. This stock of fish was created from various sources over the 30 some years it was in existence. Yearling fish were coded-wire tagged in brood years 1983 and 1984. Only 95,480 of the total 352,000 coded-wire tagged fish released with brood year 1984 were Eagle Creek stock. The remainder were from other sources in the Willamette River basin. A total of 97.4% of all recoveries were on route. An additional 2% of all recoveries were at the Clackamas Hatchery, which returning fish must pass on their way to Eagle Creek. The Willamette Falls Ladder, 6.6 mi up the Willamette River above the mouth of the Clackamas River, was responsible for 0.5% of recoveries. Less than 1% of recoveries were reported outside the Willamette River basin. One was at Little White Salmon NFH above Bonneville dam, and three were in the Snake River basin. It should be noted that the tag codes used were agency "10" wire used by Idaho Fish and Game, making it possible that these recoveries, which are hundreds of miles off route, are the result of erroneous reporting.

Discussion

A Fish that Has Strayed Is Not Necessarily a Stray

The terms "homing" and "straying" are often used in discussions of salmonid migratory and spawning behavior. The definition of a stray is, however, relative. Quinn (1997) notes a dependence "on the spatial scale of interest," and qualified the term when referring to fish which swim into, and are spawned at, a hatchery different than the releasing hatchery by using the phrase "functional stray." Although the exploratory behavior of migrating salmonids has been acknowledged, fish intercepted at dams or traps in the main stem of major rivers or in nonnatal streams have been considered to be strays (Hayes and Carmichael 2002). Although these fish have "strayed" from their route, we cannot know where they may have gone to spawn and die had they not been intercepted. Indeed, Heard (1991) wrote "Only when a fish has spawned can a judgment be made as the whether it has homed or strayed. Otherwise there is still the possibility for the fish to migrate elsewhere."

Another source of uncertainty when considering recovery location and labeling fish as strays is the fact that fish may be intercepted a short distance from the direct route to the releasing hatchery. The Drano Lake, Little White Salmon River, and Little White Salmon NFH recovery locations are an excellent example of this uncertainty. Drano Lake at the mouth of the Little White Salmon River exists because of Bonneville Dam, but is certainly not in the middle of the Columbia River, which could be considered the "direct route" to a hatchery further up the Columbia River. The free-flowing section of the Little White Salmon River is less than a mile long, and Little White Salmon NFH is 0.9 mi from the Columbia River. Although we may decide that at a certain distance from the "direct route" to the hatchery, a fish is straying, that distance and the term "stray" would be arbitrary.

It would seem possible to assign numeric values on the basis of the distance from the direct route a fish was recovered. Unfortunately, although recovery site codes can be very precise, at a hatchery for instance, they can also be very imprecise. An example of an imprecise code would be "Columbia River - Bonneville Dam to Chief Joseph Dam," a distance of 399 mi.

There are many instances where all of the recoveries in a river have one code. I have concluded that, with the limitations of the current data, the assigning of numeric values would be much too subjective, and statistical analysis of these data would, therefore, be inappropriate.

Recent publications are often concerned with the ecological risk of the straying of hatchery fish (Ham and Pearsons 2001; Hayes and Carmichael 2002). Fish spawned in hatcheries have no influence on the genetic makeup of wild fish produced by spawning, which occurs in the same year. Fish spawned or killed in hatcheries are fish that also will not influence the behavior of wild fish on spawning grounds. Fish that are recovered at other hatcheries, and are spawned there, will influence the gene pool of those hatchery populations and are functional in that sense. These fish from other hatcheries may be a concern to the hatchery broodstock managers, as they are at the Warm Springs NFH, or not, as at Little White Salmon NFH.

A rigorous definition of a stray would include only recoveries that occurred in spawning ground or dead fish surveys. Quinn (1991) wrote of spawning ground recoveries as "straying in the truest sense of the word."

Frequency of On Route Recoveries and Possible Influences

Except for upriver bright fall Chinook at Little White Salmon NFH, well over 90% of recoveries from the hatcheries not located in the Snake River basin were at, or on the route to, the releasing hatchery. Carson NFH has the lowest percentage of at or on route recoveries at 92.5% (Table 1). The major nonroute recovery site for Carson NFH spring Chinook is the Little White Salmon River with the associated Drano Lake and Little White Salmon NFH. 7.2% of Carson NFH recoveries are at this complex of sites. A major sport fishery is located on Drano Lake, and fish entering the hatchery do not always have the option of leaving. It should also be noted that fish passage above Little White Salmon NFH is blocked by a waterfall and that the hatchery is less than a mile from the Columbia River. Adults with opercular punches returned to the Little White Salmon River from the hatchery have been recovered at Carson NFH. This supports the hypothesis that Carson fish recovered in Drano Lake, the Little White Salmon River, and Little White Salmon NFH are interceptions. Carson NFH fish spawned at Little White Salmon NFH are "functional" in that they represent a one-way gene flow from the Carson NFH population to the Little White Salmon NFH population, which is already considered to be a Carson stock. There have been no spawning ground or dead fish survey recoveries in the Little White Salmon River of fish released at Carson NFH. No fish from Little White Salmon NFH has ever been recovered at Carson NFH. I conclude that the high rate of off-route recoveries from Carson is due to the relative locations of the recovery sites rather than any inherent lack of homing ability by Carson fish.

Table 1. Percent of estimated recoveries on the route to or at the releasing hatchery

National fish hatchery	Percent
Carson NFH spring Chinook	92.5
Little White Salmon NFH spring Chinook	98.9
Warm Springs NFH spring Chinook	97.8
Leavenworth NFH spring Chinook	99.2
Entiat NFH spring Chinook	94.0
Winthrop NFH spring Chinook	98.5
Dworshak NFH spring Chinook	71.0
Kooskia NFH spring Chinook	88.6
Eagle Creek Coho	99.9
Spring Creek NFH tule fall Chinook	98.0
Little White Salmon NFH upriver bright fall Chinook	88.2

Entiat NFH spring Chinook have the next lower percentage of on route recoveries for hatcheries not in the Snake River basin. Wells Dam is 31.4 mi up the Columbia River from the mouth of the Entiat River, but accounts for 4.9% of all estimated recoveries of spring Chinook from Entiat NFH. Only 0.2% of fish from Leavenworth NFH are recovered at Wells Dam. Leavenworth NFH is on a tributary of the Wenatchee River which flows into the Columbia River 15 mi further down stream than the Entiat River. But, Leavenworth fish swimming up the Columbia River would also have to negotiate Rock Reach Dam. It seems reasonable that the combination of a dam and an additional 15 mi would discourage Leavenworth NFH fish from proceeding to Wells Dam, unlike the Entiat fish.

Little White Salmon NFH upriver bright Chinook have the highest percentage of recoveries off the route to the hatchery. Ten percent of the total estimated recoveries were further up the Columbia River than the releasing hatchery. Nearly 80% of those recoveries are, however, in Big White Salmon River, which is 6.3 mi from the Little White Salmon River. 0.3% of total recoveries were 183 mi upstream in the Hanford Reach. An estimated four recoveries occurred in the Snake River basin, the only Snake River basin recoveries from releases occurring outside of this basin in this entire data set. The Carson stock of spring Chinook raised at most national fish hatcheries in the basin, and the upriver bright fall Chinook stock were both initiated by trapping fish migrating over Bonneville Dam. With the exception of brood year 1997, Little White did not receive upriver bright fall Chinook from other hatcheries. In contrast, many other sources of spring Chinook were added to the Carson stock to create the Little White spring Chinook population. Nevertheless, Little White Salmon NFH spring Chinook stay on route at a much higher rate than the upriver bright fall Chinook raised and released at Little White.

Hatcheries on or near the Columbia, and mainstem dams with active collection facilities, provide an opportunity to collect returning fish that are off the route to the releasing hatchery. Wells Dam is a good example of this, as is Little White Salmon NFH. Table 2 shows information for three of these instances. Linear regression analysis of percent as a function of either miles or miles divided by Columbia river miles shows a negative relationship between the percent of total recoveries recovered further up the Columbia River than the tributary the fish were released in and distance from the tributary where the fish were raised and released, when distance is expressed as a percentage of main stem distance to the tributary (r^2 = 0.9992).

"Strays in the Truest Sense of the Word"

The numbers of fish recovered in dead fish and spawning ground surveys are quite small (Table 3), as they are as percentages of all tagged fish recovered. Upriver bright fall Chinook from Little White Salmon NFH account

Table 2. Relationship of total estimated recoveries recovered further up the Columbia River than the tributary where the fish were released, and the distances involved for spring Chinook released as yearlings

Rearing and release location/ tributary/recovery location	% of total recoveries	Miles[a]	Miles/river miles[b]*100
Carson NFH/Wind River/L White Salmon NFH	7.2	7.5	4.63
Entiat NFH/Entiat River/Wells Dam	4.9	31.4	6.2
Leavenworth NFH/Wenatchee River/Wells Dam	0.2	46.7	9.07

[a] Distance from the tributary to the recovery location.

[b] Distance from the tributary to the recovery location divided by distance from the mouth of the Columbia River to the tributary on which the hatchery is located.

Table 3. Estimated number of dead fish and spawning ground survey recoveries.

Fish strain	On route	Other	Location
Carson spring Chinook	136	0	
L White Salmon spring Chinook	30	10	Big White Salmon
Warm Springs spring Chinook	1	0	
Leavenworth spring Chinook	61	19	Wenatchee basin
Entiat spring Chinook	0	7	Wenatchee basin
Winthrop spring Chinook	0	0	
Dworshak spring Chinook	0	11	Upper Columbia
		1	Snake River basin
Kooskia spring Chinook	0	1	Upper Columbia
Eagle Creek Coho	0	0	
Willard Coho	1	1	Big White Salmon
		1	Dog Creek
Spring Creek tule fall Chinook	0	25	Wind River
		26	Big White Salmon
		15	Washougal River
		6	Drano Lake
		3	Plympton Creek
			Kalama River
L White Salmon upriver bright fall Chinook	158	591	Big White Salmon
		42	Wind River

for the largest portion of these recoveries, mostly in the Big White Salmon River 6.3 mi upstream from the Little White Salmon River and in the Wind River 7.5 mi below. Spring Creek NFH is 5.2 mi from the Little White Salmon River, and tule fall Chinook from this hatchery are recovered in these same rivers. Dead fish and spawning ground survey recoveries for Carson NFH and Leavenworth NFH spring Chinook, and Little White Salmon NFH upriver bright fall Chinook are mostly in the streams on which the hatcheries are located. Since Warm Springs NFH spring Chinook production is the only program where 100% of the fish released were coded-wire tagged; these listed recoveries indicate that untagged fish were in all likelihood also present during the surveys.

Quinn (1991) found the Lewis and Kalama Rivers to be "very attractive" to lower river tule fall Chinook from brood years 1977, 1978, and 1979. Spring Creek NFH is 21.1 mi above Bonneville Dam, and was not discussed in that paper, but I note that the Kalama River attracted only 0.017% of Spring Creek recoveries, and there were not any in the Lewis River.

Differences between Snake River and Upper Columbia River Basin Recovery Patterns

The difference in recovery patterns of spring Chinook between the two hatcheries located in the Snake River basin: Dworshak NFH and Kooskia NFH in the state of Idaho, and the three hatcheries located on tributaries to the Columbia River above the confluence with the Snake River in the state of Washington: Leavenworth NFH, Entiat NFH, and Winthrop NFH is striking. Although there have been no recoveries of Leavenworth NFH, Entiat NFH, or Winthrop NFH spring Chinook in the Snake River basin, more than 4% of recoveries from Dworshak NFH and Kooskia NFH have been further up the Columbia River basin than the mouth of the Snake River. The attractiveness of the Deschutes River basin also differs greatly. Less than 1% of recoveries for the Washington hatcheries were in that basin, while more than 5% of Dworshak NFH and Kooskia NFH recoveries were in the Deschutes River basin.

Spring Chinook programs at all five hatcheries were started with Carson stock, which are of mixed, upriver ancestry: both Snake River and upper basin Columbia River, as described in the Carson NFH spring Chinook section of this paper. Rapid River stock from within the Snake River basin became the predominate stock at Dworshak in the late 1980s. It therefore seems unlikely that genetic differences among the hatchery populations accounts for the observed differences in recovery patterns.

The low rate of on route recoveries for Dworshak NFH spring Chinook (71%) when compared to that of 88.6% for Kooskia NFH spring Chinook should also be noted. This difference was intriguing enough that Dworshak NFH spring Chinook recovery data were processed a second time using only the same brood years that were used for Kooskia NFH: 1988, and 1990 through 1993. The percent of recoveries in the Columbia River and tributaries above the mouth of the Snake River rose from 7.3% to 11.2%. Likewise, eliminating brood years 1986 and 1987 from the summation increased the percentage of recoveries in the Deschutes River basin from 15.2 to 19.6. Differences between brood years used does not appear to account for the high rate of off route recoveries observed for Dworshak NFH. Kooskia fish must traverse 34 mi before joining the route Dworshak fish must swim. The only readily apparent difference is that extra distance.

When comparing the two sets of hatcheries, we note similar distances and numbers of dams involved. Fish migrating down the Columbia River above the mouth of the Snake River must swim the entire distance. Those migrating down the Snake River may be trapped and barged or trucked. The volitional downstream migration of fish from both Dworshak NFH and Kooskia NFH are equally likely to be interrupted. The homing ability of fish from Kooskia NFH apparently benefit from the additional time and distance spent in the Middle Fork of the Clearwater River.

Acknowledgments

The creation and maintenance of databases is a cooperative endeavor. Perhaps thousands of individuals have contributed to the RMIS coded-wire tag database. Without their efforts, this paper would not have been possible.

References

Ham, D. H., and T. N. Pearsons. 2001. A practical approach for containing ecological risks associated with fish stocking programs. Fisheries 26(4):15–23.

Hayes, M. C., and R. W. Carmichael. 2002. Salmon restoration in the Umatilla River: a study of straying and risk containment. Fisheries 27(10):10–19.

Heard, W. R. 1991. Life history of pink salmon. Pages 201–204 *in* C. Groot and L. Margolis, editors. Pacific salmon life histories. UBC Press, Vancouver.

Quinn, T. P. 1991. Homing and straying patterns of fall chinook salmon in the lower Columbia River. Transactions of the American Fisheries Society 120:150–156.

Quinn, T P. 1997. Homing, straying, and colonization. Pages 73–84 *in* W.S. Grant, editor. Genetic effects of straying of non-native hatchery fish into natural populations: proceedings of the workshop. U.S Department of Commerce, NOAA Technical Memorandum, NMFS-NWFSC-30, Springfield, Virginia.

American Fisheries Society Symposium 44:99–103, 2004

Short-Term Survival of Small Walleye Fingerlings Stocked into Wisconsin Lakes

JEFFREY M. KAMPA,[1] MARTIN J. JENNINGS,[2] AND GENE R. HATZENBELER[3]

Wisconsin Department of Natural Resources, Bureau of Integrated Sciences Services
810 West Maple Street, Spooner, Wisconsin 54801, USA

Abstract.—We evaluated the short-term survival of stocked walleye *Sander vitreus* fingerlings during 1997 through 2002 in lakes with no natural reproduction. Lake surface area ranged from 40 to 160 ha. The stocked fingerlings were reared in 0.2-ha, plastic-lined ponds at the Governor Tommy G. Thompson State Hatchery in Spooner, Wisconsin and stocked during early summer. Stocked fingerlings ranged from 30 to 45 mm in total length and were stocked at densities of 124/ha (N = 18) or 248/ha (N = 8). Fall electrofishing surveys were conducted on all lakes after surface water temperatures were ≤ 22°C. The Serns' Index was used to predict fingerling abundance, which was then used to calculate percent survival for the 3-month period between stocking and fall sampling. Mean survival was 0.4% (SE = 0.1%; N = 26) and ranged from 0.0% to 2.9% for all lakes. Fall fingerlings were not detected for 15 of the 26 stocking events. Stocking density did not appear to be important in determining contribution to the fall fingerling population. The current stocking program for lakes lacking natural reproduction has the potential to establish low-density populations of adult walleye. Creel data showed stocked fisheries in the northern third of Wisconsin provided a mean harvest rate of 0.021 (SE = 0.0042; N = 18) walleye per hour of directed effort or one walleye harvested for every 48 h of directed fishing effort. In comparison, the harvest rate for lakes supported by natural reproduction was approximately four times higher (mean = 0.079; SE = 0.0056; N = 158).

Introduction

The Wisconsin Department of Natural Resources annually stocks approximately 40 million fry, 8 million small fingerling (40 mm), and 50,000 large fingerling (165 mm) walleye *Sander vitreus* statewide (Wisconsin Department of Natural Resources, unpublished data). Wisconsin has a long history of walleye stocking and evaluations of this management approach began more than 60 years ago (Frey and Vike 1941). Since that time, several case histories have been completed (Threinen 1955; Mraz 1968; Priegel 1971; Kempinger 1977; Hauber 1983; Johnson et al. 1996), but broader studies over several lakes and years, leading to more generalized conclusions have not been conducted. Studies that encompass spatial and temporal variability allow for generalized conclusions that can be useful in setting regional or statewide management policies. For instance, the authors of an extensive review of walleye stocking case histories in North America (Laarman 1978) and an analysis of an extensive set of case histories in Minnesota (Li et al. 1996) concluded that supplemental stocking of walleye (i.e., stocking where natural reproduction occurs) was unsuccessful.

In Wisconsin, we have conducted evaluations of the survival and contribution of stocked walleye fingerlings to fall young-of-the-year (YOY) populations in lakes without natural reproduction. The objective of this study was to determine the survival rate to first fall of small fingerlings stocked in June in lakes without natural reproduction. A second objective was to evaluate the utility of stocking walleye fingerlings in this lake type by analyzing creel data from similar northern Wisconsin lakes to describe the resulting walleye fisheries and to compare them to creel survey data from lakes in northern Wisconsin that have fisheries sustained by natural reproduction.

[1] E-mail: Jeffrey.Kampa@dnr.state.wi.us
[2] E-mail: Martin.Jennings@dnr.state.wi.us
[3] E-mail: Gene.Hatzenbeler@dnr.state.wi.us

Methods

Lakes selected for the study ranged from 40 to 160 ha in surface area and maximum depth ranged from 5.5 to 18.4 m (Table 1). Except for Waushara County lakes, there was an existing alternate year stocking program on these lakes when the study began. All lakes were closed systems, except Big Dardis Lake, which had an outlet with a base flow of 0.014 m^3/s.

Walleye fingerings were hatched and reared to a total length of 30–45 mm in plastic-lined, 0.2-ha ponds at the Governor Tommy G. Thompson State Fish Hatchery in Spooner, Wisconsin. Stocking occurred in June during 1997 through 2002 at stocking densities of 124/ha or 248/ha (Table 2). Stocked fingerlings were hauled in aerated, ventilated tanks containing a 0.5% saltwater solution and a surfactant to reduce foaming. Hauling densities were ≤ 60 g/L.

Stocking results were evaluated in the fall by electrofishing the entire shoreline, including islands, after surface water temperatures fell below 22°C. Two dipnetters collected fall fingerlings from a 5.5-m AC boomshocker after dark. The Serns' Index (Serns 1982) was used to estimate fingerling abundance, which was then used to calculate the percent survival for the 12–16-week period between stocking and fall sampling.

Creel surveys conducted by Fish Management staff on lakes with walleye fisheries supported solely by stocking and lakes containing walleye populations maintained by natural reproduction were used as a second measure of the utility of stocking small walleye fingerlings. The surveys were conducted during 1990 through 2001 on lakes in the northern third of Wisconsin. The lakes ranged from 99 to 675 ha in surface area and were stocked according to the same statewide stocking guidelines used in the study. A random, stratified, roving-access survey design as described by Rasmussen et al. (1998) was used on all lakes. The specific details of the design and calculations are described by Hansen et al. (2000). Harvest rate based on targeted fishing effort for walleye was used to describe the fisheries in stocked lakes. Because 12 of the stocked lakes were beyond the range in surface area used for the short-term stocking evaluation, we used a *t*-test ($\alpha = 0.05$) to compare mean angling harvest rate between lakes greater than and less than 200 ha to determine whether the data could be pooled. The harvest rates of walleye in northern Wisconsin lakes containing self-sustaining walleye populations were calculated to compare with the harvest rate in stocked lakes. The self-sustaining systems ranged from 100 to 670 ha in surface area.

Results

Fall electrofishing catch rates and estimated population densities of stocked YOY walleye ranged from 0.0/km to 4.2/km (Table 2) and from 0.0/ha to 0.21/ha, respectively. Mean percent survival of stocked fingerlings from stocking in June until fall surveys was 0.4% (SE = 0.1%) (Table 2). Fall fingerlings were not

Table 1. Physical characteristics of lakes selected for small fingerling walleye stocking evaluation.

Lake	County	Surface area (ha)	Shoreline (km)	Maximum depth (m)
Long	Bayfield	106.4	10.9	7.9
Lipsett	Burnett	159.0	5.6	7.3
Viola	Burnett	106.0	5.3	10.4
Red	Douglas	104.4	5.6	11.3
Emma	Oneida	90.2	6.6	5.2
Antler	Polk	40.9	4.8	6.7
Horseshoe	Polk	152.6	13.8	17.3
Magnor	Polk	90.7	4.2	11.0
Sand	Polk	75.7	4.2	17.7
Big Dardis	Price	58.3	4.2	7.3
Bass	Washburn	58.3	4.3	9.4
Big Bass	Washburn	82.2	4.0	8.2
Cable	Washburn	74.9	4.6	7.3
Island	Washburn	111.7	5.7	13.4
Matthews	Washburn	106.4	4.2	7.9
Silver	Washburn	76.1	5.2	8.5
Fish	Waushara	61.9	5.8	11.3
Pine	Waushara	37.6	2.9	6.4
Silver	Waushara	139.2	7.2	15.2

Table 2. Fingerling stocking density, catch, and oversummer survival of young-of-year (YOY) walleye by lake and year.

Lake	County	Stocking year	Stocking density (number/ha)	Catch per effort (YOY/km)	Oversummer survival (%)
Long	Bayfield	2000	124	0.0	0.0
Lipsett	Burnett	1998	124	1.8	1.3
Viola	Burnett	1997	124	0.0	0.0
Red	Douglas	2000	124	4.2	2.9
Red	Douglas	2002	124	0.5	0.4
Emma	Oneida	1999	124	0.0	0.0
Emma	Oneida	2001	124	3.2	2.4
Magnor	Polk	2000	124	0.5	0.4
Magnor	Polk	2002	124	0.4	0.2
Sand	Polk	1999	124	0.0	0.0
Sand	Polk	2001	124	0.0	0.0
Big Dardis	Price	1999	124	0.0	0.0
Big Dardis	Price	2001	124	0.0	0.0
Big Bass	Washburn	2000	124	0.0	0.0
Big Bass	Washburn	2002	124	0.0	0.0
Matthews	Washburn	1998	124	0.0	0.0
Matthews	Washburn	2000	124	0.2	0.2
Silver	Washburn	1997	124	0.0	0.0
Antler	Polk	1997	248	0.0	0.0
Horseshoe	Polk	1997	248	0.0	0.0
Bass	Washburn	1997	248	0.9	0.3
Cable	Washburn	1997	248	0.0	0.0
Island	Washburn	1997	248	0.5	0.2
Fish	Waushara	1997	248	1.9	0.7
Pine	Waushara	1997	248	0.0	0.0
Silver	Waushara	1997	248	1.3	0.5

detected for 15 of the 26 stocking events. The mean electrofishing catch rate for both stocking densities was 0.6/km. We were unable to determine whether lake morphology or water chemistry influenced stocking outcomes because of the universally low returns.

As an indirect measure of the contribution of stocked fish to adult stocks, we reviewed Fish Management creel data for lakes relying solely on stocking for walleye recruitment. Harvest rates were not significantly different (t = 0.736; df = 16; P = 0.47) between lakes greater than and less than 200 ha and were, therefore, pooled. The harvest rate for anglers targeting walleye was 0.021/h (SE = 0.0021/h; N = 18) or one walleye for every 48 h of directed fishing effort. The harvest rate for walleye in self-sustaining systems was 0.079/h (SE = 0.0056; N = 158). Thus, 13 h of directed fishing effort would be required to harvest a walleye in naturally reproducing systems. The low harvest rate in the stocked systems was consistent with the low short-term survival of stocked walleye fingerlings in our study lakes.

Discussion

A lack of natural reproduction of walleye in the systems studied lead to an alternate year stocking program; however, bottlenecks to survival clearly exist for walleye stocked at a size of 30–45 mm total length. The low returns to fall indicated that high mortality occurred during the summer of stocking. These results were consistent with the results of other recent studies of stocked percids. In a multi-lake, 4-year study of saugeye (walleye × sauger *S. canadensis*) stocked into Ohio impoundments, oversummer survival of stocked saugeye determined with mark–recapture YOY population estimates averaged 3.8% for 31 stocking events (Donovan et al. 1997). Evidence suggested that most of the mortality occurred by August. The mean size of saugeye stocked in the Ohio systems was similar to our study, ranging from 25 to 41 mm in total length. Johnson et al. (1996) evaluated six consecutive years of stocking small walleye fingerlings in a large southern Wisconsin lake lacking walleye reproduction. Walleye fingerlings were stocked in June and mark– recapture population estimates of YOY walleye were carried out the first fall after stocking. Survival of stocked fish ranged from 0.2% to 5.5% and averaged 2.5% over the 6-year period. Brooks et al. (2002) compared the survival of three sizes of walleye stocked in 10 Illinois reservoirs and lakes without walleye natural reproduction over a 6-year period. The estimated survival from stocking until autumn for the 50-mm size-group was 2.9% for nine stocking events among five reservoirs and 5 years.

As a second measure of the utility of stocking walleye in systems lacking reproduction, we examined Department of Natural Resources Fish Management creel survey results from lakes supported solely by stocking in the northern third of Wisconsin. Harvest rates for walleye were low, averaging 48 h of directed fishing effort to harvest a walleye. One quarter of the fishing effort was required to harvest a walleye in lakes containing self-sustaining populations. The low returns to creel in lakes lacking natural reproduction were consistent with short-term survival results from this and other studies (Johnson et al. 1996; Donovan et al. 1997; Brooks et al. 2002).

This study was designed to quantify survival of stocked walleye within a defined group of lakes in Wisconsin. This question is different than the question of what biological mechanisms limit survival of stocked walleye. The mechanisms limiting success of stocking within these lakes are obviously of interest, but are difficult to address because the survival results are quite consistent across the set of study lakes. Previous studies of stocked walleye have attempted to identify limiting factors, which are numerous and include both inherent features of the lakes and variables associated with culture and transport of fish.

Factors affecting survival of stocked fingerlings in the studies by Donovan et al. (1997) and Johnson et al. (1996) included abundance of forage, which served directly as prey or indirectly as forage buffer, as well as cannibalism, predation, and mean length at stocking. Johnson et al. (1996) did not find a relationship between stocking density and survival of YOY walleye over a range of stocking densities from 14.5/ha to 162.6/ha, which bracketed our stocking densities and was consistent with our results. Few studies have quantified survival of small walleye fingerling (<50 mm) to any life stage, but several authors have described factors affecting survival of stocked fingerlings (reviewed by Kampa and Jennings 1998). Indirect effects of forage availability have been described by Forney (1976) and direct effects suggested by Momot et al. (1977). Measurable effects from cannibalism occurred in Oneida Lake, New York (Chevalier 1973; Forney 1976). Santucci, Jr. and Wahl (1993) found that largemouth bass *Micropterus salmoides* consumed up to 28% of the walleye stocked in a small impoundment in Illinois, and up to 75% of the stocked saugeye in an Ohio impoundment were consumed by predators within eight weeks of stocking (Stahl et al. 1996).

Still other factors play a role in survival of stocked walleye fingerlings. For instance, body condition at the time of stocking was important in determining overwinter survival of stocked fingerling in Minnesota (Bandow and Anderson 1993), and handling and transport stress influence the physiological condition of stocked walleye (Barton and Zitzow 1995; Forsberg et al. 2001; Parsons and Reed 2001). Stocking walleye fingerling that are genetically compatible with the system being stocked may also be important (Fox 1993; Jennings and Philipp 1996).

Walleye fingerlings must overcome multiple obstacles to attain catchable size. Whereas stocking small fingerlings can create nonzero recruitment in some waters lacking natural reproduction, additional bottlenecks beyond this life stage clearly limit recruitment in the systems studied. The results for survival from stocking in June until the first autumn are similar to those reported elsewhere (Johnson et al. 1996; Donovan et al. 1997; Brooks et al. 2002) and consistent with creel data from similar lakes in northern Wisconsin. Stocking small fingerlings as a general strategy for the types of lakes evaluated provides generally low returns. Future work will address alternatives to the size range currently produced so as to achieve better returns.

Acknowledgments

We thank Fish Management staff who collected, compiled, and computed fishery creel statistics. We appreciate Joe Hennesey's assistance in making the data available and explaining limitations of the data. This project was funded by the Federal Aid in Sport Fish Restoration grant F-95-P.

References

Bandow, F., and C. S. Anderson. 1993. Weight-length relationships, proximate body composition, and winter survival of stocked walleye fingerlings. Minnesota Department of Natural Resources, Investigational Report 425, St. Paul.

Barton, B. A., and R. E. Zitzow. 1995. Physiological

responses of juvenile walleyes to handling stress with recovery in saline water. Progressive Fish-Culturist 57:267–276.

Brooks, R. C., R. C. Heidinger, R. J. H. Hoxmeier, and D. H. Wahl. 2002. Relative survival of three sizes of walleyes stocked into Illinois lakes. North American Journal of Fisheries Management 22:995–1006.

Chevalier, J. R. 1973. Cannibalism as a factor in first year survival of walleye in Oneida Lake. Transactions of the American Fisheries Society 102:739–744.

Donovan, N. S., R. A. Stein, and M. M. White. 1997. Enhancing percid stocking success by understanding age-0 piscivore-prey interactions in reservoirs. Ecological Applications 7:1311–1329.

Forsberg, J. A., R. C. Summerfelt, and B. A. Barton. 2001. Physiological and behavioral responses of walleyes transported in salt and buffered-salt solutions. North American Journal of Aquaculture 63:191–200.

Forney, J. L. 1976. Year-class formation in the walleye (*Stizostedion vitreum vitreum*) population of Oneida Lake, New York, 1966–1973. Journal of the Fisheries Research Board of Canada 33:783–792.

Fox, M. G. 1993. Comparison of zygote survival of native and non-native walleye stocks in two Georgian Bay rivers. Environmental Biology of Fishes 38:379–383.

Frey, D. G., and L. Vike. 1941. A creel census on lakes Waubesa and Kegonsa, Wisconsin, in 1939. Transactions of the Wisconsin Academy of Science, Arts, and Letters 33:339–362.

Hansen, M. J., T. D. Beard, Jr., and S. W. Hewett. 2000. Catch rates and catchability of walleyes in angling and spearing fisheries in northern Wisconsin lakes. North American Journal of Fisheries Management 20:109–118.

Hauber, A. B. 1983. Two methods for evaluating fingerling walleye stocking success and natural year-class densities in Seven Island Lake, Wisconsin, 1977–1981. North American Journal of Fisheries Management 3:152–155.

Jennings, M. J., and D. P. Philipp. 1996. Heritability of reproductive behavior in two walleye populations. Transactions of the American Fisheries Society 125:978–982.

Johnson, B. M., M. Vogelsang, and R. S. Stewart. 1996. Enhancing a walleye population by stocking: effectiveness and constraints on recruitment. Annales Zoologici Fennici 33:577–588.

Kampa, J. M., and M. J. Jennings. 1998. A review of walleye stocking evaluations and factors influencing stocking success. Wisconsin Department of Natural Resources, Research Report 178, Madison.

Kempinger, J. J. 1977. Cost of stocked walleyes caught by anglers in Escanaba Lake. Wisconsin Department of Natural Resources, Research Report 91, Madison.

Laarman, P. W. 1978. Case histories of stocking walleyes in inland lakes, impoundments, and the Great Lakes—100 years with walleyes. Pages 252–260 *in* R. L. Kendall, editor. Selected coolwater fishes of North America. American Fisheries Society, Special Publication 11, Bethesda, Maryland.

Li, J., Y. Cohen, D. H. Schupp, and I. R. Adelman. 1996. Effects of walleye stocking on population abundance and fish size. North American Journal of Fisheries Management 16:830–839.

Momot, W. T., J. Erickson, and F. Stevenson. 1977. Maintenance of a walleye, Stizostedion vitreum vitreum, fishery in a eutrophic system. Journal of the Fisheries Research Board of Canada 34:1725–1733.

Mraz, D. 1968. Recruitment, growth, exploitation and management of walleyes in a southeastern Wisconsin lake. Wisconsin Department of Natural Resources, Technical Bulletin Number 40, Madison.

Parsons, B. G., and J. R. Reed. 2001. Methods to reduce stress and improve over-winter survival of stocked walleye fingerlings. Minnesota Department of Natural Resources, Division of Fisheries, Investigational Report Number 492, St. Paul.

Priegel, G. R. 1971. Walleye fry stocking in relation to zooplankton densities in southeastern Wisconsin lakes. Wisconsin Conservation Department, Federal Aid in Fish and Wildlife Restoration, Project F-83-R, Madison.

Rasmussen, P. W., M. D. Staggs, T. D. Beard, Jr., and S. P. Newman. 1998. Bias and confidence interval coverage of creel survey estimators evaluated by simulation. Transactions of the American Fisheries Society 127:469–480.

Santucci, Jr., V. J., and D. H. Wahl. 1993. Factors influencing survival and growth of stocked walleye (*Stizostedion vitreum*) in a centrarchid-dominated impoundment. Canadian Journal of Fisheries and Aquatic Sciences 50:1548–1558.

Serns, S. L. 1982. Relationship of walleye fingerling density and electrofishing catch per effort in northern Wisconsin lakes. North American Journal of Fisheries Management 2:38–44.

Stahl, T. P., G. P. Theide, R. A. Stein, and E. M. Lewis. 1996. Factors affecting survival of age-0 saugeye *Stizostedion vitreum* X *S. canadense* stocked in Ohio reservoirs. North American Journal of Fisheries Management 16:378–387.

Threinen, C. W. 1955. What about walleye stocking? Wisconsin Conservation Bulletin 20:20–21.

American Fisheries Society Symposium 44:105–112, 2004

Increasing Predation through Walleye Fingerling Stocking: A Recovery Tool for Saginaw Bay, Lake Huron

DAVID G. FIELDER[1]

Alpena Great Lakes Fisheries Research Station, Michigan Department of Natural Resources
160 East Fletcher, Alpena, Michigan, 49707, USA

Abstract.—The walleye *Sander vitreus* fishery in Saginaw Bay was historically the second largest in the Great Lakes. It collapsed in the mid 1940s. Modern-day limitations to natural recruitment are offshore spawning habitat degradation (sedimentation of reefs), blockage by dams to tributary spawning grounds, and likely the predatory effects of nonnative planktivores such as alewives *Alosa pseudoharengus* and rainbow smelt *Osmerus mordax*. Walleyes have always been the principal predator in the bay's ecosystem, and with their numbers depressed, the fish community is overpopulated with prey fish species precipitating a variety of ecological problems. Stocking of about 0.8 million spring walleye fingerlings per year, beginning in the early 1980s, helped to re-establish a walleye population and fishery. Some natural recruitment has returned, mostly from spawning in rivers below the first impoundment. Research, however, has determined that the walleye population remains heavily dependent on stocking, with about 80% of the local recruitment attributed to hatchery propagated fish. The walleye population is still well below the carrying capacity of the bay's habitat for adult walleyes and the prey base. New recovery initiatives have been developed recently for walleyes in the bay with emphasis on restoration of access to tributary spawning grounds. These measures, however, may be limited in their benefit as long as nonnative planktivores remain abundant in the bay. Increased predation rates on the alewife and rainbow smelt populations are needed so as to encourage better survival of naturally reproduced walleye fry. Increased stocking is rationalized as the best means with which to initially achieve a balance of predator and prey in the bay, thereby setting up a more favorable environment for natural recruitment. While walleye stocking is a common practice in North America, this approach is somewhat novel in that the objectives are not just to contribute to the creel, but to increase predatory pressure on an overabundant prey base, especially the nonnative planktivores. The goal is to help manipulate the fish community biologically to an assemblage that favors native prey species thereby minimizing some of the obstacles to better survival of naturally reproduced walleye larvae. Higher predation rates may also make the Saginaw Bay ecosystem more resistant and resilient to the effects of any future exotic invaders.

Introduction

In the Laurentian Great Lakes, invasions of rainbow smelt *Osmerus mordax* and alewives *Alosa pseudoharengus* have generally coincided with the collapse or decline of native walleye *Sander vitreus* (formally known as *Stizostedion vitreum*) populations (Christie 1974; Schneider and Leach 1979). The probable mechanism responsible for these collapses is competition with, and predation on, larval walleyes (Smith 1970; Schneider and Leach 1977; Schneider and Leach 1979; Crowder 1980; Eck and Wells 1987; Walters and Kitchell 2001). Alewives particularly have been documented as a formidable predator on walleye fry (Kohler and Ney 1980; Wells 1980; Brandt et al. 1987; Brooking et al. 1998) and have been reported as obstacles to walleye recovery in some Great Lakes locations (Hurley and Christie 1977; Bowlby et al. 1991). In much of Lake Huron, as with some of the other the Great Lakes, many walleye populations remain depressed or dependent on stocking following decades of anthropomorphic perturbations (Fielder et al., in press).

[1] E-mail: fielderd@michigan.gov

Saginaw Bay lies entirely in the Michigan waters of Lake Huron and spans a surface area of 2,960 km^2 (Figure 1). The inner half of the bay is shallow, averaging 4.6 m in depth, while the depth of the outer bay averages 14.6 m. The bay includes a series of coastal wetland complexes along its periphery. The inner bay is generally isothermal as a result of wind driven mixing, while the outer bay reaches will sometimes stratify in the summer. There are several tributary systems in the bay's watershed, of which the Saginaw River sys-

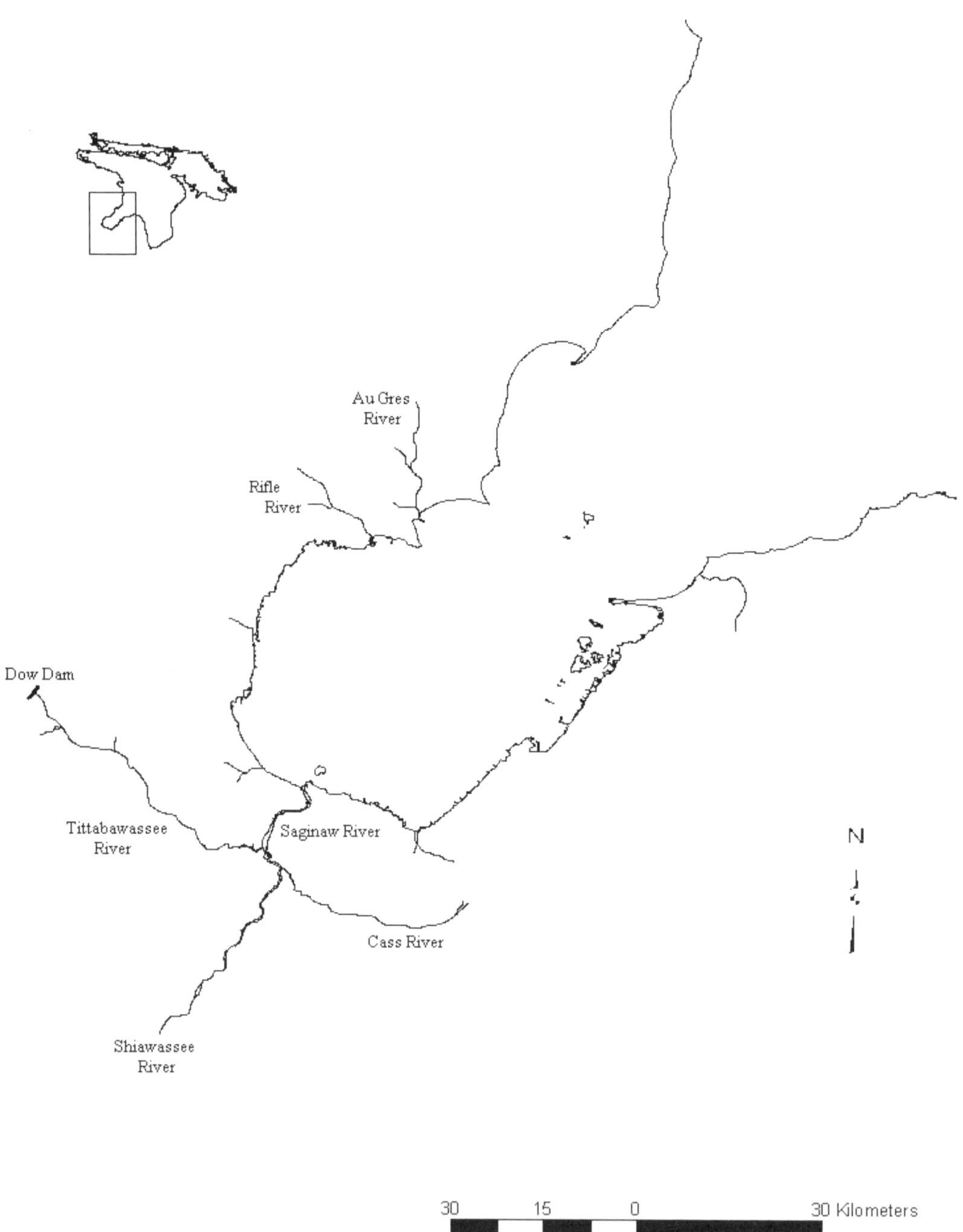

Figure 1. Saginaw Bay, Lake Huron.

tem is the largest. Saginaw Bay's limnology and chemistry have been described further by Beeton et al. (1967) and Smith et al. (1977).

Historically, Saginaw Bay produced one of the largest walleye populations in the Great Lakes (Schneider 1977; Schneider and Leach 1977). The commercial harvest of walleyes from the early 1800s through the mid-20th century was second in the Great Lakes only to Lake Erie (Baldwin and Saalfeld 1962) with an annual yield averaging 454 metric tons. The population and fishery collapsed in the mid-1940s due to a series of year-class failures brought about by a progression of anthropogenic disturbances, including degradation of spawning habitat and water quality (Schneider 1977; Schneider and Leach 1977). Rainbow smelt first became abundant in Saginaw Bay in the 1930s (Christie 1974), and alewives by the early 1950s (Miller 1957). The abundance of these nonnative planktivores is believed to have exacerbated the collapse of walleyes in the bay and complicated any natural recovery that may have otherwise occurred (Schneider 1977; Schneider and Leach 1977, 1979; Keller et al. 1987).

In the absence of a top predator, rainbow smelt, and alewives flourished in Saginaw Bay (Schneider and Leach 1977). Keller et al. (1987) concluded that in the post-walleye collapse period, Saginaw Bay's zooplankton community became dominated by unfavorably small organisms due to intensive grazing by overabundant prey fish, resulting from too few predators. Other native fish populations, including cisco *Coregonus artedii*, lake whitefish *C. clupeaformis*, and lake trout *Salvelinus namaycush*, collapsed or declined during this time (Baldwin and Saalfeld 1962; Haas and Schaeffer1992).

Walleye fingerling stocking was initiated by the Michigan Department of Natural Resources in the early 1980s in an attempt to capitalize on water quality improvements realized in the 1970s and to begin the process of restoring the walleye fishery (Haas and Schaeffer 1992; Fielder 2002a). A sport fishery soon emerged (Rakoczy and Svoboda 1997). Previously, fry stocking in the 1970s failed, with the failure attributed to the on-going high abundance of alewives and rainbow smelt (Schneider and Leach 1977). Fingerlings for stocking are reared extensively in ponds for about 7 weeks and usually are harvested for stocking in mid-June as spring-fingerlings. Fingerlings average 1,764/kg or about 42 mm in length. This size is beyond the effective range of vulnerability to predation by alewives (Brooking et al. 1998). Since 1997, hatchery-produced fingerlings were immersion marked as fry with oxytetracycline to distinguish them from wild fish in later survey work (Fielder 2002a).

Modern-day sources of walleye recruitment in Saginaw Bay were stocked fish, limited natural reproduction from certain rivers (below their first impoundment), and immigration from the Lake St. Clair/Lake Erie corridor (Fielder et al. 2000; Fielder 2002a). Among the historic sources of recruitment, off-shore (reef-based) reproduction within Saginaw Bay no longer contributed significantly (Fielder 2002a). Limitations to reproduction included spawning habitat limitations stemming from sedimentation of spawning reefs and blockage of rivers by dams. The abundance of nonnative planktivores, particularly alewives, continues to affect recruitment from the natural reproduction that does occur. In the face of these limitations, recovery of the walleye population has plateaued well short of historic numbers (about one-third as much yield to the fishery) and below the carrying capacity of the bay's habitat and prey base, as evidenced by an exceptionally fast walleye growth rate (Fielder et al. 2000; Fielder 2002a)

Need and Opportunity

In this partially recovered state, Saginaw Bay is still characterized by a high density of alewives and rainbow smelt and a large variety of other prey species including gizzard shad *Dorosoma cepedianum*, numerous minnow species (Cyprinidae), including a variety of shiners *Notropis* spp., darters and perch (Percidae), trout-perch *Percopsis omiscomaycus*, as well as juveniles of suckers species (Catostomidae), freshwater drum *Aplodinotus grunniens*, temperate bass *Morone* spp., and most recently, an abundance of round goby *Neogobius melanostomus* (Fielder et al. 2000). Alewives and rainbow smelt use the bay for spawning and nursery grounds with the adults often entering the bay about the same time that walleye fry are emerging (Organ et al. 1979). This coincidence of timing maximizes the effect of these nonnative planktivores on the magnitude of walleye recruitment. Adult and juvenile alewives continue to inhabit the bay much of the open water season (Fielder et al. 2000). Walleye and yellow perch *Perca flavescens* together consume, at most, 25% of the annual production of Saginaw Bay's prey fish community and piscivory is probably not limiting any prey species in Saginaw Bay (Haas and Schaeffer 1992).

Walters and Kitchell (2001) proposed that for some populations, high adult predation favors good survival of juveniles. This cultivation-depensation hypothesis is based on a depensatory relationship between juvenile survival and high abundance of adults of the same species, which is a departure from more traditionally held compensatory mechanisms of a stock–recruitment relationship. Under this hypothesis, a "trophic triangle" between adults, juveniles, and forage fish exists where predation by adults cultivates a fish community assemblage that favors survival of their own juveniles. At insufficient densities of predatory adults, forage fish gain the upper hand creating a competitive and predatory juvenile bottleneck. Walters and Kitchell (2001) concluded that such cultivation effects are common to dominant predators in freshwater fish communities, including walleyes, and urge managers to consider the possibility that successful recruitment may require higher adult densities than would otherwise be necessitated for brood (spawning) purposes alone.

With modern day sources of walleye recruitment better understood in Saginaw Bay, fishery managers have explored options to further recovery. Degradation of, and loss of access to, traditional spawning grounds are believed to be the principle obstacles to reproduction; therefore, habitat improvement, including passage around (and removal of) dams, is a center piece of a new rehabilitation strategy (Fielder and Baker, in press). Habitat improvements to benefit spawning success, however, will likely be restricted in value if limitations to recruitment (predation by abundant nonnative planktivores in this case) are allowed to go unaddressed. Consequently, strategies to address obstacles to better recruitment are also considered. The purpose of this paper is to describe the potential role of walleye stocking in the future management and recovery effort in Saginaw Bay with emphasis on restoration of walleye as a top predator for the reduction of nonnative prey fishes.

The Potential Role of Stocking

Managing walleye populations through stocking is a common practice in North America (Fenton et al. 1996). The goals and objectives of these stockings can vary widely but most typically are intended to create or augment a fishery (Conover 1986; Noble 1986). Biomanipulation, the use of walleye to reduce prey fish abundance in a particular setting, is a less common stocking objective (Noble 1981). Perhaps the best known example of biomanipulation through stocking was the introduction of Pacific salmon in the Great Lakes to control over abundant alewives (Tody and Tanner 1966; Mills et al. 1993; Kocik and Jones 1999). Similarly, Schneider and Lockwood (1997) found that stocking walleyes was an effective tool for improving stunted bluegill *Lepomis macrochirus* populations through predation. Meronek et al. (1996) found, however, that biomanipulation stockings generally have achieved limited success rates (24%). Other authors have regarded biomanipulation and predator management as potent ecological forces with the potential to affect change at a variety of trophic levels in addition to the targeted species (Mills et al. 1987; Vandermeer and Maruca 1998; Link 2002).

Originally, walleye stocking in Saginaw Bay was intended to reintroduce the species and build a broodstock of sufficient size to allow for natural reproduction. Some stock recovery has been realized, but the resulting natural reproduction, along with continued stocking, still leaves the population far short of a fully recovered magnitude (Fielder et al. 2000; Fielder 2002b). Because there is some natural reproduction, stocking in Saginaw Bay would be classified as "supplemental" as defined by Laarman (1978). In reality, the present population, which is dependent on stocking has evolved into a recruitment limited walleye population. In this regard, walleye stocking in Saginaw Bay is more characteristic of a maintenance stocking. The principal question now facing managers is what role if any, should stocking play in the future?

Put-grow-and-take walleye stocking in Saginaw Bay is not fully consistent with long-term recovery objectives, which include achieving a self-sustaining walleye population (Fielder and Baker, in press). Continued and even increased stocking, however, may play an important and meaningful role in recovery. The continued high abundance of nonnative planktivores, such as alewives, likely contributes to limiting successful natural recruitment and may partially explain why reef-based recruitment remains absent in the bay, while some river-based reproduction has redeveloped.

Examination of Saginaw Bay adult walleye stomachs indicates that alewives constitute the majority of the diet in most years, at least in early fall surveys (Fielder et al. 2000). This vulnerability of alewives, or seeming preference of walleyes for alewives, provides an opportunity to use walleye predation as a tool to aid recovery. If walleye density increased enough to reduce the bay's alewives due to increased predation, wild walleye fry may experience better survival. In the presence of high densities of alewives, however, other rehabilitation strategies such as spawning habitat improvement may be limited in their benefit.

Modeling of a hypothetical "recovered" population (a population at full carrying capacity of the bay's prey resources) indicated that if full recovery (in density) were achieved by stocking alone, a total of 5.8 million spring fingerlings would have to be planted each year for 13 years in Saginaw Bay (Fielder 2002b). This number far exceeds the number of fingerlings currently available for Saginaw Bay, which is about 0.8 million per year. That modeled prediction, however, was to emulate a fully recovered population, which may require more stocking than needed to merely achieve biomanipulation of the prey fish community. An intermediate increase in stocking may produce predation rates necessary to improve survival of naturally reproduced fry. The Saginaw Bay Walleye Recovery Plan has called for increasing the walleye fingerling plant by 1.7 million fingerlings to a total target of 2.5 million/year over time (Fielder and Baker, in press). If this production level can be achieved, the resulting stocking density would increase to 8.5 fingerlings/ha from a the current level of 2.7 fingerlings/ha. The plan also establishes recovery criteria in the form of walleye growth rates, where abundance of walleye would increase such that density-dependent growth would decline to 110% of the state average rate, as opposed to about 128% in the past. The decision point in the recovery plan for halting stocking is when ratios of hatchery to wild fish fall below 50:50 for three out of five consecutive years, as opposed to the current ratio of 80:20 (Fielder and Baker, in press).

Improved balance of predator and prey may provide benefits for other native species as well. A reduction of planktivores and other invertebrate consumers may free up food resources for yellow perch. Yellow perch have suffered periodically from slow growth resulting from inadequate benthic invertebrate prey resources (Haas and Schaeffer 1992). Lake herring, which were very abundant in Saginaw Bay historically, have been extirpated from the bay (Fielder et al. 2000), but are still present in some portions of northern Lake Huron. Their demise is partly attributed to eutrophication and overfishing, but also to trophic displacement by alewives and rainbow smelt (Eshenroder and Burnham-Curtis 1999). Lake herring have not recovered despite water quality improvements. Continued abundance of nonnative planktivores and a lack of local brood sources may be suppressing resurgence of lake herring. Achieving a balance of predator and prey species may lay the foundation for lake herring reintroduction efforts.

The aquatic community in Saginaw Bay continues to undergo immense change caused by regular colonization of exotic species. Systems such as Saginaw Bay with low predator densities may be more vulnerable to colonization and domination by invaders (Leach et al. 1999). Recent invaders include the round goby (Fielder et al. 2000). Colonization by zebra mussels *Dreissena polymorpha* in Saginaw Bay has precipitated a shift in energy flow that favors benthic fish species (Fielder et al. 2000). The exotic ruffe *Gymnocephalus cernuus*, a Eurasian percid, is colonizing Thunder Bay of Lake Huron, just 103 km north (Czypinski et al. 2003) and may someday reach Saginaw Bay. Such invasions and subsequent ecological changes complicate fisheries management by creating a series of changes in community dynamics and biologists understanding of these dynamics. Until the "door is closed" to exotics, the best, perhaps the only, option available to managers is to strive for functional management based on trophically balanced systems. Such systems might prove more resilient to effects of exotic species. Ecosystem balance and manipulation of predators are not solutions to problems caused by invasive species, but they do offer some recourse to fishery managers.

Another benefit of increased stocking in Saginaw Bay would be enhancement of the sport fishery. The modern-day sport fishery yield is only about one third the historic commercial yield. A significantly more dense walleye population would provide for greater catch rates by anglers. While not the sole motivation for increases in stocking, improved sport fishing would be an economically important benefit and might help garner patience and support from anglers and other stakeholders for investment in longer-term, habitat improvement projects. Conversely, an improved fishery may mask, to some stakeholder groups, the need for investment in more sustainable improvements. With careful regulation, fishing activity (harvest) can be compatible with increased population size and prey reduction objectives

Uncertainties include how well a recovered walleye population could suppress the effects of nonnative planktivores in a localized environment like Saginaw Bay, given that alewives are likely to remain in the main basin of Lake Huron and continue to constitute a source for migrations to the bay. How successful walleyes are in Saginaw Bay at overcoming the predatory juvenile bottleneck may depend on natural fluctuations in alewife abundance. Whelan et al. (2004, this volume) described programs for biomanipulation of predators and prey in the main basin of Lake Huron as well Saginaw Bay. Declines in alewife abundance from these activities and other sources of natural mortality may create better survival of walleye fry in some years, regardless of predator density in the bay. Still other unknowns are whether or not enough fingerling walleye can be reared by management agencies to achieve the recommended target. Additional capital outlay may be required to achieve production levels that are necessary.

Speculation about risks from increased stocking includes the possibility of decreased genetic fitness, related to broodstock selection and culture practices. To minimize this risk, spawn collection for restocking is taken from Saginaw Bay's walleye population to capitalize on genotypes that may be endemic to historic stocks or may be locally adapted. Fertilization procedures also follow best-management practices to minimize loss of genetic integrity and diversity. There is further risk of over populating the bay with walleye and exceeding the carrying capacity of the prey base. An adaptive approach, however, is being taken to the recovery of Saginaw Bay's walleye population (Fielder and Baker, in press). Long-term assessment of the walleye population, the fishery, and the rest of the fish community will be used to measure progress and system responses. Changes in management action can be implemented on the basis of this information, thus managing the inherent uncertainties and risks.

Conclusion

The use of stocking has been an increasingly polarizing issue within fisheries management (Daley 1993). Not surprisingly, sustaining a population or fishery through long-term stocking programs has come to be viewed as antiquated and regressive by some fishery professionals. Walleye stocking in Saginaw Bay, however, has played an important role in its initial, partial recovery. It can now take on a new role in the completion of the bay's recovery by becoming a force to achieve larger ecological goals, through biomanipulation of the system to favor better natural recruitment of predators. Once sustained natural recruitment has increased, stocking can be reduced and ultimately discontinued. In this instance, the use of stocked fish to reshape an aquatic ecosystem can be an integral part of a strategy to achieve long-term sustainability.

Acknowledgments

I acknowledge James P. Baker of the Michigan Department of Natural Resources who has developed and refined many of the Saginaw Bay walleye fingerling stocking practices. I also thank James Johnson of the Michigan DNR and three anonymous reviewers for their comments during the development of this manuscript.

References

Baldwin, N. S., and R. W. Saalfeld. 1962. Commercial fish production in the Great Lakes 1867–1960. Great Lakes Fisheries Commission, Technical Report No. 3 (and 1970 supplement covering the years 1961–1968), Ann Arbor, Michigan.

Beeton, A. M., S. H. Smith, and F. F. Hooper. 1967. Physical limnology of Saginaw Bay, Lake Huron. Great Lakes Fishery Commission, Technical Report 12, Ann Arbor, Michigan

Bowlby, J. N., A. Mathers, D. A. Hurley, and T. H. Eckert. 1991. The resurgence of walleye in Lake Ontario. Pages 169–205 *in* P. J. Colby, C. A. Lewis, and R. L. Eshenroder, editors. Status of walleye in the Great Lakes: case studies prepared for the 1989 workshop. Great Lakes Fishery Commission, Special Publication 91–1, Ann Arbor, Michigan.

Brandt, S. B., D. M. Mason, D. B. MacNeill, T. Coates, and J. E. Gannon. 1987. Predation by alewives on larvae of yellow perch in Lake Ontario. Transactions of the American Fisheries Society 116:641–645.

Brooking, T. E., L. G. Rudstam, M. H. Olson, and A. J. VanDeValk. 1998. Size dependent alewife predation on larval walleyes in laboratory experiments. North American Journal of Fisheries Management 18:960–965.

Christie, W. J. 1974. Changes in the fish species composition of the Great Lakes. Journal of the Fisheries Research Board of Canada 31:827–854.

Conover, M. C. 1986. Stocking cool-water species to meet management needs. Pages 31–40 *in* R. H. Stroud, editor. Fish culture in fisheries management. American Fisheries Society, Fish Culture Section and Fisheries Management Section, Bethesda, Maryland.

Crowder, L. B. 1980. Alewife, rainbow smelt and native fishes in Lake Michigan: competition or predation? Environmental Biology of Fishes 5:225–233.

Czypinski, G. D., A. K. Bowen, M. P. Sowinski, and B. Mackay. 2003. Surveillance for ruffe in the Great Lakes, 2002. U.S. Fish and Wildlife Service station report. Fishery Resources Office, Ashland, Wisconsin.

Daley, W. J. 1993. The use of fish hatcheries: polarizing the issue. Fisheries 18(3):4.

Eck, G. W., and L. Wells. 1987. Recent changes in Lake Michigan's fish community and their probable causes, with emphasis on the role of alewife (*Alosa pseudoharengus*). Canadian Journal of Fisheries and Aquatic Sciences 44 (Supplement 2):53–60.

Eshenroder, R. L., and M. K. Burnham-Curtis. 1999. Species succession and sustainability of the Great Lakes fish community. Pages 145–184 *in* W. W. Taylor and C. P. Ferreri, editors. Great Lakes fisheries policy and management, a binational perspective. Michigan State University Press, East Lansing.

Fenton, R., J. A. Mathias, and G. E. E. Moodie. 1996. Recent and future demand for walleye in North America. Fisheries 21(1):6–12.

Fielder, D. G. 2002a. Sources of walleye recruitment in Saginaw Bay, Lake Huron. North American Journal of Fisheries Management 22:1032–1040.

Fielder, D. G. 2002b. Sources of walleye recruitment in Saginaw Bay, Lake Huron, and recommendations for further rehabilitation. Michigan Department of Natural Resources, Fisheries Research Report 2062, Ann Arbor.

Fielder, D. G., J. P. Baker, L. C. Mohr, A. Liskaukus, and J. R. McClain. In press. Status of the nearshore fish community. In M. P. Ebener, editor. The state of Lake Huron in 1999. Great Lakes Fishery Commission, Special Publication.

Fielder, D. G. and J. P. Baker. In press. Strategy and options for completing the recovery of walleye in Saginaw Bay. Michigan Department of Natural Resources, Fisheries Division Special Report, Ann Arbor.

Fielder, D. G., J. E. Johnson, J. R. Weber, M. V. Thomas, and R. C. Haas. 2000. Fish population survey of Saginaw Bay, Lake Huron, 1989–97. Michigan Department of Natural Resources, Fisheries Research Report 2052, Ann Arbor.

Haas, R. C., and J. S. Schaeffer. 1992. Predator-prey and competitive interactions among walleye, yellow perch, and other forage fishes in Saginaw Bay, Lake Huron. Michigan Department of Natural Resources, Fisheries Research Report 1984, Ann Arbor.

Hurley, D. A., and W. J. Christie. 1977. Depreciation of the warmwater fish community in the Bay of Quinte, Lake Ontario. Journal of the Fisheries Research Board of Canada 34:1849–1960.

Keller. M., and J. C. Schneider, L. E. Mrozinski, R. C. Haas, and J. R. Weber. 1987. History, status, and management of fishes in Saginaw Bay, Lake Huron, 1891–1986. Michigan Department of Natural Resources, Fisheries Technical Report 87–2, Ann Arbor.

Kocik, J. F., and M. L. Jones. 1999. Pacific salmonines in the Great Lakes basin. Pages 455–488 *in* W. W. Taylor and C. P. Ferreri, editors. Great Lakes fisheries policy and management, a binational perspective. Michigan State University Press, East Lansing.

Kohler, C. C., and J. J. Ney. 1980. Piscivority in a landlocked alewife (*Alosa pseudoharengus*) population. Canadian Journal of Fisheries and Aquatic Sciences 37:1314–1317.

Laarman, P. W. 1978. Case histories of stocking walleyes in inland lakes, impoundments, and the Great Lakes—100 years with walleyes. Pages 254–260 *in* R. L. Kendall, editor. Selected coolwater fishes of North America. American Fisheries Society, Special Publication 11, Bethesda, Maryland.

Leach, J. H., E. L. Mills, and M. R. Dochoda. 1999. Non-indigenous species in the Great Lakes: ecosystem impacts, binational policies, and management. Pages 185–207 *in* W. W. Taylor and C. P. Ferreri, editors. Great Lakes fisheries policy and management: a binational perspective. Michigan State University Press, East Lansing.

Link, J. S. 2002. Ecological considerations in fisheries management: when does it matter? Fisheries 27(4):10–15.

Meronek, T. G., P. M. Bouchard, E. R. Buckner, T. M. Burri, K. K. Demmerly, D. C. Hatleli, R. A. Klumb, S. H. Schmidt, and D. W. Coble. 1996. A review of fish control projects. North American Journal of Fisheries Management 16:63–74.

Miller, R. R. 1957. Origin and dispersal of alewife, *Alosa pseudoharengus*, and the gizzard shad, *Dorosoma cepedianum*, in the Great lakes Transactions of the American Fisheries Society 86:97–110.

Mills, E. L., J. L. Forney, and K. J. Wagner. 1987. Fish predation and its cascading effects on the Oneida Lake food chain. Pages 118–131 *in* W. C. Kerfoot and A. Sih, editors. Predation: direct and indirect impacts on aquatic communities. University Press of New England, Lebanon, New Hampshire.

Mills, E., J. E. Leach, J. T. Carlton, and C. L. Secor. 1993. Exotic species in the Great Lakes: a history of biotic crises and anthropogenic introductions. Journal of Great Lakes Research 19:1–54.

Noble, R. L. 1981. Management of forage fishes in impoundments of the southern United States. Transactions of the American Fisheries Society 110:738–750.

Noble, R. L., 1986. Stocking criteria and goals for restoration and enhancement of warm-water and coolwater fisheries. Pages 139–146 *in* R. H. Stroud, editor. Fish culture in fisheries management. American Fisheries Society, Bethesda, Maryland.

Organ, W. L., G. L. Towns, M. O. Walter, R. B. Pelleteir, and D. A. Riege. 1979. Past and presently known spawning grounds of fishes in the Michigan coastal waters of the Great Lakes. Michigan Department of Natural Resources, Fisheries Technical Report 79–1, Ann Arbor.

Rakoczy, G. P. and Svoboda R. F. 1997. Sportfishing catch and effort from the Michigan waters of Lakes Michigan, Huron, Erie, and Superior, April 1, 1994 - March 31, 1995. Michigan Department of Natural Resources, Fisheries Technical Report 97–4, Ann Arbor.

Schneider, J. C. 1977. History of the walleye fisheries of Saginaw Bay, Lake Huron. Michigan Department of Natural Resources, Fisheries Research Report 1850, Ann Arbor.

Schneider, J. C., and J. H. Leach. 1977. Walleye (*Stizostedion vitreum vitreum*) fluctuations in the Great Lakes and possible causes, 1800–1975. Journal of the Fisheries Research Board of Canada 34:1878–1889.

Schneider, J. C., and J. H. Leach. 1979. Walleye stocks in the Great Lakes, 1800–1975: fluctuations and possible causes. Great Lakes Fishery Commission, Technical Report No. 31, Ann Arbor, Michigan.

Schneider, J. C., and R. N. Lockwood. 1997. Experimental management of stunted bluegill lakes. Michigan Department of Natural Resources, Fisheries Research Report No. 2040, Ann Arbor.

Smith, S. H. 1970. Species interactions of the alewife in the Great Lakes. Transactions of the American Fisheries Society 99:754–765.

Smith, V. E., K. W. Lee, J. C. Filkins, K. W. Hartel, K. R. Rygwelski, and J. M. Townsend. 1977. Survey of chemical factors in Saginaw Bay, Lake Huron. U.S. Environmental Protection Agency, Report 600/3–77-125, Duluth, Minnesota.

Tody, W. H., and H. A. Tanner. 1966. Coho salmon for the Great Lakes. Michigan Department of Conservation, Fish Management Report No. 1, Lansing.

Vandermeer, J., and S. Maruca. 1998. Indirect effects with a keystone predator; coexistence and chaos. Theoretical Population Biology 54:38–43.

Walters, C., and J. F. Kitchell. 2001. Cultivation/depensation effects on juvenile survival and recruitment: implications for the theory of fishing. Canadian Journal of Fisheries and Aquatic Sciences 58:39–50.

Wells, L. 1980. Food of alewives, yellow perch, spottail shiners, trout-perch, and slimy and fourhorn sculpins in southeastern Lake Michigan. U.S. Fish and Wildlife Service Technical Paper 98, Washington, D.C.

Whelan, G. E., and J. E. Johnson. 2004. Successes and failures of large-scale ecosystem manipulation using hatchery production: the upper Great Lakes experience. Pages 3–43 *in* M. J. Nickum, P. M. Mazik, J. G. Nickum, and D. D. MacKinlay, editors. Propagated fish in resource management. American Fisheries Society, Symposium 44, American Fisheries Society, Bethesda, Maryland.

American Fisheries Society Symposium 44:113–118, 2004

Using a Fish-Stocking Database to Demonstrate Temporal Changes in Stocking Patterns

GEORGE W. LABAR

Department of Fish and Wildlife Resources
University of Idaho, Moscow, Idaho 83844, USA

TOM FREW

Idaho Department of Fish and Game
600 South Walnut Street, Post Office Box 25, Boise, Idaho 83707, USA

Abstract.—This paper describes a database of fish stocking in Idaho dating from 1913. The database contains more than 75,000 complete records on stocking since 1967 and more than 50,000 partial records prior to that date. Information contained in the complete records includes watershed and water body, species and variety, size, stocking method, number per pound, pounds stocked, rearing hatchery, haul mortality, county, and management region. In order to compare numbers of salmonids stocked at differing life stages, we converted weight of stocked salmonids to a catch equivalent index (catch equivalent [CEQ] = weight of fish stocked/0.33). Our analysis of the data from the database indicated that since the 1960s, more than 2 million CEQ of rainbow trout *Oncorhynchus mykiss* have been stocked annually in Idaho. These comprise 23 different stocks, including Kamloops rainbow trout, redband trout, and 16 varieties of domestic rainbow trout. Since 1970, the number of rainbow trout stocked in Yellowstone cutthroat trout *O. clarkii* range has decreased by more than one-third. Triploid rainbow trout stocking commenced in 2000 and now exceeds 2 million CEQ annually. Largemouth bass *Micropterus salmoides* and smallmouth bass *M. dolomieu* stocking comprises nearly 1,814.4 kg per year. Crappie species are stocked at the rate of 590 kg annually. The rate of increase in stocking by the Idaho Department of Fish and Game has been about 300% in each of the last three decades, largely due to the construction of four large anadromous mitigation hatcheries. The human population in Idaho grew 22% per decade during that same time period, suggesting increasing reliance on stocked fish.

Introduction

Fish stocking databases have recently become available through the Internet (Alaska Department of Fish and Game 1999; Great Lakes Science Center 2001; Great Lakes Fish Commission 2003; Nebraska Game and Parks Commission 2003; Great Michigan Department of Natural Resources [no date]). Typically, these databases can be accessed and queried about when and where various fish species have been stocked. Most of these databases span the last 40 or 50 years at most. For example, the Great Lakes database goes back to 1950 (Great Lakes Fish Commission 2003), Michigan's database begins in 1979 (Michigan Department of Natural Resources (no date), and Nebraska's database begins in 1985 (Nebraska Game and Parks Commission 2003). To the best of our knowledge, the Idaho Fish Stocking Database (IFSD) represents the longest continual record of fish stocking currently available electronically, spanning all years from 1913 until the present. This paper describes the database; we then use it to examine how stocking patterns have changed over time and how these changes reflect changes in state fisheries policy.

The Database

The Idaho Fish Stocking Database (IFSD) is managed with Microsoft Access software. It is divided into two parts: the first part contains data from the years 1913 through 1966 and has 50,535 records; the second part contains data from 1967 to the present and has 75,625 records. Each record represents a separate stocking event. The pre-1967 data has 10 variables for each stocking event (Table 1). The post1966 data contain up to 19 columns per row (Table 1). Earlier data (pre1967) tends to be more generalized than later data.

There are 79 species and strain categories in the IFSD, including 17 categories of rainbow trout *Oncorhynchus mykiss*, 8 categories of cutthroat trout *O. clarkii*, 5 categories of Kamloops rainbow trout, and 6 categories of triploid rainbow trout. Size category information identifies each group stocked by one of five size categories: fry (0–7.6 cm), fingerling (7.6–15.2 cm), catchable (15.2 cm or greater), eyed eggs, and mature adults. A unique 2-digit code identifies water bodies, with the first two digits identifying 1 of the 17 state water drainages and other numbers identifying subdrainages and/or specific water bodies. Hatchery identification numbers include not only state hatcheries, but many other categories of hatcheries: federal, other state facilities, tribal facilities, and private facilities. Stocking methods include truck, air, hatchery release, backpack, or net-pen releases.

To compare stocking rates when stocking size categories varied, we converted all salmonids and whitefish from pounds stocked to a standard unit called a catch equivalent (CEQ). Our management of salmonids has a goal to have each weight unit stocked yield the same number of weight unit to the creel (Idaho Department of Fish and Game 2001). Since the minimum weight of stocked fish when they are available to anglers is about 0.33 lb (150 g), we set CEQ equivalent to pounds stocked/0.33.

Table 1. Stocking variables for each stocking event (record) in the pre-1968 and post-1967 portions of the Idaho Fish Stocking Database.

Pre-1967 (1913–1967)	Post-1966 (1967–present)
County	Identification number
Date	Hatchery of origin
Year	Rearing hatchery
Water body	Raceway
Species	Date and time of stocking
Number stocked	Water body identification number
Pounds stocked	Actual site information
Sponsor of stocking	Species
Brood year	Size category
Hatchery	Pounds stocked
	Number stocked
	Number per pound
	Water temperature
	Tank temperature
	County
	Administrative region
	License number, if applicable
	Conservation officer present

Temporal Changes in Stocking Patterns

Most fish stocked in Idaho since 1913 have been salmonids, and of these, rainbow trout (Figure 1) are the most common fish stocked. Nearly 143 million CEQ of rainbow trout, including the Kamloops strain, have been stocked in Idaho since 1913, in addition to 111 million CEQ of steelhead (anadromous rainbow trout). This contrasts with just over 8 million CEQ of cutthroat trout and 2 million CEQ of brook trout *Salvelinus fontinalis*. From 1913 until the late 1940s, rainbow trout and cutthroat trout stocking was fairly similar (Figure 2).

Concern by IDFG for introgressive hybridization of rainbow trout with native cutthroat trout has resulted in a 30% reduction in stocking of fertile rainbow trout into waters within the historic range of Yellowstone cutthroat trout, and most of these are stocked in reservoirs, which typically have very weak populations of Yellowstone cutthroat trout. This decline in stocking of viable rainbow trout has been offset in the last 2 years, however, by increased stocking of triploid rainbow trout. Because Westslope cutthroat trout and rainbow trout have been sympatric for thousands of years (Behnke 1992), fertile hatchery rainbow trout are still used in some areas containing the former. However, most of this stocking is into reservoirs rather than streams.

Exotic brook trout were being stocked in Idaho by 1913 or before; brown trout *Salmo trutta* stocking began in 1934. Brook trout stocking ceased in 1998, and brown trout stocking was terminated in 2000. Atlantic salmon *Salmo salar* were stocked from 1925 until 1928 and again from 1990 to 1995. Lake whitefish *Coregonus clupeaformis* were stocked from 1922 until 1962, primarily in the large lakes in northern Idaho (Pend Orielle, Coeur d'Alene, Priest), but also in many other lakes and rivers throughout the state. Mountain whitefish *Prosopium williamsoni* were also stocked in rivers for many years. Several species of exotic warmwater fishes were introduced over time. Yellow perch *Perca flavescens* first appeared in 1919 (Figure 3); smallmouth bass *Micropterus dolomieu*, largemouth bass *M. salmoides*, bullhead *Ictalurus* sp., bluegill *Lepomis macrochirus*, and crappie *Pomoxis* spp. were

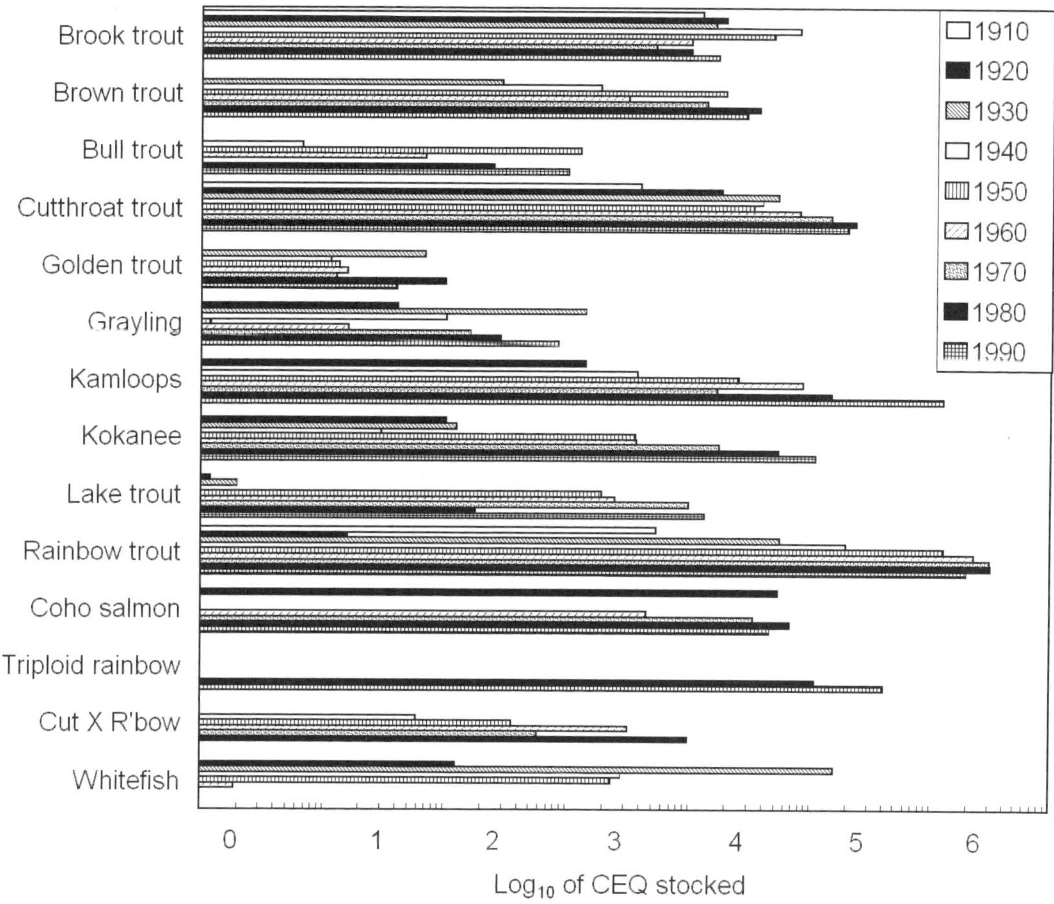

Figure 1. Annual stocking rate of nonanadromous salmonids and whitefish (CEQ per year) by decade in Idaho waters.

first stocked in 1940 (Figure 3). Later exotic fish species included walleye *Stizostedion vitreum* in 1974, blue catfish *Ictalurus furcatus* in 1985, grass carp *Ctenopharyngodon idella* in 1989, splake (*S. fontinalis* × *Salvelinus namaycush*) in 1990 and saugeye (walleye × sauger *Stizostedion canadense*) in 1991.

Stocking of smallmouth bass peaked in the 1940s. Since that time, they have become established in many bodies of water, and stocking levels have declined. A similar phenomenon occurred with crappies. Stocking rates were very high in the 1960s through the 1980s. Since then, however, crappies have naturalized in many reservoirs, and now provide self-sustaining populations. Stocking levels of largemouth bass, walleye and bluegill have remained relatively stable over time.

Anadromous fishes, spring/summer Chinook salmon *Oncorhynchus tschawytscha*, fall Chinook salmon, and sockeye salmon *O. nerka* have been stocked since the 1920s, but in fairly small numbers, until recent years (Figure 4). In the last decade, nearly 25 million spring/summer Chinook salmon have been stocked annually as a result of mitigation programs and the listing in 1993 of Snake River Chinook salmon as a threatened species (U.S. Fish and Wildlife Service 1993) and their subsequent listing as endangered (U.S. Fish and Wildlife Service 1994). In 1992, sockeye salmon were listed as endangered (U.S. Fish and Wildlife Service 1992). Subsequently, a hatchery broodstock program was initiated in an attempt to maintain the population. This program has been releasing between 5,000 and 40,000 CEQ of sockeye salmon in various life stages and locations since it was established.

There has been an increase in stocking of 300% per decade over the past three decades. This increase is substantially above the 22% per decade increase in growth of the human population in Idaho during that same time period (Idaho Department of Com-

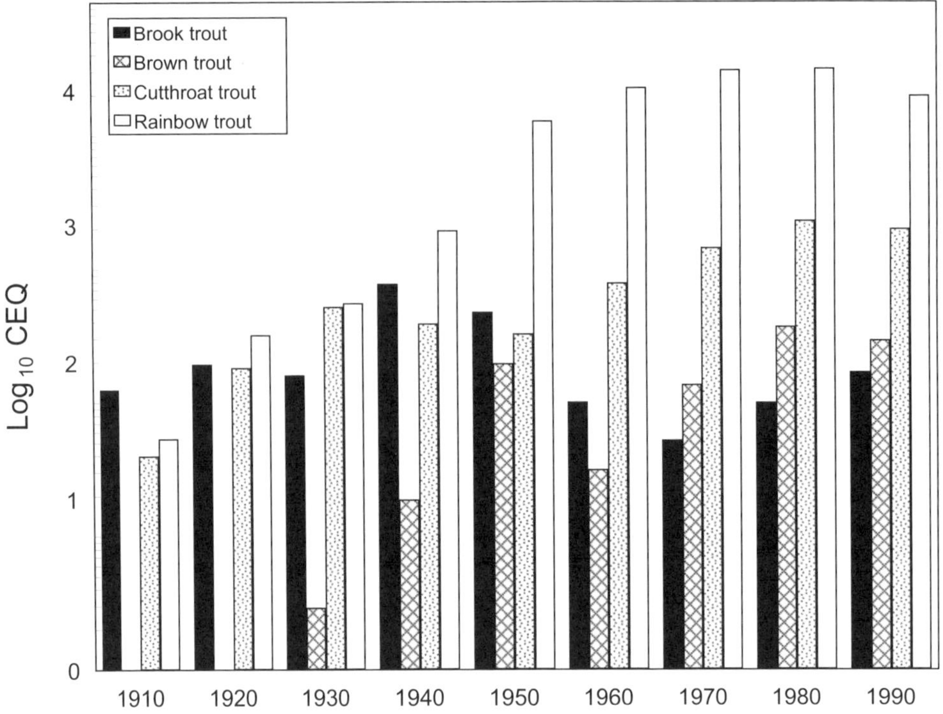

Figure 2. Annual rate of stocking (CEQ per year) of four species of resident fishes by decade.

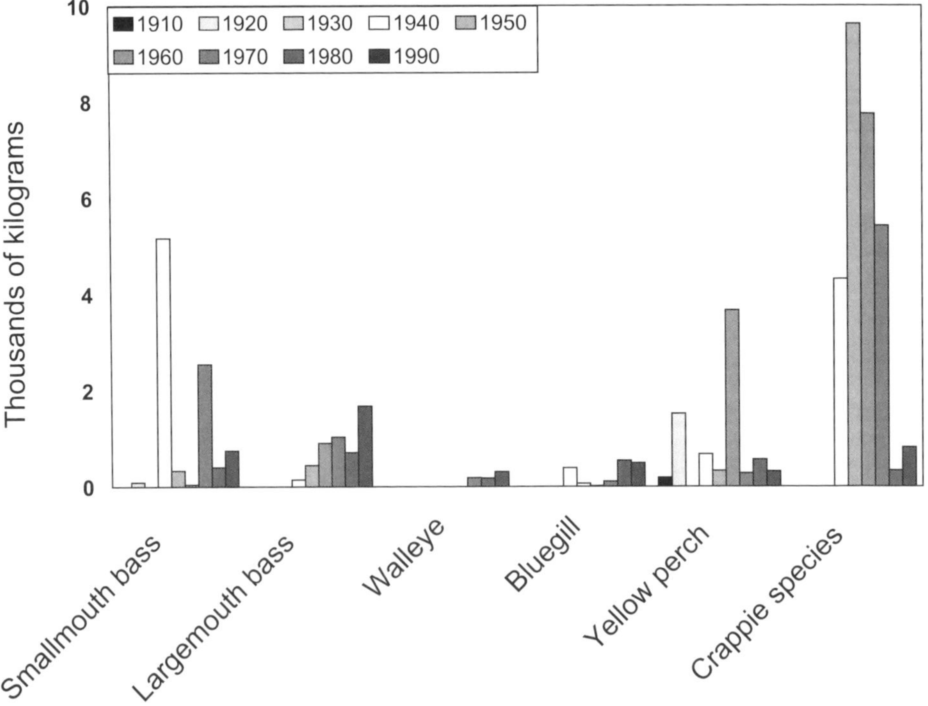

Figure 3. Total stocking weight of various warmwater fish species in Idaho by decade.

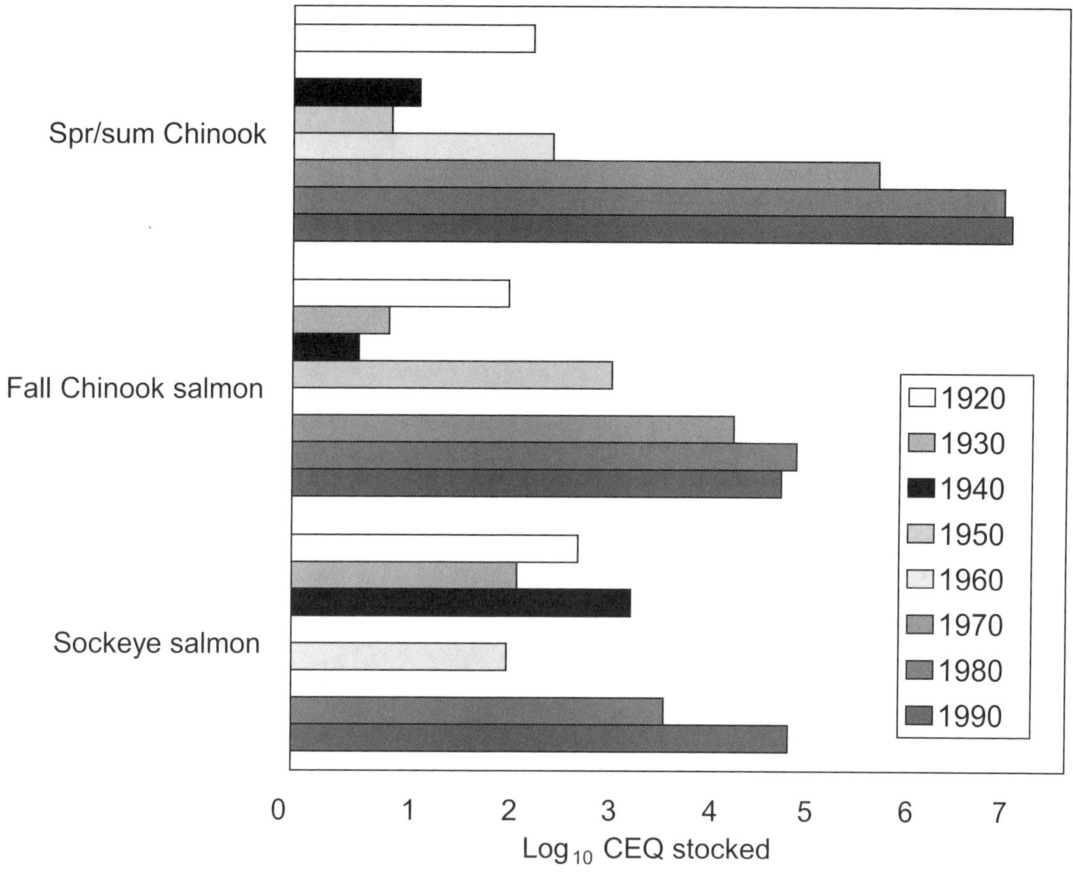

Figure 4. Annual stocking rate of anadromous fishes (mean CEQ per year) by decade in Idaho waters.

merce 2001), suggesting an increasing reliance on stocked fish to meet fishery goals.

Discussion

Current fisheries policy in Idaho says, "fish will be stocked as appropriate to preserve, establish, or reestablish depleted fish populations and to provide angling opportunity to the general public." It also states "nonnative species of fish will be introduced only in waters where they are not expected to adversely impact stocks of wild native fish" (Idaho Department of Fish and Game 2001). The IFSD provides evidence that the state has complied with that policy. Stocking of triploid rainbow trout (>95% sterile, C. Corsi, IDFG, personal communication) has begun to replace stocking of fertile rainbow trout in most of southern Idaho where the possibility of introgression with Yellowstone cutthroat trout occurs. Because reservoirs are not favorable habitats for cutthroat trout, it is unlikely that these stocked triploid rainbow trout will have an impact on this native species. Additionally, stocking of brown trout and brook trout (except in Henrys Lake) has ceased. Stocking of lake whitefish was terminated in 1972.

Most of Idaho's mountain lakes were historically devoid of fish (Brimmer 2000), and golden trout were not native to the state (Simpson and Wallace 1982). To provide a fishery in these lakes, IDFG began stocking them as early as 1925. There has been much debate over the impact of this practice on native high-mountain lake fauna (Brimmer 2000; Pilliod and Peterson 2001; Pister 2001; Schindler et al. 2001). The IFSD can be used to clarify stocking practices. For example, the IFSD shows that Boulder Lake, in the East Fork Salmon River drainage, Custer County, Idaho, has been stocked with rainbow trout periodically beginning in 1925 and continuing through 2000. Once that has been established, then biologists and other interested parties can begin to explore with more precision, the potential impacts on that body of water.

Stocking of warmwater fishes has either remained relatively stable or decreased in recent decades, reflecting both a move toward full compliance with current policy as well as establishment of reproducing stocks of these species in many of the reservoirs where they have been stocked in the past.

Accurate stocking records have many other potential uses: evaluating the potential for introgressive hybridization (Allendorf and Leary 1988), analyzing spread of diseases or parasites (Kurath et al. 2004, this volume), assessing performance of various strains of stocked fishes, examining management alternatives, and so forth. In addition, stocking databases are used to inform the angling public.

References

Alaska Department of Fish and Game. 1999. Sport Fish Hatchery Program – Fish stocking update. http://www.sf.adfg.state.ak.us/statewide/hatchery/Stocking_search/html (June 2003).

Allendorf, F. W., and R. F. Leary. 1988. Conservation and distribution of genetic variation in a polytypic species, the cutthroat trout. Conservation Biology 2:170–184.

Behnke, R. J. 1992. Native trout of western North America. American Fisheries Society Monograph 6, Bethesda, Maryland.

Brimmer, A. F. 2000. Initial impacts of Westslope cutthroat trout introductions on zooplankton community structure in mountain lakes of north-central Idaho. Master's thesis. University of Idaho, Moscow.

Great Lakes Fish Commission. 2003. Great Lakes fish stocking database. Available at: http://www.glfc.org/fishstocking/rangesearch.htm (June 2003).

Great Lakes Science Center. 2001. Great Lakes fish stocking database. Available at: http://www.glsc.usgs.gov/data/glfsd.htm (June 2003).

Idaho Department of Commerce. 2001. 2000 Census data. Available at: http://www.idoc.state.id.us/data/census/

Idaho Department of Fish and Game. 2001. Fisheries management plan 2001–2006. Idaho Department of Fish and Game, Special Publication 2001–06 PLAN.doc, Boise.

Kurath, G., K. A. Garver, and R. M. Troyer. 2004. Infectious hematopoietic necrosis virus traffic in the Columbia River basin. Pages 539–548 *in* M. Nickum, P. Mazik, J. Nickum and D. MacKinlay, editors. Propagated fish in resource management. American Fisheries Society, Symposium 44, Bethesda, Maryland.

Michigan Department of Natural Resources. No date. Fish stocking database. Available at: http://www.michigandnr.com/fish/fishstock.asp (June 2003).

Nebraska Game and Parks Commission. 2003. Nebraska fishing guide fish stocking reports. Available at: http://www.ngpc.state.ne.us/fish/fishguide/FGstocking.html (June 2003).

Pilliod, D. S., and C. R. Peterson. 2001. Local and landscape effects of introduced trout on amphibians in historically fishless watersheds. Ecosystems 4:322–333.

Pister, E. P. 2001. Wilderness fish stocking: history and perspective. Ecosystems 4:279–286.

Schindler, D. E., R. A. Knapp, and P. R. Leavitt. 2001. Alteration of nutrient cycles and algal production resulting from fish introductions into mountain lakes. Ecosystems 4:308–321.

Simpson, J., and R. Wallace. 1982. Fishes of Idaho. University of Idaho Press, Moscow.

U.S. Fish and Wildlife Service. 1992. Endangered and threatened wildlife and plants: listing of the Snake River sockeye salmon as an endangered species. Federal Register 57(2):212–213.

U.S. Fish and Wildlife Service. 1993. Endangered and threatened wildlife and plants; listing of the Snake River spring/summer Chinook salmon and the Snake River fall Chinook salmon as threatened species. Federal Register 58(183):49880–49881.

U.S. 1994. Endangered and threatened wildlife and plants; emergency reclassification of the Snake River spring/summer Chinook salmon and the Snake River fall Chinook salmon from threatened to endangered status. Federal Register 59(211):54840–54841.

Fishery Management Perspectives

American Fisheries Society Symposium 44:121–138, 2004

Trends in Agency Use of Propagated Fishes as a Management Tool in Inland Fisheries

JAMES R. JACKSON[1]

Department of Natural Resources, Cornell Biological Field Station
900 Shackelton Point Road, Bridgeport, New York 13030, USA

JEFF C. BOXRUCKER

Oklahoma Fishery Research Laboratory
500 East Constellation, Norman, Oklahoma 73072, USA

DAVID W. WILLIS

Department of Wildlife and Fisheries Sciences, South Dakota State University
Brookings, South Dakota 57007, USA

Abstract.—The use of cultured fishes by fisheries agencies is a long-standing management technique. In recent decades, however, potential negative impacts of fish stocking programs have received increased attention, particularly as they affect native fish communities and the genetic integrity of wild fish populations. In 1994, a facilitated workshop was organized to develop recommended procedures for the use of cultured fishes that would be compatible with these broader environmental concerns. We administered a survey to state and provincial fisheries management agencies in the United States and Canada to determine the current status of fish culture and stocking programs and assess progress toward adoption of these procedures. With 54 of 62 agencies reporting, our results indicated that stocking programs continue to be an integral part of management programs, but that substantial progress has been made toward addressing concerns about potential negative effects of cultured fishes. The percentage of responding agencies reporting use of management plans in which stocking was considered as part of a larger management program more than doubled in the years since 1980. Consistent with this finding, agency emphasis on alternative management approaches was evidenced by a twofold greater increase in expenditures on habitat management programs relative to culture programs in six agencies that provided budget figures. The percentage of responding agencies evaluating appropriateness of stocking through the use of formal criteria on at least half the waters where cultured fish were used tripled since 1980, and decisions not to stock due to potential impacts on biodiversity or the genetic integrity of recipient fish communities were reported to be four times more likely today than in 1980. Emphasis on the use of native fishes in stocking programs since 1980 was reported to have increased for more than half the agencies responding to our survey, and the number of agencies reporting development of broodstock plans for at least some of the species they cultured also doubled since 1980. Agency perceptions of angler attitudes concerning the importance of stocking indicated that the percentage of anglers who believed that stocking was the primary or only solution to low fish abundance remained high, at 61%, a decline of only 27% from reported attitudes in 1980. While positive strides have been made by agencies toward more careful evaluation of the appropriateness of stocking for achieving management objectives and in the institution of programs to minimize impacts of cultured fishes, these policies have not been adopted by all agencies, nor are they routinely used on all stocked waters by the agencies that have them. To make continued progress, agencies may be required to make difficult decisions regarding allocation of funding, and a more concerted effort to educate anglers and reduce

[1] E-mail: jrj26@cornell.edu

public pressure for stockings will be needed to create an atmosphere where reduced emphasis on stocking is possible. The American Fisheries Society should play a continuing role in providing opportunities for scientists and policy makers to interact and discuss prevailing and emerging issues relative to the use of propagated fishes in resource management.

Introduction

The use of hatchery-produced fishes to sustain, restore or create fisheries dates back to the very origins of agency efforts to manage fisheries. Bowen (1970) cited the Massachusetts Fish Commission as the first governmental fisheries management agency in North America to include propagation and stocking as part of a larger management plan, recommending it for restoration of anadromous fish runs in 1856. By 1871, six state fish commissions had been formed in New England, all of which participated in efforts to restore American shad *Alosa sapidissima* and Atlantic salmon *Salmo salar* runs through hatchery programs (Bowen 1970). In 1870, a group of influential private fish culturists met in New York City and formed The American Fish Culturists' Association (AFCA), an organization that adopted today's name of The American Fisheries Society (AFS) in 1884 (Thompson 1970). Largely due to the influence of the AFCA, propagated fishes were viewed as a panacea for declining or unproductive fisheries. As a result of a strong AFCA-led lobbying effort, development of hatcheries and stocking programs was added to the mission of the U.S. Commission of Fish and Fisheries in 1872, only 1 year after its original congressional authorization as an investigative agency (Baird 1877).

Livingston Stone, on behalf of the Commission of Fish and Fisheries, toured Pacific Coast salmon fisheries in 1872 to locate potential sites for a federal hatchery and set the stage for transcontinental transfer and introduction of commercially valuable fish species (Taylor 1999; Leonard, no date). Stocking had become the dominant fisheries management activity by the turn of the century, and programs were established for inland as well as coastal fisheries and included widespread introductions as well as restoration projects (Bowen 1970). The continuing faith with which hatcheries were viewed as the solution to sustaining productive fisheries without compromising natural resource development is evident in the 1910 president's address at the AFS Annual Meeting (Bower 1910): "'Conservation of resources' is a misleading and deceptive phrase if it means that such of the natural resources of the earth as may be reproduced, as are subject to cultivation, are to be tied up and locked up and withdrawn from use."

The modern era of fisheries management reflects substantial changes from early philosophies promoting the use of fish stocking as a way to avoid the necessity of restricting fisheries or limiting the exploitation of other natural resources in order to protect aquatic habitats (Nielsen 1999). Sustainable fisheries development is now recognized to require integrated approaches that include consideration of habitats and management of user groups as well as direct management or manipulation of fish populations. Even within the context of this more holistic approach, stocking of hatchery-produced fishes remains a common and valuable tool for managers. As of 1996, Heidinger (1999) estimated some 2.5 billion sport fishes were being stocked annually in the United States and Canada.

According to Heidinger (1999), fisheries managers had accumulated enough negative experiences by the 1960s to realize that stocking, like any other management practice, had limits in the range of problems it could effectively be used to solve. In the decades that have ensued, the use of hatchery-produced fishes in fisheries management has come under increasing scrutiny and the issues surrounding what, where, and even if to stock have become increasingly complex as concerns over biodiversity and genetics have been brought into the sometimes heated debates over the use of cultured fishes. At the same time that the science of fisheries management has allowed more detailed assessments of the effects of cultured fish in natural systems, an increasingly informed public has demanded a greater voice in environmental management, adding an arguably more diverse and complex layer of societal priorities to the debate over the biological issues surrounding fish stocking (Radonski and Loftus 1995).

The current volume represents the third such effort organized under the aegis of AFS, and the contents of the previous volumes provide a convenient capsule history of how the issues surrounding the use of cultured fishes have evolved in recent decades (Stroud 1986; Schramm and Piper 1995). The proceedings from the 1985 symposium "Fish Culture in Fisheries Management" contained 43 papers, excluding keynote and summary papers (Stroud 1986). The contents of this volume reflect an emphasis on enhancing the effectiveness of stocking as a management tool, with 35 (81%) of the papers broadly directed at establishing improved criteria for stocking programs, improved culture techniques and better poststocking assessments. Only 8 papers (19%) can be broadly categorized as cautionary, representing a roughly equal mix of genetic and biodiversity concerns. The shift in emphasis by the time of the second symposium in 1994 is immediately evidenced by its title: "Uses and Effects of Cultured Fishes in Aquatic Ecosystems" (Schramm and Piper 1995). Of the 59 technical papers published in the proceedings of the second symposium, 30 (51%) can be characterized as reporting success in the use of cultured fishes or recommending techniques for improvement of hatchery contributions to natural systems. A noticeable increase in the emphasis on cautionary themes is reflected by the 22 papers (37%) that fell into the broad category of characterizing negative impacts of hatchery fish or were directed at methods for minimizing these impacts, with a strong emphasis on genetic considerations. Finally, a new area of emphasis emerged in the 1995 symposium—that of using hatcheries to restore threatened and endangered species or stocks, represented in 7 papers (12%).

As a follow up to the 1994 symposium, a workshop was organized, including representatives from a variety of fisheries management agencies, in an effort to develop a blueprint for the future of cultured fish as a management tool. The resulting document reflected many of the concerns that had emerged over stocking in the two symposia and organized under six broad categories recommended guidelines for making decisions regarding future uses of cultured fishes (Anonymous 1995). The guidelines included specific recommendations under the category "Biological Feasibility" for prestocking assessments directed at determining the appropriateness of stocking relative to defined management objectives, including assessments of existing fish populations, availability of adequate forage, and opportunities for alternate management approaches. Under the title "Effects Analysis," the guidelines recommended careful prestocking evaluations of potential negative effects of stocked fish, including impacts on biodiversity, genetic composition of wild populations, introduction of diseases, and escapement into nontarget systems. This section also included the recommendation of careful poststocking evaluations to monitor the impact of cultured fishes and facilitate change or termination of stocking programs where negative impacts are detected or objectives are not being met. Additional sections of the document included "Economic Evaluation," calling for more detailed cost–benefit analyses of stocking programs; "Public Involvement," encouraging development of mechanisms for soliciting public input into stocking decisions; "Interagency Cooperation," which encouraged more codified recognition of the interjurisdictional impacts of stocking programs; and "Administrative Considerations," which addressed the application of the earlier recommendations within an administrative framework.

In this paper, we report the results of a survey of fisheries management agencies in the United States and Canada concerning the present state of and recent trends in hatchery programs and the use of cultured fishes. The survey was designed to allow assessment of how agencies have adapted their hatchery and stocking programs in the face of recent concerns and the extent to which recommendations from the 1994 workshop have been incorporated in agency policies. Additionally, respondents were asked to forecast those issues surrounding the use of cultured fishes that they felt would likely shape the future of this longstanding management technique in their agencies.

Methods

Survey Development and Administration

We developed a survey to assess trends in agency use of and policies concerning cultured fishes in fisheries management since 1980. The survey was designed so that it could be completed in approximately 45 min. Prior to finalization of the survey, reviews of an early draft were solicited from five agency fishery chiefs to ensure that questions were realistic and consistent with our objectives. The final version of the survey was sent electronically to fisheries management agency chiefs in all 50 states in the United States and the 12 provinces and territories of Canada using the mailing list of the AFS Fisheries Administrators Section and accompanied by a letter requesting cooperation from the president of the section. A follow-up reminder was sent to all nonrespondents a month after the initial mailing, and a second reminder 2 weeks later.

The Survey

The final survey was 17 pages long and included 38 questions. The survey was organized into five sections (four sections with specific questions followed by an opportunity for general comments; one section with a single open-ended question). Two questions concerning familiarity with and influence of the previous AFS publications on cultured fishes preceded the survey proper. With the exception of open-ended questions intended to provide opportunities for additional comments, most questions were designed to be answered by selection of the most appropriate from a range of possible answers (i.e., a range of levels of increase or decrease in a practice or a range in percent of water bodies where a practice was employed). In general, we provided a range of five possible answers for each question to gain sufficient separation of answers to detect trends through time. Most questions were designed to track changes over the course of three time periods: before 1980, 1980–1990, and 1990 to the present.

The first section of the survey, "General Trends in Use of Propagated Fishes," asked respondents for general impressions on changes in the importance of stocking, trends in the level of required prestocking justification, and trends in poststocking assessments in their agencies. Section 2, "Trends in Hatchery Practices and Resources," included questions on trends in the number of species cultured for management purposes, hatchery production potential (both extensive and intensive), number of water bodies stocked, fish culture expenditures relative to habitat restoration programs, changes in culture practices to improve stocking success, utilization of nonnative species/nonnative genetic strains and hybrids, emphasis on use of native species, introduction of new species, and development of broodstock plans. Section 3, "Trends in Procedural Practices," included questions on trends in the extent of participation by other government agencies (i.e., federal agencies and tribal governments), requirements for formal management plans in which stocking is part of broader programs, establishment of measurable objectives for stocking programs, written policies requiring meeting of specific criteria before stocking, policies regarding potential genetic impacts on recipient populations, consideration of biodiversity issues, and level of poststocking assessments. Section 4, "Stocking and Public Relations," included questions intended to determine trends in angler attitudes about the importance of stocking as a management tool (or at least agency perspectives on these attitudes), concerns about stocking from the nonangling public, the importance of public pressure in stocking decisions, existence of privately conducted stocking programs, and outreach programs designed to educate the public about stocking. The final section provided an open-ended opportunity for respondents to speculate about emerging issues and future directions in their agency's use of cultured fishes in fisheries management.

Results

We received responses from 44 out of 50 United States agencies, and 10 of 12 Canadian agencies, for a total response rate of 87%. While some agency chiefs completed the survey themselves, responsibility was often delegated. As a result, responses came from a cross section of agency personnel, including both management and culture specialists.

Influence of Previous Symposia

Of the 54 respondents, 81% indicated at least some familiarity with the previous two AFS symposia on use of cultured fishes in fisheries management, although only 22% indicated that they were "very" familiar with the publications. Despite the high level of familiarity with the two symposia, 33% of respondents reported that the publications had no influence on their agency's polices, with 63% indicating some level of influence and only 4% responding that the symposia had substantial influence.

General Trends in Use of Propagated Fishes

Survey responses did not indicate a strong trend toward de-emphasis of stocking relative to other management practices (Figure 1A). Nineteen of the 54 respondents reported that there was no change in their agency's emphasis on stocking during the period 1980–1990, as compared to before 1980, while 33% indicated that stocking was relatively more important, and 31% said it was less so. In the period since 1990, 30% of responding agencies indicated that stocking was more important than in the period 1980–1990, while 37% said the relative importance of stocking had decreased.

Responses to the survey did reveal a strong trend toward increased agency requirements for justification prior to decisions to stock (Figure 1B). For the 1980s, 63% of respondents indicated that requirements for stocking justifications had increased relative the period before that, with 91% of responding agencies indicating further increases in the years since 1990. No agency reported reduced justification requirements in the years since 1990.

As with prestocking justification, survey respondents also indicated that poststocking assessments were becoming more common than in the past (Figure 1C). Half of the 54 respondents indicated that poststocking assessments increased during the years 1980–1990,

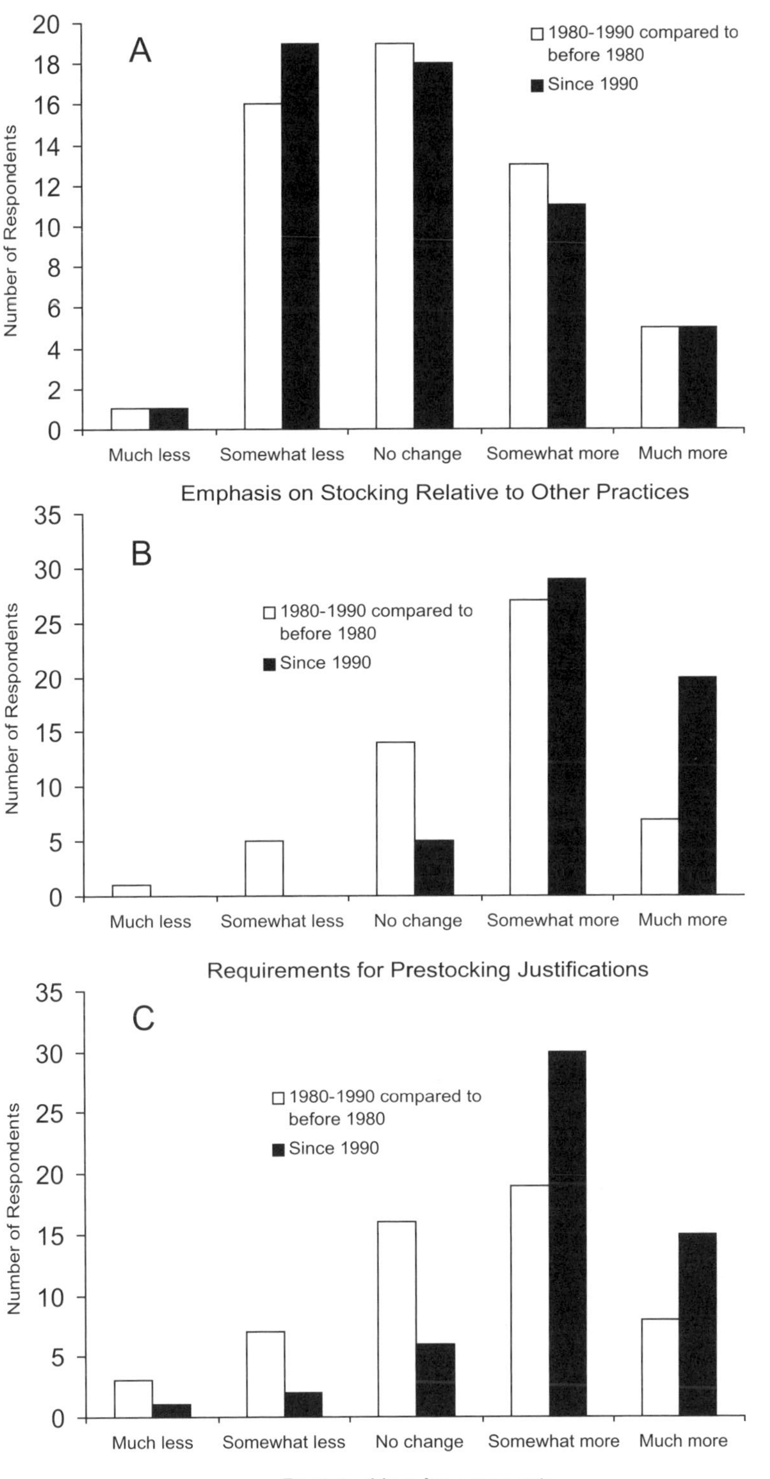

Figure 1. Trends in agency emphasis on stocking relative to other management practices (A); requirements for prestocking justifications (B); and detailed poststocking assessments (C).

with 83% of agencies further increasing poststocking assessments since 1990. Only 6% of respondents indicated that their agencies had reduced poststocking assessments since 1990.

Trends in Hatchery Practices and Resources

Trends in the number of species (including hybrids) cultured by agencies for management purposes did not exhibit a consistent pattern, but there was some indication that the addition of new species to stocking programs has slowed in recent years. Of the 53 respondents (one responding agency did not have a hatchery program), 58% reported that their agencies cultured more species during the years 1980–1990 than were cultured prior to that, with 15% reporting reductions in the number of species cultured during the same period. Since 1990, 42% of responding agencies have added new species to their culture programs, while 25% reported reductions. Hybrid and sterile fishes accounted for the majority of new species reported in culture and stocking programs (61% of new species during the period 1980–1990; 59% since 1990). Exotics and nonnative species were added to the stocking programs of seven agencies between 1980 and 1990, and to six agency programs since 1990. Five agencies added new native species to their stocking programs between 1980 and 1990, while 10 agencies have done so since 1990.

Salmonid species were the most commonly cultured group according to survey responses, with 91% of agencies reporting culture programs for at least one species (Figure 2). Percid species were the second most commonly cultured group (60% of responding agencies), followed by centrarchids (58%). No clear time trends in agency use of species groups were evident, and the reductions in the number of species cultured were not conspicuously focused in specific groups. Esocid culture programs had been dropped by 19% of responding agencies, and centrarchid programs by 13%, but no pronounced movement by agencies away from specific species was evident in survey responses.

Survey responses indicated a clear increase in the incorporation of broodstock management plans in agency culture programs (the survey indicated that plans should address fish origins, estimates of effective population size, maintenance methods, breeding plans and production schedules). Thirty-nine of 54 respondents (72%) reported that broodstock plans were in place for at least some of the species their agency cultured, up from 52% reported for the period 1980–1990, and 33% prior to 1980 (Figure 3). Broodstock plans were most common for salmonid species, with 63% of the

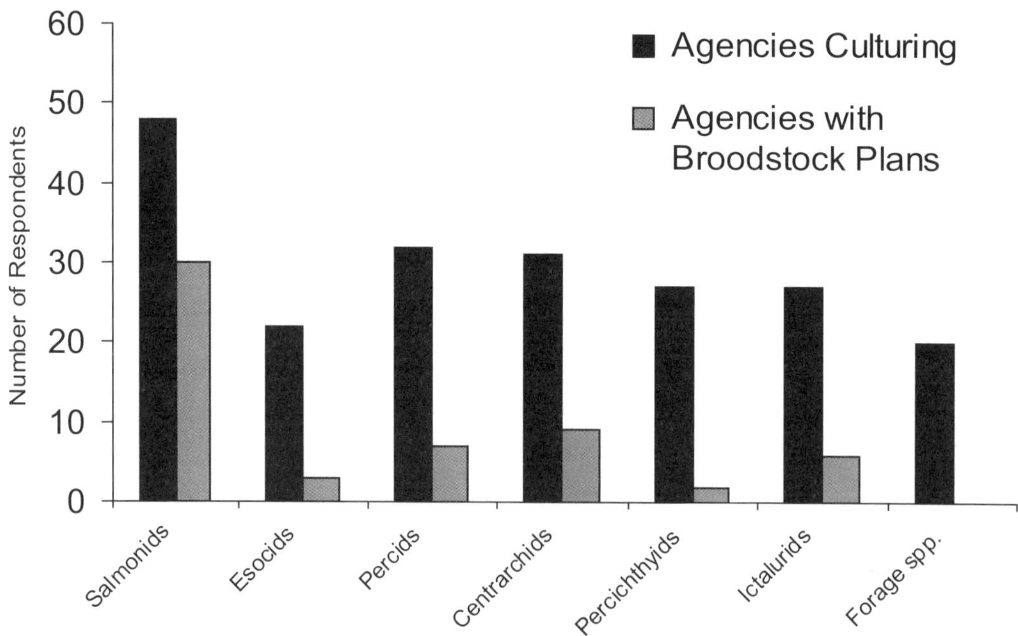

Figure 2. Number of responding agencies currently culturing major fish species groups and number of agencies with broodstock plans for species within species groups.

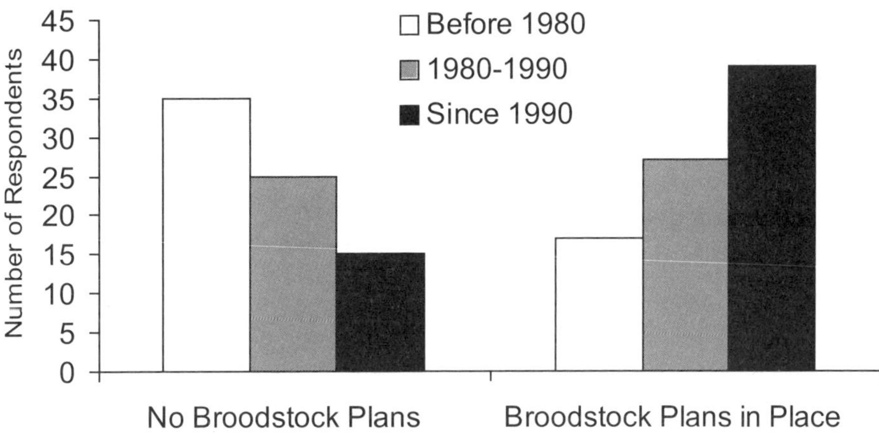

Figure 3. Trends in the use of broodstock management plans in agency culture programs.

agencies culturing salmonids reporting the use of broodstock plans (Figure 2). Broodstock management plans were in place in 29% of reported centrarchid culture programs and 22% of percid programs.

Respondents reported increases in agency potential for extensive (pond) culture throughout the period from 1980 through the present. Pond production potential increased for 51% of reporting agencies between 1980 and 1990, and 53% since 1990. Only 15% of respondents reported decreases in extensive culture potential between 1980 and 1990, and 11% in the years since 1990. Similar trends were evident in agency potential for intensive culture with 57% of agencies increasing potential between 1980 and 1990 and 56% indicating increases since 1990. Decreases in intensive culture capabilities were reported by 9% of respondents for the period 1980–1990, and 15% for the years since 1990.

Survey responses indicated that the number of water bodies stocked by management agencies has increased over time, but the rate has slowed since 1980. Thirty-four of 54 respondents (63%) reported that the number of water bodies their agency stocked increased between 1980 and 1990, with 17% reporting decreases. Since 1990, increases in water bodies stocked were reported by 54% of respondents and decreases by 24%.

In an effort to determine if agencies were placing relatively more emphasis on management strategies other than stocking of cultured fishes, we asked for estimates of expenditures on stocking programs and habitat management programs in 1980, 1990, and 2002. If financial figures were not available, we asked for the respondent's impression of relative expenditures over the last 20 years. Only six respondents were able to provide estimates of expenditures for all 3 years, but their numbers indicate that expenditures on habitat are increasing at a faster rate than those on stocking programs. For the year 1980, expenditures for stocking programs averaged 6.6× those for habitat programs in the six reporting agencies. By 1990, the difference had declined to 4.2×, and by 2002–2.7×. These trends were consistent with the impressions of relative expenditures provided by other respondents. Respondents reported that over the last 20 years expenditures on habitat had increased more than those for stocking programs in 52% of agencies responding to the survey, while stocking programs had received greater relative increases in expenditures in 38% of agencies.

Survey respondents reported that agency utilization of nonnative species and genetic strains had declined over the last decade (Figure 4A). While 31% of the 54 respondents reported that use of nonnative fishes had increased during the years 1980—1990 (13% reported decreased use during the same period), only 15% indicated that additional increases in use of nonnative fishes had occurred since 1990, with 33% of agencies reporting decreased use of nonnative fishes. The use of interspecific hybrids has shown an increase in recent decades (Figure 4B). Of the 54 respondents, 41% reported their agencies had increased use of hybrids during the period 1980–1990, with only 7% of agencies reporting decreased utilization of hybrids during the same period. Since 1990, 22% of reporting agencies have further increased use of hybrids, while 19% reported decreased use.

The most dramatic shift in agency emphasis on

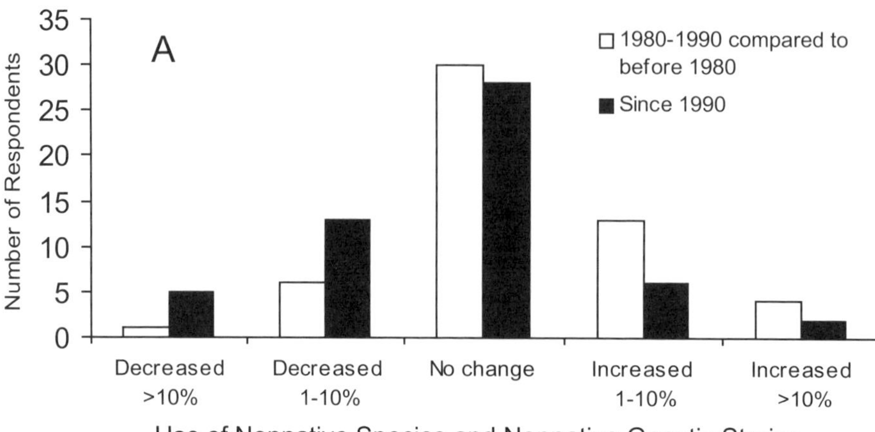

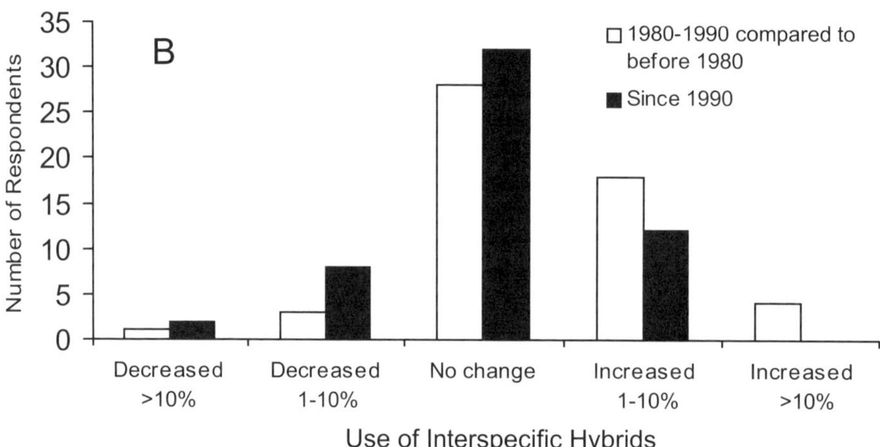

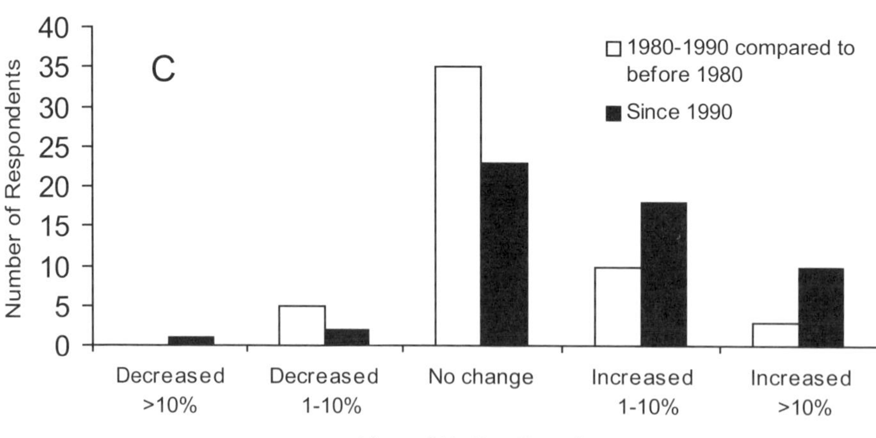

Figure 4. Trends in utilization of nonnative species/nonnative genetic strains (A); interspecific hybrid strains (B); and native species (C); in stocking programs.

types of fishes used in culture-based management programs was an increase in the use of native species (Figure 4C). The 54 respondents reported that 24% of agency stocking programs increased their emphasis on use of native fishes between 1980 and 1990, and 52% of agencies have increased use of native fish since 1990. Only 9% of respondents reported that native fish use in stocking programs had decreased between 1980 and 1990, with only 6% reporting declined use since 1990. Some of the increase in emphasis on native fishes is likely accounted for by the growing number of culture programs directed at restoration of threatened and endangered species, which are being conducted by 42% of the agencies responding to our survey.

In addition to the changing emphases in the types of fish being cultured by agencies for management purposes, respondents also indicated that substantive changes had taken place in the last 20 years directed at improving survival of stocked fish. Responses indicated that 85% of agencies have instituted changes in culture practices to improve stocking success. The most common practice in the past 20 years has been to increase the sizes of fish being stocked, with 75% of the 44 respondents who provided descriptions of new culture techniques reporting implementation of this practice. Six (14%) of the 44 respondents reported that their agencies had implemented changes in environmental or feeding conditions in which fish were raised, 7% have changed techniques to reduce disease, and 5% have modified transport practices.

Trends in Procedural Practices

Respondents reported a sharp increase in the percentage of waters where stocking of cultured fishes was only part of a more comprehensive management plan (Figure 5A). Prior to 1980, only 21% of responding agencies had such plans for more than 50% of the waters where they used cultured fishes. Between 1980 and 1990, this number rose to 35%, and since 1990 has increased further to 51%. Whereas 42% of responding agencies had no such plans in place prior to 1980, only 23% of agencies were currently without formal management plans where cultured fishes were used.

Similarly, survey responses indicated that the establishment of finite (measurable) objectives had become more common in recent years (Figure 5B). As of 1980, 44% of responding agencies did not require measurable objectives as part of any of their stocking programs, with this number subsequently declining to 25% over the last 20 years. In 1980, only 13% of agencies responding to our survey used measurable objectives for more than half of the waters where cultured fishes were used. Between 1980 and 1990, this number rose to 31%, and currently 44% of the responding agencies require measurable objectives for the use of cultured fishes in at least half of the waters they stock. Of those agencies requiring measurable objectives as part of stocking programs, 63% of the respondents reported that failure to meet objectives led to discontinuation or modification of stocking programs "most of the time," and 35% "some of the time." No respondents indicated that achievement or nonachievement of objectives was unimportant in making decisions regarding the future of stocking programs.

Consistent with the trends in usage of management plans and measurable stocking objectives, written policies requiring that specific criteria and/or conditions be met prior to decisions to stock cultured fishes increased dramatically over the time period covered by the survey (Figure 6A). Twenty-one (41%) of the respondents reported that their agencies had no such required policies in place prior to 1980, and only 18% of agencies were using them on more than 50% of the waters they stocked in 1980. During the period 1980–1990, the number of responding agencies using formalized stocking criteria on at least half of the waters they stocked increased to 45%, with 64% of the reporting agencies currently having formal criteria in place for at least 50% of the waters being stocked. Despite the overall increased use of formal stocking criteria, 26% of responding agencies reported that they did not currently have such requirements. Of the 41 respondents providing details about the nature of criteria used by their agencies, potential impacts on existing fish communities was the most commonly used criteria, reported by 30 agencies (Figure 6B). Potential escapement of cultured fish was part of prestocking assessment criteria for 29 agencies, adequate forage for 28, and potential for genetic contamination of recipient populations for 27.

Poststocking assessments of cultured fishes have also become a more common feature of agency policies over the past 20 years (Figure 7A). While only 19% of responding agencies reported that such assessments were conducted on 50% or more of the waters they stocked prior to 1980, this percentage rose to 26% between 1980 and 1990, and currently 42% of the agencies responding to our survey conduct poststocking assessments on at least half the waters where cultured fishes are used. In addition to routine (standardized) surveys of stocked waters, 90% of the

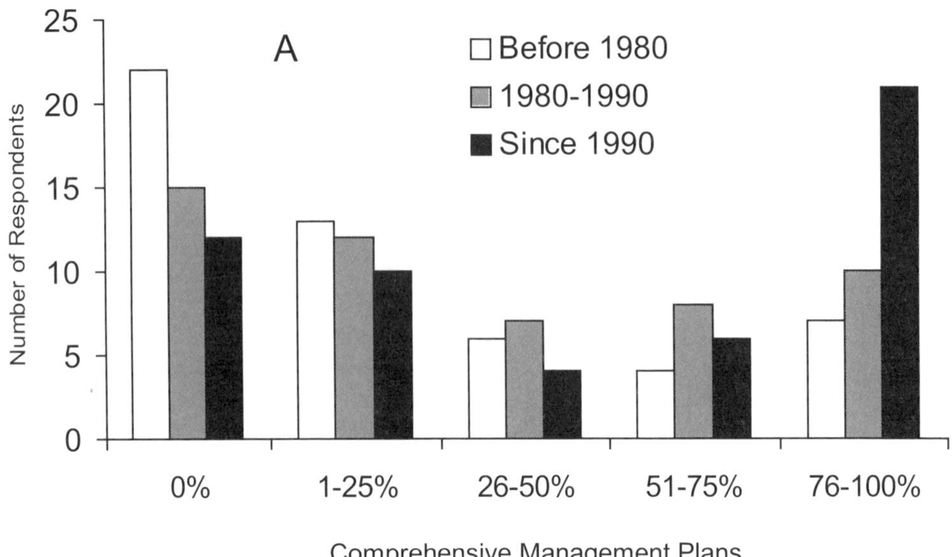

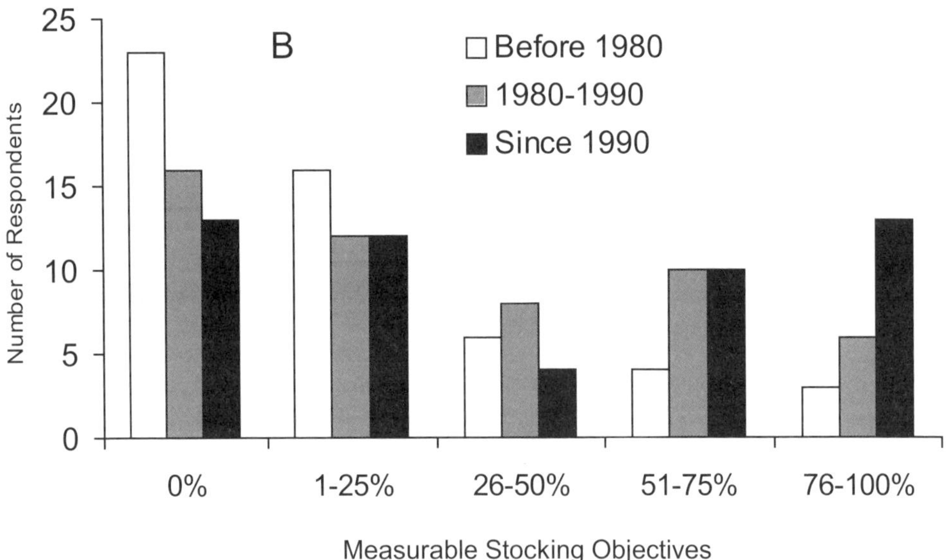

Figure 5. Trends in percent of stocked waters where agencies require comprehensive management plans where cultured fish are used (A); and agency requirements for finite (measurable) objectives in stocking programs (B).

50 agencies reporting poststocking assessment methods used marked fish, 84% implemented creel surveys to assess stocking success, and 72% conducted intensified or directed sampling to assess stocking success (Figure 7B). Cost–benefit analyses of stocking programs were conducted by 30% of reporting agencies.

Decisions not to use cultured fishes due to concerns of genetic contamination of recipient populations have increased sharply in the last 20 years for agencies responding to our survey (Figure 8A). Prior to 1980, only 21% of respondents indicated that genetic concerns led to decisions not to stock in their agencies. This percentage rose to 51% between 1980 and 1990, and 96% of the agency respondents reported that their agencies have made decisions not to stock based on concerns about genetic contamination

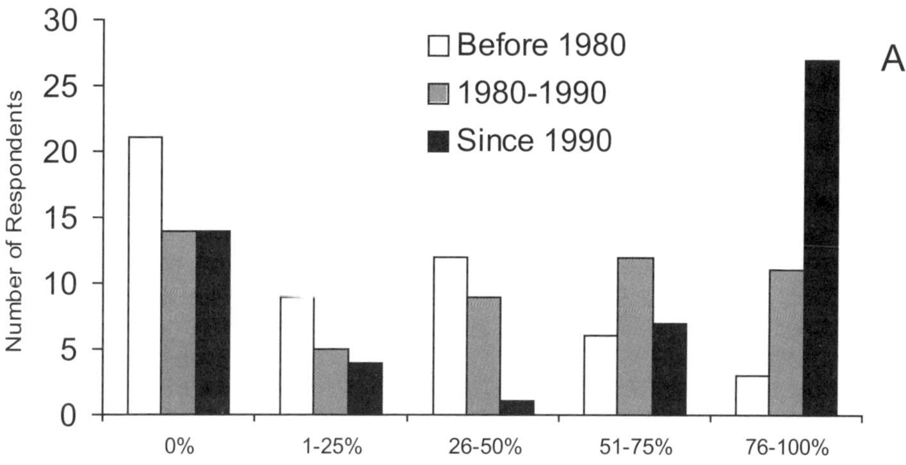

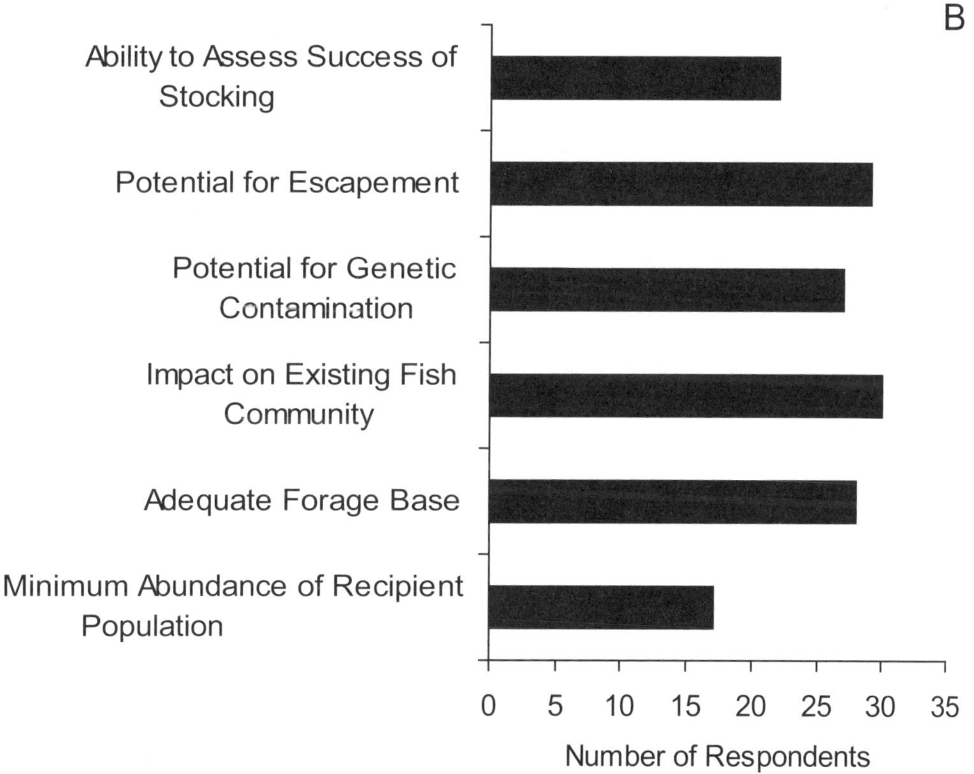

Figure 6. Trends in percent of stocked waters where agencies have written policies requiring specific criteria be met prior to stocking (A); and frequency of use of selected criteria (B).

of fishes in receiving waters in the years since 1990. There has also been an increase in the frequency with which agencies conduct genetic analyses on existing fish populations prior to stocking cultured fishes. Of 53 responding agencies, 81% reported that genetic analyses were rarely or never conducted prior to 1980, with only 6% of reporting agencies conducting genetic analyses "always" or "usually." The percentage of respondents indicating that genetic analyses were usually or always conducted rose to 21% between 1980

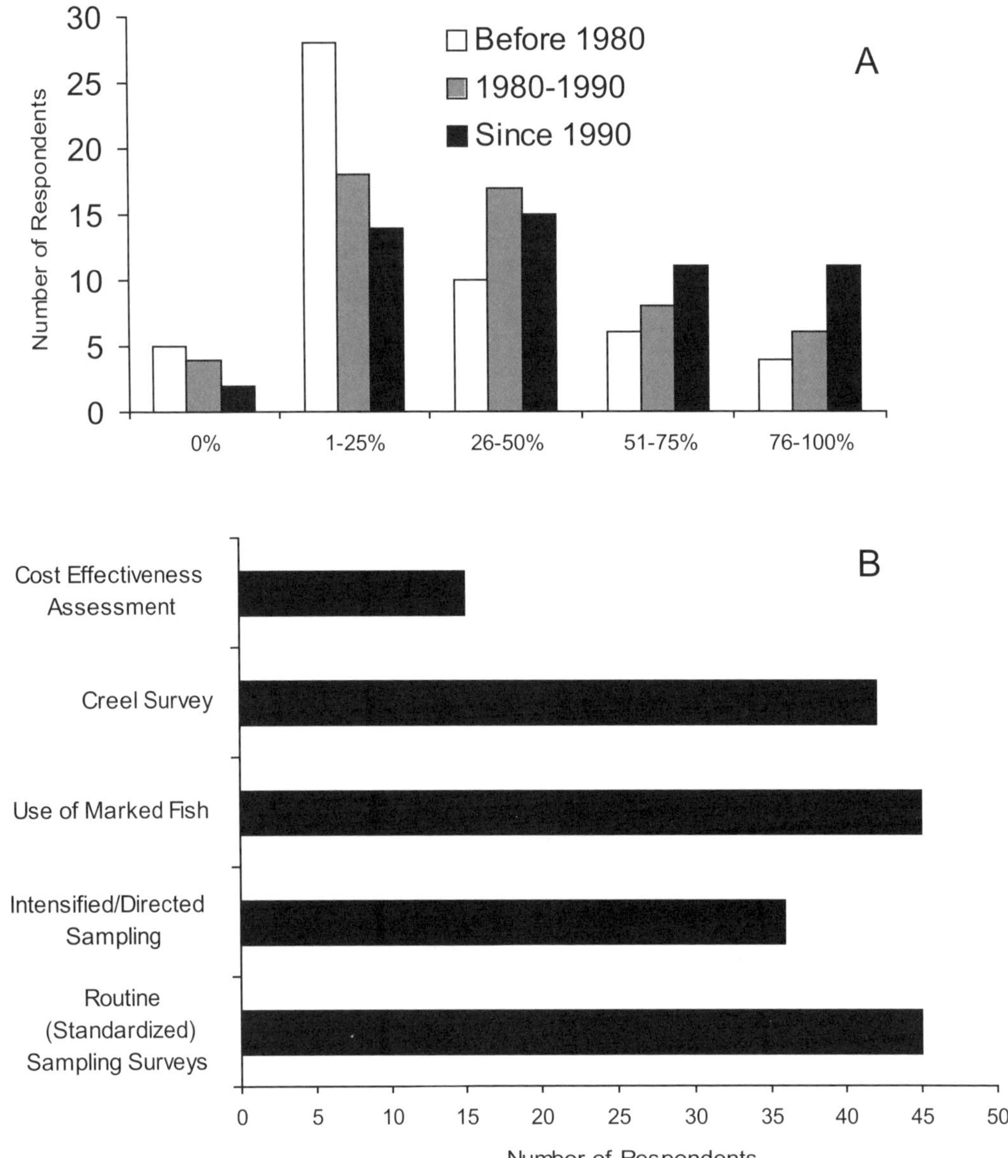

Figure 7. Trends in percent of stocked waters where agencies conduct poststocking assessments (A); and frequency of use of selected assessment methods (B).

and 1990, and currently stands at 40%. Forty-nine respondents reported that their agencies currently had procedures in place to address genetic concerns (up from 24 in 1990 and 13 in 1980). Discontinuation of stocking was the most commonly reported procedure (65%), followed by use of broodstock only from recipient waters (63%), and use of only sterile fishes in areas of concern (41%).

As with responses to genetic concerns, trends in agency policies also exhibit increased attention to biodiversity issues when considering the use of cultured fishes (Figure 8B). Only 8 of 52 respondents reported that their agencies had made decisions not to stock due to biodiversity concerns prior to 1980. Between 1980 and 1990, such decisions were made by 37% of responding agencies, and since 1990 biodiversity concerns have resulted in decisions not to stock by 71% of the agencies responding to our sur-

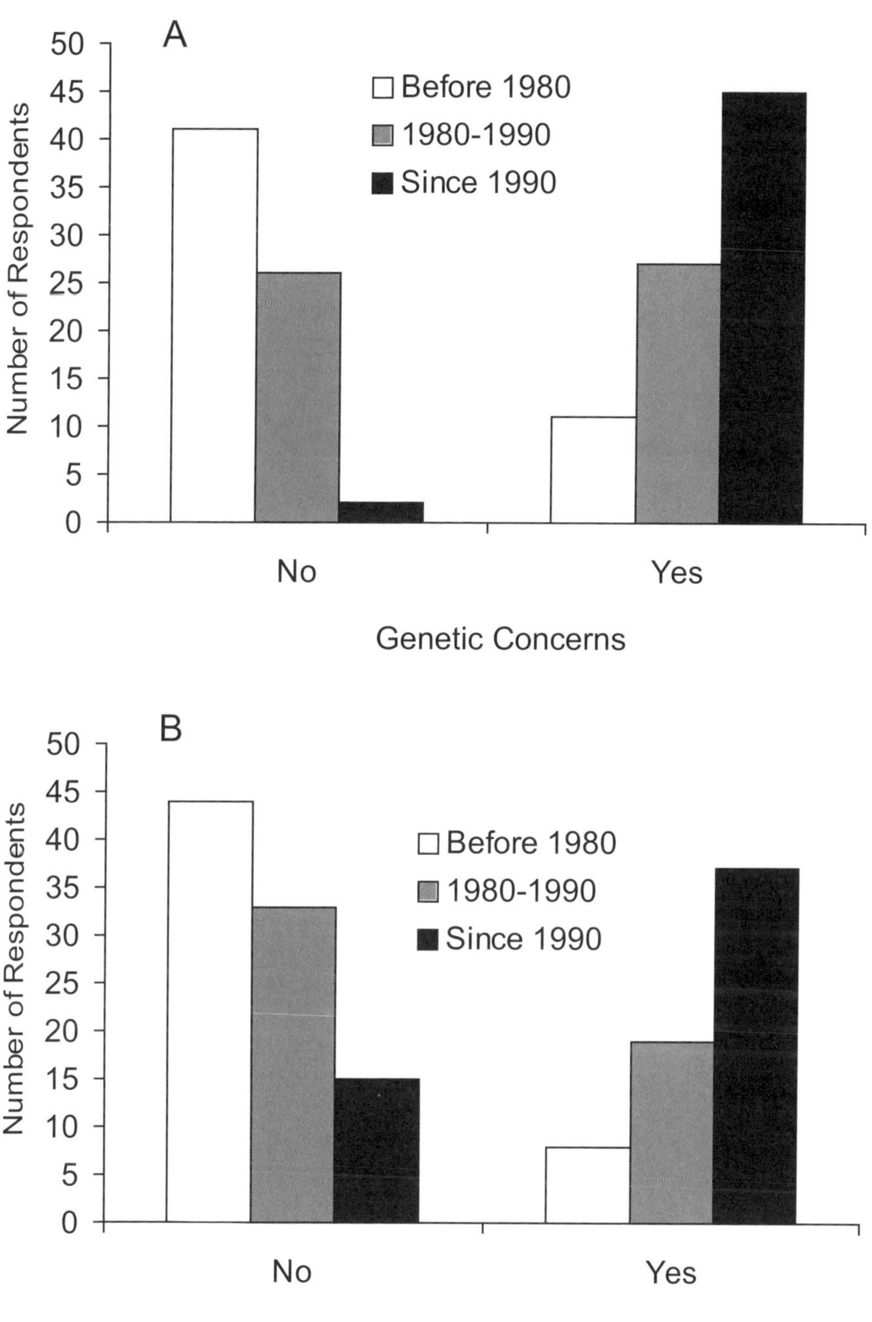

Figure 8. Trends in agency decisions not to stock cultured fishes due to concerns about genetic contamination of recipient populations (A); and in agency decisions not to stock cultured fishes due to concerns about biodiversity (B).

vey. Overall impressions of respondents about the importance their agencies place on genetic and biodiversity considerations in stocking programs agreed with the more detailed survey responses. During the period 1980–1990, only 13% of the respondents reported that such concerns increased in importance, but 52% of agencies have increased the level of importance placed on genetics and biodiversity in their consideration of using cultured fishes in the last decade. No agency reported that genetic and biodiversity concerns had been de-emphasized in the years since 1990.

Survey responses indicated a slight rise in the level of participation by other government entities (i.e., federal agencies, tribal governments) in agency stocking programs. Of the 53 responding agencies, 15% reported involvement of other entities in stocking programs in at least half of the waters they stocked as of 1980, with 19% reporting no such involvement. As of 1990, 19% of reporting agencies involved other government entities in more than half of their stockings while 13% had no such involvement in any stocking waters. Since 1990, agencies reporting no involvement of other entities fell to 8%, and 23% of respondents reported involvement of other government entities in more than half the waters their agencies stocked.

Stocking and Public Relations

Opinions of the respondents regarding perceptions of anglers about the importance of stocking relative to other management practices indicate that a high percentage of the angling public regards stocking as the primary or only solution to low fish abundance (Figure 9). While some shift in angler attitudes toward prioritizing nonstocking practices was reported, only 12% of anglers were classified as currently feeling stocking should be avoided or receive lower priority than other practices (up from 5% prior to 1980). Prior to 1980, respondents thought that 84% of anglers in their states viewed stocking as the primary or only solution to low fish abundance, and thought that 61% of anglers continued to hold these opinions at the time of our survey.

Similarly, public pressure to stock cultured fishes is an important influence on agency decisions to use cultured fishes (Figure 10; we did not ask respondents to specify sources of public pressure, so responses presumably reflect pressure from both organized groups and individuals). Public pressure played a role in more than 40% of stocking decisions in 41% of the agencies responding to our survey as of 1980. By 1990, the percentage of agencies that conducted 40% or more of their stockings as a result of public pressure had fallen to 31%, and to 25% currently. However, only one responding agency reported that public pressure did not affect any of their agency's stocking decisions, indicating that public pressure is an important factor in decisions to stock throughout the United States and Canada.

Further evidence of the public interest in stocking was provided by respondents' reports of trends in inquiries from nongovernment organizations (i.e., angler organizations) concerning desires to conduct privately sponsored stockings of public waters. Respondents estimated that before 1980, agencies received an average of 18 calls annually (SE = 5.8) concerning private stockings. The average number of calls to agen-

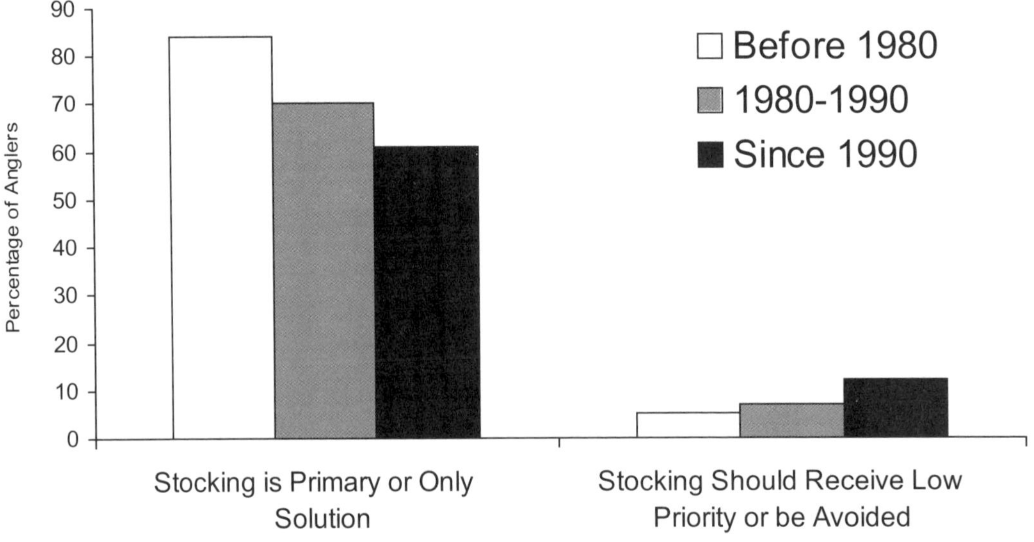

Figure 9. Trends in angler opinions about the importance of stocking as a solution to low fish abundance.

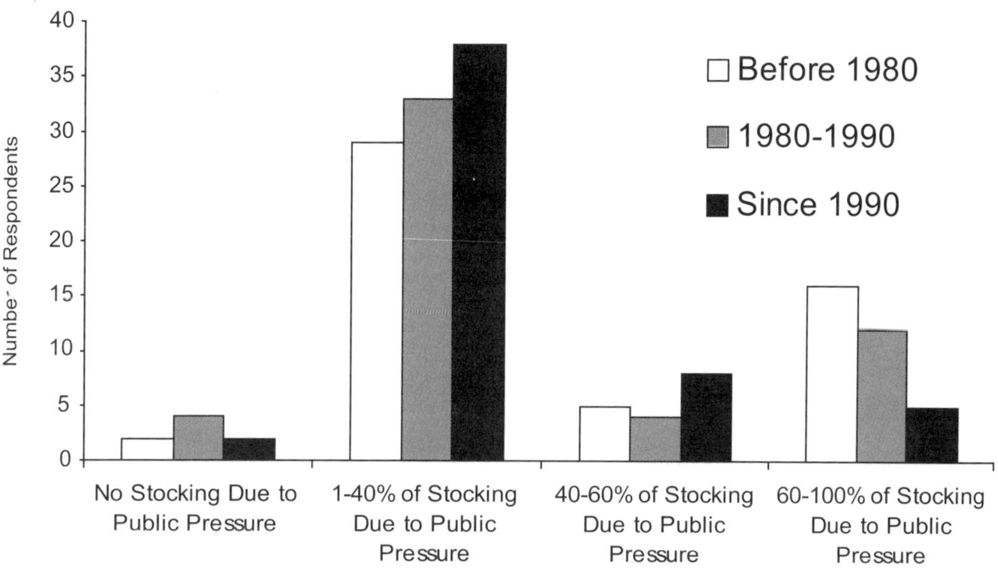

Figure 10. Trends in the percentage of agency stocking decisions that are influenced by public pressure to stock.

cies had increased to 34 (SE = 9.6) by 1990, and to 51 (SE = 15.5) at present. Currently, 81% of responding agencies have policies in place whereby private groups can obtain permission to stock public waters, up from 62% in 1990 and 57% in 1980.

According to respondents, the nonangling public has not shown a strong interest in agency stocking programs. Of the 53 agencies responding to this question, 34% said they currently receive no expressions of concerns about stocking from the nonangling public, down from 44% in 1990 and 56% in 1980. While 32% of respondents reported that their agencies currently receive expressions of concern about stocking from nonanglers in at least some of the waters they stocked, only three respondents indicated this occurred in more than 25% of the waters that their agency stocked.

Agencies are increasing public education and outreach efforts regarding the pros and cons of stocking. At present, 63% of responding agencies invest in public education programs. For the period between 1980 and 1990, 50% of the survey respondents reported increases in agency efforts at public education, with only 2% reporting decreased efforts. In the years since 1990, 71% of respondents indicated higher levels of effort in public education, while 6% reported less effort was being expended.

Discussion

Stocking of cultured fishes continues to play a major role in the fisheries management programs of agencies in the United States and Canada, but there was no indication from our survey that reliance on cultured fishes has increased in the last 10 years. More agencies reported reduced emphasis on stocking relative to other management techniques since 1990 than reported increases, and expenditures on alternative approaches to fish population enhancement such as habitat management have risen steadily over the last 20 years in most agencies. Despite indications by respondents that stocking was receiving less emphasis in their agencies, the number of water bodies stocked by agencies in our survey has continued to increase over the last 20 years, although the number of agencies reporting increases dropped between 1990 and the present.

Our survey results demonstrate that fisheries management agencies have made substantive changes in their policies toward and use of cultured fishes over the past 20 years. Reported changes were consistent with recognition of concerns regarding potential negative impacts of cultured fishes that have been identified in the past few decades, and specifically detailed in two previous AFS symposia on cultured fishes. While most of our respondents indicated some level of familiarity with the previous symposium proceedings, the perceived impact of these publications appears to be modest. Despite this, our survey results show that most agency policies and practices have shifted in directions consistent with the "Considerations for the Use of Cultured Fishes in Fisheries Resource Management" that were developed during a facilitated workshop following the 1994 symposium (Anonymous 1995).

The workshop recommendations included a call for more explicitly stated management objectives, detailed prestocking assessments of whether cultured fishes are appropriate for meeting those objectives, and careful consideration of alternative management approaches within the context of a broader management plan. The majority of agencies responding to our survey reported that measurable objectives have been incorporated in and are used to evaluate stocking programs in at least some of the waters where cultured fishes are used, and the percentage of agencies using such criteria on 50% or more of the waters they stock has risen steadily since 1980. Similarly, the percentage of agencies establishing criteria as part of prestocking assessments to determine the appropriateness of cultured fishes has also steadily increased since 1980. More than half of respondents reported current policies that require specific criteria be met before cultured fishes are used.

Our survey results also identified a clear trend toward increased development of broader management plans within which use of cultured fishes can be evaluated relative to other possible management actions or within the context of larger suites of objectives. Responses to our specific questions regarding the relative importance of stocking and habitat management suggest that currently agencies are more likely to employ other management approaches in lieu of stocking than they were 20 years ago. While trends in agency practices indicate more careful consideration of the appropriateness of stocking for meeting management objectives in the context of other management alternatives, responses suggest that this is an ongoing process with room for improvement. Many agencies continue to use cultured fishes without development of formal management plans or prestocking evaluations, or do so only on a small percentage of waters stocked.

The 1995 workshop recommendations included a series of prestocking considerations directed at protecting native fish stocks and preserving the genetic integrity of local fish populations. Survey responses indicated that agencies have to a large degree responded to these concerns. Most respondents reported a sharp increase in the likelihood that their agency would not stock cultured fishes in situations where serious genetic or biodiversity risks were identified. Potential impacts of cultured fishes on existing fish communities and the possibility of escapement were commonly among the criteria used in prestocking assessment by the agencies that conducted such analyses, and emphasis on use of native fishes in stocking programs has increased.

Genetic analyses of recipient populations and hatchery broodstock plans (often including use of broodstock only from recipient waters or at least from the same watershed) have become much more common in the last 20 years, and the development of hybrid and sterile strains of fishes that will not interbreed with wild populations represented the largest area of increase in new culture products. Additionally, there has been substantial growth in the use of hatcheries in native fish restoration programs, with almost half of the agencies responding to our survey having developed such programs in the last 20 years. In the area of genetic and biodiversity concerns, the practice of conducting genetic evaluations on recipient populations has developed most slowly. While 40% of our respondents reported that these analyses were conducted most of the time, genetic analyses are not standard protocol for many agencies.

The 1995 workshop guidelines also recommended more careful poststocking assessments, not only for potential negative impacts but also the success of stocking practices at meeting stated objectives. The frequency with which poststocking assessments were conducted increased over the last 20 years. Similarly, the majority of our respondents reported refinement of hatchery methods designed to increase survival of stocked fishes and presumably make stocking programs more cost-effective. While assessments of survival and performance of stocked fishes have become common in the agencies we surveyed, cost effectiveness analyses are relatively rare in assessments. We had anticipated that cost effectiveness would be more commonly assessed.

The 1995 guidelines encouraged agencies to allow for a larger public role in decisions regarding the use of cultured fishes. Despite the trends toward greater agency awareness of and attention to potential negative impacts of cultured fishes, and consideration of alternative management approaches, the perceptions of our respondents indicated that the sector of the public with which they interact with still commonly views fish stocking as the primary solution to low fish abundance. We recognize that our survey reflects agency perceptions of angler attitudes and as such should not be interpreted as a direct measure of angler attitudes, but the perceptions of stakeholder attitudes held by agency personnel are likely what drive efforts to incorporate public priorities in management decisions. Respondents reported that more than half of anglers still consider stocking to be the primary or only solution to poor fishing, and agencies continue to conduct a substantial amount of stocking due to pressure from the public. Similarly, as many agency stocking programs have been scaled back, interest by public groups such as fishing organizations in sponsoring stocking of public waters has risen. Conversely, most respondents reported that their agencies have received few or no expressions of concern from the nonangling public concerning potential environmental impacts of cultured fishes. While agencies have increased investment in public education and outreach over the last 20 years, changes in the attitudes of anglers appear to change slowly.

Our results demonstrate that fisheries management agencies are by and large responding to concerns and criticisms about the use of cultured fishes that have been brought to light in the last 20 years. The direction of agency programs in terms of incorporation of more careful evaluation of stocking programs and policies to minimize negative impacts is consistent with the concerns that have been identified by the fisheries profession during the course of two AFS-sponsored symposia. While the direction of change is encouraging, some areas, particularly the genetic analyses of recipient populations, development of broodstock plans, assessments of cost-effectiveness, and incorporation of measurable stocking objectives that might facilitate identification of waters where stocking is ineffective, have progressed more slowly than others.

When asked to forecast, our respondents identified genetics as the issue they most thought would influence the future direction of their agency culture and stocking programs. The second most common emerging issue was funding. Agency budgets are finite, and in many cases declining in the face of increased areas of responsibility, so it is perhaps not surprising that adoption of new expenses in management programs has met with some resistance. We also wonder if the frequency with which practices such as pre- and post- stocking assessments were conducted in only a subset of stocked waters may reflect shortages of personnel and time rather than a lack of concern or knowledge. While there is clearly room for improvement and a need for continued progress in agency programs where cultured fishes are used, it is probably unrealistic to expect that progress will be rapid.

Interestingly, one of the areas in our survey where progress appears to be slowest is in the attitudes of anglers about the importance of stocking. There has been substantial acceptance by anglers of the importance of alternative management approaches, but the majority still appear to view stocking as the panacea for poor fishing that our profession did such an effective job convincing them it was some 125 years ago. As the constituents of public fisheries management agencies, anglers can and do exert pressure on agencies to conduct the programs they want. Before substantial decreases in the use of cultured fishes can take place, agency biologists likely will first need to invest in more effective public education and outreach programs to modify some of the current paradigms surrounding the benefits of fish stocking programs. The onus should not be placed entirely on the agencies, as the entire profession should take some degree of responsibility for how fisheries management is perceived by the public.

Acknowledgments

The authors would like to thank all the survey participants for their patience and cooperation in struggling through our first, admittedly amateurish, effort at survey design. We would also like to thank Kim Erickson, Don Gabelhouse, Fred Harris, Doug Stang, and Dennis Unkenholz for their input on earlier, and even more amateurish versions. Our thanks also go to Virgil Moore, who kindly agreed to provide a letter of support for our project that accompanied the survey. This is publication number 217 of the Cornell Biological Field Station.

References

Anonymous. 1995. Considerations for the use of cultured fishes in fisheries resource management. Pages 603–606 *in* H. L. Schramm, Jr. and R. G. Piper, editors. Uses and effects of cultured fishes in aquatic ecosystems. American Fisheries Society, Symposium 15, Bethesda, Maryland.

Baird, S. F. 1877. Report of the Commissioner for 1875 and 1876. U.S. Commission of Fish and Fisheries, Government Printing Office, Washington, D.C.

Bowen, J. T. 1970. A history of fish culture as related to the development of fishery programs. Pages 71–93 *in* N.G. Benson, editor. A century of fisheries in North America. American Fisheries Society, Special Publication 7, Bethesda, Maryland.

Bower, S. 1910. Fishery conservation. Transactions of the American Fisheries Society 40:95–100.

Heidinger, R. C. 1999. Stocking for sport fisheries enhancement. Pages 375–401 *in* C.C. Kohler and W.A. Hubert, editors. Inland fisheries management in North America, 2nd edition. American Fisheries Society, Bethesda, Maryland.

Leonard, J. R. No date. The fish car era. U.S. Fish and Wildlife Service, National Conservation Training Center, Shepherdstown, West Virginia.

Nielsen, L. A. 1999. History of inland fisheries management in North America. Pages 3–30 *in* C. C. Kohler and W. A. Hubert, editors. Inland fisheries management in North America, 2nd edition. American Fisheries Society, Bethesda, Maryland.

Radonski, G. C., and A. J. Loftus. 1995. Fish genetics, fish hatcheries, wild fish, and other fishes. Pages 1–4 *in* H. L. Schramm, Jr. and R. G. Piper, editors. Uses and effects of cultured fishes in aquatic ecosystems. American Fisheries Society, Symposium 15, Bethesda, Maryland.

Schramm, H. L., Jr. and R. G. Piper, editors. 1995. Uses and effects of cultured fishes in aquatic ecosystems. American Fisheries Society, Symposium 15, Bethesda, Maryland.

Stroud, R. H., editor. 1986. Fish culture in fisheries management. American Fisheries Society, Fish Culture Section and Fisheries Management Section, Bethesda, Maryland.

Taylor, J. E., III. 1999. Making salmon: an environmental history of the northwest fisheries crisis. University of Washington Press, Seattle.

Thompson, P. E. 1970. The first fifty years – the exciting ones. Pages 1–11 *in* N. G. Benson, editor. A century of fisheries in North America. American Fisheries Society, Special Publication 7, Bethesda, Maryland.

American Fisheries Society Symposium 44:139–144, 2004

Fundamentals of Fisheries Management, 2003: Developments in Wyoming since 1994

ROBERT W. WILEY[1]
Fisheries Management, Wyoming Game and Fish Department
Cheyenne, Wyoming, USA

Abstract.—Fisheries managers have stewardship responsibility for aquatic resources. This means making decisions that are ecologically sound, economically sensible, and socially acceptable. The vexing problem lies in balancing ecological, economic, and sociologic ideals with ethical and moral (professional) stewardship responsibilities. Foresighted fisheries management has seven practical elements: (1) thoroughly inventory ecological and habitat characteristics of watersheds; (2) manage for native or wild fish wherever possible; (3) determine genetic strengths of broodstocks so their offspring are used where they are suited; (4) manage according to the fish production limits of waters; (5) stock only waters where trout reproduction is limited or absent; (6) develop fisheries management plans by drainage basin; (7) establish fisheries management programs based on recognition of all public desires, not just the utilitarian aspect. Once public, including angler, desires are understood, fisheries managers must work to instill in the public a sound resource philosophy and then integrate that public awareness with ecological technology to progress in fisheries management.

Introduction

Propagated fish, mostly trout, were planted for 60 years in Wyoming before a statewide, systematic fisheries management plan was devised in 1940. From 1880 to 1940, trout and other game fish were stocked anywhere that water appeared suitable for fish. Pioneer fisheries people enormously overestimated trout production in Wyoming lakes and streams. For example, Gustave Schnitger (fourth State Fish Commissioner) estimated that that there were 259,000 ha of water in Wyoming that could sustain 1,000 trout per hectare. If each trout weighed 0.45 kg, Schnitger thought that Wyoming waters could sustain 720,000 kg of trout that he valued at $320 million (Schnitger 1896). Almost nothing was known about aquatic systems or the biomass of fish they could sustain. Trout were distributed as though productive capacity was unlimited. People simply wanted better fishing and state administrators saw trout stocking as a way to lure more anglers (Barkwell 1883).

[1] E-mail: jwiley@juno.com

Fisheries Resource Stewardship

From the time of the first Wyoming State Fish Commissioner (1879), resource management emphasized better fishing, introducing new game fishes to create more fishing and building fish hatcheries to improve trout populations to attract more fishing-based tourism (Barkwell 1883; Miller 1890). The traditional mission of fisheries agencies in Wyoming and elsewhere, from this beginning until about the 1970s, was providing fish for anglers by the most expedient means. Often anglers benefited at the expense of native, self-sustaining trout and other fish populations. There was some awareness of more complex management goals like maintaining ecological diversity of fish assemblages, but they were viewed as separate from satisfying angler desires and were ill-defined and poorly understood. It seemed that fisheries biologists were solely responsible for maximizing angler satisfaction. Early Wyoming fish culture seemed directed at precisely that objective by providing more and more trout (Lenihan 1914).

Fisheries managers have resource stewardship responsibilities well beyond satisfying angler desires for fishing; their charge is the entire aquatic resource, not just the sport fish part of it. Resource stewardship means making decisions that are ecologically sound, economically sensible, and socially acceptable.

Putting Science into Managing Wyoming's Fisheries

In 1940, a statewide, systematic fisheries management plan was proposed (Simon 1940). Simon realized that widespread, poorly planned fish planting was one cause for disappearance of many populations of native cutthroat trout *Oncorhynchus clarkii*. Evidently, increasing the supply of trout, hence angling opportunity, was more important than conserving native species (Simon 1942). His management plan required fisheries activities based on watershed characteristics, native cutthroat trout stocks, and need for stocked fish. The plan also specified a salmonid stocking protocol based on common sense and understanding of life history requirements of native cutthroat trout and introduced trout species.

The plan was farsighted and well ahead of its time and would serve well today. Even though ecological awareness arrived in Wyoming in 1940 with Simon's proposed management plan, there were no fisheries management crews to launch it until 1950; by then, much of it was a faded memory. At the time, many feared that the new fisheries crews presaged closure of hatcheries, even though Fisheries Chief Pete Greene (Greene 1950) emphasized that fish management information was important to better use of hatchery fish and promised that hatcheries would not close. However, many of the state's rearing ponds were soon phased out because, upon examination, they yielded less than one-third of what was expected. With the long tradition of fish stocking, the decision was unpopular with sportsmen's groups who helped maintain the ponds and stock the fish. The new fisheries management biologists defended the decision though not without substantial political criticism.

Nearly three more decades of research and management in Wyoming were required to identify justifiable uses of hatchery-reared fish, just as elsewhere in North America. The result was change in traditional use of propagated fish, such as stocking according to management plans based on sound ecological information. The vexing challenge was balancing ecological, economic, and sociologic ideals with ethical and moral (professional) resource stewardship responsibilities. Current understanding of ecology and genetics has led to management plans that preserve native fishes (ethical and moral stewardship) and create sport fisheries (sociologic, economic ideals) through stocking when natural recruitment (ecological ideal) is insufficient and when balancing the two extremes, preserving native fish and creating sport fisheries, is necessary. Fisheries management is, indeed, challenging.

Foresighted Fisheries Management

Successful foresighted fisheries management programs address public preferences as well as the biology of the fish so that angler desires are at least partly realized (McFadden 1969; Wiley 1995). Foresighted fishery management has seven practical (common sense) elements (Wiley 1995). They are worth reconsidering nearly 10 years after the 1994 American Fisheries Society-sponsored conference "Uses and Effects of Cultured Fishes in Aquatic Ecosystems" (Schramm and Piper 1995).

1. Thoroughly inventory ecological and habitat characteristics of watersheds because streams, lakes, and their fish stocks are dependent on integrity of habitat in watersheds. Solve habitat problems before stocking; hatchery fish survive no better than do wild fish in limited habitat.
2. Manage for native fish or wild fish wherever possible; they are best suited to natural habitat because it sustains them without stocking. Also, conservation agencies must realize that their fishery resource stewardship includes native nongame fish as copartners with game species.
3. Understand the genetics and the strengths of broodstocks in hatcheries. Stock progeny suited to the receiving environments.
4. Manage according to the fish production limits of waters. Stocking fish can meet natural production limits, but cannot raise those limits. Continually increasing fish stocking is not the solution for increased angling, limited natural production, or the larger problem of degraded habitat.
5. Stock salmonids in standing waters where reproduction is often limited or absent.
6. Develop fisheries management plans by drainage basin, identifying limiting factors and recommending specific management strategies to fit drainage conditions.
7. Establish fish management programs based on recognition of all public desires for fisheries, not just the utilitarian aspect. Fisheries management agencies and the people who work for them cannot escape responsibility for public perception of the quality of the fishing experience because their

actions largely created that perception (Clawson 1963).

These elements easily encompass the considerations for the use of cultured fishes in fisheries resource management resulting from the 1994 conference (Schramm and Piper 1995).

I suggest adding to the third practical element the need to understand that fish live where they do because of hereditary, ecological, and environmental influences (Ricker 1972). This concept helps explain why fish reared in different conditions may survive differently following stocking. For example, stocked brown trout *Salmo trutta* from two hatcheries did not survive in Inyan Kara Creek (Wyoming) probably because water in the hatcheries (total dissolved solids [TDS], ≤85 mg/L) and the stream (TDS, 510 mg/L) were very different. Wild brown trout transplanted from nearby Sand Creek (TDS, 496 mg/L) survived and established a reproducing population because they were adapted to hard water, while the hatchery-reared brown trout were accustomed to soft water (Wiley et al. 1993). Matching hatchery-reared fish as closely as possible to receiving water conditions before planting can make more effective use of the hatchery product. And establishing fish populations by transplant is more effective when the donor stream is in the same drainage because similar environmental conditions are more likely than when fish are moved between drainage systems (Ricker 1972).

Considerations since 1994

As stewards of aquatic resources, fisheries managers have responsibilities to maintain, enhance, and conserve resources that supersede short-term social and economic values (Schramm 1995). Social needs and economic realities must also be recognized. The trick for successful fisheries management is to balance ethical and moral stewardship responsibilities with the ecological, economic, and sociologic ideals. The balance between stewardship responsibilities and what Wyoming can provide in the way of trout, whether wild or hatchery-reared, does not depend solely on responding to public demands. Successful management addresses public interests, as well as the biology of fish, so that angler expectations are at least partly met on balance with a trout stocking program based on the productive capacity of habitats to sustain fish and angling. It is axiomatic that no amount of stocking can increase the productive capacity of waters stocked to sustain fish.

For the 9 years before the 1994 "Uses and Effects of Cultured Fishes in Aquatic Ecosystems" conference (Schramm and Piper 1995), Wyoming stocked about 6.7 million trout (24 per licensed angler) annually to meet angler-related fisheries management goals (Table 1). A 1988 angler attitude-preference survey showed that a satisfactory fishing experience was characterized by a core set of expectations: opportunity to be outside, relax, get away from people, fish in pleasant surroundings, hook or catch a large fish, and occasionally keep fish. Anglers emphasized the recreational aspect of fishing (Wiley 1989). A similar survey in 1994 revealed more than 80% satisfaction with fisheries resource management (Wenzel and Hubert 1995). However, from 1994 through 2002, about 4.5 million trout (9 per licensed angler) were stocked annually (Table 1). Hebdon and Hubert (1999) found 84% (resident angler) and 92% (nonresident angler) satisfaction with Wyoming fisheries management. Even though a mean of about 2.2 million fewer fish were stocked annually during the 9 years including and after the 1994 conference, angler satisfaction with fisheries management remained high. Since the mid-1980s work with native fish (trout and others) has ranged from about 20% to nearly 50% of fisheries management time. The continuing high level of angler satisfaction indicates good balance of moral and ethical resource stewardship responsibilities (native fish and trout stocking balanced with ability of waters to sustain fish) with angler-related sociologic and economic ideals (good fishing, economic gain).

Fewer hatchery-reared trout were distributed from 1994 through 2002 because hatchery production decreased to improve the quality of trout raised, stocking catchable trout ceased in some waters because return to anglers was less than 50% of number stocked, and number of trout stocked per hectare was reduced for many waters where stocking exceeded 80 trout/ha (200 trout per acre).

Wyoming and the Seven Practical Elements of Foresighted Fishery Management

Thoroughly Inventory Ecological and Habitat Characteristics of Watersheds

In the 1990s, the eight fisheries management regions began developing drainage basin fisheries management plans. Streams and lakes are viewed from a watershed perspective instead of first focusing on stream reaches or individual lakes. Management prescriptions for reservoirs take into account tributaries, including the major

Table 1. Catchable- (≥21 cm) and subcatchable-size (<21 cm) trout stocked in Wyoming, 1987 through 1994 and 1995 through 2002. Values in parentheses are number of trout stocked per licensed angler. Data from fish stocking records, Wyoming Game and Fish Department, 1985–2002

Year	Total number of trout stocked	Catchable-size trout	Subcatchable-size trout
1985	3,912,270 (14)	97,585	3,814,685
1986	9,713,130 (35)	664,099	9,049,031
1987	8,535,590 (31)	819,912	7,715,678
1988	7,045,256 (26)	366,422	6,678,834
1989	8,158,556 (31)	464,093	7,694,463
1990	5,776,554 (21)	458,160	5,318,394
1991	5,641,114 (20)	420,979	5,220,135
1992	5,671,721 (18)	457,225	5,214,466
1993	5,482,931 (18)	448,312	5,034,619
Mean	6,659,619 (24)	466,310	6,193467
1994	4,866,028 (14)	461,585	4,404,443
1995	3,250,626 (9)	319,108	2,931,518
1996	4,412,308 (10)	474,428	3,937,880
1997	4,894,490 (11)	559,579	4,334,911
1998	5,198,856 (11)	583,190	4,615,666
1999	4,522,718 (9)	603,339	3,919,379
2000	4,365,439 (8)	624,699	3,740,650
2001	4,455,088 (11)	519,465	3,935,623
2002	4,538,871 (12)	495,376	4,043,495
Mean	4,500,492 (9)	515,641	3,984,841

upstream drainage and downstream fisheries governed by reservoir discharge. Mavrakis and Yule (1998) described results from a comprehensive fisheries study, including evaluation of three strains of rainbow trout *O. mykiss* stocked and creel survey of three reservoirs, ranging in size from 1,000 to 9,200 ha, and three sections of the North Platte River, upstream, between, and downstream of the reservoirs. All three reservoirs have self-sustaining, spuriously introduced, walleye *Sander vitreus* populations. Strain of rainbow trout stocked, time of year stocked, and stocking rates were modified based on study results. Rainbow trout survived and returned to anglers better when stocked at larger size (≥206 mm) in fall than from prestudy stocking of smaller (125–150 mm) fish in spring when walleye were more actively feeding.

Manage for Native Fish or Wild Fish Wherever Possible

Native or wild trout are first priority in managing streams, and hatchery-reared trout are not planted on top of native trout. About 14% of the trout stocked in Wyoming are planted in streams, mostly in tailwaters where natural reproduction is virtually absent (Wiley 1999). The rest are stocked in standing waters where reproduction is limited or absent. The return to anglers is best from waters where there are no competing species, including carryover trout.

Understand the Genetics and Strengths and Weaknesses of Broodstocks in Hatcheries

From genetic analysis of 13 Wyoming brood stocks, Alexander (1993) recommended best uses of progeny according to five fisheries management categories; supplementing natural recruitment, restoring populations of native trout, establishing nonnative stocks, sustaining put-grow-and-take fisheries, and maintaining fisheries by stocking hatchery-reared catchable-size trout. For example, broodstocks, long-domesticated in a hatchery system, often perform better for put-and-take fisheries than in re-establishing self-sustaining trout stocks. Using the information has fostered better judgment in using hatchery-reared trout where they are best suited.

Manage According to Fish Production Limits of Waters

This ideal was incorporated into the recently (2002) revised Fish Division Mission (i.e., fisheries management efforts will balance the productive capacity of habitats with angler desire). For example, after a 5-year (1995–2000) study of the Salt River fishery in western Wyoming, a 50% reduction in stocking hatchery-reared, catchable trout was recommended because only about one-third of number stocked returned to anglers, few fish survived to the next year, and wild trout sustained the fishery (Gelwicks et al. 2002).

Stock Trout in Standing Waters Where Salmonid Reproduction Is Often Limited or Absent

About 86% of trout stockings in Wyoming occurs in standing waters (Wiley 1999), the rest in streams. Stocking trout in productive lakes without competing predatory or nongame species produces highest returns to anglers. For example, return to anglers of subcatchable-size (<210 mm) trout from two moderate-sized (122 ha), trout-only lakes was 24 (Diamond Lake) and 33 kg (Soda Lake) per kilogram of trout stocked. Two similarly sized trout lakes with competing fish species, East Allen Lake (suckers *Catostomus* spp.) and Twin Buttes Reservoir (yellow perch *Perca flavescens*), returned 2 and 3 kg per kilogram of trout planted (Wyoming Game and Fish Department file data). Even though trout do not reproduce in any of the four waters, the trout-only lakes returned more trout to anglers than the two with competing species. So, when trout share waters with competing species, lower return to anglers can be expected.

Develop Management Plans by Drainage Basin

Through the past decade, Wyoming fisheries managers increasingly managed for fisheries with a drainage basin perspective, the traditional water-by-water focus giving way to the more broad based drainage or watershed perspective. For instance, the Bitter Creek drainage in southwestern Wyoming had been classed as "unsuitable," meaning that game fish (chiefly trout) did not live there. Carter (1993) conducted a fisheries survey of the drainage, described the fish community, habitat, and limiting factors, and confirmed that the system was unsuitable for game fish, but it was home to good populations of native and introduced nongame fishes. Similar surveys throughout the state have broadened fisheries perspective and resource understanding beyond traditional sport fish values.

Base Fisheries Management Programs on Recognition of all Public Desires

The public participates in fisheries management by expressing its desires, and conservation agencies are obliged to listen sincerely and to work to satisfy those requests that are ecologically sound, economically feasible, and sociologically acceptable. Before 1980, much of Wyoming fisheries management, guided by the firm belief that the overarching goal of angling was catching and keeping fish, followed the recipe of maximum sustained yield, providing the most fishing possible for the greatest number of people. An epiphany resulted from a 1988 survey of anglers that showed catching and keeping fish secondary to the opportunity to be out of doors and away from people (Wiley 1989; Anderson et al. 1990). The survey caused realization that the recreational aspect of angling was, at least, equal to or maybe more important than catching and keeping fish. Trout harvest trends for the Salt River from 1970 through 1998 show the declining importance of harvesting trout. Salt River anglers kept 86% of their trout catch in 1970 but only 14% in 1998. Reduced harvest likely produced larger trout stocks, and resulted in higher catch rates that benefited anglers (Gelwicks et al. 2002).

Epilogue

The fisheries management ideal of maintaining fisheries resources in perpetuity lies well beyond determining the right role for the use of propagated fishes in fisheries management. Guidelines for the use of cultured fishes were developed shortly after the 1994 conference. Fisheries managers and the agencies they work for have had a decade of opportunity to use them. Hatchery-reared fish can be used safely and cost effectively based on guidelines like those outlined here or described in Schramm and Piper (1995). How propagated fishes are used in resource management does not depend solely on responding to public desires. Fisheries managers must understand public, including angler, desires, work to instill in the public a sound resource philosophy, and then integrate that public awareness with ecological technology to progress in fisheries management. Success lies in developing a sense of shared resource ownership among people interested in fish so that the public understands that successful resource management involves much more than stocking fish. Shared ownership fosters understanding and a sense of responsibility than can lead to well-managed lands, streams, and habitat that pays off in sustained fisheries resources.

Acknowledgments

I am grateful for the assistance of fisheries managers whose ideas and resource dedication have made Wyoming fisheries management a leader in the field. Most helpful editorial advice from Wayne Hubert and Hal Schramm was much appreciated and improved the paper. Suggestions from an anonymous reviewer were also valuable. Finally, I can imagine no better place to have invested a career in fisheries than in Wyoming.

References

Alexander, C. B. 1993. History and genetic variation of salmonid broodstocks, Wyoming. Master's thesis. University of Wyoming, Laramie.

Anderson, D., C. Phillips, and T. Krehbiel. 1990. Wyoming angler attitudes and preferences; application of strategic choice modeling. University of Wyoming, Department of Statistics, Laramie.

Barkwell, M. C. 1883. Report of the Board of Fish Commissioners for the two years ending December 31, 1883. Wyoming Game and Fish Department, Cheyenne.

Carter, B. 1993. Fisheries survey of the Bitter Creek drainage. Wyoming Game and Fish Department, Administrative report, Cheyenne.

Clawson, M. 1963. Land and water for recreation. Rand McNally Company, Chicago.

Greene, A. F. C. 1950. Report of the Fish Division. Pages 35–40 *in* Annual report of the Wyoming Game and Fish Commission, 1950. Wyoming Game and Fish Department, Cheyenne.

Gelwicks, K. R., D. J. Zafft, R. D. Gipson, and T. J. Stephens. 2002. Comprehensive study of the Salt River fishery between Afton and Palisades Reservoir from 1995–1999 with historical review; fur trade-1998. Wyoming Game and Fish Department, Completion Report, Cheyenne.

Hebdon, L., and W. A. Hubert. 1999. 1998 Wyoming anglers survey, volume 1. Wyoming Cooperative Fish and Wildlife Research Unit, University of Wyoming, Laramie.

Lenihan, J. J. 1914. First annual report of the State Fish Commissioner, June 1913 to September 1914. Wyoming State Archives, Cheyenne.

Mavrakis, P. H. and D. L. Yule. 1998. North Platte comprehensive fisheries study: creel survey and stocking evaluation, 1995–1996. Wyoming Game and Fish Department, Cheyenne.

Miller, L. 1890. Report of Louis Miller, State Fish Commissioner of Wyoming for the year ending September 30, 1890. Wyoming Game and Fish Department Cheyenne.

McFadden, J. T. 1969. Trends in freshwater sport fisheries of North America. Transactions of the American Fisheries Society 98:136–150.

Ricker, W. E. 1972. Hereditary and environmental factors affecting certain salmonid populations. Pages 19–160 *in* P. A. Larkin and R. D. Simon, editors. The stock concept in Pacific salmon. MacMillan Lectures on Fisheries, University of British Columbia, Vancouver.

Schnitger, G. 1896. Biennial report of the State Fish Commissioner of Wyoming for the years 1895 and 1896. Wyoming Game and Fish Department, Cheyenne.

Schramm. H. L., Jr. 1995. Fisheries management section. Page 587 *in* H. L. Schramm, Jr. and R. G. Piper, editors. Uses and effects of cultured fishes in aquatic ecosystems. American Fisheries Society, Symposium 15, Bethesda, Maryland.

Schramm, H. L., Jr., and R. G. Piper, editors. 1995. Uses and effects of cultured fishes in aquatic ecosystems. American Fisheries Society, Symposium 15, Bethesda, Maryland.

Simon, J. R. 1940. Report of the Fish Division. Pages 31–41 *in* R. Grieve, editor. Biennial report of the Wyoming Game and Fish Commission, 1939–1940. Wyoming Game and Fish Department, Cheyenne.

Simon, J. R. 1942. Report of the Fish Division. Pages 31–41 *in* R. Grieve, editor. Biennial report of the Wyoming Game and Fish Commission, 1941–1942. Wyoming Game and Fish Department, Cheyenne.

Wenzel, C. R. and W. A. Hubert. 1995. 1994 Wyoming angler surveys, Volume 1. Wyoming Cooperative Fish and Wildlife Research Unit, University of Wyoming, Laramie.

Wiley, R. W. 1989. Anglers, common sense, and fisheries management. Pages 193–196 *in* F. Richardson and R. Hamre, editors. Wild Trout IV, proceedings of the symposium. Trout Unlimited, Vienna, Virginia.

Wiley, R. W. 1995. A common sense protocol for the use of hatchery-reared trout. Pages 465–471 *in* H. L. Schramm, Jr. and R. G. Piper, editors. Uses and effects of cultured fishes in aquatic ecosystems. American Fisheries Society, Symposium 15, Bethesda, Maryland.

Wiley, R. W. 1999. Fish hatcheries are a powerful tool of fisheries management. Fisheries 24(9):24–26.

Wiley, R. W., R. A. Whaley, J. B. Satake, and M. Fowden. 1993. Assessment of stocking hatchery trout, a Wyoming perspective. North American Journal of Fisheries Management 13:160–170.

American Fisheries Society Symposium 44:145–149, 2004

Perceptions about Science and Scientism in Fisheries Management: An Angler's View

Michael L. Smith

680 Mountain View Road, Lexington, Virginia 24450, USA

Abstract.—Resource managers frequently go wrong through uncritical adherence to and/or misapplication of scientific principles and methods to areas inappropriate to science (which is, of course, the working definition of *scientism*). Articulation of science into public resource policy does not require "more science"; to the contrary, it usually involves application of other principles and techniques that, inescapably, have a lot more "gray areas." Fisheries management is at least as much about public policy as it is about science.

The issue of propagated fishes has long since ceased to be an issue for most of the anglers I know (not a small circle at all.) Overall, "speciation" (specialization) among angler groups since the post World War II era, and especially in the last 25 years, has rendered the issue relatively moot. Most anglers I know voice this view: "I would prefer to catch *wild* fish, but I would opt for any fish over *no* fish." Fisheries and aquatic resource managers themselves have been rather slow (to inordinately slow) to recognize this simple fact.

To be sure, there is the northwest salmon issue and its attendant "basher" debate, but virtually all informed anglers I know see the whole "basher" thing as a tempest in a teapot. Ultimately, many anglers have come to regard the "basher" issue as an argument that has sought to exclude meaningful public input rather than engage it. A term such as "stakeholder" can take on ironic, even humorous, connotations when fisheries professionals try using it in earnest as an "outreach" term. At the semantic/cognitive levels, "stakeholder" is a term of categorization, and thus, de facto, a distancing device. The effective uses of propagated fishes in resource management need to be based on scientific reality, but these uses must also be based on the reality of meaningful input from the anglers who use these fisheries and who provide ongoing fiscal support for much of fisheries management in the United States.

Introduction

When I first learned of this symposium, I inquired of the event's organizers: "who is going to represent the angler's point of view?" I posed the question half in jest, but I quickly gathered that indeed no anglers were on the agenda. Thus, I serve as the angler's version of Every Man, a role for which I feel at least somewhat equipped.

By way of credentials, let's start with angler credentials: I have been a fisherman—to use the older, if less correct term—for more than 50 years, and a license buyer for more than 40 years. For much of the past two decades, I have been a purchaser of multi-state nonresident licenses, investing well over $150 annually in nonresidents fees. My other outstanding fiscal contributions to sport fishing include hundreds (though my spouse would say thousands) of dollars over five decades through Dingell-Johnson/Wallop-Breaux excise taxes.

Besides the dollars and cents, I think I bring a better than average layman's interest and knowledge to the sport. I received a copy of Milt Trautman's classic *The Fishes of Ohio* for a Christmas present when I was 12 years old and probably memorized whole passages of text well before my 13th birthday. I have built and maintain a pretty respectable angling and aquatic biology library and attempt to manage a small farm pond (replete with propagated fishes).

But, the most pressing reason for my participation in this symposium is not just on my love of angling, but my profession: communications, more specifically, fish and wildlife resource communications. I spent almost 32 years as an information officer in state and federal resource agencies.

It is my observation that fisheries resource management has never faced greater communications challenges. Moreover, fisheries resource management community must use greater care in efforts to communicate with the many public groups. I suggest further that the misapplication of "science" is as damaging to the public's trust in resource management issues as is the increasingly pervasive litigious bent of special interest groups. No doubt this misapplication is inadvertent, and that is a key point. In striving to look and sound scientific, some managers try too hard; they behave as if their audiences were solely scientific peers and not a license-buying public.

While the use of propagated fish in resource management represents one of the compelling resource issues of the day, it also represents, from my linguistic perspective, one of the more unfortunate and needlessly rancorous debates that I can recall in resource circles. Artfully imbedded in the symposium title, PFIRM, is the now familiar "basher" polemic.

As an angler, I have watched this jousting match over the years with considerable interest and concern. I have followed articles in the American Fisheries Society publication *Fisheries*, as well as in the popular sporting press. While I have found all of it interesting, I have begun of late to have a growing sense that its relevance to the real world of most anglers may be limited.

To be sure, I speak as an easterner and hasten to note that I cannot address the depth and complexity of the debate as it may pertain to the plight of anadromous salmon stocks in the northwest. But emphasizing my regional (mid-Atlantic) and angler perspective, I offer this: The issue of use of propagated fishes has long since ceased to be an issue for most anglers I know—and I know many, through various membership in diverse fishing organizations over the years.

Overall, the prevalent attitude of my fishing friends and acquaintances would be captured best by this sentiment: "Ideally, I would prefer to catch *wild* fish—but I would opt for *any* fish over *no* fish."

Yes, I know it sounds simplistic. But keep in mind, angling remains a recreation (instead of a livelihood or a religion) for most of its participants. In my very informal and admittedly unscientific queries of friends over recent months, the traits identified as the *least* liked about propagated fish (note, in all cases, the fish are trout, especially hatchery propagated rainbows) in descending order were

- poor esthetics, especially deformed or missing fins,
- weak or limited fighting ability, and
- lack of guile.

The friends I queried were in agreement that the last two—fighting ability and lack of guile—were somewhat mitigated over time as fish became "holdovers," particularly if the fish spent a year or more in their new water. But ugly, they seemed to agree, almost never went away.

I asked my friends if they had ever expressed their dismay about the trout's appearance, or other perceived deficiencies, to their state fisheries agencies. All indicated they had done so at least verbally at public meetings, and a majority indicated that they had even written letters to express their wishes and concerns. None, however, felt that they had ever received a satisfactory response. Most said they were told that fin loss and fin erosion were results of abrasion against concrete raceway walls, aggression among the fish under crowded conditions, or a combination of both. Most anglers I spoke to also felt there were probably additional reasons for the unappealing appearance of the hatchery trout, but felt they really had not been "leveled with."

My survey was casual and unscientific, to be sure. But I suggest that it is the type of information that cannot and should not be regarded by your professional resource management community as "merely anecdotal." I once heard a young biologist use that very phrase in a public forum. Let me note in passing that his audience was not impressed with this "scientific" rejoinder. I wish this were only an isolated incident; however, I have attended numerous public meetings over the past decade or so wherein a biologist's attempts at sounding scientific, or of evincing a dispassionate demeanor, frequently registered with the audience as a dismissive or even disdainful attitude. It begs the questions: Was "science" advanced in such settings? Was good stewardship furthered?

I have become concerned in recent years over the how, when, and why of communications between fisheries professionals and the angling public. By and large, I believe most fisheries divisions and many individual fisheries biologists across the country are doing a better job today in communications and outreach than they did 20 years ago—or even 10 years ago. I would like to think that the American Fisheries Society's public awareness initiative, with which I was involved in the mid-1990s, helped play at least a small part in such advances (Smith et al. 1995).

But, I have also been troubled by a trend in some quarters of the professional fisheries community where there seems to be a "blind them with our science" approach to dealing with public and the media. Certainly, there have been scientific findings of great complexity during the past decade; there have been discoveries that have virtually overturned previously held "knowledge"—which is exactly what science is supposed to do: to seek answers, uncover the unknown, and broaden our collective human understanding of natural phenomena. Science is always an ongoing process.

But the problem I see is that there has been serious damage done to the process of articulating scientific findings into good public resource policy. As a "word person," as opposed to "fish person," I would like to focus on one specific term that I think has inadvertently contributed to some of the communications impasses that we witness in the fisheries realm today.

Throughout the 1990s, I watched with growing dismay the increasing use of the word "stakeholder" by fisheries agencies, when, in fact, their intended audiences may well have been upward of 90% licensing-buying anglers. I am fairly certain that the agencies simply wished to sound professional, fair, open-minded, business-like, faithful to their training, and, quite probably, politically correct. But, unbeknownst to them, many in that license-buying public understood the word "stakeholder" as a distancing devise, a term of estrangement that separated them from professional resource managers and equated them with others who hold interests in fish. Indeed, in that connotation, it seemed to suggest that the views of 100,000 anglers would be regarded with the same professional detachment or scientific "objectivity," if you will, as those of a three-member organization advocating, say, the worship of purple koi as the established state religion.

To be sure, there are valid instances wherein anglers are indeed just one group among many in a complex and far-reaching resource scenario. But when the overarching subject is recreational angling and the interested group is primarily license-buying anglers, why indeed use a term such as "stakeholder"? When the term has been used inappropriately and without critical forethought, I submit that it has probably had the effect of alienating a familiar and essential constituency, the license-buying anglers. To be sure there is a wide range of subgroups among anglers, but if they feel as a group that they are being ignored, so that the resource agency supported by their license fees can solicit and give equal weight to views from groups such a personal watercraft users and off-road vehicle associations, some serious miscommunication is at work, and serious problems are at hand.

Is the inadvertent damage of the last decade irreparable? Probably not, but a bit more planning and sensitivity could have precluded the possibility of hurt feelings and estrangement in the first place. Would anglers have felt your community was being "unscientific" if the word angler had been substituted for "stakeholder"? I don't think so.

I will dwell no further on the single term "stakeholder," but want to suggest that the inappropriate use of terms such as "stakeholder" may augur a systemic flaw. It suggests that some in the professional resource management community feel that they will not be taken seriously unless they deploy distinctive, scientific-*sounding* jargon (Shermer 2002). Hence, the flawed premise: "my science will not be credible unless I *sound* scientific." Stated this bluntly and simplistically, it is easy to note the error.

We all operate in intensely competitive communications arenas. Your messages have to compete with countless other message sources vying to win the ears, hearts, and minds of an information-bombarded public. So, perhaps, we see a possible explanation for the linguistic lapses into "bio-speak": the striving to sound expert, singular, and credible. Unfortunately, it often backfires. The "bio-speak" is often interpreted by audiences as obfuscation, dodging, or even "covering up."

I suggest that resource managers frequently go astray when they misapply the trappings of science to areas where they are not appropriate. This is a working definition of *scientism*, which (if you have not looked it up in a while) still translates into "the uncritical adherence to and or misapplication of scientific principles and methods to areas inappropriate to science" (Merriam-Webster's Collegiate Dictionary 1999). And yes, there are some such areas in life.

Upon reflection, most resource managers would agree that the articulation of scientific findings into public policy does not require "more science." On the contrary, this articulation process usually involves—or should involve—the application of other principles and techniques that have (inevitably) more "gray areas." Fisheries management is at least as much about public policy as it is about science.

Ironically, my informal "findings" are virtually the same as some observations of well-known outdoor writers of 40 years ago. If esthetics were important then and remain so now, it forces the issue: Are managers of trout fisheries listening to trout anglers and striving to produce a better looking product? In my online wanderings and requests to the Fish and Wildlife Reference Service (a very responsive and helpful entity, indeed), there is scant evidence to suggest they are. Simply from a marketplace perspective, this situation suggests a rather startling lack of responsiveness to customer wishes.

I have seen some visually appealing trout produced in private trout hatcheries, but these were rather expensive fish and destined for exclusive private waters (which reinforces an ancient cultural theme in the West [i.e., "...the rich get the good stuff."]). What can be done for public waters? It has occurred to several friends and to me that if a state wished to invest the extra time and money to produce better-looking trout in these times of fiscal woes, there would be less trout available to stock. But is that really a bad thing for those states that have consciously sought to increase their no-kill and delayed harvest fisheries? Indeed, the overt attempt by a public agency to produce a more beautiful (or more natural, if you will) trout just might be the kind of vaunted "thinking outside the box" that could engender renewed interest among lapsed anglers (a market segment the American Sportfishing Association and Recreational Boating and Fishing Foundation are ever striving to reach). It might also signal, and then demonstrate, that hatchery truck followers really do not represent the majority of anglers. And it just might convey to license buying publics that this shift in focus from the quantity to the *quality* of the trout is, in fact, in response to *their* concerns and wishes, held lo, these many years.

Is a beautiful hatchery propagated trout an oxymoron? Perhaps it may seem so today, but such a fish cannot be too far off in the future if dedicated efforts were begun and sustained in earnest now. By virtue of my long employment with the U.S. Fish and Wildlife Service, I became aware of some exciting work (from an angler's perspective) underway since the early 1990s at the Service's Fish Technology Center in Bozeman, Montana. There, nutritionist Rick Barrows and some colleagues have been working to identify ways to produce a more visually appealing hatchery trout. It would be unfair and inappropriate for me to detail any of Dr. Barrows' ongoing work, let alone characterize them as findings, but suffice it to say that, from what I could glean while still in the Service, his work to date strongly suggests that improved and specialized diet formulations can enhance fin development and body conformation. Additionally, shifts in raceway loading, use of protective habitat structure within a raceway and strict limitations on human visibility can affect hatchery trout behavior. In effect, the fish behave more naturally, for example, fleeing for cover at the approach of strange human bipeds.

Were I a manager of public trout fisheries in the East, I would certainly want more information about this avenue of work. I would find it vitally important in endeavors to promote delayed harvest, no-kill, or limited kill fisheries. Why? Because I believe a "beautiful" trout would appear less like a commodity and more like an organic part of its stream environment. I also think a "beautiful" trout just might even have some potential to help increase angler recruitment, an area about which both the tackle industry and state fishery agencies tend to agree. Dr. Barrows' works suggest that the professional fisheries community—including the subset that propagates fishes—is indeed capable of listening, albeit such listening has occurred at a rather leisurely pace.

I must hasten to note that widespread production and use of "beautiful" trout would still not be a panacea. Again, from my queries of anglers: their concern for wild fish and the habitats needed to sustain them is genuine, widespread, and growing. But those same anglers would, I am sure, swiftly and accurately identify as false and misleading any attempt to concoct an "either/or" involving habitat protection or propagation and use of "beautiful" trout.

I want to conclude by offering a few observations for the resource management community. I think you must develop more sincere and open listening skills. This is not easy to do. In fact, it is hard work. The hatchery/basher debate has been a wrenching one, but from an angler's perspective, largely unproductive, and inconclusive. I have now the same feelings about it as I eventually had about the "lumper/splitter" dialog I first learned about as an undergraduate: in the long run, it had little to do with living things, but rather seemed to be about which professor could recruit the greatest number of acolytes to his/her point of view. Hence, it was an ego thing. I am not sure I ever saw science advanced in the process. At the very worst, there was a smugness to the lumpers and a sanctimony among the splitters. How did the critters benefit from any of that?

From the recent basher wars, all I have been able to conclude with any certitude is that both camps tended to evince a need for "winning," for proving a point, for proving themselves right. "Propagated fish are bad" versus "Propagated fish are the best management tool available." Can public resources long sustain such hot-house debates? I do not know. But I know that as a license-buying angler, I felt I was, at some level, being used and that someone merely needed my opinion as a conscript, as data to swell a poll statistic. The reformer/basher camp purported to have the lion's share of solutions for almost every species and in virtually every drainage—and I think it came off as a bit know-it-all and pretty unconvincing, quite the way some televangelists do.

The hatchery proponents and propagators, on the other hand, tended to come off as defensive—if they responded at all. Too many, it seemed to me, shrank even further back into the woodwork of natural resource bureaucracies. What I saw from their reactions suggested that the pro-hatchery component of the fisheries community had been out of meaningful contact with its angler constituencies for far too long. That profound estrangement may yet prove lethal to public fish culture in this country, unless the pro-hatchery interests truly learn how to listen openly and earnestly and to respond accordingly. To the propagators, I would say, you *can* produce a better product and you *could* be making greater contributions to aquatic science and conservation overall. But you need to interact in the real world, not retreat when the hothouse debates begin to rage.

A few years ago, I was in a meeting wherein a senior fisheries official kept referring to "Joe Six-Pack-Angler." I was stunned at first by the phrase, then increasingly annoyed at its continued use, and finally had to issue my sharp rejection of the term. When the little verbal flare-up subsided, I was left with the unshakeable realization that things had gone terribly wrong over the years in fisheries-manager and angler relations. Fortunately, the episode was not at a public meeting, but in an intramural setting. Nonetheless, it suggested how some fisheries managers actually regard their single largest identifiable public client group. I hope the reference to that mythic "Joe Six-Pack-Angler" was but an anomaly, but I recognize that it may not be. From my perspective, I see anglers today as better educated and informed than ever before, by virtue of good science made available easily and inexpensively. Hence, I see the recreational angler as potentially the greatest ally group in aquatic restoration available in the United States. These anglers continue to provide the overwhelming source of funds, through license fees and excise taxes, for state fisheries agencies to carry out their aquatic management roles. But for this valuable group to be effective, they must be dealt with openly, honestly, and with the respect they were once rightly accorded. They deserve far better than the dismissive and derisive treatment some would give them. It is a client base, I maintain, that deserves good science—and one that knows good science when it sees it and hears it. They are not served by scientism.

References

Merriam-Webster's Collegiate Dictionary. 1999. Definition of *scientism*. Merriam-Webster, Springfield, Massachusetts.

Shermer, M. 2002. The shamans of scientism. Scientific American, June 2002.

Smith, M. L., J. Nickum, W. M. Taylor, D. Wojcieszak, S. Willis, P. Shafland, K. Merriman-Clarke, and A Fink. 1995. AFS public visibility document. American Fisheries Society, Bethesda, Maryland.

American Fisheries Society Symposium 44:151–160, 2004

The Promise of Hatchery-Reared Fish and Hatchery Methodologies as Tools for Rebuilding Columbia Basin Salmon Runs: Yakima Basin Overview

WILLIAM J. BOSCH[1]

Yakama Nation Fisheries, Post Office Box 151, Toppenish, Washington 98948, USA

Abstract.—Since 1982, the Columbia River Treaty tribes (Yakama, Nez Perce, Umatilla, and Warm Springs) have proposed the use of hatcheries as a tool to recover naturally spawning populations throughout the Columbia basin. The Yakama Nation is working with the support of other agencies to implement tribal salmon restoration philosophies and proposals in the Yakima River basin. Yakima/Klickitat fishery project biologists estimate that the Cle Elum supplementation project has boosted populations of upper Yakima spring Chinook salmon *Oncorhynchus tshawytscha* by about 90% in both 2001 and 2002 over what returns would have been without the innovative hatchery. With the benefit of added fish from the Cle Elum supplementation project, the spring Chinook redd count in the Teanaway River in 2002 was more than five times the highest count in recorded history. Yakama Nation efforts to re-establish a sustainable, naturally spawning coho salmon *O. kisutch* population in the Yakima basin have resulted in adult coho returns that averaged nearly 5,000 fish from 1998 to 2001 (an order of magnitude greater than the prior 10-year average), including an estimated return of more than 1,500 wild/natural coho to the Yakima River basin in 2001. Yakama Nation steelhead *O. mykiss* kelt reconditioning programs have increased the escapement of steelhead to spawning grounds in the Yakima basin by 2.4% for the 2001–2002 migration and by 7.3% for the 2002–2003 migration. While it is not yet possible to definitively state whether or to what extent the use of hatchery reared fish and/or methods has resulted in these successes without causing other adverse ecological consequences, intensive monitoring and evaluation efforts continue on these projects and formal scientific results will be published as definitive results become available.

Introduction

Since 1982, the Columbia River Treaty tribes (Yakama, Nez Perce, Umatilla, and Warm Springs) have proposed the use of hatcheries as a tool to recover naturally spawning populations throughout the Columbia basin both as a means to restore salmon and as a means to implement treaty rights to take fish "at all usual and accustomed fishing places." The Columbia River tribes believe that using hatchery tools and technologies in conjunction with concerted efforts to restore habitat and repair misguided water, land, and fish management policies are necessary to restore healthy demographic populations and healthy ecosystems, which are both keys to Columbia basin salmon restoration. The Yakama Nation is working with the support of other agencies to implement tribal salmon restoration philosophies and proposals, which are described more fully in *Wy-Kan-Ush-Mi Wa-Kish-Wit* (TRP 1995), in the Yakima River basin (Figure 1). This paper is a synthesis of previously developed technical reports and papers to highlight the promise of using hatchery-reared fish and/or hatchery-rearing techniques as tools for rebuilding Columbia basin salmon populations. It must be noted that these efforts in the Yakima basin are ongoing and that presently available data are not sufficient to definitively state whether using hatchery-reared fish and/or methods has or has not been successful in these specific cases. It is anticipated that the principal investigators on these projects will be publishing the simpler aspects of these projects in the next 2–5 years and the more complicated aspects such as reproductive success in the next 5–10 years.

[1] E-mail: bbosch@yakama.com

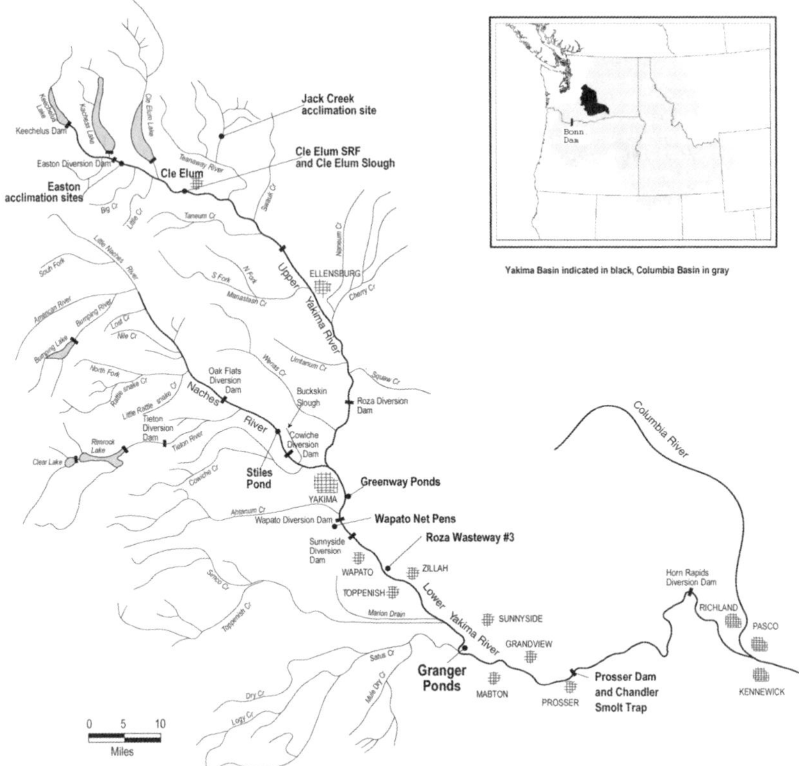

Figure 1. The Yakima River basin.

The Yakima/Klickitat Fisheries Project

The Yakima/Klickitat Fisheries Project (YKFP) in the Yakima and Klickitat River basins was designed from the beginning to employ "state-of-the-art" risk-management strategies in testing "the hypothesis that new supplementation techniques can be used to increase natural production and to improve harvest opportunities, while maintaining the long-term genetic fitness of the wild and native salmonid populations and keeping adverse ecological interactions within acceptable limits".[2] Under this directive, hatchery-reared fish and/or hatchery technologies are being used in the Yakima River basin to rebuild depressed populations of spring Chinook salmon *Oncorhynchus tshawytscha*, restore extirpated coho salmon *O. kisutch*, and boost the productivity of wild steelhead *O. mykiss* listed under the Endangered Species Act (ESA).

Spring Chinook

Historically, returns of spring Chinook salmon to the Yakima River basin were estimated to average approximately 200,000 fish annually (BPA 1996). However for much of the past century, Yakima River spring Chinook returns have been chronically depressed, numbering only about 2,000–4,000 fish per year throughout much of the 1980s and 1990s (Bosch 2002). In an attempt to reverse this trend, the Northwest Power Planning Council (NPPC) in 1982 first encouraged the Bonneville Power Administration (BPA) to "fund the design, construction, operation, and maintenance of a hatchery to enhance the fishery for the Yakima Indian Nation as well as all other harvesters" (NPPC 1982). After years of careful planning and public input, the Cle Elum Supplementation and Research Facility (CESRF) was commissioned in 1997 to enhance populations of spring Chinook in the upper Yakima River basin.

[2] See minutes of Northwest Power Planning Council (NPPC) Meeting No. 118 in Helena, Montana, October 14–15, 1987, for the agenda item titled "Council Decision on Yakima/Klickitat Outplanting Facility Master Plan"; NPPC Staff Issue Paper 90-9, Yakima Production Project: Review of Preliminary Design Report, pp. 6–7; and BPA (1996).

The project is a joint effort of the Yakama Nation, Washington Department of Fish and Wildlife (WDFW), and the Bonneville Power Administration (BPA).

Since populations of Columbia River spring Chinook generally return as 4-year-old fish, the fish reared by the CESRF in 1997 and 1998 did not return in any abundance until 2001 and 2002. Therefore, we are only now beginning to see the results of the first releases from this innovative project.

The Yakima Basin spring Chinook return has jumped to greater than 15,000 fish per year since 2000 with more than 23,000 spring Chinook estimated to have returned in 2001 (Bosch 2002). While much of this increase is attributed to natural factors such as better in-river and ocean conditions, project biologists estimate that the Cle Elum supplementation project has boosted populations of upper Yakima spring Chinook by about 90% in both 2001 and 2002 over what returns would have been without the innovative hatchery had hatchery broodstock instead been left in the river to return at observed wild adult-adult productivity rates (Figure 2). These fish have significantly enhanced tribal fisheries and highly successful state sport fisheries for spring Chinook returned to the Yakima River in 2001 and 2002 for the first time in decades.

One of the more innovative aspects of this project is that the fish from the CESRF will be used not only to enhance fisheries, but also to contribute to naturally spawning populations. The Teanaway River, a tributary that enters the Yakima River about 8 km east of Cle Elum (Figure 1), was one of the areas targeted for rebuilding of the natural population by this project. A portion of the spring Chinook reared at the CESRF are acclimated at the Jack Creek facility on the Teanaway River about 32 km northeast of Cle Elum (Figure 1). The 1998 brood (2000 release) marked the first year that fish were released from this facility, with 2002 being the first year of significant returns from these releases.

The Yakama Nation has done extensive surveys for spring Chinook redds in the Teanaway River since 1981. The average redd count from 1981 to 2001 was fewer than three redds per year. Even in the relatively abundant years of 2000 and 2001, only 21

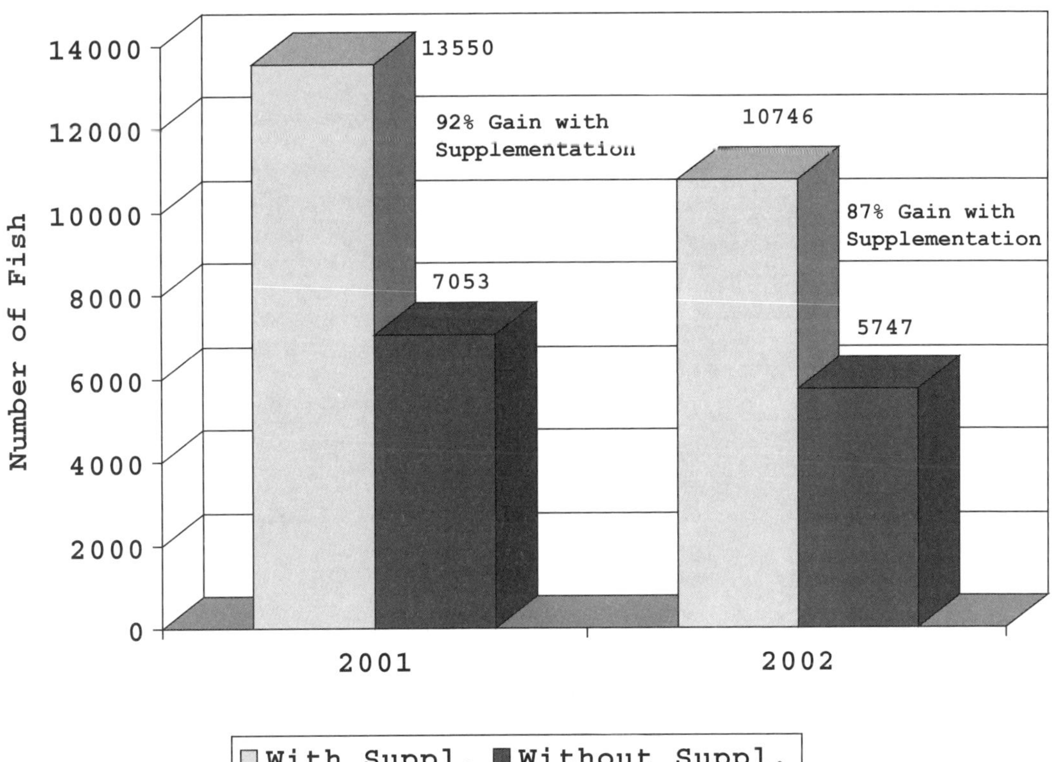

Figure 2. Upper Yakima spring Chinook age-4 returns with and without hatchery supplementation.

redds were documented in the Teanaway River in each of these years. But with the benefit of added fish from the CESRF project, the spring Chinook redd count in the Teanaway River in 2002 was 110 redds (Figure 3).

This project was designed from the outset with a very intensive monitoring and evaluation component. This monitoring and evaluation work, including significant modifications resulting from review and recommendations by the Columbia basin's Independent Scientific Review Panel (ISRP), is ongoing. Results will be published as technical leads for specific aspects of the project determine that sufficient data have been collected with which to conduct analyses and draw conclusions. For additional information on this project, including details on project monitoring and evaluation design, see Fast (2002).

Coho

The ESA recognizes the value of ecosystem restoration in species protection.[3] In addition, most ecologists now accept that ecosystem health is directly related to species diversity (Wilson 2002). A number of recent reports have also discussed the benefits that decomposing salmon carcasses provide in the way of nutrient enhancement. Without an abundant escapement of salmon (or other artificial means of providing equivalent nutrients), cohorts of juvenile salmon may experience density-dependent mortality at population sizes far below historical levels, and recovery of imperiled populations may proceed at a much slower rate (Achord et al. 2003). Long before the existence of the ESA and the field of ecology, Native American tribes recognized the value of maintaining the entire web of life. This is among the reasons why the Yakama Nation and other Columbia River tribes have taken the lead in pushing for the restoration of all anadromous fishes to their historical ranges throughout the Columbia River basin (TRP 1995).

The following is a summary of the Yakama Nation's efforts to restore coho salmon in the Yakima River basin and is reprinted here with permission from the authors. For detailed information on this project, including citations, see Dunnigan et al. (2002).

Wild stocks of coho salmon were once widely distributed within the Columbia River basin, including the Yakima River. However, coho salmon became

[3] The stated purpose of the ESA is to "provide a means whereby the ecosystems upon which endangered species and threatened species depend may be conserved."

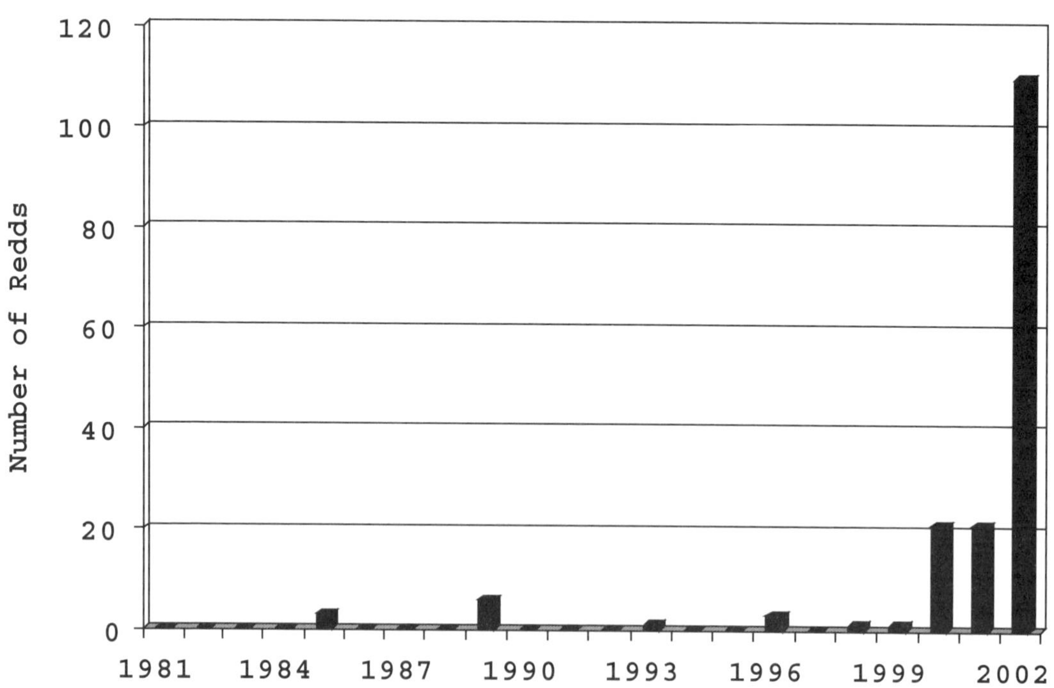

Figure 3. Teanaway River spring Chinook redd counts, 1981–2002.

extinct in the Yakima River in the early 1980s. The Yakama Nation has released between 85,000 and 1.4 million hatchery coho smolts in the Yakima basin annually since 1985. These hatchery coho derive from lower Columbia River populations and have likely been in culture anywhere from 30 to more than 100 years (10 to more than 30 generations). Prior to 1995, the primary purpose of these releases was harvest augmentation; after 1995, the primary purpose was to determine the feasibility of re-establishing a sustainable, naturally spawning coho population in the Yakima basin while limiting adverse ecological interactions with other species of concern.

Adult coho returns averaged nearly 5,000 fish from 1998 to 2001 (Figure 4), including an estimated return of more than 1,500 wild/natural coho to the Yakima River basin in 2001. A disappointing return in 2002 was due primarily to a dismal out-migration for this brood during the drought year of 2001. Preliminary indications are that adverse ecological interactions due to these restoration efforts are minimal. Although the trend in escapement to historic coho spawning habitats is increasing, the majority of returning adults continue to spawn in areas of the lower and middle Yakima River that are not optimal for natural coho production.

As Dunnigan et al. documents, these coho are necessarily imported from lower Columbia basin hatcheries, have been in culture for up to or exceeding 100 years and are of composite-stock origin. Given these facts, it is not surprising that a large proportion of these releases do not make it back to the areas in the upper Yakima basin where they are planted. However, the fact that a good number of them are making it back to the upper basin and successfully spawning suggests that even 100-plus years of hatchery exposure could not make these fish forget what to do and how to do it. The challenge now is to develop these returning fish that are the beginning of a locally adapted broodstock into a long-term self-sustaining natural population of coho in the Yakima basin. We are optimistic that over the long-term, this restoration effort will observe positive trends in coho survival and natural production in the Yakima basin as a localized broodstock develops and as habitat conditions in the basin improve. Monitoring and evaluation efforts continue and additional results will be published as they become ripe.

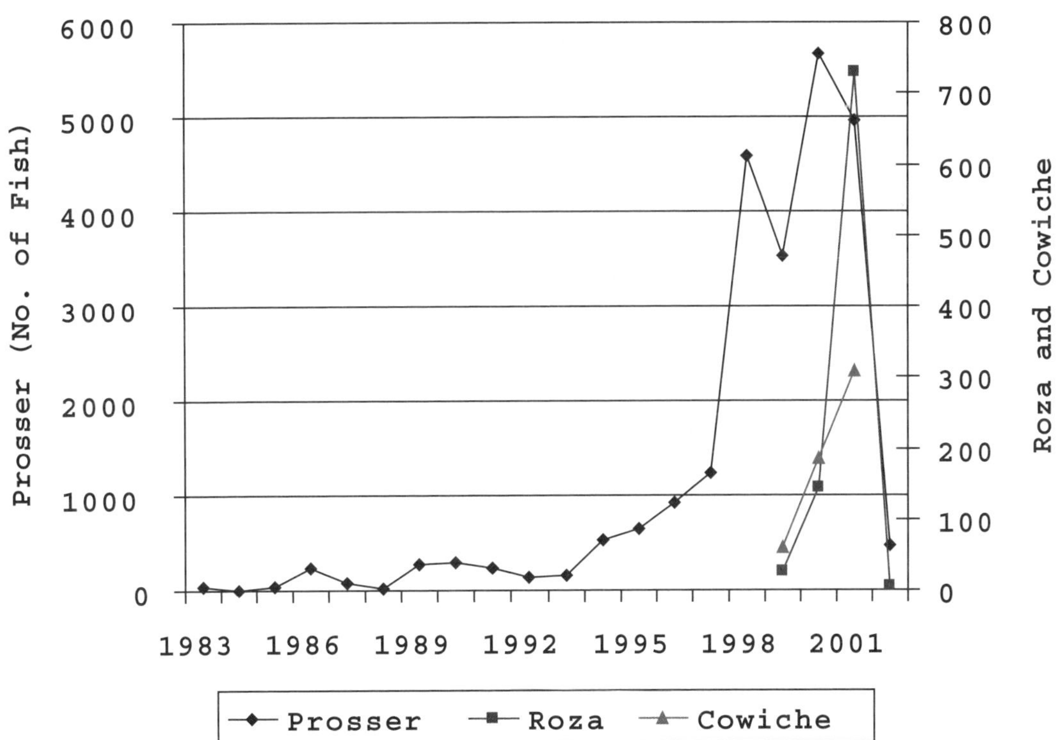

Figure 4. Adult coho returns to three dams in the Yakima River subbasin, 1983–2002.

Steelhead

Much of the following section is excerpted directly from Hatch et al. (2002) with permission from the authors. The reader is referred to this technical report for more detail about this project.

Populations of wild steelhead have declined dramatically from historical levels in the Columbia and Snake rivers (Nehlsen et al. 1991). Steelhead in the upper Columbia River have been listed as endangered under the ESA since 1997.[4] Those in the Snake River have been listed as threatened, also since 1997,[4] and those in the mid-Columbia were listed as threatened in 1999.[5] Causes of the declines are numerous and well known (TRP 1995), and regional plans recognize the need to protect and enhance weak upriver steelhead populations while maintaining the genetic integrity of those stocks (NPPC 1995).

Increasing the natural expression of historical repeat spawning rates using fish culturing means could be a viable technique to assist the recovery of depressed steelhead populations. Reconditioning is the process of culturing postspawned fish (kelts) in a captive environment until they are able to reinitiate feeding, grow, and again develop mature gonads. The recent ESA listing of many Columbia basin steelhead populations has prompted interest in developing reconditioning methods for wild steelhead populations within the basin. To address recovery, the YKFP in cooperation with the University of Idaho and the Columbia River Inter-Tribal Fish Commission began capturing wild emigrating steelhead kelts from the Yakima River in 1999 to test reconditioning and the effects of several diet formulations on its success at Prosser Hatchery (river kilometer [Rkm] 76; Figure 1) on the Yakima River.

The first 2 years of the program were primarily aimed at assessing feasibility and determining feed-types and methods that would successfully encourage kelts to begin actively feeding. The program employs two reconditioning and release philosophies. The long-term reconditioning program (begun in earnest in 2001) captures kelts migrating downstream through the Chandler irrigation diversion canal (Rkm 76; Figure 1) between March and June, reconditions them on-site at the Prosser hatchery in one of four reconditioning tanks and releases them in the Yakima River in close proximity to the Prosser hatchery in December after approximately 6–8 months of reconditioning. The mean weight gain for long-term program kelts, which were successfully reconditioned and released in the winter of 2001–2002, was approximately 70% over the collection weight, with many of the fish more than doubling their weight during the reconditioning process (Figure 5). The short-term reconditioning program (begun in 2002) also captures kelts migrating downstream between March and June, reconditions them on-site at the Prosser hatchery, and releases them just downstream of Bonneville Dam (Rkm 234; see insert, Figure 1) after only 1–2 months of reconditioning. On average, little if any weight gain has been observed in short-term reconditioned kelts prior to their release below Bonneville Dam. The short-term program kelts are expected to recondition naturally in the estuary and/or ocean and eventually return to the Yakima basin.

Preliminary Survival Estimates for Reconditioned Steelhead Kelt Releases

All kelts entering the reconditioning programs are injected with passive integrated transponder (PIT) tags if they do not already have one, and at release time, radio tags are inserted into a portion of the long-term releases to track fish to the spawning grounds. Survival to release has improved steadily since program inception for both long-term and short-term releases (Figure 6).

The PIT tag data allow tracking of return rates for short-term releases below Bonneville Dam. A total of 331 PIT-tagged steelhead kelts from this program were released below Bonneville Dam on May 20 and May 28, 2002. To date, a total of 40 of these fish (12%) have been detected moving upstream at Bonneville Dam (29 in the fall of 2002 and 11 in the fall of 2003) with a total of 31 of these fish (9.4%) detected moving upstream at McNary Dam (23 in the fall of 2002 and 8 in the fall of 2003). In addition, 13 of these fish were detected in the Yakima River either migrating upstream at the Prosser denil trap in the fall of 2002 or migrating downstream as kelts at the Chandler juvenile monitoring facility in the spring of 2003. The fact that not all fish observed at McNary were later observed in the Yakima River is not surprising since PIT observations are only done manually for upstream migrants passing through the Prosser denil trap and downstream at the Chandler juvenile monitoring facility when these sampling fa-

[4] Final Rule 18 August 1997: 62 FR 43937, USA-43954, USA.

[5] Final Rule 25 March 1999: 64 FR 14517, USA-14528, USA.

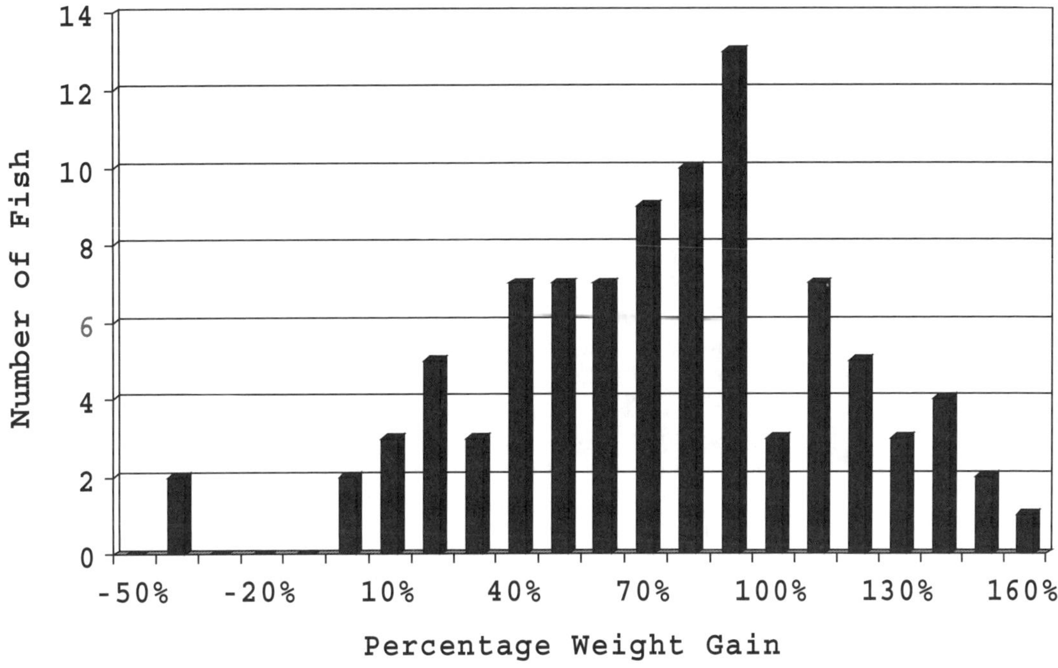

Figure 5. Percent weight gain distribution for steelhead kelts reconditioned for 6–8 months at the Prosser Hatchery in 2001.

cilities are in operation. Upstream or downstream passage at other times or via other routes (e.g., other ladders, jumping or spilling over the dam, etc.) would preclude a PIT tag detection. Finally, a total of 10 of these fish were detected moving downstream at Prosser or McNary dams in the spring of 2003. Taken together, these data provide substantial evidence that short-term reconditioned releases below Bonneville

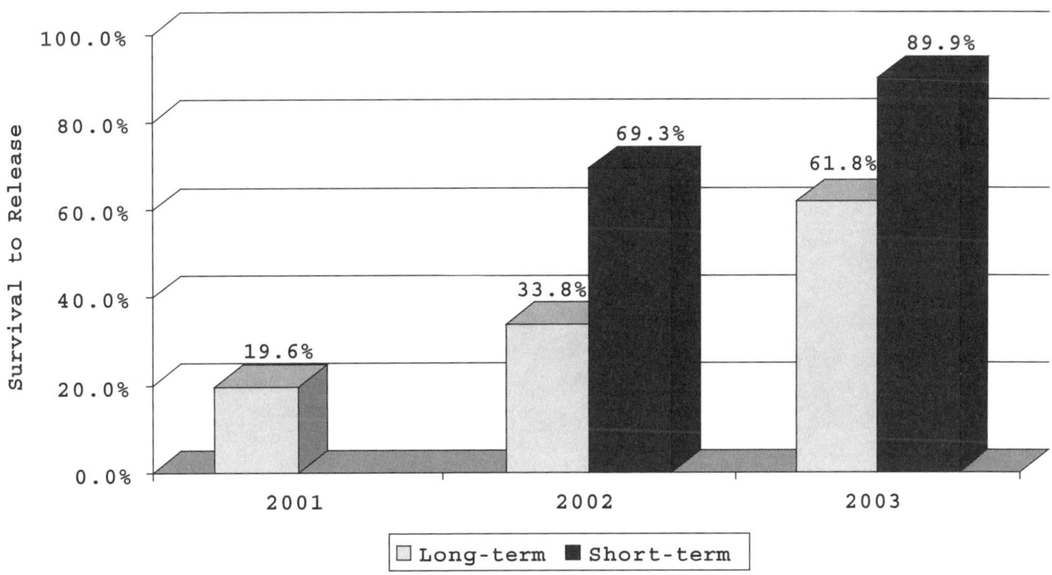

Figure 6. Proportion of short- and long-term reconditioned steelhead kelts surviving to release, 2001–2003.

Dam are successfully homing back to the Yakima basin with many of these fish having PIT-detection histories consistent with a spawning event. For long-term reconditioned releases in the Yakima River, combined PIT detection, weight sampling, and radio telemetry analyses also provide evidence of homing and spawning success.

We estimate that the combined short- and long-term reconditioning programs have increased the escapement of steelhead to spawning grounds in the Yakima basin by 2.4% for the 2001–2002 migration and by 7.3% for the 2002–2003 migration (Figure 7). Information collected during the first years of this study has been significantly incorporated into the experimental design for upcoming years of research and is expected to continue to increase survival and successful expression of repeat spawning. Detailed results of these studies are expected to be published in the near-term future. The project will also be incorporating efforts to monitor and evaluate reproductive success of reconditioned kelts within the next few years.

Discussion

Treaties with Columbia River tribes, the ESA, and the Northwest Power Act all provide substantial legal impetus for increasing Columbia River salmon populations to levels that sustain harvest and natural production and for using artificial propagation as a means to do so[6]. A brief review of the political realities of the so-called "four H's" of Columbia River salmon recovery (hydrosystem, habitat, hatcheries, and harvest) also dictates the use of hatchery fish. Dam removal will not happen in the short term and is uncertain in the long-

[6] Treaties with the Confederated Tribes of the Warm Springs Reservation of Oregon, the Confederated Tribes of the Umatilla Indian Reservation, the Yakama Nation, and the Nez Perce Tribe all contain similar language which, in effect, secured to these tribes "the right to fish at all usual and accustomed fishing areas" in perpetuity. Federal courts have held that this right means more than the right of Indians to hang a net in an empty river. The Endangered Species Act provides for "... the use of all methods and procedures which are necessary to bring any endangered species or threatened species to the point at which the measures provided pursuant to [the ESA] are no longer necessary. Such methods and procedures include, but are not limited to, all activities associated with scientific resources management such as research, census, law enforcement, habitat acquisition and maintenance, propagation, live trapping, and transplantation..." 16 U.S.C. Sect. 1532(3). The 2000 fish and wildlife program (see http://www.nwcouncil.org/library/2000/2000-19/frame.htm) of the Northwest Power Planning Council (given Congressional authority for administering and implementing the Northwest Power Act), contains a number of specific measures relating to restoration of Columbia River salmon runs using a variety of methods including artificial propagation.

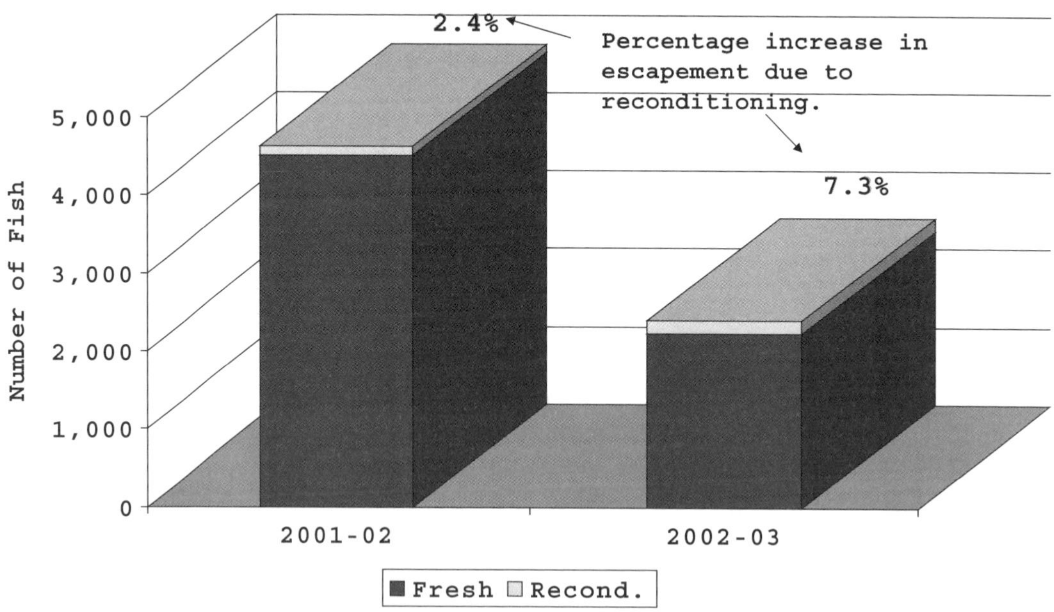

Figure 7. Escapement of steelhead, including reconditioned kelt releases, to the Yakima River basin for the 2001–2002 and 2002–2003 run years.

term[7]. In lieu of dam removal, the federal government proposed a broad series of measures (many of them habitat-related) in the most recent biological opinion on Columbia River hydrosystem operations to compensate. However, a federal judge questioned the federal government's ability to implement these actions citing issues relating to jurisdictional authority and adequacy of resource commitments and ordered the federal government to rewrite this plan[8]. The National Marine Fisheries Service (NMFS) has stated that harvest has already been reduced to the point that it is not a major factor limiting recovery of ESA-listed Columbia basin fall Chinook salmon and steelhead populations (NMFS 2002) and that opportunities for improvements in other ESA-listed Columbia River salmon populations due to harvest reduction are insubstantial (NMFS 2000).

Now if the region accepts the view advocated by many prominent fishery scientists that hatchery supplementation is too risky and should be treated as experimental and deployed only on a limited scale[9], then all of the "four H" recovery tools are effectively neutralized. Clearly, this is a situation that is unacceptable to the Columbia River tribes and to most of the region's other so-called "stakeholders" who seek a tangible benefit from the billions of dollars invested in regional salmon recovery efforts while at the same time wishing to see the region's multifaceted economy remain stable and productive. Therefore it is the perspective of this fishery manager that hatcheries should be viewed as a bridge to maintain viable fisheries and meet legal obligations while the region struggles to find and implement appropriate balances between the needs of nature and society. It is in this context that the Yakama Nation continues to pursue projects such as those discussed in this paper while simultaneously working with other agencies to improve connectivity and habitats throughout the Columbia River basin.

I would like to close with a statement by prominent farmer, conservationist, and author Wendell Berry from his essay, which appeared in the May/June 2002 issue of Sierra magazine. He says, "The question we must deal with is not whether the domestic and the wild are separate or can be separated; it is how, in the human economy, their indissoluble and necessary connection can be properly maintained." This statement is perhaps nowhere more applicable than to the debate surrounding appropriate uses of hatchery-reared salmon in the Columbia River basin. While hatchery reared fish and hatchery technologies must be used with caution, they are an invaluable and abundant resource that can aid the region in meeting salmon recovery goals in a meaningful timeframe while helping to minimize the pain of economic sacrifices that many individuals and groups are making toward recovery efforts.

Acknowledgments

I am thankful to the many people that help make these projects a reality: YKFP program manager Mel Sampson and Yakama Nation fisheries program manager Lynn Hatcher (now retired from the Yakama Nation); biologists Dave Fast, David Lind, Mark Johnston, Joel Hubble, Jim Dunnigan, Steve Parker, Tom Scribner, Todd Newsome, Doug Hatch, Paul Anders, Allen Evans, Bruce Watson, Bill Fiander and Melinda Davis; the Cle Elum hatchery manager Charles Strom and Prosser hatchery manager Joe Blodgett; the fish culture crews; and the many Yakama Nation technicians that collected much of the field data. I would also like to thank Don MacKinlay, Jim Lannan, Ernie Brannon, and Steve Parker for providing inspiration and ideas for this paper. Finally, thanks to our comanager on the YKFP, the Washington Department of Fish and Wildlife, and to the Bonneville Power Administration for providing funding.

References

Achord, S., P. S. Levin, and R.W. Zabel. 2003. Density-dependent mortality in Pacific salmon: the ghost of impacts past? Ecology Letters 6:335–342.

Bosch, B. 2002. Run size forecast for Yakima River adult spring chinook, 2003. November 15, 2002. Internal memo. Available at: http://www.ykfp.org

BPA (Bonneville Power Administration). 1996. Yakima fisheries project. Final environmental impact statement. Bonneville Power Administration. Washington Department of Fish and Wildlife. Yakama Indian

[7] "We've got an energy problem in America. We don't need to be breaching any dams that produce electricity. And we won't." –George W. Bush, President of the United States, Speech at Ice Harbor Dam, August 22, 2003. See also letter to the President from the governors of Idaho, Montana, Oregon, and Washington regarding recommendations for protecting Columbia River fish and wildlife and preserving the benefits of the Columbia River power system, June 5, 2003.

[8] U.S. District Judge James Redden, decision in *National Wildlife Federation et al v NMFS*, May 7, 2003.

[9] Independent Scientific Advisory Board (ISAB) for the Northwest Power Planning Council, the National Marine Fisheries Service, and the Columbia River Basin Indian Tribes, "Review of Salmon and Steelhead Supplementation," Report No. ISAB 2003-03, June 4, 2003.

Nation. January, 1996. DOE/EIS-0169. DOE/BP-2784. Portland, Oregon.

Dunnigan, J. L., W. J. Bosch, and J. D. Hubble. 2002. Preliminary results of an effort to re-introduce coho salmon in the Yakima River, Washington. In D. MacKinlay, editor. Hatchery reform: the science and the practice. Proceedings of the International Congress on the Biology of Fish, July, 2002, Vancouver.

Fast, D. 2002. Design, operation and monitoring of a production scale supplementation research facility. In D. MacKinlay, editor. Hatchery reform: the science and the practice. Proceedings of the International Congress on the Biology of Fish, July, 2002, Vancouver.

Hatch, D. R., P. J. Anders, A. F. Evans, J. Blodgett, B. Bosch, D. Fast, and T. Newsome. 2002. Kelt reconditioning: a research project to enhance iteroparity in Columbia Basin steelhead (*Oncorhynchus mykiss*). Bonneville Power Administration, Annual report, Project 2000–017-00, Portland, Oregon.

Nehlsen, W., J. E. Williams, and J. A. Lichatowich. 1991. Pacific salmon at the crossroads: stocks at risk from California, Oregon, Washington, and Idaho. Fisheries 16:4–21.

NMFS (National Marine Fisheries Service). 2000. A standardized quantitative analysis of risks faced by salmonids in the Columbia River basin. Cumulative Risk Initiative. NMFS-NOAA, Northwest Fisheries Science Center, Seattle.

NMFS (National Marine Fisheries Service). 2002. Endangered Species Act Section 7 Consultation and Magnuson-Stevens Act essential fish habitat consultation, Biological Opinion, Impacts of Treaty Indian and non-Indian fall season fisheries in the Columbia River Basin in year 2002 on salmon and steelhead listed under the Endangered Species Act. National Marine Fisheries Service, Northwest Region, Seattle.

NPPC (Northwest Power Planning Council). 1982. Columbia River Basin Fish and Wildlife Program. Adopted November 15, 1982. Northwest Power Planning Council, Portland, Oregon.

NPPC (Northwest Power Planning Council). 1995. 1994 Columbia River Fish and Wildlife Program (revised 1995). Northwest Power Planning Council, Portland, Oregon.

TRP (Tribal Restoration Plan). 1995. *Wy-Kan-Ush-Mi Wa-Kish-Wit*: The Columbia River anadromous fish restoration plan of the Nez Perce, Umatilla, Warm Springs, and Yakama tribes. Columbia River Inter-Tribal Fish Commission, Portland, Oregon.

Wilson, E. O. 2002. The future of life. Knopf, a division of Random House, Inc. New York.

American Fisheries Society Symposium 44:161–175, 2004

Lessons in Rehabilitation Stocking and Management of Lake Trout in Lake Huron

JAMES E. JOHNSON AND JI X. HE

Michigan Department of Natural Resources, Alpena Great Lakes Fisheries Station
160 East Fletcher, Alpena, Michigan 49707, USA

AARON P. WOLDT

U. S. Fish and Wildlife Service, Alpena Fisheries Resources Office
145 Water Street, Alpena, Michigan 49707, USA

MARK P. EBENER

Chippewa/Ottawa Resource Authority
179 West Three-Mile Road, Sault Ste. Marie, Michigan 49783, USA

LLOYD C. MOHR

Ontario Ministry of Natural Resources, Lake Huron Unit
1450 Seventh Avenue East, Owen Sound, Ontario N4K 2Z1, Canada

Abstract.—Lake trout *Salvelinus namaycush*, the native keystone predator of the upper Great Lakes, were extirpated from Lake Huron in the 1940s. From 1973 to 2002, more than 42 million yearling-equivalent lake trout were stocked in Lake Huron. We use assessment catch rates and statistical catch-at-age models to evaluate stocking methods and whether objectives of rehabilitation stocking, including restoration of natural reproduction, have been achieved in western Lake Huron. A rise in survival after 1989 was probably due to vessel distribution of hatchery fish to offshore stocking sites and an increase in average condition of lake trout stocked during the early 1990s. Until 2000, however, excessive sea lamprey- and fishing-induced mortality permitted few lake trout to survive to spawning age, thus suppressing reproduction. In contrast, a reproducing stock of lake trout has been rehabilitated in Parry Sound, eastern Lake Huron, where fishing and lamprey controls were more effective and stocking rates higher. Beginning in 2000, more effective lamprey and fishing controls were implemented in western Lake Huron. Modeled spawning-stock-per-recruit estimates suggest that these measures produced conditions favorable for accumulation of lake trout spawning stocks. More effective management of mortality combined with recent improvements in stocking strategies should lead to improved prospects for reproduction in western Lake Huron.

Introduction

Lake trout *Salvelinus namaycush* were the top native predator of Lake Huron and supported a valuable commercial fishery from the 1830 s to the 1940s. The population collapsed in the 1940s due to overfishing and depredations of sea lampreys *Petromyzon marinus*. Sea lampreys were among many invasive aquatic species to colonize the Great Lakes (Mills et al. 1993; Ricciardi 2001), reached Lake Huron in the 1930s, and parasitized lake trout and other species (Hile 1949; Coble et al. 1990; Eshenroder et al. 1992, 1995). In the 1960s, the Great Lakes Fishery Commission implemented a sea lamprey control program. Restocking of lake trout began in the 1970s (Eshenroder et al. 1995; Whelan and Johnson 2004, this volume). In 1981–1982, the first spawning and fry production by hatchery-origin lake trout were observed on a small inshore reef in western Lake Huron (Nester and Poe 1984). Beginning in 1984, reproduction was documented in Thunder Bay

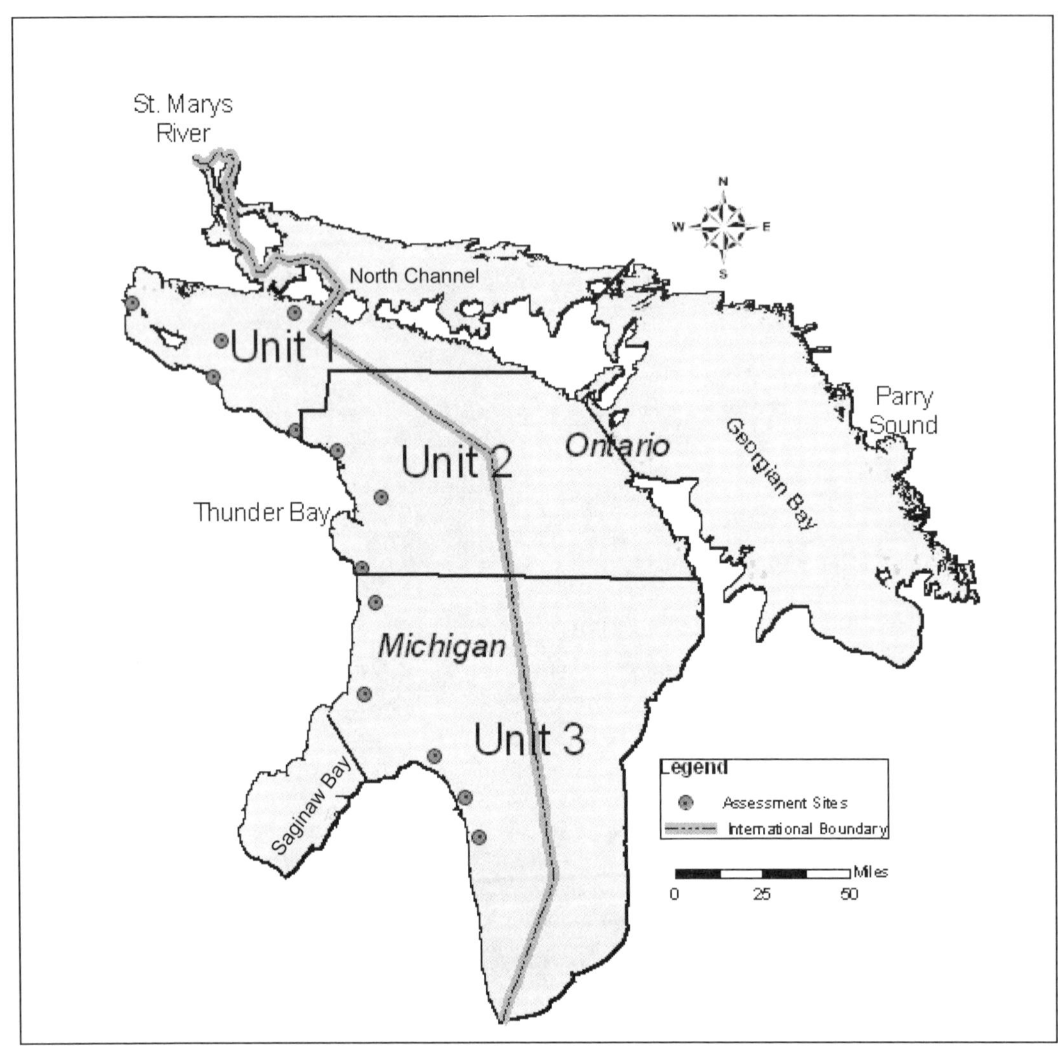

Figure 1. Lake Huron management units and lake trout assessment stations.

(Figure 1), western Lake Huron, however, after 1990 reproduction appeared to be in decline (Johnson and VanAmberg 1995). Parry Sound (Figure 1), in Georgian Bay, Ontario has been the only Lake Huron site where a remanent stock of lake trout survived the collapse. A self-sustaining lake trout population has been reestablished there (Reid et al. 2001). Except for Parry Sound, the goal of reestablishing self-sustaining lake trout populations in Lake Huron has not been met.

Our purpose in this paper is to use gill-net assessment data and catch-at-age modeling to sort out the factors contributing to the slow response to rehabilitation in the main basin of Lake Huron, with an emphasis on the role of propagation. Specifically, several studies have found that poststocking survival of lake trout in the Great Lakes tended to decline over time (Elrod et al. 1993; Cornelius et al. 1995; Hansen et al. 1996). We therefore examine whether there has been a similar decline in survival rates to age 5 and age 6 in Lake Huron. Further, we examine whether rehabilitation has led to a measurable biomass of spawning-age lake trout and whether there is recent evidence of reproduction of lake trout in western Lake Huron. We use catch-at-age modeling to examine the role of propagation, relative to other rehabilitation strategies, in the observed progress or lack thereof in reaching rehabilitation milestones. Finally, we contrast the rehabilitation experience of western Lake Huron with that of Parry Sound, where reproducing lake trout have been rehabilitated.

Methods

Stocking

Most lake trout stocked in Michigan waters of Lake Huron were raised by Jordan River, Iron River, and Pendills Creek U.S. Fish and Wildlife Service fish hatcheries. We define the main basin of Lake Huron to be all waters of Lake Huron exclusive of Saginaw Bay, the North Channel, and Georgian Bay (Figure 1). Nearly 90% of lake trout were reared to yearling size, and the balance was stocked as fall fingerlings. Until 1985, most lake trout were stocked along shore, and an average of 34% was distributed by boat. In 1985, offshore stocking became a more routine practice, and 85% were distributed by boat after 1989. Marquette Lake Superior was the principal strain stocked prior to 1990. After 1990, a wider variety of lake trout strains was used, including Seneca Lake, Marquette, Lewis Lake, and Jenny Lake. All fingerling- and yearling-sized lake trout were given year-specific fin clips or lot-specific coded-wire tags. Stocking of a large offshore reef complex, Yankee Reef and 6-Fathom Bank, began in 1985; all these fish were marked with coded-wire tags or unique fin clips so they could be identified in assessment and fishery catches. Prior to 1995, target size for yearling lake trout at stocking was approximately 44/kg. Beginning in 1995, feed rations were increased to produce fish with higher visceral fat levels, which increased the size of yearlings at stocking to near 28/kg. Production capacity remained unchanged; thus, numbers available for stocking declined in proportion to the increase in size of the yearlings produced. Prior to 1997, stocking of Michigan waters of Lake Huron was allocated based on historic yields, mortality rates, and proximity to fisheries (Ebener 1998). Beginning in 1997, the Great Lakes Fishery Commission Lake Huron Committee began allocating lake trout stockings to lake management units (1) that contained historic spawning sites, and (2) where sea lamprey and fishing mortality were adequately controlled. Stocking rates were 1.5 yearlings/ha of habitat less than 110 m (Ebener 1998). All stocking data were supplied by U.S. Fish and Wildlife Service, Green Bay Fishery Resource Office, and Ontario Ministry of Natural Resources.

Data Collection

Since 1975, assessment of lake trout stocks has been done annually in Michigan's waters of Lake Huron with graded-mesh, multifilament nylon gill nets set in May and early June. Nets were 1.8 m deep and consisted of nine 30.5-m panels of 51- to 152-mm mesh (stretch measure) in graded increments of 13 mm. Nets were tied together and fished as gangs. Gangs of gill nets were set on the bottom across depth contours of 10–40 m. A unit of effort was defined as an overnight set of 305 m of such gear. Survey stations were distributed in Michigan waters of three lake management units of the main basin of Lake Huron (Figure 1): north (Unit 1), central (Unit 2), and south (Unit 3). Data recorded from the lake trout catch included total length (nearest mm), weight (nearest 10 g), sex, maturity, occurrence of sea lamprey wounds, and stomach contents. Sea lamprey wounds were classified according to King (1980). Most lake trout were assigned ages based on fin clips or coded-wire tags. Unmarked lake trout or lake trout with unrecognizable fin clips were aged using scales.

Recreational harvest was monitored from 1986 to 2002 in Michigan waters by sampling completed-trip catches and recording fishing effort, using a stratified, randomized sampling plan as in Rakoczy (1992). Recreational harvest of lake trout was insignificant in Ontario waters of Lake Huron's main basin (Lloyd Mohr, Ontario Ministry of Natural Resources, personal communication). Commercial harvest of lake trout by Michigan-licensed commercial fisheries was prohibited, but tribally licensed and Ontario-licensed commercial fisheries were permitted to harvest lake trout in the northern unit of Lake Huron. Lake trout were also commercially harvested by Ontario commercial fisheries in the central and southern units. Commercial harvest was estimated based upon reported sales of lake trout. Age-specific biological data were taken from samples of the recreational catch and by dockside and on-board monitoring of the commercial catch. On-board monitoring was also used to correct for errors in reporting and for estimating lake trout discards and discard-induced mortality in the commercial catch (Johnson et al. 2004).

Data Analysis

We designed an index of survival of stocked lake trout using our gill-net assessment catch rates, as in Wilberg et al. (2002). To compute this index, all records of offshore-stocked (Yankee Reef and 6-Fathom Bank) lake trout were removed from the assessment and stocking data because stockings of these fish began midway during the assessment period and their movement patterns are not well understood. All fish lacking fin clips were also excluded from the survival index because the unclipped lake trout may have represented reproduction, rather than lake trout of hatchery origin. Catch per effort (CPE) of age-5 and age-6 lake trout was standardized by dividing the catch of each of these age-groups by cohort size, yielding an estimate of CPE per recruit (CPE/R). Recruitment was defined as cohort size (millions), which was the number of yearling-equivalents of a lake trout year-class stocked in a respective management unit of the lake. Numbers of fall-fingerlings stocked were converted to yearling equivalents by multiplying by the survival rate of 0.40 from fall fingerling to yearling stage, as in Elrod et al. (1988). Wilberg et al. (2002) reported that lake trout CPE/R was not sensitive to assumptions about movement among management units. Therefore, we did not adjust CPE/R for movement patterns among lake units. Movement was, however, accounted in catch-at-age models (Bence 2002). We used the survival index to assess trends in stocking effectiveness. We also compared survival indices in each lake unit for cohorts from two periods: prior to 1990, before boat stocking became routine; and for year-classes 1990–1996, which were stocked by boat, using t-tests, with a significance level of $P < 0.05$.

Statistical Catch-at-Age Models

Statistical catch-at-age (SCAA) models were used to estimate and partition mortality rates and estimate lake trout abundance at age. Model design and technical details of model implementation were documented in Sitar et al. (1999), Bence (2002), Woldt et al. (2003), and Ebener et al. (in press). Models were assembled for each of the three Lake Huron lake units. Each SCAA was composed of two parts: (1) population model—population dynamics were driven by abundance at age in the first modeling year, annual yearling recruitment, and annual mortality rates; (2) predicted fishery and assessment catches at age—fishery catches were modeled using Baranov's catch equation, while assessment CPE and its age composition were modeled as proportional to population abundance and age structure. The above two parts of SCAA models were linked using predicted fishing and assessment effort and estimates of catchability and age-specific selectivity in each gear. Most of model parameters were adjustable, and best agreements between model estimates and observations were achieved by using a maximum likelihood approach to optimizing these variable parameters. Observed data included numbers and life stage stocked, fishery and survey effort, fishery catches, survey CPE, age composition in fishery catches, age composition in assessment catches, and some prior estimates of mortality rates.

Total mortality was compartmentalized into natural, fishing, and sea lamprey-induced. Natural mortality was held constant over time and was estimated during model fittings. The prior estimate of instantaneous mortality from age 1 to age 2 was 0.8, based on Rybicki (1990). Prior estimates of instantaneous natural mortality for age 2 and older were based on von Bertalanffy growth parameters and mean water temperature experienced by the fish population (Pauly 1980). Final estimates of natural mortality were allowed to depart from the prior estimates, but deviations were penalized. Fishing mortality was partitioned further into commercial and recreational fishing mortality. Fishing and survey selectivity were modeled as four-parameter double-logistic functions of age, and the first inflection point was allowed to change over time during model fittings. Sea lamprey-induced mortality was estimated separately and treated as input to the SCAA model. The model for sea lamprey mortality included wounding rate as a logistic function of body length of lake trout (Rutter and Bence 2003) and mortality rate as a function of wounding rate and fish-size specific probability of surviving an attack (Eshenroder and Koonce 1984). Estimated sea lamprey-induced mortality was then converted to age-specific mortality based on length–age keys. For simplicity, partitioned mortality rates are given for age-6 lake trout only, and "fishing" mortality includes both commercial and recreational sources.

Recruitment each year in a given management unit was the number of stocked yearling equivalents adjusted for movement among management units (Bence 2002). Reproduction was not a significant source of recruitment in the main basin (Johnson and VanAmberg 1995) and therefore was not considered. Movements among units were estimated from recoveries of lake trout that were given site-specific marks prior to release. Then, a matrix of movement was used to adjust numbers of yearling equivalents for each management unit. Numbers at age for the first modeling year were estimated based on yearling numbers of previous years and an estimated average total annual mortality over those years.

In 2000, the management agencies agreed to set target total annual mortality rates of ≤45% in the northern management unit and ≤40% for central and southern units. Spawning stock biomass per recruit (SSBR) was used to evaluate whether or not those targets were met (Bence 2002; Woldt et al. 2003). Here, the unit of recruitment was defined as 0.5 females, assuming a 1:1 sex ratio. Then, SSBR (female) was calculated for each year by exposing the unit of recruitment to the target mortality or estimated mortality for a given unit for an assumed 15-year life span, thus accumulating an expected life-span spawning biomass. Target SSBR was from a mortality schedule with only natural mortality under age 5 and target total annual mortality for age 5 and older. The SSBR and target SSBR were sensitive to differences in size at age and maturity schedules. For simplicity, SSBR was calculated as the lifespan sum of mature female biomass at the beginning of each year, rather than as spawning female biomass at spawning time (fall).

Results

Stocking

From 1975 to 2002, 6,328,332 fall fingerling and 32,431,700 spring yearling lake trout were stocked in Michigan waters of Lake Huron. An additional 4.5 million yearling equivalents were stocked by Ontario Ministry of Natural Resources on the eastern shore of Unit 3 from 1993 to 2002. Stocking data, expressed as yearling equivalents, are illustrated in Figure 2. These stockings were distributed as follows: 26% in Unit 1, 19% in Unit 2, 43% in Unit 3, and 11% in midlake reefs.

Analysis of Assessment Data

The CPE/R (at ages 5 and 6) spiked with the initial year-classes stocked into Units 1 and 2, then varied without trend until 1998, when they spiked again from 1999 to 2001 (Figure 3). The CPE/R in Unit 3 did not display the early spike seen in the other units, but varied annually and generally increased from 1978 to 2001 (Figure 3). The CPE/R, both at ages 5 and 6, was especially high for the 1993 year-class in Unit 1 and the 1994 year-class in Units 2 and 3. Catch per effort per recruit was not significantly higher at either age 5 ($P = 0.08$) or age 6 ($P = 0.20$) after 1989 in Unit 1. The increases after 1989 were significant for both ages 5 and 6 in Units 2 and 3 ($P < 0.03$).

SCAA Model Output

Both fishing and sea lampreys were major sources of mortality in Unit 1. Commercial fishing mortality there was exceptionally high prior to 1990. Recreational fishing in this unit was light. Until 2001, total mortality of age-6 lake trout was well above the unit's 45% target, averaging 62%. Annual mortality declined sharply, falling below target, in 2001 and 2002 and averaged 0.42% those 2 years. In Units 2 and 3, sea lamprey and natural mortality combined averaged 40% from 1985 to 2000, which equaled the target total mortality rate, leaving no surplus production for harvest (Figure 4). Fortuitously, fishing rates in these units were relatively low. Sea lamprey-induced mortality declined after 2000, causing total annual mortality for age-6 fish to drop below the target, averaging 35% in the two units combined in 2001 and 2002. Sharp declines in annual mortality after 2000 in all three units were led by reductions in estimated losses to sea lampreys and, in Unit 1, by reduction in commercial harvest. From 1984 to 2000, sea lamprey attacks accounted for 25% of lake trout deaths in Unit 1, 40% in Unit 2, and 35% in Unit 3. Fishing during that period caused 43%, 7%, and 13% of deaths in Units 1, 2, and 3, respectively.

Targeted SSBR differed among the three management units (Figure 5), mostly because of differences in growth (Figure 6) and age at first maturity. Half of female lake trout were mature at age 5 in Unit 3, age 7 in Unit 2, and age 8 in Unit 1.

In Unit 1, SSBR estimates were far below target prior to 2001 and, in some years near zero, but rose sharply in 2001 and 2002, achieving or surpassing the SSBR target in both years (Figure 5). SSBR ranged near or below target in Units 2 and 3 but, as with Unit 1, surpassed target in 2001 and 2002. Variation in size at age caused annual variations in targeted SSBR. For example, modeled body mass at age 9 showed decreasing trends in both Units 2 and 3, although body mass for ages younger than six did not show clear changes or sometimes increased (Figure 6).

Accumulated biomass of age-6 and older lake trout was near negligible prior to 1991 in both Units 1 and 2, and rose slightly through the late 1990s. Biomass of age-6+ lake trout was approximately an order of magnitude higher in Unit 3 than the other units; it decreased there from 1984 to 1995, then recovered steadily thereafter (Figure 7).

The CPE of unclipped, potentially wild, lake trout was low through most of the time series, averaging 0.37 from 1984 to 2002. The CPE of lake trout lacking fin clips rose to 1.22 in Unit 2 during 1989–1992, but then decreased and varied without trend thereafter (Figure 8).

Discussion

We did not observe the declining pattern of CPE/R with time reported by others (Elrod et al. 1993; Cornelius et al. 1995; Hansen et al. 1996). In fact,

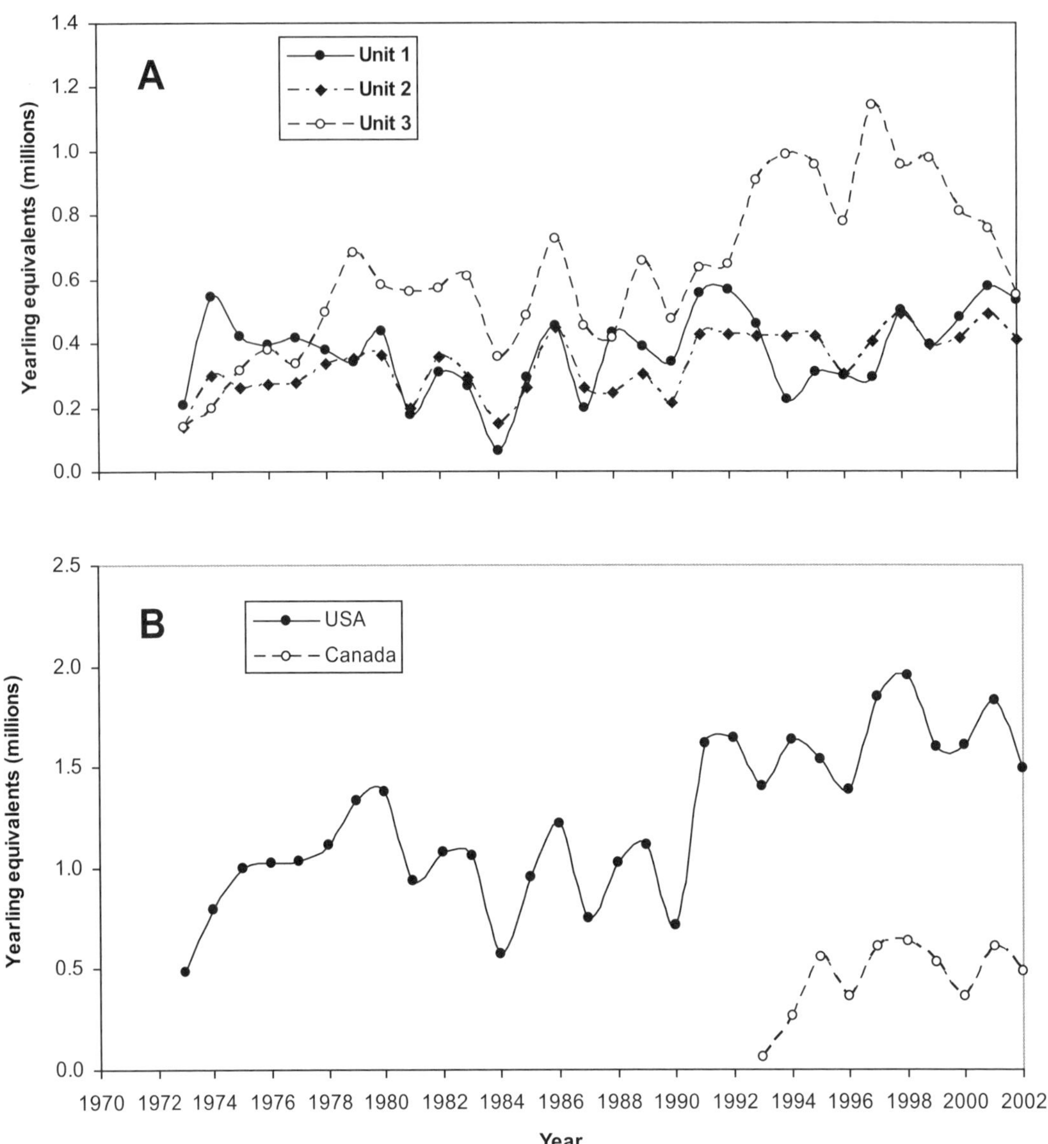

Figure 2. (A) Lake trout yearling equivalents stocked in each of three lake units, main basin of Lake Huron; (B) lake trout yearling equivalents stocked in the main basin of Lake Huron by U.S. Fish and Wildlife Service (USA) and Ontario Ministry of Natural Resources (Canada).

our survival indices rose significantly in Units 2 and 3 after 1989. In our study, biomass estimates of age-6+ lake trout did not rise consistently with time; thus, it is unclear whether density of adult lake trout was high enough to cause a decline in juvenile survival. Weight at age 9, on the other hand, appeared to decrease after 1996 in the two southern units (Figure 6), indicating density effects may have become significant. Annual variation in our survival index was sometimes inconsistent between cohorts and management units. For example, year-classes with high survival indices in Units 1 and 2 had relatively low indices in Unit 3.

Although the rise was not significant in Unit 1, a common denominator in all management units was that survival indices rose after 1990, which was the year the transition from onshore stocking to vessel stocking was completed. Elrod (1997) documented a tendency in Lake Ontario for lake trout stocked offshore to survive better than those stocked near shore. Our offshore stocking at first targeted potential spawning

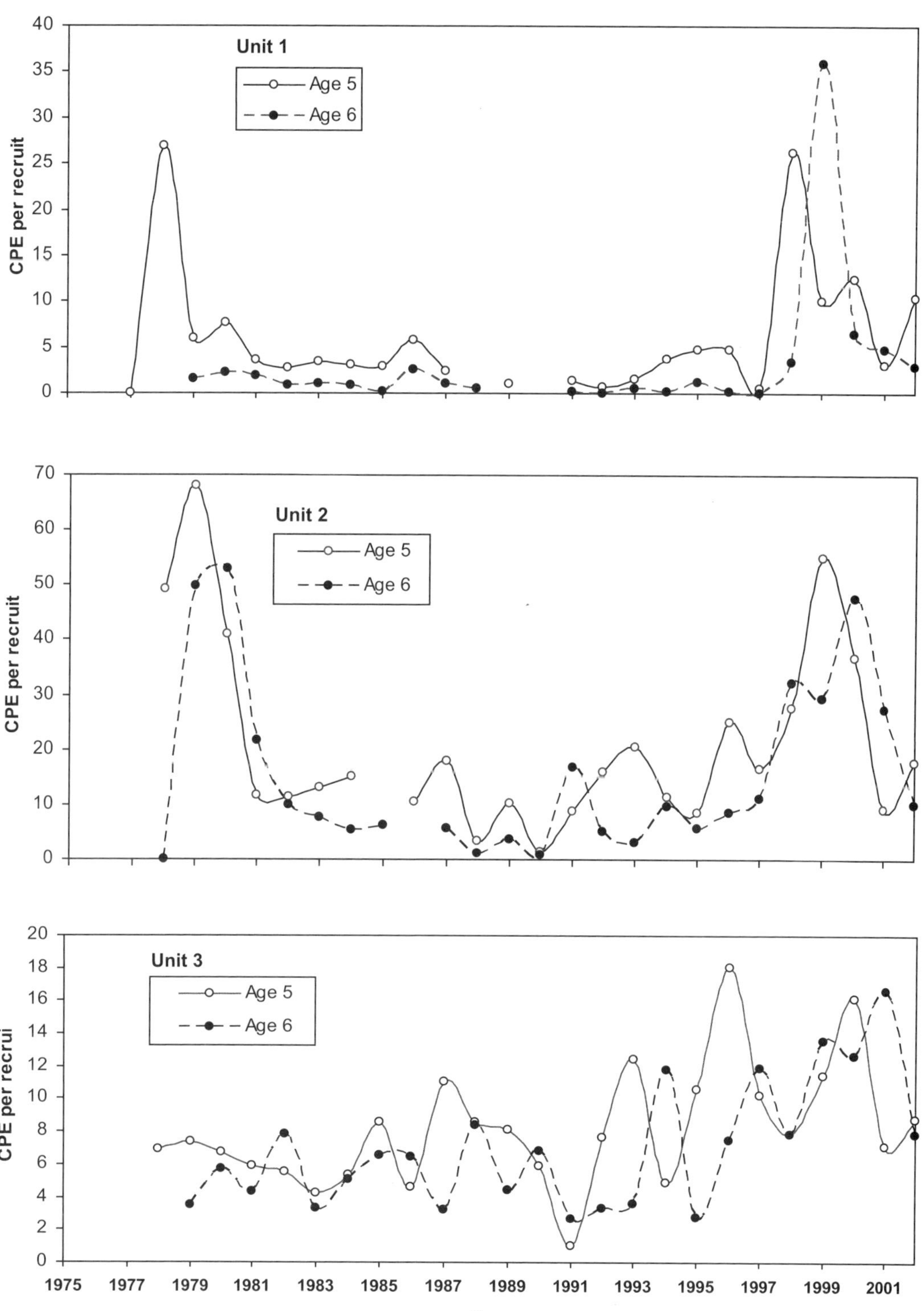

Figure 3. Catch per effort (CPE)/recruit (assessment catch rate divided by year-class size, expressed as yearling equivalents) at ages 5 and 6, three management units, Lake Huron.

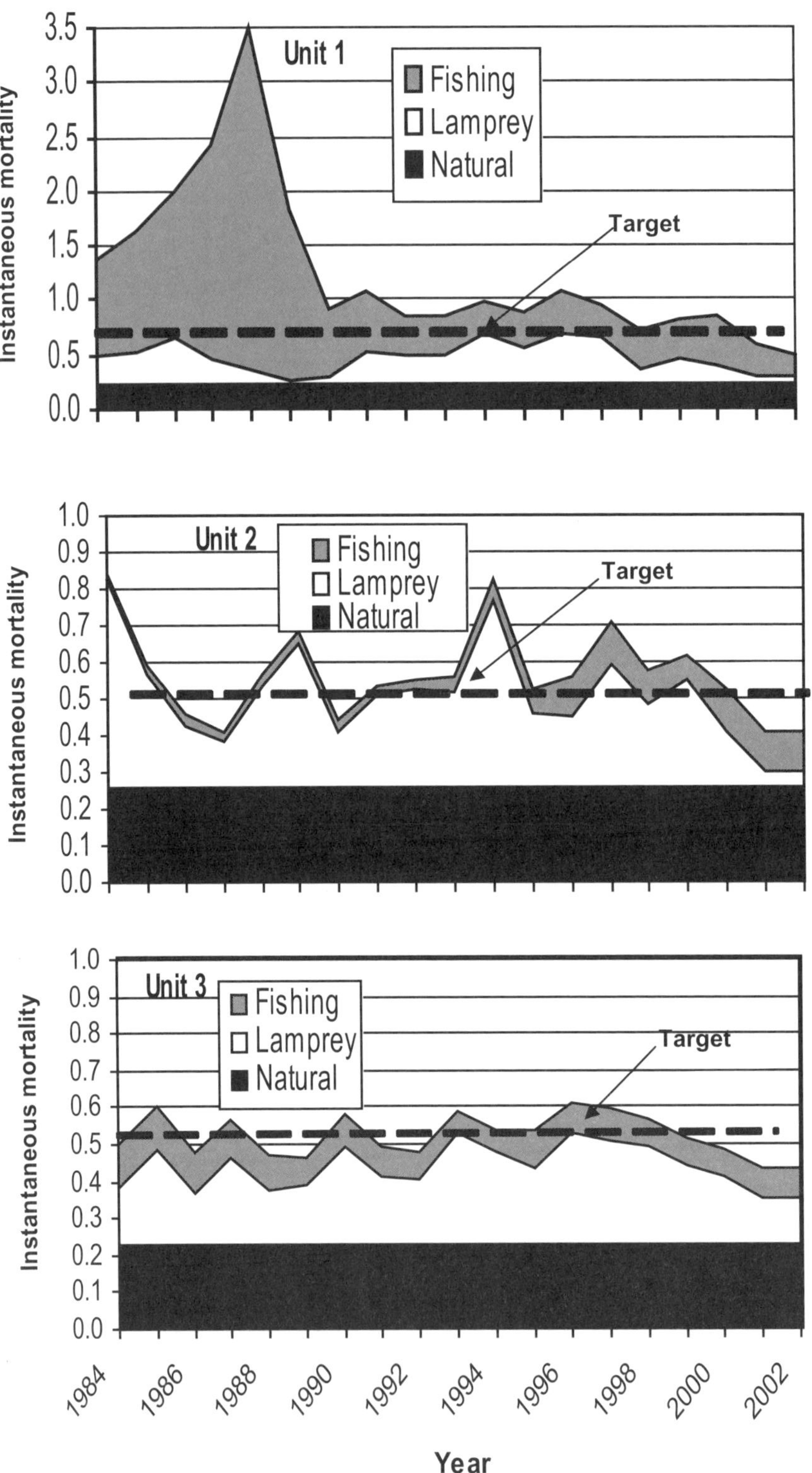

Figure 4. Trends and sources of mortality for age-6 lake trout, by lake unit, main basin of Lake Huron. Note the larger mortality scale needed for plotting Unit 1.

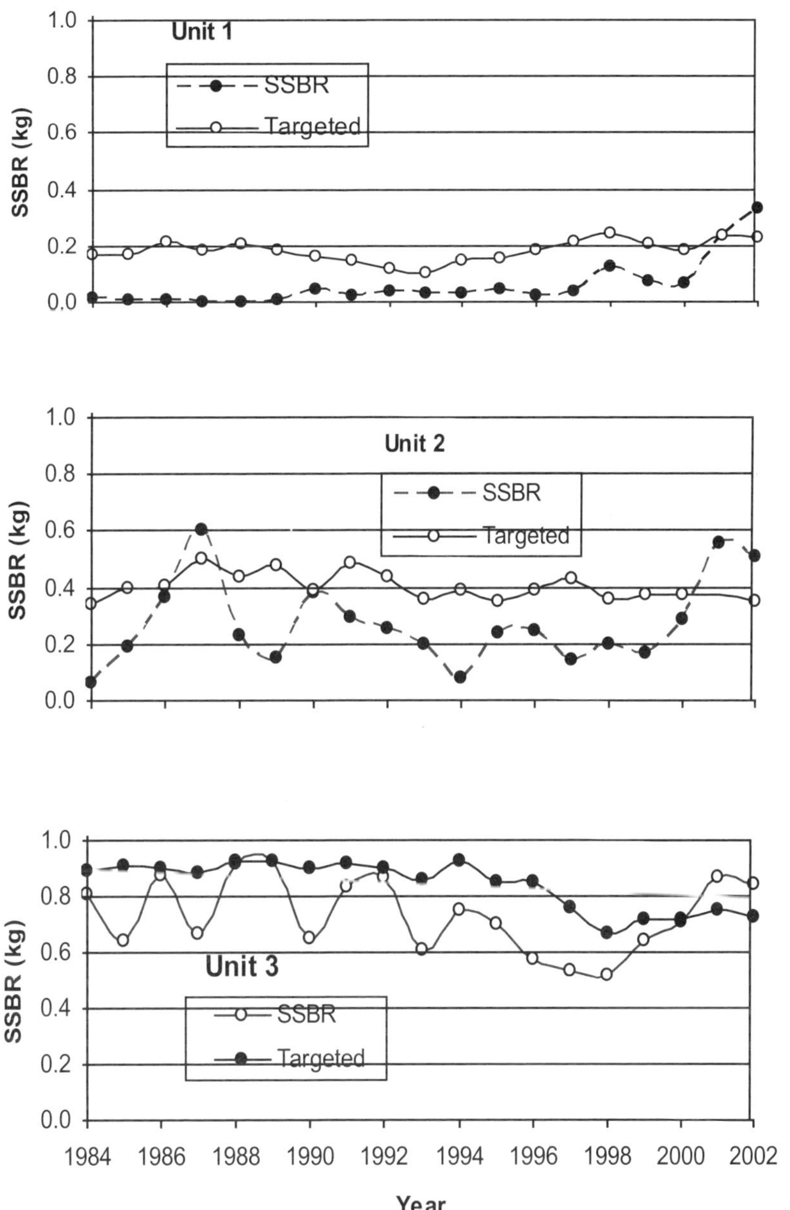

Figure 5. Modeled spawning stock biomass/recruit (SSBR) for 1984–2002 cohorts compared to target SSBR, by management unit, main basin of Lake Huron.

reefs, but later offshore stocking targeted relatively deep waters (>30 m) offshore of potential spawning reefs. These offshore stocking sites were in close proximity to the deep-benthic habitat of juvenile lake trout. Lake trout juveniles stocked on shore are exposed to littoral zone predators as they migrate to reach their preferred depths (Elrod 1997). Offshore distribution may have lowered predation risk by minimizing the migratory distance from stocking site to preferred habitat. Mean size at stocking increased with the 1993 year-class. There are indications that these enhanced quality cohorts survived well and contributed to the post-1990 rise in CPE/R. For example, survival indices were high for the 1993 and 1994 year-classes in Units 1 and 2, respectively, and the 1995 year-class survived well in Unit 3. However, too few of the enhanced-quality

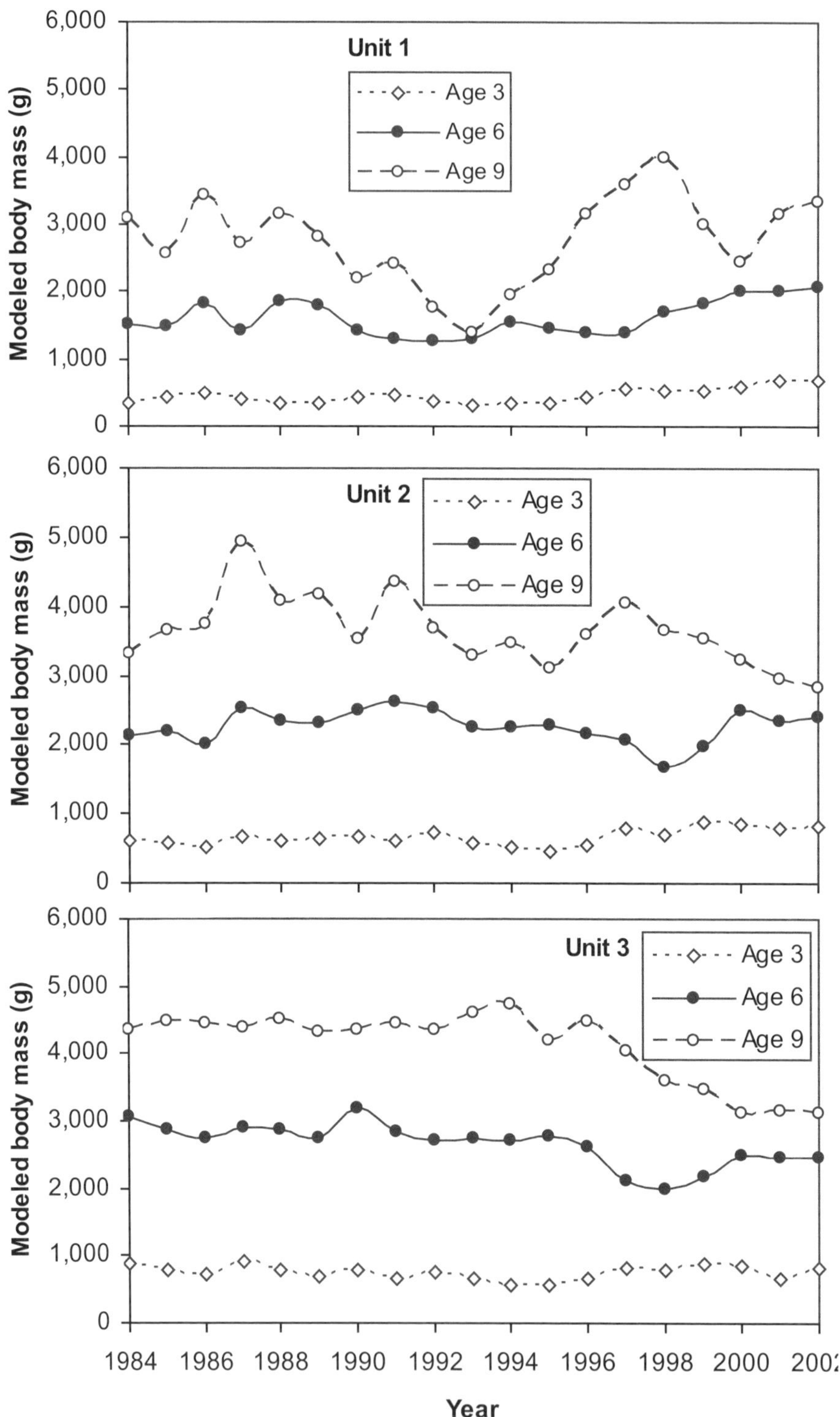

Figure 6. Modeled body mass for three age-groups of lake trout, by lake unit, 1984–2002, main basin of Lake Huron.

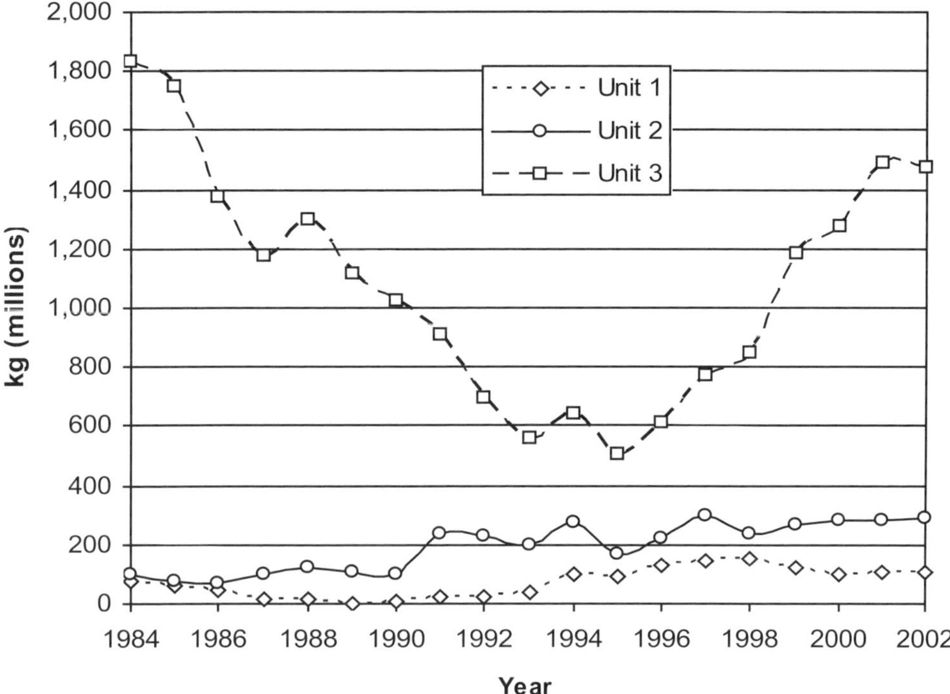

Figure 7. Trends in modeled biomass of age-6 and older lake trout, by management unit, main basin of Lake Huron.

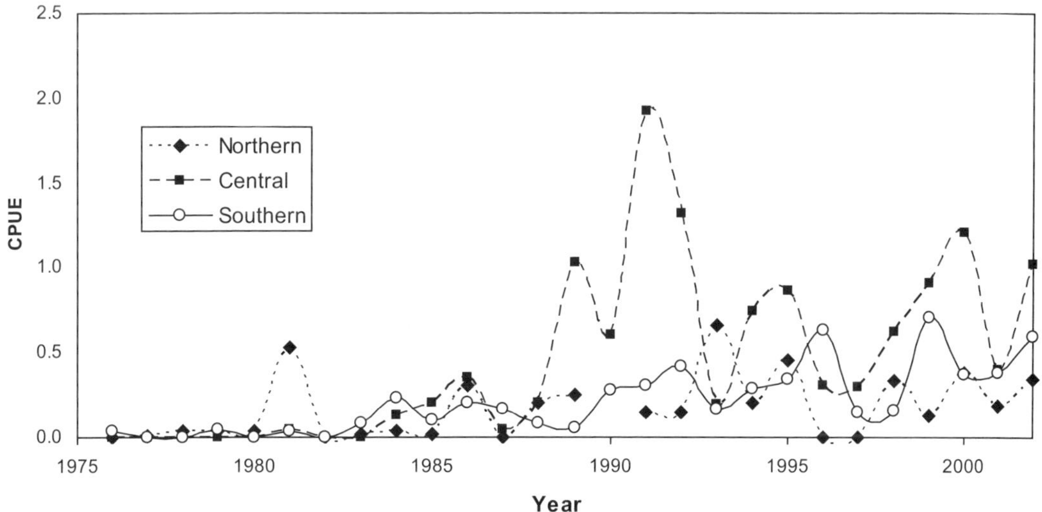

Figure 8. Trends in catch per 305 m of assessment gill net of unclipped, potentially wild, lake trout, western Lake Huron.

lake trout cohorts were recruited to our assessment gear for us to evaluate their relative performance in this time frame.

From 1988 to 2000, sea lampreys were the chief cause of death in Units 2 and 3. Eshenroder et al. (1995) also reported that sea lampreys were a leading cause of lake trout deaths, killing 7% to 56% of lake trout annually, depending on lake trout size and management unit. Lake Huron has, until recently, hosted more adult sea lampreys than the other four Great Lakes combined (Morse et al. 2003; Mullett et al. 2003). Low effectiveness of sea lamprey control in Lake Huron has been attributed to presence of large, uncontrolled numbers of lampreys in the St. Marys River, Lake Huron's largest tributary. Until recently, the St. Marys River was considered too large to effectively treat with justifiable cost. The first significant attempt to gain control of the St. Marys River lamprey population began in the late 1990s (Schleen et al. 2003). Lamprey-induced mortality estimates, based on wounding rates on our assessment catch, declined after 1996 in all units. Although it remains uncertain whether this decline is attributable to enhanced sea lamprey control or other factors (Adams et al. 2003), the current declining trend is promising. In Unit 1, fishing rates were exceptionally high prior to 1990, and sea lampreys combined with fishing killed excessive numbers of lake trout from 1990 to 2000. A combination of enhanced sea lamprey and fishing controls was implemented after 2000. Evidently as a consequence of these management changes, Unit 1 achieved target mortality rates in 2001 for the first time since 1981 (Figure 4).

As with mortality rates, spawning stock biomass per recruit consistently failed to reach target levels in Units 1 and 2 until 2001 and 2002. In Unit 3, SSBR ranged near target until 2000 after which it rose well above the target levels. The rise after 2000 reflects the combination of reductions in sea lamprey-induced mortality in Units 2 and 3, a combination of sea lamprey and fishing controls in Unit 1 and increased poststocking survival caused by offshore stocking and perhaps the use of larger-sized yearlings after 1990. The rise in SSBR in all units suggests that an increase in spawning-age lake trout biomass will follow if the mortality schedules that prevailed in 2001 and 2002 are sustained.

The catch rate of lake trout lacking fin clips, and therefore potentially representing reproduction, was generally low in all units. The rise in CPE of unclipped lake trout during 1989–1992 in Unit 2 suggests that reproduction may have been contributing to recruitment there. The decline after 1992 suggests that reproduction was not sustained. Johnson and VanAmberg (1995) documented low, but significant reproduction as measured in gill-net and trawl catches from the Thunder Bay area of Unit 2, but consistent with our study, their trawl catch rates of wild age-0 lake trout declined in the early 1990s. More recently, the trawl CPE of age-0 lake trout declined to zero (Michigan Department of Natural Resources, Alpena Fishery Station, unpublished data). Johnson and VanAmberg (1995) concluded that high mortality rates, principally from sea lampreys, were severely limiting the number of mature female lake trout in Unit 2. Thus, western Lake Huron's lake trout fishery remains almost entirely dependant on stocking, and the objective of restoring self-sustaining lake trout has not been met. Low biomass of age-6+ lake trout and below target SSBR estimates suggests that broodstock abundance is limiting reproduction, especially in Units 1 and 2. The rise in SSBR since 2000 suggests that this trend may be reversing and that prospects for reproduction may also rise.

Lessons in Lake Trout Stocking and Rehabilitation

Our rising survival index after 1990 suggests that offshore stocking, possibly in combination with enhanced quality control, can be effective in countering density-driven declines in stocking effectiveness. Stocking yearling lake trout as a rehabilitation tool has remained effective in western Lake Huron.

Disappointing accumulation of spawning stock biomass and failure to achieve reproduction objectives most likely were results of low adult survival combined with effects of invasive species, not poor stocking success. Reintroduction stocking is but one element of a larger lake trout rehabilitation strategy; other elements are selection of appropriate habitats for rehabilitation, management of harvest, and control of sea lampreys, for example (Krueger et al. 1995a; Ebener 1998). It could be argued that stocking of western Lake Huron has been an adaptive experiment in rehabilitation. The initial years of stocking, although unsuccessful in fostering rehabilitation, led to a long-term data set needed to identify for correction deficiencies, such as excessive mortality rates, in the overall rehabilitation plan.

In contrast to the main basin, lake trout have been rehabilitated in Parry Sound. Parry Sound is located in Ontario's Georgian Bay, eastern Lake Huron (Figure 1). An understanding of why rehabilitation was successful in Parry Sound, but thus far unsuccessful in Thunder Bay, should be instructive for refining rehabilitation strategies for western Lake Huron. The rehabilitation strategy for Parry Sound differed in several ways from that of western Lake Huron (Reid et al. 2001):

1. Parry Sound retained a remanent stock of native lake trout that served as the foundation for rehabilitation stocking and from which gametes were taken for development of a hatchery broodstock.
2. Rigorous fishing controls were successful in containing annual mortality below target rates.
3. Sea lamprey-induced mortality was lower than in western Lake Huron.
4. Stocking was focused on more finite areas of highest habitat quality and stocking rates in the selected rehabilitation sites averaged 4.5 yearlings/ha, considerably higher then our target stocking rate of 1.5/ha.
5. Alewives are relatively scarce in Parry Sound (Reid et al. 2001). Adult alewives may prey on lake trout fry (Krueger et al. 1995b), and diets consisting of mostly alewives can cause thiamine deficiency and losses of lake trout progeny at very early life stages (Fitzsimons 1995). Thiamine levels in Parry Sound lake trout eggs exceeded threshold levels, and therefore Parry Sound lake trout may have been less prone to thiamine deficiency than lake trout of western Lake Huron, where alewife abundance was high (Reid et al. 2001).
6. Finally, Parry Sound is more protected than the main basin from physical disturbance from wind and ice scouring.

Evidently as a consequence of this combination of attributes, Parry Sound stocks became self-sustaining and stocking ceased there in 1998 (Reid et al. 2001).

Acknowledgments

This study was funded by Federal Aid to Fish Restoration F-80-R, Study 451. We express gratitude to James Bence, Michigan State University, who guided the process of model development for each of the management units. The authors also wish to acknowledge the staff of the *Research Vessel Chinook*, Michigan Department of Natural Resources, who, over the period of 1968–2002, designed and collected the data used in this analysis. The Chippewa/Ottawa Treaty Authority conducted assessments of the northernmost station at Drummond Island. The U.S. Department of the Interior Fish and Wildlife Service propagated the lake trout stocked in Lake Huron, and the Fish and Wildlife Service *Stocking Vessel Togue* conducted the offshore stockings. Much of this study was coordinated via the Great Lakes Fishery Commission Lake Huron Technical Committee.

References

Adams, J. V., R. A. Bergstedt, G. C. Christie, D. W. Cuddy, M. F. Fodale, J. W. Heinrich, M. L. Jones, R. B. McDonald, K. M. Mullett, and R. J. Young. 2003. Assessing assessment: can we detect the expected effects of the St. Marys River sea lamprey control strategy? Journal of Great Lakes Research 29(Supplement 1):717–727.

Bence, J. R. 2002. Stock assessment models. Pages 8–16 *in* J. R. Bence and M. P. Ebener, editors. Summary status of lake trout and lake whitefish populations in the 1836t -ceded waters of lakes Superior, Huron and Michigan in 2000, with recommended yield and effort levels for 2001. Technical Fisheries Committee, 1836 Treaty-Ceded Waters of lakes Superior, Huron and Michigan, Chippewa-Ottawa Resource Authority, Sault Ste. Marie, Michigan.

Coble, D. W., R. E. Bruesewitz, T. W. Fratt, and J. W. Scheirer. 1990. Lake trout, sea lampreys, and overfishing in the upper Great Lakes: a review and reanalysis. Transactions of the American Fisheries Society 119:985–995.

Cornelius, F. C., K. M. Muth, and R. Kenyon. 1995. Lake trout rehabilitation in Lake Erie: a case history. Journal of Great Lakes Research 21(Supplement 1):65–82.

Ebener, M. P., editor. 1998. A lake trout rehabilitation guide for Lake Huron. Great Lakes Fishery Commission, Ann Arbor, Michigan.

Ebener, M. P., J. R. Bence, K. Newman, and P. Schneeberger. In press. An overview of the application of statistical catch-at-age models to assess lake whitefish stocks in the 1836 treaty-ceded waters of the upper Great Lakes. Great Lakes Fishery Commission Special Publication 66.

Elrod, J. H. 1997. Survival of hatchery-reared lake trout stocked near shore and off shore in Lake Ontario. North American Journal of Fisheries Management 17:779–783.

Elrod, J. H., D. E. Ostergaard, and C. P. Schneider. 1988. Comparison of hatchery-reared lake trout stocked as fall fingerlings and spring yearlings in Lake Ontario. North American Journal of Fisheries Management 8:455–462.

Elrod, J. H., C. P. Schneider, and D. E. Ostergaard. 1993. Survival of lake trout stocked in U.S. waters of Lake Ontario. North American Journal of Fisheries Management 13:775–781.

Eshenroder, R. L., D. W. Coble, R. E. Bruesewitz, T. W. Fratt, and J. W. Scheirer. 1992. Decline of lake trout in Lake Huron. Transactions of the American Fisheries Society 121:548–554.

Eshenroder, R.L., and J. F. Koonce. 1984. Recommendations for standardizing the reporting of sea lamprey marking data. Great Lakes Fishery Commission, Special Publication 84–1, Ann Arbor, Michigan.

Eshenroder, R. L., N. R. Payne, J. E. Johnson, C. Bowen, II, and M. P. Ebener. 1995. Lake trout rehabilitation in Lake Huron. Journal of Great Lakes Research 21(Supplement 1):108–127.

Fitzsimons, J. D. 1995. The effect of B-vitamins on a swim-up syndrome in Lake Ontario lake trout. Journal of Great Lakes Research 21(Supplement 1):286–289.

Hansen, M. J., M. P. Ebener, R. G. Schorfhaar, S. T. Schram, D. R. Schreiner, J. H. Selgeby, and W. W. Taylor. 1996. Causes of declining survival of lake trout stocked in U.S. waters of Lake Superior in 1963–1986. Transactions of the American Fisheries Society 125:831–843.

Hile, R. 1949. Trend in the lake trout fishery of Lake Huron through 1946. Transactions of the American Fisheries Society 76:121–147.

Johnson, J. E., M. P. Ebener, K. Gebhardt, and R. A. Bergstedt. 2004. Comparison of catch and lake trout bycatch in commercial trapnets and gillnets targeting lake whitefish in northern Lake Huron. Michigan Department of Natural Resources, Fisheries Research Report 2071, Ann Arbor.

Johnson, J. E., and J. P. VanAmberg. 1995. Evidence of natural reproduction of lake trout in western Lake Huron. Journal of Great Lakes Research 21(Supplement 1):253–259.

King, E. L. 1980. Classification of sea lamprey (*Petromyzon marinus*) attack marks on Great Lakes lake trout (*Salvelinus namaycush*). Canadian Journal of Fisheries and Aquatic Sciences 37:1989–2006.

Krueger, C. C., M. L. Jones, and W. W. Taylor. 1995a. Restoration of lake trout in the Great Lakes: challenges and strategies for future management. Journal of Great Lakes Research 21(Supplement 1):547–558.

Krueger, C. C., D. L. Perkins, E. L. Mills, and J. E. Marsden. 1995b. Predation by alewives on lake trout fry in Lake Ontario: role of an exotic species in preventing restoration of a native species. Journal of Great Lakes Research 21(Supplement 1):458–469.

Mills, E. L., J. H. Leach, J.T. Carlton, and C. L. Seacor. 1993. Exotic species in the Great Lakes: a history of biotic crises and anthropogenic introductions. Journal Great Lakes Research 19(1):1–54.

Morse, T. J., M. P. Ebener, E. M. Koon, S. B. Morkert, D. A. Johnson, D. W. Cuddy, J. W. Weisser, K. M. Mullett, and J. H. Genovese. 2003. A case history of sea lamprey control in Lake Huron: 1979–1999. Journal of Great Lakes Research 29(Supplement 1):599-614.

Mullett, K. M., J. W. Heinrich, J. V. Adams, R. J. Young, M. P. Henson, R. B. McDonald, and M. F. Fodale. 2003. Estimating lake-wide abundance of spawning-phase sea lampreys (*Petromyzon marinus*) in the Great Lakes: extrapolating from sample streams using regression models. Journal of Great Lakes Research 29(Supplement 1):240–252.

Nester, R. T., and T. P. Poe. 1984. First evidence of successful natural reproduction of lake trout in Lake Huron. North American Journal of Fisheries Management 4:126–128.

Pauly, D. 1980. On the interrelationships between natural mortality, growth-parameters, and mean environmental-temperature in 175 fish stocks. Journal du Conseil 39:175–192.

Rakoczy, G. P. 1992. Sportfishing catch and effort from the Michigan waters of lakes Michigan, Huron, Erie, and Superior, April 1, 1990-March 31, 1991. Michigan Department of Natural Resources, Fisheries Division Technical Report No. 92–8, Lansing.

Reid, D. M., D. M. Anderson, and B. A. Henderson. 2001. Restoration of lake trout in Parry Sound, Lake Huron. North American Journal of Fisheries Management 21:156–169.

Ricciardi, A. 2001. Facilitative interactions among aquatic invaders: is an "invasional meltdown" occurring in the Great Lakes? Canadian Journal of Fisheries and Aquatic Sciences 58:2513–2525.

Rutter, M. A., and J. R. Bence. 2003. An improved method to estimate sea lamprey wounding rate on hosts with application to lake trout in Lake Huron. Journal of Great Lakes Research 29(Supplement 1):320–331.

Rybicki, R. W. 1990. Survival rates of 1- and 2-year old hatchery-reared lake trout in the west arm of Grand Traverse Bay, Lake Michigan. Michigan Department of Natural Resources, Research Report 1978, Lansing.

Schleen, L. P., G. C. Christie, J. W. Heinrich, R. A. Bergstedt, R. J. Young, T. J. Morse, D. S. Lavis, T. D. Bills, J. E. Johnson, and M. P. Ebener. 2003. Development and implementation of an integrated program for control of sea lampreys in the St. Marys River. Journal of Great Lakes Research 29(Supplement 1):677–693.

Sitar, S. P., J. R. Bence, J. E. Johnson, M. P. Ebener, and W. W. Taylor. 1999. Lake trout mortality and abundance in southern Lake Huron. North American Journal of Fisheries Management 19:881–900.

Whelan, G. E., and J. E. Johnson. 2004. Successes and failures of large-scale ecosystem manipulation using hatchery production: the upper Great Lakes experience. Pages 3–32 *in* M. Nickum, P. Mazik, J. Nickum and D. MacKinlay, editors. Propagated fish in resource management. American Fisheries Society, Symposium 44, Bethesda, Maryland.

Wilberg, M. J., J. R. Bence, and J. E. Johnson. 2002. Survival of juvenile lake trout stocked in western Lake Huron during 1974–1992. North American Journal of Fisheries Management 22:213–218.

Woldt, A. P., D. M. Reid, and J. E. Johnson. 2003. Status of the open-water predator community. Pages 47–64 *in* M. P. Ebener, editor. The state of Lake Huron in 1999. Great Lakes Fishery Commission, Special Publication, Ann Arbor, Michigan.

American Fisheries Society Symposium 44:177–187, 2004

Use of Propagated Fishes in Altered Environments in Texas

William C. Provine, Richard W. Luebke, Roger L. McCabe, David R. Terre, Robert K. Betsill, Bobby Farquhar, and Todd Engeling
Texas Parks and Wildlife Department, Austin, Texas

Abstract.—Two hundred years ago, Texas had 118,000 km of streams and rivers flowing unimpeded to the Gulf of Mexico—and one natural lake. Now there are more than 800 impoundments and few unregulated stretches of river. Reservoir construction increased the amount of aquatic habitat in the state, while dramatically changing most of the original habitat. These altered environments present challenges and opportunities to fishery managers charged with maximizing recreational fishing. Water level, flow, thermal regimes, and nutrient dynamics typically reflect human needs for flood control, water supply, and electrical power rather than natural weather patterns or seasonal cycles. Texas Parks and Wildlife Department has used propagated fishes to meet the challenges of these altered systems while diversifying fishing opportunities in Texas. Management of these environments necessitated decisions regarding the use of native sport fishes or fishes that were not native to the state but may, because of their habitat requirements or life histories, be more functionally suited to the newly created environments. This agency has created successful and in many cases extremely popular sport fisheries with the use of such fishes as Florida largemouth bass *Micropterus salmoides floridanus*, northern largemouth bass *M. s. salmoides*, smallmouth bass *M. dolimieu*, channel catfish *Ictalurus punctatus*, striped bass *Morone saxatilis*, palmetto bass (white bass *Morone chrysops* × *M. saxatilis*), walleye *Sander vitreus*, rainbow trout *Oncorhynchus mykiss*, and red drum *Sciaenops ocellatus*. As this agency continues its work to maintain healthy aquatic ecosystems and fishing opportunities with increased demand, we expect that the use of propagated fishes may become even more important in the future. This paper discusses the various altered environments we have been charged to manage, the consideration of various sport fishes for these environments and the resulting sport fisheries created through our use of native and nonnative fishes.

Introduction

The sport fisheries of Texas have undergone dramatic changes in the past half-century. These changes have been a direct result of the dynamic alterations of aquatic habitats as a result of society's encroachment and growing need for flood control, water supply, and electrical power. In the early 1900s, freshwater fisheries resources were limited almost exclusively to 118,000 km of streams and rivers. The only natural lake in Texas was Caddo Lake on the northeast Texas–Louisiana border. This lake was actually created by a massive log jamb on the Red River in Louisiana backing up water into Big Cypress Bayou (Bagur 2001). Extensive impoundment of lotic habitats began in the 1920s, increased in subsequent decades until reaching a peak in the 1960s, and did not significantly decline until after the 1970s. There are presently more than 800 major impoundments in Texas and few unregulated stretches of river. Even Caddo Lake was altered in 1914 and again in 1971 by the construction and later modification of a dam raising the conservation pool for navigation and inundating 10,931 ha.

Consequently, the Texas Parks and Wildlife Department (TPWD) has had to develop a fisheries program based almost entirely on environments alien to native fish populations. These altered environments consist of the many impoundments across the state, including (1) major reservoirs, (2) power plant cooling reservoirs, (3) small urban impoundments, and (4) the many waters and altered rivers produced by reservoir construction and operation.

Although hatchery-reared fishes have been introduced into Texas waters since the 1800s, it is in the period of the 1960s through the present that the TPWD placed a concerted and orderly emphasis on the use of propagated fishes to meet the various challenges and opportunities presented by these broadly differing man-made environments. Our uses of propagated fishes in these environments have differed greatly, as has the emphasis placed on the different environments and the evolution of management strategies used in each environment, but the use of propagated fishes has proved to be a major overall strategy in the management of Texas' newly created or altered environments.

Major Reservoirs

The construction of major reservoirs in Texas resulted in profound alterations of fish habitat and set the stage for new challenges in fisheries management. Approximately 0.6 million ha of new habitat were created, and because of the geologic and climatic gradients throughout the state, a wide range of habitats was produced. Reservoir sizes ranged from 121 to 75,000 ha and varied from shallow, almost eutrophic reservoirs with stable water levels and abundant vegetation to deep, steep-sided, rocky reservoirs with extreme water level fluctuations and little or no aquatic vegetation. Water temperatures ranged from a winter low of 3.3–4.4°C in the far northwestern area of the state to a summer high of 32.2–33.3°C in South Texas.

Oddly, the period of extensive reservoir construction in Texas somewhat precluded the perceived need for developments in fisheries management for many years. Reservoirs were generally stocked with largemouth bass *Micropterus salmoides* and channel catfish *Ictalurus punctatus* fingerlings from locally procured broodstock. Little other management was attempted. The initial surge in sport fish populations and resulting 3–4 years of phenomenal fishing immediately following impoundment was soon replaced with mediocre sport fishing and fish communities unbalanced in favor of rough or forage fishes. However, so many reservoirs were being constructed throughout the state that anglers were never far away from a new reservoir and its seemingly unlimited supply of sport fish. This overall fishing quality provided by new reservoirs lasted for over a decade and anglers and fisheries managers alike went through a period where little thought was given to inevitable reductions in fishing quality.

Fisheries managers in other parts of the country were beginning to feel the impact of aging reservoirs and were studying the effects of large-scale programs designed to reduce populations of rough and forage fishes. It was these increasing populations of forage and rough fishes in aging reservoirs that were thought to have a detrimental effect on abundance of game fishes. As early as the 1950s, efforts were focused on the physical removal of forage and rough fish populations by rotenone, or other intensive methods, as a means to benefit sportfish communities (Bennett 1954; Smith 1959; Wyatt and Zeller 1965).

Conventional wisdom soon shifted from merely removing overabundant forage fishes to attempting to utilize them as forage for additional sport fishes. Vulnerability of gizzard shad *Dorosoma cepedianum* to native predators in aging reservoirs had been reported to be low, mainly because of shad's large size at maturity and spatial distribution in large open-water reservoirs (Carver 1971). It had become apparent that largemouth bass, as well as several other predators native to southern states, were not particularly effective in reducing overpopulations of certain forage species in large open-water reservoirs. Authors such as Harper (1969) believed that effective predators were necessary for diversity among forage species and to keep one or few species from becoming dominant in the community. Additionally, Odum (1971) found that sufficient predation often reduced the density of dominants, thus providing less competitive species with a better chance to use space and resources.

In an attempt to better utilize forage species and provide additional sport fisheries, many southern states introduced predatory species that attain a large size such as those suggested by Jenkins (1969)—walleye *Sander vitreus*, striped bass *Morone saxatilis*, and northern pike *Esox lucius*. The rationale for what Keith (1986) called introduction stocking reflected the now-classic goals of occupying vacant niches in artificial environments, control or utilization of abundant prey fishes, providing trophy fish, or supplying additional prey species. However, newer rationales involving the introduction of multiple predators were being developed (Northcote 1970; McCarraher et al. 1971; Christie et al. 1972), and this predator diversity concept (Provine et al. 1978) would guide Texas' search for functionally suited predators for use in their expanding reservoir management programs.

The concept of introducing game fishes into new environments was not entirely new in Texas. Early attempts were made in the 1950s to take advantage of environmental extremes in West Texas reservoirs having high salt concentrations. Spotted seatrout *Cynoscion nebulosus*, red drum *Sciaenops ocellatus*, and southern flounder *Paralichthys lethostigma* were harvested from coastal waters and stocked in several of these high-salinity waters (>3.8 parts per thousand;

Campbell 1964). These introductions resulted in survival and utilization of stocked fishes by anglers, but cost of securing and transporting fish proved too high for benefits to these sparsely populated areas.

To take full advantage of large, open-water environments, several propagated species were investigated including those expected to reproduce and maintain self-sustaining populations and those expected to require maintenance stocking to sustain populations sufficient to provide adequate fisheries. Also, a variety of fishes were considered because of the broad ranges of habitats, temperatures and forage provided by these new reservoir environments. Sport fishes used or tested for use in reservoir environments included striped bass, walleye, Florida largemouth bass *Micropterus salmoides floridanus*, palmetto bass (white bass *Morone chrysops* × *M. saxatilis*), smallmouth bass *Micropterus dolomieu*, blue catfish *Ictalurus furcatus*, northern pike, muskellunge *E. masquinongy*, and tiger muskellunge *E. lucius* × *E. masquinongy*.

Striped Bass

The first nonnative species systematically chosen and evaluated for introduction in Texas reservoirs as an additional predator and sport fish was striped bass. Approximately 1 million fry were procured in 1967 from South Carolina and stocked into Bardwell and Navarro Mills reservoirs in north-central Texas. Striped bass were introduced for the purpose of providing a trophy-sized predator species capable of converting underutilized forage fish biomass (primarily gizzard shad and threadfin shad *D. petenense*) to sport fish biomass.

Over the past 36 years, the number of striped bass fingerlings stocked annually into inland waters has ranged from a low of 15,150 in 1968 to a high of 6,518,000 in 1994. Fingerling (3.81–5.08 cm total length [TL]) stocking rates have generally ranged between 12.35 and 49.4 fish per hectare, depending upon prey availability and reservoir size. Annual stocking at the higher rates has, in a few cases, resulted in prey depletion and reduced striped bass growth (Crandall 1979; Morris and Follis 1979). However, experimental stocking of fingerlings at rates of 91 per hectare into a West Texas reservoir with extremely high densities of large gizzard shad did not result in prey depletion, but restructured the shad population into one with size characteristics more vulnerable to native sport fishes (Schramm et al. 1999). In addition, populations of largemouth bass, white crappie *Pomoxis annularis*, and bluegill *Lepomis macrochirus* responded with increased relative abundance, and growth rates of white crappie increased significantly. Although this study suggested that intensive community management may be possible with these large predators, Texas has used striped bass mainly to exploit excess forage to produce an additional sport fish.

Striped bass populations in most reservoirs have been established and are currently maintained by annual stockings of about 61 fingerlings per hectare. Fry stockings also have been conducted; however, this method is considerably less reliable for establishing or supplementing reservoir populations. Populations in 13 mainstream reservoirs are currently being maintained through annual stockings from Texas hatcheries. Oklahoma Department of Wildlife Conservation and Louisiana Department of Wildlife and Fisheries have stocked two border reservoirs, Texoma and Toledo Bend, respectively. Striped bass and their hybrid, palmetto bass, are the fourth most-preferred species among licensed freshwater anglers in Texas, and striped bass fishing has exceeded 50% of the total directed fishing effort in some reservoirs. This fishery has created a very large and loyal following and the demand has resulted in the establishment of many guide services and significant economies dependent on this fishery. It is estimated that the economic impact of striped bass fishing in the Texoma Reservoir area alone totals well in excess of $20 million annually (Schoor et al. 1991). The current state record is 24.04 kg, and according to TPWD Angler Recognition Program records, it takes a striped bass in excess of 14.23 kg to rank among the top 50 fish for this species. The demand for striped bass is often higher than current hatchery capabilities and the size of this program has been limited only by hatchery production.

Walleye

Walleye, an extremely popular sport fish in the northern United States and Canada, became a candidate for use in newly created habitats in Texas mainly because of its large maximum size, open water, and predatory characteristics and the fact that its natural range extended as far south as Georgia, Alabama, and Arkansas (Hubbs and Lagler 1947). Walleye were first successfully introduced in 1965 into Meredith Reservoir, a reservoir in extreme northern Texas, which eventually produced the state's premier walleye fishery. The early goal of the program was to introduce walleye into as many likely areas of the state as possible and determine where survival could be expected. Walleye were stocked as fry and fingerlings into 61 reservoirs between 1965 and 1979. In many cases, the fish survived, grew exceptionally well and created fisheries in all parts of the state but with inconsistent success. It was later learned that reproductive success was minimal throughout all but the very northern parts of the state, and populations had to be maintained on a put-grow-and take basis. Efforts were made in the late 1980s to introduce river-spawning strains of walleye in hopes of increasing natural reproduction in some southern and central reservoirs in the state; however, those efforts were unsuccessful (Terre et al. 1995). In the 1980s, stocking was concentrated in 3–5 of our more successful put-grow-and-take reservoirs, and fry stocking rates were increased to 7,410–12,350 per hectare, as described by Puttmann and Weber (1980). This stocking approach was again not successful in every reservoir, but when successful, created an excellent fishery and provided restructuring of forage populations such that they were more vulnerable to predation by introduced and native fishes (Provine 1980).

In Texas reservoirs, walleye showed a definite preference for the underutilized shad populations and exhibited growth rates far greater than reported elsewhere, reaching 35 cm in less than 1 year and 2.7 kg in less than 3 years (Kraai and Prentice 1974). Despite fast growth rates, walleye in Texas have not shown exceptional trophy potential. The current walleye state record is only 5.34 kg, considerably less than other southeastern states.

Cost-to-benefit ratios were calculated for three Texas walleye fisheries (Kraai et al. 1983), which were established by three different stocking techniques. At Meredith Reservoir, where low densities of fry were stocked as the lake initially filled, a cost-to-benefit of 1:89 was achieved in 3 years. At Greenbelt Reservoir, where fingerlings were stocked at low densities into an established fish community, a cost-to-benefit of 1:21 was achieved in 7 years. At White River, a reservoir that also had an established fish community, high-density fry stocking (4,940–12,350 fry/ha) achieved a cost-to-benefit of 1:42 in only 2 years.

A tremendous amount of effort has been expended in Texas to enhance production and management techniques for walleye. However, it became evident that except for reservoirs in the far northern portion of the state, where natural reproduction has resulted in excellent fisheries by any standards, walleye would always be a put-grow-and-take game fish and did not compete well for agency funding with the more reliable striped bass or palmetto bass.

Florida Largemouth Bass

As fisheries managers investigated additional species to take advantage of new reservoir environments, Florida largemouth bass (FLMB), were imported to Texas in hopes that their ultimate maximum size was a genetic trait that would be replicated in our waters. Florida largemouth bass were brought to Texas from four locations in peninsular Florida and used to produce our first hatchery broodstock. Hatchery production began in 1972 with the propagation of 146,850 fingerlings. Intensive evaluations of FLMB stockings in Texas reservoirs began in 1974 (Forshage and Fries 1995). By 1979, 91 reservoirs had been stocked statewide. Twenty-two reservoirs were surveyed in 1979, and 55% of stockings were considered successful (as measured by % FLMB influence; Forshage and Fries 1995). Stocking success had occurred in all regions of the state, including the Texas Panhandle where climatic conditions were initially believed to be unsuitable for FLMB. By 1985, the Texas FLMB stocking program showed favorable cost-to-benefit ratios for the overall program (Prentice 1985b). Hatchery production currently exceeds 6 million 3.81-cm fingerlings per year and these fish are stocked into 34 reservoirs at rates from 61.25 to 247 per hectare.

The TPWD has stocked FLMB into almost all major reservoirs in the state and strives to maintain a minimum of 20% FLMB alleles in major public reservoir largemouth bass populations. Reservoirs with a history of producing trophy-size largemouth bass generally receive more frequent FLMB stockings in an effort to increase numbers of pure FLMB. This is done in an attempt to maintain those reservoirs' proven trophy potential. We believe this strategy increases angling opportunities for trophy-size bass statewide and the results of this strategy are evident in our Angler Recognition Program. The influence of FLMB in Texas reservoirs has increased angler catches of trophy-size bass. In 1990 there were only 64 reservoirs in the state with largemouth bass records exceeding 4.5 kg. By 2003, there were 154 public reservoirs in the state with water body records exceeding 4.5 kg, nearly 2.5 times more than in 1990. Water body records have increased in all weight categories, but especially those in the 4.54–6.35-kg range. The current state record for largemouth bass is 8.25 kg. The Texas state record largemouth bass was held at 6.12 kg for 37 years (1943–1980). Today, 62 reservoirs have water body records exceeding 5.89 kg.

Texas has become nationally known for its exceptional largemouth bass fishing and an economic survey on its most popular reservoir, Lake Fork, indicated direct angler expenditures of almost $27.5 million annually at this reservoir alone (Hunt and Ditton 1996). Largemouth bass is currently the most sought-after sport fish in Texas and several hundred angling clubs are devoted to the pursuit of this species. Angler attitude and opinion surveys suggest that FLMB has much to do with this popularity.

Palmetto Bass

Palmetto bass were first stocked experimentally into 366-ha Bastrop Reservoir in 1972 for essentially the same reasons as for striped bass. Emphasis on this fish grew as a result of reports of better survival, growth, and catchability compared to striped bass (Logan 1968; Stevens 1975; Ware 1975).

During the 30 years that the program has existed, the number of palmetto bass fingerlings stocked annually has ranged from a low of 1,800 when the program first began in 1972 to a high of 6,155,000 in 1995. Most populations have been established and maintained by annual stockings of about 24.7–49.4 fingerlings (3.67–4.9 cm TL) per hectare. As with striped bass, fry-stocking success has been inconsistent and has not been part of the stocking strategy. Populations in approximately 30 reservoirs are currently being maintained through regular stockings. Palmetto bass have been particularly successful in small reservoirs thought less suitable for striped bass.

Introductions of palmetto bass have never resulted in their becoming the most sought-after fish in a reservoir. However, across the state they have become important additions to sportfish communities, there have been almost no failures in establishing populations, and they are relatively easy and inexpensive to produce. Palmetto bass have become an essential element of our overall reservoir management approach.

Smallmouth Bass

Smallmouth bass seemed to be a very appropriate species to utilize the many deep, clear, and rocky reservoirs in central and parts of West Texas. They were first introduced in 1984 into three Texas reservoirs, Canyon, Meredith, and Stillhouse Hollow. During the 29 years of the program, a total of 51 reservoirs were stocked with more than 8 million fish. Success was usually associated with the amount of rocky habitat available in a reservoir. An excellent reproducing population was established in Meredith Reservoir in North Texas. Smallmouth bass in that reservoir became so abundant that the existing minimum length limit had to be changed to a slot length limit to remove crowded small fish and improve growth rates. Many central Texas reservoirs developed populations with some recruitment but in need of periodic maintenance stocking. Populations in nine reservoirs are currently being maintained with annual stockings of 61.75 fingerlings (3.81 cm TL) per hectare.

Smallmouth bass have become an extremely well accepted addition to the sport fishes available to Texas anglers. Even in reservoirs with marginal smallmouth bass populations, anglers have grown accustomed to heading straight for the few rocky points to target highly prized smallmouth bass before resuming their primary efforts for largemouth bass. The smallmouth bass state record is 3.56 kg, and 1.35–2.25-kg fish are fairly common in some central Texas reservoirs. One notable, negative impact of smallmouth bass introductions has been hybridization with the endemic Guadalupe bass *M. treculi* throughout their central Texas range (Garrett 1983, 1986, 1991; Koppelman and Garrett 2002). Although hybridization was not anticipated, it is now threatening the genetic integrity of this endemic species (Garrett 1991). In an effort to mitigate the problem, TPWD instituted a policy of not stocking smallmouth bass within the range of Guadalupe bass and is currently involved in a long-term effort to reverse the hybridization trend through reparative stockings of Guadalupe bass (Koppelman and Garrett 2002).

Other Sportfish Species

Other propagated species were used to lesser extents or did not result in enough success for continued effort. Blue catfish were stocked into many of our mainstream reservoirs because of their large size (state record 52.20 kg), have developed reproducing populations with one introduction stocking and have become very popular with catfish anglers across the state. Flathead catfish *Pylodictis olivarus* were stocked in a few instances to successfully reduce stunted populations of bullheads *Ameiurus* spp. and crappie *Pomoxis* spp., (Kraai 1991). Northern pike, muskellunge, and tiger muskellunge were once stocked into northwestern Texas reservoirs. Some were caught by anglers, but reproduction and recruitment were rare, and populations and interest eventually diminished.

Forage Species

Forage species such as threadfin shad have been stocked and are still periodically stocked in several West Texas reservoirs that experience winterkill of that species and blueback herring *Alosa aestivalis* were brought to Texas and researched, but not subsequently stocked because of concerns of possible environmental consequences. Yellow perch *Perca flavescens* were stocked in a few panhandle reservoirs in an effort to provide additional forage for walleye, but only marginal populations were produced.

Power Plant Cooling Reservoirs

Power plant cooling reservoirs have created unique environments and present a totally different array of challenges and opportunities than those of nonheated reservoirs. Essentially, cooling reservoirs create a somewhat tropical environment in a nontropical part of the world. These reservoirs range in size from 26.71 to 8,687 ha and differ from other impoundments mainly in temperature characteristics and water exchange. Larger reservoirs, those larger than 2,023 ha, have not been significantly affected by power plants, and there is a total of 21,449 ha of reservoirs in the above 2,023-ha category. Temperatures range from a low of 15.0°C in winter months to a high of 47.6°C in summer. The higher than ambient winter temperatures have not been dependable as plant shut downs have caused sudden drops in water temperatures resulting in mortalities in temperature-sensitive fishes. Thermally enriched reservoirs continue to present challenges for fishery managers because of frequent reproduction problems with native species (Dean and Bailey 1977). Some of those challenges have been met with the use of propagated fishes. Sport fishes used or investigated for use in power plant cooling reservoirs have included Florida largemouth bass, palmetto bass, red drum, orangemouth corvina *Cynoscion xanthulus* and its hybrid with spotted seatrout, peacock cichlid *Cichla ocellaris*, and Nile perch *Lates niloticus*.

Florida Largemouth Bass

Florida largemouth bass stocked into cooling reservoir environments have been very successful and have provided excellent fisheries (Costello and Luebke 1994). Probably because of extended growing seasons and abundant forage, largemouth bass growth rates are higher in these environments than in nonthermally altered reservoirs (Prentice 1987). In Braunig Reservoir, for example, growth could be called excessive (Costello and Luebke 1994), as largemouth bass often exhibited relative weights of 110–130 and grew to 3.15 kg and 53 cm in only 4 years. However, under these conditions, largemouth bass were subjected to a total annual mortality of more than 57%, and few during the study were found over 4–5 years old. This phenomenon may occur to some extent in other cooling reservoirs as only one of Texas' top 50 largemouth bass was caught in a cooling reservoir.

Palmetto Bass

Palmetto bass, first introduced and evaluated in a cooling reservoir, have done very well in these environments and have not exhibited problems related to high temperature as seen with striped bass. They exhibited all of the advantageous qualities seen with their introductions in nonheated reservoirs, but an added advantage was their attraction to heated effluents during cooler months and associated increased susceptibility to anglers.

Red Drum

Red drum has been a very successful addition to our list of propagated species used in the management of cooling reservoirs. Beginning in 1981, fingerlings (3.81 cm; 309 per hectare) were stocked annually into six of these reservoirs to provide a unique sport fishery, increase diversity and better utilize overabundant rough and forage fishes found in these systems. According to Prentice and Dolman (1992), red drum fingerlings stocked in freshwater reached 50.80 cm in 2 years and experienced annual survival (35.7%) higher than in coastal waters. Cost: benefit ratios ranged from 1:65 to 1:38. According to Luebke (1987), 17.5–41.8% of all angling at Braunig Reservoir from 1982 through 1986 was directed at red drum and pressure ranged from 57.89 h/ha to 387.42 h/ha. Harvest ranged from 7.68 kg/ha to 95.76 kg/ha. Annual mean weight of harvested fish was as high as 4.17 kg. During the 5 years surveyed, anglers harvested 45,718 red drum (121,929 kg) from this 546-ha reservoir. The state record in freshwater is 16.57 kg, 111.76 cm long, caught in 2001 from Lake Fairfield. One special bonus from red drum is that during the summer months, at least at Braunig Reservoir, they tend to frequent areas accessible by bank anglers, providing an opportunity for those anglers to catch quality or trophy sport fish (Prentice and Dolman 1992). Red drum fisheries have been well accepted by Texas anglers and continuation of this level of stocking is anticipated.

Orangemouth Corvina

Orangemouth corvina, a Pacific Coast marine species, was investigated for possible introductions into cooling reservoirs because of their large size and reports of their feeding heavily on tilapia *Oreochromis* spp. in the Salton Sea, California. Prentice (1985a) found they could tolerate extremely low salinity, and they were stocked experimentally into two cooling reservoirs, Braunig and Calaveras, near San Antonio, Texas. Fish grew very rapidly (40.64 cm in 1.5 years) and a very popular sport fishery developed. Harvest rates were very high (Dean and Prentice 1992). The state record orangemouth corvina was 7.33 kg taken from Calaveras Reservoir and the record orangemouth corvina × spotted seatrout, a hybrid that was stocked subsequent to orangemouth corvina introduction, was 9.36 kg. These fish were highly regarded as sport fishes and proved to be extremely successful for this kind of environment. The fishing resulting from the original stocking persisted 13 years. However, because hybridization was possible with native saltwater spotted seatrout and the continued stocking of the species posed an environmental threat, the program was discontinued.

Other Species

Two other species, which were thoroughly investigated, cultured, and stocked experimentally into cooling reservoirs and subsequently discontinued, were peacock cichlid and Nile perch. Those fish were stocked into four cooling reservoirs, but after showing some promise of survival and good growth, all stocked fish were killed because of water temperature declines associated with power plant shut downs (Guest and Lyons 1980; Garrett 1982). Because of uncertainty of sustained suitable habitat, work was discontinued with those species.

Urban and State Park Impoundments

Because of the small size of impoundments in Texas urban and state park programs, some types of fisheries management are precluded, especially those relying on natural reproduction, recruitment, and sustained yield in the face of excessive fishing pressure. However, also because of their size, these impoundments provide opportunities not available in larger reservoirs. The TPWD manages 581 small urban or state park impoundments totaling 2,688 ha and ranging in size from less than 1 ha to 28 ha. The average size of these impoundments is 4.45 ha, and 50% of them are 1.62 ha or smaller. Normal management practices for these small, heavily used impoundments include the stocking of rainbow trout *Oncorhynchus mykiss* and channel catfish.

Rainbow Trout

Small urban, municipal and state park impoundments have provided the accessibility and confinement needed for a successful winter put-and-take rainbow trout program. Since 1984, 231 locations have been stocked with almost 6 million trout in a self-supporting, stamp-based program. The TPWD currently stocks approximately 143,000 trout in 82 small impoundments across the state, and during 2003, these stockings were supplemented by 111,615 additional rainbow trout purchased by local governments to extend the program by adding additional stocking dates for these locations. Fish were stocked at 20–25 cm and usually at the rate of 2,000 fish per stocking.

Channel Catfish

Channel catfish (22.86 cm TL) have been stocked annually in more than 230 urban impoundments to increase fishing availability to urban residents. There are currently eight urban impoundments being stocked experimentally with 30-cm fish to investigate the possibility of improved returns of larger fish.

The stocking of catchable size fishes in these smaller, more accessible impoundments allowed fishery managers to conduct fishing clinics or derbies focused on increasing the interest and skill level of future anglers in an effort to improve recruitment into angling; 180 such events, the largest serving more than 1,200 children, were held last year.

Intensive work with propagated fishes in urban and state park impoundments may become even more emphasized as Texas populations continue to shift to urban areas.

Rivers and Tailwaters

There are few unregulated rivers in Texas. Flow dynamics, temperature and dissolved oxygen, and habitat availability are largely controlled by upstream dam operations. Changes in the aquatic environment, associated with dam construction, have altered many of the fish communities in Texas rivers (Hubbs et al. 1997).

Historically, the U.S. Fish and Fisheries Commission introduced several fish species into Texas rivers

(Baird 1876; Smiley 1884; Burr 1945). Common carp *Cyprinus carpio*, rock bass *Ambloplites rupestris*, and redbreast sunfish *Lepomis auritus* are a few of the species that have persisted since the 1800s and become part of the river fauna of the state. Public access to rivers or tailwaters in Texas is limited, as 96% of the land is privately owned and most dam operators restrict access to tailwaters. Therefore, stocking fish into rivers and tailwaters has been a minor part of the state's resource management program.

Noteworthy or significant river or tailwater stockings in Texas are those of smallmouth bass, Guadalupe bass, paddlefish *Polyodon spatula*, and rainbow trout.

Smallmouth Bass

Smallmouth bass were introduced into a number of Texas rivers in the mid-1970s. A popular sport fish, the smallmouth bass was primarily stocked into rocky, steep-sided reservoirs, but at the same time, the species was introduced into several central Texas streams. The clear water and rocky substrate of streams in this region seemed a good match for smallmouth bass and the species increased the diversity of sport fishing opportunities in the state. The species is established in many locations and maintains popular, though small-scale, fisheries. An unintended consequence of smallmouth bass establishment was extensive hybridization with the endemic Guadalupe bass, to the point that the native species was classified as a species of special concern (Hubbs et al. 1991). Agency stocking guidelines have since been modified to prohibit further introduction of smallmouth bass in most of the range of Guadalupe bass. In an attempt to restore Guadalupe bass populations by replacing hybrids through genetic swamping, genetically pure individuals were cultured and stocked heavily into small central Texas streams in the 1990s. The outcome of this effort is not yet clear, but initial results indicate a gradual and ongoing positive effect.

Paddlefish

Paddlefish, native to East Texas rivers, were listed on the Texas Endangered Species List in 1977. The numbers and range of paddlefish declined in the state, probably due to reservoir construction, pollution, and overfishing (Pitman 1991). In 1989, a 10-year stocking program was undertaken to restore paddlefish populations upstream of several dams on five Texas rivers. Evaluation of the stockings indicates that downstream loss through dams and lack of suitable spawning habitat (due to inundation by reservoirs) limit the likelihood of re-establishing the species in much of their previous range. Consequently, there are no plans for further paddlefish stockings.

Rainbow Trout

For more than 20 years, Texas has used cultured rainbow trout to maintain two put-and-take tailwater fisheries. Possum Kingdom Reservoir Tailrace on the Brazos River and Canyon Reservoir Tailrace on the Guadalupe River have hypolimnetic tailrace water at temperatures low enough to maintain extended trout fisheries. One of these sites, the Guadalupe River below Canyon Dam, is the southernmost freshwater trout fishery in the United States. These fisheries are very popular with anglers and the state's local chapter of Trout Unlimited is the largest chapter in the nation (Guadalupe River Chapter, Trout Unlimited, San Antonio, Texas).

Conclusions

The artificial impoundment of water in Texas has established ecological niches and immense habitats that have allowed populations of many native species to expand and provide an almost unequaled quantity and quality of fishing recreation. These new or altered habitats also have allowed the TPWD to create successful, and in many cases extremely popular, sport fisheries with species that are not native to Texas but, because of their habitat requirements or life histories, proved more functionally suited to these altered environments.

The decisions regarding the species we are now stocking were a result of many studies concerning propagation methods, stocking success, food habits, growth, catchability, cost:benefits and environmental interactions. These species have provided many of the characteristics we were seeking, but the species and the way we are using them may not meet the growing and changing demands of the future.

The TPWD is currently involved in genetic manipulation (ploidy), selective breeding (for maximum size in largemouth bass), and evaluation of a broad range of stocking rates and sizes (to improve efficiency and effectiveness of stocking) to better utilize our man-made environments with the species we have chosen. But our own studies suggest that we can venture more into intensive community management with more aggressive stocking of those species.

Our mission has always been to make sport fishing as good as it can be, and the stocking of propagated fishes has proven one of our most important tools in the accomplishment of that mission. We have investigated species from throughout this country and the world and traveled down a lot of blind paths in search of species that would prove appropriate for new environments and their ecosystems and also improve the quality and diversity of sport fishing.

To fully utilize the possibilities offered by altered environments, new species may be investigated or others reinvestigated for use in urban impoundments such as blue catfish or some of the marine species that will thrive in freshwater but for which no successful mass culture methods are available at this time.

Future demands of a changing demography may place progressively more pressure on freshwater systems, especially smaller impoundments close to home. Our present successes with propagated fishes demonstrate that put-and-take and put-grow-and-take fisheries may be better able to withstand this pressure than fisheries relying on natural reproduction. If this is the case, the use of propagated fishes and the demands on our hatchery system in Texas is sure to increase.

References

Bagur, J. D. 2001. A history of navigation on Cypress Bayou and the lakes. University of North Texas Press, Denton.

Baird, S. F. 1876. California salmon transported to new waters. Report of the United States Commissioner of Fisheries, Part 3:40–44, Washington, D.C.

Bennett, G. W. 1954. Largemouth bass in Ridge Lake, Cole County, Illinois. Illinois Natural History Survey Bulletin 26:217–276.

Burr, J. G. 1945. Fish pioneering in Texas. Texas Game and Fish 3(3):4–5 9:16.

Campbell, L. 1964. Experimental introduction of marine fish into saline waters of West Texas. Texas Parks and Wildlife Department, Federal Aid in Sport Fish Restoration Project F-5-R-11, Job F-1, Completion Report, Austin.

Carver, D. C. 1971. Cooperative evaluation of predator fish introductions. American Fisheries Society, Southern Division, Reservoir Committee Project, 1972–1973, Mimeo, Bethesda, Maryland.

Christie, W. J., J. M. Fraser, and S. J. Nepszy. 1972. Effects of species introductions on salmonid communities in oligotrophic lakes. Journal of the Fisheries Research Board of Canada 29:969–973.

Costello, M. E., and R. W. Luebke. 1994. Trophy largemouth bass regulations at Victor Braunig Reservoir, Texas. Proceedings of the Annual Conference Southeastern Association of Fish and Wildlife Agencies 48:422–432.

Crandall, P. S. 1979. Evaluation of striped bass x white bass hybrids in a heated Texas reservoir. Proceedings of the Annual Conference Southeastern Association of Fish and Wildlife Agencies 32:588–597.

Dean, W. J., Jr., and W. H. Bailey. 1977. Reproductive repression of largemouth bass in a heated reservoir. Proceedings of the Annual Conference Southeastern Association of Fish and Wildlife Agencies 31:463–470.

Dean, W. J., Jr., and J. A. Prentice. 1992. Orangemouth corvina and orangemouth corvina x spotted seatrout hybrids in a freshwater reservoir. Proceedings of the Annual Conference Southeastern Association of Fish and Wildlife Agencies 46:298–306.

Forshage, A. A., and L. T. Fries. 1995. Evaluation of the Florida largemouth bass in Texas, 1972–1993. Pages 484–491 *in* H. L. Schramm, Jr. and R. G. Piper, editors. Uses and effects of cultured fishes in aquatic ecosystems. American Fisheries Society, Symposium 15, Bethesda, Maryland.

Garrett, G. P. 1982. Status report on peacock bass (*Cichla* spp.) in Texas. Annual Proceedings of the Texas Chapter, American Fisheries Society 5:20–28.

Garrett, G. P. 1983. Smallmouth bass life history study. Texas Parks and Wildlife Department, Federal Aid in Sport Fish Restoration, Project F-31-R-9, Objective 39, Final Report, Austin.

Garrett, G. P. 1986. Aspects of the life history of smallmouth bass in a Texas reservoir. Annual Proceedings of the Texas Chapter, American Fisheries Society 8:41–61.

Garrett, G. P. 1991. Guidelines for the management of Guadalupe bass. Texas Parks and Wildlife Department, PWD-RR-N3200-367-11/91, Austin.

Guest, W. C., and B. W. Lyons. 1980. Temperature tolerance of the peacock bass (*Cichla temensis*). Annual Proceedings of the Texas Chapter, American Fisheries Society 3:42–48.

Harper, J. L. 1969. The role of predation in vegetational diversity. Pages 48–62 *in* Diversity and stability in ecological systems, a symposium at Brookhaven National Laboratory, Upton, New York.

Hubbs, C., R. J. Edwards, and G. P. Garrett. 1991. An annotated checklist of the freshwater fishes of Texas, with keys to identification of species. Texas Journal of Science 43(4) Supplement:1–56.

Hubbs, C. L. and K. F. Lagler. 1947. Fishes of the Great Lakes region. University of Michigan Press, Ann Arbor.

Hubbs, C., E. Marsh-Matthews, W. J. Matthews, and A. A. Anderson. 1997. Changes in fish assemblages in East Texas streams from 1953 to 1986. Texas Journal of Science 49(3) Supplement:67–84.

Hunt, K. M. and R. B. Ditton. 1996. A social and economic analysis of the Lake Fork Reservoir recreational fishery. Texas A&M University, Human Dimensions of Fisheries Technical Report #608, College Station.

Jenkins, R. M. 1969. Large reservoirs—management possibilities. Proceedings of the Annual Conference Midwest Association of Game and Fish Commissioners 36:82–89.

Keith, W. E. 1986. A review of introduction and maintenance stocking in reservoir fisheries management. Pages 144–148 *in* G. E. Hall and M. J. Van Den Avyle, editors. Reservoir fisheries management: strategies for the 80's. Reservoir Committee, Southern Division American Fisheries Society, Bethesda, Maryland.

Koppelman, J. B. and G. P. Garrett. 2002. Distribution, biology, and conservation of the rare black bass species. Pages 333–341 *in* D. P. Philipp and M. S. Ridgway, editors. Black bass: ecology, conservation, and management. American Fisheries Society, Symposium 31, Bethesda, Maryland.

Kraai, J. E. 1991. Relationship between densities of flathead catfish, black bullhead and channel catfish in three northwest Texas reservoirs. Texas Parks and Wildlife Department, Management Data Series No. 58, Austin.

Kraai, J. E. and J. A. Prentice. 1974. Walleye life history study. Texas Parks and Wildlife Department, Federal Aid in Sport Fish Restoration Project F-7-R-23, Final Report, Austin.

Kraai, J. E., W. C. Provine, and J. A. Prentice. 1983. Case histories of three walleye stocking techniques with cost-to-benefit considerations. Proceedings of the Annual Conference Southeastern Association of Fish and Wildlife Agencies 37:395–400.

Logan, H. J. 1968. Comparison of growth and survival rates of striped bass and striped bass x white bass hybrids under controlled environments. Proceedings of the Annual Conference Southeastern Association of Game and Fish Commissioners 21(1967):260–263.

Luebke, R. W. 1987. Characteristics of a freshwater red drum sport fishery. Page *v*–22 *in* G. W. Chamberlain, R. J. Miget and M. G. Haby, editors. Manual on red drum aquaculture. Invited papers presented at the Production Shortcourse of the 1987 Red Drum Aquaculture Conference, 22–24 June, 1987, Corpus Christi, Texas.

McCarraher, D. B., M. L. Madsen and R. E. Thomas. 1971. Ecology and fishery management of McConaughy Reservoir, Nebraska. Pages 299–311 *in* G. E. Hall, editor. Reservoir fisheries and limnology. American Fisheries Society, Special Publication 8, Bethesda, Maryland.

Morris, J. M., and B. J. Follis. 1979. Effects of striped bass predation upon shad in Lake E. V. Spence, Texas Proceedings of the Annual Conference Southeastern Association of Fish and Wildlife Agencies 32:697–702.

Northcote, T. G. 1970. Advances in management of fish in natural lakes of western North America. Pages 129–139 *in* N. G. Benson, editor. A century of fisheries in North America. American Fisheries Society Special Publication 7, Bethesda, Maryland.

Odum, E. P. 1971. Fundamentals of ecology. Saunders Co., Philadelphia.

Pitman, V. M. 1991. Synopsis of paddlefish biology and their utilization and management in Texas. Texas Parks and Wildlife Department, Special Report, Austin.

Prentice, J. A. 1985a. Orangemouth corvina survival in freshwater. The Progressive Fish-Culturist 47:61–63.

Prentice, J. A. 1985b. Texas Statewide Florida Largemouth Bass Fishery Management Program. Final report. Texas Parks and Wildlife Department, Federal Aid Project F-31-R-11, Objective L11, Austin.

Prentice, J. A. 1987. Length-weight relationships and average growth rates of fishes in Texas. Texas Parks and Wildlife Department, Inland Fisheries Data Series 6, Austin.

Prentice, J. A., and W. B. Dolman. 1992. Red drum life history and sport fishing trends in a freshwater reservoir. Proceedings of the Annual Conference Southeastern Association of Fish and Wildlife Agencies 46:345–356.

Provine, W. C. 1980. Evaluations of walleye introductions as a management tool. Texas Parks and Wildlife Department, Special Report, Austin.

Provine, W. C., R. W. Luebke, P. S. Crandall and E. B. Henderson. 1978. Increased predator diversity: a management concept. Texas Parks and Wildlife Department, Special Report, Austin.

Puttmann, S. J. and D. T. Weber. 1980. Variable walleye fry stocking rates in Boyd Reservoir, Colorado. Colorado Division of Wildlife, Technical Publication 33, Denver.

Schoor, M. S., J. Sah, D. F. Schreiner, M. R. Meador, and L. G. Hill. 1991. Economic impact assessment of the Lake Texoma fishery. Oklahoma Department of Wildlife Conservation, Federal Aid in Sport Fish Restoration Project F-49-R, Job No. 2, Final Report, Oklahoma City.

Schramm, H. L. Jr., J. E. Kraai, and C. R. Munger. 1999. Intensive stocking of striped bass to restructure the gizzard shad population in a eutrophic Texas reservoir. Proceedings of the Annual Conference Southeastern Association of Fish and Wildlife Agencies 53:180–192.

Smiley, C. W. 1884. A statistical review of the production and distribution to public waters of young fish, by the United States Fish Commission, from its organization in 1871 to the close of 1880. Report of the United States Commissioner of Fisheries 9:825–915.

Smith, W. A., Jr. 1959. Shad management in reservoirs. Proceedings of the Annual Conference Southeastern Association of Game and Fish Commissioners 12(1958):143–147

Stevens, R. E. 1975. Current and future considerations concerning striped bass culture and management. Proceedings of the Annual Conference Southeastern Association of Game and Fish Commissioners 28(1974):69–72.

Terre, D. R., Murphy, B. R., and W. C. Provine. 1995. Growth and spawning characteristics of southern riverine and northern strain walleyes in Texas. Proceedings of the Annual Conference Southeastern Association of Fish and Wildlife Agencies 49:118–128.

Ware, F. J. 1975. Progress with Morone hybrids in freshwater. Proceedings of the Annual Conference Southeastern Association of Game and Fish Commissioners 28(1974):48–54.

Wyatt, H. N. and H. D. Zeller. 1965. Fish population dynamics following a selective shad kill. Proceedings of the Annual Conference Southeastern Association of Game and Fish Commissioners 16(1962):411–418.

American Fisheries Society Symposium 44:189–196, 2004

Recreational and Economic Benefits of Tennessee's Reservoir and Tailwater Stocking Programs

FRANCIS C. FISS,[1] TIMOTHY N. CHURCHILL, AND WILLIAM C. REEVES

Fisheries Management Division, Tennessee Wildlife Resources Agency
Post Office Box 40747, Nashville, Tennessee 37204, USA

Abstract.—Nearly all rivers in Tennessee were impounded during the 20th century, altering aquatic habitats and fish communities upstream and downstream of these projects. Tennessee Wildlife Resources Agency (TWRA) has strived to maintain exceptional and diverse fisheries within the limitations of these environments. Nine TWRA hatcheries and one U.S. Fish and Wildlife Service hatchery spend about US$1.5 million annually to stock these highly altered ecosystems. In 2001, 3.6 million fish, including black bass *Mictopterus* spp., striped bass *Morone saxatalis*, hybrid striped bass (male white bass *M. chrysops* × female striped bass), crappie *Poxomis* spp., walleye *Sander vitreus*, sauger *S. canadensis*, rainbow trout *Onchorhynchus mykiss*, brown trout *Salmo trutta*, and lake trout *Salvelinus namaycush* were stocked into 183,675 ha of reservoirs, and 1.3 million rainbow trout, brown trout, and brook trout *S. fontinalis* were stocked into 203 km of tailwaters. Creel and telephone surveys conducted that year provided TWRA estimates of angler use and trip costs. Reservoir fisheries partially or completely dependent on stocking accounted for 309,854 trips annually (36.4% of estimated reservoir fishing effort) with anglers spending $14.1 million. Tailwater trout fisheries, solely supported by stocking, resulted in at least 131,929 trips annually and $4.6 million in expenditures by anglers. Stocked fisheries in altered habitats are an important component of sport fishing in Tennessee and TWRA plans to maintain these fisheries in the foreseeable future.

Introduction

All major rivers in Tennessee were impounded during the 20th century for flood control, navigation, or hydropower. The result was 199,234 ha of large-reservoir (>200 ha) habitat, altering 2,240 km of river in Tennessee, which resulted in changes in aquatic habitat and fish communities upstream and downstream of dams. These artificial habitats, reservoirs, and tailwaters challenged fisheries managers. Despite early concerns that reservoirs would be "biological deserts" (Miranda 1996), they naturally provided fisheries for several species, including black bass *Micropterus* spp., channel catfish *Ictalurus punctatus*, crappie *Poxomis* spp., sunfish *Lepomis* spp., white bass *Morone chrysops*, sauger *Sander candensis*, and walleye *S. vitreus*. Early fisheries managers in the Tennesssee Valley Authority (TVA), and the Tennessee Game and Fish Commission actively stocked various species to provide better fishing and more diverse opportunities (Fetterolf 1957). Keith (1986) provided a review of stocking in reservoir fisheries management that characterized strategies in the 1960s, 1970s and early 1980s, identifying the benefits and pitfalls of introductions.

Decades later, as reservoirs have aged well beyond their most productive "boom" years and fishing pressure has increased, managers have found an even greater need for stocking to sustain recreational fisheries. Declines in physical habitat (e.g., standing timber, water quality) and fishery productivity in many southern reservoirs have been well documented (Hackney and Holbrook 1978; Kimmel and Groeger 1986; Annett et al. 1996). Fortunately, research has advanced our knowledge of what factors most affect sport fishes in some reservoirs. Predictable effects of hydrology and water level fluctuations on sportfish populations in some reservoirs (Bettoli and Fischbach 1998; Maceina and Bettoli 1998; Sammons and Bettoli 2000; Sammons et al. 2002) have allowed better and more cost-effective stocking strategies (e.g., stocking surplus crappie into lakes with low spring water levels). Several recent stocking evaluations and creel surveys in tailwaters have also identified opportunities to adjust

[1] E-mail: Frank.Fiss@state.tn.us

stocking strategies (e.g., Devlin and Bettoli 1999).

The Tennessee Wildlife Resources Agency (TWRA) still relies on stocking and harvest restriction to create the best possible fishing experiences within the limitations of the environments it manages. Evaluation of these strategies includes both biological and socioeconomic evaluations to justify management programs (Weithman 1999). The U.S. Fish and Wildlife Service (USFW) provides national surveys of angler expenditures (U.S. Department of the Interior, Fish and Wildlife Service and U.S. Department of Commerce, U.S. Census Bureau 2003), but these are too broad to address specific fisheries within a state. Here, we describe Tennessee's stocking-dependent fisheries in reservoirs and tailwaters and provide estimates of annual recreational use and economic value. No assessment of hatchery costs and angler benefit has been previously reported for these fisheries.

Stocked Fisheries in Altered Habitats

Sustaining Fisheries for Native Species

As in most southern states, black bass are the most popular recreational fishery in Tennessee. Recruitment of bass in reservoirs can be adversely affected by reservoir water level dynamics (Maceina and Bettoli 1998; Sammons et al. 1999). However, reservoir bass generally sustain themselves by natural reproduction. Supplemental stocking of largemouth bass *Micropterus salmoides* and smallmouth bass M. *dolomieu* for stock enhancement and the introduction of Florida largemouth bass to create trophy fishing opportunities have been conducted periodically. Both types of bass stocking initiatives have had mixed results and have not historically been a significant component of TWRA's stocking program.

Crappie are the second most important native sport fishery in most reservoirs, with white crappie *Pomoxis annularis* dominant in mainstream lakes and black crappie *P. nigromaculatus* dominant in the clear waters of tributary impoundments. Many populations of white crappie began to collapse during the drought years of the 1980s prompting TWRA to begin an extensive stocking enhancement program with blacknose black crappie, a variant of black crappie. High survival of this fish in hatchery ponds and after stocking (Isermann et al. 2002) has led to significant augmentation of several reservoir fisheries. However, natural reproduction of stocked blacknose black crappie has not been observed at most locations, limiting these fisheries to a put-grow-take status.

Sauger provide an important winter fishery on main river tailwaters. Spawning habitat loss and high angler exploitation of these vulnerable fish as they concentrate in tailwaters have been cited as limiting population abundance and longevity, resulting in recruitment overfishing (Pegg et al. 1996; Bettoli and Fischbach 1998). The TWRA stocks sauger to supplement weak recruitment associated with annual variations in spawning success and to offset high angler mortality. Stocked sauger marked with oxytetracycline have contributed as much as 98% of a given year-class in TWRA collections from the Cumberland River (TWRA, unpublished data).

Similarly, walleye populations have declined in Tennessee, converting fisheries that once flourished naturally to stocking-dependent fisheries. Recruitment failure due to adverse interactions with nonnative alewife *Alosa pseudoharengus*, and the loss of spawning habitats are possible reasons for the decline (Vandergoot and Bettoli 2001). Tennessee anglers expect TWRA to provide these fisheries, and the agency has responded by stocking walleye into areas with historic walleye runs.

Creating Fisheries for Nonnative Species

New fisheries have been created by introducing nonnative fish that have flourished in the varied habitats created by the impoundment of rivers. Regulated hypolimnetic discharges from deep tributary reservoirs have created significant cool water reaches in the Cumberland and Tennessee river systems. The TWRA has been able to create nationally recognized striped bass *Morone saxatilis* fisheries that can utilize cool and productive habitats in mainstream reservoir reaches through a stocking program that began in the 1960s. Striped bass stocking has also been successful on several tributary impoundments, and these fisheries have flourished as long as ample food and cool, oxygenated water were present throughout the year. Hybrid striped bass (male white bass × female striped bass) are stocked into warmer, more productive reservoirs where striped bass fisheries are limited by high natural mortality and slow growth. Both striped bass and the hybrid are able to utilize pelagic reservoir habitat and feed on abundant, larger shad that are too large to be forage for native fishes.

Nine of Tennessee's tributary impoundments have well-oxygenated, coldwater strata during the summer months. The TWRA and the USFWS's Dale Hollow National Fish Hatchery (DHNFH) annually stock these habitats with rainbow trout. For additional diversity, a few reservoirs are stocked with lake trout or brown trout, but these latter species represent a small portion of reservoir trout stockings. Like striped bass and its hybrid, trout provide a pelagic fishery and utilize a reservoir niche that would otherwise not be occupied by native fishes.

Coldwater releases below tributary impoundments have locally extirpated many of the native aquatic species and eliminated fisheries in at least 203 km of tailwater habitat. The TWRA is expected to provide the best fishery possible at these locations, and stocking trout is a major component of this effort. The TWRA and USFWS stock catchable-size (>23 cm total length) rainbow trout to provide put-and-take fisheries at all coldwater tailwaters. In addition, stocked fingerling rainbow trout provide a put-grow-take component to these fisheries at most tailwaters. Brown trout, stocked at 4–20 cm, perform well in most tailwaters and provide trophy potential. Brown trout typically represent less than 20% of tailwater stockings. Since 2000, brook trout (<5 cm) have been stocked at one tailwater with the goal of providing anglers the opportunity to catch brook trout greater than 25 cm, a size very rare in typical headwater stream fisheries for brook trout in Tennessee.

The quality of tailwater habitats varies greatly and limits the options available to managers. Tennessee Valley Authority projects have elaborate operation schedules or weirs to provide minimum flows and also provide supplemental oxygen to dam discharge when needed (Scott et al. 1996). Conversely, most of the U.S. Army Corps of Engineers projects have seasonally low dissolved oxygen concentrations and inadequate minimum flows. Our stocking program reflects this variety: in poor habitats, TWRA stocks high numbers of catchable-size trout for primarily put-and-take fisheries. Improved habitats support better fisheries that can be supported by stocking fingerlings and only half the number of catchable trout. Not surprisingly, areas with better water quality and flow regimes consistently produce more and bigger trout. Tailwater trout fisheries in Tennessee support a wide variety of angler types from generalists to specialists and include both consumptive and nonconsumptive anglers (Hutt and Bettoli 2003).

Hatchery Production

Nine TWRA hatcheries and DHNFH stocked Tennessee reservoirs and tailwaters at a cost of about US$1.5 million in 2001 (Table 1). The TWRA's five warmwater hatcheries provided approximately 3.6 million fingerlings that year for reservoirs, including striped bass, hybrid striped bass, black bass, crappie, walleye, and sauger (Table 1). Total cost of production was $838,222 based on an average cost of fingerling fish of $0.23 (Fishpro Consulting Engineers and Scientists 2001). Four TWRA trout hatcheries and DHNFH stocked approximately about 1.3 million trout into 203 km of 12 tailwaters (Table 1). The cost of stocking trout ($0.70 to $3.60 per kilogram) was determined for each stocking event based on cost to raise and stock fish of given size at a given hatchery. The total cost of trout production and stocking in 2001 was $650,947. Approximately half of the production for tailwaters was stocked as fingerlings, the other half was stocked at a catchable size. Tennessee's nine trout reservoirs were stocked with about 0.5 million trout in 2001. The DHNFH contribution to Tennessee trout fisheries in reservoirs and tailwaters was approximately 65% of the total trout stocked in 2001.

Recreational Use

Fishing effort at stocked reservoir and tailwater fisheries is estimated using a variety of survey techniques. Each year, reservoir creel surveys designed to estimate the total fishing effort are conducted on most major impoundments. During 2001, 16 reservoirs representing 156,451 ha were surveyed (Malvestuto and Black 2002). The roving survey design allowed TWRA biologists to estimate the hours spent targeting individual species in different spatial strata at each reservoir. All major coolwater and warmwater fisheries in tailwaters were also incorporated into the survey designs for mainstream, run-of-river reservoirs (e.g., sauger fisheries). Unfortunately, manpower limitations did not allow TWRA to conduct surveys on every stocked reservoir during 2001. Therefore, we pooled the latest 2 years of available trip data from stocked reservoirs (2001 and 2002) to provide angler use estimates (Malvestuto and Black 2002, 2003). Annually, there were 309,854 angler trips to stocked reservoir fisheries (Table 1).

Nine of the 12 tailwater trout fisheries have been surveyed by roving creel surveys within the last 6 years (Bettoli 2001a, 2001b, 2002a, 2002b, 2003a, 2003b; Devlin and Bettoli 1999; Luisi and Bettoli 2001; TWRA, unpublished data). These surveys were conducted on the most heavily used fisheries and specifically targeted trout. The combined effort by anglers at these fisheries was estimated at 130,929 angler trips annually.

Table 1. Species, status, number stocked, destination, and costs to stock during 2001. Estimates of effort and trip costs associated with stocked fisheries during 2001.

Species	Status in Tennessee	Stocking destination	Number stocked	Cost to stock	Angler trips	Trip costs
Black bass	Native	Reservoirs (1,476 total ha)	93,034	$21,398	94,802	$4,302,115
Crappie	Native	Reservoirs (52,490 total ha)	1,144,431	$263,219	74,289	$3,371,235
Striped bass	Nonnative	Reservoirs (77,755 total ha)	1,429,794	$328,853	55,107	$2,500,756
Hybrid striped bass	Nonnative	Reservoirs (19,798 total ha)	98,349	$22,620	2,461	$111,680
Walleye	Native	Reservoirs (32,425 total ha)	649,416	$149,366	31,873	$1,446,397
Sauger	Native	Reservoirs (24,606 total ha)	229,418	$52,766	8,009	$363,448
		Warmwater reservoir subtotals	3,644,442	$838,222	266,541	$12,095,631
Trout						
Brown trout *Salmo trutta*	Nonnative	Reservoirs (11,962 total ha)	62,019	$9,598	*	*
Rainbow trout *Oncorhynchus mykiss*	Nonnative	Reservoirs (23,041 total ha)	253,730	$128,704	*	*
Lake trout *Salvelinus namaycush*	Nonnative	Reservoirs (3,528 total ha)	147,592	$15,635	*	*
		Coldwater reservoir subtotals	463,341	$153,937	43,313	$1,965,544
Trout						
Brown trout	Nonnative	Tailwaters (185 total km)	231,206	$37,589	*	*
Rainbow trout	Nonnative	Tailwaters (203 total km)	1,039,633	$457,787	*	*
Brook trout *S. fontinalis*	Native	Tailwaters (27 total km)	22,875	$1,634	*	*
		Tailwater subtotals	1,293,714	$497,010	130,929	$5,597,215
		Totals	5,401,497	$1,489,169	440,783	$19,658,390

* Data were not collected by species because trout anglers generally fish for all trout species during a trip.

Economic Value

We used angler trip cost as an index of the economic value of these stocked fisheries. Total trip cost for each fishery was calculated by multiplying the estimated number of trips targeting each species by the mean trip cost. Mean trip cost was estimated for resident trout and reservoir anglers during a fall 2001 telephone survey (Stephens et al. 2002). The reported trip cost for trout anglers reflected all trout angling trips to tailwaters, stocked streams, and wild trout streams. We are confident that tailwater trout angling was at least as expensive as the other river trout fisheries and consider the estimate of $42.75 to be a conservative mean trip cost. The phone survey did not partition trip costs by species for reservoir fisheries. Mean trip cost to reservoir fisheries was $45.38. In both estimates, trip expenditures included gas, tackle, lodging, food, ice/bait, and boat rental during that trip. Capital expenses such as boats, rods, and waders, and so forth, were not included.

The total value of trip costs for Tennessee's stocking-dependent fisheries was $19,658,390, with $14,061,175 and $5,597,215 spent on reservoir and tailwater fisheries, respectively (Table 1).

Discussion

Stocking has been an effective strategy for the management of fisheries in Tennessee reservoirs and tailwaters. The TWRA spends roughly $1.5 million on stocked fish, generating 440,783 fishing trips, and almost $20 million in angler expenditures. Stocked fisheries represent 36.4% of the estimated statewide reservoir angling effort; the percentage was much higher on some individual reservoirs because stocked fish totally support their fisheries. Essentially all tailwater trout angling in Tennessee relies on stocking. This stocking provides anglers with opportunities to fish for species that would otherwise not be present. At a time when many states are struggling to maintain anglers, Tennessee has continued to increase its numbers of anglers over the past 20 years (Figure 1). The TWRA's ability to provide a variety of angling oppor-

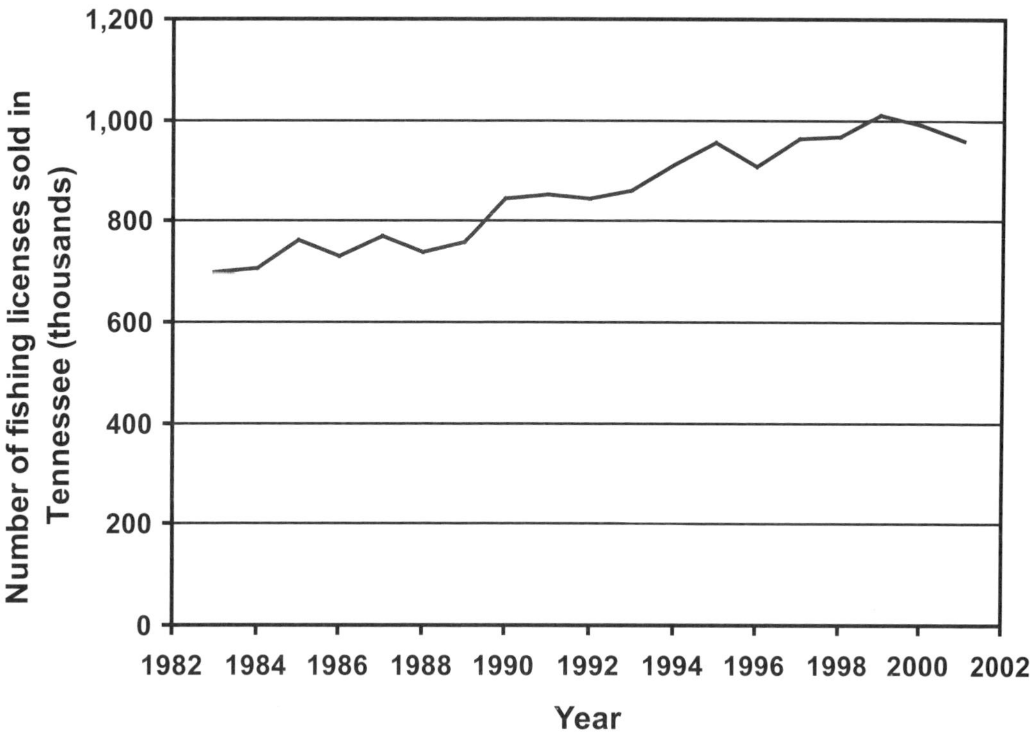

Figure 1. Number of fishing licenses sold in Tennessee from 1983 through 2001 (TWRA, Federal Aid Certification data).

tunities throughout the year is a major factor in the continued success of sport fishing in Tennessee.

Anglers value stocked fisheries and they demonstrate this by spending their time and money to participate. For every $1 TWRA spent on production of stocked fish for reservoirs and tailwaters, anglers spent about $13 on trip costs. This does not mean that TWRA is getting a direct 13-fold return on its investment. The major beneficiaries of the trip costs are local businesses and government entities that tax those sales. The TWRA receives no monies from the state of Tennessee's general fund for fisheries management. Tennessee Wildlife Resources Agency hatchery production costs are recovered by fishing license fees, trout license fees, and return of excise taxes from the federal Sport Fish Restoration Fund.

We have presented a very conservative estimate of the economic value of these fisheries. Our estimates do not include capital expenditures (rods, boats, etc) or various consumer surplus estimates as suggested by Wiethman (1999). Future estimates of the economic impact of hatchery production and fishing trips should also consider how the money moves through the local economies. For example, a recent estimate of the economic effect of trout production at DHNFH using multipliers to account for jobs created, tax revenues, and the transfer of money and goods through the economy was approximately $57 million, or $109 for every $1 budgeted (Caudill 2001).

The 2001 national fishing survey (U.S. Department of the Interior, Fish and Wildlife Service and U.S. Department of Commerce, U.S. Census Bureau 2003) estimated that there were 15 million trips by 903,000 anglers over 16 years of age in Tennessee, spending $265 million on trip-related expenditures. Our analysis indicated that stocked reservoir and tailwater fisheries comprised only 3% the total trips and 7% of the total trip expenditures in Tennessee. We anticipated these low percentages because there are numerous fisheries in the state that are not associated with reservoir and tailwater stocking programs, such as ponds, warmwater streams, and native reservoir fisheries. Our use estimates may also have been negatively biased due to several factors. TWRA reservoir creels surveys did not include nighttime fisheries, and trout tailwater creel surveys were only conducted during the peak fishing season (about 8 months). Two trout tailwaters were not included in our estimates.

Many early fish introductions in Tennessee were conducted in more naive times, when potential effects on other fish species were largely unanticipated. Stocking trout into tailwaters was considered a relatively safe undertaking as few native species remained in these environments and trout were isolated from downstream native fauna by thermal barriers. We have no records of problematic interactions with native fishes resulting from trout stocking in Tennessee tailwaters.

Reservoir fish introductions were not necessarily risk free, and most of the early introductions were conducted with limited available information on ecological impacts. For example, reservoir fisheries generally benefited from introductions of threadfin shad as a forage base, but alewife introductions had unpredictable and mixed effects. Walleye recruitment failed after alewife were established in Tennessee reservoirs, but subsequently stocked walleye and trout were able to utilize this new prey species inhabiting coolwater depths during the summer. Striped bass introductions created new fisheries without impacting established fish populations, but the species was perceived problematic to some angler groups (Churchill et al. 2002). Saugeye (female sauger × male walleye) were once stocked in reservoirs with poor walleye populations, but TWRA discontinued the program when their potential to backcross with native walleye stocks was discovered (Fiss et al. 1997).

Stocking is not necessarily the final solution for all fisheries, and adjustments continue to be made to TWRA's stocking protocols. In recent years, natural reproduction of trout has been observed in tailwaters (Banks and Bettoli 2000) where water quality and flow improvements have been made. If this trend continues, we may be able to reduce our reliance on stocked trout in these tailwaters. Likewise, water level management tailored to optimize fish recruitment in reservoirs may reduce the need for supplemental stocking of coolwater and warmwater species. Harvest restrictions, mainly length restrictions, are used to maintain fishing quality and reduce the need for stocked fish. However, stricter limits have not always been acceptable to Tennessee anglers in harvest-oriented fisheries such as sauger, crappie, and rainbow trout (especially the put-and-take component).

In the near future, TWRA's stocking program for reservoirs and tailwaters will likely expand as hatchery production allows. Coolwater and warmwater production is currently at capacity for TWRA hatcheries, yet reservoir biologists routinely request more fingerlings than can be produced currently. Coldwater requests also currently exceed supply. Improvements in water quality and minimum flows that create new trout habitat will create new demand for trout. Access is severely limiting at most trout tailwaters. As TWRA acquires additional access, additional trout stocking may be warranted to meet increased demand.

Unlike the 1950s when biologists actively stocked new species (Fetterolf 1957), TWRA's current generation of biologists is more cautious in their approach to managing stocked fisheries. Current emphasis lies in increasing hatchery production and the efficiency of our current stocking programs. Stocked fisheries in altered habitats are an important and valuable component of sport fishing in Tennessee, and TWRA plans to maintain these fisheries in the foreseeable future.

Acknowledgments

This work was funded by TWRA and the Federal Aid in Sport Fish Restoration Program (FEW-6–21B). We thank C. Fetterolf and an anonymous reviewer for their helpful comments on the manuscript.

References

Annet, C., J. Hunt, and E. D. Dibble. 1996. The complete bass: habitat use patterns of all stages of the life cycle of largemouth bass. Pages 306–314 *in* L. E. Miranda and D. R. DeVries, editors. Multidimensional approaches to reservoir fisheries management. American Fisheries Society, Symposium 16, Bethesda, Maryland.

Banks, S. M., and P. W. Bettoli. 2000. Reproductive potential of brown trout in Tennessee tailwaters. Tennessee Wildlife Resources Agency, Fisheries Report No. 00–19, Nashville.

Bettoli, P. W. 2001a. Duck River creel survey: May-October 2000. Tennessee Wildlife Resources Agency, Fisheries Report 01–43, Nashville.

Bettoli, P W. 2001b. Elk River creel survey report. Tennessee Wildlife Resources Agency, Fisheries Report 01–42, Nashville.

Bettoli, P. W. 2002a. Clinch River creel survey results: March-October 2001. Tennessee Wildlife Resources Agency, Fisheries Report No. 02–01, Nashville.

Bettoli, P. W. 2002b. Survey of the trout fishery in the Obey River below Dale Hollow Dam. Tennessee Wildlife Resources Agency, Fisheries Report No. 02–06, Nashville.

Bettoli, P. W. 2003a. Survey of the trout fishery in the South Fork of the Holston River, March – October

2002. Tennessee Wildlife Resources Agency, Fisheries Report 03–06, Nashville.

Bettoli, P. W. 2003b. Survey of the trout fishery in the Watauga River, March – October 2002. Tennessee Wildlife Resources Agency, Fisheries Report 03–05, Nashville.

Bettoli, P. W., and M. A. Fischbach. 1998. Factors associated with recruitment of saugers in Tennessee and Cumberland river reservoirs. Tennessee Wildlife Resources Agency, Fisheries Report 98–12, Nashville.

Caudill, J. 2001. The economic effects of national fish hatchery trout production and distribution in the Southeastern U. S. U.S. Department of the Interior, Fish and Wildlife Service, Division of Economics, Arlington, Virginia.

Churchill, T. N., P. W. Bettoli, D. C. Peterson, W. C. Reeves, and B. Hodge. 2002. Angler conflicts in fisheries management: a case study of the striped bass controversy at Norris Reservoir, Tennessee. Fisheries 27:10–19.

Devlin, III, G. J., and P. W. Bettoli. 1999. Creel survey and population dynamics of salmonids stocked into the Caney Fork River below Center Hill Dam. Tennessee Wildlife Resources Agency, Fisheries Report 99–8, Nashville.

Fetterolf, C. M., Jr. 1957. Stocking as a management tool in Tennessee reservoirs. Proceedings of the Annual Conference Southeastern Association of Game and Fish Commissioners 10(1956):275–284.

Fishpro Consulting Engineers and Scientists. 2001. Tennessee warmwater fish hatchery evaluation. Fishpro Consulting Engineers and Scientists, Springfield, Illinois.

Fiss, F. C., S. M. Sammons, P. W. Bettoli, and N. Billington. 1997. Reproduction among saugeyes (F_x hybrids) and walleyes in Normandy Reservoir, Tennessee. North American Journal of Fisheries Management 17:215–219.

Hackney, P. A., and J. A. Holbrook. 1978. Sauger, walleye, and yellow perch in the southeastern United States. Pages 74–81 *in* R. L. Kendall, editor. Selected coolwater fishes of North America. American Fisheries Society, Special Publication 11, Bethesda, Maryland.

Hutt, C. P., and P. W. Bettoli. 2003. Recreational specialization, preferences, and management attitudes of trout anglers utilizing Tennessee tailwaters. Tennessee Wildlife Resources Agency, Fisheries Report 03–01, Nashville.

Isermann, D. A., P. W. Bettoli, S. M. Sammons, and T. N. Churchill. 2002. Initial post-stocking mortality, Oxytetracycline marking, and year-class contribution of black-nosed crappies stocked into Tennessee reservoirs. North American Journal of Fisheries Management 22(4):1399–1408.

Keith, W. E. 1986. A review of introduction and maintenance stocking in reservoir fisheries management. Pages 144–148 *in* G. E. Hall and M. J. Van Den Avyle, editors. Reservoir fisheries management: strategies for the 80's. American Fisheries Society, Southern Division, Reservoir Committee, Bethesda, Maryland.

Kimmel, B. L., and A. W. Groeger. 1986. Limnological and ecological changes associated with reservoir aging. Pages 103–109 *in* G. E. Hall and M. J. Van Den Avyle, editors. Reservoir fisheries management: strategies for the 80's. American Fisheries Society, Southern Division, Reservoir Committee, Bethesda, Maryland.

Luisi, M. P. and P. W. Bettoli. 2001. An investigation of the trout fishery in the Hiwassee River. Tennessee Wildlife Resources Agency, Fisheries Report 01–13, Nashville.

Maceina, M. J., and P. W. Bettoli. 1998. Variation in largemouth bass recruitment in four mainstem impoundments of the Tennessee River. North American Journal of Fisheries Management 18:998–1003.

Malvestuto, S., and W. P. Black. 2002. Tennessee reservoir creel survey, 2001 results. Tennessee Wildlife Resources Agency, Fisheries Report 02–10, Nashville.

Malvestuto, S., and W. P. Black. 2003. Tennessee reservoir creel survey, 2002 results. Tennessee Wildlife Resources Agency, Fisheries Report 03–07, Nashville.

Miranda, L. E. 1996. Development of reservoir fisheries management paradigms in the twentieth century. Pages 3–11 *in* L. E. Miranda and D. R. DeVries, editors. Multidimensional approaches to reservoir fisheries management. American Fisheries Society, Symposium 16, Bethesda, Maryland.

Pegg, M. A., J. B. Layzer, and P. W. Bettoli. 1996. Angler exploitation of anchor-tagged saugers in lower Tennessee River. North American Journal of Fisheries Management 16:218–222.

Sammons, S. M., and P. W. Bettoli. 2000. Population dynamics of reservoir sportfish community response to hydrology. North American Journal of Fisheries Management 20:791–800.

Sammons, S. M., L. G. Dorsey, P. W. Bettoli, and F. C. Fiss. 1999. Effects of reservoir hydrology on reproduction by largemouth bass and spotted bass in Normandy Reservoir, Tennessee. North American Journal of Fisheries Management 19:78–88.

Sammons, S. M., P. W. Bettoli, D. A. Isermann, and T. N. Churchill. 2002. Recruitment variation of crappies in response to hydrology of Tennessee reservoirs. North American Journal of Fisheries Management 22(4):1393–1398.

Scott, E. M., Jr., K. D. Gardner, D. S. Baxter, and B. L. Yeager. 1996. Biological and water quality response in tributary tailwaters to dissolved oxygen and minimum flow improvements. Tennessee Valley Authority, Norris.

Stephens, B., J. M. Fly, and B. C. English. 2002. Fishing expenditures for fall 2001 TWRA survey. University of Tennessee, Institute of Agriculture, Knoxville.

U.S. Department of the Interior, Fish and Wildlife Service and U.S. Department of Commerce, U.S. Census Bureau. 2003. 2001 National survey of fishing, hunting, and wildlife-associated recreation - Tennessee. U.S. Fish and Wildlife Service, Arlington, Virginia

Vandergoot, C. J., and P. W. Bettoli. 2001. Evaluation of current management practices and assessment of recruitment, growth and condition of walleyes in Tennessee Reservoirs. Tennessee Wildlife Resources Agency, Fisheries Report 01–44, Nashville.

Weithman, A. S. 1999. Socioeconomic benefits of fisheries. Pages 193–213 *in* C. C. Kohler and W. A. Hubert, editors. Inland fisheries management in North America, 2nd edition. American Fisheries Society, Bethesda, Maryland.

American Fisheries Society Symposium 44:197–206, 2004

Management of Tropical Freshwater Fisheries with Stocking: The Past, Present, and Future of Propagated Fishes in Puerto Rico

J. Wesley Neal,[1] Richard L. Noble

Campus Box 7617, Department of Zoology, North Carolina State University, Raleigh, North Carolina 27695-7617, USA

Maria de Lourdes Olmeda and Craig G. Lilyestrom

Puerto Rico Department of Natural and Environmental Resources, Post Office Box 9066600, San Juan, 00906-6600, Puerto Rico

Abstract.—The native freshwater fish assemblage in Puerto Rico is limited to a few catadromous species; consequently, many species have been introduced from other regions of the world. In this case study, we examine the use of fish species introduction and propagation in the management of freshwater systems in Puerto Rico. The history of importation, propagation, and introduction is organized into four primary phases: (1) the prehatchery phase, with limited introductions from the United States to rivers and earliest reservoirs; (2) the coldwater phase, with primary emphasis on trout species for high-altitude river introductions; (3) the early warmwater phase, with generous species introductions and supplementation without significant evaluation; and (4) the current modern phase, with primary focus on largemouth bass and prey species with significant assessment, evaluation, and research on stocking efficacy. We describe previous research that has guided the use of fish propagation in Puerto Rico, and we discuss the future of propagated fishes in fisheries management.

Introduction

The native freshwater fish fauna of Puerto Rico is very limited, consisting of only a few catadromous species that rely on the link between rivers and estuaries (Holmquist et al. 1998). These native fishes are typically eliminated from reservoir environments and upstream reaches when rivers are impounded (Erdman 1984), resulting in reservoirs without significant fishery resources. Hence, the creation of sustainable reservoir fisheries depends heavily on introduction of nonnative fish species more adapted to lacustrine environments. Introductory, supplemental, and maintenance stocking programs are a substantial and invaluable part of reservoir fisheries management in Puerto Rico.

In this case history, our intent is to examine the history, magnitude, and effectiveness of stocking as a management tool in Puerto Rico reservoirs. We discuss the influence of biotic and abiotic factors that necessitate stocking activities and influence stocking success, and we review key studies that have defined our current stocking procedures. Finally, we explore the future application of propagated fishes in the management of Puerto Rico freshwater fisheries.

Management Facilities and Environment

Puerto Rico is a Caribbean island in the Greater Antilles located between latitude 17°55’ and 18°31’N and longitude 66°37’ and 67°17’W. Annual rainfall is quite variable, and ranges from 100 cm in the semiarid rain shadow of the south coast to nearly 500 cm in the eastern rainforest. Mean air temperature and water temperature remain seasonally constant and warm (mean monthly air temperature ranges 23–27°C; water temperature varies but closely follows air tem-

[1] Current address: Aquaculture/Fisheries Center of Excellence, 1200 North University Drive, Post Office Box 4912, Pine Bluff, Arkansas 71611, USA

perature), and photoperiod varies from about 11–13 h per day.

There are 23 reservoirs of management interest on the island, and the 13 largest reservoirs (137–360 ha) are considered priority management systems. The Puerto Rico Department of Natural and Environmental Resources (DNER) is the agency responsible for conducting fisheries management activities in reservoirs. Recreational management stations with full-time biologists are located at several island reservoirs, which provide the public with an access ramp, shoreline fishing access, and picnic and camping facilities. Lucchetti and Guajataca reservoirs currently possess management stations, and additional facilities are under construction or being planned for other reservoirs. The permanent assignment of management biologist at access points greatly facilitates management activities such as angler creel survey, tournament monitoring, and regulations enforcement.

A hatchery facility was constructed in 1937 on the Maricao River. The initial purpose of the Maricao Fish Hatchery was primarily for research, propagation, and introduction of coldwater fish species, including rainbow trout *Oncorhynchus mykiss* and brown trout *Salmo trutta*. In 1946, the hatchery shifted emphasis to warmwater species, which initiated the development of recreational fisheries in Puerto Rico's reservoirs. The hatchery was heavily damaged by flooding and high winds associated with Hurricane Georges in 1998, after which it underwent major reconstruction, renovation, and upgrade. This renovation greatly increased production capacity and eliminated the threat of flooding and limited dry-season water supply, which constrained fingerling production in the previous facility.

History of Stocking Activities

The chronology of stocking as a management tool in Puerto Rico can be divided into four phases: (1) the prehatchery phase, with limited introductions from the United States to rivers and earliest reservoirs; (2) the coldwater phase, with primary emphasis on trout species for high-altitude river introductions; (3) the early warmwater phase, with generous species introductions and supplementation without significant evaluation; and (4) the current modern phase, with primary focus on largemouth bass and prey species along with significant assessment, evaluation, and research on stocking efficacy.

The prehatchery phase was initially characterized by warmwater species introductions from the United States (Table 1). The earliest record of introductory stocking occurred in 1915 when brown bullhead *Ameiurus nebulosus*, largemouth bass *Micropterus salmoides*, and bluegill *Lepomis machrochirus* were imported from the United States and released in Comerío Reservoir (Hildebrand 1935). Subsequent introductions included these three species along with western mosquitofish *Gambusia affinis* and possibly warmouth *L. gulosus*. Although an official record of warmouth

Table 1. Chronological history of non-native fish importations and stocking activities prior to construction of the Maricao Fish Hatchery. Numbers of fish, size range (mm total length), and source/recipient population data are given where available (n/a is not available).

Year	Species	Number	Size	Source/recipient
1915	*Ameiurus nebulosus*	1,590	n/a	From the U.S. to Comerío Reservoir
	Micropterus salmoides	600	n/a	
	Lepomis macrochirus	1,500	n/a	
1916	*A. nebulosus*	600	n/a	From the U.S. to Comerío Reservoir
	M. salmoides	600	n/a	
	L. macrochirus	600	n/a	
	L. gulosus	1,200	n/a	
1923	*Gambusia affinis*	n/a	n/a	To Patillas Reservoir and Cayey River
1934	*L. macrochirus*	1,000	n/a	From the U.S. to Guayabal Reservoir and Patillas Reservoir
	Ictalurus spp.	80	n/a	
1934–1935	*Oncorhynchus mykiss*	30,000	127–152	From the U.S. to rivers in Luquillo and Toro Negro Forest
1934–1935	*Salmo trutta*	n/a	n/a	From U.S. to Espíritu Santo River at El Yunque Forest
1935	*L. macrochirus*	150	n/a	From the U.S. to Guajataca Reservoir
	Ictalurus spp.	180	n/a	
1935	*O. mykiss*	n/a	n/a	To Maricao River

introduction does not exists, personnel from the Maricao Fish Hatchery collected one in 1971 in Carite Reservoir. Erdman (1984) postulated that this species arrived in the 1916 shipment with largemouth bass, bluegill, and brown bullheads.

In a report to the Puerto Rico Commissioner of Agriculture and Commerce, Hildebrand (1934) recommended the importation and introduction of rainbow trout and brown trout for stocking in the coolwater streams. These actions provided the impetus for construction of the Maricao Fish Hatchery, which began producing fingerlings for release in 1938 (Table 2). Trout production was the primary objective of the hatchery until 1942, when it became apparent that introduced fingerling trout failed to establish sustainable populations because natural reproduction was not occurring (Erdman 1984). During the short-lived coldwater phase of fish propagation, the hatchery also produced some warmwater species, such as bluegill and brown bullhead, which were introduced primarily in new and existing reservoirs. Channel catfish *Ictalurus punctatus* were also imported from the United States and released into Cidra, Dos Bocas, and Loiza reservoirs.

Bluegill and catfishes (most likely channel catfish) were the only species produced and released for 3 years following the cessation of trout propagation, but in 1946, the emphasis of the hatchery shifted in earnest to producing warmwater species. The earliest attempts in 1915 and 1916 to establish largemouth bass populations were unsuccessful (Erdman 1984), so in 1946, a shipment of largemouth bass juveniles and adults from Georgia and Mississippi arrived at the Maricao Fish Hatchery. These fish became the basis of the island's largemouth bass fisheries, and quickly became the most popular freshwater sportfish on the island (Neal and Lopez-Clayton 2001). More than 10,000 largemouth bass fingerlings were produced and stocked during the first year of production. Although it is unclear why the initial introduction failed, it is likely that the stress of shipment combined with low numbers and small size led to their demise when they were immediately released into reservoirs. In 1946, the largemouth bass juveniles were shipped to the Maricao Fish Hatchery, where proper care ensured their survival. The 1946 shipment also purportedly included yellow bullhead *A. natalis*, which were reportedly propagated at the Maricao Fish Hatchery and stocked into Dos Bocas Reservoir. However, yellow bullheads have not been

Table 2. Importation and stocking history of the short-lived coldwater phase of propagated fishes in Puerto Rico. Numbers of fish, size range (mm total length), and source/recipient population data are given where available (n/a is not available). *Salmo* spp. is given for incomplete species information regarding trout stocking.

Year	Species	Number	Size	Source/recipient
1935–1939	*Salmo* spp.	n/a	n/a	No information
1938	*Oncorhynchus mykiss*	250,000	n/a	From U.S. to Maricao Fish Hatchery
	Ictalurus spp.	437	n/a	
	Lepomis macrochirus	40	n/a	
	O. mykiss	2,668	n/a	From Maricao Fish Hatchery to island's reservoirs
	Ictalurus spp.	114	n/a	
	L. macrochirus	7,150	n/a	
	I. punctatus	n/a	n/a	From U.S. to Cidra, Dos Bocas, and Loiza reservoirs
1939	*O. mykiss*	71,511	n/a	From Maricao Fish Hatchery to island's reservoirs
	Ameiurus nebulosus	396	n/a	
	L. macrochirus	22,830	n/a	
	O. mykiss	15,328	n/a	From Maricao Fish Hatchery to island's reservoirs
	Ictalurus spp.	1,051	n/a	
	L. macrochirus	46,942	n/a	
1941	*Salmo trutta*	40,000	n/a	To Maricao Fish Hatchery
1941	*Salmo* spp.	2,231	n/a	From Maricao Fish Hatchery to island's reservoirs
	Ictalurus spp.	1,697	n/a	
	L. macrochirus	19,896	n/a	
1942	*Salmo* spp.	3,031	n/a	From Maricao Fish Hatchery to island's reservoirs
	Ictalurus spp.	1,745	n/a	
	L. macrochirus	27,994	n/a	

collected from island reservoirs, which suggest that this introduction was unsuccessful or that the species was misidentified.

The early warmwater phase (1942–1973) was characterized by numerous species introductions as well as supplementation of reservoir sportfish populations (Table 3). In 1947 and 1948, guppy *Poecilia reticulata* and *P. vivipara* were introduced for esthet-

Table 3. Importation and stocking history of the early warmwater phase of propagated fishes in Puerto Rico. Numbers of fish, size range (mm total length), and source/recipient population data are given where available (n/a is not available). *Ictalurus* spp. is given for incomplete species information regarding catfish stocking.

Year	Species	Number	Size	Source/recipient
1943	*Ictalurus* spp.	514	n/a	From Maricao Fish Hatchery to island's reservoirs
	Lepomis macrochirus	20,249	n/a	
1944	*Ictalurus* spp.	308	n/a	From Maricao Fish Hatchery to island's reservoirs
	L. macrochirus	11,040	n/a	
1945	*Ictalurus* spp.	261	n/a	From Maricao Fish Hatchery to island's reservoirs
	L. macrochirus	5,010	n/a	
1946	*Micropterus salmoides*	1,067	n/a	From Georgia and Mississippi
	M. salmoides	88	adults	
	Ameiurus natalis	47	adults	
1946	*M. salmoides*	10,536	19–76	From Maricao Fish Hatchery to island's reservoirs
1947	*A. natalis*	1,462	n/a	Produced at the Maricao Fish Hatchery and stocked at Dos Bocas Reservoir
	L. macrochirus	1,420	n/a	From Maricao Fish Hatchery to island's reservoirs
	M. salmoides	22,977	n/a	
1947	*Poecilia reticulata*	20,000	n/a	Stocked at Sabana Llana gulch
1948	*P. vivipara*	50,000	n/a	n/a
	L. macrochirus	1,850	n/a	From Maricao Fish Hatchery to island's reservoirs
	M. salmoides	8,866	n/a	
1949	*L. macrochirus*	650	n/a	From Maricao Fish Hatchery to island's reservoirs
	M. salmoides	298	n/a	
1950	*L. macrochirus*	5,900	n/a	From Maricao Fish Hatchery to island's reservoirs
	M. salmoides	7,455	n/a	
1951	*M. salmoides*	100	n/a	From Maricao Fish Hatchery to island's reservoirs
1953	Redbreast tilapia *Tilapia rendalli*	n/a	n/a	From Auburn, Alabama
	Common carp *Cyprinus carpio*	n/a	n/a	To Maricao Fish Hatchery from Dominican Republic
1957	Fathead minnow *Pimephales promelas*	150	50	From Waleka Hatchery, Florida to Maricao Fish Hatchery
	Redbreast sunfish *L. auritus*	28	n/a	
	Florida largemouth bass *M. s. floridanus*	30	n/a	
	Redear sunfish *L. microlophus*	389	n/a	
1958	Redeye bass *M. coosae*	n/a	n/a	From Georgia
	Mozambique tilapia *T. Mossambica*	n/a	n/a	From Alabama to Aguirre and Mercedita
1963	*Dorosoma petenense*	40	Adults	From Georgia to Guajataca Reservoir
	Wami tilapia *T. hornorum*	n/a	n/a	From the Cooperative Fishery Research Unit in Arizona to Maricao Hatchery
	T. rendalli	19	51	From Alabama
1967	Peacock cichlid *Cichla ocellaris*	50	64–76	From Buga, Colombia to Maricao Hatchery
1971	Blue tilapia *T. aurea*	n/a	n/a	From Alabama to Experimental Station at Lajas

Table 3. Continued

Year	Species	Number	Size	Source/recipient
1972	White bass *Morone chrysops*	12	203–304	From Georgia to Loiza Reseroir
	Grass carp *Ctenopharyngodon idella*	200	n/a	From Arkansas to Dorodo Beach Hotel
1973	Nile tilapia *T. nilotica*	n/a	n/a	From Brazil

ics, prey supplementation, and mosquito control. Occurrence of other livebearers, including green swordtail *Xiphophorus helleri* and southern platyfish *X. maculates*, in island aquatic systems are not related to hatchery and management activities and are likely a result of the aquarium and bait trade. Largemouth bass and bluegill were produced at Maricao and stocked into island reservoirs annually between 1948 and 1951. In 1953, the first cichlids arrived to the island. An unknown quantity of redbreast tilapia were imported from Auburn, Alabama, although there is no record of these fish leaving the confines of the hatchery. That same year, common carp (mirror carp variety) were imported from the Dominican Republic, but these fish were also not introduced outside of the hatchery.

In 1957, a shipment containing fathead minnow, redbreast sunfish, redear sunfish, and Florida largemouth bass arrived from the Waleka Hatchery in Florida to the Maricao Fish Hatchery. The fathead minnow was cultured as forage for largemouth bass at the hatchery, but introductions into natural systems failed to establish. Both redbreast and redear sunfish have thrived in island aquatic systems, and the redear sunfish has become a valuable addition to the reservoir sport fisheries. The Florida largemouth bass was cultured and introduced into island reservoirs, but no attempts at management specifically for the Florida subspecies were made during the early warmwater period.

Redeye bass were imported in 1958 from Georgia with the intention of improving river fisheries. This species was cultivated at the Maricao Fish Hatchery and introduced into several rivers where it still persists today. That same year, Mozambique tilapia was brought to the island from Auburn, Alabama, on the recommendation of the Puerto Rico Secretary of Agriculture (Erdman 1984). This species is now in most of the island's aquatic systems.

In 1963, an important addition to the reservoir fish community was made when threadfin shad were introduced as a forage species. This species is now a primary prey for all piscivorous sport fish (Neal et al. 2001), and largemouth bass condition factor reportedly increased following the introduction of threadfin shad (Erdman 1984). That same year, the Maricao Fish Hatchery received a second shipment of redbreast tilapia, and these fish were propagated and introduced widely as a sportfish and for control of rooted macrophytes. Wami tilapia were also imported, and males of this species were crossed with female Mozambique tilapia. Hybrid males were introduced into small ponds in Puerto Rico and have likely disappeared from the island. However, in an attempt to keep a pure strain of Wami tilapia, Erdman (1984) stocked 100 fingerlings in a small pond on Mona Island, west of Puerto Rico. Descendents of this introduction are believed to still occur there.

In 1967, the government of Colombia shipped 200 peacock cichlid fingerlings from the fish culture station at Buga to Puerto Rico, and 50 arrived alive to San Juan. Of these fish, 30 survived the trip to Maricao and became the founder population of the island's peacock cichlid sport fishery. This species was propagated at the hatchery and introduced into several island reservoirs, but records of these introductions have not been found. Intentional movements between reservoirs of peacock cichlids by anglers further complicate the stocking history of this species.

Blue tilapia, imported in 1971 from Auburn, Alabama to the Agriculture Experiment Station in Lajas, Puerto Rico, were imported initially for experimental aquaculture as a food fish. However, this species now occurs in several reservoirs in Puerto Rico. White bass, the only temperate bass species imported to the island, arrived from Atlanta, Georgia in 1972. Most did not survive the trip, and the 12 that survived were introduced into Loiza Reservoir, although none have since been recovered. That same year, grass carp were first imported for control of aquatic macrophytes such as southern naiad *Najas guadaloupensis*. Grass carp has been successfully used for biocontrol by private organizations in small systems on the island, but does not occur in the larger systems. The last recorded introduction was the Nile tilapia, which was brought from Brazil in 1973 by the University of Puerto Rico for experimental purposes and does not occur at the Maricao Hatchery or in the island sport fisheries.

The Modern Era of Sport Fish Propagation and Management

There is a 21-year gap in the stocking history following the last record of 1973 because of poor record keeping and limited management-oriented activities. The Maricao Fish Hatchery was not heavily involved in sportfish propagation and supplementation, and most introductory stocking during this period consisted of unauthorized angler movements and undocumented transfers. However, in 1994 the directive of the Maricao Fish Hatchery was re-established as primarily freshwater sportfish production, and production and supplemental stocking of largemouth bass and other species began in earnest. The reinitiation of hatchery objectives coincided with an increased interest in science-based management objectives, and DNER teamed up with North Carolina State University and the Federal Aid in Sport Fish Restoration program to evaluate management regimes and the use of stocking as a management tool.

The rejuvenated hatchery initiative was marked by a sizeable increase in largemouth bass fingerling production (Table 4). However, the need for assessing which largemouth bass population could benefit most from supplementation using hatchery fingerlings soon became evident. Semiannual (spring and fall) boat-mounted boom electrofishing was initiated to determine largemouth bass population structure and relative abundance for development of management recommendations. Although these efforts greatly enhanced knowledge of general community structure in the reservoirs sampled, they did not specifically measure year-class strength of juvenile largemouth bass, which are not accurately sampled using boat-mounted boom electrofishing (Jackson and Noble 1995). Ozen (2002) found that a hand-held electrofisher used along shoreline areas at night between April and September provided a more reliable estimate of largemouth bass year-class strength in Puerto Rico. This technique has been used effectively in several island reservoirs to evaluate supplementation needs, but it has not yet been fully adopted as a prestocking assessment technique.

Supplementation of wild populations with hatchery-produced fingerlings is critical to maintaining stable largemouth bass populations in Puerto Rico reservoirs because stock size can vary threefold annually (Ashe et al. 1998). This variation is created by natural fluctuations in year-class strength that are magnified by population age structure, which is characterized by two primary age-classes with high mortality of older fish (Neal et al. 1997). Prey fish are available year-round (Alicea et al. 1997), and water temperatures in these tropical systems are continuously appropriate for rapid juvenile growth (Gran 1995). Hence, supplemental stocking can yield high survival and growth during any month of the year, and overwinter mortality is not a concern as it is in many temperate systems (e.g., Garvey et al. 2002). However, competition with wild year classes is a concern if hatchery fish are stocked into large wild year-classes of similar size. Neal et al. (2002) determined that supplemental stocking should be performed from October to November, which maximizes the time between previous and future wild spawning events. In addition, delaying stocking until autumn allows evaluation of wild year-class strength during summer months to determine if stocking is needed.

The Maricao Hatchery has the capacity to produce fingerling largemouth bass for any month of the year (Figure 1). However, there is a distinct peak in fingerling output during the summer months, and these fish are typically similar in size to wild-spawned juveniles. This increases the likelihood of intraspecific competition with wild year-classes during spring and summer stocking, and fingerling availability limits the capacity for supplemental stocking during autumn months. Under the current production regime, spring and summer supplementation should focus on systems with poor year-class strength, and off-season (autumn) stocking may be used to supplement important fisheries where recruitment is often strong but fishing pressure is high. It appears that autumn stockings reduce intraspecific competition, thereby having an additive impact on year-class strength and potentially maximizing growth rates of hatchery fish (Neal et al. 2002). Hence, improvement in off-season fingerling production by the Maricao Fish Hatchery is needed to maximize supplementation capacity for Puerto Rico reservoirs.

There are two genetically distinct stocks of largemouth bass in Puerto Rico (Neal et al. 1999). Most reservoirs contain intergraded populations with both northern *M. s. salmoides* and Florida *M. s. floridanus* largemouth bass alleles, while two reservoirs contain largemouth bass with only Florida alleles. Although the genetic composition of intergrade largemouth bass is strongly skewed toward the Florida subspecies, this

Table 4. Stocking records of the Puerto Rico Maricao Fish Hatchery from 1994 to 2002. Numbers of fish, size range (mm total length), and source/recipient population data are given where available (n/a is not available).

Year	Species	Number	Size	Source/recipient
1994	*Micropterus salmoides*	3,966	38.1	Loiza Reservoir
1995	*M. salmoides*	64,653	25–63.5	Carraizo, Dos Bocas, Toa Vaca, Patillas, Ponce I, Ponce II, Ponce III, Carite, Cidra, Prieto, Guayo, Guayabal reservoirs; and Tortuguero Lagoon
	Dorosoma petenense	200	25–50	Cerrillos Reservoir
1996	*M. salmoides*	49,467	38–76	Carite, Dos Bocas, Toa Vaca, La Plata,
	M. s. floridanus	1,412	n/a	Lucchetti Reservoir
	L. microlophus	11,569	38–50	Cerrillos, Toa Vaca, Guayabal reservoirs
1997	*M. salmoides*	38,026	38–76	Toa Vaca, Dos Bocas, Lucchetti, Garzas, Las Curias, Carite, Carraizo, Cidra reservoirs; Tortuguero Lagoon; private pond
	M. s. floridanus	48,520	25–76	Guajataca, Lucchetti, Cerrillos reservoirs
	L. microlophus	59,515	12–38	Toa Vaca, Cerrillos, Guayo, Guayabal, La Plata, Garzas, Las Curias reservoirs
	Tilapia spp.	450	88.9–105	Private ponds
1998	*M. salmoides*	41,114	25–76	Las Curias, Dos Bocas, Patillas, La Plata, Toa Vaca, Guayabal reservoirs; private ponds
	L. microlophus	16,000	25–63	Toa Vaca, Cerrillos reservoirs
	T. rendallli	100	n/a	Private ponds
2000	*M. s. floridanus*	193,024	38–69	Guajataca, Cidra, Dos Bocas, Guayabal, Guayo, Toa Vaca, Patillas, Carraizo, La Plata, Matrullas, Garzas reservoirs; and Tortuguero Lagoon
	L. microlophus	9,440	n/a	La Plata Reservoir
	Tilapia spp.	1,100	n/a	Private ponds
2001	*M. s. floridanus*	133,421	25–171	Guayabal, Guajataca, Cidra, La Plata, Dos Bocas, Carraizo, Las Curias, Toa Vaca, Lucchetti reservoirs; and private ponds
	L. microlophus	69,762	12.7–50.8	Guajataca, Cerrillos, Cidra, Guayabal, Lucchetti, Matrullas reservoirs; and private ponds
	Tilapia spp.	2,120	n/a	Private ponds
2002	*M. s. floridanus*	84,419	44.4–63.5	Loco, Dos Bocas, La Plata, Guayo, Garzas, Caonillas, Guajataca, Cidra reservoirs; and private ponds
	L. microlophus	63,076	12.7–63.5	Lucchetti, Cidra, La Plata, Loco, Garzas, Guajataca reservoirs
	L. macrochirus	38,880	12.7–50.8	Lucchetti, Caonillas reservoirs
	Tilapia spp.	825	n/a	Private ponds

stock does exhibit differences from Florida fish in population characteristics. Both genetic stocks have similar growth as juveniles and adults, but Florida largemouth bass have greater survival beyond age 2 (Neal and Noble 2002). Whereas intergrade populations are typically comprised of primarily age-1 and age-2 fish, the greater survival of Florida fish can be exploited to improve population age structure and reduce variability in abundance from year to year. Beginning in 2000, only Florida largemouth bass have been propagated and stocked by the Maricao Fish Hatchery. This action ensures that the integrity of the two pure Florida populations will be maintained and promises to improve overall age structure of intergrade populations.

In 1998, following severe damage to the facilities during Hurricane Georges, the Maricao Fish Hatch-

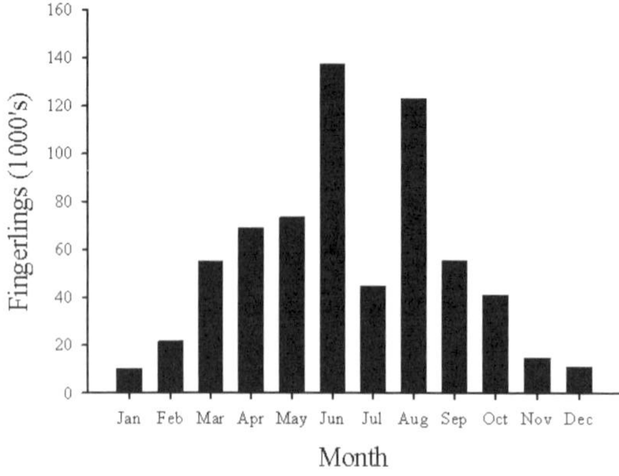

Figure 1. Monthly largemouth bass fingerling production by the Maricao Fish Hatchery from 1994 to 2002. The number of fingerlings plotted is in thousands.

ery underwent major renovations that more than doubled production capabilities for largemouth bass and other species. These improvements included a 62% increase in pond surface area for the hatchery and the construction of a new dam, which supplies the surface water to the entire hatchery facility during the dry season. Because of reconstruction, fingerling production did not occur during 1999.

The Future of Propagated Fishes in Puerto Rico

Recent advancements at the Maricao Fish Hatchery and science-based improvements in fisheries management in Puerto Rico reservoirs has greatly improved DNER's capacity for community manipulation and sport fish supplementation. The future of fisheries management in Puerto Rico will continue to rely on sport fish propagation and stocking, and new advancements will be necessary to meet the increasing demand for quality freshwater fishing opportunities.

One area of particular importance to DNER management objectives is increasing growth potential of largemouth bass. Although the shift from intergrade to Florida largemouth bass increases persistence of older fish in the population, it does not provide improved size structure (Neal and Noble 2002). Growth rates of both largemouth bass genetic stocks decline sharply when maturity is reached and growth is negligible by age 2. This results in a truncated size structure with few fish reaching larger sizes desired by many anglers, despite the year-round availability of prey (Alicea et al. 1997).

Neal (2003) theorized that the slow growth of adult fish results from excessive energy allocation to reproduction. Unlike largemouth bass in temperate regions, spawning in Puerto Rico occurs during a 6-month period beginning in midwinter, and individual bass spawn multiple times each season (Gran 1995; Waters 1999). Reproduction is generally an energetically expensive undertaking, and energy must be diverted from other processes such as growth and maintenance (Wootton 1985). Bioenergetics modeling of largemouth bass reproduction in Puerto Rico suggested that the extended reproductive effort reduces growth of a first-year spawning adult by more than 60% during the 6-month spawning season (Neal 2003), and the occurrence of natural mortality directly coincides with spawning season (Waters 1999).

Sterilization of hatchery-produced largemouth bass may be a solution to the slow growth and high mortality that appears to result from extended multiple reproductive efforts. Triploidy, which can be readily induced in many fish species by shocking eggs early in development with sharp temperature changes (up or down), increases in hydrostatic pressure, or chemical treatments (see review by Thorgaard and Allen 1987; Ihssen et al. 1990), can be used to provide sterile fish for research and management purposes. Neal (2003) refined triploidy production techniques for largemouth bass in Puerto Rico and found that triploids of this species expend significantly less energy for gamete production than normal diploid largemouth bass. Hence, there is a physiological mechanism for improved growth using triploids, and triploids may play an important role in future management activities in Puerto Rico if this energetic advantage can be translated into improved growth.

There is a renewed interest in the introduction of new species in Puerto Rico reservoirs. The butterfly peacock cichlid found in several reservoirs has developed into a sizable fishery, but the average size of this species is generally below angler expectations. There is an increasing desire to import the larger speckled peacock cichlid *Cichla temensis*, which would diversify angling opportunities and may exert predatory pressure on abundant tilapia populations. Any future introductions will be conducted with greater care than previous introductions, and imported fish will be quarantined and studied for possible negative effects before distribution to island reservoirs.

Native species management is a growing issue for fisheries management in Puerto Rico. Although there are only a handful of native freshwater fish species on the island, several are of particular interest for possible propagation. For instance, the bigmouth sleeper

Gobiomorus dormitor occurs regularly in several island reservoirs and has an abundant population in Carite Reservoir where it contributes significantly to the sport fishery (Neal et al. 2001). Bacheler (2002) determined that this species was reproducing in the reservoir, indicating that native species can thrive in impounded rivers under certain conditions. It is important to determine why this species can only complete its lifecycle in Carite Reservoir. If factors that allow successful reproduction (such as water level or habitat availability) can be identified, management for this species in other reservoirs can be improved. The Maricao Fish Hatchery can play a role in the re-establishment and maintenance of native species above dams, providing more diverse angling opportunities while maintaining species diversity.

References

Alicea, A. R., R. L. Noble, and T. N. Churchill. 1997. Tropic dynamics of juvenile largemouth bass in Lucchetti Reservoir, Puerto Rico. Proceedings of the Annual Conference Southeastern Association of Fish and Wildlife Agencies 51:149–158.

Ashe, D. E., T. N. Churchill, R. L. Noble, and C. G. Lilyestrom. 1998. Temporal variability in the littoral fish community of a Puerto Rico reservoir. Proceedings of the Annual Conference Southeastern Association of Fish and Wildlife Agencies 52:39–48.

Bacheler, N. M. 2002. Ecology of bigmouth sleepers *Gobiomorus dormitor* (Eleotridae) in a Puerto Rico Reservoir. Master's thesis. North Carolina State University, Raleigh.

Erdman, D. S. 1984. Exotic fishes in Puerto Rico. Pages 162–176 *in* W. R. Courtenay, Jr., and J. R. Stauffer, Jr., editors. Distribution, biology, and management of exotic fishes. John Hopkins University Press, Baltimore, Maryland.

Garvey, J. E., R. A. Stein, R. A. Wright, and M. T. Bremigan. 2002. Exploring ecological mechanisms underlying largemouth bass recruitment along environmental gradients. Pages 7–23 *in* D. P. Philipp and M. S. Ridgway, editors. Black bass: ecology, conservation, and management. American Fisheries Society, Symposium 31, Bethesda, Maryland.

Gran, J. E. 1995. Gonad development and spawning of largemouth bass in a tropical reservoir. Master's thesis. North Carolina State University, Raleigh.

Hildebrand, S. F. 1934. An investigation of the fishes and fish cultural possibilities of the freshwaters of Puerto Rico, with recommendations. Typewritten report to Commissioner of Agriculture and Commerce, Puerto Rico.

Hildebrand, S. F. 1935. An annotated list of fishes of the freshwaters of Puerto Rico. Copeia 49–56.

Holmquist, J. G., J. M. Schmidt-Gengenbach, and B. Buchanan Yoshioka. 1998. High dams and marine-freshwater linkages: effects on native and introduced fauna in the Caribbean. Conservation Biology 12:621–630.

Ihssen, P. E., L. R. McKay, I. McMillan, and R. B. Phillips. 1990. Ploidy manipulation and gynogenesis in fishes: cytogenetic and fisheries applications. Transactions of the American Fisheries Society 119:698–717.

Jackson, J. R., and R. L. Noble. 1995. Selectivity of sampling methods for juvenile largemouth bass in assessments of recruitment processes. North American Journal of Fisheries Management 15:408–418.

Neal, J. W. 2003. Live fast and die young: on the growth and mortality of largemouth bass in Puerto Rico. Doctoral dissertation. North Carolina State University, Raleigh.

Neal, J. W., and D. Lopez-Clayton. 2001. Mortality of largemouth bass during catch-and-release tournaments in a Puerto Rico reservoir. North American Journal of Fisheries Management 21(4):834–842.

Neal, J. W., and R. L. Noble. 2002. Growth, survival, and movement of Florida and intergrade largemouth bass in a tropical reservoir. North American Journal of Fisheries Management 22:528–536.

Neal, J. W., R. L. Noble, A. R. Alicea, T. N. Churchill. 1997. Invalidation of otolith ageing techniques for tropical largemouth bass. Proceedings of the Annual Conference Southeastern Association of Fish and Wildlife Agencies 51:159–165.

Neal, J. W., R. L. Noble, and T. N. Churchill. 2002. Timing of largemouth bass supplemental stocking in a tropical reservoir: impacts on growth and survival. Pages 691–701 *in* D. P. Philipp and M. S. Ridgeway, editors. Black bass: ecology, conservation, and management. American Fisheries Society, Symposium 31, Bethesda, Maryland.

Neal, J. W., R. L. Noble, C. G. Lilyestrom, N. M. Bacheler, and J. C. Taylor. 2001. Freshwater sportfish community investigations and management. Puerto Rico Department of Natural and Environmental Resources, Federal Aid in Sport Fish Restoration, Final Report, Project F-41, Study 2, San Juan.

Neal, J. W., R. L. Noble, C. G. Lilyestrom, T. N. Churchill, A. R. Alicea, D. E. Ashe, F. M. Holliman, and D. S. Waters. 1999. Freshwater sportfish community investigations and management. Puerto Rico Department of Natural and Environmental Resources, Federal Aid in Sport Fish Restoration, Final Report, Project F-41, Study 2, San Juan.

Ozen, O. 2002. Population dynamics of largemouth

bass in Lucchetti Reservoir, Puerto Rico. Doctoral dissertation. North Carolina State University, Raleigh.

Thorgaard, G. H., and S. K. Allen. 1987. Chromosome manipulation and markers in fisheries management. Pages 319–331 *in* N. Ryman and F. Utter, editors. Population genetics and fisheries management. University of Washington Press, Seattle.

Waters, D. S. 1999. Spawning season and mortality of adult largemouth bass (*Micropterus salmoides*) in a tropical reservoir. Master's thesis. North Carolina State University, Raleigh.

Wootton, R. J. 1985. Energetics of reproduction. Pages 231–256 *in* P. Tytler and P. Calow, editors. Fish energetics: new perspectives. The John Hopkins University Press, Baltimore, Maryland.

American Fisheries Society Symposium 44:207–214, 2004

Managing Hybrid Bluegill Fisheries: Estimating and Predicting the Effects of Young Anglers

DANA L. WINKELMAN[1]

U.S. Geological Survey, Biological Resources Division, Oklahoma Cooperative Fish and Wildlife Research Unit, 404 Life Sciences West, Oklahoma State University, Stillwater, Oklahoma 74078, USA

CLIFTON SAGER[2]

Oklahoma Cooperative Fish and Wildlife Research Unit, Department of Zoology 404 Life Sciences West, Oklahoma State University, Stillwater, Oklahoma 74078, USA

Abstract.—Hybrid bluegill are becoming increasingly popular for stocking at youth fishing clinics and urban recreational fisheries. However, no studies have evaluated potential impacts of young anglers (ages 12 and under) on hybrid bluegill. Our objective was to quantify catch rate and short-term angling mortality associated with young anglers on hybrid bluegill. We held two fishing clinics to estimate catch rates of stocked hybrid bluegill and observed anglers for 10-min intervals throughout the clinic. Mean catch rates for hybrid bluegill at two youth fishing clinics were 6.6 and 4.4 fish/h. We estimated that 65% of stocked hybrid bluegill (n = 400) were captured during a 2-h fishing period. We estimated the influence of stocking density on catch rate to predict appropriate stocking densities. Catch rates in experimental ponds ranged from 1.0 to 35.6 fish/angler-hour at stocking densities ranging from 120 to 2,000 fish/ha, respectively. We also conducted catch and release mortality trials to estimate short-term mortality of fish captured by young anglers. Fish were held in net pens and observed for 36 h following capture. We observed only one death from a total of 80 captured fish during our mortality trials. We developed a simulation model to assess management options. Model results suggest that relatively high catch rates (8–10 fish/h) can be maintained with a modest stocking effort (100 fish/month) for a catch-and-release fishery. Even modest harvest would result in a short-term put-and-take fishery. Empirical and modeling results indicate that hybrid bluegill are suitable candidates for youth fishing clinics and can be managed with catch-and-release regulations.

Introduction

More than 70% of anglers age 16 or older live in urban areas. To provide angling opportunities to an increasingly urban public, it will be necessary to include urban fishery resources and management plans in city planning processes (Schramm and Edwards 1994). Additionally, it is important to provide angling opportunities to young anglers to introduce them to sportfishing. Management of urban fisheries may need to be more intensive than management of rural fisheries because of the number of potential anglers and other anthropogenic impacts that may adversely affect fish populations. For example, due to high fishing pressure, routine stocking and strict harvest regulations may be necessary to maintain recreational fisheries in urban environments. Several studies have evaluated hybrid bluegill sunfish (male bluegill *Lepomis macrochirus* × female green sunfish *L. cyanellus*) for use as a sportfish and have found that they readily accept artificial food, grow rapidly, and are vulnerable to angling (Laarman 1978; Crandall and Durocher 1980; Englehardt 1985; Brunson and Robinette 1986; Tidwell and Webster 1993; Tidwell et al. 1994). These characteristics make them good candidates for

[1] Current address: Colorado Cooperative Fish and Wildlife Research Unit, 201 J.V.K. Wagar Building, Colorado State University, Fort Collins, Colorado 80523, USA

[2] Current address: Oklahoma Department of Wildlife Conservation, Route 1, Box 75-B, Porter, Oklahoma 74454, USA

urban fisheries; however, the effects of angling on these fisheries has not been rigorously studied, particularly the effects of young or inexperienced anglers.

Hybrid bluegill sunfish have become increasingly popular for use in urban fisheries and at youth fishing clinics, due to their high catch rates. Although catch rates of hybrid sunfish using experienced anglers have been estimated (Crandall and Durocher 1980; Brunson and Robinette 1986), catch rates by young anglers have not been evaluated. Catch rate will influence both the potential harvest and mortality associated with catch-and-release management. Catch rate is potentially an important management consideration, especially with catch-and-release regulations. However, no studies have addressed the potential for managing catch rate based on the total stock size.

The impacts of catch and release mortality have not been evaluated for hybrid sunfish, and due to their high catch rates, angling mortality could have a large impact, even under strict fishing regulations. Siewert and Cave (1990) reported 88% mortality for bluegill caught on worm-baited hooks and held for 10 d. Muoneke (1992) found mortality rates to be significantly higher for bluegills caught on baited hooks during the summer than those caught during the winter. Bluegills have relatively small mouths compared to green sunfish, and mouth size of hybrid bluegill is intermediate between the parent species (Smitherman and Hester 1962). We hypothesized that angling mortality of hybrid bluegill would be higher than that of bluegill because hybrid bluegill mouth size would allow deeper hooking locations.

Our objectives were to (1) estimate short-term catch and release mortality, (2) estimate catch rates of hybrid bluegill at youth fishing clinics, (3) estimate the relationship between stocking density and catch rate, and (4) develop a predictive model to aid in management of hybrid bluegill fisheries.

Methods

Observations and Experiments

Two catch-and-release mortality experiments were conducted during May and June 2001. Prior to the May trial, 260 hybrid bluegill (14–20 cm) were stocked into a 0.01-ha pond (maximum depth = 1.8 m) and allowed to acclimate for 7 d. The pond was equipped with 12 net pens (1.2 × 1.2 × 1.2 m, 6.35-mm mesh) anchored with metal stakes in the center of the pond. The experiment contained two treatment groups: angled fish (caught by young anglers) and control or nonangled fish (captured by seine). Eight net pens were randomly assigned to the angled group (N = 40), and four pens were used for control fish (N = 20) during each trial.

Young anglers (ages 3–12; mean 10.2) were supplied with lightweight fishing tackle, #4 Aberdeen style hooks, bobbers, and worms. During both trials, angling occurred between 1800 and 2100 hours Observers recorded hook location and presence of bleeding at the hook location. Hooking locations were grouped into one of eight categories: upper jaw, lower jaw, roof of mouth, cheek, gills/gill arch, esophagus, eye, or other. Observers were allowed to aid in hook removal because we felt that this replicated conditions and handling of fish at youth fishing clinics. Fish were measured, given an individual fin clip, and placed in a net pen. Once 40 fish were caught, the pond was seined to obtain 20 control fish. Controls were measured, fin-clipped, and placed in the designated net pens. Each pen was observed at intervals of 1, 12, 24, and 36 h after being stocked. All dead fish were removed and fin clip location was recorded. Water temperature and dissolved oxygen were recorded at each interval.

Catch rates were estimated at two youth fishing clinics during June (Clinic 1) and September (Clinic 2) of 2001. Both clinics were hosted at a 0.8-ha public pond located near Lake Carl Blackwell, Oklahoma. The pond contained largemouth bass *Micropterus salmoides*, channel catfish *Ictalurus punctatus*, white crappie *Pomoxis annularis*, bluegill, longear sunfish *Lepomis megalotis*, and green sunfish. Three days prior to Clinic 1, 620 hybrid bluegill (775 fish/ha; 17–20 cm) were released into the pond. Prior to Clinic 2, an additional 150 hybrid bluegill (188 fish/ha) of similar size were stocked.

All participants were 12 years of age or younger. Fishing tackle and worms were supplied to all participants. Anglers were observed over 10-min intervals while actively fishing. For each observation, age and sex of the angler were recorded, as well as bait type used and number of each species caught. Total number of anglers was recorded every 30 min to determine total angler effort. Observations were pooled into 30-min intervals, and catch rate data were averaged and used to estimate overall catch rate and total number of fish caught.

Catch rates for hybrid bluegill were determined at six stocking densities (120, 250, 500, 750, 1,000, and 2,000 fish/ha) during August 2002. Initially, we stocked six 0.1-ha ponds with densities of 120, 500, and 1,000 fish/ha, and each density had two replicates. We began angling 2 d after stocking, and angling occurred between 0830 and 1030 hours aily for two consecutive days. Gear was standardized and consisted of lightweight rods and reels, #4 Aberdeen style hooks baited with worms, and small bobbers. We used four to five anglers, and each angler fished for 15 min at each pond during both days. Only one angler fished at a pond during each 15-min period. The catch rates for each 15-min period were averaged for a daily mean for each pond. Following the second angling period, each pond received an additional stocking to increase the densities to 250, 750, and 2,000 fish/ha, with each density replicated twice. Angling protocols were repeated 2 d following this stocking. Data were analyzed using linear regression.

Modeling

We developed a simulation model using STELLA (v.7.03, High Performance Systems Inc., Lebanon, New Hampshire) to predict the population dynamics of a hybrid bluegill population and to assess potential management strategies. The model consists of three basic components: a stocking component that allows the user to manipulate the number of fish stocked and the frequency at which they are stocked; a mortality component, consisting of natural and catch-and-release mortality; and the stock size that keeps track of the number of fish in the population (Figure 1). The user can manipulate the initial stock size, the number of fish to be stocked, and the number of anglers (Table 1). The model calculates the number of fish that die due to natural causes or catch-and-release stress each day (Table 1). Stocking occurs every 30 d, and simulations were run for 120 d. We report the means from 20 simulations for each set of parameters.

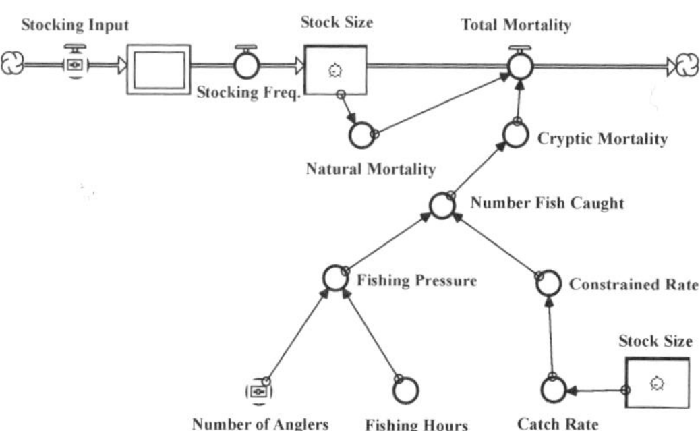

Figure 1. Diagram of Stella model. Each component is described in the text. The constrained rate was used to constrain the catch rate to positive values.

We estimated natural mortality from pond experiments performed to compare the growth rate of hybrid bluegill fed at various feeding frequencies (Sager 2002). We stocked 600 hybrid bluegills at the beginning of this experiment and counted all individuals at the conclusion 194 d later, allowing us to estimate mortality due to natural causes. The mean number of survivors was 427, resulting in 71% mean survival. We converted this estimate to a daily natural mortality rate (0.0015%/d) that was randomly selected from a uniform distribution for each reiteration of the model (Table 1). Catch-and-release mortality was calculated from estimates derived in the catch-and-release experiments described above. Since there was so little catch and release mortality (see below), we set it at the same level as natural mortality and selected it randomly from a uniform distribution during each iteration of the model. Total mortality was the sum of natural and catch-and-release mortality (Table 1).

Fishing pressure is a product of the number of anglers and the length of time they fish. The number of anglers was a user input variable and varied from 0 to 100. We did not estimate the length of an average fishing trip, and it is likely to vary from place to place; therefore, we assumed that the average length of a fishing trip in the model varied from 1 to 5 h, and the length of the trip was randomly selected from a uniform distribution within this range (Table 1). The number of fish caught was calculated by multiplying the fishing pressure (number of angler-hour) by the catch rate. Catch rate was a function of stock size and was estimated as described above (Table 1). The base model parameter values are given in Table 1, with an initial stock size of 500, no stocking, and no angling pressure.

We analyzed the sensitivity of the model to changes in the natural and catch-and-release mortality rate. Several methods are available to estimate parameter sensitivity, and we chose to vary each mortality parameter independently by increasing 10% and 20% and observing the changes in final stock size and catch rate (Bartell et al. 1986; Burke and Rice 2002).

In a stocked catch-and-release fishery, the management goal is to maximize catch rate for the angler. Therefore, we modeled the effect of angling pressure on catch rate and estimated the stocking level necessary to maintain catch rate over a 4 month period. We also modified the initial model to include harvest by including a user input for the creel limit. The number of fish harvested each day is a product of the number of anglers and the creel limit, and the number of fish harvested was included in the total mortality each day.

Table 1. Parameters used in STELLA model to simulate stock size and catch rate for a hybrid bluegill fishery. Abbreviations for each parameter are in parentheses and type indicates whether the variable was input by the user, constant, variable, or calculated by the model. Uniform indicates that the parameter was chosen randomly from a uniform distribution with the indicated range.

Parameter	Type	Value or calculation
Initial stock size (ISS)	User input	0 to 2,000
Number of fish stocked (FS)	User input	0 to 2,000
Number of anglers (NA)	User input	0 to 100
Stocking frequency (SF)	Constant	30
Catch rate (CR)	Calculated	$0.0173x + 0.049$
Fishing hours (FH)	Variable	Uniform, 1 to 5
Fishing pressure (FP)	Calculated	N*FH
Fish caught (FC)	Calculated	FP*CR
Natural mortality (NM)	Calculated	SS*(Uniform, 0.001 to 0.002)
Cryptic mortality (CM)	Calculated	FC*(Uniform, 0.001 to 0.002)
Total mortality (TM)	Calculated	NM + CM

In the harvest model, we used stock size as an indicator of population status. Comparisons of model results were made using analysis of variance (ANOVA).

Results

Observations and Experiments

One fish died during both catch and release mortality experiments combined, resulting in a 1.3% mortality rate. This fish was hooked in the gills, bleeding profusely, and died within minutes of being caught. All other fish appeared healthy throughout the 36-h observation period. The fate of two fish, a control and an angled fish, was unknown during the May experiment, and these fish probably escaped from the net pens because the tops were not covered in the May experiment. Fifty-four percent of the fish were hooked in the upper jaw, 24% in the roof of the mouth, 9% in the cheek, and 6% in the lower jaw. The remaining fish were hooked in more sensitive locations: 4% in the esophagus and 3% in the gills. Thirteen percent bled from the hooking location, and only three of these were hooked in sensitive areas. Anglers ranged from 3 to 12 years of age with a mean age of 10.2 over both experiments. Mean temperature and dissolved oxygen during the May experiment was 24.3°C and 8.5 mg/L. During June, temperatures averaged 30.8°C and dissolved oxygen levels averaged 11.1 mg/L (dissolved oxygen was high due to high levels of photosynthesis [algae] caused by nutrient enrichment from fish feed).

Overall catch rates for hybrid bluegill from Clinics 1 and 2 were 6.6 and 4.4 fish/angler-hour, respectively, and catch rates for other species was considerably lower (Table 2). Total angler effort for both clinics was similar (Table 2). Fishing at Clinic 1 and 2 lasted for 2 and 3 h, respectively. We estimate that 400 hybrid bluegill (65% of the total fish stocked) were captured during Clinic 1, and 220 fish were caught during Clinic 2. Hybrid bluegill dominated the catch during both clinics, accounting for 86% of fish caught. Harvest of fish was low, with less than 20 hybrid bluegill being kept in either clinic. Catch rates for 3-year-old anglers was three times the overall average for both clinics combined, indicating that they were receiving a high level of assistance. There were also very few observations for this age-class, so all data collected from 3-year-old anglers were removed from the analyses.

In the analysis of angler age versus catch rates, sample sizes were small, and only ages with more than three observations were used in the analyses. Catch rates were positively correlated with age for Clinic 1

Table 2. Number of observations, mean age, angler sex ratio (M:F), total angler hours, and catch rates for hybrid bluegill (HBG), all other sunfish species, largemouth bass (LMB) and channel catfish (CCF) during Clinics 1 and 2.

Clinic	# Obs	Mean age	M:F	Angler-hours	Catch rate (fish/angler-hour)			
					HBG	Sunfish	LMB	CCF
1	81	8.6	1.2	64	6.6	0.68	0.76	0.76
2	64	7.7	0.9	47	4.4	0.58	0.10	0.00

($p = 0.0435$) but not for Clinic 2 ($p = 0.7021$). There was no significant difference between catch rates of male and female anglers (t-test; $p = 0.5355$) during the two clinics.

Mean catch rates for stocking densities of 120, 250, 500, 750, 1,000, and 2,000 fish/ha were 1.0, 7.4, 7.0, 15.3, 13.8, 35.6, respectively (Figure 2). Total angling effort ranged from 4.3 to 5.0 angler-hour for each stocking density. There was a significant linear relationship between stocking density and catch rate ($r^2 = 0.80$, $p < 0.0001$, Figure 3).

Modeling

With no angling, the population and potential catch rate declined due to natural mortality and increasing the number of anglers results in significant decreases in stock size ($p < 0.0001$, $F = 9951$, df = 2,57) and catch rate ($p = 0.0003$, $F = 9.44$, df = 2,57) by 105 d (Figure 3). At high levels of fishing pressure the stock was reduced by 40–50% over a 4-month simulation period, although there was no harvest (Figure 3).

We compared a stocking strategy to no stocking at two levels of angling pressure and found that stocking 100 fish every month significantly increased the catch rate at 105 d ($p < 0.0001$, $F = 26.1$, df = 3,76, Figure 4). This indicates that moderate levels of stocking can offset natural and catch-and-release mortality, thereby maintaining catch rates.

Harvest of fish quickly reduced the population to zero (Table 3). Even at very low levels of fishing pressure (10 anglers/d) and a modest creel limit (5 fish/angler), the population went extinct before 30 d. With a 30-d stocking interval, this would result in a put-and-take fishery. Increased stocking intensity could sustain a harvest, but would probably not be economically practical. At higher levels of fishing pressure, harvest management would not be feasible without very high levels of stocking effort.

Sensitivity analyses indicate that a 10% increase in natural mortality results in a significant decline in final stock size after a 120-d simulation ($p < 0.001$, df = 2.57, and $F = 430$, Table 4). Increases in catch-and-release mortality also result in significant declines in final stock size ($p < 0.001$, df = 2.57, and $F = 81$, Table 4). Despite significant decreases in stock size, catch rate was not sensitive to changes in either natural ($p = 0.81$, $F = 0.21$, and df = 2.57) or catch-and-release mortality ($p = 0.15$, $F = 1.94$, df = 2.57, Table 4).

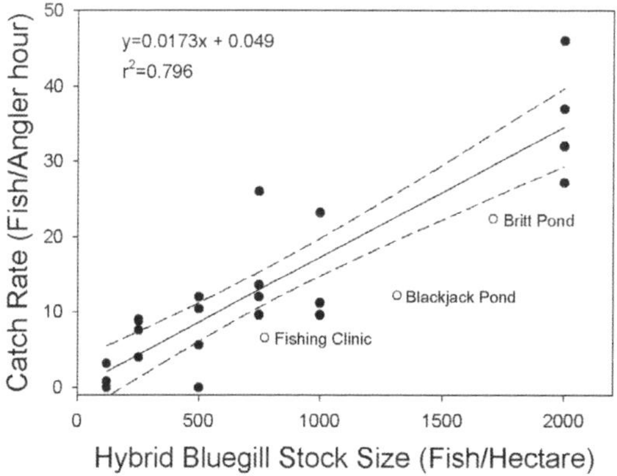

Figure 2. Catch rates for hybrid bluegill stocked at six densities in 0.1-ha ponds are indicated with solid dots. The regression equation and 95% confidence intervals are also reported. Fishing clinic data reported above and data from Blackjack and Britt ponds (Brunson and Robinette 1986) are shown with open circles.

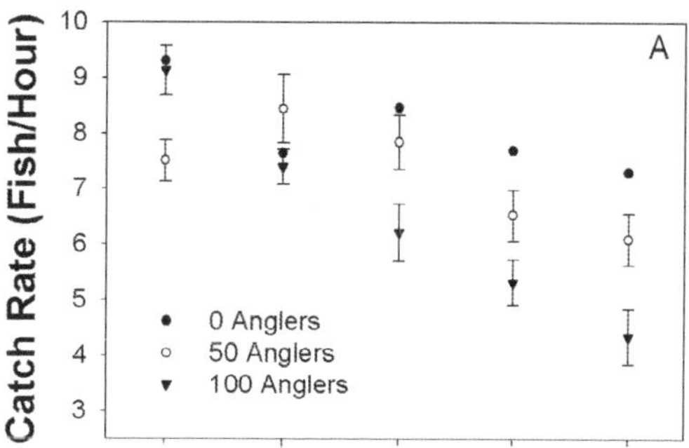

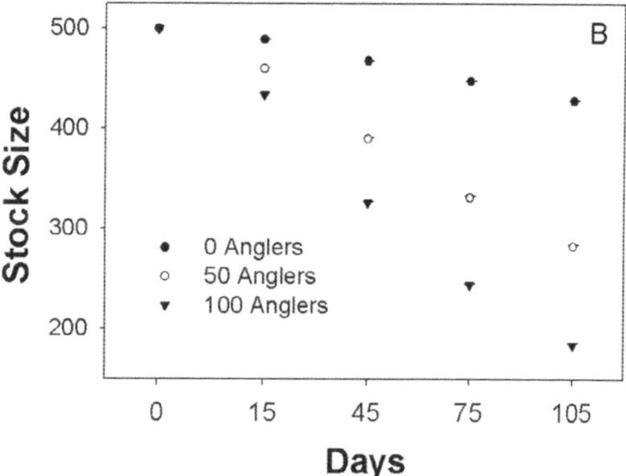

Figure 3. A. Simulated catch rate and B. Stock size for a hybrid bluegill fisher a three levels of angling pressure. Post hoc comparisons using Tukey HSD indicate that catch rates were significantly lower for 50 and 100 anglers compared to zero anglers and stock sizes were significantly different among all three levels of angling pressure.

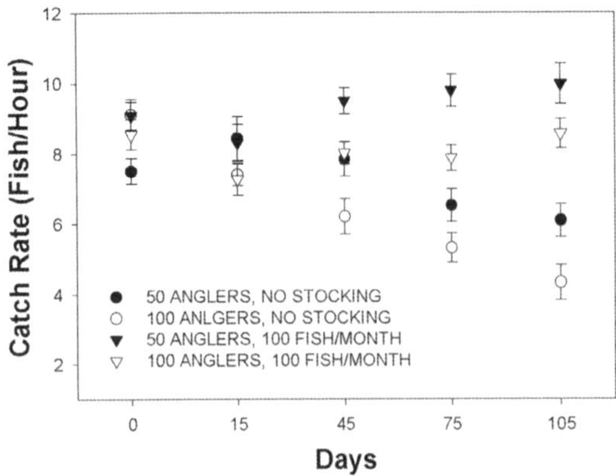

Figure 4. Simulated catch rate for a hybrid bluegill fishery at two levels of fishing pressure and two stocking rates. Fish were stocked every 30 d, and the catch rates reported are in the middle of each stocking interval. Posthoc comparisons using Tukey HSD indicate that catch rates are significantly different when comparing stocking to no stocking within each level of angling pressure ($p < 0.05$).

Discussion

Our estimate of catch and release mortality in hybrid bluegill was considerably lower than the 25% reported for bluegill by Muoneke (1992). Temperatures and gear in that study were similar to those in our experiments, but we held fish for only 36 h, whereas Muoneke (1992) held them for 72 h. Mortality might have been higher if fish were held longer, but our goal was to evaluate short-term mortality. Additionally, mortality may increase over longer holding periods due to agonistic interactions between confined fish, thereby biasing estimates of mortality due to angling.

The percentage of fish hooked in sensitive locations during our experiments may be underestimated due to the high abundance of hybrid bluegill in the pond. We stocked fish at a higher density than would be expected at fishing clinics to reduce the span of time over which fish were caught for the experiment. This high abundance may have lead to increased catch rates and interest by the anglers, resulting in anglers giving more attention to their gear. Lower catch rates would likely lead to less interest and unattended fishing gear, which could result in a greater percentage of fish being hooked in sensitive areas.

Table 3. The mean time (±SE) and range to reach a stock size of zero for simulations with three levels of angling pressure and two stock sizes with a creel limit of five fish per angler.

Number of anglers	Stock size	Mean time	Range range	Standard error
10	500	11.75	9–16	0.45
25	500	5.25	4–10	0.39
50	500	2.05	2–3	0.05
10	1,000	23.5	20–32	0.57
25	1,000	9.05	8–12	0.28
50	1,000	4.05	4–5	0.05

Catch rates at our fishing clinics were considerably lower than previously reported for hybrid sunfish (Brunson and Robinette 1986). Brunson and Robinette (1986) report catch rates ranging from 12 to 22 fish/h; however, they used volunteers that were proficient with the specified gear types. Level of angling experience was not quantified for anglers in our experiment; however, we believe that angler age and inexperience was the primary factor accounting for our reduced catch rates. This is supported by the positive correlation between ages and catch rate in Clinic 1.

Although catch rates were relatively low, potential exploitation was extremely high due to the concentrated fishing effort over a short period of time. We estimated that 65% of the hybrid bluegills stocked for Clinic 1 were captured during the 2-h fishing clinic. This level of exploitation is similar to the highest level reported by Brunson and Robinette (1986). Our catch rate data from different stocking densities allow us to predict an expected success level at various stocking densities. Using our predictive equation, we estimate a catch rate of 4.2 fish/h at the recommended stocking rate of 240 fish/ha (Dean and Gebhart 1995). This equation predicts slightly higher catch rates than were observed in our fishing clinic experiment or the catch rates of Brunson and Robinette (1986).

Modeling results indicate that a catch-and-release fishery could be maintained over a 4-month fishing season with no stocking if declining catch rate was not important. Relatively modest stocking rates of about 100 fish/month could maintain relatively high catch rates (8–10 fish/h), assuming that angling pressure is similar to that modeled. These results assume that natural and catch-and-release mortality are close to our estimate; however, catch rate was not sensitive to a 20% increase in the mortality rates, suggesting that the model is robust to errors in these estimates. The significant declines in stock size with increases in mortality rates observed in the model are probably due to artificially low error in stock size estimates generated by the model. The maximum difference in stock size for the sensitivity

Table 4. Predicted stock sizes and potential catch rates with increasing levels of natural mortality (NM) and for increasing levels of catch-and-release mortality (CM). Base models parameters are given in methods. Within each model type, stock sizes are significantly different ($p < 0.01$) but catch rates are not ($p > 0.20$)

Model type		No. anglers	Stock size	Catch rate
No fishing	Base model	0	417 (1.6)	7.2 (2.2)
	10% increase NM	0	410 (1.1)	7.1 (2.0)
	20% increase NM	0	403 (1.8)	7.5 (1.7)
Catch-and-release	Base model	10	380 (1.6)	5.5 (1.4)
	10% increase CM	10	375 (1.9)	6.3 (1.8)
	20% increase CM	10	372 (2.4)	6.7 (2.4)

analyses was only 14 individuals, a difference that would be hard to detect in nature. Our estimates of catch-and-release mortality were lower than we expected and may be higher in other situations, particularly when inexperienced anglers are not assisted in removing hooks or when catch rates are lower and lead to angler disinterest. Therefore, the model results may be optimistic regarding the declines in catch rate in a catch-and-release fishery. Results from the model allowing harvest corroborate our data that suggest that stocked hybrid bluegill would be easy to overexploit. In a 2-h period, more than 60% of stocked fish were caught in our fishing clinics, and modeling suggests that stocked populations could be extirpated in days. Other studies examining catch rate and levels of harvest agree with these results (Crandall and Durocher 1980; Brunson and Robinette 1986), and we feel that harvest fisheries would have to be maintained as put-and-take fisheries with frequent stocking.

Our results illustrate the need for intensive management of hybrid bluegill in urban fisheries. Hybrid bluegills are excellent candidates for catch-and-release management due to their low catch and release mortality. Due to potentially high exploitation rates and fishing pressure that urban fisheries might receive, populations could be rapidly decimated unless strict fishing regulations are enforced and resources are available to sustain frequent stocking schedules.

References

Bartell, S. M., J. E. Breck, R. H. Gardner, and A. L. Brenkert. 1986. Individual parameter perturbation and error analysis of fish bioenergetics models. Canadian Journal of Fisheries and Aquatic Sciences 43:160–168.

Brunson, M. W., and H. R. Robinette. 1986. Evaluation of male bluegill x female green sunfish hybrids for stocking Mississippi farm ponds. North American Journal of Fisheries Management 6:156–167.

Burke, B. J., and J. A. Rice. 2002. A linked foraging and bioenergetics model for southern flounder. Transactions of the American Fisheries Society 131:120–131.

Crandall, P. S., and P. P. Durocher. 1980. Comparison of growth rates, sex ratios, reproductive success and catchability of three sunfish hybrids. Annual Proceedings of the Texas Chapter of the American Fisheries Society 2:88–104.

Dean, J., and G. Gebhart. 1995. Managing pond fisheries in Oklahoma. American Fisheries Society, Oklahoma Chapter, Oklahoma City, Oklahoma.

Englehardt, T. 1985. Production of hybrid sunfish. Pages 46–50 *in* The Proceedings of the 1981 Texas Fish Farming Conference. Texas A&M University, College Station.

Laarman P. W. 1978. Growth, survival, and reproduction by bluegill X green F_1 hybrid sunfish and largemouth bass stocked in three small lakes. Michigan Department of Natural Resources, Fisheries Division, Fisheries Research Report #1858, Ann Arbor.

Muoneke, M. I. 1992. Seasonal hooking mortality of bluegills caught on natural baits. North American Journal of Fisheries Management 12:645–649.

Sager, C. 2002. Evaluation of hybrid bluegill for use in urban recreational fisheries. Master's thesis. Oklahoma State University, Stillwater.

Schramm, H. L., and G. B. Edwards. 1994. The perspectives on urban fisheries management. Fisheries 19:9–15.

Siewert, H. F., and J. B. Cave. 1990. Survival of released bluegill, *Lepomis macrochirus*, caught on artificial flies, worms, and spinner baits Journal of Freshwater Ecology 5:407–411.

Smitherman, R. O., and F. E. Hester. 1962. Artificial propagation of sunfish, with meristic comparisons of three species of *Lepomis* and five of their hybrids. Transactions of the American Fisheries Society 91:333–341.

Tidwell, J. H., C. D. Webster, J. A. Clark, and M. W. Brunson. 1994. Pond culture of female green sunfish (*Lepomis cyanellus*) X male bluegill (*Lepomis macrochirus*) hybrids stocked at two sizes and densities. Aquaculture 126:305–313.

Tidwell, J. H., and C. D. Webster. 1993. Effects of stocking density and dietary protein on green sunfish (*Lepomis cyanellus*) X male bluegill (*Lepomis macrochirus*) hybrids overwintered in ponds. Aquaculture 113:83–89.

Risk Evaluation and Decision Making

American Fisheries Society Symposium 44:217–232, 2004

Salmon Supplementation: Demography, Evolution, and Risk Assessment

DANIEL GOODMAN[1]

Environmental Statistics Group, Ecology Department
Montana State University, Bozeman, Montana 59717, USA

Abstract.—Salmon supplementation aims to integrate the wild and hatchery populations by deliberately allowing returning hatchery adults to stray to the natural spawning ground and, in some protocols, by taking adults of natural spawning origin for hatchery broodstock. If the population becomes truly integrated, this puts a different light on concerns about effects of "hatchery" fish on "wild" fish because the result will just be one population with a common gene pool. In this integrated population, the basis for an assessment of the genetic effect would be a comparison of the natural spawning performance of the supplemented population compared to that of an unsupplemented "control." Actual, experimental supplementation programs have not yet measured the right quantities with the right design to provide an empirical assessment. Theoretical modeling shows that an integrated breeding program still has the potential for domestication selection during the hatchery phase, which can reduce the natural spawning performance of the stock relative to its presupplementation performance. The models predict that, all other things being equal, the erosion of natural spawning performance will increase with the frequency of natural spawning by hatchery spawned fish and the frequency of hatchery spawned fish in the hatchery broodstock. This should put more of a premium on adherence to a definite protocol, and on effective monitoring of actual supplementation experiments in order to quantify the inherent trade-offs between competing adaptations to the life cycle resulting from hatchery spawning versus the life cycle resulting from natural spawning.

Introduction

More Fish

Artificial (hatchery) production of anadromous salmonids has been widely deployed for more than a century (Lichatowich 1999). Currently, the common practice consists of artificial fertilization of eggs, with eggs and sperm taken from adult fish returning from the ocean, hatching the eggs, and rearing the fry to large fingerling size, generally at or near the smolt stage, and then releasing these fish for their out-migration. Mass marking of released smolts and knowledge of rearing and release conditions that result in effective homing of returning adults make possible the deliberate propagation of a hatchery stock, with the broodstock consisting of only returning hatchery progeny, *if* that is desired.

Knowledge about effective husbandry practices in the hatcheries has developed to a level where quite high survival rates from egg to smolt can routinely be attained for a hatchery stock. These within-hatchery survival rates are much higher, perhaps on the order of 10–20 times larger, than typical survival rates for the same life stages in the wild for a wild stock.

The postrelease survival rates of hatchery-reared fish are not as well documented and seem extremely variable from hatchery to hatchery (Beckman 1999), and over time as well (Schaller et al. 1999; Sandford and Smith 2002). Some hatcheries some of the time, achieve quite high return rates, on the order of 20% smolt to adult survival rates, but at the other extreme, some hatcheries some of the time only achieve tiny returns, on the order of 0.1% or less. It appears that just the temporal variation in smolt to adult return can span a 10-fold range of variation, or more, for the same hatchery (Peterman 1987; Cramer 2000; Ham and Pearsons 2001).

Smolt to adult return rates for wild salmon are subject to similar orders of variation, from time to time and from place to place (Bradford 1999; Levin et al.

[1] E-mail: Goodman@rapid.msu.montana.edu

2001). This very large variation makes it difficult to generalize securely about the comparison between smolt to adult return rates for hatchery fish compared to wild fish. Meaningful comparison should be based on paired comparisons, hatchery versus wild, of the same species and life history type, in the same location, at the same time. Systematic measurements following this rigorous design are not commonly collected (Waples et al. 2001). Some available data suggest that often, but not always, the smolt to adult return rates of the wild fish are higher than those of the corresponding hatchery-reared fish, often by a factor of about two.

Because the effects of survival at different life stages compound multiplicatively over the entire life cycle, a factor of two postrelease disadvantage of hatchery fish, combined with a factor of 10–20 advantage prerelease, leaves a comfortable margin of 5- to 10-fold life cycle advantage for the hatchery-reared fish. In other words, modern hatchery production with a hatchery stock can usually generate "more fish."

Effects of Hatchery Stocks on Wild Fish

The ability of hatcheries to generate more fish does not complete an argument that this is necessarily a good thing. Even on narrow economic grounds, there is room for a cost–benefit analysis to examine whether the operating and infrastructure costs of hatchery production are warranted by the dollar value of the resulting adult salmon. More broadly, if different societal values are attached to wild versus hatchery fish, the analysis must consider the possible effects of hatchery production on wild fish using the same habitat.

Previous authors have concluded, based on clear, very straightforward considerations, that the effects of hatchery production on wild fish will generally be negative when the hatchery production constitutes a separate stock that is allowed to interact *intensively* with a wild stock (Hindar et al. 1991; Krueger and May 1991; Hilborn 1992; Meffe 1992; Cuenco et al. 1993; Utter et al. 1993; Campton 1995; Sterne 1995; Waples 1999; Levin et al. 2001). The hatchery stock can compete with the wild fish for space, food, mates, and spawning sites; the hatchery stock may prey upon the wild fish; the hatchery stock can be a reservoir of diseases. If the hatchery and wild fish are taken in an unselective mixed stock fishery that is managed for sustainability of the aggregate, the wild stock can be badly overfished. If hatchery strays reach the spawning grounds and interbreed with wild fish, they will impart genetically based traits that can be maladaptive for the wild life cycle, because of possible domestication selection in the hatchery and, in some cases, distant geographic origin of the hatchery stock.

None of these possible mechanisms of negative effect are mysterious, they are readily modeled, and some are readily measured. Even the potential for genetic swamping of the wild stock, which may seem a rather esoteric concern, is well supported with observations from analogous real case histories in various taxa. Several species of rare wild plants have been driven extinct, apparently by being overwhelmed by interbreeding with related cultivated crop species (Rissler and Mellon 2000).

The magnitudes of the various negative effects on the wild fish will increase with the quantity of hatchery production relative to the wild production, so there is a potential for the negative effects to be large if the hatchery production is substantial. All this argues for making an effort to minimize all overlap in space and time between the hatchery and wild stocks. Where that is not feasible, this suggests the possibility that the cost to the wild stock can be large if the hatchery production is large relative to the wild production. Nevertheless, many hatchery programs, even in areas with imperiled wild stocks, have deliberately outplanted large numbers of fish from a hatchery line, with the intention that these would spawn in the wild (ISAB 2002). In addition, large amounts of unintended straying from hatcheries are also common (Pascual and Quinn 1994; Schroeder et al. 2001; Bilby et al. 2003), though the detectable contribution of hatchery strays to the genetic makeup of wild stocks is variable (Unwin and Quinn 1993; Utter et al. 1995; Marshall et al. 2000).

The reasons for expecting the effects of a distinct hatchery stock to be possibly harmful to wild stocks with which it interacts are compelling enough to have motivated development of an alternative paradigm for hatchery production, where the hatchery and wild segments of the population are deliberately "integrated." This type of hatchery operation is loosely called "supplementation" or "augmentation." At present, roughly one-third of the almost 200 hatcheries operating in the Columbia Basin, claim a supplementation goal. The loose term covers procedures as informal as deliberately allowing hatchery adults to stray to the natural spawning grounds, to highly distinctive protocols in which the hatchery population is founded from local wild fish with the broodstock in each generation drawn in whole or in part from naturally spawned fish; harvest is managed to be selective on the hatchery progeny, and targets are set for the fraction of the natural origin fish in the adult run that may be taken for broodstock, as well as for the fraction of fish on the natural spawning grounds that may be of hatchery origin (Clune and Dauble 1991; RASP 1992; Carmichael and Messmer 1995; Olson et al. 1995; Dauble and Watson 1997; Fast and Craig 1997).

The more restrictive protocols are sometimes distinguished with the term "supportive breeding." The hope with the more restrictive protocols is that this integration of the two population segments will prevent the divergence of a distinct hatchery stock. Supplementation may then allow the wild segment of the population to experience a numerical boost under circumstances where the notion of "effects of hatchery fish on wild fish" appears superficially to have no meaning because the integrated stock is essentially one stock. The hypothetical basis for this hope is that forcing the fish through a completely natural life cycle every so many generations, on average, will limit the extent of directional domestication selection.

Note that the idea of supplementation did not arise from any dissatisfaction with the ability of hatchery programs to produce fish. It arose out of conservation concerns for wild stocks. The hope was that supplementation would circumvent the potential bad effects of hatchery production on wild stocks, and that it might even be beneficial to the wild stocks.

In the absence of concern about the effects on a wild stock, there is no motivation to adopt a supplementation approach. In the supplementation cycle, the less productive wild spawning phase will be a demographic drag on the production potential, reducing the harvest potential. Furthermore, the expected tempering of domestication selection in the supplementation cycle will actually interfere with adaptation to the hatchery phase, and might detract from the realized multiplicative advantage in the hatchery phase. These disadvantages of supplementation are manifest in some supplementation programs which have experienced difficulties in adhering to their proposed restrictive protocol (Bugert 1998).

If potential effects on a wild stock are a concern, supplementation could seem attractive. Assuming that within-hatchery practices are up to the best modern standard in a supplementation program, it is obvious that some gross measures of successful performance are likely to be met while supplementation is underway. Because hatchery production is being added to the natural out-migration, and some of this hatchery production will return in the adult run, it is almost certain that there will be more fish total in the out-migration than would occur without supplementation,. Depending on densities and the form of the density dependence in the smolt to adult stages, it is probable that there will be more fish total in the adult run, as well as more fish total on the spawning ground. There is limited empirical evidence that out-planting from various kinds of breeding programs sometimes, but not always, does increase the run size (Nickelson et al. 1986; Waples et al. 2001). Whether there will be more naturally spawned fish in the returning adult run is not as certain a priori. That result will depend on the form of density dependence and the relation of realized densities to the carrying capacity in the spawning and egg to fry stages as well. There is little or no direct quantitative evidence, at present, on the life cycle performance of naturally spawning fish of hatchery origin in supplementation programs (Waples et al. 2001). Regardless of density dependent effects, it is certain that some measures of "more fish" will be achieved while supplementation is underway in most programs that are properly run, and under circumstances where the natural spawning component and hatchery spawning component of the population cannot diverge. Nevertheless, there are serious concerns about supplementation (NRC 1996; ISAB 2002; NOAA Fisheries 2002; Bilby et al. 2003).

This paper reviews those concerns from the perspective of a model that predicts the demography and evolution of an integrated population in a program with a defined supplementation protocol. The focus of the analysis will be on the natural spawning performance of such a supplemented population compared to the unsupplemented control. The following assumptions were accepted in the development of the model: the general phenomenon of outbreeding depression, local adaptation in salmonids, domestication selection in salmonids, rapid life history evolution in salmonids, and poor natural spawning life cycle performance of domesticated salmonid stocks. The very extensive literature on these topics is reviewed at length by Bilby et al. (2003).

Can Hatchery Fish Be the *Same*?

The question whether or not hatchery fish can be "the same" is incomplete. We have to ask, "the same as what?" If the question is whether or not the hatchery spawned fish are the same as the naturally spawned fish in a supplementation program that integrates the two subpopulations according our definition, the answer is that the two segments of the population *will* converge genetically. The genetic "sameness" is a forced result of the integrated breeding program. The two segments of the population will probably be less similar phenotypically than genotypically because of the effects of their different rearing conditions. In fact, the hatchery spawned fish and naturally spawned fish may well exhibit somewhat different subsequent life histories if they reach the smolt stage at a different size, different condition, different age, or different season. This may not be a matter of concern if the differences are not genetic.

If the question is whether the fish in the integrated supplementation program are the same as the wild population would be *in the absence of supplementation*, we have a different question indeed. Without a highly controlled experimental design, the question, as an empirical question, is somewhat hypothetical. But the question is, nonetheless, real. In principle, the highly controlled experiment could be carried out. The question is also important, because the answer will bear on current policy questions about including hatchery populations, or supplemented populations, with wild populations in listing under the Endangered Species Act, or on the viability of supplementation as a recovery strategy for listed populations (Myers et al. 2004).

Because of the differences in rearing conditions of the hatchery spawned fish in the supplementation program compared to natural rearing, there may well be some purely phenotypic differences between the fish in the integrated supplementation population and the original wild population. But, as long as the supplementation program is achieving a numeric boost owing to the hoped for 5–10-fold life cycle advantage in the hatchery phase, we might not be too concerned about purely phenotypic differences. The limited data available suggest that the actually achieved multiplicative life cycle advantage in the hatchery phase of supplementation is usually more like twofold, but that is still appreciable (Waples et al. 2001).

What about genotypic differences? If the question is framed in terms of two entirely separate populations—one that is supplemented and one that is not—the question of possible genotypic differences has substance. Because we are interested in long-term effects that develop over several generations, there could be random genetic divergences. Reasonably, we cannot take those effects to be a fault of supplementation per se because this could happen in any isolated small population. The real concern, if any, is whether or not, in a supplemented population that is not small, there would be a systematic tendency toward genetic differences that lower the fitness of the supplemented population compared to the unsupplemented population.

This too is a slippery question. While the supplementation is underway, the supplemented population, *as a whole*, is expected to have higher average productivity (at a given density) than the unsupplemented population because of the expected multiplicative life cycle advantage in the hatchery phase. So that cannot be the concern.

What might be of concern is whether termination of supplementation after a long period of supplementation would leave the previously supplemented, but now entirely naturally spawning, population with systematically lower genetically determined fitness than the unsupplemented population. Or if it might be less fit than the population had been *before* it was supplemented, all other things being equal. This effect could be viewed as very serious from a conservation standpoint if, for example, the genetic effect of supplementation was to convert a wild self-sustaining stock to one that was no longer capable of sustaining itself without continued supplementation.

Because the supplementation system always has some fraction of the population spawning naturally, the equivalent question is whether or not the supplemented population *during the naturally spawning phase* exhibits lower genetically determined fitness than the unsupplemented population, which is naturally spawning in its entirety.

Selection in Integrated Populations

Unless a population is so small as to be subject to inbreeding depression and genetic drift, fitness will not decline spontaneously. Evolutionary forces tend to maintain fitness at the achievable maximum, given the circumstances. For an integrated population, there are two sets of circumstances we must consider: the life cycle beginning with hatchery spawning (call this the hatchery phase) and the life cycle beginning with natural spawning (call this the natural spawning phase). The natural spawning phase takes place entirely in nature. The spawning and egg-to-smolt stages of the life cycle for the hatchery phase take place in the hatchery, whereas the smolt-to-adult stages for the hatchery phase take place in nature.

Superficially, it might seem that integrated production would not foster evolutionary divergence or strong selection for adaptations markedly different from the wild stock. The natural spawning phase obviously is subject to strong selection over its entire life cycle because there are high mortalities at every stage and differential performance at the breeding phase. In the hatchery environment, by contrast, mortalities generally are very low and breeding success is determined arbitrarily by the hatchery management practices. We might be led to think, mistakenly, that the hatchery phase contributes very little selection pressure while the fish are in the hatchery. Furthermore, both the natural origin and hatchery origin fish complete the smolt-to-adult portions of their life cycles in nature, where we might think they are subject to the same selection pressures. This superficial appraisal suggests, misleadingly, that whatever strong selection is experienced by the hatchery phase is the same as that in the corresponding life stage of the natural spawning phase (and that of a wild stock), so at most, the hatchery phase of the supplementation cycle allows a "relaxation" of some selection pressure. Why, then, is hatchery domestication so prevalent and so rapid?

On closer examination, we find that the following selection forces operate at all stages of the life cycles and that they bear on domestication selection in stocks with a hatchery component.

1. Part of the answer is that some of the arbitrary breeding choices imposed by hatchery management are not random, and therefore they are selective. The time and place where broodstock are collected will impose some selection for run timing and migration behavior.
2. Part of the answer is that relaxation of some selection pressures will allow expression of countervailing selection. Consider the balance between egg size and egg number. In nature there is a balance between the differential reproduction effect of producing more eggs by making smaller eggs, and the differential fry survival effect of the nutritional status advantage of larger eggs. During hatchery rearing, the artificial supply of rations greatly reduces the advantage of egg size, while the numerical advantage of more eggs still holds (unless the breeding protocol only retains a fixed number of eggs per female). Effectively then, the hatchery phase imposes a selection for more and smaller eggs.
3. Part of the answer is that, while differences in smolt condition may not result in differential mortality while the fish are in the hatchery, these could result in differential mortality, and therefore selection, after release. Consider the effect of smolt size on vulnerability to predation during the out-migration. This would lead to strong selection for behavioral traits and physiological traits that lead to faster growth, under conditions of excess food supply and absence of predation risk, during rearing in the hatchery.
4. Part of the answer is that, because of breeding timing, temperature regimes, and food regimen, the hatchery-reared smolts are released at a size and age and physiological state that is not identical to the naturally reared smolts, and they may be released at a season and place that is different from the naturally reared smolts. For this reason, the hatchery-reared smolts are *different fish*. Even though they are released into nominally the same geographic environment as the naturally reared smolts, they will *experience* it differently, and therefore will be subject to different selection pressures for adapting to it. This can result in selection for different migration schedules, different migration paths, different growth schedules, different maturation schedules, and different run timing during the smolt-to-adult stages while the hatchery spawned fish are in the natural environment.

On further reflection, then, the picture that emerges is that hatchery-spawned fish will be subject to very different selection pressures from natural-spawned fish. In a segregated program that prevents straying of hatchery-reared fish to the natural spawning ground and uses hatchery-reared fish for broodstock, these different selection pressures will lead to divergence of the hatchery and wild stocks, even if the hatchery-reared stock was originally founded with local wild fish. This accounts for the common experience of marked and rapid domestication.

In an integrated program that draws at least part of each generation's broodstock from naturally-spawned fish and allows some fraction of each generation's returning hatchery-spawned adults to spawn on the natural spawning grounds, the differing selection pressures will lead to disruptive selection, where the fish will be subject to different directional selection in hatchery spawning and natural spawning generations. Each fish, then, will have a history of both kinds of selection in its ancestry. Depending on the trade-offs and the strength of selection, the result may be some new compromise between adaptations to the two phases, different from the original wild stock, and different from an unsupplemented control, or the result may be adaptation exclusively to one phase at the expense of the other.

Selection Equilibrium under Disruptive Selection

Disruptive selection in alternating environments that persist for a period of time of one or a few generations favors two different phenotypes, one for each environment. When disruptive selection has been operating on a species for very long evolutionary times, very distinctive adaptations can arise. The most sophisticated is a developmental switch mechanism whereby the individual animal can grow the right phenotype for the environment it encounters. Another strategy is genetic polymorphism, which maintains the genotypes for both favored phenotypes, but not the disadvantageous intermediates, in frequencies that respond to the frequencies and persistence times of the alternate environments. These strategies evolve through genetic mechanisms that are much slower than simple selection for quantitative traits.

Over shorter evolutionary times, the result of disruptive selection is more likely to be adaptation to one environment at the expense of adaptation to the other, or some sort of intermediate phenotype that is a compromise between traits that would be best adapted for one environment or the other. In the case of disruptive selection in an integrated fish production program, we imagine a continuum of achievable combinations of natural spawning and hatchery spawning fitness, embodying a trade-off between the two in the limit. At some point, increasing adaptation to the hatchery phase decreases adaptation to the natural spawning phase and vice versa.

Graphically, the achievable combinations may be represented, as in Figure 1, as a "possible set" on a two-dimensional "fitness set" plane, where each point has an overall fitness, in the context of the management of the supplementation system. That is to say, the axes are natural spawning fitness and hatchery spawning fitness, but the realized fitness of any particular combination of natural spawning fitness and hatchery spawning fitness will also be a function of the harvest rates on the hatchery and natural origin fish, as well as a function of the rates of drawing broodstock from the hatchery origin and natural origin fish. Such realized fitnesses are contoured in Figure 1 and labeled with their fitness (λ) values. Selection will move the population toward the achievable combination of natural spawning and hatchery spawning fitness that confers the highest realized fitness in the context of the management. This will correspond to the location on the possible set border where it is tangent to the highest value contour. The selection equilibrium will be reached at the combination of natural spawning and hatchery spawning fitness on the possible set border where it is tangent to the λ = 1 contour, subject to whatever other management constraints are imposed on harvest selectivity, broodstock withdrawal rates, and fraction of the natural spawning population that is made up of hatchery origin fish.

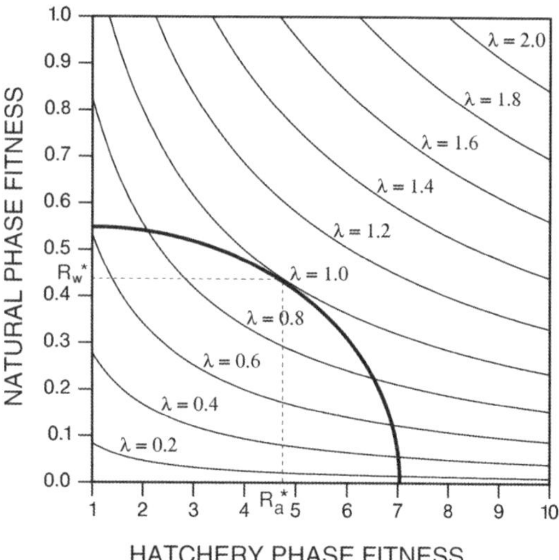

Figure 1. A *possible set* of available phenotype combinations of hatchery and natural fitness (replacement rates), inside the heavy convex line border, superposed on the fitness surface for a particular management regime. The selection equilibrium, for this gene pool, under this management regime, is achieved at (R_a^*,R_w^*) where the possible set border is tangent to the λ = 1 iso-fitness contour.

A Demographic Model for the Supplementation System

Notation and Model

When hatchery and natural spawning are integrated, it is not clear whether any segment of the resulting population is truly *wild* in the sense of a population with no hatchery influence. Instead, in an integrated population, we will refer to the fish spawning in nature as *natural spawning*, regardless of whether they themselves originated from hatchery or natural spawning, and we will distinguish the natural spawning fish from the fish that are *hatchery spawning*. The compound life cycle that results under supplementation is diagrammed in Figure 2, and the figure legend explains the terms in a demographic model of the system.

There are two levels of dynamics that must be tracked in the model, demographic and evolutionary. The demographic modeling represents the number of individuals in each phase (the variously subscripted *N*s in Figure 2) in a given generation as a straightforward function of the numbers in the previous generation multiplied by their respective intrinsic replacement rates (the subscripted *R*s), harvest rates (*H* adjusted by selectivity *s*), and rates of broodstock removal from the spawning run (the subscripted *F*s). This gives rise to a system of equations that can be summarized in terms of the per generation factor of increase of the total population, and this is the realized overall fitness λ. The realized overall fitness, therefore, is a function of the intrinsic replacement in hatchery spawning R_a and in natural spawning R_w, and the breeding protocol, as encapsulated in the *F*s, and the harvest management, as encapsulated in *H* and *s*. The respective hatchery and natural spawning replacement rates, R_a and R_w, are the hatchery and natural spawning components of fitness.

The evolutionary modeling recognizes that the hatchery and natural spawning components of fitness (that is R_a and R_w) can themselves change, as represented diagrammatically in Figure 1. Evolution will proceed in the direction of maximizing the realized overall fitness, subject to the constraints of the management (breeding protocol and harvest) and the limitations of the biological repertoire of the species for manifesting various combinations of R_a and R_w. We may explore the evolutionary dynamics computationally by calculating the resulting λ for each combination in a search for the maximum. We may focus the search on the selection equilibrium by setting the harvest exactly to the sustainable level for each combination of the other management variables, F_a and F_w, and then asking whether any other possible combination of R_a and R_w would allow the population to increase under that management regime. If we find a combination that allows increase, the genotype associated with that combination will spread in the population, so this combination of R_a and R_w becomes the new baseline in the calculation. When no further combination of R_a and R_w can be found that allows the population to increase from its current baseline, that baseline is the selection equilibrium for that management regime (breeding protocol and harvest selectivity policy).

A computer implementation of this trial and error mathematical search for the selection equilibrium is available on the web at www.esg.montana.edu/outplwb.html. Scenarios may be explored systematically with this program. Analytical mathematical solutions using calculus to identify properties of the maxima and critical regions of the parameter space are also possible, and these will be reported elsewhere. The results described below may be tested for consistency with specific scenarios with the computer program.

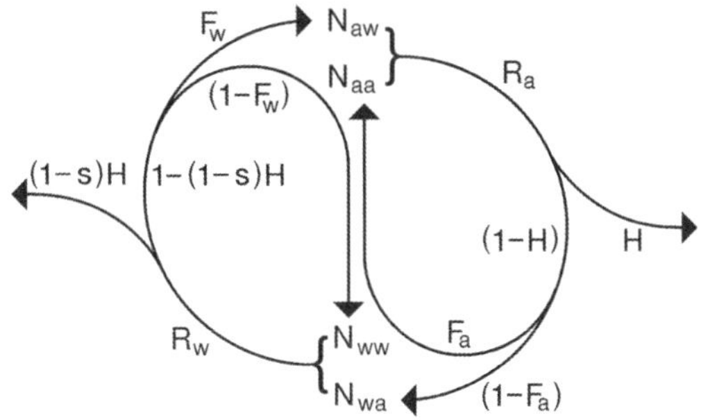

Figure 2. The supplementation life cycle allowing both hatchery and natural origin fish to spawn naturally, and taking both hatchery and natural origin fish as broodstock, and harvesting both hatchery and natural origin fish with some degree of selectivity. N_{ww} is the number of naturally spawning fish in a given generation that themselves grew from naturally spawned eggs. N_{wa} is the number of naturally spawning fish in a given generation that themselves grew from hatchery spawned eggs. N_{aa} is the number of fish used as hatchery broodstock in a given generation, that themselves grew from hatchery spawned eggs. N_{aw} is the number of fish used as hatchery broodstock in a given generation that themselves grew from naturally spawned eggs. R_w is the intrinsic replacement rate of a natural spawning generation (female eggs per female) × (egg to smolt survival in nature) × (smolt to adult survival of naturally reared fish). R_a is the intrinsic replacement rate of a hatchery spawning generation (female eggs per female) × (egg to smolt survival in hatchery) × (smolt to adult survival, in nature, of hatchery reared fish). F_w is the fraction (after harvest) of the adult run of fish grown from naturally spawned eggs subsequently removed for broodstock. F_a is the fraction (after harvest) of the adult run of fish grown from hatchery spawned eggs subsequently removed for broodstock. *H* is the fraction (before broodstock removal) of the adult run of fish grown from hatchery spawned eggs that are taken in harvest. *s* is the harvest selectivity, such that the fraction (before broodstock removal) of the adult run of fish grown from naturally spawned eggs that are taken in harvest is $(1 - s)H$.

Results from a Model of the General Protocol

In our analysis of the evolutionary dynamics of the system, the quantity of interest is the comparison of the natural spawning fitness R_w in the unsupplemented condition versus its value at the selection equilibrium, under a specified supplementation protocol and harvest policy. This responds to our question of whether or not evolution under supplementation will reduce natural spawning fitness, and if so, by how much.

The general result is that the strength of the selection in the direction of increasing hatchery phase fitness at the expense of natural phase fitness increases with the amount of supplementation. In particular, with increasing broodstock recycling of hatchery-spawned fish, the equilibrium natural spawning fitness could decline very precipitously. This lends support to earlier recommendations that, to the extent possible, the broodstock for supplementation should be drawn from naturally spawned fish and that the amount of supplementation, as measured for example by the fraction of hatchery-spawned fish on the naturally spawning ground, or by the fraction of the naturally spawned fish that are taken for broodstock, be capped (RASP 1992). The theoretical possibility of very deleterious effects on natural spawning fitness also supports the recommendation that actual implementation of supplementation should be undertaken on an experimental basis (Northwest Power Planning Council 1994). Another factor affecting the extent of the selective response is the configuration of the possible set border, most particularly the slope of that border (Figure 1). This makes intuitive sense, because that slope defines the trade-offs between hatchery phase and natural spawning phase fitness.

Results from a Model of a Restrictive Protocol

We may consider a more restrictive protocol (proposed at least as long ago as the RASP 1992), where the harvest is perfectly selective on hatchery spawned fish, and hatchery broodstock in each generation is drawn entirely from naturally spawned fish. Further, we may consider possible consequences, and feasibility, of constraining the broodstock withdrawal rate, and the fraction of the natural spawning fish that are of hatchery origin, as has been recommended.

These restrictions make both quantitative and qualitative differences. If no hatchery origin fish are used for broodstock, increases in the broodstock withdrawal rate of natural origin fish cannot give rise to worse than a halving of the natural spawning fitness.

Restrictions on the broodstock withdrawal rate and on the fraction of the natural spawning fish that are of hatchery origin both serve to limit the potential for selection depressing the natural spawning fitness because both, in effect, limit the amount of supplementation. Unfortunately, analysis shows that the ability to satisfy these restrictions sustainably depends on the productivity of the stock, in the hatchery and in natural spawning, and also on the harvest rate. In general, the less productive the natural spawning stock, the less flexibility there is for maintaining it with a limited amount of supplementation. It also emerges that harvest, even if it is selective, reduces the scope for maintaining the stock with a limited amount of supplementation.

Risk Assessment and the Limits of Theory

Quantitative risk assessment consists in determining the array of possible outcomes of a contemplated action, calculating the probability of each possible outcome, and then estimating a measure of the net cost (or benefit) of its occurrence. The *risk* is the sum of the products of net cost times probability over the exhaustive list of possible outcomes.

The analysis developed here was based on elementary evolutionary theory, the consequences of which were explored with models of the dynamics. The models involve some simplifying assumptions, and ignore environmental fluctuation, but we believe that they capture the essence of the response to supplementation for a natural population that is not so small as to be significantly vulnerable to genetic drift, and for a hatchery with an intelligently managed breeding program that maintains a good number of parents for each brood.

The results of the analysis based on our model lead to the following conclusions regarding the performance of a supplemented system, *relative to an unsupplemented population*:

1. Supplementation almost certainly will increase the effective overall productivity of the integrated population as long as the supplementation continues, but this increase will cease immediately upon termination of supplementation and may be replaced by a decline.
2. Supplementation almost certainly will increase the potential for harvest that is sustainable as long as the supplementation continues, but this increase will cease immediately upon termination of supplementation and may be replaced by a decline.
3. Supplementation probably will increase the number of fish participating in natural spawning for as long as supplementation continues, but this increase will cease immediately upon termination of supplementation and may be replaced by a decline.

4. Supplementation certainly will not increase the natural spawning fitness of the supplemented stock.
5. Supplementation *may* depress the natural spawning fitness of the stock, and this depression in replacement rate will be manifest for as long as supplementation continues *and* will continue to express itself for some number of generations after supplementation is terminated.
6. The possible depression in natural spawning fitness of the supplemented stock, with a strict protocol that uses only natural spawned fish for broodstock, is expected to be in the range between zero and a 50% reduction, but present information is insufficient for a more precise prediction.
7. The probability and magnitude of the depression in natural spawning fitness of the supplemented stock will increase with the magnitude of the sustainable harvest that is extracted.
8. The probability and magnitude of the depression in natural spawning fitness of the supplemented stock will increase with the magnitude of the broodstock removal rate.
9. In an integrated breeding program that departs from strict supplementation by drawing some of its broodstock from returning hatchery progeny, there is a possibility of more severe domestication selection.
10. In an integrated breeding program that departs from strict supplementation by drawing some of its broodstock from returning hatchery progeny, there are regions of the parameter space where, as the amount of supplementation increases, the system makes an abrupt transition from no selection response to runaway domestication selection.
11. The feasibility of adhering to a strict supplementation protocol by drawing broodstock only from natural origin fish will depend on the natural spawning and hatchery spawning productivities of the stock, and on restricting harvest below levels that would otherwise be sustainable.
12. The feasibility of compliance with a cap on the broodstock removal rate and a floor on the fraction natural origin fish among those spawning naturally will depend on the natural spawning and hatchery spawning productivities of the stock, and on limitation of harvest.

Previous demographic modeling of supplementation (Cuenco 1994) and evolutionary modeling of supplementation (Emlen 1991; Adkison 1995; Lynch and O'Hely 2001; Ford 2002) with more particular and detailed, but less general, genetics models have led to similar conclusions.

As we try to coalesce these results into a *risk assessment*, we immediately encounter a difficulty in defining a common metric for scoring the net costs or benefits of outcomes. We see that we have two different time horizons to consider, the performance while supplementation is underway, and performance after supplementation is terminated. We also have two different classes of valuation, harvest goals and conservation goals pertaining to natural spawning viability of the supplemented stock. These two dimensions exhibit some dependency in our results because, notably, all the harvest benefits are confined to the time period while supplementation is underway, whereas the conservation costs will accrue both during the supplementation and for some time after its termination.

What Are the Goals?

We may entertain two polar extreme visions of the goals of supplementation, just for purposes of pursuing each to its logical conclusion in a risk assessment. One version of the goals is that the priority is harvest and the intention is to continue supplementation for as long as it provides any harvest benefit. From this perspective, supplementation provides only benefits relative to the unsupplemented system, but still, it would make no sense to adopt supplementation rather than a conventional artificial production program because the expected harvest benefits of supplementation are smaller than the harvest benefits of a conventional, intelligently managed production hatchery system that draws some large fraction of its broodstock from returning hatchery progeny.

The opposite extreme version of the goals is that the priority is recovery of a depressed stock, where recovery is judged by viability *after* supplementation is terminated. From this perspective, supplementation provides no benefits to a population that is not at risk of immediate extinction, and poses some additional risk of its own. A risk averse policy, with these priorities, would conclude that supplementation should be avoided except where the population is in imminent demographic danger of extinction *or* is so small that there is significant genetic danger related to drift *and* where it is not feasible to immediately remove or reverse whatever causes (overharvest or impaired habitat) were responsible for the population declining to such a small level in the first place *and* where there are plausible efforts underway to correct the harvest or habitat problems as rapidly as possible. In this special situation, supplementation would be a reasonable way to buy time, while the other problems are addressed. Once the other problems were remediated or mitigated to the point that the population was no longer genetically "small" and not in immediate demographic danger of extinction, there would, with these priorities, be no justification for continued supplementation. Note that in this application, no harvest would be justified because harvest would increase the risk of erosion of natural spawning fitness, contrary to the conservation goal.

So, the results that we have from the present analysis are sufficient to draw a risk assessment conclusion either for a pure harvest goal policy context or a pure conservation goal policy context. Interestingly, except for the limited special case of an emergency rescue (allowing no harvest), neither pure goal has a rational role for supplementation.

Evidently, a nonemergency justification for supplementation would have to rest on a policy mandate that gave high enough priority *both* to harvest goals and to conservation goals so that the quantitative trade-off between the two might decide the balance. In order to complete the risk assessment in such a context, the policy mandate would need to state explicitly the quantitative weights for valuing harvest relative to natural spawning fitness of the supplemented stock. Pending the articulation of such a policy, we might, just as a matter of intellectual curiosity, consider quantifying separately the expected harvest benefits and the expected natural-spawning fitness costs.

Analysis of the demographic model illustrated here yields a formula that is sufficient to compute readily, a meaningful lower bound on the expected harvest benefit, just from the initial (presupplementation) estimates of the hatchery phase and natural spawning phase replacement rates (calculated directly from the computer program on the web). This will be a lower bound, because we would expect evolution under supplementation to increase the overall productivity. Similarly, the prospects for initial compliance with policy constraints on the rate of broodstock removal or the fraction of hatchery spawned fish in the natural spawning population are readily computed from simple formulas.

In contrast to the availability of information for estimating the expected harvest benefit, the evolutionary analysis shows that, at present, we are ill-equipped to predict quantitatively the expected cost to natural spawning fitness. The cost will depend strongly on the slope of the border of the possible set of combinations of hatchery spawning and natural spawning replacement rate phenotypes available to the population in question, in the context of its environment (Figure 1). Present theory does not predict the equation of the possible set.

Because deliberate supplementation is a new idea (and adequate monitoring of supplementation is an even newer idea), we do not have a sample of observed selection equilibria, even for comparative purposes. There has probably been a great deal of straying (or more or less deliberate out-planting) of hatchery-reared fish into the spawning grounds of nominally wild stocks, but these hatchery-reared fish generally were not from stocks maintained according to a defining supplementation recipe. The magnitudes of such straying generally have not been accurately quantified, and the natural spawning reproductive contribution of the hatchery strays generally has not been measured. An empirical test of supplementation will require a more conscious and systematic experiment.

Supplementation as Experiment

The two key features of a worthwhile scientific experiment are that we do not know in advance how the experiment will turn out, and that when we do observe the results, we will have learned something. Supplementation certainly qualifies on the first count, but for it to qualify on the second, some attention will have to be paid to measuring the crucial quantities. For the experiments to be informative, they must measure the changes of natural spawning replacement rate in relation to the intensity of supplementation, while somehow controlling for other spatial and temporal factors that also affect realized replacement rates.

Measurement of fitness in nature is notoriously difficult (Hankin 1982; Peterman 1990; Hard 1995; Rieman and Myers 1997; Maxell 1999; Dauble and Mueller 2000; Dunham et al. 2001). A large part of the difficulty with an experiment, such as is contemplated here, will be strong environmental confounding (Walters et al. 1988, 1989; Rafaelli and Moller 2000) that can be expected to occur on several spatial and temporal scales, including very large scales (Mysak 1986; Lawson 1993; Beamish and Bouillon 1993; Mantua et al. 1997; Cooney and Brodeur 1998; Hare et al. 1999; Hatfield and Bruce 2000; Finney et al. 2000). Realistically, the interesting question of an experimental test of supplementation will necessarily be an ambitious and expensive undertaking, but not incommensurate with the budgets that are already being devoted to some salmon supplementation programs.

Some Comments on Design for the Experiment

The usual measures to test for "more fish" will not address the question that actually is at the heart of the controversy about the risk of supplementation. Simple monitoring to document the size of the total smolt out-migration, the size of the total adult run, the size of the harvest, or the size of the total spawning population does not measure the magnitude of the change in natural spawning fitness, which *is* the real question.

Natural spawning fitness is measured as the density corrected replacement rate of the natural spawning phase: this is the number of returning adults of naturally spawned origin, corrected for harvest, per natural spawning adult, standardized for density. The change of natural spawning fitness with supplementation is calculated as the difference between the measured natural spawning fitness in a population that has undergone several generations of supplementation and the measured natural spawning fitness in a population of the same stock that has not been subject to supplementation.

Because of the very large temporal variation in salmon survival rates, in several stages of the life history, on the scale of both years and decades, a comparison of natural spawning fitness "before" and "after" will be hopelessly confounded. Interannual temporal variation in replacement rates probably is often larger than the size of the effect of supplementation. Pooling data from several "before" brood years and several "after" brood years will not average out the noise due to temporal variation, because this temporal variation exhibits autocorrelation on a time scale of a decade or more. Spatial replication will not solve this problem because the freshwater flow regimes and freshwater temperature regimes and "ocean conditions" show high spatial autocorrelation over large spatial scales.

We conclude, then, along with others (Waples et al. 2001; ISAB 2003), that the essential experiment requires maintenance of an unsupplemented control line of the same stock paired against each supplemented line, so that measurements for the comparison of natural spawning fitness in the supplemented and unsupplemented lines can be conducted in the same year, allowing temporal variation to be factored out. The spawning grounds of the unsupplemented control line should be near the natural spawning grounds of the supplemented line and should be chosen for similar habitat characteristics so that the selection pressures experienced by the control line are as close as possible to those experienced during the natural spawning phase of the supplemented line, and the two should be managed for similar levels of crowding. Of course, the achieved match in habitat characteristics between the unsupplemented control area and the supplemented area will be imperfect. To help average out the resulting location effects, there will need to be some replication of such pairs, either within or across experiments.

Alternative and Corollary Designs

Suitable habitat areas for experimentation may be in short supply. There may be regulatory constraints on experimentation in the habitat area of existing wild stocks that are already under Endangered Species Act protection. There also may be resistance to reprogramming the use of some areas that are already receiving large numbers of hatchery out-plants.

The options for experimentation can be expanded by planning to implement some salmon *reintroductions* in conformity with the experimental design. Introducing a new supplemented population alongside an introduction of the same stock that will not be supplemented after establishment, would allow appropriate comparisons. Acceptance of the reasonable assumption that some of the life history evolution will be rapid, allows a legitimate test to be made of the eventual measured divergence in natural spawning fitness of the supplemented and unsupplemented introduced lines.

Comparing a supplemented line with a pure hatchery produced line of the same stock presents an opportunity for testing the hypothetical premise of divergent life history selection in the hatchery and natural spawning phases. The analysis developed here predicts that the supplemented line will, after several generations, exhibit higher natural spawning fitness than the pure hatchery line and *lower* hatchery spawning fitness. This corollary experiment could only confirm or refute the principle; it would not quantify the fitness deterioration of supplemented relative to the unsupplemented control.

Logistics of the Design

The logistical requirements for maintaining genetic separation between the control and the supplemented lines, in the direct experiment, are very demanding. It will be necessary to control all upstream migration to the two respective spawning grounds so that only the "right" adults are allowed into each. Recognition of the "right" adults will require that large numbers of the naturally spawned out-migrating fish from the two areas be marked so as to be mutually distinguishable (and both must be distinguishable from the hatchery phase production in the supplemented system). The numbers marked in each group must be large enough to provide a large enough number of returning marked adults to seed adequately both the natural spawning habitats.

A straightforward implementation will depend on dams or weir structures with traps for collecting smolts to mark them, and adult traps to hold all adults while the decision is made whether they "belong" in the escapement to the area upstream. The marks must be detectable in the live fish.

It is intriguing to speculate on the potential for genetic techniques to serve in place of marking or tagging (Pella and Milner 1987; Doyle et al. 1995; Blouin et al. 1996; Lynch and Ritland 1999; Pfrender et al. 2000). If it were practical to do a rapid noninjurious assay to determine parentage from a pool of several hundred possible parents whose genetic signatures were already known, marking of large numbers of smolts could be obviated. The protocol would require that the entirety of the adult run be intercepted and each fish sampled and then kept in a holding facility until the genetic analysis determined its lineage of origin. This fish could then be directed to the correct location, for later spawning, and its genetic signature would be archived for purposes of deciding the disposition of individuals in the future run of its mature offspring.

The separation based on recognized parentage by sampling and testing adults, would, if practical, relieve the complication of trapping and marking large numbers of small fish, which may be difficult to trap efficiently and difficult to mark effectively without injury. This would be especially attractive under circumstances where fry from both the control and supplemented spawning grounds migrated to overlapping rearing areas before they were large enough to mark. Indeed, with effective genetic recognition, the spawning grounds of the two groups would not need to be in separate tributaries: temporary weirs might be deployed to isolate small stretches of spawning habitat (even in close proximity) for spawners from supplemented and unsupplemented lineages respectively.

Refinements for the Final Measurements

The deciding measurements of natural spawning fitness will be those made after several generations have passed under a defined supplementation regime. At that time, additional care is warranted to ensure that confounding effects are minimized. To guard against excessive influence of possible year effects (temperatures, flows, ocean conditions) which might differentially influence the natural spawning performance of the supplemented and unsupplemented lines, the final set of measurements should be repeated over several years. To reduce the possible influence of different realized levels of crowding in the habitats of the supplemented and unsupplemented lines, both should be deliberately underseeded for the duration of the test generation.

Possible confounding effects that are location specific pose a more complicated challenge. In principle, the ideal solution to this problem would be to carry out the final round of tests with spawning in a common habitat, and with sufficiently thorough genetic identification of all the tested spawners so that the lineages of the returning offspring are unambiguous. Temporary weirs could serve to isolate test sections of spawning habitat to avoid the complication of cross matings.

Conclusions

With proper management, supplementation with production from an integrated breeding program should generally yield "more fish" on the natural spawning grounds and in the out-migration, and possibly in the returning adult run, compared to an unsupplemented control. For a stock on the brink of extinction, this could be viewed as serving a conservation function by rescuing a stock that would otherwise decline excessively when all other conservation options have been exhausted. For stocks whose circumstances do not constitute an immediate emergency, the conservation benefits are not so clear, and the magnitude of possible harm is sobering.

The possible harm in an integrated program would come from reductions in natural spawning fitness as the population evolves adaptations to the hatchery spawning phase. The model discussed in this paper describes the selective forces and solves for the resulting selection equilibrium as a function of the starting fitnesses, the breeding protocol, the harvest management, and the inherent trade-off between hatchery phase and natural phase adaptation. At present, we can reasonably quantify all factors except the last, the trade-off term, but the modeling shows that this trade-off term has a large influence on the outcome. The modeling, then, shows a potential for harm, but very little ability to predict its magnitude. The modeling does predict that the level of harm will increase with the amount of supplementation, with the amount of recycling of hatchery origin fish into the hatchery broodstock, and with the harvest rate.

If supplementation is implemented in a disciplined fashion according to a defined management protocol, taking for broodstock only a stipulated fraction of the naturally spawned run, and no hatchery spawned fish, the risk will be less. This will set a demographic cap on the total out-migration, which may reduce the chance of grossly overshooting effective habitat carrying capacity. This will also set a cap on the fraction of hatchery ancestry at equilibrium, which will limit the amount of erosion of natural spawning fitness due to domestication selection in the hatchery phase. Whether this will contain the fitness erosion to an acceptably small level is not predictable with present knowledge.

Risk assessment, based on these results, depends on the relative valuation of possible harvest benefits while supplementation is underway, against possible natural spawning fitness costs that arise while supplementation is underway and persist for some number of generations after its termination. A valuation scheme that is based entirely on harvest goals would accept supplementation as better than no hatchery program, but would rate it less productive than a conventional hatchery program. A valuation scheme that is based entirely on conservation goals, and is risk averse, would reject supplementation, except for the special case of an emergency rescue, and in that special case, the decision would be for zero harvest. If the policy context attaches comparable value to both the harvest goal and the conservation goal, present information is insufficient to pursue the risk assessment to a conclusion because the result will depend on quantitative details for which the required data are not in hand.

If deployment of supplementation proceeds, this should be undertaken in the spirit of a speculative and frankly risky experiment. Depending on the fitness trade-off term, for which we do not presently have empirical data, the natural spawning fitness erosion caused by supplementation could range from near zero to a substantial fraction of the original fitness. Only highly controlled experimentation will reveal which outcome has materialized in each case. The critical experiment requires field measurement of natural spawning replacement rates in paired lines maintained respectively as unsupplemented controls and systems maintained with a defined intensity of supplementation.

An empirical record of a portfolio of such experiments will reveal the general probabilities. It is quite possible that the outcomes will be very case specific, owing to the differences in opportunities for viable life histories presented by each respective release site. If that turns out to be true, it would make sense to carefully monitor each experiment, with a view to abandoning those that exhibit indications of unacceptable costs to natural spawning fitness, while continuing those that show promise of tolerable fitness costs.

References

Adkison, M. D. 1995. Population differentiation in Pacific salmon: local adaptation, genetic drift, or the environment? Canadian Journal Fisheries and Aquatic Sciences 52:2762–2777.

Beamish, R. J., and D. R. Bouillon. 1993. Pacific salmon production trends in relation to climate. Canadian Journal Fisheries and Aquatic Sciences 50:1002–1016.

Beckman, B. R. 1999. Growth, smoltification and smolt-to-adult return of spring chinook salmon from hatcheries on the Deschutes River, Oregon. Transactions of the American Fisheries Society 128:1125–1150.

Bilby, R. E., P. A. Bisson, C. C. Coutant, D. Goodman, R. B. Gramling, S. Hanna, E. J. Loudenslager, L. MacDonald, D. P. Philipp, B. Riddell, and R. N. Williams. 2003. Review of salmon and steelhead supplementation. Report of the Independent Scientific Advisory Board to the Northwest Power Planning Council and the National Marine Fisheries Service. Available at: www.ncouncil.org/library/isab/isab2003–3.htm

Blouin, M. S., M. Parsons, V. Lacaille, and S. Lotz. 1996. Use of microsatellite loci to classify individuals by relatedness. Molecular Ecology 5:393–401.

Bradford, M. J. 1999. Temporal and spatial trends in the abundance of coho salmon smolts from western North America. Transactions of the American Fisheries Society 128:840–846.

Bugert, R. M. 1998. Mechanics of supplementation in the Columbia River. Fisheries 23:11–20.

Campton, D. H. 1995. Genetic effects of hatchery fish on wild populations of Pacific salmon and steelhead: what do we really know? Pages 337–353 *in* H. L. Schramm, Jr. and R. G. Piper, editors. Uses and effects of cultured fishes in aquatic ecosystems. American Fisheries Society, Symposium 15, Bethesda, Maryland.

Carmichael, R. W., and R. T. Messmer. 1995. Status of supplementing chinook salmon natural production in the Imnaha River basin. Pages 284–291 *in* H. L. Schramm, Jr. and R. G. Piper, editors. Uses and effects of cultured fishes in aquatic ecosystems. American Fisheries Society, Symposium 15, Bethesda, Maryland.

Clune, T., and D. Dauble. 1991. The Yakima/Klickitat fisheries project: a strategy for supplementation of anadromous salmonids. Fisheries 16:28–34.

Cooney, R. T., and R. D. Brodeur. 1998. Carrying capacity and North Pacific salmon production: stock enhancement implications. Bulletin of Marine Science 62:443–464.

Cuenco, M. L. 1994. A model of an internally supplemented population. Transactions of the American Fisheries Society 123:277–288.

Cuenco, M. L., T. W. H. Backman, and P. R. Mundy. 1993. The use of supplementation to aid in natural stock restoration. Pages 269–291 *in* J. G. Could and G. H. Thorgaard, editors. Genetic conservation of salmonid fishes. Plenum, New York.

Cramer, S. P. 2000. The effect of environmentally driven recruitment variation on sustainable yield from salmon populations. Pages 485–503 *in* E. E. Knudsen, C. R. Steward, D. D. MacDonald, J. E. Williams, and D. W. Reiser, editors. Sustainable fisheries management: Pacific salmon. Lewis Publishers, Boca Raton, Florida.

Dauble, D. D., and R. P. Mueller. 2000. Upstream passage monitoring: difficulties in estimating survival for adult chinook salmon in the Columbia and Snake rivers. Fisheries 25:24–34.

Dauble, D. D., and D. G. Watson. 1997. Status of fall chinook salmon populations in the mid-Columbia River 1948–1992. North American Journal of Fisheries Management 17:283–300.

Doyle, R. W., C. Herbinger, C. T. Taggart, and S. Lochmann. 1995. Use of DNA microsatellite polymorphism to analyze genetic correlations between hatchery and natural fitness. Transactions of the American Fisheries Society 15:205–211.

Dunham, J., B. Rieman, and K. Davis. 2001. Sources and magnitude of sampling error in redd counts for bull trout. North American Journal of Fisheries Management 21:343–352.

Emlen, J. M. 1991. Heterosis and outbreeding depression: a multi-locus model and an application to salmon production. Fisheries Research 12:187–212.

Fast, D. E., and C. Craig. 1997. Innovative hatchery project working to rebuild wild salmon populations. Hydrological Review 14:30–33.

Finney, B. P., G. Eaves, I. Sweetman, J. Douglas, M. S. V. Smol, and J. P. 2000. Impacts of climate change and fishing on Pacific salmon abundance over the past 300 years. Science 290:795–799.

Ford, M. 2002. The effects of selection during supportive breeding. Conservation Biology 16:815–825.

Ham, S. R., and T. N. Pearsons. 2001. A practical approach for containing ecological risks associated with fish stocking programs. Fisheries 26:15–23.

Hankin, D. G. 1982. Estimating escapement of Pacific salmon: marking practices to discriminate wild and hatchery fish. Transactions of the American Fisheries Society 111:286–298.

Hard, J. J. 1995. Genetic monitoring of life-history characteristics in salmon supplementation: problems and opportunities. Pages 212–225 *in* H. L. Schramm, Jr. and R. G. Piper, editors. Uses and effects of cultured fishes in aquatic ecosystems. American Fisheries Society, Symposium 15, Bethesda, Maryland.

Hare, S. R., N. J. Mantua, and R. J. Francis. 1999. Inverse production regimes: Alaskan and West Coast Pacific salmon. Fisheries 24:6–15.

Hatfield, T., and J. Bruce. 2000. Predicting salmonid habitat-flow relationships for streams in western North America. North American Journal of Fisheries Management 20:1005–1015.

Hilborn, R. 1992. Hatcheries and the future of salmon in the northwest. Fisheries 17:5–8.

Hindar, K., N. Ryman, and F. Utter. 1991. Genetic effects of cultured fish on natural fish populations. Canadian Journal Fisheries and Aquatic Sciences 48:945–957.

ISAB (Independent Scientific Advisory Board) 2002. Hatchery surpluses in the Pacific Northwest. Fisheries 27:16–27.

Krueger, C. C., and B. May. 1991. Ecological and genetic effects of salmonid introductions in North America. Canadian Journal Fisheries and Aquatic Sciences 48(Supplement 1):66–77.

Lawson, P. W. 1993. Cycles in ocean productivity, trends in habitat quality, and the restoration of salmon runs in Oregon. Fisheries 18:6–10.

Levin, P., R. W. Zabel, and J. G. Williams. 2001. The road to extinction is paved with good intentions: negative association of fish hatcheries with threatened salmon. Proceedings of the Royal Society of London B 268:1153–1158.

Lichatowich, J. A. 1999. Salmon without rivers. Island press, Washington, D.C.

Lynch, M., and M. O'Hely. 2001. Captive breeding and the genetic fitness of natural populations. Conservation Genetics 2:363–378.

Lynch, M., and K. Ritland. 1999. Estimation of pairwise relatedness with molecular markers. Genetics 152:1753–1766.

Mantua, N. J., S. R. Hare, Y. Zhang, J. M. Wallace, and R. C. Francis. 1997. A Pacific-interdecadal climate oscillation with impacts on salmon production. Bulletin of the American Meteorological Society 78:1069–1079.

Marshall, A. R., H. L. Blankenship, and W. P. Connor. 2000. Genetic characterization of naturally spawned Snake River fall-run chinook salmon. Transactions of the American Fisheries Society 129:680–698.

Maxell, B. A. 1999. A power analysis on the monitoring of bull trout stocks using redd counts. North American Journal of Fisheries Management 19:860–866.

Meffe, G. K. 1992. Techno-arrogance and halfway technologies: salmon hatcheries on the Pacific Coast of North America. Conservation Biology 10:350–354.

Myers, R. A., S. A. Levin, R. Lande, F. C. James, W. W. Murdoch, and R. T. Paine. 2004. Hatcheries and endangered salmon. Science 303:1980.

Mysak, L. A. 1986. El Nino, interannual variability and fisheries in the northeast Pacific Ocean. Canadian Journal of Fisheries and Aquatic Sciences 43:464–497.

Nickelson, T. E., M. F. Solazzi, and S. L. Johnson. 1986. Use of hatchery coho salmon (*Oncorhynchus kisutch*) presmolts to rebuild wild population in Oregon coastal streams. Canadian Journal of Fisheries and Aquatic Sciences 43:2443–2449.

NOAA Fisheries. 2002. Biological opinion: effects on upper Columbia River spring chinook salmon and steelhead by upper Columbia River spring chinook salmon supplementation program and associated scientific research and monitoring conducted by the Washington Department of Fish and Wildlife and the U.S. Fish and Wildlife Service. Endangered Species Act–Section 7 consultation and Magnuson-Stevens Act Essential Fish Habitat Consultation. Consultation Number: F/NWR/1999/00836, Permit #1196 and #1300.

Northwest Power Planning Council. 1994. Columbia River Basin Fish and Wildlife Program. Northwest Power Planning Council, Council Document 94–55. Available at: www.nwcouncil.org/library/1994/Default.htm.

NRC (National Research Council). 1996. Upstream: salmon and society in the Pacific Northwest. National Academy Press, Washington, D.C.

Olson, D. E., B. C. Cates, and D. H. Diggs. 1995. Use of a national fish hatchery to complement wild salmon and steelhead production in an Oregon stream. Pages 317–328 *in* H. L. Schramm, Jr. and R. G. Piper, editors. Uses and effects of cultured fishes in aquatic ecosystems. American Fisheries Society, Symposium 15, Bethesda, Maryland.

Pascual, M. A., and T. P. Quinn. 1994. Geographical patterns of straying of fall chinook salmon from Columbia River Hatcheries. Aquaculture and Fisheries Management 25(Supplement 2):17–30.

Pella, J. J., and G. B. Milner. 1987. Use of genetic marks in stock composition analysis. Pages 247–276 *in* N. Ryman and F. Utter, editors. Population genetics and fishery management. University of Washington Press, Seattle.

Peterman, R. M., 1987. Review of the components of recruitment of Pacific salmon. Pages 417–429 *in* M. J. Dadswell, R. J. Klauda, C. M. Moffitt, Richard L. Saunders, R. A. Rulifson, and J. E. Cooper, editors. Common strategies of anadromous and catadromous fishes. American Fisheries Society, Symposium 1, Bethesda, Maryland.

Peterman, R. M. 1990. Statistical power analysis can improve fisheries research and management. Canadian Journal of Fisheries and Aquatic Sciences 47:2–15.

Pfrender, M. E., K. Spitz, J. Hicks, K. Morgan, L. Latta, and M. Lynch. 2000. Lack of concordance between genetic diversity estimates at the molecular and quantitative-trait levels. Conservation Genetics 1:263–269.

Rafaelli, D., and H. Moller. 2000. Manipulative field experiments in animal ecology: do they promise more than they can deliver? Advances in Ecological Research 30:299–338.

RASP (Regional Assessment of Supplementation Project). 1992. Supplementation in the Columbia basin: summary report series. Bonneville Power Administration, Final Report DOE/BP-01830–14, Portland, Oregon.

Rieman, B. E., and D. L. Myers. 1997. Use of redd counts to detect trends in bull trout populations. Conservation Biology 11:1015–1018.

Rissler, J., and M. Mellon. 2000. The ecological risk of engineered crops. MIT Press, Cambridge, Massachusetts.

Sandford, B. P., and S. G. Smith. 2002. Estimates of smolt to adult return percentages for Snake River Basin anadromous salmonids, 1990–1997. Journal of Agiculture, Biology and Environmental Statistics 7:243–263.

Schaller, H. A., C. E. Petrosky, and O. P. Langness. 1999. Contrasting patterns of productivity and survival rates for stream-type chinook salmon (*Oncorhynchus tshawytscha*) populations of the Snake and Columbia rivers. Canadian Journal of Fisheries and Aquatic Sciences 56:1031–1045.

Schroeder, K. R., R. B. Lindsay, and K. R. Kenaston. 2001. Origin and straying of hatchery winter steelhead in Oregon coastal rivers. Transactions of the American Fisheries Society 130:421–441.

Sterne, J. K. 1995. Supplementation of wild salmon stocks: a cure for the hatchery problem or more problem hatcheries? Coastal Management 23:123–152.

Unwin, M. J., and T. P. Quinn. 1993. Homing and straying patterns of chinook salmon (Oncorhynchus tshawytscha) from a New Zealand hatchery: spatial distribution of strays and effects of release date. Canadian Journal of Fisheries and Aquatic Sciences 50:1168–1175.

Utter, F. M., D. Chapman, A. R. Marshall. 1995. Genetic population structure and history of chinook salmon of the upper Columbia River. Pages 149–165 *in* J. L. Nielsen, editor. Evolution and the aquatic ecosystem: defining unique units in population conservation. American Fisheries Society, Symposium 17, Bethesda, Maryland.

Utter, F. M., K. Hindar, and N. Ryman. 1993. Genetic effects of aquaculture on natural salmonid populations. Pages144–165 *in* K. Heen, R. L. Monahan, and F. Utter, editors. Fishing News Books, Oxford, England.

Walters, C. J., J. S. Collie, and T. Webb. 1988. Experimental designs for estimating transient responses to management disturbances. Canadian Journal of Fisheries and Aquatic Sciences 45:530–538.

Walters, C. J., J. S. Collie, and T. Webb. 1989. Experimental designs for estimating transient responses to habitat alteration: is it practical to control for environmental interactions? Pages 13–20 *in* C. D. Levings, L. B. Holtby, and M. A. Anderson, editors. Proceedings of the National Workshop on Effects of Habitat Alteration on Salmonid Stocks. Canadian Fisheries and Aquatic Sciences, Special Publication 105.

Waples, R. S. 1999. Dispelling some myths about hatcheries. Fisheries 24:12–21.

Waples, R. S., M. J. Ford, and D. Schmitt. 2001. Empirical results of salmon supplementation: a preliminary assessment. In T. M. Bert, editor. Ecological and genetic implications of aquaculture activities. Kluwer Publications, Dordrecht, The Netherlands.

American Fisheries Society Symposium 44:233–245, 2004

Release of Captively Reared Adult Anadromous Salmonids for Population Maintenance and Recovery: Biological Trade-Offs and Management Considerations

Barry Berejikian and Thomas Flagg

National Marine Fisheries Service, Northwest Fisheries Science Center
Resource Enhancement and Utilization Technologies Division
Post Office Box 130, Manchester, Washington 98353, USA

Paul Kline

Idaho Department of Fish and Game, 600 South Walnut Street
Post Office Box 25, Boise, Idaho 83707, USA

Abstract.—Captive broodstocks have been initiated for maintenance and recovery of imperiled anadromous salmonid populations because they can provide a rapid demographic boost and reduce short-term extinction risk. As with captive propagation programs for other vertebrates, difficulties with reintroduction to the natural environment may impede success in achieving the program's objectives. Strategies for reintroduction of anadromous salmonid captive broodstocks in the United States and Canada include release of captively reared adults (currently four programs), stocking their offspring as eyed eggs (two programs), parr (six programs), or smolts (nine programs). Captive broodstock programs that release adults considered the management objectives of (i) evaluating of different reintroduction strategies, and (ii) spreading the risk of failure of any one particular strategy to be much more important than programs that do not release adults. This distinction indicates that the programs releasing adults consider the strategy to be an experimental one that may serve to offset potential risks associated with juvenile release options. However, the finding that preventing extinction was considered to be very important in adult and juvenile release programs alike indicates that programs releasing adults believe the strategy, at a minimum, will not impede that objective. We summarized the salmonid literature on (1) natural and sexual selection during reproduction, (2) homing and straying, (3) rearing effects on social behavior, (4) domestication, and (5) survival as it relates to biological trade-offs of different reintroduction strategies for captive broodstocks. The adult release strategy provides potential biological benefits that include the opportunity for natural and sexual selection to occur on the spawning grounds—selection that is relaxed during artificial spawning. Adult release and egg stocking may reduce potential for unnaturally high straying rates and may minimize domestication selection of the offspring compared to programs that artificially spawn adults and release their offspring as smolts. The potential benefits of adult and egg releases must be weighed against (and may be offset by) the greater F_1 production that could be achieved by releasing hatchery-reared smolts. A variety of reintroduction strategies will likely continue to be appropriate for captive broodstock programs.

Introduction

In North America, artificial propagation programs for Pacific salmon *Onchorhynchus* spp. and steelhead *Oncorhynchus mykiss* and Atlantic salmon *Salmo salar* that rear fish to sexual maturity in captivity (i.e., "captive broodstock" programs) are becoming an increasingly important component of species preservation. The majority of captive broodstock efforts involve Columbia River basin salmon stocks (Table 1). The Columbia River basin projects began in the early 1990s with a collaborative project for restoration of Redfish Lake sockeye salmon *O. nerka* (Flagg et al. 1995). Efforts expanded in the mid-1990s with the addition of cooperatives for six stocks of Snake River spring/summer Chinook salmon *O. tshawytscha*. By the late

Table 1. Captive broodstock programs for maintenance or recovery of imperiled anadromous salmonids in North America.

Species	River/lake origin	Region	Number of stocks	Status of program	Strategies/ objectives[a]
Chinook salmon	Sacramento River	Central CA	1	Ongoing	Yes/yes
Chinook salmon	White River	Puget Sound, WA	1	Terminated[b]	Yes/yes
Chinook salmon	Tucannon River	Columbia River, WA	1	Ongoing	Yes/yes
Chinook salmon	Dungeness River	E. Straits of Juan de Fuca, WA	1	Ongoing	Yes/no
Chinook salmon	Mid-Columbia River	Central, WA	1	–	No/no
Chinook salmon	Grand Ronde Rivers and tributaries	Snake River, OR	3	Ongoing	Yes/yes
Chinook salmon	Salmon River tributaries	Snake River, ID	3	Ongoing	Yes/yes
Chinook salmon	Squamish River	Howe Sound, BC	1 of 5[e]	Terminated	Yes/yes
Chinook salmon	Puntledge River	Vancouver Island	1 of 5[e]	Pre-release	Yes/yes
Atlantic salmon	Gulf of Maine	Gulf of ME	8	Ongoing	Yes/yes
Steelhead	Hamma Hamma River	Hood Canal, WA	1	Ongoing	Yes/yes
Steelhead	E. Vancouver Island rivers	Vancouver Island, BC	5 (3)[c]	Ongoing	Yes/yes
Sockeye salmon	Redfish Lake	Stanley Basin, ID	1	Ongoing	Yes/yes
Sockeye salmon	Sackinaw Lake	Georgia Strait, BC	1 of 5[e]	Pre-release	Yes/yes
Sockeye salmon	Owikeno Lake	Central Coast, BC	1 of 5[e]	Pre-release	Yes/yes
Sockeye salmon	Cultus Lake	Fraser River	1 of 5[e]	Pre-release	Yes/yes
Coho	Scott Creek	Central CA coast	1	Pre-release[d]	Yes/yes
Coho	Dry Creek	Russian River, CA coast	1	Pre-release[d]	No/no

[a] The strategies/objectives column indicates whether ("yes") or not ("no") survey information was obtained for (i) reintroduction strategies implemented (first response) and (ii) importance of management objectives (second response).

[b] Fish are no longer reared to adult in captivity.

[c] The program initially included five populations, but has subsequently been reduced to three.

[d] Fish have been collected for rearing to adult but have not yet matured.

[e] For the purposes of the analysis in Tables 2 and 3, the five salmon populations (three sockeye and two Chinook) in British Columbia are considered to be managed as part of one program, because the single survey response we received covered all five programs and assigned a common "importance" score to each.

1990s, captive broodstock protection had been conferred to two stocks of spring Chinook salmon from the mid-Columbia River region. Outside the Columbia River basin, captive broodstock programs have been implemented for Chinook salmon in Washington and British Columbia, coho salmon *O. kisutch* in California, Atlantic salmon in Maine, sockeye salmon in British Columbia, and steelhead in Washington and British Columbia, Canada. In addition, NMFS (2000) has identified six populations of steelhead and several salmon populations that have dropped to critically low levels and continue to decline. Following thorough risk benefit analyses, captive propagation programs for some or all of these populations may be required to reduce the risk of extinction.

Captive broodstocks are established by collecting gametes from wild adults, or eyed embryos or juveniles from their natal habitats. The fish are cultured to adulthood to bypass high juvenile-to-adult mortality (Waples and Do 1994; Flagg et al. 1995; Schiewe et al. 1997). When sexually mature, the adults may be used in two ways. Most typically, captive broodstock programs artificially spawn the captively reared adults to produce large numbers of offspring for further culture or release into the wild. The offspring of captively reared adults may be released as (i) eyed eggs stocked into in-stream or in-lake incubators, (ii) presmolts (underyearlings), (iii) smolts. Alternatively, embryos or juveniles collected from wild adults or from natal habitats may be reared to adulthood and released to their natal streams for natural spawning. The recentness of captive broodstock recovery programs for anadromous Pacific salmonids and the consequent paucity of monitoring and evaluation data makes predicting their success in aiding recovery difficult. The apparent behavioral deficiencies in reintroduced animals from conventional hatchery programs for salmonids (reviewed by Brown and Laland 2001; Weber and Fausch 2003) and captive populations of other animals (Price 1999) further the uncertainty. While the development of captive broodstock technologies has progressed over the past 15 years or so, collection, rearing, and reintroduction strategies for captive broodstocks remain largely experimental (Flagg and Mahnken 2000).

Captive broodstocks differ fundamentally from conventional hatchery programs in that full-term captive culture imparts artificial environmental influences on anadromous salmonids for the portion of their life history normally spent in the ocean. Also, strategies being implemented to reintroduce fish from captive broodstock programs to their ancestral habitats vary much more so than conventional hatchery programs. The practice of releasing smolts (rather than younger fish) has been institutionalized in conventional hatchery programs, presumably because it maximizes freshwater survival and hence the return of adults. In this paper, we address the question of why captive broodstock programs, which can consist of a large proportion of severely depleted populations, frequently implement nontraditional reintroduction strategies ranging from the release of captively reared adults to release of F_1 offsping as eggs, fry, parr, smolts, or adults (Table 2). We summarize the major biological trade-offs and some potential management objectives associated with the various reintroduction strategies. We focus discussion on the release of captively reared adults because it is the most novel of the current strategies and may have the potential to provide several biological benefits not afforded by other strategies.

Biological Trade-Offs Associated with Different Reintroduction Strategies

The duration of captive culture and stage at which salmon are reintroduced to the natural environment may have consequences on several important aspects of anadromous salmonid biology, including natural and sexual selection during reproduction, homing/imprinting, environmentally induced behavioral changes, domestication selection, and demographics. The consequences of each of these mechanisms may favor certain reintroduction strategies over others. Each topic covered below is complex, and some have received considerable attention in the published literature. We narrowed our coverage to focus as directly as possible on what we considered to be the more important genetic, ecological, and demographic implications of different reintroduction strategies.

Natural and Sexual Selection during Reproduction

In anadromous salmonids, natural and sexual selection act on reproductive traits that directly determine the ability to produce offspring and/or on the fitness

Table 2. Summary of collection and reintroduction strategies implemented by 12 of 14 captive broodstock programs for recovery of imperiled salmonid populations in North America. The number of programs currently implementing a particular strategy are shown. Numbers in parantheses represent the sum of past and current practices. Several programs implement more than one strategy; therefore, the total frequency is greater than the number of programs.

	Reintroduction					
	Natural origin		F_1 from captive broodstock[b]			
Collection[a]	Smolt	Adult	Egg	Age-0 parr[c]	Smolt	Adult
Egg	1 (1)	2 (2)	1 (1)		1 (1)	
Fry/Parr				3 (3)	2 (2)	0 (1)
Smolt		0 (1)			1 (1)	
Adult		1 (2)[d]	1 (1)	3 (3)	5 (5)	1 (1)
Total	**1 (1)**	**3 (5)**	**2 (2)**	**6 (6)**	**9 (9)**	**1 (2)**

[a] Frequency of collection strategies represents current practices (past practices not shown).

[b] F_1 from captive broodstock refers to first generation offspring of fish reared to sexual maturity in captivity. In cases where adults are collected from the wild these fish would be released after two generations of artificial spawning.

[c] Includes release of age-0 parr where smoltification naturally occurs at age 1 or older. Release of age-0 smolts from Chinook salmon populations with a predominant ocean-type life history are included under the smolt reintroduction column.

[d] Captively reared adults produced from adult collections represent the F_1 generation.

of the offspring. Sexual selection refers to intrasexual competition and mate choice either by males or females, whereas natural selection during reproduction may target other phenotypic traits such as spawn timing and location. Larger males gain an advantage in competition for access to nesting females (Keenleyside and Dupuis 1988; Fleming and Gross 1994; Berejikian et al. 1997). The intense competition among males for access to spawning females has led to the evolution of secondary sex characteristics. For example, independent of body size effects, hooked snout length in male coho salmon (Fleming and Gross 1994), body depth in sockeye salmon (Quinn and Foote 1994), and kype length in Chinook salmon (Berejikian et al. 2001c) afford greater access to nesting females. Males closest to females and first to ejaculate during oviposition have been shown to leave more offspring by fertilizing more eggs on average than males entering the nest later (e.g., Schroder 1981; Thompson et al. 1998).

Larger males stimulate females to increase their rate of spawning, which is widely interpreted as a form of intersexual selection by female mate choice (Schroder 1981; Foote 1989; De Gaudemar et al. 2000; Berejikian et al. 2000). Choosy females may derive indirect (genetic) benefits of mating with larger males to the extent that body size and associated traits are heritable and afford the offspring a fitness advantage.

Competition among females for nesting sites is generally less intense than male–male competition. Nevertheless, where females compete for nesting territories, smaller females can be forced to delay breeding (Fleming and Gross 1994), which increases the possibility of incomplete egg deposition prior to death.

Natural selection may also target body size and other phenotypic traits. For example, larger females dig deeper nests (van den Berghe and Gross 1984; Steen and Quinn 1999), providing their eggs greater protection from stream bed scour or disturbance by later-spawning females (Hayes 1987). While the majority of studies indicate advantages to large body size in spawning males and females, forces such as size-selective predation against larger fish (Quinn and Kinnison 1999) may counterbalance them. Natural selection also targets female traits unrelated to body size, including egg (and consequently fry) size and spawn timing in Atlantic salmon (Einum and Fleming 2000a, 2000b).

In some current broodstock programs, elaborate breeding protocols have been established to minimize inbreeding, maximize genetic diversity, and guard against unintentional selection for particular phenotypes. Nevertheless, release of juveniles from programs that involve artificial spawning can potentially remove (relax) natural and sexual selection forces and introduce the potential for directional artificial selection on certain phenotypic characters. The extent to which removal of natural and sexual selection harms the target population depends largely on the heritability of the phenotypic characters under selection (Futuyama 1997); that is, it depends on the response to selection in the next generation. Heath et al. (2003) found a reduction in egg size (a correlated response to selection for high fecundity) in a population of Chinook salmon farmed for three generations. The high heritability for egg mass and strong selection intensity indicated the strong potential for selection on reproductive characters when natural spawning was eliminated. Other studies comparing the reproductive behavior and estimated breeding success of multigeneration hatchery and wild populations indicate depressed performance of hatchery fish (Fleming and Gross 1992, 1993), but the relative environmental effects of hatchery rearing from egg to smolt versus genetic effects of multigenerational artificial spawning has not been quantified.

In short, reproductive traits targeted either directly or indirectly by selection cannot be reliably approximated by any current artificial spawning protocols, including random or factorial mating designs. Releasing captively reared adults for natural spawning in natal or ancestral habitats should minimize genetic changes associated with relaxation or changes in the direction or intensity of natural or sexual selection during reproduction. None of the other reintroduction strategies provide such a potential benefit. However, reproductive deficiencies of naturally spawning captively reared adults must also be considered, and we discuss those in detail later in the paper.

Imprinting, Homing, and Straying

Salmon imprint on the odors of waters they experience during smoltification (Hasler and Scholz 1983; Dittman et al. 1996) and olfactory cues guide their homing migrations to natal streams. Imprinting has been demonstrated to occur during the parr–smolt transformation in coho salmon and is associated with surges in certain hormone levels (Dittman et al. 1996). However, fine scale homing and complex juvenile migration patterns necessitate a more complex model for imprinting that includes several stages of juvenile development prior to smoltification. During the spawning migration, adult sockeye salmon often bypass lakes and rivers in which they had undergone smoltification and home to their natal streams. Quinn (1993) suggested a plausible model that salmon first home to areas where they smolted and then seek cues that would guide finer scale migration to their natal streams. Although experimental studies have yet to demonstrate imprinting at life stages prior to smoltification, Quinn et al. (1999) found that sockeye salmon, which rear in the pelagic environment of Lake Iliamna, Alaska, exhibited the ability to home to their natal beaches. Other species, including Chinook salmon (Murray and Rosenau 1989) and steelhead that may migrate away from their emergence sites and reside in nonnatal areas, may also imprint on odors experienced during the earliest stages of their life history.

Salmon may possess inherent abilities to home to their ancestral waters. For example, Chinook salmon reared and released from locations downstream from their parental river of origin migrated past their release site and entered their parental river (McIsaac and Quinn 1988), and transplanted steelhead stocks accounted for a higher number of strays than local stocks in a study along the Oregon coast (Schroeder et al. 2001). Maintenance of local adaptation is presumably a primary objective of captive broodstock programs because nearly all programs we surveyed reintroduce cultured fish to their natal (or parental) streams. So long as captive broodstocks are derived from local native populations, the apparent genetic component to homing should not be a concern for such programs. However, genetic control of homing may hinder attempts to restore salmon and steelhead to streams where the native populations have been extirpated and rely on the translocation of a nonnative population.

Doubtless, the release of captively reared adults or eggs into target streams would result in natural imprinting processes and homing ability and, therefore, would represent a best-case scenario for a captive propagation program. Alevins and emerging juveniles would experience odors from their natal streams at the appropriate times. Information from conventional hatchery programs that release smolts suggests that juvenile salmon reared at one location and released as smolts off-site generally return to the location of their release, although fish may home to their rearing hatchery rather than their release location when the two differ (Quinn 1993; Schroeder et al. 2001). Releases that occur much earlier or later than the parr–smolt transformation can also increase straying (Unwin and Quinn 1993; Pascual et al. 1995). Artificially spawned and reared smolts may home at rates similar to progeny of released adults provided incubation and smolt rearing occurs on natal stream water (Hard and Heard 1999). In practice, however, many captive broodstock programs rear juveniles on pathogen-free well water to minimize disease-related mortality, rear juveniles off site because of facilities limitations, transport juveniles from rearing to release sites, or practice some combination of the above. Each of these practices may lead to increased rates of straying in programs that rear and release postemergent juveniles.

Rearing Effects on Social Behavior of Juveniles

In recent years, much attention has focused on the ecological impacts of releasing hatchery-reared anadromous salmonids into streams. Concerns regarding ecological interactions generally focus on predation by released hatchery salmonids on wild salmonids (for more information on this topic, see reviews by Fresh 1997 and Flagg et al. 2000) and competition between them. Artificially propagated anadromous salmonid populations exhibit divergence in social behavior from wild populations after several generations of culture, indicating a genetic basis for such effects (Swain and Riddell 1990; Riddell and Swain 1991; Einum and Fleming 1997), although local adaptation may also play a role in these types of comparative studies. The potential for unnatural behavioral development resulting from environmental (rearing) effects presents a more relevant concern for captive broodstock programs, which release juveniles derived from locally adapted wild broodstock. In this respect, the important question is, how does captive rearing from egg to release affect the development of social behavior and, therefore, postrelease interactions with wild fish? The studies of value in addressing this question include evaluations of juvenile salmonid social behavior from a common parental population, reared in different environments, and evaluated in a common novel environment.

Independent of genetic effects, early-rearing environments can affect the development of social behavior and success in agonistic contests for resources. Fenderson and Carpenter (1971) found that hatchery-reared Atlantic salmon were less aggressive when tested at low density than wild salmon, but were more aggressive when tested at high density. Hatchery rearing had no apparent effect on several agonistic behaviors of Atlantic salmon, but did affect their microhabitat use in laboratory flumes (Dickson and MacCrimmon 1982). Berejikian et al. (1996) found that rearing steelhead from wild parents under different densities and rations in hatchery environments or in natural stream channels had little affect on the development of agonistic behavior. However, environmental factors, including stream rearing, low ration, and low density, caused the locally derived hatchery population to exhibit increases in aggressive frequencies. Reduced ration can also cause higher frequencies of aggressive behavior in Atlantic salmon (Symons 1968), and localizing food distribution in rearing vessels can increase aggressive behavior frequencies in chum salmon (Ryer and Olla 1995).

Dominance in agonistic contests can provide individuals access to more energetically profitable stream positions (Fausch 1984; Metcalfe 1986) and presumably increase fitness. Rhodes and Quinn (1998) found that hatchery-reared coho salmon dominated natural coho salmon for access to food in laboratory trials. Conversely, hatchery-reared steelhead parr released into tributaries of their parental river achieved social dominance in 50% of agonistic contests with smaller (length) wild fish, but lost 90% of contests against larger wild fish, indicating a competitive disadvantage, although prior residence advantages of natural fry could not be ruled out (Berejikian 1995a). Similarly, steelhead reared under conventional hatchery protocols were more often subordinate to naturally reared steelhead in laboratory trials (Berejikian et al. 2001b).

Release of captively reared adults or stocking of their eggs into targeted areas should result in juvenile offspring undergoing natural development of social behavior and minimize unnatural interactions between them and wild fish. The alternative of rearing offspring from captive broodstock in the hatchery for a period of time before release will increase the likelihood of altering agonistic behavior, competitive ability, and thereby the nature of interactions with wild fish. Resulting impacts of released juveniles on fitness of wild juveniles with which they interact are far less clear. Thus far, all published studies we found documenting competition between released hatchery salmonids and wild conspecifics at large in natural streams involved either a nonlocal or domesticated hatchery stock or lacked any experimental replication (see Bachman 1984; Nielsen 1994; McMichael et al. 1997, 1999)

Domestication

The "weight of evidence" indicates that domestication selection is a real consequence of artificial propagation (Reisenbichler and Rubin 1999). Domestication selection defined as "any change in the selection regime of a cultured population relative to that experienced by the natural population" (Waples 1999) would include artificial, intentional, and unintentional selection that can occur in an artificially propagated population. All captive broodstock programs regardless of the release strategy may be subject to domestication selection, to the extent that genetic changes can occur in a single generation. For our purposes, the question is whether potential for domestication selection increases as the duration in captivity increases from captively reared adult through F_1 smolt.

Several authors have argued that the dramatic differences in hatchery and natural environments and vastly different mortality schedules in hatchery and wild salmonid populations inevitably leads to domestication selection (Busack and Currens 1995; Campton 1995; Waples 1999). That is, relative to natural populations, hatchery populations experience high survival from egg to release (Flagg et al. 1995) and suffer lower survival than wild fish from release to return as mature adults (Light 1989; Lindsay et al. 1989). Mounting evidence that multigeneration artificial propagation of salmonid populations leads to phenotypic changes for traits such as agonistic behavior (Riddell and Swain 1991), antipredator behavior (Einum and Fleming 1997) and predator avoidance ability (Berejikian 1995b), and growth (anadromous brown trout *S. trutta*: Petersson and Järvi 2000) supports the domestication concern. The general conclusion from these and other "common garden" experiments controlling for potential effects of the rearing environment is that phenotypic divergence of the hatchery and wild populations studied can have a genetic basis and domestication selection as defined here is a plausible mechanism.

If we accept the argument that differential mortality rates of wild and hatchery fish contributes to domestication selection, releasing fish earlier in their life (i.e., earlier than the smolt stage) may reduce the potential for it (Waples 1999; Reisenbichler et al. 2003). For example, offspring groups from artificially spawned captive broodstock released as parr (several months prior to smoltification) will likely experience egg-to-smolt mortality rates that are intermediate between groups of eggs emerging naturally from remote site incubators or from redds constructed by captively reared adults. Any benefit of early release in terms of reduced domestication selection has yet to be demonstrated empirically. In short, juveniles produced from naturally spawning captively reared adults should experience selection pressures similar to those experienced by wild offspring of wild fish, whereas a much stronger argument can be made for domestication selection in programs that spawn captively reared adults and release their progeny as smolts.

Productivity

Captive broodstock programs must consider demographic effects on the target population when evaluating the relative effectiveness of different reintroduction strategies in increasing population abundance. The primary tenet of captive broodstock programs is that full-term captive culture will rapidly increase population abundance. In fact, in-culture survival from the point of collection to adult is generally quite high and has increased in recent years with improvements in husbandry practices (Flagg and Mahnken 2000). In predicting the relative increases in abundance that might be achieved by the various reintroduction approaches, it is important to estimate the relative mortality that can occur at each major life history stage.

The greatest potential for differences in overall production of F_1 smolts from captively reared adults occurs between the adult release strategy and the alternative of artificial spawning and rearing to smolt prior to release. For the adult release strategy, losses can occur in the natural environment during gamete release (i.e., poor fertilization), incubation, emergence, age-0 rearing (spring through fall) and overwinter rearing. Using current technology, the expected reproductive performance of captively reared salmonids released as adults for natural spawning comes most directly from the following recent studies quantifying their breeding behavior and reproductive success under experimental conditions and in the natural environment.

Studies comparing reproductive performance of captive (reared from fry to adult) and wild coho salmon indicates captive males were less able to compete for mates and captive females less able to obtain nesting territories than their wild counterparts, leading to poorer adult-to-fry reproductive success (Berejikian et al. 2001a). Chinook salmon reared in captivity from egg to adult exhibit delayed final maturation, incomplete egg deposition, and high rates of nest abandonment (Berejikian et al. 2001c, 2003; Venditti et al. 2002). Reproductive problems in captive Chinook salmon may stem more from disruption of the endocrine system than physical fitness deficiencies brought on by captive rearing because manipulating prematuration temperatures (Venditti et al., Idaho Department of Fish and Game, unpublished data) and injection of reproductive hormones (Berejikian et al. 2003) have improved reproductive behavior. In steelhead, released captive adults contributed to a dramatic increase in the number of redds constructed in the Hamma Hamma River, Washington. The proportion of viable eggs (to the eyed stage of development) hydraulically sampled from those redds has thus far exceeded 90%, indicating high reproductive performance for this species (Berejikian et al. 2002).

Offspring of released captively reared adults and eggs stocked directly into streams or lakes will suffer greater mortality to the smolt stage than if held in culture. Although highly variable, embryos and free-swimming juveniles suffer substantial mortality in natural freshwater environments. Ward and Slaney (1993) estimated an annual average of 6.5% egg-to-fry survival for Keogh River, British Columbia steelhead, 12.9% fry-to-smolt survival, and therefore less than 1% egg-to-smolt survival. Bjornn et al. (1968) estimated egg-to-smolt survival rates of approximately 7% over several years for sockeye salmon in Redfish Lake, Idaho. Egg-to-fry survival of Chinook salmon was categorized as less than 30% in a survey by Healey (1991), and estimated survival from summer parr to smolt for wild stream-type Chinook salmon in the Snake River basin ranged annually between 8% and 38% (Paulsen and Fisher 2001). Egg-to-smolt survival rates in the hatchery environment are not well documented in the literature, but are arguably much higher than in the natural environment (e.g., >75% egg-to-smolt survival in cultured redfish lake sockeye salmon (Flagg et al. 1995).

As described, smolt production and consequently the number of returning adults from naturally spawning captively reared adults will be lower than for programs that artificially spawned captively reared adults and release hatchery-reared smolts. It is unclear whether greater marine survival of fish that have lived (because of their earlier release) in the natural environment for months to years before out-migrating will fully compensate for their lower survival to the smolt stage. Thus far, only one captive broodstock program has evaluated survival to adult of salmon (sockeye) released at different life history stages (Hebdon et al. 2004, this volume). It indicates that the greatest productivity is derived from F1 smolt release, followed by F1 age-0 parr release into Redfish Lake, Idaho, and the poorest productivity per captive adult spawner came from a combination of adult and eyed egg stocking into Redfish Lake (productivity differences from these two strategies could not be determined). The relative return rate of adults from various strategies must be followed by the question of how successfully they will reproduce. However, Fleming et al. (1997) quantified the relative breeding success of hatchery-reared (from egg to smolt) Atlantic salmon against that of cohorts reared in the natural environment. The effects of juvenile rearing in the hatchery included (i) a roughly 50% reduction in breeding success of wild males, (ii) females developing smaller eggs, and (iii) delayed adult migration in both sexes. Compared to other strategies, the smolt release strategy may lead to poorer breeding success on a one-to-one basis. However, the release of smolts offers the likelihood that a greater number of adults would be produced, which probably more than compensates for breeding deficiencies.

Habitat degradation, depensatory mortality, overfishing, invasive species, or various combinations of these factors can reduce population abundance and impede attempts to utilize artificial propagation in stock recovery. The level of productivity achieved from any of the reintroduction strategies will depend on the major factors causing the population decline and relative stage-specific mortality rates. For example, adult or egg releases into poor spawning and early-rearing habitat may provide little benefit. High quality spawning and early rearing habitat connected to a migration corridor that inflicts unnaturally high mortality may be a better fit for adult or egg releases to allow for as much naturalization as possible. Poor habitat quality in spawning, rearing and migratory areas may require more intensive intervention (i.e., artificial spawning and smolt release) to overcome reduced carrying capacity in the natural environment. These and the numerous other possible scenarios should be considered in future management for release strategies from captive broodstocks.

Management Objectives and Associated Reintroduction Strategies

In additional to the biological considerations discussed, it is recognized that the operation of captive broodstock programs, including reintroduction strategies, may vary depending on the goals of the management framework or entities. The abundance of each population incorporated into the captive broodstock programs listed in Table 1 had declined to perilously low levels. This section of the paper describes the results of a survey sent to personnel closely involved in the management of the 14 captive broodstock programs in order to better understand the role of overall program objectives in determining reintroduction strategies. Program representatives were asked to describe past and current broodstock collection and reintroduction strategies (Table 2) and identify why certain reintroduction strategies (if any) had been discontinued. They were also asked to rank the importance on a scale of one to five of eight potential objectives (with a rank of 5 being "most important") of a captive broodstock program (Table 3) with respect to all of the following considerations: the rationale for initiating the program, current management goals, and reintroduction strategies. Of the 14 identified programs, 12 responded with information on collection and reintroduction strategies, and 11 completed the management objectives portion of the survey.

Current captive broodstock programs collect and reintroduce anadromous salmonids at all major freshwater life history stages (Table 2). Three programs collect eyed eggs by hydraulic removal from redds, three programs collect subyearling fry or parr, one program collects migrating smolts, and five programs collect maturing adults.

Eight of the 12 programs that responded to the survey currently implement more than one reintroduction strategy, and 11 have implemented more than one strategy since the broodstocks were initiated. Most commonly, programs release juveniles at smoltification and least frequently stock eyed embryos either into streamside or in-gravel incubators. Seven of the programs have released captively reared adults (either of natural origin or F_1 from captive broodstock, Table 2), but three have discontinued the practice either due to ineffectiveness, loss of funding, or because only adults in excess of those needed for artificial spawning were released. All programs that release adults have at least one other reintroduction strategy. By contrast, three smolt-release programs have not released fish at any other life history stage.

Preventing imminent biological extinction of the target population(s) had the highest mean rank of any of the potential objectives for all programs combined (Table 3). Meeting interagency or legal agreements and complying with constituent desires for certain reintroduction strategies were considered least important (Table 3). Programs that release adults considered the following two objectives: (1) evaluating the relative effectiveness of different reintroduction strategies either by comparing different strategies within or between programs, and (2) spreading the risk of failure of any one particular reintroduction strategy to be very important considerations in managing the program. By contrast, programs that do not release adults viewed these two objectives as far less important in project management (Table 3). This distinction indicates that the programs releasing adults consider the strategy to be experimental and a measure to spread

Table 3. The importance of 8 potential objectives (ranked on a scale of 1 to 5, with 5 being most important) for a captive broodstock recovery programs. The mean scores are from survey respondents representing 11 programs that encompass 28 different populations (see Table 1). The adult release column shows the mean response from 5 programs that currently (4 programs) or have recently (1 program) implemented adult release as a planned reintroduction strategy and 6 programs that do not. Two programs that have released adults in a single prior year are not included in the adult release mean, because adult releases were unplanned and discontinued.

Objective	Ranking			
	Overall range	Overall mean	Adult release mean	No adult release mean
1. Prevent imminent biological extinction of the target population.	3–5	4.63	4.40	4.75
2. Maintain genetic integrity (genetic diversity and local adaptation) of the population until the factors for the population decline are fixed.	2–5	4.00	4.20	3.83
3. Amplify the population to a level of long-term self-sustainability after the program was terminated.	3–5	4.00	3.80	4.17
4. Rebuild the population for the purpose of supporting a sport or commercial (tribal or non-tribal) fishery.	2–4	2.58	2.60	2.50
5. Meet or comply with existing interagency, treaty-trust, or other legal agreements	1–4	2.13	1.70	2.33
6. Respond to user group or constituent desires regarding a particular reintroduction strategy	1–3	2.04	2.30	1.83
7. Evaluate the effectiveness (i.e., research) of different reintroduction strategies either by comparing different strategies within your program or between yours and other program(s).	2–5	3.42	4.20	2.67
8. Spread the risk of failure of any one particular reintroduction strategy.	1–4	2.75	3.40	2.00

risks associated with juvenile release options. However, the finding that preventing extinction was considered to be very important in adult and juvenile release programs alike indicates that programs releasing adults believe the strategy, at a minimum, will not impede that objective.

Conclusions and Recommendations

The potential consequences of captive culture on homing and imprinting, natural and sexual selection, domestication selection, and rearing environment effects on social behavior differ depending on the reintroduction strategy and favor the release of captively reared adult salmon or artificially produced eggs. The arguments for proper imprinting and reducing developmental divergences have perhaps the most scientific support, although consequences are difficult to quantify. Benefits in terms of natural and sexual selection during spawning and reduced domestication selection are less well supported (i.e., more theoretical), but still indicate possible advantages of adult release. The release of natural origin adults or eyed eggs probably offers the lowest initial population amplification, but may minimize potential divergence of the cultured and wild source population(s)—an important consideration for restoration purposes. The greater productivity gained by growing fish for a longer period of time and to a larger (smolt) size may counterbalance the ecological and genetic concerns.

It is difficult to make broad recommendations to broodstock managers given the uniqueness and complexity of individual programs and undoubtedly different management tolerance of ecological, genetic and demographic risks. However, the major trade-off is between greater productivity from release of older and larger juveniles versus presumed genetic and ecological benefits of adult or egg release strategies. Each program will likely be able to monitor changes in abundance but will likely have greater difficulty monitoring genetic and ecological consequences. Therefore, we recommend that programs take the least invasive approach that provides demographic gains sufficient to meet program objectives.

For example, if prevention of cohort loss and maintaining a continuum of spawning in the habitat is a primary program goal and maximizing production is not, adult releases may be adequate. Following thorough monitoring and evaluation, early release strategies might be eliminated if productivity is not meeting goals, but might be relied on more if they are. Programs should be flexible enough to implement changes in reintroduction strategies following analysis of data from monitoring efforts.

Acknowledgments

The authors thank representatives from the numerous captive broodstock projects (T. Hoffnagle, T. Sheehan, D. Rapelje, R. Johnson, T. Yesaki, B. McFarland, J. Reuth, M. Gallinat, G. Mackey, the Hamma Hamma River Technical Workgroup, Don MacKinlay, and others) who provided valuable responses to the management objectives survey.

References

Bachman, R. A. 1984. Foraging behavior of free-ranging wild and hatchery brown trout in a stream. Transactions of the American Fisheries Society 113:1–32.

Berejikian, B. A. 1995a. The effects of hatchery and wild ancestry and environmental factors on the behavioral development of steelhead trout (*Oncorhynchus mykiss*) fry. Doctoral dissertation. University of Washington, Seattle.

Berejikian, B. A. 1995b. The effects of hatchery and wild ancestry and experience on the relative ability of steelhead trout fry (*Oncorhynchus mykiss*) to avoid a benthic predator. Canadian Journal of Fisheries and Aquatic Sciences 52:2476–2482.

Berejikian, B.A., W. T. Fairgrieve, P. Swanson, and E. P. Tezak. 2003. Current velocity and injection of GnRHa affect reproductive behavior and body composition of captively reared chinook salmon (*Oncorhynchus tshawytscha).* Canadian Journal of Fisheries and Aquatic Sciences 60:690–699.

Berejikian, B. A., S. B. Mathews, and T. P. Quinn. 1996. Effects of hatchery and wild ancestry and rearing environments on the development of agonistic behaviour in steelhead trout (*Oncorhynchus mykiss*) fry. Canadian Journal of Fisheries and Aquatic Sciences 53:2004–2014.

Berejikian, B. A., E. P. Tezak, and A. L. Larae. 2000. Female mate choice and spawning behaviour of chinook salmon under experimental conditions. Journal of Fish Biology 57:647–661.

Berejikian, B. A., E. P. Tezak, L. Park, E. LaHood, S. L. Schroder, and E. Beall. 2001a. Male competition and breeding success in captively reared and wild coho salmon (*Oncorhynchus kisutch*). Canadian Journal of Fisheries and Aquatic Sciences 58:804–810.

Berejikian, B. A., E. P. Tezak, S. C. Riley, and A. L. Larae. 2001b. Competitive ability and social behaviour of juvenile steelhead reared in enriched and conventional hatchery tanks and a stream environment. Journal of Fish Biology 59:1600–1613.

Berejikian, B. A., E. P. Tezak, and S. L. Schroder. 2001c. Reproductive behavior and breeding success of captively reared chinook salmon. North American Journal of Fisheries Management 21:255–260.

Berejikian, B. A., E. P. Tezak, S. L. Schroder, C. M. Knudsen, and J. J. Hard. 1997. Reproductive behavioral interactions between wild and captively reared coho salmon (*Oncorhynchus Kisutch*). ICES Journal of Marine Science 54:1040–1050.

Berejikian, B., D. VanDoornik, E. Volk, T. Johnson, J. Lee, J. Atkins, and R. Endicott. 2002. Evaluation of conservation hatchery rearing and release strategies for steelhead recovery in the Hamma Hamma River. Annual Report to the Hatchery Scientific Review Group, Seattle.

Bjornn, T. C., D. R. Craddock, and D. R. Corley. 1968. Migration and survival of Redfish Lake, Idaho, sockeye salmon, *Oncorhynchus nerka.* Transactions of the American Fisheries Society 97:360–375.

Brown, C., and K. Laland. 2001. Social learning and life skills training for hatchery reared fish. Journal of Fish Biology 59:471–493.

Busack, C. A., and K. P. Currens. 1995. Genetic risks and hazards in hatchery operations: fundamental concepts and issues. Pages 71–80 *in* H. L. Schramm, Jr. and R. G. Piper, editors. Uses and effects of cultured fishes in aquatic ecosystems. American Fisheries Society, Symposium 15, Bethesda, Maryland.

Campton, D. E. 1995. Genetic effects of hatchery fish on wild populations of Pacific salmon and steelhead: what do we really know? Pages 337–353 *in* H. L. Schramm, Jr. and R. G. Piper, editors. Uses and effects of cultured fishes in aquatic ecosystems. American Fisheries Society, Symposium, Bethesda, Maryland.

De Gaudemar, B., J. M. Bonzom, and E. Beall. 2000. Effects of courtship and relative mate size on sexual motivation in Atlantic salmon. Journal of Fish Biology 57:502–515.

Dickson, T. A., and H. R. MacCrimmon. 1982. Influence of hatchery experience on growth and behavior of juvenile Atlantic salmon (*Salmo salar)* within allopatric and sympatric stream populations. Canadian Journal of Fisheries and Aquatic Sciences 39:1453–1458.

Dittman, A. H., T. P. Quinn, and G. A. Nevitt. 1996. Timing of imprinting to natural and artificial odors by coho salmon (*Oncorhynchus kisutch*). Canadian Journal of Fisheries and Aquatic Sciences 53:434–442.

Einum, S., and I. A. Fleming. 1997. Genetic divergence and interactions in the wild among native, farmed and hybrid Atlantic salmon. Journal of Fish Biology 50:634–651.

Einum, S., and I. A. Fleming. 2000a. Selection against late emergence and small offspring in Atlantic salmon (*Salmo salar*). Evolution 54:628–639.

Einum, S., and I. A. Fleming. 2000b. Highly fecund mothers sacrifice offspring survival to maximize fitness. Nature (London) 405:565–567.

Fausch, K. D. 1984. Profitable stream positions for salmonids: relating specific growth rate to net energy gain. Canadian Journal of Zoology 62:441–451.

Fenderson, O. C., and M. R. Carpenter. 1971. Effects of crowding on the behaviour of juvenile hatchery and wild landlocked Atlantic salmon (*Salmo salar* L.). Animal Behaviour 19:439–447.

Flagg, T. A., B. A. Berejikian, J. E. Colt, W. W. Dickhoff, L. W. Harell, D. J. Maynard, C. E. Nash, M. S. Strom, R. N. Iwamoto, and C. V. W. Mahnken. 2000. Ecological and behavioral impacts of artificial production strategies on the abundance of wild salmon populations. U.S. Department of Commerce, National Oceanic and Atmospheric Administration, Technical Memorandum, NMFS-NWFSC-41, Seattle.

Flagg, T. A., and C. V. W. Mahnken. 2000. Endangered species recovery: captive broodstocks to aid recovery of endangered salmon stocks. Pages 290–292 *in* R. R. Stickney, editor. Encyclopedia of aquaculture. J. Wiley and Sons, New York.

Flagg, T. A., C. V. W. Mahnken, and K. A. Johnson. 1995. Captive broodstocks for recovery of Snake River sockeye salmon. Pages 81–90 *in* H. L. Schramm, Jr. and R. G. Piper, editors. Uses and effects of cultured fishes in aquatic ecosystems. American Fisheries Society, Symposium, Bethesda, Maryland.

Fleming, I. A., and M. R. Gross. 1992. Reproductive behavior of hatchery and wild coho salmon (*Oncorhynchus kisutch*): does it differ? Aquaculture 103:101–121.

Fleming, I. A., and M. R. Gross. 1993. Breeding success of hatchery and wild coho salmon (*Oncorhynchus kisutch*) in competition. Ecological Applications 3:230–245.

Fleming, I. A., and M. R. Gross. 1994. Breeding competition in a Pacific salmon (coho: *Oncorhynchus kisutch*): Measures of natural and sexual selection. Evolution 48:637–657.

Fleming, I. A., A. Lamberg, and B. Jonsson. 1997. Effects of early experience on the reproductive performance of Atlantic salmon. Behavioral Ecology 8:470–480.

Foote, C. J. 1989. Female mate preference in Pacific salmon. Animal Behaviour 721–723.

Fresh, K. L. 1997. The role of competition and predation in the decline of Pacific salmon and steelhead. Pages 245–275 *in* D. J. Stouder, P. A. Bisson, and R. J. Naiman, editors. Pacific salmon and their ecosystems: status and future options. Chapman Hall, New York.

Futuyama, D. J. 1997. Evolutionary biology. Sinauer Associates, Inc., Sunderland, Massachusetts.

Hard, J. J., and Heard, W. R. 1999. Analysis of straying variation in Alaskan hatchery chinook salmon (*Oncorhynchus Tshawytscha*) following transplantation. Canadian Journal of Fisheries and Aquatic Sciences 56:578–589.

Hasler, A.D., and A.T. Scholz. 1983. Olfactory imprinting and homing in salmon. Springer-Verlag, Berlin.

Healey, M. 1991. Life history of chinook salmon (*Oncorhynchus tshawytscha*). Pages 397–445 *in* C. Groot and L. Margolis, editors. Pacific salmon life histories. University of British Columbia Press, Vancouver.

Hayes, J. W. 1987. Competition for spawning space between brown trout (*Salmo trutta*) and rainbow trout (*S. gairdneri*) in a lake inlet tributary, New Zealand. Canadian Journal of Fisheries and Aquatic Sciences 44:40–47.

Heath, D. D., J. W. Heath, C. A. Bryden, R. M. Johnson, and C. W. Fox. 2003. Rapid evolution of egg size in captive salmon. Science 299:1738–1740.

Hebdon, J. L., P. Kline, D. Taki, and T. A. Flagg. 2004. Evaluating reintroduction strategies for Redfish Lake sockeye salmon captive broodstock progeny. Pages 401–413 *in* M. Nickum, P. Mazik, J. Nickum, and D. MacKinlay, editors. Propagated fish in resource management. American Fisheries Society, Symposium 44, Bethesda, Maryland.

Keenleyside, M. H. A., and H. M. C. Dupuis. 1988. Courtship and spawning competition in pink salmon (*Oncorhynchus gorbuscha*). Canadian Journal of Zoology 66:262–265.

Light. J. T. 1989. The magnitude of artificial production of steelhead trout along the Pacific Coast of North America. University of Washington, Report to the International North Pacific Fisheries Commission, FRI-UW-8319, Seattle.

Lindsay, R. B., B. C. Jonasson, R. K. Schroeder, and B. C. Cates. 1989. Spring chinook salmon in the

Deschutes River, Oregon. Oregon Department of Fish and Wildlife, Information Reports 89–4, Portland.

McIsaac, D. O., and T. P. Quinn. 1988. Evidence for a hereditary component in homing behavior of chinook salmon (*Oncorhynchus tshawytscha*). Canadian Journal of Fisheries and Aquatic Sciences 45:2201–2205.

McMichael, G. A., C. S. Sharpe, and T. N. Pearsons. 1997. Effects of residual hatchery-reared steelhead on growth of wild rainbow trout and spring chinook. Transactions of the American Fisheries Society 126:230–239.

McMichael, G. A., T. N. Pearsons, and S. A. Leider. 1999. Behavioral interactions among hatchery-reared steelhead smolts and wild *Oncorhynchus mykiss* in natural streams. North American Journal of Fisheries Management 19:948–956.

Metcalfe, N. B. 1986. Intraspecific variation in competitive ability and food intake in salmonids: consequences for energy budgets and growth rates. Journal of Fish Biology 28:525–531.

Murray, C. B., and M. L. Rosenau. 1989. Rearing of juvenile chinook salmon in nonnatal tributaries of the lower Fraser River, British Columbia. Transactions of the American Fisheries Society 118:284–289.

NMFS (National Marine Fisheries Service). 2000. Endangered species Act – Section 7 consultation. Biological opinion. Reinitiation of consultation on operation of the federal Columbia River power system, including the juvenile fish transportation program, and 19 Bureau of Reclamation projects in the Columbia basin. NMFS, Northwest Region, Seattle.

Nielsen, J. L. 1994. Invasive cohorts: impacts of hatchery-reared coho salmon on the trophic, developmental, and genetic ecology of wild stocks. Theory and application of fish feeding ecology. University of South Carolina Press, Columbia, South Carolina 18:361–386.

Pascual, M. A., T. P. Quinn, and H. Fuss. 1995. Factors affecting the homing of fall chinook salmon from Columbia River hatcheries. Transactions of the American Fisheries Society 124:308–320.

Paulsen, C. M., and T. R. Fisher. 2001. Statistical relationship between parr-to-smolt survival of Snake River spring-summer chinook salmon and indices of land use. Transactions of the American Fisheries Society 130:347–358.

Price, E. O. 1999. Behavioral development in animals undergoing domestication. Applied Animal Behavior Science 65:245–271.

Petersson, E., and T. Järvi. 2000. Both contest and scramble competition affect the growth performance of brown trout, *Salmo trutta*, parr of wild and of sea-ranched origins Environmental Biology of Fishes 59:211–218.

Quinn, T. P. 1993. A review of homing and straying of wild and hatchery-produced salmon. Fisheries Research 18:29–44.

Quinn, T. P., and C. J. Foote. 1994. The effects of body size and sexual dimorphism on the reproductive behaviour of sockeye salmon, *Oncorhynchus nerka*. Animal Behaviour 48:751–761.

Quinn, T. P., and M. T. Kinnison. 1999. Size-selective and sex-selective predation by brown bears on sockeye salmon. Oecologia 121:273–282.

Quinn, T. P., E. C. Volk, and A. P. Hendry. 1999. Natural otolith microstructure patterns reveal precise homing to natal incubation sites by sockeye salmon (*Oncorhynchus nerka*). Canadian Journal of Zoology 77:766–775.

Reisenbichler, R. R., and S. P. Rubin. 1999. Genetic changes from artificial propagation of Pacific salmon affect the productivity and viability of supplemented populations. ICES Journal of Marine Science 56:459–466.

Reisenbichler, R. R., F. M. Utter, and C. C. Drueger. 2003. Genetic concepts and uncertainties in restoring fish populations and species. Pages 149–183 *in* R. C. Wissmar and P. A. Bisson, editors. Strategies for restoring river ecosystems: sources of variability and uncertainty in natural and managed systems. American Fisheries Society, Bethesda, Maryland.

Rhodes, J. S., and T. P. Quinn. 1998. Factors affecting the outcome of territorial contests between hatchery and naturally reared coho salmon parr in the laboratory. Journal of Fish Biology 53:1220–1230.

Riddell, B. E., and D. P. Swain. 1991. Competition between hatchery and wild coho salmon (*Oncorhynchus kisutch*) - genetic-variation for agonistic behavior in newly-emerged wild fry. Aquaculture 98:161–172.

Ryer, C. H., and B. L. Olla. 1995. The influence of food distribution upon the development of aggressive and competitive behaviour in juvenile chum salmon, *Oncorhynchus keta*. Journal of Fish Biology 46:264–272.

Schiewe, M. H., T. A. Flagg, and B. A. Berejikian. 1997. The use of captive broodstocks for gene conservation of salmon in the western United States. Bulletin of the Natural Research Institute of Aquaculture, Supplement 3:29–34.

Schroeder, R. K., R. B. Lindsay, and K. R. Kenaston. 2001. Origin and straying of hatchery winter steelhead in Oregon coastal rivers. Transactions of the American Fisheries Society 130:431–441.

Schroder, S. L. 1981. The role of sexual selection in

determining overall mating patterns and mate choice in chum salmon. Doctoral dissertation. University of Washington, Seattle.

Swain, D. P., and B. E. Riddell. 1990. Variation in agonistic behavior between newly emerged juveniles from hatchery and wild populations of coho salmon, *Oncorhynchus kisutch*. Canadian Journal of Fisheries and Aquatic Sciences 47:566–571.

Steen, R. P., and T. P. Quinn. 1999. Egg burial depth by sockeye salmon (*Oncorhynchus nerka*): Implications for survival of embryos and natural selection on female body size. Canadian Journal of Zoology 77:836–841.

Symons, P. K. 1968. Increase in aggression and strength of the social hierarchy among juvenile Atlantic salmon deprived of food. Journal of the Fisheries Research Board of Canada 25:2387–2401.

Thompson, C. E., W. R. Poole, M. A. Matthews, and A. Ferguson. 1998. Comparison, using minisatellite DNA profiling, of secondary male contribution in the fertilisation of wild and ranched Atlantic salmon (*Salmo salar*) ova. Canadian Journal of Fisheries and Aquatic Sciences 55:2011–2018.

Unwin, M. J., and T. P. Quinn. 1993. Homing and straying patterns of chinook salmon (*Oncorhynchus tshawytscha*) from a New Zealand hatchery: spatial distribution of strays and effects of release date. Canadian Journal of Fisheries and Aquatic Sciences 50:1168–1175.

Venditti, D. A., C. Willard, C. Looney, P. Kline, and P. Hassemer. 2002. Captive rearing program for salmon river chinook salmon. Project Progress Report: January 1, 2000 – December 31, 2000. Idaho Department of Fish and Game, Report Number 02–22, Boise.

van den Berghe, E. P., and M. R. Gross. 1984. Female size and nest depth in coho salmon (*Oncorhynchus kisutch*). Canadian Journal of Fisheries and Aquatic Sciences 41:204–206.

Waples, R. S. 1999. Dispelling some myths about hatcheries. Fisheries 24:12–21.

Waples, R. S., and C. Do. 1994. Genetic risk associated with supplementation of Pacific salmonids - captive broodstock programs. Canadian Journal of Fisheries and Aquatic Sciences 51:310–329.

Ward, B. R., and P. A. Slaney. 1993. Egg-to-smolt survival and fry-to-smolt density dependence of Keogh River steelhead trout. Canadian Special Publication of Fisheries and Aquatic Sciences 118:209–217.

Weber, E. D., and K. D. Fausch. 2003. Interactions between hatchery and wild salmonids in streams: differences in biology and evidence for competition. Canadian Journal of Fisheries and Aquatic Sciences 60:1018–1036.

American Fisheries Society Symposium 44:247–252, 2004

Managing the Intersection of Aquaculture Development and Invasive Species

GARY C. MATLOCK

National Centers for Coastal Ocean Science, National Ocean Service
1305 East West Highway, Silver Spring, Maryland 20910, USA

Abstract.—Aquaculture development in the United States continues its expansion from freshwater into coastal and nearshore oceanic environments. As it does so, the selection of species to culture and the location of culture operations are generating much debate about the role of government entities, especially agriculture and conservation agencies, in the management of this development. Many in the industry argue that regulations are already too onerous, subsidies are too few, governmental encouragement is too little, and that the best way to correct these problems is to place all control over the development in governmental agriculture agencies. Others argue that the potential environmental impacts of aquaculture could be so adverse, or at least so uncertain that conservation agencies need to impose even more controls. This debate occurred in Texas in the 1980s as private aquaculture sought to increase the culture of nonindigenous species, in both private and public waters. The potential effects on native species in public waters led to legislation that attempted to balance economic development with environmental safeguards. However, only Texas was affected by the statute and subsequent regulations. Since the potential environmental affects of aquaculture development will undoubtedly cross local, state, and tribal boundaries, it is now felt by many that the regulation of the species cultured and sites selected should be a federal issue. The same questions about who within the federal government should have responsibility for managing aquaculture development require resolution. This paper will examine lessons learned from the Texas experience for possible application in the federal arena.

Introduction

Aquaculture is the propagation and rearing of aquatic organisms in controlled or selected aquatic environments for any commercial, recreational, or public purpose. Often, when the term is used, it refers only to the culture of aquatic organisms for the purpose of human consumption. But, the impacts of aquaculture on the environment are not restricted to those occurring from operations that yield fish for food. Some of the most dramatic ecosystem modifications have occurred from the intentional release of artificially produced fish into public waters to provide recreational fishing opportunities and from the unintentional escape of fish from the aquarium and public display industries (Naylor et al. 2001b). Therefore, this paper is directed at aquaculture as an operation, regardless of the purpose for which the resultant products are intended. The growth in aquaculture for food purposes is providing the opportunity for us to address its potential impacts in the marine environment before any negative effects occur (Naylor et al. 2001a). Goldburg et al. (2001) concluded that the U.S. marine aquaculture industry is small and has not caused widespread environmental problems. The challenge is to ensure that the young and growing industry continues to develop in a sustainable manner and does not cause serious ecological damage.

Aquaculture development in the United States continues its expansion from freshwater into coastal and near shore oceanic environments. While the culture of freshwater species such as catfish and trout has been conducted in the United States for much of its history, the cultivation of marine species has emerged only during the past 30 years. Total production from all domestic food aquaculture operations increased 21% from 259.7 million kg (572.5 million lb) in 1990 to 314.7 million kg (693.7 million lb) in 1996 (Devoe 1999). Marine food aquaculture increased 35.5% from 22.3 to 30.3 million kg (49.3–66.8 million lbs) during the same period. However, the future of marine aquaculture in the United States is much less certain than that of its freshwater counterpart, in part because most marine aquaculture is conducted in shallow coastal estuarine waters, which are affected by increasing population pressures, industrial and residential development (Devoe 1999). In 1992, the National Academy of Sciences' National Research Council concluded that the best opportunities for future commercial aquaculture development are in recirculating (closed) systems on land and in confinement systems in the open ocean (National Research Council 1992).

Increased marine aquaculture production may create significant economic benefits for the United Staes, and it is U.S. policy "to encourage the development of aquaculture in the United States" (Joint Subcommittee on Aquaculture 1983). However, if care is not taken, those benefits could be offset by significant environmental costs. The U.S. Department of Commerce vision for U.S. aquaculture is "to assist in the development of a highly competitive, sustainable aquaculture industry in the United States that will meet growing consumer demand for aquatic foods and products that are of high quality, safe, competitively priced and produced in an environmentally responsible manner with maximum opportunity for profitably in all sectors of the industry" (U.S. Department of Commerce 1999). Therefore, it is the policy of the National Oceanic and Atmospheric Administration (NOAA) to promote environmentally sound aquaculture (NOAA 1998). Two of the most important aspects affecting the development of marine aquaculture in the United States are the selection of species to culture and the location of culture operations. The culture of species in areas beyond their native ranges has raised questions about the effects of those operations on indigenous species, both through escape and intentional releases (i.e., stocking). Nonindigenous species can prey on or compete with native species. They can alter the habitat of native species. They can introduce pathogens and parasites than can have negative effects on wild stocks, and they can have long-term genetic impacts. Further, the culture of indigenous species (e.g., salmon) raises concerns about possible genetic effects on wild stocks and on other fields of economic interest through the species destructive activities (Rosenthal 1980). The recent development of genetically modified organisms adds even more complexity to decisions about what to culture where. "It is becoming increasingly apparent that national and international action is necessary to provide some measure of oversight and control of introductions of aquatic organisms, whether they be deliberate or accidental" (Sindermann 1993).

Obtaining approval from permitting agencies for what species to culture where generates much debate about the role of government entities, especially agriculture and conservation agencies, in the management of this development. Many in the industry argue that regulations are already too onerous, subsidies are too few, governmental encouragement is too little, and that the best way to correct these problems is to place all control over aquaculture development in governmental agriculture agencies. Others argue that the potential environmental impacts of aquaculture could be so adverse, or at least so uncertain, that conservation agencies need to impose even more controls. This debate occurred in Texas in the 1980s as private aquaculture sought to increase the culture of nonindigenous species in both private and public waters. This paper will examine lessons learned from the Texas experience for possible application in the federal arena.

"The key to the future of marine aquaculture in the United States is the creation of technological and political systems that provide for sustainable marine aquaculture. Sustainable aquaculture will only be achieved if all facets of the industry – production and technology, economics, and marketing, business and financing, natural resource needs and protections, and administrative and legal institutions – are dealt with simultaneously. This is a lofty goal, given the diverse nature of the marine aquaculture industry, but the modus operandi of the last three decades in dealing with the needs of the industry will not be enough. Systems that will move the industry forward will require an unequivocal commitment by the Nation's political leadership to create them, by the federal bureaucracy to implement them, by the academic community to generate and extend information to improve them, and by the industry to put them into practice. Coordination, cooperation, communication, and education will be the primary tools required to move the United States toward a viable and sustainable marine aquaculture industry"(Devoe 1999).

Texas Fish Farming Act of 1989 (Senate Bill 1507)

The act legislated public policy with regard to the intersection between fish farms operating using private waters versus public waters and those using indigenous versus exotic species of fish and shellfish. In essence, the law separated the regulation of fish farm operations between the two state commissions most affecting the regulation of fish farms, the Texas Agriculture Commission (the agriculture agency) and the Texas Parks and Wildlife Commission (the conservation agency). The control of fish farms using indigenous species in private waters fell to the Agriculture Commission with a mandate to develop that part of the industry. The Parks and Wildlife Commission was left with the responsibility for insuring that fish farms did not adversely affect the state's indigenous, public resources. The act defined the roles and responsibilities as follows: fish farms operating solely with private water were regulated by Agriculture, except with respect to exotic fish and shellfish; regulation of exotic fish and shellfish and the use of public waters by fish farms was the purview of the Parks and Wildlife Commission. The act reassigned the development of the Texas fish farming industry from the state's conservation agency to the state's agriculture agency by

- Transferring the regulation of fish farms (using nonpublic waters) from the Texas Parks and Wildlife Commission to the Texas Agriculture Commission, except for the regulation of exotic (nonindigenous and not normally found in the water of the state) fish and shellfish;
- Requiring the Texas Agriculture Commission to establish a fish farm program for promoting fish farm products, licensing and regulating fish farms and fish processing plants, providing technical assistance and coordinated support, soliciting financial support from the federal government, and developing and expanding the Texas fish farm industry;
- Protecting the property rights of fish farmers;
- Requiring that the fish farm program rules not conflict with the Texas Parks and Wildlife Commission's rules and enforcement thereof concerning potentially harmful exotic fish species applicable to fish farms; and
- Creating a fish farm fund for administering the Texas Agriculture Commission's activities.

The act required the Texas Parks and Wildlife Commission to do the following:

- Adopt and enforce rules regulating the importation, possession, propagation, and sale of harmful or potentially harmful exotic fish species by a fish farmer;
- Produce a list of harmful or potentially harmful exotic fish species;
- Adopt rules, including permits, under which any person, including fish farmers, could be authorized to release fish and shellfish (except native, nongame fish) into public waters.

The act further created an Aquaculture Executive Committee (staffed by an Aquaculture Liaison Officer) comprised of the Chairman of the Texas Parks and Wildlife Commission, the Commissioner of Agriculture, and the Commissioner of the General Land Office to

- Adopt rules to ensure that fish farming operations do not have a negative impact on the existing marine or biological ecosystem;
- Initiate fish farm license suspensions for violations of these rules;
- Coordinate activities concerning the aquaculture industry between the state agencies having regulatory authority over the industry;
- Report regularly on the status of the Texas aquaculture industry; and
- Assist the Parks and Wildlife Commission in drafting exotic fish rules.

Finally, penalties were set for violations of the provisions in the law and for regulations adopted pursuant to it.

The Fish Farming Act of 1989 (Senate Bill 1507), passed by the 91st Texas Legislature, substantially enhanced the Texas Parks and Wildlife Commission's regulatory authority over the use of public waters by fish farmers and over the introduction of animals and plants into public waters by anyone. The commission was also provided authority over the use of exotic species by fish farmers even in private, nonpublic waters. The Texas Agriculture Commission was required to develop the fish farming industry in ways that do not have negative impacts on existing marine or biological ecosystems.

Texas Parks and Wildlife Regulations

In November 1990, the Texas Parks and Wildlife Commission (TPWC) adopted rules for the introduction of fish, shellfish, and aquatic plants into Texas public waters. The rules require individuals or organizations to acquire a permit from the Texas Parks and Wildlife Department (TPWD) before introducing any fish, shellfish, or aquatic plant into public water with the following exceptions: goldfish, common carp, native shrimp, native crabs, native crawfish, and native nongame fish. The TPWD prepared a list of native Texas fish, shellfish, and aquatic plants, and any species not included on that list is considered to be nonnative and subject to the introduction rules. These rules attempt to control what nonnative fish, shellfish, and aquatic plant species could be introduced into the public waters of Texas, whether or not they were part of an aquaculture operation or were introduced intentionally or unintentionally. The mechanisms used focus on the requirement for a permit issued by the TPWD and penalties applied for failure to obtain or follow the conditions of an issued permit.

The TPWC introduction rules appear to be precautionary with respect to nonnative species. They prohibit ANY introductions, unless authorized by permit. The alternative approach typically used is to allow any introduction except those specifically prohibited. This type of precautionary approach to aquaculture is seldom seen in the regulatory process in the United States. But, that appears to be changing, albeit slowly. For example, the NOAA aquaculture policy states that "the best scientific information available will be considered in guiding these (regulatory and planning) processes, and where there is insufficient science a precautionary approach will be taken to adequately safeguard the environment and wild stocks" (NOAA 1998). This precautionary approach does exist in some parts of the world, as noted by Sindermann (1993):

> Early consideration should also be given to acceptance, nationally and internationally of a uniform code of practice concerned with movements of nonindigenous marine species. Consideration might also be given, in developing a U.S. policy on introduced aquatic species, to adopting the precautionary principle proposed by Germany and accepted at the Second International Conference on the Protection of the North Sea in 1987. That principle 'requires action to reduce pollution even in the absence of soundly established scientific proof for cause and effect relationships.' The principle could be applied especially to control accidental introductions (including pathogens), which are clearly forms of ' biological pollution.'

Further, the New Zealand Hazardous Substances and New Organisms Act (1996) considers all species potentially invasive and therefore prohibited unless proven otherwise; since organisms cannot be recalled once they are released, biological pollution is often permanent.

The TPWC also adopted rules in November 1990 addressing the importation, possession, propagation and sale of potentially harmful exotic fish, shellfish, and aquatic plants. In short, these rules were directed at what species could be cultured and sold by Texas fish farmers. The approach taken included the following (oversimplified):

- Producing a list of harmful species;
- Prohibiting anyone from having these species without a TPWD issued permit; and
- Allowing fish farmers to possess some nonnative species (contained in the rules) but only if a valid Exotic Species Permit was held.

The precautionary approach could have been applied to these rules by prohibiting the possession of any nonnative species (i.e., species not listed on the list prepared for the introduction rules) without a permit. Issuance of a permit could then have been conditioned on a demonstration that the nonnative species considered for possession in Texas would be unable to cause environmental damage. Indeed, this approach was considered and rejected during the rule making process largely because of the obstacle it would pose to aquaculture development in the state. The resultant regulations put the "burden of proof" on the agency, not the aquaculturist, to demonstrate that a species should be added to the existing list of harmful species before the possession, culture, and sale of that species can be subject to the Exotic Species Permit requirement. For example, in 1997, the commission added several families of eels to a list of prohibited fish, including rice eels, swamp eels, and one-gilled eels. "Another example of the growing problem of exotic invaders threatening Texas natural ecosystems, rice eels originally held as pets and released in Georgia rivers have survived to cause problem there, and Texas biologists fear a similar situation here. The predatory eels kill native fish and compete with voracious appetites against native predators" (TPW News, November 10, 1997).

Conclusions

The potential effects of Texas fish farming on native species in public waters led to legislation and regulation that attempt to balance economic development with environmental safeguards. However, only the geographic area within the boundaries of Texas was affected by the statute and subsequent regulations. The resolution reached among private interests, industry development, and public stewardship through both the legislative and regulatory processes in Texas has yet to be repeated by other states. But, application of the approach beyond Texas appears worth further examination. A first step in such an examination could be an assessment of how effective the Texas regulations have been, including answers to such questions as

- Has nonnative species introduction in Texas changed?

- Has the environment's species composition changed as a result of the policies?
- Have the number of permits applied for or approved changed?
- Has the aquaculture industry in Texas grown or have the policies hampered the development of aquaculture?

Since the potential environmental effects of aquaculture development will undoubtedly cross local, state, and tribal boundaries, management of aquaculture's selection of species to culture and the location of its operations are federal issues. Indeed, the federal government has responded to these interconnections over the past 10 years through its amendments to the Coastal Zone Management Act in 1990 and 1996. "The 1990 amendments encouraged states and territories to support comprehensive planning, conservation and management for living marine resources including aquaculture facilities. The 1996 amendments provided new authorization for states to use CZMA funds for: (1) the adoption of procedures and policies to evaluate and facilitate the siting of public and private aquaculture facilities in the coastal zone; (2) to enable States to formulate, administer, and implement strategic plans for marine aquaculture; and (3) to develop a coordinated process among State agencies to regulate and issue permits for aquaculture facilities in the coastal zone" (NOAA 1998).

The same questions about which agencies within the federal government should have responsibility for managing environmentally sound aquaculture development continue to require resolution. A clear federal policy on the use of nonindigenous species in aquaculture is needed. The mechanism to achieve such a policy resides within the National Environmental Policy Act. This act and its implementing regulations provide for the opportunity to respond to all U.S. interests in a transparent, inclusive, scientifically based, and clearly articulated way. Naylor et al. (2001b) added that a policy should include scientific risk assessment for all nonnative introductions and single-agency oversight for prevention, containment, and monitoring of potentially harmful exotics. A generic risk analysis review process was produced in 1996 by the Risk Assessment and Management Committee for evaluating the risk of introducing nonindigenous organisms into a new environment and, if needed, determining the management steps needed to mitigate that risk (Risk Assessment and Management Committee 1996). In addition, the American Fisheries Society's position on introductions of aquatic species (Kohler and Courtenay 1986) calls for all species initially to be prohibited and considered undesirable unless they are evaluated and found to be desirable on the following basis:

1. Published information on candidate species has been reviewed.
2. Import species have more desirable qualities than the native species.
3. Preliminary assessment of candidate species for their impact on target aquatic ecosystems is benign.
4. Candidate species have been studied in their biotype for potential impacts on target aquatic systems.
5. Provision has been made for public review.

Any negative decision along this pathway would result in restrictions for further study, importation, introduction, and release. "Making aquaculture environmentally sound will require a variety of approaches by the public and the private sectors. Governmental regulation of and support for aquaculture is a major force affecting its sustainability. Congress could establish a federal permitting system, which would be administered by the National Marine Fisheries Service and the Fish and Wildlife Service, covering the introduction and conditions of use for new organisms for aquaculture and other purposes. Permits should clearly be required for introductions of nonindigenous species to the marine environment, including the Exclusive Economic Zone, since organisms introduced to the marine environment easily cross state boundaries. Permits should be required for all outdoor uses of transgenic fish, based on evidence of their ecological safety" (Goldburg et al. 2001). The Texas experience furthers the notion that promoting an environmentally sound aquaculture industry requires separating the responsibility of assisting development from that of protecting the public's natural resources.

References

Devoe, M. R. 1999. Marine aquaculture in the United States: current and future policy and management challenges. Pages 63–78 *in* B. Cicin-Sain, R. W. Knecht, and N. Foster, editors. Trends and future challenges for U.S. national ocean and coastal policy. Proceedings of a workshop organized by the National Ocean Service, National Oceanic and Atmospheric Administration, the Center for the Study of Marine Policy, University of Delaware, and the Ocean Governance Study Group, January 22, 1999, Washington, D.C.

Goldburg, R. J., M. S. Elliott, and R. L. Naylor. 2001. Marine aquaculture in the United States: environmental impacts and policy options. Pew Oceans Commission, Arlington, Virginia.

Joint Subcommittee on Aquaculture. 1983. National Aquaculture Development Plan. The Joint Subcommittee on Aquaculture of the Federal Coordinating Council on Science, Engineering, and Technology, Volume 1, Washington, D.C.

Kohler, C. C., and W. R. Courtenay, Jr. 1986. American Fisheries Society position on introductions of aquatic species. Fisheries 11(2):2–3.

NOAA (National Oceanic and Atmospheric Administration). 1998. NOAA's Aquaculture Policy. NOAA, U.S. Department of Commerce, Washington, D.C.

National Research Council (U.S.). 1992. Marine aquaculture: opportunities for growth. National Academy Press, Washington, D.C.

Naylor, R. L., R. J. Goldburg, J. Primavera, N. Kaursky, M. C. M. Beveridge, J. Clay, C. Folke, J. Lubchenco, H. Mooney, and M. Troell. 2001a. Effects of aquaculture on world fish supplies. Ecological Society of America, Issues in Ecology No. 8, Washington, D.C.

Naylor, R. S., S. L. Williams, and D. R. Strong. 2001b. Aquaculture, a gateway for exotic species. Science 294:1655–1656.

Risk Assessment and Management Committee. 1996. Generic nonindigenous aquatic organisms risk analysis review process. Report to the Aquatic Nuisance Species Task Force, October 21, 1996, U. S. Government Printing Office, Region No. 10, 1998–693-132/62087, Washington, D.C.

Rosenthal, A. 1980. Implication of transplantations to and ecosystems. Marine Fisheries Review 42:1–14.

Sindermann, C. 1993. Disease risks associated with importation of nonindigenous marine animals. Marine Fisheries Review 54(3):1–10.

U.S. Department of Commerce. 1999. U.S. Department of Commerce Aquaculture Policy. February 12, 1999. U.S. Department of Commerce, Washington, D.C.

American Fisheries Society Symposium 44:253–262, 2004

Critical Need for Rigorous Evaluation of Salmonid Propagation Programs Using Local Wild Broodstock

PATRICK L. HULETT, CAMERON S. SHARPE, AND CHRIS W. WAGEMANN

Washington Department of Fish and Wildlife, Kalama Research Team
804 Allen Street, Suite 3, Kelso, Washingon 98626-4406, USA

Abstract.—The use of local wild broodstocks for hatchery production, whether intended to boost natural production (supplementation) or to provide fishing opportunity (harvest augmentation), has increasingly been prescribed as a means to aid in the recovery of depressed salmonid stocks in the Pacific Northwest. Controversy over the efficacy and risks of such propagation programs continues despite years of recommendations from numerous science review panels that resolution of this issue is a critical need for development of recovery strategies. Moreover, a recent review of supplementation programs found them generally to be lacking key elements of evaluation. A particularly notable finding of that review was the absence of data on the performance of the hatchery fish in the wild or the survival of their naturally produced offspring. We propose here some key elements to be evaluated in supplementation type programs. We also report on observations from a steelhead *Oncorhynchus mykiss* wild broodstock program in the Kalama River (southwest Washington) that further emphasize the need for rigorous evaluation of such programs. For example, achieving basic program objectives (e.g., collecting representative broodstock, meeting rearing and release targets, and minimizing adverse ecological or genetic impacts of the propagation program on the wild population) involved unexpected logistical challenges that could hinder program success, yet could go unnoticed absent rigorous evaluation protocols. We also describe the magnitude of genetic swamping (Ryman-Laikre effect) that could result from the spawning of wild broodstock-origin adults that returned in 2002: up to 75% of the potential spawners were hatchery fish whose parents comprised only 18% of the wild population the previous generation. These observations support the contention that understanding the roles of propagated fish in the management, conservation, and recovery of salmonid fishes will not be obtained without substantial increases in the scope and rigor of evaluation of such programs.

Introduction

The role and methods for application of fish culture in the management of Pacific salmon *Oncorhynchus* spp. and steelhead *O. mykiss* has been the subject of discussion and debate for many years (e.g., Moring 1986; Reisenbichler and McIntyre 1986). From the late 1970s through the mid-1990s, that debate included discussions regarding the interpretation and management implications of studies that compared the reproductive success of naturally spawning hatchery-origin fish to that of wild fish spawning in the same stream (Reisenbichler and McIntyre 1977; Chilcote et al. 1986; Leider et al. 1990; Campton et al. 1991; Hulett et al. 1996). Findings from several new studies (Ardren 2003; Blouin 2003; Kostow et al. 2003; McLean et al. 2003, 2004) corroborate findings from the earlier work that translocated domesticated hatchery stocks had poor reproductive success relative to wild fish, particularly as measured by returning adult offspring per spawner.

With the exception of Reisenbichler and McIntyre (1977), each of these studies that demonstrated relatively low natural productivity of hatchery fish involved hatchery stocks that were not endemic to the river of study (as were the wild stocks), had been in culture for many generations, and had directed cultural selection for one or more desirable traits (e.g., early spawn timing). This is important in that those studies provide evidence of poor reproductive fitness in the wild for a particular type of hatchery stock (nonendemic, rather domesticated stocks), but provide little insight on how an endemic locally adapted hatchery stock might perform.

In recent years, much of the debate and considerable fish propagation efforts have focused on the potential role of hatchery production using broodstock derived from the locally adapted stocks. In such programs, returning adults may be intended mainly for harvest (harvest augmentation) and/or may be explicitly intended to spawn naturally to boost levels of natural production of the wild stock, often as a population recovery tool (supplementation). However there has been considerable disagreement regarding whether hatchery adults returning from supplementation programs using locally adapted wild broodstock will have the same natural reproductive competence as wild fish (e.g., Cuenco et al. 1993; Cuenco 1994; Reisenbichler and Rubin 1999; Reisenbichler et al. 2003). This issue is central to the debate regarding the potential for the success of supplementation programs to aid in the recovery of depressed natural populations. However, a recent review of supplementation programs in northwestern North America concluded that little has been learned regarding the performance of the hatchery fish and their offspring in the wild. Hence, the concept that supplementation will provide long-term benefits to target wild populations should be considered an untested assumption (Waples et al., in press). This point, as well as the need for more comprehensive research and monitoring of supplementation programs, was also stressed in a recent report by the Northwest Power Planning Council's Independent Scientific Advisory Board (ISAB 2003).

There now are a number of studies in progress that seek to empirically compare the reproductive success of supplementation type hatchery stocks relative to their wild counterparts spawning in the same stream. Most of these are applying microsatellite DNA-based pedigree techniques (which identify the specific pairs of parents that spawned a given offspring by comparing their DNA profiles) to compare the production of offspring by hatchery and wild parents. The authors found no studies that have reported findings in the peer-reviewed literature. However, results in a completion report of one study noted small differences (≤15%) in lifetime fitness (adult to adult natural production) between returning hatchery adults from a wild broodstock program and their wild counterparts in the Hood River, Oregon (Blouin 2003).

The study described here will evaluate the reproductive success of hatchery-reared fish spawned from wild Kalama summer-run steelhead relative to their naturally spawned and reared counterparts, when returning adults from both spawn naturally in the Kalama River, Washington. Though two brood years of natural spawning have occurred in 2003 and 2004, adult to adult reproductive fitness results will not be available until at least 2007 (age-4 adult returns). This report focuses on program assessments regarding fish cultural objectives and the performances of juveniles in the hatchery and following release. We emphasize the potential for observed attributes to influence natural reproductive success or other factors that affect the success of supplementation programs and the importance of deliberate evaluation protocols to facilitate informed assessments of program success. Specifically, we report findings that have implications for two program objectives intended to reduce genetic and ecological risk of the program on the wild population. These are (1) avoiding genetic change in the hatchery program (relative to the wild population from which it is derived), and (2) avoiding negative ecological and genetic interactions between natural and hatchery-reared fish.

Study Background

A summer-run wild broodstock hatchery production and evaluation program was initiated in 1998 in the Kalama River, in southwest Washington (Sharpe et al. 2000). The Kalama River is a moderate-sized (531-km^2 drainage area) westerly flowing stream that enters the lower Columbia River at river kilometer (rkm) 117 (Figure 1). Endemic populations of both summer-run and winter-run steelhead are present in the Kalama basin. The summer-run population, the focus of this study, enters the river from April through December (July peak) and overwinters prior to spawning in the late winter and spring. In contrast, the winter-run population enters the river from November to early June (April peak) just prior to spawning in late winter and spring. Hatchery summer steelhead of nonlocal stock origin (Skamania stock) were translocated annually to the Kalama from two hatcheries located on other lower Columbia River tributaries: Beaver Creek Hatchery (Elochoman River) or Skamania Hatchery (Washougal River; see Crawford 1979 for stock history). Substantial numbers of the returning hatchery adults that were not harvested escaped to spawn naturally (Leider et al. 1990) and are believed to have resulted in some level of genetic introgression into the indigenous summer-run population. However, genetic analyses of the 1988–1993 brood years of the hatchery and wild stocks showed relatively discrete population structure based on allozyme profiles (Sharpe et al. 2000). Though the wild stock could not be considered "pure," a combination of factors has apparently

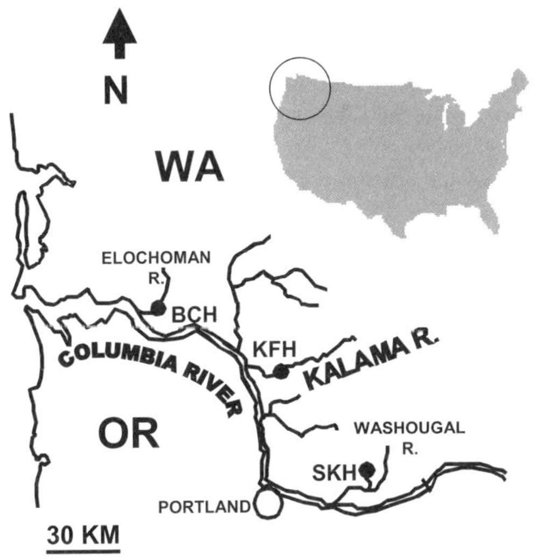

Figure 1. Location of the Kalama River and Kalama Falls Hatchery (KFH) in the lower Columbia River drainage in relation to Beaver Creek Hatchery (BCH) on the Elochoman River and Skamania Hatchery (SKH) on the Washougal River.

averted homogenization in spite of the high potential for gene flow from the hatchery stock. Two factors that could have reduced gene flow are the earlier spawn timing of the hatchery stock (Leider et al. 1984) and the greatly reduced ability of the hatchery stocks to produce returning adult offspring relative to that of the wild stocks (Leider et al. 1990).

Effectively all of the wild summer-run population in the Kalama River spawn upstream of a partial barrier falls and fishway trap at rkm 17 adjacent to Kalama Falls Hatchery (Figure 2). Since completion of fishway improvements in the 1950s, all steelhead could pass upstream of the barrier, either through the fishway or by jumping the falls during the summer

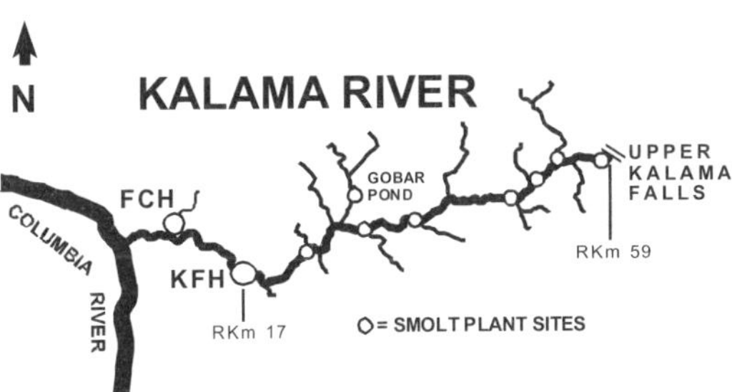

Figure 2. Location of smolt plant sites and hatchery facilities on the Kalama River, Fallert Creek Hatchery (FCH) and Kalama Falls Hatchery (KFH).

months (Bradford et al. 1996). Since 1997, management intent is to pass only wild fish into the upper river production area, along with the experimental hatchery summer-run from the wild broodstock program (as explained later). A flexible plastic mesh curtain hung at the top of the falls during the summer effectively prevents fish from jumping the falls (Sharpe et al. 2000).

Wild Broodstock Production and Evaluation Methods

Wild summer-run broodstock were sequestered in 1998 to initiate the Kalama wild broodstock program. Details of the hatchery production and evaluation methods are available in Sharpe et al. (2000). Briefly, broodstock were representatively collected from throughout the wild summer-run return by systematically retaining every *n*th fish handled at the fishway trap. The frequency of collection, *n*, was set according to the percentage of the anticipated run size that should be retained to achieve the target broodstock numbers of about 20 pairs. Fork lengths were recorded and adults were given numbered Floy tags prior to being sequestered in a modified juvenile rearing raceway with floating covers. Adults were given daily formalin treatments to prevent fungus (*Saprolegnia* spp.) growth and held up to 10 months (average 7) until spawned. The broodstock retained (including holding mortalities) represented from a high of 24% of the total return for the 2000 brood (run size < 200) to a low of 7% for the 2003 brood (run size >1,000).

Spawning has been completed for six brood years (1999–2004). From 70,000 to 100,000 eggs were taken annually from 19 to 26 females. Average fecundity was 4,230 eggs per female (range 2,460–7,270). Spawn timing had a broad, annually variable distribution that spanned from mid-January to mid-May, with a peak generally in late March. Spawning was conducted in a 2 × 2 factorial mating design, in which each of two males fertilized half the eggs of each of two females. The factorial mating was used to increase the expression of the genotypic diversity of the parental group within their progeny (over that of 1:1 matings).

Juvenile rearing protocols were similar to standard production hatchery protocols, except for the intent to rear at low to moderate densities and to apply aggressive feeding regimens. Our objective was to produce quality smolts in one year, in contrast to the predominant 2-year smolt age for wild Kalama River steelhead (Leider et al. 1986). Five broods of smolts were released during May of 2000–2004, to coincide with the smolt out-migration timing of wild juveniles (Loch et al. 1985; Hulett et al. 1995). Smolts were released by trucking them to seven main-stem sites and one tributary site throughout the upper basin (Figure 2).

Two rotary screw traps sampled a portion (5–10%) of the downstream migrant hatchery and wild steelhead to assess the magnitude and timing of smolt emigration. Assessments of the characteristics and parental origins of hatchery juveniles that failed to out-migrate (residuals) were also conducted. In the summer, after out-migration had ceased according to smolt trap data, juvenile hatchery summer-run remaining in the upper Kalama basin were collected by electrofishing and angling methods in 2001. The fish were measured and tissue samples were placed in 100% ethanol for DNA pedigree analysis. WHICHRUN (Banks and Eichert 2000) and CERVUS (Marshall et al. 1998; Slate et al. 2000) computer programs were used to identify the specific parents of individual residuals, by comparing the DNA profiles of nine microsatellite loci from the potential parents (sampled as they were spawned in 1999 and 2000) to that of the sampled residuals (1999 or 2000 brood year). Brood year 1999 juveniles were distinguishable from 2000 brood juveniles by brood specific mark and tag combinations. Both broods had magnetic blank wire tags in the snout (detectable with a hand held field detector or "wand") and a clipped adipose fin. The 1999 broodfish additionally had a freeze brand "S" mark applied below and anterior to the dorsal fin. Knowledge of the specific mated pairs that were spawned to create the broods helped achieve a greater than 95% assignment rate of parents to the residuals with high confidence of correct assignment. The pedigree analysis allowed us to compare attributes of residuals to attributes of their parents to look for patterns that could have bearing on the factors influencing residualism.

Kalama steelhead return predominantly as 2-salt adults, which are fish that have spent two summers in the ocean. The first 2-salt adult returns (from 1999 brood hatchery smolts, released in 2000) were handled at the fishway trap during the 2002–2003 return year. About 2600 2-salt hatchery adults returned between May 2002 and April 2003. Of those returns, 920 hatchery adults were passed upstream of Kalama Falls Hatchery (KFH) to match the number of wild adults that returned (all of which were passed upstream). Tissue for DNA analysis was collected from each adult before it was passed upstream. These two groups of spawners are the potential parents of the first brood of naturally produced progeny to be assessed in the reproductive success evaluation in upcoming years.

In the mean time, evaluation efforts focus on the development and success of hatchery protocols and juvenile performance. The emphasis in this paper is on the protocol and performance elements that demonstrate the need for explicit evaluation programs to collect the data needed for informed assessment of supplementation programs.

Findings that Emphasize Evaluation Priorities

Several areas of our evaluation of broodstock development and juvenile performance provided data or operational experience that emphasized the need for explicit evaluation protocols to assess program objectives. The elements to be addressed here include: broodstock collection and survival, juvenile growth and survival, juvenile out-migration and residualism, and adult return rates and demographics. Some of these elements were addressed in the review of supplementation programs by Waples et al. (in press) and were found to be explicitly evaluated in a minority of the programs.

Broodstock Collection

Collection of broodstock in a manner that is representative of larger population has not been a trivial matter. To be able to collect the desired number of broodstock from throughout the return timing of the run requires a reasonably close preseason estimate of run size. This is because the percentage of fish to be taken from the run (and each week or month of that run) must be determined at the outset of the season to proportionately sample from each timing segment of the run. In practice, we attempted to err on the side of overrepresenting the early returnees in the event that run size was larger than projected, rather than undersampling if the run size turned out to be smaller than projected. We had no means to bolster the numbers for an underrepresented part of the run (i.e., no way to retrieve fish passed upriver). However, we could later release excess fish from a portion of the run because each fish was given a numbered tag at the time of collection and because we had a reasonable window of time between passage of the run and initiation of spawning. Waples et al. (in press) found that only about one-third of the 22 supplementation programs they surveyed could collect the data needed to assess how representative their broodstock collection was.

Even though we attempted to represent the run using a systematic sampling protocol, the data sometimes showed differences in size distribution between collected broodstock and the overall run. This could occur simply by chance, since we are collecting comparatively small numbers (~20 pair) from a larger population. In fact, chance deviations due to sampling error would be expected for programs that take relatively small numbers of broodstock.

Depending on handling/passage protocol at a trapping facility, it is also possible for unintentional biases to occur. For example, it has been our experience that the last several fish netted from a group may sometimes differ from those netted earlier in traits such as size or hatchery versus wild origin, apparently due to behaviors of the fish and/or the methods of the netter. Considerable thought and effort should be given to the development of broodstock collection protocols. Furthermore, it may be unwise to assume that the sample collected is representative, regardless of the intent or efforts to make it so. Data should be collected to test that assumption, and when possible, methods should be considered to correct deviations. For example, overrepresented components of the run can be released provided the overall run was oversampled to produce a surplus.

Broodstock Survival

Losses of collected broodstock through mortality events can result in losses of age, size, timing, or other life history components of the collection. It could also result in losses of unseen genetic variation if mortality is not random with respect to genetic composition. Since the latter would most often not be directly detectable, it is most desirable to maintain consistently high prespawning survival rates. Our experience in the Kalama program somewhat mirrors the findings of Waples et al. (in press): supplementation programs generally had high prespawning survival, with occasional exceptions of relatively high mortality. Broodstock holding survival was 84–92% during the first 4 years of the Kalama program. However, in the fifth year, nearly half of the broodstock on hand died in a single day when a pump timer failed resulting in formalin overexposure. One might expect that type of mortality to be random with respect to most important population attributes. However, our records revealed that we lost (perhaps by chance) four of the five fish collected in May (the fifth had previously died) and three of the four fish collected in September and October (Figure 3). Thus, the early and late tails of the run timing distribution (typically small) were nearly eliminated. This example demonstrates the value of keeping adequate records of life history traits of the broodstock collected and of those that die so that implications of losses can be assessed regarding representation of the overall population.

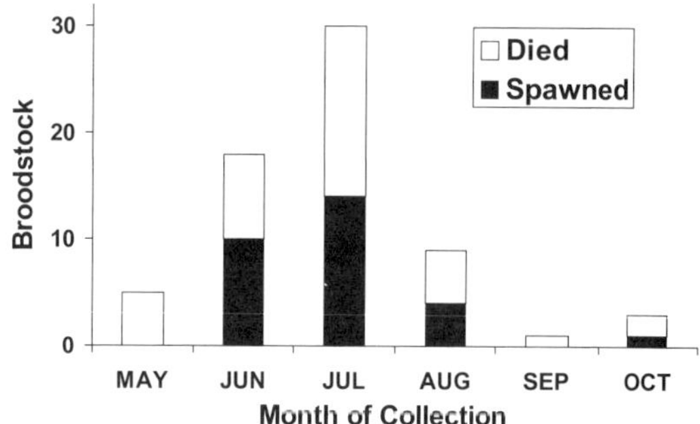

Figure 3. Distribution by month of wild Kalama summer steelhead broodstock collected during 2002, partitioned into those that died and those that survived to spawn in 2003.

Juvenile Growth

Most programs seek to achieve juvenile growth rates that result in the fish reaching a target size by the time of smolt release to maximize out-migration performance and smolt-to-adult survival. Though not a new concept, we emphasize that such targets must include a measure of variability (e.g., the coefficient of variation [CV]), to be a meaningful measure of the whether growth targets were met. For example, the average size at release in Kalama smolts in 2001 (176 mm) might seem only moderately lower than that achieved in 2000 (198 mm). However, a much larger portion (29%) of the fish released in 2001, than in 2001 (5%), were smaller than 160 mm and therefore not likely to be successful migrants based on the size of migrants collected in a smolt trap in 2001 (Figure 4). If detected early enough in the rearing, it may be possible to alter feeding regimens or apply other corrective procedures to reduce that source of variability. However, as discussed later regarding residuals (nonmigrants), there are reasons to suspect that such approaches may be only partially successful.

Juvenile Survival

Mortality during juvenile rearing can be a source of domestication selection if survival favors characteristics better suited to the hatchery environment than to

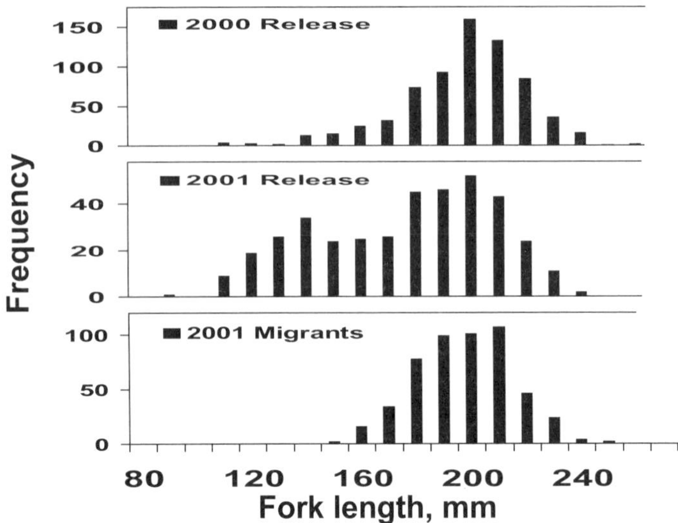

Figure 4. Length–frequency distributions of Kalama River juvenile hatchery steelhead (wild broodstock program) sampled at the time of smolt release in 2000 and 2001, and as successful migrants captured in a smolt trap downstream of the release sites.

the natural environment. On the other hand, mortality could occur at random with respect to traits important to survival in the natural environment. Regardless, high rates of survival should reduced the risk of domestication selection in supplementation programs. Waples et al. (in press) reported generally high egg-to-smolt survival rates (>70%) for most programs they surveyed, but noted occasional years of lower survival, for example due to disease outbreaks. For the 1999–2002 brood years of the Kalama program, egg-to-smolt survival was 76%, 56%, 38%, and 36%, respectively. The total mortality was not only variable across years, but also variable in causal agents and in life stages affected (Figure 5). Variable loss rates occurred during egg incubation, sac fry rearing, transition to swim-up and initiation of feeding, and from the parr to smolt stage. Substantial increases in mortality during the egg to parr and parr to smolt stages were observed in brood years 2001 and 2002. A significant cause of losses in the 2002 brood was an epizootic event due to Infectious Hematopoietic Necrosis virus, in which more than 30% of the parr were lost from August to January. The influence of significant mortality events on the fitness-related traits of the survivors may generally not be known. However, instances such as losses of entire egg lots would likely result in a loss in diversity within the hatchery cohort. In the absence of data to the contrary, higher mortality rates should be considered to increase the margin of risk of domestication selection. Some form of documentation of survival rates is typically a standard practice in hatchery production programs. However, the degree to which records are detailed enough to identify losses by egg lots, by stages, and by causes may be quite variable. Record keeping may need to be more rigorous than standard protocols at most facilities to be used to assess causes and implications.

Juvenile Out-Migration and Residualism

The fate of juveniles after they have been released from the hatchery is far less often monitored, but may

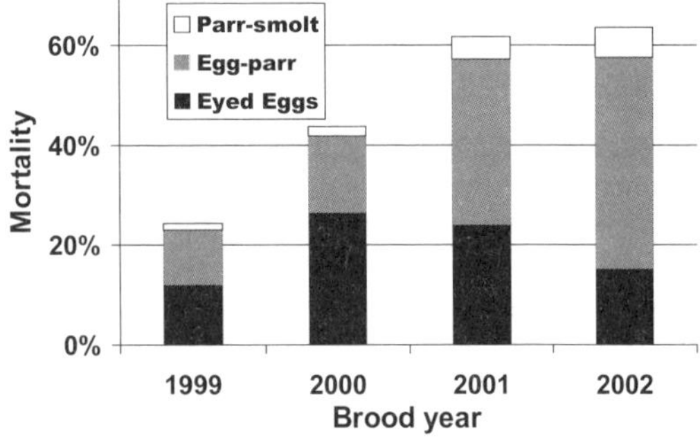

Figure 5. Mortality rates, as a percentage of the initial green egg takes, for 1999–2002 brood years of Kalama River hatchery steelhead (wild broodstock program), partitioned by green to eyed egg, eyed egg to parr, and parr to smolt life stages.

be one of the more important performance attributes to evaluate in supplementation type programs. Preliminary assessment of residualism (failure of a portion of the smolt release group to out-migrate with the rest of the cohort) in the Kalama program suggest potential implications regarding domestication selection as well as genetic and ecological interactions. First, though not quantified, relatively high densities of residuals from the Kalama wild broodstock program were observed near smolt release sites, based on observations during late summer snorkel surveys and based on capture rates using angling and electrofishing gear.

Analyses on residuals collected in the summer of 2001 revealed a bimodal size distribution, with a mode of smaller fish centered around a fork length of about 150 mm and a mode of larger fish centered around a length of about 220 mm (Figure 6). Because the potential parents of these residuals spawned over a time interval from January to early May, it was hypothesized that the smaller residuals might have originated predominantly from adults spawned later in the season. Conversely, it was thought that the larger residuals would tend to be more from parents spawned earlier in the season. If this hypothesis were true, it might be possible to apply more rigorous management of growth rates for the offspring of early versus later spawners through more tailored feeding regimens.

However, results of the pedigree analysis, which identified the specific parents of the individual residuals, refuted that hypothesis and revealed some surprising results. First, although adults from the first half of the spawning season accounted for about 30% of the live eyed eggs, they were attributed to only 2 of the 116 pedigreed residuals. The other 98% of the residuals were produced by adults from the latter half of the spawning season. Second, both large and small residuals were produced by individual female spawners, including one female spawned in late April that accounted for nearly one-third of all the sampled residuals. Furthermore, the lengths of the residual offspring from that one female ranged from 120 to 230 mm, nearly spanning the range of lengths observed in the entire collection (Figure 6). Several of those residuals were also within the size range observed for the majority of out-migrant smolts captured in the smolt trap (180–210 mm). Collectively, these results suggest some interesting possibilities. For example, attempts to control residualism via management of growth rate may be challenging, since siblings under a common rearing environment and feeding regimen became both large and small residuals, as well as some in between. It might also suggest that some of the observed residualism is not so much an artifact of hatchery rearing and growth rates, but might rather be an expression of genetic variation controlling life history trajectories. There are wild resident rainbow trout in the upper Kalama basin, and their relationship to anadromous *O. mykiss* in the basin is currently unknown. It is possible that anadromous fish naturally produce some resident life history types and vice versa.

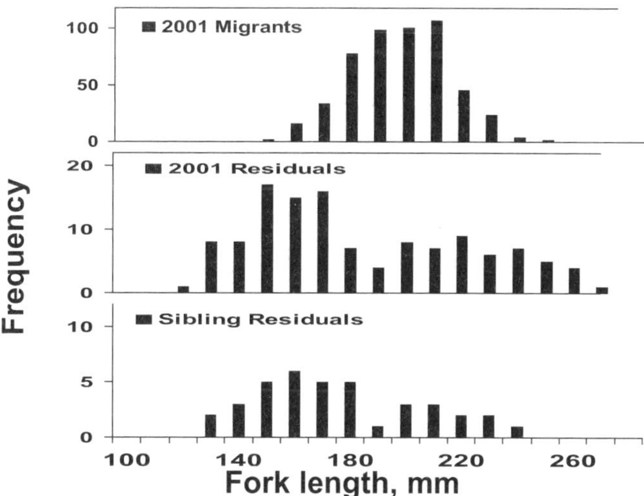

Figure 6. Length–frequency distributions of Kalama River juvenile hatchery steelhead (wild broodstock program) sampled as migrants and residuals in 2001, including 35 residuals produced by a single female spawned in April 2000 (lower panel).

More analyses on the 2001 residual collections and inclusion of analyses on additional residuals collected in 2002 may lead to better understanding of the implications of this work and help determine future evaluation priorities. But, clearly, the potential production of residuals, and their impacts on wild steelhead juveniles in the stream are important areas of evaluation that should be considered for steelhead supplementation programs. Evaluations regarding residuals and precocious males from supplementation programs for other species might likewise prove very informative.

Adult Return Rates and Demographics

A final example of an evaluation element that can be illustrated by the Kalama case study is the so-called Ryman-Laikre effect (Ryman and Laikre 1991). Essentially, this is the situation in which the demographic boost created by a supplementation program has the less desirable genetic effect of greatly enhancing the genetic contribution of the returning hatchery adults whose parents represent a small component of the population the previous generation. In the case of the Kalama program, the 43 wild adults that spawned the 1999 hatchery brood comprised only 18% of the run that returned in 1998 and spawned in 1999 (244 adults were counted through the fishway trap). Yet, in 2002, adult returns from the 1999 hatchery brood (all 2-salts) numbered more than 2,600, of which 920 were passed upstream to spawn (to equal the number of wild adults passed upstream). Thus, the hatchery fish comprised 50% of the potential parents of the 2003 brood, even though they were the direct descendents of only 18% of the population the previous generation. If the ratio of hatchery to wild spawners were not controlled (as might often be the case in a supplementation situation), all 2,600 hatchery spawners would pass upstream with 920 wild spawners and the hatchery adults would comprise nearly three-fourths of the potential parents of the next generation. This example demonstrates why the ratio of hatchery and wild spawners, and the number of wild spawners that produced the hatchery spawners, is an important consideration in evaluation of supplementation programs.

Conclusions

The suite of evaluation elements emphasized here is not intended to be a complete list of those important to supplementation programs. Rather, it is an example of the value of thorough evaluation, including some evaluation elements that are generally not being assessed in current supplementation programs, according to the survey by Waples et al. (in press).

In contrast to the dubious adage "what you don't know can't hurt you," failure to adequately assess key elements of the performance and success of wild broodstock programs may lead to acceptance of programs as successful without full knowledge of the benefits and risks associated with that program. Thus, anticipated benefits may not be achieved and risks of undesirable impacts may be greater than revealed. To avoid this, more thorough assessment of the ability to achieve explicit program objectives, and of the performance of the hatchery product relative to such objectives, is recommended for supplementation hatchery production programs. Furthermore, funding agencies should increase the priority of such work, perhaps to the point of requiring adequate evaluation as a stipulation associated with the funding of supplementation programs.

Acknowledgments

The authors gratefully thank NOAA Fisheries and the Washington Department of Fish and Wildlife for long-term funding support of reproductive success evaluations in the Kalama basin with Mitchell Act funding. We also thank the WDFW staff at the Kalama Falls Hatchery and Fallert Creek Hatchery for their fish cultural efforts with our wild broodstock production programs and for putting up with the intrusion of biologists on the hatchery grounds. Sewall Young and other staff at the WDFW DNA laboratory, under the direction of James Shaklee, developed and carried out the microsatellite DNA screening protocols and assisted substantially with the pedigree assignments. The editorial suggestions of three anonymous reviewers contributed greatly to improvements in the final version of this paper.

References

Ardren, W. R. 2003. Genetic analyses of steelhead in the Hood River, Oregon: statistical analyses of natural reproductive success of hatchery and natural-origin adults passed upstream of Powerdale Dam. Draft report to Bonneville Power Administration, Contract 13429, Portland, Oregon.

Banks, M. A., and W. Eichert. 2000. WHICHRUN (version 3.2): A computer program for population assignment of individuals based on multilocus genotype data. Journal of Heredity 91:87–89.

Blouin, M. 2003. Relative reproductive success of hatchery and wild steelhead in the Hood River. Final report to Bonneville Power Administration (Project 1988–053-12) and Oregon Department of Fish and Wildlife, Portland.

Bradford, R. H., S. A. Leider, P. L. Hulett, and C. W. Wagemann. 1996. Differential leaping success by adult summer and winter steelhead at Kalama Falls: implications for estimation of steelhead spawner escapement. Washington Department of Fish and Wildlife, Fish Management Program Report #RAD 96–02, Olympia.

Campton, D. E., F. W. Allendorf, R. J. Behnke, F. M. Utter, M. W. Chilcote, S. A. Leider, and J. J. Loch. 1991. Reproductive success of hatchery and wild steelhead. Transactions of the American Fisheries Society 120:816–827.

Chilcote, M. W., S. A. Leider, and J. J. Loch. 1986. Differential reproductive success of hatchery and wild summer-run steelhead under natural conditions. Transactions of the American Fisheries Society 115:726–735.

Crawford, B. A. 1979. The origin and history of the trout brood stocks of the Washington Department of Game. Washington State Game Department, Fishery Research Report, Olympia.

Cuenco, M. L., T. W. H. Backman, and P. R. Mundy. 1993. The use of supplementation to aid in natural stock restoration. Pages 269–293 *in* J. G. Cloud and G. H. Thorgaard, editors. Genetic conservation of salmonid fishes. Plenum, New York.

Cuenco, M. L. 1994. A model of an internally supplemented population. Transactions of the American Fisheries Society 123:277–288.

Hulett, P. L., C. W. Wagemann, and S. A. Leider. 1996. Studies of hatchery and wild steelhead in the lower Columbia region. Progress report for fiscal year 1995. Washington Department of Fish and Wildlife, Fish Management Program Report #RAD 96–01, Olympia.

Hulett, P.L., C.W. Wagemann, C.S. Sharpe, and S.A. Leider. 1995. Studies of hatchery and wild steelhead in the lower Columbia basin. Progress report for fiscal year 1994. Washington Department of Fish and Wildlife, Fish Management Program Report #RAD 95–03, Olympia.

ISAB (Independent Scientific Advisory Board). 2003. Review of Salmon and Steelhead Supplementation. June 4, 2003. Northwest Power Planning Council document ISAB-2003–03, Portland, Oregon. Available at: www.nwcouncil.org/library/isab/isab2003–3.htm

Kostow, K. E., A. R. Marshall, and S. R. Phelps. 2003. Naturally spawning hatchery steelhead contribute to smolt production but experience low reproductive success. Transactions of the American Fisheries Society 132:780–790.

Leider, S. A., M. W. Chilcote, and J. J. Loch. 1984. Spawning characteristics of sympatric populations of steelhead trout (*Salmo gairdneri*): evidence for partial reproductive isolation. Canadian Journal of Fisheries and Aquatic Sciences 41:1454–1462.

Leider, S. A., M. W. Chilcote, and J. J. Loch. 1986. Comparative life history characteristics of hatchery and wild steelhead trout (*Salmo gairdneri*) of summer and winter races in the Kalama River, Washington. Canadian Journal of Fisheries and Aquatic Sciences 43:1398–1409.

Leider, S. A., P. L. Hulett, J. J. Loch, and M. W. Chilcote. 1990. Electrophoretic comparison of the reproductive success of naturally spawning transplanted and wild steelhead trout through the returning adult stage. Aquaculture 88:239–252.

Loch, J. J., M. W. Chilcote, and S. A Leider. 1985. Kalama River studies final report. Part II. Juvenile downstream migrant studies. Washington Department of Game, Fish Management Division Report #85–12, Olympia.

Marshall, T. C., J. Slate, L. E. B. Kruuk, and J. M. Pemberton. 1998. Statistical confidence for likelihood-based paternity inference in natural populations. Molecular Ecology 7:639–655.

McLean, J. E., P. Bentzen, and T. P. Quinn. 2003. Differential reproductive success of sympatric, naturally spawning hatchery and wild steelhead trout (*Oncorhynchus mykiss*) through the returning adult stage. Canadian Journal of Fisheries and Aquatic Sciences 60:433–440.

McLean, J. E., P. Bentzen, and T. P. Quinn. 2004. Differential reproductive success of sympatric, naturally spawning hatchery and wild steelhead (*Oncorhynchus mykiss*). Environmental Biology of Fishes 69:359–369.

Moring, J. M. 1986. Stocking anadromous species to restore or enhance fisheries. Pages 59–74 *in* R. H. Stroud, editor. Fish culture in fisheries management: proceedings of a symposium on the role of fish culture in fisheries management. American Fisheries Society, Bethesda, Maryland.

Reisenbichler, R. R., and J. D. McIntyre. 1977. Genetic differences in growth and survival of juvenile hatchery and wild steelhead trout, *Salmo gairdneri*. Journal of the Fisheries Research Board of Canada 34:123–128.

Reisenbichler, R. R. and J. D. McIntyre. 1986. Requirements for integrating natural and artificial production of anadromous salmonids in the Pacific Northwest. Pages 365–374 *in* R. H. Stroud, editor.

Fish culture in fisheries management: proceedings of a symposium on the role of fish culture in fisheries management. American Fisheries Society, Bethesda, Maryland.

Reisenbichler, R. R., and S. P. Rubin. 1999. Genetic changes from artificial propagation of Pacific salmon affect the productivity and viability of supplemented populations. ICES Journal of Marine Science 56:459–466.

Reisenbichler, R. R., F. M. Utter, and C. C. Krueger. 2003. Genetic concepts and uncertainties in restoring fish populations and species. Pages 149–183 *in* R. C. Wissmar and P. A. Bisson, editors. Strategies for restoring river ecosystems: sources of variability and uncertainty in natural managed systems. American Fisheries Society, Bethesda, Maryland.

Ryman, N., and L. Laikre. 1991. Effects of supportive breeding on the genetically effective population size. Conservation Biology 5:325–329.

Sharpe, C .S., P. L. Hulett, and C. W. Wagemann. 2000. Studies of hatchery and wild steelhead in the lower Columbia region. Progress report for fiscal year 1998. Washington Department of Fish and Wildlife, Fish Program Report #FPA 00–10, Olympia.

Slate, J., T. C. Marshall, and J. M. Pemberton. 2000. A retrospective assessment of the accuracy of the paternity inference program CERVUS. Molecular Ecology 9:801–808.

Waples, R.S., Ford, M.J., and D. Schmitt. In press. Empirical results of salmon supplementation: a preliminary assessment. In T. Bert, editor. Ecological and genetic implications of aquaculture activities. Kluwer Academic Publishers.

American Fisheries Society Symposium 44:263–275, 2004

Uncertainty and Research Needs for Supplementing Wild Populations of Anadromous Pacific Salmon

Reginald R. Reisenbichler[1]

U.S. Geological Survey, Western Fisheries Research Center
6505 NE 65th Street, Seattle, Washington 98115, USA

Abstract.—Substantial disagreement and uncertainty attend the question of whether the benefits from supplementing wild populations of anadromous salmonids with hatchery fish outweigh the risks. Prudent decisions about supplementation are most likely when the suite of potential benefits and hazards and the various sources of uncertainty are explicitly identified. Models help by indicating the potential consequences of various levels of supplementation but perhaps are most valuable for showing the limitations of available data and helping design studies and monitoring to provide critical data. Information and understanding about the issue are deficient. I discuss various benefits, hazards, and associated uncertainties for supplementation, and implications for the design of monitoring and research. Several studies to reduce uncertainty and facilitate prudent supplementation are described and range from short-term reductionistic studies that help define the issue or help avoid deleterious consequences from supplementation to long-term studies (ca. 10 or more fish generations) that evaluate the net result of positive and negative genetic, behavioral, and ecological effects from supplementation.

Introduction

Biologists generally agree that hatcheries offer substantial promise for temporarily maintaining salmonid populations that otherwise are likely to become extinct before habitat improvement and other remedial actions take effect. However, many biologists and others question whether the benefits from supplementing healthier populations of naturally reproducing fish with hatchery fish outweigh the risks (Waples 1991; NRC 1996). Such supplementation has been proposed as an important tool for increasing runs of salmon *Oncorhynchus* spp. and steelhead *Oncorhynchus mykiss* in the Columbia and other rivers (Waples 1991; NRC 1996) and unintentionally occurs in western North America when large numbers of hatchery salmonids stray and spawn naturally from Alaska's Prince William Sound (Hilborn and Eggers 2000) to California's Great Central Valley (Yoshiyama et al. 2000).

A common definition of supplementation in the Pacific Northwest is "the use of artificial propagation in an attempt to maintain or increase natural production while maintaining the long term fitness of the target population, and keeping the ecological and genetic impacts on nontarget populations within specified biological limits" (RASP 1992). The definition recognizes the possibility of deleterious consequences from supplementation on fitness or abundance of the target species and others. Although various studies provide information about such hazards the issue is complex and difficult to study so much remains to be understood, and substantial disagreement and uncertainty persist (Campton 1995; Pearsons and Hopley 1999; Waples 1999). In this paper, I discuss some areas of uncertainty in supplementation and needs for further research to better define risk and facilitate prudent management.

I use "hatchery fish" to mean fish that were reared in a hatchery for any portion of their life. Sea-ranching is the common practice in Pacific Northwest hatcheries—fish are reared in the hatchery from conception until they reach the smolt stage of development when they are released to migrate to sea and rear in the natural environment. "Wild fish" are conceived and reared naturally. The parents of either type may be hatchery or wild. I use "fitness" to mean the ability to survive and reproduce—sometimes measured as density-adjusted productivity (recruits/spawner) for a population.

[1] E-mail: reg_reisenbichler@usgs.gov

Potential Benefits and Hazards of Supplementation

Supplementation has a wide range of potential benefits and hazards, including demographic, behavioral, ecological, and genetic effects on the target species and others (Table 1) (Busack and Currens 1995). I emphasize genetic hazards (though not exclusively) for several reasons. First, if hatchery populations have not diverged genetically from their ancestral wild populations, then deleterious effects on the target population are of little consequence for conservation because any loss of wild fish presumably is more than compensated by genetically equivalent hatchery fish. Potential losses of wild fish would influence economic efficiency (the gain in numbers of hatchery fish would be partially offset by a reduction in the numbers of wild fish), not conservation, and the latter is my focus. Second, if the hatchery population has diverged from the ancestral population, genetic consequences persist for some time even after supplementation ceases. The genetic change

Table 1. Some potential effects from supplementing wild populations of salmon or steelhead with hatchery fish (Reisenbichler and McIntyre 1986; Waples 1991, 1999; White et al. 1995; Lynch and O'Hely 2001; Nickelson 2003; Weber and Fausch 2003). Nontarget species may be affected as well as the supplemented species (Pearsons and Hopley 1999; Gende et al. 2002; Levin and Williams 2002).

Effects	Comments
A. Positive effects	
Compensatory predation	Predators may become satiated by eating hatchery fish, thereby reducing predation on wild fish.
Compensatory fishing	Fishing effort may be diverted from wild fish to hatchery fish through time and area regulations or by selective fishing that requires fishers to release wild fish.
Increased ecosystem productivity	Stream productivity is enhanced by increased escapements. Carcass tissue and gametes are consumed by invertebrates and juvenile fish. Remaining tissue is decomposed by bacteria and fungi that enter the food web directly or stimulate primary production by freeing nutrients in carcasses and gametes for uptake by plants. Predation on hatchery juveniles or increased numbers of naturally spawned juveniles may benefit predators such as bull trout *Salvelinus confluentus*. Predation and scavenging transfer nutrients from adult salmon, carcasses, or gametes to terrestrial plants and animals, presumably increasing their production.
Genetics	Genetic diversity may be preserved by artificially propagating populations that otherwise would become extinct.Genetic drift and loss of diversity may be reduced by increasing effective population size for small populations.
B. Negative effects	
Depensatory fishing	Fishing may be excessive when reduced abundance of wild fish is masked by high abundance of hatchery fish.
Depensatory predation	Large numbers of juvenile hatchery fish may increase the numbers of predators through attraction or increased productivity thereby increasing predation rates on co-occurring wild fish or wild fish that occur after hatchery fish but not predators leave an area.
Disease	Disease in hatchery fish may be transmitted to wild fish through hatchery effluent or by fish-to-fish transmission after hatchery fish are released from the hatchery.
Competition	Increased densities of fish in tributaries (from residual hatchery fish), in main-stem habitats (during migration of hatchery fish), in the estuary, or in marine areas may decrease growth or increase mortality of conspecific wild fish, or other species.
Behavior	Presence or migration of overwhelming numbers of hatchery fish may stimulate premature migration of wild (presmolt) fish. Disruptive behavior or competition from residual hatchery fish may displace or reduce growth and survival of wild fish.
Genetics	Domestication and reduced fitness for natural production can result from artificial selection, natural selection in the hatchery program, or accumulation of mutations. Loss of diversity within populations can result from selection for a subset of genotypes (i.e., domestication) or from magnifying the production from a fraction of the wild population. Loss of diversity among populations (homogenization) can result from mixing populations in the hatchery or in streams.

might affect the viability or evolutionary potential of a population by altering the productivity or the likelihood of successful adaptation to future environmental change. Third, avoiding genetic problems may be more difficult than avoiding other problems from supplementation because other problems, and genetic benefits, often are observed or understood more easily and therefore command greater attention. For example, crowding, predation, nutrients from carcasses, and (lack of) inbreeding are more tangible to most people than are natural selection and genetic fitness.

A substantial body of evidence shows genetic differences between hatchery (sea-ranched) and wild anadromous salmonids (Table 2) and is consistent with theoretical expectations for natural selection operating under the distinct and narrow range of conditions encountered in hatchery programs. Hatchery and natu-

Table 2. A synopsis of studies that show genetic differences in behavior (B) or physiology (P) between hatchery (sea-ranched) populations (H) and wild populations (W) of anadromous salmonid fishes. Factors limiting the validity for extrapolating results to other populations and species are listed. Studies with captive-reared fish show similar genetic differences between hatchery and wild fish (e.g., Greene 1952; Vincent 1960; Fleming and Einum 1997; Heath et al. 2003) but are not included here because artificial selection often is more prominent in captive populations than in sea-ranched populations, and captive-reared populations are not released to rear at sea where natural selection might reverse domestication.

Study; trait type; species	Study description	Limitations for generalizing conclusions
Lannan 1980. P – embryo and larval development rate. Chum salmon *O. keta*	Thermal units (F°-days) from fertilization to emergence increased from 1,800 to 2,350 during 1972–1977 in H established in 1969 from local W. Higher water temperatures in hatchery than in the stream initially resulted in early, apparently maladaptive time of entry to the estuary. Presumably, natural selection acted to retard development rate so that period of estuary entry for H coincided more closely with the original entry period of W.	No parallel data through time were presented for W; no control.
Nickelson et al. 1986. P – time of spawning. Coho salmon *O. kisutch*	Fed H fry were released into natural streams and allowed to spawn naturally with W when they returned. H spawned substantially earlier than W. From subsequent juvenile abundances, the authors inferred that reproductive success for H was almost zero, and attributed this largely to the early spawning time.	H and W did not share a common environment their entire lives. H did not originate from W. Artificial selection at least partially responsible for advanced spawning time. No direct measures for reproductive success.
Norman 1987 (as cited by by Utter et al. 1993). B – territoriality. Atlantic salmon *Salmo salar*	Progeny of H displayed weaker territorial behavior than did progeny of W.	H did not originate from W.
Swain and Riddell 1990. B – aggression. Coho salmon	Juveniles from two hatcheries were more aggressive in mirror-image stimulation tests than W from geographically proximate populations. Each H was compared with two W.	H did not originate from W.
Berejikian et al. 1996. B – aggression. Steelhead	Progeny of W were more aggressive at emergence than progeny from a locally derived H. Progeny of H were more aggressive than progeny of W after rearing for 3 months in a natural stream channel or in tanks at low densities and low rations.	None obvious.
Berejikian 1995. B – predator avoidance. Steelhead	Juvenile progeny of W survived predation from prickly sculpin *Cottus asper* better than did size-matched progeny from	None obvious.

Table 2. Continued

Study; trait type; species	Study description	Limitations for generalizing conclusions
	locally derived H when compared in the laboratory and in natural stream enclosures.	
Johnsson et al. 1996. P/B – growth and predator avoidance. Brown trout *S. trutta*	Progeny of W less susceptible to a trout predator than were progeny from a locally derived H. Progeny of H grew faster in hatchery, and had lower RNA levels.	None obvious.
Kallio-Nyberg and Koljonen 1997. P – growth and maturity. Atlantic salmon.	Progeny of H grew faster in hatchery and at sea, and more frequently matured as grilse than did progeny of W.	H only partially derived from W.
Reisenbichler and McIntyre 1977. P – growth. Steelhead.	Progeny of hatchery fish grew faster in the hatchery than did the progeny of wild fish. The hatchery population had been initiated from the wild population two generations before the study.	None obvious
Reisenbichler et al., in press. P/B – and migration. Steelhead	Progeny of hatchery fish grew faster in the hatchery and migrated downstream better than did the progeny of wild fish.	H did not originate from W.

ral environments differ in quality, quantity, and composition of food; temporal and spatial distribution of food; habitat (Figure 1); and density of conspecifics, competitors, and predators. Genotypes that perform well under the distinct conditions of a hatchery program apparently differ or compose a distinct subset of those in comparable wild populations. For example, genotypes for fast growth in hatcheries seem to predominate in hatchery populations of steelhead (Reisenbichler and McIntyre 1977) in part because only the fastest growing fish successfully migrate downstream after release and have a chance to contribute to the next generation in the hatchery (Reisenbichler et al., in press) (Figure 2). Selection for fast growth in the hatchery also seems to occur for brown trout (Johnsson et al. 1996) and Atlantic salmon (Kallio-Nyberg and Koljonen 1997). In contrast, selection against fast growth might be expected for stream-type Chinook salmon *O. tshawytscha* in hatcheries because the males that grow fastest during early rearing are most likely to mature as parr (Larsen et al. 2004) and typically are excluded from the broodstock.

Genetic differences between hatchery and wild fish also can result from selective sampling (e.g., preference for large body size) or other unrepresentative sampling of potential founders for hatchery populations ("founder effects"), accumulation of mutations that are deleterious for natural production but not in hatchery programs (Lynch and O'Hely 2001), or breakdown of local adaptation within the hatchery population (Utter 2001). Genetic change resulting from these various causes is termed domestication in this paper.

Studies indicate that such genetic differences between hatchery and wild fish reduce the hatchery population's fitness for natural rearing (reviewed in Reisenbichler and Rubin 1999). Nevertheless, these data, associated theoretical arguments, and concerns for deleterious effects when hatchery fish interbreed with wild fish often have been rejected for lack of an observed mechanism. The reasoning has been that mortality typically is low in hatcheries, and hatchery fish spend most (typically more than two-thirds) of their lives in the natural environment so rapid and substantial genetic change from hatchery programs is unlikely or rare. Reisenbichler et al. (in press), however, showed that natural selection for "hatchery-type" fish can be intense despite low mortality in the hatchery (Figure 2). Such selection can rapidly change a population genetically, and the study should lead to greater acceptance that genetic issues are an important hazard in supplementation programs.

Demographic, ecological, and behavioral effects of supplementation also are important for problem definition and risk assessment (Currens and Busack 1995) and for planning supplementation or its evaluation. Indeed, expected demographic benefits are the primary reason for supplementation. These nongenetic factors affect the economic efficiency and viability of supplementation programs or the health of nontarget species or populations. For example, when

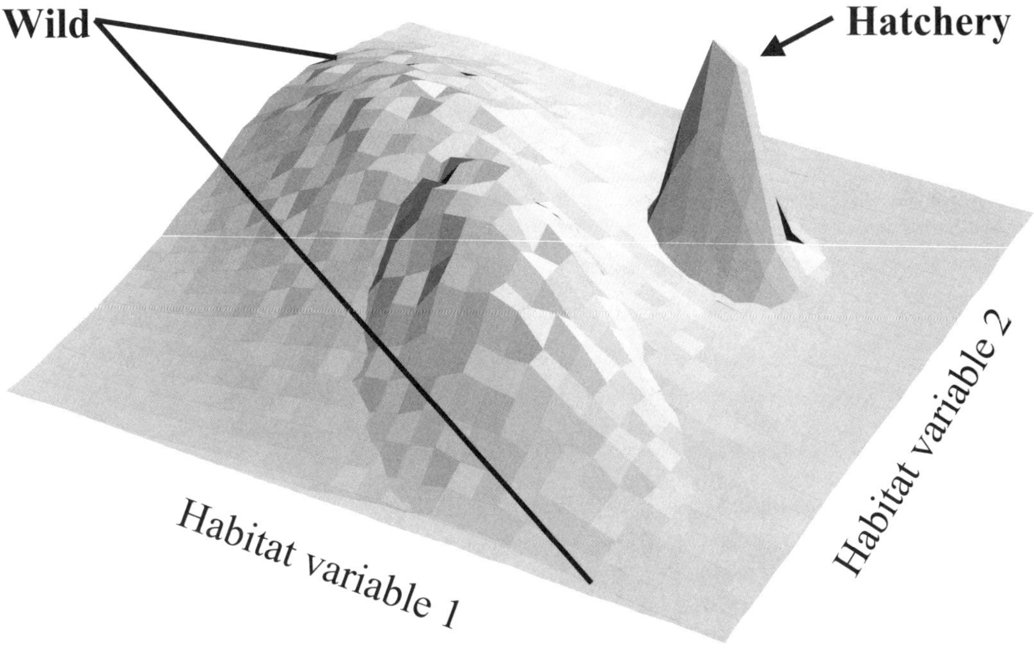

Courtesy of Mike Ford

Figure 1. Hypothetical distribution of habitats for wild and hatchery salmon. The vertical axis denotes frequency of occurrence. Habitat variables might be channel type (ranging from glides to pools to riffles), water velocity, water temperature, predator density, or other characteristics. The diversity and characteristics of habitats differ between hatchery and natural environments. Presumably these differences cause differences in selective forces, leading to a narrow and distinct set of adaptations (reviewed by Reisenbichler and Rubin 1999) and life histories (Hjort and Schreck 1982; Taylor 1986; Fleming and Gross 1989) for hatchery populations relative to wild populations.

many hatchery salmon or steelhead remain in the stream rather than migrating to sea after release from the hatchery, they can depress target or other populations through predation, competition, or as vectors of disease (Pearsons and Hopley 1999). A likely benefit from supplementation is increased nutrients from carcasses and gametes that enhance the productivities of the ecosystem and the salmon population (Gende et al. 2002).

Uncertainties

Information exists for potential effects from supplementation and has led to various guidelines and efforts to minimize negative impacts while achieving benefits. For example, interactions between residualized hatchery fish and wild fishes (Pearsons and Hopley 1999) have stimulated efforts to study the causes and reduce the numbers of hatchery fish that remain in the stream rather than migrate to sea. Similarly, data on genetic differences between hatchery and wild fish (Reisenbichler and Rubin 1999), population structure (Utter et al. 1989), local adaptation (Cooke et al. 2001; Reisenbichler et al. 2003), and outbreeding depression (Gharrett et al. 1999) have led to the now common practice of using local wild fish as broodstock in supplementation programs. Models have illustrated potential consequences from reduced fitness of naturally spawned fish in supplementation programs as follows. Total production (hatchery and wild fish) may be much less than expected if genetic change is not considered, fitness for natural reproduction may decline so that supplementation is necessary to sustain the population, and deleterious genetic change may build over decades (Lynch and O'Hely 2001; Ford 2002; Reisenbichler et al. 2003; Goodman 2004, this volume). Such information will be useful in designing supplementation programs and justifying evaluations with appropriately long durations but is insufficient to achieve consensus on supplementation.

Incomplete knowledge clearly is one source of uncertainty. For example, data showing domestica-

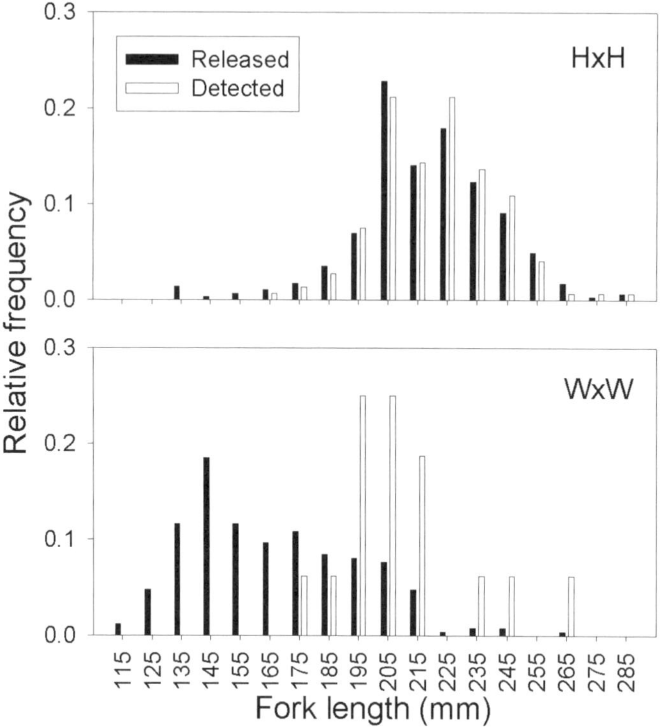

Figure 2. Fork length of juvenile steelhead shortly before release from a hatchery in Idaho. H×H and W×W denote crosses of hatchery (H) and wild (W) fish. Solid bars show length frequencies for the entire populations; open bars show the lengths (shortly before release) of those fish that successfully migrated downstream to detection points at dams in the Snake and Columbia Rivers. W×W fish grew slower in the hatchery than did H×H because of genetic differences between hatchery and wild fish. The data in the lower panel show intense selection against small fish (those that grew slowly in the hatchery) in the W×W population. Such directional (domestication) selection changes a W×W population to genetically resemble the H×H population. (From Reisenbichler et al., in press)

tion or reduced (genetic) fitness of hatchery fish for natural production is limited and almost entirely from steelhead. More definitive modeling to quantify potential benefits and risk from supplementation will require data on heritabilities and rates of domestication in hatchery programs and associated loss of fitness for natural production, heritabilities and rates of naturalization (recovery of fitness with natural reproduction), and how these parameters vary among species, hatcheries, and streams. Behavioral, ecological, and predation effects are poorly known and will depend on fish densities, stream productivity, and physical habitat. Population responses to increased escapements and nutrients from carcasses and gametes are poorly known and presumably vary among geographic areas, streams, and species (Gende et al. 2002). Means to accurately estimate carrying capacity of streams for target species are important for planning the scale of supplementation programs to avoid excessive density effects; however, current methods seem insufficient.

Modeling presents another source of uncertainty. Not only must models rely on incomplete data, they also introduce their own set of ("structural") uncertainty because they are abstractions or simplifications of the systems that they represent (Lemons 1996). Simulations of the complex set of biological factors and interactions involved with supplementation will contain error, and associated risk analyses will be imperfect (Currens and Busack 1995). Rigorously testing the models will require intense monitoring of wild populations and communities affected by supplementation.

An additional source of uncertainty is likely to preclude full agreement in many situations regardless of our knowledge. This ("framing") uncertainty results from the diversity among stakeholders in assumptions, values, and motives (i.e., world view). Near one extreme are individuals that are highly motivated by critical, short-term economic, social, or cultural issues caused by low numbers of salmon and are less concerned by long-term (genetic) concerns, which they may see as nebulous or correctable with technology (Lichatowich 1999). These individuals focus on knowledge that hatcheries can produce jobs and large numbers of additional fish for local harvest and for natural spawning. Near the other extreme are individuals predominantly motivated by concern for the long-term conservation of species and ecosystems. These individuals focus on the importance of maintaining natural levels of fitness and genetic diversity for perpetuating natural populations and communities and see clear warnings from existing data and theory that supplementation harms the already degraded populations of naturally reproducing fish (Lichatowich 1999). Decision analysis (choosing among competing actions based on likelihoods for the various benefits and hazards for each action and the ease of reversing choices if the situation goes awry; Stern and Fineberg 1996) supported by increasing knowledge offers promise as a means to foster consensus. In sufficiently dire or extreme situations, consensus on supplementation comes more easily. Redfish Lake sockeye salmon *O. nerka* is such a situation—extinction or severe loss of genetic diversity seemed likely and supplementation was initiated because the sea-run population was less than 10 adults in each of six consecutive years (Flagg et al. 1995).

Further Research

High expectations and uncertainty are spurring biologists to propose and conduct studies addressing various facets of supplementation (Table 1) (Chilcote 2003; Kostow et al. 2003; Nickelson 2003). Here, I briefly discuss a subset of study questions and designs to address some key unknowns.

Steelhead are the only species of anadromous Pacific salmonid *Onchorhynchus* spp. in studies documenting reduced (genetic) fitness of hatchery (sea-ranched) fish for natural rearing (Reisenbichler and Rubin 1999). Studies testing for domestication and loss of fitness for natural rearing in hatchery programs for the other Pacific salmon species are needed, as is information on rates or heritabilities for domestication and naturalization for all the species. Modeling based on this information will provide more realistic and convincing predictions of the effects of supplementation on fitness and natural production. Funding for many such studies is problematic because the time required to conduct studies over multiple generations seldom matches conventional funding or career schedules.

A question for future comparison across such studies is whether hatchery programs cause the greatest loss of fitness for natural rearing in those species or populations with the greatest difference in life history and environment between hatchery and natural conditions. A reasonable but untested hypothesis is that domestication is a greater problem with steelhead, chum salmon held in the hatchery for extended rearing, and perhaps ocean-type Chinook salmon (Healey 1991) than for chum salmon released at the button-up stage, coho salmon, and stream-type Chinook salmon (Healey 1991). The former species or populations appear to display the greatest difference in habitat and life history diversity between hatchery and natural conditions—in length of freshwater rearing (steelhead and chum salmon) or in diversity of size and time at entrance to the estuary and length of residence in the estuary (ocean-type Chinook salmon; Groot and Margolis 1991).

Several studies to evaluate domestication or naturalization are in progress, but more are needed. Many persons believe that using wild fish as broodstock eliminates any significant problem from domestication, despite models and logic suggesting otherwise (Lynch and O'Hely 2001; Ford 2002; Reisenbichler et al. 2003). Supplementation, by mixing hatchery and wild broodfish in the stream and in the hatchery, may substantially reduce or almost eliminate genetic differences between hatchery and wild fish; however, the important question is how fast and far the fitness of the supplemented population will differ from that of the original (i.e., prior to supplementation) wild population. The magnitudes of the opposing forces (rates) of domestication and naturalization determine the answer.

Some hatchery environments are being modified to more closely resemble natural habitats in hopes of achieving greater postrelease survival of hatchery fish and reducing domestication (Maynard et al. 1996). Modifications include overhead and submerged cover, reduced juvenile densities, subsurface rather than overhead feeding, and rugose or naturally colored substrate. The effects of seminatural environments on domestication remain untested, and the issue seems ripe for investigation.

At least two approaches exist for testing the efficacy of seminatural environments to reduce domestication or loss of fitness for natural production. One approach compares the relative growth, egg-to-adult survival, and other performance variables of progeny from hatchery fish and wild fish reared together under seminatural and conventional hatchery environments. The hatchery fish should come from a conventional hatchery program. Initial genetic equivalence between treatments of hatchery fish and between treatments of wild fish should be ensured by partitioning the progeny from each experimental family so that one-half are assigned to seminatural conditions and the other half to conventional conditions. The working hypothesis is that seminatural conditions reduce any disadvantages for progeny of wild fish (thereby reducing domestication selection) so that performance differences between progeny of wild fish and progeny of hatchery fish should be less than under conventional hatchery conditions. Improved survival (egg to adult) for progeny of wild fish relative to progeny of hatchery fish in the seminatural program would indicate reduced domestication. Lack of a difference between seminatural and conventional programs would indicate that the seminatural program was ineffective, domestication was not a problem in the conventional program, or the study suffered from low statistical power. Repeating the study for several year-classes is essential for incorporating interannual variation; however, the study could be completed in slightly less than two fish generations.

A more direct but lengthier approach for evaluating seminatural rearing involves establishing two hatchery populations at a single hatchery or at each of several hatcheries. The populations at each hatchery are initiated by making a set of 1:1 (male:female) crosses with wild adults, randomly dividing each family into two equal portions, and pooling families to create two almost genetically equivalent populations. One population is reared under seminatural conditions in the hatchery, the other population under conventional conditions. The fish are distinctively marked before release, and the two populations are maintained separately when the fish return as mature adults. After several generations of separation (to allow genetic differences to accumulate to detectable levels), the relative performance of progeny from these two populations and the wild population is evaluated by releasing the progeny (as eyed-embryos or swim-up fry) from each population together in one or more natural streams above barriers to anadromous fish (Reisenbichler and McIntyre 1977) or allowing adults from each population to spawn together naturally in such streams (Leider et al. 1990). Growth and survival of the progeny are monitored through downstream migration and subsequent return as adults. The streams must be large enough so that the numbers of returning adults provide acceptable statistical power. If the size of a study stream and management prerogative allow, the initial experimental families could be divided three ways rather than two and a third line (wild) could be established in the study stream where subsequent comparisons of the three lines would occur. This option would help ensure that the wild population was specifically adapted to the study stream.

The parents of each progeny in this experiment are determined from DNA-microsatellite frequencies (Luikart and England 1999; Duchesne et al. 2002) to determine the relative successes for the three populations. If seminatural environments effectively mitigate domestication, reproductive success or survival should be intermediate for the progeny of fish from seminatural conditions, greatest for the progeny of wild fish, and lowest for the progeny of fish from conventional hatchery conditions.

Uncertainty about supplementation is broadly recognized (NRC 1996; Waples 1999; Waples et al., in press) even as supplementation is continued and expanded. Accordingly, most supplementation programs are monitored, albeit with various degrees of rigor, and are subject to modification if unacceptable effects are detected. Monitoring and evaluation are crucial because they are the sole means of measuring the combined effect of the various consequences from supplementation (Table 1). Even rigorous evaluation, however, may provide a false sense of confidence for several reasons. First, control or reference populations may be inadequate because none exist near supplemented populations, changes in climate or marine conditions may affect reference populations differently than the supplemented population, or environmental change (fire, landslides, logging, habitat improvement, and so forth) during the course of the evaluation is likely to differ between reference and supplemented populations. Second, low statistical power may allow deleterious effects from supplementation (Figure 3) to build excessively before they are detected. Third, the need for evaluation over several decades, beyond the duration of the supplementation (Pearsons 2002), allows for political and social vagaries in funding priorities to compromise or terminate evaluations before they are complete. Rigorous analysis of these issues over the range of likely circumstances in the Pacific Northwest is needed to promote realistic expectations for evaluation, improved design for evaluations, and efficient allocation of resources for evaluation among projects.

The critical importance of maintaining reference populations could be overlooked as new supplemen-

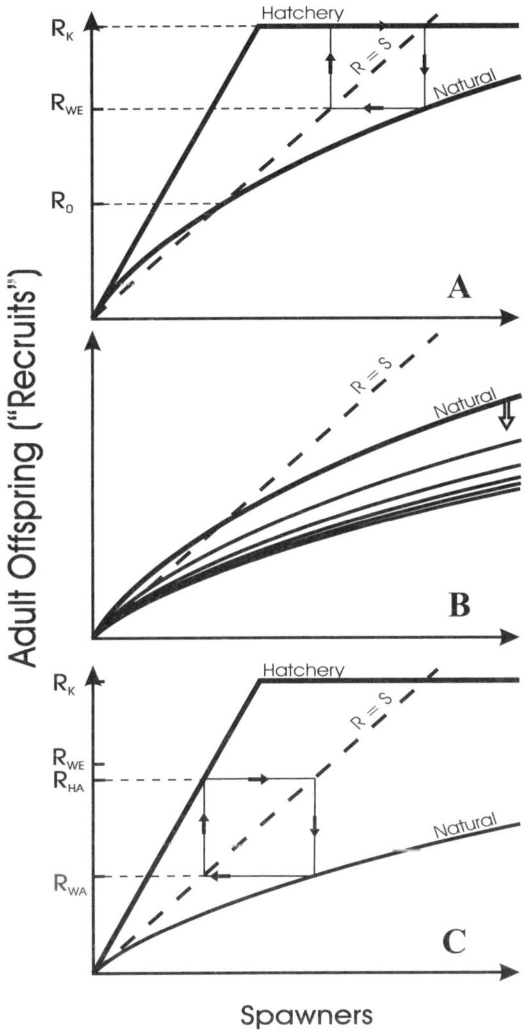

Figure 3. Hypothetical reproductive ("spawner–recruit") relations for hatchery-reared fish (Hatchery) and naturally reared fish (Natural) illustrate several hazards. For simplicity, all naturally reared fish are used for hatchery broodstock and all hatchery fish spawn naturally after the first generation of supplementation. Panel A shows that expected production is R_{WE} + R_K when domestication is ignored. Panel B illustrates a progressive decline in the spawner–recruit relation for natural spawning caused by domestication. Panel C shows the spawner–recruit relations after nine generations of supplementation. Actual production after nine generations is R_{HA} + R_{WA}, substantially less than expected. The natural relation in Panel C lies below the replacement line ("R = S"), so natural spawning cannot sustain the population without continued supplementation or rapid recovery in fitness. (See Reisenbichler et al. 2003 for further explanation)

tation programs are promoted. Natural populations of salmon free of hatchery fish and excess environmental degradation are necessary as references for evaluating domestication and the performance of supplemented populations, as well as hedges against the risks of supplementation and human development (ISG 1999; Lichatowich et al. 2000). Without reference populations, decadal cycles and long-term changes in climate and marine conditions are likely to confound the evaluations of supplementation and lead to false conclusions about failure or success (Peterman 1991; Lichatowich 1999). The effects of climate or ocean changes are likely to vary among populations (Hilborn 1992); hence, each supplemented population ideally would be matched by at least two proximate reference populations to provide a measure of experimental noise. Individual reference populations might serve more than one supplemented population.

Another design issue concerns increased fish densities resulting from supplementation. Reduced survival and reproductive success from increased densities in the natal stream must be separated from deleterious effects of supplementation (Table 1). Rigorous evaluation of supplementation may require experimental situations where densities are maintained at presupplementation levels. Situations appropriate for such restrictions may be scarce and may often occur outside geographic areas where most research funds are available. For example, a design that may provide exceptional rigor seems feasible with coho salmon but requires at least two comparable, proximate streams with viable populations. These requirements probably can be met in coastal Oregon or Washington but not in the Columbia River system where most funding opportunities currently exist. Each stream must have a weir sufficient to trap and count upstream migrants and downstream migrants, and stakeholders must allow adult densities to be restricted at a nearly constant level below carrying capacity, at presupplementation levels. Coho salmon in Oregon and Washington mature as jacks (age-2 males) or at age 3, so excluding jacks results in three genetically and demographically isolated brood cycles in each stream.[2] Isolated brood cycles provide the opportunity for a reference population in each stream. Two brood cycles in one stream could be supplemented (or one of these brood cycles could be entirely replaced with hatchery fish to evaluate naturalization), and the third brood cycle maintained as a reference population with no influence from hatchery fish. The first two brood cycles in the other stream could be maintained as reference populations, and the third brood cycle could be supplemented. This design features a reference population in one stream and a treatment population in the other stream each year for evaluating supplementation or naturalization. One or more reference population in each stream also would allow a test and perhaps adjustment for confounding due to persistent changes in habitat or environmental conditions during the study.

The final issue that I discuss goes beyond supplementation and includes hatcheries that release juvenile salmon and steelhead to increase harvest. Large numbers of hatchery fish may approach or exceed the carrying capacity of natural systems thereby depressing the survival of naturally spawned fish and hatchery fish (NRC 1996). As a consequence of massive releases of hatchery fish (e.g., 200 million juvenile salmon per year; Flagg et al. 2000) and reduced carrying capacity from human development in the watershed (NRC 1996; Lichatowich 1999), recent numbers of juvenile salmon in the Columbia River may approach or exceed the carrying capacity of the lower Columbia River, its estuary, or associated marine areas. Indeed, Levin et al. (2001) found a "strong, negative relationship between the survival of Chinook salmon [Snake River spring run] and the number of hatchery fish released, particularly during years of poor ocean conditions." Alternatively, large numbers of hatchery fish may decrease the survival of wild fish by attracting predators and causing elevated predation rates. Nickelson (2003) felt that such predation was the most likely explanation for a negative relation between number of hatchery fish released into western Oregon streams and productivity of the wild populations. Clearly, this question merits serious attention from those concerned about conservation or economic efficiency on a systemwide scale. Peterman (1991) suggested probing such questions through experimental management by widely varying the number of hatchery fish released among years. Although political and social hurdles may be extreme, such a bold experiment may provide the only definitive tests for important density-dependent effects (Peterman and Routledge 1983; Hilborn 1987).

Acknowledgments

I thank Jack McIntyre, Mike Hayes, and three anonymous reviewers for comments on earlier drafts of this manuscript. Mike Ford and Steve Rubin each provided one of the figures. Dave Seiler provided the length information for jack and adult coho salmon in Puget Sound.

[2] Large jacks overlap in size with small (age 3) adults, so fish in this range (35–45 cm in Puget Sound) must be aged from their scales to avoid excluding the latter.

References

Berejikian, B. A. 1995. The effects of hatchery and wild ancestry and experience on the relative ability of steelhead trout fry (*Oncorhynchus mykiss*) to avoid a benthic predator. Canadian Journal of Fisheries and Aquatic Sciences 52:2476–2482.

Berejikian, B. A., S. B. Mathews, and T. P. Quinn. 1996. Effects of hatchery and wild ancestry and rearing environments on the development of agonistic behavior in steelhead trout (*Oncorhynchus mykiss*) fry. Canadian Journal of Fisheries and Aquatic Sciences 53:2004–2014.

Busack, C. A., and K. P. Currens. 1995. Genetic risks and hazards in hatchery operations: fundamental concepts and issues. Pages 71–80 *in* H. L. Schramm, Jr. and R. G. Piper, editors. Uses and effects of cultured fishes in aquatic ecosystems. American Fisheries Society, Symposium 15, Bethesda, Maryland.

Campton, D. E. 1995. Genetic effects of hatchery fish on wild populations of Pacific salmon and steelhead: what do we really know? Pages 337–353 *in* H. L. Schramm, Jr. and R. G. Piper, editors. Uses and effects of cultured fishes in aquatic ecosystems. American Fisheries Society, Symposium 15, Bethesda, Maryland.

Chilcote, M. W. 2003. Relationship between natural productivity and the frequency of wild fish in mixed spawning populations of wild and hatchery steelhead (*Oncorhynchus mykiss*). Canadian Journal of Fisheries and Aquatic Sciences 60:1057–1067.

Cooke, S. J., T. W. Kassler, D. P. Philipp. 2001. Physiological performance of largemouth bass related to local adaptation and interstock hybridization: implications for conservation and management. Journal of Fish Biology 59(Supplement A):248–268.

Currens, K. P., and C. A. Busack. 1995. A framework for assessing genetic vulnerability. Fisheries 20:24–31.

Duchesne, P., M-H. Godbout, and L. Bernatchez. 2002. PAPA (Package for the analysis of parental allocation): a computer program for simulated and real parental allocation. Molecular Ecology Notes 2:191–193.

Flagg, T. A., B. A. Berejikian, J. E. Colt, W. W. Dickhoff, L. W. Harrell, D. J. Maynard, C. E. Nash, M. S. Strom, R. N. Iwamoto, and C. V. W. Mahnken. 2000. Ecological and behavioral impacts of artificial production strategies on the abundance of wild salmon populations: a review of practices in the Pacific Northwest. National Oceanic and Atmospheric Administration Technical Memorandum NMFS-NWFSC-41, Seattle.

Flagg, T. A., C. V. W. Mahnken, and K. A. Johnson. 1995. Captive broodstocks for recovery of Snake River sockeye salmon. Pages 81–89 *in* H. L. Schramm, Jr. and R. G. Piper, editors. Uses and effects of cultured fishes in aquatic ecosystems. American Fisheries Society, Symposium 15, Bethesda, Maryland.

Fleming, I. A., and S. Einum. 1997. Experimental tests of genetic divergence of farmed from wild Atlantic salmon due to domestication. ICES Journal of Marine Science 54:1051–1063.

Fleming, I. A., and M. R. Gross. 1989. Evolution of adult female life history and morphology in a Pacific salmon (Coho: *Oncorhynchus kisutch*). Evolution 43:141–157.

Ford, M. 2002. Selection in captivity during supportive breeding may reduce fitness in the wild. Conservation Biology 16:815–825.

Gende, S. M., R. T. Edwards, M. F. Willson, and M. S. Wipfli. 2002. Pacific salmon in aquatic and terrestrial ecosystems. Bioscience 52:917–928.

Gharrett, A. J., W. W. Smoker, R. R. Reisenbichler, and S. G. Taylor. 1999. Outbreeding depression in hybrids between odd- and even-brood year pink salmon. Aquaculture 173:117 130.

Goodman, D. 2004. Salmon supplementation: demography, evolution, and risk assessment. Pages 217–232 *in* M. Nickum, P. Mazik, J. Nickum, and D. MacKinlay, editors. Propagated fish in resource management. American Fisheries Society, Symposium 44, Bethesda, Maryland.

Greene, C. W. 1952. Results from stocking brook trout of wild and hatchery strains at Stillwater Pond. Transactions of the American Fisheries Society 81:43–52.

Groot, C., and L. Margolis, editors. 1991. Pacific salmon life histories. University of British Columbia Press, Vancouver.

Healey, M. C. 1991. Life history of chinook salmon (*Oncorhynchus tshawytscha*). Pages 311–394 *in* C. Groot and L. Margolis, editors. Pacific salmon life histories. University of British Columbia Press, Vancouver.

Heath, D. D., J. W. Heath, C. A. Bryden, R. M. Johnson, and C. W. Fox. 2003. Rapid evolution of egg size in captive salmon. Science 2003(299):1738–1740.

Hilborn, R. 1987. Living with uncertainty in resource management. North American Journal of Fisheries Management 7:1–5.

Hilborn, R. 1992. Can fisheries agencies learn from experience? Fisheries 17(4):6–14.

Hilborn, R., and D. Eggers. 2000. A review of the hatchery programs for pink salmon in Prince William Sound and Kodiak Island, Alaska. Transactions of the American Fisheries Society 129:333–350.

Hjort, R. C., and C. B. Schreck. 1982. Phenotypic differences among stocks of hatchery and wild coho salmon (*Oncorhynchus kisutch*) in Oregon, Washington, and California, USA. Fishery Bulletin 80:105–120.

ISG (Independent Scientific Group). 1999. Return to the river: scientific issues in the restoration of salmonid fishes in the Columbia River. Fisheries 24(3):10–19.

Johnsson, J. I., E. Petersson, E. Jönsson, B. T. Björnsson, and T. Järvi. 1996. Domestication and growth hormone alter antipredator behaviour and growth patterns in juvenile brown trout, *Salmo trutta*. Canadian Journal of Fisheries and Aquatic Sciences 53:1546–1554.

Kallio-Nyberg, I., and. M.-L. Koljonen. 1997. The genetic consequence of hatchery-rearing on life-history traits of the Atlantic salmon (*Salmo salar* L.): a comparative analysis of sea-ranched salmon with wild and reared parents. Aquaculture 153:207–224.

Kostow, K. E., A. R. Marshall, and S. R. Phelps. 2003. Naturally spawning hatchery steelhead contribute to smolt production but experience low reproductive success. Transactions of the American Fisheries Society 132:780–790.

Lannan, J. E. 1980. Adaptive and behavioral responses to artificial propagation in a stock of chum salmon, *Oncorhynchus keta*. Pages 309–313 *in* W. J. McNeil and D. C. Himsworth, editors. Salmonid ecosystems of the North Pacific. Oregon State University Press, Corvallis.

Larsen, D. A., B. R. Beckman, K. A. Cooper, D. Barrett, M. Johnson, P. Swanson, and W. W. Dickhoff. 2004. Assessment of high rates of precocious male maturation in a spring chinook salmon supplementation hatchery program. Transactions of the American Fisheries Society 133:98–120.

Leider, S. A., P. L. Hulett, J. J. Loch, and M. W. Chilcote. 1990. Electrophoretic comparison of the reproductive success of naturally spawning transplanted and wild steelhead trout through the returning adult stage. Aquaculture 88:239–252.

Lemons, J., editor. 1996. Scientific uncertainty and environmental problem solving. Blackwell Scientific Publications, Cambridge, Massachusetts.

Levin, P. S., and J. G. Williams. 2002. Interspecific effects of artificially propagated fish: an additional conservation risk for salmon. Conservation Biology 16:1581–1587.

Levin, P. S., R. W. Zabel, and J. G. Williams. 2001. The road to extinction is paved with good intentions: negative association of fish hatcheries with threatened salmon. Proceedings of the Royal Society of London 268:1153–1158.

Lichatowich, J. A. 1999. Salmon without rivers: a history of the Pacific salmon crisis. Island Press, Washington, D.C.

Lichatowich, J. A., G. R. Rahr, III, S. M. Whidden, and C. R. Steward. 2000. Sanctuaries for Pacific salmon. Pages 675–686 *in* E. E. Knudsen, C. R. Steward, D. D. MacDonald, J. E. Williams, and D. W. Reiser, editors. Sustainable fisheries management: Pacific salmon. Lewis Publishers, New York.

Luikart, G., and P. R. England. 1999. Statistical analysis of microsatellite DNA data. Trends in Ecology and Evolution 14:253–256.

Lynch, M., and M. O'Hely. 2001. Captive breeding and the genetic fitness of natural populations. Conservation Genetics 2:363–378.

Maynard, D. J., T. A. Flagg, C. V. W. Mahnken, and S. L. Schroder. 1996. Natural rearing technologies for increasing post-release survival of hatchery-reared salmon. Bulletin of the National Research Institute for Aquaculture, Supplement 2:71–77.

Nickelson, T. 2003. The influence of hatchery coho salmon (*Oncorhynchus kisutch*) on the productivity of wild coho salmon populations in Oregon coastal basins. Canadian Journal of Fisheries and Aquatic Sciences 60:1050–1056.

Nickelson, T. E., M. F. Solazzi, and S. L. Johnson. 1986. Use of hatchery coho salmon (*Oncorhynchus kisutch*) presmolts to rebuild wild populations in Oregon coastal streams. Canadian Journal of Fisheries and Aquatic Sciences 43:2443–2449.

Norman, L. 1987. Stream aquarium observations of territorial behaviour in young salmon (*Salmo salar*) of wild and hatchery origin. Salmon Research Institute, Report 1987, 2, Äkvkarleby (in Swedish, English summary).

NRC (National Research Council). 1996. Upstream: salmon and society in the Pacific Northwest. Committee on protection and management of Pacific Northwest anadromous salmonids. National Academy Press, Washington, D.C.

Pearsons, T. N. 2002. Chronology of ecological interactions associated with the life-span of salmon supplementation programs. Fisheries 27(12):10–15 .

Pearsons, T. N., and C. W. Hopley. 1999. A practical approach for assessing ecological risks associated with fish stocking programs. Fisheries 24(9):16–23.

Peterman, R. M. 1991 Density-dependent marine processes in North Pacific salmonids: Lessons for experimental design of large-scale manipulations of fish stocks. Pages 69–77 *in* S. J. Lockwood, editor. The ecology and management aspects of extensive mariculture. ICES Marine Science Symposia 192, Copenhagen.

Peterman, R. M., and R. D. Routledge. 1983. Experimental management of Oregon coho salmon (*Oncorhynchus kisutch*): designing for yield of information. Canadian Journal of Fisheries and Aquatic Sciences 40:1212–1223.

RASP (Regional Assessment of Supplementation Project). 1992. Supplementation in the Columbia basin. Bonneville Power Administration, Final report, DOE/BP-01830–14, Portland, Oregon.

Reisenbichler, R. R., and J. D. McIntyre. 1977. Genetic differences in growth and survival of juvenile hatchery and wild steelhead trout, *Salmo gairdneri*. Journal of the Fisheries Research Board of Canada 34:123–128.

Reisenbichler, R. R., and J. D. McIntyre. 1986. Requirements for integrating natural and artificial production of anadromous salmonids in the Pacific Northwest. Pages 365–374 *in* R. H. Stroud, editor. Fish culture in fisheries management. American Fisheries Society, Bethesda, Maryland.

Reisenbichler, R. R., and S. P. Rubin. 1999. Genetic changes from artificial propagation of Pacific salmon affect the productivity and viability of supplemented populations. ICES Journal of Marine Science 56:459–466.

Reisenbichler, R. R., S. P. Rubin, L. Wetzel, and S. R. Phelps. In press. Natural selection after release from a hatchery leads to domestication in steelhead, *Oncorhynchus mykiss*. In K. M. Leber, H. L. Blankenship, and S. Kitada, editors. Stock enhancement and sea ranching: developments, opportunities, and pitfalls. Blackwell Scientific Publications Ltd., Oxford, UK.

Reisenbichler, R. R., F. M. Utter, and C. C. Krueger. 2003. Genetic concepts and uncertainties in restoring fish populations and species. Pages 149–183 *in* R. C. Wissmar and P. A. Bisson, editors. Strategies for restoring river ecosystems: sources of variability and uncertainty in natural and managed systems. American Fisheries Society, Bethesda, Maryland.

Stern, P. C., and H. V. Fineberg, editors. 1996. Understanding risk: informing decisions in a democratic society. National Academy Press, Washington, D.C.

Swain, D. P., and B. E. Riddell. 1990. Variation in agonistic behavior between newly emerged juveniles from hatchery and wild populations of coho salmon (*Oncorhynchus kisutch*). Canadian Journal of Fisheries and Aquatic Sciences 47:566–571.

Taylor, E. B. 1986. Differences in morphology between

wild and hatchery populations of juvenile coho salmon. Progressive Fish-Culturist 48:171–176.

Utter, F. 2001. Patterns of subspecific anthropogenic introgression in two salmonid genera. Reviews in Fish Biology and Fisheries 10:265–279.

Utter, F. M., K. Hindar, and N. Ryman. 1993. Genetic effects of aquaculture on natural salmonid populations. Pages 144–165 *in* K. Heen, R. L. Monahan, and F. Utter, editors. Salmon aquaculture. Fishing News Books, Oxford, UK.

Utter, F. M., G. B. Milner, G. Ståhl, and D. Teel. 1989. Genetic population structure of chinook salmon, *Oncorhynchus tshawytscha*, in the Pacific Northwest. U.S. Fishery Bulletin 87:239–264.

Vincent, R. E. 1960. Some influences of domestication upon three stocks of brook trout (*Salvelinus fontinalis* Mitchell). Transactions of the American Fisheries Society 89:35–52.

Waples, R. S. 1991. Genetic interactions between hatchery and wild salmonids: lessons from the Pacific Northwest. Canadian Journal Fisheries and Aquatic Science 48:124–133.

Waples, R. S. 1999. Dispelling some myths about hatcheries. Fisheries 24(2):12–21.

Waples, R. S., M. J. Ford, and D. Schmitt. In press. Empirical results from salmon supplementation: a preliminary assessment. In T. Bert, editor. Ecological and genetic implications of aquaculture activities. Kluwer Academic Publishers, New York.

Weber, E. D., and K. D. Fausch. 2003. Interactions between hatchery and wild salmonids in streams: differences in biology and evidence for competition. Canadian Journal of Fisheries and Aquatic Sciences 60:1018–1036.

White, R. J., J. R. Karr, and W. Nehlsen. 1995. Better roles for fish stocking in aquatic resource management. Pages 527–547 *in* H. L. Schramm, Jr. and R. G. Piper, editors. Uses and effects of cultured fishes in aquatic ecosystems. American Fisheries Society, Symposium 15, Bethesda, Maryland.

Yoshiyama, R. M., E. R. Gerstung, F. W. Fisher, and P. B. Moyle. 2000. Chinook salmon in the California Central Valley: an assessment. Fisheries 25(2):6–20.

American Fisheries Society Symposium 44:277–289, 2004

Practical Approaches for Assessing Risks of Hatchery Programs

KENNETH P. CURRENS[1]
Northwest Indian Fisheries Commission
6730 Martin Way East, Olympia, Washington 98516, USA

CRAIG A. BUSACK
Washington Department of Fish and Wildlife
600 Capitol Way North, Olympia, Washington 98501, USA

Abstract.—Risk assessments can help identify, communicate, and potentially reduce risks and management conflicts associated with artificial production programs. We describe three approaches that we have used to evaluate biological risks of salmon hatcheries in the Pacific Northwest. Evaluating risk management safeguards can be used to identify and manage risks when biological information is limited. It cannot predict biological consequences, however, and therefore cannot be used to evaluate conflicting risks. Estimating the likelihood of meeting acceptable loss thresholds based on low risk guidelines focuses indirectly on biological consequences. It allows comparisons of different programs and produces results that are easily understood by decision makers, but it requires technical agreement on guidelines and uses expert judgment. Probabilistic consequence analyses use Monte Carlo simulations and Bayesian belief networks to estimate risk directly from mathematical models, expert knowledge, and information on individual programs. These analyses can be used to compare programs, evaluate conflicting risks, and are easily revised with new information, but they may be complex to develop and results may require interpretation for decision makers. Decision analysis and developing acceptable risk profiles are two useful methods for extending risk assessments to decision making.

Introduction

Hatcheries provide fish for harvest, mitigate for lost natural production, and help prevent extinction of threatened populations. In the last three decades, however, a growing body of research indicates that artificial production and hatchery management can pose genetic and ecological hazards to natural populations (Waples 1991; Busack and Currens 1995; Campton 1995). In areas such as the Pacific Northwest, where natural populations of fishes have been declining (Weitkamp et al. 1995; Busby et al. 1996; Gustafson et al. 1997; Johnson et al. 1997, 1999; Myers et al. 1998), hatcheries have a long history of providing economic and social benefits by substituting artificial production for natural populations and habitat (Lichatowich 1999; Blumm 2002). The biological risks of hatcheries therefore becomes part of a larger debate about the social and ecological consequences of options to save natural fish populations, fisheries, and the cultures that depend on them. This debate deserves and requires better analyses of risks than are currently used.

In the past two decades, risk assessment has become a popular tool for analyzing consequences of complex ecological management problems and making decisions (Lackey 1997; Molak 1997; Koller 1999, 2000). Its strength is that it can help evaluate scenarios that have uncertain outcomes in a way that is transparent, repeatable, and scientifically defensible. In this paper, we briefly describe three practical methods for assessing risks associated with hatcheries. We illustrate these using risk of domestication, which we define as loss of fitness in the wild of hatchery fish or naturally produced progeny of hatchery and wild fish caused by intentional or unintentional selection for artificial environments (Busack and Currens 1995).

Risk assessment is the process of obtaining sys-

[1] E-mail: kcurrens@nwifc.org

tematic qualitative or quantitative measures of risk (Rowe 1977). We consider risk to be the set of outcomes associated with a hazard, each of which has a probability of occurring and a consequence (Kaplan and Garrick 1981). Probabilities may be the relative frequency of an outcome (if known) or the degree of belief that a possible outcome might occur (Bedford and Cooke 2001). If all scenarios could be identified and their consequences estimated and plotted by severity and probability, it would result in a risk curve describing loss (Figure 1). Since our last review (Busack and Currens 1995), theoretical and empirical research have continued to expand the range of known, possible consequences (Waples and Drake 2004), but knowledge of probability distributions of losses remains poor. Because statistical treatment of risk associated with hatcheries will continued to be hampered by lack of data for many years, we believe that both quantitative and qualitative methods of risk assessment are useful. In this paper, we describe three of these approaches.

1. Evaluating Risk Safeguards

This approach qualitatively evaluates the safeguards for reducing risks in a hatchery program as a surrogate for information about consequences and probabilities of hazards. It is useful when information is available on hatchery facilities and operations, but little or no biological information exists for the programs. The basic strategy is to identify a comprehensive list of potential sources of hazards, scenarios for how hazards occur (initiating events), and the biological endpoints at which the impacts might be observed, and then evaluate whether management safeguards exist and are appropriate (Currens and Busack 1995).

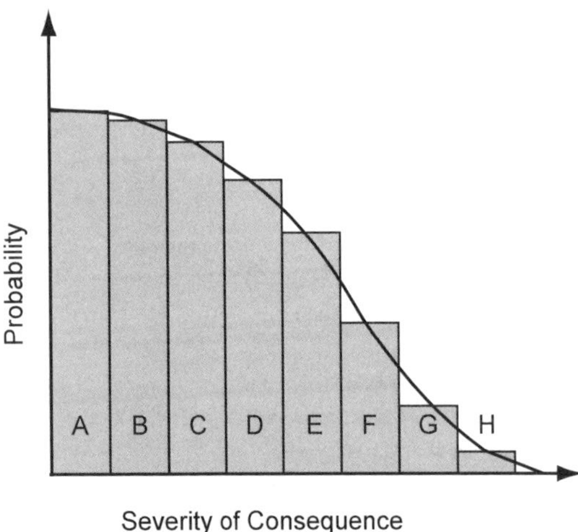

Figure 1. Risk curve based on the frequency of eight different outcomes (A–H) of different severities. If these were data from epizootics in a hatchery, for example, A might represent 0–500 mortalities; B, 501–1,000 mortalities; C, 1,001–15,000 mortalities, and so forth.

Two kinds of safeguards are necessary: (1) those that provide reliability, which reduces the likelihood of a hazard occurring; and (2) those that provide resilience by reducing losses associated with hazards if they should occur (Currens and Busack 1995). Resilience is the ability to respond to a challenge and persist without major changes (Holling 1973). In natural resource management, management methods and practices (how we actually intervene in natural systems) are the safeguards that provide reliability. In hatchery programs, sources of domestication occur during broodstock choice, broodstock collection, mating, rearing, and release. The objectives and methods for these practices are the general safeguards that can provide reliability. Safeguards that provide resilience to hatchery hazards such as domestication are adaptive management, which allows managers to detect and respond to failure of other safeguards, and biological reserves, which protect the intrinsic abilities of the populations to respond to challenges (Holling 1978; Currens and Busack 1995).

Because hatcheries are technological systems, each safeguard can be viewed as a hierarchical arrangement of technical components that must work if the safeguard is to work. Fault trees, which are often used in complex engineered systems to describe the logic of how a hazardous event could occur by working backwards through potential failures of different components (Bedford and Cooke 2001), are useful ways to evaluate safeguards. In natural resource management, four critical components of safeguards are a framework of guidelines, descriptions of the biological variability that can confound the success of the guidelines, performance and training of technicians expected to implement the guidelines, and adequate logistical support to implement the guidelines (Currens and Busack 1995). Failures of these components can lead to a failure of the safeguard. Each of these four components has subcomponents (Figure 2). For example, guidelines may consist of three kinds: (1) general conservation guidelines, which are based on genetic or ecological first principles; (2) operating guidelines, which are the protocols and procedures that are actually used to implement the conservation guidelines; and (3) decision flow charts that anticipate potential

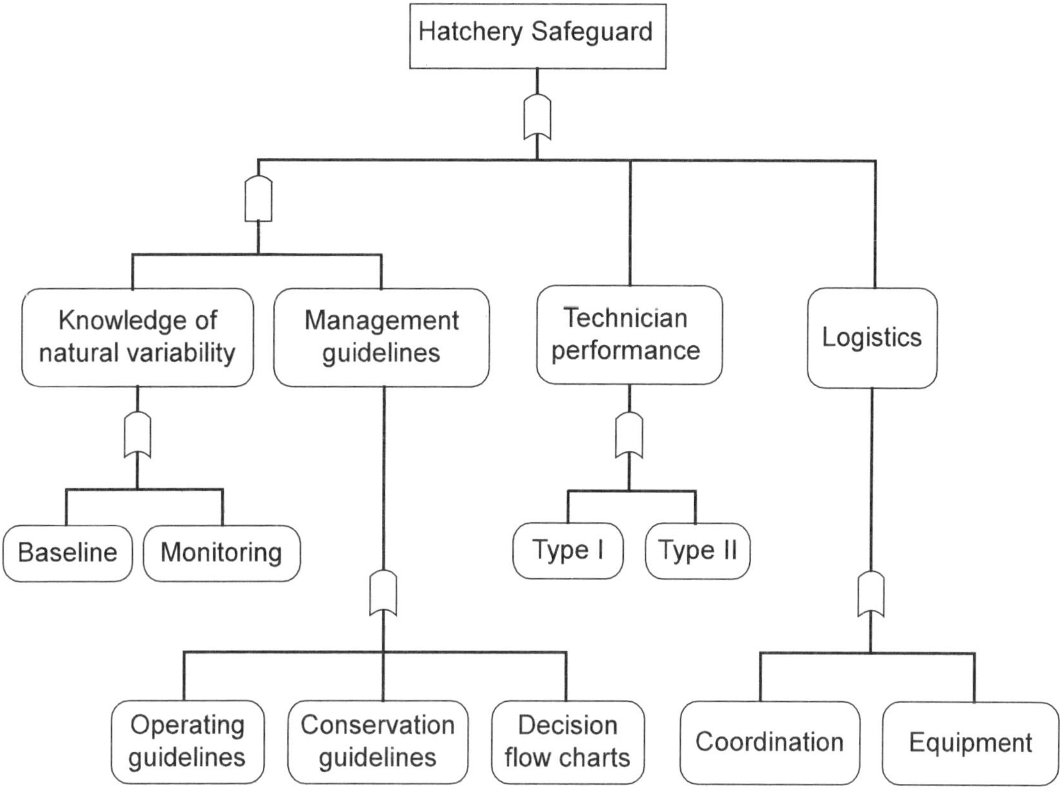

Figure 2. General fault tree for a hatchery management safeguard that shows a system where if knowledge of natural variability and management guidelines were wrong or technician performance or logistical components failed then the safeguard would fail. The AND and OR logic is represented by different symbols.

problems and guide a technician or manager to an appropriate, consistent decision when unexpected problems arise. Knowledge of biological variability includes baseline characterization, which may be necessary to design appropriate operating guidelines, and the ability to detect changes, which may be initiating events for failure of a safeguard. An unexpected change in behavior of returning wild broodstock, for example, may initiate failure to collect the appropriate fish if it went undetected. Technician performance addresses two sources of failure: the ability to complete expected tasks as anticipated (type I error) and the ability to make an appropriate decision when the unexpected happens (type II error). Finally, the logistical component includes both availability of appropriate equipment and ability to plan and coordinate the activity. Each component and subcomponent of the safeguard may be evaluated simply by presence or absence or more complex scoring systems.

We used this approach and the fault tree in Figure 2 to evaluate potential for domestication in a new salmon hatchery program that had only limited biological data as an example (Table 1). Because domestication may occur from intentional (artificial) selection, unintentional but biased sampling of adults or juveniles that will survive during different stages of fish culture, and inadvertent adaptation to the artificial environment (Busack and Currens 1995), we evaluated safeguards at four stages where these might occur: (1) broodstock collection, (2) mating, (3) rearing, and (4) release. At each of these stages, we used expert knowledge from fish culturists and scientists familiar with hatchery operations to identify scenarios that could lead to intentional selection, biased sampling, or inadvertent adaptation to the artificial environment. For each stage, we rated each subcomponent identified in Figure 2 on a scale of 0–3. A score of "0" (low reliability) indicated that the component was not present; a score of "3" (high reliability) indicated that the component was available, appropriate, and sufficient.

Table 1. Ratings of reliability components for domestication. Components were rated on a scale of 0–3. A score of 0 (low reliability) indicated that the component was absent; a score of 3 (high reliability) indicated that the component was available, appropriate, and sufficient. This method assumes that the more reliable the safeguards are, the less likely the risk is.

	Sources of domestication				
Components	Broodstock collection	Mating	Rearing	Release	Median score
Guidelines					1
Conservation	3	3	1	1	
Operating	1	3	1	1	
Decision trees	0	0	0	0	
Knowledge of variability					0.5
Baseline	1	1	2	2	
Change detection	0	0	0	0	
Logistics					2.5
Equipment	2	3	1	2	
Coordination	2	3	3	3	
Technician performance					2
Type I	3	3	3	3	
Type II	1	1	1	1	
Median score	1	3	1	1	1

Overall, the median score, 1, indicates that for this example many safeguards were available but that they were not necessarily appropriate or sufficient to prevent domestication (Table 1). As might be expected for a new hatchery program, equipment and logistics were subcomponents that were strongest. The program also had strong conservation guidelines for broodstock collection and mating and strong operating guidelines for mating, which reflected involvement by geneticists in planning of the program. In contrast, knowledge of natural variability was the weakest. The inability to detect change related to domestication effects in wild or hatchery fish largely reflected the inability to distinguish hatchery and wild-origin fish in this program. Because there was no ability to detect change, decision trees that would help technicians make decisions when an unexpected event occurred (e.g., unusually high proportion of hatchery fish versus natural-origin fish returning to the river) were also absent. Thus, the ability of technicians to perform under these conditions (type II error) would also be impaired. Some risk of domestication may be inherent in any artificial production (Busack and Currens 1995), but appropriate safeguards should reduce it. In this case, we would conclude that with so many safeguards components undeveloped, the risk is greater than it could be.

The safeguard-evaluation approach to risk assessment is based on the idea that the more effective the safeguards are, the less likely the risk is. An advantage of this approach is that it does not require large amounts of biological data on the frequency of different hazards or their consequences. It relies instead on information that is available and specific for almost any program. Consequently, the results are specific to each program. Managers may use the results as diagnostic information to prioritize efforts to improve safeguards. By using predetermined criteria for evaluating safeguards, however, the method produces systematic, transparent and repeatable results that also allow comparisons between programs. The main disadvantage of this method is that it does not estimate risk in terms of biological consequences. Consequently, it provides little information for making trade-offs, balancing conflicting risks that often occur in hatchery programs, or prioritizing improvements of safeguards based on differences in the expected reductions of risk.

2. Likelihood of Meeting Risk Guidelines

This approach assesses risk using subjective probabilities of meeting low risk guidelines. Low risk guidelines act as surrogates for potential loss thresholds. In many fields of risk assessment, analyses focus on estimating the probability of reaching an explicit level of loss rather than accounting for a distribution of consequences. Ecological risk assessments, for example, may focus on estimating the likelihood of reaching a specific regulatory threshold for toxicity or pollution (Bartell et al. 1992). In conservation biology, population viability analyses (PVA) are risk assessments that focus on the probability of extinction in an explicit period of time, where extinction is the explicit level of loss that is of interest (Burgman et al. 1993; Morris and Doak 2002).

In most cases, policy makers, regulators, and scientists have failed to identify similar thresholds for losses associated with artificial propagation that can be used for risk assessments. An alternative, however, is to use risk guidelines that are explicitly risk-averse as surrogates for a loss threshold. Based on genetic or ecological principles, it is possible to identify management guidelines that would be expected to minimize losses even if it is difficult to quantify those losses precisely. Likewise, although analysts may not agree on what constitutes a "moderate" versus "low" risk guideline, by making the guidelines risk adverse, it is possible for diverse individuals to reach consensus that a specific guideline is *at least* a low risk guideline. Estimating the likelihood of attaining such low risk guidelines can then be translated into a useful measure of relative risk, although the consequences may not be measured in biological terms. A high likelihood of meeting a low risk guideline to minimize infection of hatchery fish from a potential pathogen, for example, translates into low risk of fish losses from disease, even though the probability of different mortalities is not estimated directly.

The Washington Department of Fish and Wildlife used this technique to evaluate Chinook salmon *Oncorhynchus tshawytscha* hatcheries in the Puget Sound. They were interested in determining whether there were low, moderate, or high likelihoods of meeting low risk guidelines. To provide consistency in estimating likelihoods, a panel of experts assigned different point values to different scenarios for meeting the guidelines (Table 2) and the total number of points indicated the likelihood of meeting low risk guidelines for domestication. A high likelihood corresponded to 0–30 points; a moderate likelihood corresponded to 31–60 points; and >60 points indicated a low likelihood.

Table 2 illustrates the results of this method applied to a well-established Chinook salmon program. Founded nearly a century ago from the local population, it now produces approximately 35–55% of the fish spawning in the river. Although no detectable genetic or life history differences exist between the wild and hatchery components of the population, over the last 50 years, spawning dates (a heritable trait) have advanced by 3 weeks, due to the tendency of fish culturists to select early-returning fish for broodstock. Fish in the hatchery are spawned manually and progeny are reared in a conventional salmon hatchery environment. Eggs are incubated in baskets and treated with formalin; fry are reared in cement raceways or ponds and fed a commercial diet of dry crumbs or pellets daily. Approximately 85% of the fish are forcibly released into the river as subyearlings in late May. The remaining 15% are released a year later in April.

Using this approach, the case-study program scored 102 points, and we concluded it had a low likelihood of meeting low risk guidelines (Table 2). The high proportion of hatchery fish on the spawning grounds, the length of time that Chinook salmon from the river have been exposed to natural selection for the hatchery environment, and the shift in timing of spawning contributed most to this assessment. This risk assessment reflects both real information about the program and risk analysts' judgment about which factors were more important contributors to domestication.

This approach is most useful for obtaining indirect estimates of risk when the management goals are risk adverse. Assuming that meeting low risk guidelines can generally be expected to minimize potential losses from hazards, low risk guidelines act as surrogates for consequences. An advantage of this approach is that by analyzing the likelihood of meeting guidelines, results are often more meaningful to policy makers than approaches describing biological consequences (such as loss of fitness), which may be in terms that nonscientists do not understand. This approach has the advantage of involving different stakeholders because low risk guidelines can be developed through consensus. As with the other methods we describe, this approach can produce systematic, transparent and repeatable results that allow comparisons between programs.

The main disadvantage of this approach is that it does not directly estimate risk. Consequently, it provides only a little information for making tradeoffs, balancing different kinds of risks, or evaluating programs where management objectives are not risk adverse. A high probability of meeting low risk guidelines may correspond to low risk, for example, but it is impossible to know whether a moderate probability of meeting low risk guidelines and high probability of meeting moderate risk guidelines (if we could define them) would have the similar consequences. Reliance on expert knowledge can also be a disadvantage. Using scoring guidelines (e.g., Table 2) provides results that are transparent and repeatable, but requires expert judgment to develop the scoring guidelines. In

Table 2. Low risk guidelines, scoring system for domestication used by Washington Department of Fish and Wildlife, and scores from case study. Likelihood based on total scores: <30, high; 30–60, moderate; >60, low.

Criteria	Scoring guidelines	Score
1. Minimize proportion of hatchery fish spawning in wild and used as brood stock.	• <10% hatchery fish spawning in wild and used as brood stock = 0 • <30% hatchery fish spawning in wild and used as brood stock = 24 • >30% fish spawning in wild and used as brood stock = 48	48
2. Brood stock is not substantially more domesticated than the target wild population.	• Brood stock founded < 3 generations ago = 0 • Brood stock founded > 3 generation ago = 24	24
3. Distribution of traits (e.g., return and run timing, size, age structure) of brood stock closely matches distribution of target population.	• If no significant differences = 0 • If significant differences = 16 (reduce score by 50% if the program will last < 3 generations)	16
4. Mating is similar to that observed in the wild.	• Fish have no opportunity to select mates = 8 • Fish have some opportunity to select mates = 4 • Fish select mates without constraints = 0	8
5. Rearing regime similar to that observed in the wild.	Intentional selection (Percentage of eggs, juveniles, or spawners nonrandomly discarded) • <10% = 0 • 10–30% = 4 • 30% = 8	0
	Rearing environment (Score 0.57 for each element below and subtract from 4): predator exposure, underwater feeding, in-water structure, streambed mimicking substrate, low fish densities, variation in flow, cover.	4
6. Fish released at same sizes and life histories as observed in target population.	Size (Compare to wild counterparts) • 0–25% larger = 0 • 25–50% larger = 1 • >50% larger = 2	1
	Timing • Released as fry or within 1 month of wild migration = 0 • Released within 1–2 months of wild out-migration = 1 • Released more than 2 months after wild out-migration = 2	1

contrast, when experts estimate likelihoods of meeting low risk consequences directly (without guidelines), results are subject to biases and risk perceptions of experts (Slovic 1987; Anderson 1998) and might not be transparent or repeatable.

3. Probabilistic Consequence Analysis

Probabilistic consequence analyses are useful when we can describe the factors that influence risks and their relationships in a model and we can quantify those factors for individual hatchery programs. When risk can be described in a mathematical model that links the source of the hazard, the exposure (e.g., intensity, frequency, and duration), and the biological response, Monte Carlo techniques are useful for simulating the distribution of potential outcomes or risk based on uncertainty of the model parameters (Merkhofer and Covello 1986; Vose 1997; Koller 1999, 2000). Although Monte Carlo analyses may employ high level modeling languages (e.g., Press et al. 1986), add-on programs, such @Risk (Palisade Corporation, Newfield, New York), Crystal Ball (Decisioneering, Denver, Colorado), or PopTools (www.cse.csiro.au/poptools), now allow Monte Carlo analyses to be performed with widely available spreadsheet programs.

Unfortunately, available mathematical models for many hazards associated with hatcheries employ simplifying assumptions or use parameters that are not easily measured in real populations. This limits direct application to risk assessment. Probabilistic networks, also called Bayesian belief networks (BBN) or causal probabilistic networks, provide a technique for modeling risk by incorporating known and theoretical relationships, results of Monte Carlo analyses, and expert opinion (Pearl 1988; Jensen 1996), which can address some of these limitations. Although Bayesian analyses have not yet been widely accepted among many ecologists (Dennis 1996), their use in environmental management and natural resource decision making (Haas 1992; Dixon and Ellison 1996; Ellison 1996; Wolfson et al. 1996), evaluating forests (Haas 1991; Haas et al. 1994; Crome et al. 1996), and evaluating fish and wildlife (Cohen 1988; Lee and Rieman 1997; Shepard et al. 1997) is increasing.

Bayesian belief networks are graphical models that depict causal webs. Nodes (variables) are connected by directed arcs (arrows) that indicate causal relationship and conditional dependencies. For example, in Figure 3, four nodes—length of time a stock has been cultured, hatchery environment, percent of hatchery-origin fish recruited (HORs) in the broodstock, and hatchery production level—determine the exposure of fish to domestication selection. Each node is subdivided into discrete states, which may be ranges if the variable is continuous. Associated with each node is an array of probabilities that includes a probability for each state of the node given all the possible states of the variables that influence it, which also have their own probabilities. These initial (prior) probabilities may be the results of Monte Carlo simulations, empirical studies, or expert opinion and, as a whole, represent the general state of knowledge for that risk. To use the model to assess a specific hatchery program, however, the user must choose one of the possible states for each input node (i.e., assign it a probability of 100%). The probabilities for all the states of the model are then recalculated using Bayesian conditional

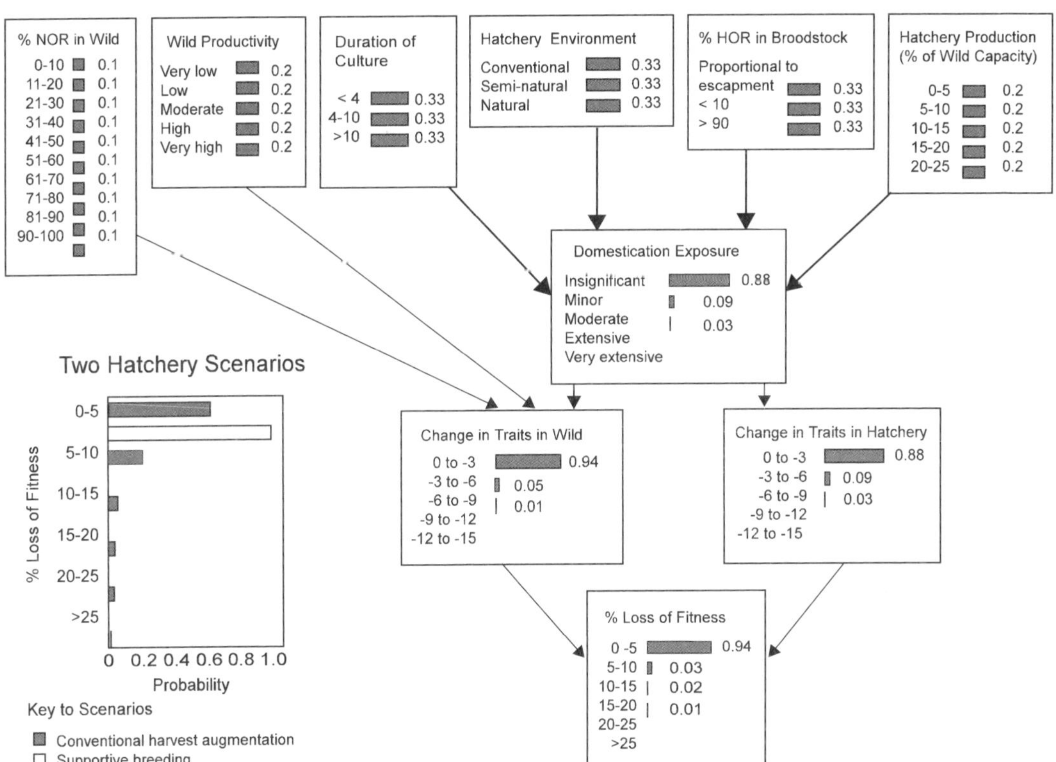

Figure 3. Bayesian belief network (BBN) with prior probabilities for risk of domestication and results for two hatchery scenarios (inset). Model is based on Ford (2002), assuming a quantitative fitness trait with a variance (σ^2) of 10, heritability (h^2) of 0.3, strong selection in the wild ($\omega_n^2 = 100$), and variable strength of selection and optimum phenotype depending on the hatchery environment (see text). We assumed density-dependent population growth in the wild following a Beverton-Holt relationship with variable productivity parameter and density independent growth in the hatchery. Input nodes are in the top row. Natural-origin recruits (NOR) are fish produced in the wild; hatchery-origin recruits (HOR) are fish produced by artificial propagation.

probabilities to arrive at posterior probabilities of a risk curve for that specific case.

Figure 3 is a BBN for risk of domestication based on change in a quantitative fitness trait using the mathematic model of Ford (2002). Direct application of Ford's model to risk assessment is difficult because in most cases hatchery programs will not have information on key model parameters. We used a BBN to adapt the model for hatchery risk assessment using Monte Carlo simulation and expert opinion. For example, two of the variables in Ford's (2002) model that influence the amount of trait change of fish in the hatchery are the optimum phenotype (θ_c) and the strength of selection (ω_c^2) in the hatchery environment. Data for these may not be available for many hatchery programs. These parameters are determined by the hatchery environment, which can be categorized by its differences from wild environments, however. Based on expert opinion, we developed triangular sampling distributions for θ_c and ω_c^2 for conventional (concrete raceway, artificial food and feeding, high densities), seminatural (pond, natural cover, some natural prey, low densities), or natural (natural pond, mostly natural prey, low densities) environments that may be used to rear salmon. After assigning distributions to other parameters of the model, we simulated loss of fitness 50,000 times over 1–20 generations of culture to develop probabilities for each of the states in the BBN.

Figure 3 shows risk curves for two different hatchery scenarios using the BBN. The first scenario is typical of many conventional harvest augmentation programs. The proportion of natural-origin recruits (NORs) spawning in the wild is 41–50%; productivity in the wild is moderate; the program has been operating for 4–10 generations; the conventional hatchery environment is almost entirely artificial; more than 90% of broodstock is of hatchery origin; and hatchery production is more than 20% of the stream's capacity. Based on this BBN, probability of loss of fitness of 0–5% is 0.64, but significant probabilities of losses of 5–10% (0.21) or 15–20% (0.06) also occur. The second scenario is typical of some supportive breeding programs that are used to increase abundance of naturally spawning fish. The proportion of NORs spawning in the wild is 41–50%; wild productivity is low; the program has been going for less than four generations; hatchery environment is seminatural; less than 10% of the broodstock is hatchery origin; and hatchery production is more than 20% of the stream's capacity. Based on this BBN, probability of loss of fitness of 0–5% is 0.999, with little likelihood of greater levels of loss of fitness.

This approach is most useful for obtaining quantitative estimates of risk when mechanisms by which hazards occur are well understood and can be described in a mathematical models or tables of probabilities. The main advantage of this approach is that it directly and precisely estimates risk. Consequently, it can potentially be used to tradeoff different management scenarios and to evaluate conflicting risks of different hazards. It can use empirical data, modeling results, or expert knowledge. The method is systematic, repeatable, and transparent.

The main disadvantage of this approach is that to be effective in estimating case-specific risk or in comparing risks between different programs, it needs case-specific information. Because parameters used in many mathematical models may not be known or measurable, it is necessary to use general distributions derived from a limited number of studies in the scientific literature or expert knowledge. These could introduce problems of bias and judgment. Finally, the approach may lead to narrow, technical definitions of risk and results that may need to be interpreted for policy makers to avoid common illusions about probabilities (Ibrekk and Morgan 1987; Anderson 1998).

Incorporating Risk Assessments into Decision Making

Risk assessments are successful when they contribute to decision making. We have used two very different approaches. The first is decision analysis. Decision analysis uses graphical modeling techniques, such as decision trees and influence diagrams, to organize decision problems. Decision trees display choices as branches of a tree. The tree consists of nodes that represent uncertain events, branches that represent mutually exclusive and collectively exhaustive outcomes, and consequences (the ends of the branches). Influence diagrams are probabilistic networks that include decision nodes. Decision makers evaluate choices by comparing expected values of alternative decisions. Expected value is the average value of the risk curve (Figure 1), where each scenario is a different chance outcome with a different consequence value and probability. Clemen (1996) provides an excellent introduction to decision analysis. MacGregor et al. (2002) illustrated how it might be applied to making choices about monitoring in Pacific salmon hatchery programs.

Decision analysis works well for choosing a best apparent strategy when (1) goals are clearly defined, (2) there is a single decision point [such as start of a new project or a major change in objectives or protocols], (3) assumptions about future conditions can be made at the time of analysis, (4) the decision problem can be described conceptually by relatively few choices and sequential chance events, and (5) outcomes are evaluated with a single metric (Anderson et al. 2003). In practice, this often means that the problem needs to be either narrowly defined or that the analysis only describes major parts of a more complex issue. Because decisions can be described pictorially, the decision analysis framework can be especially useful for communicating alternative risks and choices to policy makers or nontechnical audiences. When problems are more complex, involve time-series analyses or recursive relationships, or depend on social factors that cannot be directly included in analyses, however, decision trees can be unwieldy and difficult to use (Koller 1999). In these cases, risk assessments can be incorporated into decision making by using decision analysis to describe the fundamental organization of the decision, incorporating Monte Carlo modeling to evaluate more complex interactions among nodes, and involving stakeholders in development of the decision trees.

The second approach is to develop a general framework of acceptable risk profiles from which to judge the results of individual risk assessments. We have used this approach for broad-scale recovery planning for Pacific salmon in Puget Sound, Washington. Conceptually, the status of natural populations can be classified by their conservation status and by the potential productivity and capacity of the habitats they occupy (Figure 4). Similarly, assuming two fundamental management values—first, that conservation of natural populations is important at some level, and second, that it should be efficient—then levels of acceptable risk will be different for different classifications of populations. Figure 4 illustrates this for four

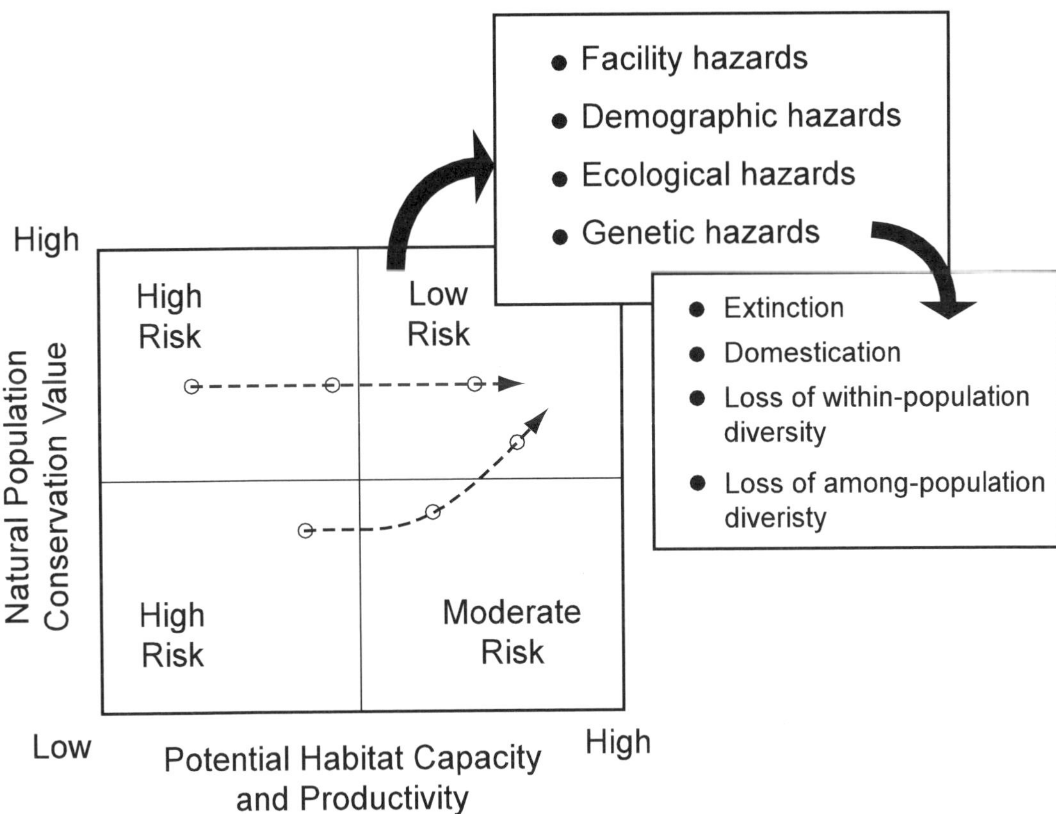

Figure 4. Conceptual design of acceptable risk profiles. Large matrix shows four hypothetical classes of natural populations categorized by conservation status, potential habitat capacity and productivity, and overall acceptable risk levels. Circles show trajectories of two populations as they move towards long-term management goals. In practice, acceptable risks profiles are defined for each kind of genetic, ecological, demographic, and facility hazard in each class (small boxes). Only genetic risks are shown in this illustration.

hypothetical categories. Where potential habitat capacity and productivity is low and conservation status is low, acceptable risk may be high. Spending resources to minimize risk from hatchery production here is inefficient. Where potential habitat capacity and productivity is low and conservation status is high (e.g., where a unique population is endangered but habitat has been lost and it will take many years to restore it), acceptable risk from hatcheries may be high. Recovery programs may use intensive, experimental artificial propagation techniques to preserve the population ex situ because the risk of extinction in the wild is even greater. In contrast, where potential habitat capacity and productivity is high and conservation status is high, then acceptable risk would be low. Protecting populations that are self-sustaining is more efficient in the long-term than mitigating for their loss.

In practice, the potential number of acceptable risk categories will be larger for two reasons. First, both conservation status and habitat potential will usually be divided into 3–5 ranks to reflect differences more precisely. Conservation status may be determined using methods outlined in Allendorf et al. (1997) or similar procedures. Likewise, in the Pacific Northwest, determining habitat capacity and potential is an important technical and policy step for recovery planning for species of salmon listed under the Endangered Species Act. Second, as indicated earlier in this paper, it is convenient to keep consequences from different hazards distinct, because some scenarios may lead to conflicting consequences among hazards and identifying a common currency for overall risk can be difficult. Consequently, a separate acceptable risk profile is necessary for each kind of hazard (Figure 4).

This approach provides different advantages than decision analysis for incorporating risk assessments into decision making. It provides a general framework, which is easily understood by nontechnical audiences, for ensuring that risks associated with multiple hatchery programs are consistent with policy goals for natural populations and their habitat. This can help frame critical local and regional policy issues associated with salmon recovery, which is an important role of risk assessments (Lackey 2002). It allows both qualitative and quantitative risk assessments to be systematically incorporated into decision making. In addition, it provides a means for integrating risk assessments of different hazards without having to use a single metric to calculate an overall risk value. This is important when projects have multiple, incommensurable goals. For example, where conservation status is high but habitat potential is low, the acceptable risk profile might allow for high risk of domestication in exchange for low risk of extinction. A similar risk of domestication might not be acceptable in other areas. The approach also complements adaptive decision-making approaches (Anderson et al. 2003) where multiple projects are moving towards long-term goals and decisions occur about appropriate levels of risk at multiple points during the process (Figure 4).

Conclusions

The techniques we have presented are relatively simple. As we gain better understanding of how to define risks, their sources, and improved information on causes and effects, analytical techniques to assess risk will need to improve. Improvements might include exploring ways to use broader, richer definitions of risk, rather than narrow technical definitions (National Research Council 1996); integrating risk assessments for hatcheries into population viability models; incorporating metapopulation structure of natural populations into the models; advancing methods to incorporate expert knowledge; and finding innovative ways to communicate and describe the results to nontechnical audiences. Risk analysis can help identify key areas for research and monitoring, which is the only way to reduce uncertainty associated with expert opinion. These are exciting challenges for biologists and risk analysts. All of these should improve decision making and management for hatcheries, hatchery fish, and natural populations.

It is important to recall the limitations of risk assessment, however. First, despite the temptation to focus on analytical tools, as we have here, the most important aspect of risk assessment is the process of identifying the problem, collecting the appropriate information, involving and encouraging the appropriate people, facilitating dialogue between analysts and decision makers during the process, and developing accurate, balanced, and informative syntheses (National Research Council 1996). Second, the world we are attempting to understand is complex. Risk assessments of highly engineered, technological systems face high uncertainty in those systems (Bedford and Cooke 2001). Risk assessment of hatcheries and the effects of hatchery fish on natural populations must deal with a technological system that has been imposed on and depends on ecological systems that are even more complex and unknown (Meffe 1992). Consequently, risk analysis under the best circumstances may be only able to make general predictions about the consequences of hatchery fish and hatchery management.

The uncertainty of these predictions will be great. Historically, for example, the biggest source of uncertainty in risk assessment has been the potential failure to include key variables in the analysis because no one knew they were important at the time (Hoffmann-Riem and Wynne 2002). The most useful results from risk assessment, therefore, may be to identify patterns of hazard sources, initiating events, consequences, and research that lead to better risk management. In the final analysis, if risk assessment does anything, it should teach us to be humble.

Acknowledgments

This work greatly benefited from the thinking and review of Mike Ford, Lars Mobrand, and Jim Scott.

References

Allendorf, F. W., D. Bayles, D. L. Bottom, K. P. Currens, C. A. Frissel, J. A. Lichatowich, W. Nehlsen, P. C. Trotter, and T. H. Williams. 1997. Prioritizing Pacific salmon stocks for conservation. Conservation Biology 11:140–152.

Anderson, J. L. 1998. Embracing uncertainty: the interface of Bayesian statistics and cognitive psychology. Conservation Ecology 2(1):2. Available at: www.consecol.org/vol2/iss1/art2.

Anderson, J. L., R. W. Hilborn, R. T. Lackey, and D. Ludwig. 2003. Watershed restoration—adaptive decision making in the face of uncertainty. Pages 203–232 *in* R. C. Wissmar and P. A. Bisson, editors. Strategies for restoring river ecosystems: sources of variability and uncertainty in natural and managed systems. American Fisheries Society, Bethesda, Maryland.

Bartell, S. M., R. H. Gardner, and R. V. O'Neill. 1992. Ecological risk estimation. Lewis Publishers, Chelsea, Michigan.

Bedford, T., and R. Cooke. 2001. Probabilistic risk analysis: foundations and methods. Cambridge University Press, Cambridge, UK.

Blumm, M. C. 2002. Sacrificing the salmon: a legal and policy history of the decline of Columbia basin salmon. Book World Publications.

Burgman, M. A., S. Ferson, and H. R. Akçakaya. 1993. Risk assessment in conservation biology. Chapman and Hall, London.

Busack, C. A., and K. P. Currens. 1995. Genetic risks and hazards in hatchery operations: fundamental concepts and issues. Pages 71–80 *in* H. L. Schramm, Jr. and R. G. Piper, editors. Uses and effects of cultured fishes in aquatic ecosystems. American Fisheries Society, Symposium 15, Bethesda, Maryland.

Busby, P. J., T. C. Wainwright, G. J. Bryant, L. J. Lierheimer, R. S. Waples, F. W. Waknitz, and I. V. Lagomarsino. 1996. Status review of West Coast steelhead from Washington, Idaho, Oregon, and California. U.S. Department of Commerce, National Marine Fisheries Service, Northwest Fisheries Science Center, NOAA Technical Memorandum NMFS-NWFSC-27, Seattle.

Campton, D. E. 1995. Genetic effects of hatchery fish on wild populations of Pacific salmon and steelhead: what do we really know? Pages 337–353 *in* H. L. Schramm, Jr. and R. G. Piper, editors. Uses and effects of cultured fishes in aquatic ecosystems. American Fisheries Society, Symposium 15, Bethesda, Maryland.

Clemen, R. T. 1996. Making hard decisions. Duxbury Press, Wadsworth Publishing Company, Belmont, California.

Cohen, Y. 1988. Bayesian estimation of clutch size for scientific and management purposes. Journal of Wildlife Management 52:787–793.

Crome, F. H. J., M. R. Thomas, and L. A. Moore. 1996. A novel Bayesian approach to assesing impacts of rain forest logging. Ecological Applications 6:1104–1123.

Currens, K. P., and C. A. Busack. 1995. A framework for assessing genetic vulnerability. Fisheries 20(12):24–31.

Dennis, B. 1996. Discussion: should ecologists become Bayesians? Ecological Applications 6:1095–1103.

Dixon, P., and A. M. Ellison. 1996. Introduction: ecological applications of Bayesian inference. Ecological Application 6:1034–1035.

Ellison, A. M. 1996. An introduction to Bayesian inference for ecological research and environmental decision-making. Ecological Applications 6:1036–1046.

Ford, M. 2002. Selection in captivity during supportive breeding may reduce fitness in the wild. Conservation Biology 16:1–12.

Gustafson, R. G., T. C. Wainwright, G. A. Winans, F. W. Waknitz, L. T. Parker, and R. S. Waples. 1997. Status review of sockeye salmon from Washington and Oregon. U.S. Department of Commerce, NOAA Technical Memorandum NMFS-NWFSC-33, Seattle.

Haas, T. C. 1991. Partial validation of Bayesian belief network advisory systems. AI Applications 5(4):59–71.

Haas, T. C. 1992. A Bayes network model of district ranger decision making. AI Applications 6(3):72–88.

Haas, T. C., H. T. Mowrer, and W. D. Shepperd. 1994. Modeling aspen stand growth with a temporal Bayes network. AI Applications 8(1):15–28.

Hoffmann-Riem, H., and B. Wynne. 2002. In risk assessment one has to admit ignorance. Nature (London) 416:123.

Holling, C. S. 1973. Resilience and stability of ecological systems. Annual Review of Ecology and Systematics 4:1–23.

Holling, C. S. 1978. Adaptive environmental assessment and management. Wiley, New York.

Ibrekk, H., and M. G. Morgan. 1987. Graphical communication of uncertain quantities to non-technical people. Risk Analysis 7:519–529.

Jensen, F. V. 1996. An introduction to Bayesian networks. Springer-Verlag, New York.

Johnson, O. W., W. S. Grant, R. G. Kope, K. Neely, F. W. Waknitz, and R. S. Waples. 1997. Status review of chum salmon from Washington, Oregon, and California. U.S. Department of Commerce, NOAA Technical Memorandum NMFS-NWFSC-32, Seattle.

Johnson, O. W., M. H. Ruckelshaus, W. S. Grant, F. W. Waknitz, A. M. Garret, G. J. Bryant, K. Neely, and J. J. Hard. 1999. Status review of coastal cutthroat trout from Washington, Oregon, and California. U.S. Department of Commerce, National Marine Fisheries Service, NOAA Technical Memorandum NMFS-NWFSC-37, Seattle.

Kaplan, S., and B. J. Garrick. 1981. On the quantitative definition of risk. Risk Analysis 1:11–27.

Koller, G. 1999. Risk assessment and decision making in business and industry: a practical guide. CRC Press, Boca Raton, Florida.

Koller, G. 2000. Risk modeling for determining value and decision making. Chapman and Hall, CRC Press, Boca Raton, Florida.

Lackey, R. T. 1997. Is ecological risk assessment useful for resolving complex ecological problems? Pages 525–540 *in* D. J. Stauder, P. A. Bisson, and R. J. Naiman, editors. Pacific salmon and their ecosystems: status and future options. Chapman and Hall, New York.

Lackey, R. T. 2002. Restoring wild salmon to the Pacific Northwest: framing the risk question. Human and Ecological Risk Assessment 8(2):223–232.

Lee, D. C., and B. E. Rieman. 1997. Population viability assessment of salmonids by using probabilistic networks. North American Journal of Fisheries Management 17:1144–1157.

Lichatowich, J. A. 1999. Salmon with rivers: a history of the Pacific salmon crisis. Island Press, Washington, D.C.

MacGregor, B. W., R. M. Peterman, B. J. Pyper, and M. J. Bradford. 2002. A decision analysis framework for comparing experimental designs of projects to enhance Pacific salmon. North American Journal of Fisheries Management 22:509–527.

Meffe, G. K. 1992. Techno-arrogance and halfway technologies: salmon hatcheries on the Pacific Coast of North America. Conservation Biology 6:350–354.

Merkhofer, M., and V. Covello. 1986. Risk assessment and risk assessment methods: the state of the art. Plenum, New York.

Molak, V., editor. 1997. Fundamentals of risk analysis and risk management. CRC Press, Lewis Publishers, Boca Raton, Florida.

Morris, W. F., and D. F. Doak. 2002. Quantitative conservation biology. Sinauer Associates, Sunderland, Massachusetts.

Myers, J. M., R. G. Kope, G. J. Bryant, D. Teel, L. J. Lierheimer, T. C. Wainwright, W. S. Grant, K. Neely, S. T. Lindley, and R. S. Waples. 1998. Status review of Chinook salmon from Washington, Idaho, Oregon, and California. U.S. Department of Commerce, National Marine Fisheries Service, NOAA Technical Memorandum NMFS-NWFSC-35, Seattle.

National Research Council. 1996. Understanding risk. National Academy Press, Washington, D.C.

Pearl, J. 1988. Probabilitistic reasoning in intelligent systems: networks of plausible inference. Morgan Kaufmann Publishers, San Mateo, California.

Press, W. H., B. P. Flannery, S. A. Teukolsky, and W. T. Vetterling. 1986. Numerical recipes: the art of scientific computing. Cambridge University Press, New York.

Rowe, W. D. 1977. An anatomy of risk. Wiley and Sons, New York.

Shepard, B. B., B. Sanborn, L. Ulmer, and D. C. Lee. 1997. Status and risk of extinction for westslope cutthroat trout in the upper Missouri River basin, Montana. North American Journal of Fisheries Management 17:1158–1172.

Slovic, V. 1987. Perception of risk. Science 236:280–285.

Vose, D. 1997. Monte Carlo risk analysis modeling. Pages 45—66 *in* V. Molak, editor. Fundamentals of risk analysis and risk management. CRC Press, Lewis Publishers, Boca Raton, Florida.

Waples, R. S. 1991. Genetic interactions between hatchery and wild salmonids: lessons from the Pacific Northwest. Canadian Journal of Fisheries and Aquatic Sciences 48(Supplement 1):124–133.

Waples, R. S., and J. Drake. 2004. Risk-benefit considerations for marine stock enhancement: a Pacific salmon perspective. Pages 260–306 *in* K. M. Leber, S. Kitada, H. L. Blankenship, and T.

Svåsand, editors. Stock enhancement and sea ranching: developments, pitfalls, and opportunities. Kobe, Japan, 2002. Blackwell Scientific Publications, Oxford.

Weitkamp, L. A., T. C. Wainwright, G. J. Bryant, G. B. Milner, D. J. Teel, R. G. Kope, and R. S. Waples. 1995. Status review of coho salmon from Washington, Oregon, and California. U.S. Department of Commerce, National Marine Fisheries Service, NOAA Technical Memorandum NMFS-NWFSC-24, Seattle.

Wolfson, L. J., J. B. Kadane, and M. J. Small. 1996. Bayesian environmental policy decisions: two case studies. Ecological Applications 6:1056–1066.

American Fisheries Society Symposium 44:291–305, 2004

A Modified Suitability Index to Guide Selection of Stocking Waters for Juvenile Tiger Muskies

KEITH KOUPAL[1]

Nebraska Game and Parks Commission
1617 First Avenue, Kearney, Nebraska 68847, USA

Abstract.—The Colorado Division of Wildlife and Colorado State University teamed up to develop a modified suitability index to guide stocking decisions of tiger muskellunge (northern pike *Esox lucius* × muskellunge *E. masquinongy*). A categorical-based index stemming from historical stocking success, literature references, and logic was deemed the most appropriate approach because staff wanted a functional index that was easy to use and required little additional data collection. The modified suitability index is composed of five primary attributes and a community predator rating. Primary attributes selected for this index were temperature regime, water clarity, seasonal cover, escapement potential, and availability of prey. Each primary attribute receives a score of 1, 2, or 3, and an overall suitability rating of low, low-medium, high-medium, or high is assigned. A separate assessment of fish and bird predators is conducted to determine a community predator rating. The community predator rating is used to adjust the suitability rating and determine a final water description. A high water description has the best chance of recruiting stocked tiger muskellunge to the second fall, and a low water description has the worst chance of recruiting success. The modified suitability index shows promise as a useful tool for apportioning limited numbers of juvenile tiger muskellunge as validation efforts have predicted stocking success. Consequently, the professional community should find this categorical-based index useful when management demand exceeds hatchery supply and funds are lacking to pursue full-fledged investigations.

Introduction

Tiger muskellunge (northern pike *Esox lucius* × muskellunge *E. masquinongy*) were first stocked in Colorado by the Colorado Division of Wildlife (CDOW) in 1983. The CDOW soon realized the potential of tiger muskellunge to effectively control overabundant sucker *Catostomis* spp. and common carp *Cyprinus carpio* populations (Satterfield et al. 1994), as well as to increase the opportunity for anglers to catch trophy-sized fish, thereby increasing angler participation and satisfaction (Neuswanger et al. 1994). These positive factors generated such a heavy demand for tiger muskellunge that hatchery personnel sometimes found it difficult to provide the desired numbers and sizes.

In addition to the limited supply of tiger muskellunge, managers experienced difficulties with inconsistent recruitment and the fact that fishable populations developed in less than one-third of the stocked waters. Examination of current literature identified several factors that can cause poor survival of stocked tiger muskellunge, including thermal stress during stocking (Mather et al. 1986), previous feeding experience (Wahl and Stein 1989; Szendrey and Wahl 1995), species and size of prey available (Weithman and Anderson 1977; Gillen et al. 1981), stocking size and time (Beyerle 1981; Beyerle 1984; Carline et al. 1986), and predation by largemouth bass (Stein et al. 1981; Carline et al. 1986; Wahl and Stein 1989). The results of these studies prompted several changes, including stocking later in the year, at a larger size, at night, and with some prior exposure to prey fish. These strategies may have provided success in a few waters, but consistent survival was still below expectations.

In an attempt to become more efficient and increase management success of tiger muskellunge, the CDOW teamed up with Colorado State University to develop a tool for assessing the potential of tiger muskellunge to successfully recruit in a reservoir. The proposed tool needed to be simple, with little additional data collection from biologists, as well as some-

[1] E-mail: kkoupal@ngpc.state.ne.us

thing that could be completed quickly and with the little money available. A promising alternative to accomplish this task was a modification of the habitat suitability index developed by McConnell et al. (1984).

McConnell et al. (1984) used current literature, professional judgment, and site information to develop suitability ratings for several species in reservoirs that were under construction. The index presented in this paper will evaluate the success of past stocking efforts and use general conditions surrounding these stockings, as well as available literature and professional judgment to categorize the potential stocking success associated with various combinations of environmental and biological conditions. This assessment tool will allow biologists to compare the potential recruitment of stocked tiger muskellunge to their second fall, at the CDOW standardized stocking rate (25/ha 200 mm total length [TL]). If used appropriately, this modified suitability index can assist biologists with the allocation of available tiger muskellunge between water bodies and more efficiently determine production requests. The end result can be monetary savings due to efficient production and use of a hatchery product, as well as increased confidence in resource management agencies by the public because of the increased success of management efforts

Methods

Background

The modified suitability index is composed of five primary attributes and a community predator rating. Each primary attribute represents a component of a water's suitability for stocked tiger muskellunge. A primary attribute can be derived from a single factor or several factors, which become known as secondary attributes. Each primary and secondary attribute is separated into three levels that would correspond to low, medium, or high and given a score of 1, 2, or 3. The specific measurements separating scores of 1, 2, and 3 are called benchmark scores. All five primary attributes receive a score and an overall suitability rating (low, low-medium, high-medium, or high) is assigned. The suitability rating describes the suitability of a water for juvenile tiger muskellunge stocked at a rate of 25/ha (200 mm TL). A separate assessment of fish and bird predators is conducted to determine a community predator rating. The community predator rating is used to adjust the suitability rating and determine the final water description (Figure 1).

Preliminary Data Collection

Development of a modified suitability index requires an examination of previous stocking successes and failures to determine which reservoir characteristics have generally led to the establishment of tiger muskellunge populations. Evaluating characteristics of water bodies previously stocked provides an opportunity to determine benchmark scores of attributes that delineate the probability of stocking success.

Waters had to meet certain criteria to be included in the preliminary survey. A reservoir needed to be located in Colorado and have received at least two stockings before 1994 because confidence in adult tiger muskellunge sampling methods begins at age 3 (Larscheid et al. 1999). Multiple stockings were considered a valid attempt to establish this species. A total of 27 reservoirs were deemed eligible for use in developing this index (Appendix A). Each reservoir was given a rating of poor (1), average (2), or above average (3) based on an objective, or subjective, scale that measured the historic ability of a reservoir to produce year-classes of tiger muskellunge (Appendix B).

All 27 waters were visited during a 3-week period starting July 26, 1996. Water parameters measured included dissolved oxygen and temperature depth profiles, Secchi disk, pH, phenol alkalinity and total alkalinity, hardness, nitrite, and ammonia. Only dissolved oxygen and temperature depth profiles and Secchi disk readings showed enough correlation with reservoir assignments to warrant use in the index. In addition, a modified Hankin/Reeves method (Hankin and Reeves 1988) was used to estimate surface, bottom, and shoreline vegetative cover by direct observation, snagging hook, and snorkeling. Vegetative materials are included as part of living and nonliving cover in the index. Information collected during this trip was used as an indication of likely conditions for all previous stockings of tiger muskellunge in a reservoir. Details on how data from the preliminary survey were used to assist with setting benchmark scores are explained later in this section under the discussion of benchmark scores.

Modified Suitability Index

The suitability index of McConnell et al. (1984) and my modified suitability index are predictive tools. The intended use of these indices is to summarize available data and literature, in combination with professional judgment, to create a tool that can assist managers with their decisions. The difference between the two

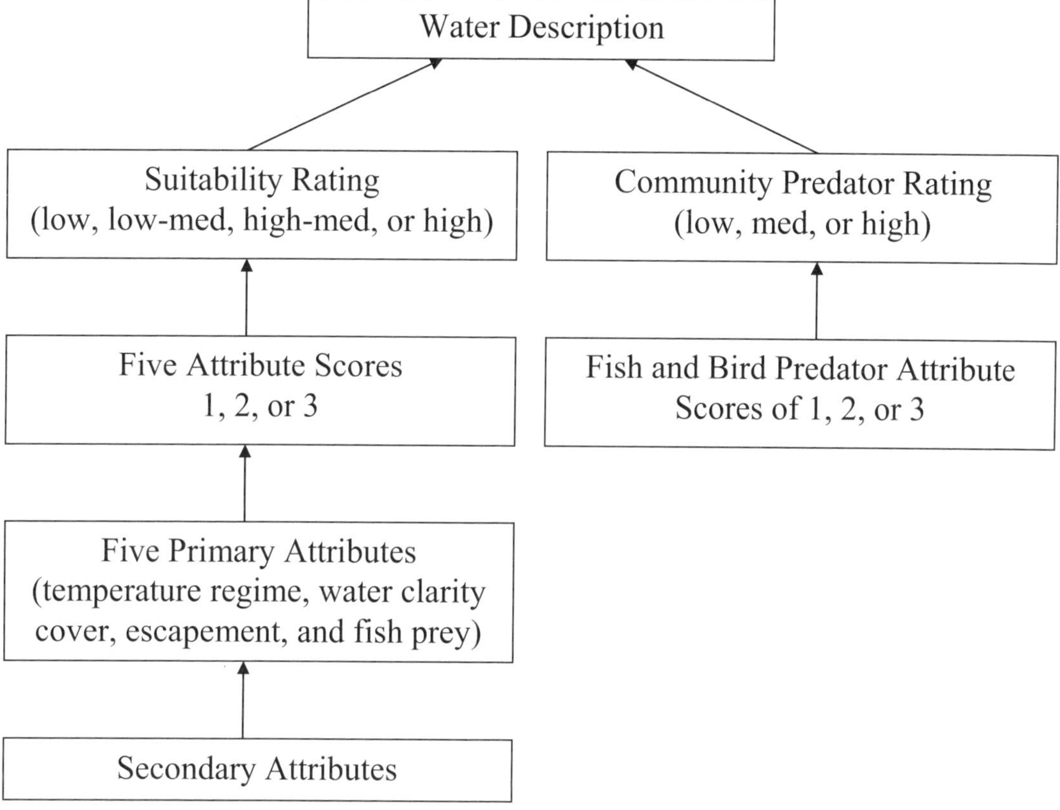

Figure 1. Flow chart of organizational terminology utilized in the modified suitability index.

tools is that McConnell et al. (1984) predicts whether or not perceived conditions are favorable for a species, while my modified version predicts whether or not existing conditions are favorable for a specific stocking of a species. To account for this difference in objectives and to include certain conditions that have been found to enhance the success of tiger muskellunge, the five primary attributes were altered for my modified suitability index. The five primary attributes are temperature regime, water clarity, seasonal cover, escapement potential, and availability of prey.

The primary attribute of temperature regime assesses the available summer thermal refugia. Secondary attributes include maximum mean monthly surface water temperature and depth of thermal stratification during July or August in water that is away from inlets, aerators, or other sources of water movement where depth is at least 80% of the reservoir maximum. Maximum mean monthly surface water temperature is the highest average reading obtained from a water for July or August. The monthly surface water temperatures used in calculations can be determined from a one-time reading, but a minimum of three is suggested. Depth of thermal stratification is determined from a minimum of three readings that are representative of either July or August. Readings for these secondary attributes are compared to benchmark scores, and an overall attribute score for temperature regime assigned (Figure 2). An attribute score of 1 indicates lower temperatures and deeper thermoclines; 3 indicates higher temperatures and shallower thermoclines. An attribute score of 1 represents a better chance for establishing tiger muskellunge.

Benchmark scores in Figure 2 were determined from literature review, as well as observed temperatures and thermocline ranges found during the preliminary survey. Higher water temperatures can be stressful or cause mortality because young northern pike did not grow at temperatures above 28°C in the laboratory (Casselman 1978) and temperatures above 32°C caused death within 2 d (Scott 1964). Observations from the preliminary survey (Appendix C) showed a trend toward warmer waters being less likely to recruit tiger muskellunge. Information from the

Temperature Regime

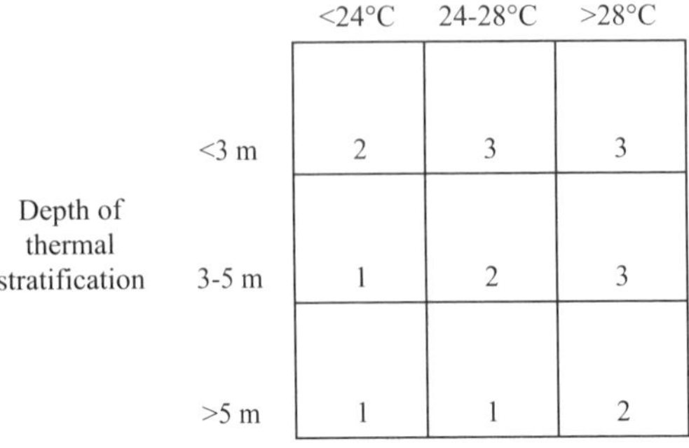

Depth of thermal stratification	Maximum surface temperature: <24°C	24-28°C	>28°C
<3 m	2	3	3
3-5 m	1	2	3
>5 m	1	1	2

Figure 2. Matrix of the attribute scores for temperature regime.

preliminary survey did not necessarily reflect maximum mean monthly surface water temperatures, but rather a one-time summer reading. Maximum mean monthly surface water temperature benchmark scores were adjusted to accommodate for known levels of decreased growth and temperatures of observed success in Colorado. Thermoclines offer cooler refugia to tiger muskellunge, and they are often found there during the summer (Andrews and Laurion 1982). As thermoclines get closer to the surface, less habitat is available for cover. In addition, many prey species can use the hypolimnion to escape from tiger muskellunge that are feeding. Evidence from the preliminary survey (Appendix D) supported the claim that thermocline depth affects the probability of successful establishment of tiger muskellunge populations. Consequently, benchmark scores were established according to evidence from the preliminary survey.

Water clarity is the second primary attribute (Figure 3). Mean Secchi disk depth readings for June–September is the indicator of water clarity that I used and should be determined from a minimum of three readings. Information from the preliminary survey revealed a relationship between water clarity and the successful recruitment of tiger muskellunge in a reservoir (Appendix E). Tiger muskellunge feed more efficiently in clear water. This advantage is believed to outweigh the added risk of being detected by other predators. Benchmark scores were established from information gained during the preliminary survey. An attribute score of 1 is given to waters with the least clarity, 3 to waters with the most clarity. An attribute score of 3 is the most desirable.

Living and nonliving cover is the third primary attribute. Tiger muskellunge traditionally have selected habitat where vegetation and woody debris were located (Hanson and Margenau 1992; Tipping 2001). Appreciable amounts of living and nonliving cover have been found in Colorado reservoirs that successfully established tiger muskellunge, further suggesting that cover is important to the success of this fish. Secondary attributes for existing living and nonliving cover focus on amount present during each of two seasons rather than types (Figure 4). The two seasons are fall/winter (September 21–March 20) and spring/summer (21 March–20 September). Assessments of living and nonliving cover should be performed in October for the fall/winter season and during May for the spring/summer season. Benchmark scores established from the preliminary survey (Appendix F) define attribute categories of none, sparse, and desirable as <10%, 10–25%, and >25%, amounts of cover, respectively. It may be possible to have excessive cover, but this situation has yet to occur in Colorado reservoirs.

Developing standards for living and nonliving cover and the methods for assigning an attribute score are essential. Living cover is submerged and emergent aquatic vegetation, which could protect stocked tiger muskellunge. Nonliving cover is woody debris and rocks that could protect stocked tiger muskellunge. Cover that displays a minimum two-dimension measurement of 5 by 25 cm, with the third dimension being nontransparent, can offer protection. Accurate assessment of living and nonliving cover is expensive and time consuming; for this reason, two investigators

Water Clarity

Secchi Depth

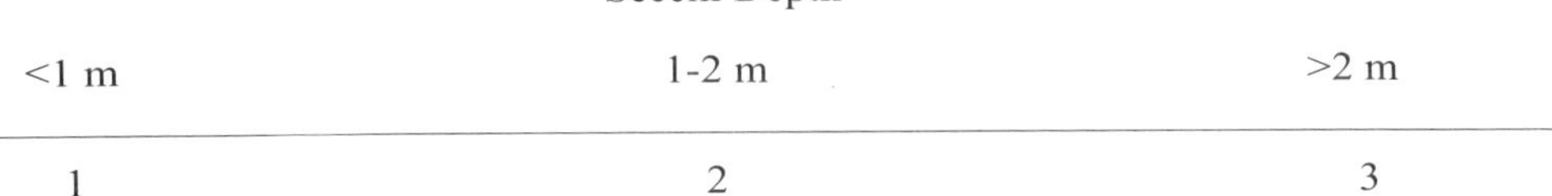

<1 m	1-2 m	>2 m
1	2	3

Figure 3. Attribute scores assigned to specific Secchi disk readings.

Living and Nonliving Cover

Spring/summer \ Fall/winter	None	Sparse	Desirable
None	1	1	2
Sparse	1	2	3
Desirable	1	2	3

Figure 4. Matrix of the attribute scores for living and nonliving cover.

conducted measurements to estimate this parameter. Measurements were conducted on at least three portions of the reservoir by direct observation, snagging hook, and snorkeling, if necessary. Areas measured encompassed different available habitat types. Both investigators individually classified the reservoir in an attribute category for living and nonliving cover, and if their estimates agreed, no further measurements were taken. If attribute score estimates differed, cover measurements were performed until estimates concurred. An attribute score of 1 is given to waters with inadequate amounts of cover, 3 to waters that display adequate cover. An attribute score of 3 is the most desirable.

Limited escapement potential is crucial to establishing tiger muskellunge. Heidinger et al. (1986) reported that 38% of muskellunge stocked in a power-cooling plant escaped almost immediately. Additionally, tiger muskellunge commonly are reported below stocked reservoirs. The possibility of losing valuable tiger muskellunge and prey through escapement warrants a primary attribute. Secondary attributes of water release depth and anticipated flushing rate for the year after stocking are combined (flush/release score) and then compared with probability of a reservoir overflowing (Figure 5). The secondary attributes assess the opportunity tiger muskellunge would have to leave the reservoir based on the amount, frequency, and depth of water releases. Evidence to establish benchmark scores is limited for these secondary attributes, so reasonable scores pertaining to the opportunity to escape were set. Information acquired from

Escapement Potential

Depth of water release \ Flushing rate for water year following stocking	<0.5	0.5-1.0	>1.0
<5 m	2	3	3
5-15 m	1	2	3
>15 m	1	1	2

Flush/release score \ Probability of water overflowing subsequent year of stocking	<10% of years	10-50% of years	>50% of years
1	1	1	2
2	1	2	3
3	2	3	3

Figure 5. Matrices of the attribute scores for escapement potential.

reservoir operators on past and predicted operating strategies, plus available current and future weather patterns, can be used to categorize reservoirs. Attribute scores increase from 1 to 3 as opportunity to escape increases from low to high. An attribute score of 1 is most desirable.

The final primary attribute is availability of prey. Juvenile esocids are capable of living primarily on invertebrates (Finnell 1983); however fish prey can provide greater amounts of energy and increase growth. Increased growth of juvenile tiger muskellunge allows them a better chance to avoid bird and fish predation (Wahl 1999). For these reasons, fish prey is used as the indicator for availability of prey. The secondary attributes for fish prey score are primary body shape of prey and prey abundance.

Fish prey score measured the type and abundance of fish prey available within the community when juvenile tiger muskellunge are stocked. Fish prey is defined as any fish small enough to be consumed by 200-mm tiger muskellunge. A linear regression developed from juvenile tiger muskellunge (170–218 mm TL) estimated that a 200-mm tiger muskellunge can swallow prey with a maximum body depth of approximately 14 mm ($y = -2.4923 + 0.0816(x)$; $n = 28$; $r^2 = 0.59$). Varying prey body shapes are grouped by families to distinguish at what total length they would be vulnerable (Table 1). Data collected for this index, grouped families into score categories for primary body shape of prey, based on linear regression of body depth versus total length. A relationship to known similar-shaped families or literature reference was used when data were unavailable.

Sampling with experimental gill nets, electrofishing, or seining can determine the abundance of prey. Benchmark scores were established for several gear types based on the numbers of fish prey captured in reservoirs that displayed high, medium, and low success of tiger muskellunge stockings (Table 2). Experimental gill nets were constructed of monofilament and measured 1.8 m deep and 45.7 m long, with six equal length panels of 19-, 25-, 32-, 38-, 51-, and 64-mm bar meshes. Electrofishing (DC pulse) was performed with a 5000-W generator and Coffelt VVP-15 electrofisher. Seining consisted of 15.2-m seine hauls with a 7.6-m seine with 7-mm woven mesh. If multiple measurements provide different classification scores, a weighted average score should be used. Because prey species abundance is highly variable, measurements used to assign an attribute score should occur within one life span of the major prey fish species. The fish prey abundance attribute score is combined with primary body shape of prey for an overall fish prey attribute score (Figure 6). The term primary represents the highest percentage by number for category 1, 2, or 3 (see Table 1). The attribute score increases from 1 to 3 as abundance and vulnerability of prey body shape increases. A score of 3 is most desirable.

Combining each primary attribute score, for example 31223, creates a five-digit suitability rating. Each of the 243 possible combinations for these five primary attributes is assigned a ranking of low, low-medium, high-medium, or high with a set of rules established by a regional team of professionals (Table 3). Also, within this table is a list of limitations that must be remembered when applying the index.

The suitability rating summarizes the suitability of a water to recruit tiger muskellunge; however, de-

Table 1. Maximum length of a family representative to be considered a prey item for a 200-mm tiger muskellunge.

Family	Body shape prey score	Reason for score	Maximum prey length (mm)
Cyprinidae	1	linear regression[a]	<50
Clupeidae	1	linear regression[b]	<50
Percichthyidae	1	linear regression[c]	<50
Centrarchidae (non-bass)	1	linear regression[d,e]	<50
Percidae	2	linear regression[f]	<75
Ictaluridae	2	linear regression[g,h]	<75
Catostomidae	2	linear regression[i]	<75
Cyprinidae (non-carp)	2	similar body shape	<75
Centrarchidae (bass)	2	similar body shape	<75
Salmonidae	3	literature reference[j]	<100
Esocidae	3	direct observation	<100

[a] Species, common carp: $y = 12.5900 = 0.2023(x)$; $n = 10$; $r^2 = 0.74$
[b] Species, gizzard shad *Dorosoma cepedianum*: $y = 1.5372 + 0.2550(x)$; $n = 29$; $r^2 = 0.83$
[c] Species, palmetto bass (white bass *Morone chrysops* × striped bass *M. saxatilis*): $y = 2.6360 + 0.2236(x)$; $n = 6$; $r^2 = 0.74$
[d] Species, bluegill *Lepomis macrochirus*: $y = -2.5376 + 0.3926(x)$; $n = 16$; $r^2 = 0.94$
[e] Species, black crappie *Pomoxis nigromaculatus*: $y = -18.8351 + 0.4651(x)$; $n = 15$; $r^2 = 0.76$
[f] Species, walleye *Sander vitreus*: $y = -0.8908 + 0.1732(x)$; $n = 14$; $r^2 = 0.97$
[g] Species, channel catfish *Ictalurus punctatus*: $y = -3.4106 + 0.1877(x)$; $n = 13$; $r^2 = 0.78$
[h] Species, black bullhead *Ameiurus melas*: $y = -0.4458 + 0.1927(x)$; $n = 17$; $r^2 = 0.56$
[i] Species, white sucker *Catostomus commersonii*: $y = -9.1219 + 0.2083(x)$; $n = 29$; $r^2 = 0.97$
[j] Species, kokanee *Oncorhynchus nerka*: Finnell (1983)

Table 2. Ranking of appropriate sized fish prey abundance (low, medium, high) by various gear capture rates.

Gear	Fish prey rank		
	Low	Medium	High
Electrofishing	<20/station[a]	20–40/station	>40/station
Experimental gill nets	<0.5/net-night[b]	0.5–1/net-night	>1/net-night
Seining	<5/haul[c]	5–30/haul	>30/haul

[a] A station consists of 15 min of electrofishing.

[b] A net-night constitutes a gill net actively fishing from evening to morning hours, generally for 12–14 h total.

[c] A haul consists of a seine being pulled 15 m and than angled to shoreline to collect fish.

scribing a water body as suitable does not necessarily guarantee successful establishment. The predominant barrier between suitability and establishment is the presence of other predators. A community predator attribute adjusts the previous suitability rating based on the susceptibility of juvenile tiger muskellunge to both bird and fish predation (Figure 7).

Bird predation assessment requires an estimation of the number of bird predator days during the first 2 weeks after stocking, when young-of-year tiger muskellunge were found to be vulnerable to predation (Koupal 1999; Wahl 1999), and for the rest of the open water year. A bird predator day was defined as active fishing by a piscivorous bird during any part of the day. Numerical estimations of bird predator days separate waters into low, medium, or high categories. Species abundance is determined by on-site visual estimation along with knowledge of annual piscivorous bird presence on waters. On-site visual counts are performed by counting all piscivorous birds on or above the water and within approximately 100 m of the shore. Scores from both time frames combine to give a single bird predator score.

Fish Prey Score

Primary body shape of prey	Abundance of prey: Low	Medium	High
1	1	1	2
2	1	2	3
3	1	2	3

Figure 6. Matrix of the attribute score for fish prey.

Fish predation score is a measure of fish predator density in the community when juvenile tiger muskellunge are stocked. Fish predators are defined as a piscivorous fish that is large enough to consume a 200-mm tiger muskellunge (Table 4). Sampling for predators should include gill nets, experimental gill nets, and electrofishing. Gill nets for use in calculating this index are constructed of multifilament nylon and measure 1.8 m deep and 61.0 m long, with 5.1-cm mesh (bar measure). Benchmark scores were based on the number of fish predators captured in reservoirs during years that displayed high, medium, and low success of tiger muskellunge stockings (Table 5). If multiple measurements provide different classification scores, a weighted average score should be used. Fish predation score is combined with the bird predator score to give a community predator rating (Figure 7). The attribute score increases from 1 to 3 as the abundance of bird and fish predators increase. A score of 1 is most desirable.

The suitability rating is combined with the community predator rating to provide a water description. If the community predator rating is high (3), the overall water description decreases one step from the suitability rating. For example, a reservoir with a low-medium suitability rating and community predator rating of 3 would have a low classification as a suitable water for stocking tiger muskellunge. An annual water description indicates the anticipated success for a fall stocking of tiger muskellunge (25/ha; 200 mm TL). When a water is rated high the chance of recruiting stocked tiger muskellunge to the second fall is very good. The chance of recruiting to the second fall becomes less as the water description decreases.

Results and Discussion

The intend use of this modified suitability index is to provide fisheries managers with a tool to effectively allocate available tiger muskellunge. Results for the

Table 3. A listing of the suitability index limitations, rules for suitability ranking, and suitability ratings for all possible reservoir descriptions.

Modified suitability index limitations

1. This index is intended for use on Colorado waters only.
2. This index is intended for use on lentic waters only.
3. This index is not a guide for stocking rates needed to establish tiger muskies, but rather assumes fish will be stocked at a rate of 25/ha.

Rules for categorizing suitability from five-digit reservoir descriptions. Benchmarks for particular scores can be extracted from the preceding text and appendices. A general guideline for understanding individual five-digit descriptions is that the best score would be 13313 and the worst score would be 31131. Primary attributes scores are represented by letters (A = temperature regime, B = water clarity, C = living and nonliving cover, D = escapement potential, and E = fish prey).

Rules for low ranking

1. If E and B = 1, then rank as low.
2. If A and D = 3 and E = 1, then rank as low.
3. If A = 3 and B and C = 1 and D ≥ 2 or E = 2, then rank as low.
4. If B + E = 3 and A and D ≥ 2 and C ≤ 2, unless A, C, and D = 2, then rank as low.
5. If A = 3 and C and E = 1, while D ≥ 2, then rank as low.
6. If C and E = 1 and D = 3, while A = 2 or B = 2, then rank as low.

Rules for low-medium ranking

If not as above and
1. B or E = 1, then ranking is low-medium.
2. If B and E = 2 and A ≥ 2 and C ≤ 2, unless A and C = 2 and D ≤ 2, then rank as low-medium.
3. If B and E = 2 and A ≥ 2 and D ≥ 2, unless A = 2 and D = 2 and C ≥ 2, then rank as low-medium.
4. If B and E = 2 and C ≤ 2 and D ≥ 2, unless C = 2 and D = 2 and A d" 2, then rank as low-medium.
5. If B + E = 5 and A = 3 and C = 1 and D ≥ 2, then rank as low-medium.
6. If B + E = 5 and A and D = 3 and C ≤ 2, then rank as low-medium.
7. If B + E = 5 and C = 1 and D = 3 and A ≥ 2, then rank as low-medium.

Rules for high-medium tanking

If not as above and
1. If D = 3, unless A = 1, B = 3, C = 3, and E = 3, then rank as high-medium.
2. If A = 3, then rank as high-medium.
3. If E = 2, then rank as high-medium.
4. If B = 2 and C = 1, then rank as high-medium.

Rules for high ranking

1. If not as above, then ranking is high.

Reservoir description	Suitability	Reservoir description	Suitability	Reservoir description	Suitability
11111	L	12111	LM	13111	LM
11112	LM	12112	HM	13112	HM
11113	LM	12113	HM	13113	H
11121	L	12121	LM	13121	LM
11122	LM	12122	LM	13122	HM
11123	LM	12123	HM	13123	H
11131	L	12131	L	13131	LM
11132	LM	12132	LM	13132	HM
11133	LM	12133	HM	13133	HM
11211	L	12211	LM	13211	LM
11212	LM	12212	HM	13212	HM
11213	LM	12213	H	13213	H

Table 3. Continued

Reservoir description	Suitability	Reservoir description	Suitability	Reservoir description	Suitability
11221	L	12221	LM	13221	LM
11222	LM	12222	HM	13222	HM
11223	LM	12223	H	13223	H
11231	L	12231	LM	13231	LM
11232	LM	12232	LM	13232	HM
11233	LM	12233	HM	13233	HM
11311	L	12311	LM	13311	LM
11312	LM	12312	HM	13312	HM
11313	LM	12313	H	13313	H
11321	L	12321	LM	13321	LM
11322	LM	12322	HM	13322	HM
11323	LM	12323	H	13323	H
11331	L	12331	LM	13331	LM
11332	LM	12332	HM	13332	HM
11333	LM	12333	HM	13333	H
21111	L	22111	LM	23111	LM
21112	LM	22112	LM	23112	HM
21113	LM	22113	HM	23113	H
21121	L	22121	L	23121	LM
21122	L	22122	LM	23122	HM
21123	LM	22123	HM	23123	H
21131	L	22131	L	23131	L
21132	L	22132	LM	23132	LM
21133	LM	22133	LM	23133	HM
21211	L	22211	LM	23211	LM
21212	LM	22212	HM	23212	HM
21213	LM	22213	H	23213	H
21221	L	22221	LM	23221	LM
21222	LM	22222	HM	23222	HM
21223	LM	22223	H	23223	H
21231	L	22231	L	23231	LM
21232	L	22232	LM	23232	HM
21233	LM	22233	HM	23233	HM
21311	L	22311	LM	23311	LM
21312	LM	22312	HM	23312	HM
21313	LM	22313	H	23313	H
21321	L	22321	LM	23321	LM
21322	LM	22322	HM	23322	HM
21323	LM	22323	H	23323	H
21331	L	22331	LM	23331	LM
21332	LM	22332	LM	23332	HM
21333	LM	22333	HM	23333	HM
31111	L	32111	L	33111	L
31112	L	32112	LM	33112	HM
31113	LM	32113	HM	33113	HM
31121	L	32121	L	33121	L
31122	L	32122	LM	33122	LM
31123	L	32123	LM	33123	HM
31131	L	32131	L	33131	L
31132	L	32132	LM	33132	LM
31133	L	32133	LM	33133	HM
31211	L	32211	LM	33211	LM

Table 3. Continued

Reservoir description	Suitability	Reservoir description	Suitability	Reservoir description	Suitability
31212	LM	32212	LM	33212	HM
31213	LM	32213	HM	33213	HM
31221	L	32221	L	33221	LM
31222	L	32222	LM	33222	HM
31223	LM	32223	HM	33223	HM
31231	L	32231	L	33231	L
31232	L	32232	LM	33232	LM
31233	LM	32233	LM	33233	HM
31311	L	32311	LM	33311	LM
31312	LM	32312	HM	33312	HM
31313	LM	32313	HM	33313	HM
31321	L	32321	LM	33321	LM
31322	LM	32322	LM	33322	HM
31323	LM	32323	HM	33323	HM
31331	L	32331	L	33331	L
31332	LM	32332	LM	33332	LM
31333	LM	32333	HM	33333	HM

modified suitability index are the amalgamation of ratings derived in Table 3. These ratings allow an annual assessment of a reservoir based on predicted measurements for secondary attributes. Water descriptions of high, high-medium, low-medium, and low can guide biologists in deciding which reservoirs to stock with tiger muskellunge that year. Validation studies for this index were conducted at Jim Baker Reservoir, McKay Lake, and Mann-Nyholt Reservoir. These reservoirs were assessed with water descriptions of low-medium (Jim Baker Reservoir and Mann-Nyholt Reservoir) and low (McKay Lake). Each stocking was considered unsuccessful because 4 years of monitoring failed to sample a single tiger muskellunge. In a subsequent year, tiger muskellunge were stocked into Parvin Lake, which was not intended to be part of the validation procedure. However, Parvin Lake displayed a high water description and has established a sizeable tiger muskellunge population. Taking advantage of the information gathered from Parvin Lake, the modified suitability index demonstrated the ability to successfully predict potential recruitment of stocked juvenile tiger muskellunge in reservoirs with low to high water descriptions. Ideally multiple validations for all 243 water description combinations could be performed, but the lack of "extra" tiger muskellunge available for stocking and number of suitable waters available limited additional validation trials. More iterations are necessary to increase the confidence of this index, but these results indicate the potential of this tool.

A categorical-based model was used for this tool because the time and money to pursue a numerical based model was not available. Additionally, conversations with CDOW fishery staff indicated the practical desire for a functional model that was easy to use and required little additional data collection. Disadvantages concerning the accuracy of prediction and the consistent ranking of similar rated waters are problems that accompany this categorical-based model. For instance, 10 reservoirs may rank as high-medium, but there may be enough tiger muskellunge available to stock only half of these waters. Which ones should be selected? A numerical based model would provide a finer scale for predictions, but common sense and awareness of habitat and biological needs can still provide guidance with these decisions.

Data required for numerical based models are more expensive to obtain and the complexity of these models often supercedes field functionality. The limitations for understanding natural systems was realized and incorporated into the development of this index. Thus, the intended use of this index is not to claim that it provides a quantitatively accurate means for predicting stocking success, but rather to provide a generalized tool that assists decisions on which waters should receive a limited resource. Consequently, the index may lack repeatability and to some extent accuracy; however, it can still offer general and reliable guidance for comparing the suitability of waters for tiger muskellunge. A component of this index that

Community Predator Score

Bird predator abundance (Ice-off to stocking)	Bird predator abundance first 2 weeks: <0.5 /ha/d	0.5-1 /ha/d	>1 /ha/d
<0.25 /ha/d	1	1	2
0.25-0.5 /ha/d	1	2	3
>0.5 /ha/d	1	2	3

Bird predator score	Fish predator abundance: Low	Medium	High
1	1	1	2
2	1	2	3
3	2	3	3

Figure 7. Matrices of the community predator attribute scores.

Table 4. Minimum length of a species to be considered a piscivore on a 200-mm tiger muskellunge.

Species	Length (mm)
Walleye	350
Saugeye (walleye × sauger *Sander canadensis*)	350
Channel catfish	350
Largemouth bass *Micropterus salmoides*	350
Smallmouth bass *M. domomieu*	350
Palmetto bass	350
White bass	350
Tiger muskellunge	400
Northern pike	400
Brown trout *Salmo trutta*	400
Rainbow trout *Oncorhynchus mykiss*	400
Cutthroat trout *O. clarkii*	400
Lake trout *Salvelinus namaykush*	400

allows practical use is that it is extremely robust to minor changes in secondary attribute readings. In developing this modified index, I recognized that biologists must predict future readings for secondary attributes and that actual readings will vary from these predictions; thus, the index is designed, in most cases, to not change the water description even if a category score varies from predictions. I believe that a categorical-based index represents the most realistic approach to deal with the lack of accurate predictions for estimating future reservoir conditions and the variability associated with biotic interactions. Thus, the categorical-based model stemming from the previous work of McConnell et al. (1984) seemed a logical base for this index.

While this tool was designed for tiger muskellunge in lentic waters of Colorado, it can easily be adapted to other regions, stocking rates, and species. The primary categories of this index represent the basic survival needs for tiger muskellunge and can be applied anywhere. The only adjustment necessary would be a slight change to some benchmark scores to more accurately represent the attribute variability for that region. A second concern is that other agencies may classify success differently, depending on the productivity of their waters and management goals. An advantage of this index then becomes the general nature of water descriptions, such as low-medium and high. An agency employing this index can easily vary water classification based on their determination of

Table 5. Ranking of fish predator abundance (low, medium, high) by various gear capture rates.

Gear	Fish prey rank: Low	Medium	High
Electrofishing	<0.5/station[a]	0.5–1/station	>1/station
Experimental gill nets	<1/net-night[b]	1–2/net-night	>2/net-night
Walleye gill nets	<1.5/net-night	1.5–3/net-night	>3/net-night

[a] A station consists of 15 min of electrofishing.

[b] A net-night constitutes a gill net actively fishing from evening to morning hours, generally between 12–14 h total.

success. The end result is that waters are still being compared on the suitability they offer for stocking and recruitment of tiger muskellunge to a fishery and, therefore, water descriptions become relative between reservoirs. Future research should focus on modifications that would allow this tool to be effective for other regions, and potentially adaptations for other esocid, or other fish species.

The modified suitability index holds promise as a useful tool for apportioning limited numbers of juvenile tiger muskellunge. This index has met the request of CDOW's fishery staff for a tool that requires few additional data, is simple to employ, and costs little to use. Validation efforts have demonstrated an effectiveness of this tool for predicting stocking success. Ideally an intensive investigation to develop a model that allowed for finer resolution of decisions and was based on less subjective measures would have been desirable. However, for the intent and purpose of this tool, the index is more than adequate. I am confident that the incorporation of historical stocking success, literature references, and logic can be used to more efficiently allocate available tiger muskellunge. Consequently, the professional community should find this categorical-based index useful when management demand exceeds hatchery supply and funds are lacking to pursue full-fledged investigations.

Acknowledgments

I would like to acknowledge the participation and support of Stephen Flickinger, Jim Satterfield, Jr., Eric Bergersen, Robert Behnke, and James Terrell. These individuals comprised the review team that assisted in establishing the rules to allocate water descriptions. Financial support was provided by the Colorado Division of Wildlife and the American Sportfishing Association.

References

Andrews, S. J., and G. Laurion. 1982. Tiger muskellunge survival and habitat utilization in three northeast Indiana lakes. Indiana Department of Natural Resources, #1464, Indianapolis.

Beyerle, G. B. 1981. Comparative survival and growth of 8.9- and 17.8-cm (3.5- and 7.0-inch) tiger muskellunge planted in a small lake with forage fishes. Michigan Department of Natural Resources, Fisheries Research Report 1894, Ann Arbor.

Beyerle, G. B. 1984. Comparative survival of early- and normal-plant tiger muskellunge stocked in a small lake with forage fish and largemouth bass. Michigan Department of Natural Resources, Fisheries Research Report 1923, Ann Arbor.

Carline, R. F., R. A. Stein, and L. M. Riley. 1986. The effects of size at stocking, season, largemouth bass predation, and forage abundance on survival of tiger muskellunge hybrids. Pages 151–167 *in* G. E. Hall, editor. Managing muskies: a treatise on the biology and propagation of muskellunge in North America. American Fisheries Society, Special Publication 15, Bethesda, Maryland.

Casselman, J. M. 1978. Effects of environmental factors on growth, survival, and exploitation of northern pike. Pages 114–128 *in* R. L. Kendall, editor. Selected coolwater fishes of North America. American Fisheries Society, Special Publication 11, Bethesda, Maryland.

Finnell, L. 1983. Northern pike life history and competition with salmonids. Colorado Division of Wildlife job progress report F-34-R, Denver.

Gillen, A. L., R. A. Stein, and R. F. Carline. 1981. Predation by pellet-reared tiger muskellunge on minnows and bluegills in experimental systems. Transactions of the American Fisheries Society 110:197–209.

Hankin, D. G., and G. H. Reeves. 1988. Estimating total fish abundance and total habitat area in small streams based on visual estimation methods. Canadian Journal of Fisheries and Aquatic Sciences 45:834–844.

Hanson, D. A., and T. L. Margenau. 1992. Movement, habitat selection, and survival of stocked muskellunge. North American Journal of Fisheries Management 12:474–483.

Heidinger, R. C., W. M. Lewis, and K. C. Clodfelter. 1986. Sport fishery potential of power plant cooling ponds. Electric Power Research Institute EPRI #A-483, Project 1743.

Koupal, K. D. 1999. Assessment of post-stocking mortality for tiger muskies and strategies to increase survival. dissertation. Colorado State University, Fort Collins.

Larscheid, J., J. Christianson, T. Gengerke, and W. Jorgenson. 1999. Survival, growth, and abundance of pellet-reared and minnow-reared muskellunge stocked in Northwestern Iowa. North American Journal of Fisheries Management 19:230–237.

Mather, M. E., R. A. Stein, and R. F. Carline. 1986. Experimental assessment of mortality and hyperglycemia in tiger muskellunge due to stocking stressors. Transactions of the American Fisheries Society 115:762–770.

McConnell, W. J., E. P. Bergersen, and K. L. Williamson. 1984. Habitat suitability index models: A low effort system for planned coolwater and coldwater reservoirs (revised). U.S. Fish and Wildlife Service, FWS/OBS-82/10.3A.

Neuswanger, D. J., A. S. Weithman, M. S. Kruse, R. Meade, and V. C. Suppes. 1994. Muskellunge in Missouri: a ten-year strategic plan for program management. Missouri Department of Conservation, Jefferson City.

Satterfield, J. R., Jr., W. R. Elmblad, and D. Langlois. 1994. Draft stocking analysis for tiger muskie in select western Colorado waters. Colorado Division of Wildlife, Administrative report, Denver.

Scott, D. P. 1964. Thermal resistance of pike (*Esox lucius* L.), muskellunge (*E. Masquinongy* Mitchill), and their F_1 hybrid. Journal of Fisheries Research Board of Canada 21:1043–1049.

Stein, R. A., R. F. Carline, and R. S. Hayward. 1981. Largemouth predation on stocked tiger muskellunge. Transactions of the American Fisheries Society 110:604–621.

Szendrey, T. A., and D. H. Wahl. 1995. Effect of feeding experience on growth, vulnerability to predation, and survival of esocids. North American Journal of Fisheries Management 15:610–620.

Tipping, J. M. 2001. Movement of tiger muskellunge in Mayfield Reservoir, Washington. North American Journal of Fisheries Management 21:683–687.

Wahl, D. H. 1999. An ecological context for evaluating the factors influencing muskellunge stocking success. North American Journal of Fisheries Management 19:238–248.

Wahl, D. H., and R. A. Stein. 1989. Comparative vulnerability of three esocids to largemouth bass (*Micropterus salmoides*) predation. Canadian Journal of Fisheries and Aquatic Sciences 46:2095–2103.

Weithman, A. S., and R. O. Anderson. 1977. Survival, growth, and prey of Esocidae in experimental systems. Transactions of the American Fisheries Society 106:424–430.

Appendix A. List of reservoirs used for developing index

Adobe Creek Reservoir	Lower Big Creek Lake	Arvada Reservoir
Meredith Reservoir	Barr Lake	Nee Grande Reservoir
Bear Creek Reservoir	Nee Noshe Reservoir	Chatfield Reservoir
North Sterling Reservoir	Cherry Creek Reservoir	Prewitt Reservoir
Evergreen Lake	Prospect Pond #3	Flagler Reservoir
Quincy Reservoir	Gross Reservoir	Riverbend Pond #3
Holbrook Reservoir	Stalker Lake	Horseshoe Reservoir
Stearns Reservoir	John Martin Reservoir	Thurston Reservoir
Lagerman Reservoir	Wellington Reservoir #4	Lon Hagler Reservoir

Appendix B. Objective and subjective standards for assigning a water rating to an impoundment, which are based on the historical recruitment success from previous tiger muskellunge stocking efforts.

Water rating	Tiger muskellunge population characteristic
Poor (1)	Objective: Catch per gill net-night in spring sample is less than 0.5 tiger muskellunge. Subjective: Water has never produced a solid year-class, and adult recruitment is minimal at best.
Average (2)	Objective: Catch per gill net-night in spring sample is between and including 0.5 and 1.25 tiger muskellunge. Subjective: Water has produced fair numbers of tiger muskellunge from multiple year-classes and some individuals exhibit growth to large size.
Above average (3)	Objective: Catch per gill net-night in spring sample is greater than 1.25 tiger muskellunge. Subjective: Water has produced consistent year-classes of tiger muskellunge and numerous individuals exhibit growth to large size.

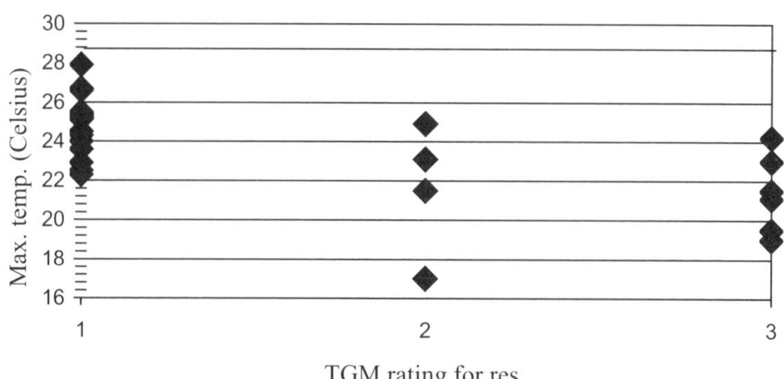

Appendix C. Observed relationship between the historical ability of a reservoir (res.) to establish tiger muskellunge (TGM) and summer surface water temperature recorded in 1996.

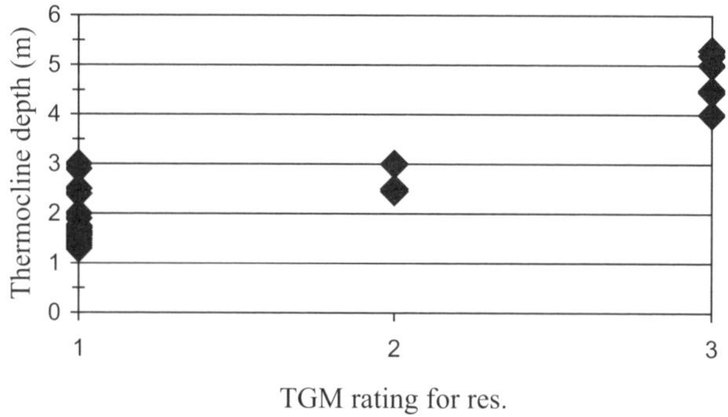

Appendix D. Observed relationship between the historical ability of a reservoir (res.) to establish tiger muskellunge (TGM) and depth of thermocline recorded in the summer of 1996.

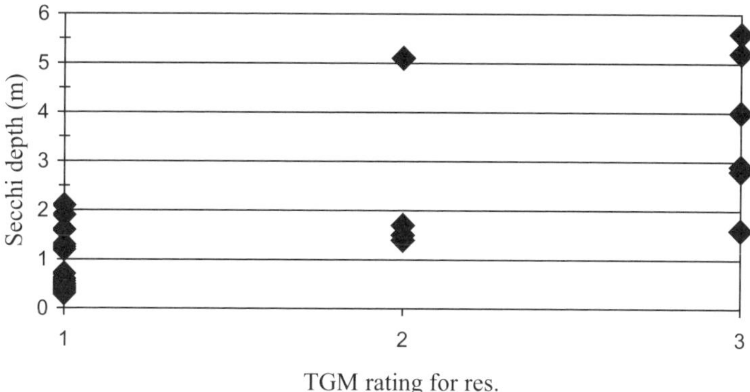

Appendix E. Observed relationship between the historical ability of a reservoir (res.) to establish tiger muskellunge (TGM) and water clarity as measured by Secchi disk in the summer of 1996.

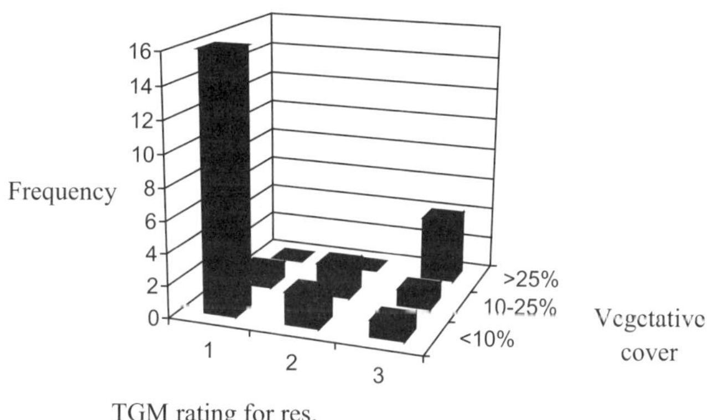

Appendix F. Frequency of occurrence for possible combinations of the historical ability of a reservoir (res.) to establish tiger muskellunge (TGM) and the amount of vegetative cover observed in that reservoir during the summer of 1996.

American Fisheries Society Symposium 44:307–315, 2004

A Historical Perspective on the Philosophy behind the Use of Propagated Fish in Fisheries Management: Michigan's 130-Year Experience

GARY E. WHELAN[1]

Michigan Department of Natural Resources, Fisheries Division
Post Office Box 30446, Lansing, Michigan 48909, USA

Abstract.—Michigan's fish hatcheries were originally developed in the 1870s in response to rapidly declining commercial fish stocks caused by massive overharvest and habitat degradation. While the writings of early fish culturists decried the waste from the commercial fishery and the destruction of critical habitat, there was little political will to do anything but stock fish, so for nearly 50 years, hatcheries became the only fishery management tool to address these problems. In the 1920s and 1930s, fishery managers recognized that more than hatcheries were needed to restore fish populations. Efforts were initiated to improve habitat and strictly control harvest. Hatcheries were still the primary focus of fisheries management, but culture policy changed to the production of fingerling rather than fry. This philosophy held sway until 1950 when a combination of research on fingerling returns and social demand for instant recreation forced the start of the legal-size trout program along with a reduction in the coolwater culture program in Michigan. In 1964, a complete shift in thought occurred. The legal-size trout program was discontinued, habitat rehabilitation was emphasized, and a policy of a 1:1 return to the creel as stocked was instituted. Propagated fish also became a tool for ecosystem change and Great Lakes salmonid stocking started in earnest to balance these prey dominated systems. In the 1970s and 1980s, coolwater fisheries programs were re-examined as water quality improvements from the Clean Water Act opened up new habitat for the re-establishment of these species. Large-scale culture operations for fingerling walleye, northern pike, muskellunge, and lake sturgeon culture operations were reinitiated. In the 1980s and 1990s, public concern over hatchery programs forced managers to review fish culture and stocking practices, and hatcheries became one of many biological, legal, and sociological tools to rehabilitate fish populations. Current Fisheries management philosophy in Michigan uses cultured fish to meet four objectives: (1) re-establish extirpated species, (2) rehabilitate degraded fish populations, (3) provide for ecosystem balance, and (4) create new sportfishing opportunities.

Introduction

The use of propagated fish has been, and remains, one of the key tools of fisheries management in the state of Michigan since 1873, the year that the Michigan Fisheries Commission was formed. Technology, fish culture methods, and the uses of propagated fish have all evolved over the last 130 years. To understand the changes that occurred, it is critical to understand the environmental and social context in which propagated fishes were used. The objectives of this paper are to trace the history of the philosophy behind the use of propagated fish in Michigan, to describe the reasons why changes occurred, and to discuss the current philosophy that guides the state of Michigan's fish production system.

[1] E-mail: whelang@michigan.gov

The Fry and Johnny Fish-Seed Era (1873–1929)

The initial uses of propagated fish were to replace native fish communities eliminated by human development, the desire of immigrants to bring familiar and important food items with them, the need to feed an increasing number of new residents, and the need to provide for a new and growing sportfishing industry. By the 1870s, native fish communities in much of Michigan were either in decline or had been eliminated by a combination of landscape scale habitat destruction, water pollution, dam construction, and overharvest.

Early fisheries workers understood the problems they were facing but were unable to implement any type of harvest regulations or to prevent the landscape scale destruction of fishery resources because the political and social will to do so simply did not exist at that time (Bogue 2000). A demonstration of this can be found in the earliest Michigan Fish Commission (1873) document where George Jerome, Michigan's first fisheries superintendent wrote that he had been asked three questions by legislators and that he answered affirmatively to all three. The questions were (1) Can waters abounding with fish be depleted by excessive fishing; (2) If so, can they be restored by reasonable effort; and (3) Is fish culture the answer? In other parts of the First and Second Biennial Reports of the Michigan Fish Commission (Michigan Fish Commission 1873, 1875), Jerome decried the waste of fish by commercial fishing interests and the massive pollution caused by the industrialization of Michigan. Subsequent writings by Milner (1882) documented the large-scale waste in the Great Lakes commercial fisheries.

Great Lakes tributary streams were altered during this 67-year period. Nearly the entire state of Michigan was deforested during the period of 1860–1900 and as much land as possible drained and converted to farmland. River systems were the major transport systems used to move logs to sawmills. Log drives, the mass movements of cut logs, were conducted on nearly every stream and river in the state, loading massive amounts of soil into streams and requiring large scale de-snagging operations to remove existing large woody debris that were barriers to log movement from their channels. The landscape scale deforestation efforts required many small and large splash dams to move logs, creating extreme flood events, subsequent drought flows, and fragmented watersheds. Lumber mill operations required additional dams to produce mechanical energy to run saws and these further fragmented rivers, usually near the river mouth. A combination of poor forestry practices, plus industrial and lumbering dams, degraded or isolated many miles of stream habitat (Gates et al. 1983) and directly contributed to the extinction of the Michigan grayling *Thymallus arcticus*, along with declines of many other native species (Westerman 1974).

Industrial development of Michigan contaminated many watersheds with untreated wastes that prevented the free movement of fish and greatly reduced available habitat (Gates et al. 1983). Pollution impacts were found throughout Michigan, eliminating fish communities entirely, or degrading large reaches of river systems and many lakes to the point where intolerant native fish communities were displaced by pollution tolerant species such as common carp *Cyprinus carpio*.

The final key factor, overharvest, further reduced or eliminated native fish communities. Both commercial fishing and the growing sportfishery were essentially unregulated until the 1920s when initial science-driven harvest regulations and laws backed up by a rapidly growing number of professional conservation law officers were put into place. These laws included the establishment of the Department of Conservation with broad public trust authorities and enforcement powers. Regulations placed into effect included a broad array of closed seasons, size limits, and possession limits.

Fisheries workers responded to these needs and declining fish populations simply by culturing and stocking large numbers of fry. The technology and cultural methods to hold large numbers of large-sized fish had not yet been developed, although small numbers of large fish were cultured and broodstocks were maintained (Bowen 1970; Westers and Stauffer 1974). A relatively small infrastructure was needed to support fry culture, and in 1900, the state of Michigan maintained six hatcheries in Detroit (lake whitefish *Coregonus clupeaformis* and walleye *Sander vitreus*), Drayton Plains (largemouth bass *Micropterus salmoides* and smallmouth bass *M. dolomieu*), Mill Creek – Grand Rapids (largemouth bass, smallmouth bass, and walleye), Paris (brook trout *Salvelinus fontinalis*, brown trout *Salmo trutta*, and rainbow trout *Oncorhynchus mykiss*), Harrietta (brook, rainbow, and brown trout) and Sault Ste. Marie (lake whitefish) (Westers and Stauffer 1974). The key technological problems for rearing larger-sized fish included the lack of a fundamental understanding of fish physiology and fish nutrition, a lack of information on the fish life histories, inadequate water supplies, and inappropriate water quality (Bowen 1970).

During the period from 1874 to 1884, nearly 152 million fry representing 15 species were stocked by the Michigan Fish Commission. The majority of these fish (93.7%) were lake whitefish, with production of this species peaking in 1929 when 83 million were planted (Westers and Stauffer 1974). Lake whitefish was the most important commercial species of the time and massive stockings were done in the Great Lakes to rehabilitate depressed populations and in inland waters to create new food fisheries.

Large numbers of exotic species were planted in Michigan from 1873 to 1921, including Atlantic salmon *Salmo salar* and Chinook salmon O. *tshawytscha*, brook trout (only native to the Upper Peninsula and a few Lower Peninsula streams), brown trout, rainbow trout, common carp, walleye (planted into waterbodies where absent), largemouth and smallmouth bass (planted into waterbodies that lacked them), and rainbow smelt *Osmerus mordax*. Fry planting for nearly all of these species were reported to have some level of success as numerous angler reports of catching stocked fish were detailed in Michigan Fish Commission documents from the period. Most of these species had high food or recreational value for longtime or newly arrived Michigan residents. Philosophical insights about the development of United States waters for food can be found in the writings of Spencer Baird (Stickney 1996), where he stated:

> This has rightly been considered an object of the greatest importance in view of the rapidly-increasing population of the United States and the almost corresponding diminution in the average yield of vegetable food by the farming-lands, and it not considered exaggeration to say that the water can be made to yield a larger percentage of nutriment, acre for acre than the land.

Nonindigenous fish species were introduced widely during this period without any concern about effects on existing fish populations.

Along with stockings came the direct transfer of juvenile fish between waters and states. Examples include the capture of 1,705,800 American eels *Anguilla rostrata* at Troy, New York from 1878 to 1884 and their transplantation to many Michigan waters. Native transplants using smallmouth bass and yellow perch *Perca flavescens* and other species were routinely conducted. Many of these fish were collected in the Great Lakes and transported to inland water in Michigan.

Stocking policies changed in 1921 with the creation of the Michigan Department of Conservation – Fish Division, which assumed the duties of the Michigan Fish Commission. Planting of exotic species, such as American eels, Chinook salmon, and Atlantic salmon, was terminated and the focus turned to the stocking native species, such as brook trout, lake trout, and walleye, or naturalized species, such as brown trout. Michigan Department of Conservation fish culturists and biologists had recognized that many fry plants were unsuccessful (Michigan Department of Conservation 1928) and, by the mid 1920s, initiated a movement toward planting fingerlings. The likely reason for the failure of many fry plantings, particularly for lake whitefish and lake herring *C. artedi*, was the fact that stocking densities were too low (Todd 1986). By 1929, Michigan's fingerling program was no longer an experiment; fingerling stocking became the official policy of the state (Michigan Department of Conservation 1930).

The success of early fish culturists during the 1873–1929 period should not be underestimated. By the early 1880s, they understood the conditions where and when plants would or not succeed (Michigan Fish Commission 1883). The Michigan Fish Commission routinely received anecdotal reports from constituents indicating that some fry stockings were successful (Michigan Fish Commission 1879), and many species were successfully introduced to new waters. An example of the early culturists' success is the regionally important walleye fishery in Lake Gogebic that was a famous smallmouth bass fishery before walleye were stocked. Walleye fry were first stocked in 1904, likely from Saginaw Bay reef spawning stocks, and within 20 years, walleye dominated the fishery. On the other hand, as Todd (1986) showed, some large-scale fry planting operations were far less successful.

The Sportfish for All Era (1930–1949)

By the 1920s, most of Michigan's aquatic habitats remained degraded from earlier landscape level land use changes. Rapid industrialization of the state increased greatly the effects from untreated industrial and municipal wastes. The 1930–1949 period was the peak of hydroelectric dam development in Michigan. Dams were constructed on nearly every high gradient river reach in the state, greatly increasing the fragmentation of Michigan's river systems. Harvest pressures on inland fish populations increased steadily as interest in sportfishing grew rapidly during the 1930s and 1940s due to increases in leisure time, resulting from changes in labor laws and increases in disposable income. While harvest restrictions were implemented, regulation compliance was low. Law enforcement efforts were ineffective because of the lack of roads, effective communications, and sufficient manpower. The above conditions led to low spawning populations and caused recruitment problems in many waters.

In response to changes in angler preference for sportfish species and concerns about fry survival, the fish culture efforts in Michigan shifted to stocking strictly fingerling-sized native or naturalized species with sporting qualities. Methods to improve returns of fingerling sportfish were developed and documented in research by Eschmeyer (1937) and Leonard (1938) who determined that the removal of competing species by using toxicants in lakes would greatly increase survival and angler harvest of stocked salmonids, brook trout, and rainbow trout. This research did not acknowledge the ecological costs to native fish communities caused by these management actions or the continuing costs to maintain monocultures using toxicants. Monocultures of stocked trout were maintained widely to enhance the performance and returns of hatchery-propagated fish at this time and remained in widespread use into the late 1980s in Michigan.

The emphasis on sportfish species was reinforced by Michigan Department of Conservation policy decisions that reduced commercial fish management efforts on the Michigan's Great Lakes waters. Stocking of commercial fish species for the Great Lakes were greatly diminished. Cultured species shifted from Great Lakes commercial species, such as lake whitefish, to inland sport species, including stream salmonids (brook, rainbow, and brown trout) and inland coolwater fish (bluegills *Lepomis macrochirus* and largemouth bass).

The policy decision to shift to fingerling sportfish production required a large increase in infrastructure to support needed production. In the 1930s, the state of Michigan operated 15 fish hatcheries, 13 trout rearing stations for the increased space requirements of fingerling trout rearing, and 24 bass and bluegill rearing ponds (Westers and Stauffer 1974). This decision also greatly increased production costs, mainly for fish food and staff, which by 1940 rose to $70,000 annually for fish food alone (Westers and Stauffer 1974).

In the early 1930s, the predominant species produced in Michigan's hatcheries was brook trout with approximately 5 million fingerlings of this species were stocked annually (Westers and Stauffer 1974). By the late 1930s, fish culturists and biologists thought that larger fish would survive better (Michigan Department of Conservation 1938), in spite of concerns raised by Hazzard and Shetter (1938) on the effects of propagated fish on wild trout populations. Increasing numbers of yearling trout were produced with 250,000 yearling brook trout produced by the mid 1940s. Total numbers of brown and rainbow fingerlings produced annually reached 2–4 million fish by the end of the 1940s. Fry, yearlings, and legal-sized lake trout *Salvelinus namaycush* were also produced for inland waters with a focus on fry and fingerlings in the 1930s when approximately 300,000 were stocked annually. As the size of the propagated lake trout increased, the numbers stocked declined to an annual range between 25,000 and 100,000 fish in the 1940s.

Production of warm and coolwater species also increased greatly during this period and focused on bluegills, largemouth bass, smallmouth bass, and walleye. Bluegill production peaked at 23 million fingerlings in 1939. The production of bass fingerlings reached an annual production of 1 million per year during this period. Walleye culture focused on fry production because culture techniques were unavailable to rear larger sizes. Production peaked at 100 million fry in 1947.

Fish managers often used large-scale transfer of fish to increase fish populations, typically from Great Lakes tributaries to inland waters. Yellow perch was the most common species "rescued" from their spawning runs in Great Lakes tributary streams and transfers of this species to inland waters reached 11 million in 1941 (Michigan Department of Conservation 1942). During spawning runs in Great Lakes tributary streams, low numbers of adult steelhead trout (adfluvial rainbow trout) were annually transferred above barrier dams to provide sportfishing opportunities for "trophy" fish in Michigan inland trout streams.

The cultural methods during this period also affected the performance of hatchery fish. The lack of knowledge about fish health and good hatchery biosecurity practices caused epizootic disease outbreaks of bacterial gill disease, furunculosis, fungus infections, and *Gyrodactylus* sp. infestations, with large losses noted at many hatcheries (Krull 1930, 1931; Allison 1943). It is likely that many diseased fish were stocked in Michigan waters and that disease agents were introduced into populations where they had not been endemic.

Knowledge of fish genetics was so limited that genetic principles were essentially ignored in broodstock management during this period. Fish were produced using small numbers of broodstock fish, resulting in a small effective population size for most species, except for walleyes and steelhead, which depended on egg takes from wild spawning runs. Breeding strategies for both wild and captive fish stocks almost always used batch fertilization of gametes from just a few individual males and females. It is likely that inbreeding depression, and possibly outbreeding depression, caused long-term problems in the fitness of these fish, although these consequences have not been documented. The lack of knowledge about genetic diversity during this and previous time periods may continue to affect fish populations to this day. Self-sustaining fish populations that resulted from stockings during this period are likely to have had low effective population sizes and a high degree of relatedness from founder effects.

While the key fish management tool of this period was the stocking of hatchery fish, the initial efforts in habitat improvement/rehabilitation were begun. Research by Hubbs et al. (1933), Tarzwell (1935, 1936), and Eschmeyer (1936) documented the importance of habitat for fish production, acknowledged the historical impacts on Michigan's watersheds, and developed methods to improve/rehabilitate stream and lake habitat. These newly developed habitat rehabilitation methods, targeted at sportfish, were implemented by large-scale habitat projects backed by low-cost federally funded labor programs such as the Civilian Conservation Corps.

The clear emphasis of this period was to produce inland sportfisheries for the growing angling community, particularly for trout. All policies were directed to toward maximum sustainable yield of sportfish without any regard for other species.

The Instant Fishery Era (1950–1964)

By the 1950s and 1960s, evidence was increasing that survival of fingerling-sized fish was insufficient to meet angler demands. Research using marked fish indicated that less than 2% of the fingerlings were being returned to the creel (Shetter 1939). Hazzard and Shetter (1938) and Shetter and Hazzard (1940) demonstrated that stocking legal-sized fish in streams provided large increases in the returns to the creel. Similar research in lakes with other piscivores documented similar improvement (Eschmeyer 1937). This research was the basis of Michigan's fish stocking policy of the time that used legal-sized fish in streams during the early spring and open season, fall fingerlings in small lakes, and legal-sized fish in large lakes (Westers and Stauffer 1974).

Environmental conditions in the Great Lakes region were at their lowest point with widespread pollution problems, rapid urbanization, and the complete domination of Michigan's Great Lakes fish community in lakes Michigan and Huron by exotic alewives *Alosa pseudoharengus* after the native piscivores had been eliminated (Whelan and Johnson 2004, this volume). An indication of the poor environmental conditions and related management strategies during this period was that the state of Michigan did not require a fish license to fish in the Great Lakes, and no active fisheries management other than to initiate Lake Superior lake trout rehabilitation efforts using propagated lake trout were conducted.

The desire by stakeholders and constituents for instant technologically made fisheries, along with the need to mitigate loss of habitat from large-scale development projects, led to a rapid increase in number and size of fish hatcheries. While habitat improvement projects continued in Michigan trout streams at this time, their aim was to improve fishing opportunities for specific species, without considering how to improve watershed conditions for the entire fish community. The hatchery goal at this time was to produce maximum numbers of legal-sized trout. This came at a considerable cost. These high costs forced the state of Michigan to re-examine the fish production infrastructure, and a number of smaller hatcheries were closed in the early 1960s.

Warmwater and coolwater fish culture were greatly reduced during this period to divert resources to producing maximum numbers of catchable-sized brook, brown, and rainbow trout. Another factor leading to the reduction in coolwater rearing was poor success in rearing fingerling-sized walleye. While most of the warm- and coolwater production efforts on bluegills, largemouth and smallmouth bass, and walleyes were eliminated in Michigan, small scale fish culture efforts were initiated on other large predators such as northern pike *Esox lucius* and muskellunge *E. masquinongy*, at the request of anglers.

Stocking policy focused entirely on providing instant put-and-take trout fisheries. Little consideration was given to the effects of these policies on other species or on self-sustaining trout populations, even though Shetter and Hazzard (1940) expressed concern about the effects of legal-sized fish on wild brook and brown trout populations. The use of propagated fish as ecosystem-level tools for energy management was not yet considered. The focus on legal-sized fish caused a growing disenchantment with fishing aesthetics as high densities of anglers quickly harvested legal-sized fish. Concerns were also voiced about the perceived lack of sporting qualities of the hatchery fish. The formation of concerned angler groups such as Trout Unlimited in Michigan in 1959 was one result of the state's stocking policy. Finally, the costs of this policy were high to the Michigan Department of Conservation's budget. Data from Fukano (1963) documented cost of legal-sized fish to the creel as $1.00 each in 1963 U.S. dollars, which was not considered to be sustainable at that time (Michigan Department of Conservation 1964).

The cultural methods during this period continued to compromise the performance of hatchery-propagated fish. While knowledge about fish health and good hatchery biosecurity practices had improved greatly, large epizootic disease outbreaks, such as bacterial gill disease, furunculosis, fungus infections, and bacterial kidney disease, still occurred at many hatcheries. Many diseased fish were stocked in Michigan waters because the political costs from destruction of diseased fish were high and a primary goal was to have fish survive long enough to be harvested. The long-term survival of these fish was not important to many fish managers of this period. Disease agents were still transmitted rapidly to wild stocks where the disease was not endemic during this period. New parasites and pathogens likely were introduced by the mass transfers and trading of fish from other parts of the United States to Michigan and from Michigan to other part of the United States.

While the knowledge of fish genetics improved during this period, genetic principles continued to be ignored in broodstock management during this period. Fish were still produced using small numbers of broodstock fish and resulting in a small effective population size for most species, except for steelhead that depended on egg takes from wild spawning runs. Breeding strategies for both wild and captive fish stocks still used batch fertilization of gametes from just a few individual males and females at a time. The lack of sound genetic and breeding practices during this and previous time periods probably continues to affect fish populations to this day.

The Holistic Era (1964 to Present)

In 1964, the Department of Conservation reviewed and changed the policies concerning fisheries management along with those for propagated fish (Michigan Department of Conservation 1964). A growing human population, coupled with declining environmental conditions in Michigan's waters, required an overhaul of fisheries policy and management strategies. It was impossible to meet the expanding recreational needs and public trust requirements with the existing policies. Changes implemented included a large increase in evaluation and inventory work, an increase in land acquisition for fishing access and habitat protection, a new emphasis on the Great Lakes, a revised regulation structure, a reduction in stream improvement projects for single species purposes, and the construction of state fishing impoundments to increase angling opportunities.

The key propagated fish program change was to terminate the legal-sized brook, rainbow, and brown trout program because of the high cost and perceived low return of this program. The new policy required all fish stockings to return as many kilograms to the creel as had been planted, an objective that legal-size trout planting programs were not able to attain. The new policy acknowledged a role for using propagated fish to rehabilitate depressed fish populations and as ecosystem tools. Trout planting sizes focused on sublegal-sized yearling trout to ensure that fish were not removed immediately by the large numbers of hatchery truck followers and to allow some natural selection to occur on the stocked fish where they were stocked with the intent of establishing self-sustaining populations.

A new emphasis was placed on expanding and improving Michigan's Great Lakes fisheries. This was made possible by the implementation of effective sea lamprey control efforts and new efforts to improve water quality. The new focus was spurred by the demand for new sportfishing opportunities and the need to change the energy concentrated in alewives into desirable piscivores such as coho salmon *O. kisutch* and Chinook salmon (Tody and Tanner 1966). To change the energy base in lakes Michigan and Huron, large inputs of propagated salmonids would be required to prey on the dominant alewife population. To supply the required fish, major changes in the fish production system would be required, including the implementation of high-density rearing, improved fish feeds, improved fish health practices, and consolidating widely dispersed hatchery system into six large facilities.

Supporting the more holistic view of fisheries was a philosophical change in the Michigan Department of Conservation from an agency that only managed public lands and fish and wildlife resources to one that continued to have the public trust responsibilities along with new regulatory charges to clean up the state's air, land, and water. These changes resulted from the implementation of environmental regulations in the late 1960s and early 1970s, and a new awareness of the value of public trust resources, including clean water and air, by the citizens of the state. The department's name was changed from the Michigan Department of Conservation to the present Michigan Department of Natural Resources in 1968 in recognition of the broadened responsibilities of the department. In 1995, the environmental regulatory functions were moved to the new Department of Environmental Quality. The environmental laws implemented in the 1970s completely altered the resource landscape, opening entire watersheds for fish community rehabilitation efforts. Propagated fish would be required to re-establish fish communities in these "newly" available habitats.

New regulations and regulatory structures based upon detailed fisheries data from increased inventory and waterbody sampling by the Michigan Department of Natural Resources were implemented in the early 1970s. Use of detailed fisheries data, coupled with population dynamics models to forecast the results of regulations and stocking activities, resulted in improved size structure of fish populations in Michigan waters, while ensuring that the prey bases in Lake Michigan and Lake Huron were not eliminated by aggressive fish stocking practices. The communication of these data to the public in understandable ways also improved angler's compliance with harvest regulations. Improved science-based regulations that are understood by the angler, combined with effective law enforcement using modern communication and transportation systems, have made significant contributions in protecting fish populations from overharvest, allowing propagated fish to meet their objectives.

In the late 1970s, the Michigan Department of Natural Resources reinitiated coolwater culture operations, mainly for walleye. The program was restarted because of the high angler demand for coolwater species, particularly walleye, and new habitat opportunities on a watershed to landscape scale, resulting from water quality improvements produced, in turn, by the new environmental regulations and laws. It was also viewed to a way to build on the success of the large-scale biomanipulation of lakes Michigan and Huron in areas not utilized by trout and salmon. Improvements in the coolwater culture techniques, particularly in walleye rearing methods, set the stage to rapidly expand coolwater production. The objective of the coolwater culture program remains to produce additional predators to maintain balance in Great Lakes predator–prey populations in areas where trout and salmon are unable to do so, along with providing new angler opportunities, particularly for walleyes, in inland waters.

In the mid 1980s, improved coolwater culture techniques became available for relatively rare species such as muskellunge and lake sturgeon *Acipenser fulvescens*. The ability to reliably produce these fish in larger numbers has provided new impetus to rehabilitate other depressed native and rare Michigan fish species and to re-establish these species in extirpated waters. Many of these "new" waters, now available as potential habitat, were formerly degraded in water quality and, in many cases, had no fish communities.

Finally, in the late 1980s and 1990s, ecosystem management approaches were embraced by many fisheries management agencies, including the Michigan Department of Natural Resources. This management paradigm assumes that the scale of management has expanded greatly, from individual river reaches or lakes and individual species to the consideration of all factors affecting entire watersheds or Great Lake basins and includes all of the species that reside or depend on the aquatic community. The change in scale also reawakened the need to conduct large-scale habitat improvements such as changing regulated river flow hydrographs during Federal Energy Regulatory Commission licensing proceeding and basin-level forest management during U.S. Forest Service planning processes. The roles for propagated fish in such plans must expand to meet the need for a wider range of species and strains.

Parallel to this change in the scale of management, was the rediscovery of the public trust doctrine, an English common law principle that is the basis of the citizen's ownership of fish and wildlife resources in North America. In the 1990s, constituents began to use this tool to protect fish and wildlife resources and as a mechanism to compel fisheries management agencies to consider all aquatic resources in their management mandates. An outgrowth of the requirement to consider all aquatic resources is a broadened role for propagated fish beyond simply producing sportfish for anglers.

Since 1964, the policies and uses of propagated fish in Michigan have changed substantially because of landscape scale habitat improvements, management philosophy shifts, citizen and angler attitude changes, improved regulations and enforcement of regulations, and improvements in fish culture techniques. The current policy is to use propagated fish in Michigan to achieve the following four objectives, in order of priority: (1) reintroduce extirpated fish species or populations, (2) rehabilitate degraded fish populations, (3) provide for ecosystem balance, and (4) provide for diverse sportfishing opportunities. This broadened mission for Michigan's fish production system recognizes our dual role as the manager of the public trust resource for the state's citizens along with the need to meet the requirements of Michigan's anglers for quality fishing opportunities.

To implement this policy, additional fish culture

policy changes were required and these continue today. The quality of the fish produced has become more important than the quantity of fish produced. The Michigan Department of Natural Resources has been very successful in high density rearing of salmonids, but this, at times, has come at a cost in fish quality, for example, poor fin condition that, in turn, impairs survival. For fish to meet the objectives of the agency, it is critical that they survive, and to do so, they must be of high quality. Michigan now rears lower densities of fish to improve individual fish quality. The effect of these fish on fishing and the environment is as high as or higher than when maximum densities were reared. Improvements have been made and must continue in fish transportation and stocking practices, including the incorporation of new water quality sensors on fish tanks and the use of acceptable temporal stocking windows to maximize survival. The incorporation of genetic principles to conserve genetic diversity, which includes the determination of compatible genetic stocks, the direct control of broodstocks, and the use of appropriate breeding strategies, such as 1:1 spawning of males and females and the use of all segments of spawning runs, are critically important in producing high quality fish to meet the current objectives for Michigan's propagated fish. Fish health capabilities have been and must continue to improve to prevent epizootics from occurring both in the wild and in hatcheries to include better pathogen detection methods, improved vaccines, and better hatchery pathogen control practices. Epizootics such as the bacterial kidney disease outbreak of the late 1980s in the Great Lakes can result in large scale ecosystem level changes by decreasing piscivore abundance, which, by the early 1990s, caused an increase in nonnative alewife numbers, as well as substantial reductions in the fishery.

Conclusion

Fisheries management agencies will need to use propagated fish as a fundamental fisheries management tool for the foreseeable future. It is unlikely that the increasing demands of anglers and the continuing habitat degradation from development pressures will allow for the development of strictly self-sustaining fish populations with no need for propagated fish. The Michigan Department of Natural Resources estimates that currently 40% of the economic value of Michigan's fisheries and 70% of the economic value derived from Great Lakes fisheries in Michigan stem from and are reliant on propagated fish (Michigan Department of Natural Resources, unpublished data). Propagated fish are required to maintain the value of Michigan's fisheries and will continue to be so in the future.

Increasingly, North American fisheries managers understand their public trust responsibilities and the requirements for these agencies to protect and manage all of the state's aquatic resources. Because the public now has far more information about aquatic resources available to them and is interested in more than consumptive uses of aquatic resources, North American fisheries management agencies can no longer only stock fish strictly to benefit anglers. Fisheries managers cannot ignore the other public trust resources that we are legally mandated to protect and manage. Successful management of our resources on an ecosystem level, including all members of the aquatic community, requires a holistic, yet pragmatic, perspective and a much broader role for propagated fishes than the harvest focused fisheries management of the past.

References

Allison, L. N. 1943. Investigation of yearling brook trout mortality at Baldwin Ponds. Michigan Department of Conservation, Fisheries Research Report 868, Ann Arbor.

Bogue, M. B. 2000. Fishing the Great Lakes: an environmental history, 1783–1933. University of Wisconsin Press, Madison.

Bowen, J. T. 1970. A history of fish culture as related to the development of fishery programs. Pages 71–94 *in* N. G. Benson, editor. A century of fisheries in North America. American Fisheries Society, Special Publication 7, Bethesda, Maryland.

Eschmeyer, R. W. 1936. Essential considerations for fish management in lakes. Pages 1–7 *in* Proceedings of North American Wildlife Conference, February 3–7, 1936, Washington, D.C.

Eschmeyer, R. W. 1937. Experimental management of a group of small Michigan lakes. Transactions of the American Fisheries Society 67:121–127.

Fukano, K. G. 1963. The Michigan general creel census for 1962. Michigan Department of Natural Resources, Fisheries Research Report 1669, Ann Arbor.

Gates, D. M., C. H. D. Clarke, and J. T. Harris. 1983. Wildlife in a changing environment. Pages 52–80 *in* S. L. Flader, editor. The Great Lakes forest: an environmental and social history, University of Minnesota Press, Minneapolis.

Hazzard, A. S., and D. S. Shetter. 1938. Results from experimental plantings of legal-sized brook trout (*Salvelinus fontinalis*) and rainbow trout (*Salmo *irideus*). Transactions of the American Fisheries Society 68:196–210.

Hubbs, C. L., C. M. Tazwell, and R. W. Eschmeyer. 1933. C. C. C. stream improvement work in Michigan. Transactions of the American Fisheries Society 63:404–414, 1933.

Leonard, J. W. 1938. Notes on use of derris as a fish poison. Transactions of the American Fisheries Society 68:269–280.

Krull, W. H. 1930. Report on epidemic among brook trout at Grayling State Fish Hatchery. Michigan Department of Conservation, Fisheries Research Report 35, Ann Arbor.

Krull, W. H. 1931. On a diseased condition of brook trout fingerlings at Benton Harbor Hatchery. Michigan Department of Conservation, Fisheries Research Report 69, Ann Arbor.

Michigan Department of Conservation. 1928. Fourth Biennial Report. Michigan Department of Conservation, Lansing.

Michigan Department of Conservation. 1930. Fifth Biennial Report. Michigan Department of Conservation, Lansing.

Michigan Department of Conservation. 1938. Ninth Biennial Report. Michigan Department of Conservation, Lansing.

Michigan Department of Conservation. 1942. Eleventh Biennial Report. Michigan Department of Conservation, Lansing.

Michigan Department of Conservation. 1964. A management program for Michigan's fisheries. Michigan Department of Conservation, Lansing.

Michigan Fish Commission. 1873. First Biennial Report. Michigan Fish Commission, Lansing.

Michigan Fish Commission. 1875. Second Biennial Report. Michigan Fish Commission, Lansing.

Michigan Fish Commission. 1879. Fourth Biennial Report. Michigan Fish Commission, Lansing.

Michigan Fish Commission. 1883. Sixth Biennial Report. Michigan Fish Commission, Lansing.

Milner, J. W. 1882. Report on the fisheries of the Great Lakes: the result of inquiries prosecuted in 1871 and 1872. In U.S. Commission of Fish and Fisheries Report 1872–1873, Appendix A, Washington, D.C.

Shetter, D. S. 1939. Success of plantings of fingerling trout in Michigan waters as demonstrated by marking experiments and creel censuses. Transactions of the 4th North American Wildlife Conference 1939:318–325.

Shetter, D. S., and A. S. Hazzard. 1940. Results from plantings of marked trout of legal size in streams and lakes of Michigan. Transactions of the American Fisheries Society 70:446–468.

Stickney, R. R. 1996. Aquaculture in the United States: a historical survey. Wiley Publishing, New York.

Tarzwell, C. M. 1935. Progress in lake and stream improvement. Transactions of the 21st American Game Conference 21:119–134.

Tarzwell, C. M. 1936. Lake and stream improvement in Michigan. Proceedings of the North American Wildlife Conference 1936:429–434.

Todd, T. N. 1986. Artificial propagation of coregonines in the management of the Laurentian Great Lakes. Archiv fur Hydrobiologie Beiheft 22:31–50.

Tody, W. H. and H. A. Tanner. 1966. Coho salmon for the Great Lakes. Michigan Department of Natural Resources, Fish Management Report 1, Lansing.

Westerman, F. A. 1974. On the history of trout planting and fish management in Michigan. In Michigan Fisheries Centennial Report 1873–1973. Michigan Department of Natural Resources, Fisheries Division, Fisheries Management Report No. 6, Lansing.

Westers, H., and T. S. Stauffer. 1974. A history of fish culture in Michigan. In Michigan Fisheries Centennial Report 1873–1973. Michigan Department of Natural Resources, Fisheries Division, Fisheries Management Report No. 6, Lansing.

Whelan, G. E., and J. E. Johnson. 2004. Successes and failures of large-scale ecosystem manipulation using hatchery production: the upper Great Lakes experience. Pages 3–32 *in* M. J. Nickum, P. M. Mazik, J. G. Nickum, and D. D. MacKinlay, editors. Propagated fish in resource management. American Fisheries Society, Symposium 44, Bethesda, Maryland.

American Fisheries Society Symposium 44:317–331, 2004

Salmon Hatcheries in Alaska—Plans, Permits, and Policies Designed to Provide Protection for Wild Stocks

STEVEN G. MCGEE

Division of Commercial Fisheries, Alaska Department of Fish and Game
Post Office Box 25526, Juneau, Alaska 99802-5526, USA

Abstract.—The hatchery program in Alaska was initiated in the 1970s to rehabilitate depleted salmon fisheries. It was predicated on protecting wild salmon stocks through development of rigorous permitting processes that include genetics, pathology, and management reviews, policies that require hatcheries to be located away from significant wild stocks, use of local brood sources, laws that give priority to wild stocks in fisheries, requirements for marking hatchery fish, and requirements for special studies on hatchery/wild stock interactions. The program is comprised of state, federal and private nonprofit (PNP) hatcheries. Currently, 16 of 26 operating hatcheries are run by PNP aquaculture associations. In 2002, hatcheries accounted for 23% of the salmon harvested commercially. Hatcheries produce approximately 1.5 billion juvenile fish annually, the majority of which are pink salmon *Oncorhynchus gorbuscha* and chum salmon *O. keta*. Whether hatchery production adversely impacts wild stocks is debated in Alaska. Interactions between hatchery-produced and relatively smaller populations of wild salmon are unavoidable. However, obvious, adverse impacts from hatcheries on wild salmon are not evident. The success of the Alaska hatchery program can be attributed to the development of laws, plans, and policies that require continued protection of wild stocks and to favorable environmental conditions in the North Pacific Ocean.

Introduction

The hatchery program in Alaska was initiated in the early 1970s to contribute to the rehabilitation of the state's depleted and depressed salmon fisheries. It was intended to supplement, not supplant, wild stock production. For this reason, numerous policies and regulations were promulgated to guide hatchery development and operations and to serve as safeguards for the maintenance of wild stocks. As evidenced by the dramatic increases in commercial harvests of wild salmon after the inception of the salmon enhancement program in 1971 (Figure 1), the salmon enhancement program does not appear to have significantly impacted the abundance of Alaska's wild salmon stocks.

Alaska has not repeated mistakes made in the Pacific Northwest, where habitat destruction, hydropower development, and use of hatcheries to replace damaged wild stock production have resulted in serious depletion of most salmon resources (Heard 1996, 1998; Beechie and Bolton 1999). The hatchery program in Alaska was predicated on the protection of wild stocks, and many of the formal policies and regulations that constitute the basis of this program were developed before most hatcheries were built. In Alaska, protection of wild salmon stocks is accomplished through (1) a rigorous hatchery permitting process that includes genetics, pathology, and fishery management reviews; (2) policies that require hatcheries to be located away from significant wild stocks; (3) use of local brood sources; (4) legal mandates that require wild stocks to be given priority in fishery management; (5) requirements for tagging/marking of hatchery fish; and (6) as necessary, requirements for special studies on hatchery/wild stock interactions.

These policies and procedures were crafted specifically to avoid the kinds of direct and indirect genetic effects from interbreeding, disease transfer, fishing mortality, and competition described by Campton (1995). Many of the same requirements put in place for the development of the hatchery program in Alaska are also being used by the Hatchery Scientific Review Group (HSRG 2003) in a hatchery reform project for the state of Washington. This group made the following recommendations: (1) take a regional approach to

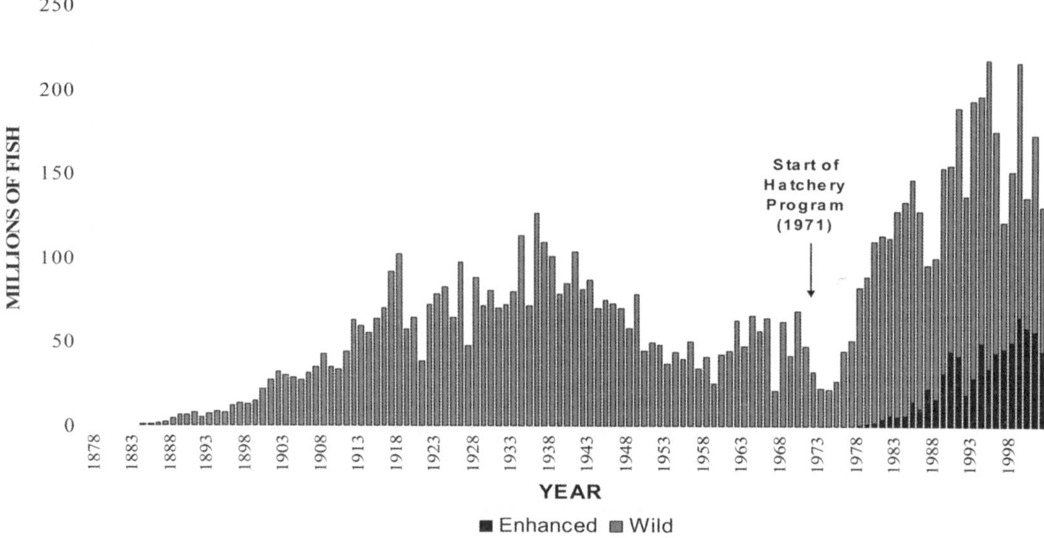

Figure 1. Commercial fishery harvest of wild and enhanced salmon in Alaska, 1878–2002.

hatchery programs; (2) measure success in terms of contributions of adult fish to fisheries rather than production of juveniles; (3) require regular monitoring programs; (4) use locally adapted brood stocks; (5) take eggs throughout the run to maintain return timing; (6) develop specific spawning protocols; and (7) take into account both fresh and marine carrying capacities in determining production goals. These procedures have been in place in Alaska for more than 20 years.

History of the Hatchery Program

Alaska's current hatchery program has evolved in three phases. Initially, the state legislature authorized construction of state-owned and operated hatcheries as well as research projects related to fisheries enhancement. Initial funding for hatchery construction was provided by the legislature in 1968. In 1971, the legislature authorized creation of the Division of Fisheries Rehabilitation, Enhancement and Development within the Alaska Department of Fish and Game (ADF&G) to be responsible for developing the state's salmon hatchery system; at its peak in 1983, 20 state hatcheries were operating (Figure 2). Additionally, the federal government has operated two research hatcheries in southeast Alaska for more than 50 years; since 1980, it has also funded the operation of a tribal hatchery at Metlakatla.

The second phase of contemporary hatchery development in Alaska began in 1974 with passage of the Private Nonprofit Hatchery Act. This legislation, which was developed and refined over several legislative sessions, was intended to allow private-sector, nonprofit aquaculture corporations to construct and operate salmon hatcheries. Privately operated hatcheries were considered by some legislators to be more fiscally efficient than those operated by the government. The intent of the act was . . . "to authorize the private ownership of salmon hatcheries by qualified nonprofit corporations for the purpose of contributing, by artificial means, to the rehabilitation of the state's depleted and depressed salmon fisheries. The program shall be operated without adversely affecting natural stocks of fish in the state and under a policy of management which allows reasonable segregation of returning hatchery-reared salmon from naturally occurring stocks" (Section 1 Chapter 111 Session Laws of Alaska 1974). The nonprofit hatchery corporations had the advantage of being allowed to harvest and sell a portion of the returning fish to pay for the costs of building and operating hatchery facilities. Two categories of private nonprofit (PNP) hatchery corporations were authorized by the state legislature: (1) those representing all user groups, especially all commercial fishermen, in a designated geographic area and recognized by ADF&G as a regional aquaculture association, and (2) those formed by unaffiliated groups of individuals to construct and operate hatcheries for the benefit of all users. This second category is generally referred to as the nonregional hatchery corporations. By 1987, permits had been issued for the operation of 24 PNP salmon hatcheries (Figure 2).

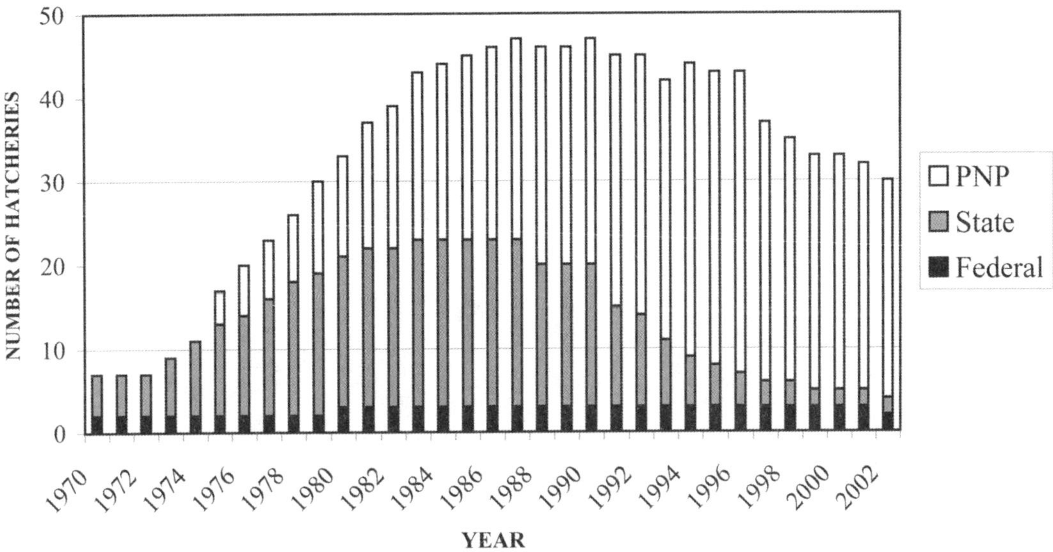

Figure 2. Number of salmon hatcheries in Alaska, 1970–2002.

The third phase in the evolution of Alaskan hatcheries began in 1988 with authorization from the state legislature to contract state hatchery operations to PNP hatchery corporations. The number of state-operated facilities declined substantially over the next 10 years (Figure 2) as they were either contracted or closed. The state now operates only 2 of its remaining 13 hatcheries; the other 11 are operated by PNP corporations. Aquaculture associations manage 16 of the 26 PNP hatcheries operating in Alaska in 2003, including nine state-owned facilities.

Policy Development

Beginning with the inception of Alaska's hatchery program, various policies, statutes, and regulations were instituted by ADF&G, the legislature, and the Alaska Board of Fisheries to control hatchery development and, at the same time, protect wild stocks. Rigorous genetics and fish health policies were developed to guide the program. As evidenced by the fact that since the inception of the hatchery program Alaska's wild salmon harvests have been at all-time high levels (Figure 3), the development of the salmon enhancement program has been generally successful in supplementing, not supplanting, wild stock production.

Following legislative approval of the PNP hatchery program, ADF&G's *Genetic Policy* was initially formalized in 1975 to provide guidance for the state's enhancement program and to minimize adverse impacts on wild stocks; it was revised in 1978. The current revision (Davis et al. 1985) was developed by a team of scientists from ADF&G, PNP corporations, the University of Alaska, and the National Marine Fisheries Service who reviewed and updated the genetic guidelines presented in the earlier policy. The policy prohibited importation of live salmonids into Alaska, prohibited transplantation of stocks between major geographic regions of the state, provided criteria for evaluation of intraregional transplants that minimized the risk of interactions between hatchery and wild stocks, including provisions for establishing wild stock genetic sanctuaries, and required maintenance of genetic diversity by restricting use of a single donor stock to no more than three hatcheries and by requiring minimum effective population sizes for broodstock development at hatcheries. The policy represented a consensus of opinion at the time, and it was intended to be reviewed periodically to ensure that consistency with current scientific knowledge was maintained. Protection of wild stocks remains the principal objective of the policy. The *Background of the Genetic Policy of the Alaska Department of Fish and Game* (Davis and Burkett 1989) was completed in 1989 to discuss the basis for the policy and to demonstrate that the policy's objectives had been achieved.

The publication *Regulation Changes, Policies, and Guidelines for Fish and Shellfish Health and Disease Control* (Meyers et al. 1988) was compiled by the State Pathology Review Committee. This multi-agency group worked from 1985 through 1987 to develop changes in state regulations, new fish disease policies,

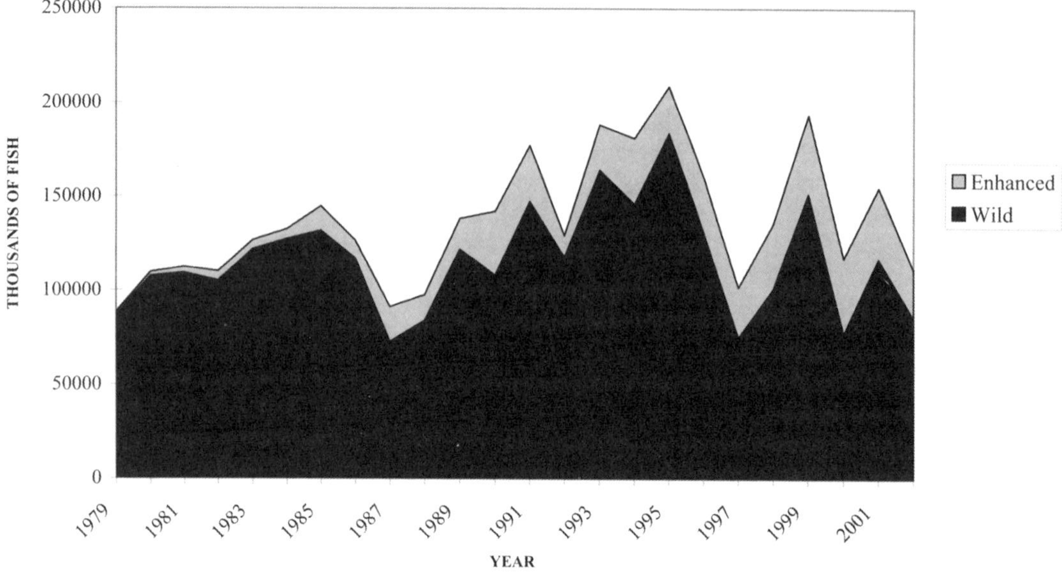

Figure 3. Commercial fishery harvests of wild and enhanced salmon in Alaska, 1979–2002.

and recommendations for maintaining finfish and shellfish health in Alaska. Its goal was to prevent dissemination of infectious diseases in fish and shellfish within and from outside the state without creating impractical constraints for aquaculture and other fisheries enhancement or rehabilitation projects. This document includes the department's sockeye salmon *Oncorhynchus nerka* culture policy, which was updated and published under separate cover (McDaniel et al. 1994). Meyers (2003) revised the 1988 policy to better reflect the current fish health program in Alaska.

The *Salmon Escapement Goal Policy* (Rosier 1992) provides the mechanisms for establishing biological escapement goals for wild salmon stocks to allow management of fisheries on scientifically based spawning stock levels that produce the maximum number of harvestable fish. The policy further supports Alaska's constitutional mandate to manage fishery resources on a maximum sustained yield basis. The department's policy to manage fisheries with a priority for protecting wild stocks was placed in statute (AS 16.05.730) by the legislature in 1992. The Alaska Board of Fisheries also incorporated this statute into its *Policy for the Management of Mixed Stock Salmon Fisheries* (5 AAC 39.220), making the conservation of wild stocks one of its highest priorities (along with sustained yield) for the allocation of salmon resources. The *Policy for the Management of Sustainable Salmon Fisheries* (5 AAC 39.222) was adopted by the Alaska Board of Fisheries in 2000 to provide guidelines for protecting wild salmon populations and the spawning, incubating, rearing, and migratory habitats they require. Guidelines for evaluation of salmon rehabilitation and enhancement projects are also included in this regulation.

The *Policy and Requirements for Fish Resource Permits* (Rosier 1994) was approved to replace an outmoded 1983 policy for issuing ADF&G scientific collecting and educational permits. This policy was developed by a departmental committee to provide a more detailed explanation to the public of the requirements for obtaining permits for the collection and/or transportation of live fish in any life stage to be used for scientific, educational, propagative, or exhibition purposes.

In Alaska specific statues and regulations were developed to govern the permitting and operating of the state's enhancement program. For example, regulations governing the transportation, possession, and release of live fish (5 AAC 41.001–41.100) established a permit system and requirements for inspections of fish, implemented reporting and control requirements for specific fish diseases, and prohibited importation of live fish for purposes of stocking or rearing in the waters of the state.

The Alaska salmon enhancement program has always concentrated on providing additional fish for harvest, rather than on wild stock restoration. Restoration has generally been unnecessary because wild salmon have not been endangered; however, if necessary, hatchery production could be used in the following ways to assist in the restoration of naturally spawning salmon stocks: (1) to supplement the production of naturally spawning stocks of fish, (2) as a management tool to divert fishing pressure from wild stocks, (3) as a subject of research designed to understand both the effects of environmental parameters and the activities of humans on the survival of fish, and (4) in extreme cases, to prevent the immediate extinction of unique wild stocks.

Planning and Permitting

The following sections describe (1) the approach taken by Alaska to plan its salmon enhancement program, particularly the involvement of the private sector in the program; (2) the current magnitude of hatchery programs in the state; and (3) regulatory mechanisms now in place to guide and control development of Alaska's salmon enhancement program.

Regional Planning

The PNP hatchery program was initiated with requirements for the development of long-term regional comprehensive salmon plans to guide fisheries enhancement in Alaska (see Figure 4). The responsibility for these plans rests with the commissioner of ADF&G through regional planning teams (RPTs) composed of personnel from the department's fisheries divisions and representatives from fishermen's organizations (i.e., regional aquaculture associations). In regions where no aquaculture association has been formed, planning core groups representing ADF&G, fishermen, and other local governmental agencies were established to develop the plans.

Regional comprehensive planning in Alaska progresses in stages. Phase I sets the long-term goals, objectives, and strategies for the region. Phase II identifies potential projects and establishes criteria for evaluating the enhancement and rehabilitation potentials for the salmon resources in that region. In some regions, a Phase III in planning has been instituted to incorporate Alaska Board of Fisheries approved allocation and fisheries management plans with hatchery production plans. Salmon planning regions have been established for most of Alaska's coastline, as well as for the Yukon River drainage (Figure 5).

In addition to the development of comprehensive salmon plans, the RPTs also review all PNP hatchery applications, proposed alterations of existing permits, annual management plans for each hatchery operating in the region, and statutorily mandated annual reports from each permitted hatchery in the region. Each RPT develops criteria for project review and hatchery performance evaluation through its comprehensive salmon plan.

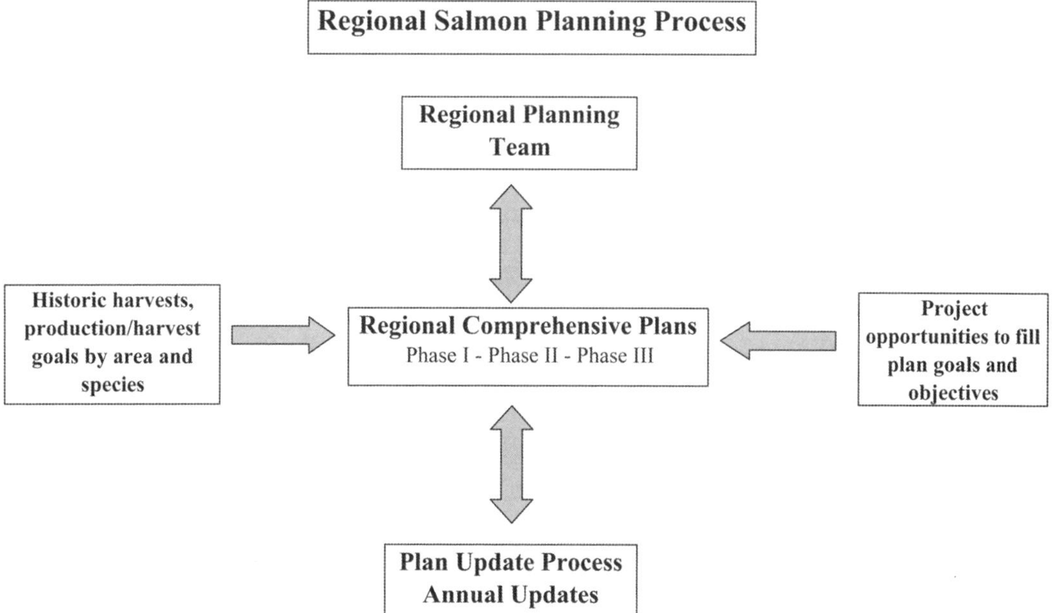

Figure 4. Regional comprehensive salmon planning process.

Hatchery Production

Hatcheries have played a major role in the enhancement and development of fisheries in Alaska. Hatchery contributions of adult salmon to commercial fisheries in Alaska grew from a few thousand fish in the mid-1970s to a high of more than 42 million in 1999. Hatchery production in 2002 accounted for 23.1% of the total salmon harvested in common property commercial fisheries (Farrington 2003). Hatcheries work well as a salmon enhancement tool; however, there are inherent concerns with, as well as documented benefits from, the hatchery program. Alaska's salmon enhancement program, particularly the use of hatcheries, has been closely monitored through its initial 30 years of success in producing fish. Hatchery production in terms of the numbers of salmonid eggs taken and juvenile fish released since 1975 is shown in Figure 6. Hatchery production peaked in 1995–1996 and has leveled out with annual production of approximately 1.5 billion juvenile fish. The percentage of eggs of each species incubated in Alaskan hatcheries in 2002 is shown in Figure 7.

The majority of Alaska's hatchery production is pink salmon *O. gorbuscha* and chum salmon *O. keta*. Species that generally require rearing in freshwater for a full year to the smolt stage (i.e., coho salmon, Chinook salmon *O. tshawytscha*, and sockeye salmon) make up 8% of total number of eggs taken. The numbers of fish that returned to hatcheries from 1975 to 2002 are shown in Figure 8. The total number of returning adults, including all types of harvests and escapements, peaked in 1999 at 71.2 million fish. With releases now relatively stable, the smaller return numbers for the last 3 years are most likely attributable to the inherent variability in marine survival of Pacific salmon *Oncorhynchus* spp. Marine survival of hatchery-produced salmon ranges from less than 1% to greater than 20%, depending on the species and year. The ADF&G uses the following planning assumptions for survival: 2% for pink and chum salmon, 3% for Chinook salmon, and 10% for coho and sockeye salmon.

Historic contributions of enhanced salmon to common property fisheries are shown in Figures 1 and 3. On a statewide basis, the overall percentage of enhanced salmon rarely has exceeded 25% of the total harvest (McNair 2001); however, for some species in some areas (e.g., pink salmon in Prince William Sound and chum salmon in southeast Alaska), enhanced fish now make up a majority of the harvest (see Figures 9 and 10). In such situations, ADF&G has required extensive marking of hatchery releases to enable in-season evaluation of the mix of wild and hatchery-produced fish in the commercial fisheries. Ocean carrying capacity studies initiated in 1995 to examine oceanic and biological factors responsible for marine

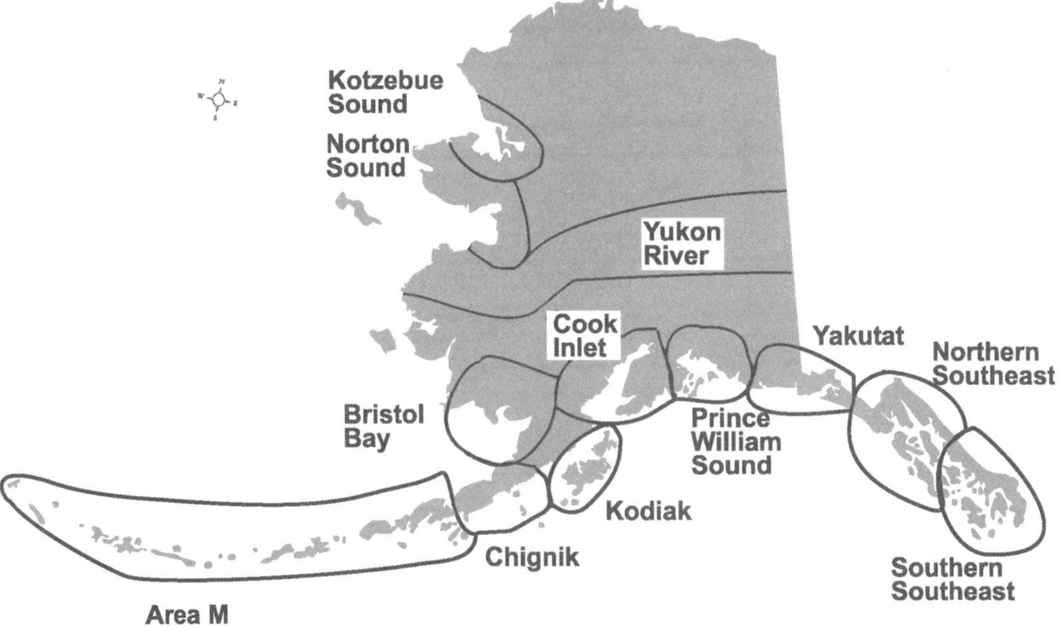

Figure 5. Map of Alaska with designated comprehensive salmon planning regions.

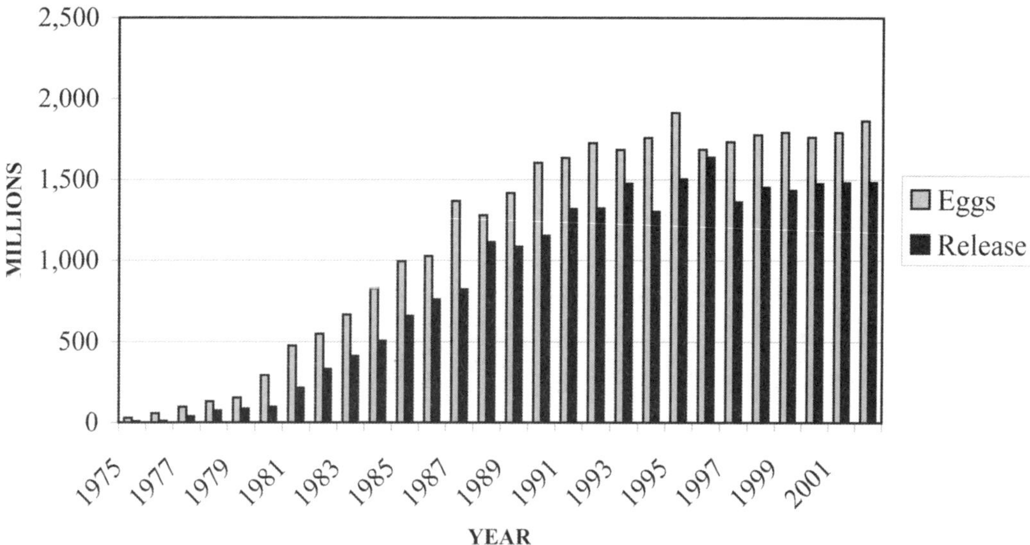

Figure 6. Numbers of eggs taken and juvenile fish releases from Alaskan salmon hatcheries, 1975–2002.

growth and survival of salmon were facilitated by thermal marks placed on the otoliths of hatchery-produced salmon (Orsi et al. 2000). Thermally marked salmon from hatcheries now provide information on the distribution and migration of salmon in both coastal and offshore areas of the North Pacific Ocean (Carlson et al. 2000; Farley and Carlson 2000). Studies on interactions between wild and hatchery-produced salmon through recovery of thermally marked otoliths are ongoing in Alaska.

Whether the current magnitude of hatchery production in Alaska is impacting wild stock production in the regions where it originates has been debated in Alaska, especially in relation to pink salmon production in Prince William Sound (Hilborn and Eggers 2000; Wertheimer et al. 2001, 2004). The most recent analysis by Wertheimer et al. (2004) suggests that variable conditions in the marine environment over time, rather than the number of hatchery fry, best explain the changes in wild stock production of pink salmon in Prince William Sound. Similar conclusions for the causes of salmon run failures in other

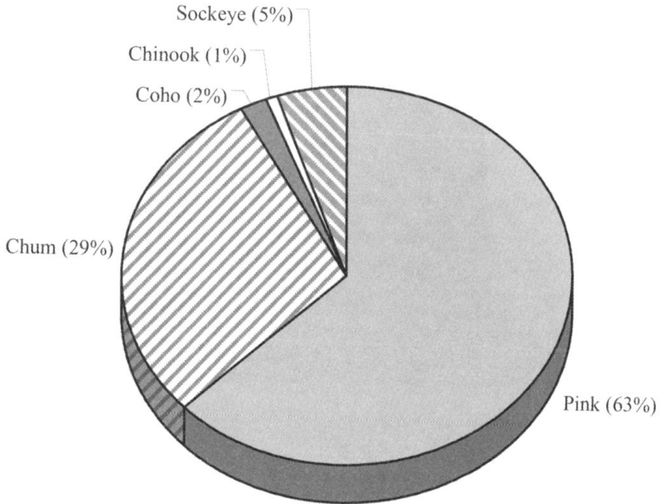

Figure 7. Percentage of eggs of each species of salmon taken for incubation in Alaskan hatcheries in 2002.

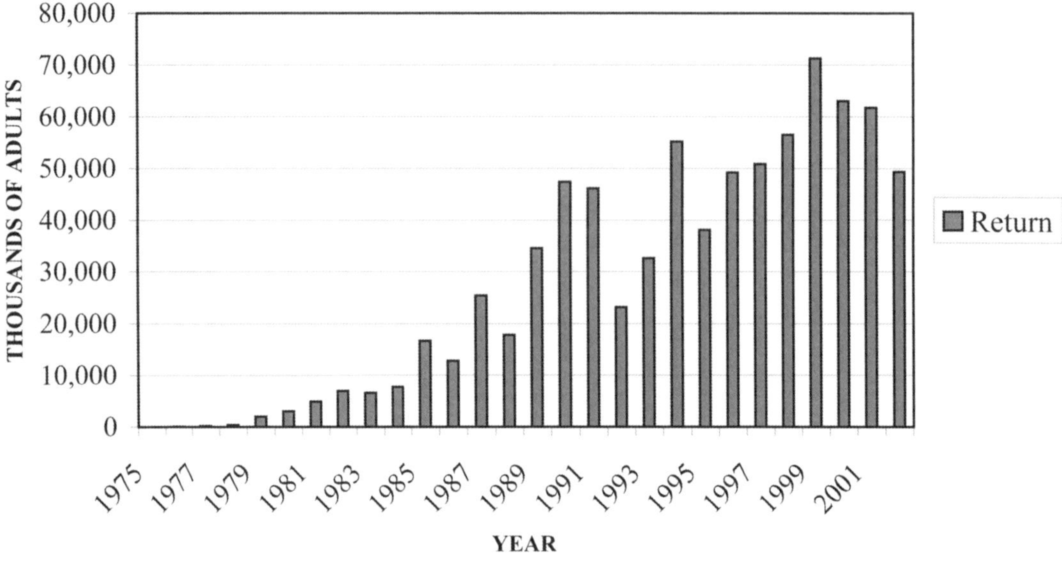

Figure 8. Numbers of adult salmon that returned to Alaskan hatcheries, 1975–2002.

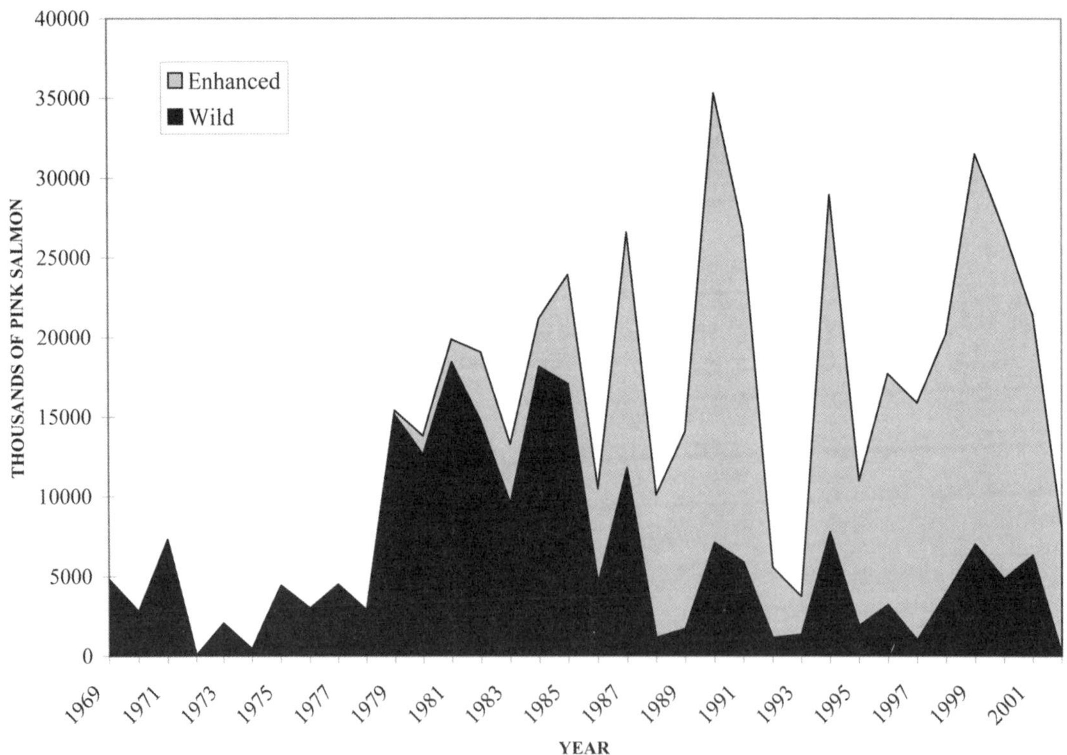

Figure 9. Commercial fishery harvests of wild and enhanced pink salmon in Prince William Sound, Alaska, 1969–2002.

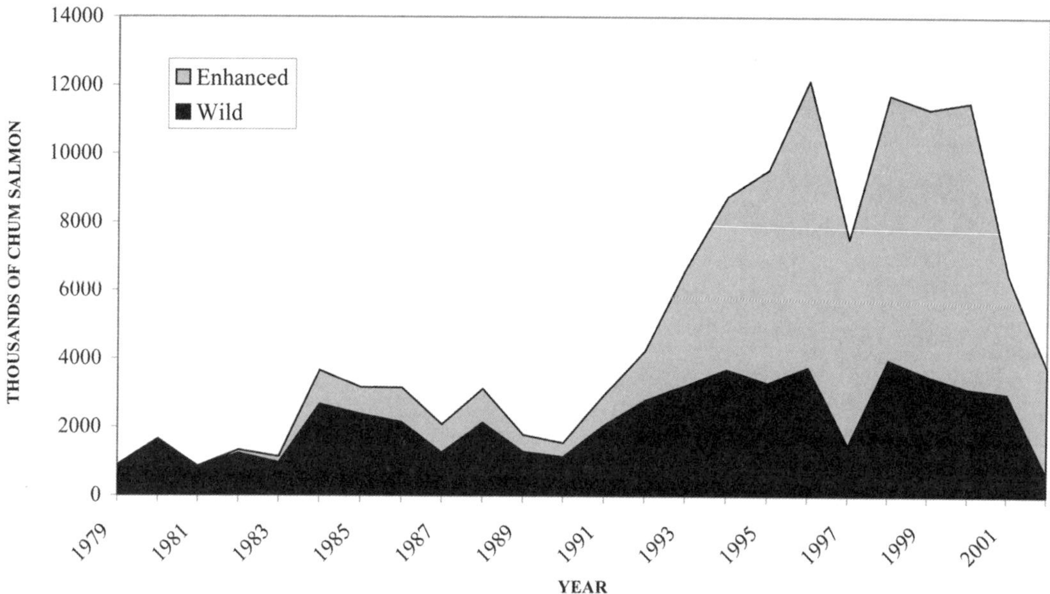

Figure 10. Commercial fishery harvests of wild and enhanced chum salmon in southeast Alaska, 1979–2002.

parts of Alaska were reached by Kruse (1998).

Interactions between hatchery-produced salmon and relatively smaller populations of wild salmon are unavoidable, especially in areas such as Prince William Sound where hatcheries produce most of the pink salmon harvested in commercial fisheries. In the immediate vicinity of these hatcheries, hatchery-produced pink salmon do stray into and spawn in wild stock streams. However, the hatcheries are not located near significant wild stocks; therefore, the observed straying of hatchery-produced fish into nearby small streams will not have a significant impact on the total pink salmon population. Such straying occurs more often in years when abundance of hatchery fish is high. In some years, returning hatchery salmon were so abundant that local fish-processing facilities were slow to handle the volume and flesh quality began to degrade. On at least two occasions when the supply was greater than the demand, carcasses of pink salmon that were surplus to the processing capacity in Prince William Sound were killed and disposed of in deep water. Although undesirable, this practice does remove surplus salmon from the spawning population before they stray into streams in the area of the hatcheries.

In southeast Alaska, fisheries for chum salmon are concentrated in terminal areas on hatchery production. Release sites for hatchery chum salmon are isolated from significant wild populations. Wild chum salmon production has generally increased during the growth of hatchery production and is generally stable (Baker et al. 1996). Heard et al. (1995) reported a similar lack of impacts from hatchery stocks on wild stocks of Chinook salmon in southeast Alaska.

This is not to say hatchery production in Alaska does not have some effect on wild stocks. Waples (1999) suggested some level of genetic change in hatchery populations relative to wild populations is unavoidable. A similar conclusion was reached by Withler et al. (2000) regarding the effect of straying of nonnative hatchery fish into natural populations; however, by design the hatchery program in Alaska has attempted to minimize genetic interactions between wild and hatchery stocks by intentionally locating hatcheries away from rivers and streams with significant wild populations of salmon and by requiring the use of local broodstocks

Nonhatchery Project Production

In addition to hatcheries, the Alaska salmon enhancement program utilizes many other techniques to produce fish for a variety of user groups. Alaska employs fishpass construction, lake enrichment, stream and lake habitat rehabilitation projects, instream incubation, and spawning channels to enhance production of fish in several areas of the state.

Lake enrichment involves the addition of nutrients to lakes to increase their ability to produce food organisms for fish. Such fertilization projects have been successfully carried out for more than 23 years by ADF&G, often in conjunction with other agencies as well as PNP salmon producers.

Stream and lake rehabilitation, instream incubation, and spawning channels are also used in Alaska. Major emphasis on stream and lake rehabilitation projects is centered in southeast Alaska and the Anchorage area, where the majority of the human population resides. Spawning channel development is ongoing near Haines and Hyder. Instream incubation boxes have been used at several locations in southeast Alaska, near Nome in Norton Sound, and for a major project for sockeye salmon on the Gulkana River near Paxon.

The ADF&G also participates in the development of fish passes throughout the state. All of this work is done in conjunction with other governmental agencies (e.g., the U.S. Forest Service) or the private sector. All of these projects are subjected to rigorous review and permitting requirements through ADF&G.

Regulation of Hatcheries

Alaska Statutes 16.10.400–16.10.480 address the application process for a PNP hatchery permit. This process is also explained in detail in 5 AAC 40.100–40.990. The application process is shown in Figure 11.

Alaska Statute 16.10.400 states that the commissioner of ADF&G may issue a permit, subject to restrictions imposed by statute or regulation, to a nonprofit hatchery corporation for the construction and operation of a salmon hatchery after the permit application has been reviewed by the appropriate regional planning team. A hatchery permit is nontransferable. A public hearing is required at least 30 d before the issuance of a permit. The hearing must be held in a central location in the vicinity of the proposed facility.

The commissioner always places conditions on a PNP permit. These include a provision that donor-stock eggs must be from the department or a source approved by the department. This action is supported by Alaska Board of Fisheries regulations 5 AAC

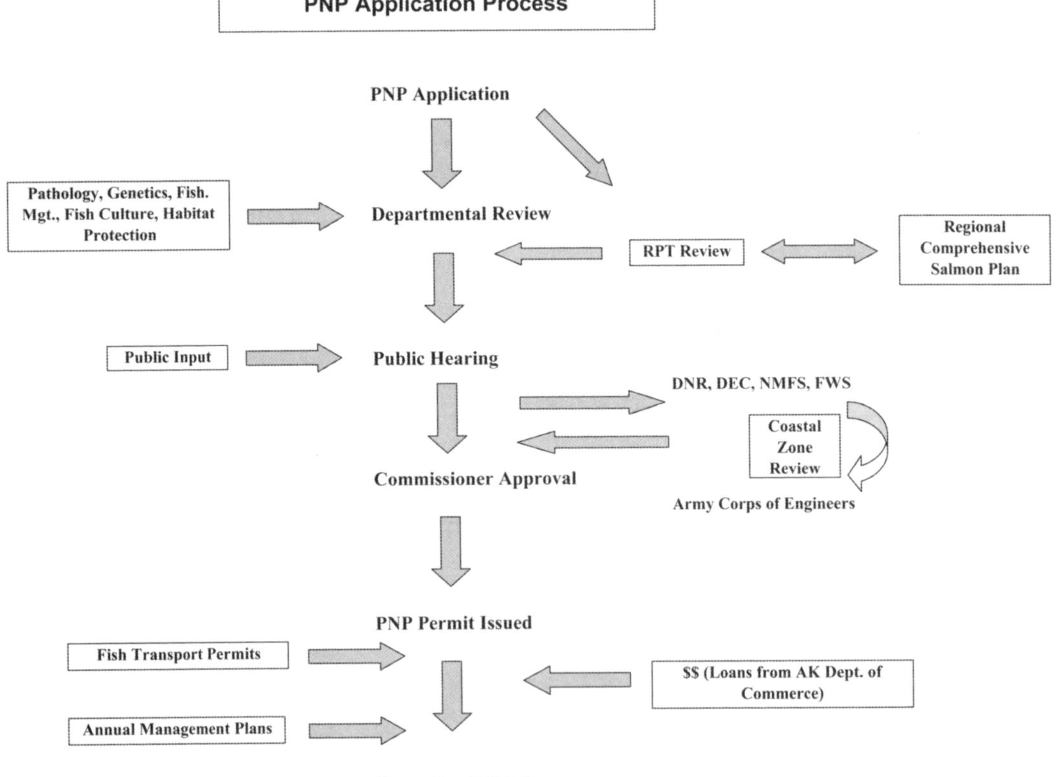

Figure 11. PNP hatchery permit application process.

41.001–41.100 for the fish transport permit process (Figure 12); 5 AAC 41.005 states that no person may transport, possess, export from the state, or release into the waters of the state any live fish unless that person holds a fish transport permit issued by the commissioner and is in compliance with all conditions of the permit and the provisions of the rest of the regulations in that chapter. Chapter 41.030 of Title 5 of the Alaska Administrative Code states that the commissioner will only issue a fish transport permit if it is the department's determination that the proposed transport, possession, or release of fish will not adversely affect the continued health and perpetuation of native, wild, or hatchery stocks of fish. All fish transport permit applications are reviewed and signed (recommending either approval or denial) by the department's principal pathologist and principal geneticist, regional supervisors for the fisheries divisions, and the commissioner. The potential for disease and genetic impacts to wild and hatchery stocks are the primary considerations in this review process.

Standard PNP permit conditions also include (1) no placement of salmon eggs or resulting fry into waters of the state except as designated in the permit; (2) restrictions on the sale of eggs or resulting fry either to the state or another approved PNP hatchery corporation; (3) no release of salmon before departmental inspection and approval; (4) destruction of diseased salmon; (5) departmental control over where salmon are harvested by hatchery operators; and (6) the hatchery must be located in an area where reasonable segregation from natural stocks occurs but, when feasible, in an area where returning hatchery fish pass through traditional salmon fisheries. In many cases, isolated terminal fisheries are established at hatchery release sites to allow harvest of returning fish without impact to wild stocks.

The commissioner may alter, suspend, or revoke a PNP hatchery permit if the operator fails to comply with the terms and conditions of the permit within a reasonable period of time after notification. The commissioner may also alter the permit or initiate a termi-

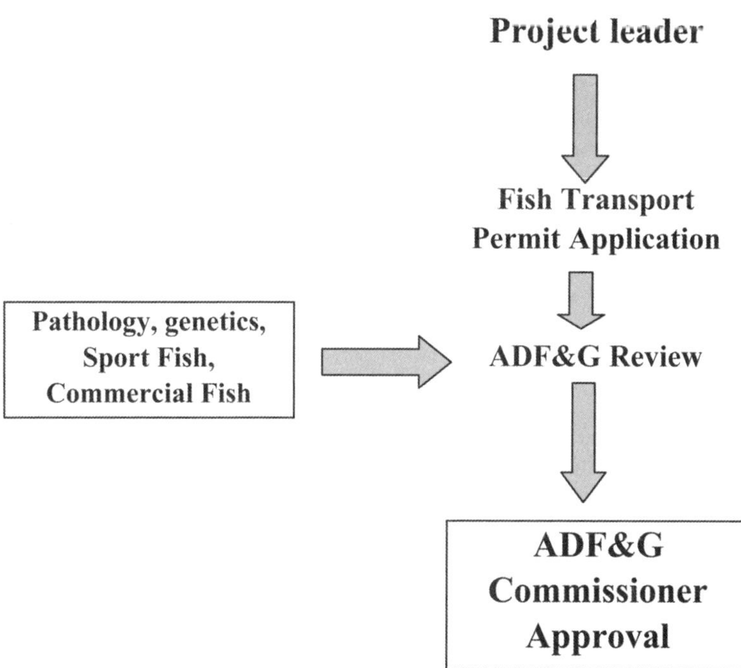

Figure 12. Fish transport permit process.

nation of the operation if it is found not to be in the best interest of the public. Since the inception of the program, 13 PNP hatchery permits have been revoked, most when they ceased operations voluntarily or because the facilities were not constructed within a reasonable period of time after issuance of the permit.

Regulation of Harvest

Fish released by hatchery operators are available to the people for common use in the same way as natural stocks until they return to the location established by ADF&G for harvest by hatchery operators (see Figure 13). According to AS 16.10.440 (b), the Alaska Board of Fisheries may, after a permit has been issued, amend by regulation the terms of the permit relating to the source and number of eggs, the harvest by hatchery operators, and the locations designated by the department for such harvests (i.e., special harvest area). In addition, AS 16.05.730 requires fisheries to be managed consistent with sustained yield of wild fish stocks. With approval by the Alaska Board of Fisheries, salmon fisheries may also be managed for sustained yield of enhanced fish. Conservation of wild salmon stocks consistent with sustained yield is accorded the highest priority among competing uses in the Alaska Board of Fisheries' policies for the management of mixed-stock salmon fisheries (5 AAC 39.220) and sustainable salmon fisheries (5 AAC 39.222).

Regulation of Brood Stock

The ADF&G is required by statute to provide assistance before and after permit issuance, within the limits of staff time and resources. Alaska Statute 16.10.445 requires department approval of the source and number of salmon eggs used by hatchery operators. Salmon eggs must first be taken from stocks native to the area in which the hatchery is located. The sale of salmon and salmon eggs by operators is addressed in AS 16.10.450. After the operator uses funds from such sales for debt service and reasonable operating costs, any remaining funds must be expended on other fisheries activities of the qualified regional aquaculture association for the area. Also, fish returning to hatcheries and sold for human consumption must be of comparable quality to fish harvested by commercial fisheries in the area and must be sold at prices commensurate with the local market.

The department may inspect a hatchery facility at any time it is operating. Each facility is inspected at

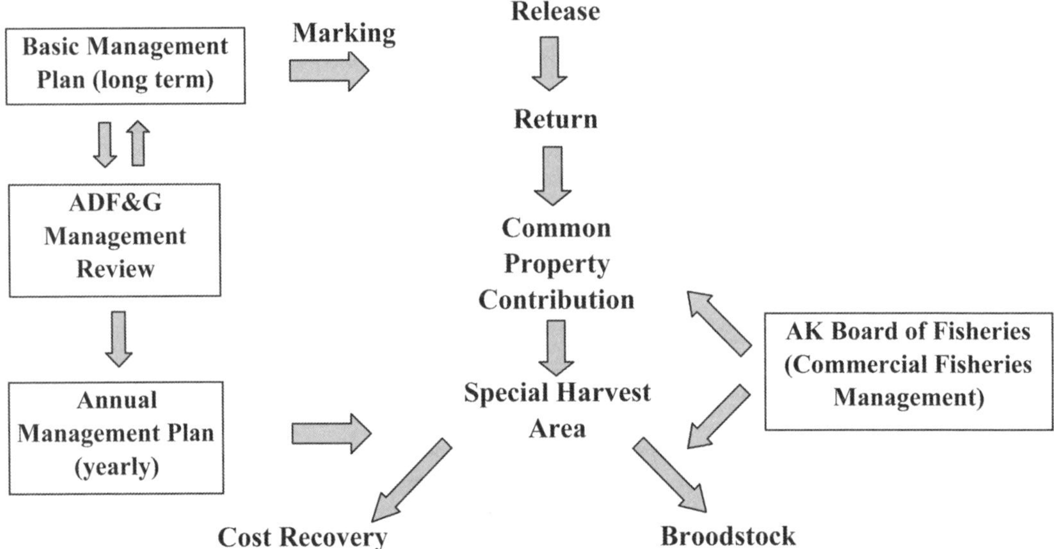

Figure 13. Management of hatchery returns.

least every other year, and each broodstock is examined for disease prior to its use in a hatchery. The disease history of each stock must be kept current, and samples of fish must be sent to the department's pathology section for analysis any time there is an incidence of disease. An annual report containing information on hatchery returns, numbers of eggs taken, and numbers of fry or smolt released by species and stock must be filed with ADF&G by December 15 of each year.

PNP Permit Process

The permit application procedures for a PNP hatchery, the regional comprehensive salmon planning process, and general provisions for the permitting and operation of PNP hatcheries are described in regulations 5 AAC 40.100–40.990. Permit application procedures include (1) preapplication assistance, (2) a management feasibility analysis, (3) the permit application form and fees, (4) determination of acceptance by the department for formal review, (5) regional planning team review, (6) a provision for requesting additional information, (7) completeness determination by the commissioner that includes six major criteria, and (8) a provision for reconsideration. The departmental review of all PNP hatchery permit applications includes review by the fisheries divisions (including habitat considerations), the principal pathologist, and the principal geneticist. A public hearing and full review by other state and federal agencies through a coastal zone review process is also required.

Regulations 5 AAC 40.800–40.990 address (1) nontransferability of permits, (2) preference rights to potential hatchery locations for the regional aquaculture associations, (3) basic management plans for each hatchery, (4) hatchery inspection requirements, (5) annual management plan requirements, (6) notice and review of permit alteration requests, (7) provisions for performance review by the department and the regional planning team, (8) requirements for reporting of mortalities, (9) details on what may be done with surplus salmon eggs, (10) requirements for report coordination with the Department of Community and Economic Development, and (11) definitions of terms.

Hatchery Management Plans

A basic management plan (BMP) for each hatchery is developed as a part of the PNP hatchery permit. The BMP includes a complete description of the facility, including the special harvest area, broodstock development schedules, and descriptions of broodstock and hatchery stock management. Where necessary for fishery management, marking and evaluation programs for hatchery-produced fish are required in the hatchery permit and BMP. Such programs have been optional, unless department fisheries managers specified the need for special in-season management capability during the permit or permit alteration process; however, more recently, marking of all hatchery releases is being required to facilitate studies on wild and hatchery stock interactions such as Orsi et al. (2000). Representative numbers of some species are routinely coded-wire-tagged and other mass marking techniques (e.g., otolith) have also been implemented at most facilities.

When a permitted hatchery becomes operational, an annual management plan (AMP) is developed for each year of operation (Figure 14). Specific plans for egg takes, cost- recovery harvests, fry and smolt releases, marking and recovery, and other operations are included and approved in the plan by the commissioner. Annual management plans are developed by the department in conjunction with the operator and are reviewed by the fisheries divisions and the regional planning team before approval by the commissioner. The PNP permitting process is rigorous and thorough and usually takes 1–2 years to complete.

Conclusion

Alaska's current hatchery program has been in place for more than 30 years, arguably without widespread, adverse impacts on wild salmon, which are at all-time-high levels of production. Both Alaska's wild stock production and its hatchery production have benefited from favorable environmental conditions over the past 30 years, particularly conditions in the North Pacific Ocean that result in high marine survival. Wild salmon in Alaska also benefit from generally intact spawning and rearing habitats, and both wild and hatchery-produced salmon benefit from an outstanding, escapement-based state fishery management program. The success of the hatchery program in having minimal impact on wild stocks can be attributed to the development of state statutes, regulations, policies, procedures, and plans that require hatcheries to be located away from significant wild stocks, the use of local broodstocks, priorities in fisheries management that provide protection for wild stocks, and constant vigilance on the part of ADF&G and hatchery opera-

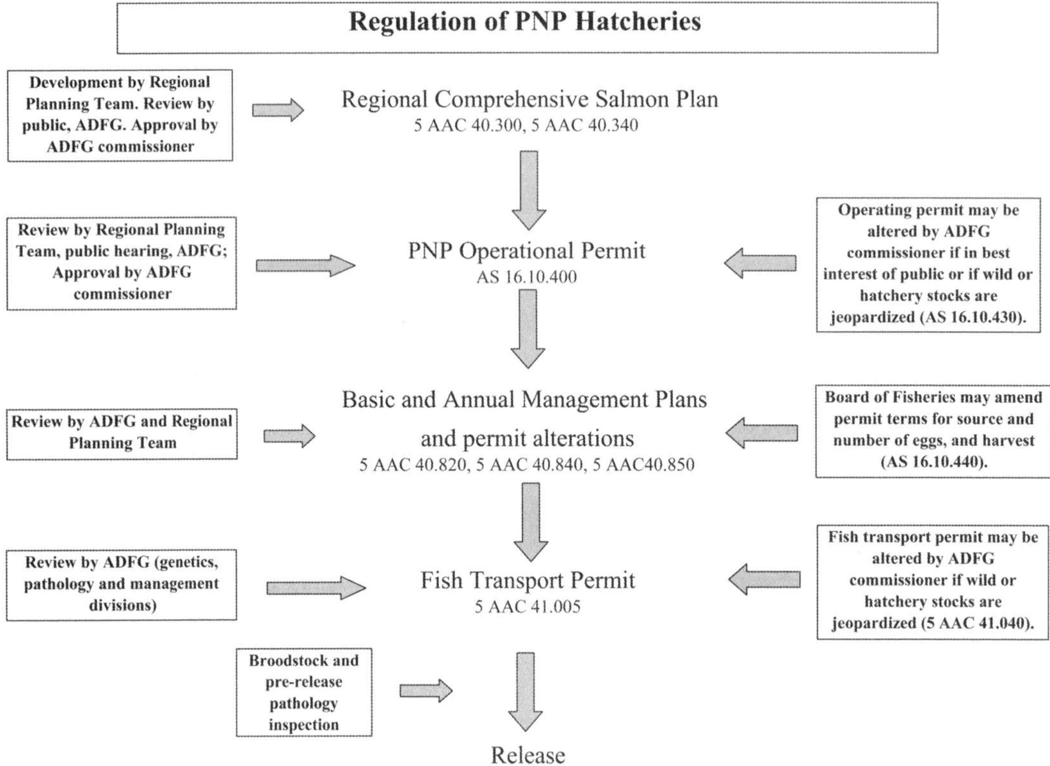

Figure 14. Regulation process for PNP hatcheries.

tors to improve the program through ongoing analysis of hatchery performance.

Acknowledgments

This paper is contribution PP-236 of the Alaska Department of Fish and Game, Division of Commercial Fisheries, Juneau.

References

Baker, T., A. Wertheimer, R. Burkett, R. Dunlap, D. Eggers, E. Fritts, A. Gharrett, R. Holmes, and R. Wilmot. 1996. Status of Pacific salmon and steelhead escapements in southeastern Alaska. Fisheries 21(10):6–18.

Beechie, T., and S. Bolton. 1999. An approach to restoring salmonid habitat forming processes in Pacific Northwest watersheds. Fisheries 24(4):6–15.

Campton, D. 1995. Genetic effects of hatchery fish on wild populations of Pacific salmon and steelhead: what do we really know? Pages 337–353 *in* H. L. Schramm, Jr. and R. G. Piper, editor. Uses and effects of cultured fishes in aquatic ecosystems. American Fisheries Society, Symposium 15, Bethesda, Maryland.

Carlson, H., E. Farley, and K. Myers. 2000. The use of thermal otolith marks to determine stock-specific ocean distribution and migration patterns of Alaskan pink and chum salmon in the North Pacific Ocean 1996–1999. North Pacific Anadromous Fish Commission Bulletin 2:291–300.

Davis, B., B. Allee, D. Amend, B. Bachen, B. Davidson, T. Gharrett, S. Marshall, and A. Wertheimer. 1985. Alaska Department of Fish and Game genetic policy. Alaska Department of Fish and Game, Division of Fisheries Rehabilitation, Enhancement and Development, Special report, Juneau.

Davis, B., and B. Burkett. 1989. Background of the genetic policy of the Alaska Department of Fish and Game. Alaska Department of Fish and Game, Division of Fisheries Rehabilitation, Enhancement and Development, FRED Report No. 95, Juneau.

Farley, E., and H. Carlson. 2000. Spatial variations in early marine growth and condition of thermally marked juvenile pink and chum salmon in the coastal waters of the Gulf of Alaska. North Pacific Anadromous Fish Commission Bulletin 2:317–323.

Farrington, C. 2003. Alaska salmon enhancement program 2002 annual report. Alaska Department of Fish and Game, Division of Commercial Fisheries, Regional Information Report No. 5J03–05, Juneau.

HSRG (Hatchery Scientific Review Group): Mobrand, L. (Chair), J. Barr, L. Blankenship, D. Campton, T. Evelyn, C. Mahnken, P. Seidel, L. Seeb, and W. Smoker. Hatchery reform recommendations for the Puget Sound and coastal Washington hatchery reform project. Long Live the Kings, 1305 Fourth Avenue, Seattle, Washington 98101, USA. Available at: www.lltk.org/hatcheryreform.html

Heard, W., R. Burkett, F. Thrower, and S. McGee. 1995. A review of chinook salmon resources in southeast Alaska and development of an enhancement program designed for minimal hatchery-wildstock interaction. Pages 21–37 *in* H. L. Schramm, Jr. and R. G. Piper, editor. Uses and effects of cultured fishes in aquatic ecosystems. American Fisheries Society, Symposium 15, Bethesda, Maryland.

Heard, W. 1996. Ocean ranching: an assessment. Pages 833–869 *in* W. Pennell and B. Barton, editors. Principles of salmonid culture. Elsevier, New York.

Heard, W. 1998. Do hatchery salmon affect the North Pacific Ocean ecosystem? North Pacific Anadromous Fish Commission Bulletin 1:405–411.

Hilborn, R., and D. Eggers. 2000. A review of the hatchery programs for pink salmon in Prince William Sound and Kodiak Island, Alaska. Transactions of the American Fisheries Society 129:333–350.

Kruse, G. 1998. Salmon run failures in 1997–1998: a link to anomalous ocean conditions? Alaska Fisheries Research Bulletin 5(1):55–63.

McDaniel, T. R., K. M. Pratt, T. R. Meyers, T. D. Ellison, J. Follett, and J. A. Burke. 1994. Alaska sockeye salmon culture manual. Alaska Department of Fish and Game, Commercial Fisheries Management and Development Division, Special Publication No. 6, Juneau.

McNair, M. 2001. Alaska salmon enhancement program 2002 annual report. Alaska Department of Fish and Game, Commercial Fisheries Division, Regional Information Report No. 5J01–01, Juneau.

Meyers, T., P. Krasnowski, D. Amend, B. Bachen, J. Cochran, K. Hauck, K. Rawson and R. Saft. 1988. Regulation changes, policies and guidelines for Alaska fish and shellfish health and disease control. Alaska Department of Fish and Game, Division of Fisheries Rehabilitation, Enhancement and Development, Special report, Juneau.

Meyers, T. 2003. Regulation changes, policies and guidelines for Alaska fish and shellfish health and disease control. Alaska Department of Fish and Game, Commercial Fisheries Division, Regional Information Report No. 5J03–07, Juneau.

Orsi, J., M. Sturdevant, J. Murphy, D. Mortensen, and B. Wing. 2000. Seasonal habitat use and early marine ecology of juvenile Pacific salmon in southeastern Alaska. North Pacific Anadromous Fish Commission Bulletin 2:111–122.

Rosier, C. 1992. Salmon escapement goal policy. Alaska Department of Fish and Game, Commissioner's Office, Juneau.

Rosier, C. 1994. Policy and requirements for fish resource permits. Alaska Department of Fish and Game, Commissioner's Office, Juneau.

Waples, R. 1999. Dispelling some myths about hatcheries. Fisheries 24(2):12–21.

Wertheimer, A., W. Smoker, T. Joyce, and W. Heard. 2001. Comment: a review of the hatchery programs for pink salmon in Prince William Sound and Kodiak Island, Alaska. Transactions of the American Fisheries Society 130:712–720.

Wertheimer, A. C., W. R. Heard, and W. W. Smoker. 2004. Effects of hatchery releases and environmental variation on wild stock productivity: consequences for sea ranching of pink salmon in Prince William Sound, Alaska. Pages 307–326 in K. M. Leber, S. Kitada, T. Svasand, and H. L. Blankenship, editors. Stock enhancement and sea ranching 2. Blackwell Science Ltd., Oxford.

Withler, R., C. Busack, R. Carmichael, K. Currens, T. Gharrett, M. Gilpin, S. Grant, M. Lynch, T. Quinn, N. Ryman, D. Schluter, and E. Taylor. 2000. Genetic effects of straying of nonnative hatchery fish into natural populations. NOAA Technical Memorandum NMFS NWFSC-30, Seattle.

American Fisheries Society Symposium 44:333–345, 2004

Guidelines for Use of Captive Broodstocks in Recovery Efforts for Pacific Salmon

HERBERT A. POLLARD, II[1]

NOAA Fisheries, Northwest Region, Salmon Recovery Division
10215 West Emerald Street, Boise, Idaho, 83704, USA

THOMAS A. FLAGG[2]

NOAA Fisheries, Northwest Fisheries Science Center
Resource Enhancement and Utilization Technologies Division, Manchester Research Station
Post Office Box 130, Manchester, Washington, 98353, USA

Abstract.—A number of stocks of anadromous salmonids in the Pacific Northwest are currently listed by the National Marine Fisheries Service (NOAA Fisheries) as threatened or endangered under the U.S. Endangered Species Act (ESA). The ESA recognizes that conservation of listed species may be facilitated by artificial propagation, including captive broodstocks, while factors impeding population recovery are identified and corrected. Captive broodstock programs differ from conventional salmon culture in that fish of wild origin are maintained in captivity throughout their life to produce offspring for the purpose of supplementing wild populations. The relatively short generation time (2–7 years) and potential to produce large numbers of offspring (1,500–5,000 eggs per female average, depending on the species) make Pacific salmon ideal for captive broodstock rearing. However, the technology is not without potential complications and risks. The paper presents guidelines to ensure a sound basis for implementation of captive broodstocks. Considerations must be based on overall knowledge of survival, reproductive success, and offspring fitness to accurately determine levels of risk in implementing a salmonid captive broodstock program. In general, use of captive broodstocks should be restricted to situations where the natural population is dangerously close to extinction. Proper precautions should be taken to minimize genetic impacts during the collection, mating, and rearing of captive broodstocks, as any alteration to the original genetic composition of the population in captivity may reduce the efficacy of supplementation in rebuilding the natural population. Furthermore, liberation of fish from captive broodstocks should be consistent with the known behavior of existing wild fish and on whatever knowledge is available of the life history characteristics of the wild fish. Because the benefits and risks have not been established through long-term monitoring and evaluation, captive broodstock development should be considered an experimental approach and used with caution.

Introduction

In the Pacific Northwest, 26 individual evolutionary significant units (ESU) from five species of anadromous Pacific salmon *Oncorhynchus* spp. are currently listed as threatened or endangered under the U.S. Endangered Species Act (ESA) (Waples et al. 1991a, 1991b; Waknitz et al. 1995; Weitkamp et al. 1995; Busby et al. 1996; Hard et al. 1996; Gustafson et al. 1997; Johnson et al. 1997; Myers et al. 1998). Maintenance of the unique genetic characteristics of these stocks and the conservation and rebuilding of population numbers is a primary concern to fishery agencies, tribes, and conservation groups throughout the region. Captive rearing is a method often considered to aid recovery since the ESA recognizes that conservation of listed species may be facilitated by artificial means while factors impeding population recovery are identified and corrected (Hard et al. 1992).

[1] E-mail: Herbert.Pollard@noaa.gov
[2] E-mail: tom.flagg@noaa.gov

Captive rearing of animals to produce adults or offspring to supplement wild populations is a common gene maintenance and population amplification technique that has gained worldwide popularity as a component of species enhancement (Gipps 1991; Johnson and Jensen 1991; DeBlieu 1993; Olney et al. 1994). Currently, hundreds of species are being maintained or enhanced through forms of captive breeding (Olney et al. 1994; Bryant 2003; IUCN 2003; RSCF 2003). In the United States, captive broodstocks have been acclaimed as a foundation that aided ESA delisting of peregrine falcons *Falco peregrinus* and that are providing critical population stability for species such as blackfooted ferret *Mustela nigripes*, red wolf *Canis rufus*, and California condor *Gymmogyps californianus* (DeBlieu 1993; Bryant 2003; WCBP 2003). Captive broodstocks are an especially attractive alternative for highly fecund animals such as fish (Andrews and Kaufman 1994; Flagg and Mahnken 1995, 2000; Flagg et al. 1995; Schiewe et al. 1997).

Pragmatically, captive broodstocks may offer the best chance for continued existence of severely endangered populations of salmonids through enhanced survival during protective culture (Flagg et al. 1995; Flagg and Mahnken 2000). In this paper, we review the foundations of the captive broodstock concept, provide information on expected survival and reproductive performance for captive broodstocks of Pacific salmon, and suggest guidelines for applying captive propagation technology to recovery actions for anadromous fish listed as threatened or endangered under ESA.[3]

The Captive Broodstock Concept

Unlike many other threatened or endangered species, the technology and facilities for artificial propagation of salmon were well developed long before the species were listed. For more than 100 years, hatcheries in the Pacific Northwest have been used to replace natural production lost as a result habitat alteration or harvest (Mahnken et al. 1998). Conventional salmon hatcheries trap returning anadromous adults, collect and fertilize eggs, incubate and rear the offspring for release to increase the numbers of fish available. Captive broodstock programs differ from conventional salmon culture in that fish of wild origin are maintained in captivity throughout their life to produce offspring for the purpose of supplementing wild populations. The relatively short 2–7-year generation time and potential to produce, depending on the species, an average of about 1,500–5,000 eggs per female (Groot and Margolis 1991) make Pacific salmon ideal for captive broodstock rearing (Flagg and Mahnken 1995, 2000). Survival advantages offered through protective culture of such large numbers of eggs can be profound.

Wild Pacific salmon generally have high natural mortality through early life history stages. In natural systems, egg-to-smolt survival may often be only 5–10% (Bjornn et al. 1968; Groot and Margolis 1991). In the protective environment of a hatchery, egg-to-smolt survival is generally 75% or greater (Leitritz and Lewis 1976; Pennell and Barton 1996). In these cases, successful hatchery rearing through the juvenile stages alone may easily provide over a 10-fold survival advantage compared with natural production. Survival advantages of protective culture during the smolt-to-adult phase appear to be even greater. Smolt-to-adult survival rates (SAR) for depleted stocks of Pacific salmon often are only a few tenths of a percent (ca. Hebdon et al. 2004, this volume), whereas survival in protective captive culture may easily exceed 50% (Schiewe et al. 1997). Thus, captive rearing through smolt-to-adult life stages may provide more than a 100-fold survival advantage over natural production during this period.

Theoretically, captive culture of Pacific salmon through both egg-to-smolt and smolt-to-adult life stages could provide a survival rate more than 1,000 times higher than the rate of natural production of a depleted stock. If proper precautions are taken to minimize genetic change during the collection, mating, rearing, and release of fish held in captive propagation, these programs have the potential to rapidly and meaningfully increase the abundance of severely depleted stocks.

Artificial propagation and captive broodstock technologies are not without potential complications and risks. These programs have been criticized as "halfway technologies" that address the effects of endangerment but not its underlying causes (Frazer 1992; Meffe 1992). The potential genetic and environmental hazards of using captive culture (inbreeding, genetic drift, domestication, selection, behavioral

[3] Guidelines presented are modified from a document "Interim Standards for the Use of Captive Propagation Technology in Recovery of Anadromous Salmonids Listed under the Endangered Species Act" provided by NOAA Fisheries to the Northwest Power Planning Council in 1999. Where used, text and tables from document are reprinted by permission.

conditioning, and exposure to disease) and possible negative interactions of hatchery and wild fish have been well documented (Kincaid 1983; Allendorf and Ryman 1987; Waples 1991, 1999; Tave 1993). Captive breeding may also be less cost-effective in the long-term than in situ preservation (Magin et al. 1994). However, most fisheries researchers and managers recognize that even aggressive habitat improvements will take several-to-many fish generations to complete. Under this scenario, maintenance of an endangered gene pool in captivity may be the most viable option (Flagg and Mahnken 1995, 2000; Flagg et al. 1995). In many cases, it appears that the risk of extinction in waiting for natural recovery via habitat improvements is greater than the risk to the population from husbandry intervention.

Captive broodstock may be collected from the natural habitat as adults, as deposited eggs, or as juveniles (Hard et al. 1992; Flagg and Mahnken 1995). The choice of life stage to collect may affect the degree of natural selection occurring in the broodstock sample before it is established in the hatchery and may also affect the degree to which the sample is representative. It is important to ensure that fish collected for captive broodstocks are representative of all portions of the gene pool to avoid artificial amplification of only a portion of a population and subsequent inadvertent reduction in the overall effective population size (Hard et al. 1992, Waples and Do 1994). Any losses that alter the broodstock's original genetic composition may reduce the efficacy of supplementation in rebuilding the natural population or increase the risk of adversely affecting natural populations.

Two captive broodstock strategies are being applied to salmon recovery in the Pacific Northwest (Schiewe et al. 1997). One approach involves rearing the populations to maturity in hatcheries. First or second generation offspring are then stocked into ancestral lakes or streams at one or more juvenile life stages (e.g., fry, parr, smolt). The other approach involves rearing the broodstock to adulthood in captivity, then releasing the adults back into their natal habitats to spawn naturally. Fish in captive broodstocks are often reared using simple modifications of standard fish culture practices (Johnson and Jensen 1991; Flagg and Mahnken 1995; Flagg et al. 1995). However, prudent fish husbandry practices must be adopted to assure health and survival of the captive fish (IHOT 1995; Wedemeyer 2002).

Within the design of captive propagation programs there must be appropriate broodstock management and mating protocols to avoid the risks of genetic selection (Kapucinski and Jacobson 1987). Maintenance of multiple lineages and year classes in culture allows development of mating strategies that can maintain and potentially increase genetic diversity. Such mating strategies can include random pairing, pairing in as many different combinations as possible, avoidance of pairing between siblings, crossings between different year-classes, and fertilization with cryo-preserved sperm from other generations (Hard et al. 1992). In any event, each discrete year-class of captive broodstock should be maintained for only a limited number of generations to guard against domestication and help assure that genetic integrity and adaptability to native habitats are preserved.

Expected Performance of Captive Broodstocks

The performance of captive broodstocks in terms of growth, survival, and reproductive performance has been noted to be variable (Flagg and Mahnken 1995; Schiewe et al. 1997). Schiewe et al. (1997) indicated that egg-to-adult survival during captive broodstock culture may range from 0% to 88% for sockeye salmon *O. nerka*, 2–78% for Chinook salmon *O. tshawytscha*, and 3–80% for coho salmon *O. kisutch*. However, most ongoing captive broodstock programs for sockeye and Chinook salmon are currently maintaining egg-to-adult survivals of more than 50% (Flagg, unpublished data). The size and age of maturity of captively reared may be reduced, especially for Chinook salmon (Joyce et al. 1993; Schiewe et al. 1997). However, current experience indicates that size of captively reared sockeye salmon and steelhead *O. mykiss* may meet or exceed wild cohorts. In almost all cases, it appears that viability of eggs from captively reared spawners (30–70%) can be expected to be lower than viability (75–95%) of similar strains of hatchery-spawned wild fish (Groot and Margolis 1991; Flagg et al. 1995; Schiewe et al. 1997; Flagg, unpublished data). Recent behavioral studies indicate that captively reared Pacific salmon released to spawn in streams may have lower breeding success than comingling wild salmon (Berejikian et al. 1997, 2000, 2001a, 2001b; Berejikian 2001).

The reasons for the potentially poorer reproductive performance of artificially propagated captively reared fish compared to ocean ranched and wild cohorts are not well understood. It is probable that the dramatic difference between the natural environments experienced by wild Pacific salmon and the artificial environments experienced by captively reared fish affects overall performance. Most captive broodstock programs use spawners collected from a wild population. Therefore, it seems intuitive that much of the poor performance, at least in first-generation offspring, can be attributed to the effects of artificial culture environments. It is probable that advances in nutrition and rearing regimes will mitigate performance deficits. It appears that husbandry developments are already enhancing performance, since performance of most current broodstocks (Flagg, unpublished data) are improved from those reported by Schiewe et al. (1997). However, the effects of genetic change in the captively reared populations as a basis for reduced spawner size, egg viability, and reproductive behavior fish remain a possibility.

Although in many cases the average survival and eyed egg viability of captive broodstocks have not yet met optimum expectations, the few presently ongoing in the Pacific Northwest appear to be fulfilling population amplification expectations (Schiewe et al. 1997; Flagg et al. 2004, this volume; Hebdon et al. 2004). However, it should be emphasized that, in general, captive broodstocking of Pacific salmon is still in the initial stages of development. Years of monitoring and evaluation of adult returns will be necessary to fully evaluate the technology.

Guidelines for Applying Captive Propagation Technology

Exacting standards are needed to help determine when captive propagation could be used to preserve listed fish populations. The standards must also address the circumstances under which such intervention could be phased out. The guidelines described below are those we feel are necessary in consideration of application of captive propagation technology to recovery actions for anadromous fish listed as threatened or endangered under ESA. The guidelines address the following items:

- A protocol to evaluate the risk of extinction versus the risk of intervention;
- An explicit linkage between releases from individual captive propagation programs and the availability of suitable habitat and/or habitat restoration activities;
- A protocol to decide the type of intervention appropriate to different populations;
- A rationale for the initiation and duration of each intervention;
- A mechanism to prioritize intervention efforts.

The purpose of these guidelines is to provide a framework for developing and evaluating captive propagation proposals. This framework reflects the current state of the science of broodstock management. These guidelines provide information on important issues, decision criteria, and management concerns to agencies that might sponsor development of new captive propagation proposals. However, users of these guidelines should understand that in many cases where scientific principles are advocated, applied evidence is not available to demonstrate with certainty that the concept is correct. In some cases, guidelines may be viewed as hypotheses that are being tested as the captive propagation experiment is conducted. By applying the guidelines, agencies will have a consistent approach to using captive propagation technology in recovering ESA-listed anadromous salmonids.

These guidelines are intended to provide a systematic way for sponsors to identify the strengths and weaknesses of their projects. Far from being a set of rigid rules, they provide flexibility to reduce risks and increase benefits of individual projects and supply a means for displaying the rationale and justification for captive propagation measures. They reflect the current understanding of salmon biology and recognize the scientific uncertainty that exists.

Captive propagation on its own will rarely, if ever, constitute a complete recovery program. Sponsors of new captive propagation initiatives must address the factors of decline that caused the population to reach the status where captive propagation is necessary. Moreover, they must coordinate artificial propagation with management in the habitat and fisheries realms. If implemented as part of a recovery plan, a captive propagation program should be integrated with other measures, such as habitat protection and restoration, that are intended to address population viability (Povolitis 1990).

The guidelines for conventional artificial propagation recommended by Hard et al. (1992) regarding broodstock collection and mating, rearing and release strategies, and monitoring may be even more critical to the success of a captive propagation program. The thrust of the guidelines is to avoid selecting for undesirable traits in the hatchery environment and to preserve characteristics that are suitable for survival in the natural environment. If enough adults are produced in a captive propagation program, it may be desirable to allow some of the captive adults to spawn in the wild, thus allowing their offspring to undergo natural selection. In a captive program, selection pressures can be minimized if mortality during captivity is low. If selection caused by mortality in captivity is minimized, the main genetic consequences to be assessed are the consequences associated with broodstock sampling, mating, and progeny release strategies and the effects of enhancing particular genotypes (Ryman and Laikre 1991; Waples and Do 1994).

Of paramount importance for a threatened or endangered species is protecting the fish in captive propagation from catastrophic loss or high mortality. This is especially true if all natural gametes have been removed from the wild to establish a captive propagation program. Consequently, the broodstock gametes should be divided between at least two independent facilities, if funding allows. Because the normal anadromous fish life cycle includes rearing in the ocean, at least a portion of the captive population should be reared in saltwater. Broodstock should be isolated from all other fish and kept under security with safeguards against environmental perturbation (including equipment failure). Because a release strategy is the pivotal last element in a recovery attempt involving captive propagation, release timing should be based on the behavior of any remaining natural fish or on knowledge of the life history characteristics of the natural fish if none are present.

Finally, captive propagation programs must be regarded as temporary conservation measures that should be placed in the context of an overall recovery plan that addresses all factors causing population decline. For the purposes of recovery under the ESA, a captive broodstock program should ideally be limited to one complete life cycle, at which time the progeny of these broodstock would be released into the wild. Whether such a program should be extended to additional (F_2 and beyond) generations will depend on the performance of the fish in captivity and the wild, the viability of the natural component being supplemented, and the success of measures taken to address other factors of decline.

Managers who plan to sponsor a captive propagation program should proceed through the following steps:

1. Consider the alternatives to captive propagation and review the guidelines presented in the following sections of this document.
2. Evaluate the status of the population targeted for captive propagation and goals of the proposed program design using the decision issues listed in Table 1.
3. Shape the program proposal using the operational standards outlined in Table 2.
4. Develop a detailed captive propagation plan following the outline in Table 3.
5. Evaluate the proposal against the hazards and benefits listed in Tables 4 and 5.

By completing this process, managers will be able to provide documentation that (a) the proposal is justified, (b) it is consistent with the ESA, (c) risks are manageable, and (d) success is likely. This process will also generate documentation to show that the proposal is coordinated with other management goals and priorities and is feasible in terms of facilities and budgets.

Decision Standards

The use of captive propagation technology is appropriate only when the population's risk of extinction (or other substantial harm) is greater than the risks of using artificial propagation. Key issues to consider are

- The consequences of not doing anything or of only pursuing other recovery options.
- Size of the project relative to the natural population.
- Number and origin of fish collected for broodstock each generation.
- Rearing strategies to produce wildlike fish.
- Release of fish that assures survival and successful integration with the natural component of the population.
- The criteria for project success.
- Spreading risks by utilizing a variety of recovery strategies when multiple populations within an ESU are at risk (i.e., all at-risk populations within an ESU should not necessarily be artificially propagated as part of a recovery effort).

Table 1 summarizes the important decision points that must be considered when proposing the use of captive propagation technology for recovery of anadromous salmonids listed under the ESA. These include the status and importance of the population, scale of the program, measures of success, and trigger points to change or terminate the captive propagation action.

Development of a Captive Propagation Program

If after reviewing the decision standards outlined in Table 1 managers come to the conclusion that captive

Table 1. Decision standards for using captive propagation technology to recover ESA-listed anadromous salmonids.

Issue	Guidelines
Population status	1. Population is at a high risk of extinction in the immediate future. For example, –Population is at very low abundance (e.g. < 50 fish a year) OR –Population is at low abundance and declining OR –Population is at moderate abundance and declining precipitously OR –Little or no natural production predicted for at least a full generation. 2. Population is of very low abundance relative to available habitat and production potential, and short-term supplementation is deemed necessary and appropriate to accelerate natural recovery.
Importance of population	The population targeted for captive propagation is important, relative to other populations, because –Unique genetic qualities –Unique adaptations to specific habitats (e.g., adaptations in run timing, migration distance, and behavior –Low likelihood of successful natural recolonization from other populations in the event of extinction –High potential productivity, or unique social, economic, or cultural value.
Scale of project	1. Total captive production should be based on the number of fish needed to a. Prevent extinction. b. Adequately represent genetic variation for life history traits of the wild population. c. Minimize genetic change during captivity. d. Re-establish the fish in the wild. 2. Duration should be as short as possible.
Measures of success	1. Successful programs will a. Substantially reduce risk of extinction. b. Cause minimal genetic change in comparison with the original source population. c. Reintroduce fish that are phenotypically similar to wild fish of the same age in development, morphology, physiological state, and behavior. d. Increase the number of fish reproducing successfully in the wild.
Changing or terminating program	1. If risk of immediate extinction lessens because causes of decline are corrected, terminate or phase into a conventional supplementation program. 2. If program increases numbers of successful anadromous adults increase the proportion allowed to spawn naturally. 3. If substantial progress has not been made toward recovery at the end of three complete generations and no progress has been made toward correcting the causes of decline, re-evaluate program. 4. If negative effects of captive propagation appear, the program should be altered or terminated.

propagation is an appropriate technology to apply to recovery, the operational standards summarized in Table 2 will be applied to proposed captive propagation programs. Operational standards include choice of broodstock, spawning, rearing and release protocols, management and disposition of the fish produced, and monitoring and evaluation standards.

A proposal to initiate captive propagation measures must have clear goals and objectives articulated in a management plan. The plan is expected to address the issues above and display how risks will be contained and evaluated. Coordination with ecosystem restoration activities and fisheries management is critical. The process for evaluating goals and objectives must be tied to proposed project duration. The recommended format for planning captive broodstock programs is the "Hatchery and Genetic Management Plan"(HGMP) that has been developed by NOAA Fisheries for evaluating artificial propagation programs under ESA section 4(d) rules, section 7 consultations and Section 10 permits. (NOAA 1999) Table 3 provides a brief outline of the HGMP template that is available at the NOAA Fisheries, Northwest Region internet site.

Benefit-Risk Assessment

The potential benefits of captive propagation technology applied to anadromous salmonids are a rapid increase in the total abundance of the target population, preservation of the genetic material in a population threatened with extinction, and lowering the risk

Table 2. Operational standards for using captive propagation technology to recover populations of ESA-listed anadromous salmonids.

Issue	Guidelines
Choice of broodstock	1. If all remaining individuals of the population of wild fish targeted for recovery are not incorporated in the captive broodstock, develop a broodstock selection protocol to ensure that the genetic and life history variability of the target population is reflected in the captive broodstock. 2. Continual infusion of wild fish into successive year classes of the broodstock may slow domestication of captive propagated fish.
Captive broodstock spawning	1. Spawn all available adults. 2. Retrieve all possible eggs from mature females, either by multiple live spawnings or through careful attention to ripeness and handling. 3. Use spawning protocols that maximize the effective genetic population size: a. Factorial or (with greater numbers of parents) single-pair matings. b. Cryopreserved sperm (Benefits of using cryopreserved sperm should be weighed against potential for loss of viability, especially when the number of eggs is low). c. Induced spawning.
Rearing of fish	1. As much as possible, mimic wild rearing conditions (light, cover, substrate, flow, temperature, densities) for fish to be released in the wild. 2. Facilities for freshwater rearing should have pathogen- and predator-free water supplies. 3. Fish being transferred to seawater for rearing or release should be handled so as not to compromise their ability to adapt to seawater. 4. Seawater-based rearing facilities should minimize the effects of storms, harmful phytoplankton, predation, poaching, and disease.
Release of fish	1. Release fish at a life stage and size where their probability of survival to adulthood is greatest. 2. Acclimate fish to locations in the watershed where they are intended to return. 3. Design release strategies to integrate fish from captive propagation programs with wild fish at the same life history stage, if any remain in the natural system. 4. When fish are likely to remain in the release area (for example presmolts or residuals), disperse the releases. 5. Use release protocols that minimize stress caused by handling, transportation, or new surroundings. 6. Minimize negative interactions with other species in the watershed.
Management of returning adults	1. If the program meets all other guidelines, there is no general restriction on the proportion of hatchery fish of this stock on the spawning grounds of the population targeted for recovery for the first three generations. Individual projects may limit the proportion of hatchery fish spawning naturally depending on the details specific to the project. 2. Hatchery fish from other programs should not exceed natural levels of straying between the populations in question, or constitute more than approximately one percent of total abundance if natural rates of straying are not known.
Other disposition of fish	If captive propagation programs produce more fish than are needed for future brood stock or release into the wild, the extra fish will be disposed of in a manner that is agreeable to the comanagers and that does not jeopardize the project or other recovery efforts.
Monitoring and evaluation	1. Monitoring and evaluation of fish in captive propagation will include (at a minimum) a. Survival at life history stages up to adulthood. b. Viability of gametes produced in captivity. c. Behavior, morphology, and viability and reproductive success of offspring produced in captivity. 2. Monitoring and evaluation of offspring released to the wild will include a. Survival and migration success. b. Ability to return to hatchery or natural spawning areas. c. Ability to successfully produce offspring in the wild.

of extinction. With a recovery target of naturally self-sustaining populations of indigenous fish in natural habitats, the long-term benefit of captive propagation should be to provide more natural spawners and more naturally produced recruits to the population once the ecosystem has recovered.

Table 3. Outline of a hatchery and genetic management plan.

Captive propagation program description	1. Name of program.
	2. Stock and species to be propagated.
	3. Names of the accountable organization and individuals, including funding source.
	4. Location of program, facilities, and extent of target area.
	5. Program goals, performance standards, and indicators.
	6. Expected size and duration of program.
Relationship of program to other management objectives	1. Relationship to habitat protection and recovery strategies:
	a. Major factors inhibiting natural production.
	b. Description of habitat protection and recovery efforts.
	c. Expected benefits of and time frame for habitat restoration efforts.
	2. Ecological interaction with other species:
	a. Status of ESA-listed salmon populations affected by program
	b. Consideration of interactions with other wild and hatchery salmonids that will affect or be affected by releases from the proposed program.
	c. Description of the interactions among the proposed program and introduced and native nonsalmonid species.
	d. Direct or incidental take of ESA-listed species
	3. Relationship to fisheries and harvest objectives for other species:
	a. Description of fisheries that might incidentally harvest these fish.
	b. Expected harvest impacts.
	c. Expected escapements.
Facilities and water source	1. Description of the facilities available or required.
	a. Captive rearing or broodstock collection and spawning facilities
	b. Juvenile incubation and rearing facilities
	c. Acclimation and release facilities.
	2. Description of water source.
	a. Source and location (ground or surface, pumped or gravity flow)
	b. Quality and quantity
	c. Pathogen history
	d. Intake and discharge diversion, screens, permits
Origin and identity of broodstock	1. Guidelines for using the stock in the program.
	2. Operating protocols to implement guidelines.
	3. Data to support protocols:
	a. History of brood stock.
	b. Annual brood stock size and sex ratio.
	c. Genetic and ecological differences between this stock and other stocks.
	d. Description of special traits or other reasons for choosing this stock.
	4. Facilities available for isolating and maintaining the captive program.
	5. Personnel accountable for developing and operating the captive propagation program.
Broodstock collection	1. Operating protocols:
	a. Number of each sex to be collected and maintained in captive propagation.
	b. Kind of fish collected (life stage, special characteristics).
	c. Description of sampling design.
	d. Method of identifying target population if more than one stock exists.
	2. Data to support protocols:
	a. Distribution of target population over time and space.
	b. Biological information (fecundity, sex ratios).
Mating	1. Operating protocols:
	a. Number of each sex to be mated.
	b. Method for choosing spawners.
	c. Fertilization scheme.
	2. Facilities.
Incubation and rearing	1. Operating protocols:
	a. How will the incubation and rearing environment be different from or similar to natural rearing?
	b. How will family groups be separated and their contributions equalized?

Table 3. Continued

	2. Data to support protocols. 3. Facilities and equipment.
Release	1. Operating protocols: a. Number, size and life stage at release. b. Date, location, and number per location of release. c. Release technique (direct, acclimation, volitional). d. Tags and marks. 2. Data to support protocols. 3. Facilities and equipment.
Monitoring and evaluation	1. Biological and propagation parameters monitored: a. Survival at different life stages. b. Age at maturity, sex ratios, fecundity, viability of gametes. c. Genetic, morphological, meristic, and behavioral similarity to donor population. d. Survival of progeny in wild. e. Contribution to natural spawning and success of progeny. f. Incidental harvest in fisheries. 2. Evaluation and feedback mechanism. 3. Restoring a naturally reproducing component of the population: a. Progress in habitat restoration. b. Use of habitat by fish from captive propagation program. c. Success in natural reproduction. 4. Research associated with the captive broodstock program

Table 4. Summary of benefits attributed to captive propagation technology.

Benefit	Evaluation criteria
Increase total abundance of the target population	Spawner:Spawner replacement ratio is higher for captive propagation program than for fish remaining in natural habitat
Preserve the target population	Genetic, morphological, meristic, and behavioral characteristics of fish in captive propagation reflect the natural population.
Increase number of natural-origin recruits	The product of the spawner:spawner replacement rate in the captive program and the relative success of captive-produced fish spawning in the wild to natural fish exceeds 1.0 and there is sufficient current habitat capacity to allow the population to increase in abundance.

Table 5. Summary of hazards related to captive propagation technology.

Hazard	Risk evaluation
Negative effects associated with small population sizes	Probability of 1. Inbreeding depression. 2. Loss of within-population genetic variability. 3. Accumulation of deleterious mutations.
Negative effects of propagation in an artificial environment	1. Domestication: Probability of adaptation to the captive propagation environment at the expense of adaptation to the natural environment. 2. Catastrophic loss due to disease outbreaks or facility failure.
Loss of diversity among populations	Broodstock can be effectively collected from targeted population without substantial mixing with nontargeted, genetically distinct populations.
Detrimental ecological interaction	1. Competition for food or space with conspecific or other listed salmonids. 2. Predation 3. Disease transfer

Sponsors of some captive propagation measures may be motivated by the cultural, social, or economic benefits of preserving and restoring the target population. This document does not attempt to evaluate or compare the nonbiological values assigned by project sponsors. However, those values will undoubtedly be assessed by project sponsors and will influence choices and priorities when proposals are submitted.

A systematic risk-benefit analysis provides a means to consider the unique characteristics of each proposal and deal with scientific uncertainty in a way that a strictly regulatory approach to standards would not allow. Table 4 summarizes the benefits expected from captive propagation technology applied to recovery of listed anadromous salmonids.

The hazards of placing anadromous salmonids in captive propagation programs are primarily those associated with very small population size compounded by the influence of an artificial environment. The measures outlined above provide guidelines for avoiding or managing these hazards. The hazards of applying captive propagation technology to recovering listed anadromous salmonids are summarized in Table 5.

Both the benefits and the risks of captive broodstock projects are based on theoretical assumptions. Monitoring the results of captive propagation programs is critical to place bounds on the level of benefit or risk and to provide for adaptive management of the evolving science.

In developing a proposal to use captive propagation for conserving listed anadromous fish, sponsors must proceed through the decision points outlined in the sections above. In developing a hatchery operation plan, sponsors must provide documentation showing how each of the issues can be managed or reduced.

Prioritizing Captive Propagation Proposals

Petitions seeking to list anadromous salmonids in the western United States have identified hundreds of populations of the seven species of anadromous salmonids under NOAA Fisheries' purview that may be at risk (Myers et al. 1998). NOAA Fisheries has aggregated those populations into approximately 50 ESUs based on genetic relationships, life history and biological similarities, and geographic associations (NOAA 2002). Approximately 26 of the ESUs have been listed, and 4 remain candidates for consideration. Of the 19 ESUs in the Columbia River basin, 3 are listed as endangered, 10 are listed as threatened, 1 remains in candidate status, and 5 have been determined as not warranted.

Within each listed ESU, there are usually many spawning populations. In many cases, there is a wide range in the health and outlook for recovery among these populations. State, federal, and tribal management plans identify different populations of anadromous salmonids that are managed in artificial or natural propagation programs. It is recognized that there is considerable uncertainty regarding the degree to which identified populations are reproductively isolated. Also, it is uncertain to what degree some actually isolated populations may be identified as single populations. There are ongoing debates as to the occurrence and the importance of stock structure in many areas of anadromous fish management. The degree to which populations are separated or aggregated, and the rationale and justification for any classification, will need to be included in captive propagation proposals.

Conclusions and Recommendations

A multitude of factors may affect both the decline and potential for recovery of a listed stock of Pacific salmon. Therefore, exacting standards and procedures are necessary in developing recovery-related actions. The exacting rules described in this paper are critical for defining and implementing captive broodstock projects. Knowledge of survival, reproductive success, and offspring fitness is critical to determining levels of risk in implementing a salmonid captive broodstock program. Likewise, liberation of fish from captive broodstocks must be consistent with the known behavior of existing wild fish and on whatever knowledge is available of the life history characteristics of the wild fish. In general, use of captive broodstocks should be restricted to situations where the natural population is dangerously close to extinction. Proper precautions must be taken to minimize genetic impacts during the collection, mating, and rearing of captive broodstocks, as any alteration to the original genetic composition of the population in captivity may reduce the efficacy of supplementation in rebuilding the natural population.

Primary consideration in design of captive broodstock programs should be restoration of a viable population of the fish species within its native habitat. NOAA Fisheries has developed criteria for evaluating salmonid population status in a paper titled "Viable Salmonid Populations and the Recovery of Evolutionarily Significant Units" (McElhany et al. 2000). The viable salmonid populations (VSP) paper provides guidance for determining the conservation status of populations using four criteria: (1) abundance, or simply the number of individuals in the population; (2) productivity, or population growth rate; (3) spatial distribution within the available natural habitat of the species; and (4) genetic and phenotypic diversity.

Captive broodstock technology can quickly increase the abundance of a target population within the confines of the artificial environment. However, "recovery" under the ESA requires naturally reproducing fish successfully maintaining a population in their native habitat. Captive propagation can provide a positive population growth trend in the short term, but there is uncertainty regarding the ability of progeny of captive broodstocks to maintain a population through longer term natural production. The guidelines provided herein for captive broodstock use are intended to manage the risk of losing genetic and phenotypic diversity by appropriate mating, rearing and release protocols. Reintroduction of captive-reared fish into the natural habitat is expected to maintain or increase the spatial distribution of the target population. Achieving viability as measured by these four criteria assumes that there is suitable habitat for recovery. Ultimately, the success of any recovery measure will depend on the amount and quality of natural habitat that is available.

In some cases, captive broodstocks may provide the only likelihood of preventing extinction and preserving genetic heritage of a stock and may be undertaken regardless of prospects for immediate habitat improvement. However, captive broodstocks must be viewed as a short-term measure to aid in recovery and never as a substitute for re-establishing naturally spawning fish in the ecosystem. Because the potential benefits and risks have not been established through long-term monitoring and evaluation, captive broodstock development should be considered an experimental approach and used with caution. Salmonid captive broodstocks can provide an egg-base to help "jump-start" a population, but these efforts must go hand in hand with scientifically sound resource management including habitat restoration and harvest reform to fully achieve recovery.

References

Allendorf, F. W., and N. Ryman. 1987. Genetic management of hatchery stock: past, present, and future. Pages 141–159 *in* N. Ryman and F. Utter, editors. Population genetics and fisheries management. University of Washington Press, Seattle.

Andrews, C., and L. Kaufman. 1994. Captive breeding programmes and their role in fish conservation. Pages 338–351 *in* P. J. S. Olney, G. M. Mace, and A. T. C. Feistner, editors. Creative conservation: interactive management of wild and captive animals, Chapman and Hall, London.

Berejikian, B. A. 2001. Release of captively reared adult salmon for use in recovery. World Aquaculture 32:63–65.

Berejikian, B. A., E. P. Tezak, and A. L. LaRae. 2000. Female mate choice and spawning behavior of chinook salmon (*Oncorhynchus tshawytscha*) under experimental conditions. Journal of Fish Biology 57:647–661.

Berejikian, B. A., E. P. Tezak, L. Park, S. L. Schroder, and E. P. Beall, and E. LaHood. 2001a. Male dominance and spawning behavior of captively reared and wild coho salmon (*Oncorhynchus kisutch*). Canadian Journal of Fisheries and Aquatic Sciences 58:804–810.

Berejikian, B. A., E. P. Tezak, and S. L. Schroder. 2001b. Reproductive behavior and breeding success of captively reared chinook salmon (*Oncorhynchus tshawytscha*). North American Journal of Fisheries Management 21:255–260.

Berejikian, B. A., E. P. Tezak, S. L. Schroder, C. M. Knudsen, and J. J. Hard. 1997. Reproductive behavioral interactions between wild and captively reared coho salmon (*Oncorhynchus kisutch*). ICES Journal of Marine Science 54:1040–1050.

Bjornn, T. C., D. R. Craddock, and D. R. Corley. 1968. Migration and survival of Redfish Lake, Idaho, sockeye salmon, *Oncorhynchus nerka*. Transactions of the American Fisheries Society 97:360–375.

Bryant, P. J. 2003. Captive breeding and reintroduction. Chapter 15 *in* Biodiversity and reintroduction, a hypertext book. Available at: http://darwin.bio.uci.edu/~sustain/bio65/Titlpage.htm

Busby, P. J., T. C. Wainwright, G. J. Bryant, L. J. Lierheimer, R. S. Waples, F. W. Waknitz, and I. V. Lagomarsino. 1996. Status review of West Coast steelhead from Washington, Idaho, Oregon, and California. NOAA Technical Memorandum NMFS-NWFSC-27, Seattle.

DeBlieu, J. 1993. Meant to be wild: the struggle to save endangered species through captive breeding. Fulcurm Publishing, Golden, Colorado.

Flagg, T. A., and C. V. W. Mahnken, editors. 1995. An assessment of captive broodstock technology for Pacific salmon. Report to Bonneville Power Administration, Contract DE-AI79 93BP55064, Portland, Oregon.

Flagg, T. A., and C. V. W. Mahnken. 2000. Endangered species recovery: captive broodstocks to aid recovery of endangered salmon stocks. Pages 290–292 *in* R. R. Stickney, editor. Encyclopedia of aquaculture. J. Wiley and Sons, New York.

Flagg, T. A., C. V. W. Mahnken, and K. A. Johnson. 1995. Captive broodstocks for recovery of Snake River sockeye salmon. Pages 81–90 *in* H. L. Schramm and R. G. piper, editors. Uses and effects of cultured fishes in aquatic ecosystems. American Fisheries Society, Symposium 15, Bethesda, Maryland.

Flagg, T. A., C. W. McAuley, P. A. Kline, M. S. Powell, D. Taki, and J. C. Gislason. 2004. Application of captive broodstocks to preservation of ESA-listed stocks of Pacific salmon: Redfish Lake sockeye salmon case example. Pages 387–400 *in* M. Nickum, P. Mazik, J. Nickum, and D. Mackinlay, editors. Propagated fish in resource management. American Fisheries Society, Symposium 44, Bethesda, Maryland.

Frazer, N. B. 1992. Sea turtle conservation and halfway technology. Conservation Biology 6(2):179–184.

Gipps, J. H. W., editor. 1991. Beyond captive breeding: reintroducing endangered species through captive breeding. Zoological Society of London Symposium 62, Oxford, UK.

Groot, C., and L. Margolis, editors. 1991. Pacific salmon life histories. University of British Columbia Press, Vancouver.

Gustafson, R. G., T. C. Wainwright, G. A. Winans, F. W. Waknitz, L .T. Parker, and R. S. Waples. 1997. Status review of sockeye salmon from Washington and Oregon. NOAA Technical Memorandum NMFS-NWFSC-33, Seattle.

Hard, J. J., R. P. Jones, Jr., M. R. Delarm, and R. S. Waples. 1992. Pacific salmon and artificial propagation under the Endangered Species Act. NOAA Technical Memorandum NMFS-NWFSC-2, Seattle.

Hard, J. J. R. G. Kope, W. S. Grant, F. W. Waknitz, L. T. Parker, and R. S. Waples. 1996. Status review of pink salmon from Washington, Oregon, and California. NOAA Technical Memorandum NMFS-NWFSC-25, Seattle.

Hebdon, J. L., P. Kline, D. Taki, and T. A. Flagg. 2004. Evaluating reintroduction strategies for Redfish Lake sockeye salmon captive broodstock progeny. Pages 401–413 *in* M. Nickum, P. Mazik, J. Nickum, and D. MacKinlay, editors. Propagated fish in resource management. American Fisheries Society, Symposium 44, Bethesda, Maryland.

IHOT (Integrated Hatchery Operations Team). 1995. Policies and procedures for Columbia basin anadromous salmonid hatcheries. Report to Bonneville Power Administration, Project 92–043, Contract DOE/BP-60629, Portland, Oregon.

IUCN (International Union for Conservation of Nature and Natural Resources). 2003. Conservation Breeding Specialist Group (www.cbsg.org/).

Johnson, J. E., and B. L. Jensen. 1991. Hatcheries for endangered freshwater fish. Pages 199–217 *in* W. L. Minckley and J. E. Deacon, editors. Battle against extinction. University of Arizona Press, Tucson.

Johnson, O. W., W. S. Grant, R. G. Kope, K. Neely, F. W. Waknitz, and R. S. Waples. 1997. Status review of chum salmon from Washington, Oregon, and California. NOAA Technical Memorandum NMFS-NWFSC-32, Seattle.

Joyce, J. E., R. M. Martin, and F. P. Thrower. 1993. Successful maturation of captive chinook salmon brood stock. Progressive Fish-Culturist 55:191–194.

Kapucinski, A. R., and L. D. Jacobson. 1987. Genetic guidelines for fisheries management. Minnesota Sea Grant, University of Minnesota, St. Paul.

Kincaid, H. L. 1983. Inbreeding in fish populations used in aquaculture. Aquaculture 3:215–227.

Leitritz, E., and R.C. Lewis. 1976. Trout and salmon culture. California Fish and Game Bulletin 164.

Magin, C. D., T. H. Johnson, B. Groombridge, M. Jenkins, and H. Smith. 1994. Species extinctions, endangerment, and captive breeding. Pages 1–31 *in* P. J. S. Olney, G. M. Mace, and A. T. C. Feistner, editors. Creative conservation: interactive management of wild and captive animals. Chapman and Hall, London.

Mahnken, C., G. Ruggerone, W. Waknitz, and T. Flagg. 1998. A historical perspective on salmonid production from Pacific rim hatcheries. North Pacific Anadromous Fish Commission Bulletin 1:38–53.

McElhany, P., M. H. Ruckelshaus, M. J. Ford, T. C. Wainwright, and E. P. Bjorkstedt. 2000. Viable salmonid populations and recovery of evolutionary significant units. NOAA Technical Memorandum NMFS-NWFSC-42, Seattle.

Meffe, G. K. 1992. Techno-arrogance and halfway technologies: salmon hatcheries on the Pacific Coast of North America. Conservation Biology 6(3):350–354.

Myers, J. M., R. G. Kope, G. J. Bryant, D. Teel, L. J. Lierheimer, T. C. Wainwright, W. S. Grant, F. W. Waknitz, K. Neely, S. T. Lindley, and R. S. Waples. 1998. Status review of chinook salmon from Washington, Idaho, Oregon, and California. NOAA Technical Memorandum NMFS-NWFSC-35, Seattle.

NOAA (National Marine Fisheries Service). 1999. Hatchery and genetic management plan (HGMP) template. Available at: www:nwr:noaa.gov

NOAA (National Marine Fisheries Service). 2002. Summary of West Coast salmon and steelhead listings under the U.S. Endangered Species Act. Available at: www.nwr.noaa.gov

Olney, P. J. S., G. M. Mace, and A. T. C. Feistner. 1994. Creative conservation: interactive management of wild and captive animals. Chapman and Hall, London.

Pennell, W., and B. A. Barton. 1996. Principles of salmonid culture. Elsevier, Amsterdam.

Povolitis, T. 1990. Is captive breeding an appropriate strategy for endangered species conservation? Endangered Species Update 8:20–23.

RSCF (Rare Species Conservatory Foundation). 2003. Conservation in real time: breeding programs. Available at: www.rarespecies.org

Ryman, N., and L. Laikre. 1991. Effects of supportive breeding on the genetically effective population size. Conservation Biology 5:325–329.

Schiewe, M. H., T. A. Flagg, and B. A. Berejikian. 1997. The use of captive broodstocks for gene conservation of salmon in the western United States. Bulletin of the Natural Research Institute of Aquaculture, Supplement 3:29–34.

Tave, D. 1993. Genetics for fish hatchery managers. Van Nostrand Reinhold, New York.

Waknitz, F. W., G. M. Matthews, T. W., and G. A. Winans. 1995. Status review for mid-Columbia River summer chinook salmon. NOAA Technical Memorandum NMFS-NWFSC-22, Seattle.

Waples, R. S. 1991. Genetic interactions between wild and hatchery salmonids: lessons from the Pacific Northwest. Canadian Journal of Fisheries and Aquatic Sciences 48(Supplement 1):124–133.

Waples, R. S. 1999. Dispelling some myths about hatcheries. Fisheries 24(2):12–21.

Waples, R. S., and C. Do. 1994. Genetic risk associated with supplementation of Pacific salmonids: captive broodstock programs. Canadian Journal of Fisheries and Aquatic Sciences 51(Supplement 1):310–329.

Waples, R. S., O. W. Johnson, and R. P. Jones, Jr. 1991a. Status review for Snake River sockeye salmon. U.S. Department of Commerce, NOAA Technical Memorandum NMFS F/NWC-195, Seattle.

Waples, R. S., R. P. Jones, Jr., B. R. Beckman, and G. A. Swan. 1991b. Status review for Snake River fall chinook salmon. NOAA Technical Memorandum NMFS-NWFSC-201, Seattle.

WCBP (World Center for Birds of Prey). 2003. Press room (www.peregrinefund.org/press/html)

Wedemeyer, G. A., editor. 2002. Fish hatchery management, 2nd edition. American Fisheries Society, Bethesda, Maryland.

Weitkamp, L. A., T. C. Wainwright, G. J. Bryant, G. B. Milner, D. J. Teel, R. G. Kope, and R. S. Waples. 1995. Status review of coho salmon from Washington, Oregon, and California. NOAA Technical Memorandum NMFS-NWFSC-24, Seattle.

Managing Imperiled Fish

American Fisheries Society Symposium 44:349–355, 2004

Comparison of the Distribution and Recapture Rates of Acclimated and Nonacclimated Razorback Sucker Stocked into the Green River

TIMOTHY MODDE

Colorado River Fish Project, U.S. Fish and Wildlife Service
1380 South 2350 West, Vernal, Utah 84078, USA

GARN J. BIRCHELL AND KEVIN D. CHRISTOPHERSON

Utah Division of Wildlife Resources,
152 East 100 North, Vernal, Utah 84078, USA

Abstract.—As part of an upper Colorado River basin recovery effort, razorback sucker *Xyrauchen texanus* augmentation will increase significantly in the coming years. In an effort to examine efficiency, we compared the capture returns of acclimated and nonacclimated razorback sucker in the middle Green River. We compared riverine recapture rates of fingerling razorback sucker reared for one growing season in offchannel wetlands, that accessed the river voluntarily as subadults, with subadult fish (>250 mm total length) stocked directly in the Green River from the Ouray National Fish Hatchery. This presentation summarizes the capture returns of fish acclimated in wetlands for an entire growing season with those stocked directly from the hatchery.

The distribution and recapture rates of approximately 2,000 subadult/adult razorback sucker (>250 mm) stocked directly into the river between 1997 and 2001 were compared with approximately 2,192 acclimated fish that accessed the Green River from offchannel wetlands. The entire reach of the Green River between Split Mountain Canyon (river kilometer [rk] 516) and the confluence (rk 0) with the Colorado River was sampled with electro-fishing boats during the spring of 2001. As expected, the majority of poststocking movement occurred downstream of the stocking site. Little difference in observed catch rates and distribution occurred between acclimated and nonacclimated razorback sucker. However, it is probable that the total number of acclimated fish was underestimated and higher survival probably occurred within acclimated fishes. In addition, long-term survival of nonacclimated fishes remains questionable.

Introduction

The razorback sucker *Xyrauchen texanus* is a conspecific catostomid endemic to the Colorado River basin. Historically found in the alluvial reaches of the mainstem and larger tributaries in the basin, razorback sucker distribution and abundance has decreased dramatically following water development and introduction of nonnative fishes that have occupied the modified habitats (Minckley et al. 1991). As a consequence of this decline, the species was listed as endangered by the Fish and Wildlife Service in 1991 (USFWS 1991). Remnant populations still occur in a few lower Colorado River basin reservoirs (Marsh 1994; Holden et al. 1997) and in the upper Colorado River basin (Modde et al. 1996), but most fish occupying the Colorado River drainage today are products of artificial propagation (Mueller 1995; Birchell and Christopherson 2003).

In the 10 years since the last symposium on propagated fishes (Schramm and Piper 1995), the numbers of wild razorback sucker in the Green River have continued to decline. Because of the reduced numbers of wild razorback sucker in the Green River, it is apparent that augmentation will be an essential component in the recovery of this species in the upper Colorado River basin (Nesler et al. 2002). The history of stocking as tool for recovering razorback sucker has had mixed success. The first large augmentation program for razorback sucker was initiated in the lower Colorado River basin during the early 1980s (Minckley et al. 1991). Large numbers of larval and fingerling fishes were stocked, but little survival was observed. Similarly, stocking of larger razorback sucker in the Verde and Salt rivers showed poor survival (Clarkson et al. 1993). Mortality by predacious nonnative fishes (Marsh and Brooks 1989) and parasites (Clarkson et al. 1993) were major sources of mortality on stocked fish. In the last decade, larger fish have been stocked and recaptures of razorback sucker were observed in the Colorado (Burdick 2003) and San Juan (Ryden and Pfeifer 1996) rivers. In this study, we summarize the stocking success of razorback sucker in the Green River subbasin. Specifically, we discuss the results of prestocking acclimation and size at stocking on distribution and survival of hatchery-reared razorback sucker stocked in the Green River.

Study Area

The study area includes the Green River from the downstream end of Split Mountain Canyon (river kilometer [rk] 516) downstream to its confluence with the Colorado River (rk 0) (Figure 1). This section of Green River consists of long alternating reaches of low gradient alluvial reaches separated by confined, high gradient canyon reaches. The alluvial reaches are from the lower end of Split Mountain Canyon (rk 516) to Sand Wash (rk 350), which represents the entry to Desolation Canyon, and from the town of Green River (rk 196) to the confluence of the Colorado River (rk 0). The flows of the Green River are moderated by Flaming Gorge Dam located reaches are located downstream of Jensen Utah (middle Green River; rk 513 to rk 334) and Green River, Utah (lower Green River, rk 205 to rk 0). Flows in the Green River above the confluence of the Yampa River are regulated by Flaming Gorge Dam (rk 663) located 147 km above the beginning of the study area. The hydrology of the study area is that of a typical intermountain west river, with high spring flows (April through July) resulting from spring snowmelt and low base flows. The magnitude of the spring flows in the study area is determined primarily by the Yampa River, which has retained much of its natural hydrology, and base flows are influenced primarily by the releases from Flaming Gorge Dam (Muth et al. 2000).

Methods

This study compared the distribution, growth, and survival of razorback sucker stocked directly into the Green River with fish that had been acclimated in two offchannel floodplain depressions. All razorback sucker stocked directly into the Green River between 1986 and 2000 were produced at the Ouray National Fish Hatchery, Ouray, Utah (Table 1). Fish stocked between 1986 and 1989 were marked with a permanent fin clip, and all fish thereafter were marked with PIT tags. With few exceptions, nearly all nonacclimated fish stocked directly from the hatchery since 1995 were stocked at or above rk 516. Acclimated fish consisted of age-1 hatchery-reared razorback sucker stocked into the two floodplain depressions in 1999. Acclimated fish represented the same age and parental offspring as one of the nonacclimated stocked directly into the river in 2000 (1998 year-class). On April 27, 1999, 1,985 yearling razorback sucker, averaging 106 mm were marked with PIT tags and stocked into Above Brennan (16.5 ha) and Baser Bend (15.5 ha) floodplain sites (Birchell and Christopherson 2003). Each floodplain depression supported large numbers of nonnative fishes, particularly black bullhead *Ameiurus melas* and green sunfish *Lepomis cyanellus* (Birchell and Christopherson 2002, 2003). Growth and survival of yearling razorback was monitored and determined fish averaged 338 mm between both floodplain sites in April 2000, prior to connection to the river. The maximum number of fish remaining in both floodplains when it was connected to the river was estimated to be 2,192 fish (Birchell and Christopherson 2003). Razorback sucker stocked into floodplains gained access to the Green River in May of 2000 when they were connected to the river by high spring flows.

Recaptures of stocked fish prior to 2001 were the result of recaptures associated with several unrelated studies with no deliberate design. In 2001 and 2002, a sampling design was implemented that included three electrofishing passes in the Green River between the downstream end of Split Mountain Canyon (rk 516) and the confluence of the Green and Colorado rivers (rk 0). Each pass consisted of an electrofishing boat or raft sampling each shoreline the entire reach of the river. Also included in the sampling design was 170 km of the White River, a major tributary to the Green River. Collections were targeted for the ascending limb of the hydrograph in the spring (March–June). Fish without PIT tags were assumed to be floodplain -reared hatchery razorback sucker.

Distribution of all acclimated and nonacclimated fish captured were plotted by recapture site. The distribution of acclimated and nonacclimated fish was tested by comparing the number of fish from each

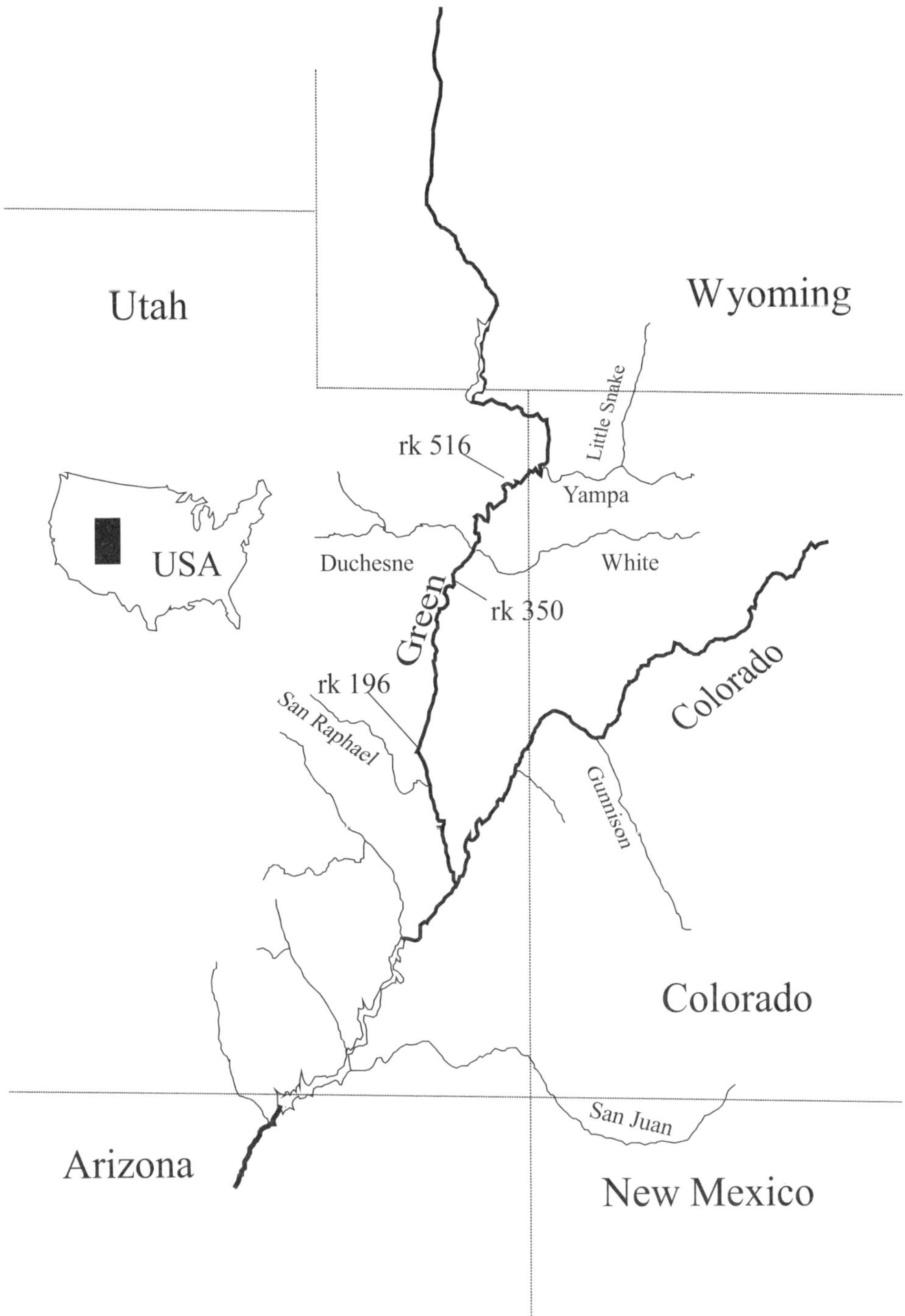

Figure 1. Map of the upper Colorado River basin showing the Green River study area. (rk = river kilometer)

group collected in the alluvial reach of the Green River (rk 516–350) with those downstream (<rk 350) during both 2001 and 2002 using a chi-square test. Difference in all fish collected between 2000 and 2001 was tested with a chi-square test to determine whether distribution differed by year. Total length (TL) at capture was compared with size at stocking for all recaptured fish.

Table 1. Numbers and size of razorback sucker stocked and recaptured from the middle Green River. NA95 = nonacclimated, 1995 year-class; NA98 = nonacclimated, 1998 year-class A = acclimated, 1998 year-class.

Date stocked	1996	1997	1998	1999	2000	2001	2002	All fish stocked	All fish stocked >250 mm
1987–1989	0	0	0	0	0	0	0	1,879	0
1990	0	0	0	0	0	0	0	4,488	0
1995	0	0	0	0	0	0	0	949	0
1996		6	1	0	0	0	0	1,068	472
1998				30	1	8	1	514	504
1999					9	8	3	877	877
2000 NA95						5	1	224	79
2000 NA98						5	3	145	145
2000 A98						80	45	2,192	2,192

Results

Most acclimated and nonacclimated fish were captured in the alluvial portion of the Green River. As much as 25.3% (acclimated fish in 2001) and as few as 8.9% (acclimated fish in 2002) were collected downstream of the alluvial river reach (i.e., Sand Wash, rk 347) in 2001 and 2002 (Figure 2). The greatest number of recaptures from both groups was in the vicinity of rk 504, which is a well-documented spawning site. Most fish were recaptured downstream of their reintroduction site with only four fish found above rk 516. In 2000, a difference in the distribution of acclimated and nonacclimated fish was observed (X^2 = 20.5, 1 $df_{0.05}$ = 3.8) with more acclimated fish found in the lower, canyon reach of the Green River. In 2002, no difference was observed in the distribution of acclimated and nonacclimated fish (X^2 = 0.2, 1 $df_{0.05}$ = 3.8). The distribution of fish between the alluvial and canyon reach of the river was different among years (X^2 = 266.0, 1 $df_{0.05}$ = 3.8), with a lower rate of stocked fish captured in the canyon the second year after stocking.

Although our data did not allow a direct comparison of the effectiveness of all stocking years, fish stocked prior to 1996 were conspicuous by their absence. Earlier stockings consisted primarily of juvenile fish between 100 and 250 mm TL. The first stocked razorback sucker recaptured in the Green River was stocked in 1996 and was larger than 250 mm at stocking (Table 1). Among all fish stocked, the age II fish stocked in 2000 showed the greatest growth increments (Table 2). No detectable difference in the observed growth increment after the first year in the river between acclimated and nonacclimated razorback sucker (Table 2). Although sample size makes comparison difficult, acclimated fish achieved a greater total length than observed in nonacclimated fish.

Recapture rates of acclimated fish were nearly identical to nonacclimated fish (Table 3). Recapture rates of acclimated and nonacclimated fish appeared consistent with the trends and magnitude of recaptures observed in earlier stocking.

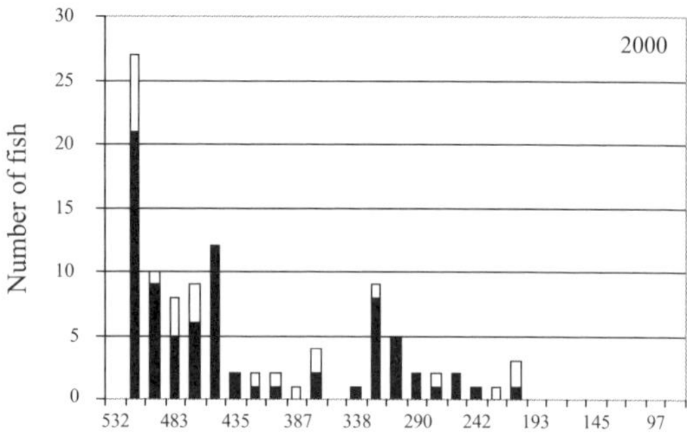

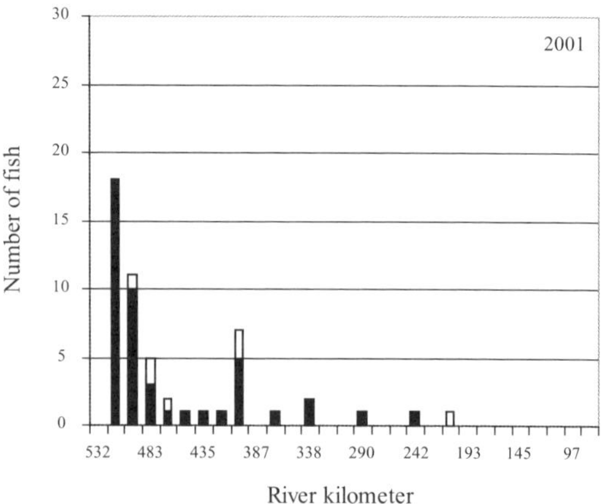

Figure 2. Distribution of acclimated (black) and nonacclimated (white) razorback sucker collected in the Green River during 2000 (top) and 2001 (bottom).

Table 2. Growth increments and total lengths of stocked razorback sucker recaptured in the Green River between 1999 and 2002. Incr = total difference between total length (TL) at stocking size and recapture date.

1998	At stocking	1999	2000	2001	2002
N =		28	1	8	1
Incr =		–3.0	3.0	62.5	53.0
Std =		9.4	–	45.2	–
TL =	404	401	474	459	429
Std =	24.1	28.5	–	37.7	–

1999	At stocking	2000	2001	2002
N =		8	8	3
Incr =		21.1	23.0	68.0
Std =		20.7	20.7	13.1
TL =	389	411	415	455
Std =	26.4	12.9	16.5	21.7

2000- 95YC-NA	At stocking	2001	2002
N =		5	1
Incr =		1.8	18
Std =		3.4	–
TL =	445	447	422
Std =	12.2	11.7	0

2000- 98YC-NA	At stocking	2001	2002
N =		5	3
Incr =		68.4	100.3
Std =		19.4	16.5
TL =	300	401	403
Std =	–	16.0	16.5

2000- 98YC-A	At stocking	2001	2002
N =		80	45
Incr =		61.8	83.1
Std =		16.0	20.5
TL =	338	402	423
Std =	–	16.0	20.5

Discussion

Acclimation of razorback sucker in offchannel floodplain depressions prior to stocking showed no clear benefits over direct stocking of razorback sucker in the middle Green River. This conclusion is based on the assumption that the maximum possible number of fish escaped from the two floodplain depressions. It is probable that unknown losses did occur and that survival rates of acclimated fish reported in this study are underestimated. If so, acclimated fish may have experienced higher survival than nonacclimated fish, and possibly larger size than nonacclimated razorback sucker. However, the distribution of acclimated and nonacclimated fish from the same year-class in the river was nearly identical. Similarly, Mueller et al. (2003) did not observe differences in short-term movement (4 weeks) of acclimated and nonacclimated stocked razorback sucker in the lower Green River. Movement of stocked razorback sucker was also predominantly downstream, with fish moving as far as 70 rk in 4 weeks. Downstream movement of stocked razorback sucker was also observed in the lower Green (Mueller et al. 2003), Colorado (Burdick and Bonar 1997), and San Juan (Ryden 2000) rivers. Downstream movement of razorback sucker in the middle Green River appears to represent permanent movement of fish out of the alluvial reach of the middle Green River. Razorback sucker are primarily distributed in alluvial reaches (Minckley et al. 1991) and higher gradient flows in the canyon reaches, particularly in the spring prior to spring peak flows most likely distributed fish further downstream.

Although not finding differences in site acclimation, Mueller et al. (2003) reported that flow trained fish (i.e., 2 months in raceways) moved downstream a significantly shorter distance than did pond-reared razorback sucker. In our study, approximately one-quarter of both acclimated and nonacclimated razorback sucker moved nearly 170 km downstream into Desolation Canyon the first year after stocking, where they likely were displaced further downstream. During the second year after stocking, fewer fish from both groups of fish were recaptured downstream of the alluvial reach, suggesting that conditioning to the river occurred withing both acclimated and nonacclimated. Thus, conditioning to a lotic environment (as

Table 3. Recapture rate of razorback sucker greater than 250 mm stocked in the Green River between 1996 and 2000.

Date stocked	2001	2002	Total number stocked
1996	0	0	492
1998	1.6	0.2	504
1999	3.6	1.3	774
2000 –H95	0.5	0.1	79
2000 –H98	3.4	2.1	145
2000 –A98	3.6	2.1	2,192

per Mueller et al. 2003), may also be a factor influencing the downstream loss of stocked fish.

The most influential factor observed in this study was the affect of size at stocking. No recaptures were observed among the relatively large number of juvenile razorback sucker stocked between 1987 and 1990 in the Green River. Similar poor returns of small razorback sucker were observed it the lower Colorado River basin (Minckley et al. 1991) and the upper Colorado and Gunnison rivers (Burdick 2003). Burdick and Bonar (1997) and Brandenburg et al. (2003) observed that larger stocked fish survived when reintroduced into the Colorado and San Juan rivers, respectively. Of particular importance was that both acclimated and nonacclimated fish were captured at the Escalante spawning bar, the primary razorback sucker spawning site in the middle Green River (Modde et al. 2001), during the spawning season in both 2000 and 2001. Bowen et al. (2001) reported that stocked razorback sucker occupied the same locations on the primary spawning bar in the Green River together with wild adults. Stocked razorback sucker have also been observed in suspected spawning aggregations in the San Juan River (Karp and Mueller 2002). The occurrence of larval razorback sucker in the San Juan River (Brandenburg et al. 2003) following reintroduction of razorback sucker suggests that larger stocked razorback sucker can contribute offspring within the natural environment.

Although stocked fish have the potential to survive and contribute to the spawning population, whether acclimated or not, long-term survival of stocked fish remains a question. Wild fish marked with PIT tags have been captured repeatedly over several years through annual monitoring efforts in the Green River (McAda et al. 1998). However, no stocked fish were recaptured more than once (more difficult to determine with floodplain fish), and recapture rates among fish stocked, particularly nonacclimated fish, declined rapidly following stocking. Thus, although acclimated and nonacclimated stocked fish have the potential to contribute to recovery of declining populations, their long-term survival and the magnitude of their contribution to recovery remains to be determined.

Acknowledgments

This study was funded by the Recovery Implementation Program for Endangered Fish Species in the upper Colorado River basin. The Recovery Program is a joint effort of the U.S. Fish and Wildlife Service, U.S. Bureau of Reclamation, Western Area Power Administration, states of Colorado, Utah, and Wyoming, Upper Basin water users, environmental organizations, and the Colorado River Energy Distributors Association. Field assistance was provided by several individuals, including Ben Williams, Brent Sheffer, Dave Beers, Chris Kitcheyan, and Mark Fuller. Thanks to Chuck McAda, Steve Severson, and Mike Hudson for providing field and hatchery data used in the study.

References

Birchell, G. J., and K. Christopherson. 2002. A survey of nonnative fish populations inhabiting selected floodplain wetlands and associated river reaches of the Green River, Utah. Chapter 9 of a final report prepared for the Upper Colorado River Endangered Fish Recovery Program. U.S. Fish and Wildlife Service, Recovery Program Project No. Cap-6-LR, Denver.

Birchell, G. J., and K. Christopherson. 2003. Survival, growth, and recruitment of larval and juvenile razorback sucker (*Xyrauchen texanus*) introduced into floodplain depressions of the Green River. Draft report prepared for the Upper Colorado River Endangered Fish Recovery Program. U.S. Fish and Wildlife Service, Recovery Program Project No. C-6RZ, Denver.

Bowen, Z. H., K. D. Bovee, T. J. Waddle, T. Modde, and C. Kitcheyan. 2001. Habitat measurement and modeling in the Green River. U.S. Geological Survey, Fort Collins, Natural Resources Preservation Program, Project Report, Colorado.

Brandenburg, W. H., M. A. Farrington, and S. J. Gottlieb. 2003. Razorback sucker larval fish survey in the San Juan River during 2002. Draft report submitted to the San Juan River Basin Recovery Implementation Program. U.S. Fish and Wildlife Service, Albuquerque, New Mexico.

Burdick, B. 2003. Monitoring and evaluating various sizes of domestic-reared razorback sucker stocked in the upper Colorado and Gunnison rivers: 1995–2001. Final report prepared for the Upper Colorado River Endangered Fish Recovery Program. U.S. Fish and Wildlife Service, Recovery Program Project No. 50, Denver.

Burdick, B., and R. B. Bonar. 1997. Experimental stocking of adult razorback sucker in the upper Colorado and Gunnison rivers. Final report prepared for the Upper Colorado River Endangered Fish Recovery Program. U.S. Fish and Wildlife Service, Recovery Program Project No. 50, Denver.

Clarkson, R. W., E. D. Creef, and D. K. McGuinn-Robbins. 1993. Movements and habitat utilization of reintroduced razorback sucker (*Xyrauchen texanus*) and Colorado pikeminnow (*Ptychocheilus lucius*) spawning in the Verde River, Arizona. Arizona Game and Fish Department, Nongame and Endangered Wildlife Program, Special Report, Phoenix.

Holden, P. B., P. D. Abate, and J. B. Ruppert. 1997. Razorback sucker studies on Lake Meade. 1996–1997 Annual Report, PR-578–1. Submitted to Department of Resources, Southern Nevada Water Authority, Las Vegas.

Karp, C. A., and G. Mueller. 2002. Razorback sucker movements and habitat use in the San Juan River inflow, Lake Powell, Utah, 1995–1997. Western North American Naturalist 62:106–111.

Marsh, P. C. 1994. Abundance, movements, and status of adult razorback sucker, Xyrauchen texanus in Lake Mohave, Arizona and Nevada. Proceedings of the Desert Fishes Council 25:24.

Marsh, P. C., and J. L. Brooks. 1989. Predation by ictalurid catfishes as a deterrent to re-establishment of introduced razorback suckers. The Southwestern Naturalist 34:188–195.

McAda, C. W., W. R. Elmblad, K. S. Day, M. A. Trammel, and T. E. Chart. 1998. Interagency Standardized Monitoring Program: summary of results, 1997. Summary report prepared for the Recovery Implementation Program for the Endangered Fish Species in the Upper Colorado River Basin. U.S. Fish and Wildlife Service, Denver.

Minckley, W. L., P. C. Marsh, J. E. Brooks, J. E. Johnson, and B. L. Jensen. 1991. Management toward recovery of the razorback sucker. Chapter 17 *in* W. L. Minckley and J. E. Deacon editors. Battle against extinction: native fish management in the American West. University of Arizona Press, Tucson.

Modde, T., K. P. Burnham, and E. F. Wick. 1996. Population status of the endangered razorback sucker in the middle Green River. Conservation Biology 10:110–119.

Modde, T., R. T. Muth, and G. B. Haines. 2001. Floodplain wetland suitability, access and use by juvenile razorback sucker in the middle Green River, Utah. Transactions of the American Fisheries Society 130:1095–1105.

Mueller, G. 1995. A program for maintaining the razorback sucker in Lake Mohave. Pages 127–135 *in* H. L. Schramm, Jr. and R. G. Piper, editors. Uses and effects of cultured fishes in aquatic ecosystems. American Fisheries Society, Symposium 15, Bethesda, Maryland.

Mueller, G., P. C. Marsh, D. Foster, M. Ulibarri, and T. Burke. 2003. Factors influencing poststocking dispersal of razorback sucker. North American Journal of Fisheries Management 23:270–275.

Muth, R. T., and seven other authors. 2000. Flow and temperature recommendations for endangered fishes in the Green River downstream of Flaming Gorge Dam. Final report prepared for the Recovery Implementation Program for the Endangered Fish Species in the upper Colorado River basin. U.S. Fish and Wildlife Service, Recovery Program Project No. FG-53, Denver.

Nesler, T., K. Christopherson, C. McAda, F. K. Pfeifer, and T. Czapla. 2002. An integrated stocking plan for razorback sucker, bonytail, and Colorado pikeminnow for the Upper Colorado River Endangered Fish Recovery Program. Final report prepared for the Upper Colorado River Endangered Fish Recovery Program. U.S. Fish and Wildlife Service, Denver.

Ryden, D. W. 2000. Monitoring of experimentally stocked razorback sucker in the San Juan River: March 1994-October 1997. Final report. U.S. Fish and Wildlife Service, Colorado River Fishery Project, Grand Junction, Colorado.

Ryden, D. W., and F. K. Pfeifer. 1996. Monitoring of experimentally stocked razorback sucker in the San Juan River: Annual progress report. U.S. Fish and Wildlife Service, Colorado River Fishery Project, Grand Junction, Colorado.

Schramm, H. L., Jr., and R. G. Piper. 1995. Uses and effects of cultured fishes in aquatic ecosystems. American Fisheries Society, Symposium 15, American Fisheries Society, Bethesda, Maryland.

USFWS (U. S. Fish and Wildlife Service). 1991. Endangered and threatened wildlife and plants: the razorback sucker,(*Xyrauchen texanus*). Determined to be an endangered species. Federal Register 56:54957–54967.

American Fisheries Society Symposium 44:357–370, 2004

Growth and Survival of Larval Razorback Sucker in Natural Floodplain Depressions Inhabited by Nonnative Fish in the Green River, Utah

GARN J. BIRCHELL AND KEVIN D. CHRISTOPHERSON
Utah Division of Wildlife Resources
152 East 100 North Suite 9, Vernal, Utah 84078-2102, USA

Abstract.—Floodplains are presumed to be important rearing habitat for the endangered razorback sucker *Xyrauchen texanus*. In an effort to recover this endemic Colorado River basin species, the Upper Colorado River Endangered Fish Recovery Program developed a floodplain acquisition and enhancement program. A levee removal study was initiated in 1996 as one component of this floodplain restoration program. The goal of the Levee Removal Study was to evaluate the system responses to levee removal and make specific recommendations concerning the value of floodplain reconnection for endangered species (specifically razorback sucker) recovery. However, because there were very few razorback suckers in the Green River, answers to several important questions pertaining to razorback sucker utilization of the floodplain were not answered during this initial study. In an effort to answer some of these questions, age-1 and larval razorback suckers were stocked into depression floodplain wetland habitats along the Middle Green River in northeastern Utah. Age-1 razorback suckers were stocked during the spring of 1999 and 2000 into The Stirrup (river kilometer [Rkm] 444.0), Baeser Bend (Rkm 439.3), and Brennan (Rkm 432.0) wetland sites. Larval razorback suckers were stocked during the spring of 1999 into The Strirrup and into Baeser Bend during 2001. At the time of stocking, each floodplain site was occupied by numerous nonnative fish, including black bullhead catfish *Ictalurus melas*, fathead minnow *Pimephales promelas*, green sunfish *Lepomis cyanellus*, and common carp *Cyprinus carpio*. The goal of this study was to test if floodplain depressions will aid in the recovery of razorback suckers.

Introduction

Since the construction of Flaming Gorge Dam, the magnitude and duration of spring peak flows in the Green River have decreased. This has reduced the frequency and duration of river-floodplain connection. Floodplains are presumed to be important rearing habitat for the endangered razorback sucker *Xyrauchen texanus* (Lentsch et al. 1996a; Muth et al. 1998; Wydoski and Wick 1998). Evidence suggesting the importance of floodplains is provided by floodplain characteristics and the life history of razorback suckers. Elevated temperatures, nutrients, and light intensities combine to make floodplain wetlands high in primary productivity (Cooper and Severn 1994; Lentsch et al. 1996a; Wydoski and Wick 1998; Birchell et al. 2002). The production of food organisms (zooplankton, etc.) that can be utilized by fish is also high. Wydoski and Wick (1998) summarized data collected in zooplankton studies conducted in the upper Colorado River basin. Zooplankton densities (mean number of organisms/L) were lowest in the main channel (0–1.3), higher in backwaters (0–13.1) and highest in floodplain habitats (4.2–81.5). The minimum quantity of food required by razorback sucker larvae to survive following swim-up is 30–60 shrimp nauplii per fish per day (Papoulias and Minckley 1992). This density of zooplankton commonly occurs in floodplain habitats of the Green River, rarely in backwaters, and never in the main channel (Wydoski and Wick 1998; Birchell et al. 2002). Reproduction by razorback sucker occurs in the spring during peak flows when highly productive floodplain habitats are accessible to fish (Muth et al. 1998). This seasonal timing of razorback sucker reproduction indicates possible adaptation for utilizing floodplain habitats (Muth et al. 1998).

The capture of 73 juvenile razorback suckers in a managed floodplain wetland (Old Charley Wash) dominated by nonnative fish provides evidence supporting the importance of floodplain habitat to razorback suckers (Modde 1996, 1997). These captures represent one of the few times juvenile razorback suckers have been captured despite known reproduction (Modde 1996, 1997; Muth et al. 1998). However, survival to recruitment (i.e., adulthood) was not demonstrated in the Old Charley Wash study. Lack of survival beyond the larval stage has been attributed to habitat loss and modification and predation by nonnative fishes (Lentsch et al. 1996b; Muth et al. 1998; Wydoski and Wick 1998).

Based on the assumption that floodplain wetlands provide critical rearing habitat for razorback sucker, the recovery program initiated the Green River Floodplain Connection and Levee Removal Study in 1996. The goal of the Levee Removal Study was to evaluate the system responses to levee removal and make specific recommendations concerning the value of floodplain reconnection for razorback sucker recovery (Lentsch et al. 1996a; Birchell et al. 2002). However, because there were very few razorback sucker in the Green River, answers to several important questions pertaining to razorback sucker utilization of the floodplain were not answered during the initial Levee Removal Study (Birchell et al. 2002). These questions were (1) Can larval razorback sucker be entrained in the floodplain by lowering levees to improve the river-floodplain connection? (2) Can they be entrained at densities to ensure some survival from predation by nonnative fish and piscivorous insects? (3) Will razorback suckers that survive migrate from the floodplain during high flows and recruit into the river population? (4) If so, what cues trigger migration from the floodplain? The goal of this study was to test if floodplain depressions will aid in the recovery of razorback suckers. The specific objectives were to

1. Stock larval and juvenile razorback sucker in selected floodplain depressions.
2. Monitor stocked fish.
   A. Determine larval and juvenile razorback sucker survival rate in a nonnative dom nated environment for a period of one or more years.
   B. Determine growth rate of larval and juvenile razorback sucker in a nonnative dominated environment.
   C. Determine if fish leave wetlands after utilizing floodplain depressions for a period of one or more years (recruitment into the main-stem population).
   D. Assuming C is true, determine how long fish utilize wetlands before leaving and what factors trigger movement from floodplain wetlands to the river.

Study Area

This study was conducted on the Green River at The Stirrup, Baeser Bend, and above Brennan floodplain wetland depressions. These wetlands are located on the Green River approximately 27.0 km south of Vernal, Utah between river kilometer (Rkm) 432.0 and 444.0 (Figure 1). This section of the Green River is characterized by low gradient flow and extensive floodplain habitat. Tamarisk *Tamarix ramosissima* has invaded large areas of shoreline and floodplain habitats throughout this reach. Native vegetation types (willow *Salix* spp., Fremont cottonwood *Populus fremontii*, and skunkbush *Rhus trilobata*) are also abundant in shoreline and floodplain habitats.

Naturally occurring levees deposited along the river margin were breached at each wetland site during the Levee Removal Study to increase the frequency of river-floodplain connection (FLO Engineering, Inc. 1997, 1999; Birchell et al. 2002). Breaches were cut to allow flooding at river flows of 364 m^3/s (13,000 cubic feet per second [cfs]). However, sedimentation and down-cutting at breach locations altered the flows required for flooding at each site.

The Stirrup site is located at Rkm 444.0 and connected with the river at flows near 420 m^3/s (15,000 cfs) during the study (Figure 1). The breach cut is located at the downstream end of the site and measured 146 m long by 6 m wide. Through this single downstream breach, water rapidly enters the site during river-floodplain connection. After the site fills, water slowly pulses into and out of the site with each river flow fluctuation. About 7.8 ha inundate at flows of 364 m^3/s (FLO Engineering, Inc. 1997, 1999). Slightly more area would be inundated at flows of 420 m^3/s.

Baeser Bend is located at Rkm 439.3 and connected with the river at flows near 392 m^3/s (14,000 cfs) during the study (Figure 1). The breach cut for this site was located near the middle and measured 61 m long by 6 m wide. Because this site also has a single breach, connection with the river is similar to that described for The Stirrup. About 15.5 ha inundate at 364 m^3/s. Slightly more area would be inundated at flows of 392 m^3/s.

The Brennan site is located at Rkm 432.0 and connected with the river at flows near 308 m^3/s (11,000 cfs) (Figure 1). Unlike Baeser Bend and The Stirrup, which have only one connection point, Brennan connects with the river at five points. One breach measuring 30.5 m long by 12 m wide was cut at the downstream end of the site in 1998. Three other breaches were cut at the upstream end of the site in

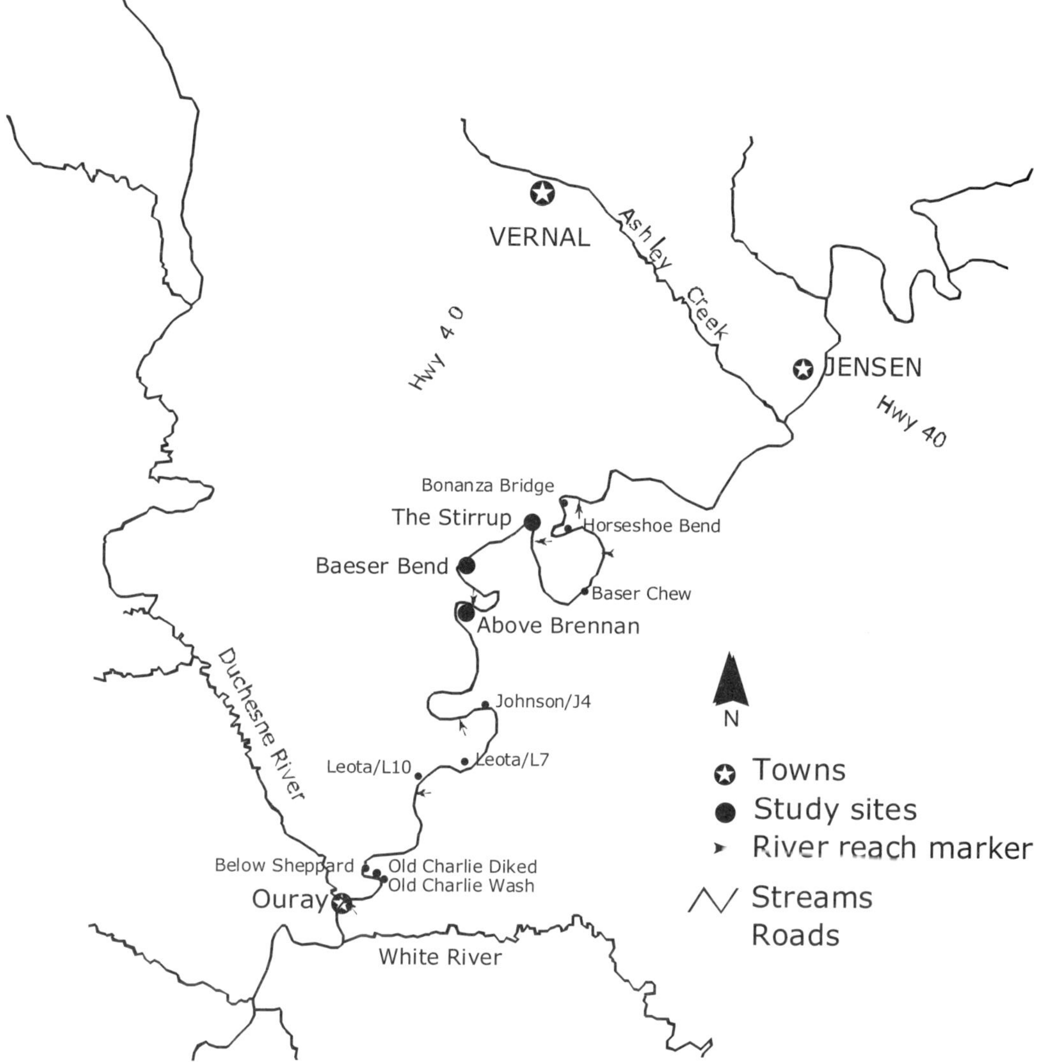

Figure 1. Map of the Middle Green River, Utah, depicting the location of The Stirrup, Baeser Bend, and Above Brennan study sites for razorback sucker stocking.

1999. There is also a natural connection near the middle of the site. As a result of these upstream connections, water flows into the site at the four upstream connection channels and out at the downstream breach cut once the site is full. About 16.5 ha inundate at 364 m^3/s. Slightly less area inundates at flows of 308 m^3/s.

Methods

Razorback suckers were obtained from the Ouray National Fish Hatchery. Stocking densities for age-1 and larval razorback suckers were dependent on the number of excess fish available from the hatchery. Excess age-1 fish were available in the fall of 1998, spring of 1999, and spring of 2000. Larval fish were available for stocking in 1999 and 2001.

Hatchery personnel stocked most age-1 razorback suckers in the spring just prior to floodplain connection with the river. The only exception occurred when 125 age-1 fish were stocked in the fall of 1998 (Table 1). All age-1 fish stocked were tagged with coded wire tags to distinguish them from other razorback suckers stocked in the river. All three sites received 1,985 age-1 razorback suckers in the spring of 1999 and 2,511 in the spring of 2000. Based on site inundation areas at river flows of 364 m^3/s (13,000 cfs) stocking densi-

Table 1. Summary of razorback sucker stocking data for each floodplain depression study site.

Stocking date	Age-class	Year-class	The Stirrup Quantity	The Stirrup Density #/ha	Baeser Bend Quantity	Baeser Bend Density #/ha	Brennan Quantity	Brennan Density #/ha	Total
05/18/99	Larval	1999	7,806		0	0	0	0	56,907
05/24/99	Larval	1999	17,568						
05/29/99	Larval	1999	7,183						
06/02/99	Larval	1999	25,350						
05/08/01	Larval	2001			25,458				
05/11/01	Larval	2001	0	0	32,782		0	0	58,240
Total larval			56,907[a]	7,296	58,240[a]	3,757			115,147
10/27/98	I	1997	125	16	0	0	0	0	125
04/27/99	I	1998	1,985	254	1,985	128	1,985[b]	120	5,955
07/28/99	I	1998	0	0	204	13	0	0	204
04/12/00	I	1999	2,511	322	2,511	162	2,511[c]	152	7,533
Total age 1			4,621[d]		4,700[e]		4,496		13,817
Total all fish			66,149		62,940		8,922		128,964

The fate of each group of razorback suckers that were stocked is as follows:

[a] Survival of larval razorback suckers was not detected during the study.

[b] High probability the surviving portion of these fish voluntarily entered the river during connection in 2000 and 2001.

[c] It appears these fish died shortly after stocking in 2000. The exact cause of death is unknown.

[d] All razorback suckers (except one) that were stocked into The Stirrup died during the 2000 summer.

[e] These fish voluntarily moved to the river, died in the summer of 2000, or were mechanically moved to the river.

ties in 1999 were 254 fish/ha at The Stirrup, 128 fish/ha at Baeser Bend, and 120 fish/ha at Brennan. Stocking densities in 2000 were 322 fish/ha at The Stirrup, 162 fish/ha at Baeser Bend, and 152 fish/ha at Brennan.

To determine if mortality occurred as a result of stocking stress, 204 age-1 fish were returned to the hatchery in 1999. These fish were transported to the study sites on the same day that all age-1 fish were stocked. Instead of stocking them in the study sites they were returned to the hatchery and stocked into a pond. No mortality occurred and these fish were stocked into Baeser Bend on July 28, 1999 (Table 1).

Utah Division of Wildlife personnel received larval razorback suckers from the Ouray Hatchery. Larval fish were placed in sealed plastic bags inside coolers, transported to the site and thermally acclimated before release. During release, the bags were cut open and fish were allowed to swim freely from the bag into the site.

All larval razorback suckers received in 1999 were stocked into The Stirrup site during the floodplain-riverine connection period. Four groups of larval fish were stocked into The Stirrup between May 18 and June 2, 1999. The number of larvae stocked during each trip was 7,806, 17,568, 7,183 and 25,350. Based on an inundation area of 7.8 ha at 364 m^3/s, the stocking density was 7,296 fish/ha (Table 1).

In 2001, all larval razorback suckers were stocked in Baeser Bend. Because of lower spring flows, stocking occurred about 10 d prior to river-floodplain connection in water remaining from the previous year. On May 8, 2001, 25,458 larval fish were stocked, and on May 11, 32,782 fish were stocked. Based on an inundation area of 15.5 ha at 364 m^3/s, the stocking density at this site was 3,757 fish/ha.

Monitoring Stocked Fish

Evaluation of survival and growth took place at the end of the growing season in late summer or early fall and the following spring prior to river-floodplain. Fish were sampled using 6-mm-mesh fyke nets with a single 0.91 m × 15.2 m lead, 0.91 m × 1.82 m rectangular frame, 5 hoops, and 3 funnels. Between 11 and 21 fyke nets were used at each site during a sampling trip. Fyke nets were set in the sites and checked daily for 3–5 d. After fyke net sampling was concluded a "scare and snare" tactic with an electrofishing boat and trammel nets was employed. An outboard powered, aluminum johnboat, equipped with a 6,000-W generator and Smith-Root model 5.0 GPP was used for electrofishing. Between one and three trammel nets were used to snare fish. A large net measuring 1.5 m wide × 45.7 m long with 15.2-cm walling × 2.5-cm mesh was used during each effort. Additional nets when used were 1.22 m wide with three 7.6-m panels of different walling and mesh sizes. These sizes were 20.3-cm walling × 2.5-cm mesh, 17.8 cm × 1.9 cm, and 15.2 cm × 1.3 cm. Electrofishing was conducted in the vicinity of the trammel net in an attempt to herd fish into the net. Razorback sucker captured during fall 1999 and spring 2000 sampling were weighed, measured, tagged with a Passive Integrated Transponder (PIT) tag, and released back into the sites. A mark–recapture population estimate was generated for each site from data collected during these sampling periods using the Peterson Method (Seber 1973).

Below average spring flows and summer drought conditions resulted in poor water quality at each study site during summer 2000. Because of survival concerns razorback suckers captured at Baeser Bend were weighed, measured, PIT-tagged, and released into the river. Fish health appeared to be better at Brennan than at the other sites. Razorback suckers captured in Brennan were weighed, measured, PIT-tagged, and released back into the site.

Monitoring Movement to the River

To monitor razorback sucker movement, a trap was set in the levee breach at The Strirrup and Baeser Bend sites and the lower levee breach at the Brennan site. Attempts were made to prevent fish movement from the Brennan site through the other four breach locations by setting block nets.

Traps were set at all three sites in 1999 and 2000. Brennan was the only site sampled in 2001. During 1999, the traps were constructed from 6-mm-mesh plastic netting and 2.5-cm-diameter plastic tubing. They consisted of two side leads and a chamber with a single funnel. In 2000, these plastic mesh traps were replaced with specially designed fyke nets that were 19-mm mesh, with three 1.2 m × 1.5 m rectangular frames, three hoops, and one funnel. The funnel opening was positioned at the bottom of the net for shallow water fishing. Both trap types were placed in lowest point of the levee breaches (parallel to the cut), with leads extending out to the right and left outer banks of the cuts. One trap was set to catch incoming fish and the other to catch outgoing fish. Traps were checked daily during the river-floodplain connection period. All captured razorback suckers were weighed, measured, and PIT-tagged. Fish caught in the outgoing trap were released into the river and any razorback suckers caught in the incoming trap were released into the floodplain site.

Results

Survival

Mark–recapture population estimates for age-1 fish stocked in 1999 were generated for each site following the first growing season and after fish were in the sites for one year. At The Stirrup, 5 d of sampling with fyke nets and 1 d of electrofishing resulted in the capture, PIT tagging, and release back into the site of 101 razorback suckers. Following this initial tagging effort 1 d of "scare and snare" sampling captured 31 razorback suckers in four recapture attempts. Based on these captures, the razorback sucker population in The Stirrup was estimated at 783 fish or 37% survival after the first growing season (95% confidence interval ± 730). For the spring estimate all fall sampling trips were considered as one marking effort at all sites. One-hundred twenty-eight fish were marked during fall 1999. Spring sampling resulted in the capture of 74 fish with 8 recaptures. The razorback sucker population estimate for the spring of 2000 increased to 1,184 fish or 56% survival (95% confidence interval ± 790).

At Baeser Bend, 761 razorback suckers were PIT-tagged or marked in 3 d of sampling with fyke nets. One day each of sampling with fyke nets and electrofishing following the initial tagging effort resulted in the capture of 109 razorback suckers with 73 recaptures for a population estimate of 1,136 fish or 52% survival after the first growing season (95% confidence interval ± 152). There were 797 individual razorback suckers tagged during fall sampling. Spring sampling resulted in the capture of 121 fish with 74 recaptures. The razorback sucker population estimate for the spring of 2000 increased slightly to 1,303 fish or 59% survival (95% confidence interval ± 188).

At Brennan, 129 razorback suckers were PIT-tagged in 3 d of sampling with fyke nets in the fall. One day of "scare and snare" sampling following the initial tagging effort resulted in the capture of 35 razorback suckers with four recaptures resulting in a population estimate of 1,129 fish or 57% survival after the first growing season (95% confidence interval ± 1,062). There were 160 individual razorback suckers tagged during fall sampling. Spring sampling resulted in the capture of 63 fish with seven recaptures. The Brennan razorback sucker population estimate for the spring of 2000 increased to 1,440 fish or 73% survival (95% confidence interval ± 1,026).

Razorback sucker survival was likely reduced in 2000 because of below average spring flows and drought conditions that persisted through the summer. Water quality in the study sites became a concern in early August 2000, when water depths approached levels normally observed entering winter months. On 15 August, numerous dead carp were observed at The Stirrup site. However, no razorback sucker carcasses were observed. Razorback suckers were not captured during sampling immediately following observation of the fish kill. Regular visits to the site were made beginning in mid-July of 2000 and dead razorback suckers were never observed. Mortality of razorback suckers in The Stirrup site probably occurred between June 4 (date of disconnection) and the July visits.

At Baeser Bend, a fish kill occurred over the weekend of August 12–13, 2000. Dead razorback suckers were not observed at the site on August 11. On Monday, August 14, several hundred dead razorback suckers were observed along the shoreline at the site. Trammel net sampling resulted in the capture of several razorback suckers, indicating some survival.

Just prior to both observed fish kills, water quality concerns resulted in the decision to pump water into the sites. Pumping was scheduled to begin during the week of August 14, 2000. Pumping was initiated at Baeser Bend on August 15. Although water conditions in Brennan never resulted in a fish kill, water was pumped into the site as a precautionary measure beginning on August 18, 2000. Pumps at both sites were run periodically until 22 September 22, 2000. During this period, about 25 cm (10 in) of water depth was added to each site. Following pumping, the added water depth persisted for approximately 1 week.

Because of poor water quality conditions in Baeser Bend, 520 razorback suckers were removed by netting and released into the river. Using the depletion method for estimating population numbers, there were an estimated 749 razorback suckers in the site (95% confidence interval ± 320). Subtracting 520 from 749, there were still an estimated 229 razorback sucker remained in the site entering the winter. Results of spring sampling indicated none of these fish survived.

Late summer fish kills were not observed at Brennan in 2000, indicating that water quality conditions were better for fish than in The Stirrup and Baeser Bend. However, as a precaution water was also pumped into Brennan beginning on 18 August. Sampling in early September 2000, resulted in the capture of 32 razorback suckers with six recaptures. All of these captures were from the age-class stocked in 1999. These fish appeared healthier and averaged 149 g heavier than those from the same age-class captured in Baeser Bend. Because of their healthy appearance, razorback suckers captured in Brennan were released back into the site to overwinter. Sampling the following spring resulted in the capture of 48 razorback suckers with 14 recaptures. Brennan was sampled for the final time late in the summer 2001, and no razorback suckers were caught. Presumably razorback suckers that remained in the site following spring 2001 sampling moved into the river during connection or died later in the summer.

Razorback suckers stocked into Brennan during the spring of 2000 were never caught during sampling efforts. The exact cause of their disappearance is unknown. However, dead razorback suckers from this age-class were observed floating against the leads of breach traps during connection. This suggests they may have died shortly after stocking. Although there is no evidence supporting it, another possibility is they left the site during connection.

Larval razorback suckers were stocked into The Stirrup site in 1999 and into Baeser Bend in 2001 (Table 1). Survival of larval razorback suckers was never detected during the study.

Growth

Growth rates of age-1 razorback suckers stocked in 1999 were identical in The Stirrup and Brennan sites for the first growing season. Growth rates of razorback suckers averaged 1.3 mm/d and 2.1–2.2 g/d, respectively. In The Stirrup, razorback suckers grew from an average length of 110 mm at stocking to 317 mm in September. Weight gains averaged 336 g (12.8 g at stocking to 348 g). Razorback suckers in Brennan grew from an average length of 96 mm at stocking to 310 mm in October. Weight gains averaged 347 g (12.8 g at stocking to 360 g).

Length frequencies and average fish size in The Stirrup and Brennan sites for April 2000 sampling were similar to fall 1999 sampling (Figure 2). Spring 2000 was the last time razorback suckers were caught in The Stirrup site during the study. In Brennan, growth monitoring of razorback suckers from the age-class stocked in 1999 continued through the spring of 2001. Their average size following the second growing season (fall 2000) was 410 mm and 863 g. Average growth rates for the second growing season were 0.5 mm/d and 2.6 g/d. In spring 2001, average fish size was similar to fall 2000 (412 mm and 932 g).

At Baeser Bend, it is important to distinguish between the two groups of age-1 razorback suckers that were stocked in 1999 (Table 1). The first group

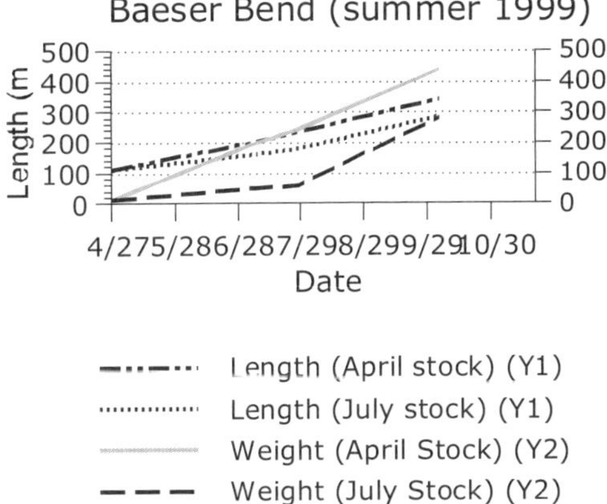

Figure 2. Average length and weight growth rates for razorback suckers during their first growing season in the Baeser Bend floodplain depression Green River, Utah (Note: fish stocked into the site in April averaged 1.4 mm/d and 2.7 g/d. Fish returned to the Ouray hatchery averaged 0.8 mm/d and 0.3 g/d at the hatchery and 1.5 mm/d and 1.4 g/d in the floodplain).

was stocked in April and numbered 1,985 fish. A second group of 204 fish were stocked in July (Table 1). These were the fish returned and raised at the hatchery to monitor mortality from stocking stress. Fish stocked in July had their right pelvic fin clipped to distinguish them from fish stocked in April. Growth monitoring for both groups of fish continued until the summer of 2000.

Average growth rates of razorback suckers stocked in April 1999 were slightly higher in Baeser Bend than in The Stirrup and Brennan. In Baeser Bend, razorback suckers grew from an average length of 111 mm at stocking to 341 mm in September. Weight gains averaged 442 g (15.5 g at stocking to 457 g) or about 100 g more than weight gains in The Stirrup and Brennan. Growth rates for razorbacks stocked in April averaged 1.4 mm/d and 2.7 g/d.

Razorback suckers that were stocked in July grew at the Ouray Hatchery from an average length of 111 mm in April to 180 mm in July. In September, their average length was 286 mm. Fish stocked in July had an average weight gain of 46 g (15.5 in April to 61 g in July) at the hatchery and 224 g in Baeser Bend (61 g July 28 to 285 g September). Growth rates in the hatchery were 0.8 mm/d and 0.3 g/d compared to 1.5 mm/d and 1.4 g/d after being stocked into Baeser Bend.

In spring 2000, razorback suckers that were stocked in April 1999 into Baeser Bend averaged 358 mm and 526 g, and those stocked in July averaged 294 mm and 341 g. Following the second growing season (late summer 2000), April stocked fish averaged 409 mm and 722 g. July stocked fish were similar at 391 mm and 661 g. Average growth rates for the second growing season were 0.3 mm/d and 1.2 g/d (Figure 2).

Baeser Bend is the only site where age-1 fish that were stocked in April 2000 survived. These fish averaged 103 mm at the time of stocking and grew to 282 mm by August. Weight gains averaged 231 g (12.8 g at stocking to 244 g). Average growth rates of these fish were similar to growth rates for fish stocked in 1999. Fish stocked in 2000 averaged 1.4 mm/d and 1.8 g/d compared to 1.4 mm/d and 2.7 g/d in 1999.

Monitoring Movement to the river

The first river-floodplain connection period following the April 1999 stocking occurred between May 12 and June 25, 1999. Connections in 1999 were maintained for 52 d at Brennan, 33 d at Baeser Bend, and 31 d at The Stirrup. During this connection period only two razorback suckers were caught in traps set to catch fish leaving the sites (Table 2). Both of these fish were caught at Baeser Bend on the same day.

In 2000, the river-floodplain connection period occurred between May 24 and June 7. Because of below average spring flows, connection durations were considerably shorter than 1999 durations. Connection durations were 15 d at Brennan, 7 d at Baeser Bend, and only 3 d at The Stirrup. Low spring flows also resulted in shallow water depths at connection points, particularly at The Stirrup and Baeser Bend. Water depth during connection was only 5 cm (2 in) at The Stirrup and about 30 cm (12 in) at Baeser Bend. During this connection period, 31 age-2 razorback suckers were caught in outgoing traps at Baeser Bend, 10 at Brennan, and 1 at The Stirrup (Table 2).

Razorback suckers that were originally stocked in the study sites in 1999 were caught in the Green River during sampling efforts of other projects in 2000 and 2001. Most of the fish caught while sampling in the river had not been caught in breach traps, indicating the ineffectiveness of this method. During abundance estimate sampling for Colorado pikeminnow (Hawkins et al. 1999) in 2000, 41 razorback suckers were captured (Table 2). Nineteen of these fish were positively identified as fish originally stocked in the study sites, and four more were probable (Table 2). A fish was considered probable if they did not have a PIT tag, were not scanned or scanned negative for

Table 2. Table summarizing the number of floodplain razorback suckers (RZ) captured between 1999 and 2001 in breach traps while entering the river or in the Green River during sampling for other projects.

Sampling effort	# of RZ captured	# of positive floodplain RZ	# of probable floodplain RZ	Total floodplain RZ	% floodplain RZ[a]
Breech traps 1999[b]	2	2	0	2	100.0
Breech traps 2000[c]	42	42	0	42	100.0
Breech traps 2001[d]	0	0	0	0	0
CPM estimate 2000[e]	41	19	4	23	56.1
CPM estimate and NP removal 2001[f]	115	57	12	69	61.0
CPM estimate USFWS[g]	34	14	8	22	64.7
Total	234	134	23	158	

[a] Percentage of the total razorback catch that originated from floodplain stocking.
[b] Breech trap sampling occurred at each site during the floodplain-river connection period.
[c] Probable because fish were not PIT-tagged and fall into the same size range of other fish positively identified from floodplain stocking.
[d] Breech trap sampling only occurred at Brennan in 2001.
[e] Captured by Utah Division of Wildlife Resources (UDWR) during 2000 Colorado pikeminnow (CPM) *Ptychocheilus lucius* abundance estimate sampling between Island Park (Rkm 537.4) and the White River confluence (Rkm 395.9).
[f] Captured by UDWR during 2001 Colorado pikeminnow abundance estimate (Rkm 537.4–395.9) and northern pike NP *Esox lucius* removal near Jensen (Rkm 485.6) and Duchesne River confluence (Rkm 399.0).
[g] Captured by United States Fish and Wildlife Service (USFWS) personnel between White river confluence (Rkm 395.9) and Swasey takeout (Rkm 203.5).

coded wire tags, and were within the size range of positive floodplain fish. These 23 fish comprise 56% of the razorback suckers caught in the Green River in 2000 (Table 2). Three of the 23 razorbacks were caught in breach traps during connection, and 3 others were previously PIT-tagged during floodplain sampling (Table 3). Four fish were originally PIT-tagged in Baeser Bend and two in Brennan. Three of the fish were caught in the Duchesne River near the Green River confluence. The other three were caught in the Green River at river kilometers 484.0 (1.6 Rkm upstream from Ashley Creek), 403.5 (1.6 Rkm upstream from

Table 3. Summary of capture history data for razorback suckers originally tagged in floodplain depression study sites and subsequently caught in the Green River tributaries during 2000 sampling.

Capture date	PIT #	Location	Rkm	Rkm traveled	Total length (mm) at capture	Weight (g) at capture
10/06/99	510D296520	Baeser Bend	439.3		323	463
04/10/00		Baeser Bend	439.3	0.0	335	425
06/07/00		Green River	484.0	44.7	371	595
05/30/00	512763003C[a]	Brennan	432.0		401	663
06/01/00		Duchesne River	0.6	33.6	400	671
05/10/99	51276B2A1A[a]	Baeser Bend	439.3		323	383
05/28/00		Baeser Bend	439.3		377	581
06/01/00		Green River	403.5	35.8	377	621
05/05/00	5127751B14	Baeser Bend	439.3		385	715
06/13/00		Green River	447.0	7.7	384	716
06/02/00	5127784700[a]	Baeser Bend	439.3		386	679
06/16/00		Duchesne River	0.2	40.5	384	690
10/13/99	512A613137	Brennan	432.0		342	430
06/01/00		Duchesne River	0.6	33.6	365	620

[a] Fish captured in breech traps during floodplain-riverine connection.

Old Charley Wash), and 447.0 (3.2 Rkm from The Stirrup site) (Table 3 and Figure 1). The average distance a fish traveled from the point of origin was 32.7 Rkm (Table 3).

During abundance estimate sampling for Colorado pikeminnow (Hawkins et al. 1999) and northern pike removal in 2001 (Christopherson 2000), 149 razorback suckers were caught in the Green River (Table 2). Seventy-one were positively identified as fish originally stocked in the floodplain, and 20 more were probable (Table 2). These 91 fish comprise 61% of the razorback suckers caught in the river during 2001 (Table 2). Three of the 91 razorbacks had been caught in breach traps leaving sites during connection, and 14 others were previously PIT-tagged during floodplain sampling (Table 4). Nine fish were originally tagged at Brennan, seven at Baeser Bend, and one at The Stirrup. Four of the fish were caught in the Duchesne River near the Green River confluence. Four were caught by USFWS personnel

Table 4. Summary of capture history data for razorback suckers originally tagged in floodplain depression study sites and subsequently caught in the Green River or tributaries during 2001 sampling.

Capture date	PIT #	Location	Rkm	Rkm traveled	Total length (mm) at capture	Weight (g) at capture
10/06/99	511555446D	Baeser Bend	439.3		363	684
05/16/01		Green River	498.3	59.0	423	759
10/06/99	51155C1D4C	Baeser Bend	439.3		324	488
05/22/01		Green River	442.5	3.2	395	668
05/30/00	512768701C[a]	Brennan	432.0		364	564
05/09/01		Duchesne River	0.2	33.2	400	721
08/18/00	51276D107E	Baeser Bend	439.3		375	
05/22/01		Green River	441.7	2.4	383	583
08/29/00	5128503701	Baeser Bend	439.3		415	729
05/23/01		Green River	420.6	18.7	425	833
10/13/99	512A5F456E[a]	Brennan	432.0		353	634
305/30/00		Brennan	432.0		382	585
05/14/01		Duchesne River	0.2	33.2	387	723
04/06/00	512B0B7809	Brennan	432.0		387	729
05/17/01		Green River	480.6	48.6	405	738
04/10/00	512B3F2D40	Baeser Bend	439.3		370	621
05/16/01		Green River	498.0	58.7	408	703
10/22/99	512B43583C	Brennan	432.0		286	262
05/07/01		Duchesne River	0.2	33.2	400	689
10/20/99	512B4B6050	Baeser Bend	439.3		355	473
06/06/01		Green River	413.2	26.1	403	667
10/26/99	512B4D1F74[a]	The Stirrup	444.1		333	370
06/02/00		The Stirrup	444.1		368	600
05/30/01		Green River	500.4	56.3	414	714
04/10/00	512E110516	Baeser Bend	439.3		364	584
05/14/01		Duchesne River	0.2	40.5	412	729
04/06/00	512C532938	Brennan	432.0		346	538
03/28/01		Green River	310.9	121.1	381	700
10/22/99	512C580F31	Brennan	432.0		321	336
04/09/01		Green River	368.1	63.9	398	738
04/06/00	512C5E5A64	Brennan	432.0		378	483
04/02/01		Green River	206.9	225.1	385	754
04/06/00	512D06202C	Brennan	432.0		330	452
04/20/01		Green River	285.9	146.1	360	521
10/22/99	512E111051	Brennan	432.0		327	409
06/01/01		Green River	468.9	36.9	398	624

[a] Fish originally captured in breech traps during floodplain-riverine connection.

in the Green River at river kilometers 368.1 (Moon Bottom), 310.9 (Peter's Point), 285.9 (Near Wildhorse Rapid), and at 206.9 (just below Swaseys Rapid). These four fish traveled an average of 139.0 Rkm from the Brennan site. The remaining fish were caught in the Green River at river kilometers 498.0–500.4 (near razorback bar), 480.6 (near Ashley Creek), 468.9 (2.3 Rkm upstream from Bonanza Bridge), 441.7–442.5 (near The Stirrup), 420.6 (near Johnson Bottom), and 256.8 (near Wyasket Bottom inlet) (Table 4 and Figure 1). The average distance a fish traveled from the point of origin was 34.6 Rkm.

The best estimate for the total number of razorback suckers added to the river population from this study is between one and two thousand fish. There were 666 total razorback suckers definitely added to the river population from floodplain habitat. Forty-four razorbacks were caught migrating from the study sites, 108 migrated from the sites but were caught later in the river (Table 2) and 514 razorbacks were mechanically moved to the river from Baeser Bend.

Discussion

Growth of razorback suckers in each study site was excellent. Stocked fish more than tripled in length during the first growing season. As expected, length growth slowed during the second growing season. However, weight gains continued at nearly the same rate through the study. Growth data collected during this study supports the premise that floodplain wetland habitats are important for young razorback suckers. Fish grew rapidly in the highly productive floodplain wetlands, and presumably survival was enhanced as a result of the larger young fish becoming less susceptible to predation (Osmundson and Kaeding 1989; Lentsch 1996; Wydoski and Wick 1998).

Population estimates indicate that age-1 razorback suckers stocked in 1999 survived well at each site during the first year of the study. Survival estimates were calculated in the fall 1999 and again in the spring 2000 for each site. For each site, age-1 razorback sucker survival estimates increased between fall 1999 and spring 2000 estimates. This increase is largely the result of having marked fish from fall sampling already in each site. Based on the estimates, it appears that very little overwinter mortality occurred.

First-year survival estimates with the narrowest confidence intervals were obtained for Baeser Bend. Better survival estimates at Baeser were due to more efficient sampling. Large areas of thick dead terrestrial vegetation at The Stirrup and Brennan reduced sampling efficiency. In contrast, Baeser Bend is more open and had very little dead terrestrial vegetation to hinder sampling.

Survival estimates and growth rates were even more impressive when nonnative fish numbers were considered. Each study site was occupied by high numbers of nonnative fish in the spring at the time of stocking. Several years of above average flow preceding the study provided conditions that allowed nonnative fish populations to build up in each site (Birchell et al. 2002). During razorback sucker sampling in the fall, nonnative fish were removed from the sites and estimates were calculated using catch effort decline. There were an estimated 5,357.4 kg (458,474 fish) of nonnative fish in Baeser Bend, 2,708.2 kg (310,565 fish) in The Stirrup, and 711.4 kg (86,122 fish) in Brennan (Birchell et al. 2002). These results indicate that age-1 razorback suckers are very capable of competing with and avoiding predation by large numbers of nonnative fish.

Razorback sucker survival was dramatically reduced during the second year of the study. Below average spring flows and summer drought created water conditions in The Stirrup and Baeser Bend that were lethal for all fish species. At The Stirrup, low spring flows resulted in a brief connection duration that did not sufficiently fill the site. As a result, stagnant water remaining from the previous year was not adequately freshened and nighttime dissolved oxygen levels became lethal for razorback suckers sometime in the early summer (June 4–July 13).

Unlike The Stirrup, Baeser Bend and Brennan did fill during connection in all years. Late summer water depths were nearly the same in each site; however, an estimated 50–75% of the razorback suckers in Baeser Bend were lost. Late summer fish kills were not observed at Brennan. Differences in connection configurations between the two sites may explain why fish kills occurred at Baeser Bend and not at Brennan. Baeser Bend is configured with a single connection point near the middle of the site. Because water must enter and leave the site at the same point, complete flushing of stagnant water held over from the previous year does not occur. In contrast, Brennan is configured with upstream connection points that create flow-through current so that more complete freshening occurs.

Concerns about water quality prompted efforts to augment water at each site late in the summer 2000. Water augmentation was expected to improve water quality and prevent the sites from drying out. During the weekend just prior to the scheduled starting date for pumping, the fish kill at Baeser Bend occurred.

The opportunity to perhaps have prevented the fish kill was missed by just a few days. Because the fish kill was partial, pumping was still initiated at Baeser Bend on August 15, 2000. Water augmentation at Baeser Bend did not prevent the estimated 229 remaining razorback suckers from dying during the winter. Razorback suckers at the Brennan site survived through the winter.

Survival of larval razorback suckers was not detected during the study. This could either be the result of ineffective sampling methods or that measurable survival of larval razorback suckers did not occur. Although sampling ineffectiveness cannot be completely eliminated as a possibility, it is unlikely given that both sites were sampled intensively for several days.

Two possible explanations for larval razorback sucker mortality that were examined in the lower Colorado River basin at Lake Mohave are food limitation and predation (Marsh and Langhorst 1988; Papoulias and Minckley 1990, 1992; Horn et al. 1994). Poor water quality, insufficient stocking densities to overcome predation and stress from stocking are additional possibilities for this study.

Limited food supply is unlikely to reduce larval survival in floodplain wetlands because zooplankton densities are typically higher in floodplain wetland habitats than main channel and backwater habitats (Cooper and Severn 1994; Wydoski and Wick 1998; Birchell et al. 2002). However, zooplankton data were not collected.

Predation is a more plausible explanation for larval razorback sucker mortality during this study. Johnson et al. (1993) determined that larval razorback suckers were predator naive and were not likely to survive with high numbers of nonnative fish. Although nonnative fish densities for each site at the time of stocking were estimated, densities were likely much higher at The Stirrup than at Baeser Bend. Four months after stocking larval razorback suckers, there were an estimated 2,708.2 kg (3 tons) or 310,600 nonnative fish in The Stirrup (Birchell et al. 2002). Species composition consisted of 53.2% fathead minnow, 35.6% black bullhead, 6% green sunfish, 3.8% red shiner, and 1.3% carp. Nonnative fish densities were lower at Baeser Bend because a significant portion of the nonnative fish population perished during the summer of 2000. In addition to nonnative fish, odonate nymphs are present in the study sites and may also prey on larval razorback suckers. Under laboratory conditions, odonate nymphs were capable of destroying significant numbers of larval razorback suckers (Horn et al. 1994). Predation by odonate nymphs may have explained larval razorback sucker survival failure in fishless backwaters at Lake Mohave (Horn et al. 1994).

Could predation be overcome if larval razorback suckers were stocked at higher densities? Nearly the same total numbers of larval razorbacks were stocked into the two sites (56,907 and 58,240) (Table 1). These numbers are only slightly above the average fecundity of a single female razorback sucker (46,740 eggs/female) reported by McAda (1977). Another factor related to stocking density is that not all larval fish were stocked on the same day. At The Stirrup, fish became available for stocking four different times between May 18 and June 1, 1999. Similarly, in 2001, larval fish were received in two groups for stocking into Baeser Bend. Stocking larval razorback suckers at higher densities than those of this study, and on the same day, may result in some survival.

Water quality is not a likely cause of mortality for larval fish stocked into The Stirrup because stocking occurred during connection with the river. However, at Baeser Bend in 2001, water quality may have been an issue. Because of below average flows, floodplain connection with the river was delayed until May 18. Larval razorback suckers were available for stocking on May 8 and 11 (Table 1). As a result larval razorbacks were stocked prior to freshening water in the site from the river.

Stocking stress is another potential cause of mortality. However, there are no data indicating that mortality occurred as result of activities associated with stocking. In both stocking instances, larval fish were thermally acclimated prior to release into the sites. Upon release, larval fish appeared healthy and were actively dispersing from the release point.

The effectiveness of nets set to monitor movement of fish from the sites was hindered by high water velocities during filling and by beaver and muskrats chewing holes in the nets. Problems with high water velocity primarily occurred in 1999. During the week-long wetland filling stage, high velocity flows eroded soil underneath trap leads and reduced block effectiveness. Eroded areas were filled with sandbags as quickly as they were discovered. Beaver and muskrats constantly chewed holes in the traps each year of the study; these holes created opportunities for fish to escape before the nets could be checked.

Although nets set to monitor fish movement into and out of the sites were not entirely effective, some knowledge of razorback sucker movement from the sites was gained. Only two age-1 razorback suckers were caught leaving the sites during the year of their stocking, indicating a preference to remain in the floodplain. Population estimate data confirms most age-1 razorback suckers remained in the sites during the first summer. Significantly more fish movement from the floodplain occurred 1 year following the stocking (Table 2). Prior to the study, water inflow and sexual maturity were considered possible cues that would trigger razorback sucker movement from the floodplain. Evidence from this study indicates that some fish may cue on increased freshwater flow into the sites during connection. Movement cued by sexual maturity could not be tested because below average flows prevented survival to sexual maturity.

Flow magnitude and connection duration probably inhibited razorback sucker movement from at least two sites. A shallow (5-cm) river connection at The Stirrup only lasted 3 d . Similarly, a shallow connection lasted only 7 d at Baeser Bend. Fifteen days of connection at Brennan provided the best opportunity for razorback suckers to leave. However, very little movement was detected at this site possibly due to the numerous upstream connections. All attempts to block fish movement through upstream connections failed. Most floodplain razorback suckers captured in the river probably originated from Brennan.

It is apparent from this study that stocking age-1 razorback suckers into floodplain depressions can potentially contribute healthy fish to the river population, thus aiding razorback sucker recovery. Success of floodplain stocking is dependent on spring river flows. A string of above-average flow years is critical for naturally maintaining a floodplain environment that supports fish life through the year. The potential for mechanically maintaining these habitats, at least for short periods of time, was demonstrated.

Floodplain wetlands can be utilized to supplement limited razorback sucker grow-out space. Razorback suckers stocked into floodplain habitat are conditioned to cope with the riverine environment and learn to utilize natural food sources, and so may provide a higher return than fish raised to the same size in hatcheries. Predator naivety may also be reduced because fish inhabit an environment with nonnative fish. These conditioning factors may enhance survival and increase overall performance in the riverine environment. The validity of these ideas will be repeatedly tested through time by the performance of floodplain razorback suckers resulting from this and future studies.

Despite the success of stocked age-1 razorback suckers, a critical function of floodplain wetland habitat is to provide rearing habitat for larval razorback suckers that are entrained during spring high flows. This study failed to demonstrate larval razorback sucker survival in floodplain wetland habitats. Efforts to determine if larval razorback suckers can survive in floodplain wetland habitat should continue. It is not likely that nonnative fish will be eliminated from the Green River system, so larval survival will have to occur in the presence of nonnatives. The best opportunity for larval razorback sucker survival in floodplain wetlands may occur when a low water year eliminates nonnative floodplain fish populations and is followed by an above-average flow year. During the above-average flow year, larval razorback sucker production will need to be high to ensure adequate numbers are entrained in the floodplain. Because nonnative fish densities are low in floodplain wetlands during the first connection following below average flow years, predation and competition with razorback suckers should be reduced. Determining conditions that allow survival of larval razorback suckers in floodplain wetland habitats may be essential for creating self-sustaining populations that will lead to the recovery of this species in the Middle Green River.

Summary

1. Growth of age-1 razorback suckers stocked into floodplain sites was phenomenal. Stocked fish tripled in length after one growing season and high weight gains were also observed.
2. Growth rates for age-1 razorback suckers at the hatchery were nearly one- half of growth rates in floodplain habitats.
3. Despite the presence of existing high nonnative fish densities in the study sites, stocked age-1 razorback suckers survived at rates ranging from 37% to 73% during the first year.
4. Survival was dramatically reduced during the second year of the study as a result of below-average river flows that resulted in low water quality. Long duration and high magnitude flows are critical for maintaining water quality that supports fish in floodplain sites. Some mechanical support of sites can be provided, but it is labor intensive and therefore expensive.
5. Intensive sampling efforts did not detect survival of larval razorback suckers during the study.
6. Although the exact cause of larval razorback sucker mortality is unknown, some possibilities include inability to detect survival, predation, insufficient stocking densities to overcome predation, poor

water quality, and failure to utilize available food resources.

7. Very little razorback sucker movement from the sites was detected during the first connection period. Most age-1 razorback suckers remained in the study sites for at least 1 year.
8. After razorback suckers were in the study sites for 1 year, some movement of age-2 fish from the sites was detected. This movement was likely triggered by freshwater inflow.
9. Movement cued by sexual maturity could not be tested because below average flows were inadequate to maintain water quality and prevented survival to sexual maturity.
10. The shallow, short duration connections that occurred during 2000 may have discouraged razorback sucker movement from The Stirrup and Baeser Bend.

Recommendations

I. Continue studies to quantify larval razorback sucker survival to recruitment in floodplain sites. Efforts should focus on causing larval fish entrainment in the floodplain, testing survival following a reset of nonnative fish populations, determining larval densities necessary to survive predation, options for nonnative predator control, and determining if other sources of mortality such as water quality and food availability are factors. Entrainment and survival of larval razorback suckers in floodplain habitats represent one of the critical links in self-sustaining razorback sucker populations and ultimately recovery.

II. Monitor the contributions to the spawning population of floodplain raised razorback suckers in the river.

III. Utilize floodplain depressions for razorback sucker grow-out ponds during years average and above-average flows are predicted.

Acknowledgments and Disclaimer

This study was funded by the Upper Colorado River Endangered Fish Recovery Program (Recovery Program). The Recovery Program is a joint effort of the U.S. Fish and Wildlife Service, U.S. Bureau of Reclamation, National Park Service, Western Area Power Administration, states of Colorado, Utah and Wyoming, Upper Basin water users, environmental organizations, and the Colorado River Energy Distributors Association.

The opinions and recommendations expressed in this report are those of the authors and do not necessarily reflect the views of the Utah Division of Wildlife Resources, the Recovery Implementation Program, or any of its cooperating members. Mention of trade names, commercial products, or firms and businesses does not constitute endorsement or recommendation for use by the authors, Utah Division of Wildlife Resources, the Recovery Implementation Program, or any of its cooperating members.

References

Birchell, G. J., K. Christopherson, C. Crosby, T. A. Crowl, J. Gourley, M. Townsend, S. Goeking, T. Modde, M. Fuller and P. Nelson. 2002. The Levee Removal Project: assessment of floodplain habitat restoration in the middle Green River. Final report completed for Upper Colorado River Endangered Fish Recovery Program. Utah Division of Wildlife Resources, Publication 02–17, Salt Lake City.

Christopherson, K. 2000. Development of a northern pike control program in the Middle Green River, Utah. Scope of work approved by Colorado River Endangered Fish Recovery Program, Denver, Colorado for Utah Division of Wildlife Resources., Northeast Region, Vernal.

Cooper, D. J., and Severn. 1994. Wetlands of the Ouray National Wildlife Refuge, Utah: hydrology, water chemistry, vegetation, invertebrate communities, and restoration potential. U.S. Department of the Interior, Fish and Wildlife Service, Denver.

FLO Engineering, Inc. 1997. Green River floodplain habitat restoration investigation - Bureau of Land Management sites and Ouray National Wildlife Refuge sites near Vernal, Utah. Final report of FLO Engineering, Inc. to Recovery Implementation Program for the Endangered Fish Species in the Upper Colorado River Basin, Denver.

FLO Engineering, Inc. 1999. Post-restoration sedimentation and erosion monitoring/evaluation for Green River floodplain habitat restoration sites, near Vernal Utah. 1998 Floodplain habitat restoration status report draft report prepared by FLO Engineering, Inc. for Recovery Implementation Program for the Endangered Fish Species in the Upper Colorado River Basin, Denver.

Hawkins, J., K. Bestgen, and G. White. 1999. Abundance estimates for Colorado pikeminnow in the Middle Green River/Yampa River system. Scope of work approved by Recovery Implementation Program for the Endangered Fish Species in the Upper Colorado River Basin, Denver.

Horn, M. J., P. C. Marsh, G. Mueller, and T. Burke.

1994. Predation by odonate numphs on larval razorback suckers (*Xyrauchen texanus*) under laboratory conditions. The Southwestern Naturalist 39(4):371–374.

Johnson, J. E., M. G. Pardew, and M. M. Lyttle. 1993. Predator recognition and avoidance by larval razorback sucker and northern hog sucker. Transactions of the American Fisheries Society 122:1139–1145.

Lentsch, L. D. 1996. Green river levee removal and floodplain connectivity evaluation. Scope of work approved by Colorado River Endangered Fish Recovery Program, Denver, Colorado for Utah Division of Wildlife Resources, Salt Lake City.

Lentsch, L. D., T. Crowl, P. Nelson, and T. Modde. 1996a. Levee removal strategic plan. Utah Division of Wildlife Resources, Salt Lake City.

Lentsch, L. D., R. T. Muth, P. D. Thompson, B. G. Hoskins, and T. A. Crowl. 1996b. Options for selective control of nonnative fishes in the upper Colorado River basin. Utah Division of Wildlife Resources, Publication 96–14, Salt Lake City.

Marsh, P. C., and D. R. Langhorst. 1988. Feeding and fate of wild larval razorback sucker. Environmental Biology of Fishes 21(1):59–67.

McAda, C. W. 1977. Aspects of the life history of three catostomids native to the upper Colorado River basin. Master's thesis. Utah State University, Logan.

Modde, T. 1996. Juvenile razorback sucker (*Xyrauchen texanus*) in a managed wetland adjacent to the Green River. Great Basin Naturalist 56:375–376.

Modde, T. 1997. Fish use of Old Charley Wash: an assessment of floodplain wetland importance to razorback sucker management and recovery. Final report submitted to the Recovery Implementation Program for the Recovery of Endangered Fishes in the Upper Colorado River Basin. U.S. Fish and Wildlife Service, Denver.

Muth, R. T., G. B. Haines, S. M. Meismer, E. J. Wick, T. E. Chart, D. E. Snyder, and J. M. Bundy. 1998. Reproduction and early life history of razorback sucker in the Green River, Utah and Colorado, 1992–1996. Final report submitted to the Recovery Implementation Program for Endangered Fish Species in the Upper Colorado River Basin. U.S. Fish and Wildlife Service, Denver.

Osmundson, D. B., and L. R. Kaeding. 1989. Studies of Colorado squawfish and razorback sucker use of the "15-mile reach" of the upper Colorado River as part of conservation measures for the Green Mountain and Ruedi Reservoir water sales. U.S. Fish and Wildlife Service, Grand Junction, Colorado.

Papoulias, D., and W. L. Minckley. 1990. Food limited survival of larval razorback sucker, *Xyrauchen texanus*, in the laboratory Environmental Biology of Fishes 29(1):73–78.

Papoulias, D., and W. L. Minckley. 1992. Effects of food availability on survival and growth of larval razorback suckers in ponds. Transactions of the American Fisheries Society 121(3):340–355.

Seber, G. A. G. 1973. The estimation of animal abundance and related parameters. Hafner Press, New York.

Wydoski, R. S., and E. J. Wick. 1998. Ecological value of floodplain habitats to razorback sucker in the upper Colorado River basin. Final report submitted to the Recovery Implementation Program for the Recovery of Endangered Fishes in the Upper Colorado River Basin. U.S. Fish and Wildlife Service, Denver.

American Fisheries Society Symposium 44:371–376, 2004

Use of Propagated Shortnose Sturgeon as Surrogates for Wild Fish

MARK R. COLLINS[1] AND THEODORE I. J. SMITH

SCDNR, Marine Resources Research Institute
Post Office Box 12559, Charleston, South Carolina 29422, USA

VINCENT A. MUDRAK AND ROBERT BAKAL

USFWS, Warm Springs Regional Fishery Center
Warm Springs, Georgia 31830, USA

KENT WARE

USFWS, Bears Bluff National Fish Hatchery
Wadmalaw Island, South Carolina 29487, USA

Abstract.—For many imperiled species, biological information necessary for effective management of wild populations is often lacking, and acquisition of experimental specimens is problematic due to their scarcity or special status. To address these issues, the South Carolina Department of Natural Resources and the U.S. Fish and Wildlife Service established a partnership to develop propagation techniques for the endangered shortnose sturgeon *Acipenser brevirostrum*. Hatchery-produced fish and their offspring have served as valuable surrogates for wild sturgeon in a variety of studies, most of which focused on production of information directly applicable to field studies of wild fish. These studies included (1) salinity and dissolved oxygen bioassays to identify critical water quality parameters that might typify habitats of wild juveniles, (2) tag retention evaluations to identify optimal tag types for use in mark–recapture studies, (3) transmitter attachment/implantation assessments to establish telemetry protocols that minimize impacts and provide long-term retention, (4) surgical procedures trials to identify appropriate suture materials and techniques, (5) assessments of the effects of removing a pectoral fin ray for aging studies, (6) underwater blasting/demolition assessments to determine the effects of underwater demolition and dredging projects on sturgeon, and (7) development of surgical sterilization procedures to minimize the likelihood of genetic contamination when using propagated sturgeon to locate and evaluate habitats used by wild fish. Thus, the use of propagated sturgeon has greatly improved field study methodologies and enhanced management efforts for wild shortnose sturgeon.

Introduction

For many threatened or endangered species, acquisition of information needed for restoration and management is problematic due to their imperiled status. Use of unproven field techniques on wild specimens is discouraged, as is the use of wild specimens in controlled experiments to test techniques. Developing and applying the tools needed to address critical issues such as migration patterns, tolerance to stressors, age distribution, and population genetics is difficult but essential.

Despite their formerly high commercial value, current biological information is scarce for U.S. East Coast populations of sturgeons, shortnose sturgeon *Acipenser brevirostrum* and Atlantic sturgeon *A. oxyrinchus*, especially in the southern portion of their ranges. The former species is listed as Endangered, and while the latter is not federally listed, there is a total moratorium on the fishery for Atlantic sturgeon in the United States. The scarcity of both species is attributed primarily to bycatch mortality, habitat (especially nursery habitat) degradation, and dam con-

[1] E-mail: collinsm@mrd.dnr.state.sc.us

struction (Collins 1996; Collins et al. 1996, 2000). For almost two decades, the South Carolina Department of Natural Resources (SCDNR) and the U.S. Fish and Wildlife Service (USFWS) have worked collaboratively to collect information on shortnose sturgeon. A critical part of this work was development of propagation techniques to provide hatchery-reared fish for a variety of purposes, including a stock enhancement trial (e.g., Smith and Collins 1996; Collins et al. 1999; Smith et al. 2002). The hatchery-produced fish were also used as surrogates for wild fish in a number of studies designed primarily to develop and evaluate procedures and techniques applicable to field studies of wild populations. In this paper, we review and summarize several of the studies in which propagated shortnose sturgeon were utilized as surrogates for wild fish.

Methods

Most of the work was conducted at the USFWS Bears Bluff National Fish Hatchery on Wadmalaw Island, South Carolina and at the SCDNR Marine Resources Research Institute in Charleston, South Carolina. Wild broodfish were collected from the Savannah River (South Carolina/Georgia), spawned, and returned to the river (Smith and Jenkins 1991; Smith et al. 1995). Offspring were raised in tanks or ponds. Several year classes of captive (propagated) broodfish have since been established and are being used to refine propagation techniques, as well as to produce offspring for use in various research projects. For studies that have been published, methods are briefly summarized here and pertinent publications cited, while more detail is presented for unpublished studies. A summary of studies, fish sizes/ages, and comments is presented in Table 1.

Tagging and Telemetry

A series of trials were conducted to compare retention and impacts of a total of 12 different tagging/marking methods (several times that number if minor variations are counted), with the numbers and sizes of fish varying among trials (Smith et al. 1990; Collins et al. 1994). Tags/marks included dart tag, T-bar tag, anchor tag, internal anchor disk tag, Carlin tag, monel strap tag, coded wire tag, PIT tag, tattoo, injected acrylic, and barbel removal. Fish were held in tanks or ponds for durations of up to 34 months and examined periodically.

A controlled replicated experiment was conducted in outdoor tanks to evaluate the retention and impacts of four types/attachment methods of radio transmitters (Collins et al. 2002). Type one was a surgically implanted transmitter with self-contained internal antenna. Type two was a surgically implanted transmitter with externally trailing antenna. Type three was the same as type two except the antenna was manually coiled into a cylinder at the end of the transmitter, and the transmitter and antenna bundle was coated with an inert elastomer. Type four was the same as type two except the transmitter was externally attached at the base of the dorsal fin. In a related but separate experiment, the impacts of an external transmitter affixed to a large dart tag were evaluated on juveniles due to a need for telemetry work during summer when water temperatures are high and surgical procedures are discouraged (Moser et al. 2000). A small (60-d) transmitter was attached to a steel-tipped dart tag using heat-shrink tubing, and the tag was inserted behind an anterior dorsal scute in six fish, with six nontagged fish serving as controls (Collins et al. 2002).

Surgical Procedures

Several types of sutures were compared in effectiveness in closing small abdominal incisions in shortnose sturgeon. The incisions were similar to those used for gonad biopsies or to insert small transmitters. An initial test of four types indicated that one was completely unsuitable because the needle was easily bent on the skin of shortnose sturgeon. A comparison trial was then conducted with the other three types, all of which had heavy cutting needles: Ethicon Plain Gut 2–0 (absorbable), Ethicon Ethibond braided polyester 2–0 (nonabsorbable), and Ethicon Ethilon monofilament nylon 1 (nonabsorbable). An incision approximately 1.5 cm in length was made in the abdomens of six fish. One stitch of each suture type was then applied to each incision (three stitches per incision). Fish were held in indoor tanks for about 1.5 months, the incisions were examined weekly, and the sutures were evaluated based on ease of application, knot retention, and speed of healing.

Pectoral fin spines are the hardpart of choice for age-growth studies of sturgeons (Brennan and Cailliet 1989), but whether spine removal was deleterious to shortnose sturgeon had not been established. Therefore, propagated fish were used in an experiment that examined the impacts of pectoral spine removal. The left marginal pectoral fin spine was removed from each of 10 shortnose sturgeon, while 5 other

Table 1. Studies where propagated shortnose sturgeon have been used as surrogates for wild fish (FL = fork length, TL = total length).

Study description	Fish size/age range[a]	Conclusion
Tagging and telemetry		
Tag/mark retention and impacts	Group 1: 300–600 mm TL Group 2: 87–400 d	PIT tag had best retention and least impact, but lack of external visibility was/is a drawback.
Transmitter (large) retention/impacts	630–838 mm FL	Internal implantation of smooth transmit ter with self-contained (factory-coiled) antenna had no expulsion and caused least trauma of three internal types tested.
Transmitter (small) retention/impacts	318–456 mm FL	Small transmitter attached to steel-tipped dart tag provided adequate retention (60 d) and minimal impact if applied properly.
Surgical procedures		
Suture comparison	630–830 mm FL	Braided polyester sutures with heavy cutting needle provided best combination of ease of application and knot holding; healing was similar among all types tested.
Pectoral fin spine removal	684–875 mm FL	No effect on behavior or swimming ability; leading edge of fin grows to match previous appearance.
Surgical sterilization	620–850 mm FL	Ongoing; behavior seems to match wild fish, but males may regenerate gonads; questions remain about hormonally mediated behaviors (e.g., spawning migration).
Tolerance to stressors		
Salinity and dissolved oxygen bioassays	11–330 d	Tolerance to higher salinity and lower dissolved oxygen increased with age; 15 parts per thousand (at 7–8 mg/L) and 2.5 mg/L (at 0 ppt) were lethal for 1.0–1.5-month-old fish.
Underwater blasting effects	150–300 mm TL	No mortalities or severe injuries at distances > 21 m from large explosive arrays.

[a] Broodfish studies indicate that mean size at maturity is approximately 560 mm.

individuals served as controls. Fish were held in tanks for 98 d and weighed, measured, and examined at the beginning and end of the study (Collins and Smith 1996).

Propagated shortnose sturgeon were used in surgical trials to determine if it was feasible to surgically sterilize the fish for use as "sentinels" to help locate wild fish (i.e., follow telemetered sentinels to the habitats used by wild fish). Two sterilization techniques were used: cauterization of the spermatic ducts of males, and surgical removal of gonads of males and females. Each animal was anesthetized, and a 15-cm incision was made along the ventral midline. In removing the gonads, laproscopic instruments were used to dissect the gonadal tissue out of the body. Main vessels at the cranial and caudal attachments of the gonad, as well as large vessels in the suspensory ligament, were ligated with 3–0 Dexxon or cauterized with a bipolar cautery unit. The Mullerian duct was also sutured closed with two 3–0 PDS sutures in a simple interrupted pattern. In some males, rather than removing the gonads entirely, the spermatic ducts were cauterized using a bipolar cautery unit, leaving the blood supply to the gonads intact. All fish were closed using 0 Dexxon in a horizontal mattress pattern, which was then over sewn with 2 PDS in a cruciate pattern. The fish were recovered from anesthesia and held for several weeks before being fitted with radio transmitters. A subsample was held in tanks for observation and later examination.

Tolerance to Stressors

A series of bioassays were conducted to determine critical values of water quality parameters (oxygen and salinity) on juveniles of several ages (Jenkins et al. 1993). Fish ages 11–330 d were exposed in an array of aquaria to dissolved oxygen concentrations (DO) of 2.0–5.0 mg/L (at 0 parts per thousand [ppt] salinity) and salinities of 0–35 ppt (at 7–8 mg/L DO). In general, there were three or four replicates with either (depending on age) 5 or 10 fish per replicate. Fish held in 0 ppt salinity and 7–8 mg/L DO served as controls. Behavior and mortality were observed and recorded regularly.

Use of high explosives (more than 2,000 kg/blast) was planned for Wilmington Harbor (North Carolina) dredging operations in an area where shortnose sturgeon were known to occur. Prior to production blasting, a study was conducted in which propagated shortnose sturgeon juveniles (<30 cm TL) were held in cages at distances of 11, 21, 43, 85, and 171 m from test blasts (Moser 1999a, 1999b). Fifty fish were placed in each treatment cage, as well as in a control cage 1.5 km away, and eight test blasts were conducted. After blasting, cages were recovered, fish were examined, and injuries and mortality were evaluated. Ten fish from each cage were sacrificed and necropsied.

Results and Discussion

Tagging and Telemetry

The marking/tagging trials were conducted over several years. The tag types included some that had been used, apparently with success, in field studies of other sturgeon species (e.g., modified Carlin). Our results with shortnose sturgeon, however, indicated serious deficiencies with nearly all types (Smith et al. 1990; Collins et al. 1994). Tattoos and injected dye faded; barbels regenerated; insertion sites for dart, T-bar, and anchor tags often failed to heal; and the tags were sometimes lost. Rapid loss and/or detection failure was noted for coded wire tags (although these were applied in the nose, which may not be the optimal location). Carlin tags (applied through a hole drilled in a scute) and monel strap tags exhibited poor retention, with holes for the former also sometimes resulting in scute loss and infection. The tag with the highest (approaching 100%) retention and lowest apparent impact was the PIT tag, and we now apply PIT tags to all wild sturgeon captured. Unfortunately, because PIT tags are not externally visible, the public cannot report encounters with tagged fish. Also, PIT tags are the most expensive of the tag types.

In the experiment comparing four transmitter types, it was found that externally attached transmitters were rapidly lost, beginning as early as day 2. Active rubbing on the tank walls and rocks was observed, and nearly all losses were due to the wire breaking from abrasion. The treatment using transmitters with trailing antennae resulted in severe trauma, with the transmitters migrating posteriorly and the antennae cutting long incisions resulting in transmitter loss and eventual mortality. There was high mortality, and in some cases transmitter expulsion prior to death, in fish with transmitters with manually coiled antennae. We theorize that it was the shape of the transmitter/antenna, rather than length or weight, that caused this. The transmitters with factory-coiled (internal) antennae performed best, with lower mortality than that observed in the control group. With these transmitters, there were no expulsions, and no internal (upon necropsy) or external signs of trauma (Collins et al. 2002). In the associated trial of the transmitter/dart tag on juveniles, one treatment fish died soon after tagging due to improper (too far anterior) tag insertion. All other tags were retained and the fish were in good health at the end of the 60-d study, demonstrating that this method can be used for short-term telemetry work when surgical implantation is not feasible (Collins et al. 2002).

Surgical Procedures

In the comparison of the performance of suture types, several qualitative observations were made. First, the tough skin of sturgeon requires use of a sturdy cutting needle, as finer needles are quickly bent and become unusable. Second, monofilament sutures did not retain knots as well as other types; several stitches were lost after 1–2 weeks. Third, absorbable sutures showed no signs of dissolving or being absorbed under study conditions, and they were retained as long as nonabsorbable types. Healing rates were similar among suture types, and stitches of gut and polyester eventually migrated out through the skin, with knots intact, after the incisions healed. Polyester sutures seemed the easiest to apply. Thus, the suture type we prefer is 2–0, braided, nonabsorbable, polyester with cutting needle. This suture type has been, and continues to be, utilized in telemetry studies. Experience has shown that the Ethicon Ethibond Extra and Ethicon Ethibond Excel perform equally well in the field.

In a previous pectoral spine removal study using white sturgeon *A. transmontanus*, it was concluded that spine removal caused substantial mortality (Kohlhorst 1979). In contrast, there was no apparent effect on shortnose sturgeon (Collins and Smith 1996). While spines were not regenerated per se (unlike barbels), the leading edge of the fin where the spine was removed soon grew to its original thickness; in fact, growth was to the point that the clipped and unclipped fins were generally indistinguishable to the untrained observer. No change in behavior or swimming ability was observed, and there were no effects on growth or survival. Therefore, pectoral spines of wild fish are now archived for aging studies. Also, as molecular genetics procedures have advanced, it has been found that the tip of the pectoral spine provides an adequate tissue sample for population genetics studies.

The sterilization study is currently ongoing. Unfortunately, some preliminary data suggest that males may regenerate their reproductive tissues, making them less desirable as sentinels. No such occurrence has been noted to date with the females. This work will continue to better define the effectiveness of the sterilization procedure and the usefulness of the sterilized animals.

Tolerance to Stressors

In the salinity and DO bioassays, it was determined that tolerance to increased salinity and decreased DO concentration improved with age. For example, lethal (100%) salinity was 15 ppt for 76 d old fish, but increased to 30 ppt by 330 d of age. Similarly, fish 64 d old exhibited 86% mortality within 6 h at a DO of 2.5 mg/L, but mortality at this concentration decreased to 20% at 100 d of age (Jenkins et al. 1993). This information has proven valuable in consultations related to activities that would result in changes in salinity or DO in known sturgeon nursery habitats. It should be noted, however, that synergistic effects among salinity, temperature, and DO stressors are suspected but have not been examined.

In the caging study to evaluate the impacts of blasting operations, it was found that in comparison to other finfish species that were tested simultaneously, shortnose sturgeon were quite hardy (Moser 1999a, 1999b). No mortalities or severe injuries were noted among caged sturgeon at distances greater than 21 m. The results of this study were used to develop an exclosure procedure for production blasts. This involved placing small-mesh gill nets completely around the blast sites (>21 m away from the blast array) to prevent access by sturgeons. Unfortunately, it was shown that this exclosure procedure was not without flaws; at least one subadult Atlantic sturgeon became entangled and was killed.

General Conclusions

It is clear that artificially propagated shortnose sturgeon have been of great value in gathering information that facilitates the study and recovery of wild populations. Optimal suture, tag, and internal transmitter types have been identified, as was an external transmitter attachment method. Tolerance of fish of various ages to salinity and dissolved oxygen regimes, large-scale blasting, and pectoral fin spine removal were determined, and a study of sterilized hatchery fish is under way. Thus, while propagated fishes are commonly used for stock enhancement purposes, they can also have many other important uses. We suggest that establishing captive broodstocks of other imperiled fishes may provide eggs, larvae, juveniles, and mature specimens for use in scientific investigations. Use of these propagated fishes may produce information that greatly enhances recovery efforts for those species.

Acknowledgments

Funding for these studies was provided by South Carolina Department of Natural Resources, U.S. Fish and Wildlife Service, National Marine Fisheries Service, and Army Corps of Engineers. We thank the many individuals who assisted in these studies over the years, and we especially thank Mary Moser (UNC-Wilmington; present address NMFS-NWFSC, Seattle, Washington) for giving us permission to include information from her blasting study. Use of trade names does not imply endorsement by any author or agency. This is contribution number 527 of the South Carolina Marine Resources Division.

References

Brennan, J. S., and G. M. Cailliet. 1989. Comparative age-determination techniques for white sturgeon in California. Transactions of the American Fisheries Society 118:296–310.

Collins, M. R. 1996. Fisheries interactions: sturgeons in the Southeast. Pages 127–132 *in* T. Berger, editor. Proceedings of the Workshop on the Management of Protected Species/Fisheries Interactions in State Waters. Atlantic States Marine Fisheries Commission, Special Report No. 54, Washington, D.C.

Collins, M. R., D. W. Cooke, T. I. J. Smith, W. C. Post, D. C. Russ, and D. C. Walling. 2002. Evaluation of four methods of transmitter attachment on shortnose sturgeon. Journal of Applied Ichthyology 18:491–494.

Collins, M. R., S. G. Rogers, and T. I. J. Smith. 1996. Bycatch of sturgeons along the southern Atlantic Coast of the USA. North American Journal of Fisheries Management 16:24–29.

Collins, M. R., S. G. Rogers, T. I. J. Smith, and M. L. Moser. 2000. Primary factors impacting sturgeon populations in the southeastern U.S.: fishing mortality and degradation of essential habitats. Bulletin of Marine Science 66:917–928.

Collins, M. R., and T. I. J. Smith. 1996. Sturgeon fin ray removal is nondeleterious. North American Journal of Fisheries Management 16:939–941.

Collins, M. R., T. I. J. Smith, and L. D. Heyward. 1994. Effectiveness of six methods for marking juvenile shortnose sturgeon. Progressive Fish-Culturist 56:250–254.

Collins, M. R., T. I. J. Smith, K. Ware, and J. Quattro. 1999. Culture and stock enhancement of shortnose and Atlantic sturgeons. Bulletin of the National Research Institute for Aquaculture, Supplement 1:101–108.

Jenkins, W. E., T. I. J. Smith, L. D. Heyward, and D. M. Knott. 1993. Tolerance of shortnose sturgeon, *Acipenser brevirostrum*, juveniles to different salinity and dissolved oxygen concentrations. Proceedings of the Annual Conference of the Southeastern Association of Fish and Wildlife Agencies 47:476–484.

Kohlhorst, D. W. 1979. Effect of first pectoral fin ray removal on survival and estimated harvest rate of white sturgeon in the Sacramento-San Joaquin Estuary. California Fish and Game 65:173–177.

Moser, M. L. 1999a. Wilmington Harbor blast mitigation tests: results of sturgeon monitoring and fish caging experiments. Final report to CZR, Inc., Wilmington, North Carolina.

Moser, M. L. 1999b. Cape Fear River blast mitigation tests: results of caged fish necropsies. Final report to CZR, Inc., Wilmington, North Carolina.

Moser, M. L., M. Bain, M. R. Collins, N. Haley, B. Kynard, J. C. O'Herron, II, G. Rogers, and T. S. Squiers. 2000. A protocol for use of shortnose and Atlantic sturgeons. NOAA Technical Memorandum, NMFS-OPR-18, Silver Spring, Maryland.

Smith, T. I. J., and M. R. Collins. 1996. Shortnose sturgeon stocking success in the Savannah River. Proceedings of the Annual Conference of the Southeastern Association of Fish and Wildlife Agencies 50:112–121.

Smith, T. I. J., M. R. Collins, W. C. Post, and J. W. McCord. 2002. Stock enhancement of shortnose sturgeon: a case study. Pages 31–44 *in* W. Van Winkle, P. J. Anders, D. H. Secor, and D. A. Dixon, editors. Biology, management, and protection of North American sturgeon. American Fisheries Society, Symposium No. 28, Bethesda, Maryland.

Smith, T. I. J., L. D. Heyward, W. E. Jenkins, and M. R. Collins. 1995. Culture and stock enhancement of shortnose sturgeon, *Acipenser brevirostrum*, in the southern United States. Pages 204–212 *in* A. D. Gershanovich and T. I. J. Smith, editors. Proceedings of the International Symposium on Sturgeons. VNIRO Publishing, Moscow.

Smith, T. I. J., and W. E. Jenkins. 1991. Development of a shortnose sturgeon, *Acipenser brevirostrum*, stock enhancement program in North America. Pages 329–336 *in* P. Williot, editor. Acipenser. Centre National du Machinisme Agricole du Genie Rural des Eaux et des Forets, Bordeaux, France.

Smith, T. I. J., S. D. Lamprecht, and J. W. Hall. 1990. Evaluation of tagging techniques for shortnose sturgeon and Atlantic sturgeon. Pages 134–131 *in* N. C. Parker, A. E. Giorgi, R. C. Heidinger, D. B. Jester, Jr., E. D. Prince, and G. A. Winans, editors. Fish-marking techniques. American Fisheries Society, Symposium 7, Bethesda, Maryland.

American Fisheries Society Symposium 44:377–385, 2004

Dilemma on the Kootenai River—The Risk of Extinction or When Does the Hatchery Become the Best Option?

VAUGHN L. PARAGAMIAN

Idaho Department of Fish and Game
2750 Kathleen Avenue, Coeur d'Alene, Idaho 83815, USA

RAYMOND C. P. BEAMESDERFER

S. P. Cramer and Associates, Inc.
39330 Proctor Boulevard, Sandy, Oregon 97055, USA

Abstract.—In 1994, the Kootenai River white sturgeon *Acipenser transmontanus* was listed in the United States as an endangered species. Under provisions of the Endangered Species Act, a recovery plan was prepared and included two main recovery measures: (1) mitigation of spring flows for spawning and early life rearing, and (2) implementation of a conservation aquaculture and breeding plan to prevent extinction and sustain year-classes. The hatchery program was controversial and intended as a short-term measure as the flow mitigation strategy for wild fish developed. It called for the release each year of up to 1,000 white sturgeon from each of 10–12 families. It was believed that the mitigation of spring flows from Libby Dam would rapidly bring about recovery. However, after 8 years of flow mitigation and intensive monitoring and evaluation, it became apparent that recovery needs were more complex. Flow releases were not at the expected magnitude and habitat issues became a significant concern because the spawning location of sturgeon did not appear suitable (silt and sand) for adequate survival of eggs and larvae. Recruitment of wild fish was extremely low, while survival of hatchery sturgeon was higher than expected. Hatchery fish soon became abundant out numbering juvenile wild sturgeon by about 400:1. Assessment of sturgeon demographics, with extinction risk models, provided evidence that the wild population would be extinct within three decades and the population would be comprised almost exclusively of hatchery fish. Population projections described a significant near-term bottleneck in spawner numbers as the wild population diminished but hatchery fish had not yet matured. Managers are faced with a contentious dilemma of elevating the importance of the hatchery program by taking a higher proportion of the remaining wild spawners, escalating the number of hatchery releases, which could result in increasing the risk of inbreeding depression, loss of genetic diversity, genetic swamping, disease magnification, long term domestication, and intraspecific competition with wild recruits, compromising recovery. However, without significant hatchery intervention, the population could become a museum piece with no management options to benefit anglers. There will be disagreements, but risks must be considered, and we propose some compromises that may ease the intrusion of hatchery fish and provide management options.

Introduction

Sturgeon (Acipenseridae) populations worldwide are at risk of extinction or serious population depression (Birstein 1993). In North America, stocking hatchery-reared sturgeon helps sustain wild populations, while angling regulations, habitat improvement or rehabilitation, and augmentation measures are implemented to recover wild populations (St. Pierre 1999; Smith et al. 2002; Snook et al. 2002). Conservation aquaculture is one fishery management tool that can help facilitate recovery. Such a tool uses wild broodstock with a breeding plan, thus insuring genetic representation of the wild stock (Ireland et al. 2002a). However, stocking resultant hatchery-reared fish does not come without genetic and domestication concerns (Busack and Currens 1995).

In Idaho and Montana, the isolated Kootenai

River white sturgeon *Acipenser transmontanus* population is genetically unique (Setter and Brannon 1992). This population became recruitment-limited after Libby Dam was completed in 1972 (Partridge 1983; Apperson 1991) (Figure 1). The dam substantially modified the flow pattern of the Kootenai River, particularly during spring when white sturgeon spawn (Duke et al. 1999; Paragamian et al. 2002). In the United States, the population was formally listed as an endangered species under the U.S. Endangered Species Act on September 6, 1994 (USFWS 1999), and the same transboundary population was "red-listed" in the Kootenay River and Kootenay Lake, British Columbia, Canada in 1999 (Cannings and Ptolemy 1998). An international multiagency Kootenai River White Sturgeon Recovery Team (KRWSRT) was formed to develop and implement a recovery plan (Duke et al. 1999; USFWS 1999). Two of the main measures of the recovery plan are to (1) monitor and evaluate experimental augmentation flows for spawning and rearing to successfully recruit year-classes of wild white sturgeon, and (2) prevent extinction, preserve genetic representation of the wild stock and establish year-classes through the design and implementation of a conservation aquaculture program (Ireland et al. 2002a, 2002b).

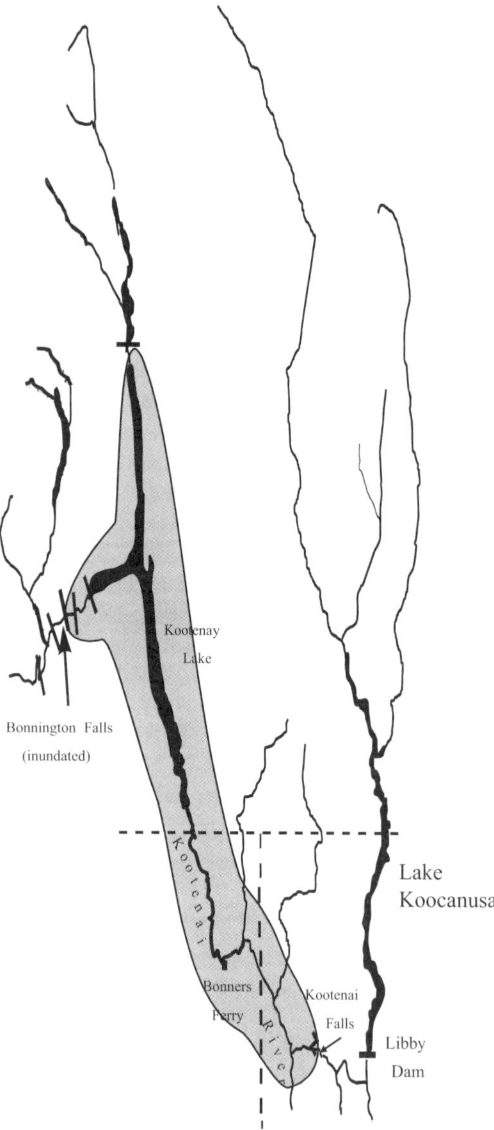

Figure 1. Current range of endangered Kootenai River white sturgeon (shaded), Kootenay Lake, Kootenai River, Libby Dam, Bonners Ferry, and other key locations in British Columbia, Idaho, and Montana.

Conservation Aquaculture

Conservation Aquaculture Program

The Conservation Aquaculture program, which included a breeding component (Kincaid 1993; USFWS 1999), began in 1990 (Apperson and Anders 1990) when sperm and eggs were collected for the white sturgeon hatchery operated by the Kootenai Tribe of Idaho. Risks of stocking hatchery-reared fish were identified early (Apperson and Wakkinen 1992). Initially, primary objectives were to determine whether Kootenai River white sturgeon could produce viable offspring because there were elevated levels of copper in the oocytes (Apperson 1991) and whether these fish could be cultured on river water. By 1995, conservation aquaculture had evolved into a program through which white sturgeon numbers would be increased using progeny from wild broodstock with an eventual goal of a self-sustaining wild population that could be removed from the endangered species list. After wild recruitment was established, hatchery production would be terminated (USFWS 1999).

Initial broodstock collection numbers and juvenile stocking rates under the Conservation Aquaculture program were based on survival, growth, and maturity rates estimated to produce the minimum effective population size (N_e) necessary to preserve genetic integrity (Kincaid 1993). The breeding plan was designed to use wild fish only once, and hatchery-reared fish were not to be used as broodstock. Each year, it was anticipated that up to 12 adult males and 12 adult females would be collected from the wild stock for the culture program. Removal of adults from the wild was justified because of the objective of the recovery plan to build year-classes. The breeding plan called for the annual release of a maximum of 1,000 yearlings from each of 10–12 families (up to 12,000 yearlings annually). However, it was soon determined that only older and larger hatchery-reared sturgeon could be released because it was necessary to double mark them for later identification while the target release number remained the same.

The development of the Conservation Aquaculture program was not problem-free (e.g., an entire brood year was lost in 1996 and 1997 and most of one in 1992 to in-hatchery mortality). However, after several years of experience, upgrading the rearing facility, and adding mechanical redundancies, the program's efficiency improved substantially (measures to improve water flow, dependability, and quality) (Ireland et al. 2002a). In addition, a second rearing facility (Fort Steele, British Columbia, Canada) was added in 1999, which helped protect brood years by splitting families between the two facilities and thus spreading the risk. More than 28,000 age 1 and 2+ juveniles were released from 1992 through 2002 (Sue C. Ireland, Kootenai Tribe of Idaho, unpublished data) (Table 1).

Evaluation of the Conservation Aquaculture Program

Evaluation of the Conservation Aquaculture program began in 1993 when gill nets were deployed from Kootenay Lake, British Columbia to the city of Bonners Ferry, Idaho to capture hatchery-reared and wild juvenile fish (Ireland et al. 2002b). Evaluation was based on comparisons of estimates of survival rates, growth rates, and condition factors between released and recaptured fish (Ireland et al. 2002b). Survival of hatchery-reared sturgeon was higher than expected, and recruitment of wild fish was extremely low (Ireland et al. 2002b). Hatchery-reared fish had a survival of about 60% the first year after being released at age 1 or 2+ (older fish were released in 1990, 1995, and 1998) and about 90% in the following years (up to 8

Table 1. Numbers and recapture rates of hatchery produced white sturgeon juveniles (progeny of wild brood stock) released into the Kootenai River in Idaho between 1990 and 2002.

Year-class	Number released	(mm) at release (SD)	Mean total length (g) at release (SD)	Mean weight Release year	Percent (#) recaptured
1990	14	455	321	Summer 1992	0.5% (8)
1991	200	255.0 (17.2)	65.9 (12.8)	Summer 1992	6.2% (97)
1992	91	482.6 (113.0)	549.3 (482.9)	Fall 1994	6.3% (98)
1995		–	–	?[a]	0.1% (2)
1995	1,076	228.5 (27.0)	47.3 (16.6)	Spring 1997	23.1% (362)
1995	891	343.7 (43.7)	147.7 (64.0)	Fall 1997	23.2% (363)
1995	99	410.4 (67.9)	287.4 (137.8)	Summer 1998	3.3% (52)
1995	25	581.5 (40.5)	863.3 (197.9)	Summer 1999	0.7% (11)
1995		–	–	?[a]	0.6% (9)
1998	306	261 (42.0)	79.5 (44.4)	Fall 1999	1.9% (29)
1999		–	–	?[a]	0.1% (2)
1999	2,186	251.1 (29.6)	70.5 (18.1)	Fall 2000	14.5% (227)
1999	2,074	284.3 (54.4)	107.6 (60.1)	Spring 2001	15.5% (243)
2000	3,940	244.0 (38.9)	64.2 (31.0)	Fall 2001	3.0% (47)
2000	2,209	283.1 (28.7)	99.3 (30.2)	Spring 2002	0.1% (1)
2000	30	365.4 (14.0)	195.3 (19.9)	Summer 2002	– (0)
2000	214	409.4 (53.5)	294.1 (109.8)	Fall 2002	– (0)
2001	7,141	217.2 (32.8)	44.6 (18.6)	Fall 2002	– (0)
2001	1,715	258.2 (52.9)	717.9 (242.1)	Spring 2003	– (0)
2002	5,864	217.7 (37.3)	41.3 (14.2)	Spring 2003	– (0)
2002[b]		–	–	–	0.8% (13)
Total	28,075[c]	–	–	NA	7.6% (1,564)

[a] Year-class determined by scute removal; PIT not matched in database to determine stock year.

[b] These juvenile white sturgeon had no PIT; year-class could not be determined by scute removals.

[c] Ten additional fish were released below Kootenai Falls, Montana, in 1994.

years) (Ireland et al. 2002b). Growth rates of hatchery-reared fish were acceptable, but slower than growth of wild sturgeon found in other rivers. Hatchery-reared juvenile white sturgeon soon became relatively abundant, outnumbering wild juvenile white sturgeon in the gill-net catch by about 400:1.

Analysis of the mtDNA of the white sturgeon broodstock used from 1993 to 2002 indicated that the genetic makeup of the hatchery-produced fish was similar to that of wild fish (Paul Anders, S. P. Cramer and Associates, personal communication). However, the N_e of the hatchery broodstock ranged from 2 to 15.5 (Paul Anders, S. P. Cramer and Associates, personal communication), which was substantially less than the minimum desired number of 50.

Flow Augmentation and White Sturgeon Spawning

Augmented Flows and Spawning

Initially, between 1994 and 1997, augmented flows released in the spring from Libby Dam, Montana for white sturgeon spawning were considered sufficient to help recover the population (Paragamian et al. 1997). However, actual flow releases were lower than some KRWSRT members expected. Furthermore, flow augmentation was inconsistent (Paragamian and Wakkinen 2002) (e.g., there was no augmentation in some years [2001]; however, in other years [1994 through 2000 and 2002], daily average flows for spawning ranged from 141 to 1,265 m^3/s at Bonners Ferry [Paragamian and Wakkinen 2002]). The desired flows, although technically not achievable (because of perceived threats to flood agricultural fields, the limited number of operational bays [five of eight], and concern that spill would increase N gas over 110%), were to be 991 m^3/s from Libby Dam, thus bringing daily average minimum flows at Bonners Ferry to more than 1,132 m^3/s for spawning.

After 8 years of flow augmentation and intensive monitoring and evaluation, it became apparent that reproductive needs were not being met (Paragamian and Wakkinen 2002). White sturgeon spawning occurred annually and appeared to improve, but there was little evidence of egg survival (Paragamian et al. 2001). About 1,000 eggs were collected from 1994 through 2002; however, only one yolk sac larva was captured (Paragamian et al. 2001). Thus, after 8 years of flow augmentation, the number of wild juvenile white sturgeon captured was much lower than anticipated (Paragamian et al., in press).

White Sturgeon Spawning Behavior and Anthropogenic Effects on Spawning, Egg Incubation, and Early Rearing

Kootenai River white sturgeon spawn in a 19-km reach of the Kootenai River; spawners use the lower reach first and move upstream as the season progresses (Paragamian et al. 2002). Relevant spawning studies have uncovered a few behavioral characteristics that set Kootenai River white sturgeon aside from other sturgeon populations (Paragamian and Kruse 2001; Paragamian et al. 2001). For example, Kootenai River white sturgeon are active at lower temperatures (Paragamian and Kruse 2001), and they spawn at cooler temperatures (8–12°C). In addition, Kootenai River white sturgeon spawn over sand substrate (Paragamian et al. 2001), which undoubtedly negatively affects survival of eggs and larvae (Paragamian et al. 2001; Paragamian and Wakkinen 2002).

The 19-km reach of the Kootenai River over which the sturgeon spawn is largely made up of moving sandbars (Paragamian et al. 1997; Lipscomb et al. 1998) that are naturally occurring. White sturgeon eggs collected were typically taken near the Thalweg, unattached to gravel or cobble, and frequently coated with fine particles; many white sturgeon eggs are probably buried and suffocate in the moving sand (Paragamian et al. 2002). Additional anthropogenic changes, such as dyking (dikes built along the river corridor) (Anonymous 1996), reduced river productivity because of the nutrient sink effect of Lake Koocanusa (Daley et al. 1981; Woods 1982; Snyder and Minshall 1996), and relatively low lake levels during spawning (Paragamian et al. 2002) could also negatively affect recruitment of wild white sturgeon. To date, there has been no evidence that a substantial number of wild eggs are hatching; moreover, for those eggs that do hatch, there has been little evidence that larvae are surviving long enough to absorb yolk, swim up, and forage (Paragamian and Wakkinen 2002). Clearly, there is a survival bottleneck for wild eggs and young fish, while postrelease survival of hatchery-reared white sturgeon of mean total length of 229–455 mm has been high.

The Dilemma

Conservation Aquaculture

The Conservation Aquaculture program was expected to be a short-term measure; however, it has become an extinction-prevention system that may last decades. Consequently, there has been a paradigm shift within the KRWSRT, and team members face the dilemma of relying almost entirely on the Conservation Aquaculture program to produce the next generation of sturgeon. Such a strategy will likely require increasing the number of wild fish taken for spawning and increasing the number of hatchery-reared fish released.

The cumulative effects of domestication and habitat degradation threaten the long-term viability of the recovery plan. Expanding (or not expanding) the Conservation Aquaculture program will affect the risks and uncertainties of inbreeding depression, loss of genetic diversity, genetic swamping, family effects and degree of relatedness, disease magnification, and long-term domestication (Busack and Currens 1995). The implications of these issues are currently unknown because of the long maturation process of Kootenai River white sturgeon (Paragamian et al., in press).

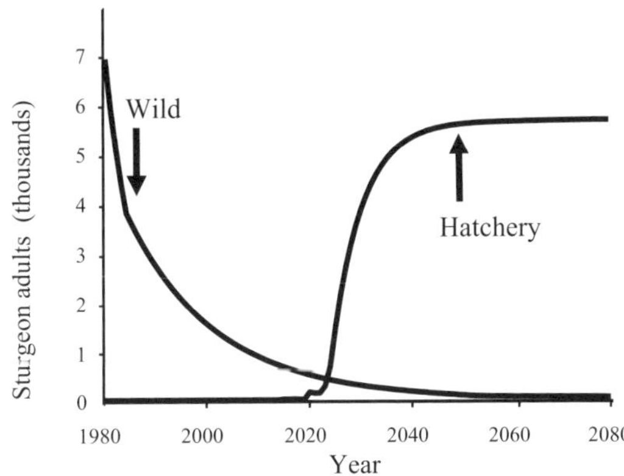

Figure 3. Simulated future population numbers of wild fish and hatchery Kootenai River white sturgeon showing extinction rate of wild fish and expanding numbers of hatchery fish till the year 2080 (from Paragamian et al., unpublished).

White Sturgeon Demographic Analysis

Demographic analysis of the white sturgeon population (Paragamian and Beamesderfer 2003; Paragamian et al., in press) revealed that present recovery measures are inadequate, thus amplifying the dilemma of relying almost entirely on the Conservation Aquaculture program. The demographic analysis, based on data collected from 1978 through 2002 (Paragamian et al., in press), predicted that the wild white sturgeon population would be nearly extinct within 30 years (Figure 2) and that what remained would be a sturgeon population comprised almost exclusively of hatchery-reared fish (Paragamian et al., in press) (Figure 3). More specifically, given the "critically low" wild white sturgeon population of 630 adults in 2002, the analysis predicted that the wild population is declining by half about every 8 years, that fewer than 500 adult wild fish will remain by year 2005, and that fewer than 50 adults will remain by year 2030. Moreover, if recommended habitat restoration actions (see the December 2000; Jeopardy Biological Opinion on the Federal Columbia River Power System, including Libby Dam) are not fully implemented, then restoration of wild spawning fish with adequate survival of young is unlikely.

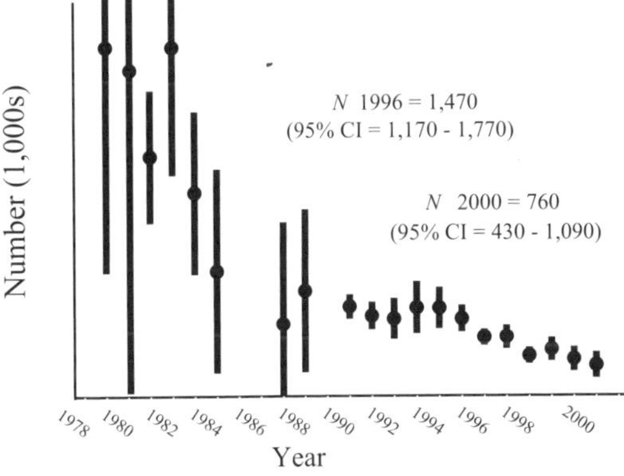

Figure 2. Seber-Jolly population estimates of wild Kootenai River white sturgeon from 1979 through 2002 (from Paragamian et al., unpublished).

Demographic issues

Considerable genetic and demographic risks and uncertainties are also associated with the impending disappearance of the current generations of wild Kootenai River white sturgeon. Genetic risks include the potential loss of rare alleles, drift in gene frequencies, increased genetic load from inbreeding, and a small population founder effect in the next generation. Demographic risks include too few spawners in any year to ensure synchronous maturation by sufficient numbers of males and females to take advantage of suitable habitat conditions, if they occur.

Such genetic and demographic risks are exacerbated by a female maturation cycle that does not involve spawning in every year. Small spawner numbers may also confound our ability to recognize suitable recruitment conditions if they occur and require difficult decisions on whether to leave limited numbers of potential spawners in the river to spawn naturally or move mature fish from the river to the hatchery. Finally, every decrease in spawner numbers increases the difficulty and costs of collecting ripe broodstock for the Conservation Aquaculture program.

Kootenai River white sturgeon may have 28–40 years between generations, high survival, and have shown no signs of reproductive senility (Paragamian et al., in press). On one hand, white sturgeon are octoploidy and also have more than 200 chromosomes, attributes that may provide a short-term reprieve because long generation times and genetic diversity may stave off inbreeding depression and genetic drift (Allendorf and Ryman 2002). On the other hand, without recruitment of the wild stock, genetic and demographic risks can soon become much more significant because the effective breeding population size (N_e) will decline to lower levels with the lower numbers of breeding adults (Soule 1980; Lande and Barrowclough 1987; Rieman and Allendorf 2001). Loss of diversity and inbreeding depression associated with small effective population sizes may substantially reduce population fitness and productivity (McElhany et al. 2000). Small population sizes can also result in depensatory population processes (also known as Allee effects) that increase the decline to extinction (Courchamp et al. 1999; Musick 1999).

Conservation Aquaculture Issues

Extinction of the wild white sturgeon population will occur without an effective Conservation Aquaculture program. Hatchery-reared fish, having been released since 1992 (Apperson and Wakkinen 1992), should begin recruiting to the adult population after year 2020 (Figure 3). The adult white sturgeon population comprised almost exclusively of hatchery-reared fish will rapidly increase from 2,020 to 2,030, after which it is projected to stabilize at about 3,000 fish (five times the current adult population and just less than half the total population estimated in 1980).

The unexpected high survival of hatchery-reared white sturgeon and unexpected high (up to 12,000 sturgeon annually) release numbers led to concerns for some recovery team members because of the potential of intraspecific competition with wild fish (larger and older fish of the same cohort). There has been no evidence that carrying capacity is being exceeded (Ireland et al. 2002b) with the present stocking numbers; however, continuation of the Conservation Aquaculture program and stocking at high levels will further increase the density of juvenile hatchery sturgeon. Since carrying capacity is unknown, stocking in excess of the carrying capacity could impact both wild and hatchery-reared fish and compromise management goals and objectives. Furthermore, stocking of hatchery-reared fish that are larger at the same age than wild white sturgeon could further compromise recovery by depressing condition, growth, and survival of wild juveniles, especially if food resources are limited by low system productivity.

Because many of the hatchery-reared families released from 1992 through 2002 were of unequal numbers (Ireland et al. 2002b: Table 1), the increased risk of inbreeding depression and loss of heterozygosity is another major concern of the KRWSRT. Furthermore, many KRWSRT members are in support of the release of surplus white sturgeon (fish produced in excess of the recommended stocking numbers in the breeding plan) that have been produced at the Fort Steele facility. Proponents of releasing the surplus fish contend that it is not known how many progeny were produced by the wild stock. With fecundity of up to 200,000 eggs in a single spawning event, group spawning, multiple spawning events in one season by individual females, and the point females may or may not always be synchronized with best survival conditions for rearing suggests there was likely huge variability in annual recruitment. And historically, it is known that some year classes failed; thus, what level of stocking really represents a serious risk? Yet with the wild stock continuing to decrease, low N_e could also result in inbreeding depression, depensatory population processes, and loss of diversity (Soule 1980; Lande and Barrowclough 1987; Rieman and Allendorf 2001).

Within 20 years, hatchery-reared white sturgeon will reach maturity and (in theory) recruit to the adult stock (Paragamian et al., in press). The hatchery environment in which they were reared might affect their behavior and survival (Busack and Currens 1995), with potential selection consequences before and after release. How hatchery-reared fish will "perform and contribute" to natural recruitment is unknown.

Long-term studies of the assimilation of hatchery-reared sturgeon with wild fish are sparse. Smith et al. (2002) evaluated the contribution of hatchery-reared shortnose sturgeon *A. brevirostrum* to the wild stock in the Savannah River, South Carolina. They found that hatchery-reared fish accounted for about 39% of the adult stock but that the contribution did not result in improved capture rates of wild juvenile fish, suggesting that a survival bottleneck still occurred at one or more of the early life history stages. Lack of genetic diversity was another concern cited by Smith et al. (2002) and was thought to result from lack of control in the numbers of individuals per family that were stocked.

Options to Consider

Based on our assessment, there is an urgent need to update and revise the recovery plan for the Kootenai River white sturgeon (USFWS 1999). All KRWSRT members agree that extinction is the most serious risk, and there are no alternatives at present but to expand the Conservation Aquaculture program. We expect disagreements during the revision process, and demographic risks (removing adults from the wild) and genetic risks (stocking more hatchery-reared fish) will be considered.

We propose management options that may moderate demographic and genetic risks and capitalize on the benefits of hatchery-reared fish. First, the captive breeding program could be revised to take into consideration the new information on survival rates and N_e. Second, sources causing differences in the number of fish per "hatchery" family could be researched to minimize family-release differences. Third, the number of wild adult male sturgeon spawned each year could be increased to maximize the breeding plan and increase family diversity; the Kootenai Tribe of Idaho hatchery can hold only seven females, while sperm is collected in the field and transported to the hatchery. Fourth and fifth cryopreservation of sperm could extend the use of broodstock males to future generations (Cloud et al. 2000), and outbreeding males from the upper Columbia River, a closely related stock, could help reduce inbreeding depression. Sixth, disease concerns could be reduced by continued disease monitoring monthly for white sturgeon iridovirus and other diseases (Lapatra et al. 1999; Ireland et al. 2002a). Seventh, wild spawned and fertilized eggs could be taken into the hatchery to rear for later release.

Without the Conservation Aquaculture program and the stocking of hatchery-reared fish, the Kootenai River white sturgeon population could not eventually provide a sport fishery, but would remain on the Endangered Species list and likely become extinct within 30 years (Paragamian et al., in press). Increased stocking could benefit anglers via experimental catch-and-release or limited-harvest fisheries; however, such sport fisheries would require, for example, substantial angler education, a permit system, and adequate law enforcement to protect wild fish. Increased stocking would also increase the relative abundance of hatchery-reared white sturgeon in the river, and this and other potential stocking effects on wild fish could be modeled with available data.

Risks associated with intraspecific competition and exceeding carrying capacity can be reduced by expanding stocking locations. Excess hatchery-reared fish could be stocked in new locations (e.g., the Kootenai River in British Columbia and Montana and Kootenay Lake in British Columbia). However, it is not known if these fish would demonstrate the same migration and spawning patterns as those observed in other wild white sturgeon (see Paragamian and Kruse 2001). Monitoring distribution, growth, and condition of hatchery-reared and wild white sturgeon should continue (Ireland et al. 2002b) because accurate records of change are needed for adaptive management decisions about stocking numbers and location of hatchery-reared fish.

Because of the widespread development in the Kootenai valley floodplain (Anders et al. 2002), it is not known whether the required flows or physical modifications for spawning and rearing of white sturgeon are feasible. However, current physical habitat surveys will provide a systematic basis for evaluation of habitat alternatives. Monitoring and evaluation of white sturgeon spawning and rearing under experimental flows should continue (Paragamian and Wakkinen 2002). More rigorous habitat enhancement and restoration feasibility studies should be implemented and directed at early life history survival. But the dilemma of the recovery of Kootenai River white sturgeon will probably continue until cohorts can be consistently recruited to the population and until the population is removed from the endangered species list.

Acknowledgments

This work reflects the dedicated efforts of many people involved in sturgeon sampling projects over the years, including Fred Partridge, Kim Apperson, Pat Marcuson, Gretchen Kruse, Virginia Wakkinen, Genny Hoyle, and Vint Whitman of the Idaho Department of Fish and Game; Sue C. Ireland, Robert Aitken, Ralph Bahe, Chris Lewandowski, Eric Wagner, Dennis David, Gary Aitken, and Larry Aitken of the Kootenai Tribe of Idaho; and Colin Spence, Don Miller, and Les Fleck of the British Columbia Ministry of Water, Land and Air Protection. Thanks also to Steve Yundt of the Idaho Department of Fish and Game and Robert Hallock of the U.S. Fish and Wildlife Service for their critical review of this manuscript. Funding was provided by the Bonneville Power Administration.

References

Allendorf, F. W., and N. Ryman. 2002. The role of genetics in population viability analysis. Pages 50–85 *in* S. A. Beissinger and D. R. McCullough, editors. Population viability analysis. The University of Illinois Press, Chicago.

Anders, P. J., D. L. Richards, and M. S. Powell. 2002. The first endangered white sturgeon population: repercussions in an altered large river-floodplain ecosystem. Pages 67–82 *in* W. VanWinkle, P. Anders, D. H. Secor, and D. Dixon, editors. Biology, management, and protection of North American sturgeon. American Fisheries Society, Symposium 28, Bethesda, Maryland.

Anonymous. 1996. History of diking on the Kootenay River floodplain in British Columbia. Redwing Naturalists, Prepared for Habitat Enhancement Branch, Department of Fisheries and Oceans, Vancouver.

Apperson, K. A. 1991. Kootenai River white sturgeon investigations and experimental culture, Annual Progress Report FY1989. Idaho Department of Fish and Game Report to Bonneville Power Administration, Portland.

Apperson, K. A., and P. J. Anders. 1990. Kootenai River white sturgeon investigations and experimental culture, Annual Progress Report FY1990. Idaho Department of Fish and Game Report to Bonneville Power Administration, Portland.

Apperson, K. A., and V. D. Wakkinen. 1992. Kootenai River white sturgeon investigations and experimental culture, Annual Progress Report FY1991. Idaho Department of Fish and Game Report to Bonneville Power Administration, Portland.

Birstein, V. J. 1993. Sturgeons and paddlefishes: threatened fishes in need of conservation. Conservation Biology 7:773–787.

Busack, C. A., and K. P. Currens. 1995. Genetic risks and hazards in hatchery operations: fundamental concepts and issues. Transactions of the American Fisheries Society 15:71–80.

Cannings, S. G., and J. Ptolemy. 1998. Rare freshwater fish of British Columbia. British Columbia Ministry of Environment, Lands and Parks, Resources Inventory Branch and Ministry of Fisheries, Fisheries Branch, Vancouver.

Cloud, J. G., R. Armstrong, P. Wheeler, P. A. Kucern, and G. H. Thorgard. 2000. The Northwest Salmonid Repository. Pages 338–342 *in* T. R. Tierech and P. M. Mazik, editors. Cryptopreservation of aquatic species. World Aquaculture Society, Baton Rouge, Louisiana.

Courchamp, F., T. Clutton-Brock, and B. Grenfell. 1999. Inverse density-dependence and the Alee effect. Trends in Ecology and Evolution 14:405–410.

Daley, R. J., E. C. Carmack, C. B. J. Gray, C. H. Pharo, S. Jasper, and R. C. Weigand. 1981. The effects of upstream impoundments on Kootenay Lake, B.C. National Water Research Institute Scientific Series 117, Vancouver.

Duke, S., P. Anders, G. Ennis, R. Hallock, J. Hammond, S. Ireland, J. Laufle, R. Lauzier, L. Lockhard, B. Marotz, V. L. Paragamian, and R. Westerhof. 1999. Recovery for Kootenai River white sturgeon (*Acipenser transmontanus*). Journal of Applied Ichthyology 15:157–163.

Ireland, S. C., P. J. Anders, and J. T. Siple. 2002a. Conservation aquaculture: an adaptive approach to prevent extinction of an endangered white sturgeon population. Pages 211–222 *in* W. VanWinkle, P. Anders, D. H. Secor, and D. Dixon, editors. Biology, management, and protection of North American sturgeon. American Fisheries Society, Symposium 28, Bethesda, Maryland.

Ireland, S. C., J. T. Siple, R. C. P. Beamesderfer, V. L. Paragamian, and V. D. Wakkinen. 2002b. Success of hatchery-reared juvenile white sturgeon (*Acipenser transmontanus*) following release in the Kootenai River, Idaho. Journal of Applied Ichthyology 18:642–650.

Kincaid, H. 1993. Breeding plan to preserve the genetic variability of the Kootenai River white sturgeon. U.S. Fish and Wildlife Service report (Project 93–27) to Bonneville Power Administration, Portland.

Lande, R., and G. F. Barrowclough. 1987. Effective population size, genetic variation, and their use in population management. Pages 87–124 *in* M. E. Soule, editor. Viable populations for conservation. Cambridge University Press, New York.

Lapatra, S. E., S. C. Ireland, J. M. Groff, K. M. Clemens, and J. T. Siple. 1999. Adaptive disease management strategies for the endangered population of Kootenai River white sturgeon. Fisheries 24(5):6–13.

Lipscomb, S. W., C. Berenbrock, and J. Doyle. 1998. Spatial distribution of stream velocities for the Kootenai River near Bonners Ferry, Idaho, June 1997. U.S. Geological Survey Open-File Report 97–830, Prepared for the Idaho Department of Fish and Game, Boise.

McElhany, P., M. H. Ruckleshaus, M. J. Ford, T. C. Wainwright, and E. P. Bjorkstedt. 2000. Viable salmonid populations and the recovery of evolutionarily significant units. NOAA Technical Memorandum NMFS-NWFSC-42, Seattle.

Musick, J. A. 1999. Criteria to define extinction risk in marine fishes. Fisheries 24:6–14.

Paragamian, V. L., and R. C. P. Beamesderfer. 2003.

Growth estimates from tagged white sturgeon suggest that ages from fin rays underestimate true age in the Kootenai River, USA and Canada. Transactions of the American Fisheries Society 132:895–903.

Paragamian, V. L., R. C. P. Beamesderfer, and S. C. Ireland. In press. Status, population dynamics, and future prospects of the Kootenai River white sturgeon population with and without hatchery intervention. Transactions of the American Fisheries Society.

Paragamian, V. L., and G. Kruse. 2001. Kootenai River white sturgeon spawning migration behavior and a predictive model. North American Journal of Fisheries Management 21:10–21.

Paragamian, V. L., G. Kruse, and V. Wakkinen. 1997. Kootenai River white sturgeon investigations, Annual Progress Report FY 1996. Idaho Department of Fish and Game, Boise.

Paragamian, V. L., G. Kruse, and V. Wakkinen. 2001. Spawning habitat of Kootenai River white sturgeon, post-Libby Dam. North American Journal of Fisheries Management 21:22–33.

Paragamian, V. L., G. Kruse, and V. D. Wakkinen. 2002. Movement and spawning location of Kootenai River white sturgeon. Journal of Applied Ichthyology 18:542–549.

Paragamian, V. L., and V. D. Wakkinen. 2002. The effects of flow and temperature on the spawning of Kootenai River white sturgeon. Journal of Applied Ichthyology 18:608–616.

Partridge, F. 1983. Kootenai River fisheries investigations. Idaho Department of Fish and Game Federal Aid to Fish and Wildlife Restoration Job Completion Report F-73-R-5, Boise.

Rieman, B. E., and F. W. Allendorf. 2001. Effective population size and genetic conservation criteria for bull trout. North American Journal of Fisheries Management 21:756–764.

Setter, A., and E. Brannon. 1992. A summary of stock identification research on white sturgeon of the Columbia River. Report to Bonneville Power Administration, Portland, Oregon.

Snook, V. A., E. J. Peters, and L. J. Young. 2002. Movements and habitat use by hatchery reared pallid sturgeon in the lower Platte River, Nebraska. Pages 161–174 *in* W. VanWinkle, P. Anders, D. H. Secor, and D. Dixon, editors. Biology, management, and protection of North American sturgeon. American Fisheries Society, Symposium 28, Bethesda, Maryland.

Smith, T. I. J., M. C. Collins, W. C. Post, and J. W. McCord. 2002. Stock enhancement of shortnose sturgeon: a case study. Pages 31–44 *in* W. VanWinkle, P. Anders, D. H. Secor, and D. Dixon, editors. Biology, management, and protection of North American sturgeon. American Fisheries Society, Symposium 28, Bethesda, Maryland.

Snyder, E. B., and G. W. Minshall. 1996. Ecosystem metabolism and nutrient dynamics in the Kootenai River in relation to impoundment and flow enhancement for fisheries management. Stream Ecology Center, Completion Report, Idaho State University, Pocatello.

Soule, M. E. 1980. Thresholds for survival: maintaining fitness and evolutionary potential. Pages 151–170 *in* M. E. Soule and B. A. Wilcox, editors. Conservation biology. Sinauer Associates, Sunderland.

St. Pierre, R. A. 1999. Restoration of Atlantic sturgeon in the northeastern USA with special emphasis on culture and restocking. Journal of Applied Ichthyology 15:180–182.

Thompson, G. G. 1991. Determining minimum viable populations under the Endangered Species Act. NOAA Technical Memorandum NMFS F/NMC-198, NMFS, Seattle.

USFWS (U. S. Fish and Wildlife Service). 1999. Recovery plan for the Kootenai River population of the white sturgeon (*Acipenser transmontanus*). USFWS, Region 1, Portland, Oregon.

Waples, R. S. 1990. Conservation genetics of Pacific salmon. II. Effective population size and the rate of loss of genetic variability Journal of Heredity 81:267–276.

Woods, P. F. 1982. Annual nutrient loadings, primary productivity, and trophic state of Lake Koocanusa, Montana and British Columbia, 1972 – 80. United States Government Printing Office, Geological Survey Professional Paper 1283, Washington, D.C.

American Fisheries Society Symposium 44:387–400, 2004

Application of Captive Broodstocks to Preservation of ESA-Listed Stocks of Pacific Salmon: Redfish Lake Sockeye Salmon Case Example

THOMAS A. FLAGG AND W. CARLIN MCAULEY

NOAA Fisheries, Northwest Fisheries Science Center
Resource Enhancement and Utilization Technologies Division, Manchester Research Station
Post Office Box 130, Manchester, Washington, 98353, USA

PAUL A. KLINE

Idaho Department of Fish and Game, 1414 East Locust Lane, Nampa, Idaho, 83686, USA

MADISON S. POWELL

University of Idaho, Center for Salmonid and Freshwater Species at Risk
Hagerman Fish Culture Experiment Station
3059F National Fish Hatchery Road, Hagerman, Idaho, 83332, USA

DOUG TAKI

Shoshone-Bannock Tribes, Post Office Box 306, Fort Hall, Idaho, 83203, USA

JEFFREY C. GISLASON

Bonneville Power Administration, Fish and Wildlife Division - KEWU4
Post Office Box 3621, Portland, Oregon, 97208, USA

Abstract.—In December 1991, the National Marine Fisheries Service listed Snake River sockeye salmon *Oncorhynchus nerka* as endangered under the U.S. Endangered Species Act. Snake River sockeye salmon are a prime example of a species on the threshold of extinction, with the last known remnants of this stock returning to Redfish Lake, Idaho. On the basis of critically low population numbers and coincident with the listing, a captive broodstock project was implemented by federal, state, and tribal partners as an emergency measure to save Redfish Lake sockeye salmon. During the decade of the 1990s, a total of 16 wild fish returned to Redfish Lake (0–8 per year); all were captured for the broodstock program. Amplification of the population through captive broodstocking resulted in hundreds of thousands of progeny (prespawning adults, eyed eggs, presmolts, and smolts) replanted to habitats. Between 1999 and 2002, more than 300 adults returned from the ocean from captive broodstock releases—an amplification of almost 20 times the number of wild fish that returned in the 1990s. Important lineages of Redfish Lake sockeye salmon continue to be maintained in culture as preserves for genetic variability and for numerical and demographic amplification of releases to the habitat. It is virtually certain that the broodstock program has, at least for the short-term, prevented extinction of Redfish Lake sockeye salmon. Over the course of the program, operational issues included development of successful captive husbandry procedures, maintenance of genetic diversity, assessment/enhancement of habitat carrying capacity, and intensive evaluation of restocking efforts. In this paper, we discuss these issues as a model approach.

Introduction

Snake River sockeye salmon *Oncorhynchus nerka* are considered by many to be among the most critically depleted salmonid resources in the Pacific Northwest. In December 1991, the National Marine Fisheries Service listed Snake River sockeye salmon as endangered under the U.S. Endangered Species Act (ESA) (Waples et al. 1991). The last known remnants of the stock return to Redfish Lake in the Sawtooth Valley in Idaho (Figure 1). Only minimal numbers of fish had returned to Redfish Lake in the years preceding the listing (Figure 2), and the probability of extinction appeared high. On the basis of critically low population numbers, aggressive actions were initiated during the year of ESA listing to stem extinction risks for Snake River sockeye salmon. These measures included taking a majority of the remaining population into captivity and initiating actions in the freshwater rearing habitat to promote survival of reintroduced fish (Flagg et al. 1995). These actions include participation of NOAA Fisheries, Idaho Department of Fish and Game (IDFG), Shoshone-Bannock Tribes of Idaho (SBT), University of Idaho (UI), and Bonneville Power Administration (BPA).

Efforts to prevent extinction of Redfish Lake sockeye salmon have been ongoing for over a decade and are being coordinated through the Stanley Basin Sockeye Technical Oversight Committee (SBSTOC), with membership including the management and action agencies listed above and other state and federal agencies and private groups interested in sockeye salmon restoration in Idaho. During the decade of the 1990s, a total of 16 wild fish (0–8 per year) returned to Red-

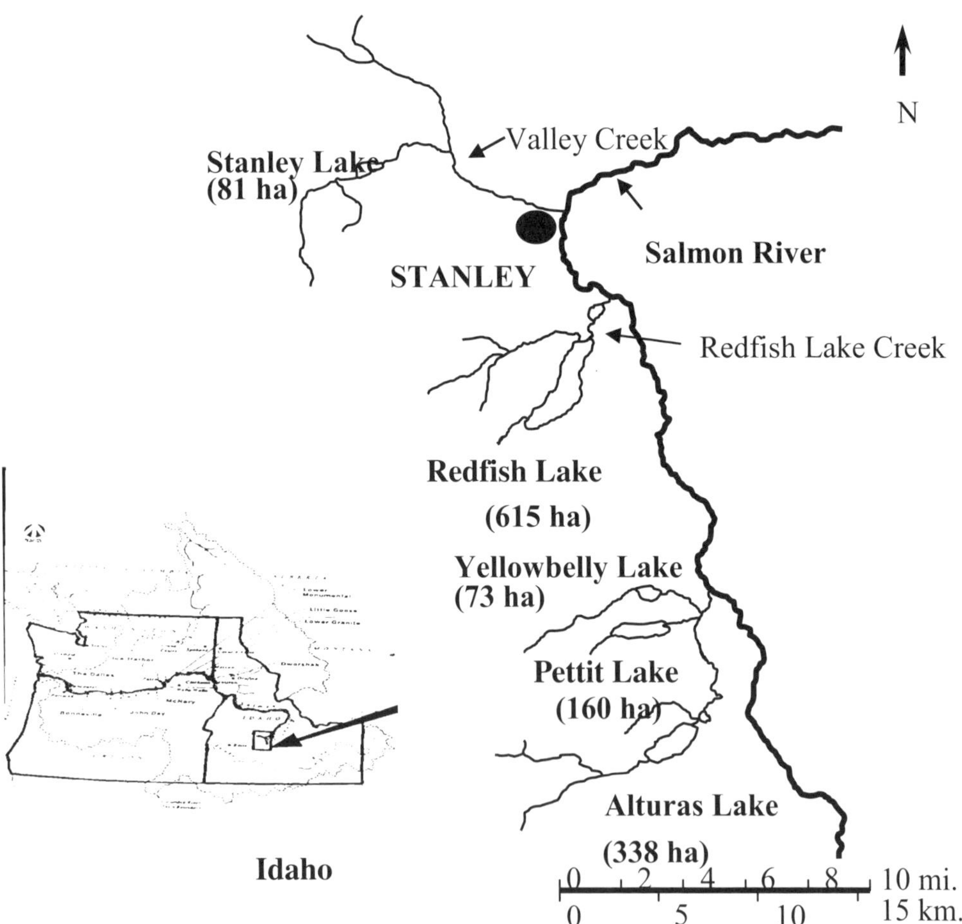

Figure 1. Map of the Sawtooth Valley at the headwaters of the Salmon River, with location in Columbia River basin shown in inset.

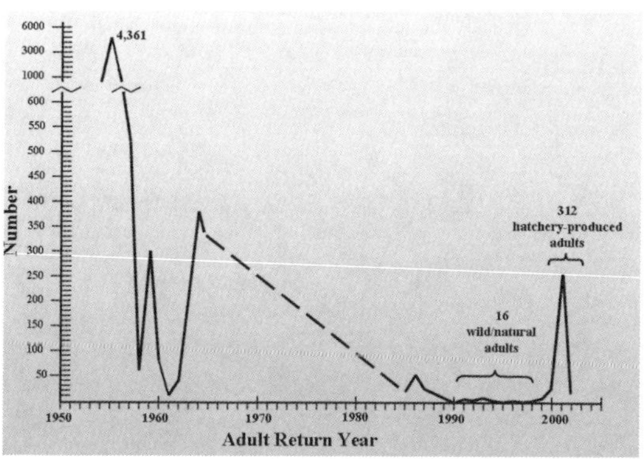

Figure 2. Population abundance information for Redfish Lake sockeye salmon.

fish Lake (Table 1); all were captured and used in a captive broodstock program to help amplify the population. Since 1999, anadromous sockeye salmon from program releases have been returning to the Sawtooth Valley. It is virtually certain that the program actions have prevented extinction of Redfish Lake sockeye salmon. The overall project has been a highly structured endeavor with operational issues that have included development of successful captive husbandry procedures, maintenance of genetic diversity, assessment and enhancement of habitat carrying capacity, and intensive evaluation of restocking efforts. We discuss these efforts in the context of a model approach.

Background

As described in Flagg et al. (1995), the exact population status of the Snake River sockeye salmon was unknown at the time of ESA listing. Hydroelectric and irrigation dams had been constructed on the Snake River system in the 1950s through the 1970s. These had markedly reduced the geographic distribution of Snake River sockeye salmon to a single watershed; the Sawtooth Valley at the headwaters of the Salmon River in Idaho (Figure 1). In the Sawtooth Valley itself, barriers to upstream migration had been installed in the 1950s at two of the four remaining salmon-producing lakes, and those lakes were poisoned to promote trout fisheries. An irrigation diversion barrier was installed on the outlet of the third lake. These actions had the effect of limiting the range of Snake River sockeye salmon to a single lake—Redfish Lake (Figure 1). Returns of sockeye salmon to Redfish Lake were thought to be reasonably robust prior to the 1950s (Bjornn et al. 1968; Everman 1896); however, they declined thereafter (Figure 2). Eight major hydroelectric dams on the Columbia River system interfere with the almost 1,450-km migration to and from the ocean for Redfish Lake sockeye salmon (Figure 1).

Three known forms of *O. nerka* occur in Redfish Lake. (1) The anadromous form usually spends 1–2 years in its nursery lake before migrating to sea as a smolt during the spring of the year and remains at sea for an additional 2–4 years before returning to the natal area to spawn (Bjornn et al. 1968; Foerster 1968; Groot and Margolis 1991). (2) Residual sockeye salmon are progeny of anadromous or residual fish that remain in freshwater to mature and reproduce; they produce mostly anadromous offspring (Ricker 1938; Foerster 1968; Groot and Margolis 1991). Residuals are genetically identical to the anadromous form, appear to act as a safety net against failure of year-classes at sea and are ESA-listed along with the anadromous portion. (3) A genetically distinct and

Table 1. Returns of wild anadromous sockeye salmon to Redfish lake, Idaho (1991–1998) and broodstock inventory information.[a]

			Eggs used for broodstock		
Year	Adult return	Egg viability	NOAA	IDFG	Total
1991	1 female, 3 males	91%	991	987	1,978
1992	1 male				
1993	2 females, 6 males	58%	1,180	529	1,709
1994	1 female	96%	461	450	911
1995	0				
1996	1 female	85%	412	450	862
1997	0				
1998	1 male				
Total	5 females, 11 males		3,044	2,416	5,450

[a] In addition to wild anadromous adults, 3 female and 22 male adult residual, and 886 smolts were also captured in 1991–1993 for use in the program.

nonESA-listed form of kokanee (lacustrine sockeye salmon) is also found in Redfish Lake. The anadromous and residual forms are shoal spawners that reproduce in the lake in October, whereas kokanee spawn in a tributary to the lake in August and early September.

The SBSTOC coordinating team established as concurrent first priorities the need to protect the remnant ESA-listed endangered Snake River gene pool existing in Redfish Lake through the use of captive broodstock technology and to develop an understanding of the carrying capacity of Sawtooth Valley lakes (BPA 1995). A second tier requirement for extensive monitoring and evaluation was recognized to determine success of any supplemental fish releases. The following sections summarize the effects of these actions.

Habitat Carrying Capacity

Three Sawtooth Valley lakes (Redfish, Pettit, and Alturus) designated as critical spawning and rearing habitat under the ESA listing (56 FR 58619) have been incorporated in the current efforts to prevent extinction of Redfish Lake sockeye salmon (Figure 1). All three of these lakes are situated at over 2,000 m in elevation in the Sawtooth Mountains of Idaho. Redfish Lake is the largest of the three lakes at 615 ha, Alturas Lake has a surface area of 338 ha, and Pettit Lake is the smallest of the three lakes at 160 ha. Redfish Lake has about one-half of the total estimated carrying capacity of the Sawtooth Valley lakes that historically supported anadromous sockeye salmon (BPA 1995). According to Bjornn et al. (1968), the historic production of sockeye salmon smolts from Redfish Lake probably never exceeded 100,000 fish. Paleolimnological investigations estimate that, at times, as many as 30,000 adults may have spawned in Redfish Lake (SBT, unpublished data). Spawning and rearing habitat for sockeye salmon in all three lakes is still in relatively good condition (IDFG and SBT; unpublished data).

The majority of the Redfish, Pettit, and Alturus lake watersheds are encompassed by wilderness and considered pristine. The lakes themselves are managed for recreation, with U.S. Forest Service (USFS) campgrounds along their shorelines. These uses are not believed to substantially impair sockeye rearing or spawning habitat. At the time of ESA-listing of Snake River sockeye salmon (1991), perhaps the greatest habitat constraint in the Sawtooth Valley lakes was the lack of anadromous access in all except Redfish Lake. During the mid-1990s, the fish barriers on Alturas and Pettit Lake creeks (an irrigation intake and concrete rough fish barrier, respectively) were modified to facilitate fish passage of anadromous salmonids into these historic habitats (Teuscher and Taki 1996).

The Sawtooth Valley lakes are classified as oligotrophic and share many characteristics with sockeye salmon nursery lakes in British Columbia and Alaska (Griswold et al. 2003). However, overall nutrient loading of marine derived nutrients (MDN) in the lake has been reduced by the decline of returning adult salmon. This has had an understandably severe consequence for *O. nerka* juvenile production. The forage dynamics of the lakes have been extensively surveyed during the project (Teuscher and Taki 1995, 1996; Taki and Mikkelsen 1997; Taki et al. 1999; Griswold et al. 2000; Lewis et al. 2000; Kohler et al. 2001, 2002). Forage for *O. nerka* in Sawtooth Valley lakes consists primarily of cladocerans, copepods, and littoral invertebrates.

Exceeding the carrying capacity of Sawtooth Valley sockeye nursery lakes has been a concern of the SBSTOC coordinating team since the inception of the program. Exceeding the carrying capacity of the lakes could cause density-dependant impacts on zooplankton size, biomass, and species composition and could result in the reduction of sockeye salmon growth and survival. To prevent such an occurrence, carrying capacity models were developed (Teuscher and Taki 1995).

To stabilize rearing conditions and to provide food resources for reintroduced sockeye salmon, nutrient supplementation was conducted in Redfish Lake (1995–1998 and 2000–2001), Alturas Lake (1997–1999), and Pettit Lake (1997–1999). Liquid ammonium nitrate and ammonium polyphosphate (20:1 [1995–1998] and 30:1 N:P [1999–2001] ratio at an areal loading rate of about 35 mg P/m^2/year) was surface-applied weekly by boat from June-October (Teuscher and Taki 1996; Taki and Mikkelsen 1997; Taki et al. 1999; Griswold et al. 2000; Lewis et al. 2000; Kohler et al. 2001; Kohler et al. 2002; Griswold et al. 2003). Limnological parameters, including nitrogen and phosphorus concentrations, chlorophyll *a*, secchi depth, primary productivity, heterotrophic bacteria, autotrophic picoplankton, phytoplankton, and zooplankton assemblage characteristics (species composition and densities), were monitored concomitant with fertilization activities. An example of the effects of nutrient supplementation is presented in Table 2. In general, results have indicated that (1) negative impacts to esthetic values and water quality were insignificant, (2) marked increases in chlorophyll *a*, primary productivity, and zooplankton biomass

Table 2. Example of results of monitoring of fertilization[a] in Redfish Lake.

Variable	Before fertilization		During fertilization		% change
	mean	n	mean	n	
Secchi depth (m)	13.6	(19)	11.8	(31)	−13%
Compensation depth (m)	28.4	(14)	21.6	(28)	−24%
Total phosphorus (TP) (μg/L)	7.9	(24)	6.7	(25)	−15%
Nitrate ($NO_3^+NO_2^-N$) (μg/L)	4.8	(14)	4.4	(25)	−8%
Ammonia (NH_4^-N) (μg/L)	3.0	(5)	4.3	(19)	43%
Chlorophyll *a* (μg/L)	0.5	(22)	1.0	(30)	106%
Phytoplankton volume (mm^3/L)	–	–	0.24	(14)	–
Primary production ($mg\ C \cdot m^{-2} \cdot d^{-1}$)	92.4	(4)	200.4	(26)	117%
Daphnia biomass (μg/L)	0.8	(14)	2.6	(32)	225%
Zooplankton biomass (μg/L)	7.9	(14)	10.3	(32)	31%
O. nerka density (fish/ha)	239.8	(1)	301.4	(4)	26%
Sockeye overwinter survival (%)	6.7	(1)	19.7	(4)	192%

[a] 30:1 N:P ratio surface applied weekly by boat from June to October at an areal loading rates of about 35 mg P/m^2/year.

occurred, providing evidence that nutrient supplementation was effective, and (3) growth and survival of endangered sockeye were maintained or improved (Griswold et al. 2003).

Currently, annual *O. nerka* population estimates are made using hydroacoustic and trawling techniques to ensure that carrying capacities are not exceeded when juvenile sockeye are released into the lakes. Lake carrying capacities, *O. nerka* standing stock and age structure and macrozooplankton abundance/biomass data are used to determine stocking levels and allocation between the various lakes and to determine if nutrient supplementation is necessary. These data allow the SBSTOC coordinating team to identify and manage for optimal lake-rearing conditions for the release of sockeye salmon from project captive broodstocks.

Captive Broodstock Programs

Captive broodstock programs are a form of artificial propagation; however, they differ from standard hatchery techniques in one important respect: fish are cultured in captivity for the entire life cycle (Flagg and Mahnken 1995; Flagg et al. 1995). Increased survival potential in protective culture provides the ability for captive broodstocks to rapidly increase effective breeding population size and markedly aid recovery efforts through production of large numbers of juveniles (Flagg and Mahnken 2000). The use of captive broodstocks to prevent extinction of wild populations is a common gene maintenance and population amplification technique that has gained worldwide popularity as a component of species enhancement (Gipps 1991; Johnson and Jensen 1991; DeBlieu 1993; Olney et al. 1994). Throughout the world, hundreds of species are being maintained or enhanced through forms of captive breeding (Olney et al. 1994; Bryant 2003; IUCN 2003; RSCF 2003). The ESA recognizes that conservation of listed species may be facilitated by artificial means while factors impeding population recovery are identified and corrected (Hard et al. 1992). In the United States, captive broodstocks were a foundation that aided ESA delisting of peregrine falcons *Falco peregrinus*, and they are providing critical population stability for species such as blackfooted ferret *Mustela nigripes*, red wolf *Canis rufus*, and California condor *Gymnogyps californianus* (DeBlieu 1993; Bryant 2003; WCBP 2003).

Nonetheless, at the inception of the Redfish Lake sockeye project in the early 1990s, the application of captive broodstock to Pacific salmon was considered highly experimental and success was uncertain (Flagg and Maknken 1995). Captive broodstock technology was chosen for use in concert with efforts to correct causes of decline because of the technologies promise as a means of accelerating stock recovery by rapidly increasing the abundance of fish available for restocking suitable habitat (Pollard and Flagg 2004, this volume).

Redfish Lake sockeye salmon captive broodstocks are being maintained by both NOAA Fisheries and IDFG. Groups of fish are reared at two or more facilities to avoid the potential of catastrophic loss of important genetic lineages. IDFG rears captive broodstock groups full term to maturity in fresh well water at its Eagle Fish Hatchery near Boise, Idaho (Johnson 1993; Johnson and Pravecek 1995, 1996; Pravecek and Johnson 1997; Kline and Heindel 1999; Kline and Willard 2001). NOAA Fisheries rears captive broodstock groups both full term to maturity in fresh well water and from smolt to adult in seawater (Flagg

1993; Flagg and McAuley 1994; Flagg et al. 1996, 2001; Frost et al. 2002). Freshwater well sources are chosen to reduce exposure to pathogens, seawater is filtered and ultraviolet-treated for the same reason. All fish are reared in tanks inside secure enclosures and rearing systems are monitored for security and life support functions.

At the initiation of the project, it was recognized that the effective population size for establishment of the captive broodstock was likely to be extremely small. A total of 16 wild fish (Figure 2) returned to Redfish Lake subsequent to the ESA listing; all were captured and spawned for the captive broodstock program (Table 1). In addition, about 900 smolts and 25 residual sockeye salmon were captured for captive broodstock rearing in 1991–1993. The program currently has first, second, and third generation lineages of these fish in captive broodstock culture.

Spawning Protocols

Sockeye salmon spawning follows accepted, standard practices as described by McDaniel et al. (1994) and Erdahl (1994). Timing of spermiation and ovulation is judged during routine sorting procedures. Ultrasound technology is also used to assess maturation status. Hormone analog implants (GNRHa) have been used by NOAA Fisheries and IDFG personnel to induce ovulation and sperm production in maturing sockeye salmon (Swanson 1995). In addition, hormone treatments have been used to synchronize ovulation and spermiation in captive adults. Females judged "ready" for spawning on any spawn date are separated from the general population. The family origin (lineage) of ovulating females is identified by passive integrated transponder (PIT) tags (Prentice et al. 1990).

Spawning protocols are primarily designed to minimize the risk of inbreeding and maximize genetic diversity. Using known pedigrees from captive anadromous returns and from prespawn adults held in the hatchery, males and females are sorted and favorable crosses prioritized (Table 3). Additionally, genetic analyses (both maternal lineage and microsatellite loci) are used to aid in development of spawning designs. Genetic analyses are conducted in "real time" (i.e., genetic data from returning sockeye salmon are provided to hatchery managers within 2 weeks of capture and before spawning begins). Maternal lineages remaining in the Redfish Lake sockeye salmon population are

Table 3. Example of mating design for spawning of Redfish Lake sockeye salmon captive broodstocks.

Females		Males		
		First preference[a]	Second preference[b]	Third preference[c]
BY97 (age 4)	×	CRYO		
BY97 (age 4)	×	ANH01 (age 5)		
BY97 (age 4)	×		BY98 (age 3)	
BY97 (age 4)	×		BY99 (age 2)	
BY97 (age 4)	×		ANH01 (age 4)	
BY97 (age 4)	×			BY97 (age 4)
BY98 (age 3)	×	CRYO		
BY98 (age 3)	×	ANH01 (age 5)		
BY98 (age 3)	×		ANH01 (age 4)	
BY98 (age 3)	×		BY97 (age 4)	
BY98 (age 3)	×		BY99 (age 2)	
BY98 (age 3)	×			BY98 (age 3)
BY99 (age 2)	×	ANH01(age 4)		
BY99 (age 2)	×	ANH01(age 5)		
BY99 (age 2)	×	CRYO		
BY99 (age 2)	×		BY97 (age 4)	
BY99 (age 2)	×		BY98 (age 3)	
BY99 (age 2)	×			BY99 (age 2)

[a] All crosses avoid inbreeding.
[b] Possible inbreeding risk, use PIT tag data to establish safe lineages to cross.
[c] Greatest inbreeding risk, more difficult to identify—avoid crosses if possible.

well characterized and can be distinguished from the other two populations of anadromous sockeye salmon remaining in the Columbia basin (Lake Wenatchee and Okanogan Lake sockeye) (Faler and Powell 2003). Individuals are crossed so as to maintain these mitochondrial lineages observed in Redfish Lake and to maintain genetic diversity as evidenced in nuclear loci.

Risks to the genetic integrity of the captive population from applied mating designs are assessed through empirical calculations of stability of heterozygosity and genetic diversity over time among spawned captive Redfish Lake sockeye salmon (Figure 3). Data trends are evaluated as percentage of source (or beginning) heterozygosity and genetic diversity. As indicated in Figure 3, there is significant retention of both heterozygosity and genetic diversity within the first three generations of captive culture. Both these measures then decrease as the population becomes closed, principally due to drift. The trend lines on Figure 4 past the dotted line are theoretical calculations of the decay of heterozygosity and genetic diversity given that the population remains closed (no addition of genetic material from immigration from a donor stock) and population size remains the same as the present harmonic mean. It appears that some loss of heterozygosity and genetic diversity will occur despite the most enlightened efforts to intercross the remaining available stock, even by employing cryopreserved sperm. However, it also appears that these losses can be somewhat minimized by the careful development of prudent mating strategies.

Figure 4 shows a comparison of spawning methods and the theoretical estimates of genetic diversity decay through seven generations. Pedigree analysis along with factorial spawning employed with Redfish Lake sockeye salmon would appear to have an advantage over other typically used spawning methods such as 1:1 and 4:4 factorial crosses. This is likely due to a minimization of the genetic drift that would normally be associated with spawning small numbers of individuals. Likewise, equalization of sockeye salmon captive broodstock family lines retained in the hatchery production group also would facilitate the retention of available genetic diversity and heterozygosity, as discussed by Allendorf (1993). Future prioritization of crosses will likely require the use of microsatellite DNA analysis and the generation of kinship coefficients (Lynch and Walsh 1998) to facilitate a maximal avoidance of inbreeding. Moreover, some geneticists have theorized that long-term captive propagation of Redfish Lake sockeye salmon may also benefit from the use of extraneous genetic material from a donor population. All of these considerations are used by the SBSTOC coordinating team to identify and manage genetic concerns for the Redfish Lake sockeye salmon population.

Based on the approved spawning design, appropriate spermiating males are located and isolated in

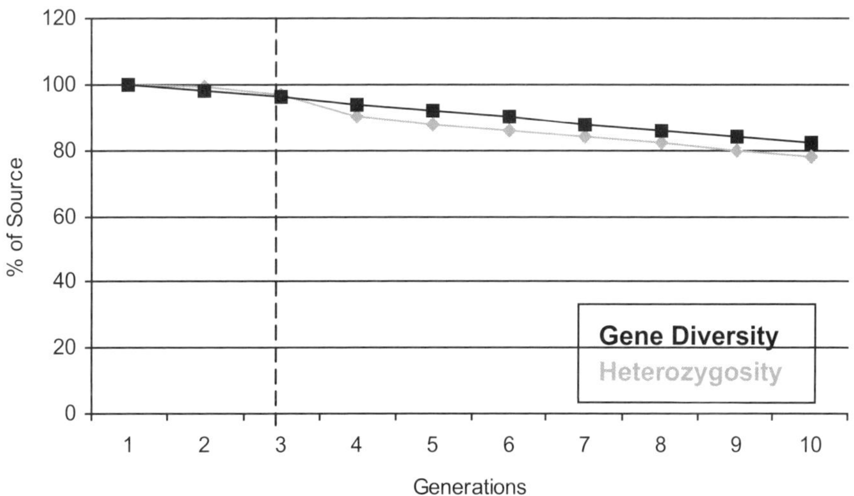

Figure 3. Empirical estimates of genetic diversity and heterozygosity of captive Redfish Lake sockeye salmon for the first three generations (to dotted line). Theoretical estimates (to the right of the dotted line) are based upon the current harmonic mean of effective population size (N_e) and assuming no immigration.

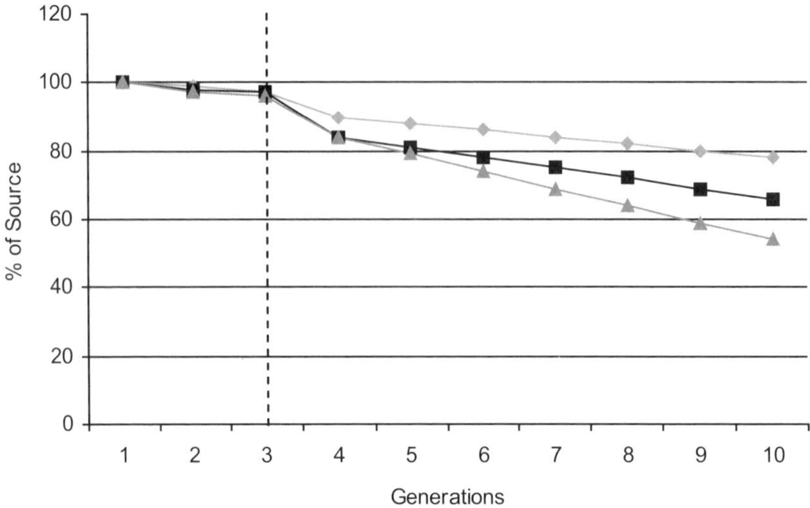

Figure 4. Theoretical estimates of genetic diversity decay in Redfish Lake sockeye salmon after seven generations of captive breeding. Breeding designs: square = random 4:4; triangle = random 1:1; diamond = pedigree analysis.

separate holding ponds. Generally, eggs extracted at spawning are divided into three lots (for each female) and fertilized with sperm from three males (factorial design) to produce three unique subfamilies. Sperm motility is periodically checked. Male contribution is equalized, since each male is used to fertilize eggs from three different females (on average). Cryopreservation of milt from male donors has been used in the Redfish Lake sockeye salmon captive broodstock program since 1991 and follows techniques described by Cloud et al. (1990) and Wheeler and Thorgaard (1991). Eggs are incubated by subfamily to produce lineage-specific groups for reintroduction under different strategies and to produce fish to meet future broodstock needs.

Hatchery outcomes (such as maturation rate, fecundity, gamete quality, egg size, sperm motility, egg survival to the eyed stage of development, and proportion of anomalies in resultant fry) from annual spawning events are summarized at the subfamily level, evaluated, and discussed by the SBSTOC. Spawning protocols are adjusted to maximize program success.

Fish Husbandry

Fish culture methods and protocols used in the Redfish Lake sockeye salmon captive broodstock program follow accepted, standard practices (for an overview of standard methods see Leitritz and Lewis 1976; Piper et al. 1982; Erdahl 1994; McDaniel et al. 1994; Bromage and Roberts 1995; Pennell and Barton 1996). Considerable coordination takes place between NOAA Fisheries and IDFG culture experts and at the SBSTOC level. Fish sample counts are conducted as needed to ensure that actual growth tracks with projected growth. In general, fish are handled as little as possible.

Age-0 through age-2 sockeye salmon rearing densities are maintained at levels not to exceed 8 kg/m^3. Age-3 and age-4 rearing densities are maintained at levels not to exceed 14 kg/m^3. Rearing tanks are managed for a minimum of one water exchange per hour. All water use is single pass. Shade covering (70%) and jump screens are used where appropriate. Incubation and rearing water temperature is maintained between 7.0°C and 13.5°C at the IDFG Eagle Fish Hatchery and 5.0°C and 10.0°C at the NOAA Fisheries Burley Creek Fish Hatchery. Chilled water may be used during incubation and early rearing to reduce developmental and growth differences that may result from a protracted spawning period. In addition, chilled water may be used to reduce winter growth rate to more closely follow a natural profile.

Fish are fed a commercial diet produced by Bio-Oregon (Warrenton, Oregon)[1] or Moore-Clark[1] (Vancouver, B.C.). Rations are weighed daily and follow suggested feeding rates provided by the manufacturer(s). Bio-Oregon has developed a custom

[1] Reference to trade names does not imply endorsement by NOAA Fisheries.

broodstock diet that includes elevated levels of vitamins, minerals, and pigments. Palatability and levels of natural pigments are enhanced by the addition of natural flavors from fish and krill. Through approximately 100 g weight, fish receive a standard Bio-Oregon semimoist formulation or Moore-Clark dry diet. Beyond 100 g weight, fish receive the Moore-Clark salmon broodstock diet or the Bio-Oregon custom broodstock diet.

Approved chemical therapeutics are used prophylactically and for the treatment of infectious diseases. Prior to effecting treatments, the use of chemical therapeutics is discussed with NOAA Fisheries and IDFG fish health professionals. Fish necropsies are performed on all program mortalities that satisfy minimum size criteria for the various diagnostic or inspection procedures performed. Routine necropsies include investigations for viral pathogens (infectious pancreatic necrosis virus and infectious hematopoietic necrosis virus) and various bacterial pathogens (e.g., bacterial kidney disease *Renibacterium salmoninarium*, bacterial gill disease *Flavobacterium branchiophilum*, coldwater disease *Flavobacterium psychrophilum*, and motile aeromonad septicemia *Aeromonas* spp.). In addition to the above, anadromous adult sockeye salmon are screened for the causative agent of whirling disease *Myxobolus cerebralis*, furunculosis *Aeromonas salmonicida*, and the North American strain of viral hemorrhagic septicemia virus. All laboratory diagnostic and inspection procedures follow protocols described by Thoesen (1994).

Hatchery Outcomes

At the inception of the captive broodstock program in the early 1990s, the expected performance of captive broodstocks in terms of growth, survival, and reproductive performance had been noted to be variable and often low (Flagg and Mahnken 1995; Schiewe et al. 1997). These factors have been monitored as a gauge of success of the current program compared to earlier attempts with nonlisted fish (Schiewe et al. 1997). During the program, mean survival to adult has ranged from 79% to 88% for brood year groups of captive brood reared at IDFG facilities and 13–74% for those reared at NOAA facilities. Mean annual egg viability of captive broodstock reared at IDFG facilities has ranged from 29% to 60% and from 33% to 78% for those reared at NOAA facilities. The mean weight of individual spawners at both IDFG and NOAA facilities has often exceeded 2.5 kg, which is more that 60% greater than the mean weight of wild fish.

The captive broodstocks for Redfish Lake sockeye salmon have achieved a high degree of population amplification. The initial sourcing of 5,450 eyed eggs from the spawning of the five wild anadromous female sockeye salmon that returned to Redfish Lake in the 1990s and a few residual juveniles and anadromous smolts (Table 1) has resulted in the production of more than 1.15 million progeny (prespawning adults, eyed eggs, presmolts, and smolts) replanted to Stanley Basin habitats (Table 4). The development of egg and fish reintroduction plans has followed a "spread-the-risk" philosophy developed by the SBSTOC and follows proven techniques applied in the commercial aquaculture industry as well as in state, provincial, and federal agency programs.

Monitoring and Evaluation

A cornerstone of the project is extensive monitoring and evaluation of survival of fish both while they are resident in Sawtooth Valley lakes, during smolt out-migration and as returning adults (cf. Hebdon et al. 2004, this volume). All hatchery presmolt and smolt releases are adipose clipped and a portion are coded-wire tagged (Jefferts et al. 1963) and/or PIT-tagged. Because wild anadromous sockeye salmon have not spawned in Sawtooth Valley lakes since 1989, all nonmarked emigrants from 1993 forward are assumed be progeny of eyed egg and presmolt releases from captive broodstocks. In-lake survival is estimated at smolts traps by counting smolt out-migrants. These have been installed on Redfish Lake Creek, the upper Salmon River at the IDFG Sawtooth Fish Hatchery weir, and on the outlets of Alturas and Pettit lakes and are operated by either IDFG or SBT personnel. At the smolt traps, subsamples of out-migrants are measured and interrogated for PIT tags and marks. A portion of untagged out-migrants are PIT-tagged at this time to facilitate evaluations of survival to Snake and Columbia river dams.

Estimated overwinter survival of groups of presmolts released to Redfish, Pettit, and Alturas lakes has ranged from a few percent to just over 40% (Kline 1994; Kline and Younk 1995; Kline and Lamansky 1997; Pravecek and Kline 1998; Hebdon et al. 2000, 2002, 2004, this volume). A total of about 190,000 sockeye salmon smolts resulting from egg-fingerling releases have out-migrated from Sawtooth Valley lakes since the program began (Table 5). Another about 160,000 hatchery-reared smolts have also been released and have out-migrated (Table 5). Between 1999 and 2002, a total of 312 adults have returned

Table 4. Estimated number of prespawing adults, eyed eggs, presmolts, and smolts from Redfish Lake sockeye salmon captive broodstocks reared at IDFG and NOAA Fisheries released in Sawtooth Valley lakes, 1993–2002.

Year planted	Eyed-eggs	Prespawn adults	Presmolts	Smolts
Redfish Lake				
1993		20		
1994		65	14,119	
1995			83,045	3,794[a]
1996	105,000	120	1,932	11,545[a]
1997	85,378	80	152,322	
1998			95,248	37,583[a]
				44,032[b]
1999		21	23,886	4,859[a]
				4,859[b]
2000		166	48,051	148[a]
2001		79	83,003	13,915[b]
2002		190	106,501	38,672[b]
Pettit Lake				
1995			8,527	
1996				
1997		20	8,643	
1998			7,246	
1999	20,311		3,430	
2000	65,200	28	12,074	
2001			11,050	
2002	30,924		27,786	
Alturas Lake				
1997	20,389	20	94,746	
1998			39,377	
1999			12,955	
2000		77	11,989	
2001			12,113	
2002			6,123	
Totals	327,202	886	864,166	159,407

[a]Planted in Redfish Lake Creek downstream of the juvenile and adult trapping facility.
[b]Planted in the upper Salmon River immediately downstream of the Sawtooth Fish Hatchery.

from the ocean from captive broodstock releases (Table 6).

Two adult traps are used to capture returning anadromous sockeye salmon; these traps are located on Redfish Lake Creek approximately 1.4 km downstream from the lake outlet and on the upper Salmon River at the IDFG Sawtooth Fish Hatchery (located 2.0 km upstream of the confluence of Redfish Lake Creek and the Salmon River). Anadromous adults are transferred from trap sites to the Sawtooth Hatchery for temporary holding. Adults are usually marked with temporary tags to identify return location and timing, and fin tissue is sampled to facilitate genetic investigations. Based on recommendations from the SBSTOC, adults are either transferred to lakes for natural spawning or to the Eagle Fish Hatchery to be incorporated into the captive breeding design (Table 6).

A portion of both the returning adults and those reared to adult in captivity have been released to spawn naturally in Redfish Lake each year since 1999 (Tables 5 and 6). A subset of these adults are fitted with ultrasonic transmitters (Sonotronics, Tucson, Arizona) for tracking to determine spawning sites. Hebdon et al. (2004) have documented from 8 to 30 suspected sockeye salmon redds in each of the last 4 years in Redfish Lake. Redds have also been documented in Pettit and Alturas lakes subsequent to the release of prespawning adults (Hebdon et al. 2004). These results suggest that at least a portion of the released fish are successfully spawning and demonstrate the potential contribution of this reintroduction strategy to supplement

Table 5. Estimated number of prespawning adults, eyed eggs, presmolts, and smolts outplanted and estimated outmigration; combined data for Redfish, Pettit, and Alturas lakes.

Year	No. of presmolts planted	Estimated out-migration from presmolt plants	No. of smolts planted	No. of prespawn adults planted	No. of eyed-eggs planted	Estimated unmarked out-migration	Total estimated out-migration
1993				20		569	569
1994	14,119			65		1,820	1,820
1995	91,572	823	3,794			357	4,974
1996	1,932	15,275	11,545	120	105,000	923	27,743
1997	255,711	401		120	105,767	304	705
1998	141,871	58,835	81,615			2,799	143,249
1999	40,271	37,225	9,718	21	20,311	2,936	49,879
2000	72,114	12,955	148	271	65,200	302	13,405
2001	106,166	16,595	13,915	79		123	30,633
2002	140,410	25,716	38,672	190	38,672	11,244	75,632
Totals	864,166	167,825	159,407	886	334,950	21,377	348,609

depleted populations and to increase abundance in the habitat. However, as noted by Berejikian et al. (2004, this volume) the adults reared full-term in captivity may not have the same reproductive success as wild anadromous adults.

Conclusions

The current efforts to prevent extinction of Redfish Lake sockeye salmon have provided a large measure of success. Between 1999 and 2002, more than 312 adults returned from the ocean from captive broodstock releases—an amplification of almost 20 times the number of wild fish that returned in the 1990s. Important lineages of Redfish Lake sockeye salmon are being maintained in culture as preserves for genetic variability and for numerical and demographic amplification of the extant wild population. Most importantly, the broodstock program has, at least for the short-term, prevented extinction of Redfish Lake sockeye salmon.

The primary reasons for the success of the project in preventing extinction of Redfish Lake sockeye salmon are the concurrent consideration of (1) the need to develop effective captive broodstock culture techniques for the population, (2) the preservation of the genetic diversity of the population existing at the time of ESA listing, and (3) the remediation of barriers to survival in the freshwater rearing habitat and assurance of productive forage food webs. In addition, the extensive monitoring and evaluation program has assured a feedback loop of information that has allowed the SBSTOC to adaptively manage the program. We feel that all of these components were necessary and should be incorporated in the planning of all projects of this nature.

This is not to say that the future viability of Redfish Lake sockeye salmon is ensured. As pointed out

Table 6. Disposition of anadromous adult returns to the Sawtooth Valley from releases of progeny of captive broodstock reared at IDFG and NOAA Fisheries facilities, 1999–2002.

Year	Returning adults	Incorporated to captive broodstock	Release to Stanley basin lakes
1999	7	4	3
2000	257	43	214[a]
2001	26	9	17[b]
2002	22	0	22[c]
Total	312	56	253[c]

[a] Fourteen of the 214 fish were observed at adult weirs but not handled. Two hundred fish were released to lakes.
[b] Two of the 17 fish were observed at adult weirs but not handled. Fifteen fish were released to lakes.
[c] Seven of the 22 fish were observed at adult weirs but not handled. Three of the fifteen fish that were handled died in holding prior to release. Twelve fish were released to lakes.

by Flagg et al. (1995), a dilemma facing enhancement efforts at Redfish Lake is that most of the severe barriers to survival for Snake River sockeye salmon are downstream of the spawning and rearing habitat, including both man-made (dams) and natural habitat alterations, harvest, and changes in ocean productivity, all of which contributed to the precipitous reduction in abundance of Snake River sockeye salmon. These barriers to recovery are outside the purview of SBSTOC actions. Current smolt-to-adult survival (SAR) of sockeye salmon from Sawtooth Valley lakes is rarely greater than 0.3% (Hebdon et al. 2004). Under current conditions, the natural adult recruit/spawner ratio for Redfish Lake sockeye salmon is about 0.15:1. Recovery to a nominal population equilibrium of 1:1 replacement would require more than a sixfold increase in survival from current conditions. Under these conditions, it is probable that captive broodstocks and artificial propagation will need to be key components in maintaining Redfish Lake sockeye salmon for years to come.

References

Allendorf, F. W. 1993. Delay of adaptation to captive breeding by equalizing family size. Conservation Biology 7:416–419.

Berejikian, B., T. Flagg, and P. Kline. 2004. Release of captively reared adult anadromous salmonids for population maintenance and recovery: biological trade-offs and management considerations. Pages 233–245 *in* M. Nickum, J. Nickum, and D. MacKinlay, editors. Propagated fish in resource management. American Fisheries Society, Symposium 44, Bethesda, Maryland.

Bjornn, T. C., D. R. Craddock, and D. R. Corley. 1968. Migration and survival of Redfish Lake, Idaho, sockeye salmon, *Oncorhynchus nerka*. Transactions of the American Fisheries Society 97:360–375.

BPA (Bonneville Power Administration). 1995. Draft supplemental environmental assessment: Snake River sockeye salmon Sawtooth Valley project conservation and rebuilding program. Bonneville Power Administration, DOE-EA-0934, Portland, Oregon.

Bromage, N. R. and R. J. Roberts. 1995. Broodstock management and egg and larval quality. Blackwell Scientific Publications Ltd., Cambridge, Massachusetts.

Bryant, P. J. 2003. Captive breeding and reintroduction. Chapter 15 *in* Biodiversity and reintroduction, a hypertext book. Available at: http://darwin.bio.uci.edu/~sustain/bio65/Titlpage.htm

Cloud, J. G., Miller, W. H., and M. J. Levenduski. 1990. Cryopreservation of sperm as a means to store salmonid germ plasm and to transfer genes from wild fish to hatchery populations. The Progressive Fish-Culturist 52:51–53.

DeBlieu, J. 1993. Meant to be wild: the struggle to save endangered species through captive breeding. Fulcurm Publishing, Golden, Colorado.

Erdahl, D. A. 1994. Inland salmonid broodstock management handbook. United States Department of the Interior Fish and Wildlife Service, 712 FW 1, Washington, D.C.

Everman, B. W. 1896. A report upon salmon investigations in the headwaters of the Columbia River, in the state of Idaho, in 1895, together with notes upon the fishes observed in that state in 1894 and 1895. Bulletin of the U.S. Fish Commission 16:149–202.

Faler, J. C., and M. S. Powell. 2003. Genetic analysis of Snake River sockeye salmon (*Oncorhynchus nerka*). Bonneville Power Administration, Completion report. Portland, Oregon.

Flagg, T. A. 1993. Redfish Lake sockeye salmon captive broodstock rearing and research, 1991–1992. Report to Bonneville Power Administration, Portland, Oregon.

Flagg, T. A., and W. C. McAuley. 1994. Redfish Lake sockeye salmon captive broodstock rearing and research, 1991–1993. Report to Bonneville Power Administration, Contract DE-AI79–92BP41841, Portland, Oregon.

Flagg, T. A., and C. V. W. Mahnken, editors. 1995. An assessment of captive broodstock technology for Pacific salmon. Report to Bonneville Power Administration, Contract DE-AI79 93BP55064, Portland, Oregon.

Flagg, T. A., and C.V.W. Mahnken. 2000. Endangered species recovery: captive broodstocks to aid recovery of endangered salmon stocks. Pages 290–292 *in* Encyclopedia of aquaculture. J. Wiley and Sons, New York.

Flagg, T. A., C. V. W. Mahnken, and K. A. Johnson. 1995. Captive broodstocks for recovery of Snake River sockeye salmon. Pages 81–90 *in* H. L. Schramm, Jr. and R. G. Piper, editors. Uses and effects of cultured fishes in aquatic ecosystems. American Fisheries Society, Symposium 15, Bethesda, Maryland.

Flagg, T. A., W. C. McAuley, M. R. Wastel, D. A. Frost, and C. V. W. Mahnken. 1996. Redfish Lake sockeye salmon captive broodstock rearing and research, 1994. Report to Bonneville Power Administration, Contract DE-AI79–92BP41841, Portland, Oregon.

Flagg, T. A., W. C. McAuley, D. A. Frost, M. R. Wastel, W. T. Fairgrieve, and C. V. W. Mahnken. 2001.

Redfish Lake sockeye salmon captive broodstock rearing and research, 1995–2000. Report to Bonneville Power Administration, Contract DE-AI79–92BP41841, Portland, Oregon.

Foerster, R. E. 1968. The sockeye salmon. Fisheries Research Board of Canada Bulletin 162.

Frost, D. A., W. C. McAuley, D. J. Maynard, and T. A. Flagg. 2002. Redfish Lake sockeye salmon captive broodstock rearing and research, 2001. Report to Bonneville Power Administration, Contract DE-AI79–92BP41841, Portland, Oregon.

Gipps, J. H. W., editor. 1991. Beyond captive breeding: reintroducing endangered species through captive breeding. Zoological Society of London Symposium 62, Oxford, UK.

Griswold, R., A. Kohler, and D. Taki. 2000. Salmon River sockeye salmon habitat and limnological research: 1999 annual progress report. U.S. Department of Energy, Bonneville Power Administration, Project Number 91–71, Portland, Oregon.

Griswold, R., D. Taki, and J. S. Stockner. 2003. Redfish Lake sockeye salmon: nutrient supplementation as a means for restoration. Pages 197–211 *in* J. G. Stockner, editor. Nutrients in salmonid ecosystems: sustaining production and biodiversity. American Fisheries Society, Symposium 34, Bethesda, Maryland.

Groot, C., and L. Margolis, editors. 1991. Pacific salmon life histories. University of British Columbia Press, Vancouver.

Hard, J. J., R. P. Jones, Jr., M. R. Delarm, and R. S. Waples. 1992. Pacific salmon and artificial propagation under the Endangered Species Act. NOAA Technical Memorandum NMFS-NWFSC-2, Seattle.

Hebdon, J. L., M. Elmer, and P. Kline. 2000. Snake River sockeye salmon captive broodstock program, research element, 1999. Report to Bonneville Power Administration, Contract 00000167, Portland, Oregon.

Hebdon, J. L., J. Castillo, and P. Kline. 2002. Snake River sockeye salmon captive broodstock program, research element, 2000. Report to Bonneville Power Administration, Contract 00000167, Portland, Oregon.

Hebdon, J. L. P. Kline., D. Taki, and T. A. Flagg. 2004. Evaluating reintroduction strategies for Redfish Lake sockeye salmon captive broodstock progeny. Pages 401–413 *in* M. Nickum, P. Mazik, J. Nickum, and D. MacKinlay, editors. Propagated fish in resource management. American Fisheries Society, Symposium 44, Bethesda, Maryland.

IUCN (International Union for Conservation of Nature and Natural Resources). 2003. Conservation Breeding Specialist Group (www.cbsg.org/).

Jefferts, K. B., P. K. Bergman, and H. F. Fiscus. 1963. A coded wire identification system for macro-organisms. Nature (London) 43:460–462.

Johnson, K. A. 1993. Research and recovery of Snake River sockeye salmon, 1991–1992. Report to Bonneville Power Administration, Contract DE-BI79–91BP21065, Portland, Oregon.

Johnson, J. E., and B. L. Jensen. 1991. Hatcheries for endangered freshwater fish. Pages 199–217 *in* W. L. Minckley and J. E. Deacon, editors. Battle against extinction. University of Arizona Press, Tucson.

Johnson, K. A., and J. J. Pravecek. 1995. Research and recovery of Snake River sockeye salmon, 1993. Report to Bonneville Power Administration, Contract DE-BI79–91BP21065, Portland, Oregon.

Johnson, K. A., and J. J. Pravecek. 1996. Research and recovery of Snake River sockeye salmon, 1994–1995. Report to Bonneville Power Administration, Contract DE-BI79–91BP21065, Portland, Oregon.

Kline, P. 1994. Research and recovery of Snake River sockeye salmon, 1993. Report to Bonneville Power Administration, Contract DE-BI79–91BP21065, Portland, Oregon.

Kline, P., and J. Younk. 1995. Research and recovery of Snake River sockeye salmon, 1994. Report to Bonneville Power Administration, Contract DE-BI79–91BP21065, Portland, Oregon.

Kline, P. A., and J. A. Lamansky. 1997. Research and recovery of Snake River sockeye salmon, 1995–1996. Report to Bonneville Power Administration, Contract DE-BI79–91BP21065, Portland, Oregon.

Kline, P. A., and J. A. Heindel. 1999. Snake River sockeye salmon captive broodstock program, hatchery element, 1998. Report to Bonneville Power Administration, Contract DE-BI79–91BP21065, Portland, Oregon.

Kline, P. A., and C. Willard. 2001. Snake River sockeye salmon captive broodstock program, hatchery element. Annual Progress Report, January 1 - December 31, 2000. Report to Bonneville Power Administration, Project No. 199107200, Contract No. 00000167, Portland, Oregon.

Kohler A., B. Griswold, and D. Taki. 2001. Snake River sockeye salmon habitat and limnological research: 2000 annual progress report. U.S. Department of Energy, Bonneville Power Administration, Project Number 91–71, Portland, Oregon.

Kohler A., D. Taki, and B. Griswold. 2002. Snake River sockeye salmon habitat and limnological research: 2001 annual progress report. U.S. Department of Energy, Bonneville Power Administration, Project Number 91–71, Portland, Oregon.

Leitritz, E., and R.C. Lewis. 1976. Trout and salmon culture. California Fish and Game Bulletin 164.

Lewis, B., D. Taki, and B. Griswold. 2000. Snake River sockeye salmon habitat and limnological research: 1998 annual progress report. U.S. Department of Energy, Bonneville Power Administration, Project number 91–71, Portland, Oregon.

Lynch, M., and B. Walsh. 1998. Genetics and analysis of quantitative traits. Sinauer Associates, Sunderland, Massachusetts.

McDaniel, T. R., K. M. Prett, T. R. Meyers, T. D. Ellison, J. E. Follett, and J. A. Burke. 1994. Alaska sockeye salmon culture manual. Alaska Department of Fish and Game, Special Fisheries Report No. 6, Juneau.

Olney, P. J. S., G. M. Mace, and A. T. C. Feistner. 1994. Creative conservation: interactive management of wild and captive animals. Chapman and Hall, London.

Pennell, W., and B. A. Barton, editors. 1996. Principles of salmonid culture. Elsevier, Amsterdam.

Piper R. G., I. B. McIlwain, L. E. Orme, J. P. McCraren, L. G. Fowler, and J. R. Leonard. 1982. Fish hatchery management. U.S. Department of the Interior, U.S. Printing Office, Washington, D.C.

Pollard, H. A., II, and T. A. Flagg. 2004. Guidelines for use of captive broodstocks in recovery efforts for Pacific salmon. Pages 333–345 *in* M. Nickum, P. Mazik, J. Nickum, and D. MacKinlay, editors. Propagated fish in resource management. American Fisheries Society, Symposium 44, Bethesda, Maryland.

Pravecek, J. J., and K. A. Johnson. 1997. Research and recovery of Snake River sockeye salmon, 1995–1996. Report to Bonneville Power Administration, Contract DE-BI79–91BP21065, Portland, Oregon.

Pravecek, J. J., and P. A. Kline. 1998. Research and recovery of Snake River sockeye salmon, 1996. Report to Bonneville Power Administration, Contract No. DE-BI79–91BP21065, Portland, Oregon.

Prentice, E. F., T. A. Flagg, and C. S. McCutcheon. 1990. Feasibility of using implantable passive integrated transponder (PIT) tags in salmonids. Pages 317–322 *in* N. C. Parker, A. E. Giorgi, R. C. Heidinger, D. B. Jester, Jr., E. D. Prince, and G. A. Winans, editors. Fish-marking techniques. American Fisheries Society, Symposium 7, Bethesda, Maryland.

RSCF (Rare Species Conservatory Foundation). 2003. Conservation in real time: breeding programs. Available at: www.rarespecies.org.

Ricker, W. E. 1938. "Residual" and kokanee salmon in Cultus Lake. Journal of the Fisheries Research Board of Canada 4:192–217.

Schiewe, M. H., T. A. Flagg, and B. A. Berejikian. 1997. The use of captive broodstocks for gene conservation of salmon in the western United States. Bulletin of the Natural Research Institute of Aquaculture, Supplement 3:29–34.

Swanson, P. 1995. Environmental and endocrine control of reproduction in cultured salmonids. Pages 3–1 to 3–66 *in* T. A. Flagg and C. V. W. Mahnken, editors. An assessment of captive broodstock technology for Pacific salmon. Report to Bonneville Power Administration, Contract DE-AI79–93BP55064, Portland, Oregon.

Taki, D., and A. Mikkelsen. 1997. Salmon River sockeye salmon habitat and limnological research: 1996 annual progress report. U.S. Department of Energy, Bonneville Power Administration, Project Number 91–71, Portland, Oregon.

Taki, D., B. Lewis, and R. Griswold. 1999. Salmon River sockeye salmon habitat and limnological research: 1997 annual progress report. U.S. Department of Energy, Bonneville Power Administration, Project Number 91–71, Portland, Oregon.

Teuscher, D., and D. Taki. 1995. Salmon River sockeye salmon habitat and limnological research. In D. Teuscher and D. Taki, editors. Snake River sockeye salmon habitat and limnological research: 1994 annual progress report. U.S. Department of Energy, Bonneville Power Administration, Project Number 91–71, Portland, Oregon.

Teuscher, D., and D. Taki. 1996. Salmon River sockeye salmon habitat and limnological research. In D. Teuscher and D. Taki, editors. Snake River sockeye salmon habitat and limnological research: 1995 annual progress report. U.S. Department of Energy, Bonneville Power Administration, Project Number 91–71, Portland, Oregon.

Thoesen, J. C. editor. 1994. Blue book, version 1. Suggested procedures for the detection and identification of certain finfish and shellfish pathogens. American Fisheries Society, Fish Health Section, Bethesda, Maryland.

Waples, R. S., O. W. Johnson, and R. P. Jones, Jr. 1991. Status review for Snake River sockeye salmon. U.S. Department of Commerce, NOAA Technical Memorandum, NMFS-F/NWC-195, Portland, Oregon.

Wheeler, P. A., and G. A. Thorgaard. 1991. Cryopreservation of rainbow trout semen in large straws. Aquaculture 93:95–100.

WCBP (World Center for Birds of Prey). 2003. Press room (www.peregrinefund.org/press/html)

American Fisheries Society Symposium 44:401–413, 2004

Evaluating Reintroduction Strategies for Redfish Lake Sockeye Salmon Captive Broodstock Progeny

J. LANCE HEBDON AND PAUL KLINE

Idaho Department of Fish and Game,
1414 East Locust Lane, Nampa, Idaho, 83686, USA

DOUG TAKI

Shoshone-Bannock Tribes,
Post Office Box 306, Fort Hall, Idaho 83203, USA

THOMAS A. FLAGG

NOAA Fisheries, Northwest Fisheries Science Center,
Resource Enhancement and Utilization Technologies Division,
Manchester Research Station, Post Office Box 130, Manchester, Washington 98353, USA

Abstract.—Snake River sockeye salmon *Oncorhynchus nerka* were listed as endangered in 1991. Prior to listing, a captive broodstock program was initiated to prevent species extinction and to begin rebuilding the population. Reintroduction plans for captive broodstock progeny have followed a "spread-the-risk" philosophy incorporating multiple release strategies and lakes. Since 1993, more than 860,000 presmolts, 158,000 smolts, 325,000 eyed eggs and 880 adults have been reintroduced to the habitat. From this production, 312 anadromous sockeye salmon have returned to adult trapping facilities in the Sawtooth Valley of Idaho. Monitoring and evaluation efforts have focused on maximizing the use of limited hatchery rearing space and on identifying and prioritizing the most successful reintroduction strategies. Comparisons of presmolt overwinter survival and out-migration success from nursery lakes have shown that (1) presmolts released directly to Redfish Lake in October have emigrated more successfully than presmolts reared in Redfish Lake net pens prior to release, (2) presmolts released directly to Alturas and Pettit lakes in October have emigrated more successfully than presmolts released directly to lakes in July, and (3) presmolts reared at the Idaho Department of Fish and Game (IDFG) Sawtooth Fish Hatchery emigrated more successfully than presmolts reared at the IDFG Eagle Fish Hatchery following July releases to Alturas and Pettit lakes. Presmolts that spent one winter in Redfish Lake prior to out-migration were interrogated more successfully at lower Snake and Columbia River dams than smolts released in the outlet of Redfish Lake. Smolt-to-adult return rates for anadromous adults produced by the captive broodstock program from 2000 to 2002 varied from 0.6% for unmarked fish returning in 2002 to 0.4% for a combined smolt and presmolt release group in 2000. Using captive broodstock techniques, the program has successfully prevented the extinction of Snake River sockeye salmon and increased population abundance in the habitat. However, without substantive improvements in smolt-to-adult survival, program efforts will likely be insufficient to rebuild the population to self-sustaining levels.

Introduction

Declines of Pacific salmon *Oncorhynchus* sp. stocks in the northwest have been a concern to federal, state, and tribal fisheries managers for well over a decade (Nehlsen et al. 1991; Slaney et al. 1996). In the Columbia River basin, 13 stocks of Pacific salmon and steelhead *O. mykiss* are listed as threatened or endangered under the Endangered Species Act (Myers et al. 1998). The causes for these declines include habitat alteration, irrigation withdrawal, overfishing, and hydroelectric development (Nehlsen et al. 1991; Slaney et al. 1996; Nemeth and Kiefer 1999).

Strategies for recovering Columbia River basin

salmon and steelhead populations are detailed in the Federal Basinwide Salmon Recovery Strategy (Federal Caucus 2000) and the Federal Columbia River Power System Biological Opinion (NMFS 2000). These documents identified four general areas where recovery actions should focus: (1) habitat measures, (2) harvest limits, (3) hydropower improvements, and (4) hatchery reforms. Recommended habitat improvement measures include actions designed to prevent further degradation, increase habitat quality, and restore complexity to the range of habitats for all life stages of fish. Harvest limits include reduction of impacts on listed fish, where necessary, while allowing selective fisheries to continue. Hydropower improvements call for increased flow, increased spill, and improvements to dams to improve juvenile and adult fish passage. Proposed hatchery reforms focus on reducing production, minimizing ecological and genetic risks to wild fish, and using captive intervention techniques (e.g., supplementation, captive broodstock development, and conservation hatchery practices) to aide in the recovery of severely depressed stocks of Pacific salmon and steelhead.

Captive broodstock programs are specialized forms of artificial production that take advantage of the high fecundity of Pacific salmon and steelhead and the increased survival benefits provided by protective culture. Captive broodstock programs differ from conventional salmon hatchery programs in that F_1 progeny (produced from spawning wild parents) are held through maturation and spawning in the hatchery. Captive programs are designed to minimize the loss of population genetic diversity, minimize inbreeding risk and artificial selection, and grow populations to self-sustaining levels as quickly as possible (Schiewe et al. 1997; Flagg and Nash 1999; Flagg and Mahnken 2000; Flagg et al. 2000a, 2000b).

Conservation hatchery programs are still considered experimental and remain largely unproven (Hard et al. 1992; NWPPC 1999; Flagg and Mahnken 2000; Flagg et al. 2004, this volume) due largely to the fact that programs of this nature have been implemented only recently to curb the decline of Pacific salmon and steelhead (Berejikian et al. 2004, this volume). Captive broodstock programs are considered an extreme form of intervention described by the Northwest Power Planning Council (NWPPC 1999) as "…an undesirable result of not identifying and addressing a situation with a population that should have been addressed at an earlier point in its decline with a less extreme approach." Nevertheless, despite uncertainties related to their success and their experimental nature, these programs are recognized as emergency measures that can be effective in curbing population declines, preventing localized extinctions, and recolonizing vacant habitats (Schiewe et al. 1997; Anders 1998; Young 1999; Pollard and Flagg 2004, this volume).

Background

Snake River sockeye salmon *O. nerka* were listed as Endangered under the U.S. Endangered Species Act in 1991 (ESA, 16 USC §1531). Waples (1991) described Snake River sockeye salmon as a prime example of a species on the threshold of extinction. In Idaho, only the lakes of the upper Salmon River (Sawtooth Valley) remain as potential habitat for sockeye salmon. Historically, five Sawtooth Valley lakes (Redfish, Alturas, Pettit, Stanley, and Yellow Belly) supported sockeye salmon (Bjornn et al. 1968; Chapman et al. 1990). By 1962, sockeye salmon were no longer returning to Stanley, Pettit, and Yellow Belly lakes (Chapman et al. 1990). Currently, only Redfish Lake receives a remnant anadromous run (between 1990 and 1998, only 16 wild adults returned to Redfish Lake).

Due to the precipitous decline of returning anadromous adults, the Snake River sockeye salmon captive broodstock program was initiated in 1991. Adult, Redfish Lake sockeye salmon that returned from 1990 to 1998, out-migrating smolts captured between 1991 and 1993, and residual sockeye salmon captured between 1992 and 1995 were used to develop the captive broodstock program. For details on the development and history of the hatchery element of the program, see Flagg et al. (1995) and Flagg et al. (2004). The program is coordinated by the Stanley Basin Sockeye Technical Oversight Committee (SBSTOC), a team of biologists representing the Idaho Department of Fish and Game (IDFG), the Shoshone-Bannock Tribes, the National Oceanic and Atmospheric Administration (NOAA Fisheries), and the University of Idaho. The Bonneville Power Administration is the coordinating and funding agency for Snake River sockeye salmon recovery actions.

The development of captive broodstock program reintroduction plans follows a "spread-the-risk" philosophy incorporating multiple release strategies and lakes. Progeny from the captive broodstock program are reintroduced to Sawtooth Valley waters at different life stages using a variety of release options, including (1) eyed egg plants to in-lake incubator boxes, (2) presmolt releases direct to lakes, (3) presmolt transfers to net pens for in-lake rearing and release in Redfish Lake, (4) smolt releases to the outlet of Redfish Lake and to the upper Salmon River, and (5) adult releases direct to lakes. All sockeye salmon spawning and early rearing is conducted at the IDFG Eagle Fish Hatchery and at NOAA Fisheries facilities in Washington State.

Due to the conservation focus of the captive broodstock program, release plans are heavily influenced by the life history traits exhibited by wild sockeye salmon. The program is fortunate to have a very detailed account of sockeye salmon life history in Redfish Lake from out-migration and adult return monitoring work conducted between 1954 and 1966 by Bjornn et al. (1968). Smolt out-migration from Redfish Lake begins in early April, peaks in mid-May, and is complete by mid-June. Smolts out-migrate at either age 1 or age 2, and the percentage of each varies from year to year. Smolt fork length varies between 45 mm and greater than 120 mm. Adult sockeye salmon arrive at Redfish Lake Creek in mid-July and continue migrating into the lake through early September. Spawning takes place over submerged beach substrate of the lake with peak activity occurring in mid-October. Returning adults are primarily two-ocean fish and sex ratios are nearly equal (Bjornn et al. 1968).

The objective of this paper is to review reintroduction strategies used to reintroduce sockeye salmon from the captive broodstock program back to the habitat and to examine the relative success of different reintroduction strategies in producing smolts and anadromous adults.

Study Area

Recovery efforts for Idaho sockeye salmon focus on Redfish, Pettit, and Alturas lakes in the Sawtooth Valley of the upper Salmon River watershed (Figure 1). Lakes in the Sawtooth Valley are glacial-carved, range in elevation from 1,985 to 2,138 m, are considered oligotrophic, and range from 1,445 to 1,469 km from the Pacific Ocean. Redfish Lake is the largest of the three lakes (615 ha), Pettit Lake is the smallest (160 ha), and Alturas Lake (338 ha) is intermediate in surface area. Reintroduction efforts have been ongoing in Redfish Lake since 1993, Pettit Lake since 1995, and Alturas Lake since 1997.

Monitoring and Evaluation

Smolt monitoring traps are operated annually on outlet creeks of lakes receiving releases of sockeye salmon presmolts, eyed eggs, and prespawn adults. The IDFG

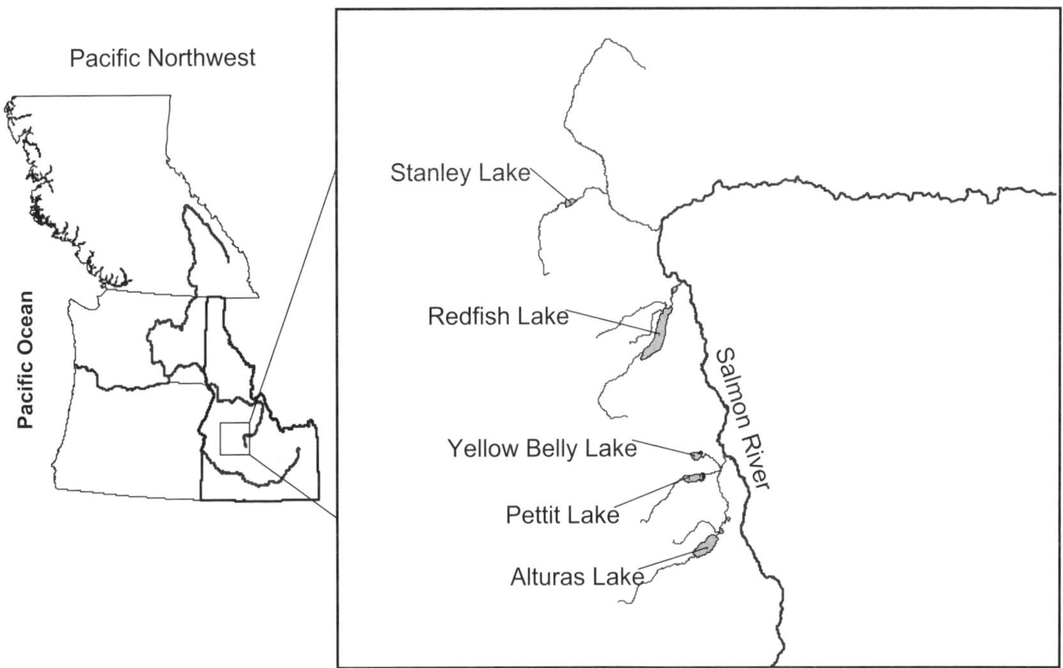

Figure 1. Redfish Lake sockeye salmon captive broodstock program study area.

operates a smolt trap on the outlet of Redfish Lake and the Shoshone-Bannock tribes operate smolt traps on the outlets of Pettit and Alturas lakes. Unexpanded passive integrated transponder (PIT) tag and unique fin clip information are used to make overwinter survival and out-migration success comparisons at lake outlet monitoring sites. Estimates of out-migration run size are developed using methods described by Steinhorst et al. (in press).

Cumulative, unique PIT tag interrogation data from lower Snake and Columbia River dams are used to compare survival and out-migration success of smolts through the lower Snake and Columbia rivers. Interrogation data are retrieved from the PIT Tag Information System (PTAGIS) maintained by the Pacific States Marine Fish Commission (Gladstone, Oregon).

Release group interrogation data are compared using contingency tables (2 × 2) and Fisher's exact tests (α = 0.05). A priori power analysis for testing hypotheses concerning differences between proportions was conducted to detect an effect size of 0.10 and to identify the test group sample size required to attain a desired level of power of 0.80 (Cohen 1988).

Presmolt Release Strategy

Age-0 presmolts have been released yearly since 1994. Final presmolt rearing is conducted at IDFG's Eagle and Sawtooth fish hatcheries. Presmolts are released in the summer or fall directly to the lakes or into in-lake net-pens (Redfish Lake only) where they rear for 3–4 months before being released to lakes. Net-pen fish receive a daily ration of a commercial salmon diet. Prior to 1997, direct-lake releases were made at nearshore locations. Since 1997, a transport barge has been used to release presmolts at mid-lake locations.

Presmolts are adipose fin-clipped and ventral fin clips or PIT tags may be used to track specific release groups. To date, presmolt evaluations have focused on the following comparisons: (1) direct-lake fall versus net pen releases in Redfish Lake, (2) summer versus fall direct-lake releases in Pettit and Alturas lakes, and (3) Eagle Fish Hatchery-reared versus Sawtooth Fish Hatchery-reared summer releases in Pettit and Alturas lakes. Presmolt releases have been timed as follows: (1) Fall direct-lake releases have occurred in October, (2) summer direct-lake releases have occurred in July, and (3) net-pen presmolts were released from net pens to Redfish Lake in October.

Smolt Release Strategy

Age-1 smolts were first released in 1995. Smolts have been reared at IDFG's Eagle and Sawtooth fish hatcheries and the Oregon Department of Fish and Wildlife's Bonneville Fish Hatchery. Smolts are released from transport trucks downstream of weirs on Redfish Lake Creek (1.4 km downstream from the lake) and on the upper Salmon River at the Sawtooth Fish Hatchery (approximately 2.0 km upstream of the confluence of Redfish Lake Creek with the Salmon River). Smolts are released in early May just prior to peak smolt out-migration. Smolts are adipose fin-clipped prior to release and may receive coded wire tags and ventral fin clips to facilitate adult return evaluations. Smolt out-migration evaluations compare the migratory success of PIT-tagged smolts released below the Redfish Lake Creek smolt trap in May with smolts produced from fall-released presmolt groups PIT-tagged at the Redfish Lake Creek smolt trap during out-migration.

Eyed Egg Plant Strategy

The Redfish Lake captive broodstock program has conducted eyed egg plants since 1996. Eggs remain at the IDFG Eagle Fish Hatchery or at NOAA Fisheries hatcheries until they reach the eyed stage of development (approximately 380–430 accumulated Celsius temperature units). Eyed eggs are placed in incubation boxes and transferred to Sawtooth Valley lakes where they are positioned over submerged shoreline substrate at water depths of 1.5–7.5 m. Eyed egg planting occurs from late November through early December. Hatch success is estimated the following spring by subtracting the number of dead eggs from the number of eggs placed in each incubation box. Parentage assignment testing using nuclear DNA microsatellite markers was initiated in 2003 to help associate unmarked smolts with this reintroduction strategy.

Prespawn Adult Release Strategy

Prespawn adult sockeye salmon from the Redfish Lake captive broodstock program have been released almost yearly since 1993. Adults released for natural spawning are reared through release at IDFG and NOAA Fisheries hatcheries. Prior to 1999, all adults released for natural spawning were reared full-term in program hatcheries. Beginning in 1999, anadromous adults that were not needed for broodstock purposes were released for natural spawning. Adults are transferred to Sawtooth Valley lakes in early September. Evaluations of adults released for natural spawning focus on redd counts conducted weekly for 2 months by boat or fixed wing aircraft and by monitoring unmarked smolt production. Additionally, parentage assignment testing using nuclear DNA microsatellite markers was initiated in 2003 to help associate unmarked smolts with this release strategy.

Results and Discussion

The IDFG and NOAA Fisheries captive broodstock programs have produced in excess of 860,000 presmolts, 158,000 smolts, 880 adults, and 325,000 eyed eggs for reintroduction to waters in the Sawtooth Valley (Figure 2). An estimated 310,000 sockeye salmon smolts have been produced through these releases. To date, 312 hatchery-produced, anadromous adults have returned from this production.

Out-Migration Survival Comparisons for Fish from the Presmolt Release Strategy

Presmolt releases represent the primary component of the reintroduction effort accounting for more fish released than all other release options combined (Figure 2). Overwinter and out-migration survival comparisons between net-pen and direct-lake presmolt release groups were conducted for 5 years. In 3 of the 5 years of investigation, out-migrants produced from the fall direct-lake release option overwintered and out-migrated significantly better to the trapping facility on Redfish Lake Creek than fish released to Redfish Lake from a net-pen rearing environment (Table 1). Fish produced from the fall direct-lake release also had significantly higher recapture rates at downstream dams in three of the five investigation years (Table 1). Presmolts released to Pettit and Alturas lakes in the fall overwintered and out-migrated significantly better than summer-released groups (Table 2).

In 2000 and 2001, presmolts reared at the Eagle and Sawtooth fish hatcheries were released to Pettit and Alturas lakes in the summer. Over both years in Pettit Lake, presmolts reared at the Sawtooth Fish Hatchery overwintered and out-migrated significantly better to lake outlet monitoring traps than presmolts reared at the Eagle Fish Hatchery. Sawtooth Fish Hatchery-reared presmolts released to Alturas Lake in 2000 overwintered and out-migrated significantly

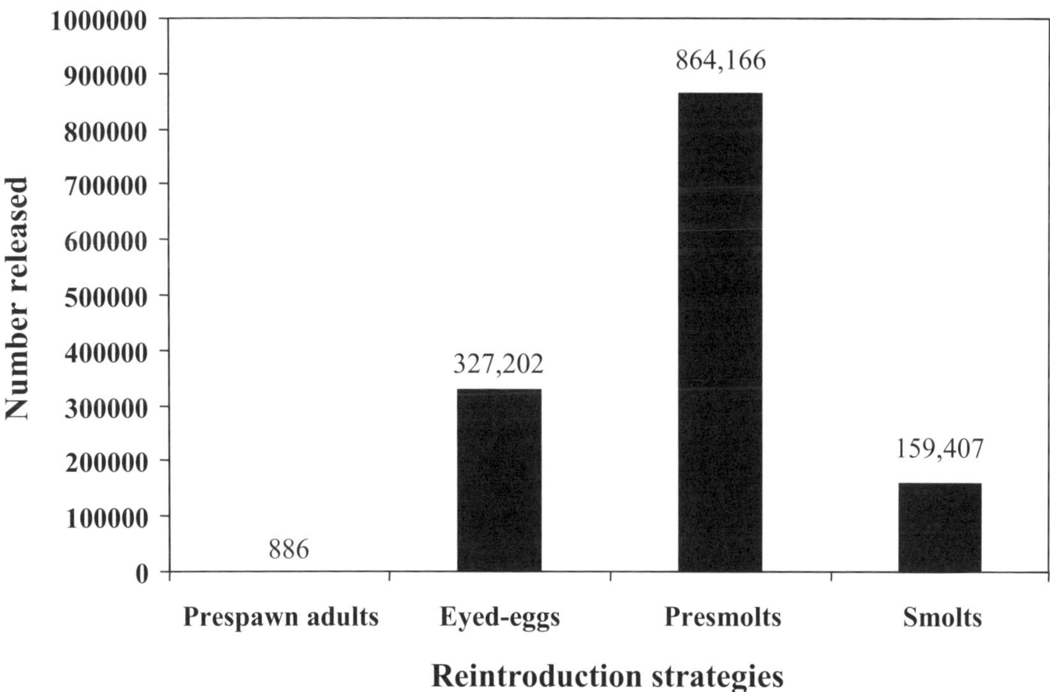

Figure 2. Sockeye salmon prespawn adult, eyed egg, presmolt, and smolt reintroduction history. Numbers represent combined reintroductions to Redfish, Pettit, and Alturas lakes between 1993 and 2002.

Table 1. Fisher's exact test results of recapture data collected at Redfish Lake Creek trap and lower Snake and Columbia River dams for paired sockeye salmon presmolt releases (net pen v. fall direct-lake) made to Redfish Lake between 1994 and 2001.

Year planted	Presmolt release strategy	Number of presmolts PIT-tagged	Number of out-migrants interrogated[a]	Recapture rate (%)	*P* value
Redfish Lake Creek					
1994	Net pens	1,874	26	1.39	0.004
1994	Fall direct-lake	854	2	0.23	
1995	Net pens	1,721	18	1.05	0.410
1995	Fall direct-lake	2,520	20	0.79	
1997	Net pens	2,563	56	2.18	<0.001
1997	Fall direct-lake	2,010	101	5.02	
1998	Net pens	2,973	19	0.64	<0.001
1998	Fall direct-lake	1,206	66	5.47	
2001	Net pens	41,474[b]	1,390[c]	3.35	<0.001
2001	Fall direct-lake	41,529[b]	9,724[c]	23.42	
Lower Snake and Columbia River dams					
1994	Net pens	1,874	31	1.65	0.111
1994	Fall direct-lake	854	7	0.82	
1995	Net pens	1,721	106	6.16	0.486
1995	Fall direct-lake	2,520	170	6.75	
1997	Net pens	2,563	39	1.52	<0.001
1997	Fall direct-lake	2,010	112	5.57	
1998	Net pens	2,973	32	1.08	<0.001
1998	Fall direct-lake	1,206	144	11.94	
2001	Net pens	586	71	12.12	<0.001
2001	Fall direct-lake	1,179	377	31.98	

[a] Actual (unexpanded) PIT-tag interrogations.
[b] Unique fin clips used in lieu of PIT tags in release year 2001.
[c] Unique fin clip observations.

Table 2. Fisher's exact test results of recapture data collected at Pettit and Alturas lake trap sites for paired sockeye salmon presmolt releases (summer direct-lake v. fall direct-lake) made to Pettit and Alturas lakes in 2000 and 2001.

Year planted	Presmolt release strategy	Number of presmolts uniquely marked	Number of marked out-migrants observed[a]	Recapture rate (%)	*P* value
Pettit Lake					
2000	Summer direct-lake	3,092	156	5.04	<0.001
2000	Fall direct-lake	6,067	1,756	28.94	
2001	Summer direct-lake	2,998	200	6.67	<0.001
2001	Fall direct-lake	4,993	1,451	29.06	
Alturas Lake					
2000	Summer direct-lake	3,069	67	2.18	<0.001
2000	Fall direct-lake	6,003	636	10.59	
2001	Summer direct-lake	3,059	12	0.39	<0.001
2001	Fall direct-lake	5,990	482	8.05	

[a] Unique fin clips used in lieu of PIT tags in release years 2000 and 2001.

better than presmolts reared at the Eagle Fish Hatchery. In 2001, there was no detectable difference in recapture rates between Alturas Lake hatchery groups (Table 3).

Smolt and Presmolt Migration Comparisons

Between 1995 and 2002, 110,516 and 48,891 age-1 smolts were released to Redfish Lake Creek and to the upper Salmon River, respectively. Smolt releases have occurred yearly in Redfish Lake Creek (except 1997) and in 1998 and 1999 in the upper Salmon River.

Unlike age-0 presmolts, smolts experience no lake residency time, migrating downstream immediately. In 2001 and 2002, smolts that originated from presmolt releases the previous fall were interrogated significantly better at lower Snake and Columbia River dams than smolts released directly to Redfish Lake Creek in the spring (Table 4).

Survival Estimates for Eyed Eggs

Through 2002, 327,202 eyed eggs have been planted in Sawtooth Valley lakes (Figure 2). The average hatch rate for the 5 years that sockeye salmon eyed eggs have been planted in in-lake incubation boxes in Sawtooth Valley lakes is 86% (Table 5).

Redd Production from Prespawn Adult Releases

Of the 886 prespawn adults released to Sawtooth Valley lakes through 2002 (Table 6), 657 were reared to maturity in the hatchery and 229 were anadro-

Table 3. Fisher's exact test results of recapture data collected at Pettit and Alturas lake trap sites for paired sockeye salmon presmolt releases (Eagle Fish Hatchery-reared v. Sawtooth Fish Hatchery-reared) made to Pettit and Alturas lakes in 2000 and 2001. Summer direct-lake release information is presented.

Year planted	Rearing hatchery	Number of presmolts uniquely marked	Number of marked out-migrants observed[a]	*P* value
Pettit Lake				
2000	Eagle Fish Hatchery	2,915	57	<0.001
2000	Sawtooth Fish Hatchery	3,092	156	
2001	Eagle Fish Hatchery	3,059	152	0.005
2001	Sawtooth Fish Hatchery	2,998	200	
Alturas Lake				
2000	Eagle Fish Hatchery	2,917	2	<0.001
2000	Sawtooth Fish Hatchery	3,069	67	
2001	Eagle Fish Hatchery	3,064	8	0.382
2001	Sawtooth Fish Hatchery	3,059	12	

[a] Unique fin clips used in lieu of PIT tags in release years 2000 and 2001.

Table 4. Fisher's exact test results of recapture data collected at lower Snake and Columbia River dams for paired presmolt and smolt releases (fall direct-lake presmolt v. smolt) made to Redfish Lake and Redfish Lake Creek, respectively between 2000 and 2002.

Year planted	Release strategy	Number of fish PIT-tagged	Number of out-migrants interrogated[a]	Recapture rate (%)	*P* value
Lower Snake and Columbia River dams					
2000	Fall direct-lake presmolt	997	393	39.42	<0.001
2001	Smolt	870	130	14.94	
2001	Fall direct-lake presmolt	1,179	377	31.98	<0.001
2002	Smolt	867	128	14.76	

[a] Actual (unexpanded) PIT-tag interrogations.

Table 5. Planting history and estimated hatching rates for the Redfish Lake sockeye salmon captive broodstock program eyed egg reintroduction strategy.

Year planted	Planting location	Number of eyed eggs planted	Estimate hatching rate (%)
1996	Redfish Lake	105,000	97
1997	Redfish Lake	85,378	98
1997	Alturas Lake	20,389	72
1999	Pettit Lake	20,311	74
2000	Pettit Lake	65,200	79
2002	Pettit Lake	30,924	96

mous returns from captive broodstock program releases. Adults spawn over submerged substrate along lake shorelines. Areas of excavation are large (~3 × 3 m) and support multiple pairs of spawning adults. Spawn timing is synchronous with that described by Bjornn et al. (1968) for Redfish Lake sockeye salmon.

The number of suspected redds identified in lakes following the release of prespawn adult sockeye salmon has been variable ranging from 0 to 30 per year (Table 6). Field methods used to identify redds have remained consistent and are not suspected of contributing to this variability. Annual variability in redd count data are influenced primarily by the number of adults released to spawn and the reproductive potential of specific release groups.

Unmarked Smolt Production from Eyed Egg and Prespawn Adult Releases

Unmarked sockeye salmon smolts are produced from the eyed egg plants and prespawn adult releases, but production of unmarked smolts by residual sockeye salmon in Redfish Lake potentially confounds the interpretation of these data. Although no anadromous adult sockeye salmon were allowed to spawn in Redfish Lake between 1991 and 1998, unmarked sockeye salmon smolts continued to emigrate from Redfish Lake (Figure 3). Redfish Lake residual sockeye salmon are genetically similar to Redfish Lake anadromous sockeye salmon and both spawn in the same locations at the same time of the year (Winans et al. 1996). Both anadromous and residual forms of *O. nerka* can produce either resident or anadromous offspring (Rieman et al. 1994). We believe that unmarked sockeye salmon smolt out-migration from Redfish Lake was not influenced by program eyed egg plants or prespawn adult releases until 1998, which suggests that all unmarked production from 1993 to 1997 (Figure 3) was the result of residual sockeye salmon

Table 6. Reintroduction history and estimated spawning success for the Redfish Lake sockeye salmon captive broodstock program prespawn adult reintroduction strategy.

Year released	Origin of fish released	Number released	Number of suspected redds observed
Redfish Lake			
1993	Full-term, hatchery origin	20	0
1994	Full-term, hatchery origin	65	0
1996	Full-term, hatchery origin	120	30
1997	Full-term, hatchery origin	80	30
1999	Full-term, hatchery origin	18	8
1999	Anadromous, hatchery origin	3	
2000	Full-term, hatchery origin	46	20 to 30
2000	Anadromous, hatchery origin	120	
2001	Full-term, hatchery origin	65	12 to 15
2001	Anadromous, hatchery origin	14	
2002	Full-term, hatchery origin	178	10
2002	Anadromous, hatchery origin	12	
Pettit Lake			
1997	Full-term, hatchery origin	20	1
2000	Anadromous, hatchery origin	28	0
Alturas Lake			
1997	Full-term, hatchery origin	20	0
2000	Full-term, hatchery origin	25	14 to 19
2000	Anadromous, hatchery origin	52	

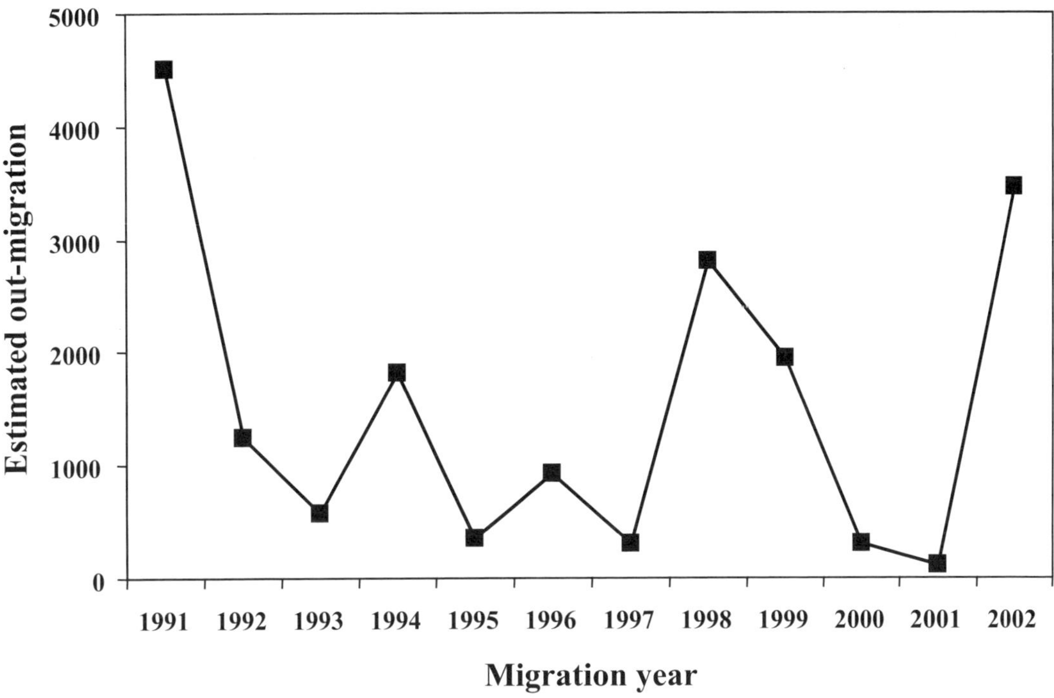

Figure 3. Redfish Lake unmarked smolt out-migration, 1991–2002.

spawning. Although prespawn adults were released in Redfish Lake in 1993 and 1994, no redds were identified in either year. Additionally, eyed eggs were not planted in Redfish Lake until 1996. Out-migrants produced from these plants would have emigrated in 1998 and 1999.

Since 1998, we believe that the planting of eyed eggs and the release of prespawn adults for natural spawning has been providing benefit to the population through the production of unmarked smolts. Unmarked smolt emigration from Redfish Lake declined from more than 4,000 fish in 1991 to 300 fish in 1997 (Figure 3). In 1998, unmarked smolt numbers increased to an estimated 2,799 fish. We believe the majority of this production is associated with adult sockeye salmon spawning and eyed egg plants conducted in 1996 (Tables 5 and 6). In 1999, unmarked smolt production was estimated at more than 1,900 fish. We believe this increase in unmarked smolt out-migration was the result of adult sockeye salmon spawning and eyed egg plants in Redfish Lake in 1997. No eyed eggs or prespawn adults were planted in Redfish Lake in 1998, and only 21 adult sockeye salmon were released to spawn in 1999 (Tables 5 and 6). Unmarked out-migrants produced from 1999 prespawn adult releases would have emigrated from Redfish Lake in 2000 and 2001. The estimated unmarked smolt out-migration was only 412 smolts for both the 2000 and 2001 out-migration years combined. Following the release of 166 adults in 2000, the number of unmarked out-migrants increased in 2002 to 3,461 smolts. Age-2 emigration from this adult release will be complete in 2003.

In an effort to isolate release strategies that produce unmarked smolts, eyed eggs and prespawn adults have not been planted together since 1997. Additionally, parentage assignment testing using nuclear DNA microsatellite markers is underway to help associate unmarked smolts with eyed egg and prespawn adult release strategies.

Hatchery-Produced Adult Returns

In 1999, the first hatchery-produced sockeye salmon returned to the Sawtooth Valley (Table 7). In that year, seven age-3 adults (six males and one female) were captured at the adult trap on the upper Salmon River. Unique fin clips and coded wire tags identified the origin of these fish as being produced from a Bonneville Fish Hatchery smolt release that occurred in 1998 to the upper Salmon River.

In 2000, 257 hatchery-produced adults returned

Table 7. Hatchery-origin adult return history for the Redfish Lake sockeye salmon captive broodstock program. Information is presented for trap sites on Redfish Lake Creek and the upper Salmon River at the Sawtooth Fish Hatchery.

Adult return year	Number of returning adults
Redfish Lake Creek trap	
1999	0
2000	119
2001	15
2002	8
Sawtooth Fish Hatchery trap[a]	
1999	7
2000	138
2001	11
2002	14

[a] Includes adults that were observed below the trap, but were not handled: 14 in 2000, 3 in 2001, 7 in 2002.

to the Sawtooth Valley (Table 7). Traps on Redfish Lake Creek and the upper Salmon River at the Sawtooth Fish Hatchery intercepted 119 and 124 adults, respectively (243 total adults). Fourteen adult sockeye salmon were observed immediately downstream of the adult trap on the upper Salmon River, but these fish were not handled. Based on fin marks and the presence of coded wire tags, 190 adults originated from the Bonneville Fish Hatchery smolt release conducted in 1998. Ninety-two and 98 of these adults were collected at Redfish Lake Creek and the Sawtooth Fish Hatchery, respectively. Ten unmarked adults were captured at the Redfish Lake Creek trap, suggesting that they originated from eyed egg plants and prespawn adult releases that occurred in 1996. No unmarked adults were collected at the Sawtooth Fish Hatchery trap in 2000. The remaining 43 adults resulted from a combination of presmolt releases conducted in 1997 and the release of Sawtooth Fish Hatchery-reared smolts in 1998. Seventeen and 26 of these adults were collected at Redfish Lake Creek and Sawtooth Fish Hatchery, respectively.

In 2001, 26 anadromous sockeye salmon were observed at collection facilities on Redfish Lake Creek and the upper Salmon River (Table 7). Twenty-three of these fish were collected. Two of the 23 adults were identified as age-5 fish produced from the 1998 Bonneville Fish Hatchery smolt release; one age-5 adult was captured at the Redfish Lake Creek trap and one at the Sawtooth Fish Hatchery trap. Four adults collected in 2001 were unmarked, indicating that they originated from prespawn adult releases or eyed egg plants conducted in 1997. All four unmarked adults were captured at Redfish Lake Creek. The remaining 17 adults were produced from presmolt releases conducted in 1998 and smolt releases conducted in 1999. Ten of these adults were captured at the Redfish Lake Creek trap and seven at the Sawtooth Fish Hatchery trap. Three adults were observed immediately downstream of the Sawtooth Fish Hatchery trap but not collected.

In 2002, 22 anadromous sockeye salmon returned to the Sawtooth Valley (Table 7). Eight adults were captured at Redfish Lake Creek and seven were captured at the Sawtooth Fish Hatchery on the upper Salmon River. The remaining seven adult sockeye salmon were observed immediately downstream of the adult trap on the upper Salmon River but were not handled. Six unmarked adults were captured in 2002, two at the trap on Redfish Lake Creek and six at the Sawtooth Fish Hatchery trap. Unmarked adults originated from eyed egg plants and prespawn adult releases conducted in 1998. Nine of the 15 adults captured in 2002 originated from presmolt releases conducted in 2000. Six and three of these adults were captured at the Redfish Lake and Sawtooth Fish Hatchery traps, respectively.

Smolt-to-Adult Return Rates

Out-migration and adult return information were used to develop estimates of smolt-to-adult return rates (SAR) from Redfish Lake Creek trap to Redfish Lake Creek trap for adult return years 2000, 2001, and 2002 (Table 8). Smolt-to-adult return rates were calculated by dividing the number of adult returns by the estimated number of out-migrating smolts multiplied by 100. Redfish Lake sockeye salmon return primarily as two-ocean adults, and for evaluation purposes, we assumed that all adults were two-ocean unless a unique mark indicated otherwise. In 2000, SARs for unmarked adults produced from eyed egg plants and presmolt adult releases (combined) and for adults produced from Sawtooth Fish Hatchery presmolt and smolt releases (combined) were 0.36% and 0.04%, respectively. The 2000 SAR for adults produced from the Bonneville Fish Hatchery smolt release was 0.38%. In 2001, the SAR for unmarked adults was 0.21%. Adults produced from Sawtooth Fish Hatchery presmolt and smolt releases returned at a rate of 0.04%. In 2002, SARs for unmarked adults and for Sawtooth Fish Hatchery presmolts were 0.66% and 0.09%, respectively.

Management Implications

Of the three presmolt release options used to date (summer direct-lake, fall direct-lake and Redfish Lake

Table 8. Redfish Lake sockeye salmon captive broodstock program smolt-to-adult return information for return years 2000–2002. Out-migration and adult return information is presented for Redfish Lake only.

Smolt out-migration year	Estimated number of out-migrants	Juvenile release strategy	Number of adult returns	Smolt-to-adult return rate (%)
Year 2000 adult returns				
1998	2,799	Eyed egg and prespawn adult combined	10	0.36
1998	41,653	Sawtooth Fish Hatchery-reared presmolt and smolt combined	17	0.04
1998	24,365	Bonneville Fish Hatchery-reared smolt	92	0.38
Year 2001 adult returns[a]				
1999	1,929	Eyedegg and prespawn adult combined	4	0.21
1999	27,154	Sawtooth Fish Hatchery-reared presmolt and smolt combined	10	0.04
Year 2002 adult returns				
2000	302	Eyed egg and prespawn adult combined	2	0.66
2000	6,692	Sawtooth Fish Hatchery-reared presmolt	6	0.09

[a] The single age-5 adult that returned to the trap on Redfish Lake Creek in 2001 was not included in the SAR calculation.

net-pens), summer direct-lake and net-pen options have been less successful than the fall direct-lake release option at producing out-migrants. The fall direct-lake release option has performed consistently well in Redfish, Alturas, and Pettit lakes. As a result, summer direct-lake and Redfish Lake net-pen release options are being deemphasized in favor of fall direct-lake and smolt release options in future management scenarios being developed by the SBTOC (Flagg et al. 2004).

Our results also indicate that juvenile sockeye salmon reared at the IDFG Eagle Fish Hatchery and released to Alturas and Pettit lakes overwinter and out-migrate less successfully than presmolts reared at the IDFG Sawtooth Fish Hatchery. Different hatchery water temperature profiles and fish culture protocols applied to compensate for water temperature differences are likely responsible to some degree for the observed differences in out-migration success. Rearing temperature ranges from 1.0°C to 10.0°C at the Sawtooth Fish Hatchery, while the Eagle Fish Hatchery water temperature remains a constant 13.5°C throughout the year. Water chilling equipment allows Eagle Fish Hatchery to cool incubation and rearing water temperatures to between 8.0°C and 10.0°C. However, higher water temperatures at the Eagle Fish Hatchery result in earlier hatch, swim-up, and first feeding by fry. To compensate, diet ration (in addition to water temperature) is manipulated to modulate growth to prevent fish from exceeding specific size targets in place to reduce the risk of fish residualizing in lakes following release. The exact mechanisms responsible for the observed performance differences are unknown, but Sawtooth Fish Hatchery is now considered by the SBTOC as the preferred rearing location for presmolt release groups.

Smolt releases have been more successful than other release options when it comes to getting the greatest number of juveniles downstream in relation to the number of fish released by strategy (see Flagg et al. 2004). In addition, 69% of the 288 hatchery-produced anadromous adults captured at collection facilities were the product of a single smolt release (the 1998 release of smolts reared at the Bonneville Fish Hatchery). However, the SBSTOC has been reluctant to overprioritize this option to the point where it creates an imbalance in the program's "spread-the-risk" reintroduction philosophy. The concern remains that sockeye salmon released as smolts might not have the same opportunity to imprint as fish produced from natural options (e.g., eyed egg plants and prespawn adult releases) or released to lakes as presmolts and, therefore, not return as effectively as adults (Berejikian et al. 2004). In addition, placing disproportionately high reliance on one reintroduction strategy and rearing facility can have potentially disastrous effects. In an attempt to reproduce the high adult returns observed in 2000 that resulted from the release of brood year 1996 smolts reared at the Bonneville Fish Hatchery, approximately 50% of the program's brood year 2000 egg production was dedicated to this same rearing and reintroduction option. Unfortunately, due to an epizootic of infectious hematopoietic necrosis virus, all fish had to be destroyed in 2002 prior to release. This example underscores the importance of maintaining programs of this nature on specific pathogen free water supplies, using multiple rearing facilities, and maintaining a "spread the risk" approach to reintroducing fish to the habitat. The smolt release option also requires more hatchery rearing space, water supply, and maintenance costs than eyed egg or presmolt release options. Currently, the lack of appropriate hatchery rearing space is limiting any increase in the use of this rearing and reintroduction option.

Natural production options (e.g., eyed egg plants and prespawn adult releases) are viable and are contributing to the success of the program. Eyed eggs planted in incubation boxes in Sawtooth Valley lakes hatch successfully and produce viable fry. Prespawn adults released for volitional spawning select spawn sites, pair, and construct successful redds. In 1998, the number of unmarked out-migrants from Redfish Lake (presumably the result of egg and prespawn adult plants) increased 400% over the mean number observed leaving the lake between 1995 and 1997. Between 2000 and 2002, 16 hatchery-produced adults produced by these strategies returned to Redfish Lake. The SBSTOC believes that natural production options are valuable and provide a level of natural selection and behavioral conditioning that presmolt and smolt release options do not offer (Berejikian et al. 2004). To help assign unmarked smolt production to these reintroduction strategies, parentage assignment testing using nuclear DNA microsatellite markers was initiated in 2003.

Based on current and historic SARs, Snake River sockeye salmon would now be extinct in the habitat without reintroductions from the current captive broodstock program. The program is continuing to refine reintroduction efforts using monitoring and evaluation data to increase the efficient use of available hatchery rearing space. Program release options are being selected to maximize program success and to make the best use of the existing hatchery infrastructure. While the captive broodstock program can maintain returning adult numbers at the current level, substantial increases in smolt-to-adult return rates must occur if complete recovery of this population is to occur.

References

Anders, P. J. 1998. Conservation aquaculture and endangered species: can objective science prevail over risk anxiety? Fisheries 23(11):28–31.

Berejikian, B., T. Flagg, and P. Kline. 2004. Release of captively reared adult anadromous salmonids for population maintenance and recovery: biological trade-offs and management considerations. Pages 233–345 *in* M. Nickum, P. Mazik, J. Nickum, and D. MacKinlay, editors. Propagated fish in resource management. American Fisheries Society, Symposium 44, Bethesda, Maryland.

Bjornn, T. C., D. R. Craddock, and D. R. Corley. 1968. Migration and survival of Redfish Lake, Idaho, sockeye salmon, *Oncorhynchus nerka*. Transactions of the American Fisheries Society 97:360–375.

Chapman, D. W., W. S. Platts, D. Park, and M. Hill. 1990. Status of Snake River sockeye salmon. Don Chapman Consultants, Inc., Boise, Idaho.

Cohen, J. 1988. Statistical power analysis for the behavioral sciences. Lawrence Erlbaum Associates, Hillsdale, New Jersey.

Federal Caucus. 2000. Conservation of Columbia basin fish. Final basinwide salmon recovery strategy. Federal Caucus, Portland, Oregon.

Flagg, T. A., B. A. Berejikian, J. E. Colt, W. W. Dickhoff, L. W. Harrell, D. J. Maynard, C. E. Nash, M. S. Strom, R. N. Iwamoto, and C. V.W. Mahnken. 2000a. Ecological and behavioral impacts of artificial production strategies on the abundance of wild salmon populations. U.S. Department of Commerce, National Oceanic and Atmospheric Administration Technical Memorandum NMFS-NWFSC-41, Seattle.

Flagg, T. A., and C. V. W. Mahnken. 2000. Endangered species recovery: captive broodstocks to aid recovery of endangered salmon stocks. Pages 290–292 *in* R. R. Stickney, editor. Encyclopedia of aquaculture. J. Wiley and Sons, New York.

Flagg, T. A., C. V. W. Mahnken, and K. A. Johnson. 1995. Captive broodstocks for recovery of Snake River sockeye salmon. Pages 81–90 *in* H. L. Schramm, Jr. and R. G. Piper, editors. Uses and effects of cultured fishes in aquatic ecosystems. American Fisheries Society, Symposium 15, Bethesda, Maryland.

Flagg, T. A., D. J. Maynard, and C. V. W. Mahnken. 2000b. Conservation hatcheries. Pages 174–176 *in* R. R. Stickney, editor. Encyclopedia of aquaculture. J. Wiley and Sons, New York.

Flagg, T. A., W. C. McAuley, P. A. Kline, M. S. Powell, D. Taki, and J. C. Gislason. 2004. Application of captive broodstocks to preservation of ESA-listed stocks of Pacific salmon: Redfish Lake sockeye salmon case example. Pages 387–400 *in* M. Nickum, P. Mazik, J. Nickum, and D. MacKinlay, editors. Propagated fish in resource management. American Fisheries Society, Symposium 44, Bethesda, Maryland.

Flagg, T. A., and C. E. Nash, editors. 1999. A conceptual framework for conservation hatchery strategies for Pacific salmonids. U.S. Department of Commerce, National Oceanic and Atmospheric Administration Technical Memorandum NMFS-NWFSC-38, Seattle.

Hard, J. J., R. P. Jones Jr., M. R. Delarm, and R. S. Waples. 1992. Pacific salmon and artificial propagation under the Endangered Species Act. U.S. Department of Commerce, National Oceanic and Atmospheric Administration Technical Memorandum NMFS-NWFSC-2, Seattle.

Myers, J. M., R. G. Kope, G. J. Bryant, D. Teel, L. J. Lierheimer, T. C. Wainwright, W. S. Grand, F. W. Waknitz, K. Neely, S. T. Lindley, and R. S. Waples. 1998. Status review of chinook salmon from Washington, Idaho, Oregon, and California. U.S. Department of Commerce, National Oceanic and Atmospheric Administration Technical Memorandum NMFS-NWFSC-35, Seattle.

Nehlsen, W., J. E. Williams, and J. A. Lichatowich. 1991. Pacific salmon at the crossroads; stocks at risk from California, Oregon, Idaho, and Washington. Fisheries 16(2):4–21.

Nemeth, D. J., and R. B. Kiefer. 1999. Snake River spring and summer chinook salmon – the choice for recovery. Fisheries 24(10):16–23.

NMFS (National Marine Fisheries Service). 2000. Endangered Species Act- Section 7 consultation. Biological Opinion. Reinitiation of consultation on operation of the federal Columbia River power system, including the juvenile fish transportation program, and 19 Bureau of Reclamation projects in the Columbia basin. National Marine Fisheries Service, Northwest Region, Seattle.

NWPPC (Northwest Power Planning Council). 1999. Artificial Production Review. Northwest Power Planning Council document 99–15, Portland, Oregon.

Pollard, H. A., II, and T. A. Flagg. 2004. Guidelines for use of captive broodstocks in recovery efforts for Pacific salmon. Pages 333–345 *in* M. Nickum, P. Mazik, J. Nickum, and D. MacKinlay, editors. Propagated fish in resource management. American Fisheries Society, Symposium 44, Bethesda, Maryland.

Rieman, B. E., D. L. Meyers, and R. L. Nielsen. 1994. Use of otolith microchemistry to discriminate *Oncorhynchus nerka* of resident and anadromous origin. Canadian Journal of Fisheries and Aquatic Sciences 51:68–77.

Schiewe, M. H., T. A. Flagg, and B. A. Berejikian. 1997. The use of captive broodstocks for gene conservation of salmon in the western United States. Bulletin of National Research Institute of Aquaculture, Supplement 3:29–34.

Slaney, T. L., K. D. Hyatt, T. G. Northcote, and R. J. Fielden. 1996. Status of anadromous salmon and trout in British Columbia and Yukon. Fisheries 21(10):20–35.

Steinhorst, K., Y. Wu, B. Dennis, and P. Kline. In press. Journal of Agricultural, Biological, and Environmental Statistics.

Waples, R. S. 1991. Definition of species under the Endangered Species Act: application to Pacific salmon. U.S. Department of Commerce, National Oceanic and Atmospheric Administration Technical Memorandum NMFS F/NWC-194, Seattle.

Winans, G. A., P. B. Aebersold, and R. S. Waples. 1996. Allozyme variability of *Oncorhynchus nerka* in the Pacific Northwest, with special consideration to populations of Redfish Lake, Idaho. Transactions of the American Fisheries Society 125:645–663.

Young, K. A. 1999. Managing the decline of Pacific salmon: metapopulation theory and artificial recolonization as ecological mitigation. Canadian Journal of Fisheries and Aquatic Sciences 56:1700–1706.

Managing Introduced Fish

American Fisheries Society Symposium 44:417–430, 2004

Fish Assemblage Structure in an Oklahoma Ozark Stream before and after Rainbow Trout Introduction

MAUREEN G. WALSH[1]

Oklahoma Cooperative Fish and Wildlife Research Unit, Department of Zoology 404 Life Sciences West, Oklahoma State University, Stillwater, Oklahoma 74078, USA

DANA L. WINKELMAN[2]

U. S. Geological Survey, Oklahoma Cooperative Fish and Wildlife Research Unit 404 Life Sciences West, Oklahoma State University, Stillwater, Oklahoma 74078, USA

Abstract.—Rainbow trout *Oncorhynchus mykiss* have been widely stocked throughout the United States as a popular sport fish. Our study was initiated to evaluate potential effects of rainbow trout introduction on native fishes to inform future decisions about trout stocking in northeastern Oklahoma streams. We sampled fish assemblages in pools, glides, and riffles in Brush Creek, Delaware County, Oklahoma, from February 2000 to September 2002, and experimentally stocked rainbow trout into the stream from November 2000 to March 2001 and November 2001 to March 2002. We used a combination of multivariate analyses to evaluate seasonal and habitat effects on native fish assemblages and to compare assemblage structure between prestocking, the first year of stocking, and the second year of stocking. Mesohabitat type significantly affected assemblage structure among years, whereas we did not detect an effect of season. We did not detect differences in assemblage structure among years in glide or riffle habitats. Native fish assemblage structure in pool habitats before rainbow trout introduction differed from assemblage structure in both the first and second year of stocking. Declines in seven species, including two native game fish (smallmouth bass *Micropterus dolomieu* and bluegill *Lepomis machrochirus*), contributed to assemblage dissimilarity in pool habitats between prestocking conditions and the second year of stocking. Our results indicate that stocking rainbow trout may cause local disruption in assemblage structure in pool habitats.

Introduction

An estimated 2.5 billion sport fish are stocked annually in the United States and Canada (Heidinger 1999). In the United States, 49 states' recreational fisheries programs include nonnative fisheries, and more than one-third of states have fewer native game fish than nonnative game fish (Horak 1995). Stocking programs are often initiated without explicit objectives or criteria to measure success or potential negative impacts of stocking (Heidinger 1999). Although it is recommended that detailed evaluation of potential ecological impacts on native fishes should be conducted before nonnative fish are introduced (Waples 1999; Ham and Pearsons 2001), such evaluation has rarely occurred.

Rainbow trout *Oncorhynchus mykiss* have been widely stocked as a popular game fish, and 35 states in which this species is not native currently support populations (Rahel 2000). In Oklahoma, the Oklahoma Department of Wildlife Conservation (ODWC) stocks trout (primarily rainbow) in eight locations to support two tailrace fisheries, three seasonal stream fisheries, and three seasonal small lake fisheries (J. Vincent, ODWC, personal communication). Seasonal fisheries are located in southern areas of the state, where high water temperatures do not allow over-summer survival.

In recent years, angling groups have applied for permits to stock rainbow trout into Ozark streams in northeastern Oklahoma to create fisheries on leased, privately owned land. Base flow in these streams is pro-

[1] Corresponding author, current address: Georgia Cooperative Fish and Wildlife Research Unit, 3-422 Warnell School of Forest Resources, University of Georgia, Athens, Georgia 30602, USA

[2] Current address: U.S. Geological Survey, Colorado Cooperative Fish and Wildlife Research Unit, 201 Wagar Building, Colorado State University, Fort Collins, Colorado 80523, USA

vided by numerous natural springs and seeps, and water temperatures remain relatively cool throughout summer months. If rainbow trout could avoid lethal summer water temperatures by using springs as thermal refuge, they could potentially survive over-summer, increasing the possibility of long-term impacts on native fishes.

Research regarding effects of introduced salmonids generally has focused on interactions between the introduced species and one or a few other species, usually native sport fish. For example, numerous studies have addressed interactions between stocked rainbow trout and native brook trout *Salvelinus fontinalis* in eastern U.S. coldwater streams (Ensign et al. 1989; Lohr and West 1992; Larson et al. 1995; Clark and Rose 1997; Magoulick and Wilzbach 1997, 1998; Strange and Habera 1998; Isely and Kempton 2000). It is often only after introduction has been widespread and the species is well established that interactions between introduced salmonids and native fish assemblages have been evaluated (Crowl et al. 1992; Penczak 1999).

There has been little research regarding potential interactions between rainbow trout and native fishes in warmwater streams. Two studies addressed competition for food and habitat resources between introduced rainbow trout and smallmouth bass *Micropterus dolomieu* in streams in Arkansas (Ebert and Filipek 1991; Metcalf et al. 1997). To our knowledge, no evaluation of potential effects of rainbow trout introduction on warmwater fishes or overall assemblage structure has been conducted before implementing stocking procedures. We initiated this study to evaluate potential effects of trout introduction on native fishes and provide data on which to base future decisions about trout stocking in northeastern Oklahoma Ozark streams. Our objective was to evaluate assemblage structure of native fishes in Brush Creek, Delaware County, Oklahoma before rainbow trout introduction and, in the first and second year of rainbow trout stocking, to compare assemblages to prestocking conditions.

Methods

Field Sampling

We sampled fish assemblages in mesohabitats (pools, glides, and riffles, McCain et al. 1990) in Brush Creek from February 2000 to September 2002. Brush Creek is a small (mean width, 9 m), spring-fed stream in Delaware County, Oklahoma. Brush Creek is about 10 km long and drains into Lake Eucha, a small impoundment used to provide water to the city of Tulsa. Immediately upstream of the confluence with Lake Eucha, the flow is subsurface for the majority of the year and the stream connects with the lake only during brief periods of high flow following rain events. This feature made Brush Creek an attractive study site for our project because it approximated a closed system, which we presumed would limit escapement of stocked rainbow trout from Brush Creek. We originally proposed a before–after-control–impact (BACI) experimental design and planned to collect data on Beaty Creek, a stream in the same watershed that drains into Lake Eucha about 800 m from the confluence of Brush Creek and Lake Eucha. Trout were not stocked in Beaty Creek, and this site would have provided control data for comparison to Brush Creek data. However, due to limited access to private property on Beaty Creek, we were unable to consistently collect data for making comparisons with Brush Creek.

We generally sampled two to five of each mesohabitat type on each trip (Table 1). We used an electric seine (ES) to sample riffle and glide habitats and a boat electrofisher to sample pool habitats. The same Smith-Root 2.5 GPP electrofishing system powered both gears. We constructed the ES according to design specifications of Bayley et al. (1989) and Angermeier et al. (1991), making only minor structural modifications (Walsh et al. 2002). At all sites, we blocknetted the sample area and made two electrofishing passes (60-Hz AC, 3–4 A).

Table 1. Range of mean depth, velocity and substrate size for bedrock-formed lateral scour pools and glide habitats sampled between February 2000 and September 2002, and riffle habitats sampled between February 2000 and May 2001 in Brush Creek.

Mesohabitat	N	Depth (m)	Velocity (m/s)	Substrate size (mm diameter)
Pool	4–8	0.49–1.05	0.00–0.24	47–125
Glide	2–5	0.17–0.29	–0.02[a]–0.42	49–68
Riffle	2–5	0.08–0.15	–0.24–0.50	61–83

[a] Backwater flow

For each pass, we identified and counted all fish collected. After each site had been sampled, we released all fish. We next evaluated habitat by taking three to five measurements (depending on the width of the site) of flow, depth, and substrate size along evenly spaced transects (usually four to six) throughout the site. We used a Marsh-McBirney model 2000 portable flowmeter and wading rod to measure flow and depth and a U.S. Geological Survey U.S. SAH-97 gravelometer to measure substrate size. Averages of all measurements for each variable were used to characterize flow, depth, and dominant substrate size at each site. We also measured site length and widths to estimate habitat volume.

Trout Stocking

We stocked rainbow trout into Brush Creek at a rate of 500 per month from November 2000 to March 2001 (N = 2498, mean length = 257 ± 28 mm, mean weight = 188 ± 68 g), and November 2001 to March 2002 (N = 2,542, mean length = 254 ± 26 mm, mean weight = 185 ± 61 g). Before stocking we anesthetized (tricaine methanesulfonate, MS-222), measured (mm total length [TL]), and weighed (g) the rainbow trout at Crystal Springs Trout Farm in Cassville, Missouri. We individually marked each trout with Floy FD-68B anchor tags (a different color for each month of stocking). We held trout in the raceway at the hatchery overnight and checked for mortalities the following morning. Trout were loaded into 836-L hauling tank and transported about 3 h to Brush Creek. The stocking site was a 710-m^2 bedrock-formed lateral scour pool with fractured bedrock cover, located about in the middle of Brush Creek (Figure 1).

Analytical Approach

For all analyses, we converted abundance data to catch per unit effort (CPUE, fish/min). We used three multivariate approaches to analyze fish assemblages: Canonical correspondence analysis (CCA), partial CCA (pCCA, CANOCO 4; ter Braak and Smilauer 1998), and Similarity Percentages (SIMPER; PRIMER 5, Clarke and Gorley 2001). We used these analyses to investigate patterns in assemblage structure for the stream as a whole and changes in assemblage structure among mesohabitats and within individual pool habitats.

Canonical correspondence analysis is a direct gradient technique used to relate variation in assemblage structure to environmental variation (ter Braak 1986; Palmer 1993). While both direct and indirect gradient analyses rely on the investigator's interpretation of

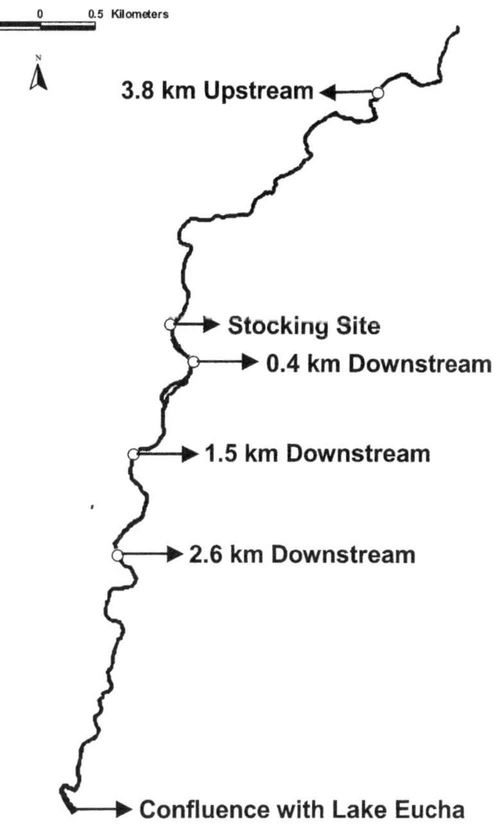

Figure 1. Location of pool sampling sites on Brush Creek and relative distance from the pool in which trout were stocked, November 2000–March 2001 and November 2001–March 2002.

the influence of environmental variables based on knowledge of species' life histories, distributions, and environmental preferences, direct gradient analyses are constrained to evaluate only measured environmental gradients (ter Braak 1986). Canonical correspondence analysis is robust to potential problems with ecological data, including skewed species distributions, "noisy" data, and correlations among environmental variables (Palmer 1993). Nominal and continuous environmental variables can be evaluated; nominal variables are generally represented as centroids in ordination plots, while continuous variables are represented as vectors (Jongman et al. 1997).

Partial CCA is a type of CCA in which covariables are specified to remove effects of variables suspected of influencing a species' distribution so as to isolate effects of variable(s) of interest. If variables are carefully chosen a priori, CCAs and pCCAs can be used to test hypotheses using Monte Carlo permutation tests

(Hallgren et al. 1999). For all CCAs and pCCAs, we used a square-root transformation to dampen effects of abundant species, performed 999 permutations, and evaluated significance at $\alpha = 0.05$. To evaluate relative abundances of native stream fishes, we excluded rainbow trout abundance in all poststocking assemblage analyses.

The SIMPER procedure is primarily descriptive and identifies the relative contribution of each species to average Bray-Curtis dissimilarity between groups (Clarke and Gorley 2001; Clarke and Warwick 2001). We included in our analysis species that contributed ≥ 5% to dissimilarity between assemblages in our results. We originally used analysis of similarity (ANOSIM) (Clarke and Gorley 2001) to quantitatively evaluate similarity among groups, but those results were similar to pCCA results, so we do not present ANOSIM results herein.

Stream-Level Assemblage Structure

We performed a pCCA to determine if there were differences in assemblage structure in Brush Creek among seasons. In the pCCA, we used season (winter, spring, summer, fall) as a nominal environmental variable and distance from the confluence of Brush Creek and Lake Eucha (creek kilometer [CKM]), mesohabitat type (pool, glide, riffle), and year (prestocking, first year of stocking, second year of stocking) as covariables. We used CKM as a covariable to account for longitudinal variation in assemblages. Mesohabitat and year were used as covariables to factor out possible effects of variation in assemblage structure among habitats or within years. We constrained permutations within year (prestocking, first year of stocking, second year of stocking).

We also performed a pCCA to determine if there were differences in assemblage structure among mesohabitat types (pool, glide, riffle). We used mesohabitat as a nominal environmental variable and CKM and year as covariables, again constraining permutations within year. Season was not used as a covariable because we did not find any influence of season on assemblage structure.

Mesohabitat-Level Assemblage Structure

To evaluate if assemblage structure differed within mesohabitats among years, we performed pCCAs for each meso-habitat separately using a nominal environmental variable to represent sampling that occurred before trout stocking (Pre), during the first year of stocking (Post 1), or during the second year of stocking (Post 2). For pool and glide habitats, we used CKM and a nominal environmental variable to represent location (for example, stocking site) as covariables. We constrained permutations within location to factor out effects of sampling the same sites on multiple occasions. For riffle habitats, we sampled various locations based on water levels, so we only used CKM as a covariable. If we detected a significant effect of year on assemblage structure in a mesohabitat type, we conducted pCCAs between years (e.g., Pre versus Post 1, etc.) to further evaluate changes in assemblage structure among the 3 years. We investigated which species contributed to significant differences between assemblages using SIMPER.

Pool-Level Asemblage Structure

In small streams, it is appropriate to evaluate species interactions at the individual pool level, particularly when pools are separated by shallow water habitats (Matthews et al. 1994). We used pCCAs and SIMPER to evaluate differences in assemblage structure among the five most commonly sampled pools (Figure 1) prior to rainbow trout introduction. We also used CCAs to evaluate the relationship among pool assemblages and environmental gradients of depth, flow, substrate size, and CKM prior to trout introduction. We used CCAs to evaluate changes in assemblage structure within individual pools among years (prestocking, the first year of stocking, and the second year of stocking). If we detected a significant effect of year on assemblage structure in an individual pool, we conducted pCCAs between year pairs to further evaluate changes in assemblage structure among the 3 years. We investigated which species contributed to significant differences between assemblages using SIMPER. We used Spearman rank correlations (PROC CORR, SAS Institute Inc. 2000) to evaluate relationships between individual species' CPUE and rainbow trout CPUE in individual pools. We included additional CPUE data collected during targeted sampling for rainbow trout, smallmouth bass, and shadow bass *Ambloplites ariommus* in our rank correlations (Walsh 2003).

Results

Field Sampling

We conducted assemblage sampling before trout introduction (February, May, and September 2000), during the first year of trout stocking (December 2000;

March, May, and September 2001), and during the second year of trout stocking (December 2001; March, July, and September 2002). We sampled pool, glide, and riffle habitats before trout introduction and in the first year of stocking and pool and glide habitats in the second year of stocking (Table 1). We were unable to sample riffle habitats in September 2000 and 2001 due to low water conditions and discontinued riffle sampling for the second year of trout stocking because we did not recapture rainbow trout in riffle habitats during the first year of stocking. We sampled bedrock-formed lateral scour pools with bedrock boulder and/or woody cover. Five individual pools, including the stocking site, were sampled on a majority of sampling trips (Table 2; Figure 1).

Stream-Level Assemblage Structure

Prior to trout stocking, the native fish assemblage was composed of 25 species belonging to seven families (Table 3). We collected all native species on at least one occasion in the first year of trout stocking, and all species except spotted sucker *Minytrema melanops* in the second year of trout stocking. There was no evidence of seasonal structuring in the fish assemblage within years (F-ratio = 1.809, P = 0.2620). We did not include season in any further analyses.

Mesohabitat did affect assemblage structure within years (F-ratio = 53.857, P = 0.0100). Thirteen species, including all centrarchids and catostomids, and both ictalurid species, were collected only from pool habitats (Table 3). No species were unique to glide or riffle habitats (Table 3). Pool and riffle habitats were most dissimilar from each other (average dissimilarity = 96%). Pools had greater abundances of central stonerollers *Campostoma anomalum* and cardinal shiners *Luxilus cardinalis*, and riffles had greater abundances of banded sculpins *Cottus carolinae* and fantail darters *Etheostoma flabellare* (Table 4). Pool and glide habitats had an average dissimilarity of 82%. Dissimilarity was influenced by higher abundances of stonerollers and cardinal shiners in pools and higher abundances of banded sculpin, fantail darters, southern redbelly dace *Phoxinus erythrogaster*, slender madtoms *Noturus exilis*, and orangethroat darters *Etheostoma spectabile* in glide habitats (Table 4). Glide and riffle habitats had an average dissimilarity of 70%. Dissimilarity in these habitats was influenced by higher abundances of cardinal shiners, stonerollers, slender madtoms, and orangethroat darters in glides and higher abundances of banded sculpins and fantail darters in riffles (Table 4).

Mesohabitat-Level Assemblage Structure

Due to significant effects of mesohabitat type on assemblage structure, we evaluated each mesohabitat separately to evaluate effects of rainbow trout introduction. We sampled a total of eight species from riffle habitats (Table 3). We did not detect differences in assemblage structure in riffle habitats between prestocking and the first year of trout stocking (pCCA: F-ratio = 0.627, P = 0.8260); we did not sample riffles in the second year of trout stocking. We sampled a total of 11 species from glide habitats (Table 3). We also did not detect significant differences in assemblage structure in glide habitats among prestocking, the first year of stocking, and the second year of stocking (pCCA: F-ratio = 1.464, P = 0.2800).

All native species in Brush Creek were collected from pool habitats during our sampling (Table 3). Partial CCAs indicated that assemblage structure in pools differed among prestocking, the first year of stocking, and the second year of stocking (F-ratio = 3.074, P = 0.0010). Partial CCAs between years detected differences between prestocking and the first year of stocking (F-ratio = 1.951, P = 0.0100) and between prestocking and the second year of stocking (F = 2.675, P = 0.0010). Between prestocking and the first year of stocking, central stonerollers, southern red-

Table 2. Sample sizes and mean (SD) depth, flow, substrate size, and pool volume for the five most frequently sampled pool habitats between February 2000 and September 2002. Locations are identified by distance and direction from the stocking site.

Location	Depth (m)	Flow (m/s)	Substrate size (mm diameter)	Pool volume (m^3)
Stocking site	0.99 (0.21)	0.03 (0.08)	92 (39)	684.54 (163.23)
0.4 km downstream	0.67 (0.17)	0.12 (0.11)	104 (37)	186.99 (33.12)
1.5 km downstream	0.85 (0.23)	0.06 (0.06)	93 (36)	215.33 (79.05)
2.6 km downstream	0.72 (0.24)	0.07 (0.08)	72 (34)	643.03 (169.07)
3.8 km downstream	1.18 (0.29)	0.02 (0.04)	99 (24)	1,269.74 (434.14)

Table 3. Native fish species' codes (used in ordinations), and distribution among mesohabitats in Brush Creek between February 2000 and September 2002. Each species has a unique code, except largemouth bass *Micropterus salmoides* and spotted bass *M. punctulatus*, which are grouped as black bass (BLK)

Family	Species	Species code	Pool	Glide	Riffle
Cyprinidae	Cardinal shiner	CRD	X	X	X
	Central stoneroller	STN	X	X	X
	Creek chub *Semotilus atromaculatus*	CRK	X	X	
	Redspot chub *Nocomis asper*	RSP	X	X	
	Southern redbelly dace	RBD	X	X	
Catostomidae	Northern hogsucker *Hypentilium nigricans*	NHS	X		
	Spotted sucker	SPT	X		
	White sucker *Catostomus commersoni*	WHT	X		
Ictaluridae	Black bullhead *Ameiurus melas*	BBH	X		
	Slender madtom	SMT	X	X	X
	Yellow bullhead *A. natalis*	YBH	X		
Fundulidae	Northern studfish *Fundulus catenatus*	NSF	X	X	
Cottidae	Banded sculpin	BSC	X	X	X
Centrarchidae	Bluegill *Lepomis macrochirus*	BGL	X		
	Green sunfish *L. cyanellus*	GRN	X		
	Largemouth bass	BLK	X		
	Longear sunfish *L. megalotis*	LNG	X		
	Shadow bass	SHD	X		
	Smallmouth bass	SMB	X		
	Spotted bass	BLK	X		
	Warmouth *L. gulosus*	WRM	X		
Percidae	Fantail darter	FTD	X	X	X
	Orangetthroat darter	OTD	X	X	X
	Logperch *Percina caprodes*	LOG	X		X
	Stippled darter *E. punctulatum*	STD	X	X	X

Table 4. Species contributing ≥ 5% dissimilarity between pool and glide, pool and riffle, and glide and riffle habitats in Brush Creek. The mesohabitat in which each species was more abundant is indicated in bold.

		Abundance (fish/min)			Contribution to	Average
Comparison	Species	Pool	Glide	Riffle	dissimilarity (%)	dissimilarity (%)
Pool vs. glide	Central stoneroller	**5.48**	4.82		22	82
	Cardinal shiner	**4.37**	3.41		17	
	Banded sculpin	0.33	**3.72**		16	
	Fantail darter	0.04	**3.27**		13	
	Southern redbelly dace	0.63	**1.75**		7	
	Slender madtom	0.04	**1.57**		6	
	Orangethroat darter	0.10	**1.45**		6	
Pool vs. riffle	Banded sculpin	0.33		**8.93**	29	96
	Central stoneroller	**5.48**		0.09	20	
	Fantail darter	0.04		**4.93**	17	
	Cardinal shiner	**4.37**		0.04	15	
Glide vs. riffle	Banded sculpin		3.72	**8.93**	30	70
	Fantail darter		3.27	**4.93**	23	
	Cardinal shiner		**3.41**	0.04	12	
	Central stoneroller		**4.82**	0.09	11	
	Slender madtom		**1.57**	0.93	8	
	Orangethroat darter		**1.45**	0.08	7	

belly dace, banded sculpin, and white suckers were more abundant in prestocking samples, while cardinal shiners and smallmouth bass were more abundant in the first year of stocking (average dissimilarity = 39%; Table 5). Seven species, including smallmouth bass, were more abundant before stocking than in the second year of stocking (average dissimilarity = 43%; Table 5). We did not detect differences in assemblage structure in pools between the first and second year of stocking (F-ratio = 1.141, P = 0.3940).

Pool-Level Assemblage Structure

Before rainbow trout stocking, native fish assemblage structure differed among the five most frequently sampled pools (F-ratio = 3.193, P = 0.0070). The assemblage at the farthest upstream site was 57–72% dissimilar to assemblages at the four downstream pools, generally because of higher abundances of southern redbelly dace and white suckers at the upstream site. Factoring out effects of CKM indicated that assemblages differed among individual pools (F-ratio = 2.750, P = 0.0040) prior to stocking. Assemblage structure at the stocking site was 57–60% dissimilar to assemblages at pools located 0.4 km and 1.5 km downstream and the pool located 3.8 km upstream. The stocking site assemblage prior to stocking was least dissimilar (32%) to the assemblage at the pool located 2.6 km downstream.

Canonical correspondence analysis including the environmental variables of depth, flow, substrate size, and CKM paralleled patterns based on Bray-Curtis similarity and added insight to relationships between assemblage structure in individual pools and environmental gradients. Assemblage structure among the five pools was most strongly influenced by a longitudinal gradient; the first canonical axis was significant (F-ratio = 10.624, P = 0.0010), and highly correlated with CKM (r = 0.90). Samples among years at the furthest upstream site were separated from downstream sites along the first axis. Factoring out effects of CKM, the first canonical axis was still significant (F-ratio = 5.968, P = 0.0010) and was correlated positively with depth and correlated negatively with flow (Figure 2). The stocking site and pool 3.8 km upstream generally were deeper with lower flow, while the pool located 0.4 km downstream was shallower with higher flow. Almost all sites (except the pool located 0.4 km downstream from the stocking site) showed a general trend of decreased depth and increased flow during the study (Figure 2).

To further investigate assemblage structure within pool habitats before and after trout introduction, we performed CCAs to evaluate if assemblages differed among years in each of the five individual pools that we sampled frequently (Figure 1; Table 2). We did not detect differences in assemblage structure among prestocking, the first year of stocking, and the second year of stocking in pools located 0.4 km downstream and 3.8 km upstream from the stocking site (F-ratio = 1.058, P = 0.6000; F-ratio = 1.433, P = 0.1400), respectively.

Assemblage structure in the three other pools differed among prestocking, the first year of stocking,

Table 5. Species contributing ≥ 5% dissimilarity in pool habitats between prestocking (pre) and the first year of trout stocking (post1), and prestocking and the second year of trout stocking (post2) in Brush Creek.The year in which each species was more abundant is indicated in bold.

Comparison	Species	Abundance (fish/min) Pre	Post1	Post2	Contribution to dissimilarity (%)	Average dissimilarity (%)
Pre vs.post1	Cardinal shiner	4.41	**5.84**		17	39
	Central stoneroller	**6.99**	5.29		15	
	Southern redbelly dace	**1.26**	0.32		10	
	Smallmouth bass	0.33	**0.44**		6	
	Banded sculpin	**0.54**	0.19		5	
	White sucker	**0.30**	0.21		5	
Pre vs. post2	Central stoneroller	**6.99**		4.09	16	43
	Cardinal shiner	**4.41**		2.94	14	
	Southern redbelly dace	**1.26**		0.27	10	
	Smallmouth bass	**0.33**		0.27	5	
	Banded sculpin	**0.54**		0.24	5	
	White sucker	**0.30**		0.14	5	
	Bluegill	**0.35**		0.15	5	

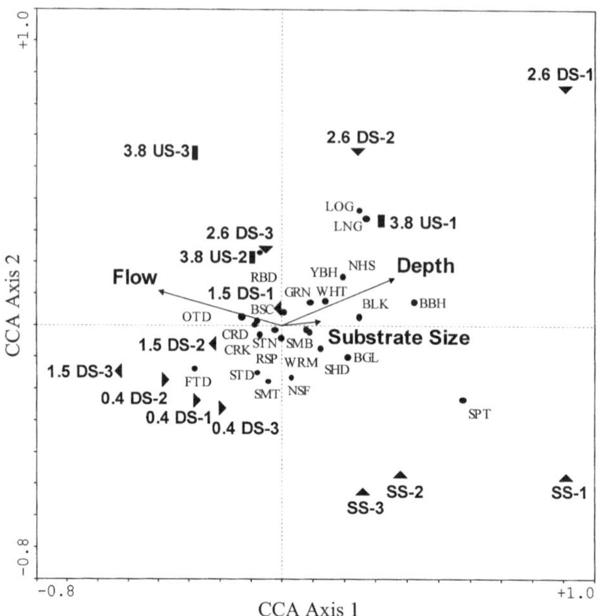

Figure 2. Biplot of species and nominal environmental variables in pool habitats for pCCA factoring out effects of CKM. Continuous environmental variables flow, depth, substrate size, and creek kilometer (CKM) are represented as vectors. Nominal environmental variables representing location (SS = stocking site [triangle]; 0.4 DS = pool 0.4 km downstream from the stocking site [right triangle]; 1.5 DS = pool 1.5 km downstream of the stocking site [left triangle]; 2.6 DS = pool 2.6 km downstream of the stocking site [down triangle]; 3.8 US = pool 3.8 km upstream of the stocking site [box]) and year of the study (1 = prestocking, 2 = first year of stocking, 3 = second year of stocking) are represented as centroids. Species' codes are located in Table 3.

and the second year of stocking. The pool 2.6 km downstream from the stocking site differed among years with the CCA (*F*-ratio = 2.230, *P* = 0.0240). However, at that pool, we were able to conduct only one sample before rainbow trout introduction, so we did not conduct any further analyses on the species assemblage. Assemblage structure differed among years at the stocking site (*F*-ratio = 1.873, *P* = 0.0270) and the pool 1.5 km downstream from the stocking site (*F*-ratio = 1.871, *P* = 0.0160). We performed CCAs to evaluate pair-wise comparisons between years for these two pools and also calculated Spearman rank correlations to determine if individual species' abundances (based on species that made up at least 1% CPUE) in each pool were related to rainbow trout abundance at the same location.

At the pool 1.5 km downstream from the stocking site, we did not detect significant differences in assemblage structure between prestocking and the first year of stocking (*F*-ratio = 1.273, *P* = 0.1450), but detected differences between prestocking and the second year of stocking (*F*-ratio = 2.289, *P* = 0.0070) and the first year of stocking and the second year of stocking (*F*-ratio = 1.816, *P* = 0.0280). Comparing prestocking to the second year of stocking, the average dissimilarity was 41%. Eight of the nine species that contributed ≥ 5% to dissimilarity, including smallmouth bass and shadow bass, were more abundant in the pool before stocking; only creek chub showed an increase in abundance after trout were introduced (Table 6). Average dissimilarity was 36% between the first and second years of stocking. Six of the seven species that contributed ≥ 5% to dissimilarity were more abundant in the first year of stocking, and again creek chubs were more abundant in the second year of stocking (Table 6). Despite differences in the assemblage as a whole among years, no individual species' abundances at this location were related to rainbow trout abundance ($-0.35 < r_s < 0.28$; $P > 0.2960$).

At the stocking site, we did not detect significant differences in assemblage structure between prestocking and the first year of stocking (*F*-ratio = 1.498, *P* = 0.0620), although this is a conservative interpretation given that nonsignificance was marginal and changes in assemblage structure may have occurred. There were no differences in assemblages between the first year of stocking and the second year of stocking (F-ratio = 0.770, P = 0.7700). Assemblage structure differed between prestocking and the second year of stocking (F-ratio = 1.557, P = 0.0390; average dissimilarity = 32%). In April 2002, landowners dredged this pool, deepening it about 2 m. Two of our seasonal sampling trips in the second year of stocking followed the dredging (July 2002; September 2002). Lack of detectable differences between assemblages in the first year of stocking and the second year of stocking (P = 0.7700) indicated that the disturbance did not significantly alter the native fish assemblage. Cardinal shiners and central stonerollers were more abundant after stocking, while seven other species, including smallmouth bass and shadow bass, were more abundant before stocking (Table 7). Abundances of smallmouth bass (r_s = -0.48; P = 0.0199) and shadow bass (r_s = –0.73; P = 0.0001) were correlated negatively with rainbow trout abundance in the stocking site (Figure 3). A negative association between creek chub abundance and rainbow trout abundance was marginally nonsignificant (r_s = –0.65; P = 0.0566); no other species' abundances were related to trout abundance at this location (–0.53 < r_s < 0.33; P > 0.1414).

Discussion

We detected differences in assemblage structure in pool habitats among years that may be interpreted as evidence that presence of rainbow trout in Brush Creek influenced assemblage structure. Trout abundances in pools, particularly the stocking site were highest following stocking in both years, with a general pattern of decline in trout abundance through summer, and only isolated individuals were located by the following October of both years (after October 2001 stocking began again, and our study concluded in October 2002; Walsh 2003). Despite low apparent survival (mortality and emigration) of rainbow trout (Walsh 2003), we detected changes in the assemblage structure of native fishes in pools between prestocking and the first and second year of trout stocking, although differences that we observed among years may be due rainbow trout introduction, other environmental factors, or both.

Although assemblage changes may be partially due to trout introduction, we do not understand the underlying mechanism causing the changes. We evaluated the potential for exploitative competition for food resources between rainbow trout and smallmouth bass and bluegill, and it seems unlikely that food competition was occurring (Fenner et al. 2004; this volume). In the southwestern United States, presence of rainbow trout influenced behavior and habitat use (Blinn et al. 1993) and decreased activity patterns (Bryan et al. 2002) of the native cyprinid Little Colorado spinedace *Lepidomeda vittata*. Rainbow trout also were a predatory threat to spinedace (Blinn et al. 1993) and prey on humpback chub *Gila cypha* and other native fishes, although fish was a small percentage of

Table 6. Species contributing ≥ 5% dissimilarity in a pool located 1.5 km downstream from the stocking site between prestocking (pre) and the second year of trout stocking (post2), and the first year of stocking (post1) and the second year of stocking in Brush Creek.The year in which each species was more abundant is indicated in bold.

Comparison	Species	Abundance (fish/min)			Contribution to dissimilarity (%)	Average dissimilarity (%)
		Pre	Post1	Post2		
Pre vs.post2	Central stoneroller	**9.41**		2.81	23	41
	Cardinal shiner	**6.84**		2.99	13	
	Shadow bass	**0.26**		0.00	7	
	Smallmouth bass	**0.77**		0.16	7	
	Creek chub	0.66		**1.00**	6	
	Northern hogsucker	**0.24**		0.02	6	
	Redspot chub	**0.71**		0.27	6	
	Bluegill	**0.29**		0.02	5	
	Green sunfish	**0.50**		0.13	5	
Post1 vs. post2	Cardinal shiner		**8.25**	2.99	18	36
	Central stoneroller		**3.82**	2.81	17	
	Smallmouth bass		**0.83**	0.16	9	
	Green sunfish		**0.70**	0.13	9	
	Creek chub		0.81	**1.00**	7	
	Shadow bass		**0.13**	0.00	6	
	Redspot chub		**0.43**	0.27	5	

Table 7. Species contributing ≥ 5% dissimilarity in the stocking site between prestocking (pre) and the second year of trout stocking (post2) in Brush Creek. The year in which each species was more abundant is indicated in bold.

Species	Abundance (fish/min)		Contribution to dissimilarity (%)
	Pre	Post2	
Cardinal shiner	0.93	1.52	11
Central stoneroller	2.16	3.32	10
White sucker	0.44	0.07	8
Smallmouth bass	0.73	0.27	7
Bluegill	0.84	0.36	6
Spotted sucker	0.11	0.00	6
Shadow bass	0.52	0.19	6
Northern hogsucker	0.09	0.00	6
Creek chub	0.30	0.09	5

the overall diet (Marsh and Douglas 1997). We do not believe that predation by stocked rainbow trout had a significant effect on native fishes in Brush Creek; however, rainbow trout did consume fish prey in low quantities (Fenner 2002). Fish in trout diets were usually unidentifiable or cyprinids. Presence of unidentifiable fish in trout diets indicates that trout naturally consumed fish prey on some occasions. However, many observed cases of fish consumption by trout were from rainbow trout collected after our first electrofishing pass, and it was apparent that the fish prey had been recently ingested (personal observation), indicating that trout were targeting stunned fish from the first electrofishing pass.

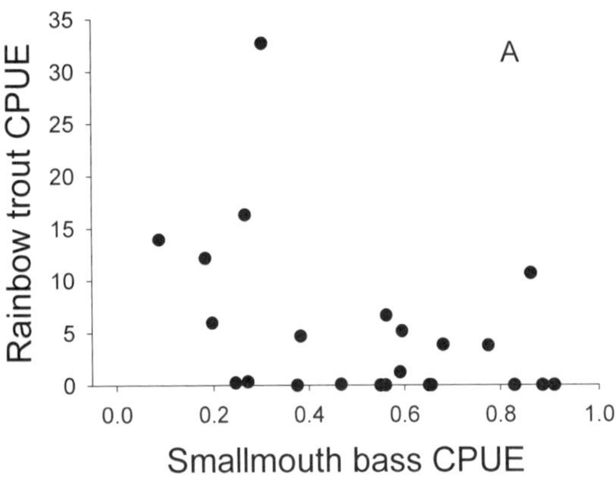

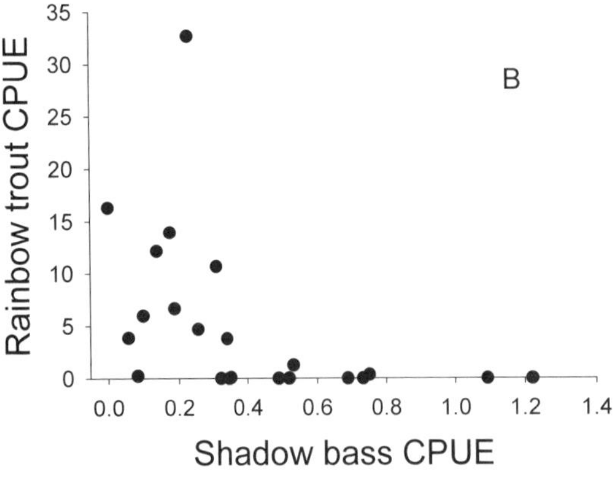

Figure 3. Scatterplot of stocked rainbow trout catch per unit effort (CPUE, fish/min) versus A. smallmouth bass CPUE and B. shadow bass CPUE at the stocking site in Brush Creek.

Matthews et al. (1994) found the species assemblage in a series of 14 pools in a spring-fed Oklahoma stream to be consistent over time, while assemblages in individual pools were more variable. The authors concluded that it is appropriate to evaluate species interactions at the pool level, particularly when pools are separated by shallow water habitats (Matthews et al. 1994). At the stocking site, assemblage structure differed between prestocking and the second year of stocking, and there was some evidence of differences between prestocking and the first year of stocking. Rainbow trout remained concentrated at the stocking site, and this location had the highest trout densities among all pools sampled in both years of stocking (Walsh 2003). Observed changes in the assemblage at this site are likely linked to high abundances of rainbow trout or may be due to interactions between rainbow trout abundance and environmental changes.

Assemblage structure at the stocking site showed increases in stonerollers and cardinal shiners and declines in seven large-bodied species, including smallmouth bass, between prestocking and the second year of stocking. *Micropterus* spp. have been shown to influence stoneroller abundance (Power and Matthews 1983; Power et al. 1985) in Oklahoma streams. It is possible that abundance of stonerollers and cardinal shiners increased because of decreases in abundance of potential predators, such as smallmouth bass and creek chub. Smallmouth bass and shadow bass, two popular game fish in the Ozark region, appeared to be negatively associated with high densities of rainbow trout at this site. Based on the interactions in this individual pool, there seems to be evidence that high densities of rainbow trout could negatively affect these fisheries.

The pool closest to the stocking site that we sampled (0.4 km downstream) contained relatively high densities of rainbow trout, particularly in the first year of stocking, and we expected to see similar patterns in assemblage structure to those observed at the stocking site. However, we did not detect any changes in assemblage structure among years at this site. Differences in assemblages between these pools that existed before rainbow trout stocking may have influenced whether presence of rainbow trout affected assemblage structure. The pool 0.4 km downstream had the smallest pool volume of all pools that we sampled and did not contain as many large-bodied species as other sites, particularly smallmouth bass. Additionally, before stocking, higher abundances of stonerollers and cardinal shiners at this site 0.4 km downstream contributed 66% to dissimilarity between this site and the stocking site. If presence of smallmouth bass influenced cyprinids, as we speculated for the stocking site, then we would not expect similar changes at this site because of initially lower abundances of this important predator.

The other pool with no difference in assemblage structure was located 3.8 km upstream from the stocking site. That site was physically similar to the stocking site, and also had a large pool volume and supported large-bodied species, particularly catostomids. However, we never collected smallmouth bass or shadow bass at this site. This may be due to cooler temperatures at the upstream site (Walsh 2003) or the relatively long distance of shallow-water habitats that is present between the stocking site and this site. Shallow water also likely prevented rainbow trout from reaching that site, and consequently that pool had low densities of trout relative to the stocking site.

The pool 1.5 km downstream of the stocking site showed differences in assemblage structure between prestocking and the second year of stocking, but had low densities of rainbow trout compared with the stocking site. Abundance of cardinal shiners and central stonerollers decreased at this location between these two time periods compared with the stocking site where abundance of those species increased. As in the stocking site, smallmouth bass and bluegill abundance declined in this pool, but creek chub abundance increased. That was the only pool where differences in assemblage structure were detected between the first year of stocking and the second year of stocking, and patterns were very similar between these time periods and between prestocking and the second year of stocking. No individual species' abundances were related to rainbow trout abundance at this site. Changes observed at this site may have been more related to environmental changes than to rainbow trout introduction.

While both rainbow trout introduction and environmental changes may have influenced assemblages in pool habitats, neither of these factors appear to have affected assemblage structure of native fishes in shallow water (riffle and glide) habitats. Assemblages in these habitats remained stable throughout the course of our study. Stocked rainbow trout used pool habitats exclusively in Brush Creek (Walsh 2003), so it is unlikely that trout had much interaction with shallow-water fishes. Additionally, depth and flow conditions in these habitats vary with water level, and riffle and glide habitats often experience complete drying in summer months. These habitats would be less likely to experience the type of gradual changes that we observed in permanent pool habitats.

While we did not detect any seasonal changes in the assemblage structure of native fishes in Brush Creek, seasonal variation in fish assemblages has been observed in some upland streams (Dewey 1981; Bart 1989; Pezold et al. 1997). Changes in abundance of individual species over time has been attributed to addition of young-of-year fish (YOY) (Dewey 1981; Bart 1989) or movement of juvenile (Gelwick 1990) or adult (Pezold et al. 1997) fishes. Addition of YOY fish in Brush Creek either did not influence individual species' overall abundances or influenced species' abundances in a similar way and did not affect species composition and relative CPUE. In our analyses, we did not subdivide species into size-classes and evaluated only overall assemblage structure using CPUE as a measurement of abundance. It is possible that additional patterns in size-specific habitat use or seasonal variation would be detected with further analyses. Seasonal movements of adult centrarchids and cyprinids observed by Pezold et al. (1997) would not be expected in this system. Brush Creek is not a tributary of another stream, but rather drains directly into an impoundment, and it is not connected to the impoundment during most of the year. Significant movement of fish in and out of Brush Creek (e.g., to spawn) is unlikely.

The native fish assemblage in Brush Creek is fairly typical of other Ozark streams (Matthews 1982;

McNeely 1986; Bart 1989; Gelwick 1990), although Brush Creek had a lower number of cyprinid species than most other streams. Shallow-water species assemblages were composed of subsets of pool fish assemblages. Bart (1989) also found that many Ozark species showed generalized habitat use, occurring across the range of environmental conditions available among habitat types. The pattern in Brush Creek is common in small streams that experience drying during summer (Gelwick 1990; Taylor 2000); species entirely dependent on shallow or fast-flowing habitats would be unlikely to persist in such a system. Species' distributions among habitats in Brush Creek also are similar to other studies, with pool habitats supporting higher number of species than shallow-water habitats (Gelwick 1990; Taylor 2000).

Variability inherent in stream environments makes it extremely difficult to directly relate changes in assemblage structure to presence of an introduced species. Differences in native fish assemblage structure that we observed among pool habitats and in individual pools may be related to factors other than rainbow trout introduction. Even in this small stream, we observed preexisting differences in assemblage structure among pools and environmental changes that may have interacted with presence of rainbow trout to influence native fish assemblages. Additionally, variation in discharge conditions during the course of the study could have influenced fish populations. During the first year of stocking, the hydrograph was characterized by extremely low water conditions and a major flood event (peak discharge 89.7 m^3/s) in February. Discharge conditions were generally similar between the first year of the study (prestocking), and the second year of stocking, with more frequent, less severe rain events. It seems most likely that rainbow trout stocking contributed to local disruption of the native fish assemblage at the stocking site, where high abundances of rainbow trout were present during and immediately following stocking. We were not able to evaluate assemblage structure in a stream in which rainbow trout were not stocked. Patterns of assemblage change in pool habitats in a stream without rainbow trout would have given us more insight as to whether differences that we observed in Brush Creek were driven by rainbow trout introduction or environmental changes.

Introduction of nonnative fish species has been implicated in extirpation or reduction of native species (Moyle and Light 1996; Penczak 1999) and is most likely when the introduced species is piscivorous (Moyle and Light 1996). Additionally, changes in assemblage structure generally have been assessed after the introduced species has become naturalized within a system (Moyle and Light 1996; Penczak 1999). Stocked rainbow trout showed low survival in Brush Creek and an inability to survive abiotic conditions of the stream (Walsh 2003). It is unlikely that rainbow trout would become naturalized in Brush Creek, and we do not believe that stocking caused localized extirpation of any native species. The only species not collected after rainbow trout were introduced, spotted sucker, was a relatively rare fish (0.20% CPUE in pools before trout stocking and 0.06% CPUE in pools in the first year of stocking). In Ozark streams, spotted suckers usually are less common than other sucker species and have been collected only sporadically even in frequently sampled streams (Pflieger 1997).

Intensive study at multiple scales has been necessary to elucidate effects of brown trout *Salmo trutta* on native communities in New Zealand (reviewed in Townsend 1996). Based on our results alone, it is not possible to state conclusively if rainbow trout stocking negatively affected native fish assemblages in Brush Creek. We did observe changes in assemblage structure in pool habitats that may be linked to rainbow trout introduction. However, variation in assemblage structure among individual pools made effects of trout introduction difficult to interpret. Additionally, most of the pools showed a trend of decreased depth and increased flow during our study, and those environmental changes may have contributed to assemblage changes. We feel that conservative decision making is warranted until additional information can be collected. Longer-term monitoring of this system could help to determine how trout introduction and environmental changes contributed to assemblage changes. Future work could also include mesocosm experiments to observe interactions between rainbow trout and native fish species to create a greater understanding of whether biotic interactions could explain mechanisms behind observed changes in assemblage structure.

Acknowledgments

Financial support for this publication was provided by the Federal Aid in Sport Fish Restoration Act under Project F-41-R of the Oklahoma Department of Wildlife Conservation and Oklahoma State University through the Oklahoma Cooperative Fish and Wildlife Research Unit (Cooperators: Oklahoma Department of Wildlife Conservation, Oklahoma State University, U.S. Geological Survey, and the Wildlife

Management Institute). Walsh is grateful for additional funding provided by the J. Frances Allen Scholarship, awarded by the American Fisheries Society and administered by the Equal Opportunities Section of the American Fisheries Society. The authors thank Bill Fisher, David Leslie, Jr., Mike Palmer, and three additional reviewers for comments that improved this manuscript. We also thank the numerous graduate students, technicians, and volunteers who assisted in collection of field data, especially Daniel Fenner, Melissa Willis, Greg Cum-mings, Wyatt Doyle, Jason Schaffler, Matt Mauck, Dan Dauwalter, and Nick Utrup. For logistic support with trout stocking procedures, we thank Bob Krause and personnel from the ODWC, Tulsa Region. Finally, we are grateful to the many landowners on Brush Creek who allowed us access to the stream.

References

Angermeier, P. L., R. A. Smogor, and S. D. Steele. 1991. An electric seine for collecting fish in streams. North American Journal of Fisheries Management 11:352–357.

Bart, H. L., Jr. 1989. Fish habitat selection in an Ozark stream. Environmental Biology of Fishes 24:173–186.

Bayley, P. B., R. W. Larimore, and D. C. Dowling. 1989. Electric seine as a fish sampling gear in streams. Transactions of the American Fisheries Society 118:447–453.

Blinn, D. W., C. Runck, D. A. Clark, and J. N. Rinne. 1993. Effects of rainbow trout predation on Little Colorado spinedace. Transactions of the American Fisheries Society 122:139–143.

Bryan, S. D., A. T. Robinson, and M. G. Sweeter. 2002. Behavioral responses of a small native fish to multiple introduced predators. Environmental Biology of Fishes 63:49–56.

Clark, M. E., and K. A. Rose. 1997. Factors affecting competitive dominance of rainbow trout over brook trout in southern Appalachian streams: implications of an individual-based model. Transactions of the American Fisheries Society 126:1–20.

Clarke, K. R., and R. N. Gorley. 2001. PRIMER v5: user manual/tutorial. PRIMER-E Ltd., Plymouth, UK.

Clarke, D. R., and R. M. Warwick. 2001. Change in marine communities: an approach to statistical analysis and interpretation, 2nd edition. PRIMER-E Ltd., Plymouth, UK.

Crowl, T. A., C. R. Townsend, and A. R. McIntosh. 1992. The impact of introduced brown trout and rainbow trout on native fish: the case of Australasia. Reviews in Fish Biology and Fisheries 2:217–241.

Dewey, M. R. 1981. Seasonal abundance, movement, and diversity of fishes in an Ozark stream. Arkansas Academy of Sciences Proceedings 35:33–39.

Ebert, D. J., and S. P. Filipek. 1991. Evaluation of feeding and habitat competition between native smallmouth bass (*Micropterus dolomieu*) and rainbow trout (*Oncorhynchus mykiss*) in a coolwater stream. Pages 49–54 *in* D. C. Jackson, editor. First International Smallmouth Bass Symposium. Mississippi State University, Mississippi Agriculture and Forestry Experimental Station, Mississippi State.

Ensign, W. E., J. W. Habera, and R. J. Strange. 1989. Food resource competition in southern Appalachian brook trout and rainbow trout. Proceedings of the Annual Conference of the Southeastern Association of Fish and Wildlife Agencies 43:239–247.

Fenner, D. B. 2002. Interaction between introduced rainbow trout and three native fishes for food resources in an Ozark stream. Master's thesis. Oklahoma State University, Stillwater.

Fenner, D. B., M. G. Walsh, and D. L. Winkelman. 2004. Diet overlap of introduced rainbow trout and three native fishes in an Ozark stream. Pages 475–482 *in* M. Nickum, P. Mazik, J. Nickum and D. MacKinlay, editors. Propagated fishes in resource management. American Fisheries Society, Symposium 44, Bethesda, Maryland.

Gelwick, F. P. 1990. Longitudinal and temporal comparisons of riffle and pool fish assemblages in a northeastern Oklahoma Ozark stream. Copeia 1990:1072–1082.

Hallgren, E., M. W. Palmer, and P. Milberg. 1999. Data diving with cross-validation: an investigation of broad-scale gradients in Swedish weed communities. Journal of Ecology 87:1–16.

Ham, K. D., and T. N. Pearsons. 2001. A practical approach for containing ecological risks associated with fish stocking programs. Fisheries 26(4):15–23.

Heidinger, R. C. 1999. Stocking for sport fisheries enhancement. Pages 375–401 *in* C. C. Kohler and W. A. Hubert, editors. Inland fisheries management in North America, 2nd edition. American Fisheries Society, Bethesda, Maryland.

Horak, D. 1995. Native and nonnative fish species used in state fisheries management programs in the United States. Pages 61–67 *in* H. L. Schramm and R. G. Piper, editors. Uses and effects of cultured fishes in aquatic ecosystems. American Fisheries Society, Symposium 15, Bethesda, Maryland.

Isely, J. J., and C. Kempton. 2000. Influence of costocking on growth of young-of-year brook trout and rainbow trout. Transactions of the American Fisheries Society 129:613–617.

Jongman, R. H. G., C. J. F. ter Braak, and O. F. R. van Tongeren, editors. 1997. Data analysis in community and landscape ecology. Cambridge University Press, Cambridge, UK.

Larson, G. L., S. E. Moore, and B. Carter. 1995. Ebb and flow of encroachment by nonnative rainbow trout in a small stream in the southern Appalachian Mountains. Transactions of the American Fisheries Society 124:613–622.

Lohr, S. C., and J. L. West. 1992. Microhabitat selection by brook and rainbow trout in a southern Appalachian stream. Transactions of the American Fisheries Society 121:729–736.

Magoulick, D. D., and M. A. Wilzbach. 1997. Microhabitat selection by native brook trout and introduced rainbow trout in a small Pennsylvania stream. Journal of Freshwater Ecology 12:607–614.

Magoulick, D. D., and M. A. Wilzbach. 1998. Are native brook charr and introduced rainbow trout differentially adapted to upstream and downstream reaches? Ecology of Freshwater Fish 7:167–175.

Marsh, P. C., and M. E. Douglas. 1997. Predation by introduced fishes on endangered humpback chub and other native species in the Little Colorado River, Arizona. Transactions of the American Fisheries Society 126:343–346.

Matthews, W. J. 1982. Small fish community structure in Ozark streams: structured assembly patterns or random abundance of species? American Midland Naturalist 107:42–54.

Matthews, W. J., B. C. Harvey, and M. E. Power. 1994. Spatial and temporal patterns in the fish assemblages of individual pools in a Midwestern stream (U.S.A). Environmental Biology of Fishes 39:381–397.

McCain, M., D. Fuller, L. Decker, and K. Overton. 1990. Stream habitat classification and inventory procedures for northern California. U.S. Forest Service, Pacific Southwest, Region 5, FHR #1, San Francisco.

McNeely, D. L. 1986. Longitudinal patterns in the fish assemblages of an Ozark stream. The Southwestern Naturalist 31:375–380.

Metcalf, C., F. Pezold, and B. G. Crump. 1997. Food habits of introduced rainbow trout (*Oncorhynchus mykiss*) in the upper Little Missouri River drainage of Arkansas. The Southwestern Naturalist 42:148–154.

Moyle, P. B., and T. Light. 1996. Biological invasions of fresh water: empirical rules and assembly theory. Biological Conservation 78:149–161.

Palmer, M. W. 1993. Putting things in even better order: the advantages of canonical correspondence analysis. Ecology 74:2215–2230.

Penczak, T. 1999. Impact of introduced brown trout on native fish communities in the Pilica River catchment (Poland). Environmental Biology of Fishes 54:237–252.

Pezold, F., B. Crump, and W. Flaherty. 1997. Seasonal patterns of fish abundance in two mountain creeks of the Little Missouri River drainage, Arkansas. Journal of Freshwater Ecology 12:51–60.

Pflieger, W. L. 1997. The fishes of Missouri. Missouri Department of Conservation, Jefferson City.

Power, M. E., and W. J. Matthews. 1983. Algae-grazing minnows (*Campostoma anomalum*), piscivorous bass (*Micropterus* spp.), and the distribution of attached algae in a small prairie-margin stream. Oecologia 60:328–332.

Power, M. E., W. J. Matthews, and A. J. Stewart. 1985. Grazing minnows, piscivorous bass, and stream algae: dynamics of strong interaction. Ecology 66:1448–1456.

Rahel, F. 2000. Homogenization of fish faunas across the United States. Science 288:854–856.

SAS Institute Inc. 2000. SAS/STAT User's Guide for Personal Computers, Version 8.1. SAS Institute, Inc., Cary, North Carolina.

Strange, R. J., and J. W. Habera. 1998. No net loss of brook trout distribution in areas of sympatry with rainbow trout in Tennessee streams. Transactions of the American Fisheries Society 127:434–440.

Taylor, C. M. 2000. A large-scale comparative analysis of riffle and pool fish communities in an upland stream system. Environmental Biology of Fishes 58:89–95.

ter Braak, C. J. F. 1986. Canonical correspondence analysis: a new eigenvector technique for multivariate direct gradient analysis. Ecology 67:1167–1179.

ter Braak, C.J.F., and P. Smilauer. 1998. CANOCO reference manual and user's guide to CANOCO for windows: software for community ordination (version 4). Microcomputer Power, Ithaca, New York.

Townsend, C. R. 1996. Invasion biology and ecological impacts of brown trout *Salmo trutta* in New Zealand. Biological Conservation 78:13–22.

Walsh, M. G. 2003. Evaluation of rainbow trout stocking in a northeastern Oklahoma Ozark stream. Doctoral dissertation. Oklahoma State University, Stillwater.

Walsh, M. G., D. B. Fenner, and D. L. Winkelman. 2002. Comparison of an electric seine and prepositioned area electrofishers for sampling stream fish communities. North American Journal of Fisheries Management 22:77–85.

Waples, R. S. 1999. Dispelling some myths about hatcheries. Fisheries 24(2):12–21.

American Fisheries Society Symposium 44:431–443, 2004

Unauthorized Fish Introductions: Fisheries Management of the People, for the People, or by the People?

Frank J. Rahel

Department of Zoology and Physiology, Biological Sciences Building, Room 428
Department 3166, University of Wyoming
1000 East University Avenue, Laramie, Wyoming 82071, USA

Abstract.—Although agency-authorized stocking of sport and forage fishes was the most common reason for fish introductions in the past, unauthorized introductions are now a major reason for the spread of nonnative fishes. Of 62 unauthorized fish introductions documented in Wyoming during 1973–2002, half (50%) involved the deliberate and illegal release of species by the public. These illegal introductions involved 23 taxa and included sport fish, baitfish, and aquaria fish. Colonization events involving the unwanted movement of fishes into new water bodies constituted 34% of unauthorized introductions and involved 13 species. Inadvertent introductions whereby species were introduced unknowingly, often as contaminants in authorized fish stockings, constituted 8% of unauthorized introductions. The remaining 8% of unauthorized introductions involved cases where the source of the nonnative fish was unknown. Options for reducing the number of unauthorized introductions include educating the public about the negative consequences of unplanned fish introductions and enacting legislation that restricts the public's access to species deemed undesirable if released into local water bodies. Because control or eradication of nonnative fishes is expensive, logistically difficult, and sometimes controversial, it will be feasible in only a limited number of situations. In most cases, we will have to accept unauthorized introductions as potentially leading to permanent additions to the regional fish fauna.

Introduction

There is a long history of fish introductions by management agencies in the United States. The U.S. Fish Commission was created in 1871, and its mission was to increase fishery resources through hatchery propagation and stocking of fishes (Nielsen 1999). Many states organized game and fish commissions during the latter part of the 19th century, and the first task of these organizations usually involved stocking fish. For example, Michigan established a Board of Fish Commissioners in 1873 and instructed it "to increase the product of the fisheries," primarily through fish culture and stocking (Clark et al. 1981). Even prior to statehood, the territory of Wyoming established a Board of Fish Commissioners in 1882 and charged it to "in the most economical and practical manner, procure and distribute fish in the public waters of this territory and adopt such other measures as shall in their judgment best promote the increase and preservation of food fish" (Barkwell 1883). Also contributing to the growing emphasis on fish stocking was the American Fish Culturists' Association (now the American Fisheries Society) formed in 1870 by a group of private fish culturists interested in promoting hatchery production as a cure for declining fish populations.

Through the development of culture techniques and transportation technology, these organizations fostered an era of widespread fish stocking across the United States. By the late 1800s, striped bass *Morone saxatilis* had been shipped from New Jersey and become established in California, rainbow trout *Oncorhynchus mykiss* from the western United States had become established in many eastern states, and European species such as brown trout *Salmo trutta* and common carp *Cyprinus carpio* were becoming naturalized throughout North America (Nielsen 1999). The 20th century saw an acceleration of introductions as fishery management agencies responded to the public's demand for a diversity of angling opportunities and as reservoirs provided new habitats with few native sport fishes (Moyle and Light 1996). The result of these agency-sanctioned introductions was an increased homogenization of fish faunas across the United States with a suite of cosmopolitan game species and associated prey species dominating fish assemblages in many areas (Rahel 2000).

The era of unbridled fish introductions by natural resource management agencies is over. Increasingly, introductions of new species are being evaluated for their ecological impact as well as their utilitarian value to humans (Wingate 1992; French 1993). Although such evaluations have not always happened in the past, they are becoming an engrained part of management agency practices. As a result, it is increasingly difficult for management agencies to introduce species that are not native to a region (Townsend and Winterbourn 1992; Rahel 1997; Ferber 2001) or, in some cases, even to continue stocking hatchery strains that have been part of the historic management of a fishery (Philipp et al. 1993).

In contrast to the situation with authorized introductions, no review of ecological effects occurs with unauthorized fish introductions. Unauthorized introductions occur through many methods including illegal plants by anglers, bait bucket releases, escapes from the aquaculture or aquarium trade industries, and inadvertent releases such as from ballast water exchange or contamination of authorized fish plants with other species (Benson 1999; Litvak and Mandrak 1999). Such introductions constitute a growing problem for fisheries managers.

The purpose of this paper is to discuss the changing nature of fish introductions and examine the role of the public in spreading nonnative species. In particular, I compare the nature of authorized versus unauthorized fish introductions with a focus on the state of Wyoming. Like many other states in the western United States, Wyoming has experienced numerous fish species introductions (Baxter and Stone 1995; Rahel 2000) and provides a good case study of how management agencies and the public have influenced the dispersal of nonnative fishes across the aquatic landscape.

The Changing Role of Management Agencies and the Public in Fish Introductions

Agency-authorized introductions of sport and forage fishes have been the most common reason for fish introductions in the past. Fuller et al. (1999) analyzed 536 fish introductions across the United States (regardless of whether the species became established or not) and found that 44% involved sport or forage species. Data summarized by Benson (1999: Table 1.4) indicated that 38% of the 423 intentional releases of fishes in the United States involved sport or forage species. Of the 214 intentional fish species introductions in North America tabulated by Crossman and Cudmore (1999), 57% involved sport or forage species. Of 901 introductions that resulted in establishment of a fish species in a new state outside its home range within the 48 coterminous United States, Rahel (2000) found that 61% were attributable to stocking of sport or forage species (Figure 1). And in California, 47% of the 58 introduced and established fish taxa were the result of deliberate stocking by fishery management agencies (Dill and Cordone 1997a). Thus, at the scale of states or countries, authorized introduction of sport fishes or associated forage fishes by management agencies was the dominant factor behind past stocking efforts.

Although the above studies provide a broad overview of the magnitude of authorized introductions, they do not indicate how the sources of fish introductions may have changed over time. This is because most summaries of species introductions in North America integrate events that occurred from the 1870s to the present. When the relative abundance of authorized and unauthorized fish species introductions is followed through time, an interesting pattern emerges: the proportion of agency-authorized introductions has declined recently (Figure 2). This decline likely has two causes. First, the large number of introductions in the early decades of

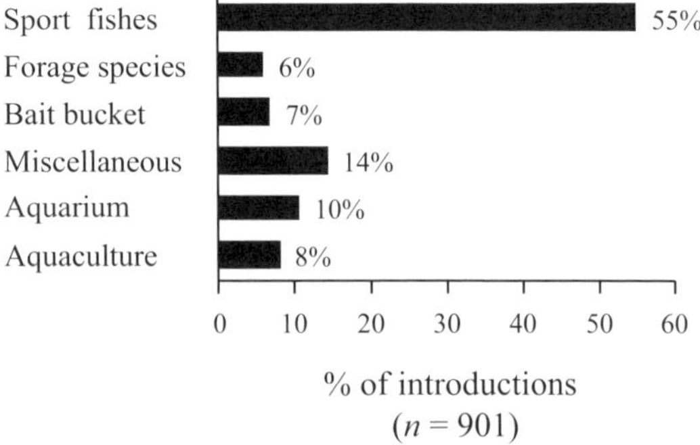

Figure 1. The percentage of 901 introduction events in the 48 coterminous United States attributable to various sources. An introduction event represents the establishment of a breeding population of a nonnative species in a state. Data from Rahel (2000).

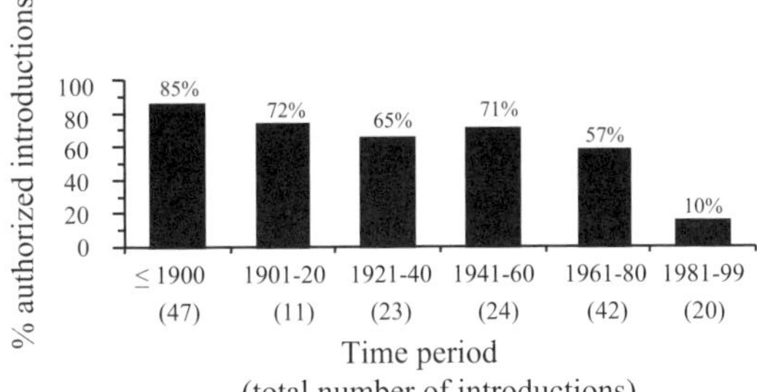

Figure 2. The percentage of introduction events that were authorized by fishery management agencies during the 19th and 20th centuries in six states and the North American Great Lakes. For each time period, the total number of introduction events across all regions and the proportion that were authorized is presented. Data sources: Great Lakes (Mills et al. 1993); California (Dill and Cordone 1997b); Connecticut (Whitworth 1996); Illinois (Laird and Page 1996); Missouri (Pflieger 1997); Tennessee (Etnier and Starnes 1993); Wyoming (Baxter and Stone 1995).

the 20th century satisfied much of the public's demand for a diversity of fishing opportunities. In a sense, many of the species that could be introduced have been introduced, at least at the regional level. Second, state and federal fisheries biologists have become more aware of the harmful effects of nonnative species and thus agency authorized introduction of species outside their native or naturalized ranges is no longer a common practice (Townsend and Winterbourn 1992; Rahel 1997; Jackson et al. 2004; this volume). A slowing of the rate of authorized introductions is good from an ecological perspective because it reduces the likelihood of the "Frankenstein effect" whereby severe, unanticipated negative effects result from a well-intentioned species introduction (Moyle et al. 1987).

Unfortunately, the decline in authorized introductions is being offset by a large number of unauthorized fish introductions. This is particularly true at the local scale where nonnative fish species originally stocked by management agencies are now being moved to new water bodies within the region (Radomski and Goeman 1995). For example, more than 200 illegal fish stockings have been documented in Montana over the past two decades (Vashro 1995). McMahon and Bennet (1996) described many illegal introductions of walleye *Sander vitreus* and northern pike *Esox lucius* in the Pacific Northwest where these piscivores can have a serious impact on salmonid populations. As a result of such unauthorized introductions, fish species are expanding into water bodies not anticipated by fisheries managers.

Sources of Unauthorized Fish Introductions

Sources of unauthorized introductions fall into four categories based on the intent of the people involved and the nature of the introduction process (Table 1). The first category I have termed "illegal introductions." These occur when individuals knowingly release a species directly into a water body. Although individuals involved in illegal introductions are aware of their actions, their motivations are diverse. Some are motivated by a disdain for government regulation and may even resort to forms of ecological terrorism such as reintroducing nonnative fishes after they have been removed by chemical rehabilitation. In other cases, people may decide to establish a desired fish species in a favorite fishing area without soliciting the approval of fisheries biologists. And some people may believe they are being compassionate by releasing excess baitfish or unwanted pet fish into the wild rather than killing them.

The second category I have termed "colonization" (Table 1). Usually this involves species that were stocked legally into a water body or commercial holding facility but then managed to escape and colonize other water bodies. Often the escape is associated with

Table 1. Categories of unauthorized fish species introductions.

Category	Characteristics of such introductions
Illegal	Perpetrators knowingly introduce a species into a waterway. Motivation may involve ecological terrorism, desire to create a new fishery, or compassion for bait or pet fish.
Colonization	Nonnative species spread to new habitats where their presence was not intended. This spread is not due to the direct transport by humans but may be facilitated by human actions such as removal of migration barriers or water conveyance among drainages.
Inadvertent	Perpetrators are not aware they are introducing a fish species into a water body. Often referred to as accidental introductions.
Unknown	Not enough information is available to assign the introduction event to one of the above categories.

high flow events that may cause water to overspill a dam or wash out holding ponds. Such was the case for the establishment of bighead carp *Hypophthalmichthys nobilis* in the southeastern United States (Fuller et al. 1999). Colonization also can occur when natural migration barriers are eliminated or when formerly isolated basins are connected via canals. For example, the Welland Canal allowed fish such as the sea lamprey *Petromyzon marinus* to circumvent the migration barrier imposed by Niagara Falls and thus gain entry into the upper Great Lakes (Mills et al. 1993). Creation of the Chicago sanitary canal system provided a migration corridor between the Mississippi River drainage and Lake Michigan that has allowed the exchange of 15 species formerly confined to just one of the basins (Kolar and Lodge 2000).

The third category involves "inadvertent" introductions. Typically these are the direct result of human actions, but the people involved are usually not aware they are introducing an unwanted species. A common situation is when a fish species is introduced as a contaminant during an authorized stocking of another species. Many unauthorized introductions of green sunfish *Lepomis cyanellus* across the United States were the result of authorized introductions of bluegills *L. macrochirus* or largemouth bass *Micropterus salmoides* using fish stocks contaminated with green sunfish (Benson 1999). Inadvertent introductions can also be the result of ballast water releases such as those that resulted in establishment of round goby *Neogobius melanostomus* in the North American Great Lakes (Mills et al. 1993).

The fourth category involves situations where the cause of an introduction is "unknown." In reality, the cause of many introductions is not known with certainty, but fisheries biologists are often able to surmise the likely cause based on their knowledge of the local angling community, the stocking history of the water body, and the locations of nearby populations that could serve as a source of colonists.

Evaluating Sources of Unauthorized Fish Introductions

How important are these different pathways for unauthorized fish introductions? To answer this question, I examined 62 unauthorized fish introductions that occurred in Wyoming during 1973–2002. Most of these introduction events were documented by Wyoming Game and Fish Department biologists or by university researchers. Major sources of data were annual fisheries progress reports published by the Wyoming Game and Fish Department, personal communications with regional fish biologists, and graduate student theses or dissertations at the University of Wyoming. Whether or not introduction leads to establishment of a fish species was not considered in this analysis because my objective was to characterize the reasons behind unauthorized introductions, not the ecological characteristics that influence establishment of new species.

Half (50%) of unauthorized introductions involved illegal stocking by the public (Table 2). These involved 23 fish taxa, and no single species dominated this category. Illegal stocked fish included sport fish (walleye and yellow perch *Perca flavescens*), baitfish (white sucker *Catostomus commersonii* and several cyprinid species) and aquaria fish (goldfish). The next highest category of unauthorized introductions involved colonization by 13 species into new waters (34%). Brook trout and rainbow trout were among the most common colonizers. Neither of these species is native to Wyoming and both have detrimental effects on native cutthroat trout *Oncorhynchus clarkii*. Much management effort had been devoted to removing these species from streams with native cutthroat trout and then building migration barriers to prevent recolonization from downstream populations (Thompson and Rahel 1996). Unfortunately, brook trout *Salvelinus fontinalis* and brown trout have been able to move past these migrations barriers in some cases (Thompson and Rahel 1998). Walleye also colonized several water bodies and caused major disruptions to existing fisheries (see discussion below in Creating Beachheads for Invasions).

Inadvertent introductions were relatively rare (8%) and involved four species. Freshwater drum *Aplodinotus grunniens* was thought to have been introduced during authorized stocking of channel catfish into two reservoirs. Walleye were introduced during a stocking of smallmouth bass. Brook stickleback *Culaea inconstans* were believed to have become established in the upper reaches of the North Platte River system after they were stocked in a headwater reservoir along with a shipment of bait minnows. Finescale dace *Phoxinus neogaeus* were contained in a shipment of emerald shiners *Notropis atherinoides* legally stocked into a Wyoming reservoir as a forage species. Although inadvertent introductions are relatively uncommon, this is the category over which management agencies have the most control. Closer inspection of stocking allotments and reliance on cultured sources rather than wild caught fish would reduce the likelihood of introducing unwanted species during fish stocking. The remaining 8% of unauthorized in-

Table 2. Sources of 62 unauthorized fish introductions in Wyoming (1973–2002). Categories are described in Table 1.

Taxa	Illegal	colonization	inadvertent	unknown	total
Cyprinidae					
Bonneville redside shiner *Richardsonius balteatus hydrophlox*	1	0	0	0	1
Common carp	0	0	0	1	1
Fathead minnow *Pimephales promelas*	1	1	0	0	2
Finescale dace	0	0	1	0	1
Golden shiner *Notemigonus crysoleucas*	1	0	0	0	1
Goldfish *Carassius auratus*	3	1	0	0	4
Leatherside chub *Snyderichthys copei*	0	0	0	1	1
Red shiner *Cyprinella lutrensis*	1	0	0	0	1
Sand shiner *Notropis stramineus*	0	1	0	0	1
Speckled dace *Rhinichthys osculus*	1	0	0	0	1
Utah chub *Gila atraria*	1	0	0	0	1
Catostomidae					
White sucker	2	0	0	0	2
Ictaluridae					
Black bullhead *Ameirus melas*	1	0	0	0	1
Channel catfish *Ictalurus punctatus*	1	0	0	0	1
Esocidae					
Northern pike	1	0	0	0	1
Salmonidae					
Brook trout	1	4	0	0	5
Cutthroat trout	0	1	0	0	1
Lake trout *Salvelinus namaycush*	1	1	0	0	2
Rainbow trout	1	3	0	0	4
Splake (*S. fontinalis* × *S. namaycush*)	0	1	0	0	1
Gadidae					
Burbot *Lota lota*	1	0	0	0	1
Gasterosteidae					
Brook stickleback	2	2	1	1	6
Centrarchidae					
Bluegill	0	0	0	1	1
Green sunfish	1	1	0	0	2
Largemouth bass	1	0	0	0	1
Smallmouth bass *Micropterus dolomieu*	2	1	0	0	3
White crappie *Pomoxis annularis*	1	0	0	0	1
Percidae					
Iowa darter *Etheostoma exile*	1	0	0	0	1
Walleye	2	3	1	0	6
Yellow perch	3	1	0	1	5
Sciaenidae					
Freshwater drum	0	0	2	0	2
Total for each category	31	21	5	5	62
Percent of all introductions	50%	34%	8%	8%	

troductions involved five species for which the source of the introduction was not known.

Creating Beachheads for Invasions

For most sport and forage fish species, initial introductions into a region were done by a state or federal management agency. However, once a species is present, illegal transfers by the public and colonization via natural and human-mediated waterway connections become a major pathway for future introductions. This is illustrated by the various ways that walleye have expanded their range in Wyoming. Early stocking of walleye in Wyoming was authorized by the Wyoming

Game and Fish Department, and the first successful plant occurred in 1943 in Wardell Reservoir, near the town of Cody (Simon 1946). Subsequently, authorized stockings of walleye occurred in various reservoirs east of the continental divide (Figure 3). In addition, there have been eight documented cases of unauthorized stockings of walleye in Wyoming (Figure 3). These cases include examples of the three main categories of unauthorized stocking: illegal plants by the public, colonization into new water bodies, and inadvertent stocking due to contamination of an authorized plant of another species.

Examples of illegal stocking of walleye by the public include Lake DeSmet and the Gillette Fishing Lake (Table 3). The situation in Lake DeSmet is of particular concern to fishery managers because this reservoir has historically been an important trout fishery and walleye are known to be voracious predators on salmonids (McMahon and Bennet 1996; Bradshaw 2000). The Gillette Fishing Lake is in the town of Gillette, and several walleye were captured when the lake was treated with rotenone in 2000. Because walleye had never been stocked by the Wyoming Game and Fish Department and because there were no walleye populations in the drainage that could serve as a source of colonists, illegal stocking was the most likely explanation for their presence in this lake.

The spread of walleye in the North Platte River system in Wyoming illustrates the process of colonization once a species is introduced into a drainage system. Walleye were not native in the Platte River system in Wyoming (Baxter and Stone 1995). Early management efforts resulted in a highly successful put-grow-and-take fishery based on rainbow trout, especially in Seminoe, Pathfinder, and Alcova reservoirs (McMillan 1984). In 1961, Seminoe Reservoir experienced a seminal event, the first documented catch of a walleye. The source of walleye was never identified, but the most likely pathway was drift out of the upper reaches of the North Platte River drainage in Colorado where walleye were present in some private ponds (McMillan 1984). Walleye prospered in Seminoe Reservoir but were prevented from moving downstream by the outflow dam where water passed through sub-

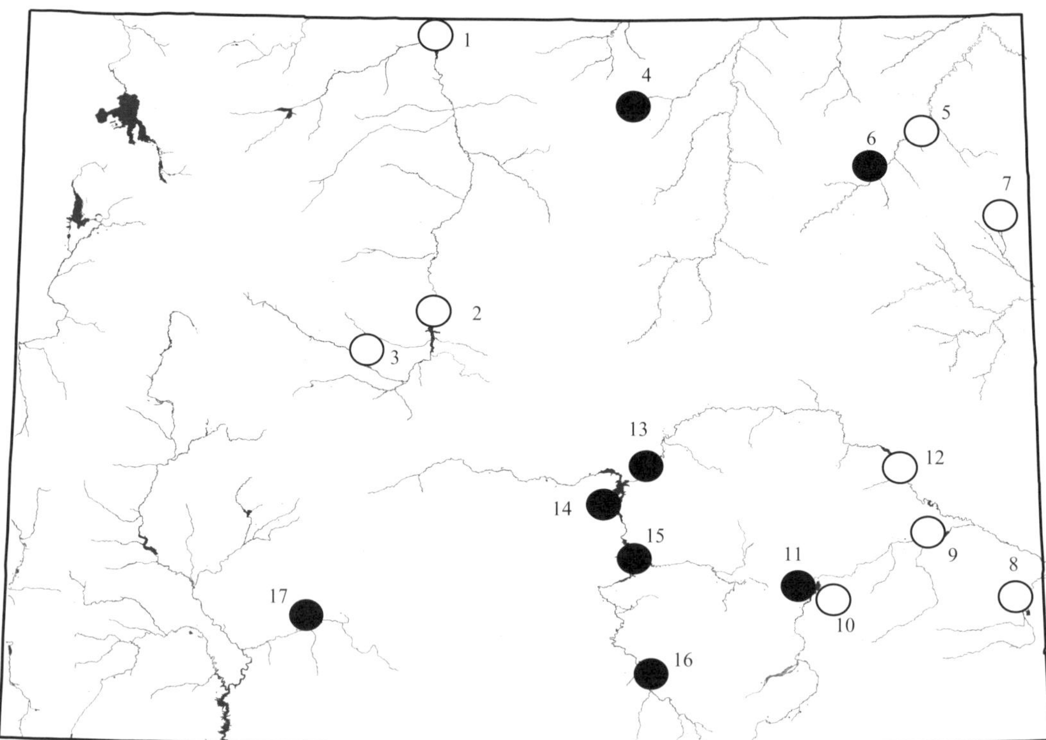

Figure 3. Locations of walleye introductions in Wyoming. Open circles represent authorized stockings by the Wyoming Game and Fish Department. Closed circles represent unauthorized stockings. Identification numbers and stocking information are described in Table 3.

Table 3. Walleye introductions in Wyoming. Authorized stockings were sanctioned by the Wyoming Game and Fish Department. Unauthorized stockings are described using the categories in Table 1. The list of introduction sites is not meant to be exhaustive but rather illustrative of the nature of walleye introductions in the state. Water bodies are numbered as in Figure 3.

Water body	Drainage	Type of introduction
1. Yellowtail Reservoir	Bighorn River	Authorized
2. Boysen Reservoir	Bighorn River	Authorized
3. Ocean Lake	Bighorn River	Authorized
4. Lake DeSmet	Powder River	Unauthorized: illegal stocking by the public
5. Keyhole Reservoir	Belle Fourche River	Authorized
6. Gillette Fishing Lake	Belle Fourche River	Unauthorized: illegal stocking by the public
7. LAK Reservoir	Cheyenne River	Authorized
8. Hawk Springs Reservoir	North Platte River	Authorized
9. Grayrocks Reservoir.	North Platte River	Authorized
10. Wheatland Reservoir 2	North Platte River	Authorized
11. Wheatland Reservoir 3	North Platte River	Unauthorized: colonized from Wheatland Reservoir 2
12. Glendo Reservoir	North Platte River	Authorized
13. Alcova Reservoir	North Platte River	Unauthorized: colonized from Pathfinder Reservoir
14. Pathfinder Reservoir	North Platte River	Unauthorized: colonized from Seminoe Reservoir
15. Seminoe Reservoir	North Platte River	Unauthorized: colonized from upstream sources
16. Saratoga Lake	North Platte River	Unauthorized: colonized from North Platte River
17. Jim Bridger Pond	Green River	Unauthorized: inadvertent as a contaminant in an authorized stocking of smallmouth bass

surface outlets to turbines used to generate electricity. However, high runoff in 1973 caused water to spill over the dam and allowed walleye to move downstream into Pathfinder Reservoir where they became established. Walleye were prevented from further movement downstream until another high water year in 1984 caused water to overflow Pathfinder Reservoir dam and allowed walleye to colonize Alcova Reservoir (Mavrakis and Yule 1998). Initially, walleye were not welcomed by anglers, especially in the blue ribbon trout fishery in the North Platte River between Seminoe and Pathfinder reservoirs where many trout anglers tossed walleyes on the bank as trash fish (McMillan 1984). The presence of walleye has dramatically changed the nature of the fishery in the North Platte River system where trout catch rates have declined as walleye catch rates have increased. To maintain a trout fishery in the face of an abundant walleye population, managers have been forced to stock larger (and thus fewer) trout and to stock when water temperatures are cool to minimize losses to walleye predation (Mavrakis and Yule 1998). Another example of colonization in the North Platte River system involved the movement of walleye into Wheatland Reservoir #3 during water transfers via the canal from Wheatland Reservoir #2 (Figure 3; Table 3) (McDowell 1984).

An example of an inadvertent introduction of walleye involved Jim Bridger Pond in the Green River drainage of western Wyoming (Table 3). In 1998, this reservoir was intentionally stocked with young smallmouth bass purchased from an out-of-state hatchery. While the fish were being stocked, it was noticed that the shipment also contained young walleye. There was concern that establishment of a walleye population in Jim Bridger Pond could serve as a source of illegal plants or colonists for other reservoirs of the Green River drainage, including Flaming Gorge Reservoir where walleye could have a devastating impact on salmonid populations. During the next several years, an intensive netting program was conducted to eliminate walleye from the reservoir. Also, plans were formulated to chemically treat the lake if walleye reproduction occurred. Fortunately, walleye did not reproduce in Jim Bridger Pond and no adults were captured in 2002 or 2003. Thus, the inadvertent introduction of walleye did not result in a population being established in this reservoir.

These examples of unauthorized walleye introductions in Wyoming illustrate how difficult it is to control the spread of a species once it has become established within a region. Fishery managers should assume that a species stocked into a water body will eventually occur in other suitable habitats within the drainage, either through illegal transfers by the public or through a process of colonization. Even well-conceived, agency-sanctioned introductions of nonnative species can create a beachhead for invasions that will be ecologically harmful in other habitats. Claims that a nonnative species can be restricted to a particular water body or culture facility have too often been proven false in the past.

Responding to Unauthorized Introductions: Educate, Legislate, Eradicate, or Accept as Fate?

There are four ways of dealing with the problem of unauthorized fish introductions. A long-term solution is through education of the public about the negative consequences of transferring fish to new water bodies. In the nearer term, legislation that makes unauthorized stocking illegal and imposes fines can serve as a deterrent. In some situations, managers may have to resort to chemical or mechanical removal of introduced fish if they are deemed a sufficient threat to other species in the system. Finally, in many cases, unauthorized introduced species may have to be accepted as a permanent part of the biota.

Education is the ultimate solution to the problem of unauthorized introductions. Historically, the public was encouraged to participate in fish introductions, and such activities were considered to be an enhancement of nature (Dill and Cordone 1997a, 1997b; Rahel 1997). Furthermore, some state agencies still promote fish stocking as one of their most visible activities, a public relations ploy to show how license fees are helping to improve fishing. We have made progress in downplaying stocking as the major activity of fisheries management and as the magic solution to poor fishing quality (Wiley 1995), but further progress is needed (Utter 1994). A majority of the public continues to view stocking as the preferred method for enhancing fishing quality (Arlinghaus and Mehner 2003; Jackson et al. 2004).

In addition, there must be continued education about the problems caused by unauthorized fish introductions. Articles in the popular press and in fishing magazines should highlight not only the most sensational examples of illegal fish introductions such as the northern snakehead *Channa argus* (Huslin 2002), but more mundane examples that also have major impacts on native species. For example, baitfish species do not have the marquee appeal of the snakehead as the poster child for illegal stocking, but baitfish can still cause major problems when they are illegally released into a water body (Remmick 1982; Vashro 1995; Ludwig and Leitch 1996). Education can be done through national organizations such as the American Fisheries Society (Introduced Fish Section Web site http://www.afsifs.vt.edu), and the U.S. Geological Survey (nonindigenous aquatic species information resource Web site at http://nas.er.usgs.gov/fishes/). Or education can be done at the local level through news releases emphasizing the problems caused by an unauthorized introduction, by distributing informational literature (Figure 4), or by personal contact. For example, fisheries biologists should be able to suggest ways to humanely dispose of unwanted pet fish or unused baitfish as an alternative to releasing them into local waters (suggestions are given at the U.S. Geological Survey's nonindigenous aquatic species information website cited above).

Legislation prohibiting the transfer of aquatic species among water bodies is another tool in the fight against unauthorized fish introductions. Most states have laws prohibiting the release of species outside of the water body where they were initially captured (Table 4). These laws are generally published in the

Figure 4. Copies of this sign were posted at various fishing locations in Wyoming to educate anglers about the dangers of releasing live baitfish.

Table 4. Examples of laws regarding the release of live fish in various states.

State	Laws and regulations
Colorado	It is illegal for anyone other than the Department of Wildlife (DOW) or someone with an aquaculture license, stocking permit or private or commercial lake license to stock or release fish species into waters of the state. It is illegal to move fish from one water to another. Live release must take place in the water of catch unless otherwise authorized. Unless authorized in writing by the DOW for controlled and experimental purposes only, it is illegal to export, import, transport, stock, sell, acquire and possess for release any of these species: piranha; trahira; gar (all species); snakeheads or murrels; sticklebacks; walking catfish; tilapia; bighead carp; bowfins; silver carp; Indian carp; rudd. (2003 Colorado Fishing Season available from Colorado Division of Wildlife; http://wildlife.state.co.us).
Kansas	It is illegal to release any fish into public waters unless caught from that water. Kansas Fishing Regulations Summary available at www.kdwp.state.ks.us
Nebraska	It is unlawful to release in public waters of the state any fish that did not originate in that body of water. It is illegal to release your baitfish or any fish caught from a different waterbody into public waters. (2003 Nebraska Fishing Regulations available at http://www.ngpc.state.ne.us/fish/fishguide/fishguide.html).
South Dakota	A person may not transplant or introduce live fish or fish eggs into public waters or release fish, reptiles, amphibians or crustaceans not native to South Dakota into public or private waters within the state, other than aquaria, without written authorization from Game, Fish and Parks. It is illegal to bring nonnative bait into South Dakota. No person may use or possess carp, buffalo, carpsuckers, goldfish, or game fish as bait for hook and line fishing. It is illegal to sell rudd or possess them. (South Dakota 2003 Fishing Handbook available at http://www.state.sd.us/gfp).
Wyoming	It is unlawful to plant or release live fish or fish eggs without the consent and supervision of the department or its authorized personnel. This does not include fish captured by legal means and released immediately upon capture. It is illegal to transport live fish or live fish eggs from the water of capture. No live bait fish shall be transported into the State for use as live bait fish. Unused live bait fish shall not be released alive. 2002-2003 Wyoming Fish Regulations available at http://gf.state.wy.us

fishing regulations brochure given to anglers at the time a license is purchased. There also are regulations governing the collection, use, and disposal of baitfish. The trend has been to increase the regulations regarding baitfish in order to decrease the chances of unwanted species being released into new water bodies. For example, procurement of baitfish in Wyoming by the public was allowed starting in 1950. A seining-trapping permit was needed, but fish could be collected with Wyoming Game and Fish Department supervision and used anywhere in the state where use of live baitfish was legal. In the mid-1990s, an effort was made to minimize the trans-basin movement of bait fishes by requiring collectors to specify one region in which collecting was to be done and then restricting use of collected baitfish to within that region. Also, anglers purchasing bait from a commercial dealer had to retain a receipt verifying the point of purchase and were allowed to use the baitfish only in the region where they were purchased. The idea was to have more oversight regarding the baitfish used in a particular drainage by controlling which species were sold at local bait shops. However, contamination of baitfish supplies at bait shops with undesirable nonnative species continued to be a problem, and in 2000, the importation of baitfish from out of state sources was prohibited. The objective of this new regulation was to require bait dealers to sell only locally caught fish (and thus reduce the likelihood of new species being introduced into the region) and to encourage development of regional aquaculture sources of baitfish that would be free of unwanted species. In addition, only fathead minnows and golden shiners are allowed as live baitfish for statewide use. Wild-caught baitfish must be used in the area of capture as specified on the seining permit. A proposed modification would ban possession of brook sticklebacks. The objective is to force bait dealers to do a better job of screening their baitfish stocks for this new invasive species in Wyoming.

Whereas most regulations regarding unauthorized stocking of fish are enacted at the state level, some species have received attention at the national level because of the extreme harm they can cause to humans or aquatic ecosystems. Fish that are banned from importation into the United States are walking catfish (family *Clariidae*) and snakeheads (family *Channidae*) (U.S. Office of the Federal Register 2002a). Recently, the black carp has been proposed to be added to the list of banned fish because of concern that this molluscivore would have devastating effects on native freshwater mussels and snails (Ferber 2001; U.S. Office of the Federal Register 2002b).

Regulations prohibiting the use of certain fishes are useless if anglers do not abide by them. Illegal use of live bait is the third most common violation in Wyoming after fishing without a license and exceeding harvest limits. Schill and Kline (1995) estimated that 2.9% of anglers used illegal live bait in an Idaho stream. Bradshaw (1999) reported 5% of anglers used illegal live bait in a Wyoming reservoir. Interestingly, 7.5% of anglers responding to a voluntary creel box at another Wyoming reservoir indicated they used live bait (which was illegal at that reservoir), suggesting that ignorance of restrictions on live bait use may be a factor in many cases (Wyoming Game and Fish Department 1999). There is an obvious need for increased enforcement of baitfish regulations.

In some cases eradication of a nonnative fish species is deemed necessary. This is the case for species that are likely to have devastating effects on native species through predation, competition or hybridization. Removal of brook trout from streams with native cutthroat trout in the western United States is an example (Thompson and Rahel 1996). In the situation involving the inadvertent release of walleye into Jim Bridger Pond in the Green River drainage of Wyoming (Table 3), the Wyoming Game and Fish Department made contingency plans to chemically rehabilitate the reservoir if reproduction by walleye was observed. In the case of snakehead in a Maryland pond, chemical elimination was deemed necessary because of the close proximity of the pond to the Patuxent River and the highly piscivorous nature of the species (Maryland Department of Natural Resources 2003). Vashro (1995) discussed additional instances where unauthorized fish introductions necessitated chemical treatment of water bodies. But chemical treatment is expensive and commonly fails to remove all individuals (Wydoski and Wiley 1999). Also, the public is increasingly wary of rehabilitation through poisoning because of concerns about adverse effects of rotenone and antimycin on nontarget organisms, including humans (McClay 2000).

In many situations, we must simply accept as irreversible the addition of a new species to the fish assemblage of a stream, lake, or reservoir. Eradication of unwanted species is simply not feasible in large bodies of water or extensive drainage systems. Many introduced species do not have detectable effects on the existing aquatic community (Gido and Brown 1999; Trexler et al. 2000), and so there is little economic or political justification to invest the resources it would take to eliminate them. For species with negative effects, control rather than eradication is often the most practical approach. For example, mechanical removal of lake trout in Yellowstone Lake appears to be the best solution for preserving native cutthroat trout (Ruzycki et al. 2003), and there is a long history of successfully controlling sea lamprey populations in the Great Lakes through chemical treatment of selected nursery areas. But control requires an ongoing effort, something not guaranteed in perpetuity given changing sociological and political climates.

Sometimes fisheries managers have simply made the best of the situation when a new species became established. Walleye in the North Platte River system are a case in point. Although the initial response to walleye by anglers used to catching trout was not enthusiastic, the North Platte river system has evolved into an important walleye fishery (Mavrakis and Yule 1998). However, angler interest in catching trout remains high, and fishery managers have been able to maintain a respectable, albeit reduced, trout fishery by stocking fewer, larger trout and altering the timing of plants to minimize walleye predation.

Conclusions

Unauthorized fish introductions will continue to be one of the most daunting problems facing fisheries managers. The problem is more intractable than issues involving poor habitat quality or overharvest because the clandestine actions of a few can result in permanent impacts to entire aquatic ecosystems. Legislation can reduce the opportunities for illegal introductions by restricting the use of nonnative baitfish species. Ludwig and Leitch (1996) defined the probability of a bait-bucket transfer as a product of three independent event probabilities: (1) the probability of transportation across a basin boundary, (2) the probability that a bait-bucket contains a nonbaitfish species, and (3) the probability of anglers releasing baitfish alive after use. Based on empirical estimates of these probabilities for baitfish use in the upper Midwestern United States, they concluded that the single event probability of a nonbaitfish transfer was 0.01. When the total number of angler-days was considered, at least 1,000 successful bait bucket transfers from the Mississippi River basin to the Hudson River basin in Minnesota, North Dakota, and South Dakota were estimated to occur each year. Restricting use of baitfish to the drainage where the fish were collected and/or prohibiting live baitfish use in certain drainages will reduce the probability that anglers will move fish across basin boundaries. Frequent inspection to encourage bait dealers to maintain uncontaminated baitfish stocks and restrictions on the species legally sold as baitfish will reduce the probability that a bait-bucket contains undesirable species. Education of the public about the harm done by unauthorized fish introductions, especially from bait-bucket releases, will reduce the probability of anglers releasing live baitfish at the end of the day.

Although legislation and education are the best hope for reducing the rate of unauthorized introductions in the long-term, fisheries biologists will still be faced with the need to eliminate introduced species that pose immediate and significant threats to aquatic ecosystems. For the foreseeable future, treatment with toxicants will remain the most effective means of eliminating unwanted species, even though this method is being met with growing concern by the public.

The issue of invasive species has moved to the forefront of natural resource management in many types of ecosystems (Mack et al. 2000). As a result, fisheries managers will find themselves allied with conservationists and natural resource managers fighting invasive species belonging to a variety of taxa. Unfortunately, it promises to be a long battle, but one that is critical to preserving existing fisheries and maintaining biological integrity in aquatic systems.

Acknowledgments

Dirk Miller, Robert McDowell, Kevin Johnson, Robb Keith, Michael Stone, William Wengert, and Robert Wiley provided information about unauthorized fish introductions in Wyoming. Michael Quist and an anonymous reviewer provided comments on the manuscript.

References

Arlinghaus, R., and T. Mehner. 2003. Management preferences of urban anglers: habitat rehabilitation versus other options. Fisheries 28(6):10–17.

Barkwell, M. C. 1883. Report of the Board of Fish Commissioners for the two years ending Dec. 31, 1883. Wyoming Game and Fish Department, Cheyenne.

Baxter, G. T., and M. D. Stone. 1995. Fishes of Wyoming. Wyoming Game and Fish Department, Cheyenne.

Benson, A. J. 1999. Documenting over a century of aquatic introductions in the United States. Pages 1–31 *in* R. Claudi and J.H. Leach, editors. Nonindigenous freshwater organisms: vectors, biology, and impacts. CRC Press LLC, Boca Raton, Florida.

Bradshaw, W. H. 1999. Programmed creel survey of Healey Reservoir, Johnson County, 1998. Wyoming Game and Fish Department, Fish Division, Administrative Report, Cheyenne.

Bradshaw, W. H. 2000. Programmed creel survey of Lake DeSmet, Johnson County, January through December 1998. Wyoming Game and Fish Department, Fish Division, Administrative Report, Cheyenne.

Clark, R. D., Jr., G. R. Alexander, and H. Gowing. 1981. A history and evaluation of regulations for brook trout and brown trout in Michigan streams. North American Journal of Fisheries Management 1:1–14.

Crossman, E. J., and B. C. Cudmore. 1999. Summary of fishes intentionally introduced in North America. Pages 99–111 *in* R. Claudi and J. H. Leach, editors. Nonindigenous freshwater organisms: vectors, biology, and impacts. CRC Press LLC, Boca Raton, Florida.

Dill, W. A., and A. J. Cordone. 1997a. History and status of introduced fishes in California, 1871–1996: conclusions. Fisheries 22(10):15–18.

Dill, W. A., and A. J. Cordone. 1997b. History and status of introduced fishes in California. California Department of Fish and Game, Fish Bulletin 178, Sacramento.

Etnier, D. A., and W. C. Starnes. 1993. The fishes of Tennessee. The University of Tennessee Press, Knoxville.

Ferber, D. 2001. Will black carp be the next zebra mussel? Science 292:203.

French, J. R. P., III. 1993. How well can fishes prey on zebra mussels in eastern North America? Fisheries 18(6):13–19.

Fuller, P. L., L. G. Nico, and J. D. Williams. 1999. Nonindigenous fishes introduced into inland waters of the United States. American Fisheries Society, Special Publication 27, Bethesda, Maryland.

Gido, K. B., and J. H. Brown. 1999. Invasion of North American drainages by alien fish species. Freshwater Biology 42:387–399.

Huslin, A. 2002. Freakish fish causes fear in Md.: carnivore moves on land, can survive 4 days without water. Washington Post (June 27): B03.

Jackson, J. R., J. C. Boxrucker, and D. W. Willis. 2004. Trends in agency use of propagated fishes as a management tool in inland fisheries. Pages 79–96 *in* M. Nickum, P. Mazik, J. Nickum, and D. MacKinlay, editors. Propagated fishes in resources management. American Fisheries Society, Symposium 44, Bethesda, Maryland.

Kolar, C. S., and D. M. Lodge. 2000. Freshwater nonindigenous species: interactions with other global changes. Pages 3–30 *in* H. A. Mooney and R. J. Hobbs, editors. Invasive species in a changing world. Island Press, Washington, D.C.

Laird, C. A., and L. M. Page. 1996. Non-native fishes inhabiting the streams and lakes of Illinois. Illinois Natural History Survey Bulletin 35(1):1–51.

Litvak, M. K., and N. E. Mandrak. 1999. Baitfish trade as a vector of aquatic introductions. Pages 163–180 *in* R. Claudi and J. H. Leach, editors. Nonindigenous freshwater organisms. Lewis Publishers, New York.

Ludwig, H. R., Jr., and J. A. Leitch. 1996. Interbasin transfer of aquatic biota via anglers' bait buckets. Fisheries 21:(7)14–18.

Mack, R. N., D. Simberloff, W. M. Lonsdale, H. Evans, M. Clout, and F. A. Bazzaz. 2000. Biotic invasions: causes, epidemiology, global consequences, and control. Ecological Applications 10:689–710.

Maryland Department of Natural Resources. 2003. Snakehead information sheet. Available at http://www.dnr.state.md.us/fisheries/snakeheadinfosheet.html/

Mavrakis, P. H., and D. L. Yule. 1998. North Platte comprehensive fisheries studies: creel survey and stocking evaluation, 1995–1996. Wyoming Game and Fish Department, Fish Division, Cheyenne.

McClay, W. 2000. Rotenone use in North America (1988–1997). Fisheries 25(5):15–21.

McDowell, R. A. 1984. The Wheatland Reservoir #3 fishery, Albany County, Wyoming. Wyoming Game and Fish Department, Fish Division, Administrative report, Cheyenne.

McMahon, T. E., and D. H. Bennet. 1996. Walleye and northern pike: boost or bane to Northwest fisheries? Fisheries 21(8):6–13.

McMillan, J. 1984. Evaluation and enhancement of the trout and walleye fisheries in the North Platte River system of Wyoming with emphasis on Seminoe Reservoir. Wyoming Game and Fish Department, Fish Division, Completion report, Cheyenne.

Mills, E. L., J. H. Leach, J. T. Carlton, and C. L. Secor. 1993. Exotic species in the Great Lakes: a history of biotic crisis and anthropogenic introductions. Journal of Great Lakes Research 19:1–54.

Moyle, P. B., H. W. Li, and B. Barton. 1987. The Frankenstein effect: impact of introduced fishes on native fishes of North America. Pages 415–426 *in* R. H. Stroud, editor. The role of fish culture in fisheries management. American Fisheries Society, Bethesda, Maryland.

Moyle, P. B., and T. Light. 1996. Biological invasions of fresh water: empirical rules and assembly theory. Biological Conservation 78:149–161.

Nielsen, L. A. 1999. History of inland fisheries management in North America. Pages 3–30 *in* C. C. Kohler and W. A. Hubert, editors. Inland fisheries management in North America, 2nd edition. American Fisheries Society, Bethesda, Maryland.

Pflieger, W. L. 1997. The fishes of Missouri. Missouri Department of Conservation, Jefferson City.

Philipp, D. P., J. M. Epifanio, and M. J. Jennings. 1993. Conservation genetics and current stocking practices: are they compatible? Fisheries 18(12):14–16.

Radomski, P. J., and T. J. Goeman. 1995. The homogenizing of Minnesota lake fish assemblages. Fisheries 20(7):20–23.

Rahel, F. J. 1997. From Johnny Appleseed to Dr. Frankenstein: changing values and the legacy of fisheries management. Fisheries 22(8):8–9.

Rahel, F. J. 2000. Homogenization of fish faunas across the United States. Science 288:854–856.

Remmick, R. 1982. Live bait fish can kill a fishery. Wyoming Wildlife XLVI(5):30–31.

Ruzycki, J. R., D. A. Beauchamp, and D. L. Yule. 2003. Effects of introduced lake trout on native cutthroat trout in Yellowstone Lake. Ecological Applications 13:23–37.

Schill, D. J., and P. A. Kline. 1995. Use of random response to estimate angler noncompliance with fishing regulations. North American Journal of Fisheries Management 15:721–731.

Simon, J. R. 1946. Wyoming fishes. Wyoming Game and Fish Department, Bulletin No. 4, Cheyenne.

Thompson, P. D., and F. J. Rahel. 1996. Evaluation of depletion-removal electrofishing of brook trout in small Rocky Mountain streams. North American Journal of Fisheries Management 16:332–339.

Thompson, P. D., and F. J. Rahel. 1998. Evaluation of human-made barriers in small Rocky Mountain streams in preventing upstream movement of brook trout. North American Journal of Fisheries Management 18:206–210.

Townsend, C. R., and M. J. Winterbourn. 1992. Assessment of the environmental risk posed by an exotic fish: the proposed introduction of channel catfish (*Ictalurus punctatus*) in New Zealand. Conservation Biology 6:273–282.

Trexler, J. C., W. F. Loftus, F. Jordan, J. J. Lorenz, J. H. Chick, and R. M. Kobza. 2000. Empirical assessment of fish introductions in a subtropical wetland: an evaluation of contrasting views. Biological Invasions 2:265–277.

U.S. Office of the Federal Register. 2002a. Injurious wildlife species: snakeheads (family Channidae). Federal Register 67:193(4 October 2002):62193–62204.

U.S. Office of the Federal Register. 2002b. Injurious wildlife species: black carp (*Mylopharynodon piceus*). Federal Register 67:146(30 July 2002):49280–49284.

Utter, F. M. 1994. Detrimental aspects of put-and-take trout stocking. Fisheries 19(8):8–9.

Vashro, J. 1995. The bucket brigade. Montana Outdoors 26(5):34–35.

Whitworth, W. R. 1996. Freshwater fishes of Connecticut. State Geological and Natural History Survey of Connecticut, Bulletin 114, Hartford.

Wiley, R. W. 1995. A common sense protocol for the use of hatchery-reared trout. Pages 465–471 *in* H. L. Schramm, Jr. and R. G. Piper, editors. Uses and effects of cultured fishes in aquatic ecosystems. American Fisheries Society, Symposium 15, Bethesda, Maryland.

Wingate, P. J. 1992. Zander – evaluate carefully before introducing. In-Fisherman 17:32.

Wydoski, R. S., and R. W. Wiley. 1999. Management of undesirable fish species. Pages 403–430 *in* C. C. Kohler and W. A. Hubert, editors. Inland fisheries management in North America, 2nd edition. American Fisheries Society, Bethesda, Maryland.

Wyoming Game and Fish Department. 1999. East Newton Lake spot creel survey. Page 86–87. Annual fisheries progress report on the 1998 work schedule. Wyoming Game and Fish Department, Fish Division, Cheyenne.

American Fisheries Society Symposium 44:445–466, 2004

Managing Southwestern Native and Nonnative Fishes: Can We Mix Oil and Water and Expect a Favorable Solution?

JOHN N. RINNE
USDA Forest SErvice, Rocky Mountain Research Station
2500 South Pine Knoll Drive, Flagstaff, Arizona 86001, USA

LARRY RILEY, ROB BETTASO, ROGER SORENSON, AND KIRK YOUNG
Arizona Game and Fish Department
2223 West Greenway Road, Phoenix, Arizona 85023, USA

Abstract.—The native fish fauna of the Southwest has become markedly reduced in range and numbers over the past century. Dramatic changes in aquatic habitats and the introduction of nonnative fishes are related to their demise. Major southwestern river systems such as the Colorado, Rio Grande, Gila, and Verde presently contain nonnative, primarily sport fish assemblages, in combination with rare, declining, and listed native species. The Arizona Game and Fish Department in collaboration with federal and private agencies is responsible for managing both of these fish groups in a representative state, Arizona. Two questions can be offered: "Is it desirable, and possible, to sustain both fish groups in the waters of Arizona?" and further, "Is it possible to sustain both fish groups in the same river, stream, lake for spring?"

Currently, the Arizona Game and Fish Department (Department) propagates primarily coldwater species; however, a half a dozen species, including the threatened Apache trout *Oncorhynchus gilae apache*, Colorado pikeminnow *Ptychocheilus lucius*, razorback sucker *Xyrauchen texanus*, Gila topminnow *Poeciliopsis occidentalis*, and desert pupfish *Cyprinodon nevadensis*, are also reared in hatcheries and refugia habitats. Repatriation programs for these same species are ongoing in Arizona. A critical component for recovery of these rare, native species will be to sustain secure habitats for their repatriation. Cooperative programs with the U.S. Forest Service, U.S. Bureau of Land Management, and U.S. Bureau of Reclamation seek available habitats for restoration of native fishes. The management activities of many agencies over the last century have contributed to the hydrological and biological state of southwestern river systems. Cooperation among these same agencies will be necessary to conserve and enhance native fishes while sportfishing continues. The answer to the above two questions are (1) "Yes, both groups are being managed under department mission statements"; and (2) "No, efforts to do so should in the same habitats are not recommended and should not be attempted."

Introduction

The native fish fauna of the American Southwest is low in diversity and contains an array of unique and specialized forms (Miller 1946; Minckley 1973; Rinne and Minckley 1991). Despite a depauperate fauna (<50 species), historically, most native species were widely distributed in streams and rivers across an arid landscape in basin and range topography (Minckley 1973; Rinne 1995a, 1996). Currently, a majority (70%) of the species in the Southwest are federally listed as threatened and endangered species (Rieman et al. 2003). Of the remainder, many are dramatically reduced in range and numbers and are state listed or classified as Forest Service sensitive species (Rinne and Medina 1996; Rinne 2003a).

Two primary anthropogenic factors, loss or alteration of habitat and introduction of nonnative species of fishes, are generally accepted as the driving forces that have caused the dramatic changes in the communities of native fishes across the southwestern landscape (Rinne and Minckley 1991; Debano et al. 2003;

Rinne 2003a, 2003b). Landscape use activities such as timber harvest and livestock grazing obviously have affected southwestern aquatic ecosystems. However, there is no empirical information on the effects of logging on stream ecosystems and their native fishes in the Southwest. Further, there is an overabundance of conjecture and opinion and very little scientific or rigorous monitoring data on the direct and indirect effects of ungulate grazing on fishes in riparian-stream ecosystems (Medina and Rinne 1999; Rinne 1999, 2000; Medina et al., in press). By contrast, the loss of surface waters in streams and rivers (Rinne 1994) as a result of dams, diversions, and groundwater mining (pumping) is readily observable and widely documented. Notwithstanding, Marsh and Pacey (in press) suggested, and we concur, that introduced fishes are just as great a stressor to native fishes as are degraded habitats.

In Arizona, more than a hundred nonnative fish species have been introduced in the last century, of which half have become established in the waters of the state (Rinne 1994, 2003a). Rinne and Janisch (1995) in the previous propagated fishes symposium (Schramm and Piper 1995) delineated the extent of this impact in cold waters. Rinne et al. (1998) and Rinne (in press) have documented the same effects for one warmwater river, the Verde. Most of these nonnative fishes have been introduced for sport fishing; however, biological control, bait, and accidental introduc- tions also have been substantial (Miller 1952; Rinne 2003a; Rahel 2004, this volume). The sport fishing industry in Arizona increased in parallel to the amount of surface area of lakes. Currently, sport fishing is a multi-million, angler-day and dollar industry in Arizona (AGFD 2003a).

This brings us to the dilemma, or issue, that has arisen and exists throughout the Southwest. First, most of the native fishes are listed as threatened or endangered, are candidates for listing, are on the Forest Service sensitive species list, or are on state lists, and are declining continually. Second, sport fishing is very important economically to states such as Arizona (AGFD 2003a). Native fish species, aside from the three trout (Rinne 1988) and perhaps the large, endemic predators in these systems (chubs, genus *Gila*, and pikeminnows, genus *Ptychoechilus*) are not economically important, despite an interest in their plight by the public. Third, the Arizona Game and Fish Department (AGFD 2001) has a mission to conserve and manage native fish species (see below).

The question has to be asked, "How do we manage to sustain both native fish species and the sport fishing industry within the state?" Further, "Can we mix the two fish assemblages, native and nonnative, in the same body of water and expect a favorable outcome?" We will address these questions in this paper through the use and discussion of (1) case histories of the status and decline of native fish assemblages in several large river ecosystems in the Southwest; (2) the history and status of hatchery propagation and stocking or distribution to waters for the two fish groups in a representative state, Arizona; (3) brief case histories of management of propagated native species in Arizona; (4) a novel management approach and extant cases of spatial management of native species in Arizona; and (5) economic and ethics issues, the dollar value of both fish groups, and their relative value to Arizona residents and the AGFD.

Four Case Histories of Fish Faunal Declines

The Lower Colorado River, Arizona

The Colorado River arguably can be considered among the most biologically and physically altered river systems in North America and perhaps the world (Rinne et al., in press a). Mueller and Marsh (2002) have provided the most recent comprehensive report on the lower Colorado River, in which they delineate the changes in habitat, biology, and species assemblages in the past century. The Colorado once contained one of the of the most unique native fish assemblages in the world, with most native species (75%) being restricted to the basin. These species were all adapted to survive the vagaries of southwestern climate, including floods, drought, extreme temperature, and extreme salinities.

Once a wild desert river that varied between drought and massive floods, the lower Colorado is now dammed and diverted, from the Arizona–Utah Border to Mexico (Rinne 1994; Mueller and Marsh 2002). Presently, its waters are stored in hundreds of square kilometers of reservoirs that facilitate irrigation of millions of hectares and that supply water for domestic use to 30 million people (Mueller and Marsh 2002). The remaining river is channelized where it flows between reservoirs and resembles a canal more than a river. The native fishes have been affected dramatically by these hydrologic changes. In addition to habitat changes, more than 70 nonnative species have been introduced into its waters and, by the 1930s, were throughout the lower basin (Mueller and Marsh 2002). In summary, introduced fishes largely have replaced native species in the lower Colorado River (Minckley 1983). Most of these nonnative species very likely could not have survived the highly variable historic environmental and flow conditions (Minckley and Meffe 1987; Rinne and Stefferud 1997; Rinne 2002). Commencing with the closure of Hoover Dam in 1933 and continuing with completion of dams up and downstream, the hydrology of the river was altered forever. The new, stabilized flows were optimum for introduced fishes. As a result, seven of nine native species are now federally listed as endangered (Mueller and Marsh 2002). Recovery of native species has been largely futile because of the extent of the hydrological and biological alterations to this once wild, highly variable desert river ecosystem.

The Verde River, Arizona

The Verde River originates in west-central Arizona and courses it way for several hundred kilometers to its confluence with the Salt River, northeast of Phoenix (Rinne et al. 1998; Rinne, in press). Historically, it contained a suite of more than a dozen native fishes (Stefferud and Rinne 1995). Of these, half have been extirpated from the basin, and recently (1994–2003, see below), the remaining native species have become markedly reduced in numbers. Several of the large river species, including the razorback sucker *Xyrauchen texanus* and the Colorado pikeminnow *Ptychocheilus lucius*, are the object of repatriation programs within the mainstream river (Jahrke and Clark 1999). In addition, the Gila topminnow *Poeciliopsis occidentalis* has been and continues to be repatriated to the Verde watershed in small springs and streams (Meffe et al. 1983; Simons et al. 1989).

Over the last half century, nonnative fish numbering more than twice the number of native species (24) have been introduced into the basin, and almost half have become established in the mainstream and its tributaries. More than 15 million individual fish were stocked in 5,000 events between 1935 and 1995 (Rinne et al. 1998). In 1994, a study was initiated on fish assemblages, following extensive winter flood events in 1993 (Stefferud and Rinne 1995; Rinne and Stefferud 1997). The main objectives were to examine the relative importance of flow regimes and nonnative fishes in determining fish assemblages in this desert river.

Immediately after the high flows of spring 1993 (75-year recurrence event) and continuing through the first year of sampling, native species predominated in the fish assemblage, comprising more than 96% of all fish captured (Figure 1). Between 1994 and 1996, despite a smaller flooding event (7–10-year recurrence in 1995), native species declined continually. Since 1996, base flows have comprised the majority of the hydrograph (Rinne 2002). In stark contrast to spring 1994 samples, samples from spring 2003 were comprised of only 10% native species (Figure 1). Further, one threatened species, the spikedace *Meda fulgida,* along with speckled dace *Rhinichthys osculus*, and longfin dace *Agosia chrysogaster*, were no longer found in samples. The remaining larger-sized and longer-lived species, such as roundtail chub *Gila robusta* (Figure 2), desert sucker *Catostomus clarkii*, and Sonora sucker *C. insignis* (Rinne, in press), have become much reduced in numbers. Of the nonnative species, smallmouth bass *Micropterus dolomieu* (Figure 3) and green sunfish *Lepomis cyanellus* have increased markedly in numbers. Livestock grazing was removed from the river in 1998 and riparian vegetation has responded positively (Medina and Rinne 1999). A combination of lack of floods and change in aquatic habitats characterized by greatly increased instream cover, appear to have been more optimum for stabilized flow/cover-seeking species, such as bass and sunfish (Pflieger 1975). In summary, nonnative fishes markedly displaced native species in the upper Verde in a period of less than a decade (Rinne, in press).

The Gila River, Arizona and New Mexico

The Gila River originates in southwestern New Mexico and travels more than 700 km to the west before emptying into the mainstream Colorado River near Yuma, Arizona. In the late 1800s, this river was a major watercourse across the Sonoran Desert of Arizona. At present, major dams and numerous diversions markedly alter the historic hydrology of the river (Rinne et al., in press a). Historically, the Gila River was characterized by surface flow from its headwaters to its confluence with the Colorado (Corle 1951). The river reach between Phoenix and Tucson was often over a kilometer wide and characterized by a mosaic of aquatic habitats (Rea 1983) and teeming with fishes. The mainstream Gila was described as a "large, essentially permanent stream of clear to sea-green water" with a "well-defined channel flanked by numerous cottonwoods and set off by a dense growth of willows and cane" (Miller 1961). Extensive lagoons and marshes abounded in waterfowl, beaver, and fish life. In 1846, Emory (1848) described the river just west of present day Gila Bend as "wide, rich, and thickly overgrown with willow and a tall aromatic weed and alive with white brant, geese and ducks, with many signs of deer and beaver." By 1920, this same area was described by Ross (1923) as "desolate wastes of sand and silt." The last

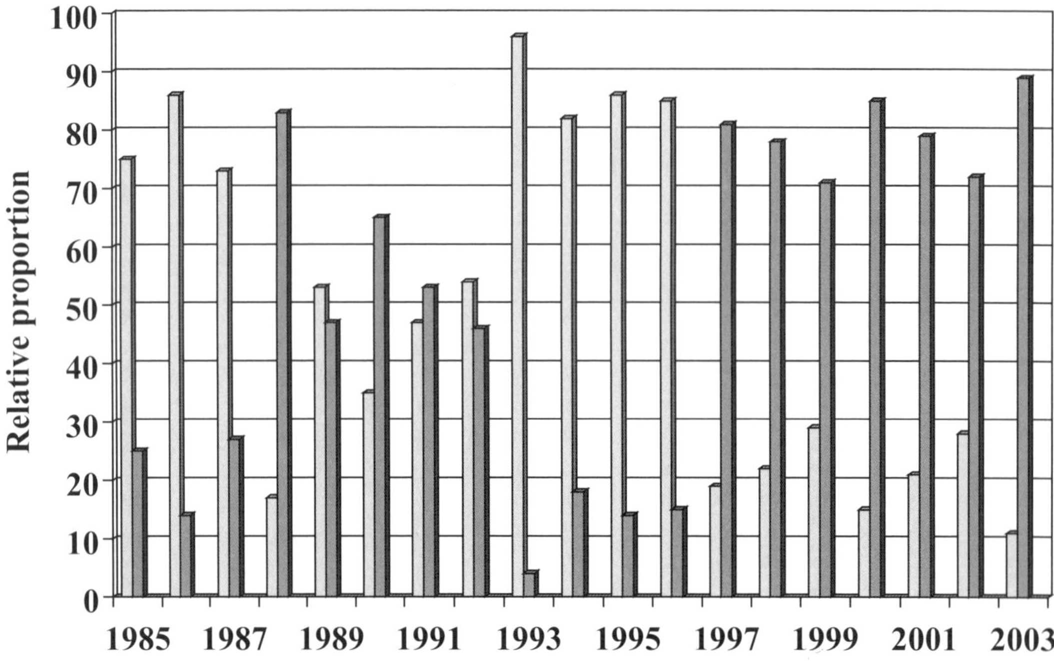

Figure 1. Relative proportions (percentages) of natives (light gray bars) and nonnatives (dark gray bars) in the upper Verde River, 1985–2003. Flood events occurred in 1983, 1993, and 1995. Low or base flows have persisted since 1996.

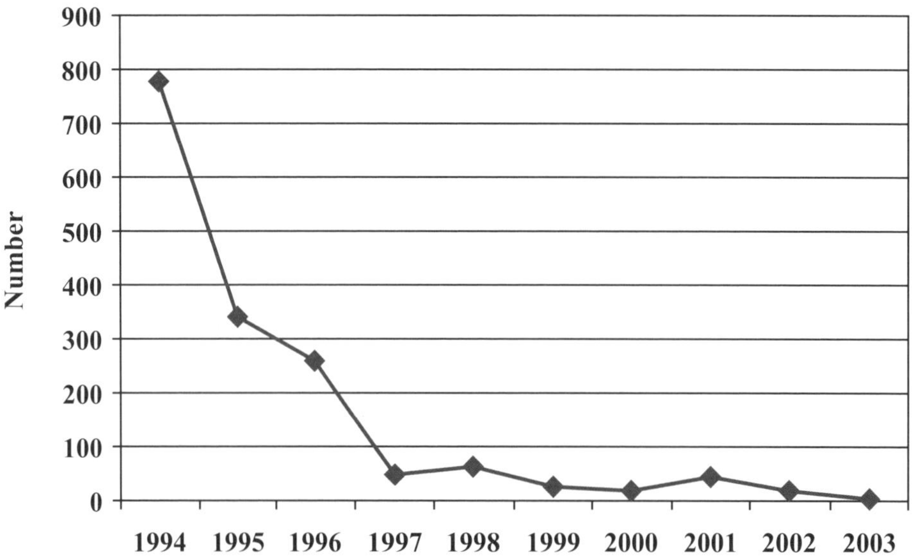

Figure 2. Roundtail chub decrease in the upper Verde River, 1994–2003.

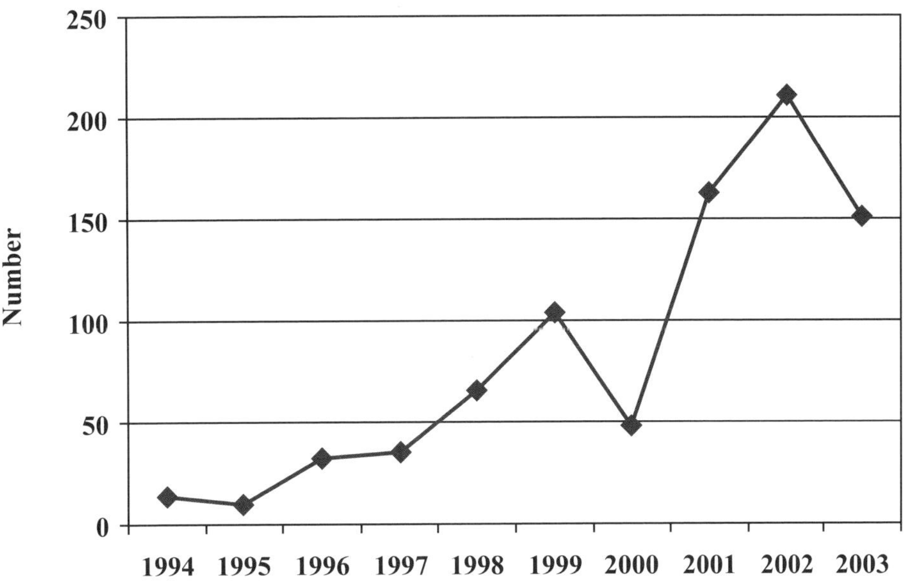

Figure 3. Smallmouth bass increase in the upper Verde River, 1994–2003.

400 km from below the present-day Ashurst Diversion east of Florence to the Colorado normally is dry.

Twenty fishes were native to the Gila River basin (Table 1). Currently, less than half of the native fauna is present in the mainstream, and they are found primarily in the upper reaches of the river (Table 2; Rinne et al., in press a). The majority of the species (80%) are listed as threatened, endangered, or sensitive (Table 1). Three quarters of the fauna consists primarily of cypriniform species (Minckley 1973; Rinne and Minckley 1991). A similar number (19) of nonnative fish species have been introduced into the waters of

Table 1. Historic fish fauna of the Gila River basin. Current presence and listing status are present (P), absent (A), endangered (E), threatened (T), state-listed (S), and extinct (X).

Common name	Family	Scientific name	Status
Gila trout	Salmonidae	*Oncorhynchus gilae*	P, E
Apache trout	Salmonidae	*O. g. apache*	P, T
Gila topminnow	Poecillidae	*Poecilliopsis occidentalis*	P, E
Desert pupfish	Cyprinodontidae	*Cyprinodon macularius*	A, E
Monkey Springs pupfish	Cyprinodontidae	*C. arcutus*	A, X
Razorback sucker	Catostomidae	*Xyrauchen texanus*	A, E
Sonora sucker	Catostomidae	*Catostomus insignis*	P
Flannelmouth sucker	Catostomidae	*C. latipinnis*	A, S
Desert sucker	Catostomidae	*C. clarkii*	P
Longfin dace	Cyprinidae	*Agosia chrysogaster*	P
Speckled dace	Cyprinidae	*Rhinichthys osculus*	P
Spikedace	Cyprinidae	*Meda fulgida*	P, T
Woundfin	Cyprinidae	*Plagopterus argentissimus*	A, E
Loach minnow	Cyprinidae	*Rhinichthys cobitis*	P, T
Roundtail chub	Cyprinidae	*Gila robusta*	P, S
Gila chub	Cyprinidae	*G. intermedia*	E
Bonytail	Cyprinidae	*G. elegans*	A, E
Colorado pikeminnow	Cyprinidae	*Ptychocheilus lucius*	A, E
Striped mullet	Mugilidae	*Mugil cephalus*	A
Machete	Elopiformes	*Elops affinis*	A

Table 2. Current disposition of native fishes in the five major reaches of the main-stem Gila River, Arizona and New Mexico. The reaches are 1, headwaters to Arizona-New Mexico border, 2, Border to Coolidge Dam, 3, Coolidge to Ashurst Hayden Diversion, 4, Ashurst Hayden to confluence with the Salt River, and 5, Gila-Salt confluence to Gila-Colorado River confluence.

	Reach of river				
Common name	1	2	3	4	5
Gila trout	X				
Gila topminnow					
Desert pupfish					
Razorback sucker					
Sonora sucker	X	X	X		
Flannelmouth sucker					
Desert sucker	X	X	X		
Longfin dace	X	X	X		
Speckled dace	X				
Spikedace	X				
Loach minnow	X				
Roundtail chub	X				
Gila chub					
Bonytail					
Colorado pikeminnow					
Woundfin					

the Gila over the past century (Rinne et al., in press b). Most of these introduced sport fishes are large predators. In place of the pikeminnow and the roundtail chub, species of catfishes, *Ictalurus* and *Pylodictus*, and basses, *Micropterus*, have become the top predators in the Gila River system. The combination of hydrological alteration and accompanying introductions of nonnative, principally sport fishes, has basically extirpated the native fauna in all but the uppermost reach of the Gila in southwestern New Mexico.

Present day fish assemblages in the Gila River are shown in Tables 1 and 2; relative compositions are shown in Table 3. In the headwaters, native fishes still dominate the fish community. Downstream, nonnative species comprise the majority of fishes captured recently.

Table 3. Estimated relative composition of native and nonnative fish assemblages in the five reaches of the Gila River, 2003.

Reach	Native species	Nonnative species
1	95	5
2	10	90
3	10	90
4	0	100
5	0	100

The threatened spikedace and loach minnow were absent from samples. Below Coolidge Dam, nonnative fishes are most common, with only the desert sucker and Sonora sucker and longfin dace being extant. In reaches downstream of the Ashurst-Hayden diversion, no native fishes are present and the fauna is primarily comprised of sunfishes (family Centrarch-idae), catfishes, and an assemblage of fishes used as bait for sportfishing, such as *Notropis* and *Pimephales*. The diminutive and presently endangered Gila topminnow was once the most common fish in the lower Colorado basin (Hubbs and Miller 1941). This species is now absent in the main-stem river and is found only as isolated stream and spring populations (Table 2).

Rio Grande, Colorado, New Mexico, Texas, and Mexico

The Rio Grande is the fourth longest river in North America, traveling 2,830 km from its headwaters in the San Juan Mountains of southern Colorado to the shared border between Texas and Mexico to the Gulf of Mexico. In its course it is affected by passage through several major impoundments and numerous irrigation diversion dams, as well as the effects of massive groundwater pumping from its aquifer, especially in major metropolitan areas (Calamusso et al. 2004). The Rio Grande travels through a wide variety of habitats ranging from mountain forests to chaparral, to high mountain desert, to lowland bush country. The Rio Grande has been classified recently as one of the most endangered or imperiled rivers in North America (American Rivers 1993).

Similar to the Gila, 17 native species are confirmed to historically have inhabited the Middle Rio Grande. Of these 17 native species, 5 have been extirpated from the Middle Rio Grande and 2 are extinct (Table 4). Among the surviving species, the Rio Grande silvery minnow is federally and state listed as endangered (New Mexico Game and Fish Department 1987; USDI 1993, 1994), and a federal "notice of review" has been issued for the Rio Grande shiner *Notropis jemezanus* (USDI 1991). Rio Grande cutthroat trout *Oncorhynchus clarkii virginalis*, the most southerly occurring of the cutthroat trout complex (Behnke 1992), is one of the species addressed in a U.S. Forest Service regional "Habitat Conservation Assessment" (Rinne 1995b; Young 1996). Rio Grande bluntnose shiner *N. simus simus* and phantom shiner *Notropis orca* are listed as endangered by the state of New Mexico (Chernoff et al. 1982; New Mexico Game and Fish Department 1987). In summary, more than 40% of the native species of the Middle

Table 4. List of Middle Rio Grande (New Mexico) fishes and their residence status. Designations are N = native, I = introduced, and E = endemic.

Taxa	Middle Rio Grande	Smith and Miller	Sublette et al.
Acipenseridae			
Shovelnose sturgeon *Scaphirhynchus platorhynchus*	N	N	N
Anguillidae			
American eel *Anguilla rostrata*	N	N	N
Clupeidae			
Gizzard shad *Dorosoma cepedianum*	I	–	N
Threadfin shad *D. petenense*	I	–	I
Cyprinidae			
Central stoneroller *Campostoma anomalum*	I	–	I
Goldfish *Carassius auratus*	I	–	–
Red shiner *Cyprinella lutrensis*	N	N	N
Common carp *Cyprinus carpio*	I	–	I
Roundnose minnow *Dionda espiscopa*	I	–	N
Rio Grande chub *Gila pandora*	E	E	E
Rio Grande silvery minnow *Hybognathus amarus*	E	E	E
Speckled chub *Macrhybopsis aestivalis*	N	N	N
Golden shiner *Notemigonus crysoleucas*	I	–	–
Rio Grande shiner *Notropis jemezanus*	E	E	E
Phantom shiner *N. orca*	E	E	E
Rio Grande bluntnose shiner *N. simus simus*	E	E	E
Fathead minnow *Pimephales promelas*	N	N	N
Flathead chub *Platygobio gracilis*	N	N	N
Longnose dace *Rhinichthys cataractae*	N	N	N
Catostomidae			
River carpsucker *Carpiodes carpio*	N	N	N
White sucker *Catostomus commersonii*	I	–	I
Rio Grande sucker *C. (Pantosteus) plebeius*	N	N	N
Smallmouth buffalo *Ictiobus bubalus*	N	–	N
Ictaluridae			
Black bullhead *Ameiurus melas*	I	–	I
Yellow bullhead *A. natalis*	I	–	I
Blue catfish *Ictalurus furcatus*	N	N	N
Channel catfish *I. punctatus*	I	–	I
Flathead catfish *Pylodictis olivaris*	I	–	I
Salmonidae			
Rio Grande cutthroat trout *Oncorhynchus clarkii virginalis*	E	E	E
Rainbow trout *O. mykiss*	I	–	–
Brown trout *Salmo trutta*	I	–	–
Brook trout *Salvelinus fontinalis*	I	–	–
Fundulidae			
Rainwater killifish *Lucania parva*	I	–	I
Poeciliidae			
Western mosquitofish *Gambusia affinis*	I	–	N
Moronidae			
White bass *Morone chrysops*	I	–	I
Centrarchidae			
Green sunfish *Lepomis cyanellus*	I	–	I
warmouth *L. gulosus*	I	–	I
Bluegill *L. macrochirus*	I	–	N
Longear sunfish *L. megalotis*	I	–	I
Smallmouth bass *Micropterus dolomieui*	I	–	I
Largemouth bass *M. salmoides*	I	–	I

Table 4. Continued

Taxa	Middle Rio Grande	Smith and Miller	Sublette et al.
White crappie *Pomoxis annularis*	I	–	I
Black crappie *P. nigromaculatus*	I	–	I
Percidae			
Yellow perch *Perca flavescens*	I	–	I
Walleye *Sander vitreus*	I	–	I
Number of native species	17	16	21
Number of endemic taxa	6	6	6
Number of introduced species	28	–	22

Rio Grande have been eliminated from this reach of river. As best we can determine, only 38% (17) of the 45 species of fishes reported in the Middle Rio Grande are native and only 6 (11%) are endemic (Propst et al. 1987; Platania 1991a, 1991b, 1993).

The four case histories presented above describe major changes in fish assemblages, from their native populations to communities dominated by nonnative species. These changes are typical of changes in the fish populations of streams and rivers in the Southwest. At best, they paint a bleak picture for native fish sustainability. Indeed, as Minckley and Deacon (1991) suggested, we are in a "battle against extinction" of native fish species across the West. In Arizona, we have lost the Santa Cruz pupfish *Cyprinodon arcatus* and Monkey Springs chub *Gila* sp. In addition, isolated races, or evolutionary significant units, of other species have been and continue to be lost. Immediate, coordinated, and vigilant "on the ground" management activity will be needed to halt this decline and, it is to be hoped, to recover imperiled species in range and in numbers. As evidenced in the Verde River, species can become rare to absent in samples in a short period of time when cumulative stressors act in synergy. Again, we must ask the question, "Can we sustain both native and nonnative fish assemblages within Arizona, and more broadly, across the Southwest."

Origin and Evolution of Hatchery Propagation in Arizona

Propagation and distribution of nonnative fish, primarily sportfishes has played a major role in the decline of native fishes assemblages in the streams and rivers of Arizona (Minckley 1973; Rinne and Minckley 1991). These management activities have been in place for more than a century. When combined with provisions of the Endangered Species Act of 1973, they have brought the state of Arizona to the present dilemma of managing these two species groups for very different purposes. Initially, the focus of fisheries management in Arizona was to provide food fishes for the ever-increasing human population. The low diversity and uniqueness of the native fish fauna was not recognized around the turn of the 20th century. Further, most native species, aside from large suckers and chubs, were diminutive and obviously not a viable food source for humans. Because of the long history of fisheries management in Arizona, a review of the history of the activities in different time periods is in order.

1870–1912

Fish introductions in Arizona began in the latter 1870s (Rinne 2003a). Initially, unregulated harvest depleted the resources, and the public demanded a regulatory body. The first efforts were directed at protection and hatchery production. Arizona's fisheries resources were governed and managed by the Arizona Fish Commission. The present day Commission has had a long, and sometimes controversial, evolution. The Territorial Legislature of 1881 established the Arizona Fish Commission. Its primary responsibility was to import and oversee the distribution of food fishes for the people of Arizona Territory. This three-member body appointed by the legislature coordinated the receipt of applications for fish from the Arizona citizenry and made arrangements for the distribution of fish from railroad cars of the U.S. Fish Commission.

Frustration abounded with the early Fish Commission in their efforts to acquire fish from the federal rearing facilities in the East. Normally, by the time the railroad cars stopped in Arizona Territory, few fish remained due to the liberal distribution of fish to states further east along the rail line and due to fish losses during transportation. As early as 1884, the Fish Commission recognized the need for local fish rearing facilities, if they were going to meet the growing demands of Arizona's population. In that year, the commission requested an appropriation of $5,000 from the legislature for the construction of rearing ponds and support facilities. Throughout the ensuing years before statehood, the original Fish Commission continued to enhance the diversity of fishery resources managed for production of human food and to provide protection for these resources through legislatively enacted regulations. Between its formation in 1881 and statehood in 1912, the Fish Commission was successful in importing, and distributing throughout the Arizona Territory a variety of species, including catfish (family Ictaluridae), common carp, largemouth bass, rock bass *Ambloplites rupestris*, rainbow trout, cutthroat trout *Onchorhynchus clarkii*, brook trout, white crappie, black crappie, and channel catfish.

1912–1950

With statehood in 1912, the management of fisheries resources within Arizona took a new approach. In special session, the territorial legislature rewrote the laws of Arizona to attain statehood. In the process, they established the Department of the State Game Warden, an appointee of the governor. The politically volatile climate of the early years of statehood cast a pall over the Office of State Game Warden. With each change in governorship, a different game warden was appointed, thereby disrupting the continuity of resource management. Each year employees of the department would meet railway cars of the U.S. Fish Commission and distribute the cargo of young fish throughout the lakes and streams of Arizona. During this period, the food fishes were expanded with the addition of buffalo fish, yellow perch, yellow bullheads, black bullheads, smallmouth bass, and green sunfish.

In an attempt to improve its efforts to provide fish for the citizenry of Arizona, the first state fish hatchery was constructed on the south fork of the Little Colorado River in 1922. This facility produced trout that were distributed throughout the state, until its closure in the 1930s. By the mid-1920s, Arizona sportsman had become disgruntled with the form of administration provided by the Office of the State Game Warden and persuaded the legislature, in 1929, to form the Arizona Game and Fish Commission. This organizational structure has remained in place to the present time.

The 1930s represented the heyday for hatchery construction in Arizona, with 15 facilities being built over the next 20 years, of which 6 remain operational today. Little, if any, distinction was given between trout and warmwater management practices in the early years. The panacea of stocking fish covered everything, and the diversity of species increased with the addition of brown trout, yellow bass, and bluegill. Through the 1930s the prevailing thought was that small fish, planted in the fall each year, would provide adequate fishing for anglers the following year when the fishing season opened. Over time, it was learned that few of these fish survived through the winter. By the early 1940s, this knowledge led to the decision to plant only catchable size trout in streams, and the policy of put-and-take trout management was formed. The stocked trout were to be large enough (20 cm) to be desirable to anglers, and the number stocked was to be equal to the expected harvest because any fish remaining would not survive the seasonal extremes. On the other hand, managers were learning that stocking warmwaters was rarely needed because warmwater fish were able to reproduce effectively in Arizona waters. In most cases, the warmwater fish reproductive rates were high enough to support harvest by anglers. Thus, the era of warmwater put-and-take stockings ended.

1950–Present

In 1950, Congress passed the Dingell-Johnson Act, act establishing a program of Federal Aid to Sportfish Restoration. With the advent of new monies, the agency employed its first fishery biologists, and an aggressive lake building program was initiated. This program emphasis continued into the 1970s and led to the construction, or enhancement, of 21 lakes that are still managed either for trout or mixed-story fisheries. Nearly 44% of hatchery-produced, catchable trout requested by field fishery managers in Arizona are destined for these lakes. In 1984, the Federal Aid Sportfish Restoration Act was amended to provide additional funds to the states to further support sportfishing programs. Initially, the Arizona Game and Fish Commission chose to use the increased resources to enhance and rebuild their existing fish culture facilities. This program was initiated in 1986 and completed in 1993, with a capital investment of almost 17 million dollars.

Following the hatchery reconstruction process, funding for operation and maintenance of the facilities was included with the federal aid grants. In 1994, Arizona Game and Fish initiated Section 7 consultations, under the Endangered Species Act, for all stockings of hatchery produced fish to determine if distribution had any effect on native, listed, or candidate species. The outcomes of this process caused some modification in hatchery and management programs with respect to species produced, distribution locations, season of distribution, and the size of fish distributed. An important facet of the evaluation process is that compliance evaluations are required for any area where there is a new water, a new species, or if there is a change in status of any species within the distribution area of hatchery-produced fish.

In summary, The Arizona Game and Fish Commission, or the precursors, have been involved with the distribution of propagated fish for more than 120 years within the bounds of Arizona. During the past half century, propagation and distribution of nonnative, principally sport fishes, tipped the balance of fish assemblages in Arizona in favor of nonnative species.

Coldwater Sport Fish—Trout Propagation and Distribution

The AGFD hatchery database contains records showing that 10 coldwater species are distributed from state-operated hatcheries in Arizona. This summation (Table 4) of distribution does not include efforts by federal and tribal hatcheries and their fish management activities. Rainbow trout have been and continue to be the most extensively and intensively stocked coldwater species. Historically, brook and brown trout rank second and third (Table 4); however, no sites are stocked currently with brown trout and only three for brook trout. Six of the eight species stocked formerly are no longer approved for introduction into the wild (Table 5). In summary, the coldwater stocking program has been dramatically reduced from historic activity.

Warmwater Sport Fish Propagation and Distribution

Records in the AGFD hatchery database show that there has been distribution of 16 warmwater sportfish species (Table 6). Six of these have relatively extensive distribution, while the remaining 10 species have comparatively limited distribution in terms of numbers and locations. However, these fish, as a group, have been redistributed without hatchery assistance, approval, or records. In almost all cases, the initial occurrence of these species predates the AGFD database records. This is primarily the result of the early efforts by the Territorial Fish Commission and the U.S. Fish Commission.

Warmwater sport fish stocking is a major component of the Urban Fisheries Management Program. All of the Urban Fisheries waters are dead end systems, typically associated with city parks or treated effluent ponds. The program provides fishing opportunities within the urban environment. Species featured in Urban Fisheries programs are channel catfish (>150,000 lb annually), bluegill, hybrid sunfishes *Lepomis* spp., and fish salvaged from local waters. Stocked fish are purchased from commercial producers, and records of their distribution are not part of the AGFD hatchery database.

Channel catfish has been the most widely and numerously distributed of the warmwater sport fish, with largemouth bass and bluegill ranking next highest in numbers stocked. Channel catfish and largemouth bass rank first and second in number of sites currently stocked. All other species number only a few thousands stocked. In summary, most warmwater

Table 5. Coldwater sport fish propagation and distribution in Arizona, 1924 to present.

Species	Initial year of introduction	Waters introduced	Historic distribution in numbers	Present wtaers
Artic grayling				
Thymallus arcticus	1940	20	4.4 million	3
Brook trout	1933[a]	102	10.8 million	3
Brown trout	1924	130	130 million	0
Coho (Silver) salmon				
Oncorhynchus kisutch	1969–1973	12	500 thousand	0
Kokanee *O.nerka*				
(lacustrine sockeye salmon)	1958–1964	6	600 thousand	0
Cutthroat trout	1940[b]	1	300	0
Native trout	1933–1939	68	1.6 million	0
Rainbow trout	1933	266	138 million	107

[a] 55% stocked in 11 of 102 waters in the state.
[b] 61% stocked in one lake since 1940.

Table 6. Propagation and distribution of the most commonly stockedwarmwater sportfish in Arizona, 1900–present.

Species	Initial year of introduction	# waters introduced	Historic numbers	Present waters introduced
Black crappie	1935–1997	31	430 thousand	19
Bluegill	1932	98	3.2 million	0
Bullhead catfish	1941	–	–	0
Common carp (European carp)	1977	2	–	15
Channel catfish	1941	146	6.1 million	57
Flathead catfish	1968–1991	–	19 thousand	0
Largemouth bass	1935	119	3.1 million	42
Smallmouth bass	1939	20	127 thousand	1
Redear sunfish *Lepomis microlophus*	1947	62	680 thousand	22
Sunfish hybrids	1947–1970	7	75 thousand	–
Striped bass *Morone saxatilis*	1969–1972	3	40 thousand	0
White bass	1960–1975	2	–	0

species stocked have become established in the waters of the state. Although current stocking of this subgroup of sport fishes includes only a third of the species listed, the impact on native, mostly warmwater cypriniforms (suckers and minnows) in the state has been marked. Again, the question, "Can we manage for both native and nonnative species in the state of Arizona?" must be addressed. The following sections on native fish propagation and management by watershed or river basin combined with the ethical and economic consideration will attempt to answer this question.

Native Species Propagation and Distribution

Arizona Game and Fish Department hatchery production of native fishes is just a small part of the program for native fish management and recovery. Nongame fish management expends considerable effort on refuge populations, as well as on salvage and relocation of wild-produced fish. The species involved are typically the smaller varieties, such as the Gila topminnow and desert pupfish, that have proven to do well in pond situations provided that there is little or no competition or predation. Current research by AGFD staff has a goal of developing production models for several of the smaller species.

Apache trout is a native species that is federally listed as a threatened species, but is propagated as a sport fish and, in some instances, used as stock for recovery of the species. The AGFD has distributed more than 486,000 Apache trout in 35 different waters between 1965 and present date (Table 7). As part of the 1994 consultation effort, distribution for enhanced sport fishing opportunities has been reduced to eight waters. There is an active production and distribution program in cooperation with the U.S. Fish and Wildlife Service (USFWS) hatchery program and the White Mountain Apache Reservation. The Gila trout is a federally listed species, but no propagation programs focus on it. There is only one hatchery distribution record indicating that, in 1974, a stream was stocked and that the population persisted until the late 1990s. There has not been any additional propagation or distribution by the AGFD.

There have been two stockings of bonytails, one in 1990 and one in 2003. Recent production efforts are in fulfillment of goals established in U.S. Fish and Wildlife Service biological opinions and related recovery activities for the species. The work is performed with financial and technical assistance from the Bureau of Reclamation and USFWS staffs. In addition, more than 202,000 Colorado pike minnows have been distributed 10 waters from 1988 to present. These efforts are directed at producing a stocked fish of no less then 14 in (35 cm), and all individuals have to be marked indicating that they are a hatchery product. Current distribution is restricted to one river system.

Finally, more than 680,000 razorback suckers have been stocked in 28 locations from 1986 to present. Early stocking started with fry and have since progressed to a minimum size of 350 mm. The increased size is required so as to get the fish large enough to avoid most potential predators. Production efforts are supported by financial assistance from the Bureau of Reclamation and production stock is provided by

Table 7. Propagation and distribution of native fishes in Arizona, 1965–present.

Species	Initial year introduction	# waters introduced	Historic numbers	Present waters
Apache trout	1965	35	486 thousand	8
Gila trout	1974	1	300	0
Colorado pikeminnow	1988	10	202 thousand	2
Razorback sucker	1986	28	680 thousand	2
Bonytail	1990 and 2003	2	–	0
Gila topminnow	?	?	thousand	0
Desert pupfish	?	?	?	0

the USFWS hatchery system. In general, production of warmwater species is a small program relative to programs for coldwater species.

Case Histories: Distribution of Propagated Native Species

The extent and numbers of native species reared in hatcheries and stocked in the wild is small compared to that of nonnative, sport species (Tables 5, 6, and 7). However, the emphasis of propagation programs have changed recently, and stocking of native fishes is now a primary goal of nongame species management in Arizona. Details of the five most comprehensive programs to restore and recover native fish in Arizona are presented below.

Apache Trout

This native trout, endemic to the Gila River basin, is one of three native southwestern trouts (Rinne 1988, 2003a; Behnke 1992). Once widespread in the White Mountains of east-central Arizona, Apache trout now occupy less than 5% of its former range (Harper 1978) and has been listed as a threatened species since 1975. Rinne (1985), using nongenetic techniques, reported that only about a dozen pure Apache trout populations, with no detectable rainbow trout genes, existed in the wild. Carmichael et al. (1993), using modern genetic techniques, reported a similar number, 11. Rinne and Minckley (1985) documented the fact that the distribution of Apache trout is inversely related to the presence of several introduced trout, principally rainbow, brook, and brown. Introduction of nonnative trout, along with overfishing, habitat modification, and land use activities (USFWS 2004), have been the main factors causing the marked decline in this species. Over the past three decades, there have been extensive cooperative efforts by state, federal, and private agencies to restore the rare, native Apache trout to its historic range (Rinne 1988; USFWS 1983). Currently, a draft revised recovery plan for Apache trout outlines goals to be achieved through stream renovations (Rinne and Turner 1991) and reintroductions. There are now about 20 pure Apache trout populations, comprising 13 lineages or stocks (USFWS 2004), that are secure from nonnative trout. Three additional populations are compromised by introduced trout, while another nine have been translocated to sites outside their historic range and may not be sustainable. Of these nine populations, only one is believed to be pure.

The first official recovery plan for Apache trout was issued in 1979. Revised in 1983, the plan is again being revised to address the potential de-listing the species (USFWS 2004). The primary management activities of the recovery plan have been (1) surveying populations and documenting genetic purity, which has been defined as the absence of hybridization with rainbow trout; (2) renovating streams and re-establishing populations; (3) surveying and assessing habitat and seeking to improve habitat conditions through such actions as grazing removal and placement of instream structures; and (4) development of a hatchery broodstock (Rinne et al. 1986). These activities are continued in the draft revision mentioned above. A proposed criterion for de-listing is establishment of replicated, secure, self-sustaining populations of the 13 lineages. Following de-listing, conservation actions include (1) monitoring, (2) preserving and enhancing populations, and maintaining highly sought after sport fishing opportunities for this rare southwestern native trout. The ultimate proposed goal is to have Apache trout in 32 streams systems, extending over 400 km within its historic range. Between 2003 and 2007, almost 3 million dollars have been programmed for pursuit of this goal. This cooperative program, involving the AGFD, U.S. Forest Service, U.S. Fish and Wildlife

Service, White Mountain Apache Tribe, and many private angler groups, may indeed accomplish a rare achievement for threatened and endangered species programs: official de-listing of a fish species (Minckley and Deacon 1991; Rinne 2003a).

Gila Topminnow and Desert Pupfish

The AGFD is working with the USFWS to develop a provision of the Endangered Species Act (Section 10) known as the Safe Harbor Agreement (SHA) to help conserve and recover Arizona's populations of native topminnows, the Gila topminnow and the Yaqui topminnow *P. occidentalis sonoriensis*, the desert pupfish, and the Quitobaquito pupfish *Cyprinodon macularius eremus*. When the SHA is finalized, it will allow the AGFD/USFWS to augment, translocate, and reintroduce populations of these species onto nonfederal lands without the threat that such actions will limit adversely the landowner. Possible stakeholders under such a scenario might include vector control entities, state parks, AGFD Wildlife Areas, NGO conservation properties, such as the Nature Conservancy and Audubon, city parks, and zoos, as well as the owners of virtually any nonfederal land that has the physical, biological, and environmental capacity to harbor these species effectively.

Concurrently, the AGFD, USFWS, and federal land management agencies, such as the USFS and the Bureau of Land Management, continue to work to protect, conserve, and recover both natural and reintroduced wild populations throughout a much larger portion of their historic range. Using the guidance presented in the recovery plans for both species, the agencies expect to protect all known lineages of topminnow and pupfish and eventually to expand these populations. To do this will require propagation/production facilities that operate under hatchery-style management. Captive refugia populations and new facilities have been proposed for propagation of these species. Production will be developed to support a recovery effort that is greater by far than any that have ever been attempted previously.

Coordinating efforts at both the SHA sites and the wild sites will allow the AGFD, in cooperation with other federal and state agencies, to establish new founder populations. Sufficiently large numbers of topminnows and pupfish should be available to effectively reverse the declining trends for these two endangered species across their historic range. The production model will focus on improvements in species output that are of sufficient magnitude, based on numbers of fish per stocking, frequency of stockings per year, and the number of years in which fish are produced and stocked, to improve the status of these two diminutive species in both wild and captive environments.

Razorback Sucker and Colorado Pikeminnow

These two "large river" endangered species were widespread in the Colorado River until the early 1900s (Minckley 1973, 1983; Jahrke and Clark 1999; Mueller and Marsh 2002). With the passage of The Reclamation Act of 1902 and completion of the first large, mainstream dams, Roosevelt on the Salt River in 1911 and Hoover on the Colorado in 1933, followed by many additional dams (Minckley 1973; Rinne 1994, 2003b), the demise of these two, once widespread, high mobile species commenced. The introduction of nonnative, principally sport species, to occupy these new, artificial aquatic habitats was another stressor to these two species and to many other native species (Rinne 1996; 2003a). The Colorado pikeminnow, originally the top predator in the Colorado River system, was forced to compete with a suite of new predatory, piscivorus species for limited supplies of prey fish. In addition, the dams disrupted essential parts of its life cycle, such as spawning "runs" in various southwestern rivers systems. Only its longevity prevented it from being extirpated immediately. This same longevity trait may provide the time needed to sustain the species in the wild.

A memorandum of understanding between the AGFD and USFWS that was signed in 1981 established the goal of restoring razorback to its historic range (Johnson 1985; Jahrke and Clark 1999). That year, 15,000 razorbacks were reintroduced into the Gila River basin, the first step toward a goal of one million individual fish to be repatriated over the next decade. Since that time, the USFWS, AGFD, and other agencies such as USFS, and USBR have been active in attempts to restore these two species to historic habitats. Initially, these two endangered species were introduced as fry or fingerlings (Johnson 1985). This strategy met with instant failure because of predation by nonnative fish. Minckley (1983) first suggested predation by nonnative, predatory species on razorback young of year and fingerlings as a major stressor to the species. This was later documented in the Gila River through monitoring observations that flathead catfish efficiently and effectively consumed small razorback suckers (Marsh and Brooks 1989).

Currently, only individuals greater than 300 mm are stocked in the wilds (Jahrke and Clark 1999). This practice notwithstanding, survival of repatriated species is usually for short time periods and few individuals are recaptured later.

A novel approach is being used to restore razorback suckers in Lake Mohave on the Colorado River. Spawning fish are captured using light traps, eggs are acquired and hatched at Willow Beach National Fish Hatchery where the young are reared and subsequently repatriated as fingerlings to isolated backwaters on the lake. Here, they grow under protected conditions to size less vulnerable to predation and then released to the lake to grow to maturity. As stated previously, once established, these long-lived species can persist for up to a half century (Minckley et al. 1991). Minckley et al. (1991) have provided a most comprehensive account of the recovery programs for this bizarre, large river fish.

In summary, the AGFD, in the past quarter of a century, has augmented greatly its efforts to propagate and restore native fishes to their historic ranges (Table 7). These increased efforts, combined with decreased predator stocking (Tables 4 and 5), and development of alternative management approaches (see below) are designed to sustain and enhance native fishes in the state. The AGFD has had only a quarter of century to reverse the tide losses to native fish assemblages, a tide that gathered force for more than a century through habitat destruction, combined with propagation and distribution of nonnative fishes.

Fisheries Management Alternatives and Approaches

Watershed management is currently an active field. Contemporary watershed councils and associations are concerned with formulating management goals that target multiple objectives. The AGFD's activities are a critical component of these councils. In 1995, AGFD fisheries personnel began developing a management approach integrating sportfish and native fish management over a geographically meaningful scale. Both the integration of sportfish and native fish management, at various watershed scales, were departures from past approaches. Ultimately, the AGFD developed two approaches with slightly different goals and implemented one of them, the Little Colorado River watershed. Some parts of this approach are discussed in the following section.

Development of an Integrated Fisheries Management Plan: Little Colorado River, Arizona

A Watershed Approach

The *Integrated Fisheries Management Plan for the Little Colorado River (LCR) Watershed* (Integrated Plan; Young 2001) was envisioned to provide fisheries personnel with a practical management decision tool. The plan provides site-specific, reach-level, management recommendations designed to meet the AGFD's native fish and sportfish mandates. In addition, the recommendations were intended to provide guidance to land management agencies and others having jurisdiction in various management reaches.

This project was undertaken in order to develop an approach to integrate the management of fish resources on the scale of a watershed. This differs from current practices of managing fish at population or species levels (Rinne and Stefferud 1998). Although this plan does not address watershed management per se, the AGFD intends to make the databases and other resources available to watershed councils and other entities undertaking broad watershed management planning. In this way, the AGFD believes that this, and possible future efforts, will facilitate management prescriptions aimed at additional taxa. The goal is to have both game/sport fish and native fish species within a single watershed. Because these groups of fish generally have different biological requirements and are managed for different purposes, it makes sense that they should be managed in geographically discrete areas.

The project has three goals: (1) To reduce current and future potential conflicts between native fish management and nonnative sportfish management, (2) to provide an integrated management strategy whereby all fish management activities within a watershed work toward meeting long-term fisheries goals for the watershed, and (3) to cultivate a proactive stance toward native fish. In this way, the status of native fish within a watershed should improve, which will increase the probability of de-listing species and decrease the probability of future federal listings.

Fish management actions are planned and implemented to achieve management goals for target species. The specific type of management action is delineated by habitat type, land ownership, and the physicochemical properties of the waters being managed. These factors were used to identify bodies of homogeneous waters that can be designated as a logical geographic unit. These designations, combined with the logistics of management operations were used to select appropriate sets of management actions. Following these processes, the AGFD divided waters within watersheds into subbasins, and then further divided them into individual units of management. Using specific sets of criteria, the AGFD designated the highest and best use for each unit. These preferred uses guided assignment of each unit to the native fish conservation and recovery efforts, or to programs serving the needs of the angling public. For each unit, the AGFD then listed the desired fish species and management actions that were designed to bring about or to maintain the desired fish species assemblage. This process is one that the AGFD hopes to apply to all watersheds, with only minor modifications as necessary to accommodate the unique circumstances that exist within any given watershed.

Determining Native Fish and Angler Needs

In order to fulfill the objectives set forth in the integrated plan, it was essential to determine the minimum number of distinct populations necessary to sustain each species within a watershed. Because empirical information crucial to making such determinations, such as specific habitat use, is incomplete or missing for many native fish species, a decision process based on the expert opinions of experienced fish biologists was implemented. Biologists who were experts in native fish biology and who were employed by other agencies and academic institutions were selected for this activity. The main objective of the group was to determine the desired locations and the numbers of distinct populations essential for restoration and maintenance of each species of native fish in the LCR watershed at the basin level, for example, one population of spinedace in the Silver Creek basin.

Management Unit Delineation

"Management units" are functional systems and vary considerably. They were defined as any stream, or length thereof, or any other body of water, such as lakes, reservoirs, stock tanks, or ponds that can and should be managed separately. Only aquatic habitats are included. Determining the physical boundaries of these management units was the first step in formulating the actual plan. Management units were delineated in order to provide fisheries managers and land management agencies with relevant, site specific, on the ground management actions needed for a desired fish species assemblage.

Management Emphasis and Recommendations

For each management unit, project personnel prepared data summaries that contained the following information: physical parameters, including UTMs, elevation, flow type; vehicular access; fish species present; critical habitat designations; land ownership; stocking information; special angling regulations; and any other pertinent information, such as notes about past chemical renovations or die-offs. Each unit was evaluated for its relative value for native fish using the following criteria: the presence and listing status of native fish species, the ability of the department to manage wildlife in the management unit, the potential for renovating a unit, and its suitability for translocation of sensitive fish

Following analyses, management units are categorized as high, moderate, low, or unknown entities for native fish purposes. Both biological and nonbiological criteria are used to arrive at each designation. The criteria used to evaluate a unit's relative value as a sport fishery are access, the type of fishery, relative angler use for the given type of fishery, and the potential for increasing angler use at the site by reasonably feasible means. Possible designations using the sportfish flowchart are high, moderate, low, or unknown. Again, these values represent the unit's relative value from a management perspective.

Once a unit is evaluated for native fish use and for sport fish use, the AGFD compares the relative values to each other. The higher of the two determines the management unit's ultimate management emphasis. For example, if a unit rated moderate for native fish and low for sportfish, that unit is assigned a native fish management emphasis. A desirable fish species assemblage for the unit is then designated, which may consist of all native fish, or all sportfish, or both. Desirable native fish species were determined by using habitat suitability models and evaluating current and historic fish collection records. If values were the same for both native and sportfish, for example, moderate/moderate, the unit was examined further, using other ancillary data and in the context of contiguous units. The appropriate management emphasis was selected by consensus, based on an informed judgment.

Conflict Resolution for Desired Fish Species

In order to reduce current and potential conflicts between native fish management and nonnative sportfish management, it must be recognized that management units are interconnected and do not function independently. It is important, therefore, to look at the possible effects on adjacent units from management recommendations selected for any given unit. Specifically, it is important to examine the relationships among the different desired fish species.

At some level, all fish species occurring together interact. Frequently, these relationships are competitive and can be adversarial in nature. They can be manifested by competition, direct predation, and/or hybridization. Because the objective was to examine the possible interactions of the desired fish species in one management unit with those in adjacent units, only those species pairs whose interactions might jeopardize AGFD management goals were included. For instance, any nonnative predatory fish in the presence of a listed native fish species is cause for concern. All of the above considerations yielded the following pairs of species that may present conflicts, if they are managed together, or in close proximity, in the Little Colorado River watershed:

Mutually exclusive pairs
Apache trout - Roundtail chub
Apache trout - LC spinedace
Apache trout - Channel catfish
Apache trout - Walleye
Apache trout - Smallmouth bass
Apache trout - Rainbow trout
Apache trout - Brown trout
Apache trout - Brook trout
Roundtail chub - LC spinedace
Roundtail chub - Channel catfish
Roundtail chub - Brook trout
Roundtail chub - Rainbow trout
Roundtail chub - Smallmouth bass
Roundtail chub - Walleye
Roundtail chub - Brown trout
LC spinedace - Brook trout
LC spinedace - Channel catfish
LC spinedace - Walleye
LC spinedace - Smallmouth bass
LC spinedace - Rainbow trout
LC spinedace - Brown trout
Roundtail chub - Brook trout

Extant River Basin or Stream Approaches

Aravaipa Creek

The existence of relatively secure streams for native fish that continued in relatively natural state because of hydrologic (Rinne 2002), geologic (Rinne 1995a), or spatial separation (Rinne and Stefferud 1998) provided essential insights for the development of the detailed, integrated watershed approach outlined above. The cosmopolitan alteration of habitats and introduction of nonnative fishes have rendered most aquatic habitats containing a native fish assemblage a rarity in the Southwest. One such stream is Aravaipa Creek in central Arizona. This upper Sonoran Desert stream flows from the Pineleno Mountains and eventually into the San Pedro River. It contains 7 of the 20 fishes native to the Gila River basin (Barber and Minckley 1966; Rinne 1992). The stream is free of impoundments; however, there are stock tanks on the watershed. Natural conditions notwithstanding, there are several kilometers of streambed that frequently are dry, except in times of flood events, between lower reaches and the creek's confluence with the San Pedro. The stream simply disappears into the alluvium. This natural hydrologic trait, typical of many southwestern streams, acts as a "temporary, filter barrier" to upstream migration of nonnative fishes. However, nonnative species infrequently gain access during connecting flows and species, such as the red shiner *Cyprinella lutrensis* and fathead minnow *Pimephales promelus*, are found in the system. As a result of these invasions, two large artificial barriers were constructed recently at the lower end of the creek to secure the native fish assemblage. Monitoring between the two large, paired barriers will be a management activity to assess any upstream encroachment by nonnative fishes. In addition, BLM and The Nature Conservancy have ongoing management programs for their land holdings in this rare upper Sonora Desert Stream.

Blue River

The Blue River lies in extreme eastern Arizona. It has a 500 km^2 watershed, comprised primarily of Forest Service land. Five native fishes occupied the basin historically and are still present: longfin dace *Agosia chrysogaster*, speckled dace, loach minnow, desert sucker, and Sonora sucker. The loach minnow is a threatened species. The AGFD has introduced the razorback sucker into the system and Gila trout and Apache trout have been introduced into a tributary. The basin also contains introduced cyprinids, catfish, western mosquitofish *Gambusia affinis*, and nonnative trouts.

The Blue River has been designated as a high priority basin for native fish restoration basin by the Apache Sitgreaves National Forest, USFS. It currently contains designated critical habitat for both the loach minnow and the spikedace. This population of the loach minnow is genetically distinct; thus, protection is a high priority. Although not recorded historically, the spikedace occurred in the adjacent San Francisco River and likely occurred in the Blue River. This basin provides a suitable habitat for introduction of this species. Nonnative salmonids have been stocked in the basin, but these introductions have ceased. Stream renovation with fish toxicants can be used readily to remove these trouts (Rinne and Turner 1991). Repatriation of the native Gila trout also is planned for this basin. In summary, the stream could sustain a native fish assemblage of seven species, a number identical to the Aravaipa, and rare in remaining streams in the Southwest.

Similar to Aravaipa Creek, a barrier is planned to prevent access by nonnative fishes from downstream and reaccess by individual nonnative fish transported downstream during flooding. Mechanical removal of nonnative species has been planned by the AGFD. The barrier, active removal, angler harvest, and natural mortality should restore the native fish assemblage. A stocking moratorium should be imposed to assist in movement toward a native fish assemblage in the basin. Repatriation programs for spikedace and Gila trout will be necessary and are being planned by the AGFD and the USFWS. Although not recorded officially from the basin, two chubs, one of which is listed, the Gila chub, and other state-listed or Forest Service sensitive species, such as the roundtail chub, are extant in nearby downstream basins and could be reintroduced. If these efforts are successful, half the naturally occurring Gila River fishes (Table 1) could be sustained in this basin. When one considers that large river species (n = 4) and the diminutive species, such as topminnow and pupfish, did not occur in the basin, historically, the importance of the Blue River basin to native fish management in Arizona, using a river basin approach is obvious. Nine of the 11 Gila River basin species that could occupy the basin are scheduled for recovery and/or repatriation. Land use activities in the basin, including livestock grazing, timber harvest, road construction and maintenance, and stocking nonnative fish in stock tanks (Sponholtz et al. 1998) are management concerns, principally for the Forest Service.

Economic, Ethical, and AGFD Mission Considerations

In keeping with the symposium concern for resource management, economic and ethic values are, and likely will continue to be, strong determinants for the scope of and approach to fisheries management in Arizona and the southwestern United States. Topography, climate, and the associated flora and fauna in the Southwest result in states such as Arizona being highly sought out by permanent residents. Visits by tourists and recreationists number in millions. The estimated retail sales generated by Arizona's noncomsumptive Watchable Wildlife Program in 2001 alone exceeded 800 million dollars (AGFD 2003a). The total annual economic benefit, in addition to retail sales includes taxes, salaries, and jobs, and has been estimated at 1.5 billion dollars.

The AGFD is responsible for managing the fish and wildlife resources of the state. Its mission, as stated in the sportfish management subprogram, is to "Maintain, manage, and enhance (when appropriate and economically feasible) the quality, abundance, availability, and diversity of sport fishing opportunities…" (AGFD 2001) This mission combined with the economic values listed in the previous paragraph, plus the ever-expanding human population of the state, confirms the fact that fisheries based on nonnative sport fishes will be a primary management activity of the department in the future. Notwithstanding, there are three major goals listed in the Sportfish Subplan.

One, is to "maintain, manage, and enhance … sportfishing opportunity"; however, within this same goal statement is the phrase "while contributing to the recovery of Arizona's native fishes." AGFC representatives, including the coauthors of this paper, have confirmed that personnel in the two programs, sportfish and native fish, regularly work closely to achieve what appears to be contradicting goals. This native fish goal builds on and substantiates the state's intent to recover native fish. That goal is to "Develop integrated, watershed-based fisheries management approaches for in Arizona and to identify reaches of zones for management of sportfishes and native fishes." Within the department's nongame and endangered species subprogram, the mission is clarified further: "to conserve, enhance, and restore (where appropriate and economically feasible) nongame and endangered wildlife as part of the natural diversity of Arizona." The AGFD also must provide opportunities for the public to enjoy these resources through uses that are compatible with their with the Sportfish Management Subprogram. At least two watershed-based approaches that maximize complementary management of sportfish and native fish are required to meet the department's conservation and recreation objectives.

The AGFD, under direction of a commission that is responsible to the governor of Arizona, must address, through complementary management activities, the charge to manage both nonnative sport fish and native fish, many of them threatened or endangered or state-listed (Rinne 2003a). Indeed, the AGFD has the difficult task of serving two masters. The department must provide 8 million anger days of sportfishing annually, and do so with a 60% satisfaction rating among Arizona's angling public, while instituting at least two watershed-based management approaches that provide for native fish restoration in the Little Colorado River basin by 2006. Success does not depend on the AGFD's efforts alone. A key strategy listed in the plan is to "work with regulating agencies to manage water level fluctuations to increase benefits for (both) sport and native fisheries...." Federal agencies such as the U.S. Forest Service, the U.S. Bureau of Land Management, the U.S. Fish and Wildlife Service, and the U.S. Bureau of Reclamation are key, federal partners to effecting availability and quality of the medium for both sport and native fish—water and aquatic habitats. For example, on the Tonto National Forest, the first populations of Gila topminnow and desert pupfish in 18 years are planned for stocking in 2004.

Ethics of the public come into play and ultimately will play a large role in determining the management of game and nongame fishes. Surveys cited by Rinne and Janisch (1995) in a previous propagation symposium indicated that 67% of the nonfishing public and 26% of anglers express concern for conserving and sustaining native fishes. A recent telephone survey (AGFD 2003b) indicated that roughly similar percentages, 52% versus 45%, of Arizona residents believe that game fish and nongame species (e.g., native fishes), respectively, are safe and well protected in the waters of the state. Further, 98% of residents rated fish and wildlife as an important value. Again, near equal values, 91% versus 89%, rated the opportunity to fish in Arizona and the proper management and conservation of nongame species as important values.

Summary and Conclusions

The effects of water resource management and fisheries management activities over the past century in Arizona have caused native fishes to decline markedly in range and numbers. The construction of numerous, large, main-stem reservoirs, spawned under the Reclamation Act, and the importation of many, perhaps 100, species of nonnative, primarily sport fishes (Rinne 1994, 2003a) have caused changes that resulted in the decline and subsequent listing, federal or state, of much of the native fish fauna (Minckley 1973; Rinne and Medina 1996; Rinne 1996, 2003a; Mueller and Marsh 2002; Rinne et al., in press a). These past management activities have left current land and resource managers with the task of conserving native fishes while managing an extensive and economically important sport fishing industry. The key to success will be to move ahead in a collaborative, interagency approach.

We are in the present situation because of the cumulative effects of management by the same agencies who now are working to address "co-management" of native and sport fishes. The Bureau of Reclamation constructed dams that provided habitats for nonnative, predatory species introduced by Game and Fish Departments throughout the West and Southwest. State and federal hatcheries reared fishes initially to supply food and ultimately to satisfy a rapidly expanding populous of sport anglers in the middle of the 20th century. The Forest Service permitted grazing and logging and then imposed roads to support these activities on the landscapes that feed the streams and rivers of the Southwest. The Bureau of Land Management permitted grazing and mining on countless watersheds. The original U.S. Fish Commission, now the U.S. Fish and Wildlife Service, constructed hatcheries and broadly introduced nonnative fish species across the West. The bottom line is that all the agencies had a part in creating the present plight of native fishes in the Southwest. Accordingly, all must have a part in conserving and sustaining these same native fish species.

Based on the case histories of several major southwestern rivers provided above, it is apparent that native species generally do not fare well in waters shared with nonnative fishes, especially predator fish (Rinne and Minckley 1985, 1991; Minckley and Deacon 1991; Mueller and Marsh 2002; Rinne 2003b; Marsh and Pacey, in press). In streams that have remained relatively free from dams and isolated from introductions of nonnative fishes, such as Aravaipa Creek, a native fish assemblage comprising about half of the fishes native in the Gila River basin have sustained themselves. By contrast, native fish assemblages in the dammed, diverted, and biologically altered mainstream Colorado, Verde, Salt, Gila, and Rio Grande rivers have declined dramatically. In the Gila, native species, including several threatened species, persist only in the headwaters. Because of downstream diversions, then a mainstream dam, followed by another stream-drying diversion, native fishes are extirpated, probably forever. Even in Aravaipa Creek, a barrier is determined to be necessary to secure this valuable native fish refugium. The watershed approach for the Little Colorado River was designed with the philosophy that certain native and nonnative fishes should not, indeed cannot, be mixed in the same aquatic habitats.

The AFGD has the primary responsibility for managing both species groups. Economics and public opinion dictate that sport fishing must be sustained in the state. The public has stated strongly that both sport fishing and conservation of native fishes will be valued components of fishery management in Arizona. Current AGFD policy, as exemplified by Apache trout management, does not allow nonnative fishes to be stocked in waters where native fishes exist. As a result, stocking of nonnative fishes has been curtailed markedly (Tables 5 and 6). Barriers that were first used in small headwater streams are now necessary in larger downstream streams and rivers to secure space for native fishes in selected reaches of large rivers and streams. Hatcheries will be a necessary component of recovery and sustaining native fishes for future generations (Rinne et al. 1986; Johnson and Jensen 1991). Truly, the "battle against extinction" (Minckley and Deacon 1991) will require vigilant, novel, and cooperative management activity for many years to come if native fishes are to swim in the wild and to be known and appreciated by future generations.

Finally, as with oil and water, we cannot, and should not, attempt to expend limited, present-day resources attempting to manage native and nonnative fishes in the same body of water. Managers must always strive to manage and sustain the two species groups in different aquatic habitats. If we are to sustain native southwestern fishes in the wild for future generations, simultaneously with sport fish management, then programs and "Plans" must be based on biological reality and expedited "on the ground." It has taken us over a century to get to where we are now." It is reasonable to predict that recovery activities may require a similar time period to return aquatic biological communities to an acceptable semblance of the past. Time, limited time, is all that some of the native southwestern fishes have. The AGFD and the collaborating agencies need to ensure that these fishes have the time needed to recover and expand back into suitable aquatic habitats.

References

AGFD (Arizona Game and Fish Department). 2001. Wildlife 2006. Arizona Game and Fish Department, Wildlife Management Program Strategic Plan for the years 2001–2006, Phoenix.

AGFD (Arizona Game and Fish Department). 2003a. Economic analyses of non-consumptive wildlife related to recreation in Arizona. Arizona Game and Fish Department, Phoenix.

AGFD (Arizona Game and Fish Department). 2003b. Arizona resident attitudes toward non-game wildlife. Arizona Game and Fish Department, Phoenix.

American Rivers. 1993. The nation's ten most endangered rivers and fifteen most threatened rivers for 1993. American Rivers, Washington, D.C.

Barber, W. E., and W. L. Minckley. 1966. Fishes of Aravaipa Creek, Graham and Pinal Counties, Arizona. Southwestern Naturalist 11(3):313–324.

Behnke, R. J. 1992. Native trout of western North American. American Fisheries Society, Monograph 6, Bethesda, Maryland.

Calamusso, B., J. N. Rinne, B. Edwards, S. Contreras, and J. Alves. 2004. Middle Rio Grande fish assemblages, New Mexico: status of native species. In J. N. Rinne, R. Hughes, B. Calamusso, editors. Historical changes in fish assemblages of large North American rivers. American Fisheries Society, Symposium 45, Bethesda, Maryland.

Carmichael, G. J., J. N. Hanson, J. Novy, K. J. Meyer, and D. C. Morizot. 1993. Introgression among Apache, cutthroat, and rainbow trout in Arizona. Transactions of the American Fisheries Society 122:121–130.

Chernoff, B., R. R. Miller, and C. R. Gilbert. 1982. *Notropis orca* and *Notropis simus*, cyprinid fishes from the American Southwest, with description of a new subspecies. Occasional Papers Museum of Zoology, University of Michigan 698:1–49.

Corle, E. 1951. The Gila: river of the Southwest. University of Nebraska Press, Lincoln.

Debano, L. F., J. N. Rinne, and M. G. Baker. 2003. Management of natural resources in riparian corridors, 178–190. In L. F. Debano, P. Folliott, and D. G. Neary, editors. Watershed management in Arizona. Journal of Arizona-Nevada Academy of Science 35(1).

Emory, W. H. 1848. Notes of a military reconnaissance from Fort Leavenworth, in Missouri, to San Diego, in California, including parts of the Arkansas, del Norte, and Gila rivers. By Lieutenant Col. W. H. Emory, made in 1846–1847, with the advanced guard of the "Army of the West." Wendell and van Benthuysen Print, Washington D.C.

Harper, K. 1978. Biology of a southwestern salmonid, *Salmo apache*. Pages 99–111 *in* J. R. Moring, editor. Proceedings of the wild trout-catchable trout symposium. Oregon Department of Fish and Wildlife, Eugene.

Hubbs, C. L., and R. R. Miller. 1941. Studies of the fishes of the order Cyprinodontes. XVII. Genera and species of the Colorado River system Occasional Papers Museum of Zoology, University of Michigan 433:1–9.

Jahrke, E., and D. A. Clark. 1999. Razorback sucker and Colorado pikeminnow reintroduction and monitoring in the Salt and Verde rivers. Arizona Game and Fish Department, Nongame and Endangered Wildlife Program Technical Report 147m Phoenix.

Johnson, J. E. 1985. Reintroducing the natives: razorback sucker. Proceedings of the Desert Fishes Council 15:73–79.

Johnson, J. E., and B. L. Jensen. 1991. Hatcheries for endangered freshwater fishes. Pages 199–218 *in* W. L. Minckley and J. E. Deacon, editors. Battle against extinction: native fish management in the American West. University of Arizona Press, Tucson.

Marsh, P. C., and J. E. Brooks. 1989. Predation by Ictalurid catfishes as a deterrent to reestablishment of hatchery-reared razorback suckers. The Southwestern Naturalist 34:188–195.

Marsh, P. C., and C. A. Pacey. In press. Immiscibility of native and nonnative fishes. In S. Leon, P. Stine, C. Springer, editors. Restoring native fish to the lower Colorado. U.S. Fish and Wildlife Service, Albuquerque, New Mexico.

Medina, A. L., and J. N. Rinne. 1999. Ungulate/fishery interactions in southwestern riparian ecosystems: pretensions and realities. Proceedings of the North American Wildlife and Natural Resources Conference 62:307–322.

Medina, A. L., P. Roni, and J. N. Rinne. In press. Riparian stream restoration through grazing management: considerations for monitoring project effectiveness. In P. Roni, editor. Monitoring stream and watershed restoration. American Fisheries Society, Bethesda, Maryland.

Meffe, G. K., D. A. Hendrickson, W. L. Minckley, and J. N. Rinne. 1983. Factors resulting in decline of the endangered Sonoran topminnow (*Atheriniformes*: *Poecillidae*) in the United States. Biological Conservation 25:135–139.

Miller, R. R. 1946. *Gila cypha*, a remarkable new species of cyprinid fish from the Colorado River in Grand Canyon, Arziona. Journal of the Washington Academy of Sciences 36:409–415, 1946.

Miller, R. R. 1952. Bait fishes of the lower Colorado River, from Lake Mead, Nevada, to Yuma, Arizona, with a key to their identification. California Fish and Game 38:7–42.

Miller, R. R. 1961. Man and the changing fish fauna of the American southwest. Papers of the Michigan Academy of Science Arts and Letters 46:365–404.

Minckley, W. L. 1973. Fishes of Arizona. Arizona Game and Fish Department, Phoenix.

Minckley, W. L. 1983. Status of razorback sucker, Xyrauchen texanus, (Abbott) in the lower Colorado River basin. Southwestern Naturalist 28:165–187.

Minckley, W. L., and J. E. Deacon. 1991. Battle against extinction: native fish management in the American West. University of Arizona Press, Tucson.

Minckley, W. L., P. C. Marsh, J. E. Brooks, J. E. Johnson, and B. L. Jensen. 1991. Management toward recovery of the razorback sucker. In W. L. Minckley and J. E. Deacon, editors. Battle against extinction: native fish management in the American West. University of Arizona Press, Tucson.

Minckley, W. L., and G. K. Meffe. 1987. Differential selection by flooding in stream fish communities of the arid American southwest. Pages 93–104 *in* W. J. Matthews, and D. C. Heins, editors. Community and evolutionary ecology of North American stream fishes. University of Oklahoma Press, Norman.

Mueller, G. A., and P. C. Marsh. 2002. Lost, a desert river and its native fishes: a historical perspective of the lower Colorado River. U.S. Government Printing Office, Information Technical Report USGS/BRD/ITR—2002—0010, Denver.

New Mexico Game and Fish Department. 1987. Operation plan: management of New Mexico aquatic wildlife. New Mexico Game and Fish Department, Santa Fe.

Pflieger, W. L. 1975. The fishes of Missouri. Missouri Department of Conservation, Columbia

Platania, S. P. 1991a. Fishes of the Rio Chama and upper RioGrande, New Mexico, with preliminary comments on their longitudinal distribution. Southwestern Naturalist 36(2):186–193.

Platania, S. P. 1991b. Interim report of the middle Rio Grande Fishes Project: inventory and habitat associations of the fishes of the middle Rio Grande, New Mexico. Survey of the fishes in the upper reach of the middle Rio Grande. Report to the new Mexico Department of Game and Fish (contract 516.6–74-23) and U.S. Bureau of Reclamation (cooperative agreement O-FC-40–08870).

Platania, S. P. 1993. The fishes of the Rio Grande between Velarde and Elephant Butte Reservoir and their habitat associations. Report to the New Mexico Department of Game and Fish (contract 516.6–74-23) and U.S. Bureau of Reclamation (cooperative agreement 0-FC-40–08870).

Propst, D. L., G. L. Burton, and B. H. Pridgeon. 1987. Fishes of the Rio Grande between Elephant Butte and Caballo reservoirs, New Mexico. Southwestern Naturalist 32(3):408–411.

Rahel, F. J. 2004. Unauthorized fish introductions: fisheries management of the people, for the people, or by the people? Pages 431–443 *in* M. Nickum, P. Mazik, J. Nickum, and D. MacKinlay, editors. Propagated fishes in resources management. American Fisheries Society, Symposium 44, Bethesda, Maryland.

Rea, A. M. 1983. Once a river: bird life and habitat changes on the middle Gila. University of Arizona Press, Tucson.

Rieman, B., D. Burns, R. Gresswell, M. Young, R. Stowell, J. Rinne, and P. Howell. 2003. Status of native fishes in the western United States and issues for fire and fuels managment. Forest Ecology and Management 178:197–212.

Rinne, J. N. 1985. Variation in Apache trout populations in the White Mountains, Arizona. North American Journal of Fisheries Management 5:146–158.

Rinne, J. N. 1988. Native southwestern (USA) trouts: status, taxonomy, ecology and conservation. Polski Archiv fur Hydrobiologie 35(3–4):305–320.

Rinne, J. N. 1992. Physical habitat utilization of fish in a Sonoran Desert stream, Ariziona, southwestern United States. Ecology of Freshwater Fish 1:35–41.

Rinne, J. N. 1994. Declining southwestern aquatic habitats and fishes: are they sustainable? Pages 256–265 *in* W. W. Covington and L. F. Debano, technical coordinators. Sustainability symposium. U.S. Forest Service General Technical Report RM-247, Flagstaff, Arizona.

Rinne, J. N. 1995a. Sky Island aquatic resources: habitats and refugia for native fishes. USDA Forest Service, General Technical Report RM–264, Fort Collins, Colorado.

Rinne J. N. 1995b. Rio Grande cutthroat trout. In M. K. Young, editor. Conservation assessment for inland cutthroat trout. USDA Forest Service, General Technical Report 256, Fort Collins, Colorado.

Rinne J. N. 1996. The effects of introduced fishes on native fishes: Arizona, southwestern United States. Pages 149–159 *in* D. P. Philipp, editor. Protection of aquatic diversity. Proceedings of the World Fisheries Conference, Theme 3. Oxford & IBH Publishing Co. Pvt. Ltd., New Deli, India.

Rinne, J. N. 1999. Fish and grazing relationships: the facts and some pleas. Fisheries 24(8):12–21.

Rinne, J. N. 2000. Fish and grazing relationships in southwestern United States. Pages 329–371 *in* R. Jemison, C. Raish, and D. Finch, editors. Livestock management in the American Southwest: ecology, society, and economics. Elsevier, Amsterdam

Rinne, J. N. 2002. Hydrology, geomorphology and management: implications for sustainability of native southwestern fishes. Hydrology and Water Resources of the Southwest 32:45–50.

Rinne, J. N. 2003a. Native and introduced fishes: their status, threat, and conservation. In P. Ffolliott, M. B. Baker, L. F. Debano, and D. G. Neary, editors. Ecology, hydrology and management of riparian areas in the southwestern United States. CRC Press, Boca Raton, Florida.

Rinne, J. N. 2003b. Fish habitats: conservation and management implications. In P. Ffolliot, M. B. Baker, L. F. Debano, and D. G. Neary, editors. Ecology and management of riparian areas in the southwestern United States. CRC Press, Boca Raton, Florida.

Rinne, J. N. In press. Changes in fish assemblages, Verde River, Arizona, 1974–2003. In J. N. Rinne, R. Hughes, and B. Calamusso, editors. Historical changes in fish assemblages of large North American rivers. American Fisheries Society, Symposium 45, Bethesda, Maryland.

Rinne, J. N., R. Hughes, and B. Calamusso. In press. b. Historical changes in fish assemblages of large North American rivers. American Fisheries Society, Symposium 45, Bethesda, Maryland.

Rinne, J. N., and J. Janisch. 1995. Coldwater fish stocking and native fishes in Arizona: past, present and future. Pages 397–406 *in* H. L. Schramm, Jr. and R. G. Piper, editors. Uses and effects of cultured fishes in aquatic ecosystems. American Fisheries Society, Symposium 15, Bethesda, Maryland.

Rinne J. N., J. E. Johnson, B. L. Jensen, A. W. Ruger, and R. Sorenson. 1986. The role of hatcheries in the management and recovery of threatened and endangered species. Pages 271–285 *in* R. H. Stroud, editor. Fish culture in fisheries management. American Fisheries Society, Bethesda, Maryland.

Rinne J. N., and A. L. Medina. 1996. Implications of multiple use management strategies on native southwestern (USA) fishes. Pages 110–123 *in* R. M. Meyer, editor. Fisheries resource utilization and policy. Proceedings of the World Fisheries Congress, Theme 2. Oxford & IBH Publishing Co. Pvt. Ltd., New Deli, India.

Rinne, J. N., and W. L. Minckley. 1985. Variation in Apache trout (*Salmo apache*) relative to co-occurrence with introduced salmonids. Copeia 1985:285–292.

Rinne, J. N., and W. L. Minckley. 1991. Native fishes in arid lands: dwindling resources of the desert Southwest. USDA Forest Service, General Technical Report RM-206, Rocky Mountain Forest and Range Experiment Station, Fort Collins, Colorado.

Rinne, J. N., J. Simms, and H. Blasius. In press. a.

Changes in fish assemblages in the Gila River, Arizona and New Mexico: epitaph for a native fish fauna. In J. N. Rinne, R. Hughes and B. Calmamusso, editors. Historical changes in fish assemblages in American rivers. American Fisheries Society, Symposium 45, Bethesda, Maryland.

Rinne, J. N., and J. A. Stefferud. 1997. Factors contributing to collapse yet maintenance of a native fish community in the desert Southwest (USA). Pages 157–162 *in* D. A Hancock, D. C. Smith, A. Grant, and J. P. Beaumer, editors. Developing and sustaining world fisheries resources: the state of science and management. Second World Fish Congress, Brisbane, Australia, Jul. 28–Aug. 2, 1996. CSIRO, Collingwood, Australia

Rinne, J. N., and J. A. Stefferud. 1998. Single versus multiple species management: native fishes in Arizona. Forest Ecology and Management 114(2–3):357–365.

Rinne, J. N., J. A. Stefferud, A. Clark, and P. Sponholtz. 1998. Fish community structure in the Verde River, Arizona, 1975–1997. Hydrology and Water Resources in Arizona and the Southwest 28:75–80.

Rinne J. N., and P. R. Turner. 1991. Reclamation and alteration as management techniques,and a review of methodology in stream renovation. Pages 219–244 *in* W. L Minckley and J. E. Deacon, editors. Battle against extinction–native fish management in the American West. University of Arizona Press, Tucson.

Ross, C. P. 1923. The lower Gila region. U.S. Geological Survey, Supply Paper 498, Reston, Virginia.

Schramm, H. L., and R. G. Piper, editors. 1995. Uses and effects of cultured fishes in aquatic ecosystems. American Fisheries Society, Symposium 15, Bethesda, Maryland.

Simons, L. H., D. A. Hendrickson. and D. Papoulias. 1989. Recovery of Gila topminnow: a success story? Biological Conservation 3(1):11–15.

Sponholtz P., D. Redondo, B. P. Deason, L. Sychowski, and J. N. Rinne. 1998. The influence of stock tanks on native fishes: upper Verde River, Arizona. Pages 156–179 *in* Proceedings of the Symposium on Environmental, Economic, and Legal Issues Related to Rangeland Water Developments. Nov 13–15, 1997. Arizona State University, Tempe.

Stefferud, J. A., and J. N. Rinne. 1995. Preliminary observations on the sustainability of fishes in a desert river: the roles of streamflow and introduced fishes. Hydrology and Water Resources in Arizona and the Southwest, 22– 25:26–32.

USDI (U.S. Department of the Interior). 1991. Endangered and threatened wildlife and plants; animal candidate review for listing as endangered or threatened species, proposed rule. Federal Register 58(38):58804–58836.

USDI (U.S. Department of the Interior). 1993. Endangered and threatened wildlife and plants: proposed rule to list the Rio Grande silvery minnow as endangered, with critical habitat. Federal Register 58(38):11821–11828.

USDI (U.S. Department of the Interior). 1994. Endangered and threatened wildlife and plants: final rule to list the Rio Grande silvery minnow as an endangered species. Federal Register 59(138):36988–36995.

USFWS (U.S. Fish and Wildlife Service). 1983. Recovery plan for Apache trout, *Salmo apache,* Miller, 1972. U. S. Fish and Wildlife Service, Albuquerque, New Mexico.

USFWS (U.S. Fish and Wildlife Service). 2004. Apache trout recovery plan, second revision. Albuquerque, New Mexico.

Young, M. K. 1996. Conservation assessment for inland cutthroat trout. USDA Forest Service General Technical Report 256:1–61.

Young, K. 2001 Integrated fisheries management plan for the Little Colorado River watershed. Arizona Game and Fish Department, Phoenix.

American Fisheries Society Symposium 44:467–474, 2004

A Tale of Two Parks: Management of Nonnative Lake Trout in Yellowstone and Grand Teton National Parks, Wyoming, USA

SCOTT BOSSE[1]

Greater Yellowstone Coalition,
Post Office Box 1874, Bozeman, Montana 59771, USA

Abstract.—The introduction of nonnative lake trout into lakes across the western United States has had profound effects on adfluvial cutthroat trout *Oncorhynchus clarkii* and other native ichthyofauna. Such is the case in Yellowstone and Grand Teton national parks, where lake trout from the Great Lakes were first introduced at the end of the 19th century. Today, lake trout *Salvelinus namaycush* pose a major threat to the world's largest population of interior cutthroat trout in Yellowstone Lake and have contributed to sharp declines of Snake River finespotted cutthroat trout *O. clarkii behnkei* in nearby Jackson Lake. The management responses of the two parks to these lake trout invasions have differed markedly. Yellowstone National Park has acted to sharply reduce lake trout numbers in Yellowstone Lake by instituting an aggressive gillnetting program. In contrast, Grand Teton continues to allow the Wyoming Game and Fish Department to stock tens of thousands of lake trout fingerlings in Jackson Lake annually. The discrepancy in lake trout management policies likely stems from the fact that different agencies with conflicting mandates oversee fisheries management in the two parks. While fisheries in Yellowstone are managed by the National Park Service, which has a strict preservation mandate, Grand Teton's fisheries are managed by the Wyoming Game and Fish Department, whose mission is to maintain an abundant supply of diverse, high quality fishing opportunities.

Introduction

The introduction of nonnative fish into Yellowstone and Grand Teton national parks has resulted in significant impacts to native fish assemblages and the fauna that utilize them for food (Erickson 1976; Franke 1996; Varley and Schullery 1998). These impacts are often severe where lake trout *Salvelinus namaycush* have been introduced into lakes containing native adfluvial cutthroat trout *Oncorhynchus clarkii* (Benson et al. 1961; Behnke 1992; Crossman 1995). Such is the case in Yellowstone Lake in Yellowstone National Park and Jackson Lake in Grand Teton National Park, where cutthroat trout are a keystone species. Paine (1966) describes a keystone species as one whose impacts on its community or ecosystem are large and greater than would be expected from its relative abundance or total biomass.

Native only to North America, lake trout have the widest native distribution of any salmonid species on the continent (Behnke 2002). Their historic range extends from eastern Canada northward and westward to Alaska, and includes northern New York and New England, the Great Lakes, and a small lobe that reaches southward along the Continental Divide in Montana (Behnke 2002). Lake trout are indigenous to neither Yellowstone nor Grand Teton national parks. The nearest native lake trout populations to the parks are in Elk and Twin lakes at the headwaters of the Jefferson River drainage in southwest Montana (Behnke 2002).

The earliest record of lake trout being stocked into Yellowstone National Park dates back to 1890 when the U.S. Fish Commission stocked lake trout from Lake Michigan into Lewis and Shoshone lakes at the headwaters of the Snake River drainage (Evermann 1892). Both these lakes were historically fishless due to a barrier falls on the Lewis River that prevented upstream migration from the Snake River. Shortly after lake trout became established, a thriving commercial lake trout fishery developed on Lewis and Shoshone lakes to provide food for the park hotels,

[1] E-mail: sbosse@greateryellowstone.org

but it was shut down when it began to negatively affect the sport fishery (Varley and Schullery 1998).

From Lewis and Shoshone lakes, lake trout moved down the Lewis and Snake rivers into what is now Grand Teton National Park. By 1906, lake trout weighing up to 6.8 kg had been documented in Jackson Lake (Erickson 1976). In 1898, a correspondent for *Forest and Stream* wrote: "The usual big catches of mountain and brown trout are reported from the Firehole River, and lake trout as big as pack mules are seen in Shoshone Lake (Varley and Schullery 1998)." Through downstream drift, lake trout soon spread into Jenny and Leigh lakes just south of Jackson Lake and used the Snake River as a conduit to establish a population in Palisades Reservoir on the Wyoming–Idaho border (Behnke 1992). Heart Lake in Yellowstone National Park was likely colonized by lake trout moving up from the Snake River (Dean and Varley 1974).

Impacts of Introduced Lake Trout on Native Fish Species

Lake trout have been introduced with varying degrees of success into at least 15 countries across Europe, Asia, North America, South America, and Oceania (Crossman 1995). In addition, lake trout have been introduced into waters outside their native range in four Canadian provinces and 15 U.S. states (Crossman 1995). In Wyoming, self-sustaining populations of lake trout have been established in 66 lakes and reservoirs, primarily in the central and western parts of the state (Crossman 1995). Lake trout that were introduced into Lewis and Jenny lakes over a century ago are now being used to restore indigenous lake trout populations in the Great Lakes and to provide broodstock used to support past introductions (Tilmant 1999).

The impacts of nonnative fish introductions on native icthyofauna are numerous and well documented (Lassuy 1995). In a survey of 40 North American fish extinctions, Miller et al. (1989) found that introduced species were cited as a factor in 69% of the cases. A review of 69 fish species listed under the federal Endangered Species Act found that introduced species were cited as a contributing factor in 70% of the cases (OTA 1993). Among the most frequently cited impacts of nonnative introductions are predation, hybridization, competition for food, competition for habitat, and disease transmission (Lassuy 1995). Courtenay (1993) concluded that every nonnative fish introduction will result in impacts to native biota, which may range from almost nil to major, including extinction, with time.

The introduction of lake trout into lakes across the western United States has had profound impacts on adfluvial cutthroat trout as well as other native fishes (Benson et al. 1961; Crossman 1995). Lake trout have been implicated in the decline of Lahontan cutthroat *O. c. henshawi* in Lake Tahoe, California–Nevada (Cordone and Frantz 1966; Moyle 1976); Bonneville cutthroat *O. c. utah* in Bear Lake, Idaho-Utah (Orme et al. 1999; Ruzycki et al. 2001); westslope cutthroat *O. c. lewisi* in several Columbia basin lakes (Marnell 1988; Behnke 2002); Yellowstone cutthroat *O. c. bouvieri* in Heart Lake, Wyoming (Dean and Varley 1974); and Snake River finespotted cutthroat *O. c. behnkei* in Jackson Lake, Wyoming (Erickson 1976; Franke 1996). Lake trout have also displaced bull trout *S. confluentus* as the dominant predator in several Columbia basin lakes, and caused a sharp decline of Utah chub *Gila atraria* in the upper Green River following the introduction of lake trout into Flaming Gorge Reservoir (Crossman 1995). Elsewhere, lake trout introductions have been implicated in the decline of Sunapee trout *S. alpinus oquassa* in Vermont and New Hampshire, Arctic char *S. alpinus* and brook trout *S. fontinalis* in Quebec, and Arctic char in Sweden (Crossman 1995).

There are several means by which lake trout are able to overwhelm cutthroat trout. First, lake trout populations are capable of expanding very rapidly due to their high fecundity (Curtis 1990). A typical 5.4-kg adult female lake trout can carry up to 9,000 eggs, compared to only 1,000 eggs for a typical adult female Yellowstone cutthroat (Varley and Schullery 1998). However, since lake trout do not spawn until 5–7 years of age, they are vulnerable to overexploitation if the larger fish are taken out of the population (Varley and Schullery 1998).

Second, lake trout feed almost exclusively on other fish once they reach 46 cm in length, which allows them to attain very large sizes (Behnke 2002). Lake trout are the third largest members of the salmonid family and by far the largest of the chars (Behnke 2002). The largest lake trout on record was a 46.3-kg specimen pulled from Lake Athabasca, Saskatchewan (Behnke 2002). Lake trout in the 18 kg range have been caught in Lewis, Shoshone, Heart, and Jackson lakes (Varley and Schullery 1998). Coupled with the fact that lake trout live to very old age—they are known to live for 35 years in some North American lakes—this allows them to consume an extraordinary number of fish over their lifetime. Model simulations conducted by Ruzycki (1998) concluded that a lake trout in Yellowstone Lake that lives to 20 years of age will easily consume 1,000 adult Yellowstone cutthroat over its lifetime.

Finally, cutthroat trout are extremely vulnerable to predation by lake trout because in most cases, they did not evolve in the presence of large, predatory fish (Behnke 1992). In very few lakes do lake trout and cutthroat trout naturally coexist. St. Mary Lake in northwestern Montana is one such lake (Brown 1971). Because Yellowstone cutthroat evolved in Yellowstone Lake for more than 8,000 years without any predatory fish, juveniles frequently occupy deep open waters, precisely the same habitat that lake trout prefer. Consequently, studies show that 99% of the fish consumed by lake trout in Yellowstone Lake are cutthroat, even though other prey species such as longnose sucker *Catostomus catostomus griseus* are available (Behnke 2002).

Conflicting Management in Yellowstone and Jackson Lakes

Despite the fact that Yellowstone and Jackson lakes are separated by a distance of only 40 km at their closest point, Yellowstone and Grand Teton national parks have taken radically different approaches to managing introduced lake trout in their respective largest water bodies. In Yellowstone, the Park Service carries out an aggressive lake trout gillnetting program aimed at protecting cutthroat trout in Yellowstone Lake. In Grand Teton, the Park Service allows the Wyoming Game and Fish Department (WGFD) to stock tens of thousands of lake trout fingerlings in Jackson Lake each year, despite evidence that introduced lake trout there have contributed to the sharp decline of Snake River finespotted cutthroat (Erickson 1976; Franke 1996). It should be noted that although the WGFD has jurisdictional authority for fisheries management in Grand Teton, the Park Service retains considerable authority under its Organic Act to prohibit activities such as fish stocking when they are shown to impair native fish and wildlife resources.

Yellowstone Lake

Perched at an elevation of 2,356 m in the collapsed caldera of the Yellowstone volcano, Yellowstone Lake is the largest high mountain lake in North America. It has a surface area of 360 km^2, an average depth of 43 m, and a maximum depth of 122 m (Varley and Schullery 1998). With an estimated population of 1–4 million catchable-sized cutthroat trout (Jones et al. 1980), Yellowstone Lake and the adjoining Yellowstone River above the falls harbor the largest population of genetically pure interior cutthroat trout in the world (Varley and Gresswell 1988; Behnke 1992). Other than longnose dace *Rhinichthys cataractae*, Yellowstone cutthroat are the only fish species native to Yellowstone Lake (Behnke 1992). Because they evolved in a system devoid of predatory fish, cutthroat trout in Yellowstone Lake are ill adapted to coexisting with large piscivores such as lake trout.

Lake trout were first documented in Yellowstone Lake in July 1994, although there were numerous anecdotal reports of lake trout being caught as early as the mid-1980s (Varley and Schullery 1995). It is believed that they were illegally introduced by anglers. Based on analysis of otolith transects, Munro and McMahon (2002) concluded that the lake trout were planted as early as 1986, and the introductions may have continued until as recently as 1997. Lake trout have been reproducing in Yellowstone Lake since at least 1989 (Kaeding et al. 1995). By analyzing strontium to calcium ratios in otoliths taken from lake trout, Munro and McMahon (2002) concluded that the fish likely originated from nearby Lewis Lake.

Lake trout are not the first nonnative salmonid species to be introduced into Yellowstone Lake. During the peak of fish stocking in the western United States from 1890 to 1910, Atlantic salmon *Salmo salar* and rainbow trout *O. mykiss* were planted in Yellowstone Lake, but neither established self-sustaining populations (Varley 1981). In 1985, brook trout were discovered in Arnica Creek, a tributary to the West Thumb of Yellowstone Lake, but chemical treatment is believed to have eliminated that population (Gresswell and Varley 1988).

In response to the discovery of lake trout in Yellowstone Lake, Yellowstone National Park convened a panel of prominent lake trout biologists and other fisheries experts in February 1995 to evaluate the potential impacts to the lake's native cutthroat trout and to devise a strategy to keep the lake trout population from expanding. The majority opinion among those experts was that the lake trout population would likely reduce the native cutthroat population by 80% to 90% within 50–100 years if left unchecked (Varley and Schullery 1995). Subsequent research found that if this decline were to happen, 42 bird and mammal species that prey on Yellowstone Lake cutthroat could be adversely affected, including up to 20% of the park's grizzly bears (Varley and Schullery 1995; YNP 2000).

After considering a range of alternatives that included releasing sterile sea lampreys *Petromyzon marinus* into the lake, the panel settled on a strategy of selective gillnetting that targeted lake trout on their spawning grounds (McIntyre 1995). The main objectives of the program were to limit cutthroat losses to 20% and prevent lake trout from reaching spawning size (Varley and Schullery 1995).

During the first season of gillnetting in 1994, park biologists caught few lake trout and numerous cutthroat trout (Olliff et al. 2003). Over the next 2 years, as biologists refined their netting techniques and discovered the location of the lake trout's primary spawning ground in the West Thumb, lake trout harvests increased dramatically. Between 1996 and 1999, a period when Park personnel pinpointed areas of high lake trout density and low cutthroat density, shifted to longer gill nets, and dramatically increased netting effort, more than 15,000 lake trout were removed from the lake. Despite these increased efforts, lake trout harvests continued to increase, indicating that the population was not being limited.

Since then, the park has acquired a specially designed gillnetting boat, purchased additional nets, and employed hydroacoustic equipment to aid biologists in population monitoring of both lake trout and cutthroat. These efforts appear to be paying off. In 2002, approximately 12,000 lake trout were removed from the lake. Moreover, the catch rate dropped for the third consecutive year, making it the lowest since 1995, and both the total number of fish and the number of spawners was down from the previous year. In total, more than 56,200 lake trout have been netted from Yellowstone Lake since the gillnetting program was initiated in 1995 (Olliff et al. 2003). Having demonstrated that the program is an efficient means of controlling lake trout and protecting the cutthroat fishery, Yellowstone recently received a $300,000 increase in base funding so it can continue the program into the forseeable future.

In addition to the lake trout gillnetting program, Yellowstone's fishing regulations are designed to keep the lake trout population in Yellowstone Lake from expanding by requiring anglers to keep and kill any lake trout they catch. All native fish caught in the park, including Yellowstone Lake cutthroat, must be released.

Jackson Lake

Like Yellowstone Lake, Jackson Lake is an oligotrophic system. It sits on the eastern front of the Teton Range at an elevation of 2,065 m. Jackson Lake has a surface area of 10,421 ha when filled, a mean depth of 38 m, and a maximum depth of 136 m (Erickson 1976). Unlike Yellowstone Lake, Jackson Lake is artificially enhanced by a dam, which causes water levels to fluctuate according to downriver irrigation needs. It is the uppermost reservoir in the U.S. Bureau of Reclamation's (BOR) Minidoka Project. The lake has undergone three construction periods. In 1907, the BOR built a log crib dam, but it failed and was replaced by a concrete and earthen dam in 1911. That structure was enlarged in 1916, increasing the lake's depth by 12 m and its storage capacity to the present level of just over 1,044,774 cubic km (Erickson 1976).

Historically, Snake River finespotted cutthroat were the only trout species present in Jackson Lake (Erickson 1976), although Behnke (1992) contends that Yellowstone cutthroat may have also been present. Yellowstone cutthroat are the most common species above Jackson Lake, while Snake River cutthroat dominate from Jackson Lake down the Snake River to Palisades Reservoir. (Behnke 1992) Historically, no physical barriers separated the two species until Jackson Dam was constructed.

Jackson Lake is now home to at least eight fish species, including lake trout, Snake River finespotted cutthroat, brown trout, mountain whitefish *Prosopium williamsoni*, Utah sucker *C. ardens*, Utah chub, mountain sucker *C. platyrhynchus*, and Bonneville redside shiner *Richardsonius balteatus* (Kiefling 1981). It has been called the most important lake trout fishery in the Snake River drainage of northwest Wyoming (Gipson 1993). The state record lake trout, a 23-kg fish, was caught in Jackson Lake in 1983.

Lake trout colonized Jackson Lake by moving down the Snake River from Lewis and Shoshone lakes shortly after they were introduced there in 1890 (Erickson 1976). After lake trout became established there, Snake River finespotted cutthroat declined drastically (Erickson 1976; Franke 1996). Today, cutthroat trout make up less than 10% of the creel (Gipson 1993). The sharp decline of cutthroat has been attributed to three factors: the construction of Jackson Dam, the predator–prey relationship with lake trout, and the large scale clearing of trees along the shoreline by the Civilian Conservation Corps in the 1930s (Erickson 1976; Kiefling 1981). The dam likely reduced the cutthroat population by inundating some of their most productive spawning and nursery habitat in the spring creeks on the southeast shore of the lake.

The WGFD began stocking lake trout fingerlings in Jackson Lake in 1937 in order to improve fishing opportunities for the public following the construction of Jackson Dam (Kiefling 1981). In virtually every year since then, from 10,000–361,228 lake trout have been stocked in Jackson Lake (Kiefling 1981). Between 1992 and 2002, Jackson Lake was stocked with an average of 30,634 lake trout annually. Although no comprehensive predation studies have been conducted in Jackson Lake to determine the impact of lake trout predation on cutthroat, WGFD personnel did conduct a creel survey in 1963 during which some lake trout stomach contents were analyzed (Erickson 1976). The analysis indicated very little predation on cutthroat by other trout, but biologists noted in their report that lake trout often regurgitate their stomach contents when being brought to the surface. The creel survey did, however, mention that several trout had bite marks on them, with cutthroat having the highest incidence.

Today, despite a lack of reliable information on its effects on native cutthroat, the WGFD continues to stock 36,000 lake trout fingerlings in Jackson Lake each June under a Memorandum of Agreement with Grand Teton National Park (Gipson 1997). The fish are raised at the U.S. Fish and Wildlife Service's Jackson National Fish Hatchery. It is estimated that the stocking program improves lake trout catch rates by about 15%, but the additional fish that are being caught rarely reach trophy size (Rob Gipson, personal communication). The current management objective in Jackson Lake is to maintain an average harvest rate of 0.35 lake trout per hour and a mean lake trout length of 43 cm (Gipson 1997).

Unlike in Yellowstone National Park where all native fish must be released, the fishing regulations in Grand Teton currently allow anglers to keep up to six trout of any species per day in Jackson Lake, although that will be reduced to three cutthroat per day in 2004. Jackson Lake is closed to all fishing during the month of October to protect spawning lake trout.

Laws and Management Policies Regarding Fish Stocking in National Parks

The overriding law guiding the stocking of nonnative fish in national parks is the 1916 Park Service Organic Act. The Act sets forth the core mandate for management of the national parks: "to conserve the scenery and natural and historic objects and the wildlife therein and to provide for the enjoyment of the same in such manner and by such means as will leave them *unimpaired* for the enjoyment of future generations."

The Park Service also abides by a set of internal Management Policies (NPS 2001). With regard to fish stocking, the current Management Policies state, "In some situations, the Park Service may stock native or exotic animals for recreational harvesting purposes, but only when such stocking will not impair park natural resources or processes, and

1. The stocking is of fish into constructed large reservoirs or other significantly altered large water bodies and the purpose is to provide for recreational fishing; or
2. Such stocking is in a national recreation area or preserve that has historically been stocked (in these situations, stocking only of the same species may be continued); or
3. Congressional intent for stocking is expressed in statute or a House or Senate report accompanying a statute."

The Management Policies further state that "exotic plant and animal species may be managed—up to and including eradication—if control is prudent and feasible, and, among other reasons, the exotic species interferes with natural processes and the perpetuation of natural features, native species, or natural habitats." Yellowstone National Park has interpreted this policy to mean that it should do everything it can to confront the lake trout invasion in Yellowstone Lake. Grand Teton has largely disregarded this policy in Jackson Lake.

In addition to these Park Service laws and policies, the WGFD in June 2000 entered into a Memorandum of Agreement with the state fish and game departments from Montana, Idaho, Utah, Nevada; the U.S. Forest Service, and Yellowstone and Grand Teton national parks that established the following policy regarding nonnative fish stocking:

> Stocking of nonnative trout will not be planned or carried out in drainages or portions of drainages that support pure Yellowstone cutthroat (of which Snake River finespotted cutthroat are a subspecies) where such stocking has the possibility of negatively impacting a pure Yellowstone cutthroat population. (WGFD 2000)

The policy also advocates suppressing or eradicating nonnative fish species that are competing with, preying on, or hybridizing with native Yellowstone cutthroat trout.

Given the Park Service Organic Act mandate, National Park Service Management Policies, and the

Wyoming Game and Fish Department's MOA to protect Yellowstone cutthroat trout, the principal question that has yet to be addressed regarding the Jackson Lake situation is whether the continued stocking of lake trout is impairing the park's indigenous fish and wildlife. Based on research conducted in other lakes throughout the western United States where lake trout have been introduced alongside native cutthroat, it would appear that the answer to that question is very likely yes. The risk of continuing the stocking program is that native cutthroat in Jackson Lake will remain well below historic levels and could eventually disappear from the lake.

Discussion

Despite their close proximity to each other, Yellowstone and Grand Teton national parks have approached the issue of fish stocking very differently throughout their history. While Grand Teton continues to stock nonnative fish in its waters, Yellowstone prohibited the stocking of nonnative fish in waters containing native fish in 1936 (Varley and Schullery 1998). That policy change was adopted after countless lakes, streams, and rivers in the park had already been planted with rainbow, brook, and brown trout, and native westslope cutthroat trout and Arctic grayling *Thymallus arcticus montanus* had all but disappeared from the upper Madison and Gallatin river drainages (Behnke 2002). In 1959, Yellowstone became the first national park to eliminate all fish stocking (Varley and Schullery 1998). And in 2001, Yellowstone became the first park to place all native fish species under catch-and-release regulations (YNP 2001).

Almost every national park in America with fishery resources has had nonnative fish introduced into its waters, be it by purposeful stocking, illegal planting by anglers, or escapes of life bait (Tilmant 1999). So, too, has virtually every large western national park seen fish introduced into their naturally barren lakes. As a result of these introductions, the Park Service now spends more than $2 million annually trying to restore native aquatic species or control nonnative aquatic species (Tilmant 1999). The introduction of nonnative species into national parks is perhaps the most vexing ecological problem facing the National Park Service today.

In a survey of fish stocking policies, Tilmant (1999) found 34 national park units that continue to stock for recreational fishing purposes. The vast majority of those are national recreation areas that were created by Congress with the specific intent of enhancing recreational activities, including fishing. Only two western national parks still permit fish stocking—North Cascades and Grand Teton. North Cascades has specific language in its enabling legislation allowing it do so. Contrary to popular belief, Grand Teton does not.

The most plausible explanation for the management discrepancy is that different agencies with conflicting mandates manage fisheries in the two parks. In Yellowstone, fisheries are managed by the National Park Service, which has a clear *preservation* mandate as set forth in the 1916 Park Service Organic Act. In Grand Teton, fisheries are managed by the Wyoming Game and Fish Department, which has a *conservation* mandate that is more geared towards maintaining the supply and increasing the diversity of high quality fishing opportunities.

This underlying tension was addressed in Grand Teton's 1985 Natural Resource Management Plan, where the Park Service wrote: "The (Game and Fish) Department claims sole jurisdiction over all fishery management programs in the Park and has resisted attempts by the Service to share in or influence these programs. This has resulted in disputes over the years involving fishing regulations, fish stocking, removal of beaver dams to enhance cutthroat trout spawning, use of baitfish, vehicular access, use of motorboats and snowmobiles, habitat improvement, manipulation of native, nongame fish populations to improve trout fishing, law enforcement, and aquatic research" (GTNP 1985).

Even if the WGFD were to phase out its lake trout stocking program in Jackson Lake, which this author recommends as a positive first step, it is important to note that native cutthroat trout are extremely unlikely to rebound to anywhere near historic numbers in Jackson Lake unless additional and more drastic actions are taken. Not only would the WGFD probably need to institute an aggressive lake trout eradication program in Jackson Lake similar in scale to the one in Yellowstone Lake, but it would also have to draw down water levels in Jackson Lake to expose historic cutthroat spawning tributaries and perhaps even remove Jackson Lake Dam. These decisions will be far more difficult to make and have far greater implications for anglers, fishing lodge owners on Jackson Lake, and eastern Idaho irrigators who are the primary beneficiaries of Jackson Lake Dam and reservoir.

One of the most difficult challenges that fisheries managers face in our national parks is to restore native species to some semblance of their historic abundance without losing the support of an angling public that has become accustomed to fishing for introduced species. Successfully meeting this challenge will require at least two things. First, managers need to make a more concerted effort to educate the public on the benefits of native fish restoration. In Yellowstone, the lake trout control program in Yellowstone Lake has garnered broad public support because Park Service managers have clearly communicated the important role that native cutthroat trout play in sustaining dozens of popular bird and mammal species. Second, managers need to stand firm on proposals to restore native fish in national parks, even if some members of the angling public voice strong opposition, which is all but inevitable. In order to minimize public opposition, decisions to reduce or eradicate nonnative fish should be framed in the context of sound science. In the case of lake trout stocking in Grand Teton, managers could probably alleviate most angler concerns simply by emphasizing the fact that very few of the lake trout fingerlings stocked in Jackson Lake show up in angler creels. Managers could further lessen public opposition to native fish restoration by clearly stating the potential ramifications of not acting. In both Yellowstone and Grand Teton, managers should make it clear that failing to address significant threats to native cutthroat trout only increases the likelihood of a federal Endangered Species Act listing, which in turn could severely reduce fishing opportunities both in and around the parks.

References

Behnke, R. J. 1992. Native trout of Western North America. American Fisheries Society, Monograph 6, Bethesda, Maryland.

Behnke, R. J. 2002. Trout and salmon of North America. Simon and Schuster, New York.

Benson, N. G., J. R. Greeley, M. I. Huish, and J. H. Kuehn. 1961. Status of management of natural lakes. Transactions of the American Fisheries Society 90:28–224.

Brown, C. J. D. 1971. Fishes of Montana. Big Sky Books. Montana State University, Bozeman.

Cordone, A. J., and T. C. Frantz. 1966. The Lake Tahoe sport fishery. California Fish and Game 52(4):240–274.

Courtenay, W. R., Jr. 1993. Biological pollution through fish introductions. Pages 35–61 *in* B. N. McKnight editor. Biological pollution: the control and impact of invasive exotic species. Indiana Academy of Science, Indianapolis

Crossman, E. J. 1995. Introduction of lake trout (*Salvelinus namaycush*) in areas outside its native distribution: a review. Journal of Great Lakes Research 21:17–29.

Curtis, G. L. 1990. Recovery of an offshore lake trout population in eastern Lake Superior, USA and Canada. Journal of Great Lakes Research 16(2):279–287.

Dean, J. L., and J. D. Varley. 1974. Yellowstone fishery investigations. U.S. Fish and Wildlife Service, Yellowstone National Park, Wyoming.

Erickson, J. A. 1976. Jackson Lake fishery investigations. Wyoming Game and Fish Department, Completion Report, F-1-R-9, Cheyenne.

Evermann, B. W. 1892. Report on the establishment of fish cultural stations in the Rocky Mountain Region and Gulf states. Bulletin U.S. Fish Commission for 1891, Washington, D.C.

Franke, M. A. 1996. A grand experiment. Yellowstone Science volume 4, No. 4, Fall 1996.

Gipson, R. 1993. Jackson Lake creel survey, 1991. Wyoming Game and Fish Department Fish Division Administrative Report, Project 410–320-20, Cheyenne.

Gipson, R. 1997. Jackson Lake winter creel survey, 1996. Wyoming Game and Fish Department Fish Division Administrative Report, Project 401–320-20, Cheyenne.

GTNP (Grand Teton National Park). 1985. Draft Natural resources management plan and environmental assessment. Grand Teton National Park, Wyoming.

Gresswell, R. E., and J. D. Varley. 1988. Effects of a century of human influence on the cutthroat trout of Yellowstone Lake. Pages 45–52 *in* R. E. Gresswell, editor. Status and management of interior stocks of cutthroat trout. American Fisheries Society, Symposium 4, Bethesda, Maryland.

Jones, R. D., R. E. Gresswell, D. E. Jennings, and J. D. Varley. 1980. Fishery and aquatic management program in Yellowstone National Park. U.S. Fish and Wildlife Service, Yellowstone National Park, Wyoming.

Kaeding, L. R., G. D. Boltz, and D. G. Carty. 1995. Lake trout discovered in Yellowstone Lake, Proceedings of a workshop and information exchange held in Gardiner, Montana. February 15, 1995.

Kiefling, J. 1981. Jackson Lake completion report. Wyoming Game and Fish Department, Project F-01-R, Cheyenne.

Lassuy, D. R. 1995. Introduced species as a factor in extinction and endangerment of native fish species. Pages 391–396 in H. L. Schramm, Jr. and R. G. Piper, editors. Uses and effects of cultured fishes in aquatic ecosystems. American Fisheries Society, Symposium 15, Bethesda, Maryland.

Marnell, L. F. 1988. Status of westslope cutthroat trout

in Glacier National Park, Montana. Pages 61–70 *in* R. E. Gresswell, editor. Status and management of interior stocks of cutthroat trout. American Fisheries Society, Symposium 4, Bethesda, Maryland.

McIntyre, J. D. 1995. Review and assessment of possibilities for protecting the cutthroat trout of Yellowstone Lake from introduced lake trout. Proceedings of a workshop and information exchange held in Gardiner, Montana, February 15, 1995.

Miller, R. R., J. D. Williams, and J. E. Williams. 1989. Extinctions of North American fishes during the last century. Fisheries 14(6):22–38.

Moyle, P. B. 1976. Inland fishes of California. University of California Press, Berkeley.

Munro, A. R., and T. McMahon. 2002. Identification of the source population of lake trout in Yellowstone Lake using otolith microchemistry. Project number YELL-R99–0942, Yellowstone National Park, Wyoming.

NPS (National Park Service) 2001. Management policies. U.S. Department of the Interior, National Park Service, Washington, D.C.

Olliff, S. T., T. Koel, P. Bigelow, D. Mahony, B. Ertel, and B. Rowdon. 2003. Protection of native Yellowstone cutthroat trout in Yellowstone Lake, Wyoming. National Park Service Aquatic Resources Center, Yellowstone National Park, Wyoming.

Orme, R. W., J. J. Van Tassell, M. M. Mazur, and D. A. Beauchamp. 1999. Population dynamics and interactions among fishes of Bear Lake. Annual report to the Utah Division of Wildlife Resources, Project F-47-R, Study 5, Salt Lake City.

OTA (Office of Technology Assessment). 1993. Harmful non-indigenous species in the United States. U.S. Government Printing Office, Washington, D.C.

Paine, R. T. 1966. Food web complexity and species diversity. American Naturalist 100(910):65–75.

Ruzycki, J. 1998. Exotic introductions in Yellowstone National Park, from the Proceedings of the Fish, Fishing, and Fisheries Management in Yellowstone National Park Conference in Livingston, Montana, October 7, 1998.

Ruzycki, J., W. Wurtsbaugh, and C. Luecke. 2001. Salmonine consumption and competition for endemic prey fishes in Bear Lake, Utah-Idaho. Transactions of the American Fisheries Society 130:1175–1189.

Tilmant, J. T. 1999. Management of non-indigenous fish in the U.S. National Park System. Proceedings of Symposium on Ecological and Genetic Effects of Aquaculture on the Environment; 129th Annual Meeting of the American Fisheries Society, Charlotte, North Carolina, August 29-September 2, 1999.

Varley, J. D. 1981. A history of fish stocking activities in Yellowstone National Park between 1881 and 1980. U.S. National Park Service, Informational Paper No. 35, Yellowstone National Park, Wyoming.

Varley, J. D., and P. Schullery, editors. 1995. The Yellowstone Lake crisis: confronting a lake trout invasion. Report to the Director of the National Park Service, Yellowstone Center for Resources, National Park Service, Yellowstone National Park, Wyoming.

Varley, J. D., and R. E. Gresswell. 1988. Ecology, status, and management of Yellowstone cutthroat trout. Pages 13–24 *in* R. E. Gresswell, editor. Status and management of interior stocks of cutthroat trout. American Fisheries Society, Symposium 4, Bethesda, Maryland.

Varley, J. D., and P. Schullery. 1998. Yellowstone fishes: ecology, history, and angling in the Park. Stackpole Books, Mechanicsburg, Pennsylvania.

WGFD (Wyoming Game and Fish Department). 2000. Yellowstone cutthroat trout management summary. Fish Division, June 23, 2000.

YNP (Yellowstone National Park). 2000. DNA analysis indicates 84 individual grizzly bears use spawning streams, press release. Yellowstone National Park, Wyoming, June 15, 2000.

YNP (Yellowstone National Park). 2001. Yellowstone moves to protect native fish species, press release. Yellowstone National Park, Wyoming, February 9, 2001.

American Fisheries Society Symposium 44:475–482, 2004

Diet Overlap of Introduced Rainbow Trout and Three Native Fishes in an Ozark Stream

Daniel B. Fenner and Maureen G. Walsh

Oklahoma Cooperative Fish and Wildlife Research Unit
Department of Zoology, Oklahoma State University
404 Life Sciences West, Stillwater, Oklahoma 74078, USA

Dana L. Winkelman

U.S. Geological Survey, Oklahoma Cooperative Fish and Wildlife Research Unit
404 Life Sciences West, Oklahoma State University, Stillwater, Oklahoma 74078, USA

Abstract.—Private angling groups in Oklahoma have requested permission to stock rainbow trout *Oncorhynchus mykiss* into streams of northeastern Oklahoma although little is known regarding interactions between introduced rainbow trout and native fishes in these systems. Our study objectives were to assess diet overlap between introduced rainbow trout and native smallmouth bass *Micropterus dolomieu*, shadow bass *Ambloplites ariommus*, and bluegill sunfish *Lepomis macrochirus* in Brush Creek, Oklahoma, a small spring-fed Ozark stream. Rainbow trout diet composition differed from that of all three native fishes in the 2 months of comparison (March and May 2001), and rainbow trout diets contained relatively low numbers of prey. It is unlikely that exploitative competition for food resources occurred between rainbow trout and these three native fishes.

Introduction

The creation or enhancement of recreational fisheries is often accomplished through the introduction of nonnative fishes, and many species have been introduced beyond their native range for recreational fishing (Moyle 1985). Usually, introductions are considered successful if the target fishery is enhanced, but historically, little regard has been given to the impacts of sportfish introductions on native fishes. As concern about the impact of nonnative species on native fauna has increased in recent years, managers considering stocking nonnative fishes have placed greater emphasis on evaluating potential ecological interactions that could negatively affect native fish populations. Impacts of fish introductions may range from subtle changes in community structure or function to extirpation of local fish populations (Moyle and Light 1996; Gido and Brown 1999; Penczak 1999).

Fishes used to create or enhance recreational fisheries are usually chosen for traits that will make the introduction successful. For instance, introduced sportfish usually have high feeding and growth rates and may be behaviorally different from wild fishes. Bachman (1984) observed that hatchery-reared brown trout *Salmo trutta* engaged in more agonistic encounters and won more contests than wild fish. Brook trout *Salvelinus fontinalis* shifted microhabitat position in the presence of introduced brown trout and then moved into more favorable resting positions after removal of brown trout (Fausch and White 1981; Dewald and Wilzbach 1992). Hatchery-reared rainbow trout *Oncorhynchus mykiss* are bred for high feeding and growth rates, and these characteristics may accompany greater aggression and competitive ability (Kinghorn 1983). Throughout the Great Basin of western North America, cutthroat trout *O. clarkii* have been replaced by more aggressive, hatchery-reared rainbow trout and brown trout (Moyle and Vondracek 1985), and in Great Smoky Mountains National Park, reductions in the range of native brook trout are associated with expanded distribution of introduced rainbow trout (Larson and Moore 1985).

Although extensive research has been conducted on interspecific interactions among introduced and native salmonids, there is limited information regarding interactions between introduced trout and nonsalmonid native fishes in warmwater streams. A study in the Little Missouri River, Arkansas found that introduced rainbow trout exhibited little or no feeding, with food items such as corn, gravel, and trout pellets forming the majority of their diet (Ebert and Filipek 1991). A more recent study in the same system documented that trout actively fed on a variety of invertebrates within 30 d of stocking (Metcalf et al. 1997), and studies in coldwater streams have shown similar results, suggesting that trout adopt a natural diet following stocking (Lord 1934; Raney and Lachner 1942; Ersbak and Haase 1983; Bachman 1984; Dewald and Wilzbach 1992). The limited number of studies on the effects of trout in warmwater streams and the conflicting conclusions regarding trout feeding suggest that more research is warranted on the potential interaction of introduced trout and native nonsalmonid fishes in these ecosystems.

Private angling groups have requested permission to stock rainbow trout into streams of northeastern Oklahoma. Most of these streams have native fish populations common to the Ozark region, and little is known regarding interactions between introduced rainbow trout and native fishes in these systems. Our objectives were to compare food habits of introduced rainbow trout with smallmouth bass *Micropterus dolomieu*, shadow bass *Ambloplites ariommus*, and bluegill sunfish *Lepomis macrochirus* and to assess diet overlap and potential competition for food resources.

Methods

Study Site

Brush Creek, Delaware County, Oklahoma is a spring-fed Ozark stream with a well-developed riffle-pool sequence. It is approximately 10 km in length with a mean stream width of 9 m. Substrate is predominately gravel-cobble-sized dolomitic limestone, and there are deposits of fine materials in the backwaters and deep pools. Pools are formed primarily by bedrock lateral scours and, to a lesser extent, rootwad lateral scours. The study site was a large, bedrock-formed pool 45 m in length with an average width of 13 m and maximum depth of 2.1 m. The fish assemblage was typical of streams in this region and consisted of 7 families and 25 species (Matthews 1982; McNeely 1986; Gelwick 1990; Walsh and Winkelman 2004, this volume).

Field Sampling

We stocked 2,500 rainbow trout (177–374 mm) at a rate of 500 fish per month from November 2000 through March 2001. Fish were weighed (g), measured (mm total length [TL]), and tagged with Floy anchor tags before stocking. Floy tags were individually numbered, and each monthly cohort was given a different tag color. Fish were sampled in March and May 2001 using a boat-mounted Smith-Root 2.5 GPP electrofishing system (60-Hz AC) between the hours of 0900 and 1000. All captured trout were weighed, measured, identified by tag number, and sacrificed. Stomachs were removed in the field and preserved in 10% formalin for stomach content identification in the laboratory.

We also collected adult bluegill, shadow bass, and smallmouth bass in March and May of 2001 and compared their diets to that of rainbow trout. We used two nonlethal methods to remove prey items from native fishes. For bluegill and smaller shadow bass, we used a stomach pump (Giles 1980) in which a plastic tube was inserted through the esophagus into the stomach and prey items were flushed out into a tray. For smallmouth bass and larger shadow bass, we used a glass tube (Van Den Avyle and Roussel 1980) that was inserted through the esophagus and into the stomach. Prey items were removed by either creating a vacuum, flushing water into the tube, or with a retractable claw remover (Dimond 1985). We used various diameters of glass tubes depending on fish size. Prey items were enumerated and identified to the lowest practical taxon. We identified fish remains to species, insects to family, and other invertebrates to order.

Analyses

We used the Bray-Curtis similarity index (S, Bray and Curtis 1957) to compare diets among species. We report our results as dissimilarities (1-S), and this index ranges from 0 (indicating identical diets or no dissimilarity) to 100 (indicating no similarity). We used analysis of similarities (ANOSIM, PRIMER 7.0; Clarke and Green 1988; Clarke and Gorley 2001) to quantitatively compare similarities among species. This procedure computes all possible pairwise Bray-Curtis similarities among individual fish and then ranks them from lowest to highest. A test statistic (R) is computed by comparing average ranks within groups to those among groups (Clarke and Warwick 2001). The data are then repeatedly randomized and R is recalculated, resulting in a distribution of R values (we used 10,000 randomizations for each comparison). The observed value of R is then compared to the distribution derived from the randomizations to determine the percentage of permutations that are greater than or equal to the observed value of *R*. If less than 5% of the randomizations were greater than or equal to the observed *R*, then we rejected the null hypothesis of no differences among groups. The number of groups and the number of samples within each group determine the number of permutations that are possible using the ANOISM procedure (Philippi et al. 1998).

We used the similarity percentages procedure (Clarke and Warwick 2001) to estimate the relative contributions of prey species to differences in diet detected by ANOSIM. The SIMPER procedure is primarily descriptive and decomposes Bray-Curtis dissimilarities to identify the relative contribution of each species to average dissimilarity between groups (Clarke and Gorley 2001; Clarke and Warwick 2001). We included species contributing 5% or greater to dissimilarity between assemblages in our results. Fish diets have been analyzed using ANOSIM and SIMPER procedures in previous studies describing diet selectivity and overlap between species (Gillanders 1995; Crabtree et al. 1998; Winkelman and Van Den Avyle 2002).

Results

We collected rainbow trout, bluegill, shadow bass, and smallmouth bass for diet analyses on March 3, 2001 and May 24, 2001 (Table 1). Smallmouth bass diets differed significantly from those of rainbow trout in both March and May samples (Table 2). Crayfish and snails explained 65% of the dissimilarity in the March sample (Figure 1). Chironomids, decapods, and dytiscid beetles explained 51% of the dissimilarity between the two species in the May sample (Figure 2). The average Bray-Curtis dissimilarity among smallmouth bass individuals was 34.4 and 31.9 in March and May, respectively; decapods explained at least 96% of the dissimilarity within smallmouth bass (Table 3). The percent composition of decapods in the diet also reflects their importance in smallmouth bass diets (Table 3).

Shadow bass diets differed significantly from those of rainbow trout in March and May samples (Table 2). Decapods, snails, and heptageniid mayflies explained 70% of the dissimilarity in the March samples (Figure 1). Chironomids, decapods, and dytiscid beetles explained 50% of the dissimilarity between

Table 1. Sample size (*N*) and total length (mm ± 1 SE) for fish used in diet analyses.

	March		May	
	N	Total length	*N*	Total length
Rainbow trout	39	273±3	11	264±11
Bluegill	15	139±5	18	143±3
Shadow bass	8	158±7	15	166±6
Smallmouth bass	19	272±15	13	243±17

Table 2. Bray-Curtis dissimilarity values and ANOSIM R-statistics for comparisons between rainbow trout (RBT) and bluegill (BGL), shadow bass (SHD) and smallmouth bass (SMB).

	Bray-Curtis dissimilarity	Observed *R*	*P* value
March			
RBT vs. SMB	96.0	0.508	<0.0001
RBT vs. SHD	93.4	0.383	<0.0001
RBT vs. BGL	94.7	0.363	<0.0001
May			
RBT vs. SMB	85.1	0.456	<0.0001
RBT vs. SHD	85.8	0.475	0.0001
RBT vs. BGL	84.9	0.218	0.007

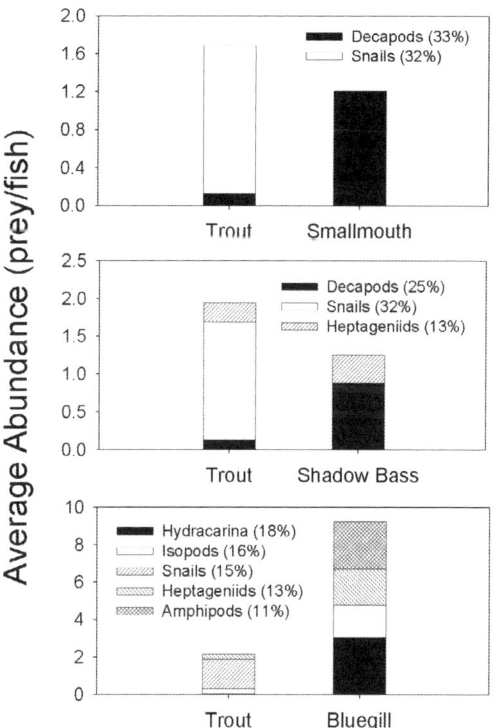

Figure 1. Average prey abundance in March for prey items that contributed more than 10% to the overall dissimilarity between rainbow trout and smallmouth bass, shadow bass, and bluegill. The percentage of dissimilarity accounted for by each prey item is indicated in parentheses.

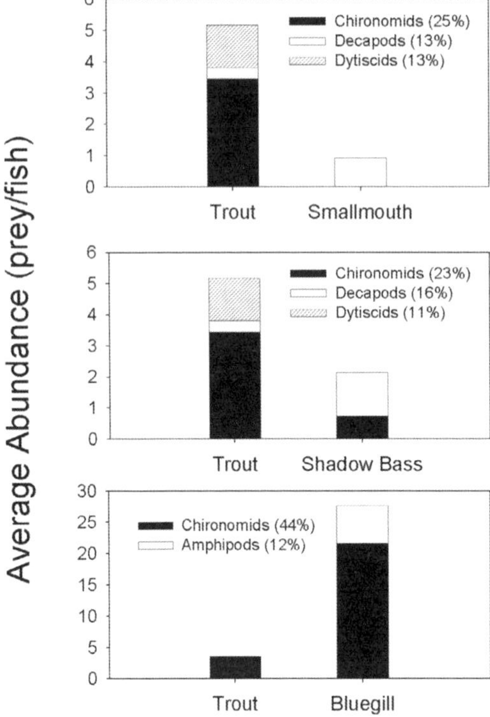

Figure 2. Average prey abundance in May for prey items that contributed more than 10% to the overall dissimilarity between rainbow trout and smallmouth bass, shadow bass, and bluegill. The percentage of dissimilarity accounted for by each prey item is indicated in parentheses.

the two species in the May sample (Figure 2), similar to the pattern seen between trout and smallmouth bass. The average Bray-Curtis dissimilarity among shadow bass individuals was 48.0 and 56.4 in March and May, respectively (Table 3). Decapods explained 95% of the dissimilarity within shadow bass diets in March and 89.5% in May. Decapods and mayflies made up 77% of shadow bass diets in March. Shadow bass diets in May were more diverse, but decapods still comprised 35% of their diet, and decapods, amphipods, and chironomid larvae accounted for 75% of their diet (Table 3).

Bluegill diets also differed significantly from those of rainbow trout in March and May samples (Table 2). Water mites (*Hydrocarina*), isopods, snails, heptageniid mayflies, and amphipods explained 73% of the dissimilarity between trout and bluegill in March (Figure 1), and chironomids and amphipods explained 56% of the dissimilarity in between the two species in May (Figure 2). The average Bray-Curtis dissimilarity among bluegill individuals was 83.7 and 74.3 in March and May, respectively (Table 3), indicating that diet composition among individual bluegill was highly variable. Bluegill diets were the most diverse of the native species and included 13 species. Isopods, amphipods, mayflies, and water mites accounted for most of the diet in March (80%), and amphipods and chironomid larvae accounted for 79% of the diet in May (Table 3).

The average Bray-Curtis dissimilarity among rainbow trout individuals was 74.9 and 85.3 in March and May, respectively (Table 3). In March, snails comprised 54% of rainbow trout diets and accounted for 83.4% of the diet dissimilarity value. Mayflies and isopods comprised an additional 19% of the diet (Table 3). In May, chironomids comprised 41% of trout diets, and dytiscid beetles comprised an additional 16% of their diet (Table 3). These two prey species accounted for 71% of the diet dissimilarity among individual trout (Table 3).

Discussion

Diets of rainbow trout and native fishes differed significantly, and our data suggest that competition for food resources is minimal between rainbow trout and the native fishes we examined. Ebert and Filipek (1991) also suggested minimal potential for competition between introduced rainbow trout and smallmouth bass based on the lack of animal prey items in trout diets and low poststocking survival of trout. Metcalf et al. (1997) found that introduced rainbow trout were eating a natural invertebrate diet and concluded that competition might occur between trout and native fishes in the upper Little Missouri River. All three studies are limited in their ability to assess diet overlap and infer the potential for competition. Our study covers only two sampling dates, and additional seasonal data might refine our understanding of diet overlap. Additionally, there has been no detailed study of the power of our analytical approach or of the sample sizes necessary to detect differences (Philippi et al. 1998). However, we feel that our sample sizes are adequate for most of our comparisons. The study by Ebert and Filipek (1991) was short-term, and rainbow trout did not adopt a natural diet. Metcalf et al. (1997) did not compare diets of rainbow trout and native fishes, making it difficult to assess diet overlap or infer competition. Based on the limitations and conflicting conclusions among these studies, it appears that more research is warranted on the interaction of

Table 3. Sample size, Bray-Curtis dissimilarity, and percent occurrence of prey items in diets of rainbow trout (RBT), bluegill (BLG), shadow bass (SHB), and smallmouth bass (SMB).

	March				May			
	RBT	BLG	SHB	SMB	RBT	BLG	SHB	SMB
Bray-Curtis dissimilarity	74.9	83.7	48.0	34.4	85.3	74.3	56.4	31.9
Decapoda								
Astacidae	4	4	54	82	4	1	35	67
Isopoda								
Asellidae	10	15	15	4	1	5	5	
Amphipoda								
Gammaridae		22	8		1	17	22	
Ephemeroptera								
Heptageniidae	9	17	23			1	2	
Baetidae	1	2			3	3	2	6
Ephemerellidae					1			
Unidentified	1	1			1	1		
Plecoptera								
Perlodidae	2					1	7	6
Peltoperlidae					1			
Trichoptera								
Polycentropidae	1	8			3		2	
Hydropsychidae								
Ephem/Plecop parts	4	1					5	
Ephem/Plecop nymph	1	1			3	1	2	6
Diptera								
Chironomidae	1	1			41	62	18	
Chironomid. Pupae	2				5			
Culcidae						2		
Larvae								
Odonata								
Gomphidae					2			
Coleoptera								
Dytiscidae					16	1		
Gastropoda								
Pleuroceridae	54				5			
Arachnida								
Hydracarina		26				2		
Terrestrial insect		1			3	2		
Pelecypoda		2						
Fish	3			14	2		2	17

introduced trout and native nonsalmonid fishes in warmwater streams.

To our knowledge, there are no studies that directly compare rainbow trout diets to bluegill or shadow bass diets, which is not surprising considering that most suitable habitat for rainbow trout will not contain these species. We thought that rainbow trout diets might overlap most with bluegill, since bluegill rely on smaller invertebrate prey; however, this was not the case. Although bluegill and rainbow trout shared many prey items, they consumed them in very different proportions, resulting in significantly different diets. We were also concerned that rainbow trout diets might overlap with those of juvenile smallmouth bass; however, we were unable to sample enough juvenile smallmouth bass to quantitatively compare their diets to those of rainbow trout. Livingston and Rabeni (1991) found that young-of-year smallmouth bass in an Ozark stream fed on invertebrates, and this may indicate that their diet would overlap with those of rainbow trout. Further investigations focusing on diets of juvenile smallmouth bass and rainbow trout would be beneficial in addressing potential food resource overlap.

Our study examined diets of only a few of the native species present. Insectivores such as darters, sculpins, and some cyprinids may have diets more similar to trout in Brush Creek, potentially resulting in competition for food resources. The importance of snails in rainbow trout diets was surprising, and we did not include any fish known to consume snails in our study. However, snails are abundant in Brush creek, and other native species may rely on them. For instance, redear sunfish *Lepomis microlophus* feed primarily on snails and other small mollusks, and although they were not found in Brush Creek, they are common in the Ozark region (Robinson and Buchanan 1992). Rainbow trout may also competitively exclude some fishes from feeding habitats. Reeves et al. (1987) found that rainbow trout were behaviorally dominant over redside shiners *Richardsonius balteatus*, and rainbow trout have been shown to be dominant over other minnows (Cadwallader 1975). Competition with other native fishes might also indirectly influence smallmouth bass. Metcalf et al. (1997) suggested that increased competition between trout and native insectivorous fishes could affect smallmouth bass recruitment by causing a decrease in young-of-year forage fish.

We were concerned about potential piscivory by introduced rainbow trout on native fishes, particularly young-of-year smallmouth bass. In Brush Creek, fish represented only a small proportion of the prey of rainbow trout, and none were identified as young-of-year smallmouth bass. Rainbow trout diets included small numbers of cardinal shiners *Luxilis cardinalis*, southern redbelly dace *Phoxinus erythrogaster*, and central stonerollers *Campostoma anomalum*. Although piscivory did not appear to be important in our study, other research suggests that rainbow trout may prey on native fishes. Blinn et al. (1993) documented piscivory by rainbow trout on little Colorado spinedace *Lepidomeda vittata* and suggested that the minnow was not accustomed to the presence of a predator and was not adapted to avoid predation. Small prey fishes in Brush creek are exposed to many predators (smallmouth bass, shadow bass, creek chubs *Semotilus atromaculatus*), and this may allow them to avoid predation by introduced fishes.

Rainbow trout diets did not overlap with the native species that we examined, and our results suggest that food competition is not important among these species. However, we examined only 3 of at least 25 native species, and rainbow trout diets may overlap with other fishes in the system. Dietary overlap with other native fishes could have a direct effect on those native fishes and could have unforeseen indirect effects on other fishes. Additionally, potential diet overlap with juvenile smallmouth bass needs to be addressed. We feel that further research is warranted before stocking rainbow trout in northeastern Oklahoma Ozark streams.

Acknowledgments

Financial support for this publication was provided by the Federal Aid in Sportfish Restortation Act under project F-41-R of the Oklahoma Department of Wildlife Conservation and Oklahoma State University through the Oklahoma Cooperative Fish and Wildlife Research Unit (Cooperators: Oklahoma Department of Wildlife Conservation, Oklahoma State University, U.S. Geological Survey, and The Wildlife Management Institute). The authors thank William Fisher and Anthony Echelle and Julie Wallin for advice and comments on the manuscript. We also thank the numerous students and technicians who assisted in the study, especially Melissa Willis and Greg Cummings.

References

Bachman, R. A. 1984. Foraging behavior of free-ranging wild and hatchery brown trout in stream. Transactions of the American Fisheries Society 113:1–32.

Blinn, W. D., C. Runck, and D. A. Clark. 1993. Effects of rainbow trout predation on Little Colorado spinedace. Transactions of the American Fisheries Society 122:139–143.

Bray, J. R., and J. T. Curtis. 1957. An ordination of the upland forest communities of southern Wisconsin. Ecological Monographs 27:325–349.

Cadwallader, P. L. 1975. A laboratory study of interactive segregation between two New Zealand stream-dwelling fish. Journal of Animal Ecology 44:865–875.

Clarke, K. R., and R. N. Gorley. 2001. PRIMER v5: user manual/tutorial. PRIMER-E Ltd., Plymouth, UK.

Clarke, K. R., and R. H. Green. 1988. Statistical design and analysis for a 'biological effects' study. Marine Ecology-Progress Series 92:213–226.

Clarke, K. R., and R. M. Warwick. 2001. Change in marine communities: an approach to statistical analysis and interpretation, 2nd edition. PRIMER-E Ltd., Plymouth, UK.

Crabtree, R.E., C. Stevens, D. Snodgrass, and F.J. Stengard. 1998. Feeding habits of bonefish, *Albula vulpes*, from the waters of the Florida Keys. Fishery Bulletin 96:754–766.

Dewald, L., and M. A. Wilzbach. 1992. Interactions between native brook trout and hatchery brown trout: effect on habitat use, feeding, and growth. Transactions of the American Fisheries Society 121:287–296.

Dimond, W. F. 1985. Device to increase efficiency of acrylic tubes for removing stomach contents of fish. North American Journal of Fisheries Management 5:214.

Ebert, D. J. and S. P. Filipek. 1991. Evaluation of feeding and habitat competition between native smallmouth bass (*Micropterus dolomieu*) and rainbow trout (*Oncorhynchus mykiss*) in a coolwater stream. Pages 49–54 *in* D. C. Jackson, editor. The First International Smallmouth Bass Symposium. Mississippi State University, Mississippi State.

Ersbak, K., and B. L. Haase. 1983. Nutritional deprivation after stocking as a possible mechanism leading to mortality in stream-stocked brook trout. North American Journal of Fisheries Management 3:142–151.

Fausch, K. D., and R. J. White. 1981. Competition between brook trout (*Salvelinus fontinalis*) and brown trout (*Salmo trutta*) for positions in a Michigan stream. Canadian Journal of Fisheries and Aquatic Sciences 38:1220–1227.

Gelwick, F. P. 1990. Longitudinal and temporal comparisons of riffle and pool fish assemblages in a northeastern Oklahoma Ozark stream. Copiea 1990:1072–1082.

Gido, K. B., and J. H. Brown. 1999. Invasion of North American drainages by alien fish species. Freshwater Biology 42:387–399.

Gillanders, B. M. 1995. Feeding ecology of the temperate marine fish *Achoerodus viridis* (Labridae): size, seasonal, and site-specific differences. Marine and Freshwater Research 46:1009–1020.

Giles, N. 1980. A stomach sampler for use on live fish. Journal of Fish Biology 16:441–444.

Kinghorn, B. P. 1983. A review of quantitative genetics in fish breeding. Aquaculture 31:283–304.

Larson, G. L., and S. E. Moore. 1985. Encroachment of exotic rainbow trout into stream populations of native brook trout in the southern Appalachian Mountains. Transactions of the American Fisheries Society 114:195–203.

Livingston, A. C., and C. F. Rabeni. 1991. Food-habit relations of underyearling smallmouth bass in an Ozark stream. Pages 76–83 *in* D. C. Jackson, editor. The First International Smallmouth Bass Symposium. Mississippi State University, Mississippi State.

Lord, R. F. 1934. Hatchery trout as foragers and game fish. Transactions of the American Fisheries Society 64:339–345.

Matthews, W. J. 1982. Small fish community structure in Ozark streams: structured assembly patterns or random abundance of species? American Midland Naturalist 107:42–54.

McNeely, D. L. 1986. Longitudinal patterns in the fish assemblages of an Ozark stream. The Southwestern Naturalist 31:375–380.

Metcalf, C., F. Pezold, and B. G. Crump. 1997. Food habits of introduced rainbow trout (*Oncorhynchus mykiss*) in the upper Little Missouri River drainage of Arkansas. The Southwestern Naturalist 42:148–154.

Moyle, P. B. 1985. Fish introductions into North America: Patterns and ecological impact. Pages 27–42 *in* H. Mooneye, editor. Biological invasions in North America. Springer, Verlag, New York.

Moyle, P. B., and T. Light. 1996. Biological invasions of freshwater: empirical rules and assembly theory. Biological Conservation 78:149–161.

Moyle, P. B., and B. Vondracek. 1985. Persistence and structure of the fish assemblage in a small California stream. Ecology 66:1–13.

Penczak, T. 1999. Impact of introduced brown trout on native fish communities in the Pilica River catchment (Poland). Environmental Biology of Fishes 54:237–252.

Philippi, T. E., Dixon, P. M., Taylor, B. E. 1998. Detecting trends in species composition. Ecological Applications 8(2):300–308.

Raney, E. C., and E. A. Lachner. 1942. Autumn food of recently planted young brown trout in small streams of central New York. Transactions of the American Fisheries Society 71:106–111.

Reeves, G. H., F. H. Everest, and J. D. Hall. 1987. Interactions between the redside shiner (*Richardsonius balteatus*) and the steelhead trout (*Salmo gairdneri*) in western Oregon: the influence of water temperature. Canadian Journal of Fisheries and Aquatic Sciences 44:1603–1613.

Robinson, H. R. and T. M. Buchanan. 1992. Fishes of Arkansas. The University of Arkansas Press, Fayetteville.

Van Den Avyle, and J. E. Roussel. 1980. Evaluation of a simple method for removing food items from live black bass. The Progressive Fish-Culturist 42(4):222–223.

Walsh, M., and D. L. Winkelman. 2004. Fish assemblage structure in an Oklahoma Ozark stream before and after rainbow trout introduction. Pages 417–430 *in* M. Nickum, P. Mazik, J. Nickum and D. MacKinlay, editors. Propagated fishes in resources management. American Fisheries Society, Symposium 44, Bethesda, Maryland.

Winkelman, D. L. and M. J. Van Den Avyle. 2002. A

comparison of diets of blueback herring (*Alosa aestivalis*) and threadfin shad (*Dorosoma petenense*) in a large southeastern U.S. reservoir. Journal of Freshwater Ecology 17:209–222.

Genetics Considerations

American Fisheries Society Symposium 44:485–496, 2004

Effects of 70 Years of Freshwater Residency on Survival, Growth, Early Maturation, and Smolting in a Stock of Anadromous Rainbow Trout from Southeast Alaska

FRANK P. THROWER[1] AND JOHN E. JOYCE

National Marine Fisheries Service, Alaska Fisheries Science Center, Auke Bay Laboratory 11305 Glacier Highway, Juneau, Alaska 99801, USA

Abstract.—Progeny of wild, freshwater sequestered (resident) rainbow trout *Oncorhynchus mykiss*, descendants of a stocking of steelhead (anadromous rainbow trout) in 1926, and progeny of the wild, ancestral steelhead lineage and their reciprocal crosses were compared for two brood years in a hatchery environment to determine the effects of 70 years of freshwater residency on growth, survival, early maturity, and smolting proportion. Resulting smolts were tagged, released, and recovered as maturing adults to evaluate marine survival. For the 1996 brood, 75 families were maintained in separate freshwater raceways for 10 months. Approximately 100 fish from each family were tagged with passive integrated transponder tags, pooled by type, and cultured until age 2. An additional group was tagged with coded-wire tags and reared in the same manner. For the 1997 brood, 80 families were coded-wire-tagged, separated by breeding type, and cultured at different densities. Size-at-age and survival were reduced significantly in progeny of resident females when compared with progeny from anadromous females during the first 2 months after first feeding. No significant differences were observed in subsequent growth or survival through age 2. A higher proportion of smolting at age 2 and a lower proportion of early male maturity was observed in families from anadromous parents. Smolts produced by anadromous parents had four to five times higher marine survival than those from resident parents. While smolting proportions and smolt survival were lower for the progeny of freshwater resident fish, the results indicate that significant numbers of smolts and adults can still be produced by populations landlocked for up to 70 years and 20 generations. The results have substantial implications for the use of natural freshwater environments for the preservation of endangered anadromous stocks of rainbow trout, the rehabilitation of anadromous stocks, and the actual effective breeding size of anadromous rainbow trout populations.

Introduction

In the past 100 years, habitat destruction from logging, hydropower development, urbanization, farming, and ranching combined with overfishing on the West Coast of the United States has resulted in serious declines in most salmonid stocks, including anadromous rainbow trout (steelhead *Oncorhynchus mykiss*). Status reviews of West Coast steelhead stocks sponsored by the National Marine Fisheries Service (NMFS) have resulted in the classification of 15 evolutionarily significant units or ESUs (Busby et al. 1996). These ESUs are the lowest classification within a species that can be authorized for protection under the Endangered Species Act (ESA). Of the 15 ESUs recognized, 67% are currently listed as threatened or endangered under the act.

Because of this coastwide decline and official protection under the ESA, plans are being developed for stock and habitat preservation, rehabilitation, and restoration. While many stocks have reached critically low levels, and their continued survival relies on cooperation of virtually all levels of society, preservation and restoration must be conducted with comprehensive scientific information on the potential effects of proposed actions or inaction. In the most serious cases, it may be decided that the probability of continued survival of an endangered stock in its native habitat is

[1] E-mail: frank.thrower@noaa.gov

unlikely and the only reasonable chance for future restoration efforts would be to remove the remaining individuals, or a portion thereof, to some form of protective custody as has been done with a number of species, notably, the California condor.

For fish which spend their entire lives in freshwater, protective custody generally involves moving the individuals or their progeny into a hatchery or other intensive culture environment using artificial incubation and rearing containers and/or grow-out ponds in which each life stage is carefully regulated through human intervention. For anadromous fishes, which normally spend a significant portion of their lives in seawater, the seawater portion of the life cycle has been reproduced by using marine net-pens or land-based rearing containers with pumped seawater as in the case of the Snake River sockeye (Flagg et al. 1995).

Questions have been raised by many researchers as to the potential negative impacts of intentional or inadvertent adaptive and genetic changes to captive and manipulated populations resulting from captivity and hatchery influence (Doyle and Talbot 1986; Leider et al. 1990; Doyle et al. 1995; Reisenbichler and Brown 1995; Berejikian et al. 1996; Heath et al. 2003). It is currently unknown if adaptation to an artificial environment, for possibly decades until the native habitat is restored, will significantly alter important life history characteristics. Also unknown are the impacts these changes might have on attempts at future restoration in the former native habitat or on the interactions of the preserved fish with a possible remnant population.

In an attempt to counter some of these unknown effects, a technique that attempts to minimize human influence has been to move the population of concern into another natural environment where they can be protected, as in the case of the desert pupfish (Dunham and Minckley 1998). While the potential negative consequences of adapting to a different natural environment could also be severe, it does reduce human influence and potential associated maladaptations throughout the life cycle. While this technique may be possible with fish that spend their entire lives in freshwater, to date, there do not exist any "natural" marine environments where endangered anadromous populations can be protected through that portion of the life cycle. It may be possible, however, to sequester a normally anadromous population in freshwater, bypassing the marine portion of the life cycle, and still retain adaptations necessary for successful future rehabilitation efforts. Long-term efforts of this nature have not been tried to date, and their potential for success is unknown.

Another important issue is whether the resident portion of a population that has an anadromous component should be considered part of the breeding population for the anadromous fish. Recent genetic evidence (Docker and Heath 2003) and otolith evidence (Zimmerman and Reeves 2000) indicates that the relationship between resident and anadromous forms is complex and varies between systems.

In 1926, on southern Baranof Island in southeast Alaska, juvenile rainbow trout were collected by cannery workers from the lower portion of Sashin Creek, which contained a population of steelhead, and transported above two natural barriers that completely blocked fish passage to the upper reaches of the watershed where they were planted in Sashin Lake (Anonymous 1939.). During the intervening 70 years, no subsequent transplants of fish have been made into the lake and the watershed has remained in a virtually pristine state. Surveys done in the 1930s indicated that the lake population numbered in the thousands and continues so to this day. Because of the geography of the system, all fish in the lake that underwent the normal smolting process associated with the downstream migration characteristic of steelhead, migrated over the barrier falls and were lost to the breeding population of the lake.

Because this system represented a "worst case" scenario for long-term intensive genetic selection against a critical life history trait (smolting) for an anadromous fish, and to improve our ability to assess the potential success of future recovery efforts on endangered stocks of steelhead, the National Marine Fisheries Service funded a study in 1996 to determine how this period of freshwater residency had altered smolting and other important life history characteristics in this stock of steelhead. Our hypothesis was that because of the complete selection against downstream migration in this population, the production of smolts from the resident fish would be negligible when compared with the production from the ancestral steelhead lineage in the lower reaches. We also wanted to determine if differences existed between the two populations in other important life history characteristics such as survival, growth, and early sexual maturity. To evaluate differences between populations, we made within-line matings and between-line matings of resident fish in the upper watershed and anadromous fish in the lower watershed in 1996 and 1997 and cultured the fish under hatchery conditions until age 2. We released coded-wire-tagged smolts from all four groups for both brood years and evaluated marine survival and size for returning adults.

Methods

We captured mature fish from both the anadromous and resident populations and artificially spawned them to produce pure stock families from each population, and also performed reciprocal crosses between populations to produce a total of 90 families in 1996 and 83 families in 1997. Seventy-five of these families of the 1996 brood year and 80 families of the 1997 brood year were raised in separate containers until large enough to tag with passive integrated transponder (PIT) tags (1996 brood) or sequentially coded-wire tags (SCWT) (1997 brood) at age 1 and then combined by breeding type and raised until age 2. The additional families and individual fish surplus to the PIT-tagged portion in the 1996 brood were combined by type, and the smolts were tagged with coded- wire tags for anadromous release at age 2. The populations were regularly sampled during incubation and rearing for growth and survival information and sampled at age 2 for early maturity and smolting.

In late May and early June of 1996 and 1997, mature resident rainbow trout were captured at the outlet of Sashin Lake using a 1.3-m-diameter baited hoop trap, and anadromous adults (steelhead) were captured at the Sashin Creek weir (Figure 1). Resident fish were killed prior to spawning, and anadromous fish were live spawned, retained in freshwater containers, and used once to several times. The gametes were stored in plastic bags on ice until mixed in the laboratory, usually within several hours of spawning.

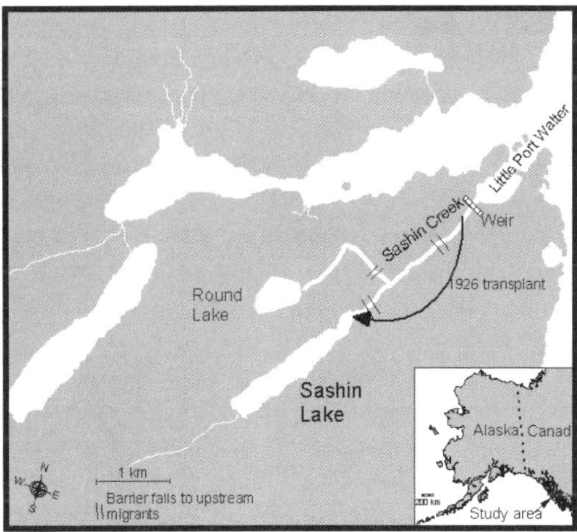

Figure 1. Map of the Sashin Creek drainage showing the initial transplant (1926) from the anadromous portion of the stream to Sashin Lake, located above two barriers to upstream migration.

For the 1996 brood, 90 families were produced from 5 anadromous males, 18 anadromous females, 32 resident males, and 49 resident females. From these, 80 families were reared in individual containers (Heintz and Joyce 1992) for 10 months, and then approximately 100 fish were randomly chosen from each of 75 of those families and tagged with PIT tags. These tagged fish were combined by type (anadromous female × anadromous male [A × A]-type; anadromous female × resident male [A × R]-type; resident female × resident male [R × R]-type; resident female × anadromous male [R × A]-type) and reared in freshwater vertical raceways (Martin and Heard 1987) until age 2. Fish from the nonPIT-tagged families were combined by type in other vertical raceways. Surplus fish from the 75 family groups were added to these 2 months after ponding, when densities in the individual containers were reduced to a maximum of 300 fish each, and again at PIT tagging at age 1. These fish were tagged with coded-wire tags prior to release at age 2.

For the 1997 brood, 83 families were produced from 8 anadromous males and 10 anadromous females, 28 resident males, and 28 resident females. From these, 80 families were grown in individual containers for 1 year (as above) and then tagged with SCWTs, pooled by type, and then split into high density (177 fish/m^3), low density (106 fish/m^3), and variable density (45–141 fish/m^3) groups.

Growth and survival data were obtained by periodically weighing all fish in a container and counting all by hand to determine an average weight and survival by period. After PIT tagging in June 1997, all fish were individually weighed using an electronic balance accurate to 0.1 g and measured using a digitizing board accurate to 1 mm. Individual PIT tag numbers were electronically recorded using a Biomark PIT tag station.

In early June 1998 and 1999 (for 1996 and 1997 broods respectively), all fish (both PIT- and coded-wire-tagged) were anesthetized in MS-222, inventoried, and graded into three groups depending on physiological condition: mature, smolt, or resident (nonmaturing, nonsmolting). A fish was considered mature only if gametes could be obtained with gentle pressure on the abdomen. Questionable fish (<5% of the total) were classified as resident. Resident fish were inventoried a second time in mid-June to determine if any additional maturation or smoltification had taken place.

Survival by period, length, weight, and condition factor by life stage were analyzed using one-way analysis of variance (ANOVA). Grouping by physiological condition was analyzed using a log likelihood ratio test for goodness of fit (G-test). The results of all tests were evaluated using a significance level of 0.05%.

Results

Average size of the wild resident rainbow spawners was substantially smaller in both years than the steelhead spawners (Table 1). While the anadromous fish were not significantly different between years, the resident fish, both males and females, were significantly larger in 1997.

Freshwater Survival

1996 Brood

Survival was variable by period and between types (Figure 2). Incubation survival (from eyed egg to emergent fry) was not different between pure parental types (92% average) but was significantly lower for the anadromous female by resident male type (80%). First summer survival was significantly lower for the fry derived from resident females regardless of male parental type (62%) versus fry derived from anadromous females (82%). First winter survival (October 1996 to May 1997) was not significantly different between types and averaged 97%. Second summer survival (May 1997 to October 1997) was not significantly different between types; however, survival of coded-wire-tagged groups was higher (99% average) than PIT-tagged groups (96% average). Subsequent survival to June 1998 was high (99% average) and not different for all groups.

1997 Brood

Survival was variable by period and between types (Figure 3). Incubation survival was generally high (96.1% average) and not significantly different between pure types; however, progeny of matings between resident females and anadromous males survived significantly better (97.8%) than those of the pure anadromous type (92.9%). First summer survival was significantly lower for progeny of resident females crossed with anadromous males (84.8%) when compared with progeny of all other mating types. No differences in survival of progeny between types was detected for the first winter period (93.5% average) or throughout the second year of rearing (98.1% average).

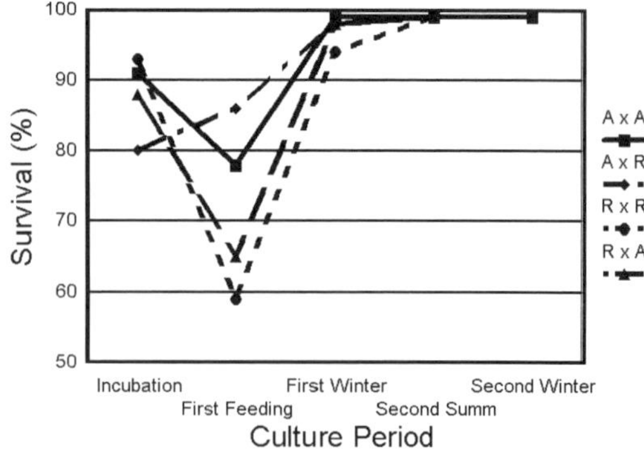

Figure 2. Survival of juvenile rainbow trout (1996 brood year) of pure anadromous, pure resident, or reciprocal cross origin during freshwater residence to age 2, indicating poor early survival of juveniles originating from resident females.

Growth

1996 Brood

Size at emergence (August 1996) was significantly smaller for progeny of resident females (0.14 g average weight) than those of anadromous females (0.24 g average weight). By June 1997, only the pure resident type remained significantly smaller (3.7 g average weight) than the other three types, which were

Table 1. Average size of wild, sequestered resident (Sashin Lake) and anadromous (Sashin Creek) *O. mykiss* spawners used to produce the 1996 and 1997 broods.

		1996					1997				
Spawners	Sex	*n*	Mean length (mm)	SE	Mean weight (g)	SE	*n*	Mean length (mm)	SE	Mean weight (g)	SE
Resident	male	26	190.9	17.5	128.2	36.8	28	277.7	12.4	269.3	33.2
	female	27	320.7	12.7	426.7	47.6	28	363.6	6.9	574.0	27.9
Anadromous	male	5	665.4	15.6	3128	186.3	8	683.8	12.4	3032	180.5
	female	15	706.8	21.0	3964	340.8	10	725.5	17.6	4006	291.7

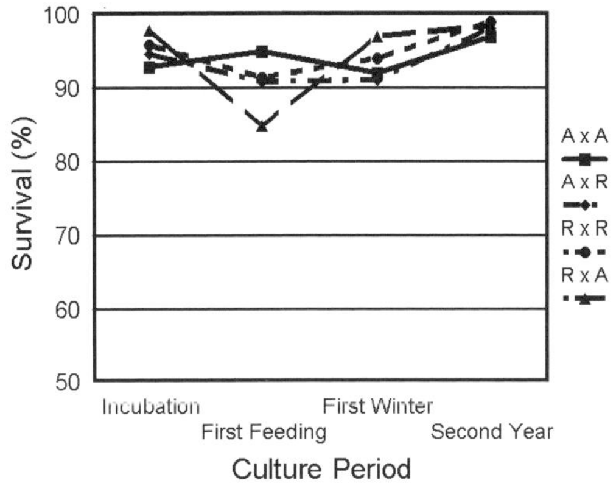

Figure 3. Survival of juvenile rainbow trout (1997 brood year) of pure anadromous, pure resident, or reciprocal cross origin during freshwater residence to age 2, indicating very similar survival trajectories for all types.

not significantly different from each other (4.6 g average weight) (Figure 4).

During the second year of culture (June 1997 to June 1998), the fish that had been PIT-tagged and combined by type (four types, four raceways) grew uniformly, and there were no significant differences in weight between types by June 1998 (80.7 g average weight) (Figure 4). The remaining fish, which were also combined by type and later coded-wire-tagged, displayed significant differences in average weight by June 1998 (Figure 4). The resident female × anadromous male type was significantly larger (83.9 g average weight) than the other three types, which were not significantly different from each other (60.8 g average weight).

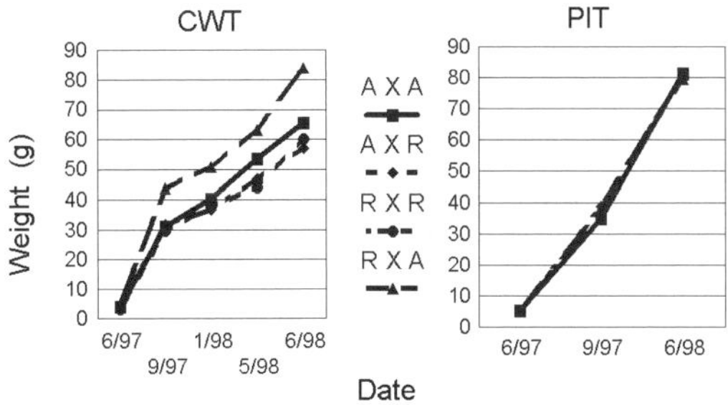

Figure 4. Growth of juvenile rainbow trout (1996 brood year) of pure anadromous, pure resident, or reciprocal cross origin during freshwater residence to age 2, for two treatment groups indicating significantly greater growth in the resident female × anadromous male reciprocal cross type in one group (Coded-wire-tagged) and similar growth for all types in the other (PIT-tagged).

1997 Brood

Progeny of resident females (0.19 g average weight) were significantly smaller at emergence (late July 1997) than those of anadromous females (0.23 g average weight) (Figure 5). By October 1997, there were no significant differences between types in average weight (3.31 g average weight); however, by the end of June 1998, progeny of resident females were significantly larger (13.3 g average weight) than those of anadromous females (12.3 g average weight).

During the second year of growth, from July 1998 to mid-June 1999, growth varied between types and between densities. In all densities, the resident female × anadromous male type grew to a significantly larger size than the other three types (Figure 5). In the high and low density groups, the other three types were not significantly different from each other; however, in the variable density group, the pure anadromous type was significantly larger than either the pure resident or anadromous female × resident male types.

Life History Type

1996 Brood

Individual examination of each fish in the coded-wire-tagged (n = 8,968) and PIT-tagged (n = 6,653) populations in June 1998 revealed significant differences between proportions of the four breeding types that matured as males, transformed into smolts for a ma-

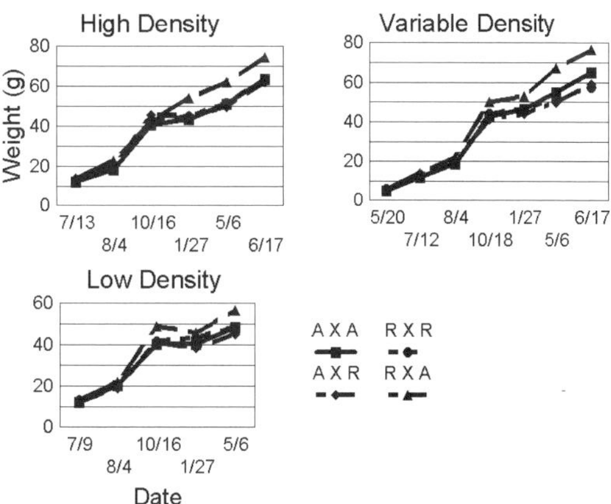

Figure 5. Growth of juvenile rainbow trout (1997 brood year) of pure anadromous, pure resident, or reciprocal cross origin during freshwater residence to age 2, for three treatment groups, indicating significantly greater growth in the resident female × anadromous male reciprocal cross type.

rine existence, or remained unchanged (Figure 6). Within both populations, the pure anadromous type produced significantly more smolts (67.8% and 65.4%, respectively) than the pure resident type (55.6% and 46.5%). The resident female × anadromous male type produced the highest proportion of smolts (79.4% and 72.3%), while the anadromous female × resident male type produced proportions (50.0% and 50.0%) similar to the pure resident type. Averaging both PIT-tagged and coded-wire-tagged populations, matings using anadromous males produced 1.4 times more smolts than those using resident males.

Early male maturity averaged 11.8% and was not significantly different between types. The proportion of fish that did not undergo significant physiological change (remained as residents) varied roughly inversely with smolt proportion.

Examination 1 year later at age 3 of all of the remaining PIT-tagged fish in freshwater that had not smolted in 1998 (n = 2573) revealed only 77 age-3 smolts representing all four breeding types. Of the pure anadromous type remaining, 32 fish or 4.3% smolted. Of the pure resident type remaining, only 5 fish or 0.8% smolted. The reciprocal crosses had intermediate levels of smolting.

1997 Brood

Individual examination of each fish in the controlled (n = 18,353) and variable (n = 15,148) density populations in June 1999 revealed significant differences between proportions of the four breeding types that matured as males, transformed into smolts for a marine existence, or remained unchanged (Figure 7). Within both controlled and variable density populations, the pure anadromous type produced significantly more smolts (64.9% and 63.9%, respectively) than the pure resident type (36.3% and 32.2%, respectively). The resident female × anadromous male type produced the highest proportion of smolts (75.3% and 73.1%, respectively), while the anadromous female × resident male type produced proportions of smolts (39.5% and 39.3%) similar to the pure resident type. Combining results of both densities, matings using anadromous males produced 1.9 times more smolts than those using resident males (69.3% and 36.8%, respectively).

Unlike the 1996 brood, early male maturity was significantly different between types in the 1997 brood. The pure anadromous type had a significantly lower proportion of early male maturity for both controlled and variable densities (15.5% and 18.0%, respectively) than either the pure resident type (30.5% and 33.0%, respectively) or the anadromous female × resident male type (27.3% and 31.2%, respectively), which were not different from each other. The lowest maturation proportion for either density and all types was observed in the resident female and anadromous male type (9.0% and 7.9%, respectively). Combining results of both densities, matings using anadromous males produced 2.4 times fewer maturing males than those using resident males (12.6% and 30.5%, respectively).

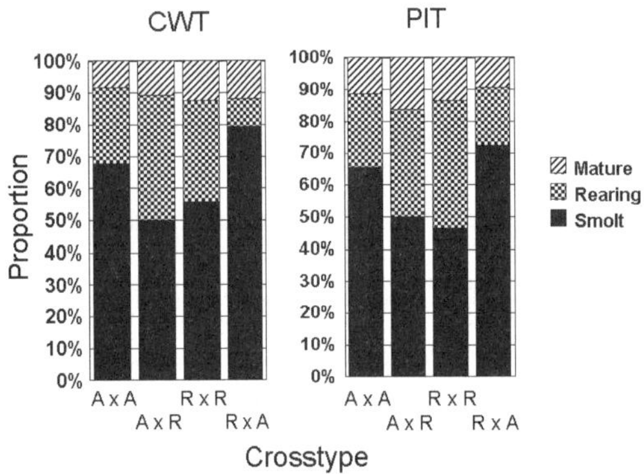

Figure 6. Proportion of smolts, residents, and mature fish for pure anadromous, pure resident or reciprocal cross types (1996 brood) at age 2 for two treatments, indicating a higher proportion of smolts produced by the pure anadromous type in both treatments and the lowest proportion of smolts in the pure resident type.

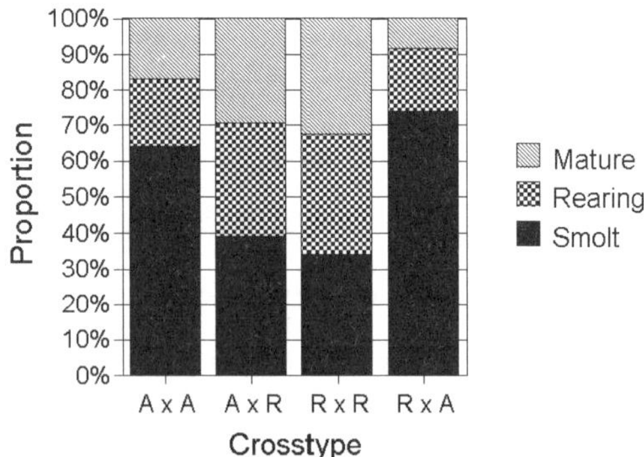

Figure 7. Proportion of smolts, residents, and mature fish for pure anadromous, pure resident, or reciprocal cross types (1997 brood) at age 2 for two treatments, indicating a higher proportion of smolts produced by the pure anadromous type and the lowest proportion of smolts in the pure resident type in both treatments.

Size by Life History Type

Mean length and weight varied substantially between smolts, residents, and mature fish at age 2 (Tables 2 and 3). In both brood years and all groups, smolts were significantly larger (both length and weight) than either residents or mature fish. Residents typically displayed a bimodal size distribution, however, with the larger mode similar to the smolts in length but heavier. The small size mode was significantly smaller than the mature fish. In general, smolts also had the lowest condition factor and mature fish had the highest.

1996 Brood

Coded-wire-tagged and PIT-tagged groups varied significantly in length and weight except for R × A type

Table 2. Comparison of length, weight and condition factor between type (A × A, A × R, R × R ,or R × A) within lifestage (smolt, resident or mature) for coded-wire-tagged or PIT-tagged groups of the 1996 brood of rainbow/steelhead at Little Port Walter. Breeding types within cells (e.g. smolt length, resident weight) with the same lower case letter are not significantly different.

1996 brood coded-wire-tagged groups

		Length				Weight				Condition factor			
Smolts	Type	Mean	SE	*n*		Mean	SE	*n*		Mean	SE	*n*	
	A × A	193.27	1.05	113	a	72.41	1.24	113	a	0.9927	0.0058	113	a
	A × R	191.51	1.36	84	a	70.85	1.70	84	a	0.9936	0.0079	84	a
	R × R	191.42	1.35	93	a	71.88	1.55	93	a	1.0122	0.0072	93	ab
	R × A	203.92	0.95	73	b	88.13	1.41	73	b	1.0345	0.0083	73	b
Residents													
	A × A	160.34	4.40	61	ab	51.51	4.01	61	ab	1.096	0.0134	61	a
	A × R	152.33	2.67	108	a	43.86	2.28	108	a	1.1216	0.0087	108	ab
	R × R	154.79	2.55	89	ab	44.62	2.08	89	a	1.1364	0.0099	89	bc
	R × A	164.69	3.96	71	b	58.93	4.19	71	b	1.1611	0.0095	71	c
Mature													
	A × A	158.28	2.43	46	a	49.02	2.29	46	a	1.196	0.0123	46	a
	A × R	153.71	2.42	52	a	44.57	2.09	52	a	1.1815	0.0130	52	a
	R × R	157.65	2.06	46	a	47.87	2.07	46	a	1.1893	0.0144	46	a
	R × A	180.56	7.99	9	b	74.57	8.60	9	b	1.2167	0.0166	9	a

1996 brood PIT-tagged groups

		Length				Weight				Condition factor			
Smolts	Type	Mean	SE	*n*		Mean	SE	*n*		Mean	SE	*n*	
	A × A	207.74	0.35	1423	a	87.38	0.46	1423	a	0.9636	0.0019	1416	a
	A × R	208.91	0.70	675	a	96.08	0.97	675	b	1.0308	0.0027	676	b
	R × R	203.64	0.54	555	b	90.38	0.78	555	c	1.0634	0.0030	539	c
	R × A	205.53	0.31	1363	c	85.59	0.39	1364	d	0.9781	0.0017	1388	d
Residents													
	A × A	182.57	1.35	498	a	70.61	1.46	497	a	1.0749	0.0033	497	a
	A × R	170.7	1.39	462	b	63.11	1.50	464	b	1.1685	0.0034	462	b
	R × R	175.61	1.27	459	c	69.41	1.38	458	a	1.2082	0.0041	457	c
	R × A	176.78	1.51	344	c	65.88	1.56	344	ab	1.1086	0.0036	344	d
Mature													
	A × A	181.63	1.24	246	a	71.09	1.42	246	ab	1.1455	0.0042	245	a
	A × R	174.91	1.27	220	b	67.56	1.45	221	b	1.2206	0.0048	221	b
	R × R	176.93	1.36	159	b	73.22	1.61	159	ac	1.2878	0.0062	159	c
	R × A	182.43	1.18	181	a	74.65	1.39	182	ac	1.2011	0.0052	181	d

A × A - Anadromous female crossed with anadromous male
A × R - Anadromous female crossed with resident male
R × R - Resident female crossed with resident male
R × A - Resident female crossed with anadromous male

Table 3. Comparison of length, weight and condition factor between type (A × A, A × R, R × R, or R × A) within lifestage (smolt, resident or mature) for controlled density or variable density groups of the 1997 brood of rainbow/steelhead at Little Port Walter. Breeding types within cells (e.g. smolt length, resident weight) with the same lower case letter are not significantly different.

1997 brood controlled density

		Length				Weight				Condition factor			
Smolts	Type	Mean	SE	*n*		Mean	SE	*n*		Mean	SE	*n*	
	A × A	191.1	0.95	149	a	70.69	1.05	149	a	1.004	0.0036	149	a
	A × R	191.3	1.30	80	a	73.81	1.51	80	ab	1.045	0.0045	80	b
	R × R	192.3	1.40	57	a	77.2	1.74	57	bc	1.076	0.0088	57	c
	R × A	197.5	0.92	155	b	79.37	1.20	155	c	1.021	0.0048	155	d
Residents													
	A × A	167.1	2.28	86	a	52.52	1.97	86	a	1.078	0.0046	86	a
	A × R	170.1	2.00	145	a	57.25	1.85	145	ab	1.1	0.0043	145	b
	R × R	172.5	2.00	136	a	62.22	1.95	136	bc	1.159	0.0057	136	c
	R × A	180.1	2.53	96	b	67.03	2.48	96	d	1.097	0.0075	96	b
Mature													
	A × A	165.3	2.10	47	a	53.57	2.12	47	a	1.162	0.0089	47	a
	A × R	164.8	2.03	77	a	54.68	2.04	77	a	1.183	0.0054	77	a
	R × R	162.2	1.96	83	a	54.69	1.97	83	a	1.236	0.0071	83	b
	R × A	166.7	3.46	21	a	56.08	3.65	21	a	1.181	0.0141	21	a

1997 brood uncontrolled density

		Length				Weight				Condition factor			
Smolts	Type	Mean	SE	*n*		Mean	SE	*n*		Mean	SE	*n*	
	A × A	190.8	0.82	260	a	71.2	0.98	260	a	1.009	0.0029	260	a
	A × R	189.6	1.12	113	a	70.79	1.19	113	a	1.03	0.0052	113	b
	R × R	192.8	1.23	95	a	77.23	1.59	95	b	1.065	0.0051	95	c
	R × A	198.6	1.37	103	b	80.92	1.97	103	b	1.015	0.0053	103	ab
Residents													
	A × A	174	1.97	145	a	58.7	1.76	145	a	1.062	0.0048	145	a
	A × R	168.4	1.68	192	b	54.37	1.51	192	ab	1.08	0.0040	192	b
	R × R	164.3	1.68	209	b	52.27	1.42	209	bc	1.114	0.0045	209	c
	R × A	185.5	2.18	85	c	70.92	2.38	85	d	1.071	0.0073	85	ab
Mature													
	A × A	163.4	3.25	49	ab	54.27	3.06	49	ab	1.184	0.0093	49	ab
	A × R	167	1.87	91	a	56.65	1.79	91	a	1.179	0.0062	91	a
	R × R	157.4	1.62	97	b	48.35	1.52	97	b	1.203	0.0052	97	b
	R × A	169.2	5.84	14	ab	60.71	5.74	14	a	1.202	0.0141	14	ab

A × A - Anadromous female crossed with anadromous male
A ×R - Anadromous female crossed with resident male
R × R - Resident female crossed with resident male
R × A - Resident female crossed with anadromous male

smolts and R × A mature fish, which were not different between groups (Table 2).

Coded-wire-tagged groups.—Mean length of smolts was similar for all types except the resident female × anadromous male type, which was significantly larger than the others (Table 2). Mean weight was also similar for all types except the R × A type, which was significantly larger. Condition factor was similar for the A × A and A × R types, which was significantly lower than the R × A type. Condition factor of the R × R type was not different from any of the other types.

Mean length of residents was similar between types with the exception of the R × A type being significantly larger than the A × R type. Mean weight was similar except that the R × A type was significantly larger than either the A × R or the R × R types. Condition factor was lowest (1.096) for the A × A type and highest for the R × A type (1.1611).

Mean length and weight of mature males was

significantly greater for the R × A type than all other types, which were not significantly different from each other. No difference in condition factor was detected between any of the types.

PIT-tagged groups.—Smolts produced by anadromous females were significantly longer than those produced by resident females (208 and 204 mm respectively); however, the difference was small. Mean weights were significantly different for all types with the A × R type the largest (96.1 g) and the R × A the smallest (85.6 g). Condition factor was also significantly different between all types, with the lowest mean observed in the A × A type (0.9636) and the highest (1.0634) in the R × R type.

Pure anadromous type residents were significantly larger on average (182.6 mm) and A × R type residents were significantly smaller on average (170.7 mm) than the other types. Mean weights ranged from 63.1 to 70.6 g, with the A × R type significantly smaller than the A × A or R × R types. All types had significantly different condition factors, with the lowest factor (1.075) in the A × A type and the highest factor (1.208) in the R × R type.

Mature fish of the A × A and R × A types were significantly longer than those in the A × R and R × R types. Mean weight for the A × R type was significantly lower than either R × R or R × A types. Condition factor for mature fish maintained the pattern observed for the residents and smolts, with the A × A type having a significantly lower mean condition factor (1.146) and the R × R type having a significantly higher factor (1.288) than the reciprocal cross types.

1997 Brood

Smolts in both densities were significantly longer, heavier, and had a lower condition factor than either residents or mature fish (Table 3). Mature fish were shorter on average and had significantly higher condition factors than the smolts or residents. Sample size for mature fish in both densities was low, however. Smolt size by type was similar in both densities, with the R × A type significantly larger in both. The R × A type residents were also larger than the other types in both densities. Patterns of differences in sizes of mature fish between and within densities were not apparent.

Controlled density.—Smolts of the R × A type were significantly longer than any of the other types, which were not different from each other. The R × A type smolts were also significantly heavier than either the A × A or A × R types. All types had significantly different condition factors, with the A × A type having the lowest (1.004) and the R × R type the highest (1.076).

The R × A type residents were significantly longer and heavier than the other types. Condition factor was lower in the A × A type and highest in the R × R type.

No differences in length or weight between types of mature fish was detected; however, condition factor was significantly higher in the R × R type.

Variable density.—The R × A type smolts were significantly longer than the other types, which were not different from each other. Smolts produced from resident females were significantly heavier than those produced from anadromous females. Condition factor was significantly higher in the R × R type. The R × A type residents were significantly longer and heavier than the other types. Condition factor was significantly higher in the R × R type.

The R × A type residents were significantly longer and heavier than the other types. The R × R type residents had a significantly higher condition factor than the other types.

While mean length, weight, and condition factor were not the same for mature fish across types, there was considerable overlap in means, with no clear pattern of differences.

Marine Survival

1996 Brood

Marine survival of tagged smolts was significantly higher in the two groups sired by anadromous males (pure anadromous 2.8% and resident female × anadromous male 2.7%) than in the groups sired by resident males (pure resident 0.7% and anadromous female × resident male 1.1%) (Figure 8).

1997 Brood

Marine survival of tagged smolts was lower for the 1997 brood overall than the 1996 brood (Figure 8). The pattern of survival between groups was similar between broods, however, with groups sired by anadromous males (pure anadromous 1.9%, and resident females × anadromous males 1.3%) surviving better than those sired by resident males (pure resident 0.4%, and anadromous females × resident males 1.1%).

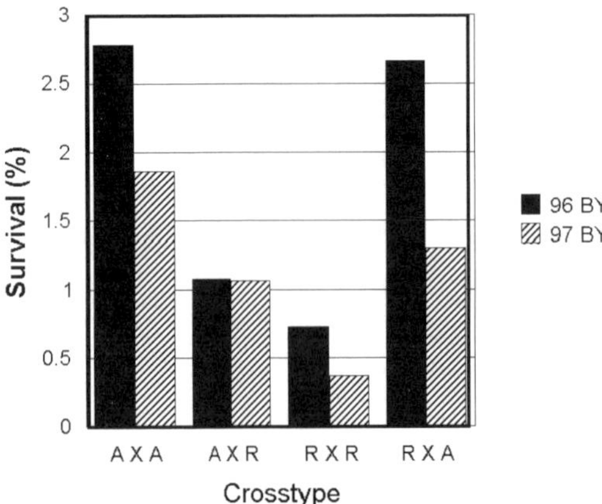

Figure 8. Marine survival of smolts, as measured by recovery of tagged fish at the weir upon return, for pure anadromous, pure resident, or reciprocal cross types (1996 and 1997 broods), indicating fourfold to fivefold higher survival of pure anadromous type compared to pure resident type.

Discussion

Freshwater Survival

The primary difference in juvenile survival observed between types was the reduced survival of progeny of resident females in the 1996 brood. Resident females used for spawning in 1996 were very small compared to anadromous females and had substantially smaller eggs (0.10 g versus 0.16 g mean eyed weight, respectively), which produced substantially smaller fry. While care was taken to provide small food sizes for these fry, it is quite possible that a significant portion of the disparate mortality shortly after first feeding was due to mechanics of the fish culture system. In 1997, we were able to obtain larger resident females, which resulted in larger eggs and fry and less of a disparity in size between resident and anadromous types (0.13 g versus 0.16 g mean eyed weight, respectively). In this brood, survival exceeded 90% (for all but the R × A type) which was significantly better than survival during the same period for all types of the 1996 brood. Survival during all other culture periods was generally very high and not different between types. In natural environments, early life stages typically have high mortality rates and larger fry tend to survive better than smaller fry.

Growth

Perhaps the most interesting outcome of the comparisons of growth in freshwater was the consistently higher growth rate of the resident female by anadromous male type. This occurred in both brood years under a range of culture conditions, which indicates a strong, heritable genetic component (heterosis). This increased growth rate may be linked to the higher smolting rate also seen in this type. The larger mean size of all types within the PIT-tagged groups at age 2, while retaining similar proportions of smolts when compared to the coded-wire-tagged groups, indicates that the linkage between smoltification and size is not necessarily an incremental process, at least after a certain size has been reached, but is probably one that incorporates size and growth rate at specific times, presumably in concert with other factors.

Life History Type

Smolting Rate

We expected the smolting rate in the resident type to be negligible after 70 years of complete counter-selection. The mean smolting rate was lower for the resident type than for the anadromous type in both brood years; however, substantial numbers of smolts were produced from the resident type in both years. The lower rate does imply a heritable component to smolting. The continued production of large numbers of smolts indicates that a suite of genes may be involved and/or environmental conditions are important for activation of smolting genes. There is a substantial body of scientific literature on the importance of factors such as size, growth rate, and temperature on smoltification in salmonids. It is also probable that anadromy, as a life history strategy, is numerically a relatively minor component of the rainbow trout metapopulation associated with rivers that have the potential for anadromous runs. The anadromous portion may represent a distinct, reproductively isolated portion in some rivers, while in others it simply represents a form that freely interbreeds with the resident fish (Zimmerman and Reeves 2000). Reduced proportions of the anadromous form are more evident as one nears the geographic maximums of range for *O. mykiss* in North America. In the Bristol Bay region of Alaska, there are large populations of *O. mykiss* inhabiting the large river systems that are home to huge runs of other salmonids; however, the anadromous form of *O. mykiss* is not found there. In Southern California and northern Mexico, *O. mykiss* populations are prevented from developing anadromy by thermal limits to successful migration or physical blockage of river mouths. This is not to say that anadromy is not important to metapopulation survival; in fact, some researchers (Nielsen et al. 1994b) believe that anadromy and the associated straying of maturing adults is a crucial mechanism for the exchange of genetic information between river systems and the establishment of new populations.

It is important to note that the use of resident females in conjunction with anadromous males did not lower the smolting rate, as occurred when resident males were used. This result could have specific application in re-establishing anadromous runs when resident females and anadromous males are available for recovery efforts and resident males or anadromous females are in short supply.

Early Maturation

The tendency of progeny of resident males to mature at a higher rate than those of anadromous males is an expected outcome given the severe selection constraints imposed for 70 years on the population. However, the differences between brood years indicates that substantial genetic variation for this trait still exists in the resident population.

Marine Survival

Because of the substantial reduction in genetic variation found in the resident population by Thrower et al. (2004), it is impossible to determine if the reduction in marine survival of the pure resident type is related to low genetic diversity or counterselection for survival in a freshwater lake. It is possible that a larger founder population that preserved more of the genetic variation might also have survived better in the current marine environment.

Conclusion

The success of any recovery program that utilizes some form of captive broodstock ultimately relies on the production and survival of the juveniles produced. Sequestered populations in refugia have many potential problems such as lack of control of breeding population size, uncontrolled disease outbreaks or other sources of mortality, and adaptation to an environment dissimilar to the one they will be returned to. However, many of the known problems with domestication selection in completely captive populations might be avoided by utilizing natural refugia. This study indicates that anadromous *O. mykiss* can be maintained for decades in freshwater residency and still produce smolts and adults that survive the natural marine environment. Careful attention to initial breeding population size and monitoring to avoid genetic bottlenecks (Schonhuth et al. 2003) might result in improved smolt and adult production over that seen in this study. The results also imply that resident populations of *O. mykiss* may contribute significantly to the maintenance of anadromous populations. Further evidence of this has recently been added by Docker and Heath (2003) in a genetic analysis of sympatric resident and anadromous populations. This evidence indicates that important genetic resources of anadromous *O. mykiss* probably still exist in many water storage and power generation reservoirs on the West Coast of North America. These populations need to be studied to assess their potential use in rebuilding depressed populations, and protected where warranted.

Acknowledgments

The authors would like to thank Ty Cummins, Don Cummins, and Nick Goodwin who contributed significantly in gamete collection and care and feeding of eggs and fry used in this study. Funding was provided in part by the Office of Protected Resources, U.S. National Marine Fisheries Service.

References

Anonymous. 1939. Trout planting in Alaskan lakes. Progressive Fish-Culturist 46:31–32.

Berejikian, B. A., S. B. Mathews, and T. P. Quinn. 1996. Effects of hatchery and wild ancestry and rearing environments on the development of agonistic behavior in steelhead trout (*Oncorhynchus mykiss*) fry. Canadian Journal of Fisheries and Aquatic Sciences 53:2004–2014.

Busby, P. J., T. C. Wainwright, G. J. Bryant, L. J. Lierheimer, R. S. Waples, F. W. Waknitz, and I. V. Lagomarsino. 1996. Status review of West Coast steelhead from Washington, Idaho, Oregon, and California. NOAA Technical Memorandum NMFS-NWFSC-27, Seattle.

Docker, M. F., and D. D. Heath. 2003. Genetic comparison between sympatric anadromous steelhead and freshwater resident rainbow trout in British Columbia, Canada. Conservation Genetics 4:227–231.

Doyle, R. W., C. Herbinger, C. T. Taggart, and S. Lochmann. 1995. Use of DNA microsatellite polymorphism to analyze genetic correlations between hatchery and natural fitness Pages 193–204 *in* H. L. Schramm, Jr. and R. G. Piper. Uses and effects of cultured fishes in aquatic ecosystems. American

Fisheries Society, Symposium 15, Bethesda, Maryland.

Doyle, R. W., and A. J. Talbot. 1986. Effective population size and selection in variable aquaculture stocks. The Second International Symposium on Genetics in Aquaculture. Aquaculture 57(1–4):27–35.

Dunham, J. B., and W. L. Minckley. 1998. Allozymic variation in desert pupfish from natural and artificial habitats: genetic conservation in fluctuating populations. Biological Conservation 84:7–15.

Flagg, T. A., C. V. Mahnken, and K. A. Johnson. 1995. Salmon recovery using captive broodstocks. Pages 81–90 *in* H. L. Schramm and R. G. Piper, editors. Uses and effects of cultured fishes in aquatic ecosystems. American Fisheries Society, Symposium 15, Bethesda, Maryland.

Heath, D. D., J. W. Heath, C. A. Bryden, R. M. Johnson, C. W. Fox. 2003. Rapid evolution of egg size in captive salmon. Science 299(March 14):1738–1740.

Heintz, R., and J. Joyce. 1992. Small vertical raceways for rearing juvenile salmon. Progressive Fish-Culturist 54:105–108.

Leider, S. A., P. L. Hulett, J. J. Loch, and M. W. Chilcote. 1990. Electrophoretic comparison of the reproductive success of naturally spawning transplanted and wild steelhead trout through the returning adult stage. Aquaculture 88(3–4):239–252.

Martin, R. M., and W. R. Heard. 1987. Floating vertical raceway to culture salmon (*Oncorhynchus* spp.). Aquaculture 61:295–302.

Nielsen, J. L., C. A. Gan, J. M. Wright, D. B. Morris, and W. K. Thomas. 1994b. Biogeographic distributions of mitochondrial and nuclear markers for southern steelhead. Molecular marine biology and biotechnology 3(5):281–293.

Reisenbichler, R. R., and G. Brown. 1995. Is genetic change from hatchery rearing of anadromous fish really a problem? Pages 578–579 *in* H. L. Schramm, Jr. and R. G. Piper, editors. Uses and effects of cultured fishes in aquatic ecosystems. American Fisheries Society, Symposium 15, Bethesda, Maryland.

Schonhuth, S., G. Luikart, and I. Doadrio. 2003. Effects of a founder event and supplementary introductions on genetic variation in a captive breeding population of the endangered Spanish killifish. Journal of Fish Biology 63:1538–1551.

Shaklee, J. B., C. Smith, S. Young, C. Marlowe, C. Jones, and B. Sele. 1995. A captive broodstock approach to rebuilding a depleted chinook salmon stock. Pages 567 *in* H. L. Schramm, Jr. and R. G. Piper, editors. Uses and effects of cultured fishes in aquatic ecosystems. American Fisheries Society, Symposium 15, Bethesda, Maryland.

Thrower, F., C. Guthrie, III, J. Nielsen, and J. Joyce. 2004. A comparison of genetic variation between an anadromous steelhead (*Oncorhynchus mykiss*) population and seven derived populations sequestered in freshwater for 70 years. Environmental Biology of Fishes 69:111–125.

Zimmerman, C. E., and G. H. Reeves. 2000. Population structure of sympatric anadromous and nonanadromous *Oncorhynchus mykiss*: evidence from spawning surveys and otolith microchemistry. Canadian Journal of Fisheries and Aquatic Sciences 57:2152–2162.

American Fisheries Society Symposium 44:497–504, 2004

Improving Vulnerability to Angling of Rainbow Trout: A Selective Breeding Experiment

JOSEPH R. KOZFKAY AND DANIEL J. SCHILL

Idaho Department of Fish and Game,
1414 East Locust Lane, Nampa, Idaho 83686, USA

DAVID M. TEUSCHER

Idaho Department of Fish and Game,
1345 Barton Road, Pocatello, Idaho 83204, USA

Abstract.—A primary goal of put-and-take hatchery trout programs is to maximize the return to creel of stocked fish, thereby improving cost efficiency. Return to creel rates and number of days to harvest for two groups of catchable-sized rainbow trout *Oncorhynchus mykiss* were compared. The groups were produced from (1) normal Hayspur-strain broodstock, and (2) Hayspur-strain broodstock that exhibited high levels of vulnerability to angling. Ninety-four 1-h fishing trials were conducted, and capture frequency for each fish was recorded. Fish caught three or more times were retained as vulnerable broodstock. The normal broodstock was formed with other, randomly selected, Hayspur-strain brood fish that had not been subjected to fishing trials. Equal numbers of progeny from normal and vulnerable broodstocks were tagged and stocked into 16 water bodies during 2001 and an additional 16 water bodies during 2002. A total of 798 tags were returned out of 6,389 stocked during 2001. Mean first-year return rate for the vulnerable group (12.7 ± 3.5%) was not statistically different from the normal group (11.7 ± 3.8%; paired *t*-test, $p = 0.30$, df = 15). The mean time to harvest was 46.4 ± 9.8 d for the vulnerable group and 50.6 ± 10.7 d for the normal group. This disparity was not statistically different (paired *t*-test, $p = 0.77$, df = 15). For fish stocked during 2002, 700 tags were returned out of 9,593 stocked. Mean first-year return rate for the vulnerable group (7.2 ± 2.5%) was not different from the normal group (7.4 ± 2.7%; paired *t*-test, $p = 0.80$, df = 15). There was no difference in mean time to harvest for the normal group (36.0 ± 8.0 d) and vulnerable group (38.7 ± 7.3 d; paired *t*-test, $p = 0.45$, df = 15). No performance benefit in terms of increasing return to creel or reducing time to harvest was achieved through selective breeding.

Introduction

The Idaho Department of Fish and Game (IDFG) stocks about 3 million triploid, put-and-take rainbow trout *Oncorhynchus mykiss*, subsequently referred to as catchables, annually. The primary objective of this program is to provide harvest opportunity in systems where habitat conditions are incapable of supporting healthy, wild trout populations (Van Vooren 1995). Due to the high cost of producing catchables, fisheries managers are continually adjusting stocking strategies to maximize return rates and, thus, the efficiency of this program (Mauser 1994). These strategies have included publicizing stocking locations, limiting stocking to high use and easily accessible areas, as well as evaluating water-specific harvest rates and redirecting stocking to waters where catchables return to anglers' creels at higher rates (IDFG 2001). Although these efforts have improved return to creel rates, the creel return goal of 40% is not always met. Another possible alternative for increasing returns is to stock fish that are more likely to be caught than normal hatchery catchables.

Individual fish exhibit varying degrees of hook-and-line vulnerability. Burkett et al. (1986) reported that largemouth bass *Micropterus salmoides* in Ridge Lake, Illinois demonstrated "high" and "low" angling vulnerability. After 4 years of fishing effort, the lake was drained, and capture frequency for each bass was determined. Out of 1,787 bass examined, 14.3% were never caught, while 19.4 % of the bass were caught six or more times. Hackney and Linkous (1978) also reported that largemouth bass have easily harvestable segments. In a 6-week fishing trial on 94 fish, 23% were never caught, while 21% were caught two or more times. Individuality of angling vulnerability has also been shown for rainbow trout. Lewynsky (1986) observed that during a 9-week fishing trial in a raceway, captures ranged from zero to five times per individual trout. About 37% of the fish were caught more than one time, and 21% were never caught. These studies indicate that some individual fish are more likely than others to be caught by hook-and-line methods, but they give no indication as to the heritability of this trait.

If angling vulnerability is heritable, then it should be possible to increase returns by selecting broodstock that are vulnerable to angling. In small Texas ponds, angling trials revealed that a largemouth bass population possessed individuals with varying levels of angling vulnerability (Garrett 1993). Garrett then selectively bred highly vulnerable males with highly vulnerable females and wary males with wary females. The two groups of progeny were reared separately until age 1, marked, and combined into one pond. In subsequent fishing trials, the catch rate of progeny from the highly vulnerable group was twice that of the progeny from the wary group. With a similar study design, David Phillips (Illinois Natural History Survey, unpublished data) also noted that the catchability of largemouth bass could be altered markedly through selective breeding over several generations. Using similar selection and breeding techniques, artificial selection in rainbow trout has been used to alter other traits such as growth rates (Donaldson and Olson 1955), spawn date (Siitonen and Gall 1989), and stress response (Pottinger and Carrick 1999).

In order for selective breeding to be effective at increasing return to creel rates of hatchery catchables, individual trout within a specific broodstock must demonstrate varying degrees of angling vulnerability. Secondly, angling vulnerability must be inherited by their progeny. In this study, we tested whether a portion of Hayspur-strain rainbow trout broodstock showed a propensity to be caught at high rates and whether this behavior was inherited by their progeny.

Methods

Age-1 rainbow trout designated to become replacement broodstock at Hayspur Fish Hatchery (FH) were held in three equal-sized outdoor raceways (19.5 × 2.1 × 0.5m). All fish were passive integrated transponder (PIT) tagged intraperitoneally. During June–September 1999, a series of 1-h fishing trials were conducted using artificial flies and lures. Three fly patterns and three spinners were used in a systematic fashion to equalize fishing pressure and lure exposure among raceways. Hooked fish were fought quickly, anesthetized, and scanned for a PIT tag. After the completion of the fishing trials, every fish in the population was assigned to one of four capture categories: 0, 1, 2, or 3 or more times. The null hypothesis of random recaptures or equal angling vulnerability for all fish was tested using a Poisson distribution (Zar 1996). Observed frequencies were compared to the Poisson distribution derived using the observed mean number of catches per fish. Observed and expected frequencies were compared using the chi-square statistic (Zar 1996). The null hypothesis was rejected at an α level of less than or equal to 0.05.

During November 2000 and 2001, male and female rainbow trout that were captured three or more times during the fishing trials were spawned, and their progeny were used as the experimental group in this study, hereafter referred to as vulnerable(s). Normal groups were also created during the same time periods from other, randomly selected Hayspur-strain brood fish that had not been subjected to fishing trials. Normal and vulnerable eggs were transported from Hayspur to Ashton and Nampa FH. Eggs and fry were reared separately until length distributions and condition factors became relatively equal. The vulnerable group was adipose-clipped and combined with the normal group into one outside raceway until the time of stocking. We assumed that removal of the adipose fin 11 months prior to stocking had no effect on survival or catchability (Heimer et al. 1985).

Equal numbers of fish from the two groups were jaw-tagged at Ashton FH during May 2001. One hundred trout from each group were measured for length and weight before tagging. During 2001, study fish in the rearing raceway were crowded, and 6,400 catchables were randomly removed, anesthetized, jaw-tagged (monel #8), and held in holding pens for 0.5 to 20 h. Each jaw tag was labeled "RTN IFG" and numbered. Tag numbers identified group and stocking site. Immediate tag loss due to shedding or mortality was evaluated by examining raceway bottoms below the holding pens and holding pens just before transport. Shed tags were reapplied to replacement trout, if observed. The same methods as above were used for the replicate trial conducted in 2002, except that the number of fish was increased to 9,600 catchables and the fish were reared at Nampa FH.

Approximately equal numbers of vulnerable and normal catchables were stocked from May 30 to June 6, 2001 and from May 15 to June 19, 2002. At streams and rivers, fish were dipnetted from the transport tank and released at several areas to encourage dispersal of tagged fish throughout the stream reach. At ponds and reservoirs, fish were stocked through a discharge tube at one location, usually a boat ramp. A total of 16 study sites were stocked in 2001, including 10 stream or river segments, 3 reservoirs, and 3 ponds. Study sites were located in the Big Wood, Big Lost, and upper Snake River watersheds, Idaho (Figure 1). An additional 16 study sites were stocked in 2002, including 15 different stream or river segments with 2 sites on the NF Payette River that were separated by two dams. The majority of sites stocked in 2002 were within the Payette, Boise, and Weiser River watersheds, but individual sites were also located in the Portneuf River and Rock Creek. Only sites that were managed with catchables, believed to have significant fishing pressure, and offered easy access were included in this study.

Reward incentives, press releases, personal contacts, and signs were used to encourage angler compliance in returning tags. Anglers that returned tags were entered in site-specific drawings where a single winner was awarded $50. Newspaper, radio, and television were used to disseminate information regarding the location of the study waters, the reward incentive, and the project goal. For all study waters, blaze-orange signs with information pertinent to the drawing were posted at two to eight locations near access points, immediately after stocking. Additionally, data slips with the tag return instructions were affixed to each sign to assist anglers in the tag return process. Jaw tag data were collected by mail, telephone, and field contacts by IDFG personnel through December 31 of the year stocked. Tag number, angler address, capture location, and catch date were entered and compiled in a database.

Tag returns were compiled by group and study site. Additionally, the number of days from stocking to harvest was determined for each return. Mean values and 95% confidence intervals were calculated for the length of each group prior to stocking, as well as for the return rate and time to harvest by group for each stocking location (Brown and Austen 1996). Paired *t*-tests were used to test the null hypotheses that there were no differences in the number of normal and vulnerable catchable tag returns, and there were no differences in time to harvest (*d*) for normal and vulnerable catchables for each stocking year separately. Null hypotheses were rejected at α levels of less than or equal to 0.05. No attempt was made to correct for nonreporting of tags as we were only concerned with the relative performance of the two test groups.

Results

1999 Fishing Trials

From the 2,705 replacement broodfish and 94 1-h fishing trials, 3,269 catches were recorded. This yielded an average of 1.2 catches per fish. Twenty-four percent of the fish were never caught. Forty-one percent of the rainbow trout were caught one time. About 26% of the fish were caught two times, and 9% were caught three or more times (Figure 2). The most vulnerable fish was caught five times. The null hypothesis of equal capture probability was rejected ($\chi^2 = 95.6$, $p < 0.001$). The 249 fish that were caught three or more times were retained and later spawned to create the experimental groups for this study.

2001 Stocking

At the time of stocking, mean lengths of the test groups were not statistically different based on overlapping confidence intervals. Mean lengths of the vulnerable and normal groups were 245 mm (±4.3 mm) and 243 mm (±5.4 mm), respectively.

No consistent differences in return rates were observed between the two test groups across 2001 stocking locations. A total of 407 tags were returned from the vulnerable group and 374 from the normal group (Table 1). Over 16 stocking locations, first-year return rate for the vulnerable group ranged from 6.5% to 26.0% and averaged 12.7 ± 3.5%. First-year return rate for the normal group ranged from 3.0% to 30.0% and averaged 11.7 ± 3.8%. First-year return rates between groups were not statistically different (paired *t*-test, $p = 0.30$, df = 15).

The vulnerable group tended to return to the creel more quickly (Figure 3), but this disparity was not statistically different (paired *t*-test, $p = 0.77$, df = 15). The mean time to harvest was 46.4 ± 9.8 d for the vulnerable groups and 50.6 ± 10.7 d for the normal group. More than 50% of the tags returned were

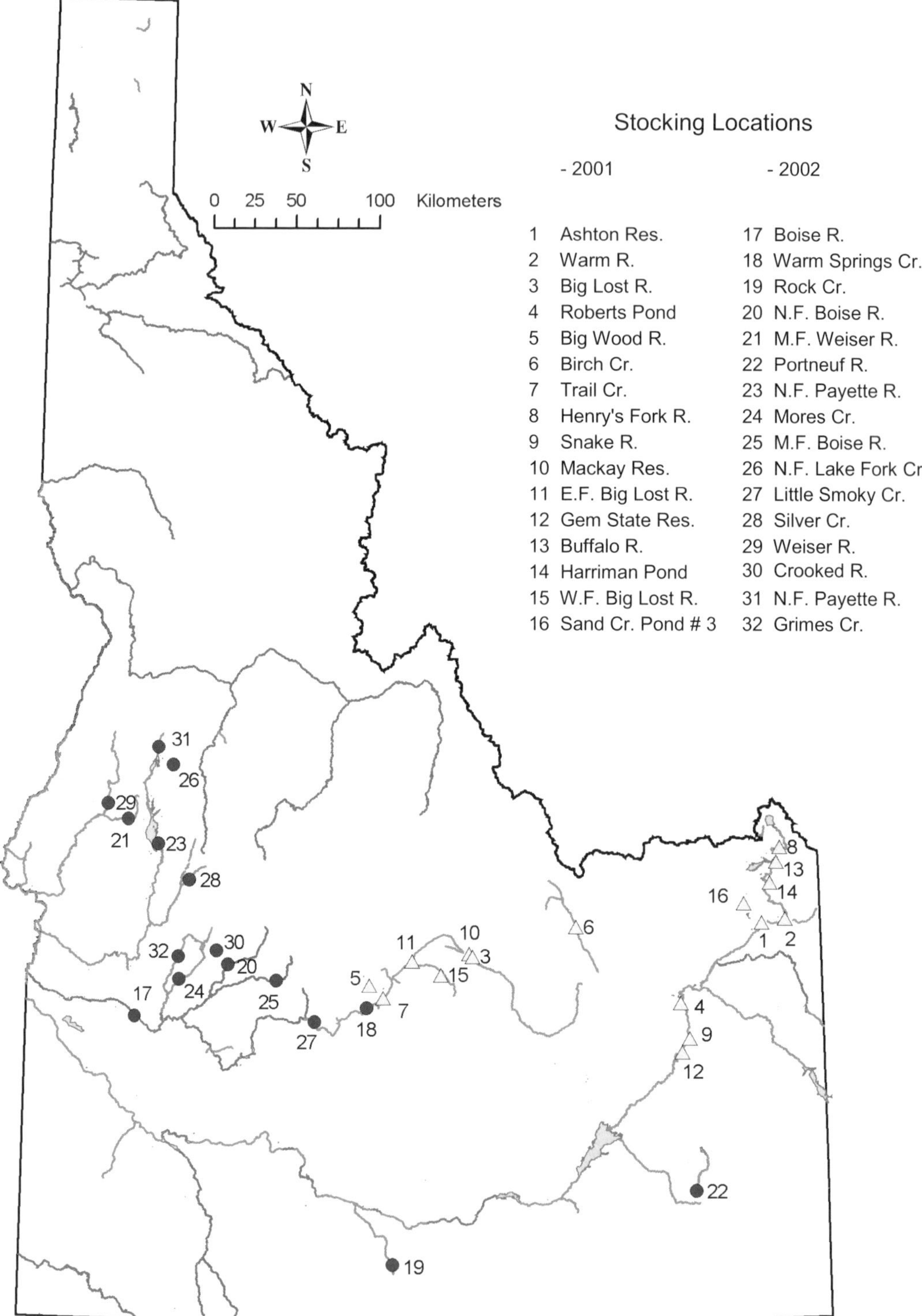

Figure 1. Locations of 32 study sites that were stocked in 2001 and 2002 in Idaho and used to compare the performance of catchable rainbow trout produced from vulnerable and normal Hayspur-strain broodstock.

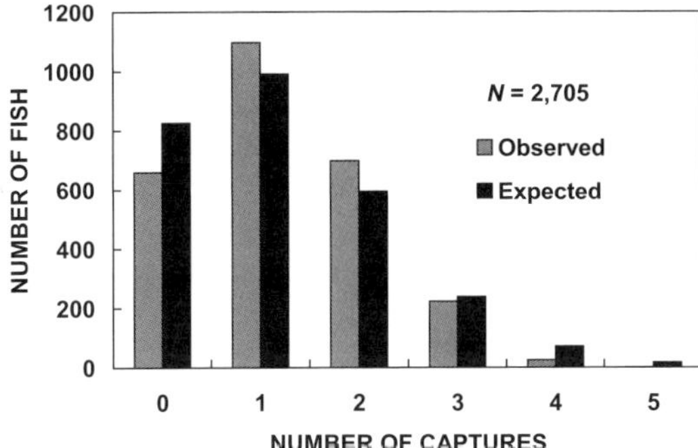

Figure 2. Observed and expected capture frequencies for hatchery rainbow trout broodfish caught in three outdoor raceways.

from fish caught within 50 d of stocking, and more than 85% were from fish caught within 100 d.

2002 Stocking

At the time of stocking, mean lengths of the test groups were not statistically different based on overlapping confidence limits. Mean length of the vulnerable and normal groups was 247 ± 5.3 mm and 248 ± 3.6 mm, respectively.

High variability between stocking locations and lack of statistical difference in returns between the test groups were similar to the pattern observed for fish stocked in 2001. Three-hundred forty-seven tags were returned from the vulnerable group and 353 from the normal group (Table 1). First-year return rate for the vulnerable group ranged from 0.7% to 16.3% and averaged 7.2 ± 2.5%. First-year return rate for the normal group ranged from 0.0% to 19.1% and averaged 7.4 ± 2.7%. First-year return rates between groups were not statistically different (paired t-test, p = 0.80, df = 15).

In contrast to the results of 2001 stocking, the normal group tended to return to the creel more quickly (Figure 3), but the small disparity observed was not statistically significant (paired t-test, p = 0.45, df = 15). The mean time to harvest was 36.0 ± 8.0 d for the normal group 38.7 ± 7.3 d for the vulnerable group. More than 50% of the tags returned were from fish caught within 32 d after stocking, and more than 95% were from fish caught within 100 d.

Discussion

The tendency for the vulnerable group to produce a very slight overall increase in tag returns and to return more quickly than the normal group from 2001 stocking locations was not substantiated by returns from 2002 stocking locations. The opposite pattern was observed in 2002 with the normal group returning in slightly greater numbers and more quickly than the vulnerable group. The small, insignificant differences observed between test groups in return rates and times to harvest, as well as the lack of a consistent pattern across years, confirm that no performance benefit was achieved through selective breeding. Certainly, the small observed differences were not important from a fisheries management perspective. This result contrasts conclusions drawn by other researchers who have artificially selected for specific behavioral traits in other species. In fishing trials, Garrett (1993) showed varying levels of vulnerability to angling in largemouth bass. Selective breeding of the highly vulnerable fish produced progeny that were more likely to be caught, especially when brood fish had been caught two, three, or four times. Gerlai and Csanyi (1994) were able to increase and decrease a behavioral movement pattern in paradise fish *Macropodus opercularis* by selecting parents who had high and low expressions of this behavior. The movement pattern was inherited strongly by the F_1 generation, and selection in subsequent generations did not change the behavior substantially. David Phillips (Illinois Natural History Survey, unpublished data) has demonstrated that largemouth bass angling vulnerability is heritable and that selective breeding for more catchable fish can be demonstrated with F_1 and F_2 crosses.

There are several possible reasons for our contrasting results. The previous studies examined the difference between low and high expressions of a particular behavior. Due to space and a desire to run this test at a viable production scale, we sought only to compare the difference between the normal Hayspur brood fish progeny and those whose parents showed high vulnerability to angling. It is possible that selection for more vulnerable catchables does occur, but the effect might not be large for test fish when compared to our normal fish. Furthermore, the brood fish for some of the previously mentioned studies were selected from wild or naturalized populations, where individuals likely possess more genetic diversity than the Hayspur broodstock. Although a difference in vulnerability to angling was shown for Hayspur brood fish (Teuscher 1999), trials were conducted while fish were strictly confined (raceways) and subjected to intense fishing effort (94 h). In contrast, Garrett observed differences in vul-

Table 1. Stocking location, number of tagged fish stocked, number of tags returned by anglers, and return rate for 16 locations stocked in 2001 and 2002 with catchables produced from parents that were highly susceptible to angling (vulnerables) and normal Hayspur strain broodstock (normals).

	Vulnerables			Normals		
Stocking locations-2001	# stock	# return	Return rate (%)	# stock	# return	Return rate (%)
Ashton Reservoir	200	51	25.5	200	60	30.0
Warm River	200	52	26.0	200	47	23.5
Big Lost River	200	50	25.0	200	28	14.0
Roberts Gravel Pond	200	30	15.0	200	41	20.5
N.F. Big Wood River	200	29	14.5	200	31	15.5
Birch Creek	199	25	12.6	200	23	11.5
Trail Creek	200	27	13.5	200	23	11.5
Henry's Fork at Mack's Inn	199	24	12.1	200	24	12.0
Snake River at Idaho Falls	200	21	10.5	200	15	7.5
Mackay Reservoir	200	15	7.5	200	16	8.0
E.F. Big Lost River	200	17	8.5	199	14	7.0
Gem State Reservoir	199	13	6.5	199	12	6.0
Buffalo River	200	11	5.5	199	17	8.5
Harriman Fish Pond	199	16	8.0	199	9	4.5
West Fork Big Lost River	200	13	6.5	198	8	4.0
Sand Creek Pond 3	200	13	6.5	199	6	3.0
2001 total	3,196	407	12.7	3,193	374	11.7
Stocking locations-2002						
Boise River-Town section	300	49	16.3	299	57	19.1
Warm Springs Creek	300	38	12.7	300	38	12.7
Rock Creek	300	28	9.3	300	39	13.0
N.F. Boise River	299	35	11.7	299	30	10.0
M.F. Weiser River	300	33	11.0	300	28	9.3
Portneuf River	300	31	10.3	300	28	9.3
N.F. Payette River- Highway 55	297	29	9.8	299	25	8.4
Mores Creek	300	22	7.3	300	28	9.3
M.F. Boise River-Atlanta Dam	300	25	8.3	300	15	5.0
N.F. Lake Fork Creek	300	15	5.0	300	17	5.7
Little Smoky Creek	300	14	4.7	300	12	4.0
Silver Creek	300	7	2.3	300	16	5.3
Weiser River	300	9	3.0	300	10	3.3
Crooked River	300	9	3.0	300	7	2.3
N.F. Payette River-Payette L.	300	1	0.3	300	3	1.0
Grimes Creek	300	2	0.7	300	0	0.0
2002 total	4,796	347	7.2	4,797	353	7.4

nerability to angling with 40 h of fishing effort, and fishing trials were conducted over a larger enclosure (0.25-ha pond). This work also involved a different species, largemouth bass. Thus, several differences in experimental design could explain the disparate results of the present effort compared to other studies.

If angling vulnerability had increased during this study, future stocking of fertile hatchery rainbow trout selected in like manner might have been considered a genetic risk to wild salmonid populations, particularly when a single trait from a limited parental gene pool was selected. However, IDFG has a policy of stocking sterile fish in all waters accessible to wild or native fish (IDFG 2001). Given the estimated triploidy induction rate of 98% for Hayspur Hatchery production lots (Dillon et al. 2000), and poor overwinter survival rates of hatchery trout stocked in streams (typically less than 5%), genetic concerns regarding stocking of highly vulnerable fish would have been minimal. Furthermore, based on our results from the 2001 and 2002 stocking years, selective breeding for angling vulnerability did not

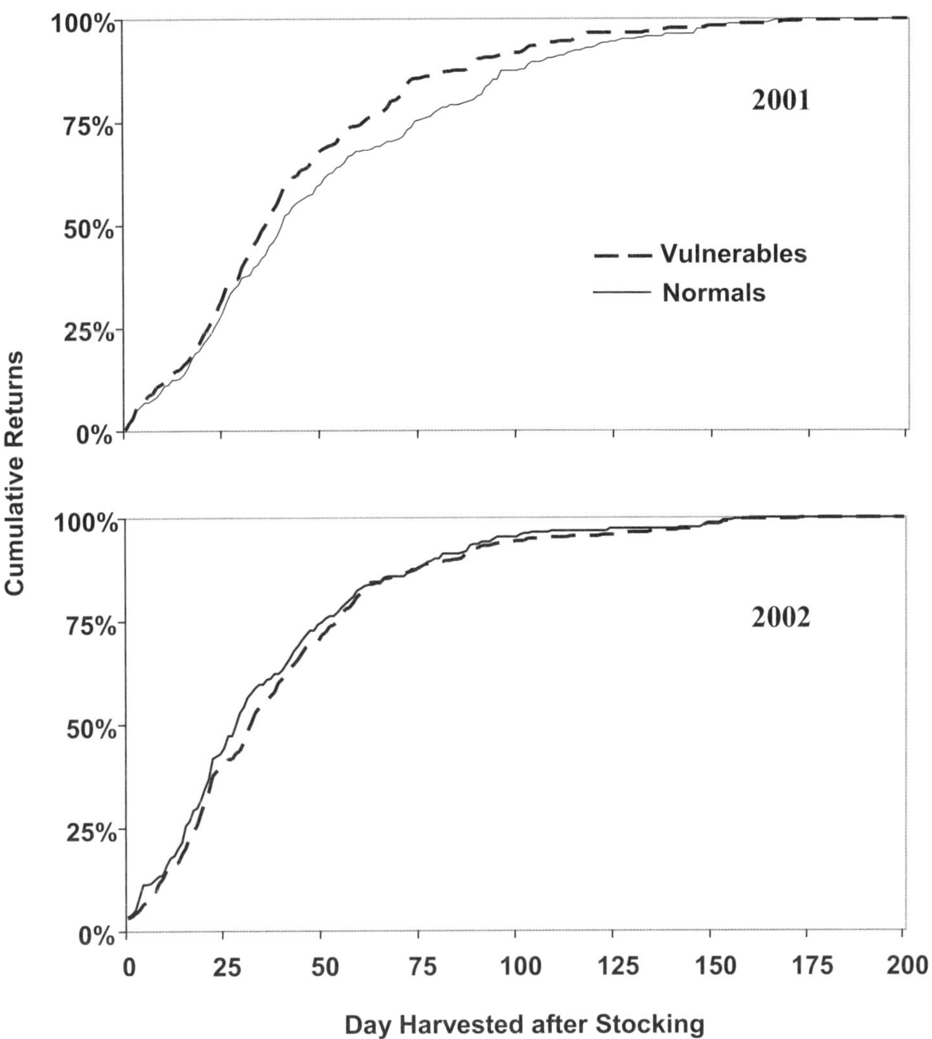

Figure 3. Cumulative first-year return to creel over time for vulnerable and normal hatchery rainbow trout that were stocked in 2001(top) and 2002 (bottom). Time to harvest was combined for all 16 stocking locations by test group.

increase returns, rendering potential genetic concerns moot.

Acknowledgments

I would like to thank Dennis Lee, Mike Colvin, and Sarah Nelson for their work on all aspects of this project, especially for maintaining the tag return database and the reward signs. Rick Alsager, Dan Baker, Bob Turik, Mel Sedacki, and Leon Martindale reared the test groups and provided information about specific stocking locations. Bob Esselman, Doug Young, and Russ Wood sorted, reared, and spawned the broodstocks. Liz Mamer, Ken Felty, Travis Brown, Shane Claborn, and Eric Grohs helped tag and stock the test groups. Steve Elle and Doug Megargle both assisted with the project at various phases and provided advice.

References

Brown, M. L. and D. J. Austen. 1996. Data management and statistical techniques. Pages 17–59 *in* B. R. Murphy and D. W. Willis, editors. Fisheries techniques, 2nd edition. American Fisheries Society, Bethesda, Maryland.

Burkett, D. P., P. C. Mankin, G. W. Lewis, W. F. Childers,

and D. P. Philipp. 1986. Hook-and-line vulnerability and multiple recapture of largemouth bass under a minimum total-length limit of 457 mm. North American Journal of Fisheries Management 6:109–112.

Dillon, J. C., D. J. Schill, and D. M. Teuscher. 2000. Relative return to the creel of triploid and diploid rainbow trout stocked in eighteen Idaho streams. North American Journal of Fisheries Management 20:1–9.

Donaldson L. R., and P. R. Olson. 1955. Development of rainbow trout brood stock by selective breeding. Transactions of the American Fisheries Society 85:93–101.

Garrett, G. P. 1993. Heritability of angling vulnerability in largemouth bass. Texas Fish and Wildlife, Statewide fisheries research, F-31-R-19, Austin.

Gerlai, R., and V. Csanyi. 1994. Artificial bi-directional selection for a species-specific behavioural element, staccato movement, in paradise fish, *Macropodus opercularis*. Animal Behavior 48:1293–1300.

Hackney, P. A., and T. T. Linkous. 1978. Striking behavior of the largemouth bass and use of the binomial distribution for its analysis. Transactions of the American Fisheries Society 106:682–688.

Heimer, J. T., W. M. Frazier, and J. S. Griffith. 1985. Post-stocking performance of catchable-size hatchery rainbow trout with and without pectoral fins. North American Journal of Fisheries Management 5:21–25.

IDFG (Idaho Department of Fish and Game) 2001. Fisheries management plan 2001-2006. Idaho Department of Fish and Game, Boise.

Lewynsky, V. A. 1986. Evaluation of special angling regulations in the Coeur d'Alene River trout fishery. Master of Science thesis. University of Idaho, Moscow.

Mauser, G. 1994. Hatchery trout evaluations. Idaho Department of Fish and Game, Federal Aid in Sport Fish Restoration, Project F-73-R-15, Job 1, Job Performance Report, Boise.

Pottinger, T. G. and T. R. Carrick. 1999. Modification of the plasma cortisol response to stress in rainbow trout by selective breeding. General and Comparative Endocrinology 116:122–132.

Siitonen L. and G. A. E. Gall. 1989. Response to selection for early spawn date in rainbow trout, *Salmo gairdneri*. Aquaculture 78:153–161.

Teuscher, D. 1999. Hatchery trout evaluations. Idaho Department of Fish and Game, Job Performance Report, Project F-73-R-21, Boise.

Van Vooren, A. R. 1995. The roles of hatcheries, habitat, and regulations in wild trout management in Idaho. Pages 512–517 in H. L. Schramm, Jr. and R. G. Piper, editors. Uses and effects of cultured fishes in aquatic ecosystems. American Fisheries Society, Symposium 15, Bethesda, Maryland.

Zar, J. H. 1996. Biostatistical analysis, 3rd edition. Prentice-Hall, Englewood Cliffs, New Jersey.

American Fisheries Society Symposium 44:505–514, 2004

Introgressive Hybridization between Westslope Cutthroat Trout and Native Rainbow Trout in Big Creek, Idaho

Michael P. Peterson

Aquaculture Research Institute, University of Idaho
Moscow, Idaho 83843, USA

Matthew R. Campbell

Idaho Department of Fish and Game
1800 Trout Road, Eagle, Idaho 83616, USA

Christine C. Cegelski

University of Idaho/Idaho Department of Fish and Game
1800 Trout Road, Eagle, Idaho 83616, USA

Madison S. Powell

Center for Salmonid and Freshwater Species at Risk
University of Idaho, Hagerman Fish Culture Experiment Station
3059F National Fish Hatchery Road, Hagerman, Idaho 83332, USA

Abstract.—Westslope cutthroat trout *Oncorhynchus clarkii lewisi* are currently under a second review for listing as a threatened species under the Endangered Species Act. Both natural and anthropogenically induced hybridization has been previously documented between this subspecies and rainbow trout *O. mykiss* and between steelhead (anadromous rainbow trout) and coastal cutthroat trout *O. clarkii clarkii*. However, levels of reported introgression have varied greatly. To assess natural hybridization and the extent to which it may affect the frequency and persistence of *O. mykiss* alleles among sympatric populations of westslope trout, we used three nuclear loci to detect hybrids, and mitochondrial DNA to assess the direction of hybridization and introgression in Big Creek, Idaho and its tributaries. Natural hybridization between westslope cutthroat and sympatric rainbow trout/steelhead appears to occur at a relatively low frequency with numerous parental types still present in varying numbers within the drainage.

Subsequent genetic analyses revealed no hybridization in samples from 2001 and percentages of hybrid genotypes within sample locations ranging from 1.6% to 13.3% in 2002. Differences between years may be attributable to sampling, time of year, and seasonal movements of westslope cutthroat trout and their hybrids. Furthermore, hybrids were more frequently observed ($p < 0.01$) with mitochondrial haplotypes of westslope cutthroat trout indicating a directional preference of westslope cutthroat females spawning with *O. mykiss* males.

Introduction

Westslope cutthroat trout *Oncorhynchus clarkii lewisi* distribution originally reached as far east as the South Saskatchewan River in Alberta and Montana and the upper Missouri River downstream to Fort Benton (Behnke 1992). In Washington, westslope cutthroat trout (WCT) are found in the Lake Chelan and Methow River drainages and in the John Day River drainage in Oregon (USFWS 1999). Westslope cutthroat trout are native to the Kootenay, Pend Oreille-Clark Fork, Spokane-St. Joe, Salmon, and Clearwater rivers in British Columbia, Idaho, and Montana (Behnke 1992). Historically, WCT were thought to be the most widespread of all 14 recognized inland cutthroat trout *O. clarkii* subspecies (USFWS 1999). The current WCT range has decreased dramatically compared to its historic distribution (Shepard et al. 1997). However, WCT still occupy 24,450 mi of stream in Idaho, Montana, Oregon, Washington, and Wyoming (U.S. Office of the Federal Register 2003).

In June 1997, several conservation groups collectively petitioned the U.S. Fish and Wildlife Service (USFWS) to list WCT as a threatened species under the Endangered Species Act (U.S. Office of the Federal Register 2002). Petitioners cited habitat loss and degradation, fragmentation of existing habitat, stocking of nonnative trout (contributing to predation, competition, hybridization and introgression), and inadequate management programs as principle causes of population declines. A formal review by the USFWS (1999) concluded that WCT were not warranted for listing given that "viable, self-sustaining WCT stocks remain widely distributed throughout the 'species historic range' and small headwater populations of WCT are relatively secure."

In October 2000, petitioners filed suit against the USFWS alleging consideration of existing regulatory mechanisms was arbitrary, consideration of hybridization as a threat to WCT was arbitrary because of inclusion of hybrids when establishing population size and distribution, consideration of isolation and loss of life histories as threats to WCT was arbitrary, and failure to account for the threat of whirling disease (American Wildlands et al. v. Gale Norton et al. U.S. District Court for the District of Columbia, Civil Action No. 00–2521(EGS) [16] [29], March 31, 2002). In March of 2002, U.S. District Court Judge Sullivan ruled that the USFWS did not use the "best available science" for the WCT listing determination (American Wildlands et al. v. Gale Norton et al. U.S. District Court for the District of Columbia, Civil Action No. 00–2521(EGS) [16] [29], March 31, 2002). Judge Sullivan ordered the USFWS to determine (1) the "current distribution of WCT," while considering the prevalence of hybridization; (2) if "WCT are an endangered or threatened subspecies" due to hybridization; and (3) whether "existing regulatory mechanisms are adequate to address threats" from hybridization with "nonnative fishes" (U.S. Office of the Federal Register 2002). As a result of this ruling, WCT are currently under a second, court-ordered status review by the USFWS to determine whether the species should be listed as "threatened" under the Endangered Species Act.

As a result of these court rulings, fishery scientists and managers are currently struggling with issues surrounding how to define "pure" WCT populations and if hybridized populations should be included in ESA status reviews. Recent conservation management plans have argued that populations with introgression levels of 10% or less should be designated as "conservation populations" as a way to protect and conserve populations that, while existing in a introgressed condition, still contain a unique or essential portion of ecological, behavioral, physiological, or genetic diversity found within the subspecies (UDWR 2000). Alternatively, others have argued against the protection of even slightly hybridized WCT populations, since it would protect the source of ongoing rapidly spreading hybridization and would likely result in the loss of the evolutionary lineage and legacy represented by westslope cutthroat trout (Leary et al. 1995)

Complicating these discussions is that while naturally sympatric populations of WCT and rainbow trout *O. mykiss* presumably have developed behavioral, genetic, or reproductive isolating mechanisms that have allowed for the persistence of the two distinct species (Young et al. 2001), natural hybridization has been documented between these two species (Howell et al. 2003) as well as between steelhead (anadromous rainbow trout) and coastal cutthroat trout *O. clarkii clarkii* (Campton and Utter 1985).

The objectives of this study were to determine whether natural hybridization and introgression between sympatric WCT and native rainbow trout occurs in the Big Creek drainage and to examine possible temporal variation in observed introgression levels within two creeks.

Methods

Collection Site

Tissue samples from WCT and *O. mykiss* were collected from five areas of the Middle Fork Salmon River (MFSR) in central Idaho: three sections of Big Creek, designated upper, middle, and lower, and two tributaries of Big Creek: Cabin and Rush creeks (Figure 1). Sympatric populations of WCT and *O. mykiss* were selected from locations with little or no history of stocking. Only one instance of stocking was recorded in Big Creek in 1959 (3,000 fry). Both the Idaho Department of Fish and Game Stocking Database (from 1913 to present; LaBar and Frew 2004, this volume) and the Catalog of Streams and Lakes of Idaho were utilized as resources to select these sample locations.

Fish were collected in 2001, with a double pass

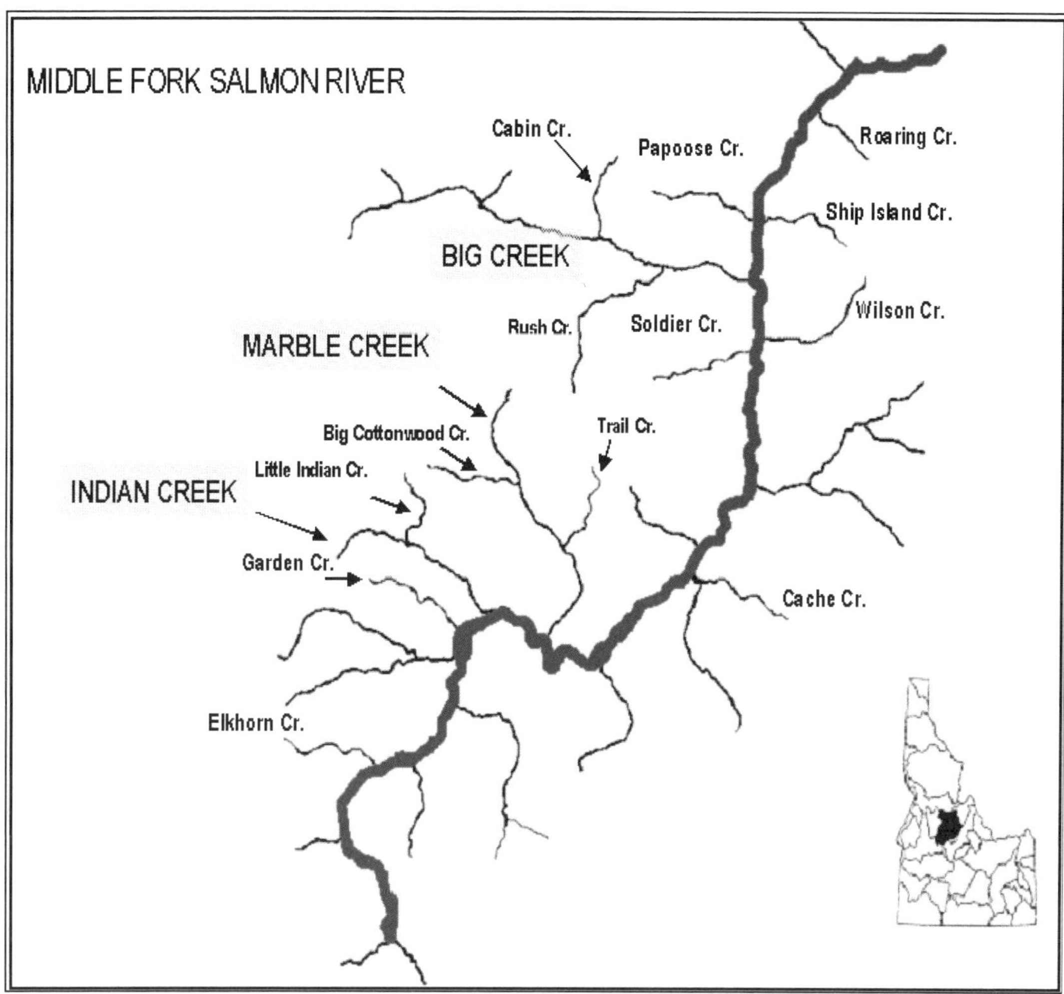

Figure 1. Middle Fork Salmon River, Idaho and its tributaries.

in Rush and Cabin Creek using a battery-operated, backpack electroshocker. A total of 48 fish from Cabin Creek were collected on October 4, 2001, and a total of 31 fish from Rush Creek on October 5, 2001.

Fish sampled in 2002 were collected by angling. A minimum of 60 fish was sampled from the entire length of each section or tributary, regardless of putative phenotype or fork length. Areas sampled included upper Big Creek from the trailhead near the Big Creek ranger station to the confluence of Monumental Creek, middle Big Creek from the mouth of Monumental Creek to the confluence of Cave Creek, and lower Big Creek from the Taylor Landing Strip to the confluence with the Middle Fork of the Salmon River, Cabin Creek, and Rush Creek. Sampling occurred from July 16 to July 20, 2002, approximately 2.5 months earlier than in 2001. Table 1 lists the numbers of fish sampled by year and location.

Genetic Analyses

Fin clips were collected nonlethally from each fish and stored in 95% ethanol until DNA extraction. Total genomic DNA was extracted using a modified protocol from Hillis et al. (1996) and described in Faler and Powell (2003).

Three diagnostic nuclear markers: RAG 3′, *OM*-13, and *OCC*-16 and a mitochondrial marker (cytochrome b gene region), were used in reactions outlined in Table 2. Primer sequences were obtained for RAG 3′ from Baker et al. (2002); *OCC*-16 and *OM*-13 from Ostberg and Rodriguez (2002); and cytochrome

Table 1. Total genotype frequencies for each species, frequencies for individual genotypes (in parentheses), and numbers of each species collected at each site. *N* is the total number of fish sampled at each site.

		Sample locations						
Species	Genotypes	Upper Big Creek 2002	Middle Big Creek 2002	Lower Big Creek 2002	Cabin Creek 2001	Cabin Creek 2002	Rush Creek 2001	Rush Creek 2002
N		64	68	61	48	63	31	60
Putative *Oncorhynchus mykiss*	AAAAAA	33 (0.516)	25 (0.368)	38 (0.623)	41 (0.854)	19 (0.302)	30 (0.968)	15 (0.250)
Genotypic frequency		0.516	0.368	0.623	0.854	0.302	0.968	0.250
Putative *O. clarkii lewisi*	CCBBBB	9 (0.141)	11 (0.162)	8 (0.131)	6 (0.125)	7 (0.111)	1 (0.032)	9 (0.150)
	DDBBBB	8 (0.125)	16 (0.235)	7 (0.115)	(0.000)	18 (0.286)	(0.000)	13 (0.217)
	CDBBBB	11 (0.172)	14 (0.206)	7 (0.115)	1 (0.021)	17 (0.270)	(0.000)	15 (0.250)
Combined genotypic frequency		0.438	0.603	0.361	0.146	0.667	0.032	0.617
Hybrids	AAAAAB	1 (0.016)	(0.000)	(0.000)	(0.000)	(0.000)	(0.000)	(0.000)
	AAABAA	1 (0.016)	(0.000)	1 (0.016)	(0.000)	(0.000)	(0.000)	(0.000)
	AAABAB	1 (0.016)	(0.000)	(0.000)	(0.000)	1 (0.016)	(0.000)	2 (0.033)
	AAABBB	(0.000)	(0.000)	(0.000)	(0.000)	(0.000)	(0.000)	1 (0.017)
	AABBAB	(0.000)	1 (0.015)	(0.000)	(0.000)	1 (0.016)	(0.000)	2 (0.033)
	AABBBB	(0.000)	(0.000)	(0.000)	(0.000)	(0.000)	(0.000)	2 (0.033)
	CCBBAB	(0.000)	(0.000)	(0.000)	(0.000)	(0.000)	(0.000)	1 (0.017)
	CDBBAB	(0.000)	1 (0.015)	(0.000)	(0.000)	(0.000)	(0.000)	(0.000)
Combined genotypic frequency[a]		0.048	0.030	0.016	0.000	0.032	0.000	0.133

[a] No F_1 hybrids were observed in the analysis of Big Creek or its tributaries.

b from Faler and Powell (2003). The polymerase chain reaction was used to amplify sequences with thermal cycler profiles outlined in Table 3. The amplified RAG 3′ region was digested with restriction endonuclease *Dde*-I (New England BioLabs, Beverly, Massachusetts). The cytochrome b amplicon was digested with restriction endonucleases *Hae*-III and *Hinf*-I (New England BioLabs, Beverly, Massachusetts). The *OCC-16* and the *OM*-13 regions exhibit a size-specific PCR fragment difference between *O. mykiss* and WCT and

Table 2. Final PCR concentrations for three nuclear and one mitochondrial loci.

	Final reaction concentrations/sample								
Region	Reaction volume[a]	Extract	10X buffer[b]	$MgCl_2$[b]	dNPTs[c]	Primers[d]	DMSO	BSA[e]	Taq polymerase[b]
RAG 3'	20	0.5–1µL	2.0 µL	2.0 mM	0.8 µM	0.2 µM	0.0%	0.8 µg/µL	0.025 U/µL
OCC-16	20	0.5–1µL	2.0 µL	1.5 mM	0.8 µM	0.5 µM	0.0%	0.0	0.025 U/µL
OM-13	20	0.5–1µL	2.0 µL	1.5 mM	0.8 µM	0.5 µM	0.0%	0.0	0.025 U/µL
Cyt-B	40	0.5–1µL	4.0 µL	2.5 mM	0.8 µM	0.25 µM	2.5%	0.8 µg/µL	0.0125 U/µL

[a] The remainder of the reaction volume after other chemicals were added was dH_2O.
[b] Taq = *Thermus aquaticus*. The Taq, 10X buffer, and $MgCl_2$ were supplied by Applied Biosystems, Foster City, California.
[c] dNPTs = deoxynucleotide triphosphates
[d] Equal amounts of the forward and reverse primers were used. Integrated DNA Technologies supplied the primers.
[e] BSA (bovine serum albumin) was supplied by New England BioLabs, Beverly, Massachusetts.

Table 3. Thermal cycler profiles and number of cycles performed for three nuclear and one mitochondrial loci.

	Initial denaturation		Denaturation		Annealing		Extension		Final extension		
Region	Temp	Time	Temp	Time	Temp	Time	Temp	Time	Temp	Time	Cycles
RAG 3'	95°C	3 min	94°C	45 s	56°C	2 min	72°C	2 min	72°C	3 min	40
OCC-16	93°C	2 min	93°C	25 s	50°C	1 min 30 s	72°C	1 min 30 s	–	–	34
OM-13	93°C	2 min	93°C	25 s	56°C	1 min 30 s	95°C	1 min 30 s	–	–	34
Cyt-B	95°C	1 min	95°C	1 min 15 s	50°C	1 min 05 s	72°C	2 min 30 s	70°C	3 min	38

do not need to be digested with a restriction enzyme. Both PCR fragments and digest fragments were separated by electrophoresis in gels of 0.7% agarose and 0.9% Synergel (Diversified Biotech, Newton Center, Massachusetts) with tris-borate-EDTA buffer at approximately 85 v for 50–65 min. Gels were stained with ethidium bromide and placed under ultraviolet light to visualize band patterns.

Genetic Statistical Analysis

Departures from Hardy-Weinberg equilibrium were tested by exact tests using GENEPOP 3.3 (Raymond and Rousset 1995). The null hypothesis is random mating within populations and the alternative hypothesis is a heterozygote deficiency relative to that expected under random mating ($\alpha = 0.05$). A significant P-value (i.e., heterozygote deficiency) would indicate significant substructure in the sample due to the sampling of more than one population. Default parameters in the program were employed, which include probability tests and Markov-chain parameters of 1,000, 100, and 1,000 respectively.

Results

Nuclear DNA

Each fish was putatively assigned to a species (*O. mykiss* or WCT) or as a hybrid according to the genotype that resulted from the observed banding patterns (Figure 2). A putative *O. mykiss* genotype for the three nuclear loci used would be written AAAAAA (RAG 3′, *OCC*-16, and *OM*-13 respectively). Three possible genotypes were observed for WCT: CCBBBB, CDBBBB, and DDBBBB. Individuals with an AB pattern at the *OCC*-16 and/or *OM*-13 loci were designated hybrids. If an individual had a genotype indicative of a WCT at the *OCC*-16 and *OM*-13 but had an AA allele pattern at the RAG 3′ locus, it was also classified as a hybrid (genotype AABBBB). The AABBBB genotype was observed in only two fish, both in Rush Creek 2002 samples. All hybrids were observed with the AA pattern at RAG 3′, except one individual collected from the middle section of Big Creek (CD at RAG 3′). The genotypic frequencies and numbers of each putatively designated species and hybrids are shown in Table 1.

Hybrids were identified in all three sections of Big Creek and both tributaries (Cabin and Rush creeks). No individuals sampled from these locations were indicative of F_1 hybrids (i.e., heterozygous at all three nuclear loci). Therefore, the hybrids identified were the result of either an $F_1 \times F_1$ cross or backcrosses of hybrids to parental types.

After assigning individuals to respective genotypes, hybrids were included with the WCT population to calculate levels of introgression. The total numbers of alleles examined at the three nuclear loci were summed for each population of WCT. Introgression was calculated by dividing the number of *O. mykiss* alleles observed by that total. Levels of introgression were relatively low, ranging from 1.6% to 8.1% (Table 4).

In the upper Big Creek section, genetically assigned *O. mykiss* were in approximately the same proportion as WCT with genotypic frequencies of 0.516 (calculated by taking the number of assigned genotypes divided by the total sampled in that site) and 0.438 respectively. Three fish from the upper Big Creek section were identified as hybrids with a combined genotypic frequency of 0.047. Middle Big Creek yielded similar results with the dominant genotype sampled being WCT at 0.603 and *O. mykiss* at 0.368. Two hybrids were identified in the middle section with a combined genotypic frequency of 0.029. Genotypic frequencies shifted when compared to the other sections; *O. mykiss* being predominantly sampled 0.623 and WCT at a lower frequency of occurrence 0.361 ($p < 0.048$) in the lower section of Big Creek. Of 61 fish sampled in the lower section, only one was identified as a hybrid (0.016).

Results from Cabin and Rush Creeks varied significantly from one year to the other. In 2001, 41 of

RAG 3' **(A)=*O. mykiss*, (C,D)=WCT**

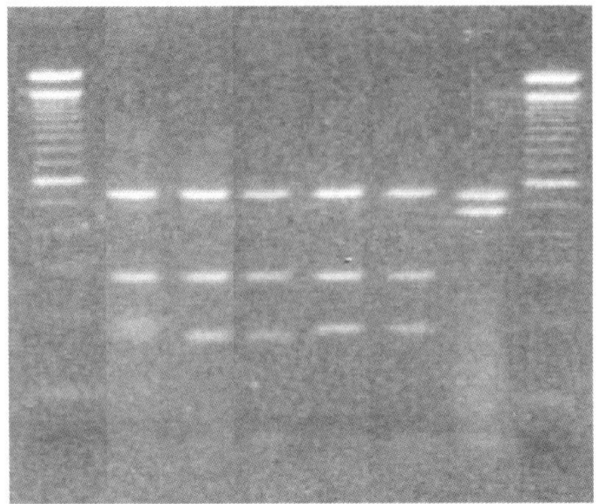

Total size (bp)	RBT expected sizes of digest fragments[a]	WCT expected sizes of digest fragments[a]
1,013	544/469	(CC) 544/281/178/10[b] (CD[c]) 544/281/188/178/10[b] (DD) 544/281/188

[a] 100 bp standard ladder was used to estimate fragment lengths.
[b] The 10 bp fragment is not visualized but is assumed to be present.
[c] The faint band is two bands at 188/178, respectively.

OM-13 **(A)=*O. mykiss*, (B)=WCT, (AB)=Hybrid**

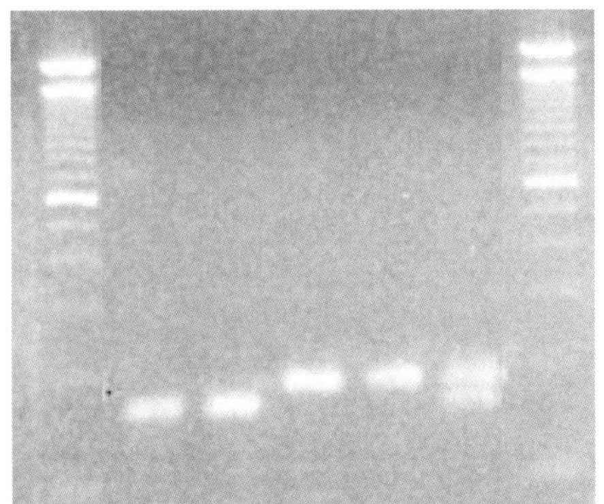

Total size (bp)	RBT expected sizes of PCR products[a]	WCT expected sizes of PCR products[a]
175	175	
190		190

[a] These are species-specific primers, and hybrids exhibit both bands.

OCC-16 **(A)=O. mykiss, (B)=WCT, (AB)=Hybrid**

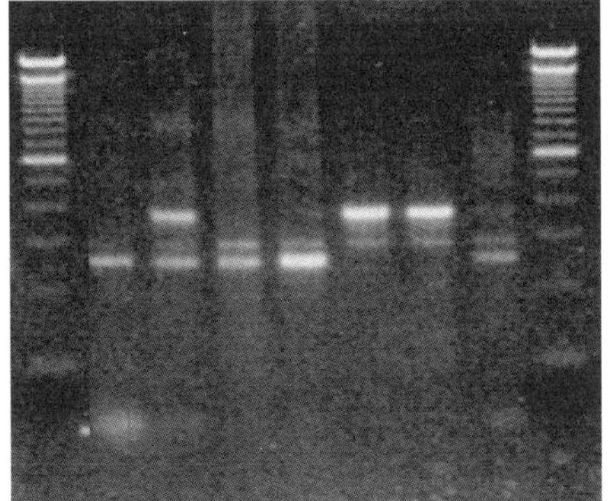

Total size (bp)	RBT expected sizes of PCR products[a]	WCT expected sizes of PCR products[a]
280	280	
380		380

[a] These are species-specific primers, and hybrids exhibit both bands.

Figure 2. Photographs of three gels illustrating diagnostic alleles (bands) between westslope cutthroat trout and *O. mykiss* at three nuclear loci: RAG 3', digested with *Dde*-I (top panel); *OM*-13 (middle panel) and *OCC*-16 (bottom panel). All gels are 0.7% agarose and 0.9% Synergel. A 100 base pair ladder was used to estimate fragment lengths.

Table 4. Estimated percentage of *O. mykiss* allele introgression into WCT populations in the Middle Fork, Salmon River, Idaho.

Populations	Year	Percent introgression
Upper Big Creek	2002	7.5%
Middle Big Creek	2002	1.6%
Lower Big Creek	2002	3.6%
Cabin Creek	2001	0.0%
Cabin Creek	2002	2.7%
Rush Creek	2001	0.0%
Rush Creek	2002	8.1%

48 fish sampled from Cabin Creek had *O. mykiss* genotypes, whereas in 2002, only 19 of 63 fish sampled had genotypes indicative of *O. mykiss*. There were only two fish with genotypes indicative of hybrids sampled in Cabin Creek, both from 2002. Rush Creek showed similar results to Cabin Creek with 30 out of 31 fish sampled exhibiting genotypes of *O. mykiss* in 2001 and 15 out of 60 fish with genotypes of *O. mykiss* in 2002. The highest numbers of hybrids observed occurred in Rush Creek in 2002, at a genotype frequency of 0.133.

Mitochondrial DNA

Results from examination of the mitochondrial locus indicated directionality of hybridization between these species. Out of the 16 hybrids identified in the study, 13 had mtDNA of WCT with the remaining 3 observed with *O. mykiss* mtDNA. Two of the hybrids that exhibited mitochondrial DNA of *O. mykiss* were sampled from the upper section of Big Creek, and the third hybrid was sampled in the lower section of Big Creek. The frequency of *O. mykiss* genotypes was higher than WCT genotypes in both of these sections. Hybrids identified had mtDNA indicative of the dominant genotype found within that sampling location except one individual in upper Big Creek.

Genepop Results

We hypothesized that random mating would be rejected because multiple species were sampled and included in a sample set. Hardy-Weinberg equilibrium results support this assumption. *P*-values for all three loci were significant at the a = 0.05 level as seen in Table 5. Thus, the sampling included more than one population or spawning aggregate.

Table 5. Results of Hardy-Weinberg test of equilibrium for each nuclear loci.

	Test for HWE	
Locus	*P*-value	Standard error
RAG 3'	0.0159	0.0007
OCC-16	0.0150	0.0007
OM-13	0.0177	0.0008

Discussion and Management implications

Our findings provide insight into the degree of hybridization and introgression that occurs within Big Creek, Idaho and its tributaries, between WCT and native *O. mykiss* populations. Results from this study demonstrate low levels of hybridization and introgression in many of the sample locations throughout the Big Creek drainage. Hybrids were found at all five sample locations (Table 1), and introgression levels were less than 9% (Table 4) for all of the sample locations. The prevalence of parental genotypes and rejection of Hardy-Weinberg equilibrium proportions suggests that these hybridization events are occurring at a frequency that allows populations to remain distinguishable taxonomically.

The observed levels of introgression are likely the result of natural hybridization between native *O. mykiss* and WCT due to the inaccessibility of the area from human influence and the limited stocking history within the Big Creek drainage. The only documented stocking event occurred in a headwater lake above our upper Big Creek sampling site. Approximately 3,000 hatchery rainbow trout fry were planted in the lake. We were unable to determine whether downstream migration from the lake was possible; however, it is unlikely that any major genetic contribution occurred from this stocking event.

Natural hybridization within trout and salmonids has been documented in other studies (WCT and *O. mykiss*, Huston 1988; Sage et al. 1992; Docker et al. 2003; Howell et al. 2003; anadromous *O. mykiss* and coastal cutthroat trout, Campton 1987; Campton and Utter 1985; Young et al. 2001; bull trout *Salvelinus confluentus* and dolly varden *S. malma*, Redenbach and Taylor 2002) although levels have generally been low, similar to levels observed within this study. However, researchers have documented higher levels of hybridization and introgression and have suggested that WCT and native *O. mykiss* hybridization "can be extensive in areas where both taxa are native and there have been little to no introductions of hatchery rainbow trout" (Howell et al. 2003). Young et al. (2001) also found high levels of hybridization between anadromous *O. mykiss* and coastal cutthroat trout, but observed low levels of introgression, suggesting that there are likely limiting factors inhibiting the spread of genes between these two species.

The increase in hybridization levels in Rush Creek-2002 compared to Rush Creek-2001 and the other sample locations raises an intrinsic question to understanding the mechanisms behind hybridization events. Why would isolating mechanisms that have evolved between WCT and native *O. mykiss* change or break down to allow for increased levels of hybridization? This may be due to a combination of abiotic factors yet to be identified, such as stream width (Weigel et al. 2003) or environmental factors (Hubbs 1955; Campton 1987). Presumably, WCT and native O. mykiss (when occurring in natural sympatry) have developed isolating mechanisms that limit hybridization and introgression and maintain species integrity. Both spatial and temporal differences in spawning have been cited as potential mechanisms for minimizing interbreeding (Trotter 1989; Young et al. 2001; Docker et al. 2003; Weigel et al. 2003). Additionally, it is likely that both behavioral and environmental factors interact and affect whether naturally sympatric populations will hybridize.

Significant differences were observed in introgression levels between years within sampling locations. No introgression was observed in Cabin and Rush creeks in 2001, but was observed in both creeks in 2002. In 2002, the samples were collected at a different time of year (October versus July) and a different proportion of samples with genotypes indicative of RBT, WCT, and hybrids were collected (see Table 1). In 2002, a greater proportion of WCT and hybrids were found, compared to 2001, for both creeks. The fish might have moved out of the system in October 2001, suggesting that the fluctuations that we are seeing in the proportion of hybrids, RBT, and WCT are most likely the result of differential movements of RBT, WCT, and hybrids in and out of these creeks throughout the season. Schmetterling (2001) reported that WCT tend to move into spawning tributaries during the rise of the hydrograph, and after spawning, WCT tend to move back into the main stem tributaries and move little the rest of the year. Bjornn and Mallet (1964) assert that WCT within the Middle Fork of the Salmon River migrate downstream from tributaries to deeper waters to overwinter and suggest that *O. mykiss* exhibit similar movement patterns. This suggests there may be different factors that drive hybridization from generation to generation and that movement of fish may further complicate management actions.

Documentation of natural hybridization will have to be considered carefully by fishery professionals struggling with issues surrounding definitions of "pure" WCT populations. The USFWS has recently ruled that "natural populations, and individual fish, conforming morphologically to the scientific, taxonomic description of WCT may contain genes derived from rainbow trout or Yellowstone cutthroat trout (YCT) as the result of a past hybridization event" (U.S. Office of the Federal Register 2003). As a result of these studies, a new ruling by the USFWS (U.S. Office of the Federal Register 2003) states that these natural populations may have up to "20% of their genes derived from rainbow trout or Yellowstone cutthroat trout."

This designation allows for the inclusion of all of our sampled populations as "natural populations." However, this designation does not make the distinction between populations (with introgression levels <20%) that have been altered due to stocking or not. These situations would require different management strategies to manage WCT populations. A population altered due to stocking might need future stocking to cease altogether and further development of ways to remove *O. mykiss* and hybrids from spawning tributaries as indicated by Host (2003). Alternatively, only sterile fish such as triploids may be stocked in order to aid in the recovery of depressed populations of WCT. Whereas in a population with sympatric populations of WCT and native *O. mykiss*, managers would first need to identify if any observed hybridization is natural or if it is due to anthropogenic influences. If observed hybridization is determined to be natural, then these populations should be monitored so factors that influence or drive these natural hybridization events can be elucidated and better understood. If observed hybridization is found to be the result of human influence, under current management philosophy, steps will have to be taken to correct and or reduce the incidence of hybridization where possible.

A goal of future research should be to gain a better understanding of population genetic structure of O. *mykiss* and WCT populations in sympatry. Overall, these data will provide a better understanding of how migrational movements and environmental conditions may affect the evolutionary legacy of these populations.

Acknowledgments

We would like to thank Steve Yundt, Joyce Faler, Nathan Jensen, Jeff Stephenson, Ben Cadwallader, Dale Allen, and his seasonal crew (Idaho Department of Fish and Game) for assistance with the project. The Idaho Department of Fish and Game and the Idaho Cooperative Fish and Wildlife Research Unit provided funding and support for this research.

References

Baker, J., P. Bentzen, and P. Moran. 2002. Molecular markers distinguish coastal cutthroat trout from coastal rainbow trout/steelhead and their hybrids. Transactions of the American Fisheries Society 131:404–417.

Behnke, R. J. 1992. Native trout of western North America. American Fisheries Society, Monograph 6, Bethesda, Maryland.

Bjornn, T. C., and J. Mallet. 1964. Movements of planted and wild trout in an Idaho river system. Transactions of the American Fisheries Society 93:70–76.

Campton, D. E. 1987. Natural hybridization and introgression in fishes: methods of detection and genetic interpretations. Pages 161–192 *in* N. Ryman and F. Utter, editors. Population genetics and fishery management. University of Washington Press, Seattle.

Campton, D. E., and F. M. Utter. 1985. Natural hybridization between steelhead trout (*Salmo gairdneri*) and coastal cutthroat trout (*Salmo clarki clarki*) in two Puget Sound streams. Canadian Journal of Fisheries and Aquatic Sciences 42:110–119.

Docker, M. F., A. Dale, and D. D. Heath. 2003. Erosion of interspecific reproductive barriers resulting from hatchery supplementation of rainbow trout sympatric with cutthroat trout. Molecular Ecology 12:3515–3521.

Faler, J., and M. S. Powell. 2003. Genetic analysis of Snake River sockeye, completion report. Bonneville Power Administration, Project 199009300, Portland, Oregon.

Hillis, D. M., B. K. Mable, A. Larson, S. K. Davis, and E. A. Zimmer. 1996. Nucleic acids IV: sequencing and cloning. Pages 321–381 *in* D. M. Hillis, C. Moritz, and B. K. Mable, editors. Molecular systematics, 2nd edition. Sinauer Associates, Sunderland, Massachusetts.

Host, S. A. 2003. Reducing introgression with the use of a barrier in tributaries of the South Fork of the Snake River, Idaho. Master of Science thesis. University of Idaho, Moscow.

Howell, P., P. Spruell, and R. Leary. 2003. Information regarding the origin and genetic characteristics of westslope cutthroat trout in Oregon and central Washington. Progress report to USFWS for status review, University of Montana, Missoula.

Hubbs, C. L. 1955. Hybridization between fish species in nature. Systematic Zoology 4:1–20.

Huston, J. 1988. Montana Department of Fish, Wildlife, and Parks, Fisheries Division, Job Progress Report. Northwest Montana Coldwater Stream Investigations, Species of Special Concern Segment, F-46-R-1, Kalispell, Montana.

LaBar, G. W., and T. Frew. 2004. Using a fish-stocking database to demonstrate temporal changes in stocking patterns. Pages 113–118 *in* M. Nickum, P. Mazik, J. Nickum, and D. MacKinlay, editors. Propagated fish in resource management. American Fisheries Society, Symposium 44, Bethesda, Maryland.

Leary, R. F., F. W. Allendorf, and G. K. Sage. 1995. Hybridization and introgression between introduced and native fish. Pages 91–101 *in* H. L. Schramm and R. G. Piper, editors. Uses and effects of cultured fishes in aquatic ecosystems. American Fisheries Society, Bethesda, Maryland.

Ostberg, C. O., and R. J. Rodriguez. 2002. Novel molecular markers differentiate *Oncorhynchus mykiss* (rainbow trout and steelhead) and the *O. clarki* (cutthroat trout) subspecies. Molecular Ecology Notes 2:197–202.

Raymond, M., and F. Rousset. 1995. GENEPOP, version 1.2: population genetics software for exact tests and ecumenicism. Journal of Heredity 83:248–249.

Redenbach, Z., and E. B. Taylor. 2002. Evidence for historical introgression along a contact zone between two species of char (*Pisces: Salmonidae*) in northwestern north America. Evolution 56(5):1021–1035.

Sage, G. K., R. F. Leary, and F. W. Allendorf. 1992. Genetic analysis of 45 trout populations in the Yaak River drainage, Montana. University of Montana Population Genetics Laboratory Report 92/3, Missoula.

Schmetterling, D. A. 2001. Seasonal movements of fluvial westslope cutthroat trout in the Blackfoot River drainage, Montana. North American Journal of Fisheries Management 21:507–520.

Shepard, B. B., B. Sanborn, L. Ulmer, and D. C. Lee. 1997. Status and risk of extinction for westslope cutthroat trout in the upper Missouri basin, Montana. North American Journal of Fisheries Management 17:1158–1172.

Trotter, P. C. 1989. Coastal cutthroat trout: a life history compendium. Transactions of the American Fisheries Society 118:463–473.

UDWR (Utah Division of Wildlife Resources). 2000. Cutthroat trout management: a position paper. Utah Division of Wildlife Resources, Salt Lake City.

USFWS (U.S. Fish and Wildlife Service). 1999. Status review for westslope cutthroat trout in the United States. United States Department of Interior, U.S. Fish and Wildlife Service, Region 1 and 6, Portland, Oregon and Denver.

U.S. Office of the Federal Register. 2002. Endangered and threatened wildlife and plants: notice of intent to prepare a status review for the westslope cutthroat trout. Federal Register 67:170(3 September 2002):56257.

U.S. Office of the Federal Register. 2003. Endangered and threatened wildlife and plants: reconsideration finding for an amended petition to list the westslope cutthroat as threatened throughout its range. Federal Register 68:152(7 August 2003):46989.

Weigel, D. E., J. T. Peterson, and P. Spruell. 2003. Introgressive hybridization between native cutthroat trout and introduced rainbow trout. Ecological Applications 13(1):38–50.

Young, W. P., C. O. Ostberg, P. Keim, and G. H. Thorgaard. 2001. Genetic characterization of hybridization and introgression between anadromous rainbow trout (*Oncorhynchus mykiss*) and coastal cutthroat trout (*O. clarki clarki*). Molecular Ecology 10:921–930.

American Fisheries Society Symposium 44:515–525, 2004

Stable Isotopic Composition of Otoliths from Hatchery and Wild Chinook Salmon in Makah Bay, Washington

YONGWEN GAO,[1] RUSSELL SVEC, STEVE JONER, AND JOE HINTON
Makah Fisheries Management, Post Office Box 115, Neah Bay, Washington 98357, USA

DAVE ZAJAC
U.S. Fish and Wildlife Service, Aquatic Resources Division
510 Desmond Drive Southeast, Lacey, Washington 98503-1273, USA

Abstract.—Chinook salmon *Oncorhynchus tshawytscha* is an important species to the Makah Indian Tribe of Washington. To examine the stock structure and identify their natal sources, 38 Chinook salmon otoliths from Makah Bay and 10 otoliths each from the brood returns of the Hoko Hatchery and the Makah National Hatchery were collected and analyzed for stable isotope ratios ($\delta^{18}O$ and $\delta^{13}C$). The $\delta^{18}O$ values of the Makah Bay Chinook salmon otoliths ranged from –8.2‰ to +1.2‰ Vienna Peedee belemnite (VPDB), while the $\delta^{13}C$ values from the same otoliths ranged from –11.8‰ to –3.0‰ VPDB. In contrast, the isotopic compositions of otoliths from the two hatcheries were not significantly different from each other (*t*-test, $p = 0.33$ for $\delta^{18}O$ and $p = 0.46$ for $\delta^{13}C$) and were within the range of otoliths of the Makah Bay mixed catch. Because the nucleus of otoliths corresponded to the starting time of fish life history, isotopic signatures from otolith nuclei indicate the different natal sources of hatchery and wild Chinook salmon. We estimated that 85% of Makah Bay Chinook salmon were hatchery-released and about 15% were of a wild origin. Furthermore, stable isotopic variations extracted from otolith annuli of seven representative fish showed a similar pattern on Chinook salmon's life history and were consistent with the previous isotopic studies on otoliths of sockeye salmon *O. nerka*. Thus, we concluded that stable isotopic composition of Chinook salmon otoliths might be a powerful tool for stock discrimination and a useful means for identifying the relative proportions of hatchery-released and wild salmonids.

Introduction

Chinook salmon *Oncorhynchus tshawytscha* have an anadromous and semelparous life history (Healey 1991) and support important commercial and recreational fisheries for the Makah Indian Tribe, state of Washington. In 2001, the total allowable catch among coastal tribes was 38,000 individual fish. As part of an effort to enhance the abundance of adults to harvest, a large number of hatchery-incubated Chinook salmon smolts have been released into local rivers. Two hatcheries in the area, the Hoko Hatchery (HK) and Makah National Hatchery (NH), release Chinook salmon subyearlings on a regular basis. Little is known about the survival of these hatchery fish (Levings et al. 1986), and little attention has been paid to the carrying capacity of the river estuaries (Beamish et al. 1995). Every fall, returning Chinook salmon gather in Makah Bay (Figure 1) during the spawning migration. Makah Fisheries Management (MFM) is a co-manager working with the federal and state agencies to manage these resources. With detailed information accumulated from hatcheries it is of interest to understand the stock structure of Chinook salmon for the bay.

Stable isotopic ratio ($^{18}O/^{16}O$ or $\delta^{18}O$, and $^{13}C/^{12}C$ or $\delta^{13}C$) analysis in otoliths has provided a solid chemical means for stock identification in stock structure studies. Examples from areas near Makah Bay were reported by Gao and Beamish (1999) for discrimination of sockeye salmon *O. nerka* population coastwide, by Luedke and Gao (2001) for stock discrimination within three closely related sockeye salmon

[1] E-mail: gaoy@olypen.com

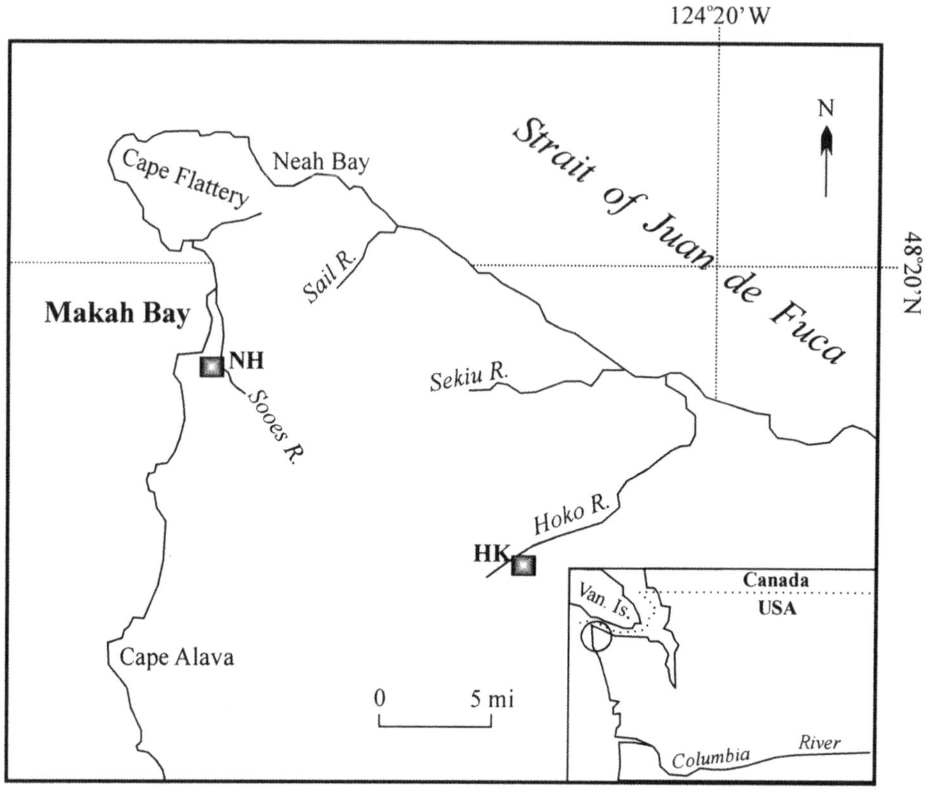

Figure 1. Location map showing the Makah Bay area of Washington State.

spawning lakes on the southwest Vancouver Island, and by Gao et al. (2001) for Pacific herring *Clupea pallasi* spawning ground discrimination in Puget Sound. The basic principle is that otoliths are formed in, or very close to, oxygen isotopic equilibrium with the ambient waters where the fish lived, and retain excellent $\delta^{18}O$ records of the environmental fluctuations (e.g., Nelson et al. 1989; Kalish 1991; Patterson et al. 1993). Carbon isotope ratios ($\delta^{13}C$) in otoliths, in contrast, record changes in maturation of the fish and in dietary shifts (e.g., Mulcahy et al. 1979; Fry 1988; Schwarcz et al. 1998). Therefore, combination of $\delta^{18}O$ and $\delta^{13}C$ records of otoliths can provide specific information about habitat alterations, water temperature, migration, and decadal-scale marine environmental changes experienced by individual fish. Evidence from otoliths was used to determine that the collapse of Atlantic cod *Gadus morhua* fisheries in Atlantic Canada could be attributed to regime shifts (Gao 2002) and to establish that there were pronounced, climate-related trends in the production of Pacific salmon and Pacific halibut *Hippoglossus stenolepis* in the northeast Pacific (e.g., Beamish and Bouillon 1993; Mantua et al. 1997; Gao and Beamish 2003a).

Otoliths are laminated calcium carbonate structures located in the inner ear of teleost fish (Carlstrom 1963). A feature of 1 year's otolith growth is generally represented by a sequence of alternating opaque and translucent concentric zones. The opaque zones are deposited in the rapid growth summer season, whereas the translucent zones are deposited in the slow growth period of winter (Blacker 1974). Pannella (1971) found that the number of rings in otoliths corresponded exactly to the days in a year as the fish grow. This finding offered a means of age determination for larval stages of fish life history (Brothers et al. 1976). The information on daily growth increments offers a means for detailed retrieval studies on environmental fluctuations.

Among the five salmon species (genus *Oncorhynchus*) in the North Pacific, sagittal otoliths of Chinook salmon are the largest and have distinct growth rings on their surface. Previous otolith studies showed that the microstructure of juvenile Chinook salmon is related to environmental factors (Zhang et al. 1995). Otolith thermal-marking techniques, which examine the artificial rings of otolith microstructure, have been proven as a management tool in salmon fisheries (Volk et al. 1999). These physical uses of otoliths, however, are based primarily on a visible difference in patterns of daily increments between hatchery and wild salmon, and are limited largely to examining otoliths of smolts or juveniles (Neilson et al. 1985; Volk et al. 1990; Zhang and Beamish 2000). Stable isotopic analyses allow us to extract information from otoliths at any temporal scale (annual, seasonal, and daily) and are suitable for our attempt to investigate the stock structure of the Makah Bay Chinook salmon.

In this paper, we report the results of stable isotopic analysis from otoliths of Chinook salmon caught in Makah Bay and otoliths of Chinook salmon brood returns from hatcheries. Our goal for the project was twofold. First, we examined the isotopic composition of otoliths from the two hatcheries and compared them with those from the Makah Bay mixed catch. In particular, we are interested in knowing how many Chinook salmon in Makah Bay are hatchery-released and how to identify them in a mixed catch in the area. It was expected that the isotopic variations should be consistent and would overlap with each other. Second, we examined the life history of the Makah Bay Chinook salmon from the annulus of seven representative otoliths to see whether or not the isotopic variation patterns were consistent with previous studies on otoliths of sockeye salmon in the nearby areas (Gao and Beamish 1999).

Methods

Thirty-eight Chinook salmon were caught in Makah Bay during the MFM field survey conducted on August 19–24, 2000. Gill nets were used throughout the survey, and the fishing depth was from 2 to 8 m. Because samples of wild Chinook salmon in Sooes River (Figure 1) were not available during the study, we had to use otoliths of hatchery reared fish as a standard. Thus, 10 Chinook salmon brood returns each from the HK hatchery and the NH hatchery were sampled in the same season for comparison (Table 1). Sagittal otoliths were taken from each fish during the field sampling and were preserved in a small tube filled with ethanol.

Table 1. Summary of hatchery Chinook salmon and the isotopic composition from otolith nuclei.

No.	Date	Sex	FL (cm)	Age (years)	$\delta^{13}C$ (‰)	$\delta^{18}O$ (‰)
Hoko Hatchery:						
1	11/10/00	M	80	4	−7.08	−2.84
2	10/19/00	F	92	5	−5.44	−1.61
3	11/16/00	M	47	3	−8.11	−5.39
4	10/19/00	M	82	5	−6.55	−3.04
5	11/16/00	F	47	4	−8.54	−5.87
6	11/16/00	M	75	5	−7.25	−4.64
7	10/25/00	M	70	4	−8.33	−4.15
8	10/19/00	M	93	6 (?)	−6.02	−2.17
15	10/19/00	F	89	5	−5.36	−1.11
16	11/16/00	M	88	5	−7.84	−4.89
Makah National Hatchery:						
3	10/31/00		56	4	−6.27	−3.50
10	10/31/00		83	6 (?)	−6.23	−3.06
22[a]	10/31/00		73	4		
27	10/31/00		62	4	−6.08	−1.72
32	10/31/00		92	5	−8.41	−4.17
34	10/31/00		69	4	−6.61	−2.29
40	10/31/00		89	5	−5.98	−2.27
42	10/31/00		77	5	−5.68	−1.87
44	10/31/00		75	5	−5.76	−2.58
49	10/31/00		66	4	−7.79	−4.00

[a] The sample was lost during mass spectrometer processing.

In the laboratory, otolith samples were cleaned in a supersonic water bath for about 15 min and then immersed into a small transparent vessel filled with water and read for aging with a Discovery Series 9074ZH Stereo Zoom Microscope. Age was determined by the average of annual zones of the right and left piece in the sagittal otolith pair (reading twice). After slight polishing, one otolith randomly selected from each pair was rinsed with ethanol and dried naturally prior to resin preparation.

Selected otoliths were placed in a mold consisting of an aluminum base and strips with reference lines, similar to molds used in groundfish otolith studies (Gao and Beamish 2003a). The embedding medium we used was a common fiberglass resin and black pigment. The mold was placed on a smooth surface in a fume hood and filled with one-third of the total mold volume so as to allow otoliths to be positioned. After positioning all otoliths a final layer of resin was poured and allowed to harden overnight. Hardened blocks were removed from the mold and inverted to reveal cutting lines. Sections were made using a MV-600C Met-Cut machine, with variable speed and sliding weight control. In general, sections can be produced without shattering, to a minimum thickness of 0.5 mm. The sections were cut into rectangles measuring about $15 \times 10 \times 5$ mm^3 for convenience in polishing individual otoliths. Each otolith section was polished using an ECOMET 3 variable speed grinder-polisher with 240/400/600/2400 self-adhesive papers.

Microsampling was conducted using the Dremel method described by Gao (1999). One aragonite powder sample was taken from the nucleus of each otolith, assuming this to represent the first season of Chinook salmon growth. The other samples were taken from the annulus of seven representative otoliths randomly selected from the MFM survey. The former sampling was to determine the natal sources of adult Chinook salmon, and the latter was to determine the annual variations over the life history of the fish. At least 50 mg of aragonite material were extracted for stable isotope analysis. Once a sample was taken, the powder was carefully tapped onto an aluminum foil and put into a metal cup. The otolith section and the sampling bit were cleaned using a pure Aero-Duster gas.

The aragonite powder samples were analyzed in the Stable Isotope Laboratory at the University of Michigan, Ann Arbor, using a Finnigan MAT Kiel preparation device that is coupled directly to the inlet of a Finnigan MAT 251 triple-collector gas-ratio mass spectrometer. All the measurements were reported in the standard δ notation (‰): $\delta^{18}O = \{[(^{18}O/^{16}O)_A/(^{18}O/^{16}O)_S] - 1\} \times 1{,}000$, for instance, where A is the aragonite sample and S is the standard (Vienna Peedee belemnite [VPDB]). Calibration of isotopic enrichments to the VPDB standard is based on daily analysis of NBS-19 powdered carbonate and the analytical precision is better than 0.08‰ for both carbon and oxygen isotopes.

Results

The $\delta^{18}O$ values of sagittal otoliths of the Makah Bay Chinook salmon ranged from −8.2‰ to +1.2‰ VPDB, while $\delta^{13}C$ values of the same otoliths ranged from −11.8‰ to −3.0‰ VPDB. In contrast to Makah Bay fish, isotopic values of the HK Chinook salmon otoliths ranged from −5.9‰ to +0.9‰ VPDB in $\delta^{18}O$ and from −8.5‰ to −2.3‰ VPDB in $\delta^{13}C$, whereas those of NH Chinook salmon ranged from −8.2‰ to +1.0‰ VPDB in $\delta^{18}O$ and from −10.4‰ to −3.2‰ VPDB in $\delta^{13}C$, respectively. The isotopic compositions of otoliths of fish from the two hatcheries were not significantly different (t-test, $p = 0.33$ for $\delta^{18}O$, and $p = 0.46$ for $\delta^{13}C$) and were within the range of the Makah Bay fish. The age of all fish sampled ranged from 2 to 6 years, with the majority at age 5.

Isotope values for otolith nuclei from hatchery reared Chinook salmon (Table 1) ranged from −6‰ to −1‰ VPDB in $\delta^{18}O$ and from −9‰ to −5‰ VPDB in $\delta^{13}C$ (Figure 2), although the isotopic range of the HK otoliths was a little lower than that of the NH samples. Because the increments in otolith nuclei corresponded to the starting time of fish life history (Zhang et al. 1995), the isotopic signatures reflect the natal sources of the hatchery-released Chinook salmon and could be used to set an isotopic standard for the hatchery-reared fish. Thirty-three of 38 Makah Bay Chinook salmon otolith nuclei data points overlapped within the hatchery standard (Figure 3). The five samples that were exceptions, either higher or lower than the hatchery standard, came from a natal source that was different from those of hatchery-reared fish, probably from wild stock. Based on isotopic criteria and understanding, we estimated that, in Makah Bay, about 85% of Chinook salmon were originally from hatchery release and the remaining 15% were of wild origin. The otolith nuclei formed in the first year of growth (Figure 4), corresponding to 1996 and 1997 calendar years, displayed two groups within the seven representative otolith samples.

As the subyearling Chinook salmon grew, their isotopic signatures appeared to increase gradually from

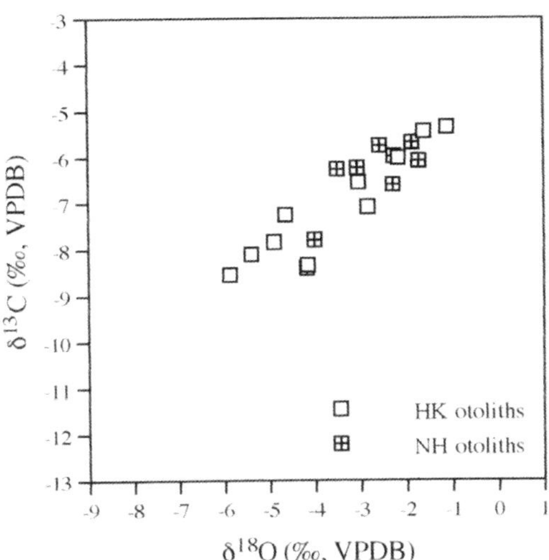

Figure 2. Isotopic variations from the nucleus of otoliths from the Hoko and Makah National Hatchery.

low to higher values. To test this observation, we analyzed otoliths of age-1 (i.e., samples taken throughout the first annulus of otolith zones) and age-2 (samples taken from the second annulus of otolith zones) fish for comparison. Based on the samples examined, the isotopic values of age-2 fish were much higher than those of age-1 fish, varying along the 45° of the $\delta^{18}O$ and $\delta^{13}C$ correlation (Figure 5). The mechanism and meanings of these isotopic variations are poorly understood. However, compared to the results of previous studies on sockeye salmon otoliths (Gao and Beamish 1999), the increase in $\delta^{18}O$ indicated that the 45° direction would represent the trend for the downstream migration of Chinook salmon subyearlings and the increase in δ^{13} C would indicate that the food levels from age-1 to age-2 Chinook salmon were elevated.

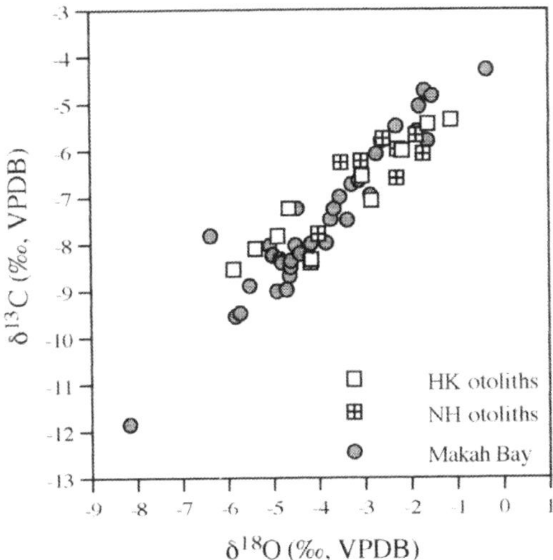

Figure 3. Isotopic comparison between otolith nuclei of the Makah Bay Chinook salmon and those from the two hatcheries.

Data from the analyses of otolith annuli from seven Makah Bay Chinook salmon showed a similar pattern of life history. These isotopic variations were consistent with those of sockeye salmon otoliths from the Adams River of the Fraser River watershed (Gao and Beamish 1999). The $\delta^{18}O$ values of Chinook salmon varied from –6.5‰ to –3.0‰ VPDB in the first year and increased quickly to a stable range of 0‰ to +1.0‰ VPDB after age 2 (Figure 6). Similar isotopic patterns and variations were seen in $\delta^{13}C$ values (Figure 7). Nevertheless, both $\delta^{18}O$ and $\delta^{13}C$ values of the Adams River sockeye salmon were lower than those of the Makah Bay Chinook salmon, indicating a possible difference in either living environment or diet during the natal development for the two populations. The similar isotopic variations after age 2 might reflect similar marine conditions for the two salmon species offshore or in the open ocean (Healey 1991).

Discussion

The spawning beds of Chinook salmon can be in locations ranging from a few kilometers upstream from the ocean to more than 1,000 km (Healey 1991). In general, ocean-type Chinook salmon migrate to brackish waters as small subyearlings. In mixed populations the potential for competition between hatchery-released and wild fish in estuaries is high (Fisher and Pearcy 1995). Indications of differences between wild and hatchery-released Chinook salmon have been seen in daily growth increments; the wild fish otoliths are often narrower and more irregular in width and contrast than those of hatchery-reared fish (Zhang and Beamish 2000). From the isotopic composition of otolith nuclei, we distinguished two stocks of the Makah Bay Chinook salmon, corresponding to hatchery and wild origins. Although the rate of 85% versus 15% for the two types of fish was an estimate, the closely overlapped isotopic variations between the HK and NH hatchery Chinook salmon and a separation from the Makah Bay fish suggested that there must be two different types of fish with different natal sources

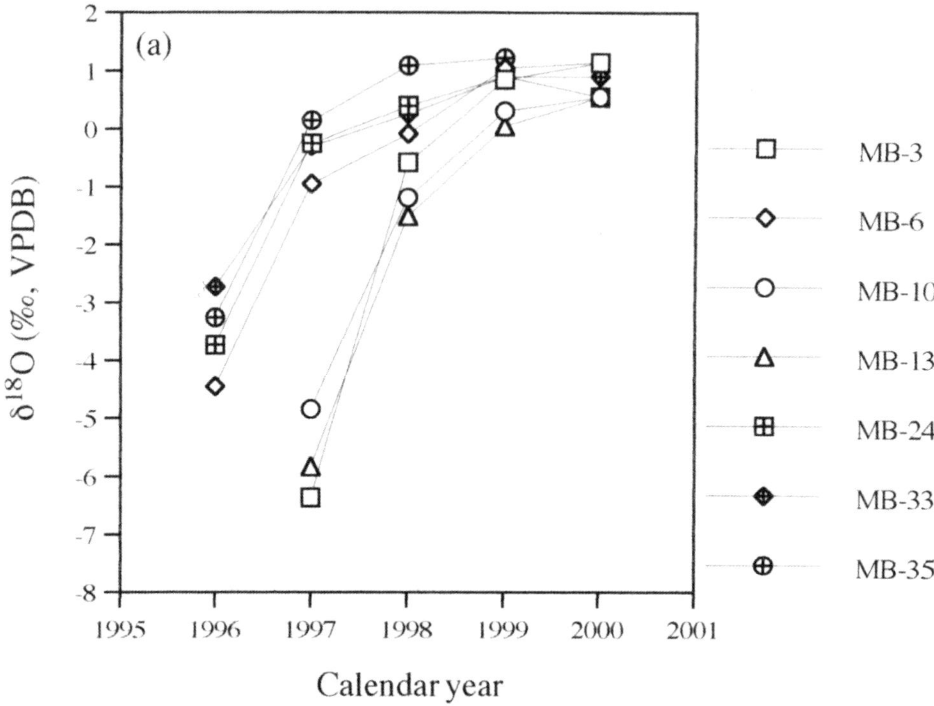

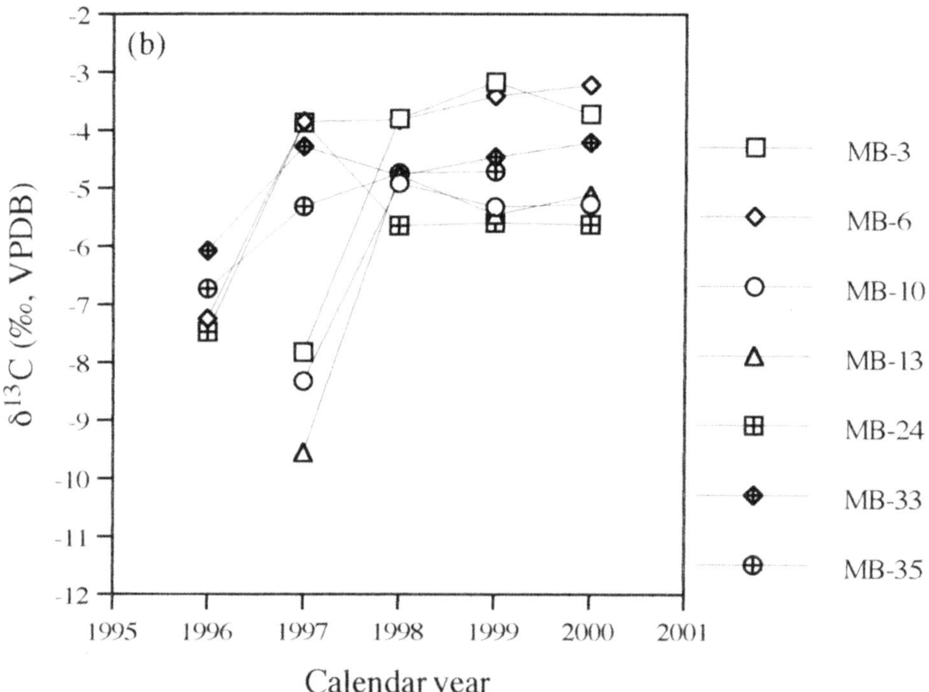

Figure 4. Oxygen (a) and carbon (b) isotopic composition of seven representative Chinook salmon otoliths from Makah Bay, showing two groups of isotopic variation in 1996 and 1997 brood years.

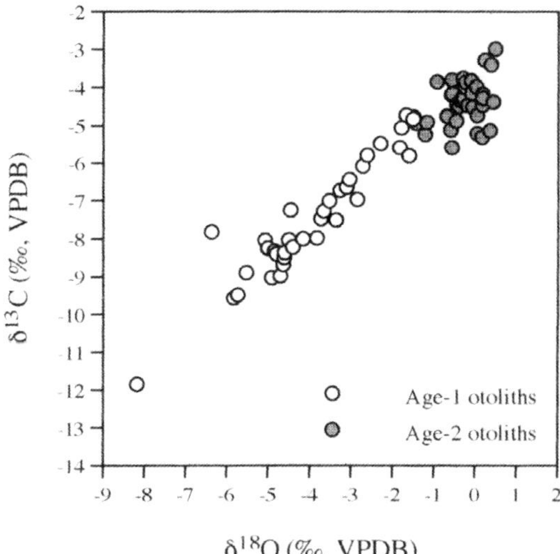

Figure 5. The relationship between isotopic variation and Chinook salmon growth, corresponding to the downstream migration from subyearling smolts to juveniles in estuaries.

and development. Studies of other salmon and marine fish species in the area (Gao et al. 2001; Luedke and Gao 2001; Gao and Beamish 2003b) showed that stable isotope ratios in otoliths can be used as a chemical tool to identify spawning stocks and migration patterns. The criteria require that there must be detectable differences in physical and biological characteristics between the spawning grounds and living environments, such as water temperature, salinity, chemical components, nutrient loading, and productive status of the different water systems. Zhang and Beamish (2000) reported that the percentages of hatchery-released Chinook salmon in the Strait of Georgia at the end of 1995 and 1996 year were 63.2% and 80.8%, respectively. Genetic data showed that a geographic basis for population structure is apparent for Chinook salmon, but the mean values for hatchery reared and wild fish (heterozygosity-hatchery 0.137, wild 0.132; alleles per locus-hatchery 1.74, wild 1.68) are not significantly different (Utter et al. 1989). Our isotopic results and interpretations appear to be in agreement with these previous studies.

What was surprising to us in our data, however, was that the isotopic differences between the 1996 and 1997 calendar year are related to natal sources or brood years (see Figure 4). Gao and Beamish (1999) noticed a gradual increase of $\delta^{13}C$ from 1995 to 1997, but a 0.6–0.8‰ shift in $\delta^{18}O$ in the ocean portion of otoliths of sockeye salmon. It is not known why the isotopic values in 1996 were distinctly higher than those of 1997. Possible linkages of these isotopic differences to some spawning or release changes in the local hatcheries have not been determined. However, the observation could indicate that some environmental and/or dietary changes in the Makah Bay Chinook salmon occurred during those calendar years. Consequently, the proportion of hatchery and wild Chinook salmon might vary substantially from year to year in the same system (Zhang and Beamish 2000).

Despite variations in size at seaward migration and in length of estuarine adaptation, Chinook salmon show a clear pattern of life history from freshwater to marine. The pattern was best illustrated by stable oxygen isotopic variation of Chinook salmon otoliths because the $\delta^{18}O$ values between freshwater (generally around −10‰ VPDB) and marine (around 0‰ VPDB; Craig 1961) are significantly different. Thus, the higher $\delta^{18}O$ and $\delta^{13}C$ values in the first annulus of Chinook salmon otoliths compared to those of sockeye salmon suggest that the spawning and nursery conditions between the two salmon species are distinctly different. Typically, sockeye salmon spawn in rivers and remain in lakes from 1 to 2 years before starting seaward migration (Foerster 1968); therefore, the lower isotopic values reflect exactly their life history (Figures 6 and 7). The close isotopic variations in $\delta^{18}O$ values from 0.5‰ to 1‰ VPDB after entering the sea, on the other hand, indicated that Chinook and sockeye salmon intermingle with each other over the span of their marine life. These conclusions agree well with the results of biological observations. Healey and Groot (1987) reported that wild and hatchery-released Chinook salmon from the east and west coasts of Vancouver Island have similar oceanic distributions. Overall, stable isotopic records show that the Makah Bay Chinook salmon belong to ocean-type.

The distinct isotopic increase between age-1 and age-2 Chinook salmon may correspond to their growth from fingerlings to smolts during the rapid downstream migration (Healey 1991). At age 2, most Chinook salmon entered the ocean and started the marine life phase and their $\delta^{18}O$ values increased to 0‰ VPDB. If we compare the isotopic variations between $\delta^{18}O$ and $\delta^{13}C$, it appears that the scale of $\delta^{13}C$ variation is a little larger than that of $\delta^{18}O$, indicating that the diet between age 1–2 Chinook salmon greatly shifted. According to Healey (1991), the principal foods of Chinook salmon while in freshwater are larval and adult insects. As they become larger in size and begin to inhabit deeper waters and estuaries, they tend to consume larger organisms and even juvenile fishes. Thus,

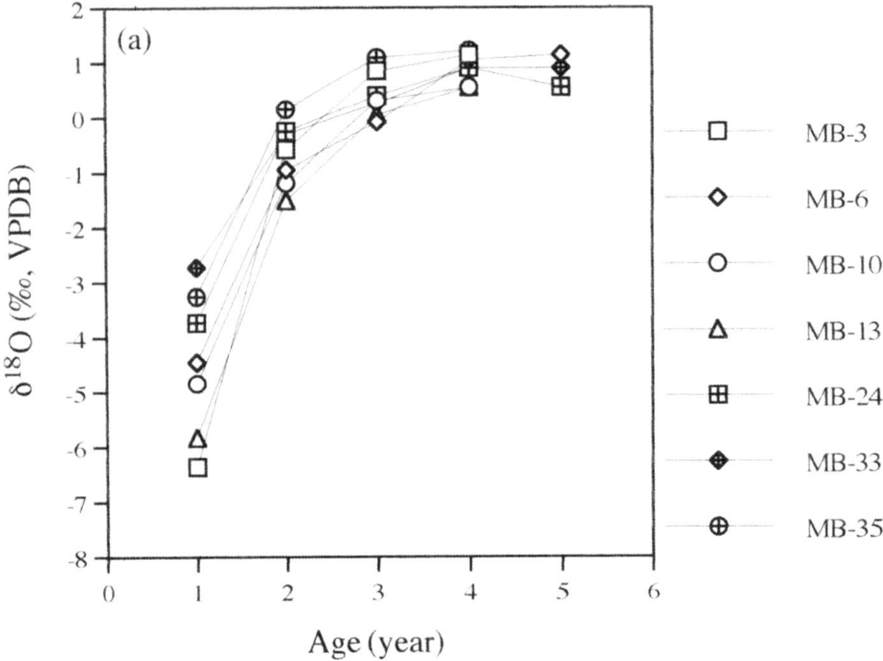

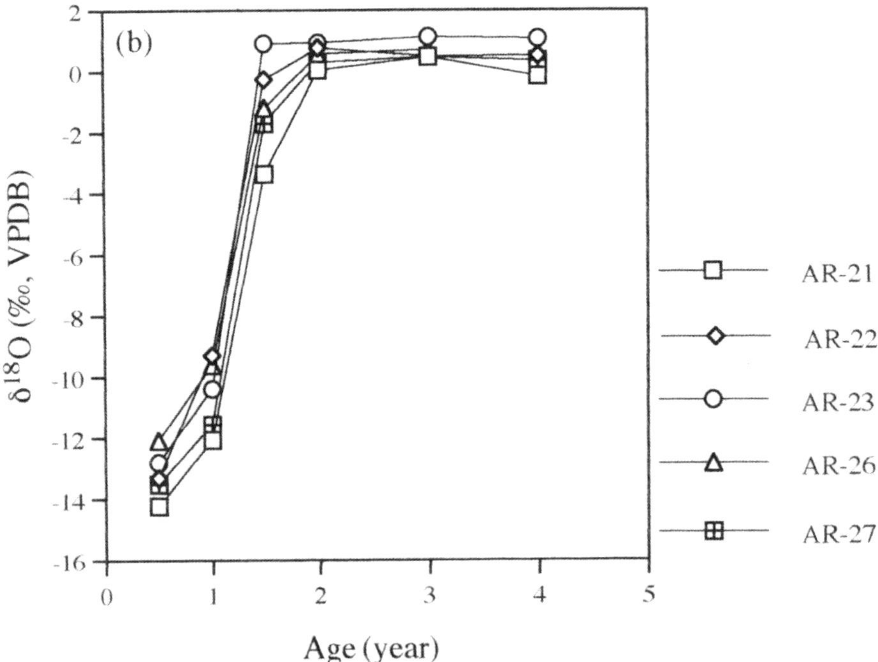

Figure 6. The lifetime $\delta^{18}O$ isotopic variation of Chinook salmon (a) and sockeye salmon (b), showing similar patterns and features of an anadromous life history.

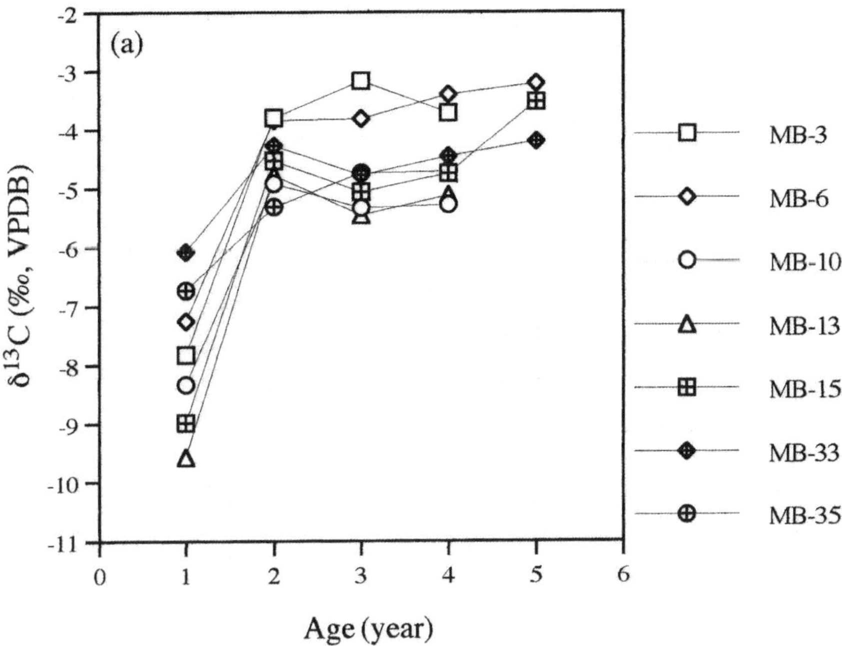

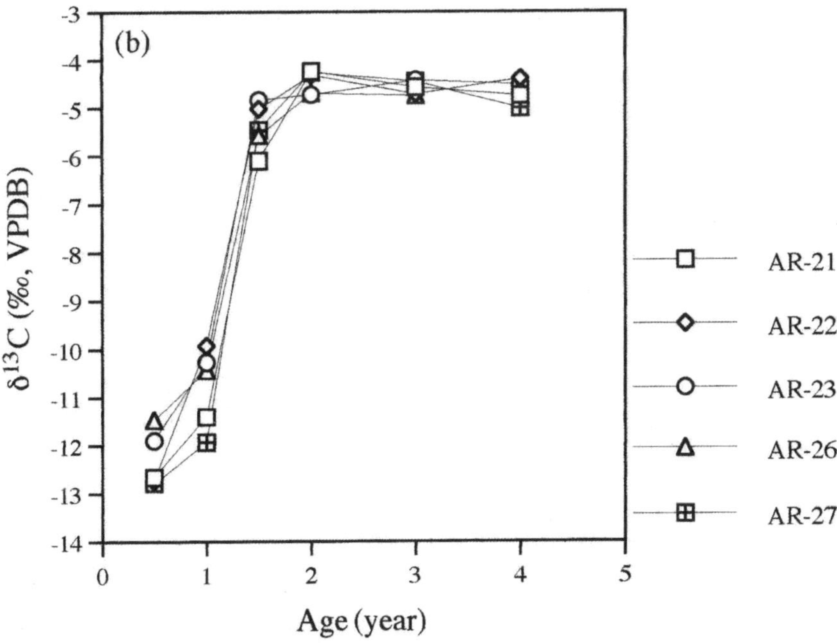

Figure 7. The $\delta^{13}C$ variation and the patterns over the life history of Chinook salmon (a) and sockeye salmon (b).

the $\delta^{13}C$ values of Chinook salmon after age 2 are much broader than those of sockeye salmon, reflecting the fact that the trophic levels of Chinook salmon are higher than those of sockeye salmon. This isotopic interpretation is in agreement with results from salmon trophic hierarchy analysis (Welch and Parsons 1993) and observations on diet differences between hatchery-reared and wild Chinook salmon in estuaries (Levings et al. 1986).

In conclusion, stable isotopic ratio analysis provided a chemical means for stock identification and fish migration tracking. For Chinook salmon from Makah Bay, we recognized two types of fish that originated from different natal sources and development. The majority (about 85%) of the Makah Bay Chinook salmon were from the local hatcheries, while about 15% of the fish were of wild origin. This study and the information represent a beginning effort, but will be useful in the Makah Bay Chinook salmon management, determining the effects of continued hatchery releases, and in regional development of salmon enhancement programs.

Acknowledgments

This project could not have been done without the interest and support of Makah Tribal Council. Many staff members and individuals at Makah Fisheries Management helped us during the sample collection and preparation. We especially thank Wayne Johnson for catching Chinook salmon for otolith samples during the survey and Larry Murner, Larry Cooke, Lance Wilke, and Lyda Shaw for technical support. We are grateful to Lora Wingate at the Stable Isotope Laboratory, University of Michigan at Ann Arbor, for her assistance with processing otolith samples. Caroline Peterschmidt at Makah Fisheries Management kindly reviewed an early draft paper that improved the quality of the manuscript.

References

Beamish, R. J., and D. R. Bouillon. 1993. Pacific salmon production trends in relation to climate. Canadian Journal of Fisheries and Aquatic Sciences 50:1002–1016.

Beamish, R. J., B. E. Riddell, C. M. Neville, B. L. Thompson, and Z. Zhang. 1995. Declines in chinook salmon catches in the Strait of Georgia in relation to shifts in the marine environment. Fisheries Oceanography 4:243–256.

Blacker, R. W. 1974. Recent advances in otolith studies. Pages 67–90 *in* F. R. H. Jones, editor. Sea fisheries research. Wiley, New York.

Brothers, E. B., C. P. Mathews, and R. Lasker. 1976. Daily growth increments in otoliths from larval and adult fishes. Fishery Bulletin 74:1–8.

Carlstrom, D. 1963. A crystallographic study of vertebrate otoliths. Biological Bulletin 124:441–463.

Craig, H. 1961. Standard for reporting concentrations of deuterium and oxygen-18 in natural waters. Science 133:1833–1834.

Fisher, J. P., and W. G. Pearcy. 1995. Distribution, migration, and growth of juvenile chinook salmon, *Oncorhynchus tshawytscha*, off Oregon and Washington. Fishery Bulletin 93:274–289.

Foerster, R. E. 1968. The sockeye salmon, *Oncorhynchus nerka*. Bulletin of Fisheries Research Board of Canada No. 162.

Fry, B. 1988. Food web structure on Georges Bank from stable C, N, and S isotopic compositions. Limnology and Oceanography 33:1182–1190.

Gao, Y. W. 1999. Microsampling of fish otoliths: a comparison between DM 2800 and Dremel in stable isotope analysis. Environmental Biology of Fishes 55:443–448.

Gao, Y. W. 2002. Regime shift signatures from stable oxygen isotopic records of otoliths of Atlantic cod (*Gadus morhua*). Isotopes in Environmental and Health Studies 38:251–263.

Gao, Y. W., and R. J. Beamish. 1999. Isotopic composition of otoliths as a chemical tracer in population identification of sockeye salmon (*Oncorhynchus nerka*). Canadian Journal of Fisheries and Aquatic Sciences 56:2062–2068.

Gao, Y. W., and R. J. Beamish. 2003a. Stable isotope variations in otoliths of Pacific halibut (*Hippoglossus stenolepis*) and indications of the possible 1990 regime shift. Fisheries Research 60:393–404.

Gao, Y. W., and R. J. Beamish. 2003b. Stable isotopic composition of otoliths from tagged Pacific halibut, *Hippoglossus stenolepis*. Environmental Biology of Fishes 67:253–261.

Gao, Y. W., S. H. Joner, and G. G. Bargmann. 2001. Stable isotopic composition of otoliths in identification of spawning stocks of Pacific herring (*Clupea pallasi*) in Puget Sound. Canadian Journal of Fisheries and Aquatic Sciences 58:2113–2120.

Healey, M. C. 1991. Life history of chinook salmon (*Oncorhynchus tshawytscha*). Pages 311–393 *in* C. Groot and L. Margolis, editors. Pacific salmon life histories. University of British Columbia Press, Vancouver.

Healey, M. C., and C. Groot. 1987. Marine migration and orientation of ocean-type chinook and sockeye salmon. Pages 298–312 *in* M. J. Dadswell, R. J.

Klanda, C. M. Moffitt, R. L. Saunders, R. A. Rulifson and J. E. Cooper, editors. Common strategies of anadromous and catadromous fishes. American Fisheries Society, Symposium 1, Bethesda, Maryland.

Kalish, J. M. 1991. Oxygen and carbon stable isotopes in the otoliths of wild and laboratory reared Australian salmon (*Arripis trutta*). Marine Biology 110:37–47.

Levings, C. D., C. D. McAllister, and B. D. Chang. 1986. Differential use of the Campbell River Estuary, British Columbia, by wild and hatchery-reared juvenile chinook salmon (*Oncorhynchus tshawytscha*). Canadian Journal of Fisheries and Aquatic Sciences 43:1386–1397.

Luedke, W., and Y. W. Gao. 2001. Development of a new stock discrimination tool for naturally spawning sockeye salmon within Alberni Inlet from stable isotopic composition of otoliths. North Pacific Anadromous Fish Commission Technical Report 3:11–12.

Mantua, N. J., S. R. Hare, Y. Zhang, J. M. Wallace, and R. C. Francis. 1997. A pacific interdecadal climate oscillation with impacts on salmon production. Bulletin of the American Meteorological Society 78:1069–1079.

Mulcahy, S. A., J. S. Killingley, C. F. Phleger, and W. H. Berger. 1979. Isotopic composition of otoliths from a bentho-pelagic fish, *Coryphaenoides acrolepis*, Macrouridae: Gadiformes. Oceanologica Acta 2:423–427.

Neilson, J. D., G. H. Geen, and D. Bottom. 1985. Estuarine growth of juvenile chinook salmon (*Oncorhynchus tshawytscha*) as inferred from otolith microstructure. Canadian Journal of Fisheries and Aquatic Sciences 42:899–908.

Nelson, C. S., T. G. Northcote, and C. H. Hendy. 1989. Potential use of oxygen and carbon isotopic composition of otoliths to identify migratory and non-migratory stocks of the New Zealand common smelt: A pilot study. New Zealand Journal of Marine and Freshwater Research 23:337–344.

Pannella, G. 1971. Fish otoliths: daily growth layers and periodical patterns. Science 173:1124–1126.

Patterson, W. P., G. R. Smith, and K. C. Lohmann. 1993. Continental paleothermometry and seasonality using the isotopic composition of aragonitic otoliths of freshwater fishes. Pages 191–202 *in* P. Swart, K. C. Lohmann, J. McKenzie and S. Savin, editors. Climate change in continental isotopic records. Geophysical Monograph 78.

Schwarcz, H. P., Y. W. Gao, S. Campana, D. Browne, M. Knyf, and U. Brand. 1998. Stable carbon isotope variations in otoliths of cod (*Gadus morhua*). Canadian Journal of Fisheries and Aquatic Sciences 55:1798–1806.

Utter, F., G. Milner, G. Stahl, and D. Teel. 1989. Genetic population structure of chinook salmon (*Oncorhynchus tshawytscha*) in the Pacific northwest. Fishery Bulletin 87:239–264.

Volk, E. C., S. L. Schroder, and K. L. Fresh. 1990. Inducement of unique otolith banding patterns as a practical means to mass-mark juvenile Pacific salmon. Pages 203–215 *in* N. C. Parker, A. E. Giorgi, R. C. Heidinger, D. B. Jester, Jr., E. D. Prince, and G. A. Winans, editors. Fish-marking techniques. American Fisheries Society, Symposium 7, Bethesda, Maryland.

Volk, E. C., S. L. Schroder, and J. J. Grimm. 1999. Otolith thermal marking. Fisheries Research 43:205–219.

Welch, D. W., and T. R. Parsons. 1993. $\delta^{13}C$-$\delta^{15}N$ values as indicators of trophic position and competitive overlap for Pacific salmon (*Oncorhynchus* spp.) Fisheries Oceanography 2:11–23.

Zhang, Z., and R. J. Beamish. 2000. Use of otolith microstructure to study life history of juvenile Chinook salmon in the Strait of Georgia in 1995 and 1996. Fisheries Research 46:239–250.

Zhang, Z., R. J. Beamish, and B. E. Riddell. 1995. Differences in otolith microstructure between hatchery-reared and wild Chinook salmon (*Oncorhynchus tshawytscha*). Canadian Journal of Fisheries and Aquatic Sciences 52:344–352.

Fish Health Considerations

American Fisheries Society Symposium 44:529–537, 2004

Evaluating and Understanding Fish Health Risks and Their Consequences in Propagated and Free-Ranging Fish Populations

CHRISTINE M. MOFFITT[1]

USGS, Idaho Cooperative Fish and Wildlife Research Unit
Department of Fish and Wildlife Resources, University of Idaho
Moscow, Idaho 83844-1136, USA

ALF H. HAUKENES[2]

Department of Fish and Wildlife Resources, University of Idaho
Moscow, Idaho 83844-1136, USA

CHRISTOPHER J. WILLIAMS

Department of Statistics, University of Idaho, Moscow, Idaho 83844-1104, USA

Abstract.—Fishery managers and resource conservationists are increasingly interested in understanding the fish health and disease risks of free-ranging fishes and whether propagated fishes or features and practices used at fish culture facilities pose a health risk to free-ranging populations. Disease agents are present in most both captive and all free-ranging fish populations, but the consequences and extent of infections in free-ranging populations are often difficult to measure, control, and understand. Sampling methods, protocols, and assay techniques developed to assess the health of captive populations are not as applicable for assessments of free-ranging fishes. The use of chemicals and therapeutics to control diseases and parasites in propagated fishes likely reduces the risk of introducing specific pathogens into the environment, but control measures may have localized effects on the environment surrounding fish culture facilities. To understand health risks of propagated and free ranging fishes, we must consider fish populations, culture facilities, fish releases, and their interactions within the greater geospatial features of the aquatic environment.

Introduction: Quantifying Diseases in Free Ranging and Propagated Fish

In this paper, we review some of the challenges of measuring and interpreting the health status of propagated and free-ranging fish populations. We propose a framework to improve interpretations of the risks of disease and disease control in propagated and free-ranging fish populations.

We know much more about diseases and disease processes of fish held in captivity than in free-ranging fishes. The disease status of captive populations can be more readily monitored over time because individuals in the population are accessible. However, measuring and understanding the disease status of free-ranging populations, and measuring the impact of diseases in a population, are difficult as sick fish are often removed by predators, the populations are dispersed across space, and portions of the population may migrate to other areas bringing new diseases and parasites with them.

In propagated fishes, stresses associated with captivity and the close proximity of individuals in the rearing environment can increase the vulnerability of fish to infection and result in pathogen amplification and increased opportunities for disease transmission. On the other hand, in controlled rearing systems, water treatments and physical modifications can improve water quality and limit the exposure of propagated fish to other fish, invertebrates, or pathogens. Cov-

[1] E-mail: cmoffitt@uidaho.edu

[2] Present address: University of Alaska-Fairbanks, School of Fisheries and Ocean Sciences, Fishery Industrial Technology Center, Kodiak, Alaska 99615, USA

ered rearing containers can exclude predators and other biological or physical vectors that may transmit pathogens or serve as intermediate hosts. Biological, physical, and chemical control measures are often used in fish culture to modify water quality and to enhance resistance to infectious diseases and reduce pathogen loads and their effect on propagated fish (Winton 2001). Treatment of hatchery effluents containing chemicals, nutrients, and pathogens reduces the impact of culture systems on the receiving environment (Aitcheson et al. 2001; Boyd 2003; MacMillan et al. 2003; Tacon and Forster 2003).

Management decisions regarding the siting of fish culture facilities are often made with a goal of minimizing the risks of disease in the propaged fish species through water source and quality. Fish diseases are part of natural population dynamics (Coutant 1998), and studies have documented a variety of parasites, viral, fungal, and bacterial pathogens in free-ranging fishes (e.g., Yamamoto 1975; Grischkowsky and Amend 1976; Ellis et al. 1978; Deardorff and Kent 1989; Sakai et al. 1992; Mellergaard and Spanggaard 1997; Baldwin et al. 1998).

Stresses in any environment will increase the likelihood of disease to be expressed (Snieszko 1974; Wedemeyer 1996; Mesa et al. 2000). No population of free-ranging fishes can be considered free from the stress of human and habitat alterations associated with global climate change, effluents from human and industrial sewage and non point source discharges, harvest, alterations of flow regimes, and habitat (Rapport et al. 1982; Krishnakumar et al. 1999; Arkoosh et al. 2001; Harvell et al. 2002).

Interest in diseases in fish and wildlife populations has increased. Emerging diseases defined by Kiesecker et al. (2004) are those that have increased in incidence, virulence, or geographic range; have shifted hosts; or have recently evolved new strains. Diseases emerge when a new pathogen is introduced into a naïve host population or when an external factor somehow increases the vulnerability of current hosts.

Some exotic pathogens can produce serious health effects in both propagated and free ranging stocks (Naylor et al. 2001). Movement of water or fish can spread exotic pathogens (Lilley et al. 1997, 1998; Blazer et al. 1999; Goodwin 2002). Harvell et al. (1999) reviewed the disease outbreaks in the marine environment and illustrated new diseases emerging through host or range shifts of known pathogens. They associated these shifts with climate and human activities that accelerate global transport of species. Climate change poses many potential synergisms that could affect pathogen development, survival rates, transmission, and host susceptibility (Harvell et al. 2002).

It is likely that the spread of whirling disease, caused by *Myxobolus cerebralis*, was through planting of pathogen positive fish by management agencies or by unapproved releases of positive fish (Nehring and Walker 1996; Bartholomew and Reno 2002). With *Myxobolus cerebralis*, there are other habitat components that are independent of the fish host that can be affected by anthropogenic activities such as increased siltation, impounded waters, and other changes that change the host environment and pathogen relationships for native species and can multiply the risks of infections (Baldwin et al. 2000; Hiner and Moffitt 2002; Kerans and Zale 2002).

Infectious diseases within a population can be modeled with epidemiological models of a population, such as those presented by Anderson and May (1979) and May and Anderson (1979), to include dynamic processes for the number of susceptible, immune, and removed individuals (Reno 1998). Patterns of host density and distribution of asymptomatic carriers are critical limitations in these models. If there are intermediate hosts or vectors modeling disease relationships is more complex (Hiner and Moffitt 2002; Kerans and Zale 2002). The disease process in free-ranging populations has been modeled for the fungal parasite *Ichthyophonus hoferi* in the Atlantic herring (also known as North sea herring) *Clupea harengus* (Patterson 1996; Mellergaard and Spanggaard 1997), using inference from samples of fish populations and separating natural and parasite induced mortality from fishing mortality (Haddon 2001).

Fish pathogens can spread in both free-ranging and captive populations, but few studies have made observations over a wide geography and over any length of time (Moffitt et al. 1998; LaPatra 2003). A limited number of studies provided assessments of a selected parasite, virus, or bacteria in free-ranging and captive populations on a larger geographic scale (Ching and Munday 1984; Baldwin et al. 1998; Kent et al. 1998; Bruneau et al. 1999a; Kurath et al. 2003; Murray et al. 2003).

Propagated fishes have been documented responsible for the spread of some fish diseases especially when the surrounding populations were naïve. Johnsen and Jensen (1994) studied the spread of the disease furunculosis in salmonids in Norwegian fish farms and rivers and attributed this introduction of infected hatchery rainbow trout *Oncorhynchus mykiss* from Denmark. From 1985 to 1992, the number of cases of furunculosis at marine and freshwater farms increased from 16 to 550, and the authors attributed the rapid spread to escaped fish from infected farms and transportation of infected fish between farms.

In most circumstances, the pathogens that occur in cultured fishes are also present in the free-ranging fishes of the region. Noakes et al. (2000) reviewed the disease cases in salmon propagation facilities over a 22-year period and found that length of time in captive conditions was proportional to the risk of infection of any disease. Noakes et al. (2000) concluded that pathogens found in farmed salmon were of the same suite as those in free-ranging fish stocks in British Columbia. Meyers et al. (1993) evaluated the prevalence of bacterial kidney disease in wild and hatchery stocks in Alaska to find that the pathogen was widespread in propagated and free ranging or wild stocks.

Bakke and Harris (1998) reviewed the diseases and parasites of wild Atlantic salmon populations and found that the myxozoans, furunculosis and *Gyrodactylus salaris*, and *Argulus* sp. were the pathogens most likely to threaten both wild and managed stocks, but little was known on their impact. They noted that the transfer of crustacean sea lice (*Argulus*) was enhanced by the close proximity of fish in net pens.

Understanding the prevalence and impact of diseases in most natural populations is complicated by a lack of long-term monitoring, consistent sampling methods, and adequate sampling designs (Williams and Moffitt 2001, 2003). Even when sampling is planned, a variety of techniques are used to search for the disease agent or disease because of availability of laboratory resources, costs, and study objectives. Numbers of fish sampled for a disease agent is critical to the level of inference that can be extracted. Assays results can be simply positive or negative or they may show a range of response that helps to describe the intensity of infection.

Even within one species of fish, the inference from samples is limited by several criteria: (1) Are measures made of the agent or of the disease that results? (2) Are samples from one point in time or over time? (3) How many samples are collected and analyzed? (4) Are samples individual or pooled? (5) What are the sensitivity and specificity of methods used to find the disease or agent?

Interpretations made from data collected at different times of the year can affect the inference. Douglas-Helders et al. (2003) measured amoebic gill disease in the summer and winter and at various distances from sea cage and farming sites. Water temperature, salinity, and availability of food were major factors affecting the distribution of disease. Different assay techniques and sampling protocols can show different trends over time. Murray et al. (2003) monitored Scottish farms from 1996 to 2001 for infectious pancreatic necrosis virus (IPNV) in Atlantic salmon. They used cell culture and enzyme-linked immunosorbent assays on pooled samples and reported that prevalence increased over time, but they did not adjust for effect of pooled samples, and as a consequence, true prevalence was likely overestimated (Williams and Moffitt 2001).

Inference from detection must consider whether the presence of clinical disease is determined or merely the disease agent (LaPatra 2003). Cell culture often shows different results from genetic assays. Dixon et al. (2003) reported results of cell culture of hemorrhagic septicemia virus (VHSV) in selected marine species collected off the coast of the United Kingdom from 1995 to 1998. For two of these years, they analyzed fish with both cell culture and polymerase chain reaction (PCR). Although few of the fish examined showed gross external signs of disease, and few were positive by tissue culture, they found diverse gene groups for the pathogen at sites. All inference was limited by small sample sizes and lack of agreement between the two methods of interrogation.

Scientists and managers are often not prepared ahead of time with adequate data sets and sampling designs for management decisions regarding the importance and risks of emerging diseases. Historical records are often problematic, as they frequently represent an array of assay techniques and sampling designs. Intelmann (2001) compiled more than 18,000 records of fish health testing by public agencies in the states of Colorado, Idaho, Montana, Utah, and Wyoming from agency records. He found that the most extensive data were for assays of *M. cerebralis*, the cause of salmonid whirling disease, and these records constituted 32% of the total samples of free-ranging fishes. The next most commonly reported fish pathogen in these databases was *Aeromonas salmonicida*, the cause of furunculosis. Using these databases for retrospective analyses when these data were not collected for that purpose could be risky. For example, many of the assessments of *M. cerebralis* were made on fish samples that were pooled, and sometimes the size of the pool was not reported. Pooled samples are appropriate to reduce effort of analysis and screen greater number of animals, but number of fish pooled is essential to calculate prevalence.

Techniques and sample sizes recommended by the American Fisheries Society Blue Book (Thoesen 1994; American Fisheries Society Fish Heath Section

2003) were developed primarily for monitoring propagated fishes with a concern for keeping certain high-risk pathogens out of culture systems. With pooled samples, the confidence of estimates decreases when prevalence increases. Williams and Moffitt (2001) provided a sample program to calculate maximum likelihood based confidence intervals for pooled samples. However, the confidence of these estimates is affected by the testing assay specificity and sensitivity (Thorburn 1996; Bruneau et al. 1999b). Williams and Moffitt (2003) used Gibbs sampling and Bayesian analysis to estimate the prevalence and confidence limits from samples with imperfect sensitivity and specificity to illustrate how the confidence of estimates is influenced by these parameters. Incorporation of information on sensitivity and specificity are possible with known laboratory data or sometimes with expert opinion if no data are available.

Recently genetic typing allows scientists to determine the origin of specific strains of pathogens in the geographical landscape (Troyer et al. 2000; St-Hilaire et al. 2002; Kurath et al. 2003). The increased use of gene sequences in larger data sets can show likely routes of transfer from one location to another, and similarity of strains can be used to resolve questions of mutation and radiation, but assessment of disease will still need to be made with clinical observations.

Disease Control in Propagated Fishes

In captive rearing, control of diseases is accomplished by a combination of management techniques, including biosecurity management practices, use of vaccines, chemicals, and application of therapeutic substances (Plumb 1999; Winton 2001). Controlling the amplification of disease agents in propagated fishes reduces the risks of releasing fish pathogens into the environment from effluents or stocking.

In the United States, only a few therapeutants are approved for use in aquaculture, including one anesthetic, a hormone (gonadotropin), a fungus and parasite treatment (formalin), and three antibiotic feed additives used to control various gram negative bacterial infections: oxytetracycline, sulfadimethoxine ormetoprim, and sulfamerizine (Winton 2001). Other antibiotics and chemical treatments used are available in a limited manner with veterinary extra label authority or Investigational New Animal Drug (INAD) permits provided by the U.S. Food and Drug Administration. In all of aquaculture, the most widespread antibiotic used is oxytetracycline. The environmental fate and effects of this compound have been described (Kerry et al. 1994; DePaola et al. 1995; Capone et al. 1996; Weston et al. 1998). The fates of other drugs such as sulfadimethoxine and ormetoprim have been documented in the natural environment and in vitro (Cooper et al. 1993; Bakal and Stoskopf 2001).

Aquaculture critics have written in popular literature and reports criticizing chemical and antibiotic treatments as a risk to the environment and human safety (Goldburg and Triplett 1997; Benbrook 2002). However, chemical treatments for bacterial and parasitic diseases are highly regulated in the United States and Canada, and in contrast with other animal farming (McEwen and Fedorka-Cray 2002), antibiotics are not used as growth promoters.

Vaccines are an important tool used to control fish disease amplification in propagated fishes and when effective vaccines reduce antibiotic use. When the Atlantic salmon industry developed in Norway in the 1980s, antibiotic use increased with production (Grave et al. 1990). However, as the control of most bacterial diseases was accomplished with vaccine programs (Grave et al. 1999; Horsberg 2001), use of oxytetracycline dropped from 5,014 kg in 1989 to 25 kg in 1999. Use of oxolenic acid in Norway also dropped from 12,630 kg to 494 kg in the same period.

Antibiotic therapy can increase the frequency of resistant bacteria in and surrounding a treated facility, and transfer of resistant bacteria and resistance genes from aquaculture environments to humans may occur through consumption of antimicrobial resistant bacteria in fish or associated products (Inglis et al. 1993; Andersen and Sandaa 1994; Sandaa and Enger 1996; Petersen et al. 2002). In food animals, antimicrobial resistance has emerged in zoonotic enteropathogens such as *Salmonella* spp. and *Camphylobacter* spp. and in commensal bacteria such as *Escherichia coli*, but prevalence of resistance varies (McEwen and Fedorka-Cray 2002). Recent reports provided evidence of resistant and multidrug resistant strains in aquaculture and the aquatic environment (Sandaa et al. 1992; Rhodes et al. 2000; Schmidt et al. 2001; Yoo et al. 2003). However, the lack of a good database and monitoring effort limits the inference from these observations.

Understanding the effects of chemotherapeutics on the bacterial ecology of fish and fish rearing waters has received little attention (DePaola et al. 1995). There are no established and validated protocols for collecting and processing samples, and because of a heterogeneous environment, improper sampling can lead to misleading conclusions (Zitko 2001).

At the University of Idaho, our effort to gain regulatory approval of erythromycin to control salmonid bacterial kidney disease through a regional INAD permit (Moffitt and Haukenes 1995; Moffitt 1998) mandates that we keep records of drug use. From 1992 to 2001, the annual use of erythromycin at the 60–100 participating hatcheries ranged from 916 to 1,799 kg. Most use was for Chinook salmon *O. tshawytscha* juveniles released as smolts in the Columbia River basin. By adjusting use during this decade by the number of salmon smolts released in the Columbia basin, these data can be placed in a spatial context to show drug use scattered throughout the drainage (Figure 1).

Effluents from fish propagation facilities must be placed within a context relative to other point and nonpoint effluents that introduce a wide array of chemicals through sewage, and from runoff from farm animal production facilities. Kolpin et al. (2002) found erythromycin or its metabolites present in 21.6% of all water samples tested across the nation. Evaluating and understanding the health risks for propagated and free-ranging fishes require also that hatchery locations and releases be placed within the greater geographical context of aquatic systems. McArthur and Tuckfield (2000) described spatial patterns in antibiotic resistance in two Georgia streams and found the highest frequency of resistance in the tributary draining a nuclear reactor and industrial complex and were unrelated to fish farming.

In human epidemiology, spatial tools are being applied to investigate clustering of diseases and explanatory relationships (Olsen et al. 1996; Lawson 2001). To adequately assess risks, information from a variety of sources is needed to create integrated geospatial databases that provide details about the environment surrounding fish culture facilities. Using these databases, we need to begin to apply methods and models of spatial epidemiology to fish in aquatic ecosystems. Only if the cumulative effects of multiple alterations are considered can the correct risks to free-ranging populations be calculated.

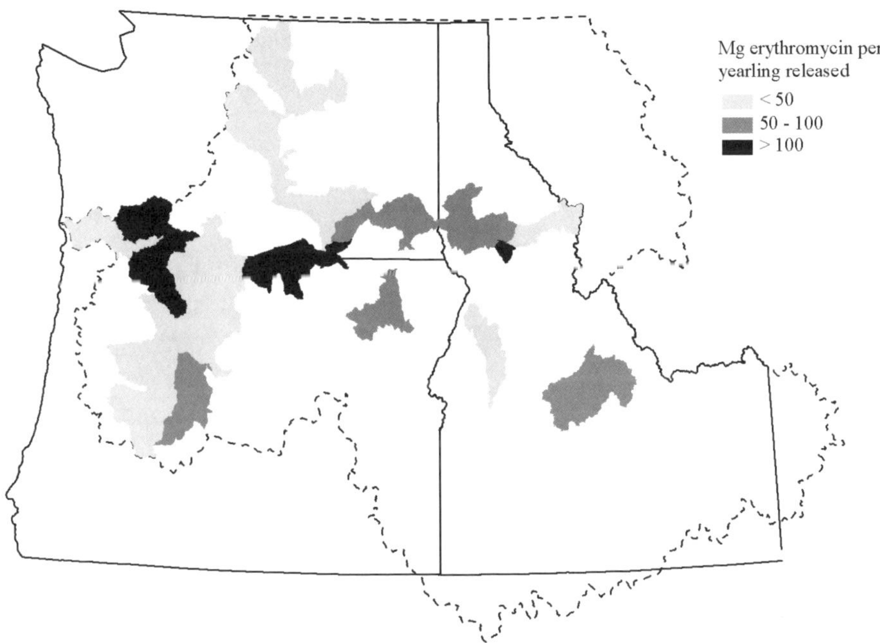

Figure 1. Patterns of erythromycin use (mg erythromycin /yearling Chinook salmon released) at fish hatcheries in the Columbia River basin in Washington, Oregon, and Idaho. The extent of the basin in the United States is outlined with a dashed line. The annual erythromycin use was calculated for 1991–2001 from records maintained at the University of Idaho under INAD 6013. Use patterns for hatcheries within individual hydrologic units of the drainage are coded as one of three categories: <50 (slight gray), <100 (gray), and >100 (black) mg/fish released. The numbers of fish released at hatcheries were obtained from the Fish Passage Center and distributed via the internet by the School of Fisheries, University of Washington (www.cqs.washington.edu/dart/dart.html). The yearling Chinook salmon releases in the spring were appropriately lagged to correspond with erythromycin use the previous year of hatchery rearing.

Acknowledgments

This is contribution 991 of the Idaho Forestry Wildlife and Range Experiment Station. Support was provided in part by the Fish and Wildlife Program, Bonneville Power Administration and by the Department of Agriculture, Western Regional Aquaculture Center. Kara Anlauf, University of Idaho, provided assistance with graphics.

References

Aitcheson, S. J., J. Arnett, K. R. Murray, and J. Zhang. 2001. Removal of aquaculture therapeutants by carbon adsorption 2: multicomponent adsorption and the equilibrium behaviour of mixtures. Aquaculture 192:249–264.

American Fisheries Society Fish Health Section. 2003. Suggested procedures for the detection and identification of certain finfish and shellfish pathogens, (Blue Book), 5th edition. American Fisheries Society, Bethesda, Maryland.

Anderson, R. M., and R. M. May. 1979. Population biology of infectious diseases: part I. Nature (London) 280:361–367.

Andersen, S. R., and R. A. Sandaa. 1994. Distribution of tetracycline resistance determinants among gram-negative bacteria isolated from polluted and unpolluted sediments. Applied Environmental Microbiology 60:908–912.

Arkoosh, M. R., E. Casillas, E. Clemons, P. Huffman, A. J. Kagley, T. Collier, and J. E. Stein. 2001. Increased susceptibility of juvenile chinook salmon (*Oncorhynchus tshawytscha*) to disease after exposure to chlorinated and aromatic compounds found in contaminated urban estuaries. Journal of Aquatic Animal Health 13:257–268.

Bakke, T. A., and P. D. Harris. 1998. Diseases and parasites in wild Atlantic salmon (*Salmo salar*) populations. Canadian Journal of Fisheries and Aquatic Sciences 55(Supplement 1):247–266.

Bakal, R. S., and M. K. Stoskopf. 2001. In vitro studies of the fate of sulfadimethoxine and ormetoprim in the aquatic environment. Aquaculture 195:95–102.

Baldwin, T. J., J. E. Peterson, G. C. McGhee, K. D. Staigmiller, E. S. Motteram, C. C. Downs, and D. R. Stanek. 1998. Distribution of *Myxobolus cerebralis* in salmonid fishes in Montana. Journal of Aquatic Animal Health 10:361–371.

Baldwin, T. J., Vincent, E. R., Silflow, R. M., and D. R. Stanek. 2000. *Myxobolus cerebralis* infection in rainbow trout (*Oncorhynchus mykiss*) and brown trout (*Salmo trutta*) exposed under natural stream conditions. Journal of Veterinary Diagnostic Investigation 12:312–321.

Bartholomew, J. L., and P. W. Reno. 2002. The history and dissemination of whirling disease. Pages 3–24 *in* J. L. Bartholomew and J. C. Wilson, editors. Whirling disease: reviews and current topics. American Fisheries Society, Symposium 29, Bethesda, Maryland.

Benbrook, C. M. 2002. Antibiotic drug use in U.S. aquaculture. The Northwest Science and Environmental Policy Center, Sandpoint, Idaho.

Blazer, V. S., W. K. Vogelbein, C. L. Densmore, E. B. May, J. H. Lilley, and D. E. Zwerner. 1999. *Aphanomyces* as a cause of ulcerative skin lesions of menhaden from Chesapeake Bay tributaries. Journal of Aquatic Animal Health 11:340–349.

Boyd, C. E. 2003. Guidelines for aquaculture effluent management at the farm-level. Aquaculture 226:101–112.

Bruneau, N. N., M. A. Thorburn, and R. M. W. Stevenson. 1999a. Occurrence of *Aeromonas salmonicida, Renibacterium salmoninarum*, and infectious pancreatic necrosis virus in Ontario salmonid populations. Journal of Aquatic Animal Health 11:350–357.

Bruneau, N. N., M. A. Thorburn, and R. M. W Stevenson 1999b. Use of the Delphi method to assess expert perception of the accuracy of screening test system for infectious pancreatic necrosis virus and infectious hematopoeitic necrosis virus. Journal of Aquatic Animal Health 11:139–147.

Capone, D. G., D. P. Weston, V. Miller, and C. Shoemaker. 1996. Antibacterial residues in marine sediments and invertebrates following chemotherapy in aquaculture. Aquaculture 145:55–75.

Ching, H. L., and D. R. Munday. 1984. Geographic and spatial distribution of the infectious stage of *Ceratomyxa Shasta Noble*, 1950, a Myxozoan salmonid pathogen in the Fraser River system. Canadian Journal of Zoology 62:1075–1080.

Cooper, R. K., C. E. Starliper, E. B. Shotts, and P. W. Taylor. 1993. Comparison of plasmids isolated from Romet-30 resistant *Edwardsiella ictaluri* and tribrissen resistant *Escherichia coli*. Journal of Aquatic Animal Health 5:9–15.

Coutant, C. C. 1998. What is "normative" for fish pathogens? A perspective on the controversy over interactions between wild and cultured fish. Journal of Aquatic Animal Health 10:101–106.

Deardorff, T. L., and M. L. Kent. 1989. Prevalence of larval *Anisakis simplex* in pen-reared and wild-caught salmon (Salmoniidae) from Puget Sound, Washington. Journal of Wildlife Diseases 25:416–419.

DePaola, A., J. T. Peeler, and G. E. Rodrick. 1995. Effect of oxytetracycline-medicated feed on antibiotic resistance of gram-negative bacteria in catfish ponds. Applied and Environmental Microbiology 61:2335–2340.

Dixon, P. F., S. Avery, E. Chambers, S. Feist, H. Mandhar, L. Parry, D. M. Stone, H. K. Strmmen, J. K. Thurlow, C. T Lui, and K. Way. 2003. Four years of monitoring for viral haemorrhagic septicaemic virus in marine waters around the United Kingdom. Diseases of Aquatic Organisms 54:175–186.

Douglas-Helders, G. M., D. P. O-Brien, B. E. McCorkell, D. Zilberg, A. Gross, J. Carson, and B. F. Nowak. 2003. Temporal and spatial distribution of paramoebae in the water column – a pilot study. Journal of Fish Diseases 26:231–240.

Ellis, R. W., A. J. Novotny, and L. W. Harrell. 1978. Case report of kidney disease in a wild chinook salmon, *Oncorhynchus tshawytscha*, in the sea Journal of Fish Diseases 14:120–123.

Goldburg, R., and T. Triplett. 1997. Murky waters: environmental effects of aquaculture in the United States. The Environmental Defense Fund, Washington D.C.

Goodwin, A. E. 2002. First report of spring viremia of carp virus (SVCV) in North America. Journal of Aquatic Animal Health 14:161–164.

Grave, K., M. Englestad, N. E. Soli, and T. Hastein. 1990. Utilization of antibacterial drugs in salmonid farming in Norway during 1980–1988. Aquaculture 86:347–358.

Grave, K., E. Lingaas, M. Bangen, and M. Ronning. 1999. Surveillance of the overall consumption of antibacterial drugs in humans, domestic animals and farmed fish in Norway in 1992 and 1996. Journal of Antimicrobial Chememotherapy 43:243–252.

Grischkowsky, R. S., and D. F. Amend. 1976. Infectious hematopoietic necrosis virus: prevalence in certain Alaskan sockeye salmon, *Oncorhynchus nerka*. Journal of the Fisheries Research Board of Canada 33:186–188.

Haddon, M. 2001. Modeling and quantitative methods in fisheries. CRC Press, Boca Raton, Florida.

Harvell, C. D., K. Kim, J. M. Burkholder, R. R. Colwell, P. R. Epstein, D. J. Grimes, E. E. Hofmann, E. K. Lipp, A. D. M. E. Osterhaus, R. M. Overstreet, J. W. Porter, G. W. Smith, and G. R. Vasta. 1999. Emerging marine diseases – climate links and anthropogenic factors. Science 285:1505–1510.

Harvell, C. D., C. E. Mitchell, J. R. Ward, S. Altizer, A. P. Dobson, R. S. Ostfeld, and M. D. Samuel. 2002. Climate warming and disease risks for terrestrial and marine biota. Science 296:2158–2162.

Hiner, M., and C. M. Moffitt. 2002. Modeling *Myxobolus cerebralis* infections in trout: associations with habitat variables. Pages 167–179 *in* J. L. Bartholomew and J. C. Wilson, editors. Whirling disease: reviews and current topics. American Fisheries Society, Symposium 29, Bethesda, Maryland.

Horsberg, T. 2001. Food safety aspects of aquaculture products in Norway. Speaking notes from How to Farm the Seas: the science, economics and politics of aquaculture. 28–30 September 2000, Montague, PEI Canada. Atlantic Institute of Market Studies, Halifax, Nova Scotia.

Johnsen, B. O., and A. J. Jensen. 1994. The spread of furunculosis in salmonids in Norwegian rivers. Journal of Fish Biology 45:47–55.

Inglis, V., E. Yimer, E. J. Bacon, and S. Ferguson. 1993. Plasmid-mediated antibiotic resistance in *Aeromonas salmonicida* isolated from Atlantic salmon, *Salmo salar* L., in Scotland. Journal of Fish Disease 16:593–599.

Intelmann, S. S. 2001. A retrospective summary of the pathogen and disease monitoring of salmonid fishes across the intermountain west states. Master's thesis. University of Idaho, Moscow.

Kent, M. L., G. S. Traxler, D. Kieser, J. Richard, S. C. Dawe, R. W. Shaw, G. Prosperi-Porta, J. Ketcheson, and T. P. T. Evelyn. 1998. Survey of salmonid pathogens in ocean-caught fishes in British Columbia, Canada. Journal of Aquatic Animal Health 10:211–219.

Kerans, B. L., and A. V. Zale. 2002. The ecology of *Myxobolus cerebralis*. Pages 145–166 *in* J. L. Bartholomew and J. C. Wilson, editors. Whirling disease: reviews and current topics. American Fisheries Society, Symposium 29, Bethesda, Maryland.

Kerry, J., M. Kiney, R. Coyne, D. Cazabon, S. NicGabhainn, and P. Smith. 1994. Frequency and distribution of resistance to oxytetracycline in micro-organisms isolated from marine fish farm sediments following therapeutic use of oxytetracycline. Aquaculture 123:43–54.

Kiesecker, J. M. L. K Belden, K. Shea, and M. J. Rubbo. 2004. Amphibian decline and emerging disease. American Scientist 92:138–147.

Kolpin, D. W., E. T. Furlong, M. T. Meyer, E. M. Thurman, S. D. Zaugg, L. B. Barber, and H. T. Buxton. 2002. Pharmaceuticals, hormones, and other organic wastewater contaminants in U. S. stream, 1999–2000: a national reconnaissance Environmental Science and Technology 36:1202–1211.

Krishnakumar, P. K. E. Casillas, R. G. Snider, A. N. Kagley, and U. Varanasi. 1999. Environmental contaminants and the prevalence of hemic neoplasia (leukemia) in the common mussel (*Mytilus edulis* complex) from Puget sound, Washington, USA. Journal of Invertebrate Pathology 73:135–146.

Kurath, G., K. A. Graver, R. M. Troyer, E. J. Emmenenegger, K. Einer-Jensen, and E. D. Anderson. 2003. Phylogeography of infectious haematopoietic necrosis virus in North America. Journal of General Virology 84:803–814.

LaPatra, S. E. 2003. The lack of scientific evidence to support the development of effluent limitations guidelines for aquatic animal pathogens. Aquaculture 226:191–199.

Lawson, A. B. 2001. Statistical methods in spatial epidemiology. Wiley, New York.

Lilley, J. H., D. Hart, R. H. Richards, R. J. Roberts, L. Cerenius, and K. Soderahall. 1997. Pan-Asian spread of single fungal clone results in large scale fish kills. Veterinary Record 140:653–654.

Lilley, J. H., R. B. Callinan, S. Chinabut, S. Kanchanakhan, I. H. MacRae, and M. J. Phillips. 1998. Epizootic ulcerative syndrome (EUS) technical handbook. Aquatic Animal Health Research Institute, Bangkok, Thailand.

MacMillan, J. R., T. Huddleston, M. Woolley, and K. Fothergill. 2003. Best management practice development to minimize environmental impact from large flow-through trout farms. Aquaculture 226:91–99.

May, R. M., and R. M. Anderson. 1979. Population biology of infectious diseases: part II. Nature (London) 280:455–461.

McArthur, J. V., and R. C. Tuckfield. 2000. Spatial patterns in antibiotic resistance among stream bacteria: effects of industrial pollution. Applied and Environmental Microbiology 66:3722–3726.

McEwen, S. A., and P. J. Fedorka-Cray. 2002. Antimicrobial use and resistance in animals. Clinical Infectious Diseases 34(Supplement 3):93–106.

Mellergaard, S., and B. Spanggaard. 1997. An *Ichthyophonus hoferi* epizootic in herring in the North Sea, the Skagerrak, the Kattegat and the Baltic Sea. Diseases of Aquatic Organisms 28:191–199.

Mesa, M. G., A. G. Maule, and C. B. Schreck. 2000. Interaction of infection with *Renibacterium salmoninarum* and physical stress in juvenile Chinook salmon: physiological responses, disease progression, and mortality. Transactions of the American Fisheries Society 129:158–173.

Meyers, T. R., S. Short, C. Farrington, K. Lipson, H J. Geiger, and R. Gates. 1993. Comparison of the enzyme-linked immunosorbent assay (ELISA) and fluorescent antibody test (FAT) for measuring the prevalences and levels of *Renibacterium salmoninarum* in wild and hatchery stocks of salmonid fishes in Alaska, USA. Diseases of Aquatic Organisms 16:181–189.

Moffitt, C. M. 1998. Field trials of investigational new animal drugs. Veterinary and Human Toxicology 40:48–52.

Moffitt, C. M., and A. H. Haukenes. 1995. Regional investigational new animal drug permits for erythromycin as a feed additive and injectable drug. Progressive Fish-Culturist 57:97–101.

Moffitt, C. M., B. C. Stewart, S. E. LaPatra, R. D. Brunson, J. L. Bartholomew, L. E. Peterson, and K. H. Amos. 1998.: Pathogens and diseases of fish in aquatic ecosystems: implications in fisheries management. Journal of Aquatic Animal Health 10:95–100.

Murray, A. G., C. D. Busby, and D. W. Bruno. 2003. Infectious pancreatic necrosis virus in Scottish Atlantic salmon farms, 1996–2001. Emerging Infectious Diseases 9:455–460.

Naylor, R. L., S. L. Williams, and d. R. Strong. 2001. Aquaculture – a gateway for exotic species. Science 294:1655–1656.

Nehring, R. B., and P. G. Walker. 1996. Whirling disease in the wild: the new reality in the intermountain west. Fisheries 21(6):28–31.

Noakes, D. J., R. J. Beamish, M. L. Kent. 2000. On the decline of Pacific salmon and speculative links to salmon farming in British Columbia. Aquaculture 183:363–386.

Olsen, S. F., M. Martuzzi, and P. Elliott. 1996. Cluster analysis and disease mapping- why, when, and how? A step by step guide. British Medical Journal 313:863–866.

Patterson, K. R. 1996. Modelling the impact of disease-induced mortality in an exploited population: the outbreak of the fungal parasite *Ichthyophonus hoferi* in the North Sea herring (*Clupea harengus*). Canadian Journal of Fisheries and Aquatic Sciences 53:2870–2887.

Petersen, A., J. Andersen, T. Kaewmak, T. Somsiri, and A. Dalsgaard. 2002. Impact of integrated fish farming on antimicrobial resistance in a pond environment. Applied and Environmental Microbiology 68:6036–6042.

Plumb, J. A. 1999. Health maintenance and principal microbial diseases of cultured fishes. Iowa State University Press, Ames.

Rapport, D. J., H. A. Regier, and C. Thorpe. 1982. Diagnosis, prognosis and treatment of ecosystems under stress. Pages 269–280 *in* G. W. Barrett and R. Rosenberg, editors. Stress effects on natural ecosystems. John Wiley, New York.

Reno, P. 1998. Factors involved in the dissemination of disease in fish populations. Journal of Aquatic Animal Health 10:160–171.

Rhodes, G., G. Huys, J. Swings, P. McGann, M. Hiney,

P. Smith, and R. W. Pickup. 2000. Distribution of oxytetracycline resistance plasmids between *Aeromonads* in hospital and aquaculture environments: implication of Tn*1721* in dissemination of the tetracycline resistance determinant Tet A. Applied and Environmental Microbiology 66:3883–3890.

Sakai, M., S. Atsuta, and M. Kobayashi. 1992. Detection of *Renibacterium salmoninarum* antigen in migrating adult chum salmon (*Oncorhynchus keta*) in Japan. Journal of Wildlife Diseases 28:110–112.

Sandaa, R.-A. V. L. Torsvik, and J. Goksoyr. 1992. Transferable drug resistance in bacteria from fish-farm sediments. Canadian Journal of Microbiology 38:1061–1065.

Sandaa, R. -A., and Ø. Enger. 1996. High frequency transfer of a broad host range plasmid present in an atypical strain of the fish pathogen *Aeromonas salmonicida*. Diseases of Aquatic Organisms 24:71–75.

Schmidt, A. S., M. S. Bruun, I. Dalsgaard, and J. L. Larsen. 2001. Incidence, distribution and spread of tetracycline resistance determinants and integron-associated antibiotic resistance genes among motile aeromonids from a fish farming environment. Applied and Environmental Microbiology 67:5675–5682.

Snieszko, S. F. 1974. The effects of environmental stress on outbreaks of infectious diseases of fishes. Journal of Fish Biology 6:197–208.

St-Hilaire, S. C. S. Ribble, C. Stephen, E. Anderson, G. Kurath, and M. L. Kent. 2002. Epidemiological investigation of infectious hematopoietic necrosis virus in salt water net-pen reared Atlantic salmon in British Columbia, Canada. Aquaculture 212:49–67.

Tacon, A. G. J., and I. P. Forster. 2003. Aquafeeds and the environment: policy implications. Aquaculture 226:181–189.

Thoesen, J. C., editor. 1994. Suggested procedures for the detection and identification of certain finfish and shellfish pathogens, 4th edition. American Fisheries Society, Bethesda, Maryland.

Thorburn, M. A. 1996. Apparent prevalence of fish pathogens in asymptomatic salmonid populations and its effect on misclassifying population infection status. Journal of Aquatic Animal Health 8:271–277.

Troyer, R. M., S. E. LaPatra, and G. Kurath. 2000. Genetic analyses reveal unusually high diversity of infectious haematopoietic necrosis virus in rainbow trout anquaculture. Journal of General Virology 81:2823–2832.

Wedemeyer, G. A. 1996. Physiology of fish in intensive culture systems. Chapman and Hall, New York.

Weston, D., B. Dixon, and C. Forney. 1998. Fate and microbial effects of aquacultural drug residues in the environment. University of California, Berkeley.

Williams, C. J., and C. M. Moffitt. 2001. A critique of methods of sampling and reporting pathogens in populations of fish. Journal of Aquatic Animal Health 13:300–309.

Williams, C. J., and C. M. Moffitt. 2003. Bayesian estimation of fish disease prevalence from pooled samples incorporating sensitivity and specificity. Pages 39–51 *in* C. J. Williams, editor. Bayesian inference and maximum entropy methods in science and engineering. American Institute of Physics, College Park, Maryland.

Winton, J. 2001. Fish health management. Pages 559–639 *in* G. A. Wedemeyer, editor. Fish Hatchery Management, 2nd edition. American Fisheries Society, Bethesda, Maryland.

Yamamoto, T. 1975. Frequency of detection and survival of infectious pancreatic necrosis virus in a carrier population of brook trout (*Salvelinus fontinalis*) in a lake. Journal of the Fisheries Research Board of Canada 32(4):568–570.

Yoo, M. H., M. Huh, E. Kim, H. Lee, and H. D. Jeong. 2003. Characterization of chloramphenical acetyltransferase gene by multiplex polymerase chain reaction in multidrug-resistant strains isolated from aquatic environments. Aquaculture 217:11–21.

Zitko, V. 2001. Analytical chemistry in monitoring the effects of aquaculture: one laboratory's perspective. ICES Journal of Marine Science 58:486–491.

American Fisheries Society Symposium 44:539–548, 2004

Infectious Hematopoietic Necrosis Virus Traffic in the Columbia River Basin

Gael Kurath,[1] Kyle A. Garver,[2] and Ryan M. Troyer[3]

U.S.G.S. Western Fisheries Research Center
6505 NE 65th Street, Seattle, Washington 98115, USA

Abstract.—For several decades infectious hematopoietic necrosis virus (IHNV) has been a serious pathogen impacting salmon and trout in the North American West. In the Columbia River basin, IHNV caused severe epidemics in sockeye salmon *Oncorhynchys nerka* hatcheries during the 1950s, contributing to a great reduction of sockeye culture efforts. Since the early 1980s, IHNV has been endemic at fluctuating prevalence levels in both steelhead *O. mykiss* and Chinook salmon *O. tshawytscha* stocks in the basin, causing frequent epidemics in cultured steelhead fry. Infectious hematopoietic necrosis has also been endemic and epidemic in the Idaho rainbow trout (nonanadromous *O. mykiss*) industry since its emergence in the Hagerman Valley in the late 1970s. Infectious hematopoietic necrosis virus strain typing methods based on genetic analyses of gene sequences have recently been applied to more than 270 virus isolates from the Columbia River basin, including 150 isolates from the Hagerman Valley. Phylogenetic analyses revealed that there are two distinct major genogroups of IHNV, designated U and M, that overlap in the Columbia River basin. The U genogroup has a long history of prevalence throughout the Columbia River basin with the exception that it has not been found in the upper Snake River watershed, including the Hagerman Valley. Genogroup M is prevalent throughout the Hagerman Valley rainbow trout industry, and it also occurs in the lower Snake and lower Columbia River, but it has never been found in the upper Columbia River basin. The ability to distinguish different IHNV genotypes has provided numerous insights into the epidemiology of IHNV throughout the basin, suggesting frequent viral traffic between cultured fish stocks and also between wild and cultured fish. The patterns of M genogroup IHNV in the lower Snake and lower Columbia River basins suggest that virus translocation does not occur by simple downstream water flow, but more likely involves fish translocations that are part of salmon resource management in the region. The novel insights gained from this genetic typing underscore the critical need to manage salmonid stocks to prevent further spread and establishment of M genogroup IHNV throughout the basin.

Introduction

It is well known that many infectious diseases are shared by both wild and propagated fish. A general review and diagram of factors driving infectious disease interactions between wildlife and domestic animals has been published by Daszak et al. (2000), who noted that disease emergence most frequently results from a change in ecology of the host, pathogen, or both. A modified version of their diagram specific to diseases of wild and propagated fish is presented in Figure 1. In many cases pathogens that have co-evolved in relatively balanced host–parasite associations in wild fish produce high mortality in hatchery or farmed fish populations. Spillover of pathogens from wild fish to hatchery fish has been documented (Anderson et al. 2000), and there are many cases where pathogens in wild fish inhabiting a propagation facility water supply appear in the propagated fish (Emmenegger et al. 2000). Within fish propagation facilities disease can intensify due to culture conditions such as high density and stress, which greatly facilitate disease transmission. In theory, pathogens from propagated fish can then spill back to wild fish by a variety of mechanisms including facility effluent and fish translocations, although this has not been well documented due of a paucity of investigations of sources of disease outbreaks in wild fish.

[1] E-mail: gael_kurath@usgs.gov
[2] E-mail: kagarver@u.washington.edu
[3] Current address: Department of Medicine, Case Western Reserve University, 2109 Adelbert Road, Cleveland, Ohio 44106, USA; E-mail: rmt10@po.cwru.edu

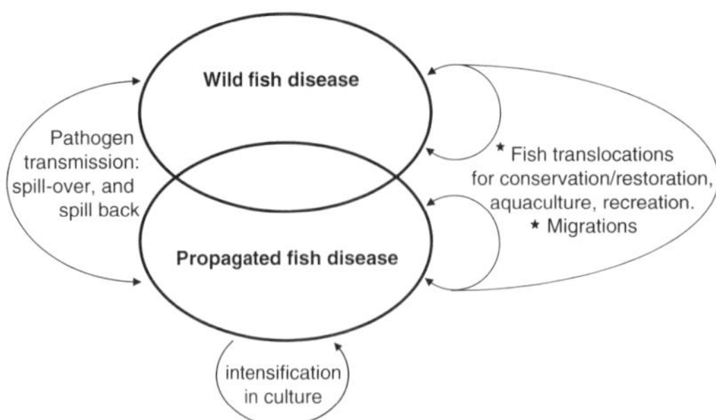

Figure 1. Factors in disease interactions between wild and propagated fish. Modeled after Daszak et al. (2000).

A well-studied host–pathogen association that illustrates many of these principles involves salmonid fish and infectious hematopoietic necrosis virus (IHNV). Infectious hematopoietic necrosis virus is a rhabdovirus that causes severe epidemics in both propagated and wild fish throughout the Pacific Northwest of North America (Wolf 1988; Bootland and Leong 1999). This virus is currently endemic to most salmon stocks from Alaska to California, and it extends into Idaho. The host range includes most Pacific salmonids and Atlantic salmon, and epidemics can cause mortality rates anywhere from 20 to 90%. The first IHNV epidemics reported were in the fry of sockeye salmon *Oncorhynchus nerka* at Washington State hatcheries in 1951–1953, in which 60–90% of the state-reared sockeye died before release (Rucker et al. 1953; Watson et al. 1954; Guenther et al. 1959). Subsequently, in the 1950s, severe outbreaks occurred in Oregon hatchery sockeye (Wingfield et al. 1969) and California hatchery Chinook salmon *O. tshawytscha* (Ross et al. 1960). Research at that time indicated that these outbreaks were caused by the practice of using unpasteurized wild salmon viscera from Alaskan and British Columbian canneries as feed for hatchery fish (Watson et al. 1954; Guenther et al. 1959). This practice, which was stopped by the late 1960s, appears to have caused the first spillovers of IHNV from wild to propagated fish. An alternative mechanism of spillover could have been the translocations of large numbers of Alaskan sockeye to hatcheries in Oregon and Washington in the early 1900s (Roppel 1982). Surveys for IHNV conducted in the 1970s indicated that the virus was endemic in Alaskan stocks at that time (Grischkowsky and Amend 1976), but was only present in a small portion of stocks in Washington and Oregon (Amend and Wood 1972; Mulcahy et al. 1980; Pilcher and Fryer 1980). Similarly, IHNV was only rarely isolated in the Hagerman Valley trout growing region on the Snake River in southern Idaho up until 1977. In that year, two severe IHNV epidemics occurred in the Hagerman Valley, and between 1978 and 1980, IHNV emerged and spread throughout the valley, where it has been continuously endemic and epidemic ever since (Busch 1983). Infectious hematopoietic necrosis virus then emerged in 1980–1983 throughout the lower Columbia River basin in Oregon and Washington, where it caused dramatically more severe and widespread disease than was previously observed (Groberg 1983). Due to the timing of these two emergence events and the fact that the Hagerman Valley lies upstream of most of the Columbia River basin, it was suggested that fish in Hagerman Valley propagation facilities may have been the source of the IHNV that emerged in the lower Columbia River basin (Busch 1983; Groberg 1983; Hsu et al. 1986). However, the virus typing tools available at that time were not capable of proving or disproving this speculation. Since then, numerous epidemics of IHNV have occurred every year in propagated salmonids in the Pacific Northwest, and several epidemics have also been reported in wild sockeye and kokanee (lacustrine sockeye salmon) (Williams and Amend 1976; Burke and Grischkowsky 1984, Traxler 1986; Anderson et al. 2000). In addition to farmed and hatchery salmonids, IHNV epidemics have occurred in propagation programs for threatened and endangered salmon stocks. The most current example of this is the 2002 IHNV epidemic in presmolt Redfish Lake sockeye at Bonneville Hatchery (ODFW 2002).

In an effort to understand the epidemiology and evolution of IHNV, we have developed genetic methods for high resolution virus strain typing. This involves analyzing IHNV isolates by determining the nucleotide sequence of a short region (303 nucleotides) within the glycoprotein gene referred to as the "mid-G" region (Emmenegger et al. 2000; Troyer et al. 2000). Alignment and comparison of the mid-G sequences of multiple virus isolates resolves them into groups having identical sequence types, and phylogenetic analyses of these sequence types generates a "family tree" showing probable genetic relationships between the virus isolates. A large scale analysis of 323 IHNV field isolates from throughout the North American IHNV range collected over the last 36 years has shown that all IHNV isolates fall into one of three major genogroups (Kurath et al. 2003). These genogroups have been designated U, M, and L because they correlate with the upper, middle, and lower regions of the virus geographic range. Phylogenetic analyses provide numerous insights into the epidemiology of IHNV. This paper will focus on the epidemiological insights relevant to IHNV in the Columbia River basin, with an emphasis on possible virus traffic between the Hagerman Valley and the rest of the basin downstream. The data summarized here has been largely reported in detail elsewhere (Troyer et al. 2000; Garver et al. 2003; Troyer and Kurath 2003).

Hagerman Valley IHNV Types and Traffic

Unique geophysical features of the Hagerman Valley in southern Idaho have made it a premier trout growing region that produces 75% of the food-size rainbow trout *O. mykiss* in the United States (USDA 2001). The valley is approximately 96 km long, and trout have been farmed there continuously since the late 1920s (Brannon and Klontz 1989). At present, the valley has approximately 100 commercial trout farms of various sizes, and there are also three state hatcheries and one federal hatchery that raise rainbow trout and steelhead (anadromous rainbow trout) for resource management. These facilities are fed by water from numerous springs that provide a constant year-round supply of 15°C, pathogen-free water. As described above, IHNV emerged throughout the valley in 1978–1980, and since then it has caused numerous epidemics every year. LaPatra et al. (1991, 1994) used serological typing to analyze 106 Hagerman Valley IHNV isolates collected from four trout farms and found surprisingly high diversity. We have used our genetic strain typing methods to analyze the same 106 isolates and additional isolates from earlier and later time periods and from additional farms and state hatchery facilities (Troyer et al. 2000; Troyer and Kurath 2003). Our analyses confirm the findings of LaPatra et al. in demonstrating significantly higher genetic diversity of IHNV in the Hagerman Valley than has been observed anywhere else in the virus range. We have analyzed a total of 157 Hagerman valley IHNV isolates from 18 rainbow trout farm sites and three state hatcheries, collected over a period of 21 years between 1978 and 1999. Phylogenetic analyses of the mid-G sequences shows that all of these isolates fall within the major genogroup M and that within this genogroup they define six subgroups, designated MA-MF (Figure 2). There are also several older isolates that do not fall within these subgroups (designated M-N, for no subgroup), but instead form direct links closer to the ancestor of the M genogroup. The subgroups indicate divergence of multiple virus lineages within the valley, and they provide genetic markers that are useful for epidemiological tracking. Within the valley, individual propagation facilities typically host virus from multiple subgroups, and the distribution patterns indicate virus traffic between facilities. It is important to note that the state resource hatcheries have the same multiple virus subgroups as the private trout farms. Thus, high genetic diversity and co-circulating virus lineages are characteristic of IHNV in Hagerman Valley fish propagation facilities. The virus subgroups also shift in relative prevalence over time. As shown in Table 1, subgroups B and C are by far the most prevalent subgroups, comprising together 73% of the virus in the valley between 1988 and 1999.

Columbia River Basin IHNV Types and Traffic

In a study of the IHNV types in the Columbia River basin, Garver et al.(2003) analyzed 120 virus isolates from 54 different sites (not including the Hagerman Valley), collected during the years 1973–2002. Phylogenetic analysis of the mid-G sequences (Figure 2) showed that 76 of the isolates (63%) grouped into 17 sequence types within the U genogroup, and 44 isolates (37%) grouped into 13 sequence types within the M genogroup. Geographic distribution of these isolates, illustrated in Figures 3 and 4, indicated that the two genogroups overlapped throughout much of the Columbia River basin, but M genogroup isolates were not found in the mid-upper Columbia River basin north of the confluence with the Snake River, and U genogroup isolates were not found in the Snake River basin upstream of the confluence with the Imnaha River. Within each genogroup, there was one dominant sequence type. In the U genogroup, which is characterized by low genetic diversity (Kurath et al. 2003), an sequence type designated U-crb1 was found to be identical in 52 isolates spread throughout the U genogroup range (Garver et al. 2003; Figure 3). Due to this relatively ubiquitous distribution, epidemiological inferences with isolates that have the U-crb1 sequence type cannot be conclusive. In the higher diversity M genogroup, the most frequent sequence type, M-crb1, was found in 24 isolates collected throughout the M genogroup range between 1980 and 1994 (Figure 4). The M-crb1 sequence type is within the M genogroup, but it does not group into any of the subgroups MA-MF (Figure 2). Twelve of the M-crb1 isolates were collected from fish in lower Columbia River hatcheries between 1980 and 1983, making this the sequence type associated with the IHNV emergence in the Columbia River basin. Although the M genogroup is focused in the Hagerman Valley, there has been only one M-crb1 isolate found

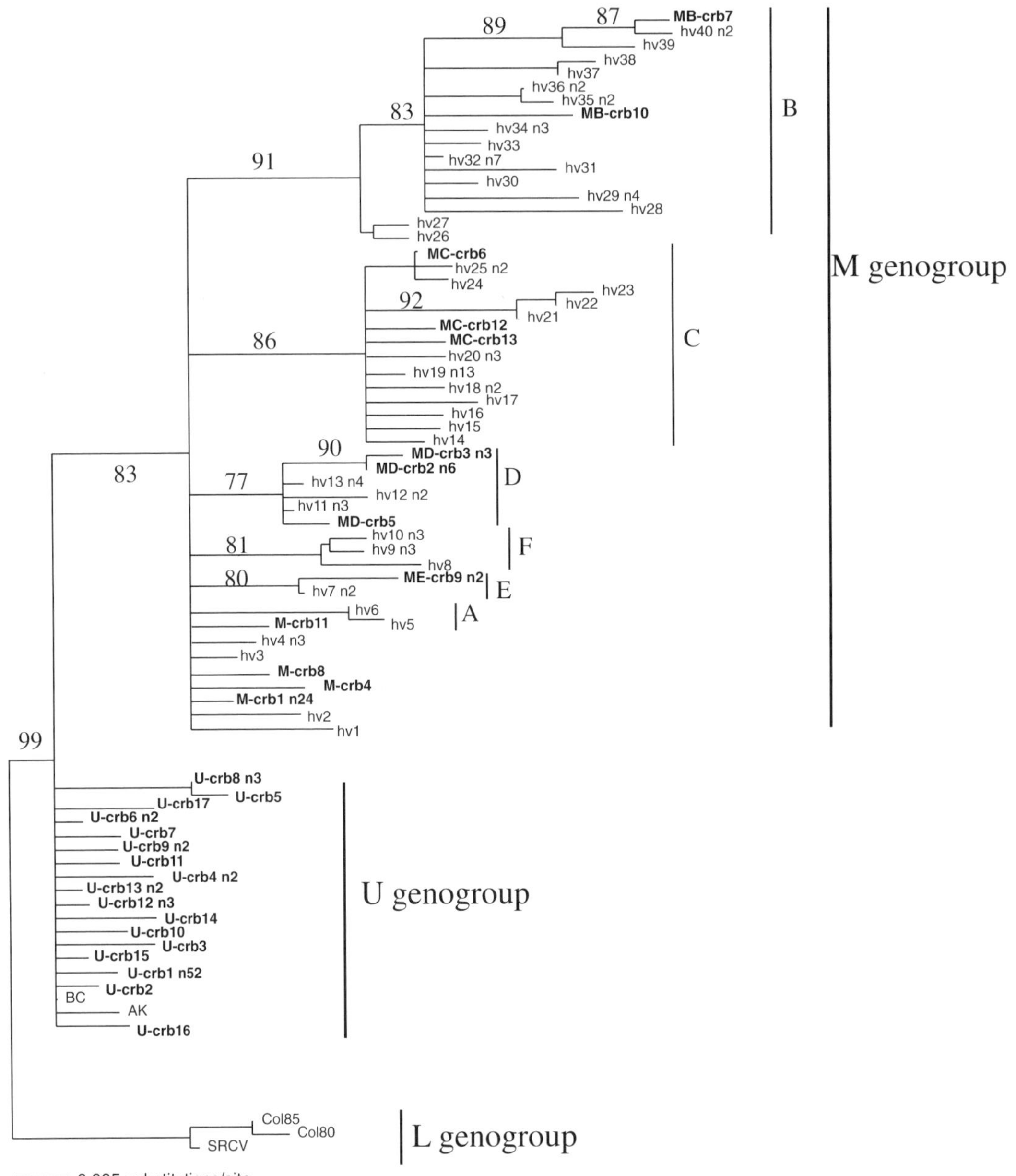

Figure 2. Phylogenetic tree showing genetic relationships of IHNV mid-G sequence types from the Hagerman Valley in Idaho (labeled with the prefix "hv") and from throughout the rest of the Columbia River basin (labeled with "crb" in the name). Columbia River basin type names begin with the major genogroup (U or M), and the M subgroup (A-F) where applicable. Sequence types that are within the M genogroup but do not fall within subgroups A-F (referred to in the text as M-N, for no subgroup) are designated with only the M prefix (e.g., M-crb4). Columbia River basin types are shown in bold. The n# following a sequence type indicates the number of individual IHNV isolates found to have that exact sequence. Three California IHNV sequence types in the L genogroup were used as the outgroup, and representative sequence types from Alaska (AK) and British Columbia (BC) were included. Numbers at the major nodes are bootstrap confidence values, which indicate confidence in the groupings to the right of each node when the values are above 70 (Hillis and Bull 1993). This neighbor-joining tree was prepared using PAUP* software as described (Garver et al. 2003) and has horizontal branch lengths proportional to genetic distance.

Table 1. IHNV genogroup M subclades in the Hagerman Valley, Idaho.

Genogroup M subclade	No. isolates[a]	No. facilities[b]	Subclade prevalence over time 1978–1985	1988–1994	1996–1999
A	15	5	8%	2%	22%
B	45	13*	4%	27%	43%
C	53	16*	0	54%	18%
D	18	7	4%	10%	18%
E	5	3*	0	6%	0
F	7	3	25%	0	0
N[c]	14	6*	58%	1%	0

[a] Number of isolates in each subclade out of 157 IHNV isolates analyzed by Troyer et al. (2000, 2003)
[b] Number of Hagerman Valley fish propagation facilities at which each subclade was found. The facilities tested included 18 private trout farms and 3 state hatcheries. Asterisks indicate subclades found at state hatcheries.
[c] N denotes M genogroup isolates that did not fall within a defined subclade, but instead lie on single branches closer to the inferred ancestor of the M genogroup.

in the valley, and it was collected in 1988, well after the emergence of M-crb1 IHNV in the lower Columbia River basin. This does not support the idea that the source of the virus responsible for the Columbia River IHNV emergence in the early 1980s was the Hagerman Valley. It is at least equally probable that both the IHNV emergence events in the Hagerman Valley and the lower Columbia were caused by ances-

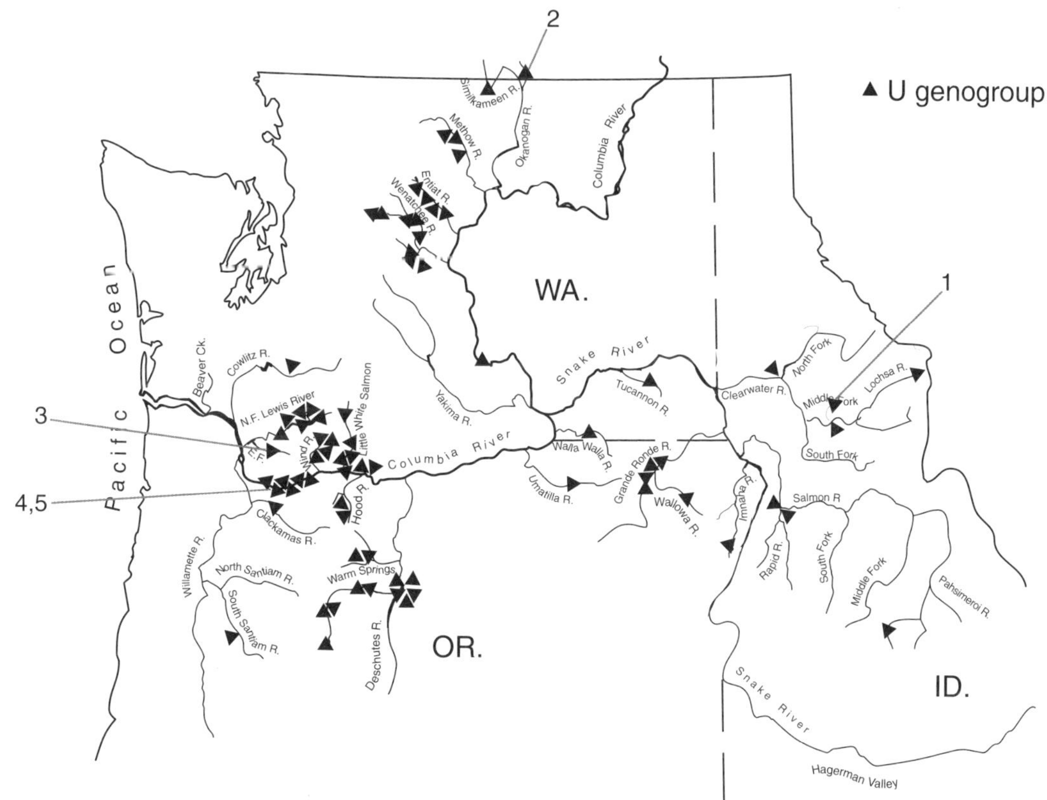

Figure 3. Geographic distribution of U genogroup IHNV isolates in the Columbia River basin. Note the absence of U genogroup isolates in the middle and upper Snake River basin, including the Hagerman Valley, in southern Idaho. Numbers 1–5 correspond to U genogroup isolates from wild fish as described in Table 2.

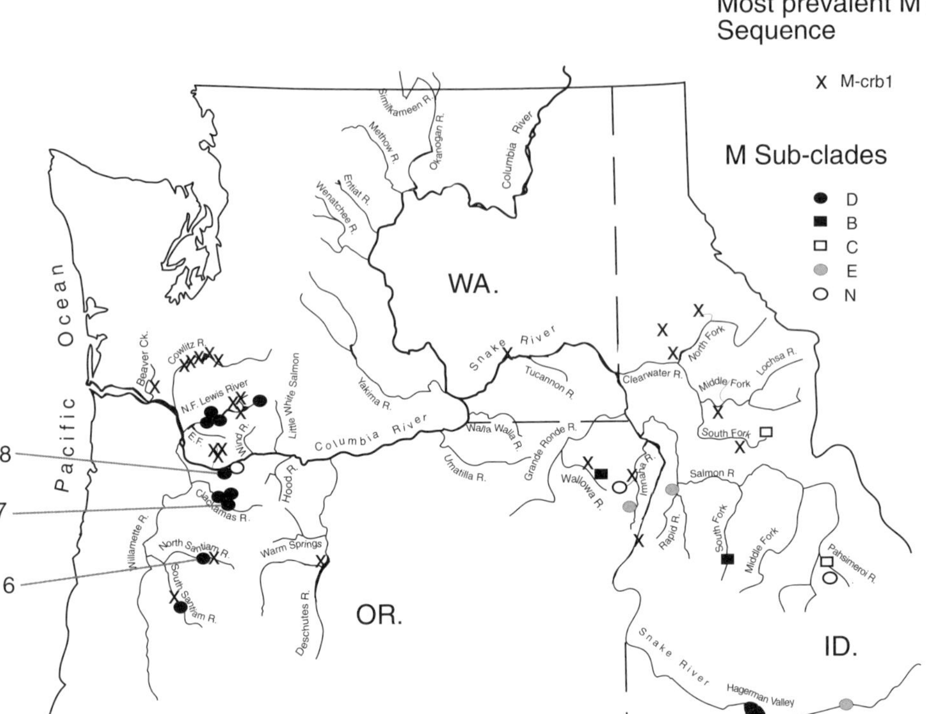

Figure 4. Geographic distribution of M genogroup IHNV isolates in the Columbia River basin. Symbols denoting either the most prevalent M sequence type or M subgroups are shown in the legend. Note the focus of diverse M subgroups in the Hagerman Valley in southern Idaho and the absence of genogroup M isolates in the upper Columbia River. Numbers 6–8 correspond to M genogroup isolates from wild fish as described in Table 2.

tral M genogroup viruses from a common source outside the Hagerman Valley.

In contrast, the occurrence of 10 M-D subgroup IHN isolates in the lower Columbia River basin between 1995 and 2002 does suggest introduction from a Hagerman Valley IHNV source, since 9 D subgroup IHNV isolates were collected from the Hagerman Valley between 1984 and 1998. This is the only well-supported case of a virus type from the Hagerman Valley becoming established and persisting and spreading over time in the Columbia River basin (Garver et al. 2003). The other isolations of M genogroup IHNV outside the Hagerman Valley include a total of nine isolates from subgroups B, C, E, and nonsubgroup N that occurred sporadically in the Snake River and tributaries (Garver et al. 2003; Figure 4). There was also a single N isolate at Bonneville Hatchery in 1990. In these cases, the virus did not appear to become established because it was not isolated more than once from any site. With regard to the potential mechanisms by which these Hagerman Valley virus types may be spread outside the valley, the sporadic occurrences in the lower Snake River tributaries could be due to outplanting of fish from the state hatchery facilities associated with the Lower Snake River Compensation Plan (Crateau 1989). State hatcheries in the Hagerman Valley were shown to have subgroup B, C, E, and nonsubgroup N IHNV types prior to their isolation outside the valley (Garver et al. 2003; Troyer and Kurath 2003). This does not explain the introduction of the D subgroup virus in the lower Columbia River basin, but some form of fish translocation, perhaps involving steelhead or rainbow trout production and/or the barging of outmigrating juvenile fish, is a possible source. Simple waterborne transmission from Hagerman Valley facility effluents appears unlikely to be the mechanism of spread because this would predict that the most prevalent Hagerman Valley virus types, which are M subgroups B and C, would be most commonly found downstream. This is not the

Table 2. Sequence types of IHNV isolated from wild fish in the Columbia River basin.

Wild fish no.[a]	Location, watershed[b]	Year[c]	Host[d]	Life stage[e]	Sequence type	Closest propogated fish sequence type
1*	Maggie Ck., Clearwater R.	1998	rbt	juv	U-crb1	Kooskia H. 1999, U-crb1
2	Oliver B.C., Okanogan R.	1998	sock	ad	U-crb15	N.A.[f]
3*	East Fork, Lewis R.	1997	sthd	fing	U-crb1	North Fork Lewis 1996 and Merwin H. 1998, U-crb1
4*, 5*	Hamilton Ck., lower Col. R.	2000	chum	ad	U-crb1	Bonneville H. 1999 and 2001, U-crb1
6	Minto Pond, Willamette R.	1996	sthd	ad	MD-crb3	S. Santiam H. 1999, MD-crb3
7	Clackamas, Willamette R.	1996	sthd	ad	MD-crb2	Clackamas H. 1997, MD-crb2
8	Tanner Ck.,	2002	sthd	ad	MD-crb5	see Table 3

[a] Wild fish numbers correlate with locations numbered in Figures 3 and 4. Asterisks indicate fish collected as part of the U.S. Fish and Wildlife Service national wild fish health survey.
[b] Ck, creek; R., river; B.C., British Columbia; Col. R., Columbia River; H., hatchery.
[c] Year the isolate was collected.
[d] rbt, rainbow trout; sock, sockeye; sthd, steelhead
[e] juv, juvenile; fing; fingerling; ad, adult
[f] N.A. indicates that an IHNV isolate from a propagated fish in close geographic and temporal proximity was not available. The closest isolate was from Similkameen R. in 1984, and it had sequence type U-crb15.

case, since 63% of the IHNV isolates examined from the Columbia River basin belonged to the U genogroup, and of the remaining M genogroup, isolates 39 out of 44 either did not fall into a subgroup or were in the minor subgroups D and E.

An important question for the use of propagated fish in resource management is how the IHNV types in wild fish compare with those in propagated fish. Among the 120 IHNV isolates analyzed from the Columbia River basin, there were 8 that could be verified as being from wild fish hosts. These are listed in Table 2 and their locations are indicated on Figures 3 and 4. Table 2 indicates that wild fish in the Columbia River basin have both the U and M genogroup IHNV, isolated from both juvenile and adult fish and at similar times between 1996 and 2002. In most cases, IHNV with an identical or very similar sequence type has been isolated from propagated fish stocks in close proximity (Table 2), indicating likely virus traffic between wild and propagated fish.

Redfish Lake Sockeye Epidemic in 2002

Our investigation of the IHNV types associated with a recent epidemic in endangered Redfish Lake sockeye provides an example of how the IHNV genetic strain typing can provide information about virus traffic. In April of 2002, mortalities due to IHNV began to occur in a stock of 68,000 endangered Redfish Lake sockeye presmolts being reared in a captive brood program at Bonneville Hatchery (ODFW 2002; Phinney 2002). When the epidemic reached a cumulative mortality of more than 30% within one month, the remaining population of 43,000 endangered smolts was destroyed because the presence of the virus in any survivors would preclude their reintroduction into Idaho. Genetic typing showed that the virus responsible for the epidemic was a U genogroup virus in the ubiquitous U-crb1 sequence type. In the search for possible sources of virus that caused the epidemic, a major candidate was IHNV isolated from a wild adult steelhead that had been found dead at the Tanner Creek water intake for the hatchery (ODFW 2002). However, analysis of the mid-G sequence revealed that this virus was in the M genogroup subgroup D (Table 3). Due to the genetic distance between the U and M genogroups on the phylogenetic tree (Figure 2), this allowed us to confidently conclude that the Tanner Creek steelhead was not the source of the virus in the sockeye. An alternative potential source was IHNV that had been isolated late in 2001 from adult chinook

Table 3. Sequence types of IHNV from the 2002 epidemic in endangered Redfish Lake sockeye at Bonneville Hatchery and fish stocks in close proximity.

Location	Year	Host	Life stage	Sequence type	Notes
Bonneville H.	2002	sock	presmolts	U-crb1	Epidemic in captive brood program
Tanner Ck.	2002	sthd	ad	MD-crb5	Wild fish found dead at water supply intake for Bonneville H.
Bonneville H.	2001	Chin	ad	U-crb1	Adult fish on site at same time as the endangered sockeye
Bonneville H.	1999	Chin	ad	U-crb1	Indicates the U-crb1 IHNV may be endemic in the Chinook

Abbreviations are as in Table 2, except Chin, Chinook.

at the same hatchery. This virus was in the same U-crb1 sequence type as the virus in the sockeye epidemic. Since this sequence type includes more than 50 other IHNV isolates from throughout the basin, we cannot conclude that the Chinook salmon were the source of the epidemic virus, but the Chinook were at the facility at the same time as the Redfish Lake sockeye. Therefore, in this case, a biosecurity breach within the hatchery would be a possible source, while wild fish in the hatchery water supply were eliminated as a possible cause of the epidemic.

Conclusions

These studies demonstrate that significant IHNV transmission occurs between hatchery, farmed, and wild fish. A diagram of the IHNV traffic patterns in Columbia River basin salmonids is shown in Figure 5.

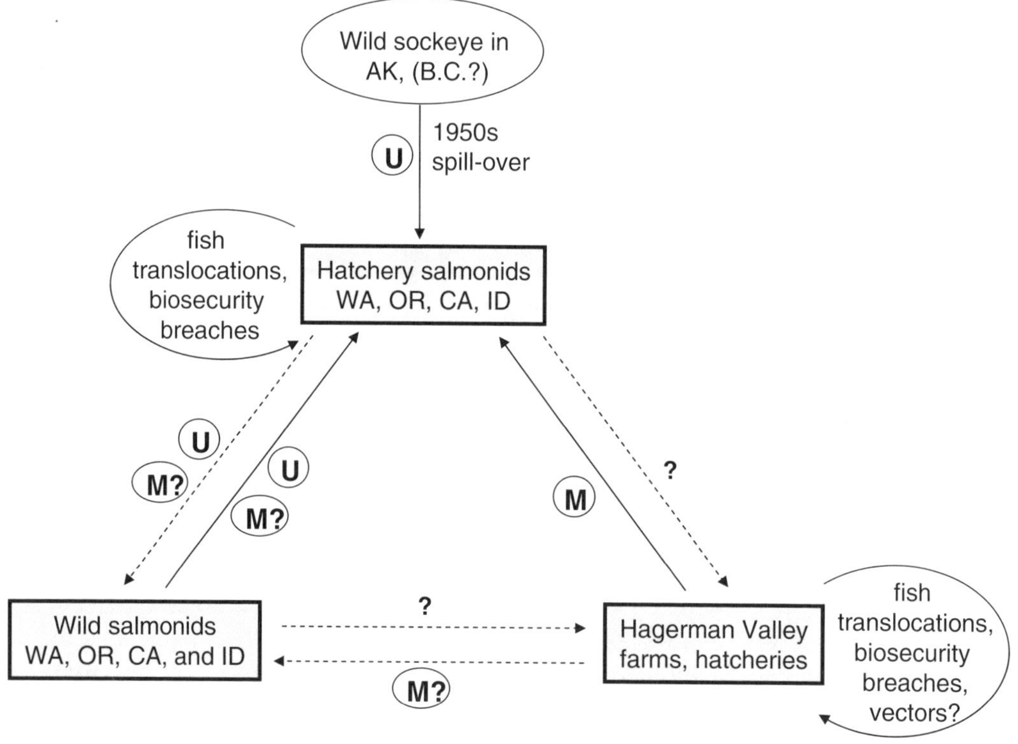

Figure 5. A model of the traffic pattern of IHNV in wild, hatchery, and farmed salmonids in the Columbia River basin. Individual traffic vectors that are described in the literature are shown as solid arrows, and less well-documented vectors are shown as dotted arrows or with question marks. WA, OR, CA, and ID indicate the states Washington, Oregon, California, and Idaho, respectively.

Some of these traffic events have been documented, and some are hypothetical. Our strain typing has shown that two major genogroups of IHNV occur in the Columbia River basin (Garver et al. 2003). The U genogroup is of low diversity and is endemic in most subbasins, suggesting that it is likely endemic in wild fish reservoir populations. In contrast, the M genogroup is endemic and epidemic in the Hagerman Valley, but it is not yet endemic in the rest of the basin. Instead, it has occurred only sporadically in lower Snake River tributaries, and there are two cases in which an M genogroup IHNV has become established for a period of several years in the lower Columbia River basin. The first such case began with the IHNV emergence in 1980–1983 and persisted until the last isolation of this M-crb1 sequence type in 1994. The second case began with the isolation of M-D subgroup IHNV from the Hagerman Valley in the Lewis River watershed in 1995, and this subgroup has now been isolated from multiple sites. Since M genogroup IHNV is not yet endemic throughout the Columbia basin, prevention of its spread and establishment should be emphasized in salmonid management decisions.

It is important to recognize that the actual health threat that disease in propagated fish poses to wild salmonid stocks has for the most part not been characterized or quantified. Although it is intuitive that intensification of disease in fish culture facilities may increase the disease pressure on wild fish in close proximity, this has not been clearly demonstrated due to insufficient studies of disease in wild fish populations. Research to more accurately assess this potential threat will be essential for appreciating the relevance of disease in wild and propagated fish interactions.

Acknowledgments

The authors gratefully acknowledge all the fish health professionals in state and federal agencies who provided the IHNV isolates analyzed in these studies. In particular, we thank Mark Engelking, John Kaufman, Warren Groberg, Sam Onjukka, Susan Gutenberger, Joan Thomas, Ray Brunson, Scott LaPatra, Doug Ramsey, Kathy Clemens, Keith Johnson, and Dorothee Kieser for their contributions of virus isolates and background information. K. A. Garver was supported by USDA postdoctoral fellowship grant No. 00–35204–9226.

References

Amend, D. F., and J. F. Wood. 1972. Survey for infectious hematopoietic necrosis (IHN) virus in Washington salmon. Progressive Fish-Culturist 34:143–147.

Anderson, E. D., H. M. Engelking, E. J. Emmenegger, and G. Kurath. 2000. Molecular epidemiology reveals emergence of a virulent infectious hematopoietic necrosis (IHN) virus strain in wild salmon and its transmission to hatchery fish. Journal of Aquatic Animal Health 12:85–99.

Bootland, L. M., and J. C. Leong. 1999. Infectious hematopoietic necrosis virus. Pages 57–121 *in* P. T. K. Woo and D. W. Bruno, editors. Fish diseases and disorders. CAB International, New York.

Brannon, E., and G. Klontz. 1989. The Idaho aquaculture industry. Northwest Environment Journal 5:23–35.

Burke, J., and R. Grischkowsky. 1984. An epizootic caused by infectious haematopoietic necrosis virus in an enhanced population of sockeye salmon, *Oncorhynchus nerka* (Walbaum), smolts at Hidden Creek. Alaska Journal of Fish Diseases 7:421–429.

Busch, R. A. 1983. Viral disease considerations in the commercial trout industry in Idaho. Pages 84–100 *in* J. C. Leong and T. Y. Barila, editors. Proceedings of a Workshop on Viral Diseases of Salmonid Fishes in the Columbia River Basin. Bonneville Power Administration, Special Publication, Portland, Oregon.

Crateau, E. J. 1989. Lower Snake River compensation plan program annual report, fiscal year 1988.

Daszak, P., A. A. Cunningham, and A. D. Hyatt. 2000. Emerging infectious diseases of wildlife - threats to biodiversity and human health. Science 287:443–449.

DFW (Department of Fish and Wildlife). 2002. Diseased sockeye euthanized at Bonneville Hatchery. Oregon Department of Fish and Wildlife News Release (June 4).

Emmenegger, E. J., T. R. Meyers, T. O. Burton, and G. Kurath. 2000. Genetic diversity and epidemiology of infectious hematopoietic necrosis virus in Alaska. Diseases of Aquatic Organisms 40:163–176.

Garver, K. A., R. M. Troyer, and G. Kurath. 2003. Two distinct phylogenetic clades of infectious hematopoietic necrosis virus overlap within the Columbia River basin. Diseases of Aquatic Organisms 55:187–203.

Grischkowsky, R. S., and D. F. Amend. 1976. Infectious hematopoietic necrosis virus, prevalence in certain Alaskan sockeye salmon, *Oncorhynchus nerka*. Journal of the Fisheries Research Board of Canada 33:186–188.

Groberg, W. J. 1983. The status of viral fish diseases in the Columbia River Basin. In J. C. Leong and T. Barila editors. Proceedings of a Workshop on Viral Diseases of Salmonid Fishes in the Columbia River

Basin. Bonneville Power Administration, Special Publication, Portland, Oregon.

Guenther, R. W., S. W. Watson, and R. R. Rucker. 1959. Etiology of sockeye salmon "virus" disease. U.S. Fish and Wildlife Service, Special Scientific Report Fisheries 296, Washington, D.C.

Hillis, D. M., and J. J. Bull. 1993. An empirical test of bootstrapping as a method for assessing confidence in phylogenetic analysis. Systematic Biology 42:182–192.

Hsu, Y. L., H. M. Engelking, and J. C. Leong. 1986. Occurrence of different types of infectious hematopoietic necrosis virus in fish. Applied and Environmental Microbiology 52:1353–1361.

Kurath, G., K. A. Garver, R. M. Troyer, E. J. Emmenegger, K. Einer-Jensen, and E. D. Anderson. 2003. Phylogeography of infectious hematopoietic necrosis virus in North America. Journal of General Virology 84:803–814.

LaPatra, S. E., K. A. Lauda, and G. R. Jones. 1994. Antigenic variants of infectious hematopoietic necrosis virus and implications for vaccine development. Diseases of Aquatic Organisms 20:19–126.

LaPatra, S. E., K. A. Lauda, and A. W. Morton. 1991. Antigenic and virulence comparisons of eight isolates of infectious hematopoietic necrosis virus from the Hagerman Valley, Idaho, USA. Pages 125–132 *in* Proceedings of the Second International Symposium on Viruses of Lower Vertebrates, Oregon State University, Corvallis.

Mulcahy, D. M., G. L. Tebbit, W. J. Groberg, J. S. McMichael, J. R. Winton, R. P. Hedrick, M. Philippon-Fried, K. S. Pilcher, and J. L. Fryer. 1980. The occurrence and distribution of salmonid viruses in Oregon. Oregon Agricultural Experiment Station, Technical Paper No. 5504, ORESU-T-80-004, Corvallis.

Phinney, W. 2002. NMFS ponders fate of infected captive brood sockeye. AquaVetMet News (May 23 2002).

Pilcher, K. S., and J. L. Fryer. 1980. The viral diseases of fish, a review through 1978. Part I, Diseases of proven viral etiology. CRC Critical Reviews in Microbiology 7:287–364.

Roppel, P. 1982. Alaska salmon hatcheries 1891–1959. Alaska Historical Commission studies No. 20, Portland, Oregon.

Ross, A. J., J. Pelnar, and R. R. Rucker. 1960. A virus-like disease of chinook salmon. Transactions of the American Fisheries Society 89:160–163.

Rucker, R. R., W. J. Whipple, J. R. Parvin, and C. A. Evans. 1953. A contagious disease of sockeye salmon possibly of virus origin. Fisheries Bulletin 54:35–46.

Traxler, G. S. 1986. An epizootic of infectious hematopoietic necrosis in 2-year-old kokanee, *Oncorhynchus nerka* (Walbaum) at Lake Cowichan, British Columbia Journal of Fish Disease 9:545–549.

Troyer, R. M., and G. Kurath. 2003. Molecular epidemiology of infectious hematopoietic necrosis virus reveals complex virus traffic and evolution within southern Idaho aquaculture. Diseases of Aquatic Organisms 55:175–185.

Troyer, R. M., S. E. LaPatra, and G. Kurath. 2000. Genetic analyses reveal unusually high diversity of infectious haematopoietic necrosis virus in rainbow trout aquaculture. Journal of General Virology 81:2823–2832.

USDA (U.S. Department of Agriculture). 2001. Economic Research Service, Aquaculture outlook. Available at: http://usda.mannlib.cornell.edu/reports/erssor/livestock/ldp-aqs/2001/.

Watson, S. W., R. W. Guenther, and R. R. Rucker. 1954. A virus disease of sockeye salmon: interim report. Pages 1–36 *in* U.S. Fish and Wildlife Service Special Scientific Report, Fisheries No. 138.

Williams, I. V., and D. F. Amend. 1976. A natural epizootic of infectious hematopoietic necrosis in fry of sockeye salmon (*Oncorhynchus nerka*) at Chilko Lake, British Columbia. Journal of the Fisheries Research Board of Canada 33:1564–1567.

Wingfield, W. H., J. L. Fryer, and K. S. Pilcher. 1969. Properties of the sockeye salmon virus (Oregon strain). Proceedings of the Society for Experimental Biology and Medicine 130:1055–1059.

Wolf, K. 1988. Infectious hematopoietic necrosis virus. Pages 83–114 *in* Fish viruses and fish viral diseases, Cornell University Press, Ithaca, New York.

American Fisheries Society Symposium 44:549–557, 2004

Susceptibility of Rainbow Trout Resistant to *Myxobolus cerebralis* to Selected Salmonid Pathogens

JERRI L. BARTHOLOMEW[1]
Department of Microbiology and Center for Fish Disease Research Nash Hall 220, Oregon State University, Corvallis, Oregon, USA

M. MATTES AND MANSOUR EL-MATBOULI[2]
Institute of Zoology, Fish Biology and Fish Diseases, Faculty of Veterinary Medicine University of Munich, Kaulbachstr. 37, 80539 Munich, Germany

TERRY S. MCDOWELL AND RONALD P. HEDRICK[3]
Department of Medicine and Epidemiology, School of Veterinary Medicine, University of California, Davis, California, USA

Abstract.—Laboratory challenges of two rainbow trout *Oncorhynchus mykiss* strains with *Myxobolus cerebralis* triactinomyxons confirm the resistance to whirling disease of the Hofer trout strain. Although the number of fish that became infected and developed clinical disease was similar for the Hofer and the Trout Lodge strains at all challenge doses, the median spore numbers were lower at all challenge doses for the Hofer rainbow trout. Parasite challenge doses required to produce lesions of high severity were 10-fold lower for the Trout Lodge strain (100 triactinomyxons) than the Hofer strain (1,000 triactinomyxons). Challenges of the Hofer strain with other common salmonid pathogens; the myxozoans *Ceratomyxa shasta* and *Tetracapsuloides bryosalmonae*, the bacterium *Yersinia ruckeri*, and the viruses Salmonid herpes-like virus type 1 and infectious hematopoietic necrosis virus demonstrate that the susceptibility of the Hofer strain was similar to what would be expected for other strains of rainbow trout, either domestic or wild. These pathogen challenges provide evidence that the Hofer trout present a low risk for introducing any pathogen that might be detrimental to native or established fish populations or further amplifying those that are endemic.

Introduction

Myxobolus cerebralis, the myxosporean causing whirling disease, was first described in Europe in 1898 among farmed rainbow trout *Oncorhynchus mykiss* (Hofer 1903). The spread of the parasite from a presumed origin in Eurasia throughout Europe and eventually to North America is suspected to be associated with the movements of live and frozen fish (Hoffman 1970, 1990). That the disease could have impacts on wild populations of trout was originally proposed by Yoder (1972) and was realized in 1990 when fisheries biologists detected significant declines in populations of wild rainbow trout in Montana and Colorado (Nehring and Walker 1996; Vincent 1996). The severe declines in these wild rainbow trout populations stimulated a renewed interest in finding solutions for whirling disease not only for cultured fish, but for wild populations as well. Following the discovery of the two host life cycle of the parasite Wolf and Markiw (1984) both laboratory and field studies have greatly increased our knowledge of both the fish and oligochaete hosts (El-Matbouli et al. 1992; Hedrick 1998; Hedrick et al. 1998; Bartholomew and Wilson 2002). An area of particular interest has been the search for naturally acquired resistance to the parasite among strains of rainbow trout in North America. Field and laboratory studies to date however, have demonstrated

[1] E-mail: jerri.bartholomew@oregonstate.edu
[2] E-mail: elmatbouli@zoofisch.vetmed.uni-muenchen.de
[3] E-mail: rphedrick@ucdavis.edu

no more than marginal resistance to the parasite among the many stocks of rainbow trout in North America (Hedrick et al. 1998, 1999a, 1999b, 2001; Thompson et al. 1999; Densmore et al. 2001; MacConnell and Vincent 2002).

Recently, a population of rainbow trout from Germany (Hofer strain) was identified as showing empirical resistance to whirling disease under hatchery conditions. This population has had presumed contact with the parasite for up to 110 years, perhaps sufficient time to have developed natural resistance to whirling disease. Recent controlled laboratory challenges comparing the Hofer strain to one North American strain of rainbow trout has indeed demonstrated such resistance in the rainbow trout from Germany (Hedrick et al. 2003).

Potential applications of identifying a strain of rainbow trout with increased resistance to *M. cerebralis* include identifying genetic factors responsible for the protection from the parasite and conferring these traits to North American strains of rainbow trout. Uses for rainbow trout with this enhanced resistance might include the restoration of sport fisheries in areas where rainbow trout have been established outside their native range and where populations have been impacted by whirling disease. However, before any applications of these fish are realized, the broader implications of introduction must be considered. Foremost, it will be necessary to provide assurance that these fish do not pose a threat to existing populations by demonstrating that the development of resistance to whirling disease has not come at the expense of increased susceptibility to other microbial diseases that may be encountered in North America. The observation of several year classes of Hofer trout in quarantine and the pathogen challenges reported here are the first steps toward addressing these concerns.

Methods

Fish

Two strains of rainbow trout were examined in these studies. Both strains were obtained as eggs from the producers in the United States (Trout Lodge) and Germany (Hofer). Both producers are certified sources of specific pathogen-free eggs. The eggs were hatched in 12°C well water either in the Fish Health Laboratory at the University of California, Davis, California, USA or the Fish Disease Laboratory at the University of Munich, Munich, Germany. Fish were fed a commercial trout ration prior to or during the experimental challenges described below.

Pathogen Challenge Protocols

The relative susceptibility of the two trout strains were tested with a panel of pathogens, including viral, bacterial, and myxozoan parasites. The protocols for each set of challenge trials are described individually for each pathogen tested.

Myxozoan Challenges

Myxobolus cerebralis

Rainbow trout of each strain were approximately 10 d posthatch and 129.5 degree-days in age at the time of challenge. The protocol used for the challenges and the interpretation of the results were identical to those reported by Hedrick et al. (1999a, 1999b). Briefly, two replicate groups of 30 fish of each strain of rainbow trout were challenged with either 0, 10, 100, 1,000, or 10,000 triactinomyxons of *M. cerebralis* in a static bath for 2 h. Following the exposure, the fish were returned to 20-L aquaria receiving 15°C well water. At 5 months postexposure, five fish from each aquaria were removed, euthanatized with an overdose of anesthetic, weighed, and the head removed. The head was separated into two equal halves on a midsaggital plane. One half of the head was examined for concentrations of myxospores, and the other half head was placed in 10% neutral buffered formalin for histological analysis of lesion severity. Five fish were examined for spore numbers and lesion severity from each replicate group. The methods for spore enumeration and lesion scoring have been described previously (Hedrick et al. 1999a, 1999b, 2003).

Tetracapsuloides bryosalmonae

Rainbow trout of each strain were 180 d posthatch (approximately 20 g) when exposed to *T. bryosalmonae*, the cause of proliferative kidney disease (PKD). Exposures were conducted for 7 d in a hatchery endemic for the parasite. Thirty fish from each strain were placed in a live cage (150 × 70 × 50 cm), which allowed the water to flow through 3-mm mesh. Subsequently, fish were transferred to the laboratory and held in aquaria on 13–14°C specific pathogen-free water. Fish were examined daily for clinical signs of PKD, such as exophthalmia and darkening of the epidermis. At 7-d intervals, two fish from each strain were euthanatized with an overdose of anesthetic and dissected. Portions of liver, kidney, and spleen were fixed in 10% neutral buffered formalin for histological analysis. Parasite stages were enumerated within 11-mm^2 sections of kidney and spleen. A second portion of each tissue was collected for confirmation of infection using a *T. bryosalmonae*-specific polymerase chain reaction (PCR) assay following the protocol of Kent et al. (1998). The experiment was terminated at 120 d postexposure.

Ceratomyxa shasta

Challenge studies with this myxozoan pathogen were conducted by administering *C. shasta* trophozoite stages by intraperitoneal injection into replicate groups of both strains of rainbow trout. Trophozoite stages of the parasite were generated by injecting Trout Lodge rainbow trout with ascities collected from Shasta strain rainbow trout which had contracted ceratomyxosis by natural exposures to waters containing the infective stages (Ibarra et al. 1992). Ascities were frozen in liquid nitrogen and then thawed prior to injection of rainbow trout. Once ascities was formed, it was harvested into a common pool from a total of three rainbow trout and used for the inoculum in the challenge study that compared Hofer and Trout Lodge strains of rainbow trout. At the time of challenge, the mean weights of the Hofer and Trout Lodge trout were 15 and 11 g, respectively. Three replicate groups of 10 fish of each strain of rainbow trout were injected with 0.1 mL of ascities. The parasite numbers in the inoculum were not enumerated. Ten fish of each group received injections with saline only. The fish were placed into individual 20-L aquaria receiving 12°C well water. Dead fish were removed, and fresh mounts of ascities or intestinal discharges were evaluated for the presence of developmental or sporogonic stages of *C. shasta* by light microscopy.

Bacterial Challenge

Yersinia ruckeri

Four replicate groups of 20 rainbow trout (age 10 months, 50 g) of each strain were maintained in 70-L aquarium prior to challenge with *Y. ruckeri*. Three groups from each strain were injected intraperitoneally with a dose of 1 × 10^4, 1 × 10^5, and 1 × 10^6 *Y. ruckeri*, respectively. One group from each strain, injected either with saline only or with saline collected from standard agarose, served as negative control. Clinical signs such as hemorrhages in mouth area and exophthalmia were noted, and fish that died were processed for bacteriology. Culture of *Y. ruckeri* from the kidney, liver, and spleen was done using HSF-medium (Furones et al. 1993). Samples of these tissues were fixed in 10% neutral buffered formalin histological examination. Tissue samples were collected for PCR assay, which was performed using the protocol of Argenton et al. (1996). The duration of the experiment was 21 d; at that time, 15 fish were euthanatized and processed as above. The remaining five fish were held an additional 30 d in order to determine if a different in the prevalence of disease could be detected.

Viral Challenges

Infectious Hematopoietic Necrosis Virus (IHNV)

The Hofer and Trout Lodge strains of rainbow trout were 1.3 and 1.0 g, respectively at the time of the IHNV trial. Two replicate groups of 20 fish for each strain of rainbow trout were exposed to either 1.2 × 10^7 (High), 1.2 × 10^6 (Medium), or 1.2 × 10^5 (Low) plaque-forming units (pfu)/mL of IHNV strain (CST 039–82). This virus isolate is a member of the M clade of IHNV predominantly found in rainbow trout in Idaho (Kurath et al. 2003). The fish were exposed in a total volume of 1 L of well water at 12°C for 1 h. Two equally sized replicate groups of each strain of rainbow trout were treated as the exposed groups except that they received only cell culture medium without virus. After the exposures, the flow of 12°C well water was resumed to 20-L aquaria containing the different groups of fish. Individual dead fish were removed and frozen at –80°C, except for five freshly dead fish from each exposure group in which the concentrations of virus were enumerated by plaque assay (Arkush et al., in press). The experiment was terminated at 26 d post initial virus exposure.

Salmonid Herpes-Like Virus Type 1 (SalHV1)

Two replicate groups of 20 fish of each strain of rainbow trout were exposed to 6.4 × 10^5 tissue culture infective dose 50% (TCID50)/mL of SalHV1 in 2 L of well water at 10°C for 1 h. Two additional replicate groups of each strain of rainbow trout were exposed only to cell culture medium. After the exposures, the flow of 10°C well water was resumed to the 20-L aquaria containing the different groups of fish. Dead fish were examined immediately for the presence of the virus by isolation using the CHSE-214 and RTG-

2 cell lines as described by Eaton et al. (1989). The experiment was terminated at 30 d post-initial virus exposure when five fish from each replicate were examined for presence of the virus by isolation.

Results

Myxobolus cerebralis Challenge

Both strains of rainbow trout became infected at each dose of exposure tested (Table 1). At the lowest challenge dose (10 triactinomyxons per fish) all five fish in both replicate groups of Trout Lodge rainbow trout were infected compared to only three and four, respectively, for the two replicate groups of Hofer rainbow trout. Clinical signs of whirling disease were absent among both strains of rainbow trout at the lowest challenge dose but were present among all fish sampled at the higher doses. The number of spores found were up to 10-fold less in the same dose exposures when Hofer were compared to the Trout Lodge strain of rainbow trout (Table 2). In addition, the lesion scores were lower at 10 and 100 triactinomyxon per fish doses for Hofer compared to the Trout Lodge strain of rainbow trout (Table 2).

Tetracapsula bryosalmonae Challenge

There was no mortality from PKD during the course of the experiment; however, clinical signs of the disease were observed in both strains of rainbow trout. External disease signs—exopthalmia, swollen abdomen, and darkening of the skin—were observed in 3/30, 5/30, and 8/30, respectively of the Hofer and in 3/30, 6/30, and 10/30, respectively, of the Trout Lodge. Internally, pale organs were evident in 11/30 Hofer and 6/30 Trout Lodge and swollen kidneys in 13/30 Hofer and 15/30 Trout Lodge. Visual examination of kidney and spleen during the first 4 weeks postexposure revealed few parasites in the kidney (average = 1.0 parasite/11 mm^2; n = 8) and none in the spleen (n = 8) for both strains. Numbers of parasites were highest in the kidney during the third month postexposure, with an average of 10.4 parasites/11 mm^2 (n = 8) observed in the Hofer and 4.1 parasites/11 mm^2 (n = 8) in the Trout Lodge strain. Numbers of parasites in the spleen remained low (average < 1.0 parasite/11 mm^2) for both strains for the duration of the experiment and both strains showed decreased numbers of parasites in the kidney during the fourth month (average = 1.3 parasites/11 mm^2 for Hofer; average = 3.2 parasites/11 mm^2 for Trout Lodge. Detection of infection by PCR showed that 100% of each strain was infected with the parasite during the first 3 months postexposure; infection prevalence declined during the fourth month postexposure to 95% of Hofer and 70% of Trout Lodge.

Table 1. Number of infected fish and clinical signs of whirling disease among Trout Lodge and Hofer strains of rainbow trout after exposures to graded doses of the infectious stages of *Myxobolus cerebralis.*

		No. infected (no. with signs)* 5 fish examined	
Species	Dose	Replicate 1	Replicate 2
Trout Lodge	0	0 (0)	0 (0)
	10	5 (0)	5 (0)
	100	5 (5)	5 (5)
	1,000	5 (5)	5 (5)
	10,000	5 (5)	5 (5)
Hofer	0	0 (0)	0 (0)
	10	4 (0)	3 (0)
	100	5 (5)	5 (5)
	1,000	5 (5)	5 (5)
	10,000	5 (5)	5 (5)

*Black tail as recorded at the 5-month postexposure sampling.

Ceratomyxa shasta Challenge

With the exception of one fish in one replicate of the exposed Hofer strain, all fish died following injections with trophozoites of *C. shasta* (30/30 Trout Lodge and 29/30 Hofer). There were only two control fish that died, both of the Hofer strain. No parasites were found in either dead control fish. In contrast, trophozoites or sporogonic stages or spores were detected in all parasite-injected fish that died. The one exposed Hofer rainbow trout sampled at the terminus of the study showed no evidence of *C. shasta* in the intestine.

Yersinia ruckeri Challenge

At the high challenge dose (10^6 bacteria), 17 fish of the Hofer strain and 11 of the Trout Lodge strain died within 24 h postinjection. The remaining fish of both strains were lethargic, did not accept feed, and died within the following 2 d. By day 4 postinjection, mortality in both strains was 100%. At the intermediate challenge dose (10^5 bacteria), 30% (six fish) of the Hofer strain and 25% (five fish) of the Trout Lodge

Table 2. Median spore numbers and lesion scores among Trout Lodge and Hofer strains of rainbow trout after exposures to graded doses of the infectious stages of *Myxobolus cerebralis*.

		No. infected (no. with signs)* 5 fish examined			
		Replicate 1		Replicate 2	
Species	Dose	Spore no.	Lesion score	Spore no.	Lesion score
Trout Lodge	0	0	0	0	0
	10	777,250	3	123,750	2
	100	625,000	4	216,000	4
	1,000	881,000	4	411,750	4
	10,000	330,000	4	140,000	4
Hofer	0	0	0	0	0
	10	66,250	2	55,416	0
	100	191,000	3	188,000	3
	1,000	533,000	4	294,000	4
	10,000	167,000	4	115,500	4

*Black tail as recorded at the 5-month postexposure sampling.

strain died. The first mortality occurred in the Hofer group (one fish) on day 7 postinjection, and after 14 d, no further mortalities occurred in either group. At the low challenge dose (10^3 bacteria), 15% of the Hofer strain (three fish) died, with the first mortality occurring on day 8 postinjection. Mortality in the Trout Lodge group was 5% (one fish, which died on day 13). All surviving fish showed no clinical signs and fed normally until the end of the experiment. For all exposures, clinical disease signs typical of enteric redmouth (hemorrhage in the mouth, head area, and muscle) were noted only in fish that subsequently died from the infection.

Salmonid Herpes-Like Virus Type 1 (SalHV1)

There were a total of only three fish that died following virus exposure. The virus was recovered from the one dead Trout Lodge trout and from one of two Hofer trout that died. All other exposed and control fish in the trial appeared healthy throughout the 30-d period. There was no virus recovered from any fish examined at the end of the trial.

Infectious Hematopoietic Necrosis Virus (IHNV)

Mortality in all virus-exposed groups was high, ranging from 90% to 100% in the Hofer trout and 85% to 97.5% in the Trout Lodge rainbow trout (Table 3). Virus was recovered from all virus-exposed dead fish examined. The concentrations of virus found in the virus-exposed Hofer rainbow trout ranged from 5.6×10^6 to 4.8×10^7 pfu per gram and was similar regardless of the challenge dose. Virus concentrations found in virus-exposed Trout Lodge rainbow trout ranged from 4.8×10^6 to 2.0×10^9 pfu per gram and differed little with challenge dose.

Discussion

The effects of whirling disease on rainbow trout in areas of the intermountain west have raised concerns about the future viability of these populations and stimulated research for solutions. In areas where rainbow trout are native and where there are naturally reproducing populations, reducing the effects of whirling disease should be approached using habitat restoration and by insuring that fish stocked for sport fisheries are pathogen free. However, in areas where

Table 3. Cumulative mortality among Hofer and Trout Lodge strains of rainbow trout following experimental exposures to three doses of infectious hematopoietic necrosis virus (IHNV).

	No. dead fish/no. exposed (%)	
Virus dose	Hofer	Trout Lodge
Low (1.2×10^7 pfu/mL)	37/40 (92.5)	34/40 (85)
Medium (1.2×10^7 pfu/mL)	40/40 (100)	39/40 (97.5)
High (1.2×10^7 pfu/mL)	37/40 (93)	38/40 (95)

rainbow trout fisheries have been established outside of their native range and where whirling disease has caused declines in trout populations, introduction of a selectively bred strain of rainbow trout possessing traits of local strains with whirling disease resistance genes may serve a useful role in restoration.

The identification of naturally resistant rainbow trout in Germany (Hofer strain) offers the first opportunity for management of whirling disease using disease-resistant fish (Hedrick et al. 2003). Intro- ductions of rainbow trout, principally as eggs from distant origins (e.g., Tasmania, South Africa), have occurred and continue to occur in the United States. There are both benefits and risks associated with these introductions. Of the disease risks, the introduction of exotic pathogens, which can be reduced by rigorous fish health inspections and certifications, and the unknown susceptibility of the introduced trout to endemic diseases, must be considered. Addressing these two key disease concerns should provide fisheries managers some security regarding potential applications of the Hofer trout in restoration efforts. The first of these concerns can be addressed by adherence to fish health inspection regulations; the second is the topic of the present study.

A third and important risk is the potential introduction of genes by crosses with established populations of trout (e.g., rainbow or cutthroat trout), a risk inherent to any stocking or restoration program in areas where wild populations of trout exist and reproduce. In areas where this risk occurs, habitat restoration may be the only approach to rebuilding populations of wild trout. However, in areas where rainbow trout populations have been lost and where no potential impacts on native fish species are anticipated, restoration efforts with disease resistant trout should be considered, particularly strains of rainbow trout resulting from crosses that convey genes for whirling disease resistance with genes from desirable North American strains of rainbow trout. Although resistance of progeny from these crosses must be tested, it can be expected that they will retain an intermediate or equivalent resistance to whirling disease as the Hofer strain, as demonstrated with *C. shasta* (Ibarra et al. 1992; Bartholomew 1998; Bartholomew et al. 2001).

Results of experimental exposures of the Hofer and Trout Lodge strains of rainbow trout to triactinomyxon stages of *M. cerebralis* in this study support the differences in susceptibility to infection and subsequent development of gross and microscopic signs of whirling disease reported previously (Hedrick et al. 2003). Fish in this study were younger (129.5 degree-days) at challenge and differences in susceptibility were not as marked as in studies using larger fish (360 degree-days). Although the number of fish that became infected and developed clinical disease was similar for both strains at all challenge doses, the median spore numbers were lower at all challenge doses for the Hofer rainbow trout. Parasite challenge doses required to produce lesions of high severity (score = 4) were 10-fold lower for the Trout Lodge strain (100 triactinomyxons) than the Hofer strain (1,000 triactinomyxons). In the earlier study (Hedrick et al. 2003), clinical disease signs, mean spore count, and lesion severity were lower at all challenge doses for the Hofer strain. Combined, these studies demonstrate that the Hofer strain develops an age-related resistance reported for susceptible strains of rainbow trout in North America (Hoffman and Byrne 1974; Markiw 1991). However, this strain develops resistance at an earlier age, giving the Hofer strain the advantage of having a more limited "window of susceptibility" than other rainbow trout strains.

The reduced numbers of spores that develop in the Hofer trout compared to other susceptible strains may also have important implications for reducing overall parasite numbers in the environment (Hedrick et al. 2003). Decreasing the number of spores available for infecting the tubificid host has the potential for effectively lowering the infectious dose that a fish might encounter. Thus, where management for wild trout is not or cannot be practiced, this research provides opportunities for providing fish for sport fishing that will not contribute to the negative impacts of the disease.

In addition to demonstrating that the Hofer strain has developed a significant level of resistance to whirling disease, it is equally important to determine the susceptibility of these fish to other pathogens that might be encountered. To determine if during the acquisition of resistance to whirling disease resistance to other pathogens might have diminished, the Hofer strain was challenged with a selection of myxozoan, bacterial, and viral agents that are known to cause disease in rainbow trout in North America. Of the myxozoans, *T. bryosalmonae* is widespread in western North America and in Europe, where it is considered an important disease of cultured salmonids (Kent and Hedrick 1986). Mortality from PKD is chronic and highly variable and is often complicated by secondary infections with other pathogens (Hedrick et al. 1986). Strain differences in susceptibility to PKD have not been reported previously and data obtained from the gross pathology, clinical signs, histology, and PCR analysis of fish challenged in this study suggest that susceptibility of the Hofer and Trout Lodge strains is similar under natural exposure conditions.

In contrast to the widespread distribution of *T. bryosalmonae*, *C. shasta* has a limited distribution, occurring only in the Pacific Northwest of the United States and Canada. Strain differences in susceptibility are well documented for this parasite as it causes a lethal infection that acts as a strong selection pressure on populations in enzootic areas (Bartholomew 1998). The nearly complete mortality that occurred following *C. shasta* challenge in both strains suggest that the Hofer and Trout Lodge strain have similar susceptibilities to this parasite; however, it could be argued that a high infectious dose may have masked any subtle differences. This demonstrated susceptibility to *C. shasta* would make this strain unsuitable for introduction into waters where this parasite is present. However, because the enzootic region for *C. shasta* overlaps the native range of rainbow trout, this consideration is likely of secondary importance. The inability of the Hofer strain to resist challenge by these two very different myxozoan parasites further demonstrates the specificity of the developed resistance to *M. cerebralis* in the Hofer strain.

The only bacterial challenge was conducted using *Yersinia ruckeri* a ubiquitous pathogen that generally causes low-level mortality in rainbow trout. In the challenges conducted in this study, mortality among the Trout Lodge and Hofer strains was similar over a range of injection doses. Challenges have not yet been conducted using the agents that cause furunculosis (*Aeromonas salmonicida*) or bacterial kidney disease (BKD; *Renibacterium salmoninarum*). Rainbow trout are generally considered to have low susceptibility to furunculosis (Cipriano 1983) and if the Hofer strain does not display that trait, the risk that it could amplify and spread that pathogen should be considered. On the other hand, rainbow trout are generally considered susceptible to BKD, therefore, demonstrating the susceptibility of the Hofer strain to this disease would not present any greater risk of contracting or spreading this agent than already exists.

Susceptibility of rainbow trout to IHNV is well established and in this study both strains of trout appeared equally susceptible over the three virus challenge doses. The virus concentrations obtained from moribund fish were similar to those reported by others in rainbow trout (LaPatra et al. 1989, 1990) and salmon (Mulcahy et al. 1982, 1983). Outbreaks of IHNV are sporadic outside the Pacific Northwest and thus considerations for using this strain in areas where whirling disease is problematic would be similar to those for using other strains of rainbow trout.

In contrast to the high virulence of IHNV, SalHV1 challenge resulted in low mortality in both the Hofer and Trout Lodge strains. Low mortality and difficulty in recovering virus is not unusual as the low virulence of the virus has been demonstrated in field epidemics and experimental trials either in our laboratory (Eaton et al. 1989) and the original studies conducted by Wolf and Smith (1981). Thus, it does not appear that the Hofer strain represents any greater danger of contracting and spreading either IHNV or SalHV1 than other rainbow trout strains.

For the pathogens tested, the susceptibility of the Hofer strain was similar to what would be expected for other rainbow trout, either domestic or wild. Although the selection of pathogens for challenge is by no means complete, this suggests that the development of resistance to whirling disease for these fish did not come at the cost of increased susceptibility to other fish pathogens. During the 2-year period during which these challenges were conducted, repeated health examinations were conducted on these fish with no evidence of pathogens exotic to rainbow trout in North America. This, combined with the "disease-free" certification status of the eggs that were imported for these studies provides evidence that these fish present a low risk for introducing any pathogen that might be detrimental to native or established fish populations. Since 1997, examinations specific for infectious salmon anemia (ISA), viral hemorrhagic septicemia (VHS), infectious pancreatic necrosis (IPN), IHN, and enteric redmouth have been conducted at the hatchery. Techniques used to detect these viruses would also detect *Oncorhynchus masu* virus, another pathogen of regulatory concern. However, continued pathogen testing will be ongoing for all groups of fish and all experiments continue to be conducted in quarantine facilities.

The most cautious approach to reintroducing/re-establishing rainbow trout populations outside of their native range should be done by using progeny from selective breeding between the Hofer strain, or other whirling disease-resistant rainbow trout, and desired and known rainbow trout broodstocks. Reducing the effects of whirling disease will require a range of solutions and potential applications of the findings presented here will differ between geographic regions depending on numerous biological, economic, and political factors. However, programs to rebuild or restore fisheries should not occur at the expense of re-establishing native fish assemblages, particularly those fish species that might hybridize with rainbow trout (e.g., cutthroat trout).

Acknowledgments

This work was supported in part by the Whirling Disease Foundation, the U.S. Fish and Wildlife Service and the California Department of Fish and Game. We thank K. Myklebust for assistance with the histopathology and William Cox, Senior Pathologist California Department of Fish and Game for his assistance on various parts of the study.

References

Argenton, F., S. De Mas, C. Malocco, L. Dalla Valle, G. Giorgetti, and L. Columbo. 1996. Use of random DNA amplification to generate specific molecular probes for hybridization tests and PCR-based diagnosis of *Yersinia ruckeri*. Diseases of Aquatic Organisms 24:121–127.

Arkush, K. D., H. L. Mendonca, A. M. McBride, and R. P. Hedrick. In press. Captive adult winter-run chinook salmon (*Oncorhynchus tshawytscha*) are susceptible to waterborne exposures with infectious hematopoietic necrosis virus (IHNV). Diseases of Aquatic Organisms.

Bartholomew, J. L. 1998. Host resistance to infection by the myxosporean parasite *Ceratomyxa shasta*: a review. Journal of Aquatic Animal Health 10:112–120.

Bartholomew, J. L., M. J. Whipple, and D. Campton. 2001. Inheritance of resistance to *Ceratomyxa shasta* in progeny from crosses between high- and low-susceptibility strains of rainbow trout (*Oncorhynchus mykiss*). Bulletin of the National Research Institute of Aquaculture(Supplement 5):71–75.

Bartholomew, J. L., and C. J. Wilson. 2002. Whirling disease: reviews and current topics. American Fisheries Society, Symposium 29, Bethesda, Maryland.

Cipriano, R. C. 1983. Resistance of salmonids to *Aeromonas salmonicida*: relation between agglutinins and neutralizing activities. Transactions of the American Fisheries Society 112:95–99.

Densmore, C. L., V. S. Blazer, D. D. Cartwright, W. B. Schill, J. H. Schacte, C. J. Petrie, M. V. Batur, T. B. Waldrop, A. Mack, and P. S. Pooler. 2001. A comparison of susceptibility to *Myxobolus cerebralis* among strains of rainbow trout and steelhead in field and laboratory trials. Journal of Aquatic Animal Health 13:220–227.

Eaton, W. D., W. H. Wingfield, and R. P. Hedrick. 1989. Prevalence and experimental pathogenesis of the steelhead herpesvirus in salmonid fishes. Diseases of Aquatic Organisms 7:23–30.

El-Matbouli, M., T. Fischer-Scherl, and R. W. Hoffman. 1992. Present knowledge of the life cycle, taxonomy, pathology, and therapy of some *myxosporea* spp. important for freshwater fish. Annual Review of Fish Diseases 3:367–402.

Furones, M. D., C. J. Rodgers, and C. B. Munn. 1993. Culture media for the differentiation of isolates of *Yersinia ruckeri*, based on detection of a virulence factor. Journal of Applied Bacteriology 74:360–366.

Hedrick, R. P. 1998. Relationships of the host, pathogen and environment: Implications for diseases of cultured and wild fish populations. Journal of Aquatic Animal Health 10:107–111.

Hedrick, R. P., M. El-Matbouli, M. A. Adkison, and E. MacConnell. 1998. Whirling disease: re-emergence among wild trout. Immunological Reviews 166:365–376.

Hedrick, R. P., M. L. Kent, and C. E. Smith. 1986. Proliferative kidney disease among salmonid fishes. United States Department of Interior, Fish and wildlife Service, Fish Disease Leaflet No. 74, Washington, D.C.

Hedrick, R. P., T. S. McDowell, M. Gay, G. D. Marty, M. P. Georgiadis, and E. MacConnell. 1999b. Comparative susceptibility of rainbow trout *Onco-rhynchus mykiss* and brown trout *Salmo trutta* to *Myxobolus cerebralis*, the cause of salmonid whirling disease. Diseases of Aquatic Organisms 37:173–183.

Hedrick, R. P., T. S. McDowell, G. D. Marty, G. T. Fosgate, K. Mukkatira, K. Myklebust, and M. El-Matbouli. 2003. Susceptibility of two strains of rainbow trout (one with a suspected resistance to whirling disease) with *Myxobolus cerebralis* infection. Diseases of Aquatic Organisms 55:37–44.

Hedrick, R. P., T. S. McDowell, K. Mukkatira, and M. P. Georgiadis. 2001. Susceptibility of three species of anadromous salmonids to experimentally induced infections with *Myxobolus cerebralis*, the causative agent of whirling disease. Journal of Aquatic Animal Health 13:43–50.

Hedrick, R. P., T. S. McDowell, K. Mukkatira, M. P. Georgiadis, and E. MacConnell. 1999a. Susceptibility of selected inland salmonids to experimentally induced infections with *Myxobolus cerebralis*, the causative agent of whirling disease. Journal of Aquatic Animal Health 11:330–339.

Hofer, B. 1903. Ueber die Drehkrankheit der Regenbogenforelle. Allgemeinen Fischerei Zeitung 28:7–8.

Hoffman, G. L. 1970. Intercontinental and transcontinental dissemination and transfaunation of fish parasites with emphasis on whirling disease (*Myxosoma cerebralis*). Pages 69–81 *in* S. F. Snieszko, editor. A symposium on diseases of fish and shellfish. American Fisheries Society, Special Publication 5, Bethesda, Maryland.

Hoffman, G. L. 1990. *Myxobolus cerebralis*, a worldwide cause of salmonid whirling disease. Journal of Aquatic Animal Health 2:30–37, 1990.

Hoffman, G. L., and C. J. Byrne. 1974. Fish age as related to susceptibility to *Myxosoma cerebralis*, cause of whirling disease. Progressive Fish-Culturist 36:151.

Ibarra, A., G. A. E. Gall, and R. P. Hedrick. 1992. Experimental infection of rainbow trout *Oncorhnychus mykiss* with cryopreserved developmental and sporogonic stages of the myxo-sporean *Ceratomyxa shasta*. Journal of Fish Disease 15:353–355.

Kent, M. L., and R. P. Hedrick. 1986. Development of the PKX myxosporean in rainbow trout *Salmon gairdneri*. Diseases of Aquatic Organisms 1:169–182.

Kent, M., J. Kattra, D. M. L. Hervio, and R. H. Devlin. 1998. Ribosomal DNA sequence analysis of isolates of the PKX myxosporean and their relationship to members of the genus Sphaerospora. Journal of Aquatic Animal Health 10:12–21.

Kurath, G., K. A. Garver, R. M. Troyer, E. J. Emmenegger, K. Einer-Jensen, and E. D. Anderson. 2003. Phylogeography of infectious hematopoietic necrosis virus in North America. Journal of General Virology 84:803–814.

LaPatra, S. E., J. S. Rohovec, and J. L. Fryer. 1989. Detection of infectious hematopoietic necrosis virus in fish mucus. Fish Pathology 24:197–202.

LaPatra, S. E., W. J., Groberg, J. S. Rohovec, and J. L. Fryer. 1990. Size-related susceptibility of salmonids to two strains of infectious hematopoietic necrosis virus. Transactions of the American Fisheries Society 119:25–30.

MacConnell, E., and E. R. Vincent. 2002. The effects of *Myxobolus cerebralis* on the salmonid host. Pages 95–108 *in* J. Bartholomew and C. Wilson, editors. Whirling disease: Review and current topics. American Fisheries Society, Symposium 29, Bethesda, Maryland.

Markiw, M. E. 1991. Whirling disease: earliest susceptible age of rainbow trout to the triactinomyxid of *Myxobolus cerebralis*. Aquaculture 92:1–6.

Mulcahy, D., J. Burke, R. Pascho, and C. K. Jenes. 1982. Pathogenesis of infectious hematopoietic necrosis virus in adult sockeye salmon (*Oncorhynchus nerka*). Canadian Journal of Fisheries and Aquatic Sciences 39:1144–1149.

Mulcahy, D., R. Pascho, and C. K. Jenes. 1983. Titre distribution patterns of infectious haematopoietic necrosis virus in ovarian fluids of hatchery and feral salmon populations. Journal of Fish Disease 6:183–188.

Nehring, R. B., and P. G. Walker. 1996. Whirling disease in the wild: the new reality in the intermountain west. Fisheries 21:28–32.

Thompson, K. G., R. B. Nehring, D. C. Bowden, and T. Wygan. 1999. Field exposure of seven species or subspecies of salmonids to *Myxobolus cerebralis* in the Colorado River, middle fork, Colorado. Journal of Aquatic Animal Health 11:312–329.

Vincent, E. R. 1996. Whirling disease and wild trout: the Montana experience. Fisheries 21:32–34.

Wolf, K., and C. E. Smith. 1981. *Herpsevirus salmonis*; pathological changes in parenterally-infected rainbow trout, *Salmo gairdneri* Richardson, fry. Journal of Fish Disease 4:445–457.

Wolf, K., and M. E. Markiw. 1984. Biology contravenes taxonomy in the Myxozoa: new discoveries show alternation of invertebrate and vertebrate hosts. Science 225:1449–1452.

Yoder, W. G. 1972. The spread of *Myxosoma cerebralis* into native trout populations in Michigan. Progressive Fish-Culturist 34:103–106.

Hatchery Reform

American Fisheries Society Symposium 44:561–572, 2004

A Scientific and Systematic Redesign of Washington State Salmonid Hatcheries

H. LEE BLANKENSHIP[1]
Northwest Marine Technology
955 Malin Lane SW, Suite B, Tumwater, Washington 98501, USA

ELIZABETH DANIELS
Long Live the Kings
1305 Fourth Avenue, Suite 810, Seattle, Washington 98101, USA

Abstract.—The Puget Sound and Coastal Washington Hatchery Reform Project was funded by the U.S. Congress beginning in 1999. It is a systematic, science-driven redesign of hatcheries to help recover and conserve naturally spawning populations and support sustainable fisheries. The project has three structural components. These components include the Hatchery Scientific Review Group (HSRG; independent science), Hatchery Reform Coordinating Committee (tribal and agency policy), and Facilitation Group (project management and communications). Initial work by the HSRG included developing a scientific framework for artificial propagation of salmon and steelhead, a benefit/risk assessment tool, hatchery operational guidelines, and monitoring and evaluation criteria. These tools are being used by the HSRG in a comprehensive region-by-region review. During this review, programs were evaluated for consistency with established scientific principles and the objectives of hatchery reform. The HSRG made more than 1,000 specific program recommendations and 17 system-wide recommendations that affect management of all programs. These system-wide recommendations fall under three "principles for hatchery reform" that include "goal-setting," establishing "scientific defensibility," and employing "informed decision making" in hatchery management. Success of the hatchery reform project will be measured through effective implementation of these principles and recommendations by the state, tribal, and federal comanagers. Implementation thus far by the comanagers has included termination of several species-specific programs, a hatchery closure, and significant revisions to spawning and rearing practice. Plans include removal of hatchery structures that impede wild fish passage, comprehensive monitoring and evaluation, and hatchery-free steelhead management zones. Recommendations will also be incorporated into management plans and staff responsibilities at Washington Department of Fish and Wildlife and in processes between the comanagers such as the Endangered Species Act.

Introduction

There are more than 100 hatchery facilities in Puget Sound and Coastal Washington operated by the Washington Department of Fish and Wildlife (WDFW), the Puget Sound and Coastal Indian Tribes, and the U.S. Fish and Wildlife Service (USFWS). These hatcheries produce more than 100 million juvenile salmon *Oncorhynchus* spp., and steelhead *O. myiss* annually and play an important role in the northeastern Pacific Ocean recreational and commercial fishing economies and in meeting aboriginal treaty harvest rights. In Washington State, hatcheries provide more than 90% of the inland catch of resident salmonids and approximately 75% of all coho salmon *O. kisutch* and Chinook salmon *O. tshawytscha* (WDFW 1997).

Most of these hatcheries were built to produce fish for harvest. They were intended to compensate for declines in wild salmon populations resulting from human activities such as logging, hydroelectric dams, farming, and urbanization. While these hatcheries have contributed to catches, wild stocks have continued to decline, and several Washington State salmon stocks

[1] E-mail: lee.blankenship@nmt.us

are listed or proposed for listing under the federal Endangered Species Act (ESA).

An increasing amount of criticism has implied that hatcheries have been part of the reason for the depleted status of wild runs. Hatchery fish are accused of affecting wild fish by competition, predation, interbreeding, and promoting overharvest in mixed stock fisheries. Unfortunately, the exact nature and magnitude of these problems is largely unknown because of insufficient evaluation. The common measure of hatchery performance has been pounds or numbers of juveniles planted, rather than meaningful results such as catch, hatchery returns, natural spawning, and effects on wild populations. The history of these hatcheries and concerns about their operations have been documented by a number of authors (Hilborn 1999; Lichatowich 1999; Taylor 1999).

Hatcheries, then, have been operated without a comprehensive system for understanding their effects; thus, there has been no organized process for improving their productivity or reducing negative effects. There are also questions about whether their original goals remain appropriate.

In 1998 an ad hoc group of scientists from organizations that either operated hatcheries or were involved in hatchery technology drafted a proposal for action to reform these hatcheries. They chose to target Puget Sound and coastal Washington initially because multiple jurisdictions with different goals and legal mandates were viewed as a logistical impediment, and this area was jurisdictionally simple relative to, say, the Columbia River basin. However, this still involved the WDFW, individual tribes and the Northwest Indian Fisheries Commission (NWIFC), the National Marine Fisheries Service (NMFS), the U.S. Fish and Wildlife Service (USFWS), and numerous clientele groups. Congressional members provided a mandate to this group to develop a plan.

In 1999, the U.S. Congress adopted and funded the plan and recommendations of the science advisory team, launching the Puget Sound and Coastal Washington Hatchery Reform Project. The project was also supported by the Washington State Legislature and governor of Washington State. The congressional appropriation language provided funding to

- Establish an independent scientific panel to ensure a scientific foundation for hatchery reform.
- Provide a competitive grant program for needed research on hatchery impacts.
- Support state and tribal efforts to implement new hatchery reforms.
- Provide for the facilitation of a reform strategy by an independent third party.

Blankenship and Kern (2004) describe the structure of the Hatchery Reform Project, tools used for the science-based evaluation and detail the individual regional review process at the end of the first year of regional reviews (3 of 10 regions). This paper repeats the description of the structure and tools used and further describes a set of principles and recommendations required to implement reform, which were developed upon completion of the 3-year review of hatcheries.

The Process

The structure of the hatchery reform project has three key components. The first component of the reform process is the Hatchery Scientific Review Group (HSRG), an independent scientific panel established by Congress. The objective of the HSRG is to assemble, organize, and apply the best available scientific information to guide policy makers implementing hatchery reform. The HSRG is comprised of five independent scientists (selected from a pool of candidates nominated by the Past Presidents Council of the American Fisheries Society [AFS]) and four agency scientists appointed by the fishery agencies (WDFW, NWIFC, USFWS, and NMFS). Agency scientists are responsible for evaluating hatchery programs on their scientific merits and not agency policies. The nine scientists serving on the HSRG have a broad range of experience. The Members include

Member	Affiliation	Expertise
Lars Mobrand (Chair)	Independent	Biometrics
John Barr (Vice-Chair)	Tribal	Fish Culture
Lee Blankenship (Vice-Chair)	Independent	Fishery Science
Don Campton	USFWS	Genetics
Trevor Evelyn	Independent	Fish Pathology
Conrad Mahnken	NMFS	Ecology
Lisa Seeb	Independent	Genetics
Paul Seidel	WDFW	Fish Culture
William Smoker	Independent	Ecology

A second group, the Hatchery Reform Coordinating Committee, includes top policy makers at state, tribal, and federal agencies. This group is responsible for implementation of the scientific group's recommendations. The purpose of the committee is to ensure a successful working relationship between the HSRG, agency and tribal leaders (managers), and the managers' own hatchery reform science teams and other staff. While the scientists meet monthly, this group meets quarterly to review progress.

Third is the facilitation team provided by Long Live the Kings (LLTK), a private nonprofit, nongovernmental organization. Long Live the Kings provides both facilitation and staff support to the HSRG and the coordinating committee. It also helps the managers and the HSRG communicate hatchery reform progress to Congress, state legislators, stakeholders, and the public.

In the project's first year, the HSRG developed a number of tools to assist with their hatchery reviews and for the managers' use. These include (1) a scientific framework that establishes scientific principles and identifies uncertainties associated with how hatcheries can or cannot help to recover naturally spawning populations and support sustainable fisheries; (2) a benefit/risk assessment tool that allows the HSRG and the managers to evaluate the relative benefits and risks associated with specific hatchery management activities; (3) a set of hatchery operational guidelines that is consistent with the scientific framework to assure genetic integrity of stocks, the prevention of disease, provide new guidelines for optimal fish rearing and hatchery administration, and limit adverse ecological impacts; (4) monitoring and evaluation criteria that provide a blueprint for collection and evaluation of data relating to the health of out-migrating smolts, stray rates of returning adults, and whether or not hatchery rearing has affected fish size and run timing interactions with natural fish; and (5) a research grant program. The HSRG has awarded competitive grants totaling more than $2.5 million to projects that are designed to answer critical uncertainties raised in the scientific framework.

To provide recommendations for reform, the HSRG divided Puget Sound and the Washington coast into 10 geographical regions (Figure 1). Through this regional review process, the HSRG is evaluating the effectiveness of hatchery programs against their stated goals and in the context of the quality of natural habitat availability and status of the stocks in each region. Review categories include (1) regional management goals for conservation, harvest, and other purposes (e.g., educational, ceremonial); (2) stock status (biological significance and population viability of stocks); (3) present and future condition of habitat; and (4) operational procedures for hatcheries.

The regional reviews are designed to take place over two 3-d meetings held in the region over consecutive months. Details of the review process are described by Blankenship and Kern (2004).

Progress

Ten regions were reviewed in 2001, 2002, and 2003, including the Eastern Strait of Juan de Fuca, South Puget Sound, Central Puget Sound, Stillaguamish/Snohomish rivers, Skagit River, Nooksack/Samish rivers, Hood Canal, Willipa Bay, North Coast, and Grays Harbor basin.

The Puget Sound and Coastal Washington Hatchery Reform Project provided an unprecedented opportunity to review current hatchery practices. At the close of 2003, the nine members of the HSRG had spent 4 years together participating in monthly, 3-d work sessions and devoting at least as much time, often more, to the project between meetings. They discussed and debated the latest scientific thinking on hatcheries; digested 500 page-plus briefing books in each of 10 regions that detail stock status, habitat conditions, and harvest goals; spoke face-to-face with the people in charge of the day-to-day management of hatchery programs in each region; weighed the benefits and risks of more than 200 stock specific programs; and came to consensus on around 1,000 specific recommendations for reform.

Over the period of this project, the HSRG developed a thorough and new understanding about how to apply science to hatchery management. The project also provided agency and tribal leadership, scientists, and hatchery managers, a first of its kind opportunity to consider the purpose of each hatchery program, the goal it is contributing to, and the methods currently employed at each location.

In developing program-specific recommendations in each region, the HSRG found that

- It was frequently difficult to determine whether hatchery programs were operated consistent with resource goals (i.e., harvest, conservation, research, education, etc.) because, at times, the goals for the stock were not clearly stated or understood;
- A scientific rationale had not been clearly articulated for most hatchery programs under review;
- Hatchery programs were frequently not operated consistent with the best available science; and
- The measurable contribution of the majority of hatchery programs toward achieving resource goals (harvest, conservation, etc.) was unknown and unmeasured for many programs.

These observations led the HSRG to conclude that while any individual program may be successful in implementing the HSRG's specific recommendations for broodstock collection, rearing, or other op-

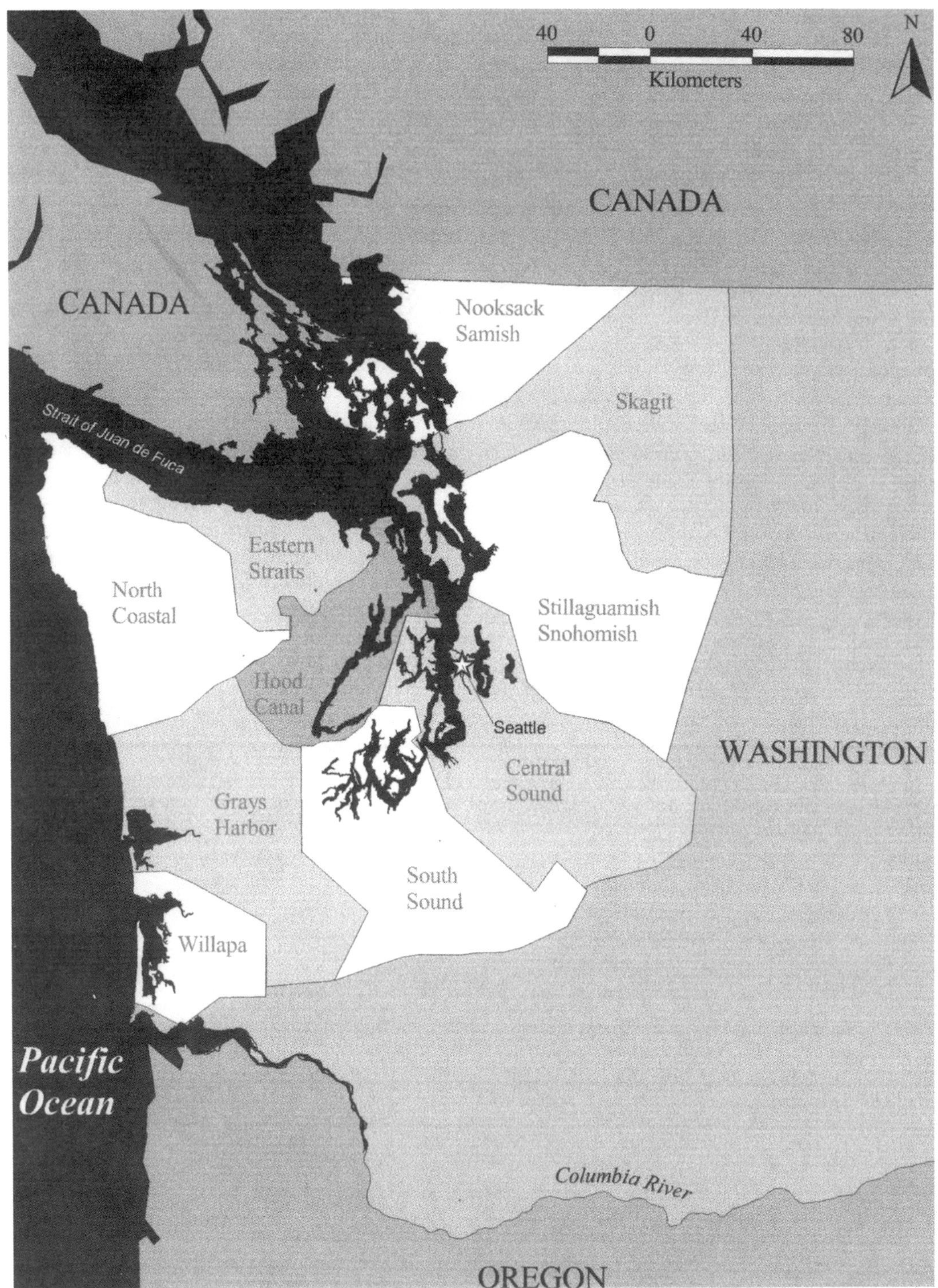

Figure 1. Ten regions within Washington State, USA being evaluated for effectiveness of salmonid hatchery programs.

erations considerations, it may still be operating in a manner that does not, for example, adequately take into account risks to other stocks or to the environment, maximize benefits to the target stock, nor consider whether adequate habitat will be available over time for natural spawning goals.

To overcome this gap, the HSRG developed three principles to guide the use of hatcheries as tools for meeting resource goals: (1) goal setting, (2) scientific defensibility, and (3) informed decision making. For each principle, the group developed a series of system-wide recommendations that apply to all programs across Puget Sound and coastal Washington.

Annual reports containing the HSRG's recommendations were published in early 2002, 2003, and 2004. The reports also contain responses by the fishery agencies on how they plan to deal with the recommendations. The three reports, along with the tools previously described, and meeting summaries can be viewed at www.lltk.org/hatcheryreform.html.

The three general principles and 17 system-wide recommendations included the following:

Principle One: Goal Setting

Goals for all affected stocks must be made explicit. The goals should be expressed in terms of values to the community (harvest, conservation, education, research, employment, or recreation). Once they are, hatcheries can serve as a tool to help meet those goals. The HSRG's scientific framework outlines the issues involved with and conditions required for hatcheries to be an appropriate contributor to meeting harvest, conservation, or other goals. Harvest and conservation were the most common stock goals encountered by the HSRG.

- Harvest goals include the production of salmonids as a commercial food commodity and the provision of fish for recreational opportunities and ceremonial and subsistence purposes.
- Conservation goals include endangered species protection and recovery, gene banking, restoring stocks to streams where they have been extirpated, introducing stocks to appropriate new habitat, environmental esthetics, maintenance of cultural values and traditions, and so forth.

To be successful, hatcheries should be used as part of an integrated strategy where harvest, habitat, and hatchery management are coordinated to best meet resource goals. Hatcheries are by their very nature a compromise, a balancing of benefits and risks to target stock, other stocks, and the environment affected by the hatchery program. The use of a hatchery program is appropriate when the balance of benefits and risks is more favorable than that associated with other strategies for meeting similar goals.

The HSRG developed the following system-wide recommendations to help ensure a comprehensive goal setting process.

Set Goals for All Stocks and Manage Hatchery Programs on a Regional Scale

Early in the project, the HSRG and the managers agreed that hatchery programs should be evaluated in the context of the regions and watersheds in which they operate and the goals for the resource set by the managers. In designing the review process, the HSRG determined that a review of Puget Sound and coastal hatcheries and their programs as a whole would have led to broad generalities not suited to regional differences in stock and habitat status. Similarly, a hatchery-by-hatchery review would not allowed for evaluation in the context of each region's current and future habitat, harvest goals, the status of all regional anadromous salmonid stocks, and the cumulative effects of all regional hatchery programs. The HSRG recommends that the managers continue this regional approach to reviewing and setting goals, managing hatchery programs, and implementing hatchery reform principles and recommendations.

Measure Success in Terms of Contribution to Harvest, Conservation, and Other Goals

The HSRG observed that goals for the fish resource were not always explicitly communicated and/or fully understood by the managers and operators of hatchery programs. It was not uncommon for the direct hatchery output (i.e., numbers or pounds of juveniles released) to be cited as the goal by which the program's success is measured. In the future, it will be important to demonstrate to what degree a program is contributing to a harvest opportunity, the conservation of a species, or other goals for the resource that are more directly tied to the community values, which motivate and justify the public investment in hatchery programs.

Have Clear Goals for Educational Programs

The educational programs conducted at, or supported by, hatchery facilities are valuable for educating the public on the biology of salmon, importance of maintaining healthy salmon habitat, and sustainable fisheries. It is incumbent upon the fisheries managers to ensure that specific goals, and methods for determining if those goals are being met, are developed for these programs, and are understood by participants.

Principle Two: Scientific Defensibility

Hatchery strategies to meet goals must be scientifically defensible. The strategy chosen must be demonstrated to be consistent with current knowledge, and where there is uncertainty, plausible hypotheses should be articulated. In other words, as strong a case as possible must be made to support the contention that the chosen strategy is "best" for meeting stated goals. Once the goals for the resource have been established, a scientific rationale for designing, building, and/or operating each hatchery and hatchery program must be articulated.

- What goals(s) the hatchery program is designed to help achieve,
- How the hatchery program expects to produce its desired outcomes, and
- What performance indicators will be used to measure success.

This approach ensures a scientific foundation for hatchery programs, an approach for addressing uncertainty, and a method for demonstrating accountability. Documentation for each program should include citations from the scientific literature and models that take into account the various factors (e.g., predation assumptions, cumulative effects, etc.)

The HSRG developed the following recommendations to help achieve scientific defensibility for hatcheries and hatchery programs:

Operate Hatcheries Programs within the Context of Their Ecosystems

The benefits and risks of hatcheries can only be properly evaluated in a context of their ecosystems. Hatchery management requires understanding interaction between species and, in particular, managing the risk of negative interactions. This requires knowing the status of the hatchery stocks and of other stocks and how well the habitat can support these stocks now and in the future.

The release of hatchery fish into the environment will affect the ecosystem. While these effects are not fully predictable, information about, for example, competitive and predatory relationships among species are available to help avoid unwanted outcomes.

The future of each ecosystem is unique and based on its history, natural events, (human) land use, and the strategies and goals implemented by resource managers. The status and expectation for naturally spawning stocks and the environment prescribe the potential for success and the limitation on any hatchery program. Therefore, in making decisions about current and future hatchery programs, decision makers should have current and future habitat assessments available to them to make informed decisions and information for other stocks.

Take into Account both Freshwater and Marine Carrying Capacity in Sizing Hatchery Programs

In using hatchery programs as a tool to help reach harvest or conservation goals for the resource, strategies utilized within the hatchery may not be the limiting factor in achieving these goals. For example, stocks of coho and Chinook have shown a decrease in survival over the past decade in certain regions of Puget Sound and the coast, such as southern Puget Sound. The decrease may be related to the general decline in productivity of marine waters. There has been a great deal of speculation as to additional causes(s) for the decline in these regions (e.g., increased bird and marine mammal predation; a general lowering of water quality from urbanization in a body of water with low turnover; continuing loss of freshwater habitat, a shift in the forage base, etc). Whatever the cause, there is currently a reduced capacity to support hatchery and naturally spawning salmonids.

Lowered survival may be related to the biomass of salmonids presently being released from hatcheries, despite recent reductions in numbers of fish released. Because of scientific uncertainty associated with lowered hatchery productivity, production should not be increased until the managers have a better understanding of factors controlling survival. Closure of certain unproductive hatcheries and reduced production at other hatcheries may in fact benefit the quality and survival of both naturally spawning and hatchery fish.

When the goal of the program is sustainable harvest, there needs to be a careful assessment of production level relative to the actual ability of the fisheries that are intended to benefit from the program to fully harvest the available hatchery production. Size of a program's release needs to be modified depending on the likelihood that the target fisheries will take advantage of the available harvest.

Size Hatchery Programs Consistent with Stock Goals

Fisheries managers should determine the proper size (number of fish released) of a hatchery program based on clearly defined goals established for the stock. In general, the program size should equal the smallest number of fish that can be released to meet the goal.

Hatchery programs that are sized incorrectly present ecological and economical risks. For example, large hatchery releases may interact through competition and predation with natural stocks and processes in a detrimental way. These "extra" fish may also impact the survival of other populations once they enter the ocean. Resources spent producing these fish may be wasted if fish production exceeds demand for harvest.

Operate Hatchery Programs as Either Genetically Integrated or Segregated Relative to Naturally Spawning Populations

All hatchery programs need to be operated as integrated or segregated. Hatchery programs are classified as *integrated* if a principal goal is to manage the broodstock as an artificially propagated component of a naturally spawning population. In contrast, hatchery programs are classified as *segregated* if the management goal is to propagate the hatchery broodstock as a discrete or genetically segregated population, relative to naturally spawning populations.

In this context, "intermediate" programs cannot exist without potentially posing significant risks to natural populations. If not managed appropriately, when populations of hatchery origin fish and natural origin fish interbreed, the ability of a population to persist over time can be reduced.

Integrated program.—A fundamental goal of an integrated program is to minimize genetic divergence between the hatchery broodstock and a naturally spawning population, in areas where fish are released and/or collected for broodstock. The long-term goal is to maintain genetic characteristics of a local, natural population among hatchery-origin fish by minimizing genetic changes resulting from artificial propagation and potential domestication. In an idealized integrated program, natural-origin and hatchery-origin fish are genetically equal components of a common gene pool.

A hatchery supporting an integrated program can be viewed conceptually as an artificial extension of the natural environment, where the population as a whole (hatchery plus wild) is sustained at a higher level of abundance than would occur without the hatchery. A properly managed integrated broodstock can potentially serve as a genetic repository, in the event of a major decline in the abundance of natural-origin fish.

An integrated program does not imply that natural spawning of hatchery-origin fish is desired or even occurs. Natural spawning (a.k.a. supplementation) relates to the purpose, desired benefits, and potential risks of a hatchery program, and not to the genetic management goals for a broodstock,. The two sets of goals are usually correlated, however. Hatchery-origin fish spawning naturally does not make a hatchery broodstock genetically integrated; only if natural-origin fish are included in the broodstock can the broodstock be considered "integrated." In this context, the management goal of an integrated program is to maintain the genetic characteristics of "wild" fish among hatchery-origin fish, not vice versa.

Specific recommendations for integrated programs include

- Develop a detailed, genetic management plan for the hatchery broodstock and the naturally spawning population in the watershed where adults are trapped for broodstock.
- Ensure that an average of 10–20% of the hatchery broodstock is composed of natural-origin adults each year.
- Collect and spawn adults randomly with respect to time of return, time of spawning, size, and other characteristics related to fitness.
- Impose hatchery management practices that minimize the potential domestication effects of the hatchery environment.
- Mark or tag all hatchery-released fish, so that the proportions of natural- and hatchery-origin fish among natural spawners and in the broodstock can be monitored and controlled.
- Monitor and control natural spawning by hatchery-origin adults, so that the percentage of natural spawners composed of hatchery-origin fish is less than the percentage of the hatchery broodstock derived from natural-origin fish. A maximum risk limit of 30% hatchery-origin adults among natural spawners (minimum 2:1 ratio of natural: hatchery fish) is recommended in all cases, except in restoration supplementation programs where natural spawning by hatchery-origin adults

is an intended purpose of the hatchery program.

- Adjust the size of integrated hatchery programs relative to the size of the naturally spawning population, so that the number of adults used for broodstock is less than the number of natural-origin spawning naturally in the same watershed.

Segregated program.—The fundamental goal of a segregated program is to propagate the hatchery broodstock as a discrete population or gene pool that is segregated genetically and reproductively from naturally spawning populations. Once established, segregated broodstocks are composed almost entirely of hatchery-origin adult returns. As a consequence, genetically segregated hatchery populations can, and will, change genetically, relative to naturally spawning populations. Such changes can be intentional to maximize the desired benefits of the program, while minimizing risks to naturally spawning populations. However, in contrast to integrated programs, any natural spawning by hatchery-origin fish from a segregated program will impose potentially unacceptable risks to natural populations.

Specific recommendations for segregated programs include

- Release fish in areas where opportunities to capture nonharvested adults are maximized, thus minimizing genetic risks to natural populations.
- Rear fish in a manner and/or at a location that minimizes potential straying and opportunities for natural spawning.
- Ensure hatchery-origin adults constitute no more than one to 5% of natural spawners.
- Mark all released hatchery-origin fish to maximize potential harvest and to assess stray rates and genetic risks to naturally spawning populations.
- Avoid trapping natural-origin adults and exclude them from the broodstock.

Hatchery Programs Require Productive and Healthy Habitat

The HSRG has concluded that healthy habitat, in which a viable salmon population can complete their lives, is necessary to the success of any hatchery program. Flowing streams with complex structure, riparian vegetation, and seasonal flow stability are necessary to the survival of fry and parr. Productive estuaries and flowing streams are necessary for the successful passage and spawning of returning mature adults. The fitness of the naturally spawning population, its productivity, and the numbers of adult salmon returning to the watershed ultimately must depend on the natural habitat, not on the output of the hatchery.

In particular, habitat is essential to the success of integrated hatchery programs. Integrated hatchery programs are important to the salmon productivity of many watersheds during the present prolonged era or restoration. In addition to the habitat described for all programs, silt free incubation gravels and cool reliably stable irrigating water are necessary for the survival of salmon embryos. Integrated hatchery programs will be limited in scope by the productivity of the natural habitat. Salmon in an integrated population will, over relatively few generations, adapt to the local conditions of the habitats in the watershed and will increase in fitness and productivity as those habitats improve if the naturally spawning is allowed to do so.

Emphasize Quality, Not Quantity, in Fish Releases

Release the lowest number of fish (consistent with goals for the resource) with the highest quality to reduce risks of negative interactions with naturally spawning populations. The HSRG's working model is that the best a hatchery program can expect to do is to match a wild salmonid template in terms of the physiological, morphological, and behavioral traits that affect smolt-to-adult performance. Measures of quality can include affects on physiological, morphological, and behavioral fitness, including competency of juvenile fish to migrate, establish territory, and displace other individuals, prey, and forage.

It is important that some measure of the quality, rather than simply the quantity, of fish released from hatcheries be evaluated. In the past, performance has been measured by numbers of juveniles released. As discussed in the recommendation to "size hatchery programs consistent with stock goals," releasing too many fish may have ecological risks and economic costs. In the future, performance should be measured by the quality of the fish released and the numbers of adults survival/return.

Use In-Basin Rearing and Locally Adapted Broodstocks

Some hatchery programs, for lack of adequate facilities and/or proper escapement management, require the importation and movement of eggs and juveniles into and out of the region. The HSRG recommends that managers should use in-basin rearing and locally adapted broodstocks to increase the productivity of hatchery programs and to eliminate risks. Failure to do so results in a loss of local adaptability, increased potential for disease transfer, and lowered productivity of hatchery stocks. This practice of importation and movement of eggs and juveniles into and out of the region should be ended.

Take Eggs throughout the Natural Period of Adult Return

The HSRG recommends that the managers adopt and implement policies that conserve or recover natural life history traits of the various hatchery stocks to assure long-term sustainability. There can be loss of certain life history traits in hatchery stocks through the process of domestication. An example is the shift in spawn timing resulting from the failure to spread hatchery egg take over the natural period of adult return. This should require the culling of surplus gametes. The impact of harvest management on achieving this goal should be considered by the managers.

Utilize Spawning Protocols to Maximize Effective Population Size

The HSRG recommends that the mating of hatchery fish should strive to achieve two principal objectives: (1) maximize the genetic effective number of breeders, and (2) ensure that every selected adult has an equal opportunity to produce progeny. This is particularly critical in conservation programs, where populations are small or have experienced significant declines.

To achieve these objectives, male and female hatchery fish can be mated following pairwise (one male to one female), nested (e.g., one male to three females), or factorial (e.g., three-by-three spawning matrix) designs. One common hatchery practice, the pooling of sperm, can reduce effective population size, since equal contributions of individual males are not assured.

Hatchery spawning protocols prescribed by the managers typically incorporate gametes from all age-classes, including jacks (early returning males), to capture year-to-year genetic variation. A common approach by the comanagers is to use jacks for 2% of the adult male spawning population. This rate is probably lower than what occurs among natural spawning populations. The HSRG therefore recommends an initial rate of 10% jacks, with adjustment after investigations are made to determine jacking among natural spawning populations. The inclusion of jacks to maintain year-to-year genetic variation among coho is especially important because they mostly mature at one age (Van Doornik et al. 2002).

Reduce Risks Associated with Outplanting and Net-Pen Releases

Releasing smolts in streams geographically removed from a hatchery or adult collection facility is commonly called outplanting. This may pose significant risks by promoting stray rates, often exceeding natural levels, to freshwater areas where interbreeding with naturally spawning populations is undesirable.

Steelhead programs in Puget Sound and coastal Washington have often used outplanting to support sport fisheries in a large number of small streams. Similarly, saltwater net-pens are used to acclimate and release salmon smolts in marine areas where a targeted marine fishery on returning adults is desired. A common feature of these programs is that they release fish where no facilities exist to trap returning adults that escape target fisheries. Outplanting and net-pen releases from segregated hatchery programs are especially problematic because of the potentially high level of genetic divergence between the hatchery stock and natural populations where straying and natural spawning may occur.

The HSRG recommends reducing risks associated with outplanting and net-pen releases by reducing the number and/or size of existing programs and has provided specific program recommendations to reduce risks.

Assess and Manage Benefits and Risks of Hatchery and Native Steelhead Programs (a Special Case)

Segregated hatchery steelhead programs are used extensively throughout Puget Sound and coastal Washington to provide a harvest opportunity. Unlike segregated Chinook and coho hatchery programs, which release fish directly from the hatchery, where the returning adults can be recaptured, these segregated steelhead programs often outplant nonnative stock with no provision for the recapture of returning adults. The HSRG understands it is the intention of the managers to continue segregated steelhead programs into the future. In general, the HSRG has found that the ecological and genetic risks of the current approach to almost exclusive use of segregated steelhead programs outweigh the benefits. The biggest concern is the genetic risk posed by the spawning overlap between the hatchery (Chambers Creek origin), early-timed winter run stock and the native, late-timed winter run stock.

In regions where there is a high percentage of segregated hatchery programs, the HSRG recommends that the managers designate some streams that would not be planted with nonnative hatchery fish and are instead managed for native stocks. This cautionary approach to managing hatchery steelhead will increase protection of native stocks while still permitting harvest opportunities.

The HSRG recommends that this type of management be developed for each of the 10 regions within Puget Sound and coastal Washington. Harvest for steelhead may be compatible with this approach, but no nonnative hatchery-produced steelhead would be introduced. Such areas would reduce the risk of naturally spawning fish interbreeding with nonnative hatchery fish and provide native stocks for future fisheries programs. The streams selected should represent a balance of large and small streams, habitat types, stock status, and so forth. Hatchery production may need to be increased in streams selected for hatchery harvest.

The HSRG also encourages actions to promote self-sustaining, segregated hatchery steelhead programs. Existing programs are based largely on steelhead of Chambers Creek origin winter and Skamania origin summer steelhead. When segregated hatchery steelhead programs are initiated, it will be necessary to import 100% locally adapted Chambers or Skamania origin broodstock and eliminate backfilling of the eggs from other regions. However, the HSRG expects that, overtime, returning adults will be used to obtain gametes. If necessary, harvest restrictions should be implemented to eventually achieve 100%.

When implementing a segregated steelhead program, it is important to minimize interaction with naturally spawning steelhead, though such tools as differential timing and a decision on benefits versus risks on outplanting in freshwater habitat. Adult collection procedures need to be incorporated to capture adults that are not harvested from the returning segregated population.

The HSRG recognizes the role integrated hatchery programs can serve for conservation or harvest, using native broodstocks. It is important to recognize the differences between integrated stock management, incorporating native origin broodstock, and segregated stock management, using nonnative origin broodstock.

Principle Three: Informed Decision Making

Assuming that goals for the resource have been established (see first principle), and the scientific rationale has been developed for how a hatchery and/or hatchery program will help achieve this goal (see principle two), the HSRG further recommends that the managers' decisions be informed by ongoing evaluations of existing programs and by new scientific information.

With clear decision-making processes in place that respond to new information, the HSRG believes that hatcheries can be managed in a more flexible manner much like a business model where actions are evaluated to determine the best use of limited resources.

This model applied to hatcheries requires that indicators and standards be identified so that monitoring activities will focus on key uncertainties and effective evaluation of results can occur. Results of the monitoring and evaluation (M&E) must then be brought forward to a decision-making process in a clear and concise way so needed changes can be implemented. This responsive process should be structured to allow for innovation and experimentation so hatchery programs may be responsive to new goals and concepts in culture practice.

The HSRG has developed the following system-wide recommendations to help implement information responsive decision-making:

Adaptively Manage Hatchery Programs

Adaptive management, as related to ecosystems, is defined as an "adaptive policy that is designed from the outset to test clearly formulated hypotheses about the behavior of the ecosystem being changed by human use" (Lee 1993). In the context of hatcheries, these hypotheses would involve how one or more species (including the target stock or other stocks in the region) will respond to specific hatchery programs and operations.

The HSRG recommends that adaptive management is particularly important in the context of hatchery reform. There is a significant amount of scientific uncertainty about the effects and proper uses of hatcheries and a great need for flexibility and adaptation to changing goals, new scientific knowledge, and new information about the condition of stocks and habitat. A structured adaptive management program will be a key component of a strategy for success in these circumstances.

A critical implication is the notion of change—rather than the status quo—as the norm. Put simply, adaptive management is learning by doing, assuming your program and operations will change regularly to reflect new information and better meet goals, and taking action in the face of scientific uncertainty. However, the actions taken through adaptive management are not selected at random. Rather, action is prescribed through the thoughtful and disciplined application of the scientific method.

Incorporate Flexibility into Hatchery Design and Operation

The HSRG recommends that facilities should be designed and operated in such a way that they are able to respond relatively easily to changes in harvest and conservation goals and priorities, ocean carrying capacity, stock status, freshwater habitat conditions, and the myriad of other factors that will alter current policies and programs.

Programs must also be able to respond to uncertainty and risk. For example, an empty raceway today may be necessary to provide this type of flexibility in the future. The keys to flexibility are having sufficient supplies of land, water quality and quantity, and physical facilities, along with a planning mindset that takes the concepts of flexibility, managing change, and future needs into account.

Evaluate Hatchery Programs Regularly to Ensure Accountability for Success

Achieving successful hatchery programs (where benefits and risks are managed effectively) will require ongoing M&E with some level of commonality and standardization across Puget Sound and coastal Washington. Each region of Puget Sound and the coast will need to develop its own M&E program consistent with the goals and programs of that region.

Monitoring should include not only an expanded effort in tagging and marking subsets of all major hatchery production groups and recording of hatchery production parameters, but also determining the fate of migrants in fresh and saltwater environments following release. An integrated, region-wide hatchery M&E system needs to be developed that includes the systematic and annual evaluation of the comingling of hatchery and natural fish.

The Future of Hatchery Reform

An enormous amount of progress has been made since the Hatchery Reform Project got under way in 1999. Most significantly, the managers through the coordinating committee have embraced this new approach of reforming hatchery programs to provide benefits to the process of recovering wild salmon and supporting sustainable fisheries. After decades of piecemeal hatchery reform efforts in Puget Sound and on the Washington coast, the structure and funding needed to establish a systematic strategy to meet these twin goals is finally in place. The value of involving independent science, facilitation (including project management and communications), and policy input from the management agencies cannot be overstated.

Without the Hatchery Reform Project, the temptation might have been for the managers to simply identify a series of across-the-board prohibitions that demonstrate to the federal government that hatchery programs do not constitute an undue risk or "take" to wild populations under the Endangered Species Act. Through the Hatchery Reform Project, each hatchery program is evaluated systematically using regional conditions and goals for every stock in a basin, not just listed species.

The success of the project to date has rested in many respects on the HSRG's decision to review and provide reform recommendations for hatchery programs on a region-by-region basis, in the context of each region's current and future habitat, harvest goals, and the status of all regional anadromous salmonid stocks. Drawing on the detailed knowledge and expertise contained in each region, the recommendations will help the state and tribes prioritize limited implementation dollars and help them justify their actions to Congress, the state legislature, and private funders for financial support.

Implementation of reforms will take place at the regional scale and system-wide. Regardless of scale, implementation will require consideration of present and future habitat status and harvest management planning. In this way, the project is taking an important step forward in integrating habitat, harvest, and hatchery reforms to support salmon recovery generally.

This review process is asking a new set of questions in hatchery management—What is the purpose of the hatchery? Is the goal of the rearing program for conservation, fishery augmentation or other purposes? Is the program managed in such a way that it is likely to achieve its goals? How can hatcheries be used as a tool for salmon recovery? This new level of inquiry is having an effect on hatchery management throughout the state, region, nation, and internationally. A wide range of agencies and organizations have expressed interest in the project's process, results, and expectations for the future.

The future success of hatchery reform rests squarely in the manager's ability to implement the principles and system-wide recommendations along with program specific recommendations. To help accomplish this task, the HSRG, coordinating committee, and Congress have agreed that the HSRG and the facilitation team should remain empanelled at least through 2004 to assist the managers in answering how hatchery reform can be implemented in a thorough and comprehensive a manner. The task in 2004 will be how to ensure that the implementation of these recommendations is successful.

Acknowledgments

The authors wish to acknowledge that this manuscript represents the collective thoughts and expression of the HSRG. Washington hatchery reform began with the recommendation by Gary Smith of the Gallatin Group to U.S. Senator Slade Gorton. Gorton's staff member, Kay Gabriel, helped establish the Hatchery Science Advisory Team, and Gary Smith volunteered extensive time as an advisor. Critical support was also provided by Congressman Norm Dicks. Dicks and U.S. Senator Murray continue to make this program a priority. Barbara Cairns of Long Live the Kings and Jim Waldo of the law firm Gordon Thomas Honeywell manage and facilitate the reform project. Robert Carline chaired the AFS Past President's Council.

References

Blankenship, H. L., and M. A. Kern. 2004. An independent scientific evaluation of Washington State salmonid hatcheries. In K. M. Leber, S. Kitada, H. L. Blankenship, and T. Svasand, editors. Stock enhancement and sea ranching. Blackwell Scientific Publications, London.

Hilborn, R. 1999. Confessions of a reformed hatchery basher. Fisheries 24(5):30–31.

Lee, K. 1993. Compass and gyroscope: integrating science and politics for the environment. Island Press, Washington D.C.

Lichatowich, J. A. 1999. Salmon without rivers: a history of the Pacific salmon crisis. Island Press, Washington, D.C.

Taylor, J. E., III. 1999. Making salmon: an environmental history of the Northwest fisheries crisis. University of Washington Press, Seattle.

Van Doornik, D. M., M. J. Ford, and D. J. Toel. 2002. Patterns of temporal genetic variation in coho salmon: estimates of the effective proportion of two year-olds in natural and hatchery populations. Transactions of the American Fisheries Society 131:1007–1019.

WDFW (Washington Department of Fish and Wildlife). 1997. Final Environmental Impact Statement for the Wild Salmonid Policy. Washington Department of Fish and Wildlife, Olympia.

American Fisheries Society Symposium 44:573–584, 2004

A Review of Recent Studies Investigating Seminatural Rearing Strategies as a Tool for Increasing Pacific Salmon Postrelease Survival

DESMOND J. MAYNARD, THOMAS A. FLAGG, ROBERT N. IWAMOTO, AND CONRAD V. W. MAHNKEN

Northwest Fisheries Science Center, National Marine Fisheries Service
National Oceanic and Atmospheric Administration
2725 Montlake Boulevard East, Seattle, Washington 98112-2097, USA

Abstract.—Traditional hatchery salmonids lack many behavioral and morphological attributes needed to survive after release (Maynard et al. 1995). The Seminatural rearing concept hypothesizes that exposing hatchery salmonids to natural habitats, foods, predators, and currents will induce them to develop the wild behavior, physiology, and morphology needed for postrelease survival. The paper reviews recent studies investigating the efficacy of this concept. Rearing salmonids in seminatural rearing habitat, with natural fluvial substrates, structure, and overhead cover, usually improves survival. Supplementing hatchery fish diets with live foods often enhances their ability to hunt live prey. However, utilizing automated underwater feeders to feed Chinook salmon *Oncorhynchus tshawytscha* in a more natural manner did not alter their depth preference, response to novel visual stimuli at surface, or predator vulnerability as predicted. In most, but not all cases, conditioning salmonids to avoid predators improves their postrelease survival. Exercise usually improves growth and health, but does not always increase postrelease survival. Fisheries managers can use the increased survival successful seminatural rearing strategies offer to increase recruitment to the fishery and spawning population, reduce competitive impacts on listed stocks, or simply reduce operational costs.

Introduction

Seminatural rearing strategies that promote the development of natural behavior, physiology, and morphology may provide fish culturists the tools needed to increase the postrelease survival of ocean-ranched salmonids. Mitigation, enhancement, and conservation programs all rear juvenile salmonids in protective environments, ensuring high inculture survival (usually greater than 95%). However, hatchery fish typically suffer very high mortality after release, with less than 1% of the Chinook salmon *Oncorhynchus tshawytscha* and 10% of coho salmon *O. kisutch* produced by hatcheries normally surviving to recruit to the fishery or spawning population. This large prerelease–postrelease survival difference dictates that fish culture practices that enhance postrelease survival will have a much greater impact on recruitment than those that increase inculture survival. As an example, a 5% increase in inculture survival (e.g., from 95% to 100%) for a hatchery stock with 2% recruitment will produce only one additional recruit for the fishery or spawning population per 1,000 individuals released (Figure 1). Whereas a 5% boost in postrelease survival (from 2% to 7%) will yield an additional 48 fish for harvest or restoration of the natural spawning population. Even a 1% (2–3%) increase in postrelease survival will generate an order of magnitude more recruits to the fishery and spawning population than a 5% increase in inculture survival. This relationship dictates researchers will make their greatest gains at increasing the number of recruits to the fishery and spawning population by focusing their efforts on developing fish culture practices that increase postrelease survival.

Hatcheries provide fish little experience for the peril-filled natural postrelease environment they must reside in during most of their life cycle. As an example, ocean type Chinook salmon are typically cultured in slack water environments lacking natural substrates and structure. In this manmade environment, they are protected from predators and fed pellets for up to

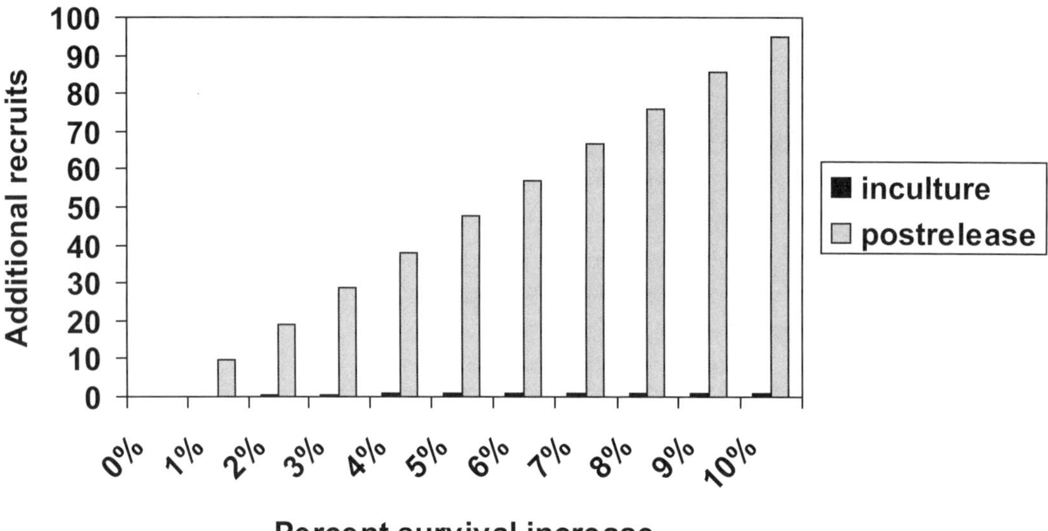

Figure 1. The number of additional recruits generated by equivalent increases in pre- and postrelease survival. (Assumptions: base inculture survival = 95%: base postrelease survival = 2%).

9 months before being released to survive on their own for the remaining 24–72 months of their life cycle. This artificial environment produces fish that are (1) unfamiliar with the predators they must evade after release, (2) inexperienced with the natural habitat they must migrate through to reach the sea, (3) unprepared to swim in swift turbulent currents on their downstream migration, and (4) inexperienced hunters that are inept at searching out and capturing elusive prey.

These observations have led many behavioral biologists to hypothesize that exposing hatchery fish to more natural rearing conditions prior to release might help prepare them for life on their own. Seminatural rearing habitats, automated underwater feeders, exercise current velocities, live food diets, predator avoidance training, lower rearing densities, and oxygen supplementation have all been suggested as ways to provide hatchery fish with "heads up" training for life in the natural world (Butler 1981; Suboski and Templeton 1989; Wiley et al. 1993; Olla et al. 1994, 1998; Maynard et al. 1995; Brown and Laland 2001). These approaches are all based on the central paradigm that rearing fish in a more natural hatchery environment helps promote the expression of traits enhancing the fish's survival in the wild. The behavioral expression of these traits may include learning to recognize and evade predators, becoming skilled at swimming in a turbulent flow, and developing appropriate hunting techniques. The physiological expression of these traits may involve the cardiovascular and skeletal muscle conditioning required to swim in turbulent currents. Morphological expression may produce fish with the appropriate camouflage colorations for the habitat backgrounds found in streams, rivers, lakes, and estuaries. Maynard et al. (1995) reviews the theoretical approaches for seminatural conditioning of fish prior to release. Over the last decade, research evaluating the effectiveness of these theoretical approaches has expanded considerably. The present paper reviews current research examining the efficacy of seminatural rearing strategies as a tool for increasing the postrelease survival of ocean ranched fish.

Seminatural Rearing Habitat

Seminatural rearing habitat incorporates components of natural substrate, structure, and cover into fish culture vessels. This seminatural habitat provides fish the opportunity to experience natural environmental complexity prior to release. It offers fish the opportunity to develop the skills needed to rapidly swim through woody debris type structure, seek shelter, and develop appropriate camouflage coloration before these skills become vital to their postrelease survival. Seminatural raceway habitat is one subset of seminatural rearing habitat that is designed to make raceways resemble the natural fluvial habitat that most salmonids rear in (Maynard and Flagg 2001). This approach incorporates natural substrate (e.g., sand, gravel, epoxy resin rock pavers, or exposed aggregate pavers), structure (e.g., plastic aquarium plants or conifers), and overhead cover (e.g., solid opaque or camouflage net) simulating natural stream and riverine environments.

In the last few years, we have conducted four studies examining the effect of seminatural raceway habitat on Chinook salmon behavior, growth, morphology, health, and survival. In addition, we have a fifth study examining the effect of seminatural raceway habitat on coho salmon growth, morphology, health, and smolt-to-adult survival currently underway. The experiments ranged in scale from 400–l rectangular tanks to standard production raceways with a rearing volume of more than 28,320–l (Maynard et al. 1996a, 1996b, 1996c, 2001a, 2003a, 2003c). Over the course of these experiments, seminatural raceway habitat has evolved from a somewhat difficult to maintain loose sand or gravel substrate, plastic aquarium plant structure, and opaque overhead cover to an easier to work form consisting of gravel embedded in concrete pavers that can be vacuumed, with conifers suspended from cables that can be easily moved when working the raceways and self lifting covers fitted with military specification camouflage net that can easily be opened during fish culture operations (Maynard et al. 1996c, 2003c). Although, in most experiments, fish have been reared full-term from the swim-up fry to smolt stage in seminaturally raceway habitat, an acclimation approach has also been successfully used where fish are placed in the experimental habitat for only the last few months preceding their release.

The general results from these five experiments are surprisingly similar given the wide range of experimental conditions under which they were conducted. In seminatural raceway habitat, Chinook salmon were observed to engage in natural aggressive activity more often and strike at decaying debris in the water column less often than conventionally reared fish (Maynard et al. 1996c). However, the inculture depth distribution behavior of Chinook salmon reared in seminatural raceway habitat appears to be similar to controls (Maynard et al. 2003c). The growth of Chinook salmon reared in seminatral raceway habitat usually lagged slightly behind that of fish grown in the conventional raceway environment (Maynard et al. 1996a, 1996b, 1996c, 2003a). However, the health of Chinook salmon reared in seminatural raceway habitat is equivalent to or better than that of conventionally reared fish (Maynard et al. 1996a, 1996b, 1996c, 2003a). Both the growth and health of coho salmon reared in seminatural raceway habitat is similar to that of controls (Maynard et al. 2003c). The skin color of seminaturally and conventionally reared fish in all five experiments diverged during culture (Maynard et al. 1996a, 1996b, 1996c, 2003a, 2003c). These color differences appear to enhance the ability of seminaturally reared fish to blend into stream and river backgrounds. In addition to this coloration advantage, predation bioassays suggest that seminatural rearing may improve the ability of Chinook salmon to evade predators (Maynard et al. 2003a). Importantly, in 16 out of 17 releases, the instream survival of Chinook salmon reared in seminatural raceway habitat was higher than that of their respective controls (Figure 2).

Some other studies have also observed that seminatural rearing habitat produces salmonids with more natural behavior and better fin condition. For instance, the addition of natural substrate to the bottom of gray fiberglass tanks has been shown to increase the number of Atlantic salmon *Salmo salar* exhibiting territorial behavior (Mork et al. 1999). Several experiments have demonstrated that covering the bottom of concrete ponds with natural cobble substrates usually improves trout fin condition (Bosakowski and Wagner 1994, 1995; Wagner et al. 1996; Arndt et al. 2001). However, the addition of cobble substrate tends to reduce trout condition factor, fat levels, and total length (Wagner et al. 1996). The addition of structure to the rearing environment of rainbow trout *O. mykiss* has been shown to produce visual isolation that reduces territory size, but does not result in an increase in volitional density (Imre et al. 2002).

Other research has also demonstrated that rearing salmonids in seminatural rearing habitat may also lead to increased postrelease survival. As an example, brown trout *Salmo trutta* reared in natural ponds were found to have higher survival than those reared in conventional tanks (Naslund 1992). Similarly, the smolt-to-adult survival of cutthroat trout *O. clarkii* reared in gravel bottom ponds was observed to be higher (60%) than fish reared in standard concrete raceways (Tipping 1998, 2001b). Rearing coho salmon in seminatural ponds with gravel substrate, woody debris structure, and cover was found to produce a slight (but not significant) increase in their smolt-to-adult survival above that observed for fish reared in conventional concrete raceways (Fuss and Byrne 2002). Preliminary data indicate coho salmon reared in ponds with camouflage net covers and plastic crate structure have increased smolt-to-adult survival (Vander Haegen and Appleby 1998; Vander Haegen, Washington Department of Fish and Wildlife, personal communication). When challenged to

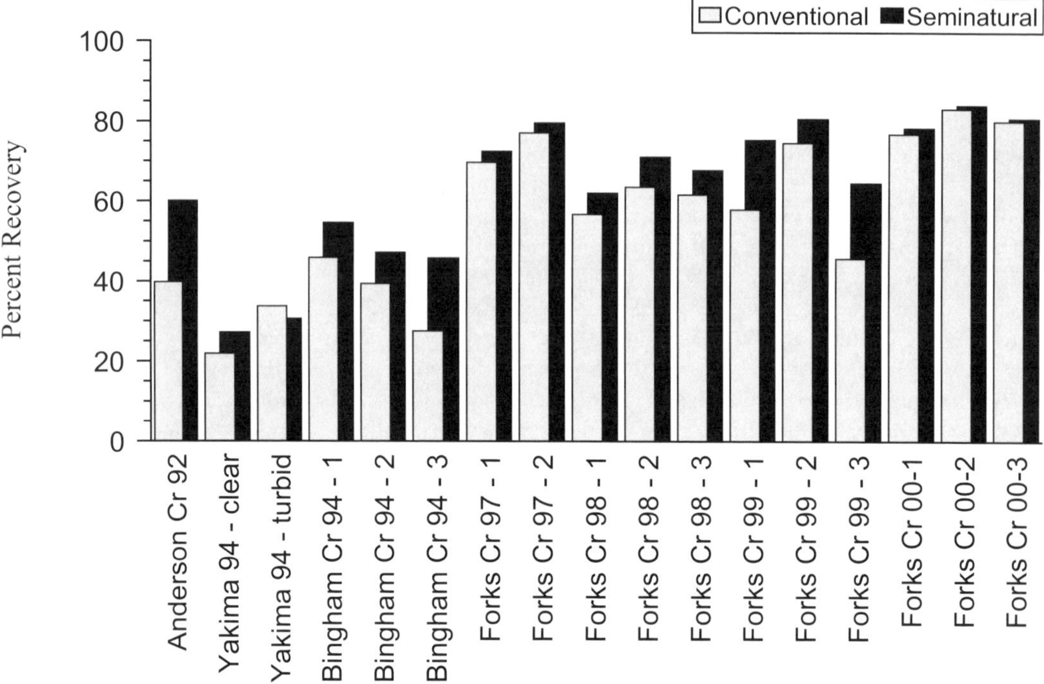

Figure 2. Summarized instream recovery of Chinook salmon reared in conventional and seminatural raceway habitats (Combined data from Maynard et al. 1996a, 1996b, 1996c, 2003a, 2003c).

survive on their own, the growth of age-0 steelhead (anadromous rainbow trout) cultured in tanks enriched with camouflage net cover and conifer structure was greater than that of conventionally grown fish, suggesting the possibility of a survival advantage (Berejikian et al. 2000). Unfortunately, for most of the studies mentioned above, the effects of density and the presence of natural feeds cannot be separated out from the effect of seminatural rearing habitat.

In summary, most research conducted over the last two decades indicates that seminatural rearing habitat leads to increased postrelease survival. In most studies, this rearing strategy appears to produce salmonids with more natural territorial behavior and skin coloration without any reduction in fish health. Seminatural raceway habitat, has been developed into a form that can be readily retrofitted to existing raceways.

Developing Hunting Skills

Wild salmonids are skilled predators successfully hunting for a variety of elusive invertebrate and vertebrate prey. Coevolution of salmonids and their prey has resulted in prey organisms being well camouflaged, exhibiting cryptic behavior, and possessing a variety of predator evasive behaviors. In sharp contrast, artificial feeds are designed to be highly visible and easy to consume to ensure maximum feed conversion, which minimizes economic and environmental waste. Unfortunately, this ease of detection and capture of artificial feeds may result in hatchery salmonids failing to develop vital hunting skills they will need after release. This potential inability of hatchery fish to hunt may explain why they have often been observed to starve for prolonged periods after release (Miller 1953; Hochackka 1961; Reimers 1963; Sosiak et al. 1979; Myers 1980; O'Grady 1983). Behavioral research suggests that pellet-reared fish usually have some difficulty developing successful hunting techniques when they first encounter live prey (Coughlin 1991; Maynard et al. 1996d; Reiriz et al. 1998; Munakata et al. 2000; Sundstrom and Johnson 2001; Ellis et al. 2002; Kahilainen and Lehtonen 2002). Hypothetically, it may be possible to develop natural hunting skills in hatchery fish by supplementing or replacing their artificial diet with live prey. A number of experiments have evaluated the validity of this concept during the last two decades.

We have investigated the use of live food or live food supplemented diets as a tool to improve the hunting ability of hatchery-reared Chinook salmon. In the first study, the diet of ocean type Chinook salmon was supplemented with live feeds. When the fish were tested in laboratory aquaria, it was observed that fish whose diet had been supplemented with live food fed on twice the number of familiar and novel prey as fish reared only on commercial fish food (Maynard et al. 1996d). In the second study, when stream type Chinook salmon reared on a similar live food-supplemented diet were challenged to forage in freshwater and marine enclosures for a week, it was the pellet-only fed fish that were most successful (Maynard et al. 1996e). Many fish from both rearing treatments in this second study had empty stomachs, and it is possible that both contagious (trained fish teaching naïve fish) and despotic behavior (one fish dominates the food supply) effects may have confounded the results. In a subsequent third study, the behavior of individual fish was again observed in laboratory tanks where it was noted that fish reared on live food diets showed greater interest in live prey, while fish reared on pellets were more interested in nonfood items (Maynard et al. 2001e). Field trials, where individual fish foraged in cages suspended in a large coastal stream for a week, found that the gut contents of fish reared on live food diets were not significantly different by weight than those of fish reared only on a pellet diet (Maynard et al. 2001e).

Live food diets have been used with some success to improve the foraging skills of other species. Providing tiger muskellunge hybrid (northern pike *Esox lucius* × muskellunge *E. masquinongy*) with the opportunity to hunt live prey enhanced their foraging behavior by decreasing the time and number of strikes required to capture natural live prey (Gillen et al. 1981). Similarly, the hunting skill of naive sockeye salmon *O. nerka* tested in the laboratory improved with increasing experience (Vinyard 1982). Laboratory evaluations indicated that the foraging success of pellet-reared brown trout challenged to capture live crickets was lower than that of wild-reared trout, but improved with experience (Sundstrom and Johnson 2001). Although the development of hunting skills in Atlantic salmon raised on pellets lags behind that of those raised on live food, the hunting skills of pellet-reared fish improved in subsequent encounters (Coughlin 1991; Reiriz et al. 1998; Brown and Laland 2002).

Intriguingly, it has been shown in the laboratory that the image of experienced demonstrators is sufficient to accelerate this learning process in Atlantic salmon (Brown and Laland 2002). This contagious behavior suggests it may be possible to train a small group of hatchery fish to serve as demonstrators that can be used to rapidly train the remainder of the population in successful hunting tactics. Laboratory trials with hatchery-reared turbot *Scophthalmus maximus* have found that they are also less successful hunters than wild-reared fish (Ellis et al. 2002). As with salmonids, providing hatchery-reared turbot experience with live foods improved their hunting skills, although nonfood items, like stones, continued to be attacked for at least 6 weeks, due to their pellet-like visual characteristics. Although these results suggest that live food diets may be used to improve hatchery fish hunting skills, further research is needed to refine the techniques before they are ready for implementation at production hatcheries.

Conditioning Appropriate Anitpredator Behavior

Postrelease survival of hatchery fish may be improved by fish culture practices that encourage the proper development of strategies fish use to counter predation. These strategies usually include (1) stealth (e.g., cryptic coloration), (2) avoiding habitats predators use, (3) adopting appropriate behavior when detecting predators (freezing, hiding, flight, etc.), (4) evolving better swimming and maneuvering ability than their predators, and (5) outgrowing their predators gape. As previously discussed, seminatural rearing habitat is a culture strategy that can be used to encourage fish to develop appropriate cryptic coloration. This section focuses on reviewing techniques to condition fish to recognize predators. The following sections will then discuss fish culture approaches that train fish to avoid habitats where they are most vulnerable to predators and to exercise salmonids to enhance their speed and maneuverability.

In the hatchery, fish are unlikely to experience the various visual, acoustic, and chemical cues emitted by most of the predators they will encounter after release. Hatchery fish may develop some experience with predation from the small suite of avian predators such as kingfishers *Ceryle alcyon*, crows *Corvus caurinus*, gulls *Laurus* sp., and herons *Ardea herodias*. However, they usually have no prerelease exposure to predacious fish such as trout, northern pikeminnow *Ptychocheilus oregonensis*, and sculpins and most of the piscivorous birds such as mergansers (*Mergus merganser, Lophodytes cucullatus*), terns *Sterna caspia*, and cormorants *Phalacrocorax* sp. that attack them on their postrelease migration. This predator naivety may be alleviated by conditioning hatchery fish to recognize and respond appropriately to the cues given off by the various predators they will encounter after release. Ideally, this conditioning process will result in little or no mortality during the hatchery rearing phase.

The predator recognition behavior of salmonids has both innate and learned components. The innate component produces reactions such as the fright response of artic char *Salvelinus alpinus* to the cues given off by predacious burbot *Lota lota* and northern pike (Hirvonen et al. 2000). The learned component has been demonstrated in the many studies where salmonids have been observed to rapidly associate danger with the specific visual, chemical, and acoustic cues given off by a predator (Thompson 1966; Patten 1977; Olla and Davis 1989; Jarvi and Uglem 1993; Healey and Reinhardt 1995; Brown and Smith 1998; Berejikian et al. 1999; Brown 1999; Hirvonen et al. 2000; Yamamoto and Reinhardt 2003). This learned component of predator recognition provides fish culturists the opportunity to train their fish to recognize predators prior to release.

The efficacy of predator avoidance conditioning has been examined in several studies conducted over the last four decades. Thompson (1966) pioneered this concept with a series of laboratory experiments demonstrating that salmonids modify their behavior after being exposed to predation events. He then applied this concept at the hatchery level by exposing Chinook salmon to an electrified model of a steelhead trout. As predicted, the instream survival of predator-conditioned Chinook salmon to a downstream weir was higher than that of predator naive controls. A similar study was conducted in Japan where an electrified model of a predacious goby was used to condition chum salmon *O. keta* to avoid predators (Kanayama 1968). However, the efficacy of this goby model at increasing survival in an enclosed stream section varied with fish size.

Direct exposure to predators usually produces a positive result. Exposing sockeye salmon to predacious rainbow trout increased their survival in predator laden stream channels by more than 16% (Ginetz and Larkin 1976). Similarly the direct exposure of coho salmon to predacious torrent sculpin *Cottus rhotheus* increased their relative survival in subsequent encounters by 67% (Patten 1977).

Field trials have shown that exposing Chinook salmon to caged predators such as hooded mergansers, largemouth bass *Micropterus salmoides*, and brown bullhead catfish *Ictalurus nebulosus* during raceway rearing increases their instream survival by 26% (Maynard et al. 2001c). Exposure to caged predators (blue crab *Callinectes sapidus*) also increased the survival of hatchery-reared summer flounder *Paralichthys dentatus* by more than 50% in subsequent encounters (Kellison et al. 2000).

Laboratory research has demonstrated that coho salmon may only need exposure to the visual, acoustic, and chemical cues given off by lingcod *Ophiodon elongatus* during a predation event to increase their survival in subsequent encounters (Olla and Davis 1989). The success of predator avoidance conditioning generally seems to improve as the number of cues the learner is exposed to increases. Thus, laboratory studies have found that directly exposing Atlantic salmon to predators generated a better response than exposure to caged predators (Jarvi and Uglem 1993). Nonetheless, because of the ease of application, efforts have even been made to use single cues, like video images or odors alone, as tools to condition hatchery-reared salmonids to avoid predators (Berejikian et al. 1999; BBC News 2001). Field trials using stream enclosures have shown that chemosensory predator recognition training can be used to successfully increase the survival of brook trout faced with chain pickerel *E.niger* predation by 5% (Mirza and Chivers 2000).

Unfortunately, not all predator avoidance conditioning research has been able to develop successful training protocols. As an example, one recent experiment determined that coho and Chinook salmon both modify their behavior after being exposed to predation (Healey and Reinhardt 1995). However, this behavioral modification only improved the survival of coho salmon during open field trials. Similarly, exposing Chinook salmon to cutthroat predation did not increase their instream survival (Berejikian 1996), nor did predator avoidance training reduce the poststocking mortality of tiger muskies (Koupal 2000). These studies indicate that individual exposure protocols need to be developed for each species of concern. Properly developed, predator avoidance conditioning should be a very useful tool for enhancing the postrelease survival of hatchery salmonids.

Conditioning Natural Habitat Preference

The types of postrelease habitat fish utilize may markedly affect predator vulnerability. Fish culturists maybe able to improve the postrelease survival of fish by conditioning them to use the subset of natural habitats where they are less susceptible to predators. Surface orientation is one of the most notable attributes of hatchery salmonids that may increase their vulnerability to predation (Mason et al. 1967; Sosiak 1978; Uchida et al. 1989; Reinhardt 2001). Although this surface orientation has innate components, it is also known to be partially conditioned. As an example, although farmed and ocean ranched masu salmon *O. masou* are innately more surface oriented than wild stocks, they all become increasingly more surface-oriented the longer they are fed pellets from the surface (Reinhardt 2001). This surface orientation of hatchery fish can markedly increase vulnerability to surface-feeding predators, such as terns (Collis et al. 2001).

In a study conducted during the mid-1990s, we hypothesized that fish could be conditioned to be more benthic-oriented by feeding via automated underwater feed delivery systems that do not positively reinforce surface orientation behavior. This study incorporated an automated underwater feeder system into one of the previously described seminatural raceway habitat experiments (Maynard et al. 1996b). Subjective observations conducted during this experiment suggested that Chinook salmon reared with the automated subsurface feed delivery system exhibited more natural territorial behavior and seemed less likely to strike at debris falling on the surface than did hand fed fish. However, during this study, the effects of the feeder could not be separated from those of the other seminatural raceway habitat components.

In the follow up experiment, ocean type Chinook salmon were reared in raceways where they were either fed by hand or using the automated underwater feed delivery system (Maynard et al. 2001b). As in the first experiment, the hand-fed fish rapidly became conditioned to swim towards fish culture personnel and would swarm at the surface when humans approached the raceway. However, testing revealed that no depth preference, innate fright response, or predator vulnerability differences had developed between fish in the two feeding treatments. Only the response hand-fed fish gave to the visual image of a human standing beside the raceway differed between fish in the two rearing treatments. This suggests that hand feeding at the surface may not increase the postrelease predation risk for Chinook salmon.

As noted above, for other species the results may be quite different. Research conducted with sea run cutthroat trout indicates that elimination of hand feeding can have beneficial postrelease survival effects (Tipping 2001a). In this case, the smolt-to-adult survival of fish reared on demand feeders exceeded (but nonsignificantly) that of traditional hand-fed fish by 10% (Tipping 2001a). Since both feeding methods disperse food at the surface, the survival benefit must be attributed to not deconditioning the fish to fear large-moving objects at the surface.

Developing Stamina

Fish culturists may be able to increase the postrelease survival of salmonids by improving their swimming performance. Swimming performance is not only a key factor in bursting away from and outmaneuvering predators, but is also critical in avoiding injuries from turbulent currents during downstream migration. Most hatchery salmonids gain little experience with any form of flow prior to release. This is because raceways and rearing ponds velocities are normally less than 1 cm/s. This low flow environment fails to challenge the fish to swim as they would in their natural fluvial habitat.

There is ample evidence that exercising salmonids provides fish culture benefits. In one study examining exercise as a fish culture tool, brook trout *Salvelinus fontinalis* were reared for 10 weeks in circular tanks with or without exercise (Leon 1986). This exercise significantly increased fish growth and swimming stamina over that experienced by unexercised controls. Other investigations have observed exercise routinely improves food conversion (Christiansen et al. 1989, 1992; Christiansen and Jobling 1990; Nielsen et al. 2000; Azuma 2001) and swimming performance (Besner and Smith 1983; Schurov et al. 1986; McDonald et al. 1998). Regular exercise also improves the ability of salmonids to adapt to seawater and reduce their ion loss in epinephrine challenge tests (Khovanskiy et al. 1993; McDonald et al. 1998).

Burrows developed the rectangular circular pond as a tool to improve the quality of ocean ranched salmonids. His pioneering work indicates that the exercise velocities these rearing vessels generate improves fall Chinook salmon smolt-to-adult survival by 62% (Burrows 1969). Similar results were observed with brown trout with the instream survival of exercised fish being more than 50% higher than that of unexercised trout (Cresswell and Williams 1983). Prerelease exercise also seemed to increase the instream survival of Atlantic salmon (Schurov et al. 1986). However, exercise does not always lead to increased postrelease survival. Coho salmon reared full term in the exercise velocities generated by Burrows ponds did not experience higher smolt-to-adult survival than controls reared in nonexercise standard raceway velocities (Lagasse et al. 1980). Exercise also did not improve the return of adult steelhead to Coles River Hatchery (Evenson and Ewing 1993).

An energetically efficient exercise system that can be retrofitted to standard raceways was recently developed by Maynard et al. (2001d). Exercising ocean type Chinook salmon for 24 h a day for a week in this system did not increase postrelease survival. However, the exercise regime did significantly increase inculture mortality probably because of high rearing water temperatures (to 18°C) encountered during that study (Maynard et al. 2001d). Adopting a 2 h a day exercise protocol and suspending the exercise program at the first sign of a disease outbreak significantly increased growth and decreased inculture mortality of exercised fish relative to that of unexercised controls (Maynard et al. 2003b). While this exercise protocol may have slightly increased resistance to hooded merganser attacks, it did not increase downstream survival. Further refinement and evaluation of exercise protocols are needed before the smolt-to-adult survival advantage observed by Burrows (1969) can be realized on a consistent basis.

Conclusion

A number of seminatural rearing strategies exist for increasing hatchery fish postrelease survival. As previously reviewed, reducing rearing density appears to consistently increase smolt-to-adult survival (Maynard et al. 1995). Seminatural rearing habitat and predator avoidance training are beginning to prove their worth as tools for increasing hatchery fish instream survival. Data from fish now at sea will help determine if these strategies also lead to increased recruitment to the fishery and spawning population. Unfortunately, other seminatural strategies, like subsurface feed delivery systems, live food diets, and exercise protocols have proven to be less useful as tools for increasing postrelease survival. These techniques require further refinement before they can be generally adopted as fish culture tools to enhance recruitment to the fishery and spawning population.

The continued development of fish culture techniques that improve postrelease survival is mandatory if recruitment to the fishery and spawning population is to be improved. Economic and social factors suggest it unlikely that the reduction in both the quantity and quality of freshwater rearing habitat can be totally reversed. Thus, we believe hatcheries will continue to be a necessity for the maintenance of anadromous salmonids stocks. The inculture survival of fish in hatcheries is already so high that further increases will have only minor impacts on the number of fish recruiting to the fishery and spawning population. Only fish culture techniques that increase the postrelease survival of fish released to sea offer any meaningful hope of improving recruitment. Fishery managers may use these new techniques to generate more recruits to the fishery, more returning spawners to listed populations, or simply to improve economic efficiency of hatchery operations. They may also use this increased postrelease survival tool to reduce the impact of mitigation and enhancement hatcheries on wild salmonids. This can be done since increased postrelease survival will enable hatcheries to release fewer smolts that negatively interact with wild fish, while maintaining stable recruitment levels to the fishery.

References

Arndt, R. E., M. D. Routledge, E. J. Warner, and R. F. Mellenthin. 2001. Influence of raceway substrate and design on fin erosion and hatchery performance of rainbow trout. North American Journal of Aquaculture 63:312–320.

Azuma, T. 2001. Can water-flow induce an excellent growth of fish; effects of water flow on the growth of juvenile masu salmon, *Oncorhynchus masu*. World Aquaculture 32(4):26–29.

Berejikian, B. A. 1996. Instream postrelease growth and survival of chinook salmon smolts subjected to predator training and alternate feeding strategies, 1995. Pages 113–127 *in* D. J. Maynard, T. A. Flagg, and C. V.W. Mahnken, editors. Development of a natural rearing system to improve supplemental fish quality 1991–1995. Bonneville Power Administration, Portland, Oregon.

Berejikian, B. A., R. J. F. Smith, E. P. Tezak, S. Schroder, and C. M. Knudsen. 1999. Chemical alarm signals and complex hatchery rearing habitats affect antipredator behavior and survival of chinook salmon (*Oncorhynchus tshawytscha*) juveniles. Canadian Journal of Fisheries and Aquatic Sciences 56:830–838.

Berejikian, B. A., E. P. Tezak, T. A. Flagg, A. L. LaRae, E. Kummerow, and C. V. W. Mahnken. 2000. Social dominance, growth, and habitat use of age-0 steelhead (*Oncorhynchus mykiss*) grown in enriched and conventional hatchery rearing environments. Canadian Journal of Fisheries and Aquatic Sciences 57:628–636.

Besner, M., and L. S. Smith. 1983. Modification of swimming mode and stamina in two stocks of coho salmon (*Oncorhynchus kisutch*) by differing levels of long-term continuous exercise. Canadian Journal of Fisheries and Aquatic Sciences 40:933–939.

Bosakowski, T., and E. J. Wagner. 1994. A survey of

trout fin erosion, water quality and rearing conditions at state fish hatcheries in Utah. Journal of the World Aquaculture Society 25:308–316.

Bosakowski, T., and E. J. Wagner. 1995. Experimental use of cobble substrates in concrete raceway for improving fin condition of cutthroat (*Oncorhynchus clarki*) and rainbow trout (*O. mykiss*). Aquaculture 130:159–165.

Brown, C. 1999. Differences in timidity and escape responses between predator-naïve and predator-sympatric rainbowfish populations. Ethology 105:491 502.

Brown, C., and K. Laland. 2001. Social learning and life skills training for hatchery reared fish. Journal of Fish Biology 59:471–493.

Brown, C., and K. Laland. 2002. Social enhancement and social inhibition of foraging behaviour in hatchery-reared Atlantic salmon. Journal of Fish Biology 61:987–998.

Brown, G. E., and R. J. F. Smith. 1998. Acquired predator recognition in juvenile rainbow trout (*Oncorhynchus mykiss*): conditioning hatchery-reared fish to recognize chemical cues of a predator. Canadian Journal of Fisheries and Aquatic Sciences 55:611–617.

Burrows, R. E. 1969. The influence of fingerling quality on adult salmon survivals. Transactions of the American Fisheries Society 1969:777–785.

Butler, R. L. 1981. Relationship of trout behavior and management: Hatchery production and construction. Pages 29–31 *in* L. J. Allen and S. C. Kinney, editors. Proceeding of the Bio Engineering Symposium for Fish Culture. American Fisheries Society, Fish Culture Section, Bethesda, Maryland.

Christiansen, J., E. Ringoe, and M. Jobling. 1989. Effects of sustained exercise on growth and body composition of first-feeding fry of Artic charr, *Salvelinus alpinus* (L.). Aquaculture 79:329–335.

Christiansen, J. S., and M. Jobling. 1990. The behaviour and the relationship between food intake and growth of juvenile Artic charr, *Salvelinus alpinus* L., subjected to sustained exercise. Canadian Journal of Zoology 68:2185–2191.

Christiansen, J. S., Y. S. Svendsen, and M. Jobling. 1992. The combined effects of stocking density and sustained exercise on the behaviour, food intake, and growth of juvenile Artic charr (*Salvelinus alpinus* L.). Canadian Journal of Zoology 70:115–122.

Collis, K., D. D. Roby, D. P. Craig, B. A. Ryan, and R. D. Ledgerwood. 2001. Colonial waterbird predation on juvenile salmonids tagged with passive integrated transponders in the Columbia River Estuary: vulnerability of different salmonid species, stocks, and rearing types. Transactions of American Fisheries Society 130:385–396.

Coughlin, D. J. 1991. Ontogeny of feeding-behavior of 1st-feeding Atlantic salmon (*Salmo salar*). Canadian Journal of Fisheries and Aquatic Sciences 48:1896–1904.

Cresswell, R. C., and R. Williams. 1983. Post-stocking movements and recapture of hatchery-reared trout released into flowing water-effect of prior acclimation to flow. Journal of Fish Biology 23:265–276.

Ellis, T., R. N. Hughes, and B. R. Howell. 2002. Artificial dietary regime may impair subsequent foraging behaviour of hatchery-reared turbot released into the natural environment. Journal of Fish Biology 61:252–264.

Evenson, M. D., and R. D. Ewing. 1993. Effects of exercise of juvenile winter steelhead on adult returns to Cole Rivers Hatchery, Oregon. The Progressive Fish-Culturist 55:180–183.

Fuss, H., and J. Byrne. 2002. Differences in survival and physiology between coho salmon reared in seminatural and conventional ponds. North American Journal of Aquaculture 64:267–277.

Gillen, A. L., R. A. Stein, and R. F. Carline. 1981. Predation by pellet-reared tiger muskellunge on minnows and bluegills in experimental systems. Transactions of the American Fisheries Society 110:197–209.

Ginetz, R. M., and P. A. Larkin. 1976. Factors affecting rainbow trout (*Salmo gairdneri*) predation on migrant fry of sockeye salmon (*Oncorhynchus nerka*). Journal of the Fisheries Research Board of Canada 33:19–24.

Healey, M. C., and U. Reinhardt. 1995. Predator avoidance in naïve and experienced juvenile chinook and coho salmon. Canadian Journal of Fisheries and Aquatic Sciences 52:614–622.

Hirvonen, H., E. Ranta, J. Piironen, A. Laurila, and N. Peuhkuri. 2000. Behavioural responses of naïve Artic charr young to chemical cues from salmonids and non-salmonid fish. Oikos 88:191–199.

Hochackka, P. W. 1961. Liver glycogen reserves of interacting resident and introduced trout populations. Journal of the Fisheries Research Board of Canada 18:125–135.

Imre, I., J., W. A. Grant, and E. R. Keeley. 2002. The effect of visual isolation on territory size and population density of juvenile rainbow trout (*Oncorhynchus mykiss*). Canadian Journal of Fisheries and Aquatic Sciences 59:303–309.

Jarvi, T., and I. Uglem. 1993. Predator training improves the anti-predator behaviour of hatchery reared Atlantic salmon (*Salmo salar*) smolt. Nordic Journal of Freshwater Research 68:63–71.

Kahilainen, K., and H. Lehtonen. 2002. Food composition, habitat use and growth of stocked and native

Artic charr, *Salvelinus alpinus*, in Lake Muddusjarvi, Finland. Fisheries Management and Ecology 9:197–204.

Kanayama., Y. 1968. Studies of the conditioned reflex in lower vertebrates: defensive conditioned reflex of chum salmon fry in group. Marine Biology 2:77–87.

Khovanskiy, I. Y., Y. V. Natochin, Y. I. Shakhmatova. 1993. Effect of physical exercise on osmoregulatory capability in hatchery-reared juvenile chum salmon, *Oncorhynchus keta*. Journal of Ichthyology 33:36–43.

Kellison, G. T., D. B. Eggleston, and J. S. Burke. 2000. Comparative behaviour and survival of hatchery reared versus wild summer flounder (*Paralichthys dentatus*). Canadian Journal of Fisheries and Aquatic Sciences 57:1870–1877.

Koupal, K. D. 2000. Assessment of poststocking mortality for tiger muskies and strategies to increase survival. Doctoral dissertation. Colorado State University, Fort Collins.

Lagasse, J. P., D. A. Leith, D. B. Romey, and O. F. Dahrens. 1980. Stamina and survival of coho salmon reared in rectangular circulating ponds and conventional raceways. The Progressive Fish-Culturist 42:153–156.

Leon, K. A. 1986. Effect of exercise on feed consumption, growth, food conversion, and stamina of brook trout. The Progressive Fish-Culturist 48:43–46.

Mason, J. W., O. M. Brynilson, and P. E. Degurse. 1967. Comparative survival of wild and domestic strains of brook trout in streams. Transactions of the American Fisheries Society 96:313–319.

Maynard, D. J., T. A. Flagg, and C. V. W. Mahnken. 1995. A review of seminatural culture strategies for enhancing the postrelease survival of anadromous salmonids. Pages 307–314 *in* H. L. Schramm, Jr., and R. G. Piper, editors. American Fisheries Society, Symposium 15, Bethesda, Maryland.

Maynard, D. J., M. Crewson, E. P. Tezak, W. C. McAuley, and T. A. Flagg. 1996a. The postrelease survival of Yakima River spring chinook salmon acclimated in conventional and seminatural raceways, 1994. Pages 66–77 *in* D. J. Maynard, T. A. Flagg, and C. V.W. Mahnken, editors. Development of a natural rearing system to improve supplemental fish quality 1991–1995. Bonneville Power Administration, Portland, Oregon.

Maynard, D. J., M. Crewson, E. P. Tezak, W. C. McAuley, S. L. Schroder, C. Knudsen, T. A. Flagg, and C. V. W. Mahnken. 1996b. The postrelease survival of Satsop River fall chinook salmon reared in conventional and seminatural raceway habitats, 1994. Pages 78–97 *in* D. J. Maynard, T. A. Flagg, and C. V.W. Mahnken, editors. Development of a natural rearing system to improve supplemental fish quality 1991–1995. Bonneville Power Administration, Portland, Oregon.

Maynard, D. J., M. S. Kellet, D. A. Frost, E. P. Tezak, W. C. McAuley, T. A. Flagg, and C. V. W. Mahnken. 1996c. The behavior and postrelease survival of fall chinook salmon reared in conventional and seminatural raceways, 1992. Pages 53–65 *in* D. J. Maynard, T. A. Flagg, and C. V.W. Mahnken, editors Development of a natural rearing system to improve supplemental fish quality 1991–1995. Bonneville Power Administration, Portland, Oregon.

Maynard, D. J., G. C. McDowell, E. P. Tezak, and T. A. Flagg. 1996d. Effect of diets supplemented with live food on the foraging behavior of cultured fall chinook salmon. The Progressive Fish-Culturist 58:187–191.

Maynard, D. J., E. P. Tezak, B. A. Berejikian, and T. A. Flagg. 1996e. The effect of feeding spring chinook salmon a live food supplemented diet during acclimation, 1995. Pages 98–112 *in* D. J. Maynard, T. A. Flagg, and C. V. W. Mahnken, editors. Development of a natural rearing system to improve supplemental fish quality 1991–1995. Bonneville Power Administration, Portland, Oregon.

Maynard, D. J., and T. A. Flagg. 2001. NATURES rearing as a tool for increasing ranched salmon survival. World Aquaculture 32(2):56–69.

Maynard, D. J., T. A. Flagg, C. Johnson, B. Cairns, G. C., McDowell, G. A. Snell, A. L. LaRae, J. L. Hackett, G. Britter, B. Smith, C. V. W. Mahnken, and R. N. Iwamoto. 2001a. Coordinating the integration of NATURES variables into the Forks Creek study. Pages 60–79 *in* D. J. Maynard, B. A. Berejikian, T. A. Flagg, C. V.W. Mahnken, editors. Development of a natural rearing system to improve supplemental fish quality 1996–1998. Bonneville Power Administration, Portland, Oregon.

Maynard, D. J., G. J. L. Hackett, M. Wastel, A. L. LaRae, C. McDowell, T. A. Flagg, and C. V.W. Mahnken,. 2001b. Effect of automated sub-surface feeders on behavior and predator vulnerability of fall chinook salmon. Pages 6–19 *in* D. J. Maynard, B. A. Berejikian, T. A. Flagg, C. V.W. Mahnken, editors. Development of a natural rearing system to improve supplemental fish quality 1996–1998. Bonneville Power Administration, Portland, Oregon.

Maynard, D. J., A. L. LaRae, G. C. McDowell, G. A. Snell, T. A. Flagg, and C. V. W. Mahnken. 2001c. Effects of predator avoidance training on the postrelease survival of fall chinook salmon. Pages 52–59 *in* D. J. Maynard, B. A. Berejikian, T. A. Flagg, C. V.W. Mahnken, editors. Development of a natural rearing system to improve supplemental fish quality 1996–1998. Bonneville Power Administration, Portland, Oregon.

Maynard, D. J., G. C. McDowell, G. A. Snell, T. A. Flagg, and C. V. W. Mahnken. 2001d. Development of a raceway exercise system for fall chinook salmon. Pages 44–52 *in* D. J. Maynard, B. A. Berejikian, T. A. Flagg, C. V.W. Mahnken, editors. Development of a natural rearing system to improve supplemental fish quality 1996–1998. Bonneville Power Administration, Portland, Oregon.

Maynard, D. J., G. C. McDowell, G. A. Snell, A. L. LaRae, T. A. Flagg, and C. V. W. Mahnken. 2001e. Effect of live food diets on the foraging behavior of cultured fall chinook salmon. Pages 20–34 *in* D. J. Maynard, B. A. Berejikian, T. A. Flagg, C. V.W. Mahnken, editors. Development of a natural rearing system to improve supplemental fish quality 1996–1998. Bonneville Power Administration, Portland, Oregon.

Maynard, D. J., G. C. McDowell, T. A. Flagg, C. Johnson, B. Cairns, G. A. Snell, J. Colt, A. L. LaRae, J. L. Hackett, G. Britter, B. Smith, C. V. W. Mahnken, and R. N. Iwamoto. 2003a. Coordinating the integration of NATURES variables into the Forks Creek Study. Pages 1–53 *in* D. J. Maynard, S. Riley, B. A. Berejikian, and T. A. Flagg, editors. Development of a natural rearing system to improve supplemental fish quality. Bonneville Power Administration, Portland, Oregon.

Maynard, D. J., G. C. McDowell, G. A. Winans, G. A. Snell, T. A. Flagg, C. V. W. Mahnken, and R. N. Iwamoto. 2003b. Effect of exercise on fall chinook salmon. Pages 54–82 *in* D. J. Maynard, S. Riley, B. A. Berejikian, and T. A. Flagg, editors. Development of a natural rearing system to improve supplemental fish quality. Bonneville Power Administration, Portland, Oregon.

Maynard, D. J., G. E. Vander Haegen, J. E. Colt, G. C. McDowell, and T. A. Flagg, 2003c. Refine NATURES habitat components for economic and operationally effective installation in Columbia River Basin salmon culture facilities. Pages 83–124 *in* D. J. Maynard, S. Riley, B. A. Berejikian, and T. A. Flagg, editors. Development of a natural rearing system to improve supplemental fish quality. Bonneville Power Administration, Portland, Oregon.

McDonald, D. G., D. L. Milligan, W. J. McFarlane, S. Croke, S. Currie, B. Hooke, R. B. Angus, B. L. Tufts, and K. Davidson. 1998. Condition and performance of juvenile Atlantic salmon (*Salmo salar*): effects of rearing practice on hatchery fish and comparison with wild fish. Canadian Journal of Fisheries and Aquatic Sciences 55:1208–1219.

Miller, R. B. 1953. Comparative survival of wild and hatchery-reared cutthroat trout in a stream. Transactions of the American Fisheries Society 81:35–42.

Mirza, R. A., and D. P. Chivers. 2000. Predator-recognition training enhances survival of brook trout: evidence from laboratory and field-enclosure studies. Canadian Journal of Zoology 78:2198–2208.

Mork, O. I., B. Bjerkeng, and M. Rye. 1999. Aggressive interactions in pure and mixed groups of juvenile farmed and hatchery-reared wild Atlantic salmon *Salmo salar* L. in relation to tank substrate. Aquaculture Research 30:571–578.

Munakata, A., B. T. Bjornsson, E. Jonsson, M. Amano, K. Ikuta, S. Kitamura, T. Kurokawa, and K. Aida. 2000. Post-release adaptation process of hatchery-reared honmasu salmon parr. Journal of Fish Biology 56:163–172.

Naslund, I. 1992. Survival and distribution of pond- and hatchery-reared 0+ brown trout, *Salmo trutta* L., released in a Swedish stream. Aquaculture and Fisheries Management 23:477–488.

Myers, K. 1980. An investigation of the utilization of four study areas in Yaquina Bay, Oregon, by hatchery and wild juvenile salmonids. Master thesis. Oregon State University, Corvallis.

Nielsen, M. E., L. Boesgaard, R. M. Sweeting, B. A. McKeown, P. Rosenkilde. 2000. Physiological and endocrinological responses during prolonged exercise in hatchery-reared rainbow trout (*Oncorhynchus mykiss*). Acta Veterinaria Scandinavica 41:173–184.

O'Grady, M. F. 1983. Observation on the dietary habits of wild and stocked brown trout, *Salmo trutta* L., in Irish lakes. Journal of Fish Biology 22:593–601.

Olla, B. L., and M. W. Davis. 1989. The role of learning and stress in predator avoidance of hatchery-reared coho salmon (*Oncorhynchus kisutch*) juveniles. Aquaculture 76:209–214.

Olla, B. L., M. W. Davis, and C. H. Ryer. 1998. Understanding how the hatchery environment represses or promotes the development of behavioral skills. Bulletin of Marine Science 62:531–550.

Olla, B. L., M. W. Davis, and C. H. Ryer. 1994. Behavioural deficits in hatchery-reared fish: potential effects on survival following release. Aquaculture and Fisheries Management 25(Supplement 1):19–34.

Patten, B. G. 1977. Body size and learned avoidance as factors affecting predation on coho salmon (*Oncorhynchus kisutch*) fry by torrent sculpin (*Cottus rhotheus*). Fishery Bulletin 75:457–459.

Reimers, N. 1963. Body condition, water temperature, and over-winter survival of hatchery reared trout in Convict Creek, California. Transactions of the American Fisheries Society 92:39–46.

Reinhardt, U. G. 2001. Selection for surface feeding in

farmed and sea-ranched masu salmon juveniles. Transactions of the American Fisheries Society 130:155–158.

Reiriz, L., A. G. Nicieza, and F. Brana. 1998. Prey selection by experienced and naïve juvenile Atlantic salmon. Journal of Fish Biology 53:100–114.

Schurov, I. L., Y. A. Smirnov, and Y. A. Schustov. 1986. Features of adaptation of hatchery young of Atlantic salmon, *Salmo salar* L., to riverine conditions after a conditioning period before release, 1. Possibility of conditioning the young under hatchery conditions. Voprosy Ikhtiologi 26:317–320.

Sosiak. A. J. 1978. The comparative behavior of wild and hatchery-reared juvenile Atlantic salmon (*Salmo salar* L.) M.S. thesis. University of New Brunswick, Fredrickton, New Brunswick, Canada.

Sosiak, A. J., R. G. Randall, and J. A. McKenzie. 1979. Feeding by hatchery-reared and wild Atlantic salmon (*Salmo salar*) parr in streams. Journal of the Fisheries Research Board of Canada 36:1408–1412.

Suboski, M. D., and J. J. Templelton. 1989. Life skills training for hatchery fish: social learning and survival. Fisheries Research 7:343–352.

Sundstrom, L. F., and J. I. Johnson. 2001. Experience and social environment influence the ability of young brown trout to forage on live prey. Animal Behaviour 1:249–255.

Thompson, R. B. 1966. Effects of predator avoidance conditioning on the postrelease survival rate of artificially propagated salmon. Ph. D. thesis. University of Washington, Seattle.

Tipping, J. M. 1998. Return rates of hatchery-produced sea-run cutthroat trout reared in a pond versus a standard or baffled raceway. The Progressive Fish-Culturist 60:109–113.

Tipping, J. M. 2001a. Adult returns of hatchery sea-run cutthroat trout fed by hand versus demand feeders. North American Journal of Aquaculture 63:134–136.

Tipping, J. M. 2001b. Adult returns of hatchery sea-run cutthroat trout reared in a seminatural pond for differing periods prior to release. North American Journal of Aquaculture 63:131–133.

Uchida, K., K. Tsukamotot, S. Ishii, R. Ishida, and T. Kajihara. 1989. Larval competition for food between wild and hatchery-reared ayu, *Pecoglossus altivelis*, in culture ponds. Journal of Fish Biology 34:399–407.

Vander Haegen, G., and A. Appleby. 1998. Addition of floating and bottom structures to concrete raceways at Solduc hatchery. Pages 69–70 *in* R. Z. Smith, editor. Proceeding of 48th Annual Pacific Northwest Fish Culture Conference. National Marine Fisheries Service, Portland, Oregon.

Video training to boost fish survival. 2001. BBC News (5 October). Available: http://news.bbc.co.uk/1/hi/sci/tech/1580600.stm

Vinyard, G. L. 1982. Feeding success of hatchery-reared kokanee salmon when presented with zooplankton prey. The Progressive Fish-Culturist 44:37–39.

Wagner, E. J., M. D. Routledge, and S. S. Intelmann. 1996. Fin condition and health profiles of albino rainbow trout reared in concrete raceways with and without cobble substrate. The Progressive Fish-Culturist 58:38–42.

Wiley, R. W., R. A. Whaley, J. B. Satake, M. Fowden. 1993. An evaluation of the potential for training trout in hatcheries to increase poststocking survival in streams. North American Journal of Fisheries Management 13:171–177.

Yamamoto, T., and U. G. Reinhardt. 2003. Dominance and predator avoidance in domesticated and wild masu salmon *Oncorhynchus masou*. Fisheries Science 69:88–94.

American Fisheries Society Symposium 44:585–602, 2004

Salmon Hatcheries for the 21st Century: A Model at Warm Springs National Fish Hatchery

Douglas E. Olson
U.S. Fish and Wildlife Service, Columbia River Fisheries Program Office
1211 SE Cardinal Court, Suite 100, Vancouver, Washington 98683, USA

Bob Spateholts
Department of Natural Resources
Confederated Tribes of the Warm Springs Reservation of Oregon
Post Office Box C, Warm Springs, Oregon 97761, USA

Mike Paiya
U.S. Fish and Wildlife Service, Warm Springs National Fish Hatchery
Post Office Box 790, Warm Springs, Oregon 97761, USA

Donald E. Campton
U.S. Fish and Wildlife Service, Abernathy Fish Technology Center
1440 Abernathy Road, Longview, Washington 98632, USA

Abstract.—Salmon hatcheries in the Pacific Northwest continue to produce fish for harvest, largely to fulfill a mitigation function. Fisheries management struggles with the need to integrate this harvest opportunity from hatcheries with wild fish conservation. Warm Springs National Fish Hatchery demonstrates a program that balances this need to help offset salmon losses, provide fisheries, and protect wild fish. The U.S. Fish and Wildlife Service and Confederated Tribes of the Warm Springs Reservation of Oregon initiated the hatchery program in 1978 with wild, native fish from the Warm Springs River. The goal is to cooperatively manage hatchery operations to balance harvest opportunities with protection of wild fish populations and their inherent genetic resources. The management objectives are (1) to produce spring Chinook salmon *Oncorhynchus tshawytscha* for harvest in tribal subsistence and sport fisheries, (2) to preserve the genetic characteristics of the native population both in the hatchery and in the naturally spawning component of the integrated population, (3) to manage impact on wild fish to levels which pose a minimum risk, and (4) to develop and implement a hatchery operations plan to achieve both the harvest and conservation goals for the Warm Springs River Chinook population. To determine if these objectives are met, data on harvest, escapement, recruitment, spawning success, fish health, survival, run timing, age and size at return, and juvenile production characteristics have been collected to monitor changes over time and to compare performance of wild and hatchery origin fish. These data have been cooperatively collected by the Confederated Tribes of the Warm Springs Reservation, Oregon Department of Fish and Wildlife, and U.S. Fish and Wildlife Service for more than 25 years. Every 5 years, a hatchery operation plan has been developed based on this monitoring. The following list of actions are identified in the 2002–2006 hatchery operations plan and are measures for protecting the natural population while operating the hatchery for harvest augmentation: (1) Mass marking and coded-wire tagging of hatchery production for selective fisheries, broodstock management, and hatchery evaluations; (2) Selecting broodstock to mimic wild fish run timing; (3) Incorporating wild fish in the hatchery broodstock using a sliding scale; (4) Limiting the number of hatchery fish allowed to spawn naturally; (5) Operating an automated passage system for returning adults to reduce handling of wild fish; (6) Replacing the hatchery's water intake structure to meet new screening criteria to protect juvenile fish; (7) Simulating environmental and biological factors in the hatchery environment to match natural production; (8) Managing fish health at the hatchery; (9) Assessing ecological interactions between wild and hatchery fish; and (10) Determining the reproductive success of hatchery fish spawning in the stream. The monitoring and management of Warm Springs National Fish Hatchery demonstrates a sustainable program, integrating the need for both harvest and wild fish conservation.

Introduction

Wild salmon and steelhead *Oncorhynchus mykiss* returns to the Columbia River were historically estimated between 10 and 16 million adult fish (WDFW and ODFW 2002). Soon after arrival of the first European settlers in the Northwest, extractive resource use, including overharvest, hydropower, irrigation, mining, and logging, began to deplete salmon populations and their habitat. Fish hatcheries were built to mitigate for the losses of wild salmon production (Lichatowich 1999). Artificial propagation of anadromous salmonids has been a prominent feature of fisheries management in the Columbia River basin now for more than 100 years (Brannon et al. 1999). As part of this compensation, in the year 2000, 148 million juvenile fish from hatcheries were released into the Columbia River (Fish Passage Center, www.fpc.org). In that same year, approximately 75% of the 1.7 million adult salmon and steelhead returning to the Columbia River originated from hatcheries (WDFW and ODFW 2002).

Hatcheries were primarily built, and are still important, to support harvest. For example, the 2000 sport fishery for coho salmon *O. kisutch* in the popular Buoy 10 area of the lower Columbia River yielded a harvest of 21,500 hatchery coho salmon from 72,500 angler trips (WDFW and ODFW 2002). Hatcheries also continue to support important commercial and tribal fisheries (Pastor 2000; S. K. Olhausen, poster presentation from the symposium covered by this volume).

Hatcheries also play an important role in conservation. For example, hatchery production of steelhead trout *O. mykiss* from Dworshak National Fish Hatchery in the Snake River basin of Idaho are produced to compensate for construction of Dworshak Dam on the North Fork Clearwater River. While not operated or originally designed as a conservation facility, Dworshak National Fish Hatchery conserves a unique population that would have been extirpated as a result of blocking all fish from their spawning grounds (Chandler and Bjornn 1989). More recently, with listing of many populations of salmon and steelhead under the Endangered Species Act (ESA), hatcheries have been specifically used for conservation purposes (Hard et al. 1992). Conservation roles asked from hatcheries range from captive breeding (Schiewe et al. 1997), to population maintenance (Bugert et al. 1995), to supplementation of natural production (Carmichael and Messmer 1995).

To meet conservation requirements, fisheries management has identified the need to distinguish and differentially manage hatchery and wild origin fish, have run-size prediction tools and fishing regulations to protect wild stocks and to manage appropriate hatchery production, and, most important, have sufficient habitat to support natural production. Managers also recognize that hatcheries used for conservation purposes need to incorporate wild fish in the hatchery broodstock, to trap and spawn broodstock to incorporate phenotypic traits representative of the natural population in terms of run timing, age, length, and sex composition, and to minimize artificial selection and domestication of the hatchery stock in the hatchery environment. Implementing the above three hatchery management requirements for conservation describes what Don Campton (U.S. Fish and Wildlife Service, regional geneticist) refers to as a genetically integrated broodstock. The purpose of this genetic integration is to minimize genetic divergence between hatchery broodstock and naturally spawning populations. This definition has also been adopted by the Hatchery Science Review Group in the state of Washington and by the Northwest Power and Conservation Council's Artificial Production Review and Evaluation in the Columbia River basin (HSRG 2000; NPPC 2003).

Artificial propagation has been successful in supporting harvest and increasing abundance of salmon, but not without risks to natural fish. The risks of hatchery operations on wild and native populations and the environment are often described as ecological risk (Pearsons and Hopley 1999), including predation, competition, disease, behavioral anomalies, and habitat modification due to hatchery structures and operations; and genetic risks (Reisenbichler and Rubin 1999; Campton 1995), including loss of diversity, fitness, domestication, and artificial selection. There are also management risks, such as overfishing and the masking of the status of natural populations by abundant hatchery populations (HSRG 2000).

Managing the risks to natural fish while achieving harvest augmentation and mitigation goals is the challenge faced by managers. In this paper, we will describe the spring Chinook salmon *O. tshawytscha* program at Warm Springs National Fish Hatchery. We will describe how operations at Warm Springs National Fish Hatchery have evolved over the last 25 years to consider genetic, management, and ecological risks to native fish populations. We will describe how the program has considered genetic risk by (1) selecting broodstock representative of the complete run and normal run timing, (2) incorporation of a proportion of natural fish in the hatchery broodstock, (3) avoidance of artificial selection in broodstock selection protocols and in hatchery practices, and (4) limiting the number of hatchery-origin adults allowed to spawn naturally. Management risks are addressed by (1) marking all hatchery-origin fish with an easily identified external mark (the adipose fin clip); (2) using the external mark to identify fish for broodstock selection, spawning escapement, and fishery regulation; (3) using coded-wire tags to assess hatchery operations, including survival, homing, and straying; and (4) monitoring the escapement, recruitment, and survival of hatchery and natural-origin fish. Ecological risks are evaluated in ongoing investigations, including (1) releasing juvenile hatchery fish of similar size and physiological development as their natural counterpart, (2) conditioning juvenile fish to natural rearing conditions, (3) managing hatchery releases (both juveniles and adults) to consider the carrying capacity of receiving waters, (4) managing fish health at the hatchery, and (5) modifying hatchery intake screens and adult passage facilities for improved passage conditions for juvenile fish and to reduce handling, disease, and delays of natural spawners.

Study Area and Program Overview

Warm Springs National Fish Hatchery is located at river kilometer (rkm) 14 on the Warm Springs River, within the Warm Springs Indian Reservation, in north-central Oregon (Figure 1). The Warm Springs River enters the Deschutes River at rkm 135, which enters the Columbia River 330 km from the Pacific Ocean. The Deschutes River is upstream of two major dams on the Columbia River, Bonneville (rkm 235) and The Dalles (rkm 308) dams. Currently all anadromous fish production is blocked at rkm 161 on the Deschutes River by the Pelton/Round Butte dams, mitigated by hatchery production of spring Chinook salmon and steelhead trout at Round Butte state fish hatchery. Natural production of spring Chinook salmon now occurs in only two streams within the Deschutes River watershed, the Warm Springs River, and Shitike Creek (rkm 155 on the Deschutes River). The Warm Springs River drainage encompasses 846 km^2 and Shitike Creek 122 km^2 (ODFW 1997). More than 95% of the spring Chinook salmon natural production in the Deschutes River watershed occurs in the Warm Springs River.

Warm Springs National Fish Hatchery is funded and operated by the U.S. Fish and Wildlife Service

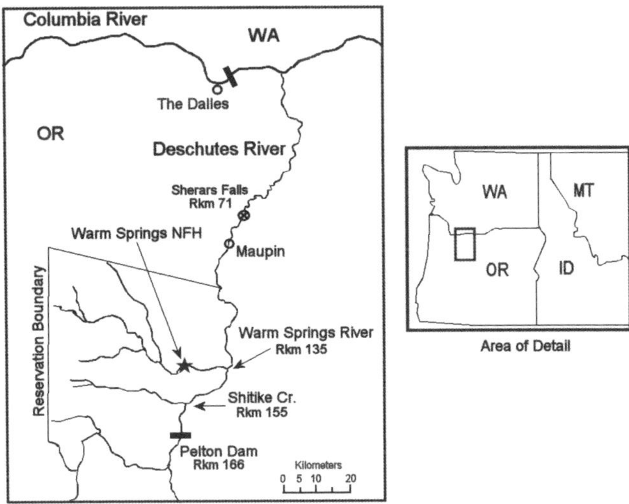

Figure 1. The lower 166 km of the Deschutes River watershed and location of Warm Springs National Fish Hatchery on the Warm Springs Indian Reservation, Oregon.

(Service). The purpose of the hatchery program is to cooperatively manage the hatchery with the Confederated Tribes of the Warm Springs Reservation of Oregon (Tribe) to provide spring Chinook salmon harvest opportunities and to conserve wild fish populations (Olson et al. 1995). Although a primary objective is to produce fish for harvest, maintaining wild fish traits in the hatchery and stream environment (run timing, size, age, and broodstock composition) and managing affects on wild fish to very low, acceptable levels (as measured by escapement, straying, recruitment, spawning success, and fish health) are equally important.[1]

Since the start of the program in 1978, a hatchery operations plan has been jointly developed, endorsed by technical staff, and signed by policy representatives from both the Service and Tribe. The plan has been reviewed and updated every 3–5 years to reflect desired objectives, operational experience, and technological developments. In addition, management of genetic and ecological risks from hatchery operations on Endangered Species Act listed populations is addressed in a hatchery and genetic management plan drafted by the Service (USFWS 2004).

Hatchery Broodstock, Juvenile Production, and Adult Return Goals

Hatchery production has ranged from 200,000 to 1.2 million spring Chinook salmon, 1978–2004. The current objective is to collect 630 adult broodstock for release of 750,000 juvenile fish, split as 10% fall subyearling and 90% spring yearling release into the Warm Springs River at the hatchery site. Prior to release, all juvenile fish at the hatchery are marked with an adipose fin clip and coded-wire tag to identify them as Warm Springs hatchery fish. Broodstock and juvenile production goals are set to provide an adult return of 2,250 or more hatchery spring Chinook salmon to the mouth of the Deschutes River for harvest and escapement. The escapement objective for wild spring Chinook salmon is 1,300 or more adults upstream of Warm Springs National Fish Hatchery.

Broodstock Management

A barrier dam across the Warm Springs River at the hatchery site directs all upstream migrating fish into the hatchery ladder and catch ponds. From the catch ponds, fish are either passed upstream or retained and placed in broodstock holding ponds. Hatchery and wild fish are enumerated, collected for broodstock, and sampled at the hatchery throughout their return, from the end of April through September.

From 1978 through 2002 (n = 25 years), the percentage of wild fish in the broodstock has averaged 31%. Initial guidelines (1978–1981) were to utilize one-third of the wild return or about 450 fish for hatchery broodstock. During the first 4 years of production, 100% of the broodstock was the local indigenous stock, and during the first 10 years of operation (1978–1987), wild fish continued to contribute a significant portion to the hatchery broodstock, averaging 68%, but in the last 10 years (1993–2002) has only averaged 3% (Figure 2).

Our stated goal during the last 10 years was to incorporate 10% wild fish into the hatchery broodstock; however, because of low wild fish escapement (<1,300 adults) in most years, less than 10% was incorporated. To address this problem, the 2002–2006 hatchery operation plan was updated and the goal restated as *achieve a 10-year average of 10% wild fish in the hatchery broodstock*. To accomplish this, a sliding scale for incorporating wild fish into the broodstock was established based on total wild fish returns (Table 1). In years with less than 800 returning wild adult fish, no wild fish are taken into the hatchery for broodstock and all wild fish are passed upstream for natural production. If escapement of wild fish exceeds 800, an increasing proportion of the hatchery broodstock may be wild, based on the sliding scale. For example, if between 1,300 and 1,399 wild fish are predicted to return to the Warm Springs River, then 10% of the total broodstock (63 fish) can be wild fish. The sliding scale goes up to 20% wild fish only if escapement exceeds 2,300 wild fish. The total number of wild fish utilized for broodstock does not exceed 5% of the wild fish in the natural spawning population (Table 1).

For the actual spawning protocol, the intent is to utilize a spawning population of 630 fish and to use a 1:1 male to female spawning ratio. When the number of returning males is less than the number of females, the male to female ratio may become 1:2. When less than 400 broodstock are available, in order to increase effective population size, the number of eggs taken from each female is divided in half and each half fertilized with gametes from a different male. Males are used with more than one female only as often as necessary to fertilize the eggs of all females. Fish that are

[1] A description of statistical tests used for comparisons between wild and hatchery fish can be found in Zar (1974). Significance of statistical analyses were reported at the $p < 0.05$ level.

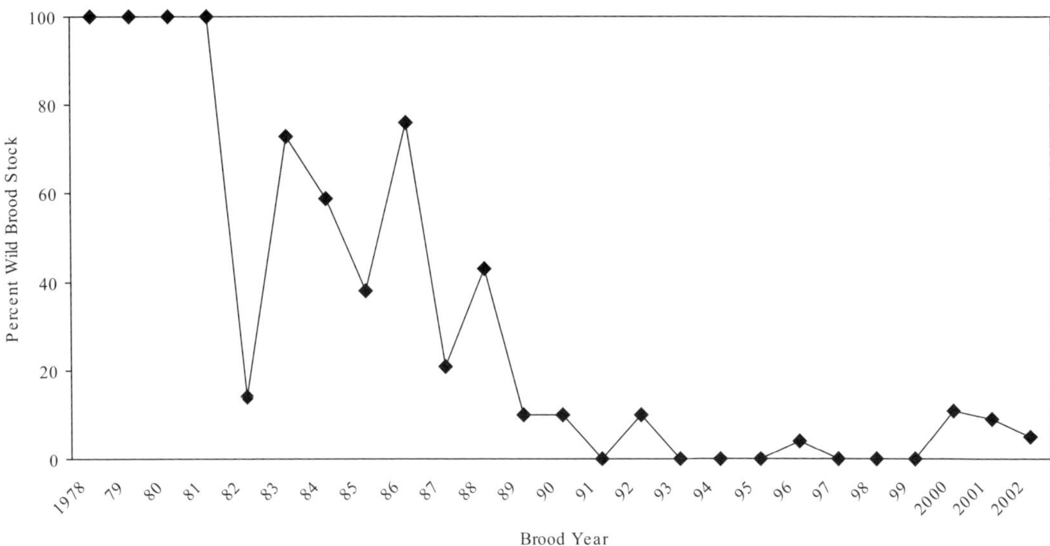

Figure 2. Percentage of wild spring Chinook salmon used for broodstock at Warm Springs National Fish Hatchery, 1978–2002.

60 cm or longer fork length are considered adults and fish less than 60 cm fork length are considered jacks. Between 2% and 5% of the broodstock are fish less than 60 cm fork length, based on the percentage of jacks in the wild population and their estimated contribution during spawning. The objective is to maintain life history characteristics of the hatchery stock similar to that of the wild fish.

Table 1. Sliding-scale for incorporating wild spring Chinook salmon into the hatchery brood stock at Warm Springs National Fish Hatchery.

Projected wild escapement	Number of wild fish for broodstock	Percent of hatchery brood contributed by wild fish
<800	0	0
800–899	31	5
900–999	38	6
1,000–1,099	45	7
1,100–1,199	50	8
1,200–1,299	57	9
1,300–1,399	63	10
1,400–1,499	69	11
1,500–1,599	76	12
1,600–1,699	82	13
1,700–1,799	88	14
1,800–1,899	95	15
1,900–1,999	100	16
2,000–2,099	107	17
2,100–2,199	113	18
2,200–2,299	120	19
>2,300	126	20

Hatchery fish surplus to production are distributed to the Tribe for subsistence and those fish not suitable as food are buried. Since 2000, approximately 200 hatchery adults have also been released to a nearby stream (Shitike Creek) for supplementation. The behavior and reproductive success of these outplanted hatchery fish is being evaluated (Hand et al. 2003). In some years, adult broodstock from Warm Springs have also been transferred to Round Butte state fish hatchery on the Deschutes River and vice versa. Both hatcheries produce Warm Springs stock spring Chinook salmon from the Deschutes River.

Run Timing

Run timing of hatchery and wild fish was compared by examining cumulative returns, separated by 1-month intervals. We examined 13 years (1987–1999) of return timing data collected at the hatchery. Wild and hatchery fish returned to the Warm Springs River from late April through September, spawning from late August through September. Most wild and hatchery fish returned to the Warm Springs River by late June. However, in the early part of the run, hatchery fish typically had a 1–2-week lag in their return when compared to wild fish (Figure 3). For example, by May 31 of each year, an average 64% (15% SD) of the wild and 49% (14% SD) of the hatchery fish had returned to the

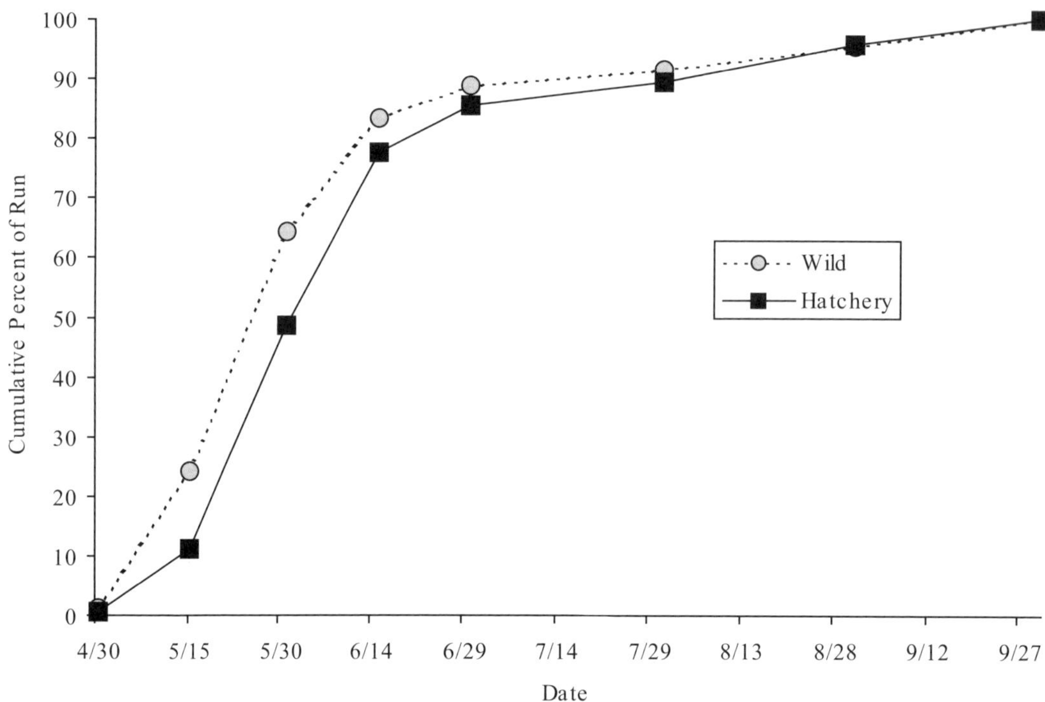

Figure 3. Cumulative run timing (%) of wild and hatchery spring Chinook salmon returning to the Warm Springs River, 1987–1999.

Warm Springs River, with wild fish having an earlier run timing 12 out of 13 years, 1987–1999 (Figure 4). By June 30 of each year, an average 89% (5% SD) of the wild and 85% (5% SD) of the hatchery fish had returned. A significant difference was found in cumulative run timing between wild and hatchery

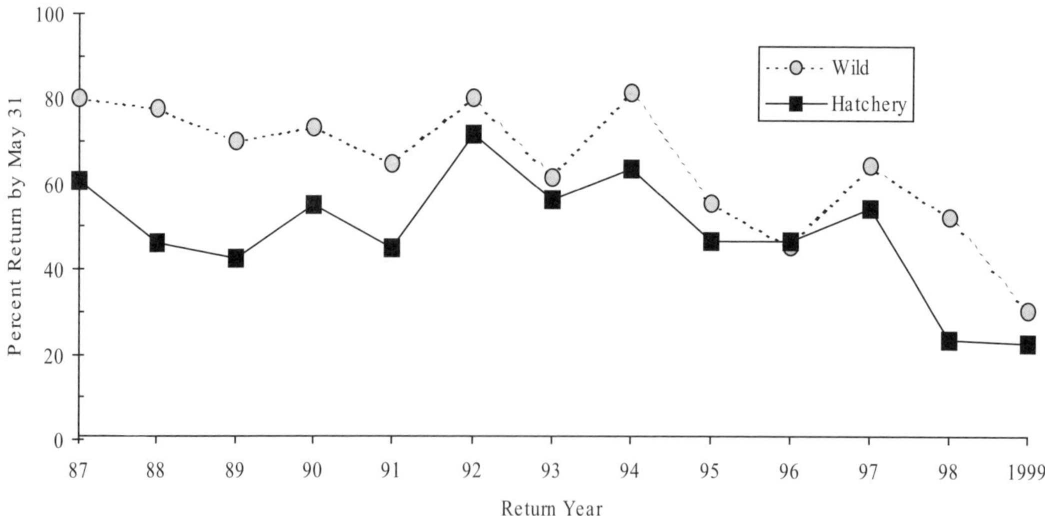

Figure 4. Annual variation in percent return of wild and hatchery spring Chinook salmon to the Warm Springs River by May 31, 1987–1999.

fish ($P << 0.001$, Chi-square = 396). Recognizing this difference, the broodstock collection strategy was modified to not only collect fish throughout their natural return, but to also specifically recognize the average run timing observed for wild fish (Table 2).

Run timing is also affected by age structure of the returning population. Older year-classes returned earlier on average as compared to age-3 jacks. Examining years 1982–1999, as of May 31, 55% ± 15% SD of the hatchery fish returned when excluding "jack" fish <61 cm as compared to 47% ± 15% SD of the hatchery fish returned when including all size-/age-classes. Jack-size fish arriving later than adult-size fish is reported in other natural and hatchery populations as well, as shown in Columbia River counts at Bonnevile Dam (Fish Passage Center, www.fpc.org). Monitoring will continue in order to determine if different management actions result in producing similar run timing between wild and hatchery fish, as well as age structure at return, as discussed in the following section.

Table 2. Hatchery broodstock collection based on average run timing of wild spring Chinook salmon.

Date	Cumulative number of broodstock	Cumulative percent
May 8	76	12
May 15	151	24
May 23	284	45
May 31	422	67
Jun 8	485	77
Jun 15	542	86
Jun 23	561	89
Jun 30	573	91
Jul 31	586	93
Aug 25	630	100

Age Structure

Age-class strength was compared for wild and hatchery spring Chinook salmon returning to the Deschutes River. Brood years 1978 through 1997 were examined, combining escapement to the Warm Springs River and Deschutes River harvest to estimate Deschutes River returns. Both wild and hatchery stocks (80% and 82%, respectively), returned predominately as age-4 adults (Figure 5). However, the wild stock had more fish returning at age 5, 16% for wild and 7% for hatchery fish, whereas the hatchery stock returned more age-3 fish, 5% for wild and 11% for hatchery fish. Hatchery fish returned more age-3 jacks 15 out of 20 years, 1978–1997, especially in years 1983 and 1984 (Figure 6). A significant difference was found in age distribution between wild and hatchery fish ($P << 0.001$, Chi-square = 1,816).

Past studies have shown that age at return may be influenced by growth rate of juveniles in the hatchery environment (Gross 1991). The increased proportion of age-3 jacks in the hatchery population compared to the wild population at Warm Springs may be a result of the increased growth rate of juvenile fish in the hatchery environment. Juvenile hatchery fish at release were larger than their wild counterparts from the 1995 brood year, especially the fall outmigrants (Fig-

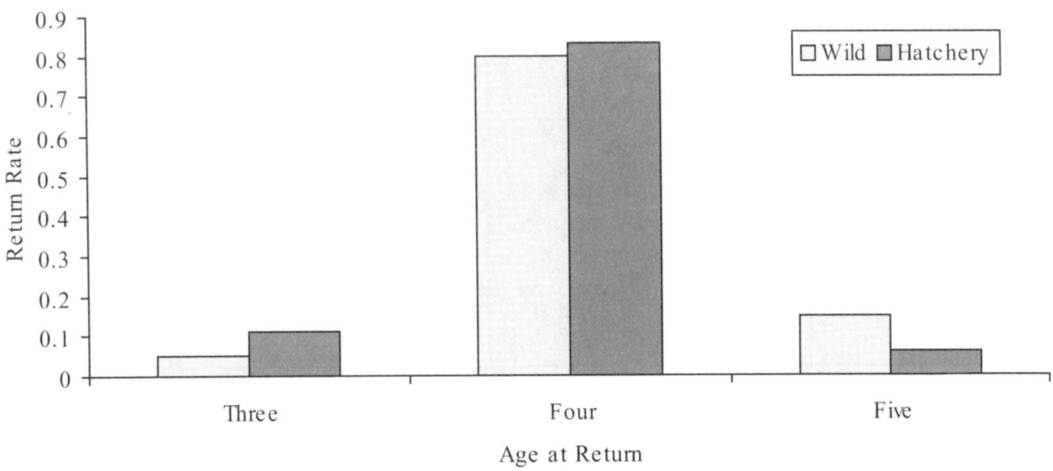

Figure 5. Comparison of age-class strength for wild and hatchery spring Chinook salmon returning to the Deschutes River, brood years 1978–1997.

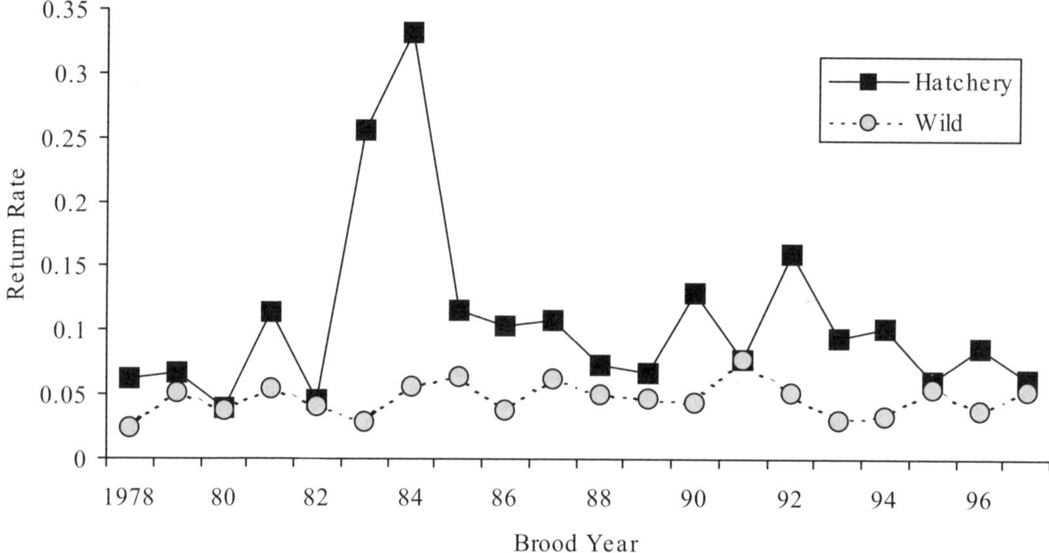

Figure 6. Annual variation in proportion of age-3 (jack) wild and hatchery spring Chinook salmon returning to the Deschutes River, brood years 1978–1997.

ure 7). There was a significant difference in mean fork length between hatchery and wild fish for both the fall ($P << 0.001$, $t = -50.0$) and spring out-migration periods ($P << 0.001$, $t = -17.5$). Specifically, hatchery fish averaged 167 mm (±2.4 mm, 95% confidence interval [CI]) in fall of 1996 (n = 448) and 149 mm (±1.8 mm, 95% CI) in spring of 1997 (n = 851), whereas wild fish averaged 98 mm (±1.2 mm, 95% CI) in fall of 1996 (n = 305) and 112 mm (±3.8 mm, 95% CI) in spring of 1997 (n = 64). A significant difference was also observed 8 years prior for the 1987 brood year (Olson et al. 1995).

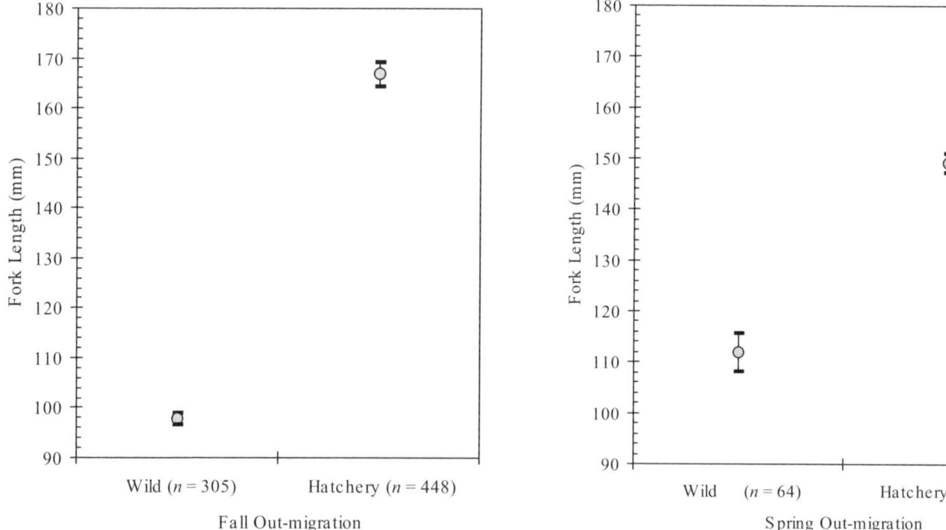

Figure 7. Comparison of fork length (mean and 95% CI) between wild and hatchery juvenile spring Chinook salmon during the fall of 1996 and spring of 1997 (brood year 1995) out-migration periods from the Warm Springs River.

Monitoring will continue to examine size at release and age composition at return to match wild traits in the hatchery population. The original target was to release fish at a size between 26 and 33 fish/kg (12 and 15 fish/lb) and greater than 140 mm average fork length; recently, however, we have experimented with smaller fish at release at 55 fish/kg (25 fish/lb) and 118 mm average fork length. Evaluations will be pursued to effect growth rate in the hatchery environment to match wild fish in the stream, including feeding regimes, diet, and reduced summer water temperatures in the hatchery rearing ponds. The effect upon age at return and survival rates will be investigated as well.

Length at Spawning

We pooled years 1990, 1992, and 1996, when approximately 10% of the broodstock were wild fish, to compare differences in length between hatchery and wild fish. Sex and fork length were recorded from each fish spawned. In general, age-5 fish were larger than age-4 fish, males were bigger than females, and wild fish were bigger than hatchery fish. Specifically for age-4 fish, there was a significant difference (P = 0.009) in length between wild (n = 129) and hatchery (n = 1,293) fish, but no significant difference (P = 0.135) between sexes was found (2X2 ANOV model).

The difference in mean lengths between hatchery and wild age-4 females was 1.1 cm (Figure 8), where wild fish averaged 70.6 cm (±0.9, 95% CI) and hatchery fish averaged 69.5 cm (±0.3, 95% CI). The biological significance of 1.1 cm is questionable, but it may have an influence in the number of eggs produced per female. After examining 24 egg takes at Warm Springs NFH, egg production was positively correlated to the length of each mature female spawned ($y = -1{,}648 + 63.01x$) and was a significant linear relationship, $P < 0.001$ (Columbia River information System, 10/16/01, Steve Pastor USFWS). Based on this relationship, hatchery fish would produce fewer eggs per female than wild fish of the same age. For example, using this model, a 70-cm female produced 2,763 eggs and a 71-cm female produced 2,826 eggs. Monitoring will continue to determine effects of broodstock collection, the juvenile rearing environment and growth rates upon length composition at adult return, as well as effect on survival.

Marking and Juvenile Production Studies

Marking of juvenile fish at the hatchery has varied over the years, using a mix of chemical marks, fin clips, and tags. Since 1990, all juvenile fish at the hatchery have been externally marked with an adipose fin clip and 100% coded-wire tagged. Juvenile fish were mass marked at the hatchery during their first year of

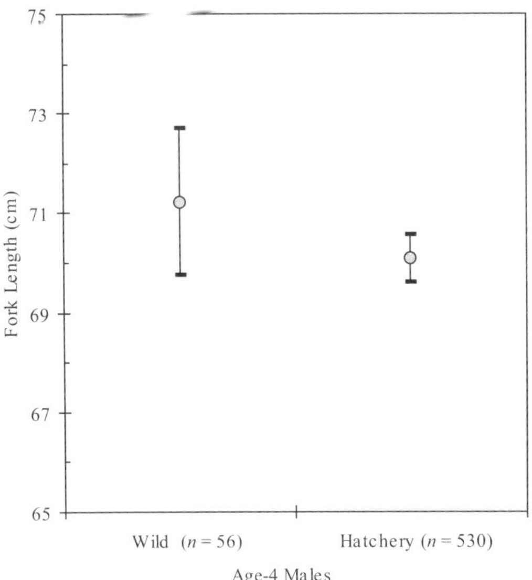

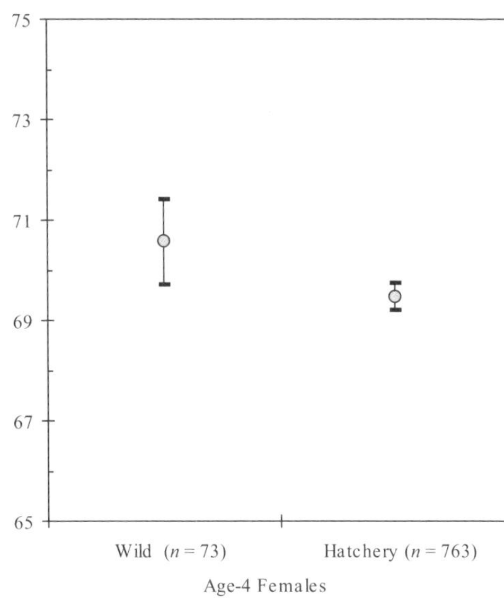

Figure 8. Comparison of fork length (mean and 95% CI) between wild and hatchery adult spring Chinook salmon in the Warm Springs River, sampled at spawning in 1990, 1992, and 1996.

growth, typically in late April to early May when the fish weighed between 287 fish/kg (130 fish/lb) and 441 fish/kg (200 fish/lb). Juvenile fish released from the hatchery were typically split into fall subyearling and spring yearling releases, ranging in size from 18 fish/kg to 55 fish/kg (8 fish/lb to 25 fish/lb) (Olson et al. 1995).

Previous studies at the hatchery were focused on investigation of rearing and release strategies to maximize postrelease smolt to adult survival (Olson 1997). With improved smolt to adult hatchery survival rates observed since brood year 1995 (0.4% to 1.3%), investigations are shifting towards evaluation of growth rates, physiology, and behavior of the hatchery versus wild fish migrating from the Warm Springs River. Enhanced hatchery rearing environments, as discussed in Maynard et al. (1995), will be tested as well. These new investigations involve natural colored rearing environments, live-feed enhancements, variable flow environments, and water temperature adjustments to match the stream temperature profile. Growth rates, condition factor, body coloration, skin reflectance, physiology, and fish health will be monitored, as well as the standard survival parameters at the hatchery. Monitoring both hatchery and wild fish biological characteristics are planned. Behavioral observations may include use of underwater video, direct observations by snorkeling, radio telemetry, and passive integrated transponder tagging and possibly through controlled tank observations.

Rearing density experiments, similar to Banks (1994), are also underway at Warm Springs hatchery to examine the balance between maximum survival rates and adult returns to determine if fewer fish can be released and still achieve the adult returns desired for broodstock maintenance and harvest contribution. Depending on results of our 3-year study conducted on brood years 2000 through 2003, hatchery production could potentially be reduced from the current juvenile production goal of 750,000 to less than 500,000 total smolt production. Reduced rearing densities at the hatchery should also help in fish health management.

Diseases and pathology at the hatchery are closely monitored and managed using fish health management practices as published in policy 713 FW in the Fish and Wildlife Service manual and as described in the 1995 report "Policies and Procedures for Columbia Basin Anadromous Salmonid Hatcheries," by the Integrated Hatchery Operations Team (IHOT 1995). Regularly scheduled fish health examinations at the hatchery are conducted by the Lower Columbia River Fish Health Laboratory of the U.S. Fish and Wildlife Service. Recent fish health investigations include wild fish within the Warm Spring River.

Hatchery production is typically split into fall and spring release periods, with approximately 10% to 30% of total production volitionally leaving during the fall migration period, mid-October to mid-November. This fall/spring hatchery release technique has been found to be a more successful strategy in returning adults as compared to the former practice of only releasing spring yearling juveniles (Olson 1997). Hatchery fish from the spring release migrate quickly to the Columbia River, with median passage time to The Dalles Dam and the Columbia River Estuary measured at 3–4 weeks after release from the hatchery (Lindsay et al. 1989). However, preliminary results indicate that many of the hatchery fish released in the fall, overwinter in the Deschutes River (Wardell et al. 2002). This migration behavior is similar to their wild counterparts, which also have a fall and spring out-migration period from the Warm Springs River. Wild juveniles leaving the Warm Springs River in the fall also predominately overwintering in the Deschutes River (Lindsay et al. 1989). The balance between maximizing hatchery survival rates and minimizing competition with wild fish will continue to be explored.

Indices of Productivity

Egg-to-Juvenile and Juvenile-to-Adult Survival

Survival at different life stages was compared between hatchery and wild fish, including egg-to-juvenile and juvenile-to-adult survival. The total number of eggs taken and number of eggs per female were estimated by hatchery staff. The eggs per female estimated for hatchery fish was also used to estimate egg deposition for wild fish, where each redd was assumed to represent one female. Adult returns were estimated by combining harvest and escapement for each brood year. A downstream migrant trap located near the mouth of Warm Springs River has been operated since 1976 to estimate wild fish production, out-migration timing, and length-frequency distribution of juvenile fish. Each week, a sample of the fish trapped were marked and rereleased 2 km upstream. Recapture rates of marked fish were multiplied by total catch and fraction of days sampled to estimate the total number of wild spring Chinook salmon emigrating from the Warm Springs River. Wild juvenile spring Chinook salmon exit the Warm Springs River in their first spring as subyearlings (7%), in the fall as subyearlings (57%), and in the spring as yearlings (36%), brood years 1983–1998. For these same brood years, hatchery juvenile production included a fall subyearling (20%) and spring yearling release (80%). One year, there was also an accidental release of subyearling fish in the spring from the hatchery.

Examining survival data from 1978 to 1996, there was an inverse relationship in egg-to-juvenile and juvenile-to-adult survival between hatchery and wild fish (Figure 9). Hatchery fish had a consistent survival advantage from egg to juvenile (75% versus 9%) and wild fish had a consistent survival advantage from juvenile to adult (2.2% versus 0.3%). These differences between stocks were highly significant for both egg-to-juvenile ($P << 0.001$) and juvenile-to-adult survival ($P << 0.001$), Wilcoxon paired-sample test.

Adult Production

To provide an index of adult productivity, progeny to parent ratios, as defined by adult recruit per spawner (Ricker 1975), were estimated each year since 1975 for wild fish and since 1978 for hatchery fish. The Warm Springs River was established as the reference point for the estimated number of spawners, where the mouth of the Deschutes River was established as the reference point for the estimated number of recruits for each brood year (Lindsay et al. 1989).

The number of hatchery parents (spawners) was determined simply as the total number of fish spawned at the hatchery (males plus females) for each brood year. As described in Lindsay et al. (1989), the number of wild fish spawners was estimated from the number of spawning nests (redds) multiplied by the estimated number of males and females per redd. Spawning ground surveys were conducted by the Tribe and consisted of walking the entire length of potential spawning area in the Warm Springs River (65 km), completing two passes separated by a 1-week interval, timed after the peak spawning period in September. For hatchery and wild fish, the number of progeny from each brood year (recruits) was estimated by combining the number harvested in the Deschutes River (see harvest section) plus the escapement back to the Warm Springs River for each age-class as defined by brood year.

Natural production of adult recruits per spawner (*R*/*S*) was cyclical for brood years 1978 through 1997 (Figure 10). Low productivity was observed in the mid-1970s and early 1990s with high productivity observed in the 1980s and recently again in the mid to late 1990s. State and tribal comanagers consider the wild stock a relatively healthy and productive population, averaging 3.2 recruits per spawner (1.9 SD). Hatchery production has been more variable, has increased recently, and has been, on average, comparable to the wild stock, averaging 3.3 recruits per

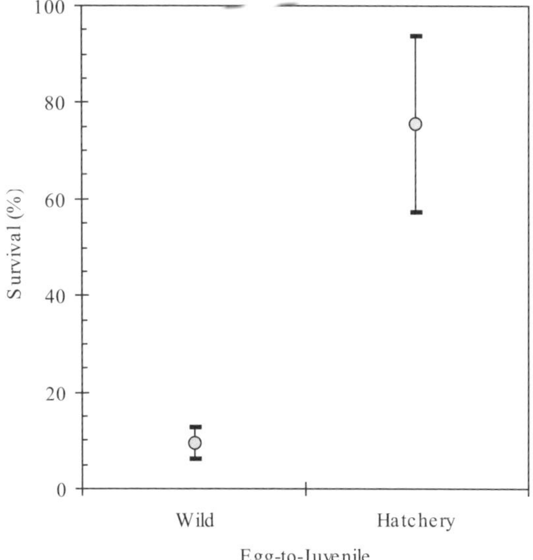

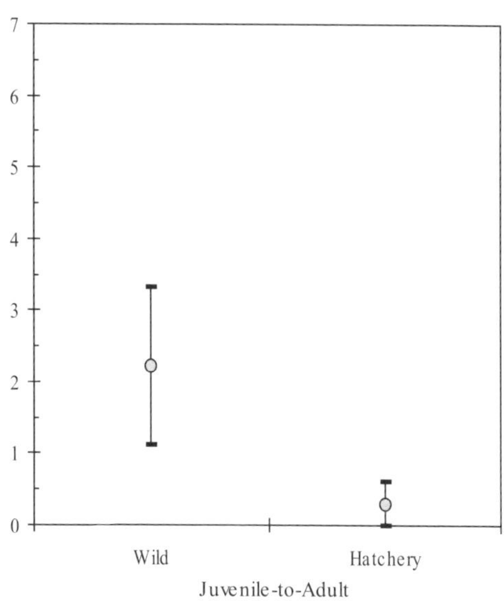

Figure 9. Comparison of egg-to-juvenile and juvenile-to-adult survival (mean and SD) of wild and hatchery spring Chinook salmon from the Warm Springs River, 1978–1996.

spawner (3.9 SD; Figure 10). Wild fish had higher *R/S* ratios 13 out of 20 years, while hatchery fish had higher *R/S* ratios 7 out of 20 years; however, this difference was not significant (P = 0.243, Wilcoxon paired-sample test). A *R/S* ratio greater than 1.0 indicates a population that has replaced itself over time, and the Warm Springs population, with a *R/S* ratio greater than 3.0, is considered healthy and robust (Myers et al. 1998).

Harvest and Escapement

Harvest

Spring Chinook salmon from the Deschutes River are harvested almost exclusively in freshwater fisheries and primarily within the Deschutes River (Olson et al. 1995; Pastor 2000). The primary fishing area for spring Chinook salmon in the Deschutes River is located at rkm 71 near Sherars Falls (ODFW 1997). Tribal subsistence and sport fisheries for spring Chinook salmon in the Deschutes River was monitored by the Tribe and the Oregon Department of Fish and Wildlife. Coded-wire tags were also recovered from hatchery fish to determine contribution from the two spring Chinook salmon hatcheries in the Deschutes River, Warm Springs National Fish Hatchery and Round Butte Hatchery (state of Oregon), as well as any strays from other hatchery programs.

We examined recoveries from Warm Springs hatchery and wild spring Chinook salmon. Both wild and hatchery fish have contributed to harvest. More wild than hatchery fish from the Warm Springs River were often harvested, until recently (Figure 11). Starting in 2000, the state implemented selective fisheries for spring Chinook salmon in the Deschutes River, where only adipose fin clipped hatchery fish could be retained and unmarked (wild) fish were to be released if caught. Improved survival of Warm Springs hatchery fish and restrictive regulations on sport fisheries has led to increased harvest on hatchery fish as compared to wild fish. For example, in return year 2000, almost 2,800 Warm Springs hatchery fish were harvested in tribal (17%) and sport (83%) fisheries, while only 339 wild fish were harvested (95% tribal). A substantial number of wild fish were also caught (1,340) but were required to be released back to the river because of selective sport fishery regulations set by the state. Sport fishers were able to identify marked (adipose fin-clipped) hatchery spring Chinook. With the majority of the Deschutes River harvest accounted by sport fisheries, the objective of this regulation was to reduce sport fishing mortality on wild fish, catch and keep hatchery fish, and have more wild fish returning to the Warm Springs River to spawn.

Based on stock–recruitment analyses by Lindsay et al. (1989), an escapement goal of 1,300 or more wild spring Chinook salmon upstream of the hatch-

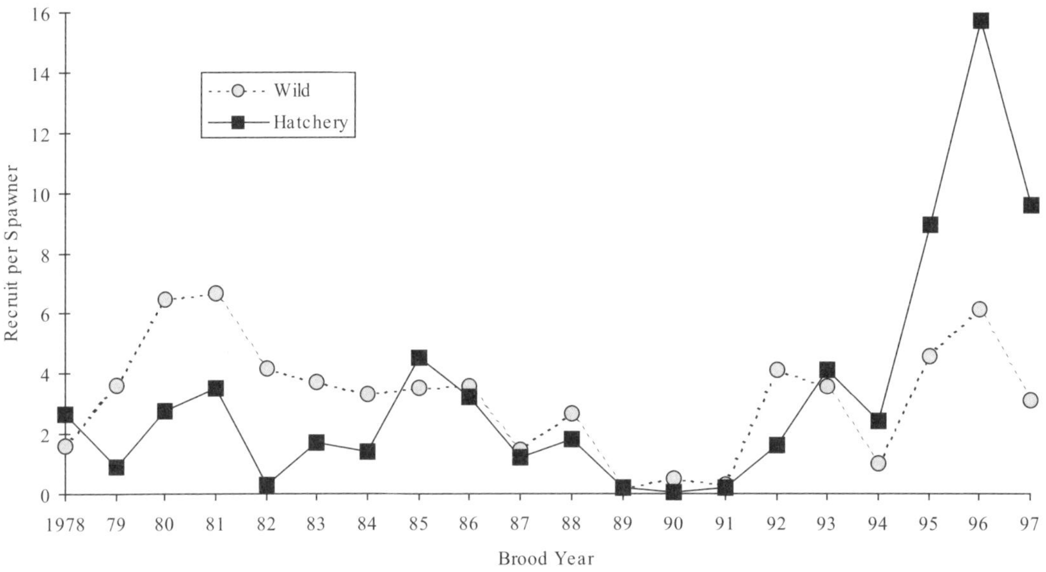

Figure 10. Productivity of wild and hatchery spring Chinook salmon as measured by adult recruit (harvest + escapement) per spawner, brood years 1978–1997.

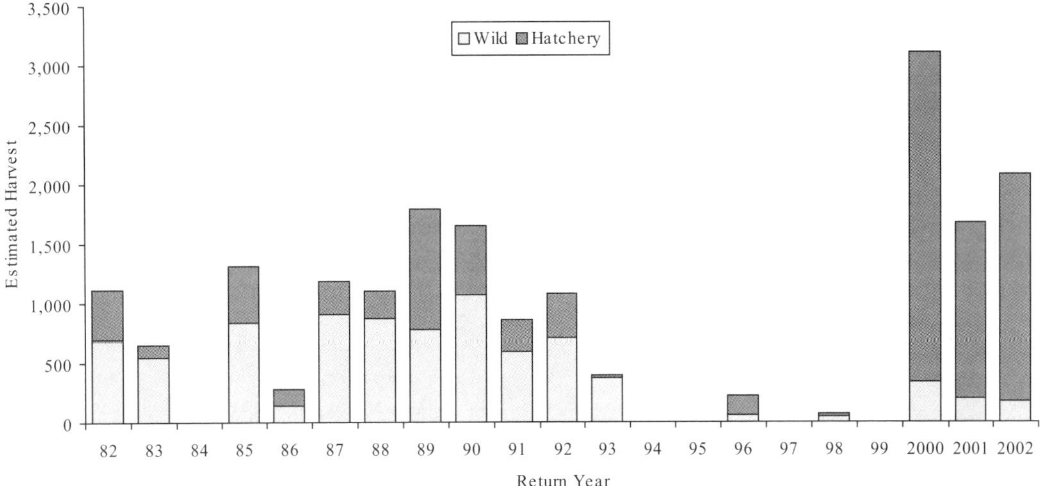

Figure 11. Estimated harvest of Warm Springs stock spring Chinook salmon in the Deschutes River, 1982–2002.

ery has been established by the Tribe, state, and the Service. A wild spring Chinook return projected to be less than 1,300 fish triggers more restrictive fishing regulations by the state and the Tribe. The stock–recruitment information is updated annually.

Escapement

After passing through the fishery, fish return to the Warm Springs River to spawn. Wild spring Chinook returns have ranged from a low of less than 300 fish in 1995 and 1998 to more than 2,000 fish in 1975, 1976, 1978, 2000, and 2001 (Figure 12). Hatchery returns have ranged from a low of 52 fish in 1994 to recent historic highs from 2,770 fish in 1999 to 6,891 fish in 2002 (Figure 12).

Risks to naturally spawning adult spring Chinook salmon have been managed by limiting the number of hatchery fish on the spawning grounds. However, in early years of hatchery operation, our in-

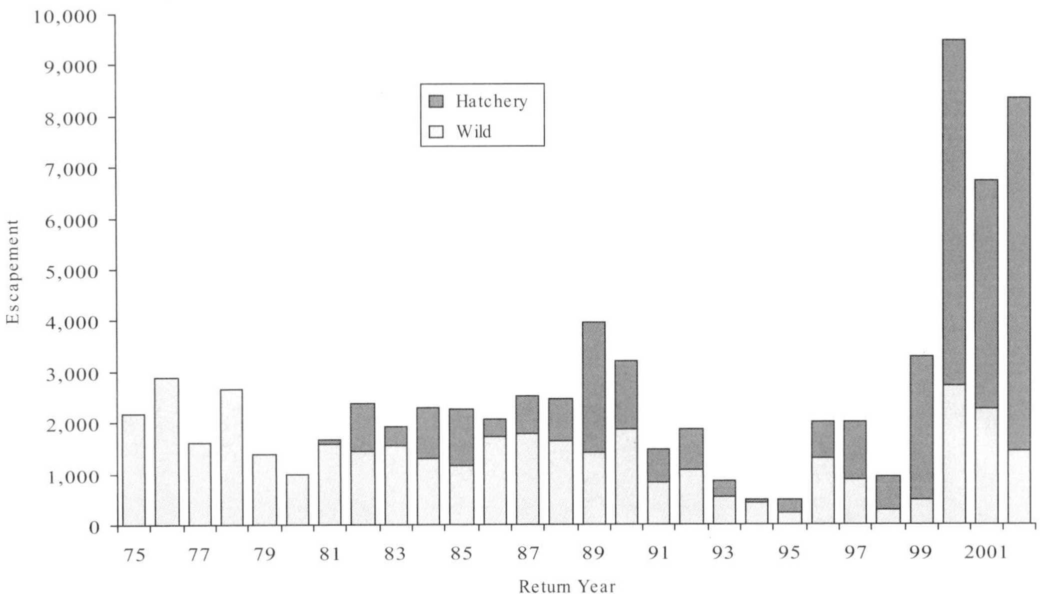

Figure 12. Escapement of wild and hatchery spring Chinook salmon to the Warm Springs River, 1975–2002.

tent was to supplement natural production; not all fish were marked, and up to 30% of the total natural spawners were from hatchery fish passed upstream. Under our current operation plan guidelines, we manage for an allowance of up to 10% hatchery and 90% wild fish upstream. For example, if 1,300 wild fish are passed upstream, then 130 hatchery fish are allowed upstream.

Homing and Straying

Few spring Chinook salmon strays from other hatcheries have been recovered at Warm Springs National Fish Hatchery. In 2000, for example, a total of 2,235 coded-wire tags from spring Chinook salmon were recovered at the hatchery, with only 14 recovered from other hatchery programs (Columbia River information System, November 15, 2000). The hatchery broodstock is believed to include less than 1% of fish from other than Warm Springs origin. Homing of Warm Springs hatchery fish back to the Warm Springs River has been estimated at 97.8% (S. M. Pastor, poster presentation from the symposium covered by this volume). Of the small percentage that did not return to Warm Springs, most were recovered 31 km up the Deschutes River at Round Butte State hatchery (Pelton Dam), which was also derived predominately from Warm Springs River stock.

Fish Passage and Prespawning Mortality

Management to include hatchery fish in 10% of the natural spawning population upstream of the hatchery is currently adopted, in large part, to reduce handling and prespawning mortality of adult returns. To accomplish this, a newly designed passage system was installed in 1996. Engineers from the U.S. Fish and Wildlife Service designed the passage system to fit in existing catch ponds at the hatchery (Figure 13). The automated passage system includes a modified 15-ft-long Denil steeppass fishway (Bell 1986), a coded-wire tag (CWT) tube detector, and an electric-operated gate that can shunt fish automatically into a hatchery

Figure 13. Automated passage system installed in existing catch ponds at Warm Springs National Fish Hatchery. Looking from right to left, are the denil steepass weir and coded-wire tag tube detector in catch pond #1, hatchery catch pond #2, and wild catch pond #3 with underwater camera housing.

catch pond or another pond for passing fish upstream. After swimming up the Denil fishway, fish are guided through the CWT detector. If a CWT is detected, the fish is diverted automatically into the "hatchery" catch pond. If no CWT is detected, the fish are diverted into a second "wild" catch pond, from which they swim volitionally past a video monitoring channel (similar to that described by Hatch et al. 1994) and upstream past the hatchery without any direct handling by hatchery personnel. This passage system assumes all hatchery fish are CWT. The passage system is still under modifications and testing and not fully operational because of problems that still need to be corrected, including poor tag retention for hatchery fish in some years (<90%), separating tagged from untagged fish, and automatically sorting fish to the correct catch pond. Nevertheless, the potential advantages of this automated passage system outweigh its technical limitations. Reduced handling and subsequent lowering of prespawning mortality has been accomplished in some years. Automated passage can potentially benefit other wild fish passing the hatchery site as well, including ESA listed bull trout *Salvelinus confluentus*.

From 1977 to 2002, the prespawn mortality of spring Chinook salmon passed upstream of the hatchery to spawn naturally (both wild and hatchery fish) was estimated at 48% (13% SD).[2] Spring Chinook salmon kept for broodstock at the hatchery typically had less than 20% prespawn mortality, except for the first 4 years of hatchery operation (41%). Bacterial kidney disease *Renibacterium salmoninarum* was suspected as one of the primary causes of high prespawn mortality, especially in 1980 and 1981 for both the naturally spawning population (74% mortality) and hatchery broodstock (48% mortality). Because of this, erythromycin injections have been administered since 1982 to all hatchery and wild adult spring Chinook salmon either passed upstream or kept for broodstock. After using erythromycin, the prespawn mortality of fish passed upstream of the hatchery averaged 46% (9% SD), 1982–2001. However, in 2002, an unusually high prespawn mortality occurred with hatchery broodstock (44%) and fish passed upstream (74%) due to warmwater temperatures, furunculosis bacterial infections, and high parasite *Ichthyophthirius* (Ich) loading on the fish. In addition to high water temperatures, the amount of handling on fish as they return to the hatchery may contribute to fish health problems and prespawn mortality. As previously discussed, operation of the volitional passage system is being investigated to reduce handling of fish passed upstream of the hatchery, to subsequently reduce the risk to fish of contracting a disease, and to reduce prespawning mortality.

Also at the hatchery, new intake screens are being installed in 2004 to meet NOAA Fisheries and Service specifications for juvenile salmon, steelhead, and bull trout. The screens currently in place were determined to be out compliance in 1996. Since the water supply for the hatchery is the Warm Springs River at the hatchery site, new intake screens, as specified, will improve in-river passage of fish.

Conclusion

This paper was a discussion of the operation of Warm Springs National Fish Hatchery, a modern hatchery with conservation goals, compared to the pre1960 hatchery model described in the Northwest Power Planning Council's artificial production review documents (Brannon et al. 1999). The old model includes transfers of fish between basins, artificial selection and domestication, succcess measured in terms of smolt production, and so forth, while the new paradigms include production based on the indigenous stock, avoiding selection, managing ecological and genetic risks, conserving the native stock, and monitoring success in terms of return to the fishery and reduction of adverse impacts. The Warm Springs program is a model of describing conservation recommendations for management of a production facility—even though the hatchery was designed and put into operation many years prior to the currently popular push for hatchery reform.

Genetic conservation and demographic protection of the naturally spawning population in the Warm Springs River have been priority objectives by the state, Tribe, and U.S. Fish and Wildlife Service since the start of hatchery production in 1978. The Warm Springs National Fish Hatchery represents a model program for integrating natural reproduction and ar-

[2] Prespawning mortality rate for hatchery fish was determined as the number of mortalities in the catch ponds divided by the total number collected for broodstock. Prespawning mortality of fish passed upstream of the hatchery until the time they spawned in the fall was estimated from counts of fish passed upstream of the hatchery, sex ratios of broodstock at the hatchery, and redd counts above the hatchery (Lindsay et al. 1989). Mortality estimates were based on the assumptions that each redd represented the completed effort of one female and that the number of redds outside of survey areas was negligible. Prespawning mortality was the difference in the estimated number of females passed upstream of the hatchery and the number of redds.

tificial propagation of Pacific salmon within this watershed. All hatchery-origin fish are marked and tagged prior to release, and this allows the proportion of natural and hatchery origin adult fish in the broodstock and on the spawning grounds to be monitored and controlled. The hatchery has increased productivity and carrying capacity for spring Chinook salmon of the Warm Springs River compared to the natural habitat alone. As a result, the hatchery has increased the number of harvestable adults returning to the Warm Springs River by as many as 2,000–3,000 fish. Moreover, hatchery-origin fish can potentially represent a genetic repository for the naturally spawning population, should a catastrophic environmental event or major fish kill ever occur. Such an event occurred in 1999 when a gasoline tanker truck crashed and spilled its load into a tributary of the Warm Springs River.

The spring Chinook salmon program at Warm Springs National Fish Hatchery can serve as a model for other integrated hatchery programs where both harvest and conservation goals are a priority. This hatchery program is clearly providing harvest benefits and potentially can provide long-term conservation benefits while posing minimal biological risks to the naturally spawning population in Warm Springs.

Research and monitoring are an integral component of this program because of the unique opportunities afforded by the facility and the management goals for the hatchery broodstock. Because differences between the wild and hatchery population of spring Chinook salmon in the Warm Springs River have been noted (S. Rubin, R. Reisenbichler, L. Wetzel, and F. Leonetti, podium presentation from the symposium covered by this volume), experiments will continue to determine if wild fish life history characteristics can be maintained in a hatchery environment. Studies will continue on broodstock management practices as well as changing the hatchery rearing environment, such as reduced rearing densities; creating water temperature profiles to match the stream environment; matching growth rates, size, and timing of downstream migration; and introducing natural feeds. Further investigations of ecological interactions between hatchery and wild fish, along with determining the reproductive success of hatchery fish spawning in the stream, are also being explored (D. M. Hand, R. O. Engle, T. A. Hoffman, D. E. Olson, G. FitzGerald, and B. Spateholts, poster presentation from the symposium covered by this volume). Changes are made to the hatchery program based on this research and monitoring, as described in the Hatchery and Genetic Management Plan and in the 5-year hatchery operations and implementation plan.

Acknowledgments

We thank staff at our Regional Office, Warm Springs National Fish Hatchery, Lower Columbia River Fish Health Center, Abernathy Fish Technology Center, and Columbia River Fisheries Program Office. We acknowledge the cooperative participation of staff and people of the Confederated Tribes of the Warm Springs Reservation of Oregon. We also wish to acknowledge cooperation from the Oregon Department of Fish and Wildlife, The Dalles District Office, especially Steve Pribyl and Erik Olsen for providing spring Chinook salmon harvest statistics. We also have appreciated the help and cooperative projects with USGS, Seattle and Cook Laboratories, Washington. Thank you to reviewers who provided helpful comments for improving this paper.

References

Banks, J. L. 1994. Raceway density and water flow as factors affecting spring Chinook salmon (*Oncorhynchus tshawytscha*) during rearing and after release. Aquaculture 119:201–217.

Bell, M. C. 1986. Fisheries handbook of engineering requirements & biological criteria. Fish Passage Development and Evaluation Program, Corps of Engineers, North Pacific Division, Portland, Oregon.

Brannon, E. L., K. P. Currens, D. Goodman, J. A. Lichatowich, W. E. McConnaha, B. E. Riddell, and R. N. Williams. 1999. Review of artificial production of anadromous and resident fish in the Columbia River basin, part 1: a scientific basis for Columbia River Production Program. Northwest Power Planning Council, Portland, Oregon.

Bugert, R. M., C. W. Hopely, C. A. Busack, and G. W. Mendel. 1995. Maintenance of stock integrity in Snake River fall Chinook salmon. Pages 267–276 *in* H. L. Schramm, Jr. and R. G. Piper, editors. American Fisheries Society, Symposium 15, Bethesda, Maryland.

Campton, D. E. 1995. Genetic risks and hazards in hatchery operations: fundamental concepts and issues. Pages 337–353 *in* H. L. Schramm, Jr. and R. G. Piper, editors. American Fisheries Society, Symposium 15, Bethesda, Maryland.

Carmichael, R. W., and R. T. Messmer. 1995. Status of supplementing Chinook salmon natural populations in the Imnaha River basin. Pages 284–291 *in* H. L. Schramm, Jr. and R. G. Piper, editors. American

Fisheries Society, Symposium 15, Bethesda, Maryland.

Chandler, G. L., and T. C. Bjornn. 1989. Survival and growth of subyearling steelhead homozygous for alternative alleles at the dipeptidase locus. Transactions of the American Fisheries Society 115:726–735.

Gross, M. R. 1991. Salmon breeding behavior and life history evolution in changing environments. Ecology 72(4):1180–1186.

Hand, D. M., D. E. Olson, R. O. Engle, T. A. Hoffman, B. Spatcholts, and G. FitzGerald. 2003. Distribution, behavior, and reproductive success of outplanted hatchery spring Chinook salmon in Shitike Creek, OR. Available at: http://columbiariver.fws.gov/pdfdocs/hatchery/2002ShitikeProgressReport.pdf (Accessed April 5, 2004).

Hard, J. J., R. P. Jones, Jr., M. R. Delarm, and R. S. Waples. 1992. Pacific salmon and artificial propagation under the Endangered Species Act. U.S. Department of Commerce, NOAA Technical Memorandum NMFS-NWFSC-2, Seattle.

Hatch, D. R., M. Schwartzberg, and P. R. Mundy. 1994. Estimation of pacific salmon escapement with a time-lapse video recording technique. North American Journal of Fisheries Management 14:626–635.

HSRG (Hatchery Scientific Review Group). 2000. Scientific framework for the artificial propagation of salmon and steelhead. Available at: www.longlivethekings.org/home.html

IHOT (Integrated Hatchery Operations Team). 1995. Policy and procedures for Columbia basin anadromous salmonid hatcheries. Annual report to the Bonneville Power Administration, project 92–043, Portland, Oregon.

Lichatowich, J. A. 1999. Salmon without rivers: a history of the pacific salmon crisis. Island Press, Washington D.C.

Lindsay, R. B., B. C. Jonasson, R. K. Schroeder, and B. C. Cates. 1989. Spring Chinook salmon in the Deschutes River, Oregon. Oregon Department of Fish and Wildlife Information Report 89–4, Portland.

Maynard, D. J., T. A. Flagg, and C. V. W. Mahnken. 1995. A review of seminatural culture strategies for enhancing the postrelease survival of anadromous salmonids. Pages 307–314 *in* H. L. Schramm, Jr. and R. G. Piper, editors. American Fisheries Society, Symposium 15, Bethesda, Maryland.

Myers, J. M., R. G. Kope, G. J. Bryant, D. Teel, L. J. Lierheimer, T. C. Wainwright, W. S. Grant, F. W. Waknitz, K. Neely, S. T. Lindley, and R .S. Waples. 1998. Status review of Chinook salmon from Washington, Idaho, Oregon, and California. U.S. Department of Commerce, NOAA Technical Memorandum NMFS-NWFSC-35, Seattle.

NPPC (Northwest Power and Conservation Council). 2003. Artificial production review and evaluation, draft basin-level report. Northwest Power and Conservation Council, Document 2003–17, Portland, Oregon. Available at: http://www.nwppc.org/library/2003/2003–17.pdf (Accessed April 15, 2004).

Olson, D. E. 1997. Investigation of rearing & release strategies affecting adult production of spring Chinook salmon [Internet]. U.S. Fish and Wildlife Service, Columbia River Fisheries Program Office, Vancouver, Washington. Available at: http://columbiariver.fws.gov/pdfdocs/hatchery/fcpaper97.pdf (Accessed April 2, 2004).

Olson, D. E., B. C. Cates, and D. H. Diggs. 1995. Use of a national fish hatchery to complement natural production of spring Chinook salmon and summer steelhead in an Oregon stream. Pages 317–328 *in* H. L. Schramm, Jr. and R. G. Piper, editors. American Fisheries Society, Symposium 15, Bethesda, Maryland.

ODFW (Oregon Department of Fish and Wildlife). 1997. Lower Deschutes River subbasin management plan, July 1997. Mid-Columbia Fish District, The Dalles, Oregon.

Pastor, S. M. 2000. Annual stock assessment report to Bonneville Power Administration, Project 89–065. U.S. Fish and Wildlife Service, Columbia River Fisheries Program Office, Vancouver, Washington. Available at: http://columbiariver.fws.gov/pdfdocs/hatchery/mg00Final.pdf (Accessed April 15, 2004).

Pearsons, T. N., and C. W. Hopley. 1999. A practical approach for assessing ecological risks associated with fish stocking programs. Fisheries 24(9):16–23.

Reisenbichler, R. R., and S. P. Rubin. 1999. Genetic changes from artificial propagation of Pacific salmon affect the productivity and viability of supplemented populations. ICES Journal of Marine Science 56:459–466.

Ricker, W. E. 1975. Computation and interpretation of biological statistics of fish populations. Fisheries Research Board of Canada Bulletin 191.

Schiewe, M. H., T. A. Flagg, and B. A. Berejikian. 1997. The use of captive broodstocks for gene conservation of salmon in the western United States. Bulletin of the Natural. Resources Institute of Aquaculture Supplement 3:29–34.

USFWS (U.S. Fish and Wildlife Service). 2004. Hatchery and genetic management plan for Warm Springs National Fish Hatchery, May 6, 2004 Draft. Columbia River Fisheries Program Office, Vancouver, Washington.

Wardell, R. E., N. S. Adams, D. W. Rondorf, C. Brun,

and R. Dodson. 2002. Feasibility study to determine the distribution of juvenile hatchery spring Chinook salmon in the Deschutes River and their potential effect upon the aquatic community. Available at: http://columbiariver.fws.gov/pdfdocs/hatchery/Deschutes.pdf (Accessed April 2, 2004).

WDFW (Washington Department of Fish and Wildlife) and ODFW (Oregon Department of Fish and Wildlife). 2002. Status report: Columbia River fish runs and fisheries, 1938–2000. Joint Columbia River management staff, Vancouver, Washington (WDFW)/Clackamas, Oregon (ODFW).

Zar, J. H. 1974. Biostatistical analysis. Prentice-Hall Inc., Englewood Cliffs, New Jersey.

American Fisheries Society Symposium 44:603–619, 2004

Conservation Hatchery Protocols for Pacific Salmon

THOMAS A. FLAGG[1] AND CONRAD V. W. MAHNKEN[2]
NOAA Fisheries, Northwest Fisheries Science Center
Resource Enhancement and Utilization Technologies Division, Manchester Research Station
Post Office Box 130, Manchester, Washington, 98353, USA

ROBERT N. IWAMOTO[3]
NOAA Fisheries, Northwest Fisheries Science Center, Office of the Science Director,
2725 Montlake Boulevard East, Seattle, Washington 98112, USA

Abstract.—Artificial propagation is a potential mechanism to aid recovery of U.S. Endangered Species Act (ESA)-listed stocks of Pacific salmon on the West Coast of the United States. Theoretically, one of the fastest ways to amplify population numbers for depleted stocks of Pacific salmon is through culture and release of hatchery-propagated fish. However, past attempts to use supplementation (i.e., the use of artificial propagation in an attempt to maintain or increase natural production) to rebuild naturally spawning populations of Pacific salmon have often yielded poor results. One solution is to develop protocols that increase fitness of hatchery-reared salmonids, thereby improving survival. A framework of conservation hatchery strategies to reduce potential impacts of artificial propagation on the biology and behavior of fish is presented. Operational guidelines for conservation hatcheries to help mitigate the unnatural conditioning provided by hatchery rearing are discussed and contrasted to those for production hatchery operation. These include (1) mating and rearing designs that reduce risk of domestication selection and produce minimal genetic divergence of hatchery fish from their wild counterparts to maintain long-term adaptive traits; (2) simulation of natural rearing conditions through incubation and rearing techniques that approximate natural profiles and through increasing habitat complexity (e.g., cover, structure, and substrate in rearing vessels) to produce fish more wildlike in appearance and with natural behaviors and higher survival; (3) conditioning techniques such as antipredator conditioning to increase postrelease behavioral fitness; (4) programming aspects of release size, stage, and condition to match the wild population in order to reduce potential for negative ecological interactions and to promote homing; and (5) aggressive monitoring and evaluation to determine success of conservation hatchery approaches. High priority must be given to basic scientific research to meet three principal goals: (1) maintain genetic integrity of the population, (2) increase juvenile quality and behavioral fitness, and (3) increase adult quality.

Introduction

Development of the North Pacific salmonid hatchery system began in the late 19th century and has played a prominent role in enhancement of the salmonid fisheries in the Pacific Northwest since the 1950s (Mahnken et al. 1998). Most public hatcheries in the Pacific Northwest were originally built to mitigate for loss of natural spawning habitat. Hatchery production goals focused on enhancing harvest of adults in commercial fisheries. The hatcheries were established at a time when many wild salmon stocks were healthy and genetic diversity of stocks was not a concern. Hatcheries have played a major role in supplying salmon and trout to the common property fishery, benefiting commercial, sport, tribal, and nontribal fishers (Mahnken et al. 1998). In fact, hatcheries are so instrumental in supplying fish that it is nearly impossible to separate the management of the salmonid fisheries from the management of the hatcheries.

Up to 5 billion hatchery-reared salmonids have been released annually into the North Pacific (Mahnken

[1] E-mail: tom.flagg@noaa.gov
[2] E-mail: conrad.mahnken@noaa.gov
[3] E-mail: bob.iwamoto@noaa.gov

et al. 1998). Today on the Columbia River alone, nearly 100 artificial production facilities produce about 200 million hatchery fish. These hatcheries now provide up to 80% of the fish in several of the key fisheries. Despite the great success of hatcheries in supplying fish, the philosophy of salmonid resource management has changed.

A number of stocks of anadromous salmonids in the Pacific Northwest are currently listed by the National Marine Fisheries Service (NOAA Fisheries) as threatened or endangered under the U.S. Endangered Species Act (ESA) (Waples et al. 1991a, 1991b; Schmitten et al. 1995; Waknitz et al. 1995; Weitkamp et al. 1995; Busby et al. 1996; Hard et al. 1996; Gustafson et al. 1997; Johnson et al. 1997; Myers et al. 1998). The need to preserve biodiversity has brought about a new era of conservation of wild stocks that cannot help but impact the operation and management of production hatcheries and the traditional users of hatchery fish.

The public hatchery system in the Pacific Northwest undoubtedly helped slow the decline of some natural salmon populations and, at times, produced short-term increases in natural population abundance. However, current hatchery practices and methods have been considered significant factors leading to the overall decline of wild populations. Reviews of hatchery practices, such as the one conducted by National Research Council, have called for reform of hatchery management in the Columbia River basin, including changes in the approach, operation, and expectations from artificial propagation (NRC 1996).

Where hatchery operations conflict with recovery of ESA-listed stocks, the options appear to be either (1) isolation of hatchery production (e.g., near-tidewater rearing/release and aggressive terminal harvest of hatchery fish), or (2) altering hatchery operation to include a conservation mandate. What follows is a brief discussion of major emerging issues relating to the operation of hatcheries in the Pacific Northwest and examples of what we feel are critical needs for hatchery reform.[4]

Potential Impacts of Hatchery Rearing

The overall impact of hatchery fish on wild populations can be divided into three broad categories: (1) Overharvest of wild stocks in mixed stock fisheries can have a profound impact on survival of wild stocks. When productive hatchery stocks are targeted for high harvest, less productive wild stocks cannot withstand the high exploitation rates, resulting in underescape-ment of wild fish; (2) A number of ecological interactions can occur between hatchery and wild fish. These can take the form of competition for food and territory, predation with larger hatchery fish preying on smaller wild cohorts, and other negative social interactions when large numbers of hatchery fish are released on top of small numbers of wild fish; and (3) Genetic risks associated with hatchery rearing, including intentional and unintentional events such as domestication selection, inbreeding, and outbreeding depression.

Traditional hatchery rearing for Pacific salmon is most commonly conducted in outdoor raceways and tanks over uniform concrete substrate. Fish in rearing vessels are conditioned to minimal raceway flow regimes; provided no structure in which to seek refuge from predators or dominant cohorts; held at high, stress-producing densities; surface-fed; and conditioned to approach large, moving objects at the surface (Maynard et al. 1995). The protective nature of hatchery rearing increases egg-to-smolt survival (Leitritz and Lewis 1976; Piper et al. 1982; Pennell and Barton 1996). However, the postrelease survival and reproductive success of cultured salmonids is often considerably lower than that of wild-reared fish (Greene 1952; Miller 1952; Reimers 1963; Chilcote et al. 1986; Nickelson et al. 1986; Waples 1999). The hatchery practices mentioned above are often considered prime factors that may induce genetic change (e.g., domestication) and reduce fitness of hatchery fish for natural ecosystems (Reisenbichler and McIntyre 1977; Nickelson et al. 1986; Goodman 1990; Waples 1991, 1999; Hilborn 1992). However, it is likely that the most immediate impact of traditional rearing practices is to disrupt innate behavioral repertoires.

Behavioral deficiencies in released animals have often been cited as contributing to failure in re-establishing wild populations of higher vertebrates (Gipps 1991; Johnson and Jensen 1991; DeBlieu 1993; Olney et al. 1994). Studies suggest that the traditional hatchery-rearing environment can profoundly influence social behavior of Pacific salmon (Maynard et al. 1995). This social divergence of cultured fish may begin as early as the incubation stage. Lack of incubation substrate and exposure to light in the hatchery incubation environment has been

[4] This paper summarizes concepts presented in two NOAA technical memorandums (Flagg and Nash 1999; Flagg et al. 2000a) That include contribution of 14 coauthors. Where used, text and figures are reprinted by permission

shown to induce excess alevin movement, resulting in lowered energetic efficiency, reduced size, and, in some wild stocks, death (Poon 1977; Leon and Bonney 1979; Mighell 1981; Murray and Beacham 1986; Fuss and Johnson 1988). Feed availability and rearing densities in hatcheries far exceed those found in natural streams and may contribute to differences in agonistic behavior between hatchery- and wild-reared fish (Symons 1968; Bachman 1984; Olla and Davis 1989; Uchida et al. 1989; Grant and Kramer 1990; Berejikian 1995a, 1995b; Berejikian et al. 1996; Olla et al. 1998).

Traditional hatchery rearing environments may deprive salmon of the psychosensory stimuli necessary to fully develop antipredation behaviors (Olla et al. 1998). Research indicates that hatchery strains of salmonids have increased risk-taking behavior and lowered fright responses compared to wild fish (Maynard et al. 1995; Olla et al. 1998). The traditional hatchery practice of providing feed at the water surface may condition hatchery fish to approach the surface of the water column (Uchida et al. 1989; Maynard et al. 1995; Olla et al. 1998), and this behavior may increase susceptibility to avian predation. Studies have also indicated that increased avian and piscivorous predator vulnerability of hatchery fish may be related to decreased crypsis (camouflage coloration) for stream environments caused by rearing against uniform (e.g., concrete) hatchery backgrounds (Donnelly and Whoriskey 1991; Maynard et al. 1995, 1996a). In addition, cultured and naturally reared salmonids may respond differently to habitat in the postrelease environment. In most cases, wild fish use both riffles and pools in streams, while newly released hatchery fish have been shown to primarily use pool environments that are similar to their raceway rearing experience (Allee 1974; Dickson and MacCrimmon 1982; Bachman 1984; Uchida et al. 1989; Berejikian 1995a; Olla et al. 1998). As pointed out by Reisenbichler and Rubin (1999), seemingly the only similarities in hatchery and wild environments for salmonids are water and photoperiod. All other major components of the hatchery-rearing environment (food, substrate, density, temperature, flow regime, competitors, and predators) appear to differ from what wild fish experience.

Flagg et al. (2000a) reviewed almost 300 references on ecological and behavioral impacts of artificial production on wild salmonids. The intent of the review was to determine the major impacts of different salmonid hatchery production strategies on abundance, competitive social interactions, predation, health, migration, and population trends. Based on a combination of theoretical considerations and available data, the review was, in most cases, able to identify the directional trend of the effects to wild populations of release of hatchery fish (Table 1). In general, the review indicated that

- Except in situations of low wild fish density, increasing release numbers of hatchery fish can negatively impact wild fish. This appeared true regardless of whether out-of-basin or local stocks were released.
- Release of out-of-basin stocks appeared to almost always be associated with risks to the genetic integrity and abundance of wild fish. However, use of locally adapted stocks appeared to have potential to positively affect productivity trends.
- Competition of hatchery fish with wild fish almost always has the potential to exclude wild fish from portions of their habitat.
- Potential impacts to food resources appeared to only be a concern for releases of juveniles that spend extended periods in freshwater habitats.
- Potential predation effects were documented whenever hatchery fish were significantly larger than commingling wild fish. Negative effects of hatchery fish on predator/prey dynamics, through such actions as predator concentration, appeared possible at all life stages.
- Releases of hatchery fish appeared to have the potential to affect the health of wild fish, although there was little evidence to suggest that disease transmission to wild stocks is routine.
- There were some reports of "sweeping phenomena" occurring with wild fish being attracted downstream during migration of hatchery smolts. However, there was little or no documentation of the frequency of the phenomenon, the conditions under which it occurs, or the effect on ultimate survival of wild fish.
- Implementation of conservation hatchery strategies was theorized to provide benefits at all life stages, but evidence was found only for a limited number of release strategies. One of the drawbacks to evaluation of conservation hatchery strategies was that, at the time, the concept had only recently been conceptualized. Various production hatcheries had begun applying some individual conservation strategies in an attempt to improve fitness and increase stock survival; however, affects on adult survival or reproductive fitness were mostly unknown.

Table 1. Assessment of the effects of hatchery stocks of Chinook salmon *Oncorhynchus tshawytscha,* coho salmon *O. kisutch*, and steelhead *O. mykiss* on the population abundance and trends of wild cohorts.

	Effects on natural population abundance			
	Juvenile-smolt effects		Adult effects	
Hatchery influence	Juvenile release	Smolt release	F1 adult number	Productivity trend
A. Production strategy				
i) increasing release numbers	NEG/*a*	NEG/*a*	–	–
ii) Supplementation strategy using:				
a) out-of-basin hatchery stock	NEG/*a*	NEG/*a*	NEG	NEG
b) locally adapted stock	NEG/*a*	NEG/*a*	NEG - POS	AL+
B. Competition				
i) Exclusion from				
a) key habitat resources	NEG/*b*	NEG - NEU	NEG - NEU	AL (–, 0)
b) food resources	NEG/*b*	NEU	NEU	NEU
C. Predation				
i) Direct predation	NEU	NEG - POS	AL–	AL–
ii) Changes in predator/prey dynamics	NEG/*b*	NEG/*b*	AL–	UNK–
D. Health status				
i) Direct interactions	AL–	AL–	AL–	AL–
ii) Contact through other vectors	AL–	AL–	AL–	AL–
E. Migration	–	NEG - NEU	UNK	UNK
F. Implementation of conservation hatchery strategies	AL+	AL+	UNK+	UNK+

NEG: literature indicates negative effect at selected life stage POS: literature indicates positive effect at selected life stage. NEU: literature indicates no effect at selected life stage *a* relationship could be positive at low population densities *b* relationship could be neutral at low release densities UNK: approach theoretical, relationship probably positive (+), neutral (0), or negative (–), studies have not been conducted AL: only ancillary literature available, theoretical evidence of positive (+), neutral (0), or negative (–) directional effect at selected life stage.

The use of, and potential for, conservation of Pacific salmon based on artificial propagation appears well grounded in other vertebrate species recovery actions worldwide (cf. Gipps 1991; Johnson and Jensen 1991; DeBlieu 1993; Olney et al. 1994; Bryant 2003; IUCN 2003; RSCF 2003; WCBP 2003). Recently, salmon restoration in the Pacific Northwest has focused on the use of conservation hatchery strategies to aid run restoration and rebuilding of depleted natural runs (Anders 1998; Brannon et al. 1998; Flagg and Nash 1999; Flagg et al. 2000b). A science-based framework of necessary conservation hatchery protocols for Pacific salmon is presented in the sections that follow. The framework represents a complement of culture strategies available to hatchery managers. It recommends practical expedients to save depleted stocks, reform traditional hatcheries, and produce more adaptable juveniles to maximize the benefits and reduce the ecological and genetic risks of supplementation programs.

The Conservation Hatchery Concept

Conservationists have long recognized that rearing any living creature in captivity and then successfully releasing it into its natural habitat is a difficult process. The process requires application and integration of a number of rearing protocols, all of which are known individually to affect the inherent fitness of the creature to survive and breed in its natural ecosystem. A "conservation hatchery" approach for salmonids will require a specialized rearing facility to breed and propagate a stock of fish genetically equivalent to the native stock and with the full ability to return to reproduce naturally in the habitat. The fish quality goals and operational approaches for a conservation hatchery may be considerably different then for a standard production hatchery (Tables 2 and 3). Therefore, a conservation hatchery must be equipped with a full complement of culture strategies to produce very specific stocks of

Table 2. Comparison of goals for critical fish quality attributes for conservation vs. production hatcheries for Pacific salmon.

		Production hatchery		Conservation hatchery		
Parameter	Factor	Response	Husbandry factor	Response	Husbandry factor	Benefit
Genetics	heritage	variable	dependent on stock composition	similar to wild	only local stock used	preserve diversity
Behavior	aggression	higher than wild	rearing at high densities with no habitat focal points	reduced from that of conventional hatchery fish	rearing at reduced density in complex habitats	minimize impact to wild fish
	foraging ability	inefficient	fed conventional feeds	efficient	provide forage training	maximize post-release ability
	predator vulnerability	naïve	rearing under predator naïve conditons	flee	provide predator training	reduced predator vulnerability
	position in water column	surface-oriented	fed at surface	oriented to mid-water bottom	fed subsurface	reduced predator vulnerability
	territorial fidelity	low	rearing at high densities with no habitat focal points	increased	rearing at reduced density in complex habitats	minimize impact to wild fish
Health	disease susceptibility	variable	high-density rearing	low susceptibility	rearing at reduced density in complex habitats	maximize survival
	fin condition	variable	high-density rearing	wild-like in confirmation	rearing at reduced density in complex habitats	maximize survival
Physiology	smolt status/ migratory readiness	variable	forced release	high	volitional release	minimize interactions with wild fish
Morphology	crypsis	uniform	rearing in monocolored vessels	camouflaged for release environment	rearing in complex habitats	reduced predator vulnerability

Table 3. Operational comparisons between production and Conservation Hatchery strategies for rearing of Pacific salmon.

		Production hatchery		Conservation hatchery	
Parameter	Factor	Action	Objective	Action	Objective
Egg collection	spawn timing	directed (e.g., early or late component, etc.)	synchronize adult return/harvest opportunities	synchronized to wild, representative numbers collected over range of run	maintain wild timing
	number	directed (probably large number of eggs taken)	maximize output	directed (relatively small number of eggs needed)	stage production to habitat carrying capacity
Egg fertilization	mating strategy	directed (for characteristics	select desired attributes (e.g., return size and age)	directed (to maintain genetic diversity)	maintain diversity
Egg incubation	incubator type	use accepted guide-lines for species	maximize output	include substrate	approximate wild conditions/maximize hatch size
	temperature	surface or well	time hatch to production needs	controlled to ambient for stock	synchronize hatch with wild timing
Fish rearing	vessel type	standard (typically smooth with no internal structure)	maximize output	altered to include enriched (semi-natural) habitats with cover, structure, substrate, etc.	reduce domestic condition-ing
	temperature	surface or well	time rearing to production needs	controlled to ambient for stock	synchronize rearing with wild stock
	culture techniques	standard (designed to maximize fish output)	maximize output	innovative (designed to maximize fish quality)	reduce domestic condition-ing
	pond timing	variable	maximize culture opportunity	synchronized to wild	approximate wild rearing scenario

Table 3. Continued

Parameter	Factor	Production hatchery		Conservation hatchery	
		Action	Objective	Action	Objective
	photoperiod	natural	provide ambient conditions	natural	provide ambient conditions
	density	up to maximum safe levels	maximize space use	use low rearing density	minimize behavioral and health aspects of fish quality
	growth	use accepted guidelines for species that maximize adult return	maximize output	use growth modulation targed to approximate wild rearing scenario at all cultured life stages	target fish growth to wild size
	survival	maximum possible	maximize output	maximum possible	maximize output
	prerelease conditioning	none	maximize output	provide antipredator conditioning	reduce predator vulnerability/increase postrelease survival
				use substrates that enhance crypsis	reduce predator vulnerability/increase postrelease survival
				provide exercise conditioning	increase postrelease survival
				provide forage training	increase postrelease growth and survival
Health	diseases	fish often released with subclinical health problems	maximize output	release only healthy fish	maximize survival and minimize impacts to wild fish
Fish release types	fry release	not used under most circumstances		secondary strategy	seed critical habitats at or below carrying capacity
	presmolt release	not used under most circumstances		primary/secondary strategy	seed critical habitats at or below carrying capacity
	smolt release	primary strategy	maximize adult return opportunity	primary/secondary strategy	maximize adult return opportunity

fish with specific attributes. Where and when implemented, fish rearing in a conservation hatchery must be conducted in a manner that (1) mimics the natural life history patterns, (2) improves the quality and survival of hatchery-reared juveniles, and (3) lessens the genetic and ecological impacts of hatchery releases on wild stocks.

A conservation hatchery must have the capability to permute individual strategies to match the particular requirements and biodiversity of any individual stock to its respective ecosystem. One combination of strategies may be used to produce fish to restore a depressed stock, and another to reduce the risks of a certain supplementation program. The operation and management of every conservation hatchery is therefore unique in time, specific to an identifiable stock and its native habitat. The components of a conservation hatchery approach range from providing proper genetic breeding protocols, through specifics of rearing and release and monitoring and evaluation. Brief descriptions of the operational considerations for a conservation hatchery are presented below.

Genetic Considerations

Conservation hatcheries should provide fish with minimal genetic divergence from their natural counterparts to maintain long-term adaptive traits. It is recommended that they

- Identify and follow hatchery protocols that avoid or minimize the processes of domestication selection, inbreeding, and outbreeding.
- Release fish that have the fitness and diversity characteristics of their wild cohorts.

Rationale.—Adaptability and diversity of wild fish are shaped by interactions between a complex natural environment and natural selective forces. The genetic consequences of inbreeding, outbreeding, and domestication selection are well documented for domestic livestock and other terrestrial organisms. Significantly less is known about Pacific salmonids. However, a risk-averse strategy encourages a course of action that avoids or limits genetic changes from wild-type in hatchery populations maintained for conservation reasons. By avoiding or limiting those factors known to increase the incidence of domestication selection, inbreeding, or outbreeding depression, conservation hatcheries can produce populations of fish more consistent with the genetic structure and behavior of indigenous populations.

In an effort to maintain long-term adaptive traits, conservation hatcheries should maintain populations with minimal genetic divergence from their natural counterparts. Spawning protocols for fish culture and enhancement that reduce genetic risks (such as domestication, hybridization, inbreeding depression, outbreeding depression) are well described (Ryman and Utter 1986; Waples 1991, 1999; Tave 1993). These mating strategies may include random pairing, pairing in as many different combinations as possible, avoidance of pairing between siblings, crossings between different year-classes, and fertilization with cryopreserved sperm from other generations (Ryman and Utter 1986; Hard et al. 1992; Tave 1993; Pennell and Barton 1996).

Genetic risks from any particular strategy must be estimated on a case-by-case basis. Although genetic change may ultimately be inevitable in cultured populations, the degree of change or risk should be reduced by adopting specific management strategies. Therefore, to reduce the genetic and ecological impact of hatchery-releases on wild stocks, conservation hatcheries must maintain the natural levels of genetic diversity of each population as much as possible. The genetic protocols of conservation hatcheries should include any practice that increases fitness for natural rearing, which in turn reinforces population stability.

Broodstock Sources

Conservation hatcheries should use locally adapted broodstock to maintain long-term fitness traits. It is recommended that they

- Select broodstock after careful analysis of environmental relationships and life history parameters.
- Provide options, such as captive broodstocks, for severely depleted populations.
- Integrate wild fish into the hatchery population to avoid divergence and selection of maladaptive traits.
- Maintain the necessary management and security of the stocks.

Rationale

A basic operational premise for conservation hatcheries is the need to maintain fitness and diversity characteristics of targeted populations (see genetic considerations, above). This obligates the use of local broodstock fully representative of the genetics of target wild populations whenever possible. For extirpated populations, donor stock from within the same evolutionary significant unit (ESU) should be chosen following careful analysis of environmental relationships and life history patterns of the original stock. Broodstocks should be fully representative of the genetics of the entire population to avoid potential reductions in effective population size (N_e) by dramatically increasing only a fraction of the available genotypes in the parent population (Ryman and Utter 1986; Waples and Do 1994).

Broodstocks can be initiated from all available life stages, for example, eyed eggs extracted from redds, fry and smolts captured from the wild, and prespawning adults captured and artificially spawned (Hard et al. 1992; Flagg and Mahnken 2000). In situations where critical populations are dangerously close to extinction, full life cycle captive broodstocks should be considered to amplify the population and maximize population size in the shortest time frame (Flagg et al. 1995a; Schiewe et al. 1997; Flagg and Mahnken 2000). Natural water temperature profiles should be maintained to provide optimum maturation and gamete development (Brannon et al. 1998). Of paramount importance for a threatened or endangered species is protection of the broodstock from catastrophic loss or high mortality. This is especially true if all natural gametes have been removed from the wild to establish a broodstock program.

Rearing Environment

Conservation hatcheries should include incubation and rearing vessels with options for habitat complexity to produce fish more wildlike in appearance and with natural behaviors and higher survival. They should base their goals for growth patterns of hatchery fish and size at emigration on natural population parameters. Conservation hatcheries should use low rearing densities to improve juvenile survival during rearing and to increase adult quality and return percentage. It is recommended that they

- Determine growth rates, body size and composition, spawning, hatching, and emergence times of fish in the local populations and duplicate these in the hatchery by controlling factors such as photoperiod, water temperature, and diet composition and feeding rate to natural profiles.
- Provide matrix substrates, darkened environments, and temperature control for egg incubation and alevin development.
- Reduce rearing density and maximize fish health.
- Promote development of body camouflage coloration in juvenile fish by creating more natural environments in hatchery rearing vessels; for example through use of overhead cover, and instream structure, and substrate.
- Condition young fish to orient to the bottom rather than the surface of the rearing vessel by using appropriately positioned feed delivery systems
- Exercise young fish by altering water-flow velocities in rearing vessels to enhance their ability to escape predators and to capture prey.
- Improve foraging ability of young fish by supplementing diets with natural feeds; especially during the period prior to release.
- Foster higher instream survival by exposing fish to a variety of antipredation training exercises.

Rationale

Surveys of programs for the reintroduction of captive-bred terrestrial and aquatic animals show that few are successful in establishing wild self-reproducing populations (Gipps 1991; Minckley and Deacon 1991; DeBlieu 1993; Olney et al. 1994). Causes for failure are thought to be due largely to growth and behavioral deficiencies in released animals. Research on higher vertebrates has shown that simple and practical changes to the way animals are kept and grown in captivity can have beneficial effects on behavior.

Conservation hatcheries should provide incubation and rearing vessels with options for environmental enrichment by increasing habitat complexity to produce fish more wildlike in appearance and with natural behaviors and higher survival. For example, incubation systems containing darkened environments and matrix substrates will produce larger salmonid fry that are more energetically efficient and alert (Poon 1977; Leon and Bonney 1979; Mighell 1981; Murray and Beacham 1986; Fuss and Johnson 1988). Fish should be reared at (low) densities that reduce stress and the potential for disease. Growth rate, body size, and proximate body composition should simulate wild fish. Growth rates that are high in spring and low in winter months and match growth patterns of wild fish should result in high quality smolts and, in theory, adults (Beckman et al. 1999). Growth rates can be controlled through manipulation of water temperature, diet composition, and feed type and feeding schedule. Simulating growth patterns of wild fish in hatchery populations will increase smolt-to-adult yield by fostering rapid smolt emigration (Dickhoff et al. 1995). In addition, negative interactions between hatchery and wild cohorts will be minimized by reducing size discrepancies between hatchery and wild fish.

Juvenile rearing in enriched habitats containing cover, structure, and substrate can dramatically increase (up to 25%+) initial (to 2–3 week) postrelease survival during smolt out-migration; studies are underway to confirm presumed survival advantages to adult (Maynard et al. 1995, 1996a; Maynard and Flagg 2001; Maynard and Flagg, unpublished). Effort should be made to match the color of the hatchery's substrate to that of the receiving-stream environment to produce body camouflage patterns most likely to reduce vulnerability to predators. Other potential components of an enriched rearing environment for salmonids, including underwater feed delivery systems and flow velocities to exercise the fish, could also offer advantages for increased survival and behavioral fitness (Maynard et al. 1995). Studies also suggest that forage training and antipredator conditioning can increase postrelease survival (Patten 1977; Olla and Davis 1989; Berejikian 1995b; Healey and Reinhardt 1995; Maynard et al. 1996b; Olla et al. 1998). In theory, a hatchery that uses a combination of all conservation hatchery rearing techniques should achieve increased operational efficiency and improved smolt to adult fitness and survival.

Reintroduction Strategies

Conservation hatchery managers should release smolts at a size that equals the size distribution of smolts in the wild population. Fish should be released on their own volition and out-migrate during the natural downstream migration of the stock. Conservation hatcheries should program their production to accommodate the natural spatial and temporal patterns of abundance in wild fish populations. Practices expected to increase imprinting or homing should be adopted to reduce straying. It is recommended that conservation hatcheries

- Rear fish for their entire juvenile freshwater lives in water from the intended return location to imprint natural odors and reduce straying of returning adults, or
- Acclimate juveniles at selected release sites where this approach is not possible.
- Release smolts within the size range of wild smolts from which the population is derived (except in a case when imminent extinction requires maximal survival, release of large smolts may be warranted).
- Allow fish to emigrate volitionally to maintain within-population variability in out-migration timing found in local wild populations.
- Allow nonsmolts (parr) to remain in the hatchery and either smolt, residualize, or perish through natural selection.
- Adopt strategies for restricting numbers of hatchery-reared juveniles released to not exceed carrying capacities of receiving waters and migration pathways (e.g., estuaries).

Rationale

Improper or incomplete imprinting opportunities may increase the straying rate of populations released from hatcheries. Straying of hatchery fish should, ideally, not exceed 5% (Grant 1997). To reduce straying to other populations and most importantly to maximize contribution to the target population, fish from conservation hatcheries should be reared for their entire juvenile freshwater lives in water from the intended return location. When this is not possible, a period of acclimation at the intended homing site should be used to improve imprinting and homing and reduce straying.

Managing release size is an important conservation consideration. The size a at which a juvenile salmonid is released affects its ability to compete with peers, escape predators, migrate rapidly, adapt to seawater, mature early, and most importantly survive and recruit into the fishery or spawning population. The most immediate risk of releasing oversized hatchery fish is that they will out-compete smaller wild fish for food or space (Hoar 1951; Chapman 1962; Mason and Chapman 1965; Jenkins 1969; Noakes 1980; Abbot et al. 1985; Maynard 1987). A second risk is that large hatchery fish will residualize and therefore compete with and prey on wild fish in the ecosystem for an extended period of time.

The manner in which fish are released is also critically important. Within any population of young salmon, individuals out-migrate at a variety of different times and ages (Groot and Margolis 1991). This variation in behavior enables the population to persist in an unpredictable environment and can be maintained by rearing vessel exit designs that enable fish to out-migrate on their own volition. The key assumption of volitional release is that fish will not leave the hatchery until certain physiological processes, such as smoltification, trigger their downstream migratory behavior (Brannon et al. 1982, 1998; NRC 1996;

Kapuscinski 1997). The technique is simply to provide windows of opportunity for out-migration that mimic time and age patterns found in the wild populations. Release opportunities should accommodate the natural spatial and temporal patterns of abundance in wild fish populations and numbers released should not exceed carrying capacities of (freshwater and oceanic) receiving waters. Care should be taken that release opportunities synchronize with proper abundance of natural food supplies. Within these windows of opportunity, fish may leave, if they wish, or remain behind to fend for themselves, smolt, residualize, or perish as natural selection takes it course. By adopting strategies for volitional release, a conservation hatchery will maintain the within-population variability in out-migration behavior (Kapuscinski 1997). A volitional release strategy will help ensure that each individual fish will be at its own peak of readiness and adaptability to seawater and that some members of the population will have the opportunity to find the best mix of food resources and prey pressure in the marine environment.

Implementation

The decision to either program an existing hatchery to a conservation mandate or to construct a dedicated new facility (conservation hatchery) will be dependent on a multitude of factors. A generalized "decision tree" for the implementation of conservation hatchery strategies is illustrated in Figure 1. The exact application of conservation hatchery strategies will depend on the particular stock of fish, its level of depletion, the physical and management limitations of each individual hatchery, and the biodiversity of the ecosystem. A conservation hatchery approach should only be considered if a stock is both severely depleted and still genetically representative of the ESU. Full native stock heritage is the preferred option. However, mixed stocks with a substantial linkage to the native stock may be an option for use in some cases. Stocks with high divergence from the ESU would not qualify and would only be considered for hatchery use if the population could be completely segregated from any impact to the wild stock. Other actions, such as habitat improvements and harvest modifications, may be more warranted than hatchery intervention when a depleted stock is not currently in a state of high population decline.

An aggressive monitoring and evaluation plan must accompany any conservation hatchery action. The full potential to effect recovery of stocks of Pacific salmon using conservation hatchery strategies is currently unknown. Several major science questions exist, including

- *What rearing strategies have the greatest potential to produce wildlike juvenile fish from conservation hatcheries that can contribute to natural productivity and aid in recovery of listed populations?*
- *How can hatchery and natural production be successfully integrated to conserve natural population vigor and structure and to allow sustainable fisheries?*

Determining the answers to these questions is a major requirement for operation of a conservation hatchery. Monitoring and evaluation of any ongoing and future conservation hatchery operations is crucial. This monitoring must include relevant information regarding (1) exact culture strategies employed; (2) full culture histories for rearing groups; (3) information on the health, physiology, and behavior of fish at release; (4) fate of adults in fisheries and return distribution; and (5) ecological interactions and reproductive success of released fish. We propose an intensive three-tier monitoring plan for conservation hatchery actions (Table 4). Stock-related culture data are required for each individual group of fish. Most of this information is currently common to fish culture situations and should be easy to gather. Second tier information on multiple aspects of fish quality and fitness will require an array of scientific expertise and laboratories. While potentially difficult and costly to gather, this data are essential to evaluation of the immediate effectiveness of conservation hatchery rearing actions. Likewise, the intensive set of natural production data we call for is essential to evaluation of the ultimate effects of artificially propagated fish on the wild population they are intended to supplement.

This call for extensive monitoring and evaluation activities for conservation hatcheries should not be taken lightly. Artificial propagation of Pacific salmon has more than a 100-year history in the Pacific Northwest. Yet, uncertainty and controversy abounds regarding the usefulness and durability of the technology (Reisenbichler and McIntyre 1977; Nickelson et al. 1986; Goodman 1990; Waples 1991, 1999; Hilborn 1992; Flagg et al. 1995b; Levin and Schiewe 2001; Levin et al. 2001; Levin and Williams 2002). We feel that the base reason for this situation is that, in most cases, hatchery goals are not fully defined and proper evaluation has not been conducted for hatchery actions. Thorough monitoring and evaluation of hatchery actions is the only avenue to resolve this uncertainty. We feel that investment in hatcheries for conservation purposes without a concomitant equal or greater in-

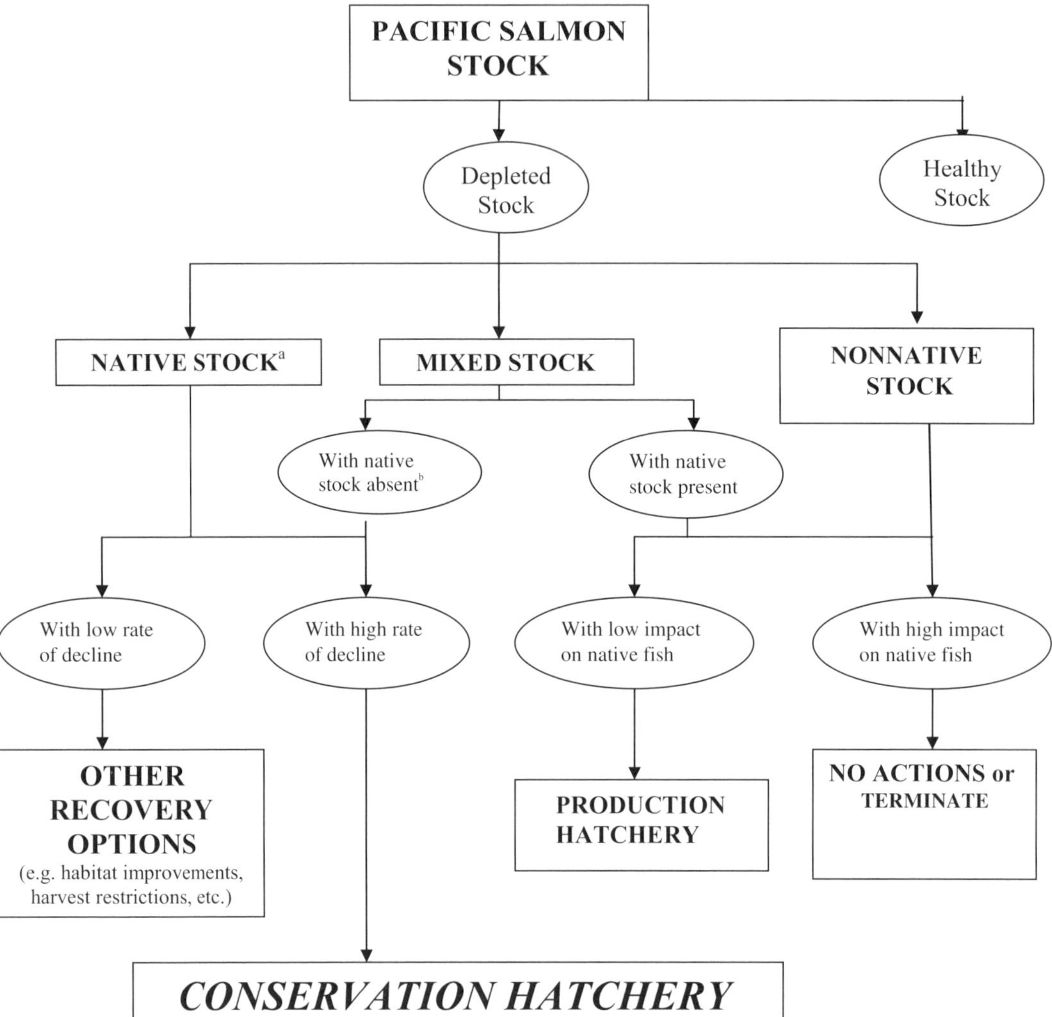

Figure 1. Conservation hatchery decision tree. Decision pathways depend on population status, genetic composition, and rate of decline of the stock, and impact of the operation on native fish.

[a] In all cases, this would be the preferred source.
[b] Stock with traits identified as useful for recovery.

vestment in evaluation will only further deepen the controversy. Although the monitoring and evaluation criteria we present in Table 4 are designed specific to the conservation hatchery question, they are generally applicable and probably should be used to evaluate any hatchery action.

Conclusions and Recommendations

It is our thesis that employment of conservation hatchery protocols will provide the quality fish necessary to aid recovery of ESA-listed stocks of Pacific salmon in the Pacific Northwest. Considerable research by the authors and coworkers indicates that rearing environment affects the physiological (Dittman et al. 1994, 1995; Dickhoff et al. 1995; Beckman et al. 1998, 1999, 2000; Larsen et al. 2001a, 2001b) and behavioral fitness (Berejikian 1995; Berejikian et al. 1996, 1999a, 1999b, 2000, 2001; Maynard et al. 1996a), and postrelease survival (Maynard et al. 1996b; Beckman et al. 1999) of hatchery fish. Altering the rearing environment to mimic that of wild fish is a commonsense approach towards the needs for producing fish necessary for supplementation.

Table 4. Monitoring and evaluation requirements for conservation hatchery actions.

1. Stock and culture data – *Collected for each separate stock:*
   - Hatchery name and stock name
   - Stock genetic history
   - Mating protocols
   - Egg take and fry ponded
   - Rearing vessel configuration and flow dynamics
   - Feeds and feeding rates
   - Density, loading, mean length, and mean weight on a monthly basis (for representative rearing units)
   - Health status
   - Incidence of exposure to predators, or other types of intentional or unintentional conditioning
   - Release number by location and date
   - Tag information (percentage/number and dates)
   - Adult contribution
2. Fish quality and fitness information – *Collected from specific reference groups within each stock:*
   - Physiological data (growth rate and smoltification related hormone and enzyme assays)
   - Proximate body composition of release groups
   - Morphological data (body truss measurements, fin quality, cryptic coloration)
   - Behavioral data (social behavior, agonistic responses, foraging/anti-predator behavior, habitat use)
   - Migration data (in-stream survival and migratory rate)
   - Ecological interactions (both juvenile and returning adult)
   - Homing/straying incidence
   - Reproductive success
   - Genetic information (inbreeding/domestication/outbreeding effects)
3. Natural production-related data – *Collect from specific reference habitats for qualitative risk assessment:*
   - Annual population level abundance
   - Habitat carrying capacity
   - Proportion of hatchery fish in natural spawning areas
   - Natural productivity data
   - Hatchery productivity data
   - Straying data
   - Life history, morphology, and behavior data for natural and hatchery fish

Brannon (1993), in a critical analysis of what he called the perpetual oversight of hatchery programs, stated that by neglecting the requirements of natural populations and consequently their adaptive environmental traits, hatchery programs produced fish that had little chance of integrating into the ecosystem. The development and implementation of conservation hatchery strategies to offset the apparent unnatural conditioning imparted by traditional hatchery practices has been called for numerous times in the last few years (NRC 1996; Brannon et al. 1998; Flagg and Nash 1999; Flagg et al. 2000b). We believe the approaches described in this paper offer the serious test of conservation hatchery strategies necessary to determine if they are a proper focus for salmon restoration.

To be fully effective, conservation hatcheries must use as near as possible the complete range of potential conservation strategies available. Conservation hatcheries must function in ways that reflect the latest scientific information and conservation practices to maintain genetic diversity and natural behavior and reduce the short-term risk of extinction. Exact application of the conservation hatchery strategies outlined above will be a case-by-case basis and will dependent on physical and management limitations of individual hatcheries.

References

Abbot, J. C., R. L. Dunbrack, and C. D. Orr. 1985. The interaction of size and experience in dominance relationships of juvenile steelhead trout (*Salmo gairdneri*). Behavior 92:241–253.

Allee, B. J. 1974. Spatial requirements and behavioral interaction of juvenile coho salmon (*Oncorhynchus kisutch*) and steelhead trout (*Salmo gairdneri*). Doctoral dissertation. University of Washington, Seattle.

Anders, P. J. 1998. Conservation aquaculture and endangered species. Fisheries 23(11):28–31.

Bachman, R. A. 1984. Foraging behavior of free-ranging wild and hatchery brown trout in a stream. Transactions of the American Fisheries Society 113:1–32.

Beckman, B. R., W. W. Dickhoff, W. S. Zaugg, C. Sharpe, S. Hirtzel, R. Schrock, D. A. Larsen, R. D. Ewing, A. Palmisano, C. B. Schreck, and C. V. W. Mahnken. 1999. Growth, smoltification, and smolt-to-adult return of spring chinook salmon (*Oncorhynchus tshawytscha*) from hatcheries on the Deschutes River, Oregon. Transactions of the American Fisheries Society 128:1125–1150.

Beckman, B. R., D. A. Larsen, B. Lee Pawlak, and W. W. Dickhoff. 1998. The relationship of fish size and growth to migratory tendencies of spring chinook salmon (*Oncorhynchus tshawytscha*) smolts. North American Journal of Fisheries Management 18:537–546.

Beckman, B. R., D. A. Larsen, C. Sharpe, B. Lee-Pawlak, C. B. Schreck, and W. W. Dickhoff. 2000. Physiological status of naturally-reared juvenile spring chinook salmon in the Yakima River: seasonal dynamics and changes associated with smolting. Transactions of the American Fisheries Society 129:727–753.

Berejikian, B. A. 1995a. The effects of hatchery and wild ancestry and environmental factors on the behavioral development of steelhead trout fry (*Oncorhynchus mykiss*). Doctoral dissertation. University of Washington, Seattle.

Berejikian, B. A. 1995b. The effects of hatchery and wild ancestry and experience on the relative ability of steelhead trout fry (*Oncorhynchus mykiss*) to avoid a benthic predator. Canadian Journal of Fisheries and Aquatic Sciences 52:2076–2082.

Berejikian, B. A., S. B. Mathews, and T. P. Quinn. 1996. Effects of hatchery and wild ancestry and rearing environments on the development of agonistic behavior in steelhead trout (*Oncorhynchus mykiss*) fry. Canadian Journal of Fisheries and Aquatic Sciences 53:2004–2014.

Berejikian, B. A., R. J. F. Smith, E. P. Tezak, S. L. Schroder, and C. M. Knudsen. 1999b. Chemical alarm signals and complex hatchery rearing habitats affect anti-predator behavior and survival of chinook salmon (*Oncorhynchus tshawytscha*) juveniles. Canadian Journal of Fisheries and Aquatic Sciences 56:830–838.

Berejikian, B., E. Tezak, T. Flagg, A. LaRae, E. Kummerow, and C. Mahnken. 2000. Social dominance, growth, and habitat use of age-0 steelhead grown in enriched and conventional environments. Canadian Journal of Fisheries and Aquatic Sciences 57:628–636.

Berejikian, B. A., E. P. Tezak, S. C. Riley, and A. L. LaRae. 2001. Social behavior and competitive ability of juvenile steelhead (*Oncorhynchus mykiss*) reared in enriched and conventional hatchery tanks and a stream environment. Journal of Fish Biology 59:1600–1613.

Berejikian, B. A., E. P. Tezak, S. L. Schroder, K. M. Knudsen, and T. A. Flagg. 1999a. Competitive differences between newly emerged offspring of captively reared and wild coho salmon (*Oncorhynchus kisutch*). Transactions of the American Fisheries Society 128:832–839.

Brannon, E. L. 1993. The perpetual oversight of hatchery programs. Fisheries Research (Amsterdam) 18:19–27.

Brannon, E. L., C. Feldman, and L. Donaldson. 1982. University of Washington zero-age coho salmon smolt production. Aquaculture 28:195–200.

Brannon, E., J. Lichatowich, K. Currens, B. Riddell, D. Goodman, R. Williams, and C. McConnaha. 1998. Review of salmonid artificial production in the Columbia River basin. Northwest Power Planning Council, Report 98–33, Portland, Oregon.

Bryant, P. J. 2003. Captive breeding and reintroduction. Chapter 15 *in* Biodiversity and reintroduction, a hypertext book Available at: http://darwin.bio.uci.edu/~sustain/bio65/Titlpage.htm

Busby, P. J., T. C. Wainwright, G. J. Bryant, L. J. Lierheimer, R. S. Waples, F. W. Waknitz, and I. V. Lagomarsino. 1996. Status review of West Coast steelhead from Washington, Idaho, Oregon, and California. NOAA Technical Memorandum NMFS-NWFSC-27, Seattle.

Chapman, D. W. 1962. Aggressive behavior in juvenile coho salmon as a cause of emigration. Journal of the Fisheries Research Board of Canada 19:1047–1080.

Chilcote, M. W., S. A. Leider, and J. J. Loch. 1986. Differential reproductive success of hatchery and wild-run steelhead under natural conditions. Transactions of the American Fisheries Society 115:726–735.

DeBlieu, J. 1993. Meant to be wild: the struggle to save endangered species through captive breeding. Fulcrum Publishing, Golden, Colorado.

Dickhoff, W. W., B. R. Beckman, D. A. Larsen, C. V. W. Mahnken, C. B. Schreck, C. Sharpe, and W. S. Zaugg. 1995. Quality assessment of hatchery-reared spring chinook salmon smolts in the Columbia River basin. Pages 292–302 *in* H. L. Schramm, Jr. and R. G. Piper, editors. Uses and effects of cultured fishes in aquatic ecosystems. American Fisheries Society, Symposium 15, Bethesda, Maryland.

Dickson, T. A., and H. R. MacCrimmon. 1982. Influence of hatchery experience on growth and behavior of juvenile Atlantic salmon (*Salmo salar*) within allopatric and sympatric stream populations. Canadian Journal of Fisheries and Aquatic Sciences 39:1453–1458.

Dittman, A. H., T. P. Quinn, W. W. Dickhoff, and D. A. Larsen. 1994. Interactions between novel water, thyroxine and olfactory imprinting in underyearling coho salmon (*Oncorhynchus kisutch*, Walbaum). Aquaculture and Fisheries Management 25(2):157–169.

Dittman, A. H., T. P. Quinn, and G. A. Nevitt. 1995. Timing of imprinting to natural and artificial odors by coho salmon (*Oncorhynchus kisutch*). Canadian Journal of Fisheries and Aquatic Sciences 53:434–442.

Donnelly, W. A., and F. G. Whoriskey, Jr. 1991. Background-color acclimation of brook trout for crypsis reduces risk of predation by hooded mergansers (*Lophodytes cucullatus*). North American Journal of Fisheries Management 11:206–211.

Flagg, T. A., B. A. Berejikian, J. E. Colt, W. W. Dickhoff, L. W. Harrell, D. J. Maynard, C. E. Nash, M. S. Strom, R. N. Iwamoto, and C. V.W. Mahnken. 2000a. Ecological and behavioral impacts of artificial production strategies on the abundance of wild salmon populations. NOAA Technical Memorandum NMFS-NWFSC-41, Seattle.

Flagg, T. A., and C. V. W. Mahnken. 2000. Endangered species recovery: captive broodstocks to aid recovery of endangered salmon stocks. Pages 290–292 *in* R. R. Stickney, editor. Encyclopedia of aquaculture. J. Wiley and Sons, New York.

Flagg, T. A., C. V. W. Mahnken, and K. A. Johnson. 1995a. Captive broodstocks for recovery of Snake River sockeye salmon. Pages 81–90 *in* H. L. Schramm, Jr. and R. G. Piper, editors. Uses and effects of cultured fishes in aquatic ecosystems. American Fisheries Society, Symposium 15, Bethesda, Maryland.

Flagg, T. A., D. J. Maynard, and C. V. W. Mahnken. 2000b. Conservation hatcheries. Pages 174–176 *in* R. R. Stickney, editor. Encyclopedia of aquaculture. J. Wiley and Sons, New York.

Flagg, T. A., and C. E. Nash, editors. 1999. A conceptual framework for conservation hatchery strategies for Pacific salmonids. NOAA Technical Memorandum NMFS-NWFSC-38, Seattle.

Flagg, T. A., F. W. Waknitz, D. J. Maynard, G. B. Milner, and C. V. W. Mahnken. 1995b. The effect of hatcheries on native coho salmon populations in the lower Columbia River. Pages 366–375 *in* H. L. Schramm, Jr. and R. G. Piper, editors. Uses and effects of cultured fishes in aquatic ecosystems. American Fisheries Society, Symposium 15, Bethesda, Maryland.

Fuss, H. J., and C. Johnson. 1988. Effects of artificial substrate and covering on growth and survival of hatchery-reared coho salmon. Progressive Fish-Culturist 50:232–237.

Gipps, J. H. W., editor. 1991. Beyond captive breeding: reintroducing endangered species through captive breeding. Zoological Society of London Symposium 62, Oxford, UK.

Goodman, M. L. 1990. Preserving the genetic diversity of salmonid stocks: a call for federal regulation of hatchery programs. Environmental Law 20:111–166.

Grant, J. W. A., and D. L. Kramer. 1990. Territory size as a predictor of the upper limit to population density of juvenile salmonids in streams. Canadian Journal of Fisheries and Aquatic Sciences 47:1724–1737.

Grant, W. S., editor. 1997. Genetic effects of straying on non-native hatchery fish into natural populations. NOAA Technical Memorandum NMFS-NWFSC-30, Seattle.

Greene, C. W. 1952. Results from stocking brook trout of wild and hatchery strains at Stillwater Pond. Transactions of the American Fisheries Society 81:43–52.

Groot, C., and L. Margolis, editors. 1991. Pacific salmon life histories. University of British Columbia Press, Vancouver.

Gustafson, R. G., T. C. Wainwright, G. A. Winans, F. W. Waknitz, L. T. Parker, and R. S. Waples. 1997. Status review of sockeye salmon from Washington and Oregon. NOAA Technical Memorandum NMFS-NWFSC-33, Seattle.

Hard, J. J., R. P. Jones, Jr., M. R. Delarm, and R. S. Waples. 1992. Pacific salmon and artificial propagation under the Endangered Species Act. NOAA Technical Memorandum NMFS-NWFSC-2, Seattle.

Hard, J. J. R. G. Kope, W. S. Grant, F. W. Waknitz, L. T. Parker, and R. S. Waples. 1996. Status review of pink salmon from Washington, Oregon, and California. NOAA Technical Memorandum NMFS-NWFSC-25, Seattle.

Healey, M. C., and U. Reinhardt. 1995. Predator avoidance in naïve and experienced juvenile chinook and coho salmon. Canadian Journal of Fisheries and Aquatic Sciences 52:614–622.

Hilborn, R. 1992. Hatcheries and the future of salmon in the northwest. Fisheries 17:5–8.

Hoar, W. S. 1951. The behavior of chum, pink, and coho salmon fry in relation to their seaward migration. Journal of the Fisheries Research Board of Canada 12:178–185.

IUCN (International Union for Conservation of Nature and Natural Resources). 2003. Conservation Breeding Specialist Group (http://www.cbsg.org/).

Jenkins, T. M. 1969. Social structure, position choice and micro-distribution of two trout species (*Salmo trutta* and *Salmo gairdneri*) resident in mountain streams. Animal Behavior 2:57–123.

Johnson, J. E., and B. L. Jensen. 1991. Hatcheries for endangered freshwater fish. Pages 199–217 *in* W. L. Minckley and J. E. Deacon, editors. Battle against extinction. University of Arizona Press, Tucson.

Johnson, O. W., W. S. Grant, R. G. Kope, K. Neely, F. W. Waknitz, and R .S. Waples. 1997. Status review of chum salmon from Washington, Oregon, and California. NOAA Technical Memorandum NMFS-NWFSC-32, Seattle.

Kapuscinski, A. R. 1997. Rehabilitation of Pacific salmon in their ecosystems: what can artificial propagation contribute? Pages 493–512 *in* D.J. Stouder, P.A. Bisson, and R.J. Naiman, editors. Pacific salmon and their ecosystems. Chapman Hall, New York.

Larsen, D. A., B. R. Beckman, and W. W. Dickhoff. 2001a. The effect of low temperature and fasting during the winter on metabolic stores and endocrine physiology (insulin, insulin-like growth factor-I, and thyroxine) coho salmon, *Oncorhynchus kisutch*. General Comparative Endocrinology 123:308–323.

Larsen, D. A., B. R. Beckman, and W. W. Dickhoff. 2001b. The effect of low temperature and fasting during the winter on growth and smoltification of coho salmon. North American Journal of Aquaculture 63:1–10.

Leitritz, E., and R. C. Lewis. 1976. Trout and salmon culture. California Fish and Game Bulletin 164.

Leon, K. A., and W. A. Bonney. 1979. Atlantic salmon embryos and fry: effects of various incubation and rearing methods on hatchery survival and growth. Progressive Fish-Culturist 41:20–25.

Levin, P. S., and M. H. Schiewe. 2001. Preserving salmon biodiversity. American Scientist 89(3):220–227.

Levin, P. S., and J. G. Williams. 2002. Interspecific effects of artificially propagated fish: an additional conservation risk for salmon. Conservation Biology 16(6):1581–1587.

Levin, P. S., R. W. Zabel, and J. G. Williams. 2001. The road to extinction is paved with good intentions: negative association of fish hatcheries with threatened salmon. Proceeding of the Royal Society of London, Series B: Biological Science 268(1472):1153–1158.

Mahnken, C., G. Ruggerone, W. Waknitz, and T. Flagg. 1998. A historical perspective on salmonid production from Pacific rim hatcheries. North Pacific Anadromous Fish Commission Bulletin 1:38–53.

Mason, J. C., and D. W. Chapman. 1965. Significance of early emergence, environmental rearing capacity, and behavioral ecology of juvenile coho salmon in stream channels. Journal of the Fisheries Research Board of Canada 22:172–190.

Maynard, D. J. 1987. Status signaling and the social structure of juvenile coho salmon. Ph.D. thesis. University of Washington, Seattle.

Maynard, D. J., and T. A. Flagg. 2001. NATURES rearing as a tool for increasing ranched salmon survival. World Aquaculture (June 2001):56–59.

Maynard, D. J., T. A. Flagg, and C. V. W. Mahnken. 1995. A review of innovative culture strategies for enhancing the post-release survival of anadromous salmonids. Pages 307–314 *in* H. L. Schramm, Jr. and R. G. Piper, editors. Uses and effects of cultured fishes in aquatic ecosystems. American Fisheries Society, Symposium 15, Bethesda, Maryland.

Maynard, D. J., T. A. Flagg, C. V. W. Mahnken, and S. L. Schroder. 1996a. Natural rearing technologies for increasing postrelease survival of hatchery-reared salmon. Bulletin of the Natural Resource Institute of Aquaculture, Supplement 2:71–77.

Maynard, D. J., G. C. McDowell, E. P. Tezak, and T. A. Flagg. 1996b. Effects of diets supplemented with live-food on the foraging behavior of cultured fall chinook salmon. Progressive Fish-Culturist 58:188–192.

Mighell, J. L. 1981. Culture of Atlantic salmon, *Salmo salar*, in Puget Sound. Marine Fisheries Review 43(2):1–8.

Miller, R. B. 1952. Survival of hatchery-reared cutthroat trout in an Alberta stream. Transactions of the American Fisheries Society 81:35–42.

Minckley, W. L., and J. E. Deacon, editors. 1991. Battle against extinction. University of Arizona Press, Tucson.

Murray, C. B., and T. D. Beacham. 1986. Effect of incubation density and substrate on the development of chum salmon eggs and alevins. Progressive Fish-Culturist 48:242–249.

Myers, J. M., R. G. Kope, G. J. Bryant, D. Teel, L. J. Lierheimer, T. C. Wainwright, W. S. Grant, F. W. Waknitz, K. Neely, S. T. Lindley, and R. S. Waples. 1998. Status review of chinook salmon from Washington, Idaho, Oregon, and California. NOAA Technical Memorandum NMFS-NWFSC-35, Seattle.

Nickelson, T. E., M. F. Solazzi, and S. L. Johnson. 1986. Use of hatchery coho salmon (*Oncorhynchus kisutch*) pre-smolts to rebuild wild populations in Oregon coastal streams. Canadian Journal of Fisheries and Aquatic Sciences 43:2443–2449.

Noakes, D. L. G. 1980. Social behavior in young charrs. Pages 383–702 *in* E. K. Balon, editor. Charrs, salmonid fishes of the genus *Salvelinus*. Junk Publishers, The Hague, The Netherlands.

NRC (National Research Council). 1996. Upstream:

salmon and society in the Pacific Northwest. National Academy Press, Washington, D.C.

Olla, B. L., and M. W. Davis. 1989. The role of learning and stress in predator avoidance of hatchery-reared coho salmon (*Oncorhynchus kisutch*) juveniles. Aquaculture 76:209–214.

Olla, B. L., M. W. Davis, and C. H. Ryer. 1998. Understanding how the hatchery environment represses or promotes the development of behavioral survival skills. Bulletin of Marine Science 62(2):531–550.

Olney, P. J. S., G. M. Mace, and A. T. C. Feistner. 1994. Creative conservation: interactive management of wild and captive animals. Chapman and Hall, London.

Patten, B. G. 1977. Body size and learned avoidance as factors affecting predation on coho salmon fry by torrent sculpin (*Cottus rotheus*). Fisheries Bulletin 75:451–459.

Pennell, W., and B. A. Barton, editors. 1996. Principles of salmonid culture. Elsevier, Amsterdam.

Piper R. G., I. B. McIlwain, L. E. Orme, J. P. McCraren, L. G. Fowler, and J. R. Leonard. 1982. Fish hatchery management. U.S. Department of the Interior, Printing Office, Washington, D.C.

Poon, D. C. 1977. Quality of salmon fry from gravel incubators. Doctoral dissertation. Oregon State University, Corvallis.

Reimers, N. 1963. Body condition, water temperature, and over-winter survival of hatchery reared trout in Convict Creek, California. Transactions of the American Fisheries Society 92:39–46.

Reisenbichler, R. R., and J. D. McIntyre. 1977. Genetic differences in growth and survival of juvenile hatchery and wild steelhead trout, *Salmo gairdneri*. Journal of the Fisheries Research Board of Canada 34:123–128.

Reisenbichler, R. R., and S. P. Rubin. 1999. Genetic changes from artificial propagation of Pacific salmon affect the productivity and viability of supplemented populations. ICES Journal of Marine Science 56:459–466.

RSCF (Rare Species Conservatory Foundation). 2003. Conservation in real time: breeding programs. Available at: http//www.rarespecies.org

Ryman, N., and F. M. Utter, editors. 1986. Population genetics and fishery management. University of Washington Press, Seattle.

Schiewe, M. H., T. A. Flagg, and B. A. Berejikian. 1997. The use of captive broodstocks for gene conservation of salmon in the western United States. Bulletin of the Natural Research Institute of Aquaculture, Supplement 3:29–34.

Schmitten, R., W. Stelle, Jr., R. Jones. 1995. Proposed Snake River salmon recovery plan. National Marine Fisheries Service, Portland, Oregon.

Symons, P. E. 1968. Increase in aggression and strength of the social hierarchy among juvenile Atlantic salmon deprived of food. Journal of the Fisheries Research Board of Canada 25:2387–2401.

Tave, D. 1993. Genetics for fish hatchery managers, 2nd edition. AVI (van Nostrand Reinhold), New York.

Uchida, K., K. Tsukamotot, S. Ishii, R. Ishida, and T. Kajihara. 1989. Larval competition for food between wild and hatchery-reared ayu (*Plecoglossus altivelis*) in culture ponds. Journal of Fish Biology 34:399–407.

Waknitz, F. W., G. M. Matthews, T. W., and G. A. Winans. 1995. Status review for mid-Columbia River summer chinook salmon. NOAA Technical Memorandum NMFS-NWFSC-22, Seattle.

Waples, R. S. 1991. Genetic interactions between hatchery and wild salmonids: lessons from the Pacific Northwest. Canadian Journal of Fisheries and Aquatic Sciences 48:124–133.

Waples, R. S. 1999. Dispelling some myths about hatcheries. Fisheries 24(2):12–21.

Waples, R. S., and C. Do. 1994. Genetic risk associated with supplementation of Pacific salmonids: captive broodstock programs. Canadian Journal of Fisheries and Aquatic Sciences 51(Supplement 1):310–329.

Waples, R. S., O. W. Johnson, and R. P. Jones Jr. 1991a. Status review for Snake River sockeye salmon. NOAA Technical Memorandum NMFS F/NWC-195, Seattle.

Waples, R. S., R. P. Jones Jr., B. R. Beckman, and G. A. Swan. 1991b. Status review for Snake River fall chinook salmon. NOAA Technical Memorandum NMFS F/NWC-201, Seattle

WCBP (World Center for Birds of Prey). 2003. Press room. (http://www.peregrinefund.org/press.html).

Weitkamp, L. A., T. C. Wainwright, G. J. Bryant, G. B. Milner, D. J. Teel, R. G. Kope, and R. S. Waples. 1995. Status review of coho salmon from Washington, Oregon, and California. NOAA Technical Memorandum NMFS-NWFSC-24, Seattle.

American Fisheries Society Symposium 44:621–633, 2004

Genetic Diversity, Kinship Analysis, and Broodstock Management of Captive Atlantic Sturgeon for Population Restoration

ANNE P. HENDERSON, ADRIAN P. SPIDLE*, AND TIM L. KING

Aquatic Ecology Branch, Biological Resources Division
United States Geological Survey
11649 Leetown Road, Kearneysville, West Virginia 25430, USA

Abstract.—Captive Atlantic sturgeon *Acipenser oxyrinchus* considered for use as broodstock in a restoration program were genotyped using nuclear DNA microsatellites and compared to wild collections from the Hudson River, New York (source of parents of the captive sturgeon) and from Albemarle Sound, North Carolina. Because the potential broodfish were the progeny of a small number of parents, maintaining genetic diversity and minimizing inbreeding is essential to a successful breeding and supplementation program. The microsatellite loci used in this analysis generated unique multilocus genotypes for each of 136 Atlantic sturgeon. Analyses indicated significant genetic separation between the New York and North Carolina collections and correctly identified the potential broodstock as a subset of the Hudson River population. Pairwise genetic distance (–ln proportion of shared alleles) between half and full siblings in the potential broodfish was as great as 1.386, a value exceeded by only 36% of the sampled broodfish pairs available for mating. Because the current broodstock population does not seem to have deviated far from their ancestral population in the Hudson River, progeny from that broodstock, or the parents themselves, would seem to be genetically suitable for release back into the Hudson River.

Introduction

Atlantic sturgeon *Acipenser oxyrinchus oxyrinchus* is a benthic anadromous fish inhabiting large river systems and Atlantic coastal waters from Labrador to Florida. Atlantic sturgeons are long-lived (25–60 years) and mature relatively late; females reach spawning age between 8 and 27 years and males between 7 and 22 years, with northern populations maturing later (Magnin 1964; Scott and Crossman 1973; Huff 1975). Spawning occurs from March through August depending on latitude, usually in deep holes over hard substrates with high water flow in large rivers above any detectable salinity (Dovel and Berggren 1983). Females spawn every 3–4 years, producing over a million eggs/spawn.

Atlantic sturgeon populations were once extensive with historical records describing rivers teeming with spawning fish (Murawski and Pacheco 1977; Smith 1985; Cobb 1900). Atlantic sturgeon fisheries, which harvested both meat and roe (caviar), have existed since the colonial period in the United States, although fishing pressure increased dramatically between 1890 and 1900 (Waldman and Secor 1998). It is estimated that about 3,200 metric tons of sturgeon were harvested in 1890 (Smith 1985; Taub 1990). The caviar fishery quickly reduced population densities by focusing on this highly vulnerable stage in the sturgeon's life history. As a result of this directed effort, the commercial fishery collapsed by 1920 when only 10 metric tons were harvested. Atlantic sturgeon populations continued to support small local fisheries in many of the southern U.S. rivers until states restricted fishing to protect remnant populations (Smith et al. 1984).

The Atlantic States Marine Fisheries Commission (ASMFC) management plan prohibits deliberate fishing for Atlantic sturgeon and outlines a need for additional efforts to increase population size (Taub 1990; ASMFC 1998). The ASMFC (1998) suggested that Atlantic sturgeon population restoration efforts could be expedited by the release of hatchery-reared

* Northwest Indian Fisheries Commission, 6730 Martin Way East, Olympia, Washington 98516, USA.

fish. A biologically sound conservation program for this species requires knowledge of its genetic diversity and of the evolutionary relationships among geographic populations. Moreover, the proposed use of hatchery-reared Atlantic sturgeon for supplemental stocking underscores the need to characterize the genetic diversity among wild and captive populations.

Initial surveys of genetic variation in Atlantic sturgeon focused on the haploid, rapidly evolving mitochondrial genome (mtDNA). Restriction fragment length polymorphism (RFLP) analysis of the entire mtDNA molecule (Bowen and Avise 1990; Brown et al. 1996; Waldman et al. 1996) and partial sequencing of the control region (Ong et al. 1996; Wirgin et al. 1997) have identified relatively modest levels of haplotype diversity and have indicated population differentiation characteristic of distinct populations (Waldman and Wirgin 1998; Wirgin et al. 2000). King et al. (2001) provided the first survey of neutral genetic variation within the nuclear genome of Atlantic sturgeon. Codominant, independent microsatellite loci allowed the survey of a larger portion of the Atlantic sturgeon genome than had been analyzed in the mtDNA and provided greater precision in population resolution. Hierarchical gene diversity analysis indicated significant genetic population structure at every level in this rangewide survey. The presence of at least six subpopulations were suggested in Atlantic sturgeon: St. Lawrence River, St. John River, Hudson River, Delaware River, Albemarle Sound, and Altamaha River (Figure 1). The integration of microsatellite results with previously identified mtDNA variation (Wirgin et al. 2000; and references therein) is crucial to the development of a biologically sound, specieswide conservation plan.

The U.S. Fish and Wildlife Service (USFWS) Northeast Fisheries Center (NEFC; Lamar, Pennsylvania) began in 1991 to investigate captive spawning and larval rearing methods for Atlantic sturgeon in anticipation of conducting a population restoration program through hatchery releases. Adult Atlantic stur-

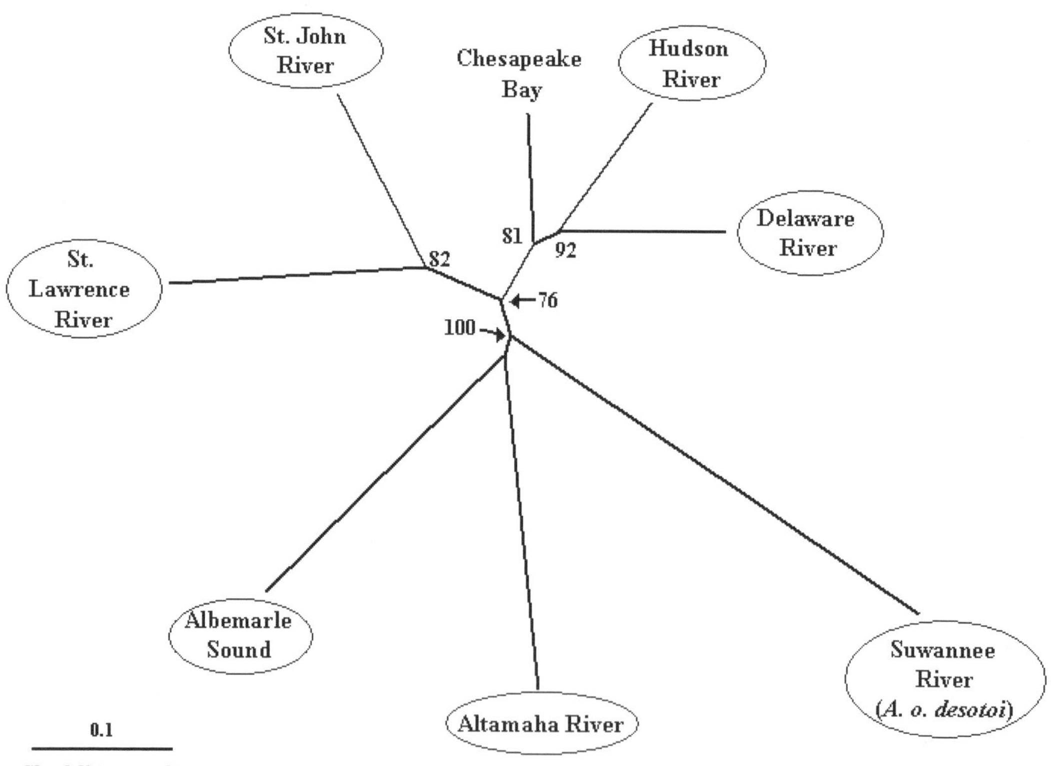

Figure 1. Unrooted neighbor-joining phenogram depicting genetic distances (Cavalli-Sforza and Edwards 1967) between the subpopulations of Atlantic sturgeon and the Gulf sturgeon. Numbers indicate nodes with bootstrap support above 75%. (Figure 2 in King et al. 2001, used with kind permission of Springer Science and Business Media)

geon were captured in the Hudson River, New York, transported to NEFC, and induced to spawn by a variety of methods (Mohler 2003). Progeny from matings between 6 females and 24 males collected in the Hudson River between 1993 and 1998 formed a captive broodstock (~300 Atlantic sturgeon). The USFWS requested genotyping of this broodstock and development of a management plan to preserve genetic diversity and minimize the risk of inbreeding depression. Because of the limited number of progenitors involved in the founding of the broodstock program, greater levels of diversity are needed to distinguish between siblings and other closely related kin (Neff et al. 2000a, 2000b; Olsen et al. 2001). In response to these needs, 21 additional disomic, polymorphic DNA microsatellite DNA markers were isolated in Atlantic sturgeon (Henderson-Arzapalo and King 2002). These markers detected a high degree of genetic diversity (220 alleles in a limited survey) deemed sufficient to allow kinship analysis for broodstock management and gene marking for stocking assessment and life history studies.

We present the results of genotyping a subsample of the USFWS Atlantic sturgeon broodstock using 14 microsatellite markers and a comparison of the levels of genetic diversity within the broodstock with collections from two wild subpopulations (Hudson River, New York and Albemarle Sound, North Carolina). The degree of relatedness is estimated among members of the broodstock, descended from 6 females and 24 males, and used to estimate genetic distance thresholds below which individuals should not be interbred. In addition, we evaluate the potential to release progeny from the broodstock that are spawned to various areas along the East Coast, in consideration of the known population structure of Atlantic sturgeon (Wirgin et al. 2000; King et al. 2001) and the observed relatedness of broodstock individuals to the wild collections examined in this study.

Methods

Collections and Sample Preparation

Adult Atlantic sturgeons were captured during spawning season (May–June 1993–1998) in the Hudson River, New York by USFWS and New York Department of Environmental Conservation personnel. Fish were measured, tagged, and checked for the stage of maturation. Mature fish were transported to NEFC and used in a variety of induced spawning trials (Mohler 2003). Resulting eggs, larvae, and juveniles were used in a number of aquaculture production experiments to define optimum rearing conditions. NEFC retained about 300 fish between 3 and 9 years old as potential broodstock for restoration programs. Some females were mated with multiple males, so both full siblings and half siblings were included. Number of parents, spawning years, and remaining progeny are summarized in Table 1.

Pectoral fin or barbel tissue samples were collected from a subsample of 50 fish representing 11 families maintained at NEFC. Tissues were preserved in 95% ethanol and refrigerated overnight. Genomic DNA was extracted using the Puregene DNA extraction kit (Gentra Systems, Inc., Minneapolis, Minnesota) and

Table 1. Atlantic sturgeon matings that produced progeny intended for future brood stock at USFWS-NEFC (Mohler 2003). All parents were from the Hudson River, New York. "Mixed milt" denotes sperm from more than one male was used to fertilize all the ova. "Matings" means the ova were divided into batches and each batch fertilized with milt from a single male.

Spawning year	Number of females	Number of males	Mating scheme (female:male)	Progeny surviving (at NEFC)
1993	1	4	1:4 (mixed milt)	80+
1994	1	2	1:2 (mixed milt)	100+
1995	1	4	1:1 (4 matings)	75+
	1	3	1:1 (3 matings)	50+
1996	1	6	1:1 (6 matings)	none
	1	4	1:1 (4 matings)	70+*
	Same female as above	2	1:2 (mixed milt)	10+
1998	1	5	1:5 (mixed milt)	200+

* Surviving progeny from three matings only.

resuspended in 10 mM tris-HCl, pH 8.0, and 1 mM EDTA. Genomic DNA samples from Atlantic sturgeon collected in Albemarle Sound, North Carolina (50 fish, collected in 1997 and 1998, North Carolina Division of Marine Fisheries) and the Hudson River (48 fish, 1996 and 1997, USFWS) were selected from samples previously analyzed by King et al. (2001).

Microsatellite DNA Analysis

All fish were genotyped at 14 microsatellite loci: *Aox*B34, *Aox*D32, *Aox*D44, *Aox*D54, *Aox*D64, *Aox*D165, *Aox*D170, *Aox*D172, *Aox*D186, *Aox*D188, *Aox*D234, *Aox*D241, *Aox*D242, *Aox*D297 (Henderson-Arzapalo and King 2002). The loci were selected based on levels of observed genetic diversity (ranging from 8 to 33 alleles/locus) to maximize discrimination between closely related individuals. PCR amplification used 100–200 ng genomic DNA, PCR buffer (10 mM tris-HCl, pH 8.3, 50 mM KCl), 2 mM $MgCl_2$, 0.25 mM dNTPs, 0.5 mM forward and reverse primers and 0.1 U *Taq* DNA polymerase (Promega, Madison, Wisconsin). Forward primers were labeled with TET, FAM or HEX fluorescent labels (Applied Biosystems, Foster City, California). Amplifications were done in either a PTC-200 or PTC-225 Thermal Cycler (MJ Research, Waltham, Massachusetts) using these conditions: initial denaturing at 94°C for 2 min, 35 cycles of 94°C denaturing for 30 s, 53–60°C annealing for 30 s, 72°C extension for 1 min, and a final extension at 72°C for 10 min (Henderson-Arzapalo and King 2002). PCR products were subjected to capillary electrophoresis on an ABI Prism 310 Genetic Analyzer (Applied Biosystems). Genescan 2.1 Analysis software and Genotyper 2.0 Fragment Analysis software (Applied Biosystems) were used to bin, score, and output allelic (and genotypic) data.

Statistical Analyses

Pairwise genetic distances between individuals, using the transformed proportion of shared alleles algorithm (–ln (PSA)), were estimated with a 32-bit version of Microsat (Version 1.5 d; Minch et al. 1997). Paired *t*-tests ($\alpha = 0.05$) were used to test for differences between the broodfish, Hudson River, and North Carolina group means (Microsoft Excel 2000). Mean genetic distances (–ln(PSA)) between full and half sibling broodfish pairs were calculated (Microsoft Excel 2000) and used to establish minimum genetic distance thresholds for potential matings between fish. Pairwise genetic distances were also used to generate rooted and unrooted neighbor-joining (NJ) trees. Tree View (Page 1996) was used to visualize the trees. Allele frequency heterogeneity, conformance to Hardy-Weinberg expectations (HWE), inbreeding coefficients (F_{IS}) and pairwise fixation indices (F_{ST}) estimates for the three groups were generated by GENEPOP (Raymond and Rousset 1995). BIOSYS-1 (Swofford and Selander 1981) was used to estimate mean heterozygosity and Cavalli-Sforza and Edwards (1967) chord distances. Arlequin 2.001 (http://lgb.unige.ch/arlequin/) was used to test the significance of pairwise F_{ST} estimates across the three groups. Mean relatedness (*r*) of each group was estimated using Relatedness 5.08 (Queller and Goodnight (1989) available online at http://www.gsoftnet.us/GSoft.html).

Results

Each of the 136 Atlantic sturgeon included in this analysis (38 broodfish, 48 Hudson River, and 50 North Carolina) exhibited a unique genotype across 14 loci. A total of 235 alleles were found across the 14 loci, ranging from 8 for *Aox*D54 to 33 for *Aox*D297. The number of alleles and observed heterozygosity per locus for the three groups are shown in Table 2. The broodstock is similar to the Hudson River sample (their parental stock). Allele frequencies were significantly different between the broodstock and wild Hudson fish for 8 out of 14 tested loci (*Aox*D32, *Aox*D44, *Aox*D165, *Aox*D172, *Aox*D188, *Aox*D234, *Aox*D241, and *Aox*D242). The North Carolina collection had significantly different allele frequencies from both Hudson and broodstock collections at all 14 loci. As would be expected, the three groups, individually and when pooled, did not conform to expectations for Hardy-Weinberg equilibrium.

The chord distance matrix (Table 3) for the three groups indicates the close relationship of the broodstock to wild Hudson River fish and highlights the distance between the Hudson/broodstock groups and the North Carolina sample. Comparison of pairwise F_{ST} values (a = 0.05) for the three groups indicated the North Carolina population was similarly distinct from both the Hudson and broodstock, but the broodstock were also different from their Hudson River parent stock (Table 3). However, the inbreeding coefficient (F_{IS}) of the broodfish group ($F_{IS} = 0.036$) was not qualitatively different from the Hudson River fish ($F_{IS} = 0.048$), and indicates greater reduction in heterozygosity than seen in North Carolina fish ($F_{IS} = 0.0051$).

The small number of parents spawned to create the broodstock appears to have changed the allele fre-

Table 2. Observed heterozygosity (H_{obs}) and the number of alleles for Hudson River, North Carolina, and USFWS brood stock Atlantic sturgeon for each locus. H_{obs} values that differ significantly (a = 0.0167) from expected values are indicated in bold italics.

Locus	Number of alleles	Observed heterozygosity (H_{obs}) Broodstock	Hudson	North Carolina
*Aox*B34	13	0.811	0.833	0.714
*Aox*D165	11	0.553	0.854	***0.796***
*Aox*D170	9	0.806	0.766	***0.898***
*Aox*D172	21	0.632	***0.500***	***0.837***
*Aox*D186	18	0.838	0.729	***0.787***
*Aox*D188	19	***0.730***	0.667	***0.930***
*Aox*D234	23	0.919	0.818	***0.891***
*Aox*D241	21	***0.649***	0.851	***0.959***
*Aox*D242	15	***0.865***	0.771	***0.750***
*Aox*D297	33	***0.763***	0.854	***0.646***
*Aox*D32	22	0.972	0.917	***0.881***
*Aox*D44	12	***0.703***	0.854	***0.898***
*Aox*D54	8	0.816	0.729	0.816
*Aox*D64	10	0.757	0.854	0.918
Mean sample size per locus		37.1 (0.2)	47.4 (0.3	47.6 (0.6)
Mean number of alleles per locus		9.9 (0.9)	12.14 (0.9)	11.36 (1.0)
Het. exp. (unbiased Nei 1978)		0.800 (0.023)	0.826 (0.014)	0.836 (0.015)

quencies relative to the Hudson River gene pool. The change in allele frequencies is also borne out by a significant Kolmogorov-Smirnov test (Zar 1984) for distribution of pairwise genetic distances between individuals of the broodstock population and the Hudson population, with a maximum difference between the two populations in relative frequency of 0.097. This test primarily reflects an increase in the number of very low pairwise distances found within the broodstock, which is more inbred than the wild population (Figure 3). Relatedness (r) values were not statistically different between any of the populations (95% CI for r = 0.0433 ± 0.0289 for broodstock, 0.0366 ± 0.0156 for North Carolina, and 0.0343 ± 0.0170 for Hudson River; 95% CI for r across all three populations was 0.0381 ± 0.0128).

Table 3. Matrix indicating genetic similarity and distance coefficients and F_{ST} values for the USFWS broodstock, Hudson River, New York and Albemarle Sound, North Carolina Atlantic sturgeon populations. Numbers above the diagonal are the F_{ST} estimates, and numbers below the diagonal are the Cavalli-Sforza and Edwards (1967) chord distances. Pair wise F_{ST} comparisons between the three groups are all significantly different from each other (α = 0.05).

Population	1	2	3
1 Broodstock	*****	0.0175	0.1072
2 Hudson	0.29765	*****	0.0948
3 Carolina	0.60187	0.57237	*****

The rooted phenogram depicting structure within the –ln (PSA) distance matrix (Figure 2), indicates that the broodstock are dispersed within the Hudson River population while the North Carolina fish are more differentiated. Mean (±SD) –ln(PSA) genetic distance between North Carolina fish pairs (1.494 ± 0.630) is significantly larger than either the Hudson River (1.415 ± 0.364, $P < 0.0002$) or broodstock (1.350 ± 0.423, $P < 0.0001$) groups, and broodstock mean pairwise distance is significantly less than the Hudson River parental stock as well ($P < 0.001$). Pairwise genetic distances between 38 broodfish ranged from 0.197 to 3.332 (Figure 3). Hudson River pairwise genetic distances are slightly greater, ranging from 0.499 to 3.332 (48 fish), while North Carolina pairwise distances are the greatest (0.336–10; 50 fish).

Figure 4 is an unrooted neighbor-joining tree depicting the underlying structure in the broodstock –ln(PSA) distance matrix. The tree consists of five branches representing the maternal contribution and offspring from various males branching from these maternal lines to indicate families. The branch representing two 1996 "D" siblings is an anomaly; these fish have the same mother as the other D siblings. There are five families of half siblings with the same mother, and four families have single fathers. The fifth half sibling family was created with mixed milt from

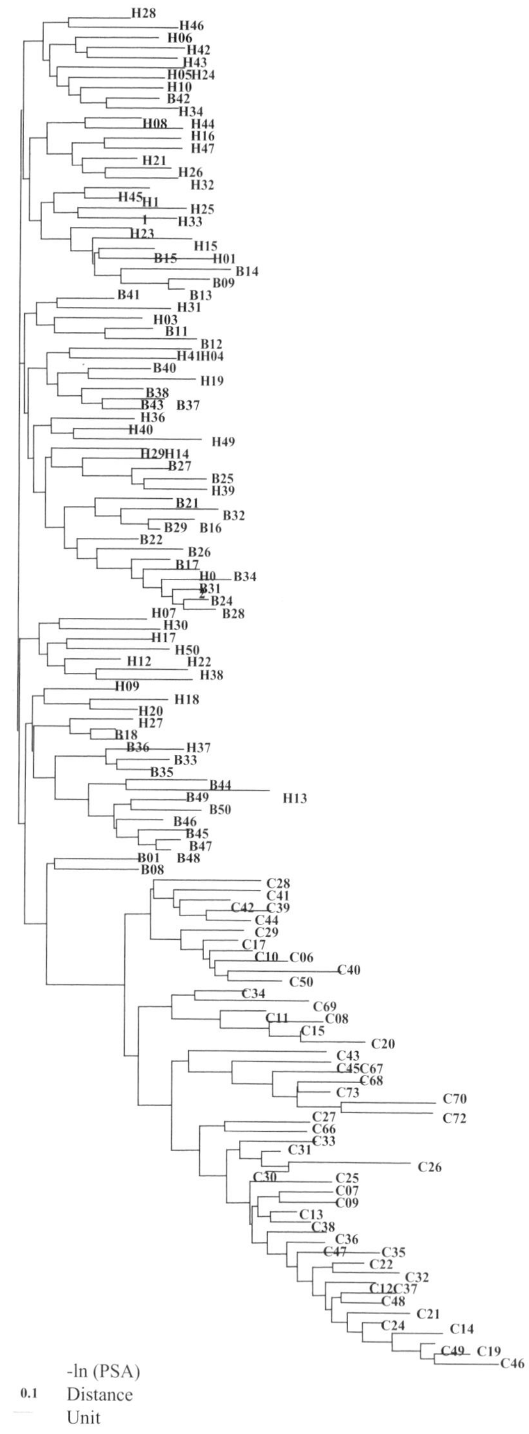

Figure 2. Neighbor-joining phenogram indicating pairwise genetic distances calculated from the proportion of shared alleles (PSA) for the Hudson River (H), Albermarle Sound, North Carolina (C), and USFWS broodstock Atlantic sturgeon (B).

several males, so an unknown paternal contribution may contribute to the unusual branch structure and large separation between siblings.

Mean (±SD) –ln(PSA) genetic distances for full and half siblings based on identified parents and a mixture of full and half siblings of unknown paternity divided by spawning year are shown in Table 4. There were 22 possible pairs of full siblings whose genetic distances ranged 0.288–1.386, and the mean (±SD) was 0.821 ± 0.248. Half siblings could create 60 possible pairs whose genetic distances were between 0.288 and 1.386 and averaged 0.939 ± 0.207.

Discussion

The importance of maintaining population genetic structure and variability in a declining population such as Atlantic sturgeon should not be underestimated. Subpopulations existing in specific areas and habitats over time have genetically adapted to promote higher survival while occupying a specific niche in the local ecosystem, and animals entering the habitat with a different genetic composition may not perform as well as natives (Allendorf et al. 1997). The genetic variability of a population can be viewed as a species' genetic "insurance": high mortality due to adverse conditions will nonetheless spare a few animals (due to genome-based tolerances or random chance) that will form the nucleus of a new population. Populations with low genetic diversity, although large in numbers of individuals, may be at risk due to the susceptibility of all the individuals to a particular adverse event (Gharret and Smoker 1993). Population restoration or enhancement programs should produce specimens with the same or very similar genetic composition and range of variability as endemic individuals to avoid unintended shifts in the fitness and function of the species in the ecosystem. The Atlantic sturgeons analyzed in this study were not randomly selected animals representative of the entire population, which explains deviations from Hardy-Weinberg equilibrium (HWE). Hardy-Weinberg equilibrium assumes independent assortment of genotypes in a randomly sampled population with no migration, no mutation, no selection, and random mating. Deviations from HWE can indicate population substructure (Hartl and Clark 1997). The North Carolina fish were captured by gill net, trawl, and pound net in Albemarle Sound during routine fish surveys at various times of the year and may constitute a mixture of multiple southern populations, as indicated by four main branches (Figure 2) and supported by the HWE deviation, F_{ST} and F_{IS} comparisons, and relatedness calculations. The

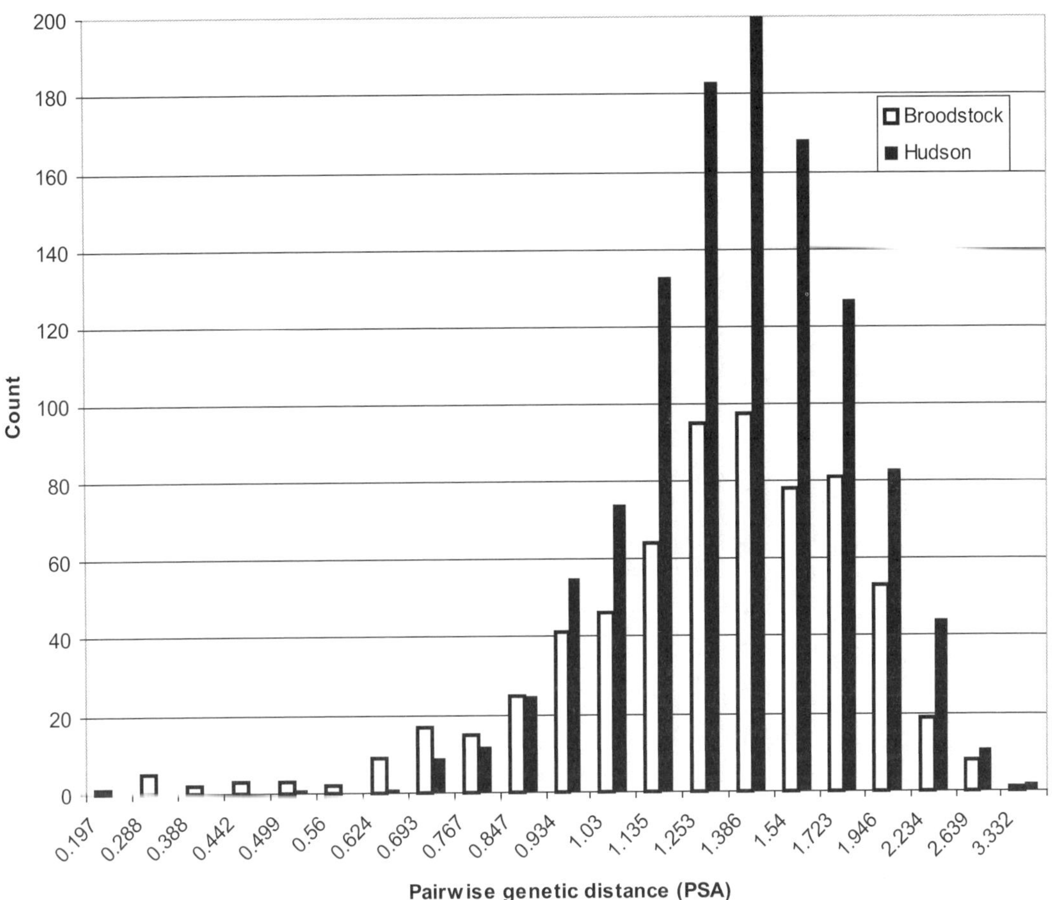

Figure 3. Histograms indicating the –ln (PSA) genetic distance of the fish pairs for the broodstock and Hudson River fish included in this analysis.

Hudson River fish samples were collected from a single spawning location (near Esopus Island, just downriver from New Hyde Park, New York) during spawning season (May–June 1996 and 1997) and may not represent a randomly selected group of Hudson River fish. USFWS-NEFC personnel sampled wild adult Hudson River sturgeon and captured the parents of the current broodstock over several years, but did not collect fish from other spawning locations and had several recaptures of males in the same area in different years.

A factor affecting the distribution of genetic variability in the broodfish population may be annual variation in the spawning assemblage of fish located in the targeted spawning area. Sturgeon utilize the same spawning locations when they return to spawn, but Hudson River females spawn only every 3–4 years (Dovel and Berggren 1983; Van Eenennaam et al. 1996), so interannual genetic variability may be substantial. The branch structure in Figure 4 may be due partially to maternal influences (there is only one female per year) or annual genetic fluctuation. Interannual genetic variability may be a large factor in the overall genetic composition of Atlantic sturgeon subpopulations, especially since all subpopulations were substantially reduced or bottlenecked at least once in the past century (Smith 1985; Taub 1990). Alternatively, a factor which may increase subpopulation genetic variability is the probability of intergenerational matings since sturgeon are so long-lived and various age-classes can spawn together (Ryman 1997).

Breeding plans for small populations such as the NERC sturgeon broodstock should be based on a com-

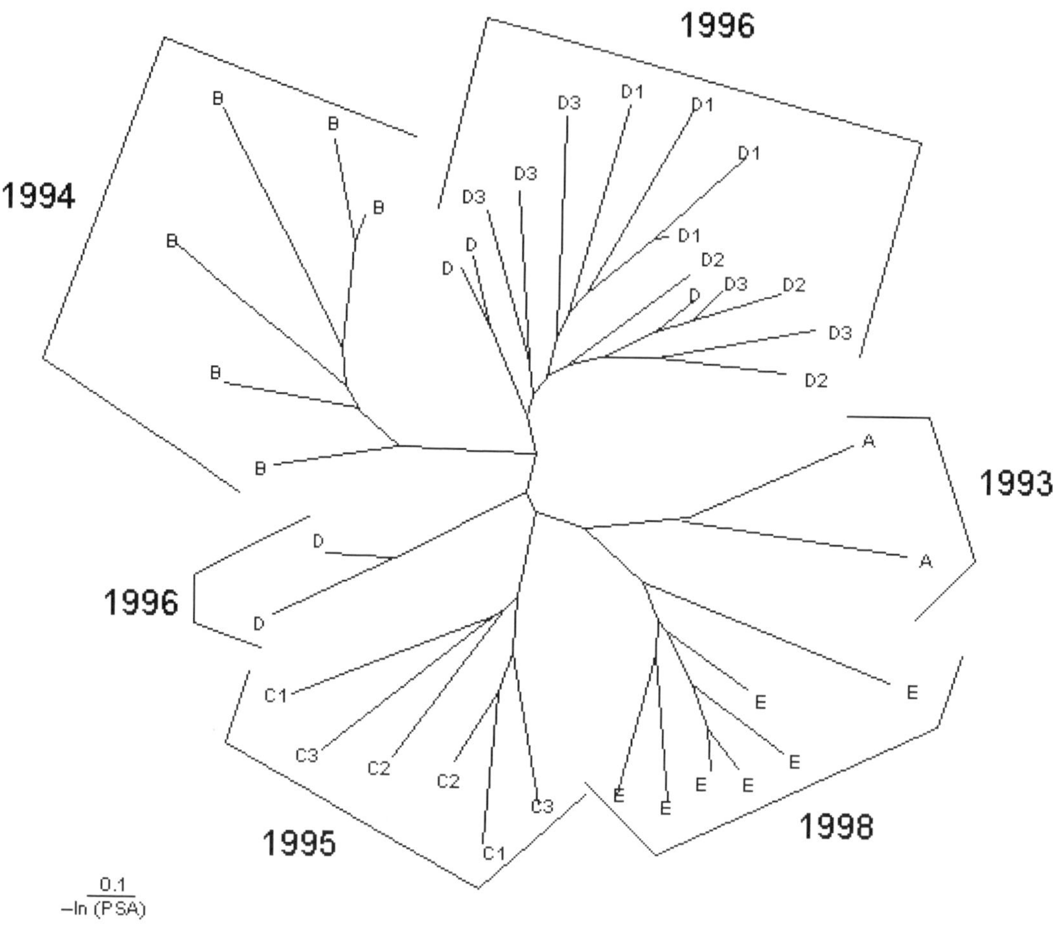

Figure 4. Unrooted neighbor-joining phenogram indicating pairwise genetic distances (–ln proportion of shared alleles [PSA]) between Atlantic sturgeon broodfish. Letters A, B, C, D, and E represent maternal families, and animals with known single fathers also have a number designation. Animals without a number were produced from unknown fathers with mxed milt during egg fertilization.

bination of mean kinship and genetic uniqueness of individual animals. If pertinent information is available on individual animals, such as known parentage (in this study, the mothers and some fathers), possession of rare alleles or other rare traits, or membership in a very small population, these factors should be emphasized in the breeding plan (Ballou and Lacy 1995). Based on an examination of the broodstock phenogram (Figure 4) and the maximum genetic distance between known half sibling pairs (Table 4), some recommendations concerning appropriate matings are apparent. Since the mothers are identified in these sturgeon families, and Figure 4 clearly delineates the maternal contribution to the families, crosses between maternal half siblings should be avoided until all other mating combinations are exhausted. Most of the fish in these five maternal families have unknown fathers (Table 1). Of the families with identified fathers, the maximum genetic distance between pairs of full and half siblings is 1.386 (Table 4). Using this distance as the minimum allowable genetic distance between possible mates, preferred matings should be performed between fish outside their maternal families and with a genetic distance between them of at least 1.386 to increase the likelihood that a potential spawning pair is no more closely related than half siblings. A greater pairwise genetic distance would be preferable. Approximately 35.8% of the fish pairs in this study have genetic distances above that threshold. This does not factor in obvious restrictions to various crosses, such as sex and research into determining sex of juvenile sturgeon is ongoing. It should be noted that the loci used in these

Table 4. Mean (±SD) genetic distance (proportion of shared alleles) for full and half sibling pairs by year. Fish spawned in 1993, 1994, and 1998 (and a portion of the fish in 1995 and 1996) are an unknown mixture of full and half siblings because ova were fertilized with mixed milt from several males.

Spawning year	Number of half siblings	Full or genetic distance	Mean (±SD) pairs	Range
1993	1	unknown	0.847	NA
1994	15	unknown	0.866 ± 0.221	0.288–1.253
1995	3	Full	1.000 ± 0.337	0.767–1.386
	12	Half	0.842 ± 0.179	0.499–1.135
1996	19	Full	0.792 ± 0.230	0.288–1.253
	48	Half	0.964 ± 0.208	0.288–1.386
	136	unknown	0.983 ± 0.282	0.288–1.540
Combined	22	Full	0.821 ± 0.248	0.288–1.386
1995 + 1996	60	Half	0.939 ± 0.207	0.288–1.386
1998	21	unknown	0.727 ± 0.254	0.197–1.253

analyses are only indicators of the total genetic composition of these animals. The 1.386 minimum genetic distances between potential mates is derived specifically for this population of Atlantic sturgeon broodstock tested at the selected 14 loci and should not be used in planned matings between other Atlantic sturgeon populations.

Future spawning efforts to produce Atlantic sturgeon for release should be carefully planned to maintain genetic diversity. In general, routine fish husbandry reproductive methodology involves artificially induced (usually through environmental manipulation or hormone induction) maturation and then manual extraction of ova and sperm prior to mixing and fertilization. Milt from more than one male is normally used to fertilize the eggs, which serves to maximize fertilization in case one of the males is not spermiating or has low viability sperm. This method usually results in a high fertilization rate and a large number of progeny, but the paternity of each fish is unknown. However, this is not a good practice for actually conserving genetic variability. To maintain effective population size, best efforts should be taken to ensure that each potential parent contributes equally to the production of the next generation of progeny. Mixing milt can allow for sperm competition to reduce or even eliminate the productivity of certain males. If multiple males must be used per female, the eggs should be divided into uniform batches and each batch exposed only to the sperm of a single male (Daye and Glebe 1984; Gile and Ferguson 1995; Rakitin et al. 1999). Ideally, equal numbers of progeny from each family should be released to allow the potential for maintaining effective population size.

Atlantic sturgeon demography may contribute to the maintenance of genetic variation. A female could spawn up to 25 times during her life, over a period of a century, increasing the likelihood of a multigenerational age structure in the population of spawners and increasing the effective population size of the population by a factor of the number of generations overlapping (Adkison 1995). Cryopreservation of sperm can allow hatcheries to ensure that males at least have the opportunity to be spawned with hatchery females who reach maturity in different years than do the males.

The formulation of a breeding plan for a captive population that includes estimates of genetic variability is an important step in the use of cultured fish in a restoration program (Hedrick and Miller 1992). Previous attempts at enhancing some natural fish populations through hatchery production and release have been problematic, in some cases causing further damage to the population they were supposed to enhance (Flagg et al. 1995; Ryman and Ståhl 1980; Leary et al. 1995). Problems with past fish stocking programs include a basic lack of understanding of the complex interactions of habitat, carrying capacity, fish density, fish physical and genetic characteristics and other population parameters, and failure to adequately monitor populations and survival after fish release (Reisenbichler et al. 2003). Current fish release programs should include attempts to mimic the genetic structure of the native population, to release fish with better survival skills, and to supplement the natural population within the carrying capacity of the environment (Ralls et al. 1991; Reisenbichler et al. 2003).

In restoring wild populations, genetic characteristics and diversity of the target wild population should be preserved as much as possible (Hedrick and Miller 1992). Since it is presumed that existing populations have unique adaptations to their specific environment, source animals for restoration programs should be from the same population or a closely related one (Kapuscinski and Philipp 1988; Reisenbichler et al. 2003). To enhance populations in other river systems, broodstock from that specific system should be collected and spawned. If the endemic population is truly extirpated (and extensive sampling should be done to document this), a blend of broodstock from the nearest geographic populations could be substituted. In the case of Atlantic sturgeon, broodstock for repopulating Chesapeake Bay, currently believed to be populated only by juveniles spawned in areas to the north or to the south (King et al. 2001) could come from the Delaware River to the north or North Carolina to the south. Previous studies on Atlantic sturgeon populations support the allele frequency differences and genetic distances between the Hudson River/ broodstock and the North Carolina fish found in the present analysis (Wirgin et al. 2000; King et al. 2001).

The similar distributions of genetic distances indicates that the USFWS Atlantic sturgeon broodfish are suitable for producing progeny for release into the Hudson River or for being released directly into the Hudson themselves (Figure 3). The bottleneck of generating the broodstock from only 6 females and 24 males has not strongly skewed the distribution of genetic distances in the broodstock relative to the Hudson population from which it was derived. According to relatedness calculations (Queller and Goodnight 1989) and F_{IS} estimates, despite being descended from only six individuals of Hudson River origin, the broodstock are not significantly more inbred than are wild fish from the Hudson River or Albemarle Sound. Allele and genotype frequencies in the current (F_1) broodstock population are somewhat different from the parent Hudson River population, and adding additional wild fish in future breeding cycles would be recommended if the program were to continue and the effective population size of the broodstock were to measurably decrease.

Letcher and King (2001) found that hatchery-produced Atlantic salmon could be accurately assigned back to the original parents when genotyped with at least 14 microsatellite loci with 12 or more alleles/ locus. Olsen et al. (2001) cautioned that at least 14 highly variable loci were needed to achieve 92% unambiguous assignment of progeny back to closely related parents (Chinook salmon *Oncorhynchus tshawytscha*). Neff et al. (2000a) showed a trade-off in statistical confidence between the number of loci used in an analysis and the number of offspring tested in bluegill sunfish *Lepomis macrochirus*. When the number of parents is small, more loci are needed to accurately assign progeny to families, and the number of loci and the number of alleles per locus have the most impact on assignment accuracy (Smith et al. 2001). All of the 136 sturgeon included in the current analysis had a unique genotype generated from the 14 selected loci, indicating that the microsatellite loci utilized in this study can also be used as "markers" or "tags" to identify the hatchery sturgeon postrelease. Evaluation and monitoring of hatchery fish after release is an essential part of a well-planned restoration program, and these microsatellite markers constitute a valuable tool.

Ability to detect a unique genotype in all sturgeon spawned, and presumably to determine paternity in all progeny produced in an enhancement/ restoration program, will facilitate evaluation of that program. The progeny of single-pair matings can be divided into several batches of equal size each to be released in different areas, and the area that is best for that family will then produce the most reproductive adults. Alternatively, under the assumption that all sturgeon in the broodstock are roughly equivalently adapted to a particular drainage, progeny from specific single-pair matings can be released in one family unit to different areas, and the families that return to spawn in the greatest numbers can be presumed to have been released in the areas best suited for rearing. Subsequent releases could then be targeted to those areas. In both cases, the fish are selected, by their natural environment, on the basis of their complete genotype rather than correlation or diversity of microsatellite loci, which are used only to identify families or regions that are particularly productive under the conditions that occurred (Hendry et al. 2002).

Acknowledgments

This research was partially funded by the U.S. Geological Survey-Biological Resources Division's Species at Risk and Quick Response programs, aimed at providing research on species of concern identified by the U.S. Fish and Wildlife Service. We thank Jerre Mohler, Bill Fletcher, and Kim King of the USFWS for providing samples of broodstock and wild Hudson River fish, and the North Carolina Division of Marine Fisheries and Ike Wirgin, New York University Medical Center for providing samples from North Carolina.

References

Adkison, M. 1995. Population differentiation in Pacific salmon: local adaptation, genetic drift, or the environment? Canadian Journal of Fisheries and Aquatic Sciences 52:2762–2777.

Allendorf, F. W., D. Bayles, D. L. Bottom, K. P. Currens, C. A. Frissell, D. Hankin, J. A. Lichatowich, W. Nehlsen, P. C. Trotter, and T. H. Williams. 1997. Prioritizing Pacific salmon stocks for conservation. Conservation Biology 11:140–152.

ASMFC (Atlantic States Marine Fisheries Commission). 1998. Amendment 1 to the interstate fishery management plan for Atlantic sturgeon. Atlantic States Marine Fisheries Commission Fishery Management Report #31, Washington, D.C.

Ballou, J. D., and R. C. Lacy. 1995. Identifying genetically important individuals for management of genetic variation in pedigreed populations. Pages 76–111 *in* J. D. Ballou, M. Gilpin, and T. J. Foose, editors. Population management for survival and recovery. Columbia University Press, New York.

Bowen, B. W., and J. C. Avise. 1990. Genetic structure of Atlantic and Gulf of Mexico populations of sea bass, menhaden, and sturgeon: influence of zoogeographic factors and life-history patterns. Marine Biology 107:371–381.

Brown, J. R., K. Beckenbach, A. T. Beckenbach, and M. J. Smith. 1996. Length variation, heteroplasmy and sequence divergence in the mitochondrial DNA of four species of sturgeon (*Acipenser*). Genetics 142:525–535.

Cavalli-Sforza, L. L., and A. W. F. Edwards. 1967. Phylogenetic analysis: models and estimation procedures. Evolution 21:550–570.

Cobb, J. N. 1900. The sturgeon fishery of Delaware River and Bay. Report of the Commissioner, United States Commission of Fish and Fisheries 25:369–381.

Daye, P. G., and B. D. Glebe. 1984. Fertilization success and sperm motility of Atlantic salmon (*Salmo salar* L.) in acidified water. Aquaculture 43:307–312.

Dovel, W. L., and T. J. Berggren. 1983. Atlantic sturgeon of the Hudson Estuary, New York. New York Fish and Game Journal 30:140–172.

Flagg, T. A., F. W. Waknitz, D. J. Maynard, G. B. Milner, and C. V. W. Mahnken. 1995. The effect of hatcheries on native coho salmon populations in the lower Columbia River. Pages 366–375 *in* H. L. Schramm, Jr. and R. G. Piper, editors. Uses and effects of cultured fishes in aquatic ecosystems. American Fisheries Society, Symposium 15, Bethesda, Maryland.

Gharret, A. J., and W. W. Smoker. 1993. A perspective on the adaptive importance of genetic infrastructure is salmon populations to ocean ranching in Alaska. Fisheries Research 18:45–58.

Gile, S. R., and M. M. Ferguson. 1995. Factors affecting male potency in pooled gamete crosses of rainbow trout, *Oncorhynchus mykiss*. Environmental Biology of Fishes 42:267–275.

Hartl, D. L., and A. G. Clark. 1997. Principles of population genetics. Sinauer Associates, Inc., Sunderland, Massachusetts.

Hedrick, P. W., and P. S. Miller. 1992. Conservation genetics: techniques and fundamentals. Ecological Applications 2:30–46.

Henderson-Arzapalo, A., and T. L. King. 2002. Novel microsatellite markers for Atlantic sturgeon population delineation and brood stock management. Molecular Ecology Notes 2:437–439.

Hendry, A. P., B. H. Letcher, and G. Gries. 2002. Estimating natural selection acting on stream-dwelling Atlantic salmon: implications for the restoration of extripated populations. Conservation Biology 17:795–805.

Huff, J. A. 1975. Life history of Gulf of Mexico sturgeon, *Acipenser oxyrhynchus desotoi*, in Suwanee River, Florida. Florida Marine Research Publications 16.

Kapuscinski, A. R., and D. P. Philipp. 1988. Fisheries genetics: issues and priorities for research and policy development. Fisheries 13:4–10.

King, T. L., B. A Lubinski, and A. P. Spidle. 2001. Microsatellite DNA variation in Atlantic sturgeon (*Acipenser oxyrinchus oxyrinchus*) and cross species amplification in the Acipenseridae. Conservation Genetics 2:103–119.

Leary, R. F., F. W. Allendorf, and G. K. Sage. 1995. Hybridization and introgression between introduced and native fish. Pages 91–101 *in* H. L. Schramm, Jr. and R. G. Piper, editors. Uses and effects of cultured fishes in aquatic ecosystems. American Fisheries Society, Symposium 15, Bethesda, Maryland.

Letcher, B. H., and T. L. King. 2001. Parentage and grandparentage assignment with known and unknown matings: application to Connecticut River Atlantic salmon restoration. Canadian Journal of Fisheries and Aquatic Sciences 58:1812–1821.

Magnin, E. 1964. Croissance en longeur de trois esturgeons d"Amerique do Nord: *Acipenser oxyrhynchus Mitchill, Acipenser fulvescens* Rafinesque, et *acipenser brevirostris* LeSeuer. Verhandlungen der Internationalen Vereinigung feur Theoretische und Angewandte Limnologie 15:968–974.

Minch, E., A. Ruiz-Linares, D. B. Goldstein, M. W. Feldmen, and L. L. Cavalli-Sforza. 1997. MICROSAT Version 1.5d. Stanford University, Stanford, California. Available at: http://lotka.stanford.edu/microsat.html.

Mohler, J. 2003. The culture of Atlantic sturgeon. USFWS report, Washington, D.C.

Murawski, S. A., and A. L. Pacheco. 1977. Biological and fisheries data on the Atlantic sturgeon, *Acipenser oxyrhynchus* Mitchill. U.S. Department of Commerce, National Marine Fisheries Service, Technical Series Report No. 10, Highlands, New Jersey.

Neff, B. D., J. Repka, and M. R. Gross. 2000a. Statistical confidence in parentage analysis with incomplete sampling: how many loci and offspring are needed? Molecular Ecology 9:529–539.

Neff, B. D., J. Repka, and M. R. Gross. 2000b. Parentage analysis with incomplete sampling of candidate parents and offspring. Molecular Ecology 9:515–528.

Nei, M. 1978. Estimation of average heterozygosity and genetic distance from a small number of individuals. Genetics 89:583–590.

Olsen, J. B., C. Busack, J. Britt, and P. Bentzen. 2001. The aunt and uncle effect: an empirical evaluation of the confounding influence of full sibs of parents on pedigree reconstruction. Journal of Heredity 92:243–247.

Ong, T.-L., J. Stabile, I. Wirgin, and J. Waldman. 1996. Genetic divergence between *Acipenser oxyrinchus oxyrinchus* and *A. o. desotoi* as assessed by mitochondrial DNA sequencing analysis. Copeia 2:464–469.

Page, R. D. M. 1996. TREEVIEW: an application to display phylogenetic trees on personal computers. Computer Applications in the Biosciences 12:357–358.

Queller, D. C., and K. F. Goodnight. 1989. Estimating relatedness using genetic markers. Evolution 43:258–275.

Rakitin, A., M. M. Ferguson, and E. A. Trippel. 1999. Sperm competition and fertilization success in Atlantic cod (*Gadus morhua*): effect of sire size and condition factor on gamete quality. Canadian Journal of Fisheries and Aquatic Sciences 56:2315–2323.

Ralls, K., R. A. Garrott, D. B. Siniff, and A. M. Starfield. 1991. Research on threatened populations. Pages 197–216 *in* D. R. McCullough and R. H. Barrett, editors. Wildlife 2001: populations. Elsevier Applied Science, New York.

Raymond, M., and R. Rousset. 1995. GENEPOP (version 1.2): population genetics software for exact tests and ecumenicism. Journal of Heredity 86:248–249.

Reisenbichler, R. R., F. M. Utter, and C. C. Krueger. 2003. Genetic concepts and uncertainties in restoring fish populations and species. Pages 149–183 *in* R. C. Wissmar and P. A. Bisson, editors. Strategies for restoring river ecosystems: sources of variability and uncertainty in natural and managed systems. American Fisheries Society, Bethesda, Maryland.

Ryman, N. 1997. Minimizing adverse effects of fish culture: understanding the genetics of populations with overlapping generations. ICES Journal of Marine Science 54:1149–1159.

Ryman, N., and G. Stähl. 1980. Genetic changes in hatchery stocks of brown trout (*Salmo trutta*). Canadian Journal of Fisheries and Aquatic Sciences 37:82–87.

Scott, W. B., and E.J. Crossman. 1973. Freshwater fishes of Canada. Fishery Research Board of Canada Bulletin 184.

Smith, B. R., C. M. Herbinger, and H. R. Merry. 2001. Accurate partition of individuals into full-sib families from genetic data without parental information. Genetics 158:1329–1338.

Smith, T. I. J. 1985. The fishery, biology, and management of Atlantic sturgeon, Acipenser oxyrhynchus, in North America Environmental Biology of Fishes 14:61–72.

Smith, T. I. J., D. E. Marchette, and G. F. Ulrich. 1984. The Atlantic sturgeon fishery in South Carolina. North American Journal of Fisheries Management 4:164–176.

Swofford, D. L., and R. B. Selander. 1981. BIOSYS-1: a Fortran program for the comprehensive analysis of electrophoretic data in population genetics and systematics. Journal of Heredity 72:282–283.

Taub, S. H. 1990. Fishery management plan for Atlantic sturgeon. U.S. Fish and Wildlife Service, Atlantic States Marine Fisheries Commission, Fisheries Management Report 17, Washington, D.C.

Van Eenennaam, J. P., S. I. Doroshov, G. P. Moberg, J. G. Watson, D. S. Moore, and J. Linares. 1996. Reproductive conditions of the Atlantic sturgeon (*Acipenser oxyrinchus*) in the Hudson River. Estuaries 19:769–777.

Waldman, J. R., J. T. Hart, and I. I. Wirgin. 1996. Stock composition of the New York Bight Atlantic sturgeon fishery based on analysis of mitochondrial DNA. Transactions of the American Fisheries Society 125:364–371.

Waldman, J. R., and D. H. Secor. 1998. Caviar trade in North America- an historical perspective. Pages 52–64 *in* D. Williamson, G. W. Benz, and C. M. Hoover, editors. Proceedings of the Symposium on the Harvest, Trade, and Conservation of North American Paddlefish and Sturgeon. TRAFFIC North American/ World Wildlife Fund, Washington, D.C.

Waldman, J. R., and I. I. Wirgin. 1998. Status and restoration options for Atlantic sturgeon in North America. Conservation Biology 12:631–638.

Wirgin, I. I., J. E. Stabile, and J. R. Waldman. 1997. Molecular analysis in the conservation of sturgeons and paddlefish. Environmental Biology of Fishes 48:385–398.

Wirgin, I., J. R. Waldman, J. Rosko, R. Gross, M. R. Collins, S. G. Rogers, and J. Stabile. 2000. Genetic structure of Atlantic sturgeon populations based on mitochondrial DNA control region sequences. Transactions of the American Fisheries Society 129:476–486.

Zar, J. H. 1984. Biostatistical analysis. 2nd edition. Prentice Hall, Englewood Cliffs, New Jersey.

American Fisheries Society Symposium 44:635–644, 2004

Fish Culture System Design for the Future

BRIAN BRAZIL

USDA/ARS-National Center for Cool and Cold Water Aquaculture
Kearneysville, West Virginia, USA

BRIAN VINCI AND STEVE SUMMERFELT

The Conservation Fund, Freshwater Institute
Shepherdstown, West Virginia, USA

Abstract.—Concerns for long-term water supply, public calls for environmental compatibility, potential pathogen contamination from influent and effluent waters, and increasingly restrictive water discharge regulations have led to the application of advanced water treatment technologies at various aquaculture facilities. As a result, novel management strategies and innovative facility designs have been developed for culturing fish in controlled or semicontrolled environments. However, questions surrounding the quality of the product obtained from such facilities suggest that greater attention should be given to end use requirements during the design, engineering, and operation of facilities culturing food fish or facilities culturing fish intended for wild release.

The optimal "wild" fish that is to be produced for recovery or supplementation purposes is profoundly different than the optimal "domesticated" fish that is produced for food or for put-and-take stocking. Facility design considerations will be presented, which include the intended use of the fish and physical/chemical limitations of water sources. The various design and operating parameters that must be considered include differences in culture density, photoperiod, time to harvest/stocking, feed formulation, culture system scale and replications, tank surface properties, hydrodynamics, water quality, and physical/chemical limitations of water sources. However, assorted design parameters and culture conditions can be addressed with similar culture system unit processes. Finally, this paper will provide design examples of innovative fish culture strategies applying state-of-the-art technologies.

Introduction

Fish culture systems are used for commercial food fish production and also for local, state, or federal recreational stock enhancement and restoration of threatened and endangered aquatic species. However, stock enhancement and restoration hatchery facilities are coming under ever increasing scrutiny from a number of different opponents in the debate over the efficacy of continued stocking and the impact of hatchery-reared fish in stock supplementation programs (Bowles 1995; Busack and Currens 1995). Ecologists and population geneticists argue that valuable genetic diversity of native fish populations is being lost by the introduction of nonnative strains as a result of hatchery stock enhancement programs (Campton 1995; Rhodes and Quinn 1999; Levin and Williams 2002). Biologists and physiologists suggest that hatchery-reared salmonids are ill-adapted for natural environments resulting in significant mortalities upon release or are improperly sized when released and/or are released at such large numbers that antagonistic interactions with native populations are created (Abbott et al. 1985; Flagg et al. 2000; Berejikian et al. 2001). Yet, fish culture facilities have made significant contributions in towards meeting the goals of threatened and endanger species restoration programs, stock enhancement of sport fisheries, and for providing protein for humans (Amend et al. 2002).

The purpose of this article is not to justify the continued existence of hatcheries for restoration or mitigation programs, or for recreational fishing, but rather to present examples where engineering solutions have been employed to minimize and, in some cases, alleviate environmental impacts of intensive culture while maximizing production. Technologies that have been developed to enhance fish production—defined as the rearing of fish under controlled or semicontrolled conditions to achieve specific goals with respect to number and desired attributes (e.g., size, color, behavior, etc.)—as well as examples of innovative design strategies are described to illustrate potential solutions to current problems.

Current State of Hatcheries

The National Fish Hatchery System (NFHS) along with state hatcheries find themselves in a vulnerable position, which could provide opportunities for innovation as they work to correct identified problems (Cottrell et al. 1995; White et al. 1995; Levin et al. 2001) while redefining and rebuilding infrastructure (SFBPC 2000). However, limited resources and funding decisions have resulted in significant infrastructure deterioration. In 1999, the NFHS faced \$305 million maintenance backlog while experiencing a \$46 million shortfall in operational monies (SFBPC 2000).

Facility Design

Hatcheries are neither intrinsically good nor bad, and it is only in the context of clearly defined goals that their value can be determined (Waples 1999). In order to maximize the potential benefits gained through the use of cultured fish, facility design should to address existing and anticipated environmental effects and regulatory hurdles. "Hatchery opponents" may have their own agendas, some of which are purely philosophical, others which are based on science and environmental effects. This can only be accomplished through the integration of well-developed program goals, clearly defined physical/behavioral characteristics, and the implementation of a engineered solutions designed to facilitate the husbandry strategy.

Flow-through versus Recirculation

Flow-through facility configurations have been the primary design used at hatcheries with rectangular shaped tanks (raceways) installed as the culture tank rather than circular tanks. This is likely the result of two or three factors. The geometry of rectangular shapes makes them relatively easy to construct, whether as earthened raceways or constructed above ground from concrete. Modern day installation of rectangular tanks is likely a result of tradition and familiarity with the management of rectangular tanks. This is particularly true with respect to harvesting and the perception that rectangular shaped tanks are easier to harvest than circular tanks. Circular tanks, which are increasingly being installed, are more easily managed with respect to water quality. The hydrodynamic nature of circular tanks creates relatively uniform culture conditions within the tank (Timmons et al. 1998), which allows fish to distribute evenly throughout the tank and water column (Ross and Watten 1998). In raceways, fish tend to congregate at the water inlet of the raceway, where water quality is the highest. The hydraulic characteristics (plug flow) of raceways tend to create a water quality gradient along the length of the tank (Watten et al. 2000).

The term flow-through does not implicitly infer that a single unit volume of water is used only once to rear fish. In fact, flow-through more appropriately defines the unidirectional flow of water through a facility. Facilities can be configured in parallel and/or series arrangements. The choice of a flow-through configuration largely depends on site location and water availability. As the culture water travels through the rearing tank, water quality deteriorates. The rate of deterioration is controlled by water flow, biomass, and feed input. Thus, the length of a raceway and the number of raceways in series is limited as a function of the water flow and the water quality required for fish growth and health (IDEQ 1998). A parallel tank configuration can be used to reduce some of the water quality issues associated with serial reuse. However, the water volume requirement for operation is directly proportional to the number of tanks in service. As such, plumbing and pumping costs would be higher with a parallel configuration if a gravity feed were not possible.

In a water reuse or water recirculation system, culture water is continuously treated and returned to the rearing tank in order to maintain environmental conditions that promote optimal fish growth and health. The term reuse is generally applied to water recycle systems where the recycle ratio (R) does not exceed 80% and biofiltration is not usually required. In contrast, a recirculation system generally employs biofiltration, which allows water recirculation ratios to approach 95% (Summerfelt et al. 2001).

$$R \quad \frac{Q_C}{Q_T}$$

where R = recycle ratio, Q_C = flow of culture water processed and returned to rearing tank, and Q_T = flow of water return to the rearing tank.

The recycle ratio is largely dependent on available quantity of freshwater and temperature constraints for the cultured species. Water recirculation facilities can be designed in a modular fashion where multiple tanks are connected to common water treatment devices. This configuration minimizes pumps and treatment vessels, whereas configuring a facility such that each tank possesses its own water treatment equipment allows for complete operational independence. This strategy allows for tightly controlled environmental conditions for each culture tank; however, operational costs are increased as well as an increased potential for mechanical problems.

A primary advantage gained from recycling water is the ability to culture large quantities of fish in relatively small volumes of water. This is particularly important as water withdrawal and discharge regulations tighten. By reducing the water intake volume, the waste volume is equally reduced while increasing containment (i.e., dissolved nutrients and suspended solids concentrations) loading proportionally, making effluent treatment easier and more effective (Summerfelt et al. 2001). These advantages are associated with a tremendous economic cost, which is the most significant disadvantage of using water recirculation and often limits its application (Timmons et al. 2002)

Application of New Technologies

Technology has contributed significantly to the successful propagation of fish in captivity. Major advances in recirculating systems were developed in the 1960s to meet the needs of federal and state public fish hatcheries (Burrows and Combs 1968; Liao and Mayo 1972, 1974; Speece 1973). Since then, a tremendous effort has gone into further improvements in recirculating systems (Summerfelt et al. 2001). In commercial aquaculture, recirculating systems are being used to raise relatively high value market species, such as salmon smolt *Salmonidae* sp., tilapia *Tilapia* sp., hybrid striped bass (striped bass *Morone saxatilis* × white bass *M. chrysops*), sturgeon *Acipenseridae* sp., yellow perch *Perca flavescens*, eel (order Anguilliformes), rainbow trout *Oncorhynchus mykiss*, African catfish *Clarias* sp., walleye *Sander vitreus*, arctic char *Salvelinus alpinus*, ornamental fish, tropical fish, shrimp, summer flounder *Paralichthys dentatus*, sea bass *Serranidae* sp., turbot *Psetta maxima*, and halibut *Pleuronectidae* sp. (Summerfelt et al. 2001). Unfortunately, there have also been many notable commercial recirculating aquaculture systems that have failed, such as Simplot Company (Caldwell, Idaho, tilapia facility; Ismond 1996), Fish-N-Dakota (Beulah, North Dakota, tilapia facility), and Blue Ridge Aquaculture (Martinsville, Virginia, catfish facility, reopened as tilapia facility in 1995; Timmons et al. 2002). Even so, water treatment technologies are being applied to fish culture waters throughout both public and private facilities to ensure the highest environmental quality and operational sustainability.

Future of Hatcheries

Challenges Requiring Innovative Engineering Solutions

Fish culture systems are facing ever-increasing competition for water resources, tougher pollution discharge standards, and growing public awareness of aquatic animal welfare issues. Unfortunately, there are no pristine untapped water resources in the United States (such as the Hagerman Valley aquifer along the Snake River in Idaho) that can be exploited for flowing water fish culture. Strong competition for water front property and user conflicts are limiting opportunities for semi-intensive coastal aquaculture and nearshore ocean pens.

As preferable water resources become increasingly limited, alternate water resources that are currently underutilized (because of relatively small water volumes or potential biological/chemical contamination) may be exploited. With the use of water recirculation technologies, relatively small groundwater flows can be utilized to produce large quantities of fish. Also, discharge water flows from underground coal mines are an abundant and underused natural resource that is more frequently being used as a water supply to fish culture systems (Simmons et al. 2001; Steiner 2003).

Traditional North American practices for flowing water fish culture are being challenged with more stringent state and federal pollution discharge limits. Much of the water used to culture trout and salmon in flowing water systems is discharged into high quality receiving watersheds sometimes designated by states as exceptional value (state waters holding the highest water quality designations). Discharges into these watersheds often must meet heightened water quality standards to help protect these high quality watersheds. Therefore, both commercial and public fish culture facilities are facing ever more strict discharge limits and anti-degradation laws. As a case in point, the Pennsylvania Fish and Boat Commission (PAFBC) recently closed their Big Springs Fish Culture Station (one of their largest fish culture stations) due to perceived problems with its discharge into Big Spring

Creek, which is a state-designated stream of "Exceptional Value" (PAFBC 2000). Additionally, other PAFBC fish culture stations have had to reduce fish production and/or install better effluent treatment processes. Such action was necessary to meet new water quality and/or anti-degradation-based regulations.

One approach to prevent anti-degradation of high quality receiving watersheds has been to locate new fish culture stations in watersheds that are not so designated and that can better assimilate a fish culture system discharge. However, facilities should still implement best waste management practices (MacMillan et al. 2003) that define protocols for environmental stewardship and the potential capacity to accommodate changes in effluent quality. This is needed as water use and water quality needs increase to meet growing societal needs and new threats to natural resources.

Nearshore ocean pens have also come under heavy local, state, and federal scrutiny because of public perception that these farms discharge untreated pollution created by uneaten feed, fish manure, and chemical and antibiotic usage, as well as allow for the inadvertent escape of nonnative fish (e.g., the farming of European genetic strains of Atlantic salmon *Salmo salar* in Maine or the farming of Atlantic salmon in the Pacific Ocean) and fish pathogens that could contaminate wild stocks (McAllister and Bebak 1997; Reno 1998) In Maine, for example, several Atlantic salmon farming companies have been recently court-ordered to cease stocking their net-pen sites because they did not have permits for discharging pollutants or for using European strains.

Examples of Future State-of-the-Art Fish Culture Systems

Where and how will fish be cultured in the future? Except for a few isolated instances where flow through systems are being constructed, water supply and effluent discharge limitations will force many of the future fish culture systems to incorporate reuse or recirculating technologies. Additionally, existing facilities will be forced to upgrade operations both by applying new technologies and by changing husbandry practices.

Restoration Hatcheries

Threatened and endangered (TE) aquatic species restoration is a major focus of the U.S. Fish and Wildlife Service (USFWS). The USFWS TE efforts have primarily focused on Pacific salmon species and Atlantic salmon. The merits of TE species restoration for salmon have been questioned on two points: restoration hatcheries may not be cost effective, and hatcheries have been accused of being part of the species decline (Levin and Williams 2002). Stocking programs for salmon have been associated with domestication selection, out breeding depression, and inbreeding (ISAB 2002). These potential effects may reduce the genetic diversity and fitness of wild populations. Future design for TE species restoration must address these issues, and protocols are being developed by scientific panels that endeavor to help fisheries professionals and engineers restore sustainable fish populations through fry, juvenile, and/or smolt supplementation.

Supplementation (referencing salmon propagation) or recovery (references other nonsalmon species) has been defined as an attempt to maintain or increase natural production while maintaining the long-term fitness of the target population, and keeping the ecological and genetic impacts on nontarget populations within specified biological limits (RASP 1992). Effective execution of supplementation programs can now be accomplished using the tremendous amount of scientific evidence being compiled on the subject. In fact, the National Oceanic and Atmospheric Administration has proposed a set of conservation hatchery protocols that considers rearing density, enriched rearing environments, forage training, anti-predator conditioning, and reintroduction strategies (Flagg et al. 2000).

There are also other important issues that must be considered in addition to the primary mission of species restoration at TE restoration hatcheries. Threatened and endangered restoration hatcheries are often handling wild fish at different life stages, and thus, biosecurity and pathogen containment are issues that must be considered in design of both facilities and biological operations. Additionally, TE restoration hatcheries are often trying to achieve their mission in facilities that were not designed for restoration, but for recreational fish stocking programs. As the supplementation and TE programs mature to address the new knowledge that is learned, the facilities often do not change and become a handicap for the program.

An example of a state-of-the-art TE restoration hatchery is the Craig Brook NFH in East Orland, Maine. This salmon hatchery was founded in 1871 and is the United State's first public salmon hatchery. It was constructed to produce Atlantic salmon for restocking along the New England coastline (Moring 2000). The facility consisted of numerous constructed ponds used to hold broodfish and fingerlings. Over the years, the program changed at the hatchery, and in the 1990s, the hatchery was designated as the USFWS Atlantic Salmon Restoration Center. Reconstruction of the hatchery took place in the late 1990s to provide a facility that better addressed the needs of the Atlantic salmon restoration program in the Gulf of Maine. The USFWS formed a design committee and their design considered many of the conservation hatchery protocols previously mentioned, as well as cohort segregation, wild fish receiving, and pathogen containment (Duncan Creaser, USFWS, personal communication). Important issues of photoperiod were considered in the context of providing a biosecure and controlled environment for different river strains of Atlantic salmon that had been recently designated as endangered species (U. S. Office of the Federal Register 2000). The result of the design was a modular, enclosed facility that featured skylights for natural lighting, multiple water intakes for a natural water temperature regime, influent disinfection to exclude pathogens, and dissolved gas conditioning to meet precise dissolved gas requirements. A modular design was also utilized to segregate the wild salmon brought to the station to achieve good biosecurity between river strains, and this receiving facility includes effluent disinfection to contain any pathogens brought in with the wild fish. Effluent disinfection also includes effluent treatment to remove solids from the water before disinfection, and the solids management plan includes lime stabilization of the solids before utilization to further contain pathogens.

The design of future TE facilities should consider the growing knowledge base about "recovery" programs. However, one of the other main accusations that TE restoration hatcheries must address is that they are not cost effective. While this may appear to be true at face value, it can be argued that the TE species restoration is an extremely high value enterprise and that even with limited success, supplementation is cost-effective. This does not exempt recovery programs from achieving maximum efficiency, and the future of the TE restoration hatchery may take advantage of the economies of scale that can be achieved with large infrastructure and water amplification strategies (Wade et al. 1996; Timmons 1997). Technologies that are being applied at large scale food fish facilities may also be applied at TE restoration hatcheries, as long as conservation hatchery protocols can be adhered to. With these emerging large-scale technologies and good genetic and ecological information, the design of TE restoration hatcheries can help achieve supplementation program successes in a variety of areas.

Fish Culture Stations for Recreational Stock Enhancement

Now that water is a limiting resource and pollution reduction a controlling issue, water recirculation systems are being used to produce fish for recreational stock enhancement. At minimum, the fish produced for stocking must also be the correct size, carry no exotic diseases, and be in good health and appearance. Although they are not a commercial business, state and federal facilities that produce large numbers of fish for put and take or put-grow-and-take fisheries must still operate under realistic budgets and keep relatively close control over fixed and variable costs. For these reasons, state and federal fish culture hatcheries that produce large numbers of catchable fish must attempt to achieve economies of scale with their fish production, which generally rules out use of a large number of relatively small and independent fish culture systems. These fish culture hatcheries are also being pressured into locating on small and underutilized water resources, improving their overall waste capture efficiency, and moving their discharges into watersheds that are not designated as exceptional value to reduce the likelihood of degradation of the receiving watershed.

For example, the Toby Creek Watershed Association (TCWA) is now working in partnership with the Pennsylvania Department of Environmental Protection (PA DEP) through a Growing Greener Grant and with the PAFBC to treat the iron and manganese in an alkaline mine discharge on Brandy Camp Creek and then use this treated water within a coldwater rearing station for producing approximately 400,000 brown trout *Salmo trutta*, rainbow trout *Oncorhynchus mykiss*, and brook trout *Salvelinus fontinalis* (220 g/fish) that will be stocked for recreational fishing (Steiner 2003). The Blue Valley Fish Culture Station (FCS) is scheduled to break ground in 2005 and will rely completely on recirculating systems to meet its fish production goals (Figure 1). Use of recirculating systems will reduce the amount of soluble wastes discharged from the FCS while capturing the majority of particulate wastes produced (i.e., about 95%). The Blue Valley FCS will create a synergy by (1) creating an opportunity to treat the iron and manganese contaminated mine discharge, (2) utilizing and amplifying a water resource through recirculation technology to produce a significant number of stockable trout, and (3) capturing the majority of waste that is discharged to a watershed that is currently heavily impacted by acid mine drainage and not under the exceptional value restrictions. Precipitated and thickened iron sludge from the acid mine drainage treatment process will be further dewatered by passage through a belt filter press and may be used by nearby powdered metal and paint industries (Steiner 2003). The fish manure removed from the recirculating systems using microscreen drum filters will be further concentrated and thickened into a slurry that can be field applied as a soil amendment at agronomic rates or can be incorporated into compost (Steiner 2003).

The Blue Valley FCS will raise two batches of trout annually, where new cohorts will be brought into the facility approximately every 6 months. Rainbow trout, brook trout, and brown trout will be grown in separate tanks within the same recirculating systems. Because mixed species will be produced in common systems, a key to the success of the Blue Valley FCS will be implementation of a detailed biosecurity program consisting of practices and procedures that reduce the risk that pathogens will be introduced to the facility, reduce the risk that pathogens will spread throughout the facility, and reduce conditions that can increase susceptibility to infection and disease. First and foremost, only certified pathogen free eggs will enter the fish culture station. Second, the underground mine water supply is free from coliform bacteria contamination, which is an indication that there is little or no surface water contamination. However, this water supply will also be treated with potassium permanganate to oxidize the iron and manganese and with rapid sand filters, which should help to ensure the biosecurity of the make-up water supply. Also, all visitors to the facility will be confined to first and second floor viewing corridors that prevent visitors from coming in contact with the fish culture water and equipment. Finally, the fish culture systems were designed with cleanouts to allow for regular and frequent flushing of all pipes and sump pumps, which will improve overall water quality and reduce deposits of solids that can harbor fish pathogens. Also, to improve water quality and suppress accumulations of potential fish pathogens, the hatching, fry and fingerling systems incorporate ultraviolet irradiation treatment units, and the fry, fingerling, and grow-out systems incorporate ozonation systems.

A simple fish-handling system was also designed at the Blue Valley FCS to reduce labor and handling stress on the fish. When harvesting fish from the six 9.1 m (30 ft) diameter grow-out tanks, fish will be crowded to a sidewall port in the culture tank and piped by gravity in water to a raceway located along the side of the grow-out building (Figure 1). The fish will depurate in the raceway for 3–5 d before being loaded via a "fish elevator/escalator" onto the hauling trucks.

The budget for the entire project is approximately $5 million, of which about $1.5 million of the budget is for the treatment of the mine drainage water that is the FCS water supply.

Commercial Fish Farms

Commercial fish farms are not concerned with production of an optimal "wild" fish that will be used for enhancement or mitigation purposes. A fish farmer's goal is usually to maximize production efficiency while minimizing production costs. In addition, the fish farmer must provide a fish that meets the consumer's expectations (i.e., the fish marketed must have a suitable price, size, taste, texture, color, and smell). However, commercial fish farms are also facing the same challenges faced by restoration and recreational stock enhancement hatcheries regarding limited water supplies and strict effluent discharge regulations. For these reasons many commercial fish farms have already moved towards water recirculation systems. However, production within today's recirculating systems can be much more expensive than production in more traditional systems. Fortunately, large economies of scale can be achieved through the use of significantly larger recirculating systems.

One of the biggest problems with the economics of food fish production within recirculating systems has simply been due to the relatively small-scale of these systems. Increasing the scale of commercial recirculating systems can significantly decrease the cost of food fish production (Wade et al. 1996; Timmons 1997; Losordo 1998a, 1998b). Wade et al. (1996) demonstrated that the cost of producing food-sized trout in systems that reuse water becomes much more economical when such systems produce at least 205.9 million kg (454 million lbs) per year.

Unless the fish produced can be niche marketed effectively, fish produced in recirculating systems still must compete with fish imports and with traditional fish culture systems, such as the well-established industries producing trout, salmon, and catfish. These established industries optimize their production by taking advantages of large natural water resources and economies of scale (Nerrie et al. 1990; MacMillan 1992; Aarset 1999). For example, the net-pen systems utilize ocean currents for rapid flushing of their culture volume, which are typically very large (i.e., from 1,000–20,000 m^3/pen) to achieve large econo-

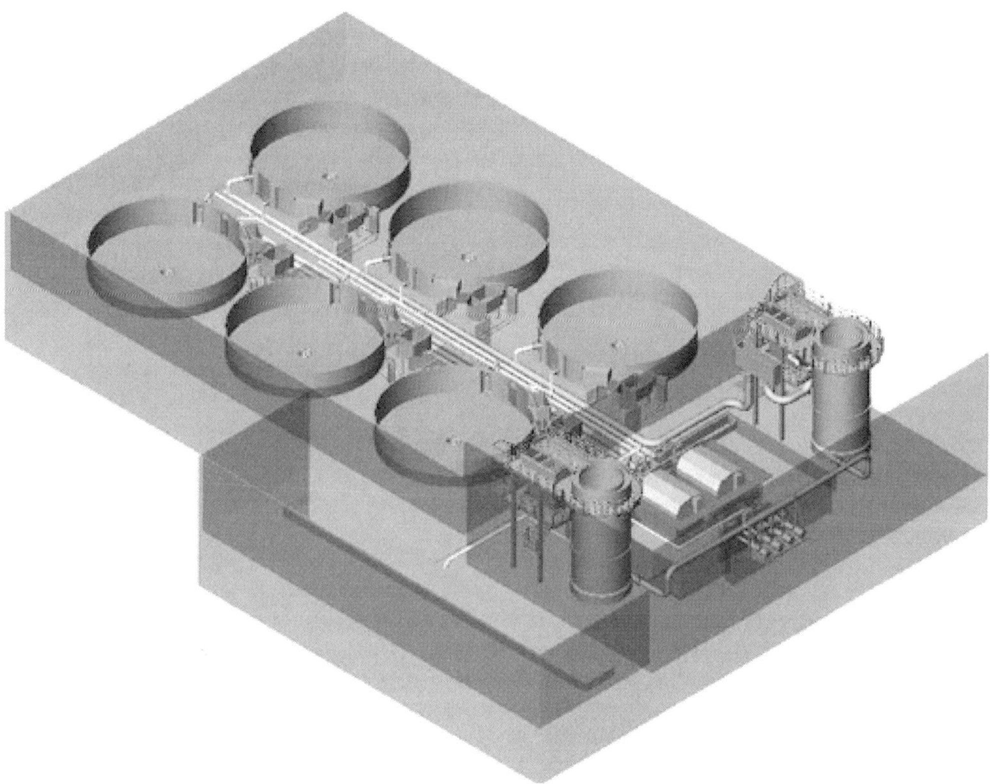

Figure 1. A drawing of the 5,000 gal/min grow-out system at the Blue Valley FCS contains six 30-ft-diameter grow out tanks (courtesy Marine Biotech, Inc., Beverly, Massachusetts). Fish harvested from each growout tank will be crowded to a sidewall port in the tank wall and piped by gravity in water to a raceway located along the side of the grow-out building, where they will depurate in the raceway for 3–5 d before being loaded via a "fish elevator/ escalator" onto the hauling trucks.

mies of scale. As another example, Clear Springs Trout Company (Buhl, Idaho) produced 8.2 million kg of trout in 1990 using an estimated 22.6 m^3/s (360,000 gal/min) of gravity-fed springwater flow for up to five serial-reuses through concrete raceways (MacMillan 1992). As a rule of thumb, traditional flowing water systems can produce approximately 6 kg of fish annually for every 1 L/min of water flow (i.e., 50 lb of fish annually for every 1 gal/min [gpm] of water flow) (MacMillan 1992). In contrast, partial-reuse systems can produce as much as 40–50 kg of fish annually for every 1 L/min of make-up water flow (i.e., 400 lb of fish annually for every gallon per minute of water flow) (Summerfelt et al. 2000). Open coldwater recirculating systems produce in excess of 160 kg of fish annually for every 1 L/min of make-up water flow (Heinen et al. 1996), while fairly tight warmwater recirculating systems produce in excess of 5,000 kg of fish annually for every 1 L/min of make-up water flow (Losordo et al. 1994).

If recirculating systems are to compete economically with imported fish or with traditional trout and salmon culture systems, recirculating systems will have to treat and reuse similar water flow rates (e.g., 1.3–6.3 m^3/s [20,000–100,000 gal/min]). This will require the capacity to treat and recirculate extremely large flow rates compared to the scale of current recirculating systems (typically < 0.13–1.3 m^3/s [2,000–20,000 gal/min]). Today's state-of-the-art recirculating systems are still only treating and reusing 0.20–0.33 m^3/s (3,000–5,000 gal/min) per system, so advances in scale must still be implemented or developed to approach the culture capacity of large raceway systems and net-pens. Based on recent technological breakthroughs in culture tank design, solids removal, biofiltration, gas control systems, automated feed management systems, and stock management, it will soon be possible for extremely large coldwater recirculating systems to be technically feasible and economically viable. Unfortunately, increasing the scale of a recirculating system is not simple because certain technologies are not available (or work poorly) at increased water flow rates. Achieving successful system scale-up is important when producing coldwater fin-fish because salmonids are especially sensitive to water quality. Additionally, continuous culture techniques and more automated fish handling practices must be improved to efficiently produce fish in large circular culture tanks. For these reasons, the design and management of large recirculating systems that operate effectively under continuous high-density culture strategies is still a developing process.

Conclusions

Hatchery designs will have to incorporate innovative strategies and state-of-the-art technologies. Such strategies could include the use of water recirculation systems and water treatment technologies that reduce water requirements, allow for photothermal control, enable the use of previously unused water sources, eliminate water borne pathogens from influent, and improve effluent water quality with respected nutrient content and diseases. While much of this technology has been applied at commercial-scale food fish production facilities, TE restoration and stock enhancement hatcheries, such as Craig Brook NFH and Blue Valley FCS, respectively, are successfully using innovative design concepts to meet the ever-changing challenges of fish culture.

References

Abbott, J. C., R. L. Dunbrack, and C. D. Orr. 1985. The interaction of size and experience in dominance relationships of juvenile steelhead trout (*Salmo gairdneri*). Behavior 92:241–253.

Aarset, B. 1999. Aquaculture development, institution building and research and development policy: Norwegian salmon and arctic char farming as cases. Aquaculture Economics and Management 3:177–191.

Amend, D. F., J. Lannan, S. LaPatria, R. G. Piper, W. J. McNeil, C. Smith, and G. A. Wedemeyer. 2002. Another opinion on the role of hatcheries in Pacific salmon management. World Aquaculture Magazine (December 8–10): Volume 33, Issue 4.

Berejikian, B. A., E. P., Tezak, S. C. Riley, and L. A. LaRae. 2001. Competitive ability and social behavior of juvenile steelhead reared in enriched and conventional hatchery tanks and a stream environment. Journal of Fish Biology 59:1600–1613.

Bowles, E. C. 1995. Supplementation: panacea or curse for the recovery of declining fish stocks? Pages 277–283 *in* H. L. Schramm, Jr. and R. G. Piper, editors. Uses and effects of cultured fishes in aquatic ecosystems. American Fisheries Society, Symposium 15, Bethesda, Maryland.

Burrows, R. E., and B. D. Combs. 1968. Controlled environments for salmon propagation. The Progressive Fish-Culturist 30:123–136.

Busack, C. A., and K. P. Currens. 1995. Genetic risks and hazards in hatchery operations: fundamental concepts and issues. Pages 71–80 *in* H. L. Schramm, Jr. and R. G. Piper, editors. Uses and effects of cultured fishes in aquatic ecosystems. American Fisheries Society, Symposium 15, Bethesda, Maryland.

Campton, D. E. 1995. Genetic effects of hatchery fish on wild populations of pacific salmon and steelhead: what do we really know? Pages 337–353 *in* H. L. Schramm, Jr. and R. G. Piper, editors. Uses and effects of cultured fishes in aquatic ecosystems. American Fisheries Society, Symposium 15, Bethesda, Maryland.

Cottrell, K. D., S. Stuewe, and A. Brandenburg. 1995. Incorporating the stock concept and conservation genetics in an Illinois stocking program. Pages 244–248 *in* H. L. Schramm, Jr. and R. G. Piper, editors. Uses and effects of cultured fishes in aquatic ecosystems. American Fisheries Society, Symposium 15, Bethesda, Maryland.

U.S. Office of the Federal Register. 2000. Endangered and threatened species; final endangered status for a distinct population segment of anadromous Atlantic salmon (*Salmo salar*) in the Gulf of Maine, 50 CFR Part 17 RIN No. 1018-AF80. Federal Register 65:223(17 November 2000):69459–69483.

Flagg, T. A.. B. A. Berejikian, J. E. Colt, W. W. Dickhoff, L. W. Harrell, D. J. Maynard, C. F. Nash, M. E. Strom, R. N. Iwamoto, and V. W. Mahnken. 2000. Ecological and behavioral impacts of artificial production strategies on the abundance of wild salmon populations. United States Department of Commerce, Nation Oceanic and Atmospheric Administration, Technical Memorandum NMFS-NWFSC-41, Washington, D.C.

Heinen, J. M., J. A. Hankins, and P. R. Adler. 1996. Water quality and waste production in a recirculating trout culture system with feeding of a higher-energy or a lower-energy diet. Aquaculture Research 27:699–710.

IDEQ (Idaho Division of Environmental Quality). 1998. Idaho waste management guidelines for aquaculture operations. Idaho Department of Health and Welfare, Division of Environmental Quality, Twin Falls.

ISAB (Independent Scientific Advisory Board). 2002. Hatchery surpluses in the Pacific Northwest. Fisheries 27:16–27.

Ismond, A. 1996. Memories of simplot, visions of the future. Pages 3–16 *in* G. Libey and M. Timmons, editors. Successes and failures in commercial recirculating aquaculture. Northeast Regional Agricultural Engineering Service, NRAES-98, Ithaca, New York.

Levin, P. S., R. W. Zabel, and J. G. Williams. 2001. The road to extinction is paved with good intentions: negative association of fish hatcheries with threaten salmon. Proceeding of the Royal Society of London 268:1153–1158.

Levin, P. S., and J. G. Williams. 2002. Interspecific effects of artificially propagated fish: an additional conservation risk for salmon. Conservation Biology 16:1581–1587.

Liao, P. B., and R. D. Mayo. 1972. Salmonid hatchery water reuse systems. Aquaculture 1:317–335.

Liao, P. B., and R. D. Mayo. 1974. Intensified fish culture combining water reconditioning with pollution abatement. Aquaculture 3:61.

Losordo, T. M. 1998a. Recirculating aquaculture production systems: the status and future. Aquaculture Magazine 24(1):38–45.

Losordo, T. M. 1998b. Recirculating aquaculture production systems: the status and future, part II. Aquaculture Magazine 24(2):45–53.

Losordo, T. M., P. W. Westerman, and S. K. Liehr. 1994. Water treatment and wastewater generation in intensive recirculating fish production systems. Bulletin of the National Research Institute of Aquaculture, Supplement 1:27–36.

MacMillan, J. R. 1992. Economic implications of water quality management for a commercial trout farm. Pages 185–190 *in* National livestock, poultry, and aquaculture waste management. American Society of Agricultural Engineers, St. Joseph, Michigan.

MacMillan, J. R., T. Huddleston, M. Woolley, K. Fothergill. 2003. Best management practice development to minimize environmental impact from large flow-through trout farms. Aquaculture 226:91–99.

McAllister, P. E., and J. Bebak. 1997. Infectious pancreatic necrosis virus in the environment: relationship to effluent from aquaculture facilities. Journal of Fish Diseases 20:201–207.

Moring, J. R. 2000. The creation of the first public salmon hatchery in the United States. Fisheries 25:7–11.

Nerrie, B. L., L. U. Hatch, C. R. Engle, and R. O. Smitherman. 1990. The economics of intensifying catfish production: a production function analysis. Journal of the World Aquaculture Society 21:216–224.

PAFBC (Pennsylvania Fish and Boat Commission). 2000. Executive summary report: Pennsylvania Commonwealth fish culture station evaluation. Prepared by FishPro, Springfield, Illinois.

Reno, P. W. 1998. Factors involved in the dissemination of disease in fish populations. Journal of Aquatic Animal Health 10:160–171.

Rhodes, J. S., and T. P. Quinn. 1999. Comparative performance of genetically similar hatchery and naturally reared juvenile coho salmon in streams. North American Journal of Fisheries Management 19:670–677.

RASP (Regional Assessment of Supplement Project). 1992. Supplementation in the Columbia basin. RASP Summary Report Series, Part 1. Background, description, performance measures, uncertainty, and theory. Unpublished report submitted to the Bonneville Power Administration, Project 85–62, Portland, Oregon.

Ross, R. M., and B. J. Watten. 1998. Importance of rearing-unit design and stocking density to the behavior, growth and metabolism of lake trout (*Salveninus namaycush*). Aquacultural Engineering 19:41–56.

SFBPC (Sport Fishing and Boating Partnership Council). 2000. Saving a system in peril: a special report on the national fish hatchery system. U.S Fish and Wildlife Service, Final Report, Washington, D.C.

Simmons, J. A., S. T. Summerfelt, and M. I. Lawrance. 2001. Mine water aquaculture: a West Virginia, USA success story. Global Aquaculture Advocate, June 2001. Global Aquaculture Alliance, St. Louis.

Speece, R. E. 1973. Trout metabolism characteristics and the rational design of nitrification facilities for water reuse in hatcheries. Transactions of the American Fisheries Society 102:323–334.

Steiner, L. 2003. Brandy Camp Creek Mine Drainage Treatment Facility and Blue Valley Fish Culture Station Partnership Project. Pennsylvania Angler and Boater (May–June):23–25.

Summerfelt, S. T., M. B. Timmons, and B. J. Watten. 2000. Tank and raceway culture. Pages 921–928 *in* R. Stickney, editor. Encyclopedia of aquaculture. Wiley and Sons, Inc. New York.

Summerfelt, S. T., J. Bebak-Williams, and S. Tsukuda. 2001. Controlled systems: water reuse and recirculation. Pages 285–395 *in* G. Wedemeyer, editor. Fish hatchery management, 2nd edition. American Fisheries Society, Bethesda, Maryland.

Timmons, M.B., S.T. Summerfelt, B.J. Vinci. 1998. Review of circular tank technology and management. Aquacultural Engineering 18, 51-69.

Timmons, M. B. 1997. Economic engineering analysis of aquaculture production systems and broiler production. Pages 219–255 *in* M. B. Timmons and T. M. Losordo, editors. Advances in aquacultural engineering. Northeast Regional Agricultural Engineering Service, NRAES 105, Ithaca, New York.

Timmons, M. B., J. M. Ebeling, F. W. Wheaton, S. T. Summerfelt and B. J. Vinci. 2002. Recirculating aquaculture systems, 2nd edition. Northeastern Regional Aquaculture Center Publication No 01–002. Cayuga Aqua Ventures, Ithaca, New York.

Wade, E. M., S. T. Summerfelt, and J. A. Hankins. 1996. Economies of scale in recycle systems. Pages 575–588 *in* G. S. Libey and M. B. Timmons, editors. Successes and Failures in Commercial Recirculating Aquaculture Conference Proceedings. Northeast Regional Agricultural Engineering Service, Ithaca, New York.

Waples, R. S. 1999. Dispelling some myths about hatcheries. Fisheries 24:12–21.

White, R. J., J. R. Karr, and W. Nehlsen. 1995. Better roles for fish stocking in aquatic resource management. Pages 527–547 *in* H. L. Schramm, Jr. and R. G. Piper, editors. Uses and effects of cultured fishes in aquatic ecosystems. American Fisheries Society, Symposium 15, Bethesda, Maryland.

Watten, B. J., D. C. Honeyfield, and M. F. Schwartz. 2000. Hydraulic characteristics of a rectangular mixed-cell rearing unit. Aquaculture Engineering 24:59–73.